"神话学文库"编委会

主 编

叶舒宪

编 委

（以姓氏笔画为序）

"神话学文库"学术支持

上海交通大学文学人类学研究中心

上海交通大学神话学研究院

中国社会科学院比较文学研究中心

陕西师范大学人文社会科学高等研究院

上海市社会科学创新研究基地——中华创世神话研究

"十二五""十三五"国家重点图书出版规划项目

第五届、第八届中华优秀出版物奖获奖作品

神话学文库

叶舒宪 主编

马昌仪 ◎ 选编

（上）

A CENTENNIAL HISTORY OF CHINESE MYTHOLOGY: SELECTED ESSAYS

中国神话学百年文论选

陕西师范大学出版总社

图书代号　SK23N1175

图书在版编目（CIP）数据

中国神话学百年文论选：上、下／马昌仪选编. —
西安：陕西师范大学出版总社有限公司，2023.10
（神话学文库／叶舒宪主编）
ISBN 978 - 7 - 5695 - 3729 - 1

Ⅰ.①中…　Ⅱ.①马…　Ⅲ.①神话—中国—文集
Ⅳ.①B932.2 - 53

中国国家版本馆 CIP 数据核字（2023）第 125896 号

中国神话学百年文论选（上、下）

ZHONGGUO SHENHUAXUE BAINIAN WENLUN XUAN

马昌仪　选编

出 版 人	刘东风	
责任编辑	杜莎莎　谢勇蝶	
责任校对	王丽敏　梁 菲	
出版发行	陕西师范大学出版总社	
	（西安市长安南路 199 号　邮编710062）	
网　　址	http://www.snupg.com	
印　　刷	中煤地西安地图制印有限公司	
开　　本	720 mm × 1020 mm　1/16	
印　　张	77.5	
插　　页	8	
字　　数	1461 千	
版　　次	2023 年 10 月第 1 版	
印　　次	2023 年 10 月第 1 次印刷	
书　　号	ISBN 978 - 7 - 5695 - 3729 - 1	
定　　价	388.00 元	

"神话学文库"总序

叶舒宪

　　神话是文学和文化的源头,也是人类群体的梦。

　　神话学是研究神话的新兴边缘学科,近一个世纪以来,获得了长足发展,并与哲学、文学、美学、民俗学、文化人类学、宗教学、心理学、精神分析、文化创意产业等领域形成了密切的互动关系。当代思想家中精研神话学知识的学者,如詹姆斯·乔治·弗雷泽、爱德华·泰勒、西格蒙德·弗洛伊德、卡尔·古斯塔夫·荣格、恩斯特·卡西尔、克劳德·列维－斯特劳斯、罗兰·巴特、约瑟夫·坎贝尔等,都对 20 世纪以来的世界人文学术产生了巨大影响,其研究著述给现代读者带来了深刻的启迪。

　　进入 21 世纪,自然资源逐渐枯竭,环境危机日益加剧,人类生活和思想正面临前所未有的大转型。在全球知识精英寻求转变发展方式的探索中,对文化资本的认识和开发正在形成一种国际新潮流。作为文化资本的神话思维和神话题材,成为当今的学术研究和文化产业共同关注的热点。经过《指环王》《哈利·波特》《达·芬奇密码》《纳尼亚传奇》《阿凡达》等一系列新神话作品的"洗礼",越来越多的当代作家、编剧和导演意识到神话原型的巨大文化号召力和影响力。我们从学术上给这一方兴未艾的创作潮流起名叫"新神话主义",将其思想背景概括为全球"文化寻根运动"。目前,"新神话主义"和"文化寻根运动"已经成为当代生活中不可缺少的内容,影响到文学艺术、影视、动漫、网络游戏、主题公园、品牌策划、物语营销等各个方面。现代人终于重新发现:在前现代乃至原始时代所产生的神话,原来就是人类生存不可或缺的文化之根和精神本源,是人之所以为人的独特遗产。

可以预期的是，神话在未来社会中还将发挥日益明显的积极作用。大体上讲，在学术价值之外，神话有两大方面的社会作用：

一是让精神紧张、心灵困顿的现代人重新体验灵性的召唤和幻想飞扬的奇妙乐趣；二是为符号经济时代的到来提供深层的文化资本矿藏。

前一方面的作用，可由约瑟夫·坎贝尔一部书的名字精辟概括——"我们赖以生存的神话"（Myths to live by）；后一方面的作用，可以套用布迪厄的一个书名，称为"文化炼金术"。

在 21 世纪迎接神话复兴大潮，首先需要了解世界范围神话学的发展及优秀成果，参悟神话资源在新的知识经济浪潮中所起到的重要符号催化剂作用。在这方面，现行的教育体制和教学内容并没有提供及时的系统知识。本着建设和发展中国神话学的初衷，以及引进神话学著述，拓展中国神话研究视野和领域，传承学术精品，积累丰富的文化成果之目标，上海交通大学文学人类学研究中心、中国社会科学院比较文学研究中心、中国民间文艺家协会神话学专业委员会（简称"中国神话学会"）、中国比较文学学会，与陕西师范大学出版总社达成合作意向，共同编辑出版"神话学文库"。

本文库内容包括：译介国际著名神话学研究成果（包括修订再版者）；推出中国神话学研究的新成果。尤其注重具有跨学科视角的前沿性神话学探索，希望给过去一个世纪中大体局限在民间文学范畴的中国神话研究带来变革和拓展，鼓励将神话作为思想资源和文化的原型编码，促进研究格局的转变，即从寻找和界定"中国神话"，到重新认识和解读"神话中国"的学术范式转变。同时让文献记载之外的材料，如考古文物的图像叙事和民间活态神话传承等，发挥重要作用。

本文库的编辑出版得到编委会同人的鼎力协助，也得到上述机构的大力支持，谨在此鸣谢。

是为序。

序　言

刘锡诚

中国神话学是晚清末年现代思潮即民族主义、平民意识以及西学东渐的产物。没有民族主义和平民意识这些思潮的崛起，就不会有西学东渐的出现，即使西学在部分知识分子中发酵，也难以引发天翻地覆的社会变革与思想革命。中国神话学就是在这样的社会和文化背景下滥觞的。

在中国原始时代，先民原本有着丰富的神话，包括西方神话学家们所指称的自然神话、人类起源神话、宇宙起源和创世神话以及神祇的神话等，并以口头的以及其他的种种方式和载体进行传播。尽管这是一种假说，但这个假说已由近代以来的考古发掘（如多处新石器遗址，包括在许多地方发现的岩画、殷商甲骨卜辞、长沙子弹库帛书、马王堆帛画、三星堆、汉画像石等）和现存原始民族的文化调查得到了印证。①但由于没有文字可为记载和流传的媒介，而物化了的考古文物又无法复原原来的丰富的表现形态和思想，虽然春秋时代及后来的一些文学家、哲学家、历史学家、谶纬学家根据当代或前代口头流传和记忆中的形态，保存下来了其中的一部分，但这些并非完整的神话，到了汉代以降在儒家思想霸权的挤压下，有的或历史化或仙话化或世俗化了，有的在传承过程中被遗忘了，有的虽然借助于文人的记载得以保留下来，却也变得支离破碎、语焉不详，失去了昔日的形态的丰富性和完整性，有的连所遮蔽着的象征含义也变得莫解了。

芬兰民间文艺学家劳里·杭柯于20世纪70年代在《神话界定问题》一文中在界定神话的四条标准——形式、内容、功能、语境——时说，除了语言的表达形式外，神话还"通过其他类型的媒介而不是用叙述来传递"，如祈祷文或神圣图片、祭祀仪式等形式。② 他的这个观点，即神话（特别是没有文字作为媒介的史前时代）是多种载体的，在我们审视华夏神话时，是可以接受的。在这方面，中国神话学史

---

① 吕微在《夏商周族群神话与华夏文化圈的形成》里说："在今山东大汶口文化、山西和陕西仰韶文化，以及江苏和浙江河姆渡文化、良渚文化的遗存中，都发现了'三足乌载日'的美术图像。"见郎樱、扎拉嘎主编：《中国各民族文学关系研究》（先秦至唐宋卷），贵州人民出版社2005年版，第4页。陈梦家在《商代的神话与巫术》一文里，以甲骨卜辞为对象、以考据学为手段研究神话，挖掘出和论证了一些有关动物的神话：……由"商人服象"……而衍生的种种关于"象"的神话，见《燕京学报》1936年第20期。

② ［芬］劳里·杭柯：《神话界定问题》，见阿兰·邓迪斯编：《西方神话学读本》，朝戈金等译，广西师范大学出版社2006年版，第52—65页。

上的一些学者，如顾颉刚、杨宽、郑振铎、钟敬文、闻一多、陈梦家、孙作云等，都曾有所涉及，或做过一些研究，不过中国学者没有上升为系统的理论而已。在中国人文学术界，虽然前有王国维1925年就提出的"二重证据法"①，并为一些大家所接受和倡导，但在神话研究中，多数人却还是大抵认为只有"文献"（"文本"）才是神话研究的正宗和根据，到40年代闻一多的系列神话论文问世，"二重证据法"的成功运用于伏羲女娲神话、洪水神话的论证，才在实际上得到认可，成为从单纯的文本研究通向田野研究的桥梁。

历代文献典籍里保留下来的中国神话，之所以在晚清末年、民国初年被从新的视角重新认识、重新估量，完全是因为一部分从旧营垒里冲杀出来的先进的知识分子的民族主义和平民意识使然。如以"驱逐鞑虏"为社会理想的民族主义、以破除儒学和乾嘉之学的霸权而显示的反传统精神、"疑古"思潮的勃兴把神话从历史中分离出来。蒋观云说："一国之神话与一国之历史，皆于人心上有莫大之影响。""神话、历史者，能造成一国之人才。""盖人心者，……鼓荡之有力者，恃乎文学，而历史与神话，其重要之首端矣。"② 如此，"增长人之兴味、鼓动人之志气"的神话价值观的出现和形成，把一向视神话为荒古之民的"怪力乱神"、"鬼神怪异之术"的旧案给推翻了，显示了中国神话学从其诞生之日起就以"现代性"学术品格与传统决裂为本色。

反观百年中国神话学发展史，始终存在着两股并行的学术思潮：一股思潮是西方传来的人类学派神话学的理论和方法，一股思潮是以搜神述异传统为主导的中国传统神话理论和方法。一方面，西方神话学从20世纪初起就开始得到介绍、翻译和研究，一百年来，可以说从未间断过。世纪初至20年代引进的英国人类学派神话学，30年代引进的德国的和法国的社会学派神话学，40年代引进的德国语言学派与英国功能学派神话学，80年代引进的苏联的神话诗学和美国的文化人类学神话学，90年代以至当下引进的美国口头诗学和表演理论，等等，都曾对中国神话学的研究发生过或多或少的影响，而特别深远者，则莫过于主要建基于非西方原始民族的材料上的西方人类学派的神话学。另一方面，中国传统文化理念下成长起来的理论和方法，在神话研究和神话学构建中不断得到拓展、提升、深化、发展。后者在其发展中又分了两个方向或支流：一是把神话作为文学之源和文学形态的文学研究，主要依附于古典文学研究中，如对《楚辞》神话、《山海经》神话、《淮南子》神话等的研究，一个世纪来可谓筚路蓝缕、洋洋大观，自成一体；二是把神话作为历史或

---

① 王国维："吾辈生于今日，幸于纸上材料之外更得地下之新材料。由此种材料，我辈固得据以补正纸上之材料，亦得证明古书之某部分全为实录，即百家不雅驯之言亦不无表示一面之事实。此二重证据法，惟在今日始得为之。虽古书之未得证明者，不能加以否定，而其已得证明者，不能不加以肯定可断言也。"见王国维：《古史新证》（1925），北京来薰阁书店1934年影印版。又，《最近二三十年中国新发现之学问》，见《王国维学术经典集》（上），江西人民出版社1997年版，第175—180页。

② 蒋观云：《神话历史养成之人物》，载《新民丛报·谈丛》1903年第36号。

史料的史学研究，或围绕着"神话"与"古史"关系的研究（如"疑古"神话学的形成和影响），后浪推前浪，形成神话研究的一股巨流。神话的文学研究和历史学研究，其贡献最著之点，表现于对中国载籍神话，特别是创世神话、洪水神话、古史传说等的"还原"和"释读"上。

中国神话学构成的这两股来源不同、体系有别的神话学理论和方法，应该说，在一定程度上都体现了"现代性"的学术自觉，并不像有的学者说的那样，只有西方传来的学说才体现和确立了学术的现代性，而承袭和发展了中国传统文化理念及某些治学方法（如考订、训诂、"二重证据法"等）的神话研究，就没有或不能体现学术的现代性。在中国神话学的建设过程中，二者互为依存、互相交融、互相会通，如西方的进化论的影响、比较研究方法，以及以现存原始民族的文化观照的方法等，都给传统的神话研究带来了持续的、有益的变革和强大的驱动，但又始终是两个独立的体系。近年来有学者指出，中国神话学的研究要走出西方神话的阴影。[①]这个论断固不无道理，西方神话学（主要是人类学派的神话学及进化论）理论和方法的确给中国神话学的建立和发展带来了深刻的影响，但还要看到，中华文化毕竟有自己坚固的系统，西方神话学并没有全部占领中国神话学的疆土，在移植或借用西方的理论与方法上，除了少数修养不足而生吞活剥者外，多数人只是将外国的理论与方法作为参照，以适用于并从而推动了中国神话的研究和中国神话学的建构，并逐渐本土化为自己的血肉。相反，中国神话学者在神话学研究上所做出的有价值的探索、经验和贡献，却长期以来为西方神话学界所视而不见。[②] 甚至可以说，西方神话学家们对中国神话学的状况是颇为隔膜的。即使到了 20 世纪八九十年代，除了一些西方汉学家和日本的一些神话学者与民俗学者的中国神话研究著述[③]，包括美国的邓迪斯、芬兰的劳里·杭柯这样一些知名的当代西方神话学家，至少在他们

---

① 陈连山：《走出西方神话的阴影——论中国神话学界使用西方现代神话概念的成就与局限》，载《长江大学学报》（社会科学版）2006 年第 6 期。

② 1962—1963 年，笔者曾组织翻译了美国民俗学会的机关刊物《美国民俗学杂志》1961 年第 4 期（即第 74 卷第 294 期）发表的一组由不同国家民俗学家撰写的介绍世界各国民俗学历史和现状的文章，其中包括刚果、南美洲、斯堪的那维亚、英国、德国、芬兰、挪威、西班牙、意大利、土耳其、俄罗斯、加拿大法语地区、墨西哥、日本、印度、波利尼西亚、澳大利亚、非洲等，共 15 篇，在这组文章中，却没有把包括神话研究在内的中国民间文学研究的历史与现状、成就与经验纳入他们视野。中国民间文艺研究会研究部编印《民间文学参考资料》第 4 辑，1962 年 12 月；第 8 辑，1963 年 11 月。美国神话学家阿兰·邓迪斯（Alan Dundes）于 1984 年出版的 Sacred Narrative Readings in the Theory of Myth（第一个译本译为《西方神话学论文选》，显然是视其内容而取的译名，后广西师范大学出版社的再版本，改用了《神话学读本》的译名，显然比较恰切）中，也没有一篇中国人写的或关于中国神话学的文章或介绍。

③ 据俄罗斯汉学家李福清在《外国研究中国各民族神话概况》一文所提供的材料：最早研究中国神话的是法国汉学家，其于 1836 年发表文章并翻译了《山海经》。19 世纪 70 年代英国汉学家 F. Mayers 发表了第一篇关于女娲的短文。1892 年，俄国汉学家 S. M. Georgievskij 在圣彼得堡出版了世界上第一本研究中国神话的专著《中国人的神话观与神话》。见所编《中国各民族神话研究外文论著目录》（1839—1990），北京图书馆出版社 2007 年版。

于 20 世纪 80 年代中期亲身来中国考察访问之前，对中国神话学家们的神话研究及其对世界神话学的贡献，也几乎一无所知。

如果说，蒋观云于 1903 年在日本横滨发表神话学专文《神话历史养成之人物》，夏曾佑于 1905 年在《中国历史教科书》里开辟"传疑时代"专章讲授中国古神话，鲁迅于 1908 年在《破恶声论》里作"夫神话之作，本于古民，睹天物之奇觚，则遁神思而施以人化，想出古异，诹诡可观，虽信之失当，而嘲之则大惑也"之论，在第一代学人手里宣告了中国神话学的诞生，那么，20 世纪二三十年代，周作人、茅盾、钟敬文、郑德坤、谢六逸、黄石、冯承钧等学人于中国神话学的初创期把西方神话学介绍到国内，继而以顾颉刚、童书业、杨宽、吕思勉等为代表的"古史辨"派就古史与神话的纠缠和剥离进行的大论战，卫聚贤、白寿彝、吴晗、江绍原、刘盼遂、程憬等的帝系神话研究，以及凌纯声、芮逸夫、林惠祥等前"中央研究院"系统的学者在神话学的田野调查方面所取得的成就和在学理上取得的经验，苏雪林、闻一多、游国恩、陆侃如等对《楚辞》、《九歌》神话的文学研究，曾经在中国学坛上掀起了第一次神话研究的高潮，而在这个研究高潮中，中国神话学一下子提升到了一个众所瞩目、羽毛丰满、为相邻学科争相介入和征引的人文学科。

到了 40 年代，特别是在抗日的大后方——大西南，一方面抵御外侮的民族情绪空前高涨，一方面学人们走出书斋来到了少数民族聚居或杂居的地区，一时间，涌现出了闻一多、郑德坤、卫聚贤、常任侠、陈梦家、吴泽霖、马长寿、郑师许、马学良、徐旭生、朱芳圃、孙作云、程憬、丁山等一大批倾心于神话研究的学人，神话学界群星灿烂。他们一方面承继了前贤们的研究传统，运用考证、训诂等传统的治学手段，进行古神话的"还原"研究，另一方面对南方诸少数民族的活态神话进行实地调查、搜集和研究，拓展了神话的疆域和神话的构成（如：尚未人文化或帝系化的"自然神话"，洪水神话与伏羲女娲神话，太阳神话与射日神话，武陵一带的盘瓠神话，廪君、九隆、竹王神话等，多种口头神话遗存的发现和材料的采录），[①] 开启了从神话的纯文本研究进入神话与民间信仰综合研究的阶段，从而催生了中国神话和中国神话学的多元构成以及多学科研究格局的形成。中国神话学进入了一个新的阶段。

50 至 60 年代，由于社会政治的、学术的等多种原因，以及上文所说的意识形态与学术现代性的矛盾，中国神话学的研究一度从 20 至 40 年代形成的多学科参与的综合研究，萎缩到了几近单一的社会政治研究。许多原来在神话研究上造诣颇深的学者，除孙作云、丁山等几位外，大多只专注于自己的本业，而不再流连于神话学

---

① 参阅拙著：《20 世纪中国民间文学学术史》第三章"学术转型时期"之"民族学调查中的民间文学"，第四章"战火烽烟中的学科建设"之"社会—民族学派"、"大西南的民间文学采录"、"神话的考古和史学研究"、"闻一多的民间文学研究"等节，河南大学出版社 2006 年版。刘亚虎：《少数民族口头神话与汉文文献神话的比较》，见郎樱、扎拉嘎主编：《中国各民族文学关系研究》（先秦至唐宋卷），贵州人民出版社 2005 年版，第 71—121 页。

的研究了。孙作云的神话研究始于40年代，最突出的成就在运用图腾学说希图建构一个图腾式的神话体系；到了50至70年代，开辟了新的研究领域，以楚帛画和汉画像石的神话母题为研究方向。丁山的神话研究，以宏阔的视野和缜密的考证为特点，从古代祭祀起，后稷与神农、日神与月神、四方神、方帝与方望、洪水传说、尧与舜、颛顼与祝融、帝喾、炎帝与蚩尤、黄帝，三皇五帝，……从史前神话人物，到秦建国前的先王世系，一一论列。他以神话研究而活跃于40年代学坛，可惜于1952年英年早逝。其神话学代表作《中国古代宗教与神话考》，于1961年由龙门联合书局出版；另一遗著《古代神话与民族》于2005年由商务印书馆出版。袁珂是这一时段有代表性的神话学者，他的研究方向和学术贡献，主要在对典籍神话的考释和对神话进行连缀，使其系统化。《中国古代神话》（初版由商务印书馆于1950年出版，后经多次印刷。1957年7月增订本出版时，累计印数达6.7万册；1960年1月改由中华书局出版，累计印数达2.2万册；1981年6月第2次印刷，累计印数达12.7万册。改革开放后进入新时期，1984年9月，易名为《中国神话传说》改由中国民间文艺出版社出版，一次印数达17万册）是他本人以及中国神话学界这一时期的代表性成果。此外，游国恩、高亨、杨公骥、胡念贻等在古典神话的文学研究上所取得的成绩，也值得称道。

经历过十年"文革"之后，从1978年起，中国进入了改革开放的历史新时期。中国神话学研究重新起跑，到世纪末的二十年间，逐步把间断了十多年的中国神话学学术传统衔接起来，并提升为百年来最活跃、最有成绩的一个时期。以学者队伍而论，这一时期，除了茅盾、顾颉刚、杨宽、钟敬文、杨堃、袁珂等老一辈神话学家们的学术贡献以外，陆续成长起来了一大批中青年的神话学者，如萧兵、李子贤、张振犁、陶阳、潜明兹、叶舒宪、吕微、陈建宪、常金仓等，他们借鉴和吸收各种外来的当代学说和理念，采用包括比较文化研究、多学科和跨学科研究在内的多种研究方法，对中国神话和神话学进行了多学科全方位的探讨研究。新时期以来，持有不同学术理念的神话研究者们，一在古神话的研究、校勘、考订、阐释、构拟和复原方面（袁珂的《山海经校注》和钟敬文的《洪水后兄妹再殖人类神话》，可以看作是这种研究的代表性成果），对长沙子弹库战国楚帛书、睡虎地秦简日书等所载创世神话文图的解读与阐释（杨宽的《楚帛书的四季神像及其创世神话》、李零的《长沙子弹库战国楚帛书研究》、刘信芳的《中国最早的物候历月名——楚帛书月名及神祇研究》以及许多学者的多种考释性著作）方面，二在汉民族居住的广大地区和各少数民族居住的地区的"活态"口传神话的搜集、整理、翻译、研究领域，包括神话思维、结构、类型、象征等神话理论研究方面，都做出了跨越式的开拓。不同地区、不同语系的少数民族神话的被发现、采集、研究，不仅填补了中国古神话系统构成中的某些缺失，而且全面推动了中国神话学从文本研究到田野研究的过渡或兼容，亦即神话研究的学术理念的更新和研究方法的转换。

当然，也还要看到，中国神话研究中的一些难题和悬案，如神话的历史化问题，还远未取得令人满意的结论，甚至较大的进展。在运用考据、训诂、校释等传统的研究方法和西方人类学与民族学的方法（如社会进化论、原型理论、图腾理论、象征理论等），来"还原"中国远古神话并建立中国神话系统，以及阐释"活态"神话传说（包括汉族和各少数民族）方面，脱离严谨的科学论证而以随意性的玄想为特点的、被批评为"歧路"的倾向（如遭到学术界批评的用"产翁制"、图腾制等理论来阐释鲧禹神话的递嬗就是一例），在近些年的神话研究中并非孤例。

在百年中国神话学的历史途程中和学理构成上，居住在台湾、香港的神话学者们的学术贡献，是不能忽略的。一般说来，近五十年来台湾和香港的神话学研究表现出两个重要的特点：一是学理的连贯性的延续，他们以自己的研究成果填补了大陆学者"文革"十年被迫停止工作的那段空白；二是他们以开放的心态和理念面对世界，更多地吸收了国际神话学的一些新的理论和方法。无论是老一辈的学者如凌纯声、芮逸夫、苏雪林，还是继之而起的李亦园、张光直、王孝廉、文崇一、李卉、胡万川以及更年轻一代的学者，他们在典籍神话和原住民神话的研究方面，以现代的学术理念、扎实的考据、微观的阐发，对中国神话学的建构和提升贡献良多。

20世纪已经成为历史了。回顾一百年来的神话学历史，从20世纪初茅盾所撰《中国神话ABC》起，到20世纪末袁珂所撰《山海经校注》止，许多学者都在为"创造一个中国神话的系统"这一学术理想而不停息地贡献着自己的智慧和力量。茅盾说："用了极缜密的考证和推论，也许我们可以创造一个不至于十分荒谬武断的中国神话的系统。"[①] 当然，前辈学者所说的这一理想，是指典籍神话和汉文世界的神话而言，包括通过"缜密的考证和研究"对"零碎"的神话断片的阐释与连缀，和对被"多次修改"而"历史化"了的神话的"还原"，而并未包括居住在中国各地的55个少数民族的神话。应该说，典籍神话的"还原"、"梳理"、"阐释"只是问题的一个方面，典籍神话在现代社会不同地区和群体中的流变，也理应在中国神话的构成之列，但典籍所载之日，就是其生命的结束之时，而在民间，神话却似滔滔逝水永无停息，20世纪80年代以河南王屋山一带为中心对"中原神话"的搜集与研究，弥补了中国典籍神话的某些缺环，丰富了典籍神话的链条，延长了典籍神话的生命。[②]而少数民族的神话，如茅盾所说："中国民族在发展的过程中，不断的有新分子参加进来。这些新分子也有它自己的神话和传说，例如蜀，在扬雄的《蜀王本纪》、常璩的《华阳国志》内还存留着一些，如吴越，则在赵煜的《吴越春秋》内也有若干传说。此种地方的传说，当然也可以算为中国神话的一部分。这也需要特别的搜辑和研究。至于西南的苗、瑶、壮各族，还有神话活在他们口头的，也在

---

① 茅盾：《中国神话研究ABC》，见《茅盾说神话》，上海古籍出版社1999年版，第109页。

② 张振犁：《中原古典神话流变论考》（上海文艺出版社1991年版）一书，记录和描绘了中原典籍神话在现代社会条件下在王屋山一带的流传变异情况。

搜采之列。"① 袁珂于80年代发表的"广义神话论"②，实与茅盾20世纪的所论是一脉相承的。20世纪以来，至少自三四十年代起，尤其是八九十年代，"中国民间故事集成"的搜集编辑过程中，对各兄弟民族的神话（无论是抄本的还是口头的）的调查搜集和采录编定，不仅发现了许多新的神话类别和文本，有些汉文文献中已有的著名神话，如盘古神话，洪水神话，新的材料也有了大量的增益，大大地丰富了中国神话的武库。几代学人的这一学术理想，到世纪末已接近实现。我国不仅有一个庞大的帝系神话系统，而且也有一个丰富多样的自然神话系统，不仅有一个宇宙和人类起源神话系统，也有一个创造文化的文化英雄神话系统。中国神话的系统和中国神话的武库，在多样的世界神话系统中，以其悠久的传播历史和独具的文化特色，为世界文化的多样性和可持续发展，提供了一个样本，同时，要求有中国独具的神话理论来阐释。

对于中国神话学来说，20世纪是其学科建设从草创到初步建成的重要时期。在这百年中，我们基本上摆脱了跟在外国人后面蹒跚学步的阶段，初步建成了自己的神话学学科体系，并在一些包括古神话"复原"、创世神话阐释、少数民族口传神话发掘与研究在内的重要神话学问题上，取得了值得骄傲的成就。尽管可以这样说，但并不意味着中国神话学的学科建设已经很完善了。20世纪末，我国的神话学界，虽然先后痛失了几位巨擘，但更多的年轻学子在神话学的学坛上挺立了起来，以优秀的神话学专著和论文，叩开了21世纪的大门。我相信，21世纪，随着中国传统文化的复兴和预言中的"东学西渐"文化移动潮流，中国的神话和中国的神话学，必将取得更加骄人的成绩和更大的影响。

2013年5月30日于北京

---

① 茅盾：《中国神话研究ABC》，见《茅盾说神话》，上海古籍出版社1999年版，第109页。
② 袁珂：《从狭义的神话到广义的神话》，载《社会科学战线》1982年第4期，又载《民间文学论坛》1983年第2期。《再论广义神话》，载《民间文学论坛》1984年第3期。

编 者 的 话

马昌仪

20 世纪 90 年代，我在中国社会科学院文学研究所工作，选编了一部《中国神话学文论选萃》（中国广播电视出版社 1994 年版，下简称 1994 年本），起讫时间是 1903—1992 年。1994 年本出版后，受到国内外高等学校包括历史、哲学、文学、艺术学等学科的师生、研究机构的学者以及对神话有兴趣的读者的肯定和欢迎。

随着岁月的流逝，20 世纪已成为历史，选编一部世纪百年神话学文论选集的工作，便提到日程上来了。21 世纪初，我便在 1994 年本的基础上开始了《中国神话学百年文论选》的选编工作。现在选编工作已告完成，在本书即将付梓之际，有一些情况交代如下：

（一）本书选录了 1903—2000 年间国内外发表的 99 位中国学者撰写的有重要影响的中国神话学研究论文（含神话学专著中能独立成篇的章节）115 篇，以期展示出 20 世纪百年间中国神话学所走过的道路和所取得的学术成就。

（二）本书所选文章编排以历史编年为序，上册除了刘锡诚的序言外，包括 1903—1966 年的论文，下册包括 1981—2000 年的论文，书末附有《中国神话学百年文论要目》。

（三）与 1994 年本相比，本书在内容上有了很大的变化，增加或置换了 48 篇新选的论文。中国神话学的奠基者或开拓者中，除了 1994 年本选载的观云、夏曾佑、鲁迅、周作人、梁启超、苏雪林、茅盾、钟敬文、郑德坤、郑振铎、江绍原、黄石、冯承钧、吴泽霖、常任侠、吕思勉、马长寿、岑家梧、程憬、徐旭生、杨堃、闻一多等人的文论外，本书新选或增选了王国维、胡适、谢六逸、陈梦家、顾颉刚、孙作云、丁山等前辈学者的文论。王国维提出的"传说有史实为之素地"的观点与"二重证据法"，是大家都很熟悉的。陈寅恪所归纳的王国维治学的三大主张，即"取地下之实物与纸上之遗文互相释证"、"取异族之故书与吾国之旧籍互相补证"、"取外来之观念与固有之材料互相参证"（见陈寅恪《王静安先生遗书序》），对中国

1

神话学的理论、方法与实践都有着重大的影响。

（四）本书所选的99位神话学者中，自中国神话学的奠基时期到20世纪八九十年代，甚至世纪末一直都在从事中国神话学的研究或涉猎神话学并不断有神话论文或有关文字问世者，仅有6人。他们是：茅盾、顾颉刚、苏雪林、钟敬文、杨宽、周作人。这6位学者是中国神话学的开创者、奠基者和历史见证者，是世纪神话学家。在这里，我想对"古史辨"神话学派的重要代表人物之一杨宽多说几句。20世纪30至40年代，杨宽撰著了大量的神话学论文，1938年写作的《中国上古史导论》奠定了他在中国神话学史上的地位。晚年旅居美国时期也撰写了多篇有影响的神话学论文。本书增选了他晚年写的《系统探索古史传说的四点看法》（1993）和《楚帛书的四季神像及其创世神话》（1997）两文。他在《历史激流中的动荡和曲折——杨宽自传》（台北时报文化公司1993年版）一书中，对20至40年代曾经对史学界、神话学界发生过重大影响的三个新学派——以王国维为首的释古派、以顾颉刚为首的疑古派、以郭沫若为代表的社会史派——的成就得失，以及他本人对系统探索古史传说的思考，做了中肯的评述。这些文章即使在今天，也是我们研究中国神话学史的重要参考。

（五）台港学者和旅居海外的学者对中国神话学的建构和进步做出了重要的贡献。除了1994年本中已经选录的卫聚贤、芮逸夫、陈国钧、凌纯声、管东贵、饶宗颐、王秋桂等学者的作品外，本书将张光直的《中国创世神话之分析与古史研究》置换为《商周神话之分类》，增加了哈佛大学女民族学家李卉的长文《台湾及东南亚的同胞配偶型洪水传说》。记得20世纪90年代，《中国神话学文论选萃》出版后，俄罗斯科学院院士李福清老友曾给我来信，说我的选本漏选了一篇重要的神话论文，他指的就是李卉的这篇文章。李卉于20世纪50年代毕业于台湾大学人类学系，1955年曾在凌纯声带领下，随李亦园、任先民等人类学家到台湾屏东来义乡做排湾族的调查研究，后与张光直一起到美国哈佛大学深造，并在哈佛大学东亚系任教。此文发表于1955年台湾出版的《中国民族学报》第1期上，一向得到学界好评。这次，我托台湾东吴大学的鹿忆鹿教授在台湾"中央研究院"傅斯年图书馆找到了这篇文章并复印寄来。为了本书的选编出版，我还拜托赴美访学的考古学家邵望平和神话学家杨利慧到哈佛大学拜访李卉，带去大陆神话学者对她的问候。在本书选编期间，台湾"中央研究院"李亦园院士寄来他1996年撰写的《端午与屈原——神话与仪式的结构关系再探》一文，此文是1994年本所收录之《一则中国古代神话与仪式的结构学研究》（1981）的续篇，故此次两文都收入本书。此外，日本福冈西南大学外国文学部教授王孝廉、台湾东海大学教授胡万川也都提供了他们在海外新发表的论文。

（六）史学家、文学家、考古学家、人类学家、民族学家向来是中国神话学的重要方面军。本书选编时，在 1994 年选本的基础上增选了吕子方、蒙文通、杨希枚、李少雍、刘信芳、李零、王小盾、白庚胜、冯时等学者的作品。他们从多学科的角度探析神话，为中国神话研究开辟了新的视野和通道。

（七）一百年来，中国神话学的大厦是由一代又一代的神话学者添砖加瓦建造起来的，同时学科的发展也培养和造就了一代又一代的神话学者。本书选录了一大批青年神话学者的成果，展现了中国神话学发展的时代新貌。

（八）本书所收文论，其写作时间跨越百年，不同学者的神话学说不同、观点不同，所采用的版本、引文、译名也各不相同，个别文字也有前后不一、相互抵牾的地方，编者在选编过程中，尊重作者当年发表时的遣词立意，除了明显的误植之外，本书一般不作改动。

（九）衷心感谢海内外神话研究者对本书选编工作的支持和帮助。由于他们给我提供了自己的新作、代表作，与我签署版权委托书，才使本书得以顺利出版。遗憾的是，虽然经过多方努力，仍然有几位作者和作者家属没有能够联系上，部分作者的地址有变动，也给我们的联系工作带来困难。敬请这些作者费神，请与出版社直接联系，以便奉寄样书。在这里，我还要特别感谢本丛书的主编、中国神话学会的叶舒宪先生，陕西师范大学出版总社人文出版分社的冯晓立社长、编辑邓微女士，本书责任编辑杜莎莎、谢勇蝶，以及好友刘涟和我的老伴刘锡诚，没有他们的支持与帮助，这样一部百多万字的学术书，是很难问世的。

2013 年 5 月 30 日于北京

目　　录

上　　册

1903 年
神话历史养成之人物 ………………………………………… 观　云（ 1 ）

1905
上古神话 …………………………………………………… 夏曾佑（ 3 ）

1908 年
破恶声论 …………………………………………………… 鲁　迅（ 7 ）

1910 年
育斯 ………………………………………………………… 单士厘（ 10 ）

1913 年
童话略论 …………………………………………………… 周作人（ 16 ）

1917 年
殷卜辞中所见先公先王考（序说） ………………………… 王国维（ 20 ）

1922 年
洪水（附：洪水考） ………………………………………… 梁启超（ 22 ）

1923 年
神话与传说 ………………………………………………… 鲁　迅（ 27 ）
神话与传说 ………………………………………………… 周作人（ 31 ）

与钱玄同先生论古史书 ·························· 顾颉刚 (34)

禹是南方民族的神话人物 ·························· 顾颉刚 (39)

1924 年

古史讨论的读后感 ································ 胡　适 (43)

1925 年

关于神话的通信——致傅筑夫、梁绳袆 ·········· 鲁　迅 (45)

神话史、宗教史及其他 ···························· 梁启超 (47)

论传说有史实为之素地与二重证据法 ·········· 王国维 (53)

1927 年

神话的价值 ···································· 黄　石 (55)

1928 年

神话之研究的比较 ······························ 谢六逸 (59)

论中国南北方文化中的神话分子——故事诗的起来 ············ 胡　适 (71)

《九歌》与河神祭典关系 ························ 苏雪林 (73)

1929 年

中国神话研究 ABC ······························ 茅　盾 (79)

中国古代神话之研究 ···························· 冯承钧 (90)

1932 年

《山海经》及其神话 ···························· 郑德坤 (96)

汤祷篇 ·· 郑振铎 (113)

1933 年

与 W. 爱伯哈特博士谈中国神话 ················ 钟敬文 (130)

天地开辟与盘古传说的探源 ···················· 卫聚贤 (134)

1934 年

论神话 ·· 林惠祥 (140)

二郎神的演变 ·································· 黄芝岗 (144)

1935 年

战国秦汉间人的造伪与辨伪 ·········· 顾颉刚（150）

以法术和宗教的眼光看古代世界 ·········· 江绍原（154）

1936 年

商代的神话与巫术 ·········· 陈梦家（165）

论中国的神话 ·········· 黄华沛（179）

马伯乐《书经中的神话》序 ·········· 顾颉刚（187）

1937 年

苗族的洪水故事与伏羲女娲的传说 ·········· 芮逸夫（191）

1938 年

中国上古史导论·综论 ·········· 杨　宽（216）

苗族中祖先来历的传说 ·········· 吴泽霖（225）

中国西南民族神话的研究 ·········· 楚图南（233）

1939 年

重庆沙坪坝出土之石棺画像研究 ·········· 常任侠（241）

女娲与共工 ·········· 吕思勉（246）

盘古考 ·········· 吕思勉（252）

1940 年

苗瑶之起源神话 ·········· 马长寿（256）

槃瓠传说与瑶畲的图腾制度 ·········· 岑家梧（275）

1941 年

《古史辨》第七册童书业序 ·········· 童书业（288）

生苗的人祖神话 ·········· 陈国钧（292）

云南土民的神话 ·········· 马学良（296）

1942 年

人对自然界认识的四个阶段 ·········· 卫聚贤（304）

古蜀的洪水神话与中原的洪水神话 ·········· 程　憬（308）

1943 年

我们怎样来治传说时代的历史 ···················· 徐旭生 （ 315 ）

洪水解 ··············· 徐旭生 （ 322 ）

1944 年

中国古史上神话与传说的发展 ·················· 郑师许 （ 333 ）

灶神考 ··············· 杨 堃 （ 336 ）

1947 年

说羽人——羽人图羽人神话之考察 ············· 孙作云 （ 368 ）

1948 年

伏羲考 ··············· 闻一多 （ 384 ）

《古代神话与民族》自序 ···················· 丁 山 （ 423 ）

1951 年

读《山海经》杂记 ·········· 吕子方 （ 438 ）

1955 年

台湾及东南亚的同胞配偶型洪水传说 ············ 李 卉 （ 443 ）

1962 年

商周神话之分类 ··········· 张光直 （ 479 ）

略论《山海经》的写作时代及其产生地域 ·········· 蒙文通 （ 502 ）

中国古代十日神话之研究——十日神话的来龙去脉 ······· 管东贵 （ 519 ）

1966 年

昆仑丘与西王母 ··········· 凌纯声 （ 534 ）

下　册

1981 年

一则中国古代神话与仪式的结构学研究 ············ 李亦园 （ 545 ）

1982 年

共工·句龙篇 ……………………………………… 朱芳圃（555）

洪水故事中的非血缘婚姻观 …………………………… 乌丙安（562）

神话及神话学 …………………………………………… 刘魁立（572）

1983 年

引魂之舟：战国楚《帛画》与《楚辞》神话 ………… 萧　兵（579）

二郎神传说补考 ………………………………………… 王秋桂（600）

1984 年

再论广义神话 …………………………………………… 袁　珂（616）

1985 年

《山海经》"盖古之巫书"试探 ……………………… 袁　珂（625）

关于阿昌族神话史诗的报告 …………………………… 兰　克（631）

1986 年

中原神话考察述评 ……………………………………… 张振犁（643）

神灵世界战神的更递 …………………………………… 龚维英（652）

论远古神话的文化意义 ………………………………… 何　新（658）

1987 年

神话思维辨义 …………………………………………… 武世珍（666）

神话发生的时代条件 …………………………………… 程　蔷（674）

论萨满教的天穹观及其神话 …………………………… 富育光（684）

论佤族神话——兼论活形态神话的特征 ……………… 李子贤（695）

1988 年

中国古代太阳崇拜研究（语文篇） …………………… 杨希枚（705）

试论龙的研究 …………………………………………… 阎云翔（718）

洪水神话与葫芦崇拜 …………………………………… 宋兆麟（728）

楚巫的致幻方术——高唐神女传说解读 ……………… 蔡大成（738）

神系、族系的一致性与祖先神话的形成 ……………… 杨知勇（746）

1989 年

创世神话的宗教功能 ·················· 陶 阳 钟 秀（754）

神圣性的肠道——从台江苗绣谈到大波那铜棺图像 ············· 刘敦愿（759）

中国神话的逻辑结构 ················· 邓启耀（763）

中外史诗上天地开辟与造人神话之初步比较研究 ············· 饶宗颐（774）

1990 年

乱神蚩尤与枫木信仰 ················· 王孝廉（786）

昆仑：鲧禹所造之大地 ··············· 李道和（805）

槃瓠神话访古记 ···················· 林 河（818）

洪水后兄妹再殖人类神话——对这类神话中二三问题的考察，并以
　　之就商于伊藤清司、大林太良两教授 ············· 钟敬文（828）

1991 年

中国宇宙神话略论 ················· 陶思炎（842）

盘瓠神话的历史和文化价值 ············ 徐华龙（848）

1993 年

系统探索古史传说的四点看法 ··········· 杨 宽（856）

经学家对"怪"的态度——《诗经》神话脞议 ·········· 李少雍（861）

1994 年

中国最早的物候历月名——楚帛书月名及神祇研究 ··········· 刘信芳（877）

龙——蛇论 ······················ 潜明兹（892）

炎帝与祝融 ······················ 钟宗宪（905）

1995 年

考古发现与神话传说 ················· 李 零（914）

论主流神话与神话史的要素 ············ 田兆元（935）

1996 年

楚地帛书、敦煌残卷与佛教伪经中的伏羲女娲故事 ·········· 吕 微（943）

中国洪水神话的类型与分布——对443篇异文的初步宏观分析 ····· 陈建宪（961）

鼓之舞之以尽神——论神和神话的起源 ········· 刘宗迪（972）

端午与屈原——神话与仪式的结构关系再探 ··········· 李亦园（982）

1997 年

楚帛书的四季神像及其创世神话 ……………………………… 杨　宽 （995）

女娲及其神话与信仰的功能 ……………………………………… 杨利慧 （1007）

汉藏语猴祖神话的谱系 …………………………………………… 王小盾 （1018）

1998 年

东巴神话的神山象征 ……………………………………………… 白庚胜 （1036）

彝族天女婚洪水神话 ……………………………………………… 鹿忆鹿 （1056）

鹿神神话与信仰 …………………………………………………… 孟慧英 （1064）

刑天神话与上古农业祭礼 ………………………………………… 尹荣方 （1072）

1999 年

《山海经》神话政治地理观 ……………………………………… 叶舒宪 （1079）

捞泥造陆——鲧禹神话新探 ……………………………………… 胡万川 （1091）

由鲧禹故事演变引出的启示 ……………………………………… 常金仓 （1111）

2000 年

古代天文与古史传说——河南濮阳西水坡蚌塑遗迹的综合研究 …… 冯　时 （1119）

舜与音乐的传说研究 ……………………………………………… 陈泳超 （1137）

鲁迅的神话学观 …………………………………………………… 高有鹏 （1151）

山海经图：寻找《山海经》的另一半 …………………………… 马昌仪 （1156）

中国神话学百年文论要目 ………………………………………… 刘锡诚 （1170）

神话历史养成之人物

观 云

蒋观云（1866—1929），名智由，字观云，号因明子。浙江诸暨人。近代诗人。早年参加诗界革命，梁启超曾把蒋智由、黄遵宪、夏曾佑并称为"近世诗界三杰"（《饮冰室诗话》）。1902 年冬赴日本，曾在《新民丛报》做编辑工作。1903 年在该报发表的《神话·历史养成之人物》一文首次使用"神话"术语。此外，还在该报发表过《中国人种考·昆仑山》、《中国人种考·中国人种之诸说》等与神话有关的文章。1902 年上海广智书局出版的《海上观云集初编》收入了他介绍进化论、人类学、社会学、民俗学观点的文章。

一国之神话与一国之历史，皆于人心上有莫大之影响。印度之神话深玄，故印度多深玄之思。希腊之神话优美，故希腊尚优美之风。摩奇弁理曰：凡人者，皆追蹑前人之迹者也。鹏尔曰：欲为伟大之人物者，不能不有模范，而后其精力有所向而不至于衰退。尼几爱曰：历史者造就人才之目的物也。诸贤之言如是。夫社会万事之显现，若活板之印刷文字，然撮其种种之植字，排列而成。而古往今来，英雄豪杰，其一言一行，一举一动，即铸成之植字，而留以为后世排列文字之用者也。植字清明，其印成之书亦清明；植字漫漶，其印成之书亦漫漶。而荟萃此植字者，于古为神话，于今为历史。神话、历史者，能造成一国之人才。然神话、历史之所由成，即其一国人天才所发显之处。其神话、历史不足以增长人之兴味，鼓动人之志气，则其国人天才之短可知也。神话之事，世界文明多以为荒诞而不足道。然近世欧洲文学之思潮，多受影响于北欧神话与歌谣之复活，而风靡于保尔亨利马来氏。Pant Henri Wallot 之著 *The Introduction of Histore de Donnemarck* 及 *Histoire de Danncmarcd* 等书。盖人心者，不能无一物以鼓荡之。鼓荡之有力者，恃乎文学，而历史与神话（以近世言之，可易为小说），其重要之首端矣。中国神话，如"盘古开辟天地，头为山岳，肉为原野，血为江河，毛发为草木，目为日月，声为雷霆，呼吸为风云"等类，最简枯而乏崇大高秀、庄严灵异之致。至历史，又呆举事实，为泥塑木雕之历史，非龙跳虎踯之历史。故人才之生，其规模志趣，代降而愈趋于狭小（如汉不及周，唐不及汉，宋不及唐，明不及宋，清不及明，是其证）。盖无历史以引其趣响也（如近世曾文正之所造止，此者，其眼光全为中国历史上之人物所囿）。且以其无兴象、无趣味也，不能普及于全社会。由是起而代历史者，则有《三国演义》、

《水浒传》。起而代神话者，则有《封神传》、《西游记》。而后世用兵，多仿《三国》、《水浒》。盖《三国》、《水浒》产出之人物也。若近时之义和团，则《封神传》、《西游记》产出之人物也。故欲改进其一国之人心者，必先改进其能教导一国人心之书始。

本文原载《新民丛报·谈丛》1903 年第 36 号。作者观云即蒋观云（智由）。

上 古 神 话

夏曾佑

夏曾佑（1863—1924），字穗卿，号别士。浙江杭州人。光绪十六年（1890）进士。曾官礼部主事，后任教育部社会教育司司长、北平图书馆馆长。近代诗人、史学家，"诗界革命"倡导者之一。他在《中国历史教科书》一些章节中首次提出春秋以前的古史为"传疑时代"的著名论断，还是较早用进化论观点研究神话的学者之一。

古今世变之大概

中国之史，可分为三大期。自草昧以至周末，为上古之世。自秦至唐，为中古之世。自宋至今，为近古之世。若再区分之，求与世运密合，则上古之世，可分为二期。由开辟至周初为传疑之期。因此期之事，并无信史，均从群经与诸子中见之（经史子之如何分别后详之），往往寓言实事，两不可分，读者各信其所习惯而已，故谓之传疑期。由周中叶至战国为化成之期。因中国之文化，在此期造成，此期之学问，达中国之极端，后人不过实行其诸派中之一分，以各蒙其利害，故谓之化成期。中古之世，可分为三期。由秦至三国，为极盛之期。此时中国人材极盛，国势极强，凡其兵事，皆同种相战，而别种人则稽颡于阙廷，此由实行第二期人之理想而得其良果者，故谓之极盛期。由晋至隋，为中衰之期。此时外族侵入，握其政权，而宗教亦大受外教之变化，故谓之中衰期。唐室一代，为复盛之期。此期国力之强，略与汉等，而风俗不逮，然已胜于其后矣，故谓之复盛期。近古之世，可分为二期。五季宋元明为退化之期，因此期中，教殖荒芜，风俗凌替，兵力财力，遂渐摧颓，渐有不能独立之象。此由附会第二期人之理想，而得其恶果者，故谓之退化期。清代二百六十一年为更化之期。此期前半，学问政治，集秦以来之大成。后半，世局人心，开秦以来所未有。此盖处秦人成局之已穷，而将转入他局者，故谓之更化期。此中国历史之大略也。

上 古 神 话

第一期传疑时代者，汉有三王五帝九皇，贬极为民之说。此纯乎宗教家言，不可援以考实。其三皇五帝之名，始见于周初。古注以为其书即三坟五典，然坟典已亡，莫知师说。古又有泰古二皇之说。二皇谓包牺神农。又有古有天皇地皇，有泰皇，泰皇最贵之说。然皆异说，不常见。常见者，以天皇地皇人皇为多。而其所指者，各不同，纬候所传，言者非一。有以虑戏燧人神农为三皇者，有以伏羲女娲神农为三皇者，有以伏羲神农黄帝为三皇者，有以伏羲神农祝融为三皇者。大约异义，尚不止此，此其大略耳。五帝之说，亦甚不同。或用以配五人神，太昊配句芒，炎帝配祝融，黄帝配后土，少昊配蓐收，颛顼配玄冥。而其再变，则为青帝灵威仰，赤帝赤熛怒，黄帝含枢纽，白帝白招拒，黑帝汁光纪为五感生帝。异义亦不止此，此亦其大略耳。大抵皆秦汉间人，各本其宗教以为言，故牴牾如此，今纪录则自包牺始。

案世有盘古天皇地皇人皇之说，非雅言也。今录之以备考。天地混沌如鸡子。盘古生其中，万八千岁。天地开辟，阳清为天，浊阴为地，盘古在其中。一日九变，神于天，圣于地。天日高一丈，地日厚一丈，盘古日长一丈。如此万八千岁，天数极高，地数极厚，盘古极长。后乃有三皇（《御览》二引徐整《三五历》），天皇十二头，号曰天灵，治万八千岁（《御览》七十八引项峻《始学篇》）。被迹在柱州昆仑山下（《御览》七十八引《遁甲开山图》）。地皇十二头，治万八千岁（《御览》七十八引项峻《始学篇》）。兴于熊耳，龙门山，皆蛇身兽足，生于龙门山中（《御览》七十八引《遁甲开山图》）。人皇九头，治四万五千六百年（《御览》七十八引徐整《三五历》）。起于形马（《御览》七十八引《遁甲开山图》）或云提地之国（《御览》三百九十六引《春秋命历序》），其说之荒诡如此。今案盘古之名，古籍不见，疑非汉族旧有之说。或盘古、槃瓠音近，槃瓠为南蛮之祖（《后汉书·南蛮传》）。此为南蛮自说其天地开辟之文，吾人误用以为己有也。故南海独有盘古墓，桂林又有盘古祠（任昉《述异记》）。不然，吾族古皇并在北方，何盘古独居南荒哉？至三皇之说，虽三皇五帝之书，掌于故府（《周礼·春官·外史氏》）。事自确有，然必即指包牺诸帝而言，非别有所谓三皇也。

案古又有十纪之说：一曰九头纪，二曰五龙纪，三曰摄提纪，四曰合雒纪，五曰连通纪，六曰序命纪，七曰循蜚纪，八曰因提纪，九曰禅通纪，十曰流讫纪（《史记·三皇本纪》）。与巴比伦古垱文载洪水前有十皇相继，四十三万年之说合。

包 牺 氏

包牺氏蛇身人首，风姓，都于陈（今河南陈州）。华胥履迹，怪生皇牺（华胥所履母迹，灵威仰之迹也）。结绳而为纲罟，以畋以渔。制以俪皮嫁娶之礼，以木德王，始作八卦，以龙纪官，故为龙师而龙名。在位一百一十年，或云一百一十六年。案包牺之义，正为出渔猎社会，而进游牧社会之期。此为万国各族所必历，但为时有迟速，而我国之出渔猎社会为较早也。故制嫁娶，则离去知有母而不知有父之陋习，而变为家族。亦为进化必历之阶级。而其中至大之一端，则为作八卦。近世西人拉克伯里（Lacouperic）著书，言八卦即巴比伦之楔形文。今《易》、《纬·乾凿度》解八卦，正作古文，☰为古天字，☷为古地字，☴为古风字，☶为古山字，☵为古水字，☲为古火字，☳为古雷字，☱为古泽字，夫水火风雷天地山泽等物，均世间至大至常之现象，为初作记号者所必先，或包牺与巴比伦分支极早，其他之文均未作，而仅有此八文钦。

女 娲 氏

女娲氏，亦风姓也。承包牺制度，蛇身人首，是为女皇。抟黄土作人。有共工氏，任智刑以强伯。以水纪，为水师而水名。康回凭怒（康回，共工之名），地东南倾，四极废，九州裂，天不兼覆，地不周载，火焰炎而不灭，水浩洋而不息，猛兽食颛民，鸷鸟攫老弱。于是女娲氏炼五色石以补苍天，断鳌足以立四极，杀黑龙以济冀州，积芦灰以止淫水。苍天补，四极正，淫水涸，冀州平，狡虫死。女娲氏没，大庭氏作，次有柏皇氏，中央氏，栗陆氏，骊连氏，赫胥氏，尊卢氏，祝融氏，混沌氏，昊英氏，有巢氏，葛天氏，阴康氏，朱襄氏，无怀氏，凡十五代，并袭包牺之号。

案黄土抟人，与巴比伦之神话合（《创世记》亦出于巴比伦）。其故未详。共工之役，为古人兵争之始，其战也殆有决水灌城之举。补天杀龙，均指此耳。大庭以下，不复可稽，然古书所引尚多，与此小异。总以见自包牺至神农，其时日必极久矣。（《庄子·胠箧》与此不同）

神 农 氏

神农氏姜姓，母曰任姒，有乔氏之女，名女登，为少典妃。游于华阳，有神龙首，感女登于常羊，生炎帝。人身牛首，长于姜水，以火德王，故谓之炎帝。都于陈，凡八世。帝承、帝临、帝明、帝直、帝来、帝衰、帝榆罔，诸侯夙沙氏叛，不用命，炎帝退而修德。夙沙氏之民，自攻其君而归炎帝，在位百二十年，葬长沙。又名帝魁，以火纪，故为火师而火名。斫木为耜，揉木为耒，耒耜之利，以教天下。乃始教民，播五谷，相土地，宜燥湿肥硗高下，尝百草之滋味，察水泉之甘苦，令民知所避就。当此之时，一日而遇七十毒。神农纳奔水氏之女曰听詙为妃，生帝哀。哀生帝克。克生榆罔。凡八代，五百三十年，而为黄帝所灭。案此时代，发明二大事：一为医药，一为耕稼。而耕稼一端，尤为社会中至大之因缘。盖民生而有饮食，饮食不能无所取，取之之道，渔猎而已。然其得之也，无一定之时，亦无一定之数。民日冒风雨，暮溪山，以从事于饮食，饥饱生死，不可预决。若是之群，其文化必不足开发，故凡今日文明之国，其初必由渔猎社会，以进入游牧社会。自渔猎社会，改为游牧社会，而社会一大进。盖前此之蚤暮不可知，钜细不可定者，至此皆俯仰各足，于是民无忧馁陨险之害，乃有余力以从事于文化。且以游牧之必须逐水草，避寒暑也，得以旷览川原之博大，上测天星，下稽道里，而其学遂不能不进矣。虽然，游牧之群，必须广土，若生齿大繁，地不加辟，则将无以为游牧之场。故凡今日文明之国，其初必又由游牧社会，以进入耕稼社会。自游牧社会改为耕稼社会，而社会又一大进。盖前此栉甚风沐甚雨，不遑宁处者，至此皆可殖田园，长子孙，有安土重迁之乐，于是更有暇日，以扩其思想界，且以画地而耕，其生也有界，其死也有传，而井田宗法世禄封建之制生焉。天下万国，其进化之级，莫不由此。而期有长短，若非洲、美洲、澳洲之土人，今尚滞于渔猎社会，亚洲北方及西方之土人，尚滞于游牧社会，我族则自包牺已出渔猎社会，神农已出游牧社会矣。

神话之原因

综观伏羲、女娲、神农三世之纪载，则有一理可明。大凡人类初生，由野番以成部落，养生之事，次第而备，而其造文字，必在生事略备之后。其初，族之古事，但凭口舌之传，其后乃绘以为画，再后则画变为字。字者，画之精者也。故一群之中，既有文字，其第一种书，必为记载其族之古事，必言天地如何开辟，古人如何创制，往往年代杳邈，神人杂糅，不可以理求也。然既为其族至古之书，则其族之性情、风俗、法律、政治，莫不出乎其间。而此等书，当为其俗之所尊信，胥文明野蛮之种族，莫不然也。中国自黄帝以上，包牺、女娲、神农诸帝，其人之形貌、事业、年寿，皆在半人半神之间，皆神话也。故言中国信史者，必自炎黄之际始。

本文为《中国历史教科书》第一篇第一章"传疑时代"的第四、六、七、八、九、十节。此书凡三册，由商务印书馆于1905年7月—1906年5月间陆续发行。1933年改名为《中国古代史》，全一册。现节选自生活·读书·新知三联书店1955年版。

破 恶 声 论

鲁 迅

鲁迅（1881—1936），原名周树人。浙江绍兴人。现代文学家、思想家。中国神话学的开创者之一，神话方面的著述主要有《破恶声论》（1908）、《神话与传说》（《中国小说史略》第二篇，讲义本，1923）、《从神话到神仙传》（《中国小说的历史的变迁》第一讲，1924）、《关于神话的通信——致傅筑夫、梁绳祎》（1925）等。

破迷信者，于今为烈，不特时腾沸于士人之口，且袞然成巨帙矣。顾胥不先语人以正信；正信不立，又乌从比校而知其迷妄也。夫人在两间，若知识混沌，思虑简陋，斯无论已；倘其不安物质之生活，则自必有形上之需求。故吠陁①之民，见夫凄风烈雨，黑云如盘，奔电时作，则以为因陁罗②与敌斗，为之栗然生虔敬念。希伯来③之民，大观天然，怀不思议，则神来之事与接神之术兴，后之宗教，即以萌蘖。虽中国志士谓之迷，而吾则谓此乃向上之民，欲离是有限相对之现世，以趣无限绝对之至上者也。人心必有所冯依，非信无以立，宗教之作，不可已矣。顾吾中国，则夙以普崇万物为文化本根，敬天礼地，实与法式，发育张大，整然不紊。复载为之首，而次及于万汇，凡一切睿知义理与邦国家族之制，无不据是为始基焉。效果所著，大莫可名，以是而不轻旧乡，以是而不生阶级；他若虽一卉木竹石，视之均函有神秘性灵，玄义在中，不同凡品，其所崇爱之溥博，世未见有其匹也。顾民生多艰，是性日薄，洎夫今，乃仅能见诸古人之记录，与气禀未失之农人；求之于士大夫，戞戞乎难得矣。设有人，谓中国人之所崇拜者，不在无形而在实体，不在一宰而在百昌④，斯其信崇，即为迷妄，则敢问无形一主，何以独为正神？宗教由来，本向上之民所自建，纵对象有多一虚实之别，而足充人心向上之需要则同然。顾瞻百昌，审谛万物，若无不有灵觉妙义焉，此即诗歌也，即美妙也，今世冥通神秘之士之所归也，而中国已于四千载前有之矣；斥此谓之迷，则正信为物将奈何矣。

---

① 吠陁：印度。

② 因陁罗（Indra）：印度神话中的雷神，又是佛教中最崇高的神——帝释天。

③ 希伯来：古代文化发达的民族之一。公元前1320年，民族领袖摩西率领本族人民，从埃及归巴勒斯坦，分建犹太和以色列两国。《新旧约全书》（原本是希伯来文），即是记载希伯来民族的传说和历史的文学名著。

④ 百昌：万物。见《庄子·在宥》篇："今夫百昌，皆生于土而反于土。"

盖浇季士夫，精神窒塞，惟肤薄之功利是尚，躯壳虽存，灵觉且失。于是昧人生有趣神秘之事，天物罗列，不关其心，自惟为稻粱折腰；则执己律人，以他人有信仰为大怪，举丧师辱国之罪，悉以归之，造作蜚言，必尽颠其隐依乃快。不悟墟社稷毁家庙者，征之历史，正多无信仰之士人，而乡曲小民无与。伪士当去，迷信可存，今日之急也。若夫自谓其言之尤光大者，则有奉科学为圭臬之辈，稍耳物质之说，即曰："磷，元素之一也；不为鬼火。"略翻生理之书，即曰："人体，细胞所合成也；安有灵魂？"知识未能周，而辄欲以所拾质力杂说之至浅而多谬者，解释万事。不思事理神秘变化，决不为理科入门一册之所范围，依此攻彼，不亦儇乎。夫欲以科学为宗教者，欧西则固有人矣，德之学者黑格尔，研究官品，终立一元之说，其于宗教，则谓当别立理性之神祠，以奉十九世纪三位一体之真者。三位云何？诚善美也。顾仍奉行仪式，俾人易知执着现世，而求精进。至尼佉氏，则刺取达尔文进化之说，掊击景教，别说超人。虽云据科学为根，而宗教与幻想之臭味不脱，则其张主，特为易信仰，而非灭信仰昭然矣。……若在南方，乃更有一意于禁止赛会之志士。农人耕稼，岁几无休时，递得余闲，则有报赛，举酒自劳，洁牲酬神，精神体质，两愉悦也。号志士者起，乃谓乡人事此，足以丧财费时，奔走号呼，力施遏止，而钩其财帛为公用。嗟夫，自未破迷信以来，生财之道，固未有捷于此者矣。夫使人元气黮浊，性如沉垽，或灵明已亏，沦溺嗜欲，斯已耳；倘其朴素之民，厥心纯白，则劳作终岁，必求一扬其精神。故农则年答大戬于天，自亦蒙麻而大酺，稍息心体，备更服劳。今并此而止之，是使学轭下之牛马也，人不能堪，必别有所以发泄者矣。况乎自慰之事，他人不当犯干，诗人朗咏以写心，虽暴主不相犯也；舞人屈申以舒体，虽暴主不相犯也；农人之慰，而志士犯之，则志士之祸，烈于暴主远矣。乱之上也，治之下也，至于细流，乃尚万别。举其大略，首有嘲神话者，总希腊埃及印度，咸与诽笑，谓足作解颐之具。夫神话之作，本于古民，睹天物之奇觚，则逞神思而施以人化，想出古异，诚诡可观，虽信之失当，而嘲之则大惑也。太古之民，神思如是，为后人者，当若何惊异瑰大之；矧欧西艺文，多蒙其泽，思想文术，赖是而庄严美妙者，不知几何。倘欲究西国人文，治此则其首事，盖不知神话，即莫由解其艺文，暗艺文者，于内部文明何获焉。若谓埃及以迷信亡，举彼上古文明，胥加呵斥，则竖子之见，古今之别，且不能知者，虽一哂可靳之矣。复次乃有借口科学，怀疑于中国古然之神龙者，按其由来，实在拾外人之余唾。彼徒除利力而外，无蕴于中，见中国式微，则虽一石一华，亦加轻薄，于是吹索抉剔，以动物学之定理，断神龙为必无。夫龙之为物，本吾古民神思所创造，例以动物学，则既自白其愚矣，而华土同人，贩此又何为者？抑国民有是，非特无足愧恧已也。神思美富，益可自扬。古则有印度希腊，近之则东欧与北欧诸邦，神话古传以至神物重言之丰，他国莫与并，而民性亦瑰奇渊雅，甲天下焉，吾未见其为世诟病也。惟不能自造神话神物，而贩诸殊方，则念古民神思之穷，有足愧尔。嗟乎，龙为国徽，而加之谤，旧物将不存于世矣！顾俄罗斯枳首①之鹰，英吉利人立之兽，独不蒙垢者，则以国势异也。科学为之被，利力实其心，若尔人者，其可与庄语乎，直唾之耳。且今者更将创天下古今未闻之事，定宗教以强中国人之信奉矣，心夺于人，信不繇己，然此破迷信之志士，则正敕定正信教宗之健仆哉。

本文首次发表于《河南》月刊 1908 年第 8 号。署名迅行。现选自《鲁迅全集》第七卷《集外集拾遗》，人民文学出版社 1958 年版。

---

① 枳首：两个头。

育　斯

单士厘

单士厘（1858—1945），女，浙江萧山人。诗人，学者。青年时期受过严格的文学教育。曾随丈夫钱恂（1853—1927，钱玄同的长兄）出使日、俄、意大利等国。著有《癸卯旅行记》（1904）、《归潜记》（1910）等。其中《归潜记》中的《章华庭四室》和《育斯》（今译宙斯）两篇，介绍了希腊罗马神话，并阐述了自己的神话见解。《章华庭四室·劳贡（拉奥孔）室》从神话学、美学、考古学、雕刻艺术等多方面比较详细地介绍和评论了希腊神话人物拉奥孔，在我国近代神话学史与美学史中写下了珍贵的一页，是目前所知我国最早评述拉奥孔的文字。

多神之为学也，有神话、教式二事。神话传于言，教式见乎行。在罗马之多神，夙于教式上重罗马习惯，而于神话上则多取希腊传说。故言罗马多神者，实不能不并及希腊多神。读希、罗神话，首述天地开辟事，幻想成文。自育斯篡弑，神界革新，神数增多，神迹增繁，遂由神话而演成教式。各神有专式，各像有专容。育斯以前，混不别也；育斯以后，纷以杂也。爰于多神首记育斯。

神话开历史之先　育斯（Jupiter），希腊最尊之神，源出印度神话，梵音读伽（配以腊丁字母作 Dza），厥义光耀，一如日本神话之天照大神。盖世界各族，当猱狉初辟，无不崇仰大明，因而神之也。传入希腊，文化进而神话亦加详，以育斯为天地之主，又为神人之父，万能而无乎不能。再传至罗马，其神话多缘饰希腊，牵引同化，育斯尤逐渐增崇，神格遂驾出诸神之上，而居于唯一之尊。后世排多神而专宗一神，即渊源于此。至育斯神性神迹，希、罗两话，所传不同，则因乎人与时之思想信仰而殊，此神话之所以开历史之先，而独成专学也。

梵音之 Dza，转希腊字为 Zeus，转腊丁古文为 Iovis，寻讹为 Diovis，遂成通字。又因育斯有众父之尊，腊丁父字为 Pater，约合两字成为 Iupiter 一字，即今英法文通称之 Jupiter。义文 Giove 直从腊丁 Diovis 化来。德文 Zens 犹存希腊语根，而如英、法文之 Jupiter，德人亦未尝不用，在学者随所便而书之耳（比读各种神话，乃见何种人类演出何种神话。而神话之成，咸本神名字义。其名字根源，或出印度，或出埃及，亦或出乎别种文字，其字根转辗变化，非语原专学不详，兹示其一例耳）。

浑沌开辟时的神话 育斯以前之神话，或一神数名，或一名数神，系统纷歧，莫考先后，然总其大较，则神话至理已略具也。其言曰，世界之初，有一神名曰"嚣"，译义即浑沌太荒之谓。西书载嚣状，空虚无形，冥明无色，清浊阴阳，皆莫可辨，惟极富于繁殖之力，日夜孳生，增长不已。生女曰尼葛师，厥义夜也；子曰厄嫘伯，厥义暗也。尼、厄昏而生男曰伊太，物之精也；女曰艾媚，昼之明也。由是渐有天地：天男神，名娲阑；地女神，名桀耶。天地配偶，统治宇宙，是为初代。三代弑篡相传，传及育斯。先是尼葛师之出，尚有异父子女甚多，曰睡，曰梦，曰运，曰弱，曰老，曰死，曰争，曰仇，曰诈，曰恶，曰情，曰欲。要凡人生不幸，推之不能明其原，求之不可得其解者，靡不于天地未辟之先，已萌生也。又凡此凶恶不祥，亦靡不于黑暗鲞夜之间，始构成也，故皆出自尼葛师。又别有三女为一群，名帕耳克，断人寿之丝。又三女曰日斯背里，掌金果之树。夫金果，至宝也，而三神因以争（别详）。因三神之争也，遂有脱罗耶十年大战至惨之事。故宝物为罪恶之原因，惨事乃罪恶之结果，是以日斯背里与帕耳克，亦皆为尼葛师之出。逮天地合配，而子女益众，盖尼葛师子女，在神话所关尚浅，至天地而子女涉及万神。尼葛师所生，其理义尚单纯，至天地所生，则无理义之不能通。惟无不通之理义，故子女之数，尤无画限。其著称者凡六群。通名氏单①者，六男为一群。通名氏单尼者，六女为一群。通名犀可罗伯者，三男为一群。通名黑嘎东恺者，三男为一群。通名禹美尼者，若干女为一群（数多不计）。通名象罔②者，若干男为一群。此外不归类者，又若干神、若干怪，而以氏单与氏单尼为正裔。育斯，又氏单、氏单尼之后也。

天地配偶生刹都尔 初代天地配偶，生子曰刹都尔，为司时之神（刹都尔 Saturnus 为腊丁名，其希腊名曰克洛诺 Cronos，本无时字义。以希腊方言之称刈获之月曰克洛侬 Cronion 论，则克洛诺或有刈获之意，而为刈获之神。然则何以转而为司时神也？考希语，时字亦曰克洛诺 Chronos。时与获，字异而音同。殆因音同，而遂移神性欤？当入罗马神话时，本义已淆混不分矣），生女曰徕亚，与刹都尔为夫妇。刹都尔以镰刀弑父而自立为王（刹为司时神。论一日，有日沉虞渊之时。论一岁，有闭塞成冬之时。镰又刈获所需，遂演成弑父奇谈。然若由我国人演叙，必不如此），唱人类平等之说。古诗人至颂刹都尔之世为黄金时代，迨罗马共和犹艳称之。当刹既弑父自王矣，彼父娲阑，即所谓天者，又告刹曰：若弑父而王，若子亦必将弑父而王。刹惧其言之验也，尽吞食其所生子。徕亚娠，不忍所生之见吞也，避匿于希腊南海克烈答之岛、狄克堆之穴，一产得男女两婴，男曰育斯，女曰育侬（即育斯妻）。刹搜索得育侬，吞之，更大索育斯。徕亚裹石于褓，伪言是育斯，刹亦取吞之，而真育斯固生存也。徕虑来日方艰，狼狈而托养于二妮（妮解别见）。妮一曰

---

① 氏单：狄坦。
② 象罔：巨人。

亚达忒，一曰伊达，均属克烈答岛。育斯于是得妮之保抱，食伊达山之蜜，饮亚玛锑（山羊名）之乳以生。

天与地之子，著称者凡六男六女，以刹都尔、徕亚为最少（刹、徕同乳）。刹既弑父自王，诸氏单昆季不服，争立。刹以母宠故，终据大位。初，刹之天警而尽吞所生子女也，伪与诸氏单辈约曰：凡我子概不使活，以便无后而统归诸昆。不意外纍之育斯长大，默饮刹都尔以药（药为育斯第一妻所制，久藏育处），尽吐所吞子女，悉复活，且并伪子之石块亦吐焉。诸氏单怒刹都尔之背约也，向刹都尔宣战。刹仗育斯之力，尽克诸敌，囚敌于地谷之轵靻河深处。

分治天人水地三界 育斯既囚诸氏单，自以为有殊勋，宜懋赏，久之寂然，遂畜弑父心。天实使之（西人以此为上应天警，不以为忤逆）。天使地告于育曰：尔欲图大事乎？非联合讷多诺及泼娄东二昆不可（皆刹都尔子，吞而复吐者），尤非假轵靻河中诸氏单力不可。育斯乃释诸氏囚。有三犀可罗伯，本同为刹都尔囚于河。氏、犀同时出河，犀多才智，感育斯惠，为制雷，又为泼娄东制胄，为讷多诺制三齿之戟，合力攻刹。刹败，育斯流放之而自立为王，三昆季分治世界：育占天界与人界，讷居水界，泼得地界（即地谷）。而天人主神之育斯，尤有大权。

奥林匹亚十二大神 育斯，天之主神。天象最可怖者为雷，育斯故为雷神，居婀令丕山上天宫中。凡与育斯同居天上者为天神，其数二十。此二十中，惟十二尤尊，所谓婀令丕十二神：曰育斯，曰育侬，曰讷多诺，曰泼娄东，曰威司泰，曰璀雷斯，曰阿博隆，曰蒂安，曰密讷尔佛（亦称雅典[①]），曰浮玉斯，曰玛斯，曰铁尔干。

战胜巨人 育斯统权，氏单先背，因又囚之轵靻河，以象罔为监守。象罔魁伟怪躯，或多臂，或多头，或多目，或腰以下为二蛇，蛇各有首。象罔恃躯力之伟，不甘伏育斯，群起谋叛，叠山为基，置婀令丕山于其巅，企图攀援而登天，投石与育斯斗，其石之落于海者为岛，止于地者为山，暴武莫当，育斯不敌。而古有神言曰：凡不死之属，非有可死之属以相助援，不能胜象罔（神话中人物出自神者，为不死类；出自人者，为可死类；人而神者，亦入不死；神而不神，亦归可死；其超乎可死之上而犹未逮于不死者，称为半神）。故育婉辞以禁日月辰三神，勿泄其谋，召集十二神会议。因雅典而得交于埃沟。埃沟，半神类，即可死类也，其勇无敌，与育斯合力败象罔，神言乃验。育斯埋象罔之大有力者于地下，如西昔里埃脱那山下，即埋一象罔，名曰恩恺拉。此恩恺拉愤郁极，呼气为火，霪蔽天光，阴暗惨淡，侧身一转，遂山崩而地动，然无以自脱。于是育势大振，天下靡顺（神话学者分剖一话中性质，各有命意。如象罔之愤，即古人借以解释火山喷火、地震之所自来；象罔之石，即古人借以解释山与岛之所以成；象罔之叠山为梯，即古人借以解释婀令丕山之所以高。是为说明天然之神话）。

---

① 雅典：雅典娜。

神话系统　育斯宠爱所钟，遍乎神人，为正式缔婚者凡七度，育侬其殿。以次考之，首墨嫡，次戴眯，次欧丽侬，次璀雷斯，次讷穆秦，次腊董，又次育侬。而话谈所传，雕刻所见，惟育侬最多，故递传愈繁，先后有不相呼应者。如育斯第六妻腊董之生蒂安、阿博隆也，育侬以丕东（蛇名）诅害之，则腊董之时，育侬既婚矣。又如育斯、育侬既同时而生，则侬、斯何必后墨嫡、戴眯辈而婚？盖西字以形判性，育斯者阳性，育侬即由育斯字转成阴性，故育斯妻诸说并传，遂浑浑莫明顺序。论神话本无所谓先后，自属入人事，为神代古史，乃有不真确之统系，而有系统之说与无系统之说，仍杂然融合，不可辨析，此神话之所以为神话也。

命运比宙斯强　希人之敬育斯也，以为日月轮回之神、时令交代之神、雪之神、风之神、雨之神、雷电之神，凡一切天候现象，胥以育斯为神。又以为国之神、家之神、法律之神、裁判之神、明誓之神、会议之神，凡一切人道秩序，亦胥以育斯为神。又以为土地饶沃之神、畜牧繁殖之神，凡一切农获果实，以至牧畜之产，又莫不以育斯为神。于是育斯越天人二界之限，为万能神，而独运数之否泰，虽育莫抗，运数而外，育能万全。是以普希腊人均崇敬育斯，其崇敬恒在山巅，尤以婀令丕、伊达二山为最（希腊凡二伊达山，此指克烈答岛中伊达山言），盖婀、伊二山为最高，高则常见雷也。又山高则眼界广，育斯统视一切，故必在高山也。

由希腊入罗马　希人祠育必于山巅，此风传入罗马。罗马人礼育斯，故亦在邱上。育教入罗，当景前千年而遥。远在罗慕路肇基之先，邱上有崇育古迹可据。惟其时文字之用未弘，历史尚待口述，信仰情状，匪所易详。逮罗马文化开，而育斯之教益扩。征之于古纪，则当地各地方各种人，各有崇敬性质目的之不同，乃于神名之上附字以辨义，遂因义而设教。如曰电育斯，神于电也；曰光育斯，神于光也；曰雨育斯，神于雨也；曰播育斯，神于播植也；曰获育斯，神于刈获也；曰胜育斯，神于胜利者也；曰武育斯，神于武功者也；曰君育斯，神于君临者也；曰家育斯，神在私家、福家室也；曰均育斯，神在界限、平争讼也。而罗马大庙，其祠电育斯者凡一，祠胜育斯者凡三，祠君育斯者凡二，祠武育斯者凡一，即相传为罗慕路所建者。又有祠至大至尊育斯一庙，在嘎毕都尔邱，则史乘所称为世界至弘至壮，而儒略恺撒死于是庙者也，今尚有旧址可见。

祭宙斯　至各庙之祀育斯礼，通行于月之望日（此望字意义，略异于中国向用之望字，别详《罗马古历考》）。他若将战兵发，则特祀于武育斯；既胜兵旋，则又特祀于胜育斯。如是各以事之所系，祀其所神，惟月之望日，通祀不以名别。而望日之祀，尤崇于光育斯，故光育斯又曰育斯。望日之神，望日例祭之外，有育斯大祭，如新君即位，战军凯还，新臣受任，凡诸大事，咸行国祭礼于嘎毕都尔之至大至尊育斯之前。而每年四月（此四月为今阳历四月。顾罗马建国之初，历大不同。此式指每年第二月，惟所用字为今之四月字，故姑用此字。其确当译名，别见《罗马古历考》。以下所称月日，均仿此）二十三日，为陈酒之祭，育斯专事僧，即所谓育斯之夫拉孟①主其式，启上年酒瓮，酹地祭告。又八月十九日为酿酒之祭，是时葡萄成熟，始酿酒，祭神所以酬葡萄之熟，且祷造酒之佳也。又十月十一日为成酒之祭，是时新酒甫成，帝君祭神而尝之。凡此三酒祭，君民共与，为国之大祭。盖罗马农产，葡萄为大宗，葡萄之用，惟酒为大宗，即一年之民财裕绌，亦惟酒也。至育斯之祭，主祭者，必为育斯夫拉孟。是以育斯夫拉孟得入元老院，而列于贵族也。

神职　在古罗马宗教上之神职，大分为两种：其通乎各神者曰朋氏夫②（朋氏夫中有最大朋氏夫一人，腊名 Pontifex maximus，后世景宗即用此称），其专于一神者曰夫拉孟。夫拉孟高级者三人，列贵族，食国俸；而育斯夫拉孟为尤崇，坐象牙镂椅，著绯色袍（绯为罗马最尊之色），所享与最高级官同等，惟必经大麦礼（贵族结婚礼之最大者，举礼于育斯之前，供以大麦制之饼，故名。是礼也，新妇誓从夫教，且夫归终身宜家，不得离婚）而结婚者，始得任之。任时或出外逾宿，不得过二宵，出门不得乘马，衣冠有定制，出行必有前驱。前驱者且行且呼，告夫拉孟之来，令在路者举敬礼也。育斯大祭，育斯夫拉孟司之，先燃燎，盖屠牲燔祭，必取火于夫拉孟所燃燎也。

偶像　育斯之有偶像，始于神诗时代（神诗：叙述神话之诗。成诗之时，称曰神诗时代）。过前但有神标而已（神标者，初为石片木端，寻为方圆石柱，继为尖柱，形如埃及卑腊密特③而小，又为有首有肩之半像柱，为偶像之初步。此习始于东方斐尼基人之拜陨石。克烈岛最染东风者，遂取非陨之石，亦以为自天降下而神祀之，是又为希腊神标之滥觞）。祀神者饰衣带、施神徽于标上（神各有所持，各有附属物。造像者附其物于像，以表所像之神，是曰神徽），灌香油，爇香料，屠燔牺牲于标前而拜之。所以拜他神者，即所以拜育斯，初无区异，初无偶像。若更溯其先，则并标而无之，拜于山巅，即为拜育斯，尤无所谓偶像矣。

荷马时代　神诗时代（神诗家以华曼尔④为最著。所谓神诗时代，即指华曼尔时代，景前八世纪顷也），育像甫萌，格式未备，虽有木、石、铜、金诸质之像，而拙简不足道。惟当时尊崇育斯，以为育斯天人主父，神临三界，故有三面之育斯，有三目之育斯（一治天界，一治人界，一治水界。或以为一治天上，一治人间，一治地谷）。其时育像之貌，皆多须多发，有衣而坐者，有裸而立者。神徽四事（一杖，表王权也；一火，雷火也；一皿镜，镜形如皿，表明察也；一鹰，表高远也），或备或缺。继而拙者渐工，简者渐繁，至景前五世纪，斐醒亚斯（希腊美术大家）作金饰牙雕之育像于婀令丕庙，乃跻乎备极。其像育斯坐镂牙镶金椅，南面堂皇。额广，有横纹深凹；发浓，周绕额面；眼大，鼻隆，须卷而多。额上加橄榄冠，右

---

① 夫拉孟：祭司。
② 朋氏夫：主教。
③ 卑腊密特：金字塔。
④ 华曼尔：荷马。

手载尼格（胜利神，女性），亦镂牙饰金为之。衣冠有翼，左手倚杖，合五金铸成，杖上立鹰。前胸裸，筋骨魁伟。胸以下着衣，花纹细致。椅背刻季神（三女一群）、欢神（三女一群）。左右臂凭，咸雕司芬克斯（埃及女面狮身神）。椅下图婀令丕竞技，及亥沟战亚玛宋事，是为婀令丕育像，亦曰尼格莆洛育像。莆洛，持也，谓育斯持尼格也（景宫所藏沃忒利郭里育斯头像，及奈波里博物院所藏邦贝育斯头像，皆取貌于婀令丕像。又今藏景宫而曩在佛洛司比宫之育斯坐像，尚近于婀令丕像貌）。此婀令丕像为育像范本，然亦有变体者。变体多取他神之徽，与育斯容貌，混合为一，即以两神名连为一字称之，谓是即育斯也可，谓非育斯也亦可。如育斯讷多诺（育斯持三齿戟者）、育斯阿蒙（阿蒙，埃及之地谷主神，羊角而羊耳，育斯阿蒙像，即育貌加羊角羊耳者），皆两神化合之变体也。更有如育斯舍拉比者，舍拉比本两神合体，更加育斯，三神合为一体者（舍拉比，埃及神名，合婀舍利司与阿比二神名而成。阿比为牛，故舍拉比作牛貌，顶上有圆形，中作火状。育斯舍拉比，顶上有圆形而无火），则变之又变。而育像变体，数亦无穷。古罗马嘎毕都邱之至大至尊育斯，仿婀令丕育斯坐像者也。

本文为《归潜记》（据1910年归安钱氏家刻毛本）中的一章。现选自钟叔河主编之单士厘所著《癸卯旅行记·归潜记》，湖南人民出版社1981年版。文中的小标题与注释是钟叔河拟释的。

童 话 略 论

周作人

周作人（1885—1967），字启明，号知堂，笔名遐寿等。浙江绍兴人。神话学家、文艺理论家、散文家、翻译家、民间文艺学家。周作人是最早把西方人类学派神话理论引进我国的学者之一，在中国神话学的建立中起着奠基者的作用。他在神话方面的著述包括论文和译作两个方面。重要论文有《童话略论》（1913）、《神话与传说》（1923）、《神话的辩护》（1924）、《神话的趣味》（1924）、《习俗与神话》（1933）、《希腊神话》（1934）、《希腊的神·英雄·人》（1935）、《关于雷公》（1937）等；译作有《红星佚史》（1907）、《希腊的神话与英雄》（1949）、《希腊神话》（1958）等。

一、绪　言

儿童教育与童话之关系，近已少少有人论及，顾不揣其本而齐其末，鲜有不误者。童话研究当以民俗学为据，探讨其本原，更益以儿童学，以定其应用之范围，乃为得之。聊举所知，以与留意斯事者一商兑焉。

二、童话之起原

童话（Märchen）本质与神话（Mythos）世说（Saga）实为一体。上古之时，宗教初萌，民皆拜物，其教以为天下万物各有生气，故天神地祇，物魅人鬼，皆有定作，不异生人，本其时之信仰，演为故事，而神话兴焉。其次亦述神人之事，为众所信，但尊而不威，敬而不畏者，则为世说。童话者，与此同物，但意主传奇，其时代人地皆无定名，以供娱乐为主，是其区别。盖约言之，神话者原人之宗教，世说者其历史，而童话则其文学也。

故有同一传说，在甲地为神话者，在乙地则降为童话，大抵随文化之变而为转移，故童话者不过神话世说之一支，其流行区域非仅限于儿童，特在文明之国，古风益替，此种传说多为儿童所喜，因得藉以保存，然在农民社会流行亦广，以其心理单纯，同于小儿，与原始思想合也。或乃谓童话起原由于儿童好奇多问，大人造作故事以应其求，则是望文生义，无当于正解也。

三、童话之分类

童话大要可分为二部：

（一）纯正童话，即从世说出者，中分二类。

甲、代表思想者。多以天然物为主，出诸想像，备极灵怪，如变形复活等式皆是。又物源童话，说明事物原始，如猿何以无尾亦属之。

乙、代表习俗者。多以人事为主，亦极怪幻，在今日视若荒唐，而实根于原人之礼俗。如食人掠女诸式童话属之。

（二）游戏童话，非出于世说，但以娱悦为用者，中分三类。

甲、动物谈。模写动物习性动作，如狐之狡，狼之贪，各因其本色以成故事。

乙、笑话。多写人之愚钝刺谬，以供哄笑，如后世谐曲，越中有呆女婿故事，其说甚多。

丙、复叠故事。历述各事，或反复重说，渐益引长，初无义旨，而儿童甚好之，如英国 That is the House Jack built 最有名，是盖介于儿歌与童话之间者，故在乡村农民亦或乐此，则固未能谓纯属于儿童也。

四、童话之解释

童话取材既多怪异，叙述复单简，率尔一读，莫明其旨，古人遂以为荒唐之言，无足稽考，或又附会道德，以为外假谰言，中寓微旨，如英人之培庚，即其一人。近世德人缪勒（Max Müller）欲以语病说解之，亦卒不可通。英有安特路阑（An-drew Lang）始以人类学法治比较神话学，于是世说童话乃得真解。其意以为今人读童话不能解其意，然考其源流来自上古，又旁征蛮地，则土人传说亦有类似，可知童话本意今人虽不能知，而古人知之，文明人虽不能知，而野人知之。今考野人宗教礼俗，率与其所有世说童话中事迹两相吻合，故知童话解释不难于人类学中求而得之，盖举凡神话世说以至童话，皆不外于用以表见原人之思想与其习俗者也。

今如变形之事，童话中多有之。人兽易形，木石能言，事若甚奇，然在野人则笃信精灵，人禽木石，同具精气，形躯但为寄托之所，随意变化，正复当然，不足为异。他若杀人而食，掠女为妻，在野蛮社会中亦习见之事。童话又言帝王多近儿戏，王子牧豕于野，行人叩门，则王自倒屣启关，是亦非故为简单，求合于童心也，实则在酋长制度之下，其所谓元首之尊严，正亦不过尔尔。明于此，斯童话之解释不难了然矣。

五、童话之变迁

童话中事实既与民族思想及习俗相合，在当时人心固了不以为诡异。及文化上遂，旧俗渐革，唯在传说之中尚存踪迹，而时代邈远，忘其往昔，则以为异俗惊人，率加粉饰，遂至渐失本真，唯推原见始，犹不难知。童话中食人之习，其初本人自相食，渐变而为物魅，终复改为猛兽。又如物婚式童话，初为以兽偶人，次为物魅能幻为人者，终为本是生人，而以魔术诃禁，暂见兽形，复得解脱者。凡此皆应时饰意，以免骇俗，变迁之迹，至为显著者也。

故童话者，本于原始宗教以及相关之习俗以成，故时代既遥，亦因自然生诸变化，如放逸之思想，怪恶之习俗，或凶残丑恶之事实，与当代人心相抵触者，自就删汰，以成新式。今之以童话教儿童者，多取材于传说，述而不作，但删繁去秽，期合于用，即本此意，贤于率意造作者远矣。

六、童话之应用

童话应用于教育，今世论者多称有益，顾所主张亦人人殊。今第本私意，以为童话有用于儿童教育者，约有三端。

（一）童话者，原人之文学，亦即儿童之文学，以个体发生与系统发生同序，故二者，感情趣味约略相同。今以童话语儿童，既足以餍其喜闻故事之要求，且得顺应自然，助长发达，使各期之儿童得保其自然之本相，按程而进，正蒙养之最要义也。

（二）凡童话适用，以幼儿期为最，计自三岁至十岁止，其时小儿最富空想，童话内容正与相合，用以长养其想像，使即于繁富，感受之力亦渐敏疾，为后日问学之基。

（三）童话叙社会生活，大致略具，而悉化为单纯，儿童闻之，能了知人事大概，为将来入世之资。又所言事物及鸟兽草木，皆所习见，多识名物，亦有裨诵习也。

以上三端，皆其显者，若寄寓训戒，犹为次。德国学者以狼与七小羊（《格林童话集》第五篇）一话教母子相依之谊，不过假童话本事，引起儿童注意，暗示其理，若寓言之用，亦正在令人意会。后缀格言，犹为蛇足，以敷陈道理，非数岁儿童所能领解，兴趣又复索然，且将失其本来之价值也。

七、童话之评骘

民族童话大抵优劣杂出，不尽合于教育之用，当决择取之。今举其应具之点，约有数端：

（一）优美。以艺术论童话，则美为重，但其美不在藻饰而重自然，若造作附会，则趣味为之杀，而俗恶者更无论矣。

（二）新奇。此点凡天然童话大抵有之。

（三）单纯。单纯原为童话固有之德。其合于儿童心理者亦以此，如结构之单纯，脚色之单纯（人地皆无定名），叙述之单纯，皆其特色。若事情复杂，敷叙冗长，又寄意深奥，则甚所忌也。

（四）匀齐。谓段落整饬，无所偏倚。若次序凌乱，首尾不称，皆所不取。故或多用楔子，以足篇幅，徒见杂糅，无所益也。

中国童话未经搜集，今所有者，出于传译，有《大拇指》及《玻璃鞋》为佳，以其系纯正童话。《无猫国》盛行于英，但犹《今古奇观》中"洞庭红"故事，实世说之流也。《大拇指》各国均有传说，格林（Grimm）童话集中第三十七及五十皆其一则，英国所传以市本（Chap-book）中所出一本为胜，多滑稽之趣。《玻璃鞋》者通称灰娘（Cinderella），其事皆根于上古礼俗，颇耐探讨，今所通用以法 Perault 所述本为最佳。华译删易过多，致失其意，如瓜车鼠马，托之梦中，老婆亦突然而来，线索不接，执鞋求妇，不与失履相应，则后之适合为无因，殊病支离也。此外中国史实，本非童话，但足演为传记故事，以供少年期之求。若陶朱公事，世故人情阅历甚深，顾幼儿不能解，且其气分郁塞，无愉快之气，亦非童话之所宜也。

八、人为童话

天然童话亦称民族童话，其对则有人为童话，亦言艺术童话也。天然童话者，自然而成，具种人之特色，人为童话则由文人著作，具其个人之特色，适于年长之儿童，故各国多有之。但著作童话，其事甚难，非熟通儿童心理者不能试，非自具儿童心理者不能善也。今欧土人为童话唯丹麦安兑尔然（Anderson）为最工，即因其天性自然，行年七十，不改童心，故能如此，自郐以下皆无讥矣。故今用人为童话者，亦多以安氏为限，他若美之诃森（Hawthorne）等，其所著作大抵复述古代神话，加以润色而已。

九、结　论

上来所述，已略明童话之性质，及应用于儿童教育之要点，今总括之，则治教育童话，一当证诸民俗学，否则不成为童话，二当证诸儿童学，否则不合于教育，且欲治教育童话者，不可不自纯粹童话入手，此所以于起原及解释不可不三致意，以求其初步不误者也。

本文原载鲁迅编辑的《绍兴县教育会月刊》1913 年第 2 号。现选自《儿童文学小论》，儿童书局 1932 年版。

殷卜辞中所见先公先王考（序说）

王国维

王国维（1877—1927），字静安，号观堂。浙江海宁人。中国近现代的优秀学者，在文、史、哲、文字学、考古学等多方面都有杰出成就。陈寅恪所归纳的王国维治学的三大主张，即"取地下之实物与纸上之遗文互相释证"、"取异族之故书与吾国之旧籍互相补证"、"取外来之观念与固有之材料互相参证"（见陈寅恪《王静安先生遗书序》），对中国神话学的理论、方法与实践都有重大的影响。他的《殷卜辞中所见先公先王考》（1917）、《古史新证》（1925）等都是这方面的传世之作。

甲寅岁莫，上虞罗叔言参事撰《殷虚书契考释》，始于卜辞中发见"王亥"之名。嗣余读《山海经》、《竹书纪年》，乃知王亥为殷之先公，并与《世本·作篇》之"胲"、《帝系篇》之"核"、《楚辞·天问》之"该"、《吕氏春秋》之"王冰"、《史记·殷本纪》及《三代世表》之"振"、《汉书·古今人表》之"垓"，实系一人。尝以此语参事及日本内藤博士（虎次郎），参事复博搜甲骨中纪王亥事者，得七八条，载之《殷虚书契后编》。博士亦采余说，旁加考证，作《王亥》一篇，载诸《艺文杂志》，并谓：自契以降，诸先公之名，苟后此尚得于卜辞中发见之，则有裨于古史学者当尤巨。余感博士言，乃复就卜辞有所攻究，复于王亥之外得王恒一人。案《楚辞·天问》云"该秉季德，厥父是臧"，又云"恒秉季德"，王亥即该，则王恒即恒，而卜辞之季之即冥（罗参事说），至是始得其证矣。又观卜辞中数十见之田字，从甲在口中（十，古甲字），及通观诸卜辞，而知田即上甲微。于是参事前疑卜辞之匚𠃊可（即乙丙丁三字之在𠃊或𠃌中者，与田字甲在口中同意），即报乙、报丙、报丁者，至是亦得其证矣。又卜辞自上甲以降，皆称曰"示"，则参事谓卜辞之示壬、示癸，即主壬、主癸，亦信而有征。又观卜辞，王恒之祀与王亥同，太丁之祀与太乙、太甲同，孝己之祀与祖庚同，知商人兄弟，无论长幼与已立、未立，其名号、典礼盖无差别。于是卜辞中人物，其名与礼皆类先王而史无其人者，与夫父甲、兄乙等名称之浩繁求诸帝系而不可通者，至是亦理顺冰释。而

《世本》、《史记》之为实录，且得于今日证之。又卜辞人名中有𥛮字，疑即帝喾之名；又有土字，或亦相土之略。此二事虽未能遽定，然容有可证明之日。由是有商一代先公先王之名，不见于卜辞者殆鲜。乃为此考，以质诸博士及参事，并使世人知殷虚遗物之有裨于经史二学者有如斯也。丁巳二月。

本文作于丁巳年（1917），首次登载于《观堂集林》卷九，乌程蒋氏刊行，1921 年。

洪　水

（附：洪水考）

梁启超

　　梁启超（1873—1929），字卓如，号任公，别署饮冰室主人。广东新会人。近代政治家、学者。他的著作大量引进西方新学说、新思想，其中包括西方的神话学说。他把神话作为一种独立的研究对象，以进化论的观点，探讨中国神话在文化史中的位置。他的《太古及三代载记》（1922）、《中国历史研究法补编》（1926）中有关神话史、宗教史的章节对中国神话学的创立产生过影响。

　　上古有一大事曰洪水。古籍所记，与洪水有系属者凡三。其一，在伏羲神农间，所谓女娲氏积芦灰以止淫水是也。《淮南子·览冥训》："往古之时，四极废，九州裂；天不兼覆，地不周载；火爁焱而不灭，水浩洋而不息；猛兽食颛民，鸷鸟攫老弱。于是女娲炼五色石以补苍天，断鳌足以立四极，杀黑龙以济冀州，积芦灰以止淫水。苍天补，四极正，淫水涸，冀州平，狡虫死，颛民生。"其二，在少昊颛顼间，所谓共工氏触不周之山是也。《列子·汤问篇》："共工氏与颛顼争为帝，怒而触不周之山，折天柱，绝地维。"《淮南子·本经训》："共工振滔洪水，以薄空桑。"《楚辞·天问》："康回凭怒，地何故以东南倾？（王逸注：康回，共工名也。）"《国语·周语》："共工壅防百川，堕高堙庳，以害天下。皇天弗福，共工用灭。"其三，在尧舜时，即《尚书》、《史记》所载，而鲧禹所治也。《尚书·尧典》："帝曰：'咨，四岳！汤汤洪水方割，荡荡怀山襄陵，浩浩滔天。下民其咨，有能俾乂？'佥曰：'於！鲧哉！'帝曰：'於，咈哉！方命圮族。'岳曰：'异哉！试可，乃已。'帝曰：'往，钦哉！'九载，绩用弗成。"《尚书·洪范》曰："我闻，在昔，鲧堙洪水，汩陈其五行。"《山海经》云："洪水滔天，鲧窃帝之息壤以堙洪水。"《国语·周语》曰："崇伯鲧播其淫心，称遂共工之过。尧用殛之于羽山。"《孟子》云："当尧之时，天下犹未平，洪水横流，泛滥于中国。草木畅茂，禽兽繁殖，五谷不生，禽兽逼人，兽蹄鸟迹之道交于中国。"《淮南子·本经训》云："舜之时，龙门未开，吕梁未发，江淮通流，四海溟涬，民皆上丘陵、赴树木。舜乃使禹平通沟陆，流注东海。洪水漏，九州干，万民皆宁其居。"据以上群籍所记，似洪水曾有三度，相距各数百年，每度祸皆甚烈，实则只有尧舜时之一度。前乎此者，不过神话传说之歧出。此次水祸，其历年或甚长久，逮舜禹登庸，其祸始息，禹之前治水者有鲧，鲧之前有共工，皆务埋塞之，而效卒不睹。至禹则以疏通之而获成功焉。洪水经过之情状，大略如是。兹事虽出天变，而影响于古代人民思想及社会组织者盖至大，实史家所最宜注意也。

附：洪水考

古代洪水，非我国之偏灾，而世界之公患也。其最著者为犹太人之洪水神话，见基督教所传《旧约全书》之《创世记》中。其大指谓人类罪恶贯盈，上帝震怒，降水以溺灭之。惟挪亚夫妇，为帝所眷，予筏使浮。历百五十日，水退得活，是为开辟后第二次人类之初祖。此神话为欧美宗教家所信仰，迄今未替。而印度古典，亦言洪水，谓劫余子遗者，惟摩奴一人。希腊古史，则言有两度洪水，其前度为阿齐基亚洪水，起原甚古，且其历时甚久云。其次度曰托迦里安洪水，则时短而祸烈，其原因亦由人类罪恶所致。得免者惟一男子托迦里安，一女子比尔拉，实由电神婆罗米特教之造船，乘船九日，得栖泊于巴诺梭山。后此二人遂为夫妇，为希腊人之祖云。北欧日耳曼神话，亦言洪水，谓有巨人伊弥尔，得罪于大神布耳。布耳杀之，所流血为洪水，尽淹覆其族姓，独卑尔克弥尔夫妇获免云。其他中亚美利加及南太平洋群岛，其口碑咸有洪水。而太平洋岛夷，则言水患历四十日云。（惟埃及、波斯、巴比伦古传记不见有洪水之迹）此诸地者，散在五洲，血统不同，交通无路，而异喙同声，战栗斯祸，其为全地球共罹之灾劫，殆无可疑。（欧人犹有以为传说同出《创世记》，各地互相袭者。果尔，则所传发水之原因、历时之久暂、劫后之人名等皆当同一，而今不尔可见其神话实各自发生，而水祸确有其事，非宗教家虚构也。）其发水原因，则西方所称述，皆教宗寓言，与我国所传康回触山崇伯窃壤，同一荒诞，不必深辩。以科学推论之，大抵当为地球与他行星或彗星躔道偶尔偭错，忽相接近，致全球之水见吸而涨也。初民蒙昧，不能明斯理，则以其原因归诸神秘，固所当然。惟就其神话剖析比较之，亦可见彼我民族思想之渊源，从古即有差别。彼中类皆言末俗堕落，婴帝之怒，降罚以剿绝人类，我先民亦知畏天，然谓天威自有分际，一怒而尽歼含生之族，我国古来教宗，无此理想也，故不言干天怒而水发，乃言得天祐而水平。（《尚书·洪范》言帝震怒，不畀鲧洪范九畴。禹嗣兴，天乃锡之，盖以禹治水为得天助也。）彼中纯视此等巨劫为出于一种不可抗力，绝非人事所能挽救，获全者惟归诸天幸。我则反是，其在邃古，所谓炼石补天积灰止水，言诚夸诞，然隐然示人类万能之理想焉。唐虞之朝，君臣孳孳，以治水为业，共工鲧禹，相继从事，前蹶后起，务底厥成，盖不甘屈服于自然，而常欲以人力抗制自然。我先民之特性，盖如是也（比较神话学可以察各民族思想之源泉，此类是也。凡读先秦古书，今所见为荒唐悠谬之言者，皆不可忽视，举其例于此）。洪水发生年代及历时久暂，求诸外纪，无足以资参考。盖犹太希腊诸族，其文化萌芽，远在洪水以后，视洪水时代，等于开辟，所言百五十日四十日九日等，纯属悬拟，无复价值。我国则水消之时可以略推，而其水起之时末由确指，据最可征信之经传者，则综计鲧禹两代，至少已应历十七年。《书·尧典》言鲧"九载绩用弗成"，《孟子》言"禹八年于外"。据《汲冢》、《竹书》，共工衔命治水，又在鲧前四十余年，则尧时水工，前后历岁，殆逾六十。（《竹书纪年》于尧十九年记，命共工治河；于六十一年记，命崇伯鲧治河；于六十九年记，黜崇伯鲧；于七十五年记，命司空禹治河；于八十六年记，司空入观赍用玄圭。前后相距凡六十六年。）要之斯役必稽时甚久，故种种诞说，缘会而生。试参稽以求其近是，大抵水祸初兴负责救治者厥惟共工，而数十年不惟无效，灾情反增，于是人民咸怨。以当时冥昧之心理，或反疑水祸实治水者所招致，此头触不周之说所由起也。既已代远年湮，重以丧荒孑遗之后，传说益复庞杂，故群情集矢之共工，事实愈传而愈诞。考共工两见尧典，其为尧臣甚明，而百家多载与颛顼争帝之说，甚则女娲所止之水，其祸源亦蔽罪共工。为之说者，谓共工乃古大族之名酋，建号始于羲农，颛尧之时，袭号者乃其苗裔。然夷考凡言共工史迹者，虽互有出入，而大致相同，无一不与洪水有系属。（《管子》言共工氏之王，水处什之七、陆处什之三，亦与水有关系。）则为同一传说而讹歧年代甚明。故知女娲时颛顼时原非有水，实则皆尧时之水也，共工既不能举绩，次乃鲧，鲧被四岳公荐，则为当时人望所集可知，而复以无功，致罹罪殛，故后人往往冤之，而彼身之神话亦多。《楚辞·离骚》云："鲧婞直以亡身兮，终然殀乎羽之野。"又《天问》云："鸱龟曳衔，鲧何听焉？顺欲成功，帝何刑焉？永遏在羽山，夫河三年不化？伯禹腹鲧，夫何以变化？"当时共工及鲧之政策，在修堤防。（故《周语》谓共工"壅防百川，堕高埋庳"。又谓"鲧遂共工之过"。《山海经》谓"鲧窃帝之息壤以堙洪水"。）禹则反之，务浚河道，后人以为成败所攸判，斯固然矣。实则地球与他星之关系，岂人所能为力？鲧禹父子易时则成败亦当相若耳。禹之功绩，别详下章，兹弗具论。尤有数事，可推寻者，其一，为洪水与前此文明之关系。吾窃疑炎黄时代之文物，已颇可观，百家所纪，非尽铺张，特经兹劫，荡然无遗，致虞夏以还，重劳缔造。其二，以避水故，四方诸族，咸集高原，其于华夏民族之完成，社会组织之变化，不无影响，此二事亦于次节续论之。其三，则洪水与沙漠之关系及与后此河患之关系也。今东半球有三大沙漠，其一在蒙古，其一在新疆，其一在阿非利加洲之萨哈剌。此等沙漠，宜非与地球有生以俱来，盖沙漠为积水沉淀所成，此既地文学之公言。然积水何由而来，吾以为必自唐虞时之洪水，盖洪水初兴，举全球之水，骤吸以上腾，历百数十年间，冲刷岩石，中含泥沙之量日多，及其消也则以渐，愈近末期，其流愈缓，流愈缓而其沉淀之量愈增，其在河流通海之地，则淤积下游河岸，岁岁与新流相荡，驯成沃原。其不通海之地，末浊所潴，遂成沙漠。我国西北部形势，自天山山系以南昆仑山系阴山山系以北，西界葱岭，东障兴安，略如椭形仰盂，而数千里之沙漠，蜿蜒东驰，若随山势，于全国地相，为一大缺憾焉。而实自洪水以后始然，盖当游慧出躔溢水归壑之际，而天山一带南流之河，昆仑阴山一带北流之河，葱岭东流兴安西流之河，无海可泄，其浊屑潴此仰盂，盂底之广原，则沙漠所由起也。其在蒙古者且勿论，其在新疆者，今戈壁与白龙堆两大漠，古代盖为多数之大湖泊，而湖泊四周，盖有多数国土。（湖泊为初民发育最适之地，近世学者已有定论。）今载籍虽阙，然稽诸《山经》、《穆传》等，其故墟尚可想像一二也。《山海经》第六篇之《西次三经》及第八篇之《北山经》所记，皆今新疆省内地理，其中言湖泽者甚多。曰泑泽，则泚水、邱时之水、潦水、杠水、匠韩之水、敦薧之水注焉；曰稷泽，则丹水、桃水注焉；曰蕃泽，则浊浴之水注焉；曰汤谷，则英水注焉；曰芘湖，则彭水注焉；曰栎泽，则边水注焉；曰䍃之泽，不言所受水。其中尤有称勃海者，《海内西经》谓河水入勃海，又出海外西北、入禹所导积石山也。今新疆境内稍大之湖泊惟三，皆在东偏：与白龙堆相当，曰巴格喇赤湖；在堆之北，曰喀喇布郎湖；曰罗布泊，在堆之南。罗布泊即《史记》之盐泽，亦即《汉书》之蒲昌海。而郭璞注《山海经》谓勃海即蒲昌海。郦道元注《水经》谓泑泽即勃海，亦即蒲昌海。姑从其说，则泑泽之所在，略可指矣。然《山海经》又言泑泽之水广袤三百里（《水经注》引作广轮四百里）。今之罗布泊犹未能及其什一二，然则罗布泊在作《山海经》时必甚广阔，故能受多数之河。而洪水前更不必论。或今日之白龙堆全部皆泑泽未可知也。䍃泽、蕃泽、栎泽等，似不甚大，或今之巴格、喀喇两湖，有足以当之者。惟稷泽实为巨浸且地在西偏。《西次三经》言丹水出崃山，注于稷泽。其下又云：自崃山至于钟山四百六十里，其间尽泽也。则稷泽之更大于泑泽可知，或谓稷泽即《穆天子传》之珠泽，亦即今之伊斯库里泊，其地望固相近，然大小悬绝，恐不足以当之也。若容我武断，窃欲谓今之两片大漠，即万数千年前二泽之废墟，白龙堆即泑泽之遗，大戈壁即稷泽之旧。虽求诸载籍杳无佐证，然以理度之，则今之天山南麓所谓塔里木河盆地者，广袤万里为昆仑山下一大旷原，而距海极远，四山之水所潴其间，自不容无大湖泊。既有湖泊，则洪水消息时，水势就下湖泊，自然为重浊泥屑所先淤积，而更无他方尾闾以为之宣泄，则变成沙漠固其所也。初成漠之时，非遂若今之干燥，盖水相与沙木并存，犹常湿性，回环流注，故古籍谓之流沙也。《禹贡》云："导弱水至于合黎，余波入于流沙。"注家谓：弱水不可以乘舟楫，曷为不可以乘舟楫？弱水者，流沙之未成者也，水多于沙，故虽弱而名之为水。流沙者，又沙漠之未成者也，故虽沙而仍字之曰流，及其为今日之戈壁、龙堆又数千岁变迁之所积矣。使吾所拟议不大刺谬，则古代此地形势，俨为东方之小地中海（稷泽为小地中海，则泑泽可称小红海），或遂为我国文化最初发荣之地。此古籍所以恒乐道西方，若有余慕也。（《水经注》言：泑泽旁有龙城，故姜赖之虚，大国也。城基尚存而至大，晨发西门，暮达东门，此恐是太古故国。盖秦汉以来，此地为游牧族所栖息，不应有尔许大城也。）沙漠初成，面积犹不甚广，故三代以来，西方交通未全断，后此则碛日险艰而道日埋塞矣。我国当海通以前，与西方国交久梗，此亦其一原因也。又沙漠之与河患，亦有关系。古籍皆言河出昆仑，又言河有伏流，苟不明沙漠之由来，则此二事几疑为夸诞。盖河自昆仑至积石间，本有故道，沙漠既生，遂成湮没，沙质疏松，故故道虽没犹得伏行于下，然坐是之故，河水含沙量益富，故其色深黄，其质重浊，出伏流后，其势湍急，此数千年来河患所由不绝也。

河源之说自汉迄今久成聚讼。《禹贡》：导河始于积石，为今之巴颜喀喇山。山非崇峻，不足为此大川之发仞甚明。故《山海经》、《尔雅》、《穆天子传》、《史纪·禹本纪》皆言，河出昆仑，必有所受矣。汉武帝发使穷河源，定为出于于阗，即所谓昆仑之墟也。然昆仑积石之间，曷为不见有河道？据《山海经》云，河水出昆仑东北隅，以行其北，西南又入勃海，又出海外，入禹所导积石山，故有迳以今之塔里木河为黄河塞外之上游者，虽亦足备一解，然塔里木河所受者，为喀什噶尔河、叶尔羌河等，非于阗河也。于阗河即今之和阗河，实注入戈壁而止，未尝入蒲昌海也。《水经》言河有二源：其一源从葱岭出，入蒲昌海，此则塔里木河足以当之；其一源出于阗国南山，北流与葱岭所出河合，又东淀蒲昌海，此当指于阗河，然据今地图，则于阗河并未尝与葱岭河合也。法显《西域记》云："阿耨达山西北有大水，北流注牢兰海。"阿耨达即昆仑，其大水即于阗河，牢兰即蒲昌。郦道元《水经注》引申之，谓于阗河经扞弥、精绝、且末、鄯善等国入蒲昌海，然则当晋、六朝时于阗河入蒲昌海之故道，尚历可见。故汉使得循之以穷其源也。今则此诸国者，与河道同沦漠中矣。益知沙漠之区古狭而今广矣。《水经注》又引高诱云："河出昆山，伏流地中，万三千里。"此自不免夸张。然河有伏流，且其伏流不自罗布泊之东南始，盖可信也。

以上为吾对于洪水所感想，虽嫌词费，然于古代史实之蜕变，所关颇大，故著之如右。《山海经》所载地名，其在禹贡九州内者，证以今地，虽名称多殊，然地望什得八九，惟西北地理则荒诞不可究诘，故后人疑焉。若吾说稍有可采，则因洪水沙漠之故，陵谷变迁不知凡几，不能执今以疑古也。

本文为梁启超所著《太古及三代载记》中"古代传疑章第一"，最初发表于1922年。现选自《饮冰室专集》第十二册第四十三卷，上海中华书局版。

神话与传说

鲁 迅

志怪之作，庄子谓有齐谐，列子则称夷坚，然皆寓言，不足征信。《汉志》乃云出于稗官，然稗官者，职惟采集而非创作，"街谈巷语"自生于民间，固非一谁某之所独造也。探其本根，则亦犹他民族然，在于神话与传说。

昔者初民，见天地万物，变异不常，其诸现象，又出于人力所能以上，则自造众说以解释之。凡所解释，今谓之神话。神话大抵以一"神格"为中枢，又推演为叙说，而于所叙说之神、之事，又从而信仰敬畏之，于是歌颂其威灵，致美于坛庙，久而愈进，文物遂繁。故神话不特为宗教之萌芽，美术所由起，且实为文章之渊源。惟神话虽生文章，而诗人则为神话之仇敌，盖当歌颂记叙之际，每不免有所粉饰，失其本来。是以神话虽托诗歌以光大，以存留，然亦因之而改易，而销歇也。如天地开辟之说，在中国所留遗者，已设想较高，而初民之本色不可见，即其例矣。

> 天地混沌如鸡子，盘古生其中，一万八千岁。天地开辟，阳清为天，阴浊为地，盘古在其中，一日九变，神于天，圣于地。天日高一丈，地日厚一丈，盘古日长一丈，如此万八千岁，天数极高，地数极深，盘古极长。后乃有三皇。（《艺文类聚》一引徐整《三五历记》）

> 天地，亦物也。物有不足，故昔者女娲氏炼五色石以补其阙，断鳌之足以立四极。其后共工氏与颛顼争为帝，怒而触不周之山。折天柱，绝地维，故天倾西北，日月星辰就焉，地不满东南，故百川水潦归焉。（《列子·汤问》）

迨神话演进，则为中枢者渐近于人性，凡所叙述，今谓之传说。传说之所道，或为神性之人，或为古英雄，其奇才异能神勇为凡人所不及，而由于天授，或有天相者。简狄吞燕卵而生商，刘媪得交龙而孕季，皆其例也。此外尚甚众。

> 尧之时，十日并出，焦禾稼，杀草木，而民无所食。猰㺄凿齿九婴大风封豨脩蛇，皆为民害。尧乃使羿……上射十日而下杀猰㺄。……万民皆喜，置尧以为天子。（《淮南子·本经训》）

> 羿请不死之药于西王母，姮娥窃以奔月。（《淮南子·览冥训》）（高诱注曰，姮娥羿妻。羿请不死之药于西王母，未及服之。姮娥盗食之，得仙，奔入月中为月精。）

> 昔尧殛鲧于羽山，其神化为黄熊以入于羽渊。（《春秋·左氏传》）

瞽瞍使舜上涂廪，从下纵火焚廪，舜乃以两笠自扞而下去，得不死。

瞽瞍又使舜穿井，舜穿井为匿空，旁出。（《史记·舜本纪》）

中国之神话与传说，今尚无集录为专书者，仅散见于古籍，而《山海经》中特多。《山海经》今所传本十八卷，记海内外山川神祇异物及祭祀所宜，以为禹益作者固非，而谓因《楚辞》而造者亦未是；所载祠神之物多用糈（精米），与巫术合，盖古之巫书也，然秦汉人亦有增益。其最为世间所知，常引为故实者，有昆仑山与西王母。

昆仑之丘，是实惟帝之下都，神陆吾司之，其神状虎身而九尾，人面而虎爪。是神也，司天之九部及帝之囿时。（《西山经》）

玉山，是西王母所居也。西王母其状如人，豹尾虎齿而善啸，蓬发戴胜，是司天之厉及五残。（《西山经》）

昆仑之墟方八百里，高万仞；上有木禾，长五寻，大五围；面有九井，以玉为槛；面有九门，门有开明兽守之。百神之所在。在八隅之岩，赤水之际，非仁羿莫能上。（《海内西经》）

西王母梯几而戴胜杖（案此字当衍），其南有三青鸟，为西王母取食，在昆仑墟北。（《海内北经》）

大荒之中有山，名曰丰沮玉门，日月所入。有灵山，巫咸、巫即、巫盼、巫彭、巫姑、巫真、巫礼、巫抵、巫谢、巫罗十巫从此升降，百药爰在。（《大荒西经》）

西海之南，流沙之滨，赤水之后，黑水之前，有大山，名曰昆仑之丘。有神，人面虎身，有尾皆白，处之。其下有弱水之渊环之。其外有炎火之山，投物辄然。有人戴胜，虎齿豹尾，穴处，名曰西王母。此山万物尽有。（《大荒西经》）

晋咸宁五年，汲县民不准盗发魏襄王冢，得竹书《穆天子传》五篇，又杂书十九篇。《穆天子传》今存，凡六卷。前五卷记周穆王驾八骏西征之事，后一卷记盛姬卒于途次，以至反葬，盖即杂书之一篇。传亦言见西王母，而不叙诸异相，其状已颇近于人王。

吉日甲子，天子宾于西王母，乃执白圭玄璧以见西王母。好献锦组百纯，□组三百纯，西王母再拜受之。□乙丑。天子觞西王母于瑶池之上。西王母为天子谣，曰："白云在天，山陵自出，道里悠远，山川间之，将子无死，尚能复来。"天子答之曰："予归东土，和治诸夏，万民平均，吾愿见汝，比及三年，将复而野。"天子遂驱升于弇山，乃纪丌迹于弇山之石，而树之槐，眉曰西王母之山。（卷三）

有虎在乎葭中。天子将至。七萃之士高奔戎请生捕虎，必全之，乃生捕虎而献之。天子命之为柙而畜之东虞，是为虎牢。天子赐奔戎畋马十驷，归之太牢，奔戎再拜稽首。（卷五）

汉应劭说，《周书》为虞初小说所本，而今本《逸周书》中惟《克殷》、《世俘》、《王会》、《太子晋》四篇，记述颇多夸饰，类于传说，余文不然。至汲冢所出周时竹书中，本有《琐语》十一篇，为诸国卜梦妖怪相书，今佚，《太平御览》间引其文。又汲县有晋立《吕望表》，亦引《周志》，皆记梦验，甚似小说，或虞初所本者为此等，然别无显证，亦难以定之。

齐景公伐宋，至曲陵，梦见有短丈夫宾于前。晏子曰："君所梦何如哉？"公曰："其宾者甚短，大上小下，其言甚怒，好俯。"晏子曰："如是，则伊尹也。伊尹甚大而短，大上小下，赤色而髯，其言好俯而下声。"公曰："是矣。"晏子曰："是怒君师，不如违之。"遂不果伐宋。（《太平御览》三百七十八）

文王梦天帝服玄襈以立于令狐之津。帝曰："昌，赐汝望。"文王再拜稽首，太公于后亦再拜稽首。文王梦之之夜，太公梦之亦然。其后文王见太公而訽之曰："而名为望乎？"答曰："唯，为望。"文王曰："吾如有所见于汝。"太公言其年月与其日，且尽道其言："臣以此得见也。"文王曰："有之，有之。"遂与之归，以为卿士。（晋立《太公吕望表》石刻，以东魏立《吕望表》补阙字。）

他如汉前之《燕丹子》，汉扬雄之《蜀王本纪》、赵晔之《吴越春秋》，袁康、吴平之《越绝书》等，虽本史实，并含异闻。若求之诗歌，则屈原所赋，尤在《天问》中，多见神话与传说，如"夜光何德，死则又育？厥利惟何，而顾菟在腹？""鲧何所营？禹何所成？康回凭怒，地何故以东南倾？""昆仑县圃，其尻安在？增城九重，其高几里？""鲮鱼何所？鬿堆焉处？羿焉彃日？乌焉解羽？"是也。王逸曰："屈原放逐……彷徨山泽……见楚有先王之庙及公卿祠堂，图画天地山川神灵琦玮谲诡及古贤圣怪物行事。……因书其壁，呵而问之。"是知此种故事，当时不特流传人口，且用为庙堂文饰矣。其流风至汉不绝，今在墟墓间犹见有石刻神祇怪物圣哲士女之图。晋既得汲冢书，郭璞为《穆天子传》作注，又注《山海经》，作图赞，其后江灌亦有图赞，盖神异之说，晋以后尚为人士所深爱。然自古以来，终不闻有荟萃融铸为巨制，如希腊史诗者，第用为诗文藻饰，而于小说中常见其迹象而已。

中国神话之所以仅存零星者，说者谓有二故：一者华土之民，先居黄河流域，颇乏天惠，其生也勤，故重实际而黜玄想，不更能集古传以成大文。二者孔子出，以修身、齐家、治国、平天下等实用为教，不欲言鬼神，太古荒唐之说，俱为儒者所不道，故其后不特无所光大，而又有散亡。

然详案之，其故殆尤在神鬼之不别。天神、地祇、人鬼，古者虽若有辨，而人鬼亦得为神祇。人、神淆杂，则原始信仰无由蜕尽；原始信仰存则类于传说之言日出而不已，而旧有者于是僵死，新出者亦更无光焰也。如下例，前二为随时可生新神，后三为旧神有转换而无演进。

蒋子文，广陵人也，嗜酒好色，佻挞无度；常自谓骨青，死当为神。

汉末为秣陵尉，逐贼至钟山下，贼击伤额，因解绶缚之，有顷遂死。及吴先主之初，其故吏见文于道……谓曰："我当为此土地神，以福尔下民，尔可宣告百姓，为我立庙，不尔，将有大咎。"是岁夏大疫，百姓辄相恐动，颇有窃祠之者矣。（《太平广记》二九三引《搜神记》）

世有紫姑神，古来相传云是人家妾，为大妇所嫉，每以秽事相次役，正月十五日感激而死。故世人以其日作其形，夜于厕间或猪栏边迎之。……投者觉重（案："投"当作"捉"，持也），便是神来，奠设酒果，亦觉貌辉辉有色，即跳蹀不住；能占众事，卜未来蚕桑，又善射钩；好则大儛，恶便仰眠。（《异苑》五）

沧海之中，有度朔之山，上有大桃木……其枝间东北曰鬼门，万鬼所出入也。上有二神人：一曰神荼，一曰郁垒。主阅领万鬼，害恶之鬼，执以苇索而以食虎。于是黄帝乃作礼，以时驱之，立大桃人，门户画神荼郁垒与虎，悬苇索，以御凶魅。（《论衡》二十二引《山海经》，案今本中无之）

东南有桃都山……下有二神，左名隆，右名窔，并执苇索，伺不祥之鬼，得而煞之。今人正朝作两桃人立门旁……盖遗象也。（《太平御览》二九及九一八引《玄中记》以《玉烛宝典》注补）

门神，乃是唐朝秦叔保、胡敬德二将军也。按传，唐太宗不豫，寝门外抛砖弄瓦，鬼魅呼号。……太宗惧之，以告群臣。秦叔保出班奏曰："臣平生杀人如剖瓜，积尸如聚蚁，何惧魍魉乎？愿同胡敬德戎装立门外以伺。"太宗可其奏，夜果无警，太宗嘉之，命画工图二人之形像……悬于宫掖之左右门，邪祟以息。后世沿袭，遂永为门神。（《三教搜神大全》七）

本文为《中国小说史略》（1923）之第二篇。现选自《鲁迅全集》第八卷，人民文学出版社 1958 年版。

神话与传说

周作人

近来时常有人说起神话，但是他们用了科学的知识，不作历史的研究，却去下法律的判断，以为神话都是荒唐无稽的话，不但没有研究的价值，而且还有排斥的必要。这样的意见，实在不得不说是错误的。神话在民俗学研究上的价值大家多已知道，就是在文学方面也是很有关系，现在且就这一面略略加以说明。

神话一类大同小异的东西，大约可以依照他们性质分作下列四种：

（1）神话（Mythos = Myth）

（2）传说（Saga = Legend）

（3）故事（Logos = Anecdote）

（4）童话（Maerchen = Fairy tale）

神话与传说形式相同，但神话中所讲者是神的事情，传说是人的事情；其性质一是宗教的，一是历史的。传说与故事亦相同，但传说中所讲的是半神的英雄，故事中所讲的是世间的名人；其性质一是历史的，一是传记的。这三种可以归作一类，人与事并重，时地亦多有着落，与重事不重人的童话相对。童话的性质是文学的，与上边三种之由别方面转入文学者不同，但这不过是他们原来性质上的区别，至于其中的成分别无什么大差，在我们现今拿来鉴赏，又原是一样的文艺作品，分不出轻重来了。

对于神话等中间的怪诞分子，古来便很有人注意，加以种种解说，但都不很确切，直至十九世纪末英人安特路朗以人类学法解释，才能豁然贯通，为现代民俗学家所采用。新旧学说总凡五家，可以分为退化说与进化说两派。

退 化 说

（一）历史学派　此派学说以为一切神话等皆本于历史的事实，因年代久远，遂致传讹流于怪诞。

（二）譬喻派　此派谓神话等系假借具体事物，寄托抽象的道德教训者，因传讹失其本意，成为怪诞的故事。

（三）神学派　此派谓神话等皆系《旧约》中故事之变化。

（四）言语学派　此派谓神话等皆起源于"言语之病"，用自然现象解释一切。他们以为自然现象原有许多名称，后来旧名废弃而成语流存，意义已经不明，便以为是神灵的专名，为一切神话的根源。以上四派中以此派为最有势力，至人类学派起，才被推倒了。

进 化 说

（五）人类学派　此派以人类学为根据，证明一切神话等的起源在于习俗。现代的文明人觉得怪诞的故事，在他发生的时地，正与社会上的思想制度相调和，并不觉得什么不合。譬如人兽通婚，似乎是背谬的思想，但在相信人物皆精灵，能互易形体的社会里，当然不以为奇了。他们征引古代或蛮族及乡民的信仰习惯，考证各式神话的原始，大概都已得到解决。

我们依了这人类学派的学说，能够正当了解神话的意义，知道他并非完全荒诞不经的东西，并不是几个特殊阶级的人任意编造出来，用以愚民，更不是大人随口胡诌骗小孩子的了。我们有这一点预备知识，才有去鉴赏文学上的神话的资格，譬如古希腊的所谓荷马的史诗，便充满了许多"无稽"的话，非从这方面去看是无从索解的。真有吃人的"圆目"（Kyklops）么？伊泰加的太上皇真在那里躬耕么？都是似乎无稽的问题，但我们如参照朗氏的学说读去，不但觉得并不无稽，而且反是很有趣味了。

离开了科学的解说，即使单从文学的立脚点看去，神话也自有其独立的价值，不是可以轻蔑的东西。本来现在的所谓神话等，原是文学，出在古代原民的史诗史传及小说里边；他们做出这些东西，本不是存心作伪以欺骗民众，实在只是真诚的表现出他们质朴的感想，无论其内容与外形如何奇异，但在表现自己这一点上与现代人的著作并无什么距离。文学的进化上，虽有连接的反动（即运动）造成种种的派别，但如根本的人性没有改变，各派里的共通的文艺之力，一样的能感动人，区区的时间和空间的阻隔只是加上一层异样的纹彩，不能遮住他的波动。中国望夫石的传说，与希腊神话里的尼阿倍（Niobe）痛子化石的话，在现今用科学眼光看去，却是诳话了，但这于他的文艺的价值决没有损伤，因为他所给与者并不是人变石头这件事实，却是比死更强的男女间及母子间的爱情，化石这一句话差不多是文艺上的象征作用罢了。文艺不是历史或科学的记载，大家都是知道的。如见了化石的故事，便相信人真能变石头，固然是个愚人，或者又背着科学来破除迷信，断断的争论化石故事之不合真理，也未免成为笨伯了。我们决不相信在事实上人能变成石头，但在望夫石等故事里，觉得他能够表示一种心情，自有特殊的光热，我们也就离开了科学问题了，了解而且赏鉴他的美。研究文学的人运用现代的科学知识，能够分析文学的成分，探讨时代的背景，个人的生活与心理的动因，成为极精密的研究，唯在文艺本体的赏鉴，还不得不求诸一己之心，便是受过科学洗礼而仍无束缚的情感，不是科学知识自己。中国凡事多是两极端的，一部分的人现在还抱着神话里的信仰，一部分的人便以神话为不合科学的诳话，非排斥不可。我想如把神话等提出在崇信与攻击之外，还他一个中立的位置，加以学术的考订，归入文化史里去，一方面当作古代文学看，用历史批评或艺术赏鉴去对待他，可以收获相当的好结果：这个办法，庶几得中，也是世界通行的对于神话的办法。好广大肥沃的田地摊放在那里，只等人去耕种。国内有能耐劳苦与寂寞的这样的农夫么？

在本文中列举神话传说故事童话四种，标题却只写神话与传说，后边又常单举神话，其实都是包括四者在内，因便利上故从简略。

1923 年 9 月

本文原载作者所著《自己的园地》，北新书局 1923 年版。现选自赵景深编《童话评论》，新文化书社 1934 年版。

与钱玄同先生论古史书

顾颉刚

顾颉刚（1893—1980），原名诵坤，字铭坚，笔名余毅。江苏苏州人。著名历史学家、神话学家、民俗学家。中国神话学"古史辨"派的创始者。先后在北京大学、商务印书馆、中山大学、中央研究院历史语言研究所、北平研究院、复旦大学等处任职。生前为中国社会科学院历史研究所研究员。有关神话的重要论文收入《古史辨》（第一册，1926；第七册，1941）中。此外还有《洪水之传说及治水等之传说》（1930）、《〈书经中的神话〉序》（1937）、《中国一般古人想象中的天和神》（1939）、《〈庄子〉和〈楚辞〉中的昆仑和蓬莱两个神话系统的融合》（1979）、《〈禹贡〉中的昆仑》（遗作，1981）、《〈山海经〉中的昆仑区》（遗作，1982）等。

我二年以来，蓄意要辨论中国的古史，比崔述更进一步。崔述的《考信录》确是一部极伟大又极细密的著作，我是望尘莫及的。我自知要好好的读十几年书，才可追得上他。但他的著作有二点我觉得不满意。第一点，他著书的目的是要替古圣人揭出他们的圣道王功，辨伪只是手段。他只知道战国以后的话足以乱古人的真，不知道战国以前的话亦足以乱古人的真。他只知道杨墨的话是有意装点古人，不知道孔门的话也是有意装点古人。所以他只是儒者的辨古史，不是史家的辨古史。第二点，他要从古书上直接整理出古史迹来，也不是妥稳的办法。因为古代的文献可征的已很少，我们要否认伪史是可以比较各书而判定的，但要承认信史便没有实际的证明了。崔述相信经书即是信史，拿经书上的话做标准，合的为真，否则为伪，所以整理的结果，他承认的史迹亦颇楚楚可观。但这在我们看来，终究是立脚不住的：因为经书与传记只是时间的先后，并没有截然不同的真伪区别；假使在经书之前还有书，这些经书又要降做传记了。我们现在既没有"经书即信史"的成见，所以我们要辨明古史，看史迹的整理还轻，而看传说的经历却重。凡是一件史事，应当看它最先是怎样的，以后逐步逐步的变迁是怎样的。我们既没有实物上的证明，单从书籍上入手，只有这样做才可得一确当的整理，才可尽我们整理的责任。

我很想做一篇《层累地造成的中国古史》，把传说中的古史的经历详细一说。这有三个意思。第一，可以说明"时代愈后，传说的古史期愈长"。如这封信里说的，周代人心目中最古的人是禹，到孔子时有尧舜，到战国时有黄帝神农，到秦有三皇，到汉以后有盘古等。第二，可以说明"时代愈后，传说中的中心人物愈放愈大"。如舜，在孔子时只是一个"无为而治"的圣君，到《尧典》就成了一个"家齐而后国治"的圣人，到孟子时就成了一个孝子的模范了。第三，我们在这上，即不能知道某一件事的真确的状况，但可以知道某一件事在传说中的最早的状况。我们即不能知道东周时的东周史，也至少能知道战国时的东周史；我们即不能知道夏商时的夏商史，也至少能知道东周时的夏商史。

但这个题目的范围太大了，像我这般没法做专门研究的人，简直做不成功。因此，我想分了三个题目做去：一是《战国以前的古史观》，二是《战国时的古史观》，三是《战国以后的古史观》。后来又觉得这些题目的范围也广，所以又想一部书一部书的做去，如《诗经中的古史》、《周书中的古史》、《论语中的古史》……我想，若一个月读一部书，一个月做一篇文，几年之后自然也渐渐的作成了。崔述的学力我固是追不到，但换了一个方法做去，也足以补他的缺陷了。

这回适之先生到上海来，因为不及作《读书杂志》的文字，嘱我赶作一篇。我当下就想做一篇《论语中的古史》，因为材料较少，容易做成。但今天一动笔之后，又觉得赶不及，因为单说《论语》自是容易，但若不与他书比较看来，就显不出它的地位，而与他书一比较之后，范围又大了，不是一二天内赶得出的。因此，想起我两月前曾与玄同先生一信，论起这事，固然是信笔写下，但也足以说出一点大纲。所以就把这篇信稿钞在这里，做我发表研究的起点。我自己知道既无学力，又无时间，说不上研究；只希望因了发表这篇，引起了阅者的教导和讨论，使我可以把这事上了轨道去做，那真是快幸极了！

十二，四，二十七

玄同先生：

（上略——编者注）

先生嘱我为《国学季刊》作文，我也久有这个意思。我想做的文是《层累地造成的中国古史》。现在先对先生说一个大意——我这些意思从来没有写出，这信恐怕写得凌乱没有条理。

我以为自西周以至春秋初年，那时人对于古代原没有悠久的推测。《商颂》说："天命玄鸟，降而生商。"《大雅》说"民之初生，自土沮漆"；又说，"厥初生民，时维姜嫄"。可见他们只是把本族形成时的人作为始祖，并没有很远的始祖存在他们的意想之中。他们只是认定一个民族有一个民族的始祖，并没有许多民族公认的始祖。

但他们在始祖之外，还有一个"禹"。《商颂·长发》说："洪水芒芒，禹敷下土方；……帝立子生商。"禹的见于载籍以此为最古。《诗》、《书》里的"帝"都是上帝。（帝尧帝舜等不算，详见后。《尚书》里可疑的只有一个帝乙，或是殷商的后王尊他的祖，看他和上帝一样，加上的尊号，也说不定。）这诗的意思是说商的国家是上帝所立的。上帝建商，与禹有什么关系呢？看这诗的意义，似乎在洪水芒芒之中，上帝叫禹下来布土，而后建商国。然则禹是上帝派下来的神，不是人。《小旻篇》中有"旻天疾威，敷于下土"之句，可见"下土"是对"上天"而言。

《商颂》，据王静安先生的考定，是西周中叶宋人所作的(《乐诗考略》，《诗·商颂下》)。这时对于禹的观念是一个神。到鲁僖公时，禹确是人了。《閟宫》说："是生后稷，……俾民稼穑；……奄有下土，缵禹之绪。"（按，《生民篇》叙后稷事最详，但只有说他受上帝的保卫，没有说他"缵"某人的"绪"。因为照《生民》作者的意思，后稷为始事种植的人，用不到继续前人之业。到《閟宫》作者就不同了，他知道禹为最古的人，后稷应该继续他的功业。在此，可见《生民》是西周作品，在《长发》之前，还不曾有禹一个观念。）这诗的意思，禹是先"奄有下土"的人，是后稷之前的一个国王，后稷是后起的一个国王。他为什么不说后稷缵黄帝的绪，缵尧舜的绪呢？这很明白，那时并没有黄帝尧舜，那时最古的人王（有天神性的）只有禹，所以说后稷缵禹之绪了。商族认禹为下凡的天神，周族认禹为最古的人王，可见他们对于禹的观念，正与现在人对于盘古的观念一样。

在这上，我们应该注意的"禹"和"夏"并没有发生了什么关系。《长发》一方面说，"洪水芒芒，禹敷下土方"，一方面又说汤"韦顾既伐，昆吾夏桀"，若照后来人说禹是桀的祖先，如何商国对于禹既感他敷土的恩德，对于禹的子孙就会翻脸杀伐呢？按《长发》云，"玄王桓拨，受小国是达，受大国是达"，又云，"相土烈烈，海外有截"，是商在汤以前国势本已发达，到汤更能建一番武功，把韦、顾、昆吾、夏桀打倒罢了。禹是他们认为开天辟地的人，夏桀是被汤征伐的一个，他们二人漠不相关，很是明白。

至于禹从何来？禹与桀何以发生关系？我以为都是从九鼎上来的。禹，《说文》云："虫也，从内，象形。"内，《说文》云："兽足蹂地也。"以虫而有足蹂地，大约是蜥蜴之类。我以为禹或是九鼎上铸的一种动物，当时铸鼎象物，奇怪的形状一定很多，禹是鼎上动物的最有力者；或者有敷土的样子，所以就算他是开天辟地的人。（伯祥云，禹或即是龙，大禹治水的传说与水神祀龙王事恐相类。）流传到后来，就成了真的人王了。九鼎是夏铸的，商灭了夏搬到商，周灭了商搬到周。当时不过因为它是宝物，所以搬了来，并没有多大的意味。但经过了长时间的保存，大家对它就有了传统的观念，以为凡是兴国都应取九鼎为信物，正如后世的"传国玺"一样。有了传统的观念，于是要追溯以前的统，知道周取自商，商取自夏，自然夏商周会联成一系，成了一系，于是商汤不由得不做夏桀的臣子，周文王不由得不做殷纣的臣子了。他们追溯禹出于夏鼎，就以为禹是最古的人，应做夏的始祖了。（书中最早把"夏"、"禹"二字联属成文的，我尚没有找到。）

东周的初年只有禹，是从《诗经》上可以推知的；东周的末年更有尧舜，是从《论语》上可以看到的。（尧舜的故事从何时起，这个问题很难解决：《左传》是战国时的著作；《尚书》中的《尧典》、《皋陶谟》也靠不住；《论语》较为可靠，所以取了它。）《论语》中二次连称尧舜（尧舜其犹病诸），一次连称舜禹（巍巍乎舜禹之有天下也），又接连赞美尧舜禹（大哉尧之为君——舜有臣五人而天下治——禹吾无间然矣），可见当时确以为尧舜在禹之前。于是禹之前有更古的尧舜了。但尧与舜、舜与禹的关系还没有提起，或者当时人的心目中以为各隔数百年的古王，如禹和汤、汤和文武之类，亦未可知。（《论语·尧曰篇》虽说明他们的传授关系，但《论语》经崔述的考定，自《季氏》至《尧曰》五篇是后人续入的。《尧曰篇》的首章，在文体上很可见出有意摹古的样子，在宗旨上很可见出秉着"王道"和"道统"两个主义，是战国时的儒家面目。）

在《论语》之后，尧舜的事迹编造得完备了，于是有《尧典》、《皋陶谟》、《禹贡》等篇出现。有了这许多篇，于是尧与舜有翁婿的关系，舜与禹有君臣的关系了。《尧典》的靠不住，如梁任公先生所举的"蛮夷猾夏"、"金作赎刑"都是。即以《诗经》证之，《閟宫》说后稷"奄有下国"，明明是做国王，它却说成舜的臣子（后稷的"后"字原已有国王之义，《尧典》上舜对稷说"汝后稷，"实为不辞），《閟宫》说后稷"缵禹之绪"，明明是在禹后，它却说是禹的同官。又以《论语》证之：（1）《论语》上门人问孝的很多，舜既"克谐以孝"，何以孔子不举他做例？（2）《论语》上说"舜有臣五人"，何以《尧典》上会有九人？《尧典》上既有九人，各司其事，不容偏废，何以孔子单单截取了五人？（3）南宫适说"禹稷躬稼而有天下"，可见禹稷都是有天下的，为什么《尧典》上都是臣而非君？（4）孔子说舜"无为而治"，《尧典》上说他"五载一巡守，群后四朝"，又说他"三载考绩，三考，黜陟幽明"，不相冲突吗？这些问题，都可以证明《尧典》出于《论语》之后。（我意，先有了禅让的学说而后有《尧典》、《皋陶谟》出来，当作禅让的实证，禅让之说是儒家本了尊贤的主义鼓吹出来的。）作《论语》时，对于尧舜的观念还是空空洞洞，只推尊他们做两个道德最高、功绩最大的古王；作了《尧典》等篇，于是尧舜的"文章"都有实事可举了。

从战国到西汉，伪史充分的创造，在尧舜之前更加上了多少古皇帝。于是春秋初年号为最古的禹，到这时真是近之又近了。自从秦灵公于吴阳作上畤，祭黄帝（见《汉书·郊祀志》。秦国崇奉的神最杂，名目也最诡，秦文公梦了黄蛇作鄜畤，拾得了一块石头作陈宝祠，实在还是拜物教。黄帝之祀起于秦国，说不定黄帝即是"黄龙地螾"之类），经过了方士的鼓吹，于是黄帝立在尧舜之前了。自从许行一辈人抬出了神农，于是神农又立在黄帝之前了。自从《易·系辞》抬出了庖牺氏，于是庖牺氏又立在神农之前了。自从李斯一辈人说"有天皇，有地皇，有泰皇，泰皇最贵"，于是天皇、地皇、泰皇更立在庖牺氏之前了。自从《世本》出现硬替古代名人造了很像样子的世系，于是没有一个人不是黄帝的子孙了。自从《春秋命历序》上说"天地开辟，至《春秋》获麟之岁，凡二百二十六万年"，于是天皇十二人各立一万八千岁了。自从汉代交通了苗族，把苗族的始祖传了过来，于是盘古成了开天辟地的人，更在天皇之前了。时代越后，知道的古史越前；文籍越无征，知道的古史越多。汲黯说"譬如积薪，后来居上"，这是造史很好的比喻。看了这些胡乱伪造的史，《尧典》那得不成了信史！但看了《诗经》上稀疏的史，更那得不怀疑商以前的史呢！

这些意思如果充分的发挥，准可著成数十卷书。古代的史靠得住的有几，崔述所谓"信"的又何尝是信！即如后稷，周人自己说是他们的祖但有无是人也不得而知。因为在《诗》、《书》上看，很可见出商的民族重游牧，周的民族重耕稼，所谓"后稷"，也不过因为他们的耕稼为生，崇德报功，追尊创始者的称号。实际上，周人的后稷和许行的神农有什么分别？这两个倡始耕稼的古王，很可见出造史的人的重复。他们造史的人为什么要重复？原来禹的上面堆积的人太多了，后稷的地位不尊重了，非得另创一个神农，许行一辈人就不足以资号召了！

（下略——编者注）

颉刚敬上。十二，二，二十五

本文原载《读书杂志》1923 年第 9 期《努力》增刊。后收入《古史辨》第一册，朴社 1926 年版。现选自上海古籍出版社 1982 年版。

禹是南方民族的神话人物

顾颉刚

我对于禹的来历很愿意再下一个假定："禹是南方民族的神话中的人物。"我所以下此假定，有下列数项理由：

（1）《楚辞·天问》对于鲧禹有很丰富的神话。

（2）越国自认为禹后，奉守禹祀。

（3）传说中有禹会诸侯于涂山的故事（《左传》哀公七年），又有禹娶于涂山的故事（《皋陶谟》、《天问》涂作盦）。涂山在今安徽怀远县东南八里，周代时在淮夷与群舒之间。

（4）传说中有禹致群神于会稽的故事（《国语》），又有禹封禅于会稽的故事（《郊祀志》，又有禹道死葬会稽的故事（《墨子》）。会稽山在今浙江绍兴县东南，春秋时为越都。

（5）会稽山西北五里有大禹陵。按，有了陵墓原不足以证明真有这个人，但陵墓所在之处确很足以证明这一地是这一个神话的中心点。如黄帝是西北民族的神话人物，而他的陵在桥山（今陕西中部县西北），正在郦時附近。如盘古是西南民族的神话人物，而他的墓在南海，又在桂林；南海的墓延亘到三百余里（见任昉《述异记》）。可见这种陵墓乃由于神话的指实。他们在某一种神话的集中地方，指定一个高大的陵阜，算做神的陵墓；靠了这一点神迹，他们更可安顿着他们的信仰和崇拜。禹陵既在会稽，会稽自可定为禹的神话的中心点。

（6）《汉书·郊祀志》（《管子》与《封禅书》文均同，因两书有晚出之疑，故举此书）记管仲讲了十二个封禅之君——无怀氏、虙羲、神农氏、炎帝、黄帝、颛顼、帝喾、尧、舜、禹、汤、周成王——他们封的地方只有泰山一处，禅的地方只有云云、亭亭、社首、会稽四处。云云在蒙阴，亭亭在钜平，社首在博县，都是泰山附近的小山，在汉代泰山郡之内的；独有禹所禅的会稽乃远在南方。封禅的事原是战国时邹鲁的儒者造出来的（当在辨《尧典》时详论），他们心目中只有一个泰山可为天下之望，所以非拉了百代的帝王到泰山去封禅不可。但何以他们竟肯单单让禹到会稽去禅呢？这大概因为禹在会稽的立足点太坚强了，有非依从习惯不可之势，所以如此。

（7）古代开化的民族只有中原一处，因此中原人很藐视四方半开化和未开化的民族。他们看西北方兽多，故以西北方的民族为兽种：如猃狁、犭狁、狄……加上犬旁，见得他们是犬类。又看南方蛇多，故以南方的民族为虫种：东南之越号为闽（《说文》云"闽，东南越，蛇种"），西南岷江间号为蜀，而总名南方种族曰蛮（《说文》云"蛮，南蛮，蛇种"）。《诗·采芑》云"蠢尔蛮荆"，盖不但名荆人为蛮，且以其动作为虫之动作（《说文》云"蠢，虫动也"）。可见中原人对于南方，随处可以引起虫族的联想，故文字上以虫表南方的极多。禹名从虫，恐亦此例。越人自称为禹后，恐亦与蜀人以蚕丛为祖先是相同的。

（8）楚之古文为 ，可见他们是在林中建国的。楚亦名荆，当以荆棘繁多之故。看荆楚一名，草木畅茂的样子已是活现。《楚辞·天问》云："东南何亏？"又云："康回凭怒，地何故以东南倾？"盖当时的东南为水潦所归，故有"地不满东南"之说。积水泛滥，自是那时实事。《汉书·地理志》于楚地曰："江南卑湿。"于粤（即越）地曰："其君禹后……封于会稽，文身断发，以避蛟龙之害。"可是楚越一带因林木的繁茂、土地的卑湿，人类与龙蛇同居，饱受了损害。又可知当时吴越人之所以断发文身，乃是起于保护生命的要求，其效用与动物的保护色相等。那时那地的人生是何等的可怖！平定水土的事是何等的需要！《孟子》上言禹治水情形的有两段话，录下：

> 当尧之时，天下犹未平，洪水横流，泛滥于天下；草木畅茂，禽兽繁殖，五谷不登，禽兽逼人，兽蹄鸟迹之道交于中国。……舜使益掌火，益烈山泽而焚之，禽兽逃匿。（《滕文公上》）

> 当尧之时，水逆行，泛滥于中国，蛇龙居之。民无所定，下者为巢，上者为营窟。……使禹治之，禹掘地而注之海，驱蛇龙而放之菹。……险阻既远，鸟兽之害人者消，然后人得平土而居之。（《滕文公下》）

这固是孟子想像中的尧舜时代的情形，但何以与实际上的周代时楚越情形竟这等的相似？楚越间因地土的卑湿，有积水的泛滥，故有宣泄积水的需要；因草木的畅茂，有蛟龙的害人，故有焚山泽驱蛇龙的需要。有了这种需要，故禹、益的神话足以增大它们的价值，发展它们的传播。禹之出于南方民族，这是一个很重要的证据。孟子所说的古代"中国"的情形，实已露出受了楚越的暗示的破绽了！

若有人驳我，说："周代的楚越固是过的这种生活，但上古的中原那知道不也是过的这种生活呢？那见尧舜时代不是真的如此？"这个问题自然须请地质学家研究，非我所能解决。但我也有一点意思可供参考。第一，中国的黄土区域绵延甚广，为古代膏腴地。但别处还有山林险阻，惟河南省的东部是一个大平原，没有平水土的需要，故文化发达最盛，亦最早。（我很疑夏的国都离商不远，不在今山西安邑，理由颇多，俟后辨。）夏商以前如中原果有文化，亦应起于此。第二，楚国经过了几百年的经营，水土平了；到战国时，这可怖的景象只留在楚国的南方了。读《楚辞》中的《招魂》和《大招》，它们所说的四方毒害，东方是弱水，西方是流沙，北方是增冰，这些都是地文上的险阻，还无足深怖。独有南方，炎火千里，有蓁蓁群聚的蝮蛇，有九首的雄虺，有骞举的王虺，有伤躬的蜮，在山林险隘之中往来倏忽地吞人。可见即在楚国人——中原人号为南蛮的——的观念中，也是最怕着南方。我们看，春秋时的楚国并力开发北疆，而对于南越的用师独杳然无闻。战国时，各国竭力的辟草莱，但楚国的南境还只到着衡山。（《战国策》记苏秦说楚威王语，谓楚地"南有洞庭苍梧"。后人据之，谓楚的南境直至今之广西梧州。但《离骚》中以苍梧与县圃、崦嵫等许多理想地名并列，为作者所欲驱虬乘鹥御风而游者，可见其甚渺茫。盖当时意想中，楚的南方有名苍梧的一地；至于究竟怎样，连楚国人也不能知道，因为往南山林险阻，过去不得，实不容知道了。）这也可证中原所以称南方为蛮之故，而南方的可怖确在水土未平与龙蛇逼人。

南方民族在这样的环境里，如何不会有无数平水土的神话出来，更如何不会有平水土的最有力量的禹出来！

（9）商代与南方民族有无关系虽不可考(《商颂·殷武》的"奋伐荆楚"，颂的是春秋时的宋桓公非颂商王)，但看殷高宗所伐的鬼方在汧陇间（依王静安先生考定），而《商颂》所特标的服属的种族也只有氐、羌，周亦兴于岐山，所以我们可以说商代时的中原只有与西方民族发生关系。到了周代，始有召公辟国至江汉的事（召公是世袭的，不能定说为召公奭），于是封建诸姬至于汉阳。关于当时的传说，有成王封熊绎为楚子的话(《史记》)，又有熊绎服事康王的话(《左传》)。但这些话既不见于《诗》、《书》，而昭王已经"南征不复"，《采芑》并骂他们"大邦为仇"，可见楚在西周时国势已盛，常与周室对垒，受周封建之说甚不可信；即使有之，也不过周室的一种羁縻手段罢了。直到宣王时，周的武力有一度的旺盛，始有"用逷蛮方"(《抑》)及"蛮荆来威"(《采芑》)的快意之词。然而汉阳诸姬到春秋初期卒尽为楚所吞灭了。南方民族与中原诸国有直接的关系的，惟有楚及淮夷、徐戎。淮、徐二国偏在江北，它们的史迹已得不到什么，不知它们与江南民族有无联络；楚则沿江立国，因伸其势力于群舒，而与吴越早就交通。（越通中原在春秋后三年——哀公二十一，纪元前四七四——但楚与越的交通在宣公八年——纪元前六〇一——早就见于《左传》了。这决不是第一次，惜以前无可考耳。）从此，可知南方民族的神话从楚国传到中原是很可能的：一来是楚国为南方民族的领袖，与中原交通甚早；二来是周室封诸姬于汉阳，使周民族与楚民族日益接近；三来是周民族与楚民族常有用兵的事，有交换文化的鼓动力。

中原与南方民族发生关系由于封建，这是确切不移的事。至于封建诸姬至于汉阳，依了周室的国力和次序而言，自当在成康以后。一部《诗经》，可信为最古的诗惟有《周颂》。《周颂》有"自彼成康，奄有四方"之语，可见作于成康以后，昭穆之世。细绎《周颂》的话，它们也说山河（如"天作高山"，"及河乔岳"，"猗与漆沮"，"堕山乔岳，允犹翕河"），但没有道出一个"禹"字。它们也说耕稼（如《思文》、《噫嘻》、《丰年》、《载芟》、《良耜》、《桓》等篇），但又没有道出一个"禹"字。它们也说后稷（如"思文后稷，克配彼天；立我烝民，莫非尔极"），但又没有道出他和禹曾有过什么的关系。一比了商鲁颂及大小雅的对于禹的尊崇的态度，就显出《周颂》的特异了。《周颂》为什么特别的不称禹？原来作《周颂》时尚没有禹的伟大的神迹传播到周民族来；或者虽经传播而势力不广，还没有引起共同的信仰。

今按《诗》、《书》中说及禹的九篇，《閟宫》、《长发》、《殷武》作于春秋时，已无疑义。《吕刑》为穆王时所作，《韩奕》为宣王时所作，似尚可信。《洪范》、《立政》二篇文义明畅，与《大诰》、《康诰》等篇文体相差甚远，当是后世史官补作，与《无逸》、《金縢》等篇同其性质。（关于这一个问题，须俟将来研究古文法再行判定。依我豫测，《尚书》二十八篇中确可信为真迹的不过十二三篇；为东周时史官补作的也有十篇左右。）《信南山》及《文王有声》二篇的时代虽无考，但我疑大小雅都是西周后期及东周初期之作，因诗中愁叹失国的甚多，合于东西周交界时的情形，而夸扬武功的亦不少，按之记载亦可信为宣王，恐"雅音"自为西周后期风行的乐调。我们看《雅》中如《文王》、《大明》等篇确是宗庙之诗，何以不入《颂》而入《雅》？再看《周颂》篇幅短少，何以雅体甚是宽展？可见雅颂之分不在奏乐的地方不同，而在时代的先后不同，音节的繁简不同。（《鲁颂》、《商颂》虽居颂名而实雅体。）在此种理由之下，《信南山》及《文王有声》自可定为西周后期所作。

《周颂》三十一篇没有"禹"的一字，那时人竟没有禹的伟大功绩的观念；一到穆王末年的《吕刑》，禹就出现了；到西周后期，社祀也举行了，大小雅及商鲁颂屡屡把禹提起，看得他在古史中的地位是最重要的了。这一点分别是何等的显著！且当时既与他方种族关系较轻，而适在专力开辟南疆的时候，中原民族初与南方民族接触的时候，这一个环境更是何等的重要！

总合以上的理由，可以为我所立的假定——禹是南方民族的神话中的人物——作一个概括的说明：

商周间，南方的新民族有平水土的需要，酝酿为禹的神话。这个神话的中心点在越（会稽），越人奉禹为祖先。自越传至群舒（涂山），自群舒传至楚，自楚传至中原。流播的地域既广，遂看得禹的平水土是极普遍的；进而至于说土地是禹铺填的，山川是禹陈列的，对于禹有了一个"地王"的观念。

中原民族自周昭王以后，因封建交战而渐渐与南方民族交通，故穆王以来始有禹名见于《诗》、《书》，又特设后土之祀，得与周人的祖先后稷立于对等的地位。

本文节选自《讨论古史答刘胡二先生》，原载《读书杂志》1923年第12—16期。后收入《古史辨》第一册，朴社1926年版。现据上海古籍出版社1982年版选录。题目为本书编者所拟。

古史讨论的读后感

胡 适

胡适（1891—1962），字适之。安徽绩溪人。1917 年获美国哲学博士学位。回国后历任北京大学哲学系教授、文学院院长等职。他在《白话文学史》（1928）中表达了有关民间创作的重要见解，提出故事诗的精神全在于说故事，故事诗产生于爱听故事又爱说故事的民间；并谈到中国南北文化中的神话分子。在《狸猫换太子故事的演变》（1925）中阐述了民间叙事作品的演变规律。在《关于〈封神传〉的通信》（给顾颉刚信，1927）中表示"应该从'神的演变'一个观念下手……可成一部'神话演变史'"。他的理论和方法对顾颉刚"古史辨"神话学派有重大影响。

（上略——编者注）

第二，顾先生的"层累地造成的古史"的见解真是今日史学界的一大贡献，我们应该虚心地仔细研究他，虚心地试验他，不应该叫我们的成见阻碍这个重要观念的承受。这几个月的讨论不幸渐渐地走向琐屑的枝叶上去了；我恐怕一般读者被这几万字的讨论迷住了，或者竟忽略了这个中心的见解，所以我要把他重提出来，重引起大家的注意。顾先生自己说"层累地造成的古史"有三个意思：

（1）可以说明时代愈后，传说的古史期愈长。

（2）可以说明时代愈后，传说中的中心人物愈放愈大。

（3）我们在这上，即不能知道某一件事的真确的状况，也可以知道某一件事在传说中的最早状况。

这三层意思都是治古史的重要工具。顾先生的这个见解，我想叫他做"剥皮主义"，譬如剥笋，剥进去方才有笋可吃。这个见解起于崔述，崔述曾说：

> 世益古则其取舍益慎，世益晚则其采择益杂。故孔子序《书》，断自唐虞；而司马迁作《史记》乃始于黄帝。
>
> ……近世以来……乃始于庖牺氏或天皇氏，甚至有始于开辟之初盘古氏者。……嗟夫，嗟夫，彼古人者诚不料后人之学之博之至于如是也！
>
> （《考信录提要》上，二二）

崔述剥古史的皮，仅剥到"经"为止，还不算彻底。顾先生还要进一步，不但剥的更深，并且要研究那一层一层的皮是怎样堆砌起来的。他说：

> 我们看史迹的整理还轻，而看传说的经历却重。凡是一件史事，应看

他最先是怎样，以后逐步逐步的变迁是怎样。

这种见解重在每一种传说的"经历"与演进。这是用历史演进的见解来观察历史上的传说。

这是顾先生这一次讨论古史的根本见解，也就是他的根本方法。他初次应用这方法，在百忙中批评古史的全部，也许不免有些微细的错误。但他这个根本观念是颠扑不破的，他这个根本方法是愈用愈见功效的。他的方法可以总括成下列的方式：

（1）把每一件史事的种种传说，依先后出现的次序排列起来。

（2）研究这件史事在每一个时代有什么样子的传说。

（3）研究这件史事的渐渐演进由简单变为复杂，由陋野变为雅驯，由地方的（局部的）变为全国的，由神变为人，由神话变为史事，由寓言变为事实。

（4）遇可能时，解释每一次演变的原因。

他举的例是"禹的演进史"。

禹的演进史至今没有讨论完毕，但我们不要忘了禹的问题只是一个例，不要忘了顾先生的主要观点在于研究传说的经历。

我在几年前也曾用这个方法来研究一个历史问题——井田制度。我把关于井田制度的种种传说，依出现的先后，排成一种井田论的演进史：

（1）孟子的井田论很不清楚，又不完全。

（2）汉初写定的《公羊传》只有"什一而藉"一句。

（3）汉初写定的《谷梁传》说的详细一点，但只是一些"望文生义"的注语。

（4）汉文帝时的《王制》是依据《孟子》而稍加详的，但也没有分明的井田制。

（5）文景之间的《韩诗外传》演述《谷梁传》的话，做出一种清楚分明的井田论。

（6）《周礼》更晚出，里面的井田制就很详细，很整齐，又很烦密了。

（7）班固的《食货志》参酌《周礼》与《韩诗》的井田制，并成一种调和的制度。

（8）何休的《公羊解诂》更晚出，于是参考《孟子》、《王制》、《周礼》、《韩诗》的各种制度，另做成一种井田制。（看《胡适文存》二，页二六四—二八一）

这一个例也许可以帮助读者明了顾先生的方法的意义，所以我引他在这儿，其实古史上的故事没有一件不曾经过这样的演进，也没有一件不可用这个历史演进的（evolutionary）方法去研究。尧舜禹的故事，黄帝神农庖牺的故事，汤的故事，伊尹的故事，后稷的故事，文王的故事，太公的故事，周公的故事，都可以做这个方法的实验品。

本文原载《读书杂志》1924 年第 18 期。现节选自《古史辨》第一册，上海古籍出版社 1982 年版。

关于神话的通信

——致傅筑夫、梁绳祎

鲁 迅

前承两兄过谈，甚快，后以琐事丛集，竟未一奉书。前日乃蒙专简，俱悉，关于中国神话，现在诚不可无一部书，沈雁冰君之文，但一看耳，未细阅。其中似亦有可参考者。所评西洋人诸书，殊可信。中国书多而难读，外人论古史或文艺，遂至今不见有好书也，惟沈君于古书盖未细检，故于康回触不周山故事，至于交臂失之。

京师图书馆所藏关于神话之书，未经目睹，但见该馆报告，知其名为《释神》，著者之名亦忘却。倘是平常书，尚可设法借出，但此书是稿本，则照例编入"善本"中（内容善否，在所不问），视为宝贝。除就阅而外无他途矣，只能他日赴馆索观，或就抄，如亦是撮录古书之作，则止录其所引之书之卷数已足，无须照写原文，似亦不费多大时日也。但或尚有更捷之法，亦未可知，容再一调查、奉告。

中国之鬼神谈，似至秦汉方士而一变，故鄙意以为当先搜集至六朝（或唐）为止群书，且又析为三期：第一期自上古至周末之书，其根柢在巫，多含古神话；第二期秦汉之书，其根柢亦在巫，但稍变为"鬼道"，又杂有方士之说；第三期六朝之书，则神仙之说多矣。今集神话，自不应杂入神仙谈，但在两可之间者，亦只得存之。

内容分类，似可参照希腊及埃及神话之分类法作之，而加以变通。不知可析为（一）天神（二）地祇（并幽冥界）（三）人鬼（四）物魅否？疑不能如此分明，未尝深考，不能定也。此外则天地开辟，万物由来（自其发生之大原，以至现状之细故，如乌鸦何故色黑，猴臀何以色红），苟有可稽，皆当搜集。每一神祇，又当考其（一）系统（二）名字（三）状貌性格（四）功业作为，但恐亦不能完备也。

沈君评一外人之作，谓不当杂入现今杂说，而仆则以为此实一个问题，不能遽加论定。中国人至今未脱原始思想，的确尚有新神话发生，譬如"日"之神话，《山海经》中有之，但吾乡（绍兴）皆谓太阳之生日为三月十九日，此非小说，非童话，实亦神话，因众皆信之也。而起源则必甚迟，故自唐以迄现在之神话恐亦尚可结集，但此非数人之力所能作，只能待之异日，现在姑且画六朝或唐（唐人所见古籍，较今为多，故尚可搜得旧说）为限可耳。

鲁　迅

1925 年 3 月 15 日

本文选自《鲁迅书信集》上册，人民文学出版社 1959 年版。

神话史、宗教史及其他

梁启超

狭义的文化譬如人体的精神，可依精神系发展的次第以求分类的方法。文化是人类思想的结晶，思想的发表，最初靠语言，次靠神话，又次才靠文字。思想的表现有宗教、哲学、史学、科学、文学、美术等，我们可一件一件的讲下去。

甲、语言史

在西洋言文一致，在中国文字固定，语言变化，两不相同，所以研究中国文化，要把文字同语言分开。

离开文字的语言已成过去。在固定的文字下研究变化的语言，异常困难，但并不是绝无资料。西汉末扬雄已经很注意这部分。新近学者研究语言的发展很快，我们的同学中有研究中国语言史者。起初我们以为很困难，现在已证明有路可走。看韵文的变化常可得着具体的原则，即如广东话，在中国自成一系，乡先生陈兰甫著《广东音学》，发明了广东话和旁的话不同的原则。近来赵元任先生研究现代语言，在声音方面也很有心得。文法方面，自汉以后，宋人平话未发生以前因士人作文喜用古时笔调，成为固定的，不肯参用俗调，通俗的白话又不曾在纸片上保存，所以现在很难考出。但我们从很缺乏的资料中跟着上去，也非绝对不能做史。宋元以后，平话小说戏曲先后继起，语言的变化就渐渐可考了。

乙、文字史

清代以来，小学家根据《说文》，把文字划出一个时代来研究，成绩很高。后来甲骨文发现，文字学上起了很大的变化。国内唯一的大师，王静安先生，研究得很好，我们希望努力下去，可以得文字的最初状况，再由古及今把历代的文字变迁都研究清楚，可以做成中国文字史。

丙、神话史

语言文字之后，发表思想的工具，最重要的是神话。由民间无意识中渐渐发生某神话到某时代继绝了，到某时代，新的神话又发生。和神话相连的是礼俗，神话和礼俗合起来讲，系统的思想可以看得出来。欧洲方面，研究神话的很多。中国人对于神话有二种态度，一种把神话与历史合在一起，以致历史很不正确；一种因为神话扰乱历史真相，便加以排斥。前者不足责，后者若从历史着眼是对的，但不能完全排斥，应另换一方面，专门研究。最近北京大学研究所研究孟姜女的故事，成绩很好。但范围很窄，应该大规模的去研究一切神话。其在古代，可以年代分；在近代，可以地方分，或以性质分。有种神话竟变成一种地方风俗，我们可以看出此时此地的社会心理。

有许多神话夹在纪真事的书里，如《山海经》，若拿来作地理研究，固然很危险，若拿来作神话研究，追求出所以发生的原因来，亦可以得心理表现的资料。如纬书，从盘古伏羲神农轩辕以来的事情很多，又包含许多古代对于宇宙的起源和人类社会的发生的解释。我们研究古人的宇宙观、人生观和古代社会心理，与其靠《易经》，还不如靠纬书和古代说部如《山海经》之类，或者可以得到真相。又如《金縢》夹在二十八篇真《尚书》中，所述的事非常离奇，那些反风起禾的故事，当时人当然相信，如不相信，必不记下来。我们虽不必相信历史上真有这类事，但当时社会心理确是如此。又如《左传》里有许多灾怪离奇的话，当然不能相信，但春秋时代的社会心理大概如此。

又如《佚周书》在历史上的价值如何，各人看法不同，其中纪载杀多少人，虏多少人，捕兽多少，我们不能相信。《孟子》说："仁者之师无敌于天下，……如之何其血流漂杵也？……吾于武成，取其二三策而已。"事实固然未必全属真相，但战争的结果，当然很残忍，这点可认为事实。又看当时所得猛兽之多，参以《孟子》别篇所谓"周公兼夷狄，驱猛兽，而天下宁"，可知当时猛兽充斥于天下。这种近于神话的夸大语，也自有他的历史背景，我们因他夸大某事，可相信当时实有某事，但不必相信他的数目和情形。

神话不止一个民族有，各族各有其相传的神话。那些神话互相征服同化，有些很难分别谁是谁族的。我们应当推定那一种神话属于那一种民族或那一个地方，如苗族古代和中原民族竞争很烈，苗族神话古代也特别多，我们若求出几个原则，把苗族神话归纳出来，倒很可知道苗族曾经有过的事项、风俗和社会心理。苗族史虽不好研究，而苗族神话史却很可以研究出来。

后代一地方有一地方的神话。《荆楚岁时记》和这类文集、笔记、方志所讲的各地风俗和过节时所有的娱乐，若全部搜出来做一种研究，资料实在多。如苏东坡记四川的过节，范石湖记吴郡的过节，若分别研究，可以了解各地方心理和当时风俗，实在有趣。

中国的过节实在别有风味。若考究他的来源，尤其有趣味，常常有一种本来不过一地方的风俗，后来竟风行全国。如寒食是春秋晋人追悼介之推的纪念日，最初只在山西，后来全国都通行了，乃至南洋美洲，华人所至之地都通行。可是现在十几年来，我们又不大实行。又如端午，初起只在湖南竞渡，最多也不过湖北，后来竟推行到全国。又如七夕，《诗经》有"宛彼牵牛"之句，牵牛与织女无涉；《古诗十九首》有"迢迢牵牛星，皎皎河汉女。盈盈一水间，脉脉不得语"，成为男女相悦了。后来竟因此生出七夕乞巧的节来，最初不过一地的风俗，现在全国都普遍了。这类的节，虽然不是科学的，却自然而然表示他十分的美。本来清明踏青，重阳登高，已恰合自然界的美，再加上些神话，尤其格外美。又如唐宋两代，正月十五晚，皇帝亲身出来凑热闹，与民同乐。又如端午竞渡，万人空巷。所以，最少，中国的节，都含有充分的美术性。中国人过节，带有娱乐性。如灯节、三月三、端午、七夕、中秋、重阳、过年，都是公共娱乐的时候，我们都拿来研究，既看他的来源如何，又看他如何传播各地，某地对于某节特别有趣，某时代对于某节尤其热闹，何地通行最久，各地人民对于各节的意想如何，为什么能通行，能永久。这样极端的求得其真相，又推得其所以然，整理很易得的资料，参用很科学的分类，做出一部神话同风俗史来，可以有很大的价值。

丁、宗教史

在中国著宗教史——纯粹的宗教史——有无可能，尚是问题。宗教史里边，教义是一部分，教会的变迁是一部分。教义是要超现实世界的，或讲天堂，或讲死后的灵魂，无论那一宗教都不离此二条件。其次，宗教必有教会，没有教会的组织，就没有宗教的性质存在。根据这两点来看，中国是否有宗教的国家，大可研究。近来推尊孔子的人想把孔子做宗教，康南海先生就有这种意思，认孔子和外国人的宗教一样去研究。一般攻击孔子的人又以为孔子这种宗教是不好的，如吴稚晖先生和胡适之先生。其实两种看法都失了孔子的真相。第一点，可以说，宗教利用人类暧昧不清楚的情感，才能成功，和理性是不相容的，所以超现实，超现在。孔子全不如此，全在理性方面，专从现在现实着想，和宗教原质全不相容。第二点，教会，孔子以后的儒家是没有的，现在有的是冒牌。

再看孔子以外的各家。关于第一点，道家，老子、庄子虽有许多高妙的话，像是超现实超现在，而实质上是现实的现在的应用。道家实在不含宗教性。比较的，古代思想只有墨家略带宗教性，讲天志，讲明鬼，稍有超现实的倾向，但仍是现实的应用。墨家并未讲死后可以到天堂，亦未讲死后可以做许多事业，不过讲在现实的几十年中，好好的敬天，做好事，天自然会赐以幸福，所以墨家仍不能认为宗教。关于第二点，道家也没有教会。墨家有巨子，颇像罗马的教皇，未能明了他如何产生。虽然当战国时代，许有百余年曾有过教会的组织，但后来消灭了，现在留存的材料极少，除了讲巨子的几条以外，别无可找。

中国土产里既没有宗教，那么，著中国宗教史，主要的部分，只是外来的宗教了。外来宗教是佛教、摩尼教、基督教，最初的景教，后来的耶稣教、天主教等。主要的材料纯粹是外来的宗教著作，都是死的，无大精彩。只有佛教有许多很有精彩的书，但应该摆在哲学史里抑宗教史里还是问题。为著述方便起见，摆在哲学史更好，因为佛教的理性很强，而且中国所感受，哲学方面为多。佛教到中国以后，多少派别，当然应该摆在哲学史，因为六朝隋唐一段的哲学史全靠佛教思想做中坚。其中纯粹带宗教性而且很强的只有净土宗，但也很难讲，又佛教的禅宗，勉强可以说是中国自创的一派，然很近哲学。到底应认为教派，抑应认为学派，又是问题。据我看，做学派研究，解释要容易些。到底那一部分应归宗教，那一部分应归哲学，分起类来很不方便。若把全部佛教，移到哲学，那么宗教史的材料更少了。

为什么宗教在中国不发达？大抵因为各种宗教到了中国，不容易有好教会的组织发生。最近基督教宗中如燕京大学一派有组织中国基督教会的运动，我很赞成。因为人类应有信仰宗教的自由，我们不能因为他是外来的就排斥他。基督教所以可恨，只因他全为外国人包办，假使由中国人来办，就可免掉外国借手侵略的野心。所以若做宗教史，最后一页，所以讲有少数人有这种运动。他们既然信仰基督教，当然应该努力，但事实上未必成功，如有可能，恐怕早已有人做成功了。

就外来的宗教讲，其教理要略及其起源，用不着在中国宗教史讲。在中国内部，所谓教会的形式，又没有具体的。中国宗教史只能将某时代某宗派输入，信仰的人数，于某时代有若干影响，很平常的讲讲而已。虽或有做的必要，却难做得精彩。

就中国原有的宗教讲，先秦没有宗教，后来只有道教，又很无聊。道教是一面抄袭老子、庄子的教理，一面采佛教的形式及其皮毛，凑合起来的。做中国史，把道教叙述上去，可以说是大羞耻。他们所做的事，对于民族毫无利益，而且以左道惑众，扰乱治安，历代不绝。讲中国宗教，若拿道教做代表，我实在很不愿意。但道教丑虽很丑，做中国宗教史又不能不叙，他于中国社会既无多大关系，于中国国民心理又无多大影响，我们不过据事直书，略微论讲就够了。

做中国宗教史，倒有一部分可写得有精彩。外国人称中国人奉多神教，名词颇不适当。多神教是对一神教而言，基督教、犹太教是一神教，其他都是无神教。佛教尤其是无神教。西洋人不曾分别这点，说印度人奉佛教即奉多神教。中国孔子不讲神，说："未能事人，焉能事鬼？""未知生，焉知死？"然而孔子对于祭祀却很看重。《论语》说："祭如在，祭神如神在。"孔子一面根本不相信有神，一面又借祭祀的机会，仿佛有神，以集中精神。儒家所讲的祭祀及斋戒，都只是修养的手段。《论语》说："非其鬼而祭之，谄也。""其鬼"和"非其鬼"的分别，和西洋人的看法不同，意思只是，鬼神不能左右我们的祸福，我们祭他，乃是崇德报功。祭父母，因父母生我养我；祭天地，因天地给我们许多便利。父母要祭，天地山川日月也要祭。推之于人，则凡为国家地方捍患难建事业的人也要祭。推之于物，则猫犬牛马的神也要祭。如此，"报"的观念，系贯彻了祭的全部分。这种祭法，和希腊、埃及的祭天拜物不同。他们是以为那里面有什么神秘，乃是某神的象征，并不因其有恩惠于人而去祭他。老实讲，中国所有的祭祀，都从这点意思发源，除了道教妖言惑众的拜道以外，我们将历代所拜的神罗列起那些名词来，分类研究其性质及变迁，实在很有趣味。

我们看，古时的人常常因感恩而尊所感的人为神，如医家祭华佗、扁鹊，戏子祭唐明皇。若把普通人祭什么，某阶级祭什么，分类求其祭的原因及起源的情形，可以得知十有八九是因为报恩的。若看历代所崇拜的神的变迁，尤其有意思。例如近代最行运的神是关羽。关羽以前是蒋子文，南京钟山也叫蒋山，即因蒋子文得名。蒋子文是一个知县，六朝人，守南京，城陷，殉节。他官阶既比关羽低，时代又比关羽后，但同是殉节的人，都合于祀典"以死勤事则祭之"的向例。这类殉节的人，古来很不少，不过蒋子文当时死得激烈一点，本地人崇拜他，祭祀他，起初称他知县，其后称他蒋侯，其后又称他蒋王，最后竟称他蒋帝。祭他的地方不很多，只在南朝各地。但南朝各代，上自皇宫，下至偏僻市镇，都很虔诚的祭他。比较关羽的享遇，当然差得远。但人虽生于关羽之后，神却成于关羽之前，关羽的运气，行得很迟，到明末才有许多地方祭他为神，到满人入关，才极通行。满洲人翻译汉文成满文的，最初一部是《三国演义》，一般人看了，认关羽是惟一的人物，后来迭次打胜仗，都以为靠关羽的神帮助。所以八旗兵民所到的地方，没有不立关帝庙祭关羽的。皇帝在文庙祭孔子，在武庙就祭关羽、岳飞。无形中，社会受了莫大的影响，乃至没有什么地方不祭关羽，没有什么地方没有关帝庙。诸位的故乡，自然有这种风俗。就是现在从清华园大门出去，那正蓝旗和正白旗，二个村庄不见他有什么宗祠家庙，倒都有关帝庙占正中的位置，做全村公共会集的地方。诸君再到北京前门外那个有名的关帝庙，一问那看庙的人，一定可以得到一件有趣的故事："明万历间，宫中塑了两个关帝偶像，叫人给他俩算命，神宗皇帝喜欢的那个，偏偏命不好；皇帝讨厌的那个，偏偏有几百年的烟火。皇帝发脾气了，吩咐把自己喜欢的供在宫中，把那个讨厌的送往前门外的庙里去。那知道后来李闯一进宫门，便把那关帝像毁了，前门外那个关帝像到现在还有人供祀。"关羽是特殊有运气的神，时间已有四五百年，地方遍及全国。还有运气不好的，如介之推，除了山西以外，没有庙；如屈原，除了湖南以外，也没有庙。然而寒食、端午两节，专是纪念他俩的，也带了十足的崇拜先哲的意思，和庙祀差不多。我们若是把中国人所供祀的神，一一根究他的来历，大抵没有不是由人变来的。我们看他受祀范围的广狭，年代的久暂，和一般民众祀他的心理，做成专篇，倒是宗教史里很有精彩的一部分。所以可以说中国人实在没有宗教，只有崇德报功的观念。

还有一点，在宗教史上要说明的。中国人信佛宗释伽牟尼，信道宗太上老君，信基督教宗基督，同时可以并容，决不像欧洲人的绝对排斥外教。佛教输入以后，经过几次的排斥，但都不是民众的意思。北魏太武帝、北周武帝、唐武帝三次摧残佛教，其动机都因与道教争风。当时那两教的无聊教徒，在皇帝面前争宠，失败了的，连累全教都失败。这和全国民众有何相关？中国所以不排斥外教，就因为本来没有固定的宗教，信教也是崇德报功的意思。基督教输入以后，所以受过几次的激烈排斥，也只因基督教徒本身有排外的思想，不容外教的存在。回教谟罕默德出于摩西，也是排外的教。摩西之所以起，即因争夺南方膏腴之地而起。基督教到罗马，以教会干涉政治，回教所到之处，亦以教会干涉政治，那自然和本方人的权利思想不相容，自然会引起相当的反感。当他们初入中国，未现出侵略的野心以前，中国人是无不欢迎的。自唐朝景教流行，到明末基督教再来，都不曾有什么反动，后来因为旧教天主教有垄断政权的嫌疑，新教耶稣教又有侵略主义的野心，所以我们才排斥他。回教输入中国以后的情况也是一样。

关于这点——中国人对于外来宗教的一般态度，很值得一叙。我们常常看见有许多庙里，孔子、关羽、观音、太上老君，同在一个神龛上，这是极平常的现象。若不了解中国人崇德报功的思想，一定觉得很奇怪。其实崇德报功，只一用意，无论他的履历怎样，何妨同在一庙呢？譬如后稷和猫都有益于农耕，农人也常常同等供祀，又有何不可呢？

做中国宗教史，依我看来，应该这样做：某地方供祀某种神最多，可以研究各地方的心理；某时代供祀某种神最多，可以研究各时代的心理。这部分的叙述才是宗教史最主要的。至于外来宗教的输入及其流传，只可作为附属品。此种宗教史做好以后，把国民心理的真相，可以多看出一点。比较很泛肤的叙述各教源流，一定好得多哩。

标题为本书编者所拟。本文为梁启超所著《中国历史研究法补编》第四章"文化专史及其做法"中的一节。1921 年梁在南开大学讲授《中国历史研究法》，其讲义于次年出版。1925 年又在清华大学国学研究院讲授该书的补编。1926 年根据周传儒、姚名达二人的笔记整理出版。现选自《饮冰室专集》之九十九，上海中华书局版。

论传说有史实为之素地与二重证据法

王国维

研究中国古史为最纠纷之问题，上古之事，传说与史实混而不分。史实之中固不免有所缘饰，与传说无异，而传说中亦往往有史实为之素地，二者不易区别。此世界各国之所同也。在中国古代已注意此事，孔子曰"信而好古"，又曰"君子于其不知，盖阙如也"。故于夏殷之礼，曰"吾能言之。杞宋不足征也，文献不足故也"。孟子于古事之可存疑者则曰"于传有之"，于不足信者曰"好事者为之"。太史公作《五帝本纪》，取孔子所传《五帝德》及《帝系姓》，而斥不雅训之百家言；于《三代世表》，取《世本》而斥黄帝以来皆有年数之谍记。其术至为谨慎。然好事之徒，世多有之，故《尚书》于今古文外，在汉有张霸之百两篇，在魏晋有伪孔安国之书百两。虽斥于汉，而伪孔书则六朝以降行用迄于今日。又汲冢所出《竹书纪年》，自夏以来皆有年数，亦谍记之流亚。皇甫谧作《帝王世纪》，亦为五帝三王尽加年数，后人乃复取以补《太史公书》，此信古之过也。至于近世，乃知孔安国本《尚书》之伪，纪年之不可信，而疑古之过，乃并尧、舜、禹之人物而亦疑之。其于怀疑之态度及批评之精神，不无可取，然惜于古史材料未尝为充分之处理也。吾辈生于今日，幸于纸上之材料外更得地下之新材料，由此种材料，我辈固得据以补正纸上之材料，亦得证明古书之某部分全为实录；即百家不雅驯之言，亦不无表示一面之事实。此二重证据法，惟在今日始得为之。虽古书之未得证明者，不能加以否定；而其已得证明者，不能不加以肯定，可断言也。

所谓纸上之史料，兹从时代先后述之：

（一）《尚书》。（《虞夏书》中，如《尧典》、《皋陶谟》、《禹贡》、《甘誓》，《商书》中，如《汤誓》，文字稍平易简洁，或系后世重编，然至少亦必为周初人所作。至《商书》中之《盘庚》、《高宗肜日》、《西伯戡黎》、《微子》，《周书》之《牧誓》、《洪范》、《金縢》、《大诰》、《康诰》、《酒诰》、《梓材》、《召诰》、《洛诰》、《多士》、《无逸》、《君奭》、《多方》、《立政》、《顾命》、《康王之诰》、《吕刑》、《文侯之命》、《费誓》、《秦誓》诸篇，皆当时所作也）

（二）《诗》。（自周初迄春秋所作。《商颂》五篇，疑亦宗周时宋人所作也）

（三）《易》。（卦辞、爻辞，周初作；十翼相传为孔子作，至少亦七十子后学所述也）

（四）《五帝德》及《帝系姓》。（太史公谓孔子所传。《帝系》一篇与《世本》

同。此二篇后并入《大戴礼》)

（五）《春秋》。(鲁国史，孔子重修之)

（六）《左氏传》、《国语》。(春秋后、战国初作，至汉始行世)

（七）《世本》。(今不传，有重辑本。汉初人作，然多取古代材料)

（八）《竹书纪年》。(战国时魏人作。今书非原本)

（九）《战国策》及周秦诸子。

（十）《史记》。

地下之材料，仅有二种：

（一）甲骨文字。(殷时物，自盘庚迁殷后迄帝乙时)

（二）金文。(殷、周二代)

今兹所讲，乃就此二种材料中可以证明诸书或补足纠正之者，一一述之。

1925 年 9 月 14 日，王国维在清华国学研究院开始讲授《古史新证》。本文节选自第一章总论，这是王国维最后的讲义，见清华大学出版社 1994 年版。题目为本书编者所拟。

神话的价值

黄　石

黄石（1901—?），民俗学家、宗教学家。20 世纪二三十年代先后在广州协和神科大学、燕京大学任教。他的《神话研究》是他在协和神科大学工作时所撰，1923 年在《晓风周报》连载，1927 年由开明书店出单行本。神话学及信仰方面的著述还有《月的神话与传说》（1930）、《中国关于植物的神话传说》（1932）、《迎紫姑之史之考察》（1931）、《苗人的跳月》（1931）、《端午礼俗史》（1963）等。他从民俗的角度解释某些神话现象与信仰的文章，在 30 年代颇有影响，如《感孕说的由来》（1930）、《初夜权的起源》（1930）、《关于性的迷信与风俗》（1930）等。

要是我们肯定"神话是野蛮社会的反映"（a reflection of savage society）的说法，要是我们承认"神话就是原人的哲学"（mythology is the primitive philosophy）的话，那么，我们便不能因其事怪诞荒唐而摈斥之，更不能像我国的缙绅士大夫一样，只因"其言不雅驯"便把它们一笔抹煞。如上所说，神话便是原人及野蛮人对于宇宙人生的思想的结晶，在未有文字之时，这些传说，便不啻是他们的思想之无形的记录，这样说，神话便成了人类思想的原料。在神话之中去寻求真理，固然是徒劳无功，但凭借神话而推寻真理，却不见得是无益之举吧。以上说过，好奇心与求知心，是造作神话的动机，而所作的神话，便是他们——作者对于各种问题的答案，不管其答案的内容与形式如何的怪异，但就其动机与结果这一点而论，与现代人的著作，没有什么分别：两者都是真切表现自我的手段。我们绝不能说作神话的人，是存心自欺欺人，反之，他们只是诚实地表现出他们质朴幼稚的感想罢了。史前时代人类的思想，早已为时间所吞没，我们要追寻人类最古的思想，便不能不借助于神话了。从神话表现出来的原人哲学，在我们看来，固然是荒谬可笑，但是我们敢说现代的哲学思想，便是最终的真理吗？"后之视今，犹今之视昔"，谁保得定现代的哲学思想，历千万年后，不被后世视为荒谬可笑呢？在进化的大道上，我们只不过比我们的祖先多走了一步罢了。若果我们站在现代的地位而非笑原人的思想，且从而蔑视神话的价值，那真是"以五十步笑百步"了！世界上不论那一个民族，他们的思想，总必要经过"神话时代"，方能达到像我们现今一般的程度，如此说，神话便无异人类思想史的第一页，其价值是不容忽视的。再者，原人神话在神话里表现出来的心理，与野蛮人有很多类似的地方，据此，我们也可以说神话又是一面镜子，由此反映出原人的心理状态来。所以神话对于研究心的进化的发生心理学，也有重要的贡献。

神话不单是原人思想的结晶，亦为原人生活的反映，史前时代的文物礼制、政教风俗，借神话的传说，遗传下来，不致于完全埋没在过去的坟墓中，这实在是一宗很可幸的事情！虽说神话出自初民的想像，然而一种想像断不能凭空虚构，多少总与当时的环境和生活的经验有点关系。所以"神话是古代社会生活的反映"这句话，绝不是一种无根的臆说。研究太初社会状况的学者，虽不能遽以神话为古代社会史的资料，然而那时代的社会情形，至少可以从此考见一二；倘能把这些原料用科学方法，大加修削整理一番，再拿古物学、人类学的事实来做个印证，那么，神话里所描述的社会生活状况，便成为人类文化史的绝好资料了。即如荷马的史诗，对于神与英雄的装束武器，以及当时的城垣、宫室、舟车、器用等等，都有描绘得非常之详尽，而且深刻如画，而考古家的发见，竟证实了他的描绘，非纯属虚构臆造之词。不单对于实物有深刻的描写，就是对于当代的礼制仪俗，以及社会生活，都叙述得历历如绘，不啻是古代社会的一幅活现的写真、实物的描写，证之于古物学，既然确确凿凿可稽，那么，对于生活情形，与社会状况的叙述，当然至少也有几分可信。我们也不能说他们这样传述，是存心欺骗民众，也不能说他借此来做宣传宗教的工具，实在说，他们只不过采集当代流行的口传，稍加润饰，笔之于书，谱于乐歌，使质朴的传说，更加美丽纯化罢了。当他们讲述这些奇异的故事，以及环绕左右的实在世界的情形之形，更绝想不到后世会把它们当做实在生活的记录的。总之，把神话当做事实与知识，固然是笨伯，然而根据神话去考求事实与知识，却是智者所当为的。

说到神话的历史价值，怀疑的人更多了。他们以为神话纯然是一些无稽之谈，毫不足据，这话固然有片面的理由，然亦未可据为定论。我们一方面固然不能赞成历史派的说法，谓"神话的人物，通通是历史的人物"和"神话完全是史事的讹传"，但他方面却不能不承认有一部分神话，确是历史的转变，做背景。我们一方面固然不能把神话视为"信史"，但他方面却不能不承认一部分神话有历史的事实来做基础。即如《推莱之战》，据历史家的考察，确是古代希腊史上的一宗大事；差不多为各民族所公有的洪水神话，据学者的研究，也不尽是无稽的空谈，有一部分学者还说，冰川溶解的大惨剧，是这段神话的根源云云。由此可见有一部分神话确有历史的价值，是不容否认的。

原始时代的人类，还没有文学，对于重大的事故或非常的经验，纯恃记忆相传下来。在传述的时候，内容与形式两方面，都不免有点变更，此外更加上传述者对于那件事的想像的解释，驯致面目全非，于不知不觉之间，涂上一层神话的彩色。这种变化的程序，即所谓"神话的历史化"。其或有一位身冒危难、建大功勋的英雄，深为民众所景仰，尊奉之若神明，这么一来，历史的人物，也往往变成神话的人物。这种历史的神话化，在各民族中都很常见，即在近代较开明的民族，也不是罕见的事情。即如中国民间相传"玉泉山关公显圣"和"老子骑青牛出关"这一类的传说，便是历史的神话化的一个显例。大概说来，各民族相传的古代史事——尤其是关于他们本族祖宗的事迹，多穿上一层神话的彩衣，同时历史相传的虚构的神话，经后代诗人学士的修改，以期符合事理，而为普通民众所采纳，认为实有其事，因而变成他们的历史的。这种变化，我们可以给它一个名称，叫做神话的历史化。沈雁冰说："中国的太古史——或者说得妥当一点，我们相传的关于太古的史事至少有大半就是中国的神话。"① 这句话是说得很不错。盘古氏、女娲氏、伏牺氏、燧人氏、三皇氏等等，固然是神话的人物，就是尧、舜、后稷等，又何尝不是半神话半历史的人物呢？历史化的神话和神话化的历史，往往相混，到后来便辨别不清。神话的历史价值之所以难以审定，也就是这个缘故。

虽然，头脑清晰、眼光锐利的史家，古传之中，搜集太古的史料的，他们尽能应用历史的批评（historical criticism）和精密的分析，剖解神话化的历史的表皮，还它的本来面目。所谓历史的批评，其目的不是寻摘古传的错误，却是想鉴定古传之中，有几分是可为"信史"的资料。不用说神话就是许多历史的记载，初看好像是最神怪的而不足信的臆想，然而细加考察，反为极真确的史实。即如希伯莱《圣经》的《撒姆耳》、《士师记》、《列王纪》、《历代志略》等书，无一不蒙上极深厚的灵异神秘色彩，而近代的学者，应用高等批评（higher criticism）的方法，证明圣经的叙述，确是事实；就是最富于神话色彩的《创世记》，也有许多与事实相符，作希伯莱史者，都不能不从这里采集材料。即此可见就是可疑的古传，也有直接或间接的历史价值，只在历史家的眼光和审择耳。泰勒说："古老的故事，在我们眼中，看似狂妄，然而倘能追源到制作那些故事的时代，便知道它们确有历史的价值了。"② 这句话是很对的。

有很多拘迂的人，排斥神话，立足在下述的论点之上，谓神话全是古代的祭司或妖人所造，用来做宣传迷信的工具，以迷惑民众。这完全是倒果为因的话。耶芳士（Frank B. Jevons）在他所著的《宗教史概论》里，早已极力证明神话不就是宗教。他说："神话是原人的科学，是原人的哲学，是原人历史的一个重要成分，是原人诗歌的泉源，但不是原人的宗教。也不一定是宗教的。"③ 神话之所以作，并非出于宣传宗教的作用，倒是已有的宗教信仰的表现。它的内容与形式，都受宗教精神的影响。换言之，就是先有宗教思想，而后有神话，所以各民族的宗教精神不相同，他们的神话，亦因之而异。试举一个例：古希伯莱的宇宙观，与巴比伦很相似，然而希伯莱的神话，处处都表现出一神教的精神，巴比伦的神话，却随在皆有多神教的迹象。再拿洪水的神话来做个例：据学者的考察，希伯莱的洪水神话是从巴比伦

---

① 见《小说月报》第 16 卷第 1 号，第 6 页。
② *Anthropology*，p. 399.
③ *An Introduction to the History of Religion*，p. 266.

转借来的，然这传说一入希伯莱便跟住一神教的信仰而改变了内容。从这两个例，我们可以明白看出神话怎样受宗教精神的支配了。神话之所以有宗教的价值，却不在乎宣传的作用，反在乎它表现宗教信仰。它以灵活的戏剧的方法，把自然的权能（Supernatural Power）人格化、社会化，叫人更加明它的品质和神的属性。就这一点而论，神话对于宗教史的贡献是很大的，我们要想考寻原人的宗教思想和礼拜仪式，可以说舍此末由。

神话传述神人的行为，在我们看来诚然有很多不足为训，但我们要知道原人的道德观念和我们不同，我们之所谓"不道德"，有许多在原人却视为当然的。因为神话是野蛮时代的产物，那么，那里所表现的道德，自然不能超出于当时的道德标准之上，至少也不能超出于作者心中所能设想的最高道德理想之上。要向神话中寻求道德的教训，那只有极迂腐的"道学家"的作为神话之所以有道德学的价值，却不在乎道德教训，而在乎：（1）表现当代的道德观念；（2）叫人认识原始时代的道德，与现代的道德大不相同。

离开了科学的视点，另采一个立足地去看神话，也有很高贵的艺术价值，这一层文学家早有定评，用不着我费词多说，我这里只须概括地述几句就够了。第一，神话不单是原人的文学，也是最有趣味的文学；其设想的奇妙，表现的美丽，情节之离奇，恐怕后世最佳的浪漫派作品也赶不上呢！第二，神话不只是成年人的良好读物，因为它们能够解脱我们出于干枯烦燥的现实世界的囚牢，而超然游心于神奇灵异、活泼有趣的想像世界，就是对于儿童，也是一种很好的恩物，可与近代人所作的童话有同等的价值。其价值之所在，并不是给他们以知识却在于适于儿童的心理和培养儿童的想像力。第三，神话中讲述英雄的作为则轰轰烈烈、慷慨壮烈，讲述男女（神或人）的恋爱，则婉转缠绵、可歌可泣，这些故事，对于同情心的养成，也很有帮助。读奥特修斯的忠勇多谋，读皮涅罗皮的坚贞操守……其人格，其行为，感人最深，而且最能引起读者的同情。末了，我们的诗歌、小说、戏剧、绘画、雕刻，以及其他的艺术作品，有很多都以神话为题材，即此可见神话是艺术界最珍贵的原料了。

总而言之，神话是一朵灿烂的鲜花，是人类的文化史的第一页，希腊有多量的美丽神话，留存至今，正显出其国民性的优秀。只可怜我们的中国的神话，却被古代的忽视一笔勾销，那不单是我们的不幸，并且是全人类的一件重大的损失啊！

本文为作者所著《神话研究》（上编）之第四章，开明书店 1927 年版。

神话之研究的比较

谢六逸

谢六逸（1898—1945），笔名路易。贵州贵阳人。作家、翻译家。早年就读于日本早稻田大学。1922 年在商务印书馆任职，同年接替郑振铎主编《文学旬刊》；1926 年在复旦大学任教；1929 年创立复旦大学新闻系。抗战时曾回家乡贵阳，任大夏大学文学院院长，曾为陈国钧编的《贵州苗夷歌谣》（文通书局 1942 年）作序。所著《西洋小说发达史》1922 年起在《小说月报》上连载。1928 年写作《神话学 ABC》，加入徐蔚南主编的"ABC 丛书"中。此书属编著性质，前半根据日本早稻田大学教授西村真次的《神话学概论》，后半参考日本神话学家高木敏雄的《比较神话学》，对我国神话学的理论建设起过不可替代的作用。

第一节　自然神话

（一）太阳神话

人类周围的自然界，为神话发生的根本动机之一；又气象界的现象，使神话的发生有力，也是事实。所以太阳神话，为自然界神话的重要分子。

我国的旧记，有关于黄帝与蚩尤的争斗的记载，在比较神话学上，可以作为天然神话的解释，使这个解释具有可能性，则赖于左（下）列的原素。

> 黄帝与蚩尤战于涿鹿之野，常有五色云气。
>
> 黄帝与蚩尤战于涿鹿之野，蚩尤作大雾，兵士皆迷。
>
> 蚩尤幻变多方，征风召雨，吹烟喷雾，黄帝师众大迷。帝归息大山之间，昏然忧寝。王母遣使者被玄狐之裘，以符授帝。佩符既毕，王母乃命九天玄女，授帝以三宫五音阴阳之略，太乙遁甲六壬步斗之术，阴符之机，灵宝五符五胜之文。
>
> 蚩尤作兵伐黄帝，黄帝令应龙攻冀州之野。应龙畜水，蚩尤请风伯雨师纵大风雨。黄帝乃下天女曰魃，雨止，遂杀蚩尤。魃不得复上，所居不雨，叔均言之帝，后置之赤水之北，叔均乃为田祖。

蚩尤果是什么呢？因为证据不完全，不能精密的推定。但曾说他征风召雨，吐烟喷雾，纵大风雨，由这点下观察，则他和风雨有因缘，是不用说的。风伯雨师就是风神雨神。率风神雨神以起大暴风雨，即是把暴风雨人格化，因此以蚩尤为暴风雨的神，在神话学上，并非判断的错误。在其他民族神话里，也可求得同样的自然现象的人格化。蚩尤在这里是阻害社会之进步的恶神。故蚩尤（暴风雨神）是破坏和平、降害于人的暴风雨之人格化。

黄帝立在与蚩尤正反对的地位，有人文的英雄神的性质。关于他的人文的事业，记载于古史者颇多。他与蚩尤战争时，王母遣玄女授以兵法，给与神符咒力，助他灭蚩尤，后为垂髯之龙迎接，白日升天。如以蚩尤为人文阻害的恶神，则黄帝当然是人文拥护的善神。在中国古代的传承里，国家最初的元首，大概由名字以表示性格，如天皇、地皇、人皇、有巢、燧人、庖牺，无不皆然。炎帝神农，正如其名所示，为农业的保护神。农业非得太阳的恩惠，不能生存发达，炎帝在这一点，应该是太阳神。黄帝次于炎帝，宰治天下，他的性质，也可从他的名称想像出来。"黄"字可解为太阳或田土之色。在蚩尤战争的故事里，是暴风雨神的反对，有太阳神的性质。他得了旱魃便杀了蚩尤，在这一点也可以想像。

若以黄帝与蚩尤之争为太阳神话，即太阳与暴风雨的争斗，这说明在根据上甚为薄弱。黄帝为暴风雨神，由较有力的根据，可以这样说，如以黄帝为太阳神，未免是一个臆断。但是这个故事在别一方面，使太阳神话的解释有可能，也不必一定要确定黄帝是太阳神。蚩尤的势力，在纵大风雨这一点，黄帝降魃以止大风雨，蚩尤失了力，便被杀。魃是旱魃，旱是太阳的作用，即是说，由太阳的威力以征服蚩尤，自然神话（太阳神话）的解释，于此可以求得根据，而且这根据是不能动的。此神话在别方面可以作人事神话的解释，但不妨碍自然神话的解释。或者经古代史研究的结果，有纯历史解释的可能，但是也一点不碍自然神话的解释。

希腊神话里有怪物名叫麦妥查的，相貌丑陋，见之可怖，化而为石。英雄伯尔梭斯用智谋征服他，斩其头携归，献于女神亚典那。女神的胸甲上的怪物的脸，就是此物，称曰耶基斯。女神以甲临战，所向无不胜，天下皆畏服。正如黄帝以蚩尤的画像威服天下一样，他以怪兽"夔"作鼓，二者正是同样的笔法，这可称为偶然的类似。

日本神话里有天照大神与素盏鸣尊轧轹的一段，其中有国家的分子、宗教的分子、社会的分子，所含自然的分子更是显明，可作太阳神话的解释。

天照大神的称号，已示此神为太阳神。古史中也屡称此神为日神。"天照"即照耀天空之意，照耀天空的自然是太阳。此神又称为大日灵尊，日灵即日女，有太阳女神之义。关于此神的产生，有如下的记载：伊奘诺、伊奘册二尊议曰："吾已生大八洲及山川草木，何不生天下之主宰。"乃先生日神，此子光华明彩，照彻六合之内。二神喜曰："吾子虽多，未有如此子之灵异者，不宜久留此国，亟送之于天，授以天上之事。"次生月神，其光彩亚于日，以之配日而治，亦送之于天。日神是自然的基础的太阳，由此神话可以明白。

古史神话(《古事记》)里，在日、月、素盏鸣尊三神出现一条下，曾说素盏鸣尊的性质——此神勇而悍，常哭泣使国中人民夭折，又使青山变为枯山，使河海悉干涸。由此记载，可知他是一个有强暴性质的神；哭泣是他的根本性质，因为他的哭，使青山枯、河海涸、万妖发，他的哭泣的状态或结果，是十分可怖的。如此伟大的神格，且有自然的基础，则以他为暴风雨神，未尝不可。又素盏鸣尊得父母的许可，将与姊神天照大神相会，升天时，溟渤为之翻腾，山岳为之响震，山川国土皆轰动。这明明是记载海岛国的暴风雨神来的状况。我们认此神话为一个空中神话，或太阳神话，并非没有根据。

（二）天地开辟神话

天地开辟神话，就它的本来的性质说，不可称为自然神话，现在说到它，是借它作例证，说明四围的自然，对于民族神话，有多少影响。

我国的天地开辟，见"盘古"神话，其中可分为两个形式：一是尸体化生神话，一是天地分离神话。现就《五运历年记》、《述异记》、《三五历记》中举出三个泉源。

> 元气濛鸿，萌芽兹始，遂分天地，肇立乾坤，启阴感阳，分布元气，乃孕中和，是为人也。首生盘古，垂死化身，气成风云，声为雷霆，左眼为日，右眼为月，四肢五体为四极五岳，血液为江河，筋脉为地里，肌肉为田土，发髭为星辰，皮毛为草木，齿骨为金石，精髓为珠玉，汗流为雨泽，身之诸虫，因风所感，化为黎甿。

> 盘古氏，天地万物之祖也，然则生物始于盘古。昔盘古氏之死也，头为四岳，目为日月，脂膏为江海，毛发为草木。秦汉间俗说，盘古氏头为东岳，腹为中岳，左臂为北岳，足为西岳。先儒说，泣为江河，气为风，声为雷，目睫为电。古说，喜为晴，怒为阴。吴楚间说，盘古氏夫妻，阴阳之始也，今南海有盘古氏墓，亘三百里。俗云，后人追葬盘古之魂也。

> 天地混沌如鸡子，盘古生其中，万八千岁。天地开辟，阳清为天，阴浊为地，盘古在其中，一日九变，神于天，圣于地，天日高一丈，地日厚一丈，盘古日长一丈，如此万八千岁。天数极高，地数极深，盘古极长，后乃有三皇，数起于一，立于三，成于五，盛于八，处于九，故天去地九万里。

右（上）三种泉源，第一、第二两种的形式完全相同，可名之曰尸体化生说，或"巨人尸体化生说"。此为世界大扩布的传说之一，大陆国民的天地开辟神话，多有此例。第三种为天地分离神话，天地开辟之初，盘古生长其中，一日一丈，如此者一万八千岁，结果天地的距离九万里，这便是天地的分离。

第二节　人文神话

社会的进步与人文的发达的意义，是说人类的历史，可分为无数的时期，如果社会不断的发达，人文永久的进步，则各时期与其前的时期比较，更为完全，但与后来的时期比较，则更为不完全。所谓发达，所谓进步，不过是比较之意，绝对的完全，到底不能实现，在这意义上，一切时代，都可说是不完全的。因为不完全，所以进步、发达。不完全即是走向完全的原因，简言之，不完全生完全，缺如生出圆满。绝对的完全圆满，就是进步的极点、发达的极致，即人文的终极，但社会不能发达到超过这地步，人文不能再越此前进，其结果为社会的终灭、人文的死灭、人类的绝灭，亦即世界的最后，一切皆归乌有。不完全或缺陷，从某点看起来，是社会的不调和之意，是人间的罪过罪恶之意。苟社会发达，人文不断的进步发展，社会便不能免除不调和，人间的罪过罪恶，便也不能断绝。不调和与罪过罪恶成为动机、成为原因、成为因果的连锁似的维系不断，乃能进步发达，这乃是真正的调和，从某点看来，不调和即是调和，缺如就是圆满，充言之，罪恶乃是人文开展的动机。

希腊神话的神统论，关于此点，供给吾人以很有兴趣的例证。在以宙斯（Zeus）为首的俄林普斯山（Cymbus）顶，诸神均有神座，他们是当时希腊国民的社会神或人文神，是国家的主宰者、社会的拥护者，那山上的神界，在希腊当时的国民，乃是人间社会的理想。然试考察宙斯神界发达的历史，据神话所记，达到最后的这种完全的社会组织，凡经三个阶段。其间有几次激烈的争斗，有流血惨酷的事件。固然，自希腊神话的性质说，神话的记事之中，可以看见许多天然的分子，所以可以下自然的神话的解释。若完全解释它为人事神话，是不可能的；然而从他方面观察起来，其神话的根柢，实有一种社会观隐伏着。当此神话形式存在时代的希腊国民，无意识的从经验中得到一种社会观，有了"完全的产自不完全"的观念。所以在希腊神话里面，有一种社会观存在，那社会观，就是社会的发达，是不和、冲突与争斗的结果。

希腊神话里的人文神话，由下面所述的一例可以说明。希腊第一次的主宰神是天神乌拉洛斯，第二次的主宰神是天神克洛罗斯，俄林普斯神界之主、亚典那之父——天神宙斯是第三次的主宰神。克洛罗斯是乌拉洛斯的末子，宙斯也是克洛罗斯的末子。乌拉洛斯的宇宙主权倒了以后，主权便移到克洛罗斯的手中，克洛罗斯的世界政治颠覆以后，主权又归诸宙斯的手里，这非如寻常一样继承相续的结果，不过是纯然的一种革命的结果。乌拉洛斯被末子克洛罗斯所杀，克洛罗斯的末子宙斯又用他独特的武器——电光霹雳，以灭其父之军，都是无上的大罪恶，无比的不祥。犯了大罪恶的宙斯，遂掌握第三次即最后的宇宙政治的主权，他做了宇宙之主、世界之首、神与人的父，受无上的尊崇，尊为最高的人文神。宙斯的罪恶，到了后来成为宗教上的问题，以一个犯大罪恶的神来做国家的最高神，似无理由。但此不过褊狭的道德上的议论，其实是太古的纯朴自然的思想观念，此种观念为神话的根柢。

父子的冲突，即前代与后代的冲突，乃是不祥的事件，但此不祥，有时是为大目的的牺牲，不得不忍耐的。如果儿子不能出父的思想范围以外，则人间便无进步可言；后代若墨守前代的思想习惯，一步也不敢脱出，则社会的发达便没有。如其人类进步，社会发达，父子的冲突，新旧思想的冲突，终于不免。冲突的结果，发生了不祥的事件，是不得已的。因为要达到人文的进步、社会的发达这样的大目的，所以有不祥也只好忍受，如杀人流血，不过是对于进步的一种牺牲。乌拉洛斯被杀，克洛罗斯被灭，都是对于进步的牺牲。至于常以主权归之末子，不过是表示凡物到最后最完全，社会经过若干时代，愈近于圆满的思想，这种思想便在神话里表现出来。

但是人类的罪恶是什么呢？关于此点，希腊神话所说与犹太宗教所说的，颇相类似。犹太的旧记里面，关于人间罪恶起源，有明晰的说明。如《创世记》第三章神话的说明便是——

> 耶和华所造诸生物，莫狡于蛇。蛇谓妇曰："尔勿偏食园中诸树之果，非神所命乎？"妇谓蛇曰："园树诸果，我侪得食之；惟园之中，有一树果，神云，勿食，毋扪，免致死亡。"蛇谓妇曰："尔未必死，神知尔食之日，尔目即明，致尔似神，能别善恶。"于是妇视其树，可食，可观，又可慕，以其能益智慧也，遂摘果食之。并给其夫，夫亦食之，二人目即明，始觉身裸，乃编无花果树叶为裳。日昃凉风至，耶和华神游于园，亚当与妇闻其声，匿身园树间，以避耶和华神之面。耶和华神召亚当云："尔何在？"曰："在园中。我闻尔声，以裸故，惧而自匿。"曰："谁告尔裸乎？我禁尔勿食之树，尔食之乎？"曰："尔所赐我之妇，以树果给我，我食之。"耶和华谓妇曰："尔何为也！"妇曰："蛇诱惑我，我故食之。"耶和华神谓蛇曰："尔既为之，尔必见诅，甚于诸畜百兽，尔必腹行，毕生食尘。我将使尔与妇为仇，尔裔与妇裔亦为仇；妇裔将击尔首，尔将击其踵。"谓妇曰："我必以胎孕之苦，重加于尔，产子维艰。尔必恋夫，夫必治尔。"谓亚当曰："尔既听妇言，食我所禁之树，地缘尔而见诅，尔毕生劳苦，由之得食，必为尔生荆棘。尔将食田之蔬，必汗流浃面，始可糊口，迨尔归土，盖尔由土出，尔乃尘也，必复归于尘。"（据《旧约》文言本译文）

亚当吃了禁树的果实，即人间罪恶的始源。为什么吃了果实便是罪恶呢，同经第二章神喻亚当曰："任尔意食之，惟别善恶之树，不可食，食之必死。"别善恶之树，就是以善恶的分别教人的树子。是如蛇教妇说的，使目明的树子。是给智慧与人之树，给死于人之树。吃了果实以前的亚当夫妇，完全与禽兽同，其目不明，不知善恶的区别，裸体也不知道羞愧，更无觅食的困难、无病、无死。自吃了果实之后，目既明，智慧生，遂知善恶的差别，知裸体的耻。是比较从前，不可不说是很进步了。而此进步，即他们二人的罪恶，因此后世子孙，不得不尝劳动之苦，不能不忍分娩之痛。在痛苦以后，为死神所夺，不得不离开人世。二人的罪恶是不灭的，神的诅咒是永久的，人类遂非永远受罚不可了。

可是反过来说，人之所以为人，在动物之中所以居长；非如其他动物的永久不见进步发达，能够日日进步，不外是智慧之力。社会的发展与人文的进步，均依赖智慧力。亚当的罪恶，就是在得智慧，智慧是他的罪恶的结果。若以人智的发达，为社会发达的原因，则罪恶不能不为人文进步的动机。若亚当不犯那罪恶，人类终于不能自禽兽的位置进步了。若无劳动，则无发明，无生死，则无新陈代谢，人文便不能萌芽了。这是决不许人乐观的。在这意义上，亚当的罪恶，是使人间界的人文萌芽的原因，他的永世不灭的罪恶，可以解作人文开展的动机，所以不绝的存在于社会里面。犹太旧记富于宗教的思想，为犹太民族的古代的遗传，所含宗教分子之多，是不用说的，惟前面所引的一节，是纯粹的神话，故可从神话学上加以诠释。

以下再引数例，以示"说明罪恶的神话"。

希腊神话里面有一个最勇敢的英雄，名叫赫拉克尔斯（Heracles），关于他的神话的传说，是与希腊国民的意识，紧相结合着的。他的事业，永留于国民的记忆之中。从一方面看，他是纯然的神，从别一方面看，他是纯然的人，可以说他是一个半神半人的英雄神。关于他的神话，大概如下：他的父是大神宙斯，母是耶勒克特里昂（火神伯尔梭斯之子）的女儿阿尔克麦。他因受了宙斯的正妻希拉的憎怨，结果招了种种的不幸。他在母亲身旁时，某日因愤怒杀了音乐师，这是他的第一罪。因此罪被谪到牧羊者的群里，他此时做了两桩功业，最初是杀了狮子，为地方人民除害；后反抗米里亚王的压迫，使台伯国得自由。他所得到的报赏，就是以王女麦加拉给他，因希拉的憎怨，不以家庭的快乐给他，他因为狂乱的结果，连自己的儿子也被他投进火里了。这虽是狂乱的结果，但是杀害的罪是不容易灭的。他恢复本性后，欲求一赎罪的方法，遂赴德尔弗以求教于神。阿波洛神的司祭（或神托）告诉他，叫他到米克契去，承国王俄里司妥斯之命，成就十二件事业。此十二事业，即十二冒险是：一、杀勒麦亚的狮子；二、征伐亚果司的水蛇；三、捕获栖于耶尼满妥斯山上的凶恶的野猪；四、捕获金角铜足的鹿；五、杀害用铁嘴与爪翼食人的毒鸟（名司梯姆法洛斯）；扫除马厩，为第六难事；搬运牡牛，为第七苦业；捕以人肉为食的马（德俄麦底斯）是第八命令；得亚马森王的腹带，是第九命令。此外，第十、十一、十二件功业，是赴地球的末端或赴他界远征。

又因他杀了俄里司妥斯，这是第三罪恶，结果服苦役三年，苦役满后赴特落战争，曾救王女赫昔娥勒，诛怪物，远征耶尼斯、比洛斯、拉哥尼亚等地。后因第四罪恶，再受痛苦。最后在耶特那山上，于雷鸣之中升天。这一位国民的恩人、困穷苦难的救助者，诛戮毒蛇、猛兽、盗贼、暴君，平国乱，在国民人文的进步发达上立大功绩的赫拉克尔斯的生涯，便于此告终了。直到后来，他被尊为旅行者、牧畜者、农夫之间的保护神。即日常的感叹词，也用他的名字。在神话里看来，这位英雄神的事业，几于全是罪恶的结果，但人文的进步，反因他的罪恶而食其赐了。

第三节　洪水神话

鲧受尧帝的命，当治水的事业，到了九年，还没有成绩。降及舜帝时，代父治水的大禹，他是中国洪水神话中的一个英雄。这位治九年的洪水的英雄，到了后来，尧舜尊他为圣人。因为经过了若干岁月，有许多的传说分子附聚在他的身上，究竟他是一个真正的历史上的人物，抑是一个神话的英雄，是不可知的。

禹的父鲧，是失败者。鲧受了尧的命，不能完成大任，失败而亡。然而他是大英雄的父亲，因为他是禹的父亲，是成就空前大业者的父，所以鲧也被附带在后世传说的洪水神话里面。禹的名与失败者之父的名一样，永久不朽。《述异记》与《拾遗记》中有如次的记载——

尧使鲧治水，不胜其任，遂诛鲧于羽山，化为黄能，入于羽泉。黄能即黄熊也，陆居曰熊，水居曰能。

归藏云，鲧死三岁不朽，剖之以吴刀，化为黄龙。

尧命夏鲧治水，九载无绩。鲧自沉于羽渊，化为玄鱼，时扬须振鳞，横修波之上，见者谓为河精，羽渊与河通源也。海民于羽山之中，修立鲧庙，四时以致祭祀，常见玄鱼与蛟龙跳跃而出，观者惊而畏矣。至舜命禹疏川奠岳，济巨海则鼋鼍而为梁；踰翠岑（岭）则神龙而为驭，行遍日月之墟，惟不践羽山之地。

这传说是国民固有的龙神信仰与洪水传说的英雄之父结合而成的。鲧之失败被诛是当然的，然鲧是禹的父亲，是国民的大恩人，是成功者的父亲。杀了父，在正史之笔，无有什么不可，但在国民的感谢的情分，则有所不忍。假设是杀了的，则不免与国民的感情或国民的感谢之情，有点冲突。所以说鲧自坠羽渊，不是被杀的。或说沉于羽渊后化为玄鱼，或说被杀三年后尸体不朽，化为黄能，或又说化为黄龙，这都是鲧死后造出来的种种传说。海民为鲧立庙，四时祭祀，舜周游天下，独不践羽山，这在国民的感谢之情，是当然如此的。鲧化为玄鱼、黄能、黄龙，均与水有关系，究竟是与治水的事业有关系呢，抑是从"鲧"字的"鱼旁"产出来的传说，实难下判断。

各种民族关于豪杰的出身，故有种种奇怪的传述，尤其是在中国。试考大禹的出身及他的事业，据几种书的记载，可以举出下面的传说。

禹娶于莘氏女，名曰女嬉。年壮未孳，嬉于砥山，得薏苡而吞之，意为人所感，因而妊孕，剖胁而产高密，家于西羌，地曰石纽。

父鲧妻修，已见流星贯昴，梦接意感，又吞神珠薏苡，胸坼而生禹于石坳。虎鼻大口，两耳参漏，首戴勾钤，胸有玉斗，足文履己，故名文，命字高密，身长九尺，长于西羌。

古有大禹，女娲十九代孙，寿三百六十岁，入九嶷山，升仙飞去。后三千六百岁，尧理天下，洪水既甚，人民垫溺，大禹念之，仍化生于石纽山。泉女狄暮汲水，得石子，如珠，爱而吞之。有娠，十四月生子，及长能知泉源。

禹鉴龙关之山，亦谓之龙门。至一空岩，深数十里，幽暗不可复进，禹乃负火而进，有兽状如豕，衔夜明之珠，其光如烛；又有青犬，行吠于前，禹计可十里，迷于昼夜，既觉渐明，见向来豕变为人形，皆着玄衣。又见一神人蛇身人面，禹因与神语，即示禹八卦之图，列于金板之上，又有八神侍侧。禹曰："华胥生圣人是汝耶？"答曰："华胥是九河神女，以生余也。"乃探玉简授禹，长一丈二寸，以合十二时之数，使量度天地。禹即执持此简，以平定水土，蛇身之神，即羲皇也。

右（上）第三段说及洪水传说中的禹，乃古大禹的再生，最后一段则说羲皇与禹在龙门山洞中相会。蛇身的神即是羲皇，《帝王世纪》说："太昊庖牺氏。风姓也。燧人之世有巨人迹，华胥以足履之有娠，生伏羲于成纪，蛇身人首，有成德。"这些记载，都是说明国民的英雄，他们的生死是不同常人一样的。

洪水的神话是世界的，在各民族里可以发现。其中最有名而传播最广的，要算是希伯莱的洛亚洪水传说。《创世记》说：

人始加多于地。亦有生女者，神子辈见人之女为美，随其所欲而娶之。耶和华曰：我灵必不因人有过恒争之，盖其为肉体，姑弛期一百二十年。当时有伟丈夫在世，其后神子辈与人之女同室、生子，亦为英雄，即古有声名之人。耶和华见世人之恶贯盈，凡其心念之所图维者，恒惟作匿，故耶和华悔己造人于地，而心忧之。耶和华曰：我所造之人我将翦灭于地，自人及兽、昆虫、飞鸟，盖我悔造之矣。惟洛亚获恩耶和华前，举世自坏于神前，强暴偏于地，神鉴观下土，见其自坏，因在地兆民尽坏其所行。神谓洛亚曰，兆民之末期，近及我前矣。盖强暴偏于地，我将并其他而灭之。

七日后，洪潮泛溢于地，适洛亚在世六百年二月十七日，是日大渊之源溃，天破其隙，雨注于地，四旬昼夜，水溢于地，历一百五十日。（录文言本《旧约》原文）

这是犹太旧记关于洪水的传说，其他民族的洪水神话，有与此相同者。如希腊洪水神话，也是起因于人类的堕落。北欧日耳曼神话也有类似之点，印度的洪水神话与犹太的也相类似。

第四节　英雄神话

日本《古事记》中所载大国主命（即大穴牟迟神，大国主命有五个名字，即大国主命、大穴牟迟神、苇原色许男神、八千矛神、宇都志国玉神）的神话，可以当作英雄成功，及最幼者成功传说的模型，现引用这段神话于下。

大国主命是出云国的神，他的年纪最幼，他有许多阿哥，总称为八十神。他比他们聪明伶俐，其余的人都恨他，嫉妒他。八十神们听说因幡国有一个美女，名叫八上姬，他们想娶她为妻。有一天，他们叫大国主命到面前来，向他道："我们要往因幡国去了，你替我们担着行李，跟在后面来吧。"大国主命只好答应，便随着他们上路了。

八十神们来到因幡国的气多海岸，看见草里有一匹脱了毛的白兔在哭，他们便赴近兔的身旁，问道："你为什么变成这样？"兔便答道："我是隐岐岛的白兔，我想渡海回去，我骗鳄鱼，叫它们的同族浮在海上，我便从鳄鱼的背上渡过海去，后来鳄鱼怒我欺骗它们，便咬伤了我，请你们救我的命呀！"

八十神听了，心中便想捉弄兔子，故意说道："原来如此，那是真可惋惜了，快莫哭泣，我们教你即时止痛的方法。你快些到海水里洒浴，再到石岩上让风吹干，你的痛便可止住，皮肤也可复原了。"兔子想他们的话是真的，连声称谢。它到了海水旁洗了身体，再到石岩上去吹风。它却不晓得海水是咸的，被水吹干了，皮肤裂开，血便沁沁的流出来，比从前更加痛苦。它不能忍耐，哭得在地上打滚。这时大国主命走过那里，看见兔子的模样，他就问它为什么身体红到如此。兔子一五一十的将前后的事告诉他，大国主命听了，觉得兔子十分可怜，他教它快到河里去用清水洗净身体，再把河岸旁生长着的蒲草的穗，取来敷在身上，一刻工夫，痛止住了，毛也生了，兔子的身体便复原了。兔子大喜，走到大国主命的面前，说了许多感谢的话，它跳着进森林去了。

八十神们到了八上姬那里，他们向八上姬道："请你在我们之中，挑选一人，做你的夫婿。"八上姬见了他们，知道他们的为人，拒绝了这个要求。他们不觉发怒，大家商议道："她不愿嫁给我们，是因为有那不洁的大国主命跟了来的原故，这厮好不讨厌！让我们来惩治他。"有的说，不必如此，等我们回转出云国后，把他杀了完事。后来大家回到出云国，他们便商量杀害大国主命的方法。

他们把郊外的一棵杉树劈开，加了楔子，骗大国主命同到野外去游玩，到了野外，有一个说道："好宽阔的原野啊！什么地方是止境呢！"有的答道："不登到高的地方去看，是难于知道的，你看那边有一棵大杉树，大国主！你快点爬上那棵树上去，看原野有几何广阔。"大国主命答应一声，便到树下，慢慢爬上树去，爬到劈开的地方，众人乘他不留心，便将夹住的楔子取去，大国主命就被夹住了，他的生命危殆了，八十神见了，哈哈大笑，各人走散。大国主命的母亲在家里见儿子许久没有回来，出来寻他，寻了许久，在杉树里寻着了，取他下来，才被救活。八十神们听着他还没有死，又想用大石头烧红，烙死他。他们之中有五六个，到山里去，用火去烧一块大石，烧得红了，遣别的神走去告诉大国主命道："对面山上有一只红猪，我们从山上赶它下来，你可在山脚将它抱住，要是你放它逃了，我们就要杀你。"大国主命只得答应了，跟在八十神们的后面走去。走到山下，他一人在山脚等那红猪下来，后来红猪从山上滚下来了，他急忙抱住，这一来他就被石头烙死了。八十神们见自己的计策已经成功，大家一哄散了。大国主命的母亲见儿子又没有回来，她出外寻觅，走到山脚，见自己的儿子烙死了，这次她没有可以救他生还了。她想除了去求救于高天原的诸神外，没法术有人能帮助她的。到了高天原，她哭诉八十神们害死她的儿子的情形，神们听了觉得惋惜，就差了蛤姬、贝姬二位神女下界去救大国主命。她们到了山下，贝姬烧了贝壳，捣成粉末，蛤姬从水中吐出水沫，将贝壳粉替他敷治，后来大国主命就活转来了。他的母亲大喜，教训儿子道："你做人过于正直了，如仍住在这里，终有一天被他们害死，不能复生的，你快些逃到素盏鸣尊住的根坚洲国去吧"！他乘八十神们没有察觉的时机，悄然的离了出云国，到根坚洲去了。

大国主命到了根坚洲，就住在素盏鸣尊的宫里，素盏鸣尊有一个女儿，名叫须势理姬，她见了大国主命，在她父亲面前极口称赞大国主命的美貌。素盏鸣尊知道大国主命是一个诚实的人，他便想将女儿嫁给他；既而他想到一个人只是诚实没有什么用，必须要有勇气，所以他故意先使大国主命受些苦楚。有一天，他叫大国主命来，对他说："你今晚须去睡在有蛇的屋里。"大国主命遵他的吩咐，便向有蛇的屋子走去，须势理姬在旁忧急着，乘他父亲没有看见的当儿，她跟在大国主命的后面，她问他："不怕蛇吗？"他说一点也不怕，说时就要走进屋子去。须势理姬急忙止住他道："屋里的蛇不是普通的，是大而毒的蛇，进去的人从来没有生还的，我给你这样东西，蛇来时你向它拂三下，便不来伤害你了。"大国主命接了避蛇的东西，就走进屋里去，果然有许多蛇围了拢来，他用"避蛇"拂了三下，蛇并不来害他，到了翌日，他安然地出了屋子。素盏鸣尊为之惊异，这一次他又叫大国主命进那有毒蜂与蜈蚣的屋子里去，须势理姬又拿避毒物的东西给大国主命，才得平安无事。素盏鸣尊更是惊讶，他另想了一个计策，野外有一丛茂林，他射了一支箭到林中，叫大国主命去拾了回来。林中的草，比人身还高，大国主命听他的吩咐走进去寻那支箭。素盏鸣尊见他走进林中，叫人四面放火。大国主命见大火围住他，便呆立不动。这时有一只老鼠走来，向他说道："里面宽，外面窄。"他听了老鼠的话，料想这里有藏躲的地方，使用脚蹬踏地上，地面被他一踏，泥土松了，现出了一个洞，他便逃在洞里躲着，火烧过了，他才从洞里出来，不料先前走过的那只老鼠，衔了一支箭来，放在他面前，一看那箭，说是素盏鸣尊的，他大喜，拿着箭走回来了。这时须势理姬正在忧心流泪，见了他拿着回来，才转忧为喜，素盏鸣尊的心里，也暗暗称奇。可是他还想再苦大国主命一次，当他在屋里睡觉的时候，他叫大国主命来，他说："我的头上很痒，怕是有了虫吧，你为我取了下来。"大国主命一看素盏鸣尊的头发上，有许多蜈蚣，他便束手无策，须势理姬在旁，暗中将椋实和红土给他，低声说道："放在口中，吐了出来。"他将椋实和红土从口中一点一点地吐出，素盏鸣尊见了，以为他有胆量，能嚼了蜈蚣吐出，他便没有话说了。须势理姬乘她父亲熟睡之后，她叫大国主命逃走，因为以后还有危险。大国主命想了一会儿，他将素盏鸣尊的头发系在柱头上，走出屋外，运了大石塞住房门。须势理姬叫他拿了她父亲的刀、弓矢和琴一起走，可是他不肯。须势理姬说这几样东西，她父亲从前说过，想送给他的。他刚拿好了这几样东西，正要逃走，那琴触着树子，发出响声，将素盏鸣尊惊醒了，因为头发被系在柱上，等到解了头发，他已经逃远了。后来素盏鸣尊一直追他到黄泉比良坂，立在坡上叫大国主命，叫他不必逃，他并无杀害之意，不过想试探他的勇气；并且说明将女儿嫁给他，叫他带了刀、弓矢回转出云国，打服那些恶人。于是大国主命便与须势理姬配合了。素盏鸣尊回到出云国，把为恶的八十神们铲除了，后来他同有智慧的神少彦名命结为弟兄。

日本神话里，英雄神话虽多，但完全具备英雄的性质的，只有大国主命。大国主命为幼子，先受诸兄的磨难，到了后来，终于排除一切困难，达到顺境，为国家生民，发展他的伟大的性质。这种型式，在希腊神话里的阿波洛（Apollo）、赫拉克尔斯（Heracles）也有相似之点。

大国主命的神话，可以作下列的分析。

（1）弟兄的轧轹的故事

（2）争妻子的故事

（3）英雄神的成功谈

其中又插入下列的两个故事：

（1）动物的故事（兔与鳄鱼的故事）

（2）大国主命到根坚国的故事

在英雄神话中，尚有勇者求婚的一种型式，是很普遍的。这种型式的主要点，可分述如下。

青年英雄赴敌人处。

敌人为可畏的动物：或为巨人，或为怪物，或为敌国的长者，敌国可解作外国或他界。

敌人叫青年做种种困难的业务。

其目的在召致青年之死。

当青年服务时，敌人的女儿来搭救青年，因能免死。

最后，青年英雄与女子偕逃，离开敌国。

敌人来追，多方防御。

防御的方法，或投以物，此物变成障碍敌人之物。

逃亡的结果，常为二人幸福以终。

英雄神话中，又有退妖降魔的一种型式，如日本神话里的素盏鸣尊杀八岐大蛇，克尔特人的漂吴夫（Beawulf）斩妖屠龙之类，皆属此型。

（结论）神话的比较研究，因种类甚多，型式不一，仅略述右（上）列四例。此外如神婚神话、天鹅处女神话、仙乡淹留神话、游龙宫神话等型，它们的传播区域极为广泛，为篇幅所限，均不能一一详说了。

本文选自谢六逸著《神话学 ABC》第四章，世界书局 1928 年版。

论中国南北方文化中的神话分子

——故事诗的起来

胡 适

　　故事诗（Epic）在中国起来的很迟，这是世界文学史上一个很少见的现象。要解释这个现象，却也不容易。我想，也许是中国古代民族的文学确是仅有风谣与祀神歌，而没有长篇的故事诗；也许是古代本有故事诗，而因为文字的困难，不曾有记录，故不得流传于后代，所流传的仅有短篇的抒情诗。这二说之中，我却倾向于前一说。"三百篇"中如《大雅》之《生民》，如《商颂》之《玄鸟》，都是很可以作故事诗的题目，然而终于没有故事诗出来，可见古代的中国民族是一种朴实而不富于想象力的民族。他们生在温带与寒带之间，天然的供给远没有南方民族的丰厚，他们须要时时对天然奋斗，不能象热带民族那样懒洋洋地睡在棕榈树下白日见鬼、白昼做梦。所以"三百篇"里竟没有神话的遗迹。所有的一点点神话如《生民》、《玄鸟》的"感生"故事，其中的人物不过是祖宗与上帝而已(《商颂》作于周时，《玄鸟》的神话似是受了姜嫄故事的影响以后仿作的)。所以我们很可以说中国古代民族没有故事诗，仅有简单的祀神歌与风谣而已。

　　后来中国文化的疆域渐渐扩大了，南方民族的文学渐渐变成了中国文学的一部分。试把《周南》、《召南》的诗和《楚辞》比较，我们便可以看出汝汉之间的文学和湘沅之间的文学大不相同，便可以看出疆域越往南，文学越带有神话的分子与想象的能力。我们看《离骚》里的许多神的名字——羲和、望舒等——便可以知道南方民族曾有不少的神话。至于这些神话是否取故事诗的形式，这一层我们却无从考证了。

　　中国统一之后，南方的文学——赋体——成了中国贵族文学的正统的体裁。赋体本可以用作铺叙故事的长诗，但赋体北迁之后，免不了北方民族的朴质风气的制裁，终究"庙堂化"了。起初还有南方文人的《子虚赋》、《大人赋》，表示一点想象的意境，然而终不免要"曲终奏雅"，归到讽谏的路上去。后来的《两京》、《三都》，简直是杂货店的有韵仿单，不成文学了。至于大多数的小赋，自《鹏鸟赋》以至于《别赋》、《恨赋》，竟都走了抒情诗与讽谕诗的路子，离故事诗更远了。

　　但小百姓是爱听故事又爱说故事的。他们不赋两京，不赋三都。他们有时歌唱恋情，有时发泄苦痛，但平时最爱说故事。《孤儿行》写一个孤儿的故事，《上山采蘼芜》写一家夫妇的故事，也许还算不得纯粹的故事诗，也许只算是叙事的（Narrative）讽谕诗。但《日出东南隅》一类的诗，从头到尾只描写一个美貌的女子的故事，全力贯注在说故事，纯然是一篇故事诗了。

绅士阶级的文人受了长久的抒情诗的训练，终于跳不出传统的势力，故只能做有断制、有剪裁的叙事诗：虽然也叙述故事，而主旨在于议论或抒情，并不在于敷说故事的本身。注意之点不在于说故事，故终不能产生故事诗。

故事诗的精神全在于说故事：只要怎样把故事说的津津有味，娓娓动听，不管故事的内容与教训。这种条件是当日的文人阶级所不能承认的。所以纯粹故事诗的产生不在于文人阶级而在于爱听故事又爱说故事的民间。"田家作苦，岁时伏腊，烹羊包羔，斗酒自劳……酒后耳热，仰天拊缶而歌乌乌"，这才是说故事的环境，这才是弹唱故事诗的环境，这才是产生故事诗的环境。

本文为作者所著《白话文学史》之第六章"故事诗的起来"，新月书店1928年版。题目为本书编者所拟，有删节。

《九歌》与河神祭典关系

苏雪林

苏雪林（1897—1999），原名梅。安徽太平县人。现代作家、楚辞学家、神话学家。20 年代曾在法国里昂中法学院、国立艺术学院学习。历任东吴大学、沪江大学、武汉大学、台湾师范大学、台南成功大学教授。神话方面的主要著述有《〈九歌〉与河神祭典关系》（1928）、《〈天问〉里的后羿射日神话》（1944）、《昆仑之谜》（1956）、《屈原与〈九歌〉》（1973）等。她主张神话的世界同源理论，是泛巴比伦学说的代表人物。

我以为《九歌》完全是宗教舞歌，完全是祀祭的歌辞。《东皇太一》等之为祭歌，固不待说，《湘君》、《湘夫人》、《河伯》之言情也不出宗教的范围。它们所歌咏的是人与神的恋爱，不是像游国恩、陆侃如所说的人与人的恋爱，这一点最为重要，须划分一个鸿沟的界限，然后我的议论才不致与他们的议论相淆混。……

说《九歌》中有几首是人神恋爱的歌咏，好像也有人说；但单单举希腊神话为证，理由仍嫌其不充足。所以我要进一步寻出古代宗教人神恋爱的原因，然后将《九歌》中宗教性质详细加以解释。

《湘夫人》、《河伯》等几首歌最教人特别注意的有以下几点：

（1）以祭歌而多言情份子。

（2）有几位神是水神。

（3）有以人为牺牲祭神的痕迹。

为研究方便起见，我们将这三点颠倒过来，逐一论列，然后才得溯本清源之道。

（一）人牺　人牺，一称人祭，英文为 Human Sacrifice，是以人为牺牲杀以祭神的意思。古代希腊、印度、意大利、德意志、日本、南太平洋、墨西哥，以及亚非利加莫不有以人为牺牲祭神之事，中国古代也有。人牺之来源，大约不出以下几条：

（1）禳解　希伯来古时风俗，有大难至，其守城官吏，必杀其最爱之子女献祭于神。北极生番遇有人畜不宁，如疾疫等类，则必杀其一族之酋长，献祭于神。罗马与非洲之喀他忌族开战，将喀他忌打得一败涂地，差不多要将他们亡灭了。喀他忌族为挽回危局起见，大举祭神。杀戮本族童子二百人，充作祭品。这是历史上的事实。在中国，则成汤克夏后，天大旱，七年不雨，汤乃断指爪剪发，以身置俎祷于桑林，果然甘露大沛。汤自己舍不得死，却教指爪须发做替死鬼，也算得人牺之一种。

（2）谢神　谢神有二种，一种谢于事前，一种谢于事后。谢于事前者：如古之希腊、法兰西、英吉利、印度诸国于军兴时必先戮一人，行祭纛礼。墨西哥每值筵宴，必先杀一人，用以敬神。谢于事后者：亚门族（Ammonites）每有谢神之举辄焚其婴儿。欧洲古代有数处人民于军事告捷后必杀人谢神。安达斯族（Andeans）临战或奏捷时，必以童男女各一，先绞杀之，即与其他各物燔祭。中国亦有衅鼓、射鬼箭之事。后以流同类之血、博一己之幸福，其事过惨，良心上未免说不过去，于是改流异类之血，而以牲畜等物代之了。

（3）厌胜　不久以前，南京建筑孙中山先生陵墓，民间发生一种歌谣：什么"你筑中山墓，与我相何干"，什么"石叫石和尚，自叫自承当"。闹得满城风雨，大约读者还能记得。他们见中山先生陵墓工程浩大，以为单靠人力不会成功，还须人的灵魂帮助。民间小儿惧石匠摄取其魂，于是一个个臂缠红布，口唱歌谣以为抵制。此事固足证中国平民识智之低下，但这种心理之发生亦有其渊源，渊源是什么，即古代杀人厌胜是。中国造塔、造桥、造窑，相传必以人厌胜。《唐书·玄宗本纪》开元二十七年改作明堂讹言：官取小儿埋于明堂之下，以为厌胜，村野儿童藏于山谷，都城骚然……江西景德镇的瓷窑，相传每岁总要杀死几对童男女，瓷色方得不坏。此风西洋古时亦有之，爱尔兰有古塔，高阁下发现人的头骨，都是建塔时杀以厌胜的。日本古代建筑堤岸，须先活埋一人，以奠其基，谓之人柱。德意志往昔建屋亦例活埋一童年人，用以奠基厌胜。

（4）赎罪　以一人之死代众人赎罪，也是原始宗教精神之一。墨西哥有数处遇有大灾难，每有道德高上之人挺身而出，愿为祭神之牺牲品，以赎众罪。回教亦有数处人民深信一人为众而死，可救无量生命，因而有踊跃捐躯于祭坛者。如中亚美利加、秘鲁、大赫的岛、印度、吕宋以及北欧罗巴之瑞典，真有这种信仰。

（二）河神　原始民族智识简单，看见宇宙间万象罗列，森然满目：如日月之运行，风霆之闪击，山狱之耸峙，江海之渊渟，都好像有一种意志作用，于是遂生出一种惊疑心。因为惊疑心而寻求其原因，求之不得则归之于神明之力，宗教便由是产出。但自然界中的现象，静止的感人之力少，变动的感人之力多，日蚀星陨，天子也要寅畏，疾风迅雷，孔子亦必整衣冠而作，岂非绝妙的证据。不过日蚀呀，雷呀，雨呀，都是一时的现象，来得快，过去得也快，不能在我们脑筋中留下什么深刻的观念，求其永久常存而又变动不居的则莫过于水了。水之为物，滔滔汩汩，日夜长流，为溪，为涧，为江，为河，舒之为沦涟，鼓之为波涛，激之为风飙，怒之为雷霆，它的变化，真是形容不尽。水之中最有趣的又莫如河水。哲学家见之每引起他的哲学思想，如孔子立于河上曾叹息道："逝者如斯夫，不舍昼夜。"于是乎，一部《易经》的原理，就推演出来了。希腊古代哲学家额拉吉来图，亦有"万物如流"的话，现代柏格森取而发皇之，成为他的创化论。文学家莫泊三平生最爱为河水的描写，他的名著《水上》（*Sur l'eau*）写河水极好。大意说是河是一种神秘的、深沉的、不可测的东西，好像是蜃楼海市或缥缈仙境，深夜间，人在那里看见幻象，听见异声，在那里人会莫名其妙的发颤，好似穿过墓地，可以说比墓地还幽暗可怕，那里虽没有一座坟台。河岸为渔家庐舍所界，但无月之夜，黑影之中，河水好像森无涯际。大海波啸云垂，气象壮阔。河却是平静的，不声不响地寂寂流去。但是这永久的汨汨长流，在我看来比浪花百尺的海洋还要惊人哩。梦想的诗人，常常想像大海隐藏于她浅蓝色无边无际的怀中，溺死者的尸骸，上下翻腾于巨鱼、水晶洞窟及权桠的珊瑚树中间。河水则不过是些深黑的底，尸骸腐烂于污泥里罢了。但当她为朝阳所照射时，光华万道，沦涟动荡，以及她在萧瑟卢苇岸间沛泊徐流，亦复异常可爱。……

　　不过这些哲学家和文学家的描写，和本文没有关系，可以不必多引。我现在只说野蛮人对于河水的态度。河水滔滔长流，神秘莫测，容易激发人的玄想，已如上述。而她还有两点足使野蛮人怀感和恐惧，这两点都有教他们发生宗教思想的可能。

　　可怀感的是河水之能养人，我们人类的生活是少不了水的，而农业需水更亟。河水所经沟渎皆盈，可引为清渠而养稻，可抱瓮汲之而灌园。《管子》说："山不童而用瞻，泽不弊而养足。"又曰："水者万物之准也，诸生之淡也。"淡者能济诸生以适中之谓。又曰："水者万物之本原也，诸生之宗教也。"《老子》亦有："上善若水，水善利万物而不争处；……"《文子》："水为道也大苞群，生而无私好，泽及跂蹻，而不求报，富瞻天下而不既，德施百姓而不费……"《子华子》："水涵太一之中精故能润泽万物，而行乎地中。"诸子对于水之歌功颂德，不及备录，照事实上说来，水确是我们人类养生的根本，我们老祖宗将它当神明一般崇拜起来，也算是"饮水思源"的微意吧。

　　可恐惧的是河水之能害人，宇宙间各种灾异，如山崩泽竭、地震、火山喷裂，祸害虽然剧烈，尚属有限。至于河水的泛滥，灾情便比较的重了。数千里之地，立成泽国，人民、牲畜、庐舍随洪流而漂荡。我们读《老残游记》记述黄河决口的一段，谁不惨然泪下？又读左拉小说描写法国莱因河涨水的情形，谁不觉得惊心动魄？无怪乎莫泊三常说河水是不可信任的 Perfide，它灌溉你，长养你，一朝翻起脸来，可以举你身家性命，一扫而空之。我们老祖宗身经河患，知道河水很难对付，只好设法媚它，使它不常发怒，河伯河神的祭典遂因此而发生，甚至有以人牺祭神之举。

　　关于河的崇拜，各地皆然。如北非洲之贝尔人（Berders of N. Africa）是拜物教的民族，他们拜江河，或拜河源，或拜河身，大抵所奉皆有一定之神。罗马某次大疫，众信河神可以解免，投身于河自愿作祭品者甚多。日本风俗，遇河水之泛滥，殃及田庐，则必杀人以祭河神。非洲有数种生番，遇灾疫至，以为干犯神怒，例用绝色女子，投于河中，以媚河神。中国西门豹之河伯娶妇，乃是人牺之变形。后当论及。各地民族对于河水之崇拜，莫盛于印度，以后亦相当详论。

　　（三）人神恋爱　现在讲到本题了。人神恋爱，原是人牺的变形。这话怎样讲呢？原来以人为牺牲祭神既然是原始民族的习惯，那么祭祀河神，当然也少不了这一种两脚动物。但祀神者固乐杀人媚神，以博福祉，为牺牲者却不见得个个抱有杀身成仁的精神，甘心放弃一己生命为众人赎罪或为众人求福。所以人牺不得不求之于敌国，《左传》昭公十年季平子伐莒，取郠献俘，始用人于亳社。昭公十一年楚人灭蔡，用隐太子于冈山。申无宇曰："不祥，五牲不相为用；况用诸侯乎？"还有秦穆虏晋君以归，令于国斋宿："吾将以晋君祝上帝"。杀俘囚以祀神，大约是春秋习俗，连那不擒二毛、不重伤、满口仁义道德的宋襄公还曾用鄫子于次睢之社，何况其他？波斯古代战后告捷于神必杀其俘囚以献。其国之西戈提族临阵有所俘获，必杀其百中之一献祭于神。祭时叠柴木为堆，上植刀剑，代表神像。先用酒遍洒于人牺之身，然后杀之，流其血盛以筒倾刀剑之上，作为神享。罗马每逢战役，获俘囚以归，亦必尽杀之，献捷于神。埃及某王于战胜叙利亚率师凯旋时，曾用杖击杀敌俘七人，以祭亚扪神。人牺不能求之敌国，则用罪人代替。墨西哥之"人牺"先有拟定之一人，作为预备，临时往往易一罪犯代之。南太平洋之大赫的岛人每用犯罪及分所当死的人祭神。罗马古俗获罪于神者，众必杀之以祭神。罗得斯每年有一次大宴会，及期，其地方官吏必出城决一狱囚献祭。雅典城中每年例由官吏收养不肖之徒，预备有疾疫祭神之用。德意志古俗遇有灾厄，以为神怒所致，而深信祭之以人可获解免，其牺牲则为罪犯、俘囚、孩童等。

但是假如部落与部落相安无事，国家与国家亦各化干戈而为玉帛，没有战争发生，那么，第一种人牺便有缺货之患了。宗教的信仰到了极盛的时代，则牺牲也要挑选好一点，否则对神似乎不敬。《庄子·人间世》篇："人之有痔疾者，不可以适河。"司马注：沉人于河以祭也。这是有痔疾的人不可为祭神的牺牲品的意思。印度有一经典载明献作祭品之人，有疾病的、犯法的妇女、奴隶皆不得充。相传印度有一妇人生有二子，一子瞽目，一子完好，她将完好的子贡献于神充作祭品，人家无不赞美她深明大义。希伯来古代常以最爱的子女献神。亚伯拉罕将独生子以撒充作燔祭，便是一例。亚述（Assyrie）的妇女祭神时亦往往献其爱子，将儿子捆在积薪上放火活活烧死。烧的时候，母亲在烈焰光中，芦笛土鼓声里，口歌神弦之曲，徐徐舞蹈。歌舞声与柴木爆裂声、血肉嗤嗤声，互相应和。呵！这种野蛮宗教的狂信，真太惨厉了，我不愿意多写它了。总之，敬神的牺牲品，既然要好的，则第二种人牺——犯罪——当然不适用。

俘囚不能常得，犯罪又不适用，则人牺不得不求之本族之中，但死是人类所憎嫌畏惧的，除了毫无抵抗力的可怜婴孩，谁肯让人缚之积薪，置之高俎，充作神的大菜呢？于是，祭师、巫者们利用人类来生或死后的报酬的观念，想出法子教他们自己甘心情愿去死，这事我替它杜撰一个名目，叫做"宗教的鼓励"。

宗教的鼓励方法甚多，有人牺献祀之后，本身即可成为神道之说的，有"净土"、"极乐世界"之说的，有人神结婚之说的。第一说如尼加拉瓜人谓为神流血者，死后即可成神。第二和第三说其例极繁。我们现在所研究的是河的崇拜所以不如单采河神来说，较为统一。

前面已经讲过河的崇拜，以印度为最盛。于今我们看他们对河的崇拜是采取什么方法。原来印度古代也有人牺投之于河以祀河神的。以后逐渐进化，遂有人牺的变形出现。这种人牺变形的发生，不外净土往生与人神结婚二者鼓励的结果。

印度著名的河是恒河（Gganges），发源于希玛拉亚山，长一五五七英里，支流布满印度全境，实为全印度最长最大的河，故印度视之为神圣。沿河两岸庙宇林立，所祀皆为河神。印度宗教之支派极多，但所奉之神大都与河有关，印度回教所拜之圣人盖塞，其根原即为河神。马拉船户拜一水神认为恒河主管。帕梯奈船户所祀为女水神，绘神像于船首，每行船航海则以白羊祀之。印人谓恒河握有最高锡嘏之权，恒河之水是最最圣洁的，能除罪之污秽，能与人以康健，能令人生育，能令人获一切福祉。所以每年有千千万万各宗各级的人就浴于恒河。每年有千千万万人不远数千里的来朝拜恒河。自尽于恒河中者谓可以享永福。故意为迎神之车轮辗毙者，谓可以生净土。病者则饮恒河之水，病而弥留者则舁往恒河之滨而死，死后荼毗，必扬其灰于河中，也算拿生命贡献于恒河一样——此风传到中国，于是普陀山有什么"舍身崖"，泰山以及各名山都有这一套，害得愚夫愚妇，摩顶放踵，利来世而为之。恒河总算是毒害东半球的祸水！唐玄奘《大唐西域记》有数段记载，虽然不是写的恒河，但也相近，特录之如下：

> 窣禄勒那国周六千里，东临殑伽河，北背大山，阎牟那河中境而流……阎牟那河东行八百余里，至殑伽河，河源广三四里，东南流入海处广十余里。水色沧浪，波涛浩汗，灵怪虽多，不为物害。其味甘美，细沙随流，彼俗书记，谓之福水，罪咎虽积，沐浴便除，轻命自沉，生天受福，死而投骸，不堕恶趣，扬波激流，亡魂获济。……
>
> 那伽国（中印度间）钵罗那伽国大城之东，两河交广十余里，土地爽垲，细沙弥漫。……（两河）至大施场东合流。日数百人自溺而死，浴彼以为愿求生天，当于此处绝粒自沉。沐浴中流，罪垢消灭，是以异国远方相与趋萃，七日断食然后绝命。……故诸外道修苦行者于河中立高柱，日将旦也，便即升之，一手一足执柱端，足蹑枆，一手一足虚悬外伸，临空不屈，延目视日右转，逮乎曛暮，方乃下焉。若此者其徒数十辈。修斯勤苦，出离生死，或数十年而未尝懈息……甚或山猨野庶，群游水滨，或濯流而返，或绝食而死……

玄奘关于恒河的记载不多，但有一段说城有波罗门之大庙，其前有一大树，传言内有食人之鬼，故树下恒有死者骸骨。年中来朝圣者自投恒河则为献身。此庙想即是河神之庙。

阿拉哈巴（Allahabad）为印度一省会。原义为祭河所，人视为神圣之地，因有三圣河汇流于此：①恒河，②赞木纳河，③萨利斯瓦提河。恒河中常有投水献身者，此风至今不衰。

这都属于来世观的第二说。至于人神结婚或恋爱，第三说也有许多例子。

野蛮人对于恋爱和信仰本来就分析不开，盘克博士（Dr. Bucke）于他名著中《人类道德的性质》（*Man's Moral Nature*），说支配人类两大势力是：对于性及不可见的事物的信仰。原始民族最普遍的宗教象征是什么，大概读者都已知道，用不着我来说。而人神恋爱之风，及祭奉女神之风，亦以野蛮人为盛，也是这个关系。祭师、巫者们想鼓励人去做祭神的牺牲，自然莫如采用人神结婚说之为得力了。

以印度为例，印人所崇拜之神，大都属于女性，如塞克他派谓天地间一切自然之力皆属于阴性，其神为母神。塞克他派分三支：一支断绝情欲，供神时亦不用酒肉，其余二支则祭典甚为淫乱，谓必如此乃合于天地之春气。阿散孟（Assam）乃印度与缅甸间之大区，其所崇拜之神亦为女性，表现万有生机之理。建筑庙宇，必以人为牺。有一次建筑了一个新庙，杀人至一百四十之多，例以铜盘奉人头而进献。有某族专为献祭女神的牺牲，此族有格言：凡崇拜女神的，应当拿自己生活、爱情和死三者奉献给她。又有女神名喀利，在印度宗教界也占有很大的威权。印度东方及西方都有她的庙宇，岁时杀人以献。有某地人皆乐为咯利女神的牺牲，祭师指定某人应充祭品，谓之神召，那人便大喜如狂，以为特别蒙神青睐，将来必有无穷后福。自闻召之日起，至就戮之日止，他可以随心所欲，为所欲为，社会和法律都不敢干涉他。因为他是女神的"飞洋伞"呵！

恒河之神亦为女神，南部民族所崇奉的偶像半身为女，半身为鱼，北部民族所崇奉的偶像为白色妇人，坐于鳝鱼上，右手持一水仙花，左手抱一琵琶。

本文原载《现代评论》1928 年第 8 卷第 204—206 期。现选自《蠹鱼生活》，真善美书店 1929 年版。全文约两万字，分上中下三个部分：（上）古今注家对于九歌的意思；（中）九歌宗教问题的解释；（下）九歌对于后世文学的作品影响。本篇节选自"中篇"。

中国神话研究 ABC

茅　盾

茅盾（1896—1981），原名沈德鸿，字雁冰，用茅盾、玄珠、方璧、邢天等笔名。浙江桐乡县乌镇人。现代文学家，中国神话学的开创者之一。神话方面的著述主要有《中国神话研究 ABC》（1929）、《神话杂论》（1929）、《北欧神话 ABC》（1930）。1981 年出版的《神话研究》（百花文艺出版社）是上述部分专著与神话论文的结集。茅盾有关神话的全部著述收入《茅盾全集》第 28 卷（马昌仪编，人民文学出版社 1993 年版）中。

序

（一）这本书是企图在中国神话领域内作一次大胆的探险。同类性质的书，中国文的还没有过，东西文的，则以作者所知，也还是没有专书，法国 de Harlez 有《山海经》的翻译，然而专关于中国神话的著作，似乎还没有。英文中有一本《中国神话及传说》（详见本书篇末参考用书内所论），可是荒谬得很。所以此编之作，实在是"开荒"的性质，因而也只是"绪论"的性质。

（二）作者对于神话学的研究，自然不敢说有怎样的精到；所以此编之不能完美，自不待言。但作者并不忘记在此编的著作时，处处用人类学的神话解释法以权衡中国古籍里的神话材料。

（三）有许多意见是作者新创的，如言帝俊、羿、禹这一章，又如第六章对于《大司命》、《少司命》、《山鬼》等篇的解释。还有解释蚩尤为巨人族之一，黄帝与蚩尤的战争就是巨人族与神之战争；夸父与夸娥即一；"终北"、"华胥"之为中部人民的宇宙观。凡此一切创见，作者只凭推论，并不曾多找书本上的考据。但也不是以为无须多考据，无非因为客中无书，只好作罢。如得海内同志替这些臆说再多找些书本子的证据，自然很欢迎的。

（四）作者相信《山海经》的神话价值很高，所以本编有时信任《山海经》的地方还比信任《楚辞》及其他书籍（如《淮南》）为较多。汉以后的作者的神话材料（如《搜神记》、《述异记》等书所载），有时也引用，但只作为一神话流传后经增饰修改后的最终式，或是一神话的演化的过程而已。

（五）后世方士道教神仙之说兴起后的奇诞之谈，自然离原始神话的面目太远，但有时也引用，如述西王母神话时引《汉武内传》，月的神话引《龙城录》，这也无非表示一神话到了后来如何的被方士道教化而已，并不以此作为该神话的最终点。

（六）作者对于自己的引用书籍的时代的意见，及该书在神话上的价值，都在篇末的"参考用书"内有些说明。

（七）这本书一则是草创，二则是绪论性质，所以中间对于各种材料的解释、分析和征引，都只是视叙述之方便而定，并不是把中国神话来巨细无遗地作系统的叙述。我希望另有人来做这个工作。自己倘若时间容许，或者看书方便，也想试作较大的企图。将来或者也可以呈教。只是人事变幻，不知道有没有这等时间。

（八）本书在客中仓卒属稿，手头没有应参考的书，虽然有几个朋友借给些书，到底不足，所以错记及失检之处，或许难免，要请读者原谅。几位热心的朋友，或是借给书，或是替查一二条，都是很感激，可是也不噜苏记下名字来了。

一九二八、十、二〇，作者于日本东京

第一章　几个根本问题

"神话"这名词，中国向来是没有的。但神话的材料——虽然只是些片段的材料——却散见于古籍甚多，并且成为中国古代文学中的色彩鲜艳的部分。自两汉以来，曾有许多学者钻研这一部分的奇怪的材料，然而始终没有正确的解答。此可以他们对于那包含神话材料最多的《山海经》一书的意见为例证。班固依《七略》作《汉书·艺文志》，把《山海经》列在形法家之首（形法者，大举九州之势，以立城郭室舍形；六家，百二十二卷）。东汉明帝时，王景当治水之任，明帝赐景以《山海经》、《河渠书》、《禹贡图》，可知《山海经》在当时被视为实用的地理书了。王充这位有眼光的思想家也说："禹主治水，益主记异物，海外山表，无远不至，以所闻见，作《山海经》……董仲舒睹重常之鸟，刘子政晓贰负之尸，皆见《山海经》，故立二事之说。使禹、益行地不远，不能作《山海经》；董、刘不读《山海经》，不能定二疑。"（见《论衡·别通篇》）又说："按禹之《山经》，《淮南》之《地形》，以察邹子（衍）之书，虚妄之言也。"（见《论衡·谈天篇》）这又可见王充也把《山海经》视为实用的地理书"方物志"，而且是禹、益实地观察的记录了。《汉志》以后，《隋书·经籍志》（第七世纪）亦以《山海经》冠于"地理类"之首。（《隋志》："汉初，萧何得秦图书，故知天下之要害，后又得《山海经》，相传以为夏禹所记。"）自《汉志》以至《隋志》，中间五百多年，对于《山海经》的观念没有变更。自《隋志》以后又三百余年，五代末刘昫撰《旧唐书·经籍志》亦以《山海经》入"地理类"。其后北宋欧阳修撰《新唐书·艺文志》，南宋王尧臣撰《崇文总目》，皆因依旧说。便是那时候对于《山海经》颇肯研究的尤袤，他的《遂初堂书目》（今在《说郛》中）也是把《山海经》放在"地理类"的。大胆怀疑《山海经》不是地理书的，似乎明代的胡应麟可算是第一人。他说："《山海经》：古今语怪之祖。……余尝疑战国好奇之士本《穆天子传》之文与事，而侈大博极之，杂傅以《汲冢》、《纪年》之异闻，《周书》、《王会》之诡物，《离骚》、《天问》之遐旨，

《南华》郑圃之寓言，以成此书。"又说："始余读《山海经》而疑其本《穆天子传》，杂录《离骚》、《庄》、《列》，傅会以成者，然以出于先秦，未敢自信。逮读《楚辞辩证》云：'古今说《天问》者，皆本《山海经》、《淮南子》，今以文意考之，疑此二书，皆缘《天问》而作。'则紫阳已先得矣。"（皆见《少室山房笔丛》）胡应麟说《山海经》是"古今语怪之祖"，是他的灼见。他推翻了自汉以来对于此书之成见，然而尚不能确实说出此书之性质；他不曾明言这是一部"小说"（中国的广义的用法）。清代修《四库全书》，方始正式将《山海经》放在子部小说家类了。这一段《山海经》的故事，就代表了汉至清的许多学者对于旧籍中的神话材料的看法。他们把《山海经》看作实用的地理书，固然不对，他们把《山海经》视为小说，也不算对。他们不知道这特种的东西所谓"神话"者，原来是初民的知识的积累，其中有初民的宇宙观、宗教思想、道德标准、民族历史最初期的传说，并对于自然界的认识等等。

据最近的神话研究的结论，各民族的神话是各民族在上古时代（或原始时代）的生活和思想的产物。神话所述者，是"神们的行事"，但是这些"神们"不是凭空跳出来的，而是原始人民的生活状况和心理状况之必然的产物。原始人民的心理，有可举之特点六：一为相信万物皆有生命、思想、情绪，与人类一般；此即所谓泛灵论（Animism）。二为魔术的迷信，以为人可变兽，兽亦可变为人，而风雨雷电晦冥亦可用魔术以招致。三为相信人死后魂离躯壳，仍有知觉，且存在于别一世界（幽冥世界），衣食作息，与生前无异。四为相信鬼可附丽于有生或无生的物类，灵魂亦常能脱离躯壳，变为鸟或兽而自行其事。五为相信人类本可不死，所以死者乃是受了仇人的暗算（此惟少数原始民族则然）。六为好奇心非常强烈，见了自然现象（风雷雨雪等等）以及生死睡梦等事都觉得奇怪，渴想求其解答。（Andrew Lang, *Myth*, *Ritus and Religion*, pp.48-52）原始人本此蒙昧思想，加以强烈的好奇心，务要探索宇宙间万物的秘奥，结果则为创造种种荒诞的故事以代合理的解释，同时并深信其真确：此即今日我们所见的神话。

现代的文明民族和野蛮民族一样的有他们各自的神话。野蛮民族的神话尚为原始的形式，文明民族的神话则已颇美丽，成为文学的泉源。这并不是文明民族的神话自始即如此美丽，乃是该民族渐进文明后经过无数诗人的修改藻饰，乃始有今日的形式。这些古代诗人的努力，一方面固使朴陋的原始形式的神话变为诡丽多姿，一方面却也使得神话历史化或哲学化，甚至脱离了神话的范畴而成为古代史与哲学的一部分。这在神话的发挥光大和保存上，不能不说是"厄运"。中国神话就是受了此"厄运"而至于散亡，仅存断片了。

就中国现存的古籍而搜集中国神话，我们不能不说中国民族确曾产生过伟大美丽的神话。为什么我们的神话不能全部保存而仅余零星的片段呢？鲁迅在《中国小说史略》内说："中国神话之所以仅存零星者，说者谓有二故：一者华土之民，先居黄河流域，颇乏天惠，其生也勤，故重实际而黜玄想，不更能集古传以成大文。二者，孔子出，以修身齐家治国平天下等实用为教，不欲言鬼神，太古荒唐之说，俱为儒者所不道，故其后不特无所光大，而又有散亡。然详案之，其故殆尤在神鬼之不别。天神地祇人鬼，古者虽若有辨，而人鬼亦得为神祇。人神淆杂，则原始信仰无由蜕尽；原始信仰存则类于传说之言日出而不已，而旧有者于是僵死，新出者亦更无光焰也。"胡适在《白话文学史》内说："故事诗（Epic）在中国起来的很迟，这是世界文学史上一个很少见的现象。要解释这个现象，却也不容易。我想，也许是中国古代民族的文学确是仅有风谣与祀神歌，而没有长篇的故事诗；也许是古代本有故事诗，而因为文字的困难，不曾有记录，故不得流传于后代，所流传的仅有短篇的抒情诗。这二说之中，我却倾向于前一说。'三百篇'中如《大雅》之《生民》，如《商颂》之《玄鸟》，都是很可以作故事诗的题目，然而终于没有故事诗出来。可见古代的中国民族是一种朴实而不富于想象力的民族。他们生在温带与寒带之间，天然的供给远没有南方民族的丰厚，他们须要时时对天然奋斗，不能象热带民族那样懒洋洋地睡在棕榈树下白日见鬼、白昼做梦。所以'三百篇'里竟没有神话的遗迹。所有的一点点神话如《生民》、《玄鸟》的'感生'故事，其中人物不过是祖宗与上帝而已（《商颂》作于周时，《玄鸟》的神话似是受了姜嫄故事的影响以后仿作的）。所以我们很可以说中国古代民族没有故事诗，仅有简单的祀神歌与风谣而已。后来中国文化的疆域渐渐扩大了，南方民族的文学渐渐变成了中国文学的一部分。试把《周南》、《召南》的诗和《楚辞》比较，我们便可以看出汝汉之间的文学和湘沅之间的文学大不相同，便可以看出疆域越往南，文学越带有神话的分子与想象的能力。我们看《离骚》里的许多神的名字——羲和、望舒等——便可以知道南方民族曾有不少的神话。至于这些神话是否取故事诗的形式，这一层我们却无从考证了。"（《白话文学史》页75—76）

据胡先生的意见，则古代中国民族因为"生在温带与寒带之间，天然的供给远没有南方民族的丰厚，他们须要时时对天然奋斗，不能象热带民族那样懒洋洋地睡在棕榈树下白日见鬼、白昼做梦。所以'三百篇'里竟没有神话的遗迹"。但是我觉得只就"三百篇"以论定中国古代（北方）民族之没有神话，证据未免薄弱了些罢？为什么呢？因为"三百篇"是孔子删定的，而孔子则不欲言鬼神。况且"要时时对天然奋斗"的北方民族也可以创造丰富的神话，例如北欧民族。因为自然环境的不同，北欧的神话和南欧希腊的神话，色彩大异，这是事实。"神话是信仰的产物，而信仰又是经验的产物。人类的经验不能到处一律，而他们所见的地形与气候，也不能到处一律。有些民族，早进于农业文化时代，于是他们的神话就呈现了农业社会的色彩……但是同时的山居而以游牧为生的民族，却因经验不同，故而有了极不同的神话。"（Mackenzie, *Myths of Crete and Pre-Hellenic Europe*：*Introduction*, pp. 23-24）可见地形和气候只能影响到神话的色彩，却不能掩没一民族在神话时代的创造冲动。现在世界上文化程度极低的野蛮民族如南非洲的布西曼（Bushmen）族，只会采掘植物的块根，打些小鸟小兽过生活。又如奥伐赫莱罗（Ovaherero）族，尚在游牧时代，他们都在热带，不必时时和天然苦斗，他们很可以懒洋洋地睡在棕榈树下白日见鬼、白昼做梦，然而他们也只有绝简陋的神话。中国古代（北方）民族之曾有丰富的神话，大概是无疑的（下面还要详论）；问题是这些神话何以到战国时就好象歇灭了。"颇乏天惠，其生也勤"，不是神话销歇的原因，已经从北欧神话可得一证明；而孔子的"实用为教"，在战国时亦未有绝对的权威，则又已不象是北方神话的致命伤。所以中国北部神话之早就销歇，一定另有其原因。据我个人的意见，原因有二：一为神话的历史化，二为当时社会上没有激动全民族心灵的大事件以诱引"神代诗人"的产生。神话的历史化，固然也保存了相当的神话，但神话的历史化太早，便容易使得神话僵死。中国北部的神话，大概在商周之交已经历史化得很完备，神话的色彩大半褪落，只剩了《生民》、《玄鸟》的"感生"故事。至于诱引"神代诗人"产生的大事件，在武王伐纣以后，便似乎没有。穆王西征，一定是当时激动全民族心灵的大事件，所以后来就有了"神话"的《穆天子传》。自武王以至平王东迁，中国北方人民过的是"散文"的生活，不是"史诗"的生活，民间流传的原始时代的神话得不到新刺激以为光大之资，结果自然是渐就僵死。到了春秋战国，社会生活已经是写实主义的，离神话时代太远了，而当时的战乱，又迫人"重实际而黜玄想"，以此北方诸子争鸣，而皆不言及神话。然而被历史化了的一部分神话，到底还保存着。直到西汉儒术大盛以后，民间的口头的神话之和古史有关者，尚被文人采录了去，成为现在我们所见的关于女娲氏及蚩尤的神话的断片了。

从上文的论证而观，中国北部民族曾有神话，大概可以置信了。现在我们就可以看一看现有的中国神话的断片内，何者是可以算是北部民族的产物。《淮南子·览冥训》云：

> 往古之时，四极废，九州裂；天不兼覆，地不周载；火爁炎而不灭，水浩洋而不息；猛兽食颛民，鸷鸟攫老弱。于是女娲炼五色石以补苍天，断鳌足以立四极（高诱注：天废顿，以鳌足柱之），杀黑龙以济冀州，积芦灰以止淫水。苍天补，四极正，淫水涸，冀州平，狡虫死，颛民生。

这一段可说是中国的洪水神话的片段。北欧神话说神奥定（Odin）杀死了冰巨人伊密尔以后，将他的头盖骨造成了天，又使四个最强壮的矮人（在北欧神话内有矮人，与神同时存在，居于地下穴，善工艺）立于地之四角，撑住了天，不让天崩坠下来。这里所说北欧神话的四个矮人撑住了天，把天看成了青石板一样的东西，和我们的女娲炼五色石补天，断鳌足为柱，撑住了天，实在是很有趣味的巧合。北方民族大概是多见沉重的阴暗的天空，所以容易想象天是一块石板。这是从自然现象的关系上推测"女娲补天"之说大概是北方的神话。再看《淮南子·天文训》又有这样一段话：

> 昔者共工与颛顼争为帝，怒而触不周之山（高诱注：不周山在西北），

天柱折，地维绝；天倾西北，故日月星辰就焉，地不满东南，故水潦尘埃归焉。

这里所说共工氏的破坏工作，大概是在女娲补天立柱以后。从《列子·汤问》里的一条同性质的记载，我们更可以明白：

故昔者女娲氏炼五色石以补其（天）阙，断鳌之足，以立四极。其后共工氏与颛顼争为帝，怒而触不周之山，折天柱，绝地维，故天倾西北，日月星辰就焉；地不满东南，故百川水潦归焉。

补《史记》的《三皇本纪》却有很不相同的记载：

诸侯有共工氏，任智刑，以强霸而不王，以水垂木，乃与祝融战，不胜而怒，乃头触不周山，崩。天柱折，地维缺。女娲乃炼五色石以补天，断鳌足以立四极，聚芦灰以止滔水，以济冀州。于是地平天成，不改旧物。

把女娲补天作为共工氏折断天柱以后的事，未见他书，所以《三皇本纪》云云，显然是修改了传说，然而修改得太坏了。《淮南子》成书较早，所据旧说，自然较为可靠。所谓"天倾西北……地不满东南"，正是北方人民对于宇宙形状的看法，由此也可想象女娲的神话大概是发生在北部了。

我们再看《楚辞》内有没有说到女娲及共工氏。《离骚》中有"路不周以左转兮"一句，并未说到女娲。《天问》里既言"女娲有体，孰制匠之"，又言"康回凭怒，墬何故以东南倾"，"八柱何当？东南何亏？"康回是共工之名，"墬"训"地"，所以"康回凭怒"及"八柱何当"等句大概就是指共工氏头触不周山以至天倾西北、地不满东南而言。但是，可注意的是屈原未言及女娲补天之事。屈原是长江流域即中国中部的人，他很熟习并且喜欢神话，如果中部民间也有女娲补天的神话，则屈原文中未必竟会忘记了引用。然而竟没有。即此便可想见那时楚与北方诸国虽交通频繁，而北方的神话尚未全部流传到南方的楚国。这又是女娲神话源出北方的一个旁证了。

《列子·汤问》的北山愚公移山的故事，也显然是曾经修改过的北方神话的片段。原文如下：

太行、王屋二山，方七百里，高万仞，本在冀州之南、河阳之北。北山愚公者，年且九十；面山而居，惩山北之塞，出入之迂也，聚室而谋曰："吾与汝毕力平险，指通豫南，达于汉阴，可乎？"杂然相许。其妻献疑曰："以君之力，曾不能损魁父（谓小山）之丘，如太行、王屋何？且焉置土石？"杂曰："投诸渤海之尾，隐土之北。"遂率子孙，荷担者三夫，叩石垦壤，箕畚运于渤海之尾。邻人京城氏之孀妻，有遗男始龀，跳往助之。寒暑易节，始一反焉。河曲智叟笑而止之曰："甚矣，汝之不惠！以残年余力，曾不能毁山之一毛，其如土石何！"北山愚公长息曰："汝心之固，固不可彻，曾不若孀妻弱子！虽我之死，有子存焉；子又生孙，孙又生子，子又有子，子又有孙，子子孙孙，无穷匮也，而山不加增，何苦而不平？"河曲智叟无以应。操蛇之神闻之，惧其不已也，告之于帝；帝感其诚，命夸娥氏二子负二山，一厝朔东，一厝雍南，自此冀之南、汉之阴，无垄断焉。

这是一段很有哲学意味的神话，主要目的在说明太行、王屋二山之方位之所以然。二山既在北部，所以此神话亦显然是北部的产物。愚公和智叟或者本是"半神半人"的人物，伪造《列子》的人加以最后的修改，成了现在的形式，便很象一个"寓言"了。

再看黄帝讨伐蚩尤的神话。先秦的书，常常说到蚩尤，例如《管子》云"蚩尤受卢山之金而作五兵"。《山海经》十七云："蚩尤作兵伐黄帝，黄帝乃命应龙攻之冀州之野。应龙畜水，蚩尤请风伯雨师，纵大风雨。黄帝乃下天女曰魃。雨止，遂杀蚩尤。魃不得复上，所居不雨。叔均言之帝，后置之赤水之北。"《史记》亦载黄帝与蚩尤战于涿鹿之野，但已完全剥落了神话的性质而成为历史了。太史公抉择史料的态度，素来是严格的；他既然采取了蚩尤的传说，可知这是当时极盛行的传说。黄帝是中国古代（北方）民族的一个半神性的皇帝——或者竟可以说是全属神话，而涿鹿又是北方，所以我们很可以说蚩尤的神话是产生于北部。屈原的《离骚》和《天问》屡言及"鲧、禹、启、羿"，也说到共工和女娲，但是没有黄帝和蚩尤，这又是一个旁证，使我们相信黄帝和蚩尤的神话不但产生于北方，而且在屈原的时代尚未盛行于中部的长江流域。

上文引过胡适对于中国神话的意见，现在我要从胡先生的议论中再提出一点来作为研究的端绪。胡先生说："后来中国文化的疆域渐渐扩大了，南方民族的文学渐渐变成了中国文学的一部分。试把《周南》、《召南》的诗和《楚辞》比较，我们便可以看出汝汉之间的文学和湘沅之间的文学大不相同，便可以看出疆域越往南，文学越带有神话的分子和想象的能力。我们看《离骚》里的许多神的名字——羲和、望舒等——便可以知道南方民族曾有不少的神话。"（《白话文学史》页76）是的，南方民族曾有不少的神话，靠《楚辞》而保存至今。但是我们也可以说，若就秦汉之间的时代而言，《楚辞》确可算是南方民族的文学，因而《楚辞》内的神话也可以称为"南方民族"的神话。然而若就现有的中国神话的全体而观，则《楚辞》内的神话只能算是"中部民族"或沅湘文化的产物；因为后来有"更南方"的民族的神话也变成了中国文学或神话的一部分了。对于这一点，我们在下节内再来详细讨论。现在先须问《楚辞》内的神话是否真正中部民族的产物，或竟是北部民族所造而流传至于沅湘流域？自然我们也承认《楚辞》有不少北部的神话，例如上节所举北部神话亦有见于《天问》者，可是中部民族（姑且说楚是代表）有它自己的神话，却也是不可否认的事实。我们不能因为"汝汉之间的文学"没有神话分子而断定只有南方民族的神话，也不能因为《楚辞》中有些神话是属于北方民族的信仰观察而遂谓都从北方流传来。

中部民族的楚国确有它自己的神话，可从王逸的《天问》叙见之。王逸说："屈原放逐，忧心愁悴，彷徨山泽，经历陵陆，嗟号昊旻，仰天叹息；见楚有先王之庙及公卿祠堂，图画天地山川神灵，琦玮谲诡，及古贤圣怪物行事。周流罢倦，休息其下，仰见图画，因书其壁，呵而问之，以渫愤懑，舒泻愁思。楚人哀惜屈原，因共论述，故其文义不次序云尔。"

王逸这一番话，有些是不可信的；譬如他说"周流罢倦，休息其下，仰见图画，因书其壁"，全出附会。屈原的时代，书写的工具尚甚繁重，书壁这事，很不方便。但他说"楚有先王之庙及公卿祠堂，图画天地山川神灵，琦玮谲诡，及古贤圣怪物行事"，大概可信。这些"天地山川神灵"，"古贤圣怪物行事"，便是神话的材料。我们知道希腊古代的神庙及公共建筑上大都雕刻着神话的事迹；我们又知道现在所有的古埃及神话大部得之于金字塔刻文，及埃及皇帝陵墓寝宫的石壁的刻文，或是贵族所葬的"岩壁墓道"石壁上的刻文。可知在古代尚有神话流行于口头的时候，"先王之庙"和"公卿祠堂"的墙壁上图画些神话的事迹，原是寻常的事。这些神话当然是本地的出产而非外来货品。《天问》中言及"昆仑"，言及"鳌戴山扑"，言及"羲和"，言及禹化熊而涂山女化石的神话，大概都是楚民族即中部民族自己的神话。

然而最足表现温带地方的中部民族对于自然现象的想象力的，是《楚辞》中《九歌》的几首。王逸谓"昔楚国南郢之邑，沅湘之间，其俗信鬼而好祠，其祠必作歌乐鼓舞以乐诸神。屈原放逐，窜伏其域，怀忧苦毒，愁思沸郁，出见俗人祭祀之礼，歌舞之乐，其词鄙陋，因为作《九歌》之曲"。可知《九歌》是当时民间的祀神歌而经屈原修饰改作的。古代人民的祀神歌大都是叙述神之行事，所以也就是神话。《九歌》中的《东君》是祀太阳神之歌，其词曰：

> 暾将出兮东方，照吾槛兮扶桑；抚余马兮安驱，夜皎皎兮既明。驾龙
> 辀兮乘雷，载云旗兮委蛇……青云衣兮白霓裳，举长矢兮射天狼；操余弧
> 兮反沦降，援北斗兮酌桂浆。撰余辔兮高驰翔，杳冥冥兮以东行。

这是说太阳神青衣白裙，乘雷车而行，举长矢射天狼；长矢自是象征太阳的光线，而天狼也许是象征阴霾的云雾。把太阳神想象成如此光明俊伟的，原不限于温带地方的人民；但是《楚辞》是中部的楚民俗的产物，所以我们很可以认《东君》的太阳神话是属于中部民族的。又如《山鬼》一篇云：

> 若有人兮山之阿，被薜荔兮带女萝；既含睇兮又宜笑，子慕予兮善窈
> 窕；乘赤豹兮从文狸，辛夷车兮结桂旗。被石兰兮带杜衡，折芳馨兮遗
> 所思。

我们看这《山鬼》是多么窈窕妩媚！王逸注谓："《庄子》曰，山有夔；《淮南》曰，山出魈阳。楚人所祠，岂此类乎？"自然不是的。我以为这所谓"山鬼"大概相当于希腊神话中的 Nymphe（义为"新妇"），是山林水泉的女神，在希腊神话中，她们有许多恋爱故事。我们的"山鬼"也是不免于恋爱的，所以她要"折芳

馨兮遗所思"，要"怨公子兮怅忘归"，要"思公子兮徒离忧"了。《山鬼》所描写的自然境界，所表现的情绪，都是中部湘沅之间的，所以是真正的中部民族神话。

我以为《九歌》的最初形式大概很铺叙了一些神们的恋爱故事。譬如《大司命》是"运命神"的神话，而《少司命》便象是司恋爱的女神的神话。自来的解释《楚辞》者都以为是屈原思君之作，便弄得格格难通了。"巫山神女"的传说，在当时一定也是洋洋大观，可惜现在我们只能在宋玉的《高唐赋》里找得一些片段了。

如果我们承认了上述的对于中国神话的北部中部的分法是可以成立的，那么，我们自然而然会发生了另一问题，即南方民族是否也在大中国的神话系统内加进一些材料。我们的回答是"有的"。但在探讨此问题以前，让我们先来注意另一问题，即两汉以前的古籍中没有一些关于天地创造的神话。女娲补天的神话，显然是天地创造以后的事。有许多民族的神话都说到天地创造以后复有一度的破坏，然后由神再行修补，"重整乾坤"。此在希腊神话为"洪水"，在北欧神话为 Ragnarok（神的劫难）。中国的北部人民大概也有类乎北欧的 Ragnarok 的神话，而女娲补天即其尾声。既有再造宇宙的神话，应该也有始辟天地的神话。然而先秦之书如《山海经》和《楚辞》，西汉的书如《淮南子》，都没有"开辟天地"的神话的影踪。《天问》起首言："遂古之初，谁传道之？上下未形，何由考之？冥昭瞢暗，谁能极之？……圜则九重，孰营度之？惟兹何功，孰初作之？"并无一言说到天地的创造。就今所知，天地开辟的神话始见于三国时吴国徐整的《五运历年纪》：

> 首生盘古，垂死化身，气成风云，声为雷霆。左眼为日，右眼为月，四肢五体为四极五岳，血液为江河，筋脉为地理，肌肉为田土，发髭为星辰，皮毛为草木，齿骨为金玉，精髓为珠石，汗流为雨泽；身之诸虫，因风所感，化为黎甿。

又据《太平御览》二所引徐整的《三五历纪》（言三王五帝之史，故曰《三五历纪》）的逸文则谓：

> 天地混沌如鸡子，盘古生其中；万八千岁，天地开辟，阳清为天，阴浊为地；盘古在其中，一日九变，神于天，圣于地。天日高一丈，地日厚一丈，盘古日长一丈。如此万八千岁，天数极高，地数极深，盘古极长，后乃有三皇。

把这两段话合起来，便是开辟天地的神话。徐整是吴人，大概这盘古开辟天地的神话当时就流行在南方（假定是两粤），到三国时始传播到东南的吴。如果这是北部和中部本有的神话，则秦汉之书不应毫无说及；又假定是南方两粤地方的神话，则汉文以后始通南粤，到三国时有神话流传到吴越，似乎也在情理之中。（汉时与南方交通大开，征伐苗蛮，次数最多；因战争而有交通，因此南方的神话传说也流传过来了。）后来的《述异记》云：

> 盘古氏，天地万物之祖也，然则生物始于盘古。

> 昔盘古之死也：头为四岳，目为日月，脂膏为江海，毛发为草木。秦汉间俗说：盘古头为东岳，腹为中岳，左臂为南岳，右臂为西岳。先儒说：泣为江河，气为风，声为雷，目瞳为电。古说：喜为晴，怒为阴。吴楚间说：盘古氏夫妻，阴阳之始也。今南海有盘古氏墓，亘三百余里，俗云后人追葬盘古之魂也。

《述异记》旧题梁任昉撰，但和《列子》一样，是后人剽窃诸小说而伪托任昉（依《四库全书提要》的论断），它的价值，很可怀疑。所以这一条关于盘古的记事的"秦汉间俗说"一语，也未必可靠，不能据以证明秦汉间已有盘古的传说。反之，《述异记》说"南海有盘古氏墓"，而《路史》注则谓"湘乡有盘古保，云都有盘古祠，荆湖南北，以十月六日为盘古生日；《元丰九域志》：广陵有盘古家庙"，也帮助我们想象盘古的神话本产生于南方而后渐渐北行的。

现在我们可以作一个结论了。现存的中国神话只是全体中之小部，而且片段不复成系统；然此片段的材料亦非一地所产生，如上说，可分为北中南三部；或者此北中南三部的神话本来都是很美丽伟大，各自成为独立的系统，但不幸均以各种原因而歇灭，至今三者都存了断片，并且三者合起来而成的中国神话也还是不成系统，只是片段而已。

就我们现有的神话而分别其北中南部的成分，可说是南方的保存得最少，北部的次之，中部的最多。南部神话现惟盘古氏的故事以历史形式被保存着（即以盘古氏神话而言，亦惟徐整之说为可信，《述异记》是伪书，关于盘古一条，臆加之处很显明），然而我们猜想起来，已经创造了盘古开辟天地之神话的岭南民族一定还有其他许多神话。这些神话，因为没有文人采用，便自然而然的枯死。和南方的交通，盛于汉代，那时中国本来的（汉族的）文化已经到了相当的高度，鄙视邻近的小民族，南方的神话当然亦不为重视，虽然民间也许流传，但随即混入土著的原始信仰中，渐渐改变了外形，终于化成莫名其妙的迷信的习俗，完全失却了神话的意义了。

第八章　结　论

上面已经把中国神话的各方面都大略讨论到了，现在我们可以来一个结论。

本编只是中国神话的"绪论"。本编的目的只是要根据了安得烈·兰（Andrew Lang）所谓人类学的方法与遗形说的理论，把杂乱的中国神话材料估量一下，分析一下。作者在此书内所要叙述的，也只有中国神话曾是如何的混合构造而成（例如第一章所讨论的北中南三部的神话），中国神话有怎样的演化，受过怎样的修改，有怎么的宇宙观，怎样的解释自然现象的故事。还有，原始思想与后代方士派神仙之谈的区分，也是所讨论的一点。至于中国神话的"集大成"的任务，却不是本书所能负担得了的。

因此，留待将来的问题就有三个：

（一）我们能不能将一部分古代史还原为神话？上面讲过，我们的古代史，至少在禹以前的，实在都是神话。如果欲系统地再建起中国神话，必须先使古代史还原。否则，神的系统便无从建立。然而要解决这个问题，困难正复不少。古代史虽然即是神话的化身，可是已经被屡次修改得完全不象神话。并且古代史自身的系统亦不明了，也已经不是全部神话而只是一小部分神话被历史化了而保存为现在的形式。所以即使将古史还原为神话，也只是不完全的神话。如果一定要求其相当的完整，那么，一些推想和假定是必要的了。用了极缜密的考证和推论，也许我们可以创造一个不至于十分荒谬武断的中国神话的系统。

（二）中国民族在发展的过程中，不断的有新分子参加进来。这些新分子也有它自己的神话和传说。例如蜀，在扬雄的《蜀王本纪》、常璩的《华阳国志》内还存留着一些；如吴越，则在赵煜的《吴越春秋》内也有若干传说。此种地方的传说，当然也可以算为中国神话的一部分。这也需要特别的搜辑和研究。至于西南的苗、瑶、僮各族，还有神话活在他们口头的，也在搜采之列。这个工作就更繁重了。

（三）古来关于灾异的迷信，如谓虹霓乃天地之淫气之类，都有原始信仰为其背景；又后世的变形记，及新生的鬼神，也都因原始信仰尚存在而发生。凡此诸端，一方面固然和神话混淆不清，一方面也是变质的神话（指其尚有原始信仰而言）。这一部分材料，也须得很谨慎的特别处理。

以上三问题，在我看来，至少是建立系统的中国神话的先决条件，不解决第一问题，则我们只有碎断的神话故事，没有神话的系统；不解决第二问题，则地方传说会混入了神话里去；不解决第三问题，则原始形式的神话不能分离而独立。在这本小书里，不能容许这烦重的讨论。本书既是 ABC 性质，只能举示中国神话的大概面目罢了。

本文为茅盾所著《中国神话研究 ABC》（上下册，世界书局 1929 年版，署名玄珠）一书中的序、第一章及结论部分。该书共八章：一、几个根本问题；二、保存与修改；三、演化与解释；四、宇宙观；五、巨人族及幽冥世界；六、自然界的神话及其他；七、帝俊及羿、禹；八、结论。现节选自《神话研究》，百花文艺出版社 1981 年版。

中国古代神话之研究

冯承钧

冯承钧（1887—1946），湖北夏口（今武汉）人。历史地理学、中西交通史专家。先后在比利时、法国学习，1911 年毕业于巴黎大学。回国后任北京大学教授。神话方面的论文有《中国古代神话之研究》（1929）等。

绪　　言

中国古代史，人事神话相参杂。时代愈远，神话愈多。古之治史者，不能不取材于是，采其成立已久之故事，衍绎而成史文。其尚未流行者，则屏弃不录。洎后其说流行，史家复又收之。此孔子删书所以断自唐虞，而司马迁又取"旧俗风谣"，上始黄帝。司马贞复采成说，又补三皇也。由是观之，神话之影响古史大矣哉。

窃揣古代记事之书，必不似今人分界之严。缘古代人神杂糅，史家所谓荒唐无稽者，未必非古人所公认之陈迹盛事，乃古之史家采辑史料，多凭主观，认为似真者存之，认为不实者去之，其不可去者则易神与怪，为圣为人，不可删者则执"传信传疑"之说以自解。复又绳以所谓"大义"，所谓"史法"，古代传说之真相，遂浑然不可复识矣。所可幸者，《诗》、《书》、《春秋》、《史记》之外，尚有直叙古代传说之书可供研寻。今尚不难远溯古代民话之源流，恢复古代神怪之本相。研寻既久，始悟后人久为古史所欺。昔之所谓"先王陈迹圣人盛事"，实为后人"史化"之成绩。古代故事，实不如是也。谓予不信，请举晋宋以前古书所记三皇五帝诞生之事以明之。

燧人之世，有巨人迹出于雷泽。华胥以足履之，有娠。生伏羲于成纪，蛇身人首。（《帝王世纪》）

有华胥之洲，神母游其上。有青虹绕神母久而方灭，即觉有娠。历十二年而生庖牺。长头修目，龟齿龙唇，眉有白毫，发垂委地。（《拾遗记》）

女娲氏亦蛇首人身，一号女希，是为女皇。（《帝王世纪》）

女娲人头蛇身，一日七十化。（《楚辞·天问》注）

女娲氏蛇身人面，牛首虎鼻。（《列子》）

神农母曰任姒，有娇氏女登为少典妃，游华阳，有神龙首，感生炎帝，人身牛首。（《帝王世纪》）

黄帝母曰附宝。见大电绕北斗枢星照郊野。感孕二十四月生黄帝。

（《帝王世纪》）

　　黄帝时有蚩尤兄弟八十一人，并兽身人语，铜头铁额，食砂石子，造立兵杖。（《龙鱼河图》）

　　尧母庆都与赤龙合有娠，孕十四月而生尧。（《帝王世纪》、《宋书·符瑞志》）

　　舜母握登见大虹意感而生舜。（《宋书·符瑞志》）

　　禹母女嬉于砥山，得薏苡而吞之。意若为人所感，因而妊孕，剖胁而生。（《吴越春秋》）

　　契母简狄行浴，见玄鸟堕其卵，取吞之，因孕生契。（《史记》）

　　右（上）引诸文，原属神话，自不能认为事实。故《尚书》、《史记》多录其人而删其事。吾人须知研究史学不可专恃一家之说。二书所不录者，必有他书采集遗事傍贯异闻，所谓人弃我取也。故吾人寻研，不限于"史"。史书之外，只能恢复古代传说之本相者，皆采辑之，尤重侈谈神怪之古书。盖古之史家，将古代故事零切碎割，将神话中之神怪改头换面，既不成神话，而又非史实，与其谈空说有，不若寻本穷源也。

　　兹试举一例以明之。考《楚辞·天问》曰："永遏在羽山，夫何三年不施。"（按一本作施误。施与弛同。应依《史记·河渠书》注作弛坏解。《山海经》郭注引《归藏》有鲧死三岁不腐之说。可对证。）"伯禹腹鲧（即鲧），夫何以变化？"此数语遍检《楚辞集注》补注诸说，皆牵强附会，终未能得其解。又考《舜典》。"殛鲧于羽山"一语，传注多训"殛"为放流拘囚，与一切字书所训之义独殊，亦不可解。后检《左传》、《国语》、《山海经》，原义始获了然。盖古有神话，谓鲧死三年，其尸不腐，剖以吴刀，而出禹，鲧遂化为黄能。后人以其事不经，乃删去之，故《尚书》无其事，《史记》亦无其文。越人附丽夏后氏，遂又造作禹母吞薏苡因而得孕，剖胁而生之说（见《吴越春秋》），昔马援有薏苡明珠之谤（《后汉书·马援传》）。此物盖南方所产，其事为越人所造无疑，非古之神话也。至《尚书》传注训殛为拘者，因有鲧死三年不腐之说，从旧训则不免有语怪之讥，乃改训为拘，改为拘三年而后死。此亦《国语》注"殛放而杀之"调停之说也。（《楚辞·天问》有阻穷西征，岩何越焉句，注以为鲧事。谓其度越岭岩之险，因堕死焉。亦附会之说，此事不属鲧也。）具见注疏家"史化"神怪之大费苦心。殊不知故事之真相虽失，而神话之禹终有一日复其原形也。

　　予前研究中国古史，所见不可解之事甚多。今始憬然悟古人记述古事，特将神话中人物变其面目。但其面目势难全变，终有不能自圆其说之处。而后之儒家又惟"微言大义"是求，故没世而不能明其义。古今学者为一极易解之"滔天"（《尧典》共工条）二字，争讼两千年始得半解，具见研究一事，不用科学方法整理者，时间及心思，皆无端消耗也。

　　难者曰：子既以古人多为神怪"人化"者，何以后世君主亦有神奇欤。其例甚多，举不胜举。如《史记》所志："刘媪常息大泽之陂，梦与神通。是时雷电晦冥，太公往视，则见蛟龙于其上，已而有身，遂生高祖。"《明史》所志"太祖之生，赤光烛天，三日洗儿，红罗浮至"等事。此姑引正史一二事，至神史所志之事，尤更仆难数也。予曰：此又一问题也。古之神话，出自民间口传；后之灵异，出自文人伪造。昔之君主容易私造家谱，附丽前王。后日君主则不然。言其出身，为无赖博徒者有之，为盗贼僧徒者有之，皆能君有天下。既不能盖附古代帝王，自不免倡造神异，以愚黔首。关于此问题，予后此别有研究，暂不引申。

此篇所辑材料，今之史家必有讥为伪书神说者。第伪书二字，颇难下一定义也。古书之流传至今者，由简策变抄写。由抄写变印刷，经若干年若干人之手，决不能使古人原著，不易篇章字句，完全传之于今。《尚书》一书，若佚而不传，吾人今能读者，《史记》翻译之文而已。则严格言之，古书皆不免有伪。《周官》一书，审其全文，必为伪书，绝无可疑。顾造伪书者，欲证其书之非伪，必选用若干古典，以实篇章，则伪书亦不免有真。至神官之说，委巷之谈，亦自有其价值。研究社会历史者，不能不取材于其中。其价值或与叙帝德臣功家谱式之正史相等，未可轻视也。吾人研究中国古代神话，且嫌所谓正史干燥无味，又恨非正史材料缺乏，使今日《山海经》类之地志，《世本》类之家谱，《楚辞》类之文学，子书中之民话，多存数种。研究之中当不致感觉无数困难。而古史问题，或更加解决不少矣。

本篇研究，并非凿空。所辑诸事，皆有所本，亦非臆断。中有数事，仅引旧文，未附鄙说。综合考之，结论自见。兹将诸事有类可归者，合为羲和故事、洪水故事两种。别有重黎绝地天通一事，无类可归，别附篇末。嗣后复有所考，当更续之。

洪 水 故 事

我国古代有洪水泛滥及治水之传说，西人研究中国古史者，辄以基督教《圣经》（*Bible*）中之洪水拟之。其实两者性质不同。教经之洪水，含有罚罪之意；中国之洪水，含有治水之意。中国洪水故事之中，亦包含有神话不少，特尽为古人"历史化"而已。爰鸠集旧文，求其原相。分述于下。

（一）禹之故事

《尚书·尧典》："帝曰：咨，四岳！汤汤洪水方割，荡荡怀山襄陵，浩浩滔天。下民其咨，有能俾乂？佥曰：於！鲧哉！帝曰：吁咈哉！方命圮族。岳曰：异哉！试可乃已。帝曰：往！钦哉！九载绩用弗成。"

《尸子》卷上："古者龙门未辟，吕梁未凿，河出于孟门之上，大溢逆流，无有丘陵，高阜灭之，名曰洪水。"

《史记》卷一："尧又曰：嗟，四岳，汤汤洪水滔天，浩浩怀山襄陵，下民其忧。有能使治者，皆曰鲧可。尧曰：鲧负命毁族，不可。岳曰：异哉！试不可用而已。尧于是听岳用鲧，九载功用不成。"

以上为《尚书》、《史记》所传，举鲧治水之事。《史记》为《尚书》之译文，谓此事出于《尚书》亦可。至鲧之治水方法何如耶，此事《尚书》不载。惟见《山海经》卷十八云："洪水滔天，鲧窃帝之息壤以堙洪水，不待帝命。"又郭注引《归藏》启筮云："滔滔洪水，无所止极。伯鲧乃以息石息壤，以填洪水。"

至罚罪之法，据《舜典》，则舜"殛鲧于羽山"。据《天问》："永遏在羽山，夫何三年不弛？伯禹腹鲧（鲧），夫何以变化？"据《山海经》卷十八："帝令祝融杀鲧于羽郊。"《国语》卷十四："昔鲧违帝命，殛之于羽山，化为黄熊，以入于羽渊。"《舜典》、《天问》注，释殛字之义，谓为拘囚流放。《国语》注则为殛放而杀之。

据右（上）引诸文，可见注解者，尚不能决定鲧之或死或放也。余以为此事使人怀疑不决者，因其间附有神话。观下文各条，可以了然矣。

《左传》昭七年传："昔尧殛鲧于羽山，其神化为黄熊（注云亦作能，三足龟也），以入于羽渊。"此与《国语》之说符也。

《山海经》卷十八郭注引《归藏·启筮》云："鲧死三岁不腐，剖之以吴刀，化为黄龙。"

《述异记》云："尧使鲧治水不胜其任，遂诛鲧于羽山，化为黄熊，入于羽渊。黄能即黄熊也。陆居曰熊，水居曰能。"

《拾遗记》云："尧命鲧治水，九载无绩，自沉于羽渊，化为玄鱼。"

综考右（上）文，可见鲧死后尚有如许神话。古史家欲鲧之"人化"，删去其神异，而于三年不腐之说，又不能尽掩，乃硬将"殛"字训为流放。此故事古时传说，应系鲧死三年，其尸不腐，吴刀破腹，出禹，尸乃化为黄熊。考《山海经》(卷十八)"祝融杀鲧于羽郊，鲧复生禹"二语之意，亦可证禹之生。在鲧死之后，又证以禹破石出启之传说。可知禹之生自亦有相类之神话也。

以上为鲧之神话。禹之神话，又如何耶？兹先引《史记》史化之文，复次述神异之事。

《史记》卷二云："舜举鲧子禹，而使续鲧之业……禹伤先人父鲧功之不成受诛，乃劳身焦思，居外十三年，过家门不敢入。薄衣食致孝于鬼神，卑宫室致费于沟淢。陆行乘车，水行乘船，泥行乘橇，山行乘檋。左准绳，右规矩，载四时以开九州，通九道，陂九泽，度九山。令益予众庶稻，可种卑湿，命后稷予众庶难得之食。食少，谓有余相给，以均诸侯。"

禹之治水神话甚多，兹惟录其化熊、杀相柳（一作相繇）、锁巫支祁三事于下：

《楚辞》卷三《天问》注引《淮南子》（今本无）："禹治鸿水，通轘辕山，化为熊。谓涂山氏（禹娶山氏女谓之女娇）曰：欲饷，闻鼓声乃来。禹跳石误中鼓。涂山氏往见，禹方作熊，惭而去，至嵩高山下化为石，方生启。禹曰：归我子！石破北方而启生。"

《山海经》卷八云："共工之臣曰相柳氏，九首，以食于九山。相柳之所抵，厥为泽溪。禹杀相柳，其血腥，不可以树五谷种。禹厥之，三仞三沮，乃以为众帝之台。在昆仑之北，柔利之东。相柳者，九首人面，蛇身而青。"

又卷十七："共工臣名曰相繇（郭注：相柳也，语声转耳），九首蛇身，自环，食于九土。其所鸣所尼，即为源泽。不辛乃苦，百兽莫能处。禹湮洪水，杀相繇。其血腥臭，不可生谷。其地多水，不可居也。禹湮之，三仞三沮，乃以为池。群帝因是以为台。"

《古岳渎经》："禹理水，三至桐柏山，惊风走雷，石号木鸣，五伯拥川，天老肃兵，（功）不能兴。禹怒，召集百灵，搜命夔龙。桐柏千君长稽首请命。禹因囚鸿蒙氏、章商氏、兜卢氏、犁娄氏，乃获淮涡水神，名巫支祁。善应对言语，辨江淮之浅深，原隰之远近。形若猿猴，缩鼻高额，青躯白首，金目雪牙，颈伸百尺，力逾九象，搏击腾踔疾奔，轻利倏忽，闻视不可久。禹授之章律，不能制；授之鸟木由，不能制；授之庚辰，能制。鸱脾桓木魅水灵山妖石怪，奔号聚绕，以数千载，庚辰以战逐去。颈锁大索，鼻穿金铃，徙淮阴之龟山之足下，俾淮水永安流注海也。"（按此文略类佛经应系晋唐间人杜撰）

大禹治水之事，《吕氏春秋》、《墨子》、《吴越春秋》、《越绝书》尚有记述之文，兹不备引。

（二）台骀故事

古之治水者，尚有台骀。《左传》、《史记》及《前汉书》、《古今人表》著录其人。《左传》昭元年（并见《史记》卷四十二）云："昔金天氏有裔子曰昧，为玄冥师。（服虔曰玄冥，水官也。帅，长也。）生允格台骀。台骀能业其官，宣汾洮，障大泽，以处太原。帝用嘉之。国之汾川，沈姒蓐黄（贾逵曰：四国台骀之后也），实守其祀。今晋主汾川而灭之矣。由是观之，台骀为汾洮神也。"《读史方舆纪要》卷四十云："太原县南约十里有地名台骀泽。"

（三）女娲故事

女娲之事见于《列子》、《淮南子》、《归藏》，与洪水亦有间接之关系也。《列子》第五云："天地亦物也，物有不足，故昔者女娲氏炼五色石以补其阙，断鳌之足，以立四极。"《淮南子》卷六云："往古之时，四极废，九州裂，天不兼覆，地不周载，火爁炎而不灭，水浩洋而不息。猛兽食颛民，鸷鸟攫老弱，于是女娲炼五色石以补苍天，断鳌足以立四极，杀黑龙以济冀州，积芦灰以止淫水。苍天补，四极正，淫水涸，冀州平，狡虫死，颛民生。"《太平御览》卷七十八引《归藏》云："昔女娲筮张幕，枚占之曰吉。昭昭九州，日月代极，平均土地，和合四国。"又引《风俗通》（今本无）云："俗说天地初开辟，未有人民，女娲抟黄土作人，剧务，力不暇供，乃引绳于絚泥中，举以为人。故富贵者，黄土人也；贫贱凡庸者，引絚人也。"

（四）共工故事

《国语》卷四云："共工氏之伯九有也。其子曰后土，能平九土，故祀以为社。"又注云："其子共工之裔子勾龙也。佐黄帝为土官。"《列子》第五："共工与颛顼争为帝不得，怒而触不周之山。天维绝，地柱折（上文并见《楚辞》卷三《天问》注），故天倾西北，日月星辰就焉。地不满东南，百川水潦归焉。"《尚书·尧典》云："驩兜曰，共工方鸠僝功。"《史记》卷四十云："共工氏作乱，帝喾使重黎（祝融）诛之，而不尽。帝乃诛重黎，而以其弟吴回为重黎，后，复居火正为祝融。"《山海经》卷六云："南方祝融，兽身人面，乘两龙。（郭注：火神也。）"《山海经》卷十六云："禹攻共工国山。（郭注：攻其国杀其臣相柳于此山。启筮曰：共工人面蛇身朱发也。）"按共工故事，明为古代神怪争战之传说，后之史家删其神奇，使之"人化"，复伪造一共工之官。此故事中既有禹杀相柳之事，故附其后。

本文原载天津《国闻周报》1929 年第 6 卷第 9、10、11、12、13、14、16、17 期。现选录的是其中的绪言（第 9 期）及洪水故事（第 12 期）两节。

《山海经》及其神话

郑德坤

郑德坤（1907—2001），考古学家、文化史专家。青年时期在燕京大学、哈佛大学学习，先后任教于厦门大学、华西协合大学、剑桥大学，任香港中文大学文学院院长、副校长。在四川考古、东南亚考古等领域有很高的声誉。神话学的重要论文有《〈山海经〉及其神话》（1932，后收入《中国历史地理论文集》1980 年版）、《〈水经注〉的故事略说》（1942）等。他的《中国明器》（1933，与沈维钧合作）、《四川史前考古》（1941，在哈佛大学的博士论文）、《四川古代文化史》（1946）等专著，论述了中国的古代信仰与巴蜀的神话传说。

《山海经》的神话

《山海经》的神话纷杂众多，毫无系统。研究之第一步是分类。因为分类才有系统可寻。神话的分类西洋学者意见不一。在中国沈雁冰先生曾略拟过一次，其分法如下：（1）天地开辟的神话。（2）日月风雨及其他自然现象的神话。（3）万物来源的神话。（4）记述神或民族英雄的武功的神话。（5）幽冥世界的神话。（6）人物变形的神话。这分法，在中国神话大体上或者可以应用，但用在《山海经》的确不适当，因为材料不均，有的更分不出是此是彼。沈先生的且如此，西洋的更不用提。现在用一种笼统的五分法：

（1）哲学的；（2）科学的；（3）宗教的；（4）社会的；（5）历史的。这样分来，材料也未见平均，更有许多材料有同属于二三类的。虽然与其不能精密，孰若笼统来得畅快多了。

（一）哲学的神话——原人的思想虽是简单，却喜欢讨论那些大问题，如宇宙万物何来，宇宙未成形以前的状态如何，万物最初的形质又如何。这些问题，不仅是哲学家所想解释，也是原人所最感兴趣的。他们对于这些问题的答案便是所谓哲学的神话，是原人的哲学，是他们的宇宙观。这种神话世界各民族不论是野蛮、文明，都有的。中华民族当然不是例外。北方的女娲，南方的盘古，都是其重要的。《山海经》没提到盘古，就是女娲自身亦未尝出场。今谈到《山海经》的神话，我们只有些他们对于神的观念而已。

原始人是聚族而居，所以他们设想神也是和人一样，而且是住处于极高的山上，所以境内最高山往往成为神们的大本营。《山海经》中的昆仑山可以说是神们的家乡，并不是怎样可乐的仙境。《西山经》说：

> 昆仑之丘，是实惟帝之下都。神陆吾司之。其神状虎身而九尾，人面而虎爪，是神也，司天之九部及帝之囿时。有兽焉，其状如羊而四角，名曰土蝼，是食人。有鸟焉，其状如蜂，大如鸳鸯，名曰钦原，蠚（毒也）鸟兽则死，蠚木则枯。有鸟焉，其名曰鹑鸟，是司帝之百服。有木焉，其状如棠，黄华赤实，其味如李而无核，名曰沙棠，可以御水，食之使人不溺。有草焉，名曰䔄草，其状如葵，其味如葱，食之已劳。

"海内昆仑之墟在西北，帝之下都。昆仑之墟方八百里，高万仞，上有木禾，长五寻，大五围。面有九井，以玉为槛。面有九门，门有开明兽守之。百神之所在。在八隅之岩，赤水之际，非仁羿莫能上冈之岩。"羿上昆仑，何尝不是道者之谈，我以为羿未成道者人物，羿还是一位中国人理想中的仁者。"开明兽身大类虎而九首，皆人面，东向立昆仑上。开明西有凤凰鸾鸟，皆戴蛇践蛇，膺有赤蛇。开明北有视肉，珠树，文玉树，玗琪树，不死树……"（《海内西经》）

此外，《山海经》关于昆仑的记载很不少。总而言之，昆仑虽然是帝之下都，有陆吾神司之，有若干奇树，有开明兽，又有许多猛兽怪鸟，并不是缥缈仙境的样子，很可以见到中国神采。

中国的神话一提起昆仑，没有不连及西王母的。

> 昆仑之丘……又西三百五十里曰玉山，是西王母所居也。西王母其状如人，豹尾，虎齿而善啸，蓬发戴胜，是司天之厉及五残。（《西山经》）

> 西王母梯几而戴胜杖，其南有三青鸟，为西王母取食，在昆仑墟北。（《海内北经》）

> 昆仑之丘。有神，人面虎身，有文有尾，皆白，处之。其下有弱水之渊环之。其外有炎火之山，投物辄然。有人戴胜，虎齿有豹尾，穴处，名曰西王母。（《大荒西经》）

此外，《山海经》中关于西王母的记载，还有数处。总而言之，西王母不过是和陆吾神及开明兽同样的一个半人半兽的怪物，正可代表原人思想的一斑。而再由昆仑山之为帝之下都，我们可以想见原始宇宙观是把最高的山作为神圣的地方。

《山海经》中有几段近乎神人所居乐土的记载，都在《大荒经》中。说来说去，只像载民之国，"不绩不经服也，不稼不穑食也……鸾鸟自歌，凤凰自舞，百兽群处"，一种厌烦劳苦、朴朴实实毫无奢丽的味儿，亦正可以表现中国北方民族朴实的现实的气味。

（二）科学的神话——这是解释一切自然现象及自然物的神话。原人相信万物都有灵的，所以把一切自然界的事物都人格化了。他们相信每种自然现象都有神司之，其存在及其变动皆系神的动作，由是便生出很多奇怪的神话来。《山海经》中这一类神话很多，分述之于下。

1. 日月的神话——天上的日月光华灿耀，在原人的眼中，都是很奇怪的东西，他们睁开好奇求知的眼睛看着，而求所以解释之。所以日月的神话很普遍，各民族有之。《山海经》的日月还有母亲呢！

日神名羲和。《尚书·尧典》也有羲和之名，但是注疏家至今尚不能定为人名抑或官名。据书传皆以为"尧时主历象授时之官"。《山海经》的羲和不是男子而是女子，不是官吏而是神人。《大荒南经》说：

> 东南海之外，甘水之间，有羲和氏之国，有女子名曰羲和，方浴日于甘渊。羲和者帝俊之妻，生十日。

《楚辞》与《淮南子》亦有大同小异的记载。大概是说羲和是十日之母，是浴日御日之神。原人决不能把太阳看成一个赤热的火球。太阳一定是一个神，而且和人类一样是有母亲的。十日问题《山海经》的记载还有几段：

> 女丑之尸，生而十日，炙杀之，在丈夫北，以右手障其面。十日居上，女丑居山之上。（《海外西经》）

> 汤谷上有扶桑，十日所浴，居黑齿北，居水中有大木，九日居下枝，一日居上枝。（《海外东经》）

吴注引《淮南子》说："尧乃令羿射十日，中其九日，日中乌尽死。"日中有乌，他民族的神话也有同样的思想。《大荒东经》亦载：

> 汤谷上有扶木，一日方至，一日方出，皆载于乌。（郭注说："中有三足乌。"）

日既有母亲，月亦应有之。《大荒西经》："有女子方浴月，帝俊妻常羲，生月十有二，此始浴之。"月的母亲名常羲，也是帝俊之妻，可是常羲，《吕氏春秋》作"尚仪"。毕沅注谓"尚仪"与"嫦娥"音通，那么嫦娥或者是生有十二月的常羲。据以后传说，嫦娥却是射九日羿的妻，窃药而奔月为月精。这是中国神话上一个问题。

至于日月之东升西没，出入有序，原人以为定有司之者。《山海经》所志如下：

> 有人名曰石夷……处西北隅，以司日月之长短。（《大荒西经》）

> 女和月母之国。有人名曰鹓……是处东极隅以止日月，使无相间出没，司其长短。（《大荒东经》）

> 有山名曰日月，天枢也，吴姬天门，日月所入。有神，人面无臂，两足反属于头上，名曰嘘。……帝令重献上天，令黎邛下地；下地生噎，处于西极，以行日月星辰之行次。（《大荒西经》）

《山海经》言日月出入之处甚多。杨慎《补注》说："《山海经》记日月之出者七，日月之入者五，日月所出入一。其记日月之出也，曰大言山，曰合虚山，曰明星山，曰鞠陵山，曰汤谷扶木，曰猗天苏门山，曰壑明俊疾山，皆在《大荒东经》。其记日月之入，曰丰沮玉门山，曰日月山，曰鏊鏖钜山，曰常阳山，曰大荒山，皆在《大荒西经》……其记日月所出入，一，在《大荒西经》之方山，柜格之松。"

2.风云雷雨的神话——气象的变迁原人也很注意的，因为能够激起他们的惊奇心。他们的解释也是说这些天象是神或为神的作用。《楚辞》中的风神名曰飞廉。《山海经》却不提到他的事情。刮大风时，《北山经》却以为神兽之出入。这正是原人思想的表现，其记载："狱法之山……有兽焉，其状如犬而人面，善投，见人则笑，其名山𪊽，其行如风，见则天下大风。"

希腊神话以为风是藏在山谷中的。中国的也有同样的思想：

旄山之尾，其南有谷，曰育遗，多怪鸟，凯风（南风也）自是出。（《南山经》）

令丘之山……其南有谷焉，曰中谷，条风（东北风）自是出。（《南山经》）

原人也以为风之所出，因为地有所缺。郭注不周山说：

此山形有缺不周匝处，因名云。西北不周风自此山出。（《西山经》）

这真是中国北方的土产。北方大风往往来自西北，是以原人因而想像到西北山必有所缺是以大风老从这方向来。《西山经》又说：

符惕之山……神江疑居之，是山也，多怪雨，风云之所出也。

《山海经》又以为风之出入有神司之。

折丹（郭注：神人）……处东极以出入风。（《大荒东经》）

有神名曰因因乎，南方曰因乎，夸风曰乎民（郭注：亦有二名？），处南极以出入风。（《大荒南经》）

上面提及江疑神，吴注：案《郁离子》说："江疑乘云列缺，御雷，即此神也。"也许江疑是雷神，奈无证何。

《楚辞》雷师名丰隆。《春秋合诚图》有一位主雷雨之神曰轩辕。《海内东经》说："雷泽之中有雷神，龙身而人头，鼓其腹。"《淮南子》也有同样的记载，但是无名。

《楚辞》中雨师名萍翳，云师又称丰隆。《山海经》亦说："屏翳在东海，时人谓之雨师。"虽是很简陋，然《海外东经》却记其有妾"为人黑，两手各操一蛇，左耳有青蛇，右耳有赤蛇"的。

《山海经》有能兴云雨的神：

和山……吉神泰逢司之，其状如人而虎尾，是好居于萯山之阳，出入有光。泰逢神动天地气也。（郭注："言其有灵爽能兴云雨也。"）（《中山经》）

光山……神计蒙处之。其状人身而龙首，恒游于漳渊，出入必有飘风暴雨。（《中山经》）

他们俩都不是专司云雨之神。《山海经》又有解释南方多雨的一段神话：

应龙已杀蚩尤，又杀夸父，乃去南方处之，故南方多雨。

应龙或者也是雨师，兴雨之神。

3.山的神话——上面说过原人以高山为神人的住处，他们不明山之所由来，更不明那些大山高峰巍巍地站着干么。神的住处是他们思适求解释的结果。《山海经》的山神很多，几乎各山有之。其权力大小不均，而祭祀的礼物也不同。他们的形状，大概是人、龙、鸟、豕、马、蛇、羊、兽、虎、豹、牛十一类混合而成。今举其重要者于下：

> 自拒山至漆吴之山凡十七山。……其神皆龙身而鸟首。其祠毛用一璧，瘗糈用稌。（《南山经》）

> 自钤山至于莱山凡十七山。……其十神者，皆人面而马身；其七神，皆人面牛身，四足而一臂，操杖以行，是为飞兽之神。（《西山经》）

其他记载大体相同，不多记了。

他神之居住山谷者亦属不少，其比较有趣者如——神鼓住钟山"化为骏鸟，其状如鸱，赤足而直喙，黄文而白首，其音如鹄，见则其邑大旱"。神长乘司嬴母之山。神白帝少昊居长留山。（均见《西山经》）

> 槐江之山……实惟帝之平圃，神英招司之，其状马身而人面，虎文而鸟翼，徇于四海，其音如榴。南望昆仑，其光熊熊，其气魂魂。西望大泽，后稷所潜也……北望诸毗，槐鬼离仑（神名）居之，鹰鹯之所宅也。东望恒山四成（层也），有穷鬼居之，各在一搏。爰有淫水，其清洛洛。有天神焉，其状如牛，而八足二首马尾，其音如勃皇，见则其邑有兵。（《西山经》）

> 天山……有神焉，其状如黄囊，赤如丹火，六足四翼，浑敦无面目，是识歌舞，实为帝江也。（《西山经》）

> 泑山，神蓐收居之（郭注：金神也），其上多婴短之玉，其阳多瑾瑜之玉，其阴多青雄黄。是山也，西望日之所入，其气员，神红光之所司也。（《西山经》）

> 敖岸之山……神熏池居之。（《中山经》）

> 青要之山，实惟帝之密都。北望河曲，是多驾鸟。南望𫰡渚，禹父之所化。魁武罗（神名）司之，其状人面而豹文，小腰而白齿，而穿耳以镰，其鸣如鸣玉，是山也，宜女子。（《中山经》）

> 和山，其上无草木而多瑶碧，实惟河之九都。是山也五曲，九水出焉，合而北流注于河。其中多苍玉。吉神泰逢司之，其神如人而虎尾，是好居于萯山之阳，出入有光，泰逢神动天地气也。（《中山经》）

> 光山，其上多碧，其下多木。神计蒙处之，其状人身而龙首，恒游于漳渊，出入必有飘风暴雨。（《中山经》）

> 熊山，有穴焉，熊之穴，恒出入神人，夏启而冬闭，冬启乃有兵。（《中山经》）

> 丰山……神耕父处之。常游清冷之渊，出入有光，见则其国为败。有九钟焉，是知霜鸣。（郭注：霜降则钟鸣，故言知也。）（《中山经》）

钟山之神名曰烛阴，视为昼，瞑为夜，吹为冬，呼为夏，不饮，不食，不息，息而为风。身长千里。……其为物也，人面蛇身，居钟山下。(《海外北经》)

烛阴神的权力直拟盘古，或者他就是北方开天辟地之神了。《大荒北经》又说："章尾山有神，人面蛇身而赤，直目正乘，其瞑乃晦，其视乃明（郭注：身长千里）。不食，不寝，不息，风雨是谒，是烛九阴，是为烛龙。"这或者是烛阴的别名。

此外如天愚神居堵山（《中山经》），神蠡围处骄山（《中山经》），涉蠡神处岐山（《中山经》），于儿神居夫夫山……都是奇形怪状有权力的神人，不细举了。

神话是想像的产物，是以神之居住不在人类生活中的平原而高踞于人类罕迹的山岭上。这是神话的特质，也是各民族神话中所有的现象。

4. 水的神话——山是神的住处，水也要有神司之。《楚辞》中的水伯是宓妃，是一位美人。《山海经》中的水伯是比较近于原人思想的一种奇形兽。其关于水伯的记载如下：

朝阳之谷，神曰天吴，是水伯……其为兽也，八首人面，八足八尾，皆青黄。(《海外东经》)

盖余之国有神人，八首人面虎身，十尾名曰天吴。（郭注：水伯）。(《大荒东经》)

北方禺强人面鸟身，珥两青蛇，践两青蛇（郭注：字玄冥，水神也）。(《海外北经》)

西海渚中有神，人面鸟身，珥两青蛇，名曰弇兹。(《大荒西经》)

《大荒东经》有海神："黄帝生禺虢，禺虢生禺京，禺京处北海，禺虢处东海，是惟海神。"海神是黄帝的子孙，不是什么奇形的妖怪。把海神水伯想像为龙类前已提过是受印度的影响，去原人思想远了。

5. 鸟兽昆虫草木的神话——《山海经》这种记载，多不可胜举，现在只能举其重要者于下：

先说人化为动物的神话。《北山经》说：

发鸠之山，其上多柘木。有鸟焉，其状如乌，文首白喙赤足，名曰精卫，其鸣自詨。是炎帝之少女，名曰女娃。女娃游于东海，溺而不返，故为精卫，常衔西山之木石，以堙于东海。

形天与帝争神，帝断其首，葬之常羊之山，乃以乳为目，以脐为口，操干戚以舞。(《海外西经》)

这是失败英雄不忘故志的象征。和前者同有描写百折不回的毅力，是含有道德意识的神话。

蚕是中华民族的特惠物，关于蚕的神话《海外北经》有一段可以说是最古的：

欧丝之野……一女子跪据树欧丝。（郭注：言啖桑而吐丝，盖蚕类也。）三桑无枝，在欧丝东，其木长百仞，无枝。

《山海经》解释蜜蜂的神话以为有神人司之。《中山经》说：

平逢之山……有神焉，其状如人而二首，名曰骄虫，是为螫虫。实惟蜂蜜之庐。

再看关于木林的神话。《海外北经》说：

夸父与日逐走，入日，渴欲得饮，饮于河渭。河渭不足，北饮大泽。未至，道渴而死，弃其杖化为邓林。

假使《山海经》是南方的产物，夸父或者要饮于江湘，江湘不足而饮洞庭了。

枫木，蚩尤所弃其桎梏（郭注：蚩尤为黄帝所得，械而杀之，已摘弃其械，化而为树），是为枫木。（《大荒南经》）

这是解释邓林和枫木的由来。《山海经》还有木神，《海外南经》说：

毕方鸟在……青水西，其为鸟，人面一脚。（吴注，引《广雅》，木神谓之毕方。）

东方勾芒，鸟身人面乘两龙。（郭注："木神也。"）（《海外东经》）

木和鸟总有密切关系，也是原人思想所应有的。

6.奇异的动植物——奇人怪兽可以说占了《山海经》全书的大部分。今略分述于下：

（1）奇异飞禽——先说鸾凤。《楚辞》中的鸾凤是很驯良，神仙跨以代步。《南山经》说：

有鸟焉，其状如鸡，五采而文，名曰凤凰。首文曰德，翼文曰义，背文曰礼，膺文曰仁，腹文曰信。是鸟也，饮食自然，自歌自舞，见则天下安宁。

这却是一种神鸟。《海内经》也有几乎相同的记载。《西山经》说：

有鸟焉，其状如翟而五彩文，名曰鸾鸟，见则天下安宁。

把鸾凤看作吉鸟，已是较开化时候的思想。但原人对于奇禽一种怪异的观念，却也是事实，无论他们是吉是凶，同是好奇心和求知欲工作的结果。

其他许多怪异禽鸟如《西山经》三危山的三青鸟，上面说过的精卫，以及凶鸟如鴸雀食人，鸢鸟，鶹鸟所经亡国，不细述了。

（2）奇异走兽——《山海经》的走兽凶多吉少，出入便有害，如：

蜪犬，如犬，青，食人从首始。（《海内北经》）

穷奇，状如虎，有翼，食人从首始，所食被发。……一曰从足。（《海内北经》）

有赤犬曰天犬，其所下者有兵。（《大荒西经》）

流波山……其上有兽，状如牛，苍身而无角，一足，出入水则必风雨，其光如日月，其声如雷，其名曰夔。黄帝得之以其皮为鼓，橛之（击之也）以雷兽之骨，声闻五百里，以威天下。（《大荒东经》）

这或者是鼓的神话，解释鼓的威权之由来。

（3）异常麟介——《北山经》说：

> 龙侯之山，无草木，多金玉，决决之水出焉，而东流注于河。其中有
> 人鱼，其状如鯑鱼，四足，其音如婴儿。

> 龙鱼陵居在其北，状如狸，一曰鰕。即有神圣乘此以行九野。（《海外
> 西经》）

> 蚩蚩……各有两首。（《海外东经》）

> 巴蛇食象，三岁而出其骨，君子服之无心腹疾。其为蛇青黄赤黑。一
> 曰黑蛇，青首。（《海内南经》）

> 陵鱼人面，手足，鱼身，在海中。（《海内北经》）

（4）异常的人类——《山海经》奇形怪状的人很多。《五藏山经》中比较少，其余处处皆是。今略举于下：

> 贯匈国……其为人，匈有窍。（《海外南经》）

> 三身国……一首而三身。（《海外西经》）

> 奇肱国……其人一臂三目，有阴有阳，乘文马。（《海外西经》）

> 无臂国……为人无臂。（《海外西经》）

> 羽民国，其民皆生毛羽。有卵民之国，其民皆生卵。（《大荒南经》）

> 有人无首，操戈盾立，名曰夏耕之尸。（《大荒西经》）

此外如结胸国，谨头民，裸国民，交胫民，不死民，反舌民，三头民，修臂民，长人，短人，长臂人，长脚人，长寿人……无奇不有。这虽是荒唐不经，但是正可以看出原人思想的一斑。

7. 春的神话及四方的神话——四季之中，最可爱者莫如春。春色繁丽，春光明媚，春风软和轻暖，人人爱之。况且春为万物滋长之时，春一来生气便布满大地，草木欣然生长，众生醰然欢乐。但是四季的循环，原人知其然，而不知其所以然，故常恐冬之常住，春之不再来。他们以为每年春之再来全赖神力，因而想像必有一神主之。勾芒便是《山海经》的春神。《海外东经》说：

"东方勾芒，鸟身人面，乘两龙。"郭注："木神。"又引《墨子》："昔秦穆公有明德，上帝使勾芒赐之寿十九年。"《月令》："春月，其神勾芒。"《白虎通》："甚之为言明也，物始生也。东方义取此。"综合这些注释，可知东方勾芒是"主生之神"，也是代表春之生长气象的神。

《海外南经》："南方祝融，兽身人面，乘两龙。"（郭注：火神。）

《海外西经》："西方蓐收，左耳有蛇，乘两龙。"（郭注：金神。）

《海外北经》："北方禺强，人面鸟身，珥两青蛇。"（郭注：字玄冥，水神也。）

这是《山海经》四方的神，正是木火金水四行，惟无中央之土。这或者是失传，或者五行之说是较开化的思想。总之，我们可以看出中国"五行学说"尚未完成前的原始思想形式了。

8. 以上说的七段都是属于自然现象的。其他鳞鳞爪爪，如关于光的，出入有光的神亦属不少。关于反景，《西山经》说："长留之山，其神白帝少昊居之。……实惟员神魂氏之宫。是神也，主司反景。"吴注："倒景反照，在秋为多，其变十状，有作胭脂红者，有如金缕穿射者；凡乍雨乍霁，载霞载阴，云气斑驳，日光穿满其中，必有蛟龙，既见是则所谓司反景神也。"这或者是神话想像力所本。《海外南经》有司夜之神：

有神人，二八连臂为帝司夜于此野。

（三）宗教的神话——有些学者说神话就是原人的神学思想。不错，原人对于一切不可解的事物，便以神解释之。"万物有灵"是原人宗教的一种特质，实基于原人的心理状态而生。但是他们的神不像后世的神为无始无终者。他们的神除权力与形状外，什么都和原人一样：他们聚族而居，像原人的家族，他们有父母，有婚娶，和原人一样；他们甚至也脱不了死的权势。中华民族因地理环境关系，宗教思想不甚发达，可是他们何尝没有他们的神学思想。在哲学与科学的神话中，间接提到不少经中的神学思想，可以代表北方民族现实的色彩。

来世的生活，地狱的想像，也是神话中一种普遍的现象。古代中华民族生活欠丰不暇作玄妙的思适。但是由他们现实的生活中，也产生一些朴质现实的乐土和地狱来。《山海经》所表现的乐土，前已说过，只是百谷自生，鸾鸟自舞，百兽群处。地狱的想像也是一样的简陋朴质。《海内经》说：

幽都之山，黑水出焉。其上有玄鸟、玄蛇、玄豹、玄虎，玄狐蓬尾。

有大玄之山。有玄丘之民（郭注：言丘上人物尽黑也）。有大幽之国。

这幽都之内，凡物皆黑，颇与希腊神话中的冥国内阴惨无光相仿。《楚辞》、宋玉《招魂篇》中也有一段幽都的记载。大概原人对于死后世界的观念，大都是很惨厉的。

在讨论中国是否有生产《山海经》的可能节中说过，相信祖宗的权力与神相等是中华民族特异的思想。《山海经》以帝俊为神之元首，他得以支配一切鬼神怪物。这种故事是敬祖宗的产物，神话是想像的产物。原人相信祖先确能支配神们，而他们自己何以连看也看不着呢？他们对于这问题的答案便是重黎绝天地通的故事了。《大荒西经》说：

帝令重献上天，令黎邛下地。

郭注："古者人神杂扰无别，颛顼乃命南正重，司天以属神，命火正黎，司地以属民。重实上天，黎实下地。献、邛，义未详也。"

但考之经传，这段故事俨然是中国宗教史上的一段事实。《尚书》说："三苗乱德，民神杂扰，帝尧既诛苗，乃命重黎二氏，使绝天地相通，令民神不杂，于是天神无有下至地，地民无有上至天，言天神地民不相杂也。"（《吕刑篇》）

《国语》记楚昭王不明此事，因问观射父说道："《周书》所谓重黎实使天地不通者，何也？若无然，民将能登天乎？"观射父答道："非此之谓也。古者民神不杂，民之精爽不憍二者，而能齐肃衷正，其知能上下比义，其圣能光远宣朗，其明能光照之，其聪能听微之，如是则明神降之；在男曰觋在女曰巫。……于是乎有天地神民类物之官，谓之五官，各司其序，不相乱也。……及少皞之衰也，九黎乱德，民神杂糅，不可方物，夫人作享，家为巫史，无有要质。……颛顼受之，乃命南正重，司天以属神，命火正黎，司地以属民，使复旧常，无相侵渎，是谓绝天地通。"

由上举两段看来，绝天地通的事，如果是事实，都是一段宗教改革史，带有点政教分离的意味。帝尧这道命令和耶稣"上帝的物归上帝，该撒的物归该撒"的主张，同样是要把天事民事，分别清楚，是要整顿事天的事情。但是，我以为重黎二人的来历，本来就是有点神化了，而且古代既有神降下土之说，必有民能登天的故事。且把先人描成天神，又是原人的习惯。他们的思想事事不离陪乘，这儿当然不是例外。由是观之，绝天地通的故事正是解释天地不通的原始思想。

（四）历史的神话——这种神话，或称传说，或称英雄的神话。远古时代，一民族能自存唯一的条件便是足以抵御及征服一切外力，在这时代中，勇敢的英雄，自然是顶需要，而为民众所歌颂的。他们的思想未发达，是以在他们的眼光，这些英雄，历史上重大的故事，彪炳的功业，都成为很好的神话资料。在中国，敬祖宗的思想本极占势力，是以把祖宗想像、传说为神人是很平常的。中国的历史神话特别丰富，而且神人简直莫分，于是很难划清神话和历史的界线。所以一班研究中国神话的人往往以为这些神话无历史上的根据，换言之，中国的古史是神话的人化、历史化。沈雁冰先生在他《中国神话研究》这样主张，冯承钧先生在《中国古代神话之研究》，玄珠（即沈雁冰先生）在《中国神话研究 ABC》都显然一语。我也承认中国古史的神话意味太重了，但是究竟是神话的英雄，原来是人而被崇拜者尊奉为神；抑或他们原来是神，后来被化为人；又或他们是分歧而合流的，是神人的合并。如果要想得一条可以判别这些神话的公例，非把整个古代史，和各处地方的神奇故事，和地内的遗物，用一番广博的研究不可。但在这些问题未断定以前，我们只好，且把他们放在历史的神话中，为的是比较有系统可绳。

《山海经》的历史神话很多，分述之于下。

《海内经》篇末有一段好像是《山海经》中那些半神话人的人物系统记载。这些神虽然也有许多是奇形怪状、富有神力，可是他们的性质和天吴神、泰逢神显然有别。其记载如下：

炎帝之孙伯陵，伯陵同（通，言淫之也）吴权之妻阿女缘妇，缘妇孕三年，是生鼓、延、殳。始为侯，鼓、延是始为钟，为乐风。

黄帝生骆明，骆明生白马，白马是为鲧。

帝俊生禹虢，禹虢生淫梁，淫梁生番禺，是始为舟。番禺生奚仲，奚仲生吉光，吉光是始以木为车。

少皞生般，般是始为弓矢。

帝俊赐羿彤弓素矰，以扶下国，羿是始去恤下地之百艰。

帝俊生晏龙，晏龙是为琴瑟。帝俊有子八人，是始为歌舞。

帝俊生三身，三身生义均，义均是始为巧倕，是始作下民百巧。

后稷是播百谷。稷之孙曰叔均，是始作牛耕；大比赤阴，是始为国。

禹、鲧是始布土，均定九州。

炎帝之妻，赤水之子，听訞生炎居，炎居生节并，节并生戏器，戏器生祝融。祝融降处于江水，生共工，共工生术器，术器首方颠，是复土壤，以处江水。共工生后土，后土生噎鸣，噎鸣生岁十有二。洪水滔天。鲧窃帝之息壤以堙洪水，不待帝命。帝令祝融杀鲧于羽郊。鲧复生禹，帝乃命禹卒布土以定九州。

1.黄帝——黄帝是古史中最重要的人物。《史记》谓黄帝赐诸子以姓，为诸国之始，又谓黄帝时始造文字，造舟车，造乐器，育蚕，制裳，用铜，以及种种神化的传说。但是他在《山海经》中除战蚩尤一事外，几乎不甚重要。那末假使中国的神话是历史的神话化，黄帝在神话中应该有他很重要的地位，何以《山海经》中的黄帝却显不出其特别重要的身份？《山海经》中最重要的神反是帝俊。但是帝俊这位神别处不见，中国的历史连他的名字也没有。那么，假使中国的神话后来变成历史化，帝俊在中国历史中应该要有他很重要的地位，何以历史上却没有他的立脚地？帝俊或者是后起之神，因为他只见于《大荒经》和篇末的《海内经》。这样看来，现存的神话大概是中国的历史和数源的神话之合流吧！但是，在未得到地内遗存的铁证前，且不提了。

《大荒北经》说：

系昆之山者，有共工之台，射者不敢北向。有人衣青衣，名曰黄帝女魃。蚩尤作兵伐黄帝，黄帝乃令应龙攻之冀州之野。应龙畜水，蚩尤请风伯雨师，纵大风雨。黄帝乃下天女曰魃。雨止，遂杀蚩尤。魃不得复上，所居不雨。叔均言之帝，后置之赤水之北。

蚩尤为黄帝所得，械而杀之，已摘弃其械，化而为树也。（《大荒南经》郭璞注）

黄帝与蚩尤之战，玄珠以为是神话中巨人与神的战争，可以大书而特书者也。《山海经》虽只是鳞爪的记载，我们也足以见其大概。关于黄帝事迹，《西山经》、《海外西经》中也有二段片断的记载，又是很少神话性质，是以不举。

2.帝俊——《山海经》的神话，帝俊是最重要的角色，上举的世系中可以看到，他在人事界占了很重要的位置。他的威权可以称为诸神之元首。他的妻羲和生十日，常羲生月十二，这上文都说过。关于他的记载很多，略举其要者于下：

中容之国。帝俊生中容；中容人食兽、木实，使四鸟：豹虎熊黑。（《大荒东经》）

司幽之国。帝俊生晏龙；晏龙生司幽，司幽生思士，不妻；思女，不夫。食黍，食兽，是使四鸟。（《大荒东经》）

不庭之山，荥水穷焉。有人三身。帝俊妻娥皇，生此三身之国。姚姓，黍食，使四鸟。（《大荒南经》）

西周之国，姬姓，食谷。有人方耕，名曰叔均。帝俊生后稷，稷降以百谷。稷之弟曰台玺，生叔均。叔均是代其父及稷播百谷，始作耕。（《大荒西经》）

此外，如《海外东经》之黑齿国、《大荒东经》之白民国、《大荒南经》之季厘国等都是帝俊之后。玄珠论中国神话的"主神"以为帝俊的资格，很合适，可是他只见于《山海经》而别处反不见。郭璞谓："俊亦舜字，假借音也。"从帝俊妻娥皇一点看，俊也许是舜。有的以为帝俊是黄帝，或以为是帝喾，却同样是个悬案。

3. 羿——羿射九日和嫦娥窃药奔月的故事，盛行于《淮南》以后。《山海经》的羿和十日没有发生关系，他是天上下来的英雄，勇士和弓矢有关系的。《海内经》说："帝俊赐彤弓素矰，以扶下国，羿是始去恤下地之百艰。"沈雁冰先生以为羿是弓矢之神，奈无证何？玄珠说：羿有两个，一个是人性的，一个是神性的。《山海经》中的记载却以人性的方面居多。《海外南经》说：

昆仑墟……为墟四方。羿与凿齿战于寿华之野，羿射杀之，在昆仑墟东。羿持弓矢，凿齿持盾。

《大荒南经》又说：

大荒中有山名，曰融天……有人曰凿齿，羿杀之。

我们可以看出原始羿的故事的一斑，一个朴质、人性、救民水火的英雄。

4. 禹——禹也是古代神话中为民除害的神化英雄。想到他未尝不连想到洪水，再连想到他的父亲，鲧，因治水无功而被诛。《山海经》记载这些故事，虽是片断，大意可见。上举世系的末段可谓是这故事的最简单记载。禹治水卒布土以定九州。这种功绩和羿恤下民之百艰，同为原人所歌颂。玄珠称羿是洪水以前天地大变动时代的半神英雄，禹是洪水时代的半神英雄，是禹人性的表现。《海外北经》和《大荒北经》各有一段，记载禹杀共工之臣相柳氏事比较神性多：

相柳氏，九首，以食于九山。相柳之所抵厥（触掘也）为泽溪。禹杀相柳，其血腥，不可以树五谷种。禹厥之，三仞三沮，乃以为众帝之台。在昆仑之北，柔利之东。相柳者，九首人面，蛇身而青；不敢北射，畏共工之台。台在其东，台四方，隅有一蛇，虎色，首冲南方。

相鲧（郭注：相柳也）九首蛇身，自环，食于九土，其所鸣所尼，即为源泽。不辛乃苦（气酷烈也），百兽莫能处。禹埋洪水，杀相鲧。其血腥臭，不可生谷。其地多水，不可居也。禹湮之，三仞三沮，乃以为池。群帝因是以为台。在昆仑之北。

后世传鲧死三年，其尸不腐，吴刀破腹出禹，尸乃化为黄龙。这正和禹破石出启的传说相类，虽然思想也极原始粗陋，然《山海经》却没记载。经中启和禹有没有父子的关系呢？《海外西经》和《大荒西经》关于启的记载各一：

> 大乐之野，夏后启于此舞《九代》（舞名）乘两龙，云盖三层。左手
> 操翳，右手操环，佩玉璜。
>
> 开上三嫔于天，得《九辩》与《九歌》以下。……开焉得始
> 歌《九招》。

那么，启和歌舞有关系的。总之，《山海经》中禹启的故事，虽只是零零碎碎，然很可以代表朴质原人的思想之一斑。

（五）社会的神话——原人对于自然界的现象及历史上英雄的功绩，由好奇而求知，而造出许多解释他们的神话来。人事界的社会制度和生活技术之创制及发明都是以激动原人的好奇心及求知欲而试解释之。取火法，畜牧法，衣服制度，耕稼法，民歌的创造，医药法，以及社会上种种奇迹的发生，都是很好的神话故事题材。《山海经》这种神话虽非备有，但亦有几条可观者，分述于下：

1. 人事的起源——由历史神话节中所举的世系记载中看来，歌舞的产生先于舟车之发明，牛耕当然是在播谷之后……这种一步步的程序，虽然把一些发明家、创制家都神化了，而这质朴简陋的记载，古代社会文明的演进，直可寻之于此。

2. 衣服的起源——《海外西经》说："肃慎之国，有树名曰雄常，先人代帝，于此取之。"郭注："其俗无衣，中国有圣帝代立者，则此木生皮可衣也。"

可见衣服的起源是雄常树感圣王之德，生皮以借民用的。把树木看成有精灵，如人类一样，对于帝王之德有所感恩，正是原人的思想。

3. 关于医药的神话——关于医药，《山海经》中很多零零碎碎的神话，例如：

> 柢山……有鱼曰鲑，食之无肿疾。（《南山经》）
>
> 单张之山……有鸟曰白鵺，食之已嗌痛，可以已痸。（《北山经》）
>
> 英山……有鸟曰肥遗，食之已疠，可以杀虫。（《西山经》）
>
> 枸状之山……箴鱼，食无疫疾。（《东山经》）
>
> 高前之山……有水甚寒，饮之不心痛。（《中山经》）

《山海经》中像这类的记载有六十余种之多，不枚举了。总之，他们可以表现原人信仰之一斑。《海外西经》说：

> 登葆山，群巫所从上下也。（郭注：采药往来也。）
>
> 有巫山者，西有黄鸟，帝药，八斋。（郭注：天帝神仙药在此也。）
> （《大荒南经》）
>
> 灵山：巫咸，巫即，巫盼，巫彭，巫姑，巫真，巫礼，巫抵，巫谢，
> 巫罗——十巫从此升降，百药爰在。（《大荒西经》）

据此可知，中国神话有位司医药的神巫。

——《山海经》的神话大概既如上述。总而言之，其记载自身鳞爪的片断，表现的工具不是美丽的文章，而是一种账目式、很简单的记载。假使要真真感到其中的美，非运用读者自己的想像力不可。虽然《山海经》中的神话大抵确可以代表中国古代简陋、现实思想的一斑。换言之，《山海经》保存的真是中华民族原始的

神话。

山海经神话的演化

神话是人类自然，共同信仰与想像的产物，很有诗意地表现整个人文心理的真理。他和小说家的故事不同，是能够生长的。后世文明进化的人不能满意他们祖先的原始思想而又喜欢这类故事，故用他们当时的信仰，剥脱原始蛮野的面目，换上了绮丽的衣裳。他们的目的在为神话，找条他所视为较合理的出路。又有些守正的人们努力要引导这些荒唐故事归正，后另一方面消极地修改神话，使成为合理的事实。同时却又有一班宣传宗教的人，他们看这些故事在民众的势力，因改其面目，扩张其宣传，或由他们宗教的观点来解释故有的神话。这三者都是神话演化重化的原动力。

《山海经》的神话可以说是中国神话的最初级，是以也逃不了演化的权力。玄珠的《中国神话研究ABC》演化章中举西王母的神话为例。他说：

> 西王母的神话之演化，是经过了三个时期的。在中国的原始神话中，西王母是半人半兽的神人，"豹尾虎齿，蓬发戴胜"，"穴处"，"三青鸟为西王母取食"，是"司天之厉及五残"，即是一位凶神。到了战国，已经有些演化了，所以《淮南子》公然说"羿请不死之药于西王母"，……可以想见西王母的演化到汉初已是从凶神而变为有"不死之药"的吉神及仙人了。这可说是第一期的变化。汉武求神仙，招致方士的时候，西王母的演化便进了第二期。于是从"不死之药"上化出"桃"来。（据《汉武故事》）……这可算是第二期的演化。及至魏晋间，就把西王母完全铺张成为群仙的领袖，并且是"年可三十许"的丽人，又在三青鸟之外，生出了董双成等一班侍女来。这是西王母神话最后的演化。西王母神话的修改增饰，至此已告完成，然而就完全剥落了中国原始神话的气味而成为道教的传说了。

他在宇宙观章中又说：

> 《山海经》所说的昆仑，还不是怎样可乐的地方，显然带着北方人民严肃的现实的色彩。……可是这同样的昆仑一到了中部民族的口里，便加上了许多美丽梦幻的色彩。《楚辞》已经把昆仑美化了。……是"登昆仑兮食玉英，与天地兮同寿，与日月兮同光"。……最后在伪作的《十洲记》，便完全成了方士道教的神仙之谈……西王母……便俨然是昆仑的主人，惟一的尊神了。

他在自然界的神话章中提到月的神话的演化，是由"帝俊妻常羲生月十有二，此始浴之"而演出《淮南子》的嫦娥窃药奔月的故事。他以为月亮的神话在秦汉之交，已经有多少矛盾；既说嫦娥奔入月中为月精，已是把月亮看作可居的星球。到了唐代，月亮里就更加热闹了，那时月亮已为完全可住的星球而遂有唐明皇游月宫的故事了。这一段故事正如汉武会见西王母的传说一样，同是道士的荒唐说。

羿的传说也是经过逐渐演化而成的。《山海经》中的羿是位人性较重的天神，和十日毫无关系。后人为要解释十日变成一日的缘故，遂称是羿射下九个来的，且加上了十日的罪状。《庄子》说，昔者十日并出，草木焦枯。是以到了汉《淮南子》遂有"尧乃令羿射十日，中其九日，日中乌尽死"的记载。羿的神话演化过程中，剥脱了本来面目遂与日的神话发生关系。然而演化的大轮与时并进，最后的羿遂与西王母、月亮都牵连起来了。《淮南子》又说：

> 羿请不死之药于西王母，姮娥窃以奔月。

到了这儿，羿也被道士所利用，成为汉代求仙一流的人物，而且这些最后演成的神话，都为后人所喜用，故至今尚存，而古代民间口头里的原始神话便完全僵死了。

由上说的四例观之，我们可以归纳出《山海经》神话演化程序的趋势：文字形式上趋于文化，美丽化。其内容性质方面的趋势有三：

（1）方士化——大概是因为秦汉以后求仙风盛。帝王如始皇汉武皆为求仙把戏中的大角色，是以造成神话的趋于方士化是很自然的。这种趋势在演化历程中最显明的。

（2）与南部神话互相混化——《山海经》的神话最带有北方朴实的色彩，但后世民族向南方发展，南北交通日盛，南北文物凑在一起发生混化的功用也是很自然的。神话当然不是例外。这也是演成《山海经》神话后来之外形美丽化的一种原因。

（3）相连化——《山海经》的神话片断，少有相连。后世的演化为着传说之容易，有把他们贯串打成一片的趋向。《山海经》中的西王母、羿、月亮，各有其职毫不相关，后来却合演一段故事起来，正是个好例。其原因可以说是后世的文雅人要解释神话，无以解之而以神话中的神释之，以神解神所致。这种演化的趋势都容易把神话的本来面目失掉了，但是演化与时间的大轮共驱并驰，谁也不能令他停留片刻的。

《山海经》神话的解释及其价值——结论

神话的解释是神话演化的原动力。后世的文明人因为要在这些他们以为野蛮的故事中求一条出路，是以根于他们的思想任意修改神话。这种解释皆足以促成神话的演化而失掉其本来面目。《山海经》的神话亦遭了同样的运命，是以在无意之中失掉了他在民众口耳中的势力。这可以说是《山海经》神话的旧解释。

西洋的文化东渐后，中国的学者纷纷以整理国故、保存故有文化为要务，整理研究古代的神话当然也是这大工作中的一部分。他们研究的结果以为，《山海经》是一本重要的神话的记载。他们对于中国神话的解释自沈雁冰先生的《中国神话研究》起至最近《中国神话研究 ABC》都以为中国的神话，后来被史家史化了。

他说：

> 我们有理由可以断言，禹以前的历史简直就是历史化的古代神话……
> 不但禹，便是禹之子启，据《楚辞》及《山海经》也是神话的人物。(《中
> 国神话研究 ABC》)

神话不是历史，神话可以根据历史。历史断也不是神话，我们的问题不能考证禹和启为史实。假使禹启皆有其人，是历史上的事实，但关于他们的记载有大部分是原人好奇心、求知欲和想像的产物，我们不能因其神化而否认其史实，更不能因其史实而以为全部的记载都是史料。总而言之，神话就是神话，历史就是历史，我们不能混为一谈，虽其已化成一片。

由神话可以窥见原人思想和生活的一斑。历史是客观事实的记载，以人事为本，其思想言行不能越出理性的范围，和由立观念想像虚构而成的神奇怪诞的神话，显然两种东西，我们这样说并不是蔑视神话的历史价值。神话确能或明或晦地反映出原始人类心理状态和生活情形，是很可贵文明史的史料。所以在我们未发掘地下之前，最好不要肆口武断。

《山海经》中神话价值还有一样。在神话节中我分之为五类。由这些神话中我们可以看出中华民族原始的哲学、原始的科学、原始的宗教、历史及社会的生活。《山海经》的神话最可以代表北方民族严肃、现实、朴质的生活和思想。

神话又是最古的文学，其艺术是永远不朽的。他们至今仍是诗歌、音乐、绘图、雕刻、建筑及一切艺术作品的感发物。《山海经》神话虽由演化而失掉其在民间的权力，但其艺术价值犹在。绪论节中说的洗月神话是何等富有艺术性的。

可惜，《山海经》是地理式、片断的记载，不像荷马的《史诗》或印度的《黎俱吠陀》（*Rig Veda*）、《加撒司》（*Gathas*）或希伯来人的《旧约》之美丽生动。在文艺上诚天渊之差，但在内质上，读者如能运用自己的想像力，追溯原人的想像，便可以得到《山海经》神话艺术上的真美处：

> 羲和方浴日于甘渊。(《大荒南经》)

> 汤谷上有扶桑，十日所浴……水中有大木，九日居下枝，一日居上枝。
> (《海外东经》)

> 都广之野……百谷自生，冬夏播琴。鸾鸟自歌，凤鸟自舞，灵寿实华，
> 草木所聚。爰有百兽，相群爰处。此草也，冬夏不死。(《海内经》)

> 钟山之神名曰烛阴，视为昼，瞑为夜，吹为冬，呼为夏，不饮，不食，
> 不息，息而为风，身长千里……(《海外北经》)

> 女娃游于东海，溺而不返，故为精卫，常衔西山之木石以堙于东海。
> (《北次三经》)

> 幽都之山，黑水出焉。其上有玄鸟、玄蛇、玄豹、玄虎、玄狐蓬尾。
> 有大玄之山。有玄丘之民。有大幽之国。(《海内经》)

这些由《山海经》神话艺术园中摘下来，值得细嚼微闻的花果，在人类的想像

口中鼻中，不论是古是今，是中是西，同样的是清香，同样的是清甜的。

本文选自《史学年报》1932 年第 4 期。全文共分七节：（一）绪论；（二）《山海经》的成形；（三）前人对于《山海经》的见解；（四）《山海经》的作者及其著作时代；（五）《山海经》的神话；（六）《山海经》神话的演化；（七）《山海经》神话的解释及其价值——结论。现节选其中第五、六、七节。

汤　祷　篇

郑振铎

郑振铎（1898—1958），笔名西谛。祖籍福建长乐县。文学史家、俗文学家。1921 年与沈雁冰等发起成立文学研究会。1927 年赴英国留学。先后在燕京大学、复旦大学任教。曾任文化部副部长、中国科学院文学研究所所长等职。神话方面的著述有《汤祷篇》（1932）、《玄鸟篇》（1935）等；译作有《希腊罗马神话与传说中的恋爱故事》、《民俗学浅说》等。

古史的研究，于今为极盛：有完全捧着古书，无条件的屈服于往昔的记载之下的；也有凭着理智的辨解力，使用着考据的最有效的方法，对于古代的不近人情或不合理的史实，加以驳诘，加以辨正的。顾颉刚先生的《古史辨》便是属于后者的最有力的一部书。顾先生重新引起了人们对王充、郑樵、崔述、康有为诸人的怀疑的求真的精神。康氏往往有所蔽，好以己意强解古书，割裂古书。顾先生的态度，却是异常的恳挚的，他的"为真理而求真理"的热忱，是为我们友人们所共佩的。他的《古史辨》已出了三册，还未有已，在青年读者们间是有了相当的影响的。他告诉他们，古书是不可尽信的，用时须加以谨慎的拣择。他以为古代的圣人的以及其他的故事，都是累积而成的，即愈到后来，那故事附会的成分愈多。他的意见是很值得注意的。也有不少的跟从者曾做了同类的工作。据顾先生看来，古史的不真实的成分，实在是太多了。往往都是由于后代人的附会与添加的——大约是汉朝人特别的附加的多吧。但我以为，顾先生的《古史辨》，乃是最后一部的表现中国式的怀疑精神与求真理的热忱的书，她是结束，不是开创，他把郑崔诸人的路线，给了一个总结束。但如果从今以后，要想走上另一条更近真理的路，那只有别去开辟门户。像郭沫若先生他们对于古代社会的研究便是一个好例。他们下手，他们便各有所得而去。老在旧书堆里翻筋斗，是绝对跳不出如来佛的手掌心以外的。此亦一是非，彼亦一是非，旧书堆里的纠纷，老是不会减少的。我以为古书固不可尽信为真实，但也不可单凭直觉的理智，去抹杀古代的事实。古人或不至像我们所相信的那末样的惯于作伪，惯于凭空捏造多多少少的故事出来；他们假使有什么附会，也必定有一个可以使他生出这种附会来的根据。愈是今人以为大不近人情，大不合理，却愈有其至深且厚、至真且确的根据在着。自从人类学、人种志和民俗学的研究开始以来，我们对于古代的神话和传说，已不仅视之为原始人里的"假语村言"

了；自从萧莱曼在特洛伊城废址进行发掘以来，我们对于古代的神话和传说，也已不复仅仅把他们当作是诗人们的想象的创作了。我们为什么还要常把许多古史上的重要的事实，当作后人的附会和假造呢？

我对于古史并不曾用过什么苦功；对于新的学问，也不曾下过一番好好的研究的工夫。但我却有一个愚见，我以为《古史辨》的时代是应该告一个结束了！为了使今人明了古代社会的真实的情形，似有另找一条路走的必要。如果有了《古史新辨》一类的东西，较《古史辨》似更有用，也许更可以证明《古史辨》所辨正的一部分的事实，是确切不移的真实可靠的。这似乎较之单以直觉的理智，或以古书考证，为更近于真理，且似也更有趣些。

在这里，我且古史里拣选出几桩有趣的关系重大的传说，试试这个较新的研究方法。这只是一个引端，我自认我的研究是很粗率的。但如果因此而引起了学者们的注意，使他们有了更重要、更精密的成绩出来，我的愿望便满足了。

更有一点，也是我做这种工作的重要的原因：在文明社会里，往往是会看出许多的"蛮性的遗留"的痕迹来的；原始生活的古老的"精灵"常会不意的侵入现代人的生活之中；特别在我们中国，这古老的"精灵"更是胡闹得利害。在这个探讨的进行中，我也要不客气的随时举出那些可笑的"蛮性的遗留"的痕迹出来。读者们或也将为之哑然一笑，或觉要瞿然深思着的吧。

第一篇讨论的是汤祷于桑林的故事。

一、汤　祷

一片的大平原，黄色的干土，晒在残酷的太阳光之下，裂开了无数的小口，在喘着气；远远的望过去，有极细的土尘，高高的飞扬在空中，仿佛是绵绵不断的春雨所织成的帘子。但春雨给人的是过度的润湿之感，这里却干燥得使人心焦意烦。小河沟都干枯得见了底，成了天然的人马及大车的行走的大道；桥梁剩了几块石条，光光的支撑在路面的高处，有若枯骸的曝露，非常的不顺眼，除了使人回忆到这桥下曾经有过碧澄澄的腻滑的水流，安闲舒适的从那里流过。正如"画饼充饥"一样，看了画更觉得饿火上升得利害；这样桥梁也使人益发的不舒服，一想起绿油油的晶莹可爱的水流来。许多树木在河床边上，细幽灵似的站立着，绿叶早已焦黄萎落了，秃枝上厚厚的蒙罩了一层土尘。平原上的芊芊绿草是早已不曾蔓生的了。稻田里的青青禾黍，都现出枯黄色，且有了黑斑点。田边潴水的小池塘，都将凹下的圆底，赤裸裸的现出在人们的眼前。这里农民们恃为主要的生产业的桑林，原是总总林林的遍田遍野的丛生着，那奇丑的矮树，主干老是虬结着的，曾经博得这里农民们的衷心的爱护与喜悦的，其茸茸的细叶也枯卷在枝干上。论理这时是该肥肥的浓绿蔽满了枝头的，没有一个人不着急。他们吁天祷神。他们祀祖求卜，家家都已用尽了可能的努力，然而"旱魃"仍是报冤的鬼似的，任怎样禳祷也不肯去，农民们的蚕事是无望的了，假如不再下几阵倾盆的大雨，连食粮也都成了严重的问题。

秋收是眼看的不济事了。

没有下田或采桑的男妇，他们都愁闷的无事可作的聚集在村口，窃窃的私语着。人心惶惶然，有些激动。左近好几十村都是如此，村长们都已到了城里去。

该是那位汤有什么逆天的事吧？天帝所以降下了那末大的责罚，这该是由那位汤负全责的！

人心骚动着。到处都在不稳的情态之下。

来了，来了，村长们从城里拥了那位汤出来了。还有祭师们随之而来，人们骚然的立刻包围上了，密匝匝的如蜜蜂的归巢似的，人人眼睛里都有些不平常的诡怪的凶光在闪露着。

看那位汤穿着素服，披散了发，容色是戚戚的，如罩上了一层乌云，眼光有些惶惑。

太阳蒸得个个人气喘不定。天帝似在要求着牺牲的血。

要雨，我们要的是雨，要设法下几阵雨！

祷告！祷告！要设法使天帝满足！

该有什么逆天的事吧？该负责设法挽回！

农民们骚然的在吵着喊着，空气异然的不稳。

天帝要牺牲，要人的牺牲！要血的牺牲！我们要将他满足，要使他满足！——仿佛有人狂喊着。

要使他满足！——如雷似的呼声四应。

那位汤抬眼望了望，个个人眼中似都闪着诡异的凶光。他额际阵阵的滴落着豆大的黄汗，他的斑白的鬓边，还津津的在集聚汗珠。

诸位——他要开始喊叫，但没有一个听他。

抬祭桌——一人倡，千人和，立刻把该预备的东西都预备好了。

堆柴——又是一声绝叫，高高的柴堆不久便竖立在这大平原的地面上了。

那位汤要喊叫，但没有一个人理会他。他已重重密密的被包围在铁桶似的人城之中。额际及鬓上的汗珠尽望下滴。他眼光惶然的似注在空洞的空气中，活像一只待屠的羊。

有人把一件羊皮袄，披在那位汤的背身上，他机械的服从着，被村长们领到祭桌之前，又机械的匍匐在地，有人取了剪刀来，剪去了他的发，剪去了他的手指甲。

发和爪都抛在祭盆里烧着，一股的腥焦的气味。

四边的祷祈的密语，如雨点似的淅沥着，村长们、祭师们的咒语，高颂着。空气益发紧张了，人人眼中都闪着诡异的凶光。

黄澄澄的太阳光，睁开了大眼瞧望着这一幕的活剧的进行，还是一点雨意也没有。但最远的东北角的地平线上，已有些乌云在聚集。

祈祷咒诵的声音营营的在杂响着，那位汤耳朵里嗡嗡的一句话也听不进。他匍匐在那里，听见的只是祭桌的腿，燔盘的腿，以及臻臻密密的无量数的人腿，如桑林似的植立在那里。他知道他自己的命运，他明白这幕活剧要进行到什么地步。他无法抵抗，他不能躲避。无穷尽的祷语在念诵着，无数的礼仪的节目在进行着。燔盘里的火焰高高的升在半空，人的发爪的焦味儿还未全散，他额际和鬓边的汗珠还不断的在集合。

村长们、祭师们，护掖他立起身来，在群众的密围着向大柴堆而进，他如牵去屠杀的羊儿似的驯从着。

东北风吹着，乌云渐向天空漫布开来。人人脸上有些喜意。那位汤也有了一丝的自慰。但那幕活剧还在进行。人们拥了那位汤上了柴堆。他孤零零的跪于高高的柴堆之上，四面是密密层层的人。祭师们、村长们又在演奏着种种的仪式，跪着、祷着、立着、行着。他也跪祷着，头仰向天；他只盼望着乌云聚集得更多，他只祷求雨点早些下来，以挽回这个不可救的局面。风更大了，吹拂得他身上有些凉起来，额际的汗珠也都被吹干。

祭师们、村长们又向燔火那边移动了。那位汤心上一冷，他知道他们第二步要做什么。他彷徨的想跳下柴堆来逃走，但望了望，那末密密匝匝的紧围着的人们，个个眼睛都那末诡怪的露着凶光，他又不禁倒抽了一口冷气，他知道逃脱是不可能的。他只是盼望着雨点立刻便落下来，好救他出于这个危局。

祭师们、村长们又从燔火那边缓缓的走过来了，一个祭师的领袖手里执着一根火光熊熊的木柴。那位汤知道他的运命了，反而闭了眼，不敢向下看。

乌云布满了天空，有豆大的雨点从云罅里落了下来。人人仰首望天。一阵的欢呼！连严肃到像死神似的祭师们也忘形的仰起了头，冰冷的水点，接续的滴落在他们的颊上、眉间，如向日葵似的开放了心向夏雨迎接着。那位汤听见了欢呼，吓得机械的张开了眼。他觉得有湿漉漉的粗点，洒在他新被剪去了发的头皮上。雨是在继续的落下！他几乎也要欢呼起来，勉强的抑制了自己。

雨点更粗更密了，以至于组成了滂沱的大水流。个个人都淋得满身的湿水，但他们是那末喜悦！

空气完全不同了，空中是充满了清新的可喜的泥土的气息，使人们嗅到了便得意。个个人都跪倒在湿泥地上祷谢天帝。祭师的领袖手上的烧着的木柴也被淋熄了，燔火也熄了。

万岁，万岁！万岁！——他们是用尽了腔膛里的肺量那末欢呼着。

那位汤又在万目睽睽之下，被村长们、祭师们护掖下柴堆。他从心底松了一口气，暗暗的叫着惭愧。人们此刻是那末热烈的拥护着他！他立刻又恢复了庄严的自信的容色，大跨步的向城走去。人们紧围着走。

那位汤也许当真的以为天帝是的确站在他的一边了。

万岁，万岁！万岁的欢呼声渐远。

大雨如天河决了口似的还在落下，聚成了一道河流，又蠢蠢的在桥下奔驰而东去。小池塘也渐渐的积上了土黄色的混水。树林野草似乎也都舒适的吐了一口长气。

桑林的萎枯的茸茸的细叶，似乎立刻便有了怒长的生气。

只有那位柴堆还傲然的植立在大雨当中，为这幕活剧的唯一存在的证人。

二、本　事

以上所写的一幕活剧，并不是什么小说——也许有点附会，但并不是全然离开事实的。这幕活剧的产生时代，离现在大约有三千二百五十年，剧中的人物便是那位君王汤。这类的活剧，在我们的古代，演的决不止一次两次，剧中的人物，也决不止那位汤一人。但那位幸运儿的汤，却因了太好的一个幸运，得以保存了他的生命，也便保存了那次最可纪念的一幕活剧的经过。

汤祷的故事，最早见于《荀子》、《尸子》、《吕氏春秋》、《淮南子》及《说苑》。《说苑》里记的是：

> 汤之时，大旱七年，雒坼川竭，煎沙烂石，于是使人持三足鼎祝山川，教之祝曰：政不节邪？使人疾邪？苞苴行邪？谗夫昌邪？宫室崇邪？女谒盛邪？何不雨之极也？言未已，而天大雨。

这里只是说，汤时大旱七年，他派人去祭山川，教之祝辞，"言未已，而天大雨"，并无汤自为牺牲以祷天之说。但《说苑》所根据的是《荀子》，《荀子》却道：

> 汤旱而祷曰：政不节与？使民疾与？何以不雨至斯极也！宫室荣与？妇谒盛与？何以不雨至斯极也！苞苴行与？谗夫兴与？何以不雨至斯极也！

《荀子》说的是汤旱而祷，并没有说"使人持三足鼎祝山川"。这一节话，或是刘向加上去的，但向书实较晚出。《吕氏春秋》记的是：

> 汤克夏而正天下。天大旱五年不收。汤乃以身祷于桑林曰：余一人有罪，无及万夫。万夫有罪，在余一人。无以一人之不敏，使上帝鬼神伤民之命。于是剪其发，磨其手，以身为牺牲，用祈福于上帝。民乃甚说，雨乃大至！

这是最重要的一个记载，其来源当是很古远的，决不会是《吕氏春秋》作者的杜撰。《说苑》取《荀子》之言，而不取《吕氏春秋》，或者是不相信这传说的真实性罢？但汤祷于桑林的传说，实较"六事自责"之说为更有根据，旁证也更多。

《淮南子》：

> 汤之时，七年旱，以身祷于桑林之际，而四海之云凑，千里之雨至。

又李善《文选注》引《淮南子》：

> 汤时大旱七年，卜用人祀天。汤曰：我本卜祭为民，岂乎自当之。乃使人积薪，剪发及爪，自洁居柴上，将自焚以祭天。火将燃，即降大雨。
> （《思玄赋注》）

《尸子》：

> 汤之救旱也，乘素车白马，著布衣，婴白茅，以身为牲，祷于桑林之野。当此时也，弦歌鼓舞者禁之。

这都是说，汤自己以身为牺牲，而祷于桑林的，《淮南子》更有"自洁居柴上"之说，这也许更古。皇甫谧的《帝王世纪》，则袭用《淮南》、《吕览》之说：

《帝王世纪》：

> 汤自伐桀后，大旱七年，殷史卜曰：当以人祷。汤曰：吾所为请雨者民也，若必以人祷，吾请自当。遂斋戒，剪发断爪，以身为牲，祷于桑林之社，言未已，而大雨，方数千里。

在离今三千二百五十余年的时候，这故事果曾发生过吗？我们以今日的眼光观之，实在只不过是一段荒唐不经的神话而已。这神话的本质，是那末粗野，那末富有野蛮性！但在古代的社会里，也和今日的野蛮人的社会相同，常是要发生着许多不可理解的古怪事的。愈是野蛮粗鄙的似若不可信的，倒愈是近于真实。自从原始社会的研究开始了之后，这个真理便益为明白。原始社会的生活是不能以今日的眼光去评衡的，原始的神话是并不如我们所意想的那末荒唐无稽的。

但在我们的学术界里，很早的时候，便已持着神话的排斥论，惯好以当代的文明人的眼光去评衡古代传说。汤祷的事，也是他们的辩论对象之一。底下且举几个有力的主张。

三、曲　解

《史记》在《殷本纪》里详载汤放网的故事，对于这件祷于桑林的大事，却一个字也不提起。以后，号为谨慎的历史学者，对此也纷纷致其驳诘，不信其为实在的故事。崔述的《商考信录》尝引宋南轩张氏、明九我李氏的话以证明此事的不会有：

> 张南轩曰：史载成汤祷雨，乃有剪发断爪，身为牺牲之说。夫以汤之圣，当极旱之时，反躬自责，祷于林野，此其为民吁天之诚，自能格天致雨，何必如史所云。且人祷之占，理所不通。圣人岂信其说而毁伤父母遗体哉！此野史谬谈，不可信者也。

> 李九我曰：大旱而以人祷，必无之理也。闻有杀不辜而致常旸之咎者矣，未有旱而可以人祷也！古有六畜不相为用，用人以祀，惟见于宋襄、楚灵二君，汤何如人哉！祝史设有是词，独不知以理裁，而乃以身为牺，开后世用人祭祀之原乎？天不信汤平日之诚，而信汤一日之祝，汤不能感天以自修之实，而徒感天以自责之文，使后世人主，一遇水旱，徒纷纷于史巫，则斯言作俑矣。

崔氏更加以案语道：

> 余按《公羊》桓五年，传云：大雩者，旱祭也。注云：君亲之南郊，以六事谢过自责曰：政不一与？民失职与？宫室崇与？妇谒盛与？苞苴行与？谗夫倡与？使童男各八人舞而呼雩，故谓之雩。然则，以六事责，乃古雩祭常礼，非以为汤事也。僖三十一年传云：三望者何？望祭也。然则

曷祭？祭泰山、河、海。注云：《韩诗传》曰：汤时大旱，使人祷于山川是也。然则，是汤但使人祷于山川，初未尝身祷，而以六事自责也。况有以身为牺者哉！且雩祭天，祷雨也，三望，祭山川也；本判然两事。虽今《诗传》已亡，然观注文所引，亦似绝不相涉者；不识传者何以误合为一，而复增以身为牺之事，以附会之也。张、李二子之辨当矣。又按诸子书，或云尧有九年之水，汤有七年之旱，或云尧时十年九水，汤时八年七旱。尧之水见于经传者多矣，汤之旱何以经传绝无言者？尧之水不始于尧，乃自古以来，积渐泛滥之水，至尧而后平耳。汤之德至矣，何以大旱至于七年？董子云：汤之旱，乃桀之余虐也。纣之余虐，当亦不减于桀；周克殷而年丰，何以汤克夏而反大旱哉？然则，汤之大旱且未必其有无，况以身为牺，乃不在情理之尤者乎！故今并不录。

张、李二氏不过是"空口说白话"，以直觉的理性来辨正。崔氏却利害得多了，他善于使用考据家最有效的武器，他以《公羊注》所引的《韩诗传》的两则佚文，证明《荀子》、《说苑》上的汤祷的故事，乃是"误合"二事为一的；而"以身为牺之事"则更是"附会"上去的。他很巧辨，根据于这个巧辨，便直捷的抹杀古史上的这一件大事。但古代所发生的这末重要的一件大事，实在不是"巧辨"所能一笔抹杀的。

他们的话，实在有点幼稚得可笑，全是以最浅率的直觉的见解，去解释古代的历史的。但以出于直觉的理解，来辨论古史实在是最危险的举动。从汉王充起到集大成的崔述为止，往往都好以个人的理性，来修改来辨正古史。勇于怀疑的精神果然是可以钦佩，却不知已陷于重大的错误之中。古史的解释决不是那末简单的；更不能以最粗浅的，后人的常识去判断古代事实的有无。站在汉，站在宋，乃至站在清，以他们当代的文化已高的社会的情况作标准去推测古代的社会情况，殆是无往而不陷于错误的。汤祷的故事便是一个好例。他们根本上否认"人祷"。张南轩说："人祷之占，理所不通。"李九我说："大旱而以人祷，必无之理也。"崔东璧且更进一步而怀疑到汤时大旱的有无的问题。他还否认汤曾亲祷，只是"使人祷于山川"（至于"六事自责"的事，原是这个传说里不重要的一部分，即使是后来附会上去的，也无害于这传统的真实性。故这里不加辨正）。他们的受病之源，大约俱在受了传统的暗示，误认汤是圣人，又认为天是可以诚格的。故张氏有"此其为民吁天之诚，自能格天致雨"之说，李氏有"汤何如人哉！——天不信汤平日之诚，而信汤一日之祝"之说。崔氏更有"纣之余虐，当亦不减于桀；周克殷而年丰，何以汤克夏而反大旱哉"之言。这些话都是幼稚到可以不必辨的。我们可以说，"人祷"的举动，是古代的野蛮社会里所常见的现象。"大旱而以人祷"，并不是"必无之理"。孔子尝云："始作俑者其无后乎！"也恰恰是倒果为因的话。最古的时候必以活的人殉葬，后世"圣人"，乃代之以俑（始作俑者，其必有后也！——我们该这末说才对）。这正如最古的时候，祷神必以活人为牺牲一样。后来乃代以发和爪——身体的一部分——或代以牛和羊，希腊往往为河神而养长了头发，到了发长时，乃剪下投之于河，用以酬答河神的恩惠（Pausanias 的 *The Description of Greece* 书里屡言及此）。这可见希腊古时是曾以"人"祷河的，后乃代之以发。我们古书里所说的"秦灵公八年，初以君主妻河"（见《史记·六国表》）及魏文侯时邺人为河伯娶妇的事（见《史记·滑稽列传》）皆与此合。希腊神话里更有不少以人为牺牲的传说。最有名的一篇悲剧 *Iphigenia*（Euripides 作）便是描写希腊人竟将妙龄的女郎 Iphigenia（主帅 Agamanon 之女）作为牺牲以求悦于 Artemis 女神的。所以，祈雨而以"人"为牺牲的事，乃是古代所必有的。汤的故事恰好遗留给我们以一幅古代最真确的生活的图画。汤之将他自己当作牺牲，而剪发断爪，祷于桑林，并不足以表现他的忠心百姓的幸福，却正是以表现他的万不得已的苦衷。这乃是他的义务，这乃是他被逼着不能不去而为牲的——或竟将真的成了牺牲品，如果他运气不好，像希腊神话里的国王Athamas：这位 Athamas 也是因了国内的大饥荒而被国民们杀了祭神的。所以，那位汤，他并不是格外的要求讨好于百姓们，而自告奋勇的说道："若以人祷，请自当！"他是君，他是该负起这个祈雨的严重的责任的！除了他，别人也不该去。他却不去不成！虽然"旱"未必是"七年"，时代未必便是殷商的初期，活剧里主人公也许未必便真的是汤，然而中国古代之曾有这幕活剧的出现，却是无可置疑的事——也许不止十次百次！

四、"蛮性的遗留"

我们看《诗经·大雅》里的一篇《云汉》，那还不是极恐怖的一幕大旱的写照吗？"倬彼云汉，昭回于天。王曰：於乎！何辜今之人！天降丧乱，饥馑荐臻。靡神不举，靡爱斯牲。圭璧既卒，宁莫我听？"这祷辞是那末样的迫切。剧中人物也是一位王：为了大旱之故，而大饥馑，天上还是太阳光满晒着，一点雨意都没有。于是"王"不得不出来祷告了。向什么神都祷告过了，什么样的牺牲（肥牛白羊之类吧），都祭用过了；许多的圭璧也都陈列出来过了，难道神还不见听么？

"旱既大甚，蕴隆虫虫。不殄禋祀，自郊徂宫。上下奠瘗，靡神不宗。后稷不克，上帝不临。耗斁下土，宁丁我躬。"这是说，天还不下雨，什么都干枯尽了。"王"是从野外到庙宇，什么地方都祷求遍了，什么神都祭祀过了，却后稷不听，上帝不临，仍然是没有一点雨意。宁愿把"王"自己独当这灾害之冲罢，不要再以旱来耗苦天下了。这正如汤之祷辞"余一人有罪，无及万夫。万夫有罪，在余一人。无以一人之不敏，使上帝鬼神伤民之命"，是相合的。古代社会之立"君"或正是要为这种"挡箭牌"之用罢。

"旱既大甚，则不可推。兢兢业业，如霆如雷。周余黎民，靡有孑遗。昊天上帝，则不我遗。胡不相畏，先祖于摧。"大旱是那末可怕，一切都枯焦尽了，人民们恐怕也要没有孑遗了。上帝怎么不相顾呢？祖先怎么不相佑呢？

"旱既大甚，则不可沮。赫赫炎炎，云我无所。大命近止，靡瞻靡顾。群公先正，则不我助。父母先祖，胡宁忍予。"旱是那末赫赫炎炎的不可止。既逃避不了，和死亡也便邻近了。"群公先正"，怎么会不我助呢？祖先们又怎么忍不我助呢？

"旱既大甚，涤涤山川。旱魃为虐，如惔如焚。我心惮暑，忧心如熏。群公先正，则不我闻。昊天上帝，宁俾我遯！"水涸了，山秃了。旱魃是如燎如焚的在肆虐。"王"心里是那末焦苦着，为什么上帝和祖先都还不曾听到他的呼号而一为援手呢？

"旱既大甚，黾勉畏去。胡宁瘨我以旱，憯不知其故。祈年孔夙，方社不莫。昊天上帝，则不我虞。敬恭明神，宜无悔怒。"不知什么原故，天乃给这里的人们以大旱灾呢？王很早的便去祈年了，祭四方与社又是很克日不莫。上帝该不至为此而责备他；他那样的致敬恭于神，神该没有什么悔和怒罢？

"旱既大甚，散无友纪。鞫哉庶正，疚哉冢宰。趣马师氏，膳夫左右。靡人不周，无不能止。瞻卬昊天，云如何里！"大旱了那末久，什么法子都想遍了。什么人也都访问遍，却都没法可想，仰望着没有纤云的天空，到底是怎么一回事呢！

"瞻卬昊天，有嘒其星。大夫君子，昭假无赢。大命近止，无弃尔成。何求为我，以戾庶正！瞻卬昊天，曷惠其宁！"夜间是明星一粒粒的闪闪的天，一点雨意也没有。假如是为了王一人的原故，便请不要降灾于天下而只降灾于一人吧！"何求为我，以戾庶正"的云云，和汤的"无以一人之不敏，使上帝鬼神伤民之命"的云云，口气是完全同一的。

在周的时代，为了一场的旱灾的作祟，国王还是那末样的张皇失措，那末样的焦思苦虑，那末样的求神祷天，那末样的引咎自责，可见在商初的社会里，而发生了汤祷的那样的故事是并不足为怪的。

不仅此也，从殷、周以来的三千余年间，类乎汤祷的故事，在我们的历史上，不知发生了多少。天下有什么"风吹草动"的灾异，帝王们便须自起而负其全责；甚至天空上发现了什么变异，例如彗星出现等等的事，国王们也便都要引为自咎的下诏罪己，请求改过。底下姑引我们历史上的比较有趣的同类的故事若干则，以示其例。

在《尚书·金縢》及《史记》里，说是在周成王三年的秋天，大熟未获，天大雷电以风，禾尽偃，大木斯拔。王大恐，与大夫尽弁，以启金縢之匮，见周公请代武王之事，执书以泣，乃出郊迎周公。天乃雨，反风，禾尽起，岁则大熟。这段记载，未免有些夸大，但充分的可以表现出先民们对于天变的恐惧的心理，以及他们的相信改过便可格天的观念。

周敬王四十年夏，荧惑守心。心为宋的分野。宋景公忧之。司星子韦道：可移于相。公道：相，吾之股肱。子韦道：可移于民。公道：君者待民。子韦道：可移于岁。公道：岁饥民困，吾谁为君？子韦道：天高听卑，君有君人之言三，荧惑宜有动。于是候之，果徙三度。这还是以诚感天的观念。但荧惑守心，而司星者便戚戚然要把这场未来的灾祸移禳给相、给民或给岁，以求其不应在国王的身上，可见他们是相信，凡有天变，身当之者便是国王他自己。这种移祸之法，后来往往见于实行。汉代常以丞相当之，臣民们也往往借口于此以攻击权臣们。

秦始皇二十年，燕太子丹遣荆轲入秦，欲乘间刺始皇。轲行时，白虹贯日。在汉代的时候，一切的天变都成了皇帝的戒惧和自责的原因。破落户出身的刘邦，本来不懂这些"为君"的花样，所以他也不管这些"劳什子"。但到了文、景之时，便大不相同了。"汉家气象"，渐具规模。文帝二年的冬天，"日有食之"，他便诚惶诚恐的下诏求言道：

> 朕闻之，天生蒸民，为之置君以养治之。人主不德，布政不均，则天示之灾，以诫不治。乃十一月晦，日有食之，适见于天。灾孰大焉！朕护保宗庙，以微渺之身，托于士民君王之上。天下治乱，在朕一人。唯二三执政，犹吾股肱也。朕下不能治育群生，上以累三光之明，其不德大矣！令至，其悉思朕之过失，及知见思之所不及，匄以启告朕。及举贤良方正能直言极谏者，以匡朕之不逮。

这还不宛然的汤的"余一人有罪"的口吻吗？此后二千余年，凡是遇天变，殆无不下诏求言者，其口吻也便都是这一套。

过了不多时候，皇帝们又发明了一个减轻自己责任的巧妙的方法，便是把丞相拿来做替死鬼。凡遇天变的时候，便罢免了一位丞相以禳之。汉成帝阳朔元年二月，晦，日食。京兆尹王章便乘机上封事，言日食之咎，皆王凤专权蔽主之过。最可惨者：当成帝绥和二年春二月，荧惑守心。郎贲丽善为星，言大臣宜当之。帝乃召见丞相翟方进，赐册责让，使尚书令赐上尊酒十石养牛一。方进即日自杀。这真是所谓"移祸于枯桑"了。

灵帝光和元年，秋七月，青虹见玉堂殿庭中。帝以灾异诏问消复之术。蔡邕对道："臣伏思诸异，皆亡国之怪也。天于大汉，殷勤不已，故屡出袄变，以当谴责。欲令人君感悟，改危即安。……宜高为堤防，明设禁令，深惟赵、霍，以为至戒……则天道亏满，鬼神福谦矣！"这话恰足以代表二千余年来儒者们对于灾异的解释。

晋孝武帝太元二十年夏五月，有长星见自须女，至于哭星。帝心恶之，于华林园举酒祝之曰："长星！劝汝一杯酒。自古何有万岁天子邪？"

晋安帝义熙十四年冬十一月，彗星出天津，入太微，经北斗，络紫微，八十余日而灭。魏崔浩谓魏主嗣道："晋室陵夷，危亡不远。彗之为异，其刘裕将篡之应乎？"

唐高祖武德九年六月，太白经天，李世民杀其兄建成，弟元吉。

唐太宗贞观二年春三月，关内旱饥，民多卖子。诏出御府金帛，赎以还之。尝谓侍臣道："使天下乂安，移灾朕身，是所愿也。"所在有雨，民大悦。

贞观十一年秋七月，大雨，谷洛溢，入洛阳宫，坏官寺民居，溺死者六千余人。诏：水所毁宫，少加修缮，才令可居。废明德宫、云圃院，以其材给遭水者。令百官上封事，极言朕过。

唐高宗总章元年，夏四月，彗星见于五车。帝避正殿，减膳彻乐。许敬宗等道：彗星见东北，高丽将灭之兆也。帝道："朕之不德，谪见于天，岂可归罪小夷！且高丽之百姓，亦朕之百姓也。"

唐中宗景龙四年，夏六月，李隆基将起兵诛诸韦，微服和刘幽求等入苑中。逮夜，天星散落如雪。幽求道："天意若此，时不可失！"于是葛福顺直入羽林营，斩诸韦典兵者以徇。

唐德宗兴元元年，春正月，陆贽言于帝道："昔成汤以罪己勃兴，楚昭以善言复国。陛下诚能不吝改过以谢天下，则反侧之徒革心向化矣。"帝然之。乃下制道："致理兴化，必在推诚，忘己济人，不吝改过。小子长于深宫之中，暗于经国之务。……天谴于上，而朕不悟，人怨于下，而朕不知。驯至乱阶，变兴都邑。万品失序，九庙震惊。上累祖宗，下负烝庶。痛心颜貌，罪实在予。"

唐宣宗大中八年，春正月，日食，罢元会。

唐昭宗大顺二年，夏四月，彗星出三台，入太微，长十丈余。赦天下。

唐昭宣帝天祐二年，夏四月，彗星出西北，长竟天。朱全忠专政，诛杀唐宗室殆尽。

宋太宗端拱二年，彗星出东井。司天言，妖星为灭契丹之象。赵普立刻上疏，谓此邪佞之言，不足信。帝乃照惯例避殿减膳大赦。宋真宗咸平元年，春，正月。彗星出营室北，吕端言应在齐鲁分。帝道："朕以天下为忧，岂直一方邪？"诏求直言，避殿减膳。

宋仁宗景祐元年，八月，有星孛于张翼。帝以星变，避殿减膳。

宋仁宗宝元元年，春正月，时有众星西北流，雷发不时，下诏，求直言。

宋哲宗元符三年三月，以四月朔，日食，诏求直言。已预先知道要日食，推算之术可算已精，却更提早的先求直言，这殊为可笑！筠州推官崔鸥乃上书道："夫四月，阳极盛，阴极衰之时，而阴干阳，故其变为大，惟陛下畏天威，听明命，大运乾刚，大明邪正，则天意解矣。"

宋徽宗大观三年，有郭天信的，以方伎得亲幸，深以蔡京为非。每奏天文，必指陈以撼京。密白日中有黑子。帝为之恐，遂罢京。

宋高宗建炎三年六月，大霖雨。吕颐浩、张浚都因之谢罪求去。诏郎官以上言阙政。赵鼎乘机上疏道："凡今日之患，始于安石，成于蔡京。今安石，犹配享神宗，而京之党未除，时政之缺，莫大于此。"帝从之，遂罢安石配享。寻下诏以四失罪己。

宋理宗宝祐三年，正月，迅雷。起居郎牟子才上书言元夕不应张灯，遂罢之。

元世祖至元三十年，冬十月，彗出紫微垣。帝忧之，夜召不忽术入禁中，问所以销天变之道，不忽术道："风雨自天而至，人则栋宇以待之；江河为地之限，人则舟楫以通之；天地有所不能者，人则为之。此人所以与天地参也。且父母怒，人子不敢疾怨，起敬起孝。故《易》曰：君子以恐惧修省。《诗》曰：敬天之怒。三代圣王，克谨天戒，鲜有不终。汉文之世，同日山崩者二十有九；日食地震，频岁有之。善用此道，天亦悔祸，海内乂安，此前代之龟鉴也。愿陛下法之。"因诵文帝日食求言诏。帝悚然道："此言深合朕意。"

元仁宗延祐四年，夏四月，不雨。帝尝夜坐，谓侍臣道："雨旸不时，奈何？"萧拜珠道："宰相之过也。"帝道："卿不在中书邪？"拜珠惶愧。顷之，帝露香祷于天。既而大雨，左右以雨衣进。帝道："朕为民祈雨，何避焉！"

明神宗万历九年，夏四月，帝问张居正道："淮、凤频年告灾，何也？"居正答道："此地从来多荒少熟。元末之乱，从起于此。今当破格赈之。"又言："江南北旱，河南风灾，畿内不雨，势将蠲赈。惟陛下量入为出，加意撙节，如宫费及服御，可减者减之，赏赉，可裁者裁之。"

明思宗崇祯十二年，二月。风霾，亢旱，诏求直言。

像这一类的故事和史实是举之不尽的。那些帝王们为什么要这样的"引咎自责"呢？那便是很值得研究的一个重要的问题。从汤祷起到近代的"下诏求言"止，他们是一条线下去的。又，不仅天变及水旱灾该由皇帝负责，就是京都墙圈子里，或宫苑里有什么大事变发生，皇帝也是必须引咎自责的。像宋宁宗嘉泰元年春三月，临安大火，四日乃灭。帝诏有司赈恤被灾居民，死者给钱瘗之。又下诏自责，避正殿减膳。命临安府察奸民纵火者，治以军法。内降钱十六万缗，米六万五千余石，赈被灾死亡之家。宋理宗嘉熙元年夏五月，临安又大火，烧民庐五十三万。士民上书，咸诉济王之冤。进士潘牥对策，亦以为言，并及史弥远。这可见连火灾也被视为是上天所降的谴罚，并被利用来当作"有作用"的诤谏之资的了。又像元英宗至治三年，夏六月，奉元行宫正殿灾。帝对群臣道："世皇建此宫室，而朕毁，实朕不能图治之故也。"连一国宫中殿宇的被毁，皇帝也是不自安的。

他们这些后代的帝王，虽然威权渐渐的重了，地位渐渐的崇高了，不至于再像汤那末的被迫的剪去发和爪，甚至卧在柴堆上，以身为牺牲，以祈祷于天，但这个远古的古老的习惯，仍然是保存在那里的。他们仍要担负了灾异或天变的责任：他们必须下诏罪己，必须避殿减膳，以及其他种种的"花样"，也有些皇帝们，正兴高采烈的在筹备封禅，想要自己奢夸的铺张一下，一逢小小的灾变，往往便把这个高兴如汤泼雪似的消灭了。像在雍熙元年的时候，赵光义本已下诏说，将以十一月，有事于泰山，并命翰林学士扈蒙等详定仪注。不料，在五月的时候，乾元、文明二殿灾。他遂不得不罢封禅，并诏求直言。

我们可以说，除了刚从流氓出身的皇帝，本来不大懂得做皇帝的大道理的（像刘邦之流），或是花花公子，养尊处优惯了，也不把那些"灾异"当作正经事看待（像宋理宗时，临安大火。士民皆上书诉济王之冤。侍御史蒋岘却说道：火灾天数，何预故王。请对言者严加治罪），之外，没有一个"为君"、"为王"的人，不是关心于那些灾异的；也许心里在暗笑，但表面上却非装出引咎自责的严肃的样子来不可的。天下的人民们，一见了皇帝的罪己求言诏，也像是宽了心似的；天大的灾患，是有皇帝在为他们做着"挡箭牌"的；皇帝一自谴，一改过，天灾便自可消灭了。这减轻了多少的焦虑和骚动！我们的几千年来的古老的社会，便是那样的一代一代的老在玩着那一套的把戏。

原始社会的"精灵"是那样的在我们的文明社会里播弄着种种的把戏！——虽然表面上是已带上了比较漂亮的假面具。

真实的不被压倒于这种野蛮的习俗之下的，古来能有几个人？王安石的"天变不足畏"，恐怕要算是最大胆的政治改革者的最大胆的宣言！

五、"祭师王"

但我们的古代的帝王，还不仅要负起大灾异、大天变的责任，就在日常的社会生活里，他所领导的也不仅止"行政"、"司法"、"立法"等等的"政权"而已；超出这一切以上的，他还是举国人民们的精神上的领袖——宗教上的领袖。他要担负着举国人民们的对神的责任，他要为了人民们而祈祷，他要领导了人民们向宗教面前致最崇敬的礼仪。在农业的社会里，最重要的无过于"民食"，所以他每年必须在祈年殿祷求一次；他必须"亲耕"，他的皇后，必须亲织。我们看北平城圈子里外的大神坛的组织，我们便明白在从前的社会里——这社会的没落，离今不过二十余年耳！——为万民之主的皇帝们所要做的是什么事。这里是一幅极简单的北平地图，凡无关此文的所在，皆已略去。于是我们见到的是这样：这里有天地日月四坛，有先农坛，有社稷坛，有先蚕坛，有太庙，有孔庙。一个皇帝所要管领的一国精神上的、宗教上的事务，于此图便可完全明了。他要教育士子，他要对一国的"先师"——孔子——致敬礼，所以有国子监，有孔庙。他要祭献他的"先公列祖"，所以他有太庙。他所处的是一个农业的社会，一切均以农业的活动为中心，所以有先农坛；而天坛里，特别有祈年殿的设备。又在传说的习惯里，他所崇敬的最高的天神们，还脱离不了最原始的本土宗教的仪式（虽然佛、回、耶诸一神教皆早已输入了），所以他所列入正式的祀典的，除了"先师"孔子以外，便是天、地、日、月等的自然的神祇，而于天，尤为重视。这样的自然崇拜的礼仪，保存着的，恐怕不止在三千年以上的了。

最有趣味的是关于孔子的崇拜。在汉代，这几乎是"士大夫"们要维持他们的"衣食"的一种把戏吧，便把孔子硬生生抬高而成为一个宗教主。刘邦初恶儒生，但得了天下之后，既知不能以"马上治之"，便以太牢祠孔子。行伍出身的郭威，也知道怎样的致敬孔子。广顺二年，夏六月，他到了曲阜，谒孔子庙，将拜左右道："孔子，陪臣也，不当以天子拜之。威道：孔子，百世帝王之师，敢不敬乎？遂拜。又拜孔子墓，禁樵采，访孔子、颜渊之后，以为曲阜令及主簿。以后，差不多每一新朝成立或每一新帝即位时，几乎都要向孔子致敬的。连还没有脱离游牧生活的蒙古人，也被中国的士大夫们教得乖巧了，知道诏中外崇奉孔子（元世祖至元三十一年事）。知道下制加孔子号曰大成（元成宗大德十一年事。制曰：先孔子而圣者，非孔子无以明，后孔子而圣者，非孔子无以法。所谓祖述尧、舜，宪章文、武，仪范百王，师表万世者也。可加大成至圣文宣王，遣使阙里，祀以太牢。於戏，父子之亲，君臣之义，永为圣教之遵；天地之大，日月之明，奚罄名言之妙！尚资神化，祚我皇元）。朱元璋是一个最狡滑的流氓，但到了得天下之后，便也知道敬孔拜圣（洪武十五年，元璋诣国子学，行释菜礼。初，他将释菜，令诸儒议礼。议者道：孔子虽圣，人臣也，礼宜一奠再拜。他道：圣如孔子，岂可以职位论哉！然他对于孟子，却又是那样的不敬。这其间是很可以明白重要的消息的。他们那些狡滑的流氓。所以屈节拜孔子者，盖都是欲利用其明君臣之分的一点）。在汉代，皇帝们还常常亲自讲学，像汉宣帝甘露三年，诏诸儒讲五经异同于石渠阁，萧望之等平奏，上亲称制临决，立梁邱《易》、夏侯《尚书》、穀梁《春秋》博士。又汉明帝永平十五年，帝到了山东曲阜，便诣孔子宅，亲御讲堂，命皇太子诸王说经。又汉章帝建初四年，诏太常将大夫博士郎官及诸儒，会白虎观，议五经同异。帝亲称制临决，作《白虎议奏》。是这些皇帝们竟也要和太常博士们争宗教上或学问上的领导权了。

总之，我们昔时的许多帝王们，他们实在不仅仅是行政的领袖，同时也还是宗教上的领袖；他们实在不仅仅是"君"，且也还是"师"；他们除了担负政治上的一切责任以外，还要担负一切宗教上的责任。汤祷的故事，便是表现出我们的原始社会里担负这两重大责任的"祭师王"，或"君师"所遇到的一个悲剧的最显然的例子。

六、金　枝

为什么古代的行政领袖同时必须还要担负了宗教上的一切责任呢？英国的一位渊博的老学者 Sir James George Frazer 尝著了一部硕大深邃的《金枝》（*The Golden Bough*：*A Study in Magic and Religion*）专门来解释这个问题。单是说起"王的起源"（Origin of the King，《金枝》的第一部分）的一个题目，已有了两厚册。所以关于理论上的详细的探讨，只须参读那部书（当然还有别的同类的书）已可很明了的了。（《金枝》有节本，只一册，Macmillan and Co. 出版）本文不能也不必很详细的去译述它。但我们须知道的，在古代社会里，"王"的名号与"祭师"的责任常是分不开的。在古代的意大利，一个小小的 Nemi 地方的林地里，有被称为"月神之镜"（Diana's Mirror）的湖，那风景，是梦境似的幽美。在那湖的北岸，有林中狄爱娜（Diana Nemorensis）的圣地在着。在这圣地里，长着一株某种的树，白日的时候，甚至夜间，常见有一个人在树下守望着，他手里执着一把白雪雪的刀。他是一位祭师，也是一个杀人者；他所防备的人便是迟早的要求来杀了他而代替他做祭师的人。这便是那个圣庙所定的规律。候补的祭师，只有杀了现任的那位祭师，方才可以承继其位置。当他杀了那祭师时，他便登上了这个地位，直到他自己后来也被一位更强健或更机诈的人所杀死。他所保守着的祭师的地位，同时还带有"王"号（林中之王）。但所有的王冠，是没有比他戴得更不舒服。时时都有连头被失去的危险。凡是筋力的衰弱，技术的荒疏，都足以使他致命。然而这结果总有一天会来到的。他必须是一个逃奴，他的后继者也必须是一个逃奴。当一个逃奴到了这个所在时，他必须先在某树上折下一枝树枝——那是很不容易的事——然后方有权利和现任的祭师决斗。如果决斗而死，不必说，如果幸而胜，他便继之而登上了林中之王的宝座，这致命的树枝，便是所谓"金枝"者是。这个惨剧的进行，直到罗马帝国还未已。后来罗马的皇帝因为要掠夺那庙里的富有的宝物，便毁了那个圣地，而中止了这个悲剧的再演。

这个"金枝"的故事，在古代是独一无二的。但在这里所应注意的只是：为什么一个祭师乃被称为林中之王呢？为什么他的地位乃被视为一个国王的呢？"在古代的意大利和希腊，一个王号和祭师的责任的联合，乃常见的事。"在罗马及在拉丁的别的城里，总有一位号为"祭王"或"祭仪之王"的祭师，而他的妻也被称为"祭仪之后"。在共和国的雅典，其第二位每年的主国事者，是被称为王的，其妻也被称为后，二者的作用都是宗教的。有许多别的希腊共和国也都有名义上的王，他们的责任都似祭师。有几邦，他们有几个这类的名号上的王，轮流服务。在罗马，"祭王"的产生，据说是在王制废止以后，为的是要执行从前国王所执行的祭礼。希腊诸邦之有祭师式的王，其起源也不外此，只有斯巴达，他是希腊有史时代的唯一的王国，在其中，凡一切国家的大祭皆为天之子的国王所执行的。而这种祭师的作用和国王的地位的联合，乃是每个人都知道的事。在小亚细亚，在古代的条顿民族，差不多都是如此的（以上就应用 J. G. Frazer 的话）。而我们古昔的国王，如在上文所见者，其联合行政的与宗教的责任而为一的痕迹尤为显明。

国王的职责还不仅做一个祭师而已。在野蛮社会里，他们还视国王为具有魔力的魔术家，或会给人间以风、以雨、以成熟的米谷的神。但也如古代宗教主的受难，或神的受难一样，国王也往往因人民们的愿望的不遂而受了苦难。民俗学者，及比较宗教学者，常称教堂里的"散福"（即散发面包于信徒们）为"吃耶稣"（在英国）。为了这曾引起宗教的信徒们的大冲动过。在我们的社会里，僧尼们也常散送祭过神道的馒头糕饼等物给施主家，以为吃了可以得福。而在古代的野蛮社会里，便有了极残酷的真实的"吃耶稣"一类的事实发生。国王身兼"教主"往往也免不了要遭这场难。又，野蛮人在祈祷无效，极端的失望之余，往往要迁怒于神道身上；求之不应，便鞭打之，折辱之，以求其发生灵应。至今我们的祈雨者还有打龙王一类的事发生。希腊古代神话里，曾有一个可怖的传说：Athamas 做了 Achai 地方的国王。古代的 Achai 人在饥荒或瘟疫时，常要在 Laphytius 山的高处，把国王作为牺牲，祭献给 Zeus。因为他们的先人们告诉过他们，只有国王才能担负了百姓们的罪：只有他一个人能成为他们的替罪的，在他的身上，一切毒害本地的不洁都放在他们身上。所以，当国王 Athamas 年纪老了时，Achai 地方发生了一场大饥荒，那个地方的 Zeus 的祭师，便将他领到 Laphystius 山的高处而作为 Zeus 的牺牲（见《小说月报》

二十一卷第一号，我编的《希腊罗马神话与传说中的英雄传说》）。我们的汤祷的故事和此是全然不殊的。汤的祷辞，"余一人有罪，无及万夫。万夫有罪，在余一人"的云云，也可证其并不是什么虚言假语。

后来的帝王，无论在哪一国，也都还负有以一人替全民族的灾患的这种大责任。我们在希腊大悲剧家 Saphocles 的名剧 "Oedipus the King" 里，一开幕便见到 Thebes 城的长老们和少年人，妇人们，已嫁的未嫁的，都集合于王宫的门前，有的人是穿上了黑衣。群众中扬起哭喊之声，不时的有人大叫道："奥狄甫士！聪明的奥狄甫士！你不能救护我们吗，我们的国王？"这城遭了大疫，然而他们却向国王去找救护！但在比较文化进步的社会里，这一类的现象已渐渐的成为"广陵散"，国王也渐渐的不再担负这一类的精神上的或宗教上的大责任了。然而我们的古老的社会，却还是保存了最古老的风尚，一个国王，往往同时还是一位"祭师"，且要替天下担负了一切罪过和不洁——这个不成文的法律到如今才消灭了不久！

七、尾 声

最后，还要讲一件很有趣味的事：在我们中国，不仅是帝王，即负责的地方官，几千年来也都还负着"君"、"师"的两重大责任。他们都不仅是行政的首领，他们且兼是宗教的领袖。每一个县城，我们如果仔细考察一下，便可知其组织是极为简单的。在县衙的左近，便是土谷祠；和县长抗颜并行的便是城隍，也是幽冥的县官。还有文昌阁、文庙，那是关于士子的。此外，还有财神庙、龙王庙、关帝庙、观音阁等。差不多每一县都是如此的组织或排列着的。这还不和帝王之都的组织有些相同吗？一县的县官，其责务便俨然是一位缩小的帝王。他初到任的时候，一定要到各庙上香。每一年元旦的时候他要祭天，要引导着打春牛。凡遇大火灾的时候，即使是半夜，他也必须从睡梦中醒来，穿起公服，坐在火场左近，等候到火光熄灭了方才回衙。如果有大旱、大水等灾，他便要领导着人民们去祈雨，去求晴，或请龙王，或迎土偶。他出示禁屠，他到各庙里行香。他首先减膳禁食。这并不因为他是一位好官，所以如此的为百姓们担忧，这乃是每一位亲民的官都要如此的办着的。他不仅要负起地方行政的责任，也要负起地方上的一切的灾祥的以及一切的宗教上的责任。每一县官如此，每一府的府官，推而上之，乃至每一省的省官也是如此。他们是具体而微的"帝王"，"帝王"是规模放大的"地方官"。他们两者在实质上是无甚殊异的。

韩愈是一代的大儒；他尝诋毁宗教，反对迷信，谏宪宗迎佛骨；然当他做了潮州刺史的时候，便写出像《祭鳄鱼文》一类的文章出来，立刻摆出了"为官"、"为师"的气味出来。

还有许多地方官闹着什么驱虎以及求神判案的种种花样的，总之，离不开"神"的意味，固不必说，简直像崔子玉、包拯般的日间审阳、夜里理阴的"半神"似的人物了。

直到了今日，我们在我们的这个社会里，还往往可发见许多可发笑的趣事。当张宗昌主持着山东的政务时，阴雨了好久。他便在泰山顶上架了两尊大炮，对天放射，用以求晴。这虽然未免对天太不客气，但据说，果然很有效，不久便雨止天晴。

好几个省的政务官至今还领导着大大小小的官去祭孔。他们是不甘放弃了"师"的责任的。

据说，当今年黄河决口时，某省的主席下了一道严令，凡沿河各县的县长，都要把铺盖搬到河堤上去防守，不准回衙，直到河防出险了为止。

有一次，某市发生了大火灾，某公安局长亲自出发去扑救，监守在那里不去，直到火熄了下去。

他们，据说，都还是"好官"！

至今，每逢旱灾的时候，还有许多的地方是禁屠的。

以上只是随手举出的几个例子，如果读者们看报留心些，不知道可以找到多少的怪事奇闻出来。

我们的社会，原来还是那末古老的一个社会！原始的野蛮的习惯，其"精灵"还是那末顽强地在我们这个当代社会里作祟着！打鬼运动的发生，于今或不可免。

民国二十一年十二月二日写毕于北平

本文作于 1932 年 12 月 2 日，首次发表于《东方杂志》1933 年第 30 期。现选自《郑振铎文集》第四卷，人民文学出版社 1985 年版。

与 W. 爱伯哈特博士谈中国神话

钟敬文

钟敬文（1903—2002），笔名静闻、静君。广东海丰人。著名散文家、诗人、民俗学家。中国民间文艺学奠基者之一。1934 年赴日本早稻田大学研究院进修民俗学。先后在中山大学、浙江大学、香港达德学院、北京师范大学任教，中国民间文艺家协会名誉主席。从 1927 年起，参加组织中山大学民俗学会，发起建立杭州中国民俗学会，主持并编辑大量民俗学、民间文化学的丛书和期刊。神话方面的主要作品有《〈山海经〉是一部什么书》（1930）、《与 W. 爱伯哈特博士谈中国神话》（1933）、《槃瓠神话的考察》（1936）、《马王堆汉墓帛画的神话史意义》（1978）、《论民族志在古典神话研究上的作用——以〈女娲娘娘补天〉新资料为例证》（1981）、《洪水后兄妹再殖人类神话》（1990）等。

W. 爱伯哈特博士：

读足下贵重的来信，使我们感到说不出的欣悦和感谢！——这差不多全由于足下对于我们微弱的工作的关心和同情所导致的。

承足下称许我们的工作，为有助益于贵国的乃至于欧洲别的国家"中国学者"的研究。这是我们所惭愧而不敢担当的！但是，就足下所举例的对于敝国的神话和传说的贵国的（乃至欧洲别的国家的）学者那种不正确的观念看来，我们更觉得自己对于本国这类学问（神话学、传说学以及童话学等），是有格外努力向前的必要的。

因为中国文化成分的复杂，因为彼此地理位置的远隔，更因为我们语言、文字的特殊以及材料搜集的困难等，所谓"中国文化的研究"，在许多欧洲学者头脑中，往往似乎要成为比猜谜更难于把握的工作。在一般的文化、制度的研究上，固然是这样，在对过去和现在的民众的文艺（神话、传说和童话等）乃至历史、科学、哲学等的探讨上，也一样地存在着这种情形。他们关于这方面的探究或纂辑的工作，大多数只能在文化的关怀和工作的勤劳等点上，赢得我们的感佩。换一句话说，那些著述的严格的学术价值，多数是颇有限度的。（自然，就我们所知，这方面比较成功的著作并不是完全没有，例如法国学者马伯乐等的有关论著，但数量似乎比较稀少。）因为这种工作，如前面所说，对于他们，条件上是那么不好的缘故。

说到这里，我不免想起日本学者关于敝国的这类学问的一些成绩来。诚然，他们对中国的神话、传说及童话等的研究工作，比起彼国学者在"中国学"和别的部门（例如历史、考古、古典文艺等）研究上的成绩，是较为微弱的。但是，他们那些属于这学问范围的一些精当的论文，是不允许我们吝惜赞赏之词的。（自然，少数所谓"中国通"的不关痛痒的，甚至谬误百出的言论和编纂，并不是没有例证的。）

这也许是因为比起欧洲的学者来，他们在条件上（例如对我们的文字及文化有比较亲密的关系）占了较多有利条件的缘故吧。——至于有些日本学者，尝以不可一世的气概，自许为"东方文化"（主要的是中国文化）唯一的研究者。这自然是不免过于夸大了。

中国人，今日已临到学术自觉的时期了！

是的，我们是在这种自觉当中睁开眼睛了。像我们在政治方面的自觉了一样，我们也要在前进的世界的学术的广场上，树起一面鲜明的中国旗帜！我们的民俗学——不，我们的神话学的建造的工程，已经在搬运木石乃至奠定基础的过程中了。

关于敝国近年以来这类学问的活动的情况，为了酬答足下等好意的关心，我不妨在这里做点概要的叙述吧。

在还没有正式写述到那些活动的情况之前，我得声明一下。就在这方面号称先进的欧美，它似乎也是比较冷僻的学问，在我们的学术界，自然不能够希望它暂时有着怎样巨大的跃进。不过，在这里，它的确已经萌茁了可喜的青芽——这青芽，无疑是含孕着那光辉的未来的！

中国的过去，因为种种的关系，在比较古老的一些文献上，仅保存了若干断片的、简略的神话和传说。一些欧洲的和东方的学者，由此便形成了一个共同的见解，认为中国文化史上没有产生过像古代希腊、罗马或北欧等那种比较有体系的或情节完整的神话和传说。这种见解的正确性，我觉得是颇可怀疑的。中国比较古老的文献上所保存的神话和传说，有着过于缺略或破碎之嫌，这是不容否认的事实。但因此断定中华民族的文化史上，必不会产生比较有体系的或情节完整的神话和传说，那光就论理上讲，也不是很通顺的吧。何况在事实上，更有着足以摇撼这"见解"的证据呢？

中国的古代文献，是稀有地丰富的——丰富得有时不免使人"望洋兴叹"。在比较古老的一些文献（例如《山海经》、《九歌》、《天问》、《淮南子》等）而外，汉、魏以后，直到近代，大部分或小部分地，乃至于零星地保存着神话和传说资料的文籍，委实不在少数。

过去"浩如烟海"的文献中，固然相当地保存着古神话和传说，但现在还泼剌地存活在民间的农夫、樵子、渔妇们的口碑中的神话和传说等，真可说是相当充实的、闪光的宝库！

有意研究或编辑中国神话和传说的学者，不从这些（汉、魏以来的文献和今日民间的口碑）着眼，而仅仅抱着两三册比较古老的文献，口里高嚷着中国神话和传说的不存在或稀少。这不是很通达的学者所应有的态度。——自然，从这些较后期的文献和今日民间的口碑中去搜集、探究原始时代或接近原始时代的人们所创作的神话和传说，对于它的内容、形态等，必须持有相当锐利的鉴别力。

像上文所说，中国前代的神话和传说，除了一部分被收录于比较古老的某些文献之外，大部分是保留在较后起的文籍和现在民间的口碑之中。对于载在文籍里的，只要稍加以搜集、整理的工夫，便可以应用于学术的研究之上。对还传播在民间口头的，第一步的工作，却须到那里（民间）去采访、记录。而这种工作的困难，恰好和民间的口碑在学术上的价值成个正比例。尽管这样，但是这种困难的采录的工作，现在的确已被我们作为紧要的工程而在着手进行了。

目下，这种工作的进行，即使对搜集的普遍和深入，以及记录的科学化等，还未能达到应有的高度，但是许多重要的资料，例如关于天地开辟和各种自然现象（包括自然物）、社会文物、制度等的起源神话，以及特殊的或普通的人物传说、地方传说之类，是陆续地被发现和收集起来了。一般的记录文字，也具有一定程度的可靠性。在这些基础上，加以不断的努力，将来所得到的成绩，对于中国神话学乃至于世界神话学的研究上，必然是会有着相当贡献的吧。（眼前新发现的宝贵的材料，因为文字和其他障碍，一时还未曾为国际的神话学者们所知道和利用。但是，我想那种时期，不久就要自然地到来的。）

至于探究方面的工作，虽然比较搜集的来得稀弱，但发掘的锄头，也已经向着泥土活动了。就目前情形看来，他们下手的地带，似乎较多地限于古代的材料方面。像顾颉刚教授的《孟姜女故事研究》，沈雁冰的《中国神话研究 ABC》，黄石、赵景深诸位的一些关于神话、童话的论文，可以说是这方面工作之初期成绩的表现。

我自己，是颇想在这种学问的上面尽些微力的人。十年前左右，我曾以自己的笔，记录了若干篇从中国南部民间的口头得来的鲜活的资料。近年以来，一面做着搜求和纂辑的工作，一面也写着尝试性的探究论文。关于前者，我已经编集成的和拟编集的，有以下等书：

（一）《两广地方传说集》

（二）《陆安神话传说集》

（三）《中国古代神话钞》

（四）《中国古代传说钞》

（五）《中国自然神话集》

关于后者（初步探讨工作），除已陆续发表过的《中国的地方传说》、《中国洪水传说》、《种族起源神话》、《中国的天鹅处女（型）故事》等若干篇论文和一册《楚辞中的神话和传说》之外，还拟着手编著以下二书：

（一）《中国神话学绪论》

（二）《中国神话学说史略》

这些工作，诚然是相当繁难的。但是，如果环境允许的话，我想，在十年之后，或可以相当地完成这个宿愿吧。

再者，我近日颇注意于中国和日本、印度、朝鲜等邻国的神话、童话的比较探究。关于这一类的论文，我已答应了日本神话学者松村武雄博士盛情的要约，写成的时候，将发表在他们所主持的《民俗学》月刊上。

总之，中国今日一些少壮学者，在这类学问上，是已经深感到有自己起来动手的必要，而且事实上也已经在努力地进行了。不过，因为种种关系，我们这方面的学术活动起步较晚，加以其他从事于学术工作所必具的诸条件，也比较地贫乏或欠缺，这是多少不利于我们的工作的。现在我们对这方面的工作，自信是有决心的，但是，要如愿地达到完美的成功之境，作为一方面的助力，不能不有赖于国际怀着好意而又富于学识的学者的扶助！足下等，应该就是我们所乐于寻求的此种辅助者的"人选"了。

诚如足下来信所云，我们要彼此相互帮助、相互提携。这为了我们的友谊，也为了世界文化史的研究！

钟敬文

一九三三年六月十日于杭州

本文原题为《答爱伯哈特博士谈中国神话》，首次发表于《民间月刊》1933 年第 2 卷第 7 号。后收入《钟敬文民间文学论集》（上海文艺出版社 1985 年版）时，作者将其改为现在的标题。W. 爱伯哈特（W. Eberhard），德裔美国民俗学和文化人类学家，20 年代曾在中国工作过。

天地开辟与盘古传说的探源

卫聚贤

卫聚贤（1898—1989），号卫大法师。山西万泉人。考古学家、历史学家。北京清华大学国学研究院毕业。曾任教育部编审、南京古物保存所所长、香港大学东方文化研究所研究员。先后在上海暨南大学，香港珠海、联合、光夏、远东、华夏等书院，台湾辅仁大学任教。在上海暨南大学执教时，曾著编《古史研究》共三集，收有不少神话论文，他本人的论文亦在其中。40年代，曾在四川主持出版《说文月刊》，也发表了不少有关神话的论文。重要的有《〈山海经〉的研究》（1934）、《天地开辟与盘古传说的探源》（1934）、《荒古与盘古》（1937）、《三皇与五帝》（1937）、《尧舜禅让与禹治洪水的探讨》（1937）、《夏人以犀牛为图腾》（1937）、《龙为图腾》（1937）、《昆仑与陆浑》（1940）、《〈说文月刊〉水利专号卷头语》（1942，收入本书时由编者拟题《人对自然界认识的四个阶段》）等。

中国历史的起源，旧日的观念，首述盘古，并以盘古为天地的开辟者；近年来顾颉刚以殷代以前无信史，编历史教科书第一课为殷代，即以中国历史自殷代开始。盘古的神话作为正史是不适当的，而殷墟的发掘，固为金石并用，但铜器以前尚有石器时代，而石器又分为始石器旧石器新石器三期，始石器在中国周口店，旧石器在河套，新石器在辽宁察冀晋豫甘苏均发现，不能谓中国在石器时代尚无人类，而将中国的历史开首为殷，殷以前一字不提。顾颉刚不懂得考古学社会学，只在书本子上作些辨伪工作就算了，若以其方法应用于一切，则误。天地开辟及盘古传说的来源是甚么，应作篇探讨的文字，前人信盘古真有其事其人为不当，而将盘古抛弃不问也不宜。

中国天地开辟的传说是：

> 乃命重黎绝地天通。（《尚书·吕刑》）

是言重黎将地与天相通之路断绝了，是以楚昭王问观射父说：

> 《周书》所谓重黎实使天地不通者，何也？若无然，民将能登天乎？

（《国语·楚语》）

古人对于天空的空气没有观察透彻，又没有行过远的道路，他看见地为平面，天为弧形，在他站立地的周围，数十百重以外的天与地是相连接的，但在他自己站立的地方，天地是离开的，他就求解答这个现象，他以为天地原来都是相连在一处的，他站立的地方，天地不相连接，当是有人或神把它开辟的。试看：

埃及的古星字为

以为星在天空不能站得住，有绳子系在天上的，其天为弧形。

中国的古雨字为：

以为其上亦为弧形，系以天为圆的。其上有为方形者，因刀刻圆形不如方形为易，故多作上的方形。

埃及的古旦字为：

象太阳方从地中出，太阳上有光芒，其地为平线，即以地为平的。

中国的古旦字为：

象太阳出已离地面，太阳与地相连的一直画，为太阳的光芒。

天作圆形地作平形，这是"天圆地方"传说的由来。而天作弧形，地作平形，即以目力所及顶上与周围空气的现象，如：

上为天，下为地，中为人。在这种立场上观察，以周围天地为连接，我站立的地方，天地所以不连接，当是开辟了的。开辟的人各地方当有各地方的传说，不过在春秋时只找到了重黎一个人。

"人是怎样有的？"

要解答这个问题，则有：

（1）初造人——原始的第一个人；

（2）再造人——洪水将人类淹死了，再造人类。

再造人如《风俗通》云女娲氏以黄土为人，而初造人则与盘古氏有关，兹将其史料列左：

> 元气濛鸿，萌芽兹始，遂分天地，肇立乾坤。启阴感阳，分布元气，乃孕中和，是为人也。首生盘古，垂死化身，气成风云，声为雷霆，左眼为日，右眼为月，四肢五体为四极五岳，血液为江河，筋脉为地理，肌肉为田土，发髭为星辰，皮毛为草木，齿骨为金石，精髓为珠玉，汗流为雨泽，身之诸虫，因风所感，化为黎甿。（《五运历年纪》）

> 盘古氏天地万物之祖也，然则生物始于盘古，昔盘古氏之死也，头为四岳，目为日月，脂膏为江河，毛发为草木。秦汉间俗说："盘古氏头为东岳，腹为中岳，左臂为南岳，右臂为北岳，足为西岳。"儒说："泣为江河，气为风，声为雷，目瞳为电。"古说："喜为晴，怒为阴。"吴楚间说："盘古氏夫妻，阴阳之始也。"今南海有盘古氏墓，亘三百余里，俗云："今后人追葬盘古之魂也。"（《述异记》）

> 天地混沌如鸡子，盘古生其中，万八千岁，天地开辟，阳清为天，阴浊为地，盘古在其中，一日九变，神于天，圣于地，天日高一丈，地日厚

一丈，盘古日长一丈，如此万八千岁，天数极高，地数极深，盘古极长。

后乃有三皇，数起于一，立于三，成于五，盛于七，处于九，故天去地九

万里！（《三五历记》）

人类不惟为盘古所造，而宇宙万物均由盘古的身体变化为成，但这种情形，不是中国固有的，乃是受印度的影响。

印度婆罗门教有古经典于西元前 800 年以前写成的，名《黎俱佛陀》（*Bgveda*）第十卷第九十篇第十二三十四的三章，载宇宙万物人类都是大人产生的：

其嘴为婆罗门，其两臂为武士，其两腿为平民，从其两足生出奴隶。

（十二章）

——言印度的四阶级人都是从大人生出的。

自其心生日，自其目生月，自其口生因陀罗（雷神）及阿耆尼（火

神），自其气上生伐由（风神）。（十三章）

——说日月雷火风都是从大人身上生出来的。

自其脐生空气，自其头天乃转变，自其二足生地，自其耳生四方，如

是他们（神）道成此世界。（十四章）

——谓空气地及世界等都是大人生成的。

《黎俱佛陀》言大人的目为月，气为风，声为雷，足为地，人类从其身生；与《五运历年纪》言盘古的目为日月，气成风云，声为雷霆，筋脉为地理，身之诸虫，因风所感，化为黎甿，两种情形，完全相同，是中国盘古的创造宇宙，由印度人人的故事变来的。

印度处于热带，生产容易，人闲着莫事作，在那里整天的幻想，而且热带的动植都高大，故其幻想也就大；中国处于温带，生产不易，人每天忙于工作，无暇幻想，即有些幻想，因其环境关系，故幻想力较印度为小。中国的幻想力小，印度的大人突然转到中国，中国人不能接受的，于是将原有的个人也就缩小起来了，如战国中年印度人随巢子所作的《山海经》（见《山海经的研究》），它说：

钟山之神，名曰烛阴，视为昼，瞑为夜，吹为冬，呼为夏，不饮不食，

不息，息为风，身长千里。在无启之东。其为物人面蛇身赤色，居钟山下。

（《海外北经》）

它说钟山神烛阴的"视为昼，瞑为夜，吹为冬，呼为夏……息为风"，已经与印度的大人相同，然而它在下面加了一句"身长千里"，这是避免中国人少见多怪，故将大人的身体缩小。《述异记》引秦汉间俗说云：

盘古氏头为东岳，腹为中岳，左臂为南岳，右臂为北岳，足为西岳。

盘古的身体已较烛阴为大了，这是因时间稍复了一点，中国人听惯了，不能惊奇，故为放大，以至《五运历年纪》完全将印度的大人译录而来，也就无人惊怪了。

这种情形，如《山海经·海外东经》说"大人国为人大，坐而削船"，不过言

其人大，一只船放不下他。稍后一点的《国语·鲁语》说防风氏为大人"长十丈"，已较《山海经》大了，到了西汉初年的《穀梁传》竟说"身横九亩"，就更大了。然而在中国守旧的儒者不相信此说，韦昭将《鲁语》"长十丈"改为"长十之"，注云"记之三丈"，作为三丈。不知"之"改的不通，而郭璞注《山海经》引《国语》原文尚为"长十丈"非"长十之"可证。

盘古氏的实质是从印度的大人演变来的，而"盘古"这个名词是从苗民搬来的。试看：

> 昔高辛氏有犬戎之寇，帝患其侵暴，而征伐不克。乃访募天下，有能得犬戎吴将军头者，购黄金千镒，邑万家，又妻以少女。时帝有畜狗，其毛五采，名曰槃瓠。下令之后，槃瓠遂衔人头造阙下，群臣怪而询之，乃吴将军首也。帝大喜，而计槃瓠不可妻之以女，又无封爵之道，议欲有报而未知所宜。女闻之，以帝皇下令，不可违信，因请行。帝不得已，乃以女配槃瓠。槃瓠得女，负而走入南山，止石室中。所处险绝，人迹不至。于是女解去衣裳，为仆鉴之结，着独立之衣。帝悲思之，遣使寻求，辄遇风雨震晦，使者不得进。经三年，生子一十二人，六男六女。槃瓠死后，因自相夫妇。织绩麻皮，染以草实，好五色衣服。制裁皆有尾形。其母后归，以状白帝，于是使迎致诸子。衣裳班兰，语言侏离，好入山壑，不乐平旷。帝顺其意，赐以名山广泽，其后滋蔓，号为蛮夷，今长沙长陵蛮是也。（《后汉书·南蛮传》）

> 昔高辛氏有房王作乱，忧国危亡，帝乃召群臣，有得房氏首者赐千金，分赏美女……辛帝有犬名曰槃瓠，其毛五色……其犬走投房王，房王见而大悦，……乃大张宴会，为犬作乐，其夜房氏饮酒而卧，槃瓠咬王首而还。辛见犬衔房首大悦，厚与肉糜饲之，竟不食，经一日……帝乃封槃瓠为桂林侯，美女五人，食桂林郡一千户……其后子孙昌盛，号为犬戎之国……只今土番，乃槃瓠之孕也。（《搜神记》）

> 昔槃瓠杀戎王，高辛以美女妻之，不可以训，乃浮之会稽海中，得三百里封之，生男为狗，女为美人，是为狗封之国也。（《山海经》郭璞注）

> 槃瓠者帝喾高辛氏宫中老妇，有耳疾，挑之有物如茧，以瓠离盛之，以盘覆之，有顷化为犬，五色，因名瓠犬。时有犬戎之寇……（《三才图会》）

> 连江深山中有异种曰畬民，五溪槃瓠之后也。（《连江县志》）

槃瓠是畬民的始祖，而"槃瓠"与"盘古"音同。当是盘古即由槃瓠转变而来的。

畬民之祖槃瓠，为甚么是狗？《史记·越世家》正义引《吴越春秋》（今本《吴越春秋》无此文）云：

> 大夫种……为宛令，之三户之里，范蠡从犬窦，蹲而吠之，从吏恐文

种渐，令人引衣而鄣之，文种曰："无鄣也。吾闻犬之所吠者人，令吾到此……且人身而犬吠……"

它说范蠡是狗头人身。这不是真为狗头人身，如现在浙江福建的畲民于结婚时带一个狗头帽，后人画范蠡像，范蠡带狗头帽穿人衣，故误会为范蠡是狗头人身。

为甚么范蠡及畲民要带狗头帽？这当是以狗为图腾的。

越人有以鸟为图腾及以狗为图腾的两民族。以鸟为图腾者为越王勾践（《史记》言越王勾践为"长颈鸟喙"，《越绝书》言得鸟田之利）。以狗为图腾的为范蠡，因吴人压迫，于是鸟狗二氏族联合反抗，结果狗族酋长范蠡杀吴王夫差（即得吴将军头），而鸟族酋长勾践得势，狗族不与合作，率其族南徙（《国语·越语下》言范蠡"遂乘轻舟以浮于五湖，莫知其所终极"），其子孙蔓延于五岭左右。

狗族走时是"乘轻舟"，而今山西河东人谓"船"如"范"，杨子《方言》云："舟，东南丹阳会稽之间，谓艒为艖"，是大船为船，小船为艖，艖即蠡，因狗族走时乘的大船小艖，（现在广东的蛋民说他们是范蠡后，蛋民常乘舟于水）故后人称为"范蠡"，又将其音转为"槃瓠"，中国的中原人名之曰"盘古"。

北方夏氏族有仿犀牛角作陶壶的，乃以之为图腾，后为国名，其甲骨文上写作：

其文为"癸卯卜在上[图]贞王旬亡戾"（《殷墟书契前编》卷二第十四页第三块）。

其文云"癸子卜[图]贞商戈[图]"（《殷墟书契前编》卷七第十二页第一块）。

第一个字有各种不同的解释，如：

昆吾　《世本》昆吾作陶。

余吾　《汉书·地理志》。

昆夷　《孟子》及《毛诗·采薇》序。

混夷　《诗·大雅·绵》。

玁狁　《诗·小雅·出车》。

厥狁　《虢季子白盘》。

厥允　《不娶敦》

岩嶮　《谷梁传》僖三十八年。

猃狁　《史记·匈奴传》。

獯鬻　《孟子》。

荤粥　《史记·五帝本纪》。

犬夷　《说文·口部》引《诗·大雅·绵》。

犬戎　《史记·周本纪》"西夷犬戎攻幽王"。

罗振玉所释。

因其字上有"二"字，"二"古文为"上"字。有的其字上无"二"字，遂为二地名，假定为昆吾，则为"昆吾"与"上昆吾"二地，是以《汉书·地理志》则有。

上曲阳

下曲阳

二地名，亦是由其字所释的。

第二个字则释为

猷

第三个字则释为

犹

即《潜夫论》所谓犹姓白狄者，第一个字其上一个兽为犀牛，其下一个字为酒壶，其中一个"五"字为音，是仿犀牛角作酒壶的民族，其民族名为丫，故用"五"注其音，因五与丫古音同。有的不注音如猷犹是，后人不识其为犀，则有释为犬字的，故獯玁狁犹猷以至于狄均从犬。

西北的犬戎，乃由后人不识其字而误释的，东南的犬戎，乃由于以犬为图腾的，并不是西北的犬戎与东南的犬戎为一族，或由同一神话演变的。

至《南史·扶桑传》云：

天监六年，有晋安人渡海，为风所飘，至一岛登岸，有人居止。女则如中国，而言语不可晓，男则人身而狗头，其声如吠。

以至现在沿北冰洋的爱司极摩人尚戴着狗头帽，这是与东南民族同为苗民，后沿海北上，周初至东北的。

盘古的名词是取苗民的，盘古的实质是取印度的。因为中国民族是多元的，各有各的始祖，而多不经，如殷人以玄鸟为始祖，至秦汉统一，乃闻苗民有始祖为槃瓠，乃借为中国的汉人（汉人由夏殷两族混合的）始祖称盘古。又以印度始祖大人有大神力，乃又将其故事加在盘古身上。

一九三三，一一，一二，记于上海茹如李家阁

本文原载《学艺杂志》1934年第13卷第1期。现选自《古史研究》第二集下册，商务印书馆1934年版。

论 神 话

林惠祥

林惠祥（1901—1958），又名圣麟、石仁。福建晋江县人。人类学家、民俗学家。1926 年厦门大学社会学系毕业。1928 年获菲律宾大学研究院人类学硕士学位。先后在中央研究院、厦门大学任研究员、教授、人类博物馆馆长、南洋研究所副所长。1929 年曾到台湾调查高山族的原始文化，次年出版《台湾番族之原始文化》。有关神话的重要著述还有《民俗学》（1931）、《神话论》（1933）、《文化人类学》（1934）等，收入《林惠祥人类学论著》（福建人民出版社 1981 年版）中。

神话与宗教——人类为要探究宇宙万物的奥秘，便由离奇的思想形成了所谓神话（myth），所以神话便是由于实在的事物而生之幻想的故事。例如野蛮人看见火焰的飞舞，便以为他是一个活物，他的头可以砍掉；饿时觉得腹内受啮刺，便以为是由于肚内有蛇或鸟作怪；见回响的由山发出，以为是由于有怪物住于山内；听见雷声发于空中，则以为是由于天神车轮的轰转。这都是很自然的心理作用。

神话的内容虽不全具宗教性质，但却有大部分和宗教混合；因为神话是原始心理的表现，而原始心理又极富于宗教观念。神话和仪式同是宗教的工具或辅助品。神话能替各种信仰寻出解释的理由来，并构成一个系统以满足人类的求知的愿望。

神话的性质：

（1）神话是传袭的（traditional），它们发生于很古的时代或即所谓"神话时代"（mythopoeic age），其后在民众中一代一代的传下来，以至于忘记了它们的起源。

（2）是叙述的（narrative），神话像历史或故事一样，叙述一件事情的始末。

（3）是实在的（substantially true），在民众中神话是被信为确实的记事，不像寓言或小说的属于假托。以上是表面的通性。

（4）说明性（aetiological），神话的发生都是要说明宇宙间各种事物的起因与性质。

（5）人格化（personification），神话中的主人翁不论是神灵或动植等物，都是有人性的，其心理与行为都像人类一样，这是由于生气主义的观念，因信万物皆有精灵，故拟想其性格如人类一样。

（6）野蛮的要素（savage element），神话是原始心理的产物，其所含性质在文明人观之常觉不合理。其实，它们都是原始社会生活的反映，不是没有理由的。

以上是内容的通性。

神话的分类——神话的分类有很多标准，兹举以内容为标准的一种于下：（出自Hastings，*Encyclopaedia of Religion and Ethics*）

（1）定期的自然变迁及季候：有些神话的发生是因要说明昼夜的递嬗与冬夏的变换，如日月星的神话便是如此。日与月的神话很为普遍。它们常被拟人化，日常是男性，月是女性，但有时也反转来。星的神话在占星术发达的地方尤多。年节的变迁也引起司年或季候的神的神话，如我国的太岁便是这种。

（2）自然物的神话：动物植物无生物等的形状与性质常有神话说明它。在神话中常把自然物拟人化起来，把它们当做人类一样。例如关于河海、山岳、神树、图腾等都有奇异的神话。

（3）反常的自然现象：这一种最能引起人类惊异之感而产生神话，如地震常被猜为地下某种动物的作祟，暴风雨则疑为空中神灵的降祸。大洪水的神话很多民族都有。日月蚀也是神话的好题目。

（4）宇宙起源神话：这又可以叫做开辟的神话，这也是很普遍的神话，几乎各处民族都有。宇宙的起源常被拟为混沌的状态，后来方由一个或多个神或人开创，成为现在的状况。

（5）神的起源的神话：在蛮人观之，神也是有起源的，他们也有诞生、家族、先世、一生事迹、成神原因等。古代荷马史诗、印度古经、我国《山海经》中都有神的起源的神话。

（6）人类及动物起源的神话：人的起源有出自动物的，但也有无这种关系，而是同由超自然的第三者造成的。这种神话常与宇宙起源的神话相联。

（7）变化（metamorphosis）的神话：人类与动物或他物的互相变化也常有神话说明它。如云某处的石头原来是人，由于某项原因而化成的。

（8）死后存在及冥界的神话：这是由于鬼魂崇拜而发生的。其中常叙述死人赴冥界的旅行、冥界的状况，有些民族还有死后裁判、天堂地狱的神话。

（9）妖怪的神话：人类心中常充满可怖的怪物的信仰，所以这一类神话也很多。所谓妖怪大都是由动植等物的崇拜中发生，其物都是很凶恶而对人类不利的。神与妖怪的战争常成为神话中的好材料。

（10）英雄、家族与民族的神话：各家族或民族都常推溯其起源，这也是神话中的普通题目。各民族的初祖大都是有神秘性的英雄，他一生干了许多奇迹，创了许多事业，留给后来的子孙。

（11）社会制度及物质发明的神话：各民族的社会制度、风俗仪式常溯源于神灵，以为是由神意制定的，而各种初步的物质的发明也常归于有神秘性的"文化英雄"，如神农、伏羲等，关于这两类都各有其神话。

（12）历史事件的神话：历史的事件经过久远了也常掺杂些神话，这种神话在民众中是被信为真的事迹，有时且被历史家采为史料，文明民族的古史中常有这种神话。

神话举例——关于日与月的神话，常以它们为夫妻或兄妹。如爱斯基摩人说：最初日月同是人，月是兄日是妹，兄对妹求爱，妹误掌兄的颊因而逃走，兄便追去，两人走到了地的尽头，跳入空中，便成为日月，仍然飞跑不停；月的一边有时黑了，那便是他的被打黑了的嘴巴转向地面，被人类看见。马来人有一段神话说：日与月都是女人，星是月的小孩。其初日也有同样多的小孩，但因为恐怕人类当不起太多的光热，她们相约各人都把自己的小孩吃净。月背约把自己的小孩藏起来，日则照约把自己的吞食了。月等日这样做过了，然后叫自己的小孩现出来。日一看见，大怒，要杀死月。月向前飞逃，日便紧追赶。至今还是不息。有时月几乎被日追到而咬噬，这便是月蚀的缘故。每天当日要追到的时候，月把星们藏起来，到了夜间日离开远了，方叫他们出来。

我国人以为日月的蚀，是由于被龙或其他怪物所噬，所以打鼓敲锣，要把怪物逐走；美洲的印第安人也以为月蚀是由于月被天上大狗所啮，因为血流出来所以月也变成红色。印度人和其他亚洲人也都有这一种的神话。

在神话中海上的龙卷风常说是一个巨人，或是海蛇上天；我国人则以为是龙在吸水。虹是妖魔下来吸饮雨水，或以为是升天的阶或桥，为死人的灵魂升天之用；又或以为是神的弓。云则为天上的牛，为牧童赶到蓝色的牧场去。潮水的起落则是海洋心脏的跳动。地震则由于"地龟"在地下转动。电光是暴风雨的妖魔所露出的分叉舌尖，雷声则为他的吼声。火山则为地下妖魔的住所，他因怒而喷吐熔解的石出来。

人类对于怪异的信仰极为强烈，所以巨人、矮人、仙人、妖魔等的神话各处皆有，而且很被信仰。古代大动物的化石遗骸常被猜为巨人的骨头；零块的石头则说是巨人从大岩石上取下来相掷的。欧洲的矮人神话或者源于从前住在北欧的一种极短小的民族。新石器时代的石箭镞则以为是精怪们的武器，磨光的石斧则以为是雷的遗物。如我国古人时也以这种石斧为雷神的凿。

开辟的神话即天、地、人类及动植物等的起源的神话，起初大约是由蛮族中的"智者"想象出来，然后散播流传下去。这种神话除著名的犹太人的一种即记在《创世记》的以外，各民族也都常有。我国的盘古开天女娲造人，在以前且采入古史内。美洲的明内塔里印第安人（Minnetarrees）说最初只有茫茫大水没有陆地，其后有一个最初的人叫做"长生者"（never-dying one），又叫做"生命的主宰"（lord of life），差一只红眼睛的鸟入水内噙起陆地上来。波里尼西亚人说最初天和地是合在一起的，他们是父母，他们生了许多儿子，一个儿子便是一种自然物的始祖。儿子们因为天地闭塞，闷得不耐，便商议要把父母拆散。初时几个都不成功，最后一个儿子，即森林的神，便竖起蜻蜓，头抵住母亲的腹，脚撑住父亲的身，硬将他们分开，于是才见光明，而成为现在的世界。关于人类的发生，在古希腊人以为是由普罗米修斯（Prometheus）用泥捏成人身，并由天上偷下火来送入人身，为他们的生命。曼丹印第安人（Mandan）也说最初是由"大精灵"用泥造两个人身，吹一口气使他们有生命，一个叫做"第一个人"（first man），另一个则叫做"伴侣"（companion）。南美阿维波内人（Abipone）以为他们是由一个印第安人造成，这个人叫做"祖父"，他现在还在曜星上。北美印第安人常以为他们的祖宗最初是住在地下，有时是人形，但却常为动物，例如兔、龟、土拨鼠等，后来方钻上地面来。

本文为林惠祥著《文化人类学》第五篇"原始宗教"之第十二章，原题为《神话》。该书初版于 1934 年。现选自 1991 年商务印书馆再版本。标题为本书编者所拟。

二郎神的演变

黄芝岗

黄芝岗（1895—1971），原名黄德修，又名黄衍仁、黄伯钧。湖南长沙人。戏曲史家、俗文学研究家。先后在复旦大学、社会大学、南京戏剧专科学校任教，后为中国戏曲研究院研究员。神话方面的主要著述有《中国的水神》（1934）、《论山魈的传说和祀典》（1937）、《大禹与李冰治水的关系》（1942）等。

> 残山狼石双虎卧，斧迹鳞皱中凿破；
>
> 潭渊油油无敢唾，下有猛龙拴铁锁。
>
> 自从分流注石门，西州杭稻如黄云；
>
> 刲羊五万大作社，春秋伐鼓苍烟根。
>
> ——范石湖《离堆》诗

说灌口二郎神是李冰的儿子的，总以为这说法较为雅驯；其他像杨戬之类的说法，恍惚是"缙绅先生难言之"了。我们且先从以下的各种纪载看这种说法的正确性究有多少。

《成都古今集记》说李冰治水，他自己是设计的人，他儿子二郎才是实行的人：

> 李冰使其子二郎，作三石人以镇湔江，五石犀以厌水怪，凿离堆山以避沫水之害，穿三十六江灌溉川西数州县稻田；自禹治水之后，冰能因其旧迹而疏广之。

在这里虽曾提到二郎，但只说他治水的功劳，还没有说到他和孽龙相斗。不过，依前章的步骤，二郎斗龙的神话是必然会产生的。据李膺《治水记》（《舆地纪胜》引）：

> 蜀守父子擒健鼋，囚于离堆之趾，谓之伏龙潭。

再据《独醒杂志》：

> 永康军城外崇德庙，乃祠李太守父子也。太守名冰，秦时人，尝守其地。有龙为孽，太守捕之，锁孽龙于离堆之下，有功于蜀。人至今德之，祠祭甚盛；江乡人今亦祠祭之，号曰灌口二郎。

再据《灌县旧志》：

> 伏龙观下有深潭，传闻二郎锁孽龙于中。霜降水落时，见其锁云。

再据范石湖《离堆诗序》：

沿江两崖中断，相传秦李冰凿此以分江水。上有伏龙观，是冰锁尊龙

处。蜀汉水涸，则遣官致祭；雍都江水以自足，谓之"摄水"。民祭赛者

率以羊，杀羊四五万计。

在这些纪载里大都是迷离惝恍地说锁龙的像是李冰儿子二郎，又像是李冰自己。而且，这龙又名"健犝"，好像也值得探讨。《续博物志》说：

沫水自濛山至南安溷崖，水势漂疾，历代为患。蜀守李冰，发卒凿平

溷崖。河神嬎怒，冰操刀入水与神斗，遂平溷崖。

溷崖是南安县西的熊耳峡，《水经注》说这峡"连山竞险，接岭争高"。他开凿的困难便可想而知了。这峡的开凿既归到李冰的功劳簿里，斗江神的神话免不了从这地方产生，却也是理所当然。南安县是现在四川青神县、夹江县一带的地方，乐山县在它的南方，是汉代犍为郡的属地。河神名嬎，嬎和犝是同样的东西，但又是龙生九子之一。或许，河神嬎便是"健犝"，是犍为的什么龙了。李冰从溷崖擒了河神便锁在离堆下面；或许是他的儿子二郎擒的，锁的，在这里且不必多来辨明。

但离堆除灌县有一所离堆；在四川边有几处，颜鲁公《离堆记》说四川新政县有一所离堆斗入嘉陵江里，上峥嵘而下洞泬；《郡国志》说离堆在四川汉源县，离即古"雅"字，雅州因此得名；《方舆纪胜》说离堆是四川乐川县的乌尤山，便可知在犍为也有一所离堆；《史记·河渠书》说李冰凿离堆是"辟沫水之害"，像犍为的这所离堆到来得真确些了。

李冰神的显应好像是起于唐代，在前章曾说过太和五年化龙斗龙的灵迹了。和这纪载大致相同的两种纪载，在《录异记》和《茅亭客话》里面。竟好像这两种纪载所说的是同一件事情似的，只除去年代上的差异，便再没有理由说它们有什么显然的不相同了。《录异记》（《太平广记》引）说：

（唐）天祐七年夏，大雨，岷江涨，将坏京口江；灌江堰上，夜闻呼

噪之声，若千百人，列炬无数，大风暴雨而火影不灭。及明，大堰移数百

丈，堰水入新津江，李阳冰祠中所立旗帜皆湿。是时新津、嘉、眉水害尤

多，而京江不加溢焉。

《茅亭客话》说：

（宋）开宝五年壬申岁秋八月初，成都大雨，岷江暴涨，永康军大堰

将坏，水入府江（便是京江）。知军薛舍人与百姓忧惶。但见惊波怒涛，

声如雷吼，高十丈以来；中流有一巨材，随骇浪而下，近而视之，乃一大

蛇耳。举头横身，截于堤上。至其夜，闻堤上呼噪之声，烈炬纵横，虽大

风暴雨，火影不灭。平旦，广济王李公祠内，旗帜皆濡湿；堤上唯见一面

沙堤，堰水入新津江口。时嘉、眉州漂溺甚炽，而府江不溢。

大概是自唐代以来，灌口地方一有水灾发生，李冰神的显应便会因之而起；但同样的神的显应便也会产生在同样的水灾情况下面了。如果这水灾是陡然来的呢，那末，便又像《蜀梼杌》的纪载：

广政十五年夏六月朔，蜀后主宴；教坊俳优作灌口神队二龙战斗之状。须臾，天地昏暗，大雨雹。明日，灌口奏岷江大涨，锁孽龙处铁柱频撼；其夕大水漂城，坏延秋门，深丈余，溺数千家，摧司天监及太庙，令宰相范仁恕祷青羊观；又遣使往灌州，下诏罪己。

像现在演《关公走麦城》便会发生火灾，这陡然来的水灾竟说是蜀后主不当扮演李冰神了。但朝廷也有口难分，便只好下诏罪己；这时候，李冰神的神威真不比现在的关公小了。只是到了宋朝，神的威力忽又被他的儿子二郎夺去。像《朱子语类》所说：

蜀中灌口二郎庙，当初是李冰因开离堆有功立庙；今来现许多灵怪乃是他第二儿子出来。初间，封为王，后来徽宗好道，谓他是甚么真君，遂改封为真君。向张魏公用兵祷于其庙，夜梦神语云："我向来封为王，有血食之奉，故威福用得行；今号为真君，虽尊，凡祭我以素食，无血食之养，故无威福之灵。今须复封我为王，当有威灵。"魏公遂乞复其封。不知张魏公是有此梦；还是一时用兵托为此说。今逐年人户祭赛杀万来头羊；庙前积骨如山，州府亦得此一项税钱利路。又有梓潼神，极灵；今二个神似乎割据了两川。

为什么鼎鼎大名的李冰会有个无名的儿子，到宋代忽然出来显许多灵异呢？为什么这儿子会压倒他老子的神威，竟独和梓潼神割据了两川呢？

神会有他的儿子，可也是唐以来的一种风习；说某郎是某神的儿子，是巫者平空添造出来的。像《河东记》（《太平广记》引）说韦浦遇客鬼的事情，巫者说："三郎即金天也。冯六郎名夷，即河伯，轩辕天子之爱子也；冯水官，水数成六耳。四子，轩辕四郎，即其最小者也。"便是个最好的证明了。

《广异记》（《太平广记》引）说泰山三郎娶卢参军的妻子，泰山三郎便是炳灵公，在《封神榜》里便成了黄天化了。《玉堂闲话》（《太平广记》引）说泰山三郎：

兖之东钞里，泗水上有亭，亭下有天齐王祠，中有三郎君祠。巫云："天齐王之爱子。"相传岱宗之下，樵童牧竖，或逢羽猎者，骑从华丽，即此神也。

泰山三郎竟也和灌口二郎背弓挟弹的行径相同了。但某郎的称号并不限于神的儿子，像三郎即金天，华山神和泰山神的儿子，竟都可称为三郎。《墨庄漫录》说宋代的神的称号是村民们依神的状貌定出来的：

予每愤南方淫祠之多，所至有之。陆龟蒙所谓有雄而毅，黝而硕者则曰将军；有温而愿，晳而少者则曰某郎；有媪而尊严者则曰姥；有妇而容艳者则曰姑。

但唐代的神的称号还不像这般谨严。依神的状貌定神的称号，像关公当称为将军；但关公在唐代也称为关三郎了。《云溪友议》说："玉泉祠曰三郎祠，三郎即关三郎也。"《北梦琐言》说:"唐咸通乱离后,坊巷讹言关三郎鬼兵入城。"这三郎即是关公,并不是关公的第三儿子。

关公的第三儿子,据传言说是关索。关索神自明初平定云南,建立庙宇(见《池北偶谈》)。神的势力在云南、贵州一带,便不减于灌口二郎。但这神的名字终是莫须有的。有人说关索便是关公第二儿子关兴,"夷人呼父为索",称关兴做关索像称关父一样;有人说关索即是"关锁";有人说"高阜置关,关吏备索以挽升者",这索便是关索。人各一辞,都不过全凭臆想罢了。

关公是三(?)位儿子的父亲,在唐代被称为关三郎的却是关公本神;李冰神在唐代大显神威,到宋代忽有他儿子二郎出来,将他的神威压倒;到明代滇黔一带,关三郎的第三儿子忽又在人们的意想里建立了神的威灵。李冰神和二郎神,是父是子,是二是一,依据这些假定,所得到的将是个怎样的决定,便可推想而知了。怕只有《四川通志·名宦志》才会在《李冰传》的后面再来个李二郎的传记,说四川真有过这样的一位人物罢。

在这里我们将有一种执着了。这执着是定于一尊,说宋代二郎神不过是唐代李冰神的变态的发展。那末,只承认有李冰神的存在好了。在四川各市县是都有川主祠的;川主祠所祀的神,《四川通志》说是李冰,刘沅《李公父子治水记》也说:

公(李冰)治蜀,治水,益州始为天府。故世称曰川主。

但《彭水县志》却说:

川主庙祀奉蜀郡太守李冰父子,或谓当祀赵昱者。考赵与李皆以治水立功于蜀,并且有川主之称。然李先而赵后,且李所治为全蜀上源,赵则仅在嘉州而已。又李之淘滩作堰,功在生民,不徒以异迹见称;若赵但以道术免一时之灾,不能使千载后民食其利也。

便又有一位赵昱和李冰争川主了,而且,这赵昱也和李冰第二儿子争二郎神的地盘。《龙城录》说赵昱做嘉州(清四川嘉定府治)太守,斩犍为老蛟;《嘉定府志》便依据这神话纪载再加上一层粉饰,像"七圣,童子,白犬,弹弓"之类。《嘉定府志》的纪载是:

赵昱跟道士李珏学道,隐居青城山;隋炀帝累次征聘,勉强出山,做了嘉州太守。

嘉州境左有冷源二河,二河里有一条犍为老蛟,每到春夏之交,它便兴起洪水,漂溺人畜。

这一年的五月里,赵昱便募集大船七百艘,甲士千余人,人民万余人,沿河呐喊,声振天地。赵昱披发仗剑,统率七名勇士入水。刹时间天地晦暝,石崖怒吼;再一刻云收雾散,河水尽赤。赵昱右持宝剑,左持蛟首,蹈波而出,但那七名勇士却死在水里了。这时候,赵昱才二十六岁,而这七名勇士到后来却成了七圣。

隋末天下大乱,赵昱携家入山,弃官归隐,便不再见他的踪迹了。后来嘉州又有水患，百姓们见青雾里面有一位骑白马、背弹弓的神圣，那便是太守赵昱；扈从里有一位童子牵着一条白犬，那便是金头奴和哮天犬了。

百姓们感戴他的恩德，便在灌江口立庙奉祀；所以俗称灌口二郎（神称灌口二郎，又见《常熟县志》）。

宋真宗的时候，益州大乱，张咏入蜀平乱，求助于神。乱平，奏请追封，封川主清源妙道真君（神封真君，又见《八闽通志》）。

因此，《嘉定府志》便说：

今所祀川主，赵昱也。或谓川主祀蜀守冰，而李冰实无川主事焉。

这可就分辨不清了。李冰赵昱同为蜀郡太守；锁龙、斩蛟的地方又都在犍为；犍为老蛟和健鼍，名称上有显然的因袭。而且，刘沅《李公父子治水记》说：

二郎固有道者。承公（李冰）家学，而年正英韶，犹喜驯猎之事。奉父命而斩蛟，其友七人实助之。世传梅山七圣，谓其有功于民，故圣之。

将这和赵昱的神话相比，竟也没有理由说它们是两件事情。梅山七圣在元剧《唐三藏西天取经》里曾写作眉山七圣；眉山是隋代的眉山郡，在唐初曾改为嘉州，天宝中改为犍为郡，后来又改为嘉州（现在是四川眉山县）。便可知梅山七圣的名称由来，也不必在其他的地方寻找。

在这里，我们的另一决定，不又将说《龙城录》的纪载，是唐代李冰神的另一支流吗？那末，且丢开"李先赵后"的辩争不谈，只承认有李冰神的存在好了。但据《浙江通志》（《图书集成》引）：

二郎神庙在杭州忠清里。神姓邓讳遐，陈郡人也，自幼勇力绝人，气盖当时，人方之樊哙。桓温以为将军，数从征伐，历冠军将军，数郡太守，号为名将。襄阳城北水中有蛟，数出害人；遐拔剑入水，蛟绕其足，遐挥剑斩蛟数段而出，自是患息，乡人德之，为立祠祀之。以其尝为二郎将，故尊为二郎神。

邓遐斩蛟的事，《通志》的根据在《晋书·邓遐传》里；盛弘之《荆州记》（《太平寰宇记》引）也曾说邓遐做襄阳太守，斩沔水蛟龙的事情，和《本传》的纪载相同。但《本传》说邓遐"为桓温将军，历冠军将军，数郡太守"，却不曾说"尝为二郎将"，"二郎将"的官名也不过《通志》的杜撰罢了。只是，和李冰第二儿子争二郎神的地盘的，除了赵昱，便又还有一位邓遐；而且，二郎神从灌口移到襄阳，神名称的由来又有了新解释了。

据李冰、赵昱、邓遐三种传说所得到的结论，便可知二郎神的成因：第一是入水斩蛟，替地方平定水患；第二是这地方的太守，或者是太守的儿子。说这神是李冰第二儿子，或者是赵昱、邓遐，都不过人民的感戴和地方的夸耀各有不同，定于一尊，像又大可不必了。

只是，二郎神终不曾姓起杨来。但据《河南通志》（《河南府志》所载，也和《通志》一样）：

> 河南府二郎神庙，在府城西关，祀隋灌州刺史杨煜，煜尝断蛟筑堤，
>
> 遏水患，故民为立庙。

这好像是赵昱神话的讹传似的，但不能简单地只看成一种讹传。胡适说杨戬被认为二郎神是宋时的宦官杨戬被东京人呼为二郎神，到后来二郎神却成了杨戬了(《民间文艺》创刊号《通信》)。这根据却不能从《宋史·杨戬传》里寻出。或许，胡适自有他的根据，我以为也不当便这样简单地看过去了。

我以为川主的争持和二郎神的异说，是不同的神的力量所起的争持。不相同的力量是因为不相同的时代、地点，有它们的相同的水灾和治水的人物。因此，我便以为二郎神会姓起杨来，必有个杨姓神的力量和李、赵、邓姓的神的力量形成鼎峙；那末，便当再举出个杨姓神的力量来了。现在，据杜光庭《水记》(《舆地纪胜》引) 来一个新的证明：

> 杨磨亦有神术，能伏龙虎，亦于大皂江侧决水拥田，与龙为誓。今有
>
> 杨磨江，或语讹为羊麻江。

大皂江又名外江，是岷江从灌县城西，南流的一段江水；李冰做都安大堰便在这地方了。而且，"穿羊摩江灌江西"的，《水经注》说是李冰；但这里却说杨磨"于大皂江侧决水拥田"，羊麻江的得名也因为有这样的一位人物了。李冰和杨磨是二是一，当然也无从辨明；如果不定于一尊，说李冰的存在也只有古人的传说可稽，那末，认为是人民的感戴和地方的夸耀各有不同便也可以完了。

本文为作者所著《中国的水神》中的第四章，生活书店 1934 年版。该书共十六章：一、杨四将军与无义龙；二、灌口二郎神；三、蜀守李冰和石犀；四、二郎神的演变；五、许真君和慎郎；六、江西和四川的沟通；七、由江西到湖南长沙；八、杨将军神话的歧途；九、活河神黄大王；十、彭蠡小龙和鼋令；十一、龙公神话与龙母神话；十二、九子与四圣；十三、浮山与海眼；十四、铁柱铁链铁枷等；十五、巫支祁和僧伽；十六、水神的诞辰。

战国秦汉间人的造伪与辨伪

顾颉刚

一

研究历史，第一步工作是审查史料。有了正确的史料做基础，方可希望有正确的历史著作出现。史料很多，大概可以分成三类：一类是实物，一类是记载，再有一类是传说。这三类里，都有可用的和不可用的，也有不可用于此而可用于彼的。作严密的审查，不使它僭冒，也不使它冤枉，这便是我们研究历史学的人的任务。

所谓伪，固有有意的作伪，但也有无意的成伪。我们知道作伪和成伪都有他们的环境的诱惑和压迫，所以只需认清他们的环境，辨伪的工作便已做了一半。

……为了鼓励大家的工作兴趣，担负起时代所赋予的责任，所以我略略搜集战国秦汉间人的造伪与辨伪的事实，作成这一篇，希望读者认识这两种对抗的势力，以及批评精神与辨伪工作的演进，好借此明白自己所应处的地位。……

四

孔子的思想最为平实：他不愿讲"怪，力，乱，神"，所以我们翻开《论语》来，除了"凤鸟不至，河不出图"二语以外，毫无神话色彩（这二语本是很可疑的）。其实那时的社会最多神话。试看《左传》，神降于莘，赐虢公土田（庄三十二年），太子申生缢死之后，狐突白日见他（僖十年），河神向楚子玉强索琼弁玉缨（僖二十八年），夏后相夺卫康叔之享（僖三十一年），真可谓"民神杂糅"。历史传说是社会情状的反映，所以那时的古史可以断定一半是神话，可惜没有系统的著作流传下来。流传下来的，以《楚辞》中的《天问》为最能表现那时人的历史观，但已是战国初期的了（此文必非屈原著）。

《天问》是一篇史诗，用了一百八十余个问题来叙述当时所有的上下古今的知识。篇中先问宇宙的着落，再问日月的运行，这就是所谓开辟的故事。于是问到人了，第一个是鲧，问他为什么治洪水时要听鸱龟的话，为什么上帝把他永远监禁在羽山。第二个就是禹，问他在极深的洪水中怎样的填起土来，应龙又怎样的帮他治水。第三个是康回，就是共工，问他怎样一怒，土地就塌陷了东南一角。于是问到地方：东西南北哪边长，太阳哪里照不到，昆仑黑水在何方。从此顺了次序问起夏商周的历史故事，其中也很多大可怪异的传说，为儒家的典籍里所没有的。

在《天问》中，禹是一个上天下地、移山倒海的神人，鲧是给上帝禁压在山里的。洪水是开辟时所有；平治水土不是人的力量，乃是神和怪物合作的成绩。有了这个了解，再去看《诗》、《书》，那么，玄鸟生商的故事，履帝武生稷的故事，"洪水芒芒，禹敷下土方"之句，"殛鲧于羽山"之文，均不必曲为解释而自然发现了它们的真相。

不但如此。《史记·秦本纪》说秦祖女修吞卵生子，中衍鸟身人言，也可信为当时确有的史说。《山经》记陕西西部至甘肃一带是一个上帝的国家，而黄帝便是那边的上帝，即此可知秦祀黄帝的缘故，又可知道黄帝陵所以在桥山的缘故。其他如《书》中的"高宗肜日，越有雊雉"，《金縢》的"天乃雨，反风，禾则尽起"，以及《赵世家》中的《秦谶》，《大宛列传》中的《禹本纪》，拿那时人的眼光看来，正是家常便饭，无所用其疑怪。

我们可以说：在战国以前，古史的性质是宗教的，其主要的论题是奇迹说。我们不能为了孔子等少数人的清澈的理性，便把那时的真相埋没了。

十

战国秦汉四百余年中，为了阶级的破坏，种族的混合，地域的扩张，大一统制度的规划，阴阳五行原理的信仰以及对于这大时代的扰乱的厌倦，立了许多应时的学说，就生出了许多为证实这些学说而杜造的史事。《曲礼》上说，"毋勦说，毋雷同；必则古昔，称先王"，这几句话真是说尽了那时人说话的态度。你们想，古昔先王的事情如果都有客观的真实，那么他们的说话正和我们做考据文字一样，应当无一字无来历，如何能不勦说与不雷同呢？既不雷同而又"必"则古昔，这不是创造是什么？但我们不像崔东壁先生那样，骂百家之言为要不得的异端邪说。我们站在历史的立场上，看出这些说话虽是最不真实的上古史，然而确是最真实的战国、秦汉史，我们正可以利用了这些材料来捉住战国、秦汉人的真思想和真要求，就此在战国、秦汉史上提出几个中心问题。这真是历史的境界的开拓！一般人对于我们常起误会，以为我们要把古代什么东西都去推翻，愿他们能平心静气想一想这个道理。

可是无论如何，这些最不真实的上古史，当时和后世一班庸众毕竟受了他们的欺骗，错认为最真实的上古史。他们的学说既纷歧而混乱，所以我们的上古史也随着它而纷歧而混乱。于是一班比较有理性的人时时举出其怀疑之点，虽然在"信而好古"的空气之中，虽然在"非圣无法"的禁制之下。

现在我们要问的，就是战国、秦汉的学者杜造了这些古史，当时曾发生了什么反应？在历史观念极不发达时，当然对于他们的话只有"好、不好"的感觉，而没有"真、不真"的分析。所以《淮南子》的《修务训》里说：

> 世俗之人多尊古而贱今，故为道者必托之于神农、黄帝而后能入说。
> 乱世暗主，高远其所从来，因而贵之。为学者，蔽于论而尊其所闻，相与
> 危坐而称之，正领而诵之。

这描写当时的情形何等活现！为了要动听，所以托之神农黄帝。为了来路远，所以

看得重。为了盲目的信仰，所以留神地听，用心地念。伪史就这样地流传下去了。《修务训》又道：

> 今取新圣人书，名之孔、墨，则弟子句指而受者必众矣。

其实是新出的文章为了希望读的人多，只得冒充是孔、墨所作，一说了孔、墨马上震动了学术界，伪书就这样地传下去了。

但是战国时未尝没有聪明人，所以就有几个人表示坚决的不信。例如《荀子》，他在《非相篇》里说：

> 五帝之外无传人；非无贤人也，久故也。五帝之中无传政；非无善政也，久故也。禹、汤有传政而不若周之察也；非无善政也，久故也。传者久则论略，近则论详；略则举大，详则举小。……是以文久而灭，节族久而绝。

他主张不法先王，为的是那时的典章制度已不可知了，不如法那有"粲然之迹"的后王。其实，在他那时，五帝之外的传人出来了不知多少，例如无怀、葛天、风后、力牧。五帝之中的传政也出来了不知多少，例如封禅、巡狩、授时、分州。禹汤的传政和周一样多，为的是在五德三统说之下早已替三代分配得一样齐整。但他偏不承认五帝时有历史传下来，夏商时有详细的历史传下来，这真强悍得出奇！他在《正论篇》里反对禅让之说，已见上引；这一篇中还有一段反对象刑之说的，是：

> 世俗之为说者曰，"治古无肉刑而有象刑……"。是不然！以为治邪，则人固莫触罪，非独不用肉刑，亦不用象刑矣。以为人或触罪矣而直轻其刑，然则是杀人者不死，伤人者不刑也。……杀人者不死而伤人者不刑，是谓惠暴而宽贼也，非恶恶也。故象刑殆非生于治古，并起于乱今也！

战国人描写古代的安乐情形，以为当时只用特别的衣服冠履来表示罪人所受的刑罚；他坚决反对，以为这是"起于乱今"的"世俗之说"。若把这话扩而充之，简直可以把当时口头流传的古史一笔勾销了。

同时，韩非在他的《显学》篇中也对于儒墨二家建设的古史根本破坏。他道：

> 孔子墨子俱道尧舜而取舍不同，皆自谓真尧舜，尧舜不复生，将使谁定儒墨之诚乎？殷周七百余岁，虞夏二千余岁，而不能定儒墨之真；今乃欲审尧舜之道于三千岁之前，意者其不可必乎？无参验而必之者，愚也。弗能必而据之者，诬也。故明举先王，必定尧舜者，非愚则诬也！

他把"言必称尧舜"的人定为"非愚即诬"，断得何等痛快。尧舜尚且如此，尧舜以前的许多古帝王当然更无存在的价值了。在战国的怒涛激浪之中竟有这样独立批评的议论，真不能不令人钦服。

淮南王安集合了一班聪明的门客，著了一部书，里边虽也把古史讲得天花乱坠，毕竟有些拆自己壁脚的聪明话。《缪称训》云：

> 三代之称，千岁之积誉也。桀纣之谤，千岁之积毁也。

又《氾论训》云：

> 今夫图工好画鬼魅而憎图狗马者，何也？鬼魅不世出，而狗马可日见

也。夫存危治乱，非智不能；道而先称古，虽愚有余。

他把"道先称古"譬之"画鬼魅"，真是把当时的古史传说一椎打碎了。即此可见那时人的头脑也有很清醒的，只是少数的清醒敌不过多数的糊涂而已。

除了正面反对之外，还有因神话传说的不合理而强辞以解释的。例如战国时传说"黄帝四面"，这当然说他一个脖子上长着四张脸。因为这是神话，就有人替它解释：

> 子贡问于孔子曰："古者黄帝四面，信乎？"孔子曰："黄帝取合己者四人，使治四方，不谋而亲，不约而成，大有成功，此之谓'四面'也。"
> （《太平御览》七十九引《尸子》）

经此一解，"四面"的神话就成了"四人治四方"的人事了！又如那时传说，云"黄帝三百年"，这当然说他活了三百岁或做了三百年的皇帝。又有人觉它不合理，替它解释道：

> 宰我问于孔子曰："昔者予闻诸荣伊，言黄帝三百年。请问黄帝者人邪，抑非人邪？何以至于三百年乎？"孔子曰："……生而民得其利百年，死而民畏其神百年，亡而民用其教百年，故曰'三百年'。"（《大戴礼记·五帝德》）

经此一解，"三百年"就成"发生三百年的影响"了。又如那时传说，有一种兽名为夔，"状如牛，苍身而无角，一足，……其声如雷，……黄帝得之，以其皮为鼓，橛以雷兽之骨，声闻五百里"（《山海经·大荒东经》）；因为有这雷声鼓的传说，于是讹传夔为乐官（《左传》昭二十八年），仍说这位乐官是一足。有人觉得它不合理，替它解释道：

> 鲁哀公问于孔子曰："乐正夔一足，信乎？"孔子曰："昔者舜欲以乐传教于天下，乃令重黎举夔于草莽之中而进之，舜以为乐正。夔于是正六律，和五声，以通八风，而天下大服。重黎又欲益求人，舜曰：'夫乐，天地之精也，得失之节也，故唯圣人为能和乐之本也。夔能和之以平天下，若夔者一而足矣。'故曰'夔一足'，非一足也。"（《吕氏春秋·察传》）

经此一解，"一只脚"就成了"一个就够了"。从这三个例上，我们可以知道，当时人的智力已不能再信神话，他们和我们的怀疑正在同一点上出发。不过他们的胆子小，不敢明说它假，于是替它设法解释。而又因胆子小，不敢自己负解释的责任，于是把这些解释的话推托在孔子的身上。因此，出发点虽在辨伪，但是结果则反而成了造伪：造了孔子的假话和古代的伪史来破除神话。不过这样总比胡乱信仰的好一点，因为他已经有了别择真伪的萌芽了。

本文原载燕京大学《史学年报》1935年第2卷第2期。后收入《古史辨》第七册上编。现据《古史辨》（七），上海古籍出版社1982年版，节选其中第一、四、十节。

以法术和宗教的眼光看古代世界

江绍原

江绍原（1898—1983），安徽旌德人。宗教学家、民俗学家。1922 年毕业于美国芝加哥大学比较宗教学专业。回国后先后在北京大学、中山大学、西北大学、山西大学任教授。1956 年后，先后任科学出版社、商务印书馆编审、顾问。神话和宗教民俗方面的著作有《耶稣以前的基督》（1920）、《现代英吉利谣俗及谣俗学》（1932）、《中国古代旅行之研究》（1935）、《恩格斯论德国民间传说中的英雄龙鳞胜和》（1961）等；译著有《宗教的出生与长成》（1926）等。江绍原的《中国古代旅行之研究》是研究《山海经》和古代信仰的重要参考文献。

一

最近若干年来，中国学人开始用近代学术的眼光和方法，去重读他们的古书和发掘研究他们的古物了。因为有这种工作，他们对于古思想、古生活、古制度等等，业已重新发见了若干事实——若干被前人误解或忽略了的重要事实。

在这种工作的进程中，有一件情实已一日比一日更被人认识清楚：宗教性质和尤其是法术性质的观念和举动，在古代生活里是占着很显著的地位的。这一点不是出人意表的事：就大体而论，法术的和宗教的观念和举动，在任何"文明"民族中不都是"自古已然"且于古尤"烈"么？[1]

本书便将供给一个好例子。考汉前时代的某两部古书，曾各自说起一种玉器；此二玉器照从前共认的解释，一为王者之使的职权象征物，一则祭祀之玉。然而本书将企图说明，这旧解实在错误；二玉并非一为玉瑞，一为祭玉，而皆为古人旅行时身上所带的辟邪御凶之物——被信为具有法术功用之实物。

本书既然不过想辨明这区区两种玉器的性质和功用，骤看诚然好像是无关宏旨。但是读者不要忘记：将行人所带的辟邪护身之玉误认为玉瑞与祭玉，乃是昔人观察古代生活者把它理想化理智化之一结果；今之重新说明其为护身之玉，则是拨开理想化理智化的迷雾而窥见了古代生活真面目之一端。是的，本书在古代研究上或者不过是一砖一瓦之比，然必须这样的一砖一瓦积得多了，我们才能重构古生活古思

---

[1] "法术"、"宗教"两概名的界说，在近代各种学派中尚不能完全一致。本文作者也有他自己的界说，然这界说与大多数民族学家宗教史学家文化史学家所采用者未必有基本的差异，故不举。

想的全部大厦。本书决不辞为一砖一瓦，且颇以能为此正在重构中的大厦之一砖一瓦而自豪。沿讹将近两千年了，改正实不容再缓。中国学人在他们与近代学术接触前，或竟不能有此改正的见识与胆量。今乃有之，近代学术之赐也，亦中国学人所以报近代学术也。

让我们在这里就点明：本书所提出的关于二玉的新解，是建筑在原典中一共还不满十个字的新解之上。易言之：旧日的学者所以把问题中之二玉看作一为信玉，一为祭祀之玉，是因为他们误解了原典中那几个字；我们所以敢断言二玉皆为行人之护身物，是因为我们对于那几个字另找到了一个更恰当更自然的解释。

但过去的学者何故竟误解原典中那几个字，以致关于二玉的功用构成了错误的观念呢？这错误的观念，何故能从汉晋直沿袭到今日呢？我们何故能回头找出这几个字在本处所具的真意义，因而重新发现了二玉的真功用真面目呢？这事的原因或主因如下——前人读原典时，忽略了原典所由出的古代生活其中之某二桩重要事实，故他们不知不觉地误解了原典。我们幸而认清了古代生活这二事实，故我们能发现他们的错误而正解原典。我们在文字上的新解，自身实在是建筑于古代生活中某两桩极明显的事实之上。这二事实是：（1）古人确信用宗教的和尤其是法术的方法去解除他们旅途中所遭逢的困难和所招来的灾祸；（2）古人确把玉认为不只是饰身物、赏玩物，而是具有辟邪御凶等功用的护身物。有此二信念及所发出的种种行动在，行人也或尤其要用玉为护身之宝，是自然不过的。

上述生活上的两桩事实既为我们的新见解基之基础之础，我们便不妨不直接讨论关于二玉的原典以及二玉自身，而先说明此二生活事实。

关于汉前生活此二事实，不幸还没有人供献过长篇的翔实的叙述。（前面说过，中国学人不过刚开始用近代学术的眼光去研究中国上古。）在这种情形之下，我们只得自己来担任这破土的工作。以下我们将不求十分完备然也不避繁琐地将古代旅行之宗教法术的方面和玉石之所谓的法术功能，大致一讲；并且因为要显示旅行中和旅行前后之种种宗教的、法术的行动其目的在应付实际的困难，所以我们将要把古代旅行的现实方面或云事实方面也既不敢求完备然又不敢避繁琐地讲说一番。（这样定计，我们的担子便愈重：因为古代旅行的现实方面——沿路从人和从自然界碰到什么障碍和麻烦，以及旅行者怎样去克除或适应它们——又何尝有现成的、统系的叙述，备我们毫不费事地采用？）我们以下为揭出旅行之事实方面和法术宗教方面以及古中国人所抱的玉能辟邪御凶之信念，有时将不得不采用汉代和甚至汉以后的材料，然我们的唯一目的，总在阐明汉前生活中已经存在的那些事实。读者请准备好：我们将导引君等，到一个时代辽远、面目古怪，有些情形与今日颇不同的世界——实物世界、意象世界、行动世界——去神游一番，并在这个世界中，参调上记那两种久被人误解的玉器。①

二

（上略——编者注）

今本《山海经》虽已有汉郡县名（长沙、桂阳、诸暨等），我们仍有似乎颇充足的理由把其中至少前两大部分认为汉前之作。它的作者固然决不是传说中四出平治洪水的圣王大禹，或他的伴行之臣益或夷坚（上三不同之说，从前都有人主张过），也不会是战国时代一位从印度来到中国的，或本土一位名叫随巢子的游历大家。② 然以经之内容而论，它决不失为一部有系统的山川记；它也许是某几个人所编成，且他们所编的与其说是几个特出人物的想象之谈或实际经验，必不如说是不止一个地方一个时代之口头相传的或借文字图画而表现的地理知识和游历经验。想象和神怪的分子的确很重，经验和事实的分子却不能说无。它的确志"怪"——怪的动植物、怪人、怪神，但这一切的怪各有确定的山河为其生活场所。本经而且似乎是备人实地使用而以山为本的地理书和旅行指南，不是炫奇炫博，聊供人做谈笑之资的"小说"，因为若是小说，它的文字或不至于像现在这样整齐划一，干燥沉闷。西汉刘秀（即刘歆）或许还没看到像今本的全部《山海经》，然他撮述所见经本之内容，其所用语，大体至今尚未失效："内别五方之山，外分八方之海，［著其相去里数外，复］纪其珍宝奇物，异方之所生，水土草木，禽兽昆虫，麟凤之所止，祯祥之所隐，及四海之外，绝域之国，殊类之人。"此经保存了若干不见于他书的古

---

① 古今生活思想中神怪方面之史的研究，虽能够帮助解放人的心灵（借用法国学者 Salomon Beinach 氏《宗教史略》中语），中国官学尚不知提倡或至少容忍之。作者曾一度在"北京大学"担任教授《中国礼俗迷信之研究》一科；一九三一年夏，此科被无理由地取消。

② 欲知昔人关于《山海经》的作者与时代之各种不同的意见，最便莫过于一读清儒吴任臣（志伊）《山海经广注》"杂述"篇所搜辑的材料（康熙五年自序，我用的是乾隆五十一年镌本）。近人之新考据有陆侃如的通信（未见，下书作者云原载《新月杂志》第一卷第五号），沈雁冰的《中国神话研究 ABC》（第一册，上海，一九二九，页三九至五六），郑德坤的《山海经及其神话》（《史学年报》第四期，一九三二，北平燕京大学历史研究会编印），何观洲《山海经在科学上之评判及作者之时代考》与郑德坤《书后》（《燕京学报》第七期，一九三〇，北平）。卫聚贤认此经是游历家随巢子"亲到各处……把他到的各地笔记，加上印度波罗门教神话在内，以宣传他的宗教"。他又云："我对于《山海经》证明它绝对是印度人的作品；退一步说，《山海经》不是印度人的作品，也可说是受了印度（或希腊）的影响作的！"（上记郑德坤文所引，云原见卫之《古史研究》第二集，一九二九，北平述学社出版），此说恐和另一作者之墨翟为印度人说一样，因理由欠足，未能取得旁人的认可。本文作者把此经当作一种旅行指南的看法，乃独立于卫说而构成。稿付印时，又见上海复旦大学中国文学系的《文学旬刊》第四期（一九三三，五月二十七日）有文哉《山海经中的太阳神话》一文，中云"山海经疑是游牧时代的生活记载，因非关本题，不述"；沈雁冰承认本经有"实用的地理书"之成分（页三至四），然他又以为各作者"大概都是依据了当时的九鼎图像及庙堂绘画而作说明，采用了当时民间流传的神话"（页五五）。

神话和神话之较古的形式，近来已有人见到。① 然我们现在所采取的观点使我们认为同等或更加重要的，尚别有所在。经中满载着（1）种种于人有害的动植物，（2）与风雨有关的山岳和神人，（3）祠祭神灵的正法，（4）有利于人的动植物和异物，以及（5）奇形怪状的异方之民。下面将辨明，此五项正是行人所不可不知，旅行指南所不可不载；《山海经》既详载之，故它当不但是地理书而且是确有旅行指南这特殊功用的实用地理书。

我们既然将上述五项认为最可注意，请逐项从本经最古的第一层（此指南、西、北、东、中山等五经；陆侃如云战国时楚人作品，沈雁冰认为东周时物），或第二层（海外南、西、北、东等四经；其成书年代，陆云西汉，沈云"春秋战国之交"），引若干段代表文字来看，并略加讨论。经文词句，诚然简朴，但读者只要肯用一点想象力，或者便不啻陶潜之"流观《山海图》"了。

（1）经中所说种种有害于人的动物（植物）、神物，其与我们比较最有关者，可用以下数种作例。

> 又东三百八十里（其上刚说过的某山之东三百八十里也，这是《山海经》的文例，下同），曰猨翼之山，其中多怪兽，水多怪鱼，多白玉，多蝮虫。（晋郭璞注曰："蝮虫"色如绶文，鼻上有针，百余斤，一名反鼻。虫，古虺字。）②（以下凡原文不易明白，或有异文异解者，均引郭璞或更晚注家的注。）多怪蛇，多怪木，不可以上。（《南山经》）

> 又东五百里，曰鹿吴之山。上无草木，多金石。泽更之水出焉，而南流注于滂水。（注意：以山为经，以水为纬，也是此经的一条文例。）水有兽焉，名曰蛊雕，其状如雕而有角，其音如婴儿之音，是食人。（《南山经》）

> 嶓冢之山……有草焉，其叶如蕙，其本如桔梗，黑华而不实，名曰蓇蓉，食之使人无子。（《西山经》）

> 西南四百里，曰昆仑之丘……有兽焉，其状如羊而四角，名曰土蝼，

---

① 关于《山海经》中神话之初步研究，上页注②所记沈书郑文外，钟敬文的一些短篇，也应在此提一笔。西王母在此经中尚不是美人形而是半兽形；中国近代作者首先注意及此者，似为沈雁冰。王国维从殷墟卜辞整理出的殷先君名，证实了《经》中的王亥神确是商殷一位先君。

② "蝮虫"在经中屡见。这"虫"如郭璞所说，乃古"虺"字。然桂馥的分析似也有用，虫蝮实有数种：土虫，《尔雅》之蝮"虺"（博三寸，首大如擘）是也；南方所出之大虫，本经之蝮虫，《诗·斯干篇》之虺，《周官》郑司农注之虺蝮，《楚词》、《盐铁论》、《淮南·说林篇》之蝮蛇……是也；歧首之虫，《庄子》与《韩非子》之蝈（二首，蝈亦古之虺字，见《颜氏家训》），是也；九首之虫，《楚词·招魂》之"雄虺九首"是也。见桂著：《札朴》卷五，心矩斋刻本，页二十八起。近人王善业必也承认"虫"为"土虫"之一说。"郝懿行《尔雅义疏》蝮虺下曰：'《尔雅》所释，乃是土虺，今山中人多有见者；福山栖霞谓之土脚蛇，江淮间谓之土骨蛇。长一尺许，头尾相等，状类土色；人误践之，跃起中人。'案：吾乡谓之'灰狸蝮'。灰狸者，以其似土色也；蝮读为 Pih 存古声也。或谓《史记正义》有'虺长一二尺，头腹皆匾'语，当作'灰狸匾'。"（《读说文虫、蚰、蟲，三部札记》，载《燕京学报》第十一期，一九三二，页二四一六，北平。）

是食人。有鸟焉，其状如蜂，大如鸳鸯，名曰钦原，蠚鸟兽则死，蠚木则枯。（《西山经》）

又西二百六十里，日邽山，其上有兽焉，其状如牛，蝟毛，名曰穷奇，音如獆狗，是食人。（郭曰：或云似虎，蝟毛有翼。）（《西山经》）

钩吾之山……有兽焉，其状如羊身，人面，其目在腋下，虎齿人爪，其音如婴儿，名曰狍鸮，是食人。（郭曰：为物贪惏，食人未尽，还害其身，像在夏鼎，《左传》曰所谓饕餮是也。）（《北山经》）

又东二百里日太山……有兽焉，其状如牛而白首，一目而蛇尾，其名曰蜚，行水则竭，行草则死，见则天下大疫。（《东山经》）

又西一百二十里，曰鳌山……有兽焉，其状如牛，苍身，其音如婴儿，是食人，其名曰犀渠。（《中山经》）

(2) 以下是一些有不测风雨之山，或出入有风雨相随的神们所居之山。（这当然只是同样的事实之两个不同的构想法。）

符惕之山，其上多棕楠，下多金玉，神江疑居之。是山也，多怪雨，风云之所出也。（《西山经》）

又北二百里，日狱法之山……有兽焉，其状如犬而人面，善投，见人则笑，其名山犟，其行如风，（郭曰：言疾。）见则天下大风。（《北山经》）

又东二十七里日堵山，神天愚居之，是多怪风雨。

又东百三十里日光山，其上多碧，其下多木。神计蒙处之，其状人身而龙首，恒游于漳渊，出入必有飘风暴雨。

又东南一百二十里，日洞庭之山……帝①之二女居之，是常游于江渊。澧沅之风，交潇湘之渊（郭云"此言二女游戏江之渊府，则能鼓三江，令风波之气，共相交通"；然旁书引经，皆与今本异，郭注当否，许有问题），是在九江之间，出入必以飘风暴雨。（以上皆见《中山经》）

(3) 神灵之形状和祠祭之正法，各各不同。下面随意抄录的几条，可令我们窥见一斑。

凡《西经》之首，自钱来之山，至于騩山，凡十九山，二千九百五十七里。（这又是本经的文例：每叙若干山后，必著其总数与里数，以及山神

---

① 经中屡见的"帝"，大概是至上神。吴晗《山海经中的古代故事及其系统》一文（载燕大《史学年报》第三期，一九三一，页八一至一〇五，北平）曾肯定此点而未细论。最近郭沫若研究卜辞中殷君世系所得结论之一却说："神话中之最高人物迄于夒，夒即帝喾，亦即帝舜亦即帝俊。帝俊在《山海经》中即天帝，卜辞之夒，亦当如是。旧说视帝喾帝舜为二，且均视为人王，乃周末学者之误会。"见《卜辞通纂考释》，东京，一九三三，页七四。这是一部最有系统的卜辞考释，内分《卜辞通纂》一卷，《考释》三卷，《索引》一卷。朱希祖教授却以为帝喾帝舜绝非一人，但帝俊或即帝喾——见《民俗》山海经研究专号（一九三三，广州）所载氏之《〈山海经〉内〈大荒〉〈海内〉二经古代帝王世系传说》一文。

形状，祠祭正法，以结之。）华山，冢也（郭曰："冢者，神鬼之所舍也。"郭意"冢"即"塚"。然孙诒让说得很对，"冢，言特高于众山"；此经说山祠秩，皆"神"大于"冢"，"冢"大于"众山"；神山者，山"最高而有神灵"之谓，说见《札迻》卷三，页十八），其祠之礼：太牢。羭山，神也，祠之用烛（郭曰：或作"炀"），……汤其酒百樽，婴以百珪百璧。（郭曰："婴"谓陈之以环祭也；或曰，婴即古"罂"字，谓盂也……）（《西山经》）（注意：此条"烛"、"婴"、"百"等字，均有问题，看注①。）

凡《西次四经》，自阴山以下，至于崦嵫之山，凡十九山，三千六百八十里。其祠礼礼：皆用一白鸡，祈（"祈"＝"刉"）；糈以稻米，白菅为席。（《西山经》）

凡《北次三经》之首，自太行之山以至于无逢之山，凡四十六山，万二千三百五十里。其神状皆马身而人面者廿神。其祠之，皆用一藻，茞（茞字误）瘗之。其十四神，状皆彘身而载玉；其祠之，皆玉，不瘗。其十神，状皆彘身而八足，蛇尾；其祠之，皆用一璧，瘗之。大凡四十四神，皆用稌糈米祠之（"糈"字疑当在句首），此皆不火食。（《北山经》）

……凡十五山，六千六百七十里。历儿，冢也。其祠礼：毛，太牢之具，县（疑脱"婴"字）以吉玉。其余十三山者，毛用一羊，县婴用桑封，瘗而不糈。桑封者，桑主也，方其下而锐其上，而中穿之加金。（《中山经》）（注意：桑封二字，又有问题。）

升山，冢也；其祠礼，太牢，婴用吉玉。首山，魁（"神"古字）也。其祠用稌、黑牺、太牢之具、蘗酿；干舞，置鼓；婴用一璧。尸水，合天也，肥牲祠之，用一黑犬于上，用一雌鸡于下，刉一牝羊，献血。婴用吉玉彩之，飨之。（《中山经》）

平逢之山……无草木，无水，多沙石。有神焉，其状如人而二首，名曰骄虫，是为螫虫，实惟蜂蜜之庐。其祠之，用一雄鸡，禳而勿杀。（《中山经》）

（4）于人有或种益处的动植物也极多，其与我们此刻所欲说明之点特别有关

---

① 这条长注，专释《山海经》讲祠祭的"婴"字。（编者按：此长注长达万言，现摘录其结论部分。）

结论：赗——婴，本为数贝编成的颈饰；本字之从贝，朋字之古形，以及《说文》之说解，皆其证也；金银制之颈饰及环，后亦名婴，《穆天子传》"黄金之婴"是也（《传》另言及"黄金之环"）；人献给神的玉质的颈饰或他饰，亦名婴，《山海经》"婴以一璧"，"婴用吉玉"……是也；系圆玉（珠）所编成的颈圈或他玉于颈或人身其他部分，亦得名婴。《晋语》"怀挟婴缲"，《荀子》"处女婴宝珠"（注意古有玉制之珠），《山海经》"婴脰之玉"是也，《山海经》郭注之蛟颈"白婴"，或亦是也。甚至凡围绕皆为婴（动词），《史记》与《说苑》"婴城"之婴是也。然"婴"字之义，尚不止此。

的，亦不在少数。可多引一些于下。

又东三百里，曰基山，其阳多玉，其阴多怪木。有兽焉，其状如羊，九尾四耳，其目在背，其名曰猈狋，佩之不畏。（郭注："不知恐畏。"《图赞》："若欲不恐，厥皮可佩。"我疑"不畏"不只是"不恐畏，"然无暇在此细辨。）（《南山经》）

又西八十里，曰符禺之山，其阳多铜，其阴多铁。其上有木焉，名曰文茎，其实如枣，可以已聋；其草多条，其状如葵，而赤华黄实，如婴儿舌，食之令人不惑。（《西山经》）

又东三百里，曰青邱之山，其阳多玉，其阴多青䨼。有兽焉，其状如狐而九尾，其音如婴儿，能食人，食者不蛊。（郭注：啖其肉，令人不逢妖邪之气；或曰，蛊，蛊毒。）有鸟焉，其状如鸠，其音若呵，名曰灌灌，佩之不惑。（《南山经》）

石脆之山……灌水出焉，而北流注于禺水。其中有流赭（郭曰：赭，赤土），以涂牛马无病。（郭曰：今人亦以朱涂牛角，云以辟恶。"马"或作"角"。）（《西山经》）

羭次之山……有鸟焉，其状如枭，人面而一足，曰橐蜚（郭曰：音"肥"）。冬见夏蛰，服之不畏雷。（郭注：著其毛羽，令人不畏天雷也，雷或作"灾"。）（《西山经》）

又西三百五十里，曰天帝之山，上多棕楠，下多菅蕙。有兽焉，其状如狗，名曰谿边（郭曰，或作"谷遗"。毕沅曰，草木鸟兽之名，多双声，当为"谷遗"）。席其皮者不蛊。……有草焉，其状如葵，其臭如蘪芜，名曰杜衡，可以走马（郭曰：带之令人便马，或曰马得之而健走），食之已瘿。（《西山经》）

西南四百里，曰昆仑之丘，是实惟帝之下都，神陆吾司之。其神状虎身而九尾，人面而虎爪。是神也，司天之九部及帝之囿时。……有木焉，其状如棠，黄华赤实，其味如李而无核，名曰沙棠，可以御水，食之使人不溺。（郭曰：言体浮轻也；沙棠为木，不可得沉。）（《西山经》）

翼望之山……有鸟焉，其状如乌，三首六尾而善笑，名曰鵸鵌，服之使人不厌。（郭曰："不厌梦也……或曰眯，眯目也。"）（《西山经》）

英鞮之山……涴水出焉，而北注于陵羊之泽。是多冉遗之鱼，鱼身蛇首六足，其目如马耳，食之不眯，可以御凶。（《说文》：眯，草入目中也。《庄子·天运篇》："播糠迷目。"《文子·上德篇》："蒙尘而欲无眯……"此字有时似为"眠"之借字，义为梦魇；《庄子·天运篇》："彼不得梦，必且数眯焉"，即其例也。）（《西山经》）

又北二百里，曰丹熏之山……有兽焉，其状如鼠而菟首麇身，其音如獋犬，以其尾飞，名曰耳鼠，食之不眯（郭曰：眯，大腹也），又可以御百

毒。（《北山经》）

　　騩山……正回之水出焉，而北流注于河，其中多飞鱼，其状如豚而赤文，服之不畏雷，可以御兵。（吴任臣曰：刘会孟云，雷之形亦如龟形。）（《中山经》）

　　中次七经之首山曰休与之山，其上有石焉，名曰帝台之棋，五色而文，其状如鹑卵。帝台之石，所以祷百神者也，服之不蛊。（《中山经》）

　　放皋之山……有木焉，其叶如槐，黄华而不实，其名曰蒙木，服之不惑。（《中山经》）

　　大𦊆之山……有草焉，其状叶如榆，方茎而苍伤（？），其名曰牛伤，其根苍文，服之不厥，可以御兵。（《中山经》）

在征引本经关于（5）异域方民内记载之先，我们打算把上四项各讨论几句；详尽的研究，不消说，不是这里所能作。

　　①吃了于人不利，如"无子"、"无卧"（郭曰："少眠"）的少数植物外，众山众水中据说还有种种螫人、毒人、扑杀人，或竟食人的昆虫爬虫、鱼鳖禽兽。凶恶杀人的生物，有的形状很古怪；然形状虽不特别怪而于人确有害者，本经亦并未忽略。各物有复见于旁的古籍中者，故其为古代旧传而非少数人所捏造，是无疑的。这些动植物当然是行人尤易碰着所以尤应知道不去触犯之物，《山海经》既详载之，它在这点上，岂不更有旅行指南的功用？（出现则"天下"或"其国"大水、大旱、大风、大疫……的神怪，经中亦数见不鲜。此等凶祥与行人一时的祸福，关系究竟稍浅，故不具论。）

　　②暴风雨当然是行人尤其要避免的，因为这些于他的安全和甚至生命可以是一种很大的威胁。在气象学的知识尚未发达的人们中，有些地方之不可以常例推测的风雨，难免被认为"怪"风雨；风雨之不可预测或特别暴烈者，往往并且被认为某种神灵出游所致。《山海经》记载此种地方及其神灵，意在使人得以戒备耳。此经之有意作旅行指南，于此也可见。

　　③本经所记的各种神灵，我们此刻无暇仔细分析。然无论谁哪怕只把原书粗读一通，便可以看出山精或水精性质的，兽形、人形，或半兽半人形的，生人死后所化和始终没做过生人的，单独的和多数而自成一群的，有或无专门职司的，独立或隶属于更高之神的，对人怀或不怀敌意的，经中无一不有。然《山海经》决不是当作神话或神谱以叙述之而已；反之，它还是抱了要世人不至于冒犯了它们之特殊目的而记载之。因此之故，《经》在它们的形状、职司，及所在地之外，尤其再三注意于祠祭之正法。祭神所用物品之种类，处置祭物之法，以及仪式中之其他节目，它均不惮缕述。比较费时费财的大祠祭，固非行人所能仓卒立办，然莫忘记《山海经》或许本不但是旅行指南，而且是上层阶级的旅行指南。治宗教史学者，在这里颇有用武之地，然他工作时必须时时刻刻对经文下校勘的工夫或至少意识今本常有伪脱之处。这可说是我的经验谈。

④食之，席之或佩带之，便能发生某种好功效的动植物和土石，经中也记了很多。我们所以特别引那些能"御毒"或使人"不溺"、"不眯"、"不畏"，以及尤其多见的"不惑"、"不蛊"者，无他，因这些必为行人所特别宝贵而已：行者入山度川，冒风犯雨，岂不较居者更感到不溺不眯不畏不惑不蛊之必要？多首多身半人半兽之神物有欲使之溺、眯、惑或得之果腹者；毒草毒蛇猛兽有欲螫之触之吞食之或使之病不能兴者；雷霆风雨，有欲威胁、吹淋、颠覆或摧毁其舟车牛马及其本人者。然而感谢天帝，他虽不能使人沿路不碰见这些危险和不幸，却沿路给人另备下了一些能抵御危险、战胜不幸之宝物，假使你有所备，假使你知道怎样利用这部分自然物去克伏那部分自然物，将见旅行并非不可能，行之目的并非一定达不到。还有三四点值得特别一讲。第一，上引各条，其食或佩戴便能保护生人者外尚有一个是涂牛马或牛角为之辟恶的，另一是使人或马能健走的。马为古代任重致远之生物固确然无疑，然牛亦是。《山海经》既特别注意到为牛马御凶之物，其为旅行指南或至少有旅行指南之功用，尚可疑乎？第二，能御凶辟恶的生物，其自身的形相与性情，往往本是凶恶的。这并不足怪：它们自身固然凶恶性成，有欲加害于人之心与力，然人若能打而倒之，剥而食之，则其血肉固可以增加人们的特殊能力，其皮毛也能伙用以吓退旁的恶物。行人只要能战胜可怕的凶物，他便可进而将其可怕移归自己。第三，各物被认为有的好功效，往往是从"同生同"之原则所推得；沙棠木轻，食之使人不溺，即其例也。

上所征引，均不出《五山经》；其下那些出坐有早有晚然皆以更远之地为叙述对象之十三经，性质显然大不同了。并非不再讲山川鬼神、草木鸟兽，而是讲法和所讲的神与物之本性，大异于前。有山川，但山川相去的里数完全不提了，其他的自然形势，也愈往后愈少见说起了；有鸟兽草木，然大都是神话式的，而且不再描写其形态，确记其利害了，（《海内南经》之"巴蛇食象，三岁而出其骨，君子服之，无心腹之疾"；应以例外论，疑乃后人所乱入。）有神（又有"尸"）但祭仪不复胪述了，非常明白，这十三经所写的种切，笔者们对之，更欠缺正确知识。另一分子，却是《海外》、《海内》八经才开始有而其前没有的，曰种种形状异常的方民。八经中的方民多种，与《淮南子·墬形篇》①诚有相同的，然它们既与《吕氏春秋》各篇零碎说起的也相蒙，我们总不能不承认其中至少有一些本是汉前的传说；交通不发达而旅行不易时，人们最容易想象异地之民在形体和性情上都很可怪，若同自己所属或所习见之族类相比，具有显然的差别。这样的异地民族观既然也是使古代的远行成为可怕和非常之事的一个主要因子，我们应至少从海外四经各引一二

---

① 墬（墬），古"地"字，见《说文》土部。人们引《淮南》各篇，每称《墬形训》、《时则训》、《道应训》……然"训"乃注家语，引本文以称"篇"为是。这是沈尹默先生首先提醒我的；其后我见丹徒陈祺寿在吕传元《淮南子斠补》一卷（丙寅春印）中也说"训"字是"高氏所加，非《淮南》旧有"。"淮南王刘安是汉高祖的私生子淮南厉王长的儿子"，"《内篇》之著作约在（西历）纪元前一四〇年"（见胡适：《淮南王书》，上海，一九三一，页一，页四）。

种方民来看。

> 贯匈国，在其东，其为人，匈有窍。（《海外南经》）

> 三首国，在其东，其为人，一身三首。（见同经）

> 一臂国，在其北，一臂，一目，一鼻孔。（《海外西经》）

> 女子国，在巫咸北，两女子居，水周之。（《海外西经》）（郭注："有黄池，妇人入浴，出即怀妊矣。若生男子，三岁辄死。"《太平御览》三九五卷引《外国图》曰："方丘之上，暑湿生男子，三年而死。有黄水，妇人入浴，出则乳矣；是去九嶷二万四千里。"）

> 聂耳之国在无肠国东，使两文虎；为人两手聂其耳。（郭曰：言耳长，行则以手摄持之也。）（《海外北经》）

> 大人国，在其北为人大，坐而削船。（《海外东经》）（郝懿行曰："削"当读若"稍"；削船，谓操舟也。）

> 毛民之国，在其北，为人身生毛。（《海外东经》）

（上略——编者注）

本章的目的可算达到了，假使读者看了我们所引用的原典以及我们的讨论之后，不再怀疑上古人自以为出行不论远近，随时随处有为超自然物所乘之可能。这些超自然物，或在山林川泽，或在木石水火，或在道涂邱墓，或在馆舍庙堂。他们大抵不出自然精灵与人鬼两大类，其中较大较有力者，有时被呼为"神"[1]。他们的能力和活动区域并不一般大。他们所要求于行人的也不完全同。人鬼有时幻成畜类的形貌[2]，老禽兽也能幻为男女老少的人形[3]。然精鬼始终是兽形、异兽形、半人半兽形，或小人形的，也不在少数。他们来时或发出一种特殊的叫声、响声、笑声，或有异光，或起一阵风，或竟带来狂飙疾雨。食人、扑人，以物投射人者而外，另一些善于使人目眩神移，失足迷路，梦魇遗精；或仗其特别可怕的形状，令行人一见而毛骨竦然，魂不附体；或竟化为美女少妇丈夫老人官长，以近行人之身而售其奸。魂鬼外尚有尸鬼，精灵外尚有自身便是活的和有意志的自然物（岩石，大树……）而尸鬼与活的自然物，也决不是对于行人只怀有满腔好意。甚至"正神"、"正鬼"（对其他神鬼乃至凡人多少负责的神鬼）还不一定是行人之友呢！又有些所谓鬼、

---

① 《国语》五，《鲁语下》："仲尼曰：山川之灵，足以纪纲天下者，其守为神。"

② 甚至活人也能化为兽。看例如《淮南子·俶真篇》："昔公牛哀转病也，七日化为虎。其兄掩户而入觇之，则虎搏而杀之。"高注："转病，易病也，江淮之间（今本下有'公牛氏'三字，吴承仕疑是伪文，详见《淮南旧注校理》卷一页十起），有易病，化为虎，若中国有狂疾者发作有时也。其为虎者，便还食人，食人者因作真虎，不食人者更复化为人。"公牛哀，高云韩人，《论衡》及《思玄赋》李注云鲁人。

③ 从《论衡》二十二《订鬼篇》"物之老者，其精为人"之类的话看来，我们似乎很可以说汉（和汉前的人？）相信禽兽年岁愈长，愈有幻为人形的本领。禽兽死亦有鬼，似乎也是很古的信念；诸书"物鬼"故事外，让我们看下文——《九鼎记》及《青录经》言人物之死皆有鬼也。马鬼常时以晦夜出行，状如炎火"（《太平御览》八八三所引《抱朴子》长白继昌录为《抱朴子佚文》一四五条之一）。

神或"怪"虽然是或被想象为实质的生物动物,"罔两"、"罔象"等类名所具之意义（恍惚窈冥）①以及物精人魂二者皆得名"鬼"或"神"之另一事实,却能令我们知道自然精灵（包括《周官》所谓"天神"、"地示"、"物魅"）和人鬼往往只是非物质或至少近于非物质的。行途有不少的危险、损失和不快,正是上所分析的诸般神鬼精怪所造成。怎样预防、抵御和应付它们,因此成为上古出行者必须处理的一个现实问题了。

　　本文为作者所著《中国古代旅行之研究》（1935年中法文化出版委员会编辑,1937年商务印书馆出版）的节选。"一"原题为《导言》；"二"原题为《第一章　行途遭逢的神奸》。本文标题为本书编者所拟。

---

　　①"螭魅"、"马化"、"沐肿"疑与"罔两"、"罔象"名异而义同。

商代的神话与巫术

陈梦家

陈梦家（1911—1966），曾用笔名陈慢哉。浙江上虞县人。考古学家、古文字学家、诗人。1932年南京中央大学法律系毕业，进燕京大学宗教学院学习，1934年改攻古文字学，后留校任教。1937年西南联大、清华大学任教，1944年赴美国芝加哥大学任教，回国后到清华大学任教。1952年任中国科学院考古研究所研究员、《考古学报》编委、《考古通读》副主编等职。神话方面的著述有《商代的神话与巫术》（1936）等。

第一章　神话的发生

神话的发生似乎可大别为二，一是自然的，一是人为的。自然的发生，因为神话本身是历史传说，历史传说在传递中不自觉的神化了，于是变成又是历史又是神话；但是我们可以披剥华伪，把神话中的历史部分提炼出来，重造古史。还有一种自然发生的神话，乃是由于人类求知欲的伸长，以及人类想象力的奔放，往往造成极离奇的神话。人为的神话，就是所谓神道设教。《淮南子》的《氾论》说：

> 天下之怪物，圣人之所独见；利害之反复，知者之所独明达也；同异嫌疑者，世俗之所眩惑也。夫见不可布于海内，闻不可明于百姓，是故因鬼神禨祥而为之立禁，总形推类而为之变象。何以知其然也？世俗言曰："飨大高者而豕为上牲，葬死人者裘不可以藏，相戏以刃者太祖軵其肘，枕户橉而卧者鬼神蹠其首。"此皆不著于法令，而圣人之所不口传也。夫飨大高而豕为上牲者，非豕能贤于野兽麋鹿也，而神明独飨之，何也？以为豕者，家人所常畜而易得之物也，故因其便以尊之。裘不可以藏者，非能具绨绵曼帛温暖于身也，世以为裘者，难得贵贾之物也，而不可传于后世，无益于死者而足以养生，故因其资以誉之。相戏以刃太祖軵其肘者，夫以刃相戏，必为过失，过失相伤，其患必大，无涉血之仇争忿斗，而以小事自内于刑戮，愚者所不知忌也，故因太祖以累其心。枕户橉而卧，鬼神蹠其首者，使鬼神能玄化，则不待户橉之行，若循虚而出入，则亦无能蹠也；夫户橉者风气之所从往来，而风气者阴阳相捔者也，离者必病，故托鬼神以伸诫之也。凡此之属，皆不可胜著于书策竹帛而藏于官府者也，故以禨祥明之。为愚者之不知其害，乃借鬼神之威以声其教，所由来者远矣。而

愚者以为禨祥，而狠者以为非，唯有道者能通其志。

本文对于神话研究，偏重从神话传说中提取古史，建立一个较可信的世系；其次是对于商民族的来源，从神话中探求其地带；又次对于若干伟大历史人物的创制造物，审查其真伪及由此而生的神话；又次对于始姆略有所论述：是为本文第二第三两章大纲。许多野兽神话，隐含上古人民生活的遗迹，本文第四章举例说明一二；又关于水及治水的神话，其中有由水虫进为水神话的人物的，有由治水人物与水虫混淆的，本文于说明"水虫"与治水故事的关系后，想要分别一下何者为水虫而变为神话人物的，何者为历史人物而蒙水虫之名者。

以下文中，凡引到拙作《古文字中之商周祭祀》一文者，概以"前著"二字表之，其下所标页数，系该文所载的《燕京学报》十九期的页数；该作与此篇有若干联系处，有该文已详述而此文简略者，皆请参考该文。

第二章　神话传说中的历史系统

（一）虞夏商为一系说

古代历史，端赖神话口传，神话口传，遂分衍化：由于口传一事，言人人殊，故一事分化为数事，各异面目；由于人与神与兽之间分界不清，故人史与神话相杂；由于神道设教，人史赖神话以传，故人史尽皆神话。有此三故，古史因具重复性与神话性。古史有神话性，故以人为兽为神，以兽为人为神，以神为人为兽；古史有重复性，故虞夏商三系实本于一种传说。

1. 舜即帝喾

王国维《殷卜辞中所见先公先王考》考证《山海经》之帝俊即帝喾，其说确切无可易。然帝喾帝俊亦即是舜：（1）《大荒东经》"帝俊生中容"郭注"俊亦舜字，假借字也"。案夋舜音近，故义亦相通：《说文》"挩，推也"，《广雅释诂三》"舜，推也"，《风俗通·皇霸》引《书·大传》"舜者推也"；《中庸》，"其斯以为舜乎？"注"舜之言充也"，朱骏声谓充乃允之误；《白虎通·号》"舜犹僁僁也，言能推行尧道而行之"，《说文》"夋，行夋夋也"，夋夋即僁僁；《方言》十二"逡，循也"，《风俗通·皇霸》"舜者循也"。（2）《大荒南经》"帝俊妻娥皇，生此三身之国，姚姓"，帝俊姚姓，而舜亦姚姓：《左传》昭八隐八引《世本》"帝舜姚姓"，《春秋繁露》、《三代改制》及《说文》女部姚字注均略同。（3）《海内经》"帝俊生三身，三身生义均"，案义均于《竹书》作义钧，舜子，《海内经》以均为第二代，世次误。（4）帝俊妻娥皇，而《帝王世纪》"有虞氏有二妃，元妃娥皇"，《竹书》沈约注略同。（5）《鲁语》"殷人禘舜而祖契"，《祭法》"殷人禘喾而郊冥，祖契而宗汤"。是舜即喾也。（6）商民族为东夷之人，见前著绪论，而舜亦"东夷之人也"（《孟子·离娄》下，《史记·五帝本纪》引周处《风土纪》同）。（7）商人有服象之事，而舜亦服象，其事详下。（8）帝喾子名商，而舜子名商均，商与商均皆封于商，其实一人，详下。（9）《五帝本纪》"舜冀州之人也，舜耕历山"（亦见《帝王世纪》及《韩非·难一》。历山今之济南，而鲁境穷桑古为少皞所居，商人发源东北渤海湾，浮海至鲁。又《离娄》下"舜生于诸冯，迁于负夏"，《帝王世纪》"负夏，卫地"，《五帝本纪》集解引郑玄同）。又《风俗通·山泽》"谨案《尚书》舜生姚墟，在济阴城阳县。"（10）陈为舜后，而《左》昭十七传"陈太皞之虚也"，太皞即帝喾也。

舜喾既为一人，进而论其子。

2. 商为人名即商均挚

曩余读王国维《释商》而疑之，王氏谓商人"始以地名为国号，继以为有天下之号，其后虽不常厥居，而王都所在，仍称大邑商，迄于失天下而不改"，则以朝代国族之名商者，始于地名。窃以游牧时代，居无定处，而地无定名；地之有名，因居之者而有，居者他徙，其名亦徙；故地名往往为种族名，若颛顼之虚（《左》昭十八），少皞之虚（定四），有娀氏之虚（《殷本纪》），春秋时以某氏名地者，亦所在多有。春秋时地之以商名者五，曰商曰商邱曰商任（安阳）曰商于曰商密；商者汉之上洛，商邱者汉之睢阳，皆在河南；自盘庚迁居河北，仍号其地曰商，商若商邱与河北之商（今殷虚），绝非一地，然而皆以商名者，明凡商族所居者皆名以商也。是以地名名商本于族名商，而族名之商实本于人名之商，请详论之。

《史记·殷本纪》"殷契，母曰简狄，有娀氏之女，为帝喾次妃，三人行浴，见玄鸟堕卵，简狄取吞之，因孕生契"，其说本于《诗·商颂》之"天命玄鸟，降而生商"，"有娀方将，帝立子生商"，《纪》之生契即《诗》之生商，商即契也。清马瑞辰谓《长发》传"契，生商也"应作"生契生商也"，梦案传当作"生商生契也"，然马氏之疑，可谓近矣。生商即生契，此由比较《史记》、《诗经》而知，由《诗经》体例，亦足以证商为人名：（1）《大明》"大任有身，是生文王'，《閟宫》"赫赫姜嫄……是生后稷"，《长发》"有娀方将，帝立子生商"，三诗体例相同，大任、姜嫄、有娀皆后名也，文王、后稷、商皆王名也。（2）《文王》"文王孙子"，《閟宫》"后稷之孙"，《文王》"商之孙子"，《烈祖》"武丁孙子"，文王后稷武丁为王名，而商亦王名也。(3)《维天之命》"骏惠我文王"。《桓》"桓桓武王"，《长发》"浚哲维商"，三诗体例亦同。

商为契，舜为喾，是喾之子商即舜之子商均。商与商均皆封于商：《殷本纪》"契封于商"，《五帝本纪》"舜子商均亦不肖"，《正义》引《括地志》云"或云封舜子于商，故号商均也"，《竹书》"帝舜命子义钧封于商"，韦注《楚语》"商均，舜子，封于商"。

舜之子商均不肖，而喾子挚亦不善，《五帝本纪》"帝挚立，不善，崩"，《帝王世纪》"挚在位九年，政软弱"。考挚者亦契也：《五帝本纪》"帝喾娶娵訾氏生挚"，《索隐》引皇甫谧曰"女名常仪也"，《世本》及《大戴礼·帝系篇》（据《生民》疏引）"帝喾下妃娵訾氏之女曰常仪，生挚"，《左》昭十七"我高祖少皞挚之立也"，此皆以挈为帝喾常仪所生①，然《世本》"少昊，黄帝之子，名契"，《路史·后纪》七"少昊名质，是为挈"，注曰"挈，本作挈，乃契刻字，故《年代历》云少昊名挈，或云名契"，是挈即契，其母常仪，即《大荒西经》"帝俊妻常羲"之常羲，少昊之昊或作皓，少昊者少喾也。大昊者帝喾也。

3. 商契即仓颉

战国之书，以仓颉为造字之祖，荀子《解蔽》、韩非《五蠹》、《吕览·审分》、《说文·序》皆载其事。考《郑语》"商契能和合五教，以保于百姓者也"，商契连称，其音转而为仓颉，古音契颉极近，而《尔雅·释鸟》"仓庚商庚"，《夏小正》"二月有鸣仓庚，仓庚者商庚也。"《水经》"洛水出京兆上洛县欢举山"，注云："《河图玉版》曰'仓颉为帝南巡，登阳虚之山，临于玄扈洛汭之水，灵龟负书，丹甲青文以授之'。即此水也。"案上洛乃契之封地，而契为契刻字，古之书契皆刻于龟甲，故造字之仓颉之神话，托于契，托于契之封地，并托于龟甲也。

4. 夏世即商世

《史记·夏本纪》叙禹至帝癸凡十四世，《殷本纪》叙帝喾至示癸凡十四世，窃疑夏之十四世，即商之十四世，而汤武之革命，不过亲族间之争夺而已。夏商一系之说，发于二年前，今分条述之。

（1）地理文化相同。王国维《殷商制度论》："禹时都邑，虽无可考，然夏自大康以后以迄后桀，其都邑及他地名之见于经典者，率在东土，与商人错处河济间，盖数百岁。……以地理言之，则虞夏商皆居东土，周独起于西方，故夏商二代文化略同。《洪范》九畴，帝之所以锡禹者，而箕子传之矣；夏之季世，若胤甲，若孔甲，若履癸，始以日为名，而殷人承之矣。"

（2）兄终弟及之制。商之继统法，以兄终弟及为主，夏世弟及之例有三：a.《夏本纪》大康传其弟中康，中康传子相，相传子少康（少康疑是大康子）；b.《帝王世系》帝皋生发及履癸，而发癸皆相次为帝；c.《夏本纪》不降传弟扃，扃传子厪，厪传不降子孔甲。

（3）治水之世业。禹以治水名，而契冥皆有功于水。

（4）先妣为神媒。《月令》郑注"高辛氏之出，玄鸟遗卵，娀简吞之而生契，后王以为媒官嘉祥而立其祠焉"，《郑志》焦乔答王权略同；而《世本》云"涂山氏名女娲"，《路史·后纪》二及《余论》二皆云古以女娲为神媒，《风俗通》略同。

（5）禹为商人之祖。《商颂·长发》"洪水茫茫，禹敷下土方……有娀方将，帝立子生商。玄王（商）桓拨，受小国是达……相土烈烈，海外有截。帝命不违，至于汤齐。"帝者禹也，帝立子生商即禹立有娀为妃而生契也，禹商相汤顺序而下，是禹乃殷祖。《楚辞·离骚》"汤禹俨而祗敬兮，周论道而莫差"，又曰"汤禹严而求合兮，挚咎繇而能调"，又《九章·怀沙》"汤禹久远兮邈而不可慕"，班固《离骚

---

① 《拾遗记》云："皇娥生少昊，号为穷桑氏，亦曰桑丘氏。"

赞序》"上陈尧舜禹汤文武之法，下言羿浇桀纣之失"，汤禹之禹或因其倒列疑为有误，得班序而可以不攻自破矣。又《齐侯镈铭》"虩虩成唐，有严在帝所，敷受天命，口伐夏司，敶厥灵师，伊小臣唯辅，咸有九州，处禹之堵"。

（6）夏商帝王名，多相重复①：

a. 夏——喾　卜辞王国维所释之夒字（初释夋），谓"以声类求之，盖即帝喾也"（《古史新证》），案其字象人首手足之形，而《说文》夒训贪兽一曰母猴似人，其谊不合一也，《广均》豪部夒奴刀切，沃部喾苦沃切，号部诰古到切，则王氏所谓之声类乃收声，其发声地位方法皆相异也，其音不协二也。案卜辞之"夒"乃夏字也：《说文》"夏，中国之人也从夊从页从臼，臼两手，夊两足也"，其形与卜辞所谓之夒极肖，稍异者为夏两手而卜辞一手；《广均》祃部夏胡雅切，上一字胡与诰喾之上一字古苦皆从古声，是其发声同；《诗经》用韵麻与鱼模通协，故《宛丘》夏与鼓为韵，鼓与喾同均，是其收声同。夏之由始祖名而族名而国名地名而种族之大名，与商相类；夏为中国之人，盖别于四裔野人，卜辞若羌人象人而羊角，非必羌人有角，乃表示其非中国之人，而夏则堂堂乎中国人之象也。

b. 启——契　启契古音相通，《大荒西经》启作开，汉人称启母为开母，而契亦有开义，《大雅·绵》"爰契我龟"传"契，开也"。启作《九辩》、《九歌》而质（即挚即契）为乐师（详下）；启淫佚康乐而挚商均均有不善之名。

c. 相——相土　《商颂·长发》"相土烈烈，海外有截"，相土犹言"宅殷土茫茫""禹敷下土方"之土，谓相时疆土，及于海外也；相之误名相土由此。周初金文《大丰殷》云"不显王乍相，不籍王乍唐，不克三殷王祀"，乍通则，谓周王当法则殷之贤王相及唐（即汤），而三倍殷王之祭祀；《诗·生民》"诞后稷之穑，有相之道"，相傅斯年谓为人名，案即"不显王乍相"之意。《世本》"相徙商丘，本颛顼之虚"（《御览》一五五）。宋衷曰"相土就契封于商"（《殷本纪·集解》），《左》襄九"阏伯居商丘，相土因之"，而《帝王世纪》、《竹书纪年》皆谓夏后相居商丘，是相即相土。相与相土世次同。

d. 芒——冥　夏八世芒与殷七世冥，二字声近义通：《齐物论》"若是芒乎"，《释文》"昧也"，《淮南·精神》"芒冥扰灭"，《说文》"冥，幽也"。

e. 槐——亥　夏七世槐，《世本》、《帝王世纪》、《竹书》皆作芬，殷八世亥即王亥，《吕览·勿躬》作王冰，槐与亥、芬与冰音皆相近。

f. 不降——王恒　不降，《帝王世纪》一作帝降，小篆"不"、"帝"二字形近，故帝讹为不；降恒音近，降子孔甲而恒之次世为上甲。王恒不见《史记》，据卜辞《天问》补。

g. 殷帝系自上甲至示癸，顺天干依次而序，当为后代所追号，故不与相当之夏帝王名相重。

----

① 夏、商帝王名，除特注明外，皆据《史记》。

h. 履癸——示癸　履癸，《竹书》作帝癸；卜辞示癸，《殷本纪》作主癸。案履癸即桀，履癸之履，亦为汤名，见《帝王世纪》、《白虎通·姓名》及《论语》。

总上所述，夏商两代各十四世，而殷之报乙报丙报丁示壬四世仅存庙号，无由知其私名，外此十世与夏世相合者七，则夏商除为一系之解答外，无以明其偶合之故矣。

（二）商为东方民族

前章极繁琐的考证，想要在传说纷纭的古史古神话间，寻绎出一简单可信的历史系统；也就是，使若干神话传说回复其为历史的本位上去。真与伪，神与人，在古代历史上交相错综，然而因为其伪，却往往存下些真迹。佛瑞受说巫术是一种 Pseudo-science 或 Pseudo-art，Pseudo 者是伪或假的，或有其形貌而无其功用，或有其功用而无其形貌；以下说到巫术时，将要特别提到巫术起源于实用，其后将实用的功用失去，仅存其形貌，就是所谓仪式和咒术了。神话与历史的关系也如此，神话最初的使命是传述历史，而其方法是神道设教，或者因人对鬼神兽物观念之混杂，故使历史变为神话：有些神话完全脱开历史的面貌，然仍有历史成分的存在；有些神话表面像是历史，而其骨子里毫无真实性。无论是有形无实或有实无形，这种神话，我名之曰 Pseudo-history。在这种神话中，我们可以寻出史迹，尤其是关于种族起源的记载，今举商民族的玄鸟故事以说明之。

玄鸟故事，见于《商颂》、《离骚》、《天问》等，而《吕览·音初》："有娀氏有二佚女，为之九成之台，饮食必以鼓。帝令燕往视之，鸣若谥隘。二女爱而争搏之，覆以玉筐。少选，发而视之，燕遗二卵北飞，遂不反。二女作歌，一终曰燕燕往飞，实始作为北音。"这个神话，在说明始祖生于燕卵；由此神话分化转衍，流行于东北民族，傅斯年据以证商为东北民族，详其所著《夷夏东西说》（《庆祝蔡元培六五岁论文集》）。又此神话亦流行于淮夷，所谓淮夷亦是东北民族：卜辞中有所谓"隹夷"者（《殷契后编》20.11，36.6）即《禹贡》、《大戴礼·五帝德》的鸟夷，乃东夷之一，《后汉·东夷传》说东夷于武乙以后"分迁淮岱，渐居中土"。淮夷的秦，亦有此神话，《秦本纪》："秦之先，颛顼之苗裔，孙曰女修。女修织，玄鸟陨卵，女修吞之，生子大业。"隹夷详余所著《隹夷考》（《禹贡月刊》五卷十期）。

玄鸟故事，亦行于夫余国，夫余国除玄鸟故事外，其他尚有二事与商民族出自一源。（1）《朝鲜旧三国史·东明本纪》①："夫余王解夫娄老无子，祭山川求嗣。所御马至鲲渊，见大石流泪，王怪之，使人转其石，有小儿金色蛙形。王曰：此天赐我令胤乎？乃收养之，名曰金蛙，立为太子。"以金蛙为始祖，与商人之祀蛙（详下）似乎有关；又同书记朱蒙之母"坐石而出"，与金蛙之出于石，其事同于

---

① 夫余国卵生故事，亦见《论衡·吉验篇》、《魏书·高句丽传》、《高丽好大王碑》、《三国史记·高句骊纪》、《后汉书·扶余传》等，所述略同。又见《图书集成》引《朝鲜史略》"初驾洛无君臣位号，有众九千，各总众为酋长，得金盒于龟峰，开视之有六金卵，皆化为男，奇伟长大，众推始生者为主，姓金氏，因金卵为姓，以始见为首露，国号大驾洛，又称伽倻"。

《淮南子》说涂山氏化为石，石破生启(《汉书·武帝纪》注引)。（2）《魏志·东边传》云"夫余国若有军事，杀牛祭天，以其蹄占吉凶，蹄解者为凶，合者为吉"；又《御览》726 引杨方《五经钩沉》"东夷之人以牛骨占事"，是以牛骨占事行于东北夷，而商人亦以牛骨为占卜之用，且王固之事惟契于牛骨；故自占卜方法，亦可证商为东北族。

《天问》："简狄在台喾何宜，玄鸟致贻女何嘉？"《离骚》"望瑶台之偃蹇兮，见有娀之佚女……凤凰既受诒兮，恐高辛之先我"，是玄鸟即凤。卜辞凤像丰羽长尾之大鸟，其冠作辛字，与商字所从之辛同，是商者凤冠之标帜耳。少昊氏以鸟名官，《左》昭十七年传"我高祖少皞挚之立也，凤鸟适至，故纪于鸟，为鸟师而鸟名"；少昊又名挚，挚者鸷之假字，《淮南本经高注》"大风鸷鸟"[1]，大风即大凤，商因玄鸟所生，故其字与凤同从辛，少昊即商，故亦号鸷。商民族以凤为其族始祖所自生之神鸟，以凤为其始祖始姚之名，以鸟名官，而东北之隹夷恐亦是以鸟为其图腾者也。

《音初篇》说有娀氏有二佚女，是以玄鸟故事中的女主角为二人，此盖由于古有二女的传说：舜妻二姚，明载史籍，而《山海经》帝俊二妻羲和为日神常羲为月神，于卜辞为东母西母（前著一三一），而《库方卜辞》1609 云"毃贞勿□賣于二母"，其片掺刻伪辞，惟此行似为原刻，则商人已有始姚二元的传说了。

还有，凡与商有关的神话中的动物，也常出在东北：《夫余国》有鲧渊，鲧渊的鲧即是禹父鲧，《尔雅·释鱼》"鲲，鱼子也"，《诗·敝笱》笺"鳏，鱼子也"，《鲁语》"鱼禁鲲鲕"注"鲲，鱼子也"，所以鲲即鳏；又禹的得名也是一种水虫鳎，《说文》、《魏志·东边传》皆说鳎是出在乐浪的斑鱼，可见鳏禹皆是东北的动物。又卜辞祀虬龙（详下），即《说文》"蝇，蜺属，头有两角，出辽东"，蝇蜺亦即蛙属，与夫余国始祖出于金蛙颇有血统关系，而其物亦出东北。又鲲训鱼子，乃是玄鸟卵生的一种转衍，《内则》"濡鱼卵酱实蓼"郑注"卵读为鲲"，故鲲即卵，而此鲲于神话上与凤有血缘关系。《庄子·逍遥游》曰"北冥有鱼，其名为鲲，鲲之大不知其几千里也，化而为鸟，其名为鹏，鹏之大不知其几千里也"，大鹏即凤。所以上述夫余国始祖神话实包有石生鸟卵生鱼生三种神话。

《左传》说少皞鸟师而鸟名，以鸟为氏者《秦本纪》有鸟俗氏，以鸟为名者卜辞中有一辞云"丁己卜帝鸿。贞帝鸿有三羊三豕三犬"（前4·17·5）[2]《说文》"舸，鹅也，从鸟可声"，从可与从河同，《方言》八"鹰自关而东谓之舸鹅，南楚之外谓之鹅，或谓之仓舸"，是舸乃鸿雁之属，鸿雁双声，《说文》"鸿，鹄也"，舸声亦近；《大荒东经》"帝俊生帝鸿"，疑即卜辞之鸿。

又考之：朝鲜者实商代发祥地也；殷亡以后，箕子建国于此，必其地本为商之故居。余读《殷本纪》"契卒，子昭明立"，昭明者夫余之始祖朱蒙也，朱与昭蒙与

---

① 据《文选》刘孝标《辨命论》注引。
② 此字从鸟从河，余因释河，连带及于此字，知其当作鸿也。

明古皆同音，《魏书·高句丽传》言朱明母为日光所照而孕卵，故朱明曰"我是日子，河伯外孙"，故朱明又曰东明王。昭明之子曰相，《商颂》曰"相土烈烈，海外有截"，谓相承父业，其疆土及于海外，海外者朝鲜半岛之勃海也。

第五章　水的神话

（一）水虫与治水者

《山海经》中关于水旱神有二，一是应龙，一是女妭：

> 应龙处南极，杀蚩尤与夸父，不得复上。故下数旱，旱而为应龙之状，乃得大雨。注："今之土龙本此。"（《大荒东经》）

> 后土生信，信生夸父。夸父不量力，欲追日景，逮之于禺谷。将饮河而不足也，将走大泽，未至，死于此。应龙已杀蚩尤，又杀夸父，乃去南方处之，故南方多雨。（《大荒北经》）

> 有人衣青衣，名曰黄帝女魃。蚩尤作兵伐黄帝，黄帝乃令应龙攻冀州之野。应龙畜水，蚩尤请风伯雨师，纵大风雨。黄帝乃下天女曰魃，雨止，遂杀蚩尤。魃不得复上，所居不雨。（同上）

以上属同一神话系统，魃与应龙之事略同，乃同一神话的分衍。此神话解答三事：①地下多旱，因为应龙女魃是降世的旱神，所居不雨；②南方多雨，因为应龙所处（与①相反）；③后代以土龙像应龙之状，乃得大雨，因应龙畜水为水神。

《广雅·释鱼》说龙有翼曰应龙①，蚩尤是脩蛇，故应龙与之战，《易·坤》上六"龙战于野，其血玄黄"即其事。又《天问》"应龙何画，河海何历？"王注"禹治洪水时，有神龙以尾画地，导水径所当决者，因而治之也"，洪注引《山海经图》曰"夏禹治水，有应龙以尾画地，即水泉流通"，《易林》大壮之鼎"长尾蝼蛇，画地成河"皆言应龙长尾，画地成河，或导水径所当决者；其表面虽为助禹治水，其实表示应龙尾画处即决于河流，应龙者一种攻堤决河的水虫，而尊之曰神。案《易林》困之坎"委蛇循河，至北海涯，涉历要荒，在世无它"，《易林》两言委蛇皆指应龙，《庄子·达生》"食之以委蛇"。《释文》引司马彪注"泥鳅也"，今之治河者每患泥鳅攻岸，此泥鳅古人名曰应龙，故班固《答宾戏》"故夫泥蟠而天飞者，应龙之神也"，应龙天飞，即《易·乾》之"飞龙在天"、"或跃在渊"，盖鱼类有翅，亦可跃飞；《答宾戏》之"应龙潜于潢污"，即《易·乾》之"龙潜勿用"；而治河工者言，泥鳅攻岸必以群，即《易·乾》之"群龙无首"。应龙为委蛇为泥鳅，而蚩尤亦是委蛇，应龙与蚩尤乃同类的"以夷制夷"之战，故应龙畜水蚩尤能兴风雨也。

《淮南·说山》"若为土龙求雨"，《地形》"土龙致雨"，皆是像应龙之形以求

---

① 郭注《大荒东经》"应龙，龙有翼者也"，《淮南子·览冥》高注"一说应龙有翼之龙也"。

雨，《春秋繁露·求雨篇》于祀土龙外，更祀虾蟆，其春夏求雨皆"取五虾蟆错置社之中"而祀之，并凿池以容之，此虾蟆究竟为何？虾蟆之名甚繁，或为单语或为复语；其单语曰鼀（蛙）曰蟈曰䗇曰黿曰鼃曰蟈（均见《说文》黾部虫部），其声变而不离舌根 K，其均变而不离于阴收声；其复语复分二系：①K—L—系曰苦蚕（《广雅·释鱼》）曰鲑蚕（《管子·水地》）曰蛁蚕（《广韵》）曰蝼蝈（《月令》），而《庄子·达生》"东北方之下者，倍阿鲑蚕跃之"，《释文》"鲑本亦作蛙"，鲑蚕倍阿皆神名；②K—M—系曰鼁䗪（《说文》引《诗新台》）曰鼀黾（《周礼·蝈氏》）曰耿黾（同上郑注）曰胡蜢（《广雅·释鱼》）曰去蚁（《尔雅》郭注引《淮南》）曰去蚁（《广雅·释鱼》）曰去甫（《名医别录》）曰蟼蟆（《尔雅·释虫》）曰虾蟆。

《名医别录》"虾蟆，一名蟾蜍，一名䗇"。䗇之音与秋同①，而䗇者实即卜辞之黾（以下用 K 代之）②；K 于卜辞假作春秋之秋③，其字正像䗇或虾蟆之形，《广雅·释鱼》"有角曰鼀龙"，《说文》曰"蟈，黿属，头有两角，出辽东"，鼀蟈皆即 K 字，从黾不误④。卜辞 K 字有角，而虾蟆亦有角：《太平御览》（九四九）引《玄中记》"蟾诸头生角"，又引《抱朴子》"蟾诸三千岁者头上有角"，《图书集成》蟾蜍部引陆机《要览》"万岁蟾蜍头上有角"，蟾蜍即虾蟆也。

卜辞祀 K，并祀生 K，是商人亦祀虾蟆。䗇若 K 或名鼀龙若苦蚕，苦蚕转音为勾龙，《左》昭廿九"共工氏有子曰勾龙"、"勾龙为后土"，故《繁露》祀虾蟆于社之中，即祀勾龙于社中也⑤。卜辞 K 字除假作"今秋"之秋外，其他之辞列下：

图版 1

（1）K 为生物——即虾蟆

庚戌卜㞢又 K。（林 1.18.3）

多 K。（拾 7.3）

……K 至，四月。（前 4.5.5 林 2.18.4）

屮……K……再至商，六月。（林 2.15.9）

庚戌卜𣪊贞弜祀六来 K。（佚 991）

庚辰贞其宁 K……（明氏藏骨，见图版 1）

又 K，K 至，谓有蛙蛙至也，《夏小正》"四月鸣蜮"（即蛙），《月令》"孟夏蝼蝈鸣"，蛙兴于春夏，与卜辞四月六月蛙至合。祀六来 K 犹卜辞言"来象三"，祀六

①《尔雅·释鱼》释文"䗇音秋"，郭注《东山经》"䗇音秋"，《释名·释天》"秋缩也"。

②《甲骨文编》列入附录二十三页。

③ 详见前著页——九。

④ 又从龟，《万象名义》鼀从龟，《篇海》"听音勾，鼁类"，亦即是蟈。

⑤《左》昭廿八"重为勾芒"，勾芒疑即虾蟆一名胡蜢之转，然则勾龙勾芒乃一事之分衍耳。

K犹《繁露》置五虾蟆于社池而祀之。其宁 K 者，卜辞宁有止义，止 K 即止蛙，《周礼·蝈氏》"掌去鼃黽"，注云"齐鲁之间谓鼃为蝈，黽耿鼃，蝈与耿鼃尤怒鸣聒人耳，去之"。

（2）K 为勾龙

帝禘 K 于凵于社。（契 592）

戊戌卜㞢碳，K 隹帝禘，令仸。（前 5.25.1）

K 隹夒。（拾 7.3）

弜㠭帝 K。壬子贞㠭帝 K。壬□□㠭 K 于。……（明氏大骨，见图版 2）

帝 K 即禘勾龙，禘勾龙于社，犹《繁露》祀虾蟆于社也。

（3）告秋——或告蜮

丁己告 K 于西邑，七月。（林 2.18.2）

甲申卜贞告 K 于河。（佚 525）

弜告 K 于上甲。（明氏大骨，见图版 2）

其凸告 K。……（明氏藏骨）

图版 2

告 K 者告秋也，告秋熟也，犹卜辞之"告麦"。又疑 K 假作蜮，《蝈氏》序官郑司农云"蝈读为蜮，蜮虾蟆也"，是告 K 即告蜮，蜮者灾也惑也；《左》庄十八"秋有蜮，为灾也"，《公羊》曰"记异也"，注"蜮之言惑也"。又《说文》"蜮，短狐也，似鳖三足"，而《御览》（九五〇）引《韩诗外传》"短狐水神也"，《诗·何人斯》"为鬼为蜮"，《文选·东京赋》注引《汉旧仪》"魊，鬼也，魊与蜮古字通"，是蜮为水虫为水神为鬼。

以上所述，为求雨时所祀的两个神，本出自两个水虫：一是泥鳅，转为应龙，为水旱神，为龙王，为帝俊子，《大荒东经》"帝俊生晏龙"，应晏同音相假；一是虾蟆（即 K，即鼃），转为勾龙，为后土，为社神，为共工氏之子。虾蟆与泥鳅，不但同类，或者还是同物①，它们皆是水虫而皆锡龙名，故曰苦蚤龙；又为黽属，故曰鼃黽；可知龙者就是水虫黽属的一种神号，故《易经》"见龙在田"就是田鼃在田之谓也。《尔雅·释鱼》说鼃鼅在水者为鼃，我依据应龙勾龙之由水虫而水神，疑冥即鼃的化身②：

---

① 卜辞 K 除象有角外，且于项上出翼（拾 7.3，前 4.5.5，6.51.3，林 2.18.2，2.26.13，铁 153.2，佚 139，525，诸片），而应龙是有翼者，是卜辞鼃龙与应龙皆有翼；又应龙是泥鳅，而鼅与鳅同从酋，是 K 亦泥鳅；又《抱朴子》曰"蚪（即 K）其状鱼身如蛇"，即泥鳅之状；然则应龙即鼃龙。但细审卜辞 K 字象形，近蛙不近鳅，似二者虽属同类，亦小有差别。

② 此以冥为鼃，不过一种假设，卜辞王亥或作王眩，故疑亥是眩的假借。然若舍去此条，则王亥之亥象野豕形，《尔雅·释兽》"豕四蹄皆白豥"，又《广雅·释兽》"豩，豚也"，《玉篇》"豩，小豚也"，冥为王亥之父，父子皆以豕名，犹鲧禹皆以鱼名。

〔水虫〕	〔求雨时所祀〕	〔神名〕	〔职司〕	〔天王〕	〔帝王〕
泥鳅	龙（土龙）	应龙	水、旱神	龙王	帝俊之子晏龙
鼋鼍	黿（虾蟆）	勾龙	后土	社神	共工氏之子勾龙
黿	黿属	冥（玄冥）	水正		帝喾六世孙冥

《竹书纪年》"冥治河"，《鲁语》上"冥勤其官而水死"，《祭法》同，《殷本纪正义》"宋衷曰冥为司空，勤其官死于水中，殷人郊之"，其他《淮南》、《月令》、《吕览》均以玄冥为水正。又商之契又作禼，禼即是蝎，《一切经音义》引（五，七，十五，二〇等卷）《广雅》"蚳，蛒，蚔，蝗，蝎也"，而《孟子·公孙丑》有蚳蠤为齐士师，是蚕或作蠤，离禼一物，则离亦黿属，《殷本纪》"契长而佐禹治水有功"，则契亦勤于水者，故以水虫为名①。

禹为治水最有功的，故受祀于社，《淮南子·氾论》"禹劳天下，死而为社"，《论衡·祭意篇》略同。禹之事与勾龙、冥皆相合：舜典"伯禹作司空"、"平水土"，《鲁语》上共工之子"后土，能平九土"，而冥为司空，其一；句龙、为社，禹亦然，其二；句龙、冥皆以水虫名，而《说文》"禹，虫也"，其三；禹者疑是鳀假借，《天问》"鳀鳙短狐"注"鳀鳙，短狐类也"，案短狐即蜮，乃蛙类；《说文》"鳀，鱼也，皮有文，出乐浪"，《司马相如传》"鳀鱼"，郭璞注"鳀鱼有文采"，《魏志·东边传》云乐浪出斑鱼即鳀鱼也，禹为斑鱼之鳀，故号文命。

禹以水虫名，他的父妻也以水虫名：《左》昭七"鲧殛羽山，其神化为黄熊，入于羽渊"，《述异记》作"化为黄能"，《尔雅·释鱼》"鳖三足，能"；而《汉书·武帝纪》颜注引《淮南子》"禹治鸿水，通辕辕山，化为熊"，熊亦能之误，能为三足鳖，而短狐（蜮）亦"似鳖三足"（《说文》），故禹鲧皆为能；又鲲鲧鲧三字古通，而《尔雅·释鱼》鲲为鱼子②。禹娶涂山氏女娲，娲即娥之转音，张衡《灵宪》云"羿请不死之药于西王母，姮娥窃之以奔月。筮之，是为詹诸"③。而世传"常仪占月"，常仪即姮娥即娥，娥奔月为蟾蜍，蟾蜍便是虾蟆（疑蟾蜍涂山一音之转）是禹妻也是水虫，且是求雨时所祀的。

勾龙为水神，而其父共工者疑即蚳蛛也；《海外东经》"虫虫在其北，各有两首"，注"虫，蚳蛛也"，虫虫共工，一音之转。

又有所谓黄帝者，亦禹之化身；黄帝令应龙攻蚩尤，大兴风雨，而《大荒南经》"禹攻云雨"，《大荒西经》"有禹攻共工国山"，此其一；黄帝号轩辕氏，郭沫若说轩辕即是天黿，金文如《献鼎》皆署天黿二字以为族徽，案黿与鳖同类，此其二；黄帝号有熊氏，而禹鲧皆有化熊之事，此其三。且所谓"黄"者乃由黄能之黄

①《广雅·释虫》蝎一名"杜伯"，古文社作袡，省示作杢，与杜字近，故杜疑是社伯。
②《拾遗记》"尧命夏鲧治水，九载无绩，鲧自沉于羽渊，化为玄鱼……海民于羽山之中，修立鲧庙，四时以致祭祀。常见玄鱼与蛟龙跳跃而出。……"梦案：鲧或作鲧即玄鱼二字合文。
③《北堂丛钞》一五〇引郭璞诗"翩翩寻灵姚，眇然上奔月"。

变化而来，而黄与玄色常相关及，如鲧化为黄熊，又化为玄鱼，黄帝号轩辕，轩辕即天鼋，天鼋即玄鼋；又玄冥玄王（《诗·长发》）皆治水而有玄名，疑玄黄乃龙色，《吕览·行论》"鲧化为黄龙"，是鱼若能亦可名龙；《易》"龙战于野，其血玄黄"，是龙色为玄黄；是以黄帝鲧契冥等皆为龙属（水虫）之名故皆称玄若黄也。《天问》"焉有虬龙，负熊以游"，毛奇龄徐文靖并以为黄帝事，其实亦可谓之禹事鲧事，亦可谓之太皞事；《帝王世纪》谓太皞蛇身人首，一号黄熊氏，太皞即帝喾也。

由上所述，知道求雨时所祀的是两种水虫，后代的土龙是仿象的水虫；又知道凡是治水的英雄都取水虫的名。以水虫为水神，基于两种原因：一基于错误的联想，以为水虫住在水中，便是统治水的；一基于事实上那些泥鳅本是为患决河的害物，人对他始而恐惧，继而崇为神明，更后认他为上帝使者，以为凡泥鳅（即应龙）所画之处乃上帝预示此处要决河，好教人预备。今日的治河者，为防范泥鳅攻隄，用长杆沿堤下捣以杀之，土人对成群结队的泥鳅名之曰龙。治水有功的人，死以后尊为龙王以祀之，这个习俗至今犹存，所以古代许多治水的人也多以水虫名，即《左》昭十七年所谓"共工氏以水纪，故为水师而水名；太皞氏以龙纪，故为龙师而龙名"。玄冥本是治水有功的人，其后又为水官名①，可知玄冥本是个治水者的"职业的绰号"，所以后代的治水之官用以名之，而同样鲧禹离也是"职业的绰号"，而夏商契才是他们的名字。

被祀的水虫与以水虫为名的治水者，在传说上已经非常淆混了，我们根据商代祀生鼋汉代祀生虾蟆之事，认为勾龙应龙是自生物而跻入神话上的"人"与"神"的，反之鲧禹契冥认为是历史上治水的人而被神话所渲染。除非我们敢确定祀鼋与虾蟆乃是一种图腾的表示，现在不能将勾龙应龙混入为治水的人；但是在神话上，他们都是受治水者差遣的。

（二）旱神妭的改造

水神与旱神是同一神的分化，如应龙是；善的神与恶的神也是同一神的分化，如应龙、女妭同是沦落地面的旱神，为何应龙被祀，而《诗·云汉》"旱魃为虐"被指为恶鬼？又为何妭一定是女性的？

神话是解释生活的，古说不能满足疑问，于是代以新说。人对于罪恶有希望可以指名斥责的需要，在急切中有不问情由任意嫁祸的懒性；故一旦天旱第一要想象出旱鬼的形态可以造象斥责之，第二是在人群中寻找旱神的替身。为旱魃造象，故《玉篇》引《文字指归》"女妭秃无发，所居之处天不雨也"，《太平御览》引韦昭《诗答问》"旱魃眼在头上"，《艺文类聚》（一〇〇）引《神异经》"南方有人长二三尺，袒身而目在顶上，走行如风，名曰魃，所见之国大旱"，《魏志》"成平五年晋阳得死魃长二尺，面顶各二目"。目在顶上或面顶各二目即四目之谓，旱鬼四目，故方相氏饰为鬼之状而为"黄金四目"，足以证傩本由求雨之祭转衍而成。求雨多

---

①《左》昭廿九年少皞氏有四叔，"修及熙为玄冥，世不失职"。

用女巫，以女巫饰为旱妭之状，故转以为旱妭为女性了。

为何妭是秃无发，为何妭目在顶上？《左》僖廿一传"夏大旱，公欲焚巫尪"。杜注一说尪为巫，一说"或以为尪非巫也，瘠病之人其面上向，俗谓天哀其病，恐雨入其鼻，故为之旱，是以公欲焚之"；《檀弓》下穆公因天雨欲暴巫尪，县子曰："天久不雨而暴人之疾，子虐毋乃不可与？"郑注"尪者面乡天，觊天哀而雨之"，郑杜说反，然要之天雨不雨皆在一种有瘠病之人，其面目朝天，天因哀之而旱或雨；天之雨不雨在于此等人，故此等人乃成为旱妭的化身，故将此面目朝天之人认为不雨的原因，移以为旱妭的形象，故至旱时即暴此等人以象征暴旱妭也。

（三）帝赐雨——上帝与先祖的分野

旱神水神皆由天帝派遣，故赐雨之权操于上帝。

卜辞帝或称上帝，在无反证以前，我们必得承认商人的上帝是唯一的，即使周人亦然。[1] 我在前著第四章第一节曾举出商人的帝是降灾祸赐福佑的主宰，他除了保佑战争以外，所降的灾祸是（1）降堇（2）降凸（祸）（3）降疾（4）降不若。降堇即是降暵，因为不雨常与降暵并言；降祸（参看《考古》五期拙作《释凸》）的祸也是属天象的，卜辞常有风雨霾为祸之文[2]，故降祸亦可谓降天灾；古人疫疬，与旱暵并举（详下），故降疫亦可谓降暵；《卜通》（别二中村兽骨）"壬寅卜宾贞；若丝不雨，帝隹丝邑龙（宠）不若（骨背略同）"，《库方》（134）"……雨，帝异……降丝邑，大祸"，是不雨即帝降不若。上帝所降的祸疾不若既是暵，所以反之上帝所赐的福佑就是雨，卜辞屡言"帝令雨"，金文令有赐义，故令雨即赐雨。

卜辞中"帝"是唯一降暵降雨的主宰，然而所有求雨求年的对象是先祖（先公先王先妣先正）与河岳之神而不是帝，而先祖与河岳之神也绝无降祸降雨的权能；这是上帝与先祖间最紧要的分野。帝是自然的主宰，所以风是帝的使者，《卜通》（三九八）"于帝史凤二犬"，所以卜辞说"帝隹癸其雨"（前3.2，1.3）就是帝命于癸日下雨；帝是超能力的自然之存在，所以，商的"帝"演进到周的"天"，仍不失其为自然主宰之意义。[3] 商人之帝，为纯粹对自然的崇拜，其帝为普遍存在的宇宙之帝，与以色列上帝不同；摩西借用游牧的闪族人"使行大爱者"的耶和华，再掺入原在迦南地降雨赐年的农业神，变成了以色列的家族神民族神；而商人自始即以"大公无私"的天帝为至高无上的主宰，平等的以灾祸刑罚下民，故其观念易于为异族的周人所袭用，而造成后来的"天命观念"，此观念直支配到如今，以为一切灾祸乃天意的表现，一切福佑乃天意公平的赏赐。

---

[1] 金文《周公殷》"克弅走上下帝无终令于有周"，郭沫若读上下帝断句，以为周人有上帝下帝之分，于省吾读"克弅走上下"句，"帝无终命于有周"句，并谓周人无称王为帝者（《考古》四期），案于说是。

[2] 铁 188.1 风不隹祸。上 31.14 今日风祸。前 8.14.1 今辛未大风不隹祸。前 6.48.7 贞霾其坒祸。贞霾亡祸。

[3] 商人崇拜日月旬山川蚘等自然神，见前著第二章。

郭沫若根据《山海经》帝俊有天神人王的双重资格，遂说"卜辞中的帝便是高祖夒"① 这论断是错的。以上我们根据卜辞本身所显示帝与先祖重大的分别，知道商人对自然的帝与血族的先祖的关系分划明白，高祖夒（即喾舜禹）在卜辞中仅为求雨求年的对象而从无降暵施雨的权力，他实是人王而非天帝。《山海经》虽为富有殷色彩的故籍，然在其作成时代已跻"帝俊家族"为"自然神族"，此因它经过了神话的演进，与卜辞时代的商人观念已距离极遥了。

上帝与先祖，除了赐雨以外，第二个不同点是绝无上帝享祭的卜辞，上帝不享祭，是上帝非可以事先祖之道事之。反之，先祖与河岳之神是同类的：（1）所受之祭大略相同；（2）皆能为祟于人（见四章三节）（3）先祖有配，河伯有妾（见前著页一二七），而山神亦有山娶之事。② 河岳之神与先祖同类者，盖因河神（河伯）本是致河典的专吏与氏族而升为河之神（见前著页一二八）；山神者也是氏族而演为神的，《鲁语下》"仲尼曰'山川之灵足以纪纲天下者，其守为神……'客曰：'防风氏何守也？'仲尼曰：'汪芒氏之君也，守封隅之山者也……'"河伯山神皆为先正，故以事人之道事之。

本文原载《燕京学报》1936 年第 20 期。全文约十万字，分上编神话，下编巫术。上编神话共五章：一、神话的发生；二、神话传说中的历史系统；三、荒古的记忆一———动物的服用；四、荒古的记忆二———人兽之争；五、水的神话；余论——凤。现节选其中之第一、二、五章。

---

① 《先秦天道观念之进展》页十四。
② 《后汉书·宋均传》："均为九江太守，浚道县有唐、后二山，民共祠之，众巫遂取百姓男女一以为公妪，岁岁改易。……均乃下书曰：'自今以后，为山娶者皆娶巫家，勿扰良民。'于是遂绝。"此与褚先生补《滑稽列传》河伯娶妇事略同。

论中国的神话

黄华沛

黄华沛，生平不详。神话方面的论文有《论中国的神话》（1936）。

一、贫乏的原因

中国神话有如罗马人一样的在量与质两方面都是贫乏的；量数过少，而且又是零碎的、断片的，不会容易找到一个整齐的故事；就是在这些断片的故事中，内容并不伟大，情节大都是简单的。这简直是神话界中一个特殊的现象。

关于发生这种特殊现象的原因，海外学者有不少探讨；有些以为中国原始民族生来就缺乏了创作神话的条件，但又有一些以为每个民族最初都具有创作神话的心理状态，中国却是后来被僵死了的。归纳他们的意见不外下列两点：

A．因人种的特质，实际生活的抑制与想象力的缺乏；

B．因儒教实用为教，不尚荒唐玄想之说。

第一点原是解释罗马神话产量过少的一种理论，而用同一理论推论到中国来，后来胡适也应用过（见《白话文学史》）。实际生活与想象力是有联带的关系的；人类起源于寒带的，像中国人之在黄河流域一带，天然供给他们是薄弱的，他们不能取得丰富的粮食，不像热带人那样易于生活，而要每天切实地对自然奋斗。他们的生活是朴实的，实际的，因此，他们就没有闲暇去构成梦一般的神话说述而流传。其次，因为他们的生活是以力为劳动的要素，天然供给他们愈是薄弱他们却愈是用力奋斗、挣扎。在其间，对于空想一层似乎不很需要。一旦想象被实际生活所抑制，神话就无法多数产生了。纵然有了少数，情节又是简单无比。

这个看来似乎是对的。但是人类的想象力却能与实际生活互存不悖的。原人在某时期缺乏了想象力未始没有，但是理由只为实际生活的抑制，则不免囫囵吞枣了。换言之，实际生活是不能停止人类的想象力的。反之，原人对于实际生活应当挨次有了不少的疑问——对自然界种种残酷现象的质疑。这样的质疑是属于心理状态的——心理状态到达某一长成时期，它就会发生神话思考能力，神话思考最活跃的时候，就有可能地创造神话了。即是神话思考能力与这种实际生活并不是不可能地同在一期间内的。实际生活，是人类一种生活经验，它的确能够影响组织神话的质的方面——但不是贫乏，而是内容的色彩，却不能影响产量多少。这个，须以北欧神话为例。北欧人是处于寒带而尚实际生活的了，但它的神话质与量并不贫乏，只是内质不若希腊印度神话那么窈窕；它是充满了严肃的气概，因自然界的残酷而发生了对神的恐怖等等。

就使以罗马来说，也不一定全在这问题上。罗马神话贫乏唯一原因，应该归罪于希腊。罗马人的神话时代并没有度过相当成熟的阶级是显然的。正在他们达到非人格的精灵观念的信仰时，希腊的"神人同形说"观念已经输进来了。罗马人在没有成熟的神话思考的条件的把握中竟然接受了希腊的遗产，他们对希腊的自然界的解释和梦一般的神的来历与行迹已经超出了他们思考能力以外，他们不能不迅予采纳这种神话加以改削令其适合于地方色彩的而据为己有了。这种盗窃行为，是足以停顿了他本身的神话思考能力，但你不能说罗马人从来就没有想象力——神话思考能力，为了实际生活罢？

可是中国，并没有这种盗窃行为，所以它没有被外力破坏了神话时代的发展程序；再次，实际生活并未见得这样抑制或停止了想象力——神话思考能力，因为他们也如北欧民族一样会对自然现象质疑。而且，他们能够把握了创造神话的各个条件：他们能达到神人同形的玄想中，一种具体的人格化的天神，巨人等已完全成熟了的，虽则他们处于寒带，黄河流域，过着一种实际生活。故此，产生神话既属可能，产量也应当丰富的。（我们可从古籍会找到丰富的神话的痕迹，可惜仅仅是痕迹。）

第二点：日本松村武雄博士对于中国神话的意见，就以为它的贫乏的唯一原因，不是自始即有阻碍神话发生的理由与事实，而是后米不适于提携神话的态度上；最主要的是儒教实践厚生的观念，看神话是荒唐无稽之谈。既认为无益于修身齐家治国平天下的东西，且将自己看来可有的或必然的保存起来，其他的一概抹杀或加以修改令其合于伦理的和历史的。

这种论调显然是承认第一点的主张走不通。它所阐明出来：A．中国神话伦理化；B．中国神话历史化。前者是当中国神话到了儒教手中，以为它是荒唐无稽的东西，姑且择其可取的修改之令其合乎伦理的条件，而成了一种古人的寓言；后者，是把其中一些古代流传的神话当为一种原人的历史，在不知原人历史当中，竟然用儒教观点修改之令其合乎历史的条件。两者相互而行，足以抹杀神话的真实性而减色不少；又其已成历史的神话属于历史，未成历史的神话却被散亡，量数也减少了。

这个，未尝不是一种道理。古希腊世纪前的芝洛法尼斯（Xenophanes）认为神话是一种古人的寓言，含有教训的性质；欧赫麦拉斯（Euhemerus）认为神话是假托的历史，因为经过后世的空想，将其英雄的事迹变为神话了。可知在那时世界各地都共通地有这类人对于神话的见解。

儒教之抹杀与修改中国神话固然成为事实。然而质重之贫乏，只有这一个理由，则不无问题的。要之，中国神话之呈贫乏现象却非始于儒教，或到了儒教的掌握中——这点足为松村博士见解的致命伤。

儒教在春秋战国以后，在社会上始逐渐取得了威权。就是在战国时也不能倡于四方，而是诸子争雄的。那时社会已远离神话时代了，是由神话思考中超脱出来了的接近文明的状态。它是有了商业资本，以及在封建制度崩溃时期的封建思想的圣经贤传结晶起来的。他们——那些士大夫阶级者们都是以应用学术奔走于各国诸侯门下，他们不尚荒唐无稽之谈是显然的，然而他们一方面却很聪明地运用这些古谈似的神话作为一种教训性质的寓言，变为他们学问中的一种引例——如左子、韩非子等；他方面，就有些人拼命编修神话为史实——如左丘明等。神话到达那时，着实已经被糟踏了，那里还等到达到儒教的手中呢？

那末，中国神话之被贫乏似乎要归罪于春秋战国时诸子的身上了。这个也可算是一部分理由。但是在春秋战国以前，殷周时代，神话已并未见得怎样丰富。从可靠的纪载——青铜器皿及鱼甲兽角等纪载，它们有不少祭神事迹纪下来；如"壬戌卜王贞斤三牝"，又"壬戌卜贞斤其斤"是对请子的"玄鸟"祭祀的（是后来演化到三百篇《商颂·玄鸟》"天命玄鸟，降而生商"的感生神话）；又如遇洪水之祭，"丙子卜宾贞口姚珏"，以珏以祭是"天灾，日月食，大水也"（见《左传》庄二十五年杜注句），姚乙或是属于一种水之神；再如"贞夋于夋"，又"贞求年于夋九年"，这个"夋"就是《山海经》中的帝俊；等等。只是透露一二神名，并没有简单的神话纪载下来，固然有点因为当时文字难于刻纪，亦是那时的神话已被剥削了故事的成分了。

这样说来，中国神话之贫乏既不如第一说，也并不完全如第二说了。究竟其贫乏的可靠的原因是什么呢？

在我个人观察，以为不外下列两个关系：

（一）殷周时代已开始将神话化为祖先的言行录；

（二）以及没有诗人艺术家发扬光大。

第一点，如上面所说的，殷周时代化神话的纪载很少——在现有的甲骨文中我们还可以看出殷周时代已把神话当作祖先的英雄行迹；卜辞中"贞夋于夋"及"夋于夋六牛"等，这个"夋"显然是《山海经》纪载的帝俊同一是一个神名（玄珠在《中国神话ABC》中拟帝俊为中国神之世系的始祖），然而夋却成了殷代世系的始祖了（与《史记·五帝本纪索隐》引皇甫谧曰"帝喾名夋"是一样历史化了神话）。此其一。其次，卜辞中又有亥和恒两个神名的纪载，恰好如《天问篇》云："该秉季德，厥文是臧"，又"恒秉季德"等，该即亥，属一神名，《山海经》亦以王亥为服牛之人，恒、季，亦属神名的；但是这些神名都归进殷代帝王族谱去了，此其二。又"丙子卜宾贞口姚珏"的姚，也属殷世系中一个后，此其三。再次青铜器皿中有不少类乎神话的纪载，因为其中有"王×"字样，也当作殷世系中某王的行迹，此其四。（实在要把这些文字中的"王××"、"×王"等神话纪载回归为神话才对。如亥系神亥，非王亥；恒乃神恒，非王恒；夋系神夋，非帝俊；诸如此类。）

此外，大概史官在有意无意中修改神话。史官之设传起于黄帝，苍颉为左史，诅诵为右史（这固然属于神话的流传），最初大抵直书君王的言动之善恶功过，以垂鉴戒。到了殷，有太史，已经是掌辖到图籍历象占验的事。如以上面所引的殷契纪载神话的例看来，不能不归罪于在朝的太史官作弄，他们除掉纪述帝王言行外，仍须编述帝王世系。以远古的神话收入为祖先的英雄事迹，亦作以垂鉴戒。但被修改下来的仍属少数，或者简直是殷之祖先莫须有的才刻纪的，故此今日能看见的不过些"某日祭某某"等断片文字。可是流行于民间的口头神话，论理仍属很多，后来大概因为年代过久，既没有人将其详刻于甲骨或庙堂（商太甲崩，有太宗庙，那时开始有神庙），或作为故事诗之类，便逐渐被遗忘了许多。直迄春秋战国，残余下来的，又被诸子引用或变为寓言或为他们学问中一种引例，或更精细的历史化。再到儒教手中，他们才名正言顺地解释或引用这些神话为伦理的和历史的了。

第二点，从第一点看来，解释仍属未得完全的。神话的伦理化和历史化，是神话发展阶梯必有的现象；各个民族神话没有不经过这阶段的，然而他们的神话也未见得如中国那样贫乏。希腊神话在世纪前即有欧赫麦拉斯视神话为历史，"所有的神，都是历史的人物"。他的弟子勒克拉（Le Clecc）竟然说希腊神话是古代的商人与航海者的日记编出来的，直迄拉克但细阿（Lactantuis）及圣奥古斯丁（Saint Augustinus）以基督教观点用欧氏的方法修改希腊神话适合于道德的历史的条件。此外北欧、墨西哥的神话也有人用同样的方法去解说与修改过的。那末，希腊等地的神话，照理会被贫乏或僵死了的。然而不然。

但如果假定中国神话是因伦理化和历史化过早（玄珠认为是"历史化过早"——见《中国神话 ABC》），足以减少色彩而贫乏僵死，这不免臆说太过，因为中国神话历史化和伦理化与希腊神话历史化与伦理化相差的年代并不十分远。

我以为，在这样的神话伦理化和历史化的期间内，缺乏一种能够与那些"神话反动势力"对抗的力量，以及能够保持神话存在于适当的水准上的东西——这个应该说是诗人艺术家。

我们知道，希腊神话为世界神话中具有最大魔力的一个，优美的、神秘的、象征的，而有很高的艺术价值的，其中有一个原因就是希腊诗人把神话写成美丽的故事诗——审慎选择，增删改削，令其温文可爱，无粗野之气，合乎艺术的条件，并不一定吻合道德的或历史的这两方面。就以荷马的史诗，已经是伟大无比。北欧神话也是赖《伊达斯》（Eddas）和《萨加斯》（Saggas）两部史诗发扬光大的。埃及神话却是凭藉金字塔中的图画与纪载保留原有面目。巴比伦神话尚且用楔形文字，史诗的体裁，叙述成章，分刻于泥碑上，埋藏土中，到如今发掘出来，也有了整齐的神话。总之，各民族的神话都有诗人艺术家提携、培养、发扬光大的。但是中国呢，在殷周时代，我们是不会找到一篇诗了——从土里发掘出来的骨甲固然没有详细整齐的诗，就是古坟庙宇里也见不到有关于神话的图书与纪载。《诗经》里如胡适所说只有《生民》和《玄鸟》，然而不是美丽的长篇的史诗。此外，《庄子》、《列子》、《韩非子》、《淮南子》等所录述的断片神话，我们只能说是他们学问中有意无意间的引例而已。能够算作发扬光大的，只有《楚辞》和杂记体的《山海经》，及后些时的神怪小说的断片等。

然而我们尤须晓得的，周至春秋时，人民大抵过着一种属于散文的生活，战国时却是写实了，史诗在其间不易抬头的。神话经过这样长时间的伦理化与历史化而竟没有一个人来运用史诗的体裁光大之，那么到达屈原宋玉之手自然是破碎不堪了。《楚辞》中虽则纪载许多神话，而有意地把它从历史中伦理中救回来，可是已经失却了每个故事的详情了。它只可以说是神话化的文学，而不是艺术的神话编述。《山海经》无疑是一本纯粹的神话纪载书籍，可是也是零碎断片，交给后人要加以细心的整理才行。以后略含有神话的小说，只不过根据一些断片而虚构出来的罢了。

到这里，我们可以总结一句说：中国神话质与量贫乏的原因，既非始于原始人的厚生实用这方面，也未必全是落于儒教的抑制中，而是殷周以迄春秋战国这时代把神话伦理化和历史化，而竟没有伟大的诗人艺术家提携、发扬光大的原故。今后整理或重纪中国神话，则须由殷周文字以迄春秋战国诸子，才是方法。

二、内容的两个阶段

日本松村武雄博士承认中国神话是"仙术的"，有些西洋学者（如 *Myths and Legends of China* 的作者 Werner）也把中国神仙和怪异小说的故事当作中国神话。这些国外学者对于中国神话不免隔膜那是显然的，然而中国本身没有一个系统的神话给人看那也是显然的。

中国原始神话是贫乏的——无论在质或量方面，甚且连一个完整的概念也没有。要是我们愿意向这堆古籍中的古代历史的事实和道德的寓言还原为神话，那固然是一件有意义的且必要的工作；但是我们仍须明白的：中国民族在发展的过程上，无论在政治上或宗教上都连续着有新的分子参进来。政治上，如元满入主；宗教上，如佛教耶教输入。这些，会直接间接地影响中国原有的神话。

中国原有的原始神话，在今日已到了一个研究和整理的期间。然而对于新的神话分子如何处理？还没有探讨到。

这些新的神话分子，看来比原始神话多出几倍，而且不是全无系统的，唯独与传说故事之类易于混淆。故此国外学者就易于把中国神怪的故事当神话谈论了。在这种情形之下，我不能不先来一个清眉目。

我的意见自然不必要如普通人一样承认一切怪事异谈为神话，但也不打算只有承认原始的神话的存在而忽略以后的流传。所以我首先把中国神话划分为两个阶级，严格说，就是两大分类。

从纵的方面说，大约自有中国民族起至三国时止为第一个阶段，又从两晋（佛教输入前后）起至两晋以后为第二个阶段。但是这不很清楚，应该从横的方面说，属于原始人的原始信仰的神话归为第一类，如果属于古代人的原始信仰的神话归为第二类；前者就是散载各古籍中的原始神话，后者也仍然不如松村博士的"仙术的"那样通泛，是在所有的神仙的、魔术师的、菩萨的，一切奇异的鬼神的传说故事中，经过慎重的处理，提炼出来的神话。

第一个阶段的神话（第一类）的定义，当不成问题，而且不用详论，因为它是有如各民族的神话一样的内质外形，是如各神话专家所说的那样神话必有的发展机构，是神话的自然时代的产物。但我有另一意见，以为其中有些应扩归第二类的必要。

首先要提及的是关于魔术的或神仙的故事，它们的发展，依人类的神话思考的阶梯说，是应该属于第二个发展的阶段。人类当离开了神话的自然时代，慢慢地进到另外一个是超卓的英雄为神，或神为英雄的神话的英雄时代了。其间就有不少的异人或神为异人的出现，是神人一致的观念——虽然这是一种神的来历。例如《搜神记》中的左元放，以及紫姑神来历、丁令威化鹤等等，一概不能说是中国原始的神话。

其次是一些古籍中所载可疑的神话——含有相当的传说故事意味的，如其不绝对排斥之，则又须归为第二个阶段发展的产物。如胡怀琛所编的《中国神话》（商务版）其中的细腰，狐狸与华表，园客，杨宝救黄雀，鹅笼书生，蚂蚁国，等等，严格地说，这些不过古谈的一种。（胡氏不免粗心）但是这一类仍须排斥为妙。

说到第二个阶段的神话（第二类），问题正多着。有人说神话是化石，民俗是遗形。如此，这第二类的神话是遗形一类罢，是近乎现代人的原始信仰的一种，那又是民俗了。问题是怎样解决呢？我以为这第二类的神话的意义，首先要确定它不是现代人的原始信仰，而是古代人的原始信仰；其次则须承认它是人类的神话思考时代后期的产物；再次，从它的内容上研究，确定它持有了神话的心理状态，和其产生的对象，是古代人的英雄的追慕等等，自然没有进到科学文明的阶段。但仍以为含糊的，就要简单地说：是属于道教佛教及一切异教的各神的来历与行迹及间乎神人之间的神仙的来历与行迹的种种故事。

至于怎样了解它的内容，则须清楚它的分类。我以为如下列几种：

（一）神仙——道教中仙人以及其他神仙的来历与行迹。

（二）菩萨——佛教中各神来历与行迹。

（三）妖怪——属于阎罗王系统中的魔鬼以及其他合乎神话条件的怪物的故事。

（四）魔术师——道士以及使用法术的人的故事。

神仙一类，许多国外学者以为是代表了整个中国神话。实则它是由原始神话与原始传说相混起来遗留下来的一种变体的神话。但我们如果经过慎重的处理，未始不可能提炼它的精锐出来。例如"八大仙"的来历及其行迹的故事，是含有恋爱的、放荡的、救世的各种美丽的段落。但是这一类材料最多，而最易与故事土谈相混。我们既不能说神仙的故事不是神话，但不能把一概的神仙的故事都属于神话。

菩萨，如同耶教中所传说神人的故事一样，它在中国后一代的神话上，占了一个重要的位置，而且材料最洁净，很少有传说故事相杂其间。它自成了一个神的世系，由如来佛祖以至各类各色的神——这是中国最有系统的神话体系。中国民族由两晋以后，成了一个多神论的国家，随处是神，随物是神，不过是以佛教为中心；家庭里的门槛、床头、天井、水井、门口、土地、灶……都是神。社有社神，树有树神；水神、火神、财神、福神种种。他们都有一个美丽的神的来历和其行迹的故事。就以观音而论，已经是有一个长而充分美丽的故事了。

我们不能说这些是传说或故事。它们是古代人原始信仰的一种形式，而且无论在任何方面说它们都合乎神话的条件的。只是我们所要研究的这些神话有不少是从印度转嫁出来，我们须提防"神话大盗"这名词。

妖怪，这果真是妖怪的东西，留下我们整理的材料委实难乎其难，因为中国民族对于妖怪的观念异常深刻，狐狸小鬼之类的故事塞满了中世纪而至现代人的脑里，笔之于书的不计其数，从《封神演义》至《子不语》等，何止千万个故事。然而我们所着意的是在于"罪恶的神"或"死神"这方面上——原始神话固然有象征善和恶的神，天神象征善，巨人象征恶；后一代的神话，亦有象征善和恶的神，天神象征善，魔鬼象征恶。所以这里所提到的应该是恶神，以阎罗王为这类世系之始祖，以迄地狱中诸鬼王，又其支流的合乎神话的条件的怪物等。其他则一概斥弃之。此中亦有不少美丽的神话，如地藏王的来历等。可惜也受佛教的限制。

魔术师，蒙古的传说中有不少魔术师出现。魔术师故事原只可称为传说。但中国的魔术师，自有它的神话的意味的，因为他们到了某种程度也可以称为神而受人崇拜。道士的故事有极少数能入为神话，但使用法术的人，如鬼谷先师、九天玄女等他们也是另一系统的神的。他如左元放的故事，也算是神话。

此外，由满洲蒙古转嫁来的神话及苗瑶壮的神话也归在这第二个阶段发展上的产物了。至于耶教因为传入较晚，则没有它独立的神话。

但在这里，我并没有提及自然现象等的神话。我以为在第二个阶段上没有这一类神话，只有"英雄神话"。如其是有的话，不过是由第一阶段里演化而灵构出来。例如唐明皇时代也有一种美丽的西王母的故事，这种由原始神话演化而灵构的也可说是神话吗？

总之，这第二类的神话不论其机构的出发点怎样，但其归宿点仍须合乎神话的条件才行。否则，虽载在古籍中，也不能谓之神话。

如其称呼这一类神话，可以说是"民俗性的神话"。因为它毕竟是原始神话的一个变体，而含有相当的民俗意味。

自然这个不是纯粹的神话，然而它是有系统的神话，有神的世系，也有古代人的宇宙观，社会的、哲学的成分非常充足。中国的原始神话是解释原始人的生活的，民俗性的神话是解释古代人的生活的。原始神话是神的人格化，民俗性的神话是英雄神格化。而且中国原始神话是没头没绪，要从古籍中去整理，民俗性神话是整块的，只须搜集而处理的。

要是只承认中国原始神话始为中国神话，则最终我们得不到中国民族一个系统的神话概念，要是像外国学者只承认那些民俗性的神话始为中国神话，则最终我们得不到中国民族神话的真意义。如其说中国原始神话为"自然神话时代"的神话，则民俗性的神话是属于"英雄神话时代"的神话。两者是交错地充实了中国神话的内容。

民二五年・一月・于日本东京

本文原载《天地人》1936 年第 1 卷第 10 期。

马伯乐《书经中的神话》序

顾颉刚

《尚书》这部书，自春秋迄清代，二三千年来谁不把它当作至尊无上的圣经看，谁不把它当作至真无假的古史读（虽然曾有孟子和刘知几等极少数的人怀疑过它的历史的价值）！他们所谓：

> 二帝三王治天下之大经大法，皆载此书。（蔡沈《书经集传序》）

这就证明了这是多么不应怀疑的一部书啊！可是，不幸到了我辈手里，这个好梦已经不容再维持下去了，那澎湃的时代潮流鼓荡着世界，把任何有权威的偶像都冲倒了。自从康长素先生提出了"孔子改制"的一个观念，于是儒家经典的历史的权威就渐渐动摇起来。我们生在这个时代，能够用了历史学和民俗学的眼光来研究这几部古书，细细地分析，把分析的结果换了一个方式来综合，而得到一种新结论，这是我们所碰到的机会特别好，并不是我们的聪明远胜过古人。

自从中国的书籍流传到西方，外国学者运用他们的精密的头脑、科学的方法，居然把我们的几部古书也整理出一部分的头绪来。马伯乐先生就是一个以外国学者的资格来研究中国古书的人，他曾著有《中国古代史》、《中国文化的起源》、《中国汉代以前所受西方影响》等书。这部《书经中的神话》，就是他的著作中尤应介绍到中国来的。现在已由冯沅君女士把它精细译出，更经陆侃如先生把马伯乐先生的事迹写出了一篇简传，使得我们可以领略这位外国学者的治学精神，这是怎样值得感谢的一件事！

这部书共分三章，是：一、羲与和的传说；二、洪水的传说；三、重黎绝地天通的传说。关于第一部分，马先生根据《归藏》和《山海经》等书，以为羲和本是一个神话中的人物，她（羲和本是个女性）仿佛是个司日的神，她是太阳的母亲兼御者，后来才变成羲与和的四个天文家。跟着他叙述关于十日与羲和传说的一切，并叙述了中国人对于宇宙的种种观念。关于第二部分，马先生以为中国古代洪水传说共有六种：（一）禹的传说；（二）台骀的传说；（三）女娲的传说；（四）共工的传说；（五）蚩尤的传说；（六）混淆了的传说（如禹与共工、女娲传说的混淆）。他以为中国文化只是现在的中国与印度支那北部的人民的共同文化的进展，把这些传说与那些南方落后的部落的传说相比较，我们便可以想象出他们在古中国人的信仰中所占的地位。于是他跟着举出了几个印度支那半岛神话以与中国的洪水传说相比较，结果，觉得两方面很相接近。关于第三部分，马先生以为"重黎绝地天通"

也是一种神话(《国语》的解释不可靠)，他取了几种外国神话来比较它，结果，他以为这个神话的大纲本是这样："在原始时天地是互相交通的，一些神能自天下降于地，后来上帝命重黎绝天地之交通，于是人神间的关系就停止了。"

本书的见解很精到，称引很繁博，骤然看去，简直叫人不信这是一本外国学者讨论中国学问的书。对于问题的讨论，我们即使有些不能完全同意的地方，但就大体上说，这部书究竟是值得特别称道和介绍的。

《尚书》中所有的神话，并不止马先生所举的几条（这一点马先生自己也知道），如《尧典》：

> 胤子朱启明

一语，就包含着一个神话。考《山海经·海内西经》云：

> 海内昆仑之墟……帝之下都……面有九门，门有开明兽守之。
>
> 昆仑南渊深三百仞，开明兽身大类虎而九首，皆人面，东向立昆仑上。

它说昆仑山上有一种神兽，叫作开明，守着昆仑山的九门。开明兽是一种身体大到像老虎、长着九个脑袋和人的面孔的怪物。案"开"、"启"古音同，"启明"实在就是"开明"的变文。"朱"呢?《尧典》下文又云：

> 益拜稽首，让于朱虎熊罴。

可见，"朱"也是同"虎、熊、罴"差不多的一种大兽之名。《尧典》的作者把"朱"与"开明"连在一起，把"朱"说成了人，把"开明"作为"朱"的表德，这是不是一种"爰凡麦"式的历史解释法的例证?

《尧典》又云：

> 舜……辟四门，明四目，达四聪。

前人把这两句话解作"广致众贤"，"广视听于四方"（《尚书·伪孔安国传》），自是合于《尧典》作者的原意。但是这句话里却也包含着几种神话的素质。考《天问》云：

> 昆仑县圃，其尻安在? ……四方之门，其谁从焉? 西北辟启，何气
> 通焉?

这是说昆仑山上有四方之门，只有西北方的门开启着。《尧典》的"辟四门"、"达四聪"，我以为就是从这里来的。在战国时，上帝的传说往往化成尧舜的传说，如上帝殛鲧，变成尧舜的殛鲧;上帝"遏绝苗民"，变成尧舜的放伐苗民等。昆仑山是"帝之下都"，它是上帝传说里的一个地名，所以会与舜发生关系。又舜有重华之号，又有"目重瞳子"的传说，这种传说的原始，或许是说舜长着四只眼睛，所以《尧典》又有"明四目"的记载。例如战国时传说"黄帝四面"，这本是说他一个脖子上长着四张脸，但是《太平御览》七十九引《尸子》载：

> 子贡问于孔子曰："古者黄帝四面，信乎?"孔子曰："黄帝取合己者
> 四人，使治四方，不谋而亲，不约而成，大有成功，此之谓'四面'也。"

经此一解，"四面"的神话就成了"四人治四方"的人事了。这与舜"明四目"的

传说的演变何异？这是不是又是一件"爱凡麦"式的历史解释法的例证？

《尧典》同《皋陶谟》中又有夔典乐的记载：

> 帝曰："夔，命汝典乐！……"夔曰："於！予击石拊石，百兽率舞。"（《尧典》）

> 夔曰："戛击鸣球，搏拊琴瑟以咏，祖考来格；……笙镛以闲，鸟兽跄跄；箫韶九成，凤凰来仪。"（《皋陶谟》）

这位夔能使"百兽率舞"、"鸟兽跄跄"、"凤凰来仪"，本领真大极了！但考《山海经·大荒东经》云：

> 有兽状如牛，苍身而无角，一足，出入水则必风雨，其光如日月，其声如雷，其名曰夔。黄帝得之，以其皮为鼓，橛以雷兽之骨，声闻五百里，以威天下。

原来"夔"就是这么一个怪物，怪不得他与鸟兽这样关切哩！因为有了这"雷声鼓"的传说，于是讹传"夔"为乐官，仍说这位乐官是一足。有人觉得不合理，替它解释道：

> 鲁哀公问于孔子曰："乐正夔一足，信乎？"孔子曰："昔者舜欲以乐传教于天下，乃令重黎举夔于草莽之中而进之，舜以为乐正。夔于是正六律，和五声，以通八风，而天下大服。重黎又欲益求人。舜曰：'夫乐，天地之精也，得失之节也，故惟圣人为能和，乐之本也；夔能和之，以平天下，若夔者一而足矣！'故曰'夔一足'，非'一足'也。"（《吕氏春秋·察传》）

经此一解，"一只脚"便成了"一个就够了"，这是不是又是一件"爱凡麦"式的历史解释法的例证？

《皋陶谟》又云：

> 无若丹朱傲，惟慢游是好，傲虐是作。罔昼夜额额，罔水行舟，朋淫于家，用殄厥世。

丹朱与傲是两个人（孔广森等说），他们会"陆地行舟"（罔水行舟），又是一件怪事。

考《天问》云：

> 鳌戴山抃，何以安之？释舟陵行，何以迁之？惟浇在户，何求于嫂？何少康逐犬，而颠陨厥首？女歧缝裳，而馆同爰止。何颠易厥首，而亲以逢殆？

据闻一多先生的研究，"释舟陵行"就是"罔水行舟"（毛奇龄也这样说），"鳌"就是"浇"（说见《离骚解诂》，《清华学报》第十一卷第一期）。"浇"实在也就是"傲"，又就是"象"（说详顾颉刚与童书业先生合作之《夏史三论》，燕京大学《史学年报》第二卷第三期）；"惟浇在户，何求于嫂"和"馆同爰止"就是《天问》下文所云"眩弟并淫"（象事），也就是《孟子》所说的"二嫂使治朕栖，象往入舜宫"，更就是《皋陶谟》所谓"朋淫于家"。本来是一件鳌与犬争斗的神话，到了《皋陶谟》里却变成了尧子和舜弟的故事了（孔广森释"无若丹朱傲"之"傲"为象）。

古经典里的神话多着哩，正待我们去分析，去研究。如果我们一班人都能走上正经的轨道干去，我敢说，将来的成绩绝不是现在所能想象得出来的。

马先生这部书很可以作我们研究的先导。他的态度是客观的，他的方法是科学的，他的成绩也是值得相当钦佩的。读了这本书，我敢寄语国内一班研究古史的人：你们再不要作建设"真美善合一"的历史的迷梦了！——历史是只有"真"的，那"美"的和"善"的历史的时代，现在是早已过去了！

顾颉刚

中华民国二十五年七月十二日

本文选自法国汉学家马伯乐（H. Maspero）所著《书 经 中 的 神 话》（*Légendes Mythologiques Dans le Chou King*）的汉译本（冯沅君译，北平研究院史学研究会出版，商务印书馆发行，1939 年），顾颉刚为之作序。《书经中的神话》是顾颉刚藏书，由他的女儿顾潮提供，特此致谢。

苗族的洪水故事与伏羲女娲的传说

芮逸夫

芮逸夫（1897—1991），江苏溧阳人。东南大学毕业后，在美国柏克莱加州大学及耶鲁大学人类学系学习并研究。回国后，先后在中央研究院、中央大学工作和任教。1949年起，先后在台湾大学、台湾师范大学、淡江文理学院任人类学、历史学教授。1964年赴美任教，1966年回台，继续任台大考古人类学系教授。芮逸夫曾多次深入民族地区调查，他与凌纯声合著的《湘西苗族调查报告》（1947），与管东贵合著的《川南鸦雀苗的婚丧礼俗》（1962），都是田野调查的成果，记有不少神话及与神话有关的礼俗资料。有关神话的重要论文有《苗族的洪水故事与伏羲女娲的传说》（1938）等，曾主编《人类学》（台湾《云五社会科学大词典》第十册）。

一、前　言

（略——编者注）

二、四个湘西苗族的洪水故事

在湘西考察苗族时，我们所听到的洪水故事有二：一个是在乾城时听凤凰东乡苗人吴文祥君讲述的，一个是返至凤凰时听该县北乡苗人吴良佐君讲述的。我现在且把那两个故事分别转述如下：

（一）吴文祥讲述的洪水故事（下文引述，简称"祥述故事"）

古时有一个苗人名叫 ［aˇ p'əɤˇ koˇ ɣˇ p'eiˇ]①，年五十，父逝已久，仅有老母尚在，年已七十余岁了，不幸染了重病；求神服药，都不见效。一日，他的母亲说道："我的寿命将终，恐不能有救了！"他听了，大哭不止。母亲止住道："我儿要母病愈，只有一法：若得天上雷公 ［koˇ soˇ]的心来吞服，便可痊愈；不然，命在旦夕，母子就将永别了！"他听罢，满心欢喜，忻然对母亲道："母亲放心，待儿设法取雷公的心来给你服就是。"他便一面煮了许多米饭，一面叫人去到山上剥得许多椿树皮，盖在瓦上，盖好之后，就将煮成的饭撒在污秽之处。即刻阴霾四布，大雨骤至；忽然

---

① 这括入方括弧 ［ ］ 内的乃是用国际音标所记的音，其记声调之符号则系赵元任先生式，以下仿此。但列表时，方括弧从省。

霹雳一声，雷公从屋顶上跌落在地。[aʏ p'əʏˇ ʋɣeˇ koʏ p'eiʏ] 就双手把雷公捉住，用绳绑缚在屋柱上。他知道雷公最怕的是盐，就要去买盐来腌死雷公。临出门的时候嘱咐家人道："我去买盐，如雷公要讨什么东西，切不可给！"说罢，去了。

雷公待 [aʏ p'əʏˇ ʋɣeˇ koʏ p'eiʏ] 去后，就向看守的人讨火，不给，又讨浸过水的火子；看守人以为火既浸水，不可再用，就给了一个。雷公取来吹了几下，忽然现出红火；他就轰隆一声，上天去了。于是大发雷霆，雨下如注。那时 [aʏ p'əʏˇ ʋɣeˇ koʏ p'eiʏ] 买盐回家，正走半路，忽闻雷声，知道雷公已经脱逃，一时怒不可遏。但大雨如注，欲归不得。适见道旁有大树一株，随手一折而断，拿在手中，打雨而行。雷公无法，就用洪水淹他；因此天天不断的下雨，下得世上成了一片汪洋。

有兄妹二人，先见大雨不止，知道大祸将至；取黄瓜种数粒，清晨到园里播种，即刻发芽，及午开花，等到天晚，已结成两个大瓜。二人欢喜，各取一个，提回家中。那时水势高涨，将及住处；兄妹俩便各将瓜剖开，挖空瓜子，使浮在水面；然后爬入瓜中，随水漂流。

[aʏ p'əʏˇ ʋɣeˇ koʏ p'eiʏ] 因见大雨连下数十日，到处洪水滔天；他就乘树浮游，要到天上去找雷公，取他的心。那知雷公早已远避，所以到了天上，还是不见雷公，只见遗下铁棍两根。他就取来，到处乱打乱拨；打一下水，成一江河，拨一下土，成一山陵。因此，地上才有山陵江河之分。后来洪水下注，渐渐现出陆地。

那时兄妹二人也已漂落地面，因见世上无人，妹拟与兄结婚，以传人类；便对兄道："现在世上只剩你我兄妹二人，不若兄妹婚配，以免人类绝种。"

兄惊讶道："兄妹婚配，有违天意，万难依从。"妹便心生一计，忙对兄道："你既不肯，我们且看天意如何。今将磨子一副，从山巅滚下；如到山麓合在一起，你我即应顺从天意，结为夫妻。"兄想磨从山巅滚下，决无再合之理，便即应允。妹却另取一副磨子，预先摆在山麓。然后邀兄各抱一面磨子走上山巅，二人向天拜祷既毕，便将磨子滚下；待到山麓观看，果见磨子合在一起。但兄仍执意不肯与妹结婚。妹又生一计，对兄说道："一次既不肯信，再看二次。今我二人可到山坡，同在一处出发，一向东走，一向西走，走时各不偷眼窥看，若又在一处相遇，就可知道天意有定，你我再行婚配。"兄只得又应允了。二人即刻去到山腰，同在一处地方，分向东西走去。兄只知俯首前进，妹却常常偷眼窥看；走了许久，二人果又相遇。兄羞得满面通红，只得与妹配婚。不久生了一个肉块，无头无脑又无足；二人就用刀剖割抛弃，每抛一块，必叫一声，叫的是什么声音，就是什么姓，所以有吴、龙、石、麻诸姓；到了最后一块，叫声无用，把它摞去，就成廖姓。兄妹二人割到天晚，回家就睡觉，到明晨起来一看，只见昨天抛弃肉块的地方，都有了人。问他们时，都不知来自何处。后经兄妹俩说出来由，才都知道。因此世人奉祀为神，就是现在"还傩愿"时奉祀的傩公傩母。

（二）吴良佐讲述的洪水故事（以下引述，简称"佐述故事"）

雷，苗名〔koⵌ soⵌ〕，与〔koⵌ peŋⵌ〕是很好的朋友。他们是时常来往的。有一天，〔koⵌ soⵌ〕到〔koⵌ peŋⵌ〕的家里来；〔koⵌ soⵌ〕整备酒饭给他吃，吃完了，〔koⵌ soⵌ〕道："我平素最恨生长在鸡屎上的菜，所以绝不吃的。"〔koⵌ peŋⵌ〕答称："是是。"没有多久，〔koⵌ soⵌ〕又到〔koⵌ peŋⵌ〕家来了。〔koⵌ peŋⵌ〕就悄悄的吩咐他的儿女专摘取生长在鸡屎上的菜来，请〔koⵌ soⵌ〕同吃；吃完之后，才对他说道："你说最恨的菜，今天我们已经吃了！"〔koⵌ soⵌ〕听了，气忿已极，恶狠狠的说道："我必定要劈死你！"〔koⵌ peŋⵌ〕问道："你要劈我，从什么地方走来？""我从屋顶上来；在某日某时，你可要当心！"答罢，去了。

〔koⵌ soⵌ〕去后，〔koⵌ peŋⵌ〕就将椿树（苗名〔nduⵌ tɕiyⵌ kəŋⵌ〕）的皮剥来盖在屋顶。到了某日某时，〔koⵌ soⵌ〕果然来了。椿树皮乃是极滑的；〔koⵌ soⵌ〕踏在屋顶，便觉身不由主，滑跌一跤，滚下地来。〔koⵌ peŋⵌ〕就把他捉住，先罩在大锅内，后又关在铁仓里面，不给饮食。他知道〔koⵌ soⵌ〕最怕的是盐，所以要去买盐来腌死他。临去的时候吩咐他的子女道："我去之后，若〔koⵌ soⵌ〕需要什么，切不可给！"吩咐已毕，买盐去了。

〔koⵌ peŋⵌ〕去后，〔koⵌ soⵌ〕果向他的子女要水要火。先时，子女一些也不给，后来〔koⵌ soⵌ〕再三的恳求，才给他一些已熄灭的火子与喂猪的臭水。不料他得了火子用力就吹，竟给他吹起火来；不一刻，雷声隆隆，大雨骤至；他便破铁仓而出，随即去找寻〔koⵌ peŋⵌ〕。

那时〔koⵌ peŋⵌ〕走在途中，听得雷声，又见大雨，知是〔koⵌ soⵌ〕脱逃，心里十分着急。忽见〔koⵌ soⵌ〕赶来，自觉不能抵抗，乃匿身在道旁的牛屎堆里。迨〔koⵌ soⵌ〕赶到，不见了〔koⵌ peŋⵌ〕，只见道旁有一牛屎堆；他便手使戈矛，用力刺去，谁知无意中刺中了〔koⵌ peŋⵌ〕的脚。〔koⵌ peŋⵌ〕俟他去后，便负痛回家，不久就死了。

〔koⵌ soⵌ〕追寻〔koⵌ peŋⵌ〕不得，忿怒异常，一时就打起大雷，下起大雨；一连七日七夜，下得洪水滔天。幸得太白金星送给〔koⵌ peŋⵌ〕的子女一个葫芦种子；他们把那种子寅时种下，卯时长成，当日就结成一个大葫芦，如船般大。洪水涨时，他们兄妹俩同入葫芦避水，遂得不死。后来上帝降旨，止住洪水，兄妹二人降落地面。

当时人类都已被水淹死，金鱼老道乃撮合兄妹二人配成夫妇，遂得遗传人类。这兄妹二人，就是现在"还傩愿"的时候奉祀的傩公傩母。

我们返京后接得他们所寄关于洪水故事的两个歌谣，一个就是吴良佐君钞寄的，另一个是乾城苗人石启贵君钞寄的。我再把这两个歌谣转录如下。

（三）吴良佐钞寄的《傩公傩母歌》①

李王娶妇颜氏女，成婚多年不怀孕；太白金星赐八豆，一口吃下生八人。后园里面有桃树，桃树脚下出妖精；玉帝差遣雷公将，差来地下收妖精。霹雳一声惊天地，扭捉张良八个人；却被张良来动手，拿住雷公难脱身。上帝玉皇心大怒，七日七夜雨霖霖；只因洪水涨天界，淹死盘古一朝人。寅时种瓜卯时生，辰时瓜长上牵藤；一刀剖开是葫芦，兄妹二人去藏身。只留伏羲两兄妹，葫芦里面藏了身；上摆天来下摆地，摆到天界南海门。葫芦摆到天门上，惊动玉皇大帝身；上帝玉皇闻知道，急问两班文武臣。若是他是凡间子，拿去妖公问罪名；葫芦里面忙答应，我是凡间有灵人。张长手来李长脚，打脱雷公上天庭；掌牢天井忙不住，开了南方河海门。后来洪水都消了，葫芦走出一双人；只因天下人民绝，岳王与妹要配婚。心中思想无计较，去到灵山把香焚；你到东山去烧香，我去南山把香焚。若是香烟来结团，妹妹与你结为婚；祷告苍天齐发火，两边香烟结一团。看见香烟快结团，妹妹急忙躲藏身；伏羲看见妹妹走，随后追赶不稍停。伏羲行到中途上，巧遇金龟老道人；金龟开言从实讲，西眉山上去藏身。伏羲听得这句话，急忙前往寻妹身；果然寻见妹妹面，松树脚下拜为婚。妹妹开言问兄道："谁人报告你真情？"伏羲从实回言答："金龟老道报得真。"后生一个肉胞胎，无头无脑不分明；伏羲祷告天和地，将刀剖开看分明。见有十二童男子，又有十二童女人；就把儿女安名字，置了百家姓人名。当初水漫人民绝，正是皇王初起根；若无皇王来起奏，万国九州少人民。自从我皇起立世，安定乾坤治人民；如今世上人供养，供养我皇为祖神。

（四）石启贵钞寄的《傩神起源歌》②

讲古事来要最古，说新闻来要最新；黄帝以后我不讲，单唱初民一段情。古时到处荒凉土，四面八方没有人；天上禾笋管世界，地下禾璧创乾坤。禾璧是人名和姓，禾笋就是雷公名；一在天上一在地，彼此不睦怀恨深。各显妙法图报复，要达目的快其心；雷公降下三年雪，禾璧雪上露赤身。雷公又晴三年久，禾璧靠火还说冷；因是雷公不服劲，要用斧劈他原身。禾璧知道其中意，忙用滑皮盖屋顶；假说要落三天雨，才能劈着他原身。哪知滑皮被雨湿，光滑难踹会滚人；雷公闪火降下地，踹着屋顶滚地

---

① 歌词原文，除用字措词显然有错误者予以改正外，其他意义不明及费解之处，均仍其旧。
② 歌词原文，除用字措词显然有错误者予以改正外，其他意义不明及费解之处，均仍其旧。

坪。就被禾璧来动手，关在仓内难脱身；预备用盐来腌灭，急往商店去找寻。趁着禾璧商店去，雷公闪光闹沉沉；禾璧子女亲眼见，即到仓边看个真。雷公一见开言道："要火要水是真情。"二人哪知其中意，急忙转步就去寻。水火二人都送到，雷公吩咐听原因："赐你两颗仙瓜种，好好保存放在身。后遇狂风下大雨，忙把仙瓜种完成；若是洪水滔滔涨，可到瓜内去藏身。"说罢一声火光闪，斧劈仓破脱了身；一朵黑云化身去，即时天上显威灵。禾璧走到中途上，知道雷公脱了身；双手拍胸一声叹："这番冤恨雪不成。"雷公腾云空中望，看见禾璧路上行；因知禾璧好妙法，徘徊天空不敢擒。道旁有树大三围，禾璧一见巧计生；一手将树来折断，拿起树干打水行。雷公一见无办法，才用洪水淹他身；忙使鳌鱼来塞海，五湖海水不流行。即起狂风并暴雨，七日七夜雨霖霖；洪水因此滔滔涨，一时涨起到天门。世上之人无处躲，男女老少命归阴；兄妹记得雷公话，就把仙瓜种完成。先将瓜种撒下地，即时发芽就牵藤；开花结果来得快，结成大瓜空中心。兄妹二人瓜内躲，漂漂荡荡到天门；雷公炉内去打铁，打成快箭四五根。盘古把箭拿在手，分别放射海水门；一箭射出退海水，二箭射出现山林。五湖四海射五箭，齐天洪水就消尽；兄妹双双出仙瓜，但见世上没有人。山林不闻鸟兽叫，平地不见人畜行；猪羊牛马都绝迹，遍地荒凉冷清清。妹妹心忧无计较，哥哥忽然巧计生；他想若要留人种，惟有兄妹配成婚。想罢即忙开言道："妹妹听兄说原因：依礼说来原不该，兄妹本是同根生；但因世上没有人，且变礼法来配婚。"小妹听说回言答："哥哥在上且请听：你我同娘共母养，不是别姓外来人；要我与你成婚配，此事断乎不可行。"哥哥听罢回言道："小妹侧耳再细听：你说同娘共母养，话不虚传果是真；并非世上人多众，到处求婚都可行。如今只剩你我俩，此外无人可配婚；不如与我来婚配，免得日后绝人根。"小妹听了回言道："哥哥听妹说分明：二人园里去剖竹，将竹剖开两片分；各取一片上山顶，由顶把竹往下扔。如果两片合一起，兄妹就该结成婚。"哪知哥哥心计巧，先把竹片合端正。二人上山扔竹片，再到山下看分明；下去一看竹果合，小妹无言叹一声。左思右想出妙计："再把磨子看分明；如果磨子又合起，自应与你结为婚。你我抬磨上山去，各把一面往下扔；扔下磨子再去看，看它合成合不成？"哪知哥哥多巧计，早把磨子先合成；待把磨子扔山下，一看自然又合成。小妹看了无言答，预备逃走不成婚；妹妹急忙往前走，哥哥追妹随后行。赶了三天三夜半，肚饿一刻不留停；用尽平生好气力，只见行迹难近身。赶至一条狭道路，妹妹遇狮忙转身；哥哥一见回身转，急忙追上把妹迎。双手将妹来抱住，青天白日结成婚；成婚一年生一子，讵料这子是怪人。四肢形同人模样，是男是女分不清；忙将此子用刀割，一人拿做百块分。全身四体割完了，分别抛弃在山林。一块放在堂屋内，封作吴姓掌乾坤。一块放在龙山地，才有龙姓一脉人。一块放在石头上，叫作石姓不差分。一块放在麻园地，把他喊成麻姓人。最后一块无抛处，将它摆在地埃尘；后来变人就姓廖，从此才有百家姓。明晨四处烟火起，黄河流域尽是人。后来子孙多发达，家财万贯斗量金。禾壁原是先世祖，兄妹就是他亲生。"禾"字取义同"苗"字，如今才有这苗名；五姓吴、龙、石、麻、廖，算是世上先来人。如今世上人多广，二皇究是原始人；世人因此多信仰，年年秋后要敬神。几句来源略表过，事属实在又合情。歌言唱到这里止，马上收场歇住声。

以上四个故事，前两个是在湘西一带苗人中常可听到的传说，后两个是他们在举行一种"还傩愿"的礼俗时唱的歌。苗人的"还傩愿"，大概是由摹仿汉俗而来①，所以唱的歌词很多汉化；如《傩公傩母歌》中的"玉帝"、"玉皇上帝"、"岳王"、李王、颜氏、《百家姓》、"万国九州"等等，《傩神起源歌》中的黄帝、盘古、《百家姓》、黄河流域，及苗姓来源、"禾"字取义的解释等等。这些都是因为汉苗同化后随时随地添上去的枝叶细节，与故事的"母题"（motif）无损。我们知道，有许多歌谣传说或故事都是大同小异的。大同的地方是它们的"母题"，小异的地方是随时随地添上去的枝叶细节。往往有一个"母题"，经过许多人辗转的传说或歌唱，传播到各地，因为随时随地的改变，变到末了，几乎句句变了。但是无论如何改变，只要我们能把这些歌谣、传说或故事比较着看，剥去枝叶，仍旧可以看出它们原来同出于一个"母题"②。所以要研究上述的四个故事，首先要剥去枝叶细节，再拿来互相比较，而后可以看出它们的"母题"是什么。为便于比较研究起见，我们且把那四个故事中的中心人物及重要情节列成一表如下：

故事 情节	祥述故事	佐述故事	傩公傩母歌	傩神起源歌
兄（傩公）		koɤ peŋɤ的儿子	伏羲	禾壁的儿子
妹（傩母）		koɤ peŋɤ的女儿		禾壁的女儿
雷公	koɤ soʌ	koɤ soʌ	koɤ soʌ	禾耸
雷敌③	aɤ p'əyʌ koɤ p'eiɤ	koɤ peŋɤ	张良（？）	禾壁
洪水	雷公怒发洪水数十日	雷公怒发洪水七日七夜	玉皇上帝怒发洪水七日七夜	雷公怒发洪水七日七夜

① 关于此种礼俗的传播问题，作者将别有专文讨论，本文限于篇幅不能详说。
② 语本胡适之先生，参看胡氏《歌谣的比较的研究法的一个例》一文，见《胡适文存》二集卷四，亚东图书馆1924年初版，第309页。
③ 这是故事中抵抗雷公的人物，因他堪与雷公匹敌，并为便于称述故作"雷敌"。

故事情节	祥述故事	佐述故事	傩公傩母歌	傩神起源歌
避水	兄妹各入黄瓜避洪水	兄妹共入葫芦避洪水	兄妹共入葫芦避洪水	兄妹共入仙瓜避洪水
配偶	扔磨子，东西分走	金鱼老道撮合成婚	分赴东山南山焚香，香烟结团	扔竹片，扔磨子
传人	生下肉块，割弃变人	未详	生下肉块，割开后发现十二童男童女	生下怪胎，割弃变人

由上表看来，四个故事中的人物和情节显然有许多地方是各不相同；但是仔细比察，就可知道它们大体是相同的。我们先从那几个人名上来比较着看。第一，兄妹二人，只是《傩公傩母歌》提及兄名伏羲，在其他三个故事中都没有提及，无从比较，且待下文引述他处苗族的洪水故事时再说。

第二，雷公在"祥述"与"佐述"故事中都称［koˇsoˇ］，但在《傩神起源歌》却称禾耸。按"雷，苗名［soˇ］（凤凰苗方音），或［soŋˇ］（乾城苗方音）；前者就是"祥述"与"佐述"故事中［koˇsoˇ］的［soˇ］，后者就是《傩神起源歌》中禾耸的"耸"（"耸"就是［soŋˇ］的译音）。［koˇ］是苗语中置于具体名词前的一种"字头"（prefix），并没有一定的意义。这是苗瑶语系中共有的，颜复礼、商承祖合著的《广西凌云瑶人调查报告》称之为"附属字"。这个字头或附属字在凤凰苗人多数读作［koˇ］，而在乾城苗人则读作［oˇ］；钞寄《傩神起源歌》的石启贵是乾城苗人，所以他用汉字译音作"禾"（湘西凤凰乾城一带汉方音通读作［oˇ］）。"祥述故事"的讲述人吴文祥与"佐述故事"的讲述人吴良佐都是凤凰苗人，所以他们都读作［koˇ］。这个［koˇ］就是《苗防备览·风俗考》所记苗语"呼民曰'果乍'，呼苗曰'果雄'"的"果"字（"果"就是［koˇ］的译音）。苗语"乍"，义即汉人；"雄"，义即苗人自称。"果"就是"乍"与"雄"的字头。可见［koˇsoˇ］与禾耸，实在是一语的异读，意义同是"雷公"。

第三，雷敌在"祥述故事"叫［aˇp'əɣˇkoˇp'eiˇ］，在"佐述故事"叫［koˇpeŋˇ］，在《傩神起源歌》叫禾璧。［aˇp'əɣˇkoˇp'eiˇ］的［aˇp'əɣˇ］，苗语为"祖父"之义；就是《苗防备览·风俗考》、《永绥厅志》、《乾州厅志》所记"呼祖曰阿谱"的"阿谱"（当系［aˇp'əɣˇ］的译音）。［koˇp'eiˇ］与［koˇpeŋˇ］的［koˇ］和上述［koˇsoˇ］的［koˇ］相同，禾璧的"禾"与禾耸的"禾"也相同，都是字头；上文已有解释，此处不再说了。禾璧的"璧"，湘西一带汉方音通读作［pieˇ］，与［koˇp'eiˇ］的［p'eiˇ］除去"吐气"（aspiration）及［koˇpeŋˇ］的

［peŋˊ］除去"鼻音声尾"（nasal auslaut）的音很相近。按苗语中声母的吐气与不吐气及元音的带不带鼻音声尾，常常有交互转变的现象。如上述的"雷"，凤凰苗语为［soˇ］，乾城苗语为［soŋˊ］，后者带鼻音声尾，前者不带。又日人鸟居龙藏所记贵州安顺花苗语"天"为（dō），"金"为（kō）；青岩花苗语"天"变为（don），"金"变为（kon）；而安顺花苗语"人"为（mún），"铜"为（ton）；青岩花苗语"人"变为（mu），"铜"变为（to）①。前者元音由不带鼻音声尾而变为带鼻音声尾，后者由带鼻音声尾而变为不带。又如"女"（包括女子、妇女、女孩或女儿诸义），凤凰苗语为［mp'aˊ］，乾城苗语为［mbaˋ］；前者声母［p］吐气，后者不吐气。又据法人德弗洛尔氏（De Fleurelle）所记贵州归化厅（今紫云县）苗语"炭"为（ka tieh），"蒔秧"为（tsilai）②；而据勒巴齐氏（Lepage）所记该处黑苗语"炭"变为（ka t'ie），"蒔秧"变为（ts'i le）③。前者声母（t）与（ts）均不吐气，后者并变为吐气。由这些例子上，我们可以看出［p'eiˊ］、［pieˊ］及［peŋˊ］，实在都是一音之转。苗语［pieˊ］（乾城苗方音）或［peiˊ］（凤凰苗方音）为"头"之义。《乾州厅志》云"头曰多比"，"比"音与［peiˊ］相近；《苗防备览·风俗考》及《永绥厅志》并云"呼头曰多北"，"北"音与［pieˊ］也很相近。所以"比"就是［pieˊ］，"北"就是［p'eiˊ］，同为"头"字之义，而"多"同为字头。由这个有"头"字意义的［pieˊ］或［pieˇ］，又引申而为"始"、"初"之义。如乾城的苗人称一月的第一日为［oˇ pieˊ lhaˊ］，［lhaˊ］为"月"，［pieˊ］为"初"，［oˇ］是字头，就是"月初"之义。所以［koˇ p'eiˊ］的［p'eiˊ］，［koˇ peŋˊ］的［peŋˊ］及禾璧的"璧"，都是一语的异读，同为"始"、"初"之义。我们再把"祥述故事"中有"祖父"意义的［aˊ p'əyˇ］连起来，即成了"祖父始初"之义。苗语语法，形容词是在名词之后的④，可见就是"始祖"之义了。

至于《傩公傩母歌》中的张良，当然不能从音变上去看，也决没有"始祖"意义的可能。但从故事的情节上看，他是相当于其余三个故事中的雷敌；或者就是禾璧、［koˇ peŋˊ］、［koˇ p'eiˊ］或［koˇ pei］之误，也很可能。因为这个《傩公傩母歌》与《傩神起源歌》，根本就是受过汉人教育的苗人根据原有传说用汉语歌唱的。传唱《傩公傩母歌》的苗人也许记不起原来的人名，便任意拉上一个中国历史上的或民间传说中的人物如张良之类，再胡乱凑上几个汉姓而妄称李王、颜氏，那都是很可能的。苗人既受过汉人的教育，习闻汉族的历史传说，自然很容易把汉人

---

① 参看鸟居龙藏：《苗族调查报告》，编译馆译本，商务印书馆 1936 年初版，第 156—170 页（安顺花苗单语）及第 170—182 页（青岩花苗单语）。

② 参看 D'Ollone, *Langues des peuples non chinois de la Chine*, pp. 24-187；Vocabulaires, 6, Paris, 1912.

③ 参看 D'Ollone, *Langues des peuples non chinois de la Chine*, pp. 24-187, Vocabulaires, bis 6.

④ 参看 F. M. Savina, *Dictionnaire Miao-tseu Francais*, p. XV, 见 *Bulletin de l'ecole Francaise d'extrême orient*, tome XVI, Hanoi, 1916.

附会到苗人的故事中去。这正是崔东壁所谓"记忆失真之弥缝"①，本属事理之常，并不足怪，也不会损及故事的"母题"。所以我们很可不用做那苗族故事中的汉族人名来源的考证，而简简单单的认为《傩公傩母歌》中的张良就是［koɤ pʻeiɤ］，［koɤ peŋɤ］或禾璧之误，大概不致有错。

以上我们考四个苗族故事中的人名，以下再从故事中的重要情节上来比较着看。

第一，兄妹二人在"佐述故事"及《傩神起源歌》都说是雷敌的子女，其余两个故事都没有提及；他们同避水患，在"祥述故事"是藏身黄瓜，"佐述故事"与《傩公傩母歌》是同入葫芦，《傩神起源歌》是同入仙瓜；决定配偶的方法，在"祥述故事"是"扔磨子"与"东西分走"，"佐述故事"是"金鱼老道撮合"，《傩公傩母歌》是"分赴东山南山焚香"，《傩神起源歌》是"扔竹片"与"扔磨子"；结婚后的生育，在"祥述故事"与《傩神起源歌》是生下肉块，割裂抛弃，变化为人，《傩公傩母歌》是生下肉胎，剖开后发现十二童男及十二童女，"佐述故事"未详。

第二，雷公在"祥述故事"是被［aɤ pʻəyˇ koɤ pʻiɤ］设计擒获，要取心治母病；在"佐述故事"中，［koɤ peŋɤ］与［koɤ soɤ］本是好友，因吃菜结仇，致遭擒获；《傩公傩母歌》却说是雷公奉旨捉妖精；《傩神起源歌》又说是禾璧与禾耸彼此不睦，各图报复。

第三，洪水的发生，除在《傩公傩母歌》说是玉皇上帝因雷公遭擒，怒发洪水外，其余三个故事都是说雷公始而遭擒，继而脱逃，因欲报复而发洪水。

以上提出的一些情节，表面上看来似乎不同，其实都是由于辗转的传说演变而来的。我们知道，传说的生长，最初中有一个简单的故事作中心的"母题"；后来经过众口的传说敷演，这个故事便一天一天的改变面目②。或因传闻异词而曲全其解，或因语义失解而附会其说，或因记忆失真而弥缝其词，甚或买菜求益，杂糅多方面的传说而增饰敷演；所以往往有一个"母题"，会变成许多大同小异而内容错综复杂的故事或歌谣。我们且举包公的传说做个例：在《宋史》中只记包公知天长县时，断"盗割牛舌"一案；到元朝会变出十四本杂剧，都是记的包公断狱的故事；到明清之际；又变出一部《包公案》，一名《龙图公案》来；后来又演化而为《三侠五义》或《七侠五义》③。诸如此类的例子，举不胜举。以此例彼，可见上文所述的湘西苗族的四个洪水故事，虽有许多情节不同之处，还只是小枝细叶的改变，在大体上仍旧可以说是相同的。所以我们可把那四个洪水故事当作一个看，把其中的中心人物与重要情节总结起来，只是下列的几条：

（一）人类的始祖设计擒住雷公，旋被脱逃。

---

① 参看清崔述：《崔东壁遗书考信录提要》卷上。
② 参看胡适：《三侠五义序》，见《胡适文存》三集卷六，亚东图书馆 1930 年初版，第 685—687 页。
③ 参看胡适：《三侠五义序》，见《胡适文存》三集卷六，亚东图书馆 1930 年初版，第 663—670 页。

（二）雷公为要报仇，就发洪水来淹人类的始祖。

（三）世人尽被淹死，只留兄妹二人。

（四）兄妹结为夫妇，生下怪胎，剖割抛弃，变化为人。

以上我们研究湘西苗族的四个洪水故事，可得一条结论：

这四个洪水故事的中心"母题"，只是以为"现代人类是由洪水遗民兄妹二人配偶遗传下来的子孙"。

三、洪水故事中的兄妹二人与伏羲女娲

上文所述洪水故事中的兄妹二人，现在湘西的苗人都信奉为傩神，每年秋后，请巫师，扎彩洞，举行一种"还傩愿"的礼俗以酬傩神，而称之为"傩公傩母"。考"傩公傩母"之名，见于唐李淖《秦中岁时记》①；大概苗人所谓"傩公傩母"是依托汉俗而来。我将别撰专文讨论，此处不赘。现在所要讨论的是《傩公傩母歌》中所唱的"只留伏羲两兄妹，……伏羲看见妹妹走，……伏羲行到中途上，……伏羲听得这句话，……伏羲从实回言答，……伏羲祷告天和地，……"凡六提伏羲之名，可见不是偶然说兄妹二人的兄，名叫伏羲了。初时，我本也认为是传歌的苗人记忆失真后的附会之说。后与马松玲先生谈，知《峒溪纤志》记苗人有祀伏羲女娲之俗。我把清陆次云的原书翻来看，见他记苗人"报草"（恐系"报赛"之误）之俗说：

> 苗人腊祭日"报草"，祭用巫，设女娲伏羲位。

又见青乔《苗俗记》也说：

> 妇有子始告知聘夫，延师巫，结花楼，祀圣母。圣母者，女娲氏也。

看这两段记载，可见苗人所奉祀的神，本非傩公傩母，而是伏羲女娲。伏羲女娲是传疑中的中国古代帝皇②，今乃见之于苗族的神话歌谣中，苗人且举行一种宗教仪式以奉祀之。这不能使人不疑，所以我们不能不一考究竟。

我尝读日人鸟居龙藏的《苗族调查报告》，知贵州安顺青苗也有兄妹配偶遗传人类的神话。他记一青苗老人所述的故事如下：

> 太古之世，有兄妹二人，结为夫妇，生一树，是树复生桃、杨等树，各依其种类而附之以姓。桃树姓"桃"名 Ché lá，杨树姓"杨"名 Gai yang，桃杨等后分为九种，此九种互为夫妇，遂产生如今所有之多数苗族。此九种之祖先即 Munga chantai，Mun bān（花苗），Mun jan（青苗），Mun lō（黑苗），Mun lai（红苗），Mun la'i（白苗），Mun ahália，

---

① 《秦中岁时记》云："岁除日进傩，皆鬼神状，内有二老儿，其名皆作傩公傩母。"

② 伏羲在《易·系辞》就说是王天下的，汉伏生也有"伏羲为戏皇"之说，其后遂多以伏羲为三皇之一。女娲也被一部分古史家列入三皇之一。参看顾颉刚、杨向奎：《三皇考》第十六、十九章，载《燕京学报》专号之八，北平哈佛燕京学社 1936 年版。

M'man, Mun anju 是也。（用编译馆译文，见该馆译本页四九）

另一青苗老人所述略有不同，说太古之世，岩石破裂生一男一女，结为夫妇，后生多数子孙，形成今日的苗族（见同上页四八）。这两个故事的情节虽各不同，然在兄妹结为夫妇，遗传人类的"母题"上看来，与湘西苗族的四个故事大致是相同的。惟并没有说到洪水，更没有提兄妹之名，我们仍得不到比较材料。

又法人萨费那氏（F. M. Savina）的《苗族史》（*Histoire des Miao*）也记一个相类的洪水故事，我也译录如下：

有一次，水漫世界，涨到天上。

有两对男女，藏身鼓中，以避水灾。一对藏在铁鼓内，不久就沉没了。另一对藏在很轻的木鼓内，所以能浮到天上。在鼓内有各种谷类的种子。木鼓内的一对是姊弟二人。天神问他们为什么上天来。姊弟齐声答道："水已淹没了全地面，世界上已不能住人了！"天神听了此言，立即遣龙下界退水。在第五十天上水都退了，鼓落地面。地上仍很潮湿，好似鸟粪一般。有大鹰来到鼓边，用翅膀挟姊弟二人到一干燥的高处。后大鹰在地上觅不到食物，姊弟为要报它的恩，把皮肉喂它。各人给它三块肉：头后、腋下及腿弯各一块。这是人类的脑后、腋下及腿弯所以致凹的来源。

姊弟立即到各地播种那带在鼓内的各种种子。

弟尚年幼，姊已长成。后来弟渐渐长成，便向姊求婚。她以姊弟不能结婚的理由拒绝他。弟却说姊是世上唯一的女子。后来他们决意请求天意解决这个问题。起初是把磨子由山上滚落地下，那两片磨子合而不分。后又把针抛在空中，落地仍是连在一起。最后抛两个钱币，既不分散，也不落下。天意是显然的决定了，因此他们姊弟俩就结了婚。

后生一个小孩，无头无手也无脚，圆如一个鸡卵。他们以为小孩或许是在卵内，所以就把它切开。谁知里面也没有小孩；但见切下的肉块落到地上就变成小孩。因此他们就把它尽量切成小块。这样世上才有无数的人，世上才有新的殖民。（见原书 pp. 245-246）

这个故事，虽中心人物已经由兄妹变为姊弟，但姊弟配偶，遗传人类，在"母题"上仍可说是并没有变。惟也没有提姊弟之名，仍无从与伏羲女娲两个名字比较。

又英人克拉克氏（Samuel R. Clarke）的《中国西南夷地旅居记》（*Among the Tribes in South-West China*）记有三个洪水故事：一个是黑苗的《洪水歌》，一个是鸦雀苗的洪水故事，这两个是他亲听苗人讲述的；还有一个是花苗的洪水故事，那是听赫微特氏（H. J. Hewitt）转述的。我再一一译录如下：

赫微特氏转述的花苗洪水故事（下文引述，简称《花苗故事》）：

一日，有兄弟二人同犁了一丘田，到次日去看时，只见犁过的田已经复原，且更平坦，就像没有动过一样。这样经过四次，他们很奇怪，决定再犁一次，以便坐观其变。等到半夜，见一老妇从天而降，手里持一木板，先把田土拨使还原，再用板压平。兄大声唤弟，叫帮他把毁坏田土的老妇杀死。但弟的意思却要先问明这老妇，究竟为什么要来这样恶作剧。所以他们就问那老妇，为什么要这样使他们徒费辛苦。她告诉他们道："洪水快要泛滥世界，犁田是没有用的，不过徒费光阴罢了。"她并劝那弟弟预备一个大木鼓，以避水灾；因为他曾阻止他的哥哥杀她。他就砍一段树，挖空中心，口上钉上一张皮。她又劝那哥哥做一个铁鼓，因为他是要杀她的。洪水来时，兄弟二人各到他们的鼓里安身去了。

当水涨时，弟弟请他的妹妹同到鼓内去避难，妹妹便跟他爬入鼓中。哥哥在铁鼓内已为水淹殁，弟妹在木鼓内则安然无恙。水势高涨及于半天，弟妹二人在树中也随水升高；他们在水中流来流去，后为天上神魔所见；神魔以为是一个巨型动物，生着许许多多的角，因为树有许多杈枝。他很惊骇的说道："我也不过有十二个角，这个东西有那么许多，我怎么办呢？"因此他就招呼龙、蜥蜴、蝌蚪、鳗鳝前来清除河道，窜成孔穴，使洪水退去；这样他才能脱离了这多角怪物。

由于龙等的尽力，在二十天之内水就退了。那挖空的树落在一个很危险的山崖上。适有一只母鹰在那里造了一个窠，孵了两只雏鹰。兄妹二人见了，兄就在头上拔取几根头发编成小绳，把雏鹰的翅膀扣了起来；所以那雏鹰虽然长了毛羽，仍是不能飞行。

母鹰看见雏鹰到了该飞的时候还是不能飞，心里非常奇怪，就去问神仙。神仙道："你可去问那靠近你造窠地方的树干，它能告诉你的。不过你要报答它，把它带到平地上去。"母鹰飞回窠中对树干道："我求你让我的雏鹰飞行。"树内的人答道："如果我让他们飞了，你可能把我带到平地吗？"母鹰自然应允，树内的人解了扣住雏鹰翅膀的发绳，立即能飞行了。于是母鹰就负了内藏兄妹二人的树干飞到地面。

兄妹二人走出了树干，觉得窘极了。没有同伴，没有火，也没有食物。

哥哥见有一只红鸟衔一块旧铁，飞起来击石，能生出火星。他们才发现取火的方法，就取了些干柴生火取暖。

因为世上没有别人，哥哥想要和妹妹配成夫妻。妹妹不肯，哥哥提议到山顶去扔磨子；待到山下去看时，磨已合在一起。后来妹妹又取一根针，哥哥又取一根线，扔至山下，待到山下一看，线又已穿在针上。因此就配成夫妻，后来生了一子，既没有手又没有足；他们去求问神仙，神仙教把它切成百块，散弃百处。他们依照神仙的话实行之后，到次日早晨，所有的肉块都已变成了人；这些人就以散弃肉块落在地所有的东西为姓氏，所以有水、木、石等姓，因此才有百家姓。这就是世上重有人类及其得姓的来源。（见原书 pp.50-54）

克拉克氏记述的黑苗《洪水歌》本事（下文引述，简称《黑苗洪水歌》）：

A-F'o（即雷）与 A-Zie 兄弟二人，因争分财产不睦。雷居天上，A-Zie 居地上。雷用洪水来毁灭陆地时，A-Zie 就挖空一个大葫芦藏身；同时搜集了几千百种的种子，装在另一个较小的葫芦里面。

后来地龙吞去了全部的水，山龙吞去了全部的雾，洪水退去，陆地重现。世上的人尽都淹死了，只留 A-Zie 兄妹二人（A-Zie 的妹妹何以没有淹死，歌中未说起）；因此，A-Zie 就向他的妹妹求婚，她以兄妹配偶是不正当的理由拒绝他。但 A-Zie 仍是固请不已，妹妹就献议道："我们各取一面磨子跑上山顶，把它们滚下去；如果到了山下，这磨子能合在一起，我就允许和你结婚。但若不能合在一起，我们可就不能结婚。"

A-Zie 一想，这太不可靠了，但他心计乖巧，另觅两面磨子，先在山麓合好。他们滚下磨子，当然是不知去向了；但来到山下，哥哥就指给妹妹看，两面磨子果是合在一起，遂又要求她和他结婚。但她仍不心服，还要试看天意。她就要把一个刀鞘放在山下，各取刀一把，跑上山顶扔下。如果双刀入鞘，她才能和他结婚；否则，就不行。

A-Zie 一想，这又是很不可靠的；他就另取双刀，私自插入鞘中，预置山下。他们扔的两把刀，当然又是不知去向的，但到山下，哥哥又指给妹妹看，双刀果又入鞘。到了这时，妹妹就只得允许结婚了。后来生了一个小孩，但没有手足。A-Zie 大怒，用刀剖割成块，散弃山间。明天早晨起来一看，这些肉块都已变成人了。（见原书 pp. 43-46）

克拉克氏又记述贵阳南部鸦雀苗的洪水故事（以下引述，简称《鸦雀苗故事》），也是说洪水退后，只剩了兄妹二人，兄名"Bu-i"，妹名"Ku-eh"。他们也是藏身在大葫芦里面。哥哥要求妹妹配婚，第一次也是到山顶上扔磨子。第二次不同，他们是把两棵树扔到山下，要都结果实，就可以结婚；只有一棵结果也不行。后来他们结婚了，生下两个孩子，既不会哭，又没有手足。他们也是把它切块散弃，后来肉块变成了人。（见原书 pp. 54-55）

以上三个洪水故事中，《花苗故事》的前段很像倮㑩的洪水故事①，后段则与其他苗族故事大体相同。前月四川华西大学博物馆主任美人葛维汉（David Crockett Graham）氏在金陵大学演讲川南的苗子，所述洪水故事也和《花苗故事》的前段很相像。究竟是谁传给谁，那是很难说的。至于《黑苗洪水歌》与《鸦雀苗故事》，除前者以兄妹的兄为雷公之弟一点不同外，其余情节十之九与湘西苗族的洪水故事相同。可见这些洪水故事都是同出于一个"母题"的，所以也可以把它们当作一个故事看。

在这些洪水故事中，只有《黑苗洪水歌》说及兄妹二人的兄名叫"Zie"或"A-Zie"，及《鸦雀苗故事》说及兄名"Bu-i"，据克拉克氏说，苗人用汉语讲述时

---

① 参看 Paul Vial, *Les Lolos*, Shanghai, 1898, pp. 8-9.

则称"Fu-hsi"（伏羲）①，妹名"Ku-eh"。这几个名字很重要，供给我们很好的比较材料。现在且把这两个故事中所说的兄妹二人之名与《傩公傩母歌》中所说的兄名伏羲作一比较表如下：

故事 名别	傩公傩母歌	黑苗洪水歌	鸦雀苗故事
兄名	伏羲	A-Zie（或 Zie）	Bu-i（Fu-hsi）
妹名	—	—	Ku-eh

看上表，第一可注意的就是《鸦雀苗故事》说的兄名"Bu-i"，而苗人用汉语讲述时所称"伏羲"适与《傩公傩母歌》所说的相符。我们知道，中国古时是没有轻唇音②（即唇齿音 dentilabials，[f][v]）的，所以伏羲的"伏"与 Bu-i 的"Bu"，音本相通；伏羲本又作包牺③，"包"，当为"伏"字古读的音转；然韵母虽转，而声母与 Bu 音仍极相近。羲或牺与"i"音也很相近。据克拉克氏说，Bu-i 的"Bu"是"祖先"之义，"i"是"一"或"第一"之义。④ 所以"Bu-i"就是"第一祖先"之义。这与我上文所考 [aˠ pʻəˠˇ koˠ pʻeiˇ] 为"始祖"之义正相符合⑤。Bu-i 的"Bu"与 [aˠ pʻ əˠ koˠ pʻeiˇ] 的 [pʻəˠ] 及"阿谱"的"谱"，大概都是一音之转。由此可见"伏羲"也就是"始祖"之义了。⑥ 至女娲之名，本为单独一个"娲"字；汉许慎《说文》："娲，古神圣女。"女娲又作炮娲，宋罗泌《路史·后纪注》云："炮与包、庖同，名娲。"娲字读音，据唐颜师古《汉书·古今人表注》："娲，音古蛙反，又音瓜。"又《广韵》作古华切，《集韵》作姑华切，并音瓜。瓜与 kueh，音极相近。

其次可注意的是《黑苗洪水歌》中说的 Zie 或 A-Zie 之名，似与伏羲绝不相关；然"Zie"音极近"羲"或"牺"。按羲牺二字古读，据高本汉（Bernhard Karlgren）

---

① 参看 S. R. Clarke, *Among the Tribes in South-West China*, London, 1911, p. 55.

② 参看清钱大昕：《古无轻唇音说》，见钱氏《十驾斋养新录》卷五。

③《易·系辞》作包牺；唐陆德明《经典释文》云："包，本又作庖，孟京作伏；牺字又作羲，孟京作戏。"

④ 参看 S. R. Clarke, *Among the Tribes in South-West China*, Londen, 1911, p. 55.

⑤ [aˠ pʻəˠˇ koˠ pʻeiˇ] 在"祥述故事"本是雷敌，而 Bu-i 在《鸦雀苗故事》却是兄妹二人的兄。按《黑苗洪水歌》也把雷敌与兄妹二人的兄混为一谈。大概这段情节的传说不一，或云兄妹二人是雷敌的子女，或云雷敌就是兄妹二人的兄。

⑥"伏羲"二字义，自汉以来，解说颇多。《礼纬含文嘉》说："伏者，别也，变也；戏者，献也，法也。"（并见《风俗通义·皇霸篇》及《太平御览》卷七十八引。）又汉班固《白虎通·德论》："伏羲……画八卦以治天下，下伏而化之，故谓之伏羲也。"又晋皇甫谧《帝王世纪》："取牺牲以充庖厨，以食天下，故号曰庖牺也。"（《太平御鉴》卷七十八引。）清姚配中《周易姚氏学·系辞下传》："古者包牺氏之王天下也。"句下注云："孟喜、京房云：'伏，服也；戏，化也。'郑云：'包，取也，鸟兽全具曰牺。'……案包牺之义，诸儒皆望文以说。"本文据苗语考定伏羲为"始祖"之义，似最近似原始人称其祖先的心理。

氏的《汉文及汉和文分析字典》（*Analytic Dictionary of Chinese and Sino-Japanese*）并音［xjie］，与 Zie 音都很相近。A-Zie 的"A"，据克拉克氏的解释是人名与亲属称呼前的一个很普通的字头①，与我前文所释"祥述故事"［aˇⱽ p.'ʃⱽɣe］的［aˇⱽ］正相同，所以 Zie 或 A-Zie 之名，也很像是伏羲的又称。这固然不免牵合；如果没有上文所考可资参证，当然是绝不可信的。

以上是从名字的音读上比察，未免有牵合的危险。以下我们从洪水故事的母题上关于伏羲女娲的传说来比较着看。

上文曾说苗族洪水故事的中心母题只是以为，"现代人类是由洪水遗民兄妹二人配偶遗传下来的子孙"。我们现在要问：中国古来是不是有伏羲女娲为兄妹，为夫妇，传人类，及为洪水遗民的传说？

第一，伏羲女娲为兄妹的传说很早就有，汉应劭《风俗通义》说：

女娲，伏希②之妹（宋罗泌《路史·后纪注》引）。

此外则宋大中祥符时重修的《广韵》"娲"字注说：

女娲，伏羲之妹。

又宋郑樵《通志·三皇考》引《春秋世谱》说：

华胥生男子为伏羲，女子为女娲，故世言女娲，伏羲之妹。

又与郑樵同时而稍后的罗泌《路史·后纪》也说：

女皇炮娲，大昊氏③之女弟。

又明周游集，王黉释的《开辟衍绎》说：

女娲系女身，乃伏羲之妹，同母所生。（卷一第十一回）

又近人钟毓龙编的《上古神话演义》也说：

伏羲氏的妹子，号叫女娲氏。（卷一第三回）

由以上所引各节看来，可见伏羲女娲为兄妹的传说，自汉以来，至今不衰。

第二，伏羲女娲为夫妇的传说也很早，如现在所传的伪《三坟书·天皇伏羲氏策辞》即说：

（伏羲）后，女娲。

---

① 参看 S. R. Clarke，*Among the Tribes in South-West China*，London，1911，P. 43.

② 罗氏自注云："羲希古通用。"

③ 太昊又作太皞，始见于《左传》昭十七年："郯子曰：'太皞以龙纪。'"又见于《荀子·正论篇》："自太皞燧人莫不有也。"按《左传》记郯子所述诸帝，太皞次黄帝、炎帝及共工氏之后，少皞氏之前；疑本非伏羲。看秦汉以前古籍，不见太皞与伏羲连称可知。清崔述也有太皞非包牺之说（看《崔东壁遗书补上古考信录》卷下）。至以太昊即为伏羲，大概源于纬书，《太平御览》卷七十八引《遁甲开山图》云："仇夷山四绝孤立，太昊之治，伏羲生处。"后遂误以太昊伏羲为一人，所以班固作《汉书·古今人表》即称太昊帝宓牺氏，晋杜预注《左传》也以太昊为伏羲，皇甫谧《帝王世纪》更附上解说："帝出于震，未有所因，故位东方，主春，象日月之明，是称太昊。"（并见《北堂书钞》及《太平御览》引）唐孔颖达《左传》昭十七年《疏》又说："太昊身号，伏羲代号。"所以自汉以来，太昊与伏羲，遂多混为一人。《路史》所称太昊，当然就是太昊伏羲氏的省文。

又元杜道坚《玄经原旨发挥》也说：

女娲氏为伏羲后。

考伪《三坟书》，自宋晁公武以来，大抵都认为出于宋人伪撰①。然该书所记女娲为伏羲后之说，则不始自宋。唐卢仝《与马异结交诗》有"女娲本是伏羲妇"②之句，可见唐时就有伏羲女娲为夫妇的传说，然尚不始自唐。今所存汉武梁祠石室画像有伏羲像，绘二人：右一人右手执物似矩，下身鳞尾环绕向左；左一人下身也是鳞尾环绕与右相交。③ 这个画像显然是象征二人为夫妇。清瞿中溶《武梁祠堂画像考》即说，左一人必是伏羲之后④。又马邦玉《汉碑录文》也有武梁祠石刻，马氏考伏羲画像云：

按此刻伏羲像人首蛇身，两尾相交，与祝诵氏以下作人形者迥异。往在兰山，见古墓中两石柱刻：羲皇、娲皇、农皇及尧、舜像，伏羲亦鳞身，两形尾交。又余家西寨里伏羲陵前石刻画像亦两形并列，人首，一男一女，龙身尾交。予意古之图画羲娲者皆类此。按《帝王世纪》："宓牺蛇身人首"，《楚辞注》："女娲人头蛇身"，《玄中记》云："伏羲龙身，女娲蛇躯"，《灵光殿赋》："伏羲鳞身，女娲蛇躯"，《列子》、《文子》、《史记》皆云："二皇牛首蛇身"，曹植云："今绘画羲娲者，犹真为太牢委蛇之状"，盖自古记之矣。（卷一）

又近人容希白先生的《汉武梁祠画像考释》记武梁祠石室第一石第二层的画像说：

其上山形横列，第一段画二人，右为伏羲，冠上方下圆。左手平举，右手执物似矩。下身鳞尾环绕向左。右为女娲，面泐。身同伏羲，尾亦环绕与右相交。（页七）

---

① 参看清姚际恒：《古今伪书考·古三坟书条》引晁子止（公武）、陈直斋（振孙）、胡元瑞（应麟）诸氏之说。

② 参看卢氏：《玉川子集》卷二。

③ 这是第一石第二层的第一图，按左石室第四石也有类似的一图，惟两像相背，而不是相向（看日人关野贞的《支那山东省にけ为汉代坟墓の表饰及附图解说》。又英人史坦因（Aurel Stein）氏在新疆吐鲁番隋高昌国首都卡拉切家（Karakhoja）故址附近发掘阿斯塔那（Astana）墓地所得的彩色绢画中也有人首蛇身画像，惟两尾互绞三匝，并附绘太阳及列星，以示天界（看氏所著 *Innermost Asia*，Vol. Ⅱ，Text，pp. 665，707-708；Vol. Ⅲ，Plates and Plans，pp. CVIII，CIX；Oxford，1928）。又黄文弼先生于十九年春在吐鲁番古冢中也曾得绢质彩色人首蛇身相绕画像一帧，覆被死人身上（看黄氏所著《高昌》第一分本，西北科学考查团国《丛刊》之二，考古学第一辑，北平中国学术团体协会西北科学考查团理事会，1931年初版）。这是承傅孟真先生见告的，作者尚未见其图；据傅先生说，该图比史坦因氏所得者为精。这大概是由汉时鳞尾相交的伏羲画像流传演变而来，同有用作副葬的意义；其覆被死人身上，很像现在的陀罗尼经被的作用。

④ 瞿氏云："按画像此图有两人，惟题'伏羲仓精'云云，而不言其左一人为何人……予细辨其首为发髻，与后凡为妇人者形同……必伏羲后也。"又"此图中间有一裸体散发小儿，下体亦鳞蛇形，而变一为二，略具两腿之状，手牵伏羲袖，如戏跃之势者，其即《系辞》男女化身之意乎？"（并见上引瞿氏书卷一）

由以上所引诸家的伏羲画像考释看来，可见伏羲女娲为夫妇的传说，最晚当在东汉以前。按汉时盛行的纬书，《诗含神雾》有"赤龙感女娲"（《北堂书钞》引）之说，这与伏羲画像恐也很有关系。依郭氏《玄中记》"伏羲龙身，女娲蛇躯"（《文选》王延寿《鲁灵光殿赋》李善注引）之说，则"赤龙"大概是指伏羲，"感女娲"，当然就是画像所云尾交之义。然画像的作伏羲女娲尾交之形，尚远在纬书盛行之前。瞿中溶《武梁祠堂画象考》说：

> 且考祠画之有女娲，其来已久。《楚辞》屈原见楚先王之庙及公卿祠堂画天地山川神灵，琦玮谲诡，及古圣贤怪物；及作《天问》，其词有云："登立为帝，孰尚道之？"王逸注："言伏羲始画八卦，修行道德，万民登以为帝，谁开导而尊尚之也？"下即云："女娲有体，孰制匠之？"王逸注："传言女娲人头蛇身，一日七十化，其体如此，谁所制匠而图之乎？"宋洪氏兴祖补注谓："登立为帝，逸以为伏羲，未知何据。"愚谓其画必有伏羲，并有女娲，故逸云然。又王延寿《鲁灵光殿赋》言殿之图画云："写载其状，托之丹青，千变万化，事各缪形。随色象类，曲得其情。"而后云："伏羲鳞身，女娲蛇躯。"则明言其画之状，盖如此图二人之形，而云伏羲女娲，文考当必有所据也。逸与延寿皆汉人，必当时之画像多如此，故逸注《天问》，亦以伏羲女娲并解。（卷一）

据此，则楚先王庙及公卿祠堂的画与鲁灵光殿的画都有同样的伏羲女娲画像了。说虽出于推测，然有相当的可以相信。如《天问》确为屈原所作，则当战国末，就有伏羲女娲为夫妇之说了。

第三，关于创造或遗传人类的传说，见于载籍的，似只记女娲，而没有伏羲。如汉王逸《楚辞·天问注》说：

> 女娲……一日七十化。

化的什么？许慎《说文》有如下的解释：

> 娲，古神圣女，化万物者也。

可见汉时的传说，以女娲为化万物的神圣女。人类当然是包括在万物之内的，既云万物是由女娲变化而来，则人类自然也是由女娲变化而成了。所以应劭《风俗通义》便明明白白的说女娲创造人类：

> 俗说天地开辟，未有人民，女娲抟黄土作人，剧务力不暇供，乃引绳于泥中，举以为人。故富贵者，黄土人；贫贱凡庸者，絙人也。（《太平御览》卷七十八引）

上文所引两条，只是说女娲化万物，造人类。然据《礼纬含文嘉》：

> 伏羲始别八卦，以变化天下。（应劭《风俗通义·皇霸篇引》）

"天下"二字与"万物"二字，常相连用，如《吕氏春秋》云："天下太平，万物安宁"；所以"变化天下"，可作"变化天下万物"的省文看。这与许慎所说女娲化万物之义正同。可见当时的传说，不止是女娲，并有伏羲变化万物之说了。

第四，关于洪水的传说，见于载籍的，似乎也只记女娲，而没有伏羲。如《淮南子·览冥训》说：

> 往古之时，四极废，九州裂，天不兼覆，地不周载，火爁炎而不灭，水浩洋而不息，猛兽食颛民，鸷鸟攫老弱。于是女娲炼五色石以补苍天，断鳌足以立四极，杀黑龙以济冀州，积芦灰以止淫水。苍天补，四极正；淫水涸，冀州平；狡虫死，颛民生。

至唐司马贞作《史记·补三皇本纪》把《淮南子·天文训》的共工触不周山的故事与上引《览冥训》的女娲洪水故事糅合在一起说：

> 当其（女娲）末年也，诸侯有共工氏任智刑以强，霸而不王，以水乘木，乃与祝融战，不胜而怒，乃头触不周山崩，天柱折，地维缺；女娲乃炼五色石以补天，断鳌足以立四极，聚芦灰以止滔水，以济冀州；于是地平天成，不改旧物。

这两条都只是说女娲时的洪水故事。然据宋罗泌的《路史·后纪》：

> 太昊氏衰，共工氏作乱，振滔洪水，以祸天下。……于是女皇氏（炮娲，即女娲）役其神力，以与共工氏较，灭共工氏而迁之。然后四极正，冀州宁；地平天成，万物复生。

这是说伏羲氏衰时，有洪水之祸，给女娲平了的。罗氏虽生南宋，然他的《路史》是杂采汉时盛行的纬书及道书而成；可见汉时洪水的传说，必不止说女娲，与伏羲也是有关的了。

综看上引三条，只能说伏羲女娲时曾有洪水而为女娲所平，似与苗族兄妹二人避洪水的故事绝不相类。然而要知道，传说与故事是最容易变迁的，前文已经论及。我们只要看《西洋记》与《包公案》所记"五鼠闹东京"的神话，到《三侠五义》或《七侠五义》里，"五鼠"会变成"五个义士"，"玉猫"会变成"御猫展昭"；①则苗族洪水故事中的"避水"，它伏羲女娲洪水传说中变为"治水"，可见并不足怪了。况且无论是治水或避水，它们的母题，仍可说是没有变。苗族洪水故事中的兄妹二人，我们可以说他是洪水遗民；《淮南子》、《史记·补三皇本纪》及《路史·后纪》所记洪水传说中的伏羲女娲，自然也可以说他们是洪水遗民。

以上我们考苗族洪水故事中的兄妹二人与伏羲女娲的传说，可得两条结论：

（一）伏羲与兄名很相似，女娲与妹名很相似。

（二）关于伏羲女娲的传说，也有很多是与兄妹二人的情节很相似。

四、伏羲女娲之族属的推测

看了上文的结论，大概都要发生如下的一个问题：究竟伏羲女娲是汉族还是苗

---

① 参看胡适：《三侠五义序》，见《胡适文存》三集卷六，亚东图书馆1930年初版，第669—670页。

族？这个问题的肯定的答案，恐怕是永远不会有的。因为现在既找不到关于伏羲女娲的史实，以供历史学家的参研；也找不到关于他们的文化遗存，以供考古学上的探讨及民族学上的比证；自然更谈不到找他们的骨骼与语言，以供人类学及语言学上的研究了。本章所论，只是从神话学的观点上来加以推测；因为现在所能找到的材料，只有如上两章所论及的一些神话或传说。

由上文第二章所论，我们已知苗人自认是洪水故事中兄妹二人的子孙。然在载籍可稽的，尚有槃瓠故事，说苗族为槃瓠遗种。

自宋以来，或以苗为蛮的一种，如宋朱辅《溪蛮丛笑》之说；或以苗蛮连称，如《元史》有"诸洞苗蛮"[①] 之句。明清以来，遂多以苗为槃瓠种族。但就我们考察所得，湘西的苗族，很少人知道槃瓠故事；鸟居龙藏、克拉克、萨费那诸氏的调查报告，也都没有提及现在的苗族传说着槃瓠故事，更没有关于狗的图腾崇拜或禁忌。现在盛传这个故事且有狗的图腾崇拜遗迹的，是在浙闽一带山居的畲民。他们并有妇孺都能口诵的《狗王歌》，咏槃瓠故事。[②] 每家中堂且都供着"本家寅奉堂上高辛氏敕封忠勇王一脉宗亲长生香火祖师之神位"[③]。每宗都刻有一根狗头杖，绘有槃瓠故事画像；各家子弟祭祖时，必供狗头仗，悬槃瓠故事画而祭拜之。"忠勇王"，他们说是槃瓠所受高辛王的封号；"狗头杖"，就是他们图腾崇拜的遗迹。[④] 此外，在粤桂一带最多的瑶人，也都说是槃瓠或盘古的子孙。[⑤] 一说，古时瑶人航海遇风，得盘古拯救，因奉祀盘古王。[⑥] 所以相传桂林有盘古祠，南海有盘古墓。[⑦] 而现在的苗族，既罕传槃瓠的故事，也没有奉祀槃瓠或盘古的礼俗。或者《后汉书》、《晋纪》及《搜神记》所云槃瓠子孙的蛮夷，本非苗族，而是瑶、畲。我们看与范干二氏差不多同时的郭璞所记槃瓠故事，所谓槃瓠子孙，就不是长沙及武陵一带的蛮夷了。《山海经·海内北经》有犬封国，一名犬戎国。

证以现在畲民的地理分布及瑶人古时航海的传说，似乎很可能，槃瓠的子孙，乃是瑶、畲，而不是苗族。

由前两章所述，我们知道，现在的苗族都传说着兄妹配偶遗传人类的洪水故事，且有奉祀兄妹二人或伏羲女娲的礼俗。按上文所引夏氏疑盘古为槃瓠的论据有二：

---

① 见世祖至元二十九年正月条。

② 参看史图博、李化民：《浙江景宁敕木山畲民调查记》（H. Stübel，Li Hua-min，*Die Hsia-min vom Tse-mu-schan*），中央研究院社会科学研究所专刊第六号，1932 年出版，第 68—70 页。

③ 这是作者在 1934 年调查浙南畲民时所录丽水东北乡望城岭畲寮中堂的原文。

④ 参看何联奎：《畲民的图腾崇拜》，载《民族学研究集刊》第一期，商务印书馆 1936 年初版，第 235—238 页。

⑤ 参看余永梁：《西南民族起源的神话——槃瓠》，载《国立中山大学语言历史学研究所周刊》第三集第 35、36 合刊《西南民族研究专号》，1928 年出版，第 11—12 页。

⑥ 参看颜复礼、商承祖：《广西凌云瑶人调查报告》，中央研究院社会科学研究所专刊第二号，1929 年出版，第 21—22 页。

⑦ 参看梁任昉：《述异记》。

一为盘古之名，古籍不见；一为槃瓠与盘古音近。现在兄妹二人的名字与伏羲女娲音近，已如前章所考；而故事的情节与伏羲女娲的传说，尤多相似。今更考伏羲女娲之名，虽并见于《世本·作篇》：

> 伏羲作瑟。（《风俗通义·声音篇》引）

一作：

> 伏羲造琴瑟。（《孝经正义》引）

> 女娲作簧。（《风俗通义·声音篇》引）

一作：

> 女娲作笙簧。（《礼·明堂位》郑玄注引）

然《作篇》所记有"蚩尤以金作兵器"（《广韵》引）。可见《世本》作者记造作的人，不限汉族。换句话说，我们不能以《世本》曾记伏羲女娲，而认定他们为汉族。此外，于经，则包牺之名，见于《易·系辞》：

> 古者，包牺氏之王天下也。

于百家言，则见于《管子杂篇·封禅》：

> 虙羲封泰山。

又见于《庄子·内篇·人间世》：

> 是万物之化也……伏羲、几遽之所行，终而况散焉者乎？

又《外篇·缮性》：

> 伏戏始为天下。

又见于《荀子·成相篇》：

> 文武之道同伏戏。

又见于《战国策·赵策》：

> 伏戏神农，教而不诛。

然《系辞》不是孔子所作，宋欧阳修《易童子问》早就说的很明白。近人梁启超[①]、冯友兰[②]诸先生所见也都相同，顾颉刚先生则认为是作于战国或西汉间[③]。《管子》也不是管仲所著，大概是战国至汉初时人杂凑而成。[④]《庄子·内篇》虽大致可信，但也有后人加入的话；《外篇》更靠不住，至少有十分之九是后人假造

---

① 参看梁氏：《古书真伪及其年代》卷二，中华书局 1936 年初版，第 76—77 页。

② 参看冯氏：《孔子在中国历史中之地位》，载《燕京学报》1927 第 2 期，第 236—238 页。

③ 参看顾氏：《论易系辞传中观象制器的故事》，见《古史辨》第三册，北平朴社 1931 年版，第 45—50 页。

④ 参看梁启超：《汉书艺文志诸子略考释》，见氏所著《中国古代学术流变研究》，中华书局 1936 年初版，第 20—21 页。

的。①《荀子》也不是完全出于荀卿之手。②《战国策》的话，当然最早也不出战国末年。

至女娲之名，则不见于上引见伏羲之名的各书，而见于《山海经·大荒西经》：

女娲之肠化为神。

又见于《楚辞·天问》：

女娲有体，孰制匠之？

然《山海经》一书，汉刘歆所云作于禹益之说，自不可信。明胡应麟《四部正伪》及清姚际恒《古今伪书考》都认为是战国末年作品。《楚辞·天问》，最早也不出战国末年，胡适之先生且认为是汉时作品③。

此外，伏羲女娲两名连称，见于《列子·黄帝篇》：

伏羲氏、女娲氏……蛇身人面。

又见于《淮南子·览冥训》：

伏羲女娲，不设法度，而以至德遗于后世。

而纬书则以伏羲女娲合神农而为三皇。《春秋运斗枢》说：

伏羲、女娲、神农，是三皇也。（《风俗通义·皇霸篇》引，《文选·东都赋》李善注引《春秋元命苞》同）

然今所传《列子》一书，已非《汉志》著录的本来面目，大概是汉以后人附益晚说而成。④纬书当然绝不会有人相信是孔子以前解演经义之书，大概出于西汉末年。⑤

综看上引各条，可知伏羲及女娲之名的见于古籍，最早不出战国末年⑥，并且也不多见。因此，我们很可以仿夏氏疑盘古为南蛮之说，作如下的推测：

今按伏羲女娲之名，古籍少见，疑非汉族旧有之说。或伏羲与 Bu-i，女娲与 Ku-eh 音近，传说尤多相似。Bu-i 与 Ku-eh 为苗族之祖，此为苗族自说其洪水之后遗传人类之故事，吾人误用以为已有也。

在这个推测的论据中，有必须解释的一事，即"兄妹配偶遗传人类的洪水故

① 参看胡适：《中国哲学史大纲》卷上，商务印书馆 1919 年再版，第 254 页。

② 参看梁启超：《要籍解题及其读法·荀子条》论《荀子书之著作及其编次》，北京清华学校清华周刊丛书社 1925 年版，第 77—85 页。本文所引《荀子·成相篇》一条是承徐中舒先生见告后补入的，作者初不知《荀子》中有伏戏。徐先生并说《成相》恐是汉人之辞，《汉书·艺文志》有《成相杂辞》。按唐杨倞注《荀子·成相篇》也说："《汉书·艺文志》谓之《成相杂辞》，盖亦赋之流也。"汉刘向校定《孙卿新书》，定著三十二篇（《汉书·艺文志》著录，名《孙卿子》作三十三篇，据宋王应麟说是传写之误），以《赋篇》置在末后，而以《成相篇》列次第八；或者《成相》原篇本非赋之流，因为亡失了，后人便把汉人的《成相杂辞》来补充凑数，也未可知。参看杨筠如：《荀子研究前论》第二节《关于荀子本书的考证》，商务印书馆 1931 年初版，第 12—31 页。

③ 参看胡氏：《读楚辞》，见《胡适文存》二集卷一，亚东图书馆 1924 年初版，第 144—145 页。

④ 参看马叙伦：《列子伪书考》，见《古史辨》第四册，北平朴社 1933 年版，第 520—529 页。

⑤ 参看明胡应麟：《四部正伪》卷上，《识纬诸书》条。

⑥ 本章所称伏羲，均不兼指太昊或太皞，参看第 205 页注③。

事"并非苗族所独有，在东南亚洲的各民族中，大半多有相类的故事。坊间有王显恩编的《元始趣事集》记《百家姓由来的故事》，说从前有姊弟二人，因石狮预告洪水将临，从它的劝告，爬入石狮口中避水。洪水退后，人类淹绝，姊弟结为夫妇，生男女各百人，而传人类。又周旋冠编的《民众传说》也有《百家姓传说》，惟洪水变为大火。又郑辜生编的《中国民间传说集》有《人类与石磨传说》，虽略去避水一段，而记兄妹配偶的经过，则绝类苗族的洪水故事。此外口述的尚多，不能尽举。可见汉族的民间，有与苗族相类的故事。

法人维亚尔（Paul Vial）氏的《倮倮族》（*Les Lolos*）记云南倮倮的洪水故事，说倮倮始祖的家庭是三个兄弟、一个妹妹组成的。后遇洪水，两兄各在铜铁箱内避水，箱沉淹死；弟妹在木箱内避水，得免于难，遂传人类。（详见原书 pp. 8-9）

去年我们在云南西南边境耿马土司地，曾听大平石头寨的傈傈讲述一个洪水故事，说古时发洪水，有兄妹二人同入葫芦中避水。洪水退后，世上只剩兄妹二人，兄因找不到配偶，便与妹结婚；后生七子，遗传现在的傈傈、汉人、狪拉、獯黑、老亢、崩竜、摆夷等七种人。①

同时又听蚌隆寨的老亢讲述一个洪水故事，说古代洪水时，有兄妹二人同入木床避水。洪水退后，也只剩兄妹二人，随自行婚配；后生一子，为猎神砍成肉块，散弃田野，变为人类。②

刘咸先生的《海南岛黎人文身之研究》一文，记加钗峒黎人讲述一个洪水故事，说上古时天翻地覆，世界生物尽被淹埋，人类同遭此厄，仅遗姊弟二人；雷公将姊面画黑，使姊弟结婚，遗传人类。（详见原文，《民族学研究集刊》，第一期，页 201）

日人 Shinji Ishii 氏的《台湾岛及其原始住民》（*The Island of Formosa and Its Primitive Inhabitants*）记阿眉族（Ami）有三个洪水故事，都是说洪水时有兄妹二人同在木臼避水；洪水退后，二人结为夫妻。一说生三男二女，遗传人类；一说先小产二胎变为鱼蟹，后又生石变化为人；一说生男育女，遗传人类（详见原书 p. 13）。③

法人拉崇几衰氏（Lunet de Lajonquière）记法领东京的蛮族（Man）一个洪水故事，说有神名 Chang Lô-Cô，以芭蕉叶建成巨屋，雷公要毁他的屋，变一鸡，为该神

---

① 傈傈，又作力些或黎苏；其详将别有报告。

② 老亢，即野人，一称山头人，缅甸人称之为卡钦（Kachin），自称则为侵颇（Chingpaw）；其详将别有报告。本文所述洪水故事，并见英人司格德氏（J. G. Scott）的《上缅甸与掸邦地名辞书》（*Gazetteer of Upper Burma and the Shan States*, Part Ⅰ, Vol. Ⅰ, Rangoon, 1900, pp. 417-418）及法人齐尔霍德氏（Ch. Gilhodes）的《卡钦人的神话与宗教》（*Mythologie et religion des Katchin*, Anthropos, Ⅲ, 1908, pp. 683-686）；可参看。

③ 这个洪水故事并见日人佐山融吉、大西吉寿合著的《生蕃传说集》第 1—14 页，台北杉田重藏书店，大正一二年出版。

所擒，旋被脱逃。后来洪水涨发，有人名 Phu-Hay 与他的妹妹 Phu-Hay-Mui 同入南瓜避水。洪水退后，兄因找不到配偶，便与妹妹结婚；生一南瓜，剖瓜得子，播种变人。（萨维那氏《苗族史》引，详见该书 p. 105）

盖拉希（Guerlach）氏的《巴那蛮族的生活与迷信》（*Moeurs et super-stitions des souvages Ba-hnars*）一文记交趾支那的巴那族（Ba-hnars）一个洪水故事，说洪水之后，只剩兄妹二人，因在大箱中避水未死。（详见原文，*Les Missions Catholique*，XIX，p. 479）

英人勃特（Owen Butter）氏的《北婆罗洲的配甘族》（The Pagans of North Borneo）一书，记配甘族（Pagans）几个洪水故事，有两个类似苗族的故事。一说，古时洪水退后，只存姊弟二人；弟因见蜥蜴交尾，而白于姊，与姊结合，后生双胎，即现代人类的始祖。一说，洪水退后，也只存姊弟二人；弟因见松鼠交尾，归告于姊，与姊结合，后生一犬，遗传人类。（详见原书，pp. 248-249）

英人鲁阿德（C. E. Luard）氏的《马尔瓦的森林部族》（*The Jungle Tribes of Malwa*）一书，记印度中部的比尔族（Bhils）一个洪水故事，说有人因在河边洗衣，得鱼警告洪水将临，嘱备大箱避难，其人依鱼的预言偕妹避水；洪水退后，拉马（Rama）神命他遗传人类，因此兄妹结为夫妇，生七男七女。（详见原书，p. 17）

英人罗塞尔（R. V. Russell）氏的《印度中部的土族与社会阶级》（*The Tribes and Castes of the Central Provinces of India*）一书，记卡马尔族（Kamars）一个洪水故事，说洪水退后，兄妹二人结为夫妇，遗传现在的人类。（详见原书 III，pp. 326-327）

以上这些洪水故事，都是大同小异的兄妹或姊弟配偶遗传人类的神话。依巴林高尔德（S. Baring-Gould）氏的印欧民间故事分型的方法[1]，我们可以把这些洪水故事与前述苗族洪水故事归入同一种形式的故事，而称之为"兄妹（兼指姊弟）配偶型"的洪水故事。这种形式的洪水故事的地理分布，大约北自中国本部，南至南洋群岛，西起印度中部，东迄台湾岛。按近人研究芦笙与铜鼓，考其地理的分布，也与此大致相同。[2] 而在这个区域以内的民族，大抵多说单音节语（Mono-syllabic language）。我尝以为这个区域也许是可以划成一个"文化区"（Culture Area）的，似可称之为"东南亚洲文化区"。形成这个文化区的"文化复质"（Culture Complex），现在虽不能一一确指，然兄妹配偶型的洪水故事，至少是组成这个文化区的一种"文化特质"（Culture Trait）。

在一个文化区内，常包含一个"文化中心"（Culture Center）。[3] 据现代人类学者的研究，文化中心就是一种文化特质起源的地方，而文化区乃是那种文化特质传

---

[1] 参看 C. S. Burne, *The Handbook of Folklore*, Appendix C, London, 1914, pp. 344-355.

[2] 参看鸟居龙藏：《苗族调查报告》，编译馆译本，第七、八两章，商务印书馆 1936 年初版。

[3] 参看 Clark Wissler, *An Introduction to Social Anthropology*, Chap XIX, New York, 1929, pp. 349-351; *Man and Culture*, New York, 1923, pp. 61-63.

播所及的范围。① 在所谓东南亚洲文化区的范围以内，从地理上看察，它的文化中心当在中国本部的西南。所以我推测，兄妹配偶型的洪水故事或即起源于中国的西南，由此而传播到四方，因而中国的汉族会有类似的洪水故事；海南岛的黎族、台湾岛的阿眉族、婆罗洲的配甘族、印度支那半岛的巴那族，以及印度中部的比尔族与卡马尔族也都会有类似的洪水故事。中国西南的民族，除苗族外，虽尚有瑶人、仲家、摆夷、么些以及其他许多因地殊号的名称；但据现有的材料，如上文所考，大概兄妹配偶型的洪水故事，是起于苗族的可能性较多。在尚未发现更多材料可资证明起源于他族之前，则上文所云伏羲女娲乃是苗人之说，或者可以说是较近似的推测。

或者有人要说，洪水故事是广布全世界的，并不限于东南亚洲。前人颇多以为世界各族的洪水故事，都是起源于《旧约·创世纪》的"挪亚洪水"（Noaching Deluge）②。如果所有洪水故事都出一元，则所谓兄妹配偶型的洪水故事，便没有起源于东南亚洲的可能。然须知洪水故事起于一元之说，自英人赫胥离（T. H. Huxley）氏发表"洪水泛滥全球之说，与地质学说冲突，只能认为是一种寓言"③ 之说以后，多数学者，均已不复置信。据英人傅雷泽（Sir J. G. Frazer）氏研究的结论，说世界各族的洪水故事，除希伯来的是源于巴比伦，北美多数部族的是源于阿尔共琴（Algonquin），以及南美奥利诺哥（Orinoco）的是与坡里尼西亚（Polynesia）同源外；其余有一小部分是关于解释自然现象，并无事实背景的纯粹神话，而大多数都是关于荒古民族遭遇实际洪水的半神话的传说④。又吴资（H. G. Woods）氏《论洪水》（Deluge）一文也说："由于比较研究的结果，显然可以证明大部分的洪水传说是因局部洪水的事实而发生；这些传说，常因未开化民族对于所见各式自然现象而生的幻想，加上许多色彩，且不时转变。"⑤ 可见兄妹配偶型的洪水故事起源于中国西南的推测，在一般研究洪水故事的学者，对于洪水故事起源的见解上看来，也是很可能的；虽然这个故事究竟是纯粹的神话，抑或是半神话的传说，现在尚不能断言。

五、余 论

上文讲论既毕，曾蒙本所诸位先生指教。因特提出数点，作此余论。

第一，董彦堂（作宾）先生曾提及伏羲女娲人首蛇身或龙身的传说，并以为龙蛇是一物。按前文所述汉武梁祠石室的伏羲画像作鳞尾相交之形，及所引《列子·

---

① *An Introduction to Social Anthropology*, Chap. XX, New York, 1929, pp. 357-359.

② J. G. Frazer, *Folklore in the Old Testament*, Vol. I, Chap. IV, London, 1919, pp. 125-130, p. 334.

③ J. G. Frazer, *Folklore in the Old Testament*, London, 1919, p. 104.

④ J. G. Frazer, *Folklore in the Old Testament*, London, 1919, pp. 332-338.

⑤ Hastings, *Encyclopaedia of Religion and Ethics*, Vol. 4, New York, 1925, pp. 545-557.

黄帝篇》有"伏羲氏、女娲氏，蛇身人面"；王逸《楚辞·天问注》有"女娲人头蛇身"；王延寿《鲁灵光殿赋》有"伏羲鳞身，女娲蛇躯"；郭氏《玄中记》有"伏羲龙身，女娲蛇躯"；皇甫谧《帝王世纪》有"太昊帝庖牺氏……蛇身人首……女娲氏……亦蛇身人首"诸说。这种超自然的形态的画像及传说，虽或有与原始社会图腾信仰相关的可能；然我以为另一可能也许是起于当时汉族贱视异族的心理。《说文·虫部》：

> 蛮，南蛮蛇种。
>
> 闽，东南越蛇种。

可见在汉以前，早有以南方蛮闽等族为蛇种的传说。正因伏羲女娲乃是南方蛮族，所以才产生人首蛇身的传说。好事者更因神话的传说，绘成图画；这便是武梁祠石室伏羲画像绘成鳞尾相交的所由来。① 这一点也许可作伏羲女娲为南方民族的一个佐证。

第二，徐中舒先生曾提及伏羲女娲皆"风姓"，及伏羲"德于木"、"出于震"的传说，并以为均含有伏羲女娲为南方或东方民族之义。按皇甫谧《帝王世纪》：

> 太昊帝包牺氏，风姓也……首德于木，为百王先；帝出于震，未有所因；故位在东方。……女娲氏……亦风姓也。（《太平御览》七十八引）

"出于震"之说，始见于《易·说卦》"帝出乎震"。"德于木"之说，又见于魏宋均《春秋内事》"伏羲氏以木德王"。魏曹植《庖牺赞》也有"木德风姓"之说。② 《说文》："风动虫生。"《广韵》、《集韵》、《韵会》并云："蛇，毒虫也。"今俗仍多称蛇为长虫。由风之从虫，蛇之称虫，可见风蛇的相关；所以风姓之说，或者也与南方或东南方蛇种之说有相关的可能。又《说文》："木，东方之行。"《易·说卦》："震，东方也。"汉蔡邕《独断》："震者，木也。"可见震即训木，都含有东方义。这两点似乎又可作伏羲女娲为南方或东方民族的一个佐证。

二六，一，三一之夜，续成余论及一部分注脚

本文选自《人类学集刊》1938年第1卷第1期，有删节。

---

① 这是作者的一种推测。日前承董彦堂先生以近出《逸经》见示，得读日人岛田贞彦原著毕任庸译的《人首蛇身图》一文；岛田氏以为人首蛇身图可视为"赍灵的信念与恐怖之综合的表现"之思想而来者，氏并申述其义道："即于一个现实的人物为灵的表现而附以蛇身，使生存于人间的最高之想象中。其半神半兽之点，意识所谓伏羲及女娲之最高的人类之存在。"（用毕任庸译文，见《逸经》文史半月刊第廿二期，第18—19页。）这是人首蛇身图由来的又一解释。

② 参看《曹子建集》卷七。

中国上古史导论·综论

杨　宽

杨宽（1914—2005），上海青浦人。神话学家、历史学家。1936 年毕业于上海光华大学中国文学系。历任光华大学、复旦大学教授，上海博物馆馆长，上海社科院历史研究所副所长。1986 年赴美国迈阿密大学讲学并定居美国。"古史辨"神话学派重要代表人物之一。神话学的重要著作有《中国上古史导论》（1938）、《禹、句龙与夏后、后土》（1938）、《丹朱、驩兜与朱明、祝融》（1939）、《鲧、共工与玄冥、冯夷》（1939）、《序〈古史辨〉第七册因论古史传说中的鸟兽神话》（1940）、《伯益、句芒与九凤、玄鸟》（原题《伯益考》，1941）、《黄河之水天上来——黄河之源昆仑山的神话传说》（1947）、《长沙出土的木雕怪神像》（1946），后 7 篇论文收入 2003 年上海人民出版社出版的《杨宽古史论文选集》一书。在《历史激流中的动荡和曲折——杨宽自传》（台北时报文化公司 1993 年版）一书中，作者对 20—40 年代曾经对史学界发生过重大影响的三个新学派——以王国维为首的释古派、以顾颉刚为首的疑古派、以郭沫若为代表的社会史派——的成就得失，以及他本人对系统探索古史传说的思考都有中肯的评述，是研究中国神话学史的重要资料。其晚年所撰神话论文《楚帛书的四季神像及其创世神话》（1997）等在学界也很有影响。2006 年出版的《先秦史十讲》（复旦大学出版社）收有作者的几篇神话学论文。

古史传说与神话

古史传说之纷纭缭绕，据吾人之考辨，知其无不出于神话。古史传说中之圣帝贤王，一经吾人分析，知其原形无非为上天下土之神物。神物之原形既显，则古代之神话可明，神话明则古史传说之纷纭缭绕，乃得有头绪可理焉。

古帝之有天神性，昔人已早启其疑，如《大戴礼》宰我问于孔子曰："请问黄帝者人耶？非人耶？何以至三百年乎？"《淮南子·说林篇》"黄帝生阴阳"，高诱注乃云"黄帝古天神也"，是黄帝之为天神，昔人已敢言之。黄帝尧舜等古帝传说之出于上帝神话，本书已论之详矣，举凡古帝之一举一动，无不由上帝神话中推演而出。如在神话中，上帝以昆仑山为下都，《山海经·西山经》云：

（槐江之山）西南四百里曰昆仑之丘，是实惟帝之下都，神陆吾司之，其神状虎身而九尾，人面而虎爪。是神也，司天之九部及帝之囿时。

昆仑为"帝"之下都，神陆吾司之，其所司者乃为"天"之九部与"帝"之囿时，则所谓"帝"者必为天帝，而陆吾则其属神也。郭璞注释"帝"为"天帝"至是，而毕沅《新校正》非之曰：

> 郭云帝，天帝，非也。帝者黄帝，《竹书》、《穆天子传》云："天子升于昆仑之丘，以观黄帝之宫"，《庄子》云"黄帝游于赤水之北，昆仑之丘"是也。

实则"帝"者既为"天帝"，又即黄帝也。又如《书·吕刑》云：

> 皇帝哀矜庶戮之不辜，报虐以威，遏绝苗民，无世在下。

又云"上帝不蠲，降咎于苗"，以本文证本文，皇帝固即上帝也，《墨子·尚贤中篇》云：

> 然则天之所使能者谁也？曰：若昔者禹稷皋陶是也。何以知其然也？
> 先王之书《吕刑》道之，曰："皇帝清问下民，有辞于苗，……乃名（命）
> 三后，恤功于民：伯夷降典，哲（折）民维刑；禹平水土，主名山川；稷隆
> （降）播种，农殖嘉谷。……"

是则皇帝所命之三后即"天之所使能者"，此以《墨子》证之，可知皇帝本天帝也。又《孟子·尽心下》"尽信书不如无书，"赵注云：

> 若《康诰》曰："冒闻于上帝。"《甫刑》曰："皇帝清问下民。"人不
> 能闻天，天不能闻于民，岂可案文而皆信之？

是证以《孟子》赵注，皇帝之为天帝无疑。而郑玄乃以"皇帝哀矜庶戮之不辜"以下为说颛顼之事，"皇帝清问下民"以下为说尧事。郑氏以"皇帝哀矜庶戮之不辜"以下为说颛顼事者，盖据《楚语》，《楚语》尝明谓"九黎乱德"而颛顼命重黎以绝地天通也。郑氏以"皇帝清问下民"以下为尧事者，盖所命三后伯夷禹稷在传说中俱尧臣也。实则皇帝者既本天帝，亦即颛顼与尧耳。据此可知《吕刑》之皇帝神话，实为黄帝颛顼与尧三传说所同出，三人者同为上帝之化身，本同源而异流者也。《天问》云：

> 稷惟元子，帝何竺之？投之于冰上，鸟何燠之？

王逸注云："帝谓天帝也"，证以《诗》"履帝武敏歆"，可知王说不误。而后人或以帝俊帝喾释之，盖据《山海经》"帝俊生后稷"，《世本》"帝喾产后稷"之说而云然，近人如刘盼遂《天问校笺》（清华大学《国学论丛》二卷一号）犹云"帝谓帝喾"，实则帝者天帝，亦即帝俊帝喾耳。又《书·多士》云：

> 我闻曰：上帝引逸，有夏不适逸，则惟帝降格，向于时夏。

此明云上帝，而《论衡·语增篇》犹云：

> 经曰："上帝引逸"，谓虞舜也，舜承安继治，任贤使能，恭己无为而
> 天下治。

《自然篇》亦云：

天无为，至德之人禀天气多，故能则天，自然无为，周公曰"上帝引逸"，谓舜禹也。

"上帝"明为上天之帝，而王充犹必以为"至德之人"，谓即虞舜。实则"上帝"者固明为上天之帝，而亦即虞舜也。王充以虞舜释"上帝"，虽以之为"至德之人"，然必渊源有自。古帝传说之由上帝神话演化润色而成，此非明证欤？从此又可知《论语》"无为而治者，其舜也与"之说，虽不必为《论语》原文，当非出后人伪撰，必本此"上帝引逸"一语而来也。五帝之为上帝，吾人仅就各家对于古书"帝"、"皇帝"、"上帝"之解释而比勘之，已足明证之而有余。

五帝之传说既由上帝神话演变分化而成，而三皇之传说亦由上帝之神话哲理化演成者。泰皇本即泰帝，亦即上帝，上帝以昆仑为下都，而《淮南子·地形篇》以昆仑上三倍为太帝之居，最为明证。既有泰皇之说，更由于"太一生两仪"之哲理推论，于是生泰皇天皇地皇之三皇说。《淮南子·精神篇》谓："登太皇，冯太一，玩天地于掌握之中。"太皇太一之驾于天地之上，其出于太一生两仪之哲理，至显见也。至于天皇地皇人皇之说，则又因天地人三才之思想而转变者。

古史传说中除"皇"、"帝"为上帝神话所演化外，古帝之臣属，又无非上帝之属神，吾人由其演变分化之迹象探求之，知其无非土地山川水火鸟兽之神。姑举《尧典》中之人物论之，禹契本社神，稷本稷神，四岳伯夷、皋陶本岳神，鲧共工本河伯水神，雟兜、丹朱本日神火神，无非土地山川水火之神。唯益、夔、龙、朱、虎、熊、罴则本属神话中之禽兽耳。如夔本一足之兽，《山海经》谓其皮制鼓，声震五百里，乃演而为"典乐"之乐正；龙有吞云吐雾之能，乃演而为"出纳朕命"之纳言；熊罴本亦上帝处服役者，《论衡·奇怪篇》云：

或曰："赵简子病五日，不知人，觉言我之帝所，有熊来，帝命我射之，中，熊死；有罴来，我射之，中罴，罴死。后问当道之鬼，鬼曰：'熊罴晋，二卿之先祖也。'"熊罴物也，与人异类，何以施类于人而为二卿祖。

王充以熊罴与人异类，不得为二卿祖，然在古人实确信之。吾人今日以为迷信者，古人则以之为科学，吾人今日以为神怪者，古人则信以为实事。古人确信人类为天神之后裔，故上帝旁之熊罴得为人间二卿之祖。

在古神话中，上帝旁有熊罴之属，今《尧典》称尧舜之下属亦有熊罴，尧舜既本上帝，则熊罴之为兽类无疑。《大戴礼·五帝德篇》谓黄帝"教熊罴貔豹虎以与赤帝战"，据此既足证熊罴在神话中本属兽类，而黄帝之即上帝，此亦可证矣。又商人服象，舜为商之宗神而其弟为象，象封有庳，或作有鼻，象之特征在鼻，而其封地称有鼻，《天问》又称"舜服厥弟"，则舜弟象在神话中本为兽类，又可无疑。

夏史之传说本亦"下土之神"之神话组合而成，有夏本即下国，夏后本即下后，亦即后土社神。伯禹为西羌后土之神，故于传说中有平水土之功；后羿为东夷后土之神，故于传说中亦有扶下土之功。启本亦东夷之神，或即王亥。至于太康则又启传说之分化也。古史传说中神话与历史之区别，吾人得一鸿沟焉，凡称"氏"者皆属神话，夏以前之传说多属神话而皆称"氏"，夏后氏有穷氏以下，即不见称"氏"者；殷商为信史时代，即不闻有称有商氏或有殷氏者。此或古人称谓之习惯使然，古人于神多数称"氏"也。吾人分析"下土之神"，又得一区别焉，大抵周人西羌之神多属善良，而殷人东夷之神多属淫佚，此当由民族歧视之心理使然，盖周代为周人西羌统治之天下，因于殷人东夷之神，诋诬不遗余力。幸殷人东夷系之神话多载于《天问》、《山海经》、《淮南子》等书，犹能约略保存其原形，吾人尚得辨析之，否则永无翻身之日矣。吾人由《商颂》、《天问》、《山海经》、《淮南子》等书，可探知殷人东夷之原有神话；由《吕刑》、《墨子》等书则可探知周人西羌之原有神话；《左传》、《国语》、《吕氏春秋》等书取材本杂，闻亦有足为探究原始神话之线索者，贵乎能精细辨析之耳。

据吾人之考辨，古史传说之来源有如下表：

[三　皇]

泰　皇（上帝）$\begin{cases} 天　皇 \\ 地　皇 \end{cases}$（太一生两仪之哲理演化）

$\left.\begin{matrix} 天　皇 \\ 地　皇 \\ 人　皇 \end{matrix}\right\}$（三才说之演化）

[五　帝]

$\left.\begin{matrix} 大　皞 \\ 帝　喾 \\ （帝俊） \\ 帝　舜 \end{matrix}\right\}$（东方上帝）

$\left.\begin{matrix} 黄　帝 \\ 颛　顼 \\ 帝　尧 \end{matrix}\right\}$（西方上帝）

炎　帝（西方火神）

$\left.\begin{matrix} 少　皞 \\ （即契） \end{matrix}\right\}$（东方社神）

[唐虞之世]

尧（西方上帝）

舜（东方上帝）

禹（西方社神）

稷（西方稷神）

四　岳
伯　夷
皋　陶 ｝（西方岳神）
许　由

商　均
契 ｝（东方社神）

鲧
共　工 ｝（东方水神）

丹　朱
驩　兜 ｝（东方火神）
阏　伯

益
象
夔
龙
朱 ｝（鸟兽之神）
虎
熊
罴

[夏　代]

禹（西方社神）

启
太　康 ｝（东方牧神？）

后　羿（东方社神）

吾人归纳言之，则古史中之圣帝贤臣，其原形如下：

（1）本为上帝者：帝俊、帝喾、帝舜、大皞、颛顼、帝尧、黄帝、泰皇

（2）本为社神者：禹、句龙、契、少皞、后羿

（3）本为稷神者：后稷

（4）本为日神火神者：炎帝（赤帝）、朱明、昭明、祝融、丹朱、驩兜、阏伯

（5）本为河伯水神者：玄冥（冥）、冯夷、鲧、共工、实沈、台骀

（6）本为岳神者：四岳（太岳）、伯夷、许由、皋陶

（7）本为金神刑神或牧神者：王亥、蓐收、启、太康

（8）本为鸟兽草木之神者：句芒、益、象、夔、龙、朱、虎、熊、罴

据吾人三考辨，神话传说之演变，有如下表：

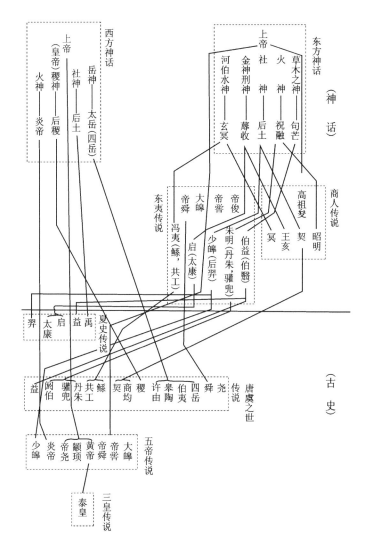

古代神话与历史背景

　　史学之研究，首贵乎史料之批判。吾人除搜集史料外，必须对史料分析综合，辨其伪而求其真，然后史学之能事尽也。夏以前之古史传说，其原形本出神话，经吾人若是之探讨，可无疑义，然吾人尚须由其原始神话而检讨其历史背景，以恢复其史料上原有之价值，然后古史学之能事尽也。本书所论，仅将古史传说还原为神话，特初步之研究耳，故命名为《导论》。

　　近人如闻一多、陈梦家二氏，颇有意用力于古神话之探究，惜其于古代原始神话，似犹未探明，故其论断难免有误。郭沫若著《释祖妣》（《甲骨文字研究》），以社即高禖，陈梦家更有《高禖即社说》（《清华学报》十二卷三期《高禖郊社祖庙通考》附录一），所论甚当，其说可信。郭氏又以"高唐"为"郊社"之音变，闻一多著《高唐神女传说之分析》(《清华学报》十卷四期) 从之，乃谓古代各民族所祀之高禖，即各该民族之先妣，楚之先妣为高唐，与其祖先高阳实为一人，自母系社会转变为父系之后，先妣亦随之由女性变为男性，高唐高阳因别为二。闻氏又著《五帝为女性说》(见《高禖郊社祖庙通考跋》中所引)，以为五帝皆女性，更以伏羲即"秘戏"。闻氏以为"治我国古代文化史者，当以'社'为核心"，社又即高禖，高阳又即高唐，于是古史上之帝王无一非神女矣。其致误之由，实由于误信郭氏"高唐"为"郊社"之说，又误以高阳即高唐女。实则"高唐"为"高阳"之音转，"高阳"本为天帝之义，《墨子》有明证，高唐女即帝女耳。高唐在神话中本为地名，《文选·高唐赋》云：

> 昔者楚襄王与宋玉游于云梦之台，望高唐之馆，其上独有云气，崒兮直上，忽兮改容，须臾之间，变化无穷。……王曰："昔我先王尝游高唐，怠而昼寝，梦见一妇人曰：妾巫山之女也，为高唐之客，闻君游高唐，愿荐枕席。王因幸之。

是高唐女即巫山女。《高唐赋》又云：

> 妾在巫山之阳，高丘之岨，旦为朝云，暮为行雨，朝朝暮暮，阳台之下。

是巫山之阳亦即高邱之岨，巫山相传多云雨，而高唐之馆亦然，据此高唐巫山高邱，三者一也。《文选·别赋注》引《高唐赋》云：

> 我帝之季女，名曰瑶姬，未行而亡，封于巫山之台，精魂为草，实曰灵芝。

《渚宫旧事》三引《襄阳耆旧传》所载略同。按《山海经·中山经》云：

> 姑媱之山，帝女死焉，其名曰女尸，化蓋草，其叶胥同，其华黄，其实如兔邱，服者媚于人。

《博物志》云：

> 古薔山 (旧 "古" 作 "右"，"薔" 作 "詹"，从毕沅黄丕烈校正) 帝女化为薔草，其叶郁茂，其华黄，实如豆，服者媚于人。

《搜神记》一四云：

> 舌媱山，帝之女死，化为怪草，其叶郁茂，其华黄色，其实如兔丝，故服怪草者，恒媚于人焉。

孙作云《九歌山鬼考》(《清华学报》十一卷四期) 以"舌媱"为"古瑶"之误，甚是。姑媱山之帝女名姑媱，巫山之帝女亦名瑶姬，而有娀女所处者亦为瑶台，《离骚》云："望瑶台之偃蹇兮，见有娀之佚女。"望瑶台殆与望高唐之馆为同一传说。据此，高唐与姑媱山瑶台又一也。顾天九以《九歌》"山鬼"即巫山神女(《四库提要·集部·楚辞类存目》)，孙作云从之，辨证甚晰，山鬼处"山之阿"，高唐女亦在"高丘之岨"，则"高唐"为"高阳"之音转，本为"高邱"、"台"及"山"之义，可无疑也。盖古人以神帝居于高处，故云然耳。高唐即为"高阳"之音转，本为"高邱"、"台"及"山"之义，则郭沫若"高唐"为"郊社"音变之说，可不攻而自破，闻氏以高阳氏颛顼等为女性之说，益不能成立矣。

据吾人之考辨，东方之原始神话，主要者实仅六神：（一）上帝高祖""，（二）后土（契），（三）句芒（益），（四）祝融（或朱明、昭明），（五）蓐收（王亥），（六）玄冥（冥）。西方之原始神话，主要者实仅五神：（一）上帝（颛顼、尧），（二）后土（禹），（三）后稷，（四）太岳，（五）炎帝。（至于"黄帝"乃"皇帝"之音转，"泰皇"乃"太帝"之演化，已非原始神话。）此等比较原始之神，其历史背景如何，吾人实难一言而决。或谓此等神原本为图腾者，如郭沫若是。郭氏《先秦天道观之进展》云：

> 夒（）字本来是动物的名称，《说文》说："夒，贪兽也，一曰母猴，似人。"母猴一称猕猴，又一称沐猴，大约就是猩猩（Orang-utan）。殷人称这种动物为他们的"高祖"，可见得这种动物在初一定是殷人的图腾。殷人待与巴比仑文化相接触，得到了帝字的观念，他们把帝字来对译了之后，让它成为"高祖夒"的专称，把自己的图腾动物移到天上去，成了天上的至上神。

郭氏从鲍尔（C. J. Ball）之说，以殷人称帝受巴比仑影响，论据不足，吾人所不敢信。惟由混合图腾而转变为一地之神，此在古代社会中非不能有。微莱尝云："有许多混合的图腾，如鹤或黑狗，幻成人形，而仍具有鹤或黑狗之头，这便成为一地方的保护神，名为'托德'（Thot）或'倭虞比'（Anubis）。"（见胡愈之《图腾主义》）若然，则""或亦一鸟首人身之混合图腾乎？（吴其昌《卜辞中所见殷先公先王三续考》，《燕京学报》第十四期，据卜辞此形，断为鸟首人身之状。）然吾人以史料之不足征，犹未敢断然判定也。近人之治中国古代社会史者，每好以图腾解释一切，其意至善，惜多臆断，无法凭信耳。

近人或又谓此等古帝名号全出理想之虚构，如钱玄同是。钱氏以为"尧，高也，舜借为俊"，此说实亦可能。尧与颛顼本为一帝之分化，余已尝证之，颛顼为高阳氏而"尧，高也"，岂即取义于"高高在上"之意乎？《山海经·海内经》："韩流擢首谨耳，人面豕啄，麟身渠股豚止，取淖子曰阿女，生帝颛顼。"毕沅《新校正》云：

> 《说文》云："颛顼，专专谨也，"此文云云，疑颛顼所以名，以似其父与？

按"颛顼"于古为"谨貌"义，《说文》云："颛头颛颛谨貌，顼头顼顼谨貌。"章炳麟《新方言》二云："今浙西嘉兴谓人迂谨曰颛顼顼。"岂古人以上帝高高在上，因名高阳氏或尧，因其谨严庄重，又名之为颛顼乎？以史料之不足征，亦未敢断然判定也。

古代神话之原形如何，乃其历史背景如何，尚有待于吾人之深考，得暇拟别为《中国古神话研究》一书以细论之。

本文作于 1938 年，后收入吕思勉、童书业编著的《古史辨》第七册 (1941)。现据上海古籍出版社 1982 年版节选。《中国上古史导论》全文篇目如下：自序；一、古文传说探源论；二、论古史传说演变之规律性；三、盘古槃瓠与犬戎犬封；四、三皇传说之起源及其演变；五、黄帝与皇帝；六、尧与颛顼；七、舜与帝俊帝喾大皞；八、五帝传说之起源与组合；九、"陶唐"与"高阳"；十、说夏；十一、丹朱驩兜与朱明祝融；十二、鲧共工与玄冥冯夷；十三、许由皋陶与伯夷四岳；十四、禹句龙与夏后后土；十五、夷羿与商契；十六、启太康与王亥蓐收；十七、伯益句芒与九凤玄鸟；十八、综论。现节选其"综论"部分。

苗族中祖先来历的传说

吴泽霖

吴泽霖（1898—1990），江苏常熟人。社会学家、民族学家。1922 年起先后在美国威斯康星大学、密苏里大学、俄亥俄州大学获学士、硕士、博士学位。回国后，先后在上海大夏大学、昆明西南联大、清华大学、中央民族学院、中国社会科学院民族研究所、中南民族学院等任教、任职。抗战期间，大夏大学迁贵州后，吴泽霖主持社会研究部，主编《社会旬刊》和《社会研究》，并主持民族调查工作。他的《苗族中祖先来历的传说》（1938）收入他与陈国钧合著之《贵州苗夷社会研究》（1942）一书中。

一、导　言

贵州的苗族种族颇多，据目前人类学家主张，可分为三大系别，在地理上的分配如下：在东部者大都为苗，在南部及西南部者大都为仲家，在西北部威宁一带大都为倮㑩。苗族大约由湖南迁入（最初分布于华中，后受汉族压迫逐渐南迁）；仲家大约由云南广西迁入，与暹罗人同属于僰掸语系；倮㑩由川边及云南迁入，语言与缅甸族人同系。我们要证实或反驳这种理论，只有循两条路径去研究这个问题：一条是体质人类学的途径，一条是文化人类学的途径。在体质人类学的范围内，除了测量各民族的头形指数、鼻形指数、颚部突度等外，尤应调查他们的血型，因为在目前人类学的成就上，这是很可靠的人种分类标准之一。在文化人类学的范围内，语言的比较，当然是非常重要的方法，但是风俗、传说及神话的比较，也是非常有价值的。

比较民族间的神话传说及故事，美国人类学派极为重视，因为从他们共同的传说或故事中，可察见部落间互相影响的证据。这种研究的方法，普通称为人类学的历史方法。它并不顾到部落内的神话所表现的历史价值，不述及神话在部落中的作用，也不去讲求神话的文学价值。这种方法仅是把神话的各种事节作一种客观的比较，借可明白民族的隶属及部落流动的途径。

一种神话或传说或故事，可以表现时代的背景，可以反映该部落记录神话时的文化程度。当代人类学的泰斗波亚斯氏（Boas）在津西安印第安族中（Tsinshian Indian），搜集了一百多个神话，所下的结论如下：

> 在一个民族的故事中，那些日常生活的重大意外事件，是附带插入故

事中，或者用以当做故事中的主要情节的。大部分关于民族生活模式的陈述，都很正确地反映他们的风俗。再者，故事中的情节之发展，也很明显地表白了他们所认识的是非及观念。……部落的神话材料，并不代表该部落的"生活传"。

关于人种的来源，各民族间都有不同的神话传说，惟其中常有若干类似之点。例如洪水泛滥，少数被神鬼所宠爱者的得救，兄妹结婚，等等，贵州苗族中这类的神话也很多，但是中心思想与世界上若干民族所流行的传说，颇有相同的地方。兹特将花苗及黑苗中的神话录后，以供民族学者的参考。

二、花苗中的传说

有一天兄弟二人好好的把田内的泥土垦松了，但是第二天早晨他们发现第一天的工作尽被人踏平，田内好像和没有耕种过一样的。在无可奈何中，他们只好重起炉灶再把地垦殖好，不料第二天早晨，又发现被人踏平了，这样的连来四次，他们不得不感到十分惊异。最后他们决定一面再耕一次，一面在夜间伏在田旁，暗中侦察。到了半夜，他们看见一个老妇手携木板从天降下，先把土块移开，再用木板去耙平土堆。长兄看见了就立刻招呼他的兄弟，意欲同杀这个老妇，他的兄弟没有答允，他觉得先应盘问她的理由后再作计较。盘问的结果，这位老妇就告诉他们不必空费精力，因为不久大水就要降临。她吩咐这位长兄将来大水来的时候，可以藏在铁鼓内；又吩咐这位兄弟去砍下一棵树身，把它挖空，成为鼓形，大水来时，可匿身其中。后来大水果然来了，长兄坐在铁鼓内，不久就沉没淹死。这位兄弟邀他的妹妹躲在木鼓似的树身内，得免大难，但水势浩大，几及天涯，树身随波逐浪，到处浮流。一天为一神仙所见，为之大惊不置，该神仙以为自己仅有十二只头角，而这棵树身却有无数头角（树上许多树枝，神仙竟认为是头角），深恐多角怪兽对他不利，特学龙鳝、蜥蜴、蝌蚪等钻地成穴，引水入地。二十天后，水势尽退，树身亦随水降落。但不幸降落在一悬崖绝壁上，无法落地。不久来一母鹰筑巢其上，并孵育两只幼鹰。这位哥哥就将计就计设法逃脱这种险境，他拔下了不少的自己的头发，编成一条线索，把小鹰翅膀上的羽毛扎住，使它们无法离巢飞翔。到了相当时候，这只母鹰看见小鹰还不会飞，就着急起来，去和一位神仙商量。那位神仙就教它去请教树身。惟为酬报计，事后必须把树身安放在地上，于是母鹰便去求树身，树身中的兄弟当然有法可想，惟以安置树身为交换条件。彼此同意以后，他就把小鹰翅膀的头发索解脱，小鹰就自由飞翔起来，同时母鹰也把树身安置在地上。当兄妹二人安然踏到平地后，举目无亲，既无火取暖，又乏米充饥。这位哥哥偶然看见一只红鸟躲在附近，他就拾起一块旧铁抛掷过去。不料鸟未掷中，铁块却碰到石上，击得火星飞射，他们因此就学会了取火的方法。以后他们堆积了干草，焚烧取暖。

世上除了他们以外既没有别人，这位哥哥便求他的妹妹为妻，妹不愿意，兄乃建议：他们跑到山顶上各取一块圆光石磨滚下山谷去，如果两块石磨并在一起，他们就应结为夫妻。他们尝试之后，二片石磨果滚在一起。但是妹妹仍不大愿意，要求第二次试验。妹取一针兄取一线，一共投向山谷中，倘线穿入针内，妹即应为妻子。结果线果穿入针孔内，他们遂结为夫妇。后来生下一子，但是无腿无臂的怪物。他们又去请教神仙，神仙告诉他们把这怪孩宰成百块，掷散到各处。到了第二天早晨，这些肉块都变成了男女，落到那里便把落在地来命名，如水木石等等，百家姓即由此而起。

威宁大花苗中也有一种人类起源的神话，与上述的大致相同。在洪水退后的一日，兄妹二人外出观望，见远方有一森林，林中有朽木，兄取而击之。不意朽木发烟继而有火，烟上升后，为雷公所见，遣使下问何人所干。兄妹告以原委，使者归告雷公，雷公说："世上人已绝迹，你们不死，乃是天意。"就命他们成婚。兄觉不合人伦，有难意。雷公嘱他们去请示安乐世君，安乐世君认为婚姻可以成立。于是兄妹二人又经过滚石磨穿针线等手续，与上述者相同。大花苗中有一首《洪水滔天歌》，译意如下：

> 万物茂茂的太初，
> 物事悠宁的太古，
> 天地无纷无攘，
> 生息融融无忧无患，
> 天开地辟万物蒸蒸，
> 辟出世公与世婆，
> 两人遂生二男一女，
> 长男名叫愚皇，
> 次男名叫智莱，
> 幼女名叫易明，
> 人神和爱物事泰宁，
> 共戴日天万息赖依生。
> 世公与世婆，
> 命令愚皇与智莱，
> "你等两人往耕田，
> 耕田耕地要勤劳。"
> 愚皇智莱奉命耕田去，
> 万顷荒原即日成沃田，
> 谁想更深夜静里，
> 安乐世君遣使名仙明，
> 命他手持谕旨与神杖，
> 告诉愚皇与智莱，
> "世界洪水快泛滥，

你等何必辛又苦?"
愚皇智菜仍忙碌,
不曾遵奉安乐世君的谕旨;
他们耕田碌朝朝,
他们种地忙日日,
却早触动安乐世君的大怒,
更深夜静里复来,
安乐世君命仙明,
命他手捧谕旨与神杖,
即将耕田地点弄复原,
于是草卉丛莽又复生,
愚皇智菜二人怎甘心,
深更半夜一同共伺守,
提了仙明——安乐世君的使者,
愚皇说:"把他治死罪。"
智菜说:"我们暂且审问他根由。"
仙明促促点头道:
"十三个时辰轮到的今朝,
凄惨暗淡天将变色,
那时洪水将要怒号,
那时洪水将要显验,
洪水将人世尽淹灭。"
但是愚皇智菜不相信。
日天循循年月互互又今日,
已是十三个时辰轮到的今朝,
看哪!洪水要淹灭这茫茫人世,
这时世人可也知道安乐世君的神威,
愚皇怀心狠且毒,
安乐世君赐他予铁舟,
智菜怀心慈且善,
安乐世君赐他予杉舟,
铁舟央央沉重而没,
杉舟荡荡轻而浮。
世界只有智菜两兄妹,
世界禽兽也被淹没,
智菜杉舟仅有皎白卵,

兄妹把卵孵在肘腋里，
舟中孵了几个小雏鸡。
浩浩汪洋人影早绝迹，
鸡犬禽兽已杳无，
万籁俱静无声又无息，
仅有智菜兄妹伴语声，
仅有唧唧鸡微鸣声，
世界人类已绝迹，
智菜无何乃请示，
请于安乐世君使者——仙明：
"世人已尽灭，
只剩我们两兄妹，
我们兄妹何以度生？"
"天下人类已尽灭，
你们兄妹可成婚，
你们将作世人的万代祖。"
"人伦那有兄妹可成婚？
安乐世君的命令我们难遵照。"
"你们如果不信话，
你们兄妹将磨分两扇，
分由河东河西试滚下。"
于是智菜匆匆回到舟里来，
照命把磨滚下河边去，
谁想双扇滚来结合了。
照样行了一番又四番，
他们兄妹方才不疑心。
智菜兄妹既已成了婚，
智菜回首望着水岸边，
见只野鸡立在石头上，
他便拾起铁石击野鸡，
谁想击在岩石微缝处，
于是石缝发出火星来，
火星引燃崖上的艾草，
这时烟火迷漫吹上天空去，
智菜兄妹便有火来炊饭羹。
天下太平无纷无扰，

物事悠宁又复太初，

人神敬睦万物茂茂，

洪水消尽世界转安泰，

智莱兄妹恩爱爱亘亘绵绵，

驹光流水竟已生儿育女，

长男名照荣，

次男名照扬，

幼男名照耀，

世界人们都是他的万世孙。

（此歌系杨汉先生所译，载在《贵州日报》大夏大学社会研究部所主编的《社会研究》副刊第九期）

三、八寨黑苗中的传说

据说最初在某一山洞里有九个蛋（此蛋从何而来未详），经一"母天日"怀抱，先生出八子，大者名雷公，其余七个名龙、蛇、虎、九结连、蟒、狼、猴。最后一个成者，说第九个蛋怀抱了很久不出；该母以为是坏蛋，想把它击破，这蛋从里面作声说道："母亲请勿击我，再隔三天，我便出来了，我的名字叫老岩！出生以后，我应该居长兄地位。"母亲听了他话，又怀抱三天，果然他如期产生，生下来便能言语，此子最灵敏！据说，他和后来的人类有相当关系的。

第九子出世以后，兄弟间不甚和睦，老岩最怪，时常戏弄兄长。当时母亲已经派定大哥雷公上天，掌理天界，幼子老岩听了很不悦意，同时他又存心想陷害其余的七个兄长。有一次他约他们游山，不过他预先计划好，等候他们上山以后在山脚的四围，纵起火来。幸而他们早就看出，都脱险而归。母亲知这幼子是诡计多端的，曾经召集八兄弟说："你们既是手足，不应该互相侵害。老岩年纪轻，可是智能最高，世界的一切归伊掌管，你们应该听其指挥……"老岩受母命主持地界，不过，生性懒惰，不事耕耘。雷公从天上看下来，地界荒草满野，责老岩说："汝既掌地界，何不勤劳耕作？"老岩对曰："我无牛。"雷公便送去一头。老岩将牛杀而食之，以牛尾插在岩石洞口。雷公后来下地界视察，田土荒芜如故，雷公很生气地问："牛在何处？"老岩本来是有加害雷公的意思，顿时心生一计，便随口对雷公说："牛已锁进洞里去了，我到里面去用力向外推，你在外面用力拉，如何？"雷公不疑。其实，老岩在洞里是用力向内拖，雷公向外拉，老岩看到雷公正用力的时候，骤然把牛尾放手，雷公滚下山去了。老岩初以为长兄跌死；而实际，雷公跌落在一个草堆上，未伤性命。他飞回天上去，立意要报复。后来老岩亦知道雷公未死，因此格外提心吊胆，想法对付雷公。一天雷公又来了，呼风唤雨，再架起斧头向老岩劈来，但未中命，不料自己立足未稳，滚落下去，倒反被老岩捉住，关在铁笼内。老岩原来想选择一个吉日下手，了结雷公性命。老岩每次出门，很当心地关照邻居：勿以水给雷公，因为他得到了水便是神通广大，大可施展威力。一天老岩出去，来了两个邻居的儿童（兄妹二人），雷公恳求他们给以水滴，二人惧老岩责怒，不允，不过经雷公多方诈骗，他们竟把水送去，雷公既得了水，对儿童说：“老岩可恶，我想发一阵大水把他淹死，你们快回去种几个葫芦，不日便能开花结实，选择果实最大的，挖去子粒，当水灾发的时候，坐在葫芦里，便可保全性命。”雷公说完此话，跳出铁笼而去。兄妹二人如其所言，不久，果然洪水暴发。地界一切生物，均被淹死，惟此兄妹二人，因葫芦得救，后来二人结婚，生育繁衍，就产生现代的人类。

四、短裙黑苗中的传说

在炉山、麻江、丹江、八寨等县交界处的短裙黑苗中，也有一种洪水为灾兄妹结婚的故事，但内容与上述几种颇不相同，根据他们的传说，当天地开辟时，只有一对夫妇，男名高加良（苗音），妹名胡加修（苗音），他们生了一子一女，子名半扬，女名撒扬。撒扬长大成年后，其貌非常漂亮，高加良就暗地和她成亲。后来胡加修知道了这回事，就和她的丈夫终日吵闹。最后财产分妥后，她竟把丈夫驱逐出门。过了三年，胡加修不惯寡居，到处去寻找高加良。此时胡加修身已怀孕，在半途中产下十二个石蛋，其中十一个都是落地后即裂开，每个蛋壳内立刻跳出一个成年的男子来。惟最后一枚石蛋，落地后，并没有破裂，且蛋中发出人声，告以三天后蛋内才有人出来。过了三天，果然钻出了一个成年男子，这十二个人都以兄相称，最后一个最伶俐，也最受诸兄的妒嫉。他们为了争夺父母的产业，时常吵闹。有一次十二兄弟在一处吃酒，最小的弟弟在自己的葫芦里装上凉水，把真的酒灌醉了其他的哥哥，等待他们熟睡以后，他用柴草堆在一起，点着了火，把他们推入火内烧死。哥哥们有的变了雷公升上天去，有的变成龙钻入水中，有的变成蛇钻入洞内，有的变成虎藏在森林中，有的变成黄鼠狼跑上山去；其余六个也都变成动物，散到各处求食。长兄雷公一上天后，就想报复，他大作雷雨，使地上洪水为灾，满想把恶毒的小弟，活活的淹死，不料这位小弟弟也作法上了天，等到洪水退后，才降到地下。有一天，他遇到了一位年轻美貌的女子，这就是他母亲后来生出来的妹妹，他们结为夫妻，生了一个没有眼鼻、形如瓜类的怪物，他们就把这怪物弄死，用刀切成十二块，弃之于地。不料每一块就变成每一种苗族的始祖，最后抛弃的一块，就变成了后日的短裙黑苗。

五、结　论

关于人类开始的神话，八寨黑苗、花苗以及短裙黑苗中所流行的，在大体上结构颇为相似，其中几点值得我们注意：第一他们所述的都不是开天辟地后第一个老祖宗的故事，乃是人类遇灾后民族复兴的神话。他们不是亚当与夏娃这一类的故事，乃是诺亚（Noah）式的传说，其中洪水这个成分在许多初民神话中，都有叙述，据苗族自己说他们是从湖南江西那方迁来的，那他们神话中的洪水或即是所传大禹时的洪水。他们的祖先虽未必住在洪水流域内，但至少与汉人接壤，或是由汉人的传说中传布过去的。故事中所提到的铁刀铁块及针等金属品，如果铁器的使用至早在春秋时才开始，那这种传说的起源，总在春秋以后。在这些神话中，都仅剩兄妹二人互相结婚。人类学家告诉我们，兄妹通婚在各民族中很早就在禁忌之列，如有违犯者，咸视为大逆不道。古代埃及、秘鲁、日本及印度的王室中，为维持王室血统的纯粹起见，虽曾规定兄妹结婚，但不久亦即取消。苗族神话中的兄妹结婚，妹都不愿，一再提出条件后，始勉强答应，这很可以证明在这些神话形成的时候，兄弟姊妹间的婚姻已不流行或已在严厉禁止之列，否则何必提出几种几乎无法履行的条件呢？据优生学的报告，近婚的结果最不利于后裔。兄妹结婚所生的子女，虽也有如埃及的克利奥佩特刺（Cleopatra）那样的绝世美容和才艺；但统计起来，身心缺陷者居多数。黑苗及花苗的神话中，兄妹所生的小孩，都是残缺不全的怪物。在鸦雀苗中，也有类似的故事，其后裔非但没有四肢，并且还是哑子。这种优生的事实，早已为原始人民所注意。我们汉族中是否也盛行过兄妹结婚的风俗，我们无从查考。无论如何，到了春秋时候，虽也还有犯忌的，但为了"其生不蕃"及"相生疾"的缘故，近亲通婚确已严厉禁止。苗族婚姻的改造大致不会在汉族婚姻的改革以前，这又可证明这样神话的形成，当在春秋以后至少春秋以后又产生了许多的变化。

在这神话中，我们又可得到一点关于利用火的起源的参考资料。我们知道在最初人类所用的火，是利用自然界已有的火，如树木森林触电后所引起的火、火山所喷出的火，以及自然界种种燃烧资料，如枯枝落叶之类，由于摩擦或其他原因而自然燃烧之火。把他们自然已有的火，设法保存而加以利用。后来人们就逐渐知道了人工取火法，火的利用便愈广泛，取火的方法，不外二种：一种是撞击法，一种是摩擦法。这两种方法究竟是谁先谁后，向为人类学上所不易解决的问题。美国人类学家在美洲的印第安人中得到不少材料，证明摩擦的方法，较撞击法为早。在这花苗的神话中，火是用铁块投掷于石上而产生的。这明明是撞击的方法，当然撞击不一定需要铁块，在事实上人工造火的开端，远在使用铁器以前，凡燧石之类互相撞击，都可发生火星，铁块显系由于苗人后来改编的。无论如何这是撞击较摩擦为早的证据，并可说明造火方法的次序至少带有地方性，而不一定循古典派所主张的一定的程序和阶段。所以，这一点在人类学上也是值得注意的。

本文首次发表于贵阳《革命日报·社会旬刊》1938 年第 4、5 期。现选自吴泽霖、陈国钧等著《贵州苗夷社会研究》，文通书局 1942 年版。

中国西南民族神话的研究

楚图南

楚图南（1899—1994），云南文山人。文学家、翻译家、社会活动家。先后在暨南大学、云南大学、北平师范大学等任教，任对外文化联络委员会副主任、民盟中央主席。神话学论文有《中国西南民族神话的研究》（1938—1939），译作有《希腊的神话和传说》等。

绪　言

最近五十年来，因为考古学的发达和新资料的发见，欧洲的历史，遂凭空添加了崭新的几页，如以克召特岛的诺萨斯（Knossos）为中心的爱琴文化及以小亚细亚的海利斯河（Halys）为中心的希泰忒（Hittites）文化即是。① 在中国，则以历史的悠远和土地的广大，以及地形和种族的复杂，也自然形成了许多的文化区域，有着许多不同的文化单位。只是后来因为汉族文化的占了绝对优势，这些小民族②、小区域的文化，都渐渐的被同化、被征服，或者也是被淹灭，或被忘却了。直到最近，因为许多史实和遗物的发见，才引起了学者们的深切的注意和研究。譬如在东北，因为贝冢和好大王碑③的发见，那里的种族和文化的系统渐渐的被整理出来了。在这方面的研究，自然以日人所获得的成果为多。在西北，则包括了新疆和中央亚细亚地方，这里不单是中印文化沟通的桥梁，在海上交通没有十分发达以前，也是欧洲—大秦，西亚—波斯和亚拉伯人东来的大道。看了法显（纪元 337 年—423 年?）

---

① 纪元 1870 年以后，德人徐理曼（Heinrich Schliman）在小亚细亚半岛发现了特洛伊城（Troy）遗址，在希腊半岛发见麦逊尼（Mycenee）泰里尼（Tiryns）的遗址，1899 年英人伊凡（Arshur Evan）又在克里特岛上发见了诺萨斯的遗址，于是爱琴文化才为历史家所注意。希泰特人文化的发见，亦以徐理曼之功居多。全盛时代约在纪元前 1400 年至 1200 年之间，为古代历史上用铁的发明者，使上古亚非文化区域及后起的希腊，由铜器时代入于铁器时代，实在是希泰忒文化的影响。

② 小民族（national minority），最近苏联常用这个名词来指苏联境内斯拉夫民族以外的各种民族，意即少数的民族。但在国家民族和文化的构成分上，却是一样的重要，与斯拉夫民族有着同等的地位。所以，我以为这个名词，将来也可以用来指中国境内汉民族以外的少数民族。

③ 贝冢为日人八木奘三郎于 1922 年，滨田耕作于 1927 年，原田淑人于 1928 年，先后在旅顺大连、东老山、貔子窝、老铁山各地所发见。共掘得石器、骨角器、瓦器甚多，大约为中国东北部古代原始民族的遗物。好大王碑民国初年为罗振玉所发见，在辽宁与朝鲜的边境。碑建于中国晋时，载朝鲜古代种族的迁徙及先王武功甚详。罗氏曾命北平书贾往拓多份。后为当地土人敷牛粪焚化苔藓，字乃漫漶不可识。

的《佛国记》和玄奘（纪元602年—664年）的《大唐西域记》就知道，在三世纪至六世纪之间，正值中国分崩离析、兵连祸结的时候，这个地方已是风教文物很盛的乐土。最近因为斯泰因（M. A. Stein）①、斯文赫定（S. Hedin）②、伯希和（P. Pelliot）③ 及钢和泰（A. V. Stael-Holstein）④ 诸人的探险、发掘和研究，这个地方的过去的文化，才渐渐的为世人所知。在吴越地方，至少在黄河流域文化还没有侵入以前，那里也有着自己的独特的文化目的。最近，因为几处古冢的发掘和大量陶片的发见，这个地方的古代文化的研究，越更有了眉目了。在西南地方——这包括了四川的南部和贵州云南的全部，即《华阳国志》中《南中志》所记载的地方，这是中国的旧主人——苗夷的逋逃薮和归宿地，他们有他们的独特的文化和独特的传统，对于他们的极客观的研究和极正确的理解，不单是可以纠正了过去载籍上的许多的讹误，扫清种族间的许多的成见和误解，同时也当可以追溯出一部分中国文化的渊源和血缘。何况这地方当汉唐时候已东通中国，南接南越、交趾、挝国，远至真腊、占城，西通西藏及印度，而海西大秦在东汉时亦已由缅入滇。⑤ 各方面的文

---

① 斯泰因（M. Aurel Stein），英国考古家，于1900年由印度至新疆，以和阗故址为中心，从事调查及发掘，得许多很可宝贵的资料，著《古代和阗》（Ancient Khotan）二册。1906年，又至新疆，盗运敦煌写本及艺术品约数十箱。著 Serindia 及《契丹的荒墟》（Ruins of Desert Cathay）二书。最近复综合在中亚、新疆四次旅行的结果，写为《西域考古记》（On Ancient Central-Asian Tracks），将所得的古代美术、工艺品，以及数十种不同的古代写本，加以研究及解说，不单是古代西域文化，及东西两方文化交互的影响，可以从此书中窥见其梗概，即中国古代历史上许多不能解决的问题，也因此而有不少的发明。最近此书已有中文译本，向达译，中华书局出版。

② 斯文赫定（Dr. Sven Hedin），瑞典人，于1893年至1896年间由西伯利亚往返帕米尔、阿克苏及戈壁之间，又由额什噶尔西南至和阗旁及克里雅河至焉耆等处，复由和阗至青海经甘肃入内蒙，以至北平，著《亚洲腹地旅行记》，中国已有译本。斯氏前后旅行新疆五次，著述甚富。1927年复与中国学术团体合作，成立西北科学考察团，发掘甘新古迹。所得者据云已有木简、木牍、文书、钱币、石刻、印玺、墓碑、陶器、壁画、泥像、漆器、丝织美术品、石器、骨角器等。这些东西在文化史上的价值和地位，还正待后人的继续研究。

③ 伯希和（Paul Pelliot），法国学者。曾探险于新疆库车各地，于1909年继斯泰因之后，在甘肃敦煌鸣沙山莫高窟发见古代遗书，内多唐及五代人抄本。氏因以所得，印行《敦煌石室遗书》及《鸣沙石室古遗书》二种。并由此研究，于中国古代之言语、宗教、文艺、东西交通，以及种族迁徙，多所发明。重要著作有《在中亚的三年》、《中亚探险报告》及《近日东方古言语学及史学上之发明与其结论》。后者有王国维译文，载北京大学《国学季刊》第一卷第一号。

④ 钢和泰（A. Von Stael-Holstein）为著名的东方学者，于欧亚民族的交涉、古代东方的语言，以及印度文化对于中国的影响，贡献尤多。

⑤ 滇南四邻的交通，庄蹻入滇，道经牂牁，秦通五尺道，皆在今之贵州境，是为东北道。汉以后司马相如经略邛筰，卒开僰门，通南中，是为北道，经由四川。南越人溯江而上，以财物役属夜郎，西至同师，是为东南道，与贵州之普安、滇之广南相接。唐时以蒙诏附结吐番。连败唐兵，是吐番与滇本有连络，其道当在今之丽江、维西一带地方，元世祖经吐番，征滇亦即经由此道，是为由滇通藏之西北道。此外如《古滇说》之所载，唐开元十五年时，蒙诏平服五诏，唐册为王，特进云南王越国公，开府仪同三司。自唐晋封之后，永昌诸郡，缅、暹罗、大秦此皆西通之国，交趾、八百、真腊、占城、挝国，此皆南通之国。可知当时的云南，实在是西南亚洲诸国交通的总汇，蒙诏之能吸收中印文化，蔚然为一大国，这不见得是没有原因的了。

化，交会于此，而爨蛮、蒙诏，文化之盛，几可以与唐人媲美，其武力甚至两败唐兵俨然为南方大国。由此可知这地方过去的文化，在东方文化史上，实在如同爱琴文化一样的重要，只是可惜过去的学者，除少数专门研究中国西南民族的欧人而外，大多数不是陷于无意的讹误模糊，即是流于有意的附会或夸张。譬如说汉蛮同族（最近章太炎亦有此说），而禹家西羌，地名石纽，而石纽便是丽江的石鼓（师范《滇系》）。《禹贡》"华阳黑水惟梁州"，而黑水便是现在滇西的澜沧江（李元阳《云南通志》）；《水经注》"罢谷之山，洱水出焉"，而洱水便是现在大理的洱河（《浪穹县志》）。此外如周武时会于孟津的濮人，董难谓濮即今之顺宁（明董难《百濮考》）。爨氏的祖先，据碑志亦云，乃班氏之后。又如樊绰以滇池为昆明湖，李志亦称或谓三危乃在于今之丽江。①这样时地的观念、种族的系统，凌乱不清，或者望文生义，名实不符，只是使人迷误，不能对于这个地方的史实，得到一个正确的解释。当然这个地方的文化和种族，哪些是外来的，哪些是原有的，哪些是土著的，哪些是移民的，也更是说不清楚了。

所以，我以为要想对于西南民族及其文化得到一个明确的认识，最先得探检、调查、搜集和根据于过去现在的成文的与未成文的史实，各作分科或专题的研究。譬如言语、文字、民族、社会组织、风俗习惯、宗教思想等，由初步的分析、比较，以进于统整的认识和理解。又由统整的认识和理解，以进于与四邻文化和民族的交互的影响的研究。在所能得到的资料中，其有属于神话，或是近于神话的，也只能把它作为神话或传说来加以研究和处理，不能即直截了当的作为史实或信史来应用。过去已经被误认或误用了的史实，现在也得先将它们还原为神话，然后以对于神话的态度，以神话学的一般的方法，来将它们清疏、整理、研究、判断，得出正确的结论。又从这些结论中，来推论、来研究出西南民族的比较可靠的信史来。

并且，西南民族既大部分是汉族东来和南下以前中国地方的原始的土著，或原始的民族，则他们所留给我们的历史的资料，以及后人对于他们的传说，也当然大部分都是属于神话的成分。就现在残存的苗夷等小民族的社会情形、生活习惯看起来，似乎他们的文化水准，也只是远在于神话时期的阶段。虽说过去如爨蛮、南诏、大理诸国，以及远未知道的过去，或者也曾有过文化很盛的时期，但在那些时期中，如果将所受到的汉族文化和印度文化的影响完全抽去，那情形又将如何呢？那不也还是一个神话时代或近于神话时代的野蛮社会么？我想那时的社会和文化高于现在的苗夷，即他们的没落或式微了的子孙，当是不会距离很远的。所以，我们现在所有的关于西南民族的史料，大部分还只是神话或传说。在中国民族的古史中，这些神话或传说也实在别开生面，丰饶而美丽。不单是在文学上极有价值，还是没有被

---

① 云南史地上的讹误实是数不胜数，这原因第一，中国的史学家只是硁硁于文字、名词之辨，不能作实地的考证和调查；第二，云南土地辽远，又是蛮烟瘴雨，中土人士，到此不易，所以于这里的史地的研究，只能凭诸传说，或悬想，或揣测。关于此，作者另有《云南史地讹误考》，将来当能整理发表，以求高明指教。

开垦被耕耘过的处女地；即就历史的、考古的或民俗学的见地说，也是极为珍贵的资料，本编即拟根据于这个目的，作一种初步的尝试，最先尽其可能的将西南民族的神话或传说加以搜集、分类、整理，并约略给以一种合理的解释，也尽其可能的将它拿来和别种民族的神话和传说，互相对证、比较，或者探究出它们之间的相互的关系。地理上的范围，则如前所说，只限于四川南部和云南和贵州的全部。因为这里的民族，主要的是苗夷，其族属又可分为罗罗、摆夷等几十个种类。① 但在文化和生活上，大体是属于一个系统，或近于一个系统，与东北方面的满蒙和西北方面的回族，是有着截然的不同的。所以，本编的研究，暂以这个区域内的原始民族为中心，虽然以比较或解释上的必要，或者也牵涉到别的民族，重要者如印度，因为在五六世纪以后，西南民族的神话差不多都是佛教的神话的流行了。

不过，本编因为是行箧旧稿，所以在资料的搜集方面，当然有极不完全、极不详尽的地方，又因为对于几种重要民族的言语、文字，还极隔膜，在比较研究或解说方面，也免不了还不十分精当，或甚至于有着想像不到的谬误。所以，很希望先辈学者，能随时指教、随时纠正，俾能不断增补、修改，使我们能有一部比较完全的西南民族神话的著作，使被忘却已久了的古代民族的美丽的梦想，又重新再现，我们又多认识了中国古代文化的一部分极其珍贵的遗产。

西南民族的人祖神话

每个民族都有关于自己的祖先的传说。但因为古代野蛮民族的知识水准很低，不是将自己的祖先说成人兽同源，就是人神同源，或者乃是由于某种偶然的原因而诞生出来的（如生于石、生于树，或生于江河上流来的甚么之类）。这在神话学的分类上便是所谓的人祖神话（Myths of the Origin of Man）。

关于西南民族的人祖神话，也是随着各种族而不同的。譬如第一，《后汉书·南蛮传》所说的关于蛮夷的祖先的传说，这当是西南民族的最古且最重要的一个人祖神话：

> 昔高辛氏有犬戎之寇，帝患其侵暴而征伐不克。乃访募天下有能得犬戎之将吴将军头者，购黄金千镒，邑万家，又妻以少女。时帝有畜狗，其毛五采，名曰槃瓠。（李贤注引《魏略》曰："高辛氏有老妇，居王室，得耳疾，挑之乃得物，大如茧，妇人盛瓠中，覆之以槃，俄顷化为犬，其文五色，因名槃瓠。"）下令之后，槃瓠遂衔人头造阙下。群臣怪而诊之，乃吴将军首也。帝大喜，而计槃瓠不可妻之以女，又无封爵之道，议欲有报而未知所宜。女闻之，以为帝皇下令，不可违信，因请行。帝不得已，乃

---

① 丁文江《爨文丛刻》序分为十五种，其下共包括数十族。但严格说起来，有些是属于藏族、缅族及僮瑶系统。在云南，主要的苗夷种族为罗罗及摆夷。而苗夷则可为一般的中国土人的通称，可以包括了湖南两粤的僮、瑶、侗、黎，以及川边的土人，以及云南的摆夷、罗罗。

以女配槃瓠。槃瓠得女，负而走入南山，止石室中。所处险绝，人迹不至。
……帝悲思之，遣使寻求，辄遇风雨震晦，使者不得进。经三年，生子一
十二人，六男六女。槃瓠死后，因自相夫妻，织绩木皮染以草实，好五色
衣服，制裁皆有尾形。其母后归以状白帝。于是使迎致诸子，衣裳班兰，
语言侏离（李贤注：侏离，蛮夷语声也）。好入山壑，不乐平旷。帝顺其
意，赐以名山广泽，其后滋蔓，号曰蛮夷。（《后汉书·南蛮传》）

这个神话后人觉得有些太不近情，所以纷纷辩论，以为范晔的这段记载，是不
足信的，如杜佑《通典》云：

黄金古以斤计，至秦始皇始曰镒，三代分土，汉始分人；将军之名周
末始有之；吴姓至周始有之，范之说非也。

又有并不否认范说，而只是肯定了犬也是人。如罗泌《路史》引《伯益
经》云：

卞明生白犬，是为蛮人始祖，卞明黄帝曾孙也。白犬者乃其子之名，
盖后世之乌彪、犬子、豹奴、虎狨云者，非狗犬也。

其实这种辩论是不必要的，野蛮人并不忌讳于自己的动物的祖先。如《元秘
史》为元太祖时元人自著的著作（洪武十五年始由内府发出，命人翻译）。书中固
俨然说着：

当初元朝的人祖，是天生一个苍色的狼，与一个惨白色的鹿相配了
……产了一个人，名字唤作巴塔赤罕。（《元秘吏》）

所以，槃瓠的神话也不过是这一类型的人祖神话罢了。不过因为这个故事是出
于汉人的记载，当有不少汉人的传说的添增、堆垛或附会上去。如高辛氏，如宫中
老妇、吴将军等人的故事即是。至于槃瓠之后，《后汉书》笼统的称之为蛮夷，可
知这个信仰在西南民族中是最为普遍的了。《魏略》称"武都氏其种非一，皆称槃
瓠之后"，《搜神记》亦云"今吐番乃槃瓠后"。清张澍《续黔书》称"狄、佯、狑、
侗、僮、瑶等种皆祀槃瓠，相传为槃瓠后"，注又称"黔中五溪长沙间为槃瓠后"。
似这个神话所流行的地域为西康、四川、湖南、广西及贵州的一部分地方。信仰这
个神话的种族，主要者为瑶人。如最近出版的刘锡蕃的《岭表纪蛮》，称广西的狗
瑶，至今尚祀狗王：

狗王，惟狗瑶祀之，每值正朔，家人负狗环行炉灶三匝，然后举家男
女向狗膜拜。是日就餐，必扣槽蹲地而食，以为尽礼。其祀狗之原因，诸
说不一：或谓"瑶之始祖，生未旬日，而父母俱亡。其家畜猎犬二，一雌
一雄，驯警善伺人意，主人珍爱之。至是，儿饥则雌犬乳儿，兽来则雄犬
逐兽，儿有鞠育，竟得生长。娶妻生子，支裔日繁，后人不忘狗德，因而
祀奉不替"；或又谓"瑶之始祖，畜一犬，甚猛鸷，一日临战，于阵上为
某大酋所执，将杀之，刃举而犬猛啮酋，酋出不意，竟死。瑶甚德狗，封
之为王，以所爱婢妻之。其后子孙昌大，遂成一族"；其又一说，则与范晔

《后汉书》所云相类，惟谓"犬子长成之后，与狗父出猎，狗父老惫，坠崖而亡，子负犬还，犬时口流鲜血，沿子肩部下交于胸，子哀之，自后缝衣，即象其形，另缀红线两条，以为纪念"。（《岭表纪蛮·祭祀与神祇》）

这里瑶人奉祀狗王的这个事实，便是在瑶族中还相信狗为人类祖先的证据。关于刘氏所列举的祀狗原因的诸说，则是同一的人祖神话的演变。各以原始的人祖神话为根据，只是如同滚雪球一样的，经过了不同时代和地域的口耳相传，增加了新的成分或要素，失了原形，也变更了原意了。

其次流行于贵州一带地方的，则是苗人的人祖神话。据日人鸟居龙藏氏的调查——

安顺附近青苗之耆老曰：

太古之世，岩石破裂生一男一女，时有天神告之曰：汝等二人宜为夫妇。二人遂配合为夫妇，各居于相对之一山中，常相往来。某时二人误落岩中，即有神鸟自天飞来救之出险。后此夫妇产生多数子孙，卒形成今日之苗族。

又安顺青苗之耆老曰：

太古之世有兄妹二人，结为夫妇，生一树，是树复生桃、杨等树，各依其种类而附之以姓，桃树姓桃，名 Che la，杨树姓杨，名 Gai Yang。桃杨等后分为九种，此九种互为夫妇，遂产生如今日所有之多数苗族。多数人产生后，分居于二山中，二山之间有深谷，彼等落入谷中时，有鹰一羽（Lan Pale）自天上飞来救之出，由是苗族再流传于四方。因此吾人视鹰为神鸟，常感其恩而祭之。（《苗族调查报告》）

这两个神话，无疑也当是根据于同一的一个神话演变出来的。因为这个神话很普遍地流行于苗民中间，所以鸟居龙藏即因此断定了现在的苗族，即使有几十种的不同，也当是出于一个共同的祖先。

最后流行于云南地方的人祖神话，这之发生，当然是很古的。汉人通滇以后，这些神话也流传到中原，为汉人所熟知，所以《后汉书》的《西南夷传》，将这些故事也记载下来了：

夜郎者初有女子浣于遯水①，有三节大竹流入足间，闻其中有号声，剖竹视之得一男儿，归而养之，及长，有才武，自立为夜郎侯，以竹为姓。武帝元鼎六年，平西南夷为牂牁郡，夜郎侯迎降，天子赐其王印，绶后遂杀之。夷僚咸以竹王非血气所生，甚重之，求为立后。牂牁太守吴鼎以闻，天子乃封其三子为侯，死配食其父。今夜郎县有竹王三郎神是也。

---

① 遯水、牂牁、夜郎，后人考证，异说颇多。惟以丁谦氏所说较为近是。丁氏谓："夜郎国在今曲靖府境。南北二盘江会合，始有牂牁江名，盖兴义府地，即汉武帝所立之牂牁郡也。"（《西南夷传考证》）又谓："遯水乃温水下游，温水遯水皆南盘江别名。水道提纲，南盘江发源曲靖，即夜郎国也。"（《西南夷传考证》）可知竹王神话，盖流行于滇东及贵州南部一带地方。

哀牢夷者①，其先有妇人名沙壹，居于牢山，尝捕鱼水中，触沉木若有感，因怀妊。十月产子男十人。后沉木化为龙，出水上，沙壹忽闻龙语曰：若为我生子，今悉何在。九子见龙惊走，独小子不能去，背龙而坐，龙因舐之。其母鸟语谓背为九，谓坐为隆，因名子曰九隆。及后长大，诸兄以九隆能为父所舐而黠，遂共推以为王，后牢山下有一夫一妇，复生十女子，九隆兄弟皆娶以为妻，后渐滋长。种人皆刻画其身象龙文，衣着尾。九隆死，世世相继，乃分置小王，往往邑居，散在溪谷，绝域荒外，山川阻深，生人以来未尝交通中国。

晋常璩的《华阳国志》为记载西南民族的地理和传说比较为最古最可信靠的著作，亦曾载有沙壹（惟壹作壶）竹王的神话，只是又加上了竹王的神通，即：

……捐所破竹于野成竹林，今竹王祠竹林是也。王与从人尝止大石上，命作羹，从者曰无水，王以剑击石出水，今竹王水是也。

宋张道宗的《古滇说》，为滇人自著之书，亦记载沙壹的传说。杨慎的《滇载记》，据杨慎自己的跋文，乃是根据于《白古通玄峰年运志》，"其书用僰文，义兼众教"。李元阳《云南通志》亦云杨慎的《滇载记》乃是白古通的译文。书中谓"沙壹触沉木有感，是生九男，曰九隆，族种类滋长，支裔蔓衍，窃据土地，散居溪谷，分为九十九部，其渠酋有六，各为诏"。所以沙壹的传说，当是许多种族，至少是摆夷族人的共同的人祖神话。这个神话，《古滇说》所记的，又比《汉书》为详，且略有出入：

其先有郡人蒙迦独，妻摩梨羌，名沙壹，居于哀牢山。蒙迦独尝捕鱼为业，后死哀牢山下水中，不获其尸。妻沙壹往哭于此，忽见一木浮触而来……（中间一段与《汉书》同）……九子见龙惊走，独一小子不能去，母因留止。子背龙而坐，因舐之，就唤其名曰习农乐。母因见子背龙而坐，乃夷语谓背为九，谓坐为隆，因名其地曰九隆。习农乐后长成，有神异，每有天乐奏于其家，凤凰栖于其树。有五色花开，四时常有神卫护相随。诸兄见有此奇异，又能为父所舐而与名，遂共推以为王，王哀牢山下。有一人唤奴波息者，夫妇复生十女子，因与习农乐兄弟皆娶以为妻。奴波息见习农乐有神异，遂爱重之，而家大旺。邻有禾些和者，即欲害之，习农乐奉母夜奔巍山之野，躬亲稼穑，修德惟勤，教民耕种。其九兄弟有妻，后渐渐相滋长，种人皆刻画其身，象龙文，衣着尾。习农乐在于巍山之野，主其民，咸尊让也。

这里所说的：（1）九隆乃是地名而非人名；（2）沙壹最先是有丈夫的；（3）习农乐生后有种种的祥瑞。这当然已不完全是原始的素朴的神话了。由不可知的古代，

---

① 哀牢夷即九隆之后，与白国、南诏同为僰人，即百夷，即摆夷。见拙著白国即僰人，即摆夷，为《滇中古佛教国考》。

到了张道宗的时候，当已有了不少的修正或粉饰。《商颂》里面的天命玄鸟，降而生商，以及周的祖先的履巨人迹受孕，满洲祖先的吞鸟卵成胎，在正史里面，就很少提到这回事情。这原因乃是后来的进步了的或说"文雅"了的子孙，已不满意于祖先的原始的野蛮的思想，于是将古代的神话或传说，不断的修改、添饰或润色，使它合理化或现代化。于是古代神话的土壤，一方面不断的剥落了古代粗糙的、颇不雅驯的犷野的泥屑，一方面也就不断的髹漆了比较是近代的，或合理的、美丽的油漆或彩绘。所以比较起来，这几个神话中，似乎以槃瓠的神话最富于原始性。沙壹的故事，则大约以南诏盛强，文化进步，已不断的有了修正，亦如日人之附会为天神的后代一样。①

最近丁文江所搜集出版的《爨文丛刻》，那里面说到天地的开辟，有许多是与古代的中国相同的原始的、素朴的阴阳五行的思想。说到人类的发生，也已没有了竹王和沙壹的传说，虽说爨蛮与哀牢夷不是一个种族。② 但《爨文丛刻》里面的有些思想，必非原始的传说，乃是代表进步了的，更高级的一个阶段的思想是可知的了。

本文原载《西南边疆》1938—1939 年第 1、2、7、9 期。全文约 2.3 万三字，分五个部分：一、绪言；二、金马碧鸡的神话；三、西南民族的人祖神话；四、土主庙；五、星回节的传说。此处节选其"绪言"和"西南民族的人祖神话"两部分。

---

① 日人人祖神话，见日本《古事纪》。惟中国近代的专制帝王或野心家，每有关于自己的诞生的极其神异的传说，这却是含有愚民的作用，是有意的欺骗，不能与古代的神话一概而论。

② 李元阳《云南通志·羁縻志》论南中种族，略谓："南中诸夷，种类至不可名纪，然大概有二种，在黑水（按李志黑水即澜沧江）之外者，曰僰，在黑水之内者曰爨。僰有百余种，爨亦七十余种。"可知滇中种族，以僰、爨两族为大，亦以两族文化为最高。前者白国、六诏皆为其种人之所建。后者，袁嘉谷《滇绎·爨世家》载之甚详。其政治文化的根据地，在于曲靖，不知是否即古代夜郎之后？

重庆沙坪坝出土之石棺画像研究

常任侠

常任侠（1904—1996），安徽颍上人。美术史家、考古学家。1928年入南京国立中央大学文学院，1931年毕业后留校任教。1935年赴日本东京帝国大学文学院研究东方艺术史和丝绸之路的文化交流。1936年底返国，继续在中央大学任教。1938年春，到武汉国民政府军委政治部三厅郭沫若麾下从事抗日文化宣传工作。1942年转任国立艺术专科学校教授，后转任昆明国立东方语文专科学校教授，后任国务院华侨事务委员会委员，北京大学、北京师范大学、中国佛学院教授，中央美术学院教授兼图书馆馆长。与神话学有关的著作有《重庆沙坪坝出土之石棺画像研究》（1939）、《民俗艺术考古论集》（1943）、《常任侠艺术考古论文选集》（1984）等多种。

一、石棺画像及其伴出物

重庆沙坪坝，国立中央大学开辟农场，掘地得石棺二，并伴出陶俑人二、陶鸡一、铜镜二。一镜有文曰"元兴元年五月壬午"，边作连弧纹，内环四龙纹，今与石棺并存国立中央博物馆。一镜较小，无文字，今与陶俑并存国立中央大学史学系。出土之所，曾往踏察，在一小山坡侧，土坟然隆起，下临小溪，野花覆坡。闻当石棺出土时，四周陶俑器皿甚多，又有一陶马，俱为工人所毁。且墓似已先被盗掘，故棺与盖皆另置，棺中人骨无存。棺系红砂石质，一棺外长2.33米，高0.73米，宽0.70米，内空长2.08米，宽0.49米，高0.50米，底厚0.13米；承盖有子口。一棺较小，外长2.22米，高与宽俱0.70米，内空长2米，宽0.53米，高0.70米。棺两侧俱刻饕餮兽面环，前后各有画像。较大的一棺，前额刻一人首蛇身像，一手捧日轮，中有金乌，后刻双阙。较小的一棺，前额刻一人首蛇身像，一手捧月轮，后刻两人一蟾，蟾两足人立，手方持杵而下捣。中立一人，手持枝状，疑为传说中之桂树或不死树。右侧一人，两手捧物而立。棺一较大，一较小，所刻亦象征一阳一阴，应为一男一女，合葬地下。一棺后刻双阙，当系表明男性死者在封建社会中之官阶地位。伴出陶俑为红陶，无釉，俱不完，惟余两头一足，一较大，一较小，颇似一男一女，亦官俑。冢中人殆贵官也。其画像作风，刻绘古拙，至迟当在两晋之前。镜文作"元兴元年五月壬午"，按以元兴纪年者有三：东汉和帝，以乙巳四月改元元兴；吴归命侯孙皓，以甲申七月改元元兴；东晋安帝，曾以元兴纪年，是年壬寅三月，仍改隆安。是则吴与晋虽有元兴元年，俱无五月。此当为东汉和帝元兴元年（105 年）。金静庵教授推断，亦同此说。据陈垣教授所著闰朔表，汉和帝元兴元年六月朔日为癸未，则五月壬午，当为晦日。今观此镜纹样，亦可认为汉制。惟别无碑碣文字，仅据造镜年月，仍不能推断葬时之年月也。

二、人首蛇身画像即伏羲、女娲

人首蛇身画像，汉石刻画像中常有之。其最著者有汉武梁祠石室画像。其第一石即画两人首蛇身像，两尾相结，铭曰"伏戏仓精，初造王业"。又后石五，左石四，俱有人首蛇身交尾像。左石四所刻，一人执矩向右，一妇人执器向左，虽无铭文，然作一阳性一阴性者，均可知其为伏羲与女娲也。又金陵大学中国文化研究所近印南阳汉画，第十四图第五十三图至六十二图，均为人首蛇身像；第六十三图为两人首蛇身交尾像；第六十八图为两人首蛇身对立像，下一巨人承之；第三图为一人首蛇身捧月像，收集颇富。此外山东图书馆王献唐氏，亦集嘉祥滕县所出人首蛇身画像石多品。曲阜近出尤多（据王氏函告，拓本俱未见）。川中发现类此画像者，就所见尚有嘉陵江岸磐溪上无名汉阙画像，作两人首蛇身捧日月状，日中有踆乌，月中有蟾蜍，与渠县沈君阙相类。又新津宝子山画像石，亦作两人首蛇身交尾状。同地所发见者，尚有一画像汉砖，刻人首蛇身捧日轮状，冠三尖上出，与石棺画像相同（砖石为重庆江鹤笙君所得，墨本余俱有之）。武梁祠与南阳各像，及川中所发现者，风格皆异，而大体相同。沙坪坝石棺画像姿态尤为夭矫。又此类画像，我国新疆以及中央亚细亚古墓中，亦常发现。日人橘瑞超氏，发掘新疆高昌古墓，曾获人首蛇身交尾画像，惟发掘情形，未有报告，画藏旅顺博物馆中。其后英国派遣中央亚细亚探险队斯坦因氏，继续发掘高昌古墓，亦获此画。1928 年所出版之《极央亚细亚》（*Innermost Asia*）中，曾刊印之。据斯氏所记，墓中椁壁之上，常有绘画；在其奥壁，悬有绢织品，上画人首蛇身像。又棺上每覆木绵与绢织布片，绢片所绘，亦人首蛇身也。绢画为彩色，两人蛇身，绸缪相结，左者左手执矩，右者右手执铁。（按《汉书》卷七四《魏相丙吉传》曰："东方之神太昊乘震执规司春，南方之神炎帝乘离执衡司夏，西方之神少昊乘兑执矩司秋，北方之神颛顼乘坎执权司冬，中央之神黄帝乘坤执绳司下土。"此执规者，即太昊伏羲也。执矩执铁，盖至唐演变为执刀尺矣。）上有日轮，卫星环之。列宿星斗，绕其四周。其后西北科学考察团黄文弼氏，亦获此类画像，得其函告，云亦类此，惟尚未见有报告。斯坦因氏发掘所得墓志，最早者为 571 年物，最近者为 698 年物。以西北高原，气候干燥，画虽绢质，而保存完好。墓室祠宇，绘此图像，此种风俗，中国古代殆颇普遍，约在唐以后始绝。

三、自古以来传说中之伏羲、女娲

伏羲、女娲传说，为中国古代神话之一，与彼希伯来古传说中亚当、夏娃，东西相映，同具势力。有史记载，均谓伏羲、女娲，人首蛇身，盖承古昔传说如此。《玄中记》云："伏羲龙身，女娲蛇躯。"《昭明文选》李善注曰："女娲亦三皇也。"郑康成依《运斗枢》注《尚书·中候》，以伏羲、女娲、神农为三皇。司马贞《史记·补三皇本纪》亦同此说。史谓女娲者伏羲之妹。晋皇甫谧《帝王世纪》曰："女娲氏亦风姓也；承庖牺制度，亦蛇身人首，一号女希。"《山海经》曰："女娲之肠化为神，处粟广之野。"郭璞注云："女娲古神女帝，人面蛇身，一日七十变，其肠化为此神。"《列子》曰："女娲氏蛇身人面，牛首虎鼻，此有非人之状，生而有大圣之德。"汉许慎《说文解字》曰："女娲古之神圣女化万物者也。"《淮南·览冥篇》曰："往古之时，四极废，九州裂，天不兼覆，地不周载，火爁炎而不灭，水浩洋而不息，猛兽食颛民，鸷鸟攫老弱。于是女娲炼五色石以补苍天，断鳌足以立四极，杀黑龙以济冀州，积芦灰以止淫水。苍天补，四极正，淫水涸，冀州平，狡虫死，颛民生。"《风俗通》曰："俗说天地开辟，未有人民，女娲抟黄土作人，剧务，力不暇供，乃引绳于泥中，举以为人。故富贵者黄土人也，贫贱凡庸者，絙人也。"（《太平御览》卷七十八引）女娲造人之说，颇与巴比伦古传说相似。《旧约·创世记》所说，亦即源于巴比伦。关于伏羲传说，亦颇纷繁。自汉以来，其见于著述者，盖非后世杜撰，大率原始传说神话之记录。观其神力之大，对于人类功绩之多，则其在民俗中之地位势力，可以想见。传其灵异图像，绘于神圣殿堂、死者墟墓，有由然矣。

图画伏羲、女娲于祠庙，由来颇古，其始见于《楚辞·天问篇》。屈原观楚先王庙堂而作《天问》，观伏羲女娲图像曰："登立为帝，孰道尚之。女娲有体，孰制匠之。"（王逸注曰："言伏羲始画八卦，修行道德，万民登以为帝，谁开道而尊尚之也。传言女娲人头蛇身，一日七十化，其体如此，谁所制匠而图之乎！"）王文考《鲁灵光殿赋》曰："伏羲鳞身，女娲蛇躯。"唐张彦远《历代名画记》曰："东汉明帝，雅好绘事，特开画室，别立画官，又创立鸿都学，以集奇艺，天下之艺云集，曾诏班固、贾逵等博洽之士，取材经史，命上方画工作图，而固等为之赞，成殿阁画赞五十卷。首起庖牺，末收杂画。"此皆古代图绘伏羲、女娲于祠殿者。今虽不可见，而文献尤足征。至石刻及绢画，颇多发现，若武梁祠及各古墓所获，今俱存在，可供参互比较。沙坪坝所出两棺，每棺各有人首蛇身像，亦其类也。

四、在苗瑶中传说之伏羲、女娲

稽考中国古史，苗瑶之民，亦中夏原住诸民族之一。古先传说，谓伏羲、女娲而后，黄帝尝与蚩尤战而胜之。至舜，更窜三苗于三危。此说虽不必为信史，而古者苗民亦尝杂居中原，殆属可信。故于伏羲、女娲二灵，称为人类之祖。崇敬既深，传说亦富，固不仅为汉族之神话也。苗、瑶相传为槃瓠之裔，《后汉书·南蛮传》及干宝《搜神记》，述之颇详。而槃瓠亦即盘古。《赤雅》载刘禹锡诗曰："时节祀槃瓠。"谓苗人祀其祖也。《岭表纪蛮》引《昭平县志》曰："瑶人祀盘古，三年一醮会。招族类，设醮场，行七献之礼，男女歌舞，称盛一时，数日而后散，三年所畜鸡犬，尽于此会。"《峒溪纤志》记苗俗曰："苗人祀伏羲、女娲。"伏羲一名，古无定书，或作伏戏、庖牺、宓羲、虙羲，同声俱可相假。伏羲与槃瓠为双声（此承胡小石师说）。伏羲、庖牺、盘古、槃瓠，声训可通，殆属一词，无间汉苗，俱自承为盘古之后。两者神话，盖亦同出于一源也。

蒙昧初民，常以神话解释宇宙万类传其远祖故事。若洪水传说，即常见于各民族传说。前于《旧约全书》希伯来人传说者，已有加尔台亚传说，存于倍洛索斯断篇伊兹巴尔史诗中。希腊亦有宙斯愤怒人类罪恶，而降洪水之传说，存于台萨利。又南美亚洛加尼亚之印第安人中，南洋费济岛土人中亦有之，日本亦有八丈岛之多娜婆传说。中国洪水传说，见于旧籍所载及民俗传说者颇多。苗、瑶之民，近于原始社会，亦俱有此传说，且俱与伏羲、女娲相关。叙述洪水之后，人类始祖，创造人类。型范朴质，垂世已久。又传世苗文《盘王书》，传唱苗民中，汉译其意，叙述古皇创造天地，肇生万类，颇类《旧约·创世记》。其中《葫芦晓歌》，述太古时代，洪水泛滥，上接天门，伏仪（亦即伏羲）躲身入一大葫芦中，逐水漂浮，获全躯命，于是为人始祖。歌谣大意，与所传说，内容无异。

五、关于日月金乌灵蟾之传说及其他

原始人类，解释宇宙自然现象，恒喜赋以生命。世界各民族关于日月之传说，大率有之。沙坪坝所出石棺，上刻人首蛇身画像，一捧日轮，中有金乌，一捧月轮，后刻灵蟾桂枝[1]。日中有乌其说始见于《楚辞》，《楚辞·天问篇》曰："羿焉彃日，乌焉解羽。"王逸注引《淮南》言："尧时十日并出，草木焦枯。尧命羿仰射十日，中其九日。日中九乌皆死，堕其羽翼，故留其一日也。"《淮南》又云："日中有踆乌，踆犹蹲也。"《春秋元命苞》云："阳成于三，故日中有三足乌也，阳精也。"又《山海经》曰："黑齿之北曰阳谷，居水中，有扶木，九日居下枝，一日居上枝，皆戴乌。"按扶木亦即扶桑，日居上枝下枝，视同鸟雀。先民朴美之思，可以想见。此皆关于日中金乌之传说也。月中有兔，较之月中有蟾，其说为早，[2] 亦见于《楚辞》。《天问篇》云："夜光向德，死则又育，厥利维何，而顾兔在腹。"王逸注云："夜光月也，言月中有兔，何所贪利，居月之腹，而顾望乎！"（金大印《南阳汉画》第一三四图，有玉兔捣药，其中月轮，有蟾蜍之像。）至于灵蟾春药、蟾宫折桂之说，则后世甚盛，以蟾兔并列月中，汉人已多言之。刘向《五经通义》曰："月中有兔与蟾蜍何？月阴也，蟾蜍阳也，而与兔并生，阴击阳也。"《乾凿度》曰："月三日成魄，八日成光，蟾蜍体就穴鼻（注：穴，决也；决鼻，兔也）始明。"张衡《灵宪》曰："月者阴精之宗积而成兽，象蟾兔。"《淮南·精神训》曰："日中有踆

---

① 或以所持为不死树，存以备考。

② 月中有兔，印度亦有此古传说，见玄奘《大唐西域记》。

乌，而月中有蟾蜍，日月失其行，薄蚀无光。"《说林》训曰："月照天下，而蚀于蟾诸。"《论衡·顺鼓篇》曰："月中之兽，兔蟾蜍也。"晋傅玄诗曰："蟾诸食明月。"《古诗十九首》曰："三五明月满，四五蟾兔缺。"此皆见于旧籍者。现存实物中，少室石阙画像中，有月轮蟾兔并列；汉瓦当中，有蟾兔纹样（瓦当为刘铁云氏旧藏，今归日人中村不折氏。曩居东京曾见之）。近金大所印《南阳汉画》，其第三图中有人首蛇身画像，手捧月轮，中有一蟾。第二图众星之中，有一月轮，中亦一蟾。第四图则月轮之中一蟾一兔，与瓦当相类，是皆汉人所遗。今存此实物，是汉时已有月中灵蟾之说矣。此风所被颇广。云南陆凉《爨龙颜碑》，亦刻日中踆乌，月中蟾蜍，则犹汉人之遗俗。今石棺所刻灵蟾，犹是四足；至三足之蟾，则更晚出耳。

沙坪坝所出石棺两侧，所刻饕餮兽面环，为汉器所常见。石棺空白，无画像处，率刻席纹，亦与河南登封嵩山太室神道石阙相同。一棺后额所刻双阙，犹得略见汉代建筑之形式；今四川所存汉阙，尚可资为比较，两人首蛇身画像，背皆有翼；武梁祠所刻神人，背亦有之。大抵画像出土之区愈西者，愈觉飞动。此石棺两像尤栩栩欲活。欧洲古希腊沿袭西亚传说，如叩必德、安琪儿等，亦皆有翼。但彼则有翼益觉其可亲，此则有翼更呈其可畏。此亦中西艺术之异点也。

（承国立中央博物院裴善元先生惠赠石棺拓片，国立中央大学史学系金静庵先生惠赠陶俑照片，并此志谢。1939 年 2 月 28 日写毕，4 月 28 日改订。）

本文原载《时事新报·学灯》1939 年第 41、42 期；又见《说文月刊》1940 年第 1 卷第 10、11 期合刊。收入《民俗艺术考古论集》，正中书局 1943 年版。现选自《常任侠艺术考古论文选集》，文物出版社 1984 年版。

女娲与共工

吕思勉

吕思勉（1884—1957），字诚之。江苏武进（常州）人。历史学家。先后在东吴大学、光华大学、华东师范大学任教。1940 年曾与童书业领衔编著《古史辨》第七册。神话作品有《昆仑考》（1933）、《读〈山海经〉偶记》（1937）、《盘古考》（1939）、《三皇五帝考》（1939）、《唐虞夏史考》（1939，其中包括《共工、禹治水》等篇）、《西王母考》（1939）等。

司马贞《补三皇本纪》云：女娲末年，诸侯有共工氏，任智刑以强，霸而不王。与祝融战，不胜，而怒，乃头触不周山崩，天柱折，地维缺。女娲乃炼五色石以补天，断鳌足以立四极，以济冀州。（上当夺"杀黑龙"三字。）注云："案其事出《淮南子》也。"案《淮南·览冥》云："往古之时，四极废，九州裂；天不兼覆，地不周载；火爁炎而不灭，水浩洋而不息；猛兽食颛民，（颛，《御览》引作精，并引高诱《注》曰：'精，弱也。'）鸷鸟攫老弱。于是女娲炼五色石以补苍天，断鳌足以立四极，杀黑龙以济冀州，积芦灰以止淫水。苍天补，四极正，淫水涸，冀州平，狡虫死，颛民生。"言女娲治水而不及共工。《原道》云："昔共工之力，触不周之山，使地东南倾，与高辛争为帝。遂潜于渊，宗族残灭，继嗣绝祀。"《天文》云："昔者共工与颛顼争为帝，怒而触不周之山，天柱析，地维绝；天倾西北，故日月星辰移焉。地不满东南，故水潦尘埃归焉。"（《兵略》亦云："颛顼当与共工争矣。"）《本经》云："舜之时，共工振滔洪水，以薄空桑，龙门未开，吕梁未发，江淮流通，四海溟涬。民皆上丘陵，赴树木。舜乃使禹疏三江五湖，辟伊阙，导廛、涧，平通沟陆，流注东海。洪水漏，九州干，万民皆宁其性。"言共工致水患而不及女娲。《楚辞·天问》云："康回冯怒，地何故以东南倾？"注云："康回，共工名也。"又云："《淮南子》言共工与颛顼争为帝，不得，怒而触不周之山，天维绝，地柱折（维绝柱折疑互讹），故东南倾也。"《山海经·大荒西经》云："西北海之外，大荒之隅，有山而不合，名曰不周，负子。"郭注引上《淮南子》同，亦未及女娲。惟《论衡·谈天》云："儒书言共工与颛顼争为天子，不胜，怒而触不周之山，使天柱折，地维绝，女娲销炼五色石以补苍天，断鳌足以立四极。天不足西北，故日月移焉，地不足东南，故百川注焉。"《顺鼓》云："传又言共工与颛顼争为天子，不胜，怒而触不周之山，使天柱折，地维绝。女娲消炼五色石以补苍天，断鳌足以立四极。"与小司马之言同。

古人传说，每误合数事为一，《论衡》之言，盖蹈此弊，而小司马又沿其流也。古书言共工者，《史记·律书》云："颛顼有共工之陈，以平水害。"又《淮南·本经》言"共工振滔洪水，以薄空桑"，而《吕览·古乐》言"帝颛顼生自若水，实处空桑"，二者实消息相通。此与《淮南·天文》，皆以为与颛顼争者也。《原道》谓与高辛争。《吕览·荡兵》云："黄、炎故用水火矣，共工固次作难矣，五帝固相与争矣。"虽不明言何时，亦可想见其在颛顼之世。《书》言舜摄政，"流共工于幽州。"《周书·史记》云："昔者共工自贤，自以无臣，久空大官，下官交乱，民无所附，唐氏伐之，共工以亡。"《淮南·本经》谓在舜时。《战国·秦策》苏秦言："禹伐共工。"（《荀子·议兵》同）《荀子·成相》云："禹有功，抑下鸿，辟除民害逐共工。"《山海经·大荒西经》云：不周之山，"有两黄兽守之。有水曰寒暑之水，水西有湿山，水东有幕山，有禹攻共工国山"。又《海外北经》云："共工之臣曰相柳氏。九首，以食于九山。相柳之所抵，厥为泽溪。禹杀相柳，其血腥，不可以树五谷种。禹厥之，三仞三沮，乃以为众帝之台。在昆仑之北，柔利之东。相柳者，九首人面，蛇身而青。不敢北射，畏共工之台。台在其东。台四方，隅有一蛇，虎色，首冲南方。"《大荒北经》云："共工臣名曰相繇，九首，蛇身自环，食于九土。其所鸣所尼，即为源泽。不辛乃苦，百兽莫能处。禹湮洪水，杀相繇。其血腥臭，不可生谷。其地多水，不可居也。禹湮之，三仞三沮，乃以为池。群帝因是以为台。在昆仑之北。"（相繇即相柳，此与《海外北经》所言，系一事两传。）又云："有系昆之山者，有共工之台，射者不敢北乡。"则以为在尧、舜、禹之世，无以为与女娲争者。《国语·周语》载太子晋之言曰："古之长民者，不堕山，不崇薮，不防川，不窦泽。昔共工弃此道也，虞于湛乐，淫失其身，欲壅防百川，堕高堙庳，以害天下。皇天弗福，庶民弗助。祸乱并兴，共工用灭。其在有虞，有崇伯鲧播其淫心，称遂共工之过。尧用殛之于羽山。其后伯禹念前之非度，厘改制量。共之从孙四岳佐之。高高下下，疏川导滞，钟水丰物。封崇九山，决汨九川，陂障九泽，丰殖九薮，汩越九原，宅居九隩，合通四海。克厌帝心。皇天嘉之，祚以天下，赐姓曰姒，氏曰有夏。祚四岳国，命以侯伯，赐姓曰姜，氏曰有吕。"明自共工至禹，水患一线相承，说共工者，自以谓在颛顼及尧、舜、禹之世为得也。

女娲盖南方之神。《楚辞·天问》云："女娲有体，孰制匠之？"注云："传言女娲人头蛇身，一日七十化。"《淮南·说林》云："黄帝生阴阳，（此黄帝非轩辕氏，阴阳亦非泛言，当指男女形体，与下二句一律。）上骈生耳目，桑林生臂手，此女娲所以七十化也。"《说文·女部》："娲，古之神圣女，化万物者也。"盖谓万物形体，皆女娲所制，（《御览·皇王部》引《风俗通》云："俗说：天地开辟，未有人民。女娲抟黄土作人，剧务，力不暇供，乃引绳于泥中，举以为人。故富贵者，黄土人也；贫贱凡庸者，绠人也。"说虽不同，亦以生民始于女娲。）寝假遂可以补天，立四极矣，然实与水患无关。《论衡·顺鼓》曰："雨不霁，祭女娲，于礼何见？伏羲、女娲，俱圣者也，舍伏羲而祭女娲，《春秋》不言。董仲舒之议，其故何哉？……俗图画女娲之象为妇人之形，又其号曰女，仲舒之意，殆谓女娲古妇人帝王者也。男阳而女阴，阴气为害，故祭女娲求福佑也。传又言云云（见前引），仲舒之祭女娲，殆见此传也。"仲任揣测，全失董生之意。雨不霁则祭女娲，盖古本有此俗，而董生采之，非其所创。其所以采之，则自出于求之阴气之义，非以传所云而然也。《史记·夏本纪索隐》引《世本》云："涂山氏女名女娲。"《正义》引《帝系》云："禹取涂山氏之子，谓之女娲，是生启也。"此说与谓女娲能治水者又迥别，亦后起之说，非其朔也。

《大荒北经》云：系昆之山，"有人衣青衣，名曰黄帝女魃。蚩尤作兵伐黄帝。黄帝乃令应龙攻之冀州之野。应龙畜水，（案畜即蓄稸字，乃积聚之义，积聚者必先收敛，收敛者必顺其理，故《礼记·祭统》曰：'顺于道不逆于伦，是之谓畜。'）蚩尤请风伯、雨师，纵大风雨。黄帝乃下天女曰魃，雨止，遂杀蚩尤。魃不得复上，所居不雨。叔均言之帝，后置之赤水之北。叔均乃为田祖。魃时亡之。所欲逐之者，令曰：神北行！先除水道，决通沟渎。"又曰："大荒之中，有山名曰成都载天。有人珥两黄蛇，把两黄蛇，名曰夸父。后土生信，信生夸父。夸父不量力，欲追日景，逮之于禺谷。将饮河而不足也，将走大泽，未至，死于此。应龙已杀蚩尤，又杀夸父，乃去南方处之，故南方多雨。"（此说以应龙即魃。去南方处之者，盖谓夸父。日与魃同类。夸父逐日，魃敌风伯、雨师，皆水火二神之争也。）《海外北经》云："夸父与日逐走，入日。（谓使日入也。《史记·礼书集解》引作日入，盖改从后世语法。）渴欲得饮，饮于河渭。河渭不足，北饮大泽，未至，道渴而死。弃其杖，化为邓林。"两经所载凡三说：《海外北经》暨《大荒北经》前一说，以为逐日渴死；其后一说，则以为与蚩尤同为应龙所杀。夸父为后土之子。后土者，《礼记·祭法》云："厉山氏之有天下也，其子曰农，能殖百谷。夏之衰也，周弃继之，故祀以为稷。共工氏之霸九州也，其子曰后土，能平九州，故祀以为社。"（《国语·鲁语》："昔烈山氏之有天下也，其子曰柱，能殖百谷百蔬；夏之兴也，周弃继之，故祀以为稷。共工氏之伯九有也，其子曰后土，能平九土，故祀以为社。）《山海经·海内经》云："禹、鲧是始布土，均定九州。炎帝之妻，赤水之子听訞（郝氏《义疏》云：《补三皇本纪》云：'神农纳奔水氏之女曰听詙为妃，生帝哀，哀生帝克，克生帝榆罔'云云。证以此经，赤水作奔水，听訞作听詙，及炎居以下，文字俱异。司马贞自注云：见《帝王世纪》及《古史考》。今案二书盖亦本此经为说，其名字不同，或当别有依据，然古典佚亡，今无可考矣。）生炎居，炎居生节并，节并生戏器，戏器生祝融。祝融降处于江水，生共工，共工生术器。术器首方颠，是复土穰，以处江水。共工生后土，后土生噎鸣。噎鸣生岁十有二。洪水滔天。鲧窃帝之息壤，以湮洪水，不待帝命。帝令祝融杀鲧于羽郊。鲧复生禹。帝乃命禹卒布土，以定九州。"厉山即神农，与蚩尤、共工，同为姜姓之国；黄帝、颛顼、高辛、尧、舜、禹则姬姓也；二姓相争之情形，可以想见。祝融、《左氏》、《国语》、《大戴记·帝系姓》、《史记·楚世家》并以为颛顼后。《山海经·大荒西经》亦云："颛顼生老童，老童生祝融。"又云："颛顼生老童，老童生重及黎。"而《海内经》独以为炎帝之后，共工之先。案《左氏》昭公二十九年之言，出于蔡墨。墨之言曰："有五行之官，是谓五官。木正曰句芒，火正曰祝融，金正曰蓐收，水正曰玄冥，土正曰后土。""少皞氏有四叔：曰重、曰该、曰修、曰熙，实能金木及水。使重为句芒，该为蓐收，修及熙为玄冥，世不失职，遂济穷桑，此其三祀也。颛顼氏有子曰犁，为祝融；共工氏有子曰句龙，为后土；此其二祀也。后土为社。稷，田正也，有烈山氏之子曰柱，为稷，自夏以上祀之。周弃亦为稷，自商以来祀之。"而《国语·楚语》载观射父之言曰："有天地神明类物之官，是谓五官。及少皞之衰也，九黎乱德，……颛顼受之，乃命南正重，司天以属神；命火正黎，司地以属民，使复旧常，无相侵渎。……其后三苗复九黎之德，尧复育重黎之后不忘旧者，使复典之，以至于夏商。"然则乱德之九黎，与颛顼命其司地之黎，即蔡墨所谓颛顼氏有子曰犁，亦即《大戴记》、《史记》、《大荒西经》以为颛顼之后者，实同号而异人。后者盖袭前者之位，故亦同称为祝融。实则一为炎帝、共工之族，一为颛顼之后也。蔡墨曰："昔有飂叔安，有裔子曰董父，乃扰畜龙，以服事帝舜。帝赐之姓曰董，氏曰豢龙，封诸鬷川。鬷夷氏其后也。陶唐氏既衰，其后有刘累，学扰龙于豢龙氏，以事孔甲。夏后嘉之，赐氏曰御龙，以更豕韦之后。"《国语·郑语》：史伯谓郑桓公曰："夫黎为高辛氏火正，故命之曰祝融。夫成天地之大功者，其子孙未尝不章，虞、夏、商、周是也。虞幕能听协风，以成乐物生者也；夏禹能单平水土，以品处庶类者也；商契能和合五教，以保于百姓者也；周弃能播殖百谷蔬，以衣食民人者也；其后皆为王公侯伯。祝融亦能昭显天地之光明，以生柔嘉材者也。其后八姓，于周未有侯伯。佐制物于前代者，昆吾为夏伯矣，大彭、豕韦为商伯矣，当周未有。己姓昆吾、苏、顾、温、董，董姓鬷夷、豢龙，则夏灭之矣。彭姓彭祖、豕韦、诸稽，则商灭之矣。秃姓舟人，则周灭之矣。妘姓邬、郐、路、偪阳，曹姓邹、莒，皆为采卫，或在王室，或在夷狄，莫之数也，而又无令闻，必不兴矣。斟姓无后。融之兴者，其在芈姓乎？"史伯所举虞、夏、商、周及祝融，亦即蔡墨、观射父所谓五官；（协风成物，当为木正。平水土为水正，契当为金正，故殷人尚白。社稷同功，弃当为土正。）其云鬷夷，即蔡墨所云董父之后，墨云以更豕韦，则豕韦虽伯于商，其先实为夏所替。然则祝融同族，多为夏所翦灭，谓为高阳之后，理或未然。窃疑颛顼取于蜀山，实为蚩尤之后，楚以母系言之，实于姜姓为近；抑或楚之先，实为少昊之祝融，而非颛顼所使司地以属民者也。观《海内经》祝融杀鲧之言，《楚语》三苗复九黎之德，尧复育重黎之后之语，则少皞时之九黎，即《海内经》所称为炎帝之后，共工之先者，与姬姓相争，仍甚烈也。黎盖封地，祝融则官名。颛顼替少昊之祝融，所使继之者，盖居其职，并袭其封土，故黎与祝融之称，二者皆同。惟少昊时之黎，分为九族，故又有九黎之称。颛顼所命之火正，则不然耳。然则《尧典》言黎民，殆即九黎之民，援秦人黔首之名以释之，殆附会而非其实矣。《周语》太子晋谏灵王，鉴于黎、苗之王，亦即《楚语》所谓三苗复九黎之德者。先秦人语，固时存古史之真也。

《韩非·五蠹》曰："当舜之时，有苗不服，禹将伐之。舜曰：不可。上德不厚而行武，非道也。乃修教三年，执干戚舞，有苗乃服。共工之战，铁铦矩者及乎敌，铠甲不坚者伤乎体，是干戚用于古，不用于今也。"案所言舜服有苗事，即《书》所谓"窜三苗于三危"，亦即《楚语》所谓三苗复九黎之德者，盖当尧、舜之世，九黎之后，又尝与姬姓争也。共工与姬姓之争，实在有苗之先，《韩子》之文，顾若在其后者？古人轻事重言，此等处固所不计。然言共工兵甲之利，亦可见其为蚩尤同族矣。三皇或说，一曰伏羲、神农、祝融，一曰伏羲、神农、女娲。祝融列为三皇，可见其尝霸有天下，与共工同；其又曰女娲者，盖汉人久将女娲与祝融，牵合为一也。

少昊氏四叔，何以为三官？玄冥一官，何以两人为之？亦一可疑之端。（昭公元年，子产言"昔金天氏有裔子曰昧，为玄冥师。生允格、台骀。台骀能业其官"。昧固只一人，允格、台骀，亦只一人继其业也。）窃疑四叔初必分居四官，且正以居四官故而有四叔之称。其后祝融为颛顼所替，言祝融者惟知为颛顼氏子，而少皞氏四叔之称，相沿已久，不可改易，乃举修及熙而并归诸玄冥耳。又《国语》言颛顼命南正重司天以属神，命火正黎司地以属民，是祝融一官，亦二人为之也。古未有以二人为一官者，故《郑志》答赵商云火当为北，韦昭亦云然。（见《诗·桧谱》疏）然以南北二正为相对之称，又无解于《左氏》以祝融为五官之一矣。案《大戴礼记·帝系姓》，谓颛顼产老童，老童产重黎及吴回。《史记·楚世家》则云："高阳生称，称生卷章，卷章生重黎，重黎为帝喾高辛居火正，帝喾命曰祝融。共工氏作乱，帝喾使重黎诛之而不尽，帝乃以庚寅日诛重黎，而以其弟吴回为重黎后，复居火正为祝融。"《集解》引徐广曰："《世本》云：老童生重黎及吴回。谯周曰：老童即卷章。"卷章疑老童字误，《史记》多称一世。窃疑重黎实二人；其一为少昊氏子，一为颛顼氏子，《大戴》、《世本》以为一人实误，惟《史记》之文，犹留窜改之迹。盖称生重，亦即老童，颛顼氏命为火正者也。黎则少昊氏之世居火正者，老童既袭其封土，乃兼称曰重黎，帝喾盖颛顼之误，云帝喾使重黎诛之而不尽者，颛顼命老童诛少昊氏之黎而不尽也。云帝乃以庚寅日诛重黎者，非以老童诛共工不能尽而罚殛之，所诛者仍是少昊氏之黎。楚俗本兄弟相及，吴回居火正，不必以其兄之见诛；吴回生季连，季连之裔孙曰鬻融，（《大戴记》如此，《史记》作鬻熊。）仍是祝融异文耳。《大荒北经》云：颛顼生驩头，驩头生苗民，苗民厘姓，则以三苗为颛顼后矣。《潜夫论·五德志》云：颛顼身号高阳，世号共工，则以共工为颛顼后矣。古世系固多错乱也。

《左氏》昭公十七年，郯子言黄帝以云纪，炎帝以火纪，共工以水纪，大皞以龙纪。杜注云："共工以诸侯霸有九州者，在神农前，大皞后。"疏云："此《传》从黄帝向上逆陈之，知共工在神农前，大皞后也。"此说未必是，然古以共工与大皞、炎、黄并列，则可知矣。

　　本文为《三皇五帝考》（作于 1939 年 1 月）中的第六节。见吕思勉、童书业编著《古史辨》第七册中编，开明书店 1941 年版。全篇共九节：一、儒家之三皇五帝说；二、皇帝说探源；三、纬书之三皇说；四、有巢燧人考；五、伏羲考；六、女娲与共工；七、神农与炎帝大庭；八、炎黄之争考；九、少昊考。现选自《吕思勉读史札记》上册，上海古籍出版社 1982 年版，参考《古史辨》第七册。

盘 古 考

吕思勉

今世俗无不知有盘古氏者，叩以盘古事迹，则不能言，盖其说甚旧，故传之甚广，而又甚荒矣。

盘古故事，见于《五运历年记》者曰："元气濛鸿，萌芽兹始，遂分天地，肇立乾坤。启阴感阳，分布元气，乃孕中和，是为人也。首生盘古，垂死化身，气成风云，声为雷霆，左眼为日，右眼为月，四肢五体为四极五岳，血液为江河，筋脉为地里，肌肉为田土，发髭为星辰，皮毛为草木，齿骨为金石，精髓为珠玉，汗流为雨泽，身之诸虫，因风所感，化为黎甿。"（据《绎史》卷一引）见于《述异记》者曰："昔盘古氏之死也：头为四岳，目为日月，脂膏为江海，毛发为草木。秦汉间俗说：盘古氏头为东岳，腹为中岳，左臂为南岳，右臂为北岳，足为西岳。先儒说：盘古氏泣为江河，气为风，声为雷，目瞳为电。古说：盘古氏喜为晴，怒为阴。吴楚间说：盘古氏夫妻，阴阳之始也。今南海有盘古氏墓，亘三百余里，俗云：后人追葬盘古之魂也。桂林有盘古氏庙，今人祝祀。"（据《汉魏丛书》本。《绎史》无末十一字）见于《三五历记》者曰："天地混沌如鸡子，盘古生其中。万八千岁，天地开辟，阳清为天，阴浊为地。盘古在其中，一日九变。神于天，圣于地。天日高一丈，地日厚一丈，盘古日长一丈。如此万八千岁，天数极高，地数极深，盘古极长。后乃有三皇。"（据《绎史》卷一引）案《厄泰梨雅优婆尼沙昙》（*Aitareya Upanishad*）云："太古有阿德摩（Atman），先造世界。世界既成，后造人。此人有口，始有言；有言，乃有火。此人有鼻，始有息；有息，乃有风。此人有目，始有视；有视，乃有日。此人有耳，始有听；有听，乃有空。此人有肤，始有毛发；有毛发，乃有植物。此人有心，始有念；有念，乃有月。此人有脐，始有出气；有出气，乃有死。此人有阴阳，始有精；有精，乃有水。"《外道小乘涅槃论》云："本无日月星辰，虚空及地，惟有大水。时大安荼生。形如鸡子，周匝金色。时熟破为二段：一段在上作天，一段在下作地。"《摩登伽经》云："自在以头为天，足为地，目为日月，腹为虚空，发为草木，流泪为河，众骨为山，大小便利为海。"《五运历年记》、《三五历记》之说，盖皆象教东来之后，杂彼外道之说而成。《述异记》首数语，即《五运历年记》之说，秦汉间俗说亦同。此说疑不出秦汉间，任氏误也。至其所谓先儒说、古说、吴楚间说者，则皆各自为说，与上诸说不同。

《山海经·海外北经》云："钟山之神，名曰烛阴。视为昼，暝为夜。吹为冬，呼为夏。不饮，不食，不息；息为风。身长千里。在无臂之东。其为物，人面，蛇身，赤色，居钟山下。"《大荒北经》云："西北海之外，赤水之北，有章尾山。有神，人面蛇身而赤。直目正乘，其瞑乃晦，其视乃明。不食，不寝，不息。风雨是谒。是烛九阴。是谓烛龙。"此二者即一事，皆谓其身生存，不谓已死，《述异记》所谓先儒说及古说者盖如此。《路史》谓："荆湖南北，今以十月十六日为盘古氏生日，以候月之阴晴。"（《初三皇纪》）可见，《述异记》所谓古说者流传之久矣。至其所谓吴楚间说者，则盘古氏明有夫妻二人，与一身化为万有之说，尤厘然各别。

　　盘古即盘瓠之说，始于夏穗卿。（见所作《古代史》）予昔亦信之，今乃知其非也。盘瓠事迹，见于《后汉书·南蛮传》，其说云："昔高辛氏有犬戎之寇，帝患其侵暴，而征伐不克，乃访募天下：有能得犬戎之将吴将军头者，购黄金千镒，邑万家，又妻以少女。时帝有畜狗，其毛五采，名曰槃瓠。下令之后，槃瓠遂衔人头造阙下。群臣怪而诊之，乃吴将军首也。帝大喜，而计槃瓠不可妻之以女，又无封爵之道，议欲有报，而未知所宜。女闻之，以为帝皇下令，不可违信，因请行。帝不得已，乃以女配槃瓠。槃瓠得女，负而走。入南山，止石室中。所处险绝，人迹不至。于是女解去衣裳，为仆鉴之结，着独力之衣。帝悲思之，遣使寻求，辄遇风雨震晦，使者不得进。经三年，生子一十二人，六男六女。槃瓠死后，因自相夫妻，织绩木皮，染以草实。好五色衣服，制裁皆有尾形。其母后归，以状白帝。于是使迎致诸子。衣裳班兰，语言侏离；好入山壑，不乐平旷。帝顺其意，赐以名山广泽。其后滋蔓，号曰蛮夷。外痴内黠，安土重旧。以先父有功，母帝之女，田作贾贩，无关梁符传租税之赋；有邑君长，皆赐印绶，冠用獭皮。名渠帅曰精夫，相呼为姎徒。今长沙武陵蛮是也。"（《水经·沅水注》与此说同而辞较略，云："今武陵郡夷，即槃瓠之种落也。其狗皮毛，适孙世宝录之。"）夏氏谓汉族古帝，踪迹多在北方，独盘古祠在桂林，墓在南海，疑本苗族神话，而汉族误袭为己有。案干宝《晋纪》、范成大《桂海虞衡志》，皆谓"岁首祭盘瓠，杂糅鱼肉酒饭于木槽，叩槽群号为礼"。（《文献通考·四裔考》引）而今粤西岩峒中，犹有盘古庙，以旧历六月二日为盘古生日，远近聚集，致祭极虔；此予昔所以信夏氏之说也。由今思之，殊不其然。凡神话传说，虽今古不同，必有沿袭转移之迹，未有若盘古、槃瓠之说，绝不相蒙者。《后汉书》注云："今辰州卢溪县西有武山。黄闵《武陵记》曰：山高可万仞。山半有槃瓠石室，可容数万人。中有石床，槃瓠行迹。（《水经注》云："武水源出武山。水源石上，有槃瓠迹犹存矣。"）今案山窟前有石羊石兽，古迹奇异尤多。望石窟，大如三间屋。遥见一石，仍似狗形，蛮俗相传，云是槃瓠像也。"《路史》发挥云："有自辰、沅来者，云卢溪县之西百八十里，有武山焉。其崇千仞。遥望山半，石洞罅启。一石貌狗，人立乎其旁，是所谓槃瓠者。今县之西南三十，有槃瓠祠，栋宇宏壮，信天下之有奇迹也。"《注》云："黄闵《武陵记》云：山半石室，可容数万人，中有石床，槃瓠行迹。今山窟前石兽，石羊，奇迹尤多。"《辰州图经》云："石窟如三间屋。一石狗形，蛮俗云槃瓠之像。今其中种有四：一曰七村归明户，起居饮食类省民，但左衽。二曰施溪武源归明蛮人。三曰山猺。四曰犵獠。虽自为区别，而衣服趋向，大略相似。土俗以岁七月二十五日，种类四集，扶老携幼，宿于庙下。五日，祠以牛彘酒鲑，椎鼓踏歌，谓之样。样，蛮语祭也。云容万人，循俗之妄。"自唐迄宋，遗迹依然，足见《后汉书》所谓槃瓠者，实仅指武山一种落。《后汉书》说虽荒唐，中实隐藏实事（如衣服、居处、语言、俗尚及中国待人之宽典等）。独力、仆鉴，盖其衣结之名。精夫之精，义虽难解，夫固汉族称长上之辞，如大夫，千夫是也。姎徒尤确为汉语。其事托之高辛者：楚之先，为高辛火正。楚与吴世仇。吴将军，盖本谓吴之将军。复以槃瓠狗种，称其人为犬戎，以冠吴将军上，遂若吴为其人之氏族矣。《公羊》言"楚王妻媦"，同姓为昏，楚盖自有此俗。《广韵》濮字注引《山海经》云："濮铅，南极之夷。尾长数寸。巢居山林。"（今经无）《后汉书》述哀牢夷，亦云"衣皆着尾"。濮之先，固亦在荆豫之域，《左氏》："王使詹桓伯辞于晋曰：巴、濮、楚、邓，吾南土也。"（昭公九年）又云"楚子为舟师以伐濮"（昭公十九年），是也。将军，战国后语。金以镒计，封以户数，亦皆秦汉时制。然则槃瓠传说，盖起于楚，而经秦汉后人之改易，所指固不甚广，其原亦非甚古也。孰与夫盘古之说，东渐吴会，南逾岭表，且视为凡生民之始者哉？《路史》又谓会昌有盘古山，湘乡有盘古堡，零都有盘古祠，成都、淮安、京兆，皆有庙祀；又引《元丰九域志》，谓广陵有盘古冢庙；与所谓荆湖南北，以盘古生日候月阴晴者，固与槃瓠渺不相涉。《述异记》谓："南海中有盘古国，今人皆以盘古为姓。"则盘古亦自有种落，此当与南海之盘古墓、桂林之盘古祠有关。吴楚间盘古之说，盖亦同出一原。惟本夫妻二人，故有墓；若一身既化为万有矣，又何墓之有焉？岂闻创造天地万物之神，乃待以衣冠为冢者哉？然其与槃瓠之说，不可绲而为一，则又无待再计矣。

　　《路史》又引《玄中记》云："高辛时，犬戎为乱。帝曰：有讨之者，妻以美女，封三百户。帝之狗曰槃瓠，去三月，而杀犬戎，以其首来。帝以女妻之，不可教训，浮之会稽，东有海，中得地三百里封之。生男为狗，女为美人，是为犬封氏。《玄中》之书，《崇文总目》曰不知撰人名氏，然书传所引，皆云郭氏《玄中记》，而《山海经》注狗封氏事，与《记》所言一同，知为景纯。"罗氏因谓槃瓠之说，乃因《山海经》而讹。今案《海内北经》云："在昆仑墟北，有人曰大行伯，把戈。其东有犬封国。"郭注云："昔槃瓠杀戎王，高辛以美女妻之，不可以训，乃浮之会稽东南海中，得三百里地封之。生男为狗，女为美人。是为狗封之民也。"又曰："犬封国曰犬戎国，状如犬。有一女子，方跪进杯食。有文马，缟身朱鬣，目若黄金，名曰吉量。乘之寿千岁。"注云："黄帝之后卞明，生白犬二头，自相牝牡，遂为此国，言狗国也。"郭注又云："《周书》曰：犬戎文马，赤鬣白身，目若黄金，名曰吉黄之乘。成王时献之。《六韬》曰：文身朱鬣，眼若黄金，项若鸡尾，名曰鸡斯之乘。《大传》曰：驳身朱鬣鸡目。《山海经》亦有吉黄之乘寿千岁者。惟名有不同，说有小错，其实一物耳。今博举之，以广异闻也。"《大荒北经》云："大荒之中，有山名曰融父山，顺水入焉。有人名曰犬戎。黄帝生苗龙，苗龙生融吾，融吾生弄明，弄明生白犬，白犬有牝牡，是为犬戎。"《注》云："言自相配合也。"案郭注《海内北经》之犬戎，即本《大荒经》为说。《书·大传》所云犬戎文马，即散宜生取之以献纣者，其为西北之国可知。《海内北经》"犬封国曰犬戎国"，曰上当有夺字。《经》本不以犬封、犬戎为一，《注》意尤皎然可明，谓其由一说传讹，似近武断。会稽海中，不知果有槃瓠传说否？即使有之，亦武山种落，播越在东，或则东野之言，辗转传布，要不容与盘古之说并为一谈也。

《路史》又引《地理坤鉴》云："盘古龙首人身。"《地理坤鉴》，非必可信之书，然小道可观，其言亦时有所本。《鲁灵光殿赋》曰："图画天地，品类群生。杂物奇怪，山神海灵，写载其状，托之丹青。千变万化，事各缪形。随色象类，曲得其情。上纪开辟，遂古之初。五龙比翼，人皇九头。伏牺鳞身，女娲蛇躯。"（李善注："《列子》曰：伏羲、女娲，蛇身而人面。"又云："《玄中记》曰：伏羲龙身，女娲蛇躯。"）画壁之技，必自古相传，匪由新创。古帝形貌，皆象龙蛇，则以文明肇启，实在江海之会也。会稽、南海，皆尊盘古，固其宜矣。是其年代，必远在高辛之前，安得与槃瓠之说并为一谈邪？

本文写于 1939 年 4 月。后收入吕思勉、童书业编著《古史辨》第七册中编，开明书店 1941 年版。现选自《吕思勉读史札记》，上海古籍出版社 1982年版。

苗瑶之起源神话

马长寿

马长寿（1907—1971），字松龄。山西昔阳人。民族史学家。先后在南京中央博物院、四川东北大学、金陵大学、四川大学、浙江大学、复旦大学任职、任教。生前为西北大学教授。曾到四川大凉山、川西北考察彝、藏、羌等民族的历史。《苗瑶之起源神话》就是他 30 代田野调查的成果。

研究民族分类与研究起源之方法不同。研究民族分类者当以体质为基准，不得已而求其次则为语言与文化。论断民族起源之方法则否，起源之搜究乃为史学方法。盖一民族之演进，血统以人口移动而混淆，文化以交通传播而变迁。追溯此混淆变迁之迹者为历史，历史之端倪则为起源。今世文化学者以文书之有无为民族文明野蛮之分野，文明民族有文书纪录，其起源自可由历史资料研求得之。而原始民族尚无文书与记载，则其起源之研究惟有求之于考古学与神话学。兹篇论述所依据者皆系神话与传说。神话传说其形式虽单纯，其含意则醇朴，犹之小儿无谎话，所道白者皆记忆中之事实也，故神话传说可视为初民之无文书历史。

然任何神话皆有枝叶，皆可游离。研究者当如剥芒果然，须去其针芒，剪其枝叶，脱其外衣，而后核心乃见。凡神话之附丽物不能与民族文化相调和者，必检视其内容，否则神话之核心往往为其附丽物所混，此为研究神话者困难之点一。又强有力之外族文化侵入弱小民族之文化中时，外族之传说往往成为本族最流行之传说，此时本族之原始传说反成为一种游离之文化遗物，而易为研究者所遗弃，此为研究神话者困难之点二。中国西南民族尚在原始时期，故研究其神话者或由神话推论其民族之起源者，上述第一第二之困难时有所遇。兹篇所论仅涉及西南民族中之苗族与瑶族。苗瑶者今世语言学者咸主为蒙克蛮系（Mon-Kmer Family）中之二支族。作者由此篇推论所得，苗族最初繁殖于扬子江流域之腹地，即中国典籍中所云洞庭、彭蠡二湖之中间区域，瑶则最初出见于南海沿岸之南粤。后粤中之瑶，生聚日蕃，逐渐北徙；湘楚之苗，以迫于汉威，不能抗衡，故辗转南下。二族相遇于楚南溪峒之间，习居昵处，血族斯混，语言以同，汉族人对此则一体以"南蛮"称之。然其移殖于黔中、川南者则仍苗也；其分布于湘南、粤北与桂中者则仍瑶也。其间交往萦回之关系当别为"苗瑶族史"以详之。兹所推论亦可谓为一种"大胆的尝试"而已，幸贤明有以教正之。

一、苗族之开辟神话与洪水传说

世界诸民族如巴比仑、犹太、印度、波斯、汉族，皆有开辟神话（Myths of Creation）与洪水传说（Dezuge）。西南诸族亦然。此种神话与传说最有关于民族之起源，故亦称之为起源神话（Myths of Origin）。

贵州诸苗族，大部均有开辟神话，与洪水传说，有时二者混为一型。

黑苗自言其祖由江西迁来。太古之时，开天辟地者为防位（Vang-Vai）；造人类，别男女者为几尼（Zie-Ne）。黑苗有民歌以纪之，题材一如《楚辞》中之《天问》。其辞云①：

> 谁造天与地？
> 谁造诸昆虫？
> 谁造斯人类？
> 男女何以分？
>
> 防位造天地，
> 几尼造昆虫，
> 几尼造人鬼，
> 男女于以分。
> 何以汝不明？
>
> 天地何由辟？
> 昆虫何由生？
> 人鬼何由造？
> 男女何由成？
> 吾说吾不明。
>
> 天帝本聪慧，
> 吐唾在掌中，
> 合掌霹雳响，
> 天地予以生。
> 拈草为昆虫。
> 石头造鬼人，
> 造男并造女。

---

① 苗族开辟民歌，系 S. R. Clarke 在贵州采集，译为英文，载于 *Among the Tribes in South-West China*，1911。兹迻译之为中文。

汝何以不明？

开天成何状？
辟地成何形？
我虽能歌吟，
真相吾不明。

开天如日盖，
辟地若尘盘。
天成一混沌，
地为一堆积。
汝何以不明？

据克拉克（S. R. Clarke）解释"Vang-Vai"译意为"天王"，天王为天地之开辟者。"Ne"之释意为地，"地上之Zie"为人类之创造者。"Zie"之意为何，克氏未能言之。按"Zie"在黑苗洪水故事中作"A-Zie"。洪水来时，"A-Zie"偕其妹乘巨瓠泛游水上，得免于难。及洪水降落，地上人类殆尽，"A-Zie"遂与其妹结婚，始产生诸苗。黑苗之洪水传说如下：

太古有兄弟二人，长曰阿福（A-Fo），幼曰阿几。以分产不均，故常起衅。阿福居天空，阿几居地上。初，阿几以火焚山陵。阿福恨之，遂降洪水于地上，思灭绝众生，以泄其忿。事先，阿几探知，造二巨瓠，大者藏人，小者置五谷百卉其中。洪水至时，遂得放游于洪涛之上。

洪水淹尽地面时，地龙出世，漫天洪涛，吸入腹中。复有山龙出世，山间余水，复吸饮之。于是陆地重见，而阿几复居于地上。当洪水之时，人类尽歼，仅阿几之妹尚在，阿几遂向之求婚。其妹初不愿，故设法以难之。先约其兄各持磨之一面，登山顶抛之，磨若在谷中相合，则允其请。阿几性狡猾，先合磨于谷中，复携同式磨于山顶抛之，磨果合。妹未允，别约置剑鞘于谷中，二人于山顶各持一剑投之，相合于鞘中，则可婚。阿几又先布置，妹堕其术中，遂允其请。婚后产一婴儿，体肿如斧，四肢不分。阿几怒，执剑劈之，散其尸于山中。翌晨，山中皆盈男女。由此人类遂衍生于地上。[1]

传说始末，黑苗均以民歌谱之。民歌所吟者，尚有阿几之母及其诸兄弟。克拉克解释此乃天神，非复人类。原辞甚长，作者择其重要而未为上述故事俱备者迻译

---

[1] 参看 Clarke, *Among the Tribes in South-West China*, 1911; E. T. C. Werner, *Myths and Legends of China*, *Miao Creation Legends*, 1922.

之。情节盖言其妹终为阿几所窘，归而见其母之故事也。歌辞如次①：

阿几偕妹归，
尚与谁转通？
斯人何所语，
兄妹始成亲？
吾虽常歌咏，
真情吾不明。

兄妹归舍后，
先向阿母提。
阿母启齿道：
天上已无人，
地上已无民，
汝俩可结婚。
速宰牛与豕，
宰之以款宾；
挂肉"Zan"枝上，
邀请汝诸兄；
挂肉"Ma-Sang"上，
邀请汝岳母。
阿母如是语，
语毕即成婚。
云胡汝不明？

兄妹成婚后，
闻即举一婴，
斯婴何模形？
吾虽常歌吟，
详情吾不明。

阿妹举一婴，
婴形肿如斧，
云胡汝不明。

---

① Clarke，*Among the Tribes in South-West China*，1911.

斯婴形如斧，
阿几悦之否？
我虽常歌吟，
其情吾不明。

几见婴不悦，
暴气动如雷，
持剑劈砍之。
云胡汝不知？

阿几砍此婴，
碎尸投何方？
尸肉变化否？
有无姓与名？
吾虽常歌吟，
详情吾不明。

婴尸散山谷；
翌晨启门视，
尸变为群人。
人人皆有姓，
姓乃象其形。
云胡汝不明？

　　贵州花苗亦传有开辟神话。相传"太古之时，天地未分，有男名葛劳安（Gloe-An）妻名诺亚（Ngo-a）者，生二子：长子以铜斧开四十八部天，幼子以铁斧辟四十八部地。"此与黑苗神话似不相同，然其族之洪水神话，则与黑苗所传说者，略有相似。惟不详兄弟二人之姓名。兹援引海韦特神父（H. J. Hewitt）之采闻如下：

　　一日，兄弟共耕于田。翌晨往视，耕土复平。再耕之，翌晨又平。如斯者凡四次。兄弟俱疑惑，约重耕一次，以观其变。相守至夜分，忽睹一老妇降自天际。至田中，手执一板，翻田土而平之。兄忿甚，欲戕此老妇。弟止之曰："盍问其故？"遂出质老妇。妇曰："天将降洪水于世界，汝等耕此尚有何用？"遂命其弟曰："洪水至时，汝乘木鼓，可免于难。"弟遂砍一树，空其中，以革裹其端。老妇知其兄之曾欲谋己也，遂诒之曰："洪水至，汝当乘铁鼓远游。"后终沉没于水中。

　　洪水至，弟约其妹同乘木鼓行。时水高接天，空木随之而漫游，终未见没。一日，遇一天神。神自思曰："吾仅有十二角，而此物角多若此。于吾恐不利。"遂命鼍龙鱼鳖开水道，治水二十日而洪水始平。

木鼓下落时，不幸悬搁危崖间。旁有一鹰筑巢，抚其二雏。男旋悟救亡之计。于是采发一束，辫为绳，系雏鹰之翼，雏鹰以此不能飞。母鹰忧之，飞诉于天仙。仙曰："归求于汝巢旁之树，自可解脱。然汝当运此树于地上以报之。"鹰归，与树商计。树遂解放雏鹰，而兄妹二人亦赖母鹰之力，得重降于地上。

二人至旧居，人庐炊食，皆为洪水所毁灭。俟睹红鸟衔红铁坠地出火星，遂悟以石取火之理，得以御寒。时人类尽歼，兄遂请妹为其妻，妹初不肯，约抛磨石以难之，一如黑苗故事。次又请以一针一线抛谷中，穿者谐婚；后遂为夫妻。旋举一儿，无手足，请于天仙。仙曰："劈婴为百块，向百方投之。"次晨，果皆为男女。各以尸块所书字为姓，共为百姓，斯为"百家姓"之始。①

花苗洪水传说之前节，与黑苗不同，而与云南尼倮㑩（Gni）则相类。② 考其原因，盖有二端。诸苗之中，花苗分布为最广，云南四川之苗多为花苗。该地倮㑩与花苗距离最近，则倮㑩之神话最易传播而为花苗之神话。此花苗神话有倮㑩传说成分之原因一。又苗倮相较，前者弱而后者强，前者贫而后者富。且自汉而降，历代长贵州苗族者，不为苗族，而为倮㑩；即史志所谓"罗甸鬼主"是也。在历史上，苗为被统治阶级，倮为统治阶级。统治阶级之文化最易流行，神话传说亦然。此花苗神话有倮㑩传说成分之理由二。故以黑、花二苗之洪水神话言之，必以前者为较可代表苗族神话之原始形态，以其距离倮㑩诸族较远，而少传播故也。花苗洪水传说后节，有神鹰故事一段，在黑苗传说中虽无，而安顺青苗则有之。鸟居龙藏在安顺闻青苗讲述其起源故事云：

太古岩石破裂，有一男一女产生。时天神告之曰："汝二人须结为夫妇。"二人用天神言，结为夫妇。各居一山，常相往来。一日，二人误堕岩中，有神鹰自天飞来，二人得救。夫妇后子孙众多，繁衍而为今日之苗族。③

鸟居氏记载，系苗族洪水神话之简化甚为明显。可知神鹰故事，亦苗族洪水传说中一主要因素。至今苗人尚奉鹰为神，祀之不衰。

此外，由安南迁入贵州之鸦雀苗（Ya-Chio-Miao），亦有开辟神话与洪水传说。该族自言其祖由东京迁来，由此经四川、云南，而止于贵州。且言其人死，幽魂必返东京以伴其祖。其创世之祖曰万古老（Wa-ko-lo），自万古老出而天地始分，斯为开辟神话。按苗语形容词在名词之后，万古老即老万古，克拉克氏释之为"盘古"，

---

① Hewitt 所收集之神话亦附载 Clarke 上引书。

② 参看 Paul Vail, *Les Lolo*, 1898.

③ 见鸟居龙藏：《苗族调查报告》。

甚切。若此，吾疑此神话乃由安南瑶人传播于鸦雀苗者。其族又有洪水传说，兄妹皆有特名，而与前述之黑苗传说不同，然故事则为同型也。鸦雀苗传说云：

> 太古洪水为灾，地上仅有兄妹二人。兄曰"Bu-i"，妹曰"Ku-eh"。二人乘巨瓠放游洪水，得免于难。后重返陆土，以世无居民，兄遂向其妹乞婚。妹初不悦，先以磨石为试，故事一如前述之黑苗。继以二树为试，约二树若均能结实，则可允婚，否则不谐。斯年二树果结实，兄妹遂成婚。越年，产二婴，四体不分。兄妹持刀砍之，碎尸皆变为男女，斯有苗人。[①]

传说之前节省略，所余者与前述诸苗之兄妹结婚情节相同。

总而言之，开辟神话云黑苗之始祖曰防位，花苗之始祖为葛劳安与诺亚，鸦雀苗之始祖为盘古。洪水传说则较为繁杂。前后共分情节四部：

第一部为兄弟相争，即天神与地神相争，酿成洪水之患；

第二部为弟赖龙神与神鹰之助，得免于难，重居地上；

第三部为人类灭绝，兄遂娶妹为妻；

第四部为产生怪婴，劈散之，始成为今日之众苗。

传说之第一部，虽仅黑苗有之，然惟有此部，始能说明苗族洪水之由来。第二部，花苗与青苗俱有神鹰之说，黑苗与花苗则有龙神之说。第三、四部则黑苗、花苗、青苗（仅记载第三部）、鸦雀苗皆有之。不特苗族有之，其说且流传于汉族民间，汉人亦有以之解释百家姓之由来者。[②]

惟吾人今日所研究者，不在神话传说之本身构造，而在引证汉族文献中关于苗族神话之记载，与夫由此记载而论断古代苗族之原始住扎区域。第一为吾人讨论者为黑苗创世祖之防位（Vang-Vai）问题。我常疑以中国古籍中之防风氏仿佛于黑苗之创世祖防位。《鲁语》云：

> 仲尼曰："丘闻之，昔禹致群神于会稽之山，防风氏后至，禹杀而戮之。其骨节专车，此为大矣。"客曰："敢问谁守为神？"仲尼曰："山川之灵足以纪纲天下者，其守为神，社稷之守为公侯，皆属于王者。"客曰："防风氏何守也？"仲尼曰："汪芒氏之君也，守封嵎之山者也，为漆姓。在虞夏商为汪芒氏，于周为长狄，今为大人。"

按旧注会稽今地有二说：一说即寿春之涂山，一说在今绍兴东南。封嵎，《说文》云："嵎，封嵎之山，在吴楚之间。"其地当在今之江西。于此段周人口头传说中，吾人当注意者有数点：（1）禹会防风氏于会稽，而防风氏系守封嵎之山，则防风必系当时一苗蛮之君长。（2）孔子谓防风为汪芒之君，汪芒之音与苗相近。按今安顺弥勒之花苗自称曰"芒"（mún），武定花苗自称曰"阿芒"（Amón），青岩青苗自

---

① Clarke, *Among the Tribes in South-West China*，1911.

② 林兰编《民间传说》第一册收录孙佳讯之《百家姓之由来》一篇，与苗之传说颇为类似。孙君当自汉人方面采集而来者，此亦西南民族神话传入汉族之一例。

称曰"芒"（mon）；白苗自称曰"蒙"（mòn）。① 贵州黑苗自称曰"茅"或"德茅"（mpéo or De mpéo）② 皆与汪芒之音相近。（3）黔苗多言由江西迁来，而江西由上考证，当为防风氏封嵎之所在。（4）《尚书》中载有苗与禹之交涉最多，《鲁语》载禹戮防风事与《尚书》禹征有苗事，不无关联。总之，以上列种种理由，吾故疑《鲁语》中之防风即苗族开辟神话中之"Vang-Vai"。吾意古代三苗建国，左彭蠡而右洞庭，汶山在南，衡山在北，以地望言之，三苗当在今湖北、湖南、江西连接诸地。后以不敌上国，而窜于三危。其子遗诸苗，相率西迁，止于贵州。黔苗相传由江西迁往，盖以此也。

其次，为苗族神话中之阿几（A-Zie）问题。黑苗洪水神话云，太古之时，阿福（A-Fo）与其弟阿几斗争，阿福居天空，阿几居地上。福（"Fo"）之意在苗语为雷，盖言天空之雷神。几（"Zie"）之意在苗语为竹，盖言地上之竹王。前者克拉克神父已言之，后者克氏未能解说。余按《安顺府志》苗语呼竹为找。"竹"、"找"、"Zie"音同，原为一物，又按黑苗洪水故事歌辞，谓阿几邀其妹返告其母，母命之宰牛与豕，挂肉"Zan"枝之上。"Zan"盖苗族之图腾树（Totemic Tree）也。"Zan"之音与"Zie"及"找"皆相近，盖即为竹。竹者即此原始苗族之图腾树也。原始民族往往以草木鸟兽之一种，为其图腾，苗在原始时代，以竹为图腾，亦属此例。故吾解释苗族相传洪水时代前之战争，为天上雷神与地上竹神之战争。

抑又有进者，吾又窃疑苗族神话中之阿几或几尼即晋常璩《华阳国志》中所传之"竹王"。《华阳国志·南中志》云：

> 汉兴，有竹王者，兴于遯水（简化为遁水）。有一女子浣于水滨，有三节大竹流入女子足间，推之不肯去。闻有儿声，取持归，破之，得一男儿。长有才武，遂雄夷狄。氏以竹为姓。捐所破竹于野，成竹林。今竹王寺竹林是也。

晋范晔著《后汉书》，采之入史，以为夜郎国之起源神话。《后汉书·西南夷传》云：

> 夜郎者，初有女子浣于遯水，有三节大竹流入足间。闻其中有号声，剖竹视之，得一男儿，归而养之。及长，有才武，自为夜郎侯，以竹为姓。

余按汉武帝时之夜郎侯名多同，神话中之竹王乃多同之祖，非即多同。竹王之子孙，仍称竹王，如清田雯《黔书》所云："杨老黄丝驿有竹二郎三郎祠，郡志称之为竹王"是也。郑永禧《施州考古录》云："施州城东北有竹王祠。"陈鼎《黔游记》云："杨老驿有竹王祠。"《南诏野史》称云南通海县有竹王祠。可知竹王非一人，吾人所论者，乃原始传说中之竹王。

竹王故事与苗族洪水神话可相印证之点甚多。苗族相传阿几避洪水时乘一木鼓

① 见鸟居龙藏：《苗族调查报告》。

② Clarke, *Among the Tribes in South-West China*, 1911.

或巨瓠，竹王故事则云，竹王在三节大竹中，循河而下。苗族神话中有一木鼓（或瓠），一兄、一妹，竹王故事中有一竹、一王、一浣女。浣女在故事中似为阿几之妹一脚色所演变。又《华阳国志》云："捐所破竹于野，成竹林。"甚似象征洪水神话中所云兄妹产一婴儿，砍而散之，成为众苗也。最奇者，竹王故事亦以洪水为背景，吾故疑此乃洪水神话之演变。洪水神话在苗族中，已互有变异。由苗人之口，至常璩之笔，其间有伧文之变，繁简之变，古今之变。故道之于口者如此，而笔之于书者如彼，然其相同之点似仍不可没也。

按《清一统志》云："贵阳平越间有古夜郎城。"《水经注》亦云："郁水即夜郎遒水也。"《黔书》《黔游记》均言贵州杨老黄丝驿有竹王祠。此盖竹王后裔所建之都城及遗址。郑永禧《施州考古录》云，施州东北亦有竹王祠。按施州在今湖北省西南恩施县。此竹王祠盖苗族建国较早之竹王遗迹，吾人由此尚可推测古代苗族迁徙之踪迹焉。

最后尚有一问题，有关于中国文献者，则鸦雀苗洪水神话中"Bu-i"与"Ku-eh"兄妹之起源是也。余按"Bu-i"确为中国典籍中之"包羲"，而"Ku-eh"则为"女娲"。先论前者。中国古籍包羲又作"庖牺""包羲""伏羲""宓戏"诸形音。综言之则"Bo""Po""Fo"之变化与"羲""戏"之变化也。"Bo"与"Bu"音同固无论，而"Po""Fo"亦皆通"Bu"。按格黎牧（Jacob Grimm）于一八一八年在语言学上有"格黎牧法则"（Grimm's Laws）之创立，即言原始印度日耳曼语之［P］音在日耳曼语变为［F］音，例如"Pater"变为"Fater"是也。又原始印度日耳曼语之［B］音在日耳曼语变为［P］音，例如"Cannabis"变为"Hemp"是也。[①] 以格黎牧氏之法则适用于包羲诸名称之变化，庖牺之"Po"可变为伏羲或宓戏之"Fo"，而包羲之"Bo"亦可变为庖牺之"Po"。中国内地常有将上列三音颠错而用者，盖或人类发音之生理构造，使之然也。至于牺、戏、羲，三音同，吾人可以"羲"为代表，进而论"羲"与"义"或"i"之关系。吾国古籍常载娥皇故事，按娥皇在《大戴礼》中一作"倪皇"，在《山海经》中一作"羲和"，盖中国古音"娥""倪""羲"同读"我"音。又今人神话中之"常娥"在《大荒西经》作"常羲"，在古史中言帝喾四妃之女曰"常仪"，生帝挚。由斯亦可证"娥""羲""仪"，在古为同音，同读"我"。"我"音与"i"同。斯以知"Bu-i"，即包羲、庖羲，亦即伏羲、宓戏也。

故事中之"Ku-eh"疑即中国典籍中"女娲"。女娲亦作"女娇"。"Ku"与"娲"及"娇"皆同音。《山海经》云，女娲亦名女娃，亦称"精卫"。精卫与"Ku-eh"亦音近。按中国古籍言三皇者往往以伏羲与女娲并列。《淮南子》谓："伏羲女娲不设法度而以至德遗于后世。"郦道元《水经注》亦云："庖牺之后有帝女娲焉，与神农为三皇矣。"古代逸书《世本》称女皇故事，女皇名娲，疑即女娲之别

① 参看 J. Grimm, *Germanic Grammer*. 1814.

书云：

> 天皇封弟瑇于汝水之阳，后为天子，称为女皇。

瑇为女性抑男性，此处虽未说明，但云天皇之弟，而为女皇，其为女弟而非男弟甚明。有据唐人司马贞《补史记·三皇本纪》，综合秦汉人传说谓伏羲氏之身世云：

> 太皞庖牺氏风姓代燧人氏继天而王，蛇身人首。

又谓女娲氏之身世云：

> 女娲氏亦风姓，蛇身人首，代宓牺氏立号曰女希氏。

二氏姓既相同，而表现原始氏族图腾制之"蛇身人首"又复相同。则与《世本》所传兄妹关系者，颇相符合。又尝见明人周游撰《开辟衍绎》述女娲世家云：

> 女娲为女身，乃伏羲之妹，同母所生。

可见伏羲女娲为兄妹之说，虽传至明代，犹可省识。吾人已知中国传说中伏羲女娲既为兄妹，而此兄妹在荒古时代，复由同胞关系，而为夫妻关系。此说于汉武梁石室之壁画上，尚可证之。

　　按武梁石室刻伏羲女娲配合之像有二，如后图。日本帝大关野贞著《支那山东省汉代坟墓表饰》解说第一图云："伏羲执矩向右，女娲执规向左，两蛇身相纠结。又别作有翼蛇身之小人物四及怪云形。"解说第二图云："伏羲蛇身执矩，对一妇人亦蛇身，相互交尾，中间一小儿，亦双尾。"关野贞氏于第二图解说中，虽未以伏羲与女娲并举，然以前说度之，当亦象形伏羲女娲配合之意。伏羲女娲既为同姓，又有兄妹之说与配合之画，则中国汉族自汉以还相传伏羲女娲与夫苗族今日相传伏羲女娲所不同者几希。

第一图

第二图

　　于此有一问题焉，即伏羲女娲之族籍是也。余按《春秋》、《国语》俱好援引荒古传说然皆不言伏羲女娲。战国时代，孟子常言尧舜与神农，而亦不及伏羲。吾故疑伏羲非中原人，或汉族之古帝王，或神也。或谓《易·系辞》曰：

> 古者，包牺氏之王天下也，仰则观象于天，俯则观法于地，观鸟兽之
> 文与地之宜，近取诸身，远取诸物。于是始作八卦。以通神明之德，以类

万物之情。

《易·系辞》孔子作之，何得谓孟轲以前无人说伏羲者乎？曰：斯诚有之，然《系辞》非孔子所作也。五百年前，宋代学者欧阳修氏，已怀疑《系辞》非孔子所作。近世学者更知先秦时代，仅有卦爻辞，而无《易传》。卦爻辞仅用以卜筮，《隋书·经籍志》所谓"始皇焚书，《周易》以卜筮得存"是也。以吾人所知，系辞之文，条理典雅，思意玄奥，不似孔子时代之作品。今人且疑孔子读《易》与否，亦成问题。[1] 余考最初说伏羲者当推庄周。庄周《胠箧篇》与《缮性篇》曾两言之。《缮性篇》云：

> 及燧人伏羲，始为天下。是故顺而不一，德又下衰。

庄周，楚人也。疑伏羲盖楚之古帝王，故维楚人先言之。且《楚辞·大招》云：

> 伏戏驾辩，楚劳商只。

朱注：驾辩与劳商皆曲名。《大招》以伏羲与楚国并举，盖言伏羲之驾辩曲即楚国之劳商曲。伏羲为楚曲之创造者，其为楚人又明甚矣。《荀子》、《韩非子》、《赵策》虽皆均言伏羲，疑乃受庄周及楚传说影响之后。

女娲传说首见于《楚辞·天问》。《天问》云：

> 女娲有体，孰制匠之。

盖屈原闻民间有女娲造人之说，故有女娲有体，孰制匠之之问。至汉，女娲造人之说，益为附丽。应劭《风俗通》云：

> 天地初开未有人。女娲氏抟黄土为人，力不暇给，乃引绳絚泥中，举
> 以为人。故富贵贤智者，黄土人也；贫贱凡庸者，引絚人也。

其他有以女娲为炼石补天之神者，[2] 有以为蛇身人面之神者，[3] 有以为人面兽身一日七十变之神者，[4] 辗转相传，渐不可训。然考其始，则《天问》传之为最早。而《天问》之作者屈原，亦为楚人。则包羲与女娲之为楚籍，似无问题矣。楚与苗蛮为邻，且楚疆之民，除少数汉族外，大部为苗蛮土著。包羲女娲吾意即楚中苗族创世之祖。钱塘陆次云《峒溪纤志》云："苗人腊祭曰报章。祭用巫，设女娲伏羲位。"吴县贝青乔《苗俗记》亦云："苗妇有子，始告知聘夫。延师巫，结花楼，祀圣母。圣母者，女娲氏也。"夫苗于诸神之中，独祀女娲伏羲而腊祭之，则女娲伏羲为苗族创世之祖，又得一佐证矣。然吾不敢谓伏羲女娲为诸苗之祖神，盖花黑诸苗仍别有其始祖，如前述之阿福阿几是也。鸦雀苗自安南迁于黔域，与楚来之苗族接

---

① 按秦汉学者主张孙子作《系辞》之说，本于《论语》"五十以学易"而衍绎。然《经典释文》载鲁派《论语》则云："五十以学亦可以无大过矣。"若此，则孔子是否读易已成问题，况作《易·系辞》乎？今人钱玄同谓今《论语》言孔子五十学易云云，乃系秦汉以来有孔子赞《易》之说，汉人故改"亦"为"易"，以附会云耳。参考顾颉刚编《古史辨》第一册。

② 参看《列子·汤问篇》。

③ 参看皇甫谧：《帝王世纪》。

④ 见郭璞：《山海经注》。

触，故楚苗之始祖，流传而如鸦雀苗之始祖；且如陆贝二氏之记载，则祀伏羲女娲者，固又不仅限于鸦雀苗矣。自中原与楚苗交通后，汉苗文化交流，于是楚苗之古帝王及主神，不特通行于苗族，汉族亦从而假借之。时代匡远，于是中原人士不复知伏羲女娲为楚苗之始祖矣。盖汉族之假借苗祖伏羲神农为古帝王，亦犹苗傜之祀孔子，与夫汉族之以瑶祖盘古为开辟之神，其例相同。故吾人欲明晰中原与西南古代交错之迹者，当自研究西南神话始。

二、瑶族神话中之盘古与槃瓠

瑶之中有盘古瑶，即以奉盘古为祖而名之也。广西凌云盘古瑶有一种洪水传说，以盘王为其救世之主，同时亦为其族再生之神。其传说云：

> 盘古瑶人述该族原住南方，地点已不可考。其后人口日蕃，土地日狭，瑶人乃结队乘船，渡越大洋。觅新大陆，途次遇风大作，船覆数只。瑶人哀号，呼天求援。盘王下界拯救，溺水者得免于难。并护送其他船只，安全渡海，得登大陆。遂向西北方渐次进展，而至凌云。瑶人感盘王救护之恩，故奉之为至尊云。[1]

凌云盘古瑶自言来自东南，吾人试于广东北江瑶山中迹之，尚有未迁之盘古瑶留居。据德国洛希纳神父（F. W. Lenschner）考察，该族亦有同一之渡海遇险盘王设救之神话。[2] 又有板瑶者，亦奉盘王为家神。在传说中，其族似别有理由奉之为神，然渡海遇厄获救之事，则与前说相同。其传说云：

> 汉人与板瑶渡海，遇大风而甚危险，即相互祈祷，求神护佑。并许脱此厄运后，作七日斋戒佛事谢神。后由盘王显灵，果能脱险，而达彼岸。汉人赀财充足，曾修七日斋戒佛事，酬谢盘王。板瑶甚窘，无力还愿，故即奉盘王为家神。现板瑶家中所设之神龛，而位于厅屋之东西隅，有如供奉盘王也。其所书之纸像，亦为盘王。板瑶有疾病发生，则祈盘王保佑，祈祷时必宰猪一头以祭。[3]

接此两传说，前者以盘古为天王，后者以盘古为家神，然于盘古本身之始末，则皆未言及。前清时，板瑶谒见汉官，常长揖不拜，或问其故，则曰："先有瑶后有朝。"推其意盖言其祖盘古为开辟之神也。余按盘古之名初见于魏晋人著作。当时各派学者皆竞言盘古，而盘古各不相同。言盘古为人类之祖先者，惟吴楚间之传说为然。任昉《述异记》云：

> 昔盘古之死也，头为四岳，目为日月，脂膏为江海，毛发为草木。秦

---

① 见颜复礼、商承祖合编：《广西凌云瑶人调查报告》。

② 参看 F. W. Lenschner, *Die Yantze in Sued-China*, 1910-1911, in *Mitteil lungen der Dentschon Gesell-schaft für Nature-und Volkerknnde Ostasiens*, Band XIII, Teil 3, sicte, 237-285.

③ 见庞新民：《两广瑶山调查》。

汉间传说：盘古氏头为东岳，腹为中岳，左臂为南岳，右臂为北岳，足为西岳。先儒说：泣为山河，气为风，声为雷，目瞳为电。古说：盘古氏喜为晴，怒为阴。吴楚间传说：盘古氏之夫妇，阴阳之始也。

吴楚距两粤为近，吴楚间传说或近于瑶族神话之原始状态。若是，则盘古传说，斯有关于开辟神话矣。

瑶族之盘古神话与瑶族之起源有关。任昉《述异记》云：

南海中盘古国，今人皆以盘古为姓。昉按：盘古氏天地万物之祖也。

然则生物始于盘古。

今南海有盘古氏墓，亘三百余里。俗云：后人追葬盘古之魂也。

桂林有盘古祠，今人祝祀。

按当时南海即今之广东，桂林在今广西，瑶人在中土当以先居于两粤为始。今人颜复礼、商承祖二氏研究瑶语中"那字"村落之分部，在粤以琼崖、钦、廉、高、雷、粤海诸地分布为多，钦、廉一带尤密；在桂则分布于南宁、镇南、田南三旧道。[1] 由那字村落分布之地区，不难测知瑶族多分布于南海沿岸各地，此种研究颇可佐证《述异记》记载之所云。然则瑶族即起源于两粤沿海诸地乎？曰，否。前述盘古瑶传说其祖先原住南方，后横渡大洋，由盘王保护始达大陆云云。按粤中无海泊，其所云"大洋"者，盖即指今之南海，"大陆"者即今粤海岸钦、廉诸州县。若斯，则瑶族非粤中土著，而为南海中之一岛屿迁徙来此之民族明甚。然则斯岛屿为何岛屿乎？吾人今日所讨论者，当努力于此问题之解答。

按今澳洲有数民族通行有"盘格"神（Pundjel or Bunjel）之崇拜。牙拉河（Yarra river）流域之土族以盘格为开天辟地之神，创造第二人及其两妻，并创造万物，且能以刀劈开山谷。[2] 澳人有一神话，言盘格创造万物，然未制作妇人，麦尔包恩黑人（Melbourne Blacks），传言盘格以泥土做二男人，逾年久，往西北去，以巨刀劈树皮三束，初取一束，以泥土膏之，复以刀整之，固结为一体。俟泥土松时盘格则取其一部与其他树皮之一索，和泥土为人。先塑人足次塑及人身。氏顾以为乐而不倦。氏次取树枝为发，掇于人顶，其发或直或曲不一。最后则各赐之以姓名。[3] 由此知盘格在澳洲土著理想中，为一开天辟地、创造人类、创造万物之天帝，故祀之惟谨，祈祷不衰。吾师黄凌霜先生以盘格之名同于盘古，故疑澳洲土著之盘格，即中国人心目中之盘古。[4] 吾人试由瑶族之盘王传说探索之，瑶族与澳洲土著俱以此同名之神，为开辟创人创物之万能上帝；而最奇合者，则澳人言此神造人，由东南而至西北，而瑶人则言此神由南海中护送其族向西北行，至于大陆。比合观

① 见颜复礼、商承祖合编：《广西凌云瑶人调查报告》。

② 参看 E. G. Speck, *The Creek Indians of Saskige Town* 与 *Mythology in Encyclopedia Britainica*, 13th edition.

③ 参看 B. R. Smith, *Aborigines of Australia*, Vol. I, pp. 423-424.

④ 参看黄文山：《中国古代社会的图腾文化》，载《新社会科学季刊》1934 年第 1 卷第 2 期。

之，循图索骥，民族迁徙之迹，似甚昭然。

中国神话中之盘古，非汉族之神，乃汉瑶文化交流后，斯神由瑶族而之汉族。中国古代无盘古神话，不特古代无之，即中古时期，终汉之世，亦无人述及盘古者。至三国时，吴人有徐整者，始首传盘古创世造人之说。其所著《三五历纪》云：

> 天地混沌如鸡子，盘古生其中，万八千岁。天地开辟，阳清为天，阴浊为地。盘古在其中，一日九变，神于天，灵于地。天日高一丈，地日厚一丈，如此万八千岁，天数极高，地数极深，盘古极长。后乃有三皇，数起于一，立于三，成于五，盛于七，处于九，故天去地九万里。

晋有葛洪，句容人，在粤有年，死于粤。著《枕中书》，述盘古一如徐整。其言曰：

> 昔二仪未分，溟涬鸿濛，未有成形。天地日月未具，状如鸡子，混沌玄黄。已有盘古真人，天地之精，自号元始天王，游乎其中。

按徐整、葛洪似皆道教中人，故援引盘古为道教说法，先原始道教则无盘古也。尤当注意者，徐整、葛洪，俱为南人，去瑶族未远。且葛洪生平，在粤山中修炼最久。而粤山多为瑶族盘据之所，耳之所闻，口之所传，皆为盘古神话。故盘古之说，不特起源于南方，且导源于南人。推测此神话之传播盖初起于粤土，次传于吴楚，然后再及于秦汉。至中原此说与印教《吠陀经》（*Rig Veda*）中之《婆罗沙散陀》（*Purusha Sakta*）神话①以及佛教之《摩登伽经》与《外道小乘涅槃论》相参证，于是有《五运历年纪》所传之盘古神话。② 盖神话之为物，传流演变，至为繁数，故不特澳洲之盘格与瑶族之盘古异，即中国各时代各地域所述之盘古亦不相同。然此无害于吾人谓汉族之盘古肇源于粤瑶，粤瑶之盘古复肇源于澳洲，盘格之假设，盖神话之主干固仍在也。且由中国诸附会盘古之古迹言之，亦由南而北，渐次进展。瑶人初至于粤之海滨，故首传南海有盘古墓；继至于桂西，于是桂林有盘古祠；继而传播于吴楚，于是江南会昌有盘山，湘乡有盘古堡，云都有盘古庙；更传播而至于秦汉，寖假而传行全国，于是成都、淮安、京兆莫不有盘古之庙祠矣。③ 盘古传说之由南而北固甚明。故吾人谓汉族之盘古神话肇于粤瑶，而粤瑶之说复与澳洲土著之盘格神话相似，故疑前者乃肇于后者，而瑶族似由澳洲迁徙而至中国。

其次吾人进而讨论瑶族之槃瓠神话。夏曾佑谓盘古与槃瓠音近，当同所指而为一物。④ 然以吾人分析所得之结果，其别有二：（1）盘古为瑶族创世之祖或开辟之神，而槃瓠则为该族之氏族图腾；（2）盘古为盘古瑶与板瑶所祭祀，槃瓠则为诸瑶族所祀。

槃瓠神话采入史册者，始于晋之范晔著《后汉书·南蛮传》。传云：

> 昔高辛氏有犬戎之寇，帝患其侵暴而征伐，不克。乃访募天下有能得

---

① 参看 L. Spence, *An Introduction to Mythology*.
② 参看吕思勉：《中国民族史·苗族篇》。
③ 参看《路史注》。
④ 参看夏曾佑：《中国古代史》。

犬戎之将吴将军头者，购黄金千镒，邑万家，又妻以少女。时帝有畜狗，其毛五采，名曰槃瓠。下令之后，槃瓠遂衔人头造阙下；群臣怪而诊之，乃吴将军首也。帝大喜，而计槃瓠不可妻之以女，又无封爵之道，议欲有报，而未知所宜。女闻之，以为帝皇下令，不可违信，因请行。帝不得已，乃以女配槃瓠。槃瓠得女，负而走入南山，止石室中。所处险绝，人迹不至。于是女解去衣裳，为仆鉴之结，着独立之衣。帝悲思之，遣使寻求，辄遇风雨震晦，使者不得进。经三年，生子一十二人，六男六女。槃瓠死后，因自相夫妻，织绩木皮，染以草实，好五色衣服，制裁皆有尾形。其母后归，以状白帝。于是始迎致诸子，衣裳班兰，语言侏离；好入山壑，不乐平旷。帝顺其意，赐以名山广泽。其后滋蔓，号曰蛮夷。……今长沙武陵蛮是也。

范晔此说盖本于汉应劭之《风俗通》。《风俗通》云：

> 高辛之犬槃瓠，讨灭犬戎。高辛以小女妻之，封槃瓠氏。

罗泌以应劭此说演自伯益《山海经》。[①]《大荒北经》云：

> 大荒之中，有山名曰融父山，顺水入焉。有人名曰犬戎。黄帝生苗龙，苗龙生融吾，融吾生弄明，弄明生白犬，白犬有牝牡，是为犬戎。

若罗说为然，则晋干宝《搜神记》八卷所载犬戎之祖槃瓠杀房王之事为传说正宗，而应劭以下如《南蛮传》、《三才图会》、《玄中记》之记述为误解矣。按中国古代西北有"犬封国"之传说，东南有"封犬氏"或"狗民国"之传说，二者名既相同，故博学如郭璞亦迷惘其中，如氏以东南之事实注西北之经传是也。惟按《山海经》云云，犬戎族仅有白犬之事实，而无槃瓠之名，槃瓠似仅为南方蛮族所专有。晋人言槃瓠民族分布于南方者有三区域：

(1)《南蛮传》、《三才图会》谓长沙武陵蛮为槃瓠民族。

(2)《玄中记》以会稽东南二万一千里之海中狗民国为槃瓠民族。

(3)《搜神记》以桂林郡为槃瓠民族。

会稽东南海中之狗民国，盖指当时广东沿海诸瑶民。若以上三说为然，则晋时瑶族之分布，在今两粤与湖南，与今日瑶之分布尚相同，仅长沙武陵之瑶逐渐驱入湘南山中耳。《后汉书》注引《晋纪》记载蛮人祭祝槃瓠之俗云：

> 武陵、长沙、庐江郡夷，槃瓠之后也。杂处五溪之内。槃瓠凭山阻险，每每常为害。糅杂鱼肉，叩槽而号，以祭槃瓠。俗称"赤髀横裙"，即其子孙。

按《汉书》注者为唐人章怀太子贤，可知唐时瑶族风尚如此。宋时范成大《桂海虞衡志》谓桂中之瑶俗亦然，至明，邝露《赤雅》述粤中瑶俗亦复如此云：

> 瑶名輋客……种落繁衍，时节祭之。刘禹锡诗"时节祭槃瓠"是也。

---

① 参看罗泌：《槃瓠辩》，见《古今图书集成》。

其乐五合，其族五方，其衣五彩，是谓五参。奏乐则男左女右，铙鼓、胡芦笙、忽雷、响瓠、云阳，祭毕合乐，男女跳跃，击云阳为节，以定婚媾。侧具大木槽，扣槽群号。先献人头一枚，名吴将军首级。予观祭时，以桄榔面为之，时无罪人故耳。

至今广西瑶山与广东北江瑶山皆有通行之槃瓠故军：

> 板瑶祖先，形系狗头。昔日某国王，因外患难平，乃出布告云：如有人能平此患，愿以其女妻之。板瑶之祖先往平之，后向某国王求婚。国王视之，乃一狗头者，欲毁婚。其女不可，乃相与入山。某国王并封之为王，因名狗头王。后狗头王夫妇居山中有年，生子女各七人。尔时山中并无其他人类。狗头王之子女遂由姊妹兄弟结为夫妇，各个散处各深山穷谷中，以自谋生活。繁衍彘传，即今之板瑶也。[①]

广东之瑶[②]与浙闽之畲俱有相同之传说，后者且编有《狗皇歌》以咏之。[③] 其说皆与《南蛮传》、《三才图会》之神话类似。

此外，今之暹逻国内吉哈尔（Jahor）土族，亦有狗王故事，吾意此族盖亦瑶人，因瑶族在东亚分布之最南者。其神话云：

> 吉哈尔住民袭杀其副官，暹逻王怒而伐之，立犬为其首领。王谓巨犬巴尔古夫（Barkouf）曰："汝登吾王位，其代吾治理斯民。"并使曼尼（Mani）为大臣辅狗王。后马拉加（Malakka）族侵狗王疆土，狗王迎击之，故军败走，而王亦负伤死。人民念之，遣使于暹逻，请复派一物以摄政。王不许，遂以曼尼为相，佐一大使治其族。后大使以不用曼尼言，其国遂乱。[④]

余按巴尔古夫盖即"槃瓠"之译音，此故事盖言暹逻掸族并合瑶族之始末。吾人于此当注意者，即瑶族灭亡弱族而于弱族神话之改易是也。暹逻瑶族原以犬为图腾，及掸族灭之，其酋长虽仍为瑶人而掸人则谓此酋长为暹逻王之犬巴尔古夫。吾国汉代征伐瑶蛮之役最多，瑶之酋长汉人则谓之高辛氏之犬槃瓠所生。此二故事，强族于弱族神话中之改造，前后如出一辙。由此知汉族史籍中所传之槃瓠神话，虽仍有瑶族神话本身之质素，而已有种族偏见存乎其间，要非神话之原始形态矣。故吾人不能由汉族史籍中之瑶族神话，而武断瑶族为汉族皇帝之犬之子孙，或武断其族为由北而南迁。

瑶族以槃瓠或龙犬为图腾之事，由瑶人诸礼俗亦不难证之。《南蛮传》云："好

---

① 见庞新民：《两广瑶山调查》。

② 余永梁：《西南民族起源神话——盘瓠》（论文）有广东阳江瑶人传说，载中山大学《历史语言周刊》三集三十五、六合刊。

③ 参看何联奎：《畲民问题》，载《东方杂志》第三十卷第十五号；《畲民的文化人类上的新发现》（论文），载1934年6月11日《中央日报》的《社会调查》栏。

④ A. F. Blanchet, *Apologues et Contes Orientanx*, 1784.

五色衣服，制裁皆有尾形。"《晋纪》云："糅杂鱼肉，叩槽而号，以祭槃瓠。"今广东北江瑶山有"拜王"之俗，请酒作乐，达三昼夜。所拜者名曰"狗王"，盖即槃瓠。又其盘王纸模，长九寸，宽厚皆寸半；柄长寸半，宽一寸，厚九分；各面皆有花纹。纸模形状，疑类一狗。[1] 又其族妇女发饰，以青布与竹架扎之。高一尺六寸，发分纽于竹架之上。帽前有二物突出，宛如狗耳，盖所以纪念狗王也。[2] 罗浮山中瑶人与惠阳瑶人家中皆有祖宗画像，犬首人腹，岁时祀之维谨。[3] 浙江畲民崇拜槃瓠为祖，或涂为画像，附以"太祖槃瓠王出身图说"。或每姓刻一狗头，形略似龙，着以人衣，名曰"龙犬"。岁初或行婚礼时，则罗拜之。[4] 闽南畲民祖宗画像，亦类一狗。[5] 畲妇则挽发髻于后，编竹为架，插之髻中。前置絮垫与编竹连系，以求平衡。上覆红帕，其状当与广东北江瑶妇相似。且谓妇人蒙红帕者，盖昔年公主下嫁时，畏狗王之丑陋也。[6] 按今世界诸原始民族，常取动植等自然生物为其图腾，原始民族以图腾为精灵之神，莫之敢侮，故祭祀祝之。瑶族之祀狗，盖由于此。如澳洲崇拜袋鼠之民族，头带皆以袋鼠筋做成，上且插以鼠牙。以犬为图腾之民族，则置野犬之尾于头后，垂于背上，台湾番族则以鹿头之皮与耳及角制为鹿冠。[7] 瑶畲妇女发饰如狗耳，其含意盖亦类此。至于此饰行于妇女而不行于男子者，盖衣饰演化，妇女较男子为守旧之故也。奥国人类学家史美特（P. W. Schmidt）云：印度南洋与澳大利亚为世界图腾起源之区。[8] 瑶族蕃殖于南海沿岸，其族为一崇拜图腾之民族，实亦意想中事耳。

最后，当有一问题，即瑶族何故以犬为图腾之理由。按今古生物学家研究结果，犬之豢畜历史最早，约在新石器时代之亚其里期（Azilian age），克鲁伯（A. L. Kroeber）云：

> 第一种动物之豢畜，约始于新石器时代之初期。晚近在苏格兰与丹麦二地，所掘发之后，马格达林古物遗址（Post Magdalamian Pelaeolithic Sites）皆有犬骨，故知亚其里期已有豢犬之习。代表新石器时代初期之丹麦贝冢发现无数骨骸，系为犬齿所啮。此时代之犬或仍系半野种，故在贝冢中犬之骨骼甚少。由此知此时之犬尚未与人之关系固定，故其种奔散荒野而亡耳。[9]

---

① 见姜哲夫等：《拜王》（论文），载《中央研究院历史语言研究所集刊》第四本第一分册。

② 见庞新民：《两广瑶山调查》。

③ 参看朱偰：《入罗浮记》。

④ 参看何联奎：《畲民的文化人类学上的新发现》（论文），载 1934 年 6 月 11 日《中央日报》的《社会调查》栏。

⑤ 参看董作宾：《福建畲民考略》，载中山大学《语文历史周刊》一集第二期。

⑥ 参看 E. T. C. Werner, *Myths and Legends of China*, 1922.

⑦ 参见林惠祥：《文化人类学》。

⑧ 参看 P. W. Schmidt, *Volker und Kuturen*，氏于去年十月由平过京时，在中央大学讲演，亦言即此。

⑨ 见 A. L. Kroeber, *Anthropology*, 1924.

路卫（R. H. Lowie）则以欧洲为非豢犬之原始区域，以犬之原始豢畜区言之，犬之被豢当在旧石器时代之晚期。氏云：

> 以掘发所得之证物论断，丹麦、英伦与葡萄牙似皆非豢犬之原始区域。
> 以吾人所知者，原始豢犬区，当在亚洲。盖有时犬由亚洲运于大西洋彼岸。
> 故吾人可假定犬之豢畜当在旧石器时代之后期。豢犬虽未列为远古文化特
> 质之一，然犬之豢畜，较之其他家畜之豢畜，当早数千年。[1]

人类畜犬之俗，产生既早，世界畜犬之民族，亦最普遍。以诸民族学家研究之报告，知世界民族除安达蛮（Andamans）与已灭种之达斯马尼亚人（Tasmanians）外，既皆为畜犬之民族。畜犬虽普行于世界，然世界之犬种，皆起源于亚洲大陆。路卫氏云：

> 由比较解剖学言之，一切犬种之来源，皆由于亚洲之单一祖先。世界
> 之犬，除古代埃及朝之灵猩，其祖先为胡狼外，其他皆为亚洲狼种（Asiat-
> ic Wolf）之后裔。故印第安人之犬，系数千年前由白林海峡移入，至今广
> 播于新世界全部。他如澳洲人所畜之丁狗（Ding-go），虽自成一类，然其
> 种亦由亚洲大陆携来。比较少数种族之无犬，乃由于中途遗失。例如婆罗
> 尼细亚人虽未曾运犬于数千里外之东岛，然旋自新锡兰及他处移转犬种于
> 岛上。[2]

亚洲既为世界犬种之摇篮，而其犬种之分布又独多，故中国四夷多狗国、狗民，或尊狗之民族，日本古代有隼人，为王司式，专习犬吠，大和民族谓之为"狗人"。[3]中国五代时，蒙古之东，黑龙江之北，有室韦之地为"狗国，人身狗首，长毛不衣，手搏猛兽，语为犬嗥。其妻皆人，能汉语，生男为狗，女为人，自相婚嫁。云尝有中国人至其国，其妻怜之，使逃归，与其箸十余只，教其每走十余里遗一箸。狗夫追之，见其家物必衔而归，则不能追矣"。[4] 此狗国狗民之在东北也。《山海经》云："其东有犬封国，犬封国亦曰犬戎国。状如犬，有女子方跪进杯食。"又云："白犬有牝牡，是为犬戎。"此狗国之在西北也。《博物志》云："南海去会稽三千里有狗国。"《岭表录异》云："常有人自青社泛海归闽，为恶风所飘，五日夜不知几千里也。经一处，同船新罗人云是狗国。逡巡果如人，裸形，抱狗而出，见船惊走。"此狗国之东南也。锡兰岛上有吠陀人（Vedas），其俗尊狗，常牺牲族人以祭狗神。[5]又四川南部之古代僚人，俗亦尊狗。《魏书》云："若杀其父，走避，求得一狗，以谢其母，母得狗谢，不复嫌恨。"又云："大狗一头，买一生口。"此尊狗民族之在

---

① 见 R. H. Lowie, *An Introduction to Cultural Anthropology*, 1934.

② 见 R. H. Lowie, *An Introduction to Cultural Anthropology*, 1934.

③ 见松村武雄：《狗人国试论》引《万叶集》云云，载《民众教育季刊·民间文学专号》。

④ 见《五代史·四夷附录》。

⑤ 见 R. H. Lowie, *An Introduction to Cultural Anthropology*, 1934.

西南也。日本神话学家松村武雄以异族间之种族偏见心理，解释狗国故事之由来，①吾以其说有未尽者，则产狗众多之区，每易有崇拜狗图腾之民族，故其衣服多仿效狗之形状也。英国驻澳总督格勒（Sir George Grey）有言："澳洲土人家族名称之来源与家族所在地之习见动植物有关。"② 上述诸族之崇拜狗图腾者，其原因由此，瑶种之崇拜槃瓠图腾原因亦由此。

古代广东沿海各州，是否一广大产狗之区，以文献阙乏，未敢臆断。惟以吾人所习知者，则两粤为中国一著名之烹狗区域是也。人类饮食之采撷，往往以地方所习见者，则习以为食，两粤之人喜烹狗或亦以该区多产狗之故，或今日虽产狗不盛，而为古代多狗之遗俗。况人类愈原始，于狗之需要愈急迫。瑶人于游牧时代，犬可助人为猎，供人宰食，可卫护主人及其财产；且其物可骑、可拖，其毛与皮可以为衣。故犬点缀于瑶人野蛮生活者愈多，则愈望其繁殖而愈尊敬之；尊之至极，则以为图腾矣。

总以上所论者，盘古为瑶族之始祖，槃瓠为瑶族之图腾。盘古与槃瓠音近，二者或即一物，而前者言其氏族之主神，后者则言其主神之标记也。盘古、槃瓠为瑶族专有之神与图腾。其他各族虽有崇拜盘古，祭祝槃瓠，乃系文化传播使然。《古今图书集成》以僮、僚、狼、狑、侗诸族皆系出槃瓠，③《续黔书》则以苗、仲、冰、犴亦祀槃瓠。④ 等而上之，《魏略》以武都、氐其种非一，皆槃瓠之后；《搜神记》以今吐蕃乃槃瓠之后。此皆附会之尤者，未可以为据。

本文选自《民族学研究集刊》1940 年第 2 期。

---

① 见松村武雄：《狗人国试论》引《万叶集》云云，载《民众教育季刊·民间文学专号》。
② 参看 Sir George Grey, *Journals of Two Expeditions of Discovery in North-West and Western Australia*, 1841.
③ 见《古今图书集成》一四一〇卷。
④ 见张澍：《续黔书》。

槃瓠传说与瑶畲的图腾制度

岑家梧

岑家梧（1912—1966），广东澄迈人。原始社会史专家。毕业于中山大学社会学系，后进日本东京立教大学与帝国大学研究人类学。先后任职于昆明南开经济研究所、贵州大学、贵阳大学、四川国立艺术专科学校、中山大学、岭南大学、广东民族学院。生前为中南民族学院副院长。1937 年后曾到云南、贵州、四川等民族地区进行民族调查。主要著作有《槃瓠传说与瑶畲的图腾制度》、《史前史概论》、《史前艺术史》、《图腾艺术史》、《西南民族文化论丛》、《中国艺术论集》等。

槃瓠传说的演变

欲了解槃瓠图腾传说的意义，先得了解图腾制度是什么？作者在《图腾艺术史》中指出图腾制度的特征有四，即："（1）原始民族的社会集团，采取某种动植物为名称，又相信其为集团的祖先，或与之有血缘关系。（2）作为图腾祖先的动植物，集团中的成员都加以崇敬，不敢损害毁伤或生杀，犯者接受一定的处罚。（3）同一图腾的成员，概可视为一完整的群体，他们以图腾为共同信仰，身体装饰、日常用具、住所墓地之装饰，也采取同一的样式，表现同一的图腾信仰。（4）男女达到规定的年龄，举行图腾入社式。又同一图腾集团内的男女，禁止结婚，行外婚制（Exogamg）。"① 世界各族图腾制度的特征，未必尽如上面所述，然而大致却是相同的，尤以第一项最为普遍。北美阿拉斯加（Alaska）一带的德林克特族（Thlinkets）熊图腾部族的人，均自承其祖与熊结婚，由是而子孙蕃衍。沙罗德后岛（Queen Charlotte I.）的海达族（Haidas），他们的部族起源传说，大致是说大乌鸦酋长从海滨拾得一只海贝，酋长与它结婚，产生了一只雌海贝，酋长又娶了她，从此产生了海达族。② 这都是以某种动物为其部族图腾祖先的传说。槃瓠图腾传说是怎样的呢？干宝《搜神记》（卷十四）云："高辛氏，有老妇人，居于王宫，得耳疾历时，医为挑治，得一物大如茧。妇人置于瓠中，覆以盘，俄顷化为犬，因名盘瓠，遂蓄之。

---

① 岑家梧：《图腾艺术史》，第 12 页。

② F. Poole, *Queen Charlotte Islands*, p. 136.

时戎吴强盛，数侵边境，遣将征讨，不能擒胜。乃募天下有能得戎吴将军首者，锡金千斤，封邑万户，又赐以少女。后盘瓠衔得一头，将造王阙，王诊视之，即是戎吴，为之奈何？群臣皆曰：'盘瓠是畜，不可官秩，又不可妻，虽有功，无施也。'少女闻之，启王曰：'大王既以我许天下矣，盘瓠既衔首而来，为国除害，此天命使然，岂狗之智力哉！王者重言，伯者重信，不可以女子微躯而负盟约于天下，国之祸也。'王惧而从之，令少女从盘瓠。盘瓠将女上南山，草木茂盛，无人行迹。于是女解衣去裳，为仆竖之结，着独力之衣，随盘瓠升入山谷，止于石室之中。王悲思之，遣使往视觅，辄遇风雨，岭震云晦，往者莫能至。后经三年，产六男六女，盘瓠死后，自相配偶，因为夫妇。织绩木皮，染以草实，好五色之衣服，裁制皆有尾形。后母归以语王，王遣使迎诸男女，天不复雨。衣服褊褴，言语侏离，饮食蹲踞，好山恶都。王顺其意，赐以名山广泽，号曰蛮夷。"范晔《后汉书·南蛮传》云："昔高辛氏有犬戎之寇，帝患其侵暴，而征伐不克，乃访募天下有能得犬戎之将吴将军头者，购黄金千镒，邑万家，又妻以少女。时帝有蓄狗，其毛五采，名曰槃瓠，下令之后，槃瓠遂衔人头造阙下，群臣怪而诊之，乃吴将军首也。帝大喜，而计槃瓠不可妻之以女，又无封爵之道，议欲有报而未知所宜。女闻之，以为帝皇下令，不可违信，因请行。帝不得已，乃以女配槃瓠。槃瓠得女，负而走入南山，止石室中。所处绝险，人迹不至。于是女解去衣裳，为仆鉴之结，着独力之衣。帝悲思之，遣使寻求，辄遇风雨震晦，使者不得进。经三年，生子一十二人，六男六女，槃瓠死后，因自相夫妻。织绩木皮，染以草实，好五色衣服，制裁皆有尾形。其母后归，以状白帝，于是使迎致诸子，衣裳班兰，言语侏离。好入山壑，不乐平旷。帝顺其意，赐以名山广泽。其后滋蔓，号曰蛮夷。"王通明《广异记》云："高辛氏时人家生一犬，初如小牝，主怪之，弃于道下，七日不死，禽兽乳之，其形继日而大，主复收之。当初弃道下之时，以盘盛叶覆之，因以为瑞，遂献于帝，以槃瓠为名也。后立功，啮得戎寇吴将军头，帝妻以公主，封槃瓠为定边侯。公主分娩七块肉，割之有七男，长大各认一姓。今巴东姓田、雷、冉、向、蒙、文、叔孙是也。其后苗裔炽盛，从黔南逾昆湘高麓之地，自为一国。幽王为犬戎所杀，即其后也。槃瓠皮骨，在黔中田雷等家时祀之。"①

以上三种记载，都大同小异。《搜神记》以槃瓠乃从妇人耳中挑出的虫变成，《后汉书》则曰槃瓠为高辛帝的蓄犬，《广异记》只说槃瓠是一只奇异的狗。同时这三个故事的主题，均说槃瓠与公主婚配而生蛮族，正与德林克特及海达族以人兽相配而生其族的图腾传说，同一典型。所以我们毫无疑义地决定槃瓠传说为含有图腾

---

① 见樊绰：《蛮书》，卷十"南诏疆界接连诸蕃夷国名"条所引。

意义的神话。

《搜神记》、《后汉书》所述槃瓠之后，号曰"蛮夷"，"蛮夷"二字究指今日的何族，诸说纷纭，莫衷一是。但我们知道"蛮夷"二字的含义是很广泛的，决不只指任何一族。朱辅《溪蛮丛笑》叶钱序云："五溪蛮，皆槃瓠种也。聚落区分，名亦随异，沅其故壤。环四封市而居者，今有五：曰苗，曰瑶，曰僚，曰僮，曰仡佬。"顾炎武《天下郡国利病书》卷一〇〇广东四博罗县云："瑶本槃瓠种。"又卷一〇四广东八："莫瑶者，自荆南五溪而来，居岭海间，号曰山民，盖槃瓠之遗种。"《续云南通志》卷二〇二："苗人……相传为槃瓠之种，楚、黔、粤皆有之。其在滇者惟曲靖、东川、昭通等府。"谈孺木《枣林杂俎》："槃瓠之遗，错处于虔、漳、潮之间，以盘、蓝、雷为姓，人称之曰畲客。"综上：所谓槃瓠之后的蛮夷，计有苗、瑶、畲、僚、僮以至仡佬。僚、僮、仡佬等族是否亦有槃瓠传说，还有待于他日的调查。黔滇一带的苗族，据我们的调查，他们的起源传说，是伏羲女娲兄妹型，而非槃瓠公主型。① 至于现在尚保留着狗人配偶而生其族的槃瓠型传说的，只有瑶畲二族了。

瑶人的狗王传说，分布甚广，两广瑶族，均有存在。广东连山阳山一带瑶人，均自承为槃瓠之后。相传：远在盘古时代，有番王起来兴兵作乱，屡次进剿无功，于是晓示天下，有斩首来献的，以公主妻之。一天，便见槃瓠衔番王首级走来。盘古大惊，认为公主怎能下嫁槃瓠，正拟违约，却受到公主力阻，且骑槃瓠入山。从此诞育居民，世代不绝，至今达十余万人。

广东北江一带及广西修仁、蒙山、昭平等处板瑶的祖先传说，亦大致相同。云："板瑶祖先，形系狗头。昔日某国王，因外患难平，乃出布告云：如有人能平此患，愿以其女妻之。板瑶之祖先往平之，后向某国王求婚。国王视之，乃一狗头者，欲毁婚。其女不可，乃相与入山。某国王并封之为王，因名狗头王。后狗头王夫妇居山中有年，生子女各七人。尔时山中并无其他人类，狗头王之子女遂由姊妹兄弟结为夫妇，各个散处各深山穷谷中，以自谋生活。繁衍疏传，即今之板瑶。故板瑶于今常云：吾之始祖乃国王之驸马，吾之始祖母乃国王之爱女也。"②

广西大瑶山板瑶瑶豪所存评王发给瑶民的榜令律例条券牒文，其中关于狗王传说较为详细，情节亦较复杂。云："槃护王龙犬有猛虎之威，有二十四斑点，起初生在东海刘家。所被刘男刘女弟称是生母仙伲，不养。将去都，落日随跟紫王，路中

---

① 作者年来在滇黔调查苗族，均无槃瓠传说，而伏羲女娲传说，则分布颇广。又看芮逸夫：《苗族的洪水故事与伏羲女娲的传说》，载《人类学集刊》1938 年第 1 卷第 1 期。
② 庞新民：《两广瑶山调查》，第 138—139 页。

遇一妇人，大叫一声，紫王左右臣大悦，进朝引龙犬入宫，饮食美味，待之不浅。紫王每坐朝廷，尝令侍侧，以大将安计，再战评王，斩取头级，可安国界。是夜排筵饮酒，大醉，昏迷不醒，人事不管。龙犬心思报主之恩，威猛功劳，心生一计策。是夜走至龙床宫，一口咬定颈中，咬脱头级不放，偷出外边，拖头过海，回归朝内，血污在身。大臣僚举抱住，问言龙犬曰：'汝自取得口衔紫王头级，到殿前朝见评王槃护。''祈陛下，小龙犬奉旨施行，不敢违令，斩取紫王头级到殿前在此，乞我主恕罪。'评王大悦，是犬身威猛勇，立时陛下杀牲备酒，大排筵席，三日三夜，大作鼓乐庆贺。以此国界安宁。诸臣启奏：'槃护王陛下，无别因，我主金口敕令，若有何收斩紫王头级，愿赐三宫之女与他为妻。如今龙犬过海斩取回朝，望我主陛下敕令。'槃王想起，将三宫女□□□□□大笑。陛下将三宫装扮衣裳，插带梳装，备办整齐，来到槃王殿前，深深参拜。龙犬看见，向前一口咬定三宫女黄裙脚下不放：'要与我龙犬配合，我奉你父亲之令，游过海取斩紫王头级，你父将你配合我等为妻。'三宫女准愿父令，当凭评王为月老，就入京内排宴成亲，敕令预备鼓乐，送入嵇山安住居。每年差人供奉钱粮，夫妻食用，黄金白银共交八十万，供应官赐二品尚书。敕令文武官员，照牒放免一切，前后只许青山白云之地。后宫女育生四男四女，分为八姓，龙蓝卜刘唐秦戴文，此乃八姓龙犬之先。□□花衣红瑶，搬移居住王山为业，永远为悉，存照。"① 盘护与槃瓠同音，疑是一人。假使盘护确系槃瓠，在这个传说中，槃瓠已经替代了高辛皇帝的地位。这大概是因为后来瑶人尊奉槃瓠为槃王大帝，槃瓠才由动物变成了神人。广西修仁县崇仁乡山子瑶的祖先传说，也与上述的牒文内容相同。云："从前中国有一个天王，和一个妖王打仗，打了三年，不分胜负，双方损失重大。当时天王非常忧愁，睡在床上，辗转反侧的不能入睡，却想出了一个办法。在城门口贴出告示，招收贤能来帮助。告示上说：'如有人能将妖王杀死，愿将亲生的三个女儿，任他挑选一个为妻，并给家财十万。'那时有一只盘王的狗，将告示抓破了，守门的兵大怒，带了狗去见天王。天王问道：'你抓破告示，你能杀死妖王吗？'那狗摇头摆尾，表示能够的意思，于是天王将狗放了。盘王的狗一直跑向妖王那里，妖王一见此狗可爱，乃命部属留养。此狗已得妖王之爱，时常追随妖王。有一天，妖王出巡阵地，忽然肚痛，就地大解，盘王之狗看见时机已到，立刻跳上咬去妖王的下体，妖王立死，狗乃回来报告天王。妖兵见妖王已死，咸无斗志，即被天王打胜。天王为立威信起见，即将第二第三女公主任狗选择，狗却摇头不要，天王无奈，即将大公主叫来时，狗乃摇头摆尾，表示欢喜。大公主虽不愿与狗结婚，但天王之命不可违，只得与狗结婚。结婚之后，大公主不愿居留在

---

① 徐松石：《粤江流域人民史》，第321—322页。

热闹的城市里，要到深山狭谷里去住，天王也答应了。到了临别的那天，大公主向天王道：'以后的子孙居住深山狭谷，开门见山，不进学堂，不懂礼节，怎样可以回来朝见天王呢？'天王说：'你们子孙回来时，应说先有瑶，后有朝，可以免礼了。'大公主再问：'子孙在山里繁殖多了，不够饮食，怎样办呢？'天王道：'准你们食一山，过一山，不必完税纳粮。'大公主与狗即同到瑶山里度其生活。"①

都安的东陇瑶人的家谱，亦自承其祖先系蓝狗公。蓝狗公的事迹与范晔所述的槃瓠故事大致无异。云："蓝狗公，仙身之人，半人半鬼，白日变狗，夜晚变成人。一日游山打猎，飞禽走兽，打到北京城内之间，至皇帝城外，吠声叫鸣，声动至城内。皇帝听闻戒说兵臣诸臣，或有狗来，奉赐饭许吃日（食），于叫声城外也。蓝狗公系京城打猎，皇帝视见蓝狗公，日夜变成人，句语你仙身之人，半人半鬼，你我城内也。日后皇帝封狗公，朝夕得当臣，相副服中，不料潘喜韦赵公欲反京城内，皇帝出榜帖，不论君臣人等，战杀得潘喜韦赵，吾嫁七娘子，许他为妻。蓝狗公遇见，受领皇帝之榜，论封于起谋他去，合鼠相会，交聚同年叮咛叱（托）咐，入山打猎，几日之久，是到潘喜韦赵之乡园，门外吠声叫鸣，潘喜韦赵听闻，戒说妻子，何有狗来？奉赐饭许食，于副家也。蓝狗公睡住七日夜，至三更，老鼠叫声，捉捉（促促）跟拥，就见睡处，杀到潘喜韦赵。回来至皇帝城外，霹雳惊动，皇帝诏讯，何以城外有动？军臣议，烧火炳光，见二头于城外，就回皇帝，蓝狗公战杀潘喜韦赵，得头回来惊动，蓝狗公取得皇帝之姑娘，名唤七娘之氏，配合为妻，故生二子，名唤蓝灵征，次子蓝灵贵……"② 这种以狗与人婚配而生瑶人的传说，除了上面所述的外，据陈志良调查，广西龙胜大罗乡盘瑶，传系狗变来的。义宁公正乡盘瑶，传系龙狗变来的。龙胜镇南乡板瑶，传系平王的女儿和龙狗结婚传下来的。义宁公正乡板瑶，传系龙狗产生的。隆山龙弯乡东陇瑶，传系狗变来的。都安五仁乡东陇瑶，传系蓝狗公的子孙。都安五仁乡弄瑶，传系蓝狗公的子孙。③ 可见这确系瑶人普遍的传说。

河内法国远东学院（Ecole Francaise d'Extrême Orient）近年收藏安南的瑶人文献，如谅山禄平州瑶人的评王券牒，也有同样的传说。大意说，盘护龙犬为报评王之恩，乃渡海至高王国，高王大喜，常使其奉侍在侧。一日高王酒醉不醒，盘护乘其不意，衔高王首级到评王阙下，评王大喜。盘护于是与公主为婚，入会稽山居住，生六男六女，蕃衍成族，评王赐姓为盘、沈、包、黄、李、邓、周、赵、胡、唐、

　① 陈志良：《盘古的研究》，载《建设研究》1940 年第 3 卷第 6 期。
　② 陈志良：《盘古的研究》，载《建设研究》1940 年第 3 卷第 6 期。
　③ 陈志良：《盘古的研究》，载《建设研究》1940 年第 3 卷第 6 期。

雷、冯等。盘护后来入山打猎，撞到石羊而死，评王乃命其子孙将尸体纳入木函中，时节奉祀云。又据 Lajonquiére 的调查，安南各种瑶人的槃瓠传说，很为流行。大致说中国皇帝盘皇与高王交战，盘王败北，盘王招募天下能征服高王者，即以公主与之为婚，槃瓠闻言，乃咬死高王，于是槃瓠与公主结婚，生六男六女，即为瑶人的祖先，盘王并准瑶人免去徭役。①

畲民的图腾传说，亦是与瑶人的同一典型，且与《搜神记》所述的故事极为类似。浙江畲民的始祖传说是："在上古的时代，高辛王元后耳痛三年，后从耳中取出一虫形像如蚕，育于盘中，忽然变了一只龙犬，毫光显现，遍身绵绣，高辛王见之，大喜，赐名龙期，号称槃瓠。那时犬戎入寇，国家异常危急，高辛王就下诏求贤，谓有人斩犬戎将军的头来献的，必把公主嫁给他。龙期便挺身而往敌国，衔了犬戎将军的头报命。欲求高辛王践他的前言，高辛王嫌其不类，颇有难色，龙期忽作人声曰：'你将我放在金钟内，七天七夜，就可变成人。'到了第六天，公主怕他饿死，打开金钟一看，则全身变成人形，只留一头未变。于是槃瓠着上衣服，公主戴上犬头冠，俩相结婚了。槃瓠挈妻入山居住，生三男一女，长姓槃，名叫自能，次姓蓝，名叫光辉，三姓雷，名叫巨佑，女婿姓钟，名叫智深。"②

畲民除了这个传说之外，还有一个《狗皇歌》，其内容亦述龙狗的故事，云："当初出朝高辛皇，出来游戏看田场，皇后耳痛三年在，医出金虫三寸长，便置金盘拿来养，一日三时望领大，变成龙狗长二丈，五色花斑尽成行，五色花斑生得好，皇帝圣旨叫金龙，收服番王是僧人，爱讨皇帝女结婚，第三宫女生僫愿，金钟内里去变身，断定七日变成人，六日皇后开来看，奈是头未变成人，头是龙狗身是人，爱讨皇帝女结亲，皇帝圣旨话难改，开基蓝雷槃祖宗，亲生三子甚端正，皇帝殿里去讨姓，大子槃张姓槃姓，第二蓝装便姓蓝，第三小子正一岁，皇帝殿里拿名来，雷公雷头响得好，纸笔记来便姓雷，当初出朝在广东，亲生三子在一宫，招得军丁为其妇，女婿名字身姓钟。"③

以上瑶畲二族，关于槃瓠狗王的传说，枝节虽各有差异，时代越近者，变化也愈复杂，其中竟有些插入近代的名词，但狗人婚配而生其族的主题，却是不变的，与《搜神记》、《后汉书》等所述的槃瓠传说，完全符合。现在为着易于检查起见，将各种槃瓠传说，加以比较，列表如下：

---

① Lunet de Lajonquiére, *Ethnographie des Territoires Militaires*, Hanoi, 1904, p. 165.
② 何联奎：《畲民的图腾崇拜》，载《民族学研究集刊》1936 年第 1 期。
③ 何联奎：《畲民的图腾崇拜》，载《民族学研究集刊》1936 年第 1 期。

槃瓠传说 出处	王名	狗名	狗妻	戎酋	狗的功绩	狗娶妻的情形	狗的后代
搜神记	高辛氏	槃瓠	少公主	戎吴	衔得戎吴首	槃瓠将女上南山	生六男六女自相夫妻
后汉书	高辛氏	槃瓠	少公主	吴将军	衔得吴将军首	槃瓠负女入南山	生六男六女自相夫妻
广异记	高辛氏	同上	公主	同上	啮得吴将军头		生七人分为七姓
连山瑶人	盘古	槃瓠	同上	番王	衔得番王头	公主骑槃瓠入山	生瑶族十万人
两广板瑶	某国王	狗头	同上		平外患	公主偕狗头入山	生子女各七人自相为婚
大瑶山板瑶	评王 槃护	龙犬	三宫女	紫王	咬得紫王首级	入京与宫女结婚后送入嵇山居住	生四男四女分为八姓
修仁山子瑶	天王	狗	大公主	妖王	咬死妖王	结婚后到深山狭谷居住	传为瑶族
都安瑶人	北京皇帝	蓝狗公	公主七娘	潘喜韦赵	杀死潘喜韦赵		生二子
安南瑶人	评王	盘护或槃瓠	公主	高王	咬高王首级	公主偕狗入会嵇山	生男女各六人
浙江畲民	高辛王	名龙期号槃瓠	公主	犬戎将军	衔犬戎将军首	狗变成人身狗头然后与公主结婚	生三男一女

上表所列各种传说的内容，大致都表现下列诸点：

（1）某国王有外患，出示募人平乱，能平乱者，愿以公主妻之。

（2）狗应募为国王杀死敌国首领。

（3）国王为实践其诺言，以其女妻之。

（4）狗与公主婚后入山居住。

（5）狗的子孙自相姻婚而蕃衍成族。

综上，可见狗女婚配而生其族，确是蛮人的图腾神话，瑶畲二族又因为是南蛮的后代，所以他们把槃瓠的传说一直保留下来，这种狗女婚配而生其族的传说，我称之为第一型的槃瓠传说。

其次，图腾民族，除了自承图腾动植物与之有血统关系，以其为祖先之外，尚有一种神话，以为图腾动植物有功于其部族，故该部族即崇之为图腾保护神，例如非洲芳特人（Fantees）的鹦鹉图腾部族，相传他们的祖先途中遇难，后为鹦鹉所救。① 烈特（Liti）摩阿（Moa）勒可（Lakor）诸岛土人以鲨鱼为图腾，禁食其肉，也传说鲨鱼过去曾救助他们的祖先于海中。② 瑶人崇拜狗槃瓠为图腾，除了第一型槃瓠传说之外，同时也有以狗有功其族的传说，我称之为第二型的槃瓠传说。这种传说，在广西瑶人中，分布不甚普遍，我们所知的只有二则，其一云："瑶之始祖，生未旬日，而父母俱亡。其家畜猎犬二，一雌一雄，驯警善伺人意，主人珍爱之。至是，儿饥则雌犬乳儿，兽来则雄犬逐兽，儿有鞠育，竟得生长。娶妻生子，支裔日繁，后人不忘狗德，因而祀奉不替。"③ 他一则的后半幅，颇与第一型的槃瓠传说相类，不过前半幅却是属于第二型的。云："瑶之始祖，蓄一犬，甚猛鸷，一日临战，于阵上为某大酋所执，将杀之，刃举而犬猛啮酋，酋出不意，竟死。瑶甚德狗，封之为王，以其所爱婢妻之，其后子孙昌大，遂成一族。"④

瑶畲的图腾制度

图腾民族，除了自承图腾动植物为其祖先，并有神话传说以说明其部族的起源外，他们尚有种种崇拜图腾动植物的制度。最普遍的是图腾部族中的成员于身体服饰上，每多象征图腾动植物的形像，表现与图腾动植物有血缘关系，即所谓腾同样化（Assimilation of Totem），如澳洲的阿龙泰人（Arunta）在集会时，驼鸟，草种子及水图腾的人，于背上均披着象征其图腾的饰物。⑤ 北美洲的达科太人（Dacotahs）行野牛舞（buffalo dance）时，舞者的服饰，也做野牛的样子。曼丹人（Mandans）还披上野牛皮及戴上野牛的假面，因为他们都是属于野牛图腾的。⑥ 以槃瓠为图腾的蛮族，也同样有此种习俗。我们先看干宝《搜神记》述槃瓠子孙的衣服是："织绩木皮，染以草实，好五色衣服，制裁皆有尾形。"《后汉书·南蛮传》亦云："衣裳班烂。"所谓"好五色衣服……衣裳班烂"是与"时帝有畜狗，其毛五采，名曰槃瓠"相照应的。因为槃瓠的毛五采，所以他的子孙的衣服也"五色"，"班烂"。至于"制裁皆有尾形"，那又明明是象征狗的尾巴了。今日的瑶畲，他们的服饰上，还有许多是模仿狗外形的。据沈有乾所调查，瑶人男女身穿之衣，均有织成五彩花纹之布缝贴其上，盖传言其祖宗为一五彩毛之狗。又云："瑶妇不穿裤，下部只以衫

---

① A. Foulkes, *The Fanti Family System*, in *Journal of the African Society*, VOI. Ⅶ. No. 28, p. 397.

② J. G. Frazer, *Totemism and Exogamy*, Vol. Ⅰ, p. 8.

③ 刘锡蕃：《岭表纪蛮》，第 8 页。

④ 刘锡蕃：《岭表纪蛮》，第 8 页。

⑤ B. Spencer and F. J. Gillen, *Across Australia*, Vol. Ⅱ, p. 322.

⑥ G. Catlin, *Letters and Notes on the Manners*, *Customs*, *and Condition of the North American Indians*. Vol. Ⅱ, p. 128.

覆之，盖像狗之裸露其身也。"① 此外据庞新民说，广东北江瑶人的衣饰中，象征狗形的有以下数事。即："女人帽之尖角，像狗之两耳，其腰间所束之白布巾必将两端做三角形，悬于两股上侧，系像狗尾之形。又男人之裹头巾，将二端悬于两耳之后，长约五六寸，亦像狗之两耳……瑶人相传彼之祖先乃一狗头王，故男女之装饰，均取狗之意。"②

瑶妇头帽象征狗耳，尤为明显。其帽的形制，前面左右有两尖上举，高约十六英寸五分，帽后且围以绣有花纹的青布巾，长约二十八英寸，宽十八英寸，戴在头上正像狗头一样。同时，戴这种象征狗耳的帽子，只限于瑶妇，女子是绝对未戴的。"瑶妇与瑶女所戴之高帽各异，女子之帽，上面为椭圆形，妇人为两尖角形，初出嫁之年轻妇人，亦间有仍带椭圆形帽而未戴双角之帽者，以其怕羞也。但出嫁已久，则必戴前具双角之高帽。未出嫁之女，则绝未有戴双尖帽者。"③ 图腾民族，其成员达一定年龄者，须行入社式，经入社者即被认为图腾集团中的成员，遵守一切图腾禁忌及图腾习俗。大概瑶人未出嫁的女子，尚未承认其为图腾成员，无须做象征图腾的装饰，至于出嫁妇人，已经成人，当然算做图腾中的份子了。

这种高帽，在畲民中亦随处可见。畲妇的头上常戴着布帽竹筒，竹筒长约三四寸，外面包以红呢，再嵌以银边，竹筒的前后都钉以银牌，并挂上一串一串的白珠。这种布冠竹筒，究竟象征狗的那一部分，我们尚未明了，可是确是畲民尊崇图腾的一种表征。图腾民族，除了服装上象征图腾的动植物外，在住所周围或其他宗教仪式场所，惯以绘画雕刻作图腾的形像。前者如北美印地安人的图腾柱及新喀里多尼亚（New Caledonia）的喀拿克人（Canaques）屋顶的图腾标记，④ 后者如澳洲阿龙泰人的"止令茄"（Churinga）及华拉孟加人（Waramunga）蛇节的绘地。⑤ 蛮人之于槃瓠，亦有刻像。郦道元《水经注》沅水条云："水径沅陵县西，有武溪，源出武山，与阳山分水源石上有槃瓠迹犹存矣。"所谓槃瓠的存迹是怎样的呢？我们看章怀太子《后汉书》注便可明白，云："今辰州庐溪县西有武山，黄闵《武陵记》曰：'山高可万仞，山半有槃瓠石室，可容数万人，中有石状槃瓠行迹。'案山崖前有石羊石兽，古迹奇异尤多，望石窟大如三间屋，遥见一室，仍似狗形，蛮俗相传云：是槃瓠像也。"

这种狗形石像，大概便是蛮族所雕刻的图腾祖先吧，瑶畲这一类的图腾艺术尤多，顾炎武《天下郡国利病书》卷一〇〇，广东四，博罗县志述广东瑶人的狗祖云："瑶本槃瓠种，自信为狗王后，家有画像，犬首人服，岁时祀祝。"蒙山县瑶人的祖先神牌亦描狗形，画狗像，为祭祖时用，像后并附有槃瓠王出身图。

---

① 见刘伟民：《广东北江瑶人的传说与歌谣》所引，载《民俗》1937 年第 1 卷第 3 期。
② 庞新民：《两广瑶山调查》，第 29 页。
③ 庞新民：《两广瑶山调查》，第 20 页。
④ 胡愈之译：《图腾主义》，第 53 页。
⑤ 岑家梧：《图腾艺术史》，第 95、99 页。

闽浙的畲民，于婚丧或祭祖时，祖先的图像，也作狗形。董作宾《畲民考略》云："永泰山中，有畲民……其族最大典礼于正月元旦日举行之，即祭祖也。祭时，秘不使人见，或窃窥之，则所祭之神盖一狗耳。"① 浙江畲民的槃瓠图像，据云："他们每一姓始祖，刻一龙犬的头（即槃瓠的首像）。每逢子孙祭祖，则供龙犬头罗拜之。遇有红白事，亦悬此祖像于堂中，大家围着歌拜。"② 这都是显明的例证。

浙江畲民除了木刻狗头之外，尚有槃瓠画像，像后附有槃瓠王出身图说。图说的内容与槃瓠传说大致无异，大都说明槃瓠王的一生事略。如"高辛皇母大耳婆生耳痛，医用尖刀取出一虫用金盘张养，变成龙犬"。"龙将受封官，拜为槃瓠王，旨下第三公主招为驸马"等等。绘像上槃瓠都作人头狗身，③ 其为图腾崇拜，显而易见。

关于瑶畲的祭祀槃瓠，《韶州府志》卷十一《舆地志》云："瑶人……七月十五日，祀其祖曰狗头王者，小男女花衣歌舞为侑。"福建永泰的畲民，据董作宾云："祭祖的日期为正月元旦。"至于他们的祭祖仪式如何，历来鲜有记载。我们只知道畲民是向着狗的画像唱《狗皇歌》而舞拜的。北美塔克萨斯印地安人（Texas Indians）狼图腾的青年参加入社式时，须跪于地下，学习狼的样子及叫声，西珂人（Sioux）狐图腾的青年，则学习狐的叫声及动作。④ 干宝《搜神记》所述蛮人祭槃瓠的仪式是："用糁杂鱼肉，叩槽而号，以祭槃瓠。"方凤《夷俗考》亦说："岁首祭槃瓠，杂糅鱼肉酒饭于木槽，群聚而号为尽礼。"邝露《赤雅》："瑶名峒客，古八蛮之种，五溪以南，穷极岭海，迤逦巴蜀。蓝胡槃侯四姓，槃姓居多，皆高辛狗王之后，以犬戎奇功，尚帝少女，封于南山，种落繁衍，时节祀之。刘禹锡诗"时节祀槃瓠"是也。其乐五合，其旗五方，其衣五彩，是谓五参。奏乐则男左女右，铙鼓、胡芦笙、忽雷、响瓠、云阳，祭毕合乐，男女跳跃，击云阳为节，以定婚媾。侧具大木槽，扣槽群号。先献人头一枚，名吴将军首级。予观察时，以桄榔面为之，时无罪人故耳。设首，群乐毕作，然后用熊罴虎豹、呦鹿、飞鸟、溪毛各为九坛，分为七献，七九六十三，取斗数也。七献既陈，焚燎节乐，择其女之姱丽娴巧者，劝客极其绸缪而后已。"刘锡蕃又说："狗王，惟徇瑶祀之，每值正朔，家人负狗环行炉灶三匝，然后举家男女向狗膜拜。是日就餐，必扣槽蹲地而食，以为尽礼。"⑤ 所谓"杂糅鱼肉酒饭于木槽"，这是喂狗的意思，而"叩槽而号"，"扣槽蹲地而食"，却又是模仿狗的动作，那么我们可以推测蛮族祭槃瓠的仪式是所有的成员盛装歌舞，模仿其图腾祖先狗的动作及叫声。

最后，各地的图腾制度中，尚有一种普遍的习俗，即成员对于图腾的动植物不

---

① 见何联奎：《畲民的分布》所引，载《青年中国季刊》创刊号。
② 何联奎：《畲民的图腾崇拜》。
③ 何联奎：《畲民的图腾崇拜》。
④ J. G. Frazer, *Totemism and Exogamy*, Vol. Ⅲ, pp. 138, 276.
⑤ 刘锡蕃：《岭表纪蛮》，第81页。

敢杀食或损伤，绝对的遵守图腾禁忌（Totemic taboo）。瑶人之于狗，也遵守着种种的禁忌。广西瑶人据说不食狗肉。"瑶人不食狗肉，不打狗，并于狗死时，举行隆重之丧仪。"① 广东曲江荒洞的瑶人，简直不敢养狗。据王兴瑞说："在荒洞全村所养的狗，只有寥寥一二只。这起初使我们感到非常奇异，狗是猎狩最不可缺少的工具，为什么他们独不知饲养？以之询于瑶人，他们多笑而不答。强之，则支吾以对，其中一个说：'因狗须食肉，和狗身是臭的。'我知道一定是遁词。同时因受他们这种狼狈情形的启示，使我们认定这和图腾崇拜必有重大关系。后来询之盘天心，果然不错，他说，因为他们的祖先是狗头王之故。"② 畲民不杀狗，不吃狗肉，对于狗、狗骨等名词，则禁止出口。③

上面我们从槃瓠传说及瑶畲的图腾习俗加以考察，决定瑶畲确为《后汉书·南蛮传》所述的槃瓠子孙。查瑶畲两族，向来都认为同系，如《罗源县志》云："畲民祖于槃瓠，即瑶人也。"《顺昌县志》："瑶人以盘蓝雷为姓，楚粤为盛，闽中山溪高深处有之，今县止蓝雷二姓，俗呼畲客。"《建阳县志》："汉武帝时，迁闽越民虚其地，有匿于深山而迁之未尽者曰畲民，俗呼狗头瑶。"同时，《后汉书》所指的蛮夷，即是当时长沙的武陵蛮。郦道元《水经注》卷三十七云："武陵有武溪，谓雄溪，樠溪，无溪，西溪，辰溪，其一也。夹溪悉蛮左所居，故谓五溪蛮也。"顾炎武《天下郡国利病书》云："瑶产于湖广溪洞间，其后蕃衍，南接二广，右引巴蜀。"可知这个槃瓠族实包括瑶畲二支，瑶人大概最初住在湖南一带，后来逐渐南迁，而分布于今日的两广。畲民的一支，则再由广东而北入闽浙。

海南黎人的狗祖传说

记述黎人以狗为其祖先的，有明人顾岕的《海槎余录》，云："黎人善射好斗，积世之仇必报。每会亲朋，各席地而坐，酣，顾梁上弓矢，遂奋报仇之志……饮醉，鼓众复饮，相与叫号，作狗吠之声，辄二三夜。自云本系狗种，欲使祖先知而庇之也。"黎人"自云本系狗种"，而作"狗吠之声"，这本是图腾民族求佑于图腾的习俗。清人张庆长的《黎岐纪闻》，又说黎祖系狗尾王，云："黎之种旧无所考。或云，有女航海而来，入山中与狗为配，生长子孙，名狗尾王，遂为黎祖。"近人刘咸氏入黎山调查，亦录得狗人婚配的故事。云："远古之初，皇帝有女，病足疮，召百医不能治。布天下谓能疗公主之疮者，即以公主妻之，卒无应者。久之，有黑犬至，为公主舐愈之。是时皇帝已薨，惟命令俱在，不可废言，公主即妻黑犬。未几，生一子，及长，喜游猎，每携黑犬偕，犬亦自告奋勇，每猎必有所获，常得野猪麋鹿及其他巨兽，价值无算。无何，犬渐衰老，每猎虽随行，以力弱不足供奔走，子怒

---

① 刘伟民：《广东北江瑶人的传说与歌谣》所引。
② 王兴瑞：《广东北江瑶人的经济社会》，载《民俗》1937年第1卷第3期。
③ H. Stübel, Li Huamin, *Die Hsia-min vom Tse-mu-schan*, p. 42.

而杀之于山中，归而告母，母泣甚。子怪而问之。母曰：'此汝父也。吾少时以病足疮，求百医莫能治，彼舐愈之，遂嫁而生汝。汝年幼，故隐忍未以告。今汝杀之，痛何如也。'于是母子相抱大恸。会是时天变地迁，灾难突起，人群灭绝，仅遗此母子二人，第母子不可以婚媾，而人类更不可灭绝。于是上帝降旨，令其母涅面，俾子不能识，使之结为夫妇，生殖繁衍于世界，黎人即其中之一支。"①

又据 Savina 氏所述，海南 Hiai Ao 族解释文身风俗及舟形住家起源的传说，也大致相同。云："以前在海南岛北方大陆，有一君王，极有势力，患足疾，屡治不愈，乃召国中医者告之曰：'若治愈吾足，当以金银为酬。'卒无愈之者。不久王又曰：'若治愈吾足，愿以吾女妻之。'时忽来一狗，为王治愈。王以狗女难以为婚，拟违前约，逐狗于门外，而王之足疾又复发，痛楚益甚。王不得已应允前约，狗乃入室再为治愈足疾。王造一小舟，满载食物，狗与公主登舟飘流，至海南岛南端之河口而登陆。其时岛上无一生人，公主耕作，狗事狩猎，不久公主产一男儿。此儿长成，每偕狗外出狩猎，一日狗患疾，所猎不佳，儿怒，举棒击狗，狗毙。儿归而告母，母大惊，述其原委，并告儿曰：'我将返北方大陆，汝独留海南，以后遇见妇人，便可与之结婚。'其母乃至岛之中部，黥纹于面，返而与儿相见，儿固不辨其为母也，于是二人结为夫妇。故今 Hiai Ao 人妇女文身，住所亦保留舟之形状。"②

从这几种记述看来，黎人好像也与瑶畲同样以狗为图腾。但黎人语属台语系，刘咸氏根据黎人的体质特征，更定其属于海洋蒙古系或南蒙古系（Oceanic or Southern Mongols），③ 黎人在人类学上与瑶畲是不同系属的。我们上面既决定槃瓠为瑶畲的图腾，则黎人的狗祖传说，必非为黎人所固有，而系从瑶畲所传入无疑。

海南岛上与黎人杂处的尚有所谓"苗人"。"苗人"的语言风俗，不特与黎人互异，而且与黔苗亦不同。我们若将海南岛苗人的语言文字及各种习俗加以比较，则与其说海南苗人是广西的苗，无宁说是广西的瑶，或者可以更确定地说，就是广西的蓝靛瑶。同时，海南的苗人有一种牒文，与广西瑶人的颇相类似。如保亭县苗人的牒文上写有："天皇准泰治世之时，高祖历代槃子孙，北京君臣领入会稽山七贤峒分玉（住），槃皇子孙前往各州县地方乐业。初平王出帖执付良善山子，任往深山之处，鸟宿之方，自望清山，活躬养生，并无皇税。官不差，兵不扰，斩山不税，过渡不钱，不许百姓神坛社庙烟火，不得交通，不许农民强押天子为婚，如有强占者，送官究治。帖付指挥山子各有界至，不耕百姓田塘，自有四山八岭幽壁之处，猿猴为畔，百鸟为邻，寻山打猎，砍种养生，不许百姓生端滋事，如有生事者，出到州县朝廷，赴官究治。给出年皇租帖，付与槃皇子孙。良善山子，每人一道照收，不食皇税，镇守山场，鸟枪弓弩，射除野猪马鹿，存心良善，搬移经过各州县巡司

---

① 刘咸：《海南黎人文身之研究》，载《民族学研究集刊》1936 年第 1 期。

② F. M. Savina, *Monographie de Hainan*, Hanoi, 1929, p. 38-40.

③ Hans Liu, *Hainan：The Island and the People*, in *The China Journal*, 1938, Vol. XXIX, No. 6.

隘口，税部即便放行。高祖敕帖，备录者通知此示。"①

一直至现在为止，我们在滇黔一带的苗人中，尚未发现过这样的牒文。海南"苗人"的牒文，不特形式上与广西瑶山的板瑶的榜令律例条券牒文相同，而且在牒文中又自承为槃王的子孙。槃王当即槃瓠，可知海南"苗人"亦与广西的瑶人同样以槃瓠为图腾祖先。复案《琼州府志》卷十曾述明代海南黎叛时，政府屡次遣调广西的瑶兵来琼防守，其子孙世代留居海南，是为海南苗人之祖云。那么，今日海南岛上所谓"苗人"，当非滇黔一带的苗人，而是广西瑶兵的后裔。若然，则海南黎人的狗祖传说，乃由广西的瑶人传入，那又是极可能的事了。

一九四〇年二月在昆明

本文发表于《责善》半月刊1941年第6期。后收入作者的论文集《西南民族文化论丛》，岭南大学西南社会经济研究所1949年版。本书编者略去了第一节"学者对于槃瓠传说的非难"。

---

① 王兴瑞：《海南岛苗人的来源》，载《西南边疆》1939年第6期。

《古史辨》第七册童书业序

童书业

童书业（1908—1968），浙江宁波人。历史学家。曾任上海博物馆历史部主任、光华大学历史系教授。生前为山东大学历史系教授。童书业是顾颉刚的学生和助手，"古史辨"神话学派的中坚人物之一。1940年曾与吕思勉共同编著《古史辨》第七册，把"古史辨"派的古史神话论文汇编成三本，他为该书写的序反映了他的神话观。此外，与顾颉刚合写的论文有《夏史三论》（1936）、《鲧禹的传说》（1937）等。《春秋左传研究》（1980）一书收有他研究各种神话人物的文章。

从康有为发表《新学伪经考》和《孔子改制考》到这第七册《古史辨》的结集，在时间上已有了将近半世纪的年月。这几十年中学术随着时势而进展，"疑古"的学风更是前进得飞快：由怀疑古文经学到怀疑群经诸子，由怀疑儒家传说到怀疑夏以前的整个古史系统：这都是科学思想发展的自然趋势，虽有有力的反动者，也是无法加以遏止的。

时到现在，谁都知道古代史有问题，谁都知道古代史的一部分乃是神话，并非事实。甚至有人著中国通史，不敢提到古史只字。这样看来，"疑古"的成绩确已相当可观了。但是不提古史到底是消极的态度决不是彻底解决的办法，我们治古史的人，正应当细细儿的分析，慢慢的考究，用"先之、劳之"和"无倦"的精神来解决这最难解决的问题！

最近的疑古大师，谁都知道是顾颉刚先生。他自从出版了他的名著《古史辨》第一册以后，继续努力不怠，到了今天，著述愈积愈富，发明愈来愈多，同志愈聚愈众，声名也已从毁誉参半到了誉多毁少的地步。他真是实行了《论语》第一章"学而时习之，不亦说乎；有朋自远方来，不亦乐乎；人不知而不愠，不亦君子乎"的教训。

当《古史辨》前几册出版的时候，常听得有人说："《古史辨》是骗人上当的东西，它是一部永远没有结论的著作。"这句话到了现在，已证明它的不确。《古史辨》决不是骗人上当的东西，它到底是有结论的著作。

《古史辨》的结论究竟是怎样呢？我们的回答是绝对的结论在现在还不能有，凡是一种接近科学的学问，是不会在很短的时期得到绝对的结论的：除非是武断。但是相对的结论却已确实有了。《古史辨》的相对的结论大致是这样：

> "三皇"、"五帝"的名称系统和史迹，大部分是后人有意或无意假造或讹传的。"皇"、"帝"的名号本属于天神，"三"、"五"的数字乃是一种幼稚的数学的范畴，"三皇"、"五帝"和古代哲学与神话是有密切的联系的。大约：盘古，天皇，地皇，泰皇（或人皇），决无其人；燧人，有巢，伏羲，神农，也至多是些社会进化的符号。至于黄帝、颛顼、帝喾、尧、舜、鲧、禹等，确实有无其人虽不可知，但他们的身上附有很多的神话，却是事实。把这些神话传说剥去，他们的真相也就所剩无几了。至启以下的夏史，神话传说的成分也是很重，但比较接近于历史了。到商以后，才有真实的历史可考。总而言之，夏以前的古史十分之七八是与神话传说打成一片的，它的可信的成分贫薄到了极点！

以上便是《古史辨》发展到了现阶段的大略结论，我想读过这七大册《古史辨》的人，无论如何是应当相当承认的！

顾颉刚先生以后，集"疑古"的古史学大成的人，我以为当推《中国上古史导论》的著者杨宽正先生。虽然他俩在古史上的见解有着很多的不同点。杨先生的古史学，一言以蔽之，是一种民族神话史观。他以为夏以前的古史传说全出各民族的神话，是自然演变成的，不是有什么人在那里有意作伪。这种见解，实是混合傅孟真先生一派的民族史说和顾颉刚先生一派的古史神话学而构成的。他的见解虽然有些地方我们还嫌简单，或不能完全同意，但他确代表了"疑古"的古史观的最高峰！

杨先生的最厉害的武器，是神话演变分化说。这种说法的一部分，是顾先生早已提倡过的（演变说），其他一部分，则是到杨先生才应用到纯熟的地步的（分化说）。关于顾先生已经提倡过的神话演变说，早已深入人心，无庸我们多提；我在这里想特别替杨先生的神话分化说介绍一下。

所谓神话分化说者，就是主张古史上的人物和故事，会得在大众的传述中由一化二化三以至于无数。例如：一个上帝会得分化成黄帝、颛顼、帝喾、尧、舜等好几个人，一个水神会得分化成鲧、共工、玄冥、冯夷等好几个人，一个火神也会得分化成丹朱、驩兜、朱明、祝融等好几个人，一件上帝"遏绝苗民"的故事会得分化成黄帝伐蚩尤和尧舜禹窜征三苗的好几件故事，一件社神治水的故事也会得分化成女娲、颛顼、鲧、禹等治水害的好几件故事。这种神话传说分化的例子，实在多到不可胜举，不过从前人不曾看出来，一经杨先生的揭发，便无不令人敬惊了。

关于神话传说分化的例子，愈到后代的书上便愈显明，例如蜀国开国的神话，据扬雄《蜀王本纪》载：

> 后有一男子曰名杜宇，从天堕止朱提。有一女子名利，从江源井中出，为杜宇妻。宇自立为蜀王，号曰望帝，治汶山下邑曰郫。化民往往复出。望帝积百余岁，荆有一人名鳖灵，其尸亡去，荆人求之不得。鳖灵尸随江水上至郫，遂活，与望帝相见。望帝以鳖灵为相。时玉山出水，若尧之洪

水。望帝不能治，使鳖灵决玉山，民得安处。鳖灵治水去后，望帝与其妻
通，惭愧，自以德薄不如鳖灵，乃委国授之而去，如尧之禅舜。鳖灵即位，
号曰开明帝。……望帝去时子规鸣，故蜀人悲子规鸣而思望帝。

这段故事显然是杂采中原神话编造成的，所谓"杜宇"，我以为就是禹。"宇"字古
或写作"寓"。杜者，土也（"相土"之"土"古或作"杜"。《诗·绵篇》"自土沮
漆"，《汉书·地理志》注引《齐诗》"土"作"杜"），土便是社（《诗·绵篇》"乃
立冢土"，《毛传》"冢土，大社也"），"杜宇"即是"社禹"（也即是"土宇"）。
禹为社神，明见《淮南子》等书，《诗·商颂·长发》"洪水芒芒，禹敷下土方"；
《楚辞·天问》"禹之力献功，降省下土四方"；可见禹是从天降下来的，而杜宇也
是"从天堕止"的。《华阳国志》云"后有王曰杜宇，教民务农，一号杜主"，杜宇
"教民务农"，禹也会"躬稼而有天下"（《论语·宪问》）和"尽力乎沟洫"（《论
语·泰伯》）；杜宇一号"杜主"，杜主者，社主也；案社神称"主"：《说文》"社，
地主也"；《论语》"哀公问社于宰我"，《鲁论》"社"作"主"；《书·吕刑》"禹
平水土，主名山川"；《大戴礼记·五帝德》及《史记》并称禹为神主；"神主"
（神之主）之说殆从"主名山川"（为名山川之主，即为山川之主神）变来；禹为社
神而"主名山川"，杜宇亦因为社神而号"杜主"，两者又极相似。又扬雄《蜀都
赋》云"昔天地降生杜鄢密促之君"，"杜鄢"之"鄢"疑从禹生于石（见《淮南
子》等书，石即社主）之传说来，"鄢"或谓石隙也。"密促"之"密"或从禹字高
密来；这也都是"杜宇"之名为禹所分化的证据。又"有一女子名利，从江源井中
出，为杜宇妻"的故事也疑从涂山女的传说来，即所谓"焉得彼涂山女而通之于台
桑"（《天问》）者是也。《吕氏春秋·音初篇》载："禹行功，见涂山之女；禹未之
遇而巡省南土，涂山氏之女乃令其妾候禹于涂山之阳，女乃作歌……"云云；而扬
雄《蜀都赋》于叙杜宇事后亦云"厥女作歌"；这又是一个显明的证据。再禹有生
于西羌之说，扬雄《蜀王本纪》云"禹本汶山郡广柔县人也，生于石纽"，而杜宇
也是"治汶山下邑曰郫"的，这岂不又是一个坚强的证据！

至于鳖灵，我以为便是鲧。案《国语》等书都记鲧殛于羽山，"其神化为黄能，
以入于羽渊"。旧注说"能"是一种"三足鳖"，盖"鳖"即"能"，"灵"即"神"
也。《楚辞·天问》说鲧"化为黄能，巫何活焉"，可是鲧也有复活的传说的。
至"玉山出水"和鳖灵治水，望帝委国等事，自然都由尧舜鲧禹治水和禅让的故事
变来，这更是明显了。（"望帝去时子规鸣"的故事，似又从舜仙去二妃泣湘水落血
泪成"湘妃竹"的故事变来，须知子规是能啼血的。）

此外，近代民间流传的传奇小说和故事等，像这类分化演变的例子更多，如薛
平贵就是薛仁贵的分化，伍云召（见《说唐传》及京剧《南阳关》等戏）就是伍员
的分化，其人姓名故事大体符合，但略有小变而已。（这正与鲧共工传说的分化演变
的例子相类。）又如《水浒传》里的卢俊义和林冲、武松和石秀、潘金莲和潘巧云
等，他们的故事也都有分化演变的痕迹：一定要懂得民俗学，才能研究古史传说！

《古史辨》有名的贡献是"累层地造成的古史观",一般人已承认它的价值了,其实这个观念还有应补充的在。因为所谓"累层地造成的古史观"乃是一种积渐造伪的古史观,我们知道,古史传说固然一大部分不可信,但是有意造作古史的人究竟不多,那末古史传说怎样会"累层"起来的呢?我以为这得用分化演变说去补充它。因为古史传说愈分化愈多,愈演变愈繁,这繁的多的,那里去安插呢?于是就"累层"起来了。举个例子来说:春秋以前历史上最高最古的人物是上帝和禹,到了春秋战国间,禹之上又出来了尧舜,这尧舜便是上帝的分化演变,并不是随意假造的。到了战国时,尧舜之上又出来了黄帝、颛顼、帝喾等人,这些人又都是尧舜等的分化演变,也并不是随意伪造的。到了战国的末年,五帝之上又出来了三皇,这三皇的传说又都是黄帝等上帝传说和哲理中的名词的演变分化,也并不是完全伪造的。大约演化出现愈后的人物,他们的地位也便愈高愈古,这便产生了"累层地造成"的现象,所以有了分化说。"累层地造成的古史观"的真实性便越发显著:分化说是累层说的因,累层说则是分化说的果!

本文系童书业为《古史辨》第七册所作的序,见该书开明书店 1941 年版。文末有删节。

生苗的人祖神话

陈国钧

陈国钧，民族学家、社会学家。20世纪30年代毕业于上海大夏大学社会学系、荷兰海牙研究学院。曾任台湾花莲中学校长、台湾中兴大学社会学系教授。抗战期间，大夏大学自沪迁黔，设立社会研究部，吴泽霖任主任，陈国钧协助，到下江一带深山中的生苗进行社会与民俗调查，用国际音标记录了三则生苗的人祖神话，其中的一则是诗体的，名《起源歌》，是研究边区神话的重要资料。大夏大学社会研究部从陈国钧所搜集的几千首歌谣中选出近千首，编成《贵州苗夷歌谣》（吴泽霖主编"苗夷研究丛刊"之一，文通书局，1942），还出版了《贵州苗夷社会研究》（1942）。他的《生苗的人祖神话》（1941）是一篇有影响的论文。其他与神话有关的著述有《台湾土著的社会传说》（1964）、《文化人类学》（1977）等。

一、何谓生苗

（略——编者注）

二、生苗的人祖神话三则

人类的祖先来历如何？每一个民族都传有一种因袭的神话，这在现代的神话学的分类上便是所谓人祖神话。无论那个民族的人祖神话，往往是许多不可思议的奇谈，然而我们在这种不可思议的神话里，就可以洞悉初民幼稚的心理和一般生活，并察知初民对宇宙万物和始祖的观念。所以，凡民族学者侥幸得到某个民族的人祖神话就视为一种最珍异的材料了。笔者到下江生苗区专作系统的调查，确实得到不少可资研究的好材料。尤觉新鲜的是获得了生苗人祖的神话；生苗在现存苗族中是最原始的一种，这应该算是苗族最古老且最重要的人祖神话了。

就笔者所知，关于苗族的人祖神话，几乎都是随着各种别略有不同，而生苗的人祖神话尤其是一个富有趣味的故事，尽管故事的内容怪诞离奇多出乎事理之外，但却为知识水准极低的生苗所深信，简单认为这就是他们真确的活历史呢！这种神话造自不可知的古代或即所谓神话时代，我们若以此问生苗，他们不是答"不懂"，就答"古老古代老人们一辈传一辈的"，他们早忘了它的起源了。生苗中有一部人是专司保存和传述这个神话的，这一部人大都是他们的出色领袖，又多是些年高记忆力强的老年者，一般青年男女懂得一点而讲不完全，况这神话并不同普通专供娱乐的民谭，我们在平时不大容易听得到。我们知道在许多低化民族中生活经验非常重要，后辈青年平时都须听从老年人的指示和忠告，老年人便是天然的领导者。生苗也是如此。老年者是他们一切知识的保藏者，因他会讲他们的人祖神话，更博得众人的崇敬。他讲那神话有一定的时间，而且不随便向外人讲，若我们硬要他讲会故意支吾其词，总不肯坦率地详道，生怕人会讥笑他。生苗各寨内多有近乎规约一类的禁条，他们都很自动地遵守，但逢到有敢于触犯规约者，马上就会受众人的处罚。那时照例要请一位位居领袖的老年长者到场执罚，当他还不曾执罚前，他就先向犯民很严正地讲那神话，讲完才谈执罚。此外，他们发生什么重大纠纷事件时，那老者立即召双方当事人莅场排解，他也是先讲那神话一番，才谈事件的解决法，经这样判决过后双方当事人无有不心服意从，再也不会到官厅去诉讼了。因为那神话是由前人亲口传递后辈，内容虽并不含说教的成份，但他们尊重前人的一切，那神话尤是他们中唯一之先言，可说完全出于"对祖先崇拜的心理"，所以老年者当执法或排解时讲那神话，就是代表前人的意志来拘挛后人的行为。如上所述生苗的人祖神话原是使一般人知道他们祖先是怎样经过的一个故事，却还有用以制裁的特别功能犹如他们的法律一般，这是很值得我们注意的事。

笔者所记录生苗的人祖神话，是最为普遍的三则，散布于生苗区每个角落，这三则的内容结构虽很有些出入，但都是同一个"母胎"演变出来的。考各民族的神话形式最初必是编成歌词口唱，以便于后人的记忆和传诵。下面所举第一与第二两则是据生苗口所讲的，这是后来被遗忘歌词失了原来面目所致，第三则是据生苗口所唱的，全生苗区中已没有几个老者能够唱，所以它的词句永远保存它素朴的"初型"。共有 488 句之长，这似乎是生苗原始的纯粹的人祖神话了。

（三则神话引文从略——编者注）

三、几点推论

现在我们再根据上列三则生苗的人祖神话，觉得有几点是值得提出的：

（一）不用说上面三则神话在表面上有很多差异，其实本是同一个神话，是经后来的人增减了些次要的情节。这三则神话的共同处是："古时曾经有一次洪水泛滥，世上人类全被淹死，只有两个兄妹躲免过。后来洪水退却，这对兄妹不得已结成夫妻，他们生了一个瓜形儿子，气极把这瓜儿用刀切成碎块，撒在四处，这些碎块即变成各种人了。"像这样的神话，也不是生苗特有，就笔者调查许多种苗族，都发见类似上述的内容，可说是苗族共同的人祖神话，这点是我们值得注意的。

（二）上面三则神话，都说最早的人是一对兄妹，第一则上不知他们的姓名，第二第三则上都说兄叫恩（Cn），妹叫媚（Mei），大概古神话中就是这两个名字，由他俩结了婚，才蕃殖各人种的，分明恩和媚就是人类的始祖，现在各种人——汉、苗、侗、水、僮、瑶——都出于这一对共同的父母了。在这生苗的神话里，想不到有所谓"人类同源说"或"人类起源于一元说"的科学见解，这点也是我们值得注意的。

（三）我们知道图腾制度（Totemism）为各民族必经的阶段，人祖诞生的神话，势必与图腾发生关系，如中国古神话中有玄鸟生商的故事，今在上举第三则上两个大虫生下五个蛋变成龙、虎、蛇、雷、恩、媚等，这神话似乎指示生苗早经与图腾发生关系过了。除第三则上说两大虫生的蛋变成龙、虎、蛇、雷、恩、媚等外，第二则上又说某对夫妇生下六个同胞兄妹，也是龙、虎、蛇、雷、恩、媚等。生苗并不忌讳说了他们自己的与动物有关的祖先，诚然的，我们依据现代生物学上的研究，人类与动物原是有关连的，在神话里表明生苗早有这种科学观念。还有，在上举神话里，不但说恩是能上天下地随便的神异人物，而且将自然界的雷、岩石和许多动物——龙、蛇、虎、鼠、两大虫"Kenlion"（小虫名）、小鸟、老鹰、狮子、猫、鹅、"恶"（小虫名）等，都拟有人格化（Personification），说它们都具有人的聪明和意志，能说话和各样做作。这种古信仰的遗留，确实还见诸现在生苗的实际生活，如雷、龙、虎、岩石等，他们都认为是极重要的崇拜对象，像神一样祭供，惟恐不虔敬。那"雷公"尤是他们认为赫赫的大神；每当天空发出雷的轰轰响声，足使他们惊骇得立即停工，说是谁已惹动了"雷公"的盛怒，那神话上可怕的"洪水"真信会再兴起的，所以生苗年年逢春雷每响一回，他们全照例举行一种叫"忌雷"（Genhou）的特别仪式，各人还要停止工作三天，恐怕大祸会从天上来。

（四）由于兄妹乱伦结婚而生怪胎。这种寓限制血亲通婚的神话，几乎各低化民族都有，上举生苗的神话也说恩媚因是兄妹结婚才生了个瓜形儿子。有许多史学家，都公认原始人类婚姻为乱伦的，在生苗神话中，只因洪水把世上人类淹死，只剩下恩媚两兄妹，恩想娶别的姑娘为妻既不可能，不得已乃和他亲妹媚结为夫妇，他也意识到他俩这样的结合不甚正当，然得小虫老奶等的启示，各走一条路，各撑着伞上下，用树叶遮住眼，相碰时各喊各做"老表"，这正如被里内西亚蛮人兄妹婚姻后，彼此就互呼为"普那鲁亚"（即亲爱的伴侣之意），不复互称为兄妹一样。但恩媚终究是乱伦的婚姻，难免不就生下那瓜儿来。现在生苗间还有这种乱伦观念，足见这种婚姻制度过去是一定存在过的。此外，现时他们虽说避免同寨同姓通婚，可是实际上生苗的"姓"还是近年来才有，完全学汉人的，且他们认定姑表姊妹为当然婚姻仍不无血统混乱结合的怀疑。

（五）在上举三则神话中，都有射及后来此族与彼族相颉抗，和发生恶劣感情的根源。如第一则上的苗王、汉王以及他们的儿子争地方讲情，苗王和他儿子愚笨被欺，汉王和他儿子奸险多诈，这明显的刻画出后来成了汉苗的仇恨。第二第三则上，雷恩兄弟间因夺田产事一再的发生争斗，雷暴厉好斗，恩恶毒不义，这显然也是同上的意义。又在第一则上最明显有趣地提到，汉王得了许多地方，当独山开各族大会后，又得了笔可以读书、写字、做官，反之苗王失地退居深山，开了会后得的是吃剩下来的鸡脚，只有山居务农苦耕，这就是表明了今日汉族发达而苗族落后的原因。

（六）第二第三两则上说各族开始讲话一节，最是耐人玩味，尤可供语言学者研究的价值。却说恩撒到四周的肉块变成了各种人，但都不会开口说话，于是第二则上恩用火烧竹子，第三则上恩吃了饭豆放屁，因竹子的"哔哔剥剥"声和接连的放屁声，就惊动四周变成的各种人开了口，他们的口中发出三种不同的口音来，就成了后来的侗语、苗语、汉语，这不知可否说明人类起源时由于发出不同的口音就构成种族的差异？再者各种族最初的语言大都关于饮食之类，如在第三则上说明了："汉家喊的'吃饭'，侗家喊的是'吉勾'，苗家喊的是'诺虐'，这三句都喊了三种不同口音的'吃饭'，这与我们的婴孩起初牙牙学语时，莫不也先学会说'吃饭'一词，前后如出一辙，大可令人玩味。"

本文首次发表于《社会研究》1941 年第 20 期。全文共三部分：一、何谓生苗；二、生苗的人祖神话三则；三、几点推论。现节选其中的二、三部分，第二部分所刊三则神话的原文，因篇幅关系从略。现选自吴泽霖、陈国钧等著《贵州苗夷社会研究》，文通书局 1942 年版。

云南土民的神话

马学良

马学良（1913—1999），字蜀原。山东荣成人。语言学家、民俗学家。毕业于北京大学中文系，先后在中央研究院历史语言研究所、中央民族学院等机构任职、任教，兼任中国民间文艺家协会副主席、顾问，中国社会科学院少数民族文学研究所副所长等。1938年曾参加西南联大师生组成的步行采风团由长沙至昆明，随闻一多采风。后曾在宣威一带调查彝语和彝族信仰民俗，并写作和发表了一些彝族神话方面的论文，如《云南土民的神话》（1941）、《俕族的招魂和放蛊》（1948）等。主要著作有《云南彝族礼俗研究文集》（1983）、《素园集》（1989）等。

引　言

神话是信仰的产物，而信仰又是经验的产物。人类的经验不能到处一样，譬如希腊的神话和中国的神话，所表现的色彩截然不同。希腊人爱男子尚武勇，女子尚美媚，把人类的生活，向着美的方面进行，所以希腊神话是代表人类"战争恋爱"的一切情欲的；中国的神话，大半是表现封建思想礼教观念，劝人克己节欲行善除恶一类的。要想了解一个民族的思想和生活的渊源，研究他们的神话，是最直接的材料。神话是原始人民的生活状况和心理情态的表现，原始人民因有强烈好奇心与迷信，为要追求宇宙的秘奥，对于自然现象都觉得奇怪，渴望得到解决的理由，只能创造荒诞的故事，以代合理的解释，鲁迅《中国小说史略》说：

> 昔者初民，见天地万物变异不常，其诸现象必出于人力所能以上，则自选众说以解释之，凡所解释今谓之神话。神话大抵以一"神格"为中枢，又推演为叙说，而于所叙说之神之事，又从而信仰敬畏之，于是歌颂其威灵，致美于坛庙，久而愈进，文物遂繁。

所以，神话是初民智识的积累，其中有初民的宗教传说、民族历史以及对于宇宙间自然界的认识等等。

中国的神话，何以很早便衰歇了，鲁迅《中国小说史略》说：

> 中国神话之所以仅存零星者，说者谓有二故：一者华土之民，先居黄河流域，颇乏天惠，其生也勤，故重实际而黜玄想，不更能集古传以成大文。二者孔子出，以修身齐家治国平天下等实用为教，不欲言鬼神，太古荒唐之说，俱为儒者所不道，故其后不特无所光大，而又有散亡。然详案

之，其故殆尤在神鬼之不别。天神地祇人鬼，古者虽若有辨，而人鬼亦得为神祇。人神淆杂，则原始信仰无由蜕尽；原始信仰存则类于传说之言日出而不已，而旧有者于是僵死，新出者亦更无光焰也。

胡适之先生说：

> 古代的中国民族是一种朴实而不富于想象力的民族，他们生在温带与寒带之间，天然的供给远没有南方民族的丰厚，他们须要时时对天然奋斗，不能象热带民族那样懒洋洋地睡在棕榈树下白日见鬼、白昼做梦。所以"三百篇"里竟没有神话的遗迹。（《白话文学史》）

鲁迅和胡先生的说法，固然是神话消歇的原因，但中国神话的历史化，确是神话僵死的最大原因（据玄珠《中国神话研究ABC》）。把神话里的神们都算作古代的皇帝或英雄，把那些神话当作历史，所以黄帝、神农、尧、舜、禹、羿，早已成为确实的历史人物，这是中国神话的一大厄运。幸而在古籍中还保存着一些片段，如《庄子》、《列子》、《淮南子》，屈原的《离骚》和《九歌》，都有零星的记载和最有风趣的神话，此外，如《山海经》、《博物志》、《述异记》等都是包含神话最多的书；但神话的研究，只限于章句上面是不易于了解的，因为这些残存的神话形式，已经脱离了生活信仰的连带关系，无法认识与他同时的社会组织道德行为。一般风俗，而且传到现在的文字记载，因为经过传抄增损以及文人的修改藻饰，已经变为瑰丽多姿，失去神话的本质了。要想从神话中知道原始生活的奥秘，必须由尚在活着的神话中去寻丰富的材料。因为神话是人类文明中的一项重要成分，社会的风俗习惯道德规则社会组织等，有时直接引证神话，以为是神话故事所产生的结果。而且不曾开化的民族中，他们对于传统行为的遵守，常被土人看得神圣不可侵犯，既有畏惧的情绪，又有禁忌与特律的约束，神话在他们生活里是强有力地支配着他们的道德与社会行为，所以在那里很容易找到质朴珍贵的资料。

过去一般文人雅士，把神话看作"异教邪说，妖言惑众"的迷信产物，固然是错误的态度；但真要研究神话也不只是记录几个故事，应当明了社会的结构和土人的观念，才会真正了解神话与社会的连带关系。马林诺斯基（Bronislau Malinowski）说：

> 存在野蛮社会里的神话，以原始的形式而出现的神话，不只是说一说的故事，乃是要活下去的实体。即不是我们在近代小说中所见到的虚构，乃是认为在荒古的时候发生过的实事，而在那以后便继续影响世界影响人类命运的，蛮野人看神话，就等于忠实的基督徒看《创世记》，看《失乐园》，看基督死在十字架上给人赎罪等等新旧约的故事那样，我们的神圣故事是活在我们底典礼，我们底道德里面，而且制裁我们底行为，支配我们底信仰，蛮野人底神话也对于野蛮人是这样。

又说：

> 观察者打算认真地把握住神话的传统方面，非得熟悉土人底社会组织

不可，于是当地起源这一类简短的叙述才会使他完全理解，他也更认得清楚……至于更大的全体故事，则非在土人底生活来研读不可。（见李安宅译《巫术科学宗教与神话》，下引同此）

马氏曾举例说明研究神话要了解那个社会的重要，他研究拉巴义村的等级问题的一例说：

等级的问题，是在这个地方十分重要的；根据便在拉巴义（Laba'i）村附近有个孔叫作欧布库拉有人钻出来这件事。按常例，有一个"孔"，便有一支人。可是这个孔是特别的，有四个族底代表都先后由此一孔而出。出来以后，又发生了一件事，这件事看着不算什么，但在神话界乃是极重要的一件事。首先钻出来的，是开拉瓦西，是大蜥蜴，便是鲁库拉布他族底图腾兽。这个兽抓着地走，最后爬到一棵树上，就在那里作壁上观，观望后来发生的事。不久钻出来一只狗，乃是路库巴族底图腾，路库巴原来是等第最大的。第三次钻出来的是猪，是马拉西族的图腾，马拉西族才是现在等第最高的。最末钻出来的是鲁夸西西加族的图腾。这个图腾有的说是鳄鱼，有的说是蛇，有的说是袋鼠，有的简直不在乎是什么。狗与猪各处跑，狗看见一种叫作"诺库"（noku）的植物的果实，便吃了。猪说："你吃'诺库'，你吃泥土；你是下贱的，是平民。我是王子，我是'古牙吾'（Guya'u）。"从此以后，马拉西族最高的分族塔巴鲁人永远是真正的首长。要打算了解这个神话，只听狗与猪的对话是不够的，因为这些对话看着是不相干的，而且是不算什么的。可是一明白当地的社会学以后，知道等级底无上重要，知道食物与食物禁忌在地位与族党上的关系，知道那是人在社会上的主要标记，再知道土人将族与图腾看成一件东西的心理——那我便可起始明白，为什么这样一件小事发生在人类诞育期便规定了两大族底永久关系。要打算明了这个神话，我们非知道他们的社会学、宗教、风俗与人生观不可。只在知道了这些以后，你才能够体会这个故事对于土人的意义，而且为什么可以活在他们底生活里面。假若你住在他们之间，会了他们的话，你便常常听到这个故事是在他们关于各族党底优劣等第的讨论与争辩上多么有用的，是在他们关于各种食物禁忌上多么会变成机警的词锋的。特别是，你要接近了这个地方社会，看见马拉西族的势力依然在演化过程中，依然进行历史的发展过程，你便可以与这积极活动着的神话势力面对面。

我这里再补充几个类似的例证，譬如有些土民往往在鸡蛋里放毒，祸害别人，如果不实际的明了他们的社会情形心理状态，便无从知道这种损人的毒计，是有一段于他们的生活有关的神话，因为他们迷信在鸡蛋里放毒，如果被别人吃了中毒死后，放毒的家里便可在三年内五谷丰登，人畜清吉。又如思普交界处的卡瓦族，每年春初，要用人头祀神，如此方可得到丰年。又夷人区中男女老幼，都喜欢吸旱烟，每人身旁，带一支长烟袋，由他们的神话看来，才知道是迷信烟袋有辟邪驱暴的魔力，所以夷人竞吸旱烟，以为护身神佛。这都是生活与神话间有实际的连带关系，由这些例证，可以揭示我们研究神话，必须深入他们的乡土，留心日常生活中间的一幕一幕的实际情形，表现在具体行为之间的事务，才会彻底了解他们的一切仪式与风俗的起源，发现只凭故事中得不到的奥秘。所以记录故事与观察故事怎样变化地走到生活里面与社会实体的接近是应相提并重的。那么我们研究民俗故事的新方法应当怎样呢？马氏曾详明的提出以下几点意见：

> 民俗故事是不能脱离仪式、社会学，甚或物质文化而独立的。民间故事、传说与神话，必要抬到平面的纸面生活以上，而放到立体的实地丰富生活以内。至于人类学的实地工作，我们显然是在要求一个新的方法来搜集事实。人类学家不要在传教士的庭院、政府机关，或者开垦底家园等享福底地方，配带了铅笔与记事簿，或者有时更来一点"威斯忌"酒与汽水，而听报告人的口述，而记故事，而使一张一张的纸充满了蛮野人的字句，他应该走到村子里去，应该看土人在园子、海滨、丛林等处工作，应该跟他们一起去航海，到远的沙洲，到生的部落，而且观察他们在打渔、在交易、在行海外仪式贸易。一切的知识都是要因亲眼观察土人生活而得来丰满，不要由着不甚情愿的报告人而挤一滴一点的谈话。实地工作也可以是头货或二手货，即在蛮野人之间，即在棚居之中，即在不与实际吃人或猎头的事实相远的地方，也可以有这种分别。露天的人类学与传闻的笔记相反，难是难，但也极有趣。只有露天的人类学，才会给我们原始人与原始文化底八方玲珑的景色。这样的人类学告诉我们关于神话的话，说他不但极不是无聊的心理消遣，而且是与环境的实用关系中一件重要的成份。

这种研究的方法，针对着不出户庭只凭口←耳传闻的鄙陋态度。近来政府与一般有识之士，热诚地倡导研究西南民族与提高文化的重要，而且已经有许多方面见诸实行，这当然首先要了解他们生活状况与风俗习惯；上面说过，神话是统治支配着许多文化的特点，所以应先从这方面着手，了解土人对传统的心理，悬拟出他们过去的历史，然后根据这个民族的心理状态社会情形想出改进的对策，才能举重若轻收事半功倍之效了。

以下的几篇神话，承夷族青年李忠诚、田靖邦二君之助，由实际观察他们的文化习俗得来的；李君为黑夷，居寻甸风仪乡阿世卡村；田君为白夷，居宣威普鹤乡卡腊卡村。这几篇小文，就是这两个夷区习俗的一般。

最后关于边民的名称问题，也要附带讨论一下，并为本文引用"夷边"名称的说明。对于边民的称呼，向无定名，过去的称呼，多是带有侮蔑的意义，就以夷边而言，普通称他们为"罗罗"，这是最伤感情的称呼，我常留心他们的名称得到种种不同的说法。

（一）罗罗　这是汉人对他们的称呼，最易惹起他们的反感，原因有二：

1. 罗罗是嘍啰的音转，据说汉人轻视他们，把他们当作奴隶看待，所以才这样的称呼，无异喊他们为仆婢，当然是刺耳的称呼。（按《炎檄纪闻》卷四谓"罗罗本卢鹿而讹有今称"盖由来久矣。）

2. 夷边最虔奉的神，就是"皮朔"。据神话的传说，这是他们的始祖（详下文人祖神话），用竹子编成箩箩的形状，供奉在茂林岩穴之间，所以称他们为罗罗，无异称他们祖宗的大名，所以是很避讳的名称。

按 S. R. Clarke 在 *Among the Tribes in South-West China* 一文中，关于罗罗得名之由来，说与此合，或亦由此传说得来。

（二）夷边　这个名称，顾名可思义。《说文》："夷，东方之人也。"盖谓非我族类，意为边远之人，非华夏之民也。但这个名称比较客气点，他们也叫汉人为"兹普"，意为新来之民族，或称沙普，即文化才智较高之民族。盖夷人以土著自居，谓汉人为后来之民族，故常称汉人为客家。但这个名称，总带点互相歧视的意味，仍觉不大适宜，我采用这个名称，在未正名之前，也只是差强人意。

（三）纳普（na⊣P'u⊣）与挪素普（ne⊣su⊣P'u⊣）　黑夷自称为纳普，夷语"纳"意为黑色，白夷自称挪素普，"挪素"为清秀温雅之意。（按 Lietard 谓，"罗罗"为"挪素"之音变来，恐为附会之说。）

一个民族的名称，确有他们的重要意义，常感到应当探索其适当的名称，如罗罗何不就以其自名"纳普"等名呼之。常见汉夷为了称呼的失当，以至发生冲突，固然，有些人故存侮蔑之意；但也有诚然不知，而犯了他们的讳，无形中增加感情的裂痕，实在是极可痛心的事，所以维系民族间的感情，"正名"是迫切需要解决的问题。

夷边的人祖神话

一个民族必有他自己发源的祖宗，这个祖宗多半是神话中的人物。夷边的人祖传说是一个空幻灵美的神话，而且一直到现在，还是他们最崇拜的神，形成他们习俗的中心，所以很有记录的价值。

在上古时候，有弟兄三人，务农为业，虽然他们是一母所生，但性情各不相同，大哥生性暴厉，喜欢争斗，二哥较乃兄和善，但有一坏脾气，常喜说人的坏话，至于三弟呢，谁都喜欢他，不但生得比乃兄清秀，且待人和气，所以是他父母最疼爱的一个儿子。

有一天，他们的父母突然想起了一件心事，把他们叫到面前，吩咐道："儿呀！你们的年纪也不小了，要想法谋生，从明天起，你们去开垦山后的那片农地，作为你们将来的产业，谁肯努力干，当然可以得到圆满的结果。"三子听了，非常欢喜，于是只盼望明天到临。

翌日黎明，弟兄三人已经起床了，各人背着锄头，带着干粮，很精神地往山野里去垦田。当他们穿过小山，就发现一片荒原，他们就运动着手中的锄头，努力地往地下垦，虽然在强烈的日光下，满头流着汗珠，这样不停地垦着，直到黄昏方回家去。

第二天，他们还是那样早的去垦荒，不料昨天所垦的田又复原了。老大老二，气愤地骂着，老三却不顾地继续努力，今天他们犁的更起劲了，仿佛要在土中垦出什么怪物似的，到了黄昏才回家去，这样接连三天，都是现垦现复，这使他们大为惊奇，好奇心打动了三兄弟，于是就商量怎样去发现这个秘密。

第四天的早晨，他们仍照前一样，到了那里，并不动工，只呆望着天空，等候着夜的来临，但是这一日又仿佛特别的长，始终看不见太阳的回去，与月亮的到来，他们因几天的辛苦，伏在土堆上，呼呼的入梦了。

当他们睡得很甜的时候，却来了一阵风，于是他们的好梦也就唤醒了，他们醒后，只看见一钩新月高悬在碧空，几棵老树在清幽的月光下，枝叶可分，"大哥，你看一个白发老人在翻平我们的土地呢，原来是他与我们作对。"老二忽然发现了月光下一个白发老人拿着拐杖在翻弄土地，于是狂呼着喊他的哥哥："这死老头儿，让我去打他！"老大喊着就奔了过去，要打老头，老二怒骂着，这老头似乎没有听见，仍然很安静地翻动着，老三急往拦住，跑近老人的身旁，很温柔地问道："老人家，你为什么要这样做？要知道我们已经白白的辛苦了三天了。"老人微微一笑，看了看老三，然后拍着他的肩膀："好孩子，为了你，我不愿隐瞒，老实告诉你，以后你们再不要垦荒了吧，因为，在不久要天翻地覆洪水滔天了！"老人说完了这几句话，回身要走，三弟兄恍然大悟，惊慌得马上跪在地下，拉着老人的衣袖哀求："仙人救命！"老人慈祥地扶起他们，笑了一笑，然后慢慢地说道："孩子们，不要怕，我是特意来救你们的；你们听我的话，就可保全性命了。你们今夜回去，每人做一只木桶，不过各人的做法不同，老大要用斧斫，用凿子塞底；老二用凿子凿，锥子来塞；至于老三你一定要用针来穿，凿子来塞。这样做好了后，各人就躲进木桶中，要等二十一天才可出来，并且，还要把鸡蛋放在腋下，待到小鸡叫时，然后出来，才可无患。"老人说完，忽的一阵清风就不见了。

三弟兄听了老人的话，跑回家去，连忙赶着做木桶，不到天明居然给他们完成了，于是三人就很快地躲进了木桶，静静地等待着这可怕的一天到来。

果然有一天洪水泛滥，山崩地裂，狂风大雨鸟飞兽吼，所有的人都埋葬了。只有躲在木桶中的老三幸免，他的两个哥哥，因为曾经得罪了老人，并且老人也知道他们俩是坏人，所以，虽然躲在木桶里，也终于淹死了。

老三的木桶，在水面上很平稳地漂流着，也不知过了几天，在一个岩石上搁住了，在木桶中晕了过去的老三，直到小鸡叫时才惊醒过来，当他伸出头来探望时，才发觉自己是在岩石中间，这可使他着急了，因为既不能上，却又不能下，眼看着自己将要饿死，他急得哭起来了。

他这一哭，却惊动了老树上的一只老鸢，它正拥着它的害眼疼病的小鸢在睡觉，哭声惊醒了小鸢，眼更疼得厉害了。老鸢梦见白发老人，告诉它在这树下的岩石上，有一只木桶，假设把木桶蹬下岩去，它的小鸢的眼睛，就不会再疼了。老鸢想起来刚才的梦话，连忙飞出了窝，往岩下一看，果然一只木桶矗立在岩石中间，它气愤了，一脚将木桶蹬了下去。

木桶滚下了岩石，将要靠近岩脚的时候，却被一丛刺竹和丛生的竹节草挡住了，这时哭晕了过去的他，被这意外的侵扰吓醒了，他钻出木桶看时，自己的木桶已离开了陡峭的岩石。在丛竹的包围中了，他在惊惶失措中，发现了岩下有一条羊肠小路，急忙离开了木桶，一手拨开竹，奋勇地冲过了岩石，荆棘刺破了他的手，树枝碰伤了他的头，他不顾一切地兴奋地前进，终于被他找到了一条生路。

他仿佛是一只迷途的羔羊，只沿着小路，默默地向前走着，走至一条三岔路，就呆着了，眼看着天快要黑了，肚子又饿，心里又急，正在彷徨无主的当儿，忽然听到有人在后面叫他，回头看时，他惊喜异常，原来他的救命恩人（白发老人）出现在他的面前了，并且在老人的后面，还有一个美丽的女郎，穿着极洁净的衣服，老人得意地说着："好孩子，这是你的妻子，快过你们的快乐生活吧！"说完就腾空而去。

一对小夫妻，在一所简陋的茅屋中，就住了下来，因为他的命是竹子救的，于是他就以为这竹子是救他的神仙，连忙把竹子挖回来，用绵羊的手包着，再以红绿绵线扎好，然后装在一个竹箩箩中，供奉起来，所以直至今日，夷族都信之为祖先灵魂的寄托，是他们最虔敬的神。

夷人的三兄弟

那一对夫妇过了几年，他们已经是有了三个孩子的父母，当然非常欢喜，但所不幸的是他们的孩子长了很大，始终不会说一句话，夫妻俩着急得很，后来老三在梦中，看见那个白发老人，告诉他在山后有一种黄色爆涨草，点着了火，可以使孩子们说话，当他醒后，很觉奇怪，但神人托梦，又不可不信，于是他就到山上去采爆涨草，回家后，把火点着，突然"砰拍"的一声，惊动了孩子们："阿尾，阿母！"最大的孩子，吓得喊了起来；"阿爸，阿买（阿妈）！"第二个也接着喊了起来；"爸爸，妈妈！"最小的也喊着。在三个孩子的口中喊出不同的口音，当然这时的老三夫妻很是快活，因为他们觉得三子的喊法最美丽，于是就疼爱三子。长子就是干夷的祖先（他们自称果普，是长的意思），二子为黑夷的祖先（他们自称苏普，是中的意思），三子是汉人的祖先，因为父母最疼爱三子，所以得到很好的发展，也就是今日的汉族发达的原因。（或谓白夷为其三子，但亦有谓白夷为被同化之汉人，如此则仍属一源。）

今白夷全族尚于村后幽静的山林中，建一供祖堂，形如各村所建之土地庙，神堂后位于山岩，其中供奉五位神，依次排列，插于堂内之瓦缝中，第一位为天，第二位为地，第三位为神仙（即神话中之仙翁），第四位即被难脱险之祖人，第五位即先祖之妻。这五位神，惟有祖神以青浆栎、松树等坚硬耐久之木材制作，其法：

截木一段，二寸左右，木之两端，削成圆锥形，中部圆而粗大，刳之使光，横分为二片，在中心凿一圆空，中放一红色珠子，这是由深山中捡择来的天然明珠，再将两片合拢，以胶水粘住，两边扎以红丝线，防胶水脱落裂开之用，然后用竹子编成一个精致的竹箩，做圆柱形，高五寸，内容与木桶大小恰合，将木桶装进，再将竹箩封盖。此祖神即告成功，盖即像其祖宗漂流时之状况，木桶中之红明珠，代表其祖坐于中间之意，竹箩是表示祖宗当初坠岩时幸为竹丛所阻，得免于难，故至今仍以竹保护木桶，其当中之缝，以示透空气与阳光之处也，其余四神，以竹筒制作，长四寸左右，一端削尖，中贮竹节草一根，草上以红白色丝线缠绵羊毛少许，表示古人衣兽皮之意，并放入米粒十数颗，表示民生的主要食品。（惟祖神之妻，以红绿线缠之，以示男女有别。）用竹的意思，是表示当祖先蒙难时，承天地神仙之惠，得竹节草与刺竹之保护，一则纪念救护祖先之恩，一则表示与祖先同时之植物也。

白夷特别虔敬这五位神，每逢节日，必往祭祀，神堂周围二丈以内不得牲畜践踏，违者大忌，且于十年或八年，必换祖一次，此为夷人之大典，将此五位神另代以新制之神位，而族中于此期间故去之祖，亦于此时另换神主。在换主时，要用一只雏鸡（孵出五六日者为宜）的血滴于新换的祖牌上，这就是神话中祖先蒙难时，幸有鸡鸣，祖先才睁开眼睛，重见世界，不然，或即饿死，故今日滴血，竟为使每个祖人得张目见世。

神堂的位置是固定的，不能任意迁移，神堂最好的位置，是建于堂后的陡岩，前为平原，岩下满种刺竹，盖纪念其祖先之蒙难处。神堂附近树木，不得砍伐，违者全族惩罚，传说如砍伐此树，则全家得灾，所以神堂附近，老树参天，风景清幽，为夏日乘凉胜地。

本文原载《西南边疆》（昆明）1941 年第 12 期。后收入作者《云南彝族礼俗研究文集》一书，四川民族出版 1983 年版。

人对自然界认识的四个阶段

卫聚贤

人类对于自然界的认识——尤其是对于农业最关重要的水旱问题，分为四个阶段。

一、对于自然界的观察——原始的

（一）风

最初的人类对于一切，只观察其现象，如欲记述其事，则先画其像。若风则无法画其形，于是则有假借之一法。《说文释例》云："风之飘忽，何以象之？其来无始，其去无终，形不可象，意无从会，乃至谐声。"在甲骨文上的"风"字为"凤"（鳳）字，即画一个有羽翎的鸟——孔雀，于其旁加音符，即船，后变为帆，以船上张帆则有风，故凤字为凡声。因为羽毛美丽无过于孔雀，百鸟争随，为鸟之王，飞过时因系群鸟，其声有如风吹，遂借凤字为风。百鸟相随，后世名为百鸟朝凤，因而借为异类相聚的朋（朋友），故甲骨文中凤风朋三字系一个字（《周礼》的鞴师，《庄子》的大鹏，均从鸟与凤同）。后以音符的凡读为帆，与凤声相远，乃以虫（蟲）为声。而《说文》云"风，风动虫生，从虫，凡声"则非。

（二）雨

雨是有形可象的：

　　　　　　甲骨文中的雨字

　　说文古文的雨字

上一弧形象天，因古人不远行，在他所在的地方看见天与地不相连接，但是在他的四周远处，看见天与地是在连接着，故画天为弧形——《吕刑》"乃命重黎绝地天通"，《国语·楚语》下楚昭王问于观射父曰："《周书》所谓重黎实使天地不通者，何也？若无然，民将能登天乎？"即以天地相连接为解——其点像雨点，其线像雨线。而《说文》云："雨水从云下也，一象天，象云水霝（落）其间也。"则非是。

（三）雷

古代文字中的雷字是四个田字，即四个鼓。

楚公钟

齐侯钟

父乙罍

楷书则写成三个田字，如靐靆等，又省为一个田字则为雷。《山海经·海内东经》云："雷泽中有雷神，鼓其腹。"因雷声如击鼓，故画连鼓以象雷。

（四）电

甲骨文中的电字

电字中 S 如闪电形，二曲线相背，像两处云层将接近时而有电，边加点为雨，金文中的电字，则从雨从申，申即神字，以其忽的一闪，其为神妙而且神速。

二、对于自然界的解释——神话的

古人以自然界都是有神主宰的。

（一）风神与雨神

《周礼·大宗伯》："以槱燎祀司中司命飌师雨师。"注："风师，箕也；雨师，毕也。"《风俗通义·祀典》："风师者箕星也，箕主簸扬，能风气。……雨师者毕是也。"《独断》："风伯神箕星也，其象在天能兴风。雨师毕星也，其象在天能兴雨。"此言风为箕星雨为毕星。

《离骚》王逸注："飞廉风伯也。"《大人赋》张揖注："风伯字飞廉。"洪兴祖《楚辞补注》："《吕氏春秋》'风师曰飞廉'，应劭曰：'飞廉神禽，能致风气。'晋灼曰：'飞廉鹿身，头如雀，有角，而蛇尾，豹文。'"《风俗通》引《春秋左氏》说云："共工之子为玄冥，郑大夫子产禳于玄冥，雨师也。"《天问》王逸注："雨师名萍翳。"《汉书·郊祀志》颜师古注："屏翳一曰屏号。"《大人赋》注："应劭曰'屏翳天神使也'。"《海外东经》："雨师妾在其北。"此言风神名飞廉，雨师名并翳。

（二）雷神与电神

《论衡》："画工图雷之象，累累如连鼓形。又画一人，若力士之容，谓之雷公，使之左手引连鼓，右手推椎。"洪兴祖《楚辞补注》："雷师，丰隆也。"《元史》："电母旗，画神人为女子形，缥衣朱裳白裤，两手运光。"

（三）水旱的原因

《山海经·海外北经》："夸父与日逐走，渴欲得饮，饮于河渭；河渭不足，北饮大泽，未至，道渴而死。弃其杖化为邓林。"《大荒北经》："大荒之中，有山名曰成都载天，有人珥两黄蛇，把两黄蛇，名曰夸父。后土生信，信生夸父，夸父不量力，欲追日景，逮之于禺谷，将饮河而不足也，将走大泽，未至，死于此。应龙杀蚩尤，又杀夸父，乃走南方处之，故南方多雨。"此言南方多雨成为水灾的原因。

《大荒北经》："有人衣青衣，名曰黄帝女魃。蚩尤作兵伐黄帝，黄帝乃令应龙攻之冀州之野，应龙畜水，蚩尤请风伯雨师，从大风雨。黄帝乃下天女曰魃，雨止，遂杀蚩尤。魃不得复上，所居不雨。"此言旱灾的由来。

《大荒东经》："大荒东北隅中，有山名曰凶犁土丘。应龙处南极，杀蚩尤与夸父，不得复上。故下数旱，旱而为应龙之状，乃得大雨。"《说文》："雩，夏祭乐于赤帝，以祈甘雨也……雩或从羽，雩羽舞也。"《周礼·司巫》："若国大旱，则帅巫而舞雩。"此言求雨的故事。《左传》、《礼记》有烧人求雨的记载，甲骨文亦有此字，详《古史研究》第三集《奴隶篇》。

三、对于自然界的认识——推论的

（一）役使风云雷雨神

《韩非子·十过》："风伯进扫，雨师洒道。"《离骚》："前望舒使先驱兮，后飞廉使奔属。鸾皇为余先戒兮，雷师先余以未具。"司马相如《大人赋》："召屏医，诛风伯，刑雨师。"《说文》："電（电），阴阳激耀也，从雨从申。"申字中间仍为 S 系电光外，则于 S 左右各画一只手，意以手可以握电。

（二）风云雷雨合理的推测

《西京杂记》引董仲舒云："气上薄为雨，下薄为雾，风其噫也，云其气也，雷其相击之声也，电其相击之光也。二气之初烝也，若有若无，若实若虚，若方若圆，攒聚相合，其体稍重，故雨乘虚而垂。风多则合速，故雨大而疏；风少则合迟，故雨细而密。其寒月则雨凝于上，体尚轻微，而因风相袭，故成雪焉。寒有高下，上暖下寒，则上合为大雨，下凝为冰霰雪是也。雹霰之流也，阴气暴上，雨则凝结成雹焉。"（秦汉以后关于自然界合理的推测甚多，兹不赘。）

四、对于自然界的征服——将来的

《山海经》云："大荒之中，有山曰成都………故南方多雨。"唐柳子厚《答韦中立论师道书》云："仆往闻庸蜀之南，恒雨少日，日出则犬吠。"四川多雨，自古为然。

冬季因盆地而能保存气温遂多雨雾，在中国境内只有四川及江西的赣州以北地区。春季海风吹来，长江流域多云雨，而秦岭以北则不然。因秦岭甚高，其阳天暖，其阴天寒，如遇有东南风，将云头从秦岭上吹过去，则黄河流域亦降甘霖。夏季海风再来，其云仍停滞于秦岭，如云头得过秦岭，则长江流域黄河流域雨水均匀；若云头不能过秦岭，则长江流域成大水灾，而黄河流域则大旱。此水灾旱灾的原因则在秦岭，不与应龙旱魃居地有关。

巴蜀传说有五丁开山，我们对于秦岭，也可开凿若干沟壕，使南北气候流通，云行无阻。又于秦岭山阴山头上设若干电力厂，遇云盘旋于山阳，天气晴朗时或小有东南风时，则用电力推动风车，吸引山阳的云渐渐翻过山头。或于山阴置大地雷若干，同时爆发，使热空气上升，冷空气补缺，则山阳的云亦可引得过此山头。如此，则南北无水旱之灾了。

黄河流域既无旱灾，而河水反涨，使黄河下游则有决口之患，应将绥远五原以北大青山凿开，使河水灌入沙漠，则沙漠成为草地，黄河下游也无水灾了。

四川的水利，关乎全国的水旱，故本期出四川水利专号，即四川的治水者与水神，重在传说与神话，若技术方面的讨论，则有水利专家在，故于此卷头语中略论其沿革的大概。

1942 年 7 月 24 日于重庆

本文原载《说文月刊》1942 年第 3 卷第 9 期（渝版第 3 号）《水利专号·卷头语》，标题为本书编者所拟。

古蜀的洪水神话与中原的洪水神话

程 憬

程憬（1903—1950），字仰之。安徽绩溪人。历史学家、神话学家。清华国学研究院毕业后，先后在安徽大学、南京中央大学、中国公学等处任教。神话方面的重要著述有《夏民族考》（1932）、《中国的羿与希腊的赫克利斯》（1936）、《古蜀的洪水传说与中原的洪水神话》（1942）、《古神话中的水神》（1942）、《古代中国的创世纪》（1943）、《后羿与赫克利斯的比较》（1943）、《山海经考》（1943）、《古代中国神话中的天、地及昆仑》（1944）等。程憬40年代完成27万字的神话学专著《中国古代神话研究》，1958年由顾颉刚作序，2011年由北京大学出版社出版，是其神话学方面的代表作。

一

据《蜀王本纪》说：

> 蜀王之先名蚕丛，后代名曰柏濩，后者名曰鱼凫。此三代各数百岁，皆神化不死。其民亦颇随王化去。……时蜀民稀少。
>
> 后有一男子名曰杜宇，从天堕止朱提。有一女子名利，从江源井中出，为杜宇妻。宇自立为蜀王，号曰望帝。……望帝积百余岁，荆有一人名鳖灵，其尸亡去，荆人求之不得。鳖灵尸随江水上至郫，遂活，与望帝相见。望帝以鳖灵为相。时玉山出水，若尧之洪水。望帝不能治，使鳖灵决玉山，民得安处。鳖灵治水去后，望帝与其妻通，惭愧自以德薄不如鳖灵，乃委国授之而去，如尧之禅舜。鳖灵即位，号曰开明帝。（《太平御览》八八八引）

又《风俗通》说：

> 时巫山拥江，蜀洪水，望帝令凿之，蜀始处陆。

又《蜀纪》说：

> 昔有人姓杜名宇，王蜀号曰望帝。宇死，俗说宇化为子规。子规，鸟名也。蜀人闻子规鸣，皆曰望帝也。（李善注左思《蜀都赋》引）

依上记载，则洪水是发生于杜宇为王之时。在洪水降临以前，还经历三个时代。那几个时代的人类，大部分都随前王"化去"，没有受着洪水这场灾难。其次，杜宇是"从天堕"下来的，他是古蜀人最崇敬的王。然不幸的，在他为王的时代而因

"巫山拥江",致蜀中发生洪水。(一般是由于"玉山出水"。)后来洪水虽平,但他终"惭愧自以德薄",委国而去。受杜宇之命,治洪水的是鳖灵。他治水的方法,是开凿巫山。(一说是"决玉山"。)水去而陆现,民乃再得安处。他以此大功,而受杜宇的"让",统治蜀地。这个故事确如《蜀王本纪》所说,像中原相传的大洪水,以及由此而生禅让宇宙的统治。禅让和大洪水是有相连的关系的,这是一场由悲剧而连生的喜剧,在喜剧中仍带有悲剧的气味。所以杜宇委国而去,而蜀人闻子规,便思念他,大约其中含有无限的同情吧。中原相传的尧舜禅让故事,何尝没有类似这样的气味?虽然古代的儒墨把这件事情讲得天花乱坠,好像完全是圣贤行为,但是我们在他书里,不是常常看见相反的说法吗?这是题外的话,不必再讲下去。我们只须承认这两个神话确是相同,便够了。

这两个神话之何以相同,我们只有两个可能的解释。一是这两个神话确有关系,是从这一个分衍而成为那一个的。依时间说,古蜀的可能传自中原;但依空间说,中原的也可能传自古蜀。一是这两个神话乃是各自独立发生的,至汉后,古蜀的神话始载于记录,而扬雄等便发现它和中原的古说很是相同。

这两个故事确多类似之点,但是古蜀的记载太简单,所以要想更多知道它的内容情节,不妨把两个故事集合在一处看,不但可以比较,而且可借彼而显此的。

二

关于尧舜禅让的情节,我们在这里不预备加以叙述,因为我们的目的是在洪水故事。不过我们可以简单地叙述几句,做个引导。相传天地开辟以后,最初统治此宇宙的为帝尧。他是个圣明之君,为神与人所爱戴。不过其时还有一些专和他作对的怪物,想用武力制服他,夺他的宇宙统治权。由此,而世界发生了一场巨劫。大洪水降临了。尧不能治,请一位叫舜的为相,舜乃择选了英雄神禹,使治洪水。禹用了种种方法,才把洪水平定。尧乃委国于舜,舜受尧的付托,继为帝。故事的大概是如此,以下乃是这故事,关于洪水之起及平治的详细情形。

大洪水是怎样起的呢?据说:

共工为水害,故颛顼诛之。(《淮南·诠言训》)

舜之时,共工振滔洪水,以薄空桑……四海溟涬,民皆上丘陆,赴树

木。(同上书《本经训》)

颛顼即尧。相传大洪水的降临,正当他们前往统治此宇宙之时。大洪水的降临是由于共工在作祟。又说:

昔者共工与颛顼争为帝,怒而触不周之山,天柱折,地维绝。天倾西

北,故日月星辰移焉。地不满东南,故水潦尘埃归焉。(《淮南·天文训》)

把两者混合起来,大意如下:因为共工与天神"争为帝",既触折天柱,致天崩而地裂,复"振滔洪水",使人类死亡将尽。这样的讲法,我们还可以在较古的记录《国语》里寻得印证的。那书上说:

昔共工……虞于湛乐，淫失其身，欲雍防百川，堕高堙庳，以害天下。

皇天弗福，庶民弗助，祸乱并兴，共工用灭。（《周语下》）

韦注："高，谓高山；庳，谓池泽。"这段文字自然已经历史化了，但神话的影迹仍然遗留在里面而未退净。试想，所谓"堕高山"，还不是"触崩不周之山"的变形吗？所谓"塞池泽"、"雍百川"，还不是"振滔洪水"的根由吗？

这个"为水害"的恶魔，相传"人面，蛇身而朱发"（《启筮》）。他"潜于渊"（《淮南·原道训》）的，足见不但有勇力，且善识水性。《山海经》又说他"为水害"，甚仗其部曲和相柳之力。那书上说：

共工臣名曰相繇，九首，蛇身，自环，食于九土（指大地）。其所鸣所尼，即为源泽。……百兽莫能处。（《大荒北经》）

共工之臣曰相柳氏，九首，以食于九山（言头各食一山之物），相柳之所抵（触），厥（掘）为泽溪……相柳者，九首，人面蛇身而青。（《海外北经》）

相柳即相繇。相繇所止所吐，即成溪泽，当然是一水怪。这个"九首，蛇身，自环"而"食于九土"的水怪，颇像北欧神话中的俞尔芒甘特耳。俞尔芒甘特耳是一条大蛇。它潜伏在海洋中，蹯绕着大地。当巨人们奋起而与神们争斗之时，它也发怒助威，激起巨浪狂涛，冲击大陆，凶恶异常。最后还窜上岸来，帮助巨人们扰乱世界。

"洪水滔天，浩浩怀山襄陵，下民昏垫。"（《书·皋陶谟》），郑康成云："昏，没也；垫，陷也。"怎么办呢？这时候，有一位叫作鲧的英雄神，最先奉了天帝之命，不畏艰难地出来，想平治这一片茫茫的洪水。

《天问》的作者问"天"完了，便接着问：

不任汩（治）鸿（大水），师（众）何以尚举之？佥（众）答何忧，何不课（试）而行之？鸱龟曳（引）衔，鲧何听焉？顺欲成功，帝（天帝）何刑焉？……永遏在羽山，夫何三年不施？……化为黄熊，巫何活焉？

便是以鲧治水的故事为问的。《尧典》记：

帝（天帝）曰："嗟！四岳（山岳之神），汤汤洪水方割（害），荡荡怀山襄陵，浩浩滔天，下民其愁（忧），有能俾（使）乂（治）？"

佥（四岳之神）曰："於！鲧哉。"

帝曰："吁，咈哉！方（负）命圯（毁）族（族通类，类，善也）。"

岳曰："异哉！试可乃已。"（《虞夏书》）

天帝为了"洪水滔天"，集会议治，容纳众议，命鲧治水：

箕子……曰："我闻在昔，鲧堙洪水……帝乃震怒……鲧则殛死。"（《周书·洪范》）

昔者伯鲧，帝之元子，废帝之德庸，既乃刑之于羽之郊。（《墨子·尚贤》中）洪水滔天，鲧窃帝之息壤以堙洪水，不待帝命；帝令祝融杀鲧于

羽郊。(《山海经·海内经》)

"堙",塞也,填也。"息壤"者,郭璞注:"言土自长息无限,故可以塞洪水也。"《开筮》说:"滔滔洪水,无所止极,伯鲧乃以息石息壤以填洪水。"照这样说来,鲧平水之法和女娲一样,都是堙塞。不过一则"积芦灰",一则"窃息壤"。但《国语》又说:

> 鲧鄣洪水而殛死。(《鲁语上》)
>
> 尧殛鲧于羽山。(《左传》昭七年)
>
> 尧之刑也殛鲧。(《吕览》开春论)
>
> 舜之刑也殛鲧。(《晋语》,《左传》僖二十三年同)
>
> 舜……殛鲧于羽山。(《孟子·万章上》)

"鄣"隔也。(《苍颉篇》:"鄣,小城也。"《北征赋》:"登障隧而遥望兮。"《汉书·张汤传》:"居一障间。"注谓塞上要险之处,别筑为城而为障蔽。《昭元年传》:"障大泽。"服注:"陂障其水也。")照这说法,是鲧平水之法又为障隔。鸱龟乃物怪,大约鲧听从鸱龟的引诱,"不待帝命","窃帝之息壤"筑为长堤,"如鸱龟之曳尾相衔者"以障隔洪水。(丁晏笺《天问》引《程子》曰:"今河北有鲧堤。"又引史稽曰:"张仪依龟迹筑蜀城,非犹夫崇伯之智也。")水性不可障的,因此鲧之治水是失败了。假使他"能顺众人之欲而成其功"(王逸注),天帝是不会刑戮他的。

因"鲧违帝命"(《国语·晋语》),"续用弗成"(《尧典》),所以天帝命祝融(火神)"杀鲧于羽郊"。不过依《天问》的语意,似乎鲧曾被囚禁于羽山,过了三年才殛死的。另有一说,鲧死了三年还没有腐化。《吕览》说:

> 殛之于羽山(案《山海经·南山经》云:"尧光之山东曰羽山,其下多水,其上多雨,无草木,多蝮虫。")副之以吴刀。(《行论》)

副与疈同。《周礼·大宗伯》:"以疈辜祭四方百物。"郑注:"疈,疈牲胸也,疈而磔之。"《开筮》说:"鲧死三岁不腐,剖之以吴刀,死化为黄能也。"又依《天问》的语意,则鲧之复活,而化为黄能,是由于巫力。巫是有法术的:"剖之以吴刀",故能使鲧死而复活,而变为黄能。此说亦见于《周语》:

> 昔者鲧违帝命,殛之于羽山,化为黄能,以入于羽渊。(《晋语》八,《左传》昭七年记同。)

又《山海经》说:

> 荒山之首曰敖岸之山,南望墠渚,禹父之所化。(《中山经》)

似鲧又曾化为"墠渚"。故郭璞曰:"鲧化于羽渊为黄熊,今复云此,然则一已有变怪之性者,亦无往而不化也。"

鲧之治水虽然失败了,但毕竟还是一个虽败犹荣的天降的英雄神,他首先平水,为了人类而牺牲了自己的生命的。故古人对于他的感想,很是不错。《楚辞》说:"鲧婞直以亡身兮,终然,殀乎羽山之野。"(《离骚》)又说:"行婞直而不豫兮,鲧功用而不就。"(《九章》)"婞"是"狷介"之意,《文选·祭彦光禄》文"性婞刚洁",注云:"婞,犹直也。"这是说,鲧天性刚直狷介,卒以是贾祸而亡其身,大约他堙塞洪水,"窃帝之息壤"而"不待帝命";他障隔洪水,听从鸱龟的诱惑而不顺帝意,都是"行婞直而不豫"的表现吧。因此鲧在古人的想象中,乃是一位生性正直的神人。《国语》曾记:

> 国之将兴……明神降之……而布福焉。……商之兴也,梼杌次于丕山。
> (《周语》)注云:"梼杌,鲧也。"

又记:

> 鲧鄣洪水而殛死,禹能修鲧之功……故夏后氏……郊鲧而宗禹。(《鲁语上》)

后来,鲧之子禹继鲧治水。《山海经》说:

> 鲧复生禹。(《海内经》)

"复"《天问》作"愎",又作"腹"。案:字当作"腹"为是。因为"鲧腹生禹",所以诗人怀疑:"伯鲧腹禹,夫何以变化?"(《天问》)这个"鲧腹生禹"的故事,和希腊神话说阿西尼(Athene)是从宙斯头里跳出来的有点相像。这神禹,和他的父亲一样也是一能变化的人物。《淮南》说:

> 禹治洪水,通辕辕山,化为熊……跳石,误中鼓。涂山氏往见,禹方作熊,惭而去。(《楚辞补注》)

相传这位"化熊"的禹具有甚大的神通,他是一位自天下降,为人类除害的英雄神,《诗·商颂》说:"洪水芒芒,禹敷下土方。"他不但平水,且曾杀巨人,征三苗,干过许多可歌可咏的大事哩!

禹奉了天帝之命继鲧治水,《天问》问道:

> 纂就前绪,遂成考功。何续初继业,而厥谋不同?洪泉极深,何以寘之?地方九则,何以愤(分)之?应龙何画?河海何历?鲧何所营?禹何所成?

便是问这件事。据第一问的语意,禹之平治洪水,"厥谋"与鲧不同,大约禹是先攻逐共工的。古传说:

> 禹伐共工。(《荀子·议兵》,又见于《战国策·秦策》)
> 禹有功,抑下鸿(洪水),辟除民害,逐共工。(《荀子·成相》)
> 西北海之外,大荒之隅……有禹攻共工国山。(《山海经·大荒西经》)

共工是战败而被放逐了。《尚书·尧典》记:

> 舜流共工于幽州。(《孟子》引同)

"幽州",《庄子·在宥》引作"幽都",《史记》引作"幽陵",相传其地"不见日"(《淮南·地形训》)。共工是被神们流放于那"不见日"的幽冥的北地。

禹既逐共工,复杀其部曲相繇。《山海经》说:

> 禹堙洪水,杀相繇。其血腥臭,不可生谷。其地多水,不可居也,禹

堙之，三仞三沮，乃以为池。(《大荒北经》)

禹杀相繇，其血不可以树五谷，禹厥之三仞三沮，乃以为众帝之台。(言地润湿，唯可积土以为台观。)(《海外北经》)

这是遏绝洪水的来源。这个神话流传得很久。后世所传水怪巫支祈好作云雨，曾与禹大战而被镇住，其子虎头人奔云亦被杀的故事，当是从这个神话流衍而出的一种说法吧。

《天问》说禹“寘”“洪渊”，寘与填同，塞也。又《庄子》说：“昔禹之湮洪水。”(《庄子·天下篇》)《山海经》说：“禹湮洪水……堙之三仞三沮，乃以为池。”湮，亦塞也。照这样说，禹也是用土石以填塞洪渊的。《淮南》书说：

凡鸿水渊薮，自三百（王念孙云：百字衍文）仞以上，二亿三万三千五百五十里（王云里亦衍文)，有九渊。禹乃以息土填洪水……掘（高注：“掘，犹平也”）昆仑虚以下地。(《地形训》)

“息土”，高诱注云：“不耗减，掘之益多。”试想，如果不是有这“不耗减”而“掘之益多”的“息土”，禹如何能填塞那许多洪渊呢？“息土”当即上文所说的“息壤”。讲到这里，我们心中不期然发生一疑。《山海经》不是说鲧之平水，也是用“息壤以湮洪水”吗？何以不能成功？何以为天帝所杀？这个疑问大约可以这样地回答：鲧听信鸱龟的惑诱，而欲障水，故不能成功；又“窃帝之息壤”，“不待帝命”，故被殛死。至于禹，他能“念前之非度”，而“厥谋”又“不同”，所以他能成功。

禹填洪渊，从一方面说是“治水”，但从另一方面说又是“敷土”。古昔相传：

洪水芒芒，禹敷下土方。(《诗·商颂·长发》)

禹敷土……奠高山大川……九州攸同，四海隩既宅。(《禹贡·尚书》)

禹敷土，平天下。(《荀子·成相》)

帝乃命禹卒土以定九州。(《山海经·海内经》)

傅读曰敷。(《史记》引敷作傅。)敷，治也。“敷土”即治地。地如何地敷治？这在古人的设想中，“敷土”和“补苍天”一样都不是容易的工作，何以呢？原来古人相信，这方方的地和那圆圆的天一样颇费神们一番苦心的经营。他们“经天”，将天形成“九部”，他们“营地”，把地分为“九州”。相传后来的九州便是禹用“息土”重新造的。《淮南》记：

中央之极，自昆仑东绝两恒山，日月之所道，江汉之所出，众民之野，五谷之所宜，龙门河济相贯，以息壤堙洪水之州，东至碣石，黄帝后土之所司者万二千里。(《时则训》)

注说：“禹以息土湮洪水，以为中国九州。”(《御览》引）因为共工“堕高山，堙池泽，雍防百川”，故禹复“奠高山大川”。《淮南》说：“禹乃以息土填洪水以为名（大）山”(《地形训》)。《山海经》则似云由于“积石”：

大荒之中有山……名曰禹所积石。(《大荒北经》)

> 禹所积石之山在其（搏父国）东，河水所入。(《海外北经》)

山名"禹所积石"，显言此种山之成是由禹所积石而成者。不过无论是由于"积石"，或由于积土，名山总多为禹所重造的。（以下举例有删节——本书编者。）积土和积石以成高山，当然是神话。在后人想来，自然是断无此理的。

这是甸山，再说导水。《天问》问："应龙何画?"王逸注："有翼曰应龙。"或曰："禹治洪水时，有神龙以尾画导水，注所当决者，因而治之。"应龙是古代神话中著名的水怪。《山海经》曾说："旱而为应龙之状，乃得大雨。"这怪物，曾助黄帝攻伐战神蚩尤，曾为女娲驾过雷车。依上说，它又曾助禹导过洪水。在这治水的故事中，应龙导水这一节实很需要。试想：百川已壅，池泽复堙，则"泛滥于天下"的滔滔洪水，不导泄，如何得了呢?

应龙"以尾画地"，使"水由地中行"，"注所当决"；大河名川，遂由此而造成。如果不得应龙的帮助，真叫"禹亲自操橐耜"（《庄子·天下篇》），"日夜不懈"（《吕览·古乐》）地"凿龙门，辟伊阙"（《淮南·人间训》），"掘地而注之海"，使"水由地中行"（《孟子·滕文公下》），不要说"四载"，就是"八年于外，三过家门而不入"（《孟子·滕文公上》），或者"十三年，过家而不入门"（《史记·河渠书》引《夏书》），也是不能够的。这种神话流传得很久，古《岳渎书》所说："巫支祈为孽，应龙驱之，其后水平，禹乃放应龙于东海之区"，当然是从这个神话度演而出的一种说法。

总之，平治水土在古人想象中，确不是一件平常的功业。禹不仅有神通，而且有谋略。所以他成功了。

本文原载《说文月刊》1942年第3卷第9期。收入本书时有删节。

我们怎样来治传说时代的历史

徐旭生

徐旭生（1888—1976），原名徐炳昶，笔名虚生。河南唐河人。古史专家、考古学家、神话学家。1906年入北京豫学堂，1913—1919年在法国巴黎大学攻读哲学。1919年回国后任北京大学哲学系教授。1937年任北平研究院史学研究所所长。曾参加过1927年的西北考察和1959年的夏墟调查。徐旭生1941年提出"古代部族三集团说"（华夏集团、东夷集团和苗蛮集团），1943年著《中国古史的传说时代》，对中国神话研究有重要影响。

一、何谓传说时代

研究各民族的文字发明与发展的历史，就不难看出来文字原始是由绘画演进变化而来，最初的时候字数很少，字画却是很繁多，极不便于使用。经过几千年广大劳动人民的努力，字数才渐渐丰富，字画也渐趋简易，便于使用。因为初期文字的寡少，不惟无法普遍行使，就是拿它们写一篇简短的文章，记录社会内经过的巨大的事变也很不够，所以在早期发展的各民族（用这一词的广义）中，它们最初的历史总是用"口耳相传"的方法流传下来的。又经过数千百年，文字逐渐增多，才能用它们记录当日经过的重要事迹。如果我们现在能找出他们当时的记录，我们才可以确定他们的时代为狭义的历史时代。他们虽然已经进入狭义的历史时代，可是他们的记录通常是很简单的，所记录的不过是当日的重大事迹。至于把一切口耳相传的史实搜集起来，整理起来，记录起来，他们当日还没有那样的能力，也没有那样的兴趣。并且在这个时候通用的语言已经相当复杂，而文字的发展却远远落后于语言的发展，所以当日的文字，只能记事，不便于记言，可是当日的重要的语言也会有一部分流传下来。又经过了不少的年岁，文字更加丰富，才达到可以详细记录语言的阶段，而后从前传说的事迹和语言才会时时发现于个别人的语言中间。此后文字的使用越广泛，所发现的传说的事迹就越丰富。最后才会有人把它们搜集、综合整理、记录。这件工作，在各民族里面，总是比较晚近的事情。这一段的史迹，从前治历史的人并没有把它同此后的史迹分别看待。可是二者的差异相当地大，所以现代治历史的人把它分开，叫作传说时代以示区别。

我国，从现在的历史发展来看，只有到殷墟时代（盘庚迁殷约当公元前1300年的开始时），才能算作进入狭义的历史时代。此前约一千余年，文献中还保存一些传说，年代不很可考，我们只能把它叫作传说时代。

二、我们怎样来治传说时代的历史

传说时代的史料和历史时代的史料在性质上主要的不同点，为前者的可靠性比后者的可靠性差。固然，历史时代的史料也有很多不足靠的地方；并且，古人把事迹记录到简策上面，而简策散乱经过重新整理后可能有错误；文字本身也可能有脱落和无意义的衍增；文字的意义，由于时代的不同，也可能有很大的变化。可是，无论怎么样，如果已经有了当时人的记录，现代的历史工作人总还可以根据当时的环境状况推测他所记录的可靠的程度。至于错简、讹误、省夺、衍文、歧义，以及其他文字方面的问题，细心的工作人总还比较容易地把它们找出。总括一句话说，就是一件史实一经用文字记录下来，可以说已经固定化，此后受时间的变化就比口耳相传的史实小的多。教心理学的先生常常作一种试验：把他的几十个学生暂时赶出课堂外面，仅留一人，给他说一件简短的故事；完毕后，叫第二人进来，命第一人向第二人忠实地述说此故事；此后陆续叫第三人、第四人，以至最末一人，命他们陆续向后进来的人述说同一的故事。最后可以发现最末一人所听到的故事同第一人所听到的有相当大的区别，由此种试验可以证明口耳相传的史实的容易失真。并且当时的神权极盛，大家离开神话的方式就不容易思想，所以这些传说里面掺杂的神话很多，想在这些掺杂神话的传说里面找出来历史的核心也颇不容易。由于这些原因，所以任何民族历史开始的时候全是颇渺茫的，多矛盾的。这是各民族共同的和无可奈何的事情。可是，把这一切说完以后，无论如何，很古时代的传说总有它历史方面的质素、核心，并不是向壁虚造的。掺杂神话的传说，在俄文叫作Легенда，英文叫作 Legend，法文与德文也大致相同，不过字尾小异。同纯粹的神话，俄文 миф，英文 myth（法文与德文也仅是字尾小异）有分别。在西文中，以上两个字，因为意义相近，有时候用的也颇含混，可是，普通说起，总还是有分别的。比方说，在希腊，关于 Zeus 的出生和经历自然是纯粹的神话，可是，在《依里亚德》和《奥德赛》两部史诗内所载希腊和特罗意的战事，无论里面掺杂了多少神祇的干涉、奇奇怪怪、非人情所有的故事，它仍只能算作传说，因为这个相当长的战事是曾经有过的。至于传说里面所掺杂神话的多少，大致是越古越多，越近越少。另外一点就是也常常由于各民族所保有的幻想力的不同而大有差别。比方说，古希腊人的幻想力特别发达，所以在他们的传说中所保存的富有诗意的、稀奇古怪的、颇远人情的故事很多；至于我们中国人的祖先却是比较喜欢平淡的、富有实在兴趣的、幻想力不很发达的，所以我们所保存下来古代的故事，比之希腊的，专就神奇一方面来讲，可就差得多了。——总之，传说与神话是很相邻近却互有分别的两种事情，不能混为一谈。

在我国，能把传说时代和狭义的历史时代分别开是一件很新近的事情。我国从前总是把书籍分为经、史、子、集四大类。除集部书籍对于古史方面无大关系外（解释古书自然也有关系，这是专从保存史料的观点来看），权威最高的是经，其次是正史。至于在先秦及两汉诸子书中所保存的古史资料，那是以经和正史为标准定去取的：合于它们的为真，不合于它们的为伪。因为《尚书》头三篇叙述尧、舜、禹的事迹，所以他们在我国古史中就占了极崇高的地位；因为《周易·系辞》说尧、舜以前还有包牺、神农、黄帝诸帝的存在，所以他们也得到很高的崇仰；因为《大戴礼记·五帝德》、《帝系》两篇，《史记·五帝本纪》、《夏本纪》、《殷本纪》三篇详细叙述五帝的系统及其相互间的血统关系，夏、殷两代先公及先王的次序，所以这些说法在数千年的历史界中也有很高的权威；因为《周礼》中有"外史掌三皇五帝之书"的话，所以虽说三皇究为何人，诸说分歧，又有刘恕、崔述诸人的大胆怀疑，可是在这两千年间的知识界中还是倾向着相信五帝前还有三皇的存在；因为诸子中又有有巢、燧人诸说，所以此二名虽不见于经及正史，也是倾向着相信有这二人或二氏族，可是终因不见于经及正史，所以对他们的信仰也就较差。两千年来由于人智的进化，知道了神话的不可靠，就逐渐把古史传说加以修正，加以"人化"，对于古史资料其他不可靠的部分也渐渐地能怀疑，并且加以严格的批判。在这一方面有相当大的成绩。但是，无论如何，他们怀疑和批判的对象全是部分的，他们所做的是修正或补正的工作，经的最高权威在基本上并没有动摇，传说时代所流传下来的一部分古史资料，在经典的荫庇下，在前二千年间的人的心目中，是比将来正史中所载史实更可靠的。就是清末夏曾佑把自"开辟"至西周列为传疑时代，他也不过是对于古代传说的多歧异性加予注意并指出，对于经书和正史的权威，并没有动摇它们的企图。《通鉴考异》一书在全世界为最早批评史料的一部大书，但是此后进展得很慢，并没有在历史界中成为一个大运动。西欧直到十九世纪中叶以后，批评史料的风气才大为展开，而且进步很快，在历史界中成为一种压倒一切的形势。自辛亥革命以后，这个潮流才逐渐扩展到中国。我国历史界受了西方的影响，对于古史才逐渐有所谓疑古学派出现。这一次参加的人数很多，工作的成绩也很丰富，一大部分由顾颉刚先生及他的朋友们搜集到《古史辨》里面。他们最大的功绩就是把在古史中最高的权威，《尚书》中的《尧典》、《皋陶谟》、《禹贡》三篇的写定归还在春秋和战国时候（初写在春秋，写定在战国）。这样一来，它们的可靠性也就很成了问题。另外，这两千年间，地下的古器物随时都有发现。到十一世纪以后，又有不少专门记录古器物的著作。到十八九世纪，对于古文字、古器物，又有不少专门的研究。虽然如此，这些古器物的发现全是偶然的；记录和研究的著作都还不能超出鉴赏古董的范围；真正拿这些文字或器物考证古史的成绩却极有限。在地下发掘古器物并及遗址和遗迹的技术也是从西方于辛亥革命后渐渐传过来的。数十年安阳殷墟的学术发掘才能把狭义历史时代展到殷朝中叶，盘庚的时候。由于疑古学派（广义的）历史工作人及考古工作人双方的努力，才能把传说时代和狭义历史时代分开，把盘庚以前的时代叫作传说时代，以后的时代叫作历史时代。

近三十余年（大约自 1917 年蔡元培长北京大学时起至 1949 年全国解放时止），疑古学派几乎笼罩了全中国的历史界，可是它的大本营却在《古史辨》及其周围。他们工作的勤奋是很可敬的，成绩也是很大的，但是他们所用的治学方法却很有问题。主要的，去世的张荫麟先生已经指出，就是太无限度地使用默证。这种方法就是因某书或今存某时代之书无某史事之称述，遂断定某时代无此观念。对这一方法，法国史家色诺波说得不错："现存之载籍无某事之称述，此犹未足为证也，更须从来未尝有之。故于载籍湮灭愈多之时代，默证愈当少用。其在古史中之用处，较之在十九世纪之历史不逮远甚。"① 极端疑古学派的工作人对于载籍湮灭极多的时代，却是广泛地使用默证，结果如何，可以预料。第二，他们看见了不合他们意见的论证，并不能常常地审慎处理，有不少次悍然决然宣布反对论证的伪造，可是他们的理由是脆弱的，不能成立。比方说，看见《尚书·立政篇》内含有尚贤思想，就宣布它已经受了墨家思想的影响，为战国人的伪造。可是，古人之所谓贤，也不过是说某人比较能干。远在氏族社会的时代，"美洲印第安人诸部落差不多都有两种等级的酋长，可以区分为世袭酋长（沙齐姆）和普通酋长。……世袭酋长的职位在氏族内是世袭的；这里所谓世袭，是凡遇有空额出现随即补充的意义。至于普通酋长之职，是用以酬答个人的功勋的，个人死后亦即随之而终结，所以系非世袭的。再者，世袭酋长的任务只限于管理平和的事项。他不能以世袭酋长的资格参加战争。反之，普通酋长一定要他个人具有武勇的精神，对于事务有敏活的手腕，在会议中有雄辩的才能，才能够得到被选为酋长的地位；虽然他的权力不能凌驾于氏族之上，但是他却是才力出众的一类人物"。普通酋长是选举的，并且，氏族的各成员对于他"都保有罢免权，其结果，只有在行动善良时期以内，才能实际继续其职务"②。这样不是尚贤的办法是什么？总之，人类有了社会的组织与战争的行动，却不选择比较能干的人去处理这些事务，他们怎么样能生活下去？就是在周公的时候，"武王之母弟八人，周公为太宰，康叔为司寇，聃季为司空，五叔无官"③，这就是说周武王有同母的八个弟弟，只有三个做太宰、司寇、司空的官职，另外五个弟弟虽然各有食邑，却都没有官职，并且聃季称作"季"，可见他年纪最少，因为特别能干也做了官，可是他的五个哥哥还不能同他比。这样的情形不是尚贤是什么？尚贤的办法怎么能同亲亲对立来看？由于他们处理史料这样的不审慎，手里又拿着古人好造谣

① 《古史辨》第二册，第 271—272 页。
② 莫尔甘：《古代社会》第二编第二章，三联书店 1957 年版，第 74 页。
③ 《左传》定公四年。

的法宝，所以所至皆破，无坚不摧！可是，破了和摧了以后，他们自己的说法是否能够建立，那却太成问题了。我们如果细读孔子、墨子、孟子、荀子、韩非子、司马迁诸人的遗书，并不难看出他们治学的态度比现代的极端疑古学派人还较慎重。他们固然为时代所囿，环境所限，所谈的古史资料还有不少的不足信的地方，在他们各学派之间，因为所根据的传说来源不同，所以他们所叙述，还有不少互相矛盾之处，并且，由于他们在主观方面见解不同，因而在称述的时候，无意中也常常有把主观的见解增损客观事实的地方；这一些全是不可否认的。可是，总要知道，这些全是普通的情形，极难避免。至于明知道事实的经过并不如此，却因为自己立说的利便，故意捏造出来，有意地骗人，我们现在还没有找出来一点可靠的证据，还不敢，也不应该那样说。第三，在春秋和战国的各学派中间所称述的古史，固然有不少歧异、矛盾，可是相同的地方实在更多。比方说，禹治水的传说，尧、舜、禹三人相互的关系，在先秦诸子中，可以说大致是相同的，没有争论。而疑古学派的极端派却夸张它们的歧异、矛盾，对于很多没有争论的点却熟视无睹，不屑注意！要知道春秋末期和战国时的学术空气是相当自由的，各学派中间的互相驳斥是并不容情的。一家造谣，正诒别家以口实，何以别家全闭口无言，默示承认？第四，他们对于掺杂神话的传说和纯粹神话的界限似乎不能分辨，或者是不愿意去分辨。在古帝的传说中间，除帝颛顼因为有特别原因以外（原因详第二章第五节——按指作者的《中国古史的传说时代》一书——本书编者），炎帝、黄帝、蚩尤、尧、舜、禹的传说里面所掺杂的神话并不算太多，可是极端的疑古派都漫无别择，一股脑儿把它们送到神话的保险柜中封锁起来，不许历史的工作人再去染指！如果拿希腊的传说来比较，关于提秀斯的神话，不比中国古帝传说中所掺杂的神话少，[①] 可是恩格斯在《家庭、私有制和国家的起源》里面，叙述雅典国家起源的时候，还提到提秀斯"所起草的宪法"，把全体人民所分的三个阶级，说他"形成国家底最初的企图就在于破坏氏族的联系"[②]，并不把这些史实放在神话里面，把它们封锁起来。至于说"马克思辈所发见的方法，其实都是社会学的而不是历史学的"，"社会学者对于材料的要求，只取其共同现象而不顾它的特殊之点。历史学者就大不同了"。[③] 这是对马、恩派学者的历史著作毫无所知，却来信口雌黄罢了。最后，尧、舜、禹的人格问题，几乎可以说为疑古学派所努力打击的中心问题。现在如果用社会发展史的观点来看，并不难看出尧、舜、禹的时代是我国原始公社社会就要没落，私有财产社会就要建立的时代，这一点在《礼记·礼运篇》内指示得很清楚。《礼运》成

---

① 关于提秀斯的神话，有：他娶克里特国王米诺斯的女儿阿里亚娜为妻；靠着她给他的一根线，才能走出了迷宫，并杀死牛头人身怪米诺斗篓斯；他以后舍弃了爱他的妻，致她从一块岩石上跳入海中；因为他严重地冒犯冥王，被判决入地狱，并且永远坐着不能起立；等等。

② 恩格斯：《家庭、私有制和国家的起源》，人民出版社 1955 年版，第 106 页。

③《古史辨》第五册，刘序，第 2—3 页。

书虽不很早，然而总不超乎纪元前第三和第二世纪范围之外。但是主要点还不在此。主要的是它所指出大同时代的特征："故人不独亲其亲，不独子其子"（这是说当日的婚姻制度与此后不同），和"货恶其弃于地也，不必藏于己；力恶其不出于身也，不必为己"（这是指明当日财产还属公有），小康时代的特征："各亲其亲，各子其子；货力为己"，同现代唯物派历史学者所找到的结果相符合。战国后期和两汉前期离那个时候大约要快两千年，私有财产制度已经建立很久，公有财产制度已经早无残余，如果不是由于古代的传说说从前有过那样一类的制度，那当时的人对于大同时代（原始公社时代）的情形很难想象；即使想造谣，也造不出那样的谣。所以《礼运》作者所说大同和小康时代的区别，除了他前面假托孔子的说话不足信外，可以相信有古代真实的传说作为质素，经他略加整理后写到简策上面。私有财产制度，将来虽说又产生出来很多的灾祸，可是当它开始建立的时候，实有赖于社会生产力的特别发达。所以尧、舜、禹的时代应当是一个社会生产力比以前大发达的时代，进步较速，由量变达到质变的时代。后代学者不晓得社会进步主要是靠着劳动大众的努力，拿出来当日的几个首领为代表，归功于他们，也是一件不难了解的事情。传说日久，附加的理想成分越多，可是它的本身却是当日实在经过的事件，并不是某些人臆想的结果。日本的御用学者倡"尧、舜、禹抹煞"的议论，自有他们便利侵略，不可告人的隐衷，并不是科学研究的成果。我国在本世纪初叶，因国势的衰弱，社会的不安，半殖民地的意识已经深入人心，而买办资产阶级的学者胡适等人更从美国帝国主义御用学者方面贩运来假冒科学招牌的实用主义哲学，传播毒素。用一种类似科学的方法，拉着科学的大旗，遂使年轻一辈的历史工作人望风而靡，不惟不敢持异论，并且不敢有此企图！极端的疑古派学者直接或间接，有意或无意，沾染了帝国主义御用学者的毒素，对于夏启以前的历史一笔勾销，更进一步对于夏朝不多几件的历史，也想出来可以把它们说作东汉人伪造的说法，而殷墟以前漫长的时代几乎变成白地！要之，疑古学派最大的功绩，是把《尚书》头三篇的写定归之于春秋和战国的时候，这些我在前面已经说过。至于他们所说：既然此说不见于春秋以前人的记录，那一定是春秋人的造谣，或不见于战国以前人的记录，那一定是战国人的造谣，那却是很不科学的，不正确的。这个时候，虽说还有一部分的学者对于他们某部分的不赞成，不肯随声附和，可是并没有人能看出来他们错误的根源何在，更不要说纠正他们的根本的错误，所以也没有多大用处。此时，已经有少数青年学者开始用唯物的方法研究历史，可是这一派处于正在产生，正在发展的阶段，当日在各大学中的势力几乎全为疑古派所把持。直到全国解放以后，史学工作者几经学习而后才渐信唯物方法为必须坚持，千万不可违背的最高规范，可是原来从帝国主义者御用学者所吸进的毒素还是藏蔽于思想的深处以隐隐作祟。治古史的人一谈到传说的资料，总是左支右吾，不敢放手去工作，就是有些位大胆使用这些资料，却也难得史学界的同意。不同意的原因，大多数并不是想纠谬补缺，使资料的处理更为合理，却是从根本上疑惑这些资料的可用与否。这样的倾向仍是半殖民地意识所推动的极端疑古思想在那里隐隐统治。不把这一点弄清楚，传说时代史迹的处理，实则无法进行。正面分析疑古学派的工作，指出他们的得与失，接收他们努力所获得的成绩，批评他们所使用的不正确的方法，矫正他们错疑所不应疑的偏向，使治此段历史的方法可以早入正轨：那就是想治此段历史的人所迫不容缓，应赶紧解决的问题。

本文为徐旭生所著《中国古史的传说时代》（中国文化服务社 1943 年版）的第一章，原名《论信古》。据作者 1957 年 5 月 14 日在该书增订版（科学出版社 1960 年版）的《叙言》中说："原书第一章题为《论信古》，现在主要意思无变化，但文字却完全改写，题目也改作《我们怎样来治传说时代的历史》。"现据该书文物出版社 1985 年版，并做了删节。

洪　水　解

徐旭生

洪水传说的性质

在世界上历史较古的人民里面差不多全有关于洪水的传说。浮浅的观察人，有些人觉得这是一种共同的神话，里面毫无历史的因素，跟着就想用这种共同的神话证明人类的同源。实则，人类是否同源是一个与洪水问题没有深切关系的问题。人类即使异源，如果他们处于相类似的环境，仍不妨发生相类似的以至于相同的神话或传说。各族人民发生这样相类似的洪水传说，起源颇为复杂。本书后面附录苏秉琦同志所译的富勒策的《洪水故事的起源》，在这一篇文中的结论，我们相信大致是正确的。读者可自参考，我不拟对此点多说话。我现在只想对两类的研究人说几句话。

这两类的研究人全承认洪水的传说有历史的因素，并且全想在科学方面找出根据。一类研究人听说地质上常常有变迁，比方说：在远古亚洲与澳洲曾相连为一大陆，印度及中国的一部分曾为大洋等类，就推论说"滔天"并几乎毁灭全人类的洪水就是这样的大变化。在十八世纪及十九世纪前半的神学家们往往主张这一种说法。这一类的大变化虽然实在发生过，但是这发生在古生代、中生代，或新生代的前期，它们离现在或超过十亿年，或已经几亿年，最近的也在几千万年或几百万年以前，可是我们人类的出生仅在于新生代的后期，更新统，距现在不能超过一百万年。像前面所说的远古，当日还没有人类，怎样能有遗事的流传？所以这一类的解释很不适当。另外一类研究人用冰期的消退解释洪水的起源。他们觉得当日地球上的气候变暖，冰河消融，泛滥流溢，遂成洪水。这一类的解释比上一类近情理得多，距现在仅几万年，仍为人类记忆范围之所能及。虽然如此，我国洪水发生的时期相当明确，大约不出公元前第三千年的后期。冰期在欧洲留遗的痕迹比较明显。我国古代是否有冰期，现在还没有定论。即有冰期，它的消退也似乎不能在万年以内。拿它来解释洪水，时代仍嫌过远。所以这一类的解释仍不能认为适当。

我们觉得想解释我国所发生的洪水的性质，预先应该注意到两件事：

第一，应该注意到掘井技术的发明是一件相当晚近的事，大宛在汉太初元年（公元前104年），城中还没有井，在城外流水中汲水。"新得秦人"（即中国人），才学会穿井取水的方法，① 这就足以证明掘井技术的非原始性。我国在洪水以前，掘井的技术还没有发明（见后），人民居住的地方不能离水边太远。如果在陕、甘及河南西部黄土原边的台阶地上面，离水不远，可是它的高度已经颇快地增加，那是古代人民住居最理想的地方。在那里平时顺原边掏窑洞居住很容易，下原取水也不困难，即使有霖雨为患，河水增涨，可是他们居住的窑洞高在原边，漂没它们却是不会有的事情。在山西山岳地带的山坡上，情形大约也相差不多。至于伏牛、外方、太行各山脉东边的大平原，一望无际，走过几百里不见一个小山坡的地方到处都是。湖、河的底同岸的高度的差别有些地方不过几尺。在那样的地方雨潦稍多，就很容易成灾。

第二，应该注意到地球上的雨量是有定期性的。美国专家岛格拉斯以松柏类树木年轮的厚薄研究各年降雨量的多寡，证明自四世纪后雨量骤减。直到十世纪末量又稍加。五十年后又减。到十二世纪的末叶至十四世纪的初期，雨量又增加。从十五世纪到十六世纪的初期，雨量又很减少。我国专家竺可桢先生也从我国数千年来史册上的记载证明我国在南宋时代，黄河流域下游四省的水灾比北宋、五代特别少，旱灾却除河南外，比北宋、五代特别多。他又据 wolfer 的学说，知道这样气候是受了日中黑子的影响，当十二世纪时日中黑子的确特别地多，可是在这个时期，长江流域各地却是同黄河流域相反，雨量有增加的现象。这一切可以证明：（1）降雨量经过数十年或数百年可以有重要的变化。（2）地面上各地由于离海洋远近的不同，去高山距离及海洋温寒流距离的各异，分成各个不同的区域，各区域中降雨量的增减，可以互不相同或互相反对。②

注意到上面所说的两种现象，再设想在某一个大平原上面，有几十年或几百年降雨量比较稀少，人民因为当日还没有发明出来掘井的技术，生活就被限制在湖泊或河流的附近。冬春水小，夏秋水大，他们由于经验，是很知道的。他们积数年或数十年的经验，可以看出夏秋的涨水总有一个超不过的界线。在这界线以外的近处就应该是他们氏族聚居的地方。这样就在冬季取水也还不至于太远，在雨季水涨的时候也还不至于有漂没的危险。在他们的庐舍里面，集放些磨光的石器，粗陋的陶器，以及其他费了不少劳力制造出来的用具。他们经过惨淡经营以后，以为将来虽然仍是辛辛苦苦，却可以安安生生地生活一辈子了。不料过了若干年以后，气候忽然变迁，雨量增加，山水大来，湖泊或河流的涨溢超出了前几十年或几百年的界线。他们的住居全被冲坏，他们大部分的用具全被漂没。如果山水来在深夜，大约还不免有人畜的伤亡。在将来掘井技术发明以后，人民可以住在离水远的地方，或在已

① 《史记》卷一百二十三，《大宛列传》。
② 参考竺可桢：《中国历史上的气候的变迁》，载《东方杂志》第 23 卷。

经筑有坚固堤防的时候，这样规模的灾害也许算不了什么，可是当日大家还不能离水远住，又没有什么样的堤防，就会成了无法忍受的巨灾。并且，如果这个时候人民的生活状况还滞留在渔猎与畜牧的阶段，那还不很要紧：在渔猎的境况，水涨水落本没有大关系；在畜牧的境况，也不妨把家畜赶到高处，"逐水草而居"。在这时候洪水的成灾还不能在人民的心理上留下太深的印象。可是人民生活一进入农业阶段，那就室有定居，田有定界，日用器皿也逐渐复杂美备。虽说古代人口稀少，闲田还多，迁移不怕没有地方，可是水灾以后，重建庐舍，重置器皿的工作全不容易。更棘手的是：冬春水落，常常仍退到原来的界线，移居过远，又会遇着取水的困难。就旧居重建，而明年夏秋仍受威胁。连年水涨，生活的困难就会逐年地增加。并且他们的耕地离开他们的住所不能超过三二里地的距离，再往前走，大约要受巨大乔木森林的包围，因为当日的人所用的主要工具是石器，用这些粗陋的工具以清除林木，实在太不容易。大约还是用火的时候更多，古人所说的"火耕"，本义就是这样。可是火虽说能烧掉树木的枝干，却不能消除它们的根株。后一种的工作是他们经过若干年，费去很多的艰辛才能达到。所以在当日想改换住居和耕地的位置，实则是一件几乎无法克服的困难。这个时候，洪水的流量未必就远超过往时，可是损失的巨大，对于人民印象的深刻，却会超过很远。

从以上所说就可以明白各地方的有关洪水传说，不惟各有它的历史及地理的背景，多非臆造的神话，并且它们那相对的时间虽说大约全在农业的初期，可是绝对的时间却是各有差别，并非同时。传说中间所涵神话量的多寡却与每一部族人民的幻想力发达的高度为正比例。我国人民性情朴质，幻想力不够发达，所以他们所保存的传说离实在经过的历史还不很远。搜集较古的传说，用批评的精神，区别某部分为纯粹的神话，某部分为历久失实的传说，某部分为当时真正的经历，那就是我们做历史工作的人所应该竭力以赴的目标。

大禹的治水

大禹是从他的父亲就开始治水的，所以谈他的治水，就应该从他父亲谈起。他的父亲叫作鲧。按《国语·周语下》称他为崇伯。《汉书·地理志》颍川郡崈高县下，班固自注："武帝置以奉大室山，是为中岳。"颜师古注："崈古崇字。"今称嵩山，嵩为崇的别体。崇地就是指今河南登封县嵩山附近地。《国语》鲧作鲧，是因为玄古作幺，与"系"形近互讹。另外还有几个异体，因为不常见，可以不说。关于鲧的传说有两大类：一类是说他治水，因为他不循正法所以无成功。《尚书·尧典》及《洪范》，《国语·周语下》全说到这件事，下面还要详细解释。另一类是说他创作城郭。《吕氏春秋·君守篇》说："夏鲧作城。"《礼记·祭法篇正义》解鲧，引《世本》说他"作城郭"；《水经注》卷二河水下也引《世本》说："鲧作城"；《广韵》引《世本》却说作郭。内为城，外为郭，分别不大。或《世本》原为"作城郭"，所以《水经注》同《广韵》各引它的一半。《淮南子·原道训》也说："夏鲧作三仞之城，诸侯畔之，海外有狡心。"这两大类的传说，从前人没有从它们中间看出有什么关系。我们觉得这实在是一件事，并非两件。《尧典》说帝尧忧洪水的泛滥，问大家谁可以治，大家公推鲧可以治；帝尧说他任性得很，不赞成，四岳说使他试试看，不行再作商量，帝尧只好让他去治；可是果然"九载绩用弗成"，这就是说他治水多年也没有成功。《尧典》所述的经过或与当日经过的实在情形相差不远，因为当日的部落会议，首长也无法不采用大家的意思。不过据《尧典》所说，尧最初问的是四岳，以后强举鲧的仍为四岳，我们倒觉得这未必靠得住，因为据《国语·周语下》所说，四岳是因为佐禹治水有功，才受命为侯的。在这样的早期就有很大的权力，像是不很可能。但是，据《尧典》所说，尧还要让位于他，以后在先秦诸子中又演成尧让天下于许由的传说，又似乎他很早已经显名。古史茫昧，不可妄加测度。关于洪水的原因，《庄子·秋水》有"禹之时，十年九潦而水弗为加益；汤之时，八年七旱，而崖不为加损"之文，《管子·山权数》也有"禹五年水"之文，《荀子·富国》有"禹十年水"之文，《淮南子·齐俗训》也有"禹之时，天下大雨"这一些全可以证明尧舜时代恰好遇着雨量由少变多的周期。说鲧治水九年没有成功，九仍是指多的意思，并不限于八加一，十减一的数目。这里只说他不成功，却没有提到他不成功的原因。《尚书·洪范篇》说："鲧陻洪水。"陻与堙同，是窒塞的意思。可是他怎样去堙塞，也不详悉。《国语·周语上》说的更详悉一点："有崇伯鲧……称遂共工之过"，这就是说他所用的不适当的办法是沿用共工氏的旧法子，共工氏却是"欲壅防百川，堕高堙庳以害天下"，这就是说他想防治水流，就把高地方铲平，把低地方（庳与卑同）填高。这样工作后人解释为筑堤防是对的。不过现在人一谈及堤防就会想到"千里金堤"一类的建筑，绵亘几百里，夹河两岸。其实这也像"万里长城"，是古代所不能有的东西。共工氏不过是当时的一个氏族。《国语》虽说它"伯九有"，就是说它为九州的伯主，这也是拿春秋时的形势揣测古代的情形，其实它也不过是强盛显名，在部落会议里面，其他的氏族也常常需要听用它的话罢了。在各氏族的疆域里面兴师动众，建筑沿河的长堤，在当日的环境中是不可能的。那么，它所使用的堤防是什么样的呢？钱穆曾说一句很中肯的话，是："耕稼民族的筑城有两种用意：一是防游牧人的掠夺，而另一是防水灾的漂没。"[1] 城同堤防本来是同一的东西：从防御寇盗说就叫作城；从防御水患说就叫作堤防。共工氏所发明，鲧所沿用的堤防（也就是鲧所作的城或城郭）大约就像今日北方乡间所筑的土寨子或叫作护庄堤。因为共工氏不过防它自己氏族的淹

---

① 钱穆：《论秦以前的封建制度》，载《治史杂志》1939 年第 2 期。

没，所筑有限，鲧却是为各部落所推，大规模地工作，所以创作城郭的荣誉不正确地归于他。主要的城恐怕是筑起以防宗邑帝丘的淹没，余下的防御其他都邑。规模也许相当地大；不惟包围人民的庐舍，并且包围他们的耕田。每年秋后雨季过去，他就发动民众，大兴工程，觉得明年雨季大约可以不怕，可是次年雨季山水一来，又复漂没。他想不到水流不畅，防治无益，就又再作，加高加厚。历年加高，或真有些到了"三仞"。可是不管他怎样努力，他那头疼医头、脚疼医脚的办法终究无法成功。鲧既失败，被逐远出（殛是诛责的意思。古人辩鲧并非被杀，大致不错），但是洪水继续为患，还是不能不治。共工氏同鲧虽说失败了，可是他们积累了不少失败的经验，成了治水的世家。不想治水则已，想治水就不得不往治水世家里面找人才。大禹同四岳被举治水，利用他们家世的失败的经验，觉悟到从前所用枝枝节节的办法不能解决问题，必须大规模疏导，使水畅流，才有办法。《禹贡篇》内所叙导山和导水的办法，固属张大其辞，把春秋战国时候所知道或听说的（如黑水）山水完全叙述一遍，不是大禹时代所能有的事实，但是想疏浚水道，必须把水源、上游及下游约略考查一过，也是必然的道理。《禹贡》内说："导河积石"，是说积石山为黄河发源处，导河从那里开始。后人对于积石山的所在处，纷纷聚讼，归结也未能找出定论。其实对于这个问题实在不必聚讼。《山海经》屡次说到"禹所积石之山"① 足以证明"积石"二字并不是一个专名。我们可以想象大禹、四岳同他们的几个随从顺着黄河上溯，经历险阻，走过不少地方。最后走到某一地方，觉得考查已经可以作一段落，于是积一大堆石头，就像现在蒙古人所堆的"鄂博"一样，以帮助将来对于此地的记忆；后人因为这件事情，就把这一带的山叫作禹所积石之山；积渐岁月，遂缩短为积石之山或积石山，应当也是很近情理的事情。地方是在今山西、陕西、内蒙古自治区、甘肃，均不可知。所可知的，地在今龙门的上游，名为固定的名，地却非固定的地，随我国人地理知识的进步，地名也逐渐远移，就像昆仑的名字一样：大约是一定的。他们这一次的施工，我国远古三部族集团，当时因为三苗氏还没有降服，南方苗蛮集团大约没有参加。至于华夏、东夷两集团合作的程度相当密切。东方的首领，皋陶与伯益，由《论语》②、《孟子》③、秦先世的传说④及其他古代的传说，均足以证明两集团的合作达到接近理想地步。禹娶于

---

①《海外北经》。至《海内西经》却作"禹所导积石山。"《大荒北经》说："其（先槛大逢之山）西有山，名曰禹所积石"。只有《西次三经》作"积石之山"。
②《颜渊篇》末说："舜有天下，选于众举皋陶。"
③《滕文公》上篇说："舜使益掌火"，"舜以不得禹、皋陶为已忧"。
④《史记·秦本纪》中说："……大费与禹平水土，已成，帝锡玄圭，禹受曰：'非予能成，亦大费为辅。'……大费……是为柏翳（伯益的异写）。"

涂山氏①，涂山为今安徽怀远县东南淮水南岸的一座小山，那么，禹妃或出于东夷集团，禹与该集团有婚姻的关系。

这一次的施工方法，在先秦书中，只有《国语》、《墨子》、《孟子》三书所记较详。除《墨子》所记过于夸张，留待下文检讨外，我们可以从《国语》、《孟子》两书得到它大约的轮廓。《国语·周语下》说：

> 高高下下，疏川导滞，钟水丰物。封崇九山，决汩九川，陂障九泽，丰殖九薮，汨越九原，宅居九隩。合通四海。

"高高下下"是说顺天地的自然，高的培修使它更高，低的疏浚使它更深。钟是聚的意思，"聚畜水潦"，可以养鱼虾，种菱茨，为民生利用，所以说丰物。此下说九，仍是指明它的众多，数目不限于九，也不一定分散于九州，更不应该，也不可能强求它们的名字。"封崇九山"，韦昭注说："封，大；崇，高也。除其壅塞之害，通其水泉，使不堕坏，是谓封崇。"解释得很好。"决汩九川"，韦注说："汩，通也。"这是说把壅塞的川流决通。"陂障九泽，丰殖九薮"，"泽"、"薮"二字意义很相近，可以合起来说，也可以分开来说。合起来说，就是《说文》薮字下所释的："薮，大泽也。"《周礼·夏官·职方氏注》："大泽曰薮。"分开来说，《周礼·地官·泽虞》职下注："泽，水所钟也；水希曰薮。"《说文·通训定声》薮字下，朱骏声释为"谓泽之地多水，草木所聚者"，解释很确。大致说起，泽与湖泊一类，薮与沼泽一类。泽水大，所以陂障起来，使它不致漫溢。薮水少，有水可以养鹅鸭，有沮洳可以种蒲苇，有陆地可以走麋鹿。这一切对于人民生活均有增益，所以特别丰殖。"汨越九原"，"高平曰原"。"越，治也。"通治原上的道路，可以便耕耘，可以通行旅。"宅居九隩"，《说文》解"隩"为"水隈崖"，又解"隈"为"水曲"，水旁岸上有厓，不惟高出水面，并且高出岸平。它离水不远，取水方便；曲处，两方后有高崖遮蔽，可御风寒，所以为最适宜"宅居"的地方。"合通四海"，我国古人相信我国四面有水环绕，就叫作"四海"。韦昭解此句为"使之同轨"，就是说使辙迹相同，才可以便交通，解释应当是对的。这一段中更主要的是"疏川导滞，钟水丰物"及"陂障九泽，丰殖九薮"数句。因为从前水流不畅，到处全是沼泽，深不足以丰水产，通舟楫，浅却足以妨害耕种，阻碍行旅。现在把滞塞的地方疏导开来，水流自可通畅。水有所聚，把它的深处陂障起来，成为大泽，免致泛溢；浅的地方，就决之使干以利耕种，或置之为薮以丰财物，那人民就可以"利用"，可以"厚生"了。

---

① 《尚书·皋陶谟》、《吕氏春秋·音初》、《史记·夏本纪》均载此说。《楚辞·天问》也说："禹之力献功，降省下土方，焉得彼涂山女而通之于台桑？""涂"就是"涂"的异体。《天问》王逸注引《淮南子》也有启母涂山氏化石的传说，但今本《淮南子》无此说。

《孟子》书讲禹治水事迹的有两处：一在《滕文公》上篇；

> 当尧之时，天下犹未平：洪水横流，泛滥于天下。草木畅茂；禽兽繁殖；五谷不登；禽兽逼人；兽蹄鸟迹之道交于中国。尧独忧之，举舜而敷治焉。舜使益掌火，益烈山泽而焚之，禽兽逃匿。禹疏九河，瀹济、漯而注诸海；决汝、汉，排淮、泗而注之江。然后中国可得而食也。当是时也，禹八年于外，三过其门而不入。

它这一节说得很明白，并且大致不差。平地全成了沼泽或沮洳，自不免有"草木畅茂"以下数句的情形。想疏导壅窒，减少它的沼泽，排干它的沮洳，焚薙草木也实在是一种不可少的工作。至于解放前在北方平原，除了村头、庙宇及坟墓以外，几乎没有剩余林木的现象，那不是益的功或罪，却是后代人口渐密以后，开辟斩伐的结果。因为当时泽、薮还很多，在那里仍还是"草木畅茂；禽兽繁殖"，同洪水以前的旧情形差不很远，不然，也说不到"钟水丰物"了。九河也就同九州、九山、九川等类的数目一类，表示它们的繁多，实在的数目多也可到十余，少也可以并不到九，不必泥执。"治《尚书》，善为算，能度功用"的许商，也不过知道三条，他说："古说九河之名有徒骇、胡苏、鬲津，今见（现）在成平、东光、鬲界中。自鬲以北至徒骇间，相去二百余里。今河虽数徙，不离此域。"①《尔雅·释水》虽有"徒骇、太史、马颊、覆釜，胡苏、简、絜、钩盘、鬲津：九河"的说法，博雅如郑玄，也仅能说："今河间弓高以东至平原鬲津，往往有其遗处"②，并不能指明什么河在什么地方。并且"简絜"是两河，是一河，后儒也有不同的意见，③ 可见九河的名字也未必全备。可是自唐以后到明，九河"皆犁然有其处所"，胡渭问的很对："以汉人所不能知，而一一胪列如此，可信乎？不可信乎？"西汉人所知三名，并指明"徒骇在成平（今河北交河县东北）、胡苏在东光（今仍旧名）、鬲津在鬲县（今山东德县北）"，大致可信，余均无考。又《汉书·地理志》河间国条下注引："应劭曰：'在两河之间'"，却未指明何水。王先谦《补注》引何焯说："两河谓滹池河、滹池别河。"他所说滹池就是现在的滹沱河。可是汉人所说的"河"是一个专名词，为今黄河所专有，他水不得混称。在《史记·河渠书》、《汉书·沟洫志》中还全没见着"黄河"的名字，所以滹沱不能称河。河间一名见于《战国策》，④ 应该是先秦的旧名字。汉河间国属四县：东到今东光县界，西到今武强县

---

① 《汉书·沟洫志》。

② 见本节《疏》中。《诗经·周颂》末篇《正义》中所载九河名与《尔雅》完全相同，只有覆釜作覆釜，仅为古今字的不同。

③ 《禹贡·锥指》卷三"九河既道"条下说："曾彦和云：'九河其一不名者，河之经流。先儒分简絜为二，非也。'林少颖以为不然。"

④ 《战国策·燕策》一："效河间以事秦。"又："则齐军可败而河间可取。"

界。大约这些地方平衍卑湿，水流散漫，为九河经流的地方，所以得到河间的名字。

要之，孟子曾说："禹之治水也，行其所无事也"①，说得最好。大致禹治水以前，黄河下游水势虽散漫，可是精细观察起来，总有主流若干条。大禹把主流加深加宽，使"水由地中行"，水有所归，自不致再为患。把其他涣散微弱的流水决通，使归于主流，水就可以渐干，久即可耕。主流有十数道之多，就叫作九河了。王莽时人王横引《周谱》说："定王五年（公元前602年），河徙"，也没有说明从何处徙于何处。② 西汉人对于禹黄河故道已经说不太清楚在哪里，后代纷纷聚讼，到底也没有定论，可不必谈。大致可知的，是黄河出山后所行道比今日的行道略为偏北，从新乡、汲县境东北去，过浚、滑二县境，近濮阳，就往北转，几成一南北线，略由今日的滏阳河道、子牙河道，至天津附近入渤海。因为下游水势散漫，所以支流很多，略如今日的淮水，无法指定由何处入海。大禹也是顺着河水下游自然散漫的形势加以疏导，使它不致壅塞，并不是创始穿凿以杀水势。《史记·河渠书》说："禹以为河所从来者高，水湍悍，难以行平地，数为败，乃厮二渠以引其河，北载之高地……"厮义为分，"厮二渠"就是说分作二渠。《汉书·沟洫志》全录此说，仅改"厮"为"酾"，义仍相同。《水经注》引此说，并详述二渠所经过。如果它们的说法足信，那上面所述的河道当为北渠，它的东渠入漯川，所经过地比现在黄河经流略北，入海处却比现在入海的利津县较南。"北载之高地"，看贾让所陈治河上策"决黎阳（今滑县境），遮害亭，放河使北入海。河西薄大山，东薄金堤，势不能远泛滥……"③ 的说法，那"大山"在黎阳境，所指的绝不是太行山，仅只是前面所说过的由绿色所表示地看淡绿色所表示的较高的地带。分渠处，据《水经注》说是在凉城县东六十里的长寿津。凉城在今滑县东北，那长寿津当已离濮阳不远。大禹于此地分疏河流，或许是想减轻宗教圣地，帝丘的水患，也很难说。

"瀹济、漯"，瀹义为治。济水源出河南济源县，在黄河北，古道早已枯竭；《禹贡》又有"溢为荥"的说法，它就又到黄河南。它怎样曾绝河而南，后儒无法解释，就有从清浊说，有从水味说，有从伏流说，聚讼纷然，无法究诘。这全是溺于"经文"，不顾说法不通。我疑惑是古代二水同名，经人混传，又写到"经书"里面，就变成了定说！现在对于这些可以不谈，仅知当日在今河南、山东境内，有一水叫作济也就够了。漯水源出东郡东武阳县（今山东旧朝城县境）。在高唐县与河水合。但看此文"瀹济、漯而注诸海"，像是漯水独行入海，不与河水合。孟子邹鲁人，所记东方事当不致有大误。然则此后约二百年太史公的记录及后七八百年

①《孟子·离娄下》。
②《汉书·沟洫志》。后人有"河徙砎砾"的说法，实则是念了讹本，讹上加讹，致成笑谈。可参考《禹贡·锥指》卷十三下。
③《汉书·沟洫志》。

郦道元的记录是否足信，也很成问题。古事茫昧难明，也只好疑以传疑了。

孟子北人，所记关于江水事，大致沿袭当时人夸张的说法，殊不足信。汝水离夏后氏阳城（今河南登封县告成镇）旧都不远，曾经疏导，也或者可能，但据《水经注》，它发源于梁县（今河南临汝县境），东至原鹿县（今安徽太和县境）入淮，不入于江。虽说水道间有变迁，可是汝水南有伏牛山脉相隔，出山向南稍远，又有桐柏、大别二山脉相隔，怎样也不能进入江水。所说汝、汉、淮、泗四水，依文献的判断，仅有一汉水入江。可是它的上游在秦岭山脉的南面，流于山谷中，不能成灾。"尧战于丹水之浦以服南蛮"，丹水在今陕西商县、商南，河南淅川各县境内，南流入汉。这就足以证明汉水下游当日还在苗蛮集团的势力范围。此集团与其他二集团同化较晚，此时就有水患，大禹也无法在那里施工。我们今日据可靠的史料推测，大禹对于淮水有些关系，可能在那里动一点工程，但也没有什么证据。禹致群神于会稽之山的说法起源很古。[①] 今会稽在浙江中部，可是当日的会稽实为今安徽的涂山，为大禹的妇家所在。《水经注》于淮水下说的很清楚：《春秋左传》哀公七年，大夫对孟孙曰："禹会诸侯于涂山，报玉帛者万国。"杜预曰"涂山在寿春东北"，非也。余按《国语》曰："吴伐楚，堕会稽，获骨焉，节专车。吴子使来聘，且问之。客执骨而问曰：'敢问骨何为大?'仲尼曰：'丘闻之，昔禹致群神于会稽之山，防风氏后至，禹杀之，其骨专车：此为大也。'"盖丘明新承圣旨，录为实证矣。又按刘向《说苑辨物》，王肃之叙孔子廿二世孙孔猛所出先人书《家语》，并出此事。故涂山有会稽之名，考校群书及方土之目，疑非此矣。盖周穆之所会矣。在郦道元的时代，大禹的传说已经扩张定型，所以他虽说知道得很清楚，却不敢信。为环境所限，也很难怪。越为夏后，说很难信。我颇疑惑它的先世不明，后人误读《左传》哀公元年所载伍员谏词，遂讹传为夏少康的后裔。淮水虽说不知道大禹曾施工与否，可是江水与淮水的交通始于吴王夫差的通邗沟，已经为历史家所熟知，说江、淮在大禹时已有交通，当不可能。泗水在淮水北，淮不入江，泗水也无从入江。所以《孟子》书所说"决汝、汉，排淮、泗而注之江"殊不可靠。至于"八年于外"及"三过其门而不入"的传说，或者来源很古，可能性也不小。不过不要把这些数目字看的太严格就是了。

《孟子》书中关于治水另外还有一段，但比较简单。《滕文公》下篇中说：

当尧之时，水逆行，泛滥于中国，蛇龙居之。民无所定：下者为巢，上者为营窟。《书》曰："洚水警余"，洚水者洪水也。使禹治之，禹掘地而注之海；驱蛇龙而放之菹。水由地中行，江、淮、河、汉是也。险阻既远，鸟兽之害人者消，然后人得平土而居之"。

---

①《国语·鲁语下》。

"营窟"，赵岐注说："凿岸而营度之"，解营为营度。焦循《孟子正义》说："按《说文·宫部》云：'营，市居也。'凡市阛军垒周市相连，皆曰营。此营窟当是相连为窟穴。营度即是为，不得为为窟矣。"按焦驳赵说，很是。"下者为巢，上者为营窟"，是说庐舍为洪水所冲没，洪水未退，无法重建，在低地方只好在树上巢居，在高地方可以做相连的窟穴，暂时居住。这也是孟子的一种颇近情理的想象。赵注解菹为"泽，生草"。"驱蛇龙而放之菹"，是说驱除各种爬行动物，使回居于水草里面，不与民居相混淆。"险阻既远"，赵注解为"民人下高就平土，故远险阻"，很是。这一段顶重要的句子是"水由地中行"，这就是说水道既已加宽加深，水全归槽，不致泛滥于地上。"然后人得平土而居之"，人定到底胜天了。

结 论

以上所说可撮要为以下各点。

（一）我国洪水传说发生于我们初进农业阶段的时候。

（二）洪水的洪原本是一个专名，指发源于今河南辉县境内的小水，因为辉县旧名共，水也就叫作共水，洪字的水旁是后加的。因为它流入黄河后，黄河开始为患，当时人就用它的名字指示黄河下游的水患。至于洪解为大是后起附加的意义。

（三）洪水的发生区域主要的在兖州，次要的在豫州、徐州境内。余州无洪水。禹平水土遍及九州的说法是后人把实在的历史逐渐扩大而成的。

（四）鲧所筑的堤防不过围绕村落，像现在护庄堤一类的东西，以后就进步为城，不是像后世沿河修筑的"千里金堤"。

（五）在我国上古部族的三集团中，主持治洪水的人为华夏集团的禹及四岳。同他们密切合作的为东夷集团的皋陶及伯益。南方的苗蛮集团大约没有参加。

（六）大禹治水的主要方法为疏导。它又包括两方面：（1）把散漫的水中的主流加宽加深，使水有所归；（2）沮洳的地方疏引使干，还不能使干的就辟它为泽薮，整理它们以丰财用。

（七）大禹在黄河下游，顺它自然的形势，疏导为十数道的支流，后世就叫作九河。以后由于人口渐密，日日与水争地，遂渐埋塞，最后变成独流。

（八）治洪水得到一件关系非常重大的副产品，就是凿井技术的发明。因为有了这件大发明，我国北方的广大平原、广大农场，才有可能为我们先民逐渐征服，真正利用。

（九）禹凿龙门的传说可能是由夏后氏旧地的伊阙发生，逐渐挪到今日山、陕间的龙门。

（十）九河的堙塞，长堤的兴筑，约在春秋、战国相衔接的时期。①

本文为徐旭生著《中国古史的传说时代》（中国文化服务社1943年版）第三章之第一节、第五节和第九节。第三章"洪水解"共九节：一、洪水传说的性质；二、我国洪水的命名　洪水与浲水；三、共地的重要　共工氏的兴亡；四、洪水发生的地域；五、大禹的治水；六、凿井技术的发明；七、对于凿龙门传说发生的猜测；八、九河的堙塞和堤防的修筑；九、结论。现据该书文物出版社1985年版。

---

① 我于1940年春在昆明写成《洪水解》初稿，主张洪水仅指黄河下游，禹治洪水主要的工程为对于黄河的治理。当时还觉得这是我个人的创见。抗战胜利后回北京，翻阅《船山遗书》，才知道王船山于二三百年前已经很清楚地说到这一点，非常兴奋，觉得只要细心探讨，即使暗中摸索，也会得到同一的结论。这就足以证明历史科学实有客观性，主观臆造绝不得为科学。现在把《遗书》中关于此问题两段抄录于下，以备参考。

《书经稗疏》卷一"决九川"条下说：

禹之治水，其事凡二，先儒多合而为一，故聚讼而无所折衷。《尧典》所谓"洪水方割"者，大抵河水为害也。龙门未凿，河之上流壅滞于冀、雍之域；九河未宣，河之下流弥漫于兖、豫之野；而兖、豫之患为尤甚。盖河自出太行而东，南北两崖平行沙壤，水无定居，随所奔注，辄成巨流。故禹既治壶口，分播九河，则水患息。孟子亦以"疏九河，瀹济、漯"为首功者，此之谓也。大河既平，中原底定，人得平土而居之，此则治滔天之浲水者其一也。若禹所自言"决九川，距四海，浚畎浍，距川"者，则洪水既平之后，因以治天下之水，为农计也。故曰："烝民乃粒。"又曰："荒度土功。"《论语》亦曰："尽力乎沟洫。"而《禹贡》所纪定田赋，"六府孔修，庶土交正"，不复以民免昏垫为言。此则遍履九州，画其疆场，作其沟浍，涝患可蠲，旱亦获济。故《诗》称之曰："惟禹甸之。"此以开三代井田之基者又其一也。所以然者，当禹之时，大河北流，未与淮通，而南条诸水限以宾阤、灉、霍，楚塞诸山，则势不得与江、淮相接。至荆之南土，梁之西陲，较豫、兖之野，高下相去又不知几百里。使浩浩滔天，漫及荆、梁，则兖、豫、青、扬深且无涯，不复有人矣。若云大河、江、淮及诸小水同时各涨于其地，则必天下同时皆苦淫雨。而河源远出绝域，彼中晴雨必无一揆之理。江、汉之涨则因雪液。河水莫大于矾水，在春夏之交。汉水盛于夏；江水盛于秋；其他小水多盛于春。此涨彼落，不能九州而同，况九年而如一日也。雍、梁、荆之地山高岸峻，水即壅泛，不足为民患。何必措力于随盈随涸之流，以自劳而劳民也哉？然则九川之决，畎浍之浚，平土也。龙门之凿，九河之播，平水也。舜曰："禹平水土"，两纪其功也。先后异时，高下异地，浚治异术。而为一则素矣。

《四书稗疏》"浲水"条下也说：

浲本音户工切，与洪同音。许慎曰："水不递道也。"洪水者洪河，谓黄河也。当禹之时，河水骤涨，险阻湮塞。其上流则滞于龙门，横决晋地。已而畜极妄行，随处垒出，不循故道。河本东行，逆流而北，邢、魏、曹、濮之间汇为泽国，故曰："泛滥于中国。"中国者冀、兖也。大名、广平沙碛平行，尤为浲水之所潴。故《禹贡》云："东过洛汭，至于大伾，北过浲水，至于大陆。"浲水本为不遒道之水名，而以名大伾、大陆间之水者，以此为浲水之所尤聚也。《孟子》释《书》言"浲水者洪水也。"九州之水河为最大，谓之洪流。故申明浲水之所自，实河水之洪流也。禹治水凡二：一治浲水，专于河；一涤九州川浍以行水利，节旱涝，则江、淮、汝、汉皆治焉。传注往往混合。愚于《尚书稗疏》言之群矣。绎《孟子》浲水洪水之旨尤为显征。《集注》言"浲洞无涯之水"，则言浲水已足，又何劳孟子之释哉？

我觉得船山所论，除凿龙门一说，还为古说所牵掣，未能明辨以外，余下的全很精确。就是对于龙门，他也只说："壅滞"或"淤塞"，他措词似乎也很有斟酌，并不相信原无水道而禹开始斧凿。

中国古史上神话与传说的发展

郑师许

郑师许（1897—1952），广东虎门人。古文字学家、历史学家、考古学家。先后在南京东南大学、上海大夏大学、暨南大学、光华大学、上海交通大学、中山大学任教。在中西交通史、中国边疆史领域卓有建树，著有《中国文化史》、《铜鼓考略》、《我国史前文化》等。神话学论文有《中国古史上神话与传说的发展》（1944）等。

历史原为无始终的科学。因为人类初生，没有文字和记事的方法，及至知识进步，有意追求古代的遗迹，那时去古已远，真相不易明白，只有片段的传说，文学家便拿来组成有系统的史料。或者聪明的巫祝造为谣言以欺骗一般民众，以求达其统治的目的；后世史家搜集这项材料，不忍舍弃，权且认为是上古的史料。故各国古史如希腊、印度，无不满载着神话与传说。我国为古代六大文明国之一，历史悠久，当然也不能逃出这个公例。

我国神话与传说，最初见于《楚辞·天问》，如：

> 遂古之初，谁传道之？上下未形，何由考之？冥昭瞢暗，谁能极之？冯翼惟像，何以识之？明明暗暗，惟时何为？阴阳三合，何本何化？圜则九重，孰营度之？惟兹何功，孰初作之？斡维焉系？天极焉加？八柱何当？东南何亏？九天之际，安放安属？隅隈多有，谁知其数？天何所沓？十二焉分？日月安属？列星安陈？

便是对于天地开辟，日月星辰诸神话与传说，有所不满，而发为疑问。其下文便接叙鲧禹治水，羲和御日，尧时大旱，夷羿革夏，直至吴光争国，爰出子文，诸史实。其中所言，在半疑半信之中，所以《天问》一篇，实可说是我国片段古史总集。大约在春秋战国之际，我国人文思想日趋发达，古代的神话与传说，已不为缙绅所乐道，而民间口碑流传尚属盛行，南方新兴文人乐其怪诞，因而尽量搜集，编缀成书，故迄今尚得保存。这与希腊的史诗，印度的四吠陀，同出一例。

其他若《楚辞》的《离骚》、《招魂》及《庄子》、《吕氏春秋》等战国晚年诸著作，都颇含有这类的神话与传说。儒家诸书，号称不语怪力乱神，故《尚书》、《春秋》诸古史，于这类材料，概从删削。司马迁所谓"《尚书》独载尧以来……孔子所谓，宰予问五帝往及帝系姓，儒者或不传"是也。惟《诗经·商颂》的《玄鸟》篇、《大雅》的《生民》篇尚存多少史事化的神话与传说的痕迹。

秦汉以后方士学日盛。杂家如《淮南王书》，纬书如《春秋元命苞》、《春秋命历序》、《春秋连斗枢》、《春秋保乾图》、《尚书中候》、《易通卦验》、《易乾坤凿度》、《礼含文嘉》、《诗含神雾》，晚出诸书如《神异经》、《说苑》、《列女传》、《山海经》、《论衡》、《穆天子传》、《竹书纪年》等，这类的材料，日益丰富。如《淮南子·天文训》云：

> 天地未形，冯冯翼翼，洞洞灟灟，故曰太昭。道始于虚霩，虚霩生宇宙，宇宙生气。气有涯垠，清阳者薄靡而为天，重浊者凝滞而为地。清妙之合专易，重浊之凝竭难，故天先成而地后定。天地之袭精为阴阳，阴阳之专精为四时，四时之散精为万物。

说明天地从混沌的状态，因时间的发达而剖判，以生万物的过程，与"易有太极，太极生两仪，两仪生四象，四象生八卦"的《易经》思想相同，而为抽象的宇宙开辟论。同书《精神训》又云：

> 以天为父，以地为母。

《论衡·说日篇》则谓：

> 天地夫妇也，含为一体。

由抽象的宇宙开辟而为拟人的宇宙开辟论。然当时民间的传说与神话尚属素朴，故仅能以父母夫妇的人间事象譬况天地。

及至佛教东来，印度的神话传说流入中国，学者之间，受了这些影响，各家著书立说，莫不竞尚夸耀，以示博闻。如，昔郭璞《玄中记》、张华《博物志》、王嘉《拾遗记》、干宝《搜神记》、宗懔《荆楚岁时记》、任昉《述异记》、吴均《续齐谐记》等，莫不开始从神话与传说的素朴的型态及片段的材料组织成系统化与神秘化。如《述异记》云：

> 盘古氏天地万物之祖也，然则生物始于盘古，昔盘古之死也，头为四岳，目为日月，脂膏为江河，毛发为草木。秦汉间俗说："盘古氏头为东岳，腹为中岳，左臂为南岳，右臂为北岳，足为西岳。"儒说："泣为江河，气为风，声为雷，目瞳为电。"古说："喜为晴，怒为阴。"吴楚间说："盘古氏夫妻，阴阳之始也。"今南海有盘古氏墓，亘三百余里，俗云："后人葬盘古之魂也。"

神话与传说的记述，比之秦汉时代，来得有声有色。即当时史书如皇甫谧《帝王世纪》和《晋书》、《宋书》、《南齐书》、《南史》等正史，也于这些不经的神话与传说，视同真实的史料。直至徐整作《五运历年记》、《三五历记》，司马贞补作《三皇本纪》，则所说更为详尽。如，《五运历年记》云：

> 元气濛鸿，萌芽兹始。遂分天地，肇立乾坤。启阴感阳，分布元气，乃孕中和，是为人也。首生盘古，垂死化身，气成风云，声为雷霆，左眼为日，右眼为月。四肢五体为四极五岳，血液为江河，筋脉为地里，肌肉为田土，发髭为星辰，皮毛为草木，齿骨为金石，精髓为珠玉，汗流为雨泽，身之诸虫，因风所感，化为黎甿。

《三五历记》云：

> 天地混沌如鸡子，盘古生其中，万八千岁，天地开辟，阳清为天，阴浊为地。盘古在其中，一日九变，神于天，圣于地。天日高一丈，地日厚一丈，盘古日长一丈，如此万八千岁。天数极高，地数极深，盘古极长。后乃有三皇。

《补三皇本纪》云：

> 一说：三皇谓天皇、地皇、人皇，为三皇，既是开辟之初，君臣之始，图纬所载，不可全弃，故兼序之。天地初立，有天皇氏十二头，澹泊无所施为，而俗自化。木德王，岁起摄提，兄弟十二人，立各一万八千岁。地皇十一头，火德王，姓十一人，兴于熊耳、龙门等山，亦各万八千岁。人皇九头，乘云车，驾六羽，山谷口，兄弟九人，分长九州，各立城邑，凡一百五十世，合四万五千六百年。自人皇以后，有五龙氏、燧人氏、大庭氏、柏皇氏、中央氏、卷须氏、栗陆氏、骊连氏、赫胥氏、尊芦氏、浑沌氏、昊英氏、有巢氏、朱襄氏、葛天氏、阴康氏、无怀氏，斯盖三皇以来，有天下者之号。……故《春秋纬》称自开辟至于获麟，凡三百二十七万六千岁，分为十纪，凡世七万六百年，一曰九头纪，二曰五龙纪，三曰摄提纪，四曰合雒纪，五曰连通纪，六曰序命纪，七曰修飞纪，八曰回提纪，九曰禅通纪，十曰流讫纪。盖流讫当黄皇时，制九纪之间。

又云：

> 太皞庖牺氏，风姓，代燧人氏继天而王，母曰华胥，履大人迹于雷泽，而生庖牺于成纪，蛇身人首。……女娲氏亦风姓，蛇身人首，有神圣之德，代宓牺氏。……女娲氏没，神农氏作。炎帝神农氏，姜姓，母曰女登，有娲氏之女，为少典妃。感神龙而生炎帝，人身牛首，长于姜水，因以为姓。……凡八代，五百三十年而轩辕氏兴焉。

合之洪水传说，旱魃传说，不特天地开辟及日月星辰山川河岳所由来，都有很好的解答；而且人类的出生和草木金石珠玉的生长变化举凡今日宇宙生成论、地质学、古生物学、人类学所亟待研究的问题，在这时也已有了主观的理论。

及宋罗泌著《路史》，清马骕著《绎史》，集合古史的神话和传说，冶为一炉，而条列之，排比之，于是我国古史上所缺乏的材料，渐次补足，使吾辈生千载之下，俨然如与羲皇并世，而眼见其嬗变的陈迹。正统的史家，加之其间所相信的《尚书·典漠训诰》和《史记》的《五帝本纪》、《夏本纪》、《殷本纪》、《周本纪》诸书，于是我国的古史遂得以全部成立。

本文原载《风物志》（集刊）1944年第1期，中国民俗学会出版。现据重庆风物志社版选录。

灶　神　考

杨　堃

杨堃（1901—1998），河北大名人。民族学家、民俗学家。1921 年入法国里昂中法大学，获理科硕士、文科博士。1928 年在巴黎民族学研究所师从莫斯进修民族学，博士论文《中国家族中的祖先崇拜》于 1930 年通过答辩。1930 年回国后，先后在河北大学、中法大学、北平大学、清华大学、燕京大学、中法汉学研究所、云南大学、中国社会科学院民族研究所等任教职。杨堃的民族学著作，如《民族与民族学》（1983）、《民族学概论》（1984）、《原始社会发展史》（1988）等，在当时的神话学界产生过影响。神话学论文有《灶神考》（1944）、《我国民俗学运动史略》（1948）、《论神话的起源与发展》（1985）、《女娲考》（1986）等。

一、论灶与蛙之关系

讲灶神之起源最好是先从灶之一字讲起，因为严格的讲没有灶是不会有灶神的。《说文解字》云："䆗，炊䆗也，从穴，䵑省声，则到切，䆗竈或不省。"① 这是说灶字的写法有二：或作竈或作䆗。至于穴下之䵑或䵑究系何物，并为何而作此形，此在《说文》内并无解释。然在《说文》以后两千年来的字学专家，却均认为灶字之下半是一个象形字。例如宋代徐锴《说文解字系传》曾言：

䆗炮灶也。从穴，䵑省。䵑，䵱也，象竈之形。臣锴曰，穿地为灶。也到反。䆗或不省作。臣锴曰：竈，子兵反。②

按徐锴氏炮灶之说颇遭后人非难。因为大多数的学者全是遵守《说文》"竈，炊竈也"之说的。因我们现在不讲它，故可暂不讨论。然而"象灶之形"一说，却为一般字学专家所公认，③ 这乃是很值得注意的一件事。

我们若再将近来考古学内所发现的秦汉时代的一切陶灶拿来观看一下，那就益使我们相信灶之形状确与䵱䵑之属相似，故"象灶之形"一说，实有其实物之根据也。④

---

① 许慎：《说文解字》，说文七下，《穴部》，中华书局影印本，第 152 页。
② 徐锴：《说文解字系传》卷十四，《四部丛刊》本，第 8 页上。
③ 按关于灶字的各种解释，请参看《说文解字诂林》七下，《穴部》，第 3275 页上至第 3276 页下。
④ 陶灶的实例，陈列于历史博物馆。

惟我们知道，讲灶之起源绝不能仅从陶灶算起。因为在未有陶灶之前一定先有土灶。此灶字之创造究始于何时现虽不得而知，[①] 然而确能推断灶字不是一个象形字，而且最初之土灶其形状恐亦仅与地臼相类，当不会如陶灶之象鼋鼍之形。因此之故吾人相信，"象灶之形"一说恐为后起之义，而最初之灶当非此形。然吾人所应注意者，乃陶灶为何要象鼋鼍之形？灶字为何而要如此写法？此在余看来皆大有意义在，而实有重新探求之必要。

德国叶乃度（Eduard Erkes）教授曾言：

> 最后，旧中国还认识一些特别的保护家庭之神。这些神灵都是和家庭的最重要的分子是一体的。在这些保护家庭的诸神之中，最贵重体面的便是灶神。按照灶字所形出之证据来说，乃是一个蟾蜍居于炉灶之中。在史前时代，灶神是有动物的形象的。此后又被中国人们想象为女性之神，在《礼记》之中中国人想象它是一位老妇。在《庄子》之中中国人又想象它是一位穿红衣的美丽的女郎。这些不同大概是因为各地方对于灶神之观念不同而来的。后来灶神又被中国人们想象为是一位男性的神。这个情形直到如今还未改变。按照《仪礼》上所说的话来说，男子祭造肉食的锅台，妇女祭煮谷食的炉子。（堃按：《仪礼·特牲馈食礼》一章内有"尸卒食，而祭馈爨雍爨"一句。而郑玄注云："旧说云：宗妇祭馈爨，亨者祭雍爨。"想叶乃度教授所云或即指此而言。）由此情形可令人推测，灶神在中国是有不同的性别的。而这个情形还是与在作饭的动作上头所现出来的原始的分工情形相适合。[②]

我认为叶乃度氏的意见，很值得重视。惟他说灶神原来是个动物，而其证据却仅有灶字之字形一项，殊觉论证太为薄弱。因据吾人之意，灶字之象形，乃后起之义也。

近见孔令谷氏《论社稷》一文，内有"灶则为蛙鼋，祭灶即祭图腾祖"[③] 一语，此言颇为吾人所重视，可惜孔氏并未将证据示人，故孔氏有何根据而始得此结论吾

---

① 按此灶字不见于《说文解字》，但见于金韩道昭所撰之《五音集韵》。该书卷十一，十四号"竈竈窖"条下云："俗竈灶。"（见该书第八册，第27页上，据明万历巳丑重刻本。）是此灶字至少在金时，已被认为俗体之灶字矣。

② Eduard Erkes, *Die Gotterwelt des alten China*，载德国《宇宙》（*Der Weltkreis*）杂志1931年第5、6期合刊，单行本，第90页。此文曾由周学普氏译出，名为《中国古代的诸神》，载《民俗学集刊》第二辑，民国二十一年八月出版，杭州中国民俗学会发行。周氏译文，似有失检与删略之嫌。兹赖北京中德学会（Deutschland-lnstitut）中籍会长杨伯屏先生（宗翰）之力，始承德儒卫德明先生（H. Wilhelm）慨将所藏原著者所赠之单行本惠假。又承德文权威杨丙辰先生以所藏梅叶氏《小百科辞典》内蟾蜍（krote）条示余。内有云蟾蜍在古代希腊（在现今的西西里岛内还是如此）是被人们视为送吉祥而来的东西。在从前的德国民间，蟾蜍被人们视之为家庭或家族的神圣物。因此，直到如今，蟾蜍还是被德国的民众称作"伯母"（Muhme）或"看家老"（Haus unke）。（见 *Meyers Kleines Konver-sations Lezikon*，第七版，第四卷，Krote字条。）

③ 孔令谷：《论社稷》，载《说文月刊》1940年第2卷第8期，上海说文月刊社，第29页。

人尚不得而知。但吾人亦相信，灶之本义当指鼃鼀之属而言。而鼀与蛙本为一字，故鼀鼋亦即蛙鼋。惟蛙鼋系指一物而言，抑指两物而言，前人尚无定说。① 若据愚见则鼋乃蛙之一种，即居于水者是也。故鼀鼋乃指一物而言，亦即蛙或蛤蟆之谓。据吾人推测，最初的司灶者或灶之发明者，恐属于以蛙为图腾之民族。惟在此图腾社会之时，文字尚未发明，故如想在文献内寻出直接的论据，当然是不可能的。然而灶与蛙的关系，却可从许多方面均可看出。兹仅择其重要者，略述如下。

《酉阳杂俎》内有云："灶无故自湿润者，赤蛤蟆名钩注居之，去则止。"② 姑无论钩注一名作何解释，则灶与赤蛤蟆的关系总是存在的。固然，仅此一项，尚不足证明灶之来源即为赤蛤蟆或钩注也。

《楚辞·天问》篇内有"臼灶生鼀"的故事，其文如下："水滨之木，得彼小子，夫何恶之，媵有莘之妇？"王逸注曰：

> 小子谓伊尹。媵，送也。言伊尹母妊身，梦神女告之曰："臼灶生鼀，亟去无顾！"居无几何，臼灶中生鼀。母去，东走。顾视其邑，尽为大水。母因溺死，化为空桑之木。水干之后，有小儿啼，水涯人取养之。既长大，有殊才。有莘恶伊尹从木中出，因以送女也。……列子曰："伊尹生乎空桑。"注云……有莘氏女子采桑，得婴儿于空桑之中，故命之曰伊尹，而献其君。令庖人养之，长而贤，为殷汤相。与注说小异，故并录之。③

按臼灶二字，一般均认为臼与灶，系指二物而言。然余个人之愚见，则认为臼系一形容词，臼灶乃指臼形之土灶而言。盖古时之臼与灶，皆掘地而为之，而灶形如臼，故曰臼灶，换言之，臼灶乃灶类中之一种，亦即最古式之土灶也。至所谓"臼灶生鼀"者，此在余看来，乃臼形之土灶，忽而生蛙之谓也。盖臼形之土灶本系挖地而为之，故有生蛙之可能。④ 而且以理推之，似应先有蛙灶之神话作为背影，然后始有臼灶生蛙与伊尹生于空桑而养于庖人之传说也。

《庄子·达生》篇内曾言："沈有履，灶有髻；户内之烦壤，雷霆处之！东北方之下者，倍阿，鲑蠪跃之……"

关于灶有髻一句，今暂不谈。但关于鲑蠪一词，且看马叙伦先生的意见。其言曰：

> 一本作蛙，正字又当作鼀。鼀，《尔雅》属鱼类，故遂安鱼，而与河豚混矣。……而《广雅·释鱼》"苦蠪"、"胡猛"蛤蟆也。此鼀蠪连类，

---

① 参看《说文解字诂林》第十三下，《鼀部》，第 6066 页上至第 6067 页上。

② 见唐代段成式：《酉阳杂俎》前集卷十一，《广知》篇，第 1 页下。据上海涵芬楼影印《四部丛刊》本，下同。

③《楚辞笺注》卷三，《天问》，第 24 页下至第 25 页上。据汲古阁校，吴郡宝翰楼刻本。

④ 按此文发表后，郭炳汉氏曾语我，谓臼灶生蛙即主大水灾。此在江汉之间，尚有此种传说。又在商代早期已有陶青蛙。《史学月刊》（开封），1964 年 7 月号，第 17 页、第 19 页。

疑当如《广雅》说为蛤蟆。古说蜥蜴能变化，蛤蟆能升天吐雹，故以为神耳。①

吾人应先记住马氏释鲑蠪为蛤蟆并谓蛤蟆能升天之说，暂时不加讨论。然而因为此处所说的鲑蠪，又使吾人想到《白泽图》内所说的偊龙。其言曰："故室之精名偊龙，状如小儿，长一尺四寸，黑衣赤帻，带剑，持戟，呼其名则去。"② 同时，还可想到《论衡》内所说的青龙。其言曰："宅中主神有十二焉，青龙白虎，列十二位。"③ 因为在余看来，偊龙、鲑蠪与青龙，恐皆是一音之转。而偊龙既可以是"故室之精"，青龙又可以是"宅中主神"之一，则鲑蠪如为家鬼之一，或者亦正是吾人所要讨论的灶鬼或灶鬼的祖先，蛙或蛤蟆，想亦均有可能也。况灶神可以镇宅，此亦系最早的一种传说。至少，在宋时已经见之于著述。如《夷坚志·史省幹》条云：

> "予乃住宅土地神也。今闻足下治第舍，愿贡诚言。"史曰："敢问何谓也？"曰："此屋为怪魅所据，其类甚繁。然岂亦能与人竞？……君既正人，居之何害？特当徙房于东南隅，而以故房为庖厨，必可奠枕。"④

其所谓庖厨可以镇宅者，当然指庖厨之内因有灶神之故而言也。若再与《白泽图》及《论衡》所记者合而观之，则灶神或灶神近祖，有为鲑蠪或蛤蟆之可能，不益显然乎？

然至此，或者有人要问道：如果鲑蠪既是蛤蟆而又是灶神，然则"灶有髻"一语，应作如何解释耶？余乃答之曰：灶神的来源，本来不仅一个，如《癸巳存稿》所云：

> 《荆楚岁时记》云，灶神名苏吉利。《魏志·管辂传》云，王基家贱妇人，生一儿，堕地即走入灶中。辂曰：直宋无忌之妖，将其入灶也。《史记·封禅书索隐》引《白泽图》云：火之精曰宋无忌。吉忌俱近髻。⑤

是承认髻之前身乃是火精。而火精或火神亦为灶神之来历之一，余以下还有论述，今暂从略。惟讲到火精的宋无忌，又不免使吾人联想到水精的庆忌。《管子·水地》篇有云：

> 涸泽数百岁，谷之不徙，水之不绝者，生庆忌。庆忌者，其状若人，其长四寸……此涸泽之精也。⑥

在《管子》以外之讲及庆忌者，尚有《白泽图》、《搜神记》及其他诸书。此处

---

① 见马叙伦：《庄子义证》第十九，《达生》篇，商务印书馆1930年版，第11页上。
② 转引清陈元龙：《格致镜原》卷十九，《宫室类》室字条，第20页上，清乾隆四十二年丁酉陈元龙自刻本，下同。
③ 黄晖：《论衡校释》卷二十五，《诘术篇》，商务印书馆1938年版，第1037页。
④《夷坚志》甲集下，《史省幹》条，民族文化宫藏版本，第35页。
⑤ 见俞正燮：《癸巳存稿》卷十三，《灶神篇》，光绪甲申刊本，第21页上。
⑥《管子》卷十四，《水地》篇，据中华书局本《诸子集成》第5册，第237页。

恕不详引。然而从水精庆忌，却很容易联想到灶神夫人之卿忌。据《酉阳杂俎》云："灶神名隗，状如美女。又姓张，名单，字子郭。夫人字卿忌，有六女。"① 庆、卿二字，不仅音同，而且古亦通用。如庆云亦作卿云，即其一例也。从此看来，灶神夫人纵非来自蛙属，却亦有来自水族之可能。而《酉阳杂俎》时代之灶神夫人与《庄子·达生》时代之灶神髻，似亦系出自同源，自一传说内分化而来。盖社会文化自从母系制演变为父系制之后，男性之灶神即应运而生。而原有之图腾灶神或女性灶神，如不全被淘汰，而仍得侧身于灶神之旁，变作灶神夫人，此亦事理之常，不足为怪。惟庆忌与鲑蛮之关系究系如何，余尚未能考出，颇为遗憾。然而无论如何，在髻为灶神之时，鲑蛮已被革去灶神之职，退居于东北方之下，落魄为一个无名的小鬼。此正如俗谚所云，"一朝天子一朝臣"，人神一理，无足怪也。

《夏小正》云："鸣蜮。蜮也者，或曰屈造之属也。"清黄相圃《夏小正分笺》释之曰：

> 黄注曰：《淮南子》"鼓造辟兵"。许慎注："鼓造，盖枭也，亦曰蛤蟆。"屈造即鼓造与？毕秋帆考曰：《诗》有"戚施"，《说文》作鼀䵷。鼀与造古声相近。然则造即鼀字矣。丁小雅曰："屈造戚施，鼀䵷象其状，蜮、蛤、鼀象其声。颇能鸣，屈造不能鸣，故云之属。"模案，古文造鼀通，而鼀与鼀形相近，故又伪作造。②

从此看来，蜮即屈造，③ 亦即蛤蟆之属。而屈造亦作鼀䵷，造字亦即鼀字，而古文造灶相通，故灶亦训为造。如《释名》云："灶，造也，创造食物也。"④ 此虽后起之义，然而灶造二字本为同音，甚或本为一字，从此亦可看出，此亦蛙灶之说之一佐证也。而且因为讲到蜮，乃又使吾人想到《周礼·秋官》之《蝈民》篇。因为蜮与蝈本为一字，前人辨之已详。⑤《蝈氏》篇云："蝈氏掌去鼀黾，焚牡菊以灰洒之则死。"

郑注云："牡菊，菊不华者。齐鲁之间，谓鼀为蝈。黾，耿黾也。蝈与耿黾，尤怒鸣，为聒人耳，去之。"⑥

---

① 《酉阳杂俎》前集卷十四，《诺皋记》上，第2页下。
② 黄相圃：《夏小正分笺》卷二，第1页到第2页上。清王先谦编：《皇清经解续编》卷五百七十四，南菁书院版。——按关于蜮之解释，可参看《搜神记》卷十二，第94—95页，商务印书馆，胡怀琛标点本。
③ 按《抱朴子》内篇《登涉》章内云："又有短狐，一名蜮，一名射工，一名射影。其实水虫也。状如鸣蜩，状似三合杯。有翼能飞，无目而利耳。口中有横物角弩，如闻人声，缘口中物如角弩，以气为矢，则因水而射人。中人身者即发疮。中影者亦病，而不即发疮。不晓治之者煞人。其病似大伤寒，不十日皆死。"（见上海涵芬楼影印《四部丛刊》本，第三册卷十七，第10页下。）
④ 刘熙：《释名》卷五，《释宫室》，《四部丛刊》本，第43页上。
⑤ 参看《说文解字诂林》卷十三上，《虫部》，第6016页下至第6018页。
⑥ 参看孙诒让：《周礼正义》卷七十，第63页下。据1931年武昌夏氏笛湖精舍补刻楚学社本，下同。

同时吾人还可联想到《山海经》内所说的蜮山及蜮人。如《大荒南经》云："有蜮山者，有蜮民之国，桑姓食黍，射蜮是食。有人方扞弓射黄蛇，名曰蜮人。"①从此看来，蝈与鼋鼃盖皆为蛙，因系同类，故蝈民始有去鼋鼃之资格。此从图腾社会之信仰而言，恰如谚语，"大鱼吃小鱼"或"大虫吃小虫"之说，如不同类，反不能相食也。此虽与灶无关，然而蝈氏既号为氏，并掌鼋鼃之职，而且在《山海经》内又有蜮山与蜮民之说，则其为图腾氏族之可能性，当更为显然矣。若再与《夏小正分笺》合而读之，则蛙灶之假设，宁非益觉可信耶？

上引《酉阳杂俎》"赤蛤蟆名钩注"一句，余颇疑钩注一名恐与蟾诸或蟾蜍有关。考蟾蜍一名，《尔雅》作蟾诸。其文曰："鼁𪓑蟾诸，在水者鼃。"

《十三经注疏》云：

> 释曰：此有多种鼁𪓑，一名蟾诸。郭曰：似蛤蟆，居陆地。《淮南》谓之去蚊。然蟾诸非蛤蟆，但相似耳。案《本草》蛤蟆，陶注云：此是腹大，皮上多疿磊者也。蟾诸亦类此。《抱朴子》曰：蟾诸寿三千岁者，头上有角，颔下有丹书八字。《玄中记》云：蟾诸头生角者，食之寿千岁是也。其居水者，名鼃。一名耿鼃，一名土鸭。状似青蛙，而腹大为异。陶注《本草》云：大而青脊者，俗名土鸭，其鸣甚壮，即此鼃也。陶又云：一种小形，善鸣唤，名为鼃者，即郭云青蛙者也。②

从此看来，蟾诸似蛤蟆而系陆居。而灶字之写法，系从鼃而兼从穴，殆亦陆居或穴居之一证欤？

按另据《格致镜原》引《本草》云："蛤蟆一名蟾蜍，一名𪓑，一名去甫，一名苦蠚。"③而此处所说的苦蠚，当即《庄子·达生》篇之所谓鲑蠚。是鲑蠚为蛤蟆亦为蟾蜍，而蟾蜍与蛤蟆实为一物也。

又据《蟫史》所言：

> 诸书皆分蛤蟆蟾蜍为二物，以为蟾蜍大腹癞背，不能跳跃，亦不善鸣。蛤蟆小于蟾蜍，能跳，接百虫，善鸣。然予村居无事，细视科斗渐大脱尾生足而登陆，至四五月，则居稻田内，好鸣能跳，接百虫而食之，经年方老。好居人家下湿地，夏夜则出食虫，而不能跳矣。亦不鸣聒人。呼为蛤霸。其实一物，老幼殊质，春夏异时，遂分为二也。④

盖从民间动物学之观点而言，确有混蟾蜍与蛤蟆为一物者矣。因此，乃又使吾人联想到蟾蜍奔月的故事。据张衡《灵宪》云："羿请不死之药于西王母，嫦娥窃

①见《山海经》卷十五，《大荒南经》，第5页上，据吴任臣：《山海经广注》第六册，清康熙间刻本。

②《尔雅》卷九，《释鱼》第十六，中华书局影印《十三经注疏》本，第2640页。

③《格致镜原》卷九十八，《昆虫类》三，《蛤蟆》条，第14页上。

④见《格致镜原》《蟾蜍》条，第15页下。

之以奔月。……遂托身于月，是为蟾蜍。"① 此外，尚有《宣室志》讲蛤蟆的一段故事，亦颇值得注意。其言曰：

> 唐李揆乾元中为礼部侍郎，尝一日忽闻堂中有声，极震若墙圮。惊入视之，见一蛤蟆俯于地，高数尺，魁然殊状。揆命家童以巨缶盖焉。有解者曰：夫蛤蟆月中之虫，亦天使也。今天使来公堂，岂非上帝以荣命付公乎？其明，启而视之，已亡见矣，后数日，果拜中书侍郎平章事。②

今吾人若从蟾蜍奔月与蛤蟆为月中之虫，并为上帝天使之两传说，而联想到灶神，则灶神之名虽有多种，然有的说是名禅字子郭，有的说是姓张名单字子郭。而禅或单是否均与蟾蜍之蟾一音相近？而且灶神上天之传说，在现在所流行者固然是每年一次，不曰腊月二十四，即曰腊月二十三。然在汉晋时代的传说内，却是每月一次。如《太平御览》云："《万毕术》曰：灶神晦日归天，白人罪。"③《抱朴子》云："月晦之夜，灶神亦上天，白人罪状。大者夺纪，纪者，三百日也。小者夺算，算者，三日也，或作一日。"④ 唐段成式《酉阳杂俎》内亦云：灶神"常以月晦日上天，白人罪状。大者夺纪，纪三百日。小者夺算，算一百日。故为天帝督使，下为地精"⑤。

固然，我们另有理由，可以证明灶神每年上天一次之传说，亦当有一极古的历史。然而每月上天一次之说，却亦未便指为汉晋时人之所创。盖二说之来源如果不同，即可并行而不悖也。因此，乃使吾人想到，嫦娥奔月与灶神上天，是否均与蛤蟆升天以及蛤蟆为上帝天使之传说有点渊源？换言之，如谓前两传说均系由蛙之传说演变而来，殆亦可通欤？

总而言之，从以上数则合而观之，则灶与蛙之关系，当非出自偶然者。因此吾人乃得一假设焉。谓竈字之从穴与黾者。穴与黾二字虽均为象形，而灶字则属会意。所谓会意者，盖在造字之初已有一种传说，谓司灶者或灶之发明者则是黾族。而此黾族居于穴内，亦即营穴居生活的图腾氏族之一族，故竈字始从穴与黾，而有如此之形象也。

至此，以黾或蛙为图腾之氏族，在历史的传说内究应属于某族，并应属于某一时代，现吾人尚不敢妄为猜想。⑥ 惟吾人相信，陶灶之象形与灶字之会意，乃皆系以此种传说为背影者。而上述五证，即可视为此种传说的一些残遗。惟所谓残遗或

---

① 转引《格致镜原》，第15页下至第16页上。按此传说曾见《淮南子·览冥篇》，惟无蟾蜍一名。请参看《淮南鸿烈集解》卷六，《览冥篇》，商务印书馆1923版，第16页下。

② 转引《格致镜原》，《蛤蟆》，第13页下至第14页上。——按蟾诸为月中蛤蟆之说，曾见《淮南子》注，请参看《淮南鸿烈集解》卷十七，《说林训》第2页上。

③ 引自《太平御览》卷一百八十六，《居处》部十四，《灶》，第4页上，据南海李氏重刻本。

④ 晋葛洪：《抱朴子》内篇卷六，《微旨》，《四部丛刊》本，第5页下。

⑤《酉阳杂俎》前集卷十四，《诺皋记》上，第2页下。

⑥ 参阅《说文月刊》1940年第2卷第3期，第34页，陈志良氏《始祖诞生与图腾主义》一文。

遗留（survivance）者，亦仅是崩溃后的一些残影而已。若想根据此种残遗，以重造图腾社会之全貌，则至少在现有的知识情况之下，恐理论多而事实少，或不免为历史学者所讥笑矣。

二、灶之名称与类别及其演化

灶神之起源或可从图腾社会说起，然而灶之一字，则却是比较晚出的。从图腾时代至灶字之出现时代，其年代究有多少，现虽不能断言。然而以理推之，至少亦当在数千年以上。在此长的时期中，因为民族与方言之不同以及文化演进之关系，余相信灶之名称恐有多种，而灶之形状及其资料，亦各不同。惟此段历史乃属于原始时代。书缺有间，实物缺乏，欲作系统之叙述，现尚非时。然而古籍中所保存者，吉光片羽，亦颇珍贵，故亦不应忽视之也。

《事物异名录》云："《苍颉篇》：楚人谓灶曰寪，又作窬。《博雅》：寪谓之灶。"[①] 是灶之一名因方言而不同也。

又烓字，《说文》释为行灶，而徐灏《说文解字注笺》云：

《尔雅·释言》："烓，烓也。"郭注："今之三隅灶。"郝疏曰："三隅灶者，盖如今之风炉，形如笔筒，缺其上口，为三角以受风，谓之风灶。形制大小，随人所为。舟车皆可携带。故《说文》谓之行灶也。今登来人谓灶为融烓，其音正作口颖切，此古音矣。"[②]

朱骏声在《说文通训定声》内亦言：

烓，行灶也。从火，圭声。……《诗·白华》："卬烘于煁。"《传》："煁，烓灶也。"按三隅灶如今火炉，非饮食之灶。[③]

从此看来，是古人亦名火炉为灶。灶之种类不一，功用自亦不同。非饮食之灶，亦名曰灶。此点极应注意。因吾所论之灶神，乃五祀之一，其最初之功能即仅在主饮食一项。非饮食之灶，则不在本题范围之内，故不论述也。惟有一点，尚须一言。今灶之俗写作灶，殆亦与行灶之烓有关欤？

因烓而想到煁。此亦火炉之类，仅可照物，非为饮食之灶。盖与烓，名虽异而实一物也。故不多述。但在《说文解字诂林》内，煁字之后，则为燀字。引《说文》云："燀，炊也。从火，单声。"《春秋传》曰："燀之以薪。"而《说文引经证例》则谓："炊，爨也。爨字上像灶形，中从林收推内之。从火。是以薪之说也。"[④]如果燀可释为爨，自亦可训为灶。因爨与灶二者实一物也。关于爨字的各种解释，

① 见清厉静芗原辑，关晋轩增纂：《事物异名录》卷十四，《灶》，第15页下，清乾隆戊申年刊。
② 徐灏：《说文解字注笺》第十上，第79页下至第80页上。据甲寅年（民国三年），京师补刊本。
③ 朱骏声：《说文通训定声》，《解部》第11、30页下，临啸阁刊。
④ 承培元：《说文引经证例》卷十九，第10页下，《燀之以薪》条，光绪二十一年，《广雅丛书》本。

《说文解字诂林》引证颇详，① 此处恕不多述。惟《仪礼·特牲馈食礼》篇"主妇视馆爨于西堂下"一句，郑玄注曰："炊黍稷曰馆，宗妇为之。爨，灶也。"贾公彦疏云："爨，灶也者，周公制礼之时谓之爨，至孔子时则谓之灶。"② 贾氏之言如果可信，则爨乃灶之一名之前身也。若再以古籍证之，在《诗经》、《仪礼》、《周礼》、《周易》，诸书内均无灶字。而爨字则常见，并有不作动词，而作名词之用者。是贾氏之言当属可信。因此之故，吾人乃想到不仅爨为灶之前身或为较灶为早之一种方言，而燀当亦为灶之前身之一，或亦较灶为早之一方音也。《酉阳杂俎》云："灶神姓张名单。"《事文类聚续集》曰："灶君名禅。"③ 单与禅，是否皆燀之一音之转耶？今所谓灶神名单或禅者，又安知非从燀之崇拜之演变而来乎？

今从燀与爨再说到奥。关于奥神的解释，为孔子以来学者聚讼莫决之一大问题。兹为篇幅所限，仅能择其重要者，略述于下：

《礼记·礼器》篇有云："孔子曰：臧文仲安知礼！夏父弗綦逆祀而弗止也！燔柴于奥！夫奥者老妇之祭也，盛于盆，尊于瓶。"郑玄注曰："奥，当为爨字之误也。或作灶。……时人以为祭火神乃燔柴。老妇，先炊者也。盆瓶炊器也。明此祭先炊非祭火神，燔柴似失之"。郑氏认奥为爨，并以爨为老妇之际。然此说殊难成立，先儒驳者已多，此处不必赘述。但孔颖达疏云：

> 爨者是老妇之祭，其祭卑。唯盛食于盆，盛酒于瓶。卑贱若此，何得燔柴祭之！故：郑注谓奥当为爨也。祝融并奥及爨，三者不同。祝融乃古火官之长，五祀之神，祀于郊。奥者，正是灶之神，常祀在夏，以老妇配之，有俎及笾豆，设于灶陉。又延尸入奥。爨者，宗庙祭后直祭先炊老妇之神，在于爨灶。三者所以不同也。④

孔氏所言，吾人如未误解，是灶神有三：一为火神，祝融是也；一为奥神，亦即灶神；此外，尚有爨神，亦即老妇之祭。其所谓以老妇配之者，即当指此爨神而言也。

孔氏所说的火神及灶神，吾人可暂不问。但他既确指爨神为先炊或老妇，即似应仅有一位爨神才对。然郑玄注《仪礼·特牲礼》篇内有云："旧说云：宗妇祭馆爨，烹者祭雍爨。"⑤ 则又当作如何解释耶。而全祖望曾言：

> 考古人爨祭之礼，其神一为馆爨，宗妇祭之；一为饔爨，烹者祭之。俱在庙，祀尸卒食之后。而不闻先炊有二，是则古人盖别有奥神，康成之

---

① 参看《说文解字诂林》第三卷上，《爨部》，第 1152 页。

② 据中华书局影印《仪礼注疏》卷四十四，《十三经注疏》本，第 1180 页。

③ 引自《集说诠真》，《灶君》篇，第 145 页下及上。光绪丙午年，上海慈母堂排印。

④ 据《五礼通考》卷五十三，《五祀》篇，第 10—11 页所引（据光绪六年九月，江苏书局重刊本）。因《十三经注疏》本，疏文太长，故未从之。

⑤ 据张尔岐：《仪礼郑注句读》，《特牲》第十五，第 20 页下。乾隆八年夏镌，和衷堂藏板。

说非也。①

是全氏确认爨神为两位矣，盖馈爨属女性，故宗妇祭之；饔爨属男性，故烹者祭之也。然此两爨神者，是奥灶两神乎？抑奥灶两神之外，另有两位爨神乎？此则全氏未曾言明。然从其行文之语气推之，则似馈爨即是奥神，亦即先炊之祭，而饔爨则指灶神而言也。至此灶神之来历如何，全氏虽亦未曾指明，然以意度之，则又当指火神之祝融矣。盖关于灶神的来历，在汉时已有两种不同的传说，一为先炊说，郑玄、应劭等主之；一为火神祝融说，许慎、《淮南子》等主之。当时颇多争论，无所折衷。至唐孔颖达作《礼记疏》，乃倡祀火神而以老妇为配之说，此种争论始得调和。唐宋以来，一般经学家，咸以孔氏之说为宗。至最近，陈陆氏在《灶》一文内尚言：

> 祝融似是火的发明家，老妇似是熟食的发明家，熟食是不能离开火，所以祀火以老妇配，而祀老妇也要祀火，民俗相沿，淆而不分，因而遂有这不同的传说。②

是仍以孔颖达祀火神而以老妇为配之说为宗也。然有一点，陈氏似未注意：老妇之祭如果仅是火神之配，然则"奥尊而灶卑"之传说，又将作如何之解释乎？

按《论语·八佾》篇有云："王孙贾问曰：与其媚于奥，宁媚于灶，何谓也？子曰：不然。获罪于天，无所祷也！"③ 由这一段文字看来，是在孔子之时已有奥尊而灶卑之传说。王孙贾发问之理由，盖谓既然是奥尊而灶卑，然而一般之媚神或祈福者，反而不求之奥，而求之灶，其故安在哉！而孔子之答语乃是仅信天而不信鬼神，故所答实非所问也。

另如清采蘅子《虫鸣漫录》内亦曰："奥为中溜，有类于君；灶为日用所须，有类乎臣。"④ 奥与中溜之关系，今可暂不讨论。然以奥比君，以灶比臣，是在晚清时代尚有"奥尊而灶卑"之传说也。如果奥为老妇之祭，并系火神之配，今配角反较正角为尊，此在余看来，固然亦有可能，因余另有理由在。然在一般先贤视之，岂可通乎？

从余之观点而言，奥灶原为一种，只因是代表两个不同的阶段，故有两种不同的神话与传说。历代学者因昧于此种演化之理，故聚讼纷纭，莫衷一是。而为厉之阶者，则似应从孔子说起，因孔子曾以"燔柴于奥"责臧文仲之失礼。因而乃引起后儒对于奥灶之争。然在吾人看来，其失却在孔子。盖孔子生于封建社会之内，仅知燔柴为祭天神之礼，而不知在原始社会之内，凡举行祭祀时皆燔柴，固不仅以祭

---

① 清全祖望：《鲒埼亭集》外编卷四十八，杂著：《释奥》，第17页，据上海涵芬楼《四部丛刊》本。
② 陈陆：《灶》，载《中和月刊》1940年第1卷第2期，第99页。
③ 按关于此段话之传统的解释，请参阅《论语注疏》卷三，《八佾》第三，中华书局影印《十三经注疏》本，第2467页。
④ 清采衡子纂：《虫鸣漫录》卷一，第5页下，据上海进步书局，《笔记小说大观》本。

天为限也。如《吕氏春秋·季冬纪》云"乃命四监收秩薪柴以供寝庙及百祀之薪燎"[1] 即一例也。关于燔柴之此种意义，近人陈陆氏已有专文发表，[2] 请读者参考之，此处恕不多述。

其次，讲到孔子对于奥神的解释，孔子曰："夫奥者老妇之祭也。盛于盆，尊于瓶。"此在余看来，孔子并未讲错。盖在孔子时代，尚有奥为老妇之传说也。然所谓奥为老妇者，似可证明在男性的灶神之前，尚有一女性灶神之时期。此从社会演化之观点而言，在宗法社会之前母系社会之时代。在母系社会之时，妇女地位比较优越。氏族大权，操诸妇女家长之手。灶既为全氏族饮食及生命之所系，自然会被视为神圣而崇拜之。而司灶之责，当然亦在妇女之手。在此种社会内，如尚带有图腾主义的信仰，并如以灶为图腾，则灶即与祖先（当然指母系的先妣，那些半人半兽或半人半神的先妣而言）会成为一物，或一物之二型。在如此情形之下，灶神与先炊乃一神而非二神。既是氏族之祖，而同时却亦是氏族之保护神。至以先炊为配之说，乃封建社会以后之产物，已远非母系时代之本来面目矣。而孔子谓奥为老妇之祭，自亦仅能代表封建时代之社会意识也。惟有一点，尚须指明。即祭奥而盛于盆，尊于瓶，用盆瓶诸饮器以为祭，此在原始时代，原属当然应有之现象，实丝毫不带有卑贱的意味。试想春秋时代，尚有"神不歆非类"之传说，若更上而推及氏族之时代，祭灶神而用炊器，岂会有何卑贱之意乎？惜乎孔子虽被称为天纵之圣，其思想亦不能超出其时代，又何怪后儒之聚讼哉！

然孔子谓奥为老妇之祭，据余之推测，此当为孔子时代之一种传说而已。而当时民间之实际生活与实际信仰，恐灶神已早由奥分化而出，并已迁居于东厨之内，而与奥早已脱离关系矣。盖社会生活由原始时代而进入封建时代，家族制度亦同时由母系组织进而为父系组织。在此种演变之后，奥仍为家长祀神之所，故亦为家宅内最尊之处所。惟所谓家长者已改由男性充任之，而灶则移居于东厨之内，仍主饮食之事，虽亦遂此演变，变作男性之灶神，然其地位，则仅为五祀之一。而厨房又为妇女出入之所，妇女至此已成俗凡之物，灶既常近妇女，自亦影响其尊严。故如《礼记·玉藻》篇有所谓"君子远庖厨"之说，此据余之解释，恐亦带有阶级观念在内。而灶神既为庖厨之神，即为君子所不近，若与奥相较，自然地位较为卑下。故"奥尊而灶卑"之说，乃系当然之事实也。如朱熹所云：

> 凡祭五祀，皆先设主，而祭于其所；然后迎尸，而祭于奥。……如祀灶，则设主于灶陉，祭毕而更设馔于奥，以迎尸也。[3]

即可充分表示此种制度矣。在此种情况下，奥字之解释，或曰"奥者，神所居也"，或曰"奥者，室中隐奥之处也"。再不然，或曰"室之西南隅，宛然深藏，室之尊

① 见许维遹：《吕氏春秋集释》卷十二，《季冬纪》，第 2 页下。清华大学《整理古籍丛刊》之一，1935 年 9 月。

② 参看陈陆：《释祡》，载《中和月刊》1943 年第 3 卷第 2 期，第 28 页。

③ 见《论语·八佾》篇"王孙贾问曰"一段下的朱《注》，转引《五礼通考·五祀》第 10 页上。

处也"① 即皆可通，然皆未言及灶神也。因此之故，顾亭林乃有"奥何神哉"之疑，而《日知录》注内所引的"奥本非神之说"②，自亦可以成立矣。

以上虽证明奥为灶之前身，然而最初之灶，或者尚不名之曰奥，而另有其他之名称，亦说不定。如炮之一字，或即是最早之灶，恐亦极有可能也。如《格致镜原》内关于燔炮一项，则录云③：

> 《礼记》：古者未有火化，食草木之实，禽兽之肉。《礼含文嘉》：燧人氏始炮生为熟。《古史考》：古者茹毛饮血，燧人氏钻火，始裹肉而燔之，曰炮。神农时食谷，加米于烧石之上而食之。黄帝时有釜甑，饮食之道始备。《管子》：黄帝钻燧以熟荤臊，民食之，无腹胃之疾。

此类记载，在吾人看来，虽仅有传说的价值，然若善为利用，则灶与灶神之起源及其演化，却亦可以从此探求焉。

盖洪荒时代，未有火化，自然尚无所谓灶也。而初有火化之时，如所谓钻木取火者，此不仅在中国历史上是一普遍之传说，即在今日之残存着原始习俗的民族内，仍不乏其实例。故燧人氏虽仅是一传说内的人物，而钻木取火与炮生为熟之发明者，以及此阶段之社会生活，则当均系史前史内必有之事实，实不容吾人所否认也。因此之故，吾人如假定灶之发明者为燧人氏，似亦可以成立。而李龙《灶铭》有云："燧人造火灶。"④ 此燧人之来历虽不必深究，然而此一阶段文化之事实，则当属可信。惟燧人所造之火灶，据吾人之推测，尚不名之曰灶，而仅可名之为炮耳。

宋徐锴《说文解字系传》曾释灶云："灶，炮灶也。"此足证炮亦灶之一种，而最初之灶亦即名之为炮，甚或灶之一字，即系从炮之一音演变而来，亦颇可能也。惜后儒因固执《说文》炊灶之说，故不以徐氏之说为然。实则最能代表灶字之本义者，乃徐说而非《说文》也。

然则炮灶之质料与形状，以及其所在之处所，亦可得而闻欤？此乃考古学内之问题，应从实物一方面以寻例证，固不必纯事推想也。惟现阶段之考古学，对于此类问题之解答，似尚不能为力。若凭余之假设，则炮灶之质料当为土质，而炮灶之形状，在最初则恐并无定形。盖仅就地之宜，择其可避风雨，并便于取柴之处，燔柴而已。严格言之，尚无所谓灶也。仅至所谓烧石之时，则灶之初形始可出现。然其名称，恐仍名之曰炮，而不名之为灶也。至其形状，则当有类于臼形。盖最初之

---

① 请参看《说文解字诂林》七卷下，《穴部》奥字条，第3219页下至第3221页上。

② 参看顾炎武著，黄汝成集释：《日知录集释》卷七，《媚奥》条，第2页上。道光十四年仲冬，嘉定黄氏西䜅草庐重刊定本。

③ 见《格致镜原》二十一，《饮食类一》，《总》第1页上。

④ 按李尤《灶铭》未见，此系转引《事物记原集类》卷八，第12页下，明正统十二年，阎敬校正本；《格致镜原》卷十九，《宫室类》《灶》条，第29页下也有同样记载。但《太平御览》卷一百八十六，《居处部》十四，《灶》条第4页上则言："李尤《灶铭》曰：'燧人造火，灶能以兴。'"因未见原书，故《太平御览》所言，是否应标点为"燧人造火灶，能以兴"？现仅能存疑耳。

臼，当为地臼。而上章所论之臼灶，即当属于炮灶时期之灶型也。若更证之以今日之民俗，现今华北一带，用地臼舂米，今仍未废。就地而挖臼灶，亦颇流行。惟今既有釜甑，故须在臼灶之旁再挖一小穴以作出烟之用，而于另一旁边再挖一坡斜之穴道以为纳柴之口。此较未有釜甑时代之臼灶，盖以进步得多矣。至于上古时代之臼灶或炮灶，究应置于何处，据余之推测，则恐无一定之位置。如《礼记·礼运》所云：“昔者先王未有宫室，冬则居营窟，夏则居橧巢。”① 则冬季之炮灶，似应在穴居之内，而夏季之炮灶则又当在林中避风之处与便于取柴之所矣。惟山西万泉县荆村瓦渣斜所发现之新石器时代穴居遗址时，亦曾发现炉灶，而《史前史概论》著者岑家梧氏则言：

> 荆村尚发现炉灶三座，均在一处。由地层观察之：当时此等炉灶，设在地面。今已埋入土中约五尺。灶以泥土造成，分上中下三部。下部有一圆洞，洞口向东南，为通风口；中部有纳燃料之处。底有穿孔，为泄灰及通风用。旁边左右后三面，有墙高约一尺三寸，厚约五寸，墙上为上部，墙顶湾内悬空，为置鼎鬲之所。然炉灶不发现于地穴之中。又与炉灶连接之地面，似存共食遗址。②

但据余之推想，荆村所发现之炉灶，当属于煨煁之类，亦即有类于今日之火炉，恐亦可以移动。惟火炉亦可兼作炊爨饮食之用，其功用固不仅在取暖一项也。而且既云可以置鼎鬲，是至少已入于陶器之时代矣。而吾人所论之炮灶，则当远在陶器时代之前也。

在初期穴居之时，灶之位置究在穴之何处，此自亦大可注意之问题。因灶之所在，亦即灶神之所在也。灶如在直穴之当中，即在中溜之下矣。事实果如此，则灶神与中溜神即有合流之可能。而李玄伯氏所云：“古人祭中溜亦仍是‘祀火’的遗制。中溜亦极古时代火的位置。”③ 即可证实矣。否则灶之位置，如系在穴内之一隅，或所谓隐奥之处者，则灶与中溜即不发生关系矣。然此乃考古学内之问题，须靠事实来解答。余对李氏之说之所以暂为存疑者，即此故也。

余既谓炮灶之出现，当求之于烧石制度之时，然则烧石制度之内容，亦可得而闻乎？《礼记·礼运》篇郑玄注内有云：“中古未有釜甑，释米捭肉，加于烧石之上而食之耳。今北狄犹然。”孔颖达疏曰：

> 中古之时，饮食质略，虽有火化，其时未有釜甑也。其燔黍捭豚者，燔黍者以水洮释黍米，加于烧石之上以燔之，故云燔黍。或捭折豚肉加于烧石之上而熟之，故云捭豚。孔颖达并言：此云中古者，谓神农也。④

此关于烧石之说之见于经传者也。郑氏云“今北狄犹然”，余一时尚未寻出其

---

① 《礼记》卷二十一，《礼运》，据中华书局影印《十三经注疏》本，第 1416 页。
② 岑家悟：《史前史概论》第七章“新石器时代”，商务印书馆 1931 年版，第 204—205 页。
③ 见李玄伯：《中国古代社会新研初稿》，北京来薰阁书店发行，1941 年，第 18 页。
④ 引自《礼记》卷二十一《礼运》，据中华书局影印《十三经注疏》本，第 1415 页。

根据。但从民族学之观点而言，则烧石之说乃原始时代未有陶器之前之一比较普遍的制度，其方法虽不尽同，然其时未有釜甑，释米捭肉，加于烧石之上而炙之，或将烧石放于盛水之竹器内而煮之，则固大致均相类也。

若更以今之民俗证之，用烧石之方法以炙肉或煮食，固已早废，然用烧石之方法以烧砖，俗名"烧砖"以作冬夜暖被之用者，此在华北一带过去颇流行也。余想华北一带与郑氏之所谓北狄者，颇相接近，故"烧砖"之制殆亦北狄烧石之遗俗欤？

而陈陆氏于《释灶》一文内竟言：

> 郑氏所谓中古未有釜甑，释米捭肉于烧石之上而食之的"烧石"，大概即是灶一类的器物，或因尚未完全脱离石器时代的旧俗，而仍是用石凿成的，所以呼作"烧石"，正未可知也。[1]

盖陈氏不知烧石之石是指石子而言，其方法是先将石子烧于火内，然后用烧石以烧食物，或炙或煮，则均较直意燎于火内者味美而且卫生，此乃初有火化之后较为进步的方法，亦即未有釜甑时代较为进步之炊爨制度也。换言之，烧石之功用是相当于釜甑，并不相当于灶。陈氏昧于此理，而以烧石之石，误会为石灶之石，故有"用石凿成"之说，此则不可不辨者也。

总上所言，吾人可以看出，灶在未名为灶之前，已有一段颇长之历史。如"燔柴"之燔，"焯之以薪"之焯，即恐皆与灶之起源有关。然而最为吾人所注意者，则是"炮生为熟"之炮。盖炮与庖为同音，而且可以通用，如《汉书·律历志》"炮牺氏之王天下也"一语之颜师古注曰"炮与庖同"，[2] 即其例也。或谓火化而食，始于庖义故以为号。此虽属诸传说，然而炮为灶之前身，从此亦可看出焉。况庖之本义，本训作厨。而灶之本义则为炮灶。岂非灶由炮演变而来之明证乎？

惟炮之意义则有两训：一曰毛炙肉也，一曰裹烧之也。前儒对之颇为聚讼。[3] 近人尚秉和氏则言："炮者裹肉而烧之，燎其毛使熟耳。"[4] 此调和之论也。但在余看来，带毛炙肉与裹而烧之，乃代表两个不同阶段，故不应混而为一。盖带毛炙肉乃是最幼稚之熟食方法。裹而烧之，即已较为进步。而烧石之制，则又系从裹烧演进而来也。

炮灶之制虽可分为如此之三阶段，然在文化演进之阶段中，恐皆属于新石器时代以前或其初期，而不应较新石器初期为更晚。因新石器时代已有农业与陶器，而穴居与巢居之制即已为宫室制度所代替矣。故在灶之演化史内，新石器时代似已属

---

① 参看陈陆：《释灶》，载《中和月刊》1943 年第 3 卷第 2 期，第 37 页。关于烧石之制，参看库诺夫：《经济通史》卷一，吴觉生译，商务印书馆 1976 年版，第 178 页；尼科尔斯基：《原始社会史》，庞龙译，作家书屋 1952 年版，第 78 页。

② 见《汉书》卷二十一下，《律历志》第一下，据中华书局本，第 1011 页。

③ 参看《说文解字诂林》第十卷上，《火部·炮》字条，第 4474 页下至第 4475 下。

④ 见尚秉和：《历代社会风俗事物考》卷一，商务印书馆 1939 年再版，第 2 页。

于较炮灶更为进步之一阶段，而奥灶之出现，或即属于此时也。

在灶神之崇拜一方面，在炮灶之时期内，则当属于图腾主义之阶段。上一章所论之蛙灶，恐即是此期之产物。惟炮灶文化之领域极广，而蛙灶氏族之范围或极有限。盖蛙灶乃炮灶文化中之一支，故不得谓一切炮灶文化皆为蛙灶氏族之领域也。因此之故，此阶段中之灶神崇拜，则应为具有氏族宗教特征之信仰，而不必全为蛙黾之崇拜也。从此观点而言，《周礼·天官》内所说的庖人，[①] 与《姓氏寻源》内所引的庖氏、庖国与庖水等等，[②] 实均具有氏族宗教之遗意。而包亦与庖字相通，此亦应为吾人所注意。如以上所说之炮羲氏或庖羲氏，亦尝写作包牺氏，[③] 即一例也。此外若再从礼俗迷忌一方面来作观察，则《礼记·檀弓》内所云："掘中溜而浴，毁灶以缀足。及葬，毁宗躐行，出于大门，殷道也。"[④]

此在余看来，当系初民时代之遗俗，其起源则当远在殷墟文化之前。而其所以毁灶之故，即充分表现其氏族宗教之意义也。另如《杂五行书》内亦列有"用人故灶，凶"[⑤] 之说，此在余看来，乃与人死而毁灶之俗来自同源。盖在原始时代，一个灶代表一个氏族。而原始人之一切社会生活与宗教信仰亦均以氏族之范围为边界。氏族同则姓氏同而宗教亦同。氏族异则全异。而彼此之相视，亦即往往成为仇敌矣。故某氏族之灶神，亦即某氏族之祖先与姓氏。而此灶神亦仅保护某氏族，并仅受某氏族之祭祀与崇拜。此氏族如灭亡，其灶神亦即同时而灭亡。而其物质之灶，当然亦无用矣。纵不毁之，亦无人敢再用之，或亦无人肯再用之矣。此乃人死而毁灶之本义也。至"用人故灶，凶"之说，特其遗制耳。直至今日，民间尚认为"老天爷"则各家均同，普天之下，仅有一位。而灶王爷则不然，每家一位，各不相同。故有"张家灶王不管李家之事"之谚。此殆犹带有氏族宗教之遗意欤？然社会文化进入于新石器时代之后，因为发明陶器，而乃有所谓釜甑。则灶之形状自然有一改变，灶神之崇拜自然亦与前此者不同。而奥之为灶即当属于此期也。

在炮灶时期之灶神是图腾的，如蛙灶即一例也。在奥灶时期之灶神是女性的，如孔子所谓为老妇之祭者是也。盖社会演化由图腾时期进入于初期农业时代之后，社会大权操诸妇女之手，家族组织则为母系氏族或母系大家族（famille utérine indivise）制。司奥之职属于妇女，而奥灶之神自然亦是老妇或先炊也。

然社会之演进，并非至此而停止。农业技术逐渐进步之后，妇女地位即渐低下，而入于男权社会矣。在男权社会之内，家长属于男性。奥虽仍为敬神之所，然而一切神灵已均变为男性。而且灶神之外，尚有天地祖先诸神，其势力乃更大，其地位亦更尊。故灶神至此仅系五祀之一，而非五祀之长，自己主动或被迫迁出奥之圣地，

---

① 参看《周礼正义》第四册卷七，第35页下。
② 参看张澍纂：《姓氏寻源》卷十四，《庖氏》条，枣华书屋藏板，第11页上。
③ 参看张澍纂：《姓氏寻源》，《包氏》条，枣华书屋藏板，第10页下。
④ 见《礼记》卷七，《檀弓》上，据中华书局影印《十三经注疏》本，第1286页。
⑤ 见《玉函山房辑佚书》卷七十八，《杂五行书》，清马国翰收辑，光绪重刊本，第47页下。

而屈居于东厨之内矣。此奥灶之辨之所以兴也。惟此时之灶神，虽已变为男性，然尚未完全脱去母系时代之残影。如《庄子·达生》篇注内所云："灶神，其状如美女，着赤衣，名髻也。"① 即系此种背景下之产物也。仅在社会文化更为进步之后，国家之形态已经完成，男权之地位更为稳固，而灶神之容貌始完全确定为男性。或曰神农②，或曰黄帝③，或更曰颛顼氏之子黎④。其传说虽有不同，然皆为一时期内之产物，则固无不同也。此后，社会愈演化，文化愈复杂，灶神之来历亦愈多，故灶神之姓氏与传说亦愈复杂而不一致。此当于下一章内论述之。

三、灶君爷之来历

民间所供奉之灶神，俗名灶王爷或灶君爷。考灶君之名或已见于战国之时代。如《战国策》云：

> 卫灵公近雍疽、弥子瑕，二人者专君之势以蔽左右。复涂侦谓君曰："昔日臣梦见君。"君曰："子何梦？"曰："梦见灶君！"君忿然作色曰："吾闻梦见人君者梦见日。今子曰梦见灶君而言君也，有说则可，无说则死！"对曰："日并烛天下者也。一物不能蔽也。若灶则不然，前之人炀则后之人无从见也。今臣疑人之有炀于君者也，是以梦见灶君！"君曰："善。"于是因废雍疽、弥子瑕而立司空狗。⑤

惟从其行文之语气而言，恐战国时代之灶神虽有灶君之名，然不为人所尊崇。故卫灵公闻之而"忿然作色"，而复涂侦复有"若灶则不然，前之人炀则后之人无从见也"之说也。

战国以后，至于西汉，汉武帝虽信李少君之言而亲祀灶。然而当时之灶神，却仅称作"灶鬼"。如《史记·封禅书》有云：

> 齐人少翁以鬼神方见上。上有所幸王夫人；夫人卒，少翁以方，盖夜

---

① 参看清郭庆藩：《庄子集释》卷七上，《达生》第十九，第 11 页上。

② 按《淮南子·汜论》篇曰："炎帝于火，死而为灶"。注云："炎帝神农以火德王天下。死托祀于灶神"。见《淮南鸿烈集解》卷十三。但他本则曰："炎帝于火而死为灶。"（莲池书社，桐城吴先生《群书点勘子部之九》，《淮南子》第二册卷十三，第 14 页。）或曰："炎帝王于火，死而为灶。"（见《事物纪原》集类卷八，第 12 页下；《事物纪原补》卷八，第 21 页上。）

③ 按《太平御览》云："《淮南子》曰：'黄帝作灶，死为灶神。'"（见该书卷一百八十六，《居处部》十四，《灶》条，第 3 页下。）但今本《淮南子》无。而《格致镜原》、《事物原会》两书却均引用之。

④ 按《风俗通》云："《周礼》说：颛顼氏有子曰黎，为祝融，祀以为灶神。"（见该书卷八，《灶神》条，第 3 页下。据清木刻本，书末有汝上王谟识。）《五经异义》云："古《周礼》说：颛顼氏有子曰黎，为祝融，祀以为灶神。"（见清王复辑：《驳五经异义》，卷一，第 11 页上，《清芬堂丛书》，光绪十六年。）但今本《周礼》无。

⑤ 见《战国策》卷二十，《赵》三，第 13 页下。同治己巳，湖北崇文书局雕，剡川姚氏本。按文内雍疽一名凡两见，似均系雍疽之误，惟未敢臆改，姑仍其旧。又另查上海涵芬楼影印《四部丛刊》本，此条缺如。

致王夫人及灶鬼之貌云，天子自帷中望见焉。①

盖灶鬼之容貌当与《庄子·达生》篇注内所谓"灶神，其状如美女，着赤衣，名髻也"者相类，而与现今民间所供奉之"金灶"或灶王纸马，每作方面大耳，五绺长髯，头戴王冠，身着王服，双手捧圭，端坐于宝座之上者大有不同也。汉武帝所亲祀之灶神尚且如此，则卫灵公闻灶君之名而忿然作色，又何怪哉！

惟灶神在民间宗教内的势力，自两汉以后却是一天大似一天。据《隋书·经籍志》所言，梁简文帝撰有《灶经》十四卷②，今虽不传，但至唐时，灶神已有灶王之名，如李廓《镜听词》云"匣中取镜辞灶王，罗衣掩尽明月光"③ 是也。而且唐时尚有"灶君皇帝"之说，如罗隐《送灶诗》曾云"一笺清茶一缕烟，灶君皇帝上青天"④。另据《辇下岁时记》所云："都人至年夜，请僧道看经，备酒果，送神，帖灶马于灶上，以酒糟抹于灶门之上，谓之醉司命。"⑤

考《辇下岁时记》之作者今虽失名，然知其为唐时人之著述，则无疑问。故唐时已有灶王纸马⑥流行民间，而且在民间宗教内，司命之神已为灶神所吞并。则"灶王爷"势力之大，可想而知矣。

从唐宋以来以至现今五祀诸神多被遗忘，惟灶神的名望却是与日俱增，其势力亦是逐渐的扩大。如《灶王府君真经》有云：

> 灶王爷司东厨一家之主，一家人凡做事看的分明。谁行善谁作恶观察虚实，每月里三十日上奏天庭。……读书人敬灶君魁名高中，种地人敬灶君五谷丰登。手术人敬灶君百能百巧，生意人敬灶君买卖兴隆。在家人敬灶君身体康泰，出家人敬灶君到处安宁。老年人敬灶君眼明脚快，少年人敬灶君神气清明，世间人你何必舍近求远，游明山过海滨千里路程！灶君前只用你诚心祝祷，无论你什么事也敢应承！只要你存好心善行方便，我与你一件件转奏天庭。为名的保管你功名显达，为利的管保你财发万金，有病的管保你沉疾全愈，求寿的管保你年登九旬，求儿的管保你门生贵子，求妻的管保你天降美人。见玉帝我与你多添好话，祷必灵求必应凡事遂心！⑦

---

① 《史记》卷二十八，据中华书局本，第1387页。

② 见《隋书》卷三十四，《经籍志》子部，《五行类》，中华书局本，1038页。

③ 按李廓：《镜听词》未见，此系转引《铸鼎余闻》卷四，第28页上。据清光绪己亥年孟冬校刊本，板藏常熟刘氏达经堂。

④ 《坚瓠集》甲集卷二，第2页下，《送灶诗》，据丙寅（民国十五年）柏香书屋校印本。

⑤ 见《说郛》卷六十九，《辇下岁时记》第2页上，《灶灯》条。据清顺治四年，宛委山堂刊本。按此条又见《古今图书集成》，《神异典》第三十三卷，《五祀之神部纪事之二》下。据清光绪图书集成局印本。

⑥ 望按关于纸马之起源，可参看古愚老人《清夏录》，《事物原令》卷三十五，第5页，《纸马》条。

⑦ 见《灶王府君真经》第3页上、第4页上至第4页下。清宣统年重镌，宣化府张家口朝阳洞本原惜字社存板。

从此看来，灶王爷所司掌的职务不仅是饮食一项，亦不仅是一家之主，而且是凡人生日用所必需的希求，灶君爷全可使之满足。只要敬灶，一切全可遂心！游山过海，朝顶进香，亦全是多余的了。

灶王爷既然如此神通广大，他的来历一定不凡。盖现今民间所供奉的灶王爷，原是一位多元的与复杂的大神。他的来历不仅一种。除去以上两章所说的蛙灶与炮灶或奥灶之外，尚另有其他的来源在。兹特分述如下。

现吾人所首应提出者乃是灶神与火神的关系一问题。

吾人知道，灶神是火神抑是先炊，汉儒曾为此而争辩不休。唐儒孔颖达虽倡调和之论，谓祀灶是祭火神而以老妇为配，然亦不能自圆其说。此吾人在上一章内已经提到，兹不再赘。惟从民间宗教之观点而言，《东厨司命宝诰》一开始即言：

> 自在红光府，消遥碧焰宫；为五祀之灵祇，作七元之使者。运用而威
>
> 分火德，辉煌而道合阴阳。①

而民间所供奉之"灶王纸马"亦有"东厨司命主，南方火帝君"之题款。② 是皆明指灶神之为火神也。然若从另一方面而言，灶神之外，尚另有所谓火神者在。即从民间之意识而言，似亦未尝将二者混为一物。因除祀灶之外，尚另有火神及火神庙，从未闻有将火神及火神庙当作灶神及灶神庙之说也。盖今日所供奉之火神绝非灶神，而今日所供奉之灶神却与火神有点渊源，因而纠缠不清，故须予以论述焉。

在余看来，汉儒谓灶神为火正祝融或谓"灶者火之主，人所以自养也"③ 云云，此皆因受五行说之影响，故为后起之义。而灶神与火神之最早的瓜葛，则当在灶神与火神二者尚均未人格化之时期求之也。考《礼记·礼运》篇有云：

> 昔者先王……未有火化，食草木之实，鸟兽之肉，饮其血，茹其毛。
>
> ……后圣有作，然后修火之利……以炮以燔，以亨以炙，以为醴酪。④

盖未有火化之时，当然不会有灶。既无灶，当然亦没有灶神之崇拜也。惟初有火化之时，恐视火为神物，仅知崇拜而畏惧之，尚不知修火之利，以炮以燔，以烹以炙也。而古昔民族之拜火教，其起源亦当在此。盖火之功能，其最初之意义，恐属于宗教的与巫术的。如古籍中所说之燔柴或薪燎，其最初之本义，恐皆指敬神而言也。至余之所谓巫术者，盖在原始社会之内，巫术与宗教原是分不开的，因而在原始宗教学内，乃有"巫术宗教"（magicoreligieuse）一词之出现，今人上官悟尘氏所著《消化器病》一书内有云："太古之民，穴居野处，终夜燃火助威，所以防兽类及敌人之侵袭，以为生命安全之计。"⑤ 此说颇为近情。但由我看来，太古之民终夜燃火

---

① 见《灶君劝善文灵签东厨司命宝诰》，第 1 页上。同治戊辰年重刊。

② 参看《民间新年神像图画展览会》第 52 号，第 115 页。1942 年 7 月，北京中法汉学研究所。

③ 见《白虎通·五祀》篇，据陈立：《白虎通疏证》卷二，《五祀》，第 22 页上及下。清光绪元年春，淮南书局刊本。

④《礼记》卷二十一，《礼运》。据中华书局影印《十三经注疏》本，第 1416 页。

⑤ 见上官悟尘：《消化器病》，商务印书馆 1935 年第 3 版，"医学小丛书"，第 67 页。

助威之原因，恐不仅在防兽类及敌人之侵袭，而视火为神物，具有法力，可以驱鬼怪而远邪祟，恐亦用火之主要原因之一也。而古时之所谓傩礼者，恐即带有以火驱祟之意义。此余以下另有说明。今当在此指出者，乃《礼运》之所谓"以炮以燔以烹以炙"者，似应指两个不同的时代而言。因在未有釜甑之时，固然可以"以炮以燔"，然而"以烹以炙"之烹，则非有釜甑不能办到也。盖釜甑未被发明以前之灶神，仅能是火神之一支派，纵能主食，然尚不能主饮。仅有在釜甑发明之后，饮食之用始备。故所谓灶神为主饮食之神者，仅至此时，始能成立。今民间谓灶神为"福水善火定福府君"①，即应指釜甑发明以后之灶神而言也。

从此看来，今之所谓火神者虽已与灶神无关，然而今之灶王爷，则却为古代火神的后裔之一支，则似无可疑者。换言之，古代之祀火，乃近代灶王爷之来历之一也。李玄伯氏云："说祭灶，祭爨，亦如祭爟之出自古代祀火，大约不致于去真实太远。"② 此说当属可信。惟李氏又提到祭爨，乃使我忍不住再替他补充几句。

按《周礼·司爟》有云：

司爟掌行火之政令……季春出火，民咸从之；季秋内火，民亦如之。……凡祭祀，则祭爟。凡国失火，野焚莱，则有刑罚焉。③

关于此段经文的解释，历来注疏家均不得其正解。惟李氏能指出祭爟是出自古代祀火，可谓具有卓识。然李氏对于季春出火与季秋内火之说尚未加以新识；对于爟与灶之关系，亦未予以说明。今特略抒己见，以作李氏之补充焉。

在余看来，出火与内火之本义，当指《礼运》所谓"昔者先王未有宫室，冬则居营窟，夏则居橧巢"④ 之时代而言。盖在此时，冬则穴居，夏则野处。居所既因季节而改变，故居所之圣火自必随之而亦改变。故所谓"季春出火"者乃指由穴居而改为野处之季节而言。其所谓"季秋内火"者，则系指由野处而改为穴居之季节而言也。余此处所说之灶火，即当系从此圣火演变而来。今此圣火既随季节而每年改变一次，然则灶神每年上天一次之传说，殆亦与此有关欤？⑤ 至所谓"凡祭祀，则祭爟"者，此在余看来，祭爟即等于祭火，亦即凡祭祀皆燔柴或皆用火之意也。惟原始之祀火，并非视火之外另有火神以掌司火之职，而是视火之本身即为神物，故不言凡祭祀皆用火，而即说"凡祭祀则祭爟"也。至讲到灶与爟之关系，余则相信，此时之灶尚无专名，故此时之灶神亦是包括于火神之内。换言之，祭爟即等于祭火，亦即等于祭灶。爟神者乃指灶神尚未自火神分化而出以前之火神而言也。明

① 参看《民间新年神像图画展览会》第五十一号，第 111 页。

② 参看李玄伯：《中国古代社会新研初稿》，北京来薰阁书店发行，1941 年，第 17 页。

③ 参看《周礼正义》第四十二册卷五十七，第 38 页上至第 44 页下。

④ 班固云："在野曰庐，在邑曰里。春令民毕出在野，冬则毕入亏邑。"（引自黄以周：《礼书通故》第三十五，《井田通故》，第 27 页上。）

⑤ 堃按今俗尚以二月二日为土地诞，或曰土地公公生日，亦即古人春社之意（《清嘉录》卷二，《土地公公生日》条）；又十一月冬至节，亦有家家祭灶之俗（见《清嘉录》卷十一，《冬至米团》条）。

乎此，则灶神与火神之关系，可不言而喻矣。

因为讲到司爟，则灶与日之关系，似亦有一述之必要。据《说文·火部》云："爟取火于日，官名。举火曰爟。《周礼》曰：'司爟，掌行火之政令。'"① 是明认司爟为取火于日之官也。固然，我们知道，司取火于日之职者，在《周礼》内还另有司烜而非司爟，如《秋官·司烜》篇曾言"司烜氏，掌以夫遂取明火于日"② 是也。惟古人每将爟烜两字混为一谈，则即是一事实。如《周礼正义》云：

> 陈寿祺云：《说文》曰："取火于日，官名。"此据司烜氏以夫燧取火于日言之。其下又曰"举火曰爟"，此据《夏官司爟》言之。其下重文烜，日或从亘，此亦烜爟为一字也。高诱《淮南记论注》亦曰："爟，取火于日之官也。"下复引《司爟》之文。"许师贾景伯、高师卢子干，其言皆有所受。盖诸儒所见《周礼》，司爟有作司烜者。如世妇，槀人，环人之两见，故并两职解之也。""案陈说是也，王昭禹、方苞并引《易说卦传》曰'以烜之，谓此官掌取火于日，故以司烜为名'，亦通。"③

此在吾人看来，先儒视爟与烜为一物，既是一种事实，即一定有其原因。而且从吾人之观点而言，爟与烜为二制抑为一制，倒不十分重要。而重要之所在，乃司爟或司烜之取火于日之一事实也。盖既云取火于日，则火与日之关系，即很显然，因之祀火之说，亦即与太阳之崇拜有关矣。

近见北京大学史学系同学宿白君《少昊考》及《颛顼考》两文，一则曰："昊之本义，盖为崇拜太阳之人也。昊或作皞，皓，暤，颢。"④ 再则曰："颛顼即是高阳，高阳就是太阳，那么颛顼亦即太皞，因为太皞即太皓，也就是太阳啊！"⑤ 使余阅后颇韪其说。因余数年来治中国上古史，对于图腾主义一问题，尚不敢轻易发表意见。盖此问题之解决，尚有待于社会学、民族学、民俗学、考古学、语言学及古生物学诸科学之新的发现与研究，今则为时尚早，似难遽下结论也。然而无论如何，语言学一方面之论证，纵非完全可靠，要亦不可完全忽视之。今若从此而言，则太昊之昊，有时作皋，而且作皓，或竟作浩。如《春秋》定公四年云："五月，公及诸侯盟于浩油。"而《谷梁》、《左传》则将浩油作皋鼬或作诰鼬。⑥ 足证皋浩两字原可通用也。另如《淮南子·览冥训》亦有"此皆得清净之道，太浩之和也"⑦ 之

---

① 见《说文解字》，中华书局影印本，第210页。

②《周礼正义》第五十册卷七十，第23页下。——按关于夫燧取明火之说，请看唐擘黄氏：《阳燧取火与方诸取火》，载《中央研究院历史语言研究所集刊》，五本，二分，第271—至277页。

③《周礼正义》第四十七册卷六十五，第17页上。

④ 见《少昊考》，载《北大文学》第一辑，第61—74页，1943年，北京大学文学院，北大文学会编。

⑤ 见《颛顼考》，载《留日同学会季刊》第五号，第30—36页，1943年9月15日，北京中国留日同学会。

⑥ 参看《春秋经传引得》第一册，第442页。1938年12月北平燕京大学哈佛燕京学社引得编纂处。

⑦ 参看《淮南鸿烈集解》卷六，《览冥训》，第3页上。

言。而此处所说之太浩，当然亦即一般所说之太皓。惟太皓一词，则有二义：（1）太皓即太皋或太昊。如《楚辞·远游》篇有云"历太皓以右转兮"①是也。（2）太皓则系指天而言。如《后汉书·郎颛传》有云：

> 陛下若欲除灾昭社，顺天致和，宜察臣下尤酷害者，亟加斥黜，以安黎元。则太皓悦和，雷声乃发。原注云：太皓，天也。②

即一例也。盖太皓或太浩最初之本义，系指天神而言，为一专名。后则变为通名，乃泛指天而言矣。惟指天神而言之太浩，是否即如宿白君所言，乃东方系以日为图腾之民族？现吾人尚不敢遽作坚决之论断。因仅从语言学一方面而言，其论证殊为薄弱也。惟太皓本为一个专名，并不是一位人帝，而却是与日有关的一位天神或图腾祖，此则吾人所深信而不疑者也。

考拜日之说，在原始宗教中本极常见。若仅以我国之古籍而言，《五礼通考》内之《日月》篇已替我们辑出许多资料，此处恕不引证。另如殷人祭日之说，近在甲骨文内似已寻出实证。③此外，《楚辞·九歌》中之东君，亦指日神而言。孙作云氏《九歌东君考》一文，曾指此为古代祀日之巫歌④，其说当属可信也。至今拜日之礼及其神话，在民间仍颇流行。如北平尚有太阳宫，例于旧历二月初一日开庙，以祀太阳星君，⑤即一例也。惟以日为图腾之说，在理论上虽极有其可能，但以现阶段之知识而言，却仅能以假设视之耳。然而无论如何，浩或皓既为与日有关之天神或图腾祖，则灶神名浩之说，当亦非来自偶然矣。《史记索隐·孝武本纪》曾言："司马彪注《庄子》云：'浩，灶神也。如美女，衣赤。'"⑥而今之注《庄子》者，则均不得其解。⑦然而浩为日神之说如果可靠，则不仅灶神名浩之说从此得一根据，而且先民对于太阳之崇拜恐亦应视为灶王爷来历之一矣。

今讲到灶神与傩的关系，华北一带的读者，或不以此为必要。因在华北一带，祀灶之俗虽颇普遍，然未闻与傩有何关系。惟在华中一带，情景即有不同。如吴县顾录《清嘉录·十二月跳灶王》一条，所录颇详。兹先引出以供读者之参考：

> 月朔，乞儿三五人为一队，扮灶公灶婆，各执竹杖，噪于门庭以乞钱。至二十四日止。谓之"跳灶王。"周宗泰《姑苏竹枝词》云："又是残冬急

---

① 参看《楚辞笺注》卷五，《远游》，第9页上。
② 见《后汉书》卷六十下，《郎颛传》，第15页下至第16页上，唐章怀太子贤注。上海涵芬楼景印乾隆四年校刊本。
③ 参看郭沫若《殷契萃编》第一册，《序》，第4页上，第三册，第6页下至第7页上（第17片），第四册，第84页（第597片），昭和十二年五月，东京文求堂书店；据光绪十九年九月，广雅书局校刻本。商承祚《殷契佚存》，第86片（见该书第一册，第13页上）及该书第二册，《殷契佚存考释》第18页上。
④ 参阅孙作云：《九歌东君考》，载《中和月刊》1941年第2卷第6期，第2—17页。
⑤ 参看李家瑞：《北平风俗类征》上册，《岁时》，商务印书馆1937年版，第42—43页。
⑥ 见《史记索隐》卷四，《孝武本纪》第4页上。
⑦ 参看《庄子义证》第四册卷十九，《达生》篇，第10页上。

景催，街头财马店齐开。灶神人媚将人媚，毕竟钱从囊底来！"

案：李廓《镜听词》"匣中取镜辞灶王"，是称灶神为灶王，唐时已然。又李绰《秦中岁时记》："岁除日追傩，皆作鬼神状。内立老儿，为傩公傩母。"家雪亭《土风录》谓：即今之灶公灶婆。蔡铁翁《诗》："索钱翁媪总成双。"《后汉书》："季冬大傩，谓之逐疫。"《梁书》云："傩谓之野云。"①《南史·曹景宗传》，尝于腊月，使人在宅中作邪呼逐除，为野云戏。赵彦卫《云麓漫钞》亦云："岁将除，都人相率为傩。俚语，呼为野云戏。"褚人获《坚瓠集》云："今吴中，以腊月一日行傩，至二十四日止，丐者为之，谓之跳灶王。"《昆新合志》，又谓之保平安。户各舍米，升合不等。盖旧俗于二十四日，是日必祀灶，有若娱灶神。然后以一日不能遍，改而先期，今遂以月朔始矣。如《长元志》载："十二月初一日，观傩于市，二十四日止。"《吴县志》："十二月朔，给孤园中人，扮灶王，二十四日止。"而《范志》谓"腊月二十五夜观傩"，今非。惟《江震志》并载："二十四日，丐者涂抹变形，装成男女鬼判，嗷跳驱傩，索之利物，俗呼跳灶王。"周密《武林旧事》亦云："二十四日，市井迎傩。"又吴曼云《江乡节物诗》② 小序云，杭俗跳灶王，"丐者至腊月下旬，涂粉墨于面，跳踉街市，以索钱米。"诗云："借名司命作乡傩，不醉其如屡舞傞。粉墨当场供笑骂，只夸囊底得钱多！"③

从此观之，可见"跳灶王"之俗在华中一带颇为流行，而且流行的区域亦是相当的广大。虽说各处所行者不无小异，然大体固相同也。《土风录》谓傩公傩母即今之灶公灶婆，其说当属可信。惟《清嘉录》之作者，谓"跳灶王"之意义是在于娱灶神，此在余看来，则须加以补充。因今之"跳灶王"或《南史》之所谓"野云戏"，固已演变为戏剧，而属于娱乐之性质。然而"跳灶王"与"野云戏"之前身，如《后汉书》之所谓"秋冬大傩"者，其性质则属于宗教，而不仅在于娱乐也。按《后汉书·礼仪志》有云：

季冬之月……先腊一日，大傩，谓之逐疫。其仪：选中黄门子弟年十岁以上，十二以下，百二十人，为侲子，皆赤帻皂制，执大鼗。方相氏黄金四目，蒙熊皮，玄衣朱裳，执戈扬盾。十二兽有衣毛角，中黄门行之，冗从仆射将之，以逐恶鬼于禁中。夜漏上水，朝臣会，侍中、尚书、御史、

---

① 据孙楷第先生云，野云之云，恐系虙字之误，《百衲本》、《梁书》即作野虙。在晋时并有"打野呵"之说。野呵与野虙，当系一音之转。而虙云二字形相近，故易致误。野云一词，实属费解。虙按孙君之言，可信也。

② 按此诗词，《清嘉录》误作词，兹据原书改正。见《武林掌故丛编》第五十九册，《江乡节物诗》，第13页上，《跳灶王》条。浙江书局刊。

③ 录自《清嘉录》卷十二，《十二月跳灶王》，第1页上至第2页下。并参看该书，"跳钟馗"一条，见该书卷十，第2—3页。据日本久居安原宽得众校本。

谒者、虎贲、羽林郎将、执事，皆赤帻陛卫，乘舆御前殿。黄门令奏曰："侲子备，请逐疫。"于是中黄门倡，侲子和，曰："甲作食胐，胇胃食虎，雄伯食魅，腾简食不样，揽诸食咎，伯奇食梦，强梁、祖明共食磔死寄生，委随食观，错断食巨，穷奇、腾根共食蛊。凡使十二神追恶凶，赫女躯，拉女干，节解女肉，抽女肺肠！女不急去，后者为粮。"因作方相与十二兽舞，欢呼，周遍前后省三过，持炬火，送疫出端门，门外驺骑传炬出宫，司马阙门门外五营骑士传火弃洛水中。百官官府各以木面兽能为傩人师讫，设桃梗、郁垒，苇茭毕，执事陛者罢。苇戟，桃杖以赐公、卿、将军、特侯、诸侯云。①

从此看来，此种傩礼尚远较今日之雍和宫打鬼为庄严而隆重。如仅以娱乐之性质视之，岂不大错而特错耶！

考傩祭本为古礼之一，亦上古宗教史内极重要之一章。一般礼书内虽均有专篇论述，②惟傩祭之系统的研究，尚不多见。仅有葛兰言在所著《中国古代之舞蹈与传说》一书内，曾作过一种初步的探讨，确可给吾人一些新的启示。③然此题太大，吾人所应注意者乃仅是傩礼是否亦为灶王爷之一种来历之一问题也。

余相信灶王爷与傩祭原是来自一源，即全由祀火之礼演变而来也。关于灶神与祀火之关系前已言之，兹不再赘。惟关于傩与火之关系，连葛兰言似亦未加注意，故有一述之必要焉。

考傩礼之兴，当由于驱疫。《周礼》所谓："方相氏掌蒙熊皮，黄金四目，玄衣朱裳，执戈扬盾，帅百隶而时难，以索室殴疫。"④此当为傩礼最早的一种记载，亦即上引《后汉书·礼仪志》之所本也。或谓《周礼》系晚出，故不足信。然而驱疫之傩祭，亦曾见之于《礼记·月令》与《郊特牲》以及《论语·乡党》篇，其为秦汉以前之旧礼，当无可疑。惟关于傩礼之起源，说者咸引《汉旧仪》云：

> 颛顼氏有三子，生而亡去，为疫鬼。一居江水，是为虐鬼⑤。一居若水，是为魍魉蜮鬼。一居人宫室区隅，善惊人小儿。方相帅百隶及童子，以桃弧、棘矢、土鼓、鼓且射之，以赤丸五谷潘洒之。⑥

---

① 《后汉书》志第五，《礼仪》中，中华书局本，第 3127 页。

② 参看《五礼通考》卷五十七，《傩》，第 1—9 页；予向：《释傩》，载《中和月刊》第 1 卷第 12 期，第 28—33 页；卫聚贤：《傩》，载《说文月刊》第 1 卷，第 587—589 页；姜亮夫：《傩考》，载《民族》第 2 卷第 10 期。至中日傩祭之比较研究，可参看知堂：《撒豆》，载《中和月刊》第 1 卷第 12 期，第 34—36 页；孙作云：《关于追傩的二三考察》，载《日本研究》第 2 卷第 1 期，第 36—43 页；傅芸子：《关于撒豆追傩》，载《艺文杂志》第 2 卷第 3 期，第 22—23 页。

③ 参阅法国葛兰言：《中国古代舞蹈与传说》（Danses et légendes de La China ancienne, 1926），第 298—337 页。

④ 《周礼正义》第四十四册卷五十九，第 47 页上。

⑤ 按他本不曰"是为虐鬼"而曰"是为虎"。

⑥ 《周礼正义》第四十四册卷五十九，第 47 页下。

此在余看来，当为后起之义。而傩礼之起源，则当在颛顼之传说以前求之也。

据余之推测，太古之民，穴居野处，生活条件，太不卫生。故疫厉之为患，当然比今日之虎疫更为严重。先民虽无科学知识，然而驱疫之策，自然亦要讲求。此傩礼之所由兴也。然先民视疫厉，谓有疫鬼主之，故《释名·释天》云："疫，役也，言有鬼行役也。"[1] 此所以有颛顼氏三子死而为疫鬼之传说，以及方相氏驱疫鬼之礼式也。惟因驱之不得其方，故疫患终不得止。驱之又来，永远无效，此傩之所以终训为难也。惟吾人所应注意者，乃先民驱疫之方法，虽为宗教与巫术的，然而亦具有科学之事实焉。此即用火驱疫之法也。如《周礼·司爟》注云：

《淮南子·氾论训》："被之以爟火。"高注云："爟火，取火于日之官也。"《周礼》司爟掌行火之政令。火所以被除不祥也。[2]

司爟是否为取火于日之官，今可暂不讨论。然而用火以被除不祥，则当系最早的一种制度，方相氏驱傩，是否用火，此在《周礼》内虽无记载，然而《后汉书·礼仪志》内却曾明言："方相与十二兽舞……持炬火，送疫出端门，门外驺骑传炬出宫，司马阙门，门外五营骑士传火弃洛水中。"此足证炬火在傩礼中亦极重要之一项目也。而且疫鬼怕火之说，在民间仍颇流行，故以火驱祟之事，每每有之。此处恕不多引。惟《夷坚志》内有一则讲瘟神的传说，则似有一述之必要。其言曰：

乾道元年七月，婺源石田村汪氏仆王十五，正耘于田，忽僵仆，家人至，视之，死矣。舁归舍，尚有微喘，不敢敛。凡八日，复苏。云：初在田中，望十余人自西来，皆着道服，所赍有箱箧、大扇。方注视，便为攧着地，上加殴击，驱令荷担。行至县五侯庙，有一人具冠带出，结束若今通引官，传侯旨，问来何所须。答曰："当于婺源行瘟。"冠带者入，复出曰："侯不可，趣令急去！"……十人者惨沮不乐，迤逦之宣州，入一大祠。才及门，数人已出迎，若先知其来者。相见大喜，入白神，神许诺。仍敕健步，遍报所属土地。且假一鬼为导。自北门孟郎中家始。既至，以所赍物藏灶下，运大木立寨栅于外，若今营垒然。逮旦，各执其物，巡行堂中。二子先出，椎其脑，即仆地。次遇仆婢辈，或击或扇，无不应手而陨。凡留两日，其徒一人入报："西南火光起，恐救兵至！"巫相率登陴，望火所来，矿弩射之，即灭。又二日，复报营外火光属天！暨登陴，则已大炽。焚其栅，立尽。不及措手，遂各溃散。独我在，悟身已死，寻故道以归，乃活。里人汪赓新调广德军签判，见其事。其妹婿余永观适为宣城尉，即遣书询之。云："孟生乃医者，七月间阖门大疫，自二子始，婢妾死者二人。招村巫治之，方作法，巫自得疾，归而死。孟氏悉集一城师巫，

① 刘熙：《释名》卷一，《释天》，据《四部丛刊》本，第2页下。
② 见《周礼正义》第四十册卷五十四，第20页上及下。并参看《淮南鸿烈集解》卷十三，第21页上。

并力禳桧，始愈。"盖所谓火焚其栅者此也。①

按此则所说之十余人皆着道服者，自然皆是瘟神。惟此类瘟神之来历如何，《夷坚志》并未言明。但另据《铸鼎余闻》所载，则知"五瘟使者"乃是青蛙。其言曰：

> 《金溪县志》载，创县时，堪舆杨文愿立三庙以禳瘟疫。北为天符，南为太紫，中为水门庙。庙有神物，号"青蛙使者"颇著灵爽。……又云，水门庙所祀使者，形即青蛙，背上金星七，好事者以锡作盆，置金椅以内，闭以锡盖，去来自如。相传开县时，作官舍，取土深数丈，得之。神为人言云：掌邑中五瘟使者。故祀于此。……国朝董含《三冈识略》卷四云：抚州金溪县近郭有一蛙状貌绝大，狰狞可畏。据士人云：自东晋时即见之，渐著灵异。商贾祭祷，获利必倍，病者祀之立瘥。途来仕宦此地，亦必虔谒，因共号为"青蛙使者"。②

夫堪舆杨文愿立三庙以禳瘟疫，而所供之神则为五瘟使者。盖五瘟使者可以禳瘟亦可行瘟。如受人香火，则为瘟神以禳瘟；否则退为疫鬼以行瘟矣。盖从民间心理而言，在善神与恶神之间，故无严格之分别也。至《夷坚志》所说之瘟神，是否亦为"青蛙使者"则不得而知。但此类瘟神所赍之箱箧及大扇，则皆行瘟时所必备之法器，自无可疑。惟每至一处，须向庙神通报，并得庙神允许，方可行瘟。足证行瘟亦有定数，而非来自偶然者矣。庙神允许之后，还须遍报于所属之土地，足证土地之责，是在保佑一方也。然而庙神与土地见允之后，即可径入人宅，并可将行瘟法器，置于灶下，即不见有门神之阻拦，亦不见有灶君之盘问，此何故哉！意者，此类瘟神，人数众多，法力广大，家宅诸神，知非所敌，早已退避欤？然吾人现所注意者，则不在此。而在于从此传说中所表现之民间信仰，乃是认为得疫之原因，是由于受到瘟神之椎击。得疫之后，请巫来作法驱疫时，此在瘟神视之，巫师之法皆火光也。而巫师与瘟神之斗法结果，如瘟神胜，则火灭而巫死，反之则火大炽而瘟神溃散矣。从此看来，余以上所提出之傩祭起源之假设，如果其真为先民驱疫之礼式，则傩礼用火之说，殆可成立欤？

余相信秦汉以前之傩祭，不仅是一官礼，而且是一民礼。如《论语·乡党》篇所言："乡人傩，朝服而立于阼阶。"③足证孔子时代，乡人犹行傩祭。至孔子则朝服立于阼阶之故，据朱子《集注》所云，则曰："傩虽古礼而近于戏，亦必朝服而临之者，无所不用其诚敬也。或曰：恐其惊先祖五祀之神，欲其依已而安也。"④此在余看来，朱子的注解实近于迂。而其最显明与正当之解释，乃傩祭在孔子时代，

---

① 录自《夷坚志》乙集卷十七，《宣州孟郎中》条，第2—3页。据涵芬楼藏板本。
② 参看《铸鼎余闻》卷四，《青蛙使者》条，第32—33页。
③ 见《论语》卷十，《乡党》，据中华书局影印《十三经注疏》本，第2493页。
④ 转引《五礼通考》卷五十七，《傩》篇，第3页上。

宗教意味犹颇浓厚，孔子在乡随俗，故朝服而立于阼阶，以示参与之意。此犹现今乡人祈雨，而达官贵绅亦着礼服而参与焉，同一意义也。至于灶神与傩祭之关系，余则相信唐宋以降之所谓"跳灶王"者，即系从此民间之傩礼演变而来。如不先有民间之傩祭为其背景，则"跳灶王"之礼式及其通俗性，即恐无由而发生也。而余为此说之论证，除以上所已述者外，尚有以下数点焉。

第一，关于灶君的姓名，《杂五行书》说："灶君名禅。"① 《酉阳杂俎》云："灶神……姓张名单。"余初不得其解。后见于向氏《释傩》一文，谓单乃傩字，余乃恍然如有所得。该文云：

> 古印文𩎟。即《论语》乡人傩之傩字。……汉印有长生安单祭尊之印。良里单印。千岁单祭尊。万岁三老单。又单司平印。单字在官印中习见。皆当作傩字。……然字书亦无云单作傩者。惟此一古印文𩎟字。与殷契周全俱合。可资左证。得一新解。知为傩之古文无疑。②

从此看来，单字既是傩字，然则灶君之名单，岂偶然哉？清俞樾氏昧于此理，乃云："《酉阳杂俎》诸书，虚设姓名，罗陈子女，无稽之谈，近于亵矣。"③ 实则灶君名单颇有来历，既非虚设，亦非无稽，更不得谓为近于亵也。

第二，近见孔令谷氏《古音俗证》内有云：

> 诸书言蛤蟆均指四足善跃的蛙鼃言。但我乡（上海）呼科斗为"那麻"，"那麻"应即蛤蟆。我乡呼蛤为"汉"平声，而从莫的字有难傩。"傩"《唐韵》诺何切，奴何切，并音"那"。难傩相通，《礼·月令》："季春命国难，九门磔禳以毕春气。……季冬命有司大难，旁磔出土牛以送寒气。"注："难与傩通。"则从"莫"的字，应均有"那"声。《诗·桧风》："隰有苌楚，猗傩其枝。"《毛诗·古音考》："猗傩音阿那。"蛤、漠、难、那古应从一音出。蛤蟆即今呼"那麻"似应可信。……古时恐科斗与蟾蜍都呼作"那麻"的。④

余于古音学本系外行，故对孔氏所言实不敢赞一辞。但其说如可信，则傩即与蛤为同音，而蛤即蛙鼃，亦即余以上所论之蛙灶之鼃鼃也。信如此，则傩与灶来自同源之假设，即又多一论证矣。

第三，关于傩礼之起源，以上曾经指出颛顼氏三子，死而为疫鬼之传说，今再看灶神起源的传说，是否与此有关？然在此须先指明，灶神的来历既非一源，故灶神起源的传说，当然亦应不仅一种。然其特与本题有关者，则是《风俗通》所言：

---

① 见《玉函山房辑佚书》卷七十八，《杂五行书》，第40页上。
② 见于向：《释傩》，第28—31页。
③ 见俞樾：《太上感应篇缵义》上卷，第7页上。据《春在堂全书》第131册。清光绪二十五年重定本。
④ 见孔令谷：《古音俗证》，载《说文月刊》第1卷第12期，第176—177页。

"《周礼》说：颛顼氏有子曰黎，为祝融，祀以为灶神。"从此看来，疫鬼之起与灶神之兴，皆由颛顼氏之子而来也。此传说如可信，则至少在传说中，傩神与灶神，二者如非同一，亦当属于兄弟之列矣。而且上引宿白君《颛顼考》一文曾言："颛顼即是高阳，高阳就是太阳。"其说如可信，则傩与灶即全系太阳之子孙，亦即全系由太阳之崇拜或以日为图腾之氏族演变而来也。则傩与灶之关系，即又多一证明矣。

第四，葛兰言曾指出《庄子·达生》篇中所说的鲑蠪，系黑衣赤帻，是与《后汉书·礼仪志》及《隋书·礼仪志》所说的大傩时侲子即傩童所着的装束，恰恰相同。[①] 惟葛氏并未加以引申。但在吾人看来，鲑蠪即蛙黾，亦即灶神之前身。故侲子与鲑蠪之装束相同，亦当非来自偶然也。

总而言之，初民时代之祀火，其功用当有三项，即敬神、驱疫与火食是也。因敬神故有燔柴之礼，因驱疫故有傩礼，因火食故而祀灶也。而且太古时代之疫患一定颇为严重，故驱疫之傩祭，一定是当时民间宗教内一种隆重的典礼与重大的节日。而其最初所表演的节目，恐不仅是宗教的，而且亦是属于图腾主义的。但后来久而久之，图腾意义完全丧失，宗教意味亦形淡薄，所余者仅成为民间一种娱乐而已。然若从宗教之演化而言，如没有秦汉以前的民间宗教的傩礼，恐不会产生出唐宋以来的"跳灶王"。故如说傩礼亦是灶王爷的来历之一，我想是不会去事实太远的。

余此处虽证明古傩礼亦是灶君爷的来历之一，然非谓古傩礼之残遗者仅有灶君爷之崇拜一项也。例如北京一带现仍盛行"送瘟神"之俗，据崇璋氏所言如下：

> 送瘟神为北京民间，以迎神赛会为唯一之驱疫方法。欲借神力，将一群疫鬼逮捕，押解出境，即《论语》"乡人傩"之义。送瘟神之发起，分为二种：一地方瘟疫流行，各慈善团体，尤其乡村之文武各香会老都管们，聚资赛神，举行送瘟神大典。地址则在庙宇或都管之私宅，名曰某某会送瘟神。若某宅邸有罹瘟者，一药而瘥，因感谢而又惧再传染他人而送神，名曰某宅送瘟神。此二者原因虽不同，而仪式则一，均由冥衣铺糊神龛神轿，仪仗黄幡，宝盖等纸活，庭院建席棚，设神座，备厨役，制素馔，虽似办喜事而不撒帖，亲友光临，名曰道喜，而无分金，以香烛供物为礼物。晚餐后，舁神驾仪仗，文场鼓手前导游街巷，名曰送圣，只无僧道而已。[②]

此当然亦古傩祭之一遗留也。

吾人知道，从儒家之见地而言，灶为五祀之一，其职责在主饮食。故祀灶之义，在于报功。盖其意义是属于道德的。虽可称为以神道设教，然其宗教之性质，固仍属于道德之范围也。而儒教思想自两汉以来即逐渐形成为士大夫间正统的思想，占

---

① 参阅法国葛兰言：《中国古代舞蹈与传说》（*Danses et légendes de La China ancienne*，1926），第309页。

② 见《送瘟神》，载北京《小实报》1943年9月19日《畅观栏》。

有绝大的势力。此从《灶王经》、《敬灶全书》诸"善书"之分析中，颇易看出，无庸多言。故儒教的伦理观念，实亦应列为灶君爷之来历之一也。惟儒家以前，灶神之崇拜已早存在。即以汉时而言，儒家势力虽已大盛，而祀灶之原因，却亦不仅在于报功一项。例如《史记·封禅书》内有云：

> 少君言上曰："祠灶则致物；致物而丹砂可化为黄金；黄金成以为饮食器则益寿；益寿而海中蓬莱讪者乃可见，见之以封禅则不死，黄帝是也……"于是天子始亲祠灶。①

是汉武帝之祀灶在于祈求不死。此乃皇帝亲行祀灶之始，而灶神势力之逐渐扩大，此亦原因之一也。而《封禅书》又云：

> 齐人少翁以鬼神方见上。上有所幸王夫人，夫人卒，少翁以方盖夜致王夫人及灶鬼之貌云，天子自帷中望见焉。于是乃拜少翁为文成将军，赏赐甚多，以客礼礼之。②

盖少翁乃方士之流，其所致之灶鬼，则当以民间传说为背景，与官礼之五祀恐有不同也。有人推测，谓此类方士所祀之灶神，或即黄帝。然在余看来，灶神的此类传说恐系发生在黄帝的传说之前。先有灶神与黄帝之传说作为背景，始有以老君代灶神的"黄老之言"发生于后。故道教与灶神之关系在此，而灶神之崇拜，在官礼的五祀之外，尚另有一民礼的系统，其起源则当求之于上古时代的民间传说。虽说此类传说，向为礼学家所摒弃，然而从民间宗教之观点而言，却正是"灶君爷"的来历之一，故亦不应忽视之也。

在方士与道家所说的灶神之内，吾人所最应注意者，乃是灶神与司命之关系一问题。因为现在民间所供奉的灶君爷，通常均称作"东厨司命"。但在《礼记》内，则司命与灶却是两位不同的神。如《祭法》云："王为群姓立七祀：曰司命，曰中霤，曰国门，曰国行，曰泰厉，曰户，曰灶。"③ 可为明证。但在何时？并以何因缘？司命之神竟为灶神所吞并了呢？据近人陈陆氏所言："以祀灶而论，在孔子时已经有灶神与火神的两种传说，自宋以后，便又加上司命的名衔，至今仍在流传着。"④ 是陈氏相信司命之并于灶神乃自宋始也。然吾人以上曾经指出，唐人所著《辇下岁时记》内已称，"以酒糟抹于灶门之上，谓之醉司命"矣。是此种起源最迟

---

① 见《史记》卷二十八，《封禅书》，中华书局本，第 1385 页。按李少君所致之物，似应指一种法力而言，亦即"马纳"（mana）是也。致物而丹砂可化为黄金，此乃道教炼丹说之所本。盖先有祀灶之炼丹说，后始有老君之炼丹说。而欧洲中古之炼金化学（alchimie）殆亦渊源于此欤？

② 见《史记》卷二十八，《封禅书》，中华书局本，第 1387 页。

③ 见《礼记》卷四十六，《祭法》。

④ 参看陈陆：《释紫》，载《中和月刊》1943 年第 3 卷第 2 期，第 37 页。按司命之说，曾见《隋巢子》，《古史辨》七册上篇，第 363 页。又按灶神在潮州一带，即被称为司命公。参看黄昌祚：《司命公的前身及其他》，载《民俗》第 78 期，第 58 页。

亦当在唐，而不应谓为始于宋也。盖陈氏未见《辇下岁时记》，而仅以《东京梦华录》为据，故始为此说耳。

至灶神与司命之所以相混的原因，陈陆氏在另一论文《灶》内，亦有一种解释。其言曰：

> 到了晋代，灶神又执行了司命的职权，而可夺人的记算。晋葛洪《抱朴子·微旨》篇说："灶神亦上天白人罪状，大者夺纪，纪者三百也。小者夺算，算者三日也。"这便是现在民间所称"上天言好事"的所本。然而这又什么缘故？大概是汉代所谓之"司命"，即"主督察三命"，而与灶神同列为五祀，故民家祭祀的时候，是把司命、行神、山神（即厉神）供之正中，将门、户、灶列之于旁，又因为他们同是小神，同主"司察小过，作谴告者"。民间积习相传，渐渐地相淆，就分不清楚了。一直到宋朝，居然认灶为司命，《东京梦华录》曰："十二月二十四日交年，都人……贴灶马于灶上，以酒糟涂抹灶门，谓之醉司命。"这则是一般所谓"东厨司命主"的来源。惟东厨司命真君，见于道经，旧历八月初三日是其诞辰，而民间在是日则称系灶君生日，这显然是受了宗教的影响，更被传统的习俗所围，而混称为一神。①

然余之愚见，则与陈氏略有不同。因为灶神之执行司命的职权，恐在汉时早已如此。如郑玄注《祭法》"王为群姓立七祀"一段云：

> 此非大神所祈报大事者也。小神居人之间，司察小过，作谴告者尔。……今时民家，或春秋祠司命，行神，山神，门户灶在旁，是必春祠司命秋祠厉也。或者合而祠之。②

既曰"小神居人之间，司察小过，作谴告者"又曰"合而祠之"，则司命与灶之发生关系，盖已有由来矣。清俞樾《太上感应篇缵义》曾言：

> 依人所犯以夺算，古有此说矣。《洪范》六极，"一曰：凶、短、折"，郑康成注曰："未龀曰凶，未冠曰短，未婚曰折。"盖各视其轻重以为差矣。《后汉书·郑崇传》称，"臣闻师曰：犯神者有疾夭之祸"，亦《尚书》家师说也。至年以算计，盖亦古语。《史记·武帝纪》，每修封禅，其赞飨曰：天增受皇帝泰元神筴。筴即算也。③

盖汉时民间所祀之灶，实与儒家所倡的五祀之灶，大有不同。五祀之灶，在主饮食。而民间所祀之灶，除主饮食之外，尚可祈求富寿，并可兼行黑巫术之职，以

---

① 陈陆：《灶》，载《中和月刊》1940 年第 1 卷第 2 期，第 96 页。
② 见《礼记·祭法》卷四十六，中华书局影印本，第 1590 页。
③ 见俞樾：《太上感应篇缵义》上卷，第 3 页下。

祝诅人。如《汉书·蒯伍江息夫传》曾言："躬母圣，坐祠灶祝诅上，大逆不道。"①即一例也。而灶神之称为司命，虽仅见之于唐人的《辇下岁时记》，然而灶神之行使司命的职权，则由来已久，恐不自晋始也。至其所以与司命混称一神之原因，盖在民间的习俗内早有此种事实之存在，而晋唐两代的道家即以此种传说为根据，而又予以附会耳。故灶为东厨司命之说，在民间宗教内，亦确有些来历，不得谓纯出于道家之虚构也。

再讲到灶君爷的姓名，吾人在以上已经说过，因为灶神的来历不一，故其名称亦有多种。但从现在之民间宗教而言，灶王爷虽是每家不同，然而却全姓张，这乃是很值得注意的一个问题。如云："灶王爷本姓张，无事不烧三根香。"至少在华北一带，这乃是很流行的一句谚语。夫灶神本有许多不同的姓名，今则一概姓张，其故何哉？

考灶神姓张之说，曾见之于《酉阳杂俎》。其文曰："灶神名隗，状如美女，又姓张，名单字子郭。"盖《酉阳杂俎》之前，未闻有灶神姓张之说。而《酉阳杂俎》之著作时代，虽已有姓张之说，然其势力恐仍不大，故始云"又姓张"也。因此之故，余乃推想灶神之姓张，或者是与道教之张天师有点关系。因为魏晋之时，天师道已经盛行。至唐其势力乃益大。现民间所供奉之"老天爷"则姓张，"灶王爷"亦姓张，恐皆受道教影响之结果也。

按清俞正燮《癸巳存稿》曾录有《张天帝》一条，其言曰：

《酉阳杂俎·诺皋》云："天翁姓张名坚，窃骑刘天翁车，乘白龙登天。刘翁失治，为泰山守，主生死之籍。"此当是张道陵造作道书时议论，检《道藏》书未见也。②

据余之推测，灶王爷之姓张，或与此张天帝之传说，来自一源，亦即同为张道陵造作道书时之议论也。

再说到灶王爷所受的佛教的影响，则可以《灶君经》一开始所说的两句话拿来作证。其言曰：

这一部《灶君经》何人留下？有西天老古佛带来《藏经》。唐三藏去取经带来东土，传流到普天下苦劝众生。③

此外，我们若将现今民间所流行的那些"善书"如《敬灶全书》一类的东西，拿来详为分析一下，我们即可看出，灶王爷所要求的道德，完全是中国正统思想中儒家的道德；但在宗教仪式方面，却又完全是佛道两教的。而且此处所说的佛道两教，亦仅指民间的与通俗的宗教而言。内中包括着许多迷信与禁忌，一定是在佛

---

① 见《汉书》卷四十五，《蒯伍江息夫传》，中华书局本，第2187页。
② 见俞正燮：《癸巳存稿》卷十三，《灶神》篇，光绪甲申刊本，第23页上。
③ 参看陈陆：《释祟》，载《中和月刊》1943年第3卷第2期，第28页。

道两教之前，早就存在的。如以上所说的祀火、拜日、蛙灶、傩礼以及火妖、灶鬼等等，皆其显著者也。

惟本文既是《五祀考》中之一篇，故对于灶神与五祀的关系，及其在五祀中地位之演变，还须略说几句。

吾人在以上已经证明，灶神的来历之一，即系由祀火之宗教演变而来。今当再为补说几句的，乃祀火之礼恐为人类中最早的文化之一方面。因为从先史考古学及化石人类学而言，人类的远祖如北京猿人已经具有用火之事实了。虽说最初所发现或发明之火，其功能当属于宗教与巫术的，不一定即是用之于日常的饮食。然而饮爨之火与灶神却均是从祀火之火演变而来，则当毫无疑问也。故从此而言，则灶神之起源，当于旧石器文化时期中探求之，而五祀之说，则当远在其后也。

在以上的《通论》中，余曾言五祀之起源亦当求之于原始社会，然而从今看来，其起源纵在原始时代，然则五祀之名称恐系晚出也。真正之五祀制度，殆为封建社会之产物欤？

在封建社会之内，灶神之崇拜乃分化为二：一为官礼，一为民礼。在官礼之内，灶神之地位并不重要。五祀之长乃是中霤，而非灶神，故有"家主中霤"之说也。

在汉朝以后，虽因各种关系，灶神之地位日益扩大，然在国家祀典内，五祀之长却仍是中霤或土地。灶神的职权则始终仅在主饮食一项，未见扩大。然在民礼一方面则不然。在孔子时代已有宁媚于灶之说，足证灶神在民间信仰内已具有颇大的势力。汉唐以后，势力益大。祭灶之俗，极为普遍。俗所谓"一家之主"者，乃专指灶神而言也。因为民间的习俗是仅知敬灶而不复知有五祀。故俞樾在《太上感应篇缵义》内乃言：

> 《荀子正论》篇，雍而彻乎五祀，即谓彻乎灶也。盖专言之则为灶，通言之则为五祀。古书多有此例，此言灶神者，亦专言之耳。[1]

是认灶神可以代表五祀也。然而在余看来，《荀子正论》所云："雍而彻五祀，执荐者百人，侍西房。"[2] 此段文字之本身，实属费解。余疑五祀二字恐系衍文，否则文中亦当有脱落之处。不然，五祀二字无论连上去，或连下去，均不可通也。俞氏谓"古书多有此例"，惜乎除此之外，一例亦未举出。而且以愚见而言，以灶代表五祀，在《荀子》时代实不应有此例，因当时五祀之长是中霤而非灶也。盖俞氏昧于官礼与民礼之分，因民间仅知敬灶，故始作此推论耳。

惟五祀中灶与中霤之对比，则是一个颇有趣味的问题。因中霤初为氏族间之大神，后则逐渐分化而至于溃灭，灶则来历虽多，然在五祀之内，其地位并不重要。

---

① 见俞樾：《太上感应篇缵义》上卷，第7页。

② 参看《荀子》第四册卷十二，《正论篇》，据《四部丛刊》本，第13页上。按另据扫叶山房石印本则云："雍而彻乎五祀"，有一乎字。

后则势力渐大，地位日高，不仅取中霤之地位而代之，由"家主中霤"一变而为"一家之主"。① 而且近代民俗，仅知敬灶，已不知五祀为何物矣。而其所以致此之因，乃中霤系穴居之物，早成过去；五祀受五行之影响，虽曾列入祀典，成为官礼，然并未深入民间，故在民间宗教内亦无地位。惟有灶神，不仅历史悠久，而且来历复杂，属于多元。凡民间生活之所需要者，灶王爷均能予以满足。故五祀一名称仅属于中国宗教史内之一项，而灶王爷或灶君爷一名称，则至今仍颇通俗，仍为"一家之主"并仍为民间所供奉。从此看来，民祀与官祀之分，实不应予以忽视，而民礼尤较官礼为重要，则更不可不知也。

本文原载北平中法汉学研究所 1944 年出版的《汉学》第一辑，1986 年校订。现选自《杨堃民族研究文集》，民族出版社 1991 年版。

---

① 按灶王爷不仅是一家神，而且是一庙神；不仅是一家之主，而且是七十二行内一行的祖师。现中国不论南北，一切厨师茶房，无不奉灶神为祖师者。惟本文系仅从家宅宗教之观点而言，故未言及。且本文之性质是着重于古代，故灶王爷在近代民间宗教内之地位，如崇拜、仪式、神话、传说等等，均未谈到。本文草成于 1943 年暑假，乃拙著《五祀考》之一篇，简陋错误，在在皆是。大雅君子，倘肯赐以教正，实为厚幸。

说　羽　人
——羽人图羽人神话之考察

孙作云

　　孙作云（1912—1978），字雨庵。辽宁人。神话学家、历史学家、楚辞专家。历任清华大学、北京大学、河南大学、东北大学教授，讲授中国古代神话研究课程。曾任沈阳博物院、北京历史博物馆等研究员。毕生从事神话研究，写了200多篇（部）约300万字的学术论文（著），一半以上与神话有关。2003年河南大学出版社出版了《孙作云文集》4卷6大册，其中的《中国古代神话传说研究》（上、下）、《美术考古与民俗研究》、《〈楚辞〉研究》（上、下）都收有大量的神话论文。著名论文有《九歌山鬼考》（1936）、《蚩尤考——中国古代蛇氏族研究》（1942）、《盘瓠考》（1942）、《飞廉考》（1943）、《后羿传说丛考》（1944）、《饕餮考——中国铜器花纹中图腾遗痕之研究》（1944）、《鸟官考》（1946）、《说丹朱》（1946）、《说羽人——羽人图、羽人神话及其飞仙思想之图腾主义的考察》（1947）、《天问研究》（1989）等。在古典神话的解读与阐释，特别是在图像神话学的建立方面，见解独到，自成一家，在现代神话学史上起了不可替代的作用。

一、古器图像

　　在中国古代器物之中，时常可以看到一种奇异的图像：这种图像人体上作鸟首人身或人身鸟翼之形。我们一看这种图像就觉得奇怪：它一半像鸟，一半又像人。看它的鸟首鸟翼鸟羽之形，显然可见画的主题是鸟；但再一看，它又画个人身人足或人面之形，则画的对象又似乎是人。这是怎么一回事呢？这种糅合了人与鸟二者不相连属的东西拉拢在一起，究竟是何所取义呢？我们的老祖宗未免恶作剧，他们要想画个人，干干脆脆地画个人就得了，他们要想画个鸟，就规规矩矩地画个鸟也行。为什么费了那么大的心思，耗费了那么大的力量去画出那样一个不伦不类的不可解的东西呢？

　　我们所想处理的问题的重心就在这里。

　　我为了这个问题很苦恼了一些日子，我们一再思索，一再比较，然后才恍悟我们的老祖宗一点也未欺骗我们。他们老老实实地一丝不苟地画出他们心目中视为当然或无人不知其然的东西。他们本着他们的宗教迷信实际生活而如实地表现来着。我们所视为奇怪视为不可解的东西，在他们看来一点也不奇怪，一点也不不可解。

我们之所以视为不可解实在是因为我们的社会不与彼同，我们的宗教信仰不与彼同。

我们从许多方面证明而且有理由相信这种离奇的图像之所以构成，最初是基于古代某一民族的图腾信仰。换句话说，因为古代有某一个种族（tribe），奉信某一种图腾（totem），所以在后代才留下那样离奇古怪的艺术表现。若问这种族是哪一个种族呢？我以为即古代以鸟为图腾的东夷，古书上也把他们叫作"鸟夷"。这以鸟为图腾的人为了崇拜他们的图腾鸟，用了种种法子来媚鸟、拜鸟或装鸟。他们的目的可能是想借此来达到他们与鸟的同一化（identification）。然而事实上不管他们怎样媚鸟、装鸟，他们究竟还是人。话又说回来，他们虽然是一些活条条的人，然而他们不但要装鸟，而且也真的相信自己是鸟——因为他们承认鸟是他们的"祖宗"，他们是鸟的子孙。就这样地，生生地把这两种不相连属的东西（鸟和人）糅合在一起，而成了一个一半是鸟一半又是人的混合物。随着社会的变迁与时代的演进，这种信仰与这种制度虽然久已不存在了，然而隔离或搁浅在人们记忆里的神话传说或艺术表现，还仍然拖着一条狐狸尾巴。我们的工作，就是想扯住这条狐狸尾巴而找出伪装的狐狸。换句话说，我们想根据这些艺术上的表现与神话的记载，而找出它的原始意义。

现在，我们先看这些图像究竟是什么样子，并且依其时代的顺序，排比编次，以见其在后代经过怎样的演变程序，并随时予以可能的解释。

这种一半是鸟一半是人的怪图，我们先给他起个名字叫作"羽人图"，或者就叫它"鸟人图"也行。我们为迁就中国文的习惯，还是叫它作"羽人图"。

这种羽人图最早见于战国时代的"猎壶"[1]。此猎壶的花纹通体作三段：其最下一段作鸟首鸟喙，两翼飞举，人身人足之形。其鸟喙与右翼之间有一黑点，盖用以象日[2]。我们一看这图像，马上就发生一种深刻的印象：就是它的写实的意味较少，而想象的成分加多。它和此壶上的上段与中段人与兽格斗的狩猎图相比，立时起一种不同的感觉，就是一个是富于人间的写实的意味，一个是富于非人间的超现实的意味。我们经这一比较，立时就可以显出这鸟人图与狩猎图各具艺术的传统。（参看插图1）

图 1

和这鸟人图相似的又见于容庚先生之《宝蕴楼彝器图录》所著录的猎纹壶[3]。此猎壶上之花纹亦通体作三段，其下一段有一鸟喙人身之人，引弓射一鸟身而有人

---

① 见容庚先生：《武英殿彝器图录》册下，北平燕京大学燕京哈佛社 1934 年版，第 109 页。
② 说详本文第四章"图腾崇拜"。
③ 见容氏：《宝蕴楼彝器图录》册下，北平古物陈列所 1929 年版，第 88 页。

手的张翼而立之鸟。在此二鸟之间亦有一黑点，以象日。在这猎壶的颈部有一人首人身人足而胸附鸟翼之怪人，此人虽系人的成分较多，但既有鸟翼，则亦应名之曰鸟人或羽人。这两个猎壶同一时代，同一作风，则其所表现之神话传说当系同一系统无疑。

此种一半为鸟一半又为人，或者也可以说鸟的成分多，人的成分少的鸟人图，在后代随着社会的进步变成了人的成分多而鸟的成分少的仙人图。这种仙人图虽然人的成分压倒了鸟的成分，然而毕竟它还有两个翅膀，或身生毛羽。所以我们仍然不妨叫它作鸟人图或羽人图。在有些较早的仙人图之中，其人除生双翼之外，还有一个显著的特点，就是长头。……我想这长头或许是从鸟头变化出来的，它是鸟头化为人头的中间过渡样式。

……（略——编者注）

除去漆器之外，这种羽人图又多见于汉墓壁画之中。旅顺营城子汉墓，其主室内壁左上方有云中羽人之图。[①] 此羽人体生毛，臂与足部之毛又特长，而最可注意者为此人之足非人足而系鸟足（三趾），与前述猎壶二上的被射之鸟人，及汉代刻画夹纻漆耳杯残器上所画的仙人之足甚相似。其手亦不似人类之手。其左手持红花四枝，足踏云气，侧身向右，作导引之状，与王盱墓中玳瑁小匣上的长头仙人的姿势非常相像。羽人之右为飞鸟，鼓翼，低首以与羽人相呼应。我们乍看此图，使我们马上发生一种"人即鸟耶，鸟即人耶"之感。又鸟之双翼与仙人之两翼亦非常似，使我们又发生"此羽人殆即鸟之化身欤"之叹。鸟之下为一戴方巾持羽扇之"方士"，面右向以招引面左向佩剑戴三山冠之贵人，此贵人殆即墓中之死者。贵人之足下有云气，大概用它来表示此人已死而化为异物。贵人之后，立一侍儿，瞵视主人，憨态可掬。右角上方画一昂首奔腾之苍龙，身有斑点，四足，遥遥与左上方之飞鸟相连属。其下段则为人间墓祭之图，以与上方死者飞升之图相对照。（参看插图2）我以为在左上方足踏云气遍体生毛之人即仙人，亦即羽人，其所持的朱叶四本之物，意即"朱草"。《春秋繁露·王道》篇云：

> 朱草生，醴泉出。

---

① 见日本东亚考古学会所编：《营城子——前牧城驿附近之汉代壁画砖墓》，东京刀江书院 1934 年版。

图 2

《白虎通·封禅》篇云：

> 德至草木，则朱草生。①

又曰：

> 朱草者，赤草也。

《汉书·东方朔传》云：

> 甘露既降，朱草萌牙。

又《王莽传》云：

> 莫荚朱草，嘉禾休征，同时并至。

《礼纬斗威仪》曰：

> 人君乘土而王，其政太平，而远方神献其朱英，紫脱。宋均注曰：紫
>
> 脱，北方之物，上值紫宫。凡言常生者，不死也，死则主当之。②

是汉人以朱草为瑞应之象征，与甘露、醴泉、泽马、器车、莫荚、嘉禾同类。又据宋均注云"常生者，不死也"，则此草似又与长寿有关，长寿与成仙有关，无怪乎汉墓壁画之上画仙人手持朱草了。一方面，我们从这朱草上更可以推断此持朱草之人为真人或羽人之类无疑。

在这真人与死者之间作导引状的方士，其服饰姿态，特别就其在全图中所占的

---

① 《文选》卷四十六《王元长三月三日曲水诗序》李善注引《尚书大传》曰："德先地序则朱草生。"《太平御览》卷八七三引梁孙柔之《瑞应图》云："朱草，草之精也，圣人之德无所不至则生。"又曰："朱草者，百草之精也，王者德无所不通，四方有歌咏之声则生。"

② 《文选》卷四十六《王元长三月三日曲水诗序》李善注引。陶氏《说郛》及马氏《玉函山房辑本》皆未查。

地位而言，与王旰墓玳瑁小匣上的方士完全一致。可知这些图画皆基于一种共同的思想，或一种共同的信仰。至于前朱雀，后苍龙，飞腾奔属，尤与《楚辞》中讲到游仙的文章相合，且又与宋玉《九辩》：

> 左朱雀之芳芳兮，右苍龙之躍躍。

完全相合。王逸《楚辞章句》说此二句最好，

> 朱雀奉送，飞翩翩也；青虬负谷，而扶辕也。

可知朱雀与青龙皆为护送人间升仙的使者，而左右布局，一如营城子汉墓壁画上所画的样子：那么，营城子壁画上所绘的升仙图不啻为《楚辞・九辩》的升仙图了。

　　这种烂熟的羽人图，又见于三国两晋时代高句丽古都今安东省辑安县通沟地方的高句丽古墓的壁画①。其舞踊冢主室前壁天井第四持送上的壁画，即有一羽人乘鸟之图②，且前有二鸟飞腾导引。其主室左壁天井第四持送壁画，及主室奥壁天井壁一帧鸟人图③，其图作人首、鸟身、张翼、舒尾、鸟足之象，可以说无论从人首部分或从鸟身部分来说皆是写实的。（参看插图3）我们可以说这个鸟人图是所有的鸟人图中最完整最清楚的杰作。它似乎又脱离了仙人的阶段，而恢复到猎壶上的鸟人图的姿态了。这个鸟人图人首鸟身，与猎壶二颈部上的人面人身鸟翼的"怪人"，有相似处。我们不妨说壁画上的鸟人是猎壶二上的鸟人的再现。④

图3

---

　　① 此壁画之著录首见于池内宏《满洲国安东省辑安县高句丽遗迹》，满日文化协会1936年版。继又载于池内宏著之《通沟——满洲国通化省辑安县高句丽遗迹》，满日文化协会1938年版。

　　② 同上册下图版，第三〇之一。

　　③ 同上册下图版，第三十二之一、第三十三之一。

　　④ 朝鲜总督府博物馆藏有大同江面第二号坟出土"汉七乳禽兽龙虎镜"一枚，其图像上有一仙人乘鹿，面对一人首鸟身之鸟人，颇可与此壁画相对照，见朝鲜总督府编：《乐浪郡时代之遗迹》，图版上册89页，1925年朝鲜总督府藏版。

通沟四神冢玄室西北部三角形持送侧面壁画有二仙人，一乘一不知名之兽，一乘鹿。① 又玄室西南部三角形持送侧面壁画上亦有一仙人手持矛，身乘鹤。又有一仙人手握鹤颈而骑之，② 这骑鹤的仙人，我以为即"王子乔"，或"仙人子高"，其前身为王子丹朱，其初乃以鹤为图腾的氏族酋长，其后才变成会飞的仙人之一。③我们在这里要注意的是这些仙人的肩上皆有翼飞举，与漆器上西王母的肩上的飞翼，完全相同。这些人虽不具鸟形，但我们就其有翼这一点上，仍可以总称之曰鸟人，或羽人。

除去漆器或壁画以外，在汉人画像石之中也有这类羽人的图像，尤以山东嘉祥县武梁祠画像石中所画的"羽人"为最多，④ 特别是每个石室的上段所画的西王母之处，其左右必配置有许多有翼的仙人，极尽生动变化之能事。此羽人之特点有的是四翼，有的是变足为翼，有的在云气之中作飞腾奔属之状者，我在谢国桢先生的佣书堂中得见汉画像石拓本多帧，其中独有一石作人面云身与一鸟首云身之图相衔接，视之至饶兴趣。我想这也应算做羽人图之一种，因为它一面是人头，一面又是鸟头，正表示二者之间有意义上的沟通。

最后我们应该注意的就是此类羽人像，亦见于古砖之中。《支那工艺图鉴·瓦砖编》⑤ 中即载一北齐天保八年（公元 557 年）砖，其上亦有一人首、人身、鸟翼、鸟足之鸟人图，犹能保存鸟人的初期阶段。

这种半鸟半人的羽人图在后代随着人文的进步，而丧失了它的鸟的成分，即仅做人像，不敷鸟翼，这显然是因为人身有翼这一思想在后代人看起来是不合理的，所以才把那鸟翼去掉了。这种无翼的仙人大概从唐宋时代起才做成这个样子。如我们在宋李诫《营造法式》中所见的仙人即是。⑥ 此等仙人或骑凤，或骑鸾，或骑鹤，或骑孔雀，回翔顾盼，极为美观，但有一个特点就是无翅膀。不过有时仅使仙人的衣带飘举，以象征其飞升之意而已。到这时候，自古相沿的鸟人图便算寿终正寝了。⑦

---

① 见《通沟》册下图版，第七十九之三及图版八〇。

② 见《通沟》册下图版，八十一及八十二之二、八十五之二。

③ 见拙著：《说丹朱——中国古代鹤氏族之研究·说高跷戏出于图腾跳舞》，载《历史与考古》第一号，沈阳博物馆 1946 年版。

④ 参看关野贞：《支那山东省に於ける汉代坟墓の表饰について》，东京帝国大学工科大学纪要第八册第一号。

⑤ 此编出关野贞之手，1933 年日本帝国工艺会出版。

⑥ 见《营造法式》卷第三十三彩画作制度图样上骑跨仙真内，计有"真人"男骑凤，女骑鸾，金童骑鹤，玉女骑孔雀诸形。此等真人皆无翅膀，完全为人而非半鸟半人。但此书之"飞仙及飞走等"有"飞仙"、"嫔伽"、"共命鸟"及其他飞仙三相，皆富于印度色彩。此等名称似应皆曰"飞天"而不应作"飞仙"。参看 1933 年商务印书馆"万有文库"本。

⑦ 自印度佛教传入中国以后，佛教艺术在中国也大放厥彩，其中有的摄取中国本土的艺术而发扬光大者，如"飞天"便是其中之一例。我想飞天便是印度艺术采取了中国原有的羽人图，而扩大的表现。

二、神话传说

这种羽人图除去在古器图像上所表现的以外，我们现在再看看是不是在中国古代神话传说之中也有其背影。我们知道古器图像、神话传说与文学表现皆是基于一种共同的思想（不用说，这种思想最初又源于一种共同的社会制度）的表现。那么照理说，在神话传说之中，自然而且也应该有其痕迹。这痕迹我以为就是神话书上所常见的"羽民国"或"鸟民国"人的故事。

我们知道一切民族的文化记载，皆先有图而后有书：其初仅仅画一个图就够了，到后来才有人在图旁加以注释。最后因为文字之用益繁，爽性地就只要文字记载，而不要图画了。基于这一原则——至少就发生的先后上说，当以图像上所见的"鸟人"为主，而以神话传说上的记载为副。神话传说上的羽民国或鸟民国只不过是古器图像上的鸟人图或羽人图的一种说明而已。

神话传说上的记载，见于神话的宝库《山海经》。今钩稽经文，依次排比于下：

> 比翼鸟在其（按指南山）东，其为鸟青、赤（郭璞注：似凫），两鸟比翼。一曰在南山东。

> 羽民国在其东南，其为人长头，身生羽（郭注：能飞不能远，卵生①，画似仙人也）。一曰在比翼鸟东南，其为人长颊（郭注《启筮》曰：羽民之状，鸟喙，赤目而白首）。

> 有神人二八，连臂，为帝司夜于此野（郭注：昼隐夜见），在羽民东，其为人小颊赤肩（郭注：当脾上正赤也），尽十六人（郭注：疑此后人所增益语耳）。

> 毕方鸟在其东，青水西，其为鸟人面一脚，一曰在二八神东。

> 讙头国在其南，其为人，人面有翼鸟喙，方捕鱼（郭注：讙兜尧臣，有罪自投南海而死，帝怜之，使其子居南海而祠之，画亦似仙人也）。一曰在毕方东，或曰讙朱国②。

以上所引并见《海外南经》，次序无间断，而所言者皆为鸟民之事，可见此段经文次第尚未经后人过分地窜乱，犹近原始的面目。除此之外，又见于《大荒南经》：

> 有成山，甘水穷焉（郭注：甘水出甘山，极此中也），有季禺之国，颛顼之子食黍（郭注：言此国人颛顼之裔子也）。有羽民之国，其民皆生毛羽；有卵民之国，其民皆生卵（郭注：即卵生也）。大荒之中有人名曰驩头……驩兜人面鸟喙，有翼，食海中鱼，杖翼而行（郭注：翅不可以飞，倚杖之用行而已）。

---

① 关于卵生的意义，其解释见本文第四章。

② 关于驩兜国的解释，详见拙著：《说丹朱——中国古代鹤氏族之研究·说高跷戏出于图腾跳舞》，载《历史与考古》第一号，沈阳博物馆 1946 年版。

又《海内经》曰：

> 有盐长之国，有人焉，鸟首，名曰鸟民①（郭注：今佛书中有此人，即鸟夷也）。②

我们综合以上所言羽民或鸟民的特征：第一是"长头"，二"长颊"，三"鸟喙"，四"身生毛羽"，五"有翼"，六"鸟首"。这六点与猎壶上所见的鸟人图完全相合，它不啻为猎壶上的鸟人图的注释或说明。至于"毕方鸟"和"骓兜国"人，人面有翼，与猎壶二上部（颈部）的人面人身，胸前有翼之怪人的形象尤其相合。我们可以武断地说《山海经》这一段记载就是这些图像的说明，至少原始的《山海图》画这段画，就是像猎壶上所铸的那个样子。我想原始的《山海图》和猎壶上的图像当系出于一本，即出于一个共同的宗教信仰和艺术传统。并且，我们再就时代上说，猎壶的时代是战国中期，《山海图》（写成为今本样式）的时代也绝不会晚于战国，可能与猎壶同时。然则，二者有如此多的雷同点，自属当然之事了。

我们在这里还要预先声明的，就是猎壶上的鸟人图的背后的神话传说，除去广泛的一般的"羽民"或"鸟民"的神话以外，尚有一个特指的即单独的神话故事，为叙述方便起见，我们一并留待第四章"图腾崇拜"中再说。

恰如猎壶上的鸟人图，和《山海经》上的"羽民国"或"鸟民"神话，在时间上及记载上完全吻合一样，汉代的神仙画像和汉代的关于神话的书本记载，也完全相合，也自成一段落。这二者（无论是实物图像和古书记载）最大的不同点，就是前者接近较原始的形式，而后者富于人间情趣，而这二者的过渡的中间样式，便是汉代铜镜上和漆器上的长头仙人。我在上文中已经说过这种"长头"许是多从鸟头变化过来的，由鸟头变为人头，中间不能不经过这一个长头的阶段。到后来，因为这长头既不美观，又属不伦不类，素性便把这长头变成人头。但两肩上的翅膀，则无论如何不能一下子省略的，这样便作成了汉代的一般的仙人图。

汉代普通的有翼仙人图，在记载上，我们可以拿王充《论衡·无形》篇的话来做说明：

> 图仙人之形，体生毛，臂变为翼，行于云，则年增矣，千岁不死。此虚图也，世有虚语，亦有虚图。……禹益见西王母，不言有毛羽；不死之民亦在外国，不言有毛羽。毛羽之民，不言不死；不死之民，不言毛羽。毛羽未可以效不死，仙人之有翼，安足以验长寿乎？

---

① 今本"民"字讹作"氏"，从郝懿行《山海经笺疏》（引《太平御览》卷七百九十五）校改。

② 羽民鸟民除见上引材料外，又见于《淮南子·原道》篇"理三苗，朝羽民"。高诱注云："南方羽民之国。"张华《博物志》云："羽民国，民有翼，飞不远。多鸾鸟，民食其卵。去九疑四万三千里。"《括地志》同明黄一正《事物绀珠》云："羽民国在海东南，崖巇间，长颊鸟喙，身生羽毛，似人而卵生。"又见《异林》、《金楼子》、《嬴虫录》、《路史余论》，皆辗转抄袭，无烦缕列。但有的地方值得注意者如《事物绀珠》所云，知羽民与卵民为一国，羽民卵民皆在东方或南方，而不言在西方或北方。此于民族迁徙上不无暗示。

他反复辩论，说有毛羽的不一定不死，不死的人不一定有毛羽。我们从这里反可以确知这"毛羽"在仙人成分中所占的重要性。他又说"禹益见西王母，不言有毛羽"，正可见在当时人的心目中皆以西王母有毛羽；与今日所见汉镜上的及汉画像石上的西王母的样子，若合符节。

又同书《雷虚》篇曰：

> 飞者皆有翼，物无翼而飞谓仙人，画仙人之形，为之作翼。

《道虚》篇曰：

> 好道学仙，中生毛羽，终以飞升。……为道学仙之人能先生数寸之毛
>
> 羽，从地自奋，升楼台之陛，乃可谓升天。①

更不啻为旅顺营城子汉墓壁画作一说明。

我们再略微看看汉以后书本上所记载的仙人的形状究竟是什么样子，以便与汉画像的仙人相印证。

《太平御览》卷六六二引题刘向《列仙传》曰：

> 渥佺，槐山采药父也，好食松树（实），体生毛，目方瞳，能飞行。

此仙人"体生毛"，犹保存较原始的传说。

和仙人体生毛的传说相并的，又有仙人披羽衣的传说。我们中国人因为在文学作品上熟见"羽衣"二字，以为那不过是像羽毛似的衣服罢了。更因为人们囿于眼前的世界，只注重"衣"字而不注重"羽"字。其实，这"羽衣"二字颇难解释的。我以为这羽衣的传说源于鸟氏族模仿图腾的服饰（这留待下文再说），到后来随着鸟氏族的神物演化而为神仙思想以后，这羽衣也跟着变成神仙的装饰了。

《文选》卷十二《木华海赋》李善注引《列仙传》说安期披羽衣：

> 安期先生琅玡阜乡人，自言千岁。秦始皇与语赐金数千万，于阜乡亭
>
> 皆置去，留书，以赤玉舄一量为报，言仙人以羽翮为衣。

汉武帝听信了胶东方士栾大的话，对栾大尊崇备至，又以卫长公主妻之：

> 天子又刻玉印曰"天道将军"，使使衣羽衣，立白茅上。五利将军亦
>
> 衣羽衣，立白茅上，受印；以视（案同示）不臣也。（《汉书·郊祀志上》）

颜师古注曰：

> 羽衣，以鸟羽为衣，取其神仙飞翔之意也。

以鸟羽为衣正是羽衣的最确当的解释。②他若《神仙传·沈羲之条》言："有着羽衣仙人白天而降。"《拾遗记》记周昭王梦"羽人"教以上仙之术。又《晋书·赵王伦传》曰："装仙人，使之着羽衣。"类此记载，不胜枚举。

总之，《山海经》上所载的羽民国人或鸟民的神话传说相当于猎壶上的鸟人图；汉及汉以后古书上所载的神仙传说（或言生毛，或言变臂为翼，或言披羽衣），不

---

① 《太平御览》卷六六二引《天仙品》曰："飞行云中，神化轻举，以为天仙，亦云飞仙。"

② 关于"羽衣"的解释参看本文第四章"图腾崇拜"。

啻为汉画中神仙图像的说明。照艺术上传说上的演化上讲，假若营城子汉墓壁画上的仙人，源于铜器花纹上的羽人，则《论衡》以下所载的仙人传说，一定是脱胎于《山海经》上的羽民或鸟夷。这二者——美术图像与故书记载——的演进程序，正是取着同一的步骤而前进；而且这步骤是有条不紊的。近世中外学人有谓中国铜器上的鸟人图，传自西方斯基泰文化（sythian culture）者，以为中国人没有人生翼而会飞的观念，甚至于也没有这种想象力，所以这种艺术作风必系来自外国，我们不能不对此说加以怀疑。因为我们灼知这种艺术作风是神话传说的具体化，而神话传说又是某一时期社会制度与宗教迷信的表现。假若这种神话传说与社会制度在中国为"有"，在中国为"本土的"，那么，这种艺术上的制作一定也在中国为"有"，在中国为"本土的"了。①

三、文学表现

古器物上的鸟人图和神仙图（羽人图）除可与神话传说相印证之外，又可与许多文学作品的内容或思想相对照相发明。若就彼此的关系或时代的早晚而言，神话传说与古器图像的关系，较文学作品为密切、为早。此不但就推理上是如此，而事实上也真是如此。所谓文人的文学上的努力，除竭力表露他自己的感情与思想而外，对于往古的材料，只不过就其可能利用者，稍加组织、稍加锻炼，或稍加剪裁而已。事实上，他决不会无中生有，也不能有中生无，他们的想象力是非常有限而且薄弱的。根据这个见地，我们再来看看它们（古器图像和神话传说）在文学中的表现。

文学上第一个表现这种思想者，为《楚辞》。在这以前，绝不见有这类表现。我们所知楚民族源于东方，其先可能与殷民族为一系，② 因而《楚辞》中所包括的神话与思想亦属于东方系统。《楚辞》的神话传说尤其是与《山海经》、《淮南子》为一系。《山海经》里既有羽民国或鸟民的记载，则《楚辞》作品中亦应该有之，而不应该无。果然，我们在《楚辞》文学之中找到了与古器图像及神话传说同一系列互为表里的记载。

《楚辞》的代表作为《离骚》，通观《离骚》全体的思想或内容，可以八字尽之，即忠君爱国，游仙求女；而忠君与爱国为一事，游仙与求女又一事。我们且看看它的游仙部分：

> 驷玉虬以乘鹥兮，溘埃埃③风余上征。（王逸注曰：有角曰龙，无角曰
> 虬；鹥，凤皇别名也。上征，洪兴祖《补注》云："远游，掩浮云而

---

① 参看徐中舒：《古代狩猎图像考》，载中央研究院《庆祝蔡元培先生六十五岁论文集》下册，商务印书馆 1935 年版。

② 恩师闻一多先生曾有此说，未见著述。胡厚宣氏《楚民族源于东方考》颇多论证，愚就神话研究方面亦坚信此说。容后为文详论之。

③ 按埃字当为"竢"字之误。

上征。")

朝发轫于苍梧兮，夕余至乎县圃。（王注：县圃，神山，在昆仑之上。）欲少留此灵琐（璅）兮，日忽忽其将暮。

吾令羲和弭节兮，（王：羲和，日御也。）望崦嵫而勿迫，（王：崦嵫，日所入山也。）路曼曼其修远兮，吾将上下而求索。

饮余马于咸池兮，总余辔乎扶桑；折若木以拂日兮，聊逍遥以相羊。

前望舒使先驱兮，后飞廉使奔属；鸾皇为余先戒兮，雷师告余以未具。

吾令凤鸟飞腾兮，继之以日夜；飘风屯其相离兮，帅云霓而来御。

纷总总其离合兮，斑陆离其上下。吾令帝阍开关兮，倚阊阖而望予。（云按：以下自"哀高丘之无女"一大段，皆言求女事，至"闺中既以邃远兮，哲王又不寤，怀朕情而不发兮，余焉能忍与此终古"四句为结，可见求女思想在《楚辞》文学中之重要。）

驾八龙之婉婉兮，载云旗之委蛇，抑志而弭节兮，神高驰之邈邈。①

我们看屈原不得意于君国时，要乘鹥顺风南飞，或令凤凰在天上为他开路，飞廉（其先也是鸟）在他身后跟着。这时候他要像鸟一样地向天上飞，这一飞就可以脱离了这龌龊的世界。

我们在这里不禁要问：一个人为什么会有这种思想呢？人活动在地上，用脚走路，为什么偏偏叫人要像鸟一样地往天上飞呢？其初人想往天上飞，在古代未发明飞行机的时候，只有质朴地想象一个人要能变成鸟，或骑在鸟身上才可以往天上飞，然而鸟类不同走兽，又岂是可骑的东西呢？这思想的来源我们一定认为别有出处，否则不会平空生出这样一个思想来。我以为这问题的解答，要像我说明羽人图像及羽人神话一样，要在社会制度与宗教信仰之中求解答。这种社会制度与宗教信仰即氏族社会为氏族人所奉信所实行的图腾主义。简单地说起来，就是因为鸟种族（Birdtribe）的人，为了与鸟图腾同一化，要学鸟的动作，又相信死了以后要变成鸟，基于这种原因，所以在后代才发生人要变成鸟（至少是一半变成鸟）或骑着鸟就可以飞升的观念。不用说图像上的鸟人图，神话中的半鸟半人的怪物，以及文学上这种飞升思想皆是这一种制度或信仰的三个不同的方面的表现，而这三者又互为表里，互通声气，息息相关，如我们看旅顺营城子的汉墓壁画其表现死者飞升的那一部分简直就是一幅屈原登遐图。

在《离骚》之外明显地说到羽人的见于《远游》之文：

悲时俗之迫阨兮，愿轻举而远游。（王注：高翔避世，求道真也。）质菲薄而无因兮，焉托乘而上浮？（王注：将何引援而升云也。）……闻至贵

---

① 于《离骚》之外，如《远游》："驾八龙之婉婉兮，载云旗之逶蛇；建雄虹之采旄兮，五色杂而炫耀。"又曰："风伯为余先驱兮，氛埃辟而清凉；凤皇翼其承旗兮，遇蓐收乎西皇。"云云，此类甚多，不具引列。

而遂徂兮，忽兮吾将行。……

　　仍羽人于丹丘兮，留不死之旧乡，① 朝濯发于汤谷兮，夕晞余身兮
九阳。②

王逸注"羽人丹丘"四字最好，他说：

　　因就众仙于明光也。丹丘，昼夜常明也。《九怀》曰"夕宿乎明光"，
明光即丹丘也。《山海经》言有羽人之国，不死之民。或曰：人得道，身
生毛羽也。

王叔师之注可以说是解说甚明，无待赘词。他把楚辞上的"羽人"解作《山海经》
的"羽民"，真使我们后人无法为之添蛇足。他又说"人得道，身生毛羽"，与由
"鸟人"而孳生的"仙人"之意亦合。所以洪兴祖的《补注》说："羽人，飞仙
也。"可谓一针见血。

　　我们在这里所关心的问题，就是等待羽人的丹丘究竟在什么地方呢？我们若能
考出丹丘在什么地方，也就可以知道羽人在什么地方，因而《山海经》的羽民国的
地望也可以借此推知。

　　我们先看"丹"字，《说文》训"丹"为"巴越之赤石也"，赤石即丹砂，可
见"丹"字有红字的意思。"红"与"光"意近，且尤与日义尤近，所以王逸训丹
丘为"光明之丘"，其说可谓甚平正。此其一。《远游》篇此二句的下文紧接着：

　　朝濯发于汤谷兮，夕晞余身兮九阳。

汤谷③见《山海经》，云为十日所浴之处，其上有神木曰扶桑，云为十日所登之处。
《海外东经》云：

　　下有汤谷（郭注：谷中水热也），汤谷上有扶桑（郭注：扶桑，木
也），十日所浴。在黑齿北，居水中。有大木（云按即大桑④），九日居下
枝，一日居上枝。

---

①《天台赋》云："睹灵验而遂徂，忽乎吾之将行，仍羽人于丹丘，寻不死之福庭。"即本此一段文
字。又按王逸注"不死之旧乡"，曰："遂居蓬莱，处昆仑也。"洪兴祖《补注》曰："忽临睨夫旧乡，谓
楚国也。留不死之旧乡，其仙圣之所宅乎？"皆误。

②"九阳"，王逸注曰："谓天地之涯"，误。洪氏《补注》曰："九阳，日也。阳谷上有扶木，九日
居下枝，一日居上枝。"是。

③ 汤谷之汤字，《说文》作"暘谷"，《尚书》及《史记·五帝本纪》作"旸谷"，《文选·思玄赋》
及《海赋》、《月赋》注引此经亦并作"旸谷"。《楚辞·天问》作"汤谷"，按作"汤谷"者是也。汤谷
者，如汤之谷，谓东方不冻的大海。其作"暘谷"者乃因山谷之谷字而连类及之。作旸谷，因阳而误，
皆非也。阳谷亦作"阳阿"，《楚辞·九歌·少司命》："晞汝发兮阳之阿"，阳之阿即阳谷若汤谷也。

④ 此大木即扶桑。扶桑之扶字无义，意本作"夫"，乃大字之形误。大木，大桑也。扶字一作
"榑"，《东次三经》云："无皋之山，东望榑木。"《说文》云："榑桑，神木，日所出也。"又云："日初
出东方汤谷，所登榑桑，叒，木也。"《淮南·地形》篇云："立登保之山，旸谷，榑桑在东方。"又《览
冥》篇："朝发榑桑。"—作浮桑，《古文苑》张仲《骷髅赋》"西经昧谷，东极浮桑"，此榑、浮等字似
又皆夫字之音讹。

《大荒东经》云：

> 有谷曰温源谷（郭注：温源，即汤谷也），汤谷①上有扶木（郭注：扶桑在上），一日方至，一日方出（郭注：言交会相代也），皆载于乌（郭注：中有三足乌）②。

《淮南子·天文》篇亦云：

> 日出于旸（汤）③谷，浴于咸池，拂于扶桑，是谓晨明。登于扶桑，爰始将行，是谓朏明。

同书《地形》篇云：

> 扶木在阳州，日之所曊。

高注：

> 扶木，扶桑也，在汤谷之南。曊，犹照也；阳州，东方也。

汤者热水，谷者大壑，中国古人相信太阳出自东方不冻的大海，而事实上也真是如此。汤谷为日所出之地，故"汤"字又作旸，实在应以"汤"字为本字。九阳者，九日，即隐藏在扶桑下枝的九日。是此文下二句皆因太阳为说，则上文之丹丘亦应与太阳有关，可无疑问。此其二。日出汤谷，汤谷亦即日母羲和浴日之地之甘（丹）渊，《山海经·大荒南经》曰：

> 东（南）海之外，④甘（丹）水之间，有羲和之国。有女子名曰羲和，方浴日于甘（丹）渊。羲和者，帝俊之妻生十日。

我在《后羿传说丛考》⑤里，说日母羲和浴日之事：

> 作日月之象而掌之，沐浴运转之于甘（丹）水中，以效其出入旸谷，虞渊也。（郭注）

就是源于古代东方鸟夷以日为图腾的迷信。羲和为十日之母，即以太阳为图腾的十个部落的共同的先妣。羲和运日，以效日出入之状，大概就像安东省辑安县通沟地方高句丽古墓壁画上的女人持日图的样子，⑥这女人大概就是羲和，不过因为受了女娲蛇身的影响，所以把她画着蛇身罢了（参看图4）。总之，我们知道汤谷为日出之地，甘渊亦为日出之地，是汤谷即甘渊。说汤谷即甘渊者，我们又可于《山海经·大荒东经》得其证明：

> 东海之外大壑（郭注：《诗含神雾》曰：东注无底之谷，谓此壑也），少昊之国，少昊孺（郝懿行云：孺，乳子也）帝颛顼于此……有甘（丹）

---

① 云按此汤谷二字当为上注之衍文，应删。

② 云按皆载于乌者，谓为乌所载也，即言乌载（负）日而飞，与日中有三足乌后起之说意稍不同。郭注以当时之传说（顶早亦只是汉人之传说）释古文，末洽。

③ 从刘师文典先生《淮南鸿烈集解》校正，商务印书馆"万有文库"本。

④ 从《太平御览》卷三引，无南字。按似应以无南字为是。

⑤ 载《中国学报》1944年出版第二卷第三、四、五期。

⑥ 见池内宏：《通沟》册下图版，第八十八。注意此日中有三足乌。

山者，甘（丹）水出焉，生甘（丹）渊。

东海大壑，郭注曰，"无底之谷"，按即汤谷也。甘渊在此大壑中，是甘渊即汤谷。

图 4

我们在这里最应注意者为甘水甘渊之"甘"字。甘渊汤谷既为日所出之地，则其得名之故似应与日有关，而"甘"字与日绝无关涉，因此使我疑心此甘字皆为"丹"字之形误。甘丹形近，颠倒之即可致误。甘字若为丹字之倒置，则甘水者丹水，甘渊者丹渊，甘山者丹山；丹山即丹丘矣。此处之丹渊，我以为即尧子丹朱被放之地，《汉书·律历志》云：

（尧）让天下于虞，使子朱处丹渊为诸侯。[①]

丹朱之故地据我考证在今山东半岛地方，与《山海经·大荒东经》的地望相合，则《山海经》上的甘渊自必为丹渊之字误。又《风俗通》佚文云：

丹氏，尧使子朱居丹渊为诸侯，晋有大夫丹木。

此佚文当为《姓氏》篇之佚文，再三说明丹氏之姓出于丹渊之丹字，知此丹字绝无错误的可能，因而也可以推知此甘渊之甘字又必为丹。甘水甘山诸甘字其必为之丹字形误，由此也可以推知。丹渊即汤谷，为日所从出之处，丹水即丹渊上流之水，亦当为日首先所照之水，则丹渊者，光明之渊；丹水者，光明之水；与王逸训丹丘为"光明之丘"若合符节。此其三。《大荒东经》言甘水出于甘山，准以甘字为丹字之误，则甘山即即丹山，丹山即为仍羽人所在之丹丘[②]，果然我们在《山海经》之中又找到了证明。《大荒南经》云：

有成山，甘（丹）水穷焉［郭注：甘（丹）水出甘（丹）山，极此中也］。有季禺之国，颛顼之子食黍（郭注：言此国人颛顼之裔子也）。有羽民之国，其民皆生毛羽；有卵民之图，其民皆生卵（郭注：即卵生也）。

---

① 见《姓解》三，《厂韵·二十五寒》，《急就篇补注》引。
② 此丹丘亦称"丹溪"，见《文选》。

按成山即今山东半岛之尖端荣成县之成山角，东临大海。《大荒南经》言"有季禺之国，颛顼之子食黍"，以云成山为颛顼之国。《大荒东经》言为甘（丹）渊所汇积之东海大壑为少昊之国，少昊乳帝颛顼于此，是此大壑亦即颛顼之国。按人类国家不能居于海上，其言居于海上者，亦不过言在此海的近处而已。成山为颛顼之国，东海丹渊亦为颛顼之国，是成山丹渊二者所指为一地。成山为甘（丹）水之所穷尽处，甘（丹）渊出自丹山，则成山当亦即丹山。丹山即丹丘，是成山即仍羽人所在之丹丘，无怪乎《山海经》说成山之下有羽人之国了。我们在这里不但知道成山即丹丘，而且可以推知颛顼之国即羽人之国。我们知道颛顼亦为东夷，① 其人亦以鸟与日为图腾，是颛顼即羽人，而且颛顼居丹丘（光明之丘），正是合理而且应该的事。此其四。成山在今山东半岛之尖端，既为羽人所居之地，羽人据拙见即以鸟为图腾的氏族，而鸟氏族又以日为副图腾（subtotem），无怪乎后代帝王犹于此地祀日。《史记·封禅书》言秦始皇封禅泰山之后，东游海上，行礼祠名山大川及八神，求仙人羡门之属。此八神据云：

> 八神将自古而有之，或曰太公以来作之。齐所以为齐，以天齐也。其
> 祀绝，莫知起时。八神：一曰天主……七曰日主，祀成山，成山斗入海，
> 最居齐东北隅，以迎日出云。

八神将的祭祀，有早有晚，有的是齐地原有的迷信，有的是外来的移入的信仰。但日主月主之祀，绝对为齐人本土的迷信无疑，因为这种信仰起于齐地的人（东夷）以日月为图腾的迷信。成山为什么在后代变成祀日的专地呢？我想这大概因为成山本为鸟夷居住之地，而鸟夷又以日为副图腾，所以"仍羽人"必得在此丹丘（日主），因此成山亦非丹丘莫属。这一事我们又可于成山有不夜城这一点以证成之。《封禅书索隐》引解道彪《齐地记》云：

> 不夜城，古有日夜出，见于东境，故莱子立城以不夜为名也。②

《齐地记》的记载是否可信，我们且不管它，但是我们把它当做一条神话传说来看是可以的。成山有不夜城，而不夜城即昼夜光明之意，与王逸训丹丘为

> 昼夜常明也。

完全相合。我们在这里应该注意的，是这种传说是莱夷的本土的迷信。莱子就是齐太公封营丘，莱人与之争地的莱夷，③ 其民族或以"日"为副图腾者，故于日出之地特别奉祀太阳。所谓"不夜"，或于夜间为日象而运转之，如日氏族的先姓羲和之所为者，其目的为使图腾之神力永不衰歇，也说不定。后人不知这是一种基于图腾信仰的表现，遂造作俗说，说古时有日夜间出现于东境。总之，我们根据《山海

---

① 参看友人宿白：《颛顼考》，载《中国留日同学会季刊》第五号，1943 年 9 月出版。

②《汉书·地理志》东莱郡临朐后有"不夜"，曰："有成山日祠，莽曰夙夜。"《大清一统志》云："故城在今文登县东北八十五里。"按羽民国之地望不能确指，因此时人以渔猎为生，本无定居之可言也。我们可以说整个的山东半岛皆为羽民国较早活动地区。

③ 见《史记·齐太公世家》。

经》可以推知羽民之国在成山，及《史记》说祠日主于成山这几点，就可以确知《楚辞·远游》所说的"仍（待）羽人于丹丘"的丹丘就是这个地方了。此其五。我们根据以上所说可以推知在文学表现里的"羽人"，与神话传说中的"羽民"，或"鸟民"，"卵民"，是一非二，同时又可以推知在文学作品所指的羽人的地望在今山东半岛的尖端，与神话传说上所说的羽民国在海东完全相合。若就整个《楚辞》文学的系统而言，如上所述它是属于东方的系统，其与东夷神话传说之合拍更属当然了。

我们在这里又可以回到猎壶上鸟人图的问题了。

猎壶上的鸟人图为什么必得在鸟人之旁铸一个黑点呢？这个黑点，我在本文一开始就说，"用以象日"，我们除了将在下文中追究它的图腾信仰而外，有一点需要说明的，就是因为"仍羽人"必须在"丹丘"。丹丘为日所出之地，实即等于"日"，所以后人即使在铸器上，也像文字修辞上一样，对于这一点不许遗漏，而必需连类及之，这样就成了猎壶上"羽人"旁边的黑点（日——丹丘）了。所以，《远游》篇这一句话——"仍羽人于丹丘"，不但直接触及《山海经》的"羽民"，而且间接触及了猎壶上的"羽人"。这是本文论证的中心——论古器图像与神话传说、文学表现为一本——的最适当的例证。

本文原题《说羽人——羽人图、羽人神话及其飞仙思想之图腾主义的考察》，有删节。原载《国立沈阳博物院筹备委员会汇刊》1947 年第 1 期，收入《孙作云文集·中国古代神话传说研究》下册，河南大学出版社 2003 年版。全文共六节：一、古器图像；二、神话传说；三、文学表现；四、图腾崇拜；五、仙人来源；六、说秋千戏。现节选其中第一、二、三节。

伏 羲 考

闻一多

闻一多（1899—1946），原名家骅、亦多，字友三，改名多、一多。湖北浠水县人。诗人，学者。新月社成员。1922 年起，在美国芝加哥、丹佛、纽约学习西方绘画。1925 年回国后在青岛大学、清华大学、西南联合大学任教。因反对内战、争取民主，遭反动派杀害。逝世后，朱自清将其著述编为《闻一多全集》八卷（1948），其神话方面的著述有《伏羲考》、《龙凤》、《姜嫄履大人迹考》、《高唐神女传说之分析》、《神仙考》、《什么是九歌》以及《天问疏证》等。

一、引　论

伏羲与女娲的名字，都是战国时才开始出现于记载中的。伏羲见于《易·系辞下传》，《管子·封禅篇》、《轻重戊篇》，《庄子·人间世篇》、《大宗师篇》、《胠箧篇》、《缮性篇》、《田子方篇》，《尸子·君治篇》，《荀子·成相篇》，《楚辞·大招》，《战国策·赵策》二。女娲见于《楚辞·天问》、《礼记·明堂位篇》、《山海经·大荒西经》，但后二者只能算作汉代的典籍，虽则其中容有先秦的材料。二名并称者则始见于《淮南子·览冥篇》，也是汉代的书。关于二人的亲属关系，有种种说法。最无理由，然而截至最近以前最为学者们乐于拥护的一说，便是兄弟说。《世本·姓氏篇》曰：

女氏：天皇封弟娲于汝水之阳，后为天子，因称女皇。

此说之出于学者们的有意歪曲事实，不待证明。罗泌《路史·后纪》二和梁玉绳《汉书·人表考》中的论调，不啻坦白的供认了他们所以不能不如此歪曲的苦衷，所以关于这一说，我们没有再去根究的必要。此外，较早而又确能代表传说真相的一说，是兄妹说。《路史·后纪》二注引《风俗通》曰：

女娲，伏希（羲）之妹。

《通志·三皇考》引《春秋世谱》，《广韵》十三佳，《路史·后纪》二，马缟《中华古今注》等说同。次之是夫妇说。《唐书乐志》载张说唐《享太庙乐章·钧天舞》曰：

合位娲后，同称伏羲。

据《乐志》、《钧天舞》是高宗时所用的乐章。这里以伏羲女娲比高宗武后，正表示他们二人的夫妇关系。稍后卢仝《与马异结交诗》说得更明显：

女娲本是伏羲妇。

此后同类的记载有宋人伪撰的《三坟书》，元杜道坚《玄经原旨发挥》和一些通俗小说之类。夫妇说见于记载最晚，因此在学者心目中也最可怀疑。直至近世，一些画像被发现与研究后，这说才稍得确定。这些图像均作人首蛇身的男女二人两尾相交之状，据清代及近代中外诸考古学者的考证，确即伏羲、女娲，两尾相交正是夫妇的象征。但是，依文明社会的伦理观念，既是夫妇，就不能是兄妹而且文献中关于二人的记载，说他们是夫妇的，也从未同时说是兄妹，所以二人究竟是兄妹或是夫妇，在旧式学者的观念里，还是一个可以争辩的问题。直至最近，人类学报告了一个惊人的消息，说在许多边疆和邻近民族的传说中，伏羲、女娲原是以兄妹为夫妇的一对人类的始祖，于是上面所谓可以争辩的问题，才因根本失却争辩价值而告解决了。总之，"兄妹配偶"是伏羲、女娲传说的最基本的轮廓，而这轮廓在文献中早被拆毁，它的复原是靠新兴的考古学，尤其是人类学的努力才得完成的。现在将这两方面关于这题目的贡献略加介绍如下：

关于伏羲、女娲，考古学曾发现过些石刻和绢画两类的图像。属于石刻类者有五种。

武梁祠石室画像第一石第二层第一图（参观附图）

同上左右室第四石各图（参观附图）

东汉石刻画像（参观附图）

山东鱼台西塞里伏羲陵前石刻画像

兰山古墓石柱刻像（以上二种均马邦玉《汉碑录文》所述）

属于绢画类者有二种。

隋高昌故址阿斯塔那（Astana）墓室彩色绢画（史坦因得）（参观附图）

吐鲁番古冢出土彩色绢画（黄文弼得）

中以武梁祠画像尤其著名，诸家考释亦皆以此为根据。其中讨论得比较详细的，计有瞿中溶《武梁祠堂画像考》、马邦玉《汉碑录文》、容庚《武梁祠画像考释》。"伏羲、仓精"之语，既明见于画像的题识，则二人中之一人为伏羲，自不成问题，因而诸家考释的重心大都皆在证明其另一人为女娲。他们所用的证据，最主要的是诸书所屡见提到的伏羲、女娲人首龙身（或蛇身）之说，与画像正合。总之，考古家对本题的贡献，是由确定图中另一人为伏羲的配偶女娲，因而证实了二人的夫妇关系。

人类学可供给我们的材料，似乎是无限度的。我并不曾有计划的收集这些材料。目前我所有的材料仅仅是两篇可说偶尔闯进我视线来的文章。

1. 芮逸夫：《苗族的洪水故事与伏羲女娲的传说》（中央研究院历史语言研究所《人类学集刊》第一卷第一期）。

东汉武梁祠石室画像之二（仿《东洋文史大系·古代支那及印度》第一三七页插图）

东汉武梁祠石室画像之一（仿钱唐黄氏摹刻唐拓本。原图左柱有隶书"伏戏仓精初造王业画卦结绳以理海内"十六字，此未摹出）

东汉石刻（仿同上《东洋文史大系》第一七一页插图）

隋高昌故址阿斯塔那（Astana）墓室彩色绢画［仿史坦因（Aurel Stein）《亚洲腹地考古记》（图 Cix］

重庆沙坪坝石棺前额画像（仿常任侠《沙坪坝出土之石棺画像研究》插图。《时事新报》渝版《学灯》第四十一期）

《洞神八帝妙精经》画像
（左）后天皇君，人面蛇身，
姓风，名庖羲，号太昊。（右）
后地皇君，人面蛇身，姓云，
名女娲，号女皇。（仿《道藏
洞神部洞神八帝妙精经》
插图）

新郑出土罍腹上部花纹（仿新郑彝器第八十八页）

同上环鼻（仿《郑冢古
器图考》卷五，页二十，第
二十四图）

铎舞花纹［仿叶慈
（W. Parceval Yetts）《卡尔
中国铜器》（*The Cull Chinese Bronzes*）图二十一］

兵古器花纹（仿《邺中片
羽》卷下第四页）

2. 常任侠：《沙坪坝出土之石棺画像研究》（《时事新报》渝版《学灯》第四十一、四十二期，又《说文月刊》第一卷第十、十一期合刊）。

前者搜罗材料，范围甚广。记录着芮氏自己所采集和转引中外书籍里的洪水故事，凡二十余则，是研究伏羲、女娲必不可少的材料。后者论材料的数量，虽远非前者之比，论其性质，却也相当重要。所载瑶族洪水故事和汉译苗文《盘王歌》一部分，也极有用。现在合并二文所记，依地理分布，由近而远，列号标目如下：

1. 湘西凤凰苗人吴文祥述洪水故事（芮文——《人类学集刊》一卷一期156—158页）

2. 湘西凤凰苗人吴良佐述洪水故事（同上158—160页）

3. 湘西凤凰苗人《傩公傩母歌》（同上160—161页）

4. 湘西乾城苗人《傩神起源歌》（同上161—163页）

5. 葛维汉（D. C. Graham）述川南苗人洪水故事（同上174页）

6. 贵州贵阳南部鸦雀苗洪水故事［同上174页引克拉克（Samuel R. Clarke）《中国西南夷地旅居记》（Among the Tribes in South-West China）pp. 54-55］

7. 贵州安顺青苗故事（同上169—170页引鸟居龙藏《苗族调查报告》——编译馆译本49页）

8. 同上又一故事（同上170页引前书48页）

9. 苗人洪水故事［同上170—171页引萨费那（F. M. Savina）《苗族史》（Histoire des Miao）pp. 245-246］

10. 黑苗《洪水歌》本事（同上173—174页引克拉克《中国西南夷地旅居记》pp. 43-46）

11. 赫微特（H. J. Hewitt）述花苗洪水故事（同上171—173页引前书pp. 50-54）

12. 广西融县罗城瑶人洪水故事（常文——《说文月刊》一卷十、十一期合刊714—715页）

13. 广西武宣修仁瑶人洪水故事（同上717页）

14. 汉译苗文《盘王歌书葫芦晓歌》（同上715—716页）

15. 云南保倮洪水故事［芮文——《人类学集刊》一卷一期189页引维亚尔（Paul Vial）《保倮族》（Les Lolos）pp. 8-9］

16. 云南耿马大平石头寨栗粟人洪水故事（同上189页）

17. 云南耿马蚌隆寨老亢人洪水故事（同上189页）

18. 拉崇几哀（Lunnet de Lajonguiere）记法领东京蛮族（Man）洪水故事（同上190页引萨维那《苗族史》p. 105）

19. 交趾支那巴那族（Ba-hnars）洪水故事［同上引盖拉希（Guerlach）《巴那蛮族的生活与迷信》（Moeuts et sperstitions de Souvages Ba-

bnars, Les Mission Catholigue xix) p. 479]

20. 印度中部比尔族（Bhils）洪水故事［同上 190 页引鲁阿特（C. E. Luard）《马尔瓦森林部族》（*The Lungles Tribes of Malwa*）p. 17]

21. 印度中部坎马尔族（Kammars）洪水故事［同上 190—191 页引罗塞尔（R. V. Russell）《印度中部的土族与社会阶级》（*Tribes and Casts of the Central Provinces of India*）iii pp. 326-327]

22. 北婆罗洲配甘族（Pagans）洪水故事［同上 190 页引勃特（Owen Butter）《北婆罗洲的配甘族》（*The Pagans of the North Borneo*）pp. 248-249]

23. 同上又一故事（同上 190 页引前书同页）

24. 海南岛加钗峒黎人洪水故事（同上 189 页引刘咸《海南岛黎人文身之研究》——《民族学研究集刊》一期 201 页）

25. 台湾岛阿眉族（Ami）三洪水故事［同上 189—190 页引石井信次（Shinji Ishii）《台湾岛及其原始住民》（*The Island of Formosa and Its Primitive Inhabitants*）p. 13]

以上这些故事，记载虽有详有略，但其中心母题总是洪水来时，只兄妹（或姊弟）二人得救，后结为夫妇，遂为人类的始祖。3、12，兄名皆作伏羲，13 作伏仪，也即伏羲。18 兄名 Phu-Hay，妹名 Phu-Hay-Mui，显即伏羲与伏羲妹的译音。6 兄名 Bu-i，据调查人克拉克氏说，用汉语则曰 Fu-hsi，也是伏羲的译音。同故事中的妹曰 Kueh，芮氏以为即娲的对音，那也是可信的。除上述兄妹的名字与伏羲、女娲的名字相合外，芮氏又指出了故事中（1）创造人类与（2）洪水二点，也与文献中的伏羲、女娲传说相合。这来故事中的兄妹即汉籍中的伏羲、女娲，便可完全肯定了。但人类学对这问题的贡献，不仅是因那些故事的发现，而使文献中有关二人的传说得了印证，最要紧的还是以前七零八落的传说或传说的痕迹，现在可以连贯成一个完整的有机体了。从前是兄妹、是夫妇、是人类的创造、是洪水等等隔离的，有时还是矛盾的个别事件，现在则是一个整个兄妹配偶兼洪水遗民型的人类推源故事。从传统观念看来，这件事太新奇，太有趣了。

以上所介绍的芮、常二文，芮文以洪水遗民故事为重心，而旁及于人首蛇身画像，常文则以人首蛇身画像为主题，而附论及洪水遗民故事。前者的立场是人类学的，后者是考古学的。而前者论列的尤其精细，创见亦较多。本文的材料既多数根据于二文，则在性质上亦可视为二文的继续。不过作者于神话有癖好，而对于广义的语言学（Philology）与历史兴味也浓，故本文若有立场，其立场显与二家不同。就这观点说，则本文又可视为对二文的一种补充。总之，二君都是我的先导，这是我应该声明的。

二、从人首蛇身像谈到龙与图腾

（一）人首蛇身神

人首蛇身像实有二种。一种是单人像，可用上名。一种是双人像，可称为人首蛇身交尾像。后者在我们研究的范围里尤其重要。目前我们所知道的交尾像计有七件，如前所列。今就画像的质地分为二类，一是石刻类，二是绢画类。画像中的人物即伏羲、女娲夫妇二人，早有定论。但那人首蛇身式的超自然的形体，究竟代表着一种什么意义，它的起源与流变又如何，这些似乎从未被探讨过的问题，正是本文所要试求解答的。

文献中关于伏羲、女娲蛇身的明文记载，至早不能超过东汉。

> 王逸《楚辞·天问注》："女娲人头蛇身。"
>
> 王延寿《鲁灵光殿赋》："伏羲鳞身，女娲蛇躯。"
>
> 曹植《女娲画赞》："或云二皇，人首蛇形。"
>
> 《伪列子·黄帝篇》："庖牺氏，女娲氏……蛇身人面。"
>
> 《帝王世纪》："庖牺氏……蛇身人首"，"女娲氏……亦蛇身人首"。

（《类聚》二引）

> 《拾遗记》："又见一神，蛇身人面……示禹八卦之图，列于金版之上。……蛇身之神，即羲皇也。"
>
> 《玄中记》："伏羲龙身，女娲蛇躯。"（《文选·鲁灵光殿赋注》引）

不过《鲁灵光殿赋》虽是东汉的作品，所描写的则确乎是西汉的遗物。

灵光殿是鲁恭王馀（前154—前127）的建筑物。赋中所描写的是殿内类似武梁祠刻石的壁画。从恭王馀到王延寿约三百年间，殿宇可以几经修葺，壁外层的彩色可以几经刷新，但那基本部分的石刻是不会有变动的。人首蛇身的伏羲、女娲像，在西汉初期既已成为建筑装饰的题材，则其传说渊源之古，可想而知。有了这种保证，我们不妨再向稍早的文献中探探它的消息。

《山海经·海内经》曰：

> 南方……有人曰苗民。有神焉，人首蛇身，长如辕，左右有首，衣紫衣，冠旃冠，名曰延维。人主得而飨之，伯天下。

郭璞注说延维即《庄子》所谓委蛇，是对的。委蛇的故事见于《庄子·达生篇》：

> 桓公田于泽，管仲御，见鬼焉。公抚管仲之手曰："仲父何见？"对曰："臣无所见。"公反，诶诒为病，数日不出。
>
> 齐士有皇子告敖者曰："公则自伤，鬼则恶能伤公？……"
>
> 桓公曰："然则有鬼乎？"曰："有。沈（湛，释文，水污泥也）有履，灶有髻。户内之烦壤，雷霆处之。东北方之下者，倍阿鲑蠪跃之。西北方之下者，则泆阳处之。水有罔象，丘有峷，山有夔，野有彷徨，泽有委蛇。"公曰："请问委蛇之状何如？"皇子曰："委蛇，其大如毂，其长如

辕，紫衣而朱冠。其为物也恶雷①，闻雷车之声，则捧其首而立。见之者殆乎霸。"桓公辴然而笑曰："此寡人之所见者也。"于是正衣冠与之坐，不终日而不知病之去也。

关于"左右有首"，也许需要一点解释。《山海经》等书里凡讲到左右有首，或前后有首，或一身二首的生物时，实有雌雄交配状态之误解或曲解。（正看为前后有首，侧看为左右有首，混言之则为一身二首。详下。）综合以上《山海经》和《庄子》二记载，就神的形貌说，那人首蛇身，左右有首和紫衣旞冠三点，可说完全与画像所表现的相合。然而我们相信延维或委蛇，即伏羲、女娲，其理尚不只此。（1）相传伏羲本是"为百王先首"的帝王，故绘之或见之者可以霸天下。（2）上揭洪水故事1、2、3、4、12、13、18，都以雷神为代表恶势力的魔王，他与兄妹的父亲（即老伏羲）结了仇怨，时时企图着伤害老伏羲，最后竟发动洪水，几乎将全人类灭绝。这来，伏羲怕雷不是很自然的吗？所以在《庄子》里，委蛇"闻雷车之声，则捧其首而立"，是不为无因的。最后，也最重要的，是（3）那以伏羲、女娲为中心的洪水遗民故事，本在苗族中流传最盛，因此芮氏疑心它即起源于该族。依芮氏的意想，伏羲、女娲本当是苗族的祖神。现在我既考定了所谓"延维"或"委蛇"者即伏羲、女娲，而《山海经》却明说他们是南方苗民之神。这与芮氏的推测，不完全相合了吗？

《海内经》据说是《山海经》里最晚出的一部分，甚至有晚到东汉的嫌疑。但传说同时又见于《庄子·达生篇》。属于《庄子·外篇》的《达生篇》，想来再晚也不能晚过西汉，早则自然可以到战国末年。总观上揭所有的人首蛇身神的图像与文字记载，考其年代，大致上起战国末叶，下至魏晋之间。这是一个极有趣的现象，因为那也正是古帝王的伏羲、女娲传说在史乘中最活跃的时期。最初提到伏羲或伏羲氏的典籍是《易经》（《系辞下传》），《管子》（《封禅篇》、《轻重戊篇》），《庄子》（《人间世篇》、《大宗师篇》、《胠箧篇》、《缮性篇》、《田子方篇》），《尸子》（《君治篇》，又《北堂书钞》一五三引佚文），《荀子》（《成相篇》），《楚辞》（《大招》），《战国策》（《赵策》二）。女娲则始见于《楚辞》（《天问》）和《礼记》（《明堂位篇》），《山海经》（《大荒西经》）。二人名字并见的例，则始于《淮南子》（《览冥篇》）。他们在同书里又被称为二神（《精神篇》），或二皇（《原道篇》、《缪称篇》）。不久，在纬书中（《尚书·中候》、《春秋元命苞》及《运斗枢》），我们便开始看见他们被列为三皇中之首二皇。大概从西汉末到东汉末是伏羲、女娲在史乘上最煊赫的时期。到三国时徐整的《三五历记》，盘古传说开始出现，伏羲的地位便开始低落了。所以，我们拟定魏晋之间为这个传说终止活跃的年代。史乘上伏羲女娲传说最活跃的时期，也就是人首蛇身神的画像与记载出现的时期，这现象也暗示着人首蛇身神即伏羲、女娲的极大可能性。

---

① 原脱此"雷"字，今依文义补。

因左右有首的人首蛇身神而产生的二首人的传说，也是在这个时期中发现的。

　　　睽孤，见豕负涂，厥妖人生两头。（京房《易传》）

　　　平帝元始元年……六月，长安女子生儿，两头异颈，面相乡，四臂共

　　匈，俱前乡。……（《汉书·五行志》下之上）

　　　蒙双民。昔高阳氏有产而为夫妇，帝放之此野，相抱而死。神鸟以不

　　死草覆之，七年男女皆活，同颈二头四手。是为蒙双民。（《博物志》二）

最后一故事说"同产而为夫妇"，与伏羲、女娲以兄妹为夫妇尤其类似。看来，不
但人首蛇身像的流传很早，连兄妹配偶型的洪水故事，在汉族中恐怕也早就有了。

（二）二龙传说

　　揣想起来，在半人半兽型的人首蛇身神以前，必有一个全兽型的蛇神的阶段。
《郑语》载史伯引《训语》说：

　　　夏之衰也，褒人之神化为二龙，以同于王庭，而言曰："余，褒之二君

　　也。"夏后卜杀之，与去之，与止之，莫吉。卜请其漦而藏之，吉。乃布币

　　焉，而策告之。龙亡而漦在，椟而藏之，传郊之，殷周莫之发也。及厉王

　　之末，发而观之，漦流于庭，不可除也。王使妇人不帏而噪之，化为玄鼋。

"同"即交合之谓。《海内经》："伯陵同吴权之妻阿女缘妇。"郭注曰"同犹通淫之
也"，《急就篇》亦有"沐浴揃搣寡合同"之语。"二龙同于王庭"使我们联想起那
"左右有首"的人首蛇身交尾像。

　　"二君"韦注曰"二先君也"，《史记·周本纪集解》引虞翻曰"龙自号褒之二
先君也"。由二龙为"同于王庭"的雌雄二龙推之，所谓"二君"自然是夫妇二人。
夫妇二人有着共同为人"先君"的资格，并且是龙的化身，这太像伏羲、女娲了。
伏羲本一作包羲，包褒同音，说不定伏羲氏与褒国果然有着极其密切的关系。至少
我们以这二龙之神，与那人首蛇身的二神，来代表一种传说在演变过程上的前后二
阶段，是毫不牵强的。

　　在现存的文献中，像《郑语》所载的那样完整的故事，那样完好的保存着二龙
传说的原型，不用说，是不易找到第二个的。不过关于这传说的零星的"一鳞半
爪"，只要我们肯留心，却几乎到处都是。现在我们略举数例如下：

　　1．交龙

　　　交龙为旂。（《周礼·司常》）

　　　昔黄帝驾象车，交龙毕方并辖。（《风俗通·声音篇》）

　　　锦有大交龙，小交龙。（《邺中记》）

什么是交龙？郑玄注《周礼·司常》"诸侯建旂"曰："诸侯画交龙，一象其升朝，
一象其下复也。""升朝"、"下复"的解释很可笑，但注文的意思，以为交龙是两龙
相交，一首向上，一首向下，却不错。他注《觐礼记》"天子载大旂，象日月，升
龙降龙"曰："大旂，大常也。王建大常，缯首画日月，其下及旒交画升龙降龙。"
所谓"交画升龙降龙"正是两龙相交，一首向上，一首向下之状。《释名·释兵》

曰："交龙为旂。旂，倚也，画作两龙相依倚。"刘熙的解释与郑玄略异，但以交龙为两条龙，则与郑同。

所谓交龙者既是二龙相交的图像，而绘着这种图像的旂又是天子诸侯的标识，则交龙与那"同于王庭"的褒之二龙是同一性质的东西，可无疑问了。《汉书·高帝纪》上说：

> 母刘媪，尝息大泽之陂，梦与神遇。是时雷电晦冥。父太公往视，则见交①龙于上。已而有娠，遂产高祖。

这交龙也是指相交的雌雄二龙——雄龙神，雌龙刘媪。② 代表神与刘媪的二龙与代表褒之二君的二龙，仍然是同一性质的东西。我们在上文已经指出伏羲、女娲与褒之二君的类似处，再看《路史·后纪》一注引《宝椟记》：

> 帝女游于华胥之渊，感蛇而孕，十三年生庖牺。

这和"赤龙感女媪"（《太平御览》八七引《诗含神雾》）而生刘邦的故事，又何其相似！

2. 螣蛇　古书有所谓"螣蛇"者，或作"腾蛇"。

> 飞龙乘云，腾蛇游雾。（《韩非子·难势篇》引《慎子》）

> 螣蛇无足而飞。（《荀子·劝学篇》）

> 螣蛇伏地，凤皇覆上。（《韩非子·十过篇》）

> 腾蛇游雾而殆于蝍蛆。（《淮南子·说林篇》）

> 腾蛇游于雾露，乘于风雨而行，非千里不止。（《说苑·杂言篇》）

许慎说螣是一种神蛇，郭璞说它是龙类。看它"能兴云雾而游其中"（《尔雅》郭注），又有鳞甲（《后汉书注》引《尔雅》旧注），说它是属于龙类的一种神蛇，是可信的。《汉书·天文志》"权，轩辕，黄龙体"，注引孟康曰"形如腾龙"。如果这所谓腾龙即螣蛇，则螣蛇之为龙类，更无问题了。但螣字的含义，似乎从未被说明过。我们则以为螣蛇之"螣"与交龙之"交"的意义一样。"螣"从"朕"声。"朕"声字多有"二"义，最明显的，如"媵"（从朕省声）训双（《方言》二），"腊"训二（《广雅·释诂》四），"賸"训儋两头有物（《方言》七郭注），皆是。引申起来，物相增加则谓之"賸"（《说文》），牝牡相交谓之"螣"。相交与相加之义极近。《月令》"乃合累牛腾马，游牝于牧"。郑注曰："累腾皆乘匹之名。""乘匹"即《周礼·牧师》"仲春通淫"及《校人》"春执驹"之谓，故郑注《校人》曰"春通淫之时，驹弱，为其乘匹伤之也"。螣蛇之"螣"本一作"腾"，"螣蛇"的本义应是"乘匹之蛇"。《淮南子·泰族篇》曰：

> 腾蛇雄鸣于上风，雌鸣于下风，而化成形，精之至也。

---

① 《史记》作"蛟"，误。说详下注。

② 下文说高祖"醉卧，武负王媪见其上常有龙"。高祖自己是龙，他母亲也当是龙。《正义》引《陈留风俗传》曰："沛公起兵野战，丧皇妣于黄乡，天下平定，使使者以梓宫招幽魂，于是丹蛇在水，自洒跃入梓宫。"可证刘媪也原是龙。这里刘媪一龙，神一龙，正是二龙。

刘勰《新论·类感篇》作"媵"。① "雄鸣于上风，雌鸣于下风，而化成形"，正是由二蛇相交的观念演化出来的一种传说。腾蛇又名奔蛇，见《淮南子·览冥篇》高注，及《尔雅·释鱼》郭注。"奔"亦有乘匹之义。《鄘风·鹑之奔奔篇》："鹑之奔奔，鹊之彊彊。"《释文》引《韩诗》曰："奔奔彊彊，乘匹之貌。"《左传》襄二十七年，伯有赋《鹑之贲贲》，赵孟斥之为"床第之言"，可作韩义的佳证。腾蛇又名奔蛇，而"媵"（腾）、"奔"皆训乘匹，可见"腾蛇"的本义确与上文所解说的交龙一样。并且"媵"之言"滕"也，"交"之言"绞"也。若舍用而言体，则腾蛇亦可谓之滕蛇，交龙亦可谓之绞龙。"滕"、"缠"一声之转，《杂记》疏曰："［绳］两股相交谓之绞。""缠"与"绞"同义，正如"媵"（腾）与"交"同义一样。又《方言》五"槌，其横关西曰㮰"，郭注曰："亦名校。"钱绎《笺疏》曰："㮰（㮰）亦名校者，犹机持会者谓之交也。《说文》'榎，机持会者'，又鲁季敬姜说织曰'持交而不失，出入不绝者梱也'，持交即持会也。"腾蛇一名交龙，与㮰一名校，又属同例。校既是取义于"交会"，则㮰之取义于"滕缠"可知。交龙与腾蛇之名，即取交合与滕缠之义，也同校与㮰之取义于交会与滕缠一样。总之"腾蛇"与"交龙"，不拘就那种观点说，都是同义语。交龙和那"同于王庭"的褒之二龙，是同一性质的东西，我们在上文已经讲过。如今又证明了腾蛇与交龙为同义语，则腾蛇与褒之二龙的关系可以不言而喻了。

3. 两头蛇 两头蛇又有种种异名。现在将传说中凡具有这种异状的蛇，都归为一类。

> 中央有枳首蛇焉。（《尔雅·释地》）
>
> 楚相孙叔敖为儿之时，见两头蛇，杀而埋之。（《论衡·福虚篇》）
>
> 今江东呼两头蛇为越王约发。（《尔雅·释地》郭璞注）
>
> 蚰蚰在其（君子国）北，各有两首。（《海外东经》）
>
> 魁（魃）二首。（《颜氏家训·勉学篇》引《庄子》佚文）
>
> 虫有魁者，一身两口。（《韩非子·说林下篇》）
>
> 方皇状如蛇，两头，五采文。（《庄子·达生篇》司马彪注）

谓之"两头"者，无论是左右两头或前后两头，不用讲，都是两蛇交尾状态的误解或曲解。这可以由参考关于两头鸟和两头兽的几种记载而得到证明。（1）鸟名鶹者两首四足，牛状的天神八足二首，均见《西山经》。神鹿一身八足两头，见《楚辞·天问》王注。鸟有两头，同时也有四足，可见原是两鸟。兽有两头，同时也有八足，可见原是两兽。（2）《公羊传》宣五年杨疏引旧说曰："双双之鸟，一身二首，尾有雌雄，常不离散。"既雌雄备具，又常不离散，其为两鸟交配之状，尤为明显。（3）两头彘名曰并封（《海外西经》），一作屏蓬（《大荒西经》）。一种名蛴虫

---

① 《庄子·天运篇》作"虫雄鸣于上风，雌鸣于下风而风化"。虫即媵之声转。媵从朕声，侵部，虫冬部，二部古音最近，故章炳麟合为一部。《韩非子·十过篇》"腾蛇伏地"，《事类赋》注十一引腾亦作虫。

的二首神所居的山，名曰"平逢之山"（《中山经》）。"并封"、"屏蓬"、"平逢"等名的本字当作"并逢"。"并"与"逢"都有合义。兽牝牡相合名曰"并逢"，犹如人男女私合曰"姘"（《苍颉篇》）。《周颂·小毖》"予其惩而毖后患，莫予荓蜂"，《毛传》曰"荓蜂，掣曳也"。荓蜂字一作甹夆。《尔雅·释训》"甹夆，掣曳也"，郭注曰"谓牵扯"。荓蜂（甹夆）亦即并逢。交合与牵掣，只是一种行为中向心与离心两种动作罢了。盛弘之《荆州记》描写武陵郡西的两头鹿为"前后有头，常以一头食，一头行"，正是"并逢"所含的"掣曳牵扯"之意的具体说明。（4）《西山经》"其鸟多鸓，……赤黑而两首四足"，"鸓"当与《月令》"累牛腾马"之"累"通，郑注训为"乘匹之名"。"乘匹"的解释，已详上文。"累"、"腾"同义，而"累"与"鸓"，"腾"与"螣"字并通，然则乘匹之鸟谓之鸓，亦犹乘匹之蛇谓之螣。以上我们由分析几种两头鸟和两头兽的名称与形状，判定了那些都是关于鸟兽的性的行为的一种歪曲记录。

两头蛇可以由此类推。我们又注意到鸓鸟与螣蛇的命名完全同义。若许由这一点再推论下去，两头鸟既名曰鸓鸟，则所谓两头蛇者莫非就是螣蛇罢！这不是不可能的，如果我们明了由交龙到螣蛇，由螣蛇到两头蛇，是传说演变过程中三个必然的步骤。

在"交龙"一词中，其龙之必为雌雄二龙，是显而易见的。"螣蛇"则不然。若非上揭《淮南子》"雄鸣于上风，雌鸣于下风"那两句话，这蛇之为雌雄二蛇，便毫无具体的对证。然而在这里，"二蛇"的含义，毕竟只是被隐瞒了，充其量，也只是对那一层消极的保持缄默。说到"两头蛇"，那便居然积极的肯定了只有一条蛇。三种名称正代表着去神话的真相愈来愈远的三种观念。然而即在讹变最甚的两头蛇传说中，有时也不免透露一点最真实的、最正确的消息。江东呼两头蛇为"越王约发"。"约发"虽不甚可解，"越王"二字所显示的身份，不与那身为"褒之二君"的二龙相垺吗？孙叔敖杀死两头蛇的故事，经过较缜密的分析，也可透露同类的消息。不过这问题太复杂，这里无法讨论。

4. 一般的二龙　古书讲到龙的故事，往往说是二龙。

帝赐之（孔甲）乘龙，河汉各二，各有雌雄。（《左传》昭二十九年）

今王（魏安釐王）四年，碧阳君之诸御产二龙。（《开元占经·人及鬼神占篇》引《纪年》）

秦犯夷，输黄龙一双。（《后汉书·南蛮传》载秦昭王与板楯蛮夷盟）

惠帝二年正月癸酉旦，有两龙见于兰陵廷东里温陵井中。（《汉书·五行志》下之上）

孔子生之夜，有二苍龙自天而下。（《伏侯古今注》）

（甘露）四年春正月，黄龙二见宁陵县界井中。（《魏志·高贵乡公传》）

孙楚上书曰："顷闻武库井中有二龙。"（《开元占经·龙鱼虫蛇占篇》

引《晋阳秋》）

　　　　谢晦家室□宅南路上有古井，以元嘉二年，汲者忽见二龙，甚分明。
　　（同上引《异苑》）
神人乘驾二龙，尤其数见不鲜。

　　　　驾两龙兮骖螭。（《九歌·河伯》）

　　　　禹平天下，二龙降之，禹御龙行域外，① 既周而还。（敦煌旧抄《瑞应
　　图》残卷引《括地图》）

　　　　大乐之野，夏后启于此舞九代，乘两龙（《海外西经》）

　　　　南方祝融，兽身人面，乘两龙。（《海外南经》）

　　　　西方蓐收，左耳有蛇，乘两龙。（《海外西经》）

　　　　北方禺强，人面鸟身，黑身手足，乘两龙。② （《海外北经》）

　　　　东方句芒，马身人面，乘两龙。（《海外东经》）

在传说里，五灵中凤麟虎龟等四灵，差不多从不听见成双的出现过，惟独龙则不然。
除非承认这里有着某种悠久的神话背景，这现象恐怕是难以解释的，与这等情形相
似的，是古器物上那些双龙（或蛇）相交型的平面的花纹，或立体的附加部分，如
提梁、耳环、纽、足等。③ 这些或为写实式的图像，或为"便化"的几何式图案，
其渊源于某种神话的"母题"，也是相当明显的。上揭《邺中记》"锦有大交龙、小
交龙"本指锦的图案而言，所以也可归入这一类。以上这些见于文字记载和造型艺
术的二龙，在应用的实际意义上，诚然多半已与原始的二龙神话失去连系，但其应
用范围之普遍与夫时间之长久，则适足以反应那神话在我们文化中所占势力之雄厚。
这神话不但是褒之二龙以及散见于古籍中的交龙、螣蛇、两头蛇等传说的共同来源，
同时它也是那人首蛇身的二皇——伏羲、女娲，和他们的化身——延维或委蛇的来
源。神话本身又是怎样来的呢？我们确信，它是荒古时代的图腾主义（Totemism）
的遗迹。

　　（三）图腾的演变

　　我们在上文时而说龙，时而又说蛇。龙蛇的关系究竟怎样？它们是一种生物呢，
还是两种？读者们心中恐怕早已在为这些问题纳闷。在解答这些问题之前，我们先
要问究竟什么是龙。是的，什么是龙，确乎是一个谜。天文房星为龙，又为马。《尚
书·中候握河纪》说："龙马衔甲……自河而出。"《论衡·龙虚篇》说："世俗画龙
之象，马头蛇尾。"可见龙确像马。龙像马，所以马往往被呼为龙。《月令》"驾苍
龙"，《尸子·君治篇》"人之言君天下者……骐骥青龙，而尧素车白马"，《吕氏春
秋·本味篇》"马之美者，青龙之匹"，《周礼·庾人》"马八尺以上为龙"，皆其

---

　　① 原缺"外"字，依《博物志》二补。
　　② 今本"黑身手足乘两龙"作"珥两青蛇践两青蛇"，此从郭注引一本改。
　　③ 参看附图。

例。龙有时又像狗。《后汉书·孔僖传》"画龙不成反类狗"，《列仙传·呼子先传》"有仙人持二茅狗来……子先与酒姬各骑其一，乃龙也"，《博物志》八引《徐偃王志》"有犬名鹄仓……临死生角而九尾，实黄龙也"，《陈书》"正元元年有黑龙如狗走宣阳门"。龙像狗，所以狗也被呼为龙。《搜神后记》九："会稽句章民张然……在都养一狗，甚快，名曰乌龙。"此外还有一种有鳞的龙像鱼，一种有翼的又像鸟，一种有角的又像鹿。至于与龙最容易相混的各种爬虫类的生物，更不必列举了。然则龙究竟是个什么东西呢？我们的答案是：它是一种图腾（Totem），并且是只存在于图腾中而不存在于生物界中的一种虚拟的生物，因为它是由许多不同的图腾糅合成的一种综合体。因部落的兼并而产生的混合的图腾，古埃及是一个最显著的例。在我们历史上，五方兽中的北方玄武本是龟蛇二兽，也是一个好例。不同的是，这些是几个图腾单位并存着，各单位的个别形态依然未变，而龙则是许多单位经过融化作用，形成了一个新的大单位，其各小单位已经是不复个别的存在罢了。前者可称为混合式的图腾，后者化合式的图腾。部落既总是强的兼并弱的，大的兼并小的，所以在混合式的图腾中总有一种主要的生物或无生物，作为它的基本的中心单位，同样的在化合式的图腾中，也必然是以一种生物或无生物的形态为其主干，而以其他若干生物或无生物的形态为附加部分。龙图腾，不拘它局部的像马也好，像狗也好，或像鱼、像鸟、像鹿都好，它的主干部分和基本形态却是蛇。这表明在当初那众图腾单位林立的时代，内中以蛇图腾为最强大，众图腾的合并与融化，便是这蛇图腾兼并与同化了许多弱小单位的结果。金文龙字（《邵钟》、《王孙钟》）和弄字（《颂鼎》、《颂殷》、《禾殷》、《秦公殷》、《陈侯因咨镈》）的偏旁皆从已，而已即蛇，① 可见龙的基调还是蛇。大概图腾未合并以前，所谓龙者只是一种大蛇，这种蛇的名字便叫作"龙"。后来有一个以这种大蛇为图腾的团族（Klan）兼并了吸收了许多别的形形色色的图腾团族，大蛇这才接受了兽类的四脚，马的头，鬣的尾，鹿的角，狗的爪，鱼的鳞和须……于是便成为我们现在所知道的龙了。这样看来，龙与蛇实在可分而又不可分。说是一种东西，它们的形状看来相差很远，说是两种，龙的基调还是蛇。并且既称之为龙，就已经承认了它是蛇类，因为上文已经说过，"龙"在最初本是一种大蛇的名字。总之，蛇与龙二名从来就纠缠不清，所以我们在引用古书中关于龙蛇的传说时，就无法，也不必将它们分清。甚至正因其分不清，这问题对于我们，才特别有意义。不错，惟其龙蛇分不清，我们才更能确定龙是古代图腾社会的遗迹，因为我们知道，图腾的合并，是图腾式的社会发展必循的途径。

图腾有动物，有植物，也有无生物，但最习见的还是动物。同一图腾的分子都自认为这图腾的子孙。如果图腾是一种动物，他们就认定那动物为他们的祖先，于是他们自己全团族的男男女女、老老少少也都是那种动物了。在中国的落后民族中，

---

① 王充、郑玄、许慎都以已为蛇，不误。不但古字&象蛇形，上古声母已（＊dz-）蛇（＊dé-）亦相近。

曾奉狗为图腾的瑶族，如今还很鲜明的保存着这种意识。陆次云《峒溪纤志》说他们"岁首祭盘瓠，揉鱼肉于木槽，扣槽群号以为礼"。刘锡蕃《岭表纪蛮》也说："狗王惟狗瑶祀之。每值正朔，家人负狗环行炉灶三匝，然后举家男女向狗膜拜。是日就餐，必扣槽蹲地而食，以为尽礼。"这种风俗与现代世界各处的图腾团族举行舞会，装扮并摹仿其图腾的特性与动作，是同样性质的。我国古代所谓"禹步"的一种独脚跳舞，本是仿效蛇跳，也属于这类。他们之所以要这样做，确有其绝对的实际作用。凡图腾都是那一图腾团族的老祖宗，也是他们的监护神和防卫者，它给他们供给食物、驱除灾祸，给他们降示预言以指导他们趋吉辟凶。如果它是一种毒虫或猛兽，那更好，因为那样它更能为儿孙们尽防卫之责。每个老祖宗当然知道谁是它的儿孙，认识他们的相貌和声音。但儿孙太多时，老祖宗一时疏忽，认错了人，那是谁也不能担保的。所以为保证老祖宗的注意，儿孙们最好是不时在老祖宗面前演习他们本图腾的特殊姿态、动作与声调，以便提醒老祖宗的记忆。这便是前面所讲的瑶族祭狗王时"扣槽群号"而食和"禹步"的目的。另一种保证老祖宗注意的方法，是经常的在装饰上表现着本图腾的特殊形相，以便老祖宗随时随地见面就认识。代表这一种手段的实例，便是我们马上就要讨论的龙图腾的"断发文身"的风俗。

"阿玛巴人（Omabas）的'龟'部族，把头发剪成和龟的甲壳同样的形式，在四边分成六条小辫，代表龟的四足与头尾。小鸟的部族，则在额上梳成鸟的喙，有的又在脑后留小辫，以代表鸟的尾，在两耳上梳成两簇头发，以代表鸟的两翼。有的更在身上刺画种种花纹，力求与其图腾的形态相类似。"（胡愈之译《图腾主义》第三〇页）在我国古代，有几个著名的修剪头发（断发）、刺画身体（文身）的民族，其装饰的目的则在摹拟龙的形状。

　　九疑之南，陆事寡而水事众，于是民人剿[1]发文身，以像鳞虫。(《淮南子·原道篇》。高诱注曰："文身，刻画其体，内墨其中，为蛟龙之状。以入水，蛟龙不害也，故曰以像鳞虫也。")

　　诸发曰："彼越……处海垂之际，屏外蕃以为居，而蛟龙又与我争焉。是以剪发文身，烂然成章，以像龙子者，将避水神也。"(《说苑·奉使篇》)

　　（粤人）文身断发，以避蛟龙之害。(《汉书·地理志下》)

　　越人以箴刺皮为龙文，所以为尊荣之也。(《淮南子·泰族篇》许慎注)

　　（越人）常在水中，故断其发，文其身，以象龙子。故不见伤害也。(《汉书·地理志下》应劭注)

　　（哀牢）种人皆刻画其身，像龙文。(《后汉书·西南夷传》)

---

　　① "剿"原误作"被"，从王引之校改。

《淮南子》、《说苑》和班固、高诱、应劭等一致都认为文身的动机是要避蛟龙之害。内中《说苑》所载越人诸发的故事又见于《韩诗外传》八（《外传》里"诸发"作"廉稽"），《韩诗外传》和《说苑》都是典型的抄撮古书的书，这故事必出自先秦古籍。避害之说可能就是实行文身的越人自己的解释，所以这点材料特别宝贵，我们得将它仔细分析一下。为什么装扮得像龙，就不为蛟龙所害呢？人所伪装的龙，其像真龙能像到什么程度？龙果真那样容易被骗吗？并且水里可以伤害人的东西，不见得只有龙一种。越人纵然"常在水中"，也不能一辈子不登陆，对陆上害人的虎豹之类，何以又毫无戒心呢？然则断发文身似乎还当有一层更曲折、更深远的意义。龙之不加害于越人，恐怕不是受了越人化装的蒙蔽，而是它甘心情愿如此。越人之化装，也不是存心欺骗，而是一种虔诚心情的表现。换言之，"断发文身"是一种图腾主义的原始宗教行为。（图腾崇拜依然是一种幼稚的宗教。）他们断发文身以像龙，是因为龙是他们的图腾。换言之，因为相信自己为"龙种"，赋有"龙性"，他们才断发文身以像"龙形"。诸发所谓"以像龙子"者，本意是说实质是"龙子"，所差的只是形貌不大像，所以要"断其发，文其身"以像之。既然"断发文身"只是完成形式的一种手续，严格说来，那件事就并不太重要。如果一个人本非"龙子"，即使断发文身，还是不能避害的。反之，一个人本是"龙子"，即使不断发，不文身，龙也不致伤害他。不过这是纯理论的说法。实际上，还是把"龙子"的身份明白的披露出来妥当点，理由上文已经说过。还有龙既是他们的图腾，而他们又确信图腾便是他们的祖宗，何以他们又那样担心蛟龙害他们呢？世间岂有祖宗会伤害自己的儿孙的道理？讲到这里，我们又疑心断发文身的目的，固然是避免祖宗本人误加伤害，同时恐怕也是给祖宗便于保护，以免被旁人伤害。最初，后一种意义也许比前一种还重要些。以上所批评的一种"断发文身"的解释，可称为"避害说"。这样还不能完全说明断发文身的真实动机和起源，但其中所显示的图腾崇拜的背景却是清清楚楚的。例如说"常在水中"，"蛟龙又与我争焉"，等于说自己是水居的生物。说"龙子"更坦白的承认了是"龙的儿子"。说"将避水神"，也可见那龙不是寻常的生物，而是有神性的东西。

至于许慎所谓"刺皮为龙文，所以为尊荣之也"，可称为"尊荣说"。这一说似乎与图腾无关，其实不然。就现代人观点看来，人决不以像爬虫为尊荣。这完全是图腾主义的心理。图腾既是祖宗，又是神，人那有比像祖宗、像神更值得骄傲的事呢！龙之所以有资格被奉为图腾，当然有个先决条件。一定是先假定了龙有一种广大无边的超自然的法力，即所谓"魔那"（Manna）者，然后才肯奉它为图腾，崇拜它、信任它、皈依它，把整个身体和心灵都交付给它。如果有方法使自己也变得和它一样，那岂不更妙？在这里，巫术——模拟巫术便是野蛮人的如意算盘。"断其发，文其身"——人一像龙，人便是龙了。人是龙，当然也有龙的法力或"魔那"，这一来，一个人便不待老祖宗的呵护，而自然没有谁敢伤害，能伤害他了。依"避害说"的观点，是一个人要老祖宗相信他是龙；依"尊荣说"的观点，是要他自己相信自己是龙。前者如果是"欺人"，后者便是"自欺"了。"自欺"果然成功了，那成就便太大了。从此一个人不但不怕灾害的袭击，因而有了"安全感"，并且也因自尊心之满足而有了"尊荣感"了。人从此可以神自居了！《桂海虞衡志·志蛮篇》曰："女及笄，即黥颊为细花纹，谓之绣面女。既黥，集亲客相庆贺。惟婢获则不刺面。"这也是"尊荣说"的一个实例。

先假定龙是自己的祖宗，自己便是"龙子"，是"龙子"便赋有"龙性"，等装扮成"龙形"，愈看愈像龙，愈想愈是龙，于是自己果然是龙了。这样一步步的推论下来，可称为"人的拟兽化"，正是典型的图腾主义的心理。这是第一个阶段，从第一阶段到第二阶段，便是从图腾变为始祖。杜尔干（Durkheim）说"始祖之名仍然是一种图腾"（宗教生活的初级形式），是对的。上文所讨论的人首蛇身神，正代表图腾开始蜕变为始祖的一种形态。我们疑心创造人首蛇身型的始祖的蓝本，便是断发文身的野蛮人自身。当初人要据图腾的模样来改造自己，那是我们所谓"人的拟兽化"。但在那拟兽化的企图中，实际上他只能做到人首蛇身的半人半兽的地步。因为身上可以加文饰，尽量的使其像龙，头上的发剪短了，也多少有点帮助，面部却无法改变，这样结果不正是人首蛇身吗？如今智识进步，根据"同类产生同类"的原则，与自身同型的始祖观念产生了，便按自己的模样来拟想始祖，自己的模样既是半人半兽，当然始祖也是半人半兽了。这样由全的兽型图腾蜕变为半人半兽型的始祖，可称为"兽的拟人化"。这是第二个阶段。在这阶段中，大概文身的习俗还存在，否则也离那习俗被废弃时不久。等到文身的习俗完全绝迹，甚至连记忆也淡薄了，始祖的模样便也变作全人型的了。这是第三个阶段。

当然每一新阶段产生之后，前一阶段的观念并不完全死去。几个观念并存时，不免感觉矛盾，矛盾总是要设法调解的。调解的方式很多，这里只举一种较为巧妙的例。传说中禹本是龙（详下）。《天问》："应龙何画？河海何历？"王注曰："禹治洪水时，有神龙以尾画地，导水所注当决者，因而治之。"这里画地成河的龙实即禹自己，能画地成河就是禹疏凿江河。图腾的龙禹，与始祖的人禹并存而矛盾了，于是便派龙为禹的老师，说禹治水的方法是从龙学来的。洪水故事22说洪水退后，只剩姊弟二人。弟弟见蜥蜴交尾，告诉姊姊，二人便结为夫妇。后生双胎，即现代人类的始祖。这里交尾的蜥蜴实即姊弟二人。故事的产生，也为着调解图腾的蜥蜴与始祖的姊弟二说。这故事的格式与禹学龙治水正是同一类型。

图腾与"沓布"（taboo）是不能分离的。文献中关于龙蛇的传说与故事，可以"沓布"来解释的着实不少，如上文所引齐桓公见委蛇与孙叔敖杀两头蛇二故事都是。但是谈到沓布，似乎得另起端绪，而且说来话长，非本文篇幅所许，所以只好留待以后再讨论了。

（四）龙图腾的优势地位

假如我们承认中国古代有过图腾主义的社会形式，当时图腾团族必然很多，多到不计其数。我们已说过，现在所谓龙便是因原始的龙（一种蛇）图腾兼并了许多旁的图腾，而形成的一种综合式的虚构的生物。这综合式的龙图腾团族所包括的单位，大概就是古代所谓"诸夏"，和至少与他们同姓的若干夷狄。他们起初都在黄河流域的上游，即古代中原的西部，后来也许因受东方一个以鸟为图腾的商民族的压迫，一部分向北迁徙的，即后来的匈奴，一部分向南迁移的，即周初南方荆楚吴越各蛮族，现在的苗族即其一部分的后裔。留在原地的一部分，虽一度被商人征服，政治势力暂时衰落，但其文化势力不但始终屹然未动，并且做了我国四千年文化的核心。东方商民族对我国古代文化的贡献虽大，但我们的文化究以龙图腾团族（下简称龙族）的诸夏为基础。龙族的诸夏文化才是我们真正的本位文化，所以数千年来我们自称为"华夏"，历代帝王都说是龙的化身，而以龙为其符应，他们的旗章、宫室、舆服、器用，一切都刻画着龙文。总之，龙是我们立国的象征。直到民国成立，随着帝制的消亡，这观念才被放弃。然而说放弃，实地里并未放弃。正如政体是民主代替了君主，从前作为帝王象征的龙，现在变为每个中国人的象征了。也许这现象我们并不自觉。但一出国门，假如你有意要强调你的生活的"中国风"，你必多用龙文的图案来点缀你的服饰和室内陈设。那时你简直以一个旧日的帝王自居了。

现在，我们仍旧回到历史。究竟哪些古代民族或民族英雄是属于龙族的呢？风姓的伏羲氏，和古代有着人首蛇身神，近年奉伏羲、女娲为傩公傩母的苗族，不用讲了。与夏同姓的褒国，其先君二龙的故事，我们也引过，这也不成问题。越人"断发文身以像龙子"，又相传为禹后（详后），则与褒同出一源，其为龙族，也不用怀疑。此外还有几个龙图腾的大团族，可以考见的，分述之如下。

1. 夏

夏为龙族，可用下列七事来证明。（1）传说禹自身是龙。《海内经》注引《归藏·启筮篇》"鲧死，三岁不腐，剖之以吴刀，化为黄龙"，《初学记》二二、《路史·后纪》注一二并引末句作"是用出禹"。禹是龙，所以《列子·黄帝篇》说夏后氏也是"蛇身人面"。应龙画地成河实即禹疏凿江河，说已详上。（2）传说多言夏后氏有龙瑞。《史记·封禅书》："夏得木德，青龙止于郊。"《尚书·大传》描写禹受禅时的情形说"于是八风循①通，庆云丛聚，蟠龙奋迅于其藏，蛟鱼踊跃于其渊，龟鳖咸出于其穴，迁虞而事夏。"（这大概就是后来的鱼龙漫衍之戏。）龙是水族之长，所以龙王受禅，蛟鱼龟鳖之属都那样欣欢鼓舞。（3）夏人的器物多以龙为饰。《礼记·明堂位》"有虞氏之旂，夏后氏之绥"，郑注谓"有虞氏当言绥，夏后氏当言旂"，甚确。《周礼·司常》："交龙为旂。"《明堂位》又曰："夏后氏以龙勺"，"夏后氏之龙簨虡"。要晓得原始人器物上的装潢，往往是实用的图腾标记，并无纯粹的审美意义。（4）传说夏后氏诸王多乘龙。《括地图》说禹乘二龙，引见上文。《大荒西经》注引《归藏·郑母经》曰："夏后启筮御飞龙登于天。"《海外

---

① "循"原误作"修"。

西经》、《大荒西经》都说启乘两龙，《左传》说帝赐孔甲乘龙，亦均见上文。（5）夏人的姓和禹的名，其字都与龙有关。刘师培《姒姓释》说"姒"、"巳"同文，姒姓即巳姓（《左盦集》五）。实则"巳"、"蛇"古同字，金文龙字多从"巳"，已详上文。"禹"字从"虫"，"虫"与"虫"同。"虫"在《卜辞》里又与"巳"同字，并即虺蛇等字所从出。再则"巳"向来读如"辰巳"之巳，其实现在的"辰巳"之巳字，在金甲文里是"已然"之已字。"已然"之"已"与"禹"双声。声近则义近，所以禹、已都是蛇名。（6）禹的后裔多属龙族。《史记·夏本纪》曰："禹为姒姓，其后分封，用国为姓……有褒氏……"《越世家》曰："越王句践，其先禹之苗裔，而夏后帝少康之庶子也。封于会稽，以奉守禹之祀。"褒、越都是龙族，已详上文。又《匈奴列传》曰："匈奴，其先祖夏后氏之苗裔也。"匈奴也是龙族，详下。（7）禹与伏羲同姓。禹妻涂山氏，《史记·夏本纪》索隐引《世本》曰："涂山氏名女娲。"《淮南子·览冥篇》有女娲"积芦灰以止淫水"之语，而《墉城集仙录》述涂山氏助禹治水之事甚详。看来，《世本》的"娲"字未必是传本之误，当初或许真有此一说。上文节引过《拾遗记》里禹遇伏羲的故事，其详情如下：

> 禹凿龙关之山——亦谓之龙门——至一空岩，深数十里，幽暗不可复行。禹乃负火而进……见一神，蛇身人面。禹因与语。神即示禹八卦之图，列于金版之上。又有八神侍侧。禹曰："华胥生圣子，是汝耶？"答曰："华胥是九河神女，以生余也。"乃探玉简授禹，长一尺二寸，以合十二时之度，使量度天地。禹即持执此简，以平定水土。蛇身之神即羲皇也。

据此，则禹平水土的方略乃是九河神女华胥的儿子——伏羲传授的。《封禅书》以夏为木德，有青龙之瑞（详上），木德青龙都是伏羲，所以《礼稽命征》曰："禹建寅，宗伏羲。"（《开元占经·龙鱼虫蛇占篇》引）禹与伏羲、涂山氏与女娲的结合，或许因为两方都出于龙图腾吧？《史记》分明说褒国是禹后，而《潜夫论》又说是伏羲之后。褒国的"褒"本一作"庖"。（《春秋世族谱》，又《路史·国名纪》丁引《盟会图》一作"苞"。）《路史后纪》一注引《潜夫论》曰"太昊之后有庖国，姒姓"，《国名纪》甲注又引曰"夏封伏羲之后"。《潜夫论》所谓庖国即褒国，毫无问题。但伏羲本是风姓，以"夏封伏羲之后"来解释伏羲之后所以为姒姓，实在牵强得很。其实姒与风本是一姓，禹与伏羲原是一家人。姒姓即巳姓，已详上文。"风"字从"虫"，"虫"与"巳"在卜辞里是一字。原来古人说"风姓"或"巳姓"，译成今语，都是"蛇生的"。（"生"、"姓"古今字）这里有一个重要的观念，非辨清楚不可。古代所谓姓，其功用只在说明一个人的来历，略等于后世的谱系，有必要时才提到它，并不像现在一开口喊人，就非"王先生"、"李先生"不可。既然不是常在口头上用的一种称谓，便只要意义对就行，字音毫无关系。譬如我说某人是蛇生的，你说他是长虫生的，我们并不冲突，在第三者听来也决不会发生任何误会。总之，风与巳（姒）是同义字，伏羲与禹是同姓，所以庖国是姒姓，也是风姓，是禹后，也是伏羲之后了。所谓同姓实即同图腾，知道伏羲的图腾是龙，则禹的图腾是什么也就解决了。

2. 共工

相传共工也是人面蛇身，其证如下：

> 共工人面蛇身朱发。（《大荒西经》注引《归藏·启筮篇》）
>
> 共工，天神，人面蛇身。（《淮南子·地形篇》高注）
>
> 西北荒有人焉，人面朱鬃（发），蛇身人手足，而食五谷。禽兽顽愚，
> 名曰共工。（《神异经》）

此外又有三个旁证。（1）共工氏之子曰句龙。《左传》昭二十九年蔡墨曰："共工氏有子曰句龙，为后土。"（2）共工氏之臣人面蛇身。《海外北经》曰："共工之臣曰相柳氏……九首人面蛇身而青。"《大荒北经》曰："共工臣名曰相繇，九首蛇身自环。"郭璞说相繇即相柳。《广雅·释地》曰："北方有民焉，九首蛇身，其名曰相繇。"（3）共工即雄䳒。《天问》"康回冯怒，地何①以东南倾"，王注曰："康回，共工名也。""康"与"庸"俱从"庚"声，古字通用，故《史记·楚世家》"熊渠……乃立其长子康为句亶王"。索隐引《世本》"康"作庸，《秦诅楚文》"今楚王熊相，康回无道"，董逌释作"庸回"。《天问》之"康回"即《尧典》之"庸违"。不过《尧典》那一整段文字似乎从未被读懂过。原文如下：

> 帝曰："咨畴②若予采。"
>
> 骓兜曰："都！共工方鸠僝（桥）功。"
>
> 帝曰："吁！静言庸违（回），象（潒）恭（洪）滔天。"帝曰："咨四岳。汤汤洪水方割（害），③怀山襄（囊）陵，浩浩滔天。下民其咨，有能俾乂？"
>
> 佥曰："於！鲧哉。"

《周语》下灵王太子晋说："昔共工氏……壅防百川，堕高堙庳，以害天下，皇天弗福，庶民弗助，祸乱并兴，共工用灭。其在有虞，有崇伯鲧，播其淫心，称遂共工之过。"《尧典》的话完全可与《周语》相印证。"僝"当读为桥，《说文》曰："以柴木壅水也。""方鸠桥功"即《周语》之"壅防百川"。④"象"是"潒"之省，"潒"即"荡"字。"恭"当从"水"作"洚"，即"洪"之别体。"滔天"即下文之"浩浩滔天"，指洪水。"潒洪滔天"即《淮南子·本经篇》所谓"共工振滔洪水，以薄空桑"，《周语》之"害天下"亦指此而言。⑤"庸违"当从《左传》文十八年、《论衡·恢国篇》、《潜夫论·明暗篇》、《吴志·陆抗传》作"庸回"。但自

---

① "何"下原衍"故"字，从《御览》三六，《事类赋注》四引删。

② "咨畴"二字原倒，从段玉裁乙正。

③ "怀"上原衍"荡荡"二字，从臧琳删。

④ 《广雅·释器》："湴，涔，桥也。"《天问》问鲧事曰："佥曰可（原误何）忧，何不课而行之？"忧即湴字。共工壅水曰桥，鲧壅水曰湴，桥湴字异而义同，可以互证。

⑤ 徐文靖已疑"滔天"即下文之"浩浩滔天"，但仍未解"象恭"二字。

《左传》以来，都将"庸回"解为"用邪"，《史记·五帝本纪》也译为"用僻"，实在是大错。（向来解释下句"象恭滔天"的各种说法，也极可笑。）实则"庸回"是"潝洪滔天"的主词，正如"共工"是"方鸠僝功"的主词，庸回与共工是一个人。《天问·招魂》都有"雄虺九首"之语，郝懿行说就是《山海经》"九首蛇身"的相柳，很对。其实共工之臣与共工还是一样，相柳九首，共工也可以九首。"雄虺"与"庸回"声近，"雄虺九首"就是共工。共工人面蛇身，所以又称雄虺。"庸回"是"雄虺"的声假字，"康回"则"庸回"的异文。

3. 祝融

据《郑语》，祝融之后八姓，《世本》（《史记·楚世家》索隐引）及《大戴礼记·帝系姓篇》，均作六姓。据《郑语》韦昭注，八姓又可归并为五姓。现在对照各说，列表如下：

郑语	世本	帝系姓	楚世家	韦注
巳（昆、吾、苏、顾、温、董）	樊（是为昆吾）	樊（是为昆吾）	昆吾	巳（董为巳之别封）
董（鬷夷、豢龙）				
彭（彭祖、豕韦、诸稽）	篯铿（是为彭祖）	篯（是为彭祖）	彭祖	彭（秃为彭之别封）
秃（舟人）				
妘（邬、郐、路、偪阳）	求言（是为郐人）	莱言（是为云郐人）	会人	妘
曹（邹、莒）	安（是为曹姓）	安（是为曹姓）	曹姓	曹（斟为曹之别封）
斟（无后）	惠连（是为参胡——宋忠注云斟姓）	惠连（是为参胡）	参胡	
芈（夔、越、蛮、芈、荆）	季连（是为芈姓）	季连（是为芈姓）	季连	芈

巳姓是龙族（详上），所以巳的别封董姓中有豢龙氏。芈姓的越也是龙族（亦详上），而夔也有说是龙类的，《说文》曰："夔，神魖也，如龙一足。从夂。象有角手人面之形。"《文选·东京赋》薛综注曰："夔，木石之怪。如龙有角，鳞甲光如日月。见则其邑大旱。"小篆"夔"亦从"巳"，与金文"龙"从"巳"同意，所以《尚书》夔龙通称。芈姓又有蛮芈，而荆本在荆蛮。其实古代南方诸族都称蛮，所以夔越也还是蛮。芈姓四支都是蛮，"芈"也许就是"蛮"之声转。"蛮"字从"虫"，《说文》曰"南蛮蛇种"，尤为芈姓是龙族的确证。巳芈二姓都是龙族，而都出于祝融，则祝融可能也是龙子。"融"字从"虫"，本义当是一种蛇的名字。《东山经》曰：

> 独山涂末之水，东南流注于沔。其中多儵蟯，其状如黄蛇，鱼翼，出
> 入有光。见则其邑大旱。

"儵蟯"郭注曰"条容二音"。金文《邾公钘钟》"陆蟜之孙邾公钘"，王国维说"陆蟜"即"陆终"，（《观堂集林》一八《邾公钟跋》），郭沫若说亦即"祝融"（《金文丛考·金文所无考》）。两说都对。其实"章"、"享"古同字，"蟜"亦可释"蟓"。《庄子·外物篇》"墮蟓不得成"，司马彪注曰："'墮蟓'读曰'仲融'。"蟓读曰融，是陆蟜即祝融的佳证。但是"蟓"所从的"章"又是古文"墉"字，所以"章"又可释为"墉"，而"祝"、"儵"声亦近，"陆蟜""祝融"实在都是《山海经》的"儵蟯"。《郑语》史伯曰："夫黎为高辛氏火正，以淳（焞）耀敦大天明地德，光照四海，故命之曰'祝融'。"又曰："祝融亦能昭显天地之光明。""光照四海"与"出入有光"合，火正与"见则其邑大旱"合，祝融即儵蟯，是没有问题的。祝融即儵蟯，儵蟯"见则其邑大旱"，夔是祝融之后，所以也是"见则其邑大旱"。祝融是一条火龙，所以又与火山黏合而成为火山的神。

> 西北海之外，赤水之北，有章尾（烓）山。有神，人面蛇身而赤，身长千里。[①] 直目正乘，其瞑乃晦，其视乃明。不食，不寝，不息。风雨是谒。是烛九阴，是谓烛龙。（《大荒北经》）

> 钟山之神，名曰烛阴，视为昼，瞑为夜，吹为冬，呼为夏。不饮不食，不息，息为风。身长千里。……其为物，人面蛇身，赤色，居钟山下。（《海外北经》）

> 烛龙在雁门北，蔽于委羽之山，不见日。其神人面龙身而无足。（《淮南子·地形篇》）

烛龙即祝融，杨宽已讲过（《中国上古史导论》——《古史辨》第七册上编），那是对的，但说是日神，却不然。《淮南子》分明说"不见日"。"钟"、"章"一声之转。（《汉书·广川惠王越传》"尊章"注曰："今关中妇呼舅为钟，钟者章声之转。"）"尾"当读为"烓"，《说文》："烓，火也。"《洞冥记》曰："东方朔北游钟

---

① "身长千里"原误作注文四字，从《类聚》七九、《楚辞补注》一〇引补。

火山，日月不照，有青龙衔烛，照山四极。"章㞕山即钟火山，钟山又是钟火山之省。上揭各书所描写的情形，显然都是由火山的性能傅会出来的。但说钟山之神烛龙即祝融，确乎可信。《周语》上内史过曰："昔夏之兴也，融降于崇山。"融即祝融，崇山即钟山，韦昭说是阳城附近的崇（嵩）高山，恐怕不对。《西次三经》又说：

> 钟山（之神）其子曰鼓，其状如人面而龙身。是与钦鹍杀葆江于昆仑之阳。帝乃戮之钟山之东曰瑶崖。钦鹍化为大鹗。其状如雕而黑文，白首赤喙而虎爪，其音如晨鹄。见则有大兵。鼓亦化为骏鸟，其状如鸱，赤足而直喙，黄文而白首，其音如鹄。见即其邑大旱。

钟山本在北方，祝融是颛顼的孙子，颛顼是北方之神，所以祝融本当在北方。钟山之神烛龙的儿子——鼓化为骏鸟，大概即祝融的后裔迁到南方，征服了南方的淮夷而占其地的故事。淮夷是鸟图腾的团族，帝俊之后，所以说"化为骏鸟。"帝俊即帝喾。《郑语》曰："黎为高辛氏火正。"《楚世家》曰："重黎为帝喾高辛氏居火正，甚有功，能光融天下，帝喾命曰祝融。"大概是同一故事的另一种传说。鼓"见则其邑大旱"，与修蟜的传说相同。修蟜即祝融，鼓是祝融之子，所以传说相同。楚的始祖祝融是赤龙，汉高祖是楚人，所以也是赤龙或赤蛇之精。祝融之子是龙化为鸟，又和《春秋握诚图》所记"刘媪梦赤鸟如龙戏己，生执嘉"（《史记·高祖本纪正义》引）的传说相合。

4. 黄帝

黄帝是龙的问题很简单。

> 轩辕之国……人面蛇身，尾交首上。（《海外西经》）
>
> 轩辕黄龙体。（《史记·天官书》）
>
> 中央土也，其帝黄帝，其佐后土……其兽黄龙。（《淮南子·天文篇》）
>
> 黄帝得土德，黄龙地螾见。（《史记·封禅书》）
>
> 黄帝将亡，则黄龙坠。（《开元占经·龙鱼虫蛇占篇》引《春秋合诚图》）

现在只举黄帝后十二姓中的僖巳二姓为例，来证明黄帝的别姓也是龙族。（1）《晋语》四司空季子曰："凡黄帝之子二十五宗，其得姓者十四人，为十二姓：姬、酉、祁、巳、滕、箴、任、荀、僖、姞、儇、依是也。"旧音曰："僖或为釐。"《潜夫论·志氏姓篇》亦作釐。《鲁语》下仲尼曰："（防风）汪芒氏之君也，守封嵎之山者也，为漆姓。在虞、夏、商为汪芒氏，于周为长狄，今为大人。"《史记·孔子世家》"漆"作"釐"（《说苑·辨物篇》同），索隐曰："釐音僖。"王引之说"漆"为"来"之误，"来"与"釐"通（《经义述闻》二〇），甚确。据孔子说，防风氏春秋时为"大人"，《大荒北经》曰"有大人之国，釐姓"，这是王说很好的证据。王氏又据《晋语》黄帝之后有僖姓，即釐姓，来证明防风氏是黄帝之后，这说也确。《博物志》二曰："大人国，其人……能乘云而不能走，盖龙类。"《大荒东经》

注引《河图玉版》曰："从昆仑山以北九万里，得龙伯国，人长三十丈。"《初学记》一九引《河图龙鱼》作"长三丈"。《列子·汤问篇》曰："龙伯之国有大人，举足不盈步而暨五山之所，一钓而连六鳌。"龙伯国即大人国，大人国是"龙类"，所以又名龙伯国。黄帝是龙，大人国是黄帝之后，所以也是龙类。（2）黄帝十二姓中也有巳姓，巳是龙（见上）。黄帝之后的巳姓与祝融之后的巳姓，从图腾的立场看来，还是一姓，因为黄帝祝融都是龙。

5. 匈奴

匈奴的龙图腾的遗迹，可以下列各点来证明。（1）每年祭龙三次，名曰"龙祠"。《后汉书·南匈奴传》："匈奴岁有三龙祠。常以正月、五月、九月戊日祭天神。"（2）举行龙祠时，首领们会议国家大事，名曰"龙会"。《南匈奴传》又曰："单于每龙会议事（左贤王），师子辄称病不往。"（3）祭龙的地方名曰"龙城"或"龙庭"。《史记·匈奴传》"五月大会龙城，祭其先、天地、鬼神"（龙城《汉书》作"龙庭"），索隐引崔浩曰："西方胡皆事龙神，故名大会处为龙城。"《文选》班固《封燕然山铭》"蹑冒顿之区落，焚老上之龙庭"，注曰："龙庭，单于祭天所也。"（4）习俗有"龙忌"。《淮南子·要略篇》"操合开塞，各有龙忌"，许注曰："中国以鬼神之事曰忌，北胡南越皆谓'请龙'。"《后汉书·周举传》："太原旧俗，以介子推焚骸，有龙忌之禁。至其亡月，咸言神灵不乐举火，由是士民每冬中辄一月寒食，莫敢烟爨。"晋染胡俗最深，故也有龙忌。《墨子·贵义篇》："子墨子北之齐，遇日者。日者曰：'帝以今日杀黑龙于北方，而先生之色黑，不可以北。'子墨子不听，遂北至淄水，不遂而反焉。日者曰：'我谓先生不可以北。'子墨子曰：'南之人不得北，北之人不得南，其色有黑者，有白者，何故皆不遂也？且帝以甲乙杀青龙于东方，以丙丁杀赤龙于南方，以庚辛杀白龙于西方，以壬癸杀黑龙于北方，若用子之言，则是禁天下之行者也。'"这大概也是龙忌。刘盼遂说墨翟是北狄种，这里所讲的是匈奴风俗。（《燕京新闻》民国二十七年十一月十八日）（5）自认为龙类。《晏子春秋·谏》下篇曰："维翟（狄）人与龙蛇比。"《吕氏春秋·介立篇》："晋文公反，介子推不肯受赏，自为赋诗曰：'有龙于飞，周遍天下，五蛇从之，为之丞辅。龙反其乡，得其处所，四蛇从之，得其露雨。一蛇羞之，槁死中野。'悬书公门而伏于山下。"称君为龙，臣为蛇，也是胡俗，即所谓"维翟人与龙蛇比"（互参上条）。（6）人面龙身。《开元占经·客星占六篇》引郗萌曰："客星舍匈奴星，人面龙身留十余日不去。胡人内相贼，国家兵起，边人来降。"

由上观之，古代几个主要的华夏和夷狄民族，差不多都是龙图腾的团族，龙在我们历史与文化中的意义，真是太重大了。关于龙可说的话，还多得很，因为限于篇幅，我们只能将《山海经》里所见的人面蛇身或龙身的神（包括上文已讨论的和未讨论的），列一总表于下，以结束本文。请注意表中各神的方位分布。

中	《中山经》（次十）	首山至丙山诸神	皆龙身人面
南	《南三经》（次三）	天吴之山至南禺之山诸神	皆龙身而人面
	《海内经》（南方）	延维	人首蛇身
西	《西三经》（次三）	鼓	人面龙身
	《海外西经》	轩辕	人面蛇身尾交首上
北	《北山经》 （首）	单狐之山至隄山诸神	皆人面蛇身
	（次二）	管涔之山至敦题之山诸神	皆蛇身人面
	《海外北经》又《大荒北经》	烛龙（烛阴）	人面蛇身赤色
		相柳（相繇）	九首人面蛇身自环色青
	《海内北经》	贰负①	人面蛇身
东	《海内东经》	雷神	龙身而人头

民国三十年，十一月，十五日，昆明。

三、战争与洪水

我们分析多数的洪水遗民故事，发现其中心母题总不外：（1）兄妹之父与雷公斗争；（2）雷公发洪水；（3）全人类中惟兄妹二人得救；（4）二人结为夫妇；（5）遗传人类。这些又可归纳为二个主要原素。洪水不过是一种战略或战祸的顶点，所以（1）、（2）可归并为 A 战争。兄妹配婚与遗传人类是祖宗崇拜的推源故事，所以（4）、（5）可归并为 B 宗教。（3）兄妹从洪水中得救，是 A 与 B 间的连锁。这两个原素恰恰与那说明古代社会的名言"国之大事，在祀与戎"的原则相合。关于 B 项，即祖宗崇拜的宗教，上节已讲得很多了。在本节我们要专门讨论属于 A 项的战争故事了。

我们若要在汉籍中寻找这故事的痕迹，洪水是个好线索。《淮南子·览冥篇》曰：

> ……然犹未及虙羲氏之道也。往古之时，四极废，九州裂，天不兼覆，地不周载，火爁炎而不灭，水浩洋而不消，猛兽食颛民，鸷鸟攫老弱。于是女娲炼五色石以补苍天，断鳌足以立四极，杀黑龙以济冀州，积芦灰以止淫水。苍天补，四极正，淫水涸，冀州平，狡虫死，颛民生。

这故事与共工有关，可以由下列几点证明。（1）黑龙即共工，详上文论句龙。（2）"四极废，九州裂，天不兼覆，地不周载"，即所谓"天倾西北，地倾东南"，其事据《楚辞》、《淮南子》，乃是共工触山的结果。《楚辞·天问》曰："康回冯怒，地

---

① 《海内西经》"窫窳者，蛇身人面贰负臣所杀也"，此"蛇身人面"四字形容贰负非形容窫窳。《北山经》说窫窳"如牛而赤身人面马足"，《海内南经》说它"龙首"，《尔雅·释兽》作猰貐，说是"似㺉虎爪"，可见窫窳不是蛇身。

何以东南倾?"王注曰:"康回,共工名也。"《淮南子·原道篇》曰:"昔共工之力触不周之山,使地东南倾。"《天文篇》曰:"昔者共工与颛顼争为帝,怒而触不周之山,天维绝,地柱折,天倾西北,故日月星辰移焉,地倾东南,故水潦尘埃归焉。"(3)所谓"淫水"即洪水,相传为共工所致。《书·尧典》曰:"静言庸违,象(像)恭(洪)滔天。"庸违《论衡·恢国篇》、《潜夫论·明暗篇》作庸回,即《天问》之康回,亦即共工。"像(同荡)洪滔天"即《淮南子·本经篇》所谓"共工振滔洪水"。又《周语》下曰:"昔共工氏……壅防百川,堕高堙庳,以害天下。"《荀子·成相篇》曰:"禹有功,抑下鸿(洪),辟除民害逐共工。"《史记·律书》曰:"颛顼有共工之阵以平水土。"都暗示洪水与共工有关。《补史记·三皇本纪》直说女娲收拾的残局是共工造成的。

> 当其(女娲)末年也,诸侯有共工氏,任智刑以强霸而不王,以水乘木,乃与祝融战。不胜而怒,乃头触不周山崩,天柱折,地维缺。女娲乃炼五色石以补天,断鳌足以立四极,聚芦灰以止滔水,以济冀州。于是地平天成,不改旧物。

《路史·后纪》二并说共工是女娲灭的:

> 太昊氏衰,共工惟始作乱,振滔洪水,以祸天下。残天纲,绝地纪,覆中冀,人不堪命。于是女皇氏(即女娲)役其神力,以与共工氏较,灭共工氏而迁之。然后四极正,冀州宁,地平天成,万民复生。

司马贞将《淮南子·原道篇》与《天文篇》的共工争帝触山和《览冥篇》的女娲补天治水揉在一起说,罗泌又将《本经篇》的共工振滔洪水和《览冥篇》的女娲故事打成一片,确乎都是很有道理的。

在汉籍中发动洪水者是共工,在苗族传说中是雷公,莫非雷公就是共工吗?我们是否能找到一些旁证来支持这个假设呢?较早的载籍中讲到雷公形状的都说是龙身人头。

《海内东经》:"雷泽中有雷神,龙身而人头,鼓其腹则雷。"

《淮南子·地形篇》:"雷泽有神,龙身人头,鼓其腹而熙。"

共工亦人面蛇身:

《淮南子·地形篇》高注:"共工,天神,人面蛇身。"

《大荒西经》注引《归藏·启筮》:"共工人面蛇身朱发。"

《神异经》:"西北荒有人焉,人面朱髭,蛇身人手足,而食五谷,禽兽顽愚,名曰共工。"

而其子名曰句龙(见前),其臣亦人面蛇身。

《海外北经》:"共工之臣曰相柳氏……九首人面蛇身而青。"

《大荒北经》:"共工臣名相繇,九首蛇身自环。"

然则共工的形状实与雷神相似,这可算共工即雷神的一个有力的旁证。古字回与雷通,吴雷(《楚公铸》)一作吴回(《大戴礼记·帝系篇》、《史记·楚世家》、《大荒西经》），方雷（《晋语》四）一作方回（《淮南子·俶真篇》，《后汉书·周磐传》注引《列仙传》，四八目），雷水（《穆天子传》、《水经·河水注》）一作回水（《天问》、《汉书·武帝纪·瓠子歌》），是其例。共工（《论衡》、《潜夫论》引《尚书》）作庸回，《天问》作康回，疑庸回、康回即庸雷、康雷。此说如其可靠，则共工即雷神，完全证实了。

共工在历史上的声誉，可算坏极了。他的罪名，除了召致洪水以害天下之外，还有"作乱"和"自贤"两项。前者见《吕氏春秋·荡兵篇》和《史记·楚世家》，后者见《周书·史记篇》。在《左传》中则被称"四凶"之一。

> 少皞氏有不才子，毁信废忠，崇饰恶言，靖谮庸回，服谗搜慝，以诬
> 盛德。天下之民谓之穷奇。

注家都说穷奇即共工，大概是没有问题的。因此许多有盛德的帝王都曾有过诛讨共工的功。帝喾诛灭共工，见《淮南子·原道篇》和《史记·楚世家》。颛顼战败共工之卿浮游，见《汲冢琐语》。唐氏（帝尧）伐共工，见《周书·史记篇》。帝舜流共工于幽州，见《尚书·尧典》。

禹的功劳尤其多，攻共工，见《大荒西经》，伐共工，见《荀子·议兵篇》及《秦策》，逐共工，见《荀子·成相篇》，杀共工之臣相柳或相繇，见《海外北经》及《大荒北经》。此外，不要忘记上文已表过的女娲杀黑龙，实即杀共工。苗族传说没有把共工罗织成一个千古罪人。他们的态度较老实，较幼稚，只说兄弟二人因争财产不睦，哥哥一气，便发起洪水来淹没弟弟所管领的大地。如故事（10）。他们也不讳言自己的祖先吃了败仗，以致受伤身死，如故事（2）。因此将这仇恨心理坦率的表现在故事（1）中，便说母亲病重，告诉儿子："若得天上雷公的心来吞服，便可痊愈。"总之，汉苗两派故事，作风虽不同，态度虽有理智的与感情的之别，但内中都埋藏着一个深沉的、辽远的仇恨，却没有分别。

这次战争之剧烈，看《淮南子·览冥》、《天文》两篇所述，便可想见。四极废，九州裂，天倾西北，地倾东南，其破坏性之大一至于此。神话期历史上第一有名的涿鹿之战，也许因时期较近，在人们记忆中较为鲜明，若论其规模之大，为祸之惨烈，似乎还比不上这一次。但洪水部分，我以为必系另一事，它之加入这个战争故事，是由于传说的黏合作用。远在那渺茫的神话时期，想来不会有如后来智伯、梁武所用的水战的战术。洪水本身是怎么回事，是另一问题。它的惨痛的经验，在人类记忆中留下很深的痕迹，那是显而易见的。它的被屬入这战争故事，正表示那场战争之激烈，天灾与人祸，正以惨烈性的程度相当，而在人类记忆中发生黏合作用。为明了战争在这故事中的重要性高于洪水，我们还可以引另一故事作一比较。奉祀槃瓠的瑶畲，虽与奉祀伏羲的苗不同族，但是同系的两个支族，那是不成问题的。而且"槃瓠"、"伏羲"一声之转，明系出于同源，而两故事中相通之处也很多。这些问题下文还要详细讨论。现在我们要提出的是槃瓠故事中完全没有洪水，而战争却是故事的一个很重要的成分。这也反映出在伏羲故事中，洪水本不是包含

在战争中的一部分，而是另外一件独立的事实，和战争偶然走碰头了，因而便结了不解之缘。换言之，战争的发生或许在苗和瑶畲未分居的时代，所以在两支传说中都保存着这件事的记忆。洪水则是既分居后苗族独有的经验，所以它只见于苗族传说，而不见于瑶畲传说。

古代民族大都住在水边，所谓洪水似乎即指河水的泛滥。人们对付这洪水的手段，大致可分三种。（1）最早的办法是"择丘陵而处"，其态度是消极的，逃避的。消极中稍带积极性的是离水太远的高处不便居住，近水的丘陵不够高时，就从较远的高处挖点土来把不够高的填得更高点，这便是所谓"堕高堙庳"。次之（2）是雍防，即筑初步的或正式的堤。后（3）是疏导，堙塞从古以来就有了，疏导的发明最晚，都用不着讨论。雍防的起源却不太早。《谷梁传》僖九年载齐桓公葵丘之盟（前651）曰"毋雍泉"，似乎是最早的记载。一百年后，周"灵王二十二年（前550），谷洛斗，将毁王宫，王欲雍之"（《周语下》）。太子晋大大发挥一顿雍防的害处。大概春秋中叶以后，雍防之事已经盛行了。以农业发展与土地开辟的情形推之，"雍泉"之盛于此时，倒是合理的。再早便不大可能了。若说神话初产生时，人们便已知道"雍泉"之法，因而便说共工曾实行此法，那却很难想像了。

古籍说到共工与洪水的有下列各书：

《书·尧典》："共工方鸠僝（杶）功……象（潒）恭（洪）滔天。"

《周语下》："昔共工氏……欲雍防百川，堕高堙庳，以害天下。"

《淮南子·本经篇》："共工振滔洪水，以薄空桑。"

《尧典》"潒滔滔天"即《淮南子》"振滔洪水"，已详上文。但这是说激动洪水，而没有说到如何激动的方法。"堕高堙庳"假定是共工时代可能的现象，大致没有什么问题。《尧典》"方鸠僝功"之僝应读为杶，《说文》训为"以柴木雍"，此即《周语》所谓"雍防百川"。如果上文我们判断的不错，雍泉之法，至春秋时代才开始盛行，那么传说中共工雍防百川的部分，可能也是春秋时产生的。本来《周语》"共工氏……欲雍防百川"的话就是太子晋口中的，而说到"共工方鸠僝功"的《尧典》，有人说是战国作品，虽未必对，但恐怕最早也不能超过春秋之前。总之，我们相信洪水传说尽可很早，共工发动洪水，尤其以雍防百川的方法来发动洪水，却不必早。共工发动洪水的传说既不能太早，则在颛顼共工的战争故事中，洪水部分是比较后加的，也就不言而喻了。

四、汉苗的种族关系

上文我们已经证明了伏羲、女娲确是苗族的祖先，我们又疑心那称为伏羲氏的氏族或是西周裹国后裔之南迁者。裹是姒姓国，夏禹之后，然则伏羲氏的族属与夏后氏相近了。伏羲与龙的关系是无可疑的事实。夏与龙的关系，以下面各事证之，似乎也不成问题。（1）《海内经》注引《归藏·启筮篇》曰："鲧死三岁不腐，剖之以吴刀，化为黄龙。"《初学记》二二、《路史·后纪》一二注引"化为黄龙"并作

"是用出禹"。(2)《天问》："应龙何画？河海何历？"王注曰："禹治洪水时，有神龙以尾画地，导水所注当决者，因而治之也。"其实助禹治水的龙本即禹自己，后期传说始分为二。(3) 古禹字作禼，从厸（虫）从又（手）执之。虫古虺字，与龙同类。(4) 夏王多乘龙的故事。A.《御览》九六引《括地图》"夏后德盛，二龙降之，禹使范氏御之以行"。(《博物志》八，敦煌旧抄《瑞应图》引《神灵记》略同。) B.《海外西经》"夏后启于此舞九代，乘两龙"，《大荒西经》"有人珥两青蛇，乘两龙，名曰夏后开"，注引《归藏·郑母经》"夏后启筮御飞龙登于天，吉"。C.《左传》昭二十九年："帝赐之（孔甲）乘龙，河汉各二。"(5)《史记·封禅书》："夏得木德，青龙止于郊。"伏羲氏与夏后氏既皆与龙有这样密切的关系，我疑心二者最初同属于一个龙图腾的团族。在后图腾社会变为氏族社会，这团族才分为若干氏族，伏羲氏与夏后氏便是其中之二。既为两个分离的氏族，所以各自有姓，伏羲氏姓风，夏后氏姓姒。褒亦姒姓国，本是龙图腾的支裔，所以也有先君二龙的传说。

汉族所传的共工，相当于苗族所传的雷神，也是上文证明过的。共工既相当于雷神，则共工的对手可能也相当于雷神的对手了。雷神的对手是伏羲。共工的对手，据汉籍所传，有以下各种说法：

(1) 帝喾高辛氏

《淮南子·原道篇》："昔共工……与高辛争为帝。"

《史记·楚世家》："共工氏作乱，帝喾使重黎诛之而不尽。"

(2) 颛顼

《淮南子·天文篇》："昔者共工与颛顼争为帝。"

同上《兵略篇》："颛顼尝与共工争矣。"

《史记·律书》："颛顼有共工之阵以平水土。"

《琐语》："昔者共工之卿浮游败于颛顼。"

(3) 帝尧陶唐氏

《韩非子·外储说》左上篇："尧……又举兵而诛共工于幽州之都。"

《周书·史记篇》："昔有共工自贤……唐氏伐之，共工以亡。"

《大戴记·五帝德篇》："帝尧……流共工于幽州以变北狄。"

(4) 帝舜

《书·尧典》："舜……流共工于幽州。"

《淮南子·本经篇》："舜之时，共工振滔洪水，以薄空桑。"

(5) 禹

《荀子·议兵篇》："禹伐共工。"（《秦策》同）

《荀子·成相篇》："禹有功，抑下鸿，辟除民害逐共工。"

《大荒西经》："西北海之外……有禹攻共工之山。"

《海外北经》："共工之臣曰相柳氏……禹杀相柳。"（《大荒北经》作相繇）

除帝喾外，其余各说都可以有法沟通。舜流共工，据《尧典》，本在舜受禅后尧未死前，故共工也可说是尧流的。若依《韩非子》尧禅位于舜，共工以为不平，尧逐流之，则流共工正在唐虞禅让之际，其负责的人更是两说皆可了。《周书》的看法与韩非同，大概是比较近确的。流共工的事既可以这样看，关于四凶中其余三凶，可以类推。讲到四凶，有一个极有趣的现象，那便是不但如世人所习知的尧（或舜）诛四凶，颛顼与禹似乎也有同样的事迹。试分别证之如下。

（1）三苗　《墨子·非攻》下篇曰：

> 昔者三苗大乱，天命殛之。……高阳乃命禹于玄宫……以征有苗。

然则诛三苗是颛顼的命令，而禹执行之。此外诸书单说禹伐有苗很多，不具举。总之，对诛三苗这事，颛顼和禹都有分儿。

（2）鲧　经注引《纪年》曰：

> 颛顼产伯鲧，是维若阳。

《世本》及《大戴记·帝系篇》亦皆曰"颛顼产鲧"。《墨子·尚贤》中篇曰：

> 昔者伯鲧，帝之元子，废帝之德庸，既乃刑之。

五、伏羲与葫芦

（一）洪水造人故事中的葫芦

在中国西南部（包括湘西、贵州、广西、云南、西康）诸少数民族中，乃至在域外，都流传着一种兄妹配偶型的洪水遗民再造人类的故事（下简称为洪水造人故事），其母题最典型的形式是：

> 一个家长（父或兄），家中有一对童男童女（家长的子女或弟妹）。被家长拘禁的仇家（往往是家长的弟兄），因童男女的搭救而逃脱后，发动洪水来向家长报仇，但对童男女，则已预先教以特殊手段，使之免于灾难。洪水退后，人类灭绝，只剩童男女二人，他们便以兄妹（或姊弟）结为夫妇，再造人类。

这是原始智慧的宝藏，原始生活经验的结晶，举凡与民族全体休戚相关，而足以加强他们团结意识的记忆，如人种来源、天灾经验与夫民族仇恨等等，都被象征式的糅合在这里。它的内容是复杂的，包含着多样性而错综的主题，因为它的长成是通过了悠久时间的累积。主题中最重要的，无疑是人种来源，次之或许是天灾经验，再次是民族仇恨等等。本文便专以人种来源这个主题为研究对象，所有将被讨论的诸问题都以这一点为中心。

普通都称这些故事为"洪水故事"，实有斟酌余地。我们在上文已经提到故事的社会功能和教育意义，是在加强民族团结意识，所以在故事中那意在证实血族纽带的人种来源——即造人传说，实是故事最基本的主题，洪水只是造人事件的特殊环境，所以应居从属地位。依照这观点，最妥当的名称该是"造人故事"，如果再详细点，称之为"洪水造人故事"，那"洪水"二字也是带有几分限制词的意味的。我疑心普通只注意故事中的洪水部分而忽略了造人部分，是被洪水事件本身的戏剧性所迷误的。其实这纯是我们文明社会的观点，我们知道，原始人类从不为故事而讲故事，在他们任何行为都是具有一种实用的目的。

正如造人是整个故事的核心，葫芦又是造人故事的核心。但在讨论故事中作为造人素材的葫芦之前，我们得先谈谈作为避水工具的葫芦。

分析四十九个故事的内容（参看表一），我们发现故事情节与葫芦发生关系的有两处，一是避水工具，一是造人素材。本来在原始传说中，说法愈合理，照例是离原始形态愈远，因此在避水工具中（参看表二），葫芦和与它同类的瓜，我们疑心应该是较早期的说法，其余如鼓桶臼箱瓮床和舟，说得愈合理，反而是后来陆续修正的结果。这一点交代以后，我们再来研究造人素材（参看表三）。在那第一组（物中藏人，由物变人）的六种不同的形式中：

(1) 男女从葫芦中出；

(2) 男女坐瓜花中，结实后，二人包在瓜中；

(3) 造就人种，放在鼓内；

(4) 瓜子变男，瓜瓢变女；

(5) 切瓜成片，瓜片变人；

(6) 播种瓜子，瓜子变人。

五种属于葫芦和与之同类的瓜，一种是鼓，看来鼓中容人，似比葫芦和瓜更合理，实则它的合理性适足以证明它的讹误性，说不定鼓中藏人种，正是受了那本身也是讹变的"鼓中避水说"的感染而变生的讹变。因此，我们主张在讨论问题时，这一条"造就人种，放在鼓内"可以除外，要不就权将"鼓"字当作"瓜"字之讹也行。这一点辨明以后，我们可以进而讨论全部造人素材的问题，便是造人素材与葫芦的关系问题。

和避水工具一样，关于造人素材的说法，也可分为较怪诞与较平实的两组，前者我们称为第一组，后者称为第二组。第一组的六种形式上文已经列举过，现在再将第二组分作两类列举于下。

第一类像物形：（1）像瓜；（2）像鸡卵；（3）磨石仔。

第二类不成人形：（1）肉球，肉团（坨），肉块；（2）无手足（腿臂），无头尾，无耳目口鼻（面目）；（3）怪胎；（4）血盆。

第一类的第三项与第二类的第二项，没有严格的界限。有时说到"磨石仔"，又说到"无手足"之类，在这种场合，我们便将它归入"无手足……"项下。依上述愈合理愈失真的原则，我们疑心这第二组内离葫芦愈远，离人形愈近的各种形式，也是后起的合理化的观念形态。而最早的传说只是人种从葫芦中来，或由葫芦变成。八寨黑苗（7）、短裙黑苗（8）说童男女自身是从石蛋出来的，生苗或说蛋（15），或说白蛋（17），或说飞蛾蛋（18），暗示最初的传说都认为人类是从自然物变来，而不是人生的。而且蛋与葫芦形状相近，或许蛋生还是葫芦生的变相说法。至于避水工具中的葫芦，也还是抄袭造人素材的葫芦的。可能造人和洪水根本是两个故事，《生苗起源歌》（16、17、18）只讲造人，不提洪水，似乎还保存着传说的原始形态（生苗是一个在演化进程中最落后的民族）。我们疑心造人故事应产生在前，洪水部分是后来黏合上去的，洪水故事中本无葫芦，葫芦是造人故事的有机部分，是在造人故事兼并洪水故事的过程中，葫芦才以它的渡船作用，巧妙的做了缀合两个故事的连锁。总之，没有造人素材的葫芦，便没有避水工具的葫芦，造人的主题是比洪水来得重要，而葫芦则正做了造人故事的核心。

（二）伏羲女娲与匏瓠的语音关系

以上所论都是纯理论的假设，最后判断当然有待于更多更精密的民俗调查材料。这样的材料，可惜我们目前几乎一点也没有。然而说除了民俗调查材料，目前我们在这题目上，便没有一句话可说，那又不然。

总观以上各例，使我们想到伏羲、女娲莫不就是葫芦的化身，或仿民间故事的术语说，一对葫芦精。于是我注意到伏羲、女娲二名字的意义。我试探的结果，"伏羲"、"女娲"果然就是葫芦。

伏字《易·系辞传》下作包，包匏音近古通，《易·姤》九五"以杞包瓜"，《释文》引《子夏传》及《正义》包并作匏。《泰》九二："包荒，用冯河，不遐遗。"包亦当读为匏，可证。匏瓠《说文》互训，古书亦或通用，今语谓之葫芦。羲一作戏，《广雅·释器》"瓠、蠡、瓤、瓢也。"《一切经音义》十八引作瓤，音羲。王念孙云，瓤与瓤同，即㮯字（《庄子·人间世篇》、《大宗师篇》、《田子方篇》，《管子·轻重戊篇》，《荀子·成相篇》，《赵策》四）。或作瓤（《月令释文》），其本字当即瓤。《集韵》瓤虚宜切，音牺，训"瓠，瓢也"。译为今语则为葫芦瓢。又有㮯欂㮯三字，当即瓤之别体。

《方言》二："瓥，陈、楚、宋、魏之间或谓之箪，或谓之㮯，或谓之瓢。"郭注曰："瓠，勺也，今江东通呼为㮯。㮯音羲。"

《玉篇·木部》："㮯，杓也。"《一切经音义》十八："江南曰瓢㮯，蜀人言蠡㮯。"

《集韵·五支》"㮯，蠡（瓥）也，或作欂。"

陆羽《茶经》引《神异记》："晋永嘉中，余姚人虞洪，入瀑布山采茗，遇一道士。云，吾丹邱子，祈子他日瓯㮯之余，乞相遗也。"（案《茶经》曰："㮯，木杓也。"又曰："瓢一曰㮯杓，剖瓠为之，或刊木为之。"）

《说文·木部》:"桮,杅也。"(案《类篇》桮通作㮋。)

伏羲字亦有"羲"、"戏"、"希"三形。羲戏习见,希则见《路史·后纪》一注引《风俗通》。(女娲一作女希,见《初学记》九引《帝王世纪》及《史记·补三皇本纪》。)我以为包与戏都是较古的写法。包戏若读为匏瓤(㮋㮋桮),即今所谓葫芦瓢。但戏古读如乎,与匏音同。若读包戏为匏瓠,其义即为葫芦。既剖的葫芦谓之瓢,未剖的谓之葫芦,古人于二者恐不甚分,看瓠(葫芦)瓤(瓢)上古音全同便知。女娲之娲,《大荒西经》注、《汉书·古今人表》注、《列子·黄帝篇》释文、《广韵》、《集韵》皆音瓜。《路史·后纪》二注引《唐文集》称女娲为"匏娲",以音求之,实即匏瓜。包戏与匏娲,匏瓠与匏瓜皆一语之转。(包戏转为伏希,女娲转为女希,亦可见戏娲二音有可转之道。)然则伏羲与女娲,名虽有二,义实只一。二人本皆谓葫芦的化身,所不同者,仅性别而已。称其阴性的曰"女娲",犹言"女匏瓤"、"女伏羲"也。

苗族传说以南瓜为伏羲、女娲的第二代。汉族以葫芦(瓜)为伏羲、女娲本身,这类亲与子易位,是神话传说中常见的现象,并不足妨碍苗族的伏羲与伏羲妹即汉族的伏羲、女娲。至于为什么以始祖为葫芦的化身,我想是因为瓜类多子,是子孙繁殖的最妙象征,故取以相比拟。《开元占经》六五《石氏中官占篇》引《黄帝占》曰:"匏瓜星主后宫。"又曰:"瓠瓜星明,则……后宫多子孙,星不明,后失势。"同上引《星官制》曰:"匏瓜,天瓜也。性内文明而有子,美尽在内。"《大雅·绵篇》以"绵绵瓜瓞"为"民之初生……"的起兴,用意与此正同。

根据上面的结论,有些零星问题,可以附带的得到解决。

(1)女娲作笙 古代的笙是葫芦做的。《白虎通·礼乐篇》:"瓠曰笙。"苗人亦以葫芦为笙,见刘恂《岭表录异》、朱辅《溪蛮丛笑》。女娲本是葫芦的化身,故相传女娲作笙。《礼记·明堂位》"女娲之笙簧",注引《世本》曰"女娲作笙簧"。

(2)伏羲以木德王 葫芦是草木之类,伏羲是葫芦的化身,故曰伏羲木德。曹植《庖牺画赞》"木德风姓",宋均《春秋内事》"伏羲氏以木德王"。《御览》七八引《帝王世纪》:"太昊庖牺氏……首德于木,为百王先。"

据上文伏羲与槃瓠诚属二系,然细加分析,两者仍出同源。"槃瓠"名字中有瓠字,而《魏略》等述茧未化生时复有"妇人盛瓠中,覆以槃"之语,可见瓠亦为此故事母题之一部分。实则槃即剖匏为之,"槃瓠"犹匏瓠,仍是一语。是"槃瓠"与"包羲"字异而声义同。在初本系一人为二民族共同之祖,同祖故同姓。旧说伏羲、女娲风姓,而《图书集成》、《畲民调查记》及《狗皇歌》皆有姓槃之说。风从凡声,古作𠘨。槃从般古作𦨶,亦从𠘨声,然则风槃亦一姓也。

卜辞𣪊或省鸟形,直作𠘨。古器物先有匏,而刳木,编织,陶埴,铸冶次之。𠘨横置作工,乀象剖匏之形,下有凵为基址。然则风姓、槃姓,其初皆即匏生耳。

表一

	流传地域与讲述人	童男	童女	家长	仇家	赠遗	洪水	避水	占婚	造人	采集者
1. 湘西苗人故事（一）	湖南凤凰东乡苗人吴文详述	兄	妹	Ay Pégy Koy Péiy	Koy Soy		雷公怒发洪水数十日	兄妹各入黄瓜避水	扔磨石东西分走	生下肉块割弃变人	芮逸夫
2. 湘西苗人故事（二）	凤凰北乡苗人吴良佐述	儿	女	Koy Peny	Koy Soy		雷公发洪水七日七夜	共入葫芦	金鱼老道撮合		芮逸夫
3. 傩公傩母歌	吴良佐抄	兄（伏羲）	妹	张良	Koy Soy		玉皇上帝发洪水七日七夜	共入葫芦	分赴东山南山焚香香烟结团	生肉块割开发现十二童男女	芮逸夫
4. 傩神起源歌	湖南乾县城北乡仙镇营苗人石启贵抄	儿	女	禾壁	禾耸		雷公发洪水七日七夜	兄妹共入仙瓜	扔竹片扔磨石	生下怪胎割弃变人	芮逸夫
5. 苗人故事		弟	姊		另一对男女			入木鼓	滚磨抛针抛线	生子如鸡卵切碎变人	Savina, F. M.
6. 黑苗洪水歌		弟（A-zie）			兄（A-Fo）		雷公发洪水	弟入葫芦避水	滚磨扔刀	生子无手足割弃变人	Clarke, Samuel, R.
7. 八寨黑苗传说	贵州八寨	兄	妹	老岩（九蛋中最幼者司地）（邻居）	雷（九蛋中最长者司天）	雷劝兄妹种葫芦	雷公发洪水	入葫芦	结婚	繁衍人类	吴泽霖
8. 短裙黑苗传说	贵州炉山麻江丹江八寨等县交界处	小弟	幼妹	石蛋中出十二弟兄长兄被害变成雷公上天		小弟害死诸雷公发洪水报仇		小弟作法上天	水退下地与妹相遇结婚	生子无眼形如球切碎变人	吴泽霖
9. 花苗故事		弟	妹	兄	老妇（从天下降）			弟妹入木鼓	扔磨石扔针线	生子无手足割弃变人	Hewitt, H. J.
10. 大花苗洪水滔天歌	贵州	二兄（智莱）	妹（易明）		大兄（愚皇）		安乐世君发洪水	杉舟	滚磨	生三子	杨汉先
11. 大花苗洪水故事	贵州威宁	弟	妹	兄				木鼓	滚磨穿针雷公命乐世君指示	生子无腿无臂	
12. 鸡雀苗故事	贵州南部	兄（Bu-i Fu-hsi）	妹（Ku-eh）					入葫芦避水	扔磨石扔树	生二子无手足不哭割弃变人	Clarke
13. 生苗故事（一）	贵州	兄	妹			天上老奶种瓜结瓜王可容数十人	大雨成灾洪水灭尽人类	兄妹入瓜漂浮上天	天上人教二人下来结为夫妇	吃瓜生瓜儿剖碎变人	陈国钧

	流传地域与讲述人	童男	童女	家长	仇家	赠遗	洪水	避水	占婚	造人	采集者
14. 生苗故事（二）	贵州	长兄（恩——居地）	妹（媚——居地）		次兄（雷——居天）		雷发洪水	乘船漂浮上天（以葫芦盛马蜂螯雷）	小虫教二人打伞在山坡相逢如远来的表亲遂结为夫妇	生子无四肢如瓜形割弃变人	陈国钧
15. 生苗洪水造人歌	贵州	兄（恩——居地）	妹（媚——居地）		长兄（雷——居天）	雷报媚以瓜子结实如仓大	雷发洪水	乘南瓜漂浮上天	老奶指点	偷吃瓜被老奶责骂生子无耳目如瓜斫碎变人	陈国钧
16. 生苗起源歌（一）		兄	妹						结婚	生儿无手足割碎变人	陈国钧
17. 生苗起源歌（二）	贵州	兄 由白蛋生出	妹						结婚	生瓜儿切碎变人	陈国钧
18. 生苗起源歌（三）	贵州	兄 由飞蛾卵生出	妹		雷公（另一飞蛾卵生出）				兄妹相爱结婚	生南瓜斫碎变人	陈国钧
19. 侗人洪水歌	贵州	兄（伏羲）	妹				洪水来时	将造就的人种放在鼓内			贵州
20. 苗人谱本	广西北部	兄（张良——作姜良）	妹（张妹——作姜妹）	卷氏夫人（生七子女）	雷公雷母	雷公赠仙瓜子	铁雨成灾	兄妹入葫芦避水	太白仙人金龟老道撮合	生肉坨（团）割碎变人	徐松石
21. 偏苗洪水横流歌	广西西隆	兄（伏羲）	妹				洪水	将造就的人种放在鼓内			雷雨
22. 瑶人洪水故事	广西融县罗城	女（伏羲）	儿	父	雷公	雷公赠牙种成葫芦	天发洪水	兄妹入葫芦避水	绕树相追	生肉球割碎变人	常任侠
23. 葫芦晓歌		伏羲					寅卯二年发洪水	入葫芦避水			常任侠
24. 瑶人故事	广西武宣修仁之间	子		神人		赠牙种而生瓠破瓠裂为囷船	洪水	神人率子入坐铁镬浮至天门			常任侠
25. 板瑶五谷歌	广西三江	兄（伏羲）	妹				寅卯二年发洪水	兄妹入葫芦避水	烧香礼拜结为夫妇	置人民	乐嗣炳

	流传地域与讲述人	童男	童女	家长	仇家	赠遗	洪水	避水	占婚	造人	采集者
26. 板瑶盘王歌	广西象县	兄（伏羲）	妹				洪水七日七夜	入葫芦避水	金龟撮合	生"团乙"	
27. 侬瑶盘瑶盘王书中洪水歌	广西都安	兄（伏羲）	妹	蒋家			洪水七日七夜	入葫芦避水	烟火	生血盆玉女分之为三十六姓	
28. 盘瑶故事	镇边盘瑶盘有贵述	兄（伏羲）							入瓢瓜避水	滚磨石烧烟火看竹枝	撒出瓜子瓜瓢瓜子变男瓜瓢变女	
29. 盘瑶故事	灌阳布坪乡	男孩	女孩	盘王		盘王打落牙齿种牙成瓜	下雨三年六个月	盘王将瓜穿眼命小孩坐入		生磨石仔盘王切碎变人	
30. 红瑶故事	广西龙胜三百坤红瑶张老老述	兄（姜良）	妹（姜妹）	姜氏太婆（生子女六人或说七人）	雷公雷婆	雷公雷婆赠白瓜子	大雨成灾	兄妹坐入瓜花结实二人包在瓜内	看烟柱种竹滚磨绕山走	继续人种	徐松石
31. 东陇瑶故事	上林东陇瑶蓝年述	伏羲		父别母别		雷公赠牙		乘瓜上浮		生磨石仔无头无尾切碎变猴再变人	陈志良
32. 蓝靛瑶故事	田西蓝靛瑶李秀文述			闪电仙人		仙人赠瓜子	大雨成灾	入瓢瓜避水	烧烟火种竹滚磨	生子无手足头尾切碎变人	陈志良
33. 背篓瑶故事	凌云背篓瑶腊承良述	兄（伏 Lin）	妹（羲 Cein）					久雨成灾	入瓢瓜避水	滚磨	生肉团无手足面目切碎变人	陈志良
34. 背篓瑶遗传歌	腊承良译	兄（伏羲）	妹			自种瓢瓜结实如仓大	皇天降大雨	入瓜内避水	结为夫妇	生磨石儿割碎变人	陈志良
35. 蛮瑶故事	广西东二阃蛮瑶侯玉宽述	兄（伏 dn）	妹（羲 ɕɛ）					久雨成灾	入大瓮避水	烧烟火滚磨石	生子无手足面目	陈志良
36. 独侯瑶故事	都安独侯瑶蒙振彬述	兄（伏羲）	妹				雷电大雨成灾	入瓢瓜避水	烧烟火滚磨石	生磨石儿劈碎变人	陈志良
37. 西山瑶故事	隆山西山瑶袁秀林述	特斗（伏羲）	驮豆	卜白（居天上司雷雨）	雷王（居地下）	雷王赠牙	雷王下雨发洪水	入葫芦避水	烧烟火	生子无耳目口鼻如磨石切碎变人	陈志良
38. 侬人故事	都安侬人韦武夫述				仙人	仙人赠牙作船发作桨					陈志良

	流传地域与讲述人	童男	童女	家长	仇家	赠遗	洪水	避水	占婚	造人	采集者
39. 保傻故事		弟	妹		两兄		洪水发时	弟妹入木箱上浮			Vial, Paul
40. 夷人故事	云南寻甸凤仪乡黑夷李忠成宣威普乡白夷田靖邦述	三弟	美女			白发老人教造木桶	洪水发时	入桶避水	遵老人命与女结婚	生三子是为乾夷黑夷汉人之祖	马学良
41. 汉河保傻故事	红河上游汉河丙冒寨夷人白成章述						洪水中人类灭绝	葫芦从天降下一男一女从中而出			邢庆兰
42. 老亢故事	云南西南边境耿马土司地蚌隆寨	兄	妹				洪水发时	兄妹同入木床避水	结婚	生子砍碎变人	芮逸夫
43. 栗粟故事	耿马土司地大平石头寨	兄	妹				洪水发时	兄妹同入葫芦避水	结婚	生七子	芮逸夫
44. 大凉山保傻人祖传说（一）	西康宁族夷族	乔姆石奇（Gomzazi）盐源一带称陶姆石娘（Domzanyo）	天女		天公		天公发洪水毁灭人类	石奇作桐木舟避水	青蛙设计要求天女与石奇结婚	生三子	庄学本
45. 大凉山保傻人祖传说（二）		兄（乔姆石奇）	妹（天宫仙女）				洪水泛滥	石奇乘桐木舟得救	经众动物设法将妹请下滚磨成婚		庄学本
46. 东京蛮族故事		兄（Phu-Hay）	妹（Phu-Hay-Mui）	Chang Lô-Cô			洪水泛滥	兄妹同入南瓜避水	结婚	生南瓜剖瓜得子播种变人	de Lajonquiere, Lunet
47. 巴那（Bahnars）故事	交趾支那	兄	妹				洪水泛滥	入大箱避水			Guerlack
48. 阿眉（Ami）故事	台湾	兄	妹				洪水泛滥	入木臼避水	结婚	生子传人类	Lshii, Shinji
49. 比尔（Bnils）故事	印度中部	兄	妹				洪水泛滥	入木箱避水	结婚	生七男七女	Luard, C. E.

表二

避水工具	故事号数	总计	
葫芦（瓠、瓢瓜）	2·3·6·7·12·20·24·25·26·27·28·32·33·36·37·41·43	17	自然物 57.2%
瓜（仙瓜、黄瓜、南瓜）	1·4·13·15·29·30·31·34·46	9	
鼓（木鼓）	5·9·11·19·21·22·23	7	人造器具 41.8%
瓮	25	1	
木桶、木臼、箱	39·40·47·48·49	5	
床	42	1	
舟（桐舟、杉舟）	10·14·38·44·45	5	

表三

	造人素材	故事号数	总计	
第一组	物中藏人 葫芦 男女从葫芦中出	41	1	4
	瓜 男女坐瓜花中结实后	30	1	
	瓜 二人包在瓜中			
	鼓 造就人类放在鼓内	19·21	2	
	物变人 瓜 瓜子变男瓜瓢变女	28	1	
	人生物物再变人 瓜 切瓜成片瓜片变人	13·18·42	3	4
	播种瓜子瓜子变人	46	1	
第二组	生子像物或不成人形割碎始变成人 像物形 像瓜	8·14·15·16	4	24
	像鸡卵	5	1	
	磨石仔	29·34·36	3	
	不成人形 肉球肉团（坨）肉块	1·3·20·26·33	5	
	无手足（腿臂）无头尾	6·9·11·12·16·31·32·35·37	9	
	无耳目口鼻（面目）			
	怪胎	4	1	
	血盆	27	1	

本文首次发表于《闻一多全集》，开明书店 1948 年版。20 世纪 40 年代初，

闻一多写了下列神话论文：《从人首蛇身像谈到龙与图腾》（发表于《人文科学学报》1942年第1卷第2期）、《战争与洪水》、《汉苗的种族关系》、《伏羲与葫芦》（发表于《文艺复兴·中国文学研究专号》，1948）。闻一多生前未及将上述各篇连缀成文。1948年朱自清编《闻一多全集》时，将上述手稿合编，取名《伏羲考》。现选自《闻一多全集》（一），生活·读书·新知三联书店1982年版。本次编稿时，对文中序号有所调整。

《古代神话与民族》自序

丁　山

丁山（1901—1952），安徽和县人。古文字学家、历史学家、神话学家。1924年考取北京大学研究所国学门研究生，1926年随沈兼士往厦门大学代沈教文字学，1927年由鲁迅推荐任中山大学文学院教授。1929年任中央研究院历史语言研究所研究员，此后历任中央大学、山东大学、四川大学、东北大学、西北大学、西南联大、暨南大学教授。生前为山东大学历史系教授。神话方面的重要著作有《论炎帝太岳与昆仑山》（1944）、《神话时代商人生活之推测》（1960）、《中国古代宗教与神话考》（1961）等。1948年，丁山曾将他早年已发表的9篇论文，加上5篇未发表过的旧稿，合编为《古代神话与民族》一书。此书在丁山生前未能出版，直至2005年，才在商务印书馆面世。

一个民族，追寻他的文化来源，由文字纪载以前至于邃古之初，时代愈悠远，故事愈神秘，神秘至于不可再追寻的阶段，便断之以洪水。正如《创世记》所说，洪水涤尽人类的一切罪恶，也毁灭了远古的一切文明。第四冰河时代之末，距今不过五万多年，这次泛滥的洪水，诚然可由人类的祖先口说流传，至于有史以后，予以文字的追记。巴比伦高僧 Berosos 遗书和印度的《摩奴法典》所传述的洪水故事，都是这么留传下来的。《尚书·尧典》所谓"汤汤洪水方割，浩浩怀山襄陵"，我认为，也该是第四冰河期所遗传下来的一种极深刻的印象。"孔子删《书》，断自唐、虞"，正是古代史家寻不出我们民族文化来源和端倪，也不得不断取洪水以为国史起点。

《尧典》的成书时代虽在晚周或秦、汉之际，其所述故事，却不尽出于儒家的"托古改制"。四中星的名辞，若鸟，若火，若昴，概见于卜辞；出日、纳日、上帝、六宗、山川、群神的祭典，在卜辞里也不乏若干新证。《尧典》、《皋陶谟》的价值，决不在梅赜伪造的《古文尚书》之下；尽管书是伪造，里面确为国家保存若干古来传说的故闻佚事，供吾人追寻吾民族文化的渊源。卜辞的辞例，虽不如典、谟的堂皇，诰、誓的完美；但遣辞纪事，也进步到文字工具可以自由运用的程度。若参验以商代的金石刻辞，其时文献，直接流传到现代者，不下百万言，比较孔子所见，不知丰富到若干倍。可是，始终不曾发现煌煌诰命如《酒诰》、《盂鼎》那么言之成理的文章。因此，《盘庚》三篇以及《高宗肜日》等篇，可否认为"商书"

而不疑，尚待地下的新证明。以卜辞、金文和殷墟出土的实物为中心，商史之业，现已达到必需重建的新阶段了。然而，这都是盘庚迁殷以后的一堆断烂朝报，迁殷以前的文献至今还不曾获得地下有刻辞的直接证明。夏后氏以前的史迹，更是传闻异辞，文献不足征。

一班神话学家研究我国古代神话，已经注意到《神异经》、《述异记》一类的书籍，再往古代追寻，便珍视《山海经》了。这类载记，《汉书·艺文志》以来，总是认为"小说家者流"，其流变至于《唐三类取经诗话》、《封神演义》、《聊斋》，总是依据一部分史迹或民间的传说，绚染成各种神奇鬼怪不可想象的故事，大抵以褒善抑恶、规过劝善为主，多少涵有宗教家的意味。至于我们民族所宗仰的宇宙万有之神物，在二十四史的《封禅书》、《郊祀志》里面反而语焉不详。因此，有人怀疑我们民族受了"子不语怪力乱神"的影响，不大重视神话，也就缺乏极生动的宗教故事的叙述。

元世祖未造蒙古文以前，像《元朝秘史》所传孛端察儿之后累世的事迹，从哪儿传出来的？唐高祖源出李暠，世人多疑之者；即隋文帝源出杨震说，我们拿《隋书》所传杨震至杨忠的世次，核以后汉至隋初的年代就能相信那不是冒荫世家吗？推而广之：拓跋氏自称出于黄帝之子昌意；汉高祖的始祖，当时学者或谓出于刘累；经、史相传，必积德累仁然后始能贵为天子的原则，我们也能无条件信而不疑吗？史学发达以后的帝王龙兴，还免不了冒荫古圣先贤为始祖，或硬是制造一些"龙交"、"日射"的成孕图神话以自高其身价，何论三代以上呵！

细读二十四史，在那群四裔民族的起点，都充满神话意味，假使给我们机会完全摘录出来，再加以分析研究，可以成为神话大观。而且，这些神话，都能反映各个民族的宗教信仰和他们熏染华化以前的原始生活的形态来；较之《神异经》、《述异记》一流的怪诞小说，徒摭拾印度故事以惊世骇俗更其真切有味！拿《史记》说，《秦本纪》明言："文公十三年初有史以纪事。"所纪之事，据《始皇本纪》后面所附《秦纪》看，始自襄公而已。而《秦本纪》追叙襄公以前的事迹，至于颛顼之孙女脩，中间又穿插"孟戏、仲衍鸟身人首"一类怪物，这类怪物，太史公根据何书？我们今已无从探究。曾读严如煜《苗疆风俗考》，中有云："湘西苗语，呼黄牛曰大跃，呼水牛曰大业。"大业之名，竟与女脩之子大业语音相同，令人不能不疑及牵牛织女神话。假定，《史记》所谓大业，释为牵牛；那么，"颛顼之孙女脩织"，显然是"天孙"织女星；女脩生大业，该是牵牛织女恋爱故事的变相。其他仲衍、费仲、造父一类驾车故事，也不过显示秦在襄公以前，完全为游牧民族，所以特别崇祀马神。《赵世家》所述"赵氏之先，与秦共祖，周缪王赐造父以赵城"的故事，我认为完全出于嬴姓以马为民族图腾的神话。即"晋景公疾，卜之，大业之后不遂者为祟"，以及赵简子"梦之帝所，甚乐"几段故事，我认为都出于晋国《瞽史之纪》或《训语》、《启筮》一类的稗乘，当然谈不到信史。

古者左史记言，右史记事，事为《春秋》，言为《尚书》，刘知几《史通》因而扩充为"六家"，王守仁《传习录》因而演为"六经皆史"的宏论。可是，我国史学，总是奉《太史公书》为不祧之祖。《太史公书》，刘歆《七略》始次于六艺略春秋家，《汉志》因之，由是言史学史者又只知《春秋》或《纪年》之类编年史为鼻祖。实则《春秋》、《尚书》两家之外，小说家也是古代史学的干流。《艺文志》小说十五家有《青史子》五十七篇，云："古史官记事也。"《大戴礼·保傅篇》曾引《青史氏记》文与记叙古代仪节的《仪礼》内容相似。青史的"青"字，与甲骨文"南"字写法相近。《左传》襄公二十五年："齐太史书曰：'崔杼弑其君。'崔子杀子。南史闻太史尽死，执简以往。"这个"南史"，决是"青史"传写之误。青史之外，在古代尚有瞽史，《国语·晋语》四引《瞽史之纪》曰："唐叔之世，将如商数。"这部大著，《艺文志》固然不载，姚振宗的《汉志拾补》也不曾补出，古代史学，就脱漏了一大部分。不但如此，除了太史、青史、左史、右史、瞽史不计，周代尚有内史、外史、周史诸官（俱见载记及鼎彝款识），商代也有西史、公史、尹史、缋史诸官（俱见卜辞或金文），古代史官之众，不减于隋、唐以来的《起居注》、《实录》、《日历》、国史馆各有专官，也该是各有专记；如《左氏春秋》、《国语》所征引的先王之"教"，先王之"训"，先王之"令"，先王之"志"，都该有史官掌之。他如，《汲冢琐语》纪"晋平公梦见赤熊窥屏"事，赫然见于昭公七年《左传》，可见《左传》所引的《训典》、《夏训》之类，亦皆出于稗官；而五帝三王的祖孙世系，必出于祀典或祭典。祀典之变也，即为《帝系》、《世本》；训语、训典之变也，即为《国语》、《琐语》、《归藏·启筮》；古代史籍之盛，灿然可睹，决不如现代学术史家所考订者那末简陋，容在《商周艺文略》中详其源流。

祀典演而为《帝系》、《世本》，我在本书的《宗法考源》中，略有论列，姑不再详。现在且看《琐语》所传晋平公梦赤熊故事：

> 晋平公梦见赤熊窥屏，恶之，而有疾。使问子产。子产曰："昔共工之卿曰浮游，既败于颛顼，自没沈淮之渊。其色赤，其言善笑，其行善顾，其状如熊。常为天王祟。见之堂，则王天下者死；见之堂下，则邦人骇；见之门，则近臣忧；见之庭，则无伤；今窥君之屏，病而无伤。祭共工则瘳。"公如其言，而病间。（《御览》九〇八卷引）

这在昭公七年《左传》里，子产又说："尧殛鲧于羽山，其神化为黄能，以入羽渊"，可见鲧即共工。共工化为赤熊，即《尧典》所谓"方鸠僝功"也。自儒家传统思想观之，在《尧典》为圣人之言，在《左传》为贤人之书，都是古代信史；在《琐语》则为志怪的稗乘，应入小说家了。小说家言，神话多而史实少。唐、宋以来的评话小说，多演自史实；三代以上的史实，则多脱胎于《琐语》、《训语》；我们不相信《西游记》为玄奘法师往天竺求经的经过史实，便不能相信鲧或共工真的跳入水中化为三足鳖了。因为晋悼公好田猎，魏绛劝止他，一引周初太史辛甲所作的《虞人之箴》，再引《夏训》以证明"后羿恃其射也，淫于原兽"，卒亡其国。（详《左传》襄公四年）但，从《夏训》看，后羿不过王莽、曹操之流，是中国篡位成帝的祖师；若以《天问》"羿焉彃日"，《淮南子》"羿儵大风，上射十日而下杀猰貐"（《本经篇》）诸故事考之，他必然地属于天神之类，或者是我国的原始射神。从这两个故事看，《琐语》、《训语》之类载记，显然神话多而史实少，换言之：史学中的传记体，显然脱变于神话派的《训语》，由于左氏《国语》征引《训语》之繁，我相信时代愈古，神话愈其发达；一部中国史前时代，除了石史之外，惟有神话学可以解之。

无论天神地祇，山川之怪，草木之妖，在尚未开化人类的心目中，总认为神祇与人具有同样的性灵而人格化之。于是神祇降生而为人类英雄豪杰的传说有之；英雄豪杰死而魂魄升天为上帝的传说有之；"民神杂糅，不可方物"，史前时代所遗传下来的故事，自然是史实与神话不分。帝俊，在《大荒经》里，说来说去，似为昊天上帝的通名，源出于卜辞的"高祖夔"，可是，由于"王崩，措庙立主曰帝"的原则产生一种"尊祖配天"的传统思想，后世儒家或讹帝俊为帝舜，或讹为帝喾，因而造说一篇空空洞洞羌无故实的《五帝德》来，以人格化商代的"方帝"。太史公于"《禹本纪》、《山海经》所有怪物，不敢言之"，而信《五帝德》，录为《史记》的首篇；于是古史的年代突出于洪水以前；在《山海经》的神话，到《史记》即变为史实了。

"刑三百，罪莫大于不孝"，相传商代的刑法以"不孝"为罪大恶极！因为我国自古以来就以孝道治天下，士大夫对于自己的直系尊亲，一定要"生，事之以礼；死，葬之以礼"。《礼记·文王世子》、《内则》所说事生之礼尽之矣！事死之礼，如《仪礼》的《士丧礼》、《既夕礼》、《士虞礼》、《丧服》等，连篇累牍，不厌其详。所谓"事死如事生，事亡如事存"的方式，由三代的实物殉葬，初变而为汉、唐的泥俑，再变而为宋、元以来的纸扎，传之于今，其风未泯。孔子时代，虽不胜经济的负担，人们多以明器代实物了；然而，杀人以殉，椎牛而祭的风气，方兴未艾；所以他老先生痛骂那种以活人殉葬的不人道主义，说"始作俑者，其无后乎"！其实孔子所谓"俑"，明指保护贵族的勇士和仆役，如《诗经·秦风·黄鸟》所悼惜的"三良"，即其例证。俑的来源，始于勇士的殉葬，非如后儒所解释的泥人；以泥人殉葬，何不人道之有？我们从商王陵墓里所掘出大量的人与马牛的骸骨看，方可断定孔子口中的"俑"，绝对是指活的勇士，不是泥人。

但从以人殉葬的风俗看，可知"事死如事生"的解释，就是将父母生前所使用的一切器物，都要安置在宫室式的陵墓里，再让死者的灵魂去享用。所以，商、周两代的宫室制度，虽屡经战乱，毁灭无余，我们今日研究起来一定要从当时的墓葬形制入手。尤其是墓葬中的器物方位，多少可以反映出来当时活人住室之内的一般陈设情形。可惜，"自古无不亡之国，是无不抇之墓"（《吕氏春秋·安死》），今日所发现的古墓，很少不是被先民抇乱过的；墨翟氏尝就国民经济立场极端地反对厚葬，主张"节葬"，总因为自古以孝治天下的传统思想，牢不可破，历代帝王依然地竭其国力以谋深藏，就是因为厚葬的积习难除，我们先民的文物，也就受了地下室之赐，保藏了许多部分免受地面上人工的摧毁。《吕氏春秋·节丧篇》说得好："国弥大，家弥富，葬弥厚。含珠鳞施、珠玉玩好货宝、钟鼎壶滥、舆马衣被戈剑，不可胜其数，诸养生之具者，无不从者。题凑之室，棺椁数袭，积石积炭，以环其外。"十数年前，安徽寿县、湖南长沙屡发现楚国的棺椁题凑的遗迹，颇能证明晚周时代丧葬的礼制。而中原的郡国山川所出钟、鼎、壶、鉴、戈、剑、珠、玉，更是史不绝书。秦火以后，我们能于烬余的经传诸子所流传的有限文献之外，还可以窥见我们铜器时代文物之盛者，不能不归功于古人厚葬之赐，也就不能不赞扬自古以孝治天下的传统思想了！塞翁失马，安知匪福？假使新史学派允许我检讨中华民族所以屡次亡国至今犹能健立于世界而未遭灭种之难者，我敢明白指出就是"移孝作忠"传统的民族精神。"求忠臣必于孝子门"，每当国家衰乱，忠孝不能两全时，孝子就该为国牺牲，不能顾全父母之养，古往今来，忠臣殉国，烈士殉名，何莫非一个"孝"字，砥砺其忠义之气也！

由于"慎终追远"的思想，产生厚葬制度；由于厚葬制度，保存了大量的古代文物，让我们在数千年后，尚能从容博辨以追寻先民文化演进的轨迹，这更是言必称舜、禹而又主张节葬的墨翟氏所不能预料的后果。尤其铜器时代的中国铜器，除了雕镂庄严的各式花纹外，更铸上精美的铭文。铭文的内容，或记作器者名氏，或记国家的大事，且有刊刻煌煌诰命诗歌，足以补苴秦火后《诗》、《书》之阙佚者。在铭文的本身，且往往记有时王在位的年数，提供我们解决古代史上年代问题的重要论证。古代史学，经过顾颉刚先生《古史辨》扫荡伪史料之后，立刻得到卜辞、金文大量的直接史料来补充，加上李济之先生所领导的安阳殷墟十余次的发掘，举凡器物、墓葬、宫室遗址的收获，迥乎超出我们意想之外的丰富。从这批地下新出的直接史料观察殷商文化，迥乎超出两千年来儒家所传述的程度高而且深。这当然是古代史学的幸运，也是国家民族的光荣。

以《安阳发掘报告》和《中国考古学报》所叙述的殷墟遗物全部轮廓看，我认为我国古代文化，应分贵族和平民两大阶级。尽管贵族阶级重屋而居，列鼎而食，有肉如林，有酒如池，享尽时代的豪华。可是，平民们还是陶复陶穴，未有家室，殷墟的若干窖室可为郇说的证明；而大量的石斧、石刀、灰色绳纹陶器尤可证明那个时代的生产基础，还是磨蜃而耨，剡耒而耕，完全过的石器时代人生活。贵族们钟鸣鼎食生活一直延展西汉初年，那时的平民久已进步到铁耕铁煮铁器时代了。《禹贡》尝说"梁州贡镠铁银镂"，银镂如其可以解释为钢，那么镠铁自可释为生铁；所以春秋中期晋国大夫所作《邵钟》径称铁为"玄镠"，云："作为余钟，玄镠铁铝。"这可证明春秋时代的铜器中，确已镕合一部分铁质了。《左传》昭公二十九年说："赵鞅赋晋国一鼓铁以铸刑鼎。"一鼓的重量，当今称若干斤两？尚待研究。我所知道的，当公元前 513 年晋国即以铁为赋税之一种，那时的平民应该普遍用铁器了。这样看《齐语》所谓"恶金以铸斤斧、钼夷、锯欘，试诸木土"，绝对是春秋初年的事实。春秋初年平民已普遍用铁，而殷商末叶还用石器，这显然看出平民文化是以铁器直接代替石器，似乎没有经过铜器的阶段。换言之：中国铜器时代，完全为贵族所有，与平民无关的。平民知道用铁器，可能是周人自西方带来的新文化。牛耕的历史，后儒多谓汉武帝时搜粟都尉赵过所发明。宋儒叶适尝据孔子弟子"冉耕字伯牛"，加以跋正了。牛耕究始何时？在中国文化史上也是一个较大的问题。由我的浅见看，牛耕与种稻子技术有关。甲骨文至今似乎不曾发现"稻"字，而在《诗经》和金文里往往以"稻粱"并称，稻的来源，可能也是周人自国外输入中国的。《大荒西经》说："后稷降百谷。稷弟台玺生叔均，始作耕。"这个耕字，可能是"牛耕"省文。因为牛耕，必需铁犁；铁器文化的开始，我认为应与牛耕稻作为密切关系。

宗周王朝，自命以农业起家。《大雅·生民》所咏后稷播种百谷的故事，也不过一般农业社会所赞颂较为原始的催生神话。按着初民社会进化程序说，农业的开始，由于妇女储藏果实，再移植野生的黍麦之类于住宅附近，逐渐进步到耕耨粪田的生产；所以原始农神，所有的原始民族都是祭"地母"，或者是"大地大祖母"，决不是男性。真的要追究原始农神为谁？我认为与其赞颂后稷，不如赞颂他的母亲姜嫄。姜嫄也者，应该是周代的"大地大祖母"；后稷也者，按其字面解释，应该是"孕毓黍稷"之神，正是姜嫄的别名，也决不是男性。而《诗》、《书》传说，后稷久已讹男性，那定是男性中心社会时代所伪托的新农神。

《国语·周语》有云："自后稷之始基靖民，十五王而文始平之，十八王而康克安之，其难也如是。"文王以上十五王，《史记·周本纪》叙述得世系分明，一位不缺；当然是依据《世本·帝系》的。可是，皇甫谧《帝王世纪》以来，至于崔述《考信录》都怀疑世次与历年不相当，而疑"十五王"说，必多讹敓。今按：此十五王，不窋、高圉、亚圉诸公，见于《国语》；公刘、古公、大王、王季诸公，《诗经·大雅》皆有专篇颂其功德，余则无迹可考。据《世本》云：

> 后稷生不窋。不窋生鞠陶。鞠陶生公刘。公刘生庆节。庆节生皇仆。皇仆生差弗。差弗生伪榆。伪榆生公非辟方。辟方生高圉侯牟。侯牟生亚圉云都。云都生太公组绀诸盩（《史记》作公叔祖类）。组绀生太王亶父。亶父生季历。季历生文王。

这些名号，普通虽为两个字，若公非辟方、高圉侯牟、亚圉云都、组绀诸盩、太王亶父（《诗经》称古公亶父），名字多至四个字，与商代先王谥法不合；而且鞠陶、伪榆、组绀诸盩之类，亦不类华夏语言。秦、汉以前，西域语言系统，在我国未能建立以前，我对于这类似译音而非译音，似华语而非华语的名号，无从再进一步研究。我相信《周颂》所谓"天作高山，太王荒之"，这是实录；太王以前的周人开国艰难，等于拓跋珪以上的元魏世系，成吉思汗以上的蒙古世系，都需要用比较语言学的工具一个个剖析出他们的原始神格来。

用比较语言学剖析史前时代的神话，不自我始。马克斯·缪勒（Max Müller）所著《语言学讲义》曾以语言学为工具，发现雅利安民族所有的神名，常是指宇宙的现象。我运用古代语言文字学分析《周语》所谓"玄王勤商,十有四世而兴",玄王的母亲娀简,即卜辞所谓"高祖夒",即商代的原始图腾;相土即商社;昌若即北海若;曹圉即王吴,一名天吴,东海神也。玄冥,卜辞作昬;卜辞所谓"高祖河",即河伯,水神也。"高祖岳"即"太岳",山神也。以上都是地神。昭明即辰星,季或时令神,王亥为步天神,王恒为月神;自上甲至示癸,是为六甲的代表,都是日神。由宗教发达程序言,任何原始民族皆先有图腾,然后有地界神,进一步乃有天界神,至于星辰月日诸神出现,宗教才算成熟。统观《殷本纪》所传契至汤十四世的次第,除了昭明世次稍违宗教出生的程序之外,余则正合先有地神、后有天神的进化原则。因此,我认定示癸以前的高祖、六宗,都是神话。从那些神话本质看,商人显然是东胡民族,后乃沿漳水南下,向海滨发展其游牧生活;故其宗神中特别重视昬与河伯,此《鲁语》所以有"郊冥"之说也。因为东胡民族初本沿海游牧,所以又特别宗祀海若与天吴。《隋书·高丽传》说高丽之祖朱蒙曰:"我是河伯之外孙,日之子也。"这恰好说明了《纪年》所谓"上甲假师河伯以灭有易"的故事,所以卜辞特称上甲曰"高祖日甲",又特称河伯曰"高祖河"。成汤为示癸子,犹言日神之子也;日神上甲尝乞援于河伯,成汤也可说是河伯的外孙。从比较神话学观点立论,我认为商代信史,只能断自武汤,其前世都是神话。本书《卜辞所见先帝高祖六宗考》所以说明殷商的宗教出生与长成。

夏后氏事迹,除了载籍相传的若干故事外,至今还不曾获得地下史料的确实证明。我在本书《禹平水土本事考》论定禹的最初神格是雨神,他的儿子名启,就是霁神。我在《由鲧堙洪水论舜放四凶》篇又论定鲧即共工,虹也,象征虹见雨止,是旱魃之神也。禹妃涂山氏即汉时祈晴所祀的女娲。合这两篇论文以考察夏后氏初期的事实,是:

> 虹(共工)见了,雨收了,天又旱了。(鲧堙洪水)
>
> 奉上能兴云雨的虬龙,在雩坛上狂舞,就可立降甘霖。(禹平水土)
>
> 多情(晴)的女娲呀,陪着雨神(禹)去休息吧。(禹娶涂山氏)
>
> 云开见日,果尔雨霁了。(启呱呱而泣,禹弗子)

《夏本纪》所传开国世系,正是水利未修的农业社会久旱必舞雩(祷雨),淫雨又祈晴的祭典之常规。即《纪年》所传"启杀伯益"故事,也该是说久雨为灾,人们要请出霁神(启)来杀掉那淫雨(伯益)之神,让天放晴。《孟子·万章》所传,"禹荐益于天,益避禹之子箕山之阴,朝觐讼狱者不之益而之启",与农民久雨盼晴的心理,还是同贯。至于后羿"因夏民以代夏政"故事,我认为羿读为隮。《鄘风·蝃蝀》"朝隮于西,崇朝其雨",隮,说《诗》者都说是午前见于西天的虹。虹形似弓(有穷氏也),天弓在西方一射,太阳不久便为云所藏而下雨了。《天问》所谓"羿焉彃日,乌焉解羽(雨)",也只是"朝隮其雨"的寓言。秋雨多了,天气渐转于寒冷了,《月令》所谓"孟冬之月,水始冰,地始冻,虹藏不见",这又演成《左传》所传寒浞杀后羿的故事了。综合《左传》、《纪年》、《天问》几部较古的史料以分析《夏本纪》所传少康中兴以前的夏后氏先王世系，也充满了旱而雨、雨而晴、晴而雨的神话，都可从鲧（虹）、禹（雨）、启（霁）、羿（陟）、寒浞（天寒地冻）的本名或同音假借字剖析出故事的真相来。所有的故事，直接与农田水利有关，应该产生在农业发达的时代。换言之，旧史相传的夏后氏，应该是中国农业相当发达的时代。

根据夏、商、周三代开国以前的神话体系看，我认为商之所以能够灭夏，由于商代以半游牧半农业的生产方式征服了完全农业生产的夏后氏；一如元魏、契丹、女真起自东北征服了华北，清朝也以农战方式统一了中国。统治阶级经过了相当时期，没有不想享受的；于是大兴土木（殷墟发现宫殿遗址可以证明），刻镂文章（殷墟出土大量的珠玉象牙的雕刻，可以证明），鼎食牛饮（殷墟出土的酒器之多，鼎鬲之巨，可以证明），妻妾满堂（甲骨文所见武丁夫人之多，可以证明），把中国铜器时代的文化推进到最高点。上有好者，下必甚焉，满朝公卿大夫、侯亚侯旅跟着王室一齐享受起来，统治阶级的侈靡生活超过农工业生产的限度，政治便不能不"小大好草窃奸宄，以暴虐于百姓"，全部腐烂下来。新兴的周代，有比较进步的生产技术——牛耕；有比较进步的战争武器——临冲；用其生产新技术配合其战争新武器，加上太王、王季、文、武、周公一群智勇俱全的领袖，继续攻取，赫赫的殷商王朝，不胜新兴的压力而日趋崩溃。周代虽然以武力推翻了殷商政权，但其文化程度却远比不上殷商，所以因商民以代商政之后，大部分继承商代的文化。这又仿佛清帝国继承明代的文物制度，终于造成汉、唐之后国家第三次盛世。周厉王的暴虐，幽王的荒淫，促进宗周王朝的崩溃。所幸封建制度比较的完善，霸主还可以支柱了王朝的空架子。可是强凌弱，众暴寡，弱小的国家在"无义战"群侵略的威力之下逐渐淘汰，剩下几个大国，相互火并。那个时代社会经济制度，也有很大的变化，从大规模的集体农场（即王田、公田制度），化而为小集体农场（即井田制度），再从小集体农场进步到耕者有田（鲁国的初税亩，商君开阡陌皆是）；政治经济基础，舍弃人本的组织而以田亩为兵赋税收的单位，这是中国社会政治上一个重大的转变，总由于战争规模扩大，非铲除封建时代贵族私有的土地制度，不能应付广大的国际战争。秦国自商鞅定下了兵农分工的国策，一意以农养战，终于肃清封建制度的遗迹而建立亘古未有统一的大帝国，将古代若干种族混合成功庞大的华夏民族。从此，国土之内，但有政治革命而无种族斗争了。

可是，种族问题，在古代也很闹得厉害。殷商王朝，封建亲属子弟或王朝公卿为侯为亚，对于外族则例称为"方"，土方、𦤎方、呂方、马方、鬼方，多少涵有种族的歧视意味。周人伐商，例称商人为"戎商"，为"纣夷"，而称楚人为"荆蛮"，称徐人为淮夷，种族的歧视，一如蒙古帝国歧视契丹、女真为"汉人"，卑视宋人为"南人"。在春秋时代的文献里，犹或称吴为蛮夷，称徐为徐夷，称杞为东夷，称邾灭须句为"蛮夷猾夏"。到了战国时代，东方诸侯，依然"以戎狄遇秦，使不与中国之会盟"。种族的痕迹，所在皆是。只有姜姓诸国，与周人世代婚姻，所以亲若弟兄，如《晋语》四司空季子所谓：

> 同姓为兄弟。

> 黄帝之子二十五人，其同姓者二人而已；其同生而异姓者，四母之子，别为十二姓：姬、酉、祁、纪、滕、任、苟、僖、姞、儇、衣，是也。唯青阳与苍林氏同于黄帝，皆为姬姓。同德之难也如此。

> 昔少典娶于有蟜氏，生黄帝、炎帝。黄帝以姬水成，炎帝以姜水成；成而异德，故黄帝为姬，炎帝为姜，二帝用师以相济也，异德之故也。异姓则异德，异德则异类。同姓则同德，同德则同心，同心则同志，同志虽远，男女不相及，畏黩故也。

此说族外婚制的基本原理，而以姓别族类，由今言之：姓即种族。如司空季子说，古代的中国，是由十三个种族组成的；其最著的只有姬、姜两姓。以《春秋左传》及《山海经》诸书考之：酉，可能即仇犹，狄人也。祁，即唐杜氏，相传尧后也。纪当为己，殆即戎州己氏。任姓有铸、薛诸国。姞姓有南燕、巢、偪。衣读为殷，即商。僖，或读为厘，即长狄。惟苟与滕、儇诸姓待考。这些种姓，大抵散布在河、汝、汾、济流域，略可考见周初封建的形势，实未能尽括我国所有的古代民族。我在《九州通考》中尝说《禹贡》九州的名称，涵有古代种姓的背景，约为：祁姓居冀州，己氏居兖州，蓝夷居青州，徐夷居徐州，阳夷居扬州，芈姓居荆州，谢姓居豫州，嬴姓居梁州，姬姓居雍州。若以历史上所传的古代国家言之，则冀为陶唐氏故居，豫为夏后氏故居，青、兖为商代旧地，雍、梁为周、秦发祥地，徐多淮夷，扬属吴、越，荆州则楚国本土。夏、商、周、秦的民族宗神与其文化特征，在上文已略为概括地叙述了。在春秋、战国之际，吴、越犹断发文身，刚由石器时代突然接受中原文化进步到铜器时代。所有《吴世家》、《越世家》和《吴越春秋》所传那套先王世系，也该是史实少而神话多，因为吴、越区古代方言学尚未建立起来，我不敢妄有论列。我所知道的，是越王者召于赐，载记中或称诸咎（《纪年》），或称为召（《国策》）；句逗其夷，《越绝书》也误为句践及其子与夷二人。以此类推，所有吴、越先王的名字，《世家》、《纪年》和《吴越春秋》诸书，均已华夏语言化节译为一二字，根本不能自语言学上探寻其名字的本义；其所涵的神话，待将来再从《越绝书》、《吴越春秋》里寻探其线索吧！

现在，我要重新提示的问题，是先秦载记中插入不少的外族语言，一如《史记·匈奴传》、《后汉·西羌传》所记载的人名地名，我们决不能释以汉语。李斯《上书秦始皇谏逐客》说，秦声"歌呼呜呜"，这虽指音乐，其语音自不能不与山东诸国有轻浅重浊之别。《荀子·儒效》说得好，"居楚而楚，居越而越，居夏而夏"，此言楚、越的风俗习惯颇与中国不同也。在《孟子》则直讥楚人为"南蛮鴃舌之人"，战国时代，齐、楚异语，《孟子》书里说得最显明。上溯春秋初叶，晋惠公、秦穆公联合将西北的姜氏戎迁到伊、洛之间，时历百年，戎子驹支还说："我诸戎，饮食衣服不与华同，赘币不通，言语不达。"（《左传》襄公十四年）《周官·司寇》

有象胥，云：“掌蛮夷闽貉戎狄之国使，掌传王之言而谕焉；若以时入宾，则协其礼与其辞言传之。”象胥之官，曾见于《礼记·王制》，云：“五方之民，言语不通，嗜欲不同，达其志，通其欲，东方曰寄，南方曰象，西方曰狄鞮，北方曰译。”就是现代的翻译官。王室的朝会，诸侯的会盟，经常需要翻译，当时史官的纪录，就难免杂以外族的语言了。

　　如《左传》所见：肃慎、无终、皋落氏、廧咎如、郫瞒、铎辰、留吁、不羹、舒蓼之类的国名；长狄缘斯、长狄侨如、戎子驹支及其祖吾离、肥子绵皋、鼓子鸢鞮、苑支、及其臣夙沙釐之类的人名；皆望而知为外族语言的音译，无待烦言。《汉书·百官表》所传的秦爵二十等，若公士、大夫、公乘、彻侯等，都是承袭商、周封建制度的官爵，可以训诂学训之；若簪袅、不更、庶长、上造，可否也就字面加以解释？那就大有问题了。“簪袅”，《左传》无考。《左传》成公十三年，晋败秦师于麻隧，“获秦不更女父”，不更，似为将帅之名。又襄公十一年《传》，“秦庶长鲍庶长武帅师伐晋”；十二年《传》，“秦庶长无地伐宋”，庶长亦为将帅之名，非爵称也。若“大上造”，见于《商鞅量》及《鞅戟铭》者俱作“大良造”。良，盖犯光武帝叔父讳，《汉书》所以改称为“上造”。以商鞅之专断，官不过“大良造”，大良造应该是秦未称王以前的丞相或相邦，犹两汉时代的大司马大将军；其涵谊可能即是大将军。《左传》桓公六年，“郑太子忽大败戎师，获其二帅，大良、少良”，少良，即秦爵的“少上造”，可是《秦风·黄鸟》所“哀三良”，决是秦国的执政官三帅。换言之：《左传》所见戎狄诸国的官名，也都是音译，颜师古注《汉书》，完全以汉语诂秦爵，那就大错而特错了！先秦语言学方在草创，在此，我敢提示：在《诗》、《书》、《左传》里，除了猃狁、渠搜、析支、肃慎一类专名必然的为外族语言外，就是职官、器物、成语等也掺杂不少的外族语言在内，还待我们仔细地分析。不但语言如是，在字形方面，有无窜入外族的新字？也还值得我们注意。钟鼎刻辞，一般人已可断定其区域与时代了。可是卣铭曾经发现这两个怪字：邘 𢦏，载《三代吉金文存》十二卷四四页。器原藏于清热河行宫，不知何地出土？形制朴素，不施纹饰，铭文则尤奇诡，不合六书。假使这两个字，不是伪刻，也不是剔误，应该同契丹文、西夏文或日本文一样看法，可能是外族模仿中国古文而创制的新字。这两个字，假定不是古董商伪刻，决不平凡。

　　在古代，戎狄与华夏，虽然是“言语不达”，而《诗》、《书》、《左传》里却不免外族语言掺杂在文中。因此，我相信荆楚文化的本质，接近婆罗门教，故以火神吴雷（即吴回）为民族大神。胁生的故事，肉袒的仪式，绝地天通的神话，在与中国传统思想不合，而近于印度。因此，楚左史倚相所能读的《三坟》、《五典》、《八索》、《九丘》，与婆罗门教徒所传诵的经典绝对有关。据我的观察，《楚辞·天问》起首那段宇宙本源论出于《三坟》；《三坟》为名，正是三《吠陀》（Veda）音译。《五典》，我认为即楚国的《祭典》、《训典》、《令典》、《鸡次之典》、《文王之典》，非五帝之书，这是可以确定千古之疑的。《八索》，就是八法，惟楚文王作《仆区之法》，与《庄子》所引《法言》约略可考，他则不可知了。《大荒海内经》云："有九丘，以水络之，名曰陶唐之丘，有叔得之丘、孟盈之丘、昆吾之丘、黑白之丘（疑当为黑齿）、赤望之丘、参卫之丘、武夫之丘、神民之丘。"这个九丘，陶唐可以比拟冀州，昆吾可以比拟豫州，余则虽可比傅《禹贡》的九州，终嫌论证不足，我所以在本书《吴回考》篇中直以《九丘》为《九歌》，屈原仿《九歌》作《九章》，宋玉也仿之作《九辩》。《离骚》曰："启《九辩》与《九歌》兮，夏康娱以自纵。"《九歌》盖是很古的《祭神曲》，本是巫祝传家之学，而倚相也能歌诵之，所以楚灵王特别赞美他。

本书《论炎帝太岳与昆仑山》篇，也是论中、印两大民族古代文化常相交通的。《山海经》与《淮南子》所传昆仑山神话，证以印度古地志如《世记经·阎浮提品》所说须弥山王故事，无不密合；且南方天王毗娄勒（Virudlaka），在《五藏·西山经》中则译为"槐鬼离仑"，这也是华夏古代语言中早杂有印度语系的有力证明，自然不容吾人否认《山海经》中不杂有若干外族语言及其神话了。我所以说昆仑一名西俞，西俞即须弥卢对音。

昆仑，西域诸胡语言之天山也。在殷墟卜辞则尊为"高祖岳"，在《诗经》、《左传》里则称为"太岳"或"四岳"，岳字本义像燔柴祭山形，所以卜辞往往用作祭名，如：

　　　壬午卜，岳来于蠋叔岳于三户。（《后》下、三六、三）

　　　岳于南单。岳于三门。岳于楚。（《粹编》七三）

凡此岳字，决是燔柴祭山之谊，即《尧典》所谓"至于岱宗，柴"也。因燔柴于山故事初演而为山下有火，再演而为"火山为岳"，岳的神话，遂与须弥山王一致。岳字本像"山下有火"形，可是由于古文篆变，往往误山为火，岳字也就很容易讹炎字；所以春秋以后的文献，又由太岳讹传一位炎帝来。姜姓诸侯初祖太岳，后又祖炎帝者，其故在此。我在《论五帝篇》尝说帝喾一名，由太岳讹来。太岳本姜姓民族宗神。姜姓、姬姓由《晋语》司空季子说，血缘相近，世通婚媾，《帝系》与《周本纪》以帝喾为姬周的始祖，勉强可通；若因殷人有祭"高祖岳"之典，而认《殷本纪》"简狄为帝喾次妃"说为可信，那更牵强了。古代民族，各有大神，以山神为上帝，说始于印度的须弥山王；传于西羌曰昆仑山；入于中国曰太岳，曰炎帝，曰帝喾；其名号不同，其神话实为一贯。因此，我认为关于山神的神话，多半由西北方面各民族自印度输入中国的。

中国与西南亚洲的交通，人皆知由公元前138年（汉武帝建元三年）张骞出使西域始。张骞出使，虽由今新疆北路出国，南路还国，完全走的西北国际路线；然他在大夏国却因蜀布邛竹杖而又发现西南国际路线，这是中西文化交通上极重要的发现，也是我论昆仑山神话来自西北，火神吴雷神话来自西南的两个重要的根据。至于《孟子》佚文尝称"禹生石纽，西夷之人也"（《史记集解》引），不过证明西羌也以虬龙为雨神。在本书《禹平水土本事考》中我已说明禹的神格，因祷雨山川而变为山川之主；因农业社会需要水利工程而变为沟洫之神与农神；一如苏美尔人所祭恩利尔神格的变化。由古器物学证明，仰韶文化与巴比仑的古代文化正是一个系统，那末，禹的一切神话，也有传自苏美尔人的可能。

东海圣人，西海圣人，人同此心，心同此理，在遥远的距离，环境相同的地理情况之下，可能产生同样的文化，这派文化独立创造论，我决不反对。然而，人类的交通，在游牧社会一定要比农业社会方便得多，这也有不可否定的事实在。汉武帝伐匈奴，可以打到"幕南无王庭"，不能屯军于阿尔泰山之外，然而中国的败将北匈奴可以横绝亚洲大陆跑到东欧建立匈牙利帝国。以唐太宗的雄才大略，善于恩威并济，绥抚四夷，不能一战而服高丽；然而成吉思汗和他的孙子拔都，可以攻城略地，侵到中欧，建立金帐汗国。张骞、班超、苏定方、王玄策之流个人的英勇才智，决不在拔都之下，可是他们的功绩总不如拔都的辉煌；这不是国力不逮，而由于所凭借的武装和交通工具迥然不同。

生长在农业社会的人，受着播获有定时，耕殖有定地的影响，人们都像禾苗一样地生根在固定的土地上，不轻易背弃乡井，云游四方，从小就养成"安土重迁"的观念；即使远游丧生，也以归骨祖宗丘墓为落叶归根，所以又产生一种"狐死正丘首"的思想。孔子说："父母在，不远游，游必有方。"由于这个有名训条，把国人的足迹束缚在本生土地之上更紧；而天赋人们的冒险精神，在"知命者不立岩墙之下"的教条涵泳之下，更其消蚀无余了！至今，我们民间尚流传"久不离乡是贵人"的口号；加上历代保守派的政治家反对拓土开边，历代反战派的诗人尽力描写塞外戍卒的悲惨生活，国人畏惧远征的情绪，遂弥漫到每个社会的角落里。汉、唐之盛，远征的范围，总赶不上匈奴、蒙古的广泛，盖以交通工具，牛车追不上马力也。

匈奴人、蒙古人，一向以马上为家，逐水草而居，地理环境相当的限制，他们长期过着游牧的生活。游牧者，肉食酪饮，而衣兽皮，他们衣食的原料尽是可驱遣而行的家畜或野兽，用不着仓贮车载而行；住在帐幕，可与人们同载在马背上。总而言之，游牧者的生活，衣、食、住完全属于动的。动力最强的马，用以代步，他们只要能组织成强大的军队，而不遭遇更强大的阻力，便可自太平洋西岸驰逐到地中海东岸，不受粮食的影响，也不受山川的限制，任意远征到他们所向往的区域。匈奴帝国、突厥帝国，以及蒙古帝国所以能纵横世界者都因为游牧生活，附以动力最强的马力交通工具。

史前时代人群的生活，多半是马上为家的游牧者，他们的踪迹，决不能拿我们农业社会固定生活方式去追想。史后的农本国家，倾其全力远征，所届不过到大宛为止；而诸游牧民族可以远征到欧洲，犹有余威。张骞西征以前，自由商人可以将蜀布邛竹杖爬山越岭打通西南的国际路线输往印度、大夏，自然不能阻止印度的古代宗教思想假国际贸易路线输入中国的西南部。即以张骞西征言，西域各国能将他传送到大夏，也就不能阻止中亚各国将埃及、巴比仑、希伯来诸国的古代文化自西方传送到东亚来。我的朋友孙道升先生告诉我，十字架在周秦时代即已输入中国，起初，我认为不可能。现在，我考定了商代的"高祖上甲"，本是日神，也是天神；这位天神，甲骨文正写成十字架形。以十字架象征上帝，我不知道世界宗教史家已经追溯到什么时代才开始？就中国古代史籍记载看，公元前一千六七百年左右，成汤建立殷商王朝的时代，就以上甲代表上帝，是中国之以十字架象征上帝远在希伯来之前。就地下史料的直接证明看，我认为上帝之作十字架，可能是自殷商王朝传入西亚的；一如印度历法知有"闰月"，在战国时代受了中国文化的影响。秦、汉以前，中国文化可以源源不绝的输入亚洲西南部；西南亚的民族文化和各种宗教思想自难拒绝其输入中国。我相信古代民族文化的交流，完全以游牧者的马蹄为媒介，决不能拿秦、汉以后国人安土重迁观念否定中国古代文化曾受外族的影响。

《左传》隐公八年有云"天子建德，因生以赐姓"，姓的不同，就是种族的不同。通检《诗》、《书》、《左传》、《国语》、《世本·帝系》，证以卜辞金文，两周时代的著姓，约如下列：

（1）姬姓——祖姜嫄，有周、鲁、卫、晋、大戎等数十国。（《晋语》云祖黄帝）

（2）姜姓——祖太岳，有齐、吕、申、许、姜氏戎诸国。（《晋语》云祖炎帝）

（3）祁姓——祖帝尧，有唐、杜、房、鼓诸国。

（4）姚姓或妫姓——祖帝舜，有陈、遂、虞、卢戎诸国。（《左传》云祖颛顼）

（5）姒姓——祖禹，有杞、鄫、褒、州来诸国。

（6）子姓——高祖夔，有宋、萧、戴、谭诸国。

（7）芈姓——祖吴雷，有楚、夔诸国。

（8）己姓——祖郐安，有莒、苏、温、董诸国。

（9）曹姓——祖陆融，有邾、郳诸国。

（10）妘姓——有鄅、邾、偪阳诸国。

（11）姞姓——祖伯鯈，有燕、巢、密须诸国。

（12）妊姓——祖奚仲，有薛、铸诸国。（《周本纪》云黄帝后）

（13）风姓——祖太暤，有任、宿、须句、颛臾诸国。

（14）嬴姓——祖少暤，有秦、徐、江、黄、梁、淮夷等。

（15）偃姓——祖皋陶，有英、六、群舒。

（16）彭姓——有彭祖、豕韦、诸稽等。

加上嫚姓的邓国，漆姓的防风氏，嫘姓的㳅国，隗姓的群狄；其著者不过二十余族。每个种姓，各有大神，以为其民族先祖。因为封建时代有"灭其国不绝其祀"的传统习惯，商灭了夏，依然要祭鲧、禹；周灭了商，依然要祭夏、商两代的高祖先帝；楚灭了陈，依然要祭颛顼或舜；民族的大神，跟着种姓的混合，由附祀而并尊，由尊而别其昭穆，或降为君臣。等到战国诸子出来，依据昭穆君臣的关系再造成《帝系》、《世本》一流的古史系统，于是羌族的大神"大岳"，语讹为帝喾，又变为商、周两族的始祖；子姓的民族大神"高祖夔"，语讹为舜与颛顼，又变为陈国的始祖；楚国灭陈，又将颛顼加到吴雷之上，而有"帝高阳之苗裔兮"新说。于是各族神话的内容，受了种姓混合的激荡，互相影响，往往变了质。幸而殷商一代的新史料，层出不穷，让我们自其语言文字中探寻出"先帝"和"高祖"的真相；再就史后的各外族所流传的各种神话，以比较周、秦和夏后氏开国以前的祖宗世系，都与神话有关；更让我们自各种神话的体系，探出各族的原始生活形态来；这是建设古代民族文化史一种必要的工作。

以语言文字剖析古代民族分合之迹，也是现代史学界所共同采取的一种必要的方法。欧洲汉学家之于西域史、南海史，日本汉学家之于东胡民族史及辽、金、元史，都全力从各族语言研究起。今日通行的国语中，涵有满洲、蒙古、印度、突厥各族的辞语，一时尚无暇分析出来，我在本书里贸然指出昆仑、陆浑、西俞、三涂，都是西羌语系；吴雷、三坟、道、一，皆印度语系，甚至于指契丹语的西楼、东楼，为夏后氏辞语的遗存。由拘儒视之，当然不免訾为"怪迂之论"；在纯语言学家看来，必有"无征不信"之议。然而，自比较语言学分析郊禘祖宗报一流先帝高祖的原始神格来，再证以各种姓的辗转迁徙之迹，我相信中华民族的成分，在先秦时代，是：

陶唐氏偏向汾水流域发展，可能是北狄族。

夏后氏偏在伊、洛、嵩高区域发展，可能是中原旧族。

殷商初沿着漳水流域向海滨发展，后乃迁居河内，可能是东胡族。

周人由陇坻沿着泾、渭流域发展，可能是氐族。

秦人也是沿渭水东下的，可能是氐族的另一支。

姜姓由瓜州东进，初为申、吕，后为陆浑，显然是羌族。

荆楚雄据长江中游、两湖盆地，后渐东侵淮、海，可能是雅利安族。

淮、海之间的淮夷，以及江南的吴、越，断发文身，可能即今疍户先祖。

巴、蜀区域所流传的神话有杜主、鳖令，可能与夏后氏同族。这是按着神话的演变和各个种姓的活动区域，剖析古代种族的初步结论。将来如何补苴修正，以成定论，敢以待诸人类学家。

自从1934年开始整理古史中的世系问题，发表《由陈侯因咨镎黄帝论五帝》之后，继续研究神话问题、民族问题，很想将明堂五帝及五帝佐所以构成的系统作全面解释。因为生活不能安定，虽有所得，无从下笔。1937年冬青岛将沦陷的前夕，我带着几本破书流亡到上海，住在青年会宿舍。闲着无事，走到西藏路大庆里的中国书店翻阅《殷契粹编》，发现舞雩的霖字，因而写成《禹平水土本事考》的初稿。明年春天，间关香港，流亡汉口，再走重庆，孑然一身，无书参考。冬，受中英庚款董事会聘，往川北三台东北大学讲学。明年春天内子由上海带到了工作所需最基本的书籍，于是修订《吴回考》，又继续写《九州通考》、《新殷本纪》诸篇。以后在三台成立了一个小型研究所，买了几部极普通的史籍，借到几部丛书，以编辑

《历代艺文志》（即《中国图书志》）为课题，在兵荒马乱之中，一方面读书，一方面整理书目。1940 年夏天，将我们的工作计划和研究成绩仓卒之间刊成了《史董》第一册。此时，我正埋头工作，期望完成这部《民族与神话》史稿，不幸，七月十日，大队敌机集中轰炸此一不设防的江城，死伤者千人，街市毁灭了一半，我的寓居亦遭殃及。从残瓦败墙中检点积稿，虽无所损，然写作的兴趣，因之大减。寻即迁居西郊灵峰寺下，以避警报的威胁。集中力量，写《商周金文集成》。总因为僻居川北，专门书籍不备，有时连眼前的经籍也读不到，一切工作无从积极进展。

小型研究所由停顿而解散，我也跟着今年城固、明年重庆、后年三台，又成都，辗转川陕、成绵道上，个人的工作完全停顿了。然而，在西北大学得见何乐夫教授所藏的大量金文书籍，在中央大学从商锡永教授处得借到若干甲骨文书籍。1945 年春天，到了齐鲁大学研究所，才读到战前出版的卜辞书籍的全部；又承蒙文通、徐中舒两教授出其公私所藏的金文书籍，尽我抄录；我在三台所写的各类文章，陆续补充，方成定稿。然本书主要的几篇文章，如《明堂五帝论》、《五行考原》、《蚩尤考》、《星空神话与商周历算学》，材料虽然搜集很多，总因为专门的新材料不能集中手边，等到时过境迁，个人学术的兴趣又转到《商代地理与氏族》方面，这部旧稿，就一搁七八年。

这部集子是前在中央研究院历史语言研究所《集刊》及齐鲁大学国学研究所《学报》所发表的几篇论文，加上禹、鲧、句芒、蓐收、后土等不曾发表过旧稿，集为《古代神话与民族》，虽然不曾构成完整的体系，至少可代表我对于史前时代帝王世系的一个新见解。尤其是，希伯来教以十字架象征上帝，我认为渊源于殷商的"高祖日甲"，这或者是值得世界宗教史学家重新考虑的新问题。

总而言之：在史前游牧时代，世界文化的交流，远比我们农业社会人所想象的为利便。雅利安族的火神输入荆楚为吴雷，西羌族的山神输入中土为昆仑、陆浑，又何怪殷商的民神大神日神上甲输入希伯来而为原始基督的上帝？因此，我绝对相信东西文化的交流，不自张骞凿空始。

1948 年 6 月 12 日丁山志于青岛

本文系已故丁山遗著《古代神话与民族》一书的自序。该书写作于 1948 年 6 月，作者生前未能出版。顾颉刚先生的研究生王煦华在整理顾先生遗著时发现了丁山这部遗著，并代拟题《从东西文化交流探索史前时代的帝王世系》发表在《文史》1985 年第 28 辑上。丁著《古代神话与民族》由商务印书馆于 2005 年出版。

读《山海经》杂记

吕子方

吕子方（1895—1964），四川巴县人。著名科技史专家。1951年写作《读〈山海经〉杂记》，10万字，39则。1983年中国科学院成都分院整理吕子方专集《中国科学技术史论文集》（上、下册），由四川人民出版社1984年出版。

一、总的看法

《山海经》这部书，相传由来古远。其中记载的材料多为人们所称述；我国古代的学者们，不论是写文章，还是吟诗、作赋，动辄都用以作为高雅的典故。其影响之大，可见一斑。

为什么《山海经》在人们脑海里有这般大的魅力呢？

我以为主要是：第一，材料得之上古，比较可靠；第二，内容丰富，可备各家采择。这部书涉及面广泛，诸如历史、地理、生物、矿产、医药、天文、历法、气象、占验、神灵、祀神的仪式和祭品、帝王的世系及葬地、器物的发明制作，以至绝域遐方，南天北地，异闻奇见，都兼收并录，无所不包。可说是一部名物方志之书，也可以说我国最早的类书。虽然其中夹杂着一些神话和传说，但更多的是上古社会的实况记录，它反映了我国某个时期某些地区氏族部落的文化概况，史料价值极大。

现存的《山海经》远非最初的模样，它的成书有一个漫长的发展过程。最早，它可能是某地区的氏族部落在一段时期的文化记述，后来随着社会发展和文化交流，传入其他地区，其他地区的人吸取了其中的精华，加进本地优秀的文化资料，补充了原书的不足。随着文化交流的频繁，《山海经》越传越广，内容越加丰富。但是，粗陋的方言土语与致密的文采辞藻错杂其间，文字风格前后迥然不同，加之年代久远，简册错漏，不免存在一些舛讹难懂的辞句。尽管如此，后人仍然代代相承，竟将书中的许多资料当作可信的典故引用；从先秦到两汉，许多著名的思想家、文学家均不例外。

《山海经》这部书的性质如何，已往议论纷纷，莫衷一是。古代且不说，就近代而言，张之洞的《书目答问》就将它列入古史类，王庸的《中国地理学史》则称它是远古时代的地理书，凡此种种，真可谓是仁者见仁，智者见智，各人注意的材料不一样，着眼点不同，看法也就迥异了。

与此同时，也还存在着另一个问题：《山海经》里的材料与所谓北方的《左传》、《国语》，南方的《庄子》、《离骚》、《吕览》、《淮南》以及汉代的某些作品，内容相同之处甚多，是否古代本来没有这本书，或者虽有，但其中的神怪之事是后人掺入的呢？持这种怀疑态度的大有人在。

　　例如杜佑的《通典》就说："《禹本纪》、《山海经》不知何代之书，恢怪不经。夫子删诗书后，尚奇者先有其书。如诡诞之言，必后人所加也。"胡应麟说："……故余断以为战国好奇之士，取《穆王传》，杂录《庄（子）》、《列（子）》、《离骚》、《周书》、《晋乘》以成者……"陈氏《宋人书目》说："洪庆善补注《楚辞》，引《山海经》、《淮南子》以释《天问》。而朱熹则曰：古今说《天问》者皆本此二书，今以文意考之，皆缘解《天问》而作，此可以破千载之惑"云云。这里，朱熹和胡应麟都认为《山海经》是后代的人将散见于古籍中的一些材料凑合而成的。杜佑虽承认古代早有此书，但其中怪诞之事却为后人所窜入。

　　我以为不然。

　　《山海经》如果确系后人搜辑了各种古籍中大致相同的材料，凑合附会而成，那么，搜辑时必然有个目的，有个底本。试问，他们的底本又何在，目的是什么？而且这部书的内容如像山川（地理）、祀神（雏形的宗教）、日月出入的山（定季节）、占验（与气候、农业有关）、铜铁（与造工具有关）及医药、动植物等等，无不与人民生活息息相关。如果是虚构、是赝品，不用说后代的人，就是汉代人写文章为什么都当作典故引用呢，岂非咄咄怪事。

　　大体说来，《山海经》是以山系为主干展开的，但所述的山系虽有所次序，却不很系统，且掺杂着神怪之事。以人类文化进展而言，原始社会总离不开神话，常讲许多近似荒唐的怪事、怪物，而且文辞粗野简陋，有时用方言土语，一大串文字组成一个词儿，前文后语缺乏条理；这是可以肯定的。后来，人们的思维发达了，知识丰富了，由神话而半神话，逐步脱离了神话，文辞由繁芜而变为精粹，由粗俗而变为高雅；这也是可以肯定的。如用《庄子》、《离骚》、《吕览》、《淮南》等书与《山海经》相比较，同一个故事前者就写得精练得多，文雅得多了。至于屈原的《天问》，连观点也全然变了，不但不信天，反而疑难起天来了。说明，随着文化的发达，人们已能摭取古书里朴质的材料，予以加工提炼，写出新的作品来。在这种情况下，战国或稍晚一点的某些人，不继续前进，反而附会凑合些粗陋的材料编成一部《山海经》来，岂不是开倒车？显然是不合情理的。朱长春在《管子注》中说得好："不揽《天官》，不知天之变也；不读《地员》，不知地之变也。《山经》简而穆，志怪于恒，上古之文也。《地员》博而奇，衍恒于怪，中古之文也。"而杜佑所谓先有其书而奇怪之事乃后人所加的说法，不符合人类文化发展的进程，恰巧说反了。

　　战国或秦汉之交，离东汉时间不远，如果那时的人造假古董，总会留下一些痕迹。这些痕迹如因时代久远消灭殆尽，不为现在的人们所知晓，那么在东汉时候，总有一些会被王逸所识破，而王逸注《楚辞》却屡引《山海经》。然则王逸竟将假古董去注解真古董，岂不又是一大怪事？再如东汉的唯物主义者、启蒙思想家王充，他的《论衡·别通篇》有"董仲舒睹重常之鸟，刘子政晓负贰之尸，皆见《山海经》。……董、刘不读《山海经》，不能定二疑……"的话。王充为什么不认为《山海经》是后人辑录古书所伪造，反而肯定它是古代传下来的真实记录呢？

再则，王逸《楚辞章句》还说，屈原的《天问》是在楚国先王庙中看了壁头上许多奇怪的故事画之后写成的。这里的所谓故事，除口头相传的以外，当然还有一些记载，根据记载，画师才能画出故事画来。这一点古今皆同。没有固定的文字记载作为根据，是无法成功地完成一套故事画的。那么，楚国先王庙中的壁画是依据什么为脚本呢？我以为就是《山海经》，如若不然，又是什么呢？所以，是屈原的《天问》取材于《山海经》，而不是《山海经》缘解《天问》而作。《山海经》是楚国先王庙里壁画的脚本，这一点，我在后文《〈庄子〉、〈离骚〉与〈山海经〉的关系》一节里还要详谈。

当然，最早的《山海经》与现传的版本不完全一样，正如前面所说，它掺入了后人的材料。但后人所添的是比较系统、完整，比较致密、文雅的东西。而书中那些比较粗陋艰懂和阔诞奇怪的东西，正是保留下来的原始社会的记录，正是精华所在，并非后人窜入，更不能因此而怀疑和否定《山海经》有原本，以至贬低它的价值。

《吕氏春秋》里用了很多《山海经》的材料，这部书是吕不韦聚集了大批的学者共同撰写出来的，这些学者来自东西南北，搜集了丰富的材料，并非孤陋寡闻，更没有证据说他们是臆造。而且这时距屈原之死最多不过五六十年。除非《天问》传世以后，立刻就有开倒车的好奇之士著出一部《山海经》来，而且迅速传播，方能为吕不韦的门客们所采用，否则，就只能承认先有《山海经》而后有《天问》，更不用说《吕览》、《淮南》等书了。谁都知道，当时没有今天这样的印刷、交通和传播工具，粗笨的竹简木策不可能那么迅速广泛地流传。

《家语·执辔篇》说："子夏曰，商闻《山书》曰，地东西为纬，南北为经……"可见在《家语》成书时人们已承认《山海经》是一部地理书了。《史记·大宛列传》说："……至《禹本纪》、《山海经》所有怪物，余不敢言之也。"司马迁只说他不懂《山海经》里记的"怪物"，并未否定《山海经》的价值，也未说明《山海经》的由来。吴任臣的《读山海经语》辨析了《天问》和《山海经》的关系："周秦诸子，惟屈原最熟读此经。《天问》中如'十日代出'、'启棘宾商'、'枭华安居'、'烛龙何照'、'应龙何画'、'灵蛇吞象'、'延年不死'，以至'鲮鱼魃堆'之名，皆原本斯经。校勘家以《山海经》为秦汉人所作，即此可辨。"

根据上述理由，我认为《山海经》是我国留传下来最早的一批文化资料，虽然原书不全同于现在的版本，历代有错漏增删，但最低限度，其主要材料也是传自战国以前，不然是说不通的。

（以下有删节——编者注）

二、《山海经》：以山为主的南西北东叙述

当原始社会由狩牧业进入农业的时代，分布在大陆地带的人类总是先住在山上，以后逐渐移至山谷，又逐渐进入平原。那时无所谓交通，人们的活动大多局限在山区及其附近地带，因而对于哪些山与山相连，某些岭与岭相接，以及各山各岭有何出产等等，情况是比较熟悉的。兼之人们迷信神，认为既然神与人不同，他的住所必然是人迹罕到之地，这就联想到树木丛生、虎豹为灾的大山顶，以为那里一定住着主宰人间吉凶祸福的神灵（沿海的人则以为神住在渺远的岛上），因此常常登山越岭前去祷祭，沿途所见所闻甚多，这些见闻，起初是口头相传，慢慢地也就有那些聪明之人将这些见闻记录下来，传播于世间。这些记载必然是以山脉为主体去叙述，应该说这是最古的文化资料了。

再则，拿转圈子来说，只有两种转法，即左转与右转。如关于天的叙述，《吕览》、《淮南》按苍天、变天、玄天、幽天等以及角、亢、氐、房、心、尾、箕、斗、牛等二十八宿的顺序。即由东北而西南，属于右转。而《史记·天官书》则采取左转法，即由东南而西北的次序。至于对地面的叙述，《吕览》的"八风"称东北叫炎风，东方叫滔风，东南叫薰风等等，属于东南西北的左转方向。《淮南》述"九州"则说，东南叫神州，正南叫沃州，西南叫戎州等等；其所称的"八风"则同于《吕览》，也是采用东南西北的左转方向。

《山海经》叙述各山的出产等物，以山为主向左转的顺次，这是有缘故的。在距今三四千年前，北斗星靠近那时的北极点，旋转于天空是不落土的，即不落在地平线下，却类似时钟按东南西北的方向旋转。当时，人们经过长期的观察，对此印象极为深刻，认为地上的山系也应像北斗星一样的左转，即是说《山海经》按左转的叙述法，表明它是原始文化的资料。

再如《禹贡》。它在叙述了冀州及各州的土质、田的肥瘠、赋贡的等次以及各地的特产、贡物之后，接着说："导岍及歧，至于荆山。……熊耳、外方、桐柏至于陪尾。导嶓冢，至于荆山。……过九江，至于敷浅原。导弱水，至于合黎。余波入于流沙。导黑水，至于三危，入于南海。导河积石，至于龙门。……同为逆河，入海。嶓冢导漾，东流为汉。……岷山导江，东别为沱。……东为中江，入于海。"从《禹贡》这段记载看来，这时人类的交通已经相当方便了。它从北条的北境、南境叙述到南条的北境、南境，并将各条山脉相应的江河也夹叙得一清二楚。从地理学的观点看来，这种写法比单纯地叙述山脉是一大进步，而且所叙述的范围也广大得多。它以冀州为主旁及各地。当然，它的重点是详述了贡物（即当地的出产），这是我国古代将要形成大一统国家的思想反映，在原始部落时代是不会有这种写作意图和叙述方法的。由此说明，《禹贡》是文化比较发达以后的一部所谓官修典籍，好像现代的志书一样，是各省、各县官方组织力量修撰出来的。它既记载了本地的山川河流、地形、人事，又有父老的传闻轶事。而《山海经》却是最古老的民间记

载，它比官修的《禹贡》要早些。

《山海经》以山为主，按左转的方向叙述，但不提东南西北，而是以南方为首位，从四川的招摇山谈起，这是一个重要的特征和线索。经文的第一卷《南山经》开宗明义就说："南山经之首曰鹊山。其首曰招摇之山，临于西海之上……"我认为一个人著书立说，总有一个重点，要是叙说地理地形，重点常常放在他所居住过的、最熟悉的地方。在古代交通不便的情况下，尤其如此，这就是所谓地方性或地方色彩。例如孔子是鲁国人，对鲁国情况最熟悉，他修《春秋》即以鲁国为主，取鲁国的材料最多。而《山海经》的山经和海经，都是按南西北东的次序排列，以南方开头，又首叙四川的山。大而言之，可以说这种排列法是南方作品的特征；小而言之，是古代蜀国作品的特征。（拙著未发表的《五天廷》一文，详细探讨了招摇山上应招摇星，是蜀国的山名。）

为什么最古老的《大荒经》却按东南西北的次序叙述？这是因为：古代一段时间用木块竹简成书，串联简册的韦编容易断裂，难免常有错简乱简的现象。而《大荒经》在某个时期次序混乱了，整理的人见《吕览》、《淮南》叙地下事物都按东南西北，故尔也按东南西北去编排，并未考虑以南方为首的最早的意图，这是后人的错误。《大荒经》的本来面目应该是南西北东，因为其他各经都是采用《大荒经》的材料敷衍发展而成，或者说是在《大荒经》的基础上衍生出来的。各经都是从南方叙起。《大荒经》从南方叙起，应该说是毫无疑义的。

吕子方于 1951 年写作《读〈山海经〉杂记》，共 10 万字，39 则。本文节选自吕子方专集《中国科学技术史论文集》下册（中国科学院成都分院自然辩证法研究室整理，四川人民出版社 1984 年版）第 1 则《总的看法》、第 13 则《以山为主的南西北东叙述》。

台湾及东南亚的同胞配偶型洪水传说

李 卉

李卉，女，人类学家、民族学家、神话学家。20 世纪 50 年代毕业于台湾大学人类学系，1955 年曾在凌纯声带领下，随李亦园、任先民等人类学者到台湾屏东来义乡做排湾族的调查研究，后与张光直到美国哈佛大学深造，在哈佛大学东亚系任教。《台湾及东南亚的同胞配偶型洪水传说》一文发表于《中国民族学报》（台北）1955年第 1 期。

一、引 言

在世界各地的民族中，皆有相类似的洪水传说（the Great Flood or Deluge），如南美智利 Araucanian Indians 的洪水传说云：“当洪水泛滥时，人类逃到 Theg-Theg 山的三个突出水面的山峰上，洪水退后子遗遂繁生人类，遗传后代。”又说：“我们自己就是那子遗的后人。”[1] 可为代表。而东南亚的洪水传说则具有一种特殊的形式，芮逸夫师早在《苗族洪水故事与伏羲女娲的传说》中指出[2]：

> 以上这些洪水故事，都是大同小异的兄妹或姊弟配偶遗传人类的神话。依巴林高尔德（S. Baring-Gould）氏的印欧民间故事分型的方法，我们可以把这些洪水故事与前述苗族洪水故事归入同一种形式的故事，而称之为“兄妹（兼指姊弟）配偶型”的洪水故事。这种形式的洪水故事的地理分布，大约北自中国本部，南至南洋群岛，西起印度中部，东迄台湾岛。

芮师将所采集的苗族洪水故事及东南亚其他民族的与之相似的洪水传说定名为“兄妹（兼指姊弟）配偶型洪水故事”。即自普遍于世界的洪水故事中别立一型。

去年年初台湾大学考古人类学系组花莲阿美族考察团，调查花莲南势阿美族；在这种东部海岸平地居住的阿美族中，采集了一则姊弟配偶洪水传说（见后文所引），特别引起笔者的注意。此一“姊弟配偶”的洪水传说与芮师所记苗族洪水故事比较后，我们可以看出这一类传说之可以作进一步分类研究的可能性。因此笔者想把东南亚兄妹配偶型洪水故事作更进一步的民族学的研究：察其分布，将其作一

---

[1] 参看 L. Spence, *An Introduction to Mythology*, London, 1921, pp. 138-157, 37, 310-311。

[2] 芮逸夫：《苗族洪水故事与伏羲女娲的传说》，载中央研究院历史语言研究所《人类学集刊》1938年第 1 期，第 191 页。

分类比较，并求其源始，以及其形成的经过。

本文所以采用"同胞配偶型洪水传说"的名称是因为：洪水故事的传说虽遍及世界各处，但"同胞配偶型"的洪水传说却是在东南亚区域的一个特征。然而，在东南亚各区中这类传说中的人物，有的是兄妹，有的是姊弟；二者之不同，也许正表示着某种意义，或不宜完全忽视，故用"同胞"一词以包括"兄妹"与"姊弟"。在后文中作个别的故事叙述时，自然不能以此笼统的两个字表示，必需冠以明确的称谓。

本文以《台湾及东南亚的同胞配偶型洪水传说》为题，乃是因为东南亚其他各地的资料中，同胞配偶型洪水传说似不多见，而在台湾土著民族的洪水传说中，其属于同胞配偶型者既多，其类型亦最为完备。而事实上，单从台湾的资料中似已可能解决本文之问题。且台湾土著民族的资料未经学者充分用于此一问题的比较研究；故本文的叙述，亦尽量地举出台湾土著民族的这类洪水传说为例。在"同胞配偶型洪水传说的来源及形成"一节的叙述中，亦多数引用台湾土著民族的传说来说明。

二、同胞配偶型洪水传说的地理分布

据前文芮师所云兄妹配偶型洪水故事的地理分布，大约北自中国本部，南至南洋群岛，西起印度中部，东迄台湾岛。芮师又主张[1]：

> 这个区域也许是可以划成一个"文化区"（Culture Area）的，似可称之为"东南亚洲文化区"，形成这个文化区的"文化复质"（Culture Complex），现在虽不能一一确指，然兄妹配偶型的洪水故事，至少是组成这个文化区的一种"文化特质"（Culture Trait）。

地理分布不受一文化的时间与形式的限制，而只是指空间上的区域，即指东西南北所及之地区而言。据凌纯声师的主张[2]："东南亚一名词，在地理上可有广狭二义：狭义的仅指亚洲大陆东南的中南半岛，及马来半岛而言，广义的系包括东印度群岛及菲律宾等地在内。但在民族学上欧美学者所称东南亚古文化，其所指的地域系广义的。"又主张："东南亚古文化的分布，北起长江流域，中经中南半岛，南至南洋群岛，在此广大区域中又可分为三个副区。一大陆区，二半岛区，三岛屿区。"大陆区系指中国南部大陆；半岛区系指中南半岛，即印度支那半岛；岛屿区包括东印度群岛，即印度尼西亚群岛。[3]

以凌师所主张之东南亚区域的界说来看同胞配偶型洪水传说的地理分布，大致

① 芮逸夫：《苗族洪水故事与伏羲女娲的传说》，载中央研究院历史语言研究所《人类学集刊》1938年第1期，第191页。

② 凌纯声：《东南亚古文化研究发凡》，载《台湾新生报》副刊《民族学研究专刊》1950年第3期。

③ 凌纯声：《东南亚古文化研究发凡》，载《台湾新生报》副刊《民族学研究专刊》1950年第3期。参看凌纯声：《记本校二铜鼓兼论铜鼓的起源及其分布》，载《台湾大学文史哲学报》1950年第1期，第30、38、42页。

如后所述。

（一）大陆区　本文所指即中国南部大陆及沿海岛屿（包括台湾与海南二岛）。兹分别列述于下：

1. 台湾：在台湾土著民族中同胞配偶型洪水传说的分布甚为普遍，实不胜一一枚举，现仅就其代表不同类型的举出一二，其余有此型传说的各族诸社，以及其所有的此型传说皆列入附注。

（1）平埔族　Pazeh 族的同胞配偶型洪水传说①："以前，我们的始祖叫 magiawas 的，从天宫降下，住在台湾中央的平地，子孙繁荣；后来，大洪水忽起，山川草木都沉没于水底，人畜皆死。然而有 magiawas 的直系子孙姊弟二人，姊名 saboŋgakaçi，弟名 vanakaiçi，他们幸免于死难，漂到 tspʻoudzalaiues 山顶上。约六日许，大水退却，他们便下山卜居于山麓之丘地，其地名 pʻaladan，不久又到平地上建立部落，该地即名 vavao wa lutslu（上之村之义）。然后，姊弟相婚生有二子，他们将二子身体裁成数片，并将各片吹以气息，遂各成为优秀的青年人。这些人被叫做 vavaosal（上邑之人义）。后又分居各处，成为同族之祖。最初成立的部落有 lahodopʻuru、daijaopʻuru、larsai、aolan 四社，这些叫做 lunluvualaʔxa（下邑之义）。自此以后子孙次第繁殖，分为十六部落而分布于今台中平原一带。"即后揭表一故事例 1。

（2）阿美族　在台湾东部海岸平地居住的阿美族中，同胞配偶型洪水传说尤为普遍。如：

A. 太巴塱社的同胞配偶型洪水传说（后揭表一故事例 2）②：太古时在马兰社南方之 arapanapauai（arapanapanajan）山上，有 madapidap 和 kusuŋ 男女二神为太巴塱等社之祖，他们生有子女六人，其中兄 rarakan 妹 dotse 在大水泛滥时乘于长方形臼 dodaŋ 中，自 arapanapanai 漂到奇密社北方的 tsiraŋasan 山上，因此外无人类，二人不得已结为夫妇。但因行近亲婚之故，所生子女皆是蛇、蜥蜴、蛙、龟之类。天神 tsidar（日）见 tsiraŋasan 有烟升起，乃遣其使者（亦谓为其子）tatakuzan-no-tsidar 前去观察，见到 rarakan 和 dotse 二人，他们便诉说前事。太阳甚怜之，乃教以祭祀、祈祷之法。此后所生多优秀之子女，遂为今日阿美族各社之祖。

又，太巴塱社 latapape、katetapoŋ、loukuliu、majaulou、safukkwal 也有类似于此

---

① 佐山融吉、大西吉寿：《生蕃传说集》，台北，1923 年，第 31—32 页。
② 前台北帝国大学土俗人种学研究室：《台湾高砂族系统所属の研究》第一册（本篇），东京，1935 年，第 482—483 页；又见于佐山融吉、大西吉寿：《生蕃传说集》，台北，1923 年，第 10—14 页。

的传说，^① 其情节如后揭表一故事例3。

B. 荳兰社，是今花莲市附近的阿美族，属于北部群即所谓南势七社（现存三社，除荳兰社外，还有薄薄社和里漏社）之一，荳兰社的同胞配偶型洪水传说（后揭表一故事例4）^②：

> 太古时代，这一带地方有许多人居住。有一次，天降大雨洪水起，居民大多被淹死，只剩下姐弟二人，姐名 avas-matsitar，弟名 tsilihang，他们坐在一个随水漂流的木臼里，漂到现在荳兰社西边的 kakong 山上，许多天没有饭吃，只有捉头上的虱子果腹度日。等到洪水退时，他们顺着退却的水走到 tsili tsili malataoan，拾到一些小米和旱稻的种子；后来再迁到 Taoran（荳兰），又找到了山薯的种子，便在荳兰利用这些种子耕种。姐弟二人长大后，懂得了人事，彼此爱慕；另外又没有结婚的对象，两人便相结婚。后来子孙繁衍，便成了今日荳兰社。

---

① 佐山融吉、大西吉寿：《生蕃传说集》，台北，1923 年，第 10—14 页。其传说本事：太古有 matap'ila 和他的妹妹 lisaŋ 二神，降于耸立在南方平原的 alap'anap'anai 山上，生了男神 lakioto、tateako、abotoku、lalakaŋ，女神 lotʃie'tejamats'aŋ 六神，母神怀着妹妹 tejamats'aŋ 时，腹中有发光体，使体内透彻而可见；一生下来，她便是照耀天地之美丽的女神。

之后，有一天，女神独自去汲水，途中遇名叫 bulalakas 的神，这神说："我是海神的使者，来迎接你做海神的妃子的，今日后五天再来，其时伴你往海神之宫。"说完以后不知飞往何处。女神听见此话甚为吃惊，回来便把这话报告，亲神听后，亦颇为烦忧，造成一坚固的箱子，并把女神放进去，埋入地内。

bulalakas 来的日子到了，亲神的忧虑是不可状述的。到黄昏分还没有什么事发生，便稍放心，lotʃie 和 lalakaŋ 在院内开始捣粟。但在杵与臼接触的声音向四处一响，天起疾风，起轰轰可怕之声如山大浪自南方冲来，把一切东西都冲去，幸亏亲子五神逃往山上，而 lotʃie 和 lalakaŋ 二子迷失，埋在地下的女神也被海神带走。……

lalakaŋ 和 lotʃie 在洪水时，乘臼 dodan 漂到 lakasan 山，在那里定居并努力创造人类。最初生出来的是蛇，吃了一惊，便把它丢入草中；其次又生四足飞跃的蛙，又丢在屋子旁边。二人很失望。此时太阳神 tʃiotʃiohotʃiorar 往下界一望，说："有一种异臭一定有什么发生。是否有人类居住呢？你去看看。"遣其子 tatakusaŋfutʃitar 去看。兄妹二神见忽自天降下神，畏罪欲逃。神拦住他们问："我是受了母神（太阳）之命来看你们的，不必怕，你们叫什么名字？"答："神 matap'ila 之子，名 lalakaŋ，妹 Iotʃie。"神又问："小孩呢？"lalakaŋ 答："欲产人类而不能，产了蛇和蛙。"把蛙拿出来看。

tatakusaŋfutʃitar 回到天上把其事详告母神，太阳非常怜悯而再派子神去安慰兄妹，并约以遣征守护神之事。乃派 saolikaohotʃitar 和 salalatsalaŋtʃitar 二神前去。二神带着一节竹子降下，把兄妹召来告以来意，使之学习各种之事。即决定把天上带来的竹子剖为二半，其中出来一只带红色的白豚，把豚杀死，肉分为三份，一份奉神，一份给夫妇，一份带回天上。于是歌舞而举行神人融合的大舞蹈。舞罢，神乃告之云："这次一定会生人类，最初是个女的，命名为 tʃietʃiehotʃitar，其次若仍生一女，则命名为 lalikajaŋtʃitar，若为男性则名之为 tadofutʃitar。"果然所生皆为人类，次为男，故名 tadaqutʃitar，再次为女，即名 lalikojaŋtʃitar。

不久以后，太阳之子 tatakusan 下降问："生子也未？"二人答以共生三子。其命名尽遵神之所嘱，但此后则不再生育。神满意地听他们报告说："因最初生了蛇和蛙等秽物，故不会再生了，但从此以后可以子孙繁殖，现在要传给你们种之物。"然后开天，后此授以各种作物、耕作法、播粟之顺序及巫术。

② 张光直：《从花莲阿美族中的见闻说到台湾土著的来源问题》，载《国语日报》副刊《科学》1953 年第 205 期。

C. 马兰社的同胞配偶型洪水传说甚夥，[1] 据说："在 tsiraŋasan 当时有三千余人。但后来大洪水起，manatsa 与 ripai 兄妹乘名为 ka-lolaŋ-an 'lolaŋ 的臼，得免于洪水之难，来到卑南社北方的 wawan（岩湾）。兄妹在此结婚，子孙繁殖而分支于各地。"即后揭表一故事例 5。

又云："昔在 tsiraŋasan 有祖父及其二孙（为兄妹二人），因洪水泛滥，遂乘 ka-lolaŋ-an 来到 arapanai，兄妹在此结婚，初生蟹，次生石，自此石生出人类。其子孙为阿美族及卑南族。"即后揭表一故事例 6。

又云："太古时，名 taroŋatoŋ 的男子携其孙 manatsa 男及孙女居于 tsiraŋasan 山上的时候，山中喷火，山石崩裂，海水冲来，他们乘 ka-lolan-an 来到太麻里河口附近的猴仔兰（一说：此兄妹为 taroŋatoŋ 的妹妹的子女，乘竹筏，自 tsiraŋasan 来到猴仔兰），后来 taroŋatoŋ 死而化为石，兄妹二人在 arapanai 结为夫妇，最初生下来的是螃蟹，次又生石，该石裂开始生出阿美及卑南二族之祖先。但卑南社的祖先又为兄妹在 arapanai 所立的竹子所生的。"即后揭表一故事例 7。

马兰社的分社猴仔山社也有相类的同胞配偶型洪水传说，[2] 其情节如后揭表一故事例 8。关于马兰社的此型洪水传说的另一记载，[3] 亦即后揭表一故事例 9 云：

太古时代，我扪的祖先住在花莲港附近的 tçilagasaŋ 山边。……不久，天地又生变异，山崩地裂，一股热流从地下喷出来，遂形成地面上的河流，淹没了整个的陆地，所有生物几乎完全绝种，此时只有同胞 t'abatap'u（女）、t'alagatagan（男）和 jogasoku（女）兄弟三人。他们乘方臼，沿海岸向南逃去，至 lalaulaŋ 地方上岸。又爬上 k'aburugaŋ 山向四处眺望，但不能找到一片肥沃的土地，终于又回到 lalaulaŋ。继续向西向南各处寻求，后来爬上 k'aburugaŋ 山以求一安身之地，然而 t'abatap'u（姊）已疲惫万分，寸步难移，她只好在山腰处休息，t'alagatagan（兄）和 jogasoku（妹）先到山顶，但始终不见 t'abatap'u 上来，兄妹二人遂下山打算看个究竟。不料其姊已变成石头，矗立在山腰处。二人惊异而又悲伤，但不知此事发生的原因何在？于是便回到 lalaulaŋ 去找他们来时所乘的方臼，只见那方臼已腐烂不堪，不得已只有流浪四处。有一天，t'olit'oli 河水向上涨，又有热流喷出，溢向四方，兄妹二人继续逃避洪水之难，jogasoku 因连日奔跑亦感疲倦，于是停留下来。几天以后，河水仍有泛滥的趋势，兄妹二人不愿再逃避洪水，便住在温泉附近。世上除去他们二人以外，再没有其他的人。他们成年以后，仍无法找到其他嫁娶的对象，兄妹为着人类的延续欲结为

① 前台北帝国大学土俗人种学研究室：《台湾高砂族系统所属の研究》第一册（本篇），东京，1935年，第 514 页。

② 前台北帝国大学土俗人种学研究室：《台湾高砂族系统所属の研究》第一册（本篇），东京，1935年，第 514 页。

③ 佐山融吉、大西吉寿：《生蕃传说集》，台北，1923 年，第 216—220 页。

夫妇。次日，太阳升起时，他们祈问道："我们这样结为夫妇是否可以？"太阳答道："可以。"兄妹二人便安心地结了婚。数月后，妹已怀孕，二人甚喜。以麻结成线织得绮丽麻布，做成衣服，以待他们的子女降生，但到生产时所生的却不是男孩也不是女孩，却是两个不可思议的怪物，他们很懊丧，便把已做好的衣服撕毁，并把婴儿投入河中，其一横流于水中，另一个则顺水而去。据说道就是今日鱼和蟹的始祖。事后第二天，月亮出来时便告诉他们说："你们原来是兄妹，兄妹相婚是禁止的，假如你们已经结婚，则应该把蓆子挖一个洞放在你们中间，然后始能生育。"他们很高兴的接受了月亮的教导。jogasoku 不久又生下一块白石。二人甚感惊讶，以为这是月亮的恶作剧，便想把这白石扔到河里去；月亮知道了，立即告诉他们说："假如你们把它好好地保存着，就可以达到你们的目的。"兄妹二人虽仍觉得奇怪，但终于接受了月亮的话，把那白石保存起来了。

有一天，兄妹二人到 saramajai 山上找到一块很好的地方，在前面 arapanai 有一大片平地，上面长着茂盛的青草，他们便下山到 arapanai，在那儿支起木杖定居下来。后来这根木杖就变成一棵大竹。

不久以后，t'alagatagan 死了，只剩下 jogasoku，她便抱着那块白石以解除她的寂寞。月亮同情地安慰着她说："这种寂寞的情境只是暂时的，不久你就可以得到安慰了。"五天以后，那白石突然变大，从中生出四个小孩，有两个是跣足的，另外两个穿着鞋。jogasoku 按着她自己的习惯就留养前两个小孩，一是哥哥，名 t'okor，一是妹妹名叫 t'enai，都很受宠爱，据说穿鞋的两个孩子就是台湾（平地）人的祖先。t'okor 和 t'enai 长成后也结为夫妇，遗传子孙，人口遂得繁殖。

以上所引阿美族三社的同胞配偶型洪水传说的记载既详，且各代表一形式，如马兰社的则包括两个不同的形式（详于下节）。阿美族其他各社也有此型洪水传说，如薄薄社（后揭表—故事例 10）、里漏社（后揭表—故事例 11）、荳兰社（后揭表—故事例 12 与 13）、奇密社（后揭表—故事例 14）、马太鞍社（后揭表—故事例 15）以及秀姑峦阿美族的马久答社（后揭表—故事例 16）。[①]

（3）排湾族　如大鸟万社的同胞配偶型洪水传说云："古代传说洪水泛滥之际，四方皆水，山上的泥土尽为水冲去，山石崩裂。有兄妹二人抓住水中的 lagagaz 草得免于死难，但是他们找不到一块土地，也没家；二人相对而泣，忽然有一条蚯蚓出现，它的粪变成一高出水面的丘陵地带，他们便附着其上。

后来，兄妹二人便居住下来，但因为没有火，所以生活很困难；顷刻间突然飞

---

① 《阿美族七脚川社的同胞配偶型洪水传说》，见佐山融吉、大西吉寿：《生蕃传说集》，台北，1923年，第 208 页；薄薄社，里漏社，第 213 页；薄薄社，第 492 页；荳兰社，第 404—405 页；奇密社，第 119 页；马久答社，第 510 页；马太鞍社，见前台北帝国大学土俗人种学研究室：《台湾高砂族系统所属の研究》第一册（本篇），东京，1935 年，第 487 页。

来一只甲虫，他们远远地看见那甲虫口内衔着一根火绳，因此而得到火，那甲虫立即轰然飞去。从那时候起，火未曾熄灭直到今天它仍在燃烧着。兄妹二人长大以后，便在那蚯蚓吐出来的泥土上耕种，他们到处去找甘薯、山芋和小米的种子，终于获得这些种子，遂开始播种。久而久之，他们皆已成年，但在世间又找不到其他的人作为配偶，不得已，这兄妹二人便结为夫妇。但最初所生的子女皆残疾者：有瞎子，有的是四肢不全的；第二代所生的子女较为正常，少有残疾的婴儿；第三代所生的子女则皆为健全而正常的。于是便传说这种现象事实上是因兄妹结婚而产生的恶果。"即后揭表一故事例17①。

另外，排湾族枋寮番和 Zabudeik 番亦皆有与此相类似的洪水传说，如后揭表一故事例18与19。②

2. 中国南部大陆：在此一区域中，我们亦可得到许多类似于台湾土著民族的同胞配偶型洪水传说，甚且更为复杂，兹略分述于下。

（1）苗人 关于苗人的同胞配偶型洪水传说的记载甚多，兹将现在所见到的资料略述于后。如花苗的洪水传说：昔有兄妹二人乘于木鼓内避洪水之难，水退后，他们因为看到鸟衔块旧铁击撞石头，迸出火星，而发见取火的方法。当时世上已无人类，他们便以扔磨石掷针线的方法来占婚，遂生子，但子无手足，乃割弃之，后始成为人类。（见后揭表一故事例20）③ 其人《洪水歌》云："世公世婆生二男（长名愚皇，次名智莱）与一女（名易明），兄弟二人皆耕田。安乐世君命仙明告诉兄弟二人，洪水将起，人世尽遭淹没，不必劳于耕种。愚皇智莱不相信，仍旧到田里去工作。果然，大水泛滥，人畜淹灭；愚皇心怀毒狠，安乐世君赐以铁舟，智莱心慈善，世星赐以杉舟。世上只剩智莱与易明兄妹二人。仙明又云：'天下人类已尽灭，你们兄妹可成婚；将作世人的万代祖。'遂以滚石磨占婚，终成夫妇，生儿育女，所有人类都是他们的万世孙。"（后揭表一故事例21）在川苗的传说中，也有本型洪水传说。④

贵阳南部雅雀苗传说：有兄名 Bu-i（Fu-hsi），妹名 Ku-eh 二人入葫芦内避洪水。水退后，兄妹以扔磨石抛树占婚，遂结为夫妇，后来生有二子，但皆无手足亦不会哭，乃割弃之，而竟成为人。（后揭表一故事例22）⑤

湘西凤凰苗的《傩公傩母歌》及乾城苗的《傩神起源歌》的内容亦类于本型洪

① 佐山融吉、大西吉寿：《生蕃传说集》，台北，1923年，第245—248页。

② 排湾族枋寮番，佐山融吉、大西吉寿：《生蕃传说集》，台北，1923年，第166页；zadei 'k 番，第171—172页；内交社，第195—196页。

③ 芮逸夫：《苗族洪水故事与伏羲女娲的传说》，载中央研究院历史语言研究所《人类学集刊》1938年第1期，第171—173页，引 S. R. Clarke, *Among the Tribes in South-West China*, pp. 50-54。

④ 陈国钧：《贵州苗夷歌谣》，贵阳，1942年，第1—4页。及 D. C. Graham, *The Customs of the Ch'uan Miao*, in *The Journal of the West China Border Research Society*. Vol. 9. pp. 56-57。

⑤ 芮逸夫：《苗族洪水故事与伏羲女娲的传说》，载中央研究院历史语言研究所《人类学集刊》1938年第1期，第173—174页，引 S. R. Clarke, *Among the Tribes in South-West China*, pp. 43-46。

水传说，其内容如后揭表一故事例23与24。现就凤凰苗的两个洪水故事略述其大意于后。其一，吴文祥讲述：古时有一苗人，欲取雷公的心来医治其母之病，因此触怒雷公，天下大雨，世上几成一片汪洋。有兄妹二人见大雨不止，即取黄瓜种子数粒种下，次日晚，已结二瓜，及大水高涨，地上万物尽被水淹没，兄妹二人遂乘于瓜中，随水漂流；洪水退后，二人流落于地面，但世上人类已绝，他们欲结为夫妇以传人类。又恐违背天意，妹心中想出一计，乃滚石磨以求天意，终于兄妹二人配婚。不久生下一个肉块，兄妹割弃之，但被弃之肉块皆变成人类，这些人类遂奉祀兄妹二人为傩公傩母（后揭表一故事例25）。① 其二，吴良佐讲述：Ko So（雷）与Ko Peŋ本是很好的朋友，后来二人失欢，Ko So欲劈死Ko Peŋ，Ko Peŋ虽匿身异处终于受伤而死。Ko So追寻Ko Peŋ不得，忿怒异常，遂打雷下雨，经七日七夜，洪水滔天。幸得太白金星赠Ko Peŋ的子女以一大葫芦子；他们种下那粒种子，不久便结成大葫芦，如船一般。洪水泛滥时，他们兄妹二人同入葫芦内避水。后来上帝降旨，止住洪水，当时人类已绝，只剩这兄妹二人，金鱼老道乃撮合他们配成夫妇，此后，人类始得以延续。（后揭表一故事例26）②

法人萨费那（F. M. Savina）氏的《苗族史》（Histoire des Miao）也记载着一个与此相类的洪水故事，其大意是说：有一次水漫世间，且涨到天上。有两对男女藏身于鼓内，避水灾。其中一对藏于铁鼓中，不久就沉了。另一对藏在木鼓内，遂浮到天上。在鼓中尚有各种谷类的种子。木鼓内的是姊弟二人。天神问他们为什么来到天上，姊弟二人齐鼓声答道："水淹大地，世上已不能居住！"天神闻之，遂命龙下界退水。五十天后水尽退，鼓降落于地面，地上仍潮湿；有大鹰飞至鼓边，以翅挟姊弟二人而去，抵于一干燥的高地，大鹰在地上寻不到食物，姊弟乃割皮肉以报恩，遂又播种谷类。后来姊弟皆已长成，弟向姊求婚，姊以为不当，弟却说姊是世上唯一的女子，乃决定请求天意。把磨石由山头滚落地上，那两片磨石合而不分；继而抛针于空中，落下时，仍未断开；最后抛二钱币，见二币既不分散，也不落下，天意如此，他们便结婚。不久生下一个圆如鸡卵无手无足的婴孩，姊弟以为剖开之可看到正常的孩子，但剖开后并未见到任何迹象，唯被切下的肉块落在地上就变成小孩，因此他们尽量将它切成小块，遂有无数的人。（后揭表一故事例27）③

黑苗的《起源歌》亦叙述此类故事云：因洪水滔天，人类绝迹，剩下向良与向

① 芮逸夫：《苗族洪水故事与伏羲女娲的传说》，载中央研究院历史语言研究所《人类学集刊》1938年第1期，第160—161页。

② 芮逸夫：《苗族洪水故事与伏羲女娲的传说》，载中央研究院历史语言研究所《人类学集刊》1938年第1期，第156—160页。

③ 芮逸夫：《苗族洪水故事与伏羲女娲的传说》，载中央研究院历史语言研究所《人类学集刊》1938年第1期，第170—171页，引萨费那（F. M. Savina）：《苗族史》（Historie des Miao），pp. 245-246。

妹，二人结为夫妇遂传人类，造成侗人、客家与苗家。(后揭表一故事例 28)[1]

（2）傜人　广西红傜造人神话（后揭表一故事例 29)[2] 云：

　　龙胜三百坤，红傜张老所说创造人类的故事，盘古开天辟地，姜氏太婆生下儿女六人，就是千里眼万里耳张长手李长脚姜良姜妹（作成按或说子女七人），各人均有本领造了一间大屋，用铜做门，用铁做柱，天上雷公看见了就忌恨他们，与雷婆商量，要将房子打破，事为千里眼所见，又为万里耳所闻，就连夜用青苔铺满屋顶，雷公雷婆打下一个滑脚，竟然跌在屋旁，长手长脚连忙将他们两位擒住，丢在房里锁将起来，他们肚子饿了没有力气，在房内闷闷而坐。四位哥哥都已出外做工，雷公雷婆看见姜良姜妹食饭，求他们施舍一些，他们不肯，但说哥哥有令不能违背。后来看见姜良姜妹喂猪，又求他们给些猪糠来食，不然就给猪糠他们嗅一嗅也好，姜良姜妹动了慈心，就给猪糠他们一嗅，雷公雷婆闻了米气，就气力复元，立刻将房子打破，逃走，出来给姜良姜妹白瓜子一粒，说：“在危急之时，种下这粒种子，就会顷刻发叶开花，你们跳入花里端坐，就安稳了。”那天晚上，天就降下大雨，洪水泛滥起来，姜良姜妹种了瓜仁立刻开着两朵大花，各自跳入花心坐定。结了两只大瓜，把他们包在瓜里，洪水浸满天下，四个哥哥都被淹死，姜良姜妹在瓜里随波漂流，到了一个山顶，水干了，他们就爬出来。雷公遂令太白星君下凡，对他们说：“天上无天星，地下无人烟，要你们两人成婚，继续人种。”二人不从，便有乌龟精出现，又有竹精出现，都照样劝告他们，他们都不答应。星君就对二人说：“这里分两条烟柱，倘若烟柱自己连合起来，你们就要服从天意，结为夫妇。”言毕，两烟果然连合，可是姜良仍然不允。星君又令两竹结合，又令两块磨石向两面辊开，自然连结起来，表明一切都是天意，然而姜良到底不肯。于是星君说：“不然就请你在一座山下环绕走着，让姜妹在后面追你，若追得着就结为夫妇，好么？”姜良以为自己走得快，姜妹必追不着，就答应了。他们走了几个圈子，总追不上，星君暗令姜妹回头而走，于是在转弯的地方二人彼此相碰，就不得不结为夫妇，世界人种也得而继续了。

在这个洪水传说中，姜良姜妹显然是兄妹二人，洪水泛滥的原因与兄妹二人结为夫妇的经过情形，与苗人所传说的甚为相似，或可以说是更比较复杂，此外与此相近的桂省融县、罗城及武宣、修仁之间内傜人，也有“兄妹二人避洪水后，遗传人类”的传说（见常任侠：《沙坪坝出土之石棺画像研究》，《说文月刊》，第一卷，第十、十一期合刊，第 714—717 页）。

又都安板傜也有《洪水歌》，传说古代天大旱，后来天乌暗，天地动，树木倒

---

[1] 陈国钧：《贵州苗夷歌谣》，贵阳，1942 年，第 24 页。
[2] 徐松石：《粤江流域人民史》，上海，1924 年，第 128 页。

塌，雷声大作，葫芦成熟时洪水大发，洪水尽退乃有伏羲两姊妹完婚之词颂扬人类不致绝种。其完婚词云："洪水尽，天下全无一个人；重有伏羲两姊妹，随岸烧香自合亲。……完婚了，不知花朵上娘身；生下血盆无姓名，空成花朵不成郎。会着仙人来会着，玉女出来更会分；分成三百六十姓，三百九州结配缘。"（后揭表一故事例30）①

（3）仲家　贵州仲家《淹水歌》的内容：古时天上有十二日并出，人畜不堪其热，遂有名王姜者闻帝命而出，百姓便许以所有财产的一半作为报酬。王姜射下来十日，天上只剩两个（即太阳与月亮），天气和暖，但百姓违约，王姜乃欲报复，奔于各地，最后在南方得到一粒葫芦种，便把它种在家里，不久葫芦即长大。王姜带着一条狗到田里耙地，上天以为百姓求雨，乃下大雨不止，王姜同小妹却坐在葫芦里，随水漂浮。后来，雷公下凡，命他们兄妹配婚，留传人种。小妹以为违背天理，乃逃，至南方遇见金魁道人，道人亦云："小妹应与其兄王姜结婚。"他们便结为夫妻，但生出一个肉瘤，王姜用刀割碎之，并让乌鸦散之于各地，三天之后，它们都变成人类了。（后揭表一故事例31）②

（4）罗罗　云南东部的罗罗，也有同胞配偶型洪水传说（后揭表一故事例32）③谓：云南倮罗始祖的家庭是三个兄弟和一个妹妹组成的。后遇洪水，两兄弟各在铜铁箱里避水，箱沉淹死；弟妹在木箱里避水，得免于难，遂传人类。

另一个记载④则说，在罗罗人的传说中，洪水传说占有重要的地位。其人传云：洪水泛滥之时，有一人名 Du-mu，他带着他的四个儿子，藏身于由 Pieris 树做成的独木舟，因此而漂流在水上，未被淹溺。由此四子便遗传人类，他们的后代便是文明的民族，这种民族自己有文字，如中国人和罗罗人；其他无知愚昧的人类则是由 Du-mu 在洪水泛滥以后，为了重造人类于此被淹过的大地上，而造的木偶像所遗传的。

（5）栗粟　云南西南边境的耿马土司地大平石头寨的栗粟人讲述的洪水传说（后揭表一故事例33）⑤如下：

> 古时发洪水，有兄妹二人同入葫芦中避水。洪水退后，世上只剩兄妹二人，兄因找不到配偶便与妹结婚，后生七子，遗传现在的栗粟、汉人、佧拉、猓黑、老亢、崩龙、摆夷七种人。

① 陈志良：《广西特种部族歌谣集》，广西，1942年，第5—8页。
② 岑家梧：《贵州仲家作桥的道场与经典》，载《边政公论》1945年第4卷第2、3期，第13—22页。
③ 芮逸夫：《苗族洪水故事与伏羲女娲的传说》，载中央研究院历史语言研究所《人类学集刊》1938年第1期，第189页，引 Paul Vial, Les Lolos, pp. 8-9。
④ J. G. Frazer, Folklore in the Old Tertament, Vol. I, London, 1918, pp. 212-213.
⑤ 芮逸夫：《苗族洪水故事与伏羲女娲的传说》，载中央研究院历史语言研究所《人类学集刊》1938年第1期，第189页。

（6）老冗　即野人或山头人；缅甸人称之为"Kachin"，自称为"Chingpaw"。其人洪水传说（后揭表一故事例34）谓①：

> 古代洪水时，有兄妹二人同入木床避水。洪水退后，也只剩兄妹二人，随自行婚配，后生一子，为猎神砍成肉块，散弃田野，变成人类。

（7）汉人　亦有同胞配偶型洪水传说（后揭表一故事例35）②云：

> 从前有姊弟二人，因石狮预告洪水将临，从它的劝告爬入石狮口中避水，洪水退后，人类淹绝，姊弟结为夫妇，生男女各百人，而传人类。

3. 海南岛　海南黎人亦有同胞配偶型洪水传说，如加钗峒黎王家祥君讲的洪水故事（后揭表一故事例36）谓③：

> 上古之时，天翻地覆，世界生物尽被淹埋，人类同遭此厄，仅遗一姊一弟相依与命，然姊弟虽情亲手足，终不可以婚媾，于是姊觅夫，弟觅妇，分道扬镳，各自东西，久之，各无所遇，终乃姊弟重逢，如此者再。
>
> 雷公知其事化为人身，下凡谓弟曰："今予在此，汝二人可结为夫妇。"弟曰："姊弟不可以婚，否则必遭雷公打。"雷公曰："我即雷公，决不打汝！"弟仍坚持不可，重出觅妻，于是雷公将姊之面画黑。无何，弟再遇姊，不识为谁，以为必非己姊，可以求婚，于是姐弟结婚，繁衍生殖，而得今之黎人。

由上述而知，同胞配偶型洪水传说在中国西南大陆及沿海二岛上各民族间流行甚广。

在日本创世纪中有伊弉诺、伊弉开男女二神，他们的关系与功绩，与本文所述同胞配偶型洪水传说中的兄妹关系与功绩相似，又如妹背岛、八丈岛的"**夕ナ**婆传说"亦有着同样的意味。

（二）半岛区　在本区所见到的同胞配偶型洪水传说，不如前一区者多。

1. 缅甸的山头人　与中国境内的山头人甚为相似；他们亦有此型洪水传说（后揭表一故事例37）④谓：神Ningkong发怒，降下大水。降水前Ningkong把他最喜爱的两个孤儿放在一个鼓里，并放下九只鸡、九根针、九颗蜡丸和九个米饼，然后他发下大水，淹死世上所有人类。只有这孤儿、兄妹二人，随水浮起。第一天他们吃了一个饼，然后从鼓上的一个洞扔出一只鸡，一根针和一个蜡丸，他们只听到这些

---

① 芮逸夫：《苗族洪水故事与伏羲女娲的传说》，载中央研究院历史语言研究所《人类学集刊》1938年第1期，第189页。该传说又见于 J. G. Scott, *Gazeteer of upper Burma and the Shan States*(parti , Vol. I, Rangoon, 1990, pp. 417-418), Ch. Gilhodes, *Mythologie etreligion des Katchin* (Anthropos iii, 1908, pp. 683-686). 又见于 J. G. Frazer, *Folklore in the Old Tertament*, Vol. I, London, 1918, pp. 208-209。

② 芮逸夫：《苗族洪水故事与伏羲女娲的传说》，载中央研究院历史语言研究所《人类学集刊》1938年第1期，第188—189页，引王显恩编《洪水故事》。

③ 刘咸：《海南岛黎人文身之研究》，载《民族学研究集刊》1936年第1期，第201页。

④ Rev. C. Gilhodes, *The Kachins*, *Religion and Customs*, Calcutta, 1922, pp. 20-25.

东西落入水里的死灭之声，他们不断地做下去；到第九天，他们吃完最后一块饼，并扔出最后的一只鸡，最后的一根针和最后的一颗蜡丸；蜡丸说：paf！针说：pif！鸡叫：kiri kiri！洪水已退，两个孩子非常高兴，便从鼓里出来。但是他们很难过，因为世上除去他们以外没有人类，于是到处飘荡。终于寄住在一个 Nat 神家里，结了婚，生下一子。某次这孩子被神所杀，切为碎块，散布路上，即成为汉人、摆夷、山头人、缅甸人和卡拉人等的祖先。

2. 法领东京的傜族（Man）如后揭表一故事例38，其传说谓①：

有神名 Chang Lô-Lô，以芭蕉叶建成巨屋，雷公要毁他的屋，遂变成鸡，为该神所擒，旋被脱逃。后来洪水涨发，有人名 Phu-Hay 和他的妹妹 Phu-Hay-Mui 同入南瓜避水，洪水退后，兄因找不到配偶，便与妹妹结婚；生一南瓜，剖瓜得子，播种变人。

3. 交趾支那的巴那族（Ba-hnars）也有同胞配偶型洪水传说谓②：洪水之后，只剩兄妹二人，因在大箱中避水，未死。

4. Lao 族 也有类似的洪水传说。③

我们再看在东南亚区域中，岛屿区的各民族传说是否也有同胞配偶型洪水传说？

（三）岛屿区 包括东印度群岛及印度尼西亚群岛。

1. 菲律宾 克罗伯尔（A. L. Kroeber）氏指出④：在大部分吕宋的居民中，皆传说着古代有一次大洪水，在那次大洪水时，只有一对兄妹幸得生存，后来他们结了婚，在一连串的冒险之后，遂使世上重新有了人类居住。这类故事屡屡被记录下来，但也有许多变化，而且这似乎是菲律宾土人所知道的最基本的传说。

今举出其若干例如下：

（1）Nabaloi Igorot 该族同胞配偶型洪水传说（后揭表一故事例39）⑤ 的内容是：太古时有一女子专管清除浮在一条入海的河面上的垃圾和木屑。有一次，她睡醒以后，看见那河里充满了流往海中去的木屑和垃圾，河变得越来越大，终于淹没了陆地。所有的人都被淹死，只剩一对兄妹乘在一个盒子里随水漂流。他们虽然活

---

① 芮逸夫：《苗族洪水故事与伏羲女娲的传说》，载中央研究院历史语言研究所《人类学集刊》1938 年第 1 期，第 190 页，引 Savina, *Historie des Miao*, p. 105，引 Lunnet de Lajonquière《记法领东京蛮族》。

② 芮逸夫：《苗族洪水故事与伏羲女娲的传说》，载中央研究院历史语言研究所《人类学集刊》1938 年第 1 期，第 190 页，引 Guerlach, *Moeurs et superstitions des Souvages Be-hnars*, Les Missions Catholique, XIX, p. 479；又见于 Frazer, *Folklore in the Old Tertament*, Vol. I, London, 1918, pp. 209-210。

③ J. G. Scott, *Indo-Chinese Mythology*, in L. H. Gray（editor），*The Mythology of All Races*, Vol. XII, Boston, 1918, pp. 285-286.

④ A. L. Kroeber, *Peoples of the Philippines*, New York, 1928, p. 209.

⑤ C. R. Moss, *Nabaloi Tales*, University of California Publications in American Archaeology and Ethnology, Vol. 17, No. 5, 1924, pp. 227-353；又见于 R. B. Dixon, *Oceanic Mythology*, in L. H. Gray（editor），*The Mythology of All Races*, Vol. IX, Boston, 1916, p. 183.

着，但没有食物。很久以后，因为一次地震，河水又得以澄清，于是河身缩小。那盒子停泊在 Pulag 山（吕宋最高的山），他们在那儿建造了一座房屋。有一天，Kabunian（日神）来让他们结婚，但他们说："我们是兄妹。"他们一直睡在分开的床上，然而有一天早晨，他们醒来时，却见睡在同一床上，甚为震惊。最后他们有了子女，于是生下双胞胎，他们很快地繁殖，便成为我们的祖先。

（2）Ifugao　关于菲律宾 Ifugao 的传说，R. B. Dixon 氏有两处记载，其一处记载的 Ifugao 洪水传说的情节如后揭表一故事例 40；而 Dixon 氏又说[1]："在宇宙开辟的神话传说与记载中，时常见到有乱伦的现象。而在许多情形下乱伦结婚所生的子女却是人类的始祖；这种信仰在人类中是直接产生于兄妹或母子的配婚。这种特殊的现象常见于菲律宾区域中，并且在那里曾有过洪水的泛滥。"其二乃关于中部 Ifugao 的洪水传说（后揭表一故事例 41）[2]，内容是：当发大水时，人类纷纷逃往山上，但多被水淹死，最后只剩 Wigan 和 Bugan 兄妹二人分别在 Amuyao 与 Kalauitan 山巅。到夜晚 Bugan 在 Kalauitan 山上点着火，因此 Wigan 知道除他自己以外还有人活在世上。不久，大地既干，Wigan 找到他的妹妹 Bugan，两人很高兴地来到一条溪谷附近，便居住下来。Wigan 到处都找不到人迹，心想："若要世上重新有人类，必须由他们……"最后 Bugan 怀了孕，但他们很烦恼，Wigan 并谴责自己。忽有一老者 Maknongan 来到 Bugan 面前，不但告诉他们这样做是对的，并且还把神的许可与祝福赐给他们，尤其要他们不要忘记该时常祀奉神。Bugan 和 Wigan 生有五子四女，后来最大的四个儿子娶了四个女儿，由此而遗传世间所有的人类。

2. 婆罗洲　北部婆罗洲的 Murut 族也有同胞配偶型洪水传说，其传说的本事（后揭表一故事例 42）："在万物始生之际，有一次大洪水，毁灭了一切事物；洪水消退后，只有姊弟二人幸存。一日弟携带着他自己的吹管出门狩猎。也没获得猎物，却看见两只蜥蜴在交配。他忽然有一种新的欲望，便回到姊处，整日沉默不思饮食，姊关心地问他需要什么？他便指出来。她问：'你所要的是我的裙子吗？'他答道：'还要多些。''是我的带子吗？''还要多些！''是我的腹脐吗？''还要多些！''好！'姊明白了，说：'因为你不思饮食，而我却使你苦闷，你可以做，但你一定得假装地。'弟同意了，也确如其姊所嘱而做，但在他'假装'的时候，一只黄蜂飞来，从后面螫他，他便从当中向前一跳……结果生下一对双胞胎，那便是现代人的起源。"[3]

另一个 Murut 族的洪水传说，其本事的情节如后揭表一故事例 43。[4]

---

[1] R. B. Dixon, *Oceanic Mythology*, in L. H. Gray（editor），*The Mythology of All Races*, Vol. IX. Boston, 1916, pp. 170-172.

[2] R. B. Dixon, *Oceanic Mythology*, in L. H. Gray（editor），*The Mythology of All Races*, Vol. IX. Boston, 1916, pp. 179-180.

[3] O. Rutter, *The Pagans of North Borneo*, London, 1929, pp. 248.

[4] O. Rutter, *The Pagans of North Borneo*, London, 1929, pp. 248-249, 252.

（四）在东南亚古文化区以外如印度中部的比尔族（Bhils）和卡玛尔族（Kamars）也都有同胞配偶型洪水传说。如后揭表一故事例44，比尔族的洪水传说[①]，其本事如下：

> 有人因在河边洗衣，得鱼警告洪水将临，嘱备大箱避难，其人依鱼的预言，偕妹避水；洪水退后，Rama 神命他遗传人类，因此兄妹结为夫妇，生七男七女。

卡玛尔族的洪水传说亦谓[②]："洪水退后，兄妹二人结为夫妇，遂遗传现在的人类。"

由上所述可知同胞配偶型洪水传说遍及东南亚古文化区，包括大陆区之大陆西南及大陆边缘的海南与台湾二岛，半岛区之偏北部及岛屿区的菲律宾与婆罗洲。此一区域之古代居民为印度尼西亚民族，故同胞配偶型洪水传说可认为是古代分布于此一区域之东南亚古文化特质之一；在凌师所指出的五十种此类特质[③]外，本文又增加了一个。印度中部亦有此型洪水传说的存在，似乎是代表东南亚文化波及印度的痕迹。

三、同胞配偶型洪水传说的构成及分类

一个传说的构成要素（Constituent Elements）在最原始时可能比较简单，然而在传递的过程中，愈到后来其传说中的要素，往往就掺杂了新的后来的成分；一个传说的母题可能没有改变，但是其中的情节无形中便增多了。构成同胞配偶型洪水传说的要素多寡不一，但可以说此型洪水传说的母题却只有一个，即：太古时代，大洪水以后，子遗兄妹或姊弟二人结婚，遗传现代人类。形成此一传说的要素中，比较最原始的，可以说有三点，即（1）洪水泛滥，万物丧生；（2）洪水子遗，同胞二人幸得生存；（3）遗传人类。如台湾北部阿美族荳兰社洪水传说的组成。[④] 除上述三点以外，其他较次要的构成要素尚多。若干民族即传说：当洪水泛滥以前，他们的祖先是如何产生的；有的说是生自石头，如台湾泰雅族北势番的传说（后揭表

---

① 芮逸夫：《苗族洪水故事与伏羲女娲的传说》，载中央研究院历史语言研究所《人类学集刊》1938年第1期，第190页，引 C. E. Luard, *The Jungle Tribes Malwa*, p. 17。

② 芮逸夫：《苗族洪水故事与伏羲女娲的传说》，载中央研究院历史语言研究所《人类学集刊》1938年第1期，第190页，引 R. V. Rusell, *Tribes and Casts of the Central Provinces of India*, III, pp. 326-327。

③ 凌纯声：《东南亚古文化研究发凡》，共列举东南亚古文化特质五十种。

④ 张光直：《从花莲阿美族中的见闻说到台湾土著的来源问题》，载《国语日报》副刊《科学》1953年第205期。

一故事例 45）① 和 Pasköaran 的传说（后揭表一故事例 46）；② 有的说是生自树或竹，如台湾排湾族 atsdas 社的传说，③ 即后揭表一故事例 47；有的根本不加以说明，直捷了当的说："有始祖二人，结婚后遇洪水……"如台湾布农族峦番的传说，即后揭表一故事例 48④。但无论如何说法，大体是说"始祖结婚后，遗传人类"，对于洪水发生的原因，亦各持异说，有的是自然发生的；有的是因为触怒了雷公，而招来洪水之患；有的说是神意使天降大水淹没陆地，于是人类绝种，万物丧生，只有二人——他们是同胞兄妹或姊弟，得免于难。洪水子遗幸得生存，洪水消退以后，与世无生物亦无其他人类；子遗二人从漂流所至之处回到原来的住处，或另求干燥可居之地以谋生存，在这种情形中种植与祭祀由此而产生，甚至于发明了取火的方法。火，是人类求生存的一个重要问题，火的来源与维持也是同胞配偶型洪水传说中的一个构成要素。为着人类的延续，他们便结为夫妇，繁生子孙，遗传后世；关于洪水子遗结婚的方式，在所有这型传说中亦不完全一致，有的是直捷了当，不经过任何手续既结为夫妇；有的则假以天意神命；或以种种方法祈求神意；有的却是弄假成真而传人类；有的却是化起装来，使对方以为不是自己的亲兄弟或姊妹，而达到遗传人类的目的，在所见的资料中，多数是女子以植物的汁液或煤烟或黑墨涂在脸上，改变了原来的容貌，终于同胞二人结为夫妇，此说盛传于台湾土著族的传说中，据说这便是女子黥面习俗的起源（详见后论）。

又，洪水降临时，同胞二人避水的方式大致可分为两类：一是幸免，一是漂流。后类的传说中二人乘以漂流的器具亦有多种，不过大致仍相似，如木臼、木箱、木鼓、葫芦、瓜壳等等，都是箱形的小的容器或舟，很少有坐大船的，这一点也许预示着此一要素的最先出现处所不在海岸等民族中在传说中。

---

① 佐山融吉、大西吉寿：《生蕃传说集》，台北，1923 年，第 47 页。泰雅族北势番传说：太古时，大霸尖山（pʼatspʼakuaʔa）上的巨石自然地裂开，其中出现一男一女，即我社之祖，某日，二人由于金蝇的启示而悟得交媾之道，生有四子。四子成长后相婚，又生子女，而子孙次弟繁殖。后来有一次大洪水，山野成一片汪洋，只剩 pʼatspʼakuaʔa 的山顶。大家便认为海水忽然涨出，一定是因为社内有人违反禁忌，而神降罚于人，乃决定赶快谢罪……

② 佐山融吉、大西吉寿：《生蕃传说集》，台北，1923 年，第 64 页。泰雅族 paskoaran 番传说："昔在 pʼinsabakaŋ 地方有一断崖，忽生二穴，出男女各一。二人自金蝇习得生殖之法，子孙繁殖。某年天鸣地动，有大洪水，人们往 pʼatspʼaku 避难。水退后，复归故土 pʼinsabakaŋ 诸为赛夏族之祖；留于 pʼatspʼaku 者为今泰雅族之祖。"

③ 佐山融吉、大西吉寿：《生蕃传说集》，台北，1923 年，第 21 页。排湾族 atsdas 社传说：以前在 pʼinabaokatsʼan 地方有一棵竹。从这竹里出一灵蛇，不久化为一男一女。这蛇神生下 samabali、sasabudzi-jao 二子，是为人类之始。其时持有神通魔力的海老突发洪水来攻，后得神助退水，世界遂又脱离苦难，万物被次第创造，人类渐渐繁殖。

④ 佐山融吉、大西吉寿：《生蕃传说集》，台北，1923 年，第 85—87 页。布农族蛮番传说：太古时，在 lamogaŋ 地方，有男女二人。某夜男以蛇蜕打女脊背三下，而女即做受孕之梦。翌晨如梦行事，女果受孕，不久生一子。如是者，共生四男三女。子女成长后，互为夫妇，子孙繁殖。后来，大蛇 irokkaŋ 出现，止浊水溪水，遂起大洪水……蛇为蟹所鋏而逃，洪水遂退。祖先当洪水来而逃往东峦大山时，有族长 kʼarupʼespʼes 及五男一女。后互相通婚而子孙重新繁殖，为布农族各社之祖。

在传说中有极少数是说同胞配偶所生子女为人类，即如普通的现在的人，多数是他们所生子女是一无手无足的胎体，或是一肉块或其他物，同胞二人遂剖割之，并弃于各地，这些被抛弃的碎块方才成为后来人类为始祖。例如克拉克（Clarke）氏记述的黑苗《洪水歌》（后揭表一故事例49）①，其意谓有 A-Fo（雷）与 A-Zie 兄弟二人，因争分财产不睦，雷居天上，A-Zie 住在地上，雷用洪水毁灭陆地，A-Zie 乃藏身在葫芦里，遂带了许多种子，后来地龙吞去洪水，世上只有 A-Zie 兄妹二人；A-Zie 向妹妹求婚，起初遭到拒绝，可是 A-Zie 的妹妹却提议用各种方式来求试天意，A-Zie 怕不能得到完满的结果，便预先准备妥当。终于与妹成婚，生下一子，但无手足，A-Zie 大怒，用刀割成小块散弃山间。翌晨却见这些肉块都已变成人类了。

台湾排湾族洪水传说中却说所生子女都有残疾，到了数代以后始生正常的子女，遂繁生为其族人的祖先。或谓同胞二人结婚所生子女再互相配婚，如是所生子女繁多，即为人类的始祖；② 又阿美族七脚川社的洪水传说（后揭表一故事例50）③ 内容是：昔日洪水泛滥，全社殆皆绝灭；只有兄妹二人因正在捣粟，遂乘于臼中，顺水漂到一高山顶上。洪水退后，二人便下山到 narumaʔaŋ，遂在此处结为夫妇，生男女二人，子女又互为夫妇，生下许多孙子女，人口增加不已。

据 O. Rutter 说：“火的起源常与兄妹配偶的洪水故事相结合。……如婆罗洲北部 Murut 族的洪水传说中也有发明火的记载。”④ 火与人类生活有密切关系，关于这一点，实非本文讨论的范围所及，姑置之不论。洪水子遗知道了取火的方法，或得到火以后，而能继续生活于世上；同时他们也发明了播种，遂不致再遭受饥饿。据说这次所取得的火就是人类最初有的火，如台湾排湾族大岛万社的洪水传说⑤中便说道：“甲虫把火带给洪水子遗（兄妹二人），于是他们开始用火；从那时候起，火从未熄灭，直到今天，它仍在燃烧着。”又如排湾族内文社的洪水传说（后揭表一故事例51）谓⑥：

> 太古时，洪水泛滥，陆地尽被淹没，只剩下一个小山峰，人类皆遭死难之灾，只有二人幸免，因为他们攀在未被淹没的山头上的 lavilu 树上。不久，水势既退，攀于树上的兄弟（即兄与妹）幸得生还，是时世间无处可以觅得火源，兄妹便把 lavilu 树枝折断，用以钻取火种，终于得到火，自此以后，便利用这火以煮熟食物。

---

① 芮逸夫：《苗族洪水故事与伏羲女娲的传说》，载中央研究院历史语言研究所《人类学集刊》1938年第1期，第173—174页，引 S. R. Clarke, *Among the Tribes in South-West China*, pp. 43-46。

② 佐山融吉、大西吉寿：《生蕃传说集》，台北，1923年，第245—248页。

③ 佐山融吉、大西吉寿：《生蕃传说集》，台北，1923年，第208页。

④ R. B. Dixon, *Oceanic Mythology*, in L. H. Gray（editor）, *The Mythology of All Races*, Vol. IX. Boston, 1916, pp. 179-180.

⑤ 佐山融吉、大西吉寿：《生蕃传说集》，台北，1923年，第245—248页。

⑥ 前台北帝国大学言语学研究室：《原语による台湾高砂族传说集》，东京，1935年，第105—196页。

后来，他们结为夫妇，所生子女有盲者、跛者及患瘰疬者；患瘰疬的被逐至平地；盲、跛的子女被逐于台东一带；正常的子女便繁衍子孙，遗传我社之后代。

在菲律宾 Tinguian 族洪水传说中也提到火的来源，其传说云①：

有一次 Kaboniyan（精灵之名）发大洪水淹没所有陆地，火没有地方跑，便走进了竹子、石头和铁，这就是为什么能从竹子和石头取出火来的缘故。

火的起源与洪水孑遗同胞二人的遗传人类相关的这一传说是东南亚区域，火的起源传说的一种。② 其他如播种与祭祀的起源说亦见于这类洪水传说中。

如此看来，构成同胞配偶型洪水传说的要素，实在不胜枚举，若把这类洪水传说中所包涵的构成要素尽数列出，并将每个同胞配偶型洪水传说皆作如此的详细的分析，则实过于浩繁，且为不必要的琐碎，今仅就其构成要素中较重要的，试略分列之，见表一：同胞配偶型洪水传说的构成要素及各传说中诸构成要素的出现情形。

表一只是列举了每个同胞配偶型洪水传说的构成要素，以及各个传说中诸要素的出现情形。我们若是把同胞配偶型洪水传说分类，则每一项构成要素之作为分类标准的价值是不一的，现在我们在各种构成要素中选出（1）通婚的手续；（2）传说中构成要素的繁简与（3）兄妹抑姊弟，这三点来作分类的标准，则同胞配偶型洪水传说约可分为十二式，然而第 1—3 式可属于第一型，第 5—6 式属于第三型，第 4 式则属第二型，第 7—12 式可属于第四型。第一与第四式皆为洪水后始祖二人（同胞二人）繁生人类，唯其中同胞二人结婚手续的繁简不同而已，故此二型又可并于一。因此，前面所引同胞配偶型洪水传说实际上可分为三型十二式。见表二。

这种型与式的分类标准是为了区别同胞配偶型洪水传说之原始与进步的程度而设，且以同胞结婚手续为第一分类标准。一个同胞配偶型洪水传说的构成要素愈简，结婚手续愈直捷，并没任何解释或掩饰的原因，无论同胞二人是姊弟或兄妹，皆可认为是较原始的同胞配偶型洪水传说。关于兄妹或姊弟的问题，前文已经提到这也许代表某种意义（详见后论）。因此，在这一分类里，我们假定：第 1 式为是原始的此型洪水传说形式，而第 12 式属于最为进步的形式。

盖一传说的原始形式可能是单一的，构成一传说的要素亦比较简单。但流传到后来，虽然它的母题没有变更，而事实上在该传说的内容上已受到后来的影响，甚而糅合了许多晚近的要素而流传；有的也加进去若干夸张的成分，颂扬自己民族的光荣，或标榜个人的功绩，唯其如此，遂使后来人对于这一传说的真正原始的形态，难于分辨。于是以比较的方法，将这类传说及与之相类似且相关的若干传说，尽力

---

① Fay-Cooper Cole, *Traditions of the Tinguian*, *a Study in Philippine Folklore*, Field Museum of Natural History, Publication 180. Anthropological Series, Vol. XIV, No. 1, Chicago, 1915, p. 189.

② J. G. Frazer, *Myths of Origin of Fire*, London, 1930, pp. 95, 101.

搜求，集众资料而后作分类、比较的工作，似可探其原始。

四、同胞配偶型洪水传说的来源与形成

对于同胞配偶型洪水传说，依其原始与进步的程度作了以上的分类之后，我们再试求其来源及形成各类同胞配偶型洪水传说的大致程序。

一个故事传说的来源是一个复杂的问题。在构成一个传说的复杂的要素中，有若干要素原来即作为个别的独立的传说而存在，或为其他传说的要素之一，到后来糅合了几个相关而且不可少的要素，于是一个新的、复杂而且有更进一步的意义的传说便形成了。同胞配偶型洪水传说的构成要素既已如前文所述，我们现在再来看看那些构成要素中有多少是原来既作为独立传说的，它们是怎样结合起来的。

（一）始祖化生传说要素及始祖转化为兄妹或姊弟：

1. 石生人类始祖：石头生人的传说甚为普遍，多半是说由一块石头生出男女二人，他们便是人类的始祖。这种"一生二"的观念，似乎不止表现于此，这个问题却又属于原始民族的哲学或宇宙观的问题，并与东南亚的图腾信仰有关，实非本文范围所及，故不详论。在此，我们只提出这种化生人类的说法是以一种一般的观念为基础而产生的。以下树生人、竹生人或卵生人等若干生人的传说，皆可以如此说明。

（1）石为人类始祖，W. J. Perry 记述西里伯（Celebes）的 Posso-Tadjo Toradja 的起源神话说："ilai 是天神，iDai 是下界的女神，他们令 konbungi 造人类，他造成许多人形石像，之后 ilai 与 iDai 便回到天上，konbungi 让风吹到他所做的偶像上，这些石像获生命，便是人类最初的祖先。"又说："Pue 和 Palaburu 是天上的人，他们用石头造成最初的人类。"又一说："Nongkren 和 Myllem 的 Khasi 首领的祖先是生自一块石头；或生自在 maikel，或生自在 Longsa 与 Sangtam 之间的一块大石头。"①

台湾土著民族也有石生人类始祖的传说，如阿美族、卑南族以及红头屿的雅美族皆相信其祖先是生自石头的。② 在石生人类始祖的传说中包涵许多内容，主要的可分为两部分，即包括"创造的"神话，其意乃人类最初的成员是由在某些人为的力量造成的；另一则，包括的意义是记述人类最初的祖先是"自然的"由一石中生出来。阿美族传说："太古时在红头屿有一块大岩石，该石裂开，从中生出人类，他们是一切人类的始祖。"而布农族干卓万番传说其族始祖生自两石穴中。③

婆罗洲的 Dayaks 以及中国西南的青苗，也都认为人类最初是生自石头，他们就

---

① W. J. Perry, *The Megalithic Culture of Indonesia*, Manchester University Press, 1918, pp. 79-80.

② W. J. Perry, *The Megalithic Culture of Indonesia*, Manchester University Press, 1918, pp. 78, 80.

③ 佐山融吉、大西吉寿：《生蕃传说集》，台北，1923 年，第 100、210 页。

是所有人类的始祖。[1]

（2）石生男女二人，他们结婚后便遗传人类，台湾泰雅族 p'askoaran 番、太湖番、kinəŋi 番、南势番、福骨番、白狗社、ʒikajou 番、salamao 番、舍加路番、汶水番，以及排湾族 t'atemakau 社都有石生男女繁衍子孙的传说。[2] 如泰雅族合欢番传说："太古时代，p'içi-ojakk 鸟飞到 p'insabakaŋ 东边露出海面的大岩石上，岩石裂开出现二人，该鸟啄衔之，先出者为一男子，后出者为女子，十数年间他们生下子女七人。当时人口很少，子女长成后，便互为配偶，生下许多子女，因此子孙繁多并分居各地。"[3] 又如南澳番传说[4]：

> 太古时，南湖大山中 haboŋ kouro 地方，有块巨石，一次，有一只 çilei
> 鸟飞来将此石转动而落于水中。石裂开，从里面先生出一男，又生出一女
> 是为我等之祖先，这就是今日将 çilei 作为灵鸟而崇拜的缘故。男女二人结
> 为夫妇繁衍子孙。

在这个传说中"石生男女"的主题并未丧失，恰似 W. J. Perry 所说的情形，有另外的一种力量使石裂开生出人类祖先。后世子孙尚因此而对这种力量崇拜，奉为有灵之物。

根据 Perry 记载[5]："当一 Luang-Sermata 男子钓鱼时，发现他的网里有一石，他便将石掷入海中。第二次又捞了上来，他虽然很惊讶，但这次并没把它扔开，且带家去。过了九个月，此石忽然裂开生出一男孩，后来他便同他的同养姊妹（foster-sister）结婚，他们就是 Patumera（red-stones）族之祖。"

（3）石生男女二人，他们各同其他男女二人配偶，遂遗传人类，如鲁凯族雾台社的生人传说谓[6]：

> 原始时代 k'abadanan 和 madetç'iaŋ 二石中生出 p'ururugaŋ（男）和
> makai（女），兄妹二人；兄对妹说：你的配偶者，即你的丈夫是住在现在
> 枋寮的 liki liki 社的一个人，妹遂置身于箱中，随水而往 liki liki 社，妹到
> 该社果见一男子，遂相婚为夫妇。兄又到 dader 社，见一女子，也结为夫
> 妇，不久即生一女 baroŋ，但 baroŋ 和中央山服间深处的 baijo 池里栖息的大
> 蛇结了婚，于是人口增殖。

（4）石生一女为人类始祖，如台湾泰雅族 kalap'ai 番传说谓[7]：

---

① O. Rutter, *The Pagans of North Borneo*, London, 1929, p. 258；鸟居龙藏：《苗族调查报告》，编译馆译，上海，1936 年，第 48 页。

② 佐山融吉、大西吉寿：《生蕃传说集》，台北，1923 年，第 62—69、71、50—53 页；森丑之助：《台湾蕃族志》第一卷，1917 年，第 250—251、256 页。

③ 佐山融吉、大西吉寿：《生蕃传说集》，台北，1923 年，第 41—42 页。

④ 佐山融吉、大西吉寿：《生蕃传说集》，台北，1923 年，第 57 页。

⑤ W. J. Perry, *The Megalithic Culture of Indonesia*, Manchester University Press, 1918, p. 77.

⑥ 台大考古人类学系讲师陈奇禄先生于 1953 年夏采自 Rukai 族，Vudai 社。

⑦ 佐山融吉、大西吉寿：《生蕃传说集》，台北，1923 年，第 57 页。

昔在 inkahoraŋ 地方的巨石裂开，出现一女子。某日，女子登山，因疲倦而于石上，凉风吹入其胯间，于是女怀孕而生一男，自此以后人口繁殖，但分为二支，一部分到山上，另一支下至平地，kalap'ai 番自前者繁衍而来。

（5）石生一男与一女子配偶，为人类始祖，如鲁凯族大南社的传说[①]：

太古时代，在 k'alialaŋ 山顶有大岩石，某次巨石裂成两半，从其中出现一男，名 homalili，homalili 乞食行至 Sarukiliki 地方，遇一女子，名 homdin，二人遂配偶。

（6）石生一女，与一男结为夫妇，遗传后代，如卑南族太麻里番太麻里社的传说："太古时在 panapanajaŋ 地方有一巨石，从其中出现一女，名 laligim；laligim 饮自石滴落之水度日，时大南社有名 basakalaŋ 之男子，二人遂结为夫妇，生 rube rube 与 ts'at'a 二女，rube rube 长成后亦与大南社名 arimarau 者结婚，生 tç'ia tə'ta（女）、p'anonokaŋ（男）、kewatsso p'atoliaŋ（女）等，兄 p'anonokaŋ 与妹 p'atoliaŋ 结婚，所生子女皆无耳鼻；于是妹即入山五日，洁身凝誓，六日归再为夫妇，遂生正常之子女。"[②]

如上所列举之石生人类的传说，似有由简单倾向于复杂的趋势。其他与此相类的生人传说尚多，如婆罗洲 Dusun 族的人类起源神话及其世界起源说中，皆有石头化生人类始祖的传说。[③]

2. 树生人与竹生人类始祖：在东南亚区域中这类传说的分布亦广，比如在东部和东南部的岛上，其人传说皆认为人类的祖先是生自一棵树或一株竹，[④] 日人鸟居龙藏氏也曾举出台湾土著民族以大树为人类祖先的实例。[⑤]

（1）树生人的传说

A. 以树为人类始祖者：如西里伯岛上 Minahassa 人和菲律宾的 Tagalog 人都相信他们自己的祖先是出自一棵树；婆罗洲的 Kayan 也传说其若干不同部落的祖先都是生自树或葡萄树；在婆罗洲的东南也有类似的传说，如 Nias 人们即以为其祖先是生

---

① 佐山融吉、大西吉寿：《生蕃传说集》，台北，1923 年，第 144 页。

② 佐山融吉、大西吉寿：《生蕃传说集》，台北，1923 年，第 141 页。

③ Ivor H. N. Evans, *Among Primitive Peoples in Borneo*, London, 1922, pp. 175-176; Ivor H. N. Evans, *Study in Religion, Folklore and Custom in British North Borneo and the Malay Peninsula*, Cambridge University Press, 1923, pp. 46-47; Ivor H. N. Evans, *Folk Stories of the Tempassuk and Tuaran Districts, British North Borneo*, in *The Journal of the Royal Anthropological Institute*, Vol. XVII, 1913, pp. 477-478.

④ R. B. Dixon, *Oceanic Mythology*, in L. H. Gray（editor）, *The Mythology of All Races*, Vol. IX. Boston, 1916, p. 168.

⑤ 鸟居龙藏：《台湾埔里社（雾社）蕃（东部有黥面蕃）の神话》，载《东京人类学会杂志》1901 年第 16 卷第 180 号，第 212 页。

自 Toraá 树的果实。[1] 台湾泰雅族传说谓：灵树化为人，为现代人类的祖先。[2]

B. 树生男女，二人配偶后，为人类始祖：如台湾泰雅族 toroko 番的传说："上古时，在 ligiakapoʻʔpʻo 地方有一棵大树，枝叶苍郁，遮蔽天地，故日光被遮，尽亦昏暗，为常暗之世。……其后树干化为最初之男体，复生男女二人之人类，为我社之远祖。"[3] 又如台湾恒春阿美族雷公火社的传说："在 arapanai 有一大树，落雷劈树为二，生男女为阿美族之祖先。"[4] 与此相类的传说亦见于泰雅族雾社番的传说[5]中。

C. 树与蔓结缠，遂生男女为人类之祖：如中部婆罗洲传说："混沌之初，只有海与天。某次自天上有大石落于海中，岩石上当阳光曝晒之处有虫匍匐生出，岩上乃渐有土。后来，从太阳上有木制之剑柄落下，自柄上生根忽成大树。又从月亮上有蔓落下，络于树上。树与蔓结合后，生男女，他们便是 Kayan 族之祖先。"[6]

D. 树生男，与一女结合，为人类始祖：如 Buru 岛的神话传说谓[7]：

最初有一女，她在一树椿附近生起火来，使它（树椿）温暖，因此它就分为二，立即出现一男，他便同这女子结婚。

E. 树生一女，为人类始祖：如 Wetar 最初的人类是一女子，她便是生自一棵树的果实。[8]

F. 树生一女及猪，后来此女与一男子结婚，遂传人类：如 Ceram-laut 和 Gorrom 岛民的传说："最初有一极美的女子，名 Winia，她和一猪同生于一树，她攀上这棵高树，那猪则留在树旁。不久以后，有一女名 Kiliboban 者乘木筏，自 New Guinea 来，上岸后她便成为那只猪的伴侣。后来又有一男子（他的来处没有说明）走近，遂卸去衣着，预备钓鱼，这二女子不但注视他，并嘲笑他，于是他就追寻此笑声，终于发见 Kiliboban，他要求她作为他的妻子，她坚决地拒绝了，并指引他到树椿旁；Winia 本来藏在树上，他立即爬上树，发见一美丽的少女，她遂成为他的妻，他们便是人类的祖先。"[9]

（2）竹生人：竹生人类的神话传说在东南亚区域中分布很广，如日人松本信广

① R. B. Dixon, *Oceanic Mythology*, in L. H. Gray（editor），*The Mythology of All Races*, Vol. IX. Boston, 1916, p. 172.

② 森丑之助：《台湾蕃族志》第一卷，1917 年，第 251—252 页。

③ 佐山融吉、大西吉寿：《生蕃传说集》，台北，1923 年，第 28—29 页。

④ 前台北帝国大学言语学研究室：《原语による台湾高砂族传说集》，东京，1935 年，第 515 页。

⑤ 佐山融吉、大西吉寿：《生蕃传说集》，台北，1923 年，第 74 页。

⑥ C. Hose, *Natural Man*：A Record from Borneo, London, 1926, p. 194.

⑦ R. B. Dixon, *Oceanic Mythology*, in L. H. Gray（editor），*The Mythology of All Races*, Vol. IX. Boston, 1916, p. 169.

⑧ R. B. Dixon, *Oceanic Mythology*, in L. H. Gray（editor），*The Mythology of All Races*, Vol. IX. Boston, 1916, p. 169.

⑨ R. B. Dixon, *Oceanic Mythology*, in L. H. Gray（editor），*The Mythology of All Races*, Vol. IX. Boston, 1916, p. 168.

氏在《竹中生诞谭の源流》① 一文中曾谓："在东南亚的南亚语族、藏缅语族与泰掸语族间图腾制度的痕迹中可以认出这种图腾制度中有植物的要素，例如瓠、南瓜和竹类，与此相伴而可见其分布很广之由这类植物中生出人类祖先的传说。竹中生人传说的分布甚广，如中国古代西南的夜郎国，马来半岛 Negrito 的 Semang 族，苏门答腊 Dairi Battak 族，菲律宾 Sulu 土人如 Tagalog、Zambol、Magindanao、Lanao 等族同，婆罗洲土人，明大诺（Miadanao）岛土人以及台湾土著民族皆盛传之。台湾卑南族传说在 panapanajan 的 nunor 神把竹插入土后，竹上节生出 bugumarai（男），下节生 p'akumuçir（女），二人结为夫妇为社之祖先。迈克罗尼西亚（Micronesia）的 Pelew 土人亦有竹生人之传说。"

台湾排湾族的竹生人类始祖的传说又屡见于佐山融吉、大西吉寿合著的《生蕃传说集》中，如 p'çtitç'ialitç'iao 番的 sinbotsanŋ 与 skuskus 二社的传说②："pujuma 社之 p'inabaokats'aŋ 地方有棵竹。昔日，自竹中出现一尾灵蛇，不久化身为男女，产有二子。"又云："昔名 salimudz 及 sarumai 之男女自竹中降生，为我社之祖。但二人所生子女皆残废，至孙代始生正常之人。"

卑南社 bigol 传说："从前在 p'anap'anajan 地方，出现一女神，右手持石，左手持一根竹。她把石扔出，石裂开遂生出马兰社之祖；她又把竹插在地上，从上节出现一女神（p'akoɔiseru），下节出现一男神（p'akomalai），这二神是卑南社的祖神。二神又生 p'aroŋo（男）p'akaskas（女）二神，他们的后裔有 laolaois（男）、soraŋao（女）等神，但 p'arap'i（男神）与 p'akoraçi 结婚所生诸神，很像人类，从此便是普通人的世代了。"③

3. 卵生人类的传说：台湾泰雅族的外 taroko 番 karo 社与外太鲁阁蕃及排湾族 tç'ioatç'ioko社、oarus 社、tç'iatç'iabus 社④都有卵生男女二人，后来便成为人类始祖的传说。在排湾族的此类传说中叙述的更详细，谓："有红白二卵，由蛇孵化出为男女二神，神的后来是头目家的始祖，平民是出自青蛇（名 lilai）的卵。"又谓："太阳降生二卵于今 ropanijau 家屋檐下，卵中出现男女二神，男神可以让女神生万物。"

卵生族人始祖的神话在菲律宾的传说⑤及 Upper Burma 的 Chin 族之始祖神话⑥中皆可见到。卵生族祖神话传说的要素是谓其族祖自卵降生。日人三品彰英氏在《神话と文化境域》⑦ 一书中，曾详论之，并列举若干卵生神话的实例。如朝鲜、台湾、

---

① 松本信广：《竹中生诞谭の源流》，载《史学》1951 年第 25 卷第 2 号，第 1—45 页。

② 佐山融吉、大西吉寿：《生蕃传说集》，台北，1923 年，第 173 页。

③ 佐山融吉、大西吉寿：《生蕃传说集》，台北，1923 年，第 173、19—20 页。

④ 佐山融吉、大西吉寿：《生蕃传说集》，台北，1923 年，第 29、81、20 页。

⑤ R. B. Dixon, *Oceanic Mythology*, in L. H. Gray（editor）, *The Mythology of All Races*, Vol. IX. Boston, 1916, pp. 169, 172.

⑥ W. J. Perry, *The Megalithic Culture of Indonesia*, Manchester University Press, 1918, p. 89.

⑦ 三品彰英：《神话と文化境域》，京都，1948 年。

海南岛黎族祖先传说，菲律宾的 Davao 土人的人祖神话，迈克罗尼西亚的 Peleu 土人，婆罗洲的人祖神话，西里伯的 Minahassa 及苏门答腊的 Battaks 多摩茫国（印度尼西亚诸岛之一）皆有卵生族祖的神话传说；甚至亦见于美拉尼西亚 Fiji 人，Torres Straits 东部诸岛和 Admirality 群岛土人，安南、西藏、缅甸之 Moag Mao，Palaungs Tha-tum Wing Mao 印度以及 Assam 地方。氏将卵生传说作一地理分布所得结论谓："始祖神话中之卵生要素，以印度尼西亚为其分布中心，北经台湾而至朝鲜，东南至美拉尼西亚、迈克罗尼西亚，西至缅甸、印度、西藏。"并将卵生之形式分为四：（1）降下型（按实例有八），卵为日神或天神之子降下；（2）鸟卵型（按实例有九），卵为鸟类所产；（3）化生型（按实例有四），卵自他物化生而来；（4）人态的出产型（按实例有九），卵为人态之女性所产。氏又云："朝鲜的卵生神话的系统，在古代印度尼西亚、印度支那、中国沿海及台湾、朝鲜这一联的境域中有卵生神话要求存在，其中在大陆沿岸境域者与大陆文化接触之结果而发展了人态型；在海洋诸岛及朝鲜南部，为其余三型，而伴以各自之地方色彩。"

4. 鸟生人的传说：如台湾泰雅族万大番的传说："昔乌鸦和 tɕ'iʔp'iːɕ'iʔp'i 鸟游水，一起垂头涉水，但不久乌鸦被水冲去而溺死，tɕ'iʔp'i 鸟涉过水，于是这鸟的形容逐渐变化，在那里出现一男一女，他们成为夫妇，和睦度日，生有子女。"[1]

在 Luag-Sermata 群中，人谓其族之祖是由降自天上的旋木雀生出来的，祖先的化石仍可以在 Nowalna 岛上见到。[2] 苏门答腊 Battaka 传说：人类的始祖是生自无羽毛的鸟，这鸟是降自天上的。[3]

5. 虫生人类的传说：如台湾布农族卡社番 tamaðoʔwan 社的传说："太古时代有芋虫（qoqotla）能直立行走，且行甚速，乃成人类。"[4]

又一则干卓万番的传说谓：[5]

太古时代在 mintongon 地方有两个洞，有 narhaʔr（虫）把粪作球形投入该二洞中，经十五日许，自一穴出现一男，他穴出现一女；二人成长后结为夫妇，产有子女四人，子女复相婚配，人类逐渐繁殖。

此种人类最初之祖先是生自虫的传说分布甚广。[6]

6. 其他生人的传说：如台湾布农族郡番及其 bahahul 社传说人类始祖是生自瓢（为一男子）与釜（生一女子）。卡社传说其人最初的男女二祖是由于古时所有的两

① 佐山融吉、大西吉寿：《生蕃传说集》，台北，1923 年，第 54—55 页。

② W. J. Perry, *The Megalithic Culture of Indonesia*, Manchester University Press, 1918, p. 77.

③ R. B. Dixon, *Oceanic Mythology*, in L. H. Gray（editor），*The Mythology of All Races*, Vol. IX. Boston, 1916, p. 178.

④ 前台北帝国大学言语学研究室：《原语による台湾高砂族传说集》，东京，1935 年，第 537—638 页。

⑤ 佐山融吉、大西吉寿：《生蕃传说集》，台北，1923 年，第 25 页。

⑥ R. B. Dixon, *Oceanic Mythology*, in L. H. Gray（editor），*The Mythology of All Races*, Vol. IX. Boston, 1916, p. 169.

个人形无骨之物匍匐在地面上，有一次，有许多蚁蚊蛆聚集前来，将其包围，二物受惊遂起立作行状而成的；这男女二人自鸟习知交合之道，乃生更多子孙，此后兄妹相婚被弃，只有血亲关系疏远的才能通婚。①

Scott 记载 Wa 族的传说："在时代之始初有二存在物（beings）住在三个小山上，他们不是精灵，也不是人类，而且虽然他们的性别似乎不同，但无世俗之情欲，他们自然地由于土与水的结合而产生，是为万物之祖。"② Lao 族有一极普通的传说云："现在形成东部印度支那的居民的一切种族，产自一甜瓜或南瓜；这甜瓜的子女向东蔓布到中国的海岸，向南延到湄公（Mekong）和湄南（Menan）二河谷；并西到 Burma，当此一传说与一次洪水（deluge）传说相结合时，不可避免地有一种 Noah 方舟出现；这种幻想提示出他们不是一种没有此独木舟更大的船的内陆居民。"③ Assam 人也相信他们的祖先是生自南瓜。④

7. 生人传说中兄妹二人的形成：

（1）兄妹二人配偶为人类之始祖：这种始祖化生的要素再经传说传递过程中的一度转变，始祖二人便转化为同胞，这一转化的观念可见于台湾排湾族 carilik 社、kaʔliŋ 社的传说中："二社之祖，据说是从天上降于大武山之 boruʔtsi 地方的黄色卵和青色卵；黄色卵生一男，名 rumudzi，青色卵生一女，名 giliŋ；兄妹二人成长后结为夫妇，但他们所生的子女，长男盲目，长女无鼻，自次男起始为普通人类。"⑤ 在这个卵生人类的传说中很清楚的说明所生之男女即兄妹二人。又潮州番的传说亦云："太阳降二卵于 ropʻanin 家屋檐下，不久，卵孵化生出男女二人，男名为 pʻaporaŋ，女名 çiarumutçioru，二人又生男女各二人，目皆生于足拇趾之端，遂知此为兄妹相婚之故，其后仍从兄弟姊妹相婚，目乃移生于膝，更再从兄弟姊妹相婚，目始生于面上，成为具有普通容貌之人。"⑥ 兄妹二人的关系由此形成，而兄妹之为人类始祖乃在人类之始有既为一坚定的"事实"。

（2）兄妹配偶始生人类：这种已由始祖转化为同胞的传说亦广有所见，如兄妹二人生树，树变为人的传说即日人为居龙藏氏的苗族调查报告中记贵州安顺青苗老人所述的故事⑦，其本事云：

---

① 佐山融吉、大西吉寿：《生蕃传说集》，台北，1923 年，第 25、99、91—92 页。

② J. G. Scot, *Indo-Chinese Mythology*, in L. H. Gray（editor），*The Mythology of All Races*, Vol. XII, Boston, 1918, pp. 288-289, 285-286.

③ J. G. Scot, *Indo-Chinese Mythology*, in L. H. Gray（editor），*The Mythology of All Races*, Vol. XII, Boston, 1918, pp. 288-289, 285-286.

④ 松本信广：《竹中生诞谭之源流》，载《史学》1951 年第 25 卷第 2 号，第 34 页。

⑤ ケス：《タリリク社とカツリソ社の祖先传说》，载《南方土俗》1933 年第 2 卷第 3 号，第 74—75 页。

⑥ 佐山融吉、大西吉寿：《生蕃传说集》，台北，1923 年，第 164—165 页。

⑦ 鸟居龙藏：《台湾埔里社（雾社）蕃（东部有黥面蕃）の神话》，载《东京人类学会杂志》1901 年第 16 卷第 180 号，第 48—49 页。

太古之世有兄妹二人结为夫妇，生一树，是树复生桃杨等树，各依其种类而附之以姓。桃树姓"桃"名 Ché lá，杨树姓"杨"名 Gai yang，桃杨等后分为九种，此九种互为夫妇，遂产生如今日所有之多数苗族。此九种之祖先即 Munga chantai，Munban（花苗），Mun jan（青苗），Mun to（黑苗），Mun lai（红苗），Mun lái（白苗），Mun，ahǎli，Miman Mun anju 是也。

（3）兄妹结婚遗传后代：在最初只有男女二人，他们是兄妹，但为了不使人类绝种，遂相配偶。马来半岛的 Jakun 与 Mandra 土人传说：自 mertang 以后，大地开始有人类，因 meatang 娶其妹为妻：Mandra 人便是他们的后代。[①]

北婆罗洲的 Dusun 人传说其部落创始的情形谓："中国皇帝的儿子与 Brunei 国王的女儿生有一子，后来又生一女，这兄妹二人结婚，始建立 Dusun 部落。"[②]

日人宫本廷人氏说："加礼宛社以兄妹二人为祖先。"[③] 但在此种传说中，尚未加入洪水传说及兄妹二人配偶繁生子女的传说记载。

8. 始祖二人的关系与洪水传说中兄妹抑姊弟在先的问题：

在传说中，人类最初的始祖是男女二人，对于他们所自生之处虽各有不同的说法（已如前述），但人类最初的始祖是生自一体，或同性质的两个体，无论其为直接或间接产生，却皆为二不同性的人体，这两个人生来即负有繁衍人类的重任。他们二人之间的关系，在传说中都直捷的说：先生者是男子，后生者为女子；因其为同出于一，故有同胞的含义，如此看来人类最初男女二人的关系是既成事实的反映，却男子是兄，女子是他的妹妹，这种兄妹的关系是很明显的。此种观念见于上引台湾排湾族 carilik 社及潮州番二传说中。

在东南亚的传说中，兄妹配偶之广泛的存在，引起下述的一个问题，即：此一传说是完全由"一生二"的人类起源传说蜕变的结果，还是"一生二"人类起源传说与兄妹配偶在古代存在的事实的一种结合？照 Morgan 的理论，人类的婚姻制度的最早两个阶段即乱交（包括母子、父女、同胞等）及血族婚。[④] 虽然 Lowie[⑤] 对此说法大加抨击，他并不能抹杀了此种事实在若干地域之存在。

照民族学家的意见，神话传说所包含的内容，常伸展到纯粹宗教领域之外，而常可以证明某种社会组织的存在。[⑥] 兄妹相婚的制度，在东南亚区域或曾作为古代婚姻制度的一个阶段。古代的印尼民族，以此种制度比附"一生二"的人类起源

① W. W. Skeat, C. O. Blagden, *Pagan Races of the Malay Peninsula*, Vol, Ⅱ, London, 1906, pp. 336-339.

② O. Rutter, *The Pagans of North Borneo*, London, 1929, p. 249.

③ 宫本延人：《加礼宛の传承二三》，载《南方土俗》1931 年第 1 卷第 2 号，第 131 页。

④ L. H. Morgan：《古代社会》，杨东莼、张栗原译，商务印书馆 1935 年版，第 711—758 页。

⑤ R. H. Lowie：《初民社会》，吕叔湘译，商务印书馆 1935 年版，第 68—73 页。

⑥ R. Piddington, *An Introduction to Social Anthropology*, Vol. Ⅰ, Edingburgh, 1950, p. 370.

说，乃产生了兄妹配偶的故事。从来血族婚被认为"乱伦"，这一故事也就有时遭遇了变化。

洪水传说中兄妹抑姊弟在先的问题，若详加讨论，则牵涉到的范围可能甚远，即母系社会与父系社会的问题。以兄妹或姊弟在同胞配偶型洪水传说中出现的次数来说，姊弟者远不如兄妹，在前文所引的四十余传说中只有七个是姊弟配偶型的洪水传说，即前揭表一故事例第1、4、27、35、36、42、43诸传说。

在母系社会中，女子有较高的权威与地位，恰与父系社会中男子的权威与地位相埒。如是我们认为在母系社会中人类始祖同胞二人被描述为姊弟，而在父系社会中被描述为兄妹的这一个假设，也许不会离事实太远。

固然依照Morgan的理论，我们可以说，而以Lowie的反对看法也不能完全否认，在东南亚可能有一母系的社会发展阶段，[①] 如果认为母系社会在父系社会之先，则显然是"姊弟配偶"的传说较"兄妹配偶"的传说出现得早。换言之，"姊弟配偶"的传说是较原始的形式，即使我们不如此认为，而姊弟与兄妹之不同，至少在最初可以代表母系父系之别，还是可以说的。

现代同胞配偶型洪水传说中，有姊弟配偶成分的，至少阿美族和平埔族在现代或过去被知道是母系社会，而有这一成分的传说，其形式大部属于较原始的种类，因此我们或可以解释：在东南亚古文化民族中，也许有一个早期的母系阶段，于是其人类起源的洪水传说中以姊弟为人类之始祖。随着社会之转为父系，姊弟也就变为兄妹。有少数父系社会中所保留的姊弟成分，可以视为原始要素的遗留。这种说法可以解释：（1）姊弟始祖何以多见于母系社会；（2）姊弟始祖成分何以常与其他原始成分相伴；（3）何以现代的父系社会中亦可以有姊弟始祖传说之存在。同时后面三种事实也足为这一种说法的证明。

（二）洪水传说要素：有一次洪水（deluge）的传说发现于全印度支那各地，在Kachin中，在Karens人中，以及在东部的Shan族中，以至Siam北部及Cochin-China，这一神话似乎是发生在一种关于曾将巨大而具毁灭性的洪水带到陆地上来的某种自然现象的回忆上。[②] 洪水传说流行于世界各处，东南亚也并不例外。在同胞配偶型洪水传说中，洪水的要素尤其重要。如台湾泰雅族豹社、takonan社、taroko社，排湾族下排湾社，鲁凯族的下三社，布农族峦番katoŋulau社、郡番，邹族duftu、Səaroa、kanakanabu，以及雅美族imulud社和ilalalai社都传说着：太古时代有大洪水，平原变成大海，人类四处避难；水退后，散居四方之人复归而建社。排湾族与

① L. H. Morgan：《古代社会》第二编，杨东莼、张栗原译；R. H. Lowie：《初民社会》，吕叔湘译，商务印书馆1935年版，第198—221页。

② J. G. Scott, *Indo-Chinese Mythology*, in L. H. Gray（editor）, *The Mythology of All Races*, Vol. XII, Boston, 1918, pp. 267-268.

布农族的洪水传说中也说到人类取火的故事。[①]

在印度尼西亚，洪水传说亦甚普遍；在菲律宾 Kiangan 的 Ifugao 以及中部的 Ifugao；在婆罗洲 Iban 或 Sea Dyaks of saoawak 的记载[②]即谓："某次洪水泛滥，只有少数人逃到山上，因而得免于难。"英属北婆罗洲的 Dusun 也有洪水传说的记载，在 Nias 也有同样的传说记载。如 O. Rutter 记述谓[③]：

> 婆罗洲北部的 Dusun 和 Murut 二族中均有关于大洪水的传说，洪水退却后，人类发明了种植。

（三）漂流传说要素：如三品彰英氏所论"箱舟漂流型及其分布"与"卵生型及其分布"相平行，[④] 今将氏所举实例转引于后：（1）台湾卑南族知本社的祖先传说；（2）台湾阿美族太巴塱社的始祖神话；（3）菲律宾 Tinguian 族的与 Bontoc Igorot 的神话传说；（4）安南庆和之天依古塔的传说。

在漂流传说中人类借以漂流之工具种类虽多，如木臼、箱、舟、葫芦、瓜壳等，但大体皆为似"箱"形之小形的船，因此可以说漂流时所用的工具是以箱舟为代表，这一点也许暗示着漂流传说要素最先是内陆或非沿海民族所具有的，换而言之，就是这类漂流传说最早出现于非沿海的民族中，关于所乘的工具，或以木臼为较原始的形式。

由上可见生人传说，洪水子遗传说与箱舟漂流传说三要素，皆为东南亚古文化的成分，由于这三个东南亚古文化特质的结合便已构成同胞配偶型洪水传说的最初形式；在这三个传说要素中，有大同小异之处，于是由此而结合成的同胞配偶型洪水传说也有诸种类型（如前文所述）。

（四）兄妹配偶的恶果与避忌方法的传说要素：及人类社会进化，同胞配偶被认为违背禁忌，遂有禁止的规则产生，[⑤] 或以不可抗的理由，如天命、神判、神意等来解释，或以诸种掩饰的方法来达到繁衍子孙遗传人类的目的。

1. 兄妹配偶的恶果：如台湾排湾族 obobodziag 番的传说[⑥]：昔在 p'unababnkaʔtsʻaŋ（潮州郡）有名 satçimuʻçi 和 atçioguaŋ 的兄妹二人，他们所生的

---

① 前台北帝国大学言语研究室：《原语によゑ台湾高砂族传说集》，东京，1935 年，第 44—46、76—79、277—279、380—381、565—566、591—592、633—634、652—653、679—681、702—703、732—735、751—752、777—778 页；佐山融吉、大西吉寿：《生蕃传说集》，台北，1923 年，第 104 页（邹族阿里山番）、第 118—119 页（邹族四社番）、第 119—122 页（邹族四社番排剪社）、第 123—124 页（邹族四社番雁尔社）。

② R. B. Dixon, *Oceanic Mythology*, in L. H. Gray（editor），*The Mythology of All Races*, Vol. IX. Boston，1916，pp. 178-181.

③ O. Rutter, *The Pagans of North Borneo*, London，1929，pp. 250-251.

④ 三品彰英：《神话と文化境域》，京都，1948 年，第 95—113 页。

⑤ 佐山融吉、大西吉寿：《生蕃传说集》，台北，1923 年，第 41—42 页。泰雅族合欢番传说谓：以后社内以及移住山中之人，均发生骚动不安，并有瘟疫。不知何故，兄妹相婚者死亡甚多。老人协议结果，认为如今人口繁殖，已无循前例之必要，乃始作规则而严禁血族相婚。

⑥ 佐山融吉、大西吉寿：《生蕃传说集》，台北，1923 年，第 171 页。

子女众多，但皆为残废者，此后，血缘渐远，乃得正常的子孙。

其他类似于此的传说尚多，如排湾族内文社（前揭表一故事例 51）以及阿美族的传说。[1]

2. 同胞配偶与黥面的起源：在台湾土著民族中，我们可以见到许多关于黥面及其起源的故事记载，云：先祖时代有同胞姊弟二人，弟年长后，无法娶妻，其姊亦甚同情之，乃为弟寻求配偶，其姊遂考虑自易容貌，以同其弟成婚，姊告弟曰：彼曾见一女子，俟后日前往至十字路口的树下等候，即可见该女子。弟闻之，甚喜。至约期，姊乃先往，并以墨涂于面上，遂候于十字路口的树旁；至午时，弟亦如约而来，果证其姊之言无讹，见一黥面女子候于该处，即带领至家中，二人结为夫妇，他们的子女繁衍而传于后代，此即待嫁之女子需黥面的起因。[2] 兄妹之结婚，除生理上的需要并有关乎人类的繁殖；于是，当世上只有同胞二人时，他们之间的这种关系亦不得不如此继续下去。不久后，即生众多子女且遗传了人类。

当初女子黥面乃为掩饰同胞配偶的禁忌，如台湾泰雅族 xakut 番传说中即有妹黥面后，同其兄结婚而遗传人类的记载，[3] 当世上只有兄妹二人时，为避免同胞配偶之忌，以求人类之延续黥面（多数是女子黥面）后再相配偶，似为很自然的，且为最简便的方法，从此便衍成待嫁女子需黥面的习俗。

（五）传说要素的结合与同胞配偶型洪水传说的形成：以上所述皆为独立的诸传说要素在东南亚的分布及传说的内容，上述诸传说要素在东南亚或现仍为独立的传说，或作为其他传说的成分，这些要素的结合乃造成东南亚的同胞配偶型洪水传说，我们试推想其形成的经过：

1. 始祖化生要素的结合：

（1）石生人类始祖与竹生人类始祖的传说要素的结合：台湾雅美族 imauruts'ru 社传说谓：人类的远祖是由石与竹所生的神而生的男女二人。又谓：最初的人类是由神触一石与一竹而生之二男所生的男女四人，这些人长大以后各自为室；后来双方女子又生子，而这次所生之子不久即死，旋又生女，但皆为盲者。因此他们想到这是兄妹配偶的结果，最后他们便互相交换子女结为夫妇，遂得人类。[4]

（2）鸟生与树生的结合：婆罗洲 Kayans 创世神话云："最初，有一剑柄从太阳上掉在蚯蚓粪造成的土壤上，后来从月亮飞来一双旋木雀（creeper），由于风的动作而使它抱在树上，同它成为配偶，因此而生出最初的人类，Kaluban Ghi（男）和 Kalubi Angai（女）。这些人没有腿和躯体的下半，他们却生有各种子孙，这些后来生的子孙便成为各种现存民族（如 Odig Lahang）的祖先，并被 Kayans、Kenyahs 和

---

① 佐山融吉、大西吉寿：《生蕃传说集》，台北，1923 年，第 225—226 页。
② 前台北帝国大学言语学研究室：《原语による台湾高砂族传说集》，东京，1935 年，第 54—56 页。
③ 佐山融吉、大西吉寿：《生蕃传说集》，台北，1923 年，第 688—689、75—76 页。
④ 佐山融吉、大西吉寿：《生蕃传说集》，台北，1923 年，第 18—19、225—226 页。

一些 Klemantans 认为祖宗。"①

（3）竹生与卵生要素的结合：如排湾族传说②：有竹剖裂，落下四个奇异的卵，五六日后便从其中出现蛇形男女，后始生有子女。

（4）石生树生或树生鸟生与黥面的结合：如泰雅族 kalapai 番的传说谓③：

> 太古时代在 p'atsp'akuaka 有一巨树。其根分为二股，中间夹一石。一次其石裂开，出现男女二人……二人结为夫妇，生一子一女。

> 子女长成时，双亲已亡，兄妹虽长久同居，却因有双亲之严戒，丝毫不敢相犯，但因彼此另外没有异性配偶而甚感苦闷，且人类繁殖之事，亦不能不加以考虑，某日，早熟之妹遂不能忍耐悄然出行。兄忽不见妹之姿容，顿起思慕与寂寥之感，不久，有一黑面之人来访，兄甚惊异，见其人容颜虽陌生而甚似其妹；该女子云："妾久居于此山之彼方，尚孤独无夫，故来此处。"二人遂结为夫妇，而产下众多之子孙，逐渐繁殖，而自 p'atsp'akuaka 西进至今大湖方面，更向北进之一队即成为我社之祖。

又一传说云："树生鸟兽，生人类始祖男女二人，他们长大后结为夫妇，生下一子。男子死后，她便以黥面的方法再同她的儿子结婚。其后世子孙遂繁殖不已。"④ 又如石生男女，兄妹成年后，妹黥面与兄配偶而遗传子孙。⑤ 此为石生要素与黥面结婚要素的结合。

2. 始祖化生要素与洪水要素的结合：

（1）竹生要素与洪水要素的结合：如前揭表一故事例 47（排湾族 atsdas 社的传说）。

（2）石生要素与洪水要素的结合：石生人类始祖的传说，分布甚为普遍，而台湾布农族 t'akebaka 番 t'amarowan 社传说却谓⑥：

> 太古时代在 emebaru 山顶上之巨石裂开，自其中出现众多之人类。其中 t'aketoru 及 t'akebaka 二人为我社之祖。其时有洪水，地上成为一片汪洋，人类避难于玉山顶而得幸存。后蛇蟹争斗，蛇败而逃，所逃之地成为河溪，洪水遂退。人类乃降至平原，四散各处，奠今日各社之基。

其他类似的传说尚见于卑南族知本社⑦及前揭表一故事例 46（泰雅族 paskoaran 社的传说）。

---

① C. Hose, *Natural Man*: *A Record from Borneo*, p. 194.
② 佐山融吉、大西吉寿：《生蕃传说集》，台北，1923 年，第 168 页。
③ 佐山融吉、大西吉寿：《生蕃传说集》，台北，1923 年，第 61—62 页。
④ 佐山融吉、大西吉寿：《生蕃传说集》，台北，1923 年，第 77—78 页，泰雅族太鲁阁番。
⑤ 佐山融吉、大西吉寿：《生蕃传说集》，台北，1923 年，第 79—80 页，泰雅族内太鲁阁番。
⑥ 佐山融吉、大西吉寿：《生蕃传说集》，台北，1923 年，第 90—91 页。
⑦ 佐山融吉、大西吉寿：《生蕃传说集》，台北，1923 年，第 133—135 页。

（3）化生人类与洪水传说的结合：如赛夏族 k'alehap'asen 社传说①谓：

太古洪水之后，某神杀人切其肉投入海中，其肉悉化为人类。

3. 同胞始祖要素与洪水要素之结合：同胞始祖降生的传说分布甚广，自有人类之始，只有同胞二人，他们结婚后繁殖子孙始遗传人类。但在这种结合之中，同胞始祖与洪水二要素化而为一，形成同胞配偶型洪水传说之原型（Proto-type）。如菲律宾 Igorot 的传说谓②：

洪水之际，有兄妹二人幸存于 gap'okis 山；其时 lumaujig 神自天降下，彼等乃诉以无火，将被冻死之事。神乃遣犬及鹿送火与兄妹。

始祖与洪水结合的传说尚见于台湾布农族蛮番 k'atogulan 社与人伦社，郡番 ip'aho 社及排湾族的下排湾社传说："彼等祖先曾因大水之灾而得逃往山上。河水初乃因大蛇之阻而涨，后蛇蟹相斗，蛇死，水退。人类于洪水退后发明了种植。"③ 又赛夏族 çiajahol 社传说谓④：

太古有大洪水，平地变为一片沧海，有朱姓兄（名 buroŋop'oi）妹（名 majaop'u）乘机胴遁往李头山而保全性命。但不久后，妹即死亡，兄忍不住痛苦而大哭，将妹之尸抱起，走到山麓清澄之池畔，把尸体切成小片，一一用 likkaru 树叶仔细包上，念咒语曰："吾妹，若愿安慰你这寂寞的哥哥，请肉化为人罢！"然后把一片装入机胴，沉于水中，忽化为人。buroŋop'oi 大喜，引其上陆，是为豆姓之祖。又如法泡制，每得人类，为日姓、凤姓等十姓之祖；此后便不再得。不久后，buroŋop'oi 徘徊于林中时，见地下散有芋皮，遂知尚有其他人类；各方探觅，果见一男子，携归同住，为狐姓之祖。于是我社之基础乃行建立。

此一传说已颇近似同胞配偶型洪水传说中前述第一型的第3式，其中已包括兄妹、漂流、洪水与化生诸要素。自此类传说更进一步的发展，乃形成本型传说的完成形式。

4. 始祖化生要素与洪水及漂流要素之结合：

（1）台湾赛夏族 ŋalawaŋ 社传说："太古时代，为神所创造的人类尚聚居于最初之土地上时，忽起洪水，人们离散四方，生死莫判。此时有一男子乘机胴漂着于 çirubia 山；此山上有叫作 ots'p'oehoboŋ 的神，忽然把他捉住，神恐怕人类因大洪水而绝灭，马上把这唯一的生存者打杀，切碎其肉，口唱咒文投入海中，悉成人类。

---

① 佐山融吉、大西吉寿：《生蕃传说集》，台北，1923 年，第 180 页。

② 佐山融吉、大西吉寿：《生蕃传说集》，台北，1923 年，第 768 页。

③ 前台北帝国大学言语学研究室：《原语による台湾高砂族传说集》，东京，1935 年，第 591—593、633—634、652—653、277—279 页。

④ 佐山融吉、大西吉寿：《生蕃传说集》，台北，1923 年，第 178 页。

这是我们的祖先，神命其名为 saisijat；然而又截其肠，投入海中，亦成为人类，这即台湾人的祖先，他们长寿的人多，因为他们是肠化成的；再把骨头投入，也成人类，这便是顽强无比的泰雅族之祖。"[1] 在这个传说中亦包含洪水、洪流与化生人类而为人类之始祖三个要素。

（2）婆罗洲 Dyaks 传说[2]中也包括始祖化生、洪水与漂流三项要素。其传说洪水子遗漂流时所乘之物为木臼（lessong，与台湾阿美族传说中 lolaŋ 的名称，在发音上似全相同），对于这点，似值得特别注意。其传说本事：

> Trow 是一个伟大的人，他的伟大的表现是在洪水泛滥之始，其时他获得一个 lessong（一种用以捣谷的大木臼），用它做成一只船。他带着漂亮的 Tenenjen（一个马来女子的名子）和一只狗、一只鸡、一只猫等出发到大海中去。洪水消退以后，Trow 把他的木船和所带的东西靠岸后便带到陆地上来，深思良久，终于决定欲重新传衍人类，需有多数妻子。于是他用木头做成一个，又用石头做了一个，还用其他许多东西造成一些。他同她们结婚，许多年后，他有了约二十个子女，他们学会了耕种，并建立了各个 Dyak 部落（包括 Tringus 部落）的基础。

（3）台湾鲁凯族雾灵社的传说（其本事见前文所引），其中包括始祖降生自石，始祖为兄妹二人，漂流后与另外男女二人配偶，遂遗传人类，此与前述同胞配偶型洪水传说中第一型中之第 8 式极相似。

（4）始祖二人（男与女）为洪水子遗，他们乘葫芦避难，得免于洪水之灾害，从此二人所生之子孙后代便遗传世上所有人类，如 Siam、Tai 各族的传说。[3]

如上所述各个独立要素的传说的结合乃逐渐衍变成同胞配偶型洪水传说的最初的比较单简的形式。

5. 同胞始祖要素与洪水及漂流以及同胞配偶的恶果与避忌方法的结合（此类传说的本事，已如前文所举之若干实例）：同胞配偶型洪水传说之最初形式，即包括"同胞始祖"与"洪水"的传说要素；"同胞始祖"与"洪水"与"漂流"的传说要素。在传递的过程中又加入较晚起的，即"同胞配偶发生恶果"及"避忌的方法"传说要素，则成为较复杂的同胞配偶型洪水传说的诸形式。

五、同胞配偶型洪水传说的起源及传布

同胞配偶型洪水传说构成要素及其分类，大致如前所述；对于同胞配偶型洪水

---

① 佐山融吉、大西吉寿：《生蕃传说集》，台北，1923 年，第 21—22 页。
② H. Ling Roth, *The Natives of Sarawak and British North Borneo*, London, 1890, Vol. I, p. 300.
③ A. Bouder, *Les Thay*, Anthropos, II, 1907, pp. 921-924.

传说的来源问题与形成过程，亦见前文，现再探求本型洪水传说的起源与传布问题。一个传说的起源问题时常是被忽略的，这个难题常涉及历史的叙述和传说的来源。[1]由前文可知同胞配偶型洪水传说之形式是出自各个要素传说的结合，即由最原始的本型洪水传说至最进步的，皆有其构成要素的原型传说。一个神话传播的问题是民族学研究重要方面之一。F. Boas 相信传说要素在不同区域的故事中的同样的结合指示着从一个中心的传播。[2] 所谓同胞配偶型洪水传说的起源，即谓其各要素之结合的完成；根据史籍记载与比较研究可以有三个理由来说明：此一结合似为古代居于中国长江流域中游的古代印度尼西亚人，或中国历史记载上的樊越或獠越，所完成的。

（一）同胞配偶型洪水传说在中国南部存在时代之早：芮师研究伏羲女娲的传说谓："我们参考苗族洪水故事中的兄妹二人与伏羲女娲的，可得两条结论：（1）伏羲与兄名很相似，女娲与妹名很相似。（2）关于伏羲女娲的传说也有很多是与兄妹二人的情节很相似。今按伏羲女娲之名，古籍少见，疑非汉族旧有之说，或伏羲与 Bu-i，女娲与 Ke-uh 音近，传说尤多相似，Bu-i 与 Ke-uh 为苗族之祖，此为苗族自说其洪水后遗传人类之故事，吾人误用以为己有也。"[3]

闻一多氏在《从人首蛇身像谈到龙与图腾》一文[4]中亦曾谓：

> 那以伏羲女娲为中心的洪水遗民故事，本在苗族中流传最盛，因此芮氏疑心它即起源于该族，依芮氏的意思伏羲女娲本当是苗族的祖神。现在我们考定了所谓延维或委蛇者即伏羲女娲，而《山海经》却明说他们是南方苗民之神，这与芮氏的推测不完全相合了吗。

> 《海内经》据说是《山海经》里最晚出的一部分，甚至有晚到东汉的嫌疑，但传说同时又见于《庄子·达生篇》，属于《庄子外篇》的《达生篇》想来再晚也不能晚过西汉，早则自然可以到战国末年。

"昔高阳氏，同产而为夫妇，帝放之此野，相抱而死。"（《博物志》二）"同产而为夫妇"与伏羲女娲以兄妹为夫妇尤其相类似，看来不但人首蛇身的流传很早，连兄妹配偶型洪水故事在汉族中恐怕也早就有了。

关于伏羲女娲为同胞之关系，马长寿氏亦疑心鸦雀苗洪水传说中"Bu-i"与"Ku-eh"兄妹二人即中国典籍中之伏羲女娲，世本云："天皇封弟瑀于汝水之阳，后为天子称为女皇。"可见瑀为女性。女皇名瑀，疑即女娲之别书，唐司马贞补《史

---

[1] F. Boas, *Mythology and Folklore*, in F. Boas（editor），*General Anthropology*, New York, 1936, p. 610.

[2] Albert Muntsch, *Cultural Anthropology*, 2nd ed, New York, 1936, p. 211.

[3] 芮逸夫：《苗族洪水故事与伏羲女娲的传说》，载中央研究院历史语言研究所《人类学集刊》，1938 年第 1 期，第 181—182 页。

[4] 闻一多：《从人首蛇身像谈到龙与图腾》，载《人文科学学报》1942 年第 1 卷第 2 期，第 4 页。

记・三皇本纪》谓伏羲之身世云："太皞庖犧氏风姓代燧人氏继天而王，蛇身人首。"又谓女娲之身世云："女娲亦风姓，蛇身人首，代宓羲氏立号曰女希氏。"二氏姓既相同而表现原始氏族图腾制之"蛇身人首"又复相同，则与《世本》所传兄妹关系者颇相符合。明周游撰《开辟衍绎》述女娲家世云："女娲为女身，乃伏羲之妹，同母所生。"可见伏羲女娲为兄妹之说虽传至明代犹可省识。由同胞关系而为夫妻关系之说，于汉武梁石室之壁画上尚可证之。关于伏羲女娲之族籍所属，马氏主张云："然考其始，则《天问》传之为最早，而《天问》之作者屈原亦为楚人，则包羲与女娲之为楚籍似无问题矣。楚与苗蛮为邻，且楚疆之民除少数汉族外，大部为苗蛮土著，包羲女娲吾意即楚中苗族创世之祖。"又云："夫苗于诸神之中独祀女娲伏羲而腊祭之，则女娲伏羲为苗族创世之祖又得一佐证矣。"[1] 是伏羲女娲的传说及伏羲为女娲兄的关系自汉以来，至今未衰，但最原始的同胞配偶型洪水传说，即前揭表一故事例4，则为姊弟型的，可见伏羲女娲的传说传入中国尚在本型洪水传说形成之后。

综合以前所述，我们可以说：

1. 伏羲女娲为苗族之祖，其地位及神话，一直保存在苗族中，而在汉人的记载中，已经经过分解及退化。

2. 苗族的这个传说为汉人所记述者，当记述时，伏羲女娲二人已为兄妹。

3. 因此姊弟型所代表的阶段是在汉人接受此一传说之前。

4. 此传说在中国南部流传之"古"，为其起源于此的证据之一。

从伏羲女娲的传说来看似乎可以推测：同胞配偶型洪水传说起源于古代居于中国南部大陆的古印度尼西亚人。

（二）再就同胞配偶型洪水传说诸式之地理分布而言：

1. 大陆区：

（1）中国南部大陆　最复杂的傜人的同胞配偶型洪水传说，即属第12式；湘西凤凰苗人，湘西乾城苗人，花苗、黑苗与鸦雀苗的本型洪水传说多属于第11、10或8式者；汉人的本型洪水传说却属于第1式；老亢、栗粟的本型洪水传说则属于第3式。

（2）沿海岛屿：

A. 台湾：巴则海 Pazeh 族有第1式的同胞配偶型洪水传说，北部阿美族有第2式的本型洪水传说；而阿美族其他各社与排湾族的本型洪水传说多属于第3式；泰雅族、布农族与排湾族其他各社的本型洪水传说则属于第4式；阿美族的另外二社的同胞配偶型洪水传说各属第5、6式；排湾族也有属于第8式的同胞配偶型洪水

① 马长寿：《苗瑶之起源神话》，载《民族学研究集刊》1940 年第2期，第235—253 页。

传说。

B. 海南岛：黎人的同胞配偶型洪水传说是属于第9式。

2. 半岛区：法领东京偪人（即 Man）及缅甸山头人的同胞配偶型洪水传说均属于第3式。

3. 岛屿区：婆罗洲北部 Murut 族有属于第1与第7两式的同胞配偶型洪水传说；而菲律宾的 Igorot 和 Ifugao 的本型洪水传说则皆属第8式。

4. 印度中部：比尔族与卡玛尔族的本型洪水传说亦皆属第8式。

同胞配偶型洪水传说诸形式之分布，由上文可知，在中国南部大陆除却有较原始的形式遗留外，如苗族所保留的同胞配偶型洪水传说既已发展或为最进步的形式了。岛屿区的本型洪水传说所有的形式兼有最原始的及较进步的。半岛区与中国沿海岛屿所保存的同胞配偶型洪水传说的诸形式中，除海南岛黎人与台湾排湾族之一社的本型洪水传说属于较进步的形式以外，皆属较早的形式，或因台湾是中国沿海的一个孤立岛屿，故可能保存着较早的同胞配偶型洪水传说的形式，经传至东南亚岛屿区域后仍有最早的类型流传下来，但也在传布过程中构成了较进步的形式。其分布的主要区域大致如次页图所示。

一种文化自发源地而传布至一定圈带之上，传布的边缘地带常保存此种文化的原始形式，而越近中心形式也越脱离原始，因为文化自中心传布至边缘需要时间，这时间是足以使一文化在中心再作演进变化。[①] 是故同胞配偶型洪水传说的中心起源地，中国南部大陆上今日苗偪人所流传下来的同胞配偶型洪水传说已脱离最原始的形式而进步为最复杂的形式，由最原始到最复杂诸形式之区域分布，即原始的居于边缘而进步的位于中心，适足为此说之证明。

（三）同胞配偶型洪水传说是东南亚古文化的一个特征。若干东南亚古文化特征如铜鼓、崖葬、父子连名制等据凌师研究结果断定是起源于中国南部大陆。凌师主张谓[②]：

> 铜鼓为古代獠族遗物。……铜鼓文化分布的区域，北起长江南岸湖南、四川两省，南至印度尼西安群岛的克衣群岛，东抵江西的南康和鄱阳湖之西，西至缅的伊洛瓦底江流域，在此广大的区域中，古代分布的主要民族为印度尼西亚族，由此可见铜鼓为印度尼西亚民族文化特质之一，在地理分布上可以得到一个正确的证明。
>
> 铜鼓文化的起源地应在古代中国长江中游云梦大泽及其四周之地，其

---

① 参看 A. L. Kroeber：《五十年来人类学的进展》，李济译，第 129 页，见方子卫等译：《五十年来科学的进展》，译自 *Scientific America*，Sept. 1950，Vol. 183，No. 3；G. Clark，*Archaeology and Society*，London，1947，pp. 131-136。

② 凌纯声：《记本校二铜鼓兼论铜鼓的起源及其分布》，第 18、43、47 页。

地在今日东起武汉，西迄沙市，南抵洞庭及其四周的广大区域。

崖葬亦为东南亚古文化特质之一，凌师的主张谓[①]：

> 崖葬是起源于洞庭和彭蠡湖滨，古代越濮或越獠民族葬俗之一种。

对于东南亚古文化的另一特质，即父子连名制，在凌师的《东南亚的父子连名制》[②] 一文中，对其起源问题也有同样的结论。因此，东南亚古文化之起源于中国南部长江中游的古代印尼民族已有坚强的证据，若谓作为东南亚古文化特质之一的同胞配偶型洪水传说亦起源于此，似亦有其坚实的基础。

同胞配偶型洪水传说的传布路线，当自中国南部长江中游一带分为二支，一经台湾而向东南至印度尼西亚的菲律宾群岛及婆罗洲；另一支则向西南至中南半岛，甚而延长到印度中部。

六、结　论

总结全文可得结论五点如次：

（一）同胞配偶型洪水传说的主题是：远古时代洪水孑遗同胞兄妹或姊弟二人配偶后繁殖子孙遗传人类。

（二）其他地理分布，遍及东南亚古文化区，包括大陆（中国南部大陆及沿海岛屿并及于日本），半岛（中南半岛）及岛屿（印度尼西亚群岛）三区，为东南亚古文化特质之一，各区民族的同胞配偶型洪水传说为发自一源而散布各地。

（三）同胞配偶型洪水传说的构成要素甚多重要者：1．洪水泛滥万物丧生仅同胞（兄妹或姊弟）二人幸得生存；2．二人因乘一箱形之物随水漂流，故得免于难；3．洪水退后，二人配偶而遗传人类。据此分类可分同胞配偶型洪水传说为三型十二式（如前揭表二）。

（四）同胞配偶型洪水传说之形成由于各种传说要素的结合。其基本成分为始祖降生的诸种传说，如石生人类始祖，树生或卵生人类始祖等；始祖二人转化为同胞的关系，于是变成始祖同胞二人遗传人类。在这类传说流传的时候，洪水传说分布甚广，当它混进了始祖同胞二人遗传人类的传说之中以后，便形成了同胞配偶型洪水传说的最初形式，再加以避难洪水遗民漂流的要素之后，即成为同胞配偶型洪水传说之较复杂的形式。最后，同胞配偶被认为违忌时，遂有若干掩饰的理由与方法等晚起的要素加入，便成为最复杂的同胞配偶型洪水传说的诸形式。其形成的经过大致可如表三所示：

---

① 凌纯声：《中国与东南亚的崖葬文化》，载《中央研究院历史语言研究所集刊》第二十三本下册，1951 年，台北，第663—664 页。

② 凌纯声：《东南亚的父子连名制》，载《大陆杂志特刊》1952 年第 1 辑上册，第208 页。

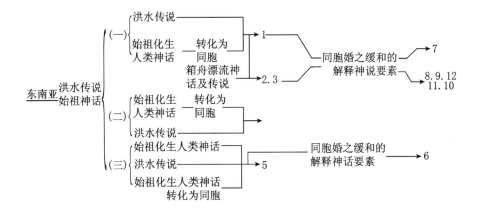

（五）同胞配偶型洪水传说诸要素的结合的形成（即本型洪水传说之起源）似为古代居于中国长江中游的古印度尼西亚民族所完成，然后随民族的移动而传播于东南亚古文化各区域；在传播与传递的过程中有了种种变更，在传布的中心地域也更变为复杂。东汉以前汉人与南方民族接触而记载了同胞配偶型洪水传说；遗留后世，只有遗迹，似即今伏羲女娲的传说。

本文草成后承李济之、李玄伯、凌纯声、芮逸夫、陈绍馨诸师赐予审阅，多所斧正，又蒙陈奇禄先生将未发表之鲁凯族雾台社资料惠示；在搜集资料与写作的方法上尤得张光直学兄之协助及鼓励，始能在一月中，穷日夜之力草成此文；本文稿成后，又蒙宋文薰先生惠予日本神话传说的资料；谨并此志其谢忱。

本文原载《中国民族学报》1955 年第 1 期，台北中国民族学会编行。

商周神话之分类

张光直

张光直（1931—2001），考古人类学家、考古神话学家。1954年毕业于台湾大学人类学系，后就读美国哈佛大学人类学研究生。先后任哈佛大学教授，台湾"中央研究院"、美国科学院及美国文理科学院院士。有关中国神话的主要论文有《中国创世神话之分析与古史研究》（1959）、《商周神话之分类》（1962）、《商周神话与美术中所见人与动物关系之演变》（1963）、《谈王亥与伊尹的祭日并再论殷商王制》（1973）、《商周青铜器上的动物纹样》（1981）、《中国古代艺术与政治——续论商周青铜器上的动物纹样》（1983）、《商代的巫与巫术》（1987）、《濮阳三蹻与中国古代美术上的人兽母题》（1988）等。以上诸文分别收入作者《中国青铜时代》（1983）、《考古学专题六讲》（1986）、《美术、神话与祭祀》（中译本，1988）、《中国青铜时代》（第二集，1990）中。

导　言

二十年代期间疑古派与信古派的官司，今天已经不必再打，这是我们这一代学者的幸运。今天凡是有史学常识的人，都知道《帝系姓》、《晋语》、《帝系》、《五帝本纪》与《三皇本纪》等古籍所载的中国古代史是靠不住的，从黄帝到大禹的帝系是伪古史。从1923年顾颉刚的《与钱玄同先生论古史书》与1924年法国汉学家马伯乐的《书经中的神话传说》以后，我们都知道所谓黄帝、颛顼、唐尧、虞舜、夏禹都是"神话"中的人物，在东周及东周以后转化为历史上的人物的。"古史是神话"这一命题在今天已经是不成其为问题的了。[1]

　　但是，在另一方面，这些神话资料又当怎样研究，却仍是一个不得解决的问题。"疑古"气氛极浓的时候，大家颇有把伪古史一笔勾销，寄真古史之希望于考古学上的趋势。[2] 考古学在华北开始了几年，史前的文化遗物开始出现以后，史学家逐渐对考古资料感觉失望起来，因为在这些材料里，固然有石斧有瓦罐，但可以把黄帝、尧舜等古史人物证实的证据之发现，似乎渐渐成为一个渺茫的希望。三十年代以后，有的史学家似乎逐渐采取了"各行其是"的态度——考古者考其古史，而神话资料上亦可以"重建"先殷古史。换言之，传统的先殷古史是神话，但其材料可以拿来拆掉重新摆弄一番，建立一套新的先殷古史。[3] 这一类的工作，有蒙文通的三集团说[4]、徐炳昶的三集团说[5]、傅斯年的夷夏东西说[6]，以及 W. Eberhard 氏的古代地方文化说[7]。新的先殷古史，固然仍使用老的材料，但都是经过一番科学方法整理以后的结果，其可靠性，比之传统的神话，自然是大得多了。

　　从一个考古学者的立场来说，这些史学家对考古研究所能达到的"境界"的怀疑是有根据的，因为先殷的考古学恐怕永远是不能全部说明中国上古神话史的。考古学的材料是哑巴材料，其中有成群的人的文化与社会，却没有英雄豪杰个人的传记。假如夏代有文字，假如考古学家能挖到个夏墟，也许将来的考古学上能把三代

---

[1] 对于古史的怀疑，其实在东周记述古史的时代就已经开始，见顾颉刚：《战国秦汉间人的造伪与辨伪》，载《史学年报》1935 年第 2 卷第 2 期，第 209—248 页。但是，把古史传说当作商周时代的神话加以科学性的分析与研究，则似乎是二十世纪的新猷。在这方面开山的论著，从中国古代神话史研究史来看，始于 1923 年顾颉刚：《与钱玄同先生论古史书》（《努力》杂志增刊《读书杂志》第 9 期），收入《古史辨》第一册，及 1924 年 Henri Maspero, *Légendes mythologiques dans le Chou King* (*Journal Asiatique*, t. 204, 1924, pp. 1-100)。接着出现的早期论著，有沈雁冰《中国神话研究》（《小说月报》1925 年第 16 卷第 1 号，第 1—26 页）、Marcel Granet, *Danses et Légendes de la Chine Ancienne* (2 t. Travaux de l'Année Sociologique, Paris, Librairie Félix Alcan, 1926)、顾颉刚编《古史辨》第一册（北平朴社，1926）、Eduard Erkes, *Chinesisch-amerikanischen Mythenparallelen* (*T'oung Pao*, n. s. 24, 1926, pp. 32-54,)、John C. Ferguson, *Chinese Mythology* (in The Mythology of All Races, Vol. 8, Boston, 1928)、玄珠《中国神话研究 ABC》（两卷，世界书局，1928）及冯承钧《中国古代神话之研究》（《国闻周报》1929 年第 6 卷第 9—17 期）。这些文章与专著，可以说是把"古史是神话"这一个命题肯定了下来，并进一步代表研究这些神话资料的各种途径。1931 年以后，神话学者开始作深入的专题研究，但我们可以说中国现代古神话史研究的基础是奠立于 1923—1929 年这七年之间。

[2] 如李玄伯：《古史问题的唯一解决方法》，载《现代评论》1924 年第 1 卷第 3 期，收入《古史辨》第一册。

[3] 李玄伯先生在 1924 年时主张"古史问题的唯一解决方法"是考古学，但到了 1938 年出版了《中国古代社会新研》（开明书局），几乎全部用的纸上的史料，可以代表史学界态度的一个转变。

[4] 蒙文通：《古史甄微》，商务印书馆 1933 年版。

[5] 徐炳昶：《中国古史的传说时代》，中国文化服务社 1943 年初版，1946 年再版。徐氏对"重建上古史"的态度，见上书第一章"论信古"，及与苏秉琦合著的《试论传说材料的整理与传说时代的研究》，载《国立北平研究院史学研究所史学集刊》1947 年第 5 期，第 1—28 页。

[6] 傅斯年：《夷夏东西说》，见《庆祝蔡元培先生六十五岁论文集》。

[7] Wolfram Eberhard, *Lokalkulturen im alten China*, I (Leiden, 1942), II (Peiping, 1942).

都凑齐全也说不定。但绝大部分的神话先殷史，恐怕永远也不可能在考古学上找到根据的。这是由于考古这门学问的方法和材料的性质使然，是没有办法的事。

但是上面所说，恐怕先殷的考古永远不可能证实先殷的神话，并不是仅仅着眼于考古学的性质所下的断语。我们说先殷考古中很难有先殷神话的地位，主要的理由是：所谓先殷神话，就我们所有的文献材料来说，实在不是先殷的神话，而是殷周时代的神话。固然殷周时代的神话所包含的内容，是讲开天辟地以及荒古时代一直到商汤以前的事迹，但就我们所知所根据的材料而言，它们实在是殷周人所讲的。殷周人的神话无疑是殷周文化的一部分，但它们未必就是先殷的史实，甚至不一定包括先殷的史料在内。先殷的考古固然未必能证实殷周时代的神话，但殷周的考古与历史则是研究殷周神话所不可不用的文化背景。很多的史学家恐怕是上了古人的当：殷周人说他们的神话记述先殷的史实，我们就信以为然，把它们当先殷的史料去研究；研究不出结果来，或研究出很多古怪或矛盾的结果来，都是应当的。因此，我们觉得，研究中国古代神话的一个基本出发点，乃是：殷周的神话，首先是殷周史料。殷周的神话中，有无先殷史料，乃是第二步的问题。举一个例：周神话中说黄帝是先殷人物；但我们研究周代史料与神话的结果，知道黄帝乃是"上帝"的观念在东周转化为人的许多化身之一。① 因此，如果我们把黄帝当作先殷的历史人物或部落酋长，甚至于当作华夏族的始祖，岂不是上了东周时代人的当？

我们在上面确立了"先殷古史是殷周神话"的前提，第二步便不能不接着问：什么是"神话"，殷周史籍里那些材料是神话的材料？

稍微浏览一下神话学文献的人，很快地就会发现：研究神话的学者对"什么是神话"这个问题，提不出一个使大家都能满意接受的回答。再进一步说，我们甚至不能笼统地把神话的研究放在某一行学问的独占之下：文学批评家、神学家、哲学家、心理学家、历史学者、人类学家、民俗学家，以及所谓"神话学家"，都研究神话而有贡献。自从开始学人类学这一门学问以来，我逐渐发现，在我自己有兴趣研究的题目中，只有两个是几乎所有的人文社会科学者都感觉兴趣，喜欢从事研究的：一是城市发达史，二是神话。写这两个题目中的任何一个，或是其范围之内的一个小问题，有好处也有坏处。好处是志同道合的人多，可以互相切磋琢磨；坏处是写起来战战兢兢，牵涉不少人的"本行"，挑错的人就多。

为什么神话的研究具有这种魔力？固然我不想给神话下一个一般的定义，却不能不把本文挑选神话材料的标准申述清楚；换言之，也就是说明所谓"神话材料"有那些特征。这个说明清楚以后，我们就不难看出来何以神话的研究使如许众多的学科都发生兴趣。

第一，我们的神话材料必须要包含一件或一件以上的"故事"。故事中必定有

---

① 如杨宽：《中国上古史导论》，见《古史辨》第七册。

个主角，主角必定要有行动。① 就中国古代神话的材料来说，一个神话至少得包含一个句子，其中要有个句主，有个谓词，而谓词又非得是动词。假如在商周文献里我们只能找到一个神话人物的人名或特征（譬如说"夔一足"），或只能找到两个神话人物的关系（譬如帝某某生某某），我们就没法加以讨论。

其次，神话的材料必须要牵涉"非常"的人物或事件或世界——所谓超自然的、神圣的，或者是神秘。故事的主角也许作为一个寻常的凡人出现，但他的行动或行为，则是常人所不能的——至少就我们知识所及的范围之内来说。也许故事所叙述的事是件稀松平常的事——人人会做的——但那做事的人物则是个非凡的人物或与非凡的世界有某种的瓜葛牵连。换句话说，在我们的眼光、知识、立场来看，神话的故事或人物是"假的"，是"谎"。

但神话从说述故事的人或他的同一个文化社会的人来看却决然不是谎！他们不但坚信这些"假"的神话为"真"的史实——至少就社会行为的标准而言——而且以神话为其日常生活社会行动仪式行为的基础。② 这也是我给神话材料所下的第三个标准。

从商周文献里找：合乎这三个条件的材料，我们就可以把它当作神话的材料，否则就不。说来这些"标准"好像有些含糊，有些飘荡，但在实际上应用起来则是非常清楚明白的。开天辟地的故事显然是神话故事，而中国上古这些故事并不多见，常见的是圣贤英雄的事迹；这些事件只要是带有"超凡"的涵义，同时在商周的社会中又有作为行为之规范的功能，则我们就把它看作神话的材料。在下文对商周的神话具体的叙述中，什么是商周神话，就将表露得清楚明白。事实上，当我们选择神话材料的时候，很少会有犹移的决定。

从本文所用的神话之选择标准——事实上也与其他学者选择其他民族或文明的神话之标准极相近或甚至于相同——看来，我们很清楚地就看出何以神话的研究引起许多学科的共同兴趣。首先，任何的神话都有极大的"时间深度"；在其付诸记载以前，总先经历很久时间的口传。每一个神话，都多少保存一些其所经历的每一个时间单位及每一个文化社会环境的痕迹。过了一个时间，换了一个文化社会环境，一个神话故事不免要变化一次。但文籍中的神话并非一连串的经历过变化的许多神话，而仍是一个神话；在其形式或内容中，这许多的变迁都压挤在一起，成为完整的一体。因此，对历史变迁有兴趣有心得的学者，以及对社会环境功能有兴趣有心得的学者，都可以在神话的研究上找到他们有关的材料与发挥各自特殊的心得。同时，就因为神话的这种历史经历，它一方面极尖锐地表现与反映心灵的活动，另一方面又受到社会文化环境的极严格的规范与淘汰选择。完备而正当的神话研究，因

---

① Claude Lévi-Strauss, *Anthropologie Structurale*, Paris, Plon, 1958, pp. 228-235.

② David Bidney, *Theoretical Anthropology*, Columbia University Press, 1953, pp. 294, 297; Read Bain, *Man, the Myth-Maker*, in *The Scientific Monthly*, Vol, 65, No. 1, 1947, p. 61.

此，必须是心体二者之研究，兼顾心灵活动与有机的物质关系，兼顾社会的基本与文化的精华。照我个人的管见，神话不是某一门社会或人文科学的独占品，神话必须由所有这些学问从种种不同的角度来钻研与阐发。因此我也就不能同意若干学者①对过去神话研究之"单面性"的批评：神话的研究只能是单面性的。②

因为有这个悲观式的看法，我要在这里赶快强调：本篇各文的研究多是单面性的研究。在这里我只提出下面的几个问题以及自己对这些问题所作的解释，而没有解决其他问题的野心：我们对商周文献中神话的资料可以作怎样的研究？这些研究对先殷文化史及商周文化史可有何种的贡献？商周神话研究与商周考古研究可以如何互相发明辅翼？为了试求这些个问题的解答，下文的研究自然要受到资料与方法两方面的限制。因此，在提出本文之研究内容以前，我们不得不先把资料的性质以及方法论上的若干基本问题作一番初步的说明。

本文所讨论的资料的时代为商周两代；周代包括西周与东周。传统的古史年代学上商周二代的年代分别为 1766B.C.—1122B.C. 及 1122B.C.—221B.C.。近年来学者之间对商代始终之年颇多异议，但似乎还未达到公认的定论。商周二代自然都是有文字记录的文明时代，并且大致言之，都是考古学上的所谓青铜时代，虽然自春秋末年以后铁器已经大量使用。

商周二代的所谓"文字记录"，照我们对当时文明的理解来推论，大部分是书之于竹或木制的简册之上。③ 这些商周的简册今日所存的极为罕少，而所存者其所包含的历史材料为量又极为有限。在商代，文字亦书之于占卜用的甲骨上，常包含不少商代文化社会上的资料，尤以宗教仪式方面的为多；这种甲骨文字在西周以后就行衰落，迄今很少发现。商周两代的铜器亦常铸有文字，多为颂圣纪功记录赏赐的词句，但各代文字的内容颇有不同，所包括的历史资料之量亦因代而异。除了这三种最常见的文字记录——简册、甲骨、吉金——以外，商周文字有时亦书写在其他物事之上，如陶器、兽骨及纸帛，但这类文字所存尤少。除文字记录以外，古人直接留下来的史料，自然以考古学家所研究的对象——遗迹遗物——为大宗，而其中也有若干相当直接的表达古人的思想观念，尤其是宗教神话方面的思想观念，如青铜器或陶器上的装饰艺术。

---

① Ihan H. Hassan, *Toward a Method in Myth*, in *Journal of American Folklore*, Vol. 65, 1952, p. 205; Richard Chase, *Quest for Myth*, Baton Ronge, Louisiana State University Press, 1949; E. Cassirer, *Myth of the State*, London, 1946, p. 35.

② Joseph Campbell, *The Hero with a Thousand Faces*, New York, Pantheon Books, 1949, p. 381。

③ 参看 T. H. Tsien（钱存训），*Written on Bamboo and Silk, the Beginnings of Chinese Books and Inscriptions*, The University of Chicago Press, 1962；陈槃：《先秦两汉简牍考》，载《学术季刊》1953 年第 1 卷第 4 期，第 1—13 页；陈槃：《先秦两汉帛书考》，载《中央研究院历史语言研究所集刊》1953 年第 24 期，第 185—196 页；容庚：《商周彝器通考》，北平哈佛燕京学社，1941 年；李书华：《纸未发明以前中国文字流传工具》，载《大陆杂志》1954 年第 9 卷第 6 期，第 165—173 页；孙海波：《甲骨文编》，北平哈佛燕京学社，1934 年，及金祥恒：《续编》，1959 年。

专就神话的研究来讲，我们的资料很少来自这些古人直接记录其上的文字典籍；我们所知的商周神话，绝大多数来自纸上的史料——这些史料在商周时代为口传及手缮，而传到后代为后人书之于纸或刊之于梓。我们今日将这些纸上的史料当作商周的史料来研究，就不得不涉及它们的年代问题以及真伪问题。不用说，这些问题有不少是未解决的，而且有许多也许是解决不了的。

再专就神话的研究来讲，我们也许可以把古书之真伪及其年代问题分为两项大问题来讨论：（一）世传为商周的文献是否真为商周文献，其在商周二代一千五百年间的年代先后如何？（二）东周以后的文献是否有代表先秦史料而晚到东周以后才付诸载籍的？这两项问题看来简单，但每一个古代史的学者无不知其复杂与聚讼纷纭。我自己对古书之真伪及其年代考这一个题目，尤是外行。让我们先来看看，在这个大问题之下有些什么事实，而这些事实包括些什么较小的问题。①

在现存的历史文献中，真正的商代文献恐怕是不存在的。《书经》里的《汤誓》、《盘庚》、《高宗肜日》等历来认为是商代的几篇，至少是非常的可疑。其中或许有少数的句子，或零碎的观念，代表商代的原型，但其现存的形式无疑是周人的手笔。《诗经》里的《商颂》多半是东周时代宋国王公大夫的手笔，所包含的内容也许不无其子姓祖先的遗训，但其中的资料自然最多只能当作支持性的证据来用。因此，要研究商代的宗教和神话，我们非用卜辞来做第一手的原始资料不可。比起商代来，西周的情形好不了多少。《书经》里少数的几篇和《诗经》中的一小部分（尤其是《雅》），多半可以代表这个时代的真实文献。除此以外，西周的史料则零零碎碎而不尽可靠，商代的卜辞到西周又成了绝响。幸而西周时代颇有几篇金文可用，可以补文献资料之不足。在商与西周二代，我们研究神话所用的资料，就只限于这几种。读者或觉此种限制失之太严，诚然，但严格精选的资料，可信性高，谈起来我们可以富有信心。拣下来的次一等的资料，也许可以做辅助之用。

到了东周，尤其是战国时代，我们可用的资料在数量上陡然地增加。在《诸子》（尤其是《论语》、《老子》、《庄子》及《孟子》）、《诗》、《书》、《春秋三传》（尤其《左传》）、《国语》及《楚辞》中，可以确信为先秦时代的部分很多，其中又有不少富有神话的资料。《山海经》、《三礼》和《易》，尤有很多先秦宗教与神话的记载。《史记》常用的《世本》显然是本先秦的书，虽然泰半佚失，仍有不少辑本可用。晋太康间河南汲县魏襄王冢出土的简册，包括《周书》（《逸周书》）、《纪年》、《琐语》及《穆天子传》等，固然也多半不存，所谓"古本"的辑文也未必代表先秦的本貌，而现存诸书中无论如何一定包括不少先秦的资料。

东周时代神话研究资料之陡然增加，固然是一件令人兴奋的事实，却也带来一

---

① 关于古书的真伪及其年代问题的主要参考著作，在此无法一一列举。下文除特别的说法以外，其出处概不列举。

个不小的令人头痛的问题。这个问题在我们讨论东周以后的文献资料——其中包含先秦文献所无的神话资料尤多——时，就更为显明。这一问题已在上文略略提到：若干商与西周时已经流行的神话，到了东周方才付诸记录的可能性如何？若干商周两代已经流行的神话，到了汉代方才付诸记录的可能性又如何？换言之，我们是否可以东周的文献中所记的部分资料当作商或西周的神话来研究？又是否可以把东周以后的若干新资料当作商周的神话来研究？[①] 要回答这些问题，我们显然要把有关的典籍拿出来逐一的讨论。一般而言，我们的回答似乎不出下面的三者之一：

（1）商与西周之神话始见于东周者，及商周之神话始见于秦汉者，为东周与秦汉时代的伪作，适应当时的哲学思想与政治目的而产生，因此不能为商与西周之史料。

（2）东周以后文字与知识普及，文明版图扩张，因此下层阶级与民间之神话以及若干四夷之神话到了东周时代为中土载籍所收，其中包括不少前此已经流传的故事，因此可为前代神话资料之用。

（3）不论后代所记之神话为当代之伪作或为前此口传故事之笔述，东周时代付诸记录之神话无疑为东周时代流行之神话，而可以作为——且应当作为——东周时代之神话加以研究。这些神话是否在东周以前已经有了一段口传的历史，对东周本身神话之研究无关，而对东周以前神话之研究的贡献亦在可疑之列。

上述三种可能的答案之中，第（3）显然是我的选择。这种选择无疑代表一种个人的偏见，但我对这种偏见可以加以下述的解释。

最重要的一点是我同意大多数研究神话学者把神话当作文化与社会的一部分的观念：神话属于一定的文化与社会，为其表现，与其密切关联。譬如东周的神话在东周时代的中国为中国文化活生生的一部分，而可以，甚至应当，主要当作东周时代中国文化之一部分加以研究。对商代的神话及西周的神话，我们所取的态度也是一样的。从现存的证据的肯定方面来说，我们就知道什么是商、西周与东周时代的神话资料。这三段时期的神话资料多半不完备，不能代表当时神话的全部；任何时候如有新的资料可以利用，我们便加以利用，加以补充。新资料积到一种程度使我们非修改我们对当代神话的了解不可的时候，我们便作适当的修改。假如我们采取"等待"的态度，也许我们就永远不必作古代神话的研究，因为资料完备的那一天我们也许永远等待不到。后代的资料，对前代的神话，只有补充参考的价值，因为前代自有前代的资料，而后代的资料主要是后代神话的一部分。

其次，我们对于商周文化的发展，从考古资料与历史资料为基础，事实上已有了一个相当清楚的认识。我们在研究每一代的神话时，并非仅用当代的神话资料作

---

① 见沈雁冰：《中国神话研究》，载《小说月报》1925 年第 16 卷第 1 期，第 22 页，Bernhard Karlgren, *Legends and Cults in Ancient China*, in Bulletin of the Museum of Far Eastern Antiquities, No. 18, 1946; 及 W. Eberhard 对 Karlgren 一文之 *Review*（*Artibus Asiae*, Vol. 9, pp. 355-364, 1946）中之讨论与辩论。

孤立的研究，而实际上对每一个朝代的神话之文化与社会的背景已经有了相当的了解。假如某一种神话在某一时期之缺如，在当时的文化社会背景来说是"合乎时代潮流"的，而其存在则是在其文化社会背景上难以解释的，则其缺如多半就不是个偶然的现象。换言之，我们在作神话史的解释时，有文化史的一般基础为核对的标准，并不是在作猜谜或是游戏。

最后的一个理由，是商周神话史的本身，的确已有相当丰富的材料，纵然这些资料绝非完备，而且事实上也永远不会完备。自商代开始，我们从文字记录上已经可以看到一部商周文明各方面的资料；固然各种文字记录——典册、卜辞、金文，以及其他——保存的机会不等，专就其内容而言，我们实在没有根据来主张，保存下来的资料与未经保存的文献，记录全部不同的事件。换言之，我们没有根据来主张：现存的文献多保存非神话的部分，而佚失的文献里才有神话的记录。在商周时代，神话为文化的前锋，其记录发见于各种的典籍。现存史料中的神话资料很可能即代表当时社会上扮演重要作用的神话的一大部分。因此，现存史料中特殊神话之"有无"本身即具有极大的意义。

上文的说法，并非主张研究商周神话的资料在目前已经齐备了。事实上，如上文屡次强调，离齐备的一天还远。但在最近的将来，大批新史料的出现，虽非绝无可能，似乎是颇为渺茫的指望；同时，我相信，根据现有的资料，我们已经可以把商周神话史作一个合理的解释。

商周神话史包括的范围甚广，牵涉的资料亦多。本篇就上文所界说的商周神话资料作一历史性的分类，下篇系对各类神话在商周二代之内的演变，作一个初步的诠释。神话之分类，一如任何文化现象之分类①，可以从不同的标准，作不同的归类，服用于不同之目的。本文分类的目的，是为历史解释上方便而作的，在下篇的讨论中可以明了。

我想把商周的神话分为四类：自然神话、神仙世界的神话与神仙世界之与人间世界分裂的神话、天灾的神话与救世的神话及祖先英雄事迹系裔的神话。② 这四类神话之间的界限自然不能极清楚的完全分开，而相当程度的叠合是常规而非例外。下文把这四类神话分别叙述，并讨论其各自在商周史上出现的程序。

---

① Clyde Kluckhohn, *The Use of Typology in Anthropological Theory*, in *Selected Papers of the Fifth International Congress of Anthropological and Ethnological Sciences* (Anthony F. C. Wallace ed.), University of Pennsylvania Press, 1960, p. 134.

② 关于中国神话的若干其他分类法，见沈雁冰：《中国神话研究》；玄珠：《中国神话研究 ABC》；郑德坤：《山海经及其神话》，载《史学年报》1932 年第 1 卷第 4 期，第 134 页；出石诚彦：《支那神话传说の研究》，东京中央公论社，昭和十八年，第 18—63 页；森三树三郎：《支那古代神话》，京都大雅堂，昭和十九年。

一、自然神话

任何的古代文明都有其一套特殊的对自然界的观念，但各文明之间之对自然界秩序的看法与将自然神化的方式，则各因其文化与社会的特征而异，而且随文化与社会之变化而变化。从殷商的卜辞与东周的文献（如《周礼·大宗伯》），我们对商周的自然秩序的观念，颇有资料可供研究；而最要紧的一点，是在商周二代之内，自然观念与和自然有关的宗教信仰与仪式行为上都发生了显著的变化。这个问题我不想在此地详述，但只想从自然神话上指出若干与本题有关的重要端倪出来。

商代卜辞中有对自然天象的仪式与祭祀的记录，因此我们知道在商人的观念中自然天象具有超自然的神灵，这些神灵直接对自然现象，间接对人事现象具有影响乃至控制的力量。诸神之中，有帝或上帝；此外有日神、月神、云神、风神、雨神、雪神、社祇、四方之神、山神与河神——此地所称之神，不必是具人格的；更适当的说法，也许是说日月风雨都有灵（spirit）。① 在商代的神话传说中，也许这些自然神灵各有一套故事，但这些故事，假如曾经有过，现在多已不存。商代的自然观念大体上为周人所承继，如《诗经》与《周礼》中对自然诸神之记载所示。此外，星在周人观念中也有神的地位②，而其在商代文献中的缺如也许只是偶然的。商周两代文献中对这些自然神的神话，非常稀少，现存的只有有关上帝、帝廷、"天"的观念，及日月神的零星记述。

卜辞中关于"帝"或"上帝"的记载颇多。③ "上帝"一名表示在商人的观念中帝的所在是"上"，但卜辞中决无把上帝和天空或抽象的天的观念连系在一起的证据。卜辞中的上帝是天地间与人间祸福的主宰——是农产收获、战争胜负、城市建造的成败，与殷王福祸的最上的权威，而且有降饥、降馑、降疾、降洪水的本事。上帝又有其帝廷，其中有若干自然神为官，如日、月、风、雨；帝廷的官正笼统指称时，常以五为数。帝廷的官吏为帝所指使，施行帝的意旨。殷王对帝有所请求时，决不直接祭祀于上帝，而以其廷正为祭祀的媒介。同时，上帝可以由故世的先王所直接晋谒，称为"宾"；殷王祈丰年或祈天气时，诉其请求于先祖，先祖宾于上帝，乃转达人王的请求。事实上，卜辞中上帝与先祖的分别并无严格清楚的界限，而我觉得殷人的"帝"很可能是先祖的统称或是先祖观念的一个抽象。在这个问题上，以后还要详细讨论。在这里我们只须指出，商人的此种上帝观念，并未为西周全副

---

① 陈梦家：《殷虚卜辞综述》，1956 年，第 561 页；陈梦家：《古文字中之商周祭祀》，载《燕京学报》1936 年第 19 期，第 91—155 页；陈梦家：《商代的神话与巫术》，载《燕京学报》1936 年第 20 期，第 485—576 页。

②《诗·小雅·大东》："维天有汉，监亦有光。跂彼织女，终日七襄。虽则七襄，不成报章。皖彼牵牛，不以服箱。"

③ 陈梦家上引诸著；又见胡厚宣：《殷卜辞中的上帝和王帝》，载《历史研究》1959 年第 9、10 期。

照收。在周人的观念中也有上帝，周人的上帝也是个至尊神，但周人的上帝与"天"的观念相结合，而与先祖的世界之间有明确的界线。

日、月之名，都见于卜辞为祭祀的对象，但同时卜辞中又有"东母"与"西母"①。《山海经》中上帝称为帝俊②，在帝俊之诸妻中，有一个羲和，"生十日"（《大荒南经》），又有一个常羲，"生月十有二"（《大荒西经》）。《楚辞》的《离骚》，有"吾令羲和弭节兮，望崦嵫而勿追"之句，是以羲和为日神（王逸《楚辞注》说羲和为"日御"之说或为后起），但《九歌》则称日为"东君"。卜辞中的"西母"，或许就是东周载籍中所称的"西王母"，为居于西方昆仑山中的一个有力的女王，与其月神的本貌已经相差遥远了。《山海经》里的西王母，"其状如人，豹尾虎齿而善啸，蓬发戴胜，是司天之厉及五残"（《西山经》），或"梯几而戴胜杖，其南有三青鸟，为（其）取食"（《海内北经》），或"戴胜虎齿而豹尾，穴处"（《大荒西经》）。但《穆天子传》里的西王母，则为穆王"享于瑶池之上，赋诗往来，辞义可观"（郭璞注《山海经》序）。

上面所叙述的是商周文献中所见的零星的关于自然世界的神话，似乎是文明开始以前原始中国社会泛灵信仰的遗留与进一步的发展。至于宇宙自然现象构成之来源的解释，所谓"创世神话"，则在东周以前的文献中未存记录。这一点反面的证据，绝不足证明商殷与西周两代对宇宙生成的来源不感觉兴趣。但是这种现象似乎正面的可以说明，这种兴趣似乎到了东周时代才普遍的付诸记录。为什么？这是个值得一问的问题。

在东周人的观念中，宇宙在初形之时是一团混沌，无有边际，无有秩序。《淮南子·精神篇》说："古未有天地之时，惟像无形，窈窈冥冥，芒芠漠闵，鸿濛鸿洞，莫知其门"的说法，固然是汉人的宇宙观，但从《天问》"上下未形，何由考之，冥昭瞢闇，谁能极之"的两问，可见在东周时代，这种天地初为混沌的说法已经占有很大的势力。这种混沌的状态之形成天地分明万物俱立的自然世界，在东周的神话里有两种不同的解释，我们姑称之为"分离说"与"化生说"。

分离说的原则是细胞分裂式的：原始的混沌为"一"，"一"分裂为"二"，"二"在若干文献中称为阴阳。阴阳二元素再继续分裂成为宇宙万物。这种宇宙创造的神话在世界各地分布甚广，一般称为"世界父母型"（world parents）的神话，但在先秦的文献中没有这种神话的完整形式，虽然先秦诸子的哲学思想中颇富这类的观念。《老子》说："道生一，一生二，二生三，三生万物；万物负阴而抱阳，冲

---

① 陈梦家：《古文字中之商周祭祀》，第122、131—132页。

② 玄珠：《中国神话研究ABC》下册，第86页云："中国神话的'主神'，大概就是所谓帝俊。"郑德坤：《山海经及其神话》，第146页云："他（帝俊）在人事界占了很重要的位置，他的威权可以称为诸神之元首……可是他只见于《山海经》而别途反不见。"此外又见郭沫若《青铜时代》（文治出版社，1945年，第8—9页）及徐炳昶《中国古史的传说时代》二氏的讨论。

气以为和。"《易·系辞》云："易有太极,是生两仪,两仪生四象,四象生八卦。"在这种哲学思想的后面,很可能的也有神话的支持。《天问》说："阴阳三合,何本何化?"《庄子·应帝王》有儵忽二帝为混沌开窍的寓言,也许都可表示若干的消息。《天问》中又提到天以八柱或鳌鼇负天盖之事:"斡维焉系,天极焉加,八柱何当,东南何亏?""鳌戴山抃,何以安之?"都表现东周时代对天地组织的神话观念。这些零星的东周时代的分离说的宇宙形成与组成的神话,在汉代及三国的文献中发展成完整的世界父母型神话,如伏羲女娲传说①及盘古开天辟地传说②。至于这种神话的成分在商与西周时代是否存在,是个目前不易解答的问题。世界父母型神话在世界分布之广③,或表示其起源时代之古;商代安阳西北冈殷王大墓出土木雕中有一个交蛇的图案④,似乎是东周楚墓交蛇雕像与汉武梁祠伏羲女娲交蛇像的前身。

化生说则在东周文献中比较多见,但这种神话所解释的宇宙形成经过只是比较个别的现象。其主要内容是说若干自然现象是由一个神秘的古代生物身体之诸部分化生而成的。《山海经》里提到三种这类的神物:(1)烛阴:"钟山之神,名曰烛阴,视为昼,瞑为夜,吹为冬,呼为夏,不饮不食不息,息为风,身长千里,在无朁之东;其为物,人面蛇身,赤色,居钟山之下。"(《海外北经》)(2)烛龙:"西北海之外,赤水之北,有章尾山,有神人面蛇身而赤,直目正乘,其瞑乃晦,其视乃明,不食不寝不息,风雨是谒,是烛九阴,是谓烛龙。"(《大荒北经》)《天问》也说:"日安不到,烛龙安照?"(3)女娲:"有国名曰淑士,颛顼之子,有神十人,名曰女娲之肠(或作腹),化为神。"

在《山海经》中女娲虽然未尝化生为自然现象,但由《天问》"女娲有体,孰制匠之"来看,女娲对世界或人类的产生必曾有过相当重要的贡献。东汉应劭《风俗通义》说女娲抟黄土作人;许慎《说文》说"娲,古神圣女,化万物者也",似乎都代表东周化生说宇宙神话的残留。三国时代所记盘古"垂死化身"的故事,便是这一系神话发展完全的形式。⑤

---

① 闻一多:《伏羲考》,见《神话与诗》,1956 年,第 3—68 页。

②《太平御览》卷二引徐整《三五历记》:"天地混沌如鸡子,盘古生其中,万八千岁,天地开辟,阳清为天,阴浊为地,盘古在其中,一日九变,神于天,圣于地,天日高一丈,地日厚一丈,盘古日长一丈,如此万八千岁,天数极高,地数极深,盘古极长,故天去地九万里。"

③ Anna B. Rooth, *The Creation Myths Of the North American Indians*, in Anthropos, Vol. 52, No. 3/4, 1957, p. 501.

④ Li Chi, *The Beginnings of Chinese Civilization*, Seattle, University of Washington Press, 1957, p. 26.

⑤《绎史》卷一引徐整《五运历年记》:"首生盘古,垂死化身,气成风云,声和雷霆,左眼为日,右眼为月,四肢五体为四极五岳,血液为江河,筋脉为地理,肌肉为田土,发髭为星辰,皮毛为草木,齿骨为金玉,精髓为珠石,汗流为雨泽,身之诸虫为风所感化为黎甿。"《广博物志》卷九引《五运历年记》:"盘古之君,龙骨蛇身,嘘为风雨,吹为雷电,开目为昼,闭目为夜。"

二、神仙世界及其与人间世界分裂的神话

历殷周两代，历史文献中都有关于一个神仙世界的神话，与这种神话一起的还有关于生人或先祖之访问这个世界的信仰。但是，在早期这个访问，或人神之交往，是个轻而易举的举动；时代越往后，神仙世界越不易前往，甚至完全成为不可能之事。

如上所述，卜辞中称先祖之谒上帝为宾，事实上先祖亦可以宾于自然界诸神。[①]这种现象，一直到东周的文献中仍可见到：《尧典》说尧"宾于四门"，《孟子·万章》说"禹尚见帝……迭为宾主"，《穆天子传》卷三说"天子宾于西王母"。尤其重要的一段神话是关于启的，《山海经·大荒西经》：

赤水之南，流沙之西，有人珥两青蛇，乘两龙，名曰夏后开。开上三嫔于天，得九辩与九歌以下。此穆天之野，高二千仞，开焉得始歌九招。

所谓"九辩九歌"，即是仪式上的礼乐，而这个神话是中国古代神话很罕见的一个 Malinowski 所谓的"执照"（charter）的例子。《楚辞·天问》说："启棘宾商（帝），九辩九歌。"郭璞注《山海经》引《竹书》也说："夏后开舞九招也。"

东周的文献中，除了这种人神交往的神话之外，还有不少关于一个与凡俗的世界不同的世界的记录；这个世界常常是美化了与理想化了的，为神灵或为另一个境界中的人类所占居，偶然也可以为凡人所达。这种美化的世界似乎可以分为三种：

其一为神仙界，如《天问》、《穆天子传》、《九章》，以及《淮南子》之类的汉籍所叙述的"昆仑"与"悬圃"。《穆天子传》说："春山之泽，清水之泉，温和无风，飞鸟百兽之所饮食，先王之所谓悬圃。"凡人可能登达到这种仙界中去，有时借树干之助，而一旦进入，可以"与天地兮同寿，与日月兮同光"（《九章·涉江》）。《淮南子·地形篇》分此一世界为三层："昆仑之丘，或上倍之，是谓凉风之山，登之而不死；或上倍之，是谓悬圃，登之乃灵，能使风雨；或上倍之，乃维上天，登之乃神，是谓太帝之居。扶木在阳州，日之所曜；建木在都广，众帝所自上下。"这最后一句中，颇得"扶木"与"建木"在这一方面所扮的作用。

其二为远方异民之国，如《山海经》之载民之国（《大荒南经》）、沃之国（《大荒西经》）与都广之国（《海内经》），及《列子》中的终北之国与华胥氏之国。这些远方异民之国都是一种乐园（paradise），其民生活淳朴，和平逸乐，享乐于自然与百兽。[②]

其三为远古的世界，此一世界与当代之间隔以无限的时间深度，一如上一世界与当代之间隔以无限的空间距离。这些深度与距离都不是可以测量的，或远或近，而其为另一世界是代表种类与品质的一个绝对的变化。这种远古的世界见于不少的

---

① 陈梦家：《综述》，第 573 页，《古文字中之商周祭祀》，第 122 页。

② 玄珠：《中国神话研究 ABC》上册，第 99—105 页。

东周的子书，如《庄子·盗跖》、《庄子·外篇·胠箧》、《商君书·画策》、《商君书·开塞》与《吕氏春秋·恃君览》；其中最为人所称道的是《庄子·外篇·胠箧》的一段："昔者，容成氏、大庭氏、伯皇氏、中央氏、栗陆氏、骊畜氏、轩辕氏、赫胥氏、尊卢氏、祝融氏、伏戏氏、神农氏；当是时也，民结绳而用之，甘其食，美其服，乐其俗，安其居，邻国相望，鸡狗之声相闻，民至老死而不相往来。"东周人之设想此种远古的社会，很可能借用了民间关于古代生活的传说来作一个范本；在这里我们要强调的，是这一个古代的世界也是代表一个东周人设想中的乐园，与当代的文化社会生活有天渊之别。

上面引述的这些东周文献中对于"另一个世界"的神话描写的意义，我们可以用另一个东周时代的神话来点破；这即是重黎二神将神仙世界与人间世界分隔开来的神话。这个神话在东周古籍中见于三处。《山海经·大荒西经》：

> 大荒之中有山名曰日月山，天枢也，吴姬天门，日月所入。有神人面无臂，两足反属于头。山名曰噓。颛顼生老童，老童生重及黎。帝令重献上天，令黎邛下地，下地是生噎，处于西极，以行日月星辰之行次。

《书·吕刑》：

> 苗民弗用灵，制以刑，惟作五虐之刑曰法，杀戮无辜……皇帝哀矜庶戮之不辜，报虐以威，遏绝苗民，无世在下，乃命重黎，绝地天通。

《国语·楚语》：

> 昭王问于观射父曰：《周书》所谓重黎实使天地不通者何也？若无然，民将能登天乎？对曰：非此之谓也。古者民神不杂，民之精爽不携贰者，而又能齐肃衷正，其智能上下比义，其圣能光远宣朗，其明能光照之，其聪能听彻之；如是，则明神降之，在男曰觋，在女曰巫。是使制神之处位次主，而为之牲器时服，而后使先圣之后之有光烈，而能知山川之号，高祖之主，宗庙之事，昭穆之世，齐敬之勤，礼节之宜，威仪之则，容貌之崇，忠信之质，禋洁之服，而敬恭明神者，以为之祝，使名姓之后，能知四时之生，牲牲之物，玉帛之类，采服之仪，彝器之量，次主之度，屏摄之位，坛场之所，上下之神，氏姓之出，而心率旧典者，为之宗。于是乎，有天地神民类物之官，是谓五官，各司其序，不相乱也。民是以能有忠信，神是以能有明德，民神异业，敬而不渎，故神降之嘉生，民以物享，祸灾不至，求用不匮。及少皞之衰也，九黎乱德，民神杂糅，不可方物，夫人作享，家为巫史，无有要质，民匮于祀，而不知其福，烝享无度，民神同位，民渎齐盟，无有严威，神狎民则，不蠲其为，嘉生不降，无物以享，祸灾荐臻，莫尽其气。颛顼受之，乃命南正重司天以属神，命火正黎司地以属民，使复旧常，无相侵渎，是谓绝地天通。

这个神话的意义及其重要性，以后将有详细的讨论。但在这里，有几点不妨提出来一说，以作本题下面所叙述的这一方面的神话资料上若干问题的澄清。第一点我们可以马上指出来的，即在商周仪式上，假如不在商周观念上，人神之交往或说神仙世界与人间世界之间的交通关系，是假借教士或巫觋的力量而实现的。在商人的观念中，去世的祖先可以直接到达神界；生王对死去的祖先举行仪式，死去的祖先再去宾神，因此在商人的观念中，祖先的世界与神的世界是直接打通的，但生人的世界与祖先的世界之间，或生人的世界与神的世界之间，则靠巫觋的仪式来传达消息。但东周时代的重黎神话，说明祖先的世界或是人的世界都需要靠巫觋的力量来与神的世界交通，因此代表商周神话史的一个关键性的转变，即祖先的世界与人的世界为近，而与神的世界直接交往的关系被隔断了。它进一步的说明，东周时代的思想趋势是使这神仙的世界"变成"一个不论生人还是先祖都难以达到的世界；另一方面使这个世界成为一个美化的乐园，代表生人的理想。

三、天灾与救世的神话

上面已经说明，商人的宇宙观里，神的世界与人的世界在基本上是和协的，甚至于在若干方面是重叠、符合的。祖先和神属于一个范畴，或至少属于二个大部分互相重叠的范畴。在西周时代，这种观念已经开始变化，到了东周，则祖先的世界与神仙的世界在概念上完全分开。不但如此，祖先与人的世界和神的世界，不但分开，而且常常处于互相对立冲突的地位。神的世界，既有至尊的上帝在内，又控制人间依以求生的自然现象，乃有超于人间世界之上的权威与神力，但是在东周的神话里，已经表示对上帝或其神仙世界的权威加以怀疑或甚至挑战的思想。人之与神争，败者多是人，但也有的时候人能取得相当程度的胜利。不论胜负的结果如何，东周神话中之有这种思想出现，便在本身上是件极其值得注意的事实。

例如《山海经》里有夸父的故事："大荒之中有山名曰成都载天，有人珥两黄蛇，把两黄蛇，名曰夸父。后土生信，信生夸父。夸父不量力，欲追日景，逮之于禺谷，将饮河而不足也，将走大泽，未至，死于此"（《大荒北经》）；"夸父与日逐走，入日，渴欲得饮，饮于河渭，河渭不足，北饮大泽，未至，道渴而死"（《海外北经》）。又有刑天的故事："刑天与帝争神，帝断其首，葬之常羊之山，乃以乳为目，以脐为口，操干戚以舞"（《海外西经》）。这都是与神争而败的例子。

《史记》里又记有"射天"的故事："帝武乙无道，为偶人，谓之天神，与之搏，令人为行，天神不胜，以戮辱之。为革囊盛血，仰而射之，命曰射天。武乙猎于河渭之间，暴雷，武乙震死。"（《殷本纪》）"偃自立为宋君，君偃十一年自立为王……乃以齐魏为敌国，盛血以革囊，悬而射之，命曰射天。淫于酒妇人，群臣谏者辄射之，于是诸侯皆曰桀宋。"（《宋微子世家》）照我们对殷人天道观的了解，武乙射天辱神的行为是不可理解的；说这是东周时代的举动，倒是很有可能。《史记》虽是汉籍，这两段所代表的观念倒未必不可以追溯到东周。

这类人神之争，可以再举共工。《淮南子·天文篇》："昔者共工与颛顼争为帝，怒而触不周之山，天柱折，地维绝。天倾西北，故日月星辰移焉；地不满东南，故水潦尘埃归焉。"《原道篇》："昔共工触不周之山，使地东南倾，与高辛争为帝，遂潜于渊，宗族残灭。"这固是汉代的记载，而《天问》所云："八柱何当，东南何亏？"与"康回凭怒，地何故以东南倾？"可证东周时代已有类似的传说。

人神之争以外，东周的神话又有很多天灾地变而英雄救世的故事。在这种故事的背后，似乎有这样一种思想：天是不可靠的；它不但遥远为人所不及，不但可以为人所征，而且常常降祸于人，而解救世界灾难人间痛苦的，不是神帝，而是祖先世界里的英雄人物。天灾之起，有的是上帝对人间恶行的惩罚，但也有时并无原因解释。天灾的种类繁多，如"天雨血，夏有冰，地坼及泉，青龙生于庙，日夜出，昼日不出"（《通鉴外纪》一引《纪年》）；如"龙生广，夏木雨血，地坼及泉，日夜出，昼不见"（《路史·后记》十二注引《纪年》，墨子言）；如"猰貐、凿齿、九婴、大风、封豨、修蛇，皆为民害"（《淮南·本经》）；如"猛兽食颛民，鸷鸟攫老弱"（《淮南·览冥》）；如"草林畅茂，禽兽繁殖，五谷不登，禽兽逼人，兽蹄鸟迹之道交于中国"（《孟子·滕文公》）。但最严重，在神话中最强调的天灾有两种：旱魃与洪水。

旱水两灾是中国有史以来最大的灾害，其在神话中的出现从一方面看是自然现象的反映。卜辞与周文献中对这两者都记载不歇；《左传》屡言"秋大水"；桓公元年《传》："凡平原出水为大水"，语气之下似是司空见惯不足为奇之事。但是值得我们注意的，是东周的神话以此种灾害为题材来表露人神关系的思想。

旱灾的神话有黄帝女魃之说，但最常见的是十日神话。东周的文献里没有十日神话的全形，但有零星的记录；如《庄子·齐物论》："昔者十日并出，万物皆照。"《山海经·海外东经》注等引《纪年》："天有妖孽，十日并出。"《通鉴外纪》二引《纪年》："十日并出。"《山海经·海外东经》："黑齿国……下有汤谷，汤谷上有扶桑，十日所浴。"《楚辞·招魂》："十日代出，流金铄石些。"《海内经》："帝俊赐羿彤弓素矰，以扶下国。"《天问》："羿焉弹日，乌焉解羽？"这些零碎的记载，似乎可以凑成《淮南·本经》"十日并出，焦禾稼，杀草木，而民无所食……尧乃使羿……上射十日"这个完整的神话之在东周时代的原型。十日的故事与羿的故事，或许各有不同的历史。《山海经》上说十日与十二月，《左传》昭公元年说"天有十日"，杜注曰"甲至癸"，可见十日之说或与古代历法有关。羿为古之射手，见于《孟子·离娄》、《海内经》与《左传》襄公四年少康中兴故事。同时，不少的学者主张射日的神话与日食、祭日与救日的仪式有关。[①] 但不论这个神话构成单元的来源如何，在东周时代这些单元结合成为一个天灾与救世的母题，而不妨从这一个意义上加以理解。

---

① 贝冢茂树：《龟卜と笙》，载《京都东方学报》1947年第19卷，第4页；杉本直治郎、御手洗胜：《中国古代における太阳说话について》，载《民族学研究》1951年第19卷第3—4期。

东周的神话中对于水灾的来源也有种种不同的解释。《孟子·滕文公》以"洪水横流，泛滥于天下"为"天下未平"的原始状态；但《国语·周语》说是共工为害所致。救洪水之患的英雄，众知为鲧或禹，不必举例证明。[①] 但《山海经·海内经》有一段话很值得注意："洪水滔天，鲧窃帝之息壤以堙洪水，不待帝命，帝令祝融杀鲧于羽郊。"似乎鲧救民心切，偷了上帝的息壤；上帝有此宝物不但不用以救民，而且杀鲧以使之不成，好像是故意与人为难。

由这些例子里，我们可见在东周的神话中上帝与其神界有时被描写成人间世界的对头；人可以与神为敌，而且有时立于不败；神常致患于人，而人能拯救世界，驱退天患。也许有人要说：救世的禹与羿，其实也都是神，或是神所"降"，所以他们之救世，并非人力而仍是神力。禹与羿为神为人的问题，此地暂且不论；从下面即依讨论的资料上看，他们都是先祖，在东周的观念中属于祖先的世界而不属于神的世界。

四、英雄世系

上面所叙述的三类商周神话都是与宇宙之形成、起源及变化有关的。商周的这一类神话或非上述的资料可以包括殆尽，但上述的类型可以说是包括了所有的已知的神话在内。对古代其他文明的神话多少有些知识的人，多半都同意，中国古代对于自然及对于神的神话，比起别的文明来，要显得非常的贫乏。[②] 而且所有的这些，又多半是由于其牵涉到人间的世界才被付诸记述的。这种现象是个很有意义的事实，历来的学者对之也有不少的解释，我们且留到下面再谈。

商周神话除了上述者以外，还有一大类，即所谓英雄神话（hero myths）。这一方面的资料，比起前者来，要丰富得多；事实上，文献中英雄的名字多到无法整理、收拾的程度，因为与个别的名字有关的故事则保存的较为有限。大多数研究中国神话的学者都相信，有很多的古代英雄是更早先时候的神或动植物的精灵人化的结果，所谓"神话之历史化"（euhemerization）。神话之历史化是在各国都有的一个程序，但在古代的中国特别的发达，而这也许就是关于自然与神的世界的神话不多的主要原因。

商周神话中的英雄故事，又可以分成两个大类：（1）亲族群始祖诞生的神话，和（2）英雄的事迹及彼此之间的系裔关系的神话。这两种神话的共同特点是"英雄即是祖先"这一个基本的原则，所不同者，一个中的祖先与确实的特殊的亲族群有关，一个中的祖先是比较空泛而不着根的。

---

① 顾颉刚：《洪水之传说及治水等之传说》，载《史学年报》1931 年第 2 期，第 61—67 页；赵铁寒：《禹与洪水》，载《大陆杂志》1954 年第 9 卷第 6 期。

② 玄珠：《中国神话研究 ABC》上册，第 7—8 页。

丁山说，从卜辞中他可以辨认出两百以上的氏族来，各有其不同的"图腾"。①
我们也许不能接受他所举的全部族名，但是我们没有理由怀疑，在商代的中国有许
许多多不同的亲族群，可以适当的称之为民族学上的氏族（clan，sib，或 gens）的。
我们不知道这许许多多的氏族是否各有其特殊的"图腾"，但是我们多半可以相信，
每一个氏族都各有其自己的始祖诞生神话。在西周，从《逸周书·世俘解》上的
"憝国九十有九……服国六百五十有二"的统计来看，大概氏族的数目及其始祖诞
生神话的数目也不在少数。事实上，我们颇有理由可以相信，商周之初年神话里最
盛的就是花样繁多的各种族原的神话。顾颉刚说：

> 我以为自西周以至春秋初年，那时人对于古代原没有悠久的推测。《商
> 颂》说："天命玄鸟，降而生商"，《大雅》说："民之初生，自土沮漆"，
> 又说："厥初生民，时维姜嫄"。可见他们只是把本族形成时的人作为始
> 祖，并没有很远的始祖存在他们的意想之中；他们只是认定一个民族有一
> 个民族的始祖，并没有许多民族公认的始祖。②

顾先生说这话的当时是 1923 年，学术界还未公认殷商时代的存在；我们现在可
以把上文"西周"二字改为"殷商"。但是，在殷商与西周两代的许多氏族始祖诞
生的神话中，今天在文献中存录下来的，只有两个，即商的子姓与周的姬姓的始祖
诞生神话。显然这是因为子姬两姓是商与西周的统治氏族的缘故。

子姓氏族始祖的起源神话，在东周的典籍如《诗·商颂》及《楚辞》的《天
问》和《离骚》中都有详细的记录。大致的故事，大家熟知：简狄为有娀氏女，因
与鸟的接触而怀孕生契，为商子之始祖。怀孕的经过，其说不一。或说玄鸟使简狄
怀孕，或说简狄吞鸟卵而有孕。"鸟"皆称为"玄鸟"，传统的解释，是燕；《说
文·燕部》："燕，玄鸟也"。但郭沫若及少数其他学者认为玄鸟之玄，非指黑色，
乃是神玄之意，玄鸟即凤。郭氏更主张，不论燕也好，凤也好，神话中之鸟都是
《水浒传》李逵口中所说之鸟。③ 这种说法，也许不无道理，从佛洛依德的著作中可
以得到印证，但这是题外之话。除此以外，各神话中又指明简狄与上帝或帝喾的关
联。《商颂·长发》说"帝立子生商"，而《玄鸟》说"天命玄鸟，降而生商"；东
周时代之天即是上帝，这在上文是已经说明了的。《楚辞》也说："简狄在台喾何
宜，玄鸟致贻女何喜?"（《天问》）"高辛之灵盛兮，遭玄鸟而致贻"（《九章·思美
人》）。从这些东周的材料上，我们可以看出，商子的祖先是简狄与玄鸟接触所生，
而简狄或玄鸟与上帝或其人化的帝喾有关。《商颂》一般同意是春秋宋人所作④，宋
为子姓，商之遗民；而《楚辞》产生其中的楚文化，也有不少人相信曾继承许多商

---

① 丁山：《甲骨文所见氏族及其制度》，1956 年，第 32 页。
② 顾颉刚：《古史辨》第一册，第 61 页。
③ 郭沫若：《青铜时代》，第 11 页。
④ 王国维：《殷周制度论》，见《观堂集林》卷十，1923 年，第 24—25 页。

的文化。① 因此，《商颂》与《楚辞》虽然都是东周的文学，其玄鸟的神话则颇可能为商代子族起原神话的原型。不但如此，而且帝喾简狄及娀的名字据说都见于卜辞，为殷人自己祈献的对象，而且殷金文的"玄鸟妇壶"又以玄鸟二字为族徽之用，因此关于上帝与简狄生子祖的神话在殷代已有的可能性是非常的大。② 傅斯年举出不少的证据证明鸟生传说或卵生传说在古代东夷中非常的流行，而东夷与商文化关系之密切又是大家都承认的。③

周姬始祖的诞生神话，则直接见于西周时代的文献，即《诗·大雅》的《生民》与《閟宫》。④《生民》云："厥初生民，时维姜嫄，生民如何，克禋克祀，以弗无子，履帝武敏歆，攸介攸止，载震载夙，载生载育，时维后稷。诞弥厥月，先生如达，不坼不副，无菑无害，以赫厥灵，上帝不宁，不康禋祀，居然生子。诞寘之隘巷，牛羊腓字之，诞寘之平林，会伐平林，诞寘之寒冰，鸟覆翼之，鸟乃去矣，后稷呱矣。"《閟宫》云："赫赫姜嫄，其德不回……弥月不迟，是生后稷。"《生民》所记的，有两点特别有趣，一是"履帝武敏歆"，一是诞生以后动物对他的保护。前一句话意义，虽不甚明，基本上与《史记·周本纪》所说"履大人迹"是一回事。

如上文已提出，子姬两姓的起源神话是商与西周两代惟有的两个氏族始祖神话之保存于文献中的，虽然我们可以假定在这两代除了子姬以外的氏族尚可以十百计。到了东周，英雄诞生的神话突然增加许多，而这些英雄之中有不少是被当作当时族群的祖先的。在下文我将试求解释其所以然之故。在此地我不妨先指出，东周文献中的新的英雄诞生神话不外有下列的几个来源。

第一个来源可能是商殷或西周已有的氏族始祖诞生神话，在商代及西周（就我们所知）未付诸记录，而到了东周才被记载留存下来的。为什么到了东周才见诸文字的原因可能很多，但我相信主要的原因有二：（1）文字的使用到了东周普遍化，不复为王族公族所专用；（2）姬族到了东周已经逐渐失去其在政治与文化上独占的权威，较小的氏族抬头，将其族原神话付诸记录以为其争取政治地位的执照。后文对此还有讨论。属于这一类的神话，或者包括少皞氏的神话与所谓祝融八姓的传说。⑤

第二个来源可能是在殷及西周为边疆的蛮夷而到了东周被吸收容纳到中原文明

---

① 杨宽：《中国上古史导论》，见《古史辨》第七册，1941年，第151—153页。

② 杨树达：《积微居甲文说卜辞琐记》，1954年，第32—33、40—41页；于省吾：《略说图腾与宗教起源和夏商图腾》，载《历史研究》1959年第11期，第60—69页。

③ 傅斯年：《夷夏东西说》；又见三品彰英：《神话と文化境域》，昭和二十三年，京都。

④ 顾颉刚：《古史辨》第一册，第61页，闻一多：《姜嫄履大人迹考》，见《神话与诗》，1956年，第73—80页。

⑤ 李宗侗：《中国古代社会史》，中华文化出版事业委员会，1954年，第10—35页；闻一多：《高唐神女传说之分析》，见《神话与诗》，第81—116页。

的氏族神话。上文已经说明，东周时代为中土文明大扩张的时代，不但与夷夏的接触频繁，不少在早先是"夷"的，到东周都成为正统文化的一部分，而他们的族原神话也就混入了东周的文献。属于这一类的，也许有伏羲氏的神话。①

第三个，同时也是最重要的一个来源，可能是古代以及当代的神物历史化、人化而形成的英雄先祖。一个最熟知的例子，就是黄帝；黄帝很可能就是上帝尊神的一个人化的形式，到了东周的文献中如《国语》与《大戴礼》成为许许多多氏族的共同祖先。古史中的祖先人物原来是"神"这个说法，本是顾颉刚②与马伯乐③等提出来的。杨宽在《中国上古史导论》里，孙作云在一连串的论文④中，都提出丰富的证据证明那些古代的圣贤王臣是那些神物变化出来的。杨宽的结论说：

> 吾人归纳言之，则古史中之圣帝贤臣，其原形如下：
>
> （1）本为上帝者：帝俊帝喾帝舜大皞颛顼帝尧黄帝泰皇。
>
> （2）本为社神者：禹句龙契少皞后羿。
>
> （3）本为稷神者：后稷。
>
> （4）本为日神火神者：炎帝（赤帝）朱明昭明祝融丹朱驩兜阏伯。
>
> （5）本为河伯水神者：玄冥（冥）冯夷鲧共工实沈台骀。
>
> （6）本为岳神者：四岳（太岳）伯夷许由皋陶。
>
> （7）本为金神刑神或牧神者：王亥蓐收启太康。
>
> （8）本为鸟兽草木之神者：句芒益象夔龙朱虎熊罴。⑤

杨宽的若干结论，即若干古史人物之还原，也许不无问题，但我们对他的结论中由神变人的一个大原则，则是不能不加以赞同的。下文即将讨论这种神话历史化的因素。

从以上及其他可能的来源而产生的英雄先祖，在东周的文献中真有济济乎之盛。这些先祖，照许多文献的解释，又互相之间有直接间接的亲戚关系。从《国语》、

① 芮逸夫：《苗族洪水故事与伏羲女娲的传说》，载中央研究院历史语言研究所《人类学集刊》1938年第 1 期。

② 顾颉刚：《古史辨》第一册。

③ Henri Maspero，*Légendes mythologiques dans le Chou King*，in *Journal Asiatiquet*. t. 204，1924，pp. 1-100，又见 *Les Religions Chinoises*，in *Mélanges Posthumes sur les religions et l'histoire de la Chine*，I，Musée Guimet，Paris，1950，pp. 179-180.

④ 孙作云：《蚩尤考——中国古代蛇族之研究·夏史新探》，载《中和月刊》1941 年第 2 卷第 4 期，第 27—50 页，第 5 期，第 36—57 页；《飞廉考——中国古代鸟氏族研究》，载《华北编辑馆馆刊》1943年第 2 卷，第 3、4 期；《后羿传说丛考》，载《中国学报》1944 年第 1 卷第 3 期，第 19—29 页，第 4 期，第 67—80 页，第 5 期，第 49—66 页；《中国古代鸟氏族诸酋长考》，载《中国学报》1945 年第 3 卷第 3期，第 18—36 页；《说丹朱——中国古代鹤氏族之研究——说高跷戏出于图腾跳舞》，载《历史与考古》1946 年第 1 号，第 76—95 页；《饕餮考——中国铜器花纹所见之图腾遗痕》，载《中和月刊》1944 年第 5卷第 1、2、3 期；《说羽人》，载《国立沈阳博物馆筹备会汇刊》1947 年第 1 期。

⑤ 杨宽：《中国上古史导论·序》。

《世本》与《大戴礼》关于帝系的记录，我们可以作出整然有序的英雄族谱出来：契不仅是子姓之祖，弃不仅是姬姓之祖，二者还成了同父异母的兄弟，黄帝与嫘祖的后代。这些系裔关系从文末的几个表上可以看得很清楚。好几位前辈的学者，很严肃认真的在东周文献中的这些家谱上下功夫，把这些英雄先祖分成若干集团，把他们当作中国先殷时代的几个不同的民族看。① 这一类的工作自然不失其重要性，但就其目的来说，似乎是上了东周古人的一个大当。为了解释这一点，我们便不能不了解东周时代神话人物转化为历史人物，而且这些历史人物又都发生了亲戚关系的根本原因。下面一篇文字的讨论便集中在这些问题之上。

上文对于商周神话的分类的讨论中，并没有把有关的资料一一征引出来。我只选择了一些重要的资料，在一个型式学的框架之下描述了出来。但是所有在文献中能够找到的商周神话之有相当的实质内容而且又有重要的历史意义的，上文的分类事实上都已包含了进去；而且这里的分类所依据的标准仍是神话本身的内容与性质。所遗漏的资料，绝大部分都只有断简残篇，无法处理的一些古人或神物的名字。就现存的文献而言，商周两代每一个时期的神话大概都包括在上面了。

我们似可把商周两代的神话史分为三个大的阶段：殷、西周和东周。商代的神话以氏族始祖之诞生及自然神祇之组织为最主要的主题。始祖与神祇的分别并不明确，而其彼此的世界互相重叠。神界的上帝至尊神或为先祖的抽象观念或与某一个先祖相叠合。从现存的文献上看，商代没有宇宙起源的神话，没有神祖世界分离的神话，也没有天灾和救世的神话。或者换个说法，即使这些神话在商代有过，他们在仪式上的重要性与普遍性尚未大到在各种文献中出现的程度。

西周的神话与殷代的差不太多；从文献上看，西周也有氏族始祖神话及自然诸神之神话，而其他神话诸型则仍未出现。但在商与西周的神话之间，有一点非常基本的分别：商人的观念中祖先的世界与神仙的世界并未作清楚的分辨，而西周人则在这方面迈进了一步，把上帝及其神界放到一个新的范畴，即"天"里去，把人王当作"天子"，而不复把人王之先祖与上帝合而为一。

东周（本文所说"东周"，多指春秋中叶以后，并非皆自平王东迁之年始；但为说明叙述方便，即以"东周"概括之）的神话则自西周的基础上又发生了一连串的剧烈变化：（1）先祖英雄神话在文献中陡然增加；（2）很多超自然世界中的神祇灵物"人化"为传说历史上的英雄人物；（3）这些先祖英雄常互相有亲戚关系，可以溯为少数的几个系谱；（4）先祖的世界与神的世界明确的分为两个不同的世界，各自朝着不同的方向发展与复杂化；（5）这两个世界的关系常是互相敌对与竞争的；（6）人类世界由天降灾祸而受害，但灾祸继为先祖之英雄所消灭；（7）自然的

---

① 上引徐炳昶《中国古史的传说时代》、蒙文通《古史甄微》、孙作云诸论文及 W. Eberhard《古代中国之地方文化》。

世界既完全与人的世界分开，其形成、结构与起源乃有一套宇宙生成的神话来加以说明。

指出上述的神话之变化的，决不是自本文始，我也绝非第一个试求加以解释的。照许多学者的意见，商周神话之若干类型之"少"或"多"，或"比其他文明为贫乏"这一类的特征，事实上代表一种反面的证据并反映古代文献之缺乏及保存不均衡的情况。换言之，我们所知道的商周神话只是真正的商周神话中极不完全极不富代表性的一些抽样（random samples）。根据这种看法，对商周神话整个的一般性的研究从根本上就非失败不可。另外，有若干学者也承认"文献无征"这一条基本的假定，但使用所谓"民族学"的方法，宣称可以利用后代的材料来填充前代的空白。对于这两种说法，在上文都已经讨论过了。

还有的学者承认我们所知的商周神话是可靠而有相当的代表性的，同时进一步加以解释。例如，Derk Bodde 就主张，中国古代自然创造神话之稀少是由于古代中国人对人类社会政治关系之集中注意及相应的对自然世界的疏略。[1] 有几位很知名的学者曾经主张，中国古代神话之"不发达"是因为中国先天不厚，古人必须勤于度日，没有工夫躺在棕榈树下白日做梦见鬼。[2] 这后一种说法，自然是很可笑的。

但是绝大多数研究中国古代神话的学者，都同意下面这一种有力而合理的解释：古代中国神话之少与在这甚少的资料中先祖英雄故事之多，主要的原因是商与西周时代神话的历史化；神话历史化的原因，一方面是东周与汉代儒家思想不容"怪力乱神"，因而有意识的将玄秘的神话加以合理化的解释，另一方面这也是春秋末年以迄战国时代人文主义与文艺复兴潮流下的必然趋势。杨宽举了很有力的例子来对这个理论加以说明：神话说黄帝有"四面"，孔夫子解释成为"四面灵通"的四面；神话说"夔一足"，孔夫子解释说：夔，有一个也就够了。[3] 东周时代是中国文化、政治、经济与社会上大变革的时代；中国的文明同时在幅度上与深度上扩张，知识与技术普遍化甚而商业化。在这种情况之下，士大夫与平民之间都产生了在世界观上的觉醒，因而造成神话支配势力的减削与理性力量的发达。因此，我相信这种解释，即东周时代神话之历史化乃是人文主义与文艺复兴运动的结果，一如欧洲人文主义与文艺复兴征服了中世纪的宗教独霸思想，是一个合理的解释。

但是，我对这个解释并不觉得完全满意。这并不是说，这个解释本身有什么错误；我所不满意的，是这个解释还不能把东周时代文化社会的变化与神话上的变化

---

① Derk Bodde，*The Myths of Ancient China*，in S. Kramer，ed.，*Mythologies of the Ancient World*，1961，p. 405；Derk Bodde，*Dominant Ideas in the Formation of Chinese Culture*，in *Journal of American Oriental Society*，Vol. 62，No. 4，1942，pp. 293-299.

② 如玄珠：《中国神话研究 ABC》上册，第 8—10 页所引的说法。

③ 杨宽：《中国上古史导论》，第 125—126 页；主张此说的，又如徐炳昶及冯承钧及袁珂《中国古代神话》，1960 年，第 17 页。

很具体的扣合起来，还不能把致其变化的具体关键（mechanism）清楚的说明。我在下文以及其他数篇计划中的文字里，将进一步提出一个新的理论；这个理论在基本的原则上与既有的说法是相合的，但它能进一步把变化的种种细节说明，并将神话的变化与文化社会的变化更具体的联系起来。简略说来，我想证明，中国古代的神话在根本上是以亲族团体为中心的；亲族团体不但决定个人在亲属制度上的地位，而且决定他在政治上的地位；从商到周末，亲属制度与政治制度之间的密切联系关系发生了剧烈的变化，而神话史上的演变是这种政治与亲属制度之演进所造成的。

为了证明这个理论，我们不能仅仅在神话本身里兜圈子，而非得先把神话变化之文化变迁的背景说明不可。下文代表朝这个方向努力的一个初步的尝试。

1.《大戴礼·帝系姓》世系表

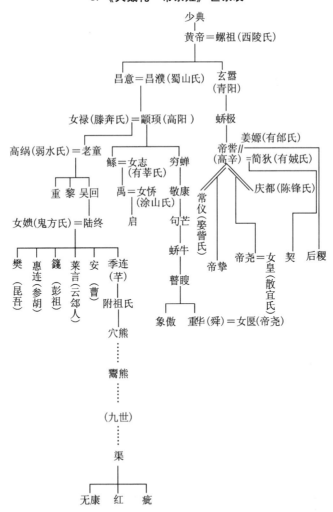

2. 《世本帝系》世系表

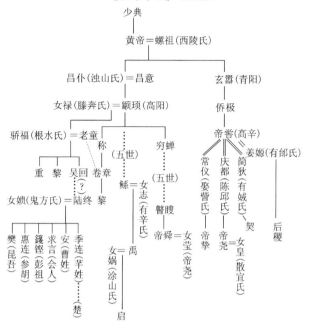

3. 《国语·晋语》世系

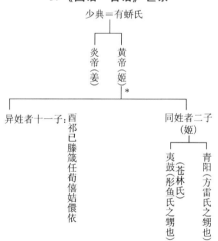

    * 黄帝之子二十五人。凡黄帝之子二十五宗。其同生而异姓者四母之子，别为二十姓。其得姓者十四人，为十二姓。

    本文原载台湾"中央研究院"《民族学研究所集刊》1962 年第 14 期。现选自张光直《中国青铜时代》，生活·读书·新知三联书店 1983 年版。

略论《山海经》的写作时代及其产生地域

蒙文通

蒙文通（1894—1968），四川盐亭人。历史学家。早年毕业于四川存古学堂，曾从今文经学大师廖平、古文经学大师刘师培学习，形成了自己贯通经、史、诸子，旁及佛道二藏、宋明理学的学术风格。先后任教于成都大学、成都国学院、中央大学、河南大学、北京大学、四川大学、华西协和大学等校。20世纪40年代任四川省图书馆馆长。1949年后兼任中国科学院历史研究所研究员。与神话研究有关的重要著作有《古史甄微》、《古地甄微》、《古族甄微》等。在古史研究和上古神话研究上，最早提出中国上古史三集团说。《略论〈山海经〉的写作时代及其产生地域》一文，在《山海经》神话的研究上提出了重要见解。

  《山海经》自古号称奇书。全书虽不到三万一千字，但它却记载了约四十个邦国，五百五十座山，三百条水道，以及这些邦国、山、水道的地理关系、风土民俗和重要物产。此外，它还记载了百多个历史人物，以及这些人物的世系或活动。无疑的，这些记载是研究我国以及东亚、中亚各族人民上古时代的生活斗争、民族关系的重要资料。但是，由于它所记载的东西有很多不为后世读者所理解，而常被斥为"恢怪不经"。著名的古代史学家司马迁，就曾一叹它"放哉"！再叹它"所有怪物，余不敢言也"。后世以"怪诞"指斥之者，更是屈指难数。有的人甚至把它排之于"史部"之外，如清代所纂的《四库全书》，就把它从地理类改放到小说家类中，并说它"侈谈神怪，百无一真，是直小说之祖耳，入之史部，未为允也。"自清世考古之学大盛以后，此书才逐渐受到一些学者的注意，而进行了一些整理工作。但清人的工作也只限于疏通文字、辨析异同。后来的古史学者，也只不过是根据自己的需要而片段地征引，而对该书仍指斥为"文不雅驯，其中人物世系亦以子虚乌有视之"。都没有对该书进行深入、全面和系统的分析与考察，还不能把该书提到古史研究的恰当的地位上。这不能不说是一件憾事。

  要给予某项史料以恰当的地位，首先是应该分析该史料产生的社会环境。因为任何史料都是一定的社会环境的产物，它必然受到该社会的文化、经济、政治等各方面的制约。在考察产生它的社会环境时，首先就是考察产生它的"时代"和"地域"，只有在时代和地域明确以后，才能就该时代该地域的文化、经济、政治作进一步的分析。在排除了该时代该地域的文化、经济、政治等方面对该史料的内容的歪曲、影响之后，才能使该史料正确地反映出历史真相。因此，作者在这里愿就《山海经》产生的时代和地域提出一些不成熟的意见和同志们讨论。

一

《山海经》中记载了不少传说中的古代帝王。但是，它的记载却和先秦时中原文化传统的说法不同。中原文化传统可以魏国的《竹书纪年》、赵国的《世本》以及后来《大戴礼》中的《五帝德》、《帝系姓》，《史记》的《五帝本纪》等作为代表。这些文献记载，都是起自黄帝，而且是以黄帝作为传说的中心，把后世帝王都列为黄帝的后代。而《山海经》则不然，它虽曾十次提到黄帝，但它却并没有以黄帝作为传说中心，它更多提到的历史人物是帝俊和帝颛顼。提到帝俊者有十六条，提到帝颛顼者有十七条。很多国家和历史人物都被认为是帝俊或帝颛顼的后代。特别是帝俊，他在《山海经》中的地位俨然有如黄帝在中原传统中的地位。他不仅被当作是中容之国、司幽之国、白民之国、黑齿之国、三身之国、季厘之国、西周之国的始祖，而且把作为进入农耕时代的重要历史人物——后稷，也认为是帝俊所生（《大荒西经》）。而中原传统说法则以后稷是黄帝的后裔（《世本》、《周本纪》）。在生产工具和生产技能的创造发明者的传说上，《山海经》所记不仅与《世本》不合，并且《山海经》也是以帝俊为中心，而《世本》以黄帝为中心。我们把两书的资料作过一个对比表：

《山海经》	《世本》
番禺为舟	共鼓、货狄为舟
吉光为车	奚仲作车
般为弓矢	牟夷作矢，挥作弓
晏龙为琴瑟	伏羲作瑟、神农作琴
义均始为巧	垂作规矩准绳
帝俊子八人始为歌舞	万天氏之乐，三人掺牛尾投足以歌八阕（《吕览·古乐》）
后稷播百谷，后稷孙	后稷教民稼穑（《孟子》）
叔均始作牛耕	
叔均为田祖	田祖谓神农也（《周礼·籥章》郑玄注）
大比赤阴始为国	鲧作城郭
河伯仆牛	胲作服牛
太子长琴始作乐风	夔作乐
鼓延始为钟，为乐风	倕作钟

不难看出，《山海经》所载竟没有一项和《世本》相合；虽后稷播百谷一项与《孟子》同，却又不见于《世本》。同时，据《大荒西经》所载，虽然说稷"降以百谷"，但又说叔均"代其父及稷播谷，始作耕"，故又尊叔均为"田祖"。实际上则是以叔均为农耕之主。而叔均则不见于中原的传说，故两者在实质上仍然不同。又

据《山海经》的记载，它所载的发明者如番禺、吉光、晏龙、义均、后稷、叔均等等都是帝俊的子孙。而《世本》所载的发明者如共鼓、货狄、牟夷、挥、胲、奚仲、鲧等等，据《世本》注家宋衷等的解释，他们都是黄帝的臣子或子孙。《山海经》以帝俊为中心，《世本》以黄帝为中心，在这里表现得非常清楚。

但是，在《山海经》中这样重要的帝俊，却不见于先秦的中原传统中。王国维曾根据晚在魏晋时期的皇甫谧在《帝王世纪》中的说法，认为帝俊就是黄帝的玄孙帝喾。但这种说法无法解释《山海经》中同一篇内为何既有帝俊又有帝喾（如《大荒南经》）。而且如以中原传说的其他世系关系来理解帝俊，则将发生更大的混乱。章太炎曾说过：

> 帝俊生中容，高阳也，帝俊生帝鸿，则少典也；帝俊生黑齿，姜姓，则神农也；帝俊妻娥皇，则虞舜也；帝俊生季厘、后稷，则高辛也。（《检论·尊史》）

帝俊自帝俊，帝喾自帝喾；《世本》自《世本》，《山海经》自《山海经》。本来各是一个系统，合之则两伤，分之则两全，在这里是非常明显的。

《山海经》虽多次提到黄帝，也多次提到轩辕，但它并不认为黄帝与轩辕是一人。这与其他古代南方作品的看法是一致的。《越绝书·记宝剑》载风胡子说：轩辕、神农、赫胥之时以石为兵；至黄帝之时，以玉为兵；禹穴之时，以铜为兵。《庄子·胠箧》也以轩辕、赫胥的时代生于祝融、伏戏、神农。都是不以轩辕、黄帝为一人，而且轩辕早于黄帝甚远。同时，《山海经》所载的轩辕之国也不在西北而在西南：《大荒西经》载："轩辕之国，江山之南。"《海外西经》又载："轩辕之国，在穷山之际。"郭注："国在山南边也，《大荒经》'岷山之南'。"郝懿行疏谓江山即岷山，巫咸、女子、轩辕三国相接。郝疏说江山即岷山允当。也可能郭氏所见《大荒经》本作"岷山"，后来传本始作"江山"。即以原作"江山"而论，古代北方但言河，江称绝不用于西北。若江山为岷山，即《山海经》之崛山、岷山所出之江水为青衣江（详后），则轩辕之国岂不位于青衣河谷。《山海经》的这些看法，和《五帝德》、《帝系姓》以及《世本》、《史记》中关于轩辕、黄帝的说法是迥不相同的。

《山海经》关于"帝颛顼"的记载中，虽也谈到颛顼和黄帝有着世系关系，但它却说，黄帝生昌意，昌意生韩流，韩流生颛顼（《海内经》）。这和《世本》所载"昌意生颛顼"的说法便差了一代。它在另一处又说："少昊孺帝颛顼。"（《大荒东经》）如依《说文》所说："孺，乳子也"，则昌意，颛顼之间便不仅是相差一代的问题，而他根本不是昌意的后代了。同时，中原传说只载颛顼是舜、禹及老童的先人，而《山海经》所载，除颛顼生老童一点与中原传说相合外，还载了他是季禺、鼬姓、淑士、叔歜、中輻、骧头等国的始祖。其地位显然比中原传说中的地位重要多了。

至于中原传说中所载黄帝的子孙帝喾、帝尧、帝舜等人，《山海经》中虽也都曾提到，但却看不出他们和黄帝之间的关系。不仅看不出他们和黄帝之间的关系，同时在并举帝喾、帝尧时，总是把帝尧列在帝喾的前面（见《海外南经》、《海内北经》、《大荒南经》）。似乎帝尧还在帝喾之先了。无疑的这和中原传统是相背谬的。《山海经》也曾多次提到禹和鲧，但它所载的世系也和《世本》大不相同。《世本》说："颛顼生鲧，鲧生禹"；而《山海经》却说："黄帝生骆明，骆明生白马，是为鲧。鲧复生禹"（《海内经》）。虽然两书还同认为他是黄帝的后裔，但其世系则各殊了。又如《山海经》说："舜死苍梧，葬九嶷"（见《海内南经》、《海内经》），而《孟子》却说："舜生于诸冯，迁于负夏，卒于鸣条，东夷之人也"，一直没有超出东方的范围。一南一东，也大相径庭。后世注家或说鸣条在南，或说苍梧在东，都只不过是不顾地理的确定性而强合二系之传说罢了。

羿，或称夷羿，也是一位南北都共有的传说人物。但是，在评价上则南北颇有距离。《海内经》说："帝俊赐羿彤弓素矰以扶下国，羿是始去恤下地之百艰。"《海外南经》又说："羿与凿齿战于畴华之野，羿射杀之。"羿杀凿齿事在《淮南子·本经训》中有较详的记载，它说："尧之时十日并出，焦禾稼，杀草木，而民无所食。猰貐、凿齿、九婴、大风、封豨、修蛇皆为民害。尧乃使羿诛凿齿于畴华之野，杀九婴于凶水之上，缴大风于青丘之泽，上射十日而下杀猰貐，断修蛇于洞庭，禽封豨于桑林，万民皆喜。"当正因此，所以《泛论训》又说："羿除天下之害，死而为宗布。"注："祭田为宗布。"大概羿死后当上了田神。《淮南子》所载羿的这些活动，当正是《海内经》说羿"扶下国"，"去恤下地之百艰"的具体内容。《海内西经》称之为"仁羿"，并不是没有根据的。《淮南子》也是南方的作品，所以它和《山海经》能基本一致而又相互补充。而在北方传说中的夷羿，却完全是另一种形象了。《左传》襄四年说羿"恃其射也，不修民事而淫于原兽"。传又载《虞人之箴》说："在帝夷羿，冒于原兽，忘其国恤，而思其麀牡。"这就完全是一位只知射猎佚乐的昏君。《论语·宪问》也说羿"不得其死焉"。显然是一种指斥。至于《离骚》、《天问》中的羿，则又似以南说为基础而综合南北两说的产物。这里就不多说了。

上述分析中，说明了《山海经》和《世本》不论在人物世系上或事物的创造发明上，两书都各有一套互不相同的说法。但是，《世本》的说法虽不同于《山海经》，却和《竹书纪年》、《五帝德》、《帝系姓》、《史记》等书的说法相合。这些作品都是产生于中原地区，是代表中原文化传统的说法。因此，我们认为《山海经》是另一个文化传统的产物，代表着另一个文化传统。

其次，我们在记叙四方方名的顺序上，也可看出《山海经》和中原传统的不同。先秦中原文献在四方方名同时并举时，其排列的顺序一般都是以东、南、西、北为序，如《尚书·尧典》在命羲和敬授民时以四方配四时是"……平秩东作……平秩南讹……平秩西成……平在朔易……"在叙舜巡四方时，其顺序是"岁二月东巡守……五月南巡守……八月西巡守……十有一月朔巡守……"《周礼·大宗伯》

"以玉作六器，以礼天地四方"，也是以东、南、西、北为序。其他如《墨子·贵义篇》，《管子》的《五行》、《四时》等篇，也莫不以东、南、西、北为序，这种排列顺序在甲骨文中也同样存在（见胡厚宣《甲骨文四方风名考》所引）。可见这一排列顺序的渊源是很久远的。但是，《山海经》中的排列顺序则与此迥然不同。现传《山海经》十八篇共可分为四个部分：《五藏山经》、《海外经》、《海内经》和《大荒经》。各部分中都各有东、南、西、北四篇（《五藏山经》另有"中"一篇），而其排列的顺序则是南、西、北、东。如《五藏山经》五篇，其次序是《南山经》第一，《西山经》第二，《北山经》第三，《东山经》第四，《中山经》第五；《海外经》四篇的次序是《海外南经》、《海外西经》、《海外北经》、《海外东经》。从篇中内容来看，也都是由西南而东南，而东北，再由西南而西北，而东北，《史记·天官书》载有"中国山川东北流，其维首在陇蜀，尾没于勃碣"之说，也正是由西南而西北，而东北（唯《东山经》是由东北而东南，为大同而小异）。《海内经》四篇的次序也是《海内南经》、《海内西经》、《海内北经》、《海内东经》；篇内叙述是始于东南而西南，而西北，亦终于东南，也和前两部分的叙述内容大抵相同。只《大荒经》部分稍异，它的排列顺序与《尚书》、《周礼》、《墨子》等书相同，是以东、南、西、北为序。据郭璞说，这五篇（包括《海内经》一篇）本在献书时所进十三篇之外，毕沅认为是刘秀时所附。我同意这个说法。在汉代校书之时，很多古籍都曾加以编订，都已不是本来面目。考《淮南子·地形训》所记海外三十六国，与《大荒经》所记大抵相同，应当是《淮南》取材于《山海经》。《淮南》叙三十六国的顺序是自西北开始，而西南，而东北，和《地形训》叙九州，叙八殥、八纮、八极的方位顺序都不同。《淮南》本是杂取各书，互不相同，当正是保存了各书的原来面貌。因此，可以认为《大荒经》原本的顺序是自西北而西南，而东南，而东北，其四篇的次序当是以《西经》开始，而以西、南、东、北为序。这个排列顺序虽和前三部分有所不同，但它和中原传统的以东、南、西、北为序的差异，仍然是很显著的。四方方名排列顺序的不同，虽然只是一个习惯问题，但它却同时是文化传统不同的一个反映。

古代长江经有九江一地，而南北之说各异。《中山经》说："洞庭之山……澧沅之风，交潇湘之渊，是在九江之间。"此九江显当在荆州洞庭。《水经》卷四十说："九江地在长沙下雋县西北。"蔡沈《书集传》引《楚地记》说："巴陵潇湘之渊，在九江之间。"下雋、巴陵在汉长沙，属荆州。两说与《中山经》合，这是南系的说法。《禹贡》说："九江孔殷"，又说："过九江，至于东陵。"《汉书·地理志》说："寻阳，《禹贡》九江在南"，"金兰西北有东陵乡"。寻阳、金兰，皆在庐江郡，属扬州。此《禹贡》九江显当在扬州庐江。《史记·河渠书》说："余南登庐山，观禹所疏九江。"也认为《禹贡》九江在庐江，这是北系的说法。南北说法本自不同，后世注家常常不加分辨，以致造成混乱。如郭璞以《汉志》释《山海经》，而蔡沈、魏源又以《水经》释《禹贡》，其误维均。《水经注》保存了不少古说，这是很足珍贵的，但它也常常用南说来理解《禹贡》山水泽地，仍多未当。

吕子方先生曾根据《海外东经》所载"五亿十万九千八百步"的记载，指出《山海经》是以十万为亿，和中原传统以万万为亿者在计数方法上不同（将另有专文）。这是一项重要的发现。毫无疑问，计数方法的不同也同样是文化传统不同的一个反映。

二

如上所述，《山海经》既不是中原传统文化的产物，那么它是什么地区的产物呢？这便是我们准备在下面所要讨论的问题。

作者在三十多年前曾写过一本《古史甄微》，探讨中国古史传说的问题，认为上古居民约可划分为三个集团，分布在北（河洛）、东（海岱）、南（江汉）三个地域。先秦的学术文化也大体上可划分为北（三晋）、东（齐鲁）、南（楚）三个系统。对于古史的传说，也由于文化系统的不同而有很大的差异。当时曾以《韩非子》、《竹书纪年》所记古史作为北系的代表，以儒、墨、六经所传古史作为东系的代表，而以《庄子》和《楚辞·天问》篇所传古史作为南系的代表。当时也曾因《山海经》的记载多与《庄子》和《天问》相合而认为它是南系作品之一，曾写过一篇《天问本事》，就是专以《山海经》证《天问》。但在当时，还只因《庄子》、《楚辞》二书同是楚国的产物，而定其为南系，还没能从《山海经》本书以探求其为南系的作品。现在拟专就这点提出一些意见。至于《山海经》与《庄子》、《天问》在古史传说上的共同说法，这里就不赘述了。

在没有发明使用经纬度记载一定地区的地理位置的方法之前，一般都是用东、南、西、北等方位来记载。但这种记载方法对一定具体地区说来，都只能是相对的，是随着观察者所采用的基准点而有所不同的。如以整个亚洲为基准，则小亚细亚等地区为西方，一般称为西亚；而以欧洲为基准，则小亚细亚地区为东方，是"近东"一词所由生。又如以北京为基准，则河南省为南方；而以武汉为基准，则河南省便是北方了。古文献中所记载的方位，其情况也正如此，是随着文献所代表的地域的不同而不同。如中原文化系统的文献所说的"中"，便是指的中原地区。《史记》载范睢说："韩、魏中国之处，而天下之枢也。"范蠡说："陶为天下之中。"而《山海经》则不然，它从不以黄河中游地区作为天下之"中。"从《五藏山经》五篇——《南山经》、《西山经》、《北山经》、《东山经》、《中山经》——来看，《中山经》所载的地区，无疑的当是这部分作品所认为的"天下之中"。《中山经》所记载的是哪些具体地区呢？

《中山经》篇中共分成十二段来叙述，称为《十二经》。《前七经》所载各水道，都是注入河、洛、伊、谷等水，都在古豫州西部地区。《中次八经》所载各水道，都是注入江、漳、睢等水，这三条水道都是在古荆州西部。《中次九经》中所载各水道都是在岷山山脉地区东注入江（今岷江），说明《中次九经》所载之地为今四川西部，为古梁州西部。《中次十经》无水道，有首阳山及涿山，首阳即鸟鼠，涿山即蜀山（从郝懿行《笺疏》说），则所载当是梁州西北地区。《中次十一经》载有湍、沇、澧、沦等水道，多是注入汉水或汝水，都在荆州地区。《中次十二经》载有洞庭之山，有澧沅、潇湘和九江，都在古荆州南部。根据《中山经》这些记载来看，无疑的《五藏山经》所谓的"中"是包括了古豫、荆二州的西部、南部和整个梁州地区。这和中原地区以韩、魏为天下之中是迥不相同的。在这里，特别值得注意的是它把古巴、蜀、荆楚之地都作为天下之中来看待。

不仅《中山经》把巴、蜀包括在"天下之中"一点是值得注意的，同时它对岷江中上游地区的水道情况的记载也是值得注意的。记载这个地区的是《中次九经》，其中关于水道的记载是：

> 岷山之首曰女几之山……洛水出焉，东注于江。……
> 又东北曰岷山，江水出焉，东北流注于海。……
> 又东北曰崃山，江水出焉，东流注大江。……
> 又东曰崌山，江水出焉，东流注于大江。……
> 又东曰高山……蒲鸏之水出焉，而东流注于江。……
> 又东北曰隅阳之山……苊徐之水出焉，东流注于江。……
> 又东曰岐山……减水出焉，东南流注于江。……
> 又东曰风雨之山……宣余之水出焉，东流注于江。……

所记八条水道，除后四条外，都还可以察考。洛水即今流经什邡之洛水，出岷山之江水，即今岷江；出崃山之江水；即今雅安地区之邛水，崌山的"崌"字当为"岷"字之讹（岷字汉常作崏，易讹为崌），就是蒙山，出崌山的江水就是出岷山西的沫水。这四条水道，除岷江而外，都是不大的水道。其余四条不可考的东注于岷江的水道，也当是小水，所以不可考了。据《山海经》的体例，同在一经者其地理位置相近。则这八条水道都当相去不远，可能都在岷江流域，甚至还可能都在岷江中上游，在今乐山以北。我们知道，《山海经》所记的地理区域很广，远远超出了《禹贡》九州的范围，很多地方甚至还超出了祖国现在的版图。对各地区的记载，都只能很简单。但对这方圆不过几百里的岷江中上游地区竟记载了八水十六山，相对说来，应说是很详细了。根据古人著书说详近略远的惯例（特别是地理知识的记载是如此），则《五藏山经》不仅是以巴、蜀、荆楚为"天下之中"，当属南方文化系统，而且以其详记岷江中上游，更可能是属于西南地区的古巴、蜀文化了。

我们再来看看《海内经》四篇所说的"天下之中"的地域。《海内经》只有《海内南经》、《海内西经》、《海内北经》、《海内东经》四篇，而无《海内中经》，则《海内经》这部分所说的"中"只能从《东经》之西和《西经》之东来间接推求。考《海内东经》记载了江水、濛水、白水，即今之岷江、大渡水、白水河，都在四川西部。应当说，它所说的"中"也当在四川地区。《海内西经》说："海内昆仑之虚，在西北，高万仞。"郭璞注："言海内者，明海外复有昆仑山。此自别有小昆仑也（上八字依《水经注》引补）。自此以上二千五百余里，上有醴泉、华池，盖天下之中也，见《禹本纪》。"《山海经》、《禹本纪》两书被司马迁认为内容相近的书。郭璞引《禹本纪》来作解说，应当说是正确的。在这一前提下，则《海内经》四篇所说的"天下之中"，便当是这个"海内昆仑"了。这海内昆仑在什么地方呢？考《海内西经》说："河水出（昆仑）东北隅以行其北。"这说明昆仑当在黄河之南。又考《大荒北经》说："若木生昆仑西"（据《水经·若水注》引），《海内经》说："黑水、青水之间有木名曰若木，若水出焉。"这说明了昆仑不仅是在黄河之南，而且是在若水上源之东。若水即今雅砻江，雅砻江上源之东、黄河之南的大山——昆仑，当然就舍岷山莫属了。因此我们认为《海内经》四篇所说的"天下之中"是指今四川西部地区。

现在，再来看看《大荒经》以下五篇所说的"天下之中"。今本《大荒经》共四篇——《大荒东经》、《大荒南经》、《大荒西经》、《大荒北经》，这四篇后面有一篇《海内经》，是《山海经》最后的一篇。从《山海经》篇目体例来看，这一篇与他篇颇不相类，它应当是《大荒经》的一部分。《史记·周本纪·裴骃集解》引《海内经》文句，就称之为《大荒经》，可见晋、宋间人所看到的传本都还是正确的。因此我们把这五篇合在一起来考察。《海内经》说："西南黑水、青水（二字从《裴骃集解》补）之间，有都广之野，后稷葬焉。"郭注："其城方三百里，盖天下之中也。"郭注二语也见于《楚辞·九歌·王逸章句》。但王逸称之为《山海经》。则此二语当原是经文，后被传写误入注中。都广即是广都，① 今四川双流县，在四川西部。都广即是"天下之中"，正说明《大荒经》以下五篇也是以四川西部为"天下之中"。同时，《大荒海内经》共记载了十六个国家，其在北方、东方者只有四国，其余十国都在西南方，同样是详于西南而略于东北，当也正说明其属西南文化系统。

《海外经》四篇所载之地，皆在《五藏山经》所记之地的四周。其山水国物又多有与《海内》、《大荒》等九篇重复者，而独不与《五藏山经》重复，可知《海外经》与《五藏山经》当是一个著作的两部分。而且《海外经》所载又都是遥远地区，无助于"天下之中"的分析，我们在这里就只好从略了。

从以上分析来看，可知《山海经》全书三个部分所说的"天下之中"，都与中

---

① 《海内经》说："都广之野，后稷葬焉。"《史记·周本纪·集解》引此，作"广都之野"。《海内西经》载："后稷之葬，山水环之。"郭璞注："主广都之野"。都说明"都广"又或作"广都"。张衡《思玄赋》："躔建木于广都"，即又《山海经》文。但各本都同作"广都"，无作"都广"者，可能张衡所见之《山海经》原作"广都"，而《淮南子·地形训》"建木在都广"，各本却又作"都广"而不作"广都"。但李善、李贤注《思玄赋》所引《淮南》又同作"广都"，不知是二李擅改，抑古本《淮南》作"广都"。此等差异当是传本之不同，可不必辨其谁为正者。《御览》引《蜀王本纪》说"蜀王本治广都樊乡，徙居成都。张仪、司马错定蜀，因筑成都而县之。"知古蜀国开明王朝曾建都于此。汉武帝元朔二年置广都县于此。唐，宋以后改为双流县。

原文化所说的"天下之中"迥不相同。它所指的是巴、蜀、荆楚地区或者只是巴蜀地区。

从前，有人曾就《山海经》所载的生物进行分析，认为它所记载的亚热带、热带的产物较其他先秦古籍为多，而认为《山海经》是印度人的作品。说《山海经》是印度人的作品，显然是错误的，没有根据的。但他所作生物产地的分析，却正是《山海经》是南方文化系统的作品的有力证明。因为古代中国南方气候远较现在为热，《山海经》所记热带、亚热带的生物，正是古代中国南方气候条件下的产物（关于古代中国气候问题，作者别有专论）。

我们不仅可从《山海经》所说"天下之中"以说明其为南方文化系统的作品，还可以从所说"天下之中"的具体地区，再对作品的产地作进一步的探索。

在上面对"天下之中"的分析中，我们曾指出《山海经》三个部分所说的"天下之中"虽然同在南方，而其具体地区则又各不相同。而且三个部分的记载又常有重复之处，甚至互有出入以至抵牾。这都说明：三个部分虽然同属南方系统，但又有南方不同地区的差异。

先看《海内经》部分，《海内东经》记了二十多条水道，但却不记黄河而记漳水于章武入海。章武正为黄河改道行漳水后的入海口。北人应知此时之漳水即是黄河，而此经但谓之漳水，知此经不作于北人之手。同时，其对长江的记载也颇奇特，它讲了灌县以上岷江（当时认为即是长江）发源地区的三江，而不记长江入海地区的三江。发源地区的三江是小山小水，入海地区的三江是大江大水，这种详小略大、详西而略东的情况是值得注意的。以古人著书受到闻见的局限，多详近而略远。以此衡之，则此《海内经》部分必非越地区的作品，而当作于蜀中。

但是，关于岷江上游的山水，旧解颇多歧义，因此我们不得不暂时离开主题而对这地区的小山小水进行一些探讨。《海内东经》说："岷三江首，大江出汶山，北江出曼山，南江出高山。高山在城（成）都西，入海在长州南。"既说大江、北江、南江是"岷三江首"，无疑这是岷江发源的山水。《水经注》序南江（南江原讹为中江，见《水经注疏》）、北江于汶江道上，正是把它理解为岷江上源，这是正确的。但《水经注》在这里却用崌山、崃山来代替高山、曼山，这就是误读郭注了。考《中山经·中次九经》载："崃山，江水出焉。"郭注："邛来山，在今汉嘉严道县，南江水所自出也。""崌山，江水出焉。"郭注："北江。"但是，郭注此处所说的南江、北江与上揭"岷三江首"的南、北江并不是一回事。虽同具南、北之名而其本名则异。《汉书·地理志》：蜀郡"严道：邛来山，邛水所出，东入青衣。"《水经·青衣水注》也说："（邛）水出汉嘉严道邛来山，至蜀郡临邛县东入青衣水。"《水经·江水注》又说："崃山，邛崃山也，在汉嘉严道县。""崃"、"来"同是一字。这些材料很清楚的说明，出于崃山的江水，应当就是邛水。《初学记》卷八引《山海经》此文作"崃山，邛水出焉"。很显然"崃"字是"崃"字之讹，"邛"字是"江"字之讹。但也可能是《初学记》的作者正是用"邛水"来理解此处的

"江水"，所以改"江"为"邛"。我们既从峡山找出了出于峡山的江水是邛水，同样也可从崌山来寻找出于崌山的江水是何水。但是，崌山之名仅见于《山海经》，自来也没人曾解释过这山在何处，这就给我们寻找水道带来困难。但《山海经》曾说崌山在峡山东一百五十里，峡山既在汉嘉严道县，则崌山当也在严道或严道附近。《水经·江水注》根据《山海经》载有峡山、崌山。它说："峡山在汉嘉严道县"，这是正确的。但它又把峡山、崌山都叙在蚕陵之下汶江道之上，这就不正确了。汶江道为今茂县，严道为今荥经，两地的距离远远超出了一百五十里。把这二山叙在汶江道之上当然是错误的。我认为崌山的"崌"字当是"岷"字之讹，汉代"岷"字常作"崏"，易讹为"崌"。这里的岷山，就是蒙山。《水经·沫水注》说，岷山即蒙山。《续汉郡国志》说："汉嘉故青衣有蒙山。"青衣即今雅安，雅安、荥经之间的距离，正与《山海经》所载峡山、崌山之距离相合，因此以青衣之蒙山为《山海经》之崌（岷）山是完全合适的。崌（岷）山既已寻得，则出于崌山的江水也就可以推定了。《水经·沫水注》说："沫水出岷（蒙）山西，东流过汉嘉郡。"《水经》又说沫水："东北与青衣水合，东入于江。"这就应当是《山海经》所说出崌（岷）山而注入江水的"江水"。旧说多以沫水为今大渡河，这个说法不正确。《水经·沫水注》说："沫水出岷山西，东流过汉嘉郡。……《华阳国志》曰'二水（青衣水、沫水）于汉嘉青衣县东合为一川，自下亦谓之为青衣水'。沫水又东径开刊县，故平乡也。"《水经·青衣水注》又说："青衣水径平乡，谓之平乡江。"这里的青衣水就是上文所说二水合为一川后的青衣水。从这两处记载可以清楚的看出，青衣水的上源有二：一为沫水，一为青衣水，二水在青衣县汇合后，或称沫水，或称青衣水，在流径平乡后，又称平乡江。《水经》所说的青衣水，大家都承认就是现在的青衣江，沫水既是青衣水的上源或汇合后的青衣水，当然就绝不是今之大渡河了。今之大渡河当为古之湔水。《水经·江水注》说："（湔）水出徼外，径汶江道，南至南安入大渡水，大渡水又东入江。"因此湔水在唐以来遂有大渡之名。古之大渡水为今之青衣江。（古青衣水即大渡水一事，只须就《班志·青衣注》、《水经·江水注》所说大渡水与《水经》青衣水对勘便很清楚，毋庸置辩。）湔水于南安入大渡水入江，即今大渡河在乐山与青衣江合再入岷江事。如以古沫水为今大渡河，则古之出自徼外的源远而流长的湔水岂不便化为乌有了。这是绝对不妥当的。因此我认为"出崌（岷）山之江水"是沫水，在今雅安地区。在明确了出峡山之江水为邛水，出崌山之江为沫水后，而邛水正在沫水之南，对郭注之所以称出峡山者为南江、出崌山者为北江，便也容易理解了。显然，出于峡山、崌山的南江、北江是在汉嘉（今雅安地区），而出于高山、曼山的南江、北江则在汶江道（在今阿坝地区）以上，两者是绝不能混淆的。刘昭注《郡国志》于汶江道下引《华阳国志》说："涉水、虢水出焉，多冰寒，盛夏凝冻不释。"这两条水出自汶江道，其位置在成都西，可能就是出于高山、曼山的南、北江，但这二水为今何水则已不可考，高山、曼山为今何山亦不可知。然此曼山、高山、南江、北江之为小山小水当是无可置疑的。《海内经》不仅记载了岷江上游的小山小水，而且在《海内东经》还载："白水出蜀，东南注江"，这是《山海经》中唯一提到蜀的地方。此外，《海内西经》还六次提到开明，而其他部分却不见开明记载，应当承认，这不能不和蜀国传说中的古帝王——十二世开明没有关系。因此，我认为《海内经》这部分可能是出于古蜀国的作品。

再看《大荒经》五篇，曾四次提到"巫山"，这也是《山海经》其余两部分所不见的，同时，《山海经》中有关"巴国"、"巴人"的记载，也仅见于这部分（《大荒海内经》）。因此，我认为《大荒经》部分可能就是巴国的作品。

至于《五藏山经》、《海外经》等九篇，则情况略有不同，它所说的"天下之中"虽包括了巴、蜀地区，而同时却也包括了荆楚地区，这部分就很可能是接受巴、蜀文化以后的楚国作品了。

前面谈过，《海外经》与《海内经》对四方方名的排列顺序与当时中原传统以东、南、西、北为序者不同。这个不同的序列我们在屈原的《远游》和司马相如的《大人赋》中可以找到旁证。远游叙其偕仙人周游天地时，先言"顺凯风以从游兮，至南巢而一息"，继言"嘉南州之炎德"，显然是从南开始。次言"吾将过乎句芒，历太皓以后转"，句芒，东方之神，太皓（皞）居于东方，这是由南而东。次又言"凤皇翼其承旗兮，遇蓐收乎西皇"。蓐收为西方之神，是又转向西方。次言"吾将往乎南疑"，"祝融戒而跸御"，是拟由西南而不果。然后言"逴绝垠乎寒门"，"从颛顼乎增冰"，这是由西而北。司马相如《大人赋》是模拟《远游》，它先言"祝融惊而跸御"，次言"使句芒其将行"，是由南而东。次又言弱水、流沙、昆仑、三危、西王母，这些都在西方，又次言幽都、北垠、玄阙、寒门，是又由西而北。都是由南开始，由南而东，又另由西而北。这和《海外经》内地理排列顺序是基本相同的。而张衡《思玄赋》则不同，篇内虽也写了远游的历程，但它的路程都清楚的是以东、南、西、北为序。《远游》作者屈原是楚人，《大人赋》作者司马相如是蜀人，且系模拟《远游》，故其游历路线同于《远游》。《远游》与《海外经》的这一相同之点，也可以作为《海外经》作于楚人的旁证。

三

关于《山海经》的写作时代问题，自刘秀以来的正统说法，都认为它是大禹、伯益所记。这当然是值得怀疑的。但司马迁曾见到过它，《淮南子》曾引用过它（主要见于《地形训》），《吕氏春秋》也曾引用过它（见《本味》、《求人》等篇），同时，从它的内容来看，多言神怪而又没有任何带有思想性的东西，这和先秦时代留传下来的经史诸子之书比较起来，大不相同，这应当是文化较为原始的时代（或者是交通闭塞、文化落后地区）所记叙的远古（远方）传说之辞，而不可能是秦汉时期文化已相当发展、交通也相当便利的时代的产物。其为先秦时代的古籍，应当是可以肯定的。但是，究竟是作于先秦何时呢？就需要进一步探讨了。

《中山经》说："浮戏之山，汜水出焉，北流注于河。"又说："役山，役水出焉，北流注于河。"在这两条南北流向同注于黄河的水道之间，还有器难之水、太水、承水、末水等，据《中山经》的记载，这些水道都是注入役水。但据《水经注》的记载，这些水都不是注入役水而是注入渠水，甚至连役水也不是注入黄河而是注入渠水。但《水经注》所说的渠水却又不见载于《山海经》。两书的这一差异不可不说是相当巨大，而这一巨大的差异却正有益于探讨《山海经》的时代问题。我们知道，《水经注》所说的渠水，就是战国时的鸿沟。鸿沟是在战国时梁惠王十年（公元前 360 年）才开凿的。古役水注河之迹以及役水如何改注渠水，器难等水如何改注渠水，现已不可详考，但这一巨大变化之所以发生，当正是由于鸿沟开凿之故，则是无可置疑的。因此，《中山经》之所以不载渠水，以及所载上述流注之所以不同于《水经注》，正说明《中山经》的写作时间是在鸿沟开凿之前。因此，我们认为《五藏山经》这部分的写作时代当不能晚于梁惠王十年。又《北山经·北次三经》所载太行山脉区域的水道，都是黄河西北的水道。载有："虫尾之山，丹水出焉，南流注于河；薄水出焉，而东南流注于黄泽。"又载："小侯之山，明漳之水出焉，南流注于黄泽。"据胡渭《禹贡锥指》的考证，周定王五年（公元前 602 年）河决宿胥口改道之后，太行山区域的水道才有注入黄泽的可能。《北山经》既载太行区域的薄水、明漳水注入黄泽，正说明《北山经》的写作时代不得早于周定王五年。准此两点，我们认为《五藏山经》的写作年代当在周定王五年与梁惠王十年之间（公元前 602—前 360 年）。同时，黄泽一名不见于春秋时代，而只见于战国，则其写作年代应当是更靠近于梁惠王十年，其写作时代是比较晚一些。至于《海内经》与《大荒经》两部分的写作时代则可能较早。《海内东经》说："巨燕在东北陬。"《海内北经》又说："盖国在巨燕南、倭北。倭属燕。朝鲜在列阳东海北山南。列阳属燕。"《海内西经》又说："貊国在汉水东北，地近于燕。燕灭之。"我们知道，春秋战国时代的燕国，是不够强大的，不配称之为"巨燕"。此经载其南有列阳、东北灭貊国，其土宇相当辽阔，这应立当指的是西周时代的燕国。《海内经》不仅称燕为"巨燕"，同时也称楚为"大楚"（《海内东经》）。《史记·楚世家》说："熊渠当周夷王之时，立其三子为王，皆在江上楚蛮之地。"熊渠后十世至若敖，而霄敖，而蚡冒，相当于周幽王、周平王时代。《左传》载沈尹戍说："若敖、蚡冒至于文武，地不过同。""同"是百里，西周末年楚为百里之国，不能称之为"大"。"大楚"也当是指西周时能立三子为王的时代。从《海内经》称燕、楚为"巨燕"、"大楚"来看，我们认为这一部分当是写作在西周中期以前。《大荒西经》

载："有西周之国，姬姓。"① 《大荒北经》又载："有北齐之国，姜姓。"这都说明这部分的写作年代不能早于西周。但与此同时，周在东迁以后，失去了关中，也不可称之为西周之国，也不能把它记载在《西经》之内。因此我们认为《大荒经》部分的写作时代当在周室东迁之前。

我们在前面曾谈到过《山海经》记载了很多传说中的古代帝王。但是，尽管它所记载的这些古代帝王包括了后世所说的三皇五帝，如太皞、女娲、共工，炎帝、黄帝、少昊，颛顼、帝喾，帝尧、帝舜等等，而《山海经》却绝无任何三皇、五帝系统的痕迹。同时，这些人物也多被描写为神话中的人物，这都正说明《山海经》的写作年代是较早的。当时还没有把神祇帝降为人帝，更还没有把古帝王组成三皇、五帝之说。根据我从前的研究，五帝之说，始于齐威、宣之世的邹子五运之说，三皇之说更在此后（详见《古史甄微·三皇五帝》）。以此而论，《山海经》的写作年代也不能晚于公元前四世纪中叶邹子五运之说兴起之后。

我们且再从《山海经》三部分的内容来考察其时代。《大荒经》部分所记神怪最多，应当说是时代最早的部分（或者是文化更落后地区的材料）。《海内经》部分所载的奇异较少，应当是时代稍晚，文化稍进时的作品。《五藏山经》部分就更雅正一些，应当是最晚部分，或者是经过删削润饰的作品了。但是，《五藏山经》的写作时代虽较晚，而它却保存了很多很古的传说。《五藏山经》中记载了不少动物在医药上的性能，如"鯥……食之无肿疾"，"赤鱬……食之不疥"（《南山经》），"肥遗，食之已疠，可以杀虫"，"溪边，席其皮者不蛊"（《西山经》）等等之类。神农尝百草而作本草的传说，表明草木的医药性能是采集或农耕时代所积累起来的经验，则《山海经》的这类记载，便应当是狩猎或畜牧时代所积累起来的经验了。我们再从《北山经》所载地理情况来考察，也可看出它保存了很古的地理情况，其地理时代远在《禹贡》所反映的地理时代之前。根据我过去的研究，历史上渤海海岸的变化，由于地盘升降的影响而有着日益向西扩展的趋势。（详见《古地甄微》）《水经·禹贡山水泽地所在》云："碣石在辽西临榆县南水中。"郦道元注说："大禹凿其石，夹右而纳河，秦始皇、汉武帝皆尝登之。海水西侵，岁月逾甚，为苍其山，故云海中矣。"郦道元的说法，也接触到了这一变化趋势。据《水经》的记载，说明在写作《水经》时碣石已在海中，是海岸当在碣石西。而文颖注汉武帝"东巡海上至碣石"时说："此石著海旁"（《汉书·武帝纪》元封元年），可知西汉前期汉武

---

① 关于"西周之国"一语需要作些解释：《海内经》云："西南黑水之间，有都广之野，后稷葬焉，其城方三百里，盖天下之中。"既云"天下之中"，又云"西南"，它本不相妨，既知地在"西南"而仍保留了"天下之中"的传说。"西周"是指王畿千里之地的关中一带为周国，它还没有把燕、齐、晋、楚都认为是周的疆土，古代认识是如此，尤其是少数民族地区的认识更是如此。即如《尚书》说"用告商王土"，在周已灭商之后，周人对它所封商的后代仍称之为"商王"。诸侯的土地，即天子的土地，古人尚无此种大一统的观念。所谓"西周"、"北齐"是因为古人对于方位认识原不一定正确。《山海经》本书多处是如此。至于以平王前后分为东西周，那是后来的习用语。

帝元封元年时碣石虽已沧海，但还近在海旁。而在《禹贡》写作之时，则碣石显然犹在陆上而尚未沧海。故它一则说："夹右碣石入于河"，再则说："导岍及岐……至于碣石入于海。"都说明碣石是滨海之山，河水经由碣石而入海。则海岸当在碣石之东。而《山海经》却说："碣石之山，绳水出焉，东流注于河。"出于碣石的绳水既东流而始注于河，则河之入海当在更东，而海岸无疑的当在更东地方了。胡渭把东流改为西流注于河，是没有根据的。这一地理情况显然是远在《禹贡》所载地理情况之前。到秦汉时代海岸已西到章武了。假如我们认为《禹贡》所反映的是西周以前的地理情况，则《北山经》所载这种地理情况就更久远得多了。

吕子方先生说：《大荒东经》载有"日月所出"之山六——合虚、明星、鞠陵、孽摇颙羝、猗天苏门、壑明俊疾，《大荒西经》载有"日月所入"之山六——方山、丰沮玉门、日月山、鏖鏊巨、常阳之山、大荒之山，完全是两组对称的山头。用山头来记载"日月所出"、"日月所入"，是用星象为历法的科学还未发明之前的一种原始历法。吕先生这个说法是一个极有价值的科学发现，同时，这也非常有力的说明了《山海经》保存了很多上古时代的文化遗产。我们在前面虽曾推断《大荒经》部分的写作年代大致在西周前期，但它记载的文化遗产，则当是更古更早的东西。

我们在上面肯定了《山海经》是先秦古籍。因而它也和其他先秦古籍一样，在流传当中常为后人所增削窜改，既有散亡，也有增入。如《山海经》古当有图，陶潜就有"流观山海图"的诗句。郭璞作注时也还见到图，故在注中有"图亦牛形"（《南山经》）、"亦在畏兽画中"等语，而且还另有图赞。《山海经》的这个图，其起源应当是很古的。王逸序《天问》说："楚有先王之庙及公卿祠堂，图书天地、山川、神灵，琦玮僪诡，及古贤圣怪物行事……因书其壁，呵而问之。"《天问》之书既是据壁画而作，则《山海经》之图与经其情况当亦如是。且《天问》所述古事十分之九都见于《大荒经》中，可能楚人祠庙壁画就是这部分《山海经》的图。至于《天问》与《大荒经》的出入之处，这应当是楚人所传壁画与巴蜀所传壁画的差异。《后汉书·筰都夷传》说："郡尉府舍，皆有雕饰，画山灵海神，奇禽异兽"，《山海经》部分为巴、蜀之书，此筰都图画可能即《山海经图》之专于汉代的巴蜀者。《华阳国志》说："诸葛亮乃为夷作图谱，先画天地、日月、君长、城府，次画神龙、龙生夷，及牛马羊，后画部主吏乘马、幡盖、巡行、安恤，又画牵牛、负酒、赍金宝诣之。"也可能部分是沿袭《山海经图》而来。《天问》是始于天地、日月，筰都图画也是始于天地、日月，应当不是偶然的。南中之事，恒传为诸葛，是否确为诸葛所作，已无法查考。即令是事实，诸葛也未必全是凭空想象，而应当有所依据。但是，《山海经》的这部古图，却早已散失，现在流传的图，是后人所画。这一例子充分说明了《山海经》是既有散失又有增补。前面曾谈到过《汉志》所载《山海经》只十三篇，今传本却多出五篇，应当是刘秀校书时所增，这是整篇整卷增补的例证。至于篇内之增入者当也不少。如现行本中所载地名多与汉代地名相同（特别集中的表现在《海内东经》后段所叙二十六条水道中），故而有人提出《山海经》写作于汉代的说法。根据前面的分析，我们认为《山海经》最晚部分也当写作在公元前四世纪以前。因此我们认为《山海经》这些部分当不是原来面貌而是有后人的附益窜改。《颜氏家训·书证篇》说："或问：'《山海经》夏禹及益所记，而有长沙、零陵、桂阳、诸暨，如此郡县不少，以为何也？'答曰：'史之阙文为日久矣，加复秦人灭学，董卓焚书，典籍错乱，非止于此。……皆后人所羼，非本文也。'"这一说法是正确的，但还需要作进一步分析。所谓"后人所羼"是指的哪些东西？又大概是在什么时候？第一，我们认为这类羼入，一般只是具体地名的羼入，而不是带有这类地名的记载全条都是后人所羼。如《海内经》载："南方苍梧之丘、苍梧之渊，其中有九嶷山，舜之所葬。在长沙零陵界。"此条中的"在长沙零陵界"六字显然为后人所加，其痕迹非常清楚。又如《海内东经》所载各水道，所载地名多在流注之后，也显然为后世所加。如"岷三江首，大江出汶山，北江出曼山，南江出高山，高山在城都西；入海，在长州。""浙江出三天子都，在其〔蛮〕东，在闽西北，入海，余暨南。""庐江出三天子都，入江，彭泽西"等等。衡以全书他篇所载山水（如《五藏山经》）的体例，则上文中的"高山在城都西"、"在长州"、"余暨南"、"彭泽西"等语，都当是后来所附。这一类的附语，应当是传写时所加注的当时地名，因辗转传抄而误入正文了。第二，这一类地名虽很多与汉代地名相同，但不能因此而认为这些地名始于汉代。秦汉郡县之名大多沿袭战国旧名，如朔方、雁门、上郡、琅玡等之类甚多。更何况《山海经》中这类地名中还有很多是汉代所不可考见者，如《海内南经》的湘陵、丹阳，《海内西经》的高柳，《海内东经》的聂阳、雍氏之类，因此一概认为是汉代地名是没有根据的。第三，以《山海经》这类地名的使用法取以与《汉书·地理志》比勘，则可发现其不能契合，而《山海经》所载当为较早时期的情况。如《海内东经》（以下简称《经》）载，"汾水出上窳北，而西南注河，入皮氏南"。而《汉书·地理志》（以下简称《志》）载，太原郡汾阳北山，汾水所出，西南至汾阴入河。《志》河东郡有皮氏、汾阴二县。《经》说是皮氏入河，《志》载的汾阴入河，并不是因为河道改易，而是由于郡县分割。郡、县设置的规律一般都是愈后愈密，愈后愈小，原为皮氏一县，后又分皮氏置汾阴。《经》记皮氏而《志》载汾阴，正说明《经》的时代在前而《志》的时代在后。又如《经》载"沁水出井陉上东，东南注河，入怀东南"。而《志》载沁水至荥阳入河，按《志》河内郡有怀县，河南郡有汤县，两县毗邻；《水经》云，沁水东过怀县之北，又东过武阳县南，又东南至荥阳县北入于河。也当是先为怀县一县之地，后分为数县，有武德，有荥阳，也正说明《山经》所载当在未分县之前。《山经》所羼入之后世地名多属此类，就不一一列举了。但是，这样分析只能说明《山经》早于《汉志》，而其具体时间则由于分县之时不可考而不能从这一分析中求得，因此不得不从另一途径来进行探寻。考《经》载："沅水山（当衍）出象郡镡城西。"查象郡之设在秦始皇三十三年（公元前 214 年）平南越之后（见《史记·始皇本纪》），则此等地名之羼入时间当不早于始皇三十三年。此《经》称象郡镡城而《汉志》镡城属武陵郡，考《汉书·昭帝纪》元凤五年秋罢象郡，《水经·沅水注》"汉高祖二年割黔中故治为武陵郡"。应该是镡城原属象郡，后置武陵郡而镡城遂自象郡改属武陵。此《经》言象郡镡城，知此等地名之厕入当在汉高二年置武陵郡之先。又考《海内经》载："九嶷山，舜之所葬。在长沙零陵界。"而《志》载九嶷山在零陵郡营道县，《经》不言"在零陵营道界"而言"在长沙零陵界"，应当是当时的零陵还没有设郡，还只是长沙郡的一县。考零陵在未设郡前属桂阳郡，在武帝元鼎六年（公元前111年）才分桂阳设零陵郡（见《志》及《水经·湘水注》），而桂阳郡又是在高祖二年才从长沙郡分出（见《志》及《水经·耒水注》），只有在桂阳还没有从长沙分出单独设郡时，零陵才可能属于长沙。《经》既称"长沙零陵"，就说明了其厕入年代当不得晚于高祖二年（公元前205年）分长沙置桂阳前。虽然桂阳、零陵二郡后都曾并入长沙国，也可能因此而称为"长沙零陵"；但《经》又载："泾水……北入渭，戏北"，考《志》不载"戏"名，但《史》、《汉》的《高帝纪》却两次出现"戏"地，"周章军西至戏"，"黥布等攻破函谷关，遂至戏"。《索隐》引文颖云："戏在新丰东二十里，戏亭北。"说明秦时确有戏地。新丰是高祖七年（公元前200年）所置，当是新丰置后而戏之名遂渐隐，故《志》不载。《经》称"戏"而不称"新丰"，当是在新丰未置之前。就是说，厕入年代之下限纵不晚于高祖二年，也当不晚于高祖七年。综上所说，我们认为《山海经》的这类厕入部分，其产生时代也是较早的，当是在秦末汉初（公元前214—前200年）之际。

又如《中山经》篇末说："天地之东西二万八千里，南北二万六千里"，这说法与邹衍"中国于天下，八十一分居其一分"的说法相合。《史记·孟荀列传》载："邹衍……以为儒者所谓中国者，于天下乃八十一分居其一分耳。中国名曰赤县神州，赤县神州之内自有九州，禹之序九州是也，不得为州数。中国外如赤县神州者九，乃所谓九州，于是有裨海环之，人民禽兽莫能相通者，如一区中乃为一州，如此者九，乃有大瀛海环其外，天地之际焉。"如邹子所说，瀛海之内由八十一"中国"构成，如中国之广袤依《孟子》所说"海内之地，方千里者九"、《王制》说"中国方三千里"来计算，则瀛海之内当为七百二十九"方千里"，此数开方，东西、南北当各二万七千里，长短相覆，正与《中山经》所说"东西二万八千里、南北二万六千里"之数相合。《管子·地数篇》、《吕览·有始览》、《淮南·地形训》也都说四海之内"东西二万八千里、南北二万六千里"，都当是源于邹子的说法。《中山经》的这段文字，当是后人据邹衍之说所厕入者，也很可能是后人据《管子》或《吕览》之文附入。根据计算，《山经》、《淮南》之说很显然是与邹衍相合的。而王充在《论衡·谈天篇》中指责邹衍"此言诡异，闻者惊骇"时，却有着不同的看法。他从当时的实际地理知识以驳斥邹衍的揣度之辞是颇有理据的；但他说"案禹之《山经》、《淮南》之《地形》以察邹子之书，虚妄之言也"，就缺乏根据了。他主要是以"周时九州，东西五千里，南北亦五千里"，作为立说根据。但西汉儒者都说中国方三千里（都源于《孟子》、《王制》），只《欧阳尚书》说中国方五千里。《欧阳尚书》方五千里之说是以《禹贡》五服"每服五百里，合南北为千里"为根据，但五服包括要服、荒服在内，而汉儒常说"王者不治夷狄，不臣要荒"。《周语》说："蛮夷要服，戎狄荒服"，是要、荒为蛮夷所居。"要"是"要约"，是羁縻约束的意思。"荒"是"慌忽无常"，是居处无定的意思。就是说，对此等文化落后的蛮夷之族不能如像统治华夏居民一样地来管理，所以说是"不臣"、"不治"。既是"不臣"、"不治"，当然便不应包括在所谓的"中国"之内。同时，《尔雅》说"东夷、南蛮、西戎、北狄"，则蛮夷在东南而戎狄在西北；据《周语》的说法，则东南只有要服而无荒服，西北只有荒服而无要服。这个说法就当时四裔民族来考察，是合适的；周秦以来西北是游牧之族是行国，故说它是慌忽不定，是荒服；而东南则是农耕之族，可以要约羁縻，是要服。显然是西北无要服而东南无荒服，因而认为荒服在要服之外每服五百里而中国方五千里，是没有根据的。王充一代通儒，据此没有根据的说法来讨论邹子和《山海经》的问题，不无疏忽之嫌。同时，即据方五千里之说，在推论计算上也有错误。依八十一分居其一分来算，当为二万五千方里，再以九乘之，又再以九乘之，当为二百零二万五千方里，而充只以九乘一次，以为二十二万五千里，亦为疏忽之甚。

又如《海外南经》篇首"天地之所载……唯圣人能通其道"一段文字，全同于《淮南》、《吕览》，也当是后人所增入者。其他如《大荒经》中有后代的地名，如长沙零陵之类也当是后人所窜改者。这一类的问题还多，我们就不多举了。这些问题，都是我们在整理或使用《山海经》时所应当加以辨析的。如果不加分辨，或者进而据此认为《山海经》是秦汉时代的作品，那就显然是不妥当了。

总的说来，《山海经》十八篇虽是一部离奇神怪的书，但它绝不可能如《四库提要》所拟议的那样，是一部闭门臆造的小说。春秋战国时代，各国都有它所流传的代表它的传统文化的古籍，邹鲁有六艺，齐有五官技，楚有三坟、五典，八索、九丘，孔子之宋而得乾坤，之杞而得夏时，巴、蜀之地也当有它自己的书，《山海经》就可能是巴、蜀地域所流传的代表巴、蜀文化的古籍。

此文写毕，与友人讨论谈及，承告徐旭生先生《中国古史的传说时代》一书颇有论及《山海经》者，即取粗读一过，其中有与鄙说相合相辅者，亦颇有与鄙说抵牾矛盾者，但都很有参考价值。文中除对《山海经》所载帝俊、黄帝、颛顼的次数改用徐先生的统计外，余皆仍旧。望读者自行查考。

文通附记　一九六二年元旦

本文原载《中华文史论丛》（一），1962年。现选自蒙文通《巴蜀古史论述》，四川人民出版社1981年版。

中国古代十日神话之研究

——十日神话的来龙去脉

管东贵

管东贵（1931—　），民族学家、神话学家。20世纪50—90年代在"中央研究院"历史语言研究所做研究工作，曾参加川南叙永县鸦雀苗民族调查。曾为台湾"中央研究院"民族学研究所所长。神话方面的著述有《中国古代十日神话之研究》（1962）、《川南鸦雀苗的神话与传说》（1974）等，与芮逸夫合撰之《川南鸦雀苗的婚丧礼俗（资料之部）》（1962）中记有苗族的信仰资料。

上面我们说过，并出的那十个太阳亦就是迭出的那十个太阳。现在，我们要进一步讨论：中国古代以十日为主题的神话是怎样产生的？中国古时候的人认为天上有"十个"太阳的这种想法是怎样来的？又，以同样的十日为主题，为什么会有"迭出"及"并出"两种说法？这两种说法之间究竟有什么关系？这是这一章里面所要讨论的几个中心问题。

一、十日神话之发生及其背景之研究

中国古代的十日神话缘何而有？历来有不同的说法。总其要约有两说：外来说与自发说。主张外来说者可以日人藤田丰八为代表，主张自发说者可以朱熹及郭沫若为代表。朱熹认为十日神话是由十干纪日误传来的；而郭沫若则以为十日神话乃中国古人解释自然现象的，殷人的十干纪日及旬制即由此神话所衍生。因此，朱熹及郭沫若的说法虽都属于自发说，但论到这神话与十干纪日的关系时，意见却恰恰相反。现在我们先把这几个人的说法作一检讨，然后再讨论这神话究竟是怎样产生的，促使它产生的背景是什么。

藤田丰八认为中国古代的十日神话是由印度传入的。他说：

关于十日并出或十日迭出之神话，印度自昔亦已有之，惟出典稍迟耳。据 Albirūni 氏之印度（India）所载，波罗门教徒有一传说，即十二日迭出，烧尽大地，干渴一切水气，而相信世界因而灭亡是也。佛教徒亦有类似之传说，换言之，即 Meru 有四世界，互为荣枯盛衰。七日迭出，涸其源泉，愈至地下愈强烈，于是乃化为沙漠，当其火一移他世界时，则其世界复繁荣矣。其火去，烈风吹，云起雨降，化为大洋。由此大洋生出贝壳，精灵

宿之，水退则人生矣。如上所说，波罗门教徒之传说日数十二，佛教七，中国十，然其迭出烧尽地上之生物之根本观念，则一致也。此种传说，见于各种 Purāuas。由此观之，殆从印度传入中国者，《山海经》谓十日迭出系南方黑齿国之故事，则益觉其然。(《中国南海古代交通丛考》第503—504页，商务版，1936)

细细分析起来，藤田氏的说法是很有问题的，波罗门教徒说日有十二，佛教徒说有七，中国说有十，太阳数目的何以不同是一个非常重要的问题。必先了解这个问题，然后才能讨论神话的渊源如何。可是，藤田氏对于这样重要的一个问题却没有一点说明。这姑且不论，我们单从他所根据的理由上来看。他说："其迭出烧尽地上之生物之根本观念，则一致也。"神话观念的同异固然是重要的问题，但如果对神话本身的内容都没有研究清楚，而提出观念上的问题来讨论，这是非常危险的。上面我们说到，中国的十日神话有"十日迭出"及"十日并出"两种说法（藤田氏亦知道这一事实）。其中只有"十日并出"说才与大地的焦枯有关系，至于"十日迭出"乃是一种正常的现象。而印度神话所说的是"迭出烧尽地上之生物"，这如何可以说根本观念一致呢？再说，太阳的光热使人们与火发生联想是很普遍的事。十日迭出对大地是一种正常的现象，所以太阳虽然是火，亦不致使草木焦枯；至于在东方的汤谷里，却是"流金铄石"（见前引《楚辞·招魂》）。印度人固然认为太阳是火，它的热度可以使大地草木焦枯，但这种想法并非由印度独创。古时代的希腊人[1]、墨西哥人[2]，以及南美的 Mbocobis 土人[3]等亦都有这样的联想。据说人类之崇拜太阳是由崇拜地上的火变为崇拜天上的火来的。[4] 是则，中国人并不一定要等印度传入这个神话后才产生太阳与火的联想。因此，藤田氏以为"根本观念"一致即是由印度传入的说法亦就不能成为定论了。而且，据我看来，这只是共同的想法，并不是根本观念。藤田氏明明知道印度神话之出典较中国为迟。那么，何尝不可以说印度神话是由中国传过去的呢？藤田氏又说："《山海经》谓十日迭出系南方黑齿国之故事。"其实这并不是黑齿国的故事。《山海经》说"在黑齿北"只是标示汤谷扶桑的方位。如果我们明了藤田氏写《中国南海古代交通丛考》的目的是为了要证明古代中国与印度曾有交通，则我们亦不难了解他为达到这目的而找证据的苦心了。其实，照他所根据的理由至多不过证明这两个古代民族的太阳神话在某方面有一些相似。中印在古代曾有交通，当无可疑。但凭他的理由一定要说中国古代的十日神话是由印度传入，则未免过分武断。

　　其次，我们看朱熹是怎样说的。《楚辞辨证》卷下论"羿焉彃日？乌焉解羽？"说：

① G. W. Cox, *Tales of Ancient Greece*, pp. 33-34.

② J. E. Thompson, *Mexico Before Cortez*, pp. 149-150.

③ E. B. Tylor, *Primitive Culture*, Vol. I, p. 288.

④ E. B. Tylor, *Primitive Culture*, Vol. II, p. 278.

"羿焉彃日？乌焉解羽？"洪引《归藏》云："羿彃十日。"《补注》引《山海经》注曰："天有十日，日之数十也。然一日方至，一日方出，虽有十日，自使以次第迭出。而今俱见，乃为妖怪。惟故，羿仰天控弦而九日潜退耳。"按此十日本是自甲至癸耳，而传者误以为十日并出之说。

可见朱熹认为十日神话（当然，朱子时代并没有"神话"这个名词）是由自甲至癸的十干演变（朱子说"误传"）来的。但为什么十干会变为十日神话，朱熹却没有更进一步去求证。近代亦有人作过这样的推想。如日人出石诚彦说："这个传说（按：指《山海经》的'一日方至，一日方出'及'九日居下枝，一日居上枝'）显然是解释日出的状况的。但为什么是'十日'，则难以说明。如果试作解释，则十干纪日的神话化是可能的。亦许幻日的现象有助于这种试想。但，这应明了中国古代的气象才能知道。"[1] 又日人杉本直治郎亦说："从卜辞上知道殷代已经采用了旬日制，由这种旬日制变为十日神话是有可能的。"[2] 他们和朱熹一样，都只止于推想而已，并没有进一步去求证。

最后，我们看郭沫若的说法。他在《甲骨文字研究·释支干篇》里面费了不少的篇幅来讨论十日神话与十干纪日的关系。现在，我把他的论证的重要部分摘录在下面：

> 古人谓天有十日，其传说之梗概见于《山海经》……《庄子·齐物论》……《淮南·本经训》……《天问篇》云"羿焉彃日，乌焉解羽"所问者即此射日之事也。由此传说可知中国古代并无崇拜太阳之习俗。

> 然此十日传说要亦不甚古，盖其产生必在数字观念已进展于十而后可能也。古人以三为众，数欲知十，殊非易易。《山海经》又云："有女子名曰羲和，方日浴于甘渊。羲和者，帝俊之妻，生十日。"王国维云帝俊即帝喾。帝喾为殷人所自出，则十日传说必为殷人所创生而以之属于其祖者也。

> 有十日迭出之传说，故有以十日为一旬之历制。殷人月行三分制为旬，周人月行四分制为"初吉"，为"既生霸"，为"既望"，为"既死霸"。……此亦十日传说之当起于殷人之一旁证矣。

> 然则甲乙丙丁等十干文字，其朔究当为何耶？其系十日之专名，抑系一旬之次第？按二者之孰先孰后虽未能断言，然有可断言者则二者均非其朔。

据他考证："甲乙丙丁为鱼身之物，其字象形，其义至古。"又说："按此六字（戊至癸）均系器物之象形，且多系武器。"然后他又说：

> 事尤有可注意者，则甲乙丙丁四字为一系，戊以后又为一系，与数字之一二三三为一系，五以下又别为一系者，其文化发展之过程皆同。故疑

① 《支那神话传说の研究》上代支那の日との说话について，该文原载于《东洋学报》第 16 卷第 3 号。
② 郝懿行的《山海经笺疏》，日人杉本直治郎的《古代中国における太阳说话——特に扶桑传说について》（载于《民族学研究》第 15 卷第 3、4 期合刊），近人袁珂的《中国古代神话》（1960 年修订本）都认为十日炙杀女丑即十日并出神话中的十日。又袁珂认为女丑即女巫。按《海外西经》的这一段记载可能是一个解释地形的神话，只是借十日并出神话来作题材而已。

甲乙丙丁者实古人与一二三三相应之次数，犹言第一第二第三第四，第五之戊以下则于五以下之数字观念发生以后，始由一时所创制，故六字均取同性质之器物以为比类也。……则殷人于以甲乙名日之前，盖先以甲乙为次数。

十日传说须于十之数目观念发生以后始能有。于十之数目观念发生以前，甲乙丙丁四位次数之观念自当先行存在。基数进化至十，故次数之甲乙亦补充至癸。

最后，他综合"十干"、"十日神话"、"旬制"三者的关系说：

十日传说乃对于自然现象之一解释。太阳日出日没，出不知所自来，入不知所向往，而日日周旋。古人对此苦难索解，故创为十日之说以解之。此以今人观之，诚为怪诞不经之谈，大不合于科学之所召，然在古人则适为古人之自然科学，古人之天文学、物理学也。古人到能对于自然现象索具解，实非易易事。故此可断言甲乙实先于十日。甲乙本为十位次数之名，有此次数，于十日传说发生以后，乃移之以名彼十日。十日为一旬之历法规定当又在传说以后，盖必先有彼初步之自然解释，而后始移之于实用也。以生日为名号之事自当更在其后。

由文字之性质而言，十干文字至少有半数以上当创制于殷人。由传说之性质而言，十日乃帝俊之子，亦当出于殷人所构想，则一旬之历制自当始于殷人。旬制既始于殷人，则以日为名号之事亦当始于殷人。始于殷之何人虽不可得而知，所得而知者，则殷以前不应有以日为名之事也。古史中载夏有孔甲、履癸，果有其人时，则甲癸之义要亦不过鱼鳞、第一与三锋矛之类耳。

综合郭沫若的说法，可简化为下表：

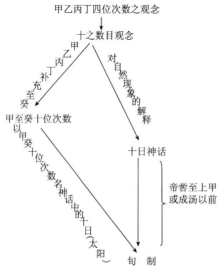

前面朱熹等人的说法与郭沫若的见解恰恰相反：前者认为十日神话乃源自十干纪日，后者认为十干纪日乃源自十日神话。然而，他们亦有相同的地方，即都认为十日神话与十干纪日有密切的关系。

要明了这两种说法的谁是谁非或皆非，当先明了十干纪日是怎么一回事。然后与十日神话比较，看两者之间是否有关系。如果没有关系，则这两种说法都不对。如果确有关系，我们才能进一步去讨论究竟是什么关系。现在，我把十干在古代的应用情形作一简单的介绍。至于十干文字的字形及原义，可参看郭书的考证。

所谓十干（又称为天干或日干）就是"甲、乙、丙、丁、戊、己、庚、辛、壬、癸"这一组有固定次序的十个字。十干之用为纪日，照郭沫若的意见看来，他似乎认为始于上甲或成汤以前，且必为殷人所创用。目前已经出土的卜辞最早不超过盘庚时代。[①] 十干在卜辞上的应用，有值得注意的几点如下。

（1）十干为旬制的基准：今日所谓的甲子表就是古代留传下来的干支表。十干与十二支相配，六十日为一循环。例如甲子为第一日，乙丑为第二日，至第六十一日复为甲子。这种干支纪日法在殷代尤可注意者为十干。因为殷人在习惯上并非以自甲子至癸亥的六十天为一单位，而是以十干一旬为一单位。[②] 即含甲之日为第一日，乙日为第二日，丙日为第三日……癸日为第十日；至第十一日又为甲日。这个单位在殷代称为"旬"。殷王所例行的对于未来吉凶的卜问，就是以这样的一旬为一个单位——即于每旬之末（癸）日例行卜问下旬的吉凶。这就是所谓的卜旬。"旬"的范围似乎只指自甲至癸十天的时间；至于自乙至甲或自癸至壬等虽然亦是十天，但似乎不可以称为旬。因此，凡卜辞中所谓"今旬"或"兹旬"都可能只限于该旬自甲日至癸日这一旬内的时间。

（2）可以单用十干中的一个字来纪日：卜辞中最普遍的固然是干支纪日，但有时候却亦可以只单用十干中的一个字来称某日。例如："于来日己"（《殷契粹编》三〇三），"今辛至于来辛又大雨"（同前六九二），"今日戊，王其田"（同前九九五），"乙丑卜，庚雨"（《殷虚书契前编》三·一八·一），"甲申卜，羽乙雨？羽乙不雨？"（同前七·四一·二），"癸丑卜簸，羽甲雨？甲允雨"（同前七·四四·一）等。以十二支纪时的例子极少，据陈梦家统计说："以地支为时名的，仅见二例：'甲子卜今日亥不雨'（《殷契粹编》七八四）；'王其田以亥不雨'（库方二氏藏《甲骨卜辞》七一三）。此'亥'不是天干，不代表一天（因卜日为甲子日），

---

　① 陈梦家：《殷虚卜辞综述》，1956 年，第 33—35 页。
　② 董作宾：《论殷人以十日为名》（《大陆杂志》第 2 卷第 3 期）："商代虽然用六十干支纪日，但却仍有偏重十干的倾向，因为他们过'日子'，同时也过'旬'，却并不注意'六十天'的大周。"又说"以上所举，是证明商人对于'旬'看的特别重要，他们过的是由甲至癸的'旬'。至于平常用的，自然是六十干支纪日之法"。

恐怕指的时刻。"①

（3）殷人以十干为名，并以之排定先祖妣受祭日期的次第：殷王室自上甲以下即以十干为名。② 如上甲、报乙、报丙、报丁、主壬、主癸、大乙（即成汤又名唐）等等。③ 而且殷人于祭祀先祖妣时，人名与日名亦有极密切的关系，即王国维所谓"祭名甲者用甲日，祭名乙者用乙日"。可见当时纪日之法表面上虽然是以干与支相配合，但实际用于祭祀上（指祭祖妣）则仅以十干为次序。而且是以自甲日至癸日的一句为一单位，周而复始。殷人这种以十干为名及以之排定先祖妣受祭日期的祀祖制度，在入周以后的殷遗（宋国）中还曾保留过一段时期。④

以上所述关于十干的应用都与纪日有极密切的关系。用十干纪日不仅表明了所纪日期的先后及名称，而且还用它来当作句制的基准。句制在殷代是一个极重要的时间单位，与当时人的生活有很大的关系。

十干纪日与十日神话之间，值得注意的现象除纪日的"十干"与神话的"十日"数目相等外，并且十干所纪之日是一日一干，十日一句，周而复始。这与十日神话所说的"一日方至，一日方出"或"九日居下枝，一日居上枝"互相对应。

另外还有一点更值得注意的现象，在上面不曾提到过，就是甲、乙、丙……癸这十个字在早期的总名称并不叫做十干，而是叫做"十日"（郭沫若亦曾注意到这一点）。《周礼·春官》：

> 冯相氏掌十有二岁，十有二辰，十日，二十有八宿之位。辨其叙事，
> 以会天位。

唐贾公彦疏："十日者谓甲乙丙丁之等也。"又《秋官》：

> 䶛族氏掌覆天鸟之巢。以方书十日之号，十有二辰之号，十有二月之
> 号，十有二岁之号，二十有八宿之号。县其巢上则去之。

郑玄注："方，版也。日谓从甲至癸，辰谓从子至亥……夭鸟见此五者而去，其详未闻。"又《左传》昭公五年"日之数十"；昭公七年"天有十日，人有十等"。杜预注"十日"都说是"甲至癸"。又《淮南子·天文篇》："日之数十。"高诱注："十，从甲至癸日"。后来，甲至癸（十日）及子至亥（十二辰）在《史记·律书》上称为"十母十二子"；班固《白虎通·姓名篇》称之为"幹枝"；王充《论衡·

---

①《殷虚卜辞综述》，第93页。

② 陈梦家《殷虚卜辞综述》第405页引《白虎通》"殷以生日名子……于臣民亦得以甲乙生日名子"说："其实王室以外以天干为名，殷与西周是相同的。"本文只在说明人名与祭期的关系。故只举王室为例。

③ 关于殷人于什么时候开始及为什么用十干为人名等问题，请参看王国维的《殷卜辞中所见先公先王考》及其《续考》（《观堂集林》卷九）；董作宾先生的《论商人以十日为名》（《大陆杂志》第2卷第3期）；陈梦家的《殷虚卜辞综述》第403—405页。前引郭沫若《释支干篇》所说的"殷以前不应有以日为名之事也。古史中载夏有孔甲、履癸，果有其人时，则甲癸之义要亦不过鱼鳞、第一与三锋矛之类耳"，是很值得注意的一个问题。在王国维的文章里还提到殷王亥以地支为名的问题。

④ 董作宾：《论商人以十日为名》。

诘术篇》始称之为"干支"。

是则自甲至癸在周代称为"十日"。这十个字在殷代是否亦有一个总名称？我们还不知道，所知道的是殷人用这十个字来纪日，十日之期称为"旬"。①

甲癸的"十日"与神话的主题"十日"（如：羲和生十日，十日所浴，十日并出，羿射十日等）其名称完全相同。根据这些现象（即上面所说的数目相等、互相对应以及刚刚说的名称相同）我们可以证明十日神话与甲癸的十日（旬制）中间的确有极密切的关系。然则，甲乙丙丁……癸这十个字，究竟是先用来称神话上的十个太阳，因之才有"十日"的名称，而后又因之演变为旬制的呢？抑或是先用它们来记录日期，至形成旬制之后，因甲至癸凡十日，所以才演变为十日神话的？简单地说，就是先有十日神话而后有十干纪日的旬制？抑是先有十干纪日的旬制而后有十日神话？这就是郭沫若与朱熹等人的说法的分野所在。

郭沫若对于十日神话的那种说法，只是为了替他所研究的甲乙丙丁……癸这十个字与旬制之间的关系找一个桥梁。他对于十日神话本身并没有作深入的研究。因此他把十日迭出与十日并出混为一谈。这我们姑且不论。单从他的推论上来看，尚有可商榷者数点如下：

（1）郭氏说："必先有彼初步之自然解释，而后始移之于实用。"这大概是他的基本观点，所以他又说："十日传说乃对自然现象之一解释也。"其实并不尽然。神话多半是解释一种先已存在的事物或现象的。它的产生大致都是为了满足人们的好奇的冲动。当它产生后，可以移之于实用，如某些学者以神话为根据来解释宗教礼仪的起源，这就是古人把神话化为了实际的行为。但亦可以与实用不发生关系，例如我在前面提到过的、共工氏触不周山的神话，又如希腊人解释孔雀尾巴上的眼形花纹的神话，及中国湘妃竹的神话等。然而，亦可以先有实用，而后产生神话。例如中国古代十二个月亮的神话，显然是先有一年十二个月的历法上的实际应用，而

---

① 关于"旬"字的解释，董作宾先生说："卜辞中旬字作𠄏，王静安先生据使夷敦之钧字证之，知古人钧作𦓈，释为旬，极允当。按旬、亘字，皆像周匝循环之形，故以十干一周为一旬。"见安阳发掘报告第三期《卜辞中所见之殷历》，第 493 页。

后才产生神话的;① 可是，这亦并非解释自然现象的，而是解释人文现象的神话。即使十日神话如郭氏所说，是解释自然现象的；然则，古人所解释的"自然"现象是什么？他找不出来。如果不依照根据去找出这个自然现象来，则这个说法就不能算是成立。例如共工氏触不周山的神话是解释天文现象及中国地理形势的，因为天文现象及中国的地理形势与神话所说的情形相吻合，所以这一说法可以成立无疑。那么，古人体察到什么样的关于"十个太阳"的自然现象，才因而有十日神话的呢？

（2）郭氏说："此十日传说要亦不甚古，盖其产生必在数字观念已进展为十而后可能也。"这一论断，无可非议。但十日神话之产生并不能局限在"十的数字观念"发生以后及"殷人始用十干纪日（旬制）"之前。而且所谓"数字观念已进展于十而后可能"，这个"后"的限度虽不可以向上延伸，但却可以向下延伸到已有十干纪日的旬制之后。在郭沫若的论证中类似这样的问题还很多，这里不详举。

（3）郭氏以"殷人月行三分制为旬，周人月行四分制为初吉、为既生霸、为既望、为既死霸"作为十日神话当起于殷人的旁证。其实，这亦未必然。因为凭这一线索只能判断十日神话可能与殷人的十干纪日的旬制有关；并不能证明十日神话必在殷人采用十干纪日以前即已存在。相反地，如果十日神话是因十干纪日的旬制所导致，则两者间同样会有这种数目上的对应关系，就像上面说到的十二个月亮的神话与一年十二个月的历法之间的关系一样。再说，周人之所以月行四分制，可能是时间划分趋于细密的结果。在周金中我们常常看到四分制与十干纪日并用。而《管子·宙合篇》说"月有上中下旬"，《礼记·郊特牲》说"日用甲，用日之始也"，

---

① 《山海经·大荒西经》："有女子方浴月，帝俊妻常羲生月十有二，此始浴之。"冯承钧说："姮娥（按：冯氏认为即常羲）故事疑出于羲和故事。盖羲和有十日，姮娥有十二月；日中有踆乌，月中有蟾蜍或菟也。"（见《国闻周报》6·10，《中国古代神话之研究》）冯氏的怀疑也许怀疑对了，但他以"日中有踆乌，月中有蟾蜍或菟"为证据则嫌不当。我觉得月中有菟（即兔，见《楚辞·天问》："夜光何德，死则又育？厥利维何，而顾菟在腹？"王逸注："夜光，月也。言月中有菟，何所贪利，居月之腹而顾望乎？菟一作兔。"）及月中有蟾蜍（见《淮南子·精神篇》："日中有踆乌，而月中有蟾蜍。"）的神话是一个系统，而常羲生十二月的神话与它可能没有关系，不可混为一谈。大体言之，《山海经》为先秦之书当无疑问。然亦不无后人附益的成分。北齐颜之推《颜氏家训》书证篇论《山海经》说："《山海经》，夏禹及益所记，而有长沙、零陵、桂阳、诸暨，如此郡县不少……皆由后人所掺，非本文也。"又《四库全书总目提要》卷一四二《论山海经》说："观书中载夏后启、周文王及秦汉长沙、象郡、余暨、下巂地名，断不作于三代以上；殆周秦间人所述，而后来好异者又附益之欤？"现在的《山海经》既有秦汉时候的人附益的成分，则研究《山海经》上的神话就不能不参证其他先秦时代的著作，否则就有危险。而《大荒西经》所载十二月之神话，不但不能在其他先秦古书上找到同样的记载，而且亦不见于秦汉时代的著作中。这就不能不令人怀疑了。因此，我疑心月中有菟或有蟾蜍的神话是中国关于月亮的神话的较早说法，而常羲生十二月的神话是较晚才兴起的。再看王充《论衡·说日篇》："夫日犹月也。日而有十（按：指十日神话），月有十二乎？"照王充的文意看来，似乎当时还没有十二个月亮的神话。如果《山海经》上已有"常羲生十二月"的记载，则博学如王充者就不应问"月有十二乎"。因此，十二个月亮的神话不但在已有一年十二个月的历法之后才产生，而且就可能晚到东汉时才有。其产生之由或即以历法为背景，仿羲和生十日的神话而造的。

可证旬制在入周以后仍然是一个很受重视的时间单位。至于殷人十干纪日的旬制中的宗教意义，如排定先祖妣受祭的日期，因与周人的宗教习惯不合，故渐渐丧失。但基于十干纪日的三分制"旬"，则仍有其显著的地位。

（4）郭氏根据神话所说"帝俊妻羲和生十日"，又根据王国维所说的"帝俊即帝喾"（见郭氏原著引王国维《观堂集林》卷九），帝喾是殷人的始祖，因此他认为"十日传说必为殷人所创生而以之属于其祖者也"。其实，这亦未必然。盖神话必托古，否则不能取信于人。帝俊或即为殷人的始祖帝喾，而殷人以日干为名，古有"生日"说，① 故造此神话者或后人托言十日为帝俊妻羲和所生亦不无可能。所以这也许是一个取神话题材的问题，并不见得与殷人有直接的关系。但取用这样的材料并不一定要殷人才可以，更不一定必须在殷人有十干纪日的旬制以前。再说，如果此神话为殷人所创造，而帝俊又为帝喾，则羲和为帝俊之妻殷人自己应当知道。今卜辞中有祭帝俊之辞，② 但却没有帝俊配妣某的记载，更无羲和之名。因此，如果根据神话所说"羲和者帝俊之妻，生十日"这句话来判断，则十日神话之创造断不可能超出西周以前。

照这样分析的结果看来，在郭沫若的推论中，有些理由介于两可之间，如（2）与（3）；另外却有些问题无法解决，如（1）与（4）。因此，我觉得他的说法虽然替十干文字与旬制之间找到了一个桥梁，但却把十日神话的发生推到一个不可理解的死角里去了。其实，十干文字与旬制之间可以不必要这道桥梁。因为据他考证，十干文字的本义既与"日期"无关，亦与"太阳"无涉。固然我们不知道古人为什么用这十个字来纪日；但如果十日神话较旬制先存在，则我们同样亦不明了古人为什么要用它们来当作太阳的名称。既然它们在被用作纪日或当作太阳的名称以前就已经被用作十个序数字，则这十个序数字先被用来纪日期比先用来指称太阳，也许是更恰当的。因为自然界并没有十个真的太阳。因此，我觉得郭沫若的说法是很难成立的。

现在，我们回头再看"十干纪日"与"十日神话"之间的另一种关系。即十日神话是由十干纪日的旬制演变来的。上面说过，朱熹等人就已经有过这种说法了。

---

① 班固《白虎通·姓名篇》："殷人以生日名子何？殷家质，故直以生日名子也。"这是殷人以日干为名的一种最早的解释。

② 王国维《观堂集林》卷九《殷卜辞中所见先公先王考》："卜辞有𡕢字，其文曰'贞夐于𡕢'《殷虚书契前编》卷六第18页，又曰'夐于𡕢牢'同上，又曰'夐于𡕢六牛'同上卷七第二十叶，又曰'于𡕢夐牛六'……案𡕢𡕢二字象人首手足之形，疑即夋字。……夋者，帝喾之名。"又《殷卜辞中所见先公先王续考》："前考以卜辞之𡕢及𡕢为夋，即帝喾之名。但就字形定之，无他证也。今见罗氏拓本中有一条曰'癸巳贞于高祖𡕢'下阙。案卜辞中惟王亥称高祖王亥，或高祖亥；太乙称高祖乙。今亦称高祖，斯为𡕢即夋之确证，亦为夋即帝喾之确证矣。"后来，王氏改释𡕢及𡕢为夔，其作夋或俊者乃夔字之讹变，然𡕢为帝喾之说则仍不变（见《古史新证》）。董作宾先生的《甲骨学五十年》所列殷代王室世系图亦以𡕢为夔，即帝喾。

可惜的是他们都没有说出一个所以然来。因此，这一说法的能否成立，亦要看我们现在能否有充分的理由。同时还要看这种理由是否比郭沫若的更为妥当。

十日神话与十干纪日两者之间发生关系，其主要的关键可能在这个"日"字所含的意义上面。

"日"字本来是一个象形字，即象太阳之形。后来引申又有今日、明日，或一日、两日等"日期"的意义。这大概是古人以见太阳一次为一日之期的缘故。故卜辞中的"日"字已有"太阳"及"日期"（时间单位）的双重意义。日期之日虽由象形之日所引申，但这两重意义在应用上却有明显的划分。用在某个场合就只有某种意义；不至于既是指太阳又是指日期，或既可解释为太阳又可解释为日期。例如卜辞中所记祭日之辞："辛未又于出日"（《殷契粹编》五九七、五九八），"御各日（按：即落日），王受又"（同前一二七八），"丁巳卜又出日，丁巳卜又入日"（《殷契佚存》四〇七），"乙巳卜王宾日，费宾日"（同前八七二）。这些日字即太阳。[①]而昔日，之日，今日，今日戊，羽日（明天），来日，来日己，二日，三日，旬屮几日等日字却是指日期。《尚书》上的日字亦有这样的双重意义，如《尧典》："寅宾出日……寅饯纳日"及"朞三百有六旬有六日"。

上面我们说到，十干纪日的旬制自殷代以来就已经是一个非常重要的计时单位，而且与当时的宗教礼仪及日常生活都有极密切的关系。这种甲日、乙日、丙日、丁日……癸日，共计十日的纪日方法究竟始于何时？以及为什么要用这十个字来纪日？这不但我们现在的人无从知道，恐怕就是殷代晚期的人或者周代的人，虽然他们还天天这样用，但亦可能已经不知道了。他们在脑子里经常出现甲日、乙日、丙日……癸日，十日一旬过去了，接着又是甲日、乙日、丙日……这样周而复始。这究竟是怎样来的呢？这样的问题一旦出现，神话的种子便开始掉落到思想的田野里去了，就像古人对于天文现象及中国的地理形势开始发生好奇一样。而纪时所用的甲日、乙日、丙日等"日"字既然具有"太阳"及"日期"的双重意义，因此，神话的种子向着"太阳"这个方向萌芽是很自然的事。古人的联想范围虽然不见得有我们现在的人这样广，但就他们的生活环境来说，其联想力却亦不见得比我们差。他们看见漫天都是星星，那么，十个太阳一天出来一个又有什么不可以呢？古人的这种联想事实上是存在的。王充《论衡·说日篇》："《禹贡》、《山海经》言日有十……《淮南书》又言烛十日……世俗又名甲乙为日，甲至癸凡十日。日之有十犹星之有五也"。所谓"五星"是指金木水火土。虽然王充本人并不相信古时候会有十个真的太阳，但他的这段记载却反映出古时候的人的确是这样联想过的（这亦可以

---

① 称日为阳，最早见于《诗经》。《小雅·湛露》："湛湛露斯，匪阳不晞。"

说是当时的人对于十日神话的一种解释）。① 因此，创造神话的人遂认为甲日、乙日、丙日……癸日这"十日"原是十个太阳的名称。于是，乃产生了十个太阳的十日神话。因此，从渊源上看，十日神话系由十干纪日的旬制引起的（十干纪日的旬制亦即十日神话的背景）；从意义上看，十日神话乃是解释十干纪日的旬制的所以然的。就像中国十二个月亮的神话一样，是源自一年十二个月的历法制度，亦是解释这种历法制度的所以然的。所以"日"字有"太阳"及"日期"的双重意义，即是导致这个神话发生的关键所在。②

根据这个推论，再比较郭沫若的说法看，则我们不难发现郭氏的说法所遭遇到的困难，在这个说法之下都不至于存在了。因此，十日神话之源自十干纪日比十干纪日之源自十日神话是更可信的。

现在，我把十日神话的发生经过列表如下：

---

① 郭沫若也许可以根据这段记载说，这就是古人所解释的自然现象（事实上他并没有引这段记载去做证据）。其实并不然，因为古人在有十干纪日以前，日（太阳）之有"十"的想法是无从解释的。如果说只是十的数目观念与太阳的观念的单纯结合的结果，那么为什么古人会从漫天星斗中联想到十日，而不是三日、七日，或二十日？

② 从语言上去分析一个神话的形成原因，在神话学上称为语言派。在二千多年以前，我国的孔子及希腊的苏格拉底就已经开始注意到神话与语言之间的关系（见《吕氏春秋·慎行论·察传篇》所述孔子解释"夔一足"的神话；及柏拉图对话集的 Phaedrus 章，二二九节，记述苏格拉底解释希腊当时所流传的关于 Boreas 及 Orithyia 的神话，今台湾启明书局有中译本，《世界文学大系》第七册，第 673—668 页）。惟真正建立语言学派的却是出生于德国而执教于英国的米勒教授（Friedruch Max Müller, 1823—1900）。他举了许多神话上的例子来证明他的理论。例如：希腊神话说，当洪水灭世之后，只剩下 Deukalion（或 Deucalion）和 Pyrrha 两个堂兄妹。他们感到人世太寂寞，因此求祷于神。神说"你们蒙着头，把你们母亲的骨头向背后丢"。Deukalion 领会到这句话的意思，所谓母亲的骨头是指地上的石头，因为大地是一切的母亲。于是他们照着做了。睁眼一看，果然那些石头都变成了人。据米勒分析，这神话完全是由语言所导致的。因为在古代希腊语中，人与石头的读音原来一样（Pun）。又一个希腊神话说，当太阳神 Apollo 看见了 Daphne 后，由于她长得美丽绝伦，因此起了爱意。Apollo 想追过去拥抱她。于是 Daphne 拼命逃。正当 Apollo 就要将她一把抱住的时候，她却变成了一棵桂树。据米勒分析，希腊语 Daphne 乃源自梵文 Ahana（黎明）。而 Daphne 在希腊语中的意义却是"桂树"（Laurel tree）。经他这一分析，不但发现了这个神话的原意（太阳出来前是黎明，当太阳出来后，黎明便消失了），而且还找到了它的来历。（以上关于希腊神话的叙述部分，见 Edith Hamilton 的 *Mythology*，p. 74 及 pp. 114-115。关于米勒的解释这两个神话的部分，见所著 *Comparative Mythology*，p. 15 及 pp. 117-120；及 *Introduction to the Science of Religion* 的附录"The Philosophy of Mythology"，pp. 353-355.）近年来虽然语言学派曾遭到一些批评，但这些批评对于语言学派的基本观点却未尝推翻。然而亦有人一方面为语言学派辩护，一方面提醒他们不要把分析的范围只限于语源及语义上面，而应使语言与当时人的知识背景及思维方式连带起来研究。总之，语言学派的基本观点在神话学上是仍有相当的价值的。这并非说一切神话的发生原因都可以从语言上得到解释，而是说有些神话的确是由语言引起的。否则，就是误解语言学派了。（参看 Ernst Cassirer 的 *Language and Myth*，据 Susanne K. Langer 的英译本，1946 年美国出版。）

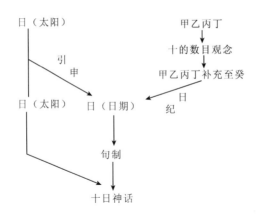

二、十日迭出神话与十日并出神话的关系

上面我说十日神话是由十干纪日的旬制所引起的。然则，何以有十日迭出与十日并出两种不同的说法呢？

古人之视神话犹如今人之视科学的知识。我们现在常常以已有的知识用科学的方法去了解事物，而古人对于一些不知其所以然的事物则常以他们已有的知识用神话的方法来解释。但知识是随着人们的生活经验的增加而逐渐地改进与丰富起来的，把认为错的弃去，对的保留；或者弃去了陈腐的而谋求当时认为更合理的。例如古人相信天圆地方（《淮南子·天文篇》："天道曰圆，地道曰方"），日绕地而行（《论衡·说日篇》："或曰：天北际下地中，日随天而入地，地密郼隐，故人不见"）。但现在的人却知道，天是空的，地是圆的；日不绕地，而是地绕日而行。神话亦是这样，自它诞生以后，时时都随着人们经验知识的增长而发生变化。十日神话之有十日迭出与十日并出两种说法，即是遵循着这种变化途径所发生的结果。

神话又像一座载运旅客的长途列车。它从起站出发，旅客们陆续地上下。到了终点，车上的乘客也许很少是从起站来的，甚至可能一个亦没有。

十日神话既是由十干纪日的旬制所引起的，而这种十日制（旬制）的内容是此日名甲，翌日名乙……十日一旬，周而复始；这与十日神话所说的"一日方至，一日方出"或"九日居下枝，一日居上枝"的情形相当。因此，这个神话在初创时的形式必是"十日迭出"。神话一旦产生，使对于十日制的来历发生好奇的人，处在当时的知识背景下，就获得了一时的满足。因此，天上有十个太阳的说法遂为人人所相信，同时亦成为当时的人的一种新知识。但玄想出来的事物终久是经不起事实的考验的。久而久之，就难免又引起人们的好奇，而去核对这种天上有十个太阳的说法的真确性。如果天上真的会有十个太阳，一天出来一个，则人们就应该能分辨出甲太阳与乙太阳有什么不同，乙太阳与丙太阳又有什么不同……但他们所体察到的却是只有一个丝毫没有异样的太阳。今天看见的它，明天看见的还是它。因此，对于自古相传天上有十个太阳，一天出来一个的说法，就不得不发生怀疑了。这种怀疑直到王充时代还存在。《论衡·说日篇》：

> 儒者说日，及工伎之家，皆以日为一。《禹贡》、《山海经》言日有十
> ……《淮南书》又言烛十日，尧时十日并出。……诚实论之，且无十焉。
> 何以验之？夫日犹月也，日而有十，月有十二乎？星有五，五行之精；金
> 木水火土，各异光色。如日有十，其气必异。今观日光，无有异者。察其
> 大小，前后若一，如审气异，光色宜殊；如诚同气，宜合为一，无为十也。

王充的这段记载表示当时还有人相信天上有十个太阳，亦有人相信天上只有一个太阳，只不过王充根据实际观察太阳的气与色的结果，证明只有一个太阳罢了。其实，"天无二日"的话，孔子早就说过了。《孟子·万章》：

> 孔子曰：天无二日，民无二王。

又《礼记·曾子问》、《丧服四制》、《坊记》等篇亦都曾引到孔子说的这句话。十日神话在孔子以前即已存在，这是没有问题的。而孔子把"天无二日"这句话说得这样肯定，可见在孔子以前就已经有人对天有十日（太阳）的说法发生怀疑了。

可是，自古相传，都说天上有十个太阳，一天出来一个；为什么现在只有一个了呢？他们并不知道这是神话；他们所知道的是过去的人都这样说，而且都把它当作一种知识传递。同时，他们又没有办法去证明在更古的时代亦和现在一样，只有一个太阳。在新的思想与传统的说法发生了冲突的情形下，那些比较容易受好奇心驱使的人（这并不一定是儒者）遂渴望能在"自古相传天上有十个太阳的说法"与"现在只有一个太阳的事实"中间去获得一个合理的解答，以填补由好奇而造成的内心的空隙。这时候的人大都还不能超脱于神话的思考方式。因此，解答这个问题的方法就是秉承了原来的天上有十个太阳的说法来加以改造，使合于现在只有一个太阳的事实。但这种改造并不是很容易的，因为必须符合下面的几个原则：第一，必须保持过去的人所相信的天上有十个太阳的说法；第二，必须设法消灭九个太阳，同时还要有消灭这九个太阳的理由；第三，必须在消灭九个太阳之后，每天还会有一个太阳。为了要符合这些原则，所以就创造了"十日并出，草木焦枯，民无所食。羿乃射去九日，仅留一日"的说法。这个说法产生之后，才使"天无二日"与"天有十日（太阳）"这两种新旧思想不致发生冲突，而且还配合得天衣无缝。然而，神话的沿袭转移总难免留下一些痕迹。这些痕迹即又适足以作为十日迭出演变为十日并出的佐证：

（1）迭出之十日有乌，并出之十日亦有乌。

（2）迭出之十日乃出自汤谷扶桑，并出说则没有明说十日的出发地点。十日既然是于尧时并"出"，则它们一定有一个出发的地点。并出说之所以不明说，显然是以并出的十日亦出自汤谷扶桑为当然的事。

日人出石诚彦把整个十日并出神话分为两个不同层次的要点来处理。他说"中国人怕旱灾是明显的事实，因此变为十日并出的神话是很可能的"；又说"羿射九

日是为了符合只有一个太阳的现实状况，而利用了传说上有名的射手羿来做射日的人"。① 这等于说在有羿射九日，仅留一日的说法之前，就已经另有一个十日并出的神话存在；而羿射九日是后来的人为了要说明只有一日的现实状况才添到先前的那个十日并出神话中去的一层内容。因此，构成了后来的"十日并出，羿射九日，仅留一日"的神话全貌。这是出石氏的一个特别见解。固然，有些神话的内容是可以明显地分出它的层次来；但我觉得如《楚辞》及《淮南子》等书所说的十日并出，羿射去九日的神话并不如此。如果在羿射九日，仅留一日的这层内容发生以前就已经有了十日并出的神话，而十日并出又是一种极大的天灾；那末，这场天灾是如何消除的？难道先前那个十日并出的神话会说十日一直并出而无下场吗？而古书上除了说羿射日之外，又没有别的消除十日并出这场灾害的记载。因此，十日并出与羿射九日，在神话创造之初即是唇齿相依的。出石氏之所以认为十日并出与中国人的怕旱灾有关，主要是由于他着重在十日并出的结果是草木焦枯上面。但我觉得十日并出与草木焦枯发生联想是为了要配合这个神话的意旨而产生的。因为如果十日并出会使人间受到十倍于一天见一日的好处，则古书上应当说十日并出是一件吉祥的事。但古书上却尽说那是一场天灾。为什么不说它是一件吉祥的事，而说它是天灾？这并非因十日并出就必然草木焦枯（这是我们在不知不觉中受了古书记载的影响后的想法），而是为了要有射日的理由，以配合十日并出的意旨（说明只有一日的现实状况）才产生的。这一方面说明了十日并出的神话与怕旱灾没有关系，另方面亦说明了十日并出与羿射九日是不可分割的。即使太阳的酷热与旱灾有关，但亦并不一定要"十"个太阳并出才能造成旱灾。所以，日之有"十"的观念是必定有它的来历的。十日之所以要并出，自有它的理由。依照我的解释，十日并出是秉承了十日迭出来改造的。如果改造这个神话的人说"十日迭出，羿射去九日"，则其结果就会在羿射去九日之后，使人间每隔九天的时间才能看见一次太阳。这与事实显然不符。所以必须十日并出，才会在射去九日后，每天仍能看见一次太阳。

结　　语

（一）中国古代的十日神话与十干纪日的旬制有直接的关系。它是在"日"字兼有"太阳"及"日期"的双重意义下，由十干纪日的旬制演变来的。其最初的形式是十日迭出。而其原意则是解释十干纪日的所以然的。

（二）十日并出是由十日迭出演变来的。其原意为针对着"天有十日"的古说，而创造出来以解释何以只有一日的现实状况的。

（三）十日神话并非中国最原始的关于太阳的神话。当十日神话产生以后其"十日"的观念始终没有影响到古人的宗教思想。从宗教上只崇拜一个太阳的这种

---

① 《支那神话传说の研究》上代支那の日との说话について，该文原载于《东洋学报》第16卷第3号，第503—504页。

线索上来推测，先十日的太阳神话所说的太阳亦可能只有一个。再根据十日神话的内容上来推测，这个先十日的太阳神话大概是由殷民族创造的。十日神话中的"日浴于汤谷，而登于扶桑"即是从殷人所创造的那个先十日的太阳神话的内容中承袭过来的。如果十日神话中的日乌确系由殷人的玄鸟感生的传说演变来的话，则这个先十日的太阳神话中的太阳是由一只鸟载着飞过天空的；也许太阳本身便是一只鸟。后来产生了十日神话，太阳由一而十，所以载日的鸟亦有了十只。殷民族所创造的太阳神话，乃是基于他们的地理环境及宗教背景来解释日出的自然景象的。

（四）在殷人创造他们的太阳神话以前，中国是否还有更早的太阳神话？例如夏民族的太阳神话。这我们在目前尚无法知道。也许将来在考古学上能提供一些线索，例如遗物上的花纹或图案等。否则，中国太阳神话的发生最早只能追溯到殷民族的时代。

本文原载《中央研究院历史语言研究所集刊》（台北）1962 年第 33 期。全文共五部分：一、引言；二、资料分析与神话内容；三、十日神话的来龙去脉；四、对中国十日神话发生以前的太阳神话的蠡测；五、结论。本篇节选其中第三、五两部分。现选自陈慧桦、古添洪编著《从比较神话到文学》，东大图书股份有限公司 1977 年版。

昆仑丘与西王母

凌纯声

凌纯声（1902—1981），字民复。江苏武进人。民族学家、人类学家。早年就学于中央大学，后留学法国巴黎大学，师从人类学家莫斯、葛兰言等，研习人类学与民族学，获博士学位。回国后，先后任中央研究院历史语言研究所研究员、边疆教育馆馆长。1949年起任台湾大学教授、台湾"中央研究院"民族学研究所所长、台湾"中央研究院"院士。30年代曾到赫哲族、湘西苗族、浙江畬族和云南彝族调查，其调查研究成果《松花江下游的赫哲族》（1934）、《湘西苗族调查报告》（1948）、《畬民图腾文化的研究》（1947）等收有丰富的神话资料；60年代起，他所开创的环太平洋文化圈系列理论，对中国的神话研究产生了相当大的影响，其专著《中国与海洋洲的龟祭文化》（1972）、《中国边疆民族与环太平洋文化》（1979）等收有不少与神话及古代信仰有关的重要文章。

引　言

本文引用苏雪林氏所著《昆仑之谜》一书引论中的一段文字作为本文的引言。她说：

> 中国古代历史与地理，本皆朦胧混杂，如隐一团迷雾之中。昆仑者，亦此迷雾中事物之一也。而昆仑问题，比之其他，尤不易董理。盖以其真中有幻，幻中有真，甲乙互缠，中外交混，如空谷之传声，如明镜之互射，使人眩乱迷惑，莫知适从。故学者对此每有难于措手之感。而"海外别有昆仑"（晋郭璞语），"东海方丈亦有昆仑之称"（后魏郦道元语），"昆仑无定所"（元金履祥语），"古来言昆仑者，纷如聚讼"（近代顾实语），种种叹息，腾于论坛。又有所谓大昆仑，小昆仑焉；东昆仑，西昆仑焉；广义之昆仑，狭义之昆仑焉。近代外国学者之讨论南洋民族及非洲黑人者，因中国古书有"古龙"及"昆仑奴"之说，遂亦堕入昆仑迷障，昆仑岂惟中国之大谜，亦世界之大谜哉！

由上一段文字中，可见古今中外学者，对于昆仑一名，大家在猜谜，诚如先师顾实云："古来言昆仑者，纷如聚讼。"昆仑之谜，学者已猜了二千多年，时代愈晚，猜到谜底愈近，作者现亦加入猜谜大会，我所猜的谜底，自信虽不中亦不远矣。

昆仑字义的新解

《尔雅·释丘》有云：

> 丘，一成为敦丘，再成为陶丘，再成锐上为融丘，三成为昆仑丘。

可见上录中的"昆仑"二字，一望即知非中文，而为外国文字的音译。但中国学者两千多年来，以为昆仑是一座名山或仙山。因此有神话的昆仑和实际的昆仑①，又分中国境内外之昆仑②。多数的文字在探索昆仑之所在，至于昆仑字义何指，直至近代始有人寻求解释，兹一一叙述之。

（一）丁山在所著《论炎帝大岳与昆仑山》的结论里有云：

> 火山为岳，羌人谓之"昆仑"。昆仑古语为 Poulo Condore 或 Pulau Kundur。《左传》所谓陆浑之戎，《穆天子传》所谓留昆之人，即其译音。其谊，马来语谓之南瓜岛，故《左传》亦称陆浑为瓜州。瓜州，古音或读如 Kundur，即阮喻之对音。阮喻为古代山阜之通名，其音则古或转为先俞、西俞、三涂、西膜，与印度妙高山之音读 Sumeru 极相似。Sumeru 或译将须弥山王，而俞在《管子》正谓登山神；翰，在《五藏山经》亦谓华山之神，是知昆仑神话自须弥山王蜕变而来。③

丁氏对于昆仑二字的解释，虽多新义，但转辗注释，使人有难于捉摸之感。

（二）卫聚贤在《昆仑与陆浑》一文有云：

> 昆仑在蒙古语中有横义，言新疆南及青海南北的东西大横山脉为昆仑山，是以有敦煌地、树敦城、陆浑人、王母与启母神，因为古今音读之不同，而有各种纪载的歧异，是以分化成各种不同之事物与人物。④

卫氏以陆浑与昆仑音相近外，又《左传》僖二十二年："秦晋迁陆浑之戎于伊川。"《水经·伊水注》："伊水又东北迳伏流岭东，岭上有昆仑祠，民犹祈焉。"又云："潺潺之水，出陆浑县之西南王母涧，涧北山上有王母祠。七谷水出女几山之南七溪山，上有西王母祠。"陆浑之地有昆仑祠和西王母祠可说是与昆仑有关系。至于敦煌地、树敦城、启母神，亦说与昆仑有关，实不能使人信服。

（三）苏雪林在《昆仑之谜》书中有云：

> 考巴比伦远古传说，即谓有一仙山曰 Khursag Kurkura，其义犹云："大地唯一之山"（Mountain of all lands）或曰世界之山（Mountain of the world）为诸神聚居之处，亦即诸神之诞生地（The birthplace of the gods）。巴比伦

---

① 苏雪林：《昆仑之谜》，台北，1956 年，第 40—54 页；杜而未：《昆仑文化与不死观念》，台北，1962 年，第 17—51 页。

② 苏雪林：《昆仑之谜》，1956 年，第 26—39 页；冯承钧译：《昆仑及南海古代航行考》，商务印书馆 1931 年版，第 1—56 页。

③ 丁山：《论炎帝大岳与昆仑山》，载《说文月刊》1944 年第 4 卷合刊本，第 981 页。

④ 卫聚贤：《昆仑与陆浑》，载《说文月刊》1939 年第 1 卷第 9 期，第 5—6 页。

若干庙宇与七星坛之建筑，皆此山之缩型。而中国之昆仑、希腊之奥林匹司、印度之苏迷卢、天方之天园，亦为此山之翻版。[①]

她又续说：

> 巴比伦王都及大庙宇七星坛等皆模拟想像中之"世界大山"而建筑，为昆仑之缩型。西洋巴比伦专家考其名曰 Zikkurat 其音近 Kausuna 或 Kurkura 亦即近于昆仑。《山海经·海内西经》第十一，言昆仑之城，有九井九门。门有开明兽守之。又言开明兽身大类虎，人面，东向立昆仑上。又言凤凰鸾鸟皆载盾在开明北。《海外北经》第八，言共工之台，台为四方之形，有一蛇，虎色，首冲南方云云。使此类禽兽果皆有生命之物，则其所立所坐，胡以竟有固定之方向，故疑其所写非活物，盖石像也。余考《山海经》之开明兽，即司芬克斯（Sphinx）。Sphinx 义为智慧，故中国译之为开明，埃及巴比伦皆有之，而巴比伦则用以守宫殿之门及庙门。屈原《天问》"昆仑悬圃"及"增城九重"固可指神话境界，而亦可指巴比伦帝王所筑之模仿品。是以昆仑一词，不惟指山而已，亦可厨以指两河流域之帝都焉。真幻杂糅，乃至于此，昆仑问题之难于董理，不亦宜哉。[②]

苏氏谓巴比伦王都及大庙宇七星坛等皆模拟想像中之"世界大山"而建筑，为昆仑之缩型。且其名曰 Zikkurat 亦即近于昆仑。苏氏猜昆仑之谜，虽不中可说亦不远矣！

（四）程发轫在《昆仑之谜读后感》文中有云：

> 昆仑一词，出于西戎，有崇高与玄黑二义。《尔雅·释丘》："一成为敦丘，再成为陶丘，再成锐上为融丘，三成为昆仑丘。"丘既三成，山势必极高峻，此崇高之义也。昆仑之发音为 K、L，由喀喇（kara）一音之转，或作哈拉，蕃语黑也。凡崇高之山，自远瞭望，必呈青葱之色。即有万年积雪，其低墅部份，青葱之色，仍能浮出空际。今新疆境内，以喀喇名者，不可指数。如喀喇昆仑（大山），喀喇哈斯（墨玉），喀喇库里（玄湖）其最著者。《晋书》载：孝武文李太后身长而黑，初为宫人时，宫人皆谓之"昆仑"。唐宋时富贵之家，取马来人肤黑身高而有力者为奴，谓之"昆仑奴"。是昆仑具有高黑二义，不仅习于西域，即中原富贵之家，亦成惯语矣。[③]

程氏以喀喇为昆仑的音译，义为黑色，是有问题的，例如上举的喀喇昆仑即不可解。又唐宋时的昆仑，引《旧唐书·林邑国传》："自林邑以南，皆卷发身黑，号为昆仑。"《宋史·三佛齐》条曰："昆仑奴踏曲为乐。"此南海的昆仑奴非马来人，为黑种或小黑人种，法人费瑯考南海的昆仑甚详。[④] 此与《尔雅》的"三成为昆仑丘"

---

① 苏雪林：《昆仑之谜》，台北，1956 年，第 41 页。
② 苏雪林：《昆仑之谜》，台北，1956 年，第 54 页。
③ 程发轫：《昆仑之谜读后感》，1956 年。
④ 冯承钧译：《昆仑及南海古代航行考》，1931 年，第 21—56 页。

不同，不能相提并论。

（五）杜而未的《昆仑文化与不死观念》书中有云：

《山海经》的昆仑是月山，毫无疑义。现在为更清楚起见，再证明昆仑的字义原指月亮。昆仑一词是远远超出中国地面的。今先把诸民族关于月亮的名称列出，然后作一比较。

杜氏举出中国西南民族、台湾土著、印尼群岛、大洋洲及澳洲、印度、巴基斯坦、波斯、巴比伦，甚至美洲的 Hoka 印第安人的月亮的名称，都与昆仑近似，例如巴比伦称月亮为 ur 或 uru，[①] 波斯人称圆月 ghurrah。杜氏对昆仑字义，可说是另一新创的解释。

（六）徐高阮的《昆仑丘和禹神话》（未刊）文中有云：

中国古籍所载之昆仑丘（墟）应为古代两河流域各城通有之一种多层庙塔（Ziggurat, staged temple-tower）。惟此等古籍所着力称说形容者，乃巴比伦城之大塔，系奉献于巴比伦大神 Murduk，即巴比伦开辟神话中之主角者。虽现仅有公元前七世纪史料提及此塔，但塔之历史实甚古远。此塔亦即两河流域古宗教建筑中最伟大最著名之一处。（昆仑山，依本篇意见，为后起观念。）

徐氏以为中国古籍所载之昆仑丘（墟）应为古代两河流域各城通有之一种多层庙塔（Ziggurat），昆仑之谜，两千年来学者所猜之谜最近总算猜到了！

以上六位对于昆仑字义的新解，丁山猜到西膜（Sumeru），杜而未提及巴比伦的 ur 或 uru，苏雪林说到 Khursag Kurkura 及 Zikkurat，徐高阮揭开谜底，直接说昆仑就是 Ziggurat，但徐氏未说明昆仑与 Ziggurat 的关系。作者在《中国的封禅与两河流域的昆仑文化》文中有云：

本刊前期著者发表《秦汉时代之畤》一文，及该文中曾论及秦畤与燕祖及齐社都是封禅文化，不过因地域不同，而名称稍殊而已。又甘泉宫的通天台和《山海经》中祷百神或筋百神的帝台之台亦是同一文化。且祖（古音读姐）、社、畤、台（古音读持）四者，作者怀疑都是两河流域的 Ziggurat 一字第一音节的缩译。[②] 英文 Ziggurat 法文为 sigurat，据 Dhorme 氏说 sigurat 为名词，动词则为 saqăru 或 zaqăru，其义为崇高（être haut, proéminent）。[③] 可能中国古代的社、墠（与坛通用）由于 sa 和 za，祖（姐）、畤、台（持）为 si 和 zi 音译。又中国昆仑丘或墟的昆仑或为 sigurat 和 sa qăru 二字中 gurat 和 qăru 的二三音节的译音。所以中国封禅亦可称为昆仑文化。[④]

---

① 杜而未：《昆仑文化与不死观念》，1962 年，第 6—13 页。

② 凌纯声：《中国古代社之源流》，载《民族学研究所集刊》1964 年第 17 期，第 135 页。

③ Dhorme, *Les Religions de Babylonie et d' Assyrie*, Paris, 1949, p. 170.

④ 凌纯声：《中国的封禅与两河流域的昆仑文化》，载《民族学研究所集刊》1965 年第 19 期，第 1 页。

可见《尔雅·释丘》所云："三成为昆仑丘。"即丘自三成以上都可称"昆仑"（Ziggurat），在两河流域的昆仑有自三成而多至九成者。[1] 昆仑二字为 Ziggurat 第二三两音节的译音，在中国语中又称坛，何休注《公羊传》庄公十三年"庄公升坛"有云："土基三尺，土阶三等，曰坛。"又坛与墠古代通用，则可能为 saqǎru 或 zaqǎru 二字第一音节的译音。[2] 所以源于两河的昆仑，在中国则称坛墠，又可名曰封禅文化。[3]

西王母与昆仑丘

苏雪林氏有言曰：

> 西王母与昆仑有析不开之关系，言西王母即言昆仑也。

西王母之传说，较之昆仑尤古，其事载于古书甚多，丁谦《穆天子传考证》卷二有云：

> 如《尔雅·释地》、《山海经》、《庄子》、《列子》、《洛书·灵准听》、《河图玉版》（见《列子》）、《淮南子》、鱼豢《魏略》、《晋书·地理》、《宋书·符瑞志》等皆是。其专纪西王母来献者，有《尚书大传》、《大戴礼记》、《竹书纪年》、《瑞应图》、《世本》。而《轩辕黄帝传》言黄帝登昆仑，立台于沃人国北西王母之山。《抱朴子》引《内经》，言黄帝与西王母会于王屋。《贾谊新书》言帝尧西见西王母。《焦氏易林》言稷为尧使，西见王母。《淮南子》言羿请不死药于西王母。可知中国与西王母邦，交通最久。

《新书·修政语上》：

> 尧身涉流沙封独山，见西王母。

《竹书纪年》又云：

> 舜九年，西王母来朝，献白环玉琯。

《论衡·别通篇》[4]：

> 禹、益见西王母。

《御览》卷七九〇引《括地图》云：

> 丈夫国，殷帝大戊使王孟（C. 1538B. C.）[5] 采药于西王母，至此绝粮，食木实，衣木皮，终身无妻，而生二子从背间出，是为丈夫民，去玉门二万里。

---

① Parrot, *Ziggurats et Tour de Babel*, 1949, pp. 39-51.

② Dhorme, *Les Religions de Babylonie et d' Assyrie*, Paris, 1949, p. 179.

③ 凌纯声：《北平的封禅文化》，载《民族学研究所集刊》1963 年第 16 期，第40—75 页。

④ 吕思勉：《西王母考》，载《说文月刊》1939 年第 1 卷第 9 期。

⑤ Lacouperie, *Western Origin of the Early Chinese Civilization*, London, 1894, p. 265.

由上所录可见西王母传说甚古，远自黄帝唐虞而至夏商周三代，西王母事载于古书者甚夥。檀萃《穆天子注疏》卷三附《西王母传》有云：

> 《纪年》述西王母云。……周穆王十七年，西征，见西王母。其年西王母来朝，宾于昭宫。而《列子·周穆王篇》云，宾于西王母，觞于瑶池，王母为王谣，王和之，其辞哀焉。时《汲冢传》未出也，而所纪骏名，与伯夭、奔戎之属，无不与传符，而《庄子》亦云，王母得之，坐乎少广，可见四代而来，无不知有王母，见于各书必多，遭秦毁而无有，若非《汲传》一出，则将以《庄》、《列》所述为寓言耳。

檀氏谓"可见四代而来，无不知有王母"，何止四代，盖自黄帝以来，代有西王母之传说。但学者对西王母究为神名，为国名，为王名，或为民族名，自来聚讼纷纭，莫衷一是，兹分别述之。

（一）神名　以西王母为神名者，首推《山海经》。《西山经》云：

> 又西三百五十里曰玉山，是西王母所居也。西王母其状如人，豹尾，虎齿，而善啸，蓬发，戴胜。是司天之厉及五残。

《海内北经》曰：

> 西王母，梯几而戴胜杖（郝《疏》云：如淳注《汉书》司马相如《大人赋》了无"杖"字）。其南有三青鸟，为西王母取食，在昆仑虚北。

《大荒西经》云：

> 西海之南，流沙之滨，赤水之后，黑水之前，有大山，名曰昆仑之丘。有神人面虎身，有文，有尾，皆白。处之，其下有弱水之渊环之。其外有炎火之山，投物辄然。有人戴胜，虎齿，有豹尾，穴处，名曰西王母。此山万物尽有。

《大荒西经》又云：

> 西有王母之山。（郝疏云："西有"当为"有西"，《太平御览》九百二十八引此经，作西王母山可证。）

吕思勉氏以为《山海经》的西王母，"此皆以为神者也"[①]。此言可信。丁谦《穆天子传考证》卷二亦云："至于蓬发、戴胜、豹尾、虎齿，似指偶像装饰言。"又《吴越春秋·越王阴谋外传》云：

> 立东郊以祭阳，名曰东皇公，立西郊以祭阴，名西王母。

此乃后世以西王母为月神之称。又丁谦亦以西王母为月神。丁氏著《穆天子传考证》卷二有云：

> 窃谓西王母者，古加勒底国之月神也。《轩辕黄帝传》言：时有神西王母，太阴之精，天帝之女，可为月神确证。考加勒底建都于幼发拉的河西滨，名曰吾耳（一作威而）城，有大月神宫殿，穷极华美，为当时崇拜

---

① 吕思勉：《西王母考》，载《说文月刊》1939年第1卷第9期，第3页。

偶像之中心点（见《兴国史谭》）。又其国合诸小邦而成，无统一之王，外
人但称为月神国。以中国语意译之则曰西王母，即称其国为西王母国。嗣
并移而名其国之王。而彼地史书，实无此神名，无此国名，无此王名也。
自是国统虽易，中国人称之如故。

丁氏谓西王母者，古加勒底国之月神。建都吾耳（ur）城有大月神宫殿等语，所说
颇有见地，但后又云："而彼地史书，实无此神名"，此言不确。古代苏膜和阿喀称
月神曰 sin，有时拼成 si-in 或 si-en'nu，尤其后者音很近"西王母"三字。[1] 又
Dhorme 谓一年之中，在夏至之月，以一月祭献月神，accadien 语称 rimanu，后又名
siwan。[2] 二字音则与"西王母"或"西王"之音更相近似。可见西王母三字是苏膜
语月神 si-en-nu 音译而来。

（二）国名　有以西王母为国名或地名者，如《尔雅·释地》：

> 觚竹，北户，日下，西王母四荒。

《淮南·地形训》：

> 西王母在流沙之濒。

《穆天子传》卷四：

> 自群玉之山以西，至于西王母之邦三千里，□自王母之邦，北至于旷
> 原之野，飞鸟之所解其羽，千有九百里。

上录《尔雅》以西王母为四荒之一，《淮南》仅言在流沙之濒，都不能确言其国或
其地之所在。唯《穆传》言自群玉之山以西，至于西王母之邦三千里。有地望又有
里数。刘师培的《穆天子传补释》卷四有云：

> 由今后藏西北行，沿印度河西北及阿母河上游（即赤乌所在），又东
> 北以至帕米尔，即此文所谓至群玉之山，截春山之北也。更西沿阿母河北
> 行，经咸海而至波斯东北，即西王母之邦也，嗣复北至里海附近（即大旷
> 原所在），东沿阿母河北折而入今新疆北境，又东南入甘肃，又沿陕西边境
> 入山西，以归河南周都，此穆王西征所行之道也。

刘氏的"更西沿阿母河北行，经咸海而至波斯东北，即西王母之邦也"似未言及两
河流域，丁谦《穆传考证》卷二则云："在今波斯西境，故过此即西王母邦。"丁氏
谓西王母乃月神国之称，在吾耳城有大月神宫殿。又谓穆王见西王母处，当即西西
里亚国都尼尼微城，可见西王母邦之在两河流域也。

（三）王名　又有以西王母为王名或人名者。如上录《抱朴子》言黄帝与西王
母会于王屋，《新书》言帝尧西见王母，《纪年》言舜九年西王母来朝，《荀子》言
禹学于西王母，《论衡》言禹益见西王母，《括地图》言殷帝大戊使王孟采药于西王
母。自黄帝以来，历唐虞夏商代有传说，丁谦谓"穆王之往见，并非创举"。《竹书

---

[1] Dhorme, *Les Religions de Babylonie et d' Assyrie*, Paris, 1949, p. 54.

[2] Dhorme, *Les Religions de Babylonie et d' Assyrie*, Paris, 1949, p. 57.

纪年》且纪有年代的史事云：

> 十七年，王西征，至昆仑丘，见西王母。其年西王母来朝，宾于昭宫。
>
> 西征至于青乌所解，西王母止之日，有乌碣人。

《穆天子传》卷三记载更详：

> 吉日甲子，天子宾于西王母，乃执白圭元璧，以见西王母。好献锦组
> 百纯，囗组三百纯，西王母再拜受之。囗乙丑，天子觞西王母于瑶池之上，
> 西王母为天子谣曰："白云在天，山陵自出，道里悠远，山川间之，将子无
> 死。"天子答之曰："予归东土，和治诸夏，万民均平，吾顾见女，比及三
> 年，将复尔野。"天子遂驱，升于弇山，乃纪其迹于弇山之石，而树之槐，
> 眉曰西王母之山。

可见周穆王（1001B. C. —946B. C.）在十七年（985B. C.）所见的西王母
是人而非神，而且是一国之王。又丁谦氏又云：

> 或谓西母即亚述所奉之女神。然穆王所见，明明是人非神，且何以处
> 加勒底，巴比仑之不奉此神者。更有以亚述王后西米拉美为西王母者。考
> 之《亚述史记》，此后时代，实在穆王后。

西王母为一女神，或一女王，中外记载多有此说。如《穆天子传》西王母自称"我
惟帝女"。Forke 著 *Mu-wang und Königin von Saba* 一书，杜而未说："这书的立论固然
荒唐难信，但也称西王母为一妇人。"[1] 苏雪林认为西王母乃巴比伦最崇拜之女神
Ishtar，[2] 但多数中国古书都未明言西王母是一女性，[3] 且苏末的月神是男性。[4] 故西
王母源自月神名 si-en-nu，自古以来有时以为西荒国名，同时亦代表此国君长之名。
黄帝而后唐虞夏商周故咸称西王母。

（四）族名　或有以西王母为一民族名称，如 Eitel 氏云：

> 西王母为一民族（或部族 tribe）的名称，其君长（chief）用同一名称。[5] 刘师

培《穆天子传补释》亦云：

> 西王母为极西古国，盖西膜转音为西王母，缓读之则中有助音。古人
> 以中土字音迻写之则为西王母。……今波斯附近在西周时为阿西利亚所宅，
> 此之西王母殆即古亚西利亚与瑶池、弇山、温山、潹水均在其地。

刘氏以西膜转音为西王母，且西膜为种族名称，在《补释》中又有云：

> 则葱岭东西，阿母河南北，均汉塞种所居，即周代西膜之人所居，西
> 膜者，种名也。考之西籍谓古代亚洲西境，达于中亚以东，为塞迷种所居。
> 西膜即塞迷之转音，塞又西膜之省音也。膜拜及卷四膜稷均由西膜得名非

① 杜而未：《昆仑文化与不死观念》，1962 年，第 3 页。

② 苏雪林：《昆仑之谜》，台北，1956 年，第 7 页。

③ Hirth，*The Ancient History of China*，New York，1923，p. 140.

④ Dhorme，*Les Religions de Babylonie et d' Assyrie*，Paris，1949，p. 58.

⑤ Hirth，*The Ancient History of China*，New York，1923，p. 149.

沙漠也。

上录有"西膜即塞迷之转音，塞又西膜之省音"，刘氏乃误以为西膜（Sumeru）和塞迷（Semite）为同一民族。丁谦的《考证》卷二反对此说有云：

> 或谓西为即西膜转音，然加勒底为思米尔人所建国，非西膜种，何唐
> 虞以前西王母早见记载。

上述加勒底为思米尔（Semite）人所建之国，虽非西膜（Sumeru）种，然承继西膜文化，故在唐虞以前的黄帝时代，西王母之传说早见记载也。

以上所述四种西王母的起源，可能是神名、国名、王名和民族名称，Eitel 氏有云：

> 西王母三字可能是多音节，非中国语。①

根据上面的研究，西王母三字是起于苏末人（Sumerians）和阿加第人（Accadians）的月神，名叫 sin，有时音节拼成 si-in 或 si-en-nu。又祭月神在夏至之月 sirnanu，亦叫 siwan。② 以上四个有关月神的名称，都与西王母三字音相同或很近似。中国古书黄帝时代即有"有神人西王母，太阴之精，天帝之女"的传说，此一神名，古代亦用之为国名或王名。又后世道书以西王母为仙者，③ 如《老君中经》、《集仙传》、《书记洞铨》诸书云：

> 西王母，九灵太妙龟山金母也，姓缑氏名婉妗，一云姓杨名回。与东
> 王公共理二气，乃西华之至妙，洞阴之极尊。

段成式《诺皋记》也说：

> 西王母姓杨名回，治昆仑西北隅。

此皆后世道家之言，与远古的西王母的来源不同。又西王母原在西亚两河流域，而其东迁之由，吕思勉有云：

> 弱水西王母等，则身苟有所未至，即无从遽断为子虚，而其地遂若长
> 存于西极之表矣，循此以往，所谓西王母者，将愈推而愈西，而因有王莽
> 之矫诬，乃又曳之而东，而致诸今青海之境。④

《论衡·恢国篇》曰：

> 孝平元始四年，金城塞外羌献其鱼盐之地，愿内属，汉遂得西王母石
> 室，因为西海郡。

吕氏说明西王母东迁的史实，可说是一创举。

因为本文总题为《昆仑丘与西王母》，所以最后我们尚须略论西王母与昆仑丘的关系。上录《山海经》的《海内北经》谓"西王母在昆仑虚北"，又《大荒西经》谓"有大山名曰昆仑之丘，有人……名曰西王母"，《山海经》所载西王母都是

---

① Hirth, *The Ancient History of China*, New York, 1923, p. 149.
② Dhorme, *Les Religions de Babylonie et d' Assyrie*, Paris, 1949, p. 54-57.
③ 杜而未：《昆仑文化与不死观念》，1962 年，第 61—64 页。
④ 吕思勉：《西王母考》，载《说文月刊》1939 年第 1 卷第 9 期。

神的偶像。上文说过西王母是两河流域吾耳城奉祀的月神；苏末语称月神谓 si-en-nu，音与"西王母"相近。至于"昆仑"乃两河流域古庙的庙塔名叫 Ziggurat 一字第二、三音节的译音的通称。在著者《中国的封禅与两河流域的昆仑文化》文中插图十二至十六图，吾耳城月神之宫，多在昆仑 Ziggurat 之北或东北，与上文引的《海内北经》所谓"西王母在昆仑虚北"一语符合。这是著者对于西王母与昆仑丘二者关系新的解释。

本文原载《民族学研究所集刊》（台北）1966 年，第 22 期。全文共六节：一、引言；二、昆仑字义的新解；三、山海经中的昆仑；四、其他古籍所载的昆仑；五、昆仑丘与明堂；六、西王母与昆仑丘。现节选其中第一、二、六节。

"十二五""十三五"国家重点图书出版规划项目
第五届、第八届中华优秀出版物奖获奖作品

神话学文库
叶舒宪主编

（下）

中国神话学百年文论选

A CENTENNIAL HISTORY OF CHINESE MYTHOLOGY: SELECTED ESSAYS

马昌仪◎选编

陕西师范大学出版总社

一则中国古代神话与仪式的结构学研究

李亦园

李亦园（1931—　），福建晋江人。人类学家。先后在台湾大学、哈佛大学学习人类学。曾任台湾"中央研究院"民族学研究所所长、台湾大学人类学系教授，现任台湾"中央研究院"民族学研究所研究员、台湾"清华大学"社会人类研究所教授、"中央研究院"院士。长期从事台湾土著民族的田野调查和研究工作。有关神话的著述有：《南澳的泰雅人——民族学田野调查与研究》（专著，1963）、《从么些族的情死谷说起》（1974）、《信仰与文化》（专著，1978）、《神话的意境》（1978）、《伦理与认知困境的解脱——几则山地神话的解释与欣赏》（1978）、《神话与交响乐》（1978）、《一则中国古代神话与仪式的结构学研究》（1981）、《师徒、神话及其他》（专著，1983）、《神圣与神秘》（1987）、《再说神圣》（1987）、《文化的图像——文化发展的人类学探讨》（专著，1992）等。1996年发表的《端午与屈原——神话与仪式的结构关系再探》是1981年《一则中国古代神话与仪式的结构学研究》一文的继续与进一步探讨，收入《李亦园自选集》（上海教育出版社2002年版）、《宗教与神话论集》（立绪文化事业有限公司2004年版；广西师范大学出版社2004年版）。

一

著名的结构人类学家列维－斯特劳斯（Claude Lévi-Strauss）在他的《神话科学导论·卷二：从蜂蜜到火灰》（*From Honey to Ashes：Introduction to a Science of Mythology*，Volume 2）一书中，曾提到中国古代寒食节之事，并以之与欧洲中古复活节及四旬斋（Lent），以及南美洲若干印第安人的神话与习俗作比较（Lévi-Strauss，1973，403-414）。但是很有趣而且令人觉得遗憾的是这一位现代神话学大师在他的神话研究大著提到寒食节时，仅涉及寒食的仪式部分，却未及于寒食的神话传说。列维－斯特劳斯自己并未能阅读有关寒食的中文记载，他所根据的是Frazer与Granet的材料（Frazer：Golden Bough，vol. X，p. 137；Granet：Danses et légendes de la Chine Ancienne，pp. 283，514），他们二人都只说到寒食节的禁火及重生新火仪式，完全未提及有关寒食的传说神话，所以列维－斯特劳斯就无法从而得知与他书中研究主题更有关的材料。假如列维－斯特劳斯知道寒食节背后的神话，或者他自己能阅读有关中文的原始资料，他一定会将寒食节的问题作进一步的发挥。本文的目的即是将有关我国古代寒食节的仪式、风俗以及神话作一较完备的整理，并拟利用列维－斯特劳斯的结构观念，以及宗教人类学有关仪式与神话相互关系的理论，再作进一步的综合分析。

<h2 style="text-align:center">二</h2>

列维－斯特劳斯引 Frazer 寒食的资料首出于《周礼·秋官·司烜氏》：

> 司烜氏掌以夫遂取明火于日……中春以木铎修火禁于国中。
>
> 疏曰：夫遂阳遂也者，以其日者太阳之精，取火于日，故名阳遂；取火于木，为木遂者也。
>
> 又注曰：为季春将出火也。

这一段话的意思是说周代有一官职称为司烜氏，掌理有关取火与禁火的职务。在仲（中）春之时，司烜氏执木铎通知国中的人开始禁火，然后到春末（季春）再生火，生火的方法是采自日光之火，称为明火。

但是上面这一段记载并未真正与寒食连上关系，把禁火以及重新生火的事与寒食连起来，实是较晚的事，根据《古今图书集成·岁功典·清明部》所云：

> 按《周书》司烜氏、仲春以木铎修火禁于国中，注云：为季春将出火也。今寒食准节气是仲春之末，清明是三月之初，然则禁火盖周之旧制。
>
> 陆翙《邺中记》曰：以冬至后一百三日为介之推断火冷食三日，作干粥食之，中国以为寒食。

也就是从这些记载中列维－斯特劳斯所理出用以与欧洲及南美洲作比较的结构成分有：木铎、禁火、冷食、再取天火等项。

在欧洲的天主教国家，自中古时代开始在举行四旬斋及复活日节仪式时，也有很类似中国古代寒食的习俗。复活日虽无肯定日子，但总是在"仲春"之期（按，复活节 Easter 依月圆而定，通常之计算为三月二十一日后月圆之第一个礼拜天）。四旬斋则是在复活节前的四十天，起于所谓圣灰日（Ash Wednesday），而止于复活日前夕。四旬斋顾名思义是在这四十天斋戒，仅食用少量食物。而在四旬斋的最后一周，通常起于星期四（Maundy Thursday），教堂的铜铃暂时禁止敲响至复活节为止，而代之以木制的打击乐器，通称为"黑具"。所谓"黑具"在西欧各国中各有不同，包括木铎、木鼓、拍板（clapper）、嘎响器（rattle）、哗啷棒（sistrum）以及其他有共振器的打击器等等。在用这些"黑具"（instruments of darkness）以代铃声的期间内，各教堂熄去旧火，而等到复活日前夕才重新以玻璃或水晶聚日起新火。那些代替铃声的木制打击器之所以称为"黑具"，就是一方面象征这一期间熄火的黑暗，另一方面也象征复活日前耶稣受难时的天昏地暗（Lévi-Strauss, 1973, pp. 404-410）。

在上述欧洲的习俗中，我们同样也可以找到（列维－斯特劳斯所感兴趣的）对应结构成分：木制打击器（类似木铎）、熄火、斋戒（更长期的禁食）与重新聚日生火。

在南美洲的情况，因列维－斯特劳斯本身是研究南美的专家，而《蜂蜜与火灰》一书亦以南美洲印第安人的材料为主，所以较为复杂。首先应该说到居于亚马逊河流域南方的 Sherente 族。Sherente 族人每年在干季时要举行一个盛大的仪式，以祈求旱期的早日结束。在仪式开始时，族中各家内的火都要全部熄灭，然后全族的男子集中在一起，不眠不休地吟诵，并且实行斋戒，吃极少的食物，也不能用水洗濯身体，如此持续三周之久。在仪式将结束时，Sherente 人相信此时会有一种传说的黄蜂飞来，发出 ken-ken-ken 的声音，并会射出小箭让做仪式的 Sherente 男子捡到，这时斋戒和不用水洗濯的禁忌就该结束了，于是全体在广场上竖立一支很高的柱子，参加仪式的男子轮流爬上柱子的顶端，用植物纤维作引火之绒，向天求火，然后点燃火种，重新使三周前已熄的火引燃起来（Lévi-Strauss，1969，pp. 289-291；1973，pp. 407-410）。

在 Sherente 人的仪式中，我们所能看到与前述中国及欧洲相同的结构成分包括斋戒禁食（三星期）、熄去旧火、重燃天火等，但唯一欠缺的是木铎或其他木制打击乐器的信号。在 Sherente 人仪式中仅有的音响信号是传说中黄蜂飞来时所发出的 ken-ken-ken 之声音，因此列维－斯特劳斯费了很长的篇幅来解释黄蜂声音所代表的意义。根据列氏的资料，在法国南方 Pyrenees 山区一带，作为"黑具"的打击器是一种称为 toulouhou 的摇鼓，而 toulouhou 的原义却是黄蜂或大黄蜂，在这里列维－斯特劳斯认为 toulouhou 所代表黄蜂的意思与 Sherente 人仪式中黄蜂的声音并非偶然的相同，而有其相同的结构意义。但是要了解列维－斯特劳斯所说的这一相同的结构意义，却要先说明他对上述中国、欧洲及南美的仪式与习俗所赋予的整体结构模式。

三

列维－斯特劳斯对中国、欧洲与南美相似的仪式及习俗的兴趣重点自然不是在文化史或传播接触的意义，而是在于这些相似仪式的内在结构对应，换而言之，他所感兴趣的是在差距这么大的时空里，这些几乎完全相同的仪式、习俗与神话所代表的是否为人类思维深处的相同结构模式。

列维－斯特劳斯的分析首先应从熄去旧火（地火）与重新点火（天火）说起，因为这是整个事件最要紧的部分。对列维－斯特劳斯而言，熄火与再生火实代表很多层次的思维结构对比。最先，熄火与重新生火所透露的是季节交替的讯息，旧火的熄灭代表不适于生产的冷季或干季（因环境不同而异）的结束，而重新生火则代表有希望的，适于生产的湿季或温暖季节的开始，借着新火的重燃，象征着新季节、新循环的轨始。在中国，新火的燃点启开春耕的工作；在天主教的欧洲，点燃新火不但象征春天的来临，而且有重要的宗教意义：耶稣受难后的复活（在这里到底是耶稣的复活或是季节的复活已难于分辨，否则耶稣的复活应有一定日子才对，而不应与天象的月圆扯上关系）；在南美洲则代表 Sherente 人苦旱的干季节即将过去，有许多可供采集植物生长的季节即可来临。

熄灭旧火与重燃新火并不只代表冷：暖、干：湿的季节对比，同时也象征天与地的对比。在中国，寒食之后重新生火时一定要聚日光点燃，称之为天火或明火，而钻木或其他方法所生的火，则称为地火。在欧洲，复活节前夕以水晶或玻璃聚日光重新生火，其过程与中国极为相似，这样生的火是来自天上太阳的神圣之火，一直到现在很多象征神圣之火的取得，都是聚日而得的。在南美，Sherente 人的燃点新火更要爬上很高的柱上，以便更靠近天上而取得天火，从这里我们可以看出在点燃新火的仪式中，天：地的对比观念是很明显的。

再进一步说，熄火与点火又代表用火煮与不用火煮，也就是生：熟（raw and cooked）的对比，这是列维－斯特劳斯最常运用的一对观念，也是作为他神话研究的第一卷的书名者（Lévi-Strauss, 1969）。生与熟的对比不仅是引申之义而已，在中国的例子中，确实出现了不用火煮食物的生食，也就是"寒食"一名的所自来，难怪列维－斯特劳斯要把寒食的例子特别引用说明，因为这是他把用火与煮熟、不用火与生食勾连在一起最难得的实例。然而列维－斯特劳斯对生与熟的分辨并不停止于此，他且更进一步发挥认为生：熟的对比其真正的含意却是要指出文化（人为）与自然（非人工）的对比。火的发明是人工改变自然状态的最早、最明显步骤，所以用火煮熟代表人为的加工，也就是文化；而禁止用火采生食，则是没有人工而返归自然。列维－斯特劳斯认为文化：自然的对比是许多神话、仪式所要透露的最根本讯息，在这里，也只有借这一文化：自然的对比，才能较易于了解其他结构成分的象征意义。

在整个仪式丛中，冷食、禁食或斋戒是熄火之外另一重要的成分。前面我们已略论中国的生食意义，中国的寒食只延续三天而已，欧洲复活节前的四旬斋（Lent），顾名思义斋戒长达四十天之久，较中国的寒食长了十倍有余。而南美洲 Sherente 印第安人的禁食、禁水也有三周之长，实际上 Sherente 人在三周斋戒之前且有整个季节的干旱没有多少食物可采集，所以他们的三周斋戒应是实际经验的象征性延长。对列维－斯特劳斯而言，不论短仅三天的中国寒食，或长达四十天的欧洲四旬斋无不都是经验生活的象征表现，它们所要透露的讯息则是另一组对比观念，那就是稀少：丰盛（scarcity: plenty），禁食斋戒象征稀少缺乏，禁食斋戒的结束则象征丰盛的开始，这一组对比与前述所透露的季节改变的讯息是相互对应的。

然而稀少与丰盛的对比又与自然与文化的对比有密切的关系。丰盛是人工的成果，那是在文化的一面；稀少则代表人工的失败，文化的不存在，那就是返归自然的一面。返归自然可以有两种形式，一种是禁食、饥饿，另一种则是依赖自然，采摘野果、蜂蜜等自然产物而生食之（Lévi-Strauss, 1966, p. 414）。在这里蜂蜜、野果这一类自然的产物就出现在列维－斯特劳斯的结构范式中成为透露讯息的表征物之一了。

最后要讨论的是整个仪式丛中音响及其道具所代表的讯息。在欧洲与中国，禁火与禁食之前都要敲打木制的打击乐器，在欧洲且称之为"黑具"，在这里这些乐器象征的是黑暗，没有火光的黑暗，以其木制的密封或半密封的胴体（如木铎、木鼓等）来象征黑暗，一直等到重新点燃新火，黑暗才过去，而铃声才又重响了，所以这些乐器所要透露的对比讯息是黑暗（禁火）：光明（点火）甚为明显，但是乐器所发出的音响所代表的是什么呢？根据列维－斯特劳斯的分析，在 Pyrenees 山区所用的 toulouhou 打击乐器其原义是黄蜂，象征黄蜂发出的声音，而很巧的，在 Sherente 人的仪式中虽没有相似的乐器出现，却有神话的黄蜂出现，而且他们认定黄蜂的出现时有类似打击乐器的 ken-ken-ken 之声。在这里列维－斯特劳斯认为黄蜂的出现不是偶然的事，而是象征在黑暗、禁火，甚至稀少的季节里，人类采用蜂蜜等自然产物以生食，以代替用火煮熟的食物，所以黄蜂的出现所要透露的是自然的讯息，用与跟点燃新火后熟食的"文化"对比，换而言之，仪式中特殊乐器的应用实是要加强前述几组对比的讯息如黑暗 : 光明，禁火 : 点火，自然 : 文化等的表达。

总括而言，从列维－斯特劳斯的立场出发，在中国、欧洲与南美等不同地区与时间里所表现相同的仪式、神话与习俗，其所以相同的因素是在于借以表达共通的思维结构，也就是借共同的仪式行为以表达共通的内在讯息，这些讯息假如用列维－斯特劳斯的范式来说明，那就是：

> 干季:湿季，稀少:丰盛，禁火:用火，生产:熟食，自然:文化。

四

列维－斯特劳斯所企图解释中国、欧洲与南美"寒食"仪式的相似性是基于共通的思维结构之理论，其陈义不能不说有其特殊的说服力，但是，关于中国的部分，假如能把有关寒食的神话传说部分放在一起分析，则可增强其讯息表达的说服力无疑。本节即是要对寒食的神话传说作一分析。

在我国民间一向把寒食节禁火一事与介之推（绥）传说连在一起。有关介之推的传说最早见于汉蔡邕的《琴操》：

> 龙蛇歌者，介之绥所作也。晋文公重耳与介之绥俱亡，子绥割其腕股以救重耳。重耳复国，舅犯赵衰俱蒙厚赏，子绥独无所得，甚怨恨，乃作龙蛇之歌以感之，遂遁入山。其章曰……。文公惊悟，即遣求得于绵山之下，使者奉节迎之，终不肯出，文公令燔山求之，火荧自出，子绥遂抱木而烧死，文公哀之，流涕归，令民五月五日不得举发火。

这是记载介之推与晋文公之间的关系最详细的一段，但是禁火的时间，并非仲春的清明寒食，而是五月五日。把介之推与寒食连起来的则见晋陆翙《邺中记》及《后汉书·周举传》等。《邺中记》云：

> 邺俗冬至一百五日为介之推断火，冷食三日，作干粥，是今之糗。
>
> 并州俗以介之推五月五日烧死，世人为其忌，故不举饷食，非也。北方五月五日自作饮食祀神，及作五色新盘相问遗，不为介之推也。
>
> 寒食三日作醴酪，又煮粳米及麦为酪，捣杏仁煮作粥。按《玉烛宝

典》，今人悉为大麦粥，研杏仁为酪，别以饧沃之。

《后汉书·周举传》曰：

> 举稍迁并州刺史，太原一郡旧俗以介之推焚骸有龙忌之禁（新序曰：晋文公返国，介之推无爵，遂去而之介山之上。文公求之不得，乃焚其山，推遂不出而焚死。……传云：子推以此日被焚而禁火。）至其亡月咸言神灵不乐举火，由是士民每冬中辄一月寒食，莫敢烟爨，老少不堪，岁多死者。举既到州，乃作吊书以置子推之庙，言盛冬去火残损民命，非贤者之意，以宣示愚民，使还温食。于是众惑稍解，风俗颇革。

又《魏武帝集·禁火罚令》云：

> 闻太原、上党、西河、雁门冬至后百五日皆绝火寒食，云为介之推。

梁宗懔《荆楚岁时记》云：

> 去冬节一百五日即有疾风甚雨，谓之寒食，禁火三日，造饧大麦粥。……寒食挑菜。斗鸡镂鸡子斗鸡子。

明项琳之编注《荆楚岁时记》寒食一条，在注文中可以说是把所有有关寒食传说及习俗并集为大成者，而清代《古今图书集成》所载，即根据项琳之的注而来。项注曰：

> 按历合在清明前二日，亦有去冬至一百六日者，介之推三月五日为火所焚，国人哀之，每岁春暮为不举火，谓之禁烟，犯之则雨雹伤田。陆翙《邺中记》曰：寒食三日为醴酪，又煮糯米及麦为酪，捣杏仁煮作粥。《玉烛宝典》曰：今人悉为大麦粥，研杏仁为酪，引饧沃之。孙楚《祭子推》文云：黍饭一盘，醴酪一盂，清泉甘水，充君之厨。今寒食有杏酪麦粥，即其事也。旧俗以介之推焚骸有龙忌之禁，至其月咸言神灵不乐举火。后汉周举为并州刺史，移书于介推庙云：春中食寒一月，老少不堪，今则三日而已，谓冬至后一百四日，一百五日，一百六日也。《琴操》曰：晋文公与介子绥俱亡，子绥割股以啖文公，文公复国，子绥独无所得，子绥作龙蛇之歌而隐，文公求之不肯出，乃燔左右木，子绥抱木而死，文公哀之，令人五月五日不得举火。又周举移书及魏武《明罚令》、陆翙《邺中记》并云寒食断火起于子推，《琴操》所云，子绥即介推也。又云五月五日与今有异，皆因流俗所传。据《左传》及《史记》并无介推被焚之事。《周礼》司烜氏，仲春以木铎修火禁于国中，注云：季春将出火也，今寒食准节气，是仲春之末，清明是三月之初，然则禁火盖周之旧制也。

五

从上节所引各种记载我们可以看出介之推（或介子推、介子绥）的传说与寒食仪式的关系，现在暂且不论这一关系是怎样建立的，先让我们考察介之推传说内容的演变。介之推与晋文公之事，见于《左传》僖公廿四年的记载，但传文中只说晋文公对介之推的追随出亡无所赏赐，所以之推退隐而亡，并未说到有割股、烧山、禁火等事。《左传》僖公廿四年传文曰：

> 晋侯（即文公）赏从亡者，介之推不言禄，禄亦弗及。推曰：献公之子九人，惟君在矣，惠怀无亲外内弃之，天未绝晋，必将有主，主晋祀者，非君而谁？天实置之，而二三子以为己力，不亦诬乎，窃人之财，犹谓之盗，况贪天之功，以为己力乎，下义其罪，上赏其奸，上下相蒙，难以处矣。其母曰：盍亦求之，以死谁怼？对曰：尤而效之，罪又甚焉，且出怨言，不食其食。其母曰：亦使知之，若何？对曰：言，身之文也，身将隐，焉用文之，是求显也。其母曰：能如是乎，与汝偕隐，遂隐而死。晋侯求之不获，以绵上为之田，曰：以志吾过，且旌善人。

这段传文说得很清楚，晋文公对介之推的隐退很后悔，为了表示自己的过失，所以，以绵上为之田，也就是以介之推隐亡的地方绵上赐给他。这一段故事，《史记·晋世家》有较详细的记载：

> 文公出，见其书，曰：此介之推也，吾方忧王室未图其功，使人召之则亡，遂求其所在，闻其入绵上山中，于是文公环绵上山中而封之，以为介推田，号曰介山，以记吾过，且旌善人。

由此可见正史所载，文公仅以绵上之地封赐介之推，称之为介山以纪念，并未有焚山之事，更未延伸为寒食之禁火。如上节所述，最早把介之推与文公的故事说成焚山禁火形式是蔡邕的《琴操》。《琴操》可以说是一项文学作品，所以他把《左传》与《史记》所记载的文学化了，因此产生文公焚山，介之推抱木而死，文公后悔，下令日禁火以纪念之推的情节。不过《琴操》所说介之推被焚不得举火的日子是五月五日，而非清明节前二日或冬至后百五日，亦无冷食三日的说法。

真正把介之推的传说与断火，冷食三日连在一起，而形成仲春的寒食节者，也许是晋陆翱的《邺中记》，他记载邺中的风俗在冬至后一百零五日为纪念介之推断火冷食之日，而否定并州的风俗说是五月五日为介之推被焚之期。然而，一个人被焚死事应有一定日子，为何要与节气的冬至连上关系，而定在冬至后的一百零五日，且有些记载又说是清明前二日，姑不论冬至后一百零五日是否即为清明（按冬至为阳历十二月二十二日或二十三日，清明则为四月五日或六日，其间相距为一〇五日），以冬至或清明等天文节气来定死事的日子，似不甚合理，不禁使人联想到耶稣受难的日子与复活节竟亦无定日，而是推算三月廿一日后月圆之第一个周日，这两者的相似性实有异曲同工之妙，使人怀疑到底这两个节日是天文气象的节气或者是死难的纪念日！

《后汉书·周举传》把焚山禁火事更为神化了，周举任并州刺史时，发现太原郡有寒食的习俗，该郡人认为介之推焚骸死难之时"有龙忌之禁"，故其月神灵不乐举火，并不认为是晋文公下令禁火。太原风俗中最值得注意的一点是该地禁火寒食竟达一月之久，所以周举知并州，发现一月不能举火，对老人小孩很不好，就祭告介之推庙请将一月寒食之期缩短为三日。太原郡这种一月冷食的仪式，很容易使我们联想到前述欧洲人的四旬斋，以及 Sherente 人的三周斋戒期，而改一月寒食为三日期一事，也很容易使人想到列维－斯特劳斯所说的较短的斋戒期实是经验生活的象征表达（Lévi-Strauss，1973，p. 413），这种看法，证之并州风俗，确有其独到的见地。

把寒食仪式与神话各细节完整地并合在一起的，可以说是明代项琳之编注《荆楚岁时记》的注文，但是如前节所引，我们也可以看出项琳之的注解里也是有若干破绽存在，例如他一开始就说："按历合在清明前二日，亦有去冬至百六日者，介之推三月五日为火所焚。"他所说的这三个日期都互相矛盾，特别是三月五日这一日子，不知道是怎样来的，很可能是作者怀疑蔡伯喈所说的五月五日无法与春间的季节相配合，所以改"正"它为三月五日，以符合清明前二日或冬至后百六日的说法。但是项琳之自对历法似欠缺最基础的知识，不了解清明、冬至等节气是按太阳历推算的，在太阳历上并无一定日期，而他把介之推死难日期改订为三月五日，亦无法与清明的日期取得吻合。不过，项琳之的注解中也有一项特别之处，那就是"每岁春暮不为举火，谓之禁烟，犯之则雨雹伤田"一句，这种惩罚性禁忌的说法，是别的记载中所不见的。

从上文的分析，我们可以看出今日民间所流传的寒食仪式与神话的关联是经过若干阶段的发展而形成的，传说神话的出现应属较晚的事，而很明显的传说神话的出现是用来支持仪式的执行，因为像寒食这样的仪式，借熄火、冷食、再生火来象征季节的交替，实是一种非常抽象的仪式，对于一般百姓而言，恐无法了解其意义，而又要其切实执行，就必须要用一种他们可以懂的说法来作为支持，介之推传说的出现，就是要负起这任务，而这样的做法，在儒家的言行中是很常见，就如《荀子》所说的：

圣人明知之，士君子安行之，官人以为守，百姓以成俗。其在君子，以为人道也，其在百姓，以为鬼事也。

这也就是说，仪式对知识分子（君子）可以知道是人之道而安行之，然而对老百姓而言，则要以崇拜鬼神的方法使之成俗。寒食的仪式不易以崇拜鬼神的方法来支持使之成俗，但最少要以崇德报功的办法来作为说辞，这是介之推传说存在的外在意义，而在若干地方性的传说中，鬼神崇奉的形式似已出现雏形，例如在并州风俗中，即有"神灵不乐举火"的说法。同时在《荆楚岁时记》的注中，也有"犯之则雨雹伤田"的说法，这种惩罚性的禁忌，虽不一定含有神灵存在的意义，但对一般老百姓而言，其力量已与神灵的存在相近了。

在上述各种介之推传说的"版本"中另有一点值得注意的是《琴操》记载介之推死难的日期是五月五日，这一日子后来虽经《邺中记》的否定与《岁时记》的"改订"，但是五月五日端午节的仪式，在我国民间习俗中，却又被另一传说神话——屈原投江死难所取代，而作为支持肯定仪式的说法。端午与屈原的传说虽非本文分析的范围，但从这一改变与取代的过程，我们仍可看出我国古代季节性仪式的施行时，特别是对一般非知识分子的老百姓而言，传说神话的支持与肯定是具有重要意义的。

然而，为什么要"选"这一神话来支持这一仪式呢？换而言之，神话与仪式内涵间的关系是一种任选性的，或是必然的？或者更进一步问，把仪式与神话连上关系的人，他们用某些神话传说来支持仪式，是任意采择的吗？或者是根据某些原则？假如是根据一些原则，那么他们根据的是内容的相同性或是若干思维逻辑的对应性？这是问题的关键所在。

六

从寒食仪式与介之推神话的内容上，我们唯一可以找出其连带关系的是"火"的因素，但是，单就"火"的这一共同因素，并不一定要把两者勾连在一起，因为可以选择的火的传说仍有不少，所以作者怀疑其间另有其思维逻辑的对应性存在。

仔细思考介之推的传说，而从列维－斯特劳斯的结构分析出发，我们不难发现介之推的传说中仍有若干组对比的结构成分存在：首先当然是熄火与点火的对比，在传说中表现的先是焚山烧死介之推，然后是为纪念他而禁火，这一事件不但透露出点火：禁火的对比，而且更深地透露出煮熟与生冷的对比，因此也已包含文化：自然的对比存在了，否则即使真的烧死介之推（按照正史并无焚山之事），也不一定要用禁火来为之作纪念，因此在这里结构对比的思维过程已隐约可见。

再进一步说，传说中人物之间的关系，若依照列维－斯特劳斯分析"伊底帕斯故事"（Oedipus myth）的方式，我们可以发现其间也有所谓"高估的人际关系"（overrating of human relations）与"低估的人际关系"（underrating of human relations）一组对比存在。列维－斯特劳斯在他的《神话结构分析》（*Structural Study of Myth*）一文中，以伊底帕斯全本故事为例，说明 Cadmos 的找寻其妹子、伊底帕斯的娶母、Antigone 的埋弟等情节都属"高估的关系"；而武士的互相残杀、伊底帕斯的弑父、Eteocles 的杀兄，都属"低估的关系"（Lévi-Strauss，1963，pp. 214-217）。在介之推与晋文公的传说里，我们很明显地可以看出介之推割股以啖文公，实是一种超乎常情的行为，故属"高估的关系"，而晋文公在复国之后，不但未酬报介之推，反而把他烧死了，这也是出乎常情的举动，是"低估的关系"。其实对人际关系的高低估对比，并不仅见于介之推与晋文公之间，晋文公一族就不断地有这一对比的出现，例如根据《史记·晋世家》的记载，晋文公重耳的父亲献公及他的宠姬骊姬一直要杀死文公的长兄申生，申生不但不怨而且自杀于新城以保持关系，这是最著名的一个高低估关系的对比。其后晋大夫里克弑杀献公二位可能继承王位的幼子奚与悼子，而另一位晋大夫荀息却为这两位幼主而殉节，这又是一组对比。晋文公重耳逃亡齐国时，恒公以女妻之，晋文公耽于安乐不愿回国，其妻与赵衰、狐偃等人设法骗文公返晋，置女儿之情于不顾，但文公却怨狐偃，却以矛刺之，并要吃他的肉，这也是一组对比。又后，秦缪公送文公回晋国，并妻以其女，这位女儿原是文公侄儿子圉质秦时的太太，晋文公仍与她结婚，但回国又把自己的侄儿圉杀了，这更是明显的高低估关系的对比。由此可见在整个发展过程中，高估的人际关系与低估的人际关系这一组对比所占的重要性，而这一组对比的内在意义却又回到自然与文化的对比上去：低估的人际关系显露本能的一面，那是自然的表现；高估的人际关系则显示伦理道德的修养，那就明显地显于文化的一面了。

总结而言，用以支持寒食仪式的介之推传说，其所要透露的结构讯息是：

点火：禁火∷煮熟：生冷∷人际关系的高估：人际关系的低估∷文化：自然。

从这一结构范式来看，我们可以清楚地了解介之推传说中所要表达的讯息，正与寒食仪式所要透露的十分相近，也许就由于这种思维结构的相似性，所以介之推的传说才被选择用来支持寒食的仪式。对于选择神话与仪式关联在一起的君子儒者而言，这种结构的相似性，也许很能满足他们的思维历程，但对一般百姓而言，传说的崇德报功也许对他们才发生了意义，甚而要借神灵的威严或惩罚才会真正使他们遵守仪式的习俗。

参考书目

FRAZER, J. G.

1926-1936 *The Golden Bough: A Study in Magic and Religion*, 13 vols, London, Granet, M.

1926 *Danes et Légendes de la Chine Ancienne*, 2 vols, Paris.

Lévi-Strauss, C.

1963 The Structural Study of Myth, in *Structural Anthropology*, New York.

1969 *The Raw and the Cooked*, New York.

本文原载《第一届汉学会议论文集》（台湾"中央研究院"编），1981年。原文末所附《引用参考书目》从略。

共工·句龙篇

朱芳圃

朱芳圃（1895—1973），湖南株洲人。历史学家、古文字学和古音韵学专家。1926 年入清华大学研究院国学门，师从王国维。先后在河南大学、开封师范学院历史系任教授，在河南省历史研究所任研究员。朱芳圃有关中国古代神话研究的遗著手稿约 25 万字，其中《中国古代神话与史实》一书由他的学生王珍整理，于 1982 年出版。

共工神话，典籍所载，述之如次：

《山海经·大荒西经》："不周（负子），有两黄兽守之。有水曰寒暑之水，水西有湿山，水东有幕山。有禹攻共工国山。"（郝懿行按：《文选·甘泉赋》及《思赋篇》、《太平御览》五十九卷引此经，并无"负子"二字。当据正。）

《楚辞·天问》："康回冯怒，地何（故）以东南倾？"（王逸注："康回，共工名也。"《太平御览》三六、《事类赋》注四引此，并有"以"字，无"故"字。当据正。）

《淮南子·原道训》："昔共工之力，触不周之山，使地东南倾，（高诱注：'共工以水行霸于伏羲、神农间者也，非尧时共工也。不周山，昆仑西北。'）与高辛争为帝，遂潜于渊，宗族残灭，继嗣绝祀。"

又《天文训》："昔者共工与颛顼争为帝，怒而触不周之山，（高诱注：'共工，官名。伯于虙羲、神农之间。其后子孙任智刑以强，故与颛顼黄帝之孙争位。不周山，在西北也。'）天柱折，地维绝。天倾西北，故日月星辰移焉；地不满东南，故水潦尘埃归焉。"

又《兵略训》："颛顼尝与共工争矣。……共工为水害，故颛顼诛之。"

又《本经训》："舜之时，共工振滔洪水，以薄空桑。（高诱注：'共工，水官名也，柏有之后。振，动也；滔，荡也。欲雍防百川，滔高埋庳，以害天下者。薄，迫也。空桑，地名，在鲁也。'）龙门未开，吕梁未发，江淮通流，四海溟涬。民皆上丘陵，赴树木。（高诱注：'龙门，河之隘也。在左冯翊夏阳北，禹所凿也。吕梁，在彭城吕县。石生水中，禹决而通之。民所由得度也，故曰吕梁也。未发之时，水道不通，江淮合流。四海溟滓，无岸畔也。'）舜乃使禹疏三江五湖，辟伊阙，导瀍、涧，（高诱注：'伊阙，山名也。禹所开以通伊水，故曰辟。伊阙在洛阳西南九十里，瀍、涧，两水名。'）平通沟陆，流注东海。鸿水漏，九州干，万民皆宁其性。"

又《地形训》："共工，景风之所生也。"（高诱注："共工，天神也。人面蛇身，离为景风。"）

《归藏·启筮篇》："共工，人面蛇身，朱发。"（《山海经·大荒西经》郭璞注引）

《神异经》："西北荒有人焉，人面朱发，蛇身人首足，而食五谷，禽兽贪恶顽愚，名曰共工。"

《左传》昭公二十九年："蔡墨曰：'共工氏有子曰句龙，为后土。'"

《荀子·议兵》："是以尧伐𬴃兜，舜伐有苗，禹伐共工，汤伐有夏，文王伐崇，武王伐纣。此四帝两王，皆以仁义之兵行于天下也。"

又《成相》："禹有功，抑下鸿，辟除民害逐共工。"

《史记·律书》："颛顼有共工之陈，以平水害。"

岑家梧《水家仲家风俗志》说水家之传说："洪水泛滥，……于是天神放下水鼠，到处挖洞疏导，洪水始退。"（载《西南民族文化论丛》）

按洪之言共也，因水为共工所振滔，故谓之洪水。共工与句龙，侯东对转，实一名之分化。句之言纠也，当即纠龙，亦即《广雅·释鱼》之"蒄龙"，故今俗犹谓大水为龙水。《淮南子·原道训》言"共工……与颛顼争为帝，遂潜于渊"，盖共工为水虫，故失败后潜藏于渊。《山海经·大荒西经》则言"有禹攻共工国山"，《荀子·议兵篇》言"禹伐共工"，又《成相》言"禹……逐共工"。盖洪水之起，由于共工之振滔，禹攻伐之，驱逐之，水自平息。《左传》昭公十七年言："共工氏以水纪，故为水师而水名。"盖共工原为水物，故以水纪。其神话当分两系：一、《淮南子·天文训》言："共工……触不周之山，天柱折，地维绝。"此盖先民解释天象地形之神话。谓日月星辰之移于西北，水潦尘埃之归于东南，由于天倾西北，地不满东南。其原因为共工触不周之山，使天柱折，地维绝所致。二、《淮南子·本经训》言："共工振滔洪水，以薄空桑。"此盖与鲧塞洪水为一事，传说分化为二，说详《鲧和禹》篇。

《尚书·洪范》："箕子乃言曰：我闻在昔，鲧陻洪水，汩陈其五行。帝乃震怒，不畀洪范九畴，彝伦攸斁。鲧则殛死，禹乃嗣兴。天乃锡禹洪范九畴，彝伦攸叙。"

《国语·周语》："古之长民者，不堕山，不崇薮，不防川，不窦泽。……昔共工弃此道也，虞于湛乐，淫失其身，欲壅防百川，堕高埋庳，以害天下。皇天弗福，庶民弗助，祸乱并兴，共工用灭。其在有虞，有崇伯鲧，播其淫心，称遂共工之过，尧用殛之于羽山。其后伯禹念前之非度，鳌改制量。……共之从孙四岳佐之，高高下下，疏川导滞，钟水丰物，封崇九山，决汨九川，陂鄣九泽，丰殖九薮，汩越九原，宅居九隩，合通四海。……莫非嘉绩，克厌帝心。皇天嘉之，祚以天下，赐姓曰'姒'，氏曰'有夏'，……祚四岳国，命以侯伯，赐姓曰'姜'，氏曰'有吕'。"

按《国语·周语》所载，全由神话演为人话，一事析为二事，兹与《淮南子·本经训》两相对比，列表如次：

《淮南子·本经训》	《国语·周语》
共工振滔洪水，以薄空桑	共工壅防百川以害天下
	伯鲧遂称共工之过
	共工用灭
	尧殛鲧于羽山
禹疏三江五湖	伯禹疏川导滞
鸿水漏九州干	合通四海

振滔洪水，全为神话。壅防百川，盖据春秋战国时代以邻国为壑（见《孟子·告子》），壅防百川，各自为利（见《汉书·沟洫志》）为背景立说，明为人话。至共工与伯鲧为一人之分化，说详《鲧和禹》篇。

《逸周书·史记解》："昔有共工自贤，自以无臣，久空大官，下官交乱，民无所附，唐氏伐之，共工以亡。"

按《汉书·地理志·河内郡》："共，故国。"今属河南辉县。当即共工之国。唐，即陶唐。《帝王世纪》："尧都平阳。"（《史记·五帝本纪》《正义》引）今属山西临汾。《逸周书·史记解》言唐氏伐共工而亡之，当为事实。

《国语·鲁语》："共工氏之伯九有也，其子曰后土，能平九土，故祀以为社。"（《礼记·祭法》"伯"作"霸"，"九有"作"九州"，"九土"亦作"九州"）

《左传》昭公二十九年："共工氏有子曰句龙，为后土。"按共工即鲧，句龙即禹，其证如次。

《国语·周语》："古之长民者，不堕山，不崇薮，不防川，不窦泽。……昔共工弃此道也，虞于湛乐，淫失其身，欲壅防百川，堕高堙庳，以害天下。"

又《鲁语》："……以死勤事则祀之，……鲧鄣鸿水而殛死，禹能以德修鲧之功……皆有功烈于民者也。"（《礼记·祭法》无"以德"二字）

《尚书·洪范》："鲧陻洪水，汩陈其五行，帝乃震怒，不畀洪范九畴，……鲧则殛死，禹乃嗣兴，天乃锡禹洪范九畴。"

《山海经·海内经》："洪水滔天，鲧窃帝之息壤以堙洪水。"

共工壅防百川，堕高塞庳，以害天下，与鲧窃帝之息壤以塞洪水，遂致大灾相同。证一。

《逸周书·史记解》："昔有共工自贤，自以无臣，久空大官。下官交乱，民无所附。唐氏伐之，共工以亡。"

《楚辞·离骚》："鲧婞直以忘身兮，终然夭乎羽之野。"

闻一多：《楚辞校补》曰："言鲧行婞直，不顾己身之安危也。……夭之为言夭遏也。《淮南子·俶真训》曰：'天地之间，宇宙之内，莫能夭遏。'又曰：'四达无境，通于无圻，而莫之要御天遏者。'天遏双声连语，二字同义，此曰'夭乎羽之野'，犹《天问》曰'永遏在羽山'矣。《礼记·祭义》疏引郑志答赵商曰：'鲧非诛死，鲧放诸东裔，至死不得反于朝。'放之令不得反于朝，即天遮遏止之使不得反于朝也。"

《吕氏春秋·行论》："尧以天下让舜，鲧为诸侯，怒于尧曰：'得天之道者为帝，得地之道者为三公，今我得地之道，而不以我为三公。'"
共工自贤，与今我得地之道而不以我为三公，与鲧婞直以忘身相同。证二。

《史记·楚世家》："共工氏作乱，帝喾使重黎（即祝融）诛之而不尽。"

《山海经·海内经》："帝令祝融杀鲧于羽郊。"

《韩非子·外储说右上》："尧……又举兵而诛共工于幽州之都。"
诛共工者为祝融，杀鲧者亦为祝融。证三。

《汲冢琐语》："晋平公梦朱熊窥其屏，恶之而有疾，使问子产。子产曰：'昔者共工之卿浮游，败于颛顼，自沉于淮。'"（《路史》注引。《太平御览》卷九〇六引"朱熊"作"赤熊"，"自沉于淮"作"自没沉淮之渊"）

《国语·晋语》："平公有疾，……客问君疾，对曰：'寡君之疾久矣，上下神祇，无不遍谕，而无除，今梦黄熊入于寝门。……'子产曰：'……侨闻之，昔者鲧违帝命，殛之于羽山，化为黄熊，以入于羽渊，实为夏郊。'"

此二事同为晋平公有疾，而问子产，一梦黄熊，一梦朱熊，所说鲧与共工卿浮游化熊入渊事又绝类，明为一传说之分化。证四。

《吕氏春秋·行论》："尧以天下让舜，鲧为诸侯，怒于尧曰：'得天下之道者为帝，得地之道者为三公，今我得地之道，而不以我为三公。'以尧为失论。欲得三公，怒其（原作'甚'，据王校改）猛兽欲以为乱，比兽之角，能以为城；举其尾，能以为旌。召之不来，仿佯于野以患帝，舜于是殛之于羽山，副之以吴刀。"（《论衡·率性篇》略同）

此传说演化为两支：

《韩非子·外储说右上》："尧欲传天下于舜，鲧谏曰：'不祥哉！孰以天下而传之于匹夫乎！'尧不听，举兵而诛杀鲧于羽山之郊。共工又谏曰：

'孰以天下而传之于匹夫乎！'尧不听，又举兵而诛（《太平御览》卷六四五引作'流'）共工于幽州之都。"

是尧传天下于舜，鲧与共工同因进谏而被诛，谏辞全同。证五。

句龙即禹，其证如次：

《国语·鲁语》："共工氏之伯九有也，其子曰后土，能平九土，故祀以为社。"（又见《礼·祭法》）

《左传》昭公二十九年："共工氏有子曰句龙，为后土。……后土为社。"

又昭公十七年："共工氏以水纪，故为水师而水名。"

《淮南子·氾论训》："禹劳天下，死而为社。"

句龙为共工子，禹为鲧子；句龙平九土，禹劳天下；句龙祀以为社，禹死而为社；是句龙即禹，甚为明显。禹与句，古读同音。《方言》："跔，貌治也。吴、越饰貌为跔。"《说文》："跔健也。一曰匠也。从立，句声，读若龋。"又《吕氏春秋·应言》："然而视之蝺焉，美无所用。"（高诱注："蝺读龋齿之龋，鼎好貌。"）《淮南子·人间训》说高阳魋为室云："其始成，跔然善也。"（高诱注："跔，高壮貌。"）吕氏言"跔焉美"犹《淮南》云"跔然善"矣。

《文选》宋玉《登徒子好色赋》："旁行踽偻。"李善注："踽偻，伛偻也。"

《汉书·东方朔传》："行步偊旅。"颜师古注："偊旅，曲躬貌。"

《庄子·达生》："见病偻者承蜩。"王先谦注："病偻，老人曲腰之貌。"

《方言》九："车……或谓之篓笼，……秦晋之间，自关而西，谓之枸篓。"

《集韵·噳韵》："簴（音矩），果羽切。簴篓，规车辋则也。"

按禹与句古读同音，既已证明，偻、篓与笼古亦同音。枸篓即篓笼，亦即簴篓。故句龙即禹龙。禹为龙族，说详《鲧和禹》篇。

《天问》之"康回"即《尧典》之"庸违"。不过《尧典》那一整段文字，似乎从未被读懂过。原文如下：

"帝曰：'咨，畴若予采！'"

"驩兜曰：'都！共工方鸠僝（椊）功。'"

"帝曰：'吁！静言庸违（回）象（滮）恭（洪）滔天。'"

"帝曰：'咨，四岳。汤汤洪水方割（害），怀山襄（囊）陵，浩浩滔天。下民其咨，有能俾乂？'"

"佥曰：'于！鲧哉。'"

《周语下》灵王太子晋说："昔共工氏……壅防百川，堕高堙庳，以害天下，……祸乱并兴，共工用灭。其在有虞，有崇伯鲧，播其淫心，称遂共工之过。"

《尧典》的话完全可与《周语》相印证。"僝"当读为椊，《说文》曰"以柴木雍水也"。"方鸠栲功"即《周语》之"雍防百川"。"象"是"潒"之省，"潒"即"孟"字。"恭"当从"水"作"恭"，即"洪"之别体。"滔天"即下文之"浩浩滔天"，指洪水。"潒洪滔天"即《淮南子·本经篇》所谓"共工振滔洪水，以薄空桑"，《周语》之"害天下"亦指此而言。"庸违"当从《左传》文公十八年、《论衡·恢国篇》、《潜夫论·明暗篇》、《吴志·陆抗传》作"庸回"。但自《左传》以来，都将"庸回"解为"用邪"，《史记·五帝本纪》也译为"用僻"，实在是大错。实则"庸回"是"潒洪滔天"的主词，正如"共工"是"方鸠栲功"的主词，庸回与共工是一个人。（闻一多：《伏羲考》。《闻一多全集》第一卷，开明书店1948年版）

按闻一多谓《楚辞·天问》之"庸回"即《尚书·尧典》之"庸违"，其说精确不移。"康"当作"庸"，因形近而误。"庸"即"融"之通假。如祝融《路史·后记》作"祝庸"，是其证。《说文》："融，炊气上出也，从鬲，虫省声。"孳乳为赨。又云："赨，赤色也。从赤，虫省声。"盖以火光象征神灵。故《归藏·启筮篇》、《神异经》并言共工"朱发"。"回"、"违"皆虫，如虺之音假。《尔雅·释鱼》："蝮虫（今本虫作虺）博三寸，首大如擘指。"（郭璞注："此自一种蛇，人自名为蝮虺。今蝮蛇细颈、大头、焦尾，色如艾，绶文，文间有毛似猪鬣，鼻上有针。大者长七、八尺，一名及鼻，非虺之类，此足以明此自一种蛇。"见《斯干》及《颜田儋传》注）《说文》："虫，一名蝮，博三寸，首大如擘指，象其卧形。"又"虺，以注鸣，《诗》曰'胡为虺蜥（今诗作蜴)?'从虫，兀声。"虫若虺，即虮如螈。盖虫为初文，象形，虺为虫之后起形声字，虮为虺之异文。盖虺从兀声，虮从元声，兀与元实为一字又二物，皆以注鸣（注即味之通假），是其证，螈又虮之同音假借。

《尔雅·释鱼》："蝾螈，蜥蜴；蜥蜴，蝘蜓；蝘蜓，守宫也。"

《方言》："守宫，秦晋、西夏谓之守宫，或谓之蚭蠑，或谓之蜇蜴。其在泽中者谓之易蜴，南楚谓之蛇医，或谓之蝾螈，东齐海岱谓之蠑螈，北燕谓之祝蜒。"（郭璞注："蜇易，南阳人又呼蝘蜓。""蠑螈，似蜇易，大而有鳞，今所在通言蛇医耳。"）

《说文》："易，蜥蜴，蝘蜓、守宫也，象形。"又云："在壁曰蝘蜓，在草曰蜥蜴。"又云："蝾螈、蛇繋以注鸣者。"

《诗经·小雅·正月》："胡为虺蜴？"毛传云："蜴，螈也。"郑玄笺云："虺蜴之性，见人则走。"孔颖达义疏云："虺蜴，一名蝾螈，蜴也，或谓之蛇医，如蜥蜴，青绿色，大如指，形状可恶。"

《汉书·东方朔传》：射守宫不中，云："臣以为龙又无角，谓之为蛇又有足，跂跂脉脉善缘壁，是非守宫即蜥蜴。"（颜师古注："跂跂，行貌也。脉脉，视貌也。"《尔雅》云："蝾螈，蜥蜴；蜥蜴，蝘蜓，守宫。"是则一类耳）

《古今注》："蝘蜓，一名龙子，一曰守宫。善上树，捕蝉食之，其长细五色者名为蜥蜴；短大者名蝾螈，一曰蛇医。大者长三尺，其色玄绀者善螫人，一名玄螈，一曰绿螈也。"

虫——虺——蚖
　　＼蝘——原

《国语·郑语》载史伯引《训语》："'夏之衰也，褒人之神化为二龙，以同于王庭，而言曰：余，褒之二君也。夏后卜杀之，与去之，与止之，莫吉。卜请其漦而藏之，吉。乃布币焉，而策告之。龙亡而漦在，椟而藏之，传郊之。'及殷、周莫之发也。及厉王之末，发而观之，漦流于庭，不可除也。王使妇人不帏而噪之，化为玄鼋。"韦昭注："鼋，或为'蚖'。蚖，蜥蜴，象龙。"

按《史记·夏本纪》太史公曰："禹为姒姓，其后分封，用国为姓，故有……褒氏……"是褒为禹后。"同"即交合之谓。《山海经·海内经》："伯陵同吴权之妻阿女缘妇。"郭璞注："同犹通，言淫之也。"《急就篇》亦有"沐浴揃搣寡合"之语。"二龙同于王庭"，使我们联想起那"左右有首"的人首蛇身交尾像。

"二君"，韦昭注："二先君。"《史记·周本纪》《集解》引虞翻曰："龙自号褒之二先君也。"由二龙为"同于王庭"的雌雄二龙推之，所谓"二君"自然是夫妇二人。夫妇二人有着共同为人"先君"的资格，并且是龙的化身，这太像伏羲女娲了。(参考闻一多：《伏羲考》，见《闻一多全集》第一卷，开明书店1948年版)

本文选自作者遗著《中国古代神话与史实》（王珍整理），中州书画社1982年版。

洪水故事中的非血缘婚姻观

乌丙安

乌丙安（1929—　），又名巴·乌良海，笔名丁离、乌边、无忌。蒙古族。生于内蒙古呼和浩特。1953年入北京师范大学中文系修民间文学专业研究生，师从钟敬文。曾任辽宁大学中文系教授。民俗学家。神话方面的主要著述有《洪水故事中的非血缘婚姻观》(1982)、《简论神话系统》(1987) 等。此外，《民俗学丛话》(1983)、《中国民俗学》(1985)、《神秘的萨满世界》(1989) 等专著也有关于神话的论述。

在探讨洪水故事中的非血缘婚姻观的时候，令人立即想起逝世整整一百周年的美国人类学家路易斯·亨利·摩尔根（Lwis Henry Morgan）关于血缘家族的学说。自从1877年他那本著名的《古代社会》在伦敦出版到现在，也已经过去了一个世纪零三年了。在这期间里，可以看到这本书所代表的摩尔根的家族制度发展学说不仅对研究古代社会的进程起了划时代的作用，同时对解开人类创造的古代奇异神话之谜也起了划时代的作用。

马克思对这本书所做的十分详细的摘录和评语，以及恩格斯就这本书的成果而写出的名著《家庭、私有制和国家的起源》都证实了他们对摩尔根科学成就所给予的热心推崇和高度评价。恩格斯着重指出了摩尔根的主要功绩在于他发现了氏族的本质，同时还指出这个发现是一把钥匙，用这把钥匙解开了古代希腊人、罗马人、日耳曼人历史上至今未解决的最重要的谜。[1] 事实上，这把钥匙同样也可以借用来解开古代神话中至今未解决或未彻底解决的最重要的谜，从而给历来被视为荒诞无稽的古老神话，开辟出一条科学解析的途径。

在遍及世界各族各地的古老神话传说中，洪水故事以它独具的人文特点占据着重要位置，引起了历史学、民族学及民俗学界的注视。其中，尤其是血缘婚姻型的神话和传说，更具有重要的社会史、民族史意义。

随着近半个世纪以来，特别是近三十年以来我国西南各少数民族中广泛流传的洪水神话传说的被挖掘，对于这类神话传说中所表现的兄妹（或姐弟）婚姻的分析

---

[1] 恩格斯：《家庭、私有制和国家的起源》，人民出版社，第6页。

研究也有了相应的进展。早在闻一多先生发表《伏羲考》①之前，所谓的旧式学者还在进行着一场无味的争辩。按照正统的道德标准或法律观念，我国古文献和出土文物上的伏羲与女娲，既是兄妹，就不能是夫妇，是夫妇，则不可能称兄妹。甚至连简短的书目介绍中都充斥着"女娲兄妹为夫妇事，皆齐东之语"②的悖谬之论。就是全唐诗中卢仝《与马异结交诗》中的"女娲本是伏羲妇"，在注解中还有"妇一作妹"的话，足以从一斑窥视这类论争的全豹了。近几十年中，民族的或民俗的科学调查，从国际到国内发现了大量洪水神话传说和伏羲女娲兄妹婚姻型神话传说，给科学研究提供了重要材料和依据。在我国学术界，陈腐胶固的非议之论虽然越来越少，但是对于"兄妹配偶"的正面论述也还没有达到令人信服的高度。近二十年来，我国学术界继闻一多之后再一次把注意力集中到这类神话传说上来，才开始用摩尔根的、巴霍芬的调查和论断对兄妹婚姻型神话传说加以审视和印证，才开始用马克思、恩格斯的某些理论进一步处理这类神话、传说的许多问题。应当承认，这是一个有意义的飞跃，它标志着我国民族学、神话学正朝着更加科学化的方向迈开了步伐。但是，怎样正确认识这类神话传说的内容、性质和意义，怎样用马克思主义的科学理论比较准确地解析这类神话传说，还都是不小的难题。

血缘婚姻型神话传说有多种形态，其中最有典型性的是兄妹（姐弟）婚姻型故事。对于这类神话传说，近年来我国学者常常引用1882年春马克思在一封信中写的一句话予以概括。这句重要的话是："在原始时代，姐妹曾经是妻子，而这是合乎道德的。"恩格斯在1884年引用这句话时还着重强调了"曾经"二字及"而这是合乎道德的"这个分句。由此，得出了这类神话传说反映了血缘婚姻制的肯定结论。但是，对于这类神话传说的复杂构成因素却往往不加深究，有的即使稍加涉及却又一带而过。于是，马克思的这句话似乎便把一切问题都解决了。

然而，事实远不是这样简单。马克思的这句话并没有全面解析血缘婚姻型神话传说，更不可能是对兄妹婚姻故事的科学概括。因为，马克思的这句话在上个世纪八十年代初的发表，是有它的针对性和现实性的。它既没有也不可能针对兄妹婚姻型神话传说做出相应的结论。因此，有必要对兄妹婚姻型神话传说和马克思、恩格斯的有关理论及摩尔根的学说进行再认识。

一

反映远古近亲配偶的神话传说并不止一种类型，其中像父女婚配型传说在中太平洋波利尼西亚群岛上并不少见；母子婚配型传说在印度尼西亚诸岛上也不难找到；在希腊神话中也有，像风神伊奥拉斯之子萨尔门留斯把自己的女儿泰罗嫁给了她的叔父克勒修斯的故事。在众多的近亲配偶神话传说中，最典型的便是兄妹（姐弟）

---

① 闻一多：《神话与诗》，古籍出版社1956年版，第3页。
② 引自《四库全书》总目卷一四四子，小说家类存目二。

婚姻型故事，它们在世界的各大陆及海洋岛屿间有较普遍的流传。像希腊神话中的众神之父宙斯和天后赫拉，农神得墨忒耳既是兄弟姐妹，又是夫妇；又如《丹内德（Danaidae）传说》里，宙斯的后裔，哥哥丹内奥斯的五十女儿与弟弟伊吉普塔斯五十儿子结婚的故事都已经成为众所周知的常识了。

由于这些兄妹婚姻神话传说通过幻想形式对人类的繁衍做了解释，所以通常又被学术界把它们归入人类起源神话传说；又因为这类故事大都描写了远古人类所受的大洪水之灾，所以又往往把它们归入洪水故事。

在我国，古代文献中最早也记载有兄妹神。如《风俗通》中说"女娲，伏希之妹"（这里的"希"显然是"羲"的记音）。但是，从汉墓出土的许多石刻画像中却可以较清楚地测定女娲、伏羲又是夫妇型的对偶神。只有唐末李冗在《独异志》中记述的女娲兄妹自相婚配的人类起源神话，还较为完整。故事说：

> 昔宇宙初开之时，只有女娲兄妹二人在昆仑山，而天下未有人民，议以为夫妻，又自羞耻。兄即与其妹上昆仑山，咒曰：天若遣我兄妹二人为夫妻，而烟悉合；若不使烟散。由于烟合，其妹即来就。兄乃结草为扇，以障其面。

这里的议婚自羞，以扇障面和以烟占婚的成分，素来都被看作是后世附加的，因而往往贬低它们的意义。但是，随着大量民间口头神话的被发现，人们才不得不承认这类神话传说中复杂成分的大同小异的存在，绝非偶然或孤立的现象。例如，广西瑶族有一则传说的梗概说：

大洪水以后，人类灭亡，只有伏羲、女娲兄妹二人劫后余生。兄向妹坚持求婚，妹执意不允，后来妹迫于兄的追求，便提出用"追逐"的办法决定，如兄追到她，便可成婚。于是围一株大树追逐，兄总也追不到妹，便生一计，从相反方向迎去，于是截拦了妹，成为夫妇。不久，妹生一子，是一块肉球。[①]

这则传说的记录发表在本世纪四十年代初，它的基本情节和古代唐末的文字记载已有出入。不仅出现了大洪水的背景，还出现了与占婚相应的绕树追逐的情节，同时增加兄妹婚后生异常儿的成分。但是，它们共同的地方则是只有兄妹二人，议婚时妹不允或兄妹自以为耻，提出了各种决定成婚的条件（占婚或绕逐）。比较起来，民间口传神话传说似乎更接近古代传承的原型。另有一则神话传说的记录发表在1964年3月。它的故事构成较上两则稍为完整，这是流传在四川省中江县的同型故事三种异文中的一则故事，梗概如下：

大洪水后，伏羲女娲兄妹乘竹篮逃生，先是抟土造人，后地母神劝诱兄妹成婚制人烟。女娲不允，议婚七日夜，才决定用绕山追逐的办法，如兄追到妹，可成婚。于是，绕山追逐，七圈未追上，一只龟出计，让兄从相反方向迎截妹。迎到后，妹责备兄听信龟计，毁约，又不允婚。再改用占卜办法，把两扇石磨从山顶滚下，如

---

① 常任侠：《沙坪坝出土之石棺画像研究》，载《说文月刊》第 1 卷 10、11 期合刊。

能山下重合，可成婚。登山滚石磨后果然重合，遂成婚。后女娲生一肉块，伏羲把它剁成碎片，化生成人。①

从这里可以看出一些复合成分，女娲抟土造人神话和女娲兄妹成婚繁衍人类的传说糅合在一起了，绕物追逐的议婚条件与占婚的决定条件结合在一起形成了递进式的拒婚情节。这里用石磨重合做占卜决定兄妹成婚的故事，在广西的壮族、云南和四川的彝族、贵州和湖南的苗族以及西南其他兄弟民族中都有流传。此外，像《阿细的先基》中，不仅有两扇石磨重合一起的部分，还连续增加了用筛子簸箕滚在一起，丢去的针线穿在一起的占卜表示拒婚议婚的情节。贵州布依族的《姐妹成亲》和云南白族的《氏族来源的传说》，云南撒尼族的《木脑斋瓦》，傈僳族的《开天辟地的故事》，彝族的《梅葛》中都有兄妹成婚的情节。同时，在台湾、海南岛各族人民中，以及印度支那等邻近民族中也有同类神话传说流传。

从近半个世纪以来发表的我国西南各兄弟民族的大量兄妹婚姻故事，可以看出它们的存在和不断传承并不是偶然的或孤立的，而是具有人类社会史和民族文化史的普遍意义的。因此，解剖这类神话传说的内部结构，对正确认识原始社会及民族起源有不容忽视的重要价值。

这类神话传说按其情节的主要特点可分为两种型式：一种是追逐型，另一种是占卜型。此外还有二者的复合型。

追逐型故事的情节要点是：妹拒婚后，以兄绕物追逐妹，取得成功后方可成婚为先决条件。占卜型故事的情节要点是：妹拒婚后，以实物（如石磨、筛子簸箕、针线、烟火、鱼等）做占卜，预定各物相结合方可成婚为先决条件。这两种型式的洪水故事在我国西南境内各少数民族的口头传承中都有典型例证。同时，也应当看到与我国接壤的朝鲜北部、越南、印度以及与我国一衣带水，有着悠久文化交流传统的日本等国也都分别有这两种型式的兄妹婚姻神话传说。其中如公元八世纪日本安万侣编《古事记》② 中所载日本古代神话伊邪那岐命与伊邪那美命兄妹二神婚姻的故事，就是以妹先绕"天柱"，兄追逐后成婚，生"水蛭子"，然后再向神占卜，改为兄绕"天柱"，妹随逐之，再生国土为基本情节的。冲绳海域日本列岛也流传着自成系统的兄妹婚洪水故事。像朝鲜釜山、庆北、咸兴等地流传的民谭中的《大洪水和人类》故事也正是以兄妹滚石磨和烧松叶烟做占卜决定成婚为主要情节的③，从国内外各民族的古老神话传说的这些近似或相同的类型中，可以清楚地看到它们内部结构的一些共同部分。

从构成这两种类型的兄妹婚姻神话传说的主体看来，它们的共同成分（或近似成分）大体包括以下四个部分：

---

① 陈钧：《伏羲兄妹制人烟》，载《民间文学》1964 年第 3 期。
② ［日］安万侣编：《古事记》，邹有恒、吕元明译，人民出版社 1963 年版。
③ 孙晋泰：《朝鲜民谭集》，乡土研究社 1930 年版。

1. 远古（宇宙初开或大洪水后），只有（或只剩）兄妹（或姐弟）二人；

2. 兄向妹求婚，妹避忌不允，提出了成婚的先决条件（追逐或占卜的成功与否）；

3. 约定各条件都经过试验取得成功（①兄多番追逐不成，改从相反方向拦截，追到妹；②举行一种或几种占卜，终于取得成功；③兄从相反方向迎截，违犯了约束，妹再拒婚，又改行占卜一至几次，方成功），迫使妹就婚；

4. 婚后生一非人形儿（肉球、肉块、瓜；无手足、无五官、无颜面怪胎等）。

从以上四个部分中可以看出它们所表现的两方面内容：其一是属于社会生活方面的内容；其二是属于思想观念方面的内容。

首先，从反映古代社会生活角度审视，应当承认所有兄妹婚姻型神话传说都不同程度地反射了远古血缘家族时期兄弟姐妹婚姻制度的影子。但是，同时也应当注意到在大多数情况下，这种兄弟姐妹配偶制度的影子也并不是十分典型的。在这些古老传承中，兄妹婚姻几乎都是用一夫一妻的形式表现的。然而，原始社会史的大量科学资料却告诉我们，古代的兄妹配偶的血缘婚姻，从来都只能是"一群"兄弟姐妹之间的婚姻关系，然而在这类神话传说中，却都是晚些时候的对偶婚姻的一男一女形式或更晚些时期的一夫一妻形式表现，可见它们对原始社会血缘家族的兄弟姐妹配偶制并不是直接反映的。

以往的学界在分辨这类神话传说时，为什么常常在"兄妹型"与"夫妻型"上花费口舌笔墨，多做了一些文章呢？除了在兄妹是否可成夫妻的观点上论争以外，另外的一个关键问题正在于这里的兄妹婚姻情节偏偏是在一夫一妻的形式下构成的原因；而一夫一妻的婚姻是根本排斥直系及旁系兄弟姐妹的婚姻关系的。可见，这类神话传说对远古社会血缘婚姻制的反映是不典型的。它们只不过是曲折地反射了血缘婚姻制的某些影像而已。

按照人类社会家庭制度发展最早阶段的形态看来，由完全杂交的男女关系发展到血缘家庭，是要经过"一群兄弟和姐妹之间的婚配"① 才能产生的。这里的"一群"十分重要。它标志了兄弟们与姐妹们之间的婚姻，而不是某一兄弟与某一姐妹的婚姻关系。例如纳西族的《创世纪》中所述：

> 除了利恩六兄弟，天下再没有男的；除了利恩六姐妹，天下再没有女的。兄弟找不到妻子，找上了自己的姐妹；姐妹找不到丈夫，找上了自己的兄弟。兄弟姐妹成夫妇，兄弟姐妹相匹配。

和多数兄妹二人婚姻型故事不同，这里却有着典型的一群兄弟姐妹之间婚配的特点，从而比较直接地反映了人类家庭制度发展第一阶段中的血缘家族制。由此，我认为大多数兄妹婚配神话传说是在家族制度发展第一阶段之后的某个阶段对血缘婚姻的某种追述。因为，作为反映社会生活的古老神话传说形式，在血缘家族阶段

---

① 摩尔根：《古代社会》，第3编第6章。

也只能表现"一群兄弟和姐妹之间的婚配",绝不可能臆造出后阶段"一夫一妻"的兄妹二人婚姻形态。所以,说它们是晚于血缘家族阶段的后世对远古婚姻制度的回忆追述,似乎并不是无依据的揣测。事实上,这类神话传说的可贵之处正在于它们终于曲折地反射出人类最早的婚姻形态的某种影像,使我们处于现代文明社会的人也可以窥察远古祖先的家族制度。

如果把这类神话传说反映古代婚姻制度的问题和它们所表现的有关思想观念结合起来探讨,就更加清楚了。

这类兄妹婚姻型神话传说究竟表现了哪些思想观念呢?第一,它们比较普遍地表现了大洪水后世上只有兄妹二人残生的情景,这样就自然确定了兄妹二人成婚的不可避免的被迫性质。这种对兄妹成婚确立的无可奈何的不得已而为之的前提,是古代人类对血缘婚姻存在否定心理的某种流露。它暗示在没有洪水灭绝其他人的条件下,兄妹婚姻将是不可以成立的。如果参照纳西族的《人类迁徙记》①所描绘的情景,更可以理解这类故事中所显示的态度。故事介绍说:由于兄弟姐妹们之间的婚配触怒了天神,才造成了天地变异,山崩地裂。可见,神话传说中把兄妹二人婚配的客观因素强调到人类灭绝的程度,正是突出了主观因素上的被迫性质,这是值得注意的。第二,它们还比较普遍地表现了妹拒婚的情形,这样就更加明确地表露了排除血缘婚姻的观念。兄求婚,妹拒婚,这种女系抵制男系血缘婚姻的观念,比较鲜明地表示了遏止兄弟姐妹间成婚的氏族组织建立前后的思想倾向。由此引出的绕物追逐或各种占婚的先决条件,也都从拒的手段上反映了较强烈的抵制血缘婚姻的态度。尽管提出的条件,制造的难题都采取了古老的神占巫卜的形式,但是,每种方法执行过程中女系所表现出的抵制非难和谴责都是较为明显的,像有的追逐型情节中男系违反了约束,从相反方向迎截的行动便遭到了女系的怨怒,进而为男系设置新的障碍。在探究这类神话传说奥秘的时候,不应当轻易放过这些重要因素。如果仅仅看到了兄妹二人成婚的内容便立即断定它们反映了血缘家族制的话,那么比这更重要的反复抵制血缘婚姻的各种观念和愿望,就成为应当着重注意的内容了。第三,它们还较普遍地描绘了兄妹二人婚后生下了不成人形的怪胎或异常儿的情节。这是这类神话传说中非血缘婚姻观念表现的很有意义的部分,也是最富于科学价值的部分。只要注意一下数十个这类神话传说中兄妹婚后生下了肉球、肉块、肉团、肉瓜,无四肢、无五官、无颜面的怪胎等情节,就会衡量出故事中显示了多大的抵制血缘婚姻的力量。近亲配偶产生非人形儿在神话传说中存在的意义是很明显的,它既包含有对血缘婚姻的朴素指责,又有自然选择原则在发展人类体质与智力方面的某种反面教训。它虽然没有以科学的概念出现,但是,这种可贵的迈向文明进步的观念却从表面荒诞的故事里展现了出来。不管这类神话传说在多大程度上描绘了兄妹配偶及繁衍人类,而占有主体位置的却是贯串故事始终的非血缘婚姻观念。舍

---

① 贾芝、孙剑冰编:《中国民间故事选》,人民文学出版社 1959 年版。

去了故事情节中的这些成分，这类神话传说也自然不存在了。至于那些赞颂怪胎是繁衍人类的神胎的故事，显然是极力维护近亲血缘婚制的某些思想势力的产物，自当别论。

兄妹婚姻型洪水故事中表现出的非血缘婚姻观念是强烈的，因此，在国际学术研究界也已引起了某些注视。像日本民族学者伊藤清司在他研究大量兄妹婚姻神话传说的成果中①，关于近亲配偶的避忌做了专章节的探讨和分析。这显然是极有意义的。我们研究古代神话的目的，不仅在于正确认识古代社会生活，更重要的是探究古代人类意识形态中那些很可宝贵的成分，从中看出人类文明的发展轨迹。因此，对兄妹婚姻型洪水故事不应当看作是古代某个家族发展阶段的简易图解，而应当作为人类社会发展中思想观念发展的重要成果予以审查和解析，从而为人类的进步和发展找出积极的主观动力。这也正是我们今天为什么要认真剖析这类神话传说中所展示的非血缘婚姻观念的主要原因。

根据分析，我们推断一下大多数兄妹婚姻型神话传说产生的时限是必要的，也是有意义的。用摩尔根提供的钥匙来解开这个谜，还是可靠的。依照摩尔根的学说，肯定血缘婚姻家族制度的观念和遏止、排除兄弟姐妹婚姻关系的观念，大体存在于两个不同的家族制度发展阶段。前者存在于人类家族制度连续发展顺序的第一阶段的血缘家族制阶段；后者存在于第二阶段普那路亚家族的氏族组织建立阶段。因为，第一阶段中的一群兄弟姐妹之间婚姻关系是普遍的，而第二阶段中排除兄弟姐妹间婚姻关系，严禁氏族内部通婚又成为普遍的，这样就构成了人类家族制度从原始的低级状态向较为高级状态的早期过渡。我以为这类既曲折地反射了兄弟姐妹通婚制影像，而又显示了强烈的非血缘婚姻观念的神话传说，大体上可以测定为由第一阶段血缘家族过渡到第二阶段氏族社会时的产物。不论它们还掺杂了哪些时候的成分，而它们的主干却历史地具体地描绘了人类由血缘家族向氏族组织过渡的艰苦历程，显示了冲破血缘婚姻观念的最早从野蛮走向文明的某些进步意识，这也正是它们在神话传说遗产中最珍贵的地方。

二

分析了兄妹婚姻型洪水故事中的非血缘婚姻观念之后，让我们再回到马克思在1882 年那封信中所做出的论断上来。马克思说的"在原始时代，姐妹曾经是妻子，而这是合乎道德的"这句话，从来也不是对所有兄妹婚姻神话传说的解释或概括，自然更不是对这类神话传说中非血缘婚姻观念的指责，而是有它特定的现实性和针对性的。

上个世纪后半叶的欧美人文科学界，在原始婚姻问题上进行过一场激烈的辩论。

---

① 伊藤清司：《日本神话和中国神话》，（日）学生社版，第 82 页《关于冲绳的兄妹婚传说》一文第 4 节。

在有充分证据和调查结果解释人类婚姻制度的演进过程方面，马克思和恩格斯坚决支持了摩尔根的学说，同时反对了麦克伦南在《原始婚姻》一书中的所谓"外婚制""内婚制"的臆造。他们支持了摩尔根关于史前期中存在血缘婚姻制的科学推断，反对了当时最时髦的曲解原始社会，用文明社会观点非难古代血缘婚姻制的论调，马克思的这句话正是在这种情况下说的。

当时，剧作家瓦格纳根据斯堪得那维亚各族神话传说创作了歌剧《尼贝龙根》，歌词中有"谁曾听说哥哥抱着妹妹做新娘"的句子。马克思正是针对这种责难原始时期兄妹婚姻制的滥言，才以"最严厉的语调"说了那句重要的话。马克思的尖锐批评在他逝世后的 1884 年遭到了瓦格纳的朋友和崇拜者的反对，他们强调瓦格纳的歌词是有依据的，这依据便是通称《老艾达》的古老神话传说歌曲集的 13 世纪手稿。这些人举出该集中《厄革斯德列克》歌词"在诸神面前，你拥抱自己的哥哥"反驳马克思、恩格斯关于肯定血缘婚姻中兄妹婚的论述，极力证明原始社会时兄妹结婚即早已受到禁止，恩格斯在马克思逝世后有力地驳斥了这种种非议，他指出：《厄革斯德列克》这些较晚时期的歌词"乃是对古代神话的信仰已经完全丧失的那一时代的表现，这是纯粹琉善式①的对神的讽刺"②。恩格斯用氏族前神话中的神与氏族传说中的神做比较，指出尼奥德尔（这是个和自己妹妹生了一个儿子的瓦那神）曾说"兄弟和姐妹结婚，在瓦那国是很普通的"，因为瓦那神是更古的神。恩格斯的论战启发了我们，氏族社会产生的歌词，表现了非血缘婚姻观念，因而不应当把它看做是血缘家族制阶段的观念从而曲解了原始社会。正因为有这种历史背景，所以恩格斯在 1891 年再次强调在远古神话时代"至少诸神之间的兄弟和姐妹结婚尚未引起任何憎恶"③。

由此可见，马克思、恩格斯关于兄弟姐妹婚姻的肯定论述在这里是有其针对性和特定历史条件下的论战需要的。当然，他们的论述是有现实意义的。马克思、恩格斯和对手论争的问题焦点恰好启发了我们，使我们不是简单地用马、恩关于兄妹婚姻的词句去套所有兄妹婚姻型神话传说，而是去认真鉴别这类神话传说所反映出的观念到底标志了人类婚姻制度演进的哪个阶段。从大量兄妹婚姻型神话传说的调查资料看，它们所显示出的非血缘婚姻观念，足以证明它们主要并不是反映了血缘家族的兄妹婚制，恰是反映了从血缘家族的兄弟姐妹婚姻到排除兄弟姐妹婚姻的氏族组织的过渡。从这些神话传说中明显地遏止兄弟姐妹婚姻的观念或态度去评价它们的意义，去理解马克思、恩格斯的有关论述，可能是比较实际的和贴切的。

---

① 琉善（Loukianos，约125—192，又译卢寺安），古希腊作家、哲学家，常以讽刺手法反对各种宗教迷信。
② 见《家庭、私有制和国家的起源》1891 年恩格斯加的原注。
③ 见《家庭、私有制和国家的起源》1891 年恩格斯加的原注。

三

最后，再回到摩尔根的学说与调查结论上来解析兄妹婚姻型人类起源神话传说。恩格斯在对摩尔根的伟大功绩所做的评价中一再指出，这个功绩的主要之点在于发现了氏族的本质，氏族的本质是什么呢？它在人类文明进步的路程上起了多大作用？只要从氏族组织建立时关于婚姻制度的严格禁令中考察便可以找到主要部分。摩尔根从北美印第安人血族团体中找到了一把钥匙，打开了古希腊人、罗马人、克尔特人、德意志人家族制度发展演进的层层大门，同时也打开了中国古老的九族制的神秘大门，找到了各氏族组织走向文明进步的进程。氏族组织的迅速发展与濒临灭亡的血缘家族在过渡时期形成了鲜明对照，在这里，排除兄弟姐妹通婚的观念和严禁氏族集团内部通婚的法令，对壮大氏族起了不容忽视的作用。爱·伯·泰勒在进行原始文化史研究中对于全世界普遍可见的集团内部禁止通婚的习俗称之为"奇怪习俗"，也正说明了这种非血缘婚姻观念与制度在古代社会某个阶段的异常优势。

从摩尔根 1871 年在华盛顿发表的《人类家庭的血亲和姻亲制度》所介绍的材料看来，至少证明了早在氏族建立之前，婚姻已经有了三个进步：首先排除了父母与子女之间的通婚形式，像古希腊神话中爱与美之神阿芙罗狄蒂本来是宙斯与大河神女儿狄俄涅所生，然而宙斯却向她求婚，她拒绝了父亲宙斯之后嫁给了同父异母兄弟火神、匠神赫斐斯塔司。这里女儿拒绝父亲的行为正是这第一个进步的反映。其后，又排除了同胞兄弟姐妹间的通婚关系；最后再排除了旁系兄弟姐妹间的通婚关系，为氏族组织的建立和发展创造了极为优越的条件。如果说摩尔根发现了氏族的本质，这便是其中的主要成分之一。我国西南各兄弟民族中的兄妹婚姻型洪水故事，正是在排除同胞兄弟姐妹之间通婚关系的进步过程中产生和流传的故事。这些故事长期的脍炙人口地流传，不仅标志了它们在苗、彝、瑶、壮、白、布依、纳西、傈僳等族的氏族社会中占有的重要位置，同时也显示了它们在各族文明进步的历程中积极推动历史的作用。如果用摩尔根所提供的材料与之对照，立刻会发现下列问题：为什么这类神话传说的大量材料并不是从正面反映建立在一群兄弟姐妹通婚上的血缘家族生活呢？相反，为什么偏偏表现了一连串排除兄弟姐妹通婚的观念，并用非血缘家族的一夫一妻方式表现血缘婚的被迫性呢？为什么最后还要用生非人形儿对血缘婚的后果做出解答呢？显然，这正是人类向氏族社会迈进途中对古代血缘家族的公开的或潜在的否定。

另外，还应当看到，摩尔根给人类家族制度发展中有积极贡献的风俗制度所拟订的连续形态顺序，有"一部分是假定的"。哪一部分是假定的呢？从他的两部代表著作中可以看到，关于人类社会早期阶段的推断具有假定性，血缘家族这一阶段正是他依据发展史实材料所做的科学假定。多种婚姻制度和习俗，大量反映血缘婚姻的神话传说自然都成为这些假定的依据。因此，也可以说，正是这些兄妹通婚的神话传说有力地印证了血缘家族制存在过的历史影像，才进一步帮助证实了摩尔根完成的科学假定顺序，绝不可以反过来用摩尔根的假定简单化地去套兄妹婚姻型洪水故事。解剖这些故事，认真对照摩尔根的假定顺序，完全可以看出绝大多数兄妹婚姻型洪水故事，并不是顺序的第一阶段血缘家族制的直接反映，恰是顺序的第二阶段中，遏止兄弟姐妹间通婚关系的观念占主导成分的氏族组织建立过程中的产物。它们是在排除血缘婚姻关系的诸成分当中间接地追述了血缘婚姻制。

总括起来，我认为对洪水故事中的兄妹婚姻关系，不仅要从反映血缘家族制角度去认识，更重要的是要从这类故事内部结构的各种成分中去探寻人类文明进步的轨迹。

马克思、恩格斯关于兄弟姐妹婚姻制的论断固然是重要的理论根据，摩尔根的材料和推断固然都是有力的科学提示，但是这些依据和提示也从来没有对兄妹婚型洪水故事所包含的复杂成分做出具体剖析。自然也没有对人类从血缘婚姻观念到非血缘婚姻观念的思想发展做出具体阐述。因此，用马克思、恩格斯的学说和摩尔根的科学论断去解开神话传说中兄妹通婚之谜，就需要对这些神话传说做出历史的具体的解析。

兄妹婚姻型故事是人类起源神话传说遗产中的珍贵财富，它们所显示出来的非血缘婚姻观，不仅在古代为各族氏族社会的建立奠定了思想基础，而且也为我们的时代展现了人类祖先最早走向文明进步的闪耀光辉的思想。

本文选自中国民间文艺研究会编《民间文学论文选》，湖南人民出版社1982年版。

神话及神话学

刘魁立

刘魁立（1934— ），河北武清人。1961 年毕业于莫斯科大学俄罗斯语言文学系。俄罗斯哲学博士，中国社会科学院民族文学研究所研究员。神话方面的主要著述有：《神话及神话学》、《神话研究的方法论》、《关于神话思维》、《欧洲民间文学研究中的神话学派》、《缪勒和他的〈比较神话学〉》、《泰勒和他的〈原始文化〉》、《论〈金枝〉》等，均收入《刘魁立民俗学论集》（上海文艺出版社 1998 年版）一书中。

一

神话就实质和总体而言是生活在原始公社时期的人们通过他们的原始思维不自觉地把自然界和社会生活加以形象化、人格化而形成的，与原始信仰相关联的一种特殊的幻想神奇的语言艺术创作。

人类社会在原始公社时期，生产力水平十分低下，主要依靠渔猎和采集维持生存，神话即主要产生在这种社会条件之下。原始社会的生产活动是集体性的。在同自然进行斗争的过程中，氏族公社的任何个人都不可能游离于集体之外或者凌驾于集体之上，指导每个成员的思想和行为的是整个氏族集体的意志及其道德准则。处在这种原始公社的生活环境中的人们，自我意识是极微弱、极有限的。人们在意识当中不仅不能把自己同氏族集体严格区别开来，甚至也不能把自己同周围的客观世界严格区别开来。列宁曾经指出："本能的人、野蛮人没有把自己从自然当中区分出来。"原始人不把自己与自然界区分开来的这种观念，使得他把自然界也看成同自己一样，是具有知觉和感情的，这是形成原始神话的认识论的基础。在神话中一切自然现象和社会现象都被看成是有生命的，都被赋予了人的特点。日月星辰、风雨雷电、山川树木、春夏秋冬、飞禽走兽等，天地万物无一不被人格化、形象化了，它们像人一样生活，有人一样的情感，和人一样处于种种矛盾联系之中。

神话反映了原始人对自然界和社会的感性的表象的认识。马克思在《〈政治经济学批判〉导言》中写道，神话"是已经通过人民的幻想用一种不自觉的艺术方式加工的自然和社会形式本身"。在神话幻想中，事物本身、形象本身同关于这些事物和形象的观念被原始人等同起来。神话中的形象是物质化了的形象。在神话中一切都是具体的，神话在表达任何一种抽象思想时都是借助于具有具体物质特点的现实事物。当然，这些具体的形象，无疑体现了对同类事物的概括。树神概括了一切树，风神代表着刮风这一自然现象的一切形态。人类对客观世界的认识是逐渐由表面而进入深层，由具体而逐步学会抽象的。

正如马克思所说，"任何神话都是用想象和借助想象以征服自然力，支配自然力，把自然力加以形象化"。想象是人的一种特殊的心理活动。人在反映客观事物时，不仅感知当时直接作用于主体的事物，而且还可以在感性经验的基础上，凭借记忆的形象以及现时感知的形象，在头脑中创造出新的在现实中并没有感知的形象，进行新的组合。这种心理活动具有很大的创造性。人们要认识自然力、征服自然力，神话创造当中的想象正适应于原始人的这种需要。从这种意义上说，神话想象是一种能动的想象。

神话是原始人的自然观、社会观的反映，是对客观世界的一种不自觉的艺术加工，严格区别于后来人们的自觉的艺术创造。在这种创造中艺术虚构（包括最怪诞的艺术虚构）尽管程度有所不同，但都不外是一种手法、一种比拟、隐喻，因此从本质上说来并不包含着神奇的意义，因为作者、读者或听众总可以透过比喻而探求其间接的寓意。

一般地说，民间文学都反映人民群众对现实世界的集体的认识，体现了集体的智慧，然而在民间文学的很多体裁和作品中都蕴含着一定程度的讲述人、承传者的个人因素。但是原始神话是最大程度上的集体认识的表现，其中很难发现个人的因素。这是因为社会存在决定了社会的个体成员不可能有较为明确的独立的自我意识。正如高尔基所说，在原始社会阶段，"个体是群体的部分肉体力量及其一切知识——一切精神能力——的化身"。

社会的任何个体成员都不可能脱离氏族社会而单独生活，因此，人们在理解一切事物的关系时，就必然地局限在氏族关系的范围之内。各种事物之间的现实的错综复杂的关系在神话中被理解为人类社会的氏族关系。天地万物、自然现象都被赋予了氏族的亲属关系或者部落间的敌对关系。不仅如此，社会关系本身在神话中也得到了反映，而且也被人格化了。但是，神话对于社会力量、社会关系的反映长期被资产阶级神话学家所忽视。恩格斯在《反杜林论》中写道："除自然力量之外，不久社会力量也起了作用，这种力量和自然力量本身一样，对人来说是异己的，最初也是不能解释的，它以同样的表面上的自然必然性支配着人。最初仅仅反映自然界的神秘力量的幻象，现在又获得了社会的属性，成为历史力量的代表者。"恩格斯还在注释中进一步指出："神的形象后来具有的这种两重性，是比较神话学（它片面地以为神只是自然力量的反映）所忽略的、使神话学以后陷入混乱的原因之一。"

应该指出，在原始社会，各种社会意识形式是紧密地联系在一起的，在很多场合下是统一的、密不可分的。然而，正如马克思所说：神话是原始人对自然界的一种不自觉的艺术加工。虽然神话反映了原始人对于周围世界的观念，但它有别于科学或哲学，它仅仅是原始人对自然的感性的表象认识的反映，并不是一种理性认识的结果。人们创造神话主要不是为了要对人生存于其中的自然环境和社会环境及其奇异的现象作出某种解释。但另一方面，神话既然反映了原始人对于周围事物的理解，如他们对于人类起源、万物生成、地貌天象等的理解，因此这些神话也具有一定的认识的功能。然而，神话创造的本初目的并不在于对不可索解的事物给予一个"合理的"解答。

同样的，神话从总体来说也不能完全等同于原始人的宗教的象征。毋庸讳言，原始神话同原始人的信仰有密不可分的联系，原始人的拟人观、万物有灵观在神话中得到了充分的反映，许多巫术活动也体现了与神话相同的内容，但是宗教作为一种独立的社会意识形式，在任何情况下总是对于某种超感性、超自然的对象的信仰和崇拜。在神话创造初期，当人们在认识当中还不能把自己同自然、同社会严格区别开来的时候，当人们还不能抽象出一个异己的力量作为自己的对立物而加以崇拜的时候，不可能设想人们会通过神话来表现他们的宗教信仰。当然，在后来历史发展的过程中，宗教思想利用了神话中的现成的形象和内容，或者，宗教思想在自己的表现过程中采取了神话的形式。这种情况在大量的民族宗教以及三大世界宗教当中都可以得到充分的说明。

神话并不是一成不变的，它在创作和流传的过程中始终处于变化、发展的状态。随着原始社会的逐步发展，随着人们物质经济生活条件的发展，随着人们对自然的能动作用的逐步扩大、对客观世界的认识的不断提高和人类思维的不断发展，神话也经历了一个由简到繁，由纷杂散乱到渐成体系的过程。由于父系制代替了母系制，并得到充分的发展，在一些民族的神话体系中还创造出诸神之父的形象，甚至出现了由多元而变为一元的情况。如中国、印度、希腊、巴比伦、北欧等民族的历史所表明，原始氏族社会发展的鼎盛时期也正是神话创作最繁荣的时期。如前所述，"任何神话都是用想象和借助想象以征服自然力，支配自然力，把自然力加以形象化；因此，随着这些自然力之实际上被支配，神话也就消失了。"

神话虽然是特定历史条件下的产物，但其中的一部分却通过口头的或书面的方式保存下来，并且成为不可企及的楷模，具有永久性的艺术魅力。中国的古籍《山海经》、《淮南子》，印度文献《吠陀》和史诗《摩诃婆罗多》、《罗摩衍那》，希腊史诗《伊利亚特》、《奥德赛》，冰岛史诗《埃达》等，都大量地保存了各有关民族的神话资料。

神话对于各民族的文学、艺术的发展，产生了极大的有益的影响。以希腊神话为例，"希腊神话不只是希腊艺术的武库，而且是它的土壤"。它为希腊的乃至整个欧洲的戏剧、音乐、绘画、文学等都提供了滋养。

二

神话就其内容来说，大体可以分为如下几类：一、创世神话，其中包括宇宙起源神话（如太阳神话、月亮神话、星宿神话、天地开辟神话等）、人类起源神话

（例如，关于火的发明，关于动植物的驯化以及畜牧业和农业的起源，关于各种职司、技艺以及关于工具发明的神话）；二、有关自然现象及其变化的神话（例如关于昼夜交替、四季变化、岁时更迭、日月之蚀、洪水、地震、风雨雷电等的神话）；三、有关诸神在天上、地下生活的神话（实际上反映了原始人的社会生活和部落之间的关系等）；四、动物神话（关于某些动物的，其中也包括一部分植物的起源及其特征、习性等的神话，以及关于人与动物、植物交往关系的神话，这些神话有别于动物故事，并且以其创作和流传的时间而论，可能较其他某些神话更为古远，这类神话在世界各民族中流传也较为广泛）。

三

研究神话的科学称为神话学。在欧洲，有关神话问题的论述所涉及的范围，在18世纪以前主要限于古希腊罗马的神话，在中世纪前后部分地接触到圣经中所包含的希伯来民族的神话。对于东方民族神话的研究则历史较短，也较为薄弱。

古希腊的哲学家大都对神话持批评的态度。诡辩派的哲学家们，或者认为神话是现实的人为着自己的需要而假设出来的，于是企图瓦解神话；或者视之为寓言，于是极力寻求隐藏于其中的深奥的真理。柏拉图（约公元前427—前347）也对神话持贬斥的态度，甚至把包括荷马和赫希俄德在内的诗人们逐出他的理想国。亚里斯多德（公元前384—前322）则认为荷马的神话史诗不过是"把谎话说得圆"而已。

在中世纪，基督教会仇视文化及文化教育活动，把神话看成是"虚伪"、"淫邪"、"异端"的东西，然而，这并不能阻止广大群众对于神话的喜爱。

文艺复兴时期，希腊罗马古典文艺重新受到推崇。因此，对古希腊神话的兴趣重又变得十分浓厚。薄伽丘（Boccaccio，1313—1375）等反对教会关于文艺创作是说谎，神学才是真理的说法。认为虚构并不是说谎，诗和神学是一回事，神学实在就是诗，是关于上帝的诗，《圣经》中就有大量虚构的实例。薄伽丘认为古代神话乃是一种寓言，在虚构的形象后面隐藏着真理。这时期，处于很高水平的阿拉伯、印度、中国的文化大量传入欧洲，同时，美洲新大陆的发现也使欧洲人接触到迥然不同的美洲印第安人的宗教、文化和风习。因而一些著作家在论述中进行了神话比较研究的最初尝试。

18世纪的意大利学者维科（Vico，1668—1744）认为每个民族都经过了三个发展阶段：神的时代、英雄的时代、人的时代。并且认为社会生活的这三个时代重复着作为生物体的人的三个生活阶段：童年、青年、成年。社会发展的早期阶段（所谓神的时代）即是人类的儿童期。在最初的神的时代，人类处于野蛮状态，凭着本能过活，接触外界事物全靠感官印象，所以想象特别丰富强烈。他们见到雷轰电闪，不知其真正原因，惯于凭自己的生活经验去了解自然现象，以为是某个强大的人在盛怒中咆哮，这样就凭借想象创造出了雷神。同时，维科还为神话发展划分了若干阶段。维科第一个对荷马是否确有其人提出了怀疑，他认为《荷马史诗》不是某一个人或某一时代的作品，而是全体希腊人民长期的集体创作，反映了人民群众的意识。

启蒙运动的领袖们，如孟德斯鸠（Montesquieu，1689—1755）、伏尔泰（Voltaire，1694—1778）、狄德罗（Diderot，1713—1784）等，对神话的本质及艺术价值没有进行深入地探讨并给予足够的评价。例如，伏尔泰说，荷马史诗和希伯来民族的《旧约》中的神话在艺术上不成熟，毫无内在逻辑，充满"野蛮气息"。德国启蒙运动的先驱者文克尔曼（Winckelmann，1717—1768）则是欧洲认真研究古希腊造型艺术的第一位学者，他对古希腊神话和艺术推崇备至，他说："希腊艺术杰作的一般优点在于高贵的单纯和静穆的伟大。"他对于古希腊神话和艺术的热情赞赏对后来浪漫主义的作家们产生了极大的影响。

被称为狂飙突进运动纲领制订者的文学家赫尔德（Herder，1744—1803），在民间文学的搜集和研究方面做出重要的历史贡献。他试图用历史的观点来说明文艺、宗教、语言的起源和发展，他认为人民群众才是包括神话在内的文学艺术的真正创造者。

浪漫主义思潮的兴起促使人们对神话及整个民间文学发生了前所未有的浓厚兴趣。雅·格林（J. Grimm，1785—1863）和威·格林（W. Grimm，1786—1859）创立"神话学派"，利用历史比较研究的方法，在德意志民族民间文学资料和民俗资料当中努力挖掘远古神话的遗迹。神话学派的研究家们通过民族学、历史学、语言学的研究，构拟原始印欧民族和印欧原始共同语。他们用同样的方法在民间文学研究领域内，努力发掘所谓"原始共同神话"（Urmith）。他们认为，一切民间文学都来源于古神话，由古神话而衍生，包含着古神话的残留，并且认为神话反映了原始人对自然的观念："所有的神和神性都奠基于某些被置于神圣地位的元素、星辰、自然现象、力量和品格、艺术和技能、健康的或不健康的思想之上。"（雅·格林：《德意志神话学》）神话学派研究家马科斯·缪勒（Max Müller，1823—1900）提出所谓"语言疾病说"，认为神话在产生的当时是原始人用其具体形象的语言对普通事物所做的简单明了的叙述，但是到了后世，由于语言本身的演变、发展，原来的含义被人遗忘、曲解，所以变得怪诞神奇、难以为现代人所理解了。缪勒还提出所谓"太阳说"，认为人类所创造的涉及自然现象的神话，大都与太阳的活动有关。而神话学派的研究家阿·昆（A. Kuhn，1812—1881）、威·施瓦尔茨（W. Schwarz，1821—1899）、威·曼哈尔德（W. Mannhardt，1831—1880）则提出"雷雨说"，认为神话都是关于风雨雷电等自然现象的隐喻和象征。

施瓦尔茨和曼哈尔德还提出所谓"低级神话"的学说，认为研究家的注意力不能只停留在大的神话体系上，还必须研究反映原始观念的处于萌芽状态的神话形式，他们认为迷信活动不是神话发展的结果，而是神话的萌芽或胚胎，关于精灵、鬼魅等的地方性的散见的传说乃是大的神话体系的先声。他们的学说为后起的人类学派廓清了道路。

19 世纪末，英国人类学派崛起。爱·泰勒（E. Tylor，1832—1917）著《原始文化》一书（1871），认为世界各民族在风俗习惯、宗教信仰、艺术创作等方面极端相似，原因在于人类具有共同的本质、心理和思维方法以及共同的文化发展道路。泰勒首先提出了万物有灵观的学说，认为神话来源于原始人关于灵魂的观念，以及原始人用这种观念来观察整个自然界和社会。与民间文学研究领域内一度盛行的题材流传学说相对立，人类学派的研究家们提出了"题材自生说"。

德国著名心理学家威·冯特（W. Wundt，1832—1920）分析了拜物主义、图腾主义、万物有灵观、祖先崇拜以及一切有关自然的神话形式，并且认为许多宗教概念和艺术概念都产生于人的特殊的非理性的心理状态（如梦、人在生病期间的幻觉等）。

本世纪初，奥地利心理学家齐·弗洛伊德（S. Freud，1856—1939）创立"心理分析学派"，把一切文化现象和社会生活都归结为人的心理活动的结果。他认为神话、仪式活动，乃至一切社会现象都是人的所谓"潜意识"的反映。这种潜意识是以所谓与生俱来的情欲作为主要内容的。这种潜意识（所谓"id"——"它"）又与各种规范、准则所决定的意识（所谓"ego"——"我"）处于不断的矛盾冲突之中。他分析希腊神话中俄狄浦斯杀父娶母的情节，认为这是普遍存在的儿童对母亲怀有情欲、对父亲怀有敌意的反映。弗洛伊德由此而抽绎出所谓"俄狄浦斯情结"，以此来解释一切神话和艺术创作以及人的一切行为活动的基因。卡·荣格（C. Jung，1875—1961）也把神话创作归结为无意识的心理活动。但他修正了弗洛伊德的情欲学说，而着重于原始人类的集体无意识的研究。

英国民族学家、人类学家和社会学家，功能学派的创始人布·马林诺夫斯基（B. Malinowski，1884—1942）认为文化是为满足人的需要而存在的，是各种相互关系、各种功能的组合。他认为科学家的任务在于研究各种事物功能，以维持社会的平衡。马林诺夫斯基认为神话与原始时期的仪式、巫术密不可分，它的价值在于它具有"实用"的功能，对于原始人起着行动准则、道德规范的作用。

法国社会学派的代表者之一，吕·列维－布留尔（L. Levy-Bruhl，1857—1939）认为在原始思维中集体表象占有重要的地位，并且受所谓"互渗律"的支配。列维－布留尔认为原始神话是"前逻辑思维"的产物。

法国民族学家、社会学家克·列维－施特劳斯（C. Lévi-Strauss，1908 年生），是文学研究中的结构主义的主要代表人物，他通过对美洲印第安人神话的语义结构的研究，创立了关于原始思维的新学说。他认为原始的神话思维不仅是具体的感性的思维，同时也具有综合、分析、分类排比的能力。他认为神话创作的过程是原始人不自觉地运用一成不变的结构进行闭锁运算的过程。讲述者并不了解神话的结构，但人们可以通过研究现存的神话类型对其结构进行分析。

苏联神话学家阿·洛谢夫（А. Лосев，1893 年生）、谢·托卡列夫（С. Токарев，1889—1987）、叶·梅列金斯基（Е. Мелетинский，1918 年生）等，则从

分析原始社会的历史条件、人类早期思维活动的特点以及神话本身所具有的内容和形式方面的特点入手，研究神话的本质、起源、结构，以及和宗教的关系等问题。近年来有的学者还运用符号学（Semiotics）的方法进行神话研究。

芬兰、美国、日本等国的学者在神话研究方面亦有重要的科学著作问世。

作者注：这篇纲要式的文章是为《中国大百科全书》外国文学卷所写的条目，由于该卷性质所限，在神话研究史的部分未能将我国从古至今的学者的有关论述和研究包括进去。

本文原载《民间文学论坛》1982 年第 3 期，现据《刘魁立民俗学论集》（上海文艺出版社 1998 年版）一书选刊。

引魂之舟：战国楚《帛画》与《楚辞》神话

萧 兵

萧兵（1933— ），原名邵宜健。生于福建福州。曾在华东军政大学福建分校、华东军区师范部中文系学习。江苏淮阴师专教授，东南大学东方文化研究所、华中师范大学、吉林师大东北文化研究院兼职教授。神话学家。著述颇丰。重要的专著有：《楚辞与神话》（1987）、《楚辞新探》（1988）、《中国文化的精英——太阳英雄神话比较研究》（1989）、《黑马——中国民俗神话学文集》（1990）、《中国神话传说》（与王孝廉合著，1990）、《楚辞文化》（1991）、《楚辞的文化破译》（1991）、《傩蜡之风》（1992）、《老子的文化解读》（合作，1994）、《山海经的文化寻踪》（合著，2003）等。

《江汉论坛》1981 年第 1 期刊布了楚人物龙凤帛画的新摹本（李正光摹）和熊传新先生的论文。[①] 这几乎是仅次于发现帛画本身的一件大事，它推翻并纠正了国内外考古学、艺术学、神话学界的种种误解和论断，同时也提出了新问题，值得深入探讨。

以往对楚帛画的研究主要有如下几种意见：

一种是龙凤图腾斗争遗迹说。[②]

一种是以郭沫若先生为代表的凤夔善恶斗争说[③]——以后他又补充说拱手祝祷的女巫应是女娲。[④]

一种是以孙作云、熊传新先生为代表的龙凤升仙说（详后）。

一种是饶宗颐先生提出来的"山鬼说"。他认为图上的夔只有一足，乃指山精。《甘泉赋》："捎夔魖而抶獝狂。"描摹山精，用以驱逐邪魅；而图绘凤鸟，则以迎福祉。一面祈福，一面禳灾。[⑤] 那位女性则系《九歌》山鬼，由女巫扮演。因为"《九

---

① 熊传新：《对照新旧摹本谈楚国人物龙凤帛画》，载《江汉论坛》1981 年第 1 期。

② 参见郭沫若：《关于晚周帛画的考察》，载《人民文学》1953 年第 1 期（《补充说明》见第 12 期）；《文史论集》，人民出版社 1961 年版，第 293 页；《全集·历史编》，科学出版社 1982 年版。

③ 参见郭沫若：《关于晚周帛画的考察》，载《人民文学》1953 年第 1 期（《补充说明》见第 12 期）；《文史论集》，人民出版社 1961 年版，第 293 页；《全集·历史编》，科学出版社 1982 年版。

④ 郭沫若：《桃都·女娲·加陵》，载《文物》1973 年第 1 期，收入《出土文物二三事》，文物出版社 1974 年版。

⑤ 饶宗颐：《长沙楚墓帛画山鬼图跋》，载《金匮论古综合刊》第 1 辑。台北。

歌》中的山鬼是一个窈窕善笑的女神"①。

杨宗荣先生认为这是一种用在"墓中镇邪的东西"②。

王伯敏先生认为："这是一幅带有迷信色彩的风俗画，描写一个巫女为墓中死者祝福。……这幅帛画所描绘的妇女，有可能是当时'巫祝'的形象。"③

日本学者曾布川宽曾根据日本平凡社 1963 版《世界美术全集·中国美术》（一）的照片图版和藤森氏摹本④以及沈从文《中国古代服饰研究》的大幅图版⑤，用放大镜仔细观察，敏锐地觉察到画上的龙可能不止一脚⑥，但不能确切地证明。新摹本最重要之点是发现了这条龙"躯体两侧各有一奋爪的足"，根本不是一足的夔。这下子，所谓凤代表善，夔代表恶之类的推断全部失去了依据。熊传新先生认为孙作云"龙凤引魂升天"之说⑦是大致正确的。这幅画表现的是女性墓主人"合掌祈求、希望飞腾的神龙、神凤引导或驾御她的幽灵早日登天升仙"。杨宽先生也曾说过："从后来楚墓出土男子御龙舟图看来，当以孙说为是。"⑧

不过孙作云还进一步认为，帛画左方龙蛇状动物是"丰隆"，右为"鸾鸟"，合掌妇人是"宓妃"，也可以视为一幅《丰隆迎宓妃图》，这却是根据不足的。

在新摹本和熊先生的论文发表以后，刘敦愿先生仍然认为它属于"鸟蛇相斗"的题材，那"凤的形体巨大，毛羽飞张，奋发搏击，显然居于优势，而'龙'则形体细小，局促于一侧，居于劣势"⑨。他认为这类题材到了战国已经"定型"化，"表现的是正反两方面的事物及其斗争，如吉与凶、福与祸、善与恶、生与死之类对立统一的自然现象与社会现象，而鸟类代表前者，蛇类代表后者"⑩。这是一个值得重视的见解，结合着图腾动物斗争、混合的遗制，对理解鸟蛇相斗题材的艺术，是极有意义的。但落实到这幅《龙凤人物帛画》，则必须做更具体、更准确的分析。特别是所谓"月状物"的含义和作用，对于《帛画》整体的解释，是举足轻重的。

众所公认，新摹本的另一重要发现是画中的女子原来是站在"半弯月状物"之上。但这是什么东西呢？熊文说它"应为大地，从画的整个布局来看，意味着妇人站在大地之上，这是画的下层，即地上"。然而"月亮"明明高悬于夜空，怎么能意味或象征着"大地"呢？——其实那极可能代表灵魂所乘坐的舟船，应该称为

① 饶宗颐：《荆楚文化》，载台湾省历史语言研究所《集刊》1969 年第 41 本第 2 分册第 51 页。
② 杨宗荣：《战国绘画资料》，中国古典艺术出版社 1957 年版，第 5 页。
③ 王伯敏：《中国绘画史》，上海人民美术出版社 1982 年版，第 30 页。
④ 参见《世界美术大系·中国美术》（1），平凡社 1963 年版，第 116 页，图二〇。
⑤ 参见沈从文：《中国古代服饰研究》，1981 年，香港商务印书馆，图一五。
⑥ ［日］曾布川宽：《昆仑升仙》，中央公论社 1981 年版，第 74 页。
⑦ 参见孙作云：《长沙战国时代楚墓出土帛画考》，载《开封师范学院学报》1960 年 5 月；又载《人文杂志》1960 年第 4 期。
⑧ 杨宽：《战国史》，上海人民出版社 1981 年版，第 508 页。
⑨ 刘敦愿：《试论战国艺术品中的鸟蛇相斗题材》，载《湖南考古辑刊》第 1 集，1982 年，第 74 页。
⑩ 刘敦愿：《试论战国艺术品中的鸟蛇相斗题材》，载《湖南考古辑刊》第 1 集，1982 年，第 78 页。

"魂舟"才是。而且，即令那是月亮，也可能是一种月形的舟船。苏雪林先生说，月神的符号，"有时以舟表之。舟之首尾弯弯上翘，俨似新月，故月神又有徽号曰'天空光明之舟'。人民想象新月穿过云层，有如小舟之穿过波浪"①。

另一幅由湖南博物馆于1973年5月从出有《十二月神帛书》的长沙子弹库楚墓里发掘清理出来的《人物御龙帛画》，那"墓主人"也站立在一艘龙形的"魂舟"之上。两幅帛画都出土于楚国腹地，时代相去不远，跟《楚辞》文化均有千丝万缕的联系，两个墓主人都站立在舟船之上由龙和鸟呵护、导引"升天"，这难道没有共同的神话背景、民俗观念、宗教象征，而只是纯粹的画饰、偶然的巧合？

《人物御龙帛画》的龙舟比较古怪，腹下似有一脚，这是许多论文都没有注意到的重要细节。其形略似云朵，然则它表示龙舟在云海里遨游。可是它跟舟腹契合紧密，不可能是云气。《史记·南越尉佗列传》有"戈船"将军，集解引张晏曰："越人于水中负人船，又有蛟龙之害，故置戈于船下，因以为名也。"（3·2975）②这独脚龙舟倒有点像"戈船"。但是张晏之说诸家都不置信。臣瓒说，《伍子胥书》有戈船，以载干戈。《史记会注考证》引徐德森曰，《三辅黄图》云昆明池中有戈船，船上立戈矛。凌纯声先生用刘攽的话批评船下置戈，"既难措置，又不可行"；而"水战两船必有距离，不用长兵，反用戈戟短兵相接，亦不近理"，所以"戈船"以载干戈之说亦不可通。他认为："中国古代所谓戈船，即今之边架艇（outrigger canoe）。"③ 所谓"戈"或指腰舵，即"中间舵"（the peculiarity of the median rudder）。此说亦不甚确。而古代民间确有在船腹下装利刃，以御水中凶物；后世甚至有以船底利器来防御"蛙人"（古称"水鬼"）来凿船的。兹事牵涉过多，《帛画》船腹下似有刃器倒提供了一条重要线索。而从民俗神话学角度看，龙而有独足，这倒真应该称为"夔龙"或"夔龙舟"。《山海经·大荒东经》说：

> 东海中有流波山，入海七千里。其上有兽，状如牛，苍身而无角，一足，出入水则必风雨，其光如日月，其声如雷，其名曰夔。（361）④

《说文解字》卷五说它就是"神夔"，如龙一足。《文选》左思《吴都赋》还称它"灵夔"。都未见得怎样凶毒。只是《文选·东京赋》薛综注说它是"木石之怪，如龙有角，鳞甲光如日月，见则其邑大旱"。可能是雷雨兼水旱之神，后来才转化为怪。《尚书》夔龙连称。安阳侯家庄殷商大墓出土有一双白石立体"夔龙"，钝角，刻成一足。⑤ 商周铜器多见夔龙。可知它并不都是恶物。《国语·鲁语》则说"木石

① 苏雪林：《屈原与九歌》，广东书局1973年版，第357—358页。

②《史记》第3册，中华书局1983年版，第2975页。本书引用二十四史，除加注外，均据中华标点本，以下仅注明册数、页码。

③ 凌纯声：《中国远古与太平印度两洋的帆筏戈船方舟和楼船的研究》，台湾"中央研究院"民族学研究所，1970年，第148页。

④ 袁珂：《山海经校注》，上海古籍出版社1982年版，第361页。以下仅注出页码。

⑤ 梁思永1953年8月22日给郭沫若的信。见《关于晚周帛画的考察》。

之怪，曰夔、罔两；水之怪，曰龙、罔象"，《文选》张衡《南都赋》"惮夔龙兮怖蛟螭"，李注引《鲁语》释之，但它们仍然都是水族。所以可以借它渡海升仙。

夔和龙都是雷雨、江海之神，夔正处于东海中流波之山。神仙——或将要成为神仙的灵魂——据说是升天跨海，乘雷驾龙，无所不能的①，所以能用夔龙为舟。《庄子·逍遥游》："乘云气，御飞龙。"《楚辞·九歌·东君》："驾龙辀兮乘雷，载云旗之委蛇。"《淮南子·览冥训》："〔女娲氏〕乘雷车，服驾应龙，骖青虬。"（7·95）② 等等，都有些像《人物御夔龙舟帛画》描绘的情形。

夔龙舟上的华盖可能象征圜天。郭沫若《西江月·题长沙楚墓帛画》云："上罩天球华盖。"③ 是对的。马王堆《西汉帛画》"天门"之下、"人间"之上的"华盖"也代表圆圆的苍穹，"人间"之下的十六格方块则可能表示方地④。《天问》"圜则九重"，"地方九则"都是战国时代"天圆地方"盖天说的形象反映和保留，不过《楚辞》是既描绘又怀疑，《帛画》则随俗从古、兼收并蓄罢了⑤。

夔龙舟前有同向前进的鲤鱼一尾。发现者揣测其用意：鲤鱼是水中生物，用以表示龙是在江河湖海中翔游⑥。其实这应该是神圣的文鱼、龙鲤。《九歌》的河伯"乘白鼋兮逐文鱼"。洪氏补注引陶隐居云："鲤鱼形既可爱，又能神变；乃至飞越江海，所以琴高乘之。"《山海经·中山经》有"文鱼"。郭注："有斑采也。"《海外西经》龙鱼，"有神圣乘此以行九野"，"其为鱼也如鲤"（224）。《艺文类聚》卷九十六引郭氏《图赞》：

> 龙鱼一角，似鲤居陵；候时而出，神圣攸乘；飞骛九域，乘云上升。

清郝懿行《山海经笺疏》说郭璞《江赋》作龙鲤，《文选·思玄赋》作龙鱼，《淮南子·地形训》亦有此，高注云"如鲤鱼也，有神圣者乘行九野"。——这不正是导引灵魂升仙过海的神鱼吗？

山东苍山"元嘉元年"画像石墓图像题铭有云：

> 室上砅，五子举（舆），使女使后驾鲤鱼，前有白虎青龙车，后即（?）□轮雷公君。从者推车，乎桯冤厨。⑦

这分明也是在描写"升仙"，车乘之外也要"驾鲤鱼"。

两幅《帛画》启示我们，战国时代的楚人是有灵魂可能乘驾舟船越海升仙之迷信的。遗憾的是此后不久的屈原作品里却没有明确的描写而只有间接的透露（当然

① 参见闻一多：《神话与诗·神仙考》，古籍出版社 1954 年版，第 162 页。

② 本书引用子书除注明外，均见中华书局《诸子集成》，注出册次、页码。

③ 郭沫若：《西江月·题长沙楚墓帛画》，载《文物》1973 年第 7 期，第 1 页。

④ 参见拙作《马王堆帛画与楚辞·圜天方地》，载《淮阴师专学报》1980 年第 1 期。

⑤ 参见拙作《天问里的宇宙模式》，见《中国哲学史文集》，吉林人民出版社 1979 年版。

⑥ 参见湖南省博物馆：《新发现的长沙战国楚墓帛画》，载《文物》1973 年第 7 期；《长沙楚墓帛画·说明》，文物出版社 1973 年版。

⑦ 参见《山东苍山元嘉元年画像石墓》，载《考古》1975 年第 2 期。

也可能因为我们的研究解释得还不透彻)。《九歌》里有些神灵是乘驾龙舟或龙车的。如《东君》:"驾龙辀兮乘雷。"凌纯声先生据清陈本礼《屈辞精义》的暗示,说:"照陈氏之意,雷为水声,龙辀则龙船。这一句是描写神降龙船,鼓声大作。"①又说:"《东君》歌中,车马似作舟楫解。'抚马'轻划楫,'安驱'使船徐进。"②他认为《九歌》所写就是南方古代铜鼓图文上用龙舟迎神、送神歌舞的情景,实在有些牵强附会。文崇一先生则说龙辀"该是把龙当作舟或车,是一种象征性的假借的用字。……相当于湘君'驾飞龙兮北征'的飞龙和《大司命》'乘龙兮辚辚'的龙。"③案《方言》:"辕,楚韩之间谓之辀。"汉王逸《楚辞章句》:"言日以龙为车辕,乘雷而行。"宋朱熹《楚辞集注》:"雷气转似轮,故以为车轮。"古人以雷霆有如车声,就认为雷神在天空乘车而行。金文的"雷"字还像四轮或二轮。直到唐代,诗人们还用"轻雷"等比拟车声④。为东君驾车的马是龙马,决不会是船,所以上下文说"撰余辔""抚余马"。但以辀名辕却耐人寻味,可能日神的龙车制成舟船的样子,反映"南人乘舟"的风习。太阳或太阳神是可以乘船的。瑞典西南部青铜时代的波哈斯兰(Bohuslan)崖画里就有中绘黑点的圆日乘船的场面,"船头或刻为鸟形"也至可注意⑤。古埃及的太阳神赖(Ra)也是乘船巡行太空的。因为太阳通常被认为从海里升起,当然它要乘船。"当大地是一片黑暗的时候,赖神的太阳船通过地府中的十二个依小时分的地段。"⑥埃及纸草画卷里就有有翼的太阳神站在"蛇舟"上巡行的形象表现⑦。这一点跟灵魂乘船的观念紧相黏附(详后)。

其实《九歌》真正乘龙舟的是湘水兼九嶷山大神湘君。

　　驾飞龙兮北征,遭吾道兮洞庭。

　　薜荔柏兮蕙绸,荪桡兮兰旌。

这分明指制作装饰成飞龙样子的舟船,不然用"桡"(桨)干什么呢?此与上文"沛吾乘兮桂舟"相应,这龙舟是用桂木制成的。下面说"望涔阳兮极浦,横大江兮扬灵",也是舟船渡水之貌。[清]王夫之《楚辞通释》甚至说:"[灵]与舲同,扬灵鼓枻而行如飞也。""桂櫂兮兰枻,斲冰兮积雪",当然还是破冰行船之意。

---

① 凌纯声:《中国边疆民族与环太平洋文化·铜鼓图文与楚辞九歌》上册,联经书局 1979 年版,第583 页。

② 凌纯声:《中国边疆民族与环太平洋文化·铜鼓图文与楚辞九歌》上册,联经书局 1979 年版,第583 页。

③ 文崇一:《九歌中的水神与华南的龙舟赛神》,载台湾民族研究所《集刊》1961 年第 11 期,第70 页。

④ 参见拙作《楚辞·九歌·东君新解》,载《南京师范学院学报》1979 年第 1 期。

⑤ 参见岑家梧:《史前艺术史》,商务印书馆 1938 年版,第 129 页。

⑥ D. A. Mackenzie, *Egyptian Myth and Legend*,参见《世界神话传说选》,丰华瞻译,外国文学出版社 1982 年版,第 19 页。

⑦ 参见 R. A. Jairazbhoy, *Ancient Egyptian and Chinese in America*(《古代埃及人和中国人在美洲》),London, Georeprior, 1974, p. 60, f. 6.

《河伯》：

> 与女游兮九河，冲风起兮横波。
>
> 乘水车兮荷盖，驾两龙兮骖螭。

这描写以龙螭驱舟前进，"水车"者船也。"两龙"云云可能暗示那是见于铜鼓的"双体船"（double canoes），即"舫"或"方舟"①，甚至可能是带轮的船，所以称"车"。朱季海先生则认为这是以车马喻舟船，"盖洞庭、云梦，大泽之乡，其民狃习波涛，弄潮如驱车，故发为想象，形诸名言，曼妙如此，诗人有取焉尔"②。他引用沈复《浮生六记·浪游记快》，吴语呼双艕两桨之小快船为"出水鳝头"，以证《河伯》"水车"之称尚遗存于吴楚民俗③。这也可供参照。《河伯篇》既称其"乘水车"，复谓其"驾两龙兮骖螭"，则似以龙螭为骖驾拖引之神兽，而舟船则如"车"而破浪前进，非如王逸所谓"以水为车"也。

而龙舟之制则此神话之"还原"，骖驾龙螭之"水车"本质上就是一种特殊形式的"龙船"。《河伯篇》间接描写南方祭水神的风俗，神驾龙舟能够"显圣"，灵魂乘驾龙船也可能"超凡入圣"而"升仙"。

《招魂》里的灵魂是否乘船，看不出来。《大招》里的"靥辅奇（畸）牙"反映"拔齿"之俗，"曾（层）颊倚（剞）耳"描写劖面离耳之习，保存南方民族文化色彩较多④。它说："冥凌浃行，魂无逃只。"冥是玄冥幽暗，凌是冰凌冻冽，似乎是在写灵魂乘船在"黄泉"里穿行的情形。它铺陈四方之害，全涉及江河湖海。

> 东有大海，溺水浟浟只；螭龙并流，上下悠悠只。

像是描写灵魂乘驾螭龙之舟在惊涛骇浪之中上下飘荡的样子。南方主要是炎火山森，但也有鲗鳙短狐、王虺毒蜮之类水怪威胁灵魂。"西方流沙，漭洋洋只。"不仅是沙流、沙崩、沙暴，而且是浩荡汪洋的流沙河。《离骚》说行流沙、遵赤水，必须"麾蛟龙以梁津兮，诏西皇使涉予"，就是指要驱遣蛟龙或龙舟才能越此险水（详后）。北方更是"代水不可涉，深不可测只"。虽然还不能说《大招》肯定摹写魂舟翔水之状，但是它所陈的四方之害都涉及危川恶水，却透露了《楚辞》时代南方民族确实存在灵魂往往乘舟遨游的民俗观念，从而在文学作品里留下了影迹。

"魂舟"观念起源甚古，遍及亚非近海各地，现代所谓"环太平洋文化区"犹存此俗。古埃及人认为"地府之内，川流交错，故太阳神经行是间，用舟而非起旱；死者的灵魂，要是能够附搭太阳的大舟，便可以避免妖魔的侵害，神明的盘阻，而

---

① 参见梁钊韬：《西瓯族源初探》，载《学术研究》1978 年第 1 期，第 134 页；石钟健：《铜鼓船纹中有没有过海船》，见《古代铜鼓学术讨论会论文集》，文物出版社 1982 年版，第 178 页。

② 朱季海：《楚辞长语》，载《活页文史丛刊》1981 年第 36 号，第 5 页。

③ 朱季海：《楚辞长语》，载《活页文史丛刊》1981 年第 36 号，第 5 页。

④ 参见拙作《靥辅奇（畸）牙……》和《曾（层）颊倚（剞）耳……》，见《中国古典文学研究论丛》第 1 辑，吉林人民出版社 1980 年版。

得安抵乐土了"①。赖神的太阳船在玄冥幽暗的地下世界行驶要经过许多危难，死亡的神和人的灵魂都竭力要登上这太阳之舟，驱除魔怪，战胜艰险，穿破黑暗，飞向光明。埃及的"黄泉"地府跟《招魂》描写的"幽都"、"雷渊"、"深渊"颇为相似。

中国也有在水底的冥府即黄泉自无疑义，却没有用舟船在冥河或黄泉为阴魂摆渡的古老记载（佛教东传以后的文献不足据）。不过中国和东南亚竞渡龙舟的功能之一却是招魂、引魂、救魂。这和《楚帛画》以龙、以舟、以夔龙舟引魂可以互为发明，互为参证。

龙舟竞渡从图腾祭祀仪式②发展为多功能性的南方或太平洋文化区的特征性风俗。它跟祭祀水神、祈雨求丰、厌胜水怪、招魂拯灵以及"送瘟神"、"替罪羊"之礼等等都有血肉关系。其中"招魂"一点不为某些专家所重，其实铜鼓图纹、神秘绘画上的众多舟纹都不但与"竞渡"有关，而且同时也可以是一种包含招魂、引魂的丧葬仪式或"表现性巫术"。

文献里有说龙舟竞渡是为了祭祀、迎赛成为水神的伍子胥的，如《荆楚岁时记》引邯郸淳《曹娥碑》："五月五日，时迎伍相，逆涛而上。"但更多是说救屈原。

　　《太平御览》卷三十一引《荆楚岁时记》："五月五日，竞渡，俗为屈
　　原投汨罗日，伤其死所，并命舟楫以拯之。"

　　《续齐谐记》："屈原五月五日投汨罗而死，楚人哀之，每至此日，以
　　竹筒贮米祭之。"

但所拯、所祭的决不会是屈原的肉体，而只能是他的灵魂。《全唐文》卷719引唐蒋防《汨罗庙记》就说："俗以三闾投汨水而死……失其遗骸……所葬者招魂也。"可见对屈原可能实行过招魂葬。招魂的手段之一便是以龙舟寻找、招祭、导引魂灵。

唐刘禹锡《竞渡曲》小引云："竞渡始于武陵，及今举楫而相和之，其音咸呼云'何在'，斯招屈之义。事见《图经》。""何在"犹"荷咳"，同力划桨、齐呼邪许之声。但"招屈"自是龙舟招魂遗意。"灵均何年歌已矣，哀谣振楫从此起"，还可能有船歌之类配合。

《隋书·地理志》也说：

　　屈原以五月望日赴汨罗，土人追至洞庭不见，湖大船小，莫得济者，
　　乃歌曰："何由得渡湖？"因而鼓棹争归，竞会亭上。习以相传，为竞渡之
　　戏。其迅楫齐驰，棹歌乱响，喧振水陆，观者如云。诸郡率然，而南郡、
　　襄阳尤甚。（3·897）

划船要用号子、短歌之类配合，最初即可能含有哀叫招魂之声。而"招魂"与

① 黄石：《神话研究》，开明书店1926年版，第97页。
② 参见闻一多：《神话与诗·端午考·龙舟》，古籍出版社1954年版，第237页。

"迎神"是一致的。《中华全国风俗志》引《宜昌县志》所载雷霂霂诗即有"天下无舟不竞渡，峡中有鸟只争飞；市儿各唱迎神曲，游女多穿送节衣"之句。

姜亮夫先生曾引古人《屈原塔》诗云：

楚人悲屈子，千载意未歇。精魂飘何在，父老空哽咽。

至今沧江上，投饭救饥渴。遗风成竞渡，哀叫楚州裂。……①

此诗或说苏轼作（"屈子"一作"屈原"，"楚州"一作"楚山"）。从此可见后世竞渡尚有哀叫屈子精魂的遗俗。《续齐谐记》、《太平寰宇记》等都说楚人祭屈原物多为蛟龙所窃，乃以楝树叶、五彩丝为粽投之。其实蛟龙是异化了的图腾，可能危害亡魂，代表正统图腾的龙舟则可以厌胜水怪，保护亡灵。《淮南子·本经训》所谓"画其象著船首，以御水患"正是此意，可与《说苑·奉使篇》所说越人"翦发文身，烂然成章，以象龙子，将以避水神"遥为呼应。梁萧子显《南征曲》"櫂歌来扬女，操舟惊越人，图蛟怯水伯，照鹢竦江神"亦为此意。

凌纯声先生说："龙船，以民族学眼光视之，即越人祭水神时所驾之舟。"② 又说："［铜鼓］鼓盆上的行船与游鱼，是赛水神。又濮僚民族滨水而居，虽祭天神亦用舟迎神和送神。"③ 龙舟既可迎送神祇，当然也可以迎送招引魂灵。文崇一先生也认为华南龙舟赛神跟《九歌》里的水神祭祀有关。④

越南的龙舟竞渡也包含祭祀水神的功能。

水上活动的另一形式是祭祀水神的献祭形式。在大船上搭船台，载铜鼓（呼唤下雨）、铜瓶（盛装圣水），还有手持神弓的人和狗守卫，并持矛刺向被捆绑的水（怪），击鼓和划船者化装和武装起来的图像。⑤

祭水神、辟水怪和招引灵魂是一个仪式的两面。越南学者曾经认为"达亚克（Dayak）人和雒越人之间可能有亲属的关系，可能是雒越人和达亚克人的祖先同时从华南沿海一带的故乡越海来到他们新的故乡"，他们一般不反对戈鹭波铜鼓船纹反映用"黄金船"招引魂灵的说法。⑥ 容观琼先生也说越人的龙舟"像柬埔寨一年一度'蒙奥姆水祭'举行独木舟竞赛一样，也是古代越族人民举行水祭（祭水神）的重要组成部分"⑦。以龙舟赛祭水神的重要目的正是使生人和亡魂都得到庇佑、安宁

---

① 姜亮夫：《屈原事迹续考》，载《活页文史丛刊》1980 年第 51 号。

② 凌纯声：《南洋土著与中国古代百越民族》，载台湾省《学术季刊》1954 年第 2 卷第 3 期，第 8 页。

③ 凌纯声：《中国边疆民族与环太平洋文化·铜鼓图文与楚辞九歌》上册，联经书局 1979 年版，第 582 页。

④ 参见文崇一：《九歌中的水神与华南的龙舟赛神》，载台湾《民族学集刊》，1961 年；又：《楚文化研究》，台湾民族学研究所专刊之 12，1967 年，第 142 页。

⑤ ［越］文新等：《雄王时代》，越南科学出版社 1976 年版。

⑥ 参见［越］陶维英：《越南古代史》，科学出版社 1959 年版，第 346 页。

⑦ 容观琼：《竞渡传风俗——古代越族文化史片断》，载《中央民族学院学报》1981 年第 1 期，第 86 页。

和幸福。

我国学者如闻宥①、冯汉骥②、汪宁生③等都用龙舟竞渡之俗来解释铜鼓船纹，但龙舟本身就有其民俗宗俗背景，祭神厌怪、禳灾卜岁跟招魂引灵毫无矛盾。

凌纯声先生更认为铜鼓船纹描写的是一种过海用的航船、神船，它"与我国各地在五月五日竞赛的龙船相似。如船头有桡（或扫），船尾有舵，可说这种神船是能航海的"④。

案：我国云南开化和晋宁石寨山铜鼓、越南东山文化铜鼓主晕图纹上都有一种头尾高翘、或饰以鸟形的"竞渡船"，有的船上还有大鸟在飞翔，其含义或象征学术界颇有争论。科拉尼（CoIani，1940）认为它很像古埃及搭载灵魂的"太阳船"⑤。凌纯声、张光直等先生也有类似看法，却把这种图案的策源地定在长江中游，因为百越人也崇拜太阳。⑥

婆罗洲（今加里曼丹）的海洋达雅克人（Dayaks）有一种宗教用的黄金船，"船由称为 Tempohy Telon 的神通广大的人来指挥，船头船尾用伟大的犀鸟的头和尾来装饰"，这也是一种"死者之舟"（Barque des Morts），灵魂可以乘坐它以达位于"云海"之中的"天国"。法国学者戈露波（V. Goloubew）曾用它解释铜鼓船纹的含义，并且把铜鼓及其主晕船纹、鸟鼓、屋纹跟当地的招魂仪式"替瓦"（Tiwah）联系起来⑦。塞斯蒂文也说：

> ［那加族］富人用船棺葬，即用独木砍成舟形，棺的两端的舟首与舟
> 尾，分别刻成翠鸟的头部和尾部，这习俗使人联想到石寨山和［越南］东
> 山文化所出铜鼓上的舟首与舟尾的形象。⑧

这些意见正确与否还有待深入批评讨论，但是无论如何飞鸟"魂舟"之说对于揭开铜鼓图纹、沧源崖画和佤族"大房子"（祭房）绘画以及楚《帛画》的某些秘

① 参见闻宥：《古铜鼓图录》，上海出版公司 1954 年版。

② 参见冯汉骥：《云南晋宁出土铜鼓研究》，载《文物》1974 年第 1 期。

③ 参见汪宁生：《试论中国古铜鼓》，载《考古学报》1978 年第 2 期，又见《云南青铜器论丛》，文物出版社 1981 年版，第 132 页。

④ 凌纯声：《中国远古与太平印度两洋的帆筏戈船方舟和楼船的研究》，台湾"中央研究院"民族学研究所，1970 年，第 182 页。

⑤ 参见［法］索兰等：《印度支那半岛的史前文化》，任友谅译，原载《古代东方》1974 年；《考古学参考资料》第 2 辑，文物出版社 1979 年版，第 29 页。

⑥ 凌纯声：《中国远古与太平印度两洋的帆筏戈船方舟和楼船的研究》，台湾"中央研究院"民族学研究所，1970 年，第 182 页。

⑦ V. Goloubew：《东山人及其他》，见 *Bulletin de L'ecole Francaise de L'Extrême Orient*（《法国远东博物馆集刊》），t·14·参见 I. 鲍克兰：《读〈东南亚铜鼓考〉》，华西协和大学《中国文化研究所集刊》第 4 卷；汪宁生中译：《黑格尔〈东南亚古代金属鼓〉的解说》，载《民族考古译丛》第 1 辑（铜鼓问题），云南省历史研究所 1979 年版，第 58 页。

⑧ M. P. 塞斯蒂文：《石寨山铜鼓在社会生活和宗教礼仪中的意义》。

密是很有参考借鉴意义的。①

尤其是《龙凤人物帛画》有凤凰，《人物御龙帛画》舟尾有"仙鹤"，马王堆《帛画》竟也不但有七鹤，而且有一对"观风鸟"，三幅跟引魂升天有关、地域集中、时代接近的随葬帛画，竟然全都出现了鸟，这就更加引人注目、发人深思了。

亚非各地，尤其太平洋文化区初民多以为人的灵魂会离开肉体像鸟儿一般飞翔。埃及人以生魂为 ka，亡魂为 Ba，据说埃及古墓碑、室上刻画着鸽子之类飞鸟，就表示死者的魂灵。前揭太阳神"赖"（Ra）的精灵也展着翼翅，很像中国南北方的"羽人"。波希米亚人（the Bohemians）也以为灵魂是一只鸟。传说楚怀王死"化而为鸟，名楚魂"（见崔豹《古今注》），所以《招魂》要预备"秦篝齐缕"供它栖息。② 灵魂既可化为鸟，鸟也可以引导或伴随灵魂飞行。

从前傣族富人要用纸扎的大神鸟（Rug Kat Chi Ying）引丧，用其头尾装饰棺头、棺尾③，跟前述那加船棺头尾刻成翠鸟形状非常相似。这多么像《人物御龙帛画》舟尾的"仙鹤"！《三国志·魏书·东夷传》说弁辰人"以大鸟羽送死，其意欲使魂气飞扬"（3·853），也是为了引魂登天。西汉卜千秋墓壁画上有人头大鸟，本意也是导魂。马王堆《西汉帛画》中段栖息着一对女首鸟身的勾芒鸟（或称羽人），当是一种比较古老的导魂鸟、观风鸟。④ 不但此也，《西汉帛画》上段还有七只引颈长鸣的仙鹤（它们也可能同时象征北斗七星，另详），出现的目的当与《楚帛画》一致：预备引魂（前者两种鸟、两条龙都可以引魂，"月宫"和"太阳神树"都可以让亡魂"升仙"，可谓布置严密，准备充足，条条道路通天堂，这可能是后者魂舟或有龙有凤协同导引，或前有龙首、尾有头向相反的"仙鹤"以备双向导引的缘故）。这只仙鹤，曾布川宽先生用长沙砂子塘汉墓外棺侧板图像等比较，认为它长颈、高足而有冠羽，可能也是天帝的使者凤凰⑤。凤凰确实可以引魂、报信。殷虚卜辞有"帝史凤"之文。《离骚》："凤凰既受诒兮，恐高辛之先我。"屈原三次"神游"之时也要"凤凰翼其承旂兮，高翱翔之翼翼"⑥。《楚龙凤人物帛画》决非无故描绘凤凰，《楚辞·大招》在临近结章之时提到"魂乎归徕，凤凰翔只"也并非无因。但是长颈高足冠羽而有短尾的这只神鸟却更像"仙鹤"，跟马王堆《帛画》的七鹤，开化、晋宁、东山等铜鼓上的"翔鹭"都有些相似，而鹤鹭之类是颇常见于丧礼、葬仪和招魂、导魂仪式以及升仙幻术之中的。

林河等先生认为马王堆《帛画》上的七只鸟不是仙鹤，而是鸿雁之类水鸟，亦即所谓"雒鸟"，或"罗平鸟"，而与南方铜鼓所见鸟纹一致。他们引用以

---

① 参见拙作《铜鼓图纹与沧源崖画》。
② 参见拙作《楚魂鸟》，载《活页文史丛刊》1980 年第 1 辑。
③ 参见陶云逵：《车里摆夷之生命环》，载《边疆研究论丛》1949 年第 3 期，第 67 页。
④ 参见拙作《马王堆帛画与楚辞：羽人·相鸟·观风鸟》，载《兰州大学学报》1980 年第 2 期。
⑤ 参见［日］曾布川宽：《昆仑升仙》，中央公论社 1981 年版，第 53、68 页。
⑥ 参见拙作《楚辞和长恨歌"神游"的微观分析》。

下资料——

> 《吴越备史》："罗平鸟主越人祸福：敬则福，慢则祸。于是民间悉图其形以祷之。"

> 《交州外域记》："交趾昔未有郡县之时，土地有雒田，其田从潮水上下，民垦食其田，因名曰雒民。设雒王、雒侯主诸郡县，县多为雒将。"

企图证明马王堆《帛画》表现的一个祭祀场面："这些鸟是天神的神鸟，天神差它下凡，帮助人民农事丰收，农民丰收后，又以嘉禾祀神，感谢天神的恩典。"① 他们还说：

> 与交趾（越南）相邻的广西，住有许多越人的后代，即今日的壮、侗、黎、傣等民族，在他们的语言中，壮族至今还把田称为雒（na²），而侗族则把旱土、鸟和人称之为雒（常写作罗、娜、傩……）。②

这个看法可备一解。但《帛画》所见确为某种神鸟。百越、百濮等东南方、西南方兄弟民族与东夷鸟图腾文化有千丝万缕的联系，确实盛行神鸟崇拜。河姆渡新石器文化遗址就出土过双头神鸟。浙江绍兴 306 号战国墓出土铜质房屋，屋上类似"鬼杆"、"神杆"的图腾柱，柱上蹲着鸠形的神鸟。③ 牟永抗先生指出：

> 我国东北地区的赫哲人及萨满家从前在住屋外竖立的托罗神杆，上面都有神鸟的形象。当萨满跳太平神为全村人祈福禳灾时，也要有童子手执顶端有鸟的神杆作为神队的前导，恰赫喇族的神杆上也有祖鸟的形象。中国历史博物馆所收藏的一幅皮画中，在"干栏式"房屋的正面屋脊上也有鸟形装饰。……

> 河姆渡遗址出土的精美象牙制品中常见鸟形图案，有同志也认为是以鸟为图腾的表现。云南石寨山 M：12 贮贝器的屋顶上立有三鸟，开化铜鼓图案中也有大鸟位于屋上，沧源崖画的房屋图形上也有类似图象，现代佤族头人住宅顶角也有简化木鸟作饰物。这些材料都可与这座模型柱顶立鸟互作印证。④

同样的，这些神鸟的图像也可与楚汉《帛画》神鸟形象参较。《博物志》卷三："越地深山有鸟如鸠，青色，名曰冶鸟。……越人谓此鸟是越祝之祖也。"（37）此亦见于《搜神记》（154）、《酉阳杂俎》（144）等书。鸠形"冶鸟"为"越祝之祖"，雒鸟（或罗平鸟）越人悉图其形以祷福，都与"鸠柱"房屋、楚汉《帛画》、铜鼓花纹、沧源崖画等所见鸟形一脉相通，性质接近。

---

① 林河、杨进飞：《南方民族神话、楚辞与马王堆汉墓飞衣帛画比较研究》，见《中国少数民族神话讨论会论文集》中册，第 180 页。
② 林河、杨进飞：《南方民族神话、楚辞与马王堆汉墓飞衣帛画比较研究》，见《中国少数民族神话讨论会论文集》中册，第 181 页。
③ 参见《绍兴 306 号战国墓发掘简报》，载《文物》1984 年第 4 期，第 16 页，彩色图版。
④ 牟永抗：《绍兴 306 号越墓刍议》，载《文物》1984 年第 1 期，第 32 页。

而铜鼓鸟纹崖画鸟图都与以鸟招魂（或祭祖）之习相关，楚汉《帛画》更发现于墓葬，学者多以为其或用以招魂或引魂，那么，同样是发现于墓葬的"冥器"的越人鸠柱房屋模型也极可能与"祭死"、招魂、引灵有关。因为鸟既是图腾祖先或圣物，则亦可能引导与鸟有关的亡灵"升天""见祖"，或竟代表亡灵（特别是在死者为酋长、祭司或"贵族"之时）。

牟永抗先生说："图腾之所以常常见于屋脊或专门建立的图腾柱上，不仅仅是为了表现人们对它的崇敬，在古代东方，还与那种认为图腾来自天上的天命观念有关。铜屋图腾柱上雕饰的云纹，显然是象征柱身高入云端和图腾（鸠鸟）居住上苍之意。"（引同上）图腾神鸟既"住居上苍"，当然也可以引导图腾族裔的亡魂"升天"。牟先生认为"这个铜房屋模型应是越族专门用作祭祀的庙堂建筑的模型"，良有可能；但既作为冥器而陪葬，便也可能如沧源崖画、铜鼓花纹所见"鸟屋"那样作为"魂屋"或"灵房"，那神鸠也可能兼为"导魂鸟"，那图腾柱有如"相风（鸟）竿"。

《楚辞·招魂》描写宫廷乐舞场面，具有引诱亡魂归来享乐的企图：

肴羞未通，女乐罗些。

陈钟按鼓，造新歌些。

《涉江》《采菱》，发《扬阿》些。

竽瑟狂会，搷鸣鼓些。

宫廷震惊，发《激楚》些。

吴歈蔡讴，奏大吕些。

这不是有些像"鸠屋"里鼓笙杂陈、琴瑟齐奏的情形吗？这些歌乐不很可能也有娱鬼、诱魂的功能吗？总之，南方文化结构和制品里出现的神鸟形象，多与祖先崇拜、图腾机制、灵魂观念有关，而且大多涉及丧葬、祭祀、娱鬼、招魂，而不论其为鹤、为雒、为鸠、为鹭。不过楚汉《帛画》所见神鸟长颈高足，更像仙鹤一些。何况无论南北，仙鹤多与丧葬制度、灵魂观念相连。

《吴越春秋·阖闾内传》写吴王小女下葬，陵墓之前"舞白鹤"。高本汉曾用以推测铜鼓图纹里的飞鸟或"鸟人"（hormmes-oiseu-aux，bird-men）可能表示葬仪上的"神鸟舞"[1]。闻宥先生却以为铜鼓"羽人"头部装饰的是《尔雅·释鸟·鹭舂锄》郭注所谓"睫橘"即"白鹭缟"，是一种"丧服"[2]，可见鹤鹭之类涉禽可与葬仪、导魂相关。李约瑟先生曾引用阿姆斯特朗之说曰："鹤舞本身是祭祀和丧葬仪式中艺术表演的一部分……后来和道家的神秘主义相结合。"[3] 葛朗特甚至认为"这种

---

① [瑞典] Bernard Karlgren（高本汉）：《早期东山文化的时代》，载《远东博物馆集刊》（BMFEA）1942 年第 14 卷；收入《民族考古译丛》第 1 辑，赵嘉文译，云南省历史研究所 1979 年版，第 34 页。

② 参见闻宥：《铜鼓上几种花纹的试释》，载《思想战线》1978 年第 6 期，第 41 页。

③ Armstrong, *The Crane Dance in East and West*（《东西方的鹤舞》），Antiquity, 1943, pp. 17, 71. 引见 [英] 李约瑟：《中国科学技术史》第 1 卷，科学出版社 1975 年版，第 352 页。

仪式是从爱琴海经过肥沃的新月地带传到中国和东南亚的"①。近人吊丧犹云"鹤驾西归"之类。它跟神仙思想的联系更加紧密。《淮南子·说林训》："鹤寿千岁，以极其游。"更明显的是《楚辞·九叹·远游》：

> 驾鸾凤以上游兮，从玄鹤与焦明；
>
> 孔鸟飞而送迎兮，腾群鹤于瑶光。

这是很符合战国秦汉之际统治阶级生时妄图不死、死后又幻想升仙的胃口的。所以马王堆汉墓漆棺上有仙人乘鹤，山西平陆枣园壁画汉墓在"日月星辰中又有九只长颈短尾白鹤"在飞舞②。《楚帛画说明》强调了鹤与升仙的联系，可是对它与招魂引魂的关系注意得不够。

董天士《武夷山志》记旧志所载船形架壑悬棺葬云，有一楠木长三丈，径尺余，"上置仙脱十三函，每函或颅骨数片，或胫骨一二茎，手足一二节，皆裹以锦帕"，自是"二次葬"；又云"一函乃鹤，骨惟头及一足"，似指木函内有鹤首鹤足，以鹤陪葬，或内有人头骨及足骨，语焉不详，却至值注意。

南方民族"魂舟"观念也可以从船棺葬风习里得到证明和解释。东南亚各地有这种葬俗，例如：

> 今婆罗门洲多船形棺，如 Skapan 族的棺形似船，并有雕刻和彩画。在 Solomon 岛的重要人物葬用船形或刀鱼形棺。又 New Hebrides 群岛中的 Ambrym 岛的要人亦用船或木鼓作棺；又 Tonga 和 Samoa 群岛的酋长葬用船或控空的木干代船，此船形棺与崖葬之起源地有关。③

四川巴县冬笋坝和昭化宝轮院出土约当汉初的楠木葬具，两端"上翘而成舟形"，是我国著名的船棺葬。④ 发掘报告认为"此种葬具或者就是墓主人生前实用的水上交通工具"⑤。冯汉骥先生认为是当地原住人民的文化。⑥

石钟健先生说："用独木舟，即船棺，如古代的越人、僚人和巴人。"又说："四川古代的巴人原行埋葬（土葬），到了战国以至公元初期，在葬具上，一度改用船棺船椁，仍行埋葬。"⑦ 四川发现悬棺葬较多，但悬棺采船形者较少。《荆州府志》说东瀼溪两岸，"有敝船在石罅间"，或亦架壑船棺葬。〔清〕光绪《巴东县志》（卷十四）也说："西岩壁立千寻，有敝艇在石罅间，去水约半里许，望之舷艄皆可

① 参见〔法〕M. Granet, *Danse et L'egendes de la Chine Ancienne*（《古中国的神谭与跳舞》），李璜译述，商务印书馆1929年版。

②《山西平陆枣园村壁画汉墓》，载《考古》1959年第9期。

③ 凌纯声：《中国边疆民族与环太平洋文化·中国与东南亚之崖葬文化》下册，联经书局1979年版，第732页。

④ 参见《四川巴县冬笋坝战国和汉墓清理简报》，载《考古通讯》1958年第1期，第12页。

⑤《四川船棺葬发掘报告》，文物出版社1960年版，第88页。

⑥ 参见冯汉骥：《四川古代的船棺葬》，载《考古学报》1958年第2期。

⑦ 石钟健：《悬棺葬研究》，初稿载四川省民族研究所等编《民族论丛》1981年第1辑（悬棺葬研究专集），第29页。

辨。"而土葬的船棺也多发现在沿江两岸①，"表明他们在全部生活中与水有重要关系"②。

石钟健先生对四川巴人船棺葬起因意义和背景的解释是：

> 巴人是一个长于驾舟，航行江河的民族，所以在她们的生活中，舟船是离不开的。……到了战国晚期，千里归宗，回归故乡的思想发展了，表现在人死之后，把尸体设法送回故乡中去。纵然事实上已不可能，但也想法把人的灵魂送回想像中的老家。③

至于巴人的老家，还要继续考定。

> 但是巴人用船作为葬具，很可能不是巴人自己创始的，是从她的南邻百越诸部僰濮和夔越人，即越、濮人那里学来的。④

但是巴人又学习并保留了中原的土葬法，所以在一个时期里就把船棺埋在地下。

用舟船做葬具一方面是对自我生产和生活工具技术的纪念，另一方面也含着由这种最亲密最常用的交通工具把死者运送到"彼岸世界"或"极乐世界"的愿望。冥府黄泉，当然要魂舟摆渡泛行；云天似海，也必须灵船运载飞升。武夷山等地的架壑船棺决不是无缘无故被称为"仙人葬"的。

《太平御览》卷十四引《十二真君传》记许逊曾命二龙驾舟自庐江口经庐江飞向钟陵：

> 于是腾舟离水，凌空入云。真君谈论端坐，顷刻之间，已抵庐山金阙洞之西北紫霄峰顶。真君意欲暂过洞中，龙行既低，其船拽拔林木，戛刺响骇，其声异常，舟师不免偷目潜窥。二龙知人见之，峰顶委舟而去。……由是舟师之船底，遗迹尚存。(1·98—99)

这个显然与"架壑船棺葬"有关的传说暗示了以舟（尤其是饰龙之舟）为棺的目的之一是为了登遐，飞升，成仙，对于"龙舟"的功用、《帛画》和铜鼓图纹含义、船形悬棺葬的民俗背景等的阐发都极有启发。

《荆州府志》也载有一则极其相似的传说，可资互相发明：

> ［峡江支流］西（东？）瀼溪两岸，壁立千仞，有敝船在石罅间，去水约半里许，望之舷艄皆可辨。昔人于江上斗龙船，忽飞起置今处，各龙船河云。

可见这种架壑船棺一定制成龙形，而龙舟也确实与丧葬、升天有关。任何传说故事都不会没有背景。这个传说在民间流播变得"现实"一些了："在很早以前涨大水划龙舟于此，不知怎样船就停在陡壁石罅中，现在看见的船尾和桡片，就是当

① 参见四川省博物馆：《四川古代墓葬清理简况》，载《考古》1959 年第 8 期，第 442 页。
② ［苏］P. 伊茨：《东亚南部民族史》，冯思刚译，四川民族出版社 1981 年版，第 197 页。
③ 石钟健：《悬棺葬研究》，载《民族论丛》1981 年第 1 辑，第 65 页。
④ 石钟健：《悬棺葬研究》，载《民族论丛》1981 年第 1 辑，第 65 页。

年涨大水插上去的。"① 据观察和采访，那里确实有船棺的遗迹。②

几乎所有有关船形悬棺葬（或称"架壑船棺葬"）的记载和传说都与"仙"有关（另详）。《说文解字》卷八人部："仙，人在山上，从人从山。"初民以山高而近天，便以为神或仙都住在山上。例如希腊的宙斯们都住在奥林普斯山，印度教和佛教大神都与须弥山有关，摩西也要在西奈山受十诫，我国的黄帝、西王母等都处于昆仑玉山。要成神升仙或追随仙圣就要登山，那是上天的终南捷径。《楚辞·离骚》"朝发轫于苍梧兮，夕余至于悬圃"云云，就是借助于"想象飞行"，寻访昆仑悬圃，以求升天，而被"帝阍"格阻于天门"阊阖"之外，象征着诗人追求"美政"的理想的渐次破灭。在《九章·涉江》里，诗人也想象他和重华游于瑶圃，"登昆仑兮食玉英"，以求得"与天地兮同寿，与日月兮齐光"。所以，登山是为了便于升天。正如《释名·释言语》所说："仙，迁也，迁入山也。故其制字，人旁作山也。"

以武夷山架壑船棺葬而言，则不但与"仙迹"、"仙山"血肉相连，而且据《武夷山志》所说有个骨函乃鹤首（首或作骨）的暗示，可能也有以鹤导魂升天的民俗观念做背景。《山志·杂录》又说金鸡洞（藏有"仙艇"，即船棺），"传说是金鸡栖息的地方。其实很可能是锦鸡长期栖息的洞穴中，不断营巢积聚的结果"③；《志》云被人盗发之时，"满洞香灰，数人鼾睡其内，傍覆一铜磬，磬下一鸡奋起翼展，灰飞不能展视"，或是锦鸡飞出，或是对导魂用的鸡形明器的幻觉和附会。"仙"是特定的民俗学概念，我国的神仙思想溯源于神话，大约萌芽于春秋战国，兴盛于秦汉魏晋。但升仙不同于升天，"升天"的观念原始社会后期就已经存在，可以用来说明部分悬棺葬的宗教心理基础或民俗背景，更不用说楚汉《帛画》了。曾凡等先生的看法是可取的："由于古代人们对山峰的崇拜，又认为'山'是'升天'的必由之路，因此，死后把尸骨葬在巍立云端的山峰上，也就是'升天'的意思。"④

在一些地方，船棺是用来寄托生者和死者乘船回到故乡的愿望。南太平洋的萨摩亚人等"将他们的死者葬在近海的舢板上"，或"埋葬他们的首领在一只船中"；斐济人则认为"只能以一只舢板才能达到"他死后的"福地"⑤。石钟健先生曾参照这些民族志材料说："用船作为葬具还同人们的社会历史以及宗教信仰有关系，只有善于水上生活的人们，才有条件以舟船作为葬具，因为这样不仅可以满足死者一如生前照样行船驾舟的愿望，而且还可满足死者在信仰上的需要，即相信这只船将把他的灵魂送归故乡。"⑥

"归返故乡"乃至"越海望乡"也许能够解释部分船棺葬或铜鼓船纹的含义或

---

① 参见陈丽琼：《长江三峡悬棺葬调查记》，载 1981 年《民族论丛》第 1 辑，第 128 页。
② 参见陈丽琼：《长江三峡悬棺葬调查记》，载 1981 年《民族论丛》第 1 辑，第 128 页。
③ 曾凡等：《关于武夷山船棺葬的调查和初步研究》，载《文物》1980 年第 6 期，第 23 页。
④ 曾凡等：《关于武夷山船棺葬的调查和初步研究》，载《文物》1980 年第 6 期，第 27 页。
⑤ 参见［英］柯克士（Cox）：《民俗学浅说》，郑振铎译，商务印书馆 1933 年版，第 183 页。
⑥ 石钟健：《悬棺葬研究》，载《民族论丛》1981 年第 1 辑，第 36 页。

背景，① 但是要用来解释《楚帛画》"魂舟"的去向就会遇到许多难题。

战国中后期，《楚帛画》和《楚辞》时代的楚人已有四海观念。《离骚》有"四荒""四极"，还有"西海"。《九歌·云中君》也说："览四海兮焉穷。"《楚辞·大招》称颂楚祖高阳氏颛顼曰：

> 名声若日，照四海只。
>
> 德誉配天，万民理只。
>
> 北至幽陵，南交阯只。
>
> 西薄羊肠，东穷海只。

"东有大海"，当然指东海（有时涉及今黄海、渤海）。北海，一般认为指贝加尔湖。南，既然文化远被交阯，南海当然指南中国海。西海较复杂，或说指青海湖，但更可能是罗布泊，甚至巴尔喀什湖。

《龙凤人物帛画》上的舟船画得不大清楚，《人物夔龙舟帛画》的船却分明在有"神仙鱼"的水里。虽说魂灵要登的可能是"云海"，是天堂，但"升天"的观念也可能复叠着"越海"的想望，至少楚人是把海外当作一个神秘或快乐的去处的，尽管他们的故乡不大可能在海外（所以仅用"渡海船"、"望乡船"说无法解通《帛画》或铜鼓船纹及船棺之谜）。《长沙楚墓帛画说明》是用登天必须过海来解决这个矛盾的：

> 帛画中龙不作腾云驾雾、高扬在天之状；而画作舟形，似是在冲风扬波，这应与古代人想像的神仙世界有一定的关系。古代传说中的神山多在海中，因此求仙登天必须经过沧海。何以为渡？一般的船不能胜此重任，只得以龙为舟。这很容易使人联想到南方吴楚一带流行了数千年的端午龙舟竞渡的习俗。（文物出版社，1973 年）

渡海远航，渡向何方呢？问题相当复杂。战国秦汉南方的地图很可能跟现代相反，上南下北，左西右东。所以《楚辞·九章·哀郢》沿江东下之时，却说："将运舟而下浮兮，上洞庭而下江。"把长江和洞庭湖"倒"过来了（不知道这是不是以南方为本位、为上方的缘故）。《离骚》"神游"飞向西极之时必须"路不周以左转"，即经不周而向左，才能"指西海以为期"。长沙马王堆三号汉墓出土《古地图》正是上南下北，左西右东。所以很有必要首先考察一下"鬼魂东行"的目的地可能在哪里，意义又是什么。

有的学者如胡厚宣先生等认为楚民族来自东方。② 很多学者（如岑仲勉、顾颉刚、姜亮夫、徐嘉瑞等先生）不同意这个意见，而认为楚文化跟西北方的羌戎文化

---

① 石钟健：《铜鼓船纹中有没有过海船》，见《古代铜鼓学术讨论会论文集》，文物出版社 1982 年版，第 175—176 页。

② 参见胡厚宣：《楚民族源于东方考》，见北京大学潜社《史学论丛》第 1 册，1934 年；又：郭沫若：《殷周青铜器铭文研究》，科学出版社 1963 年版；郭沫若：《殷契粹编·序》，科学出版社 1965 年版；郭沫若：《历史人物·屈原研究》，人民文学出版社 1979 年版。

关系较大。①

但是《楚辞》里没有明确描写西北方夏人和狄人集群所盛传的西王母、黄帝故事和炎黄之争、蚩黄之战，似乎跟西北方的文化联系比较松懈（只是接受了昆仑神话，详后），楚文化里的东方色彩却是非常浓重，颛顼、祝融、帝舜（帝俊、帝喾、高祖夋）都是东方（或东夷、东北夷）的大祖先神，却被楚人视为先祖和地方神（如湘君）；《九歌》里二湘无待言矣，东皇太一的原型是老太阳神，东君是小日神，大少司命是颛顼之佐玄冥和句芒，河伯原来是九河之神，近于殷虚卜辞里的高祖河，只有山鬼（巫山神女前身）是西南方的神，云中君轩辕星神跟西北的黄帝有关系而已。②《战国策·楚策》楚威王曰："楚国僻陋，托东海之上。"是自承蛮夷而纳于偏东的淮夷之列的。至少楚人和楚文化的一部分是来源于东方文化系统的③。

楚人是可能暗怀着对东方的忆念和向往的。东方近海。发祥于渤海湾两岸的殷人非常关心并曾经营海域。《诗·商颂·长发》："相士烈烈，海外有截。"《鲁颂·閟宫》："奄有龟蒙，遂荒大东；至于海邦，淮夷来同。"而楚人曾是商人所征服的侯国。卜辞"楚侯""楚子来告"等可证。《商颂·殷武》："挞彼殷武，奋伐荆楚，深入其阻，裒荆之旅。有截其所，汤孙之绪。维女荆楚，居国南乡。昔有成汤，自彼氐羌，莫敢不来享，莫敢不来王，曰商是常。"商楚之间的冲突、交往、混血相当频繁。"奋伐荆楚，深入其阻"的某支殷人留居楚地与楚人通婚混血，交流文化，甚至逐渐融化入楚的土著也并非不可能。所以楚人才如此热烈真诚地"移植"、膜拜、纪念东方的自然神兼祖先神，而东方的图腾神鸟（如凤凰、鹤鹭等等）也得以与南方土著的龙图腾并列，一起成为楚的神祇和导魂向天的灵物。

苍茫幽溟、广袤无边的大海容易引起壮丽的幻想和征服的愿望。海上的岛屿、风涛、物候，尤其是海市蜃楼，是培育神话和浪漫文学的温床。"忽闻海上有仙山，山在虚无飘渺间。"有关东海及其神山的神话兴起于战国，极盛于秦汉。《孟子·梁惠王篇》：

> 昔者齐景公问于晏子曰："吾欲观于转附、朝儛，遵海而南，放于琅邪，吾何修，而可以比于先王观也？"（下·2675）

就已经包含着远航、游览、征服海洋的愿望。《庄子·秋水篇》"河伯顺流而东行，至于北海，望洋向若而叹"云云就表达了江河流域人民对海洋的赞叹和向往。《九歌·河伯》"波滔滔兮来迎"等等写的就是"黄河之水天上来，奔流到海不复回"，百川汇向大海的奇观。燕齐方士的妙想神思、纵横驰骋、渲染揄扬是以海洋为背景

---

① 参见岑仲勉：《两周文史论丛·楚民族源东方辨》，商务印书馆 1958 年版；顾颉刚：《史林杂识》，中华书局 1978 年版；姜亮夫：《屈原赋校注》，人民文学出版社 1957 年版；《三楚所传古史与齐鲁三晋异同辨》，载《历史学》1979 年第 4 期；徐嘉瑞：《大理古代文化史稿》，中华书局 1978 年版。
② 参见拙作《九歌新解》《九歌十论》诸篇，散见于国内各学术杂志，又《论九歌诸神的原型和二重性》，载《安徽大学学报》1979 年第 3 期。
③ 参见拙作《颛顼考——兼论楚辞文化里的东方因子》，载《活页文史丛刊》1982 年第 173 号。

的。所以《山经》之外还有《海经》之作。而《庄子·逍遥游》所据的志怪《齐谐》必有大宗的海上神话。《列子·汤问篇》：

> 渤海之东，不知几亿万里，有大壑焉。实维无底之谷，其下无底，名曰归墟。八弦九野之水，天汉之流，莫不注之，而无增无减焉。其中有五山焉：一曰岱舆，二曰员峤，三曰方壶，四曰瀛洲，五曰蓬莱。其山高下周旋三万里，其顶平处九千里。山之间相去七万里，以为邻居焉。其上台观皆金玉，其上禽兽皆纯缟，珠玗之树皆丛生，华实皆有滋味，食之皆不老不死。所居之人皆仙圣之种，一日一夕飞相往来者，不可数焉。而五山之根无所连著，常随潮波上下往还，不得暂峙焉。诉之于帝。帝恐流于西（四？）极，失群仙圣之居，乃命禺彊使巨鳌十五举首而戴之。迭为三番，六万岁一交焉。五山始峙而不动。①

这是多么令人神往、令人陶醉、令人产生幻觉和玄想的神秘而又美妙的地方。它的诞生决不会晚于战国。《楚辞·天问》"东流不溢，孰知其故"，问的就是这个海东大壑。"昆仑县圃，其尻（尻）安在？"这里也就是昆仑的尾闾，百川所汇的"沃燋"，天地的尽头，神圣的极境②。"鳌戴山抃，何以安之？"巨鳌所戴的就是那些仙山。马王堆汉墓《帛画》下段海神禺彊所托、巨鳌所曳、象征大地的板块其实也就是那种仙山；那上面的酒宴已经备就，专等墓主人那东飘西转的游魂来享用了。③ 金雀山汉墓《帛画》上段更直接出现了三仙山的形相④。东海及其仙山是如此玄妙、神秘、幻美，游魂怎能不想如河伯冯夷那样"乘水车兮荷盖，驾两龙兮骖螭"，跨海东行，以待"波滔滔兮来迎，鱼邻邻兮媵予"呢？

《史记·封禅书》更说：

> 自〔齐〕威、宣、燕昭使人入海求蓬莱、方丈、瀛洲。此三神山者其传在渤海中，去人不远；患且至，则船风引而去。盖尝有至者，诸仙人及不死之药皆在焉。其物禽兽尽白，而黄金银为宫阙。未至，望之如云；及到，三神山反居水下。临之，风辄引去，终莫能至云。世主莫不甘心焉。（4·1369—1370）

这分明是海市蜃楼的神话映象，证明战国中后期已有仙山迷信，燕齐方士可能进行过海外探险。而齐楚关系密切，屈原就曾使齐，燕齐方士和稷下学士的早期仙话可能早已入楚。《天问》就是明证。《史记·秦始皇本纪》："〔二十八年〕齐人徐市等上书，言海中有三神山，名曰蓬莱、方丈、瀛洲，仙人居之。请得斋戒，与童

---

① 杨伯峻：《列子集释》，中华书局1979年版，第151—153页。以下引用《列子》，俱见此书，仅注页码。

② 参见拙作《天问里的宇宙模式》，见《中国哲学史文集》，吉林人民出版社1980年版。

③ 参见拙作《马王堆帛画与楚辞·鸮立鳌背与禺彊托地》，载《考古》1979年第2期。

④ 参见《山东临沂金雀山九号汉墓发掘简报》；刘蒙骧、刘炳森：《金雀山西汉帛画临摹后感》，载《文物》1977年第11期。

男女求之。"（1·247）不过其西传之一端耳。所以两幅《楚帛画》人、舟如确是东向的话，那就极可能想去找这海上仙山。但是游魂在古人想象里总是东奔西闯，要为它多准备一些道路或结局才好。《离骚》神游要"观乎四荒"，相于四极。《二招》是上下东南西北都不让游魂乱跑，目的在要它老老实实地回家，从此也可见游魂总是要四面八方地乱闯的。《远游》的"仙游"就是先东过句芒，而西遇蓐收，又南指祝融，再北历玄冥。此即所谓"经营四荒兮，周流六漠；上至列缺兮，降望大壑"。所以把东西两方的"仙境福地"都讨论一下不会过分多余。况且两幅《楚帛画》也有可能不照马王堆《古地图》的画法，而如常见的那样是面西而背东。正如东方及东海之外是令人向往、召人征服的远方而不必是故乡一样，西方也不一定非是楚人的旧国不可。楚文化的西羌、北夏起源说也不能解决"西极"是否楚人旧土的问题。这里只要举出《离骚》的第三次"指西海以为期"的神魂飞行就可以明白为什么它不是楚人故土而楚人却想要"西游"的原因了。

> 邅吾道夫昆仑兮，路修远以周流。……
>
> 朝发轫于天津兮，夕余至乎西极。
>
> 凤皇翼其承旂兮，高翱翔之翼翼。
>
> 忽吾行此流沙兮，遵赤水而容与。
>
> 麾蛟龙以梁津兮，诏西皇使涉予。
>
> 路修远以多艰兮，腾众车使径待。
>
> 路不周以左转兮，指西海以为期。

其结束却是因为"忽临睨夫旧乡"而"蜷局顾而不行"的。所以"西海"虽欲达而却不是楚人的旧乡。

这次飞行是从昆仑、天津出发的。昆仑本来是西北夏人集群某一氏族的发祥地，它的形象基础是我国西北的某一高山，最可能的原型是所谓"酒泉南山"的祁连[1]。"祁连"与"昆仑"有对音关系，又都有"天山"之称，是初民的"袖珍宇宙"和天地的象征。祁连、昆仑合音为"环"（圜），意即环形山，象征着"盖天说"的"圆天"[2]。祁连或昆仑山上有天池景观，即所谓"悬圃""玄薮""灵琐"，清凉无风，草木茂盛，鸟兽蕃庶，冷暖适中，"小气候"比起干旱严酷的大西北是优越多了，所以逐渐成为先秦神话传说里的神山、仙居和极乐世界。昆仑（祁连）传说比黄帝、西王母故事更多更早地渗入三楚，但是屈原对它的地望、范围、景观还不十分清楚，所以《天问》里有"昆仑悬圃，其尻（尻）安在？""黑水玄趾，三危安在？"之问，可见楚族并不起源于甘青高原。然而昆仑作为"天"的象征，作为"登天"或"升天"的必经之路，在战国中期业已深入荆楚，为楚人所了解了。根

---

① 参见闻一多：《神话与诗·神仙考》，古籍出版社 1954 年版，第 174 页；又拙作《昆仑祁连说补证》，载《西北史地》1985 年第 2 期。

② 参见拙作《屈赋英华·屈原诗歌里昆仑形象的分析》，载《文艺论丛》第 9 辑，上海文艺出版社 1980 年版。

据徐中舒、顾颉刚等先生的研究，"是由于这时的楚国疆域，已发展到古代盛产黄金的四川丽水地区，和羌、戎的接触也很频繁……昆仑的神话也随着黄金的不断运往郢都而在楚国广泛传播"①。

所以鬼魂如果要西行的话，那就是希望进入昆仑区，从而升天。《离骚》王逸注说："昆仑……元气所出也。其颠曰县圃，乃上通于天也。"《淮南子·地形训》也说，昆仑之上邱"是谓悬圃，或上倍之，乃维上天"。《穆天子传》也说悬圃"清水出泉，温和无风，飞鸟百兽之所饮食"，俨若人间天堂。所以屈原在《九章·涉江》里说：

> 驾青虬兮骖白螭，吾与重华游兮瑶之圃，
>
> 登昆仑兮食玉英，
>
> 与天地兮同寿，与日月兮齐光！

原来登上昆仑瑶圃，吃了玉石精华之后，就可以"与天地兮同寿，与日月兮齐光"。那游魂为什么不能也驾夔龙兮从玄鹤，西上昆仑一试玉英呢？

《山海经·海内西经》（又参见《西山经》）里的昆仑已经初具这种极乐仙境的规模了：

> 海内昆仑之虚，在西北，帝之下都。昆仑之虚，方八百里，高万仞。
> 上有木禾，长五寻，大五围。面有九井，以玉为槛。面有九门，门有开明
> 兽守之，百神之所在。在八隅之岩，赤水之际，非仁羿莫能上岗之岩。
> ……开明北有视肉、珠树、文玉树、玗琪树、不死树。（294，299）

看来，鬼魂西行最可能是寻找这个上有仙圣的昆仑。

但是昆仑没有海，西上昆仑也不一定非经过白水、赤水之类不可（《离骚》等可证），为什么要动用夔龙舟呢？这就要考虑前引《离骚》的"指西海以为期"了。"西海"本来是"大昆仑"的内涵，逐渐又变成它的外延。西海是西皇之国，西皇是西王母的前身或别称，为西方落月之神、暮日之神②，西海的原型或说青海湖，或说巴里坤湖（汉称"蒲类海"）、罗布泊或博斯腾湖，甚至有说是巴尔喀什湖或咸海的。③ 那一带本来是我国西北方羌狄集团的发祥地或文化区，又是传说里的西王母之国或仙境。④ 所以战国秦汉时人也像喜好东海仙山一样心向往之（但是不能说那里是楚人的旧乡）。屈原《离骚》的第三次飞行目的地在此，楚帛画向西舟行的极境也可能在此。

---

① 参见徐中舒：《试论岷山庄王与滇王庄蹻的关系》，载《思想战线》1977 年第 4 期；顾颉刚：《庄子和楚辞中昆仑和蓬莱两个神话系统的融合》，载《中华文史论丛》1979 年第 2 辑，第 32 页。

② 参见拙作《西皇·西海·西极——〈楚辞·离骚〉新解》，载《甘肃师范大学学报》1981 年第 1 期。

③ 参见拙作《西皇·西海·西极——〈楚辞·离骚〉新解》，载《甘肃师范大学学报》1981 年第 1 期。

④ 参见拙作《西王母以猿猴为图腾考》，载《活页文史丛刊》1981 年第 125 号。

这个西皇之国或西王母之山，据《山海经·大荒西经》的描绘，已经具有极乐世界的雏形：

> 西有王母之山、壑山、海山。有沃之国，沃民是处；沃之野，凤鸟之卵是食，甘露是饮。凡其所欲，其味尽存。爰有甘华、甘柤、白柳、视肉、三骓、璇瑰、瑶碧、白木、琅玕、白丹、青丹。多银、铁。鸾鸟自歌，凤鸟自舞。爰有百兽，相群是处，是谓沃之野。有三青鸟，赤首、黑目，一名曰大鵹、一名少鵹，一名曰青鸟。（397，399）

用不着再引汉魏那些更加仙气氤氲的记载了。但是要到这西方乐园去可不大容易。《史记·大宛列传》："安息长老传闻条枝有弱水西王母，而未尝见。"索隐引《括地图》说：

> 昆仑弱水，非乘龙不至。有三足神鸟，为王母取食也。

原来到昆仑弱水访问西王母之国非乘龙不可。所以屈原要"行流沙""遵赤水""指西海"之时也要——

> 麾蛟龙以梁津兮，诏西皇使涉予。

甚至连"东王公"去访问西王母的时候也要骑一条龙[1]，这在西汉卜千秋墓壁画"东王公会西王母图"里表现得很清楚[2]。如果按照孙作云先生的"升仙图"说，是墓主人乘蛇登天飞向西王母之邦[3]，则更证明灵魂西行非以龙蛇为乘不能至。然则《楚帛画》一为男墓主乘夔龙舟而导以文鱼、从有玄鹤，一则女墓主乘仙舟而有龙凤导引，面向又相同，就可能得到一种合乎神话逻辑的解释了。

本文原载《湖南考古辑刊》第 2 辑，1983 年。现据作者《楚辞与神话》（江苏古籍出版社 1987 年版）一书修订稿选刊。

---

[1] 参见《关于西汉卜千秋墓壁画一些问题》引用拙说，载《文物》1979 年第 11 期。
[2] 参见《洛阳西汉卜千秋壁画墓发掘简报》，载《文物》1977 年第 6 期。
[3] 参见孙作云：《洛阳西汉卜千秋墓壁画考释》，载《文物》1977 年第 6 期。

二郎神传说补考

王秋桂

王秋桂（1943— ），台北市人。1965、1969 年获台湾大学外文系学士、硕士学位，1978 年获英国剑桥大学东方学系博士学位。先后于台湾大学、美国哈佛大学、美国普林斯顿大学任教、任职，曾任台湾"清华大学"文学研究所、历史研究所、社会学人类学研究所教授。民俗学家、俗文学家。神话方面的著述有《二郎神传说补考》（1983）、《中国民间传说论集》（1984）等；他与李丰楙编的《中国民间信仰资料汇编》第一辑（共 31 册，1989）、与庹修明合编的《傩戏傩文化专辑》（1991）收有与神话有关的民间信仰资料。

有关二郎神的研究，最早是容肇祖发表于民国十八年《二郎神考》，最近有桑秀云的《李冰与二郎神》及袁珂《古神话选释》中关于李冰的"解说"。[1] 其间尚有中、日、英学者的论著多篇。[2] 几乎所有有关的问题或深或浅都有人讨论过。不过，在整个研究中仍有些疑点尚待澄清，而且二郎神之演变为戏神一事一直都没有

---

① 容文刊于《民俗周刊》61—62 期合刊《神的专号》，第 70—98 页，收于王秋桂编《中国民间传说论集》，台北 1980 年版，第 237—258 页；桑文刊于《中央研究院成立五十周年纪念论文集》，台北 1978 年版，第 659—678 页；袁书出版于 1979 年，"解说"见第 501—506 页。

② 如陈墨香：《二郎神考》，载《剧学月刊》1933 年第 2 卷第 12 期，第 1—17 页（此期刊中各篇文章页码独立）；黄芝岗：《灌口二郎神》及《二郎神的演变》，收于《中国的水神》，生活书店 1934 年版，第 7—14、28—43 页；内田道夫：《二郎神传说について》，载《汉学会杂志》1940 年第 8 卷第 3 期，第 104—111 页；泽村幸夫：《二郎神》，见《支那民间の种种》，东京 1941 版，第 113—123 页；冯沅君：《元剧中二郎斩蛟的故事》，原刊于《说文月刊》1943 年第 3 卷第 9 期，后收于《古剧说汇》，商务印书馆 1947 年版，第 331—340 页；谭正璧：《二郎神故事的演变》，载《大众》1943 年第 2 期，第 129—138 页；刘保绵：《平话中的二郎神》，见李啸仓：《宋元伎艺杂考》，上杂出版社 1953 年版，第 127—132 页；苏雪林：《论九歌少司命》，载《师大学报》1956 年第 1 期，第 12—16 页"二郎神"一节；李思纯：《灌口氐神考》，见《江村十论》，上海人民出版社 1957 年版，第 63—74、75—78 页所附刘德馨《读灌口氐神考的商榷》；俞大纲：《劈山救母与二郎神》，见《戏剧纵横谈》，文星出版社 1967 年版，第 111—118 页；毛一波：《二郎神变二郎神》，载《台湾风物》1967 年第 17 卷第 4 期，第 27—34 页及同刊物 1968 年 18 卷 2 期第 49—51 页中的"补记"；GeIn Dudbridge，"*Erh-lang shen*" in *The Hsi-yu chi*：*A Study of the Antecedents to the Sixteenth-Century Chinese Novel*，Cambridge University Press，1970，pp. 129–134，参见同书，第 147 页；苏同炳：《二郎神》，见《人物与掌故丛谈》，台北 1974 年版，第 21—33 页；吉田隆英：《二郎神考》，载集刊《东洋学》33 号，第 44—62 页。这些论文中还是以容文所论的范围最广。不过后来的学者或多或少提出补充的资料和见解，并对一些特殊的问题加以较深入的讨论。

学者加以适切的探讨。本文目的在于补正前人之言，并基于一些新的材料，提出个人的见解。在后来的演变中，"二郎神"一名为其他的一些民间神祇所援用，而且原来传说的一些特色也分化出去，这些在此都略而不论，① 因为本文讨论范围主要是李二郎。另一无法详论的相关题目是从宋至明的《搜山图》的传统。这是因为流传下来几种本子的原图分散在国外的博物馆、图书馆或私人收藏，无法一一检视；而且就可见的资料看来也无法确证各《搜山图》所绘是否即为李二郎的事迹。所幸有几种《搜山图》已有专家加以讨论，本文仅提供几点补充的意见。②

　　大部分的学者都同意二郎神源自李冰的传说。③ 所谓二郎，顾名思义是李冰的

---

① 关于此一问题的讨论，见前引容肇祖文，第244—249页；黄芝岗文，第37—42页。

② 我首先要感谢赖瑞和先生提起我对《搜山图》的注意并影印给我一些相关的资料。目前发表有关《搜山图》的研究有李霖灿《搜山图的探讨》，原刊于《大陆杂志》1963年卷26第11期第344—347页，收于《中国名画研究》上册，（台北）商务印书馆1973年版，第217—221页；黄苗子《记搜山图》及金维诺《搜山图的内容与艺术表现》，分别刊于《故宫博物院院刊》1980年第3期，第17—18、19—22页。坊间复印有两种《搜山图》的影本。一是叶恭绰题识，罗原觉1956年（？）在香港复印时附跋的所谓《宋人画灌口搜山图卷》和芝加哥Steuen Junkunc所藏的十幅白描图稿（1913年于德国慕尼黑出版）。李文主要讨论藏于Freer Gallery of Art, Washington, D. C. 的一幅《搜山图》，兼及上提的两种影本。金文主要讨论藏于北京故宫博物院的"元本"《搜山图》，兼及昆明云南省博物馆所藏的"明初"本。（承哈佛大学韩倞（Carmelita Hinton）女士出示上提两种藏本的照片，谨在此致谢。）罗原觉跋文中以搜山的二郎为李冰之子，但金维诺以为是赵昱。另普林斯顿大学美术馆收有原康有为藏，题为元丁野夫绘于1326年的《灌口搜山图》（编号L162.70）。此图影本承赖瑞和先生赠送。据韩女士之言，此图为明仿绘本。韩女士另谓加州大学Berkeley分部的博物馆亦藏有一《搜山图》。韩女士目前正撰文讨论整个《搜山图》的传统。我于1983年1月7日下午在哈佛燕京学社和她交换意见，受益良多。李文初步判断Freer Gallery of Art的藏本为李在（15世纪初期）所绘。李在所作之图吴承恩（约1500—约1582）曾见，并有诗歌咏（见《二郎搜山图歌并序》，收于刘修业辑校：《吴承恩诗文集》，古典文学出版社1958年版，第16—17页）。据韩女士言，上提藏本和吴诗所述并不太相符。可以顺带一提的是吴诗中的二郎和《西游记》中的二郎神似乎并不是同一人。吴诗中称二郎为"清源公"，《西游记》中或称显圣二郎真君，或称二郎显圣真君，或称昭惠英灵圣，或昭惠显灵王，或昭惠二郎神，但始终不称清源真君。而且，二郎擒大圣之后同天王等上界回旨，命康、张、姚、李四太尉帅众搜山，"搜净之后，仍回灌口。待我请了赏，讨了功，回来同乐"。（见《西游记》1954年排印本，第六回，第61—67页。）这和吴诗所述大不相同。除吴诗外，陆游（1125—1210）的《神君歌》的内容似乎也与《搜山图》的主题相同，或许陆游见过当时的《搜山图》。陆诗题《谒英显庙作》（见《剑南诗稿》卷五，收于《陆游集》，1976年排印本，第132—133页）。英显不知是否指二郎。据《元史》文宗至顺元年（1330）加封"秦蜀郡太守李冰为圣德广裕英惠王，其子二郎神为英烈昭惠灵显仁佑王"（中华排印本，卷三十四，第750页），英显或有可能是"英烈灵显"的缩称。（元朝的封号不见得元朝才有，所谓加封往往是在已存在的一长串封号中再补一称呼。例如李冰之号为英惠王是宋朝已有的，虽然宋史和其他史籍不载。陆游有另一首诗，题《离堆伏龙祠观孙太古画英惠王像》，可为证。此诗见《剑南诗稿》卷六，收于《陆游集》第160页。）

③ 持不同意见的有李思纯和桑秀云等。李首先提出二郎神非李冰之子而是氏族的牧神或猪神的说法。桑秀云以为二郎神源自羌族的信仰。但他们都以晚出的资料作为推测的依据。参见刘德馨的"商榷"及吉田隆英文，第57—58页。苏雪林以为二郎神为死神，立论新颖，但证据似乎不足。有关李冰传说的演变，见容肇祖，第237—240页；黄芝岗：《蜀守李冰和石犀》，收于上引书，第14—27页；桑秀云，第660—665页。关于李冰的水利贡献，见Joseph Needhan et al., Science and Civilization in China, IV, 3, Cambridge, 1971, pp. 288-296；苏同炳：《我国历史上最伟大的水利家李冰》，收于上引书，第1—20页。Needham（p. 288）以为李二郎继李冰完成灌县的水利建设。显然，他把传说当成史实。

第二个儿子。但在早期有关李冰的记载中并没有提及他的儿子。就目前可得的材料看来，李冰之子初见于李膺的《治水记》。这本书在历代各艺文志和书目中都不见著录，早已失佚。有关李冰父子的引文见于宋王象之的《舆地纪胜》（成于约 1221 年）卷一五一"伏龙观"条：

> 蜀守父子擒健鼍，囚于离堆之趾，谓之伏龙潭。[1]

《舆地纪胜》除李膺《治水记》外尚引李膺《益州记》及《李膺记》共十数条。[2] 这李膺显然是梁武帝（502—549）时先为益州主簿，后升为益州别驾的李膺。[3] 除非作《治水记》的李膺另有其人，李冰父子在西元六世纪前叶已被人相提并论。不过，所有研究二郎神的学者在隋唐的文献中都没找到有关李冰之子的记载。也许李冰父子合力擒鼍的传说当时仅在离堆附近流传。也有可能《舆地纪胜》引文中"蜀守父子"的"父子"两字是后人所加上。[4]

有关李冰之子较确切的记载始见于宋朝。欧阳修于嘉祐二年（1057）为程琳所写的墓志铭中言道：

> 蜀州妖人有自号李冰神子者。[5]

不过，此处的"李冰神子"只是"妖人自号"。欧阳修之言可用以推测李冰在四川的威灵，但尚不足以确证当时已有李冰之子的传说[6]。

稍晚，赵抃（1008—1084）于《古今集记》中云：

---

① 《粤雅堂丛书》卷一五一，1860 年本，页 7a。

② 详见张国淦：《中国古方志考》，中华书局上海编辑所 1962 年版，第 659—660 页。

③ 见《南史》（中华标点本），卷五五，《李膺本传》，第 1370 页。传中并提及李膺"著《益州记》三卷行于世"（同上）。《益州记》及记亦见引于郦道元（逝于 527 年），《水经注》见《四部备要本》，卷三三，页 3a；参见郑德坤：《水经注引书考》，艺文印书馆 1974 年版，第 106 页，以及《太平御览》等书。详见张国淦，第 659—660 页。

④ 《太平广记》，卷二九一，《李冰》条引卢求（9 世纪中叶）；《成都记》，见《广记》，1961 年排印本，第 2316 页；同书卷三一三，第 2477 页，《李冰祠》条引杜光庭（842—926）《录异记》。二处都没提及李冰有子。《李冰祠》条所记黄休复（逝于 1006 年）于《茅亭客话》中加以扩大（见《琳琅秘室丛书本》卷一，页 3b—4b）。另何光远（10 世纪中叶）《鉴戒录》提及灌口李冰相公庙有"土塑三女，俨然而艳"，但亦不及李冰之子（见学津讨原本，卷十，页 7b）。有关李冰之祠在唐朝或更早时的兴建，见桑秀云，第 664—656 页；参见吉田隆英，第 46—47 页。陈墨香，第 10 页，以作《治水记》的李膺为"唐人"，不知何据。

⑤ "镇安节度使同中书门下平章事赠中书令谥文简程公墓志铭"，收于《欧阳文忠公文集》（四部丛刊本），卷三十，页 11a；同样的记述又见于两年后朝廷进赠程琳为太师中书令而欧阳修为他写的《神道碑铭并序》，收于上书，卷二一，页 12a。这两条资料首见于吉田隆英《二郎神考》（载集刊《东洋学》1975 年第 33 号）第 61 页注㉖所征引。

⑥ 参见吉田隆英：《二郎神考》，载集刊《东洋学》1975 年第 33 号，第 48 页。

李冰使其子二郎作三石人。①

这是二郎之名在现存文献中首次的出现。②

张唐英（1029—1071）在《蜀梼杌》中三次提及灌口神。可特别注意的一条言及王衍于乾德二年（920）北巡之事：

  ……衍戎装，披金甲、珠帽、锦袖，执弓挟矢。百姓望之，谓如灌口神。③

乾德二年，王衍年方二十。此处的灌口神或有可能指李冰之子。④

无论如何，至迟到 12 世纪初，李冰父子就已共享香火。曾敏行（1120？—1175）《独醒杂志》记道：

  有方外士为言："蜀道永康军城外崇德庙乃祠李太守父子也。"⑤

范成大（1126—1193）《吴船录》（成于 1177 年）亦道：

  崇德庙在军城西门外山上，秦太守李冰父子庙食处也。⑥

事实上，二郎在 12 世纪初期已成为宋都汴梁最受人崇拜的神祇之一。孟元老的《东京梦华录》（序于 1147 年）记 1103—1126 年间汴梁的繁华盛事。在卷六记道：

  （六月）二十四日州西灌口二郎生日，最为繁盛。庙在万盛门外一里

  ① 引于曹学佺（1574—1646）《蜀中名胜记》（粤雅堂丛书本），卷六，页 2b。《古今集记》全名为《成都古今集记》，成于 1074 年，今已佚。关于此书的考证，见张国淦，第 665—668 页。有关三石人较早的记载见常璩（4 世纪中叶）《华阳国志》（四部备要本），卷三，页 4a；《益州记》（《水经注》卷三三，页 3a 引），但二书都只言李冰而不及其子。1974 年 3 月都江堰出土李冰石像，有题记云：故蜀郡李府君讳冰建宁元年（168）闰月戊申朔廿五日都水掾尹龙长陈壹造三神石人珶水万世焉。则治水官员造石人之习由来已久。详见《文物》1974 年第 7 期中所收有关的三篇论文。石人用以测水但亦有厌水的功用。参见黄芝岗，第 24—25 页；吉田隆英，第 46 页及上引《文物》中王文才文。

  ② 据宋天禧四年（1020）所立的《河中府万全县新建后土庙记》碑碑阴所记，此后土庙有大殿、真武殿、二郎殿……（见丁明夷：《山西中南部的宋元舞台》，载《文物》1972 年第 4 期，第 48 页）。如此二郎殿所奉之神是李冰之子，则二郎神传说的起源至少可推前至 10 世纪末。但目前因缺乏更确切的证据，只好存疑。不过可以一提的是在二郎神的杂剧中，二郎是真武的属下。详下文；参见严敦易：《元剧斟疑》中华书局 1960 年版，第 42—43 页。有关二郎神承继唐李冰神而兴起于宋的讨论，见黄芝岗，第 34—37 页。

  ③《蜀梼杌》（学海类编本），卷上，页 13a。另二条分见卷下，页 4b 及 9b。

  ④《舆地纪胜》卷一五一，将"崇德庙李冰祠"与"崇德庙灌口神"分别为两种"古迹"（页 8b），或可支持此说。但一般仍以此处的灌口神指李冰。例见桑秀云，第 666 页。

  ⑤ 见知不足斋丛书本，卷五，页 9b。下文只提李冰……"有功于蜀。人至今德之，祠祭甚盛；江乡人今亦祠祭之，号曰灌口二郎"（页 9b—10a）。从文字上看来，灌口二郎显然指李冰。可注意的是崇德庙乃祠李太守父子之事，曾敏行是闻之于方外士。可能他自己也不清楚江乡人所祠祭的灌口二郎到底是李冰而是其子。参见黄芝岗，第 30 页。

  ⑥ 见知不足斋丛书本，卷上，页 2b。下文（页 3a）提及伏龙观"有孙太古画李氏父子像"。但陆游却说看到的是"孙太古画英惠王像"（见前注四）。范成大于 1174—1177 年间知成都府。他在《离堆行》和《崇德庙》二诗中却只言李冰而不及二郎（见《范石湖集》，1962 年排印本，诗集，卷十八，第 247—248 页）。可能二郎的传说在当时上层社会中还不普遍流传。

许，敕赐神保观。①

关于神保观兴建的由来，洪迈《夷坚志·丙志》（序于1171年）《二郎庙》条中有详细的记述：

> 政和七年（1117），京师市中一小儿骑猎犬扬言于众曰："哥哥遣我来，昨日申时，灌口庙为火所焚，欲于此地建立。"儿方七岁，问其乡里及姓名，皆不答。至晚，神降于都门，凭人以言，如儿所欲者。有司以闻，遂为修神保观，都人素畏事之。自春及夏，倾城男女，负土助役，名曰"献土"。至饰为鬼使巡门，催纳土者之物憧憧，或榜于通衢曰："某人献土。"识者以为不详，旋有旨禁绝。既而蜀中奏，永康神庙火，其日正同。此儿后养于庙祝家，顽然常质也。②

这七岁小儿所言的"哥哥"显然就是二郎。

"都人素畏之"的原因可能是李冰父子素以灵应著称。据马端临（1254—1323）《文献通考·郊社考》：

> 广济王庙秦蜀守李冰祠也。伪蜀封大安王，又封应圣灵感王。开宝五年（972）诏修庙，七年改号广济王。③

《宋史·礼志》录大观间（1107—1110）秘书监何志同之言：

> ……永康军李冰庙，已封广济王，近乃封灵应公……。④

据《夷坚·丙志》，二郎于大观后改封为"灵显真人"（卷十七，页508—509），同书卷八提及宣和间所见的一座"灵惠二郎祠"（见［19］）。"灵感""灵应""灵显"

---

① 《东京梦华录》，《东京梦华录外四种》本，上海古典文学出版社1957年版，卷八，第47页。庆典繁盛的状况可见于下引的叙述："二十三日御前献送后苑作与书艺局等处制造戏玩，如毬杖、弹弓、弋射之具，鞍辔、衔勒、樊笼之类，悉皆精巧，作乐迎引至庙，于殿前露台上设乐棚，教坊钧容直作乐，更互杂剧舞旋。太官局供食，连夜二十四盏，各有节次。至二十四日，夜五更争烧头炉香，有在庙止宿，夜半起以争先者。天晓，诸司及诸行百姓献送甚多。其社火呈于露台之上，所献之物，动以万数。自早呈拽百戏，如上竿、趯弄、踏索、相扑、鼓板、小唱、斗鸡、说诨话、杂扮、商谜、合笙、乔筋骨、乔相扑、浪子、杂剧、叫果子、学像生、倬刀、装鬼、砑鼓、牌棒、道术之类，色色有之。至暮呈拽不尽。殿前两幡竿，高数十丈，左则京城所，右则修内司，搭材分占上竿呈艺解。或竿尖立横木列于其上，装神鬼，吐烟火，甚危险骇人。至夕呈罢。"（第47—48页）

② 《夷坚志》，1981年排印本，《丙志》，卷九，第439页。《宣和遗事》亦记此事，文略异，主要不同是政和七年改为宣和七年（1125）："12月，天神降坤宁殿，修神保观。神保观者，乃二郎神也，都人素畏之，自春及夏，倾城男女，皆负土以献神，谓之'献土'。又有村落人妆作鬼使，巡门催'纳土'者，人物络绎于道。徽宗乘舆往观之。蔡京奏道：''献土'、'纳土'，皆非好话头。'数日，降圣旨禁绝。"（1954年排印本，元集，第24—25页）《夷坚志·丙志》卷八，《江氏白鹇》条言江氏于宣和间（1119—1125）随其子"入汴数十里，过灵惠二郎祠……"（第436页）。这是神保观外在北宋的另一二郎庙。

③ 《文献通考》（钦定三通本），卷九十，页9b。

④ 《宋史》（中华标点本），卷一〇五，第2561页。另容肇祖，第242页，刘保绵，第130页都引姚福均《铸鼎余闻》所引宋周虎《庙记》，言二郎神于"开禧二年（1206）封护国圣烈昭惠灵显神佑王"。

"灵惠"，表示民众以至于官方对李冰和二郎的信畏和虔敬。①

宋词调名有"二郎神"②，可能源自唐教坊曲名。③ 依此填词的词人较早有柳永（1034 年进士），徐伸（12 世纪初），吕渭老（12 世纪前叶）等。④ 词的内容都与李冰父子无关。调寄"二郎神"而内容相符的一首词为杨无咎（1097—1171）所作：

二郎神清源生辰

炎光欲谢，更几日，薰风吹雨。共说是天公，亦嘉神贶，特作澄清海宇。灌口擒龙，离堆平水，休问功超前古。当中兴、护我边陲，重使四方安堵。

新府。祠庭占得，山州佳处。看晓汲双泉，晚除百病，奔走千门万户。岁岁生朝，勤勤称颂，可但民无灾苦。□愿得、地久天长，佐绍兴□□□。⑤

清源全名是清源真君。《舆地纪胜》卷一五一引《夷坚·壬志》（作于 1189—1193 年间），言金完颜亮（海陵王，在位 1149—1160）扶箕求诗词，得《望江南》一首事，赐诗之神言为清源真君，"盖灌口神也"（页 8b—9a）。

据《朱子语类》真君之号封于徽宗（1101—1125 年在位）之时：

论鬼神之事谓蜀中灌口二郎庙。当初是李冰因开离堆有功立庙。今来现许多灵怪乃是他第二儿子出来。初间封为王，后来徽宗好道，谓他是什么真君，遂改封为真君。⑥

但不久又改封为王。不过真君的封号在后来的传说中，还是相袭不废。《朱子语类》接着说道：

向张魏公用兵，祷于其庙，夜梦神语云"我向来封为王，有血食之奉，故威福用得行。今号为真君，虽尊，凡祭我以素食，无血食之养，故无威福之灵。今须复封我为王，当有威灵。"魏公遂乞复其封。（同上，页 18b—19a）

---

① 例如：《夷坚志·丁志》（序于 1196）《永康太守》条就举 1195 年时永康军守杨光不信灌口神而遭神怒谴的例子（见卷六，第 1017—1018 页）。

② 见吴藕汀编：《词名索引》，中华书局 1958 年版，第 4 页。

③ 见任半塘：《教坊记笺订》，中华书局 1962 年版，第 83 页。《教坊记》，崔令钦作，约成书于 8 世纪中叶或稍后。有关"二郎神"曲名在唐以后的流变，见《笺订》第 213 页；参见容肇祖，第 85—86 页。钱南扬：《曲牌上的二郎神》，载《民俗周刊》1929 年第 86—89 期（神的专号），第 136—137 页。曲名和神名似乎是巧合。尚无确切的证据可指出两者间的关系。

④ 分见唐圭璋编：《全宋词》第一册，中华书局 1965 年版，第 29 页；第二册，第 814 页；第二册，第 1125 页。其他调寄"二郎神"的作品，例见《全宋词》第二册第 1350—1351 页；第三册 1692—2068 页；第四册第 2610—2611、2733、2743、2753、2781—2782、2980 页。这些作品的内容都不及李冰父子。

⑤《全宋词》第二册，第 1182 页。

⑥《朱子语类》，正中书局 1970 年影 EP 本，卷三，页 18b。朱熹逝于 1200 年。此条为叶贺孙所闻录，时在 1191 年后。陈淳在 1190—1199 年间亦尝闻同一说。

这里的记述和上引《夷坚·丙志》卷十七"灵显真人"条（页508—509）指的是同一事，但内容有所差异。张魏公即张浚（逝于1164年）。《夷坚·丙志》云："建炎四年（1130）张魏公在蜀，方秦中失利……。"所言合于《宋史》所载。[①]《丙志》言魏公"祷于阆州灵显庙"，《语类》则云灌口二郎庙；《丙志》言封为真人，《语类》则言真君。其他所记大抵相同。不过《夷坚·丙志》具体指出二郎神封为王时主掌"吉凶成败"，而改封真人后就不通问"人间万事"。张浚用兵之事虽是史实，祷神托梦之事恐怕是民间的传说。

《古今集记》虽已讲得清楚，但12世纪间大部分提及二郎的记载都含糊其词，以至于有些学者认为灌口二郎乃指李冰而非其子。[②] 可能当时二郎之说还只盛行于民间，没有被士大夫阶级所完全接受。《语类》之言虽带怀疑的语气，但明白指出二郎是李冰的第二个儿子并承认他在民间信仰中的地位。[③] 事实上，宋室南渡，二郎的崇拜也随着移到杭州等地，他的威灵并不仅限于西川。

潜说友（约1200—1280）《咸淳临安志》记有二郎祠，言"在官巷。绍兴元年（1131）立"，并引"旧志"之言云"东京有祠，即清源真君外郡行祠"。[④] 南宋杭州另有一二郎庙，于北关门外；还有一清源真君庙，在半道红街。后者被列于"土俗祠"中。[⑤] 又周应合（1261）《景定建康志》地理图上标有二郎庙。[⑥] 则南宋时的

① 《宋史》卷三六一，《张浚本传》，第11300—11311页。

② 例见桑秀云，第666页；参见吉田隆英，第48—49页；及本书603页注⑤。

③ 《语类》注意到二郎和另一"极灵"的梓潼神"似乎割据了两川"（卷三，页19a）。另一以灵验著称而与此二神鼎足的是射洪神（见陆游：《老学庵笔记》，1979年排印本，卷二，页18）。晁公武《郡斋读书志》（序于1151年）录"蜀三神祠碑碑文五卷"，注"右皇朝井度编"。任四川漕日，哀梓潼、灌口、射洪三神祠碑文板记成此书云（见王先谦1884年校刊本，卷八，页12a）。由此可见这三种在12世纪前叶受到四川地方人士的重视。依晁公武所排的次序，当时似乎梓潼神的地位还在灌口神之上。井度编的碑文五卷亦见录于庄思恒等修、郑珶山纂的《增修灌县志》（1886年刊本），卷十三《艺文志·经籍》，页5a。或许此书清末尚在，现已不传。据曹寅（1658—1712）《重修二郎神庙碑》，"景定二年（1261），制使姚希得移蜀中三大神祠于金陵清溪之阳，旁起洞神宫，以为樵燎之所"（《栋亭集》，上海古籍出版社1978影康熙刻本，《文钞》，页6ab）。但后来梓潼变为文昌帝君还到处响烟火，射洪陆使君在四川之外就少为人知。《重修二郎神庙碑》文承俞大维先生检示，谨此致谢。

④ 《咸淳临安志》（《四库全书》本），卷七三，页11a—11b。吴自牧《梦梁录》（序于1074年，但书成于1280年后），卷十四，《东都随朝祠》条记道："二郎神，即清源真君，在官巷，绍兴建祠。《旧志》：'东京有祠，随朝立之。'"（见《东京梦华录外四种》本，第252页）

⑤ 分见《梦梁录》卷十五第259页及卷十四第251页。

⑥ 《景定建康志》（《四库全书》本），卷五，页7a"建康府城之图"。二郎庙位于东门军营之侧。此庙当非姚希得于景定二年（1261）所移来的三大神祠之一（见本页注③）。则南宋时在南京一地至少有两座二郎神庙。参见下文《重建清源庙碑铭并序》的讨论。

二郎庙不只限于灌口和杭州。进一步的考察或可找出更多在其他各地的二郎庙。①

值得特别一提的是在 13 世纪中叶，有座祭祀二郎的庙是皇帝下旨兴建并封为正式的道观。《咸淳临安志》卷七十五《清源崇应观》条下记道：

> 在吴山。宝祐元年（1253），蜀士夫牟中书子才等陈请，云："大江发源实自汶江，清源真君庙食其土，治水之绩为世大利。朝廷春秋祀享，神实作配。"旨就吴山卜地建庙，御书清源崇应之观清源之殿。（页 9b）

南宋和元朝间，二郎神在通俗文学及民间伎艺中也时常出现，《梦粱录》卷一，（二月）"八日祠山②圣诞"条记载庆典的盛况，其间有：

> 龙舟六只，戏于（西）湖中。其舟俱装十太尉、七圣、二郎神、神鬼、快行、锦体浪子、黄胖，杂以鲜色旗缴、花篮、闹竿、鼓吹之类。（页 144）

周密（1232—1298）《武林旧事》（作于 1280—1290 年间）"官本杂剧段数"中列有《二郎熙州》《鹊打兔变二郎》《二郎神变二郎神》。③ 陶宗仪《南村辍耕录》（序于 1366 年）《院本名目》中列有《迓鼓二郎》及《变二郎爨》。④ 这些都应是以二郎为主题。另外提及二郎的有元至治年间（1321—1323）刊《全像平话五种》中的《七国春秋平话》。当述及孙子叫马昇捉陷于阵中的乐毅，作者举两个比喻："便似个取命的大力鬼闪在洞内，二郎贤圣陷在军中。"⑤

---

① 一般认为是南宋刊，但也有可能是元刊的《新编五代史平话》中《汉史平话》卷上提及"六个秀才"在汾州（今山西省汾阳县）的《灌口二郎庙下赌博》（见 1954 年排印本，第 163 页）。或许汾州在宋元之际有座二郎庙。冯梦龙编《醒世恒言》（刊于 1627 年）卷十三《勘皮鞋单证二郎神》中亦提及一二郎神庙（见顾学颉校注本，人民文学出版社 1956 年版，第 245 页）。此故事以宣和年间的开封为背景，故事题材可能源于宋元之际，但我们目前所看到的本子有后人改编的痕迹，而且据 Patrick Hanan 考证当成于 1318 年后（见 *The Chinese Short Story*, Haruard University Press, 1973, pp. 165 - 166, 参见 pp. 61 - 66; p. 172, n. 11）。从明清以来，二郎庙几乎遍布全国各地。见毛一波（1967），第 31—34 页；毛一波（1968），第 50—51 页。

② 关于此神的介绍，见赵翼：《陔余丛考》（1790），1957 年排印本，卷三五，第 762—764 页。祠山和二郎神彼此似乎关系密切。详下文。

③《武林旧事》（《东京梦华录外四种》本），卷十，第 509—511 页。

④《南村辍耕录》（1959 年排印本）卷二五，第 308—310 页。胡忌《宋金杂剧考》（古典文学出版社 1957 年版）第 190—191 页中将有关二郎的院本和杂剧对照排列。

⑤《七国春秋平话》（1955 年排印本），卷下，第 57 页。参见：Dudbridge, p. 147. 这两个比喻典出何处不详。在金陵世德堂 1592 年刊百回本《西游记》中，大力鬼王和二郎同时出现在第六回：大力鬼王是奉玉帝旨意前去调二郎赴花果山擒大圣的天使；后来二郎擒得大圣后，大力鬼王与天丁等众奉旨押其至斩妖台，要"碎剁其尸"（见 1954 年排印本，第 61 及 67 页）。另外二郎在第七回（第 69 页）有次被称为"二郎显圣"。"贤""显"之音只有上去之差。或许《七国春秋平话》的这两个比喻典出一早期的西游记故事。不过，百回本《西游记》中的二郎神并非李冰之子，而是玉帝外甥，姓杨（第六回，第 63 页）。

现存元明杂剧中有三剧以二郎神为题材。① 不过杂剧中的二郎神虽亦号清源妙道真君，指的却是赵昱，而不是李冰之子，赵昱之与灌口神相混始见于一般认为是王铚（12世纪中叶）所作而伪托于柳宗元（773—819）的《龙城录》。② 上提三剧已有学者加以论述，③ 赵昱的问题在此暂时略而不论。④

从前引杨无咎的词看来，二郎神显然被认为是安四方，除百病，去灾苦的守护神，到了南宋中期，二郎神和祠山张大帝似乎又共同成为酒行的行神，高翥（逝于1241年）有两首诗述及其事。第一首是《辇下酒行多祭二郎祠山神》：

> 箫鼓喧天闹酒行，二郎赛罢赛张王。
>
> 愚民可煞多忘本，香火何曾到杜康。

第二首是《迎酒匠》下注"又有赛酒谓之乞利市"：

> 赛罢祠山赛二郎，酒行明日欲开张。
>
> 愚民可是多忘本，香火何曾到杜康。⑤

到了元朝，二郎神又成为赌徒所崇拜的神。李文蔚的《燕青博鱼杂剧》中，当燕大与燕青正要博鱼之际，燕青唱道："比及问五陵人先顶礼二郎神。"⑥ 到了明朝，又是一变。据沈德符（1578—1642）所载："蹴鞠家祀清源妙道真君。初入鞠场子弟必祭之。云即古二郎神……"⑦ 不过在沈德符之前，二郎神已被奉为戏神。这是本文后半部所主要要探讨的题目。在正式讨论这题目之前，不妨先介绍一项以前的二郎神学者，都没有注意到的资料。

前文（631页）注②中提到元文宗至顺元年（1330）加封李冰为圣德广裕英惠王，二郎神为英烈昭惠灵显仁佑王。据李恒⑧撰于1341年而刻于1342年的《重建清

① 此三剧为《二郎神锁齐天大圣》、《二郎神醉射锁魔镜》（此剧有明刻本、明抄本二种，第四折二本互异）、《灌口二郎斩健蛟》，俱收于脉望馆钞校本《古今杂剧》，重印于上海涵芬楼1941年出版的孤本《元明杂剧》（《锁魔镜》一剧依刻本重印而将抄本之第四折改为第五折）。

② 见《龙城录》，宋本《百川学海》，卷下，页5b—6a《赵昱斩蛟》条。关于《龙城录》作者问题的讨论，见余嘉锡《四库提要辨证》（科学出版社1958年版），第1164—1165页。

③ 见冯沅君；特别见 Dudbridge, pp. 129 - 134；严敦易《元剧斟疑》《锁魔镜》一节（第36—48页）。

④ 当然至迟从12世纪中叶起，二郎神的传说就开始分化。但赵昱似乎在宋朝时还没有被称为二郎神。目前不能完全确定官本杂剧，院本和平话中的二郎是否指李二郎，但其他地方所言的二郎神大致可认定是讲李冰之子。

⑤ 两诗俱见《高菊磵先生诗全稿》，收于清范希仁编《宋人小集》二百三十六卷本，清古盐也趣轩钞本，卷四。

⑥《燕青博鱼》，收于《元曲选》（四部备要本），第二折，页5b。

⑦ 见《万历野获编》（1957年排印本），"补遗"，卷四，第920页。《野获编》初编成于1606年，续编成于1619年。补遗为德符五世孙振于1653年所辑。由赌博之神转为蹴鞠之神，就广义而言，是没有什么大变化。因博鱼和蹴鞠本质上都是一种竞赛。

⑧ 李恒时任将仕佐郎宁国路南陵县主簿。参见《元史》卷一九〇，第4341页。

源庙碑铭并序》，① 元朝对于二郎神崇奉有加，"增号于延祐（1314—1320），改封于天历（1328—1329）"，而且顺帝嗣位时（1333），"又诏加护国于旧号之上"。重建的清源庙的原址在金陵（南京）城南，"庙之故榜置宋年曰嘉熙（1237—1240）"②。碑铭中强调二郎神"捍患御灾"之功，谓"神惟民祐兮为父为"。大体上和杨无咎词所言一般。

清源庙的重建由当地的戴荣祖所发起，事未成而先卒。后其子元吉承父志捐钱兴建。在庙碑的碑阴记有"新建庙庭的钞信士芳名"：

> 戴荣贵捐己财装塑圣像一当及龛帐供桌全副。王实甫贰拾伍锭。李子善贰拾锭。王仁甫壹拾锭。□思齐伍锭。（下缺二人名）。□执中贰锭。□仲明贰锭。王君祥贰锭。徐仲友壹锭。方子厚壹锭。金仲英壹锭。赵仲□壹锭。福院主壹锭。③

这份名单中最值得注意的是名列第二的王实甫。问题是他是否即作《西厢记》的王实甫。据孙楷第《元曲家考略》，王实甫到重纪至元三年（1337）犹存。④ 他活至1341年清源庙重建之时也并非不可能。另外其他几位助钞信士的姓名和元曲作家很像。如李子善和李子中的一字之差；王仁甫的仁甫是白朴的字；王君祥和纪君祥同名。⑤ 如王实甫即我们所知的王德信，而其他信士也有戏曲界的人士在内，他们捐款的理由可能就是二郎神和他们的行业有关，或许就是他们的祖师爷。⑥ 但李恒的碑文丝毫没透露出二郎神和戏曲有关的痕迹，而王实甫也大有可能别有其人。其他信士名字和某些元曲家相同也大半是巧合。二郎神是否在元朝已被奉为戏神还是一个疑问。

明显的指出二郎神是戏神的是汤显祖（1550—1616）作于1600年前后的《宜黄县戏神清源师庙记》。⑦ 记中言道：

> 予闻清源，西川灌口神也。为人美好，以游戏而得道，流此教于人间。

① 碑文收于严观（1804）《江宁金石志》，1910年江苏编辑局重刊本，卷七，页12a—13a。据严观言，此碑分书在江宁雨花冈三茅行宫内。

② 此庙当又不同于前文（606页）注⑥所提位于专门军营之侧的"二郎庙"。碑文中言道："金陵自宋季既并祠于三神"，可证前文（606页）注③所引曹寅"重修二郎神庙碑"之言。

③《江宁金石志》卷七，页13b—14a。严观引王恽《秋涧集》解释元朝币制：二十文为一钱，二百文为一贯，一贯又相当于五两，而十锭才等于一锭。

④ 孙楷第：《元曲家考略》，上杂出版社1953年版，第78—79页。

⑤ 李子中，见傅惜华：《元代杂剧全目》，作家出版社1957年版，第153页；白朴，见同书第3页；纪君祥，见同书第114页。

⑥ 梨园子弟出资兴建或重修师爷庙殿的例子很多。参见《翼宿神祠碑记》《重修老郎庙捐资碑记》《募建苏州祖师庙捐款碑》，见《江苏省明清以来碑刻资料选集》，三联书店1959年版，第280—295页，304—306，325—326；及《梨园重修喜神殿碑》，见李华：《明清以来北京工商会馆碑刻选编》，文物出版社1980年版，第105—106页。

⑦ 见徐朔方笺校：《汤显祖集》中华书局1962年版，诗文集，卷34，第1127—1128页。据徐朔方《笺》，此记作于1598年后，1606年前（见上书，第1128—1129页）。

讫无祠者。子弟开呵时一醪之，唱啰哩嗹而已……。

此道有南北。南则昆山，之次为海盐，吴浙音也……我宜黄谭大司马纶……自喜得治兵于浙，以浙人归教其乡子弟，能为海盐声。大司马死二十余年矣[1]，食其技者殆千余人。聚而谂于予曰："吾属以此养老长幼长世，而清源祖师无祠，不可。"予问倘以大司马从祀乎。曰："不敢。止以田窦二将军[2]配食也。"

由此看来，清源庙于17世纪初始建于宜黄县。但这并不是说二郎神在此时始被奉为戏神。而宜黄县的清源师庙也不见得是第一座兴建的戏神庙。在《记》的开头部分，汤显祖言道：

奇哉清源师，演古先神圣八能千唱之节而为此道。初止爨弄参鹘，后稍为末泥三姑旦等杂剧传奇。

把清源师视为所有戏剧之祖。但比较合理的看法是宜黄县之奉二郎神为戏神乃受海盐腔艺人的影响。上引"而清源祖师无祠"意思应是说在宜黄县无祠。而戏班子弟要求建祠也可能因为在吴浙一向就有清源师庙。

海盐腔创自13世纪初，不久就传入苏州，至元朝又有所改进。明朝在昆山腔流行之前，海盐腔流传范围包括嘉兴、湖州、温州、台州及北京、南京等地。[3] 现在无法确定的是从什么时候开始二郎神才被奉为戏神。可顺带一提的是二郎神不仅是海盐腔和宜黄腔而且也是昆山腔的戏神。李渔（1611—1680?）的《比目鱼传奇》第七出《入班》中有一段对答：

（生）请问师父什么叫做二郎神？（小生）凡有一教就有一教的宗主。二郎神是做戏的祖宗，就像儒家的孔夫子，释家的如来佛，道家的李老君。我们这位先师极是灵显，又极是操切……凡是同班里面有些暗昧不明之事，他就会觉察出来。大则降灾降祸，小则生病生疮。你们都要紧记在心，切不可犯他的忌讳。[4]

可以为证。

---

① 谭纶逝于1577年，关于他的生平，见《明史》卷二二二，第5833—5836页。参见徐朔方：《笺》第1129页；流沙：《海盐腔流入江西始末》，载《戏曲研究》1982年第五辑，第196—197页。

② 田将军指冲天风火院田太尉昭烈侯，窦将军大约指风火院中窦、郭、贺三太尉中的窦太尉。见《绘图三教源流搜神大全》，1909年叶德辉刊本，卷五，页19b—20a。田太尉在闽粤俗称田都元帅，现仍为伶人所祭祀。关于他的神话，见K. M. Schipper，*The Diuine Jestet*，载《中央研究院民族学研究所集刊》，第廿一期，第81—94页；参见龙彼得：《中国戏剧源于宗教祀典考》，王秋桂、苏友贞译，载《中外文学》1979年卷七第十二期，第178—181页。不妨一提的是"田将军"封为昭烈侯，而二郎神在元朝的封号是英"烈""昭"惠灵显仁祐王。

③ 见钱南扬：《戏文概论》，上海古籍出版社1981年版，第23—24页，第49—51页。

④《比目鱼》，1661年刊本，卷上，页16b。李渔也有可能是看了汤显祖的"记"而有此说，因为汤"记"中也提到"诸生诵法孔子，所在有祠，佛老氏弟子各有其祠。清源师号为得道，弟子盈天下，不减二氏，而无祠者"。同样把二郎神和儒、释、道的祖师相提并论。但昆山腔发展自海盐腔（见钱南扬：《戏文概论》，上海古籍出版社1981年版，第51—54页），奉同一戏神也是很自然的事。

虽然二郎神何时成为戏神一事无从确定，可以讨论的一个问题是他何以被奉为戏神。汤显祖《记》中的一段话似乎提供一条线索："人有此声，家有此道，疫疠不作，天下和平"。（页1127）换句话说，戏剧有逐疫的功能。讲到逐疫我们不能不想到古代的大傩。在汉朝，大傩仪由方相氏、十二兽及选自中黄门子弟的侲子执行，文武官员也参与其事。[1] 到了宋朝，虽然基本仪式和意义相同，但逐疫的任务改由教坊伶工所扮的神祇担任。《东京梦华录》卷十《除夕》条载道：

> ……教坊使孟景初……装将军。……教坊南河炭……装判官。又装钟馗、小妹、土地、灶神之类，共千余人，自禁中驱祟出南熏门外转龙弯，谓之"埋祟"而罢。（页62）

《梦粱录》卷六《除夕》条也记道：

> ……以教乐所伶工装将军、符使、判官、钟馗、六丁、六甲、神兵、五方鬼使、灶君、土地、门户、神尉等神。自禁中动鼓吹，驱祟出东华门外，转龙池弯，谓之"埋祟"而散。（页182）[2]

但这只是伶工扮特定的角色，直接参加逐疫的仪式，他们并不一定发挥汤显祖《记》中所谓的"道"，换句话说，不是真正的演戏。在前文（610页）注②中我们提到从清源师配食的田、窦两将军中的田将军（田元帅）本身也是一戏神。[3]《三教源流搜神大全》提到他于唐玄宗开元年间（713—741）"承诏乐师典音律，犹善于歌舞"。他的歌舞除了"悦帝颜"之外，还曾医治帝母之病。

> 至汉天师因治龙宫海藏，疫鬼猖狞，作法治之不得，乃请教于帅。帅作神舟，统百万儿郎，为鼓竞夺锦之戏。京中谍噪疫鬼出观，助天师法断而送之，疫患尽销，至今正月有遗俗焉。（卷五，页19b）[4]

这可以说明何以汤显祖会有"人有此声，家有此道，疫疠不作，天下和平"的话。龙彼得在他的论文中也阐明戏剧演出所具的祭仪的功用：它可以用来"表示崇敬[5]

---

① 见《后汉书》（中华标点本）志第五，礼仪中，第3127—3128页。Derk Bodde, *Festivals in Classical China*, Princeton University Press, 1975年版，第四章（第75—138页）中对大傩有详细的讨论。

② 孙景琛：《大傩图名实辨》，载《文物》1982年第3期，第70页。引上两条记载，认为"从人物的搭配看，这支队伍（指《梦粱录》所记）除驱傩外，可能还兼有戏剧性的内容表演。在汉朝的大傩仪式中也有歌舞。就歌词看来，也具有粗微的戏剧表演形式（见《后汉书》中华标点本第3128页），但两者到底和后世的目莲戏等平安戏不同，虽然三者的用意都在于逐祟。参见龙彼得：《中国戏剧源于宗教祀典考》，王秋桂、苏友贞译，载《中外文学》1979年卷七第十二期，第173—176页。

③ 他主要是傀儡戏的戏神。参见龙彼得：《中国戏剧源于宗教祀典考》，王秋桂、苏友贞译，载《中外文学》1979年卷七第十二期，第179页；K. M. Schipper, *The Diuine Jestet*, 载《中央研究院民族学研究所集刊》第廿一期。

④ 有关《搜神大全》所载田元帅的事迹，Schipper在其文中有详细的讨论。他从道教文献及仪式中找出相关的资料以补充及说明《搜神大全》的记载。参见龙彼得：《中国戏剧源于宗教祀典考》，王秋桂、苏友贞译，载《中外文学》1979年卷七第十二期，第179—181页。

⑤ 汤显祖"记"中的另一段话："然则此道也，孝子以事其亲，敬长而娱死；仁人以奉其尊，享帝而事鬼……。"可支持此说。

及迎新"，也可"有效用地用来驱邪和除旧"（页181）。

现在我们可以回头来看二郎神。在这里，前引杨无咎的词特别值得注意。二郎神的功绩始于"汉口擒龙，离堆平水"。后因显灵助张魏公，所以词中言"护我边陲，重使四方安堵"。由于他的灵显，他除了在四川外，也受到其他地方人民的崇拜。这时他已不仅仅是水神或地方的守护神，而且是功能"澄清海宇"的"护国圣烈昭惠灵显神佑王"（见604页注④）。① 他"晓汲双泉，晚除百病，奔走千门万户。岁岁生朝，勤勤称颂，可但民无灾苦"。护国佑民，除病除灾，这岂不就是大傩或后来的"醮"② 的用意？"岁岁生朝"岂不就是除旧迎新？

在前文注（604页注①），我们曾引《东京梦华录》中有关二郎神生日庆典的记载。那热闹的情形以及诸色百戏自早至暮"呈拽不尽"的盛况，几乎没有其他的庆典可资比拟。③ 而艺人立横木于竿尖上"装神鬼，吐烟火，甚危险骇人"的情景也许让人联想到后世的平安戏的一些演出景象。④ 我们无法证明二郎神远在北宋就已成为戏神。但诸色百戏艺人对二郎神所表现的特别的崇敬是值得注意的一件事。这显然可能影响后世伶人尊二郎神为祖师爷。

由于篇幅及其他原因所限，我们在前文中没能讨论《搜山图》的传统及杂剧中的二郎神（赵昱）。依据黄芝岗（页40—41）的说法，我们不必强说二郎神一定是李冰之子或赵昱，因为他们的事迹在后来传说的发展中已相混不清。二郎神会有李冰之子、赵昱或其他人之分，"都不过是人民的感戴和地方的夸耀各有不同"而产生的。李恒碑铭的序中明白指出清源是李冰之子，但汤显祖《记》中的清源只言是"西川灌口神"而没有进一步的指明。如说是赵昱也未尝不可。如我们依从黄芝岗的说法，不"定于一尊"，二郎神之演变为戏神一事或可得到进一步的说明。

金维诺在他的论文中以《二郎神醉射锁魔镜》杂剧的情节来解释《搜山图》。他认为早期《搜山图》"刻划被搜扑的妖魔，多保存兽类原形和动物情态，六丁六甲也以其天兵神将之正面形象出现，总的画面气氛是表现二郎神的正义和威武"，而"元曲"同样的也致力于"歌颂二郎神的威武和勇力"（页20）。⑤ 但杂剧应不仅如

① 参见前文中有关李恒《重建清源庙碑铭并序》的讨论。

② 有关醮的文献很多，李献璋、刘枝万、Schipper 等都曾基于长年的田野调查从事研究。不过前引龙彼得《中国戏剧源于宗教祀典考》第173—176页中所言，对于本文来说最有启发性。

③ 最相近的恐怕是南宋时和二郎神共同为酒行所祭祀的祠山神的生辰庆典。见《梦粱录》卷一，第144页；《武林旧事》卷三，第377—378页。

④ 有关平安戏，见龙彼得：《中国戏剧源于宗教祀典考》，王秋桂、苏友贞译，载《中外文学》1979年卷七第十二期，第173—176页。

⑤ 不过在第22页的讨论中，金维诺认为由于时代和社会的多种原因，在元朝的《二郎搜山图》中，"昔日斩蛟为民除害的神将，不过受了玉皇的指令（具体说是驱邪院主的命令），不分青红皂白地对统治者认为是妖魔的山林禽兽进行搜捕屠杀，于是绘画由民间神话传说转向模拟封建社会中的大搜捕活动。所描绘的'鬼怪山精遍地亡'不过是现实生活中一个悲剧片断的缩影"。这种解释未免过于主观而显得牵强。而且金维诺显然忽视了戏剧表演和《搜山图》所具的象征意义。详见下文。

金维诺所说的"以武打庆功闹剧来表演神话传说"（页22）。这种表演往往有它的象征意义和宗教祭仪的成分，① 事实上，自宋以来，武打节目是禳灾仪式中不可缺的成分。② 不过，我们在此主要指出的是三本二郎神杂剧和《搜山图》传统所共具的主题。在三本杂剧中，二郎神都是驱邪院主（北方真武大帝）的属下，而他的任务，简言之，就是驱邪。在《二郎神醉射锁魔镜》中，他"施谋略，驱邪崇；显神力，灭群精"（第二折，页4a）③，在《二郎神锁齐天大圣》中，他要"剿补妖魔宁宇宙"（第二折，页7d）。在《灌口二郎斩健蛟》中，蛟被视为"妖魔""邪神"或"灾障"（第一折，页2d）。《搜山图》中所绘的"少年都美清源公，指挥部从杨灵风，星飞电掣各奉命，搜罗要使山林空。……猴老难延却断魂，狐娘空洒娇啼血。江翻海搅走六丁，纷纷水怪无留纵，青锋一下断狂虺，金镙交缠擒毒龙……"④ 虽然细节和观点和二郎神杂剧不尽相同，但主题都是"驱邪崇，灭群精"，以如吴承恩诗所说的"长令万年保合清宁功"，而这也就是大傩仪的用意。事实上，《搜山图》和1954年发掘于山东沂南汉画像石墓中的石刻"大傩图"⑤ 有许多基本上的相似之处。而南北宋大傩仪队中的六丁、六甲、神兵、鬼使、土地等也出现在二郎神杂剧中。⑥

综合上述的讨论，我们可以说，以二郎神的灵显和武功，以他除病⑦、禳灾、逐崇、驱邪的本事，加上他在北宋就已受到百戏艺人特别的崇拜，他在后来被奉为戏神是可以理解的一件事。

可以顺带一提的是陈沂（1517年进士）《询蒭录》中记有花蕊夫人伪称孟昶像

---

① 参见龙彼得：《中国戏剧源于宗教祀典考》，王秋桂、苏友贞译，载《中外文学》1979年卷七第十二期，第173页。

② 参见龙彼得：《中国戏剧源于宗教祀典考》，王秋桂、苏友贞译，载《中外文学》1979年卷七第十二期，第168—171页。

③ 三剧所引页码皆依孤本《元明杂剧》，上海涵芬楼1941年版。

④ 吴承恩：《二郎搜山图歌并序》，见刘修业辑校：《吴承恩诗文集》，古典文学出版社1958年版，第16—17页。猴、狐，《锁魔镜》中提及（见第二折，页4b），健蛟或可视为毒龙，水怪见于《斩健蛟》，六丁三剧中俱见。

⑤ 此图拓片收于曾昭燏等：《沂南古画像石墓发掘报告》，文化部文物管理局1956年版，图版页29（拓片第8幅），在《报告》中此图并没有标为"大傩图"。孙作云于评论《报告》时始断定该图为"大傩图"（载《考古通讯》1957年第6期，第77—78页，特别见第81—84页）。曾昭燏在《关于沂南画像石墓中画像的题材和意义》（载《考古》1959年，第5期，第245—249页，特别见第247—248页）中大致同意该图为"大傩图"的看法。参见孙景琛：《大傩图名实辨》，载《文物》1982年第3期，第71—72页。

⑥《锁魔镜》中的二郎神根本自称"我是那五十四州都土地，三千里外总城隍"（第一折，页1a）。

⑦ 除了杨无咎的词外，我们也可注意到在《勘皮鞋单证二郎神》（见顾学颉校注：《醒世恒言》，人民文学出版社1956年版）中，二郎神是韩夫人重病时所祷求保佑平安的二神之一（见第244页）。另一神是北极佑圣真君，在南宋的杭州颇受崇敬（见《梦粱录》卷二第146页）。据《三教源流搜神大全》（卷一，页24a），佑圣真君乃是司命。

为灌口二郎神事。① 而孟昶是闽南南管乐的戏神，号为孟府郎君。②

前文中讨论到二郎神为酒行、赌徒和蹴鞠子弟所祭祠，在此也不妨补充说明。高璞讥笑酒行中人不祭杜康而祭二郎及祀山为忘本。其实在南宋的杭州，各行、各艺大都有"社会"③。据《都城纪胜》（页98）："每岁行都神祠诞辰迎献，则有酒行。"④ 似乎酒行是负责统筹神祠诞辰的迎献。因此他们的祭赛二郎和祀山神或不单纯是行业的关系，而与祭赛迎献的任务有关。赌徒之顶礼二郎神除了视其为竞赛之神（见608页注⑦）外，也有可能是二郎神在元朝曾被视为财神，就如同近世田都元帅的上司赵公明一般。⑤ 而蹴鞠子弟之祭二郎神也许来源更早。蹴鞠在两宋都是京瓦伎艺的一种，艺者结有社会，⑥ 二郎神可能在当时就被艺者尊崇。无论如何，他显然被视为竞技之神。而龙彼得在其文中指出竞赛和戏剧的演出一样，是"过渡仪式中的标记"（页171）。所谓过渡就是除旧布新。这种解释也许难以令人满意。不过，我们不妨基于前文所引《夷坚志·丙志·灵显真人》条中所载，做一补充的说明：封为王时，二郎神主掌"吉凶成败"，所以在任何竞赛中，不管是迎神赛会，或是赌博、蹴鞠，或是"鼓竞夺锦之戏"，以至于新与旧、善与恶、平安与疫疠的竞赛，二郎神都受到特别的尊崇。

神的命运和人一样变化无常，能使得"疫疠不作，天下和平"的二郎神，到了李渔的《比目鱼》中，虽仍是戏神，但被称为"做戏的祖宗"，带着匠气；虽还灵显，但变得小气，记弟子之过，"大则降灾降祸，小则生病生疮"。那种"澄清海宇"的恢宏气度已荡然无存。雍正五年（1727），二郎神的封号变成"承绩广惠显英王"，他的地位又像开始一样被置于李冰（被封为敷泽与济通佑王）之下。⑦ 乾隆时，杨潮观还撰有《灌口二郎初显圣》短剧⑧加以歌颂。不过那只是文人《兴怀》

① 《询蒭录》（今献汇言本），页1a。《孟昶传》，见《新五代史》（中华排印本）卷六四，第803—807页。有关花蕊夫人的传说，见朱象贤（17世纪中期）《闻见偶录》（昭代丛书本），庚集，卷二三，页19b—23a。

② 见《孟府郎君考》，收于刘鸿沟：《闽南音乐指谱全集》，马尼拉，1953，1963，第2—6页。第1页有执弓持弹的孟府郎君像。

③ 见灌圃耐得翁：《都城纪胜》（序于1235年），《东京梦华录外四种》本，第98页，《西湖老人繁胜录》，《东京梦华录外四种》本，第111，113页；《梦粱录》卷十九，第299—330页；《武林旧事》，卷三，第377—378页。

④ 《梦粱录》则载："每遇神诞日，诸行市户，俱有社会，迎献不一"（第299—320页）。

⑤ 见龙彼得：《中国戏剧源于宗教祀典考》，王秋桂、苏友贞译，载《中外文学》1979年卷七第十二期，第180页。

⑥ 见《东京梦华录》卷五，第30页（毬杖踢弄应是一种蹴鞠）；《都城纪胜》，第98页；《武林旧事》卷三，第377页（社名叫齐云社）；卷六，第464页（列著名的伎艺人）。

⑦ 孙天宁纂：《灌县志》，1786年刊本，卷五，页55b—56a。参见《皇朝文献通考》，1882年浙江书局本，卷一〇六《群祀考，下》，页4b。

⑧ 收于胡士莹校注：《吟风阁杂剧》（序于1774年），中华书局1963年版，第107—112页。

之笔。[1] 清朝中叶以来，二郎神传说为沈香传说所吸收，而二郎不但变成次要而且扮反派的角色。[2] 至于戏神一角，至迟在乾隆时就被老郎神所取代。[3] 从此二郎神又恢复为地方的神祇，不像在宋、元、明时广受崇拜，最后可以一提的是彰化县有一小庙奉"二郎尊神"，庙名"救世宫"。[4] 总算盛极一时的二郎神崇拜在今日还有一微弱但适切的回响。

附记：本文为 1981 年度国家科学委员会补助研究计划成果的一部分。初稿完成于 1982 年 5 月，修订稿完成于 1983 年 1 月。除了国家科学委员会外，作者要感谢哈佛燕京社及韩南教授（Professor Patrick Hanan）。由于韩南教授的推荐，该社邀请作者至哈佛大学研究，作者才有机会参阅哈佛燕京图书馆的藏书，从事原稿的增补和修订。另外普林斯顿大学李葛斯德东方图书馆给予阅览的方便，谨此一并致谢。

本文原载《民俗曲艺》第 22 期，1983 年。

[1] 见《吟风阁杂剧自序》，收于胡士莹校注：《吟风阁杂剧》，中华书局 1963 年版，第 1 页。事实上杨潮观在《灌口二郎初显圣》的序中就言道："惟是神之姓氏，传闻异辞。在正史为李氏子，在虞初家，皆以为杨。岂灌口有两二郎耶？"（第 107 页）可见李二郎在当时已经"失势"。

[2] 沈香是宋元以来就有的传说。徐渭《南词叙录》（序于 1559 年），《宋元旧编》中列有《刘锡沈香太子》，见《中国古典戏曲论著集成》，中国戏剧出版社 1959 年版，第 251；钟嗣成《录鬼簿》（原序于 1330 年），录有张时起《沈香太子劈华山》及李好古《巨灵劈华岳》，分见《中国古典戏曲论著集成》第 112—113 页、113 页。有关沈香故事的演变，见杜颖陶在《董永沉香合集》（上海出版公司 1955 年版）中的《引言》，第 6—9 页；俞大纲《劈山救母与二郎神》见《戏剧纵横谈》，文星出版社 1967 年版。沈香故事的几种本子收于《董永沉香合集》第 167—344 页。胡适在《跋销释真空宝卷》，载《国立北平图书馆馆刊》，1931 年卷五第三期，第 6 页中引一部 1555 年刻的清源妙道显圣真君二郎宝卷的二句："母子得相逢，坐在宝莲台。"似乎二郎神传说还曾先吸收沈香传说的情节，但后来却反被后者所征服。沈香传说中的二郎神既非李二郎也非赵昱，而是杨潮观所说的小说中的杨二郎（见 615 页注[1]），主要来源恐怕是《西游记》（见 601 页注[2]）。不过有些沈香故事的本子（如《沈香救母雌雄剑》，收于《董永沉香合集》，第 295—344 页，特别见第 326 页）以杨二郎之名为戏。杨戬在《封神演义》中亦封为"清源妙道真君"，但他是"玉泉山金霞洞玉鼎真人门下"，"曾炼九转元功……肉身成圣"（见《封神演义》1955 年排印本第四十回，第 373、375 页），显然和《西游记》中所述曾斧劈桃山的玉帝外甥有别。

[3] 立于乾隆元年（1736）的"梨园公所永名碑记"就以老郎神为祖师爷，见《江苏省明清以来碑刻资料选集》，三联书店 1959 年版，第 279 页。有关老郎神的讨论，见杨掌生《京尘杂录》（初刻于 1886 年），《笔记小说大观》本，卷四，《梦华琐簿》，页 18a—18b；参见雪侬：《谁是老郎神》，载《剧学月刊》，1934 年三卷第九期，第 1—5 页。亦有以喜神为戏神者，见《梨园重修喜神殿碑》，收于《明清以来工商会馆碑刻选编》，文物出版社 1980 年版；参见雪侬《谁是老郎神》第 5 页；龙彼得：《中国戏剧源于宗教祀典考》，王秋桂、苏友贞译，载《中外文学》1979 年卷七第十二期，第 178 页。

[4] 见仇德哉编：《台湾庙神传》，信通书局 1979 年版，第 373 页。

再论广义神话

袁　珂

　　袁珂（1916—2001），学名袁圣时，笔名丙生、高标。生于四川新繁县（今新都县）。神话学家。1940年考入华西大学中文系，师从许寿裳。1946年随许先生到台湾任编辑馆编辑，编审委员会编审。生前为四川省社会科学院研究员。袁珂数十年从事中国神话整理、校勘、编撰、注释和研究工作，著述甚丰。主要有《中国古代神话》（1950年，印行十多版，有俄、日、英等译本）、《古神话选释》（1979）、《山海经校注》（1980）、《神话论文集》（1982）、《中国神话传说词典》（1985）、《中国神话史》（1988）、《中国民族神话词典》（1989）、《神异篇》（1991）等。早期的神话论文有《神话和中国神话》（1948）、《山海经里的诸神》（1948，1949）等。

一

　　在老一辈学者中，对"神话"一词的解说，是有其严格的古典主义的界限的。鲁迅在《中国小说史略》第二篇《神话与传说》里说："昔者初民，见天地万物，变异不常，其诸现象，又出于人力所能以上，则自造众说以解释之：凡所解释，今谓之神话。神话大抵以一'神格'为中枢，……迨神话演进，则为中枢者渐近于人性，凡所叙述，今谓之传说。传说之所道，或为神性之人，或为古英雄，其奇才异能神勇为凡人所不及，而由于天授，或有天相者。"茅盾的解说大体同于鲁迅而更细致。他在《神话杂论·神话的意义与类别》（见《神话研究》第3页）里说：

　　　　传说（Legend）也常被混称为神话。实则神话自神话，传说自传说，二者绝非一物。神话所叙述者，是神或半神的超人所行之事；传说所叙述者，则为一民族的古代英雄（往往即为此一民族的祖先或最古的帝王）所行的事。原始人对于自然现象如风雷昼暝之类，又惊异，又畏惧，以为冥冥之中必有人（神）为之主宰，于是就造作一段故事（神话）以为解释；所以其性质颇像宗教记载。但传说则不然。传说内的民族英雄，自然也是编造出来，同神话里的神一样，可是在原始人的眼中，这些英雄是他们的祖宗，或开国帝皇，而不是主宰自然现象的神。所以传说的性质颇像史传。这便是神话与传说的区别。然因二者同是记载超乎人类能力的奇迹的，而又同被原始人认为实有其事的，故通常也把传说并入神话里，混称神话。

　　在这里我们可以看到：从古典派学者对神话所作的界说中，神话和传说虽然

"二者绝非一物"，但是由于通过群众的实践认识，学者们也不得不承认："传说（Legend）也常被混称为神话。""被混称"，当然是群众的"混称"，这就是神话领域初步的扩大，也就是神话从狭义走向广义的开始。鲁迅在《神话与传说》篇里所举属于传说的几个例子，如羿射日除害、嫦娥奔月、鲧化黄熊等，如今我们都把它当做是神话，并没有人提出任何异议，可见古典派学者的神话界说，理论上即使能够站得住脚，却也不能不被群众的实践认识所突破。试想中国神话如果只是叙写盘古开天辟地、女娲造人补天，希腊神话只是叙写丘必特如何与泰坦神族作斗争等"神们的行事"（茅盾语），神话的规模气势即使再宏伟，也未免觉得单调。只有继这类神话之后，出现了英雄史诗的传说，在希腊是特洛亚战争、迦逊航海取金羊毛等，在中国是黄帝和蚩尤之战、羿和嫦娥的故事、鲧和禹治理洪水等，人神同台演出这出瑰丽奇伟的戏剧，管它是否系传说的"混称"，在群众的心目中，这才是神话的主流，是兴趣的中心。神话之从狭义走向广义，乃是必然的趋势，不是学者的学术研究所能规范和制约的。

二

在中国，又还有一个独特的现象，就是早在战国初年，仙话便已经局部侵入了神话的范围，与神话合为一体，成为神话有机的组成部分。最明显突出的例子，就是在羿神话中，又加入了嫦娥窃药奔月的神话。嫦娥窃药奔月，一般人以为始见于《淮南子·览冥篇》，其实在大约成书于战国初年而后来佚亡了的《归藏》里，就早已有了这段神话了。六朝梁刘勰《文心雕龙·诸子》说："《归藏》之经，大明迂怪，乃称羿毙十日，嫦娥奔月。"其后《文选·祭颜光禄文》李善注引《归藏》也说："昔嫦娥以西王母不死药服之，遂奔月为月精。"是其证。茅盾在《神话杂论》里说它"亦不免是汉代方士的谰言，并非是古代的神话"，这话只是说对了一半。它确实不是原始时代的神话，而是受了仙话浸染的神话，谓之为"神话"固可，谓之"仙话"似乎也还是名正言顺的；但如果说它便是"方士的谰言"（不管是汉代的或是战国时代的），恐怕也有些说得过头。因为仙话的产生，要没有一点民间传说做凭依，单靠方士的瞎吹，就能取得公众的承认，那也是很难设想的。但它既已经取得大众的公认，并且已经成为羿神话的有机组成部分了，我们还能够将它排除在羿神话的范围之外么？因而茅盾也不能不始则在《神话杂论》里说："所以姮娥奔月，……虽颇美丽可喜，但是我们只好割爱，不认是真正的神话。"继则在《中国神话研究初探》里说："然而这个'奔月'的神话已成为后代文人所常常引用，我们只好承认了。"从"割爱"到"承认"，这也可见由于神话本身的流传、发展、演变，从狭义到广义，实在是大势所趋，学者也只好在事实面前低头。

仙话浸入神话的范围，不仅仅表现在《归藏》所记的嫦娥奔月，就是在以哀集神话资料丰富著称的《山海经》里，也都不止一处地有所表现。例如《海外南经》有不死民，《大荒南经》有不死国，《海内经》有不死山，《海内西经》昆仑山上有不死树，并且还有诸巫所操用以疗治被贰负杀死的窫窳的不死药；经里还记有这类奇异的生物：白民乘黄，"乘之寿二千岁"（《海外西经》），犬戎文马，"乘之寿千岁"（《海内北经》），都以长寿或不死为言；《西次三经》还记有黄帝服食玉膏；看得出来，这些都是仙话浸入神话范围、对神话所起的影响。难道能够说都是道家方士的谰言，没有一点民间传说的凭依，可以把它们都排斥在神话的视野以外么？

否，这是不可能也完全无此必要的。试想如果在我国神话的领域内排除了"嫦娥奔月"神话，那绚丽的色彩恐怕至少会要黯淡三分之一，因为此一神话已经家喻户晓而其他神话如"夸父追日"、"精卫填海"等却未必为大众熟知。"约定俗成"，神话的发展趋势和研究神话的途径自然都非得逐渐从狭义走向广义不可。

中国仙话对中国神话是一个冲击，一个突破，它在东汉末年道教成立以前六七百年就已经展示出来了。仙话自然不是有了道士以后才开始有的，只不过道教建立以后，由于道士们的推波助澜，神仙之说才更加昌盛起来。道士们固然编造了不少炼丹采补、服食登仙的仙人故事，是糟粕，但也有小部分可以相信原是属于民间传说，如玄女教黄帝兵法、瑶姬帮助大禹治理洪水等，经过道士的记录，润色加工，才给披上一层仙话外衣的。这类披上仙话外衣的民间传说，究其实质，本应属于神话范围，自然不应该因其外貌有别便受到歧视。即使是真正的仙话，如果确属比较积极有意义的，如像许逊诛蠚、赵昱斩蛟、八仙过海、张道陵七试赵升等，那也应该作为神话一体看待，因为它们的精神和神话的精神是息息相通的。神话仙话，同属幻想的虚构，如果说仙话都是编造的而神话才是流传自民间的，这种说法恐怕会失之偏颇和武断，是站不住脚的。在大量仙话的产生和发展的过程中，必然不能排斥一部分仙话仍然是来自民间，并非少数道家方士的瞎编胡诌，这我在其他的文章中已有论及，这里便不多赘。

三

神话产生于原始社会，并不是到了阶级社会它就消亡了。到了阶级社会，它仍然通过群众的口耳相传，在流传，在发展，在演变。并且在阶级社会尤其是在我国长期的封建社会中，又随时产生了许多新的神话，它们虽然烙上了阶级社会的印记，不同于原始社会的神话，但总归还是神话，这是谁也不能否定的事实。这类神话，非古典派学者狭义的界说所能概括，我们只好称之为"广义的神话"。"广义"者，自然是相对"狭义"而言，主要的意思有如下两端：一是经历的时间长，从原始社会贯串到整个阶级社会，直到不久以前，还有新的神话产生；二是涉及的方面广，从天文、地理、历史、医药、民俗、宗教、动物学、植物学、地质学、海洋学、气象学、文学、艺术……里，都可见到有神话的踪影。

有的学者见到后世也有神话这个无可否认的事实，无法解释，只得用"拟神话"一词来做概括，认为后世产生的神话，都是文人模拟上古神话的虚构。我认为这种说法是不确切的。后世产生的神话，大概有两种。一种是无主名的，如像"白蛇传"、"沈香救母"、"白螺天女"、"望娘滩"等，从内容到形式，都和古代的神话无大差别。它们确实是产生自民间，是通过人民大众世世代代的口耳相传，逐渐丰富、完成起来的——能说是哪一个文人的虚拟吗？另一种是有主名的，如像李公佐作《李汤》，写了水怪无支祁；李朝威作《柳毅》，写了洞庭龙女；吴承恩作《西游记》，写了大闹天宫的孙悟空；蒲松龄作《聊斋志异》，写了种种狐鬼变人的故事……这些略近于所谓的"拟神话"。但是对于它们也要有所辨析：它们也不全然是模拟、虚构，而是也有所承传、有所本的。例如无支祁的形象，就是本于古神话中的夔和山獠；刺史李汤以人牛曳出龟山下的大铁锁而得无支祁，也是以从六朝到初唐时期普遍流传于民间的关于金牛的神话做蓝本的。又如洞庭龙女，在李朝威的小说《柳毅》之前，唐初梁载元撰的《梁四公记》已有龙女的记叙，其后岑参作《龙女祠》诗，并写有蜀人祀龙女的情景：知亦本于受佛经影响的民间传说。至于整个《柳毅》故事的梗概，则六朝宋刘敬叔《异苑》卷五所记的观亭江神早已粗具规模了：这也是民间传说。至于吴承恩的《西游记》，更是众所周知的演化小说。我们固然非常尊重作者写出此一小说艺术构思及人物描写的独创性，但也无可否认此书是由于前代许多民间传说及文学作家（主要是戏剧作家）对于这些传说的艺术加工积累而来。书中主要人物孙悟空形象的创造，还接受了古神话中夔和无支祁、印度神话中的神猴哈奴曼的影响才完成的。再说《聊斋志异》里的狐鬼变人等等故事吧，作者的创作成分自然首先要予以肯定，但是，谁又能否认其中吸收了不少民间传说的养料呢？像有的书上说，作者携"烟茗置身畔，见行道者过，必强执与语，搜奇说异，随人所知，渴则饮以茗，或奉以烟，必令畅谈乃已"（《三借庐笔谈》卷十），虽然不尽可信，但还是说明了作者所述是有民间传说做凭依的。根据以上分析，足见"拟神话"的用语是不能概括后世产生的所有的神话的，何如用"广义神话"一词予以概括，较为恰当呢。

广义神话，其实就是神话，它不过是扩大了神话的范围，延长了神话的时间；它只是包括了狭义神话，却没有否定狭义神话。狭义的神话，仍然可以作为学者们研究的核心。但是，过去一般多从文学艺术的角度去研究神话，这是不够的，还需要从神话本身具有的多学科性去研究神话，这就必须扩大神话的范围；过去研究神话，多把神话限制在"上古"，"古代"这样一个比较狭小的时间圈子里，这也是不够的，还须从这个圈子里跳出来，看到后世也有神话，直到今天，还未断绝。总之一句话，就是今后我们研究神话，要将"神话"这个概念尽量放大些，把神话研究的视野尽量放开阔些。

四

"神话主要是在原始社会（野蛮时期低级阶段以后）生产力和智力水平条件下，原始先民用一种不自觉的艺术方式折光地陈述历史，反映现实，寄托理想，进行认识和掌握世界的思维活动的特殊产物。它不是有意识地创作的审美作品，而是一种不可重复的、心理学意义上的精神创造或人类学意义上的文化记录。……（它）是以特定的社会条件下原始人类特有的思维方式——神话思维为其心理背景的。"以上所引，是云南大学中文系李子贤、郑启耀两同志合写的《神话思维试论》一文的开头数语，这一段话确实是大略道出了原始神话的本质。

如今我们都习惯地把"神话"一词的含义列入在审美的文学艺术的范畴，不错，它有属于审美的文学艺术范畴这方面的东西，或者说，是主要的东西，但在原始人类的思想观念中，它所包含的内容却比这个范畴要阔大得多。据上文所述，神话乃是以神话思维为心理背景的特殊产物，而神话思维又是什么呢？我以为神话思维就是原始思维，是原始人类在以"两手教导头脑、随后聪明一些的头脑教导两手、以及聪明一些的两手再度有力地促进头脑的发展"（恩格斯语）、从物我难分的混沌状态中开始醒觉起来、用神话的眼光探索世界奥秘的那种不合逻辑而又自成逻辑的思维。它近于小孩子和目前还处于童稚文化状态的种族、人群乃至个别文明人的思维。用这种眼光去探索世界的奥秘，自然便会使所见所闻所思的一切，都带上了神话的色彩。由此而传述的种种文化历史知识，便叫做"神话"。神话在其产生和最初发展阶段具有多学科的性质，便是这个缘故。

属于文学艺术范畴的神话最初是和宗教相联系发展而来。原始宗教早于原始神话，在马克思、恩格斯的经典著作中已经可以见到明确的指示了。恩格斯在《家庭、私有制和国家的起源》一书中论到"还处在野蛮的低级阶段"（产生神话阶段）的北美洲各个印第安人的特征时说，"他们给自己的宗教形象——所有各种精灵——赋予人的样子"。这种对于宗教神的初步拟人化，传述他们的行事，再经过长时期不自觉的艺术加工，就成为后来属于人们审美的文学艺术范畴的神话的主流。至于神话和宗教的差别，可以不必在这里细讲。除此之外，与神话相联系的还有许多旁支。

其中最大的一个旁支，便是历史。当我们考察研究各个国家和民族的历史的时候，将会发现一个很有兴趣而令人深思的现象，就是几乎无例外地都以神话为其历史编年的最初几页。这说明在原始人类（不管是住在地球上的任何地区）的思想观念中，神话就是他们的历史。拿我国汉民族来说，盘古开天辟地，女娲造人补天，简狄吞燕子蛋生契，姜嫄踩大人足迹生后稷，……不管今天我们看来是如何荒诞无稽，把它们列在神话的范围，但是在我们的老祖宗看来，这些都是历史，是毫无可疑、顺理成章的事实。其他国家民族幼年时期的情况，想必大都也是如此。

原始人类又用他们的特殊眼光来观察周围世界，于是看到了三首国（部族）人的三个脑袋呀，奇肱国人的一只胳膊呀，三身国人的三个身子呀，长臂国和长股国人的长手臂和长脚呀……总之，一切凡属《山海经》里所叙述的远国异人的各种奇异景况，他们似乎都亲眼见到了，其实当然多半都是属于道听途说，以讹传讹。他们又相信昆仑山是天帝的下都，是"百神之所在"，从那里一个阶梯又一个阶梯攀登上去，就可以直达天庭（《淮南子·地形篇》）。又相信天山有神鸟，"混沌无面目，是识歌舞"（《山海经·西次三经》）。又相信都广之野是一个人间乐园，那里盛产五谷，米粒白滑像脂膏，有"鸾鸟自歌，凤鸟自舞，灵寿实华"种种美妙的景象，是天和地的中心（《海内经》），等等。他们就以这些神话传说来增加他们的地理知识，自然也在无意识中使地理环境布满了想象和幻奇的色彩。

《山海经》又记述了不少关于药物学的知识，有些固然是从实践中经验的积累得来，但也有相当一部分是属于神话传说范围的。例如《北次二经》记叙的一种四只翅膀、一只眼睛，还加上一条狗尾巴的名叫"嚣"的鸟，据说若是吃了它便可以治肚子痛；又如《北山经》记叙的一种形状像鲤鱼却长着一对鸡足的"鰧鱼"，据说吃了它有消散肿瘤的功能；又如《南山经》记叙的一种形状像羊，有九条尾巴、四只眼睛，眼睛生在背上的名叫"猣迪"的兽，据说把它的皮剖下来佩戴在身上，可以使人胆子大，不害怕，等等。这些奇异的药物多不胜举，可以开出一篇长长的药单。这当然是神话，可是在原始人看来，这也是他们药物学知识的一部分，和他们所得到的正确医药知识并无区别（《山海经》里也有这方面的记叙）。

原始神话还涉及了天文学。他们相信天有十日，十日是帝俊的妻子常羲所生（《大荒南经》）。它们都住在东方汤谷的扶桑树上，"九日居下枝，一日居上枝"（《海外东经》），"一日方至，一日方出，皆载于乌"（《大荒东经》）：让乌鸦驮着它们轮流出去值班巡回。后来"十日并出"，尧命羿"上射十日"，而去其九（《淮南子·本经篇》及高诱注），才成了今天我们所见的一日独照的状态。参星和商星东出西没彼此不相见，据说乃是高辛氏让他的两个"日寻干戈"、名叫阏伯和实沈的儿子所变（《左传·昭公元年》）。如此等等，还有一些，不再多举。还有涉及气象学的、地质学的、海洋学的……限于篇幅，亦不缕述。我们看来是神话，在原始人看来竟是这些学科的本身。他们对于属于这些学科的大自然变异现象的神话性质的解释，都是深信不疑的。

由此看来，原始神话之所以具有多学科的性质，是以原始人类的特有的神话思维方式为其主要条件的。我们不单要从审美的文学艺术的角度去研究神话，还得从原始神话本身具有的多学科性去研究神话。单就这一点来说，今后研究神话的途径，须从过去古典派学者狭义解释的圈子里走出来，还它的本来面目，对它作广义的解释，这也是必然的趋势。

五

由于经济基础和文化发展的不平衡，神话不会像过去古典派学者所说的那样，过早地就"销歇"或"歇灭"。在今天我们所住的地球这颗星球上，无疑还存在有大量的神话。其他各个国家、各个民族的情况我不十分清楚，只是略谈一谈我国自身的情况。我在1964年写过一篇短文《漫谈民间流传的古代神话》，发表在同年第3期的《民间文学》上。在那篇文章里，就曾具体地谈到：古代神话在现代民间尚有流传，并举出在四川省中江县搜集到的十多篇民间流传的古代神话作为例子。其中《伏羲兄妹制人烟》等经过整理的三篇，就发表在同期的《民间文学》上。中江小县，一隅之地，尚且发掘出了如许的神话宝藏，推想全国各省市区县，当有多少古代神话还在现代民间流传？现代流传的古代神话虽有变易，或变得更好，或增加了些封建社会的糟粕，不管怎样，并没有"销歇"或"歇灭"却是可以肯定的。不久以前张振犁等同志在河南搜集到了《愚公盘山》、《后羿射日》、《夸父山和桃林塞》、《启母石》等十多篇古代神话故事，都整理收录在《河南民间故事》（增订本）这本书里；钟敬文先生在《民族志在古典神话研究上的作用》一文中，也举出了在藏民族中今天流传的《女娲娘娘补天》神话作为例证。这些都说明古代神话仍然保存在现代人民的口头。

至于说除了古代神话，后世是否还有新的神话产生的问题，我在本文的前面和前篇文章中已经作了比较充分的阐述，这里就不再重复。只是在前篇文章中，曾经提到马克思在《政治经济学批判·导言》中关于"神话消失"的那段名言，应该作何理解的问题，似乎还没有解说得十分清楚，还该略作解释。为了弄清问题，无妨把那段话再抄一遍在下面：

> ……成为希腊人的幻想的基础，从而成为希腊"神话"的基础的那种对自然的观点和对社会关系的观点，能够同自动纺机、铁道、机车和电报并存吗？在罗伯茨公司面前，武尔坎又在哪里？在避雷针面前，丘必特又在哪里？在动产信用公司面前，海尔梅斯又在哪里？任何神话都是用想像和借助想像以征服自然力，把自然力加以形象化；因而，随着这些自然力的实际上被支配，神话也就消失了。（《马克思恩格斯选集》第二卷第113页）

我体会这一段话的意思是说，作为希腊人科学假想的希腊神话，其目的在于征服自然力；而随着科学的创造发明在欧洲陆续实现，部分自然力已被支配，所以一些被欧洲人崇信的希腊神话就消失了。马克思在这里所说的"消失"，是指随着科学的创造发明自然力被支配的那部分希腊神话，并看不出来是指全部希腊神话。也许我的理解是错的。退一万步说，即使马克思所说的"消失"确实指的是全部希腊神话，但他也并没有说非洲的神话、南北美洲的神话、澳洲的神话、印度的神话、中国的神话……一句话，世界上所有的神话在他那个时代都消失了。由于生产力发展的不平衡和社会经济基础的差异，各民族的神话不可能同时一起全部消失，马克思是绝不会做出这样荒谬的结论来的。所以，如果要笼而统之地谈论神话的下限问题，实在是很困难的。从神话和宗教关系密切的角度论，我倒很赞同杨堃先生的意见。杨堃先生认为，只要还有宗教存在，神话就不会消亡（见《民间文艺学文丛·关于神话学与民族学的几个问题》）。现在世界上似乎还没有哪一个国家，哪一个民族，是没有宗教存在的，因此，神话实际上也就并未消亡。而且不久之前我们在1980年第8期的《民间文学》上还看见黄鹤逸搜集整理的《八仙星》，又看见叶蔚林在《红军泉》里记叙的"姐妹鸟"，在当代的民间传说中，连共产党人和革命烈士也都化作了星，变作了鸟，你说今天神话还会是处于"消失"或"消亡"的状态么？

六

这样说来，神话的下限确实是很难决定的。或者将来有一天，全世界都进入了共产主义社会，连宗教都不存在了，到那个时候，神话可能就会全部消亡了吧？我看那也未必。因为一般来说，神话是人类处在生产力低、认识事物的水平也低下，还没有能够支配自然力时期的产物。但是，生产力的发展与否，认识事物的水平的高或低，自然力的实际上被支配与否，都只是相对而言。即使将来到了共产主义社会，生产力已经高度发展了，恐怕也还有事物没有被认识，还有自然力没有被支配，那就还会给神话提供产生的条件。当然，未来神话的内容和表现形式将是怎样，谁也无法预知。推想起来，或者将走向科学幻想小说那样的途径。不是已经有人将科学幻想小说题名为"科学神话"了么，我觉得像这样把"科学"和"神话"直接联系起来的称谓是相当有意思的。不过目前的科学幻想小说一般都有主名，都是某些科学幻想小说作家的艺术创造，和无主名的来自民间的神话传说有所差别。但是，如果我们去探究一下古代的情况，却也可以见到有类似科幻小说的东西。《列子·汤问篇》所记的工人偃师制造一个能歌善舞的机械人向周穆王献技的故事，同篇所记的扁鹊易心术的故事，都是明显的例证。其他如像郭璞《玄中记》所记的奇肱国民能为飞车，从风远行；段成式《酉阳杂俎》所记的敦煌鲁般作木鸢，他父亲乘了它，从西北的敦煌一直飞到了江南的吴会，等等，都有点像是具体而微的科幻小说。甚至连前面一再提到的"嫦娥奔月"，都可以说是科幻小说的微型。然而这些都是民间传说，并无主名，我们一般把它们当作神话看待。将来的神话，会不会和科幻小说合流，也产生出一些来自广大群众中的无主名的这类东西来呢？只能预想，还不能十分肯定，这要看今后神话的演变如何了。

对于广义神话的设想，我曾经半开玩笑半认真地对有的同志用这样两个词语来概括形容它。一个是神话性质的词语，叫"无底洞"，见于《西游记》第八十二回，是某一妖精所住的洞府，孙悟空为救唐僧，曾经大闹过这个洞府，我已经把它作为词条编写进了《神话传说词典》。这个词语的用意是指神话至今还没有下限。另一个是传说性质的词语，叫"没遮拦"，见于《水浒全传》第三十七回，它原是梁山泊英雄好汉之一穆弘的绰号。这个词语是针对神话本身具有多学科性、涉及的领域广袤而言。这条词语还没有作为词条编进《词典》，可见虽是名曰"没遮拦"，其实还是有遮拦。遮拦为何？遮拦就是神话本身的属性。神话虽然涉及多种学科，在各个方面都有它的踪影，但并不是说，各个方面所有的东西都是神话。不是的，只是在各个方面的东西中能够叫做"神话"的那一部分才算是神话。这样神话便终究还是有它自己的界限，不会和各个方面的东西混淆，可以被人认知了。

但是读者禁不住还是要问：你说的"广义神话"的"广义"之"广"，究竟要"广"到什么程度？是的，这是一个重要的问题，连我自己也正在慢慢地探索中。《神话传说词典》将所收的词目区分为九个部分，或者便是广义神话大概的范围。

但也只能说是"大概"，可能还要扩充一些或者还要适当削减一些，还是让它到群众的实践——认识中去逐步得到完善吧，事物都不是一下子就能完善无缺的。

前篇文章中尝试对神话作了一个定义，现在看来，这个定义也还有不完善不周备的地方，现在又对这个定义试作订正如下：

神话是非科学但却联系着科学的幻想的虚构，本身具有多学科的性质，它通过幻想的三棱镜反映现实并对现实采取革命的态度。

对于这个订正需加说明的有如下两点。一是"本身具有多学科的性质"这句话是新增加的，这个增加非常重要，这是有别于过去古典派学者单纯从审美的文学艺术的角度看待神话最根本的东西。二是末句两处"现实"原都作"现实生活"，觉得删去"生活"二字范围更能扩大一些。"现实"可以包括"现实生活"，而"现实生活"却不能完全包括"现实"，如马克思所说的"自然力"之类，因此把两处"现实生活"的"生活"字样删去了。

神话的境界本来是很广阔的，从古到今，在我国的文献资料以及人民群众的口头传说中，蕴藏的神话数量本来也是很丰富的。但是我们忽视了对它进行全面的研究，以至丰富的宝藏没有得到很好地开发、利用。我从多年和中国神话打交道的探索过程中，认识到必须要放开眼光、走广义神话研究的路子，才能够将我国丰富的神话宝藏充分地开发出来、妥善地加以利用，并且使经过散亡余剩的神话资料和快要散亡的神话资料迅速地积聚起来，不至再散亡下去。同志们，让我们共同携起手来，把这个庄严而又艰巨的任务尽最大努力予以完成。

本文原载《民间文学论坛》1984 年第 3 期，是作者《从狭义的神话到广义的神话》（《社会科学战线》1982 年第 4 期、《民间文学论坛》1983 年第 2 期）的续篇。本书选载时略去了引言部分。

《山海经》"盖古之巫书"试探

袁　珂

一

《山海经》是一部多学科性质的书，虽然只有三万一千多字，但却包罗宏富，除了保存有大量的神话资料以外，还涉及学术领域的各个方面：历史、地理、天文、气象、宗教、民俗、动物、植物、矿物、医药、民族学、人类学、地质学、海洋学等等，被称为是古代人们的生活日用百科全书。正是由于它在正统人士的眼光中看来驳杂不纯，又被浓厚的神怪色彩笼罩着，因此曾经给过去的目录学者造成分类上的困难。《汉书·艺文志》根据刘向、刘歆父子的《七略》把《山海经》列在数术略的形法类，让它和《宫宅地形》、《相人》、《相六畜》等书在一起，迹近巫术迷信。《隋书·经籍志》发现这种分类不妥，因此书多论山川地理，又把它改列在史部的地理类。到《宋史·艺文志》，又改列它在子部的五行类，近乎《汉书·艺文志》的分类，到清代初年纪昀修《四库全书》，又把它改列在子部的小说家类。《提要》述改列的理由云："书中序述山水，多参以神怪。故《道藏》收入太元部竞字号中，究其本旨，实非黄老之言，然道里山川，率难考据。案以耳目所及，百不一真。诸家并以为地理书之冠，亦未为允。核实定名，实则小说之最古者耳。"最后的这种分类，我认为还是比较恰当的。

胡应麟《少室山房笔丛》卷三十二称《山海经》为"古今语怪之祖"，"怪"就是《四库提要》所谓的"神怪"，它的含义约略相当于我们现在所说的神话，《山海经》自然无疑是我国古往今来记述神话故事书籍的鼻祖，所以列之于小说类还是较列之于形法、地理等类为适宜。

此书既然是记述神话的书籍，但何以又涉及学术领域的多方面、具有多学科的性质呢？这，我们就得从神话本身的含义去作更深入的理解。原来原始人的神话观念和我们现代人的神话观念是有差别的。现代人的神话观念大都只是从审美的、文学艺术的角度这方面去理解，而原始人类由于在生产劳动中手和脑的反复运用，促使头脑逐步发展，从物我难分的混沌状态中脱离出来，开始用一种原始思维方式探索世界的奥秘，使所见所闻所思的一切，都带上一层神话（宗教）的色彩。这种原始思维的方式，我们叫它做神话思维。由此而在原始人群中传述的种种带有神话（宗教）色彩的文化历史知识，我们便叫它做"神话"。《山海经》这部书，基本上反映了原始神话的本来面貌，所以它是神话与各种文化历史知识杂糅、具有多学科性质的书籍。

鲁迅先生说《山海经》"盖古之巫书"（《中国小说史略》），又说"巫以记神事"（《汉文学史纲要》），联系到原始时代神话和宗教关系密切的情况看，《山海经》记载了那么多属于宗教、神话方面的事物，"巫书"的推论确实是眼光独到、具有真知灼见的。古代的巫，掌握有丰富的文化历史知识，不能以后世专门从事迷信活动诈骗钱财的端公道士之流衡之，《国语·楚语》记"绝地天通"以前"民神杂糅"情况说："家为巫史"，"巫史"连文，可知在原始时代，是以巫职而兼史职的。而古代"史"的概念，却是相当宽广，"六经皆史"（章学诚语），一切文化历史知识都算在里面，所以鲁迅说《山海经》"盖古之巫书"，是看准了这种情况而发言的，并且一点也没有贬低它的意思。它的写作时代现在已经大致有了定论：就是从战国初年到汉代初年。但是要讲到这部书为什么形成现在的格局，就不能不追源溯流，到神话传说中治理洪水的禹那个时代去。

本来这部书早就相传是禹、益所作（刘秀《上山海经表》、王充《论衡·别通篇》、赵晔《吴越春秋·赵王无余外传》）的了，虽不能使我们相信，但其渊源实当始于此时。啖助《春秋集传纂例》说："古之解说，悉是口传，自汉以来，乃为章句。如《本草》皆后汉时郡国，而题以神农。《山海经》广说殷时，而云夏禹所记。自余书籍，比比甚多。是知三传之义，本皆口传，后之学者，乃著竹帛，而以祖师之目题之。"实际情况就是这样：《山海经》本来是古代巫师的口传而题以夏禹、伯益等的。问题是夏禹是否可当巫师们的"祖师"之称呢？要解答这个问题，有一点线索可以提供我们思考。

扬雄《法言·重黎篇》说"巫步多禹"。注："禹治水土，涉山川，病足而行跛也，而俗巫多效禹步。"《广博物志》卷二十五引《帝王世纪》也说："世传禹病偏枯，步不相过，至今巫称禹步是也。"这两条记述只是说明：禹因治水"病足而行跛"，那种特殊步调被巫师们在作法事时有意识地模仿，称为"禹步"；却没有说明何以这种"禹步"要被巫师们模仿。推想起来，大约因为禹治洪水，涉历山川，知道鬼神情状，所以才模仿"禹病偏枯"的那种特殊步调来禁御鬼神。这是浅一点的认识。如果进一步发掘下去，还可以使我们对禹这个人物有较深的认识。

据《山海经》所记的禹，有"湮洪水，杀相繇（柳）"（《大荒北经》、《海外北经》）、"令竖亥"步行测量大地（《海外东经》）、"布土均定九州"（《海内经》）等行事，俨然是人帝而兼神帝的姿貌，可以不必细说了。值得引起人们注意的，是《墨子·非攻下》所记叙的如下一段半神话性质的故事：

> 昔者三苗大乱，天命殛之。有妖宵出，雨血三朝，龙生于庙，犬哭乎市。夏水，地坼及泉，五谷变化，民乃大振。高阳乃命禹于玄宫。禹亲把天之瑞令，以征有苗。雷电诗振。有神，人面鸟身，若瑾以待，搤矢有苗之祥。苗师大乱，后乃遂几。禹既已克有三苗，焉磨为山川，别物上下，乡制四极，而神民不违，天下乃静。此禹之所以征有苗也。（内十余字与今

本不同，据孙诒让《墨子间诂》校改）

从这段记叙，可以见到禹征有苗，是直接在玄宫奉了天地高阳的旨命，并且还有"人面鸟身"的大神句芒（孙诒让说）作他的辅佐。禹的形象，在这里有点像是巫教主。《墨子间诂》所辑《随巢子》的一段佚文记叙同一事件，把禹巫教主的形象补充得更是显明——

> 昔三苗大乱，天命殛之，夏后受于玄宫。有大神，人面鸟身，降而福之。司禄益食而民不饥，司金益富而国家实，司命益年而民不夭，四方归之。禹乃克三苗，而神民不违，辟土以王。

如果传说中禹本身就是巫师，是巫师的头子——巫师主的话，那么，"巫步多禹"或"巫称禹步"就无烦解释了；作为"巫书"的《山海经》而托之于"祖师"的禹也更容易理解了。原始时代酋长而兼具有巫教主身份的，其实也是常见，并不足异。传说成汤在桑林祷雨，积柴自焚以告天，就是一个酋长而兼巫教主身份的形象。又传说廪君和四姓争神，能乘坐雕花土船而不沉，掷剑岩穴而独悬（《世本》），酋长和巫师兼具一身的形象尤为显著；何况《世本》明说"廪君之先，故出巫诞"，他本身就是一个业巫的世家。这样看来，传说中治水的禹兼有酋长和巫师的职能就在一定程度上可以相信，何况传说禹的儿子启，能乘飞龙三次到天帝那里去作宾客（《归藏·郑母经》，《山海经·大荒西经》）；启的臣子孟涂，"司神于巴"，能凭血衣断案（《山海经·海内南经》）：都具有巫师的形象。禹可能也是业巫的世家。

二

《史记·大宛列传》说："太史公曰：'《禹本纪》言：河出昆仑。其高二千五百余里，日月所相避隐为光明也。其上有醴泉、瑶池。'……《禹本纪》、《山海经》所有怪物，余不敢言之也。"《山海经》这部书见于记载首揭于此。然而又和《禹本纪》同时提到，并说二书"所有怪物，余不敢言之"，这就意味着《禹本纪》大约也是和《山海经》同类性质的书。可惜这书早已亡佚了，《汉书·艺文志》不载，后世类书及书注亦未有征引（王应麟《困学纪闻》云："《三礼义宗》引《禹受地纪》，王逸注《离骚》引《禹大传》，岂即太史公所谓《禹本纪》者欤？"虽是猜测之词，或者也有几分可能），无从知其内容详细。前面所引《大宛列传》太史公述《禹本纪》之言云云，就是它保存下来的唯一佚文，是它的一鳞半爪。从这条佚文可以看出，它仍然是幻想性的神话记述，而不是客观的科学叙写。说它和《山海经》性质相类，当不为过。

《禹本纪》的详细内容虽不可知，但是它的梗概却仍然可以推想，无非是以禹治理洪水为主，叙述他历经山川，见到许多不同寻常的"祯祥变怪之物"，和"绝域之国、殊类之人"（刘秀《上山海经表》语）等等罢了。那么，《吕氏春秋·求人篇》所述的下面一段话，庶几近之：

> 禹东至榑木之地，日出九津青羌之野，攒树之所，㩌天之山，鸟谷青

丘之乡，黑齿之国；南至交阯、孙朴、续樆之国，丹粟漆树、沸水漂漂、九阳之山，羽人裸民之处，不死之乡；西至三危之国，巫山之下，吸露饮气之民，积金之山，其肱一臂三面之乡；北至人正之国，夏海之穷，衡山之上，犬戎之国，夸父之野，禺强之所，积水积石之山：不有懈堕。忧其黔首，颜色黎黑，窍藏不通，步不相过，以求贤人，欲尽地利，至劳也。

《吕氏春秋》是杂采先秦诸书而成的一部书，所谓"杂家者言"是也。它所概略叙述的这一段，虽不一定便是《禹本纪》的全部内容，说它是《禹本纪》内容的主要部分总是可以的吧。文中说禹涉历山川、东南西北直到殊方异域之地，是为了"求贤"，这当然一眼就能看出是古代哲学家用神话传说来证成哲学议论惯用的饰说，实际上主要应该是为了治理洪水。禹治洪水而经历四方各国，这就和《山海经》尤其是《海经》所记的情况非常符合，故太史公以《禹本纪》和《山海经》连言。在旧时学者们的心目中，《山海经》其实就是一部变相的《禹本纪》，是禹、益等人所记自身经历的"夫子自道"。

然而这一类书籍，实际上乃是古代巫师相传下来的书。它是怎样相传下来的，其作用又是怎样的呢？由于文献缺略难征，不容易很具体地说清楚了，只是从《楚辞·招魂》和《大招》中还能约略得到一些探讨这个问题的启示。《招魂》说：

魂兮归来，东方不可以托些。长人千仞，惟魂是索些。十日代出，流金铄石些。雕题、黑齿，得人肉以祀，以其骨为醢些。蝮蛇蓁蓁，封狐千里些。雄虺九首，往来倏忽，吞人以益其心些。……魂兮归来，西方之害，流沙千里些。旋入雷渊，靡散而不可止些。……赤蚁若象，玄蜂若壶些。……其土烂人，求水无所得些。……魂兮归来，北方不可以止些。增冰峨峨，飞雪千里些。……

《大招》的格局略同《招魂》，亦是先陈四方的危害，然后召唤"魂魄归来"，"反"其"故居"。《招魂》或以为是屈原作（司马迁），或以为是宋玉作（王逸）；《大招》或以为是屈原作，或以为景差作（王逸），这都无庸细论了。总之，《招魂》和《大招》这两篇文字从内容到形式，都正像《九歌》那样，是模仿民间宗教活动的祭祀祈禳歌词而来。中国古代原始的多神教并没有特殊的名称，大都以介乎人神之间、既代表神也代表人的巫师活动为其中心内容，如果要勉强名之，只有称为"巫教"才比较合适。然而并无此称，因为它只有神祇的崇拜而没有教义。它总是以巫师为中心而举行各种宗教活动。"招魂"就是民间流传的以巫师为中心的宗教活动之一。它源远流长，从上古一直流传到近代。解放以前不久，四川巫师（端公）还有"打保符"这样的迷信活动。病家患病，请巫师来禳解，就用"打保符"的办法以救治之。内容其实就是"招魂"，将病者离散四方的魂魄招之使回，其病自愈。我幼时尝见端公（巫师）"打保符"，法堂周围悬挂着许多光怪陆离的鬼神图画，端公手拿师刀令牌，站在堂中，一壁舞蹈，一壁便把这些图画的内容唱了出来，既是迷信的宗教活动，也讲述了若干从古及今流传的神话故事，给我的印象很深。《招魂》之作，当即本此。《山海经》尤其是以图画为主的《海经》部分所记的各种神怪异人，大约就是古代巫师招魂之时所述的内容大概。其初或者只是一些图画，图画的解说全靠巫师在作法事时根据祖师传授、自己也临时编凑一些的歌词。歌词自然难免半杂土语方言，而且繁琐，记录为难。但是这些都是古代文化宝贵遗产，有识之士不难知道（屈原、宋玉等人即其例证）。于是有那好事的文人根据巫师歌词的大意将这些图画作了简单的解说，故《海经》的文字中，每有"两手各操一鱼"（《海外南经》）、"右手把算，左手指青丘北"（《海外东经》）、"食人从首始，所食披发"（《海内北经》）、"两手操鸟，方食其头"（《大荒东经》）这类的描述，见得确实是说图之词。《招魂》所写的东方的"长人千仞"就是《海外东经》的"大人国……为人大，坐而削船"；"十日代出"就是同经的"汤谷十日"。所写南方的雕题、黑齿，就是《海内南经》的雕题国和《海外东经》的黑齿国；所写蝮蛇、封狐、雄虺，就是《海内南经》的巴蛇、《海外东经》青丘国的九尾狐和《大荒北经》"九首蛇自身环"的共工臣相繇（一作相柳）；所写西方的赤蚁、玄蜂，就是《海内北经》的朱蛾、大蜂等等。《招魂》所写，纯系文学渲染，名称方位或与《海经》所记错出不同，但所写事物在《海经》里总是能够得到印证的。《大招》略同此，不多赘。这说明《山海经》的《海经》部分和古代"招魂"的巫术活动关系相当密切，当系根据巫师作法时所用图及歌词而成文者。

三

《海经》部分的根据，已如上述，至于《山经》部分，虽然同样和巫术活动有关，但是情况和《海经》又略有不同。最显著的差别，就是《山经》的文字较有条贯系统，不像《海经》尤其是《荒经》部分那样的芜杂凌乱。如果说《山海经》古时也有图（应当是有图的，陶潜诗有"流观山海图"语）的话，我们推想那图画则应当作于文字形成以后。是否像今天的地图那样，却很难说。《中兴书目》云："《山海经图》十卷，本梁张僧繇画，咸平二年校理舒雅重绘为十卷，每卷中先类所画名，凡二百四十七种。"六朝时梁张僧繇，所画以及宋代舒雅重绘的《山海经图》，现在已不可见，其部分可能还保存在明刊本《山海经图》和清初吴任臣《山海经广注》插图中。从现在的《山海经》插图看，确实是分门别类，如《中兴书目》所说张舒二人绘画的格局，晋时郭璞和陶潜所见的《山海经图》情况是怎样已不能详知，但从《山海经》郭璞注看："图亦作牛形"（《南山经》注）、"亦在畏兽画中"（《西次四经》注）：知那时《山海经》的插图，《山经》和《海经》一样，基本上仍是分门别类的插图，和现在所见插图的格局相差不大。张僧繇等所绘，想必也是本此古图。但所谓"古图"也只是晋时所传图，更古的图画情况又是怎样呢？那就更不清楚了，只好再来推测一下。郝懿行《山海经笺疏序》说："然郭所见图，即已非古，古图当有山川道里。今考郭所标出，但有畏兽仙人，而于山川脉络，即不能案图会意，是知郭亦未见古图也。""郭亦未见古图"，情况正是如此。

但郝说"古图当有山川道里"，也只是本于《周礼·地官》"大司徒之职，掌建邦之土地之图"、《夏官》"职方氏掌天下之图"推论得之。姑不论《周礼》可信的程度如何（不少学者认为系经汉儒伪窜），而《山海经》多杂神怪之言，实可信为"古之巫书"自不得和周朝政府机关所掌的"建邦土地之图"或"天下之图"相比。故古《山海经图》"但有畏兽仙人"，而无"山川脉络"，在很大程度上仍是有此可能的。因为《山海经》所侧重的仍是在于描述幻想中的神怪，并不在于求实地叙写山川脉络，故古图无山川脉络的摹绘，也自在情理中，并无足异。

那么《山海经》尤其是《山经》部分所据以成书的材料又取自何所呢？这就不能不涉及关于禹铸九鼎的神话传说。《汉书·郊祀志》说：

> 禹收九牧之金，铸九鼎，象九州。皆尝鬺亨上帝鬼神。

《左传·宣公三年》说：

> 昔夏之方有德也，远方图物，贡金九牧，铸鼎象物，百物而为之备，
> 使民知神奸；故民入川泽山林，不逢不若，螭魅罔两，莫能逢之。用能协
> 于上下、以承天休。

二书记叙的都是一回事，而《左传》时间较早。所引《左传》前四句杜预注云："禹之世。图画山川奇异之物而献之。使九州之牧贡金。象所图之物著之于鼎。"这就说得很是明白了：原来是"九州之牧"先叫人图画了"山川奇异之物"，随着所贡的"金"奉献给禹，禹再叫人把所画的这些奇物铸造在九鼎上。九鼎"象九州"，每一鼎所镂刻的奇物都是该州预先搜集绘画下来的。这和《山海经》所记的五方名山飞走异物及神怪事物的情景极相仿佛。禹铸九鼎的传说可能属于幻想的虚构，但《左传》所记周王朝保存有九鼎应该是事实，其上镂刻的"百物"也应当是有目共睹的，故周鼎所著图像部分为《山经》取材当亦并不排斥。《山经》虽可能部分依据九鼎图像，却自成体系，不是说图之文，这一点与《海经》有别。前代学者如毕沅、郝懿行等把《山海经》的成书和禹铸九鼎的神话传说联系起来作了若干推论，这是可以理解并值得赞赏的。不足的是他们所说的稍嫌笼统，没有细致区分罢了。

现在把《山海经》两部分略加区分，说《山经》主要本于九鼎图像，《海经》主要本于"招魂"图像，似乎更具体切实一些。九鼎的作用，一是在奉享"上帝鬼神"，一是在"使民知神奸，不逢不若"；二者都与巫事活动有关，而后者尤为重要，它关系到巫事活动中的法术禁御。而"招魂"本身就是巫术活动。九鼎的传说和"招魂"的巫术活动，又都联系到禹治洪水涉历山川、行经殊方异域这类传说。而传说中的禹本人，神性中又颇有巫的气味。因而，题以"祖师之目"、传为禹作的《山海经》，鲁迅先生谓为"古之巫书"，诚为巨眼卓识。

本文原载《社会科学研究》1985 年第 6 期；现据《袁珂神话论集》（四川大学出版社 1996 年版）一书选刊。

关于阿昌族神话史诗的报告

兰　克

兰克，笔名阿南，云南彝族。20 世纪 70—80 年代在云南民族学院任教期间，曾在云南金沙江、澜沧江、怒江流域一带做过民间文学调查。他参加记录整理的阿昌族神话史诗《遮帕麻和遮米麻》（云南人民出版社 1983 年版）在国内外产生过影响。神话方面的论文有《关于阿昌族神话史诗的报告》（1985）、《原始的宗教和神话》（1983）、《从创世神话的社会作用看神话的本质特征》（1986）等。

1983 年 1 月，阿昌族的创世神话史诗《遮帕麻和遮米麻》由云南人民出版社正式出版了。阿昌人民如同欢庆丰收、喜度佳节一样地庆祝他们公开出版的第一本民间文学作品。

由于这部民间创世史诗含有许多方面的科学价值，而引起国内外有关学者的关注。日本学者专门著文介绍和研究，国内的一些民族学、历史学、哲学、美学和民间文艺研究者，纷纷来人来函，索要和创世史诗有关的材料。为帮助人们理解和研究这部史诗，在此公布阿昌族创世史诗的调查报告。

此项调查分为前后两个阶段，前一阶段的调查工作，主要是杨智辉同志负责进行，后一阶段是笔者负责调查的。

一、神话史诗的发现

1979 年初，中国社会科学院决定编写全国 55 个少数民族文学的《中国少数民族文学》(此书分上、中、下三部，已由湖南人民出版社出版)，云南民族学院接受了编写阿昌族文学概况的任务，可是查遍全国的文艺刊物，既无阿昌族的作家文学，也不见阿昌族的民间文学作品，编写文学概况只有从田野作业开始。

阿昌族的先民很早就居住在滇西北的金沙江、澜沧江和怒江流域。后来一部分迁至怒江西岸，即古代称作"寻传"的地区，再逐渐南移，约于公元 13 世纪定居于现陇川县的户撒坝子；另一部分沿云龙、保山、腾冲迁移，最后定居于梁河县内。

阿昌族属汉藏语系藏缅语族，有梁河、户撒两种方言。由于长期和汉、傣、景颇等民族有密切的联系和交往，故阿昌语言的部分词汇吸收了上述各民族语言的成分。

阿昌族没有自己的文字，丰富的口头文学靠口耳相传。由于生活的急剧变化，外来文化的强烈冲击，人为的摧残，阿昌族的传统文化有失传的危险。40岁以下的阿昌人几乎完全听不懂阿昌语，对本民族重要的文学作品或者不知，或者只知篇名、大概。唯有70岁左右的老人通晓阿昌语，靠记忆保存着大量的传统作品。而这样的老人为数极少，著名歌手、故事讲述家，更是万中寻一。

解放后，各民族在政治上翻了身，平等了，这虽然是翻天覆地的变化，但是在文化的发展上，确乎还存在着不平衡的状况。阿昌人民在自己的民族自尊心上，感到有一种压力。他们知道我们是来收集他们的文学作品，为他们编写文学概况时，感伤地说："解放30年了，我们的文化还是一张白纸，至今，银幕上没有阿昌人的形象，广播里没有阿昌人的声音，舞台上没有阿昌人的音乐，作品里没有阿昌人的生活。这就是事实上的不平等。"听到这样的述说，作为民间文学工作者，我们感到痛心。

1979年8月，为了进行一次集中调查，梁河县委和县文化馆把全县著名的阿昌族歌手召到县城。我们和歌手吃住在一起，促膝交谈，消除隔阂，解除顾虑，感情很快融合了，大多数歌手都尽情地演唱，我们收集到了一批小型作品，并初步摸清了阿昌族文学的基本情况。在歌手中，唯有赵安贤表现不一样，他独自缩在屋角里，埋头裹烟卷，不声不响。只在碰到民歌中一些难以理解的古语词或故事中有争议的情节时，他才插入几句解释的话，话虽不多，疑难却豁然顿解。从他的举止判断，他确实是一位民间文学的行家里手，但无论怎么请求，他总是婉言谢绝，我们在他身上一无所获。

几天后，歌手们都回家了，我们又深入到村寨里，登门拜访两位未到会的老歌手。听说他俩是原始宗教的巫师（阿昌语称和袍），他们的领导不来。这两位歌手一个叫曹昌润，另一个叫梁本贤。我们下乡前，县委先电话通知了所在公社，说明是省调查组要找曹、梁两位歌手。但是，当我们到公社时，书记、主任、支书、文书，大大小小的干部好几个，早在等候我们了，唯独不见歌手的踪影，原因是要维护几次"革命"的成果。陪同我们前往的县革委副主任发火了，他亲自到农田里把歌手请来。这两位裤腿高卷、满身泥浆的老人看到满屋的干部，误以为又要开批判会了，低着头，小心翼翼地坐到一旁。几经解释，才消除了恐惧，缓和了气氛。曹昌润沉静片刻之后，终于开口唱了。一开口便滔滔不绝，一口气唱满了四盘录音磁带。在这里，我们收集到了阿昌族史诗《遮帕麻和遮米麻》的第一个唱本，无意之中，曹昌润告诉我们一个秘密：我们都是师傅带出来的阳传巫师，天公地母的故事我们唱不全。赵安贤才是大和袍，他是神授的阴传巫师。他唱的和袍调最有名，《遮帕麻和遮米麻》也只有他唱得最全。这对于我们来说，真是一个天大的秘密。

于是，我们步行30里，爬上位于梁河东山山腰的遮岛公社丙盖大队曹家寨生产队，赵安贤的家就在这里。我们与他朝夕相处，同行同止，他干什么活我们都帮上一把。我们了解到，在几次极左的政治运动中，他吃尽了苦头，遭够了罪。"文革"间，他不但皮肉受苦，而且大字报糊满了家门，使他有家不能回。他的经验是：只要城里来工作队，总要把他放到地、富分子堆里去"横扫"。他的心里是严寒，需要吹进春风。因此，我们先不提请他唱史诗的事，而是和他交朋友，向他宣传党的现行政策。一个星期之后，老歌手心中的冰雪渐渐融化了，我们之间的感情慢慢疏通了。老歌手发自心底地说："我们有人缘，而且有天缘，要我唱什么，你们就说吧！"当我们提出请他唱史诗《遮帕麻与遮米麻》时，老歌手要求我们给他留下一个证明，他说："你们是我信得过的汉家朋友，但你们是水，我是石头，将来你们流走了，不知又会淌来什么样的水。"我们完全理解老歌手的心情，当即赶回梁河县，给老歌手办个加盖了公章的证明。他如同当年收藏地契一样保存好这一张允许他歌唱自己民族史诗的证明。然后，他神情庄重地对我们说："《遮帕麻和遮米麻》是我们阿昌的'经文'（原始宗教巫师祭祀时的祷词），要请示天公遮帕麻，得到允许才能唱。"作为民俗和民间文艺的工作者，我们不应该限制那些既无害于本民族，又不超越国家法律规范的传统民风民俗，因为我们的目的是为了研究它。因此，我们完全同意赵安贤用传统的规矩演唱史诗。

1979 年 9 月 3 日，社员们都出工了。赵安贤用陶罐打来山泉水，焚香净手，在祖宗祭坛上点燃两盏香油灯，烧着了纸钱。他双目微闭，口中念念有词，开始祈祷。随行的翻译告诉我们，祷词的大概内容是：天公啊，地母啊，我好久没有给族人们唱你们造天织地的故事了，但我每天都在心里默念。今天，我要在不是死人，也不是祭祀的时候，向两个信得过的外族人唱你们的故事，希望你们不要怪罪我。祷告完毕，只见他深深地打了个哈欠，顿时，脸色煞白，精神一下子萎顿下来，好像大病初愈一般。他站立起来，用一白瓷茶盅盛上清水，奉献在神祖牌位的前面。接着，他拿出一根用植物麻丝做成的，象征着天公造天时使用的赶山鞭，横放在胸前，开始唱史诗了。虽然他的声调抑扬顿挫，但构成整部史诗的情调，则是严肃庄重的。创世史诗的基本情节分四部十二折。

第一部叙述天公地母在混沌中造天织地传人种。天公遮帕麻腰系赶山鞭，捏金沙银沙为日月，扯下乳房做山，甩鞭播下繁星，吐气为云，流汗作雨；地母遮米麻以喉结当梭，拔脸毛织地，滴血为江河湖海。天地造成织就，天公地母结合，生下一颗葫芦籽，葫芦籽发芽、开花、结果，九种民族从一个葫芦里出来。

第二部叙述洪荒。遮米麻补天，遮帕麻筑南天门制服洪水。

第三部叙述妖魔腊訇作乱，造假太阳使人间奇旱，地母请回天公镇压妖魔。

第四部叙述遮帕麻以咒语和巫术智伏妖魔，挽弓射日，重整天地。

至此，我们终于收集到了长达数千行的阿昌族创世史诗《遮帕麻和遮米麻》的完整唱本，并把它录制下来了。

过了一年，1980 年 5 月，我们考虑到老歌手十几年未唱史诗，怕他记忆不全而造成遗漏，又重访赵安贤。非常有意思的是，我们刚进门，他就急不可待地说："早就盼着你们来，上次唱漏了几个地方。"他又把全诗唱了一遍。为了提醒我们注意，他把上次唱漏的地方单独补唱，这样，史诗就更加完整和连贯了。赵安贤的唱本就是我们后来出版的汉语整理本。

二、史诗的翻译和整理

在前后两次田野调查中，我们共收集到两部诗体异本，一部长篇散文体神话记录本和一些与史诗有关的神话、传说片断材料。我们首先把这些材料的录音作了标音记录，县委指派一位具有相当汉文学水平，又通晓阿昌语言的中学语文教师（阿昌族）给我们做翻译，我们请他按标音记录的每个音节做汉语直译。而后，我们又根据直译稿进行意译。经过比较研究，确定按赵安贤的唱本进行整理。在整理过程中，碰到了不少问题。

美国诗人罗伯特·弗洛斯特曾经给诗歌下过一个定义："诗歌是在翻译中失掉的东西。"他强调诗的语言有不可改易一字的独特性。他的这个定义，同样适用于民歌和史诗。民间故事、传说，改动一二字，甚至改变叙述的方式，所讲的故事不一定就面目全非，而民间诗歌则不然。阿昌族没有文字，按照录音直译的汉语稿子，简直不堪卒读。但是，我们带着赵安贤的录音走村串寨，每到一处，就给那里的群众播放，反响之大，完全出乎我们的意料。在勐科大队，群众听录音，简直忘了吃饭和睡觉，大人小孩把大队部围得水泄不通，一直听到下夜三点钟，仍然舍不得离开。还是陪同我们的县革委领导亲自出马，说服动员，才把群众劝说回去。一部史诗以本民族语言形式出现时，有如此大的吸引力，而逐个音节地对译成汉语后，却又那么乏味，这说明，要借助于他民族的语言文字介绍和推广民族民间诗歌，适当地整理是必要的。其实，严格地说来，我们不是整理，而是翻译。因为我们使用的原则是严复所倡导的信、达、雅的翻译准绳。翻译或整理，首要的是对原文的忠实，即忠实于原文的意义和基本表达形式。这种忠实决不是"字译"，我们翻译的单位是诗句、诗节。其次是汉语的译文要通顺，能表达原作的意义。第三是依据原诗的格调、韵律，在翻译和整理时，用相应的汉语诗句来表达。有时四句一节的原诗，用对应的四句汉语诗句能完整叙述，可很多地方，却不是这么对称的，有的原作四句一节的诗，用两句汉语诗句就表达尽了；而有的两句原作诗句，却需要六句，甚至八句汉语诗句才能叙述清楚。

在翻译整理中，最难的莫过于保留鲜明的民族特色、结构形式和语言风格。史诗《遮帕麻和遮米麻》，世世代代口头创作。口头流传，形成了适合口耳相传的特殊结构形式，这就是结构上的匀称和复沓手法的运用。比如："遮帕麻造天"与"遮米麻织地"两节，结构上基本相似，都是天地相对，四天四海相对。东西南北相对，天神海神相对……，诗虽分为两节，但句中变换的词语并不多，这给记忆带来了极大的方便。只要记住第一节诗，无需花费太大工夫，便把第二节诗也记住了。除了章节之间的对称诗句外，在一节诗的内部，也采用双线平行，诗句两两相对的办法，来推动情节的发展。在诗段之间，每段中的文句完全相同，只是变换神名而已。例如：遮米麻造东、西、南、北、大地和大海的十二段诗。开头的两段"遮米麻拔下右腮的毛，织出了东边的大地。东边的地像清水一样清清洁洁，东边的地像泉水一样清澄见底。遮米麻的右腮流下了鲜血，淹没了东边的大地；东边出现了一片汪洋，化成东海无边无际。"以后的十段，只把前两段的"右"变成"左"，"上"变成"下"，"东"变成"西"、"南"、"北"，其他完全重复。这种原始式的重复看来似乎啰唆，但读起来另有一番风味，是口头文学所独具的天真可爱的复沓。因为这是一种耳朵听的文学，而不是眼睛看的文学。史诗的这些特点我们已经注意到了，并力图在整理稿中表现出来。

另外，赵安贤演唱的史诗的句子结构相当整齐，节奏感很强。例如第一部第二折"遮米麻织地"的开头四句，阿昌语读音：

zhēpù	yehe	māliē	yehe	túogúoga		
zhēmi	yehe	māliē	yehe	túogúoga		
mōngse	yehe	lātiao	yehe	góngke	yehe	sénéiga
zhidang	yehe	shùgā	yehe	ségúogo		

汉语译音为：

遮帕（也嘿）麻（唎）（也嘿）托各（嘎）

遮米（也嘿）麻（唎）（也嘿）托各（嘎）

蒙赊（也嘿）拉挑（也嘿）公克（也嘿）色内（嘎）

知当（也嘿）书嘎（也嘿）色谷（嘎）

汉语意译：

遮帕麻已经出生，

遮米麻已经降临，

她在手掌里织就了大地，

饮水思源，不要忘记了他们。

这是比较典型的四句诗。第一、二、四句为标准的"也嘿"词句式，由十一个音节构成，念唱时形成三个自然节拍群，每一个节拍群的音节分配是"4—4—3—"，其间，"也嘿"出现两次，有音无意，在句中起间隔和协调作用，每句结尾均以"嘎"收尾，这个音节也有音无意，只起入韵之作用。句子中有实在意义的，仅是每个节拍群中的前两个音节。也就是说，一个诗句中，只有六个音节具有实在意义，它们均匀地分配在三个节拍群中，构成了"2—2—2—"的结构。

第三句是一个例外句型，在史诗中仅仅是偶尔出现，它的不同，只不过是多出一个节拍群。

在阿昌语中，单音节词占了绝对优势，这便形成了它构词零件小，易装易拆，容易组成结构整齐的句子，从而形成了这部史诗句式极其整齐的突出特征。故此，在用汉语进行翻译和整理时，主要采用五、七言诗的句式，这样既能保持原诗句十一、十三奇数音节的结构，又与汉族民歌多用五、七言诗句的习惯相吻合。

作为一部创世纪的神话史诗，它世代相承源远流长。我们现在所看到的阿昌族创世史诗决不是原生态的史诗，它产生之后，已经经过了一个漫长的历史过程，它所经历的各种形态的社会生活，都给它投上历史的影子，堆上时代的积层。这种在创造的过程中流传，在流传的过程中创造的特点，是符合民间口头文学的发展规律的。由此也就造成了史诗所特有的复杂性，它构成一个民族早期历史的形象的缩影，阿昌族人民把这部史诗称作"我们的根谱"或"历史的歌"。我们在翻译整理中，对史诗由此而产生的复杂性和矛盾现象，持极慎重的态度，不妄加更动和解释。但是，对原诗中一些明显违反时代特征的个别诗句，经过认真地分析和鉴别，作了删除。如《遮帕麻造天》一节中，对遮帕麻作了这样的描绘：

> 遮帕麻头戴尖顶钢铁帽，
>
> 身穿一件钢外套，
>
> 脚踩钢鞋子，
>
> 手戴铁手套，
>
> 左手夹太阳，
>
> 右手夹月亮
>
> ……

"钢铁"的出现，明显地是近、当代歌手为了突出遮帕麻的形象而加上去的，它与整部史诗古朴庄严的格调不协调，我们把它舍去了，只保留在录音带和资料本里。

从调查到整理出汉语本，耗费了我们一年多的时间。其间，为使汉语本能更好地体现原诗的面貌，曾数易其稿。初稿出来后，我们又带着它，跋山涉水，回到阿昌族人民中间，广泛地征求当地的歌手、群众、干部以及梁河县文化宣传部门的意见，在当地修改和补充，直到他们认可才定稿。出版社还未出书，梁河县的阿昌人就把它油印成册，广为散发。他们说，这就是我们将来定型的唱本，我们要选最好的歌手来传唱，我们不再担心它会失传了。

1980年，我国著名的民间文艺学家钟敬文教授来昆明讲学，我们请他审看创世史诗的整理稿，他充分肯定我们的工作，并给予具体的指导，要我们做一次与创世史诗有关的社会历史、风俗习惯和宗教信仰的专题调查。同年，我们重返阿昌山寨，做这样的专题调查。

三、阴传诗人

在梁河县阿昌族中，保留着一种原始的观念，认为巫师有两种，一种是历代相传，由老巫师传授巫术的巫师，这种传授方法叫"假传"或"阳传"；另一种是由神在梦中或患病中传授巫术的巫师，这种传授方式被称作"真传"或"阴传"。前者称"阳传巫师"，后者称"阴传巫师"。如果巫师又兼歌手，他们又被区分为"阳传歌手"和"阴传歌手"。阴传者受到更多的信赖和崇敬。创世史诗《遮帕麻和遮米麻》的演唱者赵安贤，就是一位有名的阴传巫师和歌手。

赵安贤做巫师和歌手，并没有师傅传授给他。他本人告诉我们，在他21岁的时候，他患了一场大病，骤冷骤热，每天下午便昏迷不醒，冥冥之中，他飞到了天上，与各种妖魔鬼怪进行过艰苦的搏斗，最后见到了创世的大神，人类的祖先遮帕麻和遮米麻，他们传授给他巫术，教他诵经，告诉他造天织地的故事。十几天后，他不治痊愈，从此就能诵经主持祭祀，用巫术驱鬼治病，并能独到完整地演唱创世史诗，讲述神话故事。村里和他同辈的老人，以及他的家属也证实，确有此事。还说，在他患病昏迷时，口中不停地喃喃哝哝，其声音与他后来诵经唱诗的腔调完全一样。

这种"阴传"巫师和诗人，在云南不仅阿昌族有，哈尼、景颇、纳西等民族都有这种实例。我们不认为这种现象仅仅只是一种"宗教的骗术"，它是一种复杂的现象，是一种值得探讨的原始宗教的特殊功能。

在阿昌族中，著名的歌手、故事讲述家，往往都是原始宗教的巫师。不仅如此，他们还是本民族的医生、能人和智者。同时，他们又是自食其力的劳动者。据说在古代，他们也是本民族的头人和氏族长。赵安贤就是这类人物的典型代表。他是方圆几十里内著名的大和袍（巫师），族人中大型的葬礼、祭祀，都必须请他主持；只有他能唱全史诗《遮帕麻和遮米麻》，能讲述众多的阿昌族的神话故事；而且，他又是远近闻名的巫医，尤其擅长接骨。我们住在他家里调查时，亲眼见他治好一位手臂骨折的病人。他治病，先施行巫术，而后把法力注入草药，或吃或敷。我以为能接骨的是草药，他说完全是巫术的功能。他具有惊人的记忆能力和口头创作才能。他这种超群的才能，却被族人误以为是鬼使神差，说他是能通鬼神的人。然而，赵安贤老人的真正本职是一个自食其力的劳动者，无论是解放前后，他都是一个善于耪庄稼的山村农民。作为巫师，为他人驱鬼治病、迎神祭祖时，也得到一些馈赠，但往往只是象征性的。土改、四清、清队，一次又一次地核算他的"剥削"收入及家产，最后也只划了个下中农。

阿昌族民间歌手还可作另外两种类型的划分：一种是忠实的保存和传播者，这类歌手主要是从老歌手、巫师那里学习传统的民族民间文学作品，靠记忆的能力保存和传播这些作品，在传播中，他们很少加工和修改。赵大厚、梁本贤就属于这一类歌手。另一种歌手是创造型的歌手，他们从先辈那里学习到传统的内容和表现形式，在演唱和讲述的过程中，根据时间、地点和对象，不断地增添和完善所演唱和讲述的民间文学作品，而且，这类歌手往往是一个民族的口头文学的集大成者，他们能够把历代传袭下来的作品和当代群众集体创作的短小作品熔铸成鸿篇巨制。创世史诗、英雄史诗和其他民间长诗，就是这类歌手的伟绩。赵安贤就是阿昌族的创造型的歌手。《遮帕麻和遮米麻》在阿昌族中已经是家喻户晓的作品，但一般人只能说个大概，或讲述构成史诗的个别神话情节，唯有赵安贤能够通晓全部，并在族人参加的大型宗教活动中演唱。当然，这一部创世史诗，不是赵安贤初创，但可以肯定，它是和赵安贤同类的早期的歌手创作的，传至赵安贤就更加完善、系统和定型了。如果没有赵安贤的出现和还活着，这部完整的史诗也许就失传了。

比较阿昌族两类歌手演唱和讲述的作品，前一类歌手仅只是靠机械的记忆来保存和传播口头文学作品，这些作品虽然原始而古朴，但往往是零星断片。后一类歌手演唱和讲述的作品，由于歌手是采用记忆能力和创作才能相结合的传播方式，因此，他们的口头文学作品是系统和完善的，是集大成者。

由阿昌族这一文化现象，是否可以做这样的设想：一个民族没有产生集大成的史诗和叙事诗，除了其他原因之外，没有出现集大成的创造型的歌手，是一个极其重要的因素。而这种创造型歌手，在原始民族里，大多数是歌巫合一，或是"阴传诗人"。后来，随着社会的不断发展，社会分工的日趋复杂，这一类歌手的宗教的职能逐渐地减弱和消失，突出的作用是口头文学的保存和传播。

四、神话史诗与原始信仰

经过历史上的大迁徙，现在百分之九十以上的阿昌人聚居在梁河县和陇川县的户腊撒两个地区。但是，神话史诗《遮帕麻和遮米麻》在梁河县的阿昌族中广为流传，而在陇川县的户腊撒阿昌族中唯有个别老人记得篇名或神名，对神话史诗的具体内容却毫无所知。这是为什么呢？

梁河县丙盖大队是阿昌族的主要集居地，它距离县城 30 里，是高黎贡山余脉，属半山区，南有囊公河，北有户赛河，其间山沟河谷纵横，至今交通不便，这里的阿昌人主要操阿昌语和汉语，近来，只有 70 岁左右的老人讲纯阿昌语。村寨是以血缘联系的共同体，一个村寨一般都是一个姓氏或族系，实行民族内婚一夫一妻制。他们以农业为主，水稻是主要经济作物。解放前，这里占主导地位的是外族（傣、汉）土司统治的封建领主经济，但是，在阿昌族社会内部，仍然残存着农村公社及村社议事会的组织形式。清光绪年间，地租和债利才开始流行。随着地主经济的发展，阿昌族的族长迅速成了行政的头人，保、甲长和乡老的三位一体。政治经济制度的激烈变化，他民族的辖制，很快就改变了阿昌族的原始农业经济。但这种经济变革的历史还不太长，比较稳固的生活习俗、宗教信仰仍在新的政治经济制度中顽强地生存着。汉文化已经被强制推行，但在民间，阿昌人还只是把它当作本民族传统文化的一种补充。附近傣族地区信奉的小乘佛教已经传入，但信仰者寥寥无几，族人中仍然笃信"万物有灵"和"祖先崇拜"的原始宗教。创世史诗《遮帕麻和遮米麻》就是原始宗教巫师在族人参加的大型宗教活动中的念词。

丙盖大队所属的几个阿昌族山寨，阿昌人都认为万物皆有鬼魂，诸如太阳鬼、月亮鬼、藤子鬼、树叶鬼、水鬼、石头鬼、山鬼……，凡所能见到和听到的事物、现象都有鬼魂。鬼神有善恶之分，善者能保护人，赐福人类，如"榜"、"谷期"、"土地神"、"山鬼"、"猪神"等，但有时得罪了善神，它也会咬人。恶鬼如"毛虫鬼"、"饿死鬼"、"棒头鬼"等。每一种鬼神都有一则解释性的神话，这一则神话是巫师在祈求善神或驱赶恶鬼时的一折念词。下面仅举有关史诗的几例：

"榜"（阿昌语，意为财神）是每家都供奉的善神，以一根竹棒和一棵包谷秆为象征物，供于祖灵之旁。其神话为：从前有一老妇人，她有一个儿子待她不好，老妇人离子出走，到另一个地方与别家的儿子同住，该人待她甚孝，从此家境日渐好转，而老妇的亲儿子的家境则完全败落。亲儿子找到母亲，再三请她回去，但老人已不愿回去了，仅把自己的手杖给儿子。儿子回家后，把手杖供奉起来，从此，家道中兴。阿昌人也就有了供"榜"的风俗。

"谷期"（阿昌语，意为谷魂），据说是一个守谷仓的瞎眼老妇人死后变成的，以一个小竹篮为标志，里面放一个鸡蛋和一些玉米，供奉在谷仓里。

"地母"是最大的善神，是人类的第一个老始祖母，大地是她织的，江河是她流血变的，人类是她和"天公"繁衍的。地母就是遮米麻。她被供奉在大青树下，祭祀时不能动土，不能舂米。

"天神"又称"天公"，亦称遮帕麻，也是最大的善神。神话为：原来没有天，天是天公造的，人类是他和遮米麻生的，他是保护阿昌族的大神。"棒头鬼"咬人时，请巫师驱赶，要祭"天神"。

"棒头鬼"是最大的恶鬼，阿昌语叫"康"。神话为：此鬼是遮帕麻和遮米麻开天辟地时的反王，名叫"腊訇"，也叫绿鸭老仙，他曾造了一个假太阳挂在天上，不会升也不会降，造成大地干旱，世界混乱，后来被遮帕麻收服了。祭祀时，要给一只鸭子或一个鸭蛋，并做一根木棒，上画土蜂、竹子、树、麂子、马鹿等，与另一小木棒摆成丁字形，请巫师念经，咒语为："你永世不能回家，要回来除非石头开花，公鸡下蛋，公牛下犊。"阿昌人对此鬼深恶痛绝。

另外，在阿昌族的观念中，认为祖先的灵魂有极大的作用，它们既能造福于子孙，也能祸害于家人。因此，对先辈的丧葬极为隆重，祭祖非常虔诚。

阿昌人认为，人有三个魂，人死后，一个魂要送到坟上，一个魂要送到祖先那里，一个魂要供在家里。人一死，即通报族人，请巫师来家里念经送魂，他们认为，只有巫师能把死者的三个魂作应有的安排。送魂前，巫师要念一天一夜的经，经文的内容主要包括两大部分，先念天公遮帕麻和地母遮米麻开天辟地，创造万物，繁衍人类的经过，即念创世史诗《遮帕麻与遮米麻》；接着念祖先迁徙的历史。前一部分是告诉亡魂和听众，自己是怎样产生的，祖先是谁，第二部分是向亡魂讲述祖灵在什么地方，要沿着什么路线到达祖灵那里。巫师在最后的念词中指引死者："有海的路是傈僳族的路，有文章纸墨的路是汉人的路，有红口水的路是傣族的路（傣族喜欢嚼槟榔，故称有红口水的路），有箭和弩的路是景颇的路，这些路都不能走，要直往阿昌祖先那里的路前进。一个群体，或者一个家庭中的成员死了，对于他们来说，无疑是一个严重的打击。丧葬和在葬礼上演唱史诗就是要给死者的灵魂指明去向，让活人明白，所谓死只是离开他们去神祖统领的另一块地方生活。通过这种手段，使死者和活人各有所安，并在其间架起一座桥梁。

阿昌族又分祖先的鬼魂为"大家鬼"和"小家鬼"，阿昌语称"大家鬼"为"阿靠玛"，"小家鬼"称为"阿靠炸"。关于"大家鬼"和"小家鬼"的区分及来历说法不一。祭祀"大家鬼"比祭祀"小家鬼"的仪式要复杂和隆重,花费也大,故往往是族人中较富裕的人家才能主祭。同一部族的全体成员都参加祭祀活动,请最大的巫师来主持祭祀和念经。祭祀"大家鬼"的仪式是:扎一男一女两个纸人,他们代表祖先的亡灵。祭祀开始,巫师用两根白线,将一根白线的一端系于牛耳,一端系于男纸人手中;另一根白线的一端系猪耳上,一端系于女纸人手中。然后巫师就对"大家鬼"说:"你们要的猪和牛,你们的子孙已经准备好了,请收下吧!"念完之后,就将猪和牛放在院子里宰杀,然后取猪和牛身体上各部分的一块肉,合在一起做成菜,放在家堂的供台上。同时,巫师念一天一夜的经,念词为全篇创世史诗《遮帕麻和遮米麻》。其目的除了祈求神祖的保佑外,主要是通过演唱史诗,使全体族员都明白了,他们是同一始祖的后代,以此来维系和稳固内部的团结,并以祖训的方式法定"同姓不婚,氏族外婚制"以及其他禁忌和习惯法。

调查中,阴传诗人、巫师赵安贤告诉我们,过去,史诗仅在上述两种祭祀仪式上才能念诵,平时是不能随便讲的。史诗中造天织地的遮帕麻和遮米麻,是民间信奉的两个最大的善神;史诗中的反王腊訇则是最大的恶神,此种心理至今不变。

在阿昌族语言中,没有"宗教观念"或"神话史诗"一词。他们把原始宗教观念和神话统称为"万物的道理",把口传的创世史诗称作"阿公阿祖的历史","老辈子的人走过的路"。"万物有灵"观念是他们无数代人沿袭下来的世界观,是他们对自然界和社会的总的理论,是一种既单一而又包罗万象的纲领。它贯穿于阿昌族一切原始文化之中,创世史诗也不例外。史诗中所提到的太阳、月亮、风、雨、雷、电、山、河、草、木、猪、狗、鱼、虾,甚至连苍蝇、老鼠,无不像人一样有喜怒哀乐,有灵魂。

当然,阿昌族的万物有鬼魂观念的产生,要比史诗出现的时代久远得多。这种早已成为一种传统,至今还在起着作用的宗教风俗,族人一般都不记得它的产生和发展。但今天仍然可以调查到产生鬼魂观念的某些踪迹。我们曾经询问过一些老年人,是否看见过鬼神。他们回答说:"在梦中常能见到。"他们认为,人在做梦时,肉体并没有离开床板,到另外一个世界里去活动的,不是原来的肉体,而是离开了肉体的灵魂。人做梦是鬼魂暂时离开了肉体,而死亡是鬼魂永远离开了人体的结果。因此,至今还有少数人把梦看得非常神圣,把梦中所见信以为真。这种观念在史诗里得到了最充分的反映。在创世史诗里,描绘神们的大战,既不是剑拔弩张,也不见刀光剑影,而是比梦,比咒语,比梦中的显灵,比巫术的灵验。这种妄想用梦中的神灵和巫术去抵抗和消灭敌对力量的方法,无疑是阿昌人原始信仰的真实写照。

这是我们在丙盖大队调查得到的有关创世史诗和原始信仰之关系的材料。而当我们到阿昌族的另一个聚居地——户腊撒进行调查的时候,获得的材料不一样。

户腊撒距离瑞丽县城 180 里,西连盈江县,南接缅甸,东西两条山脉由坝头分支,其间形成一个如船形的天然平坝。境内东西南北均有马路车道通行,交通极为便利。盛产稻米,手工业比较发达,阿昌人打的"户撒刀"远销缅甸、泰国。阿昌村寨普遍有汉、傣、回和傈僳族杂居其间。村寨是以地缘联系的共同体。像梁河阿昌山寨那样的以血缘联系的共同体仅存有一些痕迹。同族异姓、异族异姓已经杂居在一起。婚配关系突破了本民族界限，严禁同姓通婚。民间关于婚姻关系有这样几句话："表姐表妹表成对，姨姊姨妹姨成双；侄女跟着孃孃走，只准淌出不准淌进。"有个别寨子就是阿昌族和汉族、傣族长期的互相通婚融合成的。

根据调查，阿昌族迁来户腊撒时，这里长满了芭蕉和楠木森林。各寨的传说均有一段时间以种植旱地为主，无赋税和杂派，土地归村社公有，村社首领称"作借"（"作"是儿子，"借"是"好"之意），就是说那是一个公推有才能的"好儿子"做首领的原始农村公社。"作借"的主要任务是组织生产，主持祭寨神"色曼"，这种农村原始公社一直延续到明朝。到明洪武年间，沐英以征麓川之役，将户腊撒占为自己的"勋庄"，用封建体制改造原来的村社组织，对村社首领加以委任，使其为"沐庄"缴纳赋税，打破了原始农村公社制度，原始公社迅速地过渡到封建社会。清朝初年，吴三桂南征时，以该地地势险要，又是交通要道，便于控制沿边诸土司，故又霸户腊撒为自己的"勋庄"。沐氏以该地为"勋庄"时，实行军屯，并招民开垦，大量的汉族进入这个地区，无论是随沐英征南而来的汉族军人，还是招来开垦的他民族，大多数与土著的阿昌族通婚融合，虽然他们的后代仍以阿昌自称，实为一种混合体。汉族人民的大量迁入，带来了先进的生产技术和文明的精神文化。阿昌族开始用铁器开垦水田，种植水稻，手工业也迅速发展。在外来文化强有力的冲击下，当地阿昌族的原始文化和宗教信仰也发生了根本的变化。原始巫教仅保留着一个"寨神"，阿昌语称"招先"，但他们更习惯于用傣语"色曼"来称呼它，在春耕和秋收时祭献两次，祈求它保佑寨人平安、牲畜兴旺、五谷丰登。百分之九十的阿昌人改信小乘佛教，其教派、教规、教仪、宗教节日都和傣族一模一样。民歌的调子多为汉民歌调式，或汉、傣、阿昌的杂糅调，讲述和演唱的故事、长诗，多为佛经上记载的作品。甚至还流传汉文人的章回小说。而本民族的传统文化，除少量的历史传说外，几乎不传，神话和史诗仅有个别老人记得篇名断片而已。

从丙盖和户腊撒两地的调查材料来分析，丙盖的阿昌族仍然在信仰原始宗教，神话史诗《遮帕麻和遮米麻》是由原始宗教巫师在葬礼和有全体族人参加的大型祭祀活动中，作为原始宗教的教义来念诵的。然而，户腊撒的阿昌族不再信奉原始宗教，巫师已经绝迹，佛教和和尚取而代之，故神话史诗失去了生存的土壤和流传的场所，以及保存和传播歌手而失传了。又因户腊撒的阿昌族是一个弱小民族，没有文字工具作为文化的保障，因此，在外民族文化的强有力的渗透之中，外族的文化在民间盛行起来，而本民族的原始文化却反而成为一种附属或游离的文化遗物慢慢地消失。

上述是关于阿昌族创世史诗的调查、翻译、整理的报告。由于篇幅所限，只能择其要者公布，对创世史诗的产生、流变及其社会作用，本文也只是罗列问题，提出设想，未能进行深入的探究。从 1960 年纳西族的《创世纪》和彝族的《梅葛》

公开出版，到近几年的苗族的《古歌》、彝族的《阿细的先基》和《查姆》、拉祜族的《牡帕密帕》、景颇族的《木脑斋瓦》、哈尼族的《奥色密色》整理本的刊出，以及云南白族、普米族、傈僳族、独龙族、怒族、佤族、布朗族等 16 个少数民族都先后发现了以叙述"开天辟地"和"人类起源"为主要内容的创世史诗，至此，创世史诗的客观存在是不用怀疑的了。而且此类有别于英雄史诗的大型作品，主要分布于中国西南少数民族之中，并受到这些民族的格外的重视，较之其他口头文学作品，具有多方面的重要的研究价值。但是，至今创世史诗未得到应有的重视和研究。笔者早想用力于此，然所能获得的仅是创世史诗的汉语整理本，有的本子加工成分过多，无法作为科学理论研究的资料。故此，决心从田野调查做起，除了调查还未发现创世史诗的民族外，对已经发现和出版了的民族史诗也做"求证"的调查。阿昌族史诗的搜集整理，就是笔者计划中的第一步。

本文原载《民间文学论坛》1985 年第 5 期，署名阿南。

中原神话考察述评

张振犁

张振犁（1924—　），原名张振离，笔名丁丁、晨犁。生于河南密县。1949 年起在北京师范大学中文系和研究班学习，师从钟敬文。河南大学中文系教授。自 1983 年始，长期从事并主持河南地区中原神话传说的考察和研究工作。主要论著有《中原古典神话流变论考》（1991）、《东方文明的曙光——中原神话论》（1995），参与主编《中国新文艺大系·民间文学卷》等。

　　民间文艺学作为一门独立的科学，从它诞生的时候起，就与田野作业的科学考察活动紧密相连。神话学涉及的问题极为复杂。如果脱离了实地调查，只从事书面材料的研究（这是必要的），就会走许多弯路，所得的结论也往往经不起实践的检验。一个多世纪以来，世界神话学史的大量事例都证明了这一点。

　　从古代神话的流变情况看，要研究其总的发展趋势，探讨其随着时代变迁而产生的古代神话变异的脉络，而不去实地考察其在群众中的流传情况，是很难收到实效的。因此，神话学的建立，从某种意义上讲，又具有很强的实践性。也就是说，如果不了解某个民族的古代神话在群众中的种种变化情况，只根据古代文献的考订、辨析和推论，要想弄清楚我国神话总的发展趋势，那是没有基础的。从建立我国神话学的要求来看，没有各民族、各省区的大量实地神话考察活动，得不到丰富的第一手科学资料，要解决这一艰巨的学术理论问题，往往会遇到很大困难。从我国近百年的神话研究情况也可以知道，要提高神话研究的理论水平，不走这条路，肯定是行不通的。因此，进行实地神话考察，同样具有方法论的意义，即：一切从实际出发，实事求是。既尊重古代文献资料，又不做文献的奴隶。把古代文献资料的研讨与实地调查紧密结合起来，经过系统的、综合的、动态的科学分析，才能得出切实可靠的结论。

一

　　中原古典神话的实地考察，是我国神话研究的新课题之一。在此之前，汉族地区的神话研究，基本上停留在古代文献资料的范围之内，进展比较缓慢。有许多问题长期得不到解决。

　　我们调查中原地区的民间神话，是在教学中青年学生采录到中国古代神话重要异文的启发下，逐渐开展起来的。从 1980—1985 年，我们曾四次组织调查队，先后到河南省的周口、开封、洛阳、南阳、新乡五地区的 20 个县、市，对盘古、伏羲、女娲、黄帝、大禹、商汤、夸父、愚公等我国上古著名神话的流传情况，进行了比较深入的专题考察。在出发之前，我们根据已了解的口头神话线索和文献、地方志的记载，确定每次工作的重点内容和采访对象。然后，我们在当地各级领导和地、市、县群艺馆、文化馆、县志编写室和文物保管所等有关同志的协助下，直接深入农村、山区，用现代采录器材，搜集到了大量活的神话、传说、有关习俗以及碑文、文物、档案等第一手科学资料。到目前为止，我们已得到录音、文字资料共 212 件，碑文、建筑物、实物、实景、档案照片、图片 60 余件。这样就为我们开展中原神话研究，提供了十分有利的条件。目前，我们在这项科学研究中已经撰写了《中原古典神话流变初议》、《论黄帝神话的传说历史化》、《夸父神话探源》、《中州大禹治水神话溯源》等四篇专题论文，四篇调查报告，一篇总结性文章《采撷英华》。近期，我们还将陆续撰写四至五篇专题论文，编纂科学资料本《中原神话集》，整理出资料档案和实现新的考察计划，等等。总之，短短几年之内，这项科学考察活动已经给我们打开了神话研究的视野，并为今后的工作打下了坚实的基础。虽然我们的工作还只是刚刚开始，前面的道路可能还是漫长的、曲折的，但不论是研究中原汉族古代著名神话流变的具体问题，还是建立中国的科学神话学理论体系，都将是很有意义的，下面就谈谈我们在具体工作中的做法和所遇到的问题。

二

神话是原始社会人类童年时期的精神产物。从神话的性质、思维特点、社会功能以及它在原始社会生活中的地位等来看，都比较复杂。加以神话产生的时间很早，形成的时间跨度很长，在有文字记录之前，又经历了很久的口头传说阶段，因此，它的研究工作难度也特别大。这就要求我们根据它的特殊性能，进行综合考察，而不是只从文学（或其他某种）角度去调查和研究神话问题。中原神话的考察，正是本着这种多学科、多角度、多层次的要求去从事工作的。

首先，是结合民俗调查来印证神话。早在 40 年代初，我国的神话学者就从欧洲社会学派的观点，提出"用民俗学的方法剖析神话，用神话记载补充民俗，正是研究上古史和上古神话的不二法门"① 的主张。尽管这还不是研究神话的根本方法，但作为认识神话性能的手段，却是重要的方法。它对我们了解神话中所反映的原始社会制度、信仰和习俗，无疑是十分必要的。像我们在淮阳县调查《太昊陵》神话时，通过对"羲陵古会"民俗活动的了解，就对人们因缅怀伏羲、女娲生前开辟创世和绵延中华民族的赫赫功业而兴起的庙会的影响，有了比较深刻的认识。许多习

---

① 孙作云：《中国古代神话研究》，北京大学讲义本，1942 年，未刊印。

俗都和人们向"人祖"祈求人丁兴旺（如摸"子孙窑"）、健康长寿（如取陵墓上的土、草籽治病）以及"捏泥泥狗"（捏乌龟、人、猴子等民间泥塑）的图腾信仰有直接关系。① 又如，我们在桐柏县盘古山，听说当地群众在天旱时，把盘古兄妹滚磨成亲时留下的石磨一支起来，不出三天就下雨的祈雨习俗，也反映了人民对盘古崇拜的原始信仰。

特别是，我们在灵宝县采录《夸父追日》异文时，还调查到了夸父山下夸父族后裔——"夸父峪八大社"的原始自然村落的社会、经济机构、历史和民俗资料。这一带多少年来，"夸父峪八大社"的群众，每年五（或十）月都要举行"赛社"活动。这一具有原始宗教性质的习俗，主要因为该山之神夸父，曾有"庇民生"之功于"八大社"村民，因此，才享有"每岁享祀，周而复始"的盛典。后来，这一"赛社"活动竟成了他们团结的重要标志。此外，当地人们的衣着、鞋子和祝寿的仪礼，也都有自己的特点。可见，其影响是深入人心的。这些习俗说明：夸父族决不是我国上古史上昙花一现的部族。它有其漫长的发达史。夸父族中既产生过荒古追日，探求太阳运行知识和与日竞走的天体神话，也产生过因参加"炎黄之战"，兵败西逃而渴死在这里的部族战争神话。其间是经历了长久的发展过程的。这样，就接触到了夸父族发展史的重大社会问题。我们对这组神话的理解，也从表层进到了深层，从局部扩展到了整体。

其次，借助考古学的成果，探讨上古神话的流传情况和规律。神话的产生和变化必然引起社会上的种种反响。特别是由于当前考古学的发展，大量的丰硕成果对认识史前社会的种种现象，都有重要参考价值。它对许多神话产生的自然和社会条件，往往能起到旁证的作用。我们在调查《女娲城》的过程中，从查阅历史、方志等文字资料发现线索（据《西华县志》记载，"女娲城"是女娲在这里炼石补天时，落下的石屑堆成的。"思都岗"是女娲后裔为怀念祖先女娲在此建都〔城〕的业绩而命名的），到亲自赴西华县思都岗、女娲城采访 84 岁高龄老人口头讲述的神话故事，参观女娲城、女娲坟、女娲阁等一系列旧址，察看"龙泉寺"碑文等，就大大丰富和补充了文献的不足。但是，为了更深入地了解《女娲补天》中的现实生活因素，我们还直接察看了"女娲城"的遗址、地下管道、器皿、陶片、炉灰，特别是汉代"女娲城"的"娲"字砖刻等文物发掘的资料。这些充分证明："女娲城"地下遗址确实是春秋战国时期的建筑物。也就是说，女娲神话在西华县思都岗流传的时间是相当古老的。特别是，在距"女娲城"10 公里的艾岗乡清水河下面，发现一枚长达一丈二尺，外径 40 厘米的巨型象牙化石这件事，更引人注目。据省文物局研究报告说：距今 100 万年以前，这里属"黄河盆地"的沼泽地带，这象牙化石就是当时腊马象群的遗物。我们对照这些考古发现和西华县千百年来无数次洪水灾害记录的自然条件来看，中原黄河下游产生像女娲这样"取芦灰以止淫水"和与毒蛇猛

---

① 河南大学中文系"中原神话研究室"的录音、文字、图片资料。下同。

兽作斗争的神话就是自然的事了。另外，从方志室那里还得知，原来从郑州到西华县几百里都不是平原，而是有名的"一溜十八岗"。山岗多，才有可能产生女娲炼石补天的神话。也由于这里曾是沼泽地带，所以才有女娲"断鳌足以立四极"的生活依据。而《淮南子》的作者淮南王刘安，正是这一带的人。他熟悉当地的情况和神话，也是情理中事。总之，从以上情况的综合调查看，西华县流传的女娲神话如此集中，就有了它一定的合理性。尽管其他省区（河南其他地区也如此）都有女娲神话及其遗迹传闻，但群众说"思都岗"的命名的来历，也有相当的科学依据。其他像黄帝神话与新郑县"黄帝口"附近的新石器时代早期裴李岗文化遗址发现的情况相印证，也是如此。

第三，结合历史考察上古神话的演变。晚清以来，我国有相当一部分神话学者和历史学者，一致认为我国上古史传说无不出于神话的演变。神话的传说、历史化，是研究我国古典神话流变的重要课题之一。中原地区历史文化悠久。就目前了解的情况看，凡见诸历史典籍的三皇五帝等著名神话，在河南人民口头上几乎全有流传。这些活的资料，不仅因为"历史积层"的结果，在内容上有新的发展；而且，还有不少异文和新的材料。因此，它对研究我国上古史与神话的关系，具有重要的史学价值。以黄帝神话的传说化和历史化为例，其演变的原因有政治的、历史的、宗教的，也有大量是反映民意的。但总的趋势是日益现实化、历史化和具体化。而在中原的口头资料方面，尤其具有典型意义。关于《黄帝蚩尤之战》这一底定中原的重大事件，以往在文献上就很少知道中原有什么材料。其他记载也多是黄帝靠神奇的法力相助而消灭蚩尤的。可是，我们在实地调查中，才在新郑、密县一带，把黄帝在有熊（新郑）建都和在"云岩宫"练兵讲武，积草屯粮，乃至亲自挑土筑城等异常重要的活动连在一起了。特别是，唐代诗人独孤及的《云岩宫风后八阵图》碑文的发现，正表明：黄帝战胜蚩尤，不是靠神助，而是靠讲求修整戎行，"以广战术"，严明"师律""用经略，北清涿鹿，南平蚩尤"，开创了历史新局面的。黄帝神话在中原向历史化方向发展，已成了主导倾向。这个流变，很明显是在黄帝神话被历史化之后，"回流"到民间的进一步转化。这个现象，如果结合黄帝在"云岩宫"筑城留下来的四座岗岭和新郑县"轩辕故里"等遗址来看，说黄帝当时的活动中心在中原腹地，就有了较强的说服力。正因为如此，在"云岩宫"南面的嵩岳余脉的东西走向40余里群山的得名，就都与黄帝及其大臣（风后、力牧、大鸿等）的名字、事迹有关。黄帝访问广成子的遗址，在这里也不下四五处之多。尽管其中可能有道教门徒的附会，但是，关于黄帝的神话在这里如此集中地形成群体，很可能与黄帝族当时的政治、经济、军事、文化活动密切相关。相反，黄帝神话在中原地区的广泛流传中，向道教化转化显然不占重要地位。这个倾向肯定与当时政治上确立黄帝的历史地位密切相关。这就是中原人民广为传述黄帝的政治才能、赫赫功业和崇高品德等故事的原因。

第四，从自然科学角度考察古代神话的形成和发展。神话是原始艺术。神话学不是自然科学。勉强把科学实在的事象与神话艺术形象等同起来是不必要的。但是，科学与神话的近似和相像的地方，却不能不去研究。这就必然促使神话研究扩展到自然科学领域方面来。例如，我们在调查中发现中原地区的大禹治水神话，自然地形成一个个集群区，如潼关、灵宝区，三门峡区，嵩岳、伊洛区，桐柏淮源区，等等。许多动人的大禹治水神话，都比较朴素、生动，没有掺进什么杂质。为什么这些神话集中产生和传播在黄淮流域呢？为什么史书上一致认为大禹治水的功绩首在防治黄河水患呢？如果只从神话本身去研究，就不容易搞清楚其渊源关系。可是，我们借助自然科学的成果，眼光就豁然开朗了。我国著名的古生物学家杨钟健认为，从地质年代看来，今天的黄河原来是三条互不相通的水系：一是从青海、甘肃发源的各水，汇流为河套的大湖，南为山、陕间的山峰相隔，不得南下；二是发源山、陕各水，在潼关东汇为大湖，因三门峡附近的山相隔，不得东流；三是豫西及晋东南各水，又汇冀鲁各水东流入海。以后经过数千万年自然力的冲击和地层断裂，逐渐形成峡谷，开始通连，加上人工开掘，遂汇为现在的洋洋大河。① 黄河三门峡流传的《神脚掌》、《大禹开三门》、《马蹄窝》、《大禹造桥》等神话产生的现实依据，就是大自然从量变到质变的信息和人力治水的业绩的再现。神话决不是毫无生活内涵的空想。又如，大禹在王屋山导沇水东流，潜入地下经百里在济源复出，形成"四渎"之一的济水，也与当地的山岳地质结构特点有关。因而，运用自然科学与社会科学相结合的方法，来考察和研究神话的口传信息的流动规律及其中包含的自然科学因素，就可以逐步使神话学研究向纵深发展。

第五，从原始社会制度考察中原古典神话流变的轨迹。用古代神话来印证原始社会血缘家庭兄妹婚制度，恩格斯早已作出了典范。② 我们今天考察上古神话的性能，同样应该密切地注意这个问题。例如，在河南东南各地大量流传的"洪水遗民再造人类"的神话，普遍、生动地反映了原始社会兄妹婚演变的过程。其中固然有抵制兄妹婚的思想，但也有相当一部分神话都认为兄妹婚是沿袭自然习惯，毫无谴责、非难之意。其中的男女主人公都是以严肃、神圣的感情，来赞誉兄妹婚绵延人类的功绩的（如正阳县《玉人和玉姐》、南阳《人祖》）。

再如，在登封县嵩岳系广为流传的《启母石》和《五指岭》两篇神话，就异常动人地反映了当时"姊妹同嫁一夫"的婚姻制度。前一篇是大禹在嵩山辕辕关化熊治水，被涂山娇发觉后化石生子的悲剧；后一篇是他在五指岭化熊治水，还原后与涂山娇和儿子启团圆的喜剧。这以前以后关于大禹家庭的神话，正说明当时"妻姐妹婚"的普遍现象。这样的神话虽然形成的时间很长，但作为禹族首领的创业形象来讲，无疑具有重要的社会学价值。正像马克思说的，当时"如果一个男子娶了一

---

① 徐旭生：《中国古史的传说时代》（增订本），科学出版社1960年版，第158页引。
② 恩格斯：《家庭、私有制和国家的起源》，张仲实译，人民出版社1954年版，第36页。

家族的长女为妻，那么，根据习惯，他有权把达到结婚年龄的所有姊妹作妻子"。[①]事实证明：结合原始社会的遗迹来理解神话是行之有效的。

最后，我们在实地调查中还发现神话与宗教之间相互渗透，又不完全融合的特殊关系。在阶级社会里，神话有渗进"人为宗教"因素的一面，同时，在民间口头上还继续流传乃至产生少量的朴素原始神话的一面。像黄帝炼丹为民治病的《黄帝岭》和商汤祈雨的《盛花坪》（又叫《圣王坪》）等，宗教色彩就很少。当然，同时在许多作品里的宗教化情况就比较严重。从这些神话中，都可以看出佛教、道教领袖居于主导地位的倾向。在正阳县的《玉人和玉姐》这篇神话里，如来佛竟然被推崇到兄妹二人父辈"人间正神"的地位，而原来中原的女性创世尊神女娲，却被降到如来佛的孙辈地位，甚至道教尊神玉皇大帝的命运也要由如来佛主宰。玉皇大帝后来组成天宫统治集团，来镇压、残害百姓的阴谋，也是如来佛一手造成的。总之，从民族学的角度来看，考察古代神话的演变，就要从宗教学和宗教史（如道教史、佛教史等）的角度加以比较，才能恰如其分地把握住古代神话在民间流传过程中的特点和规律。实际上，一切神话的"世俗化"，最终必然使其丧失宗教的功能。

以上的几点做法，不过是我们在工作中所遇到的荦荦大者。其他像著名上古神话的地方传说化等，也是应该引起注意的。神话研究仅从单一的文学角度去思考问题，就要受到许多局限。这样不可能系统地、整体地认识神话的特性和功能。中原神话实地考察就是一次有益的试探。今后，随着这项工作的深入开展，必将在这方面提供更丰富、可信的科学依据。

三

我们在中原神话的考察活动中，由于明确了上面的指导思想和做法，虽然仅仅五年的时间，但在工作中所接触到的材料和问题却令人耳目一新。许多学术界长期争论不休的难题，有了重新认识或解释的必要。有的则是从未想到，而现在要求作出回答的问题。有些问题难度较大，而今天也有了逐渐深入探讨的可能。尤其运用现代口头保存的民间神话，去研究我国古代神话流变的情况、特点和问题，对我国神话研究的科学理论意义和现实意义，都是非常重要的。这些学术理论上的收获主要有以下几个方面。

首先，是开辟创世神话在中原地区的被发现，在我国形成了南北各不相同的两大洪水神话体系（盘古出生、创世、治水、结婚、划九州等等）。这样就打破了以往学术界一直认为这类神话只能产生自南方，然后流传到北方的观点。目前，且不说遍布全省的"洪水后兄妹成婚，绵延人类"的神话，家喻户晓。仅就河南东南部以淮阳为中心的"伏羲兄妹婚"，和以桐柏盘古山为中心的"盘古兄妹婚"的神话

---

① 马克思：《摩尔根〈古代社会〉一书摘要》，中国科学院历史研究所翻译组译，人民出版社 1978 年版，第 23 页。

资料，就有六十多件。特别是"盘古山神话群"，自成系统，相当完备。从大量活的神话、民歌、碑文、有关民俗和大量的丰富文物资料看，可以说它无愧于中原神话宝库之一的称号。值得注意的是，这类神话所涉及的洪水等灾害发生的原因、灾异到来时的情景、庇佑兄妹避过灾害的保护神以及兄妹二人如何结婚、造人等一系列问题，都具有北方中原地区的特色。商丘的《兄妹俩》、正阳县的《玉人和玉姐》等所记录的人物、情节，和《庄子》的记载①，许多不谋而合。中原洪水神话体系的特点是："开辟创世"与"洪水遗民再造人类"两大神话的融为一体，最后女娲兄妹"抟土造人"。中原的这类神话决不晚于徐整的记载。这样重大的学术理论问题，只有在大量活的民间口头神话资料被发掘的情况下，才有重新认识的可能。

其次，是对我国商周以前传说阶段的口头神话与古文献神话资料的关系，有了比较全面的认识。史前传说时期的口头神话的受重视，就否定了那种殷周以前无神话的观点。② 持这种见解的唯一依据就是最早的文字资料（殷商甲骨文等）。30年代的"古史辨派"是如此，今天有的学者仍沿袭这种观点。他们认为，中国不存在开天辟地的宇宙创始神话，只有英雄历史人物传说的神话化（道教化）。这种理论是不符合古代神话产生、发展的特点和规律的。因为任何神话在被文字记录之前，总要先经历长期的口传过程。因此，仅仅从历史文献角度去回答这个问题，当然不会重视活在人民口头上的神话资料的科学价值。我们决不能因为上古神话在中原地区的过早被"历史化"（人情化），就否认先殷有原始形态神话存在的可能性。实际上，正由于上面的原因，周代史学家出于政治的需要，有的原始部族神话（如黄帝、尧、舜、禹等的神话）就被吸收进古史的帝王谱系。而对那些他们认为"荒诞不经"的开辟创世和洪水神话等等，便不屑一顾。这样，就使那些极其宝贵的上古原始神话，长期湮没无闻。直到很晚的后代，才见于某些学者的笔端（三国时吴国徐整的《三五历纪》、《五运历年记》和唐代李冗的《独异志》等）。这就是外国学者所说的奇怪现象：中国古代神话的"历史时期"与"文献记载时期"的顺序相反③。中国产生时代越早的神话，在文献中出现越晚。他们主张搜集神话要撇开儒家经典作家的著作④。新中国成立后，不少学者已逐渐抛弃先殷无神话的观点，但也只是用少数民族发掘了大量开辟创世神话的事实，批评了这种观点。似乎对中原汉族地区还持保留态度。近几年来，中原的神话发掘工作有了很大进展，一批完美、古朴的原始神话的记录，已用事实又一次说明先殷无神话（创世）的观点是不科学的。前面提到的六七十份关于盘古、伏羲、女娲等开辟创世、洪水后补天，造人以及大

---

① 《庄子·应帝王》。

② 朱天顺：《中国古代宗教初探》，上海人民出版社1982年版。

③ [美] 杰克·波德：《中国的古代神话》（原载苏联科学出版社《古代世界的神话》），程蔷译，李少雍校。见《民间文艺集刊》二集，上海文艺出版社1982年版。

④ [美] 杰克·波德：《中国的古代神话》（原载苏联科学出版社《古代世界的神话》），程蔷译，李少雍校。见《民间文艺集刊》二集，上海文艺出版社1982年版。

禹治水的四十份神话资料，就纠正了这一片面的观点。就是那种盘古神话产生于南方的说法也不符合实际。中原的盘古神话自成体系。因此，美国的某些学者也认为"盘古"与"盘瓠"毫无共同之处①。另外，我们就是从古代典籍里那些被历史化、宗教化、文学化了的古史英雄传说里，经过剔剥杂质也可以窥见先殷这类神话的原型。如果对照民间活的神话材料，弄清这些作品的产生、形成和演变过程，是很有希望的。

第三，明确了古典神话流变中出现的异文与新神话的界限。原始神话的主要生活基础是运用幻想形式解释世界之起源。它所反映的是氏族社会人们的思想意识。尽管在奴隶社会以后的各个时期，原始人的氏族社会意识存在一天，就仍有产生少量神话的可能，但生活思想基础和性质却大不相同。至于具备幻想形式的原人前逻辑思维特点（或残余）的作品，并不都是神话。因此，在探讨神话流变问题时，有一种观点认为，在阶级社会里发现的带有阶级和人为宗教色彩的神话，或者首次被记录的古典神话异文，便是产生了新神话。我们从调查中体会到，原始神话在阶级社会的流传、变化过程中，渗透进不同时期的社会、宗教、历史、信仰等因素，而出现的古典神话异文或新记录的同类作品，与反映新的社会阶段的思想意识的"神话"，不能混为一谈。更不能把神话所反映的特定氏族社会的生活内容、思想和后来演变中保留的原人意识的痕迹等同起来。这一类作品俯拾即是。前一时期，当中原地区搜集到古典神话异文和新记录的不同作品问世后，便有人误认为是今天在民间仍继续产生新的神话。这是不符合实际的。像《女娲补天》、《负图寺》、《夸父山》、《大禹劈三门》等异文的出现，只能说是古典神话的流变或散逸，而不是新神话。至于不见于古代典籍，而至今仍保存在群众口头上的新记录的神话，尤其具有很高的科学价值。它不仅说明，古代文献记载的神话资料有很大局限性，而且也说明，这类作品具有惊人的强大生命力。这些神话的被采录，正好补充了文献的不足。实地考察的事实对澄清目前的某些混乱思想将是有益的。

第四，纠正了对中国古代神话不适当分期的弊病。以往在某些中外学者的论著里，曾经把中国古代神话划分为原始神话、道教神话、佛教神话和民间神话等若干时期。似乎这就是中国古代神话发展的轮廓。我们从调查中看到，在所谓"道教神话"、"佛教神话"时期，在人民口头上还保存有不少直接与之相对立、宗教色彩淡薄或消失的比较朴素、生动的原始形态的神话（如河南的大禹治水神话《打开龙门口》、《五指岭》、《禹导黄河》、《金牛开河》、《大禹造桥》、《神脚掌》等）。实际上，如果不把注意力集中在文献资料上，而是认真地到群众中去实地调查，这个问题便迎刃而解，无须机械、勉强地按上面的划分办法去看待神话的流变问题。同时，这里还要弄清神话里包含的原始宗教观念和受人为宗教思想意识的渗透与有意识地

① ［美］杰克·波德：《中国的古代神话》（原载苏联科学出版社《古代世界的神话》），程蔷译，李少雍校。见《民间文艺集刊》二集，上海文艺出版社1982年版。

宣传人为宗教思想的宗教传说的界线。前者是神话本身在流变中出现的问题；而后者却是宗教徒有意识地利用人为的办法，为宣传教义而编造的宗教故事。二者截然不同。以河南的大禹治水神话为例，既有把《大禹导黄河》、《大禹造桥》等神话直接移植在道教领袖李耳头上的篡改，也有许多与道教根本无关的接近原始形态的民间神话，而这些又都与直接宣传教义的宗教传说大不相同。

总之，从中原神话考察的情况看，由于理论研究与实地调查相结合，不仅发现了许多罕见的朴素、生动的原始神话作品，为研究工作开拓了新路，而且，还有助于廓清以往神话研究中只注意古代文献资料所产生的认识上的偏颇。这个意义是不能轻视的。尽管我们的这些体会还只是初步的、肤浅的，但却是正确的和有前途的。无论在理论探讨和科学实践上，还是在方法论的更新上，都是带有启示性的。这一切，对于建立我国的马克思主义神话学和民间文艺学体系，都是有重要价值的。

本文原载《中苏民间文学搜集保管学术研讨会文集》，中苏民间文学联合考察及学术交流秘书处编，中国民间文艺出版社 1988 年版。作者于 1986 年 4 月在中苏民间文学搜集保管学术研讨会上宣读。

神灵世界战神的更递

龚维英

龚维英（1930—　），生于安徽合肥。高中毕业后曾任农村基层干部，靠自学走上教学、编辑和研究之路。安徽省社会科学院文学研究所研究员。有关神话的论文80余篇，主要有《周族先民图腾崇拜考辨》（1983）、《无头战神刑天考辨》（1986）、《神灵世界战神的更递》（1986）、《我国上古"卵生文化"探索》（1987）、《由女阴崇拜探溯黄帝原型》（1988）、《中西"凤凰涅槃"比较研究》（1988）；专著有《原始崇拜纲要》（1989）等。

一

《聊斋志异》卷八《西湖主》写了一个仙凡（人神）恋爱的浪漫故事。故事的男女主角有一段对话，以往读了大惑不解，今天方摸清个中若干底蕴。这段对话是：

　　陈生：大王何在？

　　龙女：从关圣征蚩尤未归。

"关圣征蚩尤"，这岂非等同侯宝林说的相声《关公战秦琼》吗？那真是"蚩在上古关在汉，他俩大战为哪般"。这是蒲翁杜撰的"笑谭"吗？非也。我们知道，蒲翁写《聊斋》故事，往往有凭借。或见于典籍，或传于口碑，不一而足。蒲氏表叙他创作《聊斋志异》的缘起，即云："才非干宝，雅爱搜神；情同黄州，喜人谈鬼。闻则命笔，遂以成编。久之四方同人，又以邮简相寄。因而物以好聚，所积益夥。"（柳泉居士《自志》）那么，"关圣征蚩尤"渊源自何而来？

蒲翁的乡梓后学文登县吕湛恩为《聊斋》作了"详注"。吕注于"关圣征蚩尤"句下，征引甚广。所引彭宗古《关帝实录·古记》云："宋大中祥符七年（1014），解州奏：'解盐出于池，岁收课利以佐国用。近水减盐少，亏失常课，此是灾异，不可不察。'上（宋真宗赵恒）遣使往视，还报曰：臣见一父老，自称城隍，令臣奏曰：'为盐池之害者，蚩尤也。'忽不见。上召近臣吕夷简至解池，致祭。事讫之夕，梦神人戎衣怒言曰：'吾蚩尤也。上帝命我主此盐池。今者，天子立轩辕祠。轩辕，吾仇也。我为此不平，故绝池水耳。'"弄清原委，君臣商议对策，于是，通过龙虎山张天师的举荐，遂有"关圣征蚩尤"之事。关圣的形象是"一美髯人振甲佩剑，浮空而下"。关圣"会岳渎阴兵，并力为清荡之"。双方神祇大战的情景是："忽一日，黑云起于池上，大风暴至，雷电晦明，居人震恐。但闻空中金戈铁马之声。久之，云雾收敛，天日晴朗，池水如故。"那么，关胜蚩败是毫无疑义的了。《西湖主》这篇仙凡或人神爱情篇章内的那位"大王"（洞庭君，即湖龙王），只是关圣麾下一员战将罢了。

读完《关帝实录·古记》后，给我们的印象至多是，蒲翁之言有据，并非向壁虚拟。在神话领域或鬼神世界，原来是允许"关公大战秦琼"的。凡此，也许是点戏的韩老太爷或编演相声者始料之所未及吧。"神话"毕竟与"人话"迥然不同。

由于我们并不满足于《关帝实录》所说的故事，下面，拟对"关圣征蚩尤"试作若干深入一步的探讨。

二

蚩尤，作为神祇和人帝，在上古的神话与历史传说里，都占有相当重要的位置，上古巫史不分，所以往往人神混淆。现在，撇开历史传说，我们且来谈谈神话的蚩尤。

上古时代，蚩尤具有战神身份，他与炎帝战，与黄帝战，虽最后败亡被诛，身首异处，但死有余烈，屡现威灵。用《楚辞·九歌·国殇》的话来说，即为：

　　带长剑兮挟秦弓，首身离兮心不惩。诚既勇兮又以武，终刚强兮不可
凌。身既死兮神以灵，魂魄毅兮为鬼雄！

据《龙鱼河图》言："黄帝摄政前，有蚩尤兄弟八十一人，并兽身人语，铜头铁额，食沙、石子，造立兵杖、刀、戟、大弩，威振天下。诛杀无道，不仁不慈。"（《太平御览》卷七九引）蚩尤在战胜炎帝后，曾袭用炎帝称号（战胜者承袭失败者称号，古例甚多）①，"逐（炎）帝而居于涿鹿，兴封禅，号炎帝"（《路史·后纪四·蚩尤传》），称雄一时。以至"黄帝与蚩尤九战九不胜"（《黄帝玄女战法》，《御览》卷一五引）。最后决战，战况惨烈。《山海经·大荒北经》：

　　蚩尤作兵伐黄帝，黄帝乃令应龙攻之冀州之野。应龙蓄水。蚩尤请风
伯雨师，纵大风雨。黄帝乃下天女旱魃，雨止，遂杀蚩尤。

蚩尤虽死，威灵显赫。你看，"大荒之中，有宋山者，有赤蛇，名曰育蛇。有木生山上，名曰枫木。枫木，蚩尤所弃其桎梏，是谓枫木"（《山海经·大荒南经》）。"黄帝与蚩尤战于涿鹿之野，黄帝杀之，身体异处，故别葬之。"一座葬蚩尤首级的坟，"在东平郡寿张县阚乡城中，高七丈，民常十月祀之。（坟内）有赤气出亘天，如匹绛帛，民名为'蚩尤旗'"。另一座葬蚩尤"肩髀"即躯干四肢的坟，"在山阳钜野县重聚，大小与阚冢等"。（《皇览·冢墓记》辑本）"今冀州有蚩尤川，即涿鹿之野。汉武时（前2世纪），太原有蚩尤神昼见，龟足蛇首，□疫，其俗遂为立祠。"（《述异记》卷上）种种记述，均可证作为"战神"的蚩尤，死有余威，显神

---

① 袁珂即谓蚩尤"逐炎帝而自号炎帝"，见《古神话选释》，人民文学出版社1979年版，第135页。

灵而为鬼雄。

"战神"也者，古称"兵主"。蚩尤"造立兵杖"，所谓"造冶者，蚩尤也"（《尸子》辑本）；又喜兵好战，犹如《山海经》的刑天，虽死犹斗，猛志常存，故蚩尤号称"兵主"即战神是毫无愧赧的。据《史记·封禅书》载，秦始皇"东游海上，行礼祀名山大川及八神"，八神将的第三名即蚩尤："三曰兵主，祀蚩尤。蚩尤（冢）在东平陆临乡，齐之西境也。"后来，汉高祖刘邦，自沛起义兵，伐暴秦，首先必"祀蚩尤，衅鼓旗"，以期旗开得胜，连战皆捷。由此可见，蚩尤身后享有殊荣，原来在人民心目中占有何等显要的地位。

三

神的世界是人的世界的折光。在原始巫术里，神灵已脱颖而出。"宗教起源于像今日原始人仍然实行的那样的部落巫术。"① 我们知道，宗教应运而生后，"早期宗教的一个昭著的特征是，神日益从地上转移到天上，并且从被尊崇的人转变成完全的超人和天神"。我国上古战神蚩尤的经历，同样如此。蚩尤本来是远古居于黄河中下游与广大滨海地区的东夷部落的大酋长，故地在今山东曲阜一带。汉应劭说"蚩尤，古天子"。（《史记·五帝本纪·集解》引）《逸周书·尝麦解》说"蚩尤宇于少昊"，即为其证。少昊之墟在鲁（山东半岛西境），见《左传·定公四年》，蚩尤旧地即与此邻近或又叠合。上引多则蚩尤神话传说中的地望，便是证据。后来，蚩尤由于造兵好战，逐渐晋升到"战神"的显耀地位。如果讲上古史，抛开神话就处处碰壁，所以，马克思强调指出："过去的现实又反映在荒诞的神话形式中。"②

世俗很难免以成败论英雄，加上蚩尤籍隶东夷，后人又怀有"内诸夏而外夷狄"的种族偏见。这样，战神蚩尤虽受隆祀，有时日子也很不好过，一次又一次受到毁谤污水的"淋浴"。诚如袁珂先生所言："只因黄帝是战争的胜利者，后世历史记叙不免从统治阶级正统的眼光出发，对黄帝的功烈加以涂饰，而于失败的蚩尤则予以诋谤，影响及于民间，故叙蚩尤的猛勇而亦近于狞恶。"③

神的世界随着人间沧桑而变迁，而发展，而更递。各种神职也决非"终身制"。我国上古诸神后来大都无声无息地纷纷"死"去，这真是"几回天上葬神仙"（李贺《官街鼓》）。上古神祇残留至今，尚为人们熟悉的，不过西王母、嫦娥二三例而已。为什么如此？这和西方古希腊奥林匹斯诸神终于被基督教诸神取代一样，古中国诸神也被后来兴起的道教（加上外来的佛教）诸神取而代之了。

于是，古战神蚩尤便被迫向后起的战神关羽（号称武圣）交班让位。

---

① ［英］罗伯逊：《基督教的起源》，宋桂煌译，生活·读书·新知三联书店1958年版，第3、10页。
② 马克思：《摩尔根〈古代社会〉一书摘要》，中国科学院历史研究所翻译组译，人民出版社版，第173页。
③ 袁珂：《古神话选释》，人民文学出版社1979年版，第139、144页。

道教是我国土生土长的宗教。它渊源于古代巫术、秦汉时的神仙方术，正式成立于东汉末年即公元 2 世纪时。道教是多神教，有着庞杂的神仙谱系。汉末刘备部将关羽，也经历了由人而神的过程，成为道教信奉的"关圣帝君"，亦即"武圣"或战神。

关羽登上"武圣"（战神）的宝座，同样有着一段不算短的过程。最初，他只是一员普通战将，与刘备麾下的张飞、黄忠之伦毫无区别。只因骁勇善战，败死不屈，被尊信道教的封建帝王看中。宋徽宗崇宁元年（1102），这位号称道君皇帝的赵佶，追封关羽为"忠勇公"；宣和五年（1123）更封为"义勇武安王"。到明万历三十三年（1605），加封"三界伏魔大帝神威远震天尊关圣帝君"，被抬到吓人的高度。道徒假托关圣之名的多种"著作"，如《关帝觉世真经》之类，也纷沓"出笼"。到了这步田地，蚩尤只有滚下战神的宝座，成为后起的战神关圣帝君所伏之魔了。

四

如前所言，蚩尤身上本已被淋溺了许多污水，随着时间的推移，其战神地位早就岌岌可危。"关圣征蚩尤"者，即是后起的战神关羽直截了当地使用武力，把前任战神蚩尤推下宝座。关圣帝君以一员普通战将，而公、而王、而伏魔大帝。犹如高尔基说的："奴隶主愈有力量和权威，神就往天上升得愈高。"[1]（《苏联的文学》）相比之下，蚩尤显得十分寒伧，威势顿失，徒作一番苦斗，只好灰溜溜地下台。

蒲松龄老先生笔下的"关圣征蚩尤"斯为确诂。龙王洞庭君还得服从关圣的指挥，呼来斥去。这位新战神真够得上八面威风。但蚩尤也非软蛋，所以吕湛恩注《聊斋》所引《关帝实录》，便扎扎实实地把关、蚩争夺战神这把金交椅的战斗，描绘得有声有色。

附带说一句，战神必主生死。印度锡克人崇奉的战神迦尼萨（Ganesa）即与死神相通。台湾苏雪林女士说："迦尼萨肚皮之大乃其身为战神时所遗留之特征。盖战神吃人无数，与死神一样饕餮著名，则其肚皮又何能不大？"[2] 苏女士还认为关圣之所以广受国人崇祀，原因之一即为"由于关羽与死神的混合"[3]。中国城隍庙曾遍布各城镇，城隍是死神，但他的官阶较低，故主持城隍的选拔考试必是关帝。《聊斋志异》开卷故事《考城隍》，所言即此。

另外，战神往往无头，中外神话均作如此描写，所谓"首身离兮心不惩"，以状其枭勇也。上面提到的印度锡克族战神迦尼萨，便系无头，因被天神续以象首，故有时显现法相是象头、长鼻、人身；古希腊战神兰克（Nike）也时现无头之相。

---

① 《论文学》，人民文学出版社 1978 年版，第 96 页。

② 苏雪林：《屈赋论丛》，中华丛书本，1980 年版，第 237 页。

③ 苏雪林：《屈赋论丛》，中华丛书本，1980 年版，第 327 页。

威尔斯《世界史纲》的插图内有地中海克里特（Creat）文化中心发现的右手操蛇的无头女神像，据说也是战神。中国神话里的刑天、蚩尤与关圣帝君都是无头，故他们皆荣膺"战神"。

刑天不是神的名字。天，头颅；刑天，砍去头颅。《山海经·海外西经》："刑天与帝争神，帝断其首，葬之常羊之山。乃以乳为目，以脐为口，操干戚以舞。"这儿的"帝"据说是天神黄帝（亦即蚩尤的冤家对头轩辕）[1]。所以，我疑心这位无名天神、死后犹斗的战神（刑天），就是蚩尤，时代也大致合辙。当然亦有这样的可能：上古神州大地，氏族部落林立，各族均有自己奉祀的战神。蚩尤、刑天分隶不同氏族，但都曾经是黄帝的顽强敌手。

关羽也是这样：失去头颅，徒有身躯。

《三国演义》第七十七回"玉泉山关公显圣"，写关羽败亡被诛，身首异处，竟在玉泉山"显圣"。此公"骑赤兔马，提青龙刀"，在空中大呼："还我头来！"这时的关羽早做无头亡灵。他的大呼小叫，想必例同刑天，"以乳为目，以脐为口"吧。

前引彭宗古《关帝实录》记叙的"解盐"事件，也系事出有因。宋沈括《梦溪笔谈》卷三谓："解州盐泽，卤色正赤，俚俗谓之'蚩尤血'。"解州古属中冀，是蚩尤殉难处。"黄帝执蚩尤，杀之于中冀"（《逸周书·尝麦解》）。正因为蚩尤肢解于此，故地名称"解州"。（据《三国志》，关公恰巧是"河东解州人也"）盐卤也被命名为"蚩尤血"。宋朝皇帝信奉道教，道教的前身是"黄老道"，崇奉轩辕黄帝。黄帝即衍变成道教尊神，后来号称"元圃真人轩辕黄帝"（陶弘景《真灵位业图》），列于第三神阶之左位。宋朝皇帝立轩辕祠于解州盐池附近，人们想象，必然引起蚩尤的愤懑。为了征伐已成为邪恶代表的蚩尤，又经道教极其尊宠的龙虎山张天师推荐，自然得召唤旗鼓相当的道教尊神"关圣帝君"挂帅。于是，一场"黑云起于池上，大风暴至，雷电晦明，居人震恐"的大战就打响了。蚩尤以惨败告终，"天日晴朗，（盐）池水如故"，乃是时势之必然。事件本身反映了道教正受到皇家的宠幸，炙手可热。

盐池事件很可能是道士们编造出来的"神话"。这和天上战神的更递一样，都是由"人"创造"神"。旧的神祇消逝，新的神祇接踵而来。人间沧桑由此获得扭曲的反映。

平心而论，无论在神话世界或历史领域，关羽的功绩都远逊于蚩尤。关羽的巨大影响系由于历代封建统治者提倡而造成的，旧时代遍布全国的关帝庙就是明证。今天，洛阳的关林尚较曲阜孔林略胜一筹。这对于关羽实在是不虞之誉。蚩尤的时代太古老了。斗换星移，他只好隐姓埋名，销声匿迹。

上面讲的这一切，亦当为写下"关圣征蚩尤"云云的蒲先生所不深悉。清朝皇帝正以崇奉关羽为手段，来抵消汉族民族英雄岳飞的巨大影响。关圣帝君甚至被满

---

[1] 袁珂：《古神话选释》，人民文学出版社 1979 年版，第 144 页。

洲贵族请去当本族的"护法神"，尊称之曰"关玛法"（关爷爷），亦云怪哉?! 蒲翁著《聊斋》，不止一次地把关羽抬到神灵世界的显赫位置，实乃时代使然。由此也可测知，说蒲翁具有"反满"思想云乎者，似欠斟酌。

本文原载《民间文学论坛》1986 年第 1 期。原题《神灵世界战神的更递——〈聊斋〉"关圣征蚩尤"释》。

论远古神话的文化意义

何 新

何新（1949— ），生于浙江平阳（今苍南）。曾作为知青在黑龙江友谊农场做过农民、铸工、教师。1977年考入黑龙江大庆师范大专部。次年退学返回北京。曾在中国社会科学院担任秘书、学术助手、研究员。后在全国政协研究室工作。神话方面的专著有《诸神的起源》（1985）、《龙：神话与真相》（1989）、《中国远古神话与历史新探》（1988）、《谈龙》（1989）；根据神话创作的诗集有《爱情与英雄——天地四季众神之颂》（1992）。

一

在人类原始文化中，神话居于一种特殊的地位。从功能观点看，上古神话至少具有如下三种社会作用：

1. 它是一个解释系统；
2. 它是一个礼仪系统；
3. 它是一个操作系统。

所谓解释系统，就是说，神话是远古先民的"哲学"和"科学"，他们要用这种意识形态来解释各种自然现象，解释人际关系，解释人类与自然的关系，并且解释他们自身的来源和历史。

所谓礼仪系统，就是说，神话在远古先民那里，不仅具有超现实理论的力量，而且具有礼仪规范和价值规范的效力。他们没有法律，发生诉讼即由神判来决定曲直。他们没有具有自我意识的道德价值系统，以神的名义命誓就是行为的最高约束力量。礼教起源于祭神的仪式，且艺术起源于敬神的庆典和装饰。神话，其实就是先民们所信仰和崇拜的整个天神地祇系统的宗教理论基础。

所谓操作系统，就是说，神话在先民手中又是一种巫术的实践力量。在旱涝等自然灾害面前，他们根据神话的启示筑起求雨逐旱的土龙，焚晒巫祝以求天佑。他们观察星象来预测人事。他们选择吉日以趋避凶神。因此，在原始先民的文化中，神话并不是一种单纯想象的虚构物，一些或有趣或荒谬的故事。神话本身构成一种独立的实体性文化。神话通常体现着一种民族文化的原始意象。而其深层结构，又转化为一系列观念性的母题，对这种文化长期保持着深远和持久的影响。在这个意义上，上古神话既是一种法律，又是一种风俗和一种习惯势力，并且因此也是一种宗教。正因为如此，它不能随心所欲自由改变（改变或重新解释要冒渎神和叛教的危险）。它如果改变了，就意味着必定发生了文化方面——宗教或哲学、政治观念的变革。因此，上古神话的演变是有其自身的规律性的。

二

对于现代人，古神话的研究价值是不那么明显的。对许多人来说，神话除了其荒诞不经的形式，似乎并没有其他可重视的内容。尽管作为一种早已失去魅力的作品，它们还多少具有类似珍稀古玩的艺术价值。很少有人意识到，即使对于现代人来说，民族的远古神话，也绝非只是一种梦幻性的存在。相反，这是一个既是历史又依然是现实的实体。作为一种早期文化的象征性表记，远古神话是每个民族历史文化的源泉之一。在其中蕴含着民族的哲学、艺术、宗教、风俗、习惯以及整个价值体系的起源。黑格尔曾说："古人在创造神话的时代，生活在诗的气氛里。他们不用抽象演绎的方式，而用凭想像创造形象的方式，把他们最内在最深刻的内心生活转变成认识的对象。"① 马克思在谈到希腊神话时指出："一个成人不能再变成儿童，否则就变得稚气了。但是，儿童的天真不使人感到愉快吗？他自己不该努力在一个更高的阶梯上把儿童的真实再现出来吗？每一个时代的固有性格不是纯真地活跃在儿童的天性中吗？为什么历史上的人类童年时代，在它发展最完美的地方，不该作为永不复返的阶段而显示出永久的魅力呢？有粗野的儿童，有早熟的儿童。古代民族中有许多是属于这一类的。［而］希腊人是正常的儿童。"②

从艺术特征看，中国神话与希腊神话具有极为显著的不同。这种不同正反映了这两个民族在文化精神和价值取向上的深刻差异。希腊神话充满了一种乐天的戏剧化气氛。他们的诸神体系普遍缺乏神性，却极富有近乎人类的鲜明个体。例如他们的上帝宙斯，一点没有中国神灵那种高高在上的神圣性和不可凌犯的威严。相反，宙斯具有一个凡俗男子的一切优点和弱点。他爱女人、爱冲动也爱嫉妒。他常因轻信而受骗。普罗米修斯因盗天火而被宙斯处罚，要永远锁于高加索山巅。但当他逃脱以后，只要在身上永远佩戴一只铁环和一块高加索石片，就足以避免遭受宙斯的报复。因为这两件小东西竟可以使宙斯相信，他仍然被锁在高加索的山顶上。作为威力无边的天地大神宙斯，却并不能自由追求他的所爱，因为他的妻子天后赫拉永远在监视和干涉着他。希腊人让他们的爱神，尽情地嘲笑和戏弄这位被剥夺了爱情自由的天王。爱情折磨和困扰上帝——这真是人类对于神灵所能想象的一种最高讽刺！而爱情的权利高于上帝，这一点也正体现了希腊人的一种根本性的生活观念。所以他们的美神（维纳斯）是女性生殖器的象征。而他们的酒神狄奥尼斯却是情欲的化身，——对酒神的祭典，乃是希腊生活中最欢乐放浪的盛大节日。黑格尔在论

---

① 引自黑格尔《美学》第2卷，第18页。
②《马克思恩格斯全集》第46卷上册，第549页。

述希腊人的精神时指出：他们"一心一意地追求某种东西，而总是遇着它所探索的那种东西的反面。然而它并不因此产生任何怀疑，也不反过来想想自己，却仍然对自身和自己的事业满怀信心。自由的雅典精神的这个方面，这种在遭逢挫折时仍然完全自得其乐的精神，这种在结果与现实事事与心愿相违时，依旧心神不乱地确信自己的精神——乃是一种崇高的喜剧精神"①。若与希腊相比，中国神话的内涵就显得完全不同。中国的天神是远离人间不食烟火的。他们不仅是至高无上的权力化身，而且是美德（圣）和全知全能（贤）的化身。中国神话的气氛是沉重和庄严的，以至这种沉重有时甚至是一种沉闷，这种庄严有时简直使人感到压抑。它充满一种内向的忧患意识和理性的反省思考。在伏羲女娲的人面蛇身形象中，似乎象征着人类从野蛮过渡到文明这一进程是何等艰难！而在燧人氏、有巢氏、神农氏以及造字的仓颉、作甲子的大挠、掘井的伯益等一系列前古圣贤"观象制器"的故事中，我们看到了民族祖先对整个文明进程的追溯和反思。一只渺小的雀鸟精卫，为了复仇，决心一石一木地填平沧海。神农遍尝百草，被毒得死去活来，最后终于成为农神和医药之神！正直的鲧被杀死于羽山，而他的治水抱负却宿命地要由他的儿子大禹来继承。于是由此又开始了十三年漫长而艰辛的苦功——劈开巨山，凿通江河；他的情人由于那漫长而无希望的苦守和等待，最终凝成了高山顶峰的一座石头！请看这是一种何等顽强而执着的追求，同时又是人对于自然、对于生活所作的一种多么深沉、多么宁静又多么有力的抗争！如果说希腊神话好像爱琴海那蔚蓝明亮的海面和碧空，那么中国神话就是黄河那浑浊扭曲的水流，或者竟是那黑色的渤海——须知在汉字里，海的本义正是晦黑与渺茫。希腊民族的童年是无拘束而天真的，而华夏民族的童年却是有负担而早熟的，也许因为我们民族祖先所面临的自然条件和生活环境实在是太艰辛了！他们面临的生存挑战实在是太严峻了，他们不得不"筚路蓝缕，以启山林"。远古神话内涵的这种差别，体现了东西方这两个伟大民族在性格上的深刻差别，事实上也决定了后来东西方两大文化系统全然不同的发展方向。由此可见，作为人类语言发明以后所形成的第一种意识形态，在神话的深层结构中，深刻地体现着一个民族的早期文化，并在以后的历史进程中，积淀在民族精神的底层，转变为一种自律性的集体无意识，深刻地影响和左右着文化整体的全部发展。在这个意义上，对上古神话的研究，就决不仅仅是一种纯文学性的研究，这乃是对一个民族的民族心理、民族文化和民族历史最深层结构的研究——对一种文化之根的挖掘和求索。

三

考察人类各民族的史前神话系统，其所关联的原始母题，基本不出乎以下的两

---

① 参见黑格尔《哲学史讲演录》中译本第 1 卷，第 78 页。

个类型和四个种类。

第一类型：天地开辟神话

$\left\lceil\right.$ 1. 解释大宇宙起源；

$\left\lfloor\right.$ 2. 解释天地之间各种自然现象起源。

第二类型：种族和文明起源的传说

$\left\lceil\right.$ 3. 解释人类及本族始祖起源；

$\left\lfloor\right.$ 4. 解释人类文明（风俗、伦理、器用、技术）起源。

第一类型多半以超人类的神灵格为主体。

第二类型多半以人类中的英雄格——往往是人与神相交媾而生育的半人半神格为主体。所以对前者，我们可以称之为关于上帝和诸神的故事。而对于后者，我们则可以称之为关于人神格英雄的故事。

但有意思的是，在古神话中，一方面划分了神与人的明确界限，从而宣告了神与人的尖锐对立；但另一方面，在所有民族古神话的深层结构中，又都暗含着一个潜概念，即认为人与神具有原始的同一性。这种同一关系通常以两种形式，表现在神话的故事内容中：

1. 人类是天神的一种作品（《圣经·创世记》中上帝造人祖亚当及夏娃，以及中国的女娲以黄土做人）。

2. 人类是天神的嫡系子孙（历代华夏帝王均认为，自己是天神的嫡派子孙——天子）。

这实际上正是一种自身分裂的矛盾意识。在它的深层结构上，映射着人类力图脱离大自然而走向自由独立，同时又不能不依托于大自然而生存的矛盾本体地位。

旧治中国神话者，恒有一错误观念，以为开辟神话似应当早于始祖神话。而开辟神话中，天地开辟神话，又必先于文明创造神话，以逻辑顺序言，固然好像理当如此。但考诸中国神话发生的实际历史先后，却实未必然。就中国而言，夏、商、周诸族团的图腾神话、始祖神话，其来源就远早于关于宇宙天地的开辟神话。

中国人的始祖神话，可以划分为两个级别。第一级次是关于全人类的共祖的神话，古华夏先民们认为它就是光明神——太阳神以及火神。第二级次是关于本族团的始祖神的神话。这就是夏祖女修吞月精而生禹的神话，商祖简狄吞凤凰卵而生契的神话，以及周祖姜嫄与神龙交合生后稷（炎帝——神农）的神话。这里值得注意的是两点：

1. 夏商周三族的始祖神全是女人。

2. 这些女人都是不夫而孕，即所谓"感"生于神的。这里顺便可以指出，"感"字是中国文化中的性关系隐语之一。它有时可以写作咸字①或甘字。我很怀疑其本字实当作"甘"。《释名》："甘，含也。"其字古形，像口中含物之形，借喻交

---

① 王明先生曾指出，《周易·咸卦》即是描写男女交合的字谜。见《中国哲学》第10辑。

媾耳。日出之地名"咸池"、"甘渊"，在这一名称中，似乎也正映现了这种阴阳交合的观念。

中国关于文明创造的神话，多出自晚周战国之际诸子的创作。因此它们不同于自然形成的始祖神话，而具有比较深刻的哲学和文化的自觉意识。晚周战国诸子，在文化观念上，可分作进化论与退化论两派。前者以为今之文明胜于古之蒙昧，而后者则认为古之质朴应胜于今之文明（如老庄一派。然而十八世纪卢梭和浪漫派亦曾提出类似观点，见所著《论科学与艺术》）。上述两派尽管对文明的价值观有根本性分歧，但对于当时智识与技术所取得的各种伟大进步，则无不一致表示惊叹。

《吕览·博君览》说："昔太古尝无君矣，其民聚生群处，知母而不知父，无亲戚、兄弟、夫妻男女之别，无上下长幼之道……。"《礼记·礼运》说："后圣有作，然后修之以利。范金合土，以为台榭宫室牖户。以炮以燔，以烹以炙，以为醴酪。治其麻丝，以为布帛。"先秦人们对于文明起源的这种追溯探索，是一种理性主义思潮的表现。为了追溯文明起源，晚周诸子几乎都将文明的起源托附于古传说中的各族始祖神，如伏羲、神农、黄帝等等。但这实际又掩盖着一种神秘主义的潜流。这种做法的后果，是产生了两方面的问题：（1）伪造了一个假的人文历史系统；（2）搞乱了古代自然流传的各族民间神话。

已故顾颉刚先生曾指出："战国秦汉之间，造成了两个大偶象。种族的偶象是黄帝。疆域的偶象是禹。这是使中国之所以为中国的，这是使中国人之所以为中国人的。"[①] 他当时还不知道黄帝的真相其实是太阳神（虽然他已看出黄帝是上帝），但他以此概括战国秦汉人伪托和伪造古史的活动，却是极有见地的。

先秦中国本来是一个多种族多邦国的地域。《吕氏春秋·用民》："当商之时，天下不同，至于汤而三千余国。"《逸周书·世俘解》："遂征四方，凡憝国九十有九国，凡服国六百五十有二。"《墨子·非议》："古者天子之始封诸侯也，万有余。"甲骨卜辞中亦屡称多方、多方邦。本来这些多方、多邦、多国——即不同的地区和族团，均尊奉有自己独特的部族始祖神，并因此而具有不同的始祖神话、图腾神话。然而在春秋战国时期，兼并战争摧毁了种族封疆的原有界限。在以华夏族团为核心的民族融合过程中，有些图腾随着崇祀他们的种族而灭亡了，有些图腾则随着他们的族团而与华夏族团融合于一体了。前此散处中原的无数小国小邦小族，以夏、商、周三大族团为核心，走向汇合和统一。在这个伟大的历史性进程中，许多国族灭国绝祀，许多地域性的文化丧失了其原有的特殊性色彩，许多宗系被强制性地合并到华夏民族的大系统之中。在这一融合的过程中，也必然发生的另一个事实是，那些被合并进来的异族中的文化代表分子，不甘心于这种亡国灭族的遭遇。他们在武力上虽然失败了，在政治上虽然被征服了，但在文化上却默默地进行了新的反抗。宣扬和纪念自己的祖先，为自己的祖先以及本族的历史在华夏族的大谱序和大历史中

---

① 参见《崔东壁遗书·序言》。

争取一种独特的位置，这正是从文化和心理上进行反抗的一种形式。而其结果，就是出现了各种不同的史传和记载。因而造成了上古中夏族姓谱序和神话历史系统的严重混乱。这种惊人的混乱，甚至使汉初如司马迁这样伟大的历史家也不能不为之叹息："学者多称五帝，尚矣！然《尚书》独载尧以来，而百家言黄帝，其文不雅驯，缙绅先生难言之！"

<h2 style="text-align:center">四</h2>

在晚周诸子所宣扬的创造文明诸神中，其最显赫也最重要者，应无过于三皇五帝。早在本世纪初，以已故顾颉刚先生为首的"古史辨派"即已指出，三皇之说，实非华夏族上古神话中所固有。其产生，乃在战国秦汉之际。此时期正当中国历史上一个文化剧变的大时代。旧论此时代者，多着眼于诸子之勃兴，百家之争鸣。即此时代思潮的理性层面，而普遍忽视此时代思潮的另一层面：宗教神学的再造与复兴，实际上是一个非理性甚至反理性的层面（所尤当注意者，秦汉以后，越居时代思潮支配地位者，恰是后者而非前者。本来具有反宗教精神的道家，演变成了一种新的宗教道教，正是说明这一点的典型例证）。三皇说的产生，其解释的歧异，演变的复杂，正反映了此时代理性思潮与非理性思潮的斗争。"皇"字本来是一个神号，即太阳神的称号。但在晚周以后，皇已不专指太阳神，而变成了一般的天神和人王之称。正是在此基础上，方形成了"三皇五帝"的说法。汉人谷永云："夫周秦之末，三五之兴。"（师古注："三谓三皇，五谓五帝。"）这里实际上就指明了三皇五帝说起源的时代。

考战国三皇说起源，与东方方仙道具有深刻关系。《史记·封禅书》记方仙道八神，其中主神名天主、地主。《史记·秦始皇本纪》记秦博士说谓："古有天皇、地皇、泰皇，泰皇最贵。"前已指出，泰皇就是日神伏羲——黄帝。而天皇、地皇则与方仙道教所信奉的天主、地主相同。因此三皇说的第一模式，亦为最古模式，应如下图：

这种三皇模式的出现，实际上概括了由原始时代拜日一神教向商周以来"天神地祇人鬼"多神教的发展。

三皇说的又一类型，系根据《易传》"天地人"三才理论所构成，即：

三才说中以人为最尊。"人定胜天"、"人才交相胜"、"天地间，人为贵"（曹操诗《度关山》），乃是战国秦汉荀子以下流行颇广的一个观念（荀子《天论》是此种观念的系统理论表现）①。所以此类型的三皇说，与"天、地、泰"三皇说已有质的不同。如果说前一种说法反映了方士的神秘主义，那么后一种说法则反映了晚周学术界流行的人德主义。

三皇系统的第三大类型，是晚周诸子所构造的又一种三皇说。其特点是试图以虚构的三皇神话故事，来作为对人类文明起源的理论解释。故此派可称为诸子派的三皇系统。

其说盖有五型：

1. 伏羲——女娲——神农（《春秋运斗枢》）
2. 伏羲——神农——祝融（《白虎通·号篇》）
3. 伏羲——神农——共工（《通鉴外纪·引》）
4. 伏羲——神农——燧人（《白虎通·德论》）
5. 伏羲——神农——黄帝（《帝王世纪》）

案，此五说虽各有异，出处亦不同。然此系传说中的伏羲、女娲、神农、燧人、祝融、黄帝，都已经失去了他们在华夏古宗教中的原有神明地位，而变身成为有所发明创造，有益民生的英雄人物。如伏羲作"九九"，"制嫁娶之礼"（《管子·轻重》），"女娲作笙簧"（《礼记》），"神农教民耕"（《礼记》），"燧人钻木取火"（《韩非子·五蠹》），"祝融作市"（《吕览·勿躬》），等等。

验诸先秦典籍，晚周诸子追溯文明起源，常借用古传说中诸神的名号，如无适合者，即不惜凭空编造名字以行附会。所谓燧人氏、神农氏、有巢氏，这种显然不是人名的名号，其实就是这样产生的。所以《淮南子·修务训》颇为精辟地指出："世俗之人，多尊古而贱今。故为道者，必托之于神农黄帝而后能入说。"试以一例证之。《墨子·辞过》中说："古之民未知为宫室，时就陵阜而居，穴而处。下润湿伤民，故圣王为作宫室。"此言作宫室者仅为"圣人"，尚无具体的名号。但在《韩非子·五蠹》中则称："上古之世，人民少而禽兽众，人民不胜禽兽虫蛇。有圣人作，构木为巢，以避群害。而民悦之，使王天下，号曰有巢氏。"如是，则在墨子那里不过只是泛泛言之的"圣人"，在韩非子这里就突然具有了一个名号曰"有巢氏"。三皇中最为显赫的，除黄帝外，即为伏羲。伏羲一名，来自日神大"曦"。但晚周秦汉人却望文生义地作出了种种有意为之的曲解。《易系辞·正义》谓："取牺牲以充庖牺，故号曰伏羲氏。"这样一来，伏羲的名号就成为了渔猎肉食文化的象征。所以《尸子》说："宓牺氏之世，天下多兽，故教民以猎。""作结绳而为网罟，以田以渔。"（商代以上称猎为田）渔猎时代，是人类由蒙昧走向野蛮和文明的转折

---

① 春秋以后中国思想界的潮流多变。到荀子止，可分为四阶段，神德主义→怀疑主义→自然主义→人德主义，这个问题我拟另作研究。

点。因此在传说中，伏羲也被尊作开辟人类文明起源的人物。发明婚姻制度，是进入文明的一个重要标志，诸子将此也归之于伏羲，"伏羲始作嫁娶，以俪皮为礼"。在这里，却否定了高母之神女娲作为婚姻之神的地位。

摩尔根在《古代社会》中曾说，一夫一妻制形成于由蒙昧向渔猎野蛮时代过渡的初期。先秦人们关于伏羲创制嫁娶的传说，实际上倒印证了这一点。有趣的是，归纳先秦诸子对于文明起源的论述，亦可以形成如下一个文明进化序列：

太古蒙昧 ⟶ 燧人 ⟶ 有巢 ⟶ 伏羲 ⟶ 神农

（洪荒时代）（用火）（建屋）（渔猎婚姻）（农业）

而有趣的是，此一顺序大体上相当正确地反映了人类史前文明演进的一般历程。摩尔根在《古代社会》中曾说："野蛮阶段随着伟大的野蛮人的成果而结束。对于这个阶段的社会状态，后来的希腊、罗马著述者固然很了解，但对于这个时代以前的状况，对于以前的独具特色的文化和经验，他们却同我们一样茫然不晓，不过他们在时间上比我们更接近古代，可能更清楚地看出今古之间的关系。他们很清楚地知道，在一系列发明和发现之间存在着一种先后关系，制度的发展也有着一种顺序。"战国诸子似乎正是如此。

五

…………

上古神话系统，是从属并表现着人类史上一个特定文化阶段的符号系统。它不仅体现了先民们最初的知（而不是无知），从而存储着重要的文化信息，而且具有自身的生成——变形逻辑。

一般来说，每一个神话系统都可以划分为三个层面：

1. 语音、文字所组成的语句层面。

2. 由一个语句集合构造成的一个语义层面。这个层面乃是对语句的第一层解释。

3. 作为深层结构的文化隐义层面。它构成对一个神话由来的真正解释。对任何神话的研究，只有在深入地掌握了这个层面之后，才能算是成功的。

从操作上说，我认为可以采取的分析步骤，大致应该区分为如下几步：

1. 首先将与一个共同母题有关的代表性神话，联结成一个大系统。

2. 用训诂学的方法，扫除理解这个神话系统的语言障碍。

3. 找出这个系统的组合、生成与变形规则。

4. 最后，发现、揭示作为这个神话系统深层结构的文化信息层面。

本文原载《学习与探索》1986 年第 3 期。原题《论远古神话的文化意义与研究方法》。本书选录时有删节，并改为现在的题目。

神话思维辨义

武世珍

武世珍（1936— ），甘肃人。西北师范大学学报编审。神话方面的论文有：《略论古代神话的起源》（1979）、《神话辨义》（1981）、《古代神话特点初探》（1981）、《再论古代神话的发展和演变》（1983）、《神话思维辨析》（1987）等。

究竟什么是神话思维？它的主要特点是什么呢？我们以为神话思维作为人类最初形成和发展起来的一种原始的思维形式，应该是原始先民用想象和借助想象认识对象世界的一种现存实践的思维，或叫"实践－精神的"思维。

马克思在《〈政治经济学批判〉导言》一文中，谈到研究和表达政治经济学观点应当采用辩证逻辑思维方式时指出：与逻辑思维不同的还有三种掌握世界的方式，即"艺术的、宗教的、实践－精神的"方式。马克思在这里是在论及理论的方式必须用逻辑思维时，把艺术的、宗教的、实践－精神的掌握方式，与逻辑思维的方式并列提出来的。所以，这三种掌握方式，也就是与逻辑思维方式并列的三种思维方式。因为所谓掌握世界的方式与思维方式，其所指基本上都是就人的感官和思维器官对于信息的收集和加工说的，内容是基本相同的，所以我体会，所谓神话思维，也就是马克思所说的"实践－精神的"思维。

正因为神话思维是"实践－精神的"思维，所以，它的显著的特点之一，就是这种思维在本质上是实践性的。马克思和恩格斯把这种思维的成果，称作"现存实践的意识"[1]，意思是说这种思维是直接在物质生产实践中产生并和实践活动交织在一起的，它是一种现存实践的思维。

因为人们的"思想、观念、意识的产生最初是直接与人们的物质活动，与人们的物质交往，与现实生活的语言交织在一起的。观念、思维、人们的精神交往在这里还是人们物质关系的直接产物"[2]。这就是说，人类最初发展起来的初级形式的思维，或者说神话思维，是直接依赖于物质实践并直接受实践所制约的。

诚然，一切思维都必须依赖于实践并为实践所制约，但是，其他形式的思维却往往是通过一种中介结构的折射进行思维并反映思维成果的，它们对于实践的依赖

---

[1]《马克思恩格斯选集》第 1 卷，人民出版社 1972 年版，第 36 页。
[2]《马克思恩格斯选集》第 1 卷，人民出版社 1972 年版，第 30 页。

和实践对它们的制约，都是通过中介结构的联系来实现的，是间接的。而"实践－精神的"思维，作为原始社会生产处于自然粗陋的状态下开始形成的一种思维，还与物质生产实践共同处于一个统一的过程中尚未分离开来。因而，它必须直接依赖于实践并直接受到实践的制约。

这种制约主要表现在以下两个方面：

1. 思维本身必须借助思维对象的实体去进行思维，即思维活动离不开被思维着的物象。

马克思和恩格斯指出："分工只是从物质劳动和精神劳动分离的时候起才开始成为真实的分工。从这时候起意识才能真实地这样想像：它是某种和现存实践的意识不同的东西；它不用想像某种真实的东西而能够真实地想像某种东西。"① 这就告诉我们，在物质劳动和精神劳动尚未分离的原始社会，人们的思维活动，总是在思维对象的直接束缚下，凭借着对象的外在物象进行的。它本身所具有的抽象概括的能力，还不足以离开真实的物象而能够真实地进行想象，以把握思维对象的特征，这就决定了这种思维仅仅是一种具象性的思维。它虽然也是"用想象和借助想象"进行的一种形象思维，但是，这种思维和后来发展起来的形象思维之间，是有着质的差别的。因为前者只是囿于现存的物象而被物象限制着的一种思维，它还不能从被思维着的物象本身扬弃其次要的非本质的成分，筛选和提炼出思维对象本质的成分。因而这种思维的结果尽管是现存实践的直接反映，但它并不一定能够真正反映思维对象的本质真实。如在许多原始民族的古老神话里，往往把"天"的观念与他们周围的最高的山峰联系起来，以为这山的顶峰就是所谓"天堂"。众神的最高首领就住在这样的天堂里，统治着诸神，主宰着天地间的万事万物。希腊神话中把奥林帕斯山的峰顶作为天堂，我国汉民族的神话里则以昆仑山为天堂。这种错误观念的形成，就是认识极端贫乏的先民，在直观这些山顶与云层相接的表面现象中，思维受到物象的直接束缚所造成的。而形象思维却是在感性摄取对象本质因素的基础上，抛弃了非本质因素形成形象的。仅此一点，就已经把两者明显地区分开来了。

当然，形象思维与神话思维的关系还是相当密切的。它是在原始的具象性思维的基础上孕育和发展起来的一种思维形式。因而，我们把神话思维的这种具象性，称为形象思维的萌芽，认为它是后来在神话思维的内部发展起来或分化出来的艺术思维的开端、起点、准备或过渡阶段，或者叫它为原始性质的艺术思维，都是可以的。但是如果把二者简单地等同起来，认为神话思维就是形象思维或艺术思维，那就错了。

2. 原始社会的生产实践对神话思维的直接制约，还集中地表现在这种思维是为物质实践所需要，并直接为实践服务的。这就不能不使这种思维活动及其成果，被实践所局限而仅仅具有极其肤浅的认识意义。

---

① 《马克思恩格斯选集》第 1 卷，人民出版社 1972 年版，第 36 页。

马克思指出：“囿于粗陋的实际需要的感觉只具有有限的意义。”① 因为这种生产物质生活本身的需要，作为人类最低层次的一种生物性需要，还不能使人类立即超越这种眼前需要的束缚，去形成更高层次的种种社会性需要而在对象世界中去发现和思考更多的问题。

诚然，具体的现存实践的思维，也是积淀着一定的感性经验因素的，就是说，实践思维在借助被思维着的物象进行思维的过程中，已经积淀在知觉记忆痕迹之上的感性经验，要为眼前被思维着的物象所激活，引起联想，以指导、补充、丰富和完善正在进行的思维。这种现象，在古代神话中是大量存在的。如在我国汉民族和许多少数民族的“射日神话”里，几乎都保存着这样一个基本相同或大致相似的情节，即某个半神半人的英雄在射落许多太阳以后，都要留下最后一个太阳继续给人们带来温暖和光明。像《淮南子》记述的羿射九日的故事，蒙古族的《乌恩射太阳》和壮族的《侯野射太阳》的神话故事，对这种情节的描述是很生动的。这种情节，正是在长期的生产和生活实践中，把烈日带来的酷热、灾难，以及太阳给予人们的光明、温暖所激起的憎恶和热爱这样两种对立的思想感情，在太阳这个物象的激活下，通过联想而编织起来的故事。在这里，感性经验不仅起到了联系和组织故事情节的作用，而且它在真实性上还深化了故事的认识意义。由此可知，没有感性经验在知觉记忆中的积淀，就没有联想，任何神话故事就难以形成。因为所谓想象，指的就是思维借助物象进行联想以形成故事情节的活动过程，而这里的所谓联想活动，正是在感性经验的基础上进行的。从这里我们可以看到感性经验在现存实践的思维中的重要作用。但是，感性经验也使现存实践的思维带有很大的局限性。

恩格斯说：“单凭观察所得的经验，是决不能充分证明必然性的。”② 这就告诉我们：建立在感性经验基础上借已知推知未知的现存实践的思维，仍然不能掌握思维对象的本质真实。因为直接为粗陋的实践所服务的感性经验本身，其所追求的只是功利价值的“善”，列宁指出，“‘善’是‘对外部现实的要求’”，“这就是说，世界不会满足人，人决心以自己的行动来改变世界”③。而人们正是在这种改变世界的实践中，即在不断追求“善”的完善形式的过程中，或者说在不断突破感性经验的局限性，扬弃感性经验本身的偶然性的活动中，才逐渐发现了客观规律的“真”，并进而以真为前提，以善为基础，发现和创造了“美”。这才使他们的物化活动反映在物态化活动中形成作为艺术典型的美的形象。我们所以反对有些同志不加任何分析地把古代神话一律作为文学艺术的形式去看待，并简单机械地从中寻找所谓艺术美，其原因正在这里。

“实践－精神的”思维方式的另一特点，就是这种思维又是一种半精神性的思

---

① 马克思：《1844 年经济学—哲学手稿》，刘丕坤译，人民出版社 1979 年版，第 79 页。
② 《马克思恩格斯选集》第 3 卷，人民出版社 1972 年版，第 549 页。
③ 《哲学笔记》，第 229 页。

维。马克思把"实践"和"精神"用一个连接号联系起来，构成一种掌握世界的方式，意思是说，这种思维还不是一种完全的精神性活动，它是半实践半精神性的思维。

因为这种思维虽然在本质上是实践性的，但是，它通过感性经验对现存物象的加工，作为一种心理活动或心理过程，却已经是在物化活动中进行着的一种物态化活动，属于精神性活动的范畴，并且这种活动的结果，作为思维的产物，已经对物化活动具有认识意义和指导作用。我们说古代神话的创造，一般都有明确的功利目的，主要就是针对它的认识意义和指导作用说的。所以普列汉诺夫在《论艺术——没有地址的信》中，曾引用拉特采尔提供的资料指出："澳洲土人的儿子刚一会走路，父亲就带他去打猎和捕鱼，教导他，给他讲种种的传说。"① 这就说明在原始民族那里，是把神话传说指导实践的作用看得与生产技术的传授同等重要的。况且有些神话故事本身，就是作为总结、传递、交流生产经验，传授生产知识而创造的。在这里，我们如果承认古代神话对生产和生活的指导作用，因而承认它属于精神性范畴的原始的意识形态，那就得同时承认，生产这种意识形态的思维方式——"实践－精神的"思维方式，也是精神性的。只是这种思维方式同以后形成和发展起来的其他种种思维方式相比较，因其本身还受到现存实践的直接的制约而对实践具有直接的依赖性，所以，它只是一种半精神性的思维，而以后形成和发展起来的其他种种思维，则是从这种思维转化、过渡和发展来的完成了的精神性思维。

"实践－精神的"思维的再一个特点，就是这种思维也是一种原生的单一的思维形式。就是说，这种思维作为后来发展起来的各种思维（如逻辑的、宗教的、艺术的）形式的萌芽阶段，虽然已经包含着这些思维形式的一些因素，但它在实际上却还没有完全具备这些思维形式的质的稳定性。关于艺术思维同这种思维的关系，我们在前面已经讨论到了，现在就宗教思维与它的关系来看，情形同样如此。

我们认为，宗教作为"人的存在在人脑中的幻想的反映"②，它也是借助"幻想"进行思维的。在这一点上，宗教思维与神话思维似乎是相同的。但是，正如马克思所指出的那样，"宗教是那些还没有获得自己或是再度丧失了自己的人的自我意识和自我感觉"，"宗教把人的本质变成了幻想的现实性"。③ 由此可知，宗教思维从总体来说是一种歪曲地、虚幻地掌握世界的方式。而神话思维却是要借助幻想认识自然力，征服自然力，并在这种认识自然和征服自然的过程中，逐步获得人的本质。这正是一个自然人化和人社会化、主体化的过程。从这里可以看出，神话思维与宗教思维在质的规定性上是存在着很大的差别的。只是由于原始社会开始形成和发展起来的原始思维或神话思维，还是一个包含着各种思维因素的原生体，因而宗教思

①《普列汉诺夫美学论文集》，人民出版社 1983 年版，第 386 页。
②《马克思恩格斯选集》第 3 卷，人民出版社 1972 年版，第 515 页。
③《马克思恩格斯选集》第 1 卷，人民出版社 1972 年版，第 1 页。

维作为神话思维所包含的一个尚未成熟或尚未获得独立形式的因素，还蕴含在神话思维这个原生体之中。它作为"那些还没有获得自己的人的自我意识和自我感觉"，对现实的态度是消极的。我们说古代神话的总的精神是积极进取的，但也寓含着一些消极的成分，其中一部分原因，是与宗教思维的因素有一定关系的。因此，我们以为宗教思维在原始社会，虽然只是作为一种带有萌芽性质的因素蕴含在神话思维之中，但就它作为神话思维中的因素而言，已经在出发点与归结点上和整个神话思维有了明显的差别。这种差别发展到原来寓含在神话思维母体中的宗教思维的因素，以其成熟的形式形成一种独立的思维方式脱离神话思维的时候，宗教也就由原来"那些还没有获得自己的人的自我意识和自我感觉"，转变为"那些再度丧失了自己的人的自我意识和自我感觉"。这种情形既从整体上说明了为什么原始宗教总是寓含在古代神话之中而成为古代神话的一个组成部分，又部分地反映出它即使作为古代神话的一个组成部分，也已经同神话有了根本的区别。

有的学者只从原始宗教与古代神话有联系的一面着眼，忽略二者在联系中已经存在着的差别，以致把这种联系扩展到文明社会宗教与神话分离以后，认为只要宗教存在，神话就不会消失。这种认识的片面性，正是忽略了宗教思维与神话思维的辩证关系所造成的。

再就"实践－精神的"思维与逻辑思维的关系来看，神话思维显然不是运用概念进行推理判断而思维的，但是，这种思维通过感性经验对思维对象的外在物象进行加工的过程，也不是完全没有判断的。实际上，"想象"本身正是根据已知推断未知的一种类比判断，只是这种判断是借助物象进行的一种判断而已。因此，"实践－精神的"思维，同样是包含着逻辑思维的因素在内的。问题仅仅在于当时还处于萌芽状态的逻辑因素，并不在神话思维的原生体中占优势。否则，我们也就同样无法理解逻辑思维是怎样形成和发展起来的。

正因为"实践－精神的"思维是一种原生的思维，它是要在自身发展的过程中逐渐进行分化的，所以它的最后一个特点，就是这种思维还是一种动态结构的思维。

这也是神话思维同后来在它内部孕育分化出来的逻辑的、艺术的、宗教的思维形式的不同所在，所以应该是它本身独有的特点。这个特点要求我们，只有用活动变化的观点，从它的发展过程中去把握它的质的规定性，才能真正掌握它的基本特征。否则，就可能以偏概全，把部分作为整体而得出片面的结论。例如有的同志认为神话思维的一个重要特征是"具体的形象和抽象的观念往往合而为一"，这是神话思维本身所具有的象征性。这种观点对不对呢？我们以为基本上是对的，但不够全面。因为神话思维的象征性是感性形象和抽象观念的结合，确实是贯串于神话思维的发展始终的，从这种意义上讲，应该说是正确的。但是，神话思维的象征性是具体形象与抽象观念的"合而为一"，却并不是机械静止的结合，而是一种在矛盾运动中的统一。这就是说，感性形象与形象凝聚的意义，是通过想象和幻想的中介结构联结起来的；而想象和幻想本身作为一种认识活动和思维活动，又是为一定的物质生产水平所制约的。因而，它本身也有一个随着物质生产的发展而逐步发展和提高的过程，这个过程反映在它联结形象与观念意义的职能上，也就呈现为一种不断打破旧的联合、重建新的联合的矛盾运动的过程。我们以为古代神话中的审美因素的形成、发展以及神话本身的发展，就是在这种矛盾运动中实现的。所以，如果仅仅看到形象与观念意义的结合，看不到它们在不断打破这种结合、重建新的结合的发展过程，就难以理解古代神话的发展和演变，因而也就难以全面地把握神话的某些特征。这个问题说明，对于神话思维这种初级的正在经历着分化、转变和过渡性的思维方式，必须以活动变化的观点去分析和掌握它的发展过程，才能比较全面地把握它的实质。这也正是我们强调要把神话思维的动态结构，作为它本身的一个基本特点来看待的重要原因。

综上所述，神话思维作为一种动态结构的原生的思维形式，它本身是要随着人们生产实践的发展而发展的。这种发展的大致过程，是沿着以下两种互相对应的形式，在对立统一的转化中进行的。

1. 它是以神话思维的原生体中所寓含的各种萌芽性质的思维因素的增长、成熟为条件，使神话思维逐渐分解，以至最后当各种萌芽性质的因素逐步获得其质的稳定性，开始在神话思维的母体中分解出来形成各种独立的思维形式的时候，神话思维也就因此而最后解体，为各种新的思维形式所取代。这就是说，神话思维本身的发展，同它内部所寓含的各种萌芽性质的思维因素的增长，是互为条件的。例如前面我们已经谈到，在神话思维中，艺术思维的因素虽然已经占优势，但是，由于原始社会以氏族和部落为单位的群体生活，还限制和束缚着人们的意识，这就使他们在思维中不能以"群"或"类"为单位来观察和思考问题。而这样观察和思考的结果，就只能以类化的形式，把某一群或某一类对象聚合为一个具体的形象。我们在早期的神话中，常常看到多头兽、多头鸟的形象，这就是在群体意识或部落性意识的作用下，直观一群鸟兽的结果。这种现象反映在人物形象的塑造上，就使早期神话中的神或英雄，不仅具有多头多臂的特点，而且在性格方面也仅仅具有氏族、部落这种群体生活的共性，缺乏或根本不具备鲜明的个性。这种情况随着社会生产的发展，需要的增加，以及生产中的分工的逐渐扩大，因而使以血缘关系为纽带的氏族内部的结构发生变化的时候，或者说在原始人类与自然的交换中，使氏族这种自然发生的共同体，逐步削弱和丧失其本身的种种自然属性并相应地获得更多的社会属性的时候，与此相联系的是人们本身的自然规定性，也以同样的速度转化为社会规定性。这就是说，人不仅在"统治"与"服从"这个问题上与自然改变着位置，而且人们在变革现实的进程中也以同样的速度在逐步地获得人的本质。这种状况发展到生产中的分工打破了生产和占有的共同性以后，氏族社会就得解体，人也因此由过去的"群体"、"类"转化为具有个性特点的社会性的人。以上这一发展过程，反映在神话思维中，就以人的社会意识的增长和"部落性"、"群体性"意识的相对削弱，使神话思维逐步解体。这种解体的过程，也是神话思维中的艺术思维的因素，由类化的群体意识或集体表象，逐步向具有个性特征的个体转化的过程。它是以削弱神话思维群体意识的性质，和相应地增强艺术思维因素的个性化特征，来加速神话思维的解体而促使艺术思维成熟和诞生的。

这种现象告诉我们，神话思维的解体和在这种思维形式中寓含着的各种思维因素的增长，是互为条件地在一个矛盾的统一体中，通过对立转化的形式进行着。所以，神话思维作为人类最初形成的一种过渡性的思维形式，就不像在它内部形成和发展起来的其他各种思维形式那样，具有历史的稳定性和长久的生命力。它作为一种原始的思维形式，就只能随着原始社会生活的结束而最后解体。

2. 神话思维作为一种半实践半精神性的思维，同时还以一种从实践向精神转化、过渡的形态发展着。这种发展过程同样伴随着生产中的分工进行转化，最后以分工打破生产和占有的共同性为前提，使物质劳动与精神劳动分别由不同的人来承担，或者说使物质劳动与精神劳动由一个统一的过程分化为两种过程，才完成了这种转变。这也就是说，从半实践半精神性的神话思维内部分化出来的逻辑的、艺术的、宗教的思维形式，在其脱离神话思维的母体开始独立的时候，便已经完全成为一种精神性的思维。马克思和恩格斯指出："分工只是从物质劳动和精神劳动分离的时候起才开始成为真实的分工。……从这时候起，意识才能摆脱世界而去构造'纯粹的'理论、神学、哲学、道德等等。"① 这段话就是针对思维成果从半实践半精神的性质完成向精神的过渡说的。

神话思维的解体，意味着古代神话发展的终结，这是思维活动与思维成果的一致性决定的。因为思维活动和思维成果都是由人们变革现实的实践所决定的。在现实实践中，实际的情形是，"那些发展着自己的物质生产和物质交往的人们，在改变自己的这个现实的同时也改变着自己的思维和思维的产物"② 所以，当原始先民因其实践活动和物质交往形式的发展，使神话思维开始解体，因而代之以新的思维形式的时候，那这种新的思维形式的结果，也就相应地转变为其他新的意识形态了。

这种转变，在神话思维向艺术思维、逻辑思维和宗教思维的变化中，其实际情形是各不相同的。

在向艺术思维的转变中，是通过不自觉的艺术加工向自觉的艺术加工的过渡来完成的。古代神话中的审美因素的积累，神话故事中的感性形象由类化的群体表象转向个性化的过程，都是这种转变的具体表现。而古代神话发展到最后的定型化、系统化和神话向史诗、传说、寓言的转化，就是这一转变的终结。反过来说，神话思维发展过程的终结，也正是这种思维成果的逐步定型化、系统化和它转变为新的文学艺术的样式而导致自身的消亡。

在向逻辑思维的转变中，则是以思维中理性成分的逐步增强和逻辑概念的形成

① 《马克思恩格斯选集》第 1 卷，人民出版社 1972 年版，第 36 页。
② 《马克思恩格斯选集》第 1 卷，人民出版社 1972 年版，第 31 页。

来完成的。实际上，随着古代神话中的感性形象在其象征性上所代表的抽象意义的逐步明确和稳定，以及某些代表着特定观念的形象本身的固定化和符号化，许多简单的逻辑概念就由此而产生出来。所以逻辑思维和形象思维尽管是两种迥然不同的思维形式，但是它们在其形成的过程中，是难以截然分开的。问题在于逻辑思维的因素一旦在神话思维中由逐步成熟到开始独立的时候，这种思维成果就以一种新的质的稳定性构成一种新的意识形态代替了神话而使神话趋于消失。

在向宗教思维的转变中，又是以艺术思维和逻辑思维结合的形式进行的。如前所述，神话思维中的宗教思维的因素，在其早期的阶段，是与神话思维大体相同或极其相似的，它们都是用幻想和想象思维着自然对象和社会现象。虽然宗教思维的结果总是以其颠倒虚幻的形式，从各方面解释自然统治人的合理性，但是，正因为如此，在神话思维不断地揭开对象世界的奥秘的同时，宗教思维也就相应地以逻辑推理的补充形式，尽量在理论上继续维护自然对人的统治。所以宗教思维发展到最后从神话思维中独立出来的时候，它的思维成果作为一种从自然宗教过渡到人为宗教的新的意识形态，既包含着由形象构成的故事，也包含着某些解释宗教教义的理论。

总之，通过以上讨论我们可以看出，随着神话思维的解体，古代神话作为这种思维的产物，也就消失了。这正如一种活动的性质的改变，必然导致结果的改变一样，一般是没有例外的。

实际上，随着氏族社会的解体，社会分工使物质劳动和精神劳动由一个统一的过程分化为两种过程，因而使与氏族制度相适应的神话思维解体以后，这种思维形式的某些残余因素虽然还存在过一段时期，但它既作为一种残余因素存在，也就只能给新的意识形态烙上残余的印记，或者说使新的意识形态带上一些神话色彩，而不能再产生出新的神话来。① 我们明确了这一点，就会明确为什么产生于奴隶社会和封建社会的某些民间故事和传说，仍然带着一些神话色彩，但它们并不是新产生的神话的根本原因。

本文原载《神话新论》（刘魁立、马昌仪、程蔷编），上海文艺出版社 1987年版。本文原题《神话思维辨析》，收入本书时经作者改为今题，并由编者略去文章的开头部分，这一部分介绍了当前学术界对神话思维的三种见解：（1）把神话思维理解为后来的艺术思维；（2）把神话思维等同于无任何逻辑联系的杂乱无绪的思维；（3）从原始思维的特征去理解神话思维。

---

① 关于有些民族在近代仍有神话继续产生的问题，那正是他们尚处在氏族、部落阶段的社会生活所决定的。这与古代神话产生、流传的情形是相同的。因而我们应当把这部分神话归于整个神话的范畴，而不能认为是原始社会以后产生的新神话，更不能以此作为新神话的论据。

神话发生的时代条件

程 蔷

程蔷（1944— ），女，生于上海，北京师范大学中文系民间文学专业研究生毕业，文学硕士，现为上海大学文学院教授。神话学方面的论文有：《鲧禹治水神话的产生和演变》、《神物幻想与文化心理》、《〈博物志〉在古代神话学史上的地位》、《唐人传奇与神话原型——兼论文人创作与民俗文化的关系》、《蛇神与蛇精》、《龙——中华民俗文化永恒的主题》、《葫芦文化和中国人的宇宙意识》等。

　　神话，作为原始人类精神活动产品的结晶，它是一个庞大而复杂的体系。各民族、各地区、各种内容、各种类型的神话，是构成该体系的子系统。这些子系统又是由许多更小的元件所组成。然而审视组成神话体系子系统的每一个元件，我们又会发现，它们本身也足以被称作一个小小的体系。对于构成神话的上述不同层次的大小体系，从它们产生的时间、条件，到它们的内容、属性和基本特征等等，都值得我们作仔细深入的研究。

　　但是，本文探讨神话发生的时代条件，是把神话作为一个整体——亦即在神话体系的最高层次上——来观察，试图论述当社会发展到具备了哪些条件时，神话才能发生。因此，论述的重点是揭示神话产生的条件，而不是划定某个具体神话产生的时间。众所周知，神话和任何事物一样，它的诞生是需要一定的条件的。只有神话发生的诸种要素均已具备，并且当这些要素已在某一社会形态中共同地起着作用时，神话才会出现。而从时间的角度来看，这种社会形态自然会在社会发展的时间表上占据一个相对确定的位置。所以考察神话产生的时代条件和神话产生于何种社会形态，本来是一而二、二而一的事。可是，由于世界之大，各民族的社会、经济、文化发展的不平衡，神话发生的时代对于各个不同地区、不同民族，在时间上实际存在着巨大的差异。例如，仅仅在一二百年之前，澳大利亚某些土著居民还生活在氏族社会，亦即具备着产生神话的各种要素的原始社会之中，对于这部分居民来说，也可以说是仍处于神话发生的时代。而同样性质的时代，古埃及在大约一万多年前的新石器时期就已经形成，并且以后随着社会的发展，这些要素发生了根本的变化，因而这个时代也早就结束。古埃及人和澳大利亚土人的神话时代竟可以相距上万年之久，这在人类发展的时间表上距离可谓遥远。然而，从神话的发生来看，这两个相距万年的不同社会，这两个社会中不同民族的人的生活、交往方式、思维方式等等，却又有着某些本质上的共同之处。而揭示这个共同之处，阐明神话发生的时代条件，便是本文的根本宗旨。

一

神话并不发生于原始社会的开端，只有当原始社会发展到相当高度时，神话才会诞生。这时，虽然生产力仍不发达，但人类已从制造和使用一般的石制工具发展到利用弓箭，学会了摩擦取火，从有选择的采集、狩猎开始向最原始的农耕及家畜饲养过渡，最初的手工业——制陶业开始发生和发展。而人类社会的形态，也已从群居过渡到氏族社会集团。

群居是动物界中已经存在着的一种集体谋生形式。不过，动物的群居并不固定，同一群动物之间并不存在比共同谋生更为复杂、更为高级的联系。这种群居纯粹是一种生物学上的联合物。当人类进入原始社会的第一阶段——群居阶段，就已与动物的群居完全不同。尽管此时人与人之间的社会关系还很不完善，但人类是作为社会的成员集合在一起，人类已经形成了社会。

人类社会中无论哪一种社会形态，都不是其个体成员的简单总和。社会，是人们交互作用的产物。人不能离开社会而生活，但社会对于单个的人来说，又是一种异己的力量，任何人不能不这样那样地接受社会的制约。社会一旦形成，就要以自己的意志强加给它的每一个成员，调节他们之间的相互关系，规范他们的行为，用自己的权能来统治他们。当原始的人类进入氏族社会，社会的这种性质即已渐趋成熟，社会就已开始有效地发挥着它的统治和调节的职能。

马克思说："虽然希腊人是从神话引伸出他们的氏族的，但是这些氏族比他们自己所造成的神话及其诸神和半神要古老些。"[①] 氏族社会，首先是母系氏族社会，是神话的摇篮。神话适应人类氏族社会阶段的生活而产生，是原始人类在这一阶段的精神生活所形成的综合性的产品。神话一旦发生，便随着氏族社会的发展而丰富发展。当氏族社会解体时，原始神话也就失去了生存的土壤。氏族社会特有的性质，社会约束和社会准则，是酝酿神话产生的基本条件。这个基本条件使神话获得了自己特有的质和属性。

每一个氏族都有自己的共同祖先。这是氏族成员给本氏族命名的依据。这个共同的祖先就是氏族内共同祀奉的假想的神话人物。这是氏族公社最突出的特征之一。我们今天很清楚，是现实的氏族在原始先民头脑中创造出了幻想的共同祖先，而不是幻想的共同祖先使氏族得以形成。但神话所叙述的却往往与此相反。它们讲的是作为祖先的神如何创造出自己这个氏族，以及本氏族名称的由来。这样的神话代代相传，也就把对共同祖先的祀奉及对自己氏族的认识传授给了后代。结果人们甚至

---

① 马克思：《摩尔根〈古代社会〉一书摘要》，人民出版社 1965 年版，第 169 页。

可以根据这类神话，在很遥远的地方找到自己的同族。在现代的原始民族中，情况仍是如此。有关氏族祖先的神话虽然纯属幻想，但在世界神话宝库中占据相当的数量。我国古代及少数民族中此类神话也为数不少。

"领地占有"是在原始先民中较早就有的一种观念。氏族社会集团形成后，随着生产方式从采集、狩猎向农耕的过渡，这种观念愈益增强。人们最初是依恋自己的出生地和生活地，这种依恋使他们的生活地域渐渐由相对稳定趋于更加固定，终于，领地占有的社会现象产生了。氏族社会的共有特征之一，是每一个氏族都有自己较为稳定的居住、采集、狩猎（而后逐渐发展到农耕和畜牧）的领地，还有共同的墓地。领地占有的客观现实和观念，跟神话的发生有着密切的关系，可以说，这便是神话发生的条件之一。考察古代神话的内容，不难发现，在氏族成员的心目中，神话中的有关故事往往充当了他们的一份"土地占有证"，使他们世世代代得以理直气壮地在这片土地上生活着。① 在印第安瓦纳帕姆族人中流传着关于宇宙起源的神话里有一段是这样讲的：上帝在这里首先创造了很多印第安人，然后才创造了法国人，很久以后又创造了波士顿人、乔治王人、黑人、中国人等等。② 这段叙述是对殖民者入侵的事实的反映，掺杂了后来的观念。但它在说明这块领土属印第安人所有，他们是最早的主人这一方面的作用仍很明显。而澳大利亚的土著居民，当他们被殖民主义者从自己的土地上驱逐出去以后，他们认为讲述着这块土地的古老神话也同时被毁灭了。我国白族中流传着一则神话，说是兄妹两人在白鹤的启示下结成夫妇，繁衍后代，使荒芜的坝子有了人烟，并越来越繁荣兴旺。这就是大理坝子的由来，直到今天，还有人把大理城称作"鹤拓"。③ 在这则神话中，白族人民确认大理最早是由自己的祖先开拓出来的。

弃子神话是广泛存在于世界各民族中的一种古老神话。有学者指出，这类神话与氏族内部确定亲子关系的图腾考验仪式有关。同一氏族内部的成员与该氏族的后代之间均有亲属关系，这些成员共同地负有哺育和教养后代的义务，这也是氏族社会的特征之一。当然，上一代对下一代进行哺育和教养，这在动物界，特别是高等动物界中早已存在。科学家通过实验证实，成兽不但喂养幼兽，而且往往通过让幼兽不断模仿自己的行为这种方式来教育幼兽。④ 人类对后代的养育，既有动物性本能的一面，又与动物性本能有本质的不同。而到了氏族社会，对后代的教养实际上已形成一套相当严格的制度。一个孩子（有时还得首先确认他的亲子身份），在他

---

① 功能学派正确地指出了神话的这一特质及功能。但他们把神话在生活中的地位仅仅归结为一种"保证作用"，未免片面。

② 参见［美］杰罗尔德·拉姆齐编：《美国俄勒冈州印第安神话传说》，史昆、李务生译，中国民间文艺出版社1983年内部发行。

③《鹤拓》，见谷德明编选：《中国少数民族神话选》，西北民族学院研究所印行。

④ 参见［美］D. A. 德斯伯里等主编：《比较心理学——现代概观》，邵郊等译，科学出版社1984年版。

长大成人、结婚、家庭生活等等方面都得按照习俗的规定按部就班地去做。而神话就跟氏族成员一生中所必须经历的图腾仪式、献身仪式、成丁礼等等有着密切的关系。生活在氏族社会中的原始人，需要有文化形式来叙述、保存、传授与上述种种仪式有关的习俗准则，正是这种需要，促成了神话的发生。

氏族社会形态在其他许多方面，诸如开始出现的劳动分工，平均分配的原则，对于氏族首领的推选与继承，处理氏族与氏族之间、部落与部落之间的关系等等方面，亦各具特征。这些特征在我们今天看来既是神话中不断反映着的现实，又是促使神话发生的因素。

二

各民族原始神话几乎无不涉及对氏族社会婚姻形态的反映，而其实这种婚姻形态又正是原始神话应运而生的时代条件之一。

在我国有关兄妹结婚的神话数量很多。这类神话故事中有几个环节必不可少。首先，兄妹俩总是在无可奈何的情况下，才不得不担负起繁衍后代的责任。其次，他们的婚配或需征得神物的同意，或需经过占卜行为，或者必须使对方看不清自己的脸容，以便自欺欺人地否认兄妹关系。再次，兄妹婚后诞生的后代，往往不同寻常，有时是怪胎，有时是肉团，等等，经过一番努力（有时是借助神灵力量）才使人类在此基础上繁衍起来。这些说明了什么呢？

从婚姻形式来看，人类社会曾经历过乱婚、血缘婚阶段。兄妹结婚在血缘婚时代是很自然的事情。[①] 讲述兄妹结婚故事的神话非常真实地反映了那个阶段的婚姻现实，但更重要的是反映出此时的人类实际上已经跨过或正在跨过古老原始的血缘婚阶段，氏族外婚将要或正在成为主要的婚姻形态。这类神话表明，对于血缘婚，当时人们记忆犹新，甚至在实际生活中还有残余，但由于经验的积累、智力的发展，人们已普遍怀疑，进而否定了旧的婚姻形态，一种进步的道德观已随着新的婚姻制度而形成。有关兄妹结婚的神话，便曲折地反映，并有力地加速了这一历史进程。

族外婚是氏族社会中调节两性关系最重要的一个规范。所谓族外婚，一般认为指的是氏族成员只能同别的氏族或胞族的成员通婚。根据民族学调查的大量材料，发现族外婚还意味着同一氏族或胞族的成员之间绝对禁止一切性的关系，所以族外婚也可以说是"氏族内的非性关系"[②]，这是氏族社会中的一条禁规。而且，这一层意思在氏族公社内也许比第一层意思更为重要。现代社会中性关系是否合法，一般以是否有婚姻关系为准则。但在氏族社会中，则只看是否违反"氏族内的非性关系"这一禁规。两性之间发生关系，只要不违反这一禁规，不管他们是否有婚姻关系，都被看成是合法的。反之，便要受到严厉处罚。大洋洲特鲁克岛上的密克罗尼

---

① 参见恩格斯：《家庭、私有制和国家的起源》，人民出版社 1972 年版。
② ［苏］ю. и. 谢苗诺夫著：《婚姻和家庭的起源》，蔡俊生译，中国社会科学出版社 1983 年版。

西亚土著居民直至本世纪还分为四十个母系氏族，青年男女性生活是自由的，婚后对夫妻贞操也并不重视，但他们却实行严格的族外婚，性伴侣必须是别个氏族的成员。澳大利亚的土著居民，在选择配偶时，要受族外婚姻制的严格限制。① 这条"氏族内非性关系"的禁规，属于原始社会中被称为"塔布"（禁忌）的那些禁规之一。"塔布"的产生与原始人生怕因违反禁忌而给自己和集体带来危险的恐惧感有关。族外婚形成之前的乱婚和血缘婚会给人类带来某种危险，这已经逐渐为氏族成员们所认识，虽然在抛弃了乱婚、血缘婚方式之后，这种危险已不复存在，但它所留下的阴影却仍然威胁着人们，迫使人们一方面要以某种方式来平息这种因恐惧的回忆所带来的情绪波动，一方面深感有必要反复重温这一从无数次痛苦的教训中总结出来的禁规，借以约束自己和他人的行为。一部分原始神话就是顺应着这样的需要而发生的。

三

人类的交往是社会组织和社会行为的基本过程，每一个个别人的行为在一个团体中都会对其他成员产生影响。随着生产活动的发展，出现了新的反映世界的形式——思维，和新的相互交流的形式——语言。语言的形成并日益成为人们日常交往的主要工具，这是神话得以发生的另一个重要时代条件。

在神话发生的时代，人类语言显然已具有语义性，某个词与某种事物之间，已经存在着相对固定的联系，也就是说，当时的人类已能给他们所接触和感受到的事物命名。对于时间和空间上远离的事物，在人类交往时的口语反应中已出现了心理学上所谓的"移位"现象，亦即通常必须由一定刺激所引起的口语反应，现在即使刺激已不存在，同样的反应有时也会发生，没有这种"移位"现象，人类就不能描摹出过去或将来的事件。"移位"现象表明从接受刺激到作出反应之间可以有一段时间上的延缓，这也就意味着人脑已经具备了贮存和重现信息的能力。除此以外，当时人类的语言还应当具备语音和语法两个子系统。这样，人们才能把词素以过去未曾用过的方式，插入语法模式中去，从而利用语言不断传送新的信息，以适当的方式将种种反应组合在一起。

神话是原始先民表达经验和感受的产物，而为了承担这个任务，当时的语言具备"反身性"乃是一个必要的条件。在人类交往中，除了谈论周围的事物外，人们必须已有谈论自己的能力。

在氏族社会文字尚未产生。神话的代代相传，正如同原始的生产和生活经验之代代相传一样，主要靠口头语言。然而这种代代相传之所以能够进行，又必须有一个条件，即这些氏族所使用的语言已形成一种稳定的传统。只有这样，上一代才能

---

① 参见［苏］C. A. 托卡列夫、C. Π. 托尔斯托夫主编：《澳大利亚和大洋洲各族人民》，李毅夫等译，生活·读书·新知三联书店1980年版。

顺利地向下一代传授必要的经验和知识，而神话便是这种经验和知识的结晶之一。从对原始民族的调查获知，氏族往往有自己的方言作为本族人们的交往工具。后代通过学习，自然地学会这种方言，语言的可学习性也已体现出来。

除语言外，在神话发生的原始氏族公社时代，人类还掌握着其他交往手段。例如控制声音的强弱，发出喊声、笑声、哭声等均是语言之外的辅助交往手段。包括面部表情、手势、姿态等在内的"身体语言"，特别是有节律的舞蹈动作，在氏族公社内更是一种重要的交往手段。两个部落发生争斗时，有时就用某种舞蹈表示宣战。此外，诸如击鼓、某种特殊装饰或具有特殊功用的器具等等，有时也包含着交往双方都能理解的含义，也成了语言的辅助工具。总之，当时语言作为人类最重要的交往方式虽已产生，但文字尚未出现，而先于语言，并为语言所不能替代的其他交往方式依然在发挥着重要作用。这就是原始神话发生时代人类交往方式的概况。

原始氏族社会中人类交往方式的发展，直接影响到原始神话所表现的人神交往。所谓神话，无非是原始先民按照人类世界的模式所创造出来的神灵世界，因此，在神话中，人类世界与神灵世界相互沟通是天经地义的事。我国古代"重黎绝地天通"① 神话，叙述的就是天（神的世界）和地（人的世界）原本相通，只是后来才被分隔。在其他民族的神话中，也经常出现沟通天、地的联系物，有时是高山，有时是大树，有时是一座神庙或宫殿等等，借助于这些联系物，众神可以自由地下降到人间，人也可以随意地上天，有时甚至人神不分，神就生活在人的中间。这时候人与神可以直接交往——事实上这不过是当时社会中人与人交往的映像而已。只是到了后来，诸神才远避人类高高在上，与神交往也才成为某些人（萨满、巫师之类）的专职。

神话表现的与神的种种交往，交往的方式与当时人与人之间交往方式的发展水平相一致。人们通过语言和各种辅助语言与神的世界沟通。他们向神祈祷，希望实现某种愿望；用咒语降服恶神，以避免灾祸；用原始的音乐舞蹈来祭神和娱神。这种人神交往其实是人与人交往的延伸和发展。而这对于神话——它描绘神的世界、神话人物，以及神、人之间的种种交往纠葛——的产生和发展，无疑是一种必要的条件。

四

神话由于反映了原始先民迥异于现代文明人的思维和心理特征，因而具有特殊的魅力。问题的另一方面是，神话是原始先民思维和心理活动发展过程中的一种产物。神话并不与人类的诞生同时出现，如果原始先民的思维和心理尚未发展到某种高度，神话是不会产生的。从神话发生的角度看，当时人类的思维活动和心理状态

---

① 见《尚书·吕刑篇》，《国语·楚语下》。

似应有以下诸特征：

一、通过对现实世界的长期观察，原始先民头脑中已形成一系列的经验，同时也凝聚出各种问题。因此，人类的心理已从一般高等动物皆有的好奇心发展到产生求知、求解、求证因果关系的欲望。当他们的求知欲发展到试图探究宇宙及人类本身的种种奥秘，而认识水平之低下又限制了他们的这种追求。神话，亦即用虚幻的、非现实的结论去解释种种现实问题的原始文化形式，便要应运而生了。

二、与上述情况有关，自然界既对人类生存带来益处，又带来种种危害，原始先民不但消极地趋利避害，而且在生活中激发起征服自然的欲望及进攻精神。然而，低下的生产力使这种征服和进攻不可能在实际上实现，而只能借助于幻想来完成。而神话，正是在幻想中征服自然的产物。

三、原始社会里的人的肉体和精神均处在不断进化的过程之中。人的心理和感情世界由简单走向丰富，由单纯走向复杂。因此人类感到现实生活给予他们越来越多的刺激，引起他们形形色色的情绪波动。丰富的感情积蓄，需要以某种方式加以舒泄，以取得悦己和娱人（也包括神）的效果。而神话，从某种意义来说，便是这种舒泄的产物。既然是内心感情的抒发，当然带有更强的主观色彩，因而其内容显然是非科学的、荒诞的，其表达的方式则往往带有巫术性。

以上三个方面常常不同程度地相互结合，成为原始人创作神话的内在动力。从它们可以看到，当时人类的思维和心理特征，是现实与虚幻、科学与巫术、合理与荒谬难解难分地纠缠在一起。原始人的求知欲望源于现实生活中种种难解之谜。原始人征服自然的愿望同样来自自然界对人类生存现实的益处与威胁。原始人所要表达的情感更是由现实生活所激起。但是所有这些基于现实的动机，通过先民的思维，最后却得出一幅被歪曲了的映像。那是因为当时人类的思维遵循着今天看来不可理解的独特的规律。在先民的思维和心理活动中，既无法摆脱直观知觉的干扰，又不能克服自身中心观念的束缚。因此，他们不能从更广阔的角度去考虑问题，只会认为周围的一切（甚至包括自然界的日月星辰）都是围绕着自己（人类）活动的。这种干扰和束缚使他们的思维无法升华到抽象。在先民的思维中，形象的联想占着很大比重。他们的联想由于不必受逻辑限制，因而显得格外丰富。联想的途径很多，而且往往不可思议。虽然这种联想在今天看来往往不合理，但先民们还没有具备及时抛弃根据不合理联想所得出的错误结论的能力。恰恰就是在人类思维和心理发展的这个特定历史阶段内，神话才能发生，并能迅速成长起来。

五

原始宗教的形态与神话的发生发展关系极为密切。

从考古发掘中，人们得知宗教观念的萌芽大约始于旧石器时代中期。对现代原始民族的调查，也得出了大致相同的结论，当人类处于氏族社会时期，最原始的宗教——氏族宗教已经产生。

与原始神话关系最密切的氏族宗教形态是图腾制和图腾崇拜。图腾制的出现与氏族组织的形成有密切关系。图腾制最主要的职能是借助于图腾祖先以维系同一氏族的血缘关系。同一图腾的人们都是同一个祖先的后代，属于同一社会集团。他们之间严禁发生性的关系，只能同别的社会集团通婚。氏族以图腾对象命名，这个对象虽然往往是动物，有时也可能是植物或其他自然物，但氏族成员相信，这就是他们的祖先或亲属，与他们有血缘关系。

澳大利亚的土著部落，被认为是现代原始民族中图腾制保留较为完整的地方。他们的每个部落分为若干氏族，每个氏族用某种动物（植物，或其他的自然物）名称来称呼，如狼犬、青蛙、甲虫、渡鸟、地鼠等等。氏族用以作为名称的动物，就是该氏族的图腾。但他们之中有的氏族对图腾并不崇敬或神化，图腾不是偶像，而是与自己很亲近的父亲、兄长或朋友，有些人甚至认为自己与图腾相等同。①

以上情况说明：第一，在单纯的图腾制内，还没有出现与现实世界截然分离的超自然世界的明确概念，两者是互相并存，浑然一体的；第二，如果用后来的概念把氏族的图腾祖先当作神，那么，这种神的形象与动物形象相等同，而这种动物的形象与人又无明显区别，因而实际上神与人浑然一体；第三，这时人与神之间并不存在崇拜与被崇拜的关系，而是亲密无间的血缘关系；第四，这时并没有特殊的宗教活动与图腾制相联系。

尽管各个氏族内图腾制的情况不尽相同，其发达水平也有上下，但基本特征有如上述，大体上是相似的。由此看来严格地说，图腾制还不属于原始宗教的范畴，它只是氏族这一社会集团的辅助形式。这种形式形成了氏族成员头脑中的图腾意识。大凡宗教（包括原始宗教在内），都必须相信现实世界之外的超自然、超人间的神秘境界，敬畏并崇拜主宰自然和社会的神秘力量，并渐渐发展出特殊的仪式、活动以及专司这些事务的神职人员。而这一切在氏族社会仅有的图腾制的阶段，还不存在。因此氏族成员的图腾意识只能说是原始宗教的先声，还不是宗教的意识形态。既然图腾尚未被神化，那么，在这个阶段里，自然也就没有图腾神话产生了。

当图腾意识发展到图腾崇拜时，才可说是跨入了宗教的范围（但人们往往把图腾制、图腾意识、图腾崇拜混为一谈）。图腾崇拜的兴起和发展，与图腾制开始衰微相联系。随着人的自我意识的觉醒，人类渐渐发现了自己与别人的不同，发现了集团不完全就是个人，此时，需要特别强化氏族成员的图腾意识，甚至要运用氏族组织的强制力量来巩固图腾祖先的地位。于是，这个时候，在氏族内，图腾就从人的同类的地位上升为当时道德标准所认可的真、善、美三位一体的化身。氏族成员心甘情愿地用双手把图腾从自己的身边高高举到天上，然后对它顶礼膜拜。随之而来的，是有关图腾的各种禁忌、巫术活动以及崇拜的仪式、祭祀等等。图腾崇拜的目

---

① 参见［苏］C. A. 托卡列夫、C. Ⅱ. 托尔斯托夫主编：《澳大利亚和大洋洲各族人民》，李毅夫等译，生活·读书·新知三联书店 1980 年版。

的是巩固图腾制,强化氏族的血缘关系,稳定氏族集团的团结,以及为了向别的氏族、部落去夸强争胜。只有在这种情况下,那些讲述本氏族起源于某个图腾祖先的神话才可能发生。这些神话要人们相信自己的集团同那个相应的图腾之间超自然的亲属关系,相信集团中的每一个成员都是伟大图腾祖先的子孙,并提醒人们不要违反图腾禁忌。

当然,任何一个氏族内,原始宗教的存在方式及发展形态都极为复杂,从单纯的图腾意识到图腾崇拜的发展过程很难加以仔细区分和描述。与此同时,原始宗教的其他形态,如自然崇拜、精灵崇拜、神灵崇拜、动物崇拜等等,也在发生、发展及演变,而且往往相互纠缠。各个具体氏族、部落的情况又各不相同,① 因而伴随着这些宗教形态而出现的神话,也就必然数量繁多、姿态各异。但在大量内容形式各异的神话中,仍然贯穿着一个共同的规律,那就是神话的发生与原始宗教的发生、发展状况密切相关。

六

神话并不是生活在原始氏族公社里的先民们唯一的精神产品。与神话的发展既有联系又有区别的是,当时已有其他关于动植物的故事在先民们口头流传。那时人们的主要谋生手段是采集和狩猎,天天与动植物打交道。先民们渐渐地熟悉这些动植物,了解它们的习性及功用,对它们产生了感情。他们讲述这些动植物的故事,夸大这些动植物的作用,有时是为了给下一代传授知识,有时是为了满足自己的愿望,有时不过是为了抒发自己对这些动植物或喜爱、或害怕、或恐惧的感情。

上一节谈到,在与图腾崇拜有关的神话里,动植物是主要的形象。这些神话与一般的动植物故事互为依辅,互相促进,有时甚至有某些交融。

从劳动号子发展而来的音乐与歌谣,在氏族社会中也已出现。伴随着神话的发展,在有些民族中已产生史诗,史诗中讲述的是与神话相同的或相关的内容。

舞蹈在神话发生时代曾经大为兴盛。在当时舞蹈更多地具有实用意义,如前面提到过,它甚至可作语言的辅助手段。有时在集会上跳起舞蹈来迎接客人,以加强两个部落间的联系,有时在血亲复仇出征前跳起舞蹈,以向对方宣战和鼓舞自己的士气。

舞蹈与神话也有联系,氏族成员有时用舞蹈来模仿神的行为,演述神话故事。舞蹈使神话表达的内容更为具体、形象,强化了神话的作用。

从考古发掘得来的大量材料中可以看到,原始公社时期的造型艺术(雕刻、绘画等)与神话的关系也很密切。这些造型艺术的产生不一定都在神话之后。有些造型艺术出于先民们的原始美感需要,但更多的艺术品内容则带有神话性质,与当时

---

① 参见乔治·彼得·穆达克著:《我们当代的原始民族》,童恩正译,四川省民族研究所 1980 年印行。

的宗教活动有关。我国目前发现最早的石刻岩画遗迹——连云港将军崖岩画，画中有头戴饰物的人面、鸟兽、农作物、星云等图案，内容与祈求丰年的宗教活动有关。在星云图案中，还有表示太阳和月亮的图形，很可能与当时的日月神话有联系。[①]

从对原始民族的调查及对神话的研究得知，氏族社会的人们已有原始科学知识的萌芽。这种萌芽大致有两个特点，首先是它们有与人类生存密切相关的实用性。原始先民采集、狩猎，必须熟悉活动环境，善于选择道路、寻找水源、追踪动物、识别植物，这些实践活动促使先民们掌握了最初的科学知识。随后获得的最起码的天文知识，与疾病、死亡作斗争的医药知识，等等，也与人类的生存、发展有直接关系。第二，这种萌芽又具有与科学格格不入的巫术性。这些科学知识的最初萌芽，往往与原始巫术结合在一起，形成荒谬的巫术观念与有益的、实用的科学知识既矛盾又统一的奇怪现象。当时的民间医学，巫医、巫师往往一身二任，他可以同时既用药物治疗，又用咒语驱魔。

最早的动植物传说故事，原始的音乐、歌谣、舞蹈和造型艺术，萌芽状态的原始科学和原始巫术，这些构成了神话产生时代的文化基础。神话从这个基础上诞生，又反映了这个基础。

以上从六个方面对神话发生的时代条件作了简略考察。进一步把六个方面综合起来，以便在人类社会发展的宏伟坐标图上找出神话发生的具体位置，这是笔者的愿望。

本文原载《神话新论》，上海文艺出版社 1987 年版。

[①] 参见连云港市博物馆：《连云港将军崖岩画遗迹调查》，李洪甫：《将军崖岩画遗迹的初步探索》，载《文物》1981 年第 7 期。

论萨满教的天穹观及其神话

富育光

富育光（1933—　），满族，吉林人。吉林省民族研究所研究员。长期在东北萨满文化区进行调查。神话方面的主要论文有：《满族萨满教女神神话初析》（与于又燕合作，1985）、《满族火祭习俗与神话》（1986）、《萨满教的天穹观及其神话》（1987）、《满族灵禽崇拜祭俗与神话探考》（1987）、《论满族柳祭与神话》（1987）、《萨满教女神神话》（与王宏刚合作，1991）等；专著有：《萨满教与神话》（1990）、《满族萨满教研究》（与孟慧英合作，1991）、《萨满教女神》（与王宏刚合作，1995）等。

在北方原始宗教萨满教的"万神殿"中，天穹神祇始终占据显赫地位，可以说，萨满教初兴时期就产生的原始天穹观念是其宗教思想的基石。多年来，国内外学术界对此多有探研，对萨满教文化特质的研究做出了贡献。但我国的某些学者认为"天神作为综合概念的神，出现的时间比较晚"①，并具体指出：蒙古族与满族"由于他们早已进入了阶级社会，曾建立过国家，出现了统治一切的帝王，从而他们的萨满教中也就有了天神的信仰。在这些民族中，萨满教许多神的自然属性和社会属性逐渐转到一个天神上来"②，甚而断言："清初满族的萨满教，已是以天神为主的一神教。"③ 显然，这些论断认为"天神"是人间帝王的宗教化、神圣化的产物，它必然产生于阶级社会，而天神的出现，则意味着萨满教已改变了作为原始宗教的特质。笔者认为，上述观点与崇信萨满教诸民族古老的崇天观念不相吻合，与这些民族的祝祭活动亦相径庭。笔者据多年来在满族等民族聚居地对萨满教文化遗迹的实地调查和对诸姓萨满神谕的释析，对此谈点不同看法，以期求正。

一

伟大诗人屈原在他那雄浑壮丽的诗篇——《天问》中问道：

天何所沓？十二焉分？日月安属？列星安陈？

这些关系到宇宙生成、天体运转的根本问题，在我国北方萨满教初兴时期的天

---

① 秋浦主编：《萨满教研究》，上海人民出版社 1985 年版，第 19 页。
② 伍韬：《萨满教的演变和没落》，载《社会科学战线》1981 年第 3 期，第 235 页。
③ 莫东寅：《清初满族的萨满教》，见《满族史论丛》，第 175 页。

穹观中已作了初步回答。

在黑龙江（中下游野人）女真部落中，曾流传的萨满教神话《天宫大战》中讲道：“最早最早以前，天是没有形体的，它像水一样流溢，像云一样飘渺。”这里给我们显示的是一个荒古未开、天地未分的混沌世界。这里的“天”还没有获得和地相对的地位，没有固定的形体，也没有多少神性。它是摆脱了动物界不久、刚刚获得原始思维的古人对其所生存的世界的最初认识。这与世界上各民族原始人的心理认识非常接近。北欧神话就认为最初宇宙混沌一团，无天、无地、无海。① 我国古籍亦载：“天地浑沌如鸡子。”② 这是萨满教天穹观的萌芽和基元。这种意识非常古朴。但它以水和云的流动性来寓意宇宙天穹的流动性，反映了原始初民对大自然直观、简单而又辩证的看法。

满族有的姓氏珍藏的萨满神谕中记载：“蓝天高大，无边无沿。”表明初民对浩瀚广宇的直观认识。有的萨满神谕称天是“舜莫林”（日马）的住地，即日马驰骋之所。这里以神马的奔驰来解释天穹的无限变化。有的姓氏萨满神谕称颂天穹是“昂阿额顿”（风嘴），将天穹喻为风的巨口，可恣意吞噬世间万物。一种流动性最大的自然物——风，成为天的象征。可以看出古人对远不能驾驭的自然天体的某种恐惧感。正如列宁所讲：“恐惧产生了神。”③ 这种恐惧感中就产生了对天的某种崇拜。有的萨满神谕称颂天穹中突现的多彩云光谓“神迹”，以天色云光卜吉凶，可见原始初民对某些天穹自然现象赋予神秘的崇仰之情。

火的使用使人类脱离了动物界。火是人类征服自然的第一个能够驾驭（当然是在一定程度上）的自然力。所以火在原始的萨满教天穹观中占有重要位置。在我们搜集的萨满神谕中，可以看到众多的自然天体、自然现象，如有日、月、星、辰、雷、云、风、雪、火、水、山、川等等成为神祇，受族人奉祀。它们各司其职，互相间还没有统属关系。但在庞大的自然神系中，属于天穹的神祇地位显得重要一些。而因火神司主宇宙的光与热、主宰着世界的光明与黑暗和四季更替，所以它是天神原始的化身，与太阳神和星神并重，是万物生命之母。它居住在最高的天穹中，天天随着“舜莫林”在大地上奔跑。在东海窝稽部流传的著名史诗《乌布西奔妈妈》中有“火是笑着来，火是蹦着来，火是树上来，火是雨里来”的萨满神词。我们看到在混沌初开的创世期，流动着的神秘之火是天神的最初形象。它的神威无敌，正是因为它和其他天穹神祇如太阳神、星神一起将生命之火或生命之光带给了世界。

火的神威与原始形象，在近代某些满族萨满祭祀中，仍可辨析出来。在我们探访调查中，有些满族姓氏如尼玛察氏、奚喝特里氏、萨克达氏、乌扎拉氏、纳耶勒氏等，被称为“没扣香的姓氏”，祭祀中仍敬奉动物神、自然神和祖先英雄神。在

---

① 茅盾：《神话杂论》，上海世界书局 1929 年版，第 17 页。
② 《太平御览》卷二引《三五历记》。
③ 《列宁全集》第 10 卷，人民出版社 1958 年版，第 62 页。

他们的萨满祭祀中，排神迎送时火神排列于山水、星、雷、雪等众自然神之首，尊为"首神"，祝祭中伴有许多令人叹止的火技。我们认为，这种祭礼比较接近萨满教的原生形态。可以看出在萨满教产生的初期，火神作为天神的化身有着重要地位和非凡作用。这种天穹观念和古希腊的某些古代哲学观念有相似的地方。如，赫拉克利特在自然的纷乱现象里寻求统一原则时认为：希腊人所说的地水风火四大元素中，火是最基本的。自然事物都是处在由地到水到风到火（上升）和由火到风到水到地（下降）的不断转变的过程。① 满族先民用富有诗意的神话语言，表达了他们最初的火生万物的天穹观。

以上几个简例，都可以说明古老的萨满教最原始的崇拜，就是宇宙、天穹间的自然崇拜。因此说，萨满教原始的初兴宗教行为所包含的意识，便是朦胧模糊的多神崇拜的天穹观念。这里所显示的初民们的宇宙视野和宇宙学说，不是对天和地的直接印象所产生的天圆地方说。南北朝的敕勒族歌手斛律金所歌唱的"天似穹庐笼罩四野"，就是天圆地方说的形象描绘。萨满教的天穹观是其万物有灵思想的反映，认为天地并无绝对分野，神、人、动物之间没有不可跨越的鸿沟。它要比以家乡为中心的浑天说②还要古老。某些萨满教神本记下了初民们这种认识：地上有多少自然现象，天上就有多少神。在他们看来，宇宙充满了灵体。人类居住的大地，只不过是宇宙世界中的一层而已。各层都像个浅碟子，中间有一孔相通，宇宙中的精灵可以上下通行。尼夫赫人就认为他们是从天上掉下来的。③ 有趣的是这种认识和当代最先进的宇宙学说有某些相通之处。当代科学的宇宙学说认为：宇宙是无限的，而地球只是宇宙星系中一个自然天体——行星而已。假如月亮上也有类似人类的智能生物，它们也会把地球看成天的一部分。这说明萨满教的原始天穹观看上去拙朴、朦胧、幼稚，甚至穿上了一层神秘主义外衣，但它建立在古人直观的物质一元论基础之上。所以这种观念含有真理的颗粒。从某些意义上讲，萨满教原始天穹观和当代宇宙学说，说明了人类认识客观世界所经过的否定之否定的辩证过程。

基于这种原始天穹观念，萨满才可代表氏族的族人，上天表示他们虔诚的敬意和希冀庇佑的意愿，也才可以从天上带回神谕和恩惠，使部族得到精神上的慰藉。基督教、佛教、伊斯兰教的教徒，只有死后其灵魂才能到达神圣的彼岸世界——天国；而萨满在今世——当然是在一种神秘的宗教氛围中——就能和天神交往。这才使他成为人神的"中介"——人的代表，神的使者。所以，"萨满"一词最古的含义就是和天穹紧密相连的。萨满，通古斯语，其含义按满族民间著名史诗《乌布西奔妈妈》中的解释是"晓彻"之意，为最能通达、了解神意。过去，多数著述只笼统译为"巫"或"精神颠狂"、"兴奋狂舞"者，尚未中的。有些满族萨满神谕中萨

---

① 参见朱光潜《西方美学史》。

② 金祖孟：《宇宙视野与宇宙学说》，载《华东师范大学学报》1985 年第 5 期。

③《尼夫赫人族源问题》，见《民族译文集》第 1 辑，第 17 页。

满作"阿巴汉"、"乌汉赊夫"。这与《三朝北盟会编》中所记载女真语称萨满作"乌达举",是一致的。"乌达"、"阿巴'"、"乌汉"实际都是满语"天"(阿布卡)字音转,译成汉语,即天的奴仆、天使、天仆。满族民间传讲世上第一个萨满是天神派来的,或天神命神鹰变幻的。因而萨满是宇宙的骄子、天穹的裔种,可见萨满和天穹的密切关系。

氏族萨满的产生,也与天穹观念直接有关。据调查,往昔一个新萨满必须经过若干"奥云",潜心苦学,方可成为氏族公认的神职萨满。"奥云"一词,多误译为满语"乌云"(九数)。近些年在众萨满中调查,均解释为"三"的意思。[①] 土耳其学者阿布杜卡迪尔·伊南在《萨满教今昔》一书中亦证实,"奥云"为古通古斯语,后为北方诸民族沿用。"奥云"是萨满教天穹观念专用语,即"三旋天"的意思。相传在萨满祝祭时,萨满能使自己魂灵出壳,升入天穹。萨满升天要转"迷溜",即旋转,象征飞腾貌。此时萨满处于昏迷状态,即谓"旋天"。"三旋天"即指氏族萨满经过昏迷术,驱策自身魂灵有翔天入地三次往复的神功。只有这样,才算得上是神职合格的萨满,才能被宇宙众神承认为中介使者、替身、代表,晓彻神谕,代达庶望,为本氏族服务。诚然,这只是乍系腰铃的初级萨满,若族中年高德劭的老萨满,传颂身有"三奥云"、"五奥云"、"七奥云"、"九奥云"的旋天术,可使自己魂灵巡游天穹时间更长,途程遥远,登入最上之天。

这种观念还渗透在许多萨满升天的神话之中。满族萨满故事《西林色夫》[②] 中的西林大萨满,就有飞天本领,经过幻觉中的十日行程,到达天穹中东海女神乌里色里居住的"洞顶金楼"。满族民间著名史诗《乌布西奔妈妈》中,乌布西奔大萨满就在睡眠中,魂魄坐在神鼓上,捕缚飞在天穹中的天鹅,并能到东海上空与云雷搏斗,故而使东海窝稽部七百噶珊慑服,成为勇武女罕。萨满巡天传说,苏联学者阿列克谢耶夫也曾撰文介绍过,雅库特萨满为到遥远的天上拜谒宇宙大神乌鲁托依翁,在天穹"途中需要休息三十九次"[③],借以表达宇宙空间的浩旷无穷。

上述可见,萨满教自它诞生时就与天穹和对天穹崇拜紧密相关。只不过,最初天神含义绝不可与近世一神教所述天神概念同日而语。更准确地讲,原始初民期的天穹观念是萨满教宗教思想的基础,后来所产生的动物崇拜、图腾崇拜和祖先英雄崇拜意识,都是依附于这块基石发展起来的。

二

随着社会发展,原始初民们征服自然的能力大大加强,在天穹神祇中人格因素

---

① 从吉林省永吉县、九台县、舒兰县所搜集到的满族关、郎、赵诸姓神本上,均有这种解释。

② 流传在东北部分地区的满族萨满故事《西林色夫》,又称《西林安班玛法》,与《尼山萨满》故事一样,过去在满族中都颇为流传。

③ [苏] 阿列克谢耶夫:《西伯利亚突厥语族民族萨满教》,孙运来译。

增多。在一些萨满神谕中，可以看到宇宙空间似乎也像地上生存的原始部落群一样，居住着善恶不等的宇宙神。而且，人类社会的生产分工亦反映到天上。于是众多散在的自然游神逐步形成一个由职司不同、大小各异的天穹神祇组成的萨满教天神谱系。这里的天神神祇，仍是无定指的、群体的，而且是与原始初民生存直接相关的功利神祇。神与神之间既平等又无隶属关系。萨满教多神群体观念，可以说是萨满教神谱的重要特征。近年对东北地区满族萨满教的调查表明，后期的萨满教依然稳定地保持这种观念。在各部族各姓氏萨满祭祀中，都认为天地间住满各种神祇。各部都有自己阖族总祀神。各姓还有自己本姓的守护神。各司其职，并未形成一个以天神独尊、上下一系的宇宙万神殿。各部族众姓均奉祀独立的、互不相因的天穹众神。其中既包括天神在内的自然神祇，又有动植物神祇，还有不胜枚举的氏族祖先英雄神祇，均属一部一姓宇宙神堂中平等的"天民"。他们或居于云层，或住星空，或架室于天穹岩穴湖海之中，"在每一棵树木中都有神灵在呼吸，整个现象世界都充满了神灵"①。它们像地球上的人一样，有专长、爱好、性格、欢爱、朋友、仇敌、家族，生活与人无异，亦有坐骑、猎狗、刀、箭等等，也常有喜怒哀乐，偶尔也争吵殴斗或像童稚般贪玩耍。生活在西伯利亚的奥罗奇人，就认为天上也是一个地球。②而爱斯基摩人、拉普人等则认为地下也有人类生存的世界，"其处恒为夏季，有较地上犹美丽之太阳"，"人世之萨满，亦时常往黄泉中，寻找已故之萨满，求彼等教授医术"③。满族等北方崇信萨满教的古老先民，也都认为宇宙精灵和神群，像天上星星、地上丘陵那么密层层，住满天地间无限层的宇宙空间中，各司其职，形成了萨满教独特的天穹多层神界的宗教心理。④

由于北方古老民族对深邃的天穹观察程度与解释互有不同，因此各族萨满教所世代保留下来的天穹古谕绚烂多彩。满族有的姓氏萨满神谕中就有"登天云，九九层，层层都住几铺神"的神赞，认为宇宙天穹有九十九层，层层都住着宇宙精灵；日本学者赤松智诚先生曾在朝鲜搜集到萨满教神谕称颂宇宙"三十九天"⑤，阿尔泰语系突厥人萨满教认为"三十三重天"⑥；住南西伯利亚的图瓦人也认为"天体有三十三层"。但也有不少民族传说天穹"十七层"。当然，这些抽象思维的形成，是社会发展到一定程度的产物。随着语汇的增多，特别是综合数字的发达，原始朴素的宗教意识也日趋概括化。如在满族等北方民族萨满神谕中，估量天穹广度用"九"代替，出现"九天"、"九层"之数。在北方诸民族民俗观念中，都非常重视"九"字。在萨满教观念中"九"代表事物"极数"、"尽数"，有很大意义。《满洲祭神

①［德］亨利希·海涅：《论德国宗教和哲学的历史》，第21页。
②［苏］斯特恩堡：《鞑靼海峡的奥罗奇人》，见《民族译文集》第1辑，第260页。
③［波］尼斡拉滋著：《西伯利亚各民族之萨满教》，金启琮译，打印稿。
④满族诸姓萨满神谕中，都有星祭，又称"顺心"，而且视为神祇在天穹中之替身和闪现。
⑤［日］赤松智诚：《朝鲜巫术的研究》。
⑥［苏］《北方民族的语言和口头文学》，孙运来译。

祭天典礼》中就有"贯九以盈"的赞词，视为满数。满族先世挹娄人"常为穴居，以深为贵，大家至接九梯"①。"九"被视为吉祥数。蒙古族等也非常崇拜"九"数。在满族古老神话《天宫大战》中，对"九"的崇信做了这样解释：传说宇宙大神阿布卡赫赫与恶魔耶鲁里搏斗时，天边出现一排魔洞。谁掉进洞里谁就永不能再返天上。阿布卡赫赫抓住几根天鹅翎一气蹦过了九个黑窟，登上最高的天上；耶鲁里骄横跋扈，一连跳过五个黑窟后，被几只乌鸦遮住了眼睛，掉进了第七个地洞里，堕入地下，再不能返回天穹。所以，萨满跳神要转九个"迷溜"，才能躲过灾祸，顺利登上"九天神楼"，可与神交。因此，天分九层观念在萨满教中影响普遍。此外，费雅喀（尼夫赫）、楚克奇等民族，则认为天分七层、五层。

在满族等北方诸民族中，还有将宇宙比作"宇宙树"、"天树"或"萨满树"的。认为它长在天穹的中心，通贯宇宙，根须部是地界，树干部为中界，枝头分为七叉（亦传九叉），称神界。这种观念反映原始人类初期的象形观念，比以数喻天观念要古远得多，在西伯利亚、东北亚以及我国满族等诸民族萨满教中影响也很广。满族诸姓所立祭天神杆盖源于此种观念。蒙古族祭鄂博插柳堆石等俗，亦受此影响。萨满死，有些民族架葬树巅，或筑木棚式棺椁，上盖柳枝或彩绘神树都是象征萨满灵魂能攀上天树，重返天穹。

萨满教进入奴隶社会和封建社会后，天穹观受佛教、基督教、喇嘛教的冲击与浸染，特别是清初叶后满族萨满祭祀除留祭祖先神和某些女真族所共祀的天穹自然神祇外，已经请入一些外来神祇，如本尊如来、观音菩萨、关圣帝君等，尤其在满族上层统治阶级清宫祭祀与王公家祭中祭祀日趋典范化、庙堂化，原始天穹观念已日益淡化。但是，在东北民间满族中，萨满教仍沿袭其古老的九天观念及宇宙多层说的天穹观。

清人徐珂所辑《清稗类钞》中记述："萨满教又立三界：上界曰巴尔兰由尔查，即天堂也；中界曰额尔土土伊都，即地面也；下界曰叶尔羌珠几牙儿，即地狱也。上界为诸神所居，下界为恶魔所居，中界尝为净地，今则人类繁殖于此。"徐珂所述"三界说"，来自雅库特民族，很可能受耶稣教、东正教等教义影响，与萨满教原始朴素的天穹观念已相距尤远。但从我们所搜集的大量萨满教资料看，这种"三界说"并不具有广泛性和典型性。从近年来所挖掘到的萨满神谕与神话中可以看到，满族萨满教依然保留着"九天"观念，形成独特的"三界说"，认为自然宇宙分为九层：最上层为天界，火界，又称光明界，可分成三层，为天神阿布卡恩都里和日、星辰、风、雷、雨、雪等神祇所居，除此还有众多的动物神、植物神以及氏族祖先英雄神，也高居于九天的"金楼神堂"之中；中层亦分为三层，是人、禽、动物及弱小精灵繁衍的世界；下层为土界，又称地界、暗界，亦分三层，是伟大的巴那吉额姆（地母）、司夜众女神以及恶魔居住与藏身的地方。萨满是"九天"的使者，

①《后汉书》卷一一五。

既可飞腾高天与神通，又可驰降暗界最底层铲除殃及人类的诸魔怪，满族古老的宇宙三界九天观念，保留了原始天穹中天地相通的思想痕迹，而其土界或暗界也绝非佛教、基督教所讲的地狱概念。萨满教作为一种原始宗教，仍没有失去它的文化特质。

三

在原始初民时期，宗教与神话总是相辅相成地依存着。宗教意识衍生神话，而神话又激发宗教观念。萨满教宇宙天穹至尊观念和天穹创世神话，便是最突出例证，长期以来在萨满教文化中影响深广，内容丰富，占有相当重要的地位。

我们在流传的萨满教神话中，可以看到在自然崇拜的基础上发展起来的动物崇拜、图腾崇拜和祖先英雄崇拜，后几种崇拜内容的侧重点多有不同，但仍和天穹紧密相关。在一些满族萨满神谕中，保留了一部分鸟兽造天辟地的神话。在满族诸姓萨满神谕中，都有创世鸟神，特别是至今保留野神祭祀的满族姓氏中，神话传说尤为动听。相传，天地初开时，遍地洪水，生物不能栖居。群群白水鸟、野鸭、天鹅，飞降水泽，一口口地啄食水中沙泥碎石，然后又都吐到一些浅滩地方，渐渐、渐渐堆出了大地，才有人类万物生息繁衍的地方。故此，尊崇白水鸟等鸟类为创世之祖，是人类传宗的母神。苏联学者阿列克谢·奥克拉德尼科夫所著《西伯利亚的古代文化》一书中，也多处记载北方鸟神创世神话，认为在天地初开、大地灼热时，是鸟类最先见到并踩在烧软的石头上，留下了爪迹，认为鸟类是与天地初开的同龄精灵。还传说，最初在汪洋洪水中，最早创造天地，使人类得以生息繁衍的恩神，不是以人的形象出现的神祇，而是以鸟的形态出现的救世神。满语称这位大神为"珊延木克嘎斯哈"（白水鸟），司管洪水船旅。亢艾里氏（韩姓）萨满神话传讲，白水鸟是位白姑娘变的，很古的时候，遍地洪涛怒浪，有个乐善助人的女萨满，给族中长幼提鱼充饥，她水性好，能潜游百里，一次误认水中白石为鱼，撞岩而死，死后化为白羽鸟神。

这种人禽人兽造天救世神话，在北亚和东北亚诸民族神话中，亦不乏其例。据苏联学者介绍，居住在苏联境内的埃文克族在其宇宙神话中，保留有大量关于猛犸和怪形巨蟒在洪水期造人而生人类的神话。据说冰河期猛犸用长牙齿插入地下将石土堆出大地，让人类栖居。猛犸群居之地形成山谷，巨蟒爬行生成峡谷巨川。故而视这些动物为人类宇宙初开的三位创世功神。

我们可以认为，这个时期萨满教的天穹神祇较之前一阶段逐步开始个性化。但是，这种个性化的主要特征不是神的人格化，而是带有浓郁的动物自然属性的性格化。正如普列汉诺夫所说："希腊哲学家色诺芬氏错了，他认为人总是按照自己的样子创造自己的神。不，最初人是按照动物的样子创造神的。"① 这种现象在世界原始部落的神话中相当普遍，而且占有重要的位置。如：阿尔诺德·万·然讷所记录的澳大利亚土著部落的神话中，动物也占有首要地位，值得指出的是，其中有些动物尽力给人们取火，起着普罗米修斯的作用。②

这种神话观念的产生，是由当时原始初民的生产方式决定的。冯·登·施泰因曾说："印第安人确定应把自己文化的最重要的成就归功于动物……动物的牙齿、骨骼贝壳是他们的劳动工具，没有这种工具，他们就不能创造，制造任何武器和器具，猎取动物是当时制造武器和工具的必要先决条件，每个儿童都知道，动物至今还提供这一切极必要的东西。"③ 我国北方乃至北亚信奉萨满教诸民族，都曾长期经历渔猎或游牧生活。因此，在他们原始的天穹观中，动物神祇充当了开天辟地的创世神祇的重要角色。

随着动物崇拜的盛行和发展，其中某些动物就成了人类（实际上是氏族）之祖，这就有了图腾崇拜的意味。某些满族姓氏天穹神话中传讲，天地初开时，水中小洲有鸟生蛋，蛋中出现六兄弟，为人类之祖；有的姓氏神话中还讲，有白水鸟与人发生性交关系则生出人类后代。这种神话传说在国外亦有记载。如苏联学者记载古突厥人传颂神鹰与一女人在岩洞中发生性关系，则生出世界上第一个女萨满。另外，在古高句丽神话中亦有朱蒙从肉蛋中出生，后为国主的传说。古代东海窝稽部人神话，人类初开时是巨蟒与女人之交，才生出人类。

在满族著名民间长篇传奇说部《两世罕王传》中，就讲述满族建州女真民族英雄王杲，便是其母于晨曦中临渊祝祷，时有神龟天蟒性交，浓雾漫天，口吸精气自孕生杲，英武非凡，反映了萨满教人蛇相交的古神话观念。人兽、人虫相交神话，在北方萨满教所奉祀的各类天神神偶中，就有许多神威无敌的宇宙大神是半人半禽、半人半蛇的合体神偶。

随着人类社会进入母系氏族社会繁荣时期，女性本位在氏族社会中占绝对主导地位。此时，萨满教神话进入绚丽多姿时代。在萨满教众多的天穹神话中，由一批聪明、美貌、智慧而显赫无比的女神组成神群。她们统御着天穹并踞于神坛中心，为族人所敬祀、膜拜。这时，萨满教中原来所祀奉的人兽相合或神兽之尊的神祇，为女性大神所接替，甚至萨满本身均为女萨满形象或扮相出现，认为方可震慑诸邪。

这些女神虽成了萨满教天穹的主神，但他们不是人类跨入阶级社会以后所出现的"女王"的天上翻版，还没有一神教倾向。她们往往以群体出现，甚至是双神、三神、七神同体，极少有一个女神主权的神话。有的萨满神话中，还出现一个女神生三头八臂九足的宇宙力神，神威能摇撼宇宙，飞行九层天如在步中。

---

① 《普列汉诺夫哲学著作选集》第 3 卷，第 387 页。

② 《澳大利亚的神话和传说》，第 83 页。

③ 冯·登·施泰因：《在巴西中部的原始部落中》，第 354 页。

一般说来，萨满教所敬颂的最早的人形宇宙天神是三位女性大神。她们形影不分，同时出现，同时隐去，六双神眼观望六个不同方向，主宰宇宙大地的安宁。我们近年在吉林省珲春地区满族那木都鲁氏（那姓）处搜集到了该族珍藏二百余年的三女神合体神偶，进一步证实了萨满教早期的三女神神话。①

据近些年考查，萨满教三女神神话，是东北各族中女神神话的胚基。东北地区特别在满族中，后世衍生出"三天女"、"三仙女"、"七仙女"、"九天女"等不同称呼的神话故事，盖发自最古老的女神群体崇拜。满族先世黑水女真人神话集锦《天宫大战》中记载，三女神统称"阿布卡赫赫"，汉意即"天女"。而"赫赫"一词实际是满语"佛佛"音转。"佛佛"汉意为女阴，反映原始初民时期母系氏族社会女性生殖崇拜观念，视女阴为万物生源，予以膜拜。以"阿布卡赫赫"女神为主体的萨满教天穹神话，内容异常丰富生动，极大地充实着萨满教古老的文化宝库。在北方信仰萨满教的民族中均有以自然宇宙间各种神力鏖战为内容的《天宫大战》神话，许多高踞天穹中的动物神祇和玛音神，叱咤风云，搏击邪氛，都是表现在天神阿布卡赫赫使者萨满都统下，与宇宙天穹间邪恶魔怪撕斗并奏凯歌的天宫大战故事的缩影。

有的萨满神谕称天穹是女神"亚涩"（眼睛），北方女神奇莫尼妈妈双眼紧闭时，天穹晴朗无云，草沃花香，眼睛睁开时则风雪冰雹骤降人间，表现了女神在宇宙天穹中的伟大作用。

与天母阿布卡赫赫相对的是另一个伟大的女性神祇——巴那吉额姆（地母）。巴那吉额姆，形象伟岸，腹乳高隆，巨若山丘，威力无比，宽厚仁慈。她耳上搓落的碎泥软毛，化作了树海山岩，滴出的汗水，化作了深深清泉，养育了大地的生灵万物。她实际上是和阿布卡赫赫一起同为主宰宇宙天地的姊妹神。

剥去天穹观神秘的宗教外衣，我们可以看到这实际上是母系氏族社会中女性地位崇高的反映，也说明这一阶段人类还处于社会地位平等的母系氏族酋长联席会议决断事务的时期。这些证实了摩尔根在《古代社会》中提出的一个基本思想："女性本位是原始的法则。"

四

北方满族等少数民族悠远浓厚的天穹崇拜观念与活动，在我国古籍中多有记载。《后汉书》载夫余人"以腊月祭天，大会连日，饮食歌舞，名曰迎鼓"②，《三国志》亦有同样记载。《新唐书》载高丽"俗多淫词，祀灵星及日"③。《魏书》载鲜卑人"以穹庐为宅，皆东向日"。《新五代史》、《三夷附录》中载："契丹好鬼而贵日。"

---

① 近年发现的三女神木雕偶像，代表宇宙大神，证明最早期女性天神是群体的。
②《后汉书》卷一一五。
③《新唐书》卷二〇。

《契丹国志·建官制度》云："……将举兵，必杀灰牛、白马，祠天地日及木叶山神。""每其主立……，筑台高丈余，以盆焚食，谓之'烧饭'。"又云："凡受册，积柴升其上，大会蕃夷其下，已，乃燔柴告天。"① 迨至金代，祭天礼序比辽代倍为庄重。"金因辽旧俗，以重五、中元、重九日行拜天之礼"②，"元日则拜日相庆，重五则射柳祭天"。女真人最初拜天旧俗，只是望天而拜，后来才"设位而祭"。元代据《元史》记载，"元兴朔漠，代有拜天之礼"。蒙古族敬崇天神"腾格里"倍极虔笃，尤其"崇拜日、月、山川五行之属，山帐南向，对日跪拜"，"无一事不为之于天"③。

清代满族除保留本民族古代祭天古俗外，又集辽金元诸朝拜天礼仪，使祭天古俗尤为普遍盛行，不论宫禁大内或民间乡里，均设杆祭天。清中叶前，京畿与北方满族等祭天郊祀如度盛节，拜天祭星敬祖，烹鹿燔豕羊为供，间杂各种马箭舞戏等余兴，倾数乡族众，弦歌五七日方散，将历代北方天穹祀礼，推举到登峰造极的地位。

很明显，这一类神圣的萨满教天穹祭礼出现在这些民族的母系氏族社会后期，甚至迈入文明社会以后，那么，这个阶段天穹观有什么特点呢？

首先是古远的自然天体崇拜仍占有重要位置。从上述古籍的只语片言中可以看到日、月、星辰在祭礼中仍受到虔诚膜拜。而且，这种观念也反映在近代萨满教所传承的神器中。据我们调查，萨满的神鼓代表宇宙；萨满的神裙代表云涛；萨满的腰铃代表风雷；萨满的神帽和铜镜代表日月星光，帽顶的飞鸟象征其能在宇宙间自由振飞，成为沟通天穹和人类的使者；萨满的鼓鞭则为宇宙坐骑，鼓声的缓疾代表飞天的步履。有的论者为了说明"天神作为综合概念的神，出现的时间比较晚"，举蒙古族为例，认为天和神往往用同一个名词——"腾格里"来表达，所谓"阿哈、得古、也逊、苏尔德、腾格里"就是九兄弟神，其中包括"巴图尔腾格里"（勇敢神）、"岱青腾格里"（战神）、"基雅嘎吉腾格里"（命运神）、"嘎尔腾格里"（火神）、"依达干腾格里"（女萨满神）、"巴尔斯腾格里"（虎神）等。所有这些"腾格里"，都是指一个神，而不是天。④ 过去，天和神用同一名词，说明最初对神的崇拜是和天连在一起的，实际上就是对自然宇宙的崇拜。这正如列维－布留尔在《原始思维》一书中所说，原始人的"原逻辑思维本质上是综合的思维"。

其次，从近年满族等北方诸民族萨满祭祀中可以见到，萨满教发展到近世以后，其各姓所祭祀的众神祇，依然名目繁冗，既有动物神，又有自然界神祇和祖先英雄神祇。即使有些满族姓氏萨满祭祀程序已经简化，但在其萨满神谕中仍多少可以辨

---

① 《契丹国志》卷二三《建官制度》。
② 《金史》卷三五，志一六，礼八。
③ 《吉林通志》卷二七。
④ 参见蔡家麒：《中国北方民族的萨满教》，见《中国少数民族宗教》，云南人民出版社 1985 年版，第 12 页。

识出一些除本氏族祖先神以外的动植物神名，足见萨满教自然崇拜观念的顽强的传袭性。祭祀天神，或俗称"祭院子"、"祭天"，并不代表祭祀的全部内容，仅仅算作萨满祭祀过程中一项议程而已。所以说，那种认为满族萨满祭祀已"转到一个天神上来"的结论，是不符合实际的。萨满教虽在历史长河中，确在向以天神为主的一神教演化，但由于种种历史原因，它没有完成这种演化。它还远不是"一神教"，有些满族姓氏所奉祀的宇宙神祇，至今多达百余位，少则亦有数十位之多。各神之间互无统辖关系，更没有以天神为尊而形成的神群，各自独立，即使是宇宙间显赫的天神，也只是平等神族中的一员，众神都是"天神"，依然保持原始宗教所特存的多神形态特征。因此，对萨满教文化宝库的探讨、整理与研究，必将使我们对我国北方诸民族原始文化发展史及其规律特点，得到更正确的了解。

本文原载《世界宗教研究》1987 年第 4 期。原题《论萨满教的天穹观》，本文标题为编者所拟。现据《萨满教文化研究》第一辑（吉林省民族研究所编，吉林人民出版社 1988 年版）选刊。

论佤族神话

——兼论活形态神话的特征

李子贤

李子贤（1939—　），云南建水人。云南大学中文系教授，曾任云南大学图书馆馆长、云南中日民俗文化研究中心主任。在国内外相关学术刊物发表神话学论文40余篇，著有《探寻一个尚未崩溃的神话王国——中国西南少数民族神话研究》（1991），选编《云南少数民族神话选》等。

如果说，我国西南少数民族地区还是一个不曾崩溃的神话王国，那么，佤族神话则是这个神话王国中最古朴的珍品之一。由于历史上阿佤山中心区特殊的文化生态，使佤族神话大多能够以活的形态存留下来。这对于我国神话学的研究来说，是不可多得的珍贵资料。本文拟从文化生态这一背景对佤族神话进行考察，并力图从中探索活形态神话的基本特征。

一

若以叙事内容作为分类的依据，佤族神话可分为天地开辟神话、人类（民族）起源神话、文化发明（谷物、家畜起源）神话、洪水神话、兄妹婚神话以及猎头起源神话等。在这些神话的基础上，形成了叙述人类起源及其繁衍发展的长篇创世史诗《司岗里》（人从圣洞出或人从葫芦出）。由于流传地区不同，各个佤族聚居区吟诵或讲述的《司岗里》在内容上又有所差异。

佤族的天地开辟神话，大多属天地分离型，大致有以下几种说法：

天和地是由达利吉神和达路安神创造的，大地是仿照癫蛤蟆的背造出来的，所以大地凸凹不平，有高山，有河谷，有平坝。

原先，天和地被一根大藤条捆绑在一起，而且还有脐带相连。后来，一个神用刀将藤条砍断，天和地就分开了。

过去，天和地紧挨着，后来，从葫芦中出来的兄妹俩中的妹妹，在舂米时，木杵碰着天，一下就把天给顶高了。

从前，天地之间离得很近，人们无法种粮食。天神梅吉对人说："杀一个人头祭神，就可以种出粮食了。"有一个人听了，就将他的养子（家庭奴隶）杀了，并砍下头祭神。果然，天升高了，粮食也种出来了。

这几则神话中，开天辟地的伟大功勋，是由人们信仰中的开天神、辟地神，以及祖先神完成的。尽管这些神的内涵中有人类自身的投影，但他们毕竟是信仰中的神。其中第四则神话，还给猎头习俗冠以神圣、非凡的"功能"：猎头导致天地分离，猎头可以种出粮食。当然，教人们猎头亦是神迹之一。

佤族的人类起源神话，主要讲述的是人从葫芦出及人从圣洞出，由此衍生出许多奇妙的故事情节。人从葫芦出的神话主要流传于沧源县班洪地区，故班洪古称葫芦王地，其部落首领被称为葫芦王。人从圣洞出的说法广泛流传于西盟地区。有的讲述者甚至说：此圣洞就在岳宋对面山上的巴格岱（缅甸境内），那里有一块巨大的岩石封住了洞口，如果这块岩石被搬开，洞中就会走出另一代人，现在的人则遭毁灭。此外，还有一个独身神用泥巴捏出一男一女兄妹俩，然后兄妹结婚繁衍人类的神话。

在中国境内的佤族中，目前尚未搜集到直接与猎头习俗相联系的人类起源神话，只是讲到当人类从葫芦（或圣洞）中出来，分成佤、汉、傣、拉祜等民族之后，遭到了洪水，天神木依吉（或梅吉）教人们砍人头祭祀，以避洪水之灾。但据日本学者大林太良在《印度支那北部佤族的人类起源神话》一文中提到的资料，缅甸佤族中流传着与解释猎头起源相关联的人由蝌蚪（青蛙）所变之人类起源神话。

佤族的文化发明神话，主要是谷物起源及家畜起源神话。《司岗里》讲道：人和各种动物从"司岗"出来后，人和动物一起走。当时说好，走路时谁也不准回头往后看。可是走着走着，老虎回头看了，这可把老虎身后的动物都吓得跑进森林里去，老虎也只得跟着跑了。结果，走在老虎前面的牛、狗、鸡、猫成了家畜，老虎及老虎身后的动物仍然是野兽。在佤族中流传最广泛的是谷物起源神话，而且内容大多与对猎头起源的解释有关。翁嘎科流传着如下一则神话：艾蒲娶佤族姑娘牙昂为妻，牙昂的哥哥大格浪去向艾蒲借谷种，艾蒲便借给他一些煮熟了的谷种，结果种不出谷子。后来，艾蒲借给他九粒谷种，并教他只要砍人头来供木鼓房，谷种就能长出苗来。大格浪照着去做，最先砍一条蛇的头供木鼓，谷子果然长出来了。后来，又砍了一个姑娘的头来供木鼓，谷子长得更好。从此，佤族就兴砍人头供木鼓了。

在 20 世纪 50 年代后期采集到的一篇名叫《烟斯》的神话中，虽未直接提到猎头，但讲到烟斯死而复活，变成农业神，很值得重视。故事内容是："有一个女人，头发很长，从不洗脸，相貌很丑，名叫烟斯。佤族把她敲死了，被傣族看见，用毛巾把她盖好。烟斯复活了，教傣族开水田。"后来，"烟斯想去兰块（石头之意）这个地方，此地居住着佤族。烟斯快到时，问白头翁（鸟名）说：'兰块在什么地方?'白头翁说：'不知道，你看我的头发都白了，也没找到。'于是，烟斯便到汉族那里去了"①。

此外，在佤族中还流传着木依吉神将谷种放置于海中，是蛇从水底为人类取得了谷种，或是从巨蛇口中吐出万物，其中包括谷种的神话。有的神话则说是小米雀为人类取回了谷种。

佤族的洪水神话，有的已和兄妹婚神话融合在一起，只是，没有兄妹开亲时合婚仪式（验证情节）的叙述，却有解释猎头起源的内容。例如：

过去一年发一次洪水，地上除了兄妹俩之外，其他的人全部淹死了。兄妹俩结婚，重新繁衍人类，可是，洪水却依然出现。此时，天神告诉人们：只要砍人头祭神，便可免受洪水之灾。人们根据神谕，砍了人头祭神，洪水果真退了。

另一则洪水神话，则无兄妹结婚的情节。洪水毁灭的是懒惰的怪异人：

达昭崩布热将天地劈开以后，从岩洞中走出了第一代人。这代人身高九尺，脸长九寸，长着许多只眼睛，脚板反着走路，一顿要吃一篓筐东西。他们什么事也不做，将所有的东西都吃光了。达昭崩布热见了，心里很不高兴，决心以洪水毁灭这一代人。于是他便昭示人类：快造木船躲避灾难！一天，达昭崩布热想测试一下人心的好坏，留下人种，便变成一只癞蛤蟆爬在路上。走路的人，凡见了癞蛤蟆的都要踩上一脚，唯独一个孤儿不忍心踩。达昭崩布热见孤儿心好，就在洪水前给了孤儿一只小船和一头母牛，让其在洪水灾祸中得以幸存。洪水退后，孤儿宰了母牛，从其腹中取出了一粒葫芦籽种于山崖里。不久，结出一个硕大无比的葫芦，吊在悬崖上，并发出了各种声音。孤儿用刀砍开葫芦，人和动物从葫芦中出来了。孤儿用刀砍葫芦时，将人的尾巴砍掉了，将螃蟹的头砍去了，将鸡的乳房割除了。

在另外的异文中，也有讲洪水后幸存的孤儿与龙王的女儿结婚。佤族的神话、传说、故事中，常常出现孤儿，这与历史上猎头常常导致血亲复仇、造成社会上出现孤儿有着某种联系。

佤族中还流传着情节单一、未与兄妹婚或天婚相融合的洪水神话：洪水滔天时，从远方漂来一只大葫芦，从葫芦里走出了人。或者说：洪水滔天时，从远方漂来了一只大葫芦，后来，葫芦沉入水中，变成了一座大山——葫芦山，尔后从山洞里出来了人。这种类型的洪水生人神话，在中国西南少数民族中是颇为独特的，当为洪水神话的原生形态。

未与洪水神话融合的兄妹婚神话，在佤族中亦有流传。其内容均与猎头习俗存在着某种内在联系，因为都讲到兄妹婚导致谷子长不好。如：

---

① 云南省编辑委员会编："民族问题五种丛书"之《佤族社会历史调查资料》（三），云南人民出版社 1983 年版，第 52—53 页。

> 雷神原先也住在地上，因为与他的妹妹性交，结果谷子长不好。为此，雷神被人们抄家，驱逐，他只得四处搬家，搬来搬去，最后只好逃到天上。

> 从葫芦里出来的兄妹俩，为人们从海底找来了谷种，从天上取来了火种，妹妹还教人们盖房子，并用木杵把天撑得很高，于是人们便请妹妹来领导大家。可是，由于后来兄妹结婚了，旱谷就长不好，饿死不少人。兄妹俩见状，便分开居住，旱谷又像从前一样长好了。

这与现实生活中佤族严禁同姓结婚是相对应的。佤族认为同姓之间发生两性关系是天地不容的行为，会触怒鬼神降灾祸于人们。所以，凡是本村本寨出现房屋失火、庄稼受灾、人病畜疫，则被怀疑为必是同姓之间有性行为。一旦抓获同姓发生性行为者，首先必抄其家，其亲属的牲畜亦必遭宰杀。当事者双方可能被逐出本村，轻者则要请大魔巴（祭司）作法事祈祷息怒，剽牛敬神，并被罚与猪狗同食。

直接解释佤族猎头起源的神话及传说，目前已搜集到几则，其中，笔者于1985年3月与谢国先同志在沧源记录的一篇名叫《会叫的鸡头》的神话，讲述猎头是由于各族祖先争"宝"导致的：古时，天神叫汉族、傣族、佤族来议事，尔后杀鸡让大家吃。天神把一个虽然与躯体分离，但却仍然会张口啼鸣的鸡头给了佤族。佤族舍不得吃，便将鸡头放入挎包中。回家的路上，鸡头"喔喔"啼叫起来。同行的汉族听了，遂设计将佤族的鸡头骗走，这才引起了佤族的猎头行为。显然，鸡头具有某种象征意义，亦是历史上的民族矛盾在神话中的曲折反映。与此相似的说法是：某次，某个部落的人杀死了另一个部落的成员，或者其他民族无意中杀死了佤族的某一成员，从而导致了佤族猎头，以示报复。因为猎头活动往往伴随或导致血亲复仇、部落械斗及民族纠纷，所以，产生这一类解释猎头起源的神话或传说，就是很自然的事了。

以上，便是佤族神话的概貌。从中可以看出：佤族神话不仅在内容上尚保留着原始、古朴的特点，而且大多以活形态存留，仍与该民族的社会组织、生产方式、生活习俗、宗教信仰等保持着密切的联系。

二

直到20世纪50年代初期，以西盟、沧源两县为主的阿佤山中心区的佤族社会，尚处于由原始父系制向奴隶制发展的转变期。据有关研究者考证，大约在唐代，佤族先民已进入初期农业社会。佤族最早种植的农作物，是旱谷及小红米（龙须爪）。据明清时期的史料记载，佤族"巢居山中，刀耕火种，多旱谷"[①]。由于历史、社会、文化的原因，刀耕火种农业一直沿袭至20世纪50年代。据有关调查资料，20

---

① 《景泰云南图经志书·腾冲司》卷六。

世纪 50 年代以前，该地区均无水田，固定耕地面积也只占全部现耕土地面积的 3% 左右，其余均为不固定的轮歇荒地。

50 年代后期，民族学者在对该地区进行了社会调查之后写道："佤族在同各种自然灾害的斗争中，还没有创造和积累起一套办法和经验……一般在遇到自然灾害时，都听其自然，或杀鸡剽牛祭鬼，求鬼神保佑。"频繁的宗教祭祀活动，致使"劳动力的使用率很低"，"一般是一百七八十天"。以"马散为例，每一个劳动力平均每年用在全寨性宗教活动，如拉木鼓、做水鬼、盖大房子和砍牛尾巴等的时间即达 53 天，各家因做鬼、酿酒和各种禁忌而浪费的时间还未计算在内"①。据统计，50 年代以前，该地区粮食亩产仅 100 斤左右，致使缺粮户在总户数的 80% 左右。

阿佤山中心区群山起伏，森林密布，小道崎岖，云雾缭绕，历史上形成了一个封闭或半封闭的文化地带。佤族的原始文化（包括生产方式、社会组织，以及神话、宗教、习俗等）因此被"封冻"而得以较完整地保留下来。其中一个突出的表现，便是与原始旱作农业相关联，与原始宗教、神话融为一体，直接影响到佤族的经济生活、军事行动，以及影响与外部落、外民族的关系的猎头祭祀习俗，长期得以遗存。直至 1957 年以后，这一地区的佤族才在人民政府的引导、帮助下移风易俗，彻底革除沿袭了千百年的猎头习俗。以此为标志，终于开始了建设社会主义民族新文化的伟大历程。

历史上阿佤山中心区刀耕火种的原始农业，处于封闭或半封闭的社会环境，原始的社会组织及生活习俗，是与原始思想、原始信仰及原始思维（或神话思维）相伴随的。在精神领域，便是对灵、鬼、神的笃信，以及与此相适应或互补的频繁宗教祭祀活动。过去，原始宗教确实成为佤族社会中总的理论和纲领，神话便是原始宗教形象化的信条，强烈地支配着人们的心理及行为，以至整个社会生活都被原始宗教所渗透。在西盟佤族中，氏族（或部落）酋长曾经同时就是氏族（或部落）的宗教祭司，负责管木鼓、管水、管各种祭祀活动。"当氏族公社普遍过渡到地缘的村社后，最先建立村寨的最古老的氏族酋长通常为大窝朗，他除了担任村社的村长外，也常担任部落酋长。氏族酋长的作用日趋削弱，而村长在宗教祭祀中的作用增强。这种情况，在氏族血缘纽带作用已日趋松弛的沧源佤族社会十分明显。"

据《西盟佤族自治县概况》（送审稿）一书介绍，西盟佤族的节日"哟黑拉翁"及"究克洛"都与神话相关，与宗教祭祀活动混杂在一起。"哟黑拉翁"就是根据佤族神话关于人类从圣洞中走出后的第三天由于洗了脸才会说话这一叙述，而在每年佤历一月三日举行全寨性的"接新水"活动，并由祭司带大家到水源处祭祀水神。"究克洛"即拉木鼓日，时间是佤历一月五日（公历 12 月中旬）。是时，全寨男女老少载歌载舞，并由巫师主持剽牛祭祀。过去，木鼓被视为通神的圣物，甚至

① 云南省编辑委员会编："民族问题五种丛书"之《佤族社会历史调查资料》（一），云南人民出版社 1983 年版，第 11 页。

被视作包括木依吉（或梅吉）在内的许多受崇拜的神的寓体或母体之象征，因此，将制作木鼓的树干（红毛树或花桃树）拉回的过程，也就成了一项集体性的宗教祭仪过程。这一宗教习俗的由来，也理所当然地用神话来解释：是木依吉（或梅吉），抑或别的祖先神教佤族拉木鼓的。因此，这一天要吟诵《司岗里》，表示对神祇的赞颂及对祖先的怀念。

据有关研究者考察，在西盟县阿佤山中心区以外的佤族中，大约已在一二百年前革除了猎头习俗。然而，在阿佤山中心区，猎头习俗却延续到 20 世纪 50 年代初。

佤族的猎头祭典包括猎头、接头、祭头和送头等活动。祭头时，由祭司代表整个部落向人头祈求，求其保佑村寨人畜平安，粮食丰收。祭司吟诵的祭词中有一句话："我们不是要加害于你，而是请你来当家。"在他们的观念中，似乎已在祭祀过程中完成了这样一种转换：被害者的灵魂已站到了祭祀者这一边并对其护佑。尔后，便在人头上放许多火灰，让其与血水融合后落在地上，让每家取走一些，用以同谷种拌在一起。在他们看来，这就能保佑粮食丰收。

佤族猎头祭祀的一系列活动，几乎是围绕着木鼓进行的，木鼓在事实上成了猎头祭祀活动的中心。佤语称木鼓为"梅吉劳格"，其功用除祭祀外，战争状态时报警、巡夜，以及跳集体舞等，均敲木鼓。据佤族神话说，供木鼓是木依吉（或梅吉）教的，抑或是祖先神教的；木鼓要用人头来陪、祭祀。

从总的方面来看，历史上佤族的猎头习俗与农业生产活动的关系极为密切，但其波及面却远远超过了农事活动的范围，猎头习俗已将宗教、神话、习俗融为一体，渗透于人们的整个物质生活和精神生活之中。归纳起来看，其大致有如下几个文化特征：

集团性。佤族的猎头习俗均是以部落（村寨）为单位进行的，因而成了该部落全体成员必须参与的公共性的宗教习俗活动。

规范性。猎头习俗的每一项祭典，虽然在各个部落中略有差异，但大体上是相同的。佤族的猎头习俗世代因袭，集体传承，并总是以种种神话对其起源及"功能"作神圣性、权威性的解释，以祭司的种种说教对其传承的必要性提供"依据"，以稳固这一习俗在社会生活中的传统地位及祭祀方式。

神秘性。猎头祭祀纯属一种原始的宗教活动，既危及自身及他人的人身安全，又耗费大量的人力和财力，危害性极大。但由于受原始信仰和宗教心理的支配，人们误认为唯独人头这一献祭品可以媚神，求神恩赐，便使这一习俗点染上一层浓重的神秘色彩。虽然就从事这一活动的人们的主观愿望而言，猎头祭祀的目的是为了求福禳灾，祈求人畜兴旺，粮食丰收，但结果却事与愿违，使人们反遭其害而不能醒悟、自拔。

恶性循环性。佤族的猎头习俗往往伴随或导致血亲复仇、部落械斗。在许多情况下，猎头酿成的"打冤家"可以延续许多代人，造成谁也无法摆脱或控制，只能参与其事的悲剧。所以常常出现这样的情况：猎头既是祭祀的需要，又是仇杀的开始或结局。如此往复，形成了一种恶性循环。

猎头习俗是世界上一些民族在其历史发展中的一定阶段内基于各种特殊的心理、文化及社会因素而产生的一种民俗事象。从有关的民俗资料来看，在一些曾经产生过猎头习俗的民族中，其猎头的内涵是有所差异的。澳洲基威岛上的麦威塔人和基威人，到了近代其猎头的原始宗教含义逐步丧失，因为男子猎头主要是为了显示男性和勇敢，并以此获取女性的爱慕。印度尼西亚伊利安岛上的阿散特玛人，则认为头颅可以驱鬼，并可将死者的力气转移给小孩。我国台湾高山族（布侬人）认为用人头祭神，可以防灾祸，禳除疾病，甚至认为死后可进乐土。

那么，历史上我国云南佤族猎头习俗的宗教含义是什么呢？目前，中国的研究者一般认为佤族猎头的原始含义是祭谷，以求粮食丰收。宋恩常先生在《佤族原始宗教窥探》一文中就使用了"猎头祭谷"这一概念，并且认为"佤族原始野蛮的人头血祭，同世界宗教史中大量的人头祭祀的资料表明，这种祭祀在原始社会中的含义，正如拉法格所说：'是人的血把自己的神秘特性传给谷粒，这种神秘的特性在许多次收获之后还是保存在谷粒中。'因而'人是神灵的最受欢迎的牺牲'"①。根据笔者的调查以及有关资料来看，佤族的猎头祭祀确乎是围绕着旱谷种植这一农事生产活动进行的。过去，阿佤山中心区实行刀耕火种，其结果必然导致森林被毁，水土流失，旱谷产量很低，食物来源甚少。可以想象，过去生活在阿佤山中心区的人们，对谷物丰收是何等渴望！据说，过去佤族特别喜欢将长有络腮胡的男性当作猎头对象。笔者在孟连县调查时才了解到，其原因是茂密的络腮胡意味着旱谷长势好，收成好！由此可见，不管认为猎头祭祀有多少种神秘的功能，但可以肯定地说：祈求粮食丰收是主要的功利目的。

但是，猎头祭祀的对象又并非仅仅是谷神（谷子鬼）。佤族猎头祭祀的功利目的除了祈求粮食丰收之外，还有祈求解难禳灾、人畜平安。过去佤族在拉木鼓时魔巴（祭司）的祭词中有如下一段话："我们把木鼓拉回来，砍头、剽牛来祭你，愿使我们谷子丰收，不受外寨人袭击……愿使我们百姓生活好，以后我们会多剽牛供你。"那么，这段祭词中反复出现的"你"即猎头祭祀的对象，究竟是指谁呢？

笔者1985年在沧源、西盟两县调查时，曾多次向佤族老人及有关人士询问过去佤族猎头祭祀的对象是什么神，但得到的回答却不尽相同。有的说是木依吉（或梅吉），有的说是山神，有的说是谷子鬼（司欧布），有的则说是祖先神。笔者认为，正如历史上佤族是一个以若干部落组成的松散的人们共同体一样，由于人间还未出现明确的、一致公认的最高统治者，所以在神的世界中亦未出现统辖一切的至上尊神。虽然创造神木依吉（或梅吉）的地位正在上升，但远未达到独尊一神的地步。佤族的原始宗教是一种对互不统辖、"各司其职"的多神的崇拜。这种多神崇拜中的神祇，均无固定的偶像。就是"最大的鬼"木依吉（或梅吉），其形状似光、似

---

① 宋恩常：《佤族原始宗教窥探》，见《中国少数民族宗教初编》，云南人民出版社1985年版。

火、似空气，也并没有特定的造型。所以，在另外的场合祭祀木依吉（或梅吉）时，置一块石头便可为其象征。为何木鼓成了通神的圣物，甚至就是许多神的寓体，原因大概就在于此。佤族猎头祭祀的对象，是以地位业已日渐显赫的木依吉（或梅吉）为首的许多人们感到需要向其祈求的神。当然，由于旱谷和小红米确是佤族传统种植的农作物，又是佤族的主食，故谷子鬼（司欧布）的地位也比较高。据说谷子鬼（司欧布）是女性，也住在木鼓房里。由于她掌管着谷子的生长丰歉，故过去佤族在每年撒过谷种之后，便要盖（或修理）木鼓房，大祭谷子鬼。由此可见，佤族的猎头祭祀，的确包含着对谷神的信仰和崇敬。

正像阿佤山中心区常常被云雾笼罩一样，历史上佤族的社会生活时刻弥漫着神秘、浓重的原始宗教气氛。可以说，人们认识了多少种事物，就有多少种灵、鬼、神。这些鬼神一旦产生，就反转过来支配、控制人们的精神生活。灵、鬼、神观念既是佤族先民对自然力和自然物认识和掌握的最初成果，又是对自然力的沉重压迫无力反抗的表现。因此，灵、鬼、神便成了人们用来解释一切困惑的出发点和依据。郭沫若先生说过："神话传说的母胎是不合科学规律的主观臆想。"[1] 这种导致神话产生的主观臆想，即神话的心智加工过程，是以灵、鬼、神观念为前提的，是以灵、鬼、神观念相适应的文化生态为基础的。离开了这个前提和背景，经过人类心智加工的产品就不可能是神话而是别的精神产品。许多佤族神话与解释猎头习俗起源有关，或者与猎头习俗对应、连属，就是一个有力的明证。

三

神话学家对神话曾下过各种各样的定义，并对神话的性质、特征作出自己的解释，然而，宗教史及佤族的宗教民俗资料却表明：在神话产生和传播的时代，神话不过是口述或吟诵信仰中的神奇事物或灵、鬼、神的事迹而已。

民族学家宋恩常先生写道："佤族相信万物有灵和灵魂不灭，认为各种事物的生存和变化都受一种精灵'斯艾'或'斯聂'所支配。同时，人们又多半将斯艾或斯聂理解为鬼。万物有灵观念直接反映在农业生产方面，是认为谷物同样有它的魂。这种反映普遍表现为叫谷魂。"[2]

据笔者调查，佤族的鬼神世界分为三个层次：

第一，神祇世界。在佤族中鬼、神、祖先不分，是同一概念。如被西盟佤族视为创造了万物和人类的木依吉，也称为鬼，只不过被视为"最大的鬼"。但是，佤族神话与宗教中所说的某些鬼，与神具有同等意义，我们不妨将其称为神。在神界中，地位最高者为木依吉。木依吉不仅是创造神、文化神、祖先神，而且还能掌管

---

① 郭沫若：《桃都、女娲、加陵》，1973 年 2 月 9 日，转引自辽宁大学中文系民间文学研究组编《郭沫若论民间文学》，1978 年，第 62 页。

② 宋恩常：《佤族原始宗教窥探》，见《中国少数民族宗教初编》，云南人民出版社 1985 年版。

刮风、下雨、打雷，掌管人的生死。木依吉的五个儿子也是神：地震神（"各拉日姆"）、雷神（"普扨"或"达阿撒"）、开天神（"达路安"）、辟地神（"达利吉"）、第一个头人神（"克利牦"）。除上述神祇之外还有风神、水神、火神、山神、树神、谷子神等等。这些众多的神，各司其职，互不统辖，就是大神木依吉，也管不了小神的事。但是，不论大神和小神，在佤族的观念中都是十分神圣的，因而都分别受到崇拜和祭祀。在各种祭祀及别的场合（如节日），就由祭司或老人分别讲述或吟诵这些信仰中的神的事迹。于是，以"神圣叙事"、"神圣历史"为特征的神话，便形成和发展起来。

第二，精灵世界。除了神祇世界之外，佤族认为还存在一个精灵世界。在沧源地区，精灵称为"丹独"。过去，佤族认为丹独无时不在，随处皆有。据说，从前丹独与人住在一起，由于丹独常作祟于人，给人带来灾祸或疾病，人们就约来驱逐丹独，并砍断了丹独的一条腿。所以再后来丹独便隐形，让人们无法看到他。但是，丹独仍然伤害人畜，故需请祭司作法事以驱逐之。对于精灵，佤族并不对其崇拜和祭祀，而是施巫术"消灭"或"驱逐"之。所以对此类精灵鲜见有神话加以赞扬或表现。

第三，灵魂世界。佤族认为人死后其灵魂（"格昂姆"或"迷昂"）仍继续存在。人生病时，是人的灵魂与肉体分离，故需举行叫魂仪式，让其灵魂附体。与精灵一样，灵魂也并非信仰崇拜的对象，属非神圣界而未进入神话领域。

当然，人们信仰中的神也经历过一个历史发展的过程。有些历史上加以崇拜的神祇，可能在后来从其圣座上被搬走而为别的神祇所取代。佤族神话除了许多与解释猎头习俗的起源与功能相联系之外，还有一个显著的特点是出现了青蛙、蛇、蛤蟆、小米雀等许多神性动物。虽然这些动物今天已不再是信仰中的神圣对象，然而，在更早的阶段，神圣的物类却是动物。

"神话所述者，是神们的行事。"① 而神话中的神又曾是信仰中的神，故神们的行事对于神们的信仰者来说，势必带有神圣性和权威性，约束、规范着信仰者的心理和行为。本来，猎头与粮食丰收，与村寨平安等等，均无任何联系，然而，由于种种神话讲述一系列猎头的非凡"功能"，神话便成了维系猎头习俗的权威性依据。用水洗脸与人会讲话之间，也并无因果联系，但神话中有人从圣洞（或葫芦）出来的第三天由于用水洗了脸便会讲话的叙述，于是此神话内容便成了西盟佤族一月三日接新水、祭水神这一习俗的由来。这正如马学良先生所说的那样："神话是人类文明中的一项重要成分，社会的风俗习惯、道德规则、社会组织等，有时直接引证神话，以为是神话故事所产生的结果。""神话在他们的生活里是强有力地支配着他们的道德与社会行为。"② 从某种意义上说，此种活形态的神话，在过去确乎不仅仅是

---

① 《茅盾评论文集》（下），第 242 页。
② 《云南彝族礼俗研究文集》，第 117 页。

一种说一说、讲一讲的娱乐消遣故事，而是人们必须笃信、遵循的"圣经"。

当我们对佤族的原始宗教进行了全面考察之后，就会发现这里并没有什么抽象的教义或信条。其实，任何民族的原始宗教，其教义或信条就是神话或神话观念。对神的信仰与口述的神迹，二者在这里相辅相成，融为一体。杨堃先生认为神话是宗教的第一个要素，[①] 是不无道理的。对于具有原始思想及神话思维的人们而言，神并非抽象的概念。神之所以神圣、强大、万能、有力，必以其神迹——神话为注脚。大凡神话中所讲述过的，人们必认定那是"在荒古的时候发生过的事实，而在那以后便继续影响世界，影响人类命运"。[②] 可以说，神话对原始宗教而言，是其核心。佤族与猎头相关联的神话，在历史上已成了猎头习俗一直得以残留的"特写证书"。神话与原始宗教的关系竟是如此之密切和复杂，启发我们不得不正视如下这一事实：一方面，神话确乎是人类文化史上光辉的一页，神话本身具有的历史、文化内涵，对于我们认识人类自身的历史，具有特殊的意义；但另一方面，由于神话并非对客观事物之科学反映，其赖以形成的重要条件之一的原始思想及神话思维，既包含着科学思想、科学思维之萌芽，又隐蔽着与科学思想及科学思维相对立的成分，而且随着社会的发展，后者这一成分的消极作用也就越发暴露出来。因此，帮助某些地区至今尚残留着原始思想及神话思维的人们彻底摆脱原始思想及神话思维的羁绊，当是我国神话研究者的又一重大任务。

本文原载《思想战线》1987 年第 6 期，后收入李子贤著《探寻一个尚未崩溃的神话王国——中国西南少数民族神话研究》，云南人民出版社 1991 年版。

---

① 杨堃：《关于神话学与民族学的几个问题》，见钟敬文主编：《民间文艺学文丛》，北京师范大学出版社 1982 年版，第 12 页。

② 马林诺夫斯基：《巫术科学宗教与神话》，商务印书馆 1936 年版。

中国古代太阳崇拜研究（语文篇）

杨希枚

杨希枚（1916—1993），字静曜，北京人。曾任台湾"中央研究院"历史语言研究所研究员。1981 年回北京后任中国社会科学院历史研究所研究员，从事先秦史与人类学研究，著译宏富，与神话有关的论文收在《先秦文化史论集》中。

一、引　言

太阳无疑地是一个奇妙而不能不引起人深思遐想的重要星体。这个星体，就地球的大自然界而言，不仅关系着四时季节的更迭、风云雷雨的变化、月相的盈亏、昼夜的明暗，和一切有生之物的蕃生或绝灭，也因此而深重地影响着人类社会的生活作息和生存的安危。

我们只需翻阅一下 19 纪末英国人类学家弗雷泽爵士撰的《金枝》一书，就会知道欧亚非美各洲的古今许多文明和原始民族几乎普遍存在着太阳崇拜（sun worship）的宗教信仰，即视太阳为主宰包括自然界和人类社会的整个宇宙的天神上帝的一种信仰，也因此而并存着一些关于太阳的神话，甚或影响着人类社会的生活。因此，如果说中国古代社会也有太阳崇拜之俗，该不是什么哗众取宠的怪诞之说。实际上，过去和晚近的中外许多学者在有关中国古代神话的研究论著中已经大都提到或论证过有关中国古代社会的太阳或太阳神的神话了。虽然，这类神话研究，总的来说，大多限于神话本身情节的分析或阐述，从而仅仅说明中国古代存在有关太阳或太阳神的神话而已。易言之，论者似乎认为古社会的人正如现社会的人一样，也认为太阳神话只不过是关于鬼神世界的一种虚幻故事，而无关乎当时人类社会的生活。实际上，并非如此。

又中外学者在论及中国古代宗教信仰时，也几乎都认为祖先崇拜（ancestral worship）是最重要的宗教信仰；甚至有的西方学者认为虽是天神上帝的观念也是西周以后从西方引进的！我们不否认中国古代社会，正如许多其他民族一样，重视尚老尊祖，但是如果我们能够知道古代郊祀祭天或祭祀帝王所感生的五帝，或明堂之祭而以祖配之的祀典，则会理解古社会重视天神上帝是尤甚于人的祖先的。

本文主旨拟从古代的语文诗书、宗教祀典、歌舞、服舆、建筑及器物饰纹各方面，说明上述的两项论点，即：（1）中国古代，即自传说时代以来，历商周，至两汉时代，不仅存在太阳崇拜之俗，而且太阳崇拜应是较祖先崇拜更为重要的宗教信仰；（2）太阳崇拜表现于古社会各方面的生活，关系十分密切。不过，主题所涉范围颇广，限于篇幅，不能逐项讨论，故谨先就语文方面，试说明古代的天神上帝应就是具光明和炎热之气（威力）的太阳神。疏误之处，在所难免，幸希读者同道不吝批评指正。

二、释神、帝、天、皇、昊并论皇天（昊天或旻天）上帝

（一）释神

"鬼神"的"神"字犹未见于商代卜辞。此究系因方言之异，抑犹未发展，虽不容确言，但证诸下文所论，则知商人非无天神观念。商代以后，"神"字几普遍见于周秦文献。就一般意义而言，"神"字虽包括神灵、精灵或精神、精气之义，但更突出的意思似应是指具有光热的天神、天帝或上帝，即天上的太阳神。下面试据主要是汉儒有关经籍的注解说明这一论点。

> 天曰神。（《书·微子》《释文》引马融注）
>
> 神谓天。（《易·丰卦》荀注）
>
> 上神天也。（《家语·问礼》注）
>
> 在天为神。（《易·系辞》虞注）
>
> 天神曰神。（《后汉书·班彪传》注）
>
> 神，天神，引出万物者也。（《说文》、《礼记》郑注）

显然的，这里汉魏以来的经师认为经典上所谓神系意指天神、上神，即天上的神（或天）。实际上，从下列《周礼》两条文字的比较上就足证明这一事实。

> 掌三辰之法，以犹鬼、神、示之居。（《冢宗》）
>
> 凡祀大神、享大鬼、祭大示……掌建邦之天神、人鬼、地示之礼。

（《大宗伯》）

那么，这个天上的天神是不是空荡的天空之神呢？请看下列各家对于神一词的注解：

> 阳之精气曰神。（《大戴礼·曾子天圆》）
>
> 阳气导万物而生，故谓之神。（《论衡·论死》）
>
> 火之精为神。（《素问·精微论》）

这说明《说文》所谓引出万物的天神就是天上的火之精或阳之精气的神。

那么，这个天上的阳火之精的天神又是什么天神呢？再让我们看看下列主要是汉儒的说法：

> 积阳热气生火，火气之精者为日。（《淮南子·天文训》）
>
> 日者阳之精，耀魄光明，所以察天地。（《春秋感精符》）
>
> 神者，恍惚也，太阳之气也。（《白虎通·情性》）
>
> 夫日者，众阳之长，辉光所烛，万里同晷。（《汉书·李寻传》）
>
> 夫日者，众阳之宗，天光之贵者。（《汉书·外戚孝成许皇后传》）

此外，类似之说甚多，不烦枚举。总之，引论至此，事实应足以说明：据汉儒的宗教观念和至少是汉儒对于先秦文献的注释而言，古代社会所谓神、上神或天神显然要指天上的有光热而且能引生万物的日或太阳，也就是日神或太阳神。

诚然，说者或认为，古社会不仅只有日神，山林川泽、风雨雷电莫不有其主宰之神，因而不能说古所谓神就是日神。如此说法自不无道理。但姑不论上文所引日神为天神至尊至贵者的说法，我们除了从上文所引《周礼》可以知道神或天神与人鬼和地示有别之外，也可从下引《周礼·大司乐》知道天神应只是天上的神，而非山林川泽的神灵：

> 凡六乐者，一变而致羽物及川泽之示；再变，而致裸物及山林之示；三变，而致鳞物及丘陵之示；四变，而致毛物及坟衍之示；五变，而致介物及土示；六变，而致象物及天神。

显然，天神于此既非山林川泽之灵，也非自然万物之怪。而这里所谓象物，据郑玄注，则只是天上象形龙凤龟麟之类的星体，当然也无关太阳。至于天上的月亮，古人认为是太阴之精，当然也更不是阳精之日。至于风和雨既无光热，而雷电，如《论衡·雷虚》所云，也不过是"太阳之激气"，即太阳发雷霆之怒而已。总之，据上引诸文，如果我们说神是有光热而引生万物的太阳之精，则古所谓天神非日神莫属。实际上，如果我们知道古代社会或称天神为上帝、天帝或皇帝，则知所谓上帝、天帝、皇帝也正是太阳神。此于下文再加讨论，兹不赘。

又太阳不只是有光热的天体，同时也是圆形的。因此，《淮南子·天文训》不仅说日是火之精、阳之主，而且说"天道曰圆"、"圆者主明"；《管子·枢言》也云"道之在天者日也，故先王贵明天道"。这说明秦汉学者所谓的天道并不是空洞的天穹之道，而是圆而光明的日道，即太阳神的性形之道。因此，除了下文另将讨论的许多太阳的别称以外，这里要指出的，即古者或称太阳为大圜或大明。如《吕氏春秋·序意》云"爰有大圜在上"；又或简称圆，如《淮南子·本经训》云"戴圆履方"，注云"圆，天也"，而此所谓天应即光明的日，而不是空洞的天空。今人说今天，也或说今日，仍保存古所谓天即日的遗意。因为日出日入就是一天：今天太阳出来，谓之今天或今日；明天太阳又出来就是明日。所以太阳又有大明之称，如《礼记·礼器》云"大明生于东"，郑玄即注云"大明，日也"。先王之所以贵明天道者，正因为天道就是日道，也就是太阳的光明贞正之道。

然而作为天神的太阳还不只是静态的圆而光热的星体，它也是动态的出而复入、入而复出的、周环运行不息的星体。而这一事实也至迟是战国至汉代的学者所理解的，如《易·系辞》形容占卜用的著蓍云"德圆而神"，王弼注云"圆者运而不穷"、"言著以圆象卦"；《周髀算经》云"天动为圆"；《素问·八正神明论》云"员者，行也"；《淮南子·原道训》云"员者常转"。因此，正如《说文》云"圜，天体也"，所谓阳火之精且引生万物的神，也即大圜、大明的神，纵使古代社会还存在别的天神，众神之长也只能是日神。

（二）释帝、上帝和天

商代卜辞有帝字，作𣎴、𠕂、𠕂或𠕂。甲骨文字学家一般认为在早期卜辞上帝是天神的专称，在晚期的卜辞上则为天神和人主的专称。但就字形的解释而言，因为古文字学家认为帝是花萼、根蒂，或像架上积薪的形字，也就难于且实际上也就没有解释原是花萼、根蒂或架上积薪的帝字，如何转化为天神上帝的帝字。

按卜辞有示字（按即前文所见大神、大示的示字），作𠄌、𠄌、工、示、示或凸形（宗字之示作𠄌、𠄌、示、𠄌或𠄌形），解者虽大抵认为是神示神主的示字，但对于字形，则有像生殖器、祭天杆、天、木表或神主等等不同解释。唯叶玉森认为示或即帝的同义词，而这大概是由于卜辞称商先王为示某或帝某之故。著者同意帝、示二字均像神主之说，但与其认为帝是初像积薪架上的形字，勿宁认为更像近代犹见于农田中以树枝扎成甚且穿着衣服的偶像——一种说是驱逐害鸟而实际上则或是保护秧苗农作物的神偶。所不同者，只不过帝字的形偶比示字更复杂一些而已。尤可注意的，帝、示二字和下文即将讨论的卜辞天字的上部不但都具一个"二"的形符，而且这个形符虽未必就如丁山释示字时说的，"从二或一是上帝的象征"，也显然不无上天或天上之上的意思。或许正因为如此，也就无怪乎帝、示、天三字都与天帝天神或神示有关联了。

总之，姑置卜辞帝字造形的初义不论，商代社会早期把帝作为天神的专称和晚期作为天神兼已死的人主专称这一事实是可以肯定的。当然，我们不确知商人所谓帝的天神究否就是日神，但确知商人有祭日之俗。胡厚宣先生早已撰文指出，宋镇豪同志前几年也撰文加以补充，读者可以参考，在此不烦赘述。此外，著者在下文也将说明卜辞的天字或即天神天帝的天，且是太阳神。

及至周代，帝或上帝在经典上便每每与天互言，而说明帝或上帝就是天或天神，且因为这个天神是具有光热威力的，当然也就是太阳神了。兹先据下引《书经》之例，试说明天与上帝的关系：

> 有夏多罪，天命殛之……予畏上帝，不敢不征……致天之罚。（《汤誓》）
> 皇天上帝改厥元子兹大国殷之命，惟王受命……曷其奈何弗敬！天既遐终大邦殷之命……王其疾敬德。王来绍上帝……其作大邑，其自时配皇天。（《召诰》）
> 予造天命……予惟小子，不敢替上帝命……今天相其民。（《大诰》）
> 惟乃丕显考文王，克明德慎罚……冒闻于上帝，帝休。天乃命文王，殪戎殷。（《康诰》）
> 惟时上帝不保……惟天不畀不明其德。（《多士》）
> 天降丧于殷，殷既坠其命，我有周既受……我亦不敢宁于上帝命。（《君奭》）

在这些文例上，我们不仅看到天与上帝、帝或皇天上帝互言，而且知道天或上帝还能发布命令，使君王畏服而完成征伐或其他使命。天或帝于此当然就是主宰人间的天神了。因此，经师的旧注也就或云"帝，天也"、"帝，天神也"或"上帝，天也"。

又天不仅每与帝或上帝互言，且每冠以具光明意思的形容词，如下引《诗经》：

　　明明上天，照临下土……嗟尔君子无恒安处，靖共尔位，正直是与，
神之听之，式谷以汝。（《小明》。郑注：与正直之人为治，神明若佑而听
之，其用善人，则必用汝。）

　　于皇来牟，将受其明；明昭上帝，迄用康年。（《臣工》。旧注牟即麦。）

　　思文后稷，克配彼天……贻我来牟，帝命率育，无此疆尔界。（《思文》）

显然，这里的"明明上天"、"明昭上帝"是"神之听之"的神或"帝命率育"的帝，而此天帝天神都是光明之神。因此，天可与天神或明神互言，如《左传·僖公二十八年》云：

　　天祸卫国，君臣不协……今天诱其衷……用昭乞盟于尔大神，以诱天
衷……有渝此盟以相及也，明神先君是纠是殛。

此外，天又每冠以昊或皇字，而有昊天、皇天之称；又或与上帝一词合言，而云昊天上帝、皇天上帝，或美之而云"皇皇后帝"、"皇矣上帝"（均见《诗经》、《书经》）。因为昊字与皞或皓通，而皇字据旧注也有"煌煌"、"若明"、"有光"的意思，所以昊天、皇天或昊天上帝、皇天上帝也就都是光明的天神的意思，而经典旧注也就有"皇，天神也"、"皇皇，天也"、"上皇，上帝也"之类的注解。此外，就下引《诗·板》证之：

　　上帝板板，下民卒瘅……天之方难……天之方蹶……天之方虐……敬
天之怒，无敢戏豫……昊天曰明，及尔出往；昊天曰旦，及尔游衍。

而且无论究否如诗序和《毛传》所说，此诗是凡伯讽刺周幽王之作。而以上帝拟称王者，这里的天或上帝或昊天也都显然意指光明的天神。而旦字，据《说文》云，"明也"；据《淮南子·天文训》云，"日至曲河，是谓明旦"，即早晨方出的太阳。

昊天上帝既然是光明的太阳神，因此不仅有光明，也还可以发出炎赫的威力，而造成人间的旱灾。如《诗·云汉》云：

　　旱既大甚……上帝不临……昊天上帝，则不我遗……赫赫炎炎，云我
无所……则不我虞……瞻仰昊天，云如何里？……

这里上帝、昊天上帝与昊天互言，自同指炎热的太阳。所以《诗·皇矣》云"皇矣上帝，临下有赫"的皇矣上帝当然也就是赫赫炎炎的光明太阳神。

又《诗·小旻》云"旻天疾威"，而《尔雅》云"春曰苍天，夏曰昊天，秋曰旻天，冬曰上天"。其实，正如汉儒许慎和郑玄指出的，昊天既不必是夏天，旻天也不必是秋天，只不过是因四时阳气消长的不同而赋予同一昊天上帝的不同名称而已。故《诗·巧言》云"昊天已威"，《小旻》则云"旻天疾威"；《左传》哀公诛孔子云"旻天不吊"，而《诗·节南山》则云"不吊昊天"；尤其下引《雨无正》文昊天与旻天互言，且注家特别注出旻本或作昊者误：

浩浩昊天……降丧饥馑……旻天疾威……如何昊天，辟言不信？

此外，《吕氏春秋·有始览》、《淮南子·天文训》并云南方的天曰炎天，而炎字的意思就是火光。因此，《白虎通·五行》云"炎帝者太阳也"，也即太阳神。

总之，从上文的分析，我们可以充分说明，古代或汉儒理解的周代文献上所谓的天或与天有关的上天、昊天、皇天、旻天、炎天、苍天，虽不无天气、天空之天的意思，但从宗教观念上言之，则显然都是意指天神上帝，也就是光明而具炎热威力的太阳神。故天又有光天之称，如《皋陶谟》云"光天之下"、"光天化日"。注家或解光为广，显然是出于不解光天就是皇天、昊天，也不知光、广二字通用和广字应就是爌、熿或胱的借字或省体，都有光明的意思。如《尧典》云帝尧"光被四表"，而《汉书·王莽传》则云尧"横被四表"。孙星衍《尚书今古文注疏》云"（光）一作横，一作表"，古今文之别而已。至于光与广、爌、熿的训解，见于下文论黄帝一节。

此外，太阳或太阳神还有一些别的名称，拟于另节讨论。而这里须指出的，即天为什么总是与上帝、昊天上帝、皇天上帝互言或连言呢？据著者所见，古文天字本身应该就是人格化从而神化的天神，即日神。以下试就甲骨文和金文证之。

按天字卜辞作夨、夨、夭、夨或不，而金文作夨、夨或不；字形无大差异，且看来都似人形。据《说文》："天，颠也，至高无上，从一大。"而大字则解为"象人"。因此，段玉裁注云"颠者人之顶也，以为凡高之称"。如是，在人的头顶上又生出一个头顶，而段注也就成为后此古文字学家的解释嚆矢，也就大抵把天字上部的"一"或"二"解为像人首头顶形，并认为天与大二字应初为一个字，均像人形。尤其王国维认为夨像人形，夭为指事，夨为会意。这种说法看来似是合理，但细加思索，则颇可商榷。实际上，友人李孝定《甲骨文字集释》固已指出王说"实失之凿"，且罗振玉也有不同的解释云："《说文解字》，天从一大。卜辞有从二者，二即上字。大像人形。人所戴为天，天在人上也。"是证罗氏不从段注，而认为天字上部之二为天。这个解释显然更为合理，然犹未尽其义，兹试加以补证。

按卜辞既有天字，且有像有身首四肢之人的大字，即夨、夰或夨，或肥笔的夰。显然异于天字。而且，天字下部既已有个像具身首的大字，自不能解释人的头顶上更冠上另一个头顶。再者，纵承认天字像有两个头顶的人形，也不能说是象征"至高无上"，更不能说人头顶上还有个更高不可仰的天，尤其天上还有个光明易见的太阳。罗氏所以解天字上部之"一"或"二"为人所戴之天，而不释为人的头顶，其故当即在此。正如一般古文字学家那样，罗氏也仅从古文天字上部的一或二横求其解释，却忽略了天字上部更多见的●、□、ᵦ、◇诸形，即使注意及此，也仅从指事或会意上求其说。这是很令人不解的。

实际上，如果我们没有忽略前文提到的如《吕氏春秋·序意》所说的"爰有大圆在上"，《淮南子·本经训》所说的"戴圆履方"，特别是《管子·内业》所说的"戴大圆"和"视大明"及《礼记》生于东方的大明，则像人头上戴个实体的圆或其省笔的方、菱形或半圆形（即⊔）的天字应该就是《说文》所谓"日，实也，太阳之精不亏"的日，即人戴大圆的天。无论就文献或造字观点而言，这都显然是更合理的解释。

说者或认为，卜辞既有日字，又何须更造一人头上有日的天字？这个问题，过去古文字学家既不曾讨论过，也显然不易从卜辞上找到论证，因此只能作推测的分析。著者认为，日是自然界的实质天体，而作为人之宗教信仰上的日则是人心灵上的天神，即日神。如果仅以日字表示天神，则与自然界的日字混淆不分。因此，在中国古老的天人合一思想的指导下（别的民族也有这种思想，换个说法，也就是大小宇宙思想），造字者也许就把日神依着人形而神化为天，易言之，说是人化实是神化。就下文所知，人主国君也可被称为帝、皇帝或天子，从而说明古代是人神不分的，而不独中国为然。此外，我们或可推想，天字未非不是像祀典中人所扮演头戴圆冠的天神形。但凡此仅是难以证实的推测，天字造形的初义仍不能确知，所知者只是天字为人头上有日形而已。但仅仅是如此也足以说明天为什么总是与上帝、昊天互言或连言昊天上帝，易言之，也就是总与有光热而圆的天神，即太阳神，有不解之缘的关系了。

我们虽认为大、天二字初非且实际上也非一字，却非否定这两个字的通用。尤其就甲骨文和金文两字的造形而言，大字不仅与天字日下的大字几无差异，且不无高大强壮的天人之人的意思而与人字造形不同。易言之，商先王大乙之所以或称天乙，周之王及诸侯之所以或称天王或大王，似乎不无视天子或诸侯王为天人或天神的意味。实际上，据下文关于古帝感生神话的讨论，旧注于古帝因大人迹而感生的大人固有解为神的，且卜辞帝字所以兼用以称天神或商先王者，也或许如《礼记》所载周王卒后"措之庙，立之主曰帝"一样，正是认为王朝统治者死后成为天神之故。再者，天子一称，不仅正是天神之子的意思，而且正如郭沫若先生说的："人王乃天帝之替代，而帝号遂通摄天人矣。"下文，我们再讨论古王朝统治者如何竟是天子。此外，据知秦始皇曾收天下兵器，铸为十二金人；《后汉书》载明帝梦见身高丈余的金人，询诸群臣，而云是西方的神佛；《家语》也载周人祖先后稷之庙陛前有金人。然则凡此所谓金人应即巨大天神，也即大人矣。

总之，据上文所论，我们从经典和秦汉学者的论著和注解上，可以相当清楚地理解：商周以来至于汉代，古所谓神帝、天或天神、上帝、昊天、皇天、旻天都主要指称的太阳神。尤其太阳是人头顶上天空的至高至明的阳精，即天神天帝，因此造形像人头顶上戴日的天字也就不无巨大的天神或太阳神之意了。虽然，证诸上文及下文，商周之王者却如天帝，即在生时也是称帝称天王的。

三、四季五时五方上帝及传说的五帝

1. 商代卜辞载有先王死后神主的东南西北及中之类的宗：有东方风曰脅、南方风曰凯、西方风曰彝、北方风曰殴之类的风；有"自东（南西北）来雨"之类之辞①。因此，我们说商人已有四方或五方观念，盖无疑义。

实际上，商人不仅有五方观念，且有"贞方帝"、"贞帝于东"、"尞于东"、"尞于西"之辞。胡厚宣先生以为"疑即五方帝之祀"，"盖上帝为人间中东南西北五方之主宰"②。是知商人崇拜五方上帝。且据胡先生云，上帝所以为上帝者，"以其高居在天"，也即天帝。而依笔者本文的解释，则此高居在天的上帝或帝应即天上的日神。此外，卜辞有"王宾日"、"弗宾日"之辞，胡先生也已证"盖殷人以日为神"，"殷人有祭日之祀，且于日之出入，朝夕祭之"③。宋镇豪同志并为文补证。

又据甲骨文字学家的意见，一般认为商人于一年之季节，似仅有春秋而无冬夏观念。卜辞虽有冬字，大抵用为终字。商人果无四季观念，应也无四季之神；纵有四季之神，想来也应不会与五方之帝混淆。

但自周代以来，尤其晚周迄秦汉之际，古籍如《周礼》、《礼记》、《吕氏春秋》、《管子》、《淮南子》、《史记》及纬书等，乃常见"五帝"一词及有关五帝的祀典，且与四季或五时及五方五色之五行观念相关联而有下列所见之五时五方五色的五帝：

东方春帝（青帝、苍帝）太昊，其精苍龙；

南方夏帝（赤帝）炎帝，其精赤鸟；

中央季夏帝（黄帝）黄帝，其精北极星；

西方秋帝（白帝）少昊，其精白虎；

北方冬帝（黑帝）颛顼，其精玄武。

依正常的季节观念，一年只有春夏秋冬四季四时，但在五行观念下，欲配合五帝，因认为一年有 360 日，一季原有 90 日，故从每季各借 18 日，而将一年四季分为五个 72 日，从而四季四时成为五时，遂多出一个中央季夏季以后之季，从而有五时五方五色的五帝（参见《礼记》、《吕氏春秋》及注疏）。

至如所谓五帝之精的苍龙、赤鸟、白虎、玄武及北极星，则是五帝的象征符号，且主要与所谓四灵的龙凤鱼麟有关，（如埃及月神以红鹤为象征物，天后则或为牛形）于此不烦详论。

至如太昊、炎帝、少昊和颛顼，在另种传说上原是人间五帝，而于此则配为五方五时的五帝。姑不论此五帝初究为五天帝抑五人帝，人神同称也无足异。如古埃及王即与太阳神同称为 Ra。此外，五帝也另有专名，如苍帝称灵威抑，赤帝称赤熛怒，黄帝称仓枢纽，白帝称白招摇，黑帝称计光纪。这几个专名多不详其义，究否初为非汉语，也不无可疑。

周代的五方五帝固很可能与商代的方帝有关，且所谓五帝实即于四郊祭祀之五

---

① 胡厚宣《甲骨商史学论丛》初集。

②《论五方观念及中国称谓之起源》，见胡厚宣《甲骨商史学论丛》初集。

③《殷代之天神崇拜》。

帝，如《周礼·大宰》云"祀五帝，则掌百官之戒誓"，据汉儒郑玄注云"祀五帝，谓四郊及明堂也"。唯郊应即郊祭，不涉明堂，如《周礼·小宗伯》云"兆五帝于四郊"。贾公彦驳郑注云：

> 五帝者东方青帝灵威抑……依月令四时迎气，及季夏六月，迎土气于南郊，其余四帝各于其郊……此祀五帝，不合有明堂。郑云及明堂者，广解祀五帝之处。其实，此处无明堂。

王国维《明堂庙寝通考》论明堂之制，也不及五帝之祀。其实，四时迎气之郊祀虽至汉代也犹见其迹，如《后汉书·祭祀志》云：

> 迎时气五郊之兆，自永平中，以《礼谶》及《月令》有五郊迎气……立春之日，迎春于东郊，祭青帝……立夏之日，迎夏于南郊，祭赤帝……先立秋十八日，迎黄灵于中兆，祭黄帝……立秋之日，迎秋于西郊，祭白帝……立冬之日，迎冬于北郊，祭黑帝。

唯五郊祭五帝之说，恐只是汉代之俗，且郊野既只有四郊，也不应包括中央国中。故《周礼·小宗伯》仅云"兆五帝于四郊"，而不云五郊。贾公彦也疏云"此文上下唯论在四郊，以对国中右社稷、左宗庙"。

然则祀五帝于四郊所迎之气，即春夏秋冬方帝之气，而五帝者实只是因季节之不同而自同一上帝太阳神分化之五个化身而已，故《礼记·郊特牲》论郊祭云：

> 郊之祭也，迎长日之至也，大报天而主日也。兆于南郊，就阳位也……于郊，故谓之郊……周之始郊，日以至。

是知四郊兆五帝之祭即是郊祭。如果说冬至郊祭所以迎长日之至，即迎夏季太阳神，也即迎夏季之阳气，则春分、秋分及冬至之日也未必不迎其时太阳之气。如果国中也有迎上帝阳气之所，则并四郊四季之帝为五帝，而其实均只是太阳神之祭而已，故《礼记正义》孔颖达疏《郊特牲》文云：

> 先儒说郊，其义有二。按《圣证论》以天体无二……天为至尊，其体只应是一。而郑氏以为六者，指其尊极清虚之体，其实是一。论其五时生育之功，别有五……故为六天。……故《周礼·司服》云："王祀昊天上帝，则大裘。祀五帝亦如之。"五帝若非天，何为同服大裘？又《小宗伯》云"兆五帝于四郊"，《礼器》云"飨帝于郊，而风雨寒暑时"，帝若非天，焉能令风雨寒暑时？

照本文的说法，天帝若非日神，焉能有生育之功，焉能令风雨寒暑时？故孔氏于《郊特牲》"郊之祭大报天而主日，配以月"下疏云：

> 天之诸神莫大于日，祭诸神之时，日居诸神之首，故云日为尊也。凡祭日月之礼，崔氏云"一岁有四迎气之时，祭日于东，祭月于西"。

孔氏所谓祭诸神之意应指兆五帝于四郊之五帝，而此四郊所祭之五帝，无论据《郊特牲》文或崔氏文，则实是太阳神也。

尤须指出的，即郊祭为周代及汉世重典，《左传》多有卜郊之事，而其所以然者，以太阳关乎四时气象及万物之生育。故《郊特牲》下文又云：

> 万物本乎天，人本乎祖，此所以（以祖）配上帝也。郊之祭也，大报
> 本，反始也。

周人于四郊重典之时，兼祭祖先，故文云"此所以配上帝也，大报本，反始也"。而祀五帝所以配祀先祖者，据下文所论，实以古帝皆感五帝而生，故祀五帝而配祀祖先也。学者几公认中国古代以崇拜祖先为其重要宗教特征，但于此证之，可知祖先仅居配食之次，而不如郊祭太阳五帝之重要矣。

2. 郊祭之五帝既只是四季不同之太阳神，则作为五帝之太昊、炎帝、黄帝、少昊及颛顼，也即传说中之人间五帝也当是太阳神。实际上，据其中四帝之名称字义而言，也可知其与太阳有关，而为太阳神。

炎帝为太阳神之称，《白虎通·论阴阳盛衰》已有明文记载，"炎帝者太阳也"。更据前文引《诗经·云汉》文所云炎炎赫赫之昊天上帝，也可知炎帝即光热之太阳神。炎、赤二字均训火气盛阳之色。

昊字从天从日，与皞、皓二字音义同，均训日之光明，故太昊、少昊即大太阳神与小太阳神。故太阳称昊天上帝。

黄字，《说文》云"从田从炗"（即光），又解光字云"从火在人上，光明意也"。其实，从光或火之字每与从日之字音义相通，如煌煌、煌煌之与晄，均训光明之义。因此，从田从光的黄字勿宁解为光字加日的晄，即晃，实即日光之字。或即以此，《风俗通》引《尚书大传》云"黄者光也、厚也，中和之色，德施四季"；德施四季者正言四季太阳之光气也。然则黄帝正是德施四季之光帝，太阳神也。

唯颛顼一称，从训诂学上似犹无与太阳有关之证。《说文》解云"颛，头颛颛谨貌"、"顼，头顼顼谨貌"，不过是敷衍其辞而已。倒是据知颛顼号高阳，其义自即高高在天上的太阳。

总之，太昊、少昊、黄帝、炎帝和颛顼，无论是天上的五帝或人间的五帝，都可说是太阳神，只不知此五帝的名号究初是天神抑人君之号。

3. 除上述五帝以外，古代传说上仍有一些人间古帝是太阳神。如《风俗通》云：

> 《尚书大传》说，遂人为遂皇，伏羲为牺皇，神农为农皇。遂人以火
> 纪。火，太阳也。

这里明显地说遂人是太阳皇帝。伏羲（庖牺）即太昊，神农即炎帝，如遂皇一样，上文已言及，自同是日神。

又《春秋命历序》云：

> 人皇出旸谷，柏皇氏，是为皇伯登，出榑桑，日之阳，驾六龙以下，
> 以木纪德。

据《山海经》、《春秋元命苞》，榑桑即扶桑，为东方日出之所的巨树。此驾六龙出自扶桑日之阳的皇伯登和柏皇名登的人皇传说也当为太阳神。又《史记索隐》补

《三皇纪》引《帝王世纪》云，炎帝母名握登。《史记正义》云，舜母名女登。笔者颇疑握登或即阿登，也即女登，也即皇伯登，并为一个太阳神的衍化。此外，楚辞《九歌》云"暾将出兮东方"，潘岳《射雉赋》云"暾出苗以入场"，《广韵》解暾字云"日始出也"，疑暾或即皇伯登之登的异书，因而也当是日神。

又除上举皇伯登驾六螭出日之阳故事以外，《淮南子·天文训》也有"爰止羲和，爰息六螭"之词。许慎云"日乘车，驾以六龙，羲和御之"。这是类似罗马日神阿波罗驾四马车巡行天上的神话母题。

4. 其实，不只上述传说中的古帝大抵是太阳神，纵使一些认为是古代传说中的人帝，如帝尧、舜、禹、汤，甚至文王，据《史记·五帝本纪》云，既皆是黄帝后裔，也就有皆是太阳神的传说。如《易通卦验》云"尧之精阳，万物莫不从者"。精阳即阳精，如上文所证，也即太阳。《史记》虽未直认尧是日神，却也说"其仁如天，其知如神，就之如日"，简直就是日神了。实际上，《孝经援神契》固云"尧，火精，鸟廷"，且《春秋感精符》宋均注也云"尧，翼星之精，在南方，其色赤"。火精即是阳精太阳，而翼星之精也即南方夏帝的象征物朱鸟、赤鸟、火鸟。故《孝经援神契》宋均注"尧火精"云"取象朱鸟"。

此外，《春秋感精符》宋均注下文继云：

> 舜，斗星之精，在中央，其色黄。禹，参星之精，在西方，其色白。
>
> 汤，虚星之精，在北方，其色黑。文王房星之精，在东方，其色青。

这里，宋均注文虽仅云诸星之精，而不及太阳，但就其言五方五色而言，也显然只是变相的五方五时的五帝太阳神了。当然，凡此不过是汉代纬书的传说而已。

此外，据《诗经·生民》，周之始祖后稷是其母"履帝武敏"而生。郑玄等注云"帝，上帝也。敏，拇也……时则有大神之迹姜嫄履之，不能满履其拇指之处"。依郑意，是说后稷母足踏大神之迹而生子。依《史记》，则云"姜原出野，见巨人迹"而生后稷。郑注当本《史记》。而所谓大神或巨人盖即天神天人；依本文的解释，帝、大神或天神自即太阳神。又司马贞补《三皇纪》云，太昊也是其母华胥"履大人迹于雷泽"而生。太昊已于上文证知是太阳神，而此处之大人自即后稷母所履之帝、大神或巨人。总之，据汉儒之说，古代传说中的古帝几乎皆是感天神而生的太阳神了。孔颖达《礼记正义》引崔灵恩云，"凡王者皆感于五帝之精而生，是天之子"。依上文的解释，五帝之精即是太阳之精，天即天神太阳，因此无怪乎尧、禹、汤、文王、五帝均是太阳神或其子了。崔说实已先得笔者之意。

5. 实际上，不唯传说中的古帝是太阳神或感五帝太阳之神而生，而且商人即兼称天神及商王为日或帝，周人也称周王为天子、明王、上帝或皇王、帝、昊天。如《汤誓》载夏桀无道，民众怨而云"是日何丧，予及女偕亡"，意即这个太阳怎么还不死，我们宁愿同你一起死掉！又如《檀弓》引孔子云"夫明王不兴，天下孰能宗予"。明王虽可解为英明之王，但其所以如此解释者，正以明王即光明太阳之王。又如据说为周凡伯刺厉王之诗《板》云"上帝板板，下民卒瘅，出语不然，为犹不远"，则直称王为上帝。又据说为周大夫刺幽王之诗《雨无正》云"浩浩昊天，不骏其德"，则直称王为昊天。此外，除上帝被称为"明昭上帝"（《臣工》）、"明明上天"（《小明》）、"有皇上帝"（《正月》）或"赫赫炎炎"上帝（《云汉》）以外，周诗也称人君为"明昭鲁侯"（《泮水》）、"赫赫明明，王命卿士"（《常武》）。魏曹植《责躬赋》犹云"明明天子"、"赫赫天子"。其所以如此称呼，显与明明炎赫之太阳有关，自不待言。

因此，汉代学者大多认为日像人君，如云"日者众阳之尊，人君之表，至尊之象"①，"日者太阳之精，人君之象"②，"日者太阳，以象人君"③，其说甚多，不胜枚举。不过，如认为太阳像人君，勿宁说人君实像太阳，因为人君正是太阳之子，即天子，也即天上的太阳神的人间代表。如是，在下引《前汉纪》的一段话里便满纸洋溢着太阳崇拜的意识，而把历代的古帝都描述成太阳神了：

> 明德惟馨，光于万祀……实有陶唐……配天惟明。……
>
> 至于有周，对日重光。于赫大汉……二祖六宗，明明皇帝。

如是，我们应可明白，《尧典》所以云尧"光被四表"、"克明俊德"、"昭明百姓"者，正由于尧无论是人间或天上的帝王，实是具有光明炎赫之质的太阳神。俊德之俊字，不难想见于此应是训光明之义，即晙字。晙德即明德，克明明德即能自明其明德也。而所谓昭明百姓者，意即尧以其阳精之光普照天下百姓，使百姓得亲其光泽也。因此，文献所见不仅称人君为明君、明王、明皇、明帝、明上或皇上，且凡与人君有关之事物也几乎无不冠以明字。如明诏、明命、明法之类，既不烦枚举，也不难理解。

6. 最后，须指出的是，即上文所知的一些有关太阳或太阳神的名称以外，古文献上尚有一些太阳的名称，兹略举于此，以结束本文。按《易经·乾卦·象》云"大哉乾元，万物资始，乃统天"，下又云"大明终始，六位时成，时乘六龙，以御天"。大明即日，故《礼记·礼器》云"大明生于东，月生于西"，郑玄注云"大明日也"。《易经·象辞》盖谓太阳乘六龙巡行天上，不失其位，万物因以资生。故除上文所见皇伯登及羲和驾六龙之神话以外，木华虚《海赋》也云"若乃大明擩辔于金枢之穴，翔阳逸骇于扶桑之野"。《文选》李善注云"大明，月也"，显然是误注。这里既说明大明为太阳，也说明太阳神驾六龙巡行天上之神话应不晚于战国之际。

又扬雄《甘泉赋》云"相与齐乎阳灵之宫"，《文选注》云"（阳灵之宫）祭天之所"，其实即是太阳神之宫。是知太阳一名阳灵，即阳精之神灵。

此外，太阳神尚有东君、东皇、曜灵之称。至如《山海经》所载"汤谷上有扶木，一日方至，一日方出，皆载于乌"、《淮南子·精神训》所载"日中有踆乌"及

① 《汉书·孔光传》。
② 《后汉书·五行志》。
③ 《后汉书·郎顗传》。

《楚辞·天问》所载"羿焉彃日，乌焉解羽"之类的有关阳乌，即太阳鸟的神话，既是神话学家所熟悉的，也是见于其他民族，特别是古埃及的一种同母题的神话。笔者拟另文讨论，于此姑不赘论。

综述上文所论，自商周至秦汉的古文献应可说明：中国先秦至于汉代存在着浓厚的崇拜太阳之俗，且其重要性尤甚于祖先崇拜，原因是在郊祀祭日重典中王者祖先仅居于配食之位。

本文原载《民间文学论坛》1988 年第 2 期、1989 年第 2 期，收入杨希枚著《先秦文化史论集》，中国社会科学出版社 1995 年版。

试论龙的研究

阎云翔

阎云翔（1954—　），北京人。1978—1984 年在北京大学中文系学习，获学士、硕士学位。1986 年获美国哈佛燕京学社奖学金，就读于哈佛大学人类学系社会人类学专业，获博士学位。现为美国洛杉矶加州大学中国研究中心主任、文化人类学教授。在神话研究方面，写了一系列关于龙的论文，主要有：《纳西族汉族龙故事的比较研究》（1986）、《论印度那伽故事对中国龙王龙女故事的影响》（1987）、《印度的那伽与中国的龙》（1987）、《神话的真实性和神圣性》（1987）、《春秋战国时期的龙》（1988）等。

　　龙的研究是个十分重要又很有意思的课题。这是因为龙在中国文化传统中扮演着相当特殊的角色：它先以动物神身份出现在中国文明的黎明时期；继而变为受人尊崇的灵物；再后升格为享受香火祭祀的神祇；最后，由于它在中国文化各个领域中的重要作用，从近代开始它又被认作中国文化的象征物。但是，出于同样的原因，龙的研究又是个相当复杂，差不多广无边际，需要人文科学、社会科学乃至于自然科学中许多学科的通力合作才能完成的难题。

　　值得庆幸的是，自本世纪初以来，已有不少专家学者和有识之士就此课题进行过广泛、深入地探讨；问世的有关论著论文，仅笔者所见到的已有一百多篇，可谓成绩斐然。正如俗话所说，前人栽树后人乘凉。笔者之所以能够在此略陈一孔之见，当全赖前人耕耘之功。这是毫无疑问的。

　　就笔者所掌握的资料看来，迄今为止，龙的研究大致围绕着三个问题或者说在三个方面进行。其一，龙的本质与原型问题。论者多欲从理论上解释龙为何物，从何时出现，为什么受到中国人尊崇，等等。其二，龙的形象问题。论者多倾向于分析龙在各种器物和艺术形式中的形象及其装饰功能。其三，与龙有关的民俗。论者多描述诸如赛龙舟、求雨等民俗并考察龙与社会生活的关系。

　　如果作一粗略概括，第一类研究多主要依据历代相传的文献资料进行，参加探讨的人数和问世的文章最多，但同时争论最激烈，遗留下来和新发现的问题也最多。相比之下，第二类研究多依据考古出土文物和历代传世的器物艺术品进行，论者以实物立论，多半限于龙之形状的讨论，故争议不多，成果却不小，唯一令人遗憾的是在理论上鲜有突破第一类研究所得者。第三类研究卷入的人数最少，虽然有相当数量的民俗报告问世，但深入的理论研究不多，收获有限，亟待努力。

从三个方面全面地综述与评价这一百多篇论著论文无疑是件很有意义的工作，但它并非本文之目的，而且也并非笔者所能胜任。这里，笔者仅想以第一类研究中的若干问题为例，就如何深入探讨龙之奥秘提出一点粗浅看法。

龙的起源和本质特征堪称为龙的研究中之最大难题。中外学者为此曾进行过长期深入地探讨，但至今仍是众说纷纭。其中较有影响的观点，大致可以概括为以下五种。

1. 龙为外来物说。持这种观点的学者根据龙与外国某种神异动物之间的某些相似之处，而主张龙起源于外国，随着异邦文化的传入而进入中国人的信仰系统。如，章鸿钊先生认为中国的龙就是西方文化中的毒龙（dragon）①，约在黄帝时期传入中土。② 又如，英国学者史密斯认为世界上各大文明皆有龙，但是所有的龙都出于同一个源头——巴比伦。中国的龙同样也是巴比伦古龙的后裔。③

2. 龙为恐龙说。有些学者试图运用古生物学等自然科学知识为龙之起源找到一个科学的答案，主张龙之观念应是远古先民对于巨大的爬行动物恐龙的记忆，或主张先民因对恐龙的恐惧而产生龙崇拜。此说的代表人物有叶玉森先生④、徐知白先生⑤、美国学者海斯⑥等。

3. 龙为灵物说。神话学家黄石认为龙因被信为有驱凶迎吉的能力，遂被奉为灵物而受人尊崇，故其在中国文化中地位越来越重要。⑦

4. 龙为水神说。吴大琨先生曾撰文指出中国是农业社会，其农业生产在很大程度上依赖雨水，而龙恰恰是水神，直接左右着农业生产，所以受到崇拜。此外，他还强调龙的研究应该在中国整个社会背景上进行。⑧ 这在方法论上具有很大意义。

5. 龙为图腾说。此说最初由闻一多先生提出，认为龙是华夏民族的远古图腾。据他所言，龙之原型是一种大蛇，而蛇是远古时代华夏民族之前身的一个氏族的图腾。随着蛇氏族吞并与联合其他许多氏族，其图腾大蛇也获得了其他氏族图腾物的一些特征，变成具有多种动物特征的龙，并成为华夏民族的图腾。⑨

现在看来，这五种主要观点中有的已因龙之研究的发展而不再受到重视，有的则仍保持着很大的影响力。龙为外来物说与文化传播论关系极为密切。史密斯本人

---

① dragon 是一种恶魔式的神异动物，源出于古代近东宗教。因其形似大型爬行动物，与龙有些相似之处，故旧译为"龙"。但二者实有本质区别，笔者音译"毒龙"以示其不同。

② 章鸿钊：《三灵解》，北京法轮印刷局 1919 年版。

③ 史密斯（G. E. Smith）：《龙神的变化》，伦敦，1919 年版。

④ 叶玉森：《甲骨学·文字编》第十一。

⑤ 徐知白：《谭龙》，载《中和月刊》第 1 卷第 12 期。

⑥ 海斯（Newton Hayes）：《中国的龙》（英文版），上海，1922 年版。

⑦ 黄石：《关于龙的传说》，载《青年界》第 1 卷第 2 期。

⑧ 吴大琨：《中国人为什么崇拜龙》，载《艺风》第 2 卷第 12 期。

⑨ 闻一多：《伏羲考》，见《神话与诗》，古籍出版社 1956 年版。

是所谓极端传播论的倡导者，坚持世界文化是由一两个文化发源地产生的，而埃及和巴比伦则被他指定为这样的世界文化摇篮。章鸿钊则是 20 世纪 20、30 年代积极主张中国文化西来说的学者。他认为黄帝率其部族由西域入中土，才有后来的中国文化。除了这样的理论假设之外，他们关于龙与西方毒龙的比较分析并不多，而且缺乏说服力。如史密斯所研究的世界各文化中的所谓龙互相之间差异很大，唯一共同处在于它们都或多或少与水有关。史密斯宣称龙之本质特征在于它是水神，是水的力量之人格化。以此为标准，他将各不相同的神异动物统统归为一类，为它们在巴比伦找到故乡。但这实际上已变成水神的研究。随着文化传播论的失去市场和人们对龙之认识的增加，龙为外来物说已不再有大的影响力。

龙为恐龙说，曾经因为其借用自然科学成果，又有恐龙化石的"验证"而一度影响很大。但早在 20 世纪 40 年代，古生物学家杨钟健已撰文指出所谓恐龙者，原是英文 dinosaur 或者 dinosaurian 的译名。而 sauria 则是专指蜥蜴类爬行动物的一个词尾。日本科学家首先将 sauria 译为"龙"字，于是遂有恐龙，以及各种恐龙如雷龙、翼龙之说。更重要的是，恐龙生存的中生代结束于 6700 万年前，而最早的人类化石也不过 300 万年前；也就是说，在恐龙灭绝与人类出现之间相隔近 6400 万年的距离。二者怎么可能有任何关系呢！因此，杨钟健先生断言："古生物学上之所谓龙，与传说中之所谓龙，截然为两回事。"① 在他之后，也不断有人论述这一道理，故龙为恐龙说现已逐渐站不住脚了。

严格说来，龙为灵物说尚不够成熟，因为它以一个自身尚有待于说明的观点当作论据。龙从何时以及为什么成为灵物呢？这个问题不先解决，此说意义不大。可惜的是，持此说者多半不再深究，将问题留给读者去思考。

龙为水神说也有类似的不足处。吴大琨先生本人已经看到这一点，曾表示："我只不过说明了，龙是中国的'水神'，所以中国人崇拜龙。但我却不曾把中国人为什么将龙，以及类乎龙的一族如蛇、蛟之类看作'水神'的道理说出来。"② 但更重要的一点是，龙在较晚近的历史时期内才成为水神。据笔者浅见，大致在六朝及以后龙才作为雨神或江河之神而出现（对此，笔者将在探讨六朝隋唐时期的龙的文章中详细说明）。那么，水神说如何解释六朝以前的龙呢？

龙为华夏图腾说借用人类学的图腾制理论，结合远古社会史说明龙之由来与本质，既拓展了人们的视野也从理论上回答了龙为什么会受到尊崇，会成为中国文化象征等问题，故得到众多赞成者。其影响至今不减当年，堪称为占统治地位的观点。自 20 世纪 50 年代以来，国内龙的研究基本上是在龙为华夏图腾说的模式内进行的。也有一些学者对此说不满意并试图加以修改甚至反对，但因为多数人仍然囿于图腾氏族社会为人类社会发展必经的低级阶段之观点，在图腾理论方面也仍然停留在 19

---

① 杨钟健：《龙》，载《文史杂志》第 5 卷第 3、4 期。
②《中国人为什么崇拜龙》，载《艺风》第 2 卷第 12 期。

世纪末的水平之上，故在理论上取得的成绩并不十分显著。例如，李埏先生一方面认为龙崇拜不是图腾崇拜而是灵物崇拜，因其发生于父系氏族公社时期；但另一方面他又认为龙的前身曾是蛇氏族的图腾。于是，他不得不又回到龙为图腾说的出发点。①

在笔者看来，龙为华夏图腾说尚有许多不足之处和似是而非之处，并不能科学地解释龙之起源和本质特征问题。全面的分析还有待于历史地考察并勾勒出龙之发展变化过程之后才能进行。这里，笔者仅就此说自身的漏洞略加陈述。

闻一多先生在谈到龙之本质时说："它是一种图腾，并且是只存在于图腾中而不存在于生物界中的一种虚拟的生物，因为它是由许多不同的图腾糅合而成的一种综合体。"② 这里的问题在于：第一，根据有关图腾制的人类学报告和论著，我们知道所谓图腾是指被原始民族视为自己祖先或亲属的自然物，一般是动物植物，有时也会是非生物。但是，无论如何图腾物总是自然界中实有的物体。③ 因为说到底，图腾制体现的也正是人类与自然界之间的关系。④ 因此，如果依据通行的理论和被学界接受的材料，龙作为一种图腾同时又不存在于自然界中是难以令人接受的。假如论者要坚持龙这一例外，那么他必须首先对此基本论点加以说明。第二，闻先生所说龙是由蛇氏族吞并其他图腾氏族，将其他动物特征盗于己身的观点，无论在社会发展史上还是在龙之自身形象的发展史上都讲不通。原始社会内社会组织发展的一般形式是氏族的分化，即一个母氏族分化为若干子氏族。假如这一分化发生在盛行图腾制的地方，新的子氏族或是选择新的图腾物，或是以母氏族图腾物的一部分作为自己的新图腾。此外，在某些情况下氏族也可通过收养人数较少的异氏族群体而发展自己，但被收养者是作为子女而进入此氏族的，故必须接受新氏族的图腾，这如同他们以新氏族为自己氏族一样。⑤ 因此，无论如何也不会发生蛇氏族在不断的征服过程中也不断地将被征服者之图腾融于自己的图腾物上的事。这是现代人想象出来的征服者历险记，缺乏人类学报告的证明。如果我们再从龙自身的发展史上看，问题便更为明显。所谓具有多种动物特征的龙之定型不会早于汉代。只是从西汉开始，龙的形象才逐渐趋于统一。而在此之前，除了长身之外，龙的其他部分变化万千，互不相同。如依闻一多先生的解释，是蛇图腾吞并了其他图腾后将若干种动物特征安在自己身上才出现了龙，那么，这一吞并和吸收的造型运动要直到汉代才趋于完成。这与所谓图腾之说怎么能吻合呢？

问题当然还不止于上面这些。譬如说，图腾理论的核心是人们相信自己与图腾

---

① 李埏：《龙崇拜的起源》，载《学术研究》1963 年第 9 期。该文是龙的研究中力作之一，笔者从中受益甚多。

② 闻一多：《伏羲考》，见《神话与诗》，古籍出版社 1956 年版。

③ 参见弗雷泽（J. Frazer）：《图腾制与族外婚》，四卷本，伦敦，1910 年版。

④ 参见列维‐斯特劳斯（Lévi-Strauss）：《图腾制》，波士顿，1963 年版。

⑤ 参见摩尔根（L. Morgan）：《古代社会》上册，商务印书馆 1977 年版。

物有某种血缘关系。可是，我们却很难发现有什么证据可说明远古时的华夏民族（这个概念本身又是有待于澄清的）与龙有血缘关系。闻先生所能提出的龙崇拜（应指出的是这并不等于血缘关系。图腾制不是宗教式崇拜，早在本世纪初已被认为是基本事实）① 资料，也都属于汉代。这对于说明远古时期的龙而言，就显得太缺乏说服力了。其实，对所谓图腾社会稍加分析之后，人们就会发现其社会组织是小型的自给自足的孤立的和以血亲纽带为基础的氏族及其他有关形式，与现代人理解的民族相去甚远。在远古时候，中国的土地上由一个龙图腾的华夏民族代表着中国文化，这种说法可能适应现代人的心理，但并不符合事实。

笔者不揣浅陋，在上面就五种主要观点及其不足之处提出了一些看法。这样做绝非无视前辈学者的成果与功绩，而是想从中总结经验以开始新的探讨。其实，正如前文所言，且不说学术观点和方法的继承性，单是笔者能在此对前辈妄加评议这一事实本身，也足以说明龙的研究所取得的成绩相当可观了。

假如我们就此再深究一步，就会发现上述五种观点有一些共同的弱点。其中，至少有两点值得特别注意。

第一，作为今人研究对象的龙不是客观实体而只是一种观念，这一基本事实似乎未曾受到应有的注意。就目前所掌握的资料来看，至少从西周时期开始，龙就不再是自然界中的实有动物，而是变成只存在于人们的观念与想象之中的神异动物，变成一种观念。② 因此，就其实质而言，龙是属于观念形态而不是物质形态的东西。我们所拥有的关于龙的一切知识应该说都是关于龙之观念的知识，即关于"龙是什么"的从古至今各种解释的积累。

由于龙的虚幻性，人们常会对这一只曾耳闻的神异动物感到困惑不解，并要根据自己的知识积累、想象力和需要而加以探讨和解释。例如，"魏献子问于蔡墨曰：'吾闻之，虫莫知于龙。以其不生得者谓之知，信乎？'对曰：'人实不知，非龙实知。古者畜龙，故国有豢龙氏，有御龙氏。……'"③ 这里，关于龙是否有超乎寻常的知，人是否能活捉龙，就存在两种不同看法。魏献子代表的似乎是一种较通俗的观点，而蔡墨却另有一种解释，并讲出远古时畜龙豢龙的一段故事。随着时间的流逝，若干年后，他们的对话本身便成为关于龙的知识的一部分。后人不得不依靠他们的对话以及其他前人关于龙的观念来为龙下定义，作解释。而仍旧不能令人满意之时，他们就只好根据自己的理解和想象力再重新解释龙的某种特征，于是，他们又为他们的后人留下一份关于龙的知识遗产。如此，一代复一代，每一代人都根据前人的看法而重新解释龙，然后再把前人的与自己的解释传给下一代。

这样，随着人们对龙的理解与解释的持续增加，龙这一观念的内涵也日益丰富，

---

① 弗雷泽：《图腾制与族外婚》第 4 卷，伦敦，1910 年版，第 5 页。

② 龙的主要特征与特定的历史时期分不开，经过多次变化它才成为今人所知的样子。当笔者论述作为观念形态的龙时，皆指西周以后，下同。

③《左传·昭公二十九年》。

而由于这些理解和解释之间的差异，龙的本质、形象也不断发生变化。这颇似古人形容的那样，龙"欲小则化为香烛，欲大则藏于天下，欲高则凌于云气，欲下则入于深泉；变化无日，上下无时"①。但是，我们必须补充一句话：这一切变化都发生在观念世界而非现实世界里。换言之，是人们关于龙的理解与解释而不是龙自身在那里"变化无日，上下无时"。即使以物质形态出现在器物、图画、建筑上的龙的形象之变化，也仍然是观念变化的反映。其实，早在 40 多年以前，徐知白先生已经指出过这一点："窃以为所有神龙变化诸说……非龙之本身善变，实谭（谈）龙者善变也。"②

总之，今人所知的龙，是经过几千年发展变化，积累了不同时代的人的认识和想象的观念性复合体。或者，以一种更简单的方式来陈述，龙就像中国文化传统中的"天"、"道"、"仁"一样是一种观念而非物质实体。因此，引入时间因素，像研究思想史上任何一个范畴、一种观念那样，从历史发展角度考察作为观念形态的龙之变化，当是科学地探索龙之奥秘的关键。

第二，由于龙的观念已经过几千年发展和无数次变化，今人所看到的龙已具有相当复杂丰富的内涵。因此，人们在研究龙时应该尽力先从整体上把握它，了解它在现时态中的全貌，然后才有可能从历史发展过程中考察龙的各种特征，达到对龙之本质的认识，作出较为全面的解释。如果说，要认识作为物质实体的大象的外形还必须通过整体上的把握（或靠视觉或靠触觉）方可得出正确的结论，那么，认识作为观念形态的龙之本质就更需要以全面的整体上的了解作为基础了。经验告诉我们，在龙的研究中，管中窥豹的方法极易导致盲人摸象式的结果。这一点可以有关龙之原型的几种观点为例而稍加说明。

今人所见到的龙在外形上已具有多种动物特征，堪称为超级的"四不像"。虽然，究竟龙身上有多少种特征，至今尚无定论，但至少有一种流传较为广泛的"三停九似"之说，可以较简便地概括龙的外形特征。三停，指龙"自首至膊，膊至腰，腰至尾，皆相停也。九似者，角似鹿，头似驼，眼似鬼，项似蛇，腹似蜃，鳞似鲤，爪似鹰，掌似虎，耳似牛"③。

如此说来，龙至少有八种动物特征（外加上鬼一样的眼睛）。究竟哪一种动物是龙的原型呢？研究者往往根据他所判断的代表龙之主要特征的部分而展开探讨。可是，由于判断上的差异，得出的结论也很难趋于一致。就笔者所知，被人们指认

---

① 《管子·水地篇》。
② 徐知白：《谭龙》，载《中和月刊》第 1 卷第 2 期。
③ 《古今图书集成》引《尔雅翼》。

作龙的原型或与原型有关的动物就有蛇①、蜥蜴②、鳄鱼③、恐龙④、马⑤、牛⑥、猪⑦、河马⑧、海马⑨、长颈鹿⑩十种。此外，有的学者认为龙之原型是一种自然现象——闪电⑪，还有的学者主张龙之原型与古人的生殖崇拜有关⑫（持此说者中又有主男性生殖器官说与主女性生殖器官说之分别）。

对这些观点加以分析，人们发现其中一些观点主要是以猜测为基础的。譬如，夏元瑜主张"龙"字是由于古人看见长颈鹿的化石而造出的。因为，当古人看见一条长长的脖颈和鹿似的头时，他们便认为这是个长身无足的怪物，遂取名为龙；又因为从未在大地上见过这种怪物，他们便推想龙生活于天上或海中。⑬ 又如，朱天顺认为龙之观念来自古人对闪电的观察和恐惧，因为闪电蜿蜒的形象与蛇相近，龙才有了蛇的外形。⑭ 这里的问题在于论者不能提供客观的事实与科学的分析，而且将全部理论分析变成一种双重猜测——去猜测古人如何猜测某些现象之谜。19 世纪末的人类学研究曾广泛应用"人类心理共同"的理论，以这种猜测为主要方法去研究所谓原始民族的社会制度、宗教信仰乃至心理活动等，结果闹出不少的笑话。这种猜测法后被人讥称为"如果我是一匹马"式的思维方法。这个名称来自于在美洲流传甚广的一个民间故事：一位农夫早晨起来后发现自己的马不见了。想来想去，他觉得一定是自己未曾拴好马。那么，它会跑到什么地方去呢？于是，他走到草场，抓起一把草，塞进自己的嘴里大嚼一通，然后说："如果我是一匹马，我会往什么地方跑？"……

此外，有的观点虽然力图避免猜测，但由于其依据的资料实在有限而片面，仍然不得不以猜测来弥补。例如，刘城淮根据古籍记载的"马八尺以上曰龙"，"马名有龙骧"，"马之美者，青龙之匹"等材料而认为龙与马有密切关系。但是，考虑到

---

① 闻一多：《伏羲考》，见《神话与诗》，古籍出版社 1956 年版。

② 谢弗（E. Schafer）：《神女——唐代文学中的龙女和雨神》，加州大学 1973 年版。

③ 王明达：《也谈我国神话中龙形象的产生》，见《云南少数民族文学论集》第一集，中国民间文艺出版社 1982 年版。

④ 参见前引叶玉森、徐知白、海斯等人的文章。

⑤ 吴承仕：《说龙首》，载《国学丛编》第 1 卷第 3 期。

⑥ 李埏在《龙崇拜的起源》一文中提出龙之原型除蛇外，还与牛有关，因龙头与牛头十分相似。该文载《学术研究》1963 年第 9 期。

⑦ 孙守道、郭大顺：《论辽河流域的原始文明与龙的起源》，载《文物》1984 年第 6 期。

⑧ 刘城淮：《龙模特考》，载《学术研究》1964 年第 3 期。

⑨ 参见卫聚贤《龙与舞龙》。笔者本人未读过该书，资料来自那志良《玉器上的龙》，载《龙在故宫》，台北，1978 年版。

⑩ 夏元瑜：《龙门大阵》，见《龙年谈龙文集》，台北，1977 年版。

⑪ 朱天顺：《中国古代宗教初探》，上海人民出版社 1982 年版。

⑫ 袁德星在《史前至商周造型艺术中的龙》一文中认为龙是蛇的人文化、宗教化，但使龙有别于蛇的龙角却是远古人对于男性生殖器的崇拜之象征性表现。该文也载于《龙在故宫》，台北，1978 年版。

⑬ 夏元瑜：《龙门大阵》，见《龙年谈龙文集》，台北，1977 年版。

⑭ 朱天顺：《中国古代宗教初探》，上海人民出版社 1982 年版。

马并非生活于水中的动物，便进而推论龙之原型不是普通的马而是河马。① 问题是，古人对龙的解释，龙的观念本身，"龙"字的引申和比喻意义，这三者还是有区别的。而且，论者仅仅选用少量支持其观点的资料，同时舍弃了大量相反证据。论及龙与马有关的资料在今人所能掌握的资料中不超过千分之一，很难说它们具有什么代表性。

由于本文并非关于龙的研究的综述，故笔者这里只想强调一点：上述关于龙之原型的观点中有相当一部分是通过猜测或者依据有限的资料再辅之以猜测而得出的。某些论者在未曾了解龙之全貌与历史以前，过于匆忙地将他们的注意力集中在龙的某一特征上，从而产生了一些不是十分必要的纷争。同是以龙的头部为注意焦点，便产生出龙之原型是牛、是马、是猪、是鹿等四种观点。这足以说明尽可能地了解龙之全貌以减少猜测成分应是探讨龙之本质、原型等问题的必要前提。

根据本人的体会，② 笔者认为在研究龙时最好能具备或力求一种历史的全面的立体的眼光或是指导原则。

所谓历史的，意指一种发展、变化、动态的眼光，指将今人所知的龙置于历史发展过程中，置于特定的时间空间框架中加以考察的原则。如上文所述，今人所知的龙是经过无数人解释，发生过无数次变化的观念性复合体，其丰富内涵是逐渐积累起来的，其复杂特征是在不同历史时期内形成。因此，在讨论龙的任何特征时，我们都应考虑到它在何时形成，如何发展而来，为什么会有如此变化等问题，切忌以今人所知的龙代替历史上的龙。同时，这也牵涉到资料的辨别与使用问题。所有关于龙的资料无非是人们关于龙的观念或这些观念的物质形态化表现，因此这些资料首先应该被看作属于特定历史时期的和特定阶层的人们的观念。譬如说，当分析汉代文献中有关夏商甚至更早时期的龙之资料时（这种情况从西汉开始越来越多），我们首先应该把它们看作是汉代人自己关于龙的解释与想象，然后才能视之为说明夏商时期的龙的辅助性材料，但是绝不能仅仅依据这类材料而论证夏商时期的龙。观念形态随着人们的理解而变化万千，故从时间上如此严格地掌握资料，至少在龙

---

① 刘城淮：《龙模特考》，载《学术研究》1964 年第 3 期。

② 笔者曾经写过一系列文章，集中考察龙的历史发展过程和龙与印度神话中的那伽之关系等问题。其中，《春秋战国时期的龙》（载《九州学刊》第 1 卷第 3 期）分析了龙在该时期内神格下降的现象；《纳西族汉族龙故事的比较研究》（载《民族文学研究》1986 年第 4 期）就两个民族的龙之关系作了些比较；《论印度那伽故事对中国龙王龙女故事的影响》（见郁龙余编《中印文学关系源流》，湖南文艺出版社 1987 年版）和《印度的那伽与中国的龙》（见《中国比较文学》第 4 辑）探讨的是二者之间的关系和龙在六朝以后的某些变化。此外，笔者已完成但尚未发表的拙稿还有《夏商西周时期的龙》、《两汉时期的龙》、《六朝隋唐时期的龙》、《道家道教传统中的龙》和《试析"龙的传人"的说法》等五篇。下文所讨论的便是笔者在写这些文章时总结出的一点想法。本应该在最后才提出这点想法，但适逢龙年，笔者便提前将它抛出，希望能引起专家学者和有识之士对于龙的研究之方法论问题的兴趣，从而促使龙的研究能在龙年得到更多人的重视。但是，不管怎样，侈谈龙的研究应该如何如何，总是难免空泛和离题，为此，笔者将尽力以其他文章证明这里提出的想法，同时也期望得到学界师长同行的指教和批评。

的发展史尚未清楚时还很有必要；尽管这样做的同时有可能失去一些可资利用的材料，也不得不权且制变。

所谓全面的，有两层意思。其一是指在进行龙的研究之前应该尽可能全面地了解今人所知的龙之特征和历史上重要的有关资料，以免在研究中出现盲人摸象式的结果。其二是指在进行具体分析时须时时不忘记作为整体的龙，在理论上认识到龙尽管在不同历史时期各有特点，但同时它又是个内聚性整体，其各部分的特征最终只能在整体层次上才能得到全面的理解。

所谓立体的，也有两层意思。其一，尽管龙是观念性复合体，但同时它也像任何观念一样，是物质性的社会生活与生产实践在人的头脑中的反映。故龙的历史发展及其各方面特征都必须放入中国社会历史与文化的整体框架中加以考察才成。尤其值得重视的还是龙的发展变化与特定历史文化背景的关系。我们须既看到龙在中国文化各领域的重要作用，又不忽视中国文化传统对于龙之观念的总体制约。其二，龙这一观念本身又依中国文化系统内各亚系统文化之不同而有着不同层次和方面的差异。象征皇祚国运的神龙与执掌行云布雨的龙王就分别在政治生活与农业生产，在上层社会与下层社会占据支配地位而有意义上的差异；道家传统中的龙也与儒家传统中的龙有同有异。因此，龙的分析不仅应是历史的全面的，还应该是立体的。

在某种意义上，我们还可以依据研究者的侧重点和趋向而在龙的研究中区分历史的纵向考察与结构－功能的横向分析两种类型。前者通过考察各历史时期内人们对龙的看法及其异同而描述出包括其发展变化的龙之全貌，从而为真正把握和理解龙的观念提供基础；后者则通过分析龙与特定社会结构的关系，龙在各文化领域的作用，特别是它对于中国文化的整体的功能而描述出活在社会生活中的龙之特征，从而为揭示龙的本质打开通道。

历史考察与结构－功能分析二者相辅相成，同等重要，而且在实践中也不可能截然分开，不过是侧重点有所不同而已。不过，依笔者浅见，就目前状况而言，似乎深入扎实的历史考察更为急需。因为确立历史的发展的眼光，揭示龙之观念的发展变化过程，是龙的研究的基础，而目前缺乏的恰恰是这一基础。例如，龙为华夏图腾说之所以为不少人接受，一个主要原因便是论者未曾将唐宋以后地位极高，在政治上象征皇祚国运、在农业生产中支配雨水的龙神与在此之前先后曾是动物神、灵物，在很长一段时间内无足轻重的龙加以区别，从而想当然地以今人所知的龙代替了远古时期的龙。如果龙的发展史能够大致澄清，类似误解也会避免的。

但是，龙的研究不仅需要分析，而且还需要解释，不仅要描述出龙"是什么"，还要回答与解释"为什么是"。无论历史考察还是结构－功能分析，都只能或基本上回答"是什么"的问题，只能告诉我们历史上关于龙的观念都有哪些和现在龙的观念仍在起什么作用。"为什么是"、"为什么有"这样那样的观念，则是属于意义层次的，更为困难也更为吸引人的问题。

譬如说，作为观念和象征符号的龙有没有它自己的内在结构模式？为什么龙有这样大的适应性，能够在不同历史时期内被赋予不同的意义？类似问题将迫使研究者将视野拓展到更为广阔的中国文化乃至人类文化的背景上。笔者一向坚持认为中国的龙既不是西方的毒龙（dragon），也不是印度的那伽（naga），三种神异动物不可混为一谈，也不宜采用一个名称互译（如汉译佛经将 naga 译作龙，不少英文著作将龙译作 dragon）。① 但是，这种区分只有在探讨"龙是什么"时才有意义，而当我们探讨"为什么是"的时候，我们就有必要在一个更为抽象的层次将龙、dragon、naga 三者联系起来考虑，有必要将它们都归入一个范畴——以爬行动物为原型发展而来的神异动物。② 它们都是人类用来表现自己与自然界和社会文化环境之关系的范畴和手段，相应地也应具有某些共同的内在结构特征。无疑，在这个层次上，只有更为广泛的比较研究，更为抽象的理论解释，才能回答"为什么是"的问题。

综上所述，龙的研究应该以明确龙是一种经过长期的历史发展和无数次变化的观念性复合体为前提；以尽可能全面地占有各种资料，了解今人所知的龙之全貌为基础；通过纵向的历史考察而描述出龙在各个历史时期的形态特征；通过横向的结构－功能分析而阐明龙在中国社会文化各领域中的作用及其与整体社会文化结构的关系；通过在中国文化和人类文化背景上展开的比较研究而从理论上解释龙的象征意义；在此之后，所谓中国神龙之谜的揭破才算是具备了可能性。

本文原载《九州学刊》（香港）1988 年第 2 卷第 2 期。

---

① 关于龙与那伽的区别，请参见拙文《印度的那伽故事与中国的龙》，见《中国比较文学》第 4 辑；《论印度那伽故事对中国龙王龙女故事的影响》，见郁龙余编《中印文学关系源流》，湖南文艺出版社 1987 年版。

② 这里，印度 naga 的情况稍有不同。它一方面在信仰系统中是神异动物，但另一方面在仪式行为中又是实有动物眼镜蛇，详见拙文。

洪水神话与葫芦崇拜

宋兆麟

宋兆麟（1936—　），辽宁辽阳人。1960 年毕业于北京大学历史系考古专业。中国历史博物馆研究员。主要从事史前史、民族学和民俗学研究，先后在三十多个民族地区进行田野调查与考古工作。与神话有关的专著有：《中国原始社会史》（合作，1983）、《巫与巫术》（1989）、《巫与民间信仰》（1990）、《生育神与性巫术研究》（1990）、《妈祖传说与海神信仰》（1992）、《巫觋——人与鬼神之间》（2001）、《会说话的巫图》（2004）、《寻根之路——一种神秘巫图的发现》（2004）等。神话论文有：《原始社会的"石祖"崇拜》（1983）、《日月之恋与祭祀图画》（1985）、《青蛙神与稻作农业》（1986）、《洪水神话与葫芦崇拜》（1988）、《人祖神话与生育信仰》（1991）、《槃瓠图与图腾祭祀》（1991）等。

洪水神话是世界性的文化现象。在中国洪水神话诸特点中，葫芦占有极特殊的地位。闻一多说："正如造人是整个故事的核心，葫芦又是造人故事的核心。"[1] 葫芦除具有多种功能的实用价值外，在远古巫教信仰中也占有神秘的地位，因此学术界对葫芦有种种解释：1. 葫芦是图腾[2]；2. 葫芦是中华民族的母体崇拜[3]；3. 葫芦是山洞[4]；4. 葫芦是子宫[5]；等等。笔者认为正确地说明葫芦在洪水传说和巫教信仰中的地位和作用，不仅是洪水传说研究的重要课题，也是远古文化史所不可忽视的问题。

一、洪水泛滥中的葫芦

闻一多通过对 49 个洪水故事的比较分析，认为当时的救生工具有葫芦、瓜、鼓、臼、木桶、床、舟等。其中自然物占全部救生工具总数的 57.2%。在七种工具总数的 35 件中，葫芦占 17 件，居诸救生工具之首，其中的瓜在东南亚地区与葫芦为同义词，因此葫芦在救生工具中的比例还要大得多。近几十年来，随着民族学和

---

① 《闻一多全集》（一），开明书店 1948 年版，第 6、57 页。
② 李根蟠等：《中国南方少数民族原始农业形态》，农业出版社 1987 年版，第 515 页。
③ 刘尧汉：《论中国葫芦文化》，载《民间文学论坛》1987 年第 3 期。
④ 杨长勋：《广西洪水神话中的葫芦》，见《民间文艺集刊》第 6 集，上海文艺出版社 1984 年版。
⑤ 过竹：《葫芦说》，载《民间文学论坛》1986 年 6 期。

民间文学的发展，又发现了许多洪水传说。为了说明葫芦在洪水神话中的作用，让我们列举若干民族学的资料。

广西融安县壮族传说。远古的时候，雷公与力士经常械斗，有一次力士把雷公捉住，并关在房内。力士出门了，雷公哀鸣不止，力士的两个孩子觉得可怜，给他喝水。雷公喝了水后顿时力大无穷，破门而出。临走时把一颗牙齿送给力士的孩子，说："你们好好种下，今后一定有用。"事后兄妹将雷公的牙齿种在屋檐下，居然长出一株葫芦秧，还结下一个大葫芦。后来雷公发怒，天下洪水滔滔，人畜都淹死了，唯有这对兄妹坐在葫芦中，漂洋过海，最后定居于广西。兄欲与妹结婚，但妹妹不肯，后来由兄拔一牙，他代表雷公氏族，妹妹代表力士氏族，两人才结为夫妻，生育了后代。①

布依族古歌《赛胡细妹造人烟》也有类似的情节：

只有赛胡细妹有准备，

洪水滔天心不惊，

园里摘下大葫芦，

挖个洞洞掏心心。

赛胡细妹手牵手，

葫芦里面来藏身，

随水漂了九天搭九夜，

不知不觉漂到南天门。②

水族传说远古时代洪水滔天，人都淹死了，唯有拾雷公斧的兄妹坐在葫芦内活下来。白胡子老人劝兄妹结婚，才有了水族。③《兄妹种瓜》的传说说，兄妹以种植为生，从地里收了一个大葫芦。一年之后，洪水淹没天下，兄妹躲在葫芦内，在水上漂了一个月，天下的人都死了，仅存兄妹两人。他俩经过种种曲折，才结为夫妻，但生一石磨，后把石磨摔碎，石块变成许多人。④

碧江勒墨人（白族一支）在《氏族来源的传说》中讲，天神阿白告诉人们天要下雨，地上要涨洪水了，快把房子搬到葫芦附近。人们不以为然，唯有阿布帖和妹妹阿约帖听从了，经过九十九天大雨，人都淹死了，唯有阿布帖兄妹坐在葫芦里才生存下来，成为白族的始祖。⑤

凉山彝族传说说，有几兄弟在洪水中大多被淹死了，唯有小弟在白发老人的帮助下生存下来，且与天女结婚。两人种了一株葫芦秧，结了一葫芦，丢在河内，乘着葫芦到了东海。天神命螃蟹把葫芦找回来，又命小米雀破开葫芦，从中走出各族

---

① 莫俊卿：《古代越人的拔牙习俗》，见《百越民族史论集》，中国社会科学出版社1982年版。

②《赛胡细妹造人烟》，载《民间文学》1980年第8期。

③ 潘一志：《水族社会历史资料稿》。

④《壮侗语族语言文学资料》，四川民族出版社1983年版，第284页。

⑤《云南民族文学资料》第10集，油印本。

的祖先。① 滇东北的彝族还传说远古洪水泛滥时，伏羲兄妹躲在葫芦内，才幸存下来，两人结为夫妻，生三子，即是汉族、彝族和苗族的祖先。②

拉祜族洪水传说说，当时洪水漫过山川，人畜死亡。天神厄霞看见了，急忙把两兄妹放在葫芦内，才保留下人种来。苦聪人（拉祜族一支）在《创世纪》传说中，讲古时有一寡妇，种一棵大树，遮住了太阳，人们用弩射，用刀砍，又用火烧，仅剩下树根，又让蚂蚁吃，于是从树根处冒出水来，倾盆大雨不停，洪水滔天，仅剩下兄妹两人，他俩带着针和黄蜡钻到葫芦里，以针探知水情，有孔则以黄蜡补住，于是幸存下来，繁衍了后代。③

哈尼族传说在洪水泛滥之时，淹死了人类，只有索罗、索日兄妹逃到一个大葫芦内，才生存下来，繁衍了后代。④

类似的传说，在高山、黎、毛难（"毛南"旧称——编者注）、仫佬、侗、傣、苗、瑶、畲、傈僳、佤等许多民族中都有广泛的流传。

上述事实说明，在洪水中利用葫芦为救生工具是相当普遍的现象，葫芦是人类远古生存、救生的重要工具。

二、洪水与葫芦腰舟

前面已经谈到，在洪水泛滥之时，人类为了生存，曾以葫芦作为救生工具，问题是这种传说是否具有一定真实性？从史前史研究来看，回答是肯定的。

洪水在远古时期确实发生过，而且不止一次，这已为地质、地球物理学等有关学科所证实。

大约从距今一万二千年开始，由于天体的变化，地球上的气温由寒冷转为温暖，积雪开始融化，冰川只占其极盛时期的1/3，广大地区气候湿润，河流湖泊众多。同时，降雨量也不断增加，降雪量减少，植物茂盛，动物增多，不少迁走的动物又回来了。值得注意的是，由于上述原因，使海平面上升了100米左右，陆地上的江河水面也相应地升高了。如果说冰川期为冰冷之世界，那时则是汪洋之世界。洪水滔滔，淹没大地，也给人类的生存带来巨大的灾难。

上述传说中的洪水泛滥，就是人类对一万年前后冰期结束后自然环境的回忆。一方面，从考古遗迹看，上述冰川结束时期正处于旧石器时代向新石器时代过渡之时，或称中石器时代，当时人类的遗址较往昔更多，地理分布也扩大了，而且生产工具有不少改进，说明当时人类并没有因洪水之灾而濒临灭绝，恰恰相反，人类却发展了自己的生产力，并孕育着新的社会变革。因此，当时人类所遇到的洪水灾害

---

① 肖崇素：《美丽的传说，丰富的史影》，见《民间文艺集刊》第2集，上海文艺出版社1982年版。
②《四川及云南昭通地区社会历史调查资料》（二），第91页。
③《金平县苦聪人社会调查报告》，油印本。
④《哈尼族简史》，云南人民出版社1985年版，第21页。

远不如传说那样严酷。另一方面，在地球上的某些地区，漫天雨水，江河横流，给人类的生命财产造成了巨大损失，生存下来的人们只能把住地从低洼处迁往高地，甚至走出山林。无论是从事旧有的渔猎活动，还是从事新的农业种植，都免不了与洪水搏斗，因此需要救生和渡河工具。

从洪水传说看，当时的救生工具很多，有葫芦、南瓜、牛皮、柜子、臼和船。如台湾马兰阿眉斯人传说洪水泛滥之时，达拉卡干姐妹和弟弟就是乘木臼登上卡布芙岗山；满族传说洪水之时有男女两人躲在石罐内才幸存下来。不过木臼、石罐和木柜等都是晚起的工具和家具，显然与洪水传说的时代无关。所谓南瓜也不能作为救生工具，真正作为救生工具的是皮舟和葫芦。

皮舟由来已久。最初是把羊皮或牛皮完整地剥下来，扎紧诸孔，充足气体，即可用它作为漂具，这就是羊皮囊、牛皮囊，也有人钻在牛皮囊里过河的。四川阿坝藏族传说，远古洪水泛滥的时候，唯有兄妹二人钻进牛皮筒内，漂了七天七夜，水才退下去，又经过种种曲折，兄妹才结为夫妻。[①] 故事中的"牛皮筒"，就是牛皮囊，至今在川藏地区还有保留。纳西族传说有六姐妹、五兄弟，其中的小弟弟被一个人缝在皮鼓内，他乘该皮鼓在湖上漂流了很久。洪水发生后，淹死了人类，只有小弟弟活下来，他又与天女结婚，生育了后代。[②] 其中的皮鼓，也是羊皮囊之类的东西。人们还把若干皮囊拴在一起，组成羊皮筏子、牛皮筏子，可以载重较多的人和货物。此外还有一种是以柳树枝扎成船架，外包以牛皮，这就是大牛皮船了，但是这种船出现较晚。不过，洪水传说时代利用皮囊作为救生工具是完全可能的。

利用葫芦过江渡河则是古代极盛行的，有不少文献记载：

在《物原》中有这么一句话："燧人以匏济水。"燧人氏是我国远古时代的传说人物，是发明人工取火的英雄，此处又说他"以匏济水"，看来他又是发明舟楫之先驱了。尽管燧人是一个传说人物，但是远古"以匏济水"是千真万确的。

相传葫芦原产于印度，但是缺乏足够的证据，然而在中国、美洲和非洲却有不少考古发现。在我国七千年前的浙江余姚河姆渡遗址就发现了葫芦和葫芦种。我国古代称葫芦为匏、瓠、壶，后来又称壶卢、浦芦、胡卢、匏瓠等。葫芦青嫩时可以充当食物，成熟后的葫芦又具有坚固、体轻、防湿性强、浮力大等特点。所以，从很早年代起就被人类作为过河工具。这种葫芦是比较大的，樊绰《蛮书》卷二载古代西南地区产一种大葫芦，声称"瓠长丈余，冬瓜亦然，皆三尺围"。

远在周代的诗歌里，已经有以瓠作交通工具的记录。如《诗·匏有苦叶》、《国语·晋语》、《庄子·逍遥游》等都有记载。又如《鹖冠子·学问篇》："鹖冠子曰：'中河失船，一壶千金，贵贱无常，时使物然。'"陆佃注曰："壶、瓠也，佩之可济

①《藏族文学史》，四川民族出版社 1985 年版，第 18 页。
② 君岛久子：《纳西（么些）族的传说及其资料——以〈人类迁徙记〉为中心》，白庚胜译，载《民族文学研究》1985 年第 3 期。

涉，南人谓腰舟。"这说明，古代称葫芦为腰舟，"缚之于身，浮于江湖"，是重要的救生和水上交通工具。

为了说明腰舟的存在，不妨看看有关民族学和民俗学的例证。

广东沿海渔民往往把葫芦系在小孩的背上，一旦小孩落水，葫芦能使小孩漂浮起来，为大人前往抢救提供方便。

海南岛黎族下海捕鱼或横渡江河时，必须抱一个大葫芦，协助游渡。因而不少黎族家庭都保存几个葫芦。

云南哀牢山下的礼社江西岸的彝族在出门过河或下水捕鱼时，要在腰部拴一或几个葫芦，前者较大，用绳子拴住葫芦把即可，然后拴在腰上；后者为一串小葫芦，以一根绳子拴为一串，捆在腰上。

黄河岸边居民过黄河时，必在腰上拴一个葫芦，作为游泳时的辅助工具。当地居民在黄河捕鱼时，一般不乘船，而是拿一件捕鱼工具——"捞"。捕鱼时，人骑在葫芦一端，利用葫芦在水上漂浮，遇到鱼后再下按抄网。说明当地居民把腰舟与捕鱼结合起来了。

山东长岛地区人们在采海参时，多在腰上拴一条绳子，绳上端系一或两个葫芦。采海参时，葫芦浮在海面，人扎入海底。

以上事实说明，以葫芦为救生工具并不是神话，而是历史事实，无论在长江流域，还是在黄河南北，均有以葫芦为腰舟的现象。事实上，也可以用葫芦渡海。清代陈世俊绘有一套《番俗图》，其中有一幅《渡溪图》，就有一个人挟着一个葫芦，横渡台湾海峡，在画上有一段文字说："腰掖葫芦浮水，挽竹筏冲流竞渡如驰。"过去朝鲜称船公为瓠公，因为最初从朝鲜去日本时，人们也是在腰上拴几个葫芦，改用渡船后，对船夫仍然用过去的名称。

通过历史文献和民族学、民俗学资料的分析，可以说明葫芦是古代的重要水上交通工具，其分布范围相当广泛。由此可知，洪水传说中的兄妹坐葫芦以求生存的事实还是可信的，是远古人类用葫芦战胜洪水的真实记录。有一种说法，认为葫芦船是由葫芦生人说衍生出来的，是它的变种。其实不然，葫芦的实用价值是早于信仰价值的。葫芦为舟是葫芦功能性的反映，其历史悠久，而葫芦生人则是人们对它的信仰，是比较晚起的思想，不应颠倒。因此不能说腰舟是由葫芦生人中衍生来的。

三、葫芦生人

通过以上论述，葫芦在洪水传说时代充当救生和水上交通工具是毫无问题的，但是葫芦在洪水时代的作用并不是单一的。闻一多早已指出，葫芦是造人的重要素材，共六种形式："一、男女从葫芦中出；二、男女坐瓜花中，结实后，二人包在瓜中；三、造就人种，放在鼓内；四、瓜子变男，瓜瓤变女；五、切瓜成片，瓜片变人；六、播种瓜子，瓜子变人。"① 类似的例证还有不少新发现。大而划之，有两种类型。

一种是人从葫芦里出来。

云南傣族传说洪水泛滥的时候，从河上漂来一个大葫芦，后来从葫芦里走出八个男子，有位仙女又让其中的四个男子变成女人，事后四男四女结为夫妻，生育了后代。② 佤族传说洪水泛滥之时，水上漂来一个大葫芦，后来黄牛把葫芦舔开了，葫芦籽流入海中，变成一座高山——"西岗"（葫芦之意）。不久，"西岗"又结一大葫芦，有一只小米雀把葫芦啄穿了，从葫芦里走出不少人。③ 拉祜族传说远古没有人类，后来在河岸边的青藤上结一个大葫芦，造物神扎滴和娜滴请老鼠咬了三年零三个月，才把葫芦咬破，从中走出两兄妹，这就是拉祜族的祖先。德昂族也传说人是从葫芦中出来的，但所有人都是一个模样，不分男女，后来由仙人帮忙，才分男女，有了婚媾，生育了拉祜族。楚雄彝族传说洪水之后，仅存兄妹两人，两人婚后生一个葫芦，夫妻急躁不安，后来天神用金锥把葫芦打开，从中走出许多人，这就是我国各民族的祖先。傈僳族传说洪水退下去以后，兄妹结为夫妻，以耕织为业，种了一塘南瓜，结了一大南瓜，不久听到瓜内有小孩哭声，打开一看，从瓜中出来不少小孩，有男有女，他们就是傈僳族的祖先。基诺族也有洪水传说，事后幸存的兄妹结为夫妻，他们把神仙给的葫芦种子种在地里，不久长出一株葫芦，秧苗蔓过七座山，越过七条河，结了一个大葫芦，打开以后，从葫芦里走出基诺族、傣族和汉族的祖先。此外阿昌族、布朗族也有类似传说。

另一种是葫芦变人。

云南剑川白族传说当地原来没有人烟，后来在剑川东西山上各长一株瓜，并各结一大瓜。两瓜成熟后自行脱落，滚到坝子里，又变一男一女，结为夫妻，他们就是白族的祖先。碧江怒族传说欧萨造了土地，没有造人，于是他把种子撒到地里，长出一株南瓜，又从南瓜中变出一个人，他就是该族始祖牟英亚。

怎样认识葫芦生人和葫芦变人的传说呢？正如前面所述，计有图腾说、母体崇拜说、山洞说、子宫说等等。经过对洪水传说和葫芦信仰的综合研究，我认为上述观点还有值得商榷的地方。

首先，葫芦不是图腾。

所谓图腾是有特定含义的，有若干特点，如有关于女始祖与图腾之间的感生神话，相信图腾与本氏族有一定血缘关系，把图腾作为本氏族的标志和徽号，对图腾有一定的祭祀和禁忌，等等。如果联系到前面所谈的葫芦传说，不难看出，尽管有葫芦生人、葫芦变人的传说，但缺乏图腾感生神话的特点，没有葫芦与女始祖的姻

---

① 《闻一多全集》（一），开明书店 1948 年版，第 6、57 页。
② 朱宜初：《傣族古老神话漫步》，载《民族文化》1980 年第 1 期。
③ 李子贤：《傣族葫芦神话溯源》，见《民间文艺集刊》第 3 集，上海文艺出版社 1982 年版。

缘关系，而所有生育传说中的葫芦都是女性，这显然与图腾性质相矛盾。彝族、高山族虽然有供葫芦的风俗，但它不是对葫芦图腾的祭祀，而是把葫芦作为祖先灵魂的寓所，其他民族尽管有葫芦生人的传说，但对葫芦并不祭祀，也无禁忌。至于将葫芦作为氏族的标志的，至今没有被发现。所以葫芦不是图腾，更不是中华民族的统一图腾。有人还提出了自己的独到见解，认为"不妨把女性的子宫演说成葫芦状的岩洞、瓦罐等等，甚至直接说成是葫芦本身"①。

其次，葫芦也不是母体崇拜。

主张母体崇拜的学者认为，母体指女始祖的偶像，其主要依据是反映在伏羲和女娲的解释，认为伏羲女娲是葫芦的化身，所以葫芦也就是母体了。事实并不如此。

闻一多从训诂学入手，考证伏羲、女娲都称葫芦，这种解释是颇有见地的。但是，这并不等于伏羲、女娲本人就是葫芦。正如袁珂先生所指出的："考史传记载，伏羲女娲形貌均是'人面蛇身'或'龙身人首'之类，证之古祠墓画像亦均相同，若伏羲女娲本身就是葫芦，则又将何以释此'人面蛇身'、'龙身人首'等形貌呢?"② 这一点已经为愈来愈多的考古新发现所证实。事实上，女娲、伏羲皆为人类的始祖，前者可能起源于母系氏族时代，《说文》："娲，古之神圣女，化万物者也。"具有女神性质，后者则是父系氏族时代的产物，是一个男祖先，又是男性之神。女娲伏羲皆"人首蛇身"，说明他们信仰蛇图腾，而不是信仰葫芦图腾。既然人类始祖不是葫芦，当然葫芦也就不是母体崇拜的产物了。

伴随母体崇拜而来的还有一种观点，认为图腾早于母体崇拜，即原来人们把生育求诸动物（图腾），而后起的母体崇拜则求诸自身，这可以欧洲母体崇拜物是新石器晚期出现的体态丰盈、腹部和臀部造型很大的妇女小雕像为物证。实际情况并不是这样。即使在图腾时代，人类一方面信仰图腾，另一方面也强调人类自身在生育中的作用，其中又以妇女为生育体现者，自然也崇拜女祖先和女神。上述象征多产的妇女小雕像远在旧石器时代晚期就出现了，它正是与图腾同一时代的东西，所以，女神、生育之神并不是与图腾对立的东西，而是一个问题的两方面。因此，女神崇拜与图腾信仰是同时的，而不是谁早谁晚的问题。随着父权制的兴起，两者才逐渐衰落下去。

四、葫芦与生育信仰

人和葫芦在生育问题上，本来是风马牛不相及的两种事物，但是在洪水神话中却把两者联系起来了，葫芦生人，人又生葫芦，乍看起来，是荒唐可笑的，然而却是远古人类的正常想法。这必须从原始思维的特点谈起：一、原始思维以自我为中心，直观为实，不见为虚，眼界极其封闭、隔绝、狭隘；二、主客体不分，把人与

---

① 过竹：《葫芦说》，载《民间文学论坛》1986 年第 6 期。
②《中国神话传说》（上），中国民间文艺出版社 1984 年版，第 86 页。

自然混同起来；三、泛灵论，自己有意识，客观事物也有意识，形成万物有灵观念；四、多采取类比的认识方法。上述思维在人类生存斗争中起着支配作用，在社会生活的各个领域都打上了深刻的烙印。

史前人类为了生存下来，既要进行物质生产，以解决衣食之源，又要进行自身生产，保证人口繁衍。但是，尽管如此，人类并不完全认为上述活动取决于自身的努力，而相信为鬼神所支配，甚至为鬼神所主宰。就以生育来说，母系氏族社会相信妇女与图腾的结合，才能促进生育。因此当时信仰图腾，崇拜女神，我国古代的女娲传说、高禖之祭，就是上述信仰的产物。女神是高尚的、神圣的，女神的性器官——女阴也具有同样性质，特别是原始思维相信局部可以代表全局，个别可以代表一般，女阴也象征着女神和生育之神，从而出现女性生殖器官的崇拜。类似例子甚多，如：

在四川盐源县有一个山崖，其上有洞，当地纳西族认为此洞是巴底拉木女神的生殖器官，有求子者，必往该洞丢石子，进则得子，故称该洞为"打儿窝"。

在四川凉山喜德县观音岩上有一个"摸儿洞"，求子者从洞中摸得石必抱子，摸得砂必生女。

广西环江下南圩马山峰之间有一块圣母石，其腹部有一洞，洞中生一桃树，夏天桃熟时，求子者争先恐后地去拜圣母，吃桃子，认为此举可以生子女。

内蒙古磴口县默勒赫图沟畔和阿贵庙西北等地岩画上，多有女阴形象，据学者研究这也是生育崇拜的产物。①

以上事例说明，我国各族都有女神、女阴的信仰，但具体的崇拜对象取材不一，有山洞、石窟窿、水井等等，它们都有一个共同点，即都是女阴的相似形。但是，女阴的形象还远不止于此。在盛产葫芦和瓜类的地区，人们也把葫芦作为女阴加以崇拜。正如前述，按着泛灵论的观点，葫芦本身又是有灵魂的，是一种自然崇拜对象，既然葫芦有灵魂，也同人一样，具有生育能力，所以才形成多种多样的葫芦生人神话，又由于原始思维主体客体不分，彼此能相互转化，也产生不少葫芦变人、人变葫芦的神话。不难看出，洪水传说、葫芦神话具有浓厚的宗教意识，葫芦生人是远古生育观念的反映。

葫芦所以被奉为女阴，不是偶然的，因为葫芦呈圆形，内部多籽，既是女阴的相似形，又是多产多育的象征，因此被许多民族奉为女阴加以崇拜。同样原因，葫芦和瓜类也常常被作为求子巫术的手段。

在汉族古老婚礼仪式中，多在新郎、新娘的衣被上写有"瓜瓞绵绵"，或者绘有大小葫芦并写有"子孙万代"等文字。如果婚后不育，则举行偷瓜送子巫术。贵州部分地区中秋节的晚上，故意到别人家的园地里偷瓜，并且有意让主人知道，遭一顿大骂最好。接着给瓜画上五官，穿上衣服，扮成小孩形象，放在竹舆上，打锣

---

① 盖山林：《阴山岩画》，内蒙古人民出版社 1985 年版，第 114 页。

敲鼓，把瓜送到无子之家。主人喜出望外，把瓜放在床上，由已婚未育妇女陪睡一夜，第二天清晨把瓜煮熟食之，认为这样就可以怀孕。①

生育巫术与性交巫术一样，都具有繁殖意义。葫芦生人、葫芦变人、送瓜求子等等，都是模拟巫术的产物，目的是促进人类自身的繁衍。在高山族的《谷物的起源》中还强调葫芦能出粟子或稻子，这种观念在日本、菲律宾、印度等国家也相当流行。② 总之，生人也好，生谷物也好，都是"保障家庭和周围整个大自然的繁殖生育"。"家庭"繁殖是人类自身人口的发展，"大自然"的繁殖则是人类的物质生产。这两种生产的发展及其密切配合，乃是人类赖以生存的基础。

通过以上对洪水神话和葫芦信仰的研究，可以得出下列结论：

首先，洪水传说是一部神化了的历史。

洪水神话与其他创世神话一样，其内容绝不限于洪水本身，它还包括了人类起源、地球变迁、天灾人祸、生产斗争和各种风俗，可以说是一部神化了的历史，是远古历史资料的贮藏库。但是神话具有浓厚的宗教意识，如果剥去宗教的面纱，必然为认识人类历史提供若干真迹，如远古确实有过洪水灾害，人类曾以葫芦为水上工具，又把葫芦作为女阴崇拜对象，从而创造了葫芦生人的神话。因此，认真整理和研究各民族的洪水神话，对再现远古历史有重要价值。

其次，洪水传说具有生动的教育价值。

洪水神话所以能长期地保存下来，一直有旺盛的生命力，并为人们不断加工、充实，就在于它有自己的价值。根据笔者在民族学调查中知道，各民族的洪水神话实际是一部口碑历史，是一部教科书，它是由巫师或萨满保存下来的。一般在节日、婚丧期间、战争前夕必须由巫师举行祭祀，其间要诵念洪水传说、创世纪等，其用意是温故而知新，讲述氏族历史、道德规范，加强群体的团结，鼓舞战斗士气。特别是在械斗前夕，由巫师诵念传说故事往往能起到动员和组织作用，听者义愤填膺、摩拳擦掌，具有很大的煽动和鼓舞作用。因此，洪水传说是各民族喜闻乐见、家喻户晓的作品，一代一代地被保存下来。

现在学术界正兴起一股文化史研究热，都在寻根，许多人都追溯到洪水传说时代，这是无可厚非的。但是有人把葫芦作为中华民族的"统一图腾"，是中华民族的"共同母体"，以此论证中华民族文化的一元性和统一性，这是值得商榷的。如前所述，封闭性和狭隘性是原始思维的重要特点，人们在信仰上有强烈的血缘观念和地域观念。各民族的祖先都有过图腾信仰，但是各信其是，图腾迥异，偌大的中华民族怎么能有一个统一的葫芦图腾呢？中华民族也罢，某个民族也罢，一般都是由若干氏族、部落形成的，姓氏万千，祖先有别，同样也不会有一个共同祖先，当然也不会都由一个葫芦母体所出。事实上，我国不少民族的洪水神话中并没有葫芦，

---

① 《中华全国风俗志》下篇卷八。
② 何廷瑞：《台湾高山族神话、传说比较研究》，载《民族文学研究》1985 年第 3 期。

也缺乏对葫芦的信仰。考古事实表明，中国文明的起源是多源的，图腾无其数，母体也不少，在往后的发展中，彼此交往，互相融合，才逐渐增加了文化上的共性，并且共同缔造了祖国的历史和文化。

本文原载《民族文学研究》1988 年第 3 期。

楚巫的致幻方术

——高唐神女传说解读

蔡大成

蔡大成（1955— ），云南省临沧县人。1981年肄业于西北大学经济系。曾任《民间文学论坛》编辑。现在北京共和律师所工作。神话方面的主要著述有：《女娲蛇身探源》（1986）、《兄妹婚神话的象征》（1986）、《论西王母形象中的萨满教因素》（1988）、《东方之道——扶桑神话整体解读》（1988）、《月蟾神话的萨满巫术意义》（合作，1988）、《楚巫的致幻方术——高唐神女传说解读》（1988）等。

高唐神女传说见于战国时代宋玉的《高唐赋》与《神女赋》，其《高唐赋》序云：

> 昔者楚襄王与宋玉游于云梦之台，望高唐之观，其上独有云气，崒兮直上，忽兮改容，须臾之间变化无穷。王问玉曰："此何气也？"玉对曰："所谓朝云者也。"王曰："何谓朝云？"玉曰："昔者先王尝游高唐，怠而昼寝，梦见一妇人曰：'妾巫山之女也，为高唐之客，闻君游高唐，愿荐枕席。'王因幸之。去而辞曰：'妾在巫山之阳，高丘之阻，旦为朝云，暮为行雨，朝朝暮暮，阳台之下。'旦朝视之如言，故为立庙，号曰朝云。"[①]

其中，巫山之女"自述"已被《文选》的编纂者删减。据《文选·别赋》李善注"惜瑶草之徒劳"引《高唐赋》曰：

> 我帝之季女，名曰瑶姬，未行而亡，封于巫山之台。精魂为草，寔曰灵芝。

《渚宫旧事》卷三引《襄阳耆旧传》亦为：

> 我夏帝之季女也，名曰瑶姬，未行而亡，封乎巫山之台。精魂为草，摘而为芝，媚而服焉，则与梦期。所谓巫山之女，高唐之姬。

《太平御览》卷三九九亦引此条作"精魂依草，实为灵之（芝）"。《水经注·江水二》引《高唐赋》同样有"精魂为草，为灵芝"之辞。被《文选·高唐赋》略去的"精魂为草，寔曰灵芝"这句话，正是解开高唐神女传说之谜的钥匙。

古时芝菌不分。《尔雅·释草》："菌，芝。"《列子·汤问篇》云："朽壤之上有菌芝者，生于朝，死于晦。"芝菌连言互训，不辨彼此，所谓灵芝即蘑菇。《艺文

---

① 《文选》卷十九。

类聚》卷九十八引《抱朴子》云：

> 青云芝生于名山之阴、大青石间，青盖三重，上有云气覆之，味辛甘，
> 以阴干食之，令人寿千岁不老，能乘云通天，见鬼神。

又，《抱朴子·仙药篇》云：

> 柠木实之赤者，饵之一年，老者还少，令人彻视见鬼。

文献中关于服食植物能"见鬼神"的事例并不多，但很有共同的特点。如《神农本草经》云：

> 麻贲，多食令人见鬼，狂走。
> 莨菪子，使人健行见鬼，多食令人狂走。
> 云实，华主见鬼精物，多食令人狂走。

大麻、莨菪和云实都是致幻药物，多食可产生强烈幻视，看到色彩斑斓的变态人形即所谓鬼神。如此说来，灵芝当指食后产生幻视的毒蘑菇。《尔雅·释草》云："中馗，菌。"此为以服食后所见大鬼名命名蘑菇之一例，余者还有鬼笔、鬼盖、鬼伞之类。

食用毒蘑菇以致幻通神，是世界上许多原始民族共有的一种古老习俗。古代西伯利亚的通古斯人和雅库特人部落里便流行有吃蘑菇仪式，在这种宗教祭祀仪式中，男人们食用由毒蝇伞制成的腊肠，他们个个如醉如痴，似醒非醒，被认为进入通神状态。印度和美洲印第安人的巫师也食用毒蘑菇自己昏迷致幻，从而得到神谕。[①]原始居民服食其他致幻植物的目的同样如此。如巴西印第安人喜用肉豆蔻科属植物的红色树脂作鼻烟吸食致幻，每逢部落有大事待决，巫师便吞服树脂，见神请教。他们还用一种含羞草的根制成饮料，食之可见精灵。非洲加蓬还有关于伊波夹竹桃的神话，相传造物神肢解自己的骨肉，埋入森林之中，长成此树，造物神传语其妻，食此树之根可以重见丈夫之精灵并得超自然之启示。此后人们每于祭祀之时，嚼食伊波夹竹桃的根皮，产生幻觉得与精灵交通。[②] 我国藏族巫师为了召回病人的灵魂而熏烧杜松嫩枝和果实，这种麻醉剂可使巫师进入恍惚状态，达到神灵附体的目的。[③] 壮族巫师则通过饮用曼陀罗泡过的酒达到颠狂境界。[④]《国语·楚语下》韦昭注："巫觋，见鬼者。"巫师的作用便是沟通人鬼神交往，而可以致幻见鬼神的毒蘑菇是巫师最好的"交通"工具，故此被称为灵芝。《说文解字》云："灵，巫也，以玉事神。"王逸注《九歌·云中君》云："楚人名巫为灵子。"灵芝便是巫芝。

《抱朴子·仙药篇》云："五芝者，有石芝，有木芝，有草芝，有肉芝，有菌芝，各有百许种也。"其中草芝类有"麻母芝，似麻而茎赤色，花紫色"；而"肉芝

---

① 参见陈士瑜：《菌类谈荟》，江苏科技出版社1983年版，第105页；卯晓岚：《致幻的毒蘑菇》，载《现代化》1981年第8期；《玛雅人的蘑菇形石雕》，载《信使》1982年第3期。

② 参见万文鹏等编：《临床精神医学》，湖南科学技术出版社1984年版，第175—176页。

③ 参见哈雷姆特·霍夫曼：《西藏萨满教的表现形式》，载《民族译丛》1983年第6期。

④ 参见宋兆麟：《巫与早期文明》一书，曼陀罗与前述莨菪同属茄科，化学成分相近。

者，谓万岁蟾蜍"。《尔雅·释草》云："蒉，枲实。枲，麻。荸，麻母。"郭璞注"麻母"云："苴麻盛子者。"大麻为雌雄异株，以大麻分泌致幻树脂最多的雌株来命名灵芝，已说明灵芝与大麻的内在关联。特别是，在蟾蜍浆液和蟾酥中发现有剧毒致幻物质蟾蜍色胺，这一化学成分与一些毒蘑菇的致幻成分完全相同，可产生同样的彩色幻觉和麻醉作用，将蟾蜍称作动物灵芝（肉芝）并不是毫无药理根据的。①

我们再来考察高唐神女的身份。文献均言高唐神女为"帝女"，诸如"夏帝之女"、"赤帝之女"或"天帝之女"。所谓夏帝、赤帝无疑是指炎帝神农氏。②《淮南子·修务训》云："神农尝百草之滋味，一日而遇七十毒。"知传说中的神农氏精通草药，对药物的毒性尤为熟悉，从中可见他的女儿瑶姬变形为毒蘑菇的渊源关系。

瑶姬还有一个名字叫"尸女"。《山海经·中山经》云：

> 姑媱之山，帝女死焉，其名曰女尸，化为䔄草，其叶胥成，其华黄，其实如菟丘，服之媚于人。

拿瑶姬一词与姑媱、䔄草比较，拿《襄阳耆旧传》"媚而服焉，则与梦期"与"服之媚于人"比较，可知瑶姬故事为䔄草故事的变型。③尸女一词的原义是指祭祀仪式上代替死者领受祭品或承死者神灵附体的女巫。《诗经·召南·采蘋》云"谁其尸之？有齐季女"，即此。此外，尸女在祭祀仪式上同样是处于恍惚状态才能通神的。《诗经·小雅·楚茨》云："神具醉止；皇尸载起。""鬯酒"，《说文解字》解作"是以秬酿郁草芬芳攸服以降神也"，乃系供降神用的药酒。我们还能在现代民族残存的类似仪式中找到印证。如赫哲族人认为，萨满巫师喝酒象征着神灵在喝酒；④独龙族在祭社前也必须让巫师喝足酒，产生幻觉以传神谕。⑤瑶姬之瑶与䔄草之䔄，显然是指这种摇摇晃晃、如醉如痴的中毒性精神障碍状态。《楚辞·九歌·大司命》云"折疏麻兮瑶华"，王逸注云："疏麻，神麻也。瑶华，玉华也。"⑥这里用瑶华形容大麻新分泌的致幻树脂，不但证实了大麻是充当司命神替身的古代巫师（尸祝）举行祈神仪式的必备神具，而且还提示了与高唐神女传说密切相关的楚巫方术传统（《高唐赋》中有"有方之士"一词），提示了瑶姬与致幻树脂在深层语义上的某种同一性。河南流传的一则故事说，一小姐送公子一块手帕，小姐死后每夜从手帕里跳出来和公子说话，后来公子将手帕埋入土中，长出大烟花（罂粟），公子吸了大烟，又能见到小姐。⑦这故事当与瑶姬变毒菌、食用此菌可见瑶姬的故事同构。

---

① 参见拙著《月蟾神话的萨满巫术意义》，载《民间文学论坛》1988 年第 3 期。

② 参见袁珂：《古神话选释》，人民文学出版社 1979 年版，第 85 页。

③ 参见袁珂：《古神话选释》，人民文学出版社 1979 年版，第 94 页。

④ 参见《满都莫日根》，见《黑龙江民间文学》1984 年第 12 集。

⑤ 蔡家麒：《独龙族原始宗教考察》，载《社会科学战线》1984 年第 3 期。

⑥《甘氏赞》曰："四司续功，桑麻襄陆。"亦证司命神与大麻有关。见《闻一多全集》第 1 卷，开明书店 1948 年版，第 140 页。

⑦ 蔡长敏搜集：《大烟花的来历》，见《中国民间故事集成河南桐柏县卷》（2），1987 年资料本。

中国传统医学以善用草药而著称于世界。上古时巫医不分,[①] 人们对生物药用功效的了解,在很大程度上取自巫师（方士）施展巫术积累的实践经验；而一些神秘的致幻药方和巫术,正是巫师沟通人鬼神交往、获取自身生存地位的技术基础。[②]深山野岭是巫医采药的圣地,甚而被冠名巫山、灵山。《山海经·大荒南经》云:"有巫山者,西有黄鸟。帝药,八斋。"郭璞注云:"天帝神仙药在此也。"《大荒西经》云:"大荒之中,有灵山,巫咸……十巫从此升降,百药爰在。"那么,藏身于巫山之中的天帝神药,是否就是天帝之女的化身灵芝? 回答是肯定的。

　　第一,瑶姬自称为"巫山之女"。第二,巫山也出产灵芝。《楚辞·九歌·山鬼》云"采三秀兮於山间",王逸注云:"三秀谓芝草也。"郭沫若《屈原赋今译》说:"於山即巫山,凡楚辞兮字每具有于字作用,如於山非巫山,则于字为累赘。"第三,天帝神药或大巫所操之药,均应指不死之药。如《山海经·海内西经》云:"开明东有巫彭、巫抵、巫阳、巫履、巫凡、巫相、夹窫窳之尸,皆操不死之药以距之。"如果说嫦娥所窃的不死药是致幻物质蟾酥,掌管生死的大司命神所操不死药为大麻树脂,那么毒蘑菇被当作不死药就更易于理解。《汉武内传》云:"西王母之仙上药,有大真红芝草。"[③]《说文解字》云:"芝,神草也。"《博物志》云:"名山生神芝,不死之草。"《太平广记》卷四引《仙传拾遗》云:"秦始皇时,大宛中多枉死者,数有乌衔茸,覆死人面,皆活。鬼谷先生云是祖洲上不死之药草。"至今日本人仍将蘑菇写作"茸"。著名的《白蛇传》盗仙草情节,便是白娘子盗来灵芝使许仙起死回生。[④]

　　推想毒蘑菇之所以能充当不死药,很可能源自服食后致幻轻身腾空的感觉和先以昏迷为死,后以苏醒为复活的临床观察。在西印度群岛的海地流传有巫师能起死回生的说法,即巫师能行法唤醒死人供其奴役。经科学家调查证明,其实是活人被巫师用一种强效麻醉剂——河豚毒素"毒死"后弄醒,再服用其他药剂,使之处于中毒沉醉的状态而任人摆布。[⑤] 中国古代巫医精研麻醉药物,[⑥] 将巫术移用于医术的事例屡有记载。《列子·汤问篇》云:

　　　　鲁公扈,赵齐婴二人有疾,同请扁鹊求治,……扁鹊遂饮二人毒酒,

　　迷死三日,剖胸探心,易而置之;投以神药,既悟如初。

《后汉书·华佗传》记载:

----

　　① 如《论语·子路篇》:"人而无恒,不可以作巫医。"又,据《集韵》,古医字作"毉"。
　　② 在《医圣宇妥·元丹贡布传记》中,罗刹国王献出的药树第一棵便是致幻植物肉豆蔻。见《西藏医学》,西藏人民出版社1986年版,第193页。
　　③ 晚近传说,瑶姬为西王母的女儿。见唐杜光庭《墉城集仙录》和田海燕搜集《神女峰》,载《红岩》1956年第10期。
　　④ 郭璞注《尔雅》云:"芝,一岁三华,瑞草。"芝菌一年中三次长出地面,已有死而再生的意味,遂使道家奉灵芝为仙药,《道藏》中有《太上灵宝芝草品》一卷。
　　⑤ 王人龙:《巫术,有理由可究》,载《科学博览》1988年第2期。
　　⑥《周礼》云:"医师掌医之政令,聚毒药以共医事。"

疾发结于内，针药所不能及者，令先以酒服麻沸散，既醉无所觉，因剖破腹背，抽割积聚，若在肠胃，则断截湔洗，除去疾秽，既而缝合，傅以神膏，四五日创愈。

清代张骥撰《后汉书华佗传补注》云，麻沸散即羊踯躅三钱，茉莉花根一钱，当归三两，菖蒲三分合成；杨华亭著《药物图考》则认为，麻沸散就是麻贲。① 上述药物除当归只镇痛外，均有致幻的药性。《孟子·滕文公》云："若药不瞑眩，厥疾不瘳。"这是说，用药如不产生晕眩昏迷的药性反应，便不能根治疾病。这已足证麻醉致幻药物在中国药学观念中的重要地位。

我们已知巫师是天地相通的中介，因此，前述《山海经》中群巫"从此升降"的灵山（即巫山）便具有天梯的性质。在《山海经》中还记载有另一天梯型的植物"建木"。《海内经》云：

有木，青叶紫茎，玄华黄实，名曰建木，百仞无枝。上有九橺，下有九枸，其实如麻，其叶如芒。大皞爰过，黄帝所为。

《淮南子·地形训》云：

建木在都广，众帝所自上下。日中无景，疾呼无响。

与此相应，《山海经·大荒西经》有"寿麻正立无景，疾呼无响"之说，此寿麻当为建木的变形。《海内南经》亦云建木"引之有皮，若缨黄蛇"。从这些描述上看，建木的原型无疑是大麻。《说文解字》认为"麻，枲也"，"分枲茎皮也"，甚确，此建木"引之有皮"也；《荀子·劝学篇》云"蓬生麻间，不扶自直"，此寿麻"正立"也；《楚辞·天问》云："靡蓱九衢，枲华安居？"闻一多认为靡麻古字通，② 此建木之"九橺"也；"无景（影）"乃神仙之相。③ 巫师以致幻植物为天梯，当取其服食后见鬼神、神游于"人造天堂"之义。这并不奇怪。我国南方少数民族神话中的天梯树多为马桑树。④ 马桑别名"上天梯"，为1.5—2.5米高的低矮灌木，唯其果实含有能作用于中枢神经系统的毒素马桑内酯，可使人呕吐、烦躁不安以至昏迷，才与天梯神话结缘。由此，我们认为，巫山的命名及其天梯属性在很大程度上来自它所藏匿的天帝神药——灵芝。

古文献谈及巫师作法用毒菌者，还有一些零碎的片断材料。《博物志》卷三云：

江南诸山郡中，大树断倒者，经春夏生菌，谓之椹。食之有味，而忽毒杀。人云此物往往自有毒者，或云蛇所著之。枫树生者啖之，令人笑不

① 公元652年孙思邈《备急千金要方》已载大麻镇痛。公元1146年窦材《扁鹊心书》"睡圣散"方云："山茄（曼陀罗）花、火麻（大麻）花共为末，每服三钱，小儿只一钱，一服后即昏睡。"另参见薛愚主编：《中国药学史料》，人民卫生出版社1984年版，第134页。

② 闻一多：《天问疏证》，三联书店1980年版，第41—43页。

③ 袁珂：《中国神话传说辞典》，上海辞书出版社1985年版，第186页。又，陶弘景《本草经集注》云：蕈"煮讫，照人无影者，有毒"，《抱朴子·仙药篇》亦有"建木芝"。

④ 参见萧兵：《楚辞与神话》，江苏古籍出版社1987年版，第162页。

得止；治之，饮土浆即愈。

与此相应，《说郛》引《南方草木状》云：

> 五岭之间多枫木，岁久则生瘤瘿，一夕遇暴雷骤雨，其树瘿暗长三五
> 尺，谓之枫人。越巫取之作术，有通神之验。取之不法，则能化去。

李时珍曾将芝菌比拟瘤瘿，《本草纲目》卷二十八云："芝乃腐朽余气所生，正如人
生瘤瘿。"上文中树瘿一夕便长三五尺，此枫人当属真菌一类，疑即笑菌。墨西哥印
第安人的巫女吃食笑菌进入通神状态，相信这样神才传话于她。食后手舞足蹈，狂
笑或谵语、或产生幻觉。① 枫人之称使我们联想到"菌人"的传说。《山海经·大荒
南经》云："有小人名曰菌人。"《抱朴子·仙药篇》亦云："行山中见小人乘车马，
长七八寸者，肉芝也。捉取服之，即仙矣。"我们知道，食用小美牛肝菌过量可产生
"小人国幻视症"，满眼皆是不及一尺高的穿红着绿的小人。② 类似菌人、肉芝的说
法，很可能是食用毒菌者的经验总结。

与炎帝之女瑶姬变成灵芝的故事相似，青海藏族也流传有女孩秀莫（藏语"蘑
菇"的音译）变成蘑菇的故事。故事大意是秀莫拔来九十九斤醉马草，晒干研末，
再用九十九头疯狗的血捏成一粒毒药丸，骗魔王吞服。魔王疑心，秀莫便咬了一口
药丸，魔王就放心吞下药丸，不一会儿昏昏睡去，变成一只秃鹫死了。秀莫也变成
了蘑菇。③ 藏民用秀莫咬食由醉马草和疯狗血制成的药丸这一情节，解释了为什么
一部分蘑菇有毒的起因，反映出对植物药性的细微体验。

我们再来探讨灵芝或蕾草之所以成为媚草的问题。闻一多精辟地指出䍃为异性
兽相诱之义：

> 要而言之，神女之以淫行诱人者谓之瑶姬，草有服之媚于人，传变瑶
> 姬所化者谓之蕾草，男女相诱之歌辞谓之谣，并今人呼妓女曰蟂子，皆䍃
> 义之引申也。④

然而闻先生仅从语义角度分析，未曾注意到麻醉、致幻药物的兴奋作用。有学者说，
酒色二字是相联系的，酒为"媚药"之将帅也。⑤ 法国著名学者列维－斯特劳斯
写道：

> 中国人认为春药的效力是来源于有角蟾蜍肉或泡有这种蟾蜍肉的酒，
> 因为公蟾蜍在交尾时紧缠住母蟾蜍，甚至在被人抓住时都不放松。⑥

假若列维－斯特劳斯先生还注意到中国药学对蟾酥麻醉、致幻功能的重视，他的结
论便会更完整准确了。只需说明，当代西方国家仍用南美印第安人用以驱除疲劳的

① 卯晓岚：《毒蘑菇识别》，科学普及出版社 1987 年版，第 113 页。
② 卯晓岚：《毒蘑菇识别》，科学普及出版社 1987 年版，第 135 页。
③ 张训搜集：《蘑菇的故事》，见《青海风物传说》，中国民间文艺家协会青海分会 1987 年编印。
④《闻一多全集》第 2 卷，开明书店 1948 年版，第 552 页。
⑤ 参见范行准：《中华医学史》，载《医史杂志》1947 年 1 卷 1 期。
⑥［法］列维－斯特劳斯：《野性的思维》，李幼蒸译，商务印书馆 1987 年版，第 186 页注。

麻醉品古柯树叶（内含可卡因）治疗性功能减退，最初使用大麻时不少人是出于相信大麻能增加性感等等。① 与之类似的毒蘑菇也不会被排斥于媚药之外，《本草纲目》卷二十八所言"黑芝……利水道，益肾气"，即此。

显而易见，灵芝之所以称作媚草，主要还是指食用后造成和异性接触的视幻觉而言，即所谓"媚而服焉，则与梦期"。梦，乃是《高唐》、《神女》两赋之序中的关键词，频繁出现竟达七次之多。从《神女赋》序中得知楚襄王的梦境为：

> 晡夕之后，精神恍惚；……见一妇人，状甚奇异。……其始来也，耀乎若白日初出照屋梁；其少进也，皎若明月舒其光。须臾之间，美貌横生。晔兮如华，温乎如莹。五色并驰，不可殚形。详而视之，夺人目睛。其盛饰也，则罗纨绮缋盛文章，极服妙采照万方。振绣衣、被袿裳；襛不短，纤不长；步裔裔兮曜殿堂。忽兮改容，婉若游龙乘云翔。……

其中关于"须臾之间"、"忽兮改容"的梦境形容，正与《高唐赋》关于朝云"崪兮直上，忽兮改容，须臾之间变化无穷"的形容相映成趣，这也是高唐所处的云梦泽命名的原因。联系到瑶姬虽化为灵芝，亦"旦为朝云，暮为行雨"，云景与梦境的形容在深层联系上是以毒蘑菇为其中介的。楚襄王的梦境与服食毒菌后产生的幻视梦境如出一辙。据载，食用角鳞灰伞（四川叫麻子菌）中毒的人，昏睡数天方醒，其间还幻觉到一种时而变得高大、时而变得矮小的"怪人"。食用大孢花褶伞中毒的人经历更加奇特：

> 病人最初思想不集中，缺乏时空概念，想睡觉。一会儿便出现彩色幻视，看到的东西颜色十分鲜艳离奇。好像眼前出现一片绿色草原，那草头鲜红，又像弥漫在茫茫的绿色浓雾之中，在蓝色的天空下一切都是绿色。又看到手指头变成蛇头。过了一时半后，不由自主的跑跳，但动作很机械不能自由支配。又狂笑不止，这时病人的瞳孔散大，脸面肌肉抽搐。病人又觉得过了很短的时间就像过了很长时间，过了相当长的时间却以为很短暂。或者看到家里的东西都在活动，墙壁好像也要倒塌下来。满屋子是形形色色的人物面孔，其数量多得惊人。这众多的面孔又变成火红的、黄色的、蓝绿的、紫色等可怕鬼脸。不一会，病人又发现自己的身体突然长高到屋顶。随着毒性的消失，病人逐渐觉醒过来，并从大笑中恢复正常。②

和病人自述一样，楚襄王的梦色彩感非常强烈，绝不是一般的梦所能解释的。特别是，楚襄王与楚怀王做了细节相同的梦，而且是想做就做。这些只能用服药致幻技术的可重复性来予以解释。

---

① 参见吴阶平等编译：《性医学》，科学技术文献出版社 1983 年版，第 249—250 页。夏纬瑛《略述我国古代对于植物雌雄性的认识》（载《自然科学史研究》1988 年第 7 卷第 1 期）认为《诗经》多处"以大麻比兴男女之关系"。笔者认为《楚辞·九歌·少司命》中爱神少司命自称"荪"（即致幻药菖蒲），极有可能也暗示着某种媚药意义。

② 卯晓岚：《毒蘑菇识别》，科学普及出版社 1987 年版，第 81—82 页。

至此，我们简要地论证了高唐神女传说的楚巫致幻方术背景。从《楚辞》中大量出现的"疏麻"、"枲华"、"荪荃"、"宿莽"、"椒浆"、"三秀"等致幻植物名词来看，战国时代楚巫的致幻技术已很精深。我们对楚巫致幻方术作必要的探讨，将有助于理解祖国医学的丰富内涵，有助于研究产生鬼神观念的技术基础，有助于对环太平洋萨满教文化的整体把握。

本文原载《社会科学评论》1988 年第 5 期。

神系、族系的一致性与祖先神话的形成

杨知勇

杨知勇（1925— ），出生于缅甸曼德勒，原籍云南鹤庆。云南民族大学教授，现已离休。长期从事民俗学、文化学、神话学的教学和研究。有关神话方面的论文主要发表于论文集《宗教·神话·民俗》、《在文化深层结构中探索》中，共20余篇，在专著《西南民族生死观》中也有涉及。

宗教，是在有血缘关系的人群中产生，并与人们的血缘观念相融合。最早的神话，是血缘集团在求食、增殖过程中处理人与自然关系的意识反映，它的发展也离不开血缘这个根基。宗教的血缘观念，既巩固了氏族的血缘感情，增强了氏族的内聚力，又与始祖神话存在着水乳交融、难解难分的关系。

所以，在对原始宗教与原始文学进行探讨的时候，绝不能忽视氏族制及血缘观念的作用。

神系与族系的一致性

对各民族的宗教略作涉猎，人们就会发现：各民族原始宗教的崇拜形式大体相同。其主要崇拜形式都是自然崇拜、图腾崇拜、祖先崇拜、鬼魂崇拜和灵物崇拜。但崇拜的具体对象则不相同。每个民族都有自己的神灵。有些族源相同的民族带着民族分化前就已形成的崇拜对象到达新的地区，使得部分神灵成为几个民族共同崇拜的神灵。但在民族分化之后形成的神灵，即便在族源相同的民族之间，差异也很大。

如果对单一民族的宗教作比较细致的研究，人们又将发现：同一民族的各个支系，不仅各有自己单独崇拜的神，甚至各个姓氏也有自己单独崇拜的神。这些神，有的是姓氏的祖先神，有的是姓氏的保护神，譬如满族先民崇拜的神灵就是如此。

满族民间文学作者近年从一些过去当过穆昆达（族长）和萨满的老人提供的一些姓氏的神谕中，发掘了姓氏崇拜情况的珍贵资料。如九台石姓珍藏的萨满神谕记载了该姓的崇拜情况。石姓把"佛朵妈妈"作为本族本姓的"始母"崇拜，"佛朵妈妈"是由满族崇奉的柳图腾演变而来的一位始母神。九台石姓认为她住在长白山一带，柳枝柳叶是她的象征，得到她的庇护，子孙就会像柳枝柳叶一样"所生天多"，家族也就可以平安兴旺。

又如宁安东部，东海窝聚部的尼马察氏，至今家祭中仍敬奉一位名叫多龙革革的女神。多龙革革本是一位部落首领，为治理荒漠的东海窝聚，她不远千里，寻师学箭，不顾个人安危，制伏了东海凶雕，为部落造福，成为伏雕女神。

九台石姓祭一位善吹口弦的女神。

九台杨姓供一位善跳洪滚舞（银铃舞）的女神。这个女神用银铃敲击，能发出九十九种声音，组成一组天上才有的仙乐。

这些资料对于宗教的发展提供了一个十分重要的论据：宗教是在以血缘关系为纽带的氏族基础上产生的。血缘观念和血缘感情具有顽强的力量，在社会组织已经由以血缘关系为基础发展为以地缘关系为基础，一部分神灵已由氏族、部落崇奉的神变为地区、民族崇奉的神以后，血缘观念和血缘感情仍然比较牢固地维系着血缘集团的感情和信仰，成为氏族的内聚倾向。这种内聚倾向既表现在生活上，也表现在崇奉的神灵上。神，成为维系和增强血缘集团内聚力的重要力量。

如果沿着原始宗教崇拜内容的演变历程与从氏族到民族的演变历程作一番探索，人们必将发现：神系和族系具有一致性，而这种一致性的形成，主要由于血缘观念在神系和族系中起着重要作用。

社会组织由氏族发展为民族，经历了氏族、部落、部落联盟、民族等过程，简单说来，就是由以血缘关系为纽带建立的社会组织发展为以血缘关系为主同时兼及地缘关系的社会组织。由氏族到民族，经历的过程很漫长，但在这个历程中，血缘观念一直没有减弱其作用，直到民族形成之后，依然如此。（在中国，封建王国形成之后，仍然如此。）

原始宗教崇拜形式和崇拜内容的演变，其基本情况与氏族的演变是对应的。

宗教形成于旧石器时代晚期，也就是人类从血缘家族公社走向母系氏族社会时期。最早的崇拜形式是自然崇拜，即把那些能够引起人们恐惧和依赖的自然力和自然物幻化为神灵。

在地理条件差别不大的地区内，自然崇拜的一些重要对象如天地日月、风雨雷火等的性能，没有明显差别，各氏族崇拜的自然神以及对自然神表露的恐惧感和依赖感乃大体相似，不易看出血缘观念的作用，但若从各氏族投注于同一自然物的感情来分析，就可以看出明显的差别。至于地域性比较明显、差别较大的自然物，如山川石树，各氏族对其表现的依赖感、恐惧感就有明显差别，投注的感情差别就更为明显，血缘观念就比较突出。如傣族、壮族同属百越族群，族源相同，但傣族把大青树（榕树）与其祖先相连，而壮族则以木棉（英雄树）与其祖先相连。总而言之，一个部落或民族生活于其中的特定的自然条件和自然产物，都被搬进了不同的宗教里。

宗教的血缘观念在图腾崇拜中表现得更为明显。图腾崇拜的形成，表明人们开始探寻本氏族的起源，某种自然物之所以能成为某氏族的图腾，乃由于它与这个氏族在生活上、生产上有着某种特殊的联系。图腾崇拜的重要特点是某种自然物一旦成为图腾之后就不再以其自然属性，而是以神秘属性存活于原始人的意识里。人们把它崇奉为氏族的祖先，作为氏族的标志，并用器物上、身体上的装饰使自己与图腾相似……。可以说，在祖先英雄形成之前，图腾在维护和增强氏族内聚力方面的作用，超过任何一个氏族成员，而且这种作用并不因崇拜形式和崇拜内容的改变而随即消失，也不因氏族部落的分化而泯灭。图腾与氏族的关系，被一种特殊的意识作用幻化为强血缘或超血缘关系，并由此而形成思想意识上的一系列演变。

原始人最强最浓的血缘观念和血缘感情，表现于对死者的态度上。这种感情和行为，有的属于世俗领域，有的属于神圣领域。

在祭奠死者的仪式上，要由巫师吟唱本民族的历史，由开天辟地一直唱到民族迁徙经历和后世的生产生活情况。其中固然含有宗教成分，但其主要部分仍属于世俗领域，目的在于教育本民族成员熟悉本民族的斗争经历，珍视本民族的优良传统。

属于宗教领域的感情和行为，都是针对死者的灵魂。对待死者的态度，实际是对待死者灵魂的态度。而最终又归结于死者灵魂对生者的作用，即希望死者的灵魂能为生者造福。

考古发掘的资料，给我们提供了很有力的依据。山顶洞人遗骸周围撒的含有赤铁的红色粉末，是希望死者的灵魂帮助生者延长生命，实现本氏族人口迅速繁衍的愿望。因为原始人认为红色与生命有直接联系。

尸体的头部都有固定方向（如半坡氏族遗骸的头都是向西或西北，安置得很有规律），表现了这样一种信念：人死后灵魂要回到氏族原来的（或传说中的）老家去。当今原始民族称氏族老家为"故墓之地"，或称之为"母国"、"父国"。

对死者的态度就是对待祖先的态度。原始人的血缘观念，在崇奉氏族的祖先神灵这一点上表现得最突出。祖先神与自然神和图腾不同，它与氏族成员有真实的血缘关系，有过共同的生活，是可以感知的形象。在那个依靠血缘集团的共同努力来为生存奋斗的历史时期，在那个基本上没有个人意识只有氏族意识的氏族公社，人们对祖先具有浓厚的怀念和崇敬之情，是必然的。这种感情与灵魂不灭观念结合，祖先就衍化为神灵。那些对氏族有过卓越贡献的人物，其灵魂也便获得氏族成员更浓重更持久的崇敬和供奉，渐渐地其灵魂成为该氏族的人祖英雄。

上述这一切说明，神的产生和作用都离不开氏族利益和血缘感情。血缘集团在共同为生存奋斗的过程中形成神，反过来神又成为维系血缘感情、增强氏族向心力的重要精神力量。

有了神，就必须有奉祀神灵的宗教活动。神灵形成的特点和"氏族就是一切"的特殊情况，决定了原始社会初期的宗教活动只可能在具有血缘关系的氏族部落中进行。每个氏族部落只祭祀自己的神。因此，宗教活动时时刻刻都在增强血缘感情和部落意识，并因此形成这样一种观念：神只愿意接受本氏族本部落的祭祀，只庇护福佑神所赖以产生的氏族部落。这就是古人说的"神不歆非类，民不祀非族"、"非我族类，不在祀典"。这种情况，在近世的民族中还有遗存。云南西双版纳最早的居民克木人有自己的井神，解放前，虽然由傣族土司和国民党官府征收盐税，但汉、傣人都不能当祭祀井神的主祭人，而必须由傣族土司、国民党官府买好肥猪及祭品，请克木人当主祭人，祭品也由克木人享受。

民族系由氏族、部落发展而成，民族中包含有一定的血缘因素，但同一姓氏的成员并不因民族的形式而放弃对氏族神的崇奉，不以民族神代替氏族神。如满族各姓氏除了共同祭祀佛朵妈妈①之外，还有一些本姓氏的始母神。尽管以后金太祖努尔哈赤直至乾隆年间，爱新觉罗皇朝几次强令统一和废止各姓氏的萨满家祭，但是还有许多姓氏不畏灭门之祸，秘密地保存着歌颂自己先祖历史的神谕。

在每一个民族中形成的神，都是民族的神。在我们对血缘观念在宗教中的巨大作用作了初步探索之后，还须作这样一点补充：神系和族系的一致性主要建立在血缘观念和血缘感情基础之上。在原始社会，血缘关系不仅在较大程度上支配着社会制度，也支配着原始宗教，支配着原始宗教的神。

孕育始祖神话的母体

神话的产生和发展，理智的活动固然有一定作用，但感性的领悟和感情的体验作用更大，因为原始人基本上是以直观直感代替理智的分析。感性的领悟和感情的体验总是受着血缘观念、血缘感情以及宗教观念、宗教活动的支配。几乎在每一个重要的神话神身上，都可以找出这种支配作用。影响较大的普罗米修斯盗火神话的形成就是典型的例子。

希腊神话中的盗火者普罗米修斯，一般认为是一个为了人类幸福而甘心忍受巨大苦难的英雄，以极大的力量体现了古希腊遗产中真正人道的东西。青年马克思称他为"哲学发展史上最杰出的圣徒和受难者"。但当我们对宗教的血缘观念与始祖神话的形成进行探讨时，得出的却是不同的认识。

世界各地的原始民族都把火作为重要的崇拜对象，并把火的燃烧与家族、种族的绵延等同看待，从而把火与祖先崇拜联系起来，古代希腊对火的崇拜就是典型的例子。

希腊人的屋内皆有一祭台，台上常有燃烧的圣火，屋主人负有使圣火日夜不熄的宗教职责。此火若熄，其家人必有不幸。只有在某一家绝嗣之时，其火方熄。希腊人相信人死之后，其灵魂还活着，仍与活着的家人同在，所以他们把死人葬在家里，或葬在家的附近。一方面享受子孙的火祀，一方面保佑子孙的幸福。没有子孙火祀的鬼，就变成厉鬼、变成游魂。这与中国所说的"不孝有三，无后为大"（孟子语）相似。由于圣火的祭祀，各家的祖神是绝对排外的。各家的圣火均藏在外人不能看到的地方，祀火不许外人参加，否则此家便有灾祸。女孩子先是父母家的人，

---

① 富育光、于又燕在《满族萨满教女神神话初析》一文中认为，佛朵妈妈的形象像柳，实为满族先世共有的氏族图腾。

也祀父母家的圣火，由父母家的神作保护。当她要出嫁时，必须举行宗教仪式，宣布脱离这个家的圣火及神的保护，再蒙上面纱、穿戴白色的宗教仪服及冕，坐上向敌人宣战及媾和时所用的名叫"黑侯"（Heraldus）的车，由伴送者唱着宗教歌曲伴送到男家。进入男家之后，又要进行一个极为严肃的宗教仪式，男女站于祭台之前，使新娘见过家神，用浸过圣火之炭的水浸洗，然后用她的手触圣火，并向家神祷告，表示自此以后，与丈夫同受一家之神的保佑。

年代久了，家族繁衍了，他们共同敬祀的圣火就成了居里的圣火。由居里再发展，就成为几个居里共同祀一个部落的圣火。形成城邦后，建立祀圣火的神殿，那就是邦的圣火。部落、城邦圣火形成之后，希腊人仍保持小家族的圣火及祖神。在大祭日，推派各小家族的代表群集于神殿之前，当他们共同分吃由祭台上烧出来的牺牲供品之时，就有同一血统、同一祖先、同心一德的神圣感情。所以，古希腊人凡有大事必祷于神，出征时必载着邦神及邦的圣火。

希腊人对圣火的崇拜表明，在希腊人的宗教观念里，圣火与祖神实际是同一种神灵，有圣火才有祖神，有祖神必有圣火。

如果把普罗米修斯的盗火与古希腊人在圣火上面所寄寓的丰富内涵和特殊感情结合起来认识，我们就会认识到普罗米修斯不仅是个"圣徒和受难者"，这个形象的巨大的意义也不仅在于表现了"真正的人道"，它的内涵、它体现的意义远比这丰富得多，深刻得多。

普罗米修斯盗火的神话，是由希腊人崇拜圣火的宗教观念引发出来的。如果希腊人对于火的态度与文明社会对于火的态度相差不大，只把火作为生活中必不可少的东西，而不是把火与祖神合二为一，把火的存在与种族的绵延等同，把火的熄灭与种族的灭亡等同，那么未必会在希腊产生普罗米修斯盗火的神话。

把火与祖神等同，火的存在与种族绵延的含义等同的观念，几乎世界各民族都有，只是程度不同而已。我国以"烟火不断"表示后继有人，就属于同一观念。火的崇拜在我国北方阿尔泰语系各民族的自然崇拜中所占的地位更为突出。他们把火神视作氏族的保护神，也存在着与希腊人近似的宗教行为。基于同样的原因，在满族先民肃慎人的原始神话中，也出现了普罗米修斯式的盗火英雄拖亚哈拉。

> 昔洪荒远古，阿布卡恩都里高卧九层天上，呵气成霞，喷火为星。只因他性喜酣睡，故而北地寒天，冰河覆地，万物不生。拖亚哈拉见大地冰厚齐天，无法育子，私盗阿布卡恩都里心中之火下凡，怕神火熄灭，乃把火种吞进肚里。嫌两脚行走太慢，便以手为足协助奔驰。天长日久，终于被烧成虎目、虎耳、豹头、豹颈、獾身、鹰爪、猞猁尾的一只怪兽。拖亚哈拉四爪踏火云，巨口喷烈焰，驱冰雪，逐严寒，驰如电闪，光照群山，为大地和人类盗来火种。①

---

① 拖亚哈拉神话载于满族神话《天宫大战》。

拖亚哈拉是女神，她盗火是为了更好地育子，直接服务于种族的繁衍，与普罗米修斯相比，她的盗火，血缘观念更强。女神神话，多诞生于母系氏族社会，此时，自然界给予人们的威胁比父系氏族社会大得多，种族的繁衍也更为艰难。生活于北方遭受严寒威胁较大的原始初民把火与种族绵延相连，并在这种观念支配之下，在幻想中创造出盗火女神，是很自然的，拖亚哈拉成为盗火神，是满族先民血缘观念衍化的产物。

火与祖神等同，火的燃烧＝种族的绵延。所以，普罗米修斯和拖亚哈拉都属于始祖神。

如果说，盗火神的形成与血缘观念的关系还多少有些间接，那么，下面几类始祖神就直接受着血缘观念的支配：

1. 由图腾动、植物"人化"成的始祖神。

2. 具有神奇力量，为本氏族本部落建立卓越功勋的始祖神。

始祖神话不同于自然神话和创世神话，氏族组织和宗教的血缘观念成为孕育它的母体，它的诞生和传播，对于氏族组织和宗教血缘观念又可以产生促进和巩固作用。由于它一开始就与氏族的生活有直接联系，不像某些神话那样属于纯意识活动的产物，所以它对于氏族，以及由氏族发展成的民族的心理素质、风俗习惯和民族的内聚力都有直接关联。如瑶族关于槃瓠的始祖神话就对后世瑶族生活有很深影响。具体例子如：一、将传说中高辛王赐给槃瓠十二姓子孙的榜牒《过山榜》（又叫《评皇券牒》、《过山帖》、《盘古圣皇榜文》）作为宝贵文献一代一代传抄珍藏。二、瑶族先民被迫离开槃瓠始祖居住的千家峒之后，把供奉槃王的金香炉打烂作十二块，每姓人拿一块；把槃王发号施令的牛角锯成十二截，每姓人拿一截，十二姓瑶家共喝鸡血酒发誓："铜打香炉三斤半，黄金四两五钱三，瑶家各姓拿一块，过海流落去逃难。牛角锯成十二截，每姓一截各自飞，香炉牛角合得拢，来日子孙又杀回。"他们一村一寨搜寻那十二块金香炉和十二截牛角。历史上还爆发过打回千家峒的起义事件。畲族始祖神话中有祖公阿郎用锣唤醒全族起来反抗侵略和始祖母媛璀用水杀退敌兵的情节，所以他们祭祀时要敲小锣号召大家亲密团结，并洒清水作为永久的纪念。夏禹的神话中有"铸九鼎象征九州"或"铸九鼎使民知神奸"的说法。夏禹本身究竟是神话人物还是历史人物，还有疑问，"禹铸九鼎"的可靠性自然更值得怀疑。但九鼎所代表的意义，却曾在我国历史上长期发生作用。

始祖神话上述特点之得以形成，还得从人们的深层心理中找寻原因。血缘关系必然带来感情上的一些特殊联系。如在今天的人际关系中，同族同宗的人们之间，还会不自觉地产生一种休戚与共的感情，在那"氏族就是一切"的氏族社会，这种感情的强烈程度就可想而知。祖先崇拜的对象是与人们有过共同生活的人，是可以感知的对象。他生前和死后的作用，在崇拜者心目中都会产生影响。由于崇拜对象限于与自己有血缘关系的人，崇拜者与被崇拜者之间存在共同的利害关系，因此，这种宗教活动就严格限制在有血缘关系的范围之内，并因此而产生排他性。

从祖先崇拜形成之日开始，直至血缘关系被地缘关系取代之日为止，年复一年，不断重复的宗教活动，都在起着增强血缘感情、丰富始祖神话的内容，扩大始祖神话的影响。

所有这一切，就是始祖神话构成因素中的"感性领悟"和"感情体验"。其中包含有意识的活动，也包含无意识的活动。人们不会去探寻始祖神话所包含的内容是否符合理性要求，人们却在神话中、在祭祀祖先的宗教活动中表露出不自觉的感情趋向——尊敬祖先以及有血缘关系的人为亲的倾向。

部落意识的形成及作用

宗教的血缘观念是孕育始祖神话的母体，始祖神话又反过来增强宗教血缘观念，两者循环作用的一个重要成果是形成了部落意识。赫·乔·韦尔斯在《世界史纲》中分析人类早期思想部分有这样一段话：

> 叙事能力随着词汇的扩大而增长。旧石器人朴素的个人幻想、没有体系的个人伎俩和基本禁忌，开始代代相传，形成一种传统。人们开始讲述故事，讲他们自己、讲部落、讲它的禁忌和为什么必须这样做、讲这个世界和为什么有这个世界等故事。部落意识开始出现了，形成一种传统。

这段话较好地解答了宗教观念和神话在部落意识形成过程中的作用。

部落意识是氏族意识的延伸和扩展，它的根基仍是血缘关系。部落意识包含内向因素和外向因素。部落成员相互间因共同利益而产生的感情投射和实际活动，属于内向因素，内向因素是部落意识的核心。本部落对其他氏族、部落的排他性，属于外向因素。争夺猎场与畜牧场的斗争、血亲复仇等等，是排他性的最高表现。在民族迁徙过程中，这种排他性表现得最强烈。

部落意识有很强的内聚力，它是民族精神的催化剂，也是民族成员之间的黏结剂，因而在原始文学中占有重要地位。其主要表现是：

1. 怀念祖先、敬重祖先、不违祖先教诲的观念和感情贯注于神话、史诗和仪式歌中。

2. 氏族、部落的自豪感充溢于上述作品中，这种自豪感后来又发展为民族自豪感。在迁徙史诗和英雄史诗中，这种感情表现得最突出。

我们的先民跨入阶级社会的门槛，是由氏族首领直接转化为奴隶主贵族或封建领主，氏族社会的解体完成得很不充分，氏族社会的宗法制度及其意识形态的残余大量保留下来，积淀下来。国家的结构是从家庭结构发展而成，国的核心是家，宗族实际是社会结构的基本单位。这一特点，给宗教的血缘观念和祖先崇拜提供了长期延续的丰厚土壤。祖先崇拜成为中国宗教信仰的主要部分，"慎终追远"的孝思成为家族、部落的强大内聚力，同时也使始祖神话在中国神话中成为重要部分，在各民族生活中至今仍具有较强的生命活力。

彝族支系白依人流传着这样一句话："供菩萨不如敬祖先。"这句话把祖先崇拜和始祖神话在我国得以长期延续的原因，一语道破。

以血缘关系为纽带的氏族制是始祖神话得以诞生的社会基础，宗教的血缘观念是其得以诞生和发展的思想基础。这就是结语。

本文原载《民间文艺季刊》1988 年第 4 期。全文共四节。第一节"氏族公社精神领域的三个要素及其与宗教的关系"从略。作者所论氏族公社精神领域的三个要素是：一、氏族公社人际关系形成的意识特点和氏族成员的态度相似性。二、狩猎人的心理状态。三、原始意识的支配作用。"这三个要素无形地支配着人们的精神活动，并在这基础上产生宗教。宗教是以血缘关系为纽带的氏族在从事狩猎过程为实现氏族的利益和愿望而自然形成的。"

创世神话的宗教功能

陶 阳　钟 秀

陶阳（1926—　），生于山东泰安。1953 年毕业于山东大学中文系。中国民间文艺家协会研究员。神话方面的专著有《中国创世神话》（1989，2006 年再版）；论文有《宗教神与神话中的神——论泰山女神碧霞元君》（1983）等。

钟秀（牟钟秀）（1933—2005），女，山东烟台人，1959 年毕业于北京师范大学中文系。中国文联理论研究室副研究馆员。与陶阳合作撰写《中国创世神话》。

原始宗教与神话的关系，历来众说纷纭，但有一点大家是一致的，那就是都承认二者的关系十分密切。关于原始宗教与原始神话的密不可分的关系，已由大量的民族学资料和考古学资料所证实。从我国各民族创世神话在民间原始宗教活动中的作用看，创世神话与宗教的关系更为密切，它往往是原始宗教活动的重要部分，发挥着重大的宗教功能。

一、创世神话多系原始宗教的"经书"

在一些有文字的民族中，创世神话和创世史诗往往被当作经书的重要内容保存在原始宗教的"经书"中。如，纳西族的"东巴经"，现已发现的有一千余种，是用纳西族古老的图画文字记录下来的"经书"。纳西族的著名创世史诗《崇搬图》（即《创世纪》）就是东巴经的重要经文之一，常为东巴祭神时背诵，这是一部系列的、完整的创世神话。从天地开辟、万物诞生、人类起源及洪水滔天后的人类再造，直到各民族的诞生。"东巴经"的其他经文如《黑白之战》、《迎请精如神》等，也吸收了一些如天地开辟、日月的诞生等零散的创世神话。彝族部分地区，在解放前仍保存着原始宗教信仰，其巫师和祭司称为"贝玛"（或"毕摩"），是人与神的沟通者。凡属生死婚嫁、吉凶祸福、年节集会都少不了贝玛作法。贝玛掌握老彝文，熟知本族的谱牒、历法、神话和历史，极受人民的尊敬。彝族著名创世史诗《查姆》就被记载在"贝玛经"中，是贝玛祭祀用的重要经文之一。根据郭思九、陶学良介绍，现在云南柏县彝族的不少贝玛家中，都藏有《查姆》的各种不同抄本。[①]瑶族虽无自己的文字，但有借汉字音记瑶语的巫书。这种巫书只有巫师通晓，瑶族

[①] 关于《查姆》，见郭思九、陶学良整理的《查姆》，云南人民出版社 1981 年版，第 137 页。

称巫师为"师公"。"耍歌堂"是瑶族传统的盛大节日。在这个节日中，师公首先带领大家举行祭祖仪式，然后带领大家在庄严的气氛中，开唱瑶族创世史诗《盘古书》。唱《盘古书》是祭祖的一个部分，正如《盘古书》中所说："今夜众人齐欢欣，唱歌答谢圣皇恩。盘古开天辟地功劳大，千年万载不忘情。"① "十二姓瑶民不忘本"，"世世答谢盘皇恩"。

我国一些尚无文字记载创世神话的民族，也是把创世神话当作祭祀的诵词。阿昌族的创世史诗《遮帕麻与遮米麻》"既是一部神话史诗，又是原始宗教巫师的念词，是由巫师在祭祀祖宗和举行葬礼时向族人念诵的"②。景颇族的创世史诗《木脑斋瓦》也只有在全民的庆典中才能由巫师演诵。佤族创世史诗《司岗里》也是每年在猎头祭谷的仪式中由巫师诵唱。③ 湖南通道和广西三口县的侗族，在每年正月祭神的活动中，全寨人出动，歌舞娱神，气氛庄严，歌唱的内容有《祭祖歌》、《侗族创世纪》等。④ 畲族的族源创世神话，认为其族起源于龙犬槃瓠，并将此神话编为《高皇歌》（又名《槃瓠王歌》），且画有长达数十丈的龙犬事迹图，称为"祖图"。每年祭祀时，都挂起祖图，向祖图像跪拜，由长者或巫师演唱或讲述槃瓠的身世经历，让子孙铭记，世代相传。红水河流域和右江流域的壮族，巫师常把创世史诗《布洛陀》当成"教义或经书一样来诵或吟唱"，每次并不唱全诗，而是有选择地唱，人病死了就唱"造人"，牛病死了就唱"造牛"。⑤ 黔东南苗族在解放前的祭祖活动中，要由老人演唱创世神话《妹榜妹留》，歌颂蝴蝶妈妈生人祖姜央及虎、龙、雷公等的功绩。以上事实充分说明，我国各族的创世神话，在原始宗教中，起着"经书"的作用。

二、创世者多系原始宗教信仰的主神

我国许多民族所保留下的原始宗教和民俗资料说明，创世神话中的创世者就是原始宗教中的主神或大神。创世大神往往身兼三职：既是创世大神，又是始祖，还是保护神。把创世大神视为始祖的现象我们在创世神话的历史功能的专题中已经谈过。这里仅着重谈谈身兼保护神的创世大神。

作为中华民族的创世大神盘古，是汉族以及瑶族、苗族、白族等许多民族的始祖神和保护大神。今天仍可以从古籍和民俗材料中找到一些遗迹。吕思勉在《盘古考》⑥ 中提到"今南海有盘古氏墓"、"桂林有盘古氏庙，今人祝祀"。近几年，在河南桐柏县桐柏山上还发现了盘古庙，每逢三月三庙会，当地群众都去请戏烧香，

---

① 《瑶族歌堂曲》，花城出版社 1981 年版，第 86 页。
② 《遮帕麻与遮米麻》后记。
③ 阿南：《从创世神话的社会作用看神话的本质》，见全国神话理论专题研讨会论文打印本。
④ 宋恩常编：《中国少数民族宗教》（初编），云南人民出版社 1985 年版，第 345 页。
⑤ 周作秋：《论壮族的创世史诗〈布洛陀〉》，载《广西师范大学学报》1984 年第 4 期。
⑥ 见《古史辨》七（中），上海古籍出版社 1982 年版。

祭祀盘古，认为是盘古保护着农业收成。这是汉族原始宗教的遗留。创世大神伏羲和女娲的庙宇在各地也有发现，如河南的太昊陵和女娲城，陕西骊山有供奉女娲与伏羲的始祖庙等。这些遗迹说明，在古代，盘古、伏羲、女娲等创世大神，都是原始宗教的主神，是人民的保护神。

根据兰克、杨智辉调查，阿昌族创世史诗中造天织地的大神遮帕麻与遮米麻"至今还是梁河县阿昌族民间所信仰和崇拜的两个最大的善神"①。全体村民求这两位善神保佑他们人畜兴旺、五谷丰登。史诗中的魔王腊訇，则被认为是最大的恶神，生活中遇到了灾难，若被活袍（即巫师）确认为是触犯了腊訇，则得杀猪宰羊，请活袍念经以禳解。

《苗族古歌》是黔东南苗族的创世史诗。史诗中叙述，枫木化生了世间万物，树心生出蝴蝶妈妈——妹榜妹留，蝴蝶妈妈又生了十二个蛋，孵化出人类的始祖姜央、雷公，以及龙、虎等动物。因此，枫树、蝴蝶妈妈、姜央就成为三个主要的创世者。这三个创世者，也是该地区原始宗教崇信的主要对象。苗族杨正伟同志在《试论苗族始祖神话与图腾》②一文中，详尽地介绍了这些情况。首先，是对枫树的崇拜。他说，苗族先民把枫木看成是万物的始祖、人类的祖先。黔东南地区广为流传着这样一种说法，他们的祖先原住台江巫脚山寨，有两个青年打猎时路经此地，折一枫木枝插地，不久，枫树枝活了，枝叶繁茂。他们认为，这是祖先昭示，此地可以久居，于是他们就定居下来了。"在苗族口语中，也有将枫木当成祖先的痕迹，'一棵枫树'，既是一棵枫木的意思，同时也隐喻着'一个祖先'、'一根支柱'的意思。因此，他们把枫木看成是护卫、吉祥的象征。在村寨四周种植枫木，意在让其保护全寨安宁。在桥头上种植枫木，意在让其护送人们顺利过桥。在田坎边种植枫木，意在让其保护五谷丰登。……家里如有人久病不愈，并给枫木烧香、叩头、挂红，请求其驱走病魔。"其次，是对蝴蝶妈妈的崇拜。他说，苗族把蝴蝶妈妈看成"人类的始祖，苗族的始祖"。《妹榜妹留》（即歌颂蝴蝶妈妈）这首歌，平时是不许随便唱的，只有在庆典佳节，用酒肉菜饭祭祖之后，才由老人咏唱，晚辈是不能唱的，违者被视为亵渎祖先。再次，是崇拜姜央。他说："苗族人民把姜央当祖先来崇拜，还通过'鼓社节'来表现。开始之前，先请理老唱《崇社歌》，意即叩请祖先的信息。丑年二月吉日，大家都排队到山洞迎接'央公'、'央婆'来同子孙共欢。央公、央婆的塑像，是用杉木刻成的男女半身裸体像，自古以来就放在深山老林的'鼓石窟'里，平时不准触动。"

侗族创世歌《嘎茫莽道时嘉》，歌颂了创世大母神萨天巴创世的丰功伟绩。当天地开辟之日，天篷飘飞，玉柱动摇之时，她吐出玉蛛丝使玉柱、天篷固定下来。萨天巴，意即"金斑大蜘蛛"，过伟同志曾调查过它在民间信仰中的地位。他说：

①《遮帕麻与遮米麻》后记。
② 载《贵州民族研究》1985 年第 1 期。

"广西三江侗族自治县程阳大寨杨姓侗家人，婴孩们出世后，在第一次参加的祭祖仪式过程中，祭师唱诵'创世歌'，取出用枫树叶之类绣成的一只红、白、黄等颜色的小蜘蛛，装入布袋系于每个孩子的心口，说是萨天巴赐给了灵魂，保佑他们聪明伶俐健康成长。侗家为病者喊魂时，也必须找到一只尚未结网的红、白、黄色的小蜘蛛，装入布袋系于病者心口，说是萨天巴为他找回了灵魂，保佑他早日康复。侗家偶而见到蜘蛛含丝下垂，便认为大吉大利，侗家对于不结网的'金斑大蜘蛛'——侗名'萨巴'的，尤为尊重，说它是萨天巴的化身，它的丝已用于网稳天篷了，所以不结网，人的手指不得对它乱指。从以上民俗材料也可以验证萨天巴神含有蜘蛛图腾崇拜的成分。"[1]

有关萨天巴的礼仪，至少有这样的功能，或为婴儿祈求智慧，或为病人寻找灵魂。

西盟佤族过去的最大祭祀节日，就是猎头祭，祭祀的是《司岗里》里的创世大神木依吉。畲族、瑶族在祭祖中都把槃瓠当主神祭。彝族崇信母虎之风极盛，这与彝族认为虎化生为万物有密切关系。所有这些事实都说明，我国各族创世神话中的大神，就是各族原始宗教中的大神和始祖神。

创世神话作为原始宗教的"经书"，创世大神作为原始宗教的大神这些事实说明，创世神话有重大的宗教功能。英国人类学家弗雷泽在其著作《金枝》中提出了"神话与仪式互相解释和互相肯定"的论断。我国各族创世神话与宗教的密切关系，充分证明了弗雷泽论断的正确性。对创世神话与宗教的关系，古人亦有认识，《说文》中有："神，天神，引出万物者也。""引出万物"当然是"创世"，"引出万物者"就是创世大神。这种对天神的解释，完全反映了古代视创世神与天神为一体的观念。这种观念则无疑又是承袭自原始先民。

原始先民为什么会把创世者视为天神来崇信呢？这是由宗教的本质决定的。德国现代哲学家恩斯特·卡西尔对这个问题有精辟的见解。他说："从一开始，宗教就必须履行理论的功能同时又履行实践的功能。它包含着一个宇宙学和一个人类学，它回答世界的起源问题和人类的起源问题，而且从这种起源中引伸出了人类的责任和义务。这两方面并不是截然有别的。"[2] 这就是说，回答世界的起源与人类的起源是一切宗教必须解决的理论问题。因为只有这样，才有说服人的权威。《圣经》中上帝创造了世界和人类的观念，就是基督教赖以存在的基础（基督教的《创世记》其实就是承袭于希伯来人或更早一些的苏美尔人的原始宗教中的创世神话），正是因为上帝能够创造世界和人类，是万能的造物主，所以人类就要一定信奉上帝、服从和依靠上帝，当他的忠实臣民。原始宗教的目的虽然没有基督教这样明确和自觉，但本质上，创世神话对原始宗教也是一个理论上的解释，是原始宗教的哲学基础。

---

① 过伟：《侗族创世歌的社会意义与艺术特色》，见《中国少数民族神话学术讨论会论文》。
② [德] 恩斯特·卡西尔：《人论》，甘阳译，上海译文出版社 1985 年版，第 120 页。

我国过去曾流行过这样一种观念，认为宗教里的神话，都是宗教对神话的利用和篡改。这种说法给人的印象，好像是说神话本来与宗教毫无关系。我们认为，这种观念既不符合事实，也不合理。在进入阶级社会后，尽管人为的宗教曾对某些神话有利用、篡改的现象，但这究竟不属事物的本质方面，我们不能以偏概全，把这样一些现象当作事物的本质看待。

本文系作者所著《中国创世神话》（上海人民出版社 1989 年版，2006 年再版）一书第九章第二节。

神圣性的肠道

——从台江苗绣谈到大波那铜棺图像

刘敦愿

刘敦愿（1918—1997），湖北汉阳人。1944年毕业于国立艺术专科学校（今浙江美术学院）。1947年应聘于山东大学，任古文字学家丁山的助教。生前为山东大学历史系教授。考古神话学家，考古艺术学家。有关神话的论文有：《古史传说与典型龙山文化》（1963）、《汉画像石中的针灸图》（1972）、《马王堆西汉帛画中的若干神话问题》（1978）、《从夔典乐到夔蝲蚓——中国古代神话研究片断》（1980）、《释"飞鸟之所解其羽"》（1981）、《试论战国艺术品中的鸟蛇相斗题材》（1982）、《舜和弟象的关系，以及"舜迹"的南移——中国古代神话研究片断》（1982）、《神圣性的肠道——从台江苗绣谈到大波那铜棺图像》（1989）等。1994年出版的《美术考古与古代文明》收有丰富的神话学资料。

位于贵州西南，沅江上游丛山中的台江县，是苗族聚居区域，这里的苗族由于长期处于与外界半隔绝状态，在清代还被看作是"生苗"。也正因如此，在他们的艺术创作中，还保存着风格古朴粗犷而内容丰富的宗教神话，别具特色，是一项亟待发掘整理的重要文化财富。贵州工艺美术公司高级工程师歧从文女士，在这个地区曾作过长期的深入调查，搜集到大量精美珍贵的苗绣，并作了广泛的研究。苗绣与剪纸中的动物图像很多，这些鸟兽虫鱼与神圣化了的动物，其中不少的往往画出肠道，从口腔通到粪门，有如经过 X 光透视似的，这个现象引起她的重视与兴趣，她曾在所写《揣施洞苗绣的原始思维梦魇》一文中说："过去我把她们描绘的动物肚皮上肠子一样的东西，误解为刺绣工艺上的需要。看过台江巫师祭女鬼'商钢衣戛'（即用鸭祭的石脚鬼）和'商钢衣法'（即用猪祭的石脚鬼），解开了我的疑团。那是在宰鸭杀猪后取出内脏来祭鬼，特意将生鸭肠和猪大肠，从鸭、猪颈后分两侧向尾部挽一圈。这大概是认为这些内脏原是在肚里，藏着动物的灵气，祭鬼时就特意突出这条肠子。苗绣中刻意表现动物的肠子，道理正在于此！这种原始思维的直观推断方法，又使我想起《山海经·大荒西经》中，'有神十人，名曰女娲之肠，化为神。'女娲之肠能成神，这动物腹中之物自然有神气。苗绣作者的思维与现代思维的层次不一样，画面的抽象思维离不开具体事物。她们认为内脏代表动物的

精灵，于是就具体地把肠子画出来。"① （图1）

图1　贵州台江苗绣

　　歧从文女士从民族学调查中形成的这个见解非常深刻，具有很大的启发性：首先，怎样区分原始的、古代的装饰艺术作品，哪些是附加性质的、并无实际意义的装饰因素，哪些又是决定内容性质的、必不可缺少的成分，一直是个重要而又往往难于准确判断的问题。因为前者尽管精雕细琢，华丽非凡，却不能说明多少问题，而后者往往寥寥数笔，实际却具有丰富而深刻的内涵，中国青铜器纹样中就有这类的例子，② 台江苗绣中动物画肠的例子也很典型。

　　其次，联系到女娲之肠化为神的问题，也为古代神话寻求合理解释提供了民族学资料。这条记载过于简略，《山海经》中类似这样的情况也很普遍，从后代的传说中，虽然也可找到一些遗迹，然而时代既晚，内容也较含糊。例如晋王嘉《拾遗记》记载：

　　　　孙坚母妊坚之时，梦肠出绕腰，有一童女负之绕吴阊门外，又授以芳茅一茎。童女语曰："此善祥也，必生才雄之子。今赐母以土，王于冀、轸之地，鼎足于天下。百年中应于异宝授于人也。"

《太平广记》卷一五四《吴少诚》条所引《续定命录》说：

　　　　吴少诚，贫贱时为官健，逃去，至上蔡，冻馁，求丐于侪辈。上蔡猎师数人，于山中得鹿，本法，获巨兽者，先取其腑脏祭山神。祭毕，猎人方欲聚食，忽闻空中有言曰："待吴尚书！"众人惊骇，遂止。

这两条记载，一则明言肠出是个吉兆，子孙有土之象，一则笼统地说以腑脏祭山神，腑脏中包括有肠，女娲可能是中国古代的地母神，辗转印证，不难看到一些古老传说的影子，然终嫌资料零碎，欠缺系统。然而在贵州台江苗绣中，却大量保存着显示肠道神圣性的艺术品，民间盛行，资料俯拾皆是，到处可见，虽然创作于近现代，而所反映的却是一种相当古老的宗教崇拜。台江一带正因其处于崇山峻岭之中，长期是"舟车所不至"的地区，因而才能"礼失而求诸野"，求诸旧日所谓的"四夷"之中，幸运地保存下了大量珍贵的科学研究资料。

----

① 《民间美术丛刊》（3），江苏美术出版社1987年版。
② 拙作《青铜器装饰因素与纹样含义的关系问题探索》一文对此有所讨论，待刊。

"女娲之肠化为神"之类的崇拜，除了上述文献所见与苗绣资料之外，在考古发现方面也寻到了证据。

1964 年，在云南祥云大波那公社，发现了一座大型木椁墓，年代大体属于公元前 5 世纪或更早一些，约相当于中原地区的春秋中晚期。这座木椁墓随葬铜器 90 余件，大多是兵器与生活用品，墓主大约是某个民族很显赫的人物，随葬品丰富而豪华不说，而且竟然以铜为棺——这座铜棺长两米，宽 0.62 米，用壁板二，底板一，头尾横板各一块组成，而棺盖则用铜板两块合成人字形加置其上，棺底还有短"脚" 12 根，模仿的应该是家屋的形制。铜棺装饰除左右壁板外表镌铸横 S 形、顶板锯齿纹图案外，头板尾板（也就是家屋的两个屋山部分）上满布各种鸟兽的图像，写实生动，最具有特色。①

铜棺的头尾横板上的动物图像，种类明确可辨的有虎、豕、马、鹿、鹰、燕、水鸟、蜥蜴，还有一兽三鸟科属不明，总数 41 个，每板都是以双虎相向、共搏一只野猪作为主体，居于画面上部正中，其他鸟兽布满四旁，形式力求对称，在个体种类的有无与数量的多少上小有出入（如一板 23 个，一板 18 个），这些都无关紧要。所画似乎都是野生动物，许多是一望可知；马无骑者或牧者，云南是我国重要的产马区之一，资源很丰富，远古估计还有野马生存；图像中鹰与燕的数量最多，在这里，鹰也不会是猎鹰，在中国古代，鹰之被驯化并且广泛用于狩猎，是在东汉时期，这里飞翔的也自然是野鹰，因此，铜棺画像所状写的应是一种山林野趣。虽说如此，遥远的古代恐怕也很难有纯粹为了审美目的的抒情之作，大约仍是有所为而发。（图 2）

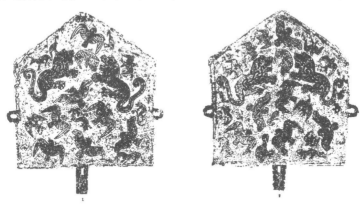

图 2　云南大波那铜棺图像

铜棺上双虎搏豕图像，在构图上不仅居于上部正中，而且形体特大，其他鸟兽都很细小而且作为陪衬。在云南古代青铜器艺术中也可寻找到类似的例证：江川李家山滇文化墓群的第十三号墓，也是一个出土大量青铜器的厚葬者，其中的一件臂

① 发掘经过及年代鉴定详见：《云南祥云大波那木椁铜棺清理报告》，载《考古》1964 年第 12 期；《新中国的考古发现和研究》，文物出版社 1984 年版，第 359 页。

甲，在凹字形的画面中，线刻了 17 个鸟兽虫鱼，也是虎居于最主要的地位——两虎一搏豕，一扑鹿，三只幼虎嗷嗷待哺。① 虎是亚洲最大最为凶猛的食肉兽，居于食物链的顶端，因此虎崇拜最为流行，在艺术上也常见描写。在这两项考古发现中，都特别重视画虎，可能具有双重的含义：第一，虎是威猛的象征，这类厚葬墓的墓主都可能是部落酋长与军事领袖，铜棺与臂甲刻画虎纹，应是炫耀自己的勇武与战功；第二，都对虎搏豕的场面作了突出的描写，虎是野猪的天敌，这是古代人观察自然现象深入细致的地方。据《礼记·郊特牲》等篇，在先秦时期的一种名叫"大蜡"的年终报祭中，"迎猫，为其食田鼠也；迎虎，为其食田豕也"，"田豕"便是野猪，便把虎看作是一种益兽，并且列为祭祀对象。云南古代是否也有这种认识，并且用宗教的形式固定下来，无从判断，但至少寓有譬喻与象征的含义，再次强调战士的勇武与军威的显赫，大约不算是牵强附会。②

臂甲所不见而为铜棺所独有的是，后者的双虎特别画出了肠道，用一条委婉曲折的粗线，从喉咙一直通到了粪门；马与蜥蜴身上也发现有双勾的肠道；鸟类大都画出了心脏，只有一例画有这种曲线，从左翼到右翼，不像是肠道，但可能是在表示肠道。由于这在考古发现上是个孤例，过去也没有人注意过，如今有了台江苗绣的大量存在，看来也不像是个偶然有之的现象，而是一种特有的宗教观念，彼此正可互相解释。大波那铜棺动物图像之所以大都画出肠道，可能也是表示灵气所在，具有神圣的含义而不同一般。滇、黔两省相邻，这一考古发现，也为台江苗绣从地域与时间上寻找到了它的源头，不能不引起我们的重视了。

综合以上的论述，可以看出，《山海经》的某些记载，虽然是片言只语，有时甚至近于荒诞，但确属是有根据的实录，而非任意的杜撰。"女娲之肠化为神"的记载，虽然文献已不足征了，然而在西南兄弟民族社会生活中，却保存着大量的形象性的资料，并进而为云南考古发现所证实，肠道为天神、地祇、人鬼各种动物灵气之所在，确为一种起源古远的宗教崇拜，而且其分布似以西南为中心区域，至于《拾遗记》与《太平广记》等笔记小说所见，不过是这种崇拜在江淮地区的回波余响，偶然留下的痕迹而已。

1992.7.24

附记：本文发表于《民间文学论坛》1989 年第 2 期，随后又在第 4 期上作了补充，由于写作匆促，文字枝蔓，今再作修改与简化。

本文原载《民间文学论坛》1989 年第 2 期，本书选录时经作者作了一些修订。

---

① 详见云南省博物馆：《云南江川李家山古墓群发掘报告》，载《考古学报》1975 年第 2 期，120—121 页，图二五。

② 拙作《中国古俗中的虎崇拜》（载《民间文学论坛》1988 年第 1 期）一文，对此一崇拜内涵的复杂性有所论证，可供参考。

中国神话的逻辑结构

邓启耀

邓启耀（1954— ），中山大学教授。上世纪六七十年代因当知青而接触少数民族民间文化，80 年代开始神话学研究。著有《中国神话的思维结构》、《巫蛊考察——中国巫蛊的文化心态》、《宗教美术意象》、《民族服饰：一种文化符号》等，欲在人心中或文化遗物里寻觅神话。喜在野外寻访民间叙事，有田野考察著作《访灵札记》、《灵性高原——茶马古道寻访》、《鼓灵》、《古道遗城——茶马古道滇藏线巍山古城考察》、《泸沽湖纪事》等数种。

中国神话有逻辑吗？中国神话的思维结构中有逻辑结构吗？这问题或许关系到有关中国传统思维方式的症结所在。

如果中国神话的思维结构中决无逻辑结构，那中国远古民族是否一直生活在一种无逻辑的浑噩之中？先秦"名辩之学"源起何方？中华民族是否是一个缺乏逻辑素养的民族？如果有，那这种"逻辑"有没有或有什么样的结构形式？它在中国文化思想史中的地位和作用是什么？中国是最终没有形成类似西方的那种有精密概念和完整结构的逻辑学呢，还是自成一个体系？这些问题，国内哲学和逻辑学界争论较多，尚无定论，本文也不可能一一理顺。这里只希望在与神话相关的小范围内，去试抓几缕丝络，看能否找出某些可能性或趋向性的线索。

一、"近取诸身，远取诸物"——中国神话的想象性类概念

古神话中"蛇身八首，有圣德"的雷神之子伏羲"坐于方坛之上，听八风之气，乃画八卦"（《太平御览》卷九引《王子年拾遗记》，天部九：四五），"仰则观象于天，俯则观法于地；观鸟兽之文与地之宜；近取诸身，远取诸物；于是始作八卦，以通神明之德，以类万物之情"（《周易·系辞传》）。八卦这一中华民族特有的文化符号，可以算是一种取万物之象，以逼近欲表达之意的类比逻辑的始作俑者之一。

八卦始于远古"八索之占"①，是集原始巫术、宗教、科学、哲学、艺术等为一体的象征体系。正如前综合思维②离不开"象"一样，八卦之象的基础仍是"象"（"观象于天"等），只不过已是较高地类化了的意象。

《说卦传》云："乾，天也，故称乎父。坤，地也，故称乎母。"乾坤也即神话和祭祀中的皇天和后土。天地交，父母和而生震、巽、坎、离、艮、兑六子，亦为日月风雷、山泽水火、男女声色之象。这些"象"是"近取诸身，远取诸物"并俯仰天地等物象而"类族辨物"、"观象制物"的结果，是上古物象占的基本卦象，也是浓缩着诸多神话内容的集体表象和类化意象，其中包含着基于观察事实的直观摹写经验（如日月风雷等），也融合着基于体验事实的投射幻化经验（如龙、皇天神、后土神等）。二者相合而为一种意象概念或意象符号，类似维柯所说的"想象的类概念"③。既然是"想象"的，这些"类概念"就普遍存在着外延无限扩大，内涵逐渐减少的问题。

类概念的产生应是很早的。在早期的语言文字和许多原生民族中，对事物的指称较为具体。比如中国古文字指称的马，因年龄、毛色、状态等的不同而有不同的指称，区别十分细致；生活在北极的纽因特人对冰雪的白色，也有很多不同表述。当人们不再只会说具体的某人某物，而已能说人、马、牛、山、石等的时候，就已形成了对某一类具体事物的类概念。在神话中，基本都是这样的类概念了。

八卦"近取诸身"之象为首、腹、足、股、耳、目、手、口；"远取诸物"之象为马、牛、龙、鸡、豕、雉、狗、羊，并推及天、地、日、月、风、雷、水、火、木、石等等。日月风雷变化而为四时，水火木石变化而为万物。这种以个别（类的）等同于普遍，即某一类事物同时又可以是某一些事物（A＝B＝C＝D……）的"逻辑"，在神话中是极为常见的。它们显然不符合西方逻辑所依的基础：如同一律（A是A），矛盾律（A不是非A）和排中律（A不能既是A又是非A，不能不是A又不是非A）。中国古代卦象中的天＝父＝头＝金＝寒＝赤……和彝族神话及习俗祭礼的葫芦＝祖先（彝话"阿普"同为"祖先"和"葫芦"之意），佤族神话的司岗

---

① 于省吾先生认为："易卦起源于原始宗教中巫术占验方法之一的八索之占。古也称绳为索，八索即八条绳子。金川彝族所保持的原始八索之占，系用牛毛绳八条，掷诸地上以占吉凶。"于省吾：《周易尚氏学序言》，见《周易尚氏学》，中华书局1980年版，第1页。

② "前综合思维"是笔者在神话和原始艺术研究中提出的一个概念，用以区别列维－布留尔的"原始思维"和"前逻辑思维"、列维－斯特劳斯的"野性的思维"及威廉·冯特、洛谢夫等的"神话思维"。笔者以为，前综合思维是人类早期思维的基本样式。它不具有分化后的抽象逻辑思维、审美艺术思维（也有人称为形象思维、情感思维等）、直觉洞察思维（也有人称灵感思维）等思维的形态上相对独立，功能上相对明确，形式上相对成形或有一定规范的特点，但又同时包含着上述各种思维方式能够发生发展的萌芽，它们尚都较为"混沌"地萌生于人类初期的思维或认识活动中，由于这种综合是"混沌"的、初级的、不可能与现当代建立在高度综合基础上的整合思维或整体思维等相比，所以只能暂且称之为"前综合思维"。

③ ［意］维柯：《新科学》，人民文学出版社1986年版，第179页。

里（山洞或葫芦）＝第一代祖先，等等一系列等同，已成为中国传统文化中十分显眼的特征，恰如庄子所言："其一也一，其不一也一。"有人称其为"悖论逻辑"（Paradoxical logic，又译"困思逻辑"）。这种逻辑认为 A 与非 A 可以同时作为 X 的叙词而不互相排斥。悖论逻辑在中国和印度思想中是极为重要的因素，它们造成了东西方逻辑思想的差异。[①] 当然，如果我们细查，还是可以看出中国神话中，同样蕴含着非"悖论逻辑"的各种萌芽。

我们再回头谈类概念的问题。请看用纳西族古老象形－图画文字东巴文记述的创世神话《崇般崇笮》（《大祭风》译文）：

> 很古很古的时候，天地混沌未分，卢神塞神在布置万物，树木会走动，裂石会说话，大地在震荡摇晃的时代。天和地还未形成以前，先出现了三样美好的天地影象。太阳和月亮还未出现以前，先现了三样美好的太阳和月亮的影象……从三样好的产生了九样好的，九样好的产生了一个母体。接着，出现了真与实，虚与假的东西。真与实相配合，出现了白晃晃的球团；白色的球团作变化，出现了会呼喊的佳气；佳声佳气作变化，出现了绿松石色的光明球团；绿松石色的球团作变化，出现了依古阿格大神……[②]

这个神话和《周易》卦象及伏羲作八卦的神话有内在的相似之处，即都是以象表意，但却不乏逻辑性因素。这首先就是对某类事物所作的一定概括性的类比，从个别殊相中抽取出、归纳出一般共相，如日、月、风、雷、水、火、木、石或母体、气体、蛋或球等等。它们不是某个母体、某块石的个别表象，而是经过思维主体一定程度的概括和归纳的关于某类事物的一般属性和共相。这一类共相就是类化意象，也是类概念产生的基础。有了"类"，才可能进行思维活动，进而为逻辑思维活动奠定基础。

当然，在许多少数民族神话里，还没有出现类似阴阳、太极之类的概念。这些较为抽象的观念，只有依附在类似云雾、鸡蛋、无面目异物的"混沌"、影子甚至牛、蛇、虎或始祖、人神、灵物等类直观形象或投射幻化的虚象之上，依附在男女、日月、天地这样的类比中。《周易》的时代，已处于从类化意象向抽象概念演化的较高思维进程之中。因为，一方面，在《周易》里，巫术和神话的色彩仍很浓，其表述仍未能超出对对象的直观，未能摆脱象的纠缠，甚至有关阴阳太极的概念，在很大程度上，还属于"想象的类概念"，离真正的抽象概念还有距离；但另一方面，由于意象的高度类化，显然已为过渡到抽象性概念接通了桥梁，从而为思维中逻辑结构的形成孕育了可能。

---

① ［德］E·弗洛姆：《爱的艺术》，陈维纲、陈维正、林和生、朱蓉贞译，四川人民出版社 1986 年版，第 83—90 页。

②《崇般崇笮》（诵经：和云彩，翻译：和发源），见云南省少数民族古籍整理出版规划办公室编：《纳西东巴古籍译注》（一），云南民族出版社 1986 年版，第 151—153 页。

正是在这个意义上，中国传统思维模式中逻辑思想的萌芽应是很早的。不仅应该从先秦名辨之学中去寻找，还应该从神话的思维结构，甚至更早的别异同的类化等功能活动中去寻找。陈孟麟指出，"以类命为象"、"类族辨物"是中国古代逻辑思想的萌芽。认为类的原始运用，其职能是根据属性的同异，对世界作最简单最原始的划分以辨别事物。①

还应补充一点，在神话的思维活动中，"别同异"不仅要靠思维主体直观摹写的经验，而且也渗入了许多主观的投射幻化的经验。由于这类经验所特有的类化意象将梦象、幻象等含混不分，把思维主体内感觉的、情绪的和感情的种种体验投射到对象上；由于"天人合一"、"心物不分"的思维特性，从而具有较多想象和幻想的特点，使这种类概念实际成为"想象的类概念"。这应该是神话的类化意象和类概念形成的一个重要特征。

另外，除了语言，记述神话或原始文化的象形或象征符号，如东巴图画－象形文字和八卦之象等，都建构了一套表述类化意象和"想象的类概念"的符号系统。这是类化意象和类概念符号化的一种基本形式，是神话的思维实现从"象"到"理"飞跃的关键性环节。正如刘文英在《原始思维怎样走向逻辑化》一文中指出的："因为只有符号化，类化意象才能真正超越'象'而把握'理'，因而才能真正转化为逻辑结构和逻辑运算的环节或因子。"②

二、"观象于天，取法于地"——类的逻辑

在前引《周易》和纳西族东巴神话里，我们可以看出，在这类思维中，有一种想象的或幻想的类的相似属性。《周易》中的乾之与天与父与马与金等，坤之与地与母与牛等，纳西族神话中的真体与白天与善神与白蛋与各类人神，不真体与黑松石与黑光与恶神与妖魔鬼怪，等等，并没有真正类的共同属性，但在神话的思维中，这些风马牛不相及的事物却具有了类的共同属性。它们在现实中并不相似，而在神话式的思维中却"类似"了；它们的并列在逻辑上是矛盾的，而在神话的"逻辑"里却"同一"了（虚幻的同一律）。故《周易·说卦传》释诸卦象云：

> 乾为天（天道刚健），为圜（天为圆盖），为君（至尊），为父，为玉
> （体清明），为金（性质刚），为大赤（纯阳正色），为马（天行健）……；
> 坤为地（万物资地而生），为母（生孕），为布（平而有织文），为釜（熟
> 之供食），为吝啬（保藏财物），为均（平均），为子母牛（生生不已），
> 为大舆（载物）……③

---

① 参阅陈孟麟：《以类概念的发生发展看中国古代逻辑思想的萌芽和逻辑学科的建立》，载《中国社会科学》1985 年第 4 期。

② 刘文英：《原始思维怎样走向逻辑化》，载《哲学研究》1987 年第 7 期。

③ 参阅高亨：《周易大传今注》，齐鲁书社 1979 年版，第 621—623 页。

纳西族神话中各属真假、善恶两类不同性质的各种事物，也都按人的主观意志而各从其类了。

这当然也可以解释为一定价值规范下的比喻性意向性分类。这种规范使不同物象按人的思想感情、按人的价值标准分类并具有人本意义上的社会性共同属性。这种以一定集体规范和因袭规范的情、意和想象去规范类的属性的例子，在中国文化及神话中是举不胜举的。

在神话想象的类的排列中，我们也可以看到潜在的逻辑结构。即：（1）在思维过程中，是遵循着一定的逻辑程序不断推导演进，由此及彼，由简而繁；（2）在外延上，也有类似某些逻辑概念的各种关系，如并列关系、对比关系、对应关系、推延关系、矛盾关系、反对关系等等。这说明，神话虽然没有逻辑思维必须具有的清晰概念和明确的推导运演程序，但还是在思维中隐藏着一定的逻辑程序和逻辑因素。

另外，从神话中，我们是否还可以发现一种潜在的"类的逻辑"呢？这在逻辑学中可以规定为个别与一般联系的逻辑。它所依据的公理是：凡对一类事物有所肯定或否定，那么对这一类事物中任一事物也必然有所肯定或否定。"类"，是这种逻辑进行推理的基本依据。纳西族神话把世界的事物大致分为两类，凡对一类事物作了肯定性评判的（如真实、白天、善神、白蛋等），其关系系列中的任一事物也必作肯定性评判（如由此而生的与福、善、丰、智等有关的神和于人有用的宰官、巫觋等）；反之亦然。

这类神话是否也暗含着某种基本的三段论逻辑的结论呢？

<table>
<tr><td></td><td>凡白色之物（白天、白蛋、白鸡等）化育的皆为善</td><td></td></tr>
<tr><td>大前提</td><td></td><td>（M 是 P）</td></tr>
<tr><td></td><td>凡黑色之物（黑夜、黑蛋、黑鸡等）化育的皆为恶</td><td></td></tr>
<tr><td></td><td>巫者和觋者等是白色之物化育的</td><td></td></tr>
<tr><td>小前提</td><td></td><td>（S 是 M）</td></tr>
<tr><td></td><td>鬼和蜮等是白色之物化育的</td><td></td></tr>
</table>

<table>
<tr><td></td><td>巫者觋者等为善</td><td></td></tr>
<tr><td>结论</td><td></td><td>（S 是 P）</td></tr>
<tr><td></td><td>鬼和蜮等为恶</td><td></td></tr>
</table>

白善，白化育的一切皆善；黑恶，黑生的一切必恶。这种"龙生龙，凤生凤，老鼠养儿会打洞"的简单的类的逻辑，是一种低层次的原始逻辑。稍后些的"太极逻辑"（姑且名之），讲的是阴阳化合，相生相变，互可转化，无所谓褒贬，肯定性否定性评判都只在与内外实际相置的过程中随机变易。这在逻辑学中已属较高档次的辩证逻辑了。

神话及卦象给出的结构图，还暗示了中国传统思维认知所谓"终极真象"的逻辑方法，即所谓"观象制物"、"格物致知"的方法。我们知道，治上古神话，不能以神话叙述的顺序来看神话意象发生发展的顺序。正像天地起源的神话晚于始祖神话、自然神话等一样，从思维发展或类比意象形成的过程看，类似《周易》表述的"是故易有太极，是生两仪，两仪生四象，四象生八卦"，八卦再变化相生而出万物……的说法（各族神话极多这种表述顺序，试回看一下前引纳西族神话），恰恰应该倒过来：万物之象的类化是最早的，然后才浓缩为八卦之象、四方或四时之象，最后才可能出现类似阴阳、太极之类的较为抽象的观念。

从叙述顺序看，我们可能会走入由抽象到具体的思路（太极—两仪—四象—八卦……），但人思维发生的顺序以及认识发展史的角度，是否应该倒过来看呢？即先有对具体事物的感知，然后才有寻找所谓"终极原因"的可能。也就是说，从纷纭万物抽象出八卦、四象、阴阳（实为男女、日月、冬夏、背向等）诸对可感偶体，来测度、推论那不可感的"终极原因"——混沌、太极、道、一、梵……。这，正是所谓东方"悖论逻辑"（弗洛姆）或"诗性逻辑"（维柯）的认知方法。即人们只能以诸对偶体表象（如阴阳、男女、黑白、真假、善恶、美丑等）来直觉或认识真象（统一体），即混沌、太极、道等等。这种通过对比、对应已知具体事物的某些属性，来推断这些事物后面隐藏的某些规律，"格物致知"、"形神合一"的逻辑方法，为后来的"太极哲学"或"辩证逻辑"的演化，提供了重要的心理基础。

三、通神明之德，类万物之情——中国神话的类比推理

神话中的伏羲作八卦，是为了"通神明之德"，"类万物之情"。所以以某物（人化之物）去"通神明之德"，是神话及中国古代文化中习惯的以人知天、以天知人的"人天观"和"天人交感"的致思倾向；而用相似的办法"以类万物之情"，亦道出神话逻辑的另一种形式，即类比或类比推理。

类比推理现在在西方逻辑学中属于归纳推理的特殊一类，在西方传统逻辑学中一直受到冷落，原因可能在于西方逻辑学中的演绎逻辑和归纳逻辑等，自亚里斯多德和培根使它们形成体系后，长期以来占压倒性优势，而类比推理只处于附带谈及的地位。在人类认识的原始阶段，类比推理曾起了很大的作用：在中国传统思维发展的漫长历史时期，类比推理或类比逻辑也可能是意义重大、历时久远的一种特殊的逻辑思维方式。这个问题很值得全面深入进行探讨，但这里只以神话为例作点局部的猜测。

（一）形态类比

较为初级的类比可能是形态的类比，在盘古神话中，盘古双眼化为日月，肢体化为山岳等，这里双眼与日月、肢体与山岳，更多的是形态上的类比。《山海经·西山经》：

> 小次之山，其上多白玉，其下多赤铜；有兽焉，其状如猿，而白首赤足，名曰朱厌，见则大兵。

因山有白玉（上）赤铜（下），所以兽也要对应的为白首赤足。立论之据，就

是神话式的类比。神话时代的人将两个实际并不等同而仅仅在某一方面类似（眼与日月的圆形、明亮，山中的上白玉下赤铜与怪兽的上白首下赤足等等）的物象等同起来，进行类比。

当然，仅仅是类比还不足以说明问题。神话的类比，并不只是具有修辞学上的比喻一类的特性。神话作为原始民族的解释体系，性质主要是认识的而非审美的。事实上，神话类比中暗含着推理的成分，盘古神话用人的体貌形态来类比天地的形态，是为了推论天地起源及万物形成的原因；葫芦神话以葫芦作为生殖崇拜的象征，同样也暗含着在与母体的类比中，推论人类自身来由的奥秘。这是一种简单粗糙的类比推理。也就是说，即使 A 和 B 两类事物在本质上毫无共同之处，但是只要在形态上有一项相似，就可进行类比甚至等同。由此一来，神话逻辑便轻而易举地解决了天地万物以及人类起源等本体论或认识论的重大问题。

（二）属性类比

对事物属性的认识，反映思维能力已有所发展了。"以类万物之情"，即可看作对事物情态或属性的一种较高的拟人化类比。

《周易·乾》云：

> 同声相应，同气相求。水流湿，火就燥，云从龙，风从虎。圣人作而万物睹。本乎天者亲上，本乎地者亲下。则各从其类也。

所以，《周易·说卦》释卦象之由来，便取于一种功能、情态或属性之类比：

> 神也者，妙万物而为言者也。动万物者莫疾乎雷（震），挠万物者莫疾乎风（巽），燥万物者莫熯乎火（离），说万物者莫说乎泽（兑），润万物者莫润乎水（坎），终万物始万物者莫盛乎艮；故水火相逮，雷风不相悖，山泽通气，然后能变化，既成万物也。

至于各卦象再与一系列不同种类的物象所作的对应，亦出于某种想象性的属性类比（如雷与龙、桃花、大路、长子、青竹等），由此而推断出某一事物在一定时间、空间、动静、色相、功能等方面的情态、属性或性质。前举纳西族创世神话，也是将自然的和社会的事物，以善恶作为它们（黑白、日夜、人妖等）的基本属性而进行类比，从而推想世界初创的二项对立状况。这种二项对立的思维模式，在中国神话及其传统文化中几乎是每每可见。最常见的是体现在中国古代阴阳现象中的种种二项对立，它们往往以形象（类化意象）的形式表现出来，如男女、兄妹、夫妻、日月、白黑等等，这些形象，在不同的场合又可互相代表或作属性同一性的类比。

（三）"以类度类"

不论形态类比还是属性类比，实际都反映出中国神话的逻辑结构中常见的同构现象。

我们知道，神话的思维方式是一种直观的思维方式，其思维形式因素是以直观形象为基础的集体表象或类比意象等。作为一种原始的形象思维或前综合思维，它还不可能实现从具体到抽象的思维程序，所以，从具体到具体，是神话思维进行类比推理的逻辑程序。（当然，所谓"具体"，在神话的思维形式中也是包含着一定抽象内容的具体事物的类化意象或类概念。）这种逻辑推理程序的客观基础，正是两个具体事物之间的同构对应关系。在中国神话里，这种同构对应现象是很多的，甚至广泛而深刻地渗入中国传统文化诸领域，如天人同构、心物同构、人神同构等现象，已成为中国哲学、宗教、科学（如医学和天文学）、政治、道德、文化诸领域的共同逻辑根源。当然，正如前面的其他种种情况一样，神话中这种两个具体事物之间的同构对应关系（如天与人、心与物、人与神等），并不都是实的关系，而是同时也掺和着虚的关系。也就是说，人对天、心对物或人对神的投射幻化，使这种同构对应在神话的逻辑结构中成为可能。中国神话及原始文化及其在古代文化中比比皆是的"天人合一"、"天人交感"、"天人合德"（天人同构）、"物我不分"、"心身互感"、"心物合一"（心物同构）以及神谱与家谱、神系与帝系（宗法式的人神同构）等同构对应关系，便出于这个共同的心理思维之源。

试举几例：

由于人有男女，所以天有日月，物有阴阳，时有冬夏。

由于"清阳为天，浊阴为地。地气上为云，天气下为雨；雨出地气，云出天气。故清阳出上窍（五官），浊阴出下窍，清阳发腠理，浊阴走五藏（脏）；清阳实四支（肢），浊阴归六府（腑）"（《黄帝内经·素问·阴阳应象大论》）。人体的小宇宙对应于自然的大宇宙，用一种在西方逻辑学看来类似神话（实际，也大约出自神话的创世说）的方式进行类比推演，创造出在理论上能自圆，在实践上居然也行得通的医学体系。

由于日蚀月亏，所以"后狄灭邢、卫"，"文武之道废，中国不绝若线之象也"，或"郊祀有咎，皇后忧，大臣受诛。一曰天下相吞食，大邑主亡，大将军亡。一曰聚敛之臣忧。一曰饥，人相食。一曰王者乏食，转输者忧……"从汉代哲学家董仲舒直至清代天文学家（钦天监），似乎都在沿着同一思路，将天体之象与人事之象作同构对应。

由于"殷荐之上帝，以配祖考"（《易》），"孝莫大于严父，严父莫大于配天，昔者周公郊祀后稷以配天，宗祀文王于明堂以配上帝，是以四海之内，各以其职来祭"（《孝经·圣治章第九》）。所以，中国传统文化中，祭典礼仪繁之又繁，几乎月月有祭，处处设坛。不问苍生问鬼神，不厚今人厚古人，形成一套礼仪繁琐的祭祖之风。我们可以随手翻翻中国古籍中常见的礼仪部之类的内容，或看看流传至今的各族年节祭会，就可见其风之炽。如《太平御览》中谈"迎气"，不厌其烦地列举四季祭法，那些代表四方四季的大神，各有其色、数、性，其祖也要仿其特点，使祖堂形制及方位、祭乐、祭舞、旗幡的式样等都作严格对应（这类祭典在云南各族年节祭会中也很常见）。这还只是"迎气"之一种，其他如禘祫、祷祈、傩俗、六宗、五祀、四望等，名目繁多，仪式各异，功用也不尽相同。是"礼仪之邦"素重这种神话的解释、心造的虚势吗？非也。"上则顺于鬼神，外则顺于君长。"（《礼记·祭统》）才道出了宗法社会政治的根本，道出了这种同构对应的类比推理的潜在"逻辑"：

> 故人道，亲亲也。亲亲故尊祖，尊祖故敬宗，敬宗故收族，收族故宗庙严，宗庙严故重社稷，重社稷故爱百姓，爱百姓故刑罚中，刑罚中故庶民安，庶民安故财用足……（《礼记·大传》）

如此无穷推下去，皆本于"亲亲"二字，反映了中国文化的宗法伦理观（礼教）之盛。这种推论方式，当然不是三段式推论，而是连锁式推论；不是知性的逻辑，而是伦理的"逻辑"。这种推论或"逻辑"，就是在一种"同一"的假定下完成的，例如天人的同一、内外的同一（所谓上顺鬼神、外顺君长、内顺父兄等），就是建立在天人合体、合性、同心同德之上的。儒家重视从社会人文关系以观天德，故"唯天下至诚，为能经纶天下之大经，立天下之大本，知天地之化育。夫焉有所倚？肫肫其仁，渊渊其渊，浩浩其天"（朱熹《四书集注·中庸章句》），天道与仁道同构；道家重视从遍在自然观天观道，故道在蝼蚁稊稗，人人有一太极，物物有一太极；佛教中国化的禅宗也不乏处处有禅机，处处可悟道的思想。郁郁黄花，无非般若。皆为以内省观天，以行为喻道，把微观感受与宏观领悟作类比推演，把神话思维的那种"同一性"或"一体感"发展衍化。

由此可见，这种类比推理的"逻辑"结构，不仅潜藏在中国神话里，而且渗透在中国文化的各个方面、各种层次之中，它无疑对中国民族传统思维方式及文化心理发生着极为深刻的影响。这些同构对应的类比推理，似乎不考虑基本前提的根基如何，形态、属性、性质的异同如何，只要一项成立（甚至在幻想中成立），就可以一一推将下去，项项成立，环环紧扣而牢不可破了。

这种类比推理方式，在中国古代逻辑学中，作用巨大并渗入到中国传统思想文化之中。所谓"以己度物"、"将心比心"，所谓"以人承天，而使人知人德可同于天德"，……皆本于此。《荀子·非相篇》总结道：

> 圣人何以不可欺？曰，圣人者，以己度人者也。故以人度人，以情度情，以类度类，以说度功，以道观尽，古今一也。类不悖，虽久同理，故乡乎邪曲而不迷，观乎杂物而不惑，以此度之。

这种推度方式，在中国传统思维中，是一线相连的。不同只在，在先秦逻辑家那儿，"以类度类"的同构已有了较多的真值，故"类不悖，虽久同理"，甚至还包括了用某类事物的一般性质去推论该类事物的个别或所有事物的性质（"以道观尽"）的较纯粹的演绎推理形式。而在神话中，"类"相悖，只能靠思维主体的投射幻化，使想象性类概念在一种虚幻的同构中，实现类比的演绎推导。类与类之间，并非具有真正的同构关系。

（四）以己度物

通过各种具象的事物的某一特征进行类比，从己身揣度万物，用已知推测未知，也是神话逻辑的一个构成特点；将一些在本质上并非有内在联系，却具有某些非本质的外部关系的事物，按其原始观念（如自然物也有与人一样的心理和活动，而且可以相互变化等）组织起来，是神话逻辑的一种结构方式。这种心理活动与思维方式的产生，与神话时代的认识水平是相适应的。以己度物，就是一种最常见的类比推理方式。

我们常提到神话的"自我中心化"的问题，在神话的逻辑中，应属于一种以己度物的类比推理方式。所谓"以己度物"，就是以思维主体自身的感知、情感、意欲和社会生活经验去揣度万事万物，以为这些事物也和人一样具有同样的感觉、情感、欲望和经验，这种心理现象，是由于思维主体与思维对象的不分化的一体感使然。特别是由于思维主体在思维中，总易以自己主观的投射幻化经验，作为对自然和社会的直观摹写经验的重要参照并混而为一。因而，在修辞上，表现出浓厚的拟人化色彩；在思想上，表现为所谓"万物有灵"或"万物有形（象）"、"万象有行（为）"的趋向；在逻辑上，则表现为从自身推出他物，从一种现象（心理现象）推出另一种现象（物理现象或社会人文现象）的类比推理。

《述异记》卷上载：

> 昔盘古氏之死也，头为四岳，目为日月，脂膏为江河，毛发为草木。
> 秦汉间俗说：盘古氏头为东岳，腹为中岳，左臂为南岳，右臂为北岳，足为西岳。先儒说：盘古氏泣为江河，气为风，声为雷，目瞳为电。古说：盘古氏喜为晴，怒为阴。吴楚间说：盘古氏夫妻，阴阳之始也……

这段记述古代各地盘古神话的文字，所述虽异，但基点都一致，不是以人的身体构造想象天地构造（头——四岳，目——日月，夫妻——阴阳等），就是以人的生理心理现象推衍诸种自然现象（泣——江河，气——风，喜——晴，怒——阴……）。至于中国神话中诸神那持身拘谨，责任明确的品性，也往往是中国民族精神气质、道德操行的反映。

由此可见，所谓"类万物之情"，其实是以人之情去"类万物"；而所谓"通神明之德"，当然也是以氏族社会或宗法社会最推崇的人之德，去作为"神明之德"的内在样本。

至于用已知事物推测未知事物，或用想象中的已知事物（由于在神话的思维中虚象实象不分）去推导一系列未知事物，也是神话中常用的办法。如神话中创造万物的女娲，就是这样一个基于现实的虚构。已知的人之母体的生育能力，成为未知的万物来源的推论依据；这具有超自然力量的母体女娲，却又是神话的虚构。有了女娲这样一个虚幻的前提，其他推演也便相应而生：女娲补天、女娲造人、女娲为媒等一系列神话，便顺理成章地解决了日月为何西沉，江河为何东流，人怎样诞生和繁衍成各民族等原始天文地理学和原始人类学等方面的问题。

四、逻辑发展与思维发展的文化选择

也许，在原始社会，世界各民族都有大致相似的思维方式。神话时代之后，混沌的前逻辑思维开始分化，在世界重要的古文明中亦出现了相似的征兆。如春秋时代与古希腊时代，可以称为亚、欧两大洲或东、西方文明的最可比的时代。思维的发展、分化，也都开始有了清晰的脉络。例如，逻辑思维的发展，墨家创立的"辩学"（以及公孙龙子的"名学"），与印度"因明"学，希腊"逻辑"学，在古代世界都是有关思维形式研究的学说。但西方至此后，逻辑学及逻辑思维便有了长足的发展，为西方哲学、自然科学等的发展奠定了基础，也由此而形成了重分析、讲形式，有精密概念和完整结构的思维方式。

而中国逻辑属于什么样的逻辑呢？

众说纷纭。

仅仅透过前面所述的纷杂的现象，我们是否可以看出，中国逻辑思维的萌生，在神话时代，就已孕育着发展的多种可能了。中国逻辑风格的形成，虽也有多种形式，但传统文化及传统的思维模式，似乎并没有使墨辩逻辑成为"显学"。相反，神话那"混沌"的身影，似乎依然浸透，甚至强化在中国逻辑发展史中。原因何在，是一个值得深入探讨的问题。

本文原载《民间文学论坛》1989年第3期，此次重刊时作者在文字上作了校正，并补了一些注释。

中外史诗上天地开辟与造人神话之初步比较研究

饶宗颐

饶宗颐（1917— ），生于广东潮安。历任无锡国专、广东文理学院、华南大学、香港大学、新加坡国立大学、美国耶鲁大学、香港中文大学教授，任台湾"中央研究院"历史语言研究所、法国高等研究院、香港中文大学中国文化研究所研究员。中国文化史家，学域广博，举凡甲骨、简帛、敦煌、古文字、上古史、中外交通史、艺术史、神话、音乐等，都有论著。神话学方面的主要论文有《荆楚文化》（1969）、《楚辞与古西南夷之故事画》（1972）、《大汶口"明神"记号与后代礼制——论远古之日月崇拜》（1990），论文集《澄心论萃》（胡晓明编，上海文艺出版社 1996 年版）收有《〈畏兽画〉说》、《长沙帛画山鬼图跋》、《祝融与三首之神》、《三面神及离朱》、《〈九歌〉与图画》、《〈天问〉与图画》等神话论文。

《近东开辟史诗》是西亚关于天地人类由来的神话宝典，是世界最早史诗之一。希伯来《圣经》中的《创世记》即从此衍生而出。在中国的翻译界，尚未有人把这史诗全文介绍过。这是首次译出的尝试。

所谓"史诗"（epic）一词，从希腊文 επιós 而来，拉丁文是 epicus，含有"对话"的意思。它是"narrated in a grand stylc"（用雄伟的风格说出的文体），"narrated"可说是"赋"的作法，所以亦可说是叙事诗。①

史诗的性质有几个特点：它必是口传的（oral），必是与宗教信仰分不开的，又必是和该民族的典礼有联系的；史诗对于战争事件往往有极详细而生动的描述与铺陈，大部分歌颂该地崇祀之神明，把诗中的英雄人物尽量加以突出。② 西亚史诗的特征，Luigi Cagni 在谈到 Erra 一诗，曾有详细讨论。③

汉民族在古代应该有他们自己的史诗。但由于古代史官记言与记事分开，记事侧重时日，对于事态的描写多采取"省略"（ellipse）手段，所以没有像西方史诗的强调英雄主义。"省略"是修辞上很重要的法式。④ 古代汉语的特征，采用省略句式见于殷代占卜文辞是非常普遍的。所以对神话人物没有作故事性的高度描写。《诗

---

① ［日］清水茂：《赋与叙事诗》，见语リの文学，筑摩山房昭和六十三年。

② 杨牧：《论一种英雄主义》。

③ Source from the Ancient Near East，Vol. 1，1977.

④ Henri Morier, *Dictionnaire de Poetique Rhetorique*, p. 154.

经》中雅颂的体裁久已脱离了口语，所以不是 epic 的叙述形式，因此，一般认为古代中国没有史诗。又史家作史书，极力主张“尚简、用晦”①，故冗遝、详尽的文体亦不受人欣赏。唐代的俗讲变文兴起，衍生后来的弹词七字体，与天竺希腊的繁复冗长的史诗，其构章遣词，实无差异，这样的文体在吾国反属后起，这是文学形式由简变繁的另一方向。② 但民间口语文学却保存大量的活的史诗，尤其是在少数民族的口传文学里面，像桂西布努瑶族的长篇史诗《密洛陀》，其中《萨当琅》长达2000 多行。西藏的《格萨尔》史诗有 39 部，如果把另外的 67 部加以整理，可有 80 万行之多，比起印度的《摩诃婆罗多》还要丰富。③ 这样看来，礼失而求诸野，中国的史诗还活生生地保存着，正是口头文学的一个无尽宝藏呢！

史诗的吟唱是需要宗教仪式的。能吟唱史诗的人通常被尊为圣者或先知，印度称之为 Kavi，波斯的《火教经》里面有八位统治阶层的人物，在他们名字的前面，都加上 Kavi 的称号，④ 可见吟唱者地位之高，有时还是王者。在吾国少数民族中能够吟唱史诗的人物是相当于巫师，有他的特殊社会地位。如彝族即由呗耄来主持，呗耄即是口述史诗的巫师；彝文作ч昴（pe-rmo ɬ）的读音同于梵呗之呗，意思是唱诗，昴似乎是借用汉文的昴，略为写变，复同音读为耄，或写作笔姆，哈尼族谓为批莫，皆一音之变。吟唱史诗的习惯往往保存于极隆重的礼节，或在时节与婚丧庆典中举行；不同于一般曲艺之为娱乐性的。在各少数民族心目中，史诗是圣典，吟唱本族的史诗，其实等于本族的神谱、神根的活动表现，吟唱史诗的人可说是代表本族的先知，他的祭坛是人和神互相沟通的一种场合，像黔边的土家族，他们巫师的傩坛即有开天辟地的歌唱，而巫师是身兼祭祀、歌舞等职掌，可见吟唱史诗根本与宗教是分不开的。⑤

中国少数民族口头文学里面关于天地开辟的史诗非常丰富，所以这样一首世界最古的开辟史诗是很需要加以译出，提供给研究神话的人们作为参考资料。本文之作，正为填补这一缺陷。

《近东开辟史诗》是阿克得人（Akkadian）的天地开辟神话。因起句“Enuma-eliš”（when on high，天之高兮）命名，全文用楔形文刻于七大泥板之上。上半部记述天地开辟之初，诸神间之互相战斗，由于两大势力的争夺，后来才产生出太阳神马独克（Marduk），终于征服了对方黑暗势力的澈墨（Tiamat）。下半部叙述马独克安处宇宙间三位最高神明：Anu，En-lil，及 Ea，遂兴建巴比伦神庙的经过，和他如何从反叛者身上沥取血液来创造人类。最末历述马独克的光辉功绩，和他享有五十

---

① 刘知几《史通》强调此点。杜预《春秋左传序》云：“志而晦。”

② 陈寅恪：《论再生缘》引言。

③ 参见王沂暖：《藏族〈格萨尔王传〉的部数和行数》，载《格萨尔研究》集刊第 1 集第 184 页。《密洛陀》被称为百科全书式的创世史诗。

④ Richard N. Frye，*The Heritage of Persia*，第 60 页。

⑤ 黄林：《吟唱史诗不同于说唱曲艺》，载《中国音乐学》1987 年第 2 期。

个不同名号的特殊荣誉。

这首史诗的写成年代，一般认为属于 Kassite 时代，所谓中巴比伦（公元前 1550—前 1155）时代。（巴比伦共有 36 个王，共统治 576 年，其第一王朝的年代为 Sam-suditana，即公元前 1623—前 1595。）在汉谟拉比（Hammurapi，公元前 1792—前 1750）之后。它的时代大约相当于我华夏代晚期（公元前 21—前 16 世纪）。

吟唱这首史诗在当地习俗，每个新年的第四日，举行隆重的节季典礼，有下列几点意义：①

1. 为 E-zida 神庙之洁祀，（即在 Borsippa 之 Nabu 庙内）讲说太阳神马独克（Marduk）开辟天地和创建神庙的故事。

2. 为恢复神庙祭典，规定由中间化名者（interalia）歌颂关于 Anu 及诸神的劳绩。

3. 为帮助小儿诞生的典礼，昭告人类的始生，是从有罪而被殛死的神明身上，沥取其血抟土而作成的（now man who first created from clay mixed with blood from a slain god）。

4. 吟诵此诗可以帮助牙医拔出痛牙，而诅咒其蠹虫使勿复为害。②

马独克（Marduk）一字是由阿克得文的 mār（子）和苏美尔文的 Utu（太阳）会合而成，意思是太阳的儿子。他是最高的神明，太阳之下一切都是他的产物，马独克在阿克得人的歌颂之下，拥有五十个不同的名号，他是具有无比的威力，超乎一切的崇高地位。神是全能的，这一思想在西亚很早已是根深蒂固，所以后来移植至以色列。

人是从宇宙中的有罪的恶神取出他的血来塑造的，所以是有"原罪"的。人的产生，是为诸神服务而制造的，人必须是神的侍奉者，人在神的恐怖威严之下是要战栗的，没有一点地位的，这一原则性的基本理论亦为以色列所吸收。③

有人认为汉族是务实趋善的民族，原始性的自然宗教始终没有在内部发育成高级的人为宗教，使中国人免除了"原罪"，但也使中国的原生态神话仅存片断，还显得晦涩、枯槁而凌乱。④ 我不同意这种看法：我认为原罪的有无，起于神话背景的差异，中国的造人传说，属于用泥捏成一系，不同于西亚。而且，由于书写工具的不同，殷周典册，锲刻书写于龟骨、铜器与玉器及简牍，不适宜作长篇记录。史家又主张尚简用晦，阻碍了史诗作冗长描写的叙述形式，但民间的口语文学却照样仍旧保存着而流传下来。

---

① 参见：M. L. West 编注希腊 Hesiod：Theogory 的前言，1966，Oxford 印本。

② 关于诅咒防止牙蠹的事（Incantation against Toothache），在新巴比伦时代很流行，但在 Mari 文献古巴比伦时代的泥板出土有 ši-pa-at tu-ul-tim。

③ 参见 J. Bottero, *Naissance de dieu*, *La Bible et L'Historien*（《神之诞生——〈圣经〉与历史家》）巴黎，1986。

④ 见萧兵为王孝廉《中国的神话世界》所写的序言。

西亚开辟史诗，认为在开辟之初，什么东西都没有的，既没有"名"，亦没有"形"，命运更谈不到。"无"是宇宙的本来面目，因为这时候，什么神都还没有降生下来。

因此史诗在开头，使用否定词的 la，便有许多次。

阿卡语的否定词有三个，一是 la，一是 ul，一是 ai。[①] la 字在第一章的 1，2，6，7，8 行都出现。

1，la na-busú ša-ma-mu

（the heaven）had not been named

    既未有名

2，šu-ma la zak-rat

had not been called by name

    亦未赋之以名

6，ši-ma-tu la ši-i-mu

their destinies undetermined

    命运未定

    gi-pa-ra la Ki-is-su-ru

su-sa-a la še-ú

no reed but no mashland

    无纬萧、无薮泽

7，la šu-pǔ-u ma-na-ma

whatever had been brought into being

    渺焉无形

8，šu-ma la zuk-ku-ru

uncalled by name

    名号不立

la 字楔形文字作 ⌐𒁹𒁹。

希伯来文的否定词 אֹ 亦是 la，它们是同一语系。我在这里，用汉语的否定词"未"、"无"、"不"来翻译它。

西亚泥板中第一位神明叫作 Apsû，意思是溟海（ocean）。这一名词可能是出于闪语，意为地表或海岸，是指水之清者，我把它音译作谕虚。

Mu-um-mu 蒲德侯教授认为是 Tiamat 的绰号，其字相当于阿克得语的 ummu，其义为母，所以我音译作汉母。Apsû 是水之清者。而 Tiamat 出自闪语，义为溟海，水之积聚，大地之浮沤也，则指水之浊者，与 Apsû 恰恰相反，我把它音译为澈墨。古汉语训（海，晦也）即以海为晦。

① Ungnad-matouš, *Grammatik des Akkadischen*（《阿卡得文法》），否定词，第 111 页。

Apsû 和 Tiamat 两者一清一浊，代表两种相对的势力，在天地未形成之前互相斗争，后来波斯《火教经》里的 Ahura-mazda（creator of the world）与 Ahriman（power of evil & darkness）二人为兄弟，而代表一明一暗，互相斗争，正如 Apsu 与 Tiamat 之为夫妇，情形相同，这是近东宇宙论之二元主义。既有了谵虚作为原始神之后，继而诞生 Lahmu 与 Lahamu，这二名的原义不明。以后遂有 Anšar 与 Kišar 诞生，an 是苏美尔文的天，ki 是苏美尔文的地，šar 有全体的意思，高的全体指天，低的全体指地，在史诗里面，e-lis（on high）指高，săp-lis 指低，二者相对，表之如下：

e-lis	săp-lis
an	ki
天	地

An-sar 又生子曰 an-nu，nu 训主，故 An-nu 义即天之主。annu 又生 Ea，他又别名 nu-dim-mud，dim 训创造，mud 训生，意译应该是"创生之主"。

Ea 之妻曰 Dam-ki-na，在苏美尔文亦称曰：Dam-gal-nun-na，dam 训室，gal 训巨，nunna 训皇子，意译是"皇子之巨室"。①

马独克以前的神谱，可系列之有如下表：

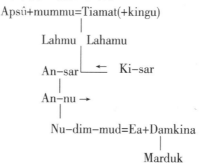

希腊 Hesiod 所著的神谱（Theogony）在 Zeus 以前由 Kronos 与 Titan 造分天地，和这史诗的 Anšar 与 Kišar 很相类似，腓尼斯的神谱亦有相雷同之处，试比较如下：

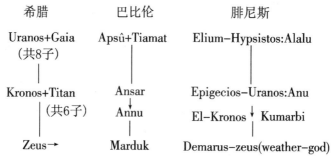

---

① 参见 *La naissance du monde*（《世界之诞生》），第 117—151 页。

日本民俗学者（如大林太良等）认为上代日本的“天皇制”，王权与神话之不可分割，实是远古东方（oriental）神王制的派生物。① 统治与神权成为合一体。在近东，希腊史诗所表现几无二致。但在远东的神统，恐怕未必相同，似乎不必勉强加以比附。

唯名与命两个观念相当重要。② 远东与近东则有类似之处，在开辟之初，诸神未降，名号不立，命运未定。有了神才有了名，命运亦因之而定。“无”是天地未生以前的形状。这与《老子》书所说“无名天地之始”是一致的。从天地开始时未有名，到诸神降生，各有其名。至于太阳神马独克统一宇宙，建立奇功，终至赋予五十巨号，成为威力最大莫可与京的大神。名号的重要性是代表文化的内涵，这五十名号，具体与抽象的意义都齐全，欲了解西亚文化的根源，应该从这一处着手，不可忽视。③ 中国方面在名号所表现的哲理精粹处尤其是“谥法”方面，很值得去作比较深入的研究。

我现在最感兴趣而要进行讨论的有二项：一是开辟神话，一是造人神话，二者有密切关系，可以说是二而一的。开辟神话最为家喻户晓的是盘古的问题，我曾经考证东汉末年四川的文翁祠堂壁画已刻绘盘古像，宋人且见过拓本。一向认为盘古最早出现于三国是不对的。见于战国中期楚缯书上的记载有“日月夋生”及雹戏、女皇生子四之说，可证《山海经》里的帝俊是上神，日月都由其生出，确为战国流行于南方的传说。雹戏女皇即伏羲女娲已成定论（见拙作《楚帛书》），可破旧说伏羲女娲名字初见于《淮南子·览冥训》之非。

《淮南子·精神训》说：“古未有天地之时，惟像无形。……有二神混生，经天营地。……于是别为阴阳，离为八极，刚柔相成，万物乃形。……烦气为虫，……精气为人。”他提出的二气说，我们看彝族的宇宙论和古代楚人之说，实息息相关。彝族的《创世志》开头便说：

> 金锁开混沌。……先叙哎与哺。哎哺未现时，只有啥和呃，啥清而呃浊，出现哎与哺。清气青幽幽，浊气红殷殷。……局啊现日影，日影亮晶晶，宏啊显月形，月形金晃晃，闹啊变青烟，……努啊成红雾。……六形未现时，谁也不先显，六形出现了。哎哺影形成。……④

在混沌未开之前，先有六形。有如《庄子》所说的“乘六气之变”（《逍遥游》）。六形中以清浊分，六形代表天空六种自然物，表之如下：

---

① 吉田敦《古代オリエト文学上ギリシア神话》，《筑摩世界文学大系》82。

② 参见旧作《古代文学之比较研究》第一节，载京都大学《中国文学报》第31期。

③ 关于Marduk的五十名，参见J. Bottero，*Les noms de Marduk*，*L'ecriture et la Logique en Mésopotarnie ancienne*，及Franz M. Th. Böhl，*Die fünfzig Namen des Marduk*.

④ 参见《西南彝志选》，贵州人民出版社1982年版。啥、呃指清、浊；哎、哺指影和形；局、宏、闹、努指日、月、烟、雾，都是彝语，详见这书的注解。

清气	浊气
啥	呃
哎（影）	哺（形）
局（日）	宏（月）
闹（烟）	努（雾）

这时还未有天地，只有啥、呃清浊二气，这即是《淮南子》所说的二神。彝族史诗叙传说有圣人名曰努娄哲，开始发现封锁天界的秘密，他掌握打开金锁，由他来开天辟地。史诗接着叙由蜘蛛撒经纬线来织成天地。再由"九女子造天，八男子造地。千千万的哎，千千万的哺"形成天地间的一切。这岂不是《淮南子》所说的"经天营地"？此中似亦渗入汉人的"经天纬地"的思想，不过加进彝族的想象，由蜘蛛来执行这一工作罢了。彝族把天、地分成二系，有点像西亚以 an 为天，以 ki 为地，都有二元论的倾向。

我们再谈东巴经中纳西族的《创世纪·开天辟地》神话，纳西象形文原来写作：

（崇＝人类）　　（搬＝迁徙）　　（图＝出现来历）

三字按照纳西读音就是崇搬图，意思是"人类迁徙记"。这崇搬图至今已有五种译本之多，为东巴经之冠，可见其重要性。东巴《创世纪》的要语是这样的：①

1. 混沌世界：东神、色神与"石"、"木"的存在

"很古很古的时候，天地混沌未分，东神、色神在布置万物，人类还没有诞生。石头在爆炸，树木在走动。"（《创世纪》第 1 页）

2. "影"先于"形"

"天地还未分开，先有了天和地的影子。日月星辰还未出现，先有了日月星辰的影子；山谷水渠还未形成，先有了山谷水渠的影子。"（同上第 1—2 页）

3. 三、九与万物的相对性（善、恶、真、伪之判别）

"三生九，九生万物。万物有'真'有'假'，万物有'实'有'虚'。"（同上第 2 页）

4. 鸡生蛋与白气和黑气

"真和实相配合，产生了光亮亮的太阳。太阳光变化，……产生绿松石……，产生一团团的白气，白气又变化，产生……依格窝格善神。""依格窝格……变出一个白蛋，白蛋孵出一只白鸡，……自取名为恩余恩曼。……恩余

---

① 林向肖：《对纳西族创世神话本来面目的探讨——〈创世纪·开天辟地〉校注札记》，见《神话新探》，贵州人民出版社 1986 年版，第 359 页。

恩曼生下九对白蛋，一对白蛋变天神，一对白蛋变地神，一对白蛋变成开天的九兄弟，一对白蛋变成辟地的七姊妹。……"

相反的，"假与虚相配合，出现了冷清清的月亮。月亮光变化，产生黑宝石，黑宝石又变化，产生一黑气，……黑气又变化，产生了依古丁那恶神，依古丁那作法又变化，变出一个黑蛋，黑蛋孵出了一只黑鸡，……自取名曰负金安南。""负金安南生下九对黑蛋，卵化出九种妖魔，……九种鬼怪。"（据林向肖文引另一本《创世纪》）

我们可把上面的《创世纪》中种种角色列成下列系统表：

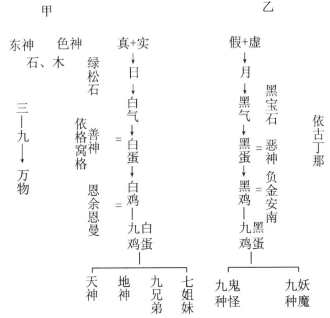

这一套宇宙生成论的形成，溯其来历是相当复杂的，这里不便仔细分析，我想它与彝族的开辟说亦有点关系，像先有影，然后有形，即是彝族的"哎"和"哺"的分别。白气和黑气亦即彝族的清、浊二气，这样都是从二气说衍化而来的。三生九，九生万物是取自汉人的。至于鸡蛋说，我认为是吸收印度人的安荼（anda）论，[1] 又有吸取自西藏的，像代表善神的依格窝格，据《古事记》解说："取自藏文本一个字母ϬV（O），改写用双线作ᠺ。"而代表恶神的依古丁那，东巴经文用双线作ᠻ，则"取藏文字母ᠵ，加黑点表 na 之音"按，藏文黑为 nag-po（ནགཔོ），代表黑暗（dark）。这些更属于后起踵事增华的理论。[2]

最堪注意的是在混沌阶段，木和石的崇拜显示初民对洪荒世界所感受的是植物

---

① 参见拙作《安荼（anda）论与吴晋间之宇宙观》，见《选堂集林》，第 311 页。
② 参见林向肖：《对纳西族创世神话本来面目的探讨——〈创世纪·开天辟地〉校注札记》，见《神话新探》，贵州人民出版社 1986 年版。

和矿物。有人引用东巴经的《动丁》迎动神经,指出《东巴经》传说,最初造物之神是"动"和"色",即是阳神和阴神,是结为对偶的两兄妹,所以东巴教以石象征动,木象征色,大凡东巴作道场,必用一块小神石"动鲁"和几根木偶"木森",用祭米撒神石,用牲血点木偶,具见他们对木、石的崇拜。动神和色神,《创世纪》作东神,按之汉语的训诂,东即训动,广韵一东:"春方也。《说文》曰动也。"东神和动神自是一而非二。东为动,故属阳,如是东巴传说在宇宙开始混沌时期即用二元说了,表之如次:

东(动)神	色神
石	木
阳	阴
兄	妹

其中二者代表兄妹结婚,似乎受到南方瑶族伏羲女娲为兄妹一说所影响。纳西东巴经典上神鬼的名字,异常丰富,它具多神崇拜的特点,据初步编号有 2400 名之多。可见其吸收多方面的情形,有待于深入研究。

中国少数民族史诗,多数有创世纪的开辟神话,这里只举彝族和东巴二种,以供比较,其余暂不涉及。

至于造人的传说,西亚造人的缘由是要为神服务的。伊拉克新发现在西尔巴古城出土的泥板有关洪水的记载,年代比《圣经》要早一千年。泥板上说,人似乎是因为职位较低的神都厌倦工作不干,于是天国神明遂创造了人类,可是"人"——这新物种,繁殖太快而且吵嚷太厉害,于是众神大怒,决定把所有的人都淹死,只有一家人幸免,他即是一个被称为阿特拉哈希斯(Atrahasis)的人,意思是极有智慧者。他造了一只方舟——这被认为巴比伦历史上相当于《圣经》的诺亚(Noah)。法国 Réne Labat 编著《近东宗教》一书,已收入 Atrahasis 史诗的全文(见该书页 26—36),关于他的故事,一般已耳熟能详,今不备述。阿特拉哈希斯是洪水后剩下来唯一的人物。在吾国西南民族的史诗亦有同样的传说,东巴《创世纪》记载洪水滔天,只剩下纳西族祖先从忍利恩子然一身,藏于牛毛牛皮的革囊,用九条铁链,三头拴在柏树上,三头拴在杉树上,三头拴在岩石上,才得死里逃生。作为东巴《创世纪》主要角色的从忍利恩,如何与洪水搏斗,为人类生存而挣扎,可以说是西南民族的阿特拉哈希斯了。以前陶云逵记述鲁魁山猓子族的神话云:"昔日洪水为灾,人类死光,只剩一人名 Apúdamu,亦称阿普(Apú),后来天神 mumi 遣三仙女下凡,与 Apú 相配,七年后,第二仙女怀孕,生下一个小葫芦,阿普把它剖为四瓣,成为人类之祖,大的为汉人之祖,二为黑夷(即纳西)之祖,三为哈尼之祖,四为摆(白)夷祖。"这个神话,据马学良调查,至今云南夷区还普遍地流传着。① Apú 与西亚史诗宇宙第一位神 Apsû、天神 mumi 和 mummu 俨然名字相同,两者之间,有

---

① 马学良:《灵竹和图腾》,见马学良:《云南彝族礼俗研究文集》,四川民族出版社 1983 年版,第 3 页。

无关系，殊属难言。我在云南博物馆看过晋宁山出土铜片，其记数方法用圆圈表数，和苏美人有点相似。远古时候西亚的洪水神话可能随着西羌传播入滇，亦未可知，这是很值得研究的问题。

史诗第六泥板是关于沥血造人的记录。但在吾国传说，人只是用黄土塑成，没有染半点鲜血。黄土造人之说始于东汉，见于应劭《风俗通》："俗说天地开辟，未有人民。女娲抟黄土作人，剧务，力不暇供，乃引绳于絙泥中，举以为人。故富贵者黄土人也，贫贱凡庸者絙人也。"（《太平御览》七八皇王部三引）又见同书卷360，参吴树平《〈风俗通义〉佚文》页449。希伯来《创世纪》："上主天主用地面的灰土形成了人。"注家都说希伯来文的"人"字原有红土或黄土的意思，是说人是属于土的东西。令人更感兴趣的是回教徒开辟神话，亦有相同的用泥土造人之说法。向来中外研究女娲氏的文章，都未注意及此。《古兰经》十五章《黑秩尔》：

> 我确以黑泥干土造化人类，使之成形。〈26〉那时候，你的主对众天
> 使说："我将由黑泥干土造化人类，使之成形。〈28〉当我完成他，并吹入
> 我的灵的时候，你们就向他伏身下拜。"〈29〉（据时子周译述，中华丛书
> 本，页384）

《古兰经》又记众天使中唯以卜厉厮拒绝，且说"我不应该向你由黑泥干土造化的人下拜"，因他被主所驱逐。据说人类由黑土造成是因为土的性质是温和的，有培养性的。可是魔鬼却由火所造成，则因为火性是暴烈的有毁坏性的。

应劭所说人是用黄土制成，《古兰经》则说用黑泥干土，颜色稍有不同。

汉土少数民族关于造人的传说，不少都说是用泥土捏造。兹表之如下：

西北

哈萨克族	女天神迦萨甘造天地，以其光热造日月，用泥土造人	见《迦萨甘创世》
维吾尔族	女天神创造亚当，以地球上的土捏成人形	
蒙古族科尔沁	天神用泥土造人	见《麦德尔神母创世纪》

西南

彝族	用白泥做女人，黄泥做男人	阿细的史诗
傈僳族	天神木布帕用天泥捏出地球，从此地上才有人	《创世纪》
崩龙族	天上大神嘎美和呼莎米用泥巴团捏人，第一个是男人，叫普，第二个是女人，叫姆	

这些都是后来传说，想由女娲故事演变而生，传播各个不同的地区。①

其他不同的说法：

彝族梅葛创世	天神格滋造人，撒下三把雪
瑶族史诗《密洛陀》	用蜂蜡造人
土族	用石头造人

附记之，以供参考。

伏羲女娲的传说很早就流播及于西域，及西南各地，② 藏族传说原始记录中已提及女娲，西南民族关于补天的神话尤多。我在新疆吐鲁番博物馆见所藏唐初张雄墓中出土伏羲女娲交尾图数十件，为覆棺之用。深知伏羲女娲的故事很早便为西北人士所熟稔。《古兰经》有无吸收自汉土女娲抟土之说？是很值得玩味的！

伏羲与女娲的关系向来有二说：

一说是夫妇。

另一说是兄妹，亦出自《风俗通》。

"女娲，伏羲之妹，祷神祇置婚姻，合夫妇也。"（见唐神清《北山录》，注解天地始第一引）

李冗《独异志》下："宇宙初生之时，只有女娲兄妹二人，在昆仑山下。"

后来流行于南方，为苗、瑶所吸收，东巴《创世纪》以宇宙原始东神、色神为兄妹而结婚，显然是受到这一说的暗示。

在汉土南方楚人的神话里面，雹戏、女皇（娲）是人类第一对夫妇，女娲抟黄土以造人。回教徒认为泥土是温和的，有培养性的，与汉土的看法基本上是相同的。

西亚史诗述天地开辟，由 Apsû 与 mummu 结婚，由是再生出 an-šar（天）与 ki-šar（地）。而大宙之乱起于谚虚与漠母夫妇间之相争，撰以"天地之道，阴阳而已"，西亚史诗，亦未离此义！其在汉土，《易经》上经首乾坤，下卦起咸恒，正以天地之始，造端于夫妇。咸卦示夫妇之道，贵在"感应以相与"。咸就是感，感必相应，故其象辞云："天地感而万物化生。圣人感人心而天下和平，观其所感，而天地万物之情可见矣。"汉土以相感之咸，象征天地之相感，与西亚史诗之描写夫妇相搏，子复父仇者迥然异趣，截取澈墨之残躯，以造分天地；沥 kingu 之血以塑成人类，在汉土传统思想实为不可想象之事。于此可见两种文化基质的悬殊，汉土所以无"原罪"，其故可深长思。西亚这一史诗向来未有全译本，国人引证，间或片段取材，未窥全豹，未由取与少数民族史诗作进一步的比较，本篇之作，聊当喤引，或不无启发之劳，唯望方家加以是正。

再者，少数民族史诗，因长期以来，与汉人接触，不无多少受汉化的影响。试

---

① 详见萧兵：《女娲考》，见萧兵《楚辞与神话》，江苏古籍出版社 1987 年版。

② 赵华：《伏羲女娲之西域化》，载《新疆艺术》1987 年第 3 期。

以苗族为例，苗族称长篇叙事古歌为贾（Jāx），可能出自汉语的"赞"。苗族传授古歌有一定的时日，通常在旧历正月初三日至十五之间的吉日。歌师首先祭祀歌神，歌神苗语曰 jent Dians Lax（定拉），"定拉"即天地之神，古歌即由其创造的。

苗族古歌有齐言（五、七古）及长短句体，其《开天辟地歌》即有十二种不同本子。（据唐春芳所采集）过竹氏所采集的为苗地巫师采波唱的，即为长短句体。[①]若其押韵每随四声（不押韵而讲平仄）作对偶句，用双声词，实皆吸收汉诗特征，正为汉化之优美成果。

本文系作者为《近东开辟史诗》（"东方学丛刊"之一，新文丰出版公司）所撰的前言，写于 1989 年，原载《汉学研究》1990 年第 8 卷第 1 期，民间文学国际研讨会论文专号。

---

① 过竹：《苗族神话研究》，广西人民出版社 1988 年版。

乱神蚩尤与枫木信仰

王孝廉

王孝廉（1942—　），山东昌邑人。台湾东海大学中文系毕业，留学日本，就读于国立广岛大学文学研究科，获文学博士学位。后任日本福冈西南大学国际文化学部教授。神话方面的主要著作有：《花与花神》、《水与水神》、《中国的神话与传说》、《中国的神话世界》、《岭云关雪——民族神话学论集》等。

一、乱——中国神话和政治上的一个基型

孔子不喜欢"怪力乱神"。其中的"乱"，朱注说是"悖乱之事"，比如臣子杀害君父或人民反德为乱等①，其实也就是"叛逆"、"造反"之义。《说文》把乱字引申为"治"或"理"的意思，指的是拨乱反正、平定混乱、整理局面。

乱是中国几千年来的政治主题，不论是造反成功的易姓革命，或是被镇压下去的农民起义，历史几乎全是在"悖乱"与"治乱"之间反复循环。

乱也是中国神话上的一个重要的主题。争帝失败以头撞不周山的共工；不待帝命而窃"息壤"为下民治水结果被杀于羽山的鲧；与黄帝战而被断了头犹以乳为目、以脐为口舞干戚而战的刑天；昆仑之北九首人面蛇身、为禹所杀、其血流之处不生五谷的相繇；因战败而自沉于淮水化为厉鬼的共工之子浮游……。这些古代诸神，可以说都是以"乱"为神话基型而产生的乱神。

在《山海经》中，也有一些原因不详而被处死的诸神，应该也是属于乱神的范围：

> 有人无首，操戈盾立，名曰夏耕之尸。（《大荒西经》）
> 北海之内，有反缚盗械，带戈常倍之佐，名曰相顾之尸。（《海内经》）
> 王子夜之尸，两手、两股、胸、首、齿皆断异处。（《海内北经》）
> 据比之尸，其为人折颈披发，无一手。（《海内北经》）

在探讨许多乱神的神话的时候，不难发现凡是神话中出现的乱神或恶神，大多数都是古代其他异族所奉祀之神。而在神话中平乱、镇压和屠杀这些乱神的，通常是历史上在中原建立王朝政权的华夏部族的祖神。这现象正如同历史上胜者为王败者为寇的道理。由诸多异族的乱神所组成的神话，反映的应该是古代中国民族与王

---

① 《论语·述而》："子不语怪、力、乱、神。"朱注及皇疏。

权的形成期间，华夏诸族与周边民族之间斗争与融合的葛藤。

乱神的系谱中，最具有代表性的自然是蚩尤与共工的神话，关于共工以及其他诸神，留待别稿另行讨论。本文是以蚩尤为中心，探讨其神名的原义、神容的原相、神话的性格以及与蚩尤神话有关的一些其他问题。

二、牛鬼蛇神——蚩尤的原相

《书·吕刑》说："若古有训，蚩尤惟始作乱。"可知蚩尤是神话和古史上的第一个乱神。也正因为如此，所以后来的文字学家把蚩尤的名字，都解释为具有"悖乱"之意。如：

蚩，悖也。（《方言·十二》）

蚩，乱也。（《广雅·释诂》）

尤，异也。（《广雅·释言》）

尤，怪也。（《小尔雅·广言》）

蚩尤的文字意思正是"悖乱怪异"。以下再看文献上蚩尤的神相：

蚩尤兄弟八十一人，并兽身人语，铜头铁额，食沙石子，……

（《太平御览》卷七九）

蚩尤氏兄弟七十二人，铜头铁额，食铁石，轩辕诛之于涿鹿之野。蚩尤能作云雾。涿鹿在今冀州，有蚩尤神，俗云人身牛蹄，四目六手。……蚩尤齿，长二寸，坚不可碎。秦汉间说，蚩尤氏耳鬓如剑戟，头有角，与轩辕斗，以角觝人，人不能向……太原村落间，祭蚩尤神不用牛头，今冀州有蚩尤川，即涿鹿之野，汉武时，太原有蚩尤神昼见，龟足蛇首……

（《述异记》上）

蚩尤……八肱、八趾、疏首……（《初学记》卷九引《归藏·启筮》）

蚩尤，铜头啖石，飞空走险，黄帝以夔牛皮为鼓，九击止之，尤不能飞走，遂杀之。（《山海经·大荒北经》）

大荒之中有宋山者，有赤蛇，名曰育蛇，有木生山上，名曰枫木，蚩尤所弃其桎梏，是谓枫木。（《山海经·大荒南经》）

综合以上的资料，我们大致上可以看出蚩尤的神容是：

①铜头铁额，耳鬓如剑戟，食沙石子，兄弟众多。

②牛鬼，人身牛蹄，头有角，以角觝人，人不能向。

③蛇神，龟足蛇身，或赤蛇，或八手八足的两头之蛇。

④能飞空走险，能作大云雾。

其中①和④是强调蚩尤神武骁勇的英雄形象与飞空走险、呼风唤雨的本领，能够与黄帝争战的乱神，自然不可能是平凡无能之辈。而②与③，则说明了蚩尤的原相，也就是他的神容本体，是与牛及蛇有关的。

蚩尤的原相是牛或蛇，应该是和古代部族所祭祀的祖神信仰有关。蚩尤具有牛鬼和蛇神的本体，是由于在神话系谱中蚩尤是神农之后（牛），或是九黎三苗之长（蛇）之故。

蚩尤是姜姓始祖神农炎帝之后，或谓蚩尤即炎帝本人，那么保持着神农炎帝的"人身牛首"的部分神容是不足为怪的。① 祭祀蚩尤时不用牛头，原因自然也可能是如袁珂先生所说"对蚩尤表示敬畏"②。一部分的姜姓族曾与姬姓周族为邻，居于渭水上游，殷周革命，吕渭（姜太公）曾率姜姓族助周灭殷，功成之后，受封于东夷齐地（山东），在姜姓建国的齐地，东平郡寿张县阚乡城中有蚩尤冢，而在山阳钜野县重聚有蚩尤的肩髀冢，都可以说明蚩尤的信仰是起源于姜姓族的齐地山东。

蚩尤的原相又与蛇神有关，是源于神话中的蚩尤是南方苗诸族所信奉的祖神之故。

> 蚩尤惟始作乱，延及于平民，罔不寇贼鸱义……以覆诅盟，虐威庶戮，方告无辜于上……皇帝哀矜庶戮之不辜，报虐以威，遏绝苗民，无世在下……传：九黎之君，号曰蚩尤。（《书·吕刑》）

《国语·楚语》也说："少皞之衰也九黎乱德，民神杂糅不可方物……颛顼受之，乃命南正重司天以属神，命火正黎司地以属民……是谓绝地天通……。"

《史记·五帝本纪》说"黄帝使应龙杀蚩尤于凶黎之谷"③。雷学淇解释此"凶黎之谷"，说是"黎民之最凶悍者"④。御手洗胜先生考证凶黎之谷的"凶黎"即"九黎"的音转，九黎三苗的九和三都是指众多的数目而言⑤，所以蚩尤被杀的凶黎之谷，实际上也就是《云笈七签》所见的：

> 黄帝杀蚩尤于黎山之丘，掷其械于大荒之中，宋山之上后化为枫木之林。⑥

凶黎之谷即黎山之丘，是九黎之长蚩尤被杀之地。而促使楚人祖神重黎断地天通的原因，也正是因为蚩尤率领着他的九黎三苗之众"惟始作乱"的结果。蚩尤作乱的神话反映的是古代中国华夏部族与南方苗诸族互相攻战杀伐的历史。黄帝、颛顼之后，尧、舜、禹几乎所有的中原王朝的祖神都有征讨或流放苗诸族的神话，也是这种民族葛藤的延长。所以楚人由东方与姜姓齐国连接之地而向西南扩张，深入了江汉平原（也就是由青莲岗文化区到屈家岭与大江仁文化区），与原住江汉一带的苗诸族相互融合、争战及逐杀。从上引《楚语》断地天通的神话，已可以看出原来自称蛮夷的楚人，发展到后来已统辖南方诸蛮而与中原对峙。所以在驱赶苗诸族

---

① 《绎史》卷四引《帝王世纪》："炎帝神农氏，人身牛首。"《路史·后纪四·蚩尤传》："阪泉氏蚩尤，姜姓，炎帝之裔也，好兵而喜乱，逐帝而居于浊鹿，兴封禅，号炎帝。"

② 袁珂：《古神话选释》，人民文学出版社 1979 年版。

③ 《史记·五帝本纪》索隐引《帝王世纪》。

④ 雷学淇：《竹书纪年义证》卷六。

⑤ 御手洗胜：《神农と蚩尤》，载《东方学》第 41 辑，1971 年。

⑥ 《云笈七签》卷一百《轩辕本纪》。

的断地天通神话之中，楚人的祖神重黎，已是受帝命而替天行道了。①

作为九黎之君、苗民之神的蚩尤，与"蛮"、"闽"诸族的族名从"虫"（蛇）一样，具有蛇神的形体，应该是很自然的。而且从蚩尤的名字的文字原始意义上来看，"蚩"字的原意是蛭类的长虫，尤字或作"蚘"②，也是长虫之意，蚩尤的名字本身，除了包括他"悖乱怪异""惟始作乱"的人文意义之外，也包含了他"蛇身"的蛇神神相。

丁山先生考证蚩尤的原义，认为蚩尤的本义是赤色的九头蛇，即如今南方楚地常见的赤练蛇，古人所说的"蠢蚘"就是赤色长虫蚩尤。③ 丁山先生所论蚩尤的原义是赤色长蛇的结论是很正确的，但我们并不同意丁山先生由此赤蛇而引申出蚩尤的原始即九首蛇身的相繇，又是《庄子·应帝王篇》所见的"南海之帝为倏"的倏等的结论。

我们认为与蚩尤最有直接关联的是在蚩尤所化的枫林之处，宋山之上的那条赤蛇，这条赤蛇是南方黎苗之民所祭祀的食人兽窫窳（详见下节），在神话中被人格化和神圣化了以后，成为苗民之神，即见者能争霸天下的延维。

> 有人曰苗民，有神焉，人首蛇身，长如辕，左右有首，衣紫衣、冠旃
> 冠，名曰延维，人主得而飨食之，伯天下。（《海内经》）

育蛇是蚩尤所处宋山上的赤蛇，人格化之后成为红冠紫衣的苗民之神，左右有首，类似双头蛇，也即前引《初学记》蚩尤"八肱、八趾、疏首"的"疏首"。疏首是指左右各有分开的两个头。"人主得而飨食之，伯天下"，即是蚩尤"惟始作乱"，率苗黎之民争霸天下的神话内涵。

宋山上的一条赤蛇，逐渐演化为人面蛇身、左右有头、龟足牛蹄、头上长角的牛鬼蛇神，再逐渐神圣化而为红冠紫衣的半人半兽的苗民之神，最后再人格化而成为铜头铁额、鬓如剑戟、兽身人语的神武勇士，再到后来勇士脱去兽身而成了不服帝命率众造反的诸侯蚩尤。这就是蚩尤神相的演变以及在南方成为黎苗君主的过程，也是神话中的诸神由纯动物到半人半兽，最后被人格化而成为人神的一个样板例子。

除了牛鬼与蛇神的原相，另外有记载说海中有一种怪兽，也叫蚩尤，唐末苏鹗的《苏氏演义》说：

> 蚩，海兽也，汉武作柏梁殿，有蚩尾，水之精也。能却火灾，因置其
> 象于上，今谓之鸱尾，非也。

同样的说法也见于《广博物志》：

> 蚩，海兽也，汉武帝作柏梁殿，有上疏者云，蚩尾水之精，能辟火灾。
> 可置之堂殿……刘孝标始云，蚩尾是水兽，作蚩尤字是也，古老传曰，蚩

---

① 关于楚民族与南方苗族之间的葛藤问题，请参阅拙文《中国神话诸相》，台北时报出版公司1987年。
②《尚书·吕刑·蚩尤》，《周礼·春官》写作"蚩蚘"。
③ 丁山：《中国古代宗教与神话考》，上海文艺出版社1988年影印本。

耸尾于头上，遂谓之蚩尾，蚩尤，铜头铁额、牛角牛耳，兽之形也，作鸱
鸢字，即少意义。

《广博物志》是明代董斯张集引唐宋之书而编撰的，由此可知这两条关于蚩尤是海兽（水精）的说法是后起的，最早也不可能超过汉代，是蚩尤神话已经形成和定型之后而有的附会。

水精海兽即使或名蚩尤，但我们认为与蚩尤的原相已经相去甚远，充其量只能在这两种资料中看到"牛耳牛角"的牛鬼与"蚩尾耸于头上"类似疏首蛇神的遗容而已，与研究蚩尤神话并没有太多的关联。

三、火神刑神——蚩尤的神格

蚩尤为火神，是许多学者一致的结论，他们最主要的论据是蚩尤即炎帝，即祝融。这三者都是火神，所以蚩尤的神格自然也是火神。

丁山先生考证黄帝与炎帝战于涿鹿，与蚩尤战于阪泉，涿鹿与阪泉实为一地。他进一步主张黄帝与蚩尤之战以及黄帝擒杀蚩尤的神话是："实象征祷雨之祭，用畜水的'应龙'决杀旱龙的寓言，所谓'炎帝为火灾'的本事，也即是蚩尤为旱灾的变相，由是言之，蚩尤者，旱魃之神也；所谓'阪泉之战'，不是什么民族战争，也不是什么奴隶革命，只是把农业生产者受了旱灾的威胁而举行祷雨的典礼演绎成为祷雨的神话而已。"[1] 日本的森三树三郎先生也主张《山海经·大荒北经》所见的黄帝降天女魃而止风雨，雨止杀蚩尤的神话，是由当时齐东野人之间"打旱魃"的风俗演变而来的。而炎黄之战的神话，则是由于五行说流行之后，皇帝成了黄帝，蚩尤成了炎帝，由此而有炎黄之战。[2]

我们即使承认蚩尤的原体是具有旱神（火神）性格的火蛇，但在蚩尤与黄帝战争的神话中，蚩尤不但不是旱魃，相反是被黄帝之女旱魃所杀的乱神：

> 大荒之中，有人衣青衣，名曰黄帝女魃，蚩尤作兵伐黄帝，黄帝乃令应龙攻之冀州之野，应龙畜水，蚩尤请风伯雨师，纵大风雨，黄帝乃下天女曰魃。雨止，遂杀蚩尤。魃不得复上，所居不雨。……（《山海经·大荒北经》）

> 大荒东北隅中，有山名凶黎土丘，应龙处南极，杀蚩尤与夸父，不得复上，故下数旱，旱而为应龙之状，乃得大雨。（《山海经·大荒东经》）

黄帝能够命应龙畜水又能令旱魃止雨，自然是反映着他具有水火两面性格的至高神云雷之神格。而蚩尤能够请风伯雨师纵大风雨，也是与黄帝处在对等地位的。在这种对等的关系上，我们认为正是反映着两个势力相当的敌对集团。如果一定要说这和民族之间的争斗是没关系的，是说不过去的。在这则神话中，我们又从哪里

---

[1] 丁山：《中国古代宗教与神话考》，上海文艺出版社 1988 年影印本。
[2] 森三树三郎：《中国古代神话》，（日）清水弘文堂书房 1969 年版。

可以找到丁山先生所说的是"由殷商王朝祷雨桑林的神话演绎而成"的痕迹呢？

神话的确是和古代祭仪有关的，但并不是所有的神话所反映的都是古代的祭仪。在蚩尤与黄帝的神话中，旱魃不得复上于天，所居不雨，叔均言之黄帝，后置旱魃于赤水之北，所欲逐之者，令曰"神北行"，先除水道，决通沟渎（《大荒北经》），以及"旱而为应龙之状，乃得大雨"（《大荒东经》），所反映的当然和古代祈雨及逐杀旱魃的祭仪有关，但也无法就以此而得出所有累积集合而形成的蚩尤神话全部都是源于祷雨之祭的寓言。

御手洗胜先生从蚩尤名字的音义上考察，认为"蚩尤"的神名，其原始是祝融的"祝"。并且由蚩尤冢中有"赤气出亘天，如匹绛帛"的记载，认为赤气是火。而蚩尤作兵，是主金之神。古代以火炼金而制兵器，自然也说明了蚩尤是支配着火的冶金之神，结论也是蚩尤即祝融，是火神。①

杨宽先生主张黄帝伐蚩尤的故事"实出于上帝伐恶神之神话"，并考证"涿鹿之战与阪泉之战必为一事也，且涿鹿与阪泉亦为一地"，但杨宽先生并不认为蚩尤与炎帝是一神的分化，而是"一时之误合"。他主张蚩尤是与西方主金之神蓐收有许多相似的地方，虽不敢臆断与蓐收即是同一神，但"惟蚩尤之为刑神可无可疑也"②。

我们认为杨宽先生所说蚩尤是古代刑神的说法是正确的，因为古代兵刑不分，东汉以后，政治制度日趋细密，才分兵刑二部。顾颉刚先生也证之甚明③。蚩尤即是始作兵器的战神、兵神，自然也只有刑神的性格。但神话中刑杀之神颇多，大厉鬼伯强、西王母、蓐收，都具有刑神的性格，蚩尤不一定即是蓐收。杨宽先生关于蚩尤与炎帝未必是同一神的分化，而是"一时之误合"的说法也是很有见地的。蚩尤即炎帝也即祝融，是许多学者公认的说法，可是我们发现此三神除了都具备火神的神格而在神话上有某些误合之外，在神话的内容上，实在找不到多少相同或相通之处。在成文的记载中，神农炎帝是教人播种五谷、发明医药、日中作市的太阳神（火神），和神农炎帝有关的神话除了涿鹿之战之外，神农炎帝全是正面性的善神。

祝融在《淮南子》书中是司南方之极的一万二千里的赤帝，在神话中是类似应龙性格的帝臣，奉帝命杀蚩尤、杀鲧，奉颛顼之命阻遏苗民，断地天通的也是他（祝融即重黎）④。他是楚民族的祖先神，是臣属于黄帝、帝喾或颛顼而为火正的火神，在神话中他和苗诸族之长九黎之君的蚩尤是处于对立的地位上的楚人之神。

---

① 御手洗胜：《神农と蚩尤》，载《东方学》第41辑，1971年。

② 杨宽：《中国上古史导论》，见《古史辨》第7册，明伦出版社1960年版。

③ 顾颉刚：《古代兵刑无别》，见《史林杂识》初编，中华书局1963年版。

④ 炎帝者，太阳也。（《白虎通·五行》）火正曰祝融，颛顼氏有子曰黎，为祝融。（《左传·昭二十九》）夫黎为高辛氏火正……，故命之曰祝融。（《国语·郑语》）祝融，颛顼之孙，老童之子吴回也，一名黎，为高辛氏火正，祀为火官之神。（《吕氏春秋·孟夏纪》注）重黎为帝喾高辛氏居火正，帝喾命曰祝融。（《史记·楚世家》）

我们在神农炎帝与赤帝祝融的神话中，找不到丝毫如蚩尤般的"悖逆怪异"的乱神性格，如果我们完全忽略了神话的内容，仅以三者皆是火神的神格，而在其神名的音义上互转再转，以小同而抹杀大异，会不会是舍本逐末而差之千里呢？也许我们应该考虑到，并不是所有具有火神神格的诸神，都是一神的分化，正如我们并不赞同今天的许多神话研究者把神话中诸神的原相都视为民族的图腾，使古代中国成了水蛇泥鳅、猿猴猪狗之类，充满了飞禽走兽的图腾动物园。

造成神农炎帝、祝融与蚩尤三位一体重合的原因可能如下：

1. 炎帝、祝融、蚩尤，三者都是火神。

2. 祝融与蚩尤在神话系谱上都是姜姓火神炎帝的后裔。

3. 五行说兴起以后，炎帝神农成了南方的赤帝，祝融是南方楚人的祖先，也是司南方的赤帝。蚩尤在苗诸族的神话信仰中可能是火蛇（火神），由于楚人南进苗诸族之地，于是把两个火神互相混合了。这种混合的现象，由楚文化中包含了许多南方苗诸族的色彩，如《楚辞·天问》与苗族古歌等相同的例子可以证明。

我们认为炎帝神农、祝融和蚩尤，在始原上是不同于中原华夏诸族的三个不同的异族火神。蚩尤是由东方齐地所祭祀的刑神、兵神、战神的原来神格而转化成南方的火神、战神及祖神，可能是由于楚人向西南进出，而使东方的蚩尤神和苗诸族群原来信仰祭祀的火蛇（火神或祖神）相互结合，由此而产生了蚩尤为苗民之神、"惟始作乱"、断地天通以及诸多中原古帝征伐苗民的神话。

四、窫窳与蚩尤

《山海经》有食人兽，名为窫窳（音"轧愈"），又作猰㺄：

①小咸之山有兽焉，其状如牛而赤身，人面马足，名曰窫窳，其音如婴儿，是食人。（《北山经》）

②窫窳龙首，居弱水中，在猩猩之西，其状如䝙，龙首、食人。有木，其状如牛，引之有皮，若缨，黄蛇。其叶如罗，其实如栾，其木若蓲，其名曰建木。在窫窳西弱水上。郭注窫窳本蛇身人面，为贰负臣所杀，复化而成此物也。（《海内南经》）

③猰㺄，类䝙，虎爪，食人、迅走。（《尔雅·释兽》）

④猰㺄，兽中最大者，龙头马尾，虎爪，长四尺，善走，以人为食，遇有道君隐藏，无道君出食人矣。（《物类相感志》）

⑤猰，猰狍。不仁。（《广韵》）

⑥以故呰窳，注，集解徐广曰，呰窳，苟且堕懒之谓也。（《史记·货殖传》）

我们首先把以上的窫窳的资料和蚩尤做个比较：

①窫窳其状如牛而赤身。蚩尤是牛蹄牛角、名曰育蛇的赤蛇。

②窫窳"迅走"、"善走"。蚩尤是"飞空走险"。

③窫窳之处有木名曰建木。蚩尤是"有木生山上，名曰枫木"。建木未必即是枫木，但同为神圣之木无疑。

④窫窳遇有道君则隐，无道君则出而食人。也就是当天下大乱之时出而食人。蚩尤则是率众抗帝命而"惟始作乱"。

⑤窫窳是堕懒、不仁之义。蚩尤是悖逆怪异的不仁乱神。

⑥窫窳是兽身而其音如婴儿。蚩尤和他的兄弟是"兽身人语"。

⑦窫窳之名，窫字从契，与蚩音通。窳或作窳，音尤（《集韵》促侯切音尤）与蚩尤之尤相同，窫窳在神名的语音上就是蚩尤。

从以上的比较，神名上的音义一致以及神容的类似，我们可以看出窫窳和蚩尤实是同一神的分化。也就是在蚩尤还没有被人格化而成乱神之前，窫窳与宋山之育蛇，应是蚩尤的原始本身。以下再看几则窫窳与蚩尤的神话：

> 贰负之臣曰危，危与贰负杀窫窳，帝乃梏之疏属之山，桎其右足，反
> 缚两手与发，系之山上木，在开题西北。（《山海经·海内西经》）

> 大荒之中有宋山者，有赤蛇名曰育蛇，有木生山上，名曰枫木，蚩尤
> 所弃其桎梏，化而为树，是谓枫木。郭注：蚩尤为黄帝所得，械而杀之，
> 已摘弃其械，化而为树也。（《山海经·大荒南经》）

贰负和危杀了窫窳，帝（黄帝）把窫窳之尸桎其右足、反缚两手绑在山上的大树之上，这与应龙杀蚩尤，械而杀之，蚩尤弃其械桎化为枫木是相同的。帝之梏窫窳于疏属之山，与蚩尤"八肱八趾疏首"的疏首应该也是有关的。疏首是指分开的头，一方面指两头，另一方面是说蚩尤被杀于绝辔之野，身首异处。（《路史·后纪四》）

窫窳是食人兽，此兽应该即是南方苗诸族群一些食人部族所祭祀和信仰的神。扬雄《长杨赋》："昔有强秦，封豕其士，窫窳其民，凿齿之徒，相与磨牙而争之，……"这些与强秦磨牙而争的窫窳凿齿之徒，指的即是南方楚地之民，凿齿是雕题黑齿（纹身染齿）的部族，窫窳是祭祀食人兽窫窳的食人族。《楚辞·招魂》说：

> 魂兮归来，南方不可以止些，雕题黑齿，得人肉而祀，以其骨为醢些，
> 蝮蛇蓁蓁，封狐千里些，雄虺九首，往来倏忽，吞人以益其心些……

朱熹注说：

> 南方人常食蠃蚌，得人之肉，则用以祭神，复以其骨为酱而食之，今
> 湖南北有杀人祭鬼者，即其遗俗也。

"雄虺九首，往来倏忽"，不是也和"八肱八趾疏首"而飞空走险的蚩尤以及"类貙虎爪食人而迅走"的窫窳很相似吗？食人的窫窳，反映的也就是古代湘沅楚地得人肉以祀的苗诸族食人之俗。

窫窳蛇身人面，又类貙。貙是一种大老虎（《集韵》：貙，虎之大者），南方楚地江汉流域一带，有一支苗诸族人叫貙人。《搜神记》卷十二载：

> 江汉之域有貙人，其先廪君之苗裔也，能化为虎。……或云，貙虎能

化为人，好着紫葛衣。

人所化或化为人的貙虎，好着紫葛衣，正如苗民之神延维人首蛇身，长如辕，当他化为人时是"衣紫衣，冠旃冠"，人主得之能伯天下的苗族之神。

人首蛇身、左右有首、紫衣红冠的苗民之神延维，或许即是蛇身人面而食人的窫窳，也即是人格化之后兽身人语、铜头铁额、鬓如剑戟的苗族之君蚩尤。

五、战神蚩尤

蚩尤是神话中始作兵器的战神，古籍各书"蚩尤作兵"的记载颇多，现略举数例如下：

> 黄帝……修教十年，而葛庐之山发而出水，金从之，蚩尤受而制之，以为剑铠矛戟。（《管子·轻重甲》）

> 黄帝摄政前，有蚩尤兄弟八十一人……造立兵杖、刀、戟、大弩，威震天下，诛杀无道不仁不慈。（《太平御览》卷七九）

> 蚩尤以金作兵器。（《世本》）

其他如《左传》"蚩尤好立兵"、《山海经·大荒北经》"蚩尤作兵"等，诸多的记载都说明了蚩尤是"兵主"和战神的神话性格。因为蚩尤造兵，所以"即以司兵之星名蚩尤"（全祖望《经史问答》）。

《史记·封禅书》说秦始皇即位三年，登泰山，东游海上，行礼祭祀名山大川及八神将，八神一曰天主，二曰地主，三曰兵主，……兵主就是蚩尤。

《史记·高祖本纪》说："立季为沛公，祠黄帝，祭蚩尤于沛庭而衅鼓。"是说高祖刘邦起兵抗秦时曾祭祀战神兵主蚩尤。"天下已定……令祝官立蚩尤之祠于长安"（《封禅书》），则说天下平定之后，刘邦在首都长安为蚩尤建庙立祠。刘邦是楚人，可见在秦汉之际，蚩尤已经不再单纯是东方齐地所祭祀的兵主，也不再仅仅是"惟始作乱"的南方苗诸族之长，而是秦楚各地乃至全国所祭祀的共同兵主战神了。

关于八神的祭祀，司马迁说："八神将自古有之，或曰太公以来作之，齐所以为齐，以天齐也，其祀绝，莫知起时……"（《史记·封禅书》）。天地山川之神，或许自古有之，但以蚩尤为兵主而配列八神的祭祀，我们认为起于在山东建国的姜姓太公的说法是正确的。姜姓齐国是以太公吕尚（或吕渭，即姜太公）为始祖太公，此太公是周之太师，与姬姓周近邻而居，殷周革命之际，率众助周灭殷，成功之后受封于殷地山东，建国为齐。《汉书·艺文志》载太公著兵书，阴谋八十一和兵八十五篇等。《史记·齐太公世家》载：

> 周西伯昌之脱羑里归，与吕尚阴谋修德，以倾商政，其事多兵权与奇计，故后世之言兵及周之阴权，皆宗太公为本谋……

可知齐之太公，实是后世兵家及阴谋权术之祖。那么随着姜姓吕尚到山东齐地建国，而把他们原先祭祀的姜姓民族的战神蚩尤带到了东方，成为八神中仅次于天地之神的兵主之神而祭祀，也是极其可能的。齐地蚩尤的祭祀，不但行于国家军旅，民间也依然保留着，如《皇览·冢墓记》所见的蚩尤冢：

> 蚩尤冢，在东平郡寿张县阚乡城中，高七丈，民常十月祀之，有赤气出亘天，如匹绛帛，民名为蚩尤旗。肩髀冢，在山阳钜野重聚，大小与阚冢等，传言黄帝与蚩尤战于涿鹿之野，黄帝杀之，身体异处，故别葬之。

二冢所在，都在山东齐西之地，可知祭祀蚩尤之仪是一直相沿的。"赤气亘天，如匹绛帛"的蚩尤旗，又是主兵的妖星：

> 蚩尤之旗，类彗而后曲，象旗，见则王者征伐四方……（《史记·天官书》）

> 妖星，六曰蚩尤旗，类彗而后曲，象旗，或曰赤云独见，或曰其色黄上白下……见之天下有兵。（《晋书·天文志》）

这是说天下大乱、兵祸将起之时，此妖星（蚩尤旗）必现，见则王者征伐四方，很像我们前章所引苗民之神延维（蚩尤）"人主得而飨食之，伯天下"，因此后世举兵之时，有祭祀战神兵主蚩尤的礼仪。《周礼·春官·肆师》：

> 凡四时之大甸猎，祭表貉则为位。郑注：貉，师祭也……于所立表之处为师祭造军法者，祷气势之增倍也，其神盖蚩蚘，或曰黄帝。

前引刘邦举兵祭蚩尤即是一例。由此资料也可以看出后世所祭兵主战神，除了蚩尤以外，黄帝也具有兵主战神的性格。

蚩尤与黄帝战于阪泉的神话，其成立的背景，我们认为或许是和历史上山东齐地政权的替换有关。《史记·田敬仲完世家》载：齐宣公十一年（前445），陈公子完奔齐，以陈字为田齐，桓公使为工正，齐懿仲欲妻完，卜之占曰："有妫之后，将育于姜，五世其昌，并于正卿，八世之后，莫之与京。"这个卜辞已经暗示着田齐（陈完）的子孙必将取姜姓齐国而代之的政治命运。果然，陈完卒后，他的子孙在齐国世代为相。到了田和，立为齐侯，列于周室，是齐侯太公，已取姜齐而代了，他的儿子就是春秋时的霸主齐桓公，孙子是齐威王。

田齐以黄帝为自己的高祖，也就是氏族之神。齐威王的文器因资镎上明载着："其惟因资，扬皇考昭统、高祖黄帝，俅嗣桓文。"（《两周金文大系》）也就是说出于陈（大舜之后）的陈完后人，以田齐篡了姜齐之后，为了夸耀自己的联系，上推而以黄帝为高祖。

在历史上是自称黄帝之后的田齐取代了原来的姜齐。田齐为了强调自己篡夺姜齐的合理化及正统性，于是在神话上产生了田齐高祖征伐姜姓战神蚩尤的故事。在这样的政治背景下，姜姓的战神蚩尤自然就被恶化和丑化而成为乱神的代表了。因此我们认为黄帝战蚩尤的神话，很可能就是田齐把胜者为王败者为寇的历史现实，搬进了自己的始祖神话而产生的。

六、蚩尤与《国殇》

战神蚩尤，是不是就是《楚辞·国殇》所见的无头战神？

《楚辞·国殇》所祭的是不是就是战神蚩尤？

如果不是，那么蚩尤神话与《楚辞·国殇》到底有没有关联？

苏雪林先生首先提出《国殇》与蚩尤的问题：

> 国殇歌主仍然是一位神道，歌辞所叙皆为战争场面，则歌主当是战神，再者就"首虽离兮心不惩"那句歌辞看来，歌主还是一位无头战神。

> 我国蚩尤在齐地八神将中实为兵主，亦即战神，他被擒于黄帝，斩首绝辔之野，身首异处而葬，所以他是无头之神。蚩尤又称炎帝，又称赤帝，在天为荧星（火星）之神，在地即为赤帝，主夏。①

龚维英先生也主张《国殇》所祭是战神蚩尤，论点是秦人祀蚩尤，故《国殇》"带长剑兮挟秦弓"的就是蚩尤。至于屈原作《国殇》的原因，则是：

> 秦人作诅楚文，呼告楚人崇祀的大神巫咸而诅之，后来，秦楚易势，楚数受秦欺凌，于屡败之后，屈原作《国殇》，亦呼唤作为东夷战神的蚩尤之灵，用同样的手法诅秦。②

如此，则《国殇》在龚先生看来，无异就是屈原所作的诅秦文了。龚先生认为挟秦弓的就是蚩尤。《国殇》所见的秦弓与吴戈，历来是研究《楚辞·国殇》的学者所争论而没有一致结论的一个问题。罗庸先生以"秦弓"一词而得出了"《国殇》是祭祀秦二世之作"的结论。③ 苏雪林先生也因"秦弓"而得出"不像屈原吊本国战士的口气"的结论。④ 我们认为，《国殇》中的秦弓，如同吴戈，都是泛指当时所使用的精良武器。我们在秦代兵马冢出土的文物中已看到秦弓，当时秦人已经使用扣扳机而连发的强弓。吴戈越剑，也是因为其地有良金以及精良的冶金技术而来，并不一定挟秦弓的就非得是秦兵、操吴戈越剑的必是吴越之军不可。关于此问题，萧兵先生已辩之甚详：

> 楚人的思想和情怀都较广阔开放，不但不隐讳败亡，而且对于使用敌国兵器、进口物品并没有什么禁忌，往往直呼其名，"操吴戈兮披犀甲"，吴越有锡，制作青铜武器久以锋利坚韧闻名于世，近年出土的越王勾践铜剑等可证（所以吴戈没有必要改读"大盾"之类），难道操吴戈的不是楚卒而是吴兵？⑤

并不能因为秦人祭祀蚩尤，而决定拿秦弓就是蚩尤。否则楚人列邦也祭蚩尤，蚩尤是否得改拿楚戈以代秦弓？《国殇》所祭，不可能因为"秦弓"的出现就是祭祀秦鬼，而且《国殇》也未必是屈原所作的诅秦文。《国殇》所歌的祭的，必是楚人之殇。

---

① 苏雪林：《屈原与九歌》，台北广东出版社 1973 年版。

② 龚维英：《国殇祭战神蚩尤说》，见萧兵主编：《活页文史丛刊》第 225 号，淮阴师专 1985 年。

③ 罗庸：《九歌解题及其读法》，见《北京大学四十周年纪念集》。

④ 苏雪林：《屈原与九歌》，台北广东出版社 1973 年版。

⑤ 萧兵：《楚辞新探》，天津古籍出版社 1988 年版。

苏雪林先生根据"首虽离兮心不惩"一句而提出《国殇》所祭是无头战神，并且旁征博引，举出几个古文化地区如巴比伦、印度、希腊都有无头战神的祭祀，在比较文化与比较神话上有很大的贡献。古代许多民族，对于异族和敌人的尸体，采取身首异葬，以防止敌人或异族之魂化为厉鬼而继续作祟；或取回敌人的首级，或饮敌人之血以增强自己的战力，这是在古代民俗学上常有的例子。蚩尤被黄帝所杀"身首异葬"，刑天与帝争，被断首而葬于常羊之山，都具有苏先生所说的无头战神的神话性格是没有疑问的。但是，中国神话中的无头战神是否就是印度的迦尼萨（Ganesa），巴比伦的伦比甲（Nergae）和希腊的奈克（Nike）呢？中国的无头战神是否即是来自西方？

即使我们在《楚辞·国殇》祭祀人鬼的底层发现有无头战神，但《国殇》所祭，是否即战神蚩尤？关于此问题，凌纯声、张寿平、陈炳良、萧兵诸先生都持有与苏雪林先生不同的看法，他们诸位已有详细的讨论，本文暂略。①

凌纯声、张寿平诸先生，主张《国殇》反映的是古代濮僚民族馘首祭枭的民俗②，这种南方苗诸族的馘首祭枭的古俗，与前述湘水南北诸地杀人祭鬼，得人肉以祀，以其骨为醢的习俗是有关的。但这些类同的习俗，只能说是《楚辞·国殇》成立之前，作为民间野祀的民俗背景，而不能谓此即是《楚辞·国殇》所"描绘"的具体内容。如同《红楼梦》中林黛玉这个人物的神话背景是《山海经》所见的"服之媚于人"的绛草，贾宝玉是女娲补天所遗下的一块石头，石头和绛草是形成《红楼梦》贾、林两人的神话背景，而并非《红楼梦》的正文。我们在《楚辞·国殇》一文的确看到了它的结构底层有无头的战士，我们也承认《国殇》的形成与楚地自古以来的馘首祭枭的祭仪有关，但这些都是《国殇》成立之前的一些宗教和民俗的背景。拿这些背景资料去解释《国殇》本文，如同以顽石和绛草去解释整部红楼梦，是把构成剧本的一些素材，当作舞台上的演出。

关于《国殇》的素材，萧兵先生已经举出《国殇》成立之前楚地民间野殇祭祀的许多例子，比如苗族语言中有类似楚语和汉语"鬼雄"的词语"苗鬼"，而且苗巫祭祀苗鬼的古歌，也和《国殇》有潜在相通的地方，③ 这些例证都足以说明《国殇》结构深层之中的原始民俗信仰。萧兵先生认为环绕《国殇》的综合性结论是：①《国殇》是起源于民间野祀，乃至而成的国家大典；②《国殇》的具体目的在招

① 苏雪林：《楚辞国殇新解》，载《大陆杂志》1952 年第 4 卷第 7 期；张寿平：《九歌所祀之神考》，载《大陆杂志》1962 年第 23 卷第 12 期；陈炳良：《楚辞国殇新解质疑》，载《大陆杂志》1971 年第 43 卷第 5 期，以及苏雪林：《为楚辞国殇新解质疑敬答陈炳良先生》，载《大陆杂志》1972 年第 44 卷第 2 期；陈炳良：《再谈有关国殇和迦尼萨问题》，载《大陆杂志》1973 年第 46 卷第 1 期，以及苏雪林：《国殇乃无头战神续考》，载《畅流》1972 年第 45 卷第 4 期；萧兵：《招魂·起殇·却敌》，见《楚辞新探》，天津古籍出版社 1988 年版；凌纯声：《中国边疆民族与环太平洋文化》，联经出版事业公司 1979 年版。

② 凌纯声：《中国边疆民族与环太平洋文化》，联合出版事业公司 1979 年版；张寿平：《九歌所祀之神考》，载《大陆杂志》1962 年第 23 卷第 12 期；张寿平：《九歌研究》，广文书局 1970 年版。

③ 萧兵：《楚辞新探》，天津古籍出版社 1988 年版。

魂，抚慰强鬼，不使异化；③降鬼下禓，所谓强鬼附身显圣；④利用强鬼驱吓妖魔怪祟的巫术作用；⑤利用鬼雄降赐福佑，压胜强敌的政治作用；⑥现在的《楚辞·国殇》是经过诗人的典型化再创造，《国殇》已非粗鄙的起殇，正如《招魂》已不复是卑陋的叫魂；⑦《国殇》是屈原在民间或庙堂祭典的基础上独立创作的悲壮颂歌。①

汤炳正先生也主张《楚辞·国殇》是源自楚地民间祭祀战死者的野殇之俗。他说：

> 《国殇》实则民间祭祀战死者的风俗，而在春秋之前各国已流行……。祭祀之礼乃由民间主持，亦即祭祀战死者之礼，介于公私之间，但在楚国或直由国家主持，故曰国殇，国殇之祭不始于战国亦不仅行于楚国，只是祭祀形式或各有不同而已。其次，从《国殇》内容的描写来看，只不过是叙说士兵视死如归的战斗精神而已，不必即为对某几次具体败仗而写的……必谓《国殇》所描写者为楚怀王战败之事，并不确切，至于据此竟谓《国殇》与其他九章不写于同时，更不足据。②

我们认为上述萧兵和汤炳正先生对《国殇》的论证，是比较平实中肯的看法。无头战神蚩尤以及楚地的馘首祭枭的习俗，充其量只是《国殇》一文结构底层的一种化石性的存在素材，与《国殇》所歌所祭，直接的关联似乎并不大。

七、枫木信仰与招魂

> 湛湛江水兮上有枫，目极千里兮伤春心，魂兮归来哀江南。（《楚辞·招魂》）

《招魂》一篇在《楚辞》中争论甚多，最主要的问题是作者是屈原还是宋玉，另外是谁在为谁招魂。总结前人之说，《招魂》的问题论点不外是：①宋玉招屈原之魂；②屈原为自己招魂；③屈原招楚怀王之魂；④宋玉追悼南猎未返的楚王之魂；⑤屈原从怀王于江南梦泽之地招秦楚战役阵亡将士之魂。③

以上的五种说法每一种都有许多学者做过诸多讨论，本文不以此作为论述的主题。我们对于《招魂》的作者，基本上同意传统所说为屈原的说法。《史记·屈原贾生列传》："余读离骚、天问、招魂、哀郢，悲其志。"可知司马迁是把《招魂》与《天问》、《离骚》并列，看出是屈原的作品。但正如《楚辞·天问》与苗族古歌的关系以及上节所论《国殇》与楚地野殇祭祀的关系，我们认为《招魂》一篇，也是采取了楚地巫师招魂的传承风习和有苗诸族的枫木信仰，经过文学加工而写成的不朽名文。

---

① 萧兵：《楚辞新探》，天津古籍出版社 1988 年版。
② 汤炳正：《楚辞类稿》，巴蜀书社 1988 年版。
③ 竹治贞夫：《楚辞研究》，（日）风间书房 1979 年版。

枫木，是一种似白杨、叶圆而枝有脂香的大树，也叫春枫；入秋树叶转红，如火似血般的艳红，又叫丹枫。因为木厚叶弱，树枝善摇，所以枫字从风，是说风起则叶摇的意思。

枫人，五岭之间多枫木，岁久则生瘤瘿，一夕遇暴雷骤雨，其树赘暗长三五尺，谓之枫人，越巫取之作术，有通神之验，取之不以法，则能化去。（《尔雅》）

旧说枫之有瘿者，风神居之，夜遇暴雷骤雨则暗长数尺，谓之枫人，天旱以泥封之即雨……盖其风雷之灵在焉。（段成式《酉阳杂俎》）

树老有瘤瘿，忽遇暴雷骤雨，瘿上牟出一枝，一夜暗出三五尺，形如人鬼，口眼皆备，南中谓之枫人，亦谓之灵枫，越人以计取，为神事之……（罗原《尔雅翼》）

南中有枫子鬼，枫木之老者为人形，亦呼为灵枫，盖瘿瘤也，至今越巫有得之者，以雕刻鬼神，可致灵异。（任昉《述异记》）

这几条关于枫树的记事，已经使我们知道：

①枫木是南方（五岭、南中）各地的神圣树木，树老成精，能化为口眼皆备的人鬼。

②越巫用来使为巫术，有通神之验，可致灵异，枫木具有神秘的巫术力量。

③枫树是风神、风雷之灵所寄居的神木，也是祈雨的圣树，天旱以泥封之就会下雨。

④枫树变成人鬼枫人，能变化莫测。《化书》说："老枫化为羽人，……自无情而之有情也。"《十道记·临川记》说枫人具有眼鼻臀而无脚，入山者有斫之者，皆出血而死……

另外，《拾遗记》说太始元年有波斯人入中国，不食中国滋味，每饭时自壶中倒出枫脂而食，食一滴则可以寿千岁，可见枫脂又是神仙所服的仙丹之类的灵药。

具有神秘的巫术力量的神圣枫树，自古以来即是南方诸民族所崇拜信仰和祭祀的圣木。至今僮家人以枫木为弭灾禳福图腾，每年春节、清明、谷雨、端阳定期举行全寨祭祀枫树的仪礼，用红色的剪纸贴在树上，再醮以谷酒。他们不敢砍伐枫树，因为怕神灵降祸，遇有争端，则双方走到枫树前发誓由枫树裁断曲直。①

圣树的崇拜与祖灵的信仰是分不开的，许多民族相信祖灵是来自森林，人死之后，其魂鬼再回归森林。仡佬族于每年三月三日祭祀树神，是悼念祖灵的仪式。②台湾泰雅人相信，人死之后灵魂通过"神灵之桥"（虹）而回到原来的祖灵森林，只有生前猎过人头、手上染血的战士以及脸上刺青的妇女才能过桥，否则就会被推

---

① 张雍德：《僮家的图腾崇拜和送嘎帕》，见《少数民族民俗资料》上册（全国民俗学少数民族民间文学讲习班，教学科研参考资料），1983年。

② 沈涛：《仡佬族人的祭祖节》，见《少数民族民俗资料》上册（全国民俗学少数民族民间文学讲习班，教学科研参考资料），1983年。

落桥下，不得超生。① 布朗族有祭祀树鬼及为树招魂的习俗，在砍树种地之前，由巫师择日和卜选方向，用刀砍倒两棵树，然后对树招魂，以祈求树神宽恕。如果砍树时树压死了人，就认为是祖灵（人鬼）发怒，必须另外择日占卜，到别处伐树。特定的树林是祖灵所宿，不能进入其中采樵放牧，犯禁忌则会导致整个村落受灾遇祸，轻则流鼻血，重则遇恶疾而死。②

最能够说明枫木信仰与招魂关系的是苗族的创世神话《枫木歌》，这种祭祀祖灵的招魂仪式，是演变到今天仍然保有着的"祭鼓吃牛"的祭鼓节。

传说，人类的妈妈"妹榜妹留"（蝴蝶妈妈）是从枫树心生出来的，枫树是她的老家，所以苗家尊崇枫树。由于蝴蝶妈妈死后回到枫木老家里去，这又成了苗族的风俗，人死后灵魂要送回老家才能得到安息。安葬后，由巫师唱一首长拉拉的引路歌《焚巾曲》，一边焚烧死者生前的衣物，一边唱歌引导死者的灵魂，沿着从前迁徙过来的路线，一步步回到从前的老家去，最后送回到蝴蝶妈妈和远祖姜央在的地方才算完。

既然祖宗的老家是在树心里头，木鼓就是象征祖先安息的地方。后来祭祖就喊成了祭鼓；祭鼓又少不了杀牛敬供，所以这一祭祀活动，苗语叫"祭鼓吃牛"。③

苗族巫师祭祀亡灵所唱的"长拉拉的引路歌《焚巾曲》"，似乎就是传统的招魂曲，也应该就是《楚辞·招魂》的底层素材，为的是让亡魂沿着从前来时的路，一步步回归自己的祖林，这也即是《楚辞·招魂》所见魂勿往东西南北四处漂泊，而"魂兮归来哀江南"的本意。湘西苗族巫师所唱的《辞安龙》中巫歌中有：

燃一堆纸钱，烧一炉黄蜡

火声要去相邀，蜡烟要去呼喊

相邀人间的龙，呼喊凡间的风

东方的龙，南方的龙

西方的龙，北方的龙

凡人的龙，四季的风……

人间龙父，家中龙母

龙回莫带病痛，风回别带疾苦……

北方有人来邀你们莫去

南方有人来喊你们别往

东方青龙、南方赤龙、西方白虎、

---

① 拙文《灵蛇与长桥》，见《花与花神》，洪范书店 1977 年版。

② 王树五：《布朗山布朗族的原始宗教》，见《少数民族民俗资料》上册（全国民俗学少数民族民间文学讲习班，教学科研参考资料），1983 年。

③ 苗族老歌手唐德海、汪开林讲述，燕宝搜集整理：《苗族祭鼓节的由来》，见《少数民族民俗资料》上册（全国民俗学少数民族民间文学讲习班，教学科研参考资料），1983 年。

北方黑龙、中央黄龙

五龙归位，财发人兴……①

这种东西南北你们别去、东有青龙南有赤龙的招魂巫歌，很可能就是没有加工的原始"招魂"。在苗族自古相传的创世神话中，枫树是万物之父，蝴蝶是人祖之母。神话说天外飞来了一粒种子，落地成为枫树，枫树化为万物，木屑成了黄蜂，树丫成了飞蛾，树叶成了燕子……，树心出现了一只蝴蝶，就是人类之母，蝴蝶和池中泡沫结合生了十二个蛋，各化成老虎、蛇、雷公……，其中丑时生的是黑脸姜央，即人类祖先。姜央与众兄弟（水龙、老虎、雷公……）比赛过灵桥（彩虹）得胜，所以住在地上，其他兄弟有的飞向天空，有的潜入水中，有的奔向山林……。②可见苗族是把枫木视为人类及人间万物的原始之神。人类始祖是来自枫木的树心，所以人类的亡魂也得回归祖林枫木之处，"招魂"，即是引导亡灵回归祖林的巫歌。

让我们再回到蚩尤的神话上去。前引《山海经·大荒南经》及《云笈七签》卷一百《轩辕本纪》，都记载着蚩尤被黄帝所杀，弃其桎梏，化为枫林。枫木正是蚩尤亡灵所化，而蚩尤在《尚书·吕刑》等书中是九黎之君三苗之长，也就是南方苗诸族的领袖，是率苗黎各族"惟始作乱"的族神。龚维英先生说：至今"西南苗族则奉蚩尤为'家公'，顶礼膜拜，无以复加"③。"家公"，自然是指家祖、祖神之灵。如此则苗族所传承的枫木信仰与祖灵回归的招魂祭仪，要说是和蚩尤毫无关系，恐怕是很难的。

我们在"窫窳与蚩尤"部分曾推论人面蛇身的食人兽即蚩尤，我们认为"贰负及危杀窫窳，帝乃梏之疏属之山，桎其右足，反缚两手与发，系之山上木"的神话，正是"蚩尤为帝所得，械而杀之，已摘弃其械，化而为枫林"神话的同质异型。让我们再以《招魂》来看窫窳的神话：

开明东有巫彭、巫抵、巫阳、巫履、巫凡、巫相，夹窫窳之尸，皆操不死之药以距之。窫窳者，蛇身人面，贰负臣所杀也。（《山海经·海内西经》）

有灵山，巫咸、巫即……十巫，从此升降，百药爰在。（《山海经·大荒西经》）

我们认为夹窫窳之尸、操不死药以距之的群巫所做的，或许正是古代楚地招魂的巫术礼仪。群巫中的巫阳，不正是《楚辞·招魂》文中那个奉帝命行招魂巫术的神巫吗？

帝告巫阳曰："有人在下，我欲辅之，魂魄离散，汝筮予之。"

巫阳对曰："掌梦，上帝其难从，若必筮予之，恐后之谢不能复用。"

① 石启贵：《湘西苗族实地调查报告》，湖南人民出版社1986年版。

② 高明强：《创世的神话和传说》，上海三联书店1988年版；陶阳、钟秀：《中国创世神话》，上海人民出版社1989年版。

③ 龚维英：《原始崇拜纲要》，中国民间文艺出版社1989年版。

巫阳焉乃下招曰："魂兮归来……"①

夹窦窈之尸、以不死药而距之，可能是怕死后的窦窈，灵魂失散远去，招不回来，正是"恐后之谢不能复用"的意思。巫阳招窦窈之魂或许也即是楚巫招其祖神蚩尤回归祖林（枫林）神话和巫术礼仪的同质异型。

经过文字修饰、创作加工的《楚辞·招魂》，所招的对象自然未必即是战神和黎苗祖神的蚩尤，但形成《招魂》一文的底层结构，不可能与楚地的枫木信仰及招魂巫术无关。和本文上章所论，形成《楚辞·国殇》的底层是楚地的野殇祭祀是一样的。

连带相关的一个问题是《招魂》最后一句"魂兮归来哀江南"。"江南"是指何处，历来众说纷纭、相执不下，但"哀江南"的解释不外以下三类：

1. 传统的说法。王逸、朱熹、洪兴祖等，所谓："湖泽博平，春时草短，望见千里，令人愁思而伤心也，王意欲使原复归郢，故言江南之地可哀如此，不宜久留也。"② 朱熹的意思是说江南可哀，希望屈原之魂回归江北之郢。

2. 蒋骥等，所谓的哀江南是指"哀江之南"。蒋骥《楚辞余论》说："湘阴有大小哀洲，二妃哭舜而名，又长沙湘阴县志云，哀江在县南三十五里，正与汨罗相近，固知其所指乃言哀江之南……"③

3. 哀江南的哀字，《说文》从衣，与依同，所以"哀"假借为"依恋"的意思，傅锡壬《楚辞读本》即因此注"哀"为："一作依，依故土江南而居"。④

魂归何处？一是招唤魂归江北，因为江南可哀，不可久留；二是要魂回归哀江之南；三是希望魂归故土，依恋故国江南。

我们认为《楚辞·招魂》是起源于楚地与枫木信仰有关的招魂巫术礼仪的巫歌，所以江南应该是泛指江南楚地，也即是苗黎族群所居之地；招魂是为了让亡灵回归祖林，不太可能像朱注等所说江南可哀不可久留而要把魂招回江北去，因此我们宁可采取第二或者第三种类似的解释。当然，被认为是"千古绝唱"的《楚辞·招魂》篇，早已和楚地原来传承的招魂巫歌相去甚远，所招之魂在时空的改变之下也相互各异。在《楚辞·招魂》篇的作者是谁的问题解决之前，《楚辞·招魂》的对象以及"可哀"或"可依恋"的江南所在，可能仍然是一个无法解答的谜题。

八、附记——苗族枫神即祖神蚩尤

本文写成以后，接萧兵教授来信，惠示有关蚩尤资料数则，对于本文"蚩尤与枫木信仰"的论述，助益颇大。特此附记于后，并向萧兵教授致最大的谢意。

---

① 此段文字根据汤炳正《楚辞类稿》分段断句。
② 朱熹：《楚辞集注》，新陆书局。
③ 蒋骥：《楚辞余论》，长安出版社。
④ 傅锡壬：《楚辞读本》，三民书局1976年版。

1. 隆名骥先生《从苗族民俗探讨苗族族源》①：

苗族人民奉枫树为神灵和尊称蚩尤为阿普蚩尤……。湘西苗族有农历七月十五日"烧包"祭祖的习俗，即用金纸银纸做的金锭银锭，装在竹制的四方秧盒中，摆在野外草坪上，火焚送给相普相娘、祖公蚩尤和五族五宗、三代祖先的亡人。苗族儿童常三三两两，用头相抵，做牛相斗的游戏，还用泥巴塑造牛的形象，尊为神牛。传说炎帝太阳神是牛首人身，自称炎帝的蚩尤，其部落以牛为图腾标志，苗族的古战旗中间是箭穿过红太阳，两边各一支牛角，说明了苗族远祖是蚩尤。

苗族人民则以蚩尤是自己的祖公，颂其德而祭之，清末湖南花垣县苗族歌手石板塘的"祖先歌"唱道："苗族的祖公名叫蚩尤，他英勇无敌，聪明无比……蚩尤吹口气，能把山吹走，蚩尤怒吼一声，星星也会颤抖……"苗族地区每个村寨（鼓社）都有枫木山、枫木岭或枫木冲、枫木坳，封为禁山，设有"乡规乡约"，严禁砍伐。苗家村前寨后多有千百年的大枫树，"树根固苗土，枝桠护苗民"，奉为掌管村寨的神树。

2. 翁家烈先生《从山海经窥索苗族族源》②：

数千年前的蚩尤在苗族人民中普遍当作先祖看待。湘西、黔东苗族祭祖时，须打猪供奉"剖尤"，苗语东部方言"剖"意为公公，"尤"是名字，"剖尤"意即尤公公。传说剖尤是位勇敢善战、号令森严的远古领袖。湖南城步县苗族有祭"枫神"为病者除"鬼疫"的传统风习。扮枫神者，头反戴铁三脚（平时苗家置于火塘作架锅用），身倒披蓑衣，脚穿钉齿鞋，手持上粗下细的圆木棒。这位令人敬畏的"枫神"即是蚩尤。与《山海经》所载"蚩尤弃其桎梏化为枫木"的传说有关……"古歌"将与蚩尤有直接关系的枫木作为始祖看待，黔东南许多苗寨都有一株高大古老的神树——枫树。川南黔西北一带的蚩尤庙，在昔为苗族群众视为祖神庙而供以香火。

由以上隆名骥、翁家烈两位先生的资料可以知道苗族的祖神阿普蚩尤（阿普汉意祖公）即是苗族古歌所见的祖神枫木，枫木及蚩尤的祭祀从远古到清末而近到今天仍然在苗族的民间祭祀中存在着；而在民间祭祀蚩尤的祭仪之中，保存了古籍文献所见的"头戴牛角而相觝"的"蚩尤战"，以及"掷其械于大荒中"化为枫木之林的记事。我们由今天存在的民俗与过去文献的文字记录相互印证的结果，再回头探讨本文所论枫木信仰与招魂，当可知源于古代楚地民间招魂巫仪而成立的《楚辞·招魂》，与楚地苗民自古信仰的枫木始祖神及祖神蚩尤，应该是有一些结构上的

① 隆名骥：《从苗族民俗探讨苗族族源》，见湘西土家族苗族自治区：《苗族历史讨论会论文集》，湘西土家族苗族自治州民族事务委员会编印，1983 年。

② 翁家烈：《从山海经窥索苗族族源》，见《山海经新探》，四川省社会科学院出版社 1986 年版。

相属关联的。

萧兵先生不同意徐旭生先生的理论，而认为蚩尤是南苗酋长，他主张分尸数处是一种厌胜巫术，又象征蚩尤的影响广泛，黄帝用其头面威吓敌害，有如 Perseus 用墨杜萨之首退敌，也是避邪之义，而角觝之战是一种促使丰收的祭仪。关于蚩尤化枫及蚩尤与黄帝之战，他在其大著《楚辞与神话》、《楚辞新探》及《中国文化的精英》各书中都有详细的讨论。本文此章重点是在讨论蚩尤与枫木信仰及《楚辞·招魂》的内层相属关系，所以关于萧兵先生的立论学说，留待别稿另行讨论。而我们在萧兵先生的论述中，发现有一项夸父与蚩尤的说法，认为与楚地招魂的远古巫术仪式的起源或许有关：

> 夸父与蚩尤联合，或加入西南方九黎集团成为蚩尤的盟友或部属，并且共同驱使风雨与干旱的西北黄帝集团作战。这段古史传说。似乎还保存在川南苗族的口头文学里……夸父身边的壮士被选为超度死者的路师，歌颂蚩尤，夸父的功绩在埋葬蚩尤……后来苗族在祭祖的时候，使采取打死耕牛以代替战马，以战马随同主人的灵魂，引回到祖先居住的地方。[①]

此处所见的超度死者之魂的"路师"，即是招魂的巫师，而杀牛代马以驮回亡魂重回祖林的祭仪，即是前面所述苗族亡魂重回枫林的招魂祭仪。

本文首次于 1990 年在台湾成功大学苏雪林先生 95 岁诞辰纪念会上发表，见《中国民间文化》1991 年第 3 期。收入所著《岭云关雪——民族神话学论集》（学苑出版社 2002 年版）及《中国神话世界——上编：东北西南族群创世神话及其文化》（台北洪叶文化事业有限公司 2005 年版）。

---

① 萧兵引陈一石：《川南苗族古代传说试探》，见萧兵：《中国文化的精英——太阳英雄神话比较研究》，上海文艺出版社 1989 年版。

昆仑：鲧禹所造之大地

李道和

李道和（1965— ），文学博士，云南大学中文系教授。中国民俗学会、中国俗文学学会会员。主要从事中国古代民俗、文学、文献研究。出版专著《岁时民俗与古小说研究》（天津古籍出版社，2004），曾在《民间文学论坛》、《文艺研究》、《文学遗产》、《民族文学研究》等刊物发表论文 20 余篇。

我曾在 1988 年写作的《神兽托地神话与生殖崇拜》一文的注里提到鲧神话，认为鲧神话实际是一种和基督教、北美土著的"大地潜水者神话"类似的神话，又是一种与中亚、南亚、日本及我国诸少数民族神话类似的托地神话：鲧神话应是一种"大地潜水者－托地者神话"（earth diver and supporter myths）。我从息壤、鲧身、《天问》之说、鲧与禹彊的比较几点作了简单注说。后来，在写作本文初稿过程中，读到日本民族学家大林太良先生有类似看法。他说，"我想这（鲧神话）大概是狩猎民创造的世界潜水神话受违背天神意志而盗取对人类有价值的事物这一农耕民神话母题的影响之后演变而成的"；他仅从"息壤"推论，又说它是大地潜水者神话，没有注意到其托地性质。①

进一步的研究表明：不仅鲧是大地潜水者和支撑者，而且禹和鲧一样也是造地大神；而鲧即共工，禹即后土；他们相继造成的大地，正以那鼎鼎有名的昆仑山——作为宇宙中心的世界大山。本文即想对这些问题作一系统研究。

一、鲧（共工）禹（后土）
于"原水"中创造大地（潜水并托举大地）

世界各民族大多有关于大地起源的神话（并往往与天并列而构成宇宙创世神话），如有的神话说从混沌（chaos）中创生，也有的说从宇宙蛋（cosmic egg）中诞生，又有说始于世界父母（worldparents）的分离，这些可以说是自然生成；还有神话说大地是神性的创造物，其中可以是至上神的创造，也可以是始祖（神）的功绩。

---

① ［日］大林太良：《神话学入门》，林相泰、贾福水译，中国民间文艺出版社 1989 年版，第 51—52 页。

还有一种大地起源神话就是"大地潜水者神话"（earth diver myths）。其基本母题是：A. 一个文化英雄（通常是一动物）潜入原初大水中；B. 企图带上一些物质形式，如微量的泥、沙，以便从中建立一个比较稳固、恒久的大地秩序；C. 几种动物都试图潜水带土，但失败了；D. 终于有一种动物（文化英雄）成功地从水中带出小量的泥或沙（泥沙往往极少，甚至可以粘附在指甲中）；E. 这泥沙往往交给至上神上帝，上帝又使泥沙扩展加大，终于造成大地。有些神话还说：F. 潜水者藏匿了一部分泥沙，想给自己造地，但上帝发现后没收了他的泥土，并惩罚了他。

"这种潜水母题从东欧到西伯利亚和亚洲大陆，从东南亚到印度，又越过白令海峡到北美洲，分布极为广泛。"① 如日本②、西伯利亚—阿尔泰地区、非洲、库基人③、基督教④等创世神话中就有这种神话。此外，北美印第安人的大地潜水者神话尤其多，如穆斯科格人⑤、休伦人、加罗人、玛依杜人、易洛魁人⑥都有这种大地潜水者神话，而且，在北美土著文化中，这类神话构成了那种可变的、使骗的文化英雄神话组（the trickster-transformer culture hero cycle of myths）的一部分。

与大地潜水者神话接近的是动物托地者神话（earth-supporter myths），其分布也极为广泛，如我国的彝族（及其支系阿细人）、布朗族、满族、土族以及国外的阿伊努人、曼达亚人、布里亚特人、塔塔尔人、希腊人、印度人等均有此类神话。⑦

可以看出，动物托地神话就是大地潜水者神话的发展和变型：那托地的动物正该是先前潜水带土的动物或文化英雄，这在那些具有潜水者和上帝之间的对立因素（前述母题中的 F 要素）的神话中尤为明显：上帝把对立的潜水者变成了大地的支撑者，作为对他窃取泥土的惩罚。下文就要讨论的鲧（共工）禹（后土）神话就正是一种大地潜水者神话与托地者神话的并合型神话。

（一）鲧禹创造大地（潜水、托地）

1. 尧时洪水为原水始海

据传，鲧禹治水（实为造地）的背景是尧时的洪水泛滥。"当尧之时，天下犹未平，洪水横流，泛滥于天下。……禹疏九河。沦济漯而注诸海。"（《孟子·滕文

---

① ［日］大林太良：《神话学入门》，林相泰、贾福水译，中国民间文艺出版社 1989 年版，第 51—52 页。

② ［日］大林太良：《神话学入门》，林相泰、贾福水译，中国民间文艺出版社 1989 年版，第 51—52 页。

③ ［美］雷蒙德·范·奥弗编：《太阳之歌》，毛天祜译，中国人民大学出版社 1989 年版，第 107、216、365 页。

④ Charles H. Long, "Cosmology", see M. Eliade edited *The Encyclopedia of Religion*, vol. 4. Macmillan Publishing Company, New York, 1987, p. 97.

⑤《印第安人的神奇故事》，易言、易方译，中国民间文艺出版社 1988 年版，第 5 页。

⑥ ［美］雷蒙雷·范·奥弗编：《太阳之歌》，毛天祜译，中国人民大学出版社 1989 年版，第 47、56、66、59 页。

⑦ 乌丙安：《满族神话探索（之一）》，见袁珂主编：《中国神话》第一辑，中国民间文艺出版社 1987年版；拙文《神兽托地神话与生殖崇拜》。

公上》）"当尧之时，水逆行，泛滥于中国，蛇龙居之，民无所定。下者为巢，上者为营窟。《书》曰：'洚水警余。'洚水者，洪水也。使禹治之。禹掘地而注之海。"（《孟子·滕文公下》）"洪水滔天，鲧窃帝之息壤以堙洪水。"（《山海经·海内经》，后引只注篇名）郭璞注引《开筮》："滔滔洪水，无所止极，伯鲧乃以息石息壤，以填洪水。"《诗·商颂·长发》："洪水茫茫，禹敷下土方。"

现在看来，所谓尧时洪水，其实不是什么江河泛滥，其真正原型应该是大地潜水者神话那种先地而生的"原初之水"（primordial water）或"宇宙海"（cosmic ocean）。潜水神话和托地神话都讲到：宇宙生成之先，到处都是茫茫大水，无涯无边，这就是漂渺浩瀚的原初始海（primordial ocean）。宇宙万物正从水中逐步诞生（水是生命之源），在这里就是大地创生于原初大水之中。大地的微型原子（泥、沙）就潜散于水中，大地扩展成以后又环以水域。所以，"在大地潜水者神话中，水构成原初材料，没有差别、模糊不清的水以混沌的方式淹没了万物"①。或者说不是淹没，因为没有万物的产生。也不只在潜水神话中有原水始海，在托地神话中也说：大地淹没于大水中，托举后从水中升出，才算终于"形成"。原水始海不仅生成大地，也是万事万物生成之源（万物在大地上）。其实那种宇宙重造、人类再生的洪水神话中仅存兄妹的洪水，其文化意义也可作如是观。

鲧禹神话的原水始海被传为尧时洪水，甚至说成是"尧时大雨"（《太平御览》卷七六九引《郡国志》），于是又有"禹之时，天下大雨，禹令民聚土积薪，择丘陵而处之"（《淮南子·齐俗篇》）的说法。其实，它的真正原型正是那创生大地和万物的原水始海，只不过与远古中国实际发生的江河泛滥的记忆相互混乱而已。这点随着下文的讨论会更加清楚。

2. "息壤"是文化英雄从原水中带出的可扩展成大地的泥土

神话中说，鲧禹治水的材料是"息壤"、"息石"。"滔滔洪水，无所止极。伯鲧乃以息石息壤，以填洪水。"（前引《开筮》）古说鲧用息壤填洪水使洪水壅塞，治水未成功；又说禹以疏导方法治水从而成功。其实，禹同样是填塞洪水，而且用的也是息壤。"禹乃以息土填洪水，以为名山。"（《淮南子·地形篇》）而所谓息壤、息土和息石具有由小变大、由少变多的特点："息壤者，言土自长息无限，故可以塞洪水也。"（《海内经》郭璞注）"息土不耗减，掘之益多，以填洪水。"（《淮南子·地形篇》高诱注）这种"长息无限"的息壤，不正是大地潜水者神话中潜水者从原水中带出的可以扩展成陆地的微量泥土么？正因为它生长不息、不耗减，所以可以由小变大、积少成多、因微著巨，从而造成广载万物、无所不负的大地。息壤正是大块陆地的胚胎状态和原始形式。这明显告诉我们鲧禹神话是一种大地潜水者神话，鲧禹就是潜水带土（息壤）者。《天问》："鸱龟曳衔，鲧何听焉？"即指鸱龟从水中

---

① Charles H. Long, "Cosmology", see M. Eliade edited *The Encyclopedia of Religion*, vol. 4. Macmillan Publishing Company, New York, 1987, p. 97.

衔土，而鲧仿效了鸱龟的办法。

3. 二元对值观念

传说鲧之被杀是因为窃取了上帝的息壤。"鲧窃帝之息壤以堙洪水，不待帝命。帝令祝融杀鲧于羽郊。"（《海内经》）这正是大地潜水者神话中的一个母题要素（F）。在基督教神话中，上帝和撒旦（Satan）创造了原水，上帝派撒旦潜入水中带出微量泥土，这泥土扩展成大陆。可上帝不知道进一步造出山岳、溪谷等，蜜蜂偷听到撒旦的办法告诉给上帝，上帝才终于完成大地的创造。另一种说法是，一个人潜入水中带出泥土给了上帝，但他却在自己口中藏了一部分，他想给自己也造一个世界。当上帝安排扩展大地时，那人口中的泥土也开始扩张。于是上帝命令那人交出泥土，用以造成沼泽和大地诸水域。① 这个藏匿泥土的人和撒旦（或者就是撒旦）一样是作为上帝的对立者出现的。

这种上帝的对抗者在西伯利亚–阿尔泰创世神话中被说成是"魔鬼"。其中说：始初只有水，"第一个人"（魔鬼）奉上帝之命从水中带出泥土。他把一只手中的土给了上帝，另外一只手的土藏在口中，想创造一个自己的世界。上帝扩展泥土时，魔鬼口中的泥土扩张起来，后来不得不奉命吐出来。② 上帝的对立者被称为魔鬼，而"撒旦"也有魔鬼、恶魔、仇敌等意，这可说是结构主义者列维–斯特劳斯所谓"二元对值"（Dualism）观念在大地起源神话中的表现。这种"二元对值"观念，也并非如 Charles H. Long 所说是基督教因素③，在中国远古的鲧禹神话里同样具有。鲧因为窃取了帝的息壤，"不待帝命"，从而成了帝的仇敌和"魔鬼"。鲧与帝之间的二元对立，与前述大地潜水者神话中的二元对值观念是一样的。由此可知，鲧神话就是一种大地潜水者神话。

须补充说明的是，神话突出了上帝，构想了鲧与上帝的对立，可人民心中毕竟忘不了造地大神，所以鲧同样为民众所追念："昔尧殛鲧于羽山，其神化为黄熊，以入于羽渊。实为夏郊，三代祀之。"（《左传·昭公七年》、《国语·晋语》并同）《天问》那"顺欲成功，帝何刑焉"的千古宏音，不知包蕴着多么悲壮的苦难和激越的民愤民情！

4. 鲧禹为托地大神

鲧的身形有不同说法。"鲧"字从鱼，为鱼身。"鲧，鱼也。《玉篇》曰：大鱼也。"（清王筠《说文解字句读》卷二二）又说他"化为玄鱼"（晋王嘉《拾遗记》卷二）。按鲧又作"鲧"，即玄、鱼合字。还有说鲧是鳖的："化为黄熊，巫何活焉？"（《天问》）"鲧之羽山，化为黄熊，入于羽渊。束皙《发蒙记》云：'鳖三足

① Charles H. Long, "Cosmology", see M. Eliade edited *The Encyclopedia of Religion*, vol. 4. Macmillan Publishing Company, New York, 1987, p. 97.

② [美] 雷蒙雷·范·奥弗编：《太阳之歌》，毛天祜译，中国人民大学出版社 1989 年版，第 107 页。

③ Charles H. Long, "Cosmology", see M. Eliade edited *The Encyclopedia of Religion*, vol. 4. Macmillan Publishing Company, New York, 1987, p. 107.

曰熊。'"（《史记·夏本纪》正义）又有说他是龙的："鲧死三岁不腐，剖之以吴刀，化为黄龙。"（《海内经》郭璞注引《开筮》）要之，鱼、鳖、龙都是水中动物，可以推知就是先潜水带土、后托负大地的神（动物化身）。鲧死后"永遏在羽山"（《天问》），其实是在地下永远托举大地之意。

古代又有鳖托大地的神话。《天问》："鳌戴山抃，何以安之？"王逸注："鳌，大龟也。击手曰抃。《列仙传》曰：有巨灵之龟，背负蓬莱之山而抃舞，戏沧海之中。"《列子·汤问》中说，渤海之中"有大壑焉，实惟无底之谷。其下无底，名曰归墟。八纮九野之水，天汉之流，莫不注之，而无增无减焉"（按此即指大地处于原水始海中的状态）。又有岱舆等五山，"而五山之根无所连著，常随潮波上下往还，不得暂峙焉。……（帝）乃命禺彊使巨鳌十五举首而戴之。迭为三番，六万岁一交焉。五山始峙而不动"。这就是说，大地开始在原水始海中"常随潮波上下往还"，禺彊使巨鳌（龟）举首戴之后"始峙而不动"。这是极明显的托地神话。而据研究，"鲧、玄冥、禺彊三者的神格、神位、神性实在太相似了，所以马王堆《西汉帛画》下部那托地的海神禺彊，许多人要认做鲧或玄冥了"[1]。可见，鲧和禺彊一样是托地大神。鲧托地而造地的文字遗迹，我们似可从《说文》十三下阜部二字看出："阜，大陆也。"有古文形作：上为三个小圆圈，中为"厂"形，下为"厂"包"三"形，清段玉裁注："上象絫（累）高，下象可拾级而上。"颇疑小圈示水，阜字古文象大陆尚处于大水的状态。阜部又有一字，其字左从阜（阝），右从鲧，亦鲧声，"大阜也"，也就是大陆。这一从阜鲧声、意为大陆之字，正暗示我们是鲧从原水始海中升举大地，使大地从大水中升出而成陆地这种远古俗信。

至于禹身又为龙。禹为后土，后土为句龙，所以禹亦为龙。身为水物的禹也该和其父一样是托地神。"四方上下谓之宇。"（《淮南子·齐俗篇》）"宇，弥异所也。"（《墨子·经上》）"宇，东西家（中）南北。"（同上《经说上》）又，《说文》七下宀部："宇，屋边也，从宀亏声。《易》曰：上栋下宇。"又录籀文字，从宀从禹。"宇"字籀文从禹（宇、禹又同音），这不正是说明禹是托举大地的神灵么？

5. 造地与治水的关系

尧时洪水为原水始海，于是鲧禹不是在治理水患之灾，而是在造地。据郭璞、高诱的说法，泥土可以填塞洪水，请问：水来土淹（堙），不是水更受阻碍么？由此又有鲧填塞、禹疏导的说法。其实，禹同样是以土填塞洪水，"帝乃命禹卒布土，以定九州"（《海内经》），"布土"就是以土填水成九州。事实上，只要我们知道，那洪水是原水始海，鲧禹是潜水、托地从而造地的神灵，那么"治水"之说就能很好地纠正过来。请想一想，大地先是以胚胎形式处于大水之中，而后扩展成大块陆地，又让文化英雄动物从水中托举升高（布土治水也就是从水中造土），那么原来淹没大地的"洪水"不是就流注地边、地下了么？也就没有水患之灾了，于是水中

---

① 萧兵：《楚辞与神话》，江苏古籍出版社1987年版，第213页。

造土成了布土治水，造地神和托地神成了治水神。

在另外一些民族的造地神话中，也有和治水相混的地方。非洲神话说，把泥土（近似息壤）放到原初大洋上，迫使水流让路，大洋变得越来越小，通过一个小洞流走了，于是造出了不少土地。[①] 古代苏美尔神话说，大地漂浮于原初咸海库尔（Kur）中，原水升出地表之上，四处横流，全部疆土一无所生。神尼努尔塔（Ninurta）就在库尔之上堆积石块。石堆阻遏声势浩大的洪水，库尔的水再也无法升上地面。至于横流地表的水，尼努尔塔则加以抱集，导入底格里斯河。[②] 这里积石退水、抱集细流，与大禹神话极为相似：河水出昆仑东北隅，又入渤海，又出海外，"入禹所导积石山"（《海内西经》）；"导河积石，至于龙门"（《尚书·禹贡》）。苏美尔人虽然也把尼努尔塔当作治水之神，但神话提到水为原初始水，所以它的原型该是造地神话。尼努尔塔神话、鲧禹神话就是这样先为造地神话，而后才与历史上发生的江河泛滥相混并传的。

6. 鲧禹造地的其他神迹

只要我们明白了鲧禹为造地之神，那就可以很容易地理解他们的其他神迹。《吕氏春秋·求人》说，"禹东至榑木之地"，"南至交阯、孙朴、续樠之国"，"西至三危之国"，"北至人正之国"，"欲尽地利，至劳也"。这实际是指禹创造大地四方。造地时，曾步量大地之四方广狭短长："禹乃使太章，步自东极至于西极，二亿三万三千五百里七十五步；使竖亥，步自北极至于南极，二亿三万三千五百里七十五步。凡鸿水渊薮，自三百仞以上，二亿三万三千五百五十里，有九渊。禹乃以息土填洪水以为名山。"（《淮南子·地形篇》）故又定山川之序："禹平水土，主名山川。"（《尚书·吕刑》，《墨子·尚贤中》）"禹敷土，随山刊木，奠高山大川。"（《尚书·禹贡》）又划定九州："茫茫禹迹，画为九州。"（《左传·襄公四年》）于是禹迹、禹域，就成为九州、各地、中国的别称，最早的地理典籍就称《禹贡》。这一切都是因为禹是造地大神。又，鲧禹又造城，而其城就是昆仑大地（详后）。

总之，鲧禹神话本是大地潜水者神话和托地神话的并合型神话，只是后来才与传说中的治水故事相混。

需要说明的是：大地潜水者神话和托地神话并非产生于岛国初民的想象。就其传承而言，内陆民族也多有这种神话，鲧禹就是一例。只要初民能见到水中土洲，就可发生这种神话联想。因为在这种神话中，大地就像那水中土洲。《说文》十一下川部："州，水中可居曰州，水周绕其旁。从重川。昔尧遭洪水，民居水中高土，故曰九州。《诗》曰：在河之州。一曰州，畴也，各畴其土而生也。"段注："州本州、渚字，引申之乃为九州。俗乃别制洲字，而小大分系矣。"许慎又录州字古文，段注："此象前后左右皆水。"这暗示我们：九州大地正像那水中之州（洲），而尧

---

① ［美］雷蒙雷·范·奥弗编：《太阳之歌》，毛天祜译，中国人民大学出版社1989年版，第216页。
② ［美］塞·诺·克雷默著：《世界古代神话》，魏庆征译，华夏出版社1989年版，第85—86页。

时洪水不过是周绕九州的原水始海。可见，这类神话也可能起源于对水中土洲的联想。

（二）共工造土及其与女娲的关系

还有一神与土有关，这就是共工。学术界早在解放前就已指出鲧即共工，禹即后土（句龙）。[①] 这里，我们要讨论共工的造地神迹。

闻一多说："共工本古之先鲧而治水者。"[②] 能从共工兴风作浪的表层见其治水内涵，实在是有眼光。但说治水还不确切，共工实际是在造地。《淮南子·本经篇》："共工振滔洪水，以薄空桑。"这洪水同样也是原水始海。《天文篇》又说："昔者共工与颛顼争为帝，怒而触不周之山，天柱折，地维绝。天倾西北，故日月星辰移焉；地不满东南，故水潦尘埃归焉。"触山而使天倾西北、地陷东南，这当是造地未成的情形（鲧也未完全成功）。以头触山就是以身托地；山之"不周"，也就是地未周全，"地不周载"。从"地不周载"，又使共工与女娲神话有了关联。

女娲在补天的同时也创造了大地："往古之时，四极废，九州裂，天不兼覆，地不周载，火爁炎而不灭，水浩洋而不息，……于是女娲炼五色石以补苍天，断鳌足以立四极。"（《淮南子·览冥篇》）这里的往古情形其实就是宇宙秩序的创生与造就，当然也可是这种秩序的恢复，女娲在典籍中基本是作为创世神出现的。"九州裂"，"水浩洋而不息"，"地不周载"，正指共工造地未成的情形。（按，女娲补天造地的背景正是由于共工的所作所为，见《论衡·谈天篇》）而女娲"断鳌足以立四极"，正指使鳌托地，使地从水中升出（或即前述巨鳌托地神话的传承）。于是女娲成了造地大神，所以说"女娲地出"（晋葛洪《抱朴子·释滞》）。而后世有女娲墓的传说："华陕界黄河中，有小洲岛，古树数根，河水泛涨，终不能没，云是女娲墓。"（唐末五代杜光庭《录异记》卷八）女娲墓为水中不没小洲，正是原水之大地的象征，也暗示了女娲是创造九州大地的女神。

共工造地未成，女娲攻共工，而禹亦攻共工（《荀子》、《山海经》、《淮南子》等皆有此说），原来禹和女娲是共同创造大地的夫妻。"予（禹）创若时，娶于涂山。"（《尚书·益稷》）"（禹）焉得彼涂山女，而通之于台桑？"（《天问》）而"禹娶涂山氏之子，谓之女娲，是生启"（《史记·夏本纪》正义引《（世本）帝系》，索隐引《系（世）本》曰"涂山氏女名女娲"）。按禹为黄帝（即伏羲，详后），也可说禹妻为女娲。禹、女娲攻共工，也就是和鲧作对，因为鲧即共工，所以有禹惩父之说："祝其东北独居山，西南有渊水，即羽泉也。俗谓此山谓惩父山。"（清马国翰《玉函山房辑佚书》辑《博物记》）羽泉当即鲧被殛杀所入之羽渊（《国语·晋语八》），则惩父非禹而何？

---

① 杨宽：《中国上古史导论》，见《古史辨》第 7 册，上海古籍出版社 1982 年版，第 329—336、353—359 页。

② 闻一多：《天问疏证》，生活·读书·新知三联书店 1980 年版，第 31 页。

禹为后土，后土也为造地神，所以司土："中央土，其日戊己，其帝黄帝，其神后土。"（《礼记·月令》）此"土"为五行之一，但"后土"与土相关却不奇怪，他也就是社土之神："共工氏之伯九有也，其子曰后土，能平九土，故祀以为社。"（《国语·鲁语上》），平九土者自然是造地神。这样，远古之造地神系就是：

鲧（共工）→禹（后土）（附女娲）

其间的父子关系、成功者惩罚（攻击）失败者，既表明了人之相继、事之相续，也表明了一种二元对值观念：合而言之即"相反相成"。

二、昆仑即是鲧（共工）禹（后土）所造大地（世界大山）

关于神话中的昆仑，国内外学术界异说纷纭，莫衷一是。[①] 笔者以为，神话乃虚构拟想，研究神话切不可处处索隐求实，否则泥而不化。对于昆仑神话的研究，就应首先有这样的认识。据我考察，神话昆仑既非泰山也非祁连山，也不是什么和田南山、巴颜喀拉山、冈底斯山，更不是现今的昆仑，也不是印度须弥山（Sumeru）、巴比伦之 Khursag Kurkura 或 Ziggurat 的影响或传播，甚至昆仑并不仅仅是纯粹的"山"。它远在天边，近在眼前，昆仑就是大地。

其实，古人早已有这样的说法。"昆仑之墟，地首也。"（晋干宝《搜神记》卷一三）"赤县神州者，实为昆仑之墟。"（《太平御览》卷三八引《尸子》）下面我们再作详细讨论：昆仑就是鲧（共工）禹（后土）所造大地。

（一）地大物博的昆仑

神话中的昆仑都是广大无边、万物尽有的所在。"昆仑之虚，方八百里，高万仞"，上有木禾、凤鸟、赤蛇、珠树、交玉树、不死树、甘水、视肉、蛟豹……为"百神之所在"（《海内西经》）。"其中多玉"（《西次三经》）。又有"四水者，帝之神泉，以和百药，以润万物"（《淮南子·地形篇》）。其"山高平地三万六千里"，"方广万里"（《海内十洲记》）。"东有风云雨师阙，南有丹密云"，"西有螭潭"，"北有珍林别出"（《拾遗记》卷一〇）。最有代表性的是《河图括地象》的说法："地南北三亿三万五千五百里。地部之位起形高大者，有昆仑山，广万里，高万一千里，神物之所生，圣人仙人之所集也。"（晋张华《博物志》卷一引）这种广阔无边，其上有草木、禽兽、虫蛇、金玉、土石、云水……神物之所生，圣人仙人之所集的地方，不就是大地么？只不过加以神圣化了，当然这是神话的固有倾向。前述为巨鳌托举的归墟五神山也有这样的特点："其山高下周旋三万里，其顶平处九千里。山之中间相去七万里，以为邻居焉。其上台观皆金玉，其上禽兽皆纯缟。珠玗之树皆丛生，华实皆有滋味，食之皆不老不死。所居之人皆仙圣之种，一日一夕飞相往来者，不可数焉。"（《列子·汤问》）这当是昆仑的翻版。人类从来就在寻求幸

---

① 参见萧兵：《楚辞与神话》，江苏古籍出版社 1987 年版，第 455—512 页。

福的乐园仙境，其实都不过是人间大地的神化和变形折射而已。

（二）作为幽都的昆仑地府（下部）

传说鲧触怒神帝，被杀于羽山，"鲧婞直以亡身兮，终然夭乎羽之野"（《离骚》），或"永遏在羽山"（《天问》）。

而羽山就是委羽山。《淮南子·地形篇》："烛龙在雁门北，蔽于委羽之山，不见日。""北方曰积冰，曰委羽。"高诱注："委羽，山名也，在北极之阴，不见日也。"由其中有烛龙（烛阴），（烛龙非北极极光神，而是地下幽冥的夜间的、冬天的太阳神，此不赘）可知又即是章尾山、钟山，而钟山正是昆仑："钟山，昆仑也。"（《淮南子·俶真篇》"钟山之玉"高注）由此可见，鲧之羽山就是昆仑山。其实，它们的关系还可直接导出。羽山就是玉山，"玉山，是西王母所居也"（《西山经》），"昆仑之丘……有人……名曰西王母，此山万物尽有"（《大荒西经》），所以羽山即昆仑。

羽山（委羽山等）是地下不见阳日、寒凝积冰的幽冥之地。"昔尧殛鲧于羽山……（鲧）以入于羽渊。"（《左传·昭公七年》）鲧入羽渊时化为黄熊，而"熊，蛇之精，至冬化为雉，至夏复为蛇"（南朝梁任昉《述异记》卷上）。鲧化为雉，又在羽山、羽渊，或即羽化。所以后世"羽化登仙"之说，跟鲧殛死入于羽渊一样，都是由生到死，从此界至彼界之意。

而昆仑也是幽都（指其下部）。"禹掘昆仑虚以下地，中有增城九重。……疏圃之池，浸浸黄水，黄水三回复其源泉。"（《淮南子·地形篇》）这黄水之泉当即羽渊或羽泉，也就是地下黄泉。"困敦，混沌也。言万物初萌，混沌于黄泉之下也。"（《史记·天官书》索隐、《历书》正义并引三国魏孙炎云）黄泉，正是原初时代万物初萌的混沌之水，也即鲧禹造地之原水始海。黄泉就是幽都。"昆仑山（东）北，地转下三千六百里，有八玄幽都，方二十万里。地下有四柱，四柱广十万里。"（《博物志》卷一）由此可知，鲧所托举的羽山（大地）就是幽都昆仑。又，"流共工于幽州"（《淮南子·修务篇》，《尚书·舜典》），共工即鲧，则幽州也是昆仑。

（三）作为大地都城的昆仑

神话又说昆仑是人间神帝之都。"海内昆仑之墟，在西北，帝之下都。"（《海内西经》）昆仑又即都广："都广之野，……其城为三百里，盖天地之中。"（《海内经》）昆仑山"有云色，从下望之，如城阙之象"（《拾遗记》卷一○）。"其山中应于天，最居中，八十城布绕之，中国东南隅居其一分，是奸（好）城也。"（《博物志》卷一引《河图括地象》）

而鲧禹正是始造城邑的神灵（文化英雄）。"夏鲧作城。"（《吕氏春秋·君守》）"（鲧）作城郭。""禹作宫室。"（分见《礼记·祭法》正义、《初学记》卷二四引《世本》）"昔者夏鲧作三仞之城。"（《淮南子·原道篇》，《艺文类聚》卷六三引作九仞）"鲧作城以卫君，造郭以守民，此城郭之始也。"（《初学记》卷二四引《吴越春秋》佚文）"禹作城，强者攻，弱者守，敌者战，城郭自禹始也。"（《艺文类聚》卷六三引《博物志》，后者今本卷八此条末作"攻城围郭，盖禹始也"。《太平御览》卷一九二、三二〇、三三五引均言城郭自禹始作）宋乐史《太平寰宇记》卷一引《城冢记》云："期城者，夏禹理水时所筑。"这样的小城居然也传为禹筑，则禹所作城甚多，今山东有禹城县。

按，古代都城力求建于大地之中。"日至之景尺有五寸，谓之地中……乃建王国焉，制其畿方千里而封树之。"（《周礼·地官·大司徒》）"王者必择土中。"（《白虎通·京师》）都城之所以要建于地中，是因为古人把都城当作大地的象征（城中的学宫辟雍就成为都城、大地的缩影，详另文）。作为人间帝都的昆仑正是"最居中"，为"天地之中"，所以昆仑就是大地。

因而鲧禹开始筑造的城郭就该是他们所造的大地。《吕氏春秋·行论》说鲧质问尧："得天之道者为帝，得地之道者为三公。今我得地之道，而不以我为三公！"乃"比兽之角，能以为城"。"得地"、"为城"实际亦相关联。鲧的幽"都"就是帝之下"都"的昆仑，"下"都就是下部入地的"幽"都，也是上连天穹的人间大都，当然就是大地。又即禹掘昆仑墟"以下地"，中有增城九重之都，"增城九重，其高几里？"（《天问》）正说明禹造设了九重大城昆仑。有意思的是：鲧禹所用的息壤不仅可以造地，而其本身就像城阙："息壤，石也，而状若城郭。"（明谢肇淛《五杂俎》卷四）则又知昆仑即大地无疑。

（四）作为共工之台的昆仑

昆仑有圆、周意，正是共工未造成的"周山"，也即女娲造成的"周载"之地。《西次三经》："（不周山）东望泑泽，河水所潜也，其原浑浑泡泡。爰有嘉果，其实如桃，其叶如枣，黄华而赤柎，食之不劳。"此山中的泑泽、河水、桃果，似皆符合昆仑特征；"其原浑浑泡泡"，正即混混沦沦；崑崙（昆仑）"本又作混沦"（《周礼·春官·大司乐》释文），故说"或混沦乎泥沙"（《文选》卷一二郭璞《江赋》）。混沦、混沌、浑沌、溟涬、鸿濛等术语，均作水字偏旁，混沌正是"混沌于黄泉之下"的原水始海，当指昆仑大地萌生水中之初那种混沌模糊之状。

又，共工之台就是众帝之台的昆仑。古传"不敢西射，畏轩辕之丘"（《海外西经》）。轩辕丘即黄帝（轩辕氏）昆仑丘。又说"有系昆之山者，有共工之台，射者不敢北向"（《大荒北经》）。何以射者既怕昆仑丘又怕共工台呢？原来轩辕昆仑就是共工之台，其说共工之台"系昆之山"者，当即此意。

这共工之台经禹重造而成为众帝之台。"共工臣名相繇，九首蛇身，自环，食于九土。其所鸣所尼，即为源泽。不辛乃苦，百兽莫能处。禹湮洪水，杀相繇，其血腥臭，不可生谷，其地多水，不可居也（引按：诸种情状实指地尚处原水状态）。禹湮之，三仞三沮，乃以为池，群帝因是以为台。在昆仑之北。"（《大荒北经》）据郭注，沮为"禹以土塞之，地陷坏也"，故颇疑下句"乃以为池"当作"乃以为地"。此台就是共工之台："共工之臣相柳氏，……禹杀相柳，……乃以为众帝之台，……不敢北射，畏共工之台，……台四方。"（《海外北经》）"帝尧台、帝喾台、帝丹朱台、帝舜台，各二台。台四方，在昆仑东北。"（《海内北经》）众帝皆可居（原本多水，不可居）的共工台，不正是"神物之所生，圣人仙人之所集"的帝之下都昆仑么？而共工台为共工所造（未成）大地，所以昆仑就是大地（经禹重造而可居之大地）。

（五）作为大地坤舆的昆仑

闻一多指出："传说中禹事多与黄帝相混。"其证有六。[①] 实际上，昆仑黄帝原来就是造地之禹。昆仑是禹所造九重城，也即"布土"而成的九州。"昔者治水既毕，乃乘跻车度弱水，而到此山（钟山），祠上帝于北阿，归大功于九天。"（《海内十洲记》）钟山即昆仑。何以治水完毕才到昆仑归大功呢？原来，治水完毕也即造地完毕，也就是昆仑大地造成，大功告成。

又，"禹治鸿水，通轘辕山"（《天问》宋洪兴祖补注引《淮南子》佚文），"禹娶涂山，治鸿水，通轘辕山"（清马骕《绎史》卷一二引《随巢子》佚文）。轘辕山当即轩辕丘。轘，有圆、环意。《管子·地图》："轘辕之险，滥车之水。"郭沫若等集校引尹桐阳曰："轘，环也，谓地形若辕而又环曲。"又，"轩，曲輈藩车也"（《说文》十四上车部）。"黄帝名轩辕，居轩辕之丘。"（《大戴礼记·帝系》，《史记·五帝本纪》索隐）"轩辕不可攀援兮"（《楚辞·远游》），正如昆仑"非仁羿莫能上冈之岩"（《海内西经》）。所以，轘辕山、轩辕之丘即或禹所造昆仑大地。

昆仑之称"轩辕"，或与黄帝造车有关。黄帝"始作车服，天下号之为轩辕氏"（《远游》王逸注），但或亦指昆仑像圆（轘）形大车，而这天下大车正是大地坤舆。《易·说卦》："坤为地，……为大舆。"正义："为大舆，取其能载万物也。"《淮南子·原道篇》："以天为盖，则无不覆；以地为舆，则无不载也。"《史记·三王世家》："御史奏舆地图。"索隐："天地有覆载之德，故谓天为盖，谓地为舆，故地图称舆地图。"（古代地理总志北宋有《舆地广记》，南宋有《舆地纪胜》、《方舆胜览》等）女娲创世时即是"天不兼覆"，"地不周载"。又，"舆，地道也"（《文选》卷七扬雄《甘泉赋》李善注引《淮南子》许慎注），"宙，舟舆所极覆也"（《说文》七下宀部），"昭灵积厚，混混坤舆"（《宋史·乐志八》）。这"混混坤舆"正是混混昆仑（昆仑"本又作混沦"）、大地之车。

（六）作为四方大地的昆仑

值得注意的是：神话中的昆仑并非处于一处，而是多方伸展。

前文已说过昆仑在天地之中。"昆仑虚……盖天地之中也"（《海内西经》郭注）；"昆仑者，地之中也"（《初学记》卷五引《河图括地象》）。而地中昆仑与西北昆仑相连："昆仑墟在西北，去嵩高五万里，地之中也。"（《水经注》卷一《河水一》）于是有西北昆仑："海内昆仑之墟，在西北，帝之下都。"（《海内西经》）"西海之南，……有大山，名曰昆仑之丘。"（《大荒西经》）又，"其山中应于天，最居

---

① 闻一多：《天问疏证》，生活·读书·新知三联书店 1980 年版，第 38 页。

中，……中国东南隅居其一分"（《博物志》卷一引《河图括地象》）。于是从中间又向东南伸展。《海外南经》："昆仑虚在其东，虚四方。一曰在岐舌东，为虚四方。"清毕沅注："此东海方丈山也。《尔雅（释丘）》云：'三成为昆仑丘。'是昆仑者，高山皆得名之。此在东南方，当即方丈山也。《水经注·河水》云：'东海方丈，亦有昆仑之称。'"

总之，四方都有昆仑，所以说昆仑"虚四方"、"为虚四方"（共工台亦是"台四方"），四方正是大地四方。神话中称昆仑多不称山，而称"昆仑之虚（墟）"、"昆仑之丘"，而"虚"正是辽阔大地之称："虚，大丘也。昆仑丘谓之昆仑虚。古者九夫为井，四井为邑，四邑为丘，丘谓之虚。"（《说文》八上丘部）可见虚就指都邑、国土，也就是大地。即使称山，也不可泥于具体的山，"昆仑者，高山皆得名之"。"昆仑丘，丘之至大者也"（《说文》虚字段注），昆仑山也就是大地高处，《河图括地象》云："地南北三亿三万五千五百里。地部之位起形高大者，有昆仑山，广万里，高万一千里。""昆仑之山为地首。"（分见《博物志》卷一、《太平御览》卷三八引）这正说明昆仑就是起形高大的大地，大地高处之昆仑成了大地的标志。

其次，虽然昆仑"为虚四方"，但主要在中部、西北和东南（西北、东南皆连称），这也表明昆仑为大地。因为那居中而伸及西北、东南的昆仑正是共工所触大地："康回凭怒，地何故以东南倾?"（《天问》）"天倾西北"，"地不满东南"（《淮南子·天文篇》）。昆仑之所以居中而及西北、东南，正是因为昆仑就是共工触成的、西北高东南低的大地。

总之，现在我们明白了"赤县神州者，实为昆仑之墟"，或昆仑为"地首"的古说。神话中的昆仑就是大地，而昆仑大地又恰是鲧（共工）禹（后土）所造大地：这又可反证鲧（共工）禹（后土）（及女娲）是造地之神。《天问》："昆仑县圃，其尻（基）安在?"原来正是鲧禹托举昆仑大地而造成九州的。

（七）作为宇宙中心的昆仑

昆仑不仅是大地之中，而且更是天地上下四方之中，它本身又是大地，所以昆仑是一种"世界大山"（mountain of the world）或"宇宙中心"（centre of the cosmic）。

世界上很多民族都有这种作为世界中心的"大地唯一之山"（mountain of all lands），如巴比伦的 Khursag Kurkura，印度的 Sumeru，纳西族的居那若倮山，斯堪的那维亚的 Middgard，等等。这就是 M. Eliade 所谓 axis mundi 观念。axis mundi，原为拉丁文，意即"宇宙的轴心"、"宇宙的中心"。①

有意思的是：北欧的 Middgard 与昆仑一样，是诸神在宇宙中心为人所建造的一

---

① 参见 Eliade：《有关复归与永恒的神话》，纽约 1954 年版，引自［美］塞·诺·克雷默：《世界古代神话》，魏庆征译，华夏出版社 1989 年版，第 359 页。

座城寨：它与没有文化的并同文化敌对的地域 Utgard 的对立，就是秩序与混乱、中心与外围、近与远、城镇与荒野、家园与森林、自己的与异己的的对立。① 可以说，正是这种二元对值观念造成了所谓"民族中心主义"（ethno-centrism）观念。比如，华夏民族就称自己的国家为"中国"。"中国"就为正统，为标准，边远之地为异常；自己为人，别人是禽兽："南方蛮闽，从虫。北方狄，从犬。东方貉，从豸。西方羌，从羊。……唯东夷从大，大，人也。夷俗仁。"（《说文》四上羊部释羌）值得注意的是，"中国"的本义是人间大地的京师都邑。《诗·大雅·民劳》："惠此中国，以绥四方。"毛传："中国，京师也。四方，诸夏也。"《史记·五帝本纪》："夫而后之中国，践天子位焉。"集解引刘熙曰："帝王所都为中，故曰中国。"可见"中国"意识与居中而虚四方的人间神帝之都昆仑大地是有关的。

本文原载《民间文学论坛》1990 年第 4 期。

---

① ［苏］E·梅列金斯基：《斯堪的那维亚神话的对立系统》，见叶舒宪编选：《结构主义神话学》，陕西师范大学出版社 1988 年版，第 158 页。

槃瓠神话访古记

林 河

林河（1928—2010），本名李鸣高，湖南侗族。毕业于北京中国作协鲁迅文学院，曾任中国文联湖南分会主席、中国民间文艺家协会湖南分会副主席、《楚风》杂志主编。有关神话的主要论文有：《马王堆汉墓飞衣帛画与楚辞神话——南方民族神话比较研究》（与杨进飞合作，1985）、《一幅消失了的原始神话图卷》（1986）、《马王堆汉墓的越文化特征》（1987）、《槃瓠神话访古记》（1990）、《九歌与南方民族傩文化的比较》（1991）、《侗族傩戏〈姜郎姜妹〉浅析》(1991)、《葫芦文化发源于金沙江畔》(1992) 等；论著《〈九歌〉与沅湘民俗》（1990）、《中华傩文化概论》(1992) 收有关于神话的论述。

一、从高辛氏时代的神犬塑像在沅水流域出土谈起

高辛氏时代距今约4600年，非常凑巧，近年在古"长沙武陵蛮"地区的沅水中游，考古工作者发掘了一座4000多年前的新石器时代遗址，其中有石器、少量玉器和许多陶器，文物风格不同于沅水下游，倒与珠江系统的新石器时代文物比较接近。在众多文物中，有一座约30多厘米高的"双头连体带器座"的神犬塑像，它昂首竖耳，直视前方，塑造得形态可爱，栩栩如生，是一件不可多得的原始艺术品。

但它决不是一般的猎犬塑像，因为普通猎犬不可能长两个头，而它双头连体的造型，与长沙南托出土的8000多年前的"双鸟对称"图案，及浙江河姆渡六七千年前的"双头连体太阳神鸟"图案构图相似，都是神话化了的动物；加之它下身连着的那一个器座及较大的器型，说明它也决不是原始人的玩具。唯一正确的解释：它只能是放在神坛上供人们祭祀的神器。

与神犬伴随出土的玉器中，有一件是玉斧，一件是玉环。器型都比较大，这种玉斧玉环，也不是实用器，应是当时的酋长或大巫表示神权的宝器。把这些情况联系起来分析：沅水中游在4000多年前，人口是比较稠密的，原始文化是相当发达的。因为，若没有众多的人口和较发达的文化，产生这样的大酋长和大巫师是不可能的。

发达的文化必然会产生发达的文学艺术，"双头连体"神犬塑像的出土，说明原始神话已经产生。

这次出土的神犬塑像，从其年代上来看，正是高辛氏时代的产物，而流传于我

国南方广大地区的槃瓠神话中的神犬槃瓠，传说是高辛氏时代的畜犬。这神犬与槃瓠神话之间究竟有什么微妙的联系呢？

我对槃瓠神话有着很浓厚的兴趣，早就有从民俗学的角度研究槃瓠神话的愿望了。这次4000年前的神犬塑像的发现，引起了我的长久思索。槃瓠神话是全世界许多学者所关心的神话，已经发表了大量的论文，但从民俗学的角度谈的似乎不多。因此，撰写此文，以就教于诸君。

二、神犬崇拜、神犬神话与槃瓠神话

神犬崇拜、神犬神话与槃瓠神话都是一种民俗现象，但却有一定的区别。神犬崇拜是人类进入渔猎时代，学会畜狗后的产物。在人类征服自然的能力极低的情况下，狗不但可以帮助人战胜猛兽、降伏飞禽走兽，发现人不能发现的猎物，而且还能够看守村寨和参加对敌的战斗，使人类的安全感大大加强，获取的肉食大大丰富，狗不啻是人的守护神和衣食父母。于是，人把狗当成了神物，对它产生了崇拜。这时候，神犬神话恐怕还未产生。

神犬神话是"神犬救人"和"神犬生人"的神话，因为犬性忠义，在生活中救人于危难的事屡见不鲜，"神犬救人"的神话便是在这基础上产生的。"神犬生人"神话则是"图腾崇拜"的产物，人类在母系氏族社会，只知其母，不知其父，常把女性为什么会生育归之于自然的力量，如禹母吞神珠薏苡而生禹、玄鸟生商、犬生戎、狼生匈奴等。

槃瓠神话是"神犬生人"神话的继续，"神犬生人"神话没有特定的对象，而槃瓠神话中的神犬，已有了特定的名称。

历史是错综复杂的，截然将这三种情况分开是不科学的，现在只能是做些尝试，进一步的结论还有待于考古资料的不断丰富和研究工作的深入开展。

神犬崇拜应始于对犬的价值的发现。

《山海经·大荒北经》中说："有人名曰犬戎。……白犬有牝牡，是为犬戎。"又说："有犬戎国。有神，人面兽身，名曰犬戎。"这两个北部大荒的传说，不知指的是不是一回事。它的文化特征是，犬已成了神，这位神是白色的犬，有雌有雄，以肉食为主粮，非常明显地表现出了狩猎氏族的特征，虽然提到"人面兽身"，但没有提到"犬生人"，应属于神犬崇拜。

《山海经·海内北经》中说："犬封国曰犬戎国，状如犬。"文中出现了"封"字，似与槃瓠神话有一点瓜葛，但因记载过略，无法知其详，还不能确定其为"神犬生人"神话。

《说文》云："狄，北狄也，本狗种。"《五代史·四夷附录第二》云："狗国，人身狗首，长毛不衣，手搏野兽，语为犬嗥。其妻皆人，能汉语。生男为狗，生女为人，自相婚嫁，穴居，食生。"前者说人是狗种，已略有"神犬生人"的主题。后者说男为狗，女为人，与槃瓠神话已相当接近。但没有以女作酬谢、狗与女被其亲属遗弃、女和犬婚配、乱伦（兄妹成亲）、繁衍人类等母题，仍不能算槃瓠神话一类。何况它的出现，已在槃瓠神话之后了，有混淆之嫌，难以作为科学依据，只能作为参考。

槃瓠神话的主要母题是以女为酬（高辛氏遇犬戎之乱，募杀敌勇士，能得犬戎主帅之头者以女妻之）、女和图腾婚配（畜狗槃瓠得吴将军头，女嫁之，生六男六女）、乱伦（六男六女自配夫妻）、图腾生人（民族自认为都是槃瓠六男六女之后）。其中有具体时间（高辛帝时代）、具体地点（高辛帝国与犬戎国），有具体人物（高辛氏、槃瓠、帝女、吴将军），有具体事态（战争、招募勇士、妻以少女、人犬婚配生子、子女又互相婚配等），显示了神话成熟时期的种种特征。

说槃瓠神话是高辛时代的产物是没有根据的。《风俗通义》的槃瓠神话中有许多破绽可以证明它是经历了许多朝代，经历了不少民间人士的不断加工、不断丰富而成的。如"吴将军"的吴姓，到周朝才有；"赐黄金千镒"的"镒"，至秦始皇时代才称"镒"；"邑万家，又妻以少女"，三代分土，汉始分人，高辛氏时代不可能有万家之封；"将军"官职，到周末才有。如此等等，各朝的风俗习惯都有，便说明了它不是一时一地的产物。但因它最早的记录见于东汉桓帝时期应劭所著的《风俗通义》，应劭的祖父应郴、父亲应奉，都当过武陵太守，应劭少从父游，一家三代对武陵的情况都很了解，他记的槃瓠神话无疑是来自武陵民间的第一手资料。

"槃瓠神话"型的传说，流传面极广。在中国，不仅南方的苗、瑶、畲、土家等许多民族有，东北也有"狗驸马"的传说；台湾的沙绩人有"酋长之女嫁狗"的传说；台湾的克塔加兰人有"宰相之女嫁狗"的传说；海南黎族有"君主把女酬谢狗医生"的传说。中国之外，越南及东南亚的苗、瑶等民族也流传"槃瓠神话"。甚至有些与槃瓠民族相距很远的民族，如印度东北部的曼尼普尔人，也有"雷玛女嫁狗"的传说；爪哇有"野猪喝人尿生女孩，女孩长大后与狗结婚"的传说；远隔太平洋的美洲印第安人也有"狗丈夫"的传说；等等。这些传说各异，但"有权势的少女嫁狗"这一母题却都是相同的，虽然难以考证民间传说产生的年代，但从它的分布范围来看，它都是以中国南方为中心，向四方辐射的。如印度东北部与中国靠近，美洲的印第安人虽离中国万里迢迢，且隔了太平洋，但现在已有考古资料证明：印第安人中有一部分人，早在春秋战国以前，就是从中国北上西伯利亚经白令海冰桥或由太平洋横渡过去的，因此，他们也带去了发育不全的"槃瓠神话"。

通过对神犬崇拜、"神犬神话"与槃瓠神话的分析比较，可知它们的发展脉络应该是先有神犬崇拜，然后产生了神犬神话和"神犬生人"神话，最后才发展成为具体化了的"槃瓠神犬生人"神话。

沅水中游怀化高坎垄出土的高辛氏时代的神犬塑像证明："长沙武陵蛮"地区的神犬崇拜和神犬神话，早在高辛氏时代就已产生，其后，有神犬崇拜的部落从西北不断南迁，与"长沙武陵蛮"地区的神犬部落融合，把与高辛氏联姻的朦胧记忆，带到了沅湘地区，因而在"武陵蛮"地区逐渐形成了槃瓠神话。

沅湘地区还有些不同于槃瓠神话的神犬神话与槃瓠神话并存。

邵阳地区靠广西的新宁县黄金瑶族乡有一块大于房屋的磐石，上面有一个一寸多深的狗脚印，瑶族相传：他们这儿从前原是古树遮日的原始森林，猛兽很多，人畜不宁。是玉帝派了黄狗仙下凡，帮助人捕杀了猛兽，人们才得安居乐业，那石上的狗脚印，便是黄狗仙下凡时留下来的。新宁黄金瑶族乡的猎狗，百里之外都闻名，就因为它们是黄狗仙的后代。

邵阳地区的洞口县城郊，一块大石上也有狗脚印，其传说与新宁县的传说大同小异。洞口县的瑶族崇拜神犬，把它当作猎神，每家都雕有一座身穿人衣的狗头神犬，出猎前都藏在极秘密的地方，不让外人知道。出猎时，便请出神犬像，秘密祭祀，在神像前跳狩猎舞，猎归后，要以野物供于神前还愿，并跳猎兽舞，然后将神犬像仍复深藏起来。但洞口的瑶族并没有槃瓠传说，也不知"盘王"是何许人也。1988年，他们举行了首次"盘王节"，但那是他们从广西全国瑶族学术讨论会上学来的，只是履行决议而已，他们本身并不信奉。

就在产生槃瓠神话的湘西武陵地区的苗族，也有不同于槃瓠神话的《神犬翼洛》故事：神农氏闻西方思国有谷种，诏告有能取得谷种者，以珈珈公主配之。神犬翼洛取回谷种，得配珈珈公主，生下一个肉团，神农氏劈开肉团，里面跳出七男八女，从此繁衍成各个民族。

湘西苗族又有《神母犬父》传说：相传苗族的祖先是土公公、石婆婆，生了老皇、老满、老科、老诺四个儿子。老科生了土叹，老皇生了土旦，土叹生下神母，土旦生下犬父。后来，神母与犬父生下了田、杨、龙、石、麻、吴各姓。儿子长大后，舞银刀杀了神母，练金刀杀了犬父，后悔不伦，用七十七丈银布葬神母于巴濮流滚相，用金布七十七丈葬犬父于巴濮流务鬼州，坟地的风水甚好，脚踏湖广、头向贵州……

在槃瓠神话发源地的"长沙武陵蛮"地区，槃瓠神话尚且不能一统天下，神犬神话仍能争得一席之地。这种现象，似说明在槃瓠神话流传的同时，原有的神犬神话依然没有退出历史舞台，而在盘瓠神话影响较小的部族间，新的神犬神话依然在继续产生。

三、从"长沙武陵蛮"的民俗考察槃瓠神话中的民俗

槃瓠神话最早的著录是东汉的《风俗通义》，文曰：

> 昔高辛氏有犬戎之寇，帝患其侵暴，而征伐不克，乃访募天下，有能得犬戎之将吴将军头者，赐黄金千镒，邑万家，又妻以少女。时帝有畜狗，其毛五彩，名曰槃瓠。下令之后，槃瓠遂衔人头造阙下。群臣怪而诊之，乃吴将军头也。帝大喜，而计槃瓠不可妻之以女，又无封爵之道，议欲有报，未知所宜。女闻之，以为皇帝下令，不可违信，因请行。帝不得已，乃以女配槃瓠。槃瓠得女，负而走入南山，止石室中。所处险绝，人迹不

至。于是女解去衣裳，为濮鉴之结，着独力之衣。帝悲思之，遣使寻求，辄遇风雨震晦，使者不得进。经三年，生子一十二人，六男六女，槃瓠死后，因自相夫妻。织绩木皮，染以草实。好五色衣服，制裁皆有尾形。其母后归，以状白帝，于是使迎致诸子。衣裳斑烂，语言侏离，好入山壑，不乐平旷。帝顺其意，赐以名山广泽。其后滋蔓，号曰蛮夷。外痴内黠，安土重旧。以先父有功，母帝之女，田作贾贩，无关梁符传租税之赋。有邑君长，皆赐印绶，冠用獭皮。名渠帅曰精夫，相呼为姎徒。

晚于《风俗通义》约170年的《搜神记》又记有异文，其不同之处，首先是在文前加了一段解释性神话：

> 高辛氏，有老妇人居于王宫，得耳疾历时，医为挑治，出顶虫，大如茧。妇人去后，置以瓠篱，覆之以槃，俄而顶虫乃化为犬，其纹五色，因名槃瓠，遂畜之。

其次是加了一段注释性的尾巴：

> 冠用獭皮，取其游食于水，今即梁、汉、巴蜀、武陵、长沙、庐江郡夷是也。用糁杂鱼肉，叩槽而号，以祭槃瓠，其俗至今。故世称"赤髀横裙，槃瓠子孙"。

文中也有少量与《风俗通义》不同的语句（只取与民俗相关者），如"衣裳斑烂"改为"衣服褊裢"，增加了"饮食蹲踞，好山恶都"等。

其后再晚100年左右，《后汉书·南蛮西南夷列传》中收录了《风俗通义》中的"槃瓠神话"，基本上没有删改，只加了一个注脚："今长沙武陵蛮是也。"

从上面三个传说中记录的民俗来看，它们与今日长沙武陵地区的民俗，竟有惊人的相似。今比较如下——

时帝有畜狗，其毛五彩：在原长沙地区的茶陵（炎帝葬处）、攸县一带，人们喜以狗作人名，如黑狗、白狗、花狗之类，因嫌"狗"字不雅，常写作"苟"字。武陵辰州一带，苗族则喜以"狗"为小儿取小名，名叫金狗、银狗、花狗的小孩，随处都有。"帝有畜狗，其毛五彩"可能就是这一民俗的反映。邵阳地区的城步苗族，民间则以"狗"为"美"的代名词，你若称赞某人的小孩长得聪明伶俐，一定要说："你这儿子乖得像狗一样！"否则，人家就不满意。

为濮鉴之结：结即髻，这里指古代濮人的特殊发式"椎髻"。至今，沅湘间少数民族的妇女，结婚前多梳辫盘于头上，婚后则改为"椎髻"。"椎髻"为告别少女时代的"成年仪式"，高辛公主改着"椎髻"，是表示她已与槃瓠成婚了。

因自相夫妻：这是人们对"群婚制"时代的朦胧回忆。在"群婚制"时代，甲部落的姑娘，全是乙部落后生的妻子，反之，乙部落的姑娘，也全是甲部落后生的妻子。今日沅湘情歌中，男方称女方一律为"情姐"或"情妹"，女方称男方则称"情哥"，并不是只称同母同胞为"兄弟"或"姐妹"的。沅水流域的侗族，甚至还没有"丈夫"和"妻子"这两个专用名词，称妻子曰"埋"，意即姐妹，称丈夫为

"韶"，意即兄弟，都是这一民俗的反映。

织绩木皮：木皮指葛麻或木棉。武陵地区的"五溪蛮"及川鄂地区的巴人，自古以织麻布闻名，其布名曰"賨布"，由于"賨布"精美，在秦汉时，该民族也被称为"賨人"。

好五色衣服：由于沅湘间的少数民族善于织染各种彩色土布，所以，好些少数民族如"花苗"、"花瑶"的衣服，都五色杂陈，令人眼花缭乱。至今，沅湘间还有一些民族仍以五色衣服为其显著特色。

制裁皆有尾形：不是在衣服上做一条尾巴（后文有"赤髀横裙"为证，说明古代的一些民族服装，同近代已差不了多少），而是指腰巾系腰，垂结于身后似尾形。图腾对民族的影响之一就是以衣服模仿图腾，如沅湘间的侗族，以鸟为主要图腾，他们的服装多为鸟装，头戴鸟羽，衣仿鸟形，还要在服饰上织绣人、鸟图案。苗、瑶都有槃瓠图腾，因此，他们的服装中有"槃瓠装"。有些妇女的头巾挽成两个耳朵状，她们说是象征槃瓠的耳朵；有些妇女用头巾盖住耳朵，她们说：槃瓠白天是人形，晚上是狗形，为了不让辛女看见他的狗耳朵，所以把耳朵盖住，辛女为了不刺激槃瓠，所以也用头巾把耳朵遮住了，她们的服装就是辛女遗留下来的；有些妇女以笋壳扎成狗头形，外面用巾包扎，名曰"戴狗头壳"；等等，都是图腾的遗风。

好入山壑，不乐平旷（或"**好山恶都**"）：苗、瑶等民族以狩猎为其主要谋生手段，到了平原都市中，无猎可打，而农业又非其所长，岂不是坐以待毙？因此，"好山林"是他们长期的生活习惯形成的民族性，并非是他们所偏爱。特别是沅湘间的过山瑶，全靠荒山造林及狩猎为生，脱离了山林，他们的生活习惯全打乱了，当然很不习惯。

田作贾贩，无关梁符传租税之赋：据《隋书·地理志》记载："长沙郡又杂有夷蜒，名莫徭。自云其先祖有功，常免徭役，故以为名……武陵、巴陵、零陵、桂阳、澧阳、衡山皆同焉。"可见"瑶"又名"莫徭"，也含有不服徭役之意。而且这习俗由来已久，在隋朝时就已记入史册了。至今保存的瑶族《过山榜》文中也有"敕令文武官员，照牒放免一切"的文句，可见《隋书》所记不诬。

冠用獭皮，取其游食于水：水獭皮是一种珍贵的毛皮，过去是沅湘间有权势的酋长的冠戴，近代著名作家沈从文有一篇名叫《戴水獭皮帽子的人》，描写湘西有权势的木客富商，仍以戴獭皮帽显其尊贵，便是其遗俗。水獭善于捕鱼，就像猎狗善于捕兽一样，都是古代渔猎民族崇拜的神物，水獭有种特异本能，它在捕到鱼后，爱把鱼集中到一块光滑的岩石上，排列成行，好像它也和人一样，能够将鱼当作供品，祭祀天神，故古书称之为"水獭祭天"，仿佛它就是兽类中的巫觋。正因为它有这种神异，人们以为戴上獭皮帽子，也能产生神异。

用糁杂鱼肉，叩槽而号，以祭槃瓠："糁"，是米屑，"糁杂鱼肉"即把米屑杂和入鱼肉中腌制成酢鱼、酢肉。酢鱼酢肉，至今仍是沅湘间少数民族视为美味的食物。酢即醋，故酢鱼酢肉又称酸鱼酸肉，因为它是人间美味，故以祀神。在有些少数民族中，待客时餐桌上没有酢鱼酢肉，客人将认为你对他不敬，常因此拂袖而去。"叩槽而号"的"槽"，即饲狗的木盘，沅湘间的少数民族，剜木为器，做成盘、盆、碗、碟等物，通称曰槽。"叩槽而号"的风俗，至今仍存在于少数槃瓠子孙之中，据老人言：祭槃瓠多选择在清明节的夜晚，祭祀绝对保密，不许外人窥视。祭祀时，主人带领全家按辈分伏地环行，口中"啰啰"作唤狗声，并以口对地上装供品的木盆，做狗抢食状。清代《岭表纪蛮》记载："每值正朔，家人负狗环行炉灶三匝，然后举家男女向狗膜拜。是日就食，必扣槽蹲地而食，以为尽礼。"模仿图腾习俗是图腾舞蹈的重要组成部分，在神犬部族中，模仿神犬的习俗而舞，是必然的现象，所谓"叩槽而号"，就是图腾舞蹈的遗风。

赤髀横裙："髀"，即股腿，"赤髀"，裸露着股腿。"横裙"词典无解，可能指与长裙相对的短裙，长裙是直垂的，短裙是横披的。"赤髀横裙"，就是裸露出股腿的短裙。武陵民谣曰："好一个泸溪县，男闲女不闲，男的家中坐，女的去种田。"因为家中的主要劳动力是妇女，因此，妇女的裙都做得较短，上面露出股腿，下面裹着绑腿，以便劳动。

饮食蹲踞：汉人也有蹲踞之习，此文加上"饮食"二字，表示"槃瓠"氏族在饮食之时喜蹲踞而食，既不同于汉族围席而坐的风俗，也不同于有些民族的"箕踞"习俗。蹲踞与箕踞的不同在于：蹲踞是屈膝作坐姿，但臀部不落地；箕踞是臀部落地，两足伸出似箕形。这两种姿势都是山居民族常见的坐姿。沅湘间的少数民族，在饮食时，喜欢自备饮食而集体用餐，进餐时，没有桌、凳，各自将家中带来的用桐叶、笋壳叶、芭蕉叶包好的菜肴摊开放在地上，大家围成圆圈坐在一起共进饮食，因为人多，箕踞占地广，妨碍别人，只能蹲踞而食。

槃瓠神话中的风俗习惯，与长沙武陵地区偏远山地的风俗习惯如此相同，说槃瓠神话的诞生地就是长沙武陵地区，是说得通的。

四、从葫芦崇拜到槃瓠崇拜

这个题目太大，展开来占篇幅太多，其他学者也有很多论述，只扼要就与沅湘民俗有关者考察一下。

濮，是濮语"葫芦"的名称。今日沅湘间称"葫芦"为"濮"，转音为"匏"（钵），食用者称瓠，器用者称匏，故伏羲氏又称匏羲氏。今日沅湘间称陶碗为"瓜钵"，即匏瓜的倒装语。

当发明象形文字时，濮人早已是颇有巫文化的民族了。因此，象形文字的濮字为一位头戴权冠、身着牦牛尾巫装的巫觋，用手捧着一个装满热气腾腾的供品的葫芦钵，正在向天献祭的形象。

沅湘间又有些民族称长辈为"濮"（常译作卜、甫、布、不），子名阳，其父便称"濮阳"，老祖宗则称"濮贯"（"贯"为"先"的意义）。

濮族之源，可追溯到伏羲氏，伏羲就是葫芦，著名学者闻一多先生已有论证。

原始人为什么会崇拜葫芦呢？沅湘民族可以作证。

到了沅湘上游山区，就会发现好像是进入了葫芦世界，只见山民家中处处都是葫芦。喝酒有酒葫芦、装饭有饭葫芦、舀水有葫芦瓢，诸凡装种子的、装杂物的、装衣服的、装火药的、装草药的、舀糠的、喝水的器皿，大多都是葫芦，小的只有酒杯大，大的中间可坐两个人。湘西各族共有的远古传说：洪水滔天时，人祖伏羲兄妹，坐在大葫芦里躲过了洪水，没有葫芦便没有人祖，因此，葫芦便成了人们膜拜的神物。那大得可坐人的葫芦，前几年还有人收集了一个。葫芦当船是神话，但系葫芦过水却是事实。葫芦的用途还不止此，它的嫩叶和瓜肉都可以吃，即今日的瓠瓜。葫芦多籽，是多子多孙的象征，因此，又变为人类在性崇拜时期的崇拜对象。如湘西民间有些巫师在跳神时，要请妇女拿个"擂钵"，手持擂槌不停地擂。巫师边跳边唱："擂破你的擂钵我不管，擂断了我的擂槌要你赔！"这应是人从葫芦受孕的象征。又有些巫师在跳神时，腰系葫芦，中装糯米酒，边跳边将酒洒到妇女身上，这是从葫芦受孕的象征。由此应可悟到人为何崇拜葫芦，及"图腾生人"的宗教教义了。

槃瓠神话也是"图腾生人"神话，但图腾已由葫芦变为神犬。

神犬名叫"槃瓠"，槃者大也，瓠即葫芦，因此，"槃瓠"的音义乃是"大葫芦"。奇怪！神犬为何不以犬为名，却要称大葫芦呢？上面说过：沅湘神话中的人祖伏羲兄妹，是从大葫芦里出来的，而槃瓠种姓，又是由崇拜葫芦的濮族分化而成，葫芦是他母族的图腾，在原始人心目中，图腾就是祖神，是神圣不可侵犯的，是不能轻易更改的，更改图腾者将受到严厉惩罚。当然，随着时代的变迁，图腾意识会逐渐淡化，但不会轻易消亡。以沅湘民族为例，侗族原来也有葫芦图腾，因此，他们称父亲和祖先为"濮"。至今时已经过了几万年，其中融入了蛇、龙、鸟、虎、犬等图腾，但称父亲、长辈、祖先的语音依旧不变，自始至终保存了"濮"（葫芦）的称谓。苗族至今也保留着"濮"的称谓。

因此，"五溪蛮"中的有些民族，从葫芦崇拜演化为神犬崇拜后，因为他们原来是葫芦图腾，葫芦后来抽象成"祖先"的代名词，葫芦的本义给淡忘了。因此，称神犬为祖先，而祖先一词原称为"葫芦"，因而按习惯仍称为"槃瓠"（大葫芦），在这里，"槃瓠"已失掉了"葫芦"的含义，它只不过是"祖先"的代名词而已。

后人葫芦图腾意识消失，不理解神犬为什么要称"槃瓠"便依汉字音义，制造了老妇人耳中出虫置以瓠离，以盘覆之，虫化为犬的解释性神话。《风俗通义》早于《搜神记》不到两百年，还没有虫覆盘中化犬的记载，似说明这一解释性神话产生的年代较晚。

这一解释性神话可能来自一种巫术观念。常识告诉我们：葫芦是不可能化犬的，图腾也是不可以轻易更改的。但通过巫术，却可以乞助于神灵将它改变，而不致使人类受到惩罚。如沅湘间的"产翁制"，便是母系氏族社会后来转变为父系氏族社会，妇女的权利被剥夺了，但妇女最神圣的权利是生孩子，这权利是男人无法剥夺的。但这权利如不夺过来，男权便显不出它的神圣与威力，就证明神灵仍和妇女在一起。神灵是不能冒犯的，于是他们便采取巫术的办法，让妇女生了小孩后，由男子代替她坐月子，使神相信儿也是男子生的，因而站到男子这边来了，濮越民族的"产翁制"便是这样产生的。槃瓠神话中老妇耳中有虫，挑出虫后，又置以瓠离，覆之以盘，使它化为神犬这一情节，很可能就是巫师进行图腾转变仪式的情节被神话化了。

葫芦经过变虫、化犬等等巫术仪式后，终于化成了神犬，这种仪式是在神灵面前进行的，是得到了神灵恩准的，神灵当然就会允许这一新图腾的诞生，而不会降罪于人了。于是，由葫芦图腾转化为神犬图腾的过程胜利完成，以神犬为图腾的槃瓠氏族的存在成为合法的了。这样，槃瓠氏族终于取得了崇拜新图腾的权利，并子子孙孙地传了下来。

五、槃瓠氏族源流考察

槃瓠氏族起源于百濮，而百濮又源于伏羲，其根源是够古老的了。

原始部族居无定所，随着食物资源的变化而迁移。据民族学者何光岳先生考证，濮族的发源地在四川的涪水流域和岷山一带。涪、濮一音之转，今沅湘苗族和瑶族有些还自称为民（棉、勉、闽、缅、面、敏均同），而侗族则称妇女为缅。因此，说濮人曾经在这一带活动过，是可信的。

沅湘间有人类的历史，据古史记载，最早始于神农，他死后葬于茶乡，即湖南的茶陵县。但这仅是传说，从考古发掘资料看，过去只发现过新石器时代的遗址，没有发现过旧石器时代的遗址，因此，把沅湘间有人类的历史上溯到万年以前都缺乏根据。

近几年来，考古发现有了重大突破，自从第一个旧石器时代遗址在新晃侗族自治县被发现后，后来又有40多处在沅水和澧水流域被发现，湖南有人类的历史已可上溯到4万年到15万年以前了。过去，新石器时代的遗址，沅水流域只集中在中、下游，而现在，沅水上游已开始发现了，而且规模的宏大令人惊讶。

沅水上游的靖州苗族、侗族自治县的新厂，是一个极其偏僻的苗区，人们从来没有想到这里会出现新石器时代的遗址，可是也出现了，虽然因种种原因，破坏相当严重，但从残局来看，规模并不亚于高坎垄，特别是出土的一座规模宏伟的"干栏"式原始神殿遗址，柱子都是由二人合抱的大树造成，其高大和宽敞并不亚于今日的大型庙宇。

怀化高坎垄和靖州新厂遗址同期，都是4000多年前高辛帝时代的产物，从其器物的成熟程度和神殿的宏伟规模来看，若没有几千年的艰苦和持续的经营，是不会达到这么高度的文化水平的。这说明：黄帝族在中原建设他们的华夏文明的时候，南方民族同样在建设着伟大的南方文明，而在木结构建筑艺术方面，南方还大大超越了北方。只是中原的文化被文字记录下来了，而南方的文化，却因没有文字记载而湮没无闻。

沅湘间的上古文化有着明显的南方文化特征，旧石器时代的遗址多属"台地文化"，这是一种前所未见的文化特征。它说明这里的原始人并不是居住在洞穴之中，他们住在茂密的森林之中，过着架木为巢的生活。这便为创造南方特有的"干栏"式木制居房打下了深厚的基础，靖州的"干栏"式原始神殿，便是这种架木为巢的继续。旧石器时代出土的打制石器，与新石器时代的磨制石器和玉器，形制也有共同之点，打制的砍砸器分单刃和双刃，选择的石头式样也和磨制的石斧相似，具有南方文化风格。这些都说明从 15 万年前到几千年前，其文化是一脉相承的。

高坎垄 4000 年前的神犬塑像是"双头连体"，这种"双头连体"结构，也出现在浙江 6000 多年前的河姆渡文化中，河姆渡出土的"双头连体太阳鸟"图案也是连体的，而长沙市南托出土的 8000 年前的陶器上，也有对称的双鸟纹饰。

沅湘间出土的这些充满了南方文化特色的文物，证明了这是南方民族创造的文化，创造这文化的主人是谁呢？出土的"干栏"建筑、"双头连体"艺术、越式的石器陶器，以及神殿东向、墓葬也是东向的种种习俗，与濮人的生活习俗相似。濮人应是这一文化的创造者。

濮族如果是发源于川陕交界的岷山一带，他们是怎样到沅湘来的呢？其实，千山万水并不能阻挡人的脚步。世界虽大，但从北极到南极，也不过数万里之遥，原始人类花上几十万年的时间，完全可以到世界的任何地方去。岷山沅湘，千来公里，走直线不用一个月可到，原始人漂泊无定，迂回曲折，走走停停，用他十万年时间，总可到达。

沅湘间的文明，考古发现证明已持续了十几万年之久，而其文化特征，又与濮人的文化特征基本一致。高坎垄的神犬塑像，似说明在高辛帝时期，沅湘间还只有"神犬神话"的萌芽，槃瓠神话似应在其后的几百年或上千年才能完善定型，这就说明了槃瓠神话是沅湘神犬崇拜和神犬神话的继承和发展，"长沙武陵蛮"地区，应该是槃瓠神话的诞生地。

本文原载《民间文艺季刊》1990 年第 2 期。

洪水后兄妹再殖人类神话

——对这类神话中二三问题的考察，并以之就商于伊藤清司、大林太良两教授

钟敬文

绪　言

洪水神话、传说，是扩布世界的著名神话之一。在本世纪初，英国人类学家弗雷泽（J. G. Frazer）在他的《圣经旧约中的民间传承》（*Folk Lore in the Old Testment*）里面，对这种神话、传说，曾经作了相当概括的介绍和表达了他对这种神话问题的看法。1931 年，日本东洋史学者出石诚彦亦发表了有关中国古代洪水神话并介绍了世界民族洪水故事的长文（《关于中国古代的洪水故事》）。

在世界洪水神话中，有一部分故事的主题是"洪水过后仅遗的人传衍人类"。它是一些古代世界文明古国如巴比伦、希腊、罗马、印度和希伯来等所共有的同类型的原始神话，是人类古典文化中的一批珠玉。

在中国西南部和东南部许多少数民族的现代口头传承中，大量地存在着一种神话群，它的情节大部分与上述古典神话相似，但其中心"母题"却更富于社会史（家庭史）的意义。那就是本文所要探讨的"洪水后兄妹（或姊弟）再殖人类"的神话。据距今 50 年前后有些学者的搜集、统计，这一类型故事的中外记录近 50 篇。它的扩布地域和民族，也不限于中国境内，而是扩展到东南亚等地区的。其实，就现在我们所知道的情况看，连东北亚也都有同类型（或基本同类型）的口头传承流布。

中国南方少数民族（主要是苗族和瑶族）的这种类型的神话，在本世纪 30 年代末 40 年代初，曾引起了一些人类学者、民族学者、考古学者及文艺学者等的注意。他们对它进行了科学的考察和探究，如芮逸夫的《苗族的洪水故事与伏羲、女娲的传说》（1937）、马长寿的《苗瑶之起源神话》（1940），以及常任侠的《重庆沙坪坝出土之石棺画像研究》（1939）等，而闻一多的《伏羲考》[①]（1942 年前后），更是扛鼎的力作了。

[①] 现在收入《神话与诗》里的《伏羲考》，在 1942 年发表的，只是其中第 2 节《从人首蛇身像谈到龙与图腾》（载《人文科学学报》第 1 卷第 2 期），其他部分，当时似未脱稿。1948 年 9 月《文艺复兴》"中国文学研究专号"发表的《伏羲与葫芦》（即《伏羲考》第 5 节）的第 2 段，还是《闻一多全集》的编者朱自清从有关稿本中凑合起来的。

全国解放后，由于政府对少数民族文化和一般民众文学、艺术的重视，各种神话、传说、民歌等口承文化的搜集、整理和出版，一时蔚为风气。这种类型的神话（特别是东南、西南少数民族口头所流传的）的记录也颇有增加，其中有一部分是出现于这些时期搜集的民族史诗里的。而这种类型神话记录的大量涌现，却是在"四人帮"被打倒后到现在的这段时期里。近几年来，我们为了编辑全国性的民间文学（故事、歌谣、谚语）三套集成，在各地区进行了这方面的普查工作。各省、市（县级市）、自治县先行编纂、出版了资料本，然后各省、市（直辖市）、自治区再精选汇编为省、市、区本。现在有些省、市、区已经完全出版了县、市等级的资料本，并编出省、市、区本的初稿。在这个广泛调查、记录和出版的大规模学术活动中，汉族地区流传的这种类型神话呈现出惊人的情景。就我个人所看到的，大陆上除甘肃、新疆、内蒙古等三个省区，还没见到有关的记录外，其他省、市、区都有记载，有的地区甚至十分丰富（如河南、浙江）。它不但在数量上颇有增加，而且在故事内容上提供了许多不同层次、不同形态的新资料。这是对今后这种类型神话作进一步学术探索的极有利凭借，是东亚神话学上一个使人兴奋的信息。

跟资料的大量涌现相应的，是我国学者（主要是中青年学者）在对这种类型神话的考察、探究上，人数更多了，观点及探究成果比起四五十年前也大有长进之处，像李子贤、姜彬、乌丙安、陶阳等的探讨，就是运用新的观点进行比较认真地考察、论证所得到的一些新业绩。

在国际（主要是日本）学者中，对这种类型神话的兴致也不弱，并且获得了一定的成果。例如伊藤清司教授，他在 70 年代就从中日神话比较的角度，一再讨论了这方面的问题。近年（1989），他又写作了《人类的第二次起源——中国西南少数民族的创世神话》。此外，在彼国，还有村上顺子的《论中国西南少数民族的洪水神话》等文章，也是致力于这个类型神话探索的专论。

这种以洪水泛滥与兄妹结婚为主题的神话，对神话学者、民族学者和历史学者来说，本来就是具有相当吸引力的，何况在约半个世纪前后的一些时候，我国就有一批人文科学者在这个学术荒地里进行过开荒工作，并且获得了可喜的初步成就呢？更何况世迁时移，今日我们已经拥有更丰富的资料和一些足资参考或引起思索的国内外学者的论著呢？几年前，我就开始注意到这种类型的神话，并陆续积累了一些资料，思考过一些论点。现在，因为客观的需要，不能不赶紧执笔写出我的意见来。

过去讨论这种类型神话的文章，大都着眼于我国南方少数民族的资料。汉族所传的，即使被提到，也只处于陪衬的地位。本文却主要着重汉族现在民间传承的资料。这样做的原因是：（1）汉族所传承的这种类型的神话，近年"出土"情形十分喜人，中间实在有不少问题值得我们去进行探索；（2）探讨少数民族的论著已经不少了，我不妨避熟就生，在取材上另走一条新路径，虽然两者并不是截然没有关系的。

关于这种类型的神话，50 年来，国内外学者们从各种不同的角度和观点，对它提出了种种问题（例如，它与我国古典神话人物的关系、它的族属、它的流布区域、它与日本古典神话的比较，乃至于产生怪胎等问题），做出了种种判断或揣测。现在我们即使把这类神话材料范围主要限制于汉族人民口头所流传的，那么，可提出来研究的问题也并不少。本文只就下列三点加以论述。这三点是：

1. 神话产生的时期问题——这种神话产生在血缘婚正在流行或是它还被容许的时期，抑或是在它已被禁止的时期？

2. 这类神话中两种母题（洪水为灾和兄妹结婚）存在的关系问题——它们是在神话的产生时期就同时存在的，还是在流传的过程中拼合而成的？

3. 石狮子和石龟的问题——现在神话异文中那预告灾难和救助兄妹的两种并存的动物（或它们的精灵），原来是各自独立产生的，还是在故事流传过程中前者由后者蜕变出来的？

这类神话的产生时期

世上的各种事物，大都有它的产生、延续、发展以至消亡的进程。像神话这种人类共有的精神产物，自然也不能例外。我们现在所探索的"洪水后兄妹（或姊弟）结婚传衍人类"这一类型的神话，在文化史上的出现是相当古老的，而它的传布又那么广泛（也许可以说是东南亚文化圈中的复合文化成分之一吧），自然亦会有自己的产生时期。而在半个世纪（特别是近十几年来）国内学者们的探究中，当然也要接触到这个问题。现在试就我国学者在这方面的意见略谈一下。

本世纪 30 年代末至 40 年代初，上文所提到的芮逸夫、马长寿、闻一多、常任侠诸位学者，虽然对这类神话做过搜集材料（主要是我国西南地区少数民族所口传的）的工作，并进行了许多比较、推论，但他们对于神话的产生时期问题却少见着笔，尽管他们中有些人对这类神话的族属问题曾大力给予探究。全国解放后，学者们普遍学习了摩尔根、恩格斯等关于民族学、原始社会及古代史的理论，对于这类神话中兄妹结婚的情节感到新的兴趣和产生了新的看法。特别是近十多年来，神话学一时成为热门，这个广泛存在于我国南方各少数民族间的洪水后兄妹结婚类型神话，就更受到青壮年学者们的注意和探讨了。他们关于这类神话产生时期的意见颇多，有的说得相当明确，有的则比较朦胧。但归纳起来，有如下两类：

1. 认为这类神话里的这部分情节，是原始时期血缘婚和血缘家庭的反映。因此，这种神话显然就是这个历史阶段的产物。①

---

① 持这种看法，说得比较明确的，如张余，他在最近发表的《晋南的神话与传说》（载《民间文学论坛》1990 年第 2 期）里说："伏羲女娲兄妹成婚生人的神话，便是这种血缘家族的公社阶段的口头文学的遗传。"其他学者如宋恩常，他有些说法也近于这派，虽然他没有明确指定产生时期。

2. 认为这种神话里的这部分情节，尽管"曲折地反射"了血缘婚的事象，但是，故事里强烈地表现着反对血缘婚的思想倾向，因此，它不可能是血缘婚正流行时期的产物，而应该是由第一阶段血缘家族过渡到第二阶段氏族社会时期的产物。[①]

这两种说法，各有自己的根据和见解，尽管有的比较全面，有的则不免偏颇。我综合考察了汉族民间所传的记录材料，参考了少数民族所传的同类材料，并参证以周围一些民族同类型或同母题（兄妹结婚母题）的神话传说，初步得出如下意见：

这种类型或母题的神话，原来是洪水后（或天地开辟时）人或神的兄妹为传衍人类，没有迟疑地结成夫妇；或者经过神命，经过婚卜、追赶等方式，两人（或两神）结合。当时的故事形态，可能是很单纯、简朴的，然却是那个时代男女婚合情况的忠实反映。随着时间的进展，社会中两性关系由原始的族内血缘关系，发展到族外的匹配关系。这时血缘（兄妹等）婚渐渐成为社会禁忌，原来率直反映前代婚姻状况的神话也就被修改、增益了。简要一点说：这类神话是产生于血缘婚还在流行（至少也是还被容许）的时期，而在后代长期传承的过程中，才被自觉或不自觉地修改成为现在我们所看到的这种样子。我立论的根据如下：

首先，这种类型神话，在当代民间口头传承中，还遗留着比较原始形态的说法。要说明这一点，我们必须分析现代汉族（实际不限于汉族）口头大量分布着的这类神话的"异文"。据我的观察和分析，它们在对兄妹婚的叙述上，情况可分为三类：

（甲）对洪水（或无此点）后兄妹结婚的事情，主人公没有什么疑虑。在当时那种情形（洪水泛滥后，或天地开辟后）下，他们为了传代，就自然结合了（有的有神或动物的命令或劝导），并且传衍了后代。[②] 有关这种说法的记录篇章虽不占多数，但也决不是个别的。少数民族的同类型（或同母题）神话中也可看到一些例证。

（乙）对结婚事情，兄妹一方或双方有疑虑，或表示反对，但经过神或动物的劝导（或者由他们自己中一方的提议），他们采用占卜、追赶、觅藏（捉迷藏）、询问等方式的一种或多种，以决疑虑或逃离困境。在他们认为是天意许可或解除了疑虑后，就结婚传代了。从我现在手头所聚集的资料数量看，这种情形占绝大部分，可以说是有较大普遍性的一种说法。

（丙）兄妹双方（或一方）对结婚传代的事，开始就抗拒（不管神、动物或他们中一方的劝说、提议）。经过占卜等决疑后，他们勉强结合，但并不同床、避开性

---

① 参见乌丙安：《洪水故事中的非血缘婚姻观》，见《民间文学论集》第 1 册，中国民间文艺研究会辽宁分会，1983 年。主张这种婚姻观的，还有唐呐等。

② 例如：《人的由来》，见"中国民间文学集成"《玉环县故事卷》，1989 年；《雷公报复》，见"中国民间文学集成"《永嘉县故事卷》，1989 年。少数民族如藏族、壮族、白族、水族等口传神话中都有这类说法。东北的鄂温克族的同类型神话也是这种说法，但主人公不是兄妹（或姊弟），而是父女。

的关系（有的甚至连结婚形式也不履行），而以捏泥人解决传衍后代的问题。① 这可以说是代表了极强烈地反血缘婚态度的。从它们在资料中所占的比重看，这种说法，也是比较占少数的。

以上三种情况，据我看来，第一种（甲）似乎比较近于神话形成时期的原始形态，而后两种（乙、丙）虽然彼此间也有差别，但都是在长期传承的过程中，受了后起的族外婚、封建时代森严的婚姻制度及其伦理观念（"同姓不婚"）等的影响，而使它的面貌、性质起了或小或大变化的结果。

这种情形，在众多的国内少数民族同类型神话的记录篇章里面，也呈现着相似的现象。它说明这是它们经历了近似的社会过程和文化背景的必然产物。

其次，是周围民族的比较资料。在我国东北、东南周围的许多地区或民族，如桦太、日本本土、泰国、越南等，都有洪水后兄妹婚类型或兄妹婚母题的神话。② 但是，它们的情节大都是属于上述第一类的。在没有进行过严肃地比较、分析之际，我们当然不能妄断它们中间彼此的"血缘"关系。但是，把它们作为一种邻近地区或民族民间同类型或同母题神话的比较资料去看待，应该是可以容许的。

再次，关于这个问题，还有一种有关的历史事象，值得我们把它作为论断依据而加以考虑。那就是在我国古代文献上，明显地记述着原始时代的杂婚（包括兄妹婚）一类的情况。例如古代子书中所记"男女杂游，不媒不聘"、"无亲戚、兄弟、夫妻、男女之别，无上下、长幼之道"③ 等说法，决不是随便臆想出来的话。春秋时代，中国早已进入"文明"时期，但是，远古那种血缘婚的事象，在某些地区、某些社会阶层里还有公开奉行者。例如：关于齐国的著名君主桓公，就有"姑姊妹之不嫁者七人"④ 一类的事实记载。古时有些学者曾以后代的伦理观点去评论它。其实，这不过是原始时代风习的遗留。在古代埃及、波斯等王室贵族中都有过这种风习的存在。⑤ 现代中国某些少数民族中，也还有残存着这种婚俗的。而在往古时期原始人群的实际生活中既有这种事象存在，它就要被反映在他们的神话传说之中，

---

① 例如：《兄妹造人》，见"中国民间文学集成"《通化县故事卷》，1989 年；《用泥造人》，见林兰编《民间传说》上卷，北新书局1931 年版。少数民族如藏族、毛难族（"毛南族"旧称——编者注）等的同类神话都有相似说法。

② 参见大林太良编译：《世界的神话》第 5 章"北亚细亚的创世神话"，日本放送出版协会，1976 年；《无文字民族的神话》第2 章"东南亚细亚的神话"，白水社，1989 年；及日本古典著作《古事记》（上卷）、《日本书纪》（上卷）。

③《列子·汤问》，杨伯峻《列子集释》本；《吕氏春秋·恃君览》，高诱注、清乾隆灵历山馆刻本。

④《荀子·仲尼篇》，王氏《集解》本。类似记载也见于《史记·平津侯主父列传》、《汉书·地理志》等。这似乎是东夷风俗的遗留。但据《史记》所载，韩国、汉代的一些贵族都有类似这种近亲婚姻的行为。那么，这种原始婚俗的遗留，似乎又不仅限于齐国了。《金史·海陵本纪》也有类似记载。请参看易白沙《帝王春秋·多妻》，中华书局1924 年版。

⑤ 近代英法婚姻家庭史家，如魏斯忒马克（E. A. Westermark）、费勒克（C. Verecgue）等婚姻、家庭史的著者曾经在他们的专著中介绍过这种古代历史事实。

这正是极自然的事。它作为一种文化残留物，一直被保存在现在的口头传承中，这也并不是难以想象的。

看了我上面的推断，有的同行可能要提出疑问，那就是，第一种（甲）说法，既然形态比较原始（神话起初产生时的形态），那么，为什么在现代口传的记录中，它的数量反而比较少了呢？其实，这种道理是不难理解的。血缘婚的存在时期距离现在是十分遥远的。反映那种两性关系的故事能够凭借口耳相传的形式流传到现在，实在已经是不容易的事。它是经过严格的历史筛滤而仅存的"文化遗留物"。倘若它在传承过程中一点也不被侵扰，倘若它至今仍占据着同类型或同母题神话记录的绝大数量，那倒要真使我们的文化史也变成神话了。

我国现代有些学者，把这类神话中出现兄妹婚的情形，看作是后代（即那种原始两性关系已经成为过去的时期）的人们对往古历史事象的追忆，这自然也有一定的道理。但追忆须有凭借。当时既无文献记载，这种凭借便只有源自民众的口头传承。反映原始血缘的故事，大概正是由于这种凭借被保留下来的。只是这类神话口头传承的后半部出现了矛盾说法（拒婚、卡婚等），引起了以往学者的解释的绕弯子现象。现在，我们认识了神话中的这种矛盾，是由于后代人们在传承过程中加以修改、增益的结果，那么，也就不必在学术解释上再绕弯子了。更何况，前面所述的种种情况，大都可以帮助我们作出较为确切的推断呢？①

两个母题是固有的还是拼合的

在本节里，我们将讨论这个类型神话前后情节的关系问题，故要先把故事的基本情节（类型）揭示一下。关于这种神话的类型，近年国外学者也有人拟作过。现在，我根据自己所搜集的汉族传承的记录，略拟如下：

1. 由于某种原因（或无此点），天降洪水，或油火，或出于自然劫数（或无此情节）；

2. 洪水消灭了地上的一切生物，只剩下由于神意或别的帮助等而存活的兄妹（或姊弟）；

3. 遗存的兄妹，为了传衍后代，经过占卜或其他方法，或直接听从神命，两人结为夫妻；

4. 夫妻产生了正常或异常的胎儿，传衍了新的人类（或虽结婚，但无两性关系，而以捏泥人传代）。

---

① 有的学者因为现在民间口头所传兄妹婚情节中的主人公是个体，不符合"原始社会血缘家族兄弟姊妹配偶制"的说法，因而认为它不是那种血缘婚的直接反映（或者说"不是十分典型的"）。这个问题牵涉对原始时期血缘婚情况的理解和对原始文学作品反映现实的艺术特点的认识等问题，说来话长，待以后有机会再行讨论吧。

这种类型，如果更集约些，大体也可以表现为下列两个母题（motif）：

1. 洪水泛滥（或天火蔓延等）酿成了大灾难，毁灭了地上的一切生物，这可以简称"洪水为灾"母题；

2. 仅存的人间兄妹（或姊弟），经过某种方式（占卜、觅藏等），或听从神命，结为夫妻，传衍后代，这可以简称为"兄妹结婚再殖人类"母题。

像"绪言"中所说，50年来，特别是最近这段时期内，许多学者在这种由两个母题组成的神话故事上，很少有从这方面的现象提出问题，或者进而加以较详细探究的。① 单从这种故事情节本身的结构看来，的确也没有显著的破绽，似乎是合情合理的。但是，我们试从神话中两个母题故事在我国文字记录上的存在情况看，从我国数十年来（特别是近十年来）这类神话新记录的众多异文看，以及从我国周围地区、民族所流传的这种类型或母题的神话传说看，结论也许就要发生变化了：这种神话中的两个母题，到底从故事诞生时就一同存在，还是在故事流传过程中两者才拼合起来的呢？这点的确不免引起我们的怀疑。经过反复思索，我初步得到的看法是：神话中的两个母题，大概原来是分别存在的，它们是在流传过程中才被拼合到一起的。下面，就让我略述理由和证据。

（一）从我国古代有关这两种母题的神话传说的情况看

我国的古代文献富于洪水主题的神话传说（或者像已故松村武雄所说的"治水故事"和"下沉故事"，即"地陷故事"）。像大家所知道的夏禹治洪水、共工振滔洪水以薄空桑等，都是比较著名的故事。这些故事中的洪水为灾的母题，虽大都常与别的母题相纠合，却没有与兄妹结婚、再殖人类的母题相结合的。就是那位补天造人的大女神女娲氏，后来被传为伏羲的妹和妻，而且为今天有些学者所指实为洪水后兄妹结婚再殖人类的这一类型神话的女主人公的，在《淮南子》（西汉初年著作）中被描写为遭洪水大破坏后的宇宙秩序建立者（包括她用石灰堵塞洪水的活动）②，但在那个时期，她显然也没有与兄妹结婚、再殖人类的母题发生什么关系。

到了明代，城市间流行小说的讲说和写作。其时出版的公案类小说《龙图公案》（或称《包公案》、《包公奇案》），才收有名为《石狮子》的篇章。③ 在那里，不但现代口传的"洪水后兄妹结婚再殖人类"类型神话中的重要配角——石狮子开始出台了；就是从大体上看，其结构也与今天广泛流传的这种类型神话的说法相当接近。但是，在故事中，洪水过后存活的并不是同胞兄妹，而是乐善好施的崔长者一家，并且故事拼合了坏人"恩将仇报"的母题，结局是包青天（拯）明断了是

---

① 李子贤在《论丽江纳西族洪水神话的特点及其所反映的婚姻状态》（见《中国少数民族神话论文集》，广西民族出版社1984年版）中，指出纳西族这种类型神话的复合性，可惜没有扩展运用到多民族同类型神话的研究上，并开展进一步的论证。

②《淮南子·览冥训》，《淮南鸿烈集解》本，商务印书馆1923年版。

③（明）无名氏著：《龙图公案》卷二，清嘉庆年间翻刻明代经元堂刊本。

非。这个把民间传说加以再创作的作品，对我们今天考察这类神话中两个母题是否原来共有的问题，似乎特别有佐证的作用。

我国自汉魏六朝以来，文献上屡屡出现地陷型洪水传说。这类故事，较早的要算《吕氏春秋》所记的伊尹故事。① 这个故事也片断地见于《天问》等（这种故事从另一方面看，也可以说是"伟人奇异出生"的传说）。此外，还有《淮南子注》、《搜神记》、《述异记》、《水经注》等所载的跟这类型大同小异的一些传说。② 它们所述洪水的规模和破坏力大都比较小（这大概因为它产生比较后，人们对于水灾所及范围的认识比较近于现实），但它无疑是我国古代洪水传说的一种类型。在这种类型的传说中除洪水为灾的母题外，所拼合的其他母题虽互有不同（多与动物或人类报恩型的母题相结合），却都没有与兄妹结婚再殖人类的母题相拼合的。洪水兼兄妹婚这种类型神话传说在我国开始被记录，主要是在"五四"新文化运动以后、民俗学活动正在兴起的时候。

另一方面，在我国文献上所记载的兄妹结婚繁衍人类母题的神话，是见于约1000 年前唐末李冗《独异记》（下）所录的女娲兄妹结婚的故事。它被现代研究者们所重视，认为它是我国这类神话的最古文献。其实，这个所谓"女娲兄妹"的故事，主要只有这类神话的后一母题——兄妹结婚传衍人类。③ 像许多较古记载没有这后一部分的母题一样，它缺乏前面洪水为灾的母题。我们看，这故事的开头说："昔宇宙初开之时，有女娲兄妹二人，在昆仑山下，未有人民，议以为夫妻，又自羞耻……"这不是很值得我们认真思考的么？

（二）从现在国内大量被记录的口承资料和我国大陆东南方外围一些地区、民族的文献或口传资料有关这种类型神话所呈现的情况看

我们现在所看到的我国这种类型神话的大量记录（汉族及其他少数民族的），关于这个问题的情况是，兼有两种母题的篇章自然占大多数（各篇具体情节自然也有种种差异），但也有一部分篇章是只有兄妹结婚母题而没有洪水为灾母题的。这方面的例子并不少见，汉族的如浙江丽水的一种传说讲，盘古开天地时，天下只有兄妹两人。他们经过滚磨的占验后结为夫妻。④ 又如吉林桦甸的记录说，天地开辟时只有大海及兄妹俩，他们在洪钧老祖的劝说下，经过滚磨、穿针等活动，结果成婚

---

① 高诱注：《吕氏春秋·孝行览·本味》，清乾隆灵岩山馆本。

② 参见孙常叙：《伊尹生空桑和历阳沉而为湖》，载《社会科学战线》1982 年第 4 期，及拙作《中国的水灾传说及其他》，载《民众教育季刊》1931 年第 1 卷第 2 期。

③ 袁珂已经指出：这个神话"所记并无洪水，所以……所写只是创造人类而不是再造人类。"（《古神话选释·女娲·伏羲》，人民文学出版社 1979 年版）但他认为没有洪水情节是由于脱略（日本有些学者也认为彼国诺、冉二神兄妹结婚产生国土的神话，是洪水后兄妹婚类型神话的"破片"），与我的意见恰好相反。

④ "中国民间文学集成"《丽水市故事歌谣谚语卷》，丽水地区丽水市民间文学集成办公室，1989 年。

传代。① 国内少数民族的如西藏珞巴族有一种说法，讲天地结婚，产生一对男女。他们长大后，一天，因为燃烧天上掉下来的鸡蛋，迸溅的蛋汁粘到姐弟俩的下体，他们因而相爱结为夫妻，繁衍后人，成为珞巴族的祖先。② 台湾高山族的说法是，太古由石头产生兄妹，两者终结合为部落始祖等。③ 这些神话，都只有兄妹合婚传人类，而没有与洪水为灾的母题结合在一起。这说明这类神话中的两种母题是可以分合的。

与我国一衣带水而彼此文化传承关系密切的东邻日本，其古典文献上所记的伊耶那歧和伊耶那美两位兄妹尊神诞生国土的神话④，是中日两国学者在讨论洪水后兄妹再殖人类神话时，常被提及的。但是，这个神话尽管很有学术价值，像有些日本同行所感觉到的；但它却不能算是上述类型神话的一种典型形态。因为它只具有这个类型神话的后半部分母题。反之，在越南的有关神话中，虽然也有以洪水为母题，以及有男女结合成为某族始祖的情节，但却不是兄妹结婚传代，因此也算不上我们所说类型神话的典型形态。⑤ 又南太平洋的许多民族，有不少洪水为灾的神话，也有兄妹二神或二人结合传代的神话，⑥ 但两种母题结合在一起时，虽然不是完全没有（菲律宾的口承神话中就有这种例子），但总是比较少见。上述这些情形，多少可以作为我们思考和判断这类神话中两个母题拼合问题的有益参考吧。

（三）从一般民间传承故事母题离合的情形看

我们知道，民间口承作品与作家书面文学间的一个重要差别，就是它的"变异性"。一个神话、一个传说或一个民间故事，由于不同时代、不同人们的口头传述，在形态上（言词、情节甚至主题）曾发生或大或小的变化，而母题的复合或分离，正是这种变异性常见的一个方面。这是为致力民间故事学的学者们所熟知的。从中国古代神话的情况看，更是证据显然了。例如，嫦娥的原始形象，是司月女神常羲，后羿则是东夷的著名射手（或射神）。但是，到了汉初著述家的记述中，他们已经成了夫妻关系，嫦娥甚至还演了一出盗药升天的小喜剧（其中还和原来的西域凶神西王母发生了关系）。伏羲、女娲在我国古代文献上，本来是两位不同部落、代表着不同文化阶段的大神。但也在流传过程中渐渐变成兄妹、变成夫妻，或蝉联王位的

①《吉林民间文学集成·桦甸县卷》，桦甸县民间文学集成编委会，1987 年。

② 于乃昌编：《西藏民间故事》（珞巴族、门巴族专辑），西藏人民出版社 1989 年版。

③ 参见田上忠之《藩人的奇习与传说》（台湾藩族研究所，1935 年）及大形太郎的《高山族》（育生社弘道阁，1942 年）等。

④ 见日本《古事记》卷上，中国有周启明译本，人民文学出版社 1983 年版。

⑤ 参见大林太良：《东南亚细亚的神话》，见《无文字民族的神话》，白水社 1985 年版。

⑥ 参见仲小路彰编著：《古代太平洋圈》，世界创造社 1942 年版；松村武雄编述：《澳大利亚群岛玻利尼西亚群岛的神话传说》、《美拉尼西亚密克罗尼西亚群岛的神话传说》，名著普及会，1980 年重刊。

圣皇；① 而在近代传说中，又与洪水为灾的母题拼合起来，情节上的变化不可谓不大。至于一般传说、民间故事中这种情节的离合情形，就更是家常便饭了。例如现代号称四大传说之一的孟姜女故事，主人公孟姜女本是正谏齐王吊丧越礼的、刚直不阿的将军太太（杞梁妻），但在不同时期、不同地域人们的口传中，她逐渐成为善哭之妇，成为万里寻夫且蔑视帝王权威的孟姜女（连名字也改变了）了。在这里，不但原来正谏的母题不见了，而且善哭也不是她唯一的本领。传说又加入了邂逅结缘和远出寻夫等新母题，这种变化，竟至使现代一些拘泥于文学作品（其实是作家个人的书面文学作品）创作原则的学者，不敢承认后者是前者故事的蜕变。这种地方就不能不让我感叹那些汉唐等古代学者的更有见解和胆识了（因为他们敢于把她的前后传说汇集在一起，承认彼此是有关系的）。

总之，神话等在不断流传过程中是必然要发生变化的（包括母题的离合）。对于我国现在广泛流传的洪水后兄妹结婚再殖人类这种类型的神话，我认为，其中前后两个母题的存在，很可能是由于后来的拼合，而不一定是原来所固有的。这种判断或揣测虽然有点新异，但从上面所述的几点看，它决不是无根据的怀疑。至少，是有一定理由、一定论证的意见吧。

从石龟到石狮子

熟悉神话、传说以及民间故事的学者，大都知道在这些种类的民间传承中，常常要出现动物（或其精灵）及神灵等角色。在故事中，他们有时是配角，有时却是主角。中国洪水后兄妹结婚传衍人类的这种类型神话，就现有的汉族大量民间口传的记录看，作为配角的动物（或其精灵），一般就是石狮子或石龟。这种情况在中原地区的神话资料中表现尤为明显。这类神话中的配角，尽管还有传说是别的动物，如野猪等，也有说是神仙的，如太白星君、洪钧老子之类，但是占较大数量因而也较有意义的，却是它们两类。

在目前几乎传播到我国大陆各地（实际也并及隔海的台湾）的这种类型的神话里，石狮子与石龟是同时在各种异式里分别扮演着同样角色的。在故事较完整的形式里，它们的任务约有三项：（1）对主人公（兄妹或姊弟）预告灾难将来临的信息；（2）在灾难中救助他们（或预告以避灾的方法）；（3）劝导他们结婚以传衍后代（有的还在此点上给以助力或充当媒人）。在故事比较简略的形式里，它们也担任其中的两项或一项任务（例如只进行预告、救助，或只劝婚、当媒人）。这类神话，如果没有它们的参与，该不仅是减声减色，而且会比较难以构成故事的相对完整形态（自然，在少数记录里，它们的任务是被别的"人物"——如神、仙等代

---

① 参见袁珂编著《古神话选释》（人民文学出版社 1979 年版）中关于伏羲、女娲部分，谷野典之的《女娲·伏羲神话系统考》（载《东方学》第 59 期）。

替的)。

说到这里，或许有人不禁要问：这种不同动物在同一故事里担当同一任务的现象，是早期就存在的呢，还是在后来不断传播过程中才出现的？（从常识看，是不可能在故事一开始就如此的）再者，如果这种现象是后来形成的，那么，这两种动物谁是最初的角色？谁是后起的角色呢？这些都的确是值得探索的问题。

我认为，现在故事呈现的这种情景，是它们（石狮子和石龟）在历史发展过程中身份更替的结果。而从两者更替的时间顺序看，乌龟是原始的角色，狮子则是后来者——乌龟的替身。我的判断是从分析了两种动物在我国历史、文化上的出现和活动，以及它们在我国民间传承中有关的情形等方面后得出的。以下我比较具体地进行论述和证明。

（一）从乌龟方面的情形看

乌龟在我国历史上出现的古老和它在文化上的显著足迹，是稍有史学常识的人都知道的。它被认为是能预知自然变化及人类吉凶祸福的灵物，被看作是长生不老的表征。人们给它以高贵的称号：灵龟、神龟及宝龟。又把它去跟其他一些神异动物龙、凤、麒麟结合起来，合称"四灵"。

被认为能预知事物变化和人类吉凶，是乌龟在文化史上的一大特点。从殷墟大量出土的龟甲卜辞看（"先商"出土文物中已有陶龟，但未见有占卜用的龟甲），可以知道殷商的统治者，不论国家大事或日常风雨，都要凭借龟甲、兽骨去占卜。周代以来，用龟甲占卜吉凶的事，史传不绝于记载。我国最伟大的史学家司马迁在他的《史记》里，就专门设了《龟策列传》①。随着时间的不断进展，历史不知翻过了多少篇章。但是，直到现代，我们依然能在古庙、闹市或街头巷尾的卖卦先生的小桌上，看到那些被认为有关人生命运的龟壳和金钱。这点大概足以说明乌龟与我国传统文化关系的长久和密切了。

这种传统心理和文化现象的灵物，自然要反映到民间传承的文学中来。在有关这方面资料的古代典籍记录里就早有它的踪迹。例如《庄子》所记宋元君夜梦清江使河伯（龟神）告以将为渔人豫且所获的故事②，《列子》所记上帝命十五匹大龟（鳌）首戴五座大山及龙伯国大人钓走六匹大龟的故事③，都是很著名的。秦汉以后，关于龟（或龟精）的传说更是枚举不尽。在现代汉族口头传承中，也有不少是

---

① 今本《史记·龟策列传》，据过去学者考证，是后人根据原目补写的，但篇中也记述了司马氏的意见。

②《庄子·外物》，《庄子集释》本，思贤书局，清末刊。

③《列子·汤问》，《列子集释》本，龙门联合书局1958年版。按，现行本《列子》虽非原书（学者们疑为晋代该书注者张湛所补辑），但书中所载的一些神话、传说以及上古习俗，大多为前代的遗传，并非出于后代学者的伪造。因此，对这类资料，我们仍不妨把它当作较古的传承看待。

说乌龟帮助人的①，这大概是关于它的比较古老的观念的反映。但也有一些是说它偷吃东西或侵犯民间女子而受罚的②，这就说明它已经由神圣的灵物变为邪恶的精怪了。总之，在民间传承中，乌龟（或石龟、龟精）的故事，现在还大量存在着（虽然彼此间已有差异）。这也似乎象征着它被看作长寿灵物的特点吧。

现在且回到"洪水后兄妹结婚衍殖人类型神话"的正题。跟这种神话有密切关系的故事，是前文已提到的历史较古的"地陷传说"。在这类传说的记述中，就有乌龟（石龟）的出现。例如晋代那位被称作"鬼董狐"的干宝，他就记录了古巢县将沦陷前，一个老太婆不吃大鱼的肉，因而得到预告，免于溺死的故事。③梁任昉所记述的历阳县将沦为湖之前，那位受到厚遇的书生，预告老太婆大祸将临的消息，使她因此得救的故事，④ 也属于这方面的例子。在这两个地方传说里，作为预示水灾的征兆，都有城门石龟出血（或眼红）的情节。⑤ 这种情节，也正是现代洪水后兄妹结婚再殖人类型神话里，作为部分故事中对主人公灾难的预告者和救护者的石狮子所承担的。这种古今故事中情节的吻合，决不是偶然的。它说明现代故事中的同样情节，正是从古代传说中脱胎出来的。

当然，要有力地证明这一点，我们还必须同时考察问题的另一方面的情形。

（二）从石狮子方面的情形看

狮子在我国历史上的出现是比较迟的，它在文化史上经历的足迹也是比较稀疏的（特别是在中古以前）。尽管古代有些词典学者和古典注释家似乎企图把它的出现和活动提前些，因而把古书上一些兽类名词跟它联系起来，例如认为"虪"就是师子（狮子），或者认为《尔雅》里所说的"如貙猫、食虎豹"的㹯貐"即师子也"。⑥ 我们固然不好随便否定这种说法，但是，能使我们较为安心承认的，还是像史书上所说汉章帝时，西域安息贡狮子一类的事情⑦。自东汉以后，直到元代，都有外国（主要是西域）进贡这种动物的史实。而且有关它的记载也逐渐多起来。当然，谈到它跟中国人民生活、文化、信仰等的关系程度，它到底比不上龙虎或龟蛇。

---

① 例如《龟山的传说》（见"中国民间文学集成"《梁山民间故事卷》第 1 卷，山东省梁山县三套集成办公室，1988 年）、《石龟》（见"中国民间文学集成"《韶关民间故事集成》上册，韶关市民间文学集成编辑委员会，1988 年）等。

② 例如《乌龟石》（见《湖北民间故事传说集》，中国民间文艺研究会湖北分会，1981 年）、《龟山的石头为啥打不成块》（见"中国民间文学集成"《梁山民间故事集》第 1 卷，山东省梁山县三套集成办公室，1988 年）等。

③《搜神记》卷二十，《学津讨原》本。

④ 现行本《述异记》卷上，清末湖北书局重刊。

⑤ 关于这种情节的传说，请参看铃木健之：《神话·传说·故事》第 2 节 "石龟的眼"，见《中国文化史·近代化的传统》，山本书店出版部 1981 年版。

⑥ 前者见许慎：《说文解字》第 9 卷，《说文解字段注》本，成都古籍店影印；后者见郭璞注：《尔雅·释兽》，《十三经注疏》本，中华书局重刊。

⑦《后汉书·西域列传》，一般刊本。

有关这一点，只要看唐代学者欧阳询所编纂的著名类书《艺文类聚》的兽类部分里没有"狮子"这个项目，就可以参透其中的信息了（同时代徐坚编的另一部类书《初学记》，所收录的也不过《尔雅注》等文献及一些诗文资料罢了）。

尽管如此，这外来的异兽狮子，终于进入中国人民的生活圈、文化圈了。如名画师顾光宝所画的狮子，就为人治疟疾；谗人诬李泌受人金狮子而终于受到惩罚的传说或历史故事等在文献上出现了。[①] 但是，大概由于时间及实物接触等的限制吧，在民间传承方面到底不多见。像宋代官修中国古代小说之海的《太平广记》，记录龙、虎一类传说、故事多到八卷；而狮子却只有寥寥三则，其中一则还是"杂说"，另两则记魏武帝伐匈奴跟狮子格斗，后魏庄帝试验异国所献狮子是否有伏虎威力，不过略似民间传说罢了。

情况终于有了较大变化。像前文提到的，明代那位无名氏所编著的《龙图公案》中便载有《石狮子》一篇。尽管这种小说情节，并不是与现在汉族民间广泛流传的洪水后兄妹结婚再殖人类一类的神话的说法没有出入的地方，如石狮子不是灾难的预言者，结局也不是兄妹结婚传人类（它的主题是清官审判负心汉）等。但在这个故事里首次出现了石狮子眼中流血预兆水灾的情节，并有洪水泛滥，广大生灵受害，以及善良人因善行得到救助的情节，它与今天民间所传的洪水后兄妹结婚再殖人类类型的神话，基本上有相当多的类似之处。这无疑是我们今天研究此类型神话应当注意的一种历史资料，特别在研究石狮子与石龟前后更替关系的问题上更是如此。我以为现在汉族流行的这种类型的神话，部分记录中石狮子及其预告灾难等情节，是从较早时代地陷传说中的石龟角色及其作用所蜕变而成的。而明代小说中的石狮子及其预兆作用的叙述，正是现在这种故事有关情节的较早形态。在现代同类型神话的另外记录里，那角色仍是乌龟，这是原始说法的遗留。它说明故事情节的演变并不是一刀切的。

关于现代流传的洪水后兄妹结婚传衍人类一类的神话中，那作为配角的动物（物精）的演变关系，还有其他可供佐证的资料，为了避免烦琐，就不多提了。总之，从石龟到石狮子的更替演变过程，是有迹象可寻的。

结　　语

上文就我所提出的三个问题，即这类神话的产生时期，神话中两个母题的离合及石狮子与乌龟的关系问题，进行了扼要的分析和论证。由于篇幅、时间的限制，也由于个人学力和精力的限制，在意义的挖掘、理论的阐述和论据的援引等方面都有些简略，或者不免于疏失。这些缺点，只好等待将来有机会再补正了。

---

① 前者见唐陆勋《志怪录》；后者据《渊鉴类函》卷四二九三，近代影印本。

近年因为频频翻阅这方面的大量记录，觉得这种类型神话综合看来，它的内容是相当丰富和复杂的，因此它所提出的问题也相当多。其中较大的，例如它的流传区域、它的发源地区或民族族属、它的母题的复合性等；较小的，如所谓"怪胎"的真正的原始文化观念内涵、婚卜或试婚问题，……它们有的是过去和当代学者已接触到的（甚至出力讨论过的），有的则是新问题。不管是后者或前者，都有必要根据所发现的大量新资料，运用新的科学方法或采用新的角度，去加以比较详细地分析、综合和判断，这样，才能使这种类型神话的各方面（因而也是整体）得到应有的阐明。这样做的结果，不但大大有利于现代神话学的推进，也将使东亚文化史（特别是口承文化史）的研究宏放光彩。因此，我诚恳希望国内外学者们再接再厉，以达成功的领域。我虽然年龄已经老大，但在有生之年，总要在这种学术园地里竭力去继续耕耘。

1990 年 4 月 26 日初稿

于北京师大，时当米寿之年

附记：本文写作过程中，在确定论点、整理和核对资料等方面，得到董晓萍女士的大力相助，谨此致谢。

本文首次发表于《中国与日本文化研究》第一集，中国大百科全书出版社1991 年版。

中国宇宙神话略论

陶思炎

陶思炎（1947— ），出生于江苏南京，文学博士，东南大学东方文化研究所所长、教授、博士生导师。1982 年以《比较神话研究法刍议》一文开始了神话学的研究，先后发表了《神话文体辨正》、《五代从葬品神话考》、《鱼考》、《牙角文化探幽》、《炎帝神话探论》等论文。专著《中国鱼文化》、《祈禳：求福·除殃》、《风俗探幽》、《中国镇物》等，均涉及神话学的研究。论文《比较神话研究法刍议》被日本西南学院大学选作教材，《中国宇宙神话略论》被台湾选作教材。

宇宙神话是原始思维发展到高级阶段的产物，而兽形宇宙模式则是宇宙神话的最初形态。中国的宇宙神话瑰奇而丰富，其"四神三光"、"两河三界"、"四极八柱"的构想及其观念中人、神超时空抱合交通的方式，构成了中国文化奇丽丰饶而特色鲜明的因素之一，并得到持久的承传与应用。在中国宇宙神话中，物神交混、兽人互通，其体系极为复杂，本文且选取宇宙构造、人神交通和宇宙阶梯三点，以略作论析。

四神三光与宇宙构造

我国自古有天圆地方之说，并视日、月、星为测定岁时的"三光"，以青龙、朱雀、白虎、玄武为划定东南西北方位的"四神"。"四神三光"实际上是对兽形宇宙模式的概括。《齐俗训》曰："往古来今谓之宙，四方上下谓之宇。""四神三光"正是时空确立的依托，也是神话宇宙模式的有机构造。

除了"四神"以动物形态出现，"三光"也有其兽体象征。太阳以"三足乌"为其兽体①，月亮以蟾蜍为象征②，星辰则以鱼为其兽体形态③。晋代傅玄的《三光篇》曰：

> 三光垂象表，天地有晷度。

---

① 《五经通义》曰："日中有三足乌。"

② 《乾凿度》曰："月三日成魄，八日成光，蟾蜍体就，穴鼻始明。"见《艺文类聚》卷一《天部上·月》。

③ 详见陶思炎：《中国鱼文化》第 3 章，中国华侨出版公司 1990 年版。

声和音响应，形立影自附。

素日抱玄乌，明月怀灵兔。

诗歌言及"三光"与天地形声的关系及日、月的兽体形态，不过，它以"灵兔"代蟾蜍，表明了汉以后宇宙观的衍化。日东升西落，运行有常，"旦出扶桑，暮入细柳"①，以树梢为栖息之地，正如乌鸦晨去暮来，日日知归，筑巢枝头一样，故乌鸦成了日精的象征。月有阴晴圆缺，月能"死则又育"②，其周而复始的化变，如蟾蜍冬眠春苏一般，且月为水精，蟾蛙喜水，故二者相连通代。星空为河，天河地川相通，故鱼星混同合一，互为表征。③

四神三光的兽体系统是以时间与空间的分层而构建的。其实就"四神"说，观念中的宇宙构造已展示无遗。如果我们以东西为横轴，南北为纵轴，其坐标即为简化的宇宙模式，其横轴为地面，其纵轴为天地连线。该坐标表现出空间的构架，而以原点为圆心的外接圆，是日精朱雀的一周行程，则表现出时间的意义。我国地形是西倚高地，东临大海，而虎为山兽，龙为水族，故各与西山、东海相配，显示出地产物种的方位特点。由于我国地处北半球，自古有南向面日之俗，故南在上端为天界，北在下端为幽冥，朱雀在南而行天，玄武居北而伏地。《礼记·曲礼》记述军旗之制说："前朱雀而后玄武，左青龙而右白虎。"其四神的前后左右，正是南北东西的对应，其宇宙图式即为上南下北，左东右西。

在四神中玄武的形象最为奇特而神秘，它以龟蛇相缠的复体形态显示着比青龙、朱雀、白虎等单体神兽更为复杂的象征隐义。何谓"玄武"？宋人洪兴祖《楚辞补注》云："说者曰：玄武谓龟蛇，位在北方故曰玄，身有鳞甲故曰武。"至于玄武造形的意义，及何以置于北方，自古以来，颇多谬说，甚至连汉代学识渊博的许慎也言之有误。他在《说文解字》十三篇下训解"龟"字曰：

龟，旧也。……天地之性，广肩无雄，龟鳖之类，以它为雄。

其说为龟无雄者，以雄蛇相交配。这显然是奇谈谬说。今人亦试图对玄武的龟蛇构图作出解释，有人称它是蛇氏族与龟氏族的外婚制象征，④亦颇牵强，难以立论。我认为，玄武的隐义，只能从兽形宇宙构造中去索解。

构成玄武的龟、蛇二兽，实乃大地载体与大地的象征。其中，龟为世界载体，在中国神话中它同龟、鳖等都作为世界的支柱，具有负地撑天的神功。在神话传说中，有"龟化城"、龟支床、龟预告地陷一类的故事，⑤此外，作为龟的变种，赑屃也有移山引水之功和驮碑负重之力，在张衡《两京赋》中就有"巨灵赑屃，高掌远跖，以流河曲"的歌赋。究其建城与移山之为，乃因龟为大地沉浮的载体，故能知

① 《论衡》曰："儒者论日，旦出扶桑，暮入细柳。"

② 《楚辞·天问》："夜光何德，死则又育？"

③ 鱼星混同在新石器彩陶画上已有表述，详见陶思炎：《中国鱼文化》，中国华侨出版公司1990年版。

④ 参见孙作云：《敦煌画中的神怪画》，载《考古》1960年第6期。

⑤ 见干宝《搜神记》、任昉《述异记》。

土识水，并使地陷山移。至于古陵墓前的负碑赑屃则演示了宇宙神话观在文物制度中的应用。其碑头多做成圆帽状，有云龙纹的雕凿，以象征天空；碑身记述死者生前功德，以人事表人间世界；赑屃伏于碑下表对天地的载承及天界、人间与幽冥的上下通连。赑屃虽附会为龙子，但其基本形态仍不失为龟，透露出龟与宇宙的象征联系。

玄武中的"蛇"即大地的象征。蛇上居幽避，为冥土化身。古墓及古器上的践蛇食蛇之象都寄寓着战胜幽冥，起死回生的旨意。在四川"鬼城"丰都的"望乡台"后的下山路上有座"九蟒殿"，殿中九蟒缠柱绕梁，昂首吐舌，演示了地府的阴沉可怖，也透露出蛇、地间的内在关联。此外，在山西长治出土的战国铜匜上，画有巫师祭天图，祭祀队列的土下有群蛇蛰伏，也表明了蛇的土属性质。因此，玄武的龟蛇合体乃具有负载大地的象征意义，它与朱雀在纵轴上的分列，正演绎了神话思维中的宇宙构造，即宇宙靠神兽支撑，并有天空（神界）、地上（人间）、地下（冥土）的分层。

兽形宇宙观具有广阔的文化应用，在瓦当铜镜、画像砖石、墓中壁画、帛画、天文图、道观、军列旗帜、祭祖牌位、功德牌坊等方面均有所见，尤以墓葬中的应用为突出。所谓"伏羲"、"女娲"人身蛇尾、执规矩、举日月的构图极为多见，它以天地相会、阴阳交合为化生契机，并以蛇尾、人身、乌蟾的同图，表现地、人、天的垂直分布，并由此寄托迁化、复生的企盼。

两河三界与人神交通

在神话认识中，神、人、鬼在宇宙空间中的相对分隔是以天河（星河）和地川（冥河）划界的，但借助神物或巫法能够超越和交通。

天上有水，星空为河，大地水载，天河、地川相通的宇宙认识在我国从新石器时代及至明清时期都信守不废。在仰韶文化的彩陶画上有多种水星图、网星图及星河图的绘画，特别是在兰州白道沟坪仰韶文化遗址出土的星河纹陶碗，突出了星、河间的联系，成为古人视星空为"银河"的重要实证。原始文化中的网星、水星及河星的同图，其"星"纹本为鱼纹图案化后的高度抽象，但也与天水、地泉相连互通的天地一体的认识相合。

银河说是中国古代的宇宙观，它不同于西人称之为 Milky Way 所透露的旱地认识。天水观及两河观在古代文献中多有载述。《山海经·大荒西经》中有"风道北来，天乃大水泉"之说，《黄帝书》则曰："天在地外，水在天外，水浮天而载地者也。"此外，《浑天仪》注曰：

> 天如鸡子，地如鸡中黄，孤居于天内，天大而地小，天表里有水，天
>
> 地各乘气而立，载水而行……

据此观点，宇宙之水浮天载地，并将天、地结为一体。这一哲学判断是从天有雨露，地有黄泉的认知而概括的。郦道元在《水经注》序中援引《玄中记》之论，言及天

水与地物的关系：

> 天下之多者，水也。浮天载地，高下无不至，万物无不润。

宇宙之水与天地、万物的联系，还派生出星海相通、两河相贯的认识。《抱朴子》曰："河者，天之水也，随天而转入地下过。"《孝经援神契》曰："河者，水之伯，上应天汉。"前者说地河是天水的转入，后者言地河与天汉两相对应。直到清代，仍有学者因袭古说，言两河由天而入地：

> 天河两条：一经南斗中，一经东斗中过。两河随天转入地……地浮于
>
> 水，天在水外……①

此两河实把天地分成三界，一条是"天河"，将天地分开，形成天界与人间，故"天在水外"；另一条将大地与冥土分开，形成人间与地界，故"地浮于水"。

两河三界的宇宙观在文物和民俗中留有印迹。在春秋战国时代的铜匜上，其匜口与匜身多绘作巫师祭天的场面，表明匜口的波纹带即为浮天的银河。

两河相隔，三界分离的神话宇宙观，使人类产生了加以认识和交通的渴望。在中国文化中，鱼类作为乘骑和神使，在三界交通中的应用最为突出。在战国铜匜的匜口"天河"外，均绘有两鱼或三鱼的图像，以表现其"上下于天"的神功。商、周玉鱼、蚌鱼的从葬，先秦的"鱼跃拂池"之制②，汉画像石中的鱼导轮行和骑鱼西去的构图，又表现了鱼行幽冥的职能。由于三界为两河所隔，而鱼为水兽，又善神变③，故成为三界交通的神使。从晋人崔豹记述的鲤鱼的多种别称，亦能看到鱼的乘骑性质：

> 兖州谓赤鲤为赤骥，谓青鲤为青马，谓黑鲤为黑驹，
>
> 谓白鲤为白骐，谓黄鲤为黄雉。④

可见，鱼为乘骑的观念在中古已极为寻常。

四极八柱与宇宙阶梯

天有四极之说亦出自神话宇宙观，我国著名的"女娲补天"神话，实际上并非对英雄行为的张扬，而是对四极、天柱的宇宙构造所作的形象化解释。《淮南子·览冥训》载："往古之时，四极废，九州裂，天不兼覆，地不周载。于是女娲炼五色石以补苍天，断鳌足以立四极。"其"四极"实乃天盖，其"鳌足"实为天柱，这是兽形宇宙模式的残余。在古代中国，还有以高山为天柱的神话，其发生当在兽形天柱之后。《楚辞·天问》中有"天极焉加？八柱何当？"之问，王逸注云："言天有八山为柱。"八柱说在其他古籍中亦见载述。《淮南子·地形训》曰："天地之间，

---

① 周亮工：《书影》第7卷。
② 详见雷鐏：《古服经纬》卷下。
③ 陶弘景《本草》曰："鲤鱼最为鱼之主，形既可爱，又能神变，乃至飞越山湖……"
④ (后唐) 马缟：《中华古今注》卷下。

九州八柱。"《后汉书·张衡传》注引《河图》曰："地有九州八柱。"其说均言地有八柱撑天。"八柱"又称"八极"，实乃八山。《淮南子·地形训》又曰："八纮之外乃有八极。"《天文训》中另有共工"怒而触不周之山，天柱折，地维绝"的神话，其"不周之山"位于西北之极，也是立于西北方的天柱。

四极八柱的宇宙模式以大地的定向为基准，由平面而空间地将天地构成一个统一的整体。天柱是宇宙框架中的虚拟构件，表现人类以地物认识天象的努力。兽形天柱是宇宙模式的组成部分，是天柱形式的第一阶段。以山撑天的"天极"之说，是天柱形式的第二阶段。战国铜镜上的"山"字纹，具有天柱的象征意义。以文化造物为天柱的传说，则是天柱形式的第三阶段。

在宇宙神话中与天柱相近，还另有天梯的构想。天梯即宇宙阶梯，是人、神上天下地的通道。天梯的种类在中国宇宙神话中主要由两种自然物充任，其一是高山，其二是巨树。

我国的高山型天梯，以昆仑山最为典型。据《淮南子·地形训》载：

> 昆仑之丘，或上倍之，是谓凉风之山，登之而不死；或上倍之，是谓悬圃，登之乃灵，能使风雨；或上倍之，乃维上天，登之乃神，是谓太帝之居。

由"昆仑之丘"到"凉风之山"，再经"悬圃"到"太帝之居"，是层递性的境界，即由人间往天府的阶段性的升迁，所谓"不死"、得"灵"、成"神"体现了天梯神话的信仰意义。此外，《山海经》中的"灵山"也是天梯。《大荒西经》载：

> 大荒之中，……有灵山，巫咸、巫即、巫盼、巫彭、巫姑、巫真、巫礼、巫抵、巫谢、巫罗十巫，从此升降。

巫师以通神为能事，其缘灵山而升降，即暗示了灵山的宇宙阶梯性质。与此相类，《海外西经》所载的"登葆山"①，《海内经》所载的"肇山"②等，也都是宇宙神话中的天梯。高山还是燔柴祭天之所，以其高耸入云和绝顶难攀，故被看作天神下地上天之径。除却名山巨峰，各族各地的大小"神山"，在其神话体系中往往也都充作降神与升迁的天梯。

巨树在宇宙神话中也是最习见的天梯，由于它由地及天，人、神缘此升降，故又有"宇宙树"、"世界树"之称。关于巨树型天梯，在古文献中亦略有载述。《淮南子·地形训》曰：

> 建木在都广，众帝所自上下。日中无景，呼而无响，盖天地之中也。

建木是耸天的宇宙巨树，"众帝"即众巫，他们以建木为梯上下天地，归属以宇宙交通为功利的巫术神话。

---

① 《山海经·海外西经》曰："巫咸国在女丑北，右手操青蛇，左手操赤蛇。登葆山，群巫所从上下也。"

② 《山海经·海内经》曰："华山青水之东，有山名曰肇山，有人名曰柏高，柏高上下于此，至于天。"

东汉以前已出现的"摇钱树",也是宇宙树,其寓意虽略有化变,但基本保留了巨树型天梯的形制。在四川东汉墓曾出土雕有鳌、羊、蟾蜍和其他怪兽的陶座摇钱树,并有持竿击钱者、挑钱者、抱瓮者等;[①] 在云南昭通桂家院子东汉墓也出土了摇钱树残片及其陶座,陶座雕为虎头,座上钱树高耸,左右树枝旁出数层,各枝头有神兽、神人,有骑马者、张弓者、招引者,枝头并铸有硕大的圆形方孔钱币。各枝头神、人、兽交混,成为多梯层的生存空间。摇钱树的基本构图是对宇宙树神话意境的效仿。其钱纹的出现,可能是拟指栖于扶桑树上的十日,并以圆形方孔象征天地交合、阴阳璧合,从而留有宇宙神话赋予生命的意义。同时,钱纹的出现,也表明时人对人间财富的追求已逐步超越抱合天地的长生欲念——宇宙神话已步向衰亡。

在民俗活动中也见有巨树型天梯神话的应用。西藏林芝地区的贬锐山是当地藏民的神山,在山路上常见有刻有梯状槽口的一米长左右的小树干,以作为象征的死后登天的阶梯,同时该山的一棵巨松上还吊有夭儿的棺箱,以寄托使死者循该树而进入天界的祈望。[②] 此外,鄂温克族、鄂伦春族的树葬也是表现宇宙树神话的遗俗,他们认为树葬后死者会化变为天上的星辰,并给后人带来希望和光明。[③] 死化星辰,正表露了缘树登天而长存的宇宙观。故树葬是对天梯的盼求。在汉族地区的风俗中亦有天梯信仰的遗迹,如旧时南京小儿寄名于树的习俗与宇宙神话也有着隐约的联系。据《金陵琐志·炳烛里谈》卷下载:

> 牛市旧有槐树,千年物也。嘉道间,小儿初生,辄寄名于树,故乳名槐者居多。

这是望子成龙,得寿升天观念的流露,其信仰诱因颇为复杂,有物久则神观,有"槐"、"魁"相近,盼得魁星神君佑助而登科之望,亦有通天近神,长生不灭的企盼。究其根源,寄名于树与悬棺于树一样,是巨树型天梯神话在民俗中的孑遗。

中国的宇宙神话瑰奇而丰富,其太阳神系、月亮神话、星辰体系及创世类型等本文均未论及,但仅从宇宙构造、人神交通和宇宙阶梯的论析即已大略地展示出它的五彩光晕,让人们看到神话、巫术与民俗文化间的承传联系。宇宙神话是人类世界观的雏形,它是追踪人类思维的重要源头,也是追踪人类文化的广阔领域。中国宇宙神话中的"四神三光"、"两河三界"及"四极八柱"之说等具有鲜明的民族特点和文化个性,已成为中国文化和东方文化中的异宝奇珍。

本文原载《东方文化》第一集(东南大学东方文化研究所编,东南大学出版社1991年版)。收入本书时作了删节,原作附图从略。

---

① 参见于豪亮:《"钱树"、"钱树座"和鱼龙漫衍之戏》,载《文物》1961年第11期。
② 参见林继富:《藏族天梯神话》,载《民族文学研究》1989年第4期。
③ 参见郑传寅、张健主编:《中国民俗辞典》,湖北辞书出版社1987年版,第422页。

盘瓠神话的历史和文化价值

徐华龙

徐华龙（1948—　），江苏人。1976 年复旦大学中文系毕业，1979 年复旦大学硕士研究生毕业。现为上海文艺出版社编审。神话方面的主要论文有《西南少数民族弃子神话研究》(1986)、《射日神话新探》(1987)、《论瓜神话》(1987)、《太阳神话的民俗学价值》(1987)、《女娲神话新考》(1987)、《南方太阳神话研究》(1988)、《月亮神话的多重沉积、象征意义及其演变》(1992) 等；专著有《中国鬼文化》(1991)、《中国神话文化》(1993) 等。

盘瓠，亦称槃瓠、盘王等。

盘瓠神话是南方神话系统中的重要一支，是一种图腾神话的代表之作，曾流传于苗、侗、壮、瑶、畲、水、土家等民族中间，为这些民族共同的文化财产和精神支柱。

较早记载这一神话的，是晋干宝《搜神记》(《汉魏丛书》本) 卷三：

> 昔高辛氏时，有房王作乱，忧国危亡，帝乃召募天下有得房氏首者，赐金千斤，分赏美女。群臣见房氏兵强马壮，难以获之。辛帝有犬字曰盘瓠，其毛五色，常随帝出入。其日忽失此犬，经三日以上，不知所在，帝甚怪之。其犬走投房王，房王见之大悦，谓左右曰："辛氏其丧乎！犬犹弃主投吾，吾必兴也。"房氏乃大张宴会，为犬作乐。其夜房氏饮酒而卧，盘瓠咬王首而还。辛见犬衔房首，大悦，厚与肉糜饲之，竟不食。经一日，帝呼，犬亦不起。帝曰："如何不食，呼又不来，莫是恨朕不赏乎？今当依召募赏汝物，得否？"盘瓠闻帝此言，即起跳跃。帝乃封盘瓠为会稽侯，美女五人，食会稽郡一千户。后生三男六女，其男当生之时，虽似人形，犹有犬尾。其后子孙昌益，号为犬戎之国。

这一则神话相对其他时代记载的盘瓠神话要古朴些、真实些，反映了盘瓠神话的基本结构和文化要素。

当然，这则神话亦不可避免地打上了干宝记录时的那个时代的痕迹，如"赐金千斤"、"分赏美女"以及封侯加爵的晋朝人的思想和观念。

因此，我们在研究盘瓠神话时，决不可以某一书中所记载的内容作为唯一的依据，而是应该综合考察古籍记载的各个时期的和至今仍活在人们口头中的盘瓠神话，及其有关的风俗习惯、历史文物、地理遗迹等等，只有这样，才能全面地看出盘瓠神话的历史渊源和它的文化价值。

一、历史价值

盘瓠神话是一种图腾神话，说得具体些，是一种动物图腾神话。

关于盘瓠为狗，这一说法，无论典籍，还是口传，均为一致，毫无异议。

狗作为一个部落、一个氏族，甚至一个民族的图腾，并不等于这一部落、氏族、民族中的人都是狗的后代，或者说其祖先为狗。这里的狗是一种徽帜、一种符号，为一个时代的产物。

以盘瓠为图腾，是南方许多民族共同的文化特征。《古今图书集成》卷一四一记载："南越王有犬名槃瓠，王被擒，其母传令有能脱王归者，当以王女妻之。槃瓠闻言，欣然往，窃负而逃，遂妻以女。槃瓠纳诸石谷，与之交媾，生子数人，曰獞，曰猺，曰獠，曰狼，曰狑，曰狪，各成一族，自为部落，不相往来。故猺人多姓槃，嫌犬名不雅，改为盘，且冒称盘古之裔，其实非也。"这里所说的獞、猺、獠、狼、狑、狪，均为古代南方少数民族，也就是说他们有着一个共同的图腾崇拜。

据调查，福建宁德畲民每届三年都要举行一次盘瓠大祭活动。又据《贵溪县志》十四卷记载："每祭祖，则四姓毕集，悬所绘狗头者，即其始祖盘瓠也。"壮族也很信奉狗，花山崖壁画上有不少狗的形象，这便是狗图腾的一种符号。花山崖壁画有这样一幅画面：两三米高的朱红色巨人，骑在奔跑的神犬上，腰上挂着刀，手持利剑，头上的羽翎迎风飞舞。这里的神犬当是一位战神的前驱，亦表示壮族先民对狗有特殊崇敬心理，因为他们以为神犬出现于战斗的前沿，就一定会取得胜利。此外，这幅壁画的神犬与《搜神记》中的盘瓠有着共同的文化特征，都是战争的获胜者。

陆次云《峒溪纤志》记载："苗人，盘瓠之种也。……以十月朔为大节，岁首祭盘瓠，揉鱼肉于木槽，叩槽群号以为礼。"这里说的是苗族祭盘瓠的风俗，其中所说祭祀时，用鱼肉来招待，并叩槽作为召唤信号，显然这一切都是用于狗的食物和办法。由此可知，苗族亦有狗图腾的信仰。除了苗族之外，瑶族亦有狗崇拜的风俗习惯。刘锡蕃《岭表纪蛮》云："狗王惟狗猺祀之，每值正朔，家人负狗环行炉灶三匝，然后举家男女向狗膜拜，是日就餐，必扣槽蹲地而食，以为尽礼。"这里说的是瑶族祭盘瓠的情形，与苗族的祭祀风俗，大致相同。

人们敬奉狗，是有一定原因的。不仅因为盘瓠是位战争的胜利者，而且还在于它是人类食物的来源。这是更主要的原因，亦是早于战争的一个重要因素。

在南方许多少数民族中，狗是人们粮食的获取者，没有狗的帮助，人们则无法取得食粮。苗族流传着《狗取粮种》的故事：很古时候，人们吃草根树皮，苦得要死。玉帝王母很是同情，叫派个人去天上取稻种。恰在这时，狗自告奋勇说它要去。人对它说：玉帝王母如问你要哪种粮种，你就说要"五尺长的果，五寸长的秆"。

谁知，狗到天上，将此话说成了要"五寸长的果，五尺长的秆"。玉帝王母就丢了个五寸长的包谷给它。狗衔着包谷回到人间，才发现自己说错了，自知对人不起，从那以后，它替人省点粮食，自己去找屎吃，代代相传，成了习惯。[1] 土家族也流传着狗上天，取五谷杂粮的故事：很古很古以前，人们还没有五谷吃，靠采野果，打野兽，捉鱼虾为生。后来，人们听说天国出五谷，但和天国隔了四十九条天河，谁也过不去，人们只好站在河边，望着天国叹气。狗见主人长叹不已，渐渐懂得了主人的痛苦。一天，这狗泅过四十九条河，在菜籽堆上打了两个滚，又泅了回来。幸好过河时狗尾巴翘出水面，上面沾了三颗黄灿灿的菜籽种。第二年，主人把菜籽种在地里，秋天得了九百多颗，一尝，又香又糯，比果子树叶好吃得多，就留下种，以后菜籽就越种越多了。后来，狗又过四十九道天河，取回了小谷种。以后，狗多次到天国，捎回来稻谷、包谷、黄豆、绿豆、高粱、麦子、豌豆、芝麻各种种子。这样，人们生活就越来越好过了。因为狗为人们寻找粮食立下大功，所以人们就把狗养了起来。[2]

狗之所以受到人们敬重，与它对人们做的好事是分不开的。在人类早期社会里，粮食的获得，要花费人们的绝大部分的精力和气力，也就是说粮食的得来是十分不易的。因此，人们非常感激那些解救生存危机的动物、植物，而狗则属于这种忠实为人服务的动物。所谓狗取稻种的故事，并非实有其事，是一种附会，这种附会是因为狗在人们生活中有较多的作用，特别是狩猎中更能帮助人获得猎物。据科学史记载，狗的驯服大约在公元前八千年，或许更早些。[3] 半坡时期的家畜中就有了狗，此外，内蒙古阴山崖画上亦有各种狗的图形，这说明狗已成为人们生活中不可缺少的一部分。因此，狗在原始民族那里是受到崇信的动物。费尔巴哈说过："狗，在拜火教徒看来，是一种能服务的忠诚动物，所以拿来当作一种行善的（因此是神圣的）东西在祷颂中称颂；它诚然是一个自然产物，并不由它自己、凭它自己而成为它之所以为它；可是同时却只是狗自身，是这个生物，而不是别的，才具有那些值得崇拜的特点。"[4] 这句话的真正意思，就在于狗对人有用处，所以人将其作为崇拜的对象。类似这样的转换，在原始宗教中是屡见不鲜的。

其实南方这些少数民族的盘瓠神话，还表现了狩猎向农业的历史过渡。

流传于畲族的盘瓠神话说：其祖先盘瓠（又叫龙期），因助高辛皇帝平息外患而娶其第三公主，被封为忠勇王，婚后生下三男一女，长子姓盘，名叫自能；次子姓蓝，名叫光辉；三子姓雷，名叫巨佑；女婿姓钟，名智深。盘瓠不愿为官，带领全家落脚广东潮州府凤凰山，开山种田，繁衍后代，发展成为畲族。[5]

---

① 《苗族民间故事选》，上海文艺出版社 1983 年版，第 27—28 页。

② 《土家族民间故事选》，上海文艺出版社 1989 年版，第 19—20 页。

③ 参见罗伯特·路威：《文明与野蛮》，吕叔湘译，生活·读书·新知三联书店 1984 年版，第 60 页。

④ 费尔巴哈：《宗教的本质》，王太庆译，陈镇南校，人民出版社 1953 年版，第 6 页。

⑤ 参见《中国风俗辞典》，上海辞书出版社 1990 年版，第 758 页。

这里，很清楚地说明盘瓠到了后期，开始从事农业生产。盘瓠作为狗的形象，其实质表现了狩猎时代的经济特征。我们知道，狗是由狼驯化而来，狼的得来同猎取有关，而狗的驯化成功，亦是为了狩猎的需要。到了农业社会，崇狗变成了崇盘瓠，而盘瓠一词，则是植物化了的动物名称。瓠，据《辞海》说为蔬类名，亦可称为"葫芦"。由此可知，盘瓠这一狗的名称，来自植物崇拜。

刘锡蕃《岭表纪蛮》云：

> 天旱祷盘王，异王游田间，视禾稼，虽烈日如火，不敢御伞，冀王之怜而降雨也。

形成这种风俗的原因，就在于人们相信盘王有降雨的本领。农业的好坏，直接取决于天气如何。雨水多时，人们希望不要造成涝灾；雨水少时，人们又希望不要造成旱灾。一旦事与愿违，人们只好求祷神灵，请其来调解这种矛盾和不和谐。

一般来说，每一神祇都有自己的职责和权限，也就是说这一神祇的形成与自然界的某一现象、某一事物有关，因此，就造成了神祇分工的不同，使其分掌各自的范围和对象。

天旱时，人们之所以祝祷盘王，就是说他有这种权力，可以使老天降雨。之所以会造成这种状况，在于盘王是农业时代的神祇。因为只有在农耕时代，人们才如此强调求祷能施雨的神。在南方这些崇拜盘瓠的民族，还未形成严格的社会分工，所以他们崇拜的神祇亦无固定、严格的分工，其神祇往往为一综合性的神灵。现实生活中，人们无论碰到什么问题，或要达到某一目的，所要祈祷的对象，大都为一个，也就是这一民族普遍崇信的神祇。在苗、瑶、壮等民族中，盘瓠就属于这样一种综合性神祇。

此外，畲、瑶等民族称盘瓠为龙犬。畲族祭祖时，刻一龙犬之头，进行祭拜。瑶族一般不准将盘瓠称为狗，而要称龙犬。而龙的出现与农业经济是密不可分的。龙是一传说中的动物形象，它一般与风雨联系在一起。《说文》载："龙，鳞虫之长。能幽能明，能细能巨，能短能长，春分而登天，秋分而潜渊。"又，罗愿《尔雅翼》载：龙"呵气成云，既能变水，又能变火"。由此看来，龙是不可能离开水而生存的。而农业经济又直接离不开水，这样，龙和农业经济又紧紧地捆绑在一起了。人们相信，由于龙的恩泽，庄稼获得了丰收，相反的，又因龙的不合作，人们眼看收获无望，只好屈膝求祷。旧时，在汉族农村，龙王庙到处可见，庙中供奉龙王爷，每逢干旱，民间就举行舞龙祈雨禳灾等活动。此外，每逢元宵节都要舞龙灯，祈祷风调水顺，年保平安。龙神，亦是壮、侗、苗、瑶等民间信仰的神祇，被认为是专司村寨人口的神灵。道公、巫师念经时，常提到龙神。寨民常向其请愿，祈求保佑村寨平安，人畜两旺，五谷丰登。

在盘瓠神话中，还有一个很重要的细节，未能引起人们的注意，那就是"石室"。

章怀注《后汉书》云："黄闵《武陵记》曰：山高可万仞，山半有槃瓠石室，可容数万人，中有石床，槃瓠行迹。今案石窟前有石羊石兽古迹，奇异尤多。望石窟大如三间屋，遥见一石，仍似狗形，蛮俗相传云是槃瓠像也。"

《路史》注引《辰州图经》亦云："石窟如三间屋，一石狗形，蛮俗云槃瓠之像。"

由此可见，盘瓠神话所说的石室，其实就是石窟，亦就是一山洞而已。

狩猎时代，人们无一固定住处，而是随野兽的踪迹而不断迁徙。"游猎或游牧的人民发明一种帐幕。从拉伯兰一路经过西伯利亚到北美洲，向南直到得克萨斯州（Texas），全都有形式相同的帐幕——圆锥形，用兽皮或树皮做成。在北部西伯利亚拍一张照片，和北部加拿大拍的一般无二。这个帐幕看起来非常简单，好像很容易发明，可是不然。西伯利亚东北部的察克奇人以巧技闻名，可是当一部分察克奇人舍去安居的渔夫生活而变为冰鹿游牧人时，要想造一个适宜的住宅，再也造不成。他们没有能发明那个帐幕，他们造出一个最不便利的东西——不容易支起，不容易收下。为什么？因为他们的过去历史。采取畜牧事业，这件事的本事是进步的，可是他们既然改业，自然在生活上有许多应兴革之处，他们决不能在一转瞬间全都办了。"①

这段话说明了一定的居住的形式是一定的历史时期的产物。如果说狩猎时代的居住是移动性的话，那么农耕时代的居住则是固定的，而盘瓠神话所说的石室则表现了那一时代已是农耕时期，那就是毫无疑义的了。

二、文化英雄

盘瓠在上古神话中是一位文化英雄。

为什么说盘瓠是位文化英雄呢？原因有二：一、盘瓠是战斗英雄；二、盘瓠是猎头英雄。

盘瓠是战斗英雄。

关于盘瓠参加战斗的情节，是盘瓠神话的核心，是承上启下的重要连接扣，没有这一情节，也就没有盘瓠神话。

神话表现了真实的部落战争的历史状况。

据考古发现，在长沙武陵蛮地区的沅水中游，发掘了一座四千多年前的新石器时代遗址，其中出土了一座高约三十多公分的"双头连体带器座"的神犬。

而高辛氏时代距今约四千六百年。这也就是说考古发现的神犬，其年代与高辛氏时代基本相符。神犬的出现，是图腾崇拜的产物，是以狗为图腾的部落或氏族将神犬作为祖先的原始宗教。

由于长江支流的沅江，其上源甚多，史有五溪称谓。刘昭引《荆州记》载："（临沅）县南临沅水，水源出牂柯且兰县，至郡界分为五溪，故云五溪蛮。"五溪

---

① 罗伯特·路威：《文明与野蛮》，吕叔湘译，生活·读书·新知三联书店 1984 年版，第 67 页。

地区远离中原，山高路险，人们交流往来十分不便，直到战国时期，楚、秦政权才相继进入这个地区。因此那里一直保持着古代村社共同的原始形态和原始宗教。

这些崇拜神犬的民族，并非全是那里的土著民族，而是来自北方的狗图腾民族与当地土著民族结合的产物。

正因如此，后世纷纷寻找狗图腾所在何处，莫衷一是。

"《逸周书·王会篇》云：'正西昆仑狗国'，昆仑固古代传说中之西方神秘区也。有主在北方者，如贾谊《新书·修政语上篇》云：'是故尧教化，……北中幽都及狗国，与人身而鸟面及焦侥。'又如《五代史》以狗国在室韦附近。有主在南方者，如《玄中记·广博物志》等所记皆是。"① 其实，崇拜狗的民族，很多地方都有。例如：南方的高山、黎、瑶、苗、畲、壮等民族，北方的满、蒙古等民族，历史上都曾经有过狗崇拜，表现了狗图腾的崇拜意识是我国史前宗教史上的一个重要阶段，没有这一阶段，就难以解释有关狗的信仰至今仍深入人们思想的深处。凌纯声《畲民图腾文化的研究》认为："以盘瓠为图腾的民族的分布范围相当之广，就国内来说，东起沿海的浙、闽，中经粤、湘、桂、滇，南至越南东京北部，西至缅甸之景东而止怒江东岸，还包括海南和台湾两个岛屿。"即使在文化较为发达的江浙地区，旧日人们给新生小孩取名时，亦常加上"狗"字，认为只有这样，小孩才能驱病消灾，得到幸福。什么"狗儿"、"狗剩子"、"小狗子"等名字，举不胜举，都是远古时期的狗崇拜意识在现今生活中的遗留。

盘瓠神话中所说的"吴将军"很可能是《山海经·大荒西经》说的在西方"有人名曰吴回，奇左，是无右臂"。无右臂，指穿衣袒其右臂，而左袖特长，现在的藏族仍然是这种习俗。因为藏族和吴回都属于古代羌人的分支，故风俗多有相同之处。②

这里亦就是说吴回是北方的羌人。吴回的初居地在今陇东地区，后来吴回南迁到郑州一带。《左传·昭公十七年》："郑，祝融之虚也。"注："祝融，高辛氏之火正，居郑。"

从众多古籍记载看，吴回有兄名黎。

黎作为一个原始氏族和部落，先后为东夷、华夏、南蛮所取代，它由于族众繁多，衍分为九黎。后来颛顼系之裔的祝融氏担任了黎部落的首领，因而他的名字也叫黎。以后，历经夏、商、周、楚的征伐，使祝融黎、三苗、蚩尤等部落结成联盟，形成庞大的三苗部落联盟。正由于他们是古代部落战争的失败者，所以他们不得不放弃富饶肥沃的中原地带，逐渐向江河地区迁徙，其大多数仍与华夏融合成为现在的汉族，也有融入越族者，一部分则转入湘黔川鄂边境山区，融合了部分濮、僚、

---

① 顾颉刚：《古史辨》（上），上海古籍出版社1982年版，第168页。
② 何光岳：《楚源流史》，湖南人民出版社1988年版，第26页。

越、汉等族而形成今天苗族的一支主要先民。①

正是在这样一种历史背景下，盘瓠才作为南方民族共同信仰的神灵，去征战杀敌，并成为一名胜利者，得到嘉奖，深受民众的崇敬。此外，假如盘瓠神话中所说的"吴将军"为吴回这一假设成立的话，那就可以从中看到历史真实的影子：即吴回部落与黎部落的你死我活的战争。黎部落中的盘瓠咬下了吴回部落首领的脑袋，则表示两个不同图腾部落之间的较量，而胜者则是狗图腾的部落，反映南北两种图腾文化的冲突。

盘瓠是猎头英雄。

猎头，又称猎首，是表现英勇气概和勇武精神的一种行为。三国时吴沈莹《临海水土异物志》记载高山族先民时说："得人头，斫去脑，剥其面肉，留置骨，取犬毛染之作鬓眉发编，具齿以作口，自临战斗时用之，如假面状。此是夷王所服。战，得头，着首还。于中庭建一大材，高十余丈，以所得头差次挂之，历年不下，彰示其功。"猎取人头后，将人头挂在酋长的家中，酋长以猎取人头多者为统帅。《隋书·流求国传》就曾说过：收取斗死者头，"仍以髑髅将向王所。王则赐之以冠，使为队帅。"这种猎头活动，旧时流传于高山族、佤族中，此外，中印半岛、印度尼西亚、美拉尼西亚、美洲和非洲等地的一些民族也都曾有过此俗。

猎头习俗的出现，最早与食人肉习俗是联系在一起的。有人认为："割人头作战利品的习俗和食人肉的习俗在外界的评论家中常被混为一谈，可是这两者之间并无必然联系。有的割人头作战利品者确实也是食人肉者，据了解，他们是当场把牺牲吃掉的。然而更为常见的是，割人头者关心的是他通过割取并展示人头而获得的威望。"②

这是因为那时食物甚少，直到后来，人们为了获得庄稼的丰收，也用人头来作祭，其内在的思想意义是同一的。旧时佤族以部落为单位，用武装出征的办法，猎取敌对部落的人头，用来祭祀。猎取的人头先放在寨外，再接到寨内，置于木鼓房前竹箩里，由巫师对头祷告，祈求五谷丰登，人畜两旺和村寨安全。并在装人头的竹箩下面撒上火灰，让血水和火灰掺和在一起撒到地里，每家象征性地取走一小撮，待播种时随同谷种一道撒到地里，民间以为这样做可以使谷子长得好。

正由于猎取别人的头，可以显示自己的威风和力气，因此也成为取悦女人的手段之一。

在南洋托列斯海峡岛上的青年，要得到女子的垂青，其中有一个办法，那就是拥有一个或更多的人类头盖的战利品。因为这些头骨是当作勇敢的记号。"在有些部落里面，一个青年人在他可以结婚以前，必须取得一个头盖，而且由他自己斩获的一个人头，似乎是一个青年男人用以使他选中的处女欢悦自己的一个极普通的方法。

---

① 何光岳：《楚源流史》，湖南人民出版社 1988 年版，第 2—3 页。

② [美] 蒂莫西·塞弗林：《消亡中的原始人》，周水涛译，东方出版社 1989 年版，第 261 页。

一个青年男人有充分的胆力去作人头猎的事实，很可以显示他的保护一个妻子的能力。总之，这是这种风俗的一个充分合理的理由，也许还有别些理由尚然没有猜测到。"①

这是英国著名人类学家海顿 1898 年带领一个考察团，曾到南太平洋及东南亚许多岛屿进行科学考察，其中有关猎头习俗的材料，真实地展现了原始民族的历史和生活。

如果将此猎头材料与盘瓠神话中神犬猎取吴将军的首级相比较，我们就可以发现这两者之间有相似之处，那就是盘瓠猎取敌人的人头，而得了妻子，反映了猎首的真正用意，与南洋群岛上的原始人的猎头是为了表现英勇果敢，是娶妻的必要一举，完全一致。

由此，我们可以看出盘瓠作为南方民族的文化英雄，是当之无愧的。因为盘瓠不仅是一英雄，而且是繁衍畲、苗、瑶、黎、壮等民族的始祖，其中包含深邃的文化和历史的因素，值得好好研究。

本文原载《民族文学研究》1991 年第 1 期，收入徐华龙《中国神话文化》，辽宁教育出版社 1993 年版。

---

① ［英］海顿：《南洋猎头民族考察记》，上海文艺出版社 1989 年影印本，第 351 页。

系统探索古史传说的四点看法

杨　宽

我从进光华大学的第二个学期（1933 年春天）起，我在原有研究《墨子》的基础上写成上述论文（指有关墨子的几篇论文——编者注）的同时，开始对中国古史传说进行有系统的探索，目的是想在《古史辨》讨论的基础上，发挥他们的长处，改正他们的短处，进一步对古史传说作一次全面的、有系统的考察，从而彻底解决这个争论的重大问题。因为我感到，过去《古史辨》对古史传说的辨伪虽然已取得很大成绩，但是在治学方法上还有很大的局限性，因而没有能够彻底地解决这个问题。他们只是为了推翻伪的古史传说系统而推行辨伪的工作，只是为了辨伪而揭发这个古史传说系统出于层累地造成，只是为了辨伪而进一步揭发若干古史传说出于神话的演变，因而没有能够把所有古史传说全部还原为神话，更没有能够把古史传说中的主要人物全面地恢复他们在原来神话中所扮演的角色。而且他们不免受到过去今文经学家的家派成见束缚，特别是受到康有为所鼓吹的托古改制说和新学伪经说的坏影响，把某些古史传说说成是有人为了托古改制而有意作伪，甚至把某些古史传说系统说成出于刘歆帮助王莽篡权而伪造，这样就很容易把古史传说的探讨引入歧途。

我首先从古书中搜集古史传说的资料，以传说中的人物为中心，按传说系统的时代分类编辑，从中察看各种古书所载传说的异同及其演变的痕迹，然后把察看所得的情况写成读书笔记。如此日积月累，观察逐步深入，逐渐了解到各类不同的古书上所载古史传说有其不同的特点，每个人物的传说的演变也各有其特点，整个古史传说的来源及其演变具有一定的规律性。

1933 年 5 月我发表了《禹治水传说之推测》（《民俗》116、117、118 合并号），推测这传说起于陆浑戎所居的九州。同年 10 月又发表《盘古传说试探》一文（《光华大学半月刊》2 卷 2 期）。1934、1935 两年我与两位同学沈延国、赵善诒在蒋维乔教授教导下，师生合作做《吕氏春秋》的校勘和注释的工作，但是我没有中断古史传说的研究工作，我还是抽出时间来继续写作读书笔记，常常在星期日以及寒假、暑假中，专心继续从事这方面的探索工作。因为限于时间，我没有继续写作这方面的专题论文，只写短篇的笔记。1935 年冬天，郑师许邀约我和他一起主编华文《大美晚报》的《历史周刊》，我一时无暇写长篇论文，曾把关于古史传说的笔记在这个周刊上发表，究竟发表了多少篇笔记，已记不清楚。其中如《略论鲧与共工之传说》和《再论鲧与共工之传说》二文，曾引起人们注视；其中谈论尧舜和五帝是上帝神话的文章，也引起了学者们的重视。顾颉刚、童书业1937年所写的《鲧禹的传说》中说："近人钱玄同、郭沫若、杨宽正诸先生都以为尧舜就是上帝，我们也相当的赞同。"（《古史辨》第七册下编一八〇页）"宽正"是我当时用的"字"，就是指我在这个《历史周刊》上发表的文章。同时我在这个周刊上发表了批评顾颉刚《五德终始说下的政治和历史》中所发挥康有为《新学伪经考》的说法。此外还曾在这周刊上发表了《孔子与耶稣》一文，是批评当时胡适《说儒》一文的，我认为胡适把孔子比附耶稣，把孔子看作殷商的亡国遗民中的教士，被当时人认作"五百年必有王者兴"的预言中应运而生的圣者，完全出于穿凿附会。这种学风是要不得的。

我认为古史辨派对于古史传说的批判，之所以还没有得到最后胜利，是由于治学方法上还存在问题，一是没有完全脱出今文经学家的成见束缚，二是没有充分运用神话学这个武器，应该运用这新武器作一次全面的突击，才可能把这方面的研究向前推进，从而取得最后胜利。正好这时著名人类学家林惠祥（1901—1958）接连发表了《民俗学》(1932年)、《神话论》(1933年)、《文化人类学》(1934年) 三本著作，除了介绍有关这方面的各派学说之外，还提供了许多这方面资料，使我得益匪浅。后来林惠祥成为我的同行和朋友，不幸他活到五十八岁就去世，才华没有充分发展。

当时我不但想吸收国内各个新学派的长处，还想吸取国外新学派的长处，因而尽可能找寻国外有关中国古代神话传说的论著。的确，有些外国学者的见解和我们有不少相似之点。例如我读到小川琢治《天地开辟及洪水传说》一文（收入《支那历史地理研究》），我就高兴万分，所以后来在《中国上古史导论》中特别指出："小川氏谓禹、启、羿本为降自上天以治下土之后，可谓先得吾心。""可知考据之学，无论中外，苟能旁证博讨，究必归于一是也。"（《古史辨》第七册上编二九四页）。

当时我不但认为要打破中外的界线，该兼收并蓄，而且要切实扫除家派的成见，该博采众长。郭沫若说：原先"多少以感情的作用"，不曾读过夏禹问题的辩论，"耳食之余不免还加以讥笑"，后来看了才觉得有先见之明。同样的，古史辨派学者也很少引用郭沫若的见解，其实郭沫若《中国古代社会研究》和《卜辞通纂》引用卜辞与古文献对比，用来证明帝喾、帝舜即是卜辞的高祖夒，并且推定殷商祖先传说中从上甲以上到高祖夒都属于神话范围，帝喾、帝舜是神话中的上帝，这真是古史辨派所需要的有力的证据，为什么不引用呢？我后来在《中国上古史导论》中就指出这点。

从1933年到1935年，经过三年对古史传说所作有系统的探索，产生了下列四点主要的看法：

第一，认为夏以前的古史传说全部来自殷周时代的神话。这种神话的来源有两种，一种少量的，是出于虚构的神话，例如泰皇、天皇和地皇（三皇）出于"太一"和天地阴阳的哲理，黄帝出于皇帝（即上帝）的同音的演变，都是出于虚构的。另一种大量的，原是殷人－东夷和周人－西戎的天神和祖先的神话，例如帝俊、帝喾、大皞、帝舜原是殷人－东夷上帝及祖先的神话，它的来源可以追溯到甲骨文中的高祖夋；鲧、共工、玄冥、冯夷是殷人－东夷的河伯和祖先神话，它的来源可以追溯到甲骨文中对河的祭祀以及殷商的祖先玄冥传说。这种神话可能有原始社会意识的反映，但是它只能用作殷周时代的史料，不能用来解释殷商以前的历史。我认为当时有些人把这些神话传说看作夏商以前的史料，把夏商以前称为"传说时代"，用这些传说来重新建立一段原始社会的历史，是不能令人首肯的。有人用这些传说来解释原始社会的若干阶段，也有人根据这些传说来划分成若干集团，用来说明原始社会中部族的分布及其相互斗争和相互融合的过程，看来都是空中楼阁。近年看到张光直《商周神话之分类》一文（收入作者《中国青铜时代》），有着同样的看法。

第二，认为古史传说可以区分为殷人－东夷和周人－西戎两大系统。因为所有古书记载的古史传说，排比起来，很明显地有两大不同的系统。殷有玄鸟降生的神话，东北民族亦有鸟卵所生的祖先朱蒙、朱明，朱蒙、朱明与殷人祖先昭明原是一人的分化。秦赵原来也是东夷而西迁的，秦也有玄鸟降生的神话，而且祖先传说中多与鸟有关。近人有楚起于东方之说（现在看来此说不可信），楚地流传的神话传说多属殷人－东夷系统。不仅《楚辞·天问》的神话如此，战国时代楚人写作的《山海经》以及汉初《淮南子》中的神话也是如此，和周人－西戎的神话大不相同，而且相互矛盾。例如鲧在周人－西戎神话中为罪大恶极者，因造成洪水而被上帝处死，打入地狱的。传说中鲧被处死在羽山，羽山就是不见天日的委羽之山，亦称幽都，就是地狱。但是《山海经》的《海内经》却说鲧禹是同样有"布土"之功而"均定九州"的，《楚辞·天问》又为此提出质问，鲧"顺欲成功，帝何刑焉？"就是说鲧是成功的，为什么上帝还要处刑呢？又如羿在周人传说中是个生活荒唐、篡夺君位，终于被人杀死的恶人，但在东夷传说中他是为民除害的英雄。《山海经》的《海内经》说帝俊派他从天下降，"以扶下国"，"是始去恤下地之百艰"；《山海经》的《海内西经》又说羿住在上帝的"下都"昆仑之虚的；《淮南子·本经篇》更是详细叙述了羿如何上射天上的十日和杀除地上最为人害的大禽兽的经过，从此天下"始有道里"。《楚辞·天问》也说："帝降夷羿，革孽夏民（下民）。"《天问》常常根据殷人－东夷的神话对周人－西戎的传说提出质问。羿在东夷神话中是个平治"下土"，扶助"下民"，为民除大害的杰出英雄，又尊称为"后羿"，更称为"夷羿"，以善射著称，很明显是东夷的"下土"之神，也即社神，但是在周人传说中成为篡夺君位而被杀死的恶人。殷周时代神话中存在着殷人－东夷和周人－西戎两个不同的体系，直到春秋战国时代不同地区还是流传着这样两个体系。邹鲁地区所传多为周人－西戎的神话传说，淮楚与秦地区所传多保存东夷的神话传说。因而

《楚辞》、《山海经》和《淮南子》等书的神话都属于东夷系统。

第三，认为古史传说的复杂内容是出于殷周时代东西两大系统神话的分化演变。大众在神话传说的传述中，很自然地随着时代潮流和大众意识的转变，把一人分化成两人以至几人，把一件事分化成两件事以至几件事。例如五帝传说中的帝喾、大皞、帝舜以及《山海经》上的帝俊，都是从殷代祖先传说中高祖夋分化出来的。又如传说中造成洪水灾难的鲧和共工，原是一人的分化，鲧与共工这两个名称的读音相同，只是发音有缓急之分；他们都是从殷人祖先传说中的玄冥分化出来的。"鲧"字古或作"鲧"，从"玄"得声。玄冥原是河伯、水神，所以《国语·鲁语》说"冥勤其官而水死"，是在治水的勤劳中死去的。"玄冥"这两个字本是黑暗幽冥的意思，在神话中玄冥又是地下冥国的主宰。原来在神话中，河伯、水神既有治水之功，也能作祟而造成水灾，甚至还会害人生病，因而从殷代以来对于河伯的祭祀很重视，直到战国初期西门豹做邺（今河北临漳县西南）的县令的时期，那里还沿袭"河伯娶妇"的礼俗。正因为如此，玄冥在殷人传说中治水有功，鲧与共工在周人传说中被说成造成水灾而被打入地狱的恶神，春秋时代鲁平公生病，子产说是出于鲧的作祟。又如殷人祖先传说中的昭明，东北民族祖先传说中的朱蒙、朱明，楚人祖先传说中的祝融，包括五帝传说中作为炎帝的辅佐之臣祝融（《吕氏春秋·孟夏纪》），祝融或作朱明（《淮南子·天文篇》），都该是一人的分化，"昭"、"朱"、"祝"是一声之转，"明"、"蒙"、"融"又是一声之转，祝融在传说中居于火正的职司，又有光照天下的神力，实际上原是日神、火神。祝融亦即重黎，原有开天辟地的神话。原来神话中天和地是相通的，由于上帝派重、黎"绝地天通"，才把天地隔绝的（见于《尚书·吕刑》与《国语·楚语》）。

这种神话传说的分化例子很多。我发现这些分化的例子有个共同的特点，就是语言的讹传是其分化演变的一个关键。因为神话传说在大众的传述中，多凭口说，古人记录口说，名词常常应用同音通假的字，对于神名和人名亦常如此，因为相传既久，传者已不清楚这种同音通假的人名的来历，就很容易把一人误认为两人，把一事误分为两事。近代神话学的语言学派认为神话传说由起于语言的疾病而产生的，意思是说神话常常出于对语言的误解。这一说法，我认为用来解释神话传说的分化是有一定的道理的。因此我曾经从这些古史传说中人名的读音下过功夫，常常用同音通假的方法来说明此中分化的关系。

第四，认为古史传说系统的形成，主要是长期经过分化演变的东西两大系复杂神话传说逐渐混合而重新组合的结果。当时顾颉刚主张原来各民族都有其祖先传说以及奉祀着不同的神灵，如大皞与有济是任、宿诸国祖先，颛顼是陈国的祖先，到了战国时代，许多小国被几个大国并吞，于是有人把各国祖先和神灵的横的系统改成了纵的系统（《古史辨》第四册《自序》，1933年）。接着徐中舒又认为黄帝是铸民族的祖先传说，舜是陈民族的祖先传说，少皞和太皞是郯和风姓民族的祖先传说，禹是夏民族的祖先传说，由于这些邻近民族渐次同化，乃随其同化的先后而渗入中国文化中，使之渐次构成一荒远古史系统（《陈侯四器考释》，载《中央研究院历史语言研究所集刊》三本四分，1934 年）。我当时不同意这种看法，因为我相信郭沫若的考证，认定舜即是帝喾、高祖夋，又相信陈梦家的考证，认定少皞即契，大皞亦即帝喾、高祖夋，这是殷人东夷共有的神话传说。我认为，古史传说的系统，是由于殷人－东夷和周人－西戎两大神话系统的分化演变，再逐渐混合而重新组合而成的。两个不同的五帝传说，无非是东西两大系的上帝神话混合而成。传说中尧舜的臣属，无非是东西两大系神话中的社神、稷神、水神、火神、岳神以及鸟兽之神混合而成。例如鲧为东方河伯水神，而禹为西方社神，鲧禹的父子关系是后起的。又如丹朱原出于朱明的分化，而尧为西方上帝，尧与丹朱的父子关系也是后起的。

上述四点看法，我认为可以系统地说明古史传说的来源、演变以及整个体系形成的过程，从而解决这个曾经争论了二三十年的重大的中国古史传说问题，由此可以开辟一个探讨中国古神话的园地。

本文选自杨宽《历史激流中的动荡和曲折——杨宽自传》（台北时报文化公司 1993 年版）第四章第二节，原题"对古史传说作系统的探索"，今题为本书编者所拟。

经学家对"怪"的态度

——《诗经》神话脞议

李少雍

李少雍(1941—),四川营山人,中国社会科学院研究员。曾为《先秦文学史》(中国社会科学院文学所编"中国文学通史系列")撰写"上古神话传说"、"《山海经》和《穆天子传》"两章,另有《略论〈山海经〉神话的价值》、《后稷神话探源》等论文。

"神话"这个术语是近代学者从西方意译过来的。中国古人把口耳相传或载于典籍的神话传说称为"怪"。即孔子"不语怪力乱神"之"怪"。尽管孔子不喜欢,但一些明显的"怪"却堂而皇之地记录在"经书"里。据说曾经删定过《六经》的孔子,也未敢将其删削。不论孔子是否整理过这些经典,但"怪"确实存在着,其在传统文化里的地位不容忽视。既然经籍中有"怪",经学家就得加以解释,避而"不语"是不行的。作为古代统治思想的集中体现的经学是如何处理这些"怪"的呢?弄清经学家对"怪"的态度,对于了解中国神话观念的演变过程,无疑具有很重要的意义。

一

在儒家经典中,《易经》、《尚书》、《诗经》等都保存着一些神话内容。《易经》神话常被艰深的哲理所淹没,《尚书》神话则与历史材料糅杂在一起,或完全"历史化"。只有《诗经》神话大致呈原始形态,其"怪"的特征比较显著;而作传、笺的人也就更难回避。

由于"子不语怪",《三家诗》亡,今天很难窥知更古的时代里人们对神话的看法。我们只好从现存的《毛诗》及残留的《三家诗》的鳞爪开始我们的讨论。

《诗经》神话主要分布在"多言祖宗"[①] 的《大雅》和三《颂》里,特别是《生民》、《閟宫》、《玄鸟》、《长发》等篇中。内容是关于周、商两个古代部族起源的传说。《大雅·生民》记述了周人始祖后稷诞生的神异:"厥初生民,时维姜嫄。生民如何?克禋克祀,以弗无子。履帝武敏歆,攸介攸止,载震载夙,载生载育,

---

① 朱东润:《诗三百篇探故》,上海古籍出版社 1981 年版,第 59 页。

时维后稷……诞置之隘巷，牛羊腓字之；诞置之平林，会伐平林；诞置之寒冰，鸟覆翼之。"《鲁颂·闷宫》里也有相关文字。《史记·三代世表》褚先生引《诗传》云：

> 文王之先为后稷，后稷亦无父而生。后稷母为姜嫄，出见大人迹而履践之，知于身，则生后稷。姜嫄以为无父，贱而弃之道中，牛羊避不践也；抱之山中，山者养之；又捐之大泽，鸟覆席食之。姜嫄怪之，于是知其天子，乃取长之。

据《汉书·儒林传》，褚少孙本王式弟子，为《鲁诗》传人，所引《诗传》即为《鲁诗传》。晚出的《毛传》则与《鲁传》完全不同。毛氏不信姜嫄践大人（天神、上帝）之迹，无夫而孕的说法。其《传》曰：

> 帝，高辛氏之帝也。武，迹；敏，疾也。从于帝而见于天，将事齐敏也。

他认为，姜嫄乃高辛氏帝妃，"履帝武敏"不过是说她跟随其夫帝喾外出祭祀，踏着帝喾的足迹，行事诚敬而敏疾，以祈上帝赐以子嗣而已。

《商颂·玄鸟》则以"天命玄鸟，降而生商"的话概括了商人始祖契的诞生。《长发》里也有关于"生商"的字句。褚先生所引《鲁传》云：

> 汤之先为契，无父而生。契母与姊妹浴于元邱水。有燕衔卵堕之，契母得，故含之，误吞之，即生契。

毛氏不同意契母吞玄鸟卵生契的解说，故其《传》称：

> 春分，玄鸟降，汤之先祖有娀氏女简狄配高辛氏帝，帝率与之祈于郊禖而生契。

他认为，"玄鸟降"无非是季节的表征，说明高辛帝率简狄祈郊禖赐子是在春天，没有别的意思。

《毛诗》与《鲁诗》的分歧很显然：前者以为稷、契皆有父，由父母祀媒神而生；后者则以稷、契皆无父，因其母履迹、吞卵而生。在《毛诗》之前，《左传》就已主张圣人皆有父；而与《鲁诗》意见相同的，还有齐、韩两家，以及《公羊传》。许慎《五经异义》云："《诗》齐鲁韩、《春秋公羊》说'圣人皆无父感天而生'，《左氏》说'圣人皆有父……知不感天而生'。"（孔颖达《毛诗正义》引）这就是说，齐、鲁、韩三家主张稷、契皆无父感天而生①，毛氏则主张皆有父不感天而生。

自东汉郑玄为《毛诗》作笺，《三家诗》相继亡佚，而《毛诗》独存。《毛传》、《郑笺》对后世《诗》学影响极大，其作为权威注释的地位，直至宋初才受到挑战。但毛、郑并非一脉相传，尤其在对待"怪"的态度上。孔颖达曰："郑于诸

---

① 刘向与褚少孙同时，同是《鲁诗》传人，其《列女传》亦不著姜嫄、简狄之夫，可见无父感天而生实为《三家诗》本义。后世经学家如魏源、王先谦等主张有父感生为三家本义，不确。

经皆谓之注，此言笺者，吕忱《字林》云，笺者，表也，识也，郑以毛学审备，遵畅其旨，所以表明毛意，记识其事，故特称为笺；余经无所遵奉，故谓之注。"（《毛诗正义》卷一）郑玄对《毛传》训诂很推崇，他的《笺》也多遵循毛意而加以敷畅。然一旦涉及《诗》中语"怪"之处，他便一反作《笺》初衷，未敢苟同前脩了。

郑氏驳《五经异义》云：

> 诸言感生得无父，有父则不感生，此皆偏见之说也。《商颂》曰"天命玄鸟，降而生商"，谓娀简吞鳦子生契，是圣人感生见于《经》之明文。刘媪是汉太上皇之妻，感赤龙而生高祖，是非有父感神而生者也？且夫蒲卢之气姬煦桑虫成为己子，况乎天气因人之精就而神之，反不使子贤圣乎？
>
> （孔氏《正义》引）

他对"感生得无父"和"有父则不感生"这两个命题都不同意，似在三家与毛氏之间取折中态度。但实际上他并不那么"公允"。他的主要倾向是感生之说：不管有父无父，圣人皆感天而生。他举出本朝开国之主刘邦作为有父感生的例证。他明确指出，简狄吞燕卵生契"是圣人感生见于《经》之明文"；但他没有明白说出这究竟是有父感生还是无父感生。因为明言圣人无父，在当时是有所不便的，所以用了"模糊修辞"。

郑玄虽隐约其辞，但其实是把《玄鸟》一诗，作为无父感生的明证看的。而对于同样性质的《生民》诗，他却不这样看。一方面，他肯定后稷是其母姜嫄践神迹而生："有大神之迹，姜嫄履之，足不能满，履其拇指之处，心体歆歆然，其左右所止住，如有人道感己者也。于是遂有身，而肃戒不复御。"另一方面，他又以为后稷有父，乃帝高辛氏之胄。《笺》云："姜姓者，炎帝之后，有女名嫄，当尧之时，为高辛氏之世妃。"此说与《毛传》相近，仅易"妃"为"世妃"而已。

《毛诗》未出之时，已有主张圣人有父不感天而生的古文《诗》说。司马迁作《殷本纪》、《周本纪》，虽用三家今文说写了简狄吞玄鸟卵、姜嫄践巨人迹的事，但又明言简狄为帝喾次妃、姜嫄为帝喾元妃，即认定殷契、后稷皆有父。关于五帝世次，太史公在《五帝本纪》和《三代世表》的赞语里说，他是根据了《大戴礼》中的《五帝德》、《帝系姓》等篇，并自云"不离古文者近是"（《五帝本纪赞》）。而当时尚存的《五帝德》、《帝系姓》一类的传记，"咸言〔契、稷〕有父，父皆黄帝子"（《三代世表》引张夫子问褚先生语）。今古文说兼用，本是史家以"怪"入史，"疑则传疑"（《三代世表赞》）的求实精神的表现。稍后补《史记》的褚少孙也说："一言有父，一言无父，信以传信，疑以传疑，故两言之。"所采取的同样是调和而审慎的态度。

这种态度对《郑笺》有明显的影响。郑氏云："天下之事，以前验后，其不合者，何可悉信，故悉信亦非，不信亦非。"（《正义》引《郑志》答赵商问）与太史公、褚先生的口气颇为相似。但他与两位史家毕竟有所不同。其一，他以姜嫄为高辛氏世妃（后世子孙之妃），而非帝喾元妃；其二，他没有提到简狄为谁氏之妃，其实就是默认殷契无父。显然，他在接受《三家诗》圣人皆无父感天而生之说方面，较司马迁、褚少孙进了一步。不过，他和两位前贤间的不同，大体只限于程度上的差异。

而他与毛氏的区别，则带有根本的性质。郑玄虽在说后稷有父这点上与毛公略同（毛说父为帝喾，郑说父为高辛氏后世子孙，不尽同），但在是否感天而生这个涉及是否承认"怪"本身的关键问题上，却有着本质的差异。按，"感天"，郑氏或谓"如有人道感己"，或谓"天气因人之精就而神之"，或谓"天用是凭依而降精气"（释《閟宫》"上帝是依"）。《大明》"笃生武王"之《笺》亦曰："天降气于大姒，厚生圣子武王。"孔颖达依《笺》疏《生民》"上帝不宁"句云："此感之者，乃是天帝之气，人不当共天交接，今乃与天生子，子虽生讫，其心犹不安之也。"又据《庄子·山木》"感周之颡"语，"感"是触及的意思。那么，"感天"就是感触天地之精气，质言之，即与天交接。中外有关氏族起源的神话，多如是说。因此，毛氏说不感天而生，实质上是对"怪"（神话）本身的否认；郑氏主张感天而生，则是对"怪"（神话）的承认。

二

清人沈青崖说："天以天下授人，其始祖必有神异，固无足怪。但圣人多不明言其事迹，而仅见于诗歌，亦虞骇人之听闻而微言之耳。"[①] 沈氏所言，多少道出了我国神话记录与流传的实情。诗歌这种形式被圣人用来"微言"所谓"骇人之听闻"的有关始祖的神异，就更难有"达诂"可言。对圣人的"微言"作出相异甚至相反的阐释，也就不足为奇。但是，毛、郑以后如何看待《毛传》、《郑笺》关于"怪"的解说，往往与一个经学家对感生神话的态度有关。而宗毛还是宗郑，承认还是不承认感生，又在很大程度上决定了后世《诗经》学者的宗派区分。清代另一位学者黄中松在其《诗疑辨证》卷五里指出："观郑氏答赵商问及驳《异义》，则《笺》之所以异《传》者，已自明其义。而后儒纷争，莫此为甚。"他接着勾画了一个《诗》学宗派略图："宗毛者则有若马融、王肃、洪驹父、李迂仲诸人；宗郑者则有张融、王基、孙毓、马昭、王安石、张横渠、苏颍滨、范逸斋诸人；欧阳修兼辟毛、郑，严粲兼采毛、郑，金履祥依郑而微异，许谦拔奇于毛、郑之外而微近郑。"[②] 黄氏所论虽不尽确（如欧阳氏兼辟毛郑而实则重在辟郑，严氏兼采毛郑而实则重在采毛），但他以感生之说（《笺》之所以异《传》者）为后儒纷争之由及《诗》学的分野，却是卓见。

终汉之世，附毛说者很少。可以举出的，仅马融、蔡邕二人而已。马氏云："帝

---

① 沈青崖：《毛诗明辨录》卷十二，乾隆间刊本。

② 台湾影印文渊阁本。

喾有四妃：上妃姜嫄，生后稷……帝喾崩后十月而后稷生，盖遗腹子也。虽为天所安，然寡居而生子，为众所疑，不可申说。姜嫄知后稷之神奇必不可害，故欲弃之以著其神，因以自明。"（《正义》引）他的四妃之说，出自《世本·帝系篇》。而为证成毛义，他创立了姜嫄寡居生子的新说。其说之谬，为六朝孙毓等人及后世经学家所斥，似乎没有谁敢于附和。蔡氏在《月令章句》里说"简狄盖以玄鸟至日有事高禖而生契"，与毛说几无二致。六朝附毛说者似只有王肃一人。王氏善马融之学，以攻郑为能事。他说："稷、契之兴，自以积德累功于民事，不以大迹与燕卵也。且不夫而育，乃载籍之所以为妖，宗周之所以丧灭。"（《正义》引）在他看来，"不夫而育"只能酿成恶果，神灵令二龙生褒姒导致周朝灭亡即为明证，因此稷、契也就不可能由感天而生。孔颖达作《正义》，兼疏《传》、《笺》，而多偏袒郑说。要之，自汉至唐，毛氏的非感生之论决非"显学"。

直到宋代，才有一些《诗经》学者出来左袒毛说。欧阳修、苏洵、洪驹父、李樗、严粲、王质、黄櫄都在不同程度上为毛氏的非感生论辩护。踵其步武者，明代有杨慎、姚舜牧，清代有王夫之、姚炳、沈青崖、胡承珙。这些经学家虽以毛说为"正"（严粲谓"毛氏不信神怪，其说甚正"），但他们大概也感到以此说解释记"怪"明文，有许多扞格难通之处。因此试图从理论上辟除异说，张皇毛义。其"理论"创造大体有三个方面：

首先，他们对《诗》里的"怪"作理性的解释。洪驹父说："尧舜与人同耳，血气之类，父施母生，耳听目视，二足而行，是圣、智、愚、不肖之所同也。何必有诙诡谲怪之观，然后为圣且神哉？"[1] 他的意思是：稷、契这些神话始祖与普通人没有什么区别，关于他们的传闻也应当是合乎人情、可以用人理来破译的。欧阳修认为，郑玄所谓天不因人道，自与姜嫄"欣然接感"而生后稷，是"人理必无之事"。他对毛公之释《玄鸟》颇为称许。但即使对于"据理言诗"[2] 的《毛传》，他也用理性的标准绳之。毛氏谓天欲显后稷灵异而弃之隘巷云云，欧公亦批评其说"不近人情"[3]。可见，合于情理，是他们释"怪"的基本准则。

按照这个标准，最悖谬的莫过于简狄吞燕卵而生契的说法了。对于《玄鸟》这样的感生明文，宗毛说者最为发愤。但恰好在这里，他们的情理之论找到了最佳的用武之地。苏洵说："使圣人而有异于众庶也，天地必将储阴阳之和，积元气之英以生，又焉用此微禽之卵哉？燕堕卵于前，取而吞之，简狄其丧心乎？"[4] 杨慎说："夫卵不出蕞，燕不徙巢，何得云衔？即使衔而误坠，未必不碎也。即使不碎，何至取而吞之哉？"[5] 他们都说得很合情理。《玄鸟》既被郑玄引为感生说的明证，附毛说

---

① 李樗、黄櫄：《毛诗李黄集解》（通志堂本）卷三十二引。
② 朱亦栋：《诗经札记》卷下，光绪四年重刊本。
③ 欧阳氏语并见《诗本义》卷十及卷十三，通志堂本。
④ 许谦：《诗集传名物钞》（通志堂本）卷八引。
⑤ 杨慎：《升庵经说》卷六，光绪间李调元校本。

者就必须在这里下更大的力气。而正因为它是感生明文，其"怪"的表征就更显著，其不合情理的地方就更暴露，宗毛者也就更容易在这里抓住感生说的"把柄"，发挥理性分析的效果。对卵生说之如何不合情理，分析得最详尽的要数王夫之。王氏云：

> 凡吞物者，从口达吭，从吭入胃，达于肠。胃气所蒸，虽坚重之质，亦从化而靡。精者为荣卫，粗者为二便。而女子之妊，乃从至阴纳精而上，藏于带脉之间。子室在肠胃之外，相为隔绝。燕卵安能不随蒸化，复越胃穿肠达子室而成胞胎乎？

他把生理学上的消化、生殖之"理"也用上了。接着他又用食品及医药学上的"理"加以分析，用卵坠地必碎，古今无吞燕卵者，贵如帝妃的简狄更不可能不自重等情理进行辩驳。① 这些"理"似乎皆成其为理。但以理性思维形式释"怪"，把"怪"理性化，实质上就是对"怪"（即神话）本身的否认。这种阐释越细密，对神话的否定也就越彻底。

其次，他们从其情理论的观念出发，指斥感生说是诬天背圣、悖理妨教的不经之谈。姚舜牧评郑玄笺"履帝武"诸句云："此所谓不经之谈也。"评其《玄鸟笺》亦云："履帝武曰履巨迹，命玄鸟曰吞鳦卵，千古不经之谈，可载之经以诏后世邪？"② 不经，即不合常规、不近情理。迹乳、卵生，在他们看来，实在是不经之尤者也。践巨迹而生，即"天自感于人而生"，被斥为"诬天"（欧阳修《诗本义》卷十）；吞燕卵而生，即"商契乃燕种"③，被斥为"以不祥诬圣人"（许谦引苏洵语）。严粲追溯巨迹说来源时称："古无巨迹之说，特列子异端，司马迁好奇，郑氏信谶纬，以帝武疑似之辞借口，而为是说耳。至谓姜嫄无人道而生子，谬于理而妨于教，莫此为甚。"④ 清人惠周惕则指出此说"侪姜嫄于房后，比上帝于丹朱，侮圣衰天，煽惑后世"⑤。而王夫之直斥卵生之说为邪说，所谓"郑氏起而邪说兴"。他甚至认为郑玄要对后世符命伪说的泛滥任其咎："乱臣贼子伪造符命，如萧衍菖花、杨坚鳞甲、董昌罗平之鸟、方腊衮冕之影，以惑众而倡乱，皆俗儒此等之说为之作俑。"王氏还连类而及，把感生说同西域的"怪妄之说"联系起来，视之为"罗睺指腹⑥、宝志鸟巢⑦之妖论"。从现代神话学的观点看，这些西域之"妖论"与感生说确有某些类似之处。但王夫之反对"使堂堂中国之帝王圣贤比而同之"，则别具深意，姑置之不论。

---

① 王夫之：《诗经稗疏》卷四，南菁书院本。
② 姚舜牧：《诗经疑问》卷九，文渊阁本。
③ 王质：《诗总闻》卷二十，经苑本。
④ 严粲：《诗缉》卷二十七，光绪间岭南述古堂刊本。
⑤ 惠周惕：《诗说》，学海堂本。
⑥ 罗睺事见《法苑珠林》九《六道住处》。
⑦ 宝志事见慧皎《高僧传》十《神异》下。

第三，他们认为，《诗》中记"怪"文字乃圣人"疑似之言"，对这些是非难辨的记载不必太认真。李樗云："呜呼，孔子不语怪力乱神。夫子所以不语怪者，以其惑世也。岂以六经垂训于后世，而乃载神怪之事哉？彼以契生于卵、稷生于巨迹者，乃引经疑似之言以惑世也。《诗》本无有也。《诗》之所言，特载二妃当玄鸟至之时，践帝之迹，以祈禖神之祥，是生稷、契。如是而已。而好怪者遂引此疑似之言，附会其说，学者翕然而从之。甚矣，世之易惑也。"（《毛诗李黄集解》卷三十二）诗的语言本来难有"达诂"，其中的"疑似之言"就更不易得其确解。李樗既认定是疑似之言，却又作出不容置疑的诠释。这种自相矛盾的做法很难构成论敌惑世的罪名。与李樗同时的严粲，把"履帝武"句也称作"疑似之辞"（已详前文）。

关于这种"疑似之言"，他们还有一些提法。如"形容之辞"（严粲），"诗人之设辞"（黄櫄一再称"寘之隘巷"等语"皆诗人之设辞"，与孟子所言焚廪、浚井之事一样，"皆设为之辞耳"），"诗人之词"（杨慎云"诗人之词兴深意远"），"诗人隽语"（姚炳云"'玄鸟生商'乃诗人隽语"）等。他们强调，圣人之所以使用这类形容之辞，是为了表达深远的兴意，否则就是"言之不文"（《升庵经说》卷六）。但宗毛者强调圣人看重文辞，是别有用意的。因为，把记"怪"文字仅当作"疑似之言"而又强为之解，如李樗那样，就难以自圆其说；若把记录怪异视为某种修辞格，宗毛者便可迂回自如，不至陷于自相矛盾的境地。

严粲云："《诗》、《书》凡言天帝而假人事言之者，皆形容之辞，不必执其迹也。'监观四方'①，'乃睠西顾'，不必天实有眼。'闻于上帝'②，不必天实有耳。'帝谓文王'，'上帝其训'③，不必天实有言。至言祭祀，曰'神具醉止'④，曰'神嗜饮食'，曰'神保聿归'，曰'田祖有神'⑤，若与神亲相接者，见神人来格之意耳。"（《诗缉》卷二十七）严氏的看法是：天帝本无迹，因而就不必执其迹；对于《诗》中的"怪"，也不可拘执太过。杨慎甚至把黄帝、帝俊等神话传说全都视为"诗人之词"。对这些"诗人之设辞"，宗毛者主张，可以敷衍过去，而"不必实求是事"（《毛诗李黄集解》卷三十二）；对这些"诗人隽语"，他们以为，"欲求甚解已非，何况傅会其事"⑥，因此不可太认真。

《诗》中关于"怪"的文字既被视为"疑似之言"或"形容之辞"，宗毛者就无须求其甚解，可以摆脱感生明文的困扰，同时，也可借此责难郑说，动摇其立论基础。他们不敢正视客观存在的怪异记载，于是采取了这种回避逃遁的态度。

---

① 此句与下文"乃睠西顾"、"帝谓文王"并见《诗·大雅·皇矣》。

② 见《书·君奭》。

③ 见《书·洪范》。

④ 此句与"神嗜饮食"、"神保聿归"并见《诗·小雅·楚茨》。

⑤ 见《诗·小雅·大田》。

⑥ 姚炳：《诗识名解》卷一，文渊阁本。

三

除玄鸟生商这一感生明文令宗毛者棘手外，后稷初生何以被弃的问题更使他们进退维谷。要解释颇不易，要回避又很难。前文提到，黄櫄以"置之隘巷"等语为"诗人之设辞"。但诗人以专章写后稷再三被弃的经过，情状历历如画，难以用"设辞"抹杀；何况毛公本人早已承认被弃事实，并对被弃原因作过解说。《毛传》意略为：上天降生后稷，使之不同于常人，意在显其灵异；后稷既生，帝高辛如不顺天意，就是不圣明；为承天意显后稷之灵异于天下，于是弃之隘巷、平林、寒冰。

显然，毛氏的解说并不令人满意。早在六朝，即有人加以责难："谓自履其夫帝喾之迹，何足异而神之？乃敢弃隘巷、寒冰，有覆翼之应乎？"（《正义》引孙毓说）欧阳修说："有所祷而夫妇生子，乃古今人之常事，有何为异？欲显其灵，而以天子之子弃之牛羊之径及林间、冰上乎？此不近人情者也。"（《诗本义》卷十）就是说，生之无以为异，弃之则毫无道理。明人季本亦如此说。① 魏源谈及他诠解《生民》、《玄鸟》为何不用毛义时，还明确指出毛公没有把"稷生所以见弃之由"② 讲清楚。

在既不能回避，又无法解释的情况下某些学者便采取"阙如"的态度。欧阳修认为："《生民》之诗，孔子之所录也，必有其义。盖君子之学也，不穷远以为能，阙所不知，慎其传以惑世也。阙焉而有待可矣。"（《诗本义》卷十）洪驹父也承认"稷名曰弃，必是见弃"，并表示"不知其见弃之由，阙之可也"（《诗缉》卷二十七引）。他们的态度比黄櫄要老实些。

后稷生而见弃的问题，在感生论者看来，似乎并不难解决。郑玄云："徒以禋祀而无人道，居默然自生子，惧时人不信也。"孔颖达疏："徒禋祀而无人道，空祀神明而无人道交接，故居位默然而得生子，惧时人不信其然，或得疑其犯礼奸淫而有此胤，以此又复不安，姜嫄既有此事不安，欲望众信，故弃之以显其异，使众人知之也。"季本甚至说："惟其生子而异，是以知姜嫄为女而未嫁也。"（《诗说解颐》卷二十四）即以"弃"本身为无父感生的确证。

对于这种以感生为见弃之由的观点，非感生论者自然不会同意。为把《生民》第三章讲通，以驳倒感生论，回答宗郑说者对《毛传》的责难，宗毛派提出了各式各样的看法。

继毛公之后，马融最早提出寡居生子、避嫌而弃的新说。马氏大概感到毛义（弃之以显其异）有所不通，才不得已出此惊世之论的。但据《毛传》"帝不顺天"云云，"则弃之者，帝意也"（孔疏），后稷生时，帝喾尚存，不得为遗腹子。即使是遗腹生子，也是古今常有之事，有识者不当疑其为奸（《正义》引孙毓语）。马融新说较毛义更为不通，难怪后世无附和者。

---

① 季本：《诗说解颐》卷二十四，文渊阁本。
② 魏源：《诗古微》卷十三，南菁书院本。

马氏以后，关于被弃原因的讨论，沉寂了千年之久。北宋大儒欧阳修起而攻感生论，也拿这个问题没有办法，只好"阙焉而有待"。但为维护《毛传》权威，宗毛者没有善罢甘休，终于继毛、马之绝响，又提出了新说。苏洵以为，姜嫄生后稷，"如庄公寤生之类，故恶而弃之"①。明人朱朝瑛说："夫寤生不为不祥。其求之也何勤，其弃之也何遽？必不然矣②"。苏洵新说又走进了死胡同。既然难产（寤生）之说不可取，有人便以不难产为见弃之因。严粲认为，女子首生以难产为常，姜嫄生后稷"不坼不副，无灾无害"，竟如此之顺利，因视为神异而弃其所生。其说之谬，适如黄震所驳："夫不难产，正人情之所喜，岂反以为怪而弃其子耶？"③ 除苏、严之说外，宋代还出现了一种更为奇妙的说法："妇人以承夫为乐，有子次之"，"妇人之志方急于帝喾，而不志于有子，故有隘巷、平林、寒冰之事"（《毛诗李黄集解》引陈少南语）。论者似乎把妇人舐犊本性也给忘记了。

继宋儒而起者，明代有何楷、朱朝瑛，清代有王夫之、汪龙、范家相、胡承珙、李允升诸人。他们都各有创见。

何楷主张：姜嫄从高辛帝祈祷神时，"偶缘心动而有孕"，"惊疑过甚，辄弃所生"（《诗经世本古义》卷十）。只因惊疑过甚，就弃其所生，而且弃之再三，为人母者恐不至于如此忍心。母弃其婴，无论出于何故，恐怕都有悖情理。朱朝瑛大约有见于此，便提出了一种全新的假说："宫闱之内或有如燕啄皇孙、绿绨方底之事（按，事见《汉书》卷九七），亦未可知也。至再至三，必致之死地而后已，此决非父母所忍为者。"（《读诗略记》卷五）朱氏虽以"燕啄皇孙"突破了母弃其子的传统模式，但仍属影响之谈。

为求更合理的解释，王夫之则进而摒弃了姜嫄为帝喾妃的旧说。他断言"姜嫄挚妃，后稷挚之子"，其母之受难，本因"挚既失守，后稷蒙尘草莽"。然以难求达诂的几句古诗来确定一段"莫从考证"的史实，再由此段历史引导出后稷被弃的原因，这种推论方法本身已不可靠，更无须问其结论了。除王氏之说外，清儒异说尚有如下数种：汪龙认为，稷所以见弃，是因为有"奇表异相"（《毛诗后笺》引）；范家相称，稷初生时因父母不养育而被弃；④ 顾镇以稷生"不破胎而啼"为见弃缘由；⑤ 胡承珙说，姜嫄"适值祀归心动之后遽已怀任生子"，内心不无疑惧，"特弃之以试其吉凶"（《毛诗后笺》）；李允升则主张稷"在衣胎中未出，见者惊以为妖，不知其为子"，或者"以为肉卵"，于是被弃。⑥

诸家之说各个不同。但从马融创遗腹之说到李允升发肉卵之论，皆力求把姜嫄

---

① 胡承珙：《毛诗后笺》卷二十四引，南菁书院本。

② 朱朝瑛：《读诗略记》卷五，文渊阁本。

③ 黄震：《黄氏日钞》卷四，乾隆间刊本。

④ 严粲：《诗缉》卷十六，乾隆间刊本。

⑤ 顾镇：《虞东学诗》卷九，乾隆间刊本。

⑥ 李允升：《诗义旁通》卷十，咸丰二年刊本。

弃其所生解释得合情合理，并通过这种合于理性的诠解，以攻乎异端，破除感生
"邪说"。

四

宋代以前，持毛氏非感生说者寥寥无几，已如上述。而持感生说的人却为数不
少。除"三家"及郑玄外，从西汉董仲舒、司马迁、桓宽、褚少孙、刘向等辈一直
到南齐的张融，可称引者尚有二十余家。惠周惕云："感生帝之说，至宋不改，当时
人臣无敢讼言其非是者。"可见其说影响之大。关于郑说在宋代的影响，周氏还说：
"郑氏之说，本于史迁。迁亦附会汉高五帝之意，特未有感生帝之说耳。老泉帝誉妃
一论极正大。子由亲老泉子，乃背父而从郑。张子、朱子，宋代大儒，亦左袒康成。
邪说之惑人，贤者亦不免也。"（并见《诗说》）虽然宗毛者奉毛说为"正论"，而
斥感生论为"邪说"，对郑说大加挞伐，但在《诗经》学史上，"邪说"似比"正
论"更具"惑人"的力量。如前文已经提到的六朝人王基、孙毓，以及宋代的张
载、苏辙、朱熹、范处义、杨简、黄震，元代梁益，明代季本，清代的毛奇龄、陈
启源、马瑞辰、李黼平、陈乔枞、李元春等，都赞成郑氏感生之说。

《毛传》"据理言《诗》"，前文已详。郑玄则相反，他是"据事言《诗》"（《诗
经札记》卷下）。郑氏及其附议者所以承认《诗》中的"怪"，就因为它见于记载，
有"事"可征。李元春说："姜嫄履拇，简狄吞卵，事亦或有，然以理言之，必皆
非。"① 郑氏以"事"为据，承认感生；毛氏以"理"为据，不承认感生。前者重
客观，后者重主观。郑氏所以异于毛氏者即在此。

在郑玄看来，只要见于记载，即有斯事，至于它是否合于情理，则可置之不论。
这种记载，不限于《诗》本身，也包括其他典籍，甚至纬书。王基、孙毓在批驳王
肃关于不夫而育导致周朝灭亡的非感生观点时指出，二龙生妖女的传说并不能否定
感生论，适所以证明有感生之事，虽然褒姒之生与后稷之生所引出的结果（褒姒终
成祸水而后稷始奠周基）并不相同。他们据以言《诗》的，是史乘（《史记·周本
纪》）所载之"事"。张融认为，《生民》、《閟宫》二诗本身的记载，即可证明后稷
无父感天而生。张氏据以言《诗》的则是《诗》"但叹其母，不美其父"的感生
明文。

宋儒宗郑者不仅据事言《诗》，承认"怪"为实有，而且论及所以然之故。不
克绍箕裘、"背父而从郑"的苏辙，在谈及自己何以相信感生时，有一段精彩的
论述：

　　要之，物之异于常物者，其取天地之气弘多，故其生也或异，虎豹之
　生异于犬羊，蛟螭之生异于鱼鳖，物固有然者。神人之生而有以异于人，

---

① 李元春：《诸经绪说》卷四，清刊本。

何足怪哉？虽近世犹有然者。然学者以其不可推而莫之信。夫事之不可推者何独此。以耳目之陋而不信万物之变。物之变无穷，而耳目之见有限。以有限待无穷，则其为说也劳而世不服。古之圣人不然。苟诚有之，不以所见疑所不见。故《河图》、《洛书》，稷、契之生，皆见于《诗》、《易》，不以为怪。其说盖广如此。[1]

苏氏认为，事物的变化是无限的，异于常人常物的人物何世不有，不能因主观之不可推论或耳目闻见之窄陋而加以否定。他指出，古之圣人尚且记"怪"于经典，其心胸如此宽广，今人更不可"以所见疑所不见"，"以耳目之陋而不信万物之变"，否则"其为说也劳而世不服"。

集理学大成的朱熹也主张据事言《诗》。有人问"履帝武敏"作何解释，这位理学洪儒回答说："此亦不知其如何，但《诗》中有此语。"[2] 他认定《诗》中所记祥瑞是真实的，不可谓为虚妄；孔子亦曾语及"凤凰"、"河图"诸怪，此可为"《诗》瑞"作一旁证。

与朱熹同时的范处义，更明确地指出，感生之事"乃圣人存于经"，是"圣人之所存"，绝不可废。范氏主要从《诗》本身的记录中寻找依据。他就《生民》、《玄鸟》里有关文字的语境及语义进行分析："稷、契之生，巨迹、玄鸟之事，乃圣人存于经，安得舍经而不信！使后稷之母无巨迹之异，则是因祷而生，何为是诗乃记置之隘巷、平林、寒冰之实？使契之母无玄鸟之祥，何为后世颂之，直以为'天命玄鸟，降而生商'？"[3] 接着据两诗作意说明诗人态度严肃，所记之事真实无妄；再据他篇及他书所记，以为《生民》、《玄鸟》二篇感生明文的佐证。范处义的论述比较全面地展示了据事言《诗》的方法。其《诗》说在宗郑派里很有代表性。他聚心力于说明《诗》中是否有怪异记载，至于所记之"怪"在理性上能否讲通，则不予置评。

比范氏稍后、精于心学的杨简，同样主张就事论《诗》，反对"穿凿为说"。杨氏颇具胆识地指出，"子不语怪"的说法出自孔氏之弟子门人，实际上并不可靠。他从"道无所不通，故变化无所不有"的观点出发，承认天地间不仅有"怪"，而且为数不少，并相信"简册所载、耳目所及"者皆不虚妄。他指责宗毛诸儒据理言《诗》很牵强，不如孔子通达；宗毛者以人情物理为说，还不如"《诗》文"本身说得明白自然。[4]

与宋人比较起来，清儒更多地凭借其考据学的功夫，从《诗》文之外探求感生论的根据。陈寿祺、陈乔枞父子著《三家诗遗说考》，远绍旁搜，举出许多事例，证明卵生、迹乳之说绝非虚言。陈氏云："吞卵、履迹之事见于古传记，《鲁诗》以

① 苏辙：《诗集传》卷十六，明刊本。
② 朱鉴：《诗传遗说》（通志堂本）卷五引。
③ 范处义：《诗补传》卷二十三，通志堂本。
④ 杨简：《慈湖诗传》卷二十，四明丛书本。

为殷、周受姓所由，师说相传，其来已久。"① 按：《春秋繁露·质文篇》、《白虎通·姓名篇》等都说，殷姓子是由于契以玄鸟卵生（子即卵），周姓姬是由于稷以大人迹生（姬、迹一声之转）。考据家为求实证，还不惮利用纬书中的某些资料。陈启源指出："感生帝之说，虽出于纬书，然谓古帝王之兴，各乘五行之王气，当有其理，岂可概斥为诬。""纬书之言虽不可尽信，岂遂无一足信乎？"② 李元春亦云："《中候》言'玄鸟翔水遗卵流'，与《史记》合，纬书固非无本也。"③ 不完全排斥纬书，承认其中有可资考证的记载，这也是宗郑诸儒与宗毛派的一个重要区别。多方取证，以考据言《诗》，当时不少《诗》学名家都是这样。如马瑞辰之释《生民》。为说明姜嫄无夫而生子，马氏自谓"尝合经文及《周礼》而观之"，凡取六证。取自经文本身二证，取自《周礼·春官》二证，另外二证分别取自《尔雅·释训》和《楚辞·天问》。他还从纬书等载籍里找出一些旁证："古言巨迹者三，一为伏羲（《孝经钩命决》，华胥履迹怪，生皇羲），一为帝喾（《路史》，帝喾父侨极取陈丰氏曰衰，履大人迹而生喾），合后稷而为三。又言吞卵生者二，一为契（《殷本纪》，简狄吞卵生契），一为大业（《秦本纪》，女脩吞卵生大业）。"④ 凡见于记载的有关材料，几乎都用上了。

　　许多宗郑说者都认为，感天而生并非个别或偶然的现象（如马瑞辰所说，即迹乳、卵生者，也不止稷、契），而带有某种普遍性。据他们说，"天道征祥，古今有之"（孙毓），"古帝王之兴，莫不各有灵异之征"（黄中松），"后世人主如此奇祥多矣"（李元春），"帝王之生，皆有神异"（皮锡瑞）。他们似乎都有一种"类比"的意识。只要论及《诗》中感生之事，他们就会连类比物，提到别的文献里某些与之有相同或相似之处的记载，列举其他神话传说来佐证。郑玄驳《五经异义》，以刘媪感赤龙而生汉高祖与姜嫄履大迹而生后稷相比并，即已用此法。而王基、孙毓以二龙生褒姒与天帝生后稷并论，乃袭郑氏成说。

　　后来效此道者寝多，"连类比物"终成论证感生之说的常法。宋人段昌武引曹氏曰："夏之始祖由吞薏苡而生，故姓姒氏；商之始祖由玄鸟遗子而生，故姓子氏；夫子之生亦由祷于尼丘，形貌肖似，遂以为名字焉。"又谓"简狄剖胸而生契，脩己坼背而生禹，则坼副者有之"⑤。这些例类，与后稷之生及姜嫄之不坼不副都有相似之处。梁益引罗泌云："后稷之生，鸟翼羊腓；齐顷之诞，狸乳鼪姬；昆莫之弃，野鸟衔肉；东明之掷，豕呵马嘘：是岂人为之哉？"⑥ 梁氏还引《左传·宣公四年》楚令尹子文生弃梦泽之事，并云"与罗长源所引皆相类"。弃子事见于载籍者尚多。

　　① 陈寿祺、陈乔枞：《鲁诗遗说考》卷十六，南菁书院本。
　　② 陈启源：《毛诗稽古编》，学海堂本。
　　③ 李元春：《经义文要》卷四《玄鸟生商说》，清刊本。
　　④ 马瑞辰：《毛诗传笺通释》卷二十五，南菁书院本。
　　⑤《毛诗集解》卷二十四，文渊阁本。
　　⑥ 梁益：《诗传旁通》卷十一，光绪间武进盛氏刊本。

不过罗、梁所引已可证明，后稷生而被弃并非宗毛者所谓"诗人之设辞"，而是大有传说依据的。李黼平把后稷传说置于古帝传说的背景中加以考察，从而"发现"了感天而生的普遍性："华胥履迹，是生伏羲；女登遇龙，攸降炎帝；大电绕斗，附宝实孕轩辕；瑶光贯月，昌仆①爰怀颛顼。自古神灵之后，靡不受精于天。"② 按：伏羲事见《御览》卷七八引《诗含神雾》；炎帝事见《御览》卷七八引《帝王世纪》；轩辕事见《河图稽命征》；颛顼事见《初学记》卷九引《帝王世纪》。连类而及的几个古帝神话，通过归纳法引出了古帝之母皆"受精于天"的结论。虽只是用了很不完全的归纳，但仍不失为求实证的客观态度。方玉润则以为"此等事不必上世始有之，即后世之见于稗官小说及释典中者，不一而足"③。其视野更为宽广。

连类比物以证成稷、契感生，仍然是据事言《诗》。不过所据之"事"并非与稷、契之怪直接有关，而是与此二神话相类似的其他神话传说，至于这些事和稷、契感生是否合于情理，同样不被重视。

五

对于《诗》中所记神异是否具有合理性的问题，郑玄及其追随者并非完全漠不关心。他们知道，用一般人情物理不能解释卵生、迹乳一类怪事，要是强为之解，只会得出否认感生说的结论。于是他们提出了"气化"之说。所谓"气"，即精气，阴阳之气；所谓"化"，即变化、化生、诞育。郑玄谈到这种"气"时，把它称为"精气"、"神气"、"天气"。张融则称之为"上帝之气"。张载、苏辙又称作"天地之气"。张载说："天地之始，固未尝先有人也，则人固有化而生者矣，盖天地之气生之也。"④ 此即所谓"天地之生人，盖有气化者"（季本）。据郑玄说，后稷的诞生，就是天凭依姜嫄而降精气（阴阳之气）使之有身的结果。

关于"气化"的解说，宋儒以后较重要的有两家。一是季本的草木萌生之喻。季氏说："姜嫄必有圣德，故天降之祥而示之以感动之机。大人迹拇，即其祥也。姜嫄履之，歆然惊动于心，而化生之气即此有感矣。如草木之摔然因雷电而萌生者盖皆如此，非必夫妻交媾而真有人道之感也。"（《诗说解颐》卷二十四）他还把"攸介攸止"之"止"释为"止于其身"。天降"化生之气"（精气，诞育之气），止于姜嫄之身，感触其体，使之怀妊，即如雷电之震动令草木破土而出。另一家更为精妙的解说，是黄中松的理气之辨。黄氏云："窃以为天地之间有理有气：理则有定者也，气则无定者也。据理而言，则圣人之生必由父母，当无以异于恒人；而气化之变，每多不可测。"（《诗疑辨证》卷五）在他看来，"理"就是道理，就是普遍法

---

① 昌仆，一作景仆，又谓之女枢。
②《毛诗正义》，学海堂本。
③ 方玉润：《诗经原始》卷十四，中华书局标点本。
④ 朱熹：《诗集传》引。

则；而"气"则指某种物质，某种特殊现象。无论妖孽或祯祥，都属于"气"的范畴，都是"气化"的结果。虽然"据理而言"它们都不足凭信，但它们或"彰彰载在《尚书》"，或"明明见于《雅》、《颂》"，都是不可不信的"气化"之物。这位学者不仅对"气化"说作了详明的解释，而且指出"据理言《诗》"之不可取。

要疏通《诗》中感生明文，一般道理或法则是难以为役的。宗毛者用这种"理"释《诗》，只得出了否定感生的结论。有鉴于此，宗郑派提出"不可概以常理"之说。他们认为，天地之生育人物，奇幻莫测，变化多端，不可固守一隅，以常理限量之。《史记·楚世家·集解》引干宝云："天地云为，阴阳变化，安可守之一端，概以常理乎？《诗》云'不坼不副，无灾无害'，原诗人之旨，明古之妇人尝有坼副而产者矣，又有因产而遇灾害者，故美其无害也。"干宝并非《诗》学专家，但他的不可概以常理之言乃为"原诗人之旨"而发，并对后世经学家有所启迪。他还以近事印证古书，明坼副之事不虚，并认定"天将兴之，必有尤物"。

主张感生之事"不可概以常理"的学者，尚有朱熹、黄中松等。朱子赞成"稷、契皆天生"的看法。他指出："履巨迹之事有此理。且如契之生，《诗》中亦云'天命玄鸟，降而生商'。盖以为稷、契皆天生之尔，非有人道之感。不可以常理论也。汉高祖之生亦类此。此等不可以言尽，当意会之可也。"（《诗传遗说》卷五）理学大师也不得不承认，对于感生这种事，只可"意会之"，不能用言语完全表达出来。黄中松也说："造物施生之奇，有不可以常理限者，所谓天地之大，何所不有。而拘虚之见诚难与于旷达之观。"（《诗疑辨证》卷五）他以为，只有眼界开阔，心胸宽广，才能对天地间奇人异事取兼容并包的态度。

要确解感生之事，不仅用常理不能办到，即使玄妙深邃的"气化"之理，同样难以为役。就是说，这种事几乎是不可理解、不可推究的。于是宗郑诸儒进一步提出"难以理概"之说。单用一个"理"字，去掉定语"常"，表示"理"这个概念的全部外延，即一切的"理"。苏辙说履帝武之事"不可推"，陈启源说"天地之大，奇诡变幻，难以理概"（《毛诗稽古编》），李元春说"天地生物不测，有非理所可信者，况理之所可信，又何不信之有"，都在强调"理"的周延性，即谓一切"理"皆很难或根本不能把卵生、迹乳诸怪异解释清楚。

既然难以用常理或妙理讲通，就不应也不能施以理性分析，只需承认"圣人存于《经》"的怪神之事本身就可以了。皮锡瑞说："盖帝王之生，皆有神异。岂可偏执一理，以为必无其事。且据《诗》而论，无论事之有无。而诗人所言明以为有。如必断为理之所无，则当起周、鲁与宋作诗之人，责以诬祖之罪，不当谓三家说《诗》为误，责以诬古之罪也。"[1] 皮氏以为，说《诗》者的任务只在"据《诗》而论"，把《诗》文本身疏释清楚，无权对"诗人所言明以为有"的事加以"否决"。所谓"无论事之有无"，意味着无条件承认，唯"诗人所言"是信。

---

① 皮锡瑞：《经学通论》，中华书局标点本。

总之，从感觉"不可概以常理"到以"气化"之理释"怪"，再感觉"难以理概"（即一切"理"皆难以解说）到无条件承认，这似乎就是宗郑派对感生之事的认识过程。

六

在《诗》学史上，宗郑、宗毛两派有时并不那么泾渭分明。如欧阳修之兼辟（毛、郑），严粲之兼采。甚至有人认为毛、郑关于感生之事的看法"大致相同"。如李黼平就这样说：

> 按《传》、《笺》义别，而大致相同。"诞置之隘巷"，《传》云："天生后稷，异之于人，欲以显其灵也，帝不顺天，是不明也，故承天意而异之于天下。"是毛意亦以帝喾谓稷天生，同于《笺》也。感天之说已同于《笺》，御夫与否，可勿深求。无论闺房之事非后世所知，假使复御于夫，感天何碍？（《毛诗细义》）

在稷、契降生问题上，毛公持论不坚，态度不似后世宗毛诸儒那样明朗。虽然未必如李黼平所谓"感天之说已同于《笺》"，但毛公态度不够鲜明，适如李氏所言。《玄鸟传》云"本其为天所命，以玄鸟至而生"，亦含"天生商契"之意，与《生民传》"天生后稷"之文似无不同。但毛公终未走出决定的一步，即正视履迹、吞卵之事。后世某些学者受毛公影响，在承认感生时往往不够痛快，有所保留。他们即使承认履迹之事，也不敢相信吞卵之说。

本来，卵生、迹乳二事性质相同，只要承认其中一事，就等于承认了另一事。一般宗郑说学者皆以为，"履迹、吞卵，事同一辙"（陈启源《毛诗稽古编》），"履拇之说可信，则吞卵之说亦可信"（李元春《经义文要》）。他们认识到，稷、契之生乃同一性质的怪异，因此常常将二事相提并论。元代《诗经》学者刘瑾指出："此诗（《玄鸟》）推本商人生于玄鸟，犹《生民》推本周人生于帝喾；此诗追叙契之生以及于汤有天下，犹《闷宫》追叙稷之生以及文武也。"[①] 对于《诗》学界把履迹与吞卵分别看待的主张，他们不能同意。季本认为简狄吞卵与姜嫄事同："郑氏谓鳦遗卵，有娀氏之女简狄吞之而生契，是也；此与姜嫄事同，岂可谓无此理哉？"（《诗说解颐》卷三十）朱亦栋视二事为一类："简狄之吞卵与姜嫄之践迹，事本一类；践迹者既以为有，即吞卵者不可谓无也。"（《诗经札记》卷下）这种同一论的实质，自然就是把有关履迹、吞卵的记载都当作感生明文，从而捍卫其感天之说。

但也有某些学者对二事并不"一视同仁"。如吕祖谦"于《生民》祖郑笺巨迹为说，于《玄鸟》祖毛传春分郊禖为解"（《毛诗稽古编》引），即为适例。又如金履祥谓姜嫄"不夫而育"，履巨迹而生后稷；解《闷宫》"上帝是依"亦云"谓天之

---

① 刘瑾：《诗集传通释》卷二十，日本文政十年刊，嘉永二年重刊。

神凭依姜嫄之身而生后稷也"（并据许谦《诗集传名物钞》引）。而释《玄鸟》诗则谓"史以行浴堕卵之事附之，几于阆矣"。姚际恒则标榜"依文说经"，以断二事之有无："依文说经，不必先立主见。如《生民》诗文义实似谓履迹而生者，不必为之辟异；此诗（《玄鸟》）实无吞卵而生之文义，不必为之好异也。"[①]由于姚氏过分死抠字句，不注意领会其精神，所以貌似客观，而实则有失诗人之宏旨。

这些学者取履迹而舍吞卵，并非因为"实无吞卵而生之文义"，主要是鉴于玄鸟生商之文更为怪诞和"不雅驯"，而"荐绅先生难言之"。如方玉润不了解"古圣之生如出一辙"的原因，便以为迹乳之事纯属偶然，实不可以例玄鸟生商之文："夫履迹而生亦偶然之事，岂可袭以为常？彼盖秉天地阴阳之和，适与两间灵异相感触，故一遇而成胎，虽非人道之常，实亦天灵所聚，乃独钟为异产。若夫鳦卵，则何灵之有？纵使灵异，亦禽种耳，岂可以是诬圣人哉？"（《诗经原始》）鳦卵既无灵气可称，吞卵而生即属"不雅驯"之言，而"禽种"之与"圣人"，其高下之分，天地悬隔，自然也不能联系在一起。南宋人王质说得更明白："吞卵之事不惟诞，又且猥。汉高犹龙种，商契乃燕种乎？"（《诗总闻》卷二十）承认吞卵之事，就等于诬蔑商契是燕种。卵生之说不特"不雅驯"，更有"诬圣"之嫌；荐绅先生不只是"难言之"，而且恐怕也不敢言。

经学家们无论否认感生的宗毛派还是承认感生的宗郑派，都在不同程度上受到"子不语怪"的传统观念的压抑，难以摆脱谈"怪"色变的心态。某些宗郑说者也曾主张舍弃"拘虚之见"，树立"旷达之观"，可惜在当时条件下要想"更新观念"，真是谈何容易。然而宗郑诸儒承受着旧观念的重压与"诬圣亵天"一类的苛责，为证实《诗经》中确有怪神记载，有感生明文，作过不少可贵的探索，其功断不可没。他们提出的"气化"之说，及其所用的比物连类的方法，较之近代神话学，可谓未达一间耳。他们一面旁搜远绍，集中古代典籍里种种有关怪异记载作为《诗经》记怪的旁证；一面把"怪"（神话）的特异性和非理性（不合于一般法则和道理）归结为"气化"，即某种特殊物质现象的变化。虽不能由此完全揭示神话的本质，但他们毕竟承认了神话的客观存在，并在对这类"子不语"的现象进行理论解说方面作了有意义的尝试。

本文原载《文学评论》1993 年第 3 期。

---

①《诗经通论》卷十八，道光十七年王笃校本。

中国最早的物候历月名
——楚帛书月名及神祇研究

刘信芳

刘信芳（1955— ），湖北宜昌人。曾任湖北省博物馆研究员，现任安徽大学历史系教授。与神话学有关的主要著述有：《中国最早的物候历月名——楚帛书月名及神祇研究》、《包山楚简神话与〈九歌〉神祇》、《楚帛书解诂》等。

《楚帛书》是最为引人瞩目的一件楚文物。迄今为止，对其进行专题研究的论著已达六十余种。[①] 学者们习惯上将帛书分为甲、乙、丙三篇，本文讨论的范围仅限于丙篇。

关于《楚帛书》丙篇，目前在文字隶定、内容考释方面已经取得许多重要的进展。其中首推李学勤先生关于帛书月名与《尔雅》月名相同的论断。[②] 由于这一发现，帛书丙篇才得以建立在基本可读的基础之上。其后又有不少学者按此思路，几乎将古今有关《尔雅》月名的训释搜罗殆尽，用以探索帛书月名的起源问题，然终无大的收获。原因在于《尔雅》月名自来无达诂，也就是说，前人尚不明其义，今人沿其旧说，又何能求解？

唯帛书月名皆配有相应的神祇图，这可能是自秦以后的古人所未曾看到的，也是我们唯一比古人优越的地方，只有充分利用此神祇图，认真分析月名与神祇图之间的联系，认真分析帛书月名与《尔雅》月名在字形、音读上的联系及其细微差别，才能使我们得到较前人为多的认识和发现。

本文即依此基本思路，将帛书月名及神祇图作为一个完整的体系进行研究。叙述的顺序按帛书春、夏、秋、冬四季为次，各季首先讨论司季之神名及神祇图，再及其他各月。

一、春季月名及神祇

帛书春季月名从正月至三月分别为"取、女、秉"，《尔雅》则分别为"陬、如、病"。

[①] 参见曾宪通：《楚帛书研究四十年》，见饶宗颐、曾宪通：《楚帛书》，中华书局香港分局 1985 年版。

[②] 李学勤：《补论战国题铭的一些问题》，载《文物》1960 年第 7 期。

（一）帛书三月的标识文字为"秉司春"，其神祇图为方头怪兽（图1）。由于笔者无缘得见帛书原件，兹引目验过原物的李学勤先生对图像的描述：

> 鸟身，似有爪及短尾。方首，面青色，
> 无耳，方眼无眸，顶有短毛。①

图1

帛书"秉"，《尔雅》"痼"皆读如"炳"，古"炳"与"明"通。《说文》："炳，明也。"《礼记·礼器》："大明生于东。"郑玄注："大明，日也。"日出东方，古以司东之神为句芒。《楚辞·远游》："吾将过乎句芒。"王逸章句："就少阳神于东方也。"《山海经·海外东经》："东方句芒，鸟身人面，乘两龙。"郭璞注："木神也，方面素服。"所谓"方面"即头为方形，而帛书该月神祇图像正为"方首"，这应该不是巧合。《墨子·明鬼下》："昔者郑穆公（按：当从郭璞《山海经》注引作"秦穆公"）当昼日中处乎庙，有神入门而左，鸟身，素服三绝，面状正方。郑穆公见之，乃恐惧奔。神曰：'无惧，帝享女明德，使予赐女寿十年有九，使若国家繁昌，子孙茂，毋失郑。'穆公再拜稽首，曰：'敢问神名。'曰：'予为句芒。'"可见句芒之神确为方头。

句芒犹言句萌。《礼记·月令》：季春之月，"生气方盛，阳气发泄，句者毕出，萌者尽达。"郑玄注："句，屈生者；芒而直曰萌。"郑玄注应该就是"句芒"神名的本始意义。《太玄·数》："神勾芒。"范叔明注："谓木正重也。实能木职，故死则命之曰勾芒，使其神佐太昊，而并祀之。勾，取物春勾屈而生；芒，取其有芒角也。"可见范氏亦认为"芒"与其神之称名有关。"芒"之本义指草木之杪，至今俗语尚有"针尖麦芒"，如此，帛书该月图像头顶上之细短毫毛，应该看作"芒"的图解。

按照古代数术家的说法，句芒之神于方位司东方，于季节司春季。《吕氏春秋·十二纪》：孟春、仲春、季春，"其帝太皞，其神句芒"（《月令》同）。高诱注："句芒，少皞氏之裔子曰重，佐木德之帝，死为木官之神。"所谓"木官"，依五行之说，东方属木，其色青，帛书正月之首，亦即东北角上绘有一树，正为青色。

由帛书司春之神曰"秉"，还使得我们有必要重新思考《左传·昭公二十九年》的一段记载。该年传云："少皞氏有四叔，曰重，……使重为句芒。""重"、"秉"同为句芒之神名，若依理推测，二者似不可同真。帛书、《尔雅》的记载相同，且绝对可靠，知《左传》"重"或为"秉"字之误，因形近而讹也。但若从神话学的角度看，由于神话传说具有多源性及变异性的特点，则句芒名重、名秉是完全可以并存的。

---

① 李学勤：《再论帛书十二种》，见《湖南考古辑刊》第4辑，岳麓书社1987年版。

综合以上论述，可知帛书三月月名"秉"，《尔雅》三月月名"寎"，其实都是"句芒"之神"芒"的音近借字。秉、寎、芒古音同在阳部，同属帮系声母（今为双唇音），在音理上是可以互假的。由此亦可论定该月神祇图描绘的就是句芒之神像。"秉"在帛书中的地位，既是司春之神，又是三月的代月名。如果考虑到"秉"与下文将要分析的司夏、司秋、司冬各神共同构成一个完整的体系，那就更加可以确定不移地将"秉"释为句芒。

（二）帛书正月的标识文字为"取于下"，其神祇图为长尾怪兽（图2）。李学勤先生描绘云：

图2

> 兽身鸟足，长颈蛇首，口吐歧舌，全身作蜷曲状。首足赤色，身尾青色。

颇疑该月神像即獭，也就是说，帛书"取"就是"獭"。试证如次：

其一，"獭"与"取"在古代方言中有音读联系，是对于同一物因读音不同而导致的不同记载。"獭"是古代正月作为物候观察的重要对象，见于《夏小正》诸书。《说文》："獭，水狗也，食鱼，从犬，赖声。""赖"古多训"取"。《广雅·释诂》："赖，取也。"王念孙疏证引《庄子·让王》："若伯夷、叔齐者，其于富贵也，苟可得已，则必不赖。"是"必不赖"即"必不取"也。《方言》卷十三："赖，取也。"钱绎笺疏："《太元·达》次七云：'达于砭割，前亡后赖。'是赖为取也。"诸书以"取"训"赖"，使得我们有理由怀疑二字在古代方言读音中有某种联系，这类例子虽然不多，但还是有的。《方言》卷二："赖，雠也。南楚之外曰赖，秦晋曰雠。""雠"与"貙"古读极近，可将诸字古代读音的联系表示于次：

　　　　　　南楚之外读赖，帛书作"取"（读如赖）。

獭——赖

　　　　　　秦晋读雠，《尔雅》作"貙"（读如字）。

其二，帛书正月"取"，合于《夏小正》诸书的物候记载。

《夏小正》：正月，"獭兽祭鱼"。传云："獭兽祭鱼，其必与之兽，何也？曰：非其类也。祭也者，得多也。善其祭而后食之。"《吕氏春秋·孟春纪》：正月，"獭祭鱼"。高诱注："取鲤鱼置水边，四面陈之，世谓之祭鱼，为时候者。"类似记载又见于《礼记·月令》、《逸周书·时训解》等，不具录。古代以"獭祭鱼"作为重要的时令标志，《礼记·王制》："獭祭鱼，然后虞人入泽梁。"郑玄注："取物必顺时候也。"

"獭"，现代动物学称"水獭"，将现代水獭与帛书"取"之神祇图对照，二者的相似性是明显的，同时知帛书"取"神像之"口吐歧舌"，其实是獭触须的古朴描写。

释帛书"取"即"獭",可能并不像释"秉"为"句芒"那样能作出确定性的结论。但如果考虑到帛书丙篇除司时（季）之神外，其余各月之神皆与物候有关（详下各月所述），那么释"取"为"獭"的可靠性还是相当充分的。这里有一点相关考释，谨附于次，或有助于对这一问题的进一步探讨。

帛书"取于下"三字可连读，除"秉司春"诸例皆连读外，另详下文四月、十一月诸条。"取于"读若"驺虞"，"取"，《尔雅》作"陬"，"陬"与"驺"通，如"趣"之作"趋"，"郰"（地名）之作"邹"。《玉烛宝典》："正月陬，音驺。""于"之与"虞"亦为一声之转，如《史记·晋世家》晋唐叔虞字子于，乃取音近为字也。

《诗经·驺虞》："于嗟乎驺虞。"毛传："驺虞，义兽也，白虎黑文，不食生物，有至信之德则应之。"孔颖达疏引陆玑疏："驺虞，白虎黑文，尾长于躯，不食生物，不履生草，应信而至者也。"传、疏未说明驺虞究为何兽，以至成为千年悬案。但其中亦有可资参考的成分，如谓驺虞"尾长于躯"，与水獭之形态相合。欧亚水獭（lutra lutra），亦称旧大陆水獭，体长五十六至八十三厘米，尾长三十六至五十五厘米，尾占体长三分之二以上。帛书"取"之神像亦有一长尾，与有关驺虞的描述相合。所谓"应信而至"可理解为应节令而至，而《夏小正》诸书正是将獭作为物候对象。至于谓驺虞"白虎黑文"，这可能与古代动物崇拜有关。《山海经·海内北经》："林氏国有珍兽，大若虎，五采毕具，尾长于身，名曰驺吾，乘之日行千里。"此说谓"驺虞"若虎，与本文上引毛传及陆玑疏相合。《埤雅·释兽》："獭，兽。西方白虎之属。"这是以五行学说划分兽类，可以作为驺虞若虎的一种解释。东南亚的印度水獭（lutra perspicillata），毛浅红至黑褐色，腹部色浅，有灰白色的脸斑和喉斑，与"白虎黑文"、"五采毕具"的有关描写类似。

（三）帛书二月的标识文字为"女此武"，其神祇图为二鸟相对共四首（图3）。李学勤先生描绘云：

> 双鸟身，尾如雄鸡，爪均内向，青红二色。四首呈方形，面色白，方眼无眸，无耳，有青色冠。

"女"应为该月的物候之鸟。《夏小正》：三月，"田鼠化为鴽"。传云："鴽，鹌也。""鴽"之异体作"鴾"，皆从"女"得声。释帛书"女"为"鴽"，在音理上是没有问题的，只是鴽为何鸟，古人之解释歧说纷出，分别见《吕氏春秋》、《月令》高诱、蔡邕诸注。兹概从略，因为上引《夏小正》传已是很确当的解释。

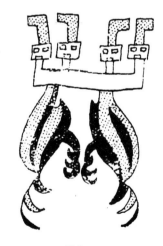

图3

"鴽"即鹌鹑,由于鹌鹑之孵化是在田野灌丛中,故古人以为田鼠所化,亦是很容易理解的事情。唯帛书以"女"(《尔雅》作如)为二月的物候神,而《夏小正》记在三月,有近一月的差别。考虑到楚国地处南方,鹌鹑之孵化较北方为早,则帛书与《夏小正》的不同记载,正是南北地区物候现象实际差别的具体反映。

帛书"女"之神祇图与鹌鹑的实际形态相去很远,已是浪漫化、神话化、变异化的图形,艺术色彩极为浓厚。尤其是四方首并呈方眼,尚不知其具体含义。其标识文字"此武"二字亦不详其训释,谨阙疑备考。

二、夏季月名及神祇

帛书夏季月名从四月至六月分别为"余、欨、虘",《尔雅》则分别为"余、皋、且"。

(一)帛书六月的标识文字为"虘司夏"。其神祇图像近似人形(图4),李学勤先生描绘云:

> 形如雄性猿猴,有尾。面有红色边缘,露齿。两臂似着长袖。

图4

帛书虘为古代夏季、南方之司神,与古史中"祝融"的职司是重叠的。

《吕氏春秋·十二纪》:孟夏、仲夏、季夏,"其帝炎帝,其神祝融"(《月令》同)。高诱注:"祝融,颛顼氏后老童之子吴回也,为高辛氏火正,死为火官之神。"《左传·昭公二十九年》:"火正曰祝融。"又:"颛顼氏有子曰犁,为祝融。"帛书丙篇于东南角上绘有一树,红色。依五行学说,南方火,其色赤。该树正标志夏季、南方的代表色。

史籍中亦有述及祝融之形象者。《山海经·海外南经》:"南方祝融,兽身人面,乘两龙。"帛书该月神像正为兽身人面,有二尾,殆为"乘两龙"之遗痕。

祝融被古代南方楚民族奉为先祖。《史记·楚世家》:

> 楚之先祖出自帝颛顼高阳,高阳者,黄帝之孙,昌意之子也。高阳生称,称生卷章,卷章生重黎,重黎为高辛氏居火正,甚有功,能光融天下,帝喾命曰祝融。共工氏作乱,帝喾命重黎诛之而不尽,帝乃以庚寅日诛重黎,而以其弟吴回为重黎后,复居火正,为祝融。

有关祝融的种种史籍记载,至为纷纭复杂,几乎传说中的各个远古时代都有祝融,笔者曾撰有《试论楚先祖祝融谱系》[①]一文,提出祝融为职官名、部落名、神

---

① 刘信芳:《试论楚先祖祝融谱系》,载《江汉考古》1988 年第 1 期。

名的统一体之说。楚人对于祝融之崇拜，史不绝书，在出土的楚简、钟鼎铭文、帛书中亦得到了证明。

那么是否可以说帛书"叜"即祝融呢？问题并不那么简单。帛书甲篇云："炎帝乃命祝融以四神降。"则祝融的身份居于四神之上，可知"叜"并非祝融。"叜"为一方之神，而按楚人的说法，祝融的身份无疑在四方之神之上，这就决定了"叜"与祝融是各具身份之二神。

帛书"叜"之职司既与传世典籍中"祝融"之职司重合，但又并非为一人，笔者对此曾百思不得其解。在这里提出一种推测，以求教于方家。

楚人在国力强盛之时，曾饮马黄河，问鼎中原，以天下为己任，并不以偏居南方自居。帛书作者奉祝融为总领"四神"的至上神，应该说是这种思想的反映。而司夏、司南方之神作为一方之神，为祝融的传统职司，亦为华夏其他民族所公认，楚人既将祝融升格，帛书作者只好安排祝融的"替身"代其司夏之职司。《史记·楚世家》曾记载帝喾诛祝融，"而以其弟吴回为祝融后，复居火正，为祝融"。那么我们视"叜"为祝融的替代身份，还是有一定可能性的。

从语言学的角度看，"叜"，《尔雅》作"且"，二字与"祝"读音极近。《后汉书·贾逵传》："辄令祝少宾。"李贤注："祝，诅也。"祝、诅之字义皆为求神之告辞。作为告神之举，祝兼吉凶，诅则专言凶。《周礼》有大祝、小祝、丧祝、甸祝、诅祝诸官，"诅祝掌盟、诅、类、造、攻、说、禬、禜之祝号，作盟诅之载辞，以叙国之信用，以质邦国之剂信。"但《左传·哀公二十六年》载：宋大尹"使祝为载书"。知统言之，"诅"亦可称"祝"。诅由祝派生而出，这恐怕是帛书作者以"叜"代祝融成为司夏之神的本意所在吧！因此，在某种意义上，我们可以释帛书司夏之神"叜"为祝融，实际上《山海经》、《吕氏春秋》、《月令》诸书已经这样处理了。只是作此处理否定了祝融总领四神的地位，只承认楚人的代表神职司南方的资格，因而并不符合《楚帛书》作者的原意，也不符合楚人以楚总领天下的思想。

（二）帛书四月的标识文字一般释为"余取女"，其神祇图为双身蛇（图5）。李学勤先生描绘云：

蛇首青色，口吐歧舌，首侧有伸出的四角。双身，一赤一棕，互相扭结。

帛书、《尔雅》之"余"应读如"蛇"。"余"古音在鱼部，后世音变分为二读，一读如今"予"音；一读"佘"（实即余字。因出现异语，故前人改字形以别之。古文字中，尤其姓氏字，多如此。如刀之变为刁、沈之别于沉等等）。《元和姓纂》五麻："今洪州有佘氏。"按姓氏读音往往保持古读，从余之"赊"、"畬"诸字皆读如佘。《广韵》将"赊、畬、蛇"同归入麻韵，知"余"、"蛇"二字古代读音相近，此乃鱼部与歌部古多相转之例，犹"蒲卢"即"蒲蠃"，"南无"即"南摩"。帛书该月神祇图正作二蛇交尾状，尤知"余"应读如蛇。其标识文字"余取女"，按其字面义，似乎可理解为"蛇娶妻"。

唯释"余"为蛇，问题并不到此为止。按照帛书丙篇的文例，该月神祇图应象征某一具有物候特征的动物。而古代诸物候文献于夏历四月或相近月份并无关于蛇的物候记载，这就使得我们必须更深入一步思考这一问题。

《夏小正》：四月，"鸣蜮"，古代经学大师们或称"蜮"为蛤蟆，或释"蜮为短狐"，恐均不确。《山海经·大荒南经》："有蜮山者，有蜮民之国，桑姓，食黍，射蜮是食。有人方扞弓射黄蛇，名曰蜮人。"射蛇而名为"蜮人"，可知"蜮"即蛇类。

图 5

于夏历四月可以发出声响（鸣），且又与蛇相类者，应属"蜥蜴"。按现代动物分类学，蜥蜴亚目与蛇亚目近缘。

蜥蜴在古代文献中异名至多，可参《方言》、《尔雅》等，然犹未能尽。以下择其与帛书内容有关者，庶有助于这一问题的探讨。

《方言》卷八：蜥易，"南楚谓之蛇医。""蛇医"、"蜥易"为一音之转，这可以作为帛书"余"之神祇图绘作蛇形的解释。《山海经·北山经》："有蛇，一首两身，名曰肥遗，见则其国大旱。"又，"肥水出焉，而南流注于床水，其中多肥遗之蛇"。又，《西山经》："太华之山，……有蛇焉，名曰肥蟥，六足四翼，见则天下大旱。"按肥遗既属蛇类，并且有生翼生足者，则必属蜥蜴无疑。《广雅·释诂》三："遗，余也。"《史记·陈涉世家》："不如少遗兵。"索隐："遗谓留余也。"遗、余音通，而帛书蛇神图的标识文字正作"余"，肥遗"一首两身"，可视为帛书一首双身蛇神的图解。

综合以上论述，帛书四月的标识文字"余"应读如"蛇"，其神祇图具有蜥蜴的特征，即《山海经》之肥遗，故严格地说该图应是蜥蜴图。由于古代楚人读"蜥蜴"为"蛇医"，视蜥为蛇类，且二者外形相近，可知帛书文字与图之间并无矛盾。蜥蜴于夏初开始发出响声，为古代物候观察的对象，《夏小正》记四月"鸣蜮"，而《山海经》称射"黄蛇"之人为"蜮人"，知蜮即近蛇类之蜥蜴。帛书四月的标识文字与神祇图可以同《夏小正》相参照。地异语隔，古今音殊，"蛇"、"蜥蜴"称名的变异极大，致使《尔雅》四月月名"余"成为千古之谜。若非借帛书该月之蛇图，是不可能解开这个死结的。

（三）帛书五月的标识文字为"欿出睹"，其神祇图为人身三首（图6）。李学勤先生描绘云：

人形正立，三首，面赤色。

帛书"欿"，《尔雅》作"皋"。"欿"从九得声，读若鸠。《夏小正》："五月鸠为鹰。"《方言》卷八："鸠，自关而东，周郑之郊。韩魏之都，谓之鹘鸼；其鷯鸠谓之鷷鷜。"知《尔雅》"皋"实为"鷜"，与"鸠"通，为五月物候之鸟。

唯《夏小正》"鸠为鹰"之说，戴氏传无释。而《夏小正》另有一重要物候记载："五月鴂则鸣。"传云："鴂者，伯鹨也。鸣者，相命也。其不辜之，时也。是善之，故尽其辞也。""鴂"又作"鵙"，《吕氏春秋·仲夏纪》："鵙始鸣，反舌无声。"高诱注："鵙，伯劳也。是月阴作于下，阳发于上。伯劳夏至后应阴而杀蛇，磔之于棘而鸣于上。"《逸周书·时训解》："芒种又五日，鵙始鸣。鵙不鸣，令奸壅逼。"很明显，作为物候现象的记载，"五月鴂则鸣"要比"鸠为鹰"可靠得多。

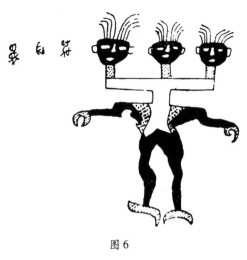

图6

不仅如此，古代还有因崇拜"鴂"而以之名官者。据《左传·昭公十七年》记载，少皞氏以鸟名官，"伯赵氏，司至者也"。杜预注："伯赵，伯劳也。夏至鸣，冬至止。"而夏至正在夏历五月。

若此说来，五月的物候之神应源自鴂而不是鸠。

问题在于"鵙"究竟为何鸟？与"鸠"是否会发生混淆？

关于"鵙"，从古至今，解释者各执一端，纷纭其说，莫辨一是。仅从训诂学家的争讼看，是无法确定其种属的。《本草纲目》卷四十九集解李时珍曾详列关于"鵙"之争讼共九说，并以郭璞之说为准，而郭璞《尔雅注》释鵙"似鹟鹖而大"，亦未说清究为何物。看样子，这个问题走进了死胡同。

至于"鵙"（鴂）是否会同"鸠"发生混淆，这倒是具有很大的可能性，二字古读本身相去未远。至于鸠之异名如"鹨鸠"（《方言》卷八）、"鵙鸠"（《诗经·关雎》）、"学鸠"（《庄子·逍遥游》）等，其缀音之字更与"鵙"音近。

综上，帛书"欨"应释为"鸠"，《尔雅》"皋"应释为"鹨"，为"鸠"之又一方言读音。唯帛书五月之物候神似与《夏小正》"鵙"有一定联系，有可能即《左传》司至之"伯赵"，只是有待进一步证明。至于该月神祇图作一身三首，则与"鸠"、"鵙"之原形无甚联系，倒是屡见于《山海经》记载。一身三首之形，应是"鸠"作为职官名并加以神话化以后的想象之形。

三、秋季月名及神祇

帛书秋季月名从七月至九月分别为"仓、臧、糸"，《尔雅》则分别为"相、壮、玄"。

（一）帛书九月的标识文字学者多释为"玄司秋"，其实"玄"字应释为"糸"字（说详下）。该月神祇图像甚奇特（图7），李学勤先生描绘云：

作伏龟形，两蛇首青色，

各吐歧舌。

需要补充的是，该神四爪各绘成钩状
兵器状，甚具肃杀之气。

古代司秋、司西方之神为蓐收，依五
行学说，西方属金，其色白。帛书丙篇西
南角绘有一木，为白色，正是西方的代
表色。

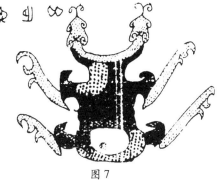

图7

《左传·昭公二十九》年："少皞氏有
四叔，曰重、曰该、曰修、曰熙，实能金、
木及水。使重为句芒，该为蓐收，修及熙
为玄冥。世不失职，遂济穷桑。"《吕氏春秋·十二纪》：孟秋、仲秋、季秋，"其神
蓐收"。高诱注："少皞氏裔子曰该，皆有金德，死托祀为金神。"

古籍中有不少蓐收神状的描写，甚有助于我们对帛书司秋之神的理解。《楚辞·
大招》："魂乎无西，西方流沙，漭洋洋只；豕首纵目，被发鬤只；长爪踞牙，诶笑
狂只。"王逸章句："此盖蓐收神之状也。"《国语·晋语》二："虢公梦在庙，有神
人面、白毛、虎爪、执钺，立于西阿，公惧而走。神曰：'无走。帝命曰，使晋袭于
尔门。'公拜稽首，觉，召史嚚占之。对曰：'如君之言，则蓐收也，天之刑神也，
天事官成。'公使囚之，且使国人贺梦。"此说描写蓐收之状，最与帛书司秋之神像
相合。《山海经·海外西经》："西方蓐收，左耳有蛇，乘两龙。"郭璞注："金神也，
人面、虎爪、白毛、执钺。"郭注实本于《晋语》。

至于帛书该月神像之作二首，似乎亦渊源有自。《山海经·大荒西经》："大荒
之中，有山名曰鏖鏊钜，日月所入者。有兽，左右有首，名曰屏蓬。"日落西方，司
日落之神为二首，与帛书司秋司西方之神像相合。

司秋之神为蓐收，应无疑问。帛书该月神祇图之四爪明显为"虎爪"、"执钺"
之变异，所状为蓐收神，这也是没有问题的。唯古今尚存之悬疑在于：何以《尔
雅》、帛书记九月之神为"玄"？

按，"蓐"之本义指陈草复生，引申则为草席——犹今言"草蓐（褥）子"，而
草席又名"兹"。"兹"之本义指草木多益，与"蓐"近义。《尔雅·释器》："蓐谓
之兹。"郭璞注："《公羊传》曰：'属负兹。'兹者，蓐席也。"按，郭注所引见
《春秋公羊传·桓公十六年》。郝懿行疏："蓐者，席荐之名。《一切经音义》引《三
苍》及《华严经音义》引《声类》并云：蓐，荐也。"《左传·文公七年》："秣马
蓐食。"《宣公十二年》："军行右辕，左追蓐。"其蓐皆指草席。《史记·周本纪》：
"卫康叔封布兹。"集解引徐广曰："兹者，藉席之名，诸侯病曰负兹。"《周礼·圉
师》："春除蓐。"郑玄注："蓐，马兹也。"

释为草席之"兹"，依《说文》："从草，丝省声。"古另有一从二玄之"兹"与

"兹"极为形近，虽古今文字学家能将此二字严格区别开来，然经传多混用，加之"兹"之用例极少，故二字实难区别。如《左传·哀公八年》："何故使吾水滋。"释文："滋音玄。"前人已指出该字本应作"兹"，俗加水旁，又误"兹"为"兹"。

由"兹"、"兹"确为二字，且易混用，知帛书作者（某楚人）将"糸"（余）字写作糸（按：甲骨文有如此写法），省去了下部的笔画，《尔雅》的作者照此类竹帛错录为"玄"（或许是《尔雅》未错，后世学者错录《尔雅》致误），这一错就错了二千余年，后世训诂学家关于九月为"玄月"的种种训释，看来都白费精力了。

综上，帛书九月的标识文字应释为"糸司秋"而不是"玄司秋"，"糸"即"丝"字之初文，声与"兹"通，"兹"与"蓐"可同训为草席，为近义字。古书称司秋、司西方之神为"蓐收"，与帛书的记载就其实质而言是一脉相承的。帛书"糸"之神祇图毫无疑问就是蓐收神的图像。至于《左传》谓"该为蓐收"，"该"之本字为"荄"，其义指草根，与"蓐"、"兹"之本始义相通；《山海经》司日落之神名"屏蓬"，"蓬"为蒿草。如此，诸说可贯而通之。仅一西方之神兼具四名，加上一错出之名"玄"，古书之难读，可不慎欤！

附识：关于"蓐收"神名的本始意义，可以理解为草木收藏。"收"为收敛，常用语有"秋收冬藏"，分别见《礼记·郊特牲》及《孝经》注。《礼记·王制》："獭祭鱼，然后虞人入泽梁；豺祭兽，然后田猎；鸠化为鹰，然后设罝罗；草木零落，然后入山林。"獭祭鱼在春季正月，豺祭兽在冬季十月，鸠化为鹰在夏季五月，可参本文各月所述。"草木零落"无疑在秋季。古人于秋季收藏草木，一者为饲养牲畜，再者用以取暖。当着大肆收藏草木之前，举行祭祀，并尊司秋之神为"蓐收"，异地或称"兹"，或称"荄"，或称"蓬"，其为神则一。

（二）帛书七月的标识文字为"仓莫得"，"莫"字原书有残，"仓"，《尔雅》作"相"。其神祇图为鸟身人首二角（图8），李学勤先生描绘云：

鸟身，有爪短尾。人首，面白色，顶上有二角。

图8

按：该月司神鸟之原形应为鹰。其标识文字"仓"应释为"鸧"。《尔雅》"相"应释为"鹴"，又作"鹩"。

《吕氏春秋·孟秋纪》："鹰乃祭鸟，始用行戮。"（《月令》同）高诱注："是月也，鹰挚杀鸟于大泽之中，四面陈之，世谓之祭鸟，于是时乃始行戮刑罚，顺秋气。"《逸周书·时训解》："处暑之日，鹰乃祭鸟，鹰不祭鸟，师旅无功。"

鹰之异名多，亦难以尽述。以下仅解与帛书、《尔雅》相关之异名。

鸧，《楚辞·招魂》："煎鸿鸧些。"洪兴祖补注："鸧音仓，麋鸹也。"《尔雅》

同。麇鸹即鹤，此说似与帛书无缘。《埤雅·释鸟》："陶弘景曰：鹰，鸷鸟也。一名鹞鸠。《左传》曰：鹞鸠氏，司寇。盖鹰鸷，故为司寇。一岁曰黄鹰，二岁曰鸧鹰，三岁曰鸽鹰。……顶有毛角，微起，今通谓之角鹰。"是鹰亦可称"鸽"。

若视帛书"仓"为《尔雅》七月月名"相"之借字，其本字应为"鹴"，则问题就比较明确了。鹴一作鹴。《楚辞·大招》："曼鹴鹴只。"考异云："鹴，一作鹴。"补注云："鹴、鹴并音霜。鹴鹴，长颈绿身，其形似雁。一曰凤凰别名。马融曰：其羽如纨，高首而修颈。《说文》曰：西方神鸟也。东方发明，南方焦明，西方鹴鹴，北方幽昌，中央凤凰。"补注说清了鹴、鹴的音义联系，其不足之处在于尚未明了鹴就是鹰。

《左传·昭公十七年》："鹞鸠氏，司寇也。"杜预注："鹞鸠，鹰也。鸷，故为司寇，主盗贼。"杜注明指鹞为鹰，是很正确的。依五行学说，秋属西方，属金，色白，主肃杀，司寇为刑杀之官，《周礼》大司寇、小司寇正属秋官。

至于鹰之形态及其何以名鸠，李时珍《本草纲目》卷四十九有一段很有价值的论述："鹰以膺击，故谓之鹰；其顶有毛角，故曰角鹰；其性爽猛，故曰鹞鸠。昔少皞氏以鸟名官，有祝鸠、鸤鸠、鹘鸠、睢鸠、鹞鸠五氏，盖鹰与鸠同气禅化，故得称鸠也。《禽经》云：小而鸷者皆曰隼，大而鸷者皆曰鸠，是矣。"

所谓"其顶有毛角，故曰角鹰"，毛角指羽冠。如"白腹蛇雕"（隼形目，鹰科）就生有黑色羽冠。此说十分有助于我们对帛书神祇图的理解，该神头上生有二角，应是鹰之羽冠的夸张表示。

认真观察帛书该月神祇图，我们不难发现该图为鹰正立之形状，尽管被换上了人头，以显示其"司寇"的职官身份，左边有一钩状兵器伸出，以渲染肃杀之气，其主干部分仍保留了鹰的特征。

综上，帛书七月"仓"与《尔雅》七月"相"应分别释为"鸽"和"鹴"，均为一声相转之异称，皆指鹰。"莫得"二字其义未详。鹰是古代物候观察的对象，又被崇拜为秋季具肃杀之气的职官。该月神祇图以鹰为原形，对其某些部位（如"毛角"）作了夸张表现，同时融进了原始宗教与传说的内容。

（三）帛书八月的标识文字为"臧□□"，"臧"后二字不清晰，其第三字似为"鸟"字。"臧"，《尔雅》作"壮"。李学勤先生描绘其神祇图云：

> 鸟身，爪细长如鹤，脊上有毛。兽首，面红色，吐舌。

需要补充的是，该神祇图腹部甚大（图9）。

就八月的有关物候现象看，"臧"或即该月见

图9

于物候记载之"丹良","臧"、"良"音近义通。《说文》:"臧,善也。"又:"良,善也。"

《夏小正》:八月,"丹鸟羞白鸟"。戴氏传:"丹鸟者,谓丹良也;白鸟,谓闽蚋也。其谓之鸟何也?重其养者也。有翼者为鸟。羞也者,进也。不尽食也。"《礼记·月令》:仲秋,"群鸟养羞"。疏云:"丹良是虫。"很明显,《夏小正》所述"丹鸟"、"白鸟"皆为有翅昆虫,因其为虫类而称为鸟,戴氏传才解释说:"有翼者为鸟。"具有捕食昆虫的特征而又读音近"丹良"者,应该就是"螳螂"。"丹良"和"螳螂"为双声叠韵。

李时珍《本草纲目》卷三十九集解云:"螳螂骧首奋臂,修颈大腹,二手四足,善缘而捷,以须代鼻,善食人发,能翳叶捕蝉,或云术家取翳作法,可以隐形。"古代西方亦崇拜螳螂,其英文名 mantis 或 mantid 源出希腊语,意为占卜者。因为希腊人认为螳螂具有超自然的力量,其两足外伸似在祈求,故名为"占卜者"。

汤炳正先生指出:"从神祇图像与李学勤君的描绘看,似乎所谓'鸟身',实即李时珍所说'修颈大腹'。螳螂秋季产卵前,确有大腹如图像者;所谓'爪细长如鹤',实酷似螳螂足爪之形,将由四简化为二耳;所谓'兽首',实即螳螂头部及其口部的夸大;所谓'歧舌',乃其前体之两螯,只位置略有讹变,而且由二简化为一。对帛书神祇图,不能不考虑绘画走了样的问题。"① 此说分析该月神祇图至确。

综上,帛书八月"臧"应读"良",即《夏小正》"丹良",亦即"螳螂"。螳螂奋臂捕杀昆虫的形象,与帛书秋季"仓"(鹰)、"糸"(兹、蓐收)二神皆具肃杀之气是相一致的。

四、冬季月名及神祇

帛书冬季月名从十月至十二月分别为"易、姑、荼",《尔雅》则分别为"阳、辜、涂"。

(一)帛书十二月的标识文字为"荼司冬",其神祇图在帛书诸图中,最近人形(图10)。李学勤先生描绘云:

> 人形正立,面有红色周缘,兽耳,口吐歧舌。

按:古代司冬季、司北方之神一说

图10

① 引自汤炳正先生致作者的函。作者完成该稿后,曾寄呈先生求校正,蒙先生提出许多重要的意见,已据以修订,而未能一一注明。

为"玄冥"，一说为"禺彊"，一说为"罔象"。训诂学家有训"禺彊"字"玄冥"者，而"罔象"与"禺彊"读音相去未远，故诸说似无原则区别。帛书司冬之神"荃"从余得声，与"禺"音近，可视为与"禺彊"一说同源。依五行学说，北方属水，其色黑，而帛书于西北隅所绘之树正为黑色，是北方、冬季、水神的标志。

《庄子·大宗师》："禺彊得之，立乎北极。"释文："禺，音虞。""虞"、"余"古读极近，本文前已引有例证。《山海经·大荒北经》："有神，人面鸟身，珥两青蛇，践两赤蛇，名曰禺彊。"《海外北经》："北方禺彊，人面鸟身，珥两青蛇，践两青蛇。"郭璞注："字玄冥，水神也。"

关于北方司神之神像，后世多有述及者。《广雅·释天》："水神谓之罔（罔）象。"《法苑珠林·六道篇》引《夏鼎志》云："罔象如三岁儿，赤目、黑色、大耳、长臂、赤爪，索缚则可得食。"此说在一定程度上可视为帛书"荃"之神像的图解，该神祇图明显突出了"大耳"、"长臂"。

帛书司冬之神与其余三季各神共同构成完整的体系，由此诸神体系反证帛书司冬之神，那么，释"荃"为禺彊应无多大疑问，下文还将讨论这一组司神。

（二）帛书十月的标识文字为"易□□"，其第三字有释"义"者，有释"羕"者，亦未详其义。"易"，《尔雅》作"阳"。其神祇图为一兽作奔跑状（图11），亦有以为鸟者，李学勤先生描绘云：

图 11

> 形如大鸟，首白色反顾，顶有歧冠，体后有兽尾。两足劲健，一前一后，作奔走状。

若依古代物候诸书记载，该神祇图应为"豺"，其形与豺相似。《夏小正》："十月豺祭兽。"戴氏传："十月豺祭兽，善其祭而后食之也。"《礼记·王制》："豺祭兽，然后田猎。"《吕氏春秋·季秋纪》："豺则祭兽戮禽。"高诱注："豺，兽也，似狗而毛长，其色黄。于是月杀兽而四围陈之，世所谓祭兽。"《吕氏春秋》所记较《夏小正》有近一月之差。

《说文》："豺，狼属。"此说与现代动物分类学相合。豺与狼同属食肉目，犬科，外形极相似。一般讲，豺比狼小，比狐大，尾比狼短。豺、狼均两耳竖立，从不塌下。而帛书该月神祇图头上有两耳，正作竖立状。唯尾长，从外形看，更近于狼。

帛书标识文字"易"与狼古音同属阳部。《周礼·天官·兽人》："兽人冬献狼。"订义引杨谨忠曰："狼，阳物。"[1] 此说或有据。

（三）帛书十一月的标识文字为"姑分长"，其神祇图近人形，头上有角（图

---

①《古今图书集成·博物汇编豺狼部》。

12)，李学勤先生描绘云：

> 人形正立，牛首，面方形青色，
露齿。

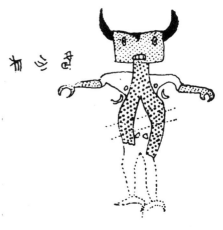

图 12

若按古代物候典籍的记载，该月月名及神像应与鹿有关。

《夏小正》："十有一月，……陨麋角。"戴氏传："陨，坠也。日冬至，阳气至，始动诸向生，皆蒙蒙符矣，故麋角陨，记时焉尔。"《说文》："麋，鹿属，从鹿，米声。冬至解角。"

时至清代，对于这一物候现象尚有一极为可靠的记载。《说文》："麈，麋属，从鹿，主声。"段注："乾隆三十一年，纯皇帝目验御园麈角至冬至皆解，而麋角不解，敕改时宪书'麋解角'之麋为麈。臣因知今所谓'麈'，正古所谓'麋'也。"麋俗称"四不像"，属偶蹄目，鹿科。所谓"蹄似牛非牛，头似马非马，身似驴非驴，角似鹿非鹿"。野生四不像已无存。北京南苑南海子的猎苑内原有饲养，清季水灾战祸，竟至灭绝，仅有少数流落英、法、德等国。① 因此，乾隆皇帝关于麈解角的记载，具有重要的物候学价值。

至于帛书何以记"鹿"为"姑"，原因尚不十分清楚。或者楚人读"鹿"如"姑"，亦未可知。

汤炳正先生曰：

> 按此事确难索解。但如以声求之，则《说文》云："麚，牡鹿也。从鹿，叚声。"《说文》又云："家，从宀，豭省声。"是"叚"、"家"同音之证。然汉"曹大家"又称"曹大姑"；唐人对"姑翁"又称"家翁"，则"家"之得读如"姑"，亦犹"麚"之得读如"姑"，乃同属古韵鱼部字耳。牡鹿得称为"麚"，亦犹牡牛得称为"牯"，亦"叚"、"古"二音符古人互用之例。十一月以"鹿"、"麋"、"麈"等为物候，"麚"既为牡鹿，自然通称则无别。不过有一问题，即《说文》谓"麚"乃"夏至解角"，与"麋"之"冬至解角"，恰恰相反。此究系文字之误？抑系物候多说？尚值得考虑。

按：汤炳正先生实际上已解决帛书"姑"应读如"鹿"这一问题。只是该月神祇图之原型究系鹿之何属种，尚有待进一步讨论。

帛书"姑分长"应是与"鹿解角"类似的记载。分，《说文》："别也，从八刀，刀以分别物也。"解，《说文》："判也，从刀判牛角。"分、解二字义近。长，此指

---

① 参见谭邦杰：《哺乳类动物图鉴》，科学出版社 1955 年版。

角长。按"长"之本义指发长，朱骏声《说文通训定声》辨之甚详，并举"肆"之或体从髟，知长、髟同义。《说文》："䚩，角长貌。"段注："䚩从丬声，古盖读如仓。"其字又作"衡"，从行声。仓、行、长古读甚近。

有谓帛书该月神祇图其头部似牛头者，《史记·司马相如传》录《上林赋》："沈牛麈麋。"张守节正义："麈似鹿而大。按：麋似水牛。"

综上，帛书十一月"姑"之动物原型应是鹿类。"姑分长"犹言鹿解角，与《夏小正》的物候记载相符。鹿科动物有头部近似牛者，故该神祇图作"牛首"。

本文原载《中华文史论丛》第 53 辑，上海古籍出版社 1994 年版。全文共五节，第五节"关于楚帛书丙篇的几点看法"从略。

龙——蛇论

潜明兹

潜明兹（1931—　），女，江西靖安人，出生于南昌市。北京师范大学中文系教授。神话研究方面的著作主要有：《神话学的历程》、《中国古代神话与传说》、《中国神话学》、《中国神源》及论文约数十万字。曾数次获奖。

在中国民间流传的十二生肖中，其中十一种动物是实际存在的，只有龙属于想象的动物。为什么人们会想象出龙这种怪异的动物，它是什么时候、什么条件下的产物，人们为什么要塑造龙？龙一旦被造成以后，与中国几千年的民族心理、文化、社会结构、政治制度又是一种什么关系？为何至今人们对龙的态度，褒贬并不一致？龙，在中国传统文化中，有几多特殊，几多神秘，几多谜，谁能说得清楚？且不说古人对它有种种不同的描述和解释，即使近代与今天，人们还在为探求龙的奥秘而寻觅各种不同的途径。

一、龙形多变，龙性莫测

龙有多少种，古人各有各的说法。有的说："有鳞曰蛟龙，有翼曰应龙，有角曰虬龙，无角曰螭龙。"（《尔雅》）又有的说："有鳞曰蛟龙，有翼曰应龙，有角曰蚖龙，无角曰蚦龙。"《广雅》还加了一种"未升天曰蟠龙"。《说文》解"蛟"："龙之属也，池鱼满三千六百，蛟来为之长，能率鱼飞。"这已带有传说的性质。《大戴礼记》曰："有羽之虫三百六十，而凤凰为之长。有毛之虫三百六十，而麒麟为之长。有甲之虫三百六十，而神龟为之长。有鳞之虫三百六十，而蛟龙为之长；倮之虫三百六十，而圣人为之长。"（《易本命》）又曰："鳞虫之精者曰龙。"（《曾子天圆》）说明蛟为鱼类之中最大者；蛟龙，龙类中最大者。

《吕氏春秋·季夏》："令渔师伐蛟取鼍。"高诱注："蛟，鱼属，有鳞甲，能害人。"所以有蛟为鼍、鳄属之说，又有蛟龙乃龙之正宗，或蛟为母龙之说。

古文献有关"蛟"的记载不鲜见。《山海经》载："祷过之山，……浪水出焉，而南流注于海，其中有虎蛟，鱼身而蛇尾。"（《南山经·南次三经》）此"蛟"按郭璞注："似蛇，四足，龙属。"该书又说："贶水……多蛟。"（《中次一十一山经》）郭璞注："似蛇而四脚，小头细颈有白瘿，大者十数围，卵如一二石瓮，能吞人。"看来《吕氏春秋》对蛟的记载确有根据，也许与《山海经》一脉相承。直至明代李时珍在《本草纲目》中仍有蛟的描述："蛟之属有鼍，其状亦似蛇而大。有角如龙状，红鬣，腰以下鳞尽逆，食燕子，能吁气成楼台城郭之状。将雨即见，名蜃楼，亦曰海市。"又说："蛟、蜃皆是一类，有生有化也。"古代视蜃为蛟龙之属。如果能弄清龙类中的蛟，对解开龙之谜可能会有推进。应龙之翼是后加的。虬有说为龙子，有角；另一说为无角①。可理解虬龙即小龙。螭亦带有传说性，蛟龙之属，《说文》云："螭，若龙而黄。"有人释为小龙，也有人释为与豸有关，都不可靠。龙而黄，显然是很晚的产物。

由上可知，古人对龙的分类，并不排除神话传说的因素。他们所说的蛟或龙，可能与水有关系，具体究竟指何动物，古人实在也不甚了。

龙的形状被研究者引用得最多的一句话是："龙，鳞虫之长，能幽能明，能细能巨，能短能长。春分而登天，秋分而潜渊。"（《说文》）作者许慎是东汉人，他撰《说文》的根据只可能来自两方面：一是民间风俗中的造龙形象；另一则是根据古文献记载与人们的口头传说。中国龙至汉代，已初步形成。所以根据《说文》的描述，很难判断龙的原型究竟是什么。世界上哪有一种"能幽能明"，又"能细能巨，能短能长"的动物？只有神话中想象的动物方能如此。

东汉王充在《论衡》中所提到的龙，前后文的形貌便不完全一致。他在《龙虚篇》至少记下了两种不同外貌的龙，如"世俗画龙之象，马首蛇尾。由此言之，马蛇之类也"。能否就此确认龙为马与蛇的合体呢？似乎不行。因为他又说过："蛟与龙常在渊水之中，不在木中屋间，明矣。在渊水之中，则鱼鳖之类。鱼鳖之类，何为上天？"他的原意在于揭露龙没有什么了不起，无非是几种动物的合体而已。鱼鳖是上不了天的，何必那么崇拜。他在同篇又说："天地之性人为贵，则龙贱矣。贵者不神，贱者反神乎？"他从自然唯物论出发，反映了他进步的哲学观。今天当然不能停留于龙有或无的争论，而是要分析为什么马、蛇、鱼鳖类会与龙的形成有关系，为什么古代不同时期、不同地区、不同民族的龙，并不完全一样。这样才能使我们从几千年龙文化一元论的禁锢中走出来，发现真正的龙的本相。

在人们的观念里，龙为水物，善飞，既主吉，又主凶。蛟是龙类中很重要的一种，又有鱼鳖类之说，处于深渊，自然属水物无疑。不仅蛟类如此，龙类中其他家族亦与水不可分割。有翼的应龙，应该是能飞之物，因此也能升天。女娲在完成了补天的重任之后，便是"乘雷车，服驾应龙，骖青虬……前白螭，后奔蛇"（《淮南子·览冥训》）而登上了九天的。说明古人观念中，无论何种动物，只要进入龙族，便能飞天。《周易·乾卦》曰："飞龙在天，利见大人。"（《九五》）又说："飞龙在天，大人造也。"这是用"飞龙"象征伟大人物的出现与造就。此为龙能天栖之说。

---

① 《楚辞·离骚》："驷玉虬以乘鹥兮，溘埃（竣）风余上征。"王逸注："有角曰龙，无角曰虬。"

在天之龙，与地上并不是毫无干系，它那兴云作雨的本领，非同寻常。《淮南子》说得再明白不过了："人不见龙之飞举，而能高者，风雨奉之。"（《说林训》）又说："虎啸而谷风至，龙举而景云属。"（《天文训》）注曰："龙，水物也。云生水。故龙举而景云属。"可见，飞龙即使上了天，亦未失去其水性。

龙在陆地居，同样保持了它兴风作雨的特点。《山海经·大荒东经》："大荒东北隅中，有山名曰凶犁土丘。应龙处南极，杀蚩尤与夸父，不得复上。故下数旱，旱而为应龙之状，乃得大雨。"又说因为应龙在南方，故南方多雨。（见《大荒北经》）俗说神龙不匹，而《论衡·验符篇》却有这样的记载："龙见，往世不双，维夏盛时二龙在庭。今龙双出，应夏之数，治谐偶也。龙出往世，其子希出。今小龙六头并出邀戏，象乾坤六子，嗣后多也。唐虞之时，百兽率舞，今亦八龙邀戏良久，芝草延年。"比较起来，《验符》在《论衡》的八十四篇文字中，糟粕最明显，背离了整部著作的批判锋芒，而大谈祥瑞感应，目的在于"盛褒须颂之言，无诽谤之辞，造作如此，可以免于罪矣"（《论衡·对作篇》）。然而，后人却能从中了解，原来古人观念中的龙，不但能水居、天居，亦能活动于陆地，是潜于深渊，行于陆地，腾于云空的三栖动物。这就启发了我们在考察龙的特性时，如果只偏重于其中之一，恐怕都有所偏颇。《验符》所言八龙戏于庭的一段话，至少包含几种意思：一、龙的出现与季节有关，多在夏季；二、龙并不都是独身而行，有偶居，甚至还携儿带女；三、龙为祥瑞之物，龙主吉的记载，在古文献中甚多。

龙亦主凶，一般指龙亡、龙坠为凶兆。

龙就是这种形状不一，变化无常，能大能小，能飞能爬之物。它的本相究竟是什么，我国学者各有发现。

近代与现代，学者们对龙的本质、基本原型、产生时期，龙形象在古器物上的装饰功能与宗教功能，龙与民间风俗的关系，等等，都进行过研究。而分歧最大的是龙的主体原型究竟是什么，见仁见智，难以一致，一直延续到当代，足见其难度之大。不同之中也有相同，即为数较多的研究者，认为龙最初乃来自于某一客观实体，这一客观实体绝大多数人认为是动物。问题是源于什么动物。外来说或巴比伦起源说、印度起源说，早已没有市场，恐龙说也站不住脚。因为人类的历史最多三百多万年，而被古生物学家所命名的、巨大的爬行动物，据说距今有六千七百万年至一亿九千万年，恐龙已绝迹。河马说、牛说、豕说、犬说、鱼说、云说等等，都影响甚微。最令人瞩目的是鳄鱼说。鳄鱼说主张最力者是何新，曾出版过著作和论文。① 基本观点认为龙的本相是蛟鳄，即形体最大、性猛残暴之鳄，西方学者命名为"马来鳄"，分布在亚洲的印度支那和马来半岛，已濒灭绝。与何新观点近似的

---

① 参见何新：《龙：神话与真相》，上海人民出版社 1990 年版。

是王大有的《龙凤文化源流》①，不过王偏重于中国境内的扬子鳄。另有卫聚贤②、王明达③等鳄说也值得注意。

二、龙的主体原型是蛇

自从闻一多提出龙的基调是蛇以后，其影响至今未衰。有同意者，并在他论证的基础上有新的发展；有同意其中某些见解者（如同意蛇为龙的基调，但龙并不是图腾）；也有完全不同意的，而提出了龙的基调为其他动物。细读闻的名篇《伏羲考》，他对龙本质的认识，行文前后并不完全一致。他确实说过：龙"是一种图腾（Totem），并且是只存在于图腾中而不存在于生物界中一种虚拟的生物，因为它是由许多不同的图腾糅合而成的综合体，因部落的兼并而产生的混合的图腾"④。他说的是"混合的图腾"，而不是"图腾的混合"，说明他曾经把龙看作是一种综合的图腾。对此，有论者认为，"无论在社会发展史上还是在龙之自身形象的发展史上都讲不通"⑤。我理解，闻氏所说的以一种蛇为基调的图腾的综合，决不是指这种现象发生在图腾盛行的母系氏族社会。那时图腾演变是裂变，并随着氏族人口的增加，新氏族的产生，而不断出现新的图腾。闻氏所说，显然是指父系社会部落兼并，同时图腾制衰落的时期，即由分散趋于统一的时期，才有可能出现图腾的综合体——龙。闻一多明明说的是部落的兼并，并没有说是"氏族"的兼并。说闻的理论"类似以新氏族为自己氏族在不断的征服过程中也不断地将征服者之图腾溶于自己图腾物上的事"，是现代人的想象，"缺乏人类学报告的证明"⑥，这未免有些脱离闻的原意。

还有一点不应忽视，闻对图腾的混合，分为两种情况：一种是基本形态未变，如龟、蛇结合为北方玄武；另一种是龙，是许多单位经过融化所形成的"一个新的大单位"，即弱小者被强大者所兼并。⑦ 我认为前一种形态要早得多，可能是图腾外婚制的产物；后一种是原始社会晚期到阶级社会初期的产物。两者具有不同的社会学价值及文化意蕴。

其实，闻并非不懂什么是图腾，他曾用最简练的话说："图腾有动物，有植物，也有无生物，但最习见的还是动物。"⑧ 因此，他又说"龙是古代图腾社会的遗

---

① 王大有：《龙凤文化源流》，北京工艺美术出版社 1988 年版。

② 参见卫聚贤：《古史研究》第 3 集，商务印书馆 1937 年版，第 230 页。

③ 参见王明达：《也谈我国神话中龙形象的产生》，见《云南少数民族文学论集》第 1 集，中国民间文艺出版社 1982 年版。

④ 闻一多：《神话与诗》，华东师范大学出版社 1997 年版，第 26 页。

⑤ 阎云翔：《浅议龙的研究》，载《民间文学论坛》1988 年第 1 期。

⑥ 阎云翔：《浅议龙的研究》，载《民间文学论坛》1988 年第 1 期。

⑦ 闻一多：《神话与诗》，华东师范大学出版社 1997 年版，第 27 页。

⑧ 闻一多：《神话与诗》，华东师范大学出版社 1997 年版，第 27 页。

迹"①。由于前后不一致，的确对龙的起源和特征的解释，还给后人留下了许多值得思考的问题。

到目前为止，龙的主体原型是蛇，在大陆学术界仍很占优势。在此，随手可拈数例。有学者在分析西汉马王堆"T"字形帛画的构图时，强调了蛇与龙在演变中的关系：

> 画中居于重要地位的并引起人们注目的是龙、蛇的形象。它们总共有
> 六处之多：人首蛇身神祇居于正中最上的部位，地位最为尊崇；日月之下，
> 左右相对两龙；华盖之下，又是交互虬结的两龙；画幅下部，力士足下横
> 着一条赤蛇。从它们的形体结构来看，又有四种区别：最下的赤蛇保持着
> 爬行动物的原始形态；最上面的神祇介于人和动物之间，是人格化了的爬
> 虫；上部和中部的四条，都是"画蛇添足"了的龙；其中居于上左方的一
> 条有翼，当是王逸《天问》注中所谓"有翼曰应龙"的"应龙"。②

请注意，龙与蛇各自分开，至少说明汉代人的心目中蛇与龙是并不混称的。但另一方面，蛇与龙都居于烜赫的位置，四龙居中，地位高于赤蛇，而低于半人半兽的神。那人格化的神为什么不是龙身人首，而是蛇身人首呢，这是否意味着图腾的回归或神（人）的返祖呢？帛画究竟是象征墓主进入天堂还是到那灵魂安息的地方去，意见不一致。不过龙蛇并重决非偶然，恰恰暗示了龙和蛇存在某种神秘的联系。

有的论文说："这幅画中，描绘了龙演变的历史；从原始形态的蛇经人们的'画蛇添足'到威风凛凛的龙，人们赋予它许多灵性，其实不过是在原始图腾崇拜的延续和发展而已。"又说"不管龙的形态变化如何，其主干部分还是蛇"③。还有的论者在承认龙不断变化的前提下，特别强调了蛇的作用：

> 不管如何变，龙的原始形态是蛇，龙的基调依然是蛇。
> 说龙的原生形态是蛇，是说最早史籍所提到的龙都是蛇身，红山文化
> 遗址出土的龙形玉器，基本上也是蛇的形象。
> 说龙的基调依然是蛇，是说龙的形象尽管日益变得多彩多姿，但其躯
> 体依然是离不开蛇，离开了蛇的躯体，则龙也就被肢解，不复存在了。④

龙形象构成的多元化与蛇为基调说并不矛盾，有的学者两者兼顾："龙是综合了现实生活中鱼类、两栖类、爬行类、鸟类、哺乳类动物的局部特征，并以蛇为主干臆造出来的。"⑤

---

① 闻一多：《神话与诗》，华东师范大学出版社 1997 年版，第 27 页。
② 刘敦愿：《马王堆西汉帛画中的若干神话问题》，载《文史哲》1978 年第 4 期。
③ 王昌正：《龙之研究》，载《民间文学论坛》1985 年第 6 期。
④ 秋浦：《说龙》，载《民间文学论坛》1988 年第 1 期。
⑤ 傅光宇、张福三：《试论龙崇拜与古代国家的形成》，见《云南少数民族文学论集》第 1 集，中国民间文艺出版社 1982 年版。

由于是由原始的图腾演变而来，尽管本身已不再是图腾，但其实质，是在图腾崇拜的基础上产生的，因此有研究者将龙等虚拟的动物，概称之为"图腾的变化"或"变形图腾"，"是图腾信仰所特有的一种符号"。[1] 这也许是为了提醒人们，神秘而千变万化的龙，内含图腾的因子。有一定的道理。

在此，有必要对基调、主干、主体原型有所明确。只有自出现之时始，一直恒定不变，并成为该物构成的主要部分，缺其不可者，才能称之为基调、主干或主体原型。在一定条件下会发生变化的都不能享此殊荣。自从人们将"龙"这一怪异的动物塑造出来的初始阶段起，不管它有多么粗糙、拙朴、原始，它的躯体都长得像爬行的蛇类。这一点，在人们创造它、发现它、利用它、改变丰富它等种种过程中，无论在哪个地区、哪个民族都没有改变。而它的其他部分的零件，却变化颇多，即使龙首，也难以固定，时而鳄，时而马，时而猪，牛……致使后人作出各执一端的解释。红山文化的玉龙是蛇身猪首，龙山文化陶盘的蟠龙却是蛇身鳄首，一直到夏、商、周三代玉龙，仍保持了卷曲状躯体。细察那些玉龙之首、爪、纹便很不一致，从中，兽类、鸟类、鱼类身上的局部特征，几乎都分别可以找到。这决非偶然。因此，我不大赞同多种动物是主体原型的观点。我认为，龙起源和形成有很长的历史过程，主体原型大都似蛇类。

为何我们的祖先要选择蛇作龙的主体原型？

三、蛇——龙是力量与生命的象征

原始人为什么会崇拜蛇类，蛇对于人存在威胁只是一面，另外，还因蛇有很强的生命力，老蛇经过蜕皮，又能死而复生，这对人口稀少而又渴望繁衍自身的原始人，无疑具有很大的吸引力。他们崇拜蛇，祈求蛇不要危害人，也希望蛇顽强的生命力能转移到人身上，以达到生命常驻的目的。流传下来的上古神话，凡具有强盛生命力的神，都具有蛇身或龙身。如《山海经·大荒北经》的烛龙与《海外北经》的烛阴，是《山海经》同一神的异名。这两条资料众所熟知，不仅龙、蛇混用，而且是居于寒冷之北的开辟大神，还未脱去兽身，比盘古原始。到盘古出现的时候，干脆龙蛇合一，盘古成为"龙首蛇身"（三国徐整《五运历年记》，《广博物志》卷九引）。烛龙、烛阴、盘古的神力十分相似，说明蛇与龙之神的功能，在古人心目中，没有本质的区别。上古还有一位十分怪异之神，即九个人首共一个蛇身的相柳："共工之臣曰相柳氏……其血腥，不可以树五谷种。……相柳者，九首人面，蛇身而青。不敢北射，畏共工之台。台在其东，台四方，隅有一蛇，虎色，首冲南方。"（《海外北经》）此神在《大荒北经》中叫相繇（郭注："语声转耳。"）。

共工臣名曰相繇，九首蛇身，自环，食于九土。其所鸣所尼，即为源

① 王小盾：《原始信仰和中国古神》，上海古籍出版社 1989 年版，"变形图腾与图腾神"一节。

泽，不辛乃苦，百兽莫能处。禹湮洪水，杀相繇，其血腥臭，不可生谷，其地多水，不可居也。禹湮之，三仞三沮，乃以为池，群帝因是以为台。在昆仑之北。

从历史的角度作解释，即共工部落乃炎帝的后裔。（《国语·周语》）韦昭注："贾侍中云：共工诸侯，炎帝之后，姜姓也。"（同时见《海内经》"炎帝子孙"条。）曾经很强大。《国语·鲁语上》云："共工氏之伯九有也，其子曰后土，能平九土，故祀以为社。"所谓"食于九山"或"食于九土"，即他们管理着九块领土。而古代的"九"，经常不是实数，是指多。说明共工管理了九个氏族，统称为"相柳"。从神话传说的角度看，九首人面共一蛇身，说明共工部落中的九个氏族，都奉行蛇崇拜。这种九首共一身的神话，《山海经·大荒北经》中的九凤即是。"大荒之中，有山名曰北极天柜，海水北注焉。有神，九首人面鸟身，名曰九凤。"即指九个氏族共同奉行鸟崇拜。人兽合体的怪异形象，除隐含着某种象征意味，在神话中是常见的。

禹传说为黄帝的后代，他与共工作战，并消灭对方"九"个氏族，实际是炎、黄斗争的延续。自古败者为贼，上古神话传说亦不例外。共工作为战败者，其臣相柳的反抗性何等强烈，血渗入土，五谷不生。共工又是传说中的水神，《淮南子·天文训》便记下了此神怒触不周山，水潦尘埃的斗争精神。其臣相柳虽死，亦使"九土"一片汪洋，不可居住。这里，相柳自然也应在水神之列，蛇的水性由此可见。民间传说故事多有龙为水神的内容，实际也是蛇为水神。蛇好斗、善斗，亦为原始人所羡慕，蛇便成为他们心目中力量的象征。

凡有气力之物，生命力亦强，此为一种特性的两个方面。所以近年蛇崇拜即生殖崇拜之说兴起。根据人类学家林惠祥介绍，台湾高山族对响尾蛇科特别崇拜，他们认为祖先死后将为灵蛇，故对蛇不能杀害。蛇为卵生，人也为卵生，他们的族源神话则认为"昔有二灵蛇，所产之卵中生出人类，是为我族之祖先"。其雕刻艺术，蛇为主要的素材之一。[1] 他们对蛇的崇拜，象征对女性以及女性生殖力的崇拜。这说明，最初蛇主阴，蛇为阴物。蛇为男性的象征出现较晚。蛇的象征含义由女变男以后，才出现了龟、蛇合体或蛙、蛇合体的神话形象。伏羲、女娲交尾像的出现那就更晚。蛇既能主阴，又能主阳，当两位出现在不同地区、不同民族的伏羲、女娲被后人硬搅和在一块儿婚配时，他们便都有了蛇躯了，好似他们都同出于一个蛇氏族或蛇部落。实际上，此时蛇已有雌雄之分了。恰如《淮南子·泰族训》所说："腾蛇雄鸣于上风，雌鸣于下风，而化成形，精之至也。"生命由此诞生。

至于蛇如何由主阴、交尾而变为主阳的呢？有研究者分析："从神话及图腾的人首蛇躯的交尾神的形象可以证明，蛇的生殖崇拜图腾的产生，是在父亲被发现以后的事情。因为交尾的蛇神崇拜是伴随着男女、雌雄两性存在的，虽然对蛇的崇拜最

---

① 参见林惠祥：《林惠祥人类学论著》，福建人民出版社 1981 年版，168—169 页。

初是对两性的共同崇拜，但随着父系文明的节节胜利，蛇主要是象征男性生殖器官，这一方面是因为父系社会的建立，另一方面是因为蛇的外形与男性生殖器官酷似。"① 蛇升华为龙正是在这个时期，因此，龙一出现便是男性的象征。蛇、龙的分开也是此一时期。龙主阳，从来如此，而自从蛇变为龙以后，蛇本身主阴的功能仍然保留下来。《说文》云："南蛮蛇种（种）。"此蛇，具图腾性质，是女性的象征。古代龙蛇并提，是在蛇升华为龙以后，在此之前，只有蛇崇拜或其他相当于蛇类的崇拜。龙排除了蛇主阴的功能，保留了蛇主阳的功能，后世有关龙的神话传说，龙均以父亲的权威出现。《周易》中的"龙"与"乾"，都是指的阳性，从此蛇的能阴能阳，与龙为阳类，便分道扬镳了。

四、龙非自然生物，而是观念的物态化

《左传·昭公二十九年》所说的"豢龙氏"、"御龙氏"……后人依靠魏献子与蔡墨的那段对话来确定龙是什么动物，实在像是猜谜。龙作为一种虚拟的动物，自闻一多提出以后，至今仍然被许多研究者所接受，自有其道理，说明龙非自然生物，而是观念的物态化。有论者认为"龙不是客观实体而只是一种观念"，这完全正确；接下去又说："这一基本事实似未受到应有的注意。"（阎云翔：《浅议龙的研究》）这却不符合事实。

对龙的崇拜，几千年来根深蒂固。龙的雏形从诞生之日始，在后世每一重要阶段都被赋予新的内容。龙不但汇集了远古文化信息，龙这一文化表象，甚至还蕴含着奴隶社会和封建社会的经验积累，由此转化为一种很难动摇的信仰。从神话学分析，神话思维一旦定格于政治意识形态内，神话的自然属性则削弱，而成为社会神话了。而龙本身从初期形成起，便已是社会政治的产物。这实在是无法否认的悲哀。所以，随着改朝换代，人们对龙都作出了新的解释与想象，我们现在人仍在对它作新的解释和想象。所以定形以后的龙与雏形龙，便有很大的差异。世界上到哪里去找这样一种随着人们思维的改变而演变的动物。龙形象的变化，也正是人们观念变化在龙这一虚拟物质形态上的反映。所以不同历史时期有不同形态的龙，一般是由简单到复杂、由少义到多义的演变。正因为今人所掌握资料的情况不同，思想文化影响有异，对龙存在不同想象，不仅对龙有各种相异的解释，甚至对龙的演变和定型，见解也不一致。

王昌正在《龙之研究》一文中，将封建社会龙的演变分为两个大的阶段，第一阶段是先秦至汉魏。先秦时期，自然与人以及社会的关系更加密切，诸子文论用自然特征比喻、象征、比拟君子、圣人的德性，龙也用之于"比德"。《礼记·仪礼》注："蛇、龙，君子类也"。疏："蛇、龙，君子类也。"郑注云："圣人喻龙，君子

---

① 傅道彬：《中国生殖崇拜文化论》，湖北人民出版社 1990 年版，第 180 页。

喻蛇。是蛇龙总为君子类也。"春秋战国，社会动荡，上天的观念在人们心目中日渐淡薄，君子、圣人为了标榜自己，以龙自喻。屈原之楚辞，常以龙自喻，孔子称聘（老子）为龙："吾乃今于是乎见龙！"（《庄子·天运》）此时龙尚未被天子专用。汉魏时期，汉代的"天人感应"、"天人合一"是刘氏王朝为巩固君权的哲学思想，并编造了刘邦为龙之子的传说。此文说："此后，史家对帝王的记载，几乎没有一个能冲破帝王龙生的束缚。"但龙纹在君臣的服饰上可以互用。"这是龙向天子专用的过渡期。"

作者将唐至明清作为第二阶段。该文通过唐代君臣服饰有严格的区别，发现龙是皇帝专用的装饰纹样。如《唐书》记："武后出绯紫单罗铭襟背袍以赐文武臣，其袍文各有炯戒：诸王则饰以盘石及鹿，宰相饰以凤池，尚书饰以对雁，左右卫将军饰以麒麟，左右武卫饰以对虎，……"还有饰以鹰、牛、狮子、象的，唯独没有龙。作者认为在唐代龙的形象基本定型。五代、宋没有大的变化。明清的龙精细而豪华。

以上是从龙与政治的关系看龙的内涵的变化，人们对龙的态度，正反映了不同阶段的人们对龙的观念。这种观念仅限于上层统治者，不能代表广大下层群众。老百姓从农业生产出发，偏重龙与雨水的关系，因此在民间龙为水神。住在水晶宫的龙王有善有恶，龙亦有好龙坏龙，所以在民间口头文学里，有的龙帮助人，有的龙被人所降服。所有这些龙另成系统，与上述正统象征帝王之龙相比较，具有强大得多的生命力。帝王之龙早已退出历史舞台，民间之龙仍会以神话原型的面貌，反复不断地出现在文学艺术创作中。王大有在《龙凤文化源流》一书有一观点值得注意，他提出宫廷龙强调神格，民间龙强调人格。这一比较很重要。说明前者较后者更具神秘色彩。何新在《龙——神话与真相》一书中，在分析龙的四期演化后，最后概括为："中国古代艺术中龙形象的演化历程，也就是中国古代关于龙的传说演化过程的投影。"（339页）从这一角度也说明历来人们观念的变化对龙的形象演变的直接作用。

其实，学者们对龙艺术形象演化的考察，由于从不同角度出发，结论有很大差异。由于篇幅限制，均未能作详尽的介绍，非常遗憾。不过有一点可以肯定，每个中国人心目中，都有自己所理解、所想象、所塑造的龙。终于在以下两方面达到殊途同归的结果：

第一，龙无论是起源、形成、发展、演变、定型，都体现了由多元到统一的趋势。由各种不同的龙，最后汇合为大体一致的龙，成为各民族共同接受的龙。

第二，即使力主龙为自然界真实动物的论者，最后也不得不承认有其神话传说的背景。动物达不到神格化，龙也就不可能定型。

五、龙是多元文化的结晶

一般说龙的多元化是指以一种动物为主体原型，综合其他几种动物的特点，组成龙这一虚构的动物，随着社会的发展，相互融合的民族越来越多，龙的形象也就越来越复杂，于是有马的头、鬣的尾、鹿的角、鱼的鳞和须、兽类的四足、狗的爪。可是也有将龙描述成角似鹿，头、项似蛇，腹似蜃，鳞似鱼，掌似虎，耳似牛的。如果只强调一种动物的特点，便认定这种动物是主体，或者这种动物便是原始的龙。这只看到龙的自然属性，未看到龙的社会属性。而龙的社会属性是起决定作用的，正因为龙是社会一定历史阶段的产物，才决定了龙对各类动物的取舍。说蛇是龙的基调，如果脱离其社会属性，便永远也弄不清楚，你说像蛇，可是也像鳄、蜥蜴、马……那么，究竟是什么原因使蛇有资格成为龙的基调？我认为，作为被升华为龙的对象的蛇，不仅超越了蛇的自然性，甚至也超越了其原有的图腾性质，至少说明蛇崇拜具有多民族性，它并不只是某一原始民族的崇拜物，而是几大族团共有的崇拜物。蛇成为龙的主体原型，本身便是民族多元文化的相结合的生动体现。否则，蛇——龙不可能被华夏诸族所认可，也不可能有代表性和权威性。如果蛇仅仅是某一部族的崇拜物，即使这一部族多么强大，也会受到被融化对象的抵制。当蛇部族一旦衰微，很快便会被别的兴盛的部族崇拜物所取代。这种排斥非我族类的民族心理在古代社会带有普遍性。然而事实上他们不但不排斥龙，而且乐于接受蛇——龙这一现实，并加以丰富发展。自夏以后，历次改朝换代，龙的地位不但未动摇，而且不断升格，因为无论是殷、周，还是秦、楚，都能从龙身上找到本民族文化的深层结构和神话原型。从古文献资料看，蛇崇拜的覆盖面，较之东夷鸟类崇拜要广泛得多。因此，有的主张龙起源于古西羌，有的主张南蛮，也有说是北方匈奴诸族或东南的百越，或黄河上游某一强大的部落。各有所据，均有一定的道理。但对东、西、南、北、中五方之土是否都有过蛇崇拜，没有作过探讨，长期陷于非此即彼的单一起源论的争论中。

为何说蛇崇拜在我国古代具有广泛性呢？尽管这方面的资料不是很多，也还是能理出一些线索。

下面从纵向与横向交叉地进行考察。

关于禹，首先必须有一个明确的观念，即禹绝对不是神话人物的历史化，而是历史人物的神话化。这一点与传统神话学只着眼于神话的历史化迥然有异。禹的真实性有四点为证：

第一，禹确实治水有功，铜器铭文颂禹平水土定九州。《国语·周语下》歌颂他"疏川导滞，钟水丰物"。因为治水对发展原始农业有利，被世代传颂，周以后进入文字记载。

第二，禹的时代，是原始社会到阶级社会的过渡，生产飞跃发展，有东夷之益助其治水，益发明了凿井技术，有铜器铸造。

第三，"三苗"曾逐鹿中原，非常强大，炎、黄后裔尧、舜，均奈何不了，是禹征服了"三苗"，入主中原，成为原始社会末期军事力量最强大的部落首领。

第四，禹拥有很多牲畜、奴隶，建立了都城，为奴隶制社会奠定了基础，才使他的儿子启敢于废除禅让制，而确立父子世袭制。

由于禹对中国古代社会的统一和进步作出了划时代的贡献，一旦进入神话传说，难免有夸大、虚幻的一面，并被神化，由人而变成了神。又由于禹处于历史的转换时期，有关他的神话传说流传下来的便比较多。其中有的透露了他与蛇——龙的血缘关系，如"禹母修己，吞神珠如薏苡，胸拆生禹"（张澍粹集注本《世本·帝系篇》）。同一神话的异文有"禹母修己感石生禹，拆胸而出"（《竹书纪年》）。《说文》云："巳……四月阳气巳出，阴气巳藏，万物见，成文章。故巳为蛇象形，凡巳之属，皆从巳。"古字"己"、"巳"形近，"巳"与"蛇"同义，"修己"即长蛇。禹的母亲无夫而孕，并是蛇氏族。

禹，虫也，从厹象形（《说文》308页上）。"虫在卜辞里又与巳同字，并即虺蛇等字所以出。再则巳向来读如'辰巳'之巳……在金文里是'巳然'之巳……与禹双声，声近则义近，所以禹己都是蛇名。"① 当然，现在当不至有人误解为禹这个人是一条虫而否定九禹与夏王朝的存在，自然是指禹与信仰蛇图腾的氏族有血缘关系，最低限度为其后裔。

炎、黄世代代为进入中原历经艰辛，这一事业终于由禹完成，并巩固了在中原的地位，使禹的声威大震。大概龙于此时初步形成，取代了蛇的神圣地位。也只有在这个时期，蛇结合其他部族图腾而创造龙的社会条件才成熟，进而成为我国最早的国家——夏王朝的旗帜。因此说，龙的出现，本质上是为了适应国家出现的需要，图腾制社会不可能有龙。在此之前出现的勾形卷曲状玉器佩饰，是否就是最早的龙，很难说。所谓"三星他拉碧玉龙"是现在人取的名。当时人们如何称呼，为什么是长而曲的形状，这缺乏其他相应的资料。

龙初步形成以后，禹与蛇的关系变成了禹与龙的关系，这在神话传说中也有反映。"应龙何画，河海何历?"（《天问》）王逸注："禹治洪水时，有神龙以尾画地，导水所注当决者，因而治之也。"还有的说："禹治水，有应龙以尾画地，即水泉流通，禹因而治之。"（《山海经广注》辑《山海经》佚文）禹治水成功，当然不是什么得到龙的帮助。历史人物神话化的进一步发展，在人们心目中，禹简直与龙等同。如：

鲧死三岁不腐，剖之以吴刀，化为黄龙也。（《山海经·海内经》郭璞注引《开筮》）

鲧殛死，三岁不腐，副（剖）之以吴刀，是用出禹。（《全上古三代秦汉三国六朝文·全上古三代文》卷十五辑《归藏·启筮》）

这就再明白不过了，禹即黄龙，黄龙即禹。所谓应龙画地，实际就是禹自己制

---

① 闻一多：《神话与诗》，华东师范大学出版社1997年版，第34页。

定了疏导洪水的一个规划，按那上面的设计，疏凿江河。《史记·封禅书》说："夏得木德，青龙止于郊。"禹受禅时，"蟠龙奋迅于其藏，蛟鱼踊跃于其渊，龟鳖咸出于其穴，迁虞而事夏"（《尚书·大传》）。如果禹非龙，龙的族类能那么欢欣鼓舞吗？因此，夏人的器物多有龙饰，且以龙旗为夏族的标志。《礼记·明堂位》郑注谓："夏后氏当言旗。"即"交龙为旗"（《周礼·司常》）。《明堂位》又有"夏后氏以龙勺"。不但禹为龙，传说生禹之鲧也为龙，以及禹的后世夏之历代诸王多与龙有亲密的关系。那神秘怪异的虚拟的龙，就是这样为适于夏王朝的产生而诞生了。当时，为中原的统一与夏王朝的巩固发挥了积极作用。

夏是炎、黄之后，《史记·夏本纪》说："禹者，黄帝之玄孙而帝颛顼之孙也。"说明禹的祖先在西方。"鲧禹传说的来源地是西方九州之戎的区域。"[①] 这一判断大体无误。于此，古籍多有记载："禹兴于西羌。"（《史记·六国表》）"鲧娶有莘氏之女……产高密（即禹），家于西羌。"（《吴越春秋·越王无余外传》）"大禹出西羌。"（《后汉书·戴良传》）可以说，禹将蛇——龙带到了中原。羌即姜，说明禹本为周民族的宗神。周民族取代商，对龙当然仍承续下去。

炎、黄、夷三族的联盟与融合，是华夏族形成的基础。东夷素以鸟类崇拜著名，但是也不能排除其中的某一支与西戎的血缘关系。对少皞氏学术界便无定论，究竟是东方的土著还是后迁入的，各说不一。范文澜认为："少皞族可能是黄帝族向东发展的一支，与夷族杂居，接受了大皞的文化，因此称为少皞，或为夷文化的继承者。"[②] 对夏后氏的蛇、龙当然乐于接受，何况龙也吸收了东夷鸟类某些特征。

"三苗"，尽管是被夏禹所征服的民族，被征服以后，留在中原的那部分，约于春秋时融入华夏族。南蛮本为蛇种，龙的出现，事实上对"三苗"起了安抚作用。南蛮是商、周对长江中下游地区古代民族的泛称。即炎、黄时代的"九黎"，尧、舜、禹时代的"三苗"，闽及百越，都属于"三苗"后裔的分支。至今，"三苗"后裔所发展成的各少数民族，从他们的大量神话传说中，可知他们对蛇的崇拜历史悠久，且覆盖面大，是以今证古的有力根据。

剩下的是匈奴为代表的北方诸族。匈奴于公元前三世纪（相当于战国时期）崛起于我国北方草原地带，晚于夏王朝（前 2033？——前 1562？）的建立约一千七百年左右。那时，中原的龙早已造就。据《史记·匈奴传》与《后汉书·南匈奴传》介绍，匈奴有"龙祠"、"龙城"、"龙庭"等，有"龙会"、"祭龙"、"龙忌"等风俗，显然以龙类自命。但此龙不一定是"蛇——龙"之龙。匈奴以畜牧业为主，马在畜群中地位最为突出。他们接受了中原神圣龙的意象与内涵，具体所指则不是一回事，而是以马为主体，后与华夏龙相融合，龙便有了马的部分特点。因此，"龙

---

① 吕思勉、童书业：《古史辨》（七下），上海古籍出版社 1982 年版，第 191 页。
② 范文澜：《中国通史简编》第 1 编，人民出版社 1949 年版，第 99 页。

——马"较之"龙——蛇"晚出。"龙——马"对龙的发展、丰富与定型作出了独特的贡献。

鳄是夏进中原以后融合的重要对象，但不是主体原型。对甲骨象形文的龙，学者们有的强调其蛇躯，有的强调其鳄头。细观，有的龙头却像马和犬。再说，龙的出现早于甲骨文，象形文龙形的不一致，恰恰反映了直到殷商，龙虽初步形成，却远未定型。

总之，古代中国对蛇崇拜的地域很广。夏人选择蛇为龙的主体原型，不但符合夏族的愿望，也能得到炎、黄后裔其他各族及夷、苗、黎等的认同。所以说，龙在形成的初始阶段，蛇——龙便已是多元文化的结晶。

事物的发展有其复杂性，对龙的起源时间不能绝对化。也许有某些地区的某些古代民族，因受中原文化的影响，而将自己所崇拜之物便命名为龙物，于是龙犬、龙豕、龙牛、龙鳄、龙马……纷纷出现，或干脆直呼那种动物为龙。

这样，龙又成了神性动物的类称。

本文选自作者专著《中国神话学》第五章第一节，宁夏人民出版社 1994 年版。又见 2008 年上海人民出版社再版之《中国神话学》第十一章第一节。因本书篇幅所限，作者对本文小有调整。

炎帝与祝融

钟宗宪

钟宗宪（1966— ），台湾省台中市人，辅仁大学中国文学博士，现任台湾师范大学国文系教授。著有《炎帝神农信仰》、《先秦两汉文化的侧面研究》、《民间文学与民间文化采风》、《中国神话的基础研究》等。

一、祝融的传说

祝融，为"五官"中的火正，有掌火之神与主荧惑火星之神的双重意义，在《淮南子·天文训》中称作"朱明"。《史记·楚世家》云：

> 楚之先祖，出自帝颛顼高阳。高阳者，黄帝之孙昌意之子也。高阳生称，称生卷章，卷章生重黎。重黎为帝喾，高辛居火正，甚有功，能光融天下，帝喾命曰祝融。共工氏作乱，帝喾使重黎诛之，而不尽。帝乃以庚寅日诛重黎，而以其弟吴回为重黎。后，复居火正，为祝融。吴回生陆终，陆终生子六人，坼剖而产焉。……六曰季连，芈姓，楚其后也。……周文王之时，季连之苗裔曰鬻熊。……熊绎当周成王之时，举文、武勤劳之后嗣，而封熊绎于楚蛮，封以子男之田，姓芈氏，居丹阳。①

祝融被南方的楚国尊为远祖，自然与祝融为南方的火神有关。根据《山海经·海内经》的说法，黄帝生昌意，昌意生韩流，韩流生帝颛顼。而《大荒西经》说："颛顼生老童，老童生祝融。"② 这样的帝系谱排列，大抵与《史记·楚世家》的记载，有着相同的意义。但是《海内经》又说："炎帝之妻，赤水之子听妖生炎居，炎居生节并，节并生戏器，戏器生祝融。"③ 则祝融又是炎帝的后裔。两说不同，互相矛盾。

《左传·昭公元年》云："高辛氏有二子：伯曰阏伯，季曰实沈，居于旷林，不相能也，日寻干戈，以相征讨，后帝不臧，迁阏伯于商丘。"④《襄公九年》云："陶

---

① 引自泷川龟太郎（Takigawa Kametaro, 1865—1946）：《史记会注考证》，洪氏出版社1983年版，第644—645页。

② 袁珂注：《山海经校注》，里仁书局1982年版，第395页。

③ 袁珂注：《山海经校注》，里仁书局1982年版，第471页。

④ 杨伯峻编著：《春秋左传注》（下），洪叶文化公司1993年版，第1217—1218页。

唐氏之火正阏伯居商丘。"① 阏伯,即《诗经·豳风·七月》之"七月流火"中的大火星,商星,是二十八宿中的心宿。杨宽先生以其与祝融皆为火正,而认为阏伯即是祝融,为一神之分化。② 就星象的观点而言,祝融为荧惑,自非商星阏伯,此事甚明。但荧惑之说晚,心宿商星则早见,或祝融起初为商星之征;又二者同是火正,为掌火之神,亦有可通处。

"火正"是掌理民生基本资材中的火官,不特指掌理火星之官。古有四时改火之俗,亦证之火之于人者大矣,此乃二者同传为火正之官的原因,同时也是五行之名不当出自五星的主要因素之一。火正即掌火之官,为火神,吴回、陆终自亦为火神,遂皆以祝融名之,疑"祝融"之意,出自"祷火"。

祝者,祝祷也,《说文解字》:"祝,祭主赞词者,从示从儿口。一曰从兑省,易曰:兑为口为巫。"③ 又,"融,炊气上出也"④。《左传·昭公十八年》:"夏,五月,火始昏见。丙子,风。梓慎曰:是谓融风,火之始也。……曰:宋卫陈郑也。数日,皆来告火。"《春秋经》:"夏,五月,壬午,宋卫陈郑灾。"杜注:"东北曰融风。"⑤《淮南子·地形训》:"东北曰炎风。"⑥ 所谓"火始昏见",指的是心宿,即大火星。古以天象应人事,实非偶然,心宿昏见,气候燥热,为夏季,天干物燥,易有火灾,乃称其风为"融风,火之始也"。融者,炊气上出,即热炎之气,亦火之所属,《淮南子·地形训》遂名曰"炎风"。所以,"融"非实状火形,而是火之气,因此可以为灶神,以为熟食者。《太平御览》卷五二九引《五经异义》:"灶神祝融。"⑦《风俗通义·祀典》:"颛顼氏有子曰黎,为祝融,祀以为灶神。"⑧ 即是。由此可知,"祝融"之原义为"祷火"。而既是"祷火",火一出自然,一出人为。出于自然,则祷祝天火之降;出于人为,其人则成掌火之官,此实祝融之双衍义。

颛顼高阳者,太阳也,为火之大光明;祝融"能光融天下",不得不为颛顼之裔。其风"东北",自西南往东北之风向,南方夏焰冬暖,故祝融实为南方火神,《山海经·海外南经》云:"南方祝融,兽身,人面,乘两龙。"⑨ 则是。如此观之,祝融为南方主夏之火神,并非强言附会,而五行之官既与五星合,心宿商星亦有大火之名,后为五行天象者,重五星而薄二十八宿,祝融遂递为荧惑之神,成为"五方帝"中南方赤帝之最初原型。

---

① 杨伯峻编著:《春秋左传注》(下),洪叶文化公司1993年版,第964页。

② 杨宽先生关于祝融的讨论见其著作《中国上古史导论》第11篇《丹朱驩兜与朱明祝融》,收录于《古史辨》第7册上编,上海古籍出版社1982年版。

③ 许慎撰,段玉裁注:《新添古音——说文解字注》,洪叶文化公司1999年版,第6页。

④ 许慎撰,段玉裁注:《新添古音——说文解字注》,洪叶文化公司1999年版,第112页。

⑤ 杨伯峻编著:《春秋左传注》(下),洪叶文化公司1993年版,第1395页。

⑥ 刘文典:《淮南鸿烈集解》卷二,文史哲出版社1985年版,第2页。

⑦ 李昉等:《太平御览》卷五二九,中华书局1998年版,第2399页。

⑧ 应劭:《风俗通义》,上海古籍出版社1995年版,第57页。

⑨ 袁珂注:《山海经校注》,里仁书局1982年版,第206页。

炎帝姜姓，其说出自西北。《左传·昭公十七年》，郯子言少皞氏鸟名官云："昔者黄帝氏以云纪，故为云师而云名。炎帝氏以火纪，故为火师而火名。共工氏以水纪，故为水师而水名。大皞氏以龙纪，故为龙师而龙名。"① 其少皞鸟、黄帝云、炎帝火、共工水、大皞龙，自无涉于金木水火土五行者甚明。所谓的鸟、云、火、水、龙，疑即为族徽。然姜羌确有火崇拜以为神圣之迹可考，而"炎"者重火，炎帝为火神迨无疑义，《风俗通义·三皇》："遂人以火纪。火，太阳也。"② 《白虎通德论·五行》："炎帝者，太阳也。"③ 火与太阳关系至密，炎帝亦有太阳神格。此炎帝与祝融颇有相类之处。

日人御手洗胜以"融风"、"炎风"互训，乃认为"炎帝"可作"融帝"解，而炎帝、祝融起源同一，并证以"祝"、"融"二字音韵对转叠韵，"祝融"亦即"炎"也。④ 御手洗先生的主要观点在于炎帝即是神农，所以论及祝融与炎帝神农之关系。按，祝融固可能为神农，后文将有所讨论，但炎帝与神农相混之年代既晚，其说容有可议之处，暂略。我们可以由另一个角度视之，《说文解字》："炎，火光上也，从重火。"段注："《洪范》曰：火曰炎上。其本义也。《云汉传》曰：炎炎，热气也。《大田传》曰：炎火，盛阳也。皆引申之义也。"⑤ 盖"炎"为状词之字，非言"炎"者俱与炎帝相属，此"炎风"之训"融风"也。火神、日神为古代各民族皆有之信仰，以火神之族名之可矣，然岂火神俱涉及炎帝、祝融而为别名通指？《管子·五行》："黄帝得祝融而辨于南方。"⑥ 《越绝书》卷四："融治南方。"⑦ 祝融名黎，或作重黎，《风俗通义》："颛顼有子曰黎，为祝融苗民。"⑧ 苗，南蛮也，是祝融实与南方不分，为南方之神。《国语·郑语》载有祝融八姓：己、董、彭、秃、妘、曹、斟⑨，活动范围包括河南、山东、陕西、山西，民族移徙之频繁，自来有之，如炎帝姜姓之有申、吕、齐、许、纪、州、向、郸，然其始祝融南而炎帝西北甚明，不当混为一谈。

确实，《论衡·祭意》云："炎帝作火，死而为灶。"⑩ 同为火神，是祝融与炎帝相关的主要媒介。战国后期邹衍之徒、燕齐海上之士以炎帝为火，南方主夏，其佐神祝融，而为历来说者所继，自非无的放矢之论，而炎帝乃列名为"五方帝"之

① 杨伯峻编著：《春秋左传注》（下），洪叶文化公司1993年版，第1386页。
② 应劭：《风俗通义》，上海古籍出版社1995年版，第8页。
③ 班固：《白虎通德论》，上海古籍出版社1990年版，第28页。
④ [日]御手洗胜：《古代中国の神々——古代传说研究》，创文社出版昭和59年版，第二部第七章。
⑤ 许慎撰，段玉裁注：《新添古音——说文解字注》，洪叶文化公司1999年版，第491页。
⑥ 戴望：《管子校正》，《诸子集成》本，上海书店1994年版，第242页。
⑦ 杨家骆主编：《越绝书》，世界书局1962年版，第68页。
⑧ 应劭：《风俗通义》，上海古籍出版社1995年版，第57页。
⑨ 左丘明撰，韦昭注：《国语》，汉京文化事业有限公司1983年版，第512页。
⑩ 田昌五：《论衡导读》，巴蜀书社1989年版，第359页。

一。至此，疑《山海经》云祝融为黄帝、颛顼之后，复为炎帝之裔者，炎帝之说为后起，即《大荒西经》的完成年代早于《海内经》。袁珂先生以为："《大荒经》四篇和《海内经》一篇成书最早，大约在战国初年或中年。"① 按，刘歆（时已改名秀）十八篇《山海经》未收《海内经》一篇，毕沅《山海经图说·序》云："《海内经》一篇释《海内经》，当是汉时所传。"② 学者又多将《大荒经》、《海内经》合称"大荒五经"，诸说纷纭，可作参考。

《尚书·周书·吕刑》："乃命重黎，绝地天通。"③ 《国语·楚语》楚昭王问《周书》于观射父，对曰：

> 及少皞之衰也，九黎乱德，民神杂糅，不可方物。夫人作享，家为巫史，无有要质。民匮于祀，而不知其福。烝享无度，民神同位。……颛顼受之，乃命南正重司天以属神，命火正黎司地以属民，使复旧常，无相侵渎，是谓绝地天通。④

"重"、"黎"指涉相同，即祝融。祝融为官，职"祷火"，此祝融亦巫觋也。"绝地天通"的神话，站在祭祀天帝的立场而言，实是祖、神分离的结果，亦即西周"天命观"之演变。殷商祭祖如祭天帝，西周以降，祭祖自祖，祭天自天，两不相涉，钱杭先生云：

> 天与上帝在西周仍是受人尊敬畏惧的对象，祖先仍然与天、与神的世界保持密切的关系。但是西周人所崇拜的祖先本身已不是神了，这是一；第二，君王与天命虽然还有一定的对应关系，但君王是否获得天命，不再是无条件的而必须看其是否具备"德"，这两个世界之间的恒定呼应关系因而被切断；第三，祖神分离，祖先道德化的必然结果，是上帝和天的道德化，否则，得之于上帝的道德化使命就毫无来处，符合宗族伦理规范的各种具体规定逐渐填充着它们的外壳。因此，祖神在血缘上的分离，为它们最终在新的基础上，也就是在道德上的合一，创造了必要前提。⑤

此实乃儒家学说的发展背景与理论基础。祖、神既然分离，祭祖即不当如神，人的世界与神的世界在思想上便独立开来，亦所谓"绝地天通"。欲通天神者，唯有依靠巫觋，于是掌祭之官（巫觋）乃因通神而神名。这也就是为什么观射父要说"民神杂糅，不可方物。夫人作享，家为巫史，无有要质。民匮于祀，而不知其福，烝

① 详见袁珂：《山海经写作的时地及篇目考》，收录于《山海经校注》，里仁书局1982年版，第506页。袁先生的主要结论是："《山海经》一书是几个部分荟萃而成，它们的作者都是楚人。除了《海内经》四篇是成于汉代初年的以外，其余都成于战国时代，其中以《大荒经》以下五篇成书最早，大约在战国中年以前。"

② 袁珂注：《山海经校注》，里仁书局1982年版，第206页。

③ 孔安国传：《尚书孔传》，新兴书局1980年校相台岳氏本，第74页。

④ 左丘明撰，韦昭注：《国语》，汉京文化事业有限公司1983年版，第562页。

⑤ 钱杭：《周代宗法制度史研究》，学林出版社1991年版，第111页。

享无度，民神同位"的缘故，因此祭神之事也走上阶级化的道路，以符合宗法所规定，乃"使复旧常，无相侵渎"。这样的思想转变，或许也可以用来解释上古神话天帝与人帝动辄错置相混的情形罢。

《史记·楚世家》云："共工氏作乱，帝喾使重、黎诛之。"[①]《淮南子·兵略训》："共工为水害，故颛顼诛之。"[②] 共工乃古帝王名，以水纪者，而共工亦为水神。我们怀疑共工争帝被诛的传说，与治水神话有关，《荀子·成相》云："禹有功，抑下鸿，辟除民害逐共工。"[③]《山海经·大荒西经》："有禹攻共工国山。"[④]《海外北经》："共工之臣曰相柳氏，九首，以食于九山。相柳之所抵，厥为泽溪。禹杀相柳。"[⑤] 大禹，是治水的英雄，《尚书·尧典》："禹，汝平水土，惟时懋哉。"其先驩兜言共工曰："都！共工方鸠僝功。"共工为水神，此殆言水之功于人者，唯帝曰："象恭滔天。"复云："汤汤洪水方割，荡荡怀山襄陵，浩浩滔天。"[⑥] 水能载舟，亦能覆舟，诚水固可有功，然亦可为患也，共工之为禹所诛，此禹之治水也。相柳为共工臣，亦水神，"食于九山"实乃"怀山襄陵"之象，其末则"厥为泽溪"，故相柳为禹所杀，亦治水神话之一端。重、黎为祝融，为火神，水火本不相容，而火必败于水者，此重、黎（火）之治水败而受诛所由。盖寡水可因日照火烤而自干，盛水则日火所不能。

唯《山海经·海内经》云："祝融降处于江水，生共工，共工生术器，术器首方颠，是复土壤，以处江水。共工生后土。"[⑦] 祝融与共工敌，何来生共工之说？此条与治水神话不相牵涉，实为华南楚地之农业神话，因疑祝融实为农神。

二、祝融即农神

祝融为南方火神，《国语·郑语》云："且重、黎之后也，夫黎为高辛氏火正，以淳燿敦大，天明地德，光照四海，故命之曰祝融，其功大矣。"又云："祝融亦能昭显天地之光明，以生柔嘉材者也。"韦昭注："柔，润也。嘉，善也。善材，五谷材木。"[⑧] 其言"光照四海"、"能昭显天地之光明"，此火之盛而大者，莫若日。祝融为颛顼高阳之裔，自为日神。太阳普照万物，为生命之源，所以祝融"以生柔嘉材者也"，而五谷材木得以滋乳生长，则祝融亦应为农神。

前引《国语·楚语》观射父言"绝地天通"云："乃命南正重司天以属神，命

① 引自泷川龟太郎：《史记会注考证》，洪氏出版社 1983 年版，第 644 页。
② 刘文典：《淮南鸿烈集解》卷四，文史哲出版社 1985 年版，第 49 页。
③ 王先谦：《荀子集解》（下），中华书局 1996 年版，第 463 页。
④ 袁珂注：《山海经校注》，里仁书局 1982 年版，第 387 页。
⑤ 袁珂注：《山海经校注》，里仁书局 1982 年版，第 233 页。
⑥ 孔安国传：《尚书孔传》，新兴书局 1980 年校相台岳氏本，第 5—8 页。
⑦ 袁珂注：《山海经校注》，里仁书局 1982 年版，第 471 页。
⑧ 左丘明撰，韦昭注：《国语》，汉京文化事业有限公司 1983 年版，第 510—511 页。

火正黎司地以属民。"韦昭注："南，阳位。"又"唐尚书云：火，当为北。北，阴位"①。是以重为南正阳位以司天属神，黎为北正阴位以司地属民，这样的诠释，是就阴阳以地天来说的，原无可厚非，然《史记·楚世家》言重、黎为祝融，于是重黎合而为一，不作重、黎二者，则《楚世家》为讹？其实不然。《左传·昭公二十九年》言五行之官云："木正曰句芒，火正曰祝融。"又云："使重为句芒。""颛顼有子曰犁，为祝融。"②《说文解字》之中，"犁"、"耕"互训，而犁从牛黎声，黎为黍属，故祝融名"黎"或"犁"者，俱农耕之象，而"句芒"者象草木之初生，故为木正，为春，祝融与句芒的关系，正和祝融"以生柔嘉材"的关系一样，是重、黎俱有农神的性格，耕犁则禾苗得以生长，此重黎所以合称。重为南正，自在南，黎为火正，亦在南，重黎固为南方之远祖，黎以为耕，故"司地以属民"，然南之为阳，实盛火大日，五谷材木以生，故"司天以属神"，虽不敢言重必当为黎，但重黎之为祝融实出自祝融之农神性格。《史记·货殖列传》云："楚越之地，地广人稀，饭稻羹鱼，或火耕而水耨。"泷川龟太郎《考证》引中井积德语："盖苗初生，与草俱生，烧之以火，则苗与草皆烬，乃灌之以水，则草死苗长以肥，此之谓火耕水耨。"按语："先以火焚草，然后耕之，植以苗、灌以水，则土肥而苗长，以杂草生，轨除去之。"③ 刀耕火种，为农业雏形之法，祝融为楚之火神、农神，重黎之名，岂不正是"火耕"之意。

其"水耨"者，则回头看《山海经·海内经》之说。"祝融降处于江水，生共工。"④ 共工，水神，祝融为南方之神，其神降处江水，盖言引水灌溉之意，长江诸系迄今仍为农业必要的水利，火耕之后继以水耨，其水自当来自江水，因名其神而称祝融生共工。"共工生术器"，术器，疑即农具，"术器首方颠"，郭璞注："头顶平。"似为锄耒掘土者，祝融即名为"犁"，耕作之义，知农具以为之，其后乃云："是复土壤。"按，此沃土也，火耕之意，不只在于除草，取得肥料也相当重要，而引进江水所流入的泥沙，或水退所得之田土，亦往往含有土肥，以利农作，是故"共工生后土"；后土者，谓耕作之良土，其自水耨江水而来，乃名之。因此，关于祝融生共工，共工生后土的说法，为华南楚地之农业神话，不应当作确实之帝系谱。

《史记·平准书》云："江南火耕水耨。"集解引应劭语："烧草下水种稻，草与稻并生，高七八寸，因悉芟去，复下水灌之，草死，独稻长，所谓火耕水耨也。"⑤ 稻为华南水作，不似华北旱作，由祝融为农神之讨论中，其类似稻作农耕，《孟子·滕文公》有言神农者许行，亦为楚人。日人御手洗胜以为祝融为农神，亦即神农，其论证甚详，唯仍有疑义。神农出自战国中期，时代较晚，许行为楚人，神农传说

---

① 左丘明撰，韦昭注：《国语》，汉京文化事业有限公司1983年版，第562—563页。
② 杨伯峻编著：《春秋左传注》（下），洪叶文化公司1993年版，第1502—1503页。
③ 引自泷川龟太郎：《史记会注考证》，洪氏出版社1983年版，第1359页。
④ 袁珂注：《山海经校注》，里仁书局1982年版，第562页。
⑤ 引自泷川龟太郎：《史记会注考证》，洪氏出版社1983年版，第533页。

起于楚地，是有其可能，而神农为农神，也无疑义，然其传说不明，是否为祝融之化分，殊难辨证。御手洗先生视炎帝、神农同一，又以烈山氏、厉山氏证之祝融，诚然《帝王世纪》云："号曰神农氏，又曰本起烈山，或称烈山氏。"[1]《左传·昭公二十九年》："稷，田正也。有烈山氏之子曰柱，为稷。"[2] 楚地有厉乡，又名厉山，但烈山、厉山其名乃以火焚山之刀耕火种，其始固以火为农神，烈山氏之子为稷，稷属华北旱作，亦有别于南方。稷为五谷之长，或可为五谷之通称，但可以证明行"火耕"者俱为祝融之属？炎帝亦火神，丁山先生以为"炎"为"以火焚山"之"岳"[3]，炎帝实更近烈山氏、厉山氏，则炎帝亦为祝融？对于这类问题，并不能以其神性相属而尽归于一，遂谓其出于同源，而草草言之。

先秦诸籍之言于农神者，大抵都以"后稷"名之，播百谷、始作耕云云都不离后稷之伦。言及于炎帝者，莫不以火名之，始有炎黄之战，后有《国语·周语》太子晋云诸国"皆黄炎之后也"[4]。炎帝姜姓，自非后稷之姬姓，又从无将炎帝与后稷相涉之说，炎帝非后稷。自许行言神农之道，神农之名盖源自以农为神的观念，据《孟子·滕文公》所载，孟子犹以后稷为农业之始祖，及至诸子屡称："神农之世"者，亦未夺后稷之农祖地位，是后稷自为后稷，并非神农；而炎帝与神农，从无并称的记载，其传说各成系统亦明。祝融为火正，乃火神，由神话传说判断，也具有农神性格，若按御手洗先生的说法推论，炎帝即神农，其名又称烈山氏、厉山氏，与祝融皆为农神，是祝融为炎帝神农之化分，但神农的传说，有相当多的部分又同后稷类似，则是否祝融也应是后稷呢？御手洗先生认为火神即是太阳神，亦为农神，但是这种关系，并非绝对。后稷并非火神、太阳神，不碍其为农神、农祖之地位，即连颛顼是太阳神，也可能是火神、农神，难道颛顼也是祝融？在方法上，"分化说"的确解决了神话诠释上的不少问题，然使用过当，则不免失真。祝融为农神，是可以确定的结果，至于是否为神农？在没有更多证据以前，也只能存疑。

三、炎帝与祝融

炎帝与祝融二者间的关系系联，一在都是火神，二在《山海经·海内经》之祝融为炎帝的后裔。其为后裔者，固可名之为火神一族，实则亦因华南农业神话"火耕水耨"故。祝融为五行之官一员，又合于五星南方火主夏色赤之荧惑，是初"五方帝"乃"五方神"。《史记·天官书》以中宫天极星为帝，其明者曰太一，以为尊，分二十八宿为四宫，即东宫苍龙、南宫朱鸟、西宫白虎、北宫玄武，其言五星曰：

---

[1] 皇甫谧：《帝王世纪》，中华书局1985年版，第3页。
[2] 杨伯峻编著：《春秋左传注》（下），洪叶文化公司1993年版，第1503页。
[3] 详见丁山《中国古代宗教与神话考》中之"炎帝与山岳"一节。
[4] 左丘明撰，韦昭注：《国语》，汉京文化事业有限公司1983年版，第107页。

水、火、金、木、填星，此五星者天之五佐，为经纬，见伏有时。所过行，赢缩有度。日变修德，月变省刑，星变结和。凡天变过度，乃占。国君强大，有德者昌，弱小饰诈者亡。太上修德，其次修政，其次修救，其次修禳，正下无之。夫常星之变希见，而三光之占亟用。日月晕适云风，此天之客气，其发见亦有大运。然其与政事俯仰，最近大人之符。此五者，天之感动。为天数者，必通三五。终始古今，深观时变，察其精粗，则天官备矣。苍帝行德……赤帝行德……黄帝行德……白帝行德……黑帝……①

这段话的思想根据，正如司马迁所自言之："天则有日月，地则有阴阳。天有五星，地有五行。天则有列宿，地则有州域，三光者，阴阳之精。气本在地，而圣人统理之。"天象与人事相应，此尤为阴阳家所倡言。"为天数者，必通三五"，三者日月星，五者五星五行，于此更所强调，是弃北斗七星、二十八宿而就五星五行。太一既为帝者，众星自为之臣，然语中多有"五星"、"五帝"，后又云苍帝、赤帝、黄帝、白帝、黑帝，自别于天极星为基准之系统，徒然具六帝之名，可见其说受阴阳家影响甚深，或许因"孔子论六经，纪异而说不书，至天道命不传"，有其不得不然之故。苍帝之属，自以星色名帝，而《礼记·月令》、《吕氏春秋》十二纪首又别以太皞、炎帝、黄帝、少皞、颛顼称之，由五官而五佐而五帝，帝之为名，实亦晚起之说。

"帝"在西周以前，指的大抵是与天同义的上帝，而人则仅称"王"。《尚书·尧典》有《帝尧》者，屈万里先生以为《尧典》之作成当在孔、孟之间，即战国初期，所据理由之一是：

帝字为人王之称，在真实可据之古籍中，仅周易及尚书有"帝乙"一例。帝乙之称，由何而起，今不能详。而谓古人王或时君为帝，乃春秋晚叶及战国时之风尚。本篇不但有帝尧之称，且单称帝字而不名：可证其决非春秋中叶以前之人所为。②

是以《左传》、《国语》诸籍言大皞、少皞、颛顼等，皆不以帝称，黄帝、炎帝之名，是否出自"色帝"，犹尚难考，或上帝之分化而未可知，然黄帝名从"皇皇上帝"而来，而黄帝姬姓、炎帝姜姓，姜、姬二姓为周王室之母姓、父姓，或以其地位崇高，自为"王"以上，乃名之为"帝"者，惟其初始非人帝也甚明。战国末期，诸侯强权迭有自僭称帝者，苏代欲以燕为北帝、秦为西帝、赵为中帝，齐因自以为东帝者，《史记·苏秦列传》云：

齐伐宋，宋急，苏代乃遗燕昭王书曰：……秦为西帝，燕为北帝，赵为中帝，立三帝以令天下。韩魏不听，则秦伐之；齐不听，则燕赵伐之；

---

① 引自泷川龟太郎：《史记会注考证》，洪氏出版社 1983 年版，第 494—495 页。
② 屈万里：《尚书释义》，中国文化大学出版部 1984 年版，第 21 页，《尧典》题后按语。

天下孰敢不听？天下服听，因驱韩魏以伐齐，……燕昭王善其书，……乃召苏代，复善待之。①

然帝号在当时，亦平常，燕、赵可以为帝，秦王政统一六国，得全天下，乃不以称帝为自满，《史记·秦始皇本纪》言群臣议号云：

> 今陛下兴义兵诛残贼，平定天下，海内为郡县，法令由一统。自上古以来，未尝有。五帝所不及。臣等谨与博士议曰：古有天皇、有地皇、有泰皇，泰皇最贵。臣等昧死上尊号，王为泰皇。……王曰：去泰著皇，采上古帝位号，号曰皇帝。②

由这段对话中，知五帝之名在此之前已颇为流行，且已称上古王者为帝，而苏代以国之方位名帝，疑非出自偶然，实应当时之共识。由是则"五方帝"以称天象的情形，亦不必晚于此。

虽然"五方帝"起而名五星，然历来记载，实不脱其原始。《吕氏春秋·孟夏纪》云：

> 孟夏之月，日在毕，昏翼中，旦婺女中，其日丙丁，其帝炎帝，其神祝融。③

毕、翼、婺女分属西宫、南宫、北宫，云"火星"一日移动之轨迹。"其神祝融"者，言星之神主，亦星之名。至《淮南子·天文训》云："南方火也，其帝炎帝，其佐朱明，执衡而治夏，其神为荧惑。"④ 言"佐"者，自为"五官"之一，其神荧惑，实亦星之神主；故凡"五方帝"、"五色帝"云云，皆言金木水火土五星，非言大暤、炎帝、黄帝、少暤、颛顼五帝，此亦邹衍不将此五帝列入大终始相胜说之中的缘故，而五帝托称为五星，其始乃不得具五星之性。

炎帝传说本来极为单纯，一为以火纪而火名官，一为姜姓，无有南方、主夏、其兽朱鸟等等内涵，而这些内容，其初却是祝融为火正、火星的特色。自从《吕氏春秋》以降，其帝炎帝、其神祝融的说法，填补了原本片断、单薄的炎帝传说，竟甚而流行迄今不去，此为言炎帝者所需深思溯及处。

本文选自《炎帝神农信仰》（学苑出版社 1994 年版）中编第三章；选入本书时，作者对部分内容、注解略有增补。

① 引自泷川龟太郎：《史记会注考证》，洪氏出版社 1983 年版，第 909—910 页。
② 引自泷川龟太郎：《史记会注考证》，洪氏出版社 1983 年版，第 116 页。
③ 陈奇猷校释：《吕氏春秋校释》（上），华正书局 1985 年版，第 185 页。
④ 刘文典：《淮南鸿烈集解》卷一，文史哲出版社 1985 年版，第 58 页。

考古发现与神话传说

李 零

李零（1948— ），山西人，北京大学中文系教授。神话方面的主要著述有《长沙子弹库战国楚帛书研究》（1985）、《考古发现与神话传说》（1995）等。

一、引 言

近年来，在古史研究的各个领域中正酝酿着一场巨变，即考古发现对疑古思潮的反动。[①] 与这一变化有关，有个问题很值得研究，这就是被疑古派逐出历史领域的古史传说。

近代以来，中国的古史传说曾被许多人当作"伪古史，真神话"，纳入中国神话学的体系，[②] 但在中国原有的传统中，它却与历史学有不解之缘。例如中国的历史学之父司马迁，他的《史记》就是以《世本》为纲，按世系的树谱安排全书：树干是《本纪》，枝叶是《世家》和《列传》。人物归统于国族，国族归统于帝系（即首篇的《五帝本纪》）。每讲一个国族，前面都要加上一段帝系传说。

谈到古史传说与历史学的分家，大都知道，近代以《古史辨》为大本营的疑古思潮是起了"凿破混沌"的作用。虽然从学术渊源上讲，《古史辨》派有它自己的源头（即从宋代辨伪学到姚际恒和崔东壁的发展），但更主要的它还是一种汇入世界的近代思潮，同西方的文献批评学（the text criticism）和日本的"尧、舜、禹抹杀论"相呼应，都是史学近代化所必经的一步。

经过《古史辨》派的洗礼，中国的历史被拦腰截断：两千年以下是信史，可得而详；两千年以上是神话，虚无飘渺。这影响虽然是集中在文献方面，但后果却是为考古学扫清了地盘。

《古史辨》派有功于考古乃是不言而喻，而考古学对《古史辨》派的"回报"似乎也理所当然。过去大家都以为，前者利于辟除，后者利于建设，二者真是相得

[①] 李学勤：《重新估价中国古代文明》、《对古书的反思》，见《李学勤集》，黑龙江教育出版社 1989 年版，第 15—27、41—46 页；李学勤：《走出疑古时代》，载《中国文化》1992 年第 7 辑，第 1—7 页；李零：《出土发现与古书年代的再认识》，载《九州学刊》1988 年第 3 卷第 1 期，第 105—136 页。

[②] 茅盾：《中国神话研究初探》（原名《中国神话研究ABC》），《茅盾评论文集》下册，人民文学出版社 1978 年版，第 239—333 页。闻一多：《神话与诗》，古籍出版社 1956 年版；《古典新义》，中华书局 1956 年版。袁珂：《中国古代神话》，中华书局 1960 年版；《古神话选释》，人民文学出版社 1979 年版。

益彰。谁会料到，几十年后风向大变，对疑古思潮提出的挑战恰恰就是来自考古发现。

考古学对疑古思潮的冲击主要在三个方面：其一，出土文献的研究（对其真伪标准和断代方法提出挑战）；其二，战国文字的研究（对其怀疑古文经本提出挑战）；其三，考古区系文化的研究（对其抹杀古史传说提出挑战）。这些研究都是20世纪50年代以来，特别是70年代后才获得充分发展，[①] 但我们若重检学术史，就会发现有一股潜流一直在冲击着疑古派的理论基石，即：

（1）1916年，王国维曾一口气写过九篇文章讲"古文"，并作《史籀篇疏证》。[②] 他除提出著名的"战国时秦用籀文，六国用古文"说，还历考汉代古文经本的流传。这不仅对后来战国文字的研究有重大影响，而且对化解经今古文之争也是切中要害。

（2）1927年，蒙文通首先把古代民族分为江汉、河洛和海岱三系。[③] 继之，傅斯年于1930年和1935年提出"东夷西夏"说，[④] 徐旭生于1941年提出"古代部族三集团"说（华夏集团、东夷集团和苗蛮集团）。[⑤] 徐氏之说后出最详。他参加过1927年的西北考察和1959年的夏墟调查，是中国科学院考古所的元老。现在考古学界对考古文化做区系和类型的研究，以他的学生苏秉琦和苏氏的弟子提倡最力，追溯起来，受他影响很大。[⑥]

（3）1930年和1938年，钱穆和杨宽已先后指出，向、歆父子遍伪群经乃诬妄

---

① 出土文献研究主要是从1972和1973年银雀山汉简和马王堆帛书发现后才逐渐形成专门的研究领域，战国文字研究主要是从李学勤《战国题铭概述》（载《文物》1959年第7期第50—54页，第8期第60—63页，第9期第58—61页）和《补论战国题铭的一些问题》（载《文物》1960年第7期第67—68页）发表后形成独立的学科。考古区系文化的研究主要始于20世纪50年代后，可参看《新中国的考古收获》（文物出版社1961年版）和《新中国的考古发现和研究》（文物出版社1984年版）。

② 见《王国维遗书》（上海古籍出版社1983年版）第1册《观堂集林》卷五和卷七及第6册。关于王国维对古史讨论的态度，可参看他的《古史新证》第一、二章（见《古史辨》，上海古籍出版社1982年版，第1册第264—267页）。

③ 蒙文通：《古史甄微》，商务印书馆1933年版。

④ 傅斯年：《小东大东说》，见《历史语言研究所集刊》第2本第1分册，第101—109页；傅斯年：《夷夏东西说》，见《庆祝蔡元培先生六十五岁论文集》，1935年，第1093—1134页。

⑤ 徐旭生：《中国古史的传说时代》，文物出版社1985年版。

⑥ 苏秉琦：《关于考古学文化的区系类型问题》，见《苏秉琦考古学论述选集》，文物出版社1984年版，第225—243页；苏秉琦：《关于重建中国史前史的思考》，载《考古》1991年第12期，第1109—1118页。俞伟超：《早期中国的四大联盟集团》，载《中国历史博物馆馆刊》1989年总第13—14期合刊，第31—40页（原刊于《香港中文大学中国文化研究所学报》第19卷第11—18页）。有关评论，可参看高广仁，邵望平：《巨大的贡献，和煦的春晖——祝贺秉琦师从事考古研究五十五年》，载《文物研究》1989年第5辑，第12—18页；安志敏：《论环渤海的史前文化——兼评"区系"观点》，载《考古》1993年第7期，第609—615页。按：苏氏所论只限史前时代，他虽深受徐氏影响，但反对草率以考古文化比附"族"的概念，而俞氏所论则侧重"三代"，把夏、商、周、楚和夷、狄、戎、越套在一起，相当大胆。

之辞，"三大伪经"中的《左传》、《周礼》皆先秦故籍。①

（4）30 年代，余嘉锡在北京大学讲授古籍校读法，留下一部未完成的讲义，即《古书通例》（上海古籍出版社 1985 年版）。过去大家读他的《四库提要辩证》（中华书局 1980 年版），皆服其博大，而此书善于归纳，由博返约，更见精深，验以 70 年代以来出土的简帛书籍，若合符契。②他对古书体例的研究，也从方法上动摇了疑古派的基础。

（5）由于杞、宋之典缺略，孔子已浩叹夏、殷之礼不足征（《论语·八佾》），过去大家对"三代"知道多一点还是西周。但 1908 年罗振玉查明殷甲骨的出土地在安阳小屯，③1917 年王国维以殷卜辞证实《史记·殷本纪》的可靠性，④并且 1928—1937 年中研院史语所对殷墟遗址做 15 次发掘，却将"三代"历史的可靠性上推至商，并启发鼓舞了后来的"夏墟"调查和"夏文化"研究。⑤

现在，对古史研究的这种"回潮"，学者尚未取得共识，特别是海外学者颇多訾议，以为"倒退"和"胡来"。我个人觉得，上述"冲击"，出土文献研究和战国文字研究两项，结果已比较明朗，问题较大是第三个方面。因为尽管从道理上讲，大家相信"国族"和"考古文化"总有潜在的对应关系，但实际上挖来挖去，殷以上的古史还是没法"对号入座"。虽然大家都很赞同王国维的"二重史证"，但目前大家讲考古文化，⑥新石器时代是以遗址（最初发现的遗址或所谓的"典型"遗址）命名，春秋战国套用国族，而"三代"则兼用二者，可以反映考古和文献的此长彼消。对晚期有效的文献对证不能证明对早期也有效，早期考古发现的"死无对证"也未必说明古史传说纯属虚构。问题仍处于胶着状态。

为了对古史传说的性质和它的运用限度做出判断，下面我想从考古发现中找几个例子，先对它的体系做一点讨论。

二、包山占卜简中的祠禳系统

研究古代神话传说，首先得弄清它的"角色"系统，即神物和人物的系统。一般印象，神话传说都是随意编造，支离破碎，但实际上，它是以祭祀对象作背景，并不是随随便便，想怎么讲就怎么讲。从理论上讲，只要我们能够发现古代的祀典，

---

①钱穆：《刘向歆父子年谱》，见《古史辨》第 5 册，第 101—249 页（原载《燕京学报》第 7 期）。杨宽：《中国上古史导论》附录《刘歆冤辞》，见《古史辨》第 7 册（上），第 405—421 页。

②参见拙作《出土发现与古书年代的再认识》第二节归纳的八条古书体例，载《九州学刊》1988 年第 3 卷第 1 期。

③参见罗振玉《殷墟古器物图录》序。

④参见王国维《殷卜辞中所见先公先王考》及《续考》，见：《王国维遗书》第 2 册，《观堂集林》卷九。

⑤参见徐旭生：《1959 年夏豫西调查"夏墟"的初步报告》，载《考古》1959 年 11 期，第 592 页；中国社会科学院考古研究所：《新中国的考古发现和研究》，文物出版社 1984 年版，第 221—225 页。

⑥参见夏鼐：《关于考古学上文化的定名问题》，载《考古》1959 年第 4 期，第 169—172 页。

就有可能复原其系统。①

古代的祭祀对象包括天神、地祇、人鬼（或人祖），② 对于分别它们的不同，包山占卜简中的祠禳系统是很好的例证。③

包山楚简包括文书、占卜和遣册三部分。其中占卜类，过去也见于望山楚简和天星观楚简，④ 具有相似的格式（但后两种尚未公布）。这种简文是战国中期龟卜筮占的真实记录。它们同商代和西周的占卜记录（甲骨卜辞）有不少共同点，也同祭祀密切相关。如简文在卜问病情之后，总是接着问如何祭祷先公先王和祖考（分遬祷、罷祷和赛祷）和解除于鬼怪妖祥。在这些仪式中，神祇、祖考和鬼怪是分为不同的系统。

包山占卜简的祭祷对象分三种：

1. 天神

（1）太（也叫"蚀太"）。疑即《楚辞·九歌》中的"东皇太一"。按，汉武帝于甘泉宫立畤祠太一号称"太畤"（《史记·封禅书》）或"泰畤"（《汉书·郊祀志》），似"太一"可省称"太"或"泰"。太一为星神，居中宫，为天神中之最尊者（详下节）。

（2）司命。也是居中宫的星神。《史记·天官书》说："斗魁戴匡六星曰文昌宫：一曰上将，二曰次将，三曰贵相，四曰司命，五曰司中，六曰司禄。"文昌四星即司命。

（3）司祸（过）。祸原从骨，是战国文字的一种特殊写法，⑤ 这里读为过。古书说司中（即文昌五星）"主司过"，为"司过之神"（《开元占经》引《黄帝占》、《抱朴子·微旨》引《易内戒》等书），可见此神即司中。司中主夺人命算，因人过失扣其寿数，同司命是一对密切相关的神。《周礼·春官·大宗伯》提到"以槱燎祀司中、司命"，正是祭这两种神。《九歌》分司命为"大司命"和"少司命"，疑"大司命"即上"司命"，而"少司命"即此"司过"。［按：望山简和天星观简还提到"五差（佐）"和"云君"，前者见《史记·天官书》，即水、火、金、木、土五星；后者疑即《九歌》中的"云中君"］

---

① 参见拙作《出土发现与古书年代的再认识》，载《九州学刊》1988 年第 3 卷第 1 期，第 129 页。

②《说文解字》卷一上："神，天神，引出万物者也。""祇，地祇，提出万物者也。"《说文解字》卷九上："鬼，人所归为鬼。"

③ 湖北省荆沙铁路考古队：《包山楚简》，文物出版社 1966 年版。参看拙作《包山楚简研究（占卜类)》，见《中国典籍与文化论丛》第 1 辑，中华书局 1993 年版，第 425—448 页。

④ 湖北省文化局文物工作队：《湖北江陵三座楚墓出土大批重要文物》，载《文物》1966 年第 5 期，第 33—55 页。湖北省荆州地区博物馆：《江陵天星观一号楚墓》，载《考古学报》1982 年，第 171—176 页。

⑤ 天星观一号楚墓发掘简报释此神名为"司祸"，无说。据何介钧先生示慈利楚简照片，此字在该简文例中是读为"祸"。

2. 地祇

（1）侯（后）土。地祇中之最尊者。此神似乎又可分为若干种，如简文有"宫侯（后）土"，似即"后土"中之司宫宅者。

（2）社。即社主。

（3）地主。类似后世的"土地爷"，有"野地主"和"宫地主"之分。

（4）山陵之神。简文有"五山"和"坐山"，① 又有"高丘"和"下丘"。"高丘"可能即《楚辞·离骚》中"哀高丘之无女"的"高丘"。

（5）川泽之神。简文有"大水"。《九歌》有"河伯"，或即此神。②

（6）二天子。不详。但简文列于"大水"和"坐山"之间，似属地祇。③

（7）宫、行、门。类似后世的"灶君"和"门神"，即住宅、道路和门户之神。古书把户、灶、中霤（或室）、门、行之神称为"五祀"（与五行相配）。

3. 祖考和重要亲戚

（1）西周以前的先公。在简文中是称为"楚先"，包括老僮、祝融和鬻熊，④ 它可以证明《世本》一书的楚世系最可靠。

（2）西周以来的先公和先王。简文提到"荆王自熊鹿以就武王"⑤"熊鹿"应即鬻熊之子熊丽，当周武王时。（《史记·楚世家》）可见楚人是把西周以来的楚先公一律称为王。

（3）墓主邵𨛬的直系先王。即楚昭王〔按：简文"昭王"之"昭"作"邵"〕。

（4）墓主的四世祖考及其配偶。其名号前冠以"文"字，含义同于西周金文中常见的"前文人"，是表示已故的先人。包括坪夜君子良、邵公子春、司马子音、蔡公子家及他们的夫人。

（5）其他亲属。包括东陵连嚣子发、"兄弟绝无后者"邵良、邵乘和县貉公。

另外，简文还以"巫"为祭祷对象〔按："巫"字之释是从《望山楚简》（中华书局 1995 年版）改正〕。

而简文提到禳除，则涉及若干鬼怪妖祥，包括：

（1）人害。不详。

（2）盟诅。指诅咒之禁。

（3）不辜。无罪而死的冤鬼。

（4）殇。不幸而死（早夭、战死）的冤鬼。

（5）兵死。战死的冤鬼。

（6）水上与溺人。溺死的冤鬼。前者是漂在水上的，后者是沉在水底的。

---

① 原书注（419）引裘锡圭说释"坐"。

② 原书注（417）认为"大水"即《史记·封禅书》的"天水"。

③ 拙作《包山楚简研究（占卜类）》把"二天子"解释为时王的祖考，应纠正。

④ 李学勤：《论包山楚简中的一楚先祖名》，载《文物》1988 年第 8 期，第 87—88 页。

⑤ 鹿，原书注（486）误释为"绎"。

（7）岁。应指岁煞。

（8）日月。不详。

（9）渐木立。不详。

在简文中，天神与地祇往往相提并论，但它们与祖考，祖考与鬼怪，三者却分得很清楚。这点对理解古代的神话传说极有帮助。

现在，受楚占卜简启发，我们还可向上追溯此类祭祀的传统。在古文字材料中，西周金文因性质所限，对古代神祇祖考语焉不详，往往只有"上帝百神"（如胡钟）和"鬼神"（陈肪簋）一类字眼，以及某些关系较近的祖考名，难以看到谱排有序的祭祀系统。但殷墟卜辞，因与祭祀密切相关，情况不同。据学者总结，它们除上帝和先公先王，也有日月星辰、东母西母、风云雨雪和土方河岳诸神，[①] 和楚占卜简非常相似。

我想，对古代神话传说的研究，这类谱系最重要。

下面我们再举两个与古代神祇崇拜有关的例子。

三、"太一锋"的再发现："兵避太岁"戈和《避兵图》

在古代的神祇崇拜中，太一崇拜最引人注目，如《九歌》就已提到"东皇太一"，把它列为众神之首。但《史记·封禅书》讲祠祭太一，主要是汉武帝以来。当时方士盛言天神最贵者太一，五帝为其佐，故祀天之礼主要是祭太一。

汉武帝祠祭太一，最出名的是两个坛。一个是元光二年或三年（前133或前132）谬忌（亳人谬忌）奏立的太一坛（在长安东南郊），一个是元狩五年（前118）宽舒奏立的太一坛（在甘泉宫），也叫"泰畤"。[②] 后者是仿前者，最典型，坛分三层，上具太一，为圆坛；次以五帝之位环之，亦圆坛；下为"四方地"，用祭"群神从者及北斗"。[③] 书中还提到元鼎五年（前112）秋，"为伐南越，告祷太一。以牡荆画幡日月北斗登龙，以象太一三星，为太一锋，命曰'灵旗'。为兵祷，则太史奉以指所伐国"。

过去，学者对太一不摸头脑，顾颉刚先生曾请天文学家钱宝琮先生专门讨论这一问题。[④] 钱先生对有关材料列举详明，极便参考。他提到一个基本矛盾，即《史记·天官书》讲太一、天一，前者是北极星的别名（见《封禅书》索隐引宋均说），当中宫（紫微垣）天极所在，曰"太一常居"；后者是位于斗口前的"阴德"三星，也叫"天一"（即"太岁"）。它们和《石氏星经》所说的"天一、太一，各一星"（《封禅书》索隐引）不同，后说是晚期星图所本 [按：唐代的敦煌星图已如此，如

---

① 参见陈梦家：《殷虚卜辞综述》，科学出版社1956年版，第17章《宗教》的第三、五和六节。

② 参见凌纯声：《秦汉时代之畤》，载《民族研究所集刊》1964年第18期，第113—143页。

③《郊祀志》分别称之为"紫坛"、"五帝坛"和"群神坛"。

④ 钱宝琮：《太一考》，载《燕京学报》1932年第12期，第2449—2478页。

斯坦因藏 S. 3326 和敦煌博物馆藏写经类 58 号]。钱文作于 1932 年，当时他还不知道汉代的"太一"、"天一"到底是什么样子。

对于解决天文学史上的这一悬案，有两件出土文物很值得注意。其图像正是古书所说的"太一锋"，即由太一和天一构成的图像。它们是：

（1）"兵避太岁"戈。1960 年 5 月湖北荆门漳河车桥出土，① 年代约在战国中晚期之交，型式属于巴蜀式。图像在戈援，正背相同，作如"大"字的人形，头戴鹖冠（一种武士之冠），身着铠甲，双手和胯下各有一龙，足踏日月。铭文作"兵避大（太）岁"②。

（2）《避兵图》。是新近发表的马王堆帛书③，图像有类似的人形，人形两侧，上层左为雷公，右为雨师，下层为四个避兵之神。太一胯下具三龙，分别为青龙（左下）、黄龙（右下）和黄首青身龙（上），也与上戈相似。④

这两种图，其中形状如"大"字的人形，是象征"大一"或"太一"。《避兵图》在此神的旁边题有"大（太）一将行"云，腋下标"社"字。有学者认为，此神既题"大一"，属天神，又标"社"字，属地神，因而称之为《神祇图》。⑤ 还有学者认为，《避兵图》的"大"字是"天"字泐去横画，既然上述戈铭题为"兵避太岁"，"太岁"于古籍又称"天一"，则此神当是天一而非太一。⑥ 对此，我们已指出，帛书"社"字是指太一居中宫，当土位；⑦ 原文"大"字不误，无须填笔改作"天"。⑧ 而图中的"三龙"是什么，学者未能解释，我也指出，它们就是《封禅书》所说的"登龙"或"太一三星"。《汉书·郊祀志》晋灼注说"太一三星"是"一星在后，三星在前"，对照《天官书》，我们不难看出，"一星"就是它开篇讲的"太一"，"三星"就是它接下来讲的"阴德"三星或"天一"。⑨ 在古代器物纹饰中，像这样可与文献对证，找到确解的例子是极为罕见的。

汉代的"太一锋"是一种具有避兵符作用的图像。这点还可从 1972 年陕西户县

① 王毓彤：《荆门出土的一件铜戈》，载《文物》1963 年第 1 期，第 64—65 页。

② 俞伟超、李家浩：《论"兵避太岁"戈》，见《出土文献研究》，文物出版社 1985 年版，第 138—142 页。

③ 周世荣：《马王堆汉墓的"神祇图"帛画》，载《考古》1990 年第 10 期，第 925—928 页。

④ 李学勤：《"兵避太岁"戈新证》，载《江汉考古》1991 年第 2 期，第 35—39 页。

⑤ 周世荣：《马王堆汉墓的"神祇图"帛画》，载《考古》1990 年第 10 期，第 925—928 页。

⑥ 李学勤：《"兵避太岁"戈新证》，载《江汉考古》1991 年第 2 期，第 35—39 页。

⑦ 李零：《马王堆汉墓的"神祇图"应属辟兵图》，载《考古》1991 年第 10 期，第 940—942 页。

⑧ 李零：《湖北荆门"兵避太岁"戈》，载《文物天地》1992 年第 3 期，第 22—25 页。

⑨ 参看注⑧引拙作。按：此文发表后，李家浩《论〈太一避兵图〉》（收入袁行霈主编的《国学研究》第 1 卷，北京大学出版社 1993 年版，第 277—292 页）亦讨论同样问题。该文对拙作所论方向和释文提出异议，是我诚心欢迎的［按：太一既如表针旋转，则原来所论的方向问题并不存在］。但该文不提此文，对拙作指出周文"神祇图"乃避兵图，李文"天一"仍应释"太一"，以及"社"指土位，图像应即"太一锋"等实质进展佯作不知，力图给人造成印象，似周、李之文尽是而拙作尽非，实在有欠公允。

朱家堡汉墓出土的朱书解谪瓶得到印证。[1] 此瓶铭文有二符,一符由土、斗、鬼、日、月等字构成,[2] 一符由"一星在下,三星在上"构成（方向与上铜戈和帛书正好相反）,并题为"大天一"等字,应即"大（太）一、天一"的省文。对照《抱朴子·杂应》和上面提到的文献,前者应即所谓"书北斗字及日月字"之符,而后者则是以"太一锋"为符。古代有"迎岁背岁"、"顺斗逆斗",以及日月刑德之说,看来以太一、北斗和日月避兵的说法是由来已久。

在中国古代的宇宙模式中,太一（太一和天一三星）和北斗（北斗七星,有时还加上招摇和玄弋,合称"北斗九星"）是处于众星所拱的中心位置,对天道运行起着类似钟表指针的作用（详下）,非常重要。但是过去大家对北斗比较熟悉,对太一比较陌生,甚至因二者作用相似,以为它们是一回事。实际上,我们细读《天官书》,就可看出它是以太一和天一列在最前,其次为北斗七星、文昌六星和招摇、玄弋,再以下才是二十八宿和日月五星等等。可见在西汉时期,太一不但和北斗有别,而且重要性在北斗之上。"太一锋"的再发现正可印证《天官书》的描述。

古代神祇,天神比地祇更重要。天神基本都是星官（就连风伯、雨师一类"气象神"也往往是从星神演化）,和人事休咎关系更密切。在古代的众多天神中,"太一"是头号天神,地位相当于后世道教的玉皇大帝。上述发现证明,太一崇拜不仅在汉武帝以前就有,而且在战国时期也存在。它和北斗、二十八宿都是中国天文学体系的基本组成部分,来源一定很古老。

四、楚帛书的图像和"羲和四子"的神话[3]

1942 年,湖南长沙子弹库楚墓出土过一批罕见的帛书（迄今唯一的战国帛书）。这批帛书,其中保存比较完整的一件,图文并茂,被学者视为研究古代神话的珍贵资料。

这件楚帛书,它的图像是模仿式的图式,可以代表中国古代的宇宙模式。式的图式类似钟表,中央是起"表针"作用的太一或北斗,四周是起"刻度"作用的十六神（太乙式的配神,也叫"十六龙"）、九神（遁甲式的配神）和十二神（六壬式的配神）,以及天干地支（如六壬式是以甲乙、丙丁、庚辛、壬癸和寅卯辰、巳

---

① 禚振西:《陕西户县的两座汉墓》,载《考古与文物》1980 年创刊号,第 44—48 页。又,王育成:《东汉道符释例》,载《考古学报》1991 年第 1 期,第 45—56 页。

② 斗亦当土位,与太一同。除《淮南子·地形》等古书有"土主斗"之说,出土发现也有不少例证。如:（1）曾侯乙墓漆箱盖,北斗作"土"、"斗"二字;（2）双古堆汉墓出土六壬式,当地门书"土斗戊"。

③ 此节所论,多节自我的近作《楚帛书的再认识》（载《中国文化》第 10 期,第 42—62 页）。又可参看:Noel Barnard,*The Chu Silk Manuscript——translation and commentary*,Australian National University,Canbarra 1973;李零:《长沙子弹库战国楚帛书研究》,中华书局 1985 年版;饶宗颐、曾宪通:《楚帛书》,香港中华书局 1985 年版。

午未、申酉戌、亥子丑分居四方，戊己配四隅）、二十八宿等。太一右行，是以太一为枢，天一三星为针，"下行八卦之宫，每四乃还于中央"（《易乾凿度》郑玄注），代表"大时"；北斗左行，是以十二位为一周，代表"小时"。太乙式和遁甲式虽以太一行九宫为特点，但也暗含北斗和十二位；六壬式虽以北斗行十二位为特点，但也暗含太一和九宫，彼此有相通之处。帛书图式，中宫没画太一和北斗，但有互相颠倒的两篇文字，正好像其左旋右转。它以春、夏、秋、冬分居四正，青、赤、白、黑四木分居四隅，构成四方八位。边文作左旋排列，代表斗建和小时；四木右旋，代表岁徙和大时。①

这种图式不仅对理解古代天神（如太一、天一、北斗、司命、司中、丰隆、风伯、雷公、大音、雨师等）在天庭中的"座次"很重要，② 而且对于理解古代帝系的配天也很重要。如马王堆帛书《十六经》说：

> 昔者黄帝质始好信，作自为象（像），方四面，傅一心。四达自中，前参后参，右参左参，践立（位）履参，是以能为天下宗。吾受命于天，定立（位）于地，成名于人。唯余一人，〔德〕乃肥（配）天，乃立王、三公。立国，置君、三卿，数日、历月、计岁，以当日月之行。

就是以黄帝居中宫，当斗位，周行十二位。这种观念和上述图式显然是有联系的。

与上述图像有岁徙、四方配四时和斗建十二月相应，楚帛书的文字包括甲、乙、丙三篇。甲篇是居于中宫的长篇，侧重于"岁"；乙篇是居于中宫的短篇，侧重于"时"；丙篇是环绕四周的边文，侧重于"月"。三篇是一个整体。人们常说的神话故事主要见于乙篇，是与"四时"有关。此篇分三章，第一章是说雹（包）戏（即伏羲）和女填生下四子，是为"四神"。最初"未又（有）日月"，只能由"四神相戈（代），步以为岁"，互相换位，用步行表示"四时"。第二章是说过了"千又百岁"，有了日月，但天不宁，地不平，天帝乃命祝融率"四神"降世，奠定"三天"和"四极"，重建宇宙的和谐，然后才有了用"日月之行"表示的"四时"。第三章是讲"共攻（工）夸（跨）步十日四寺（时）"，从此除一年分为"四时"（即春、夏、秋、冬四季），还有了一日之内的"四时"，即"霄、朝、昼、夕"。

乙篇所见神话人物，学者多以为是讲楚的族源传说，但帛书所述，除祝融之外，同《世本》所见楚世系对不上号。其故事主体是伏羲和女填所生四子的传说。这一传说与《书·尧典》所述羲和四子（羲仲、羲叔、和仲、和叔）分守四方，"历象日月星辰，敬授人时"的神话最相像。《汉书·艺文志》说阴阳家是出于"羲和之官"，数术家是出于"明堂羲和史卜之职"。可见这类传说是属于古代阴阳家和数术家的传统。我们认为，帛书所述神话根本不是世系传说，而是发明传说。或者更准

① 李零：《"式"与中国古代的宇宙模式》，载《中国文化》1991年第4期，第1—30页。

② 参见《马王堆汉墓文物》（湖南人民出版社1992年版）所收《刑德》和《阴阳五行》二书的附图。

确地说，是与阴阳数术传统有关的发明传说。

下面我们再举几个与古代帝系传说有关的例子。

五、铜器铭文中的"黄帝"

东周时期，有个现象很突出，这就是人们特别喜欢讲世系。当时贵族教育有门课叫"世"，就是讲这方面的知识（《国语·楚语上》）。

古代的世系书本来很多，如司马迁作《史记》曾参考过《世本》（有佚文保存，清代学者做有多种辑本）、《大戴礼》中的《五帝德》和《帝系》（存）、《五帝系谍》（佚）、《春秋历谱谍》（佚）和《秦记》（佚）。《汉志·数术略》"历谱"类也有《汉元殷周谍历》（佚）、《帝王诸侯世谱》（佚）、《古来帝王年谱》（佚）。更晚，还有王符《潜夫论·志氏姓》（存）和杜预《春秋释例·世族谱》（存）。它们是研究古史传说的背景材料。

对于研究古代世系，除传世古书，金文资料也有不少宝贵线索。过去吴其昌撰《金文世族谱》（商务印书馆1936年版），就已尝试用金文资料印证和补充古书记载。现在半个多世纪过去了，出土发现日增，可以补充的材料就更多了。

读铜器铭文，除氏姓本身，有个现象很值得注意，这就是东周以来，器铭格式有一种变化。它们往往都是采用"某某之子，某某之孙某某为某某作器"这种形式。铭文开头的"自报家门"都是用来交代世系。这种现象不仅南方有，北方也有，是一种普遍风气。

古人喜欢讲世系当然并不始于东周。我们大概可以认为，东周初年的很多现象都是西周晚期的一种延续。例如学者指出，西周晚期氏族分衍，人口剧增，爵禄不足，乃是当时礼制之变和服制之起的重要诱因。[①] 这点就和春秋的局面大有关系。《左传》讲春秋之乱，通常都是某个国君先后娶了几个太太，生下一堆孩子。他们母子后面都内有强宗豪族为助，外有娘家或娘家的与国为援。君位续承，纵向的"继"和横向的"及"都有不少候选人，留一个就得杀一堆，造成很多麻烦。特别是老国君总是爱小太太，废立无常，更是火上浇油。这种现象即属于世系危机，当时叫作"并后匹嫡，两政耦国"（桓公十八年、闵公二年有类似表述）。中国早期国家是血缘借地缘发展，但地缘发展的结果是血缘被稀释，造成分宗立氏的高潮。东周以来，氏族林立，纷乱如麻，没有世系知识，就读不懂那时的历史（比如没有《世族谱》一类书，就读不懂《左传》）。当时流行讲世系，原因正在于世系乱了套。

东周以来的世系书都是逆溯体系，它们追溯的起点是当时的"氏"，"氏"追上去是"姓"，"姓"追上去是"帝"。这些"帝"本来是不同族姓的宗神，互不相淆，比如姬（周）出黄帝，姜（齐、吕、申、许）出炎帝，嬴（秦、徐、江、黄）

[①] 参见 Lothar von Falkenhausen，"The date of Late Western Zhou ritual reform：some epigraphic inference involving renellogical terminology."（作者赠阅的手稿，待刊）

出少昊，风（任、宿、须句、颛臾）出太昊，祁（唐）出尧，妫（陈）出舜，等等。但是由于不同族姓的氏族可模拟血亲关系而加盟于较大的地域集团，有些"帝"同时又是不同族姓的"共祖"，如虞（妫姓）、夏（姒姓）皆祖颛顼，唐（祁姓）、商（子姓）、周（姬姓）皆祖帝喾，楚（芈姓）曾参加以己姓为长（即伯）的"祝融八姓"，并祖颛顼。类似东周以来的盟会，后一种"帝"名为各姓之祖，实际大概只是为长的那个氏族的祖先，在族姓上只与这个氏族保持一致。

东周以来的"帝系"是上述各种"帝"的进一步串联。它主要分为两大系统：

（1）《世本》和《大戴礼》等书的五帝系统。它是以姬姓始祖黄帝为中心，下分颛顼、帝喾二支，并以尧出帝喾、舜出颛顼，即串联周人之"帝"和唐、虞（陈）、夏（杞）、商（宋）之"帝"而构成（虞、夏出颛顼，唐、商出帝喾）。我们可以称之为周系统的帝系。《国语·鲁语上》和《礼记·祭法》所说的禘祭系统（虞、夏出黄帝和颛顼，商、周出帝喾）就是反映这种帝系［按：《鲁语上》"商人禘舜"似是"商人禘喾"之误，此从《祭法》］。

（2）《封禅书》、《吕氏春秋》十二纪、《月令》和《淮南子·天文》等书的五帝系统。它是以嬴姓始祖少昊（白帝）为"上帝"，而以与嬴姓为旧好的风姓始祖太昊（青帝）次之，当地土著姬、姜二姓的始祖黄（黄帝）、炎（赤帝）二帝又次之，外加虞、夏之祖颛顼（黑帝）而构成。我们可以称之为秦系统的帝系。《左传·昭公十七年》郯子述五纪之帝与此相似，不同点是当水纪为共工而非颛顼。郯为嬴姓，与秦共祖（见《秦本纪》），宜其相似。过去顾颉刚曾认为，秦时只祭前四种帝，这种五方五色帝是在汉高祖立北畤之后才形成。[①] 但杨宽指出，虽"终秦之亡五帝之祠未备，而《吕览》十二纪首章固备载之，亦足见五帝之说在秦本早有成说"[②]。后一种说法应更为可信。

这两种帝系，前一种帝系是《史记》所本，后来为史家所宗。而后一种帝系因与方色相配，则流行于数术家言。此外，《易·系辞上》和《战国策·赵二》还有一种包括伏羲、神农、黄帝、尧、舜的帝系，又有所不同，也许是代表另外的族团。

铜器铭文涉及上述帝系，有一个例子是学者广为引用的陈侯因齐敦。其铭文曰：

> 惟正六月癸未，陈侯因齐曰：皇考孝武桓公，恭哉大慕（谟）克成，其唯因齐扬皇考，邵（绍）绅（申）高祖黄窗（帝）。屎（纂）[③] 嗣桓、文，潮（朝）闻（问）者（诸）侯，合（答）扬厥德。者（诸）侯寅荐吉金，用作孝武桓公祭器敦，以登以尝，保有齐邦。叶（世）万子孙，永

---

① 顾颉刚：《五德终始说下的政治和历史》，见《古史辨》第 5 册，上海古籍出版社 1982 年版，第 404—617 页。

② 杨宽：《中国上古史导论》，见《古史辨》第 7 册（上），上海古籍出版社 1982 年版，第 65—421 页。

③ 屎读纂，从俞伟超《中国古代公社组织的考察》，文物出版社 1988 年版，第 14 页引李家浩说。

为典尚（常）。（按：桓，原从走；恭，原从龙从廾；哉，原从邑；绅，原

从糸从东；嗣，原从厶从司从立；寅，下从皿；敦，原从金从享。原文谐

韵，○：耕、锡通韵；△：文部；▲：阳部）

铭文中的"陈侯"即齐威王婴齐。"孝武桓公"是他的父亲桓公午。"桓、文"指春
秋时代的霸主齐桓公和晋文公，乃威王自况。陈（汉改为田）齐妫姓，为虞后，本
来不在"黄帝十二姓"（见《国语·晋语四》）之中，但铭文称黄帝为陈齐的"高
祖"，正合于《国语·鲁语上》"有虞氏禘黄帝而祖颛顼"的禘祭系统，显然就是按
上述第一种帝系而串联。

另外，与上述第二种帝系有关，值得注意的是，殷卜辞中已有四方之帝和地位
更高的"上帝"。陈梦家在《殷虚卜辞综述》（科学出版社1956年版）中推测"卜
辞之帝或上帝，当近于秦的白帝少昊"（581—582页）。但如果《鲁语上》和《祭
法》所说的禘祭系统是可靠的，则虞、夏的上帝可能是黄帝，而商、周的上帝可能
是帝喾。

对帝系思想的追溯，不能不涉及"帝"这个术语的理解。按，古书所说的"帝
王"之"帝"，"皇帝"之"帝"，来源是"帝系"之"帝"，最初只是一种宗族神。
因为他们配享于天，古人才常常把他们解释为"天"。[1] 其实严格讲，"天"和
"帝"并不是相等的概念。

在甲骨卜辞、铜器铭文和《诗》、《书》等早期文献中，我们经常可以碰到
"帝"或"上帝"。它们高高在上，监临下国，可陟降于天地之间，役使风雨，主宰
祸福。并且"在帝左右"还有许多先公先王和臣正（殷卜辞、敔狄钟和《诗·大
雅·文王》）。但"天"是"帝所"（叔弓镈）或"帝廷"（《书·金縢》），即《天
官书》所述那种众星列布的天宇，还不是"帝"本身。古人所谓"皇天上帝"，"皇
天"和"上帝"还不能说是一回事。[2]

古代对"帝"的祭祀是属于"郊祀"或"禘祭"，二者也合称"禘郊"。在卜
辞彝铭中，前一术语是叫"蒿（郊）"[3]，后一术语是叫"帝（禘）"[4]。《封禅书》
讲秦汉设畤祠祭五色帝，也是属于这种祭祀。[5] 古代禘祭，有所谓"王者禘其祖之
所自出，以其祖配之"之说（《礼记》的《丧服小记》和《大传》），所说即《鲁语
上》和《祭法》中所谓的禘、祖、郊、宗那一套。所禘之帝是始祖之帝，即帝系中

---

[1] 如《诗·大雅·皇矣》"既受帝祉"，郑玄笺："帝，天也。"汉唐注疏类似之说很多，不具引。

[2] 陈梦家《殷虚卜辞综述》第579页已指出此点。朱凤瀚《商周时期的天神崇拜》（载《中国社会
科学》1993年第4期，第191—211页）对此有进一步讨论，可参看。

[3] 李学勤：《释"郊"》，载《文史》1992年第36辑，第7—10页。按：《包山楚简》简227和243
亦用"蒿"为"郊"，可以补充李说。

[4] 殷卜辞"禘"作"帝"，所祭对象为四方帝，见于省吾《甲骨文字释林》（中华书局1979年版，
第184—188页，"释方、土"）。西周金文"禘"作"啻"，如小盂鼎"〔王〕啻周王〔武〕王邵（昭）
王"，剌鼎"王啻，啻邵（昭）王"，大簋"用啻于乃考"，所祭皆祖与考，或只是父考。

[5]《封禅书》所述包括封禅、郊祀和明堂之祭。书中把郊祀之所称为"畤"。

的帝。但除这种遥远的帝，古代还有另外一种帝。如殷卜辞多称直系先王为"王帝"或"帝某"，小盂鼎、剌鼎、大簋所"啻（禘）"皆作器者的直系祖考，《春秋·闵公二年》"吉禘于庄公"也是闵公祭其父。①

另外，在甲骨卜辞和铜器铭文中，我们还可注意到，古人是把"嫡庶"之"嫡"也写成"啻"或"帝"（上面所说的"禘"和"帝"，在卜辞彝铭中也是这样写），如仲师父鼎铭文中的"帝考"即应读为"嫡考"。②《大戴礼·诰志》："天子……卒葬曰帝。"《礼记·曲礼下》："君天下曰天子，……措之庙而立之主曰帝。"古史传说和《史记》的夏殷世系也是把已故帝王泛称为"帝"，不分直系旁系、纵继横及。学者或怀疑这种说法不可靠，但从祖考之帝到始祖之帝，这种帝的概念是一种必要的衔接。我们怀疑，始祖之帝恐怕正是后人从祀谱中抽去已故的祭祀主体，而把累世的祖考之帝串联在一起，追根溯源的结果。

总之，从各方面的证据看，"帝"之初义恐怕还是在于根蒂，③ 由根蒂之蒂引申为嫡庶之嫡，嫡庶之嫡引申为祖考之帝，祖考之帝引申为泛称的已故之帝，帝系之帝不过是一种追到头的"老祖宗"。

六、铜器铭文中的"禹迹"

《书·禹贡》是一篇有关夏代传说的重要文献。其书是以"禹敷土，随山刊木，奠高山大川"为主题，分天下为冀、兖、青、徐、扬、荆、豫、梁、雍九州，述其山川形势，土宜物产，并按道里远近分为五服，各有职贡。《禹贡》不管成书于何时，④ 我以为它所反映的基本思想是夏、商、周三代递相承用的"天下"概念，即一种以地缘济血缘之不足，借职贡朝服作间接控御，"柔远能迩"的地理大视野。并且至少从春秋以来，它已形成"九州"式的板块结构，形之文字则可称之为"《禹贡》式体裁"。如《周礼·夏官·职方氏》、邹衍的"大小九州"说、《山海经》等等，都是基于这种观念和体裁。它和"帝系"差不多是同步的现象。前者是族群的整合，后者是地理的整合。二者构成"三代"历史的纵横坐标。

《禹贡》九州，在古书中是称为"禹迹"。如《左传·襄公四年》载魏绛引《虞人之箴》曰"芒芒（茫茫）禹迹，画为九州"，就是把"九州"称为"禹迹"，事当春秋中期（前569年）。而《诗·商颂·长发》"天命多辟，设都于禹之绩"，

---

① 裘锡圭《关于商代的宗族组织与贵族和平民两个阶级的初步研究》（见《文史》第17辑，中华书局1983年版，第1—26页）说"'王帝'大概就指时王之考"。

② 如仲师父鼎"其用享于皇祖帝考"。注①引裘文指出，这类用作父考之称的"帝"字就是"嫡"字的前身。

③ 参见吴大澄：《字说》，第1—2页《帝字说》；参见周法高：《金文诂林》第1册，香港中文大学1974年版，第48—49页转引。

④ 过去有战国、春秋和西周等说。邵望平《〈禹贡〉九州的考古学研究》（载《九州学刊》1987年第2卷第1期，第9—19页）认为"《禹贡》中之九州部分的蓝本当出现于公元前1000年以前"。

是追述商史;《诗·大雅·文王有声》"丰水东注，维禹之绩"，《书·立政》"其克诘尔戎兵，以陟禹之迹"，《逸周书·商誓》"在昔后稷，惟上帝之言，克播百谷，登禹之迹"，是追述周史，它们也把商周两代的疆域称为"禹迹"。

"禹迹"在铜器铭文中也有所反映。[①] 如：

（1）秦公簋："秦公曰：不（丕）显朕皇且（祖）受天命，宓宅禹责（迹）。"[按：宓，原从宀从鼎]

（2）叔弓镈："弓典其先旧，及其高且（祖）。赫赫成唐（汤），又（有）敢（严）才（在）帝所。尃（布）受天命，剸伐夏司，贯厥灵师，伊少（小）臣惟辅。咸（?）有九州，处禹之都。"［按：典，原从竹；且，原从丌；赫，原作虩；贯，原从攴；辅，原从木从甫；都，原从工从者。铭文谐韵，〇：鱼、阳通韵]②

这两篇铭文，秦公簋与《考古图》卷七第九至十一页所收秦公钟为同人所作，大约作于春秋中期的秦共公时（前608—前604）。二者格式相似。③ 另外，与此有关，陕西宝鸡县太公庙出土了一套秦公钟、镈，年代约在秦武公时（前679—前678）。④ 它们也有类似的铭文格式。两相对照，我们不难看出，后者正是前者所本。这里簋铭的"宓宅禹迹"，秦武公钟、镈是作"赏宅受国"，宋代出土的秦公钟是作"奄有下国"。对照《史记·秦本纪》，"赏宅"当指周孝王邑非子于秦，"受国"和"奄有下国"则指秦襄公的立国。⑤ 可见"宓宅禹迹"应指秦从周接受封土，定居于"禹迹"。同样，叔弓镈，是宋穆公的后代事于齐而作。铭文提到齐灵公灭莱（前567），说明该器作于齐庄公（前553—前548）时，当春秋晚期。"处禹之都"，合于《长发》，是说宋祖成汤灭夏，据其故土。它们说明，殷袭夏土和秦袭周土都是以"禹迹"为称。

在上述铭文中，秦公簋也许更值得注意。因为据《史记·秦本纪》说，一直到战国中期的秦孝公（前361—前338）时，秦仍比较落后，"僻在雍州，不与中国诸侯之会盟，夷狄遇之"。有学者甚至称秦文化为"西戎文化"。⑥ 如果我们能弄清当时秦人怎样看待自己，这点十分重要。

春秋严于夷、夏之别。秦究竟认同于蛮夷还是诸夏，这点要从族源和环境两方

---

① 王国维：《古史新证》第一、二章；徐中舒：《陈侯四器考释》，见《历史语言研究所集刊》1933年第3本第4分册，第479—506页；丁山：《由陈侯因资錞铭黄帝论五帝》，见《历史语言研究所集刊》1933年第3本第4分册，第517—536页；敦沫若：《评〈古史辨〉》，见《古史辨》第7册（下），第361—367页。

② "伐"上之字不识，注①引郭文疑为"剪"字。

③ 李零：《春秋秦器试探》，载《考古》1979年第6期，第515—521页。

④ 卢连成、杨满仓：《陕西宝鸡县太公庙村发现秦公钟、秦公镈》，载《文物》1978年第11期，第1—5页。

⑤ 参见李零：《春秋秦器试探》，载《考古》1979年第6期，第515—521页。

⑥ 俞伟超：《古代"西戎"和"羌"、"胡"考古学文化归属问题的探讨》，见所著《先秦两汉考古学论集》，文物出版社1985年版，第180—192页。

面去看。据《史记·秦本纪》，秦从族源上讲本来是属于东方少昊集团。它的祖先在夏、商两代皆有令名，是东方显族。只是到殷末才分出一支，移居西垂（今甘肃天水一带），与周人和戎狄作邻居。若论族源，它和东夷、淮夷关系很密切，而与周、戎皆有别。但平王东迁，"封襄公为诸侯，赐之岐以西之地。曰：'戎无道，侵夺我岐、丰之地，秦能攻逐戎，即有其地。'与誓，封爵之"，结果是把周人的地盘全部继承了下来，包括这个地盘上的居民：与之为世仇的西戎和周人弃土东逃后留下的"余民"。宋代的秦公钟和秦公簋都提到"严恭寅天命，保义厥秦，虢事蛮夏"，秦武公钟、镈作"昭合皇天，虢事蛮方"。"蛮方"应指西戎，而"蛮夏"则兼指西戎和周余民。我们从秦的伐戎继周看，秦认同于周而不是戎是非常明显的。

另外，从年代较晚的睡虎地秦简《法律答问》，我们可以读到这样两条问答：

（1）"'臣邦人不安其主长而欲去夏，勿许。'可（何）谓'夏'？欲去秦属是谓'夏'。"

（2）"'真臣邦君公有罪，致耐罪以上。令赎。'可（何）谓'真'？臣邦父母产子及产它邦而是谓'真'。""可（何）谓'夏子'？""臣邦父，秦母谓殴（也）。"

简文把秦人称为"夏"，外族称为"真"，规定只有孩子的母亲为秦人，才可叫作"夏子"；如果孩子的母亲不是秦人或出生于外邦，则只能叫作"真"。可见秦人自视是夏人。

从以上材料看，尽管夏、商、周、秦四族分土异居，并且秦袭周土，周袭殷土，殷袭夏土，疆域不断扩大，并不重叠，但他们都把其所居称为"禹迹"，则是一致的。这种现象似可表明，"夏"不仅是一种"三代"相承的国土概念，而且也是一种代表"核心文化"的族群概念。

七、鱼鼎匕新证：《十六经》中的"蚩尤醢"

在帝系传说中，黄帝与其他古帝的战争是一种主要传说。"黄帝伐蚩尤"即属这一类传说。最近我们发现，有一件青铜器与这个故事有关，它就是鱼鼎匕。

按鱼鼎匕传出山西浑源，旧为罗振玉收藏，现藏辽宁省博物馆。[1] 据学者研究，浑源李峪村的出土器物应是公元前 475 年赵襄子灭代以前代国的遗物，内含晋、燕和北方系的铜器，年代约在春秋战国之交。[2] 此匕，形状同于李峪村所出带雕镂装饰的圆头匕，[3] 铭文比较规整，"人"字的写法也近于传出浑源的子之弄鸟和智君子鉴，[4] 估计是年代相近的器物。古代鼎匕相配，从铭文看，此匕所配之鼎是一件烹鱼的鼎。

---

① 《殷周金文集成》第 3 册，中华书局 1989 年版，第 223—224 页。
② 李夏廷：《浑源彝器研究》，载《文物》1992 年第 10 期，第 61—75 页。
③ 李夏廷：《浑源彝器研究》图一五，载《文物》1992 年第 10 期，第 73 页。
④ 现藏美国华盛顿弗利尔美术馆。

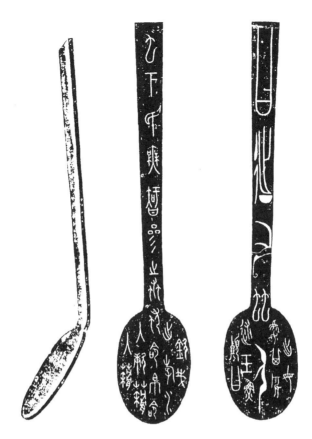

鱼鼎匕

鱼鼎匕的铭文是属于箴铭性质，在器铭中极为少见。[1] 过去沈德潜《古诗源》（中华书局1963年版）卷一收有《左传》、《大戴礼》和《太公金匮》等书中的一些古代箴铭，[2] 可以证明这类铭文是古器铭中固有的一种体裁。其铭文曰：

曰：诞又（有）蛈（昏）人，述（坠）王鱼鼎。曰：钦哉，出游水虫！下民无智（知），参蚩尤命。帛（薄）命入羹，忽入忽出，无处其所。

[按：诞，原从彳从止从口；鼎，原从页旁；哉，原无口；游，原无水旁；蛈，原从寺从双虫；尤，原从虫；羹，原从庚从欠；忽，原从艸从余从骨。

铭文谐韵，○：真、耕合韵；△：鱼部]

铭文大意是说，从前有个糊涂人，掉进王的烹鱼鼎，留下告诫说：要小心呀，你这四处游荡的水虫！下界之民无知，请看蚩尤的下场。若被用来做鱼羹，将在鼎

---

① 参见拙作《战国鸟书箴铭带钩考释》，见《古文字研究》第8辑，第59—62页。

② 包括《盥盘铭》、《带铭》、《杖铭》、《衣铭》、《笔铭》、《矛铭》、《书车》、《书户》、《书履》、《书砚》、《书锋》、《书杖》、《书井》。

中受煎熬，一会儿沉下去，一会儿冒上来，无所逃死。

过去我对这篇铭文读不懂，怎么也不明白为什么它要把烹鱼之鼎和蚩尤相提并论，近读马王堆帛书《十六经》，始悟铭文所述乃是出典于黄帝伐蚩尤，腐其骨肉为醢的故事。

下面让我把《十六经》中的这个故事介绍一下。帛书云：

> 黄帝于是出其锵（戕）钺。奋其戎兵，身提鼓鞄（枹），以禺（遇）之（蚩）尤，因而禽（擒）之。帝箓之明（盟），明（盟）曰：反义逆时，其刑视之（蚩）尤。反义倍宗，其法死亡以穷。（《五政》）［按：倍原从人从不］

> 于是出其锵（戕）钺，奋其戎兵。黄帝身禺（遇）之（蚩）尤，因而擒之。剥其□革以为干侯，使人射之，多中者赏。剪其发而建之天，名曰之（蚩）尤之旌。充其胃以为鞠（鞠），使人执之，多中者赏。腐其骨肉，投之苦醢，使天下喋之。上帝以禁。帝曰：毋乏（犯）吾禁，毋留（流）吾醢，毋乱吾民，毋绝吾道。止〈乏〉（犯）禁留（流）醢，乱民绝道，反义逆时，非而行之，过极失当，擅制更爽，心欲是行。其上帝未先而擅兴兵，视之（蚩）尤。……（《正乱》）［按：擒，原从今从月；剥，原从录从力；剪，原从隽从刀；旌，原从羽从青；醢，原从酉从有］

帛书提到黄帝伐蚩尤，过去尽人皆知，但黄帝杀蚩尤的各种残酷细节，这还是第一次披露。原来黄帝是把蚩尤的皮剥下做箭靶，供射戏之用（属于军中之戏）；把蚩尤的头发剪下做旌旗；把蚩尤的胃填上东西做成球，供蹴鞠之用（亦军中之戏）；并把蚩尤的骨肉做成肉酱，供人食用。由此立下禁忌：有人胆敢作乱，请看蚩尤的下场［按：匕铭的"参蚩尤命"和这里的"视蚩尤"是同一意思，"参"有审视之义］。可见匕铭是把鱼鼎之实比作"蚩尤醢"。

黄帝故事在战国秦汉时期非常流行，是汉代黄老思潮的重要背景。[①] 它们都是大故事套小故事。"黄帝伐蚩尤"是"黄帝胜四帝"及其他古帝这类大故事中的一个小故事。但这个故事又可分为许多更小的故事。如黄帝为了对付蚩尤，"令风后法斗机作指南车，以别四方"（《太平御览》卷十五引《志林》），以及黄帝受玄女战法［《艺文类聚》卷二引《黄帝玄女之（三）宫战法》］，就是讲式法发明的故事。这里的故事是类似的小故事，但它下面还有更小的故事。如《汉志·兵书略》有《蹴鞠》一书，注家皆引用刘向《别录》，指出此书是本之黄帝作蹴鞠之说，过去我们不知此说出自何典，以为它是个孤立的发明故事。现在读了《十六经》，我们才知道它是派生自"黄帝伐蚩尤"的故事。可见这类故事都是由同一叙事母题（motif）层层展开。

我们曾指出，古代的技术书，如数术方技之书和兵书，很多都是以《世本·作

---

① 参见拙作《说"黄老"》，见《道家文化研究》第 5 辑，第 142—145 页。

篇》中的"某作某"为叙事母题。① 它代表的是一种口语传统（oral tradition），而不是书面语传统（literary tradition）。② 同样，上述故事也是如此。它可以帮助我们理解，为什么很多早期古书会像气体或液体那样流动不居，缺乏固定形式，说法亦雷同或重复；为什么它们的作者常将许多重要细节隐去不谈，采用"不言而喻"的口吻。

八、附论：鬼怪和神仙

与神话有关，鬼怪和神仙的概念也很值得注意。因为"人死曰鬼"（《礼记·祭法》等），鬼的概念既和祖考有关，又是超自然力的。而神仙乃"长生仙去"之人（《说文解字》卷八上），也是既同人有关，又同神有关。世之治神话者虽力图区别"神话"与"仙话"，或"神话"与"鬼故事"，但常常还是没法把二者严格分开来。例如袁珂的《中国古代神话》（中华书局1960年版）就有意收入赤松子、宁封子、彭祖等仙人，他讲的杜伯杀周宣王其实也是鬼故事。

我们先说"鬼"。

古人所说的"鬼"，概念本来很宽泛。他们认为"人所归为鬼"（《说文解字》卷九上），"鬼"不过是人死之后，尸身腐朽入土，魂魄游离分散，从天地而来，又复归于天地。作为死人，它与祖考可以是同一概念。但上文我们提到，在楚占卜简所述的祠禳系统中，祖考和鬼怪妖祥却有区别。后者是早夭病亡，犯罪被杀，战死沙场，皆属非正常死亡，古人称为"厉鬼"。他们会兴妖作孽，带来凶咎，是鬼里面比较可怕的一种。另外，与这类冤魂孽鬼相类似，古人还把自然界的一切反常现象称为"精怪"和"妖祥"，以为山石草木也会像人一样有灵魂，也会像人一样衰老死亡，"物老成精"，变成各种山精树怪，和鬼差不多。如古书所说的"魑魅魍魉"，以及《九歌》提到的"山鬼"，都是这类精怪。而《左传·宣公十五年》"天反时为灾，地反物为妖"，楚帛书"卉（草）木无尚（常），是〔谓〕夭（妖）"，《说文解字》卷十三上引《衣服歌谣》"草木之怪谓之妖"，则是古人对妖祥的理解。在古人心目中，它们和"厉鬼"是一类东西，同是攻解禳除的对象。

在睡虎地秦简《日书》甲种的《诘》篇中，驱除鬼怪妖祥是叫"诘咎"。从中我们可以读到许多有关鬼怪妖祥的描述。如讲鬼怪，它有刺鬼、丘鬼、诱鬼、哀鬼、棘鬼、孕鬼、殇人生为鬼、神狗伪为鬼、阳鬼、阴鬼、凶鬼、暴鬼、游鬼、不辜鬼、粲牙之鬼、饿鬼、遽鬼、魅、哀乳鬼、妖鬼、暴鬼、疠鬼等等。讲妖祥，它有幽龙降寒，天火焚人宫室，雷电击人，飘风（或寒风、云气）袭人宫室，鸟兽人言，虫豸断而复续，野火化虫，物体自动，等等，甚至连人的心理反常，如哀思不止、无端发怒（或伤心）、做噩梦等等也包括在内。

---

① 参见拙作《说"黄老"》，见《道家文化研究》第5辑，第142—145页。

② 参见 Walter J. Ong, *Orality and literacy*, Routledge, New York, 1982.

另外，我们还应注意的是古人常以"鬼"、"神"并举，《礼记·祭法》："山林川谷丘陵，能出云，为风雨，见怪物，皆曰神。""鬼怪"的概念和"神"也有相通之处。

　　下面再说"仙"。

　　古人所说"仙"，字义是来源于"迁"［按：仙本从䙴，与迁字声旁相同］。《释名·释长幼》："老而不死曰仙。仙，迁也，迁入山也，故其制字，人旁作山。"它所说的"仙，迁也"是对的，但"人旁作山"之说是据晚期字形立义，并不可信。"迁"可训"登"（《说文解字》卷二下），是指人通于神明之后，飞升而去。例如马王堆帛书《天下至道谈》"踵以玉闭，可以壹迁（仙）"，就是以"迁"为"仙"。它和原本意义上的天神地祇不同，不是天地所固有，而是由人变化而成，实际上是一种"超人"。它和死去的祖考也不同，祖考是人死变鬼，而"仙"是一种"老而不死"的活人。战国秦汉时期的仙人，如《封禅书》中的羡门高、安期生之流，以及《列仙传》所载，绝大多数都是靠求仙访药，博取长生，属于后世所说的外丹术。他们服药，初求身轻力健，疾行善走，进而是想飞升。因此他们对仙人的想象往往是体生毛羽，如同飞鸟。这种羽人在战国秦汉时期的器物造型和纹饰主题中屡有发现。如 1966 年陕西西安汉长安城遗址出土过一件汉鎏金铜羽人饰件（洛阳出土的另一件与此几乎完全相同）。① 羽人有长耳，脸颊尖削，身被羽毛，便是仙人形象的直接写照。

　　总之，我认为，鬼与仙虽与神话有关，但严格讲，在中国的文献传统中，鬼故事与神仙传都是专门体裁，有自己的流传系统，与严格的神话是有一定区别的。

九、结　语

　　对中国的神话传说做系统归纳，近代往往是受西方神话学的影响。比如他们有《创世记》，我们有盘古开天地；他们有挪亚做方舟度洪水之劫，我们也有禹平水土，画为九州，二者确实有不少可比之处。但认真讲，中国的神谱，中国的传说系统，单靠这种比较是建立不起来的。我们要想构建这种谱系，首先还得从自己材料的系统入手。

　　中国古代对天神、地祇和人祖的祭祀本来在系统上是有一定区别的。然而演为故事却往往杂糅不分。过去，徐旭生先生曾提出过一个很重要的方法问题，就是如何区别神话（myth）和传说（legend）。② 在西方语言中，myth 是指带有超自然力色彩的古老传说，而 legend 则泛指有别于成文信史的口头传说，二者的界线并不是很明确。西方的神话传说，《旧约》也好，希腊史诗也好，主体都是传说，神话都是

---

① 傅嘉仪、王汉珍：《西安市文管会所藏的四件汉代文物》，载《考古与文物》1981 年第 4 期，第 121—122 页，《洛阳出土文物集粹》图版 49。

② 徐旭生：《中国古史的传说时代》，文物出版社 1985 年版，第 20—21 页。

掺杂在传说中，只有理出神谱和英雄谱，神物归神物，人物归人物，才能把二者剥离开来。中国的神话也一样。

对于归纳中国古代的神谱和传说人物的系统，祭祀系统是入手处。中国古代的神话，严格讲，是围绕天神地祇的故事。宽一点，还可包括与动植物崇拜有关的故事［按：图腾崇拜，学者讲得很热闹，但可以落实到"族"的例子太少，从祭祀系统上看不出］。学者欲治神话，首先得分清资料的系统，哪些是以祀天为主，哪些是以祭地为主，哪些是以望祀山川为主。比如讲天神，我们得看《天官书》、《开元占经》、《乙巳占》一类书；而《封禅书》、《郊祀志》兼述类天宜地和望祀山川，对于理解整个神谱也很重要。它们可以帮助我们理解《天问》、《山海经》一类神话资料的系统。

这里可以顺便说一下，过去大家都说《山海经》是神话宝库。但此书到底是一部什么样的书呢？从框架结构和述作之志看，它属于"《禹贡》式体裁"。讲内容，涉及山川形势，它近于地志；涉及草木、鸟兽虫鱼和金玉矿产，又近于本草书和博物志。另外，古代求仙访药，专入深山老林，它因旅行而兼记物产和神怪，这点还同神仙方术有关，刘向曾把此书归入相地形书（《汉志》入于《数术略》"形法"类）。现在大家利用此书，有一点不能忽略，即它每述一山一水，一国一地，后面讲祠祭，使用牲牢圭璧云云，其实都是以"沉埋"为主，属于古代的望祀山川；[①] 书中所述神怪，虽然有些比较重要，[②] 但更多是属于这类祭祀的对象，大部分都是些"毛神"，散漫而无系统。相反，《九歌》虽然篇幅小，神怪少，但因为是祀神之乐，对照楚占卜简的祠禳系统，可以看出是代表了其神谱的主体。

中国古代的传说和神话不同，它是以人祖的祭祀为背景，在本质上是一种世系传说，神话只是掺杂其中。古代世系书一般包括三个层次。如《世本》有《帝系》、《王侯》、《卿大夫》、《氏姓》、《作》、《居》、《谥法》等篇。[③] 这里面，《王侯》和《卿大夫》主要是属于族姓的追溯，包含同一族姓的分宗立氏，其中的"国"，立国之君以下，世系比较连贯，是一层，从古文字材料看，基本上都是可信的，应归入信史的范围。[④] 第二层是从这个立国之君向上追溯，族姓也是一贯的。这段也还是属于历史。但再往上，追到头，他那个始祖的来源则比较离奇，很多都是采用感生神话，如修己吞薏苡而生禹，简狄吞玄鸟卵而生契，姜嫄履巨人迹而生弃。《帝系》是第三个层次，表面上也有"某生某"的形式，但其实是像"祝融八姓"或年代更

---

① 如湖南出土的商代铜器往往内盛玉器，并伴以大铙，出土于河湖岸边和山峰顶端，学者多认为是望祀山川之物。参见宋新潮：《殷商文化区域研究》，陕西人民出版社1991年版，第160—162页。

② 参见刘起釪：《我国古史传说时期综考》（下），载《文史》1988年第29辑，第17—42页，第五节。

③ 参见陈梦家：《六国年表》，上海人民出版社1957年版，第135—141页，《世本考略》。

④ 参见李零：《楚国族源、世系的文字学证明》，载《文物》1991年第2期，第47—54页，以楚国文字材料对《世本》所记楚世系的比较。

晚的各种诸侯会盟，乃是不同族姓的地缘串联。其序齿先后可以有多种选择（参《左传·隐公十一年》"薛、滕争长"），有点像农村的"套亲戚"，若从不同的亲属系统串联，结果可能很不一样。比如上文所述周、秦两种帝系，同样的帝，在不同的帝系中，地位不同，组合也不同。剩下的各篇，《氏姓》讲姓氏，《作》讲发明，《居》讲居邑，《谥法》讲死谥，都是前三篇的附录。它们当中，同神话传说有关，最重要的是《作》。《作》讲发明，和帝系集中于黄帝是同步趋势。这些"某作某"的短语是战国秦汉时期，以黄帝君臣问对为形式的大批技术书的叙事母题。它们也是神话传说的一大来源。

现在，中国考古学家对神话传说的利用，主要是其中与神话有别的传说，特别是其中的帝系。我觉得以帝系式的族团与考古区系比较，从方向上不能说错。但它们是性质不同的两种"书"，各有各的"读法"。现在学者对族团的整理，帝系与世谱还很难衔接；同样，考古区系，东周列国与商周方国，商周方国与新石器时代的区系类型，之间也颇多缺环。再加上，世系是按族姓追述，同一族姓，可能迁徙流转，"子孙或在中国，或在夷狄"（《史记·秦本纪》）；而考古文化是靠遗址、遗物的直观特征，在地理范围内加以确认。事实上，两者可能永远也不会完全重合。如果牵合拼凑，是存在很大危险的。

本文原载《学人》1995 年第 5 辑，现据《李零自选集》（广西师范大学出版社 1998 年版）选刊。

论主流神话与神话史的要素

田兆元

田兆元（1959—　），湖北宜都人。1981 年毕业于三峡大学，1987 年入华东师范大学，师从徐中玉教授，获文学硕士，继而师从吴泽教授，获史学博士。1984 年到上海大学工作，2004 年回到华东师范大学中文系担任教授和博士生导师。2010 年起，任华东师范大学人类学与民俗学研究所所长。神话学方面的主要著述有《神话与中国社会》（1998）、《神国漫游》（1999），以及神话学论文 50 余篇。在神话历史及神话历史的理论，以及楚辞神话研究方面有较多的探讨。

一、神话史上的主流神话

对整个中国神话史的研究，目前还只有袁珂先生写过一部《中国神话史》。我国的神话理论还相当薄弱，像关于什么是神话的问题都还没有一致的意见，因而袁珂先生在作《中国神话史》时不得不首先讨论神话的构成要素，以期使对象明确。袁珂先生倡导"广义神话学"，把人们向来认为神话只存在于原始社会的识见改变了。神话的要素究竟有哪些呢？袁珂先生确定了七项，它们是：

1. 主导思想。从物我混同到万物有灵，是原始社会宗教与神话的主导思想。

2. 表现形式。①变化。人变为物，物变为人，一种事物变成另外一种事物，是朴素的唯物观念在原始人头脑中的反映，它往往构成神话故事的主干。②神力和法术。前者是对人类力量的本能的想象和夸张，后者的来源是原始巫术，是将原始巫术加以文学的藻饰。

3. 神话不仅以"一神格为中枢"，或者是表现神们的行事，更重要的是表现了人神同台来演出这一出出幻想中壮丽宏伟的戏剧。

4. 有意义深远的解释作用。如共工触山解释天倾南北、地陷东西的自然环境的形成。

5. 对现实采用革命的态度。在原始社会表现为对自然的征服，在阶级社会则往往表现为对统治者及统治思想的反抗。

6. 时间和空间的视野广阔，往往并不局限于一时一隅。

7. 流传较广，影响较大。①

---

① 袁珂：《中国神话史》，上海文艺出版社 1988 年版，"前言"。

尽管袁珂先生将神话的领域地大大拓宽，但就实在的神话世界看，这里依然显得狭窄。

神话是一种意识形态，它反映着一定时代特有的精神风貌。在阶级社会里，统治阶级的思想是占主导地位的思想。神话也是如此，统治阶级的神话在古代神话中始终处于支配地位，这是不可改变的事实。袁珂先生的神话要素之五一款要求神话"对现实采用革命的态度"便大大地限制了手脚，把统治阶级的神话即在阶级社会中占主导地位的神话摒于中国神话史之外，使得袁珂先生那部具有开创意义的神话史著作一开始就留下了重大遗憾。研究统治阶级的神话，是神话史研究的重大课题，因为神话很难用革命与非革命来区分，革命不是衡量是否神话的标准。

神话是一种超现实的力量对现实的强加。这种力量超自然而又超人间，是一种神力，当这种力量企图对现实人间施加影响，它就是神话。尽管它表现为超自然而又超人间的形式，但终究是从人类世界和自然世界中产生出来的，因而其表现形态是丰富多彩的。詹姆士·O. 罗伯逊：（James Oliver Robertson）在《美国神话·美国现实》一书里对神话的界说面极宽，他说："没有经过任何逻辑分析和理性思考，我们就接受了许多意象、观点、行为模式、象征、英雄、故事、隐喻、类化和解释，简言之即神话——这一切是存在的，使我们和我们的世界符合逻辑，易于理解。"①显然，我们通常把神话理解为一个故事的做法肯定是画地为牢。当社会出现一种左右人们行为的巨大力量，即认识模式和行为模式，人们不自觉地循着固有的路线行动，这就是神话在发生作用。那些强加于现实的外在力量——当然这种力量是精神性的——各种表现形式，都是神话。不过，在神话的诸表现形态里，故事还是具有突出地位。无论是意象、观点还是行为模式，它们都生自神话故事，而隐喻、类比和解释都是神话的功能性体现，由故事精神所派生。故事作为表层形态，既是神话的形式所在，也是神话的目的所在。它通过这种故事形式向人们内心深处渗透，形成了独特的信仰与行为模式，那就是神话的深层结构。神话故事是一种外在显象，当外在的神话消失，内在的心理结构依然存在，于是我们便需要通过人们的信仰与行为模式去追索它的神话之源，因此，我们既要研究外在的故事形态，也要探讨人们的心理结构，如荣格所说的"集体无意识"。这样我们就得把神话置于深广的社会文化背景下去研究，神话史也只有在这里才能真正立下脚跟。显然，我们只有探讨占主导地位的社会文化才能弄清那"集体无意识"，而这种主导文化跟通常意义上的"革命"的内涵相距甚远。

纷繁的神话使得任何一部神话史都无法包容它的内涵，于是我们不得不在神话中划分出主流神话与支流神话来。在一个特定的时代，必定只有一种神话是这个时代的主旋律，其他的神话不得不处于从属地位。重大的社会变革在神话中留下了鲜明的印记，只有这些内容才是神话的主旋律。母系氏族社会时代的神话与代表父权

① 詹姆士·O. 罗伯逊：《美国神话·美国现实》，中国社会科学出版社1990年版，第442—443页。

力量神话的冲突，最高神的出现，图腾神话、祖先神话向政治神话的转变，以及王朝更迭时，新旧王朝间的斗争以神话形式展现，统治者的神话与民众的神话的尖锐对立，民间信仰中具有悠久影响的神话传说，这些都是主流神话，是神话史研究首先需要关注的对象。

二、神话史之凝固性与开放性

神话史如同任何其他文化史类别一样，都要探源溯流，考察流变，揭示规律。神话的发展史也如同任何一种意识形态一样，都有一个新陈代谢的过程，但神话却独具特色，它的新陈代谢过程，远不像文学艺术及哲学思想表现的那样明显，它给人的表面印象是它的凝固性。文学上《诗经》、《楚辞》之后便有汉赋、汉乐府取而代之，后者尽管与前者有千丝万缕的联系，然不复当年形态。神话则不同，一个神出现后难以轻易被打倒，如在皇家祀典里，昊天上帝从他诞生之日起，几千年来没有突出变化，总是一个颇具抽象色彩的世界主宰。五帝也一样，它从春秋战国时期至于秦汉这段时期发展成熟，似乎就没有太多的变更了。神话代有新变，但总体成分中，新的时代总有前朝旧曲在演奏。神话发展的这种现象，古史辨派的学者称为"层累"。前代的旧神话尚在，新的神话叠加上去，神话便显得更加丰富，后出的比前面的更加精致，仿佛几代人在同心协力地构筑神话化的古史大厦。孔子说古帝王止于尧舜，后逐渐丰富而又益之以五帝三皇，神话在旧有的枝干下更加根深叶茂。《淮南子·缪称篇》："三代之善，千岁之积誉也；桀纣之谤，千岁之积毁也。"这大概是"层累造成"说的先声。清人崔述大倡其说，至顾颉刚则将其说推向极致。这是神话的一大特性。根据列维-斯特劳斯的学说，神话乃是为了克服矛盾冲突的一种妥协，所以新的神话必须在一定程度上兼容旧有神话。古史辨派的学者的立论也是基于神话由冲突走向平衡的这一基本观点的。在他们看来，民族间的相互吞并造成了旧神话的融汇。顾颉刚于《古史辨》第四册的"自序"中说：

> 在《左传》上说："任、宿、须句、颛顼，风姓也，实司太皞与有济之祀。"则太皞与有济是任、宿诸国的祖先。又说："陈，颛顼之族也。"则颛顼是陈国的祖先。至于奉祀的神，各民族亦各有其特殊的。如《左传》上说鲧为夏郊。又如《史记·封禅书》上说秦灵公于吴阳作上畤，祭炎帝。这原是各说各的，不是一条线上的人物。到了战国时，许多小国被吞并的结果，成了几个极大的国，后来秦始皇又成了统一的事业。但各民族间的种族观念向来是极深的，……于是聪明人起来，把祖先和神灵的横的系统改成了纵的系统……

太皞、颛顼、黄帝与炎帝后来进入三皇五帝系统，由原先各民族的神成长为全民族的共同神，这正是神话层累发展的结果。层累有陈陈相因的因素，这是神话平衡矛盾的特性造成的。由此看，神话史首先面对的就是神话这种因循守旧的史实，神话史较其他意识形态的独特处就在这里。

尽管神话具有保守凝固的特性，但是，神话史却始终处于冲突变化中。即使是同一神灵，在每一个时代，他的面貌也不一样，神话总是处于新变之中。一个不同的时代，会产生一批不同的新神，同时，旧神也是经过一番洗礼，以求在新的环境里获得生存。旧神与新神的斗争，是神话史最动人的篇章，因而，神话史是开放性的，它敞开门户接纳有能力闯进来的新神。

神话史的封闭保守性与新变开放性是相互统一的，神话总是因冲突而产生，但是，神话的冲突却是为了新旧矛盾的调和，新旧神话最终处于并存状态。神话史仿佛设定一个圈子，将冲突双方置于其中，并在这圈子里化干戈为玉帛。神话的存在本身就具有这样一种矛盾：既冲突又要妥协，二者要兼得，神话的这种自身的矛盾运动构成了神话史的复杂场面。①

以顾颉刚《古史辨》第四册自序所述材料为例，炎、黄是华夏与秦人所祀之神，颛顼是陈国之祖，太皞伏羲为任、宿诸国之祖，当天下统一时，原是不同的民族，本祀不同的祖神，怎么能认同异族之神呢？这里面必定有冲突存在。"于是聪明人起来，把祖先和神灵的横的系统改成了纵的系统"。这种改变并不轻松，它是经过激烈的较量后的结果。我们知道，炎帝和黄帝被尊为中华民族的共祖，可这并不是从来就如此的。在夏、商王朝统治的时代，炎帝和黄帝神话的影响力十分有限，他们不仅与至上神无缘，在流传至今的夏商神话里，神坛里似乎没有他们的地位。炎、黄地位的确立有个过程，他们在春秋战国时才不断发展，而于汉代独尊。春秋战国时，齐、秦、三晋认黄帝为正宗，楚则祀太一，秦虽也偶祀炎、黄，但他们却认同自己的上帝——白帝少皞，黄帝显然没有成为全国的共祖。秦统一后又祀黑帝，炎、黄二帝遂遭排斥。秦实际上把主神定位于白帝与黑帝之间，于春秋时期因处于西方，于五行为金，故祀白帝；统一后又因代周之火必以水，五行之水于五色为黑，故又崇黑帝。汉刘邦起事，灭秦之神话舆论先起，遂行赤帝子斩白帝子的神话，主要的进攻对象为白帝，赤帝即炎帝。汉得天下，又因代秦之水必以土，土之色黄，故立黄帝为正宗。炎、黄遂为汉人之两大神祖。顾颉刚说炎、黄为秦人所祀之神并不是十分恰当的，因为秦人纵然祭祀过炎、黄，然并不看重炎、黄。汉人视炎、黄为正宗，但不废白帝、黑帝，鲜明地体现了神话史之兼容与冲突的特性。

正如博厄斯（Boas Franz）所指出的那样，神话的世界好像建立起来就是为了被打碎，以便在原有的废墟上重建新的神殿。② 神话史的全部活动就是在建立与打破之间进行的，建立离不开原有的部件，所以意味着妥协，这样才能获得暂时的平衡。神话作为一种意识形态不像上层建筑中的国家政权那样被外在力量迅速征服，一个新的神话要战胜旧神话需要一个长期的过程，离开了妥协，新的模式就无法建立。

---

① 参见拙作《论神话的矛盾法则》，载《文艺理论研究》1994 年第 2 期。

② 参见米盖尔·杜夫海纳主编：《美学文艺学方法论》，朱立元、程介未编译，中国文联出版公司1992 年版。

神话史的研究就是揭开神话从冲突到建立模式，又再经冲突，再建模式的这样一种循环不已的过程中的规律。

神话史的过程永远是冲突——融合——冲突，再融合的过程，这是一种永无止息的循环。这个循环过程也永远只有冲突与融合两个要素。冲突与融合，即矛盾与妥协，是我们揭开神话史全貌的两个关节。它们的矛盾运动，便造成了神话史的凝固性与开放性的特征。

三、神话史冲突的内涵

冲突是神话史的基本要素。神话世界充满着丰富的矛盾与斗争。卡西尔（Ernst Cassirer）指出："神话发展的各个阶段不是简单的相承，而是经常处于相互间鲜明的对立。神话的进步不仅仅意味着较早阶段某些基本特征、某些精神确定性的发展和完成，而且也是它们的否定和全部祛除。"[①] 在极其复杂的神话对立世界里，哪些是矛盾斗争的主导面呢？

神话是共同体集体精神的结晶，它代表着一个群体的情感意愿。当不同的群体因不同的利益与不同的文化信仰接触，于是便发生尖锐的冲突。随着氏族组织的不断分化联合，社会组织不断扩大，形成了具有共同地域、共同语言、共同经济生活与共同心理结构的民族群体。民族形成的历史就是一场冲突和融合的历史，民族内部整合后又面临着与异族的冲突，因而冲突是人类生活的永恒的主题。

民族的形成的标志之一在于它的神话走向成熟。谢林曾经说过："一个民族，只有当它能从自己的神话上判断自身为民族，才成其为民族。民族神话产生的时期，当然不可能是在民族已经出现之后，也不可能是在民族尚未形成，还在人类大集体之中不为人所知的成分的时候；民族神话的产生必须是在民族形成之前的过渡阶段，也就是快要独立和形成之际。"[②] 民族神话的诞生几乎是与民族形成同步的，民族在冲突中走向融合，神话也是在强烈的冲突中走向一体化而为大众所认同。秦、汉时期，汉民族才形成一个统一的群体，古神话完成了它的第一个里程。神话冲突集中反映了民族冲突的概貌。因而，民族文化的冲突是神话冲突的重要内容。

大规模的民族冲突与融合和国家力量有关。当国家形成后，民族间的冲突往往带有阶级压迫意味。国家是阶级矛盾不可调和的产物，它代表统治阶级的利益，对民众实行强制管理。国家机器"造成了一种已不再直截了当同武装起来的全体人民符合的公共权力"，于是，国家同民众形成对立。统治者为防止民众的反抗，除了依靠权力机构进行压制外，还要从精神上征服大众，于是垄断了神话的制造权。在国家的神话里，犯上作乱者都遭到严厉制裁，如共工辈的下场很惨。统治者制造国王至高无上的神话，使之凛然不可侵犯。国王是真龙天子，是天上的太阳，民众则说：

---

① 卡西尔：《神话思维》，黄龙保、周振选译，中国社会科学出版社 1992 年版，第 257—258 页。

② 麦克斯·缪勒：《宗教学导论》，陈观胜、李培茱译，上海人民出版社 1989 年版。

"时日曷丧，予及汝皆亡！"希望这个太阳快点死掉，民众与国王的冲突展开。统治者的神话是阶级社会中占统治地位的神话，这是因为他们攫取了民族神话的核心内容，将统治者的意志渗透其中，将民族的神话转化为统治者的神话。民族的神话不因统治者的垮台而灭亡，它的生命力比统治者更强。龙与凤被国王专有，但王朝灭亡了，龙凤依然存在，因为龙凤作为一种吉祥的象征已渗透到民众的心灵深处，统治者不过厚颜无耻地袭取它们而已。

民族的神话与国家的神话交织着呈现出复杂的局面，往往王朝的替代与民族的兴废相伴随。如商灭夏，周灭商，这是一种王权的更替，更是一种民族的征服。它们的冲突既是民族冲突，也是统治者与被统治者的冲突，是革命。毛泽东曾经指出，民族斗争说到底是阶级斗争问题，可谓论断精辟。

周灭商是周民族对商民族的征服，也是一场社会变革。封建制要取代奴隶制，是社会的重大转折。此时的神话既表现了民族的征服，也体现了王朝的更替。周人抓住上天这一法宝制造神话，宣称："天既遐终大邦殷之命，兹殷多先哲王在天，越厥后王后民，兹服厥命。"① 当年保佑殷王朝的先公先王的在天之灵，现在都要听老天的号令，殷朝的统治已经被上天结束掉了，还活着的殷王与殷民要服从这一决定，做周的臣民。武装的征服仅是表面现象，神话的改变才意味着殷民的真正绝望，他们是一群失去了神佑的孤儿，倘不归入新的神范，他们就将被这个世界所放逐，神话真正体现了这种征服的完成。这种民族与国家相统一形成的势力的消长，是神话史冲突的中心内容。

由于流传文献大多体现着统治阶级的意愿，故保存至今的神话主要记述着集团间的冲突。统治者与被统治者间的冲突是十分尖锐的，但由于文化被统治者垄断，被统治者的呼声再高，也是很难完整地反映到文献记载中去的，他们的神话在民间自生自灭，我们难以窥见全貌，这是一大缺憾，神话史研究要深入挖掘那失落的冲击力。

民族间的冲突，统治集团间的冲突，统治者与被统治者之间的冲突，是神话冲突的根本内容，它决定着神话的发展方向。

四、融合之因由

融合也是神话史的要素，它说明神话冲突尽管是永恒的，但毕竟是有限度的。由于民族主体的确立，民族神话的主干基本不变；国家制度不变，则所祀神主大体一样。民族冲突造成的震荡，唯丰富了民族神话；统治集团间的冲突，不外是争取神话的垄断权，一般不改变神话的总体结构；民众的神话不能改变统治者的神话，它们分向各自发展，具相对独立性。承袭融合是神话生命力冲突中的较量，我们可

①《尚书·召诰》

以从中找到中国神话的主流。

对炎帝、黄帝的情感，对龙凤的尊崇，几千年来未曾改变，而昊天上帝、社神稷神也总是占据神坛。这说明，无论社会怎样变迁，主流神话总是不会改变的。这种不变体现了神话史的凝固性，而其凝固性的背后是神话史的要素——融合在发生作用。

神话之融合表现为对流行神话的认同。这种认同的发生是神话作为一种意识形态的相对独立性造成的。王朝灭亡了，神话并未一同殉葬，它以强大的生命力继续存活着。新的王朝不得贸然改变民众的习俗，否则将产生变乱，这在中外历史上都是有教训的。

中国古代的君王不是没有改变前朝神话与信仰的想法，但往往都在传统的神灵面前屈服了。

夏王朝崇拜社神，社神是禹的化身。当殷人推翻了夏王朝，便想把夏代的社祀废除，然而没有成功。《史记·殷本纪》："汤既胜夏，欲迁其社，不可，作《夏社》。"汤作《夏社》是"言夏社不可迁之义"。为什么不可迁呢？孔安国解释说是"欲变置社稷，而后世无及句龙者，不可，作《夏社》"，句龙即禹，因没有像禹这样有影响的神灵而不更变社神，这恐不是问题的根本所在。宗教传统不可能在一夕之间全部改变，政权垮台了，神权依然有强大的生命，夏代的神话还在流传，夏人会更加怀念他们的祖神社神大禹。面对这一形势，殷商王朝作出了明智的选择，他们的社庙一仍其旧，他们像夏人一样崇拜大禹，果然换来了社会的安定。殷人甚至违心地把自己也说成是禹的后代，禹也是殷人的先祖，这作风一直延续到他们的后人春秋时的宋国君民那里，宋人祭祀祖先首先提到的是禹，而不是契或汤。《诗·商颂·长发》是殷遗民的诗，诗里这样写道：

濬哲维商，长发其祥。洪水芒芒，禹敷下土方，外大国是疆。幅陨既长，有娀方将，帝立子生商。

商人颂扬禹治水的伟大功业，故祭祀先祖时首先提到禹，把禹作了保护神。这里的"帝"是禹，则商是禹之子，禹是商人之祖。顾颉刚当年曾以此为证说明禹是殷人之神而夏朝不存在。禹被殷人奉为神是事实，这不等于夏王朝不存在，得出夏王朝不存在的结论是因为对神话史的承袭融合的规律认识不足所致。夏代的主神在商代活下来，并且在周代也甚有影响，周初武王以成功告天地是在殷王的王社里举行的，那里的社主还是禹。社神因其强大的传统惯性被人们所认同。

商人承夏制祀社神，同时祭祀自己的天神——帝喾。《史记·殷本纪》："殷契，母曰简狄，有娀氏之女，为帝喾次妃。"殷人实为帝喾之后。殷神话因之充实起来。周胜商后，发生了如同商胜夏后一样的故事，殷人认了夏祖。周人得天下后，宣称自己的祖先也是帝喾，因而祭祀时"禘喾而郊稷"。《史记·周本纪》："周后稷，名弃。其母有邰氏女，曰姜嫄。姜嫄为帝喾元妃。"周人也无法改变殷人崇拜帝喾的习俗，不得不顺从之。但为了提高自己，颇为滑稽地把自己的祖先说成是元妃之后，而把殷祖契说成是次妃之后，可谓用心良苦。经过商、周两代的信仰，五帝系统中的第三号人物帝喾就这样在中华民族的神话体系中扎下了根。

作为统治阶级的神话，它只能在接受前代神话遗产的基础上才能做些偷梁换柱的工作，无法违背神话自身的发展规律。

民族的神话一旦形成，只要民族不解体，神话也就不会解体。如龙凤，它在成为汉民族的统一标志前相互间曾发生过尖锐的冲突，而它于汉代稳定下来后，不仅不被外来神话所瓦解，相反，兄弟民族总是认同了它，并融化在它的怀抱里。① 神话史并不仅仅表现为前后的更替，融合叠加反倒更为突出。神话有整合文化的功能，正是这一功能使神话史融合众流以统一的面目出现，它使一个民族的文化有轨可循。

至于民间的神话，它更是一个自足的天地，外界的政治变迁很难引起民间神话内部结构的改变。

我们在分析神话史之冲突与融合的要素时，发现神话史的运动正是主流神话的运动，于是，我们便确立了研究神话史的基本立足点：把握主流神话，分析神话史的要素，认识其特性，神话史的面貌将展现在我们面前。

本文原载《文艺理论研究》1995 年第 5 期。

---

① 参见拙作《从龙凤的相斥相容看中国古代民族的冲突融合》，载《学术月刊》1993 年第 4 期。

楚地帛书、敦煌残卷与佛教伪经中的伏羲女娲故事

吕　微

吕微（1952—　），西北大学历史系历史专业毕业，现为中国社会科学院文学研究所民间文学研究室研究员。神话学方面的主要论著有《神话何为——神圣叙事的传承与阐释》、《中华民间文学史·神话编》、《中国各民族文学关系研究》之《夏商周族群神话与华夏文化圈的形成》、《中国古代文学通论》之《中国古代神话概述》，论文有《文学史和神话学叙事中的夸父故事与夸父问题——"后现代状况"的视野下关于知识类型的案例研究》、《现代神话学与经今、古文说》等。

一、人类学的问题

自从 1933 年芮逸夫等人在湘西苗族人中发现同胞配偶型洪水故事并于 1938 年在《人类学集刊》第一卷第一期上发表研究成果以来，迄今已过去 60 多年了。[①] 半个多世纪里，中外学者（特别是中、日学者）对这一神话传说故事的兴趣长盛不衰，不断有新作问世。随着神话学的发展，今天的学者对这一神话多元内涵的理解已经大大超出了当年芮逸夫、闻一多诸先贤；但是，运用人类学的田野材料与历史学的文献材料、考古学的实物材料相互参证的"三重证据法"来研究中国神话，这一划时代的"新诸子"方法革命，则至今具有典范意义。[②] 在此意义上可以说，正是二十世纪三四十年代中国学者对同胞配偶型洪水故事的研究，将中国神话学推向了成熟的阶段。

60 多年以后重读芮逸夫的《苗族的洪水故事与伏羲女娲的传说》和闻一多的《伏羲考》[③]，我们仍然会倾倒于他们所采用的科学方法的魅力。文章中芮逸夫提出于前，闻一多发挥于后，形成了后来被称之为"同胞配偶型洪水故事与伏羲、女娲兄妹婚传说南方一元论"的假说。[④] 该假说的核心是：同胞配偶型洪水故事是东南亚文化圈的特质之一，该文化圈的中心在中国本部的西南地区，古代汉语文献中记

---

① 芮逸夫：《苗族的洪水故事与伏羲女娲的传说》，载《人类学集刊》1938 年第 1 卷第 1 期。

② 叶舒宪：《人类学"三重证据法"与考据学的更新》，见《诗经的文化阐释——中国诗歌的发生研究》，湖北人民出版社 1994 年版。

③ 闻一多：《伏羲考》，见《闻一多全集》第 1 册，开明书店 1948 年版。

④ "同胞配偶"或"伏羲、女娲兄妹婚"洪水神话属于惩罚型洪水创世神话的一种类型，详见拙作《神话何为——神圣叙事的传承与阐释》第 1 章，社会科学文献出版社 2001 年版。

录的伏羲、女娲传说是受南方神话影响而发展起来的同类型故事。当然，对这一假说后来的学者已经提出了不少批评。[①] 但是，芮、闻等人研究过程本身所昭示的方法论及其所蕴含的问题始终是后继者无法回避的思考起点，这甚至比他们所得出的结论更具学科价值。这个问题就是：人类学、考古学材料在多大程度上能够补正历史学材料的阙失？也就是说，"礼失求诸野"的方法在还原古典神话原生形态时的效度和信度如何？其限度又如何确定？其中两个具体的问题是：第一，在华夏－汉民族的洪水神话中，同胞配偶的母题是原初性的、结构性的（因芮逸夫持近似的看法，故他以采录的口传文本为样本将零散、互不统属甚至相互矛盾的古代汉文记载对应于结构统一的苗族故事），还是后世附加的，本身并不具有原初的结构意义？第二，该类型神话首先发生于中原华夏－汉民族，还是发生于南方少数民族？由于使用的方法不同，单纯地使用人类学方法或历史学方法往往会得出截然相反的结论。

但是论证时使用新发现的人类学和考古学材料作跨学科的比较，仍然是芮逸夫以后同胞配偶型洪水故事研究取得新进展的重要途径。

许进雄根据在台湾采录的一则洪水后兄妹婚神话，推断《世本·作篇》关于"伏羲制以俪（鹿）皮嫁娶之礼"[②] 的记载正是同胞配偶型洪水故事的重要母题。台湾少数民族的神话说：兄妹结婚后，在鹿皮中间挖了一个洞，用以遮住妹妹的身体，然后二人才发生性关系。许进雄认为，鹿皮的作用即是为了解决兄妹为夫妻的神话悖论。由此他将华夏－汉民族的洪水后兄妹婚神话上推到了周秦之际。[③]

又如，早在商代的器物纹饰上，就已经出现了人首蛇身以及双蛇交尾的神话形象。据此，芮逸夫、刘渊临等人认为该纹饰即是汉代画像石中伏羲、女娲双蛇交尾图的雏形，是伏羲、女娲对偶神话的早期物化形象，而且认为，甲骨文中的"蚰"字也是据以象形的，这样又把伏羲、女娲对偶神话的上限推到了商代。[④]

---

① 参见王孝廉《中国的神话世界——各民族的创世神话及信仰》上册中篇《西南族群及其创世神话》，其中第二节、第三节题为"伏羲与女娲——闻一多《伏羲考》批判之一、之二"，时报文化出版公司 1987 年版。

② 伏羲制嫁娶的传说据袁珂统计有以下两条材料：（1）《世本·作篇》："伏羲制俪皮嫁娶之礼。"《礼记·月令》《疏》引，王谟辑本，第 35 页；"伏羲制以俪皮嫁娶之礼。"《礼记·月令》《正义》十五引，秦嘉谟辑本，第 355 页；"伏羲制以俪皮嫁娶之礼。"《礼记·月令》《疏》引，张澍按，《古史考》云："伏羲制嫁娶，以俪皮为礼。俪，鹿皮也。"张澍辑本，第 6 页；"伏羲制以俪皮嫁娶之礼。"《月令》《正义》引，雷学淇辑本，第 73 页；"伏羲制以俪皮嫁娶之礼。"《礼记·月令》《正义》引，茆泮林辑本，第 107 页。《世本八种》，商务印书馆 1957 年版。据《十三经注疏》本《礼记·月令》唐孔颖达《疏》："按《世本》及谯周《古史》：'伏羲制以俪皮嫁娶之礼。'"《十三经注疏》上册，中华书局 1980 年版，第 1361 页。（2）宋罗泌《路史·后纪一》"太昊纪上"罗苹注引《古史考》："伏羲制嫁娶，以俪皮为礼。"文渊阁《四库全书》第 383 册，台湾商务印书馆 1986 年版，第 75 页。

③ 许进雄：《鹿皮与伏羲女娲的传说》，载《大陆杂志》1979 年第 59 卷第 2 期。

④ 周祖谟：《甲骨卜辞中的蚰字》，载《申报》"文史"副刊第 15 期，1948 年 3 月 20 日；刘渊临：《甲骨文中的"蚰"字与后世神话中的伏羲女娲》，载《中央研究院历史语言研究所集刊》1969 年第 41 本第 4 分册。

但是，以上这些富于启发价值的猜测始终停留在假说的阶段，原因是，没有历史学的叙事文献材料给予有力的支持。这说明，三重证据中的任何一维在神话史研究的全过程中都发挥着不可或缺的作用，当然这不是说在每一次具体的研究中都必须三维俱在，实际上每一次具体的研究是一维性的还是多维性的往往要视研究的对象而定，而多次具体的研究相加，就一定会构成整体多维性的完整。

60 年前，芮逸夫曾说过，伏羲、女娲兄妹婚洪水神话究竟发生于汉族还是苗族，"这个问题的肯定的答案，恐怕是永远不会有的"，因为虽然可以肯定两个民族之间存在着复杂的文化传播关系，但历史并没有留下多少与此神话相关的传播记录，因此有关伏羲、女娲"族属"的研究只能"从神话学的观点上来加以推测"①。

但是随着出土叙事文献的不断发掘与释读成功，当年神话学所作出的推测，现今或已可能借助出土文献加以验证。有鉴于此，笔者在本章的讨论中企图重新回到历史学的立场，依据古代（包括新出土的）汉语叙事文献材料，重温华夏 – 汉民族同胞配偶型洪水故事的种种异文，以考察该类型神话在历史上（中古以前）的传承和变异。其实数年前，钟敬文、谷野典之等人就曾经着力于重建其发展史的尝试②；与前人不同之处在于，笔者注意利用楚地帛书、敦煌残卷和佛教伪经等以往神话学者较少使用的材料，以期对这一课题有进一步的开掘。乍看起来，这似乎是回到了芮逸夫以前，但笔者相信，有芮、闻前贤文章在，任何对这一论题有价值的再思考都将在已有的基础上进行，并以其假说为继续前行的向导。

二、先秦、两汉文献中伏羲、女娲的关系

尽管有伏羲、女娲对偶神起源于周秦，甚至商代的假说，但征之传世汉语文献，似乎伏羲神话和女娲神话最初是分属于两个独立的系统。据闻一多《伏羲考》，在绝大部分先秦典籍当中，言伏羲者不同时言女娲，言女娲者不同时言伏羲。

先秦文献中，女娲之名似较伏羲之名出现得更早。胡厚宣《释殷代求年于四方和四方风的祭祀》③ 论证了《山海经》中有袭用甲骨文的材料之后，《山海经》中载有四方风名的《大荒西经》的内容的古老性质得到了确认。于是《大荒西经》中关于"有神十人，名曰女娲之肠（或作'女娲之腹'），化为神，处栗广之野，横道而处"④ 的记载就有可能是记录的商代就已经存在的神话。

除了《大荒西经》，先秦文献中最早记录女娲神话的要数《楚辞·天问》了，曰："登立为帝，孰道尚之？女娲有体，孰制匠之？"认为女娲是宇宙间最早出现的

---

① 芮逸夫：《苗族的洪水故事与伏羲女娲的传说》，载《人类学集刊》1938 年第 1 卷第 1 期。
② 钟敬文：《洪水后兄妹再殖人类神话》，见《中国与日本文化研究》第 1 集，中国大百科全书出版社 1991 年版；[日] 谷野典之：《女娲、伏羲神话系统考》，载《南宁师范学院学报》（哲学社会科学版）1985 年第 1、2 期。
③ 胡厚宣：《释殷代求年于四方和四方风的祭祀》，载《复旦学报》（人文科学版）1956 年第 1 期。
④ 袁珂：《山海经校注》，上海古籍出版社 1980 年版，第 389 页。

创始神。旧注或认为，前二句是指伏羲事，但这只是后人根据伏羲、女娲并列的观念所作的推测，不足信；清代学者或依据《天问》句法认为仍然是指女娲事迹，较为可靠。①

伏羲、女娲在先秦时代"互不统属"的另一个证据是古代的"神画"。

据汉人王逸《天问章句·序》，屈原的《天问》，是根据楚先王之庙及公卿祠堂中所绘天地山川神灵及古贤圣怪物行事的图画所作，即所谓"仰见图画，因书其壁，呵而问之"②。屈原问到女娲，却没问伏羲，可见楚国庙堂壁画中本没有伏羲的形象。

至于《山海经》，初成书时也配有《山海图》，甚至"经"本身即是对"图"的文字说明。《山海图》到晋代还保留着：郭璞在注《山海经》时曾另作《图赞》③；陶潜在《读山海经十三首》中也说："泛览《周王传》，流观《山海图》。"④但郭、陶二人所见之图，已非古图。清郝懿行在其《山海经笺疏叙》中分析："古之为书，有图有说，《周官》地图，各有掌故，是其证已。《后汉书·王景传》云：'赐景《山海经》、《河渠书》、《禹贡图》。'是汉世《禹贡》尚有图也……《中兴书目》云：'《山海经图》十卷，本梁张僧繇画，咸平二年校理舒雅重绘为十卷……'古图当有山川道里。今考郭所标出，但有畏兽仙人，而于山川脉络，即不能案图会意，是知郭亦未见古图也。今《禹贡》及《山海图》遂绝迹不可复得。"⑤《山海经》同《天问》一样，只言女娲，不言伏羲。

假定"图文并茂"说无误，似乎就可以进一步推断：女娲和伏羲最初的确分属不同的神话系统，因为如果有如汉画像石所绘那样的反映夫妻关系的伏羲、女娲双蛇交尾图，对于如此重大的神话事件，《天问》和《山海经》的正文中都不可能不有所反映。

但是针对传世文献所作的内容分析得出的上述结论，近年来却由于出土文献研究的新进展而遭到严厉的质疑。特别是长沙子弹库楚墓帛书乙篇的释读成功向我们展示了战国中晚期在楚地民间流传的一则有可能是讲述伏羲、女娲创世的神话文本，从而将伏羲、女娲对偶神话最早记录本的上限提前到了先秦时代。下面是笔者参照饶宗颐、李零的研究，用现今通行文字翻译过的子弹库帛书乙篇（饶宗颐以为甲篇）的全文：

---

① 清周拱辰《离骚草木史》曰："《天问》中尽有上句不说出人名，下句才指出者。……盖上二句先述（女娲）事迹，下二句倒出（女娲）人名，问中多有此句法。"游国恩等谨按："盖此四句当并属女娲事，周拱辰说是也。"见游国恩主编：《天问纂义》，中华书局1982年版，第270、280、284页。

② （宋）洪兴祖撰，白化文等点校：《楚辞补注》，中华书局1983年版，第85页。

③ 清郝懿行《山海经笺疏》收录晋郭璞《山海经图赞》一卷。《山海经笺疏》，影印清光绪十二年上海还读楼校刊本，巴蜀书社1985年版。

④ 王瑶编注：《陶渊明集》，人民文学出版社1956年版，第100页。

⑤ （清）郝懿行：《山海经笺疏叙》，影印清光绪十二年上海还读楼校刊本，巴蜀书社1985年版。

曰古□熊雹戏（伏羲），出自□霆，居于雝□。卑田渔渔，□□□女，梦梦墨墨（茫茫昧昧），亡章弼弼，□□水□，风雨是於，乃娶虞遅□子之子曰女皇，是生子四□是襄，天践是格，参化法兆，为禹为万（契）以司堵（土），襄晷天步，□乃上下朕断，山陵不斌，乃名山川四海，□熏气魄气，以为其斌，以涉山陵，泷汩渊漫，未有日月，四神相代，乃步以为岁，是为四时。

长曰青檊，二曰朱四单，三曰□黄难，四曰□墨檊，千有百岁，日月夋生，九州不平，山陵备缺，四神乃作至于覆，天方动扞，蔽之青木、赤木、黄木、白木、墨木之精，炎帝乃命祝融，以四神降，奠三天，□思保，奠四极，曰：非九天则大缺，则毋敢蔑天灵，帝夋乃为日月之行。

共工跨步，十日四时，□□神则闰，四□毋思，百神风雨，震晦乱作，乃逆日月，以转相□息，有宵有朝，有昼有夕。[1]

全文250余字。提到的神名有伏羲、虞遅氏、虞遅氏之子女皇即女娲[2]、伏羲女娲之四子、禹、契、帝夋、炎帝、祝融、共工。除了虞遅氏之名，其余人所共知。据文献，伏羲、女娲均为华胥氏所生，因此虞遅很可能即是与华胥角色功能相同的人物置换。

全文大意是说，创世之初，天地混沌无形，风雨大水，伏羲娶虞遅氏之子女皇（女娲？），生四子，协助禹和契平水土，其时风雨震晦，洪水泛滥，九州不平，世界乱作，且尚未有日、月，四子（四神）乃立四至（四极）以承天覆，并以步测

① 参见李零：《长沙子弹库战国楚帛书研究》，中华书局1985年版，第64页；饶宗颐、曾宪通：《楚地出土文献三种研究》，中华书局1993年版，第130—248页。

② 严一萍最先论证楚帛书"女𦥯"应读作女皇，即女娲，见《楚缯书新考》（上、中、下），载《中国文字》1967—1968年第26—28册。李学勤认为，帛书"包牺妃偶之名'女'字下一字不识，或读为'娲'，或释为'皇'，都没有确据。包牺、女娲兄妹相婚之说，在载籍中出现较晚，多数记载并不以女娲为包牺之妻。从《四时》篇看，帛书作者认为包牺所娶是另一人，不是女娲"《楚帛书中的古史与宇宙观》。见张正明主编：《楚史论丛》初编，湖北人民出版社1984年版，第146页；以及李学勤：《简帛佚籍与学术史》，时报文化出版企业有限公司1994年版，第49页。李零曾经认为："严说女𦥯即女娲，从帛书内容看是可信的，但𦥯字在文字学上应该怎样分析还值得考虑。我想这个字恐怕就是娲之本字，《帝王世纪》所说女希、女皇，希和皇可能都是此字的误写。另外，我们还注意到《古文四声韵》卷一第三八页所收字作𦥯、𦥯、𦥯，与此字有些类似，或许帛书就是借完字为娲，也有可能。"见李零：《长沙子弹库战国楚帛书研究》，中华书局1985年版，第66页。数年之后，李零对女𦥯即女娲说又有所保留，他说：1967年和1968年，"台湾学者严一萍和金祥恒在《中国文字》上先后撰文，考证帛书所述人物的头两位就是古书常见的伏羲和女娲，'女娲'之释虽还不能肯定，但'伏羲'之释已获普遍承认。"见李零：《中国方术考》，人民中国出版社1993年版，第176页。饶宗颐则始终坚持楚帛书"雹戏女皇即伏羲女娲已成定论，可破旧说伏羲女娲名字初见于《淮南子·览冥训》之非"。见饶宗颐编译：《近东开辟史诗·前言》，辽宁教育出版社1998年版，第8页；《前言》即《中外史诗上天地开辟与造人神话之初步比较研究》一文，载《汉学研究》1990年第8卷第1期民间文学国际研讨会论文专号，收入马昌仪编：《中国神话学文论选萃》下册，中国广播电视出版社1994年版，第699页。

时，其后又经过炎帝、祝融、帝夋、共工等人的多次整理，并为日、月之行，有了四时之分，才最终完成了创世工作。

显然，上述记载与传世文献中的伏羲、女娲故事均不相同，是传说的另一种异文。如该记载中的诸神均属于创世神，代表着世界秩序，而非秩序的破坏者（如前此所知之共工）。据饶宗颐、李零等人的研究，子弹库帛书乃战国中晚期楚地巫史占卜时日禁忌的用书（"日书"）。① 上述传说实为"日者"在古神话中所选择的有关众神进行时间创造的部分，以便证明自己的宗教工作（"敬天授时"）的神圣性和权威性。但是，尽管日者们所选择的多是关于"时"的神话，我们仍能从中发现不少可资利用的材料。其中最重要的是，伏羲、女皇（女娲）对偶神的关系可能并不是后来（如汉代）才确立的，而是有着极古老的传承。在帛书中伏羲、女皇（女娲）虽不是以兄妹相婚配，但考虑到同胞配偶型洪水神话中，男性洪水遗民娶"天女"或"帝女"为妻乃是兄妹婚的可置换情节，并以此构成其亚类型的标志，② 这就使我们可以进一步论证：婚姻的创造被置于创世之初，或曰婚姻作为神创工作中的必要程序（神婚具有促成天地结合即创世的巫术功能），是中国洪水创世神话中的原初性和结构性成分，而不是后世附加或拼接上去的可有可无的要素。芮逸夫当年的近似观点在此或可得到出土文献的证明。

在传世文献中，《世本》首次在一部书中（虽然是先后）提到伏羲、女娲的名字。《世本》的成书年代诸说不一，陈梦家认为是战国末年赵人所作，约成书于前234—前228年，③ 其下限距秦始皇兼并六国（前221）只有七年左右，与子弹库帛书同时或稍后。

《世本》关于伏羲、女娲的记载，有两条特别值得注意：

其一："女氏，天皇封弟瑖于汝水之阳，后为天子，因称女皇，其后为女氏。"④

---

① 参见李零：《中国方术考》第3章"楚帛书与日书：古日者之说"，人民中国出版社1993年版，第167—185页。

② 参见白庚胜：《东巴神话研究》之"洪水神话"，社会科学文献出版社1999年版，第145—149页；以及陈建宪：《中国洪水神话的类型与分布——对443篇异文的初步宏观分析》，载《民间文学论坛》1996年第3期。

③ 陈梦家：《六国纪年》附《〈世本〉考略》，见《世本八种》，商务印书馆1957年版。

④《世本·氏姓》，陆贾《新语》引，张澍辑本，见《世本八种》，商务印书馆1957年版，第47页。

其二："禹取涂山氏女，名女娲。"①

对上引第一条材料，顾颉刚、杨向奎、闻一多等均持否定态度。顾颉刚、杨向奎认为："称伏羲为天皇则必在伏羲们已与三皇发生纠葛之后，这条文字至早不得超过东汉。因此，可知《世本》的材料也不一概早，尽有东汉以后加入的。"②闻一多则认为：伏羲、女娲"二人的亲属关系，有种种说法。最无理由，然而截至最近以前最为学者们乐于拥护的一说，便是兄弟说……此（《世本》弟瑰——女皇）说之出于学者们的有意歪曲事实，不待证明"③。但是尽管有造伪之嫌，笔者仍然认为该条材料可被看作是对早期神话进行改造的产物，即承续伏羲、女娲之间存在血缘关系的古老传说。

传世文献中，伏羲、女娲二神并列首见于西汉《淮南子·览冥训》，云："伏羲、女娲不设法度而以至德遗于后世。"④《淮南子》亦是楚地士人的著作，其中"不设法度"一语可能是直接承继楚帛书的同类说法，如帛书"亡章弼弼"一解"无法而治"⑤。

从西汉开始，宫室的壁画上开始出现伏羲、女娲分列的人首蛇身图，对此东汉的文献中有专门的记载。⑥东汉王延寿记述了西汉鲁灵光殿上的壁画："伏羲鳞身，女娲蛇躯。"⑦鲁灵光殿乃西汉景帝之子鲁恭王刘余所建，据《汉书·景帝十三王

---

① 《世本·三皇世系》："禹取涂山氏女，名女娲，生启。"《本纪》《索隐》，《路史》注引《世本》云："禹娶涂山氏女，是为攸女。"王谟辑本，第7页；《世本·帝系》："禹取涂山氏女，名女娲。"《史记·夏本纪》《索隐》，陈其荣辑本，第24页；《世本·帝系》："禹娶涂山氏之子，谓之女娲，是生启。"《史记·夏本纪》《正义》引《帝系篇》文，《史记·夏本纪》《索隐》引作"涂山氏女名女娲"，《路史·后纪十二》引作"禹娶于涂山氏曰娇"，下文又引"娇"字；秦嘉谟辑本，第15页；《世本·帝系》："禹纳涂山氏女，曰娇，是为攸女。"《路史》注，澍按《连山易》云："禹娶涂山氏之子，名曰攸女，生余。"《大戴礼》作"女娇"，《吴越春秋》作"女憍"，《人表》作"女趧"，张澍辑本，第91页；《世本·帝系》："禹娶涂山氏之子，谓之女娲，是生启。"《夏本纪》《正义》引《帝系》文如此，与《戴记》异，盖即《世本·帝系》也，故《索隐》引《世本》曰："涂山氏女名女娲"，女娲疑是女娇之误，《戴记》作女憍，《汉书·古今人表》作女趧，雷学淇辑本，第8页；《帝王世本》："禹娶涂山氏女，名女娲。"《史记·夏本纪》《索隐》，《路史·后纪》注引女娲作"后娇"，茆泮林辑本，第13页。《世本八种》，商务印书馆1957年版。

② 顾颉刚、杨向奎：《三皇考》，载《燕京学报》1936年专号之八；另：《古史辨》第7册中编，上海古籍出版社影印1982年版，第127页。

③ 闻一多：《伏羲考》，见《闻一多全集》第1册，开明书店1948年版，第3页。

④ 刘文典撰，冯逸等点校：《淮南鸿烈集解》上册，中华书局1989年版，第215页。

⑤ 李零：《长沙子弹库楚帛书研究》，中华书局1985年版，第65页。

⑥ 四川简阳鬼头山东汉石棺画像中有伏羲、女娲，"均为人首蛇身，手中没有执物，蛇尾也没有相交，榜题作'伏希'、'女娃'。蛇尾之间刻一巨鱼，榜题'玄武'。参见赵殿增、袁曙光：《"天门"考》，载《四川文物》1990年第6期；杨利慧：《女娲的神话与信仰》，中国社会科学出版社1997年版，第99页。

⑦ 东汉王延寿（文考）《鲁灵光殿赋》，唐李善注："《列子》曰：'伏羲、女娲，蛇身而人面，有大圣之德。'《玄中记》曰：'伏羲龙身，女娲蛇躯。'"（梁）萧统编，（唐）李善注：《文选》第2册，上海古籍出版社1986年版，第515页。

传》，刘余于景帝前元三年（前154）被立为恭王，在位28年，他"好治宫室"①，灵光殿就是他在鲁地为恭王期间（前154—前126）所建。另据《后汉书·文苑王逸传》，王延寿在作《鲁灵光殿赋》之前曾作《桐柏淮源庙碑》，时在东汉桓帝延熹六年（163）。刘汝霖推测，《灵光殿赋》作于《淮源庙碑》以后，② 由于王延寿死年仅20余岁，故《赋》之作期当在公元163年以后不久。其《赋》之《序》云："西京未央、建章之殿，皆见堕坏，而灵光岿然独存。"③ 王延寿所见是否即恭王时代的壁画呢？还是恭王的后继者修葺时所添加的呢？目前尚无从断定，但从鲁恭王刘余"好治宫室"的行为来说，壁画作于恭王时代的可能性最大。刘余死后，子孙继嗣，四代国际，王莽时绝。④ 由此可以推定，灵光殿壁画至少作于西汉末年以前，即使这样，距王延寿作赋也还有近170年时间。这也就是说，征之文献，我们至少可以推定，迄西汉末年以前，已有了伏羲、女娲蛇躯并列的壁画，至于该图上蛇身的伏羲、女娲是否交尾，则仍然无法断定。

考古发掘的两汉画像石也证明了王延寿记载之不误。陈履生《神画主神研究》一书将汉代伏羲、女娲画像搜罗殆尽，他认为："楚先王庙壁画中只有女娲而无伏羲。到了西汉，鲁灵光殿壁画'伏羲鳞身，女娲蛇躯'，他们始出于同一画面。淮南王刘安是汉高祖刘邦的孙子，公元前164—前122年在位。《淮南子》成书于汉武帝建元元年（前140），与鲁恭王刘余（前154—前126）建灵光殿几乎同时。二者互证，可知伏羲、女娲并列的确是在西汉前期，但这时二神还只是并列而未交尾。现存的洛阳卜千秋西汉（末年）墓中壁画伏羲、女娲仍分列于画面的两端，处相对的位置。东汉以后，伏羲、女娲的形象大量出现于绘画之中，且常作交尾之状，才比较明确地反映了他们对偶神的关系。"⑤

现在看来，楚帛书文字识读成功以后，伏羲、女娲双蛇是否交尾已不能成为他们之间有无婚姻关系的绝对根据，因为在不同的传说如帛书中，伏羲、女娲也有以不同姓而婚的可能。但是，双蛇并列，交尾或不交尾，仍为伏羲、女娲的关系提供了重要的信息。双蛇并列的形象意味着伏羲、女娲在观念上被认为本属于同一个血缘集团，他们共同奉蛇为神物，即使伏羲、女娲双蛇不交尾，也表示二人之间至少具有血缘上的关联（可能即是兄妹关系），而双蛇交尾图则一定就是他们同胞配偶的物化形象。

这一时期（东汉）的文献中也出现了二人为兄妹关系的记载，如《风俗通义》

---

① 傅东华等点校：《汉书》第8册，中华书局1962年版，第2413页。
② 刘汝霖：《汉晋学术编年》下册卷五，商务印书馆1935年版，第122—123页。
③（梁）萧统编，（唐）李善注：《文选》第2册，上海古籍出版社1986年版，第508页。
④ 傅东华等点校：《汉书》第8册，中华书局1962年版，第2413页。
⑤ 陈履生：《神画主神研究》，紫禁城出版社1987年版，第17页。

云："女娲，伏羲之妹。"①

汉画像石中伏羲、女娲的双蛇交尾形象除了反映出他们之间的血缘对偶关系，同时还是一种洪水创世意象。这可由二神身后有时另有一大神出现得到说明。《东洋文史大系》所录一东汉时期画像石上，伏羲、女娲二神并未交尾，而是被他们身后的大神用双臂各揽一尾。②山东沂南北寨出土的东汉画像石上，大神用双臂揽伏羲、女娲腰间。蔡大成认为："伏羲、女娲被一男神紧抱，（男神）似为神媒。"③谷野典之也分析该图像即表现的洪水后大神指示或强行令兄妹结婚的情节。④若此说成立，这将是我们所能见到的、最早的、形态完整的同胞配偶型洪水故事的记录，尽管是以绘画的形式。

据闻一多说，伏羲、女娲的本义均为葫芦，那么伏羲、女娲又是如何获得蛇的形象的呢？闻一多当年未及回答。笔者认为，这是伏羲、女娲均为洪水创世之神，从而与夏代的禹、涂山氏的洪水创世神话及双龙神话相重叠的结果。⑤上引《世本》透露了二者融合的部分消息。《世本》认为，涂山氏即女娲，果此，禹就应当是在功能上与伏羲相同的神话角色。⑥

---

①（宋）□□《北山录·天地始第一》（《说郛》宛委山堂本卷三十二，商务印书馆本卷三）注引，（东汉）应劭撰，吴树平校释：《风俗通义校释》，天津人民出版社1980年版，第449页。宋罗泌《路史·后纪二》罗苹注引《风俗通》作"女娲，伏羲之妹"，见文渊阁《四库全书》第383册，台湾商务印书馆1986年版，第83页。宋郑樵《通志》卷一《三皇纪》引《春秋世谱》云："华胥生男子为伏羲，女子为女娲。故世言女娲，伏羲之妹。"《万有文库》，商务印书馆。（清）梁玉绳：《人表考》卷二引，见《史记汉书诸表订补十种》下册，中华书局1982年版，第512页。五代马缟《中华古今注》："女娲，伏羲妹。"见《古今注·中华古今注·苏氏演义》，商务印书馆1956年版，第45页。宋陈彭年《广韵》卷第一"佳"第十三："女娲，伏羲之妹。"见《钜宋广韵》，上海古籍出版社1983年版，第52页。闻一多云："《通志·三皇考》引《春秋世谱》《广韵》十三佳、《路史·后纪二》、马缟《中华古今注》等说同。"闻一多：《伏羲考》，见《闻一多全集》第1册，开明书店1948年版，第4页。

②闻一多：《伏羲考》，见《闻一多全集》第1册，开明书店1948年版，第6页插图。

③蔡大成：《女娲蛇身探源》，载《民间文学》1986年第1期。

④[日]谷野典之：《女娲、伏羲神话系统考》，载《南宁师范学院学报》（哲学社会科学版）1985年第1、2期。

⑤禹的洪水创世神格，"禹迹"说可证，详拙作《神话何为——神圣叙事的传承与阐释》第二、三章对"禹迹"的讨论，社会科学文献出版社2001年版。

⑥即使涂山氏不是女娲，禹和涂山可能也有血缘关系。三国魏张揖《广雅》卷第四上《释诂》云："禹，舒也。"王念孙曰："禹、舒声相近。"（清）王念孙著，钟宇讯点校：《广雅疏证》，中华书局1983年版，第116页。《诗·召南·野有死麕》"舒而脱脱兮"及《荡之什·常武》"王舒保作"，西汉毛亨《传》："舒，徐也。"《十三经注疏》上册，中华书局影印1980年版，第293、576页。舒或作荼，清阮元《经籍籑诂》引《诗·閟宫》"荆舒是惩"《史记·建元以来侯者年表》作"荆荼是征"，上册，成都古籍书店1982年版，第89页。《周礼·冬官·弓人》"斲目必荼"，东汉郑（玄）司农云："荼读为舒，舒，徐也。"（清）孙诒让撰，王文锦等点校：《周礼正义》第14册，中华书局1987年版，第3545页。禹、舒、徐、荼、涂古韵皆在"鱼"部，是禹与涂山氏为同血缘（同姓）者的可能踪迹。参见唐作藩：《上古音手册》，江苏人民出版社1982年版，第160、121、146、131页。

中国古代崇拜双蛇由来已久，商代就盛行对双蛇（虵）的"燎"祀①，夏代是否崇拜双蛇目前虽无考古发现的实物证明，但征之文献及文字，夏代也是崇拜虫类神物的。"禹"字的构字成分本身就含有"虫（蛇?）"形部分；其次流传"二龙通于王庭"②神话的褒人，与夏人同姓（姒）。《山海经》中多有"珥两蛇""践两蛇"的记载，据张光直研究，这是上古巫师借以通神，或即重返创世情境的巫术手段。③小南一郎也认为，双蛇正代表了一种宇宙创始的情境。④正是以此，汉代人才将伏羲、女娲双蛇交尾的形象刻画在送魂的旌幡和墓壁上，为的是指引亡灵重返创世时刻，获得再生。在汉人的神画中，伏羲、女娲持规矩、举日月，验之以楚帛书，表示方圆之天地及日月都是他们创造或再造的。

汉晋时代流行的兄妹（或姐弟）为夫妻（即"同产而为夫妇"⑤），并为创世神、始祖神的观念是一种十分古老的神话观念，不唯东南亚文化圈独有。《旧约·创世记》中的亚当和夏娃，虽未明言其为兄妹，但也同样有血缘关系（上帝用亚当的肋骨创造了夏娃），同出于一个母胎（以伊甸园为象征），"原罪说"即与破坏血缘婚禁忌有关。另据公元前10世纪至公元前7世纪成书的梵文经典《百道梵书》，"洪水扫荡了所有的生物，只有摩奴留了下来"，于是摩奴用他的女儿，和她"一起做（一起住）"⑥，致力于繁衍由摩奴创造的种族。实际上，世界各民族大量流传的创世神话和英雄神话中，血缘婚姻往往都是其中的核心母题⑦，因此同胞配偶这种古老的世界性观念绝非文明的汉代人所能臆想，而应有着得自远古的传承，只不过在古代中原地区承载这一观念的创世神话内容我们一直不得而知，而只能根据出土的商代双蛇交尾图推测这一观念的存在和古老性质。但现在根据已经识读的楚帛书，并证之以同期或稍后的传世文献及形象材料，我们已能做出如下的假设：华夏－汉民族的同胞配偶型洪水神话发生甚早，其中各部分的情节单元并非是在后世（如汉代）才由不同来源拼接而成的。

洪水神话通常被神话研究者归入创世神话，认为是其中的一种类型。所谓洪水在深层意义上并非实指自然界中的洪水灾害，而指的是创世之前或创世之初以原始

---

① 刘渊临《甲骨文中的"虵"字与后世神话中的伏羲女娲》，载《中央研究院历史语言研究所集刊》1969年第41本第4分册。

② 事见《国语·郑语》，上海师范大学古籍整理组校点：《国语》下册，上海古籍出版社1978年版，第519页。

③ 张光直：《中国青铜时代》，生活·读书·新知三联书店1983年版，第324—326页。

④ [日]小南一郎：《壶形的宇宙》，载《北京师范大学学报》（社会科学版）1991年第2期。

⑤ 晋干宝《搜神记》卷十四，见汪绍楹校注：《搜神记》，中华书局1979年版，第168页。晋张华《博物志》卷二《异人》，见范宁：《博物志校证》，中华书局1980年版，第23页。北魏贾思勰《齐民要术》卷第十引《外国图》，见缪启愉：《齐民要术校释》，农业出版社1982年版，第632页。

⑥ "一起做"，原文可有两种解释，一是一起住，一是举行有关祭仪。参见崔连仲等选译：《古印度吠陀时代和列国时代史料选辑》，商务印书馆1998年版，第24—25页。

⑦ [苏]梅列金斯基：《论英雄神话中的血亲婚原型》，马昌仪译，载《民族文学研究》1990年第3期。

大水（或称世界大水）为象征的非秩序状态，在汉语中有一个特指的词，就是"混沌"（或写作"浑沌"）。洪水神话自身也分两种类型：初创世型和再创世型。所谓"初创世"是说世界起源于一场原始大水；所谓"再创世"是说世界被洪水毁灭以后开始一个新的时代。后者就是一般意义上的洪水神话，即惩罚型洪水神话，有人称之为末日神话，其实是现实世界在被神毁灭以后，人类遗民重返创世时代，通过模拟神的创世行为，重新接触到创世刹那的神性本源，从而使人类的文化生命由于得到神性的补充而获得再生的能力。以上两种类型的洪水神话之间其实并无不可逾越的障碍，在传承中二者可以同构并存，成为略有差异但血缘婚配的主人公同为创世之神或人类始祖的异文。① 梅列金斯基对神话文本作结构分析后也指出，在神话的深层意义上，族内血缘婚配现象作为对族外非血缘婚姻制度的破坏，与大洪水一样是前创世非秩序的象征（血缘婚配的象征符号就是前述"二龙"或"双蛇"），"血缘婚的深层结构里直接蕴含着大洪水"。② 正是以此，大洪水和血缘婚才能在神话中同被置于创世之初，并成为叙事中可相互置换的创世母题。在神话中，或者大洪水作为原因而血缘婚作为结果，或者血缘婚作为原因而大洪水作为结果，二者在象征上并无差别。③ 正是根据上述得自民族学的实证调查和神话学的逻辑分析，我们才推断：在楚帛书所载初创世型洪水神话之外，当时可能还流行着以伏羲、女娲为洪水遗民的再创世型洪水传说；而且认定同胞配偶作为洪水－创世神话情节单元的结构性和原初性。④

三、佛典之影响与伏羲、女娲故事的转变

洪水神话持文化的衰竭论观点，认为在时间上越是远离创世年代，人类文化的生命力越是退化，最终失去抵抗不洁的文化成分的手段，于是神不得不通过毁灭和

---

① 在彝族洪水神话中，既有初创世类型，也有再创世类型，两种类型洪水神话共有同一个主人公。马学良指出："上述的两种神话传说，一谓祖人经过洪水后复生，受竹之庇护；一说祖人是由水上所漂之竹筒中诞生的。情节虽各不同，但其大同处皆与水与竹有关，疑二说为一个故事的分化。"马学良：《云南彝族礼俗研究文集》，四川民族出版社1983年版，第91页。

② ［苏］梅列金斯基：《论英雄神话中的血亲婚原型》，马昌仪译，载《民族文学研究》1990年第3期。

③ 在纳西族东巴经神话中，有两种洪水神话：一种讲述洪水导致血缘婚，一种讲述血缘婚引起洪水。参见白庚胜：《东巴神话研究》之"洪水神话"，社会科学文献出版社1999年版，第145—149页。另参见傅懋勣：《丽江麽些象形文"古事记"研究》，第45页，华中大学，1948年；李霖灿：《麽些族的洪水故事》，载《民族学研究所集刊》1957年第3期，第43页。

④ 在此必须注意，载籍中伏羲、女娲是否以兄妹兼夫妇的关系出现与洪水神话中是否存在同胞配偶的母题是两个既有关又不同的问题，按照普洛普对故事中抽象的功能角色与具体的出场人物的划分方法，我们可以这样认为：洪水神话中的同胞配偶母题是原初性的和结构性的，但该母题所指定的功能行动的负载者却不一定就总是伏羲、女娲二神，因此闻一多以来关于伏羲、女娲直到汉代才发生关系的意见与笔者关于同胞配偶是洪水神话原初性、结构性母题的观点并不矛盾。

再造人类的方法进行文化清洗。① 为了再造人类，神有时又不得不在已有人类中选择"人种"，人种往往是一对年轻的生命力旺盛的血缘兄妹（或姐弟，有时甚至是父女或母子）。②

早期华夏民族失传的再创世型洪水神话，除了民族学的实证调查和神话学的逻辑分析能为之提供曾经存在的理由，从先秦儒家与道家的历史哲学中亦可加以推测（再创世型洪水神话中神之选民的情节在地方化的洪水传说"沉城—陷湖"型洪水故事如"伊尹生空桑"中也有所保留③）。先秦儒、道两家所持历史退化观均脱胎于洪水神话，特别是五千言《道德经》重返创世的思想完全是惩罚型洪水神话的哲学表述，而"道"就直接是"混沦"或"浑沌"的置换词语。老子认为，文化（"德"）退化的原因不是简单地如儒家所言是从先王之善向后王之恶的积累，而是"伪"的发展，文化救赎之路是要回复到"真"的境界，这可以看作是老子对洪水神话意义的独特阐发。

比较而言，汉代伏羲、女娲洪水创世神话的深刻程度要远逊于先秦儒、道的洪水文化论，由于汉代神仙理想的发展，人们利用创世神话主要是为了促进人的个体生命的再生（伏羲、女娲形象大量出现在宫室、墓穴中最能说明问题）。汉代是一个充满自信的时代，文化上的危机感反而不如先秦时代强烈，因此汉代人在采录民间神话时并没有更多地发挥其中文化论的内涵。

重新挖掘民间洪水故事中的文化论价值是佛教传入华土以后的事情。

古代印度最著名的洪水神话是公元前10世纪前后形成的摩奴与神鱼的故事，这个故事不仅为梵文经典《百道梵书》和长篇史诗《摩诃婆罗多》所记载④，而且直至20世纪仍流传于印度民间。⑤ 佛教兴起以后，也将摩奴故事吸收进自己的经典之中。摩奴洪水故事至迟在三国时期已由居住在吴国的康居人康僧会在其编译的《六度经集》中介绍到中原，只不过摩奴的名字换成了菩萨，鱼换成了鳖，曰：

> 昔者菩萨为大理家，积材巨亿，常奉三尊，慈向众生。观市睹鳖，心悼之焉。问价贵贱，鳖主知菩萨有普慈之德，尚济众生，财富难数，贵贱无违，答曰：百万能取者善，不者吾当烹之。菩萨答曰：大善。即雇如值，持鳖归家，澡护其伤，临水放之……鳖后夜来龁其门，怪门有声，使出睹鳖，还如事云。菩萨视之，鳖人语曰：吾受重润，身体获全，无以答润。虫水居物，知水盈虚，洪水将至，必为巨害矣，愿速严舟，临时相迎。答

---

① 或者说初创型洪水神话象征了人类的自然出生，再创世型洪水神话象征了人类的文化再生。

② 参见陶阳、钟秀：《中国创世神话》之"洪水神话与人类再传"，上海人民出版社1989年版，第237—242页。

③ 参见拙作《神话何为——神圣叙事的传承与阐释》第1章"假说"，社会科学文献出版社2001年版。

④ 参见拙作《神话何为——神圣叙事的传承与阐释》第6章关于印度洪水神话的讨论。

⑤ ［英］弗雷泽（Frazer）：《旧约中的民俗》（*Folk-lore in the Old Testment*），伦敦，1923年。

曰大善……时至鳖来，曰：洪水至，可速下载，寻吾所之，可获无患。船寻其后，有蛇趣船，菩萨曰：取之。鳖云：大善。又睹漂狐，曰：取之。鳖亦云：善。又睹漂人，搏颊呼天，哀济吾命。曰：取之。鳖云：慎无取也，凡人心伪，少有终信，背恩追势，好为凶逆。菩萨曰：虫类尔济，人类吾贱，岂是仁哉，吾不忍也。于是取之，鳖……遂之丰土。①

其后还有漂人以怨报德，蛇狐救助菩萨等情节。

《六度经集》将印度洪水故事介绍到华土之后，影响所致，华土的洪水神话传说发生了重大的主题变革。明显的证据是：受摩奴故事的影响，本土传统的"沉城—陷湖"型的地方化洪水传说中出现了诸如"善良"、"慈悲"等道德概念；故事的主角——洪水遗民则成为仅存的道德承担者。② 这种"惩恶扬善"、"因果报应"的道德主题是周秦时期，甚至西汉时期的民间洪水神话传说，如鲧禹造大地、伊尹生空桑、女娲止淫水等故事所不具备的。因此我们不得不考虑魏晋以后人们重新挖掘洪水传说中的文化论和道德论因素是受了印度思想影响的结果。

过去一般认为汉族地区同胞配偶型洪水故事的最早文字记录本出自唐代李冗的《独异志》，近年则由于在敦煌遗书中发现了六朝时期汉民族的洪水故事，故该类型故事的最早文字记录至少要提前到六朝时期了。特别是由于这一时期民间流传的同胞配偶型洪水故事的记录本十分完整，使得我们有可能重构这一类型的洪水故事在中古时期的传承、变异史。

据抄写于五代后汉时期的敦煌遗书残卷《天地开辟已（以）来帝王记（纪）》，其中有三处提到伏羲、女娲兄妹于洪水后婚配再传人类，情节也较《独异志》所载更为丰富、完整。下面所引均见于较清晰的伯4016号卷子，也参校了伯2652和斯5505号卷子。

其一：

复至（迭）百劫，人民转多，食不可足，遂相欺夺，强者得多，弱者得少……人民饥国（困），递相食噉，天之（知）此恶，即下（不：布）共（洪）水，汤（荡）除万人殆尽，唯有伏羲、女娲有得（德）存命，遂称天皇……（伯4016、伯2652、斯5505）

其二：

尔时人民死［尽］，维（唯）有伏羲、女娲兄妹二人，衣龙上天，得布（存）其命，恐绝人种，即为夫妇……（伯4016、伯2652）

其三：

伏羲、女娲……人民死尽，兄妹二人，［衣龙］上天，得在（存）其

①《大正新修大藏经》第3卷，（东京）大正新修大藏经刊行会，第15—16页。

② 叶舒宪、王海龙：《从中印洪水神话的源流看文化的传播与异变》，载《学习与探索》1990年第5期。

命，见天下荒乱，唯金岗天神教言可行阴阳，遂相羞耻，即入昆仑山藏身，伏羲在左巡行，女娲在右巡行，契许相逢，则为夫妇，天遣和合，亦尔相知，伏羲用树叶复面，女娲用芦花遮面，共为夫妻，今人交礼，□昌粧花，目此而起，怀娠日月充满，遂生一百二十子，各认一姓，六十子恭慈孝顺，见今日天汉是也，六十子不孝义，走入□野之中，羌故六已蜀是也，故曰，得续人位（伦？）……（伯4016）①

伯 4016 号卷尾有"维大唐乾佑三年庚戌岁□月贰拾伍日写此一卷终"字样。查唐代未有"乾佑"年号，"乾佑"为五代后汉年号，"乾佑"三年正是庚戌年。但据郭锋考证，敦煌遗书残卷《天地开辟已（以）来帝王记（纪）》一卷撰写于六朝时期，作者为宗略、宗显二人，与晋皇甫谧《帝王世纪》属同类、同期（东晋）的作品。②

敦煌残卷中的伏羲、女娲洪水故事有几点值得特别注意：

第一，说明了洪水发生的原因是"天"为了惩罚"人民"之"恶"，而伏羲、女娲能够"存命"，是因为他们"有德"。

第二，二人于洪水中能够存命，还因为他们曾穿着龙衣到天上（"衣龙上天"）避难，这样就理性地解释了汉代关于二人龙身蛇躯的传说。

第三，出现占婚的情节，这个情节后来为唐李冗《独异志》、日本安万侣《古事记》及现代记录的我国南方各民族洪水故事所采用。

第四，该传说认为，伏羲、女娲为洪水后各民族的新一代共同始祖，这一情节也多见于我国南方各民族的洪水故事，并与楚帛书伏羲、女娲生四子的记载有明显的渊源关系。

第五，该故事与上引梵经及佛经中的印度洪水故事有较大差异，没有其中最主要的主人公救助水生神物的情节，而其中"衣龙上天"和"金岗天神教言可行阴阳"却是直接承继汉画像中的意象母题，从而补充了汉画意象及其文字说明的不足，证明了谷野典之对汉画意象分析之不误。加之第四条所述与楚帛书的渊源关系，可以推断伏羲、女娲兄妹婚型的洪水神话是一个印度佛经洪水故事传入之前本土已有的传说。20 世纪 30 年代芮逸夫等人在湘黔交界处发现的苗族人民口承的洪水神话就是这个故事的异文。

不言而喻，《天地开辟以来帝王纪》中的伏羲、女娲洪水故事也受到佛教思想的影响，一些用语直接袭自佛经，如"百劫"、"金岗天神"等。魏晋直到隋唐，借本土固有的民间传说来宣讲外来佛教思想的做法十分普遍，如当时盛行的"伪经"。所谓"伪经"是与从印度、西域传入的"真经"相对而言的，指中土高僧假托"佛

---

① 黄永武：《敦煌宝藏》，第 43 册，新文丰出版公司 1986 年版，第 195、123、138、132、490 页。

② 郭锋：《敦煌写本〈天地开辟以来帝王纪〉成书年代诸问题》，载《敦煌学辑刊》1988 年第 1、2 期。

说"并借汉文翻译形式撰写的佛教经典。① 这类伪经在面向下层民众传播教义时，往往将中土民间信仰的神祇拉入佛教诸神的体系，以利于民众接受，达到"传经送宝"的目的。由于汉代以来伏羲、女娲在民间信仰中具有强大的势力，故伏羲、女娲就经常在这类伪经中摇身一变成为如来麾下的菩萨。被频繁引用的《须弥四域经》、《十二游经》和《造天地经》就是这类伪经中的几部。特别是《须弥四域经》，在释、老大论辩中经常被佛家人士所引用，如：

《广弘明集》卷八道安《二教论·服法非老》即引《须弥四域经》云："宝应声菩萨名曰伏羲，宝吉祥菩萨名曰女娲。"卷十三法琳《九箴篇》云："故二皇统化，居淳风之初。"引《须弥四域经》云"应声菩萨为伏羲，吉祥菩萨为女娲"。卷十二明概《决对傅奕废佛法僧事》引作《须弥图经》云："宝应声菩萨化为伏羲，吉祥菩萨化作女娲。"②

法琳撰《辩正论》卷第五云：

伏羲皇者应声大士，女娲后者吉祥菩萨。依《须弥像图山经》及《十二游经》并云：成劫已过入劫来，经七小劫也，光音天等下食地肥，诸天项后自背光明，远近相照，因食地肥，欲心渐发，遂失光明，人民呼嗟，尔时西方阿弥陀佛告宝应声宝吉祥等二大菩萨，汝可往彼与造日月，开其眼目，造作法度，宝应声者示为伏羲，宝吉祥者化为女娲，后现命尽，还归西方。③

宋罗泌《路史·发挥》之"老子化胡说"罗苹注："释有所谓《造天地经》云：宝历菩萨下生世间号曰伏羲，吉祥菩萨下生世间号曰女娲，摩诃迦叶号曰老子，儒童菩萨号曰孔丘。"并云："故唐杜嗣先有吉祥菩萨御宇，儒童衍教之说。"④

《须弥四域经》和《造天地经》在言及伏羲、女娲时均未将其与洪水故事联系起来，然而却有伏羲、女娲造日月的说法。在《天地开辟以来帝王纪》中也有菩萨造日月的情节，但菩萨却不是伏羲、女娲。比较诸"伪经"与《帝王纪》的异同，可见东汉至唐代，印度、西域传入华土的佛教文化与华夏本土文化相碰撞的一斑。"伪经"代佛陀立言，在吸收华土固有文化时当然有所选择，注意不与"真经"相抵触。佛经中本有完整的洪水故事，华土固有的同胞配偶型洪水故事与之相比在故事表层的叙事主题上有一定差异，故伪经于伏羲、女娲洪水故事只取其人而舍其事；佛经中有菩萨造日月的故事，华土亦有伏羲、女娲造日月的传说，二者一拍即合，于是伏羲、女娲一变而为菩萨。而《帝王纪》就没有假托"佛说"的顾虑，尽管吸

---

① "伪经"是传统的说法，其实在推动外来佛教本土化的贡献方面，"伪经"并不伪；但在没有找到更合适的说法之前，且沿用旧说。

② （梁）僧祐、（唐）道宣撰：《弘明集·广弘明集》，宋碛砂藏版大藏经本，上海古籍出版社影印1991年版，第144、187、181页。

③ 《大正新修大正藏》第52卷，（东京）大正新修大正藏刊行会，第521页。

④ 文渊阁《四库全书》第383册，台北商务印书馆1986年版，第493页。

收了佛经中的部分内容，但主要还是讲的本土故事，故于伏羲、女娲洪水神话尽述无余。

中古时期本土的道教经典也记录了伏羲、女娲洪水故事，进一步证明了伏羲、女娲兄妹婚型洪水故事的本土古老性质，如敦煌遗书中的唐代写本《老子化胡经玄歌》卷第十云：

> （老子）十一变时，生在南方阎浮地，造作天地作有为，化生万物由婴儿，阴阳相对共相随，众生禀气各自为，番息众多满地池，生活自卫田桑靡（麻），劫数灭尽一时亏，洪水滔天到月支，选擢种民留伏羲，思之念之立僧祇，唯有大圣共相知。（伯2004）①

《老子化胡经》原为西晋惠帝时道士王浮所作，罗列种种传说以证东汉以来的"老子入夷狄为浮屠"之说，谓老子西游化胡成佛，以佛为道教弟子，诋毁佛教。成书以后，多遭禁毁，故又出现多种伪本。元代以后王浮原本已不可复见，敦煌写本《老子化胡经》据陈垣考证亦唐开元天宝以后的伪作②，但是尽管其为伪作，主要内容仍是抄袭王浮的，至少也可使我们了解唐代前期该故事在中土流传的片段消息，如云"洪水滔天到月支，选擢种民留伏羲"，与前引敦煌遗书所谓"尔时人民死尽，唯有伏羲、女娲兄妹二人……得存其命，恐绝人种，即为夫妇"（伯4016、伯2652）实为同一故事的不同异文。

唐代，伏羲、女娲兄妹婚洪水故事流传极其广泛，李冗《独异志》留下了其中之一种"初创世型"的记录本，至今学者经常引用，其卷下云：

> 昔宇宙初开之时，只有女娲兄妹二人在昆仑山，而天下未有人民。议以为夫妇，又自羞耻。兄即与其妹上昆仑山，咒曰："天若遣我兄妹二人为夫妻而烟悉合；若不使，烟散。"于是烟即合。其妹即来就兄，乃结草为扇，以障其面。今时人取妇执扇，象其事也。③

《独异志》的写作年代大约在公元846年至874年之间。④ 除了将兄妹婚姻置于"宇宙初开之时"，《独异志》所述二人在昆仑山上遮面为婚，与《天地开辟以来帝王纪》几乎全同。除了李冗《独异志》采录的文本，唐代后期还记录了伏羲、女娲故事的其他两种异文，这两种异文都各只有一个片段，但对《独异志》的文本具有极大的补充作用。

其一，见于唐人所撰的地理志书《十道要录》。"道"是唐代的行政区划单位，唐初将全国分为十道，故有唐一代多有以"十道"为题的地理志书，如贾耽《贞元

---

① 黄永武：《敦煌宝藏》第112册，新文丰出版公司1986年版，第40页。另据《大正新修大正藏》参校，第54册，（东京）大正新修大正藏刊行会，第1269页。

② 陈垣：《摩尼教入中国考》第7节"唐道家依托摩尼教"，见《陈垣史学论著选》，上海人民出版社1981年版，第146—147页。

③ （唐）李冗著，张永钦、侯志明点校：《独异志》，中华书局1983年版，第79页。

④ （唐）李冗著，张永钦、侯志明点校：《独异志》之"点校说明"，中华书局1983年版，第1页。

十道录》和《十道记》，梁载言《十道志》和李吉甫《十道志》。《十道要录》不知著者，有可能是上述"十道"类志书的简本，该书已佚，所录伏羲、女娲神话片段见于北宋乐史《太平寰宇记》所引，《太平寰宇记》卷一百四十一"山南西道·金州"条云：

> 金州安康郡，今理西城县……伏羲山，按《十道要录》云，抛铰之山，焚香气必合于此山。①

宋罗泌《路史·后记二》"女皇氏"条云：

> ［女娲］治于中皇山之原，所谓女娲山也。罗苹注：山在金［州］之平利，上有女娲庙，与伏羲山接庙起，伏羲山在西域（城），女娲山在平利。《寰宇记》引《十道要录》云：抛钱二山，焚香合于此山。②

这是一篇重要的异文。"金州"在今陕西安康地区。"抛铰之山"，《路史》引作"抛钱二山"，说明伏羲、女娲二人是站在两座山头上抛物占婚的，这在现代采录的兄妹婚洪水神话中是一个常见的细节。焚香气合的情节与李冗《独异志》所录亦十分接近。

其二，见于晚唐五代杜光庭《录异记》卷之八，云：

> 房州上庸界，有伏羲、女娲庙，云是抟土为人民之所，古迹在焉。③

房州在今湖北西部鄂西山区，与金州相邻，中皇山横跨金、房两州，可将其视为一个伏羲、女娲神话信仰的集中地带。该记载虽未明确"抟土为人民"的是谁，但从伏羲庙和女娲庙同在一处来看，抟土造人的很可能正是他们二人；其次，该记录虽然也未提到兄妹婚的情节，但据当代采录的一些同类型伏羲、女娲兄妹婚民间故事有吸收汉代女娲单独抟土造人传说，使之成为兄妹婚神话故事中情节之一的现象④，我们不能排除这种移借在唐代就已出现的可能。

四、历史学的回应

在研究中国同胞配偶型洪水神话的先行者芮逸夫先生的《苗族的洪水故事与伏羲女娲的传说》一文撰写 60 年之际，笔者写下了以上文字，一方面是为了纪念先行者的业绩，一方面也为了检讨半个世纪以来为重构中国神话史，应用人类学方法的有效性和有限性。笔者认为，人类学的神话理论和田野材料为构拟中国古典神话的

---

① 文渊阁《四库全书》第 470 册，台北商务印书馆 1986 年版，第 345 页。

② 文渊阁《四库全书》第 383 册，台北商务印书馆 1986 年版，第 83 页。宋王存《元丰九域志》之《新定九域志（古迹）》卷一"金州"云："西城县，本为妫虚之地。伏羲山。女娲山，上有女娲庙。"（宋）王存撰，王文楚、魏嵩山点校：《元丰九域志》下册，中华书局 1984 年版，第 551 页。

③ 王文濡：《说库》上册，文明书局刊本，上海，民国四年（1915），浙江古籍出版社 1986 年影印版。

④《玉人和玉姐》，流传于河南正阳县，见张振犁、程健君：《中原神话专题资料》，第 131—134 页；参见杨利慧：《女娲的神话及其信仰》，北京师范大学博士论文，1994 年，第 101 页。

阙失部分提供了有价值的思路和旁证，但是重构神话史时包括考古学在内的、广义的历史学"历时"方法同样具有等值的重要性，运用人类学（包括神话学）"共时"方法提出的假说，若能得到古代文献叙事材料的确认，就能成为无可置疑的事实判断。

至于使用新发现的考古材料及"三重论证"的方法考察同胞配偶型洪水神话，当年芮逸夫、闻一多等人的一些具体结论今天已应重新考虑。

广泛流传于东南亚洲的同胞配偶型洪水故事发生的"族属"问题，至今难以确定，目前仍没有任何证据可以说明在中国本土该故事从一个民族或地区向另一个民族或地区传播的具体路线，因此这个问题仍然是一未解之谜。但从目前所掌握的材料看，伏羲、女娲兄妹婚洪水故事作为世界性洪水神话的中国生成方式，首先完善于中国本部的中原地区，还是较为谨慎的结论。

使用现代采录的口传文本构拟古典神话阙失部分时需持十分谨慎的态度，因为口传文本不一定就是该文本原始形态的忠实"遗留物"。实际上任何文本的民族载体在历史上都不是处于绝对的封闭状态，因而口传文本始终处于外来影响下的流动、变异之中，在此情况下，过分依赖口传文本去复原古代文献之不足，往往会失之毫厘，差之千里，因此全世界同胞配偶型洪水故事本身的基本结构的原初性仍需考古材料的支持方可得到终极证明。目前，中国的考古学正在取得重大进展，而终极证明之可能即存在于中、外考古学的比较研究之中，而中国的材料将对这一世界性课题的研究作出独到的贡献，当年芮逸夫提出的问题有望获得进一步的解答。

最后，我们还是要感谢人类学家，没有人类学的知识，也许我们至今还无从认识这种故事的类型。

本文原载《文学遗产》1996 年第 4 期，收入吕微《神话何为——神圣叙事的传承与阐释》，社会科学文献出版社 2001 年版。

中国洪水神话的类型与分布

——对 443 篇异文的初步宏观分析

陈建宪

陈建宪（1954— ），湖北麻城人。1982 年在武汉大学图书馆学系本科毕业，1988 年在华中师范大学中文系获文学硕士学位，2005 年在华中师范大学获文学博士学位。现任华中师范大学文学院教授。神话方面的主要著作有《神祇与英雄——中国古代神话的母题》（1994）、《神话解读——母题分析方法探索》（1997）等，论文数十篇。

一、古老中国的新发现

1872 年，英国学者乔治·史密斯（George Smith）从古巴比伦泥板文书上，找到了《圣经》中挪亚方舟洪水故事的来源，引起了世界的轰动。① 从那以后，洪水神话就一直成为国际学术界关注的热点。一百多年来，各国学者对这个流传极广的古老神话进行了大量研究，获得了许多成果。目前，人们在世界各地已发现无以数计形态相似而又各有特色的洪水传说，并对它的起源、传播与文化内涵等等进行了深入的研究。

人们对洪水神话了解越多，就越觉得它是一个难解之谜。因为它在世界上流传如此之广，以至在没有对世界各民族洪水神话的具体形态与分布进行系统调查研究之前，它的谜底很难彻底揭开。这正如打造一条项链，只有先造好各个链环，才能将它们环环相扣起来。

对国际学术界来说，中国洪水神话至今是一个巨大的缺环。1918 年，以善于搜集资料而著称的弗雷泽（Sir James George Frazer），在《旧约中的民间传说》一书中描述了当时世界各国发现的大量洪水神话资料，将其分别归纳为以巴比伦、美洲印第安人和马来半岛为中心的三个洪水神话圈。然而，对于中国，他不无遗憾地说：

> 特别令人注意的是，在亚洲东部那些非常开化的民族中，例如中国人和日本人中，据我目前所知，在他们卷帙浩繁和古老的文献里，没有发现我们这里讨论的这类大洪水的任何当地传说，即整个人类或大部分人类被

---

① Alan Dundes ed., *THE FLOOD MYTH*, University of California Press, Berkeley, 1988, p. 119.

淹死的世界性洪水泛滥的传说。①

1932 年，斯蒂斯·汤普森（Stith Thompson）出版的著名的《民间文学母题索引》。在该书的"洪水"（A1010）条下，他列举了几十个国家和民族的资料，而中国却只有两篇异文，就这可怜的两篇，还被认为是从印度传入的。②

1988 年，阿兰·邓迪斯教授（Alan Dundes）汇集国际上一百多年来的研究成果，编成论文集《洪水神话》（The Flood Myth），书中不仅收入了对《圣经》、巴比伦、印度、希腊等的古代洪水神话的经典研究，还有对美洲、非洲、澳大利亚、东南亚、中亚等广大地区口传洪水神话研究的新成果。可是，有关中国的洪水神话，仍是一片空白。③

中国 960 万平方公里的辽阔大地，难道真是一块洪水没有波及的伊甸园吗？否！

本世纪初，一些中外学者指出：中国古代文献上的大禹治水、女娲补天，都应该属于洪水神话。1898 年，法国人保尔·维尔（Paul Vial）记述了一篇彝族的洪水神话，这是笔者目前所知外界对中国少数民族洪水神话的最早记录。④ 此后，法、英、日等国学者又陆续发表了少数零星的记述。1937 年，芮逸夫《苗族的洪水故事与伏羲女娲的传说》一文，引用了十多篇异文。1942 年，闻一多在《伏羲考》中列出的异文已达 48 篇。⑤ 从 40 年代末到 60 年代中叶，随着对少数民族的调查研究不断深入，大量洪水神话被发现和记录下来。80 年代中期以来，中国开展了规模空前的全国性民间文化普查。据统计，到 1999 年时，已采录到民间故事 183 万篇，⑥ 其中有大量的洪水神话与传说。现在，经过一个多世纪好几代学人的共同努力，中国洪水神话那丰富神奇的面貌，终于比较完整地展现在我们眼前。

由于大量资料的记录与发表，我们对中国各族洪水神话进行宏观考察的时机得以成熟。这里，笔者就以 443 篇中国洪水神话的异文为基础，运用历史地理学派方法，对其形态进行初步的分析。这些异文来自除福建和山西以外的全国各个省份，

---

① Sir James George Frazer, *FOLK-LORE IN THE OLD TESTAMENT*, Macmillan and co. Limited, London, p. 131.

② Stith Thompson, *MOTIF-INDEX OF FOLK-LITERATURE*, Helsinki, 1932, pp. 136-137.

③ Alan Dundes ed., *THE FLOOD MYTH*, University of California Press, Berkeley, 1988, p. 119.

④ Paul Vial, *LES LOLOS*, Changhai, 1898, pp. 8-9. 转引自芮逸夫：《苗族的洪水故事与伏羲女娲的传说》，载"中央研究院"《人类学集刊》第 1 集，1937 年，第 174 页。

⑤ 见《闻一多全集》第 1 卷，开明书店 1948 年版，第 3—68 页。

⑥ 见钟敬文：《努力开创社会主义民间文艺事业的新阶段——中国民间文艺家协会第五次代表大会会务报告》，载《民间文学论坛》1992 年第 1 期，第 40 页。

涉及 43 个民族，应该说，它们是具有足够代表性的。①

简单说来，笔者的工作是：首先将这些异文从浩瀚的文献海洋中打捞出来，按民族和发表的时间加以编排；接着，抽取每篇异文中的典型母题，将其采集地点在地图上标出，这样我们就得到了它们的基本形态区别和大概的地理分布；在此基础上，参照有关的历史文化背景，确定主要的故事类型，追踪它们可能的发源地、族属、原型、传播过程、文化内蕴以及与周边洪水神话的关系，等等。这里发表的，只是有关中国洪水神话最主要的几种类型及其分布状况的初步研究。

世界各国的洪水神话，其形态无论怎样千差万别，都由两个主要内容组成：一是淹灭世界的大洪水；一是洪水后幸存的少数遗民重新繁衍出新的人类。中国洪水神话在内容上一般也由这两部分构成。不过，它们在具体表述方式和细节上又有自己鲜明的民族风格。

中国洪水神话极为丰富多彩，其中影响较大的主要有四个亚型，下面我们就逐一进行介绍与分析。

二、神谕奇兆亚型

这个亚型的洪水神话传说，可以归纳为下述情节梗概：

（1）神谕与奇兆。两兄妹（或其他某个人）由于心地善良（做了某件好事），神向他们透露了洪水即将到来的消息。有时，神还告诉他们洪水的前兆：a. 石龟（石狮）的眼睛出血（或发红）；b. 城门出血；c. 臼出水；d. 其他。

（2）遗民。兄妹在大洪水后幸存。避水的方式是：a. 钻进石龟（石狮）肚子里；b. 上山；c. 其他。

（3）兄妹成亲。为了重新繁衍人类，兄妹二人必须乱伦婚配。有时，他们还为此进行了一系列难题考验，试探天意并获得了证实。这些难题是：a. 分别从山头上滚下一扇石磨，两扇石磨重叠在一起；b. 分别从不同山上扔出针和线，哥哥的线穿过了妹妹的针；c. 其他。

（4）再造人类。方式：a. 生育；b. 捏泥人；c. 其他。

我们以一篇河南北部的异文为例，看看这一亚型的现代口传形态。从前，淮阳城北有座石龟桥。伏羲女娲兄妹常从桥边过。一天，伏羲见石龟流泪，就喂了它两个馍馍。石龟忽然开口说话："好心的人哪，今后每天给我捎一个馍馍吧！"女娲知道了，让哥哥每天捎去两个。一天，石龟告诉他们：马上就要天塌地陷。并让他俩

① 这 443 篇异文的民族分布是：阿昌族 1 篇；白族 8 篇；保安族 2 篇；布朗族 2 篇；布依族 28 篇；朝鲜族 2 篇；傣族 1 篇；德昂族 4 篇；侗族 3 篇；独龙族 7 篇；鄂伦春族 2 篇；鄂温克族 1 篇；高山族 26 篇；仡佬族 8 篇；哈尼族 7 篇；哈萨克族 1 篇；赫哲族 1 篇；汉族 98 篇；回族 3 篇；基诺族 2 篇；景颇族 2 篇；柯尔克孜族 1 篇；拉祜族 13 篇；黎族 6 篇；傈僳族 13 篇；满族 3 篇；毛南族 4 篇；蒙古族 2 篇；苗族 66 篇；么佬族 2 篇；纳西族 9 篇；怒族 11 篇；普米族 3 篇；羌族 2 篇；畲族 1 篇；水族 5 篇；土家族 8 篇；佤族 3 篇；瑶族 24 篇；彝族 45 篇；藏族 6 篇；壮族 6 篇；维吾尔族 1 篇。

钻进自己肚子里。等兄妹俩在龟肚里吃完以前放进去的馍馍，出来一看，到处是白茫茫的水，万物都灭绝了。为了延续后代，哥哥提出与妹妹结婚。妹妹不答应，提出滚磨来试天意。二人从山上各推一扇石磨滚下去，石磨在山下合在一起。两人于是成亲。婚后，女娲捏泥人再造了人类。①

神谕奇兆亚型的洪水神话，似乎是由一些古老的母题在长期传播中逐渐复合而成的。这些母题在汉族古文献上很早就有记录。它们是：

（1）与女娲有关的洪水传说。它最早见于汉代《淮南子·览冥训》："往古之时，四极废，九州裂，天不兼覆，地不兼载，火爁炎而不灭。水浩洋而不息；猛兽食颛民，鸷鸟攫老弱。于是女娲炼五色石以补苍天，断鳌足以立四极，杀黑龙以济冀州，积芦灰以止淫水。"

（2）女娲抟土造人的神话。最早见汉代的《风俗通》："俗说天地开辟，未有人民。女娲抟黄土造人，剧务，力不暇供，乃引绳于泥中，举以为人。"

（3）伊尹出生的传说。屈原《天问》中有一段难解的话："水滨之木，得彼小子。夫何恶之，媵有莘之妇？"对此汉代的王逸注道："伊尹母妊身，梦神女告之曰：'臼灶生蛙，亟去无顾。'居无几何，臼灶中生蛙，母去，东走，顾视其域，尽为大水。母因溺死，化为空桑之木。水平之后，有小儿啼水涯，人取养之。既长大，有殊才，有莘恶伊尹从木中出，因以送女也。"

在这个关于英雄人物神奇出生的传说中，有典型的神谕和奇兆母题，它们成为这个亚型的标志。如汉代高诱在为《淮南子》中"历阳之都，一夕反而为湖"作注时，提到这样一个传说："历阳，淮南国之县名，今属江都。昔有老姬，常行仁义，有二诸生遇之，谓姬：'视东城门阃有血，便走，上北山，勿顾也。'自此，姬便往视门阃，阃者问之，姬对曰如是。其暮，门吏故杀鸡血涂门阃。明旦，老姬早往视门，见血，便上北山，国没为湖。"这个传说中，主人公也是一个妇人，并且也有神谕和奇兆的母题。不过故事中的老姬得神谕是因为"常行仁义"，带有更多社会伦理色彩；洪水前兆也不是臼出水，而是城门阃出血。到了南北朝以后，这个母题则变成了石龟眼中流血：

> 和州历阳沦为湖，昔有书生遇一老姬，姬待之甚厚，生谓姬曰："此县门石龟眼血出，此地当陷为湖。"姬后数往视之，门吏问姬，姬具答之。吏以朱点龟眼，姬见遂走上北山，顾城遂陷焉。今湖中有明府鱼、奴鱼、婢鱼。（梁任昉《述异记》卷一）

从我们目前收集到的39篇神谕奇兆亚型的异文来看，洪水前兆以石狮眼中出血（发红）最多，共29例；其次为石龟（乌龟、金鱼）5例、石人3例、臼与老虎各1例。其中出现最早的是臼，然后是石龟。钟敬文先生在《洪水后兄妹再殖人类神话》中曾经指出："我以为现在汉族流行的这种类型的神话，部分记录中石狮子及

---

① 张楚北：《中原神话》，海燕出版社1988年版，第15—18页。

其预告灾难等情节，是从较早时代地陷传说中的石龟角色及其作用所蜕变而成的。而明代小说中的石狮子及其预兆作用的叙述，正是现在这种故事有关情节的较早形态。在现代同类型神话的另外记录里，那角色仍是乌龟，这是原始说法的遗留。"①我们认为这个论断是符合实际的。

（4）兄妹结婚的情节。其最早文献记录是唐代的《独异志》：昔宇宙初开之时，只有女娲兄妹二人在昆仑山，而天下未有人民。议以为夫妻，又自羞耻。兄即与其妹上昆仑山，咒曰："天若遣我兄妹二人为夫妻，而烟悉合；若不，使烟散。"于是烟即合。其妹即来就兄。乃结草为扇，以障其面。今时人取妇执扇，象其事也。

神谕奇兆型见于吉、辽、冀、鲁、豫、苏、浙、皖、鄂诸省，河南北部与山东、安徽交界处是其中心区域。据现有资料，这个亚型的异文总数有 39 个，其中除了白族 1 篇、满族 1 篇、回族 2 篇外，其他异文全部属于汉族。显然，这个类型起源于汉族并主要流传于汉族聚居区。其发展演变的大概轨迹可能是：它最初出现于山东、河南交界的有莘氏族故地，是一个与伊尹出身有关的地区性洪水传说。随着时间的推移，这个传说开始向四周传播，在南北朝时已达安徽、浙江和四川，近代又传到了北至吉林、南至湖北的广大区域。在传播过程中，这个传说不断变化，将女娲补天、造人和兄妹结婚的情节连缀在一起，变成一个典型的洪水遗民神话。这种从传说到神话的变化，是这个类型最令人惊奇的特点。因为比较古老的民间故事，一般来说都是从神话向传说转化的。汉族洪水传说向神话转化的原因，很可能是受了周边少数民族的影响。至于这种变化始于何时何地，还需要进一步的研究。

三、雷公报仇亚型

这个亚型主要分布于贵州、广西、湖南、四川、云南等地，以贵州省西部为中心，向四周辐射。我们目前得到的这类异文一共有 91 篇，它们来自苗、瑶、布依、侗、仡佬、哈尼、汉、毛南、仫佬、羌、畲、水、土家、壮、黎 15 个民族，其中以苗族最多，达 39 篇。所以它是一个属于中国西南少数民族的亚型。

雷公报仇型洪水神话的基本情节，可以概括如下：

（1）女始祖（名叫巫娘、巫仰、龟婆、榜妹等）下了 12 个（或 6 个）蛋，孵出龙、蛇、虎、雷公、魔鬼以及人类始祖姜央（或名央、阿央、姜良、高比、果本等），他们分管天地。

（2）雷公与姜央闹矛盾。原因：a. 争夺掌管天地的权力；b. 争官名；c. 比本领；d. 借牛不还；e. 破禁；f. 想吃雷公的肉；g. 其他。雷公下凡劈姜央，被捉住关在笼子（谷仓）中。

（3）姜央因事外出，嘱咐孩子们（名叫伏羲、女娲，或相两、相芒，德龙、巴

---

① 钟敬文：《洪水后兄妹再殖人类神话》，见《中国与日本文化研究》第 1 集，中国大百科全书出版社 1991 年版，第 163 页。

龙，召亚兄妹，等）看管好雷公。但兄妹俩由于怜悯心（或不懂事）而帮助雷公逃脱了。

（4）雷公逃走前，送给两兄妹一颗牙齿（或葫芦籽、南瓜籽），叫他们赶快种下，并告诉他们，洪水即将淹灭天下。

（5）雷公发下大洪水，人类全被淹死，只有兄妹俩躲在雷公赠送的牙齿所长出的大葫芦中，得以幸存。

（6）为了再繁衍人类，兄妹乱伦婚配。婚前以难题占卜天意：a. 各在一座山头滚下一扇石磨，二磨在山下相合；b. 隔河分别扔针和线，线穿进针孔；c. 兄妹绕山追逐（或妹藏兄寻），兄在乌龟帮助下获胜；d. 让踩成几瓣的乌龟或砍成几节的竹子复活；e. 其他。

（7）妹妹生下一个葫芦（或葫芦形、瓜形的怪胎）。a. 兄将其切碎撒在野外，第二天这些碎片全变为人类。b. 从葫芦中走出许多民族的始祖。

关于雷公报仇型洪水故事的发源地，如果将我们的类型分布图与中国的民族分布图叠合在一起，就会发现这个亚型正好与苗族的分布相重合。人们一般按方言的不同将苗族分为三个支系，即黔东方言区、湘西方言区和川滇黔方言区，他们分别聚居在黔东南、湘西和四川省南部。而雷公报仇型洪水故事也集中在这几个地区。由于这类故事在黔东南雷公山一带发现最多，形态也最为原始，并且该地区处于这个类型分布的中心，所以我们推测它可能发源于这个地区的苗族之中，然后向四周扩散。

雷公报仇型洪水神话的特点是：首先，它是不折不扣的神话，并且还是有关天地万物来源的系列神话的一部分。例如 1979 年贵州人民出版社出版的《苗族古歌》，分为四组：开天辟地歌、枫木歌、洪水滔天歌、跋山涉水歌，其中中间的两组是洪水神话，它们与另两组古歌构成一个有着内在联系的系列。即使在未经整理的异文中，也有不少讲到女始祖生 12 个蛋或雷公与故事的主人公是兄弟关系。其次，大洪水的起因是人与神的斗争而不是自然的原因。第三，雷公是故事的主角，也是信仰中的主神。第四，葫芦在故事中有着重要意义，它既是避难的工具，又是人类再造的物质载体。

现在我们还不能确知雷公报仇型起源的具体时间。它的最早记录，目前所知的是英国人克拉克（Samuel R. Clarke）1911 年《在中国西南的部落中》一书中记述的"洪水歌"。[①] 从这个类型已经流传到十多个民族并在一些民族（如布依族、壮族、瑶族等）中形成了地区亚型的情形来推测，它的历史一定是非常古老的。以《苗族古歌》为例，它主要流传于黔东南地区，是在"吃牯脏"和过苗年等重大民族节日时，由德高望重的老人、巫师、歌手来演唱的。它一代代口耳相传，我们今

---

① Paul Vial, *LES LOLOS*, Changhai, 1898, pp. 8-9. 转引自芮逸夫：《苗族的洪水故事与伏羲女娲的传说》，载"中央研究院"《人类学集刊》第 1 集，1937 年，第 174 页。

天很难确切地说出其产生年代。关于这个亚型的起源、传播以及由此涉及的西南各民族之间的历史文化关系、古老的文化遗存等，是许多学者极感兴趣并正在努力研究的问题。

四、寻天女亚型

在四川南部的凉山彝族地区、云南四川交界处的纳西族地区以及云南中部的一些地区，有一个非常古老而富有特色的洪水神话类型流传，我们将它称为寻天女型。例如纳西族著名史诗《创世纪》（一译《崇邦统》），就是一个典型代表。下面是其梗概：

（1）关于天地万物最初由来和人类产生的解释。

（2）人类的第九代祖先崇仁丽恩有五兄弟和六姐妹，他们相互婚配，秽气污染了天地，天神决定放洪水毁灭人类。

（3）崇仁丽恩兄妹们开荒犁地，每天白天犁好的地，都被天神派遣（或化成）的大野猪平复。天神告诉心肠好的崇仁丽恩，大洪水将要到来，要他躲进牦牛皮制成的大鼓中。

（4）大洪水。人类灭绝，只有崇仁丽恩在牛皮鼓中幸存。

（5）崇仁丽恩不听神的指点，与一个直眼睛的美丽天女结婚，结果生下了蛇、蛙、猪、猴、鸡等动物和松、栗等植物，没有繁衍出人类。

（6）天女下凡来与崇仁丽恩相恋（羽衣仙女母题），并将他带到天上。

（7）崇仁丽恩向天女之父求婚，天神对女婿进行难题考验：a. 一天砍完九十九片森林；b. 一天烧完九十九片地的荒；c. 一天撒完九十九片地的种；d. 在一天之内将撒出的种子捡回；e. 寻回五颗被蚂蚁和斑鸠吃掉了的种子；f. 企图在打岩羊时将其害死；g. 企图在打鱼时将其踢下江中；h. 挤三滴虎乳；i. 其他。

（8）崇仁丽恩在天女帮助下顺利通过考验，获得天女为妻。夫妻二人从天上迁到地上定居，天神以各种动物、植物及粮食种子为嫁妆。

（9）生下三个儿子。各自成为三个民族（藏、纳西、白族）的祖先。

纳西族的《创世纪》起源非常古老。它不仅在民间口耳相传，而且以象形文字的形式记载在宗教典籍之上，是纳西族原始宗教东巴教的核心经典。虽然有关它起源的确切时间学界现在尚无定说，但是研究者们都相信它的历史一定很长。例如，明代正德年间出于纳西族土司木公之手的《木氏宦谱》，在叶古年之前的十多代先祖世系，就录自《创世纪》。其中几个重要年代的说明，也与《创世纪》一致。《创世纪》中不仅记录了纳西族的许多代祖先，而且在其中最后一部分，以送祖宗之魂回先祖住地的形式，记载了纳西族祖先从北到南的迁徙路线，历数了从云南到四川、青海等地的 70 多个地名。显然，只有经过极漫长时间的积累，这篇史诗才能形成。[1]有些学者认为："它的写定年代大约在纳西族从奴隶社会过渡到封建社会的初期，即公元 7 世纪至公元 9 世纪之间。"[2]

寻天女型洪水神话除了在纳西族中发现外，在彝族古代典籍和当代口头传说中也广泛流传。例如大小凉山地区流传的彝族创世史诗《勒俄特依》，其中的"洪水漫天地"里就说，人类先祖却布居木有三个儿子，他们辛劳地开荒犁地，可天神恩体格兹却每天派使者阿古叶枯变为一头野猪去拱坏他们的地。后来他们捉住了野猪，老大老二要打它。野猪告诉他们说，天神马上要发大洪水，叫他们分别躲在金柜、银柜和木柜中。结果，大洪水后，人类全被淹死，只有躲在木柜中的老三居木武吾幸存。后来，恩体格兹在天地间扯起铜线、铁线作桥梁，居木武吾上天求婚，得到了天神的小女儿为妻，然后回到地上，重新繁衍出人类。

根据有关研究，传说《勒俄特依》是彝族曲涅系著名的大毕摩（即巫师）阿什拉则根据民间口头流传的史诗整理而成，他是吴奇、布兹、舍贴几个家支的祖先，距今已有 30 代，约 750 年。[3] 据此来看，彝族的寻天女型洪水神话也有非常久远的历史。

在我们收集到的异文中，寻天女型共有 37 篇。其中彝族占了绝大部分，共 20 篇，其次是纳西族，6 篇。此外的 11 篇来自藏、普米、德昂、独龙、拉祜、蒙古等族，他们或是与彝族、纳西族一样，同是古代南迁的氏羌人的后裔，如拉祜族和普米族；或是采录于与彝族、纳西族杂居的地区，如从四川省木里县采录到的 3 篇藏族异文和 2 篇蒙古族异文。根据寻天女型洪水神话异文的这种分布状况，我们推测：这个类型大约是古代氏羌人从北向南迁徙时所携带的精神行囊之一，据有关研究，他们早在公元前就到达中国西南地区，并分化为不同的支系，形成一些各具特点的不同民族。他们在近 2000 年艰难的生息繁衍中，通过宗教、民俗等活动，始终保持着他们祖先创造的精神文化遗产。

五、兄妹开荒亚型

兄妹开荒型是一个很特别的类型。它的前半截有着寻天女型中常见的几兄弟犁地被平复的母题，而后半截却是雷公报仇型与神谕奇兆型中常见的兄妹结婚再传人类母题。显然，它是一种复合的形态。从我们的类型分布图上也可以看得很清楚，兄妹开荒型的异文正好夹杂在寻天女型和雷公报仇型的中间地带，集中在川、黔、

---

① 李近春：《浅谈纳西族史诗〈创世纪〉》，见郭大烈、杨世光编：《东巴文化论集》，云南人民出版社 1985 年版，第 353、360 页。

② 马学良、梁庭望、张公瑾主编：《中国少数民族文学史》，中央民族学院出版社 1992 年版，第153 页。

③ 徐铭：《毕摩文化概说》，见左玉堂、陶学良编：《毕摩文化论》，云南人民出版社 1993 年版，第31 页。

滇交界处和云南中部楚雄、弥勒彝族聚居地区。我们现在收集到这个类型的异文一共有 30 篇，其中 15 篇来自彝族，10 篇来自苗族，这个统计表明，它极有可能是由这两个民族所传承的不同类型洪水故事，在交叉传播中复合而成的。

关于这个故事的内容，贵州省西部仡佬族中流传的一首古歌《泡桐歌》，可以作为一个例子。其主要情节是：古代有一家兄妹三人，有一次，他们白天开好的地，到第二天就平复了，他们夜里躲起来看是怎么回事，发现是个白胡子老头干的。原来这老头是太白金星，他告诉这三兄妹马上要发洪水了，叫老大躲进石柜里，老二和他妹妹躲进葫芦里。大洪水后，葫芦里的兄妹经过三个难题考验来测天意：a. 隔河来滚磨；b. 隔河丢簸箕；c. 丢针来穿线。得到确认后成亲。婚后生下一个儿子。天神后来派仙女下凡与其婚配，再造了新的人类。[①]

在这首古歌中，前面几个类型的一些母题被融合在一起。寻天女型中的兄弟开荒，变成了兄妹开荒；避水工具是葫芦，洪水后兄妹难题结婚，这些都是雷公报仇型的典型母题；然而，再造人类又回到了天女下嫁。显然，它是上述两个亚型在传播中发生融混的产物。

兄妹开荒型早在 1911 年就被英国人克拉克记录在他的著作中，而且他还是转引别人的讲述，可见这个类型早就存在。在彝族四大创世史诗《阿细的先基》、《梅葛》、《查姆》和《勒俄特依》中，前面两部史诗中的洪水神话部分，都属于兄妹开荒型，足见这个类型的古老与重要。一般来说，这个类型应该是产生于上两个类型之后。但即使如此，它的历史也不一定就很短。有关这个复合类型的来历，我们还需进一步研究。

六、其他类型

在我们目前收集到的中国洪水神话传说中，能够清楚地看到其类型特征的，主要是上述四个类型，它们的异文数合起来为 196 篇，约占总数的 45%。其他剩下的异文，则分别属于下面几种情况。

一种是在个别民族与有限地域中流传的带有某些独特母题的类型。例如在白族、布依族、独龙族、哈尼族、黎族、怒族以及台湾一些土著民族中，各有一些类似于地区亚型的小群异文。它们或是上面四个类型流传到某些民族和地区后的变体，或是有着自己的独立起源。

另一种是国际型的洪水故事。例如基督教的挪亚方舟故事、伊斯兰教的努哈故事，很早就随着移民和宗教的传播进入中国。古代印度的洪水神话，在中国也早就为人所知。在台湾、海南岛和云南省，有些民族的洪水故事似乎与东南亚地区之间存在着某种联系。这些，都是我们很感兴趣并正努力探讨的问题。

---

① 参见贵州省安顺地区民族事务委员会编：《仡佬族古歌》，贵州民族出版社 1991 年版，第 34—38 页。

除了上述带有类型性的异文外，在中国，还有大量一般性的洪水故事流传。这些故事都有大洪水、遗民、人类再造的主要情节，但是它们却缺乏那种能作为亚型标志的典型母题，因此我们就将它们称为基本型。这类异文目前在我们的资料库中占有很大比重，达40%左右，并且其中大约三分之一明确指出故事中的洪水就是原始之水。

七、初步的结论

通过以上分析与介绍，我们可以得到一些初步的结论：

（1）中国是一个洪水神话极为丰富的国家。作为一个古老的农耕民族，中国曾饱受洪水之患，并且至今常常受到洪水的威胁。因此，中国从遥远的古代起就有大量关于洪水的神话与传说产生。更值得一提的是，中国的洪水神话不仅有古代的文献记载，而且直到今天还在不少民族与地区以口耳相承的活形态广泛流传。近年来，中国采录发表了数以千计的口传洪水神话记录，这对于世界洪水神话研究来说，是一个重大的发现。它必将为国际洪水神话研究带来新的突破。

（2）中国洪水神话绝大多数具有世界其他地区洪水神话的一般结构特征，即认为在远古时曾有一场淹灭世界的大洪水发生，在洪水后只有个别人幸存下来，并由他们重新繁殖出新一代的人类。这种情节模式的类同，究竟是由于人类早期生活与思想的相似而产生的巧合呢？还是由于中国与其他国家和民族在相当古老的时代就存在我们现在尚不知道的文化交流呢？抑或是像有些学者所认为的那样，远古时代的确有一场淹没世界的大洪水，今天的人类都是几个侥幸遗存者的后裔？随着今后对洪水神话的研究不断深入，我们可能对中外远古文化关系会有一些新的发现。

（3）中国洪水神话不仅数量众多，而且形态丰富多彩。各种不同亚型的洪水神话，反映了各民族不同的民族文化性格，体现了鲜明的民族性。同时，洪水神话又记录着各民族人民血肉相依的历史渊源。例如，中国洪水神话的结尾有一个常见的母题，即许多民族出自同一个始祖，他们都是洪水后那对兄妹所生，或是从同一个大葫芦中出来的。我们都知道，口耳相传的神话是研究前文字社会时期民族历史的珍贵史料，而我国许多少数民族，直到解放前夕仍处在这一历史阶段，因此，研究洪水神话，对于了解我国一些民族的族源和他们之间的相互关系，有十分重要的价值。

（4）在中国洪水神话中，有不少异文保持着非常原始的形态。我们将其内容与国外洪水神话略加比较，不难看出这种特色。例如，在著名的巴比伦、希伯来、希腊和印度洪水神话中，人们用来躲避洪水的是人工制造的船只，然而在中国几个最有代表性的洪水神话类型里，避水工具却是葫芦、牛皮等自然物，或是神的保护（石龟、石狮）。尤其值得注意的是，中国洪水神话中人类的再繁衍，多是现实生活中严格禁止的乱伦婚配（兄妹、姐弟、母子、父女），这与西方同类情节中的由夫妻或家庭再传人烟极不相同。其他如难题求婚、葫芦生人、切碎怪胎、泥土造人等等，都是非常原始的母题。中国洪水故事还常常与许多民族的系列创世神话结合在一起，成为其中一个不可分割的组成部分。此外，洪水神话的流传往往与各民族的原始宗教、民俗紧密相连，在有些民族中，甚至只有在某些特别的场合，如祭祖、重大节日时，才能由特定的人（巫师、长老等）来讲述。因此，中国洪水神话也是研究人类早期的宗教、民俗、生活方式和思维方式等等的珍贵资料。

总之，中国洪水神话的大批发现，填补了世界洪水神话圈的缺环。对人类早期生活与文化、中国各民族的历史渊源及文化关系、中外古代文化交流等，有着极重要的价值。我们这里虽然对中国洪水神话的类型和分布进行了初步探索，但有关中国的洪水神话与传说的其他方面，还有很多问题需要进一步深入研究。特别是它们的起源、原型、传播路线、与周边地区的关系、文化内涵和社会功能等等，将是一代代学人继续努力探索的目标。对此，中国学者有着义不容辞的责任，并一定会作出应有的贡献。

本文原载《民间文学论坛》1996 年第 3 期。

鼓之舞之以尽神

——论神和神话的起源

刘宗迪

刘宗迪（1963— ），山东即墨人，博士，中国社会科学院民族文学研究所副研究员。主要从事神话学、先秦文献学等研究。神话学方面的重要论文有：《鼓之舞之以尽神——论神和神话的起源》（1996）、《黄帝蚩尤神话探源》（1997）、《浑沌的命运》（1999）、《〈山海经·海外经〉与上古历法制度》（2002）、《〈山海经·大荒经〉与〈尚书·尧典〉的对比研究》（2002）、《太阳神话考》（2002）、《昆仑原型考》（2003）、《〈山经〉出自稷下学者考》（2003）、《西王母神话的本土渊源》（2004）、《神话和神话学》（2004）、《中国现代神话学：在思想与学术之间》（2005）、《烛龙考》（2005）、《伏羲女娲兄妹婚故事的源流》（2005）等。神话学专著有《失落的天书：〈山海经〉与古代华夏世界观》（2006）等。

诸神由何而来？这是人文学术中的一个"老大难"问题，——谓之"老"，是因为它的历史与神话一样久远，自从人间流传诸神的故事，就有人在思索诸神的来历；谓之"大"，是因为它是人文学术的一个根本性问题，神话学、文化学和哲学等领域中许多问题都植根于此；谓之"难"，是因为古往今来不乏智者贤达为之苦思冥求，却迄无确解。

一、神、"大"字与舞蹈

要揭示神的来历，首先必须准确把握神性的本质。举凡人们对神的理解，可归纳为下述两个方面：

其一，创世性。指神妙造万物，陶冶众生，开天辟地，品物流形。

其二，神秘性。指神造化无方，神秘莫测，不可言传，唯借世间万物而昭现。

被如此理解的神，就是一种神秘的创世力量，它又被古人命名为"大"。

《论语·泰伯》云："大哉！尧之为君也。巍巍乎！唯天为大，唯尧则之。荡荡乎！其民莫能名。巍巍乎！其有成功。焕乎！其有文章。"孔子所谓"大"，即天所具有的泽及万物惠被众生却无以名状的神性。"巍巍乎！其有成功"，言其创世性；"荡荡乎！其民莫能名"，言其神秘性。

《老子》云："有物混成，先天地生，寂兮寥兮，独立而不改，周行而不殆，可以为天下母，吾不知其名，字之曰道，强为之名曰大。"老子所谓"大"，即周流六虚化生万物却不着形迹的"道",或曰神。"可以为天下母",谓其创世性;"吾不知其名",则谓其神秘性。

"天"字是由"大"字演变而来,而"天"字在古汉语中,几乎被用为"神"的同义词,此亦足以证明,"大"字原本就具有神圣含义①。总之,"大"字在最初还不是一个平凡的形容词,而是一个神圣的字眼,实际上,即使是形容词意义上的"大",最初也并非指一般的体积或力量的庞大,而是崇高或神圣的意义。

那么,先民们为什么要用"大"来命名神呢? 古汉字象形,以"大"字意指神性,这只能是因为在先民们看来,神乃是以"大"字的形式存在和呈现的,因此,"大"字向我们提示了神最初的呈现方式。

"大"字的初文作大,它象征的乃是原始舞蹈中的舞者形象,这一点可由一系列与"大"字相关的文字诸如舞、奕、美、文、雩、皇等中得以证明:它们最初都是用来命名或形容舞蹈的。

1. "舞"字

首先,"舞"有大的意思。"无(無)"与"舞"同源,而从"无"之字多有大的意思,《方言》、《尔雅》并云:"忨,大也。"《诗·巧言》云:"无罪无辜,乱如此忨。"毛氏云:"忨,大也。""无"谓大,故老子称"道"为大,又为无,并且,老子之"无"和《诗》之"大忨"都是意指天的至高无上的神性。"无"与"舞"同源,"无"谓大,故"舞"亦谓大。

况且"舞"字之初文作央,本身就象征手持羽毛而舞之人,其中舞者正作"大"字之形。

2. "美"字

"美"有大义,郝懿行《尔雅义疏·释诂》有论,此不赘述。

"美"字初文作美,正表示头戴饰物(羽毛之类)而舞的形象,此说已成定论②,而其中的舞者形象正作"大"字之形。

3. "奕"字

《诗·那》云:"万舞有奕。""奕"字形容舞姿,《诗·简兮》云:"万舞俣俣。""俣"借为"奕",亦形容舞姿。

"奕"也有大义,《尔雅·释诂》:"奕,大也。"《说文》同,并引《诗·韩奕》"奕奕梁山"为证。《诗·巧言》"奕奕寝庙",毛氏训为大。"奕"之训大,当本自"亦"字,《诗·噫嘻》"亦服尔耕",《丰年》"亦有高廪"等,郑玄并云:"亦,大

---

① 郭沫若认为"天"字是由"大"字演化而来的,然而"天"字的神性是后起的,而不是从"大"字继承来的,"大"原本只是一个平凡的字眼(见《郭沫若全集·历史编》第1卷《先秦天道观之进展》)。这一观点不合乎人类认识发展的逻辑:随着人类认识能力的提高,外在事物对于人只能日益俗化,而不会日益神化。

② 参见《哲学大辞典·美学卷》,上海辞书出版社1991年版,"羊大为美"条;以及康殷:《文字源流浅说》,国际文化出版公司1992年版,第111页。

也，"段玉裁《说文解字注》谓："亦，即奕之假借。"则本末倒置矣，实则，"亦"为"奕"之本字，因它后来被假为语辞，才不得不缀以"大"字以存其古义，"亦"之本义即"大"，此由字形可知，其初文作𡗕，正状一"大人"之形，证之"万舞有奕"，则知此"大人"必为舞人，此字或者是象征舞者神采奕奕之风姿。

4．"文"字

"文"有大义，《诗·江汉》："告于文人"，"矢其文德"，"文"表示神圣、崇高，此正是大的本义。《说苑·修文》云："文，德之至也。"至者，至高无上之谓也，大也。故"文"常被用作帝王的谥号。

"文"又是舞蹈之名。《春秋公羊传》云："象舞为武舞，器用干戚；夏籥为文舞，器用羽籥。""文"谓舞明矣。

"文"初文作𡕥，象文身之人，这一形象实亦"大人"，只不过为了刻画其胸前的文饰而夸张了"大人"的胸廓而已。而且，这一文身之人，只能是舞蹈之人。——这是因为，文身的目的是为了自我表现，借文饰以展示自身之魅力，先民们在艰苦劳作之际无暇于自我表现，只有在劳作之余的游戏活动中才可能以自我表现为事，游戏"并不通过运动来谋求目的和目标，而是作为运动的运动，它可以说是一种精力过剩现象，亦即生命存在的自我表现"①。而最直接最原始的游戏必然是肉体本身的游戏，即舞蹈，舞蹈是人类最早的自我表现方式，必然也就是人类最早用各种方式装饰自己的场合，直到现代，人类学家还能够发现，"澳洲人的画身，以参加舞会时所画最为富丽谨慎"②。因此，用"文"字所象征的必为文身而舞之人。文舞之称文舞，最初正因为是文身而舞，正如武舞之称象舞，是因为头戴野兽面具（象）象征狩猎或战斗而舞。

5．"翆"字

《说文》云："翆，舞羽也。"《尔雅·释诂》云："翆，舞也。"

"翆"又有大义。"翆"从"亐"，"亐"即"于"，郝懿行《尔雅义疏》云："凡从于之字多训大。"故《释诂》有："诩，宇，大也。"

殷墟卜辞有𩇢字，即翆字初文，此字象征一头戴假面持羽而舞之人，其中舞者形象也作"大"字形。

6．"皇"字

"皇"亦为舞名。《周礼·舞师》云："舞师……教皇舞。"郑玄注云："皇，书亦作翌。"《说文解字》云："翌，乐舞以羽翿自翳其首以祀星辰也。"则"皇"即指舞者所戴之羽冠。

"皇"也有大义。《说文》："皇，大也。"故"皇"被用作神灵之名，如"三皇"、"皇帝"等。"皇帝"又作"黄帝"，"皇"与"黄"通，而"黄"字甲骨文

---

① 伽达默尔：《美的现实性》，张志扬译，生活·读书·新知三联书店1991年版，第35页。
② 格罗塞：《艺术的起源》，蔡慕晖译，商务印书馆1984年版，第44页。

作使，亦作大人之形，"皇"为舞名，则此"大人"当为舞人，即佩瑝而舞之人。

此外，"大"字与舞、神的联系，更可由原始岩画中的舞蹈场面得以证实，其中的舞者形象皆以大字的形象出现。与舞蹈的"大"字造型形成鲜明对照的是，岩画中表现劳作的人物造型多取侧面，远无舞者形象之高大堂皇。而且，这些原始岩画也与古汉字中那些象征舞蹈形象的文字一样，蕴含着浓厚的神圣意味。舞蹈岩画所标示之地乃是先民祭神之所，舞蹈画面乃是先民顶礼膜拜的对象。①

大、神和舞之间这种三位一体的关系，也存在于其他语言中，如满语称巫师为"萨满"（Saman），此词又谓狂舞、天神和大神等意义②。

综上所述，足以表明，"大"字、神和舞蹈之间的关联决非巧合，而是体现了一种必然的人类精神宿命。也就是说，神性，最初只是以舞蹈的形式存在和呈现，只是以舞蹈的形式被领会和把握的。那么，舞蹈，是如何成为神的原初呈现之所的呢？

二、舞蹈的造化力量

如上所述，本真意义上的神性，就是一种神秘的造化力量，因此要回答上述问题，不过是证明，先民们最初正是在舞蹈中才体会到这种神秘的造化力量的。

这不过是因为，舞，作为人类最早的游戏形式，相对于劳作活动，为人类敞开了一个全新的存在境遇：在其中，人类被陶冶为真正的人。

人劳作，是为了生存，也就是说，为了满足其动物性的生存欲望和繁殖本能，人在劳作中为动物之所为，则必定是动物之所是，劳作的人尚未把自己与动物区别开来；另一方面，在劳作中，人将外在世界作为谋生的工具，他同时也就仅仅作为工具而存在，外在世界和人本身的丰富感性、生动色相以及灵跃生机对他尚无意义，尚隐而未现。③

---

① 参见陈兆复《岩画艺术》以及李福顺《中国岩画创作中的审美追求》中关于岩画环境神圣性的分析，载《文艺研究》1991 年第 3 期。

② 萧兵：《傩蜡之风》，江苏人民出版社 1992 年版，第 37 页。

③ 历史唯物主义从劳动的角度解释人的生成，然而，流俗的观点一方面将马克思主义经典作家的劳动学说庸俗化了，另一方面也将"游戏"学说简单化了，并毫无道理地将两者对立起来。实际上，马克思的劳动学说与"游戏"学说并不矛盾，毋宁说，前者已将后者包含于其中。马克思在《1844 年经济学—哲学手稿》中指出，人的本质在于劳动，而人的劳动不同于动物的"活动"，它是"自觉自由的活动"，但是，并非所有由人所从事的劳动都是自由的，"事实上，自由王国只是在由必需和外在目的规定要做的劳动终止的地方才开始；因而按照事物的本性来说，它存在于真正物质生产的彼岸"（《马克思恩格斯全集》第 25 卷，第 926 页）。"由必需和外在目的规定要做的劳动"就是所谓"异化劳动"，它使人蜕变为动物。只有在物质劳动的彼岸，"作为目的本身的人类能力的发展，真正的自由王国，就开始了"（《马克思恩格斯全集》第 25 卷，第 927 页）。这一自由王国只存在于劳动之外（彼岸），即只存在于闲暇之中，因此，"工作日的缩短是根本条件"（《马克思恩格斯全集》第 25 卷，第 927 页）。这种在闲暇中进行的、以人自身的全面发展为目的的活动，不是游戏，又是什么？这表明，马克思虽然没有明言"游戏"这样的字眼，但"游戏"精神已经贯穿于其关于劳动和人的生成的思考之中。可以说，要理解马克思关于人的思考，必须首先理解其劳动学说，而要理解其劳动学说，就必须首先理解游戏。

相反，在游戏中，人第一次摆脱了劳作所强加于他的动物性和工具性。"游戏的真正本质在于，游戏着的人从那种他于其中追求其目的的紧张状态中脱离出来。"①而成为自由的亦即真正意义上的人，游戏是"生命的自我表现"，因此，游戏的人就不再仅仅是为满足其生存和生殖欲望而终日碌碌的动物性的人。"只有当人游戏时，他才是完全的人。"②

而舞蹈由于是直接以人的肉体参与游戏，因此必定是人类最原始的游戏方式，也就是说，正是在舞蹈中，人第一次把自己作为人看待并作为人存在。

一方面，舞蹈者既然是以自我——尤其是其肉体——为表现的对象，那么，那在劳作中被忽视或晦蔽的肉体整体存在就在舞蹈中首次得以绽现，得以充分的炫耀和渲染。在舞蹈中，人既是审美的主体又是审美的客体，他在自己体验那美妙的瞬间之同时也向人们展现了自身的雄健和妩媚。舞蹈，是肉体的自由运动和自我生成。人类在舞蹈之光的澄照下，第一次展现并看到了自己那灵性充盈的肉体，并将它描绘出来，这不是别的，就是那个"大"字。

这个"大"字映照着舞蹈的造化灵光，凝结着舞蹈的神韵，因而也就成了舞蹈之造化力量的象征。

舞蹈不仅造就人类，而且也开辟世界。这是因为，舞蹈第一次使人进入了游戏－审美的存在境界，它在使人审美地存在之同时也就使人审美地看待世界，世间万物不再仅仅是满足其动物性"胃口"的生存和生产资料，"万物静观皆自得"，通过舞蹈，那深邃的碧落、广袤的大地、宁静的家园，那世间万物丰富生动的感性才首次如其本然地向人们展现出来。在此意义上，可以说，舞是人类文明之光，它澄明宇宙、点化众生、开天辟地、雕刻众形。舞，"妙造万物"。

另一方面，舞的这种创造力量又是神秘的。原初之舞，天真烂漫，一任性情之所之而不知手之舞之足之蹈之，而无任何先在的规矩节制它、约束它，无规矩则无以成方圆，则无形。"大"为舞之形象，因为舞象无形，故"大"象无形——玄学命题自有其素朴的文化渊源——"大"象无形，故难以把握，不可言说。而"不可说的"，——用维特根斯坦的话说——"就是神秘"③。

人之所以有关于神的信仰，只是因为他们曾经切身体会到一种未知的神秘力量，所谓神，实际上就指这种力量，正是在原始舞蹈中，人们才第一次获得这一体验。"游戏的魅力，就在于游戏超脱了游戏活动者的主宰"④，原始舞者在这种神秘的造化力量的裹挟和激荡下，心狂神迷，出神入化，仿佛神灵附体，超凡脱俗，这也等于说，舞蹈使人变为神，每一个陶醉于跳舞之中的人，都曾经切身体验到这种神化境界。

---

① 伽达默尔：《真理与方法》，王才勇译，辽宁人民出版社 1987 年版，第 155 页。
② 席勒：《审美教育书简》，冯至、范大灿译，北京大学出版社 1985 年版，第 80 页。
③ 维特根斯坦：《逻辑哲学论》，郭英译，商务印书馆 1985 年版，第 97 页。
④ 伽达默尔：《真理与方法》，王才勇译，辽宁人民出版社 1987 年版，第 154 页。

综上所述，舞陶冶众生，妙造万物，舞又阴阳不测，不可言传，总之，舞，"妙万物而为言"，它是一种神秘的造化力量。如上所述，所谓神性，本质上讲，无非指的是一种神秘的造化力量，因此，舞就是本真意义上所领会的神。舞使人成为神，并使人第一次目睹了神的形象——即跳舞的人，或曰"大人"。"游戏的最初意义其实就是指通神的意思。"[1] 神，源于原始舞蹈！

总结上文，我们通过对"大"字的字源学考察，揭示了神与舞之间的关系，随后，又通过对原始舞蹈的现象学阐述，说明和确认了这一关系。

这就足以说明，巫师以舞降神，决非一种可有可无的权宜之计，或者是出于一厢情愿的主观联想，也决非如卫道者所言，仅仅是礼崩乐坏之末世的一种胆大妄为的亵渎神灵的"淫祀"，而是与神沟通让神现身的最本真方式：神，原本就是跳舞的人，舞姿兴，则神灵现，"鼓之舞之以尽神"。

三、由舞蹈到巫术到神话

神话是关于神的言说。神源于舞，故对神的言说源于对舞的言说。然而，如上所述，原初舞蹈的形式尚未确定，它不着形迹，不可言说。因此，要使神话成为可能，舞蹈必须首先规范化，以获得明确的形式，使之有形可察，然后才可名且可道。

由原始状态的自由率真演变为合规中矩，是舞蹈的内在宿命。舞蹈，作为游戏，必然自己为自己制定规则，"人类游戏的人类性在于，在运动的游戏中，它的游戏运动自己遵守规则，自己约束自己"[2]。舞蹈，作为最直接最动人的游戏方式，在漫长的史前岁月中，必然被无数次重复，规则就在一次又一次的重复中积淀、建立起来，并反过来约束舞蹈，舞蹈遂由生命的自由律动蜕变为循规蹈矩的肉体仪式。

仪式化了的舞蹈就是所谓巫术礼仪。这可由"巫"字和"礼"字的字源得以证明。"礼"字，甲骨文作 ，此字象征鼓的形象。[3] 鼓，是约束舞蹈，使之节奏齐一的主要打击乐器，"鼓，其乐之君邪！"（《荀子·乐论》）因此，先民们必定是通过鼓来体认和把握舞之规则的，于是，借鼓来命名舞的规则就顺理成章。这就足以表

---

① 伽达默尔：《真理与方法》，王才勇译，辽宁人民出版社1987年版，第150页。
② 伽达默尔：《美的现实性》，张志扬译，生活·读书·新知三联书店1991年版，第36页。
③"礼"（禮）从豐，《说文解字》："豐，行礼之器也。从豆，象形。"王国维据卜辞申述许说云："象二玉在器（按：即豆）之形。"（《观堂集林·释礼》），皆以"礼"字古文象豆，此说影响甚广，至今被引为定论，其实非也。古礼于行礼之器有严格规定，《礼记·曲礼上》云："执玉，其有藉者则裼，无藉者则袭。"郑玄注曰："藉，藻也。"孔颖达疏曰："凡执玉之时，必有其藻以承玉。"《礼记·杂记下》亦云："藻之采六等。"郑注："藻，荐玉者也。"孔疏："藻谓以韦衣板以藉玉者。"《周礼·春官·典瑞》、《仪礼·聘礼》等亦言荐玉以藻（字亦作缫），据"三礼"之说，则古人行礼执玉有专器，即所谓以韦（熟皮）衣板而成之"藉"。遍检古书，无以豆盛玉之事，豆为盛食之器，安可以之盛玉，滥用礼器，非礼也，礼经必不言此，可见王国维臆说。"礼"字初文所象征者实为鼓形。卜辞"鼓"字象执槌击鼓，其左边即象鼓形。古人于鼓，视为神器，今之后进民族犹然，故对之极尽装饰美化之能事。鼓上多饰羽毛，至汉犹盛，可由汉画像石见其一斑。"礼"（禮）初文作 ，实象饰羽之鼓之形。

明，礼，最初不过是舞蹈的规范化或规范化的舞蹈。许慎尤能体会"礼"字的古义，《说文解字》云："礼，履也。"又云"履，足所依也"——鼓之节奏、舞之规则，不正是舞者举手投足、进退周旋、俯仰揖让的依据吗？随着礼教之泛化，"礼"字才被引申为泛指一切行为之"所依"。

《说文解字》又云："礼，所以事神致福也。""所以"者，手段也。礼作为事神致福的手段，就是所谓巫术，《说文解字》云："巫，女能事无形以舞降神者也。"

说巫术是"事无形以舞降神"的手段，就意味着，巫术的参与者们已经有了一定的关于神的观念，也就是说，巫术总以一定的关于神的观念为前提，然而，这并不等于说，在历史发生的顺序上，神话先于巫术。

如上所述，巫术是舞蹈仪式化的结果，巫术作为一种规则化的舞蹈，其规则要能够被普遍地了解和遵循，就必须用语言或其他符号形式将之确定下来，即用语言符号对舞蹈进行的具体方式，包括时间，地点，巫师的角色、服饰仪容以及舞蹈的动作要领等加以描述。舞就是神，因此，对神性舞蹈的描述也就是最初的"神话"。① 神话一旦形成，就反过来指导、规范具体的巫术操作，只是在这时，巫术才是对先在的神话观念的肉身表达："用舞姿将神表现出来。"②

这涉及神话学和文化人类学中的一个重大的理论问题，即巫术和神话孰因孰果、孰源孰流的问题，而国内外学术界恰恰对此问题缺乏清醒的认识。

在界定巫术与神话的关系时，首先应明确是在何种层面上讨论问题。说巫术是事神致福的活动，一定的巫术仪式总以相应神话体系作为"理论"前提，这是就巫术形态学而言：先在的神话观念和据之而展开的巫术仪式，构成了成熟的巫术活动在形态上的二元论结构，这正如先在的理论体系和据之而展开的实践活动构成了社会实践的二元结构一样；相反，说神话是对于先在的巫术仪式的叙述，这是就巫术和神话的发生学关系而言：由肉身性的狂欢化舞蹈，到肉身性的规范化舞蹈，再到符号性观念性的神话体系，这正如在发生学上，实践先于理论一样。

理论源于实践又反过来指导实践，神话源于巫术又反过来规范巫术，这正是存在和意识的辩证法，对这种辩证法的无知就导致了神话学、文化人类学等对巫术和

---

① 认为仪式先于神话，神话只是对先在的巫术仪式的描述，这一观点在文化人类学界和神话学界被称为"神话仪式说"，最早是由弗雷泽提出来的，并由弗雷泽在剑桥的同事简·哈里森、霍克、默里等发扬光大，对20世纪早期的神话学、人类学和文艺学产生了巨大的影响。但这个学说从一开始就陷入恶性循环之中：仪式说的初衷是通过将神话追溯于仪式而说明神话，然而，因为不了解仪式发生的根源，为了说明仪式，又不得不反过来诉诸先民的神话观念，将仪式看作对神话观念的表演，于是不可避免地陷入自我论证的怪圈。正因为这样，仪式与神话，究竟孰先孰后，在学术界就一直是一个争论不休又毫无结果的问题，以至于最后被当成一个如同"是鸡生蛋还是蛋生鸡"一样毫无意义的问题而抛开不管（克拉克洪：《神话和仪式：一般的理论》，见《20世纪西方宗教人类学文选》，上海三联书店1995年版，第149页）。舞蹈—巫术—神话三者之间的发生学关系的揭示，摆脱了这一恶性循环，并赋予传统的"神话仪式说"以新的生命。

② 蔼理斯：《生命之舞》，徐钟珏、蒋明译，生活·读书·新知三联书店1989年版，第33页。

神话关系的颠倒：人们囿于对成熟形态的巫术仪式的直观，以形态学关系推断发生学关系，将共时的"逻辑"关系误解为历时的发生关系，因为发现现存的巫术实践总有一定的神话体系为依据，就理所当然地认为巫术源于神话，从而以神话阐释巫术，以观念说明实践，而为了说明如此这般的神话观念，又不得不发明种种貌似有理实则神秘的"原始思维"学说，如"万物有灵论"（泰勒）、"语病说"（米勒）、"图腾崇拜说"（迪尔凯姆）、"互渗律"（列维－布留尔）、"原型说"（荣格）、"二元对立结构"（列维－施特劳斯）等，将神话之特殊叙事方式和巫术之特殊行事方式归结为莫须有的原始心理或思维结构，然后就万事大吉，而巫术之"荒唐"和神话之"神秘"却依然如故，并且又在原本朴素的原始神话之上，叠加了一系列精心构造的形而上学神话。

因此，为了说明原始神话就必须首先破除诸如此类的"现代神话"，以将被形形色色的形而上学神话学体系颠倒的世界重新倒过来。

神话源于巫术礼仪，因此就应该以巫术礼仪说明神话而不是相反。神话之神秘，因此也是最需解释的，主要在于其中诸神形象的怪异和诸神故事的荒诞，而两者都可以从巫术得以解释。

1. 诸神名号的形成

命名是为了区分被命名者，而各种舞蹈赖以区分的最鲜明特征莫过于其各自不同的饰物。实际上，饰物的最初功能正是为了标志或区分。由于舞蹈的仪式化，各种舞蹈的饰物和道具因其功能的不同渐趋分化和确定，因此，舞饰就成了给舞命名的最可靠的参照物（reference），舞名，常常就是舞饰之名。例如，执干戚而舞谓之"武"，"武"从"止"从"戈"，象征操戈而舞之人；断发文身而舞谓之"文"，象征文身而舞之人；戴羽而舞谓之"皇"，皇，羽冠也；颈饰贝串而舞谓之"朋"，朋，串贝而成之颈饰也；[1] 佩璜而舞谓之"黄"，黄，象人佩璜之形；又据《周礼·乐师》，有绂舞、羽舞、旄舞等，自然分别是指执绂而舞、饰羽而舞和缀旄而舞……

神即舞，则舞饰为舞赋形，为舞命名，也就等于说，它为神赋形，为神命名。

明乎此，则知神话中之所以有许多奇形怪状的形象和稀奇古怪的名号，不过是由于巫术之舞中巫师们那千奇百怪的装束。例如，神鸟"凤凰"，原本为朋舞和皇舞之人，由于饰羽而舞，故羽化而为鸟；[2] 神话中能够止雨降旱的"女魃"，则是执"绂"而舞的女巫；"羲和"、"嫦娥"（以及"常羲"、"常仪"）、"姜原"以及"女狄（翟）"等名号也与饰羽而舞的巫术仪式有关；包戏（又称伏羲、庖牺等）则源于"鼓腹（即击腹为鼓，"包"本义谓腹）而熙（借为戏）"之巫。由此可知，神话中那许多人面兽身、人首鸟身、半人半兽的神怪，实在只是化装而舞的巫师所托生。

---

① 康殷：《文字源流浅说》，国际文化出版公司 1992 年版，第 456 页。
②《说文解字》云："朋，古文凤。"

总之，神话中关于诸神形象的描写和对诸神的命名，决非随意的捏造，而完全是据实而察形、缘形以赋名。

2. 诸神故事的形成

神话不仅有对诸神形象的描绘和命名，更有对诸神故事的叙述，后者源于巫术仪式中巫师的使术弄法，逢场作戏。如果说，诸神的形象和命名取决于巫师的舞饰，那么，神话中诸神的故事则源于对巫术仪式中巫师如此这般的法术的叙述。

叙者，序也。叙事是对一个事件各历时环节的记叙。从浑然未分的原始舞蹈到规范化的巫术舞蹈，其"起承转合"各个历时环节渐趋分化并确定下来，巫术形式化为由一系列明确的行事情节构成的仪式，从而使对它的叙述成为可能。

舞即神，舞者的所作所为，也就是神灵的所作所为，因此，关于巫术舞蹈的情节演进和巫师如此这般的道术法力的叙述，在神话中就体现为诡谲奇幻的故事。例如，"羲和御日"（《离骚》）、"羲和生十日"（《山海经·大荒南经》）和"常羲（或常仪、常娥）生十二月"（《山海经·大荒西经》）等与日月有关的神话，不过是反映了郊天仪式上祭司（巫史）观测天象制定历法，从而据太阳一天内运行的十个位置将一天分为十个时段，[1] 以及据月亮的盈亏将一年分为十二个月这一原始历法制度，而在文字尚未通行因此尚无成文历法的远古，巫史正是以身体的动作语言即舞蹈来表达和颁布历数的，彝族至今仍有以十二神兽记时的舞蹈，"舞蹈的主要情节是由女巫带头表演仿效十二兽的声音和动作，以象征记时十二神兽的降临"[2]。此即《论语·尧曰》所谓"天之历数在尔躬"；又如，屡见典册的"炎、黄之战"，"黄帝、共工之战"、"黄帝、蚩尤之战"，以及"大禹治水"、"汤祷桑林"等与"呼风唤雨"有关的神话，所反映的只是在禳除水旱之灾的仪式上，雨巫与旱巫之间的角斗较量，而黄帝等挥麾熊罴虎豹上阵助战，正是仪式中化装而舞的生动写照；再如，"女狄食玄鸟卵而生契"（《史记·殷本记》）、"姜原履大人迹而生弃"（《史记·周本记》）等感生神话，也不过道出了节日（春分等）狂欢中男女以舞相悦从而野合生子这一古老婚俗，此风俗后来演化为教化妇德祈求子嗣的郊媒仪式和淫逸放荡的桑间之乐……总之，关于特定巫术仪式的叙述形成了具有特定的时间、地点、人物和情节的神话文本——在神话以语言讲述神的故事以前，巫术仪式已经以肉体在演示它了。巫术是神的戏剧，而祭坛就是舞台。

因此，神话中那些非凡的诸神传奇，决非神话"创作者"的向壁虚构，而是对确确实实曾经发生于尘世的事情的朴素记载，神话（mythos）一词在古希腊的含义就是"真实的事"。[3]

循以上思路，以诸神形象和名号与巫饰仪容之间的关系以及诸神故事和巫术道法之间的关系为经，以对诸神名号和神话文本的文字学、训诂学考证和文化学、民

---

① 参见杨伯峻《春秋左传注·昭五年》及《周礼·冯相氏》。

② 萧兵：《傩蜡之风》，江苏人民出版社1992年版，第482页。

③ 维柯：《新科学》，朱光潜译，人民文学出版社1986年版，第425页。

俗学的考察为纬，就不难揭示神话的现实底蕴，这一点应成为神话解释学的基本方法论原则。本文的目的即在于阐明这一基本原则，其有效性则必须通过具体的阐释实践方能得以检验，由于篇幅所限，这一工作只有留待他文了。

本文原载《民间文学论坛》1996 年第 4 期。

端午与屈原

——神话与仪式的结构关系再探

李亦园

前　言

本文作者在研究关于寒食仪式与介之推传说的前文中，曾有这样一段话：

> 在上述各种介之推传说的"版本"中另有一点值得注意的是《琴操》记载介之推死难的日期是五月五日，这一日子后来虽经《邺中记》的否定与《岁时记》的"改订"，但是五月五日端午节的仪式，在我国民间的习俗中，却又被另一传说神话——屈原投江死难所代替，而作为支持肯定仪式的说法。端午与屈原的传说虽非本文分析的范围，但从这一改变与取代的过程，我们仍可看出我国古代季节性仪式施行时，特别是对一般非知识分子的老百姓而言，传说神话的支持与肯定具有重要的意义。

本文的撰写即是要循着前文的脉络，进一步说明传统季节性仪式与传说神话的一般性相互关系，同时更是要对端午节与屈原传说这一个特定组合给予剖释，以了解其间的对应结构关系。

从上引前文的那些话中我们可以明显看出：五月五日端午节最早似与介之推的传说一起搭配，后来却因为种种因素无法配合，所以才用屈原投江的传说来补充，而这就表现了古代季节性仪式与传说之间的"任择"（arbitrary）关系。仪式与传说之间本来并无真正的关联，或者更明白地说，仪式的举行背后并不一定真正有一个戏剧性的"本事"存在，但是为了保证仪式的合理执行，就需要借用一则动人或富有戏剧性的传说来支持肯定它，而这就是荀子之所以说："圣人明知之，士君子安行之；官人以为守，百姓以成俗。其在君子，以为人道也；其在百姓，以为鬼事也。"对知识分子（士君子）来说，我们知道祭祀仪式是为人之道，所以可以安行之，然而对老百姓而言，则要以崇拜自然鬼神的办法来诱导，才能使之成俗。季节性仪式如寒食、端午等等，其实是非常象征性的仪礼，因此要借用动人的传说来支持它，使老百姓即使不知其所以然，却也能知其然地成俗举行各项仪式，此即是神话传说的辩证关系所在。

然而，为什么要"择"这则传说来支持这个仪式呢？或者更特定地说，为什么要选择介之推传说来支持寒食仪式，而又选择屈原的传说来支持端午仪式呢？笔者在前举一文中，用结构对应的理论，解释了前一组关系的意义，而本文则是要对后一组进行分析阐释，希望借此对季节性仪式传说的一般性关系，理出一些更普遍的法则。

端午节的日期与季节意义

日期

在古代，端午节并不一定是五月初五，定在五月五日实是较后世的事。清人赵翼《陔余丛考》有这样一段话：

> 古时端午亦用五月内第一午日，《后汉书·郎颢传》以五月丙午遣太尉。又王充《论衡》曰："五月丙午日日中之时铸阳燧。"是午节宜用午日或丙日，大（？）世专用五日，亦误。按《周官·壶涿氏》午贯象齿"，郑注："午，故书为五。"然则午五本通用。唐明皇八月五日生，宋璟表云："月惟仲秋，日在端午。"犹以午为五也。后世以五月五日为午节，盖午、五相通之误。

近人黄石在《端午礼俗史》一书中，便根据赵翼的这段话加以解释：

> 据此可以证实自先秦至两汉，五月节期日子年年不同，随干支记日而定在第一个午日，端午之名，由此而生，即五月最初的午日之谓。大约魏晋以后，渐感干支记日不便记忆，改用数字代替，于是上巳更定在三月三日，端午更定在五月五日，而端"五"一名，大约也在此时起来代替较古的端"午"，但文人好古，凡月之五日，皆呼为端午。①

由此可见，古代的端节，是随干支推算而定在五月的第一个午日，而非固定在五月初五这一天，后代因感干支推算不便，是午五同义，所以才出现"端五"的定日。然而为什么是"午日"呢？晋代周处《风土记》的说法是这样的：

> 仲夏端五，方伯协极，享鹜，用角黍龟鳞顺德。注云：端，始也，谓五月之午日。四仲为方伯，俗重五日，与夏至同。鸭春孚雏，到夏至皆任啖也。

节气

周处的这段话有许多难解却又很重要的地方，部分留待下文再予说明，这里先说"俗重五日，与夏至同"这一句最关键之词。夏至是年中二十四节气之一，而二十四节气是依太阳运行轨道而定，换而言之，是根据太阳历而定的，这与古代所用的太阴历并不相符，因此日期便无法确定，但总在农历的五月中旬以后（阳历为六月二十一或二十日），而这样就与五月五日或五月的第一个午日有了差距。可是，为什么又说"俗重五日，与夏至同"呢？这可从前举黄石的《端午礼俗史》一书中的另一段话看出端倪：

---

① 黄石：《端午礼俗史》，泰兴书局1963年版，第5页。

信如是，端午节何不定在夏至之日呢？周处老早就考虑到这个疑问，他的解答是："四仲为方伯，俗重端午，与夏至同。"宗懔也证明六朝之际，夏至和端午同为时人所重，后来废夏至，把所有礼俗与端午合并。然则这种畸轻畸重的举措，岂非端午为恶月凶日之说的漏洞？是又不然，古人是很有理由的。午可解为"满长"，午在八卦上又为离为火，太阳的威力走到午的方位才登峰造极，但日中则昃，马上又走向下坡。按古之历法之五月斗指午，以干支记日，排到午日日月相应；又以干支记时，至午而日中天，故古时的节期，以午月午日午时为端午正日，表示太阳盛极转衰，六朝改在五月初五，月份不改，时辰也不改，单单日子便于记忆，取与午通假的五日，所以节期不定在夏至而定在重午。①

黄石的说法有一部分是对的，但是并不完全正确，这个问题要看古代对节气的看法是着重于特定一日，或是一段时期，以及中国传统礼俗中对二至二分节气的处理态度所定。例如：位于中国西南贵州的施洞与镇远等地，是汉族与少数民族杂居之处，在当地风俗中，就有"大端午"与"小端午"之分，"大端午"是农历五月二十五日前后数日，而"小端午"才是指五月五日这一日。② 由此可见端午这个节期，在时间上具有双重意涵：从时间、季节上说，可以是在农历五月内的一段时期，因而与夏至有密切关系，但作为一个仪式，为方便记忆与仪式的举行，就只好固定在特定一日。但无论是数日或一日，其与夏至这个"至日"（solstice）是必然相关的。

二分二至

所谓"至日"或"二分二至"，是一年中重要的季节日。"二分二至"指的是春秋二分（equinox）与夏冬二至，此节气的分界是依太阳投射的轨迹而定。在二分（春分与秋分）时，昼夜平分、等长；至夏至起，昼始渐短而夜渐长，到冬至后，则昼渐长而夜渐短。由于这二分二至的现象，与季节变化及作物生长有密切关联，特别是夏至与冬至二节，其影响日常生活更为明显，所以人类一开始就对这些节气很敏感，往往要举行仪式，以提醒大家这季节变迁的来临，而这种情形几乎是世界各地不同民族都有的习俗。英国著名的前辈民俗学者弗莱则（James Frazer），在他的大著《金枝篇》（The Golden Bough）中，即用很长的篇幅来描述欧洲"至日"的仪式，③ 而结构派神话学大师李维斯陀，在他的《神话学导论》第三卷《餐桌礼仪之始》（The Origin of Table Manners）一书中，对于美洲印第安人在二分二至的神话

---

① 黄石：《端午礼俗史》，泰兴书局 1963 年版，第 215—216 页。

② 胡朝栋：《从两个龙船节看中华龙舟文化的传承和发展》，见《中华龙舟文化研究》，贵州民族出版社 1991 年版，第 116 页。

③ Frazer, James, *Golden Bough：A Study in Magic and Religion*（one-volume abridged edition），New York：MacMillan, 1963, pp. 705-750.

与仪式上的表现，也有详尽的分析；① 而吾国古代的仪式与传说中，也同样对分至的季节现象十分看重。

其实在前面的"寒食仪式与神话"一文中，冬至这一节气的影子便已存在。按记载，寒食是冬至后一百零三日，要断火冷食三日，但也有些地方如山西的太原，冷食不举火的时间长达一个月，而李维斯陀所记述的欧洲四旬斋及南美印第安人的三旬斋戒，同样为期甚长。如前文所分析，寒食斋戒的仪式用来象征季节的更递，企图传递枯冷的季节即将过去、温湿的天气即将来临的讯息。相对的，夏至也代表另一个季节转换代替的开始，它代表太阳高照的最高峰，同时便进入夜渐长昼渐短的季节，所以这一仪式的举行，同样地传递季节变化的讯息。而其时间固可以一日为代表，但实际转换的情况则可以更长，可以是数日，也可以是与夏至相关的整个农历五月，因此才会有所谓"小端午"与"大端午"的分别，前者是五月的第一个午日，后者便与夏至更直接地扣连在一起了。总之，端午节是一个与夏至有密切关联的节气仪式，节气仪式的功能在传递季节转换的讯息，最初应该是有一段相当长的日子，后来因种种因素的转变，才固定在一个特定的日子，因而有端午或端五日的出现。

端午节的传说与仪式

有关端午的传说，自然以吊祭屈原投江之说最为普遍。根据前举黄石一书的说法，最早把屈原与端午节连在一起的文字记载，见于东晋刘义庆《世说》，其中有：

> 周时，楚屈原以忠被谗，见疏于怀王，遂投汨罗以死，后人吊之，因以五色丝系角粽，于节日投江以祭之。

其后，南北朝梁人吴均作《续齐谐记》，遂把这一传说扩大，而且增加了神话色彩：

> 屈原午日投汨罗死，楚人哀之，每于此日以竹筒贮米，投水祭之。汉建武中，长沙欧回，白日忽见一人，每云三闾大夫，谓回曰："君尝见祭，甚喜。但当年所遗，并为蛟龙所窃，今若有惠，可以拣叶塞其上，以五色丝缚之，此二物蛟龙所惮。"回依其言，今作粽带五色丝及拣叶，皆汨罗遗风。

另一则，是宋代无名氏作的《释常谈》，则对屈原的传说更有神话性的渲染：

> 屈原憔悴，行吟泽畔，渔父讥其能不自拔。原曰："宁赴湘流，葬于江鱼腹中。"遂投汨罗而死。楚人以原五月五日死，以竹贮米，投水祭之。后人有逢之于长沙，自称是三闾大夫，"每蒙楚人筒粽见祭，常为蛟龙所夺，但以五色丝缚之，蛟龙所畏，无所夺之"。

---

① Lévi-Strauss, Claude, *The Origin of Table Manners: Introduction to a Science of Mythology* Ⅲ, New York: Harper Colophon Books, 1978, pp. 277-325, pp. 433-470.

以上，是端午节祭屈原传说的版本，这里所祭之物粽子，或称角条，也就是前举《风土记》中所说的"角黍"。屈原的传说，除去用粽子投江以祭之外，尚有更重要的节目——赛龙舟。最早把屈原与龙船联结在一起的说法，见于有名的《荆楚岁时记》：

> 五月五日……是日竞渡，采杂药。按：五月五日竞渡，俗为屈原投汨罗日，伤其死，故并命舟楫以拯之。舸舟取其轻利，谓之"飞凫"，一自以为水车，一自以为水马，州将及土人，悉临水而观之。邯郸淳曹娥碑云："五月五日，时迎伍君（子胥），逆涛而上，为水所淹。"斯又东吴之俗，事在子胥，不关屈平也。越地传云："起于越王勾践"，不可详矣。

《隋书·地理志》则载：

> 屈原以五月望日赴汨罗，土人追至洞庭，不见。湖大舟小，莫得济者，乃歌曰："何由得渡湖"，因尔鼓棹争归，竞会亭上，习以相传为竞渡之戏。

前举清赵翼《陔余丛考》，对端午竞渡事，也有详细的考释：

> 竞渡不独午日也。《新唐书·杜亚传》云云，是春时亦竞渡矣。又《丹阳集》、《荆楚记》：屈原以五月五日投汨罗，故武陵以此日作竞渡以招之。今江浙间竞渡多用春月，疑非本意。及考沈佺期《三月三日骊州诗》云："谁念招魂节，翻为御魅囚。"王绩《三月三日赋》亦云："新开避忌之席，更作招魂之所。"则上巳为招屈之时，亦必有所据。按《旧唐书·敬宗纪》，宝历二年三月，辛鱼藻宫观竞渡，是南方春竞渡，久为故事；又《穆宗纪》，九月观竞渡于鱼藻宫，则重九亦有竞渡。文文山《指南集》又《元夕》一首，云："南海观元夕，兹游古未曾。人间大竞渡，水上小烧灯。"则元夕有竞渡矣。

又《古今图书集成·岁功典》引《武陵竞渡略》也有详细记载，其中较重要部分节引如下：

> 竞渡事本招屈，实始沅湘之间。今洞庭以北，武陵为沅，以南长沙为湘也。故伐船之盛甲海内，盖独有周楚之遗焉，宜诸路仿效之者，不能及也。旧制四月八日揭蓬打船，五月一日新船下水，五月十日、十五日划船赌赛，十八日送标讫，便拖船上岸；今则兴废早晚，不可一律，有五月十七八打船，廿七八送标者，或官府先禁后弛，民情先鼓后罢也。俗讥好事失时者云，"打船来过了端午"，至今不足为诮也。刘禹锡《竞渡曲》注曰："竞渡始于武陵，至今举楫而相和之。"其音呼云"何在"，斯招屈之意。……武陵东门外，旧有招屈亭，刘禹锡诗："昔日居邻招屈亭"，《竞渡曲》云："曲终人散终悉暮，招屈亭水前东注"，斯隋志竞会亭上之验。其地本名屈原巷，近有小港，三闾河，盖屈原平生所游集也。俗传竞渡禳灾，今俗说禳于划船将毕。具牲酒黄纸钱，直趋下流，焚酹诅咒："疵疠夭札，尽随流去。"谓之"送标"。

端节仪式

从这些记载中，我们可以看出赛龙舟，包粽子投江，是端午节的主要仪式。而与这些仪式相关联的传说，则以屈原投江的故事最为普遍，其故事的情节极为凄凉，且富有神话色彩。但是屈原的传说，却不是端午节仪式传说的唯一版本，例如《荆楚岁时记》所说的，不但有祭伍子胥之说，也有越王勾践之说，而就赛龙舟此一仪式而言，也不独汉族所有，许多少数民族，也同样有划龙舟竞渡的习俗，而在传说中，他们划龙舟所祭吊的对象也各有不同。例如云南大理的白族人，是为了纪念一位才貌双全的白洁夫人；贵州清水江苗族，则是纪念一位杀死恶龙、为民除害的老人；处于西双版纳的傣族，却传说是纪念一位贤明领袖新名劢。① 至于龙舟竞赛的日期，各地的风俗也有不同，根据赵翼的说法，有些地方在春天竞渡，有在重九，也有元夕的，他并且说"上巳招屈之时，亦必有所据"，由此便出现招屈原未必一定在端午的说法，其他如《武陵竞渡略》所载，即使在五月划龙船，也不一定在五日，其准备期可始于四月，而延伸至五月底。

从上述的种种资料看来，端午节的传说与仪式之间的关系实在很复杂，从其间我们可以看出许多"任择"的痕迹。更明显地说，端午节祭楚三闾大夫的传说与划龙船、包粽子等仪式活动之间的关系，实在是任意采择而斗合起来的，就像我们在第一节引用荀子所说的"圣人明知之，士君子安行之；官人以为守，百姓以成俗"之意，对于屈原传说与端午节的联结关系，前人已有许多考证认为彼此附会的，前引黄石先生的《端午礼俗史》已有详细的辩说。"中研院"民族所同事文崇一先生，在他的《九歌中的水神与华南的龙舟赛神》一文中，亦有另一番驳辞。②

而笔者在"寒食传说"一文中，也早已说到根据《琴操》的原记载，与寒食仪式相关的人物——介之推的死难之期也在五月五日，由此更明显可见：在仪式与传说关系发展过程中，传说中的人物确是经过一段时期的选用采择，然后才慢慢地固定下来，或普遍流行起来，而其间并非有一定的真实关系，这也就是前此重于考证的学者们认为是"附会"的原因，可是本文主要的研究目的，并不在认定或考证传说与仪式之间是附会或杜撰的，而在于理解。为什么把这个仪式与这个传说连在一起？其间的因缘是什么？或者更明白地说，我们的兴趣如在"寒食传说与仪式"文中所作的分析，是要探讨二者之间是否存在着深层的结构关系，也就是说：端午节的仪式与屈原传说的关联，虽然在表面层次上是被任选撮合的，但是在这许多的可能之中，其所以能"脱颖"于其他可能案例而普遍流行于民间，是否也有其必然的结构因素？若有，其结构因素是什么？

---

① 刘秉果：《龙文化与龙舟竞渡》，见《中华龙舟文化研究》，贵州民族出版社 1991 年版，第 12 页。

② 文崇一：《九歌中的水神与华南的龙舟赛神》，载"中央研究院"《民族学研究所集刊》1961 年第 11 辑，第 67—79 页。

端午与夏至

要回答上文所提出——端午与屈原传说内在结构关系——的问题，还是要从"夏至"这一节气说起，前面我们已经说到，每年的两个"至日"是代表季节交替的重要节气，冬至是日长夜短转变的开始，而日短夜长的转换则始于夏至，自然界（包括气候与植物生长等）现象在这两个至日后也开始有变化，因此古代的人对这两个季节转换的代表性日子，都要以特别的仪式来作象征性的调适。我们在上文已提到 James Frazer 和 Lévi-Strauss 在他们的书中，都对西方称为 solstice 的至日，在仪式与传说上的意义有详细说明。不过，所谓"至日"，也只是象征季节交替的代表日子而已，事实上，从冬季转为春季，以及从夏季转入秋季，都不是在一日之间完全转变的，而是有一段长时期的改变。笔者在分析寒食传说时就发现：中国古代对寒食日期的推算，是依据冬至而定的，也就是在冬至后一百零三日起禁火三日，不食熟食，经过三日后再重新生火，可见其间是以一段相当长的时间作为转变的阶段。

在欧洲所谓的"四旬斋"，也就是在复活日前有四十天的斋戒期。而在南美洲的印第安人，在干季结束前也有三周的斋戒日子，这些都具有相同的意义。同样的情形，假如认定端午节象征夏至、象征季节转变，那么这一日也只是季节转变的代表，虽然实际的转变期较一日长得多，而这也就是本文第三节所述：为何在不同时代不同地区举行端节仪式的日子不尽相同，但却几乎可以包含农历整个五月的原因。

火

关于夏至的仪式，James Frazer 在他《金枝篇》第 62 章《欧洲火节》（*The Fire Festivals of Europe*）的"仲夏之火"以及"火节的太阳理论"两节中有详细的描述，他说欧洲各地在仲夏的夏至日都要举行营火节，并称之为"洗礼者圣约翰日"（St. John the Baptist），并以钻木取火的方式取得"天火"（the fire of heaven），Frazer 以为这夏至火节的举行，与太阳运行轨道的开始低落有关，古代人企图以这仪式来拯救即将失去最高威力的阳光。[1] 而我国古代的端午仪式中，也有生新火的活动。前引赵翼《陔余丛考》的话中，有不常为人注意的两词"铸阳燧"与"贯象齿"，黄石引赵翼的话时曾说："按'铸阳燧'与'贯象齿'都是下古端午大礼。"但是他并未说明这两项大礼是什么，按，"阳燧"一词最早见于《淮南子·天文训》，是指铜制的镜子，用以聚日取火：

故阳燧见日则燃而为火，方诸见月则津而为水，虎啸而谷风至，龙举而景云属。注："阳燧，金也。取金杯无缘者，熟摩令热。日中时，以当日下，以'艾'承之，则燃得火。"唐释《辅行记》引郑玄注《论语》："金燧，火镜也。"《论衡·率性篇》："阳燧取火于天，五月丙午日中之时，销炼五石，铸以为器，摩砺生光，仰以

---

① Frazer, James, *Golden Bough：A Study in Magic and Religion*（one-volume abridged edition），New York：MacMillan, 1963.

向日，则火来至。"

由此可见，我国古代的端午节和寒食节火禁之后一样，其取火于太阳的意义均甚明显，亦即借生火仪式象征新季节来临之意相同。

贯象齿

"贯象齿"则是赵翼文中所说的另一种"端午大礼"，这是一项很特别的仪式，《周礼·秋官·司寇》说：

> 壶涿氏，掌除水虫，以炮土之鼓驱之，以焚石投之。若欲杀其神，则以牡橭午贯象齿而沈之，则其神死，渊为陵。

林伊氏今注：

> 其神，郑注云："谓水神龙冈象。"按龙冈象，水怪也，能食人。牡橭：榆木，一名无姑，落叶乔木，结实谓之榆荚，形扁圆，木材坚实。午贯，《仪礼·大射仪》郑注云："一纵一横曰午。"按午贯，谓榆木穿孔以象牙直贯之如十字形也。

这贯象齿的仪式明显地是与驱水怪有关，而水怪之名又称为龙冈象，不免使人想起前引《续齐谐记》与《释常谈》等篇所述屈原语"每蒙楚人简粽见祭，常为蛟龙所夺，但以五色丝缚之，蛟龙所畏，无所夺之"，而 Frazer 在描写夏至仪式时，也有段话提及在中古欧洲举行营节时，常以焚烧各种骨头所成的烟来驱走毒龙（noxious dragons），以免因天气太热毒龙下种水中而污染水源。[1] 这点点滴滴，似乎都牵涉到水、水怪、蛟龙或毒龙等等。

恶五月

实际上，古来端午节应该就是一个有关水、龙，以及辟虫、解毒、禳祓的季节仪式。前引黄石的《端午礼俗史》中有段话说：

> 今姑舍其他而单论夏至，它对人生最大的关系有三点：（一）日暑由极长而渐短；（二）万物长大丰盛于午月，此后即日就凋残；（三）太阳威炎盛极转衰，对生命的作育力日渐削减。懂得此三点，就明白午月午日的午字，可解作"长"，指万物皆长大之故。反之，日中可昃，盛极必衰，阴阳家以"阳"的观念表太阳威炎的强盛，称为"阳气"；以"阴"的观念表太阳威炎的衰退，称为"阴气"。夏至适为由盛转衰的转折点，故有"阴阳争，死生分"及"夏至一阴生"的说法，令人有懔然慄然之感。字学家也因此解"午"为"仵"为"敌"，指阴阳之气争雄，结果阴胜阳，卒之收拾万物之生命，如同"仵作"收拾死人一般。故"仵"字隐含那个含义，由是演绎出"五月为恶月"的观念，及"善正月，恶五月"的俗谚。世人对"恶五月"特别戒惧，即此之故。五月尚且如此，午月午时岂

---

① Frazer, James, *Golden Bough：A Study in Magic and Religion*（one-volume abridged edition），New York：MacMillan, 1963.

非更甚。明乎此，午月午日午时所以成为周年中最重大的日子，而定为大节期，其故就不难解了。①

解毒

由于端午是这样的"恶五月"之节，所以便出现很多与解毒有关的习俗，其中最为人所知的是饮雄黄菖蒲酒。明戴羲《养余月令》说：

> 五月五日午时，饮菖蒲雄黄酒，禁除百病，辟远百虫。

《帝京景物》也说：

> （端午）清酒以菖蒲，插门以艾，涂耳鼻以雄异，曰避虫毒。

以上这些，都是避毒去邪的仪式，另外有时更彻底地沐浴以为禳祓。端午，古又称"浴兰令节"，而五月也称为"浴兰之月"。《大戴礼》说"午日以兰汤沐浴"，《夏小正》也说"此日蓄药（一作兰）以蠲除毒气"，这些同样都是禳祓辟毒的行动。

仪式与象征

综合以上的种种资料，我们可以看出：所谓端午节，实际上应只是夏至季节转变活动的一个代表，这些仪式性的活动可以延长一段期间，所以其内涵经常包括很多不同的象征意义。其中以铜镜取火、重燃新火，代表了季节的转变，同时也可能像欧洲的夏至仪式一样，企图以点火仪式象征太阳的热力不坠，这是说明了夏至由夏入秋的季节转变意义。但是夏季也是河川泛滥、蚊虫孳生、传染病频仍的季节，所以与水与龙有关的仪式，以及饮菖蒲雄黄酒并用药草沐浴的习俗也因此占有重要地位。

可是，以上这些民间习俗的仪式活动，仍只停留在民间习俗的表面层次上，换而言之，是一般人大致所能理解的层次，而仅此层次的理解却尚不足以解答屈原传说与端午节一起配合的渊源，也无法解释划龙舟、吃粽子、系五彩丝线等等更具象征意义的行为背后所蕴含的深意，因此要解答这些疑问，应该要进一步去探讨它们的结构关系。

传说与仪式的结构关系

李维斯陀在他的《神话学导论》第三卷《餐桌礼仪之始》一书中，曾详细探讨"二分二至"在印第安人传说中的意义，他的立场可用下面两组公式表示：

> 春秋二分：（日＝夜）＝（日＝夜）
> 夏冬二至：（日＞夜）≠（日＜夜）②

换而言之，这"二分二至"的对比关系是：春秋二分因日夜等长，所以其关系

---

① 黄石：《端午礼俗史》，泰兴书局1963年版，第10—11页。

② Lévi-Strauss, Claude, *The Origin of Table Manners：Introduction to a Science of Mythology* Ⅲ, New York：Harper Colophon Book, 1978, p. 453.

是均等而平衡的；夏冬二至则因日夜不等长，所以其关系是不均等而不平衡的。这样的对比关系，是"二分二至"（特别是二至）在仪式与传说中最根本的出发点。

我国古代一向也很重视"二分二至"的季节意义，而其中的对比观念也早已出现。对天文节气有深入记述的《淮南子·天文训》有一段话说：

> 阴阳刑德有七舍，何谓七舍？室、堂、庭、门、巷、术、野……德在室则刑在野，德在堂则刑在术，德在庭则刑在巷，阴阳相德则刑德合门。
>
> 八月、二月，阴阳气均，日夜分平，故曰刑德合门。

这一段话虽然是很难解的"天书"，但若与下面引用的文字一起配合，就比较容易理解了。目前也许应先解释刑、德二字。根据《淮南鸿烈集解》的注释说："德，始生也，刑，始杀也。"德、刑代表与阴阳相配的"生长"与"衰杀"的一对观念，在八月、二月的春秋分时候，昼夜平分，阴阳气均，因此德刑也合于一门，也就均等平衡了，既然均等平衡，也就合乎了传统的价值观，因此就不必有太多的仪式活动（均衡平等观念在中国古代宇宙观之意义请参照拙著《传统中国宇宙观与现代企业行为》一文①）。

然而不均等不平衡的冬夏二至，就受到特别的注意，《淮南子·天文训》中也有较长的说明：

> 日冬至则斗北中绳，阴气极，阳气萌，故曰冬至为德，日夏至则斗南中绳，阳气极，阴气萌，故曰夏至为刑。阴气极，则北至北极，下至黄泉，故不可凿地穿井。万物闭藏，蛰虫首穴，故曰德在室。阳气极，则南至南极，上至朱天，故不可以夷丘上屋。万物蕃息，五谷兆长，故曰德在野。日冬至则水从之，日夏至则火从之，故五月火正而水漏，十一月水正而阴胜。阳气为火，阴气为水，水胜故夏至湿，火胜故冬至燥，燥故炭轻，湿故炭重。日冬至，井水盛，盆水溢，羊脱毛，麋角解，鹊始巢，八尺之修，日中而景丈三尺。日夏至而流黄泽，石精出。……夏日至则阴乘阳，是以万物就而死；冬日至则阳乘阴，是以万物仰而生，昼者阳之分，夜者阴之分，是以阳气胜则日修而夜短，阴气胜则日短而夜修。

季节性仪式

这一段话很清楚地把夏冬两至与阴/阳、昼/夜、德/刑，以至于水/火、湿/燥等对比观念联结在一起，但是其中一句最关键的话，"日冬至则水从之，日夏至则火从之"，则应该再加厘清，清俞樾注《淮南子》，认为此句的水火两字前后误植，应互易为"日冬至则火从之；日夏至则水从之"才对。俞樾的注说：

> 俞樾云：此文有误。冬至水王，夏至火王，岂得但曰"水从之"、"火从之"？一也。火正与水漏有二义，水正与阴胜则止一义耳，两文不称，二也。且连下文读之，曰"阳气为火，阴气为水，水胜故夏至湿，火胜故冬

① 李亦园：《传统中国宇宙观与现代企业行为》，载《汉学研究》1994 年第 12 期，第 1—26 页。

至燥"，夫冬至水从之，夏至火从之，则夏至何以湿，冬至何以燥乎？前后不相应，三也。今按："日冬至则水从之，日夏至则火从之"，水、火二字当互易。冬至一阳生，故曰冬至而火从之；夏至一阴生，故曰夏至而水从之也。"五月火生而水漏"，正说夏至水从之之义。言五月火方用事，而水气已渗漏也。"十一月水正而阴胜"，阴乃火字之误，胜字当读为升，胜、升古通用。谓十一月水方用事，而火气已上升也，正说冬至火从之之义。如此，则与下文一贯矣。

俞樾举出这三点文气不顺的说明，认为冬至应为火从之，夏至应为水从之，这才合理，而证之传说与仪式的关联性质，这样的改正也是合宜的。假如我们同意俞樾的这一改正，则我们就很容易看出冬夏两至及其传说与仪式的对比关系的脉络了。在中国古代，对冬夏两至的不均等、不平衡关系极为注意，所以一直用阴/阳、昼/夜、德/刑（生/死）、水/火、湿/燥等对比来理解它，从而透过一些行动来表达这些讯息，从这里我们可以很明白地看出：为什么与冬至有关的寒食仪式，要用"介子推焚死"的传说来配合，而与夏至相关的端午仪式，却要用"屈原投水"的传说来呼应，那是因为"日冬至则火从之，日夏至则水从之"的缘故。用"焚死"的传说，去配合从火的冬至，而用"投水"的传说，去呼应从水的夏至，岂不是各得其所，且又衬托出冬至与夏至的对比了吗？

因此在这里我们就可看出 Lévi-Strauss 所强调：神话的探讨不可单独理解，而应连贯去探寻它的精髓所在。换而言之，冬至与夏至以及寒食与端午的仪式与神话，应该连在一起配合地去理解，才能更清楚地看出其结构对比关系的运作。

其实这里以冬夏两至作为季节性的仪式表现已甚明显，笔者在分析寒食的一文中引用《周礼·秋官·司烜氏》一条讨论到生火的仪式，司烜氏在寒食过后，主持以"夫遂"取火于太阳以生新火的仪式，这里的"夫遂"被解释为"阳燧"，并说"取火于日，故名阳遂；取火于木，故名木遂者也"。取火于太阳，象征新季节的来临，这是季节性仪式最典型的活动，因此在古代，夏至或端午的仪式，也有这一生火的举动。我们在上引赵翼的《陔余丛考》中，即有"五月丙午日日中之时铸阳燧"之句，这里更明白地说出新火是以铜镜引太阳之火而得的，所以其象征季节转变的意义也是相同的，这一点，可说是冬夏两至在仪式内涵上的相同之处。但是以新火象征季节的转换之后，两者的意义就开始不同了，这也就是 Lévi-Strauss 的公式要表达的：

冬至（日＜夜）≠夏至（日＞夜）

冬至日虽是夜最长昼最短的一天，但从这一日开始，昼渐长而夜渐短，万物因而重现生机，所以《淮南子·天文训》说是"阴气极，阳气萌，故曰冬至为德……日冬至而火从之"，德者，上文已解释是"始生"，因此在这里阴/阳、昼/夜、德/刑（生/死）、水/火、湿/燥等对比的观念一直在作用之中。至于夏至日则是昼最长夜最短的一日，但是也从这一日开始，昼渐短而夜渐长，万物也在生长的高峰走向衰退之期，所以《天文训》会说是"阳气极，阴气萌，故曰夏至为刑……日夏至则水从之"，而刑字，前已解释为"始杀"，所以同样的，这里也是这几组对比观念再重复出现：阴/阳、昼/夜、德/刑（生/死）、水/火、湿/燥，只不过其间关系已完全反转过来了。从这样的关系中，我们可以看出：冬夏两至或寒食与端午的仪式，不仅单独表现出 Lévi-Strauss 所说的结构对比关系，而且更可以说只有把这两个仪式连在一起解释，才能把这结构对比关系更清楚地表现出来。也许我们可以把 Lévi-Strauss 的公式作以下的延伸：

冬至:夏至::寒食:端午::阳:阴::昼:夜

德（生）:刑（杀）::火:水::燥:湿

仪式配合传说

假如这种对比的结构关系可以被承认，那么其他问题就属于枝节了。就像我们在前文所说的，既然夏至日从水，所以屈原投水的传说就最能配合，原先也许有人想用介之推来作为端午的传说，但介之推是自焚而死，与从水的端午实在是牛头不对马嘴，因此自然被淘汰了。所以虽说仪式与传说的配合是任选任择的，但在任择的背后，一样有其内在的结构契合，这也是为何屈大夫投江的传说，不但可以"击败"介之推的传说，同时也能在其他如伍子胥、越王勾践，以至于白洁夫人传说中"脱颖"而出，流传最普遍的根本原因。

屈大夫传说与端午仪式的结构关系建立以后，其他与传说有关的活动也就较容易理解了。首先是有关划龙舟的风俗，既然夏至是从水，那么在水中划船是很自然的事，划船赛舟既然是端午的节目之一，也就很自然地与传说中的屈原投江连在一起，就说船是为了吊屈大夫之灵而划的。其实其间的相关性尚不止于此，因为划船赛舟赛的不是普通的船，而是"龙船"，在这里龙的地位，就另有其结构的意义，否则吊屈大夫用普通船就可以了，何必一定要用龙舟呢？我们在前引《淮南子·天文训》的文字中曾说：

故阳燧见日则燃而为火，方诸见月则津而为水，虎啸而谷风生，龙举而景云属。

这一句话的注说："龙，水物也。云生水，故龙举而景云属。属，会也。"这种属于水物的龙，若与前文所说的"贯象齿"以打击水怪龙罔象等等连在一起，便很容易了解在一个从水的季节仪式里，龙的出现是很自然的事，而龙舟的比赛仪式，也正是这一连串与水有关活动的发展，只是因为屈原的传说较不易与龙的主题联结起来，所以后来只好造出：为了避免蛟龙抢了屈大夫的粽子，故屈大夫亲自现身告诉人们要用蛟龙所怕的五色丝线缚粽，以保全粽子免被蛟龙所夺。若不然，还真是使人不敢相信这是志节高亮的屈大夫会做的事！

不过，虽说传说神话是任择，甚至是杜撰的，但是无论如何其间仍有其内在原则存在。在端午节的习俗中，粽子（或在古代称为"角黍"、"角条"）也占了一个重要地位，因为那是传说中用来祭屈原的主要祭物。屈原与粽子，就如他与龙舟或蛟龙一样，应该是没有必然关联的，应该都是因夏至及端午而撮合在一起的，粽子代表一种熟食，一种经过相当人工把谷物改变而成的熟食，假如它有结构意义的话，那应该是与寒食不举火而生食所产生的对比，如此则冬夏两至的结构对比又更加强了。然而缚粽子为什么又要五色丝线呢？那真的是蛟龙所惧的吗？这倒未必。上举《淮南子·天文训》中提到夏至时有一句是"日夏至而流黄泽，石精出"，其注云：

　　流黄，土之精也，阴气作于下，故流泽而出也。石精，五色之精也。

　　缚粽子用五色线，也许该从夏至的五色之精去联想吧！

　　本文原载《中国神话与传说学术研讨会论文集》，台北汉学中心 1996 年版。收入《李亦园自选集》，上海教育出版社 2002 年版。又见李亦园《宗教与神话论集》，台北立绪文化事业有限公司 2004 年版；广西师范大学出版社 2004 年版。本文是作者 1981 年《一则中国古代神话与仪式的结构学研究》（见本书）的续篇。

楚帛书的四季神像及其创世神话

杨　宽

我在青年时期曾从事古史传说和古代神话的探索，认为禹以前的古史传说都出于古代神话的演变，主张运用民俗学和神话学的研究方法，把许多古史传说还原为古代神话，从而开拓一个探讨古代神话的园地。我因此在 1938 年写成《中国上古史导论》一书，发表于 1941 年出版的《古史辨》第七册的上编中。我在这部小书中，初步把一系列的古史传说，分别还原为古代神话；把所有古代圣贤帝王的传说，分别还原为上天下土的神物，曾在结尾的一篇《综论》中指出："古代神话的原形如何，及其历史背景如何，尚有待于吾人之深考，得暇拟别为《中国古神话研究》一书以细论之。"遗憾的是，我后来由于研究重点的转移，半个世纪以来没有着手写出这本书，但是对学术界有关中国古神话的探讨还是关心的，对于有关古神话的新史料的发现和考释，依然是十分重视的。

1942 年湖南长沙子弹库所发现的楚帛书，是已发现的年代最早的战国时代楚国的古文帛书，而且是迄今见到的唯一的"图""文"并茂的有关创世神话的古文献。半个世纪以来中外不少学者对此作考释和研究，先后所发表的专著和论文多到 70 种以上，真可以说极一时之盛，可是所有的探讨，看来还没有得其要领，因而尽管不少学者一次次对此作出种种推断，至今还没有得出学术界公认的结论。我认为，楚帛书四边所载的十二月神像中包含有四季神像，帛书中心的两篇配合神像的文章，讲到了"四时"（即四季）之神的创世神话及其对"四时"运行和天象灾异的调整作用，这是楚帛书的主旨所在，要求人们对"四时"之神加以崇拜和祭祀。

楚帛书四边十二月神像中包含有四季神像

楚帛书是 1942 年 9 月在长沙东郊子弹库地方的楚墓中被盗掘出土，后来此书流入美国，一度寄存在纽约的大都会博物馆（The Metropolitan Museum of Art），旋经古董商出售，现存放在华盛顿的赛克勒美术馆（The Arthur M. Sackler Gallery），成为该馆的"镇库之宝"。这是在一幅略近长方形（47 厘米×38.7 厘米）的丝织物上，东、南、西、北四边环绕绘有春、夏、秋、冬四季十二月的彩色神像，并附有"题记"，在四边所画神像的中心，写有两篇配合的文章，一篇是十三行，另一篇是八行，行款的排列相互颠倒。

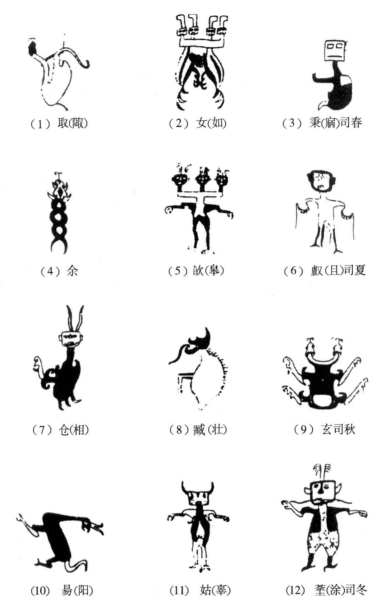

（1）取(陬)　　　（2）女(如)　　　（3）秉(痫)司春

（4）余　　　（5）欿(皋)　　　（6）叙(且)司夏

（7）仓(相)　　　（8）臧(壮)　　　（9）玄司秋

（10）昜(阳)　　　（11）姑(辜)　　　（12）荼(涂)司冬

　　　湖南长沙子弹库楚墓出土楚帛书上的十二月像（摹本），十二月神
　　像中包括有四季神像。现藏美国华盛顿赛克勒美术馆（The Arthur M.
　　Sackler Gallery）。

　　十二月神像的"题记"，载有十二月的月名和每月适宜的行事和禁忌，末尾载
有每个月神的职司或主管的事。所有十二月名，和《尔雅·释天》所载基本相同：

月份	正月	二月	三月	四月	五月	六月
帛书	取	女	秉	余	歘	叡
尔雅	陬	如	寎	余	皋	且
月份	七月	八月	九月	十月	十一月	十二月
帛书	仓	臧	玄	昜	姑	荼
尔雅	相	壮	玄	阳	辜	涂

帛书和《尔雅》所载月名，字有不同的，读音都相同，该是音同通用。这十二个月名，是战国时代楚国常用的，例如《离骚》所说："摄提贞于孟陬兮"，"孟陬"即指孟春正月。《尔雅》邢昺的疏，只说是"皆月之别名"，并说："其事义皆未详通，故阙而不论。"清代学者郝懿行的《尔雅义疏》，依据字义所作的解说，都无确切依据，并不可信。从帛书所载每月"题记"看来，这十二个月名该来自十二月神之名。所有每月"题记"的末尾，都有三字用以指明这个月神的职掌或适宜的行事。值得注意的是，春、夏、秋、冬四季的最后月份都载有这个月神的职司，如三月"秉司春"，六月"叡司夏"，九月"玄司秋"，十二月"荼司冬"，而其他月份不同，只记有这个月神的主要执掌，如二月"女此武"，因为此月"可以出师"；又如四月"余取（娶）女"，因为此月可以"取（娶）女为邦□"。据此可知，十二月神像中，每季最后月份之神，既是主管此月之神，同时又是职司此季之神。秉、叡（且）、玄、荼（涂），该即职司春、夏、秋、冬四季之神。

楚帛书中间八行一段，讲的是创世神话，说雹戏（即伏羲）所生四子，"长曰青□榦，二曰朱□兽，三曰翏黄难，四曰□墨（黑）榦"，就是"秉"、"叡"、"玄"、"荼"四个四时（四季）之神。这样以四时之神与四方、四色相配合，原是先秦时代流行的学说和风俗。《礼记·月令》和《吕氏春秋·十二纪》，就记载有五帝、五神和四时、四方、五色、五行、十日等配合的系统。

四时	春	夏		秋	冬
五行	木	火	土	金	水
四方	东	南	中	西	北
五帝	太皞	炎帝	黄帝	少皞	颛顼
五神	句芒	祝融	后土	蓐收	玄冥
五色	青	赤	黄	白	黑
十日	甲乙	丙丁	戊己	庚辛	壬癸
五虫	鳞	羽	倮	毛	介

《月令篇》这样把许多事物归纳到五行系统之中，是逐步发展形成的，具有很悠久的历史。以五神配合五行之说，春秋时代晋太史蔡墨已说到（见《左传·昭公二十九年》）。以五神配合五行、四方、五色、五虫之说，春秋时代也早已存在，如虢公做梦，在宗庙中见到"有神人面白毛虎爪，执钺立于西阿"，召来史嚚占卜，

据说这是天之刑神蓐收（见《国语·晋语二》）。五帝配合五行、四方、五色之说，也早已存在，如秦襄公自以为"主少皞之神，作西畤，祠白帝"；秦献公自以为得"金"瑞，在栎阳作畦畤，祠白帝（见《史记·封禅书》）。四方和十日、五色相配之说，战国初年也早已有了，如《墨子·贵义篇》说上帝以甲乙日杀青龙于东方，以丙丁日杀赤龙于南方，以庚辛日杀白龙于西方，以壬癸日杀黑龙于北方。

《月令篇》这个五神配合四时、五行、四方、五色的系统虽然历史很悠久，中原地区普遍流行，但是其他地区也还流传着不同的配合系统，如《山海经·海外经》，就以句芒、祝融、蓐收和禺强配合东、南、西、北四方，这样以禺强为北方之神是和《月令》以玄冥为北方之神不同的。《管子·五行篇》说："昔者黄帝得蚩尤而明于天道，得大常而察于地利，得奢龙而辨于东方，得祝融而辨于南方，得大封而辨于西方，得后土而辨于北方。黄帝得六相而天地治、神明至。"这样以奢龙、祝融、大封、后土配合东、南、西、北四方，是和《月令》系统很不同的。楚帛书所载四季神像和四方、四色、五行的配合，和《月令》比较，既有相同之处，又有不同之处。

楚帛书所绘四季神像的特色

楚帛书四边所绘春、夏、秋、冬四季神像，就是帛书八行一段所说的"长曰青□榦，二曰朱□兽，三曰翏黄难，四曰□墨（黑）榦"，这样以春、夏、秋、冬和青、朱、黄、黑四色相配，这和《月令》以秋季配白色是不同的。

帛书所绘四季神像是很有特色的，值得我们加以具体分析，并与当时流行的神话作比较的研究。

帛书三月"秉司春"的神像，面状正方而青色，方眼无眸，鸟身而有短尾，即所谓"青□榦"。这个春季之神，很明显就是《月令》所说春季东方的木神句芒。《山海经·海外东经》说："东方句芒，鸟身人面，乘两龙。"《墨子·明鬼下篇》讲秦穆公在宗庙中见到有神入门，"鸟身，素服三绝，面状正方"，神自称是来赐予年寿而使国家蕃昌和子孙茂盛的，并且自称"予为句芒"。句芒这样"鸟身，素服三绝，面状正方"，正和帛书所画"秉司春"之神完全相合。帛书上仲春二月的神像，是成双相对的鸟身，有面状正方的四首并列于宽阔的头颈上，形状和"秉司春"神像相类而较为繁复，说明他们正是同类之神。这个崇拜春季句芒之神的风俗，源流长远，直到清代，北京都城每逢立春前一天，还要隆重举行祭祀"芒神"的仪式（见《燕京岁时记》）。

"秉司春"的神像人面鸟身，是有来历的，原来出于东方夷族的淮夷、徐戎，他们是崇拜"玄鸟"（即燕，亦即凤鸟）图腾的。东夷的郯子曾说："我高祖少皞挚之立也，凤鸟适至，故纪于鸟，为鸟师而鸟名。"（《左传·昭公十九年》）据说"少皞氏有四叔：曰重、曰该、曰脩、曰熙，实能金木及水，使重为句芒，该为蓐收，脩及熙为玄冥"（《左传·昭公二十九年》）。秦原来是东夷而西迁的，《史记·秦本纪》称其祖先之后有郯氏、徐氏、嬴氏，可见秦原与郯、徐同族。秦穆公既然在宗庙中见到句芒，可知句芒正是秦的祖先之神。《秦本纪》称秦的远祖是伯翳，亦即伯益，伯益原是传说中玄鸟的后裔，其后代又有"鸟俗氏"而"鸟身人言"。据说他主管草木、五谷、鸟兽的成长。其实伯益即是句芒（详见拙作《伯益、句芒与九凤、玄鸟》）。

句芒之神所以称为"句芒"，就是由于他主管草木五谷的生长。"句芒"即是"句萌"，《月令篇》说季春三月，"生气方盛，阳气发泄，句者毕出，萌者尽达"。"句芒"是形容植物的屈曲生长（郑玄注："句，屈生者。"）。帛书称春季之神为"秉"，"秉"字像手执禾一束的形状，常用以指结穗的粮食作物，《诗·小雅·大田》说到"彼有遗秉，此有滞穗"，以"遗秉"和"滞穗"并称。当时楚人称"司春"之神为"秉"，也是由于春神主管草木五谷的生长。

帛书六月"虘（且）司夏"的神像，人面兽身，面有红色边缘，无左右下臂和手，穿长袖衣隐蔽而拖着，身后有尾，并有雄性生殖器，即所谓"朱口兽"。这个夏季之神，相当于《月令》所说夏季南方的火神祝融。祝融原是楚人的祖先之神，因而帛书称之为"且"（虘），当即"祖"字。《山海经·海外南经》说："南方祝融，兽身人面，乘两龙。"也与帛书相合。《山海经·大荒西经》说："颛顼生老童，老童生祝融。"又说："老童生重及黎。"《国语·郑语》说黎为高辛氏火正，因而称为祝融。《史记·楚世家》把"老童"误作"卷章"，又把重和黎误合为一人。《楚世家》又说帝喾使重黎讨伐共工无功，因而杀死重黎，使其弟吴回"复居火正，为祝融"。据《世本》（《史记集解》所引）和《大戴礼记·帝系篇》，吴回确是和重黎同为老童所生，看来吴回确有继重黎而为祝融之说。《山海经·大荒西经》说："有人名曰吴回，奇左，是无右臂。"郭璞注："即奇肱也。"王念孙以为"奇左"是"奇玄"之误。帛书这个夏季神像无左右下臂，可能绘的是吴回。《大荒西经》又说"日月出入"的日月山，"有神人而无臂，两足反属于头上，名曰嘘"，"帝令重献上天，令黎卬下地，下地是生噎，处于西极，以行日月星辰之行次"。从上下文看来，"噎"疑是"嘘"之形误。帛书这个无臂的夏季之神，也可能是日月山的神人名嘘的。

帛书这个祖先之神，绘有男性生殖器，神名为"虘"，即"且"字，是"祖"字的初字，很可能与原始氏族的生殖崇拜有关。30年代郭沫若《释祖妣》首先把"且"识为"牡器之象形"，同时高本汉（Barnhard Karlgren）也认为"且"字是男根之像，并且把新石器时代遗址中出土的男根模拟物称为"祖"。50年代以来，新石器时代和商周时期的陶制或石制的男根模拟物出土不少，考古学者一律称之为"陶祖"或"石祖"，都认为与原始的生殖崇拜有关。不但仰韶文化晚期、马家窑文化早期、龙山文化、齐家文化的遗址中有男根模拟物出土，郑州二里岗的商代遗址和长安张家坡的西周遗址中也有出土；广西邕宁和湖南安乡的早期越文化遗址中亦有出土。战国时代楚人崇拜的祖先之神，绘成人面兽身，身后有尾，并有男根，是可能与原始的生殖崇拜相关的。

帛书九月"玄司秋"的神像很是特殊，是一种双首的四足爬行动物，双首类似龟头，四足爬行类似鳖，即所谓"𩏑黄难"。这是帛书所载四季神像中最值得我们注意的神物。这个"司秋"之神名"玄"，当即水神玄冥。帛书以玄冥为秋季之神，和《月令》以玄冥为冬季之神不同。帛书以玄冥为黄色而在西方，和《月令》以玄冥属黑色而在北方不同。玄冥的简称为"玄"，犹如玄冥也或简称为"冥"，如《国语·鲁语》和《礼记·祭法》并称"冥勤其官而水死"。古代神话中的水神玄冥，就是古史传说中的鲧，鲧的传说原来出于玄冥神话的分化演变。"鲧"字古作"鮌"，从"玄"得声，"玄"本读若"昆"。鲧在神话中，原与禹同为使用应龙、鸱龟来治水之神。《楚辞·天问》说："河海应龙，何尽何历？鲧何所营，禹何所成？"又说："鸱龟曳衔，鲧何听焉？顺欲成功，帝何刑焉？"据说鲧因窃取上帝的"息壤"来填洪水，因而受到上帝的处罚而被杀死（见于《山海经·海内经》）。古史传说就变为尧或舜殛鲧于羽山。玄冥原为黑暗幽冥之义，居于幽都，而鲧所殛的羽山"乃热（日）照无有及也"（见《墨子·尚贤中》），就是"不见日"的委羽之山（《淮南子·地形训》）。少皞氏使"脩及熙为玄冥"（《左传·昭公二十九年》），而鲧又"字熙"（《史记·夏本纪》索隐引皇甫谧《帝王世纪》），足以证明鲧即出于玄冥的分化（详拙作《鲧、共工与玄冥、冯夷》）。

鲧有被杀后尸体复活变为"黄能"潜在水中成为水神的神话。据说晋平公有病，梦见黄能入于寝门，郑国子产前来聘问，晋平公对子产说："今梦黄能入于寝门，不知人煞乎？抑厉鬼耶？"子产对答说："昔鲧违帝命，殛之于羽山，化为黄能，以入于羽渊，实为夏郊，三代举之。"（《国语·晋语八》，《左传·昭公七年》大体相同）"黄能"今本误作"黄熊"，陆德明《经典释文》认为"熊亦作能，作能者胜"。孔颖达《正义》说："能，如来反，三足鳖也。解者云兽非入水之物，故是鳖也。"今本误作"黄熊"，这是出于后人不理解"黄能"之义而误改的。《尔雅·释鱼》说："鳖三足，能。"鳖原为四足，三足的鳖是畸形。《论衡·应是篇》说："鳖三足曰能，龟三足曰贲，能与贲不能神于四足之龟鳖。"《说文》说："能，熊属，足似鹿"。"能，兽坚中，故称贤能而强壮称能杰也。""能"当是鳖中"强壮称能杰"的一种，所谓"三足鳖"是一种神奇的传说，实际上"三足"是畸形，不可能成为鳖的一种。金文"能"字作如下之形：𤱫𤱫𤱫，就是一个四足爬虫的象形字。孔颖达说："能音如来反。"是正确的。"能"古音读如"态"，与"难"音同通用。《玉篇》有"𤯨"字，就是"能"的异体字，以"莫"作为音符。帛书称"玄"为"𩏑黄难"，"𩏑"当读为"戮"，是说鲧被杀而陈尸，《国语·晋语九》韦昭注："陈尸为戮。""𩏑黄难"就是说鲧被杀而尸体复活，变成黄能而成为水神。

当时蜀国流行的祖先鳖灵的神话，也出于鲧化黄能神话的分化。扬雄《蜀王本纪》（《太平御览》卷八八八引）说：楚人鳖灵被杀，尸体漂流到蜀地而复活，望帝（杜宇）用以为相国，玉山洪水暴发，鳖灵"决玉山，使民得陆处"，后来望帝传位于鳖灵，号为"开明帝"。这个楚人鳖灵的治水神话，就是鲧化黄能神话的分化，原是楚人所流传的传说。《楚辞·天问》说："化为黄能（今本'能'误作'熊'，洪兴祖补注：《国语》作黄能），巫何活焉？"就是说尸体复活而化为黄能。所谓"鳖灵"，"鳖"即是"能"，"灵"即是神，"能"就是畸形的鳖。玄既是玄冥，亦即是鲧，又别称鳖灵，也还是玄武。玄武的形象也是指畸形的龟或龟蛇合体。《礼记·曲礼上》："行前朱鸟而后玄武。"孔颖达《正义》说："玄武，龟也。"《后汉书·王梁传》说："玄武，水神之名。"，李贤注："玄武，北方之神，龟蛇合体。"

古人所以特别重视龟鳖中"强壮称能杰"的"能"，是因为古人认为特大的龟鳖是有特别强壮的神力的。《楚辞·天问》说："鳖戴山抃，何以安之？"鳖是大龟，王逸注引《列仙传》说："有巨灵之鳖背负蓬莱之山而抃舞，戏沧海之中，独何以安之乎？"《列子·汤问篇》又说："五山之根无所连著，……帝恐流于西极，……乃命禺强使巨鳖十五举首而戴之。"《列子·汤问篇》、《淮南子·览冥训》和《论衡·顺鼓篇》都说："女娲炼五色石以补苍天，断鳖足以立四极。"

帛书十二月"荼司冬"的神像，人体正面站立，巨头方面，大耳，头顶有并列的两条长羽毛，口吐歧舌向左右分布成直线，两手握拳向左右张开，上身穿着黑色短袖，露出下臂，即所谓"□墨（黑）榦"。当即能使巨鳖的北海之神禺强。"禺"字像巨头的动物之形。"荼"字从"余"声，与"禺"音近通用。《山海经》的《海外北经》和《大荒北经》都说："北方禺强人面鸟身，珥两青蛇，践两青蛇。""鸟身"当为"黑身"之误（旧注引一本作"北方禺强黑身手足"，《庄子·大宗师篇》释文引此亦作"黑身手足"）。"珥两青蛇"和"践两青蛇"表示其威武而能除害。《庄子·大宗师篇》释文引崔譔和《列子·汤问篇》张湛注引《大荒经》都云："北海之神名曰禺强，灵龟为之使。"所谓"灵龟"即指巨鳖。

楚帛书的创世神话

楚帛书中间八行一段文章，讲的是开天辟地的创世神话，这是我们所见到的时代最早的创世神话文献。全文可以分为上下两节，上节较短，讲的是伏羲创世的神话；下节较长，讲的是祝融进一步创世的神话。据说远古之时"梦梦墨墨"（一团混沌），"风雨是於（阏）"，雹戏（即伏羲）生了四个儿子，即青□榦、朱□兽、翏黄难和□墨（黑）榦，就是春、夏、秋、冬四时之神，就是上文所说"秉司春"、"叡（且）司夏"、"玄司秋"和"荼司冬"四神。雹戏命令四神疏通山川四海，因而使得"朱（殊）有日月，四神相弋（代），乃步为岁，是惟四时（即四季）"。就是说由于四神的疏通，使得一团混沌分解，使得日月分明，四神得以轮流掌管，春、夏、秋、冬四时得以转变，从而推步为一年。这是上节的主要内容。

下节又说："千又百岁，日月允生"（"允"读作"夋"），九州不平，山陵备侧，四神□□，□至于复。""允"和"夋"古音义相通，《说文》说："夋，行夋炱也，从夂，允声。""行夋夋"是说不断推行。所谓"日月夋生"，是说日月不断产生，古神话中有十日和十二月并生的说法，如说帝俊生十日和生十二月，见于《山海经》的《大荒南经》和《大荒西经》。这是说，经历千百年之后，上天下地又发生混乱，天上有日月不断产生，地下的九州又不平，山陵都变得倾斜了，以致"四神"不能使"四时"按常规运转。

接着又说："天旁动夂，畀之青木、赤木、黄木、白木、墨木之精，炎帝乃命祝融以四神降，奠三天，□□思敦（敷），奠四极。"这是说：天为此大为感动，因而赐给青、赤、黄、白、黑木之精，因此炎帝就得下令祝融，使四神从天下降，从而奠定"三天"和"四极"。看来天帝所赐五木之精，就是赐给祝融和四神的神力，因为"青□榦"、"朱□兽"、"翏黄难"和"□墨（黑）榦"等四神，就是执掌青（东）、朱（南）、黄（西）、黑（北）等各方面的事业的。所谓"奠三天"和"奠四极"，就是创建开天辟地的工程。上文所列举的帛书所绘四季之神，正是善于"奠三天"和"奠四极"的能手。

帛书接着又载："曰非九天则大侧，则毋敢叡天灵（"灵"读作"命"），帝允，乃为日月之行，共攻□步十日，四时□□，□神则闰，四□毋思，百神风雨，晨祎乱作，乃□日月，以转□思，有宵有朝（早），有昼有夕。"这是说，祝融接受了炎帝的命令，表示如果违反"九天"的意旨，就将有更大的倾侧，为此不敢不顺从天命。经过炎帝的允诺，于是开始做恢复日月运行的工作，共同努力着推步"十日"，调整"四时"，终于改变了"晨祎乱作"的天象，使得风调雨顺，日月运转分明，有夜有早，有昼有夕。我们必须指出，近人考释帛书的，都把"共攻"读作"共工"，以为最后由共工完成了调整混乱天象的工作，看来并不确实。因为据文献记载，古神话中共工正是造成天地灾祸的主角，据说共工曾与颛顼争为帝，怒而触不周之山，折天柱，绝地维（见于《列子·汤问》等）。共工是不可能做调整日月和四时的工作的，而且祝融既然以四神下降而"为日月之行"，不可能同时又由共工来完成这工作。"共攻"两字当是指祝融统率四神共同努力而言。

帛书八行这段文字所讲的创世神话，既说伏羲生"四神"而使"四神"从一团混沌中开天辟地，使得日月分明和四时运行；又说祝融顺天意、奉炎帝之命而统率"四神"，进一步完成创世工程，都是歌颂帛书中所绘的四季神像而要求大众加以崇拜和祭祀的。帛书所讲的创世神话，实质上就是太阳神的创世神话。拙作《丹朱、驩兜与朱明、祝融》，已详细证明祝融原是日神与火神，同时又是楚人的祖先之神。炎帝既是出于日神、火神的分化演变，祝融所统率四季之神中的夏季之神又是火神的分化。

帛书所说祝融使四神"奠三天"，"三天"是指三重的天的结构，和古神话中所说"九天"不同。"九天"是指天有九个方面的区分，《天问》所谓"九天之际，安放安属"。古神话以昆仑山原与上天相连接，可以从此登天的。《淮南子·地形训》说："昆仑之丘或上倍之，是谓凉风之山，登之而不死；或上倍之，是谓悬圃，登之乃灵，能使风雨；或上倍之，乃维上天，登之乃神，是谓太帝之居。"这就是"三天"的结构。

帛书所说祝融使四神"奠四极"，"四极"是指地的东南西北四方的尽极之处。《淮南子·地形训》所谓"禹乃使太章步自东极至于西极二亿三万三千五百里七十五步；使竖亥步自北极至于南极二亿三万三千五百里七十五步"。《淮南子·时则训》谈到了东、南、中央、西、北五极之处和五帝、五神之所司：东方之极东至日出之次，太皞、句芒之所司；南方之极南至委火炎风之野，赤帝、祝融之所司；中央之极自昆仑东绝两恒山，黄帝、后土之所司；西方之极西至三危之国，少皞、蓐收之所司；北方之极北至令正（丁令）之国，颛顼、玄冥之所司。据此可知古神话中，"四极"原为四方的上帝和四季四方的神所执掌，原来就是由四季四方之神所奠定的。四季四方之神的神力强大，本来就是"奠三天"和"奠四极"的能手。

楚帛书所说祝融创世的神话，确是有来历的。《尚书·吕刑》说："蚩尤惟始作乱，……皇帝（上帝）哀矜庶戮之不辜，……遏绝苗民，无世在下。乃命重、黎绝地天通，罔有降格。"这是说，因为蚩尤作乱，遏绝苗民，上帝于是命重、黎绝断天地之间的通路，这就是祝融开天辟地的神话。原来古神话中天地是连接而有通道的，昆仑就是登天的通道所在，由于重黎的"绝地天通"，天地才分开而不能相通。《国语·楚语下》载楚昭王问于观射父说："《周书》所谓重黎实使天地不通者，何也？若无然，民将能登天乎？"古神话确实认为如此，人民原来是可以由地登天的。于是巫师们就宣称从此只有巫师有天梯性质的高山，可以升降上下，能够往来人间和天堂，沟通天人之间。

重黎怎样"绝地天通"的呢？《山海经·大荒西经》说："颛顼生老童，老童生重及黎，帝令重献上天，令黎邛下地，下地是生噎（"噎"疑"嘘"字之误），处于西极，以行日月星辰之行次。"《国语·楚语下》记观射父说："及少皞之衰也，九黎乱德，民神杂糅，不可方物。……颛顼受之，乃命南正重司天以属神，命火正黎司地以属民，使复旧常，无相侵渎，是谓绝地天通。"这就是说，上帝（颛顼也是上帝）命令重和黎，一个上天而"司天"，一个下地而"司地"，同时黎所生的噎（或嘘）"处于西极，以行日月星辰之行次"，该即帛书所说"乃为日月之行"。

楚帛书所讲的创世神话，限于混沌中开天辟地和天象由混乱恢复正常两部分。帛书中间十三行一段文字，也是讲天象发生灾异而恢复正常的。全文可分为三节，第一节讲天象发生灾异，包括月的盈缩不当，春、夏、秋、冬四季的变换失常，日月星辰运行的逆乱，草木的生态失常等；认为这是"天地作羡（"羡"读作"殃"），天棓将作伤，降于其方，山陵其发（"发"读作"废"），又（有）渊厥溃，是谓孛"。"天棓"是指棒那样长的彗星，"孛"是指光芒蓬勃的彗星。这是说天地遭殃，是彗星降下的伤害，以致山陵败坏，渊泽溃决。接着又说出现"孛"的岁月，有雷电、下霜、雨土的灾异，因而"东国又（有）吝（患难）"，"西国又（有）吝"，而且有兵灾"害于其王"，说明这样的天灾不但东国和西国的人民受难，国君也得有兵灾。

第二节缺字较多，有些字句意义不明。大意是说一年四季的变化，此中春、夏、秋"三时"都重要。由于"亨"（彗星）的"作其下凶"，日月星辰运行紊乱，"时雨"（及时下雨）失常，以致"群民"的"三恒发（'发'读作'废'），四兴鼠（'鼠'读作'窜'），以（失）天尚（'尚'读作'常'）"。"三恒"是指春、夏、秋三季的常规作业，"四兴"是春、夏、秋、冬四季的行事。这是说，由于彗星造成天灾，使得人民废毁三时的常规作业，败坏四时的行事，以致人民不能正常生活。接着指出，由于"群神五正，四兴无羊（殃），建恒怪民，五正乃明，其神是享"。所谓"群神五正"，是指主管"四时"的五神，当时中原地区以句芒、祝融、蓐收、玄冥（四时之神）加上后土，称为"五正"（《左传·昭公二十九年》晋太史蔡墨所说），这里楚人所说"五正"，也该指上文所述四时之神加上后土而言。这是说，由于五正管理好四时的行事，使得重建"三恒"而便于人民安居乐业，因而人民要祭享其神。第三节"帝曰"以下，是说上帝为此对五正之神大为称赞，说明必须恭敬祭享。这篇文章通篇是韵文，很明显是歌颂帛书四边所画十二月神中的四季之神的，并要求人们恭敬祭享。

伏羲是楚神话中的创世者和造物者

楚帛书说伏羲生下四时之神，在一团混沌中使四时之神开天辟地，使得日月分明和一年有四季，说明伏羲是楚神话中的最早创世者。还值得我们注意的是，1973年长沙马王堆汉初墓葬出土的一批帛书中，有《易经》和《易系辞传》，当是儒家《易》学传到楚国以后，楚的经师在传授《易传》时重新编辑而成的。与《易系辞传》同时出土的还有四种解释《易》的作品，如《要篇》、《易之义》、《缪和》和《昭力》等，说明楚曾长期成为传授儒家《易》学的一个中心。因此《易系辞传》本为儒家之学，融合有道家黄老学派的学说，并且把伏羲作为最早的造物者。看来长沙的战国时代楚墓出土的楚帛书，以伏羲为最早的创世者；同时长沙的汉初墓葬出土的帛书《易系辞传》，又以伏羲为最早的造物者，是有密切的历史传统关系的。《史记·仲尼弟子列传》称孔子传《易》于鲁人商瞿（字子木），商瞿又传楚人馯臂（字子弓），馯臂以后《易》还是在楚长期流传，特别是在长沙地区。

《易系辞传》讲到远古圣人依据《易》的"卦"而造物的传说，包牺氏（即伏羲）作结绳而为网罟，以佃以渔；神农氏推行耒耜之利，日中为市；黄帝推行舟楫之利和臼杵之利。上古穴居而野处，后世圣人易之以宫室；古之葬者厚裹之以薪，葬诸中野，不封不树，后世圣人易之以棺椁。上古结绳而治，后世圣人易之以书契。百官以治，万民以察。这样把历史分为"上古"和"后世"两个阶段，"上古"是指原始社会，"后世"是指文字发明和创建国家制度以后的文明社会，而把"圣人"的造物作为推动历史变革的关键，伏羲就是最早的造物者。

《易系辞传》说："古者包牺氏之王天下也，仰则观象于天，俯则观法于地；观鸟兽之文与地之宜，近取诸身，远取诸物，于是始作八卦，以通神明之德，以类万物之情。"这样把"始作八卦"看作伏羲的最重要的创造，是和楚人的原始巫术有密切关系的。所谓"始作八卦"，实质上就是"结绳而治"，八卦的制作和结绳有密切联系。当原始部族结绳而治的时期，就用绳索作为占验的工具。旧时四川金川的彝族，卖卜者手持牛毛绳八条，掷地成卦，如是者三，以定吉凶，称为"索卦"，临阵作战时要用以占卜胜负，见李心衡《金川琐记》，收入《小方壶斋舆地丛钞》第八帙。《楚辞·离骚》说："索藑茅以筳篿兮，命灵氛为余占之。""灵氛"是占卜的巫师，使用原始巫术来占卜，"筳篿"是几片竹制的占卜工具，"藑茅"是一种灵草，"索藑茅"是说用灵草作绳索而绕在"筳篿"上，于是投掷"筳篿"来占卜以定吉凶，这就是楚人沿袭"索卦"的遗风（详于省吾《伏羲氏与八卦的关系》，收入《纪念顾颉刚学术论文集》上册）。

"圣"是孔子所标榜的最高道德，孔子曾感叹："圣人吾不得见之矣。"（《论语·述而篇》）孔子又曾感叹："凤鸟不至，河不出图，吾已矣夫。"（《论语·子罕篇》）凤鸟至，河出图，是将兴的祥瑞，这是早有的一种神话传说。《易系辞传》说："河出图，洛出书，圣人则之。"这是后来儒家的信仰。《孔子三朝记》的《诰志篇》（收入《大戴礼记》）就曾说："圣人有国"，"于时龙至不闭，凤降忘翼"，"洛出服（'服'读作'符'），河出图"。所谓"河图"、"洛书"，具有神话性质。儒家由于重视"造物"对于改进和提高人民生活起着重大作用，把这些神话中的造物者称为"圣人"，其实他们都是人面蛇身的天神，《列子·黄帝篇》说："庖牺氏（即伏羲）、女娲氏、神农氏、夏后氏，蛇身人面，牛首虎鼻，此有非人之状，而有大圣之德。"伏羲、女娲、神农和夏后氏都是创世者和造物者。《楚辞·天问》说："女娲有体，孰制匠之？"就是因为神话中有女娲造人之说，因而要问女娲自己的身体是谁造的呢？同时女娲有补苍天和立四极的神话。

从来神话中的创世者又是造物者，民间"造物"的工匠是要使用规、矩、绳、墨等工具的，神话中的开始造物者当然也是使用这些工具的。神话的四方和四季之神既是创世者，当然又是造物者，因而《淮南子·天文训》就说："句芒执规而治春"，"朱明执衡而治夏"，"后土执绳而制四方"，"蓐收执矩而治秋"，"玄冥执权而治冬"。伏羲和女娲既然是创世者和造物者，因此伏羲和女娲的图像也是手执规矩的。我们所见到的伏羲和女娲图像，最早是东汉时代的，如武梁祠石刻、四川郫县出土石棺画像、重庆沙坪坝出土石棺画像，都是伏羲执矩、女娲执规，蛇身人首，两尾相互纠结，同时文字记载中出现有伏羲和女娲为兄妹或夫妇的传说。伏羲和女娲手执矩规的蛇身神像当是依据原始的神话，所说兄妹关系和夫妻关系当是后起的传说。王充《论衡·顺鼓篇》说："伏羲、女娲，俱圣者也。舍伏羲而祭女娲，《春秋》不言。"又说："俗图画女娲之象为妇人之形，又其号曰女，仲舒（指董仲舒）之意，殆谓女娲古妇人帝王也，男阳而女阴，阴气为害，故祭女娲求福祐也。"这是王充解释董仲舒主张"雨不霁，祭女娲"的，认为女娲本是"补苍天、立四极"之神，只说俗图画女娲之像为妇人，没有谈到女娲和伏羲有什么关系，而说"俱圣者也"。

附带要指出，楚帛书八行一段文字，说鼋戏（伏羲）"乃取（娶）虘遅之子曰女壣，是生子四"，"女"下一字不识，有人以为即女娲，并无确证。

附记：据新华社北京 1 月 9 日电，陕西北部神木县汉墓新出土画像石中，有"春神句芒"和"秋神蓐收"的画像。春神句芒人面鸟身，左手捧红色日轮于胸前，右手持矩，足下和身后各有一条青龙。秋神蓐收也是人面鸟身，右手捧白色月轮于胸前，左手持规，耳部有蛇，足下和身后各有一只白虎。我认为，这两幅画像，就是依据四季之神的创世神话而创作的。

楚帛书既讲伏羲使用四季之神于一团混沌中开天辟地，从而使得"朱（殊）有日月，四神相弋（代），乃步为岁，是惟四时"，又讲千百年之后，由于日月不断产生，四季运行失常，于是炎帝又命祝融使四季之神开天辟地，即所谓"奠三天"和"奠四极"，接着就"为日月之行"，使日月得以正常运行。据此可见在这样的创世工程中，使日月正常运行，是此中一个关键。新出土的春神句芒和秋神蓐收画像，分别手捧日轮和月轮于胸前，就是表示他们在创世工程中主持"日月之行"。《山海经·西山经》讲到蓐收之神居于泑山，"西望日之所入，其气员，神红光之所司也"。这是说蓐收之神用他的"红光"在掌管"日之所入"，也是讲蓐收掌管日的运行。所谓"其气员"，"员"当读作"圆"，这是说蓐收发出红光使日轮运行的气象圆通。新出土的句芒和蓐收画像分别手执规矩，与《淮南子·天文训》记载相同，因为他们既是创世者，又为造物者。新出土汉代画像石以蓐收为秋神，与《月令》相同，而和楚帛书所说"玄司秋"不同，该是依据中原流行的神话。1997 年 1 月 17 日追记。

本文原载《文学遗产》1997 年第 4 期，现据《杨宽古史论文选集》（上海人民出版社 2003 年版）选刊。

女娲及其神话与信仰的功能

杨利慧

杨利慧（1968—　），四川旺苍县人。1994 年于北京师范大学中文系（中国民间文学专业）获文学博士学位。现为北京师范大学文学院教授。主要研究神话学、民间叙事学、民俗学基础理论与民族志等。神话学方面的主要成果有专著《女娲的神话与信仰》（1997）、《女娲溯源——女娲信仰起源地的再推测》（1999）、*Handbook of Chinese Mythology*（合著，2005）、《神话与神话学》（2009）以及论文 20 余篇。

"功能"一般是指从客观的角度去考察一个文化现象在行为背景中，对于个人生活和社会群体的存在与发展所起的作用。本章"女娲及其神话与信仰的功能"，主要的论述目的，即在于探讨这样的问题：女娲及其相关的神话与信仰习俗究竟满足了个人或社会群体怎样的需要？它们在人们的信仰心理和现实生活中到底发生着哪些潜在的或明显的实际效用？通过这一类探讨，或许能对"女娲对人们具有怎样的意义"、"女娲顽强的生命力之所在"等问题，有一个更明晰和更深入的认识。

在展开正式的考察、分析之前，需要预先作几点说明：首先，对女娲及其神话与信仰的功能的探讨，是应当在一定的历史背景下进行的。从上述以及下文将要述及的有关文字中，可以发现，在女娲神话及其信仰作为文化现象产生以后，数千年来，它们的内容、形式都不断地发生着大小不同的变化，它们的功能在不同的历史时期也有差异。本文不拟对女娲及其神话与信仰的功能作过多细致的、历史的分析，而将关注的重点放在长期以来有关神话及信仰所产生的较共通的作用上。同时，行文中对其功能的适时变异，也尽量有所兼顾。第二，女娲的神话与信仰有密切的联系，不少神话是构成女娲信仰的至关重要的组成部分，所以，尽管二者有所不同，但其功能错综交织，往往有着本质上的共通之处。本章将二者分别开来进行论述，只是出于阐述起来方便、侧重点清晰的需要。第三，女娲的神话和信仰的功能是多方面的，这里，仅就其中较突出和较重要的一些功能进行分析论述。

一、女娲的功能

女娲在人们生活中的功能是多方面的，又是在发展中有所变化的。

女娲的较早形象，比较明显的是"化万物"的始母神。古老的始母神所具有的功能自然并不单一，不过其较基本的职司是主繁衍、生殖。这从本书"古代的女娲信仰"一章可以看到，女娲可以赐子嗣（皋禖之神）、救灾祸（补天、治水）、除凶怪（屠黑龙）、兴礼乐（制定婚姻制度、制作笙簧），她可以止淫雨，还可以起到佑护死者的作用。

女娲的多功能性在现代社会中体现得更为突出。据信她的神力几乎可以使一切崇拜者的任何方面的欲求得到满足。赐子嗣自然是她在人们生活中最普遍地发生效力的功能之一。除此而外，她还保佑庄稼丰稔、雨水调匀；救助人们脱离兵、水、旱、虫、病等种种灾祸的困境，仁慈地赐予人们健康和平安；她能公正地奖善罚恶，使蒙受不白之冤的善良人最终赢得他人的理解和尊重；改革开放的新形势下，她还照拂那些力图搞活经济的个人或集体迅速发财致富；她甚至还掌管着信众生活中极细小的活动，例如能否嗓音圆润地唱出经歌，或者能否流畅地讲出女娲故事……女娲在现代民间信仰中的神力几乎是没有边限的，她的作用范围，除单纯的信仰活动如礼拜、上供、赶庙会等之外，还深入到崇信者的经济生产（农业的或者制伞、泥塑、琉璃等手工业）、家庭生活、社会关系、观念心态等领域的许多方面。

同女娲神话的演变情形一样，女娲功能的变化也有存留、有增添、有亡佚。适应着数千年来各种现实条件下、不同层次人们的各种需求，那些基于人类基本需要的功能一直长兴不衰——繁衍、平安、健康的要求是响彻整个信仰历史的人类共同的呼声（尽管这功能发生作用的程度、形式等可能有所差异）。而不断发展的现实形势下，人们不断增长的物质与精神生活的需求也需要得到更多、更广泛的满足与填充，于是女娲从原初的主司繁殖，逐渐被增添了各项功能。功能的扩大化，是女娲功能演变过程中的主要方面。另有一些产生于特定的现实条件下人们需求的功能，随着这种条件和需求的更易而变异以至被淘汰。例如女娲对死者的佑护作用，尽管曾作为一种相对稳定的观念形式盛行于两汉以至延续到隋唐，但终究没有发扬光大，从目前所掌握的情况来看，这一功能似乎在人们的生活中已经消失。

女娲的功能主要通过人们的心理现实而实现，一般不需要什么特殊的媒介。人们相信通过请求、祈祷、许愿等方式，便能与女娲相沟通。对女娲超自然神力的虔信，使信众将祈愿以后得到的满足（往往有一定的世俗合理性作条件，例如许愿求子常以三年或更长时间为期限，这期间得的子女，都可以认为是老母娘女娲所赐）归结为女娲的灵验，而神的不灵验或失职，也往往被加以合情合理的解释或开脱责任。例如求子的人未能如愿或者不久孩子夭折，就可能被解释成女娲奶奶要管的事太多，年纪又大了，难免照顾不周。① 不过更常见的原因，往往可以从祈求人的不诚心或者品德的缺陷上找到。

女娲的功能有时也通过托梦、神灵附体、显示异兆的具体形式而实现。这类现象产生的原因及其实质，在人类学或心理学理论上尚未获得完满的解释，但似乎可

① 河北涉县娲皇宫庙会调查，1993 年。

以肯定，它们从根本上也多是由于心理上虔敬的结果。这里说的托梦，即女娲在信仰者的梦中显现，向他们提出要求或忠告；或授以本领，给现实中的困惑者指点迷津；或对行为、品行不端者施以训诫。神灵附体，指女娲降神，凭附在某人身体上，以此为媒介直接向人们宣扬神意，或显示其神圣的威力。这"媒介"的选择并非随意、无缘故的，他们往往是女娲的热心信奉者，一些人还是给人看病看相的巫婆。通过附体，女娲和她的信众之间打开了一条直接的交流渠道：女娲就"在那里"，聆听人们的祈求，直接授以解决问题的办法，或亲自对纠纷进行裁决等（例如西华的"女娲断案"①）。显示异兆，也是女娲起作用的形式之一。"反常的"自然或社会现象，比如长久的干旱或淫雨、健康人的突然生病等，也被信仰者作为女娲神圣威力的象征和标志，往往引起人们敬畏、恐惧、希望等情绪，从而起到警醒、惩戒或保护等作用。

托梦、神灵附体、显示异兆，是女娲在人们生活中起作用的具体途径。通过这些形式，横亘在始母与人类之间的时间、空间阻隔被打破，女娲的神奇活力得以"活化"在现实的生活中，参与信众的生活，并被认为能在其中发挥多方面的作用。

二、女娲信仰的功能

女娲信仰的功能，是指由对女娲的崇信观念或崇拜行为而产生的，对于个人或社会群体的存在与延续所起到的作用。它与女娲的功能有密切联系，但二者并非等同。女娲信仰的功能较显著的有以下几点。

（一）对群体的凝聚、维系作用

后世对女娲的信仰，究其本质，无非源于两种因素：一是现实的需求；二是对始祖的感恩。

前文已经说过，远古时期的女娲主要是某一氏族或部落信奉的始祖神，是她创造并养育了人类。而在原始人心目中，某一氏族或部落的范畴无疑即是全部的世界，因此女娲是人类的始母，与人类之间有着血亲相依的亲缘关系，她不仅能保佑氏族或部落群体后嗣绵延不断，还能在氏族或部落遭遇重大事情如生产、死亡、疾病或其他危难时帮助、拯救子孙。源于这共同的血缘传承和生存利益的认同感以及相互依存关系，在氏族或部落的个体成员之间以及个体与群体之间结成了一条情感的纽带，它将群体结构中的诸成员紧密地联结在一起，彼此互助、协作，在祖先的庇荫下，一同对付生存中可能遇到的问题。

在以后长期的历史发展中，由于氏族、部落间的迁徙或融合，女娲的影响范围也有所扩大，她的始祖地位也有了不同程度的变化。在有的地方，她逐渐与另一位始祖兼文化英雄的大神伏羲发生了亲缘上的联系，一同成了生育人类的始祖。战国

---

① 参见拙著《女娲的神话与信仰》，中国社会科学出版社1997年版，第155页。

后期，古史传说中的另两位始祖黄帝、炎帝的地位日渐隆升，女娲也因此受到影响。有的地方，她的始祖地位为炎黄取而代之，她的制笙簧的事迹，也被列入黄帝的名下。最后，大约主要是因为信奉炎、黄二帝的势力的巨大影响，以及二帝形象与父权制世俗统治需要的吻合，炎黄逐渐被奉为华夏族、汉民族以至整个中华民族的始祖，直到今天，仍是感召、凝聚广大中国人民的有力象征。

然而女娲在她的信仰范围内，与其信众之间依然保有始祖母与子孙间的血缘纽带，如同本书第四章中笔者在淮阳、西华、涉县等地的考察中所亲见的那样，每年春季的庙会或者平时每月的初一、十五，人们都要赶往有关礼祀地点朝宗敬祖。庙会上，人们往往通过讲唱女娲造人及其奠定人类生活秩序的各种神话，追溯人类及周围世界的远古历史，并唱经、跳舞或举行其他祭祀活动，以对始祖的养育与佑护之恩表示孝敬与感激之情，并企望这种恩惠能施至永远。这种对共同血缘传承、群体历史的追溯，对共同始祖的追念与感恩，使庙会洋溢着一派亲密、和睦的气氛。各香会中的成员自不必说，无论男女老少都是兄弟姊妹——正如一首经歌中唱的："一会的斋公都是一家。同吸烟，同喝茶，同上西天享受荣华。"——就是素不相识的人，相互之间也为一种亲情所吸引。因为这里，无论富贵贫穷、健全残疾，大家都是"一母所养"、"一个老根"①，都一样是人祖的子孙。

这一类对共同始祖的信仰，使群体成员之间产生了一种基于共同血缘关系上的亲和力，以及对所属群体的自豪感、归属感和认同感，从而造成群体内部的凝聚力。这一信仰观念及行为的周期性巩固、强化，又会使凝聚力不断得以维系、加强，从而有利于群体的完整与和谐统一。而群体的凝聚和协调，正是群体得以生存、发展、繁荣的重要前提。

一般说来，大凡信仰观念或由此形成的心理、情感、观念、行为等，都会对群体成员产生团结、聚合的作用。例如对王母娘娘、玉帝、关公的共同信仰，以及各地的蟠桃会、玉皇会、关公会等庙会活动，也都能取得聚合群体社会、和谐人际关系的效果。不过，相比之下，女娲的凝聚功能更多了一条血缘亲情的纽带——这是凝聚力得以产生和维系的最重要、最有力的因素之一。

这一类对女娲或者伏羲、盘古等始祖的崇信在一些地方群体中所产生的凝聚力，与炎黄信仰所产生的整个民族的凝聚力并不矛盾冲突。一个民族中有各种不同方式划分出的群体，这些群体可能各具功能与特色，但只要其与整个民族的发展倾向相一致，便必然有益于总体上的相互联系、相互配合，从而从不同方面、不同角度促进整体社会的整合与良性运转。例如改革开放以来，到淮阳朝香敬祖的不仅有附近各省的群众，还有来自海外的华人，他们不仅带来了寻根拜祖的赤子之情，也带来了对中国现代化建设的热切关心。他们在道义上的热情支持和经济上的有力援助，

---

① 周淑贞唱《人祖姑娘经》，河南淮阳人祖庙会调查，1993 年。为保护资料提供人的利益，除特别情况外，本文一律采用化名。

对当地建设无疑是积极的推动，对整个中国的现代化事业也是十分有益的促进。

（二）对群体成员的规范作用

每一个社会群体都包含一整套成员们或多或少都须共同遵守的规范，借以维持有秩序的群体生活。为保证这些规范能为群体成员所共同遵循，不致因太多个人利益和目标的干扰而造成社会的混乱与分散，群体中必须有相应的机制来对其成员的心态、行为进行规范，例如政权的强制、教育的引导或舆论的褒贬等等。宗教信仰也是其中有效的途径之一，不过它起作用的方式与其他途径有所差异：它是通过信仰的力量而起作用的。

在民间信仰中，女娲是全知全能的。她虽然居于天界，却对人们的言行无不知晓；她是理想道德的典范，并致力于维护群体的伦理、道德、正义和秩序。对那些行为合乎群体公认的伦理、道德规范（例如诚实、善良、孝顺、贞节）的人，她会施以福佑，即使他们的行为一时受到不明真相的社会舆论的严厉谴责，可神意的公正裁判最终会使真相大白于天下；而对那些违反这些规范的人，女娲则会降以疾病、死亡、灾害等，以示惩罚。通过这样的方式，女娲作用于群体成员的心理，并由此对其现实行为进行干预。

在淮阳、西华、涉县等地，崇拜者们普遍相信，女娲能清楚地知道各人的是非功过，并在适当的时候予以裁决："儿女们立功大小娘都看见，单等着我皇娘能坐平安，有功有过人决分清干。"那些立功的虔信者会被女娲用法船渡过沟去，"只要你们能过去，荣华富贵享百年。有大灾的给你免，有小灾的保平安……"① 而在涉县娲皇宫一带曾经流行的跳火池习俗，则建立在这样的信仰观念之上：真正有孝心、虔诚心、贞节的人，女娲都会保佑他们平安无事；反之，则有可能烧死或跌伤。当地还广为流传着这样的说法：有叔嫂两个关系不正派，去"朝顶"时被活埋了；而一位真正孝敬公公的媳妇，虽然被人说了不少闲话，但"跳火池"后却神奇地得了一块"贞节玉女"的匾②，足见女娲之公正、严明、灵验不爽。有些不孝敬公婆的人、愿望满足后不知还愿的人、朝祖时言行不恭的人，女娲也都会用疾病，如腰疼或孩子生病，或其他凶咎以示警告和惩处，直到他们认识并改正了错误。

如此之类的观念，在各种信仰场合中反复被灌输，对人们长期影响的结果，会使人们出于敬畏女娲的超自然神力，自觉不自觉地趋向于肯定和遵从那些神所嘉许的原则、规范（往往就是群体所公认的伦理、道义原则），以期得到神的眷顾和护佑，而对违反这些规范的欲望或言行，则予以克制、约束、避免或纠正，以免受到神的惩罚。于是，由于对女娲的信仰，客观上便起到了一定程度的规范、约束人们心态的作用，并最终影响其实际行为朝着社会所规定的方向发展。

这一类出于对超自然力（包括神、鬼、精怪等）的信仰在传统乡土社会中所产

---

① 孟秀英唱《女娲经》（二），河南西华女娲城庙会调查，1993 年。
② 河北涉县娲皇宫庙会调查，1993 年。

生的规范性影响是十分巨大的，它直接作用于人们的心理，比起政治权力的强制或一般的道德教育来，往往更易取得效果。而且，由于那些原则和规范被认为是神的旨意，它们也就更带有绝对、神圣的性质，并更具有约束力。在政治、法律、教育等机制的作用都相对松弛的农村社会中，它们往往是维持正常群体生活秩序的一种重要手段。

（三）对群体生活的调节作用

由于对女娲的信仰，在一些地方形成了具有一定规模的集体活动场合，如节日活动、庙会等。它们对群体生活产生着一定的调节作用，这主要包括两方面的内容。

第一，对物质生活的调节。最初的祭神、拜神一类的集体活动，性质是严肃的，功能上也比较单一。然而在发展中，它的功能也发生了多样化的转变，原初一些较不明显或不主要的功能（如娱乐功能等），日益突出，并在现实生活中起着显著的作用。如今，由集体的祭神活动逐渐演化形成的庙会已远不仅是作为人们祈神拜神的场所，它还是乡镇生活中人们的社会活动中心和最好的物资交易场所。

以淮阳庙会为例。在河南淮阳的人祖庙会上，最常见的交易商品是祀神祈神时用的香、纸钱、楼子、塑料制的娃娃等，泥泥狗、布老虎等也是主要的商品。在太昊陵，一些小摊上还将伏羲、女娲以及观音等神灵的瓷像明码标价，与其他商品一同销售，这说明商品意识的潜入使信仰也带上了很浓的世俗色彩。这一类商品大都是附近的农民自己制作的，数量不多，质量也较粗糙，不过小本生意，乘庙会时赚几个钱，以补贴家用。除此而外，庙会期间，陵区内还辟有商业街，以经营农具、食品、纸扎物品、竹木柳编、服饰以及文具、皮货、药品、陶器等项生意。在20世纪30年代，人祖庙会期间就是商贾云集，各种商品交易活动十分繁盛。[1] 1949年以后，当地政府曾多次于庙会期间举办物资交流大会。1984年，大会期间商业成交额达五百一十一万元，税收六万六千元，门票收入四万五千元。如今，人祖庙会已成为豫东地区最大的物资交流盛会。

这类物资交流活动对乡镇经济生产、生活的意义是不可低估的。个人可以利用庙会的这类"交易"性质，做些生意贴补自己的生活，也可以方便地购得生产、生活中的所需；对当地政府部门来说，也是一个大可利用的进行贸易交流、促进经济发展的好机会。群众的需要与政府的利益在这一点上恰相一致，于是内外呼应、水涨船高。如今在商品经济下各地蜂拥而起的"文化搭台、经济唱戏"热潮中信神习俗的复兴与盛行，也与此因素密切相关。

在庙会期间进行的商品交易活动中，世俗的气氛固然浓厚，而信仰的因素并未完全排除。例如买卖神像时，不能言"买"、"卖"，而要说"请"；不少人做生意时要焚香，祈求人祖爷、人祖姑娘保佑自己生意兴隆、财源茂盛。可见人祖信仰对经济活动的影响。

---

[1] 参见郑合成编：《陈州太昊陵庙会概况》，河南省立杞县教育实验区1934年版，第35—73页。

第二，对精神生活的调节作用。前文曾述及，对皋禖之神女娲的祭祀时间，是在每年的春天。主要活动，除祭祀皋禖、祈求子嗣外，往往还有男女自由相会或者用香草、桃花水沐浴，或执兰草招魂续魂等活动①，意在祓除不祥。这一类禊饮、沐浴、男女郊游活动是带有一定的信仰或巫术色彩的，或者主要是出于信仰或巫术目的的，但它同时多少也具有娱乐性质，这一点，我们从《诗经·国风》中的有关描述中不难认识到。如《郑风》中载"洧之外，洵讦且乐，维士与女，伊其相谑，赠之以芍药"。《初学记》卷一五引《五经通义》云："郑国有溱洧之水，男女聚会，讴歌相感。"如今在陕西临潼一带，三月三朝拜女娲的庙会上也有洗桃花水等习俗，古老的去邪之意或者依然存留，但嬉戏娱乐的成分已越来越大了。②

在如今各地为祭祀、纪念女娲而举行的节日或庙会上，娱乐活动占着十分显著的位置。例如淮阳人祖庙会上，除斋公们自发的唱经、跳担经挑舞之外，还有一些较大的、有组织的或者专业性质的文娱表演。据1934年的统计，当时庙会上计有群众自发的组织高跷会五班、盘叉会一班、狮子会四班、旱船会三班、龙灯会一班；营业性的文艺团体，演梆子戏的有三处、马戏团二处、道情班一个、电影一处、洋片十二处、大鼓书一处。③ 直到现在，有些在祈求人祖之后如愿以偿的人，也常用担经挑、唱戏或演电影的方式来还愿，以达到娱神的目的。但这娱神的同时往往也娱人，人神共享，其乐融融。

所以，有关女娲的礼祀活动往往成了乡镇生活中热闹的节日。节日期间，除了虔信者和大多数抱着"宁可信其有，不可信其无"态度的人之外，即使那些不信女娲的人，也会呼朋引伴、扶老携幼前来赶会，唱经看戏，尽情欢娱，平时单调的生活得以丰富、补偿，紧张、艰辛劳作的神经得以放松、休息。孔子所谓"一张一弛，文武之道"④，正道出了这一类信神活动客观上对于劳动人民生活的调节作用所具有的意义。

（四）对于妇女的特殊功能

女娲的形象，产生于父权制之前，妇女在农业、制陶等方面占据着生产上的优势，在集体中享有的尊严和地位也与男子并无等级区别，甚至可能更高些。在女娲的形象上，就体现出了一定历史背景下妇女具有的巨大创造力和美好的品德。这是对妇女价值的赞颂和肯定，它对妇女会产生积极的心理影响。

这种情势到了父权制社会时有了变化。女娲对妇女的作用程度、作用方式、实质等也随之发生了变化。

在中国传统的宗法制社会中，妇女的地位一般是比较低下的。在整个社会结构

---

① 参见郑玄注《周礼·女巫》及《艺文类聚》四引《韩诗章句》。
② 程思炎：《骊山女娲风俗对我们的启示》，见中国民研会陕西分会编印：《陕西民俗学研究资料》，第101页。
③ 郑合成编：《陈州太昊陵庙会概况》，河南省立杞县教育实验区1934年版，第75—88页。
④《孔子家语·本命解》。

中，她们是次要的、无足轻重的"第二性"，个人的才能很少有机会得到发掘或施展；在家庭结构中，尽管她们的劳动十分重要，但地位上，她们是失掉自主性的、卑微的陪衬。平日里需要恪守"三从"、"四德"，婚姻但凭"父母之命，媒妁之言"，婚姻的目的，往往只是为了"上以事宗庙，下以继后也"。婚后的生活中又往往或明或暗地存在着种种不安与危险，比如有可能被夫家以某些理由休弃（"七出"）等等。简单地说来，"幼从父兄，既嫁从夫，夫死从子"①，这被动、服从的角色往往是她们一生地位、经历的写照，而各种封建礼教的束缚、压制，使妇女的世俗生活充满了压抑、禁锢、无助乃至恐惧。

现实的种种欠缺借着女娲（当然，不只女娲）信仰得到一定程度的填补。

由于对女娲神力的信仰，现实中需要满足的愿望似乎变得可追求、可企及，被压抑的情感也得到另一途径的抒发、宣泄，心理上也得到一定程度的慰藉和依托。由于对女娲的信奉，在那些生活于无情世界中的妇女面前，打开了另一番有情而又有威力的神秘天地。譬如对未来的婚姻充满希冀而又有些茫然的女子，媒神的女娲可能会保佑她们得配一位如意郎君；对那些祈盼通过生子来维持或提高其家庭地位，而对那神秘莫测又带有相当危险性的生育心怀恐惧的妇女来说，主司生殖的始母女娲也可以保佑她们如愿以偿、平安顺利……女性神显示出的慈爱与温柔的女性气质，以及基于这性别之上的共通的生活内容，使妇女们可以更自然、更随意、更无掩饰地向女娲娘娘倾诉她们的需求和心底的隐秘。自然，男神的威力也是很大的——例如人祖爷伏羲也可以赐子，但生孩子向来被视为女人的天赋机能，妇女求子也多少带点女性的隐私，所以，尽管人祖爷堂皇地坐在大殿上，求子的女人们却依然主要通过摸子孙窑、在女娲观拴娃娃等方式祈求，甚至在女娲观已不复存在后，还在原来的地方祈拜。

女娲对这些同性别的信仰者也似乎格外眷顾、垂青。祭祀她的担经挑舞蹈便只传女不传男，据说"男的跳得不好看"，"神看了不喜欢"；河北涉县娲皇宫庙会上的"坐夜"习俗，也只能是妇女们进行，"男同志不准在庙里过夜，有些牵着毛驴陪同妻子来烧香的男人，也只能在庙外过夜"②；女娲借以显示神意的托梦、附体，也多发生在妇女身上。男性似乎受到女神的冷淡，他们在世俗社会中的优势在这里遭到一定的贬抑。

妇女与女娲何以存在如此特别密切的联系？上文所说的，妇女向同性别的女神更便于倾吐心声、提出要求并获得满足，或可为原因之一。有的人认为，这是母系社会遗留下来的习俗。③ 当代西方一些学者对于妇女何以需要女神的阐释，也许能给我们一些新的启发。Carol P. Christ 等人认为：父权制统治下，对男性神的低头膜

---

① 《礼记·郊特牲》。
② 新文：《中皇山的女娲民俗》，载《民间文学论坛》1994 年第 1 期。
③ 新文：《中皇山的女娲民俗》，载《民间文学论坛》1994 年第 1 期。

拜，会使妇女们处于依赖男性以及男性权威的心理状态中，这一"情绪"（mood）会使之同时对男性在社会结构中政治的、社会的权威的合法性予以认可；而女神的影响则不然，很难否认，女神尤其是那些强有力的、独立的女神，其形象中蕴含着对女性本质和力量的赞美与肯定，这有利于使她的女性崇拜者们明确她们的性别、身份，并对她们固有的女性力量（尤其是生殖、创造的力量）予以肯定、增强信心，这是对父权制所造成的、女性力量是低等的和危险的观念的抗拒与战胜。[1] 因而对女神的信仰，能在妇女中激发起一种对自身性别和所具力量的自信与欢乐情绪，并由此对她们的社会生活产生积极的影响。这种宗教心理角度的分析，也许道出了女神信仰对妇女所具有的潜在的特殊功能。不过，至少从中国的情况看，这类积极、主动、自信的情绪所引发的"动力"，即使有，也主要地发生在信仰的领域中。

在淮阳、西华、涉县等地的庙会上，很容易发现，平时生活中处于次要、被动地位的妇女，在这里却占着绝大的优势。她们不仅在数量上占据着信众的绝大多数，而且从神情到行为上，都一反常态，表现得活跃、积极主动和无拘无束。她们可以随心所欲地哭、笑、唱、跳，在过去甚至可以与陌生的男子"野合"，都不会被指责为非礼之举。在变换了日常生活秩序的神圣场地、神圣氛围中，在"神圣"对"世俗"的暂时制胜、摒弃背景下，"世俗"的一切也随之失去了原有的效力，世俗社会中务须恪守的种种礼教、规范被打破，妇女们的种种"出格"言行，往往因与女娲娘娘神圣的力量、意志相连而显得严肃、别具意义，现实生活中备受钳制、压抑的底层妇女因而获得了片时的解放与自由。女娲（不只女娲，甚至不只女神）信仰的这种功能，使那些不一定虔信女娲的妇女，也会为这种借着"神圣"而获得的自由与轻松氛围所吸引，逛庙会成了妇女们最热心的活动之一。

女娲的梦授与神灵附体，对那些终日生活在狭隘的范围中，家庭与社会地位又比较低下的妇女们来说，意义也不小：这使她们在一定程度上摆脱了自卑的心理与繁琐的生活，与女娲神圣力量的直接接触，使她们获得了一定的自信与自尊感；日常生活的局限被打破，有限的世界得以扩展；所希求、所梦想的某些东西也似乎可以企及了。

妇女在各地的信众组织——香会中也占着主导地位。不少香会，从会员到会首，主要都由妇女组成。她们彼此之间互称姊妹，平时也相互来往、相互帮忙。庙会期间，她们常同吃同住，关系十分密切。许多妇女将女娲或人祖爷梦授或直接向别人学得的经歌、担经挑舞等在大庭广众中进行表演、宣传，以求"立功"。而这种信仰力量推动下的行为，往往使她们在世俗生活中被压抑、埋没的音乐、舞蹈、演说或组织等才能得以显露、发挥。那些经歌唱得多而且好、舞跳得好的妇女，则不仅

---

① Carol P. Christ, "Why Women Need the Goddess: Phenomenological, Psychological, and Political Reflections," in *The Politics of Women's Spirituality*, ed. Charlene Spretnak, New York: Doubleday, 1982, pp. 73-76; David Kinsley, *The Goddess's Mirror*, Albany: State University of New York Press, 1989, xii.

会被认为是"真心女"而得到神的奖赏，也会赢得周围人的推崇、敬重。如果一个女会首，在集体活动中真正显示了其组织、宣传、筹集资金等方面的能力，她还会成为有一定影响力、感召力的人物，她的意见也会受到当地政府有关机构的一定重视。

总之，女娲信仰对妇女们的作用是多方面的：它使父权制统治下对女性的种种贬抑，得到一定的减弱或消除；精神上的茫然无助、恐惧等等得到一定的依托和慰藉，世俗生活中积郁而不得抒发的情绪得以一定的宣泄；深受压抑、束缚的妇女，在无情的现实生活之外，得到一定的自由和解脱；被局限的生活范围得以扩展；被埋没的才能得以一定的显露和发挥；许多妇女由此得到一种超越自身，并服务于他人的方式，个人的存在价值在为神圣、为集体公益服务中得到某种肯定……可见，在传统社会生活中，女娲的信仰对于妇女们来说，决不是一件可有可无的装饰品，它是"无情世界里的有情"，使失衡的世俗两性世界在神圣的氛围中得到一定的平衡，对妇女的精神生活产生着相当大的调节、润滑作用，从而增添着她们对于现实生活的勇气、信心与希望。这，恐怕是女娲经历了数千年的父权制社会，而依然在民间广大妇女中享有较大影响的主要原因。

当代西方的一些妇女学研究者认为：女神的力量、自由及其与妇女的亲密，都能朴实地激发我们的生命力和创造力，能够给今天那些赢得经济独立和新的表达自己精神之方式的妇女们以启示，女神作为一种象征，可以为创造一种尊重妇女的力量、身体、意愿和联络纽带的新文化提供许多可借鉴的东西[①]，应当很好地重新采纳它们，将之运用到现今的生活中去，因而提倡"女神的复归"（The Second Coming of the Goddess）。这种做法在西方是否适用、有效，暂且不论，中国的情形似与西方不同。女神信仰在中国是比较普遍的，也对现实中生存着的妇女产生着或隐或显的一定程度上的积极功效，然而她们的地位始终没有赖此而得以提高。所以广大妇女的最终解放，根本上只能由经济上的独立和理智上的昌明来取得。

三、小　结

以上两节文字，考察、分析了女娲及其神话与信仰对于个人及社会群体所起到的各种作用。需要强调指出的是：第一，这种种功能往往是综合发生作用，即几种功能常同时发挥着作用，只不过因场合不同，各功能发生作用的程度也有差异。第二，女娲神话及其信仰并非孤立地发生作用，它们往往与其他的神话或超自然力的

---

① Bella Debrida，"Drawing from Mythology in Women's Quest for Selfhood，" in *The Politics of Women's Spirituality*，p. 148；Anne L. Barstow，"The Prehistoric Goddess，" in *The Book of the Goddess：Past and Present*. ed. Carl Olson，New York：The Crossroad Publishing Company，1990，p. 14；Carol P. Christ，"Why Women Need the Goddess：Phenomenological，Psychological，and Political Reflections，" in *The Politics of Women's Spirituality*，*ed.* Charlene Spretnak，New York：Doubleday，1982，p. 84.

信仰，或者政治、法律、文学艺术、道德伦理等等交织在一起，构成一套复杂的社会规范和价值体系，共同对社会进行整合，影响着生活在这一世界中的人们的情感、思想和行为。第三，并非有关女娲神话或信仰的每个因素都会对个人或社会起到积极的、正面的作用。譬如在女娲庙会期间，有的虔信者在长达一个多月的时间里坚持"守功"，不回家，往往耽误了家务、农活和孩子的教育；有的妇女长期在外"跑功"，会引起家庭生活的矛盾；香会内部以及香会之间，也会由于信仰的一些具体问题产生冲突。所以，女娲及其神话与信仰的功能并非总是有助于群体社会的整合、凝聚和有序，也具有破坏、引发矛盾和冲突的一面。

本文选自作者的专著《女娲的神话与信仰》，中国社会科学出版社 1997 年版，第五章，作者有删改。

汉藏语猴祖神话的谱系

王小盾

王小盾（1951—　），笔名王昆吾。曾先后任教于上海师范大学、清华大学、四川师范大学，现为温州大学人文学院教授。著有《原始信仰和中国古神》（上海古籍出版社1989年版）、《中国早期艺术与宗教》（东方出版中心1998年版）、《中国早期思想与符号研究——关于四神的起源及其体系形成》（上海人民出版社2008年版）等。

在关于藏族文化起源的讨论中，有起源于土著创造一说。除西藏地区的石器文化遗存之外，其理由主要是流传于藏南等地的猕猴生人传说——这一传说被看作猿人之变发生在西藏，因而人类文化起源于西藏的证据。我曾对此说作过详细辨析，为此举证了流传在彝族、白族、羌族、怒族、瑶族、纳西族、傈僳族、哈尼族等藏缅语民族中的猴图腾神话，亦举证了流传范围更广大，进而包括汉藏语各民族的龙崇拜神话。① 我的意图是想确认中国各民族文化在古远时代的相互联系，以便判定猕猴生人传说的性质，进而判定藏族文化的个性及其来历；但从潜在意义上说，却接触了一个比较文学的问题。因为，既然上述神话并非科学论断，而是某种信仰的反映，既然其传播轨迹并不散乱，而反映了文化共同体的某种嬗变，那么，这些神话就可以作为特殊的比较文学研究的对象。其特殊之点在于：它们所反映的，不仅是文学现象及其思想要素的平行关系和相互影响的关系，而主要是发生学上的亲缘关系。这种亲缘关系的总和，就叫"谱系"。

"谱系"原是近代生物学用以描述种系发生树的一个专门术语，代表若干相关的线系进化的综合。它既是关于事物的逻辑分类的概念，又是关于事物的历时变化的概念。语言学家将谱系分类法移用于语言描写，根据某一共同母语在分化过程中保留下来的共同特征来划分语言，由此建立了历史比较语言学。故在语言学中，谱系又是学科成熟的标志。它代表的是历时关系的共时表现。这对于中国文学研究者是富有启发意义的。因为分类和历史描写是认识事物的两种基本手段，而文学又是

---

① 《对藏族文化起源问题的重新思考》，见《学人》第7辑，江苏文艺出版社1995年版；又见《中国早期艺术与宗教》，东方出版中心1998年版。

一种语言的艺术。此外，考察相关民族文学现象的共同来源及其亲疏关系，说明这些现象在历史上的分化演变规律，是一部名副其实的中国文学史的必要内容；现代语言学的成果已初步显示了中国各民族在历史渊源上的相关性，为中国文学的发生学研究提供了一个标准器。这样一来，文学领域的历史比较研究便成为一项现实而必要的工作了。为此，下文拟选择汉藏语神话的一个母题进行考察，以寻找不同民族的文学现象和文化现象的历史对应。

一、汉藏语民族的猴祖神话

具有原始信仰涵义的猴祖神话，主要流传在藏缅语族各民族当中。按其保留原始藏缅语特点的多寡，这个语族依次包括羌、僜、藏、景颇、缅、彝等语支和语组。①

根据《北史·党项羌传》关于"自言猕猴种"［羌1］②的记载，羌不仅是原始成分最多的语言，也是最早显示猴祖崇拜的文化。其猴神话大致可分两种类型：一是猴祖创世的类型；二是猴与女性始祖婚配缔造人类的类型。前者有流传于四川阿坝汶川等地的《黄水潮天》神话［羌2］，后者有同样流传于汶川等地的木姐珠与冉必娃神话［羌3］。作为上述神话的遗迹，在现在的羌族习俗中，巫师端公祭神还愿时仍须戴猴皮帽，拜猴头祖师，以猴尾作猴帽之三尖（分别代表地、天和"黑白分明"），"并以纸卷猴头而供奉之，称为祖老师傅"③。流传于四川茂汶等地的《木姐珠与斗安珠》则说到天神之女木姐珠与人间猴毛人斗安珠相爱［羌4］。这些资料表明：在羌族人的巫术信仰和男性始祖崇拜中都有猴崇拜的影子，羌族神话经历了由女性始祖（木姐珠）神话向男性始祖（斗安珠）神话以及巫师神话的过渡，其根源是解释人类诞生的猴图腾神话。④ 类似的情况也见于僜人的创世神话［僜1］。神话中的公猴、金妹妹、阿尔尼等人物，实际上是在历史上依次产生的图腾物、女性始祖、男性始祖的代表。

藏民族的猴祖神话也可以分为两种类型：男性猴祖类型和女性猴祖类型。其中流传较广的是男性猴祖神话［藏1］。另一种细节稍异的传说则称主人公是已接受观音点化而到雪国藏土去修法的猕猴［藏2］。这类神话最早见于成书于公元1167年

① 参见戴庆厦等：《关于我国藏缅语的系属分类》，见《藏缅语新论》，中央民族学院出版社1994年版。又，马学良：《汉藏语概论·导言》，北京大学出版社1991年版。
② 方括号中为猴祖神话各标本的编号。参见原文附录《猴祖神话的资料来源》。
③ 胡鉴民：《羌族之信仰与习为》，原载《边疆研究论丛》1941年本；重刊于《西南民族研究论文选》，四川大学出版社1991年版。
④ 参见李子贤：《羌族始祖神话断想》，载《民间文艺季刊》1986年第1期。

的藏文典籍《入法门》①，其流变有云南迪庆藏族自治州的《大地和人类的由来》［藏3］。与此相对，女性猴祖神话的说法是：洪荒时代，天神与泽当的母猕猴媾合生育了人类［藏4］。这两类神话的共同点是：都以猴代表人类的起源。另外值得注意的是，神话所强调的故事发生地点（雅砻泽当），早见于16世纪的藏文史籍《贤者喜宴》："由猕猴变来的藏族祖先居住在今雅鲁藏布江南岸泽当宗一带的雅砻地区，后来分为斯、穆、桐、冬等四种血统。"这实际上反映了藏族猴神话同羌族猴神话的关联。因为在关于吐蕃史的最早记录——敦煌P. 1286号藏文写本中，记有聂赤赞普降临雅砻之地、"作吐蕃六牦牛部之王"的事迹②；这一事迹恰好同古史所记羌人南下而形成"牦牛种越巂羌"云云相符。而且，居住在党项羌人旧地的安多藏族也保存了猴祖神话，他们同样把自己的居住地看作猕猴与罗刹女的故乡。③

尽管在组成藏文化的众多来源之中，羌文化是特别强悍的一支，但猴祖神话只是雅砻型的创世神话，并未成为藏族人的普遍信仰。在另一些地区，以卵生说为核心的神话似乎有更深厚的历史内涵。此即象雄型、安多型创世神话。④ 类似的情况也见于彝语支民族。彝族有神虎化生万物的神话，哈尼族有海中大鱼造天地的神话，拉祜族有网神厄莎创世的神话，纳西族的始祖（从忍利恩）神话以蛋生说为核心，傈僳人则传颂了许多关于虎氏族、熊氏族、蛇氏族的故事：这些神话的流传面似乎比猴祖神话还要广阔。不过，彝语支民族的猴祖神话仍有十分鲜明的原生特征。

彝族猴祖神话具有传说、史诗两种表现形式。前者暗示了古老的图腾分类体系，后者则强调了人类起源的历史阶段性。其传说类型的代表——四川凉山的彝文典籍《勒俄特依》说：雪族子孙有十二种，无血的六种为草木，有血的六种为动物，其中猴为第五种，人为第六种［彝1］。这个神话得到了口头传说的补充：一说混沌初开之时，十二种生物生长起来，其中猴子稳芝传阿芝，才出现真正的人［彝2］；一说以雪造出的最初的人类"发出的声音全然是猿的啼叫"，恩体古兹遂叫猴子变人［彝3］；一说人类祖先阿溜都日是一个"形似人、行像猴的神圣而伟大的英雄"［彝4］。滇北武定县彝族用虎、黄牛、猴、獐等十五六种事物以区别婚姻界限［彝5］，正揭示了上述神话的图腾内核。其史诗类型的代表则有流传于滇南的彝文典籍《门咪间扎节》和《查姆》。前者以"猴子变成人"一章描写了人类的产生过程［彝6］；后者则把人类发展分为独眼、直眼、横眼三个阶段，认为独眼是开始向人类进化的猴子［彝7］。这些神话流传很广。滇南哀牢山彝族毕摩所保存的长诗《彝族创世史》，便讲述了大海中的水生动物变猴、猴变独眼人和竖眼人、猴死而产生葬

① 参见麦克唐纳：《敦煌吐蕃历史文书考释》，耿昇译，青海人民出版社1991年版，第19—20页。
② 参见王尧、陈践译注：《敦煌本吐蕃历史文书》，民族出版社1992年版，第173页。
③ 参见石泰安：《西藏的文明》，耿昇译，西藏社会科学院1985年版，第17页。
④ 琼珠：《藏族创世神话散论》，载《民族文学研究》1989年第2期。

俗的过程 [彝 8]。在彝族史诗《雪猴》、《布此拉俄》，黔西北彝族故事《实索诺姆地》、《彝族肯亳歌》和凉山彝文典籍《古侯曲捏系谱》中，也有猴变人、猴祖创世的细节。① 此外，贵州威宁的彝人保存了一种称作"撮泰吉"的变人戏，其开端"祭祀"部分由一组演员扮演猿人，表现"人是由猴子变来的"。② 在云南罗平彝人的丧葬仪式中，则有高呼而闹丧的节目，据说来源于古代的葬猴习俗。③ 这些现象可以同景颇族的宗教资料互证。景颇人在为长者举行丧葬仪式时，须跳一种名为"布滚戈"的祭祀性巫舞。舞蹈详细描写了磨刀、开地、砍地、种豆、看猴子、打猴子、抬死猴、剥猴皮、吃猴肉饭的过程。④ 磨刀等等说明它是创世舞蹈，打猴子等等则是图腾牺牲仪式的遗迹。同样的仪式早见于《旧唐书·吐蕃传》，云"一年一小盟，刑羊、狗、猕猴"。由此可见吃猴肉饭等舞蹈情节的渊源。

同羌族一样，纳西族的猴祖神话也可以分为猴图腾类型和猴祖创世型。但在前一类神话中，与女主人公婚配的雄猴并无正式的始祖身份。较为流行的说法是：洪水席卷大地之后，幸免于难的男子曹德鲁若同仙女柴红吉吉美结为夫妻，后柴红吉吉美受骗而与雄猴媾合，生下一半像人一半像猴的二男二女，繁衍出永宁纳西族[纳 1]。现在纳西话中"汗毛"、"猴毛"是同一词语，据说其原因就在这一神话：神话中有曹德鲁若砍死雄猴，又用开水烫去小猴体毛的细节。东巴经亦说公主在英雄从忍利恩（"曹德鲁若"的异读）完成种种难题后同他结婚，后在"黑白交界"处与一长臂雄猴同居生子[纳 2]。摩梭人的传说则称天王之女与英雄锉治路结婚后，受骗而与猴子结合生子，到丈夫回来时，羞而把猴儿的体毛烧掉[纳 3]。至于猴祖创世类型，也有三种具代表性的传说。其一见于摩梭人的神话，说由天神、地母生育的猴子吞食了石洞中的大蛋，痛得打滚，使蛋进飞出来成为各种动植物，蛋核变成摩梭人的女祖先[纳 4]。其二见于云南中甸关于东巴教祖师丁巴什罗世系的传说，说海里生出一公一母两只猴子，是人类的第一代[纳 5]。其三见于东巴经《祭情死·达给金布马驮吊死鬼木身》："在产生天地的时代，……猴与人两种，父亲是一个，母亲是两位。……天、地、房、寨与田地由人类所得，高山深壑猴所有。"[纳 6] 这些神话几乎进入了一些族体的中心信仰形式，因为在纳西文中，"猴"字也假借以指祖先；纳西经典并且说祭祀祖先时宜用猴

———————————————

① 伍文珍：《彝族史诗〈布此拉俄〉述要》，见《彝文文献研究》，中央民族学院出版社 1993 年版；唐楚臣：《珍奇的活化石——滇黔彝族〈跳虎节〉及〈搓特基〉》，载《民族艺术研究》1989 年第 1 期。

② 庹修明：《原始粗犷的彝族傩戏〈撮泰吉〉（变人戏）》，载《贵州民族学院学报》1987 年第 4 期；《论彝族傩戏〈撮泰吉〉的原始形态》，载《民间文学论坛》1988 年第 5—6 期。

③ 陶学良：《罗平县钟山区撒格衣白彝人的丧葬调查》，见《云南少数民族社会历史调查资料汇编》（二），云南人民出版社 1987 年版，第 254 页。

④《云南少数民族哲学社会思想资料选辑》第 2 辑，中国哲学史学会云南省分会 1982 年印本，第 52 页。

与狐作牺牲。[①]

在以上两种神话中，流传较广的是猴祖创造人类的神话。傈僳、哈尼、拉祜等民族的猴祖神话大体上属于这一类型。傈僳族神话《天地人的形成》说：天神木布帕用泥土捏出一对猕猴，长大后成为地球上的人类 [傈1]。傈僳族史诗《创世纪》多次提到老猿猴创造人类 [傈2]。当然，傈僳人同样讲述具有图腾色彩的猴祖神话。例如在怒江地区的傈僳人中，猴是十余种氏族名称之一 [傈3]。怒江傈僳族说一个姑娘烫伤臀部，逃到森林里与猿猴成婚，生下红屁股的猿猴和人类 [傈4]。另一个神话则说远古有一神匠，制造了十二个和自己形貌完全相同的木偶。这些木偶逃避到山林中，和猿猴交配，产生了包括傈僳族在内的各种人群 [傈5]。不过在哈尼族和拉祜族的神话中，猴祖的身份比较隐晦。哈尼人说：人类原是住在地下的。天神到地上垦荒，用犁划通了人头顶上的地壳。人的胆子小，遂先变成猴子钻出来，和其他动物一起奔跑，后来才变成人现在的样子 [哈1]。其《英雄玛麦》故事又说：由白猴变成的小英雄玛麦，为向天神讨粮种而通过了婚姻考验，但被稻谷仙姑杀死，故哈尼人在五六月间要祭祀这位为人类牺牲的英雄 [哈2]。云南镇沅的拉祜族苦聪人说：人类是由洪水后剩下的两兄弟，通过和大母猴婚配繁衍的 [拉1]；澜沧县的拉祜人则说：创世的两兄妹学着猴子钻木取火，学着蜘蛛结网纺纱，并把火种保留下来煮饭和烧兽肉吃，生育了讲不同语言的子女，于是形成拉祜、佤、哈尼、傣、彝、布朗、汉等民族 [拉2]。

种种迹象表明，猴祖神话的分布同语言学的系属是有关联的。在以上几个语支较确定的民族中，猴祖神话比较丰富；其他藏缅语民族的猴祖神话则相对零散一些。其中包括：（1）珞巴族的猴图腾、猴祖崇拜和猴神崇拜。猴是珞巴各部落三十余种图腾物之一 [珞1]。其猴祖崇拜见于《猴子变人》传说，略云起初有两种猴子，一种白毛长尾，一种红毛短尾。红毛短尾猴发明敲石取火烧熟食，遂不再长毛，渐变成人 [珞2]。其猴神崇拜表现为博嘎尔部落的一种习俗：不称猴子为"雪别"，而尊称其为"乌佑阿窝"，意为神鬼的孩子 [珞3]。（2）白族的猴神崇拜。大理洱海金梭岛上的本主相传原来是一只灵猴，这只灵猴喜欢未婚少女，常常偷香窃玉。有一次灵猴纠缠某家姑娘被人打死，死后即被奉为本主 [白1]。（3）怒族的猴图腾神话。云南省碧江一区的怒族分属六个家族，相传分别是由蜜蜂、猴子、熊、老鼠、蛇、鸟变来的 [怒1]。以下事实还表明：从内容是否稳定、是否集中的角度看，汉、壮侗、苗瑶等民族的猴祖神话，可以看作藏缅民族猴祖神话的辐射。

类似于藏族女性猴祖的传说又见于广西南丹县黄姓瑶族，说黄姓的祖妣是母猴。

---

① 李霖灿：《么些象形文字字典》，1944 年石印本，第 66 页；陶云逵：《么些族之羊骨卜及灼骨卜》，载《人类学集刊》1944 年第 1 卷。

为了纪念猴妈，大瑶寨的瑶族（不仅黄姓）至今禁忌打猴吃猴肉［瑶1］。

类似于拉祜族创世神话的传说又见于滇桂边境的瑶族。其洪水遗民传说说：兄妹结婚后生下肉块，肉块切碎变成猴，猴再变成人［瑶2］。

类似于哈尼族的创世神话又见于布依族（属壮侗语族）。其古歌说造物者将岩山踩炸，变出游泳的猴崽，仰为阴，伏者为阳，成了人类的祖先［布1］。

类似于彝族变人传说的故事又见于傣族。其小乘佛教经书说水中的生物变成青蛙，青蛙变成猴子，猴子再变成人［傣1］。

类似于白族灵猴的神话则又见于汉民族。此即从《易林·剥》辞开始的猿猴性淫、猿猴抢婚传说。汉民族的猴祖崇拜主要有三种表现形式：一是殷商时代的夔图腾［汉1］，这位猴形先祖，后来演变成了山神、乐神和"木石之怪"［汉2］；二是发端于《吕氏春秋》时代的白猿成精故事，在故事中它有善避箭、能变人等神奇本领［汉3］；三是猿猴抢婚传说，包含窃妇、执夫两个类别［汉4］。其中流传最广的，便是猿猴抢婚传说。

在有些民族当中，猴祖神话已经失传，但对猴祖的崇信却通过各种仪式保留下来了。比如湘西苗族有"打猴儿鼓"的习俗，即在苗族传统的"跳鼓会"、"四月八"、"六月六"、"赶秋"等节日活动中，要扮成猴子击鼓，并应和鼓声舞蹈。[1] 类似的习俗也见于广西南丹县大瑶寨布努人。布努人认为击鼓者是母猴妈妈，手拉手舞蹈者是小猴子，这项活动有"击鼓祭祖"的涵义。[2] 这些习俗可以和［瑶1］互证，证明苗、瑶两族的猴神话是图腾性质的神话。[3]

二、对汉藏语猴祖神话的两种分类

以上四十五例，作为文献普查的初步收获，大致反映了汉藏语猴祖神话的全貌。按其主题，可以归纳为猴祖创造人类、婚配育人、物种进化、灵猴等四类神话；按其情节，可以概括出猴祖的来历、猴祖的身份、配偶的身份、创造人类的过渡行为、创造人类的关键行为、创造人类的结果等六项要素。综合上述两方面，今提出关于汉藏语猴祖神话的第一种分类。

（一）猴祖创造人类神话（共六例）

1.1 猴为创世者

A.由天神地母所生的；B.一只猴子；C.无需配偶；D.爬上马桑树或吞下大石蛋；E.上天或出海,打翻金盆或打碎腹中之蛋；F.造成史前洪水或造成动植物和人类女祖先的产生。［羌2］［纳4］

---

① 陈亭贸：《苗族猴儿鼓》，载《民俗研究》1999 年第 2 期。

②《广西瑶族社会历史调查》第 3 册，广西民族出版社 1985 年版，第 44 页。

③ 参见吴晓东：《苗族图腾与神话》，社会科学文献出版社 2002 年版，第 190—198 页。

1.2 猴为次创世者

A. 由天神捏成的；B. 一对猴子；C. 互为配偶；D. 交媾；E. 生殖；F. 繁衍了人类。[傈1][傈2][纳5]

1.3 猴为文化英雄

A. 由白猴变成的；B. 英雄；C. 与公主婚配；D. 通过婚姻考验；E. 从天神处取来稻种；F. 牺牲自己造福人类。[哈2]

(二)婚配育人神话(共十五例)

2.1 猴为女性始祖

△2.11 与男性始祖婚配

A. 不知来历的或洪水后幸存的；B. 母猴；C. 同天神或两兄弟；D. 婚媾；E. 生殖；F. 产生氏族。[僜1][藏4][汉1][瑶1][拉1]

△2.12 与偶人婚配

A. 住在山林中的；B. 母猴；C. 同神匠所造的十二个偶人；D. 婚配；E. 生殖；F. 产生不同民族。[傈5]

2.2 猴为男性始祖

△2.21 与女性始祖婚配

A. 不知来历的；B. 公猴冉必娃或猴形人斗安珠；C. 同天神之女木姐珠；D. 经过婚姻考验，烧去猴毛；E. 成婚；F. 繁衍了人类。[羌3][羌4]

△2.22 与非女性始祖婚配

A. 由观音转世的或经观音点化的；B. 一只来到雪国的猕猴；C. 同山上的岩罗刹女或女妖、女鬼；D. 经或不经青香树撮合；E. 婚配生六子或七子；F. 食五谷而成人类。[藏1][藏2][藏3]

2.3 猴非始祖

△2.31 与始祖女神偷婚

A. 洪水过后幸存的；B. 公猴或长臂公猴；C. 同公主或仙女；D. 避开男性始祖；E. 偷婚生子；F. 烫去或烧去体毛，繁衍成人。[纳1][纳2][纳3]

△2.32 与普通女子婚配

A. 不知来历的；B. 一只林中之猴；C. 同烫伤臀部的姑娘；D. 在林中；E. 结婚生子；F. 部分为红臀猴子，部分成人类。[傈4]

(三)物种进化神话(共十二例)

3.1 自然进化神话

△3.11 起源于地上物种的神话

A. 由雪族子孙——六种无血生物进化而来的；B. 第五种有血生物猴子；D. E. 逐步进化；F. 成为第六种有血生物人类。[彝1][彝2][彝3]

△3.12 起源于水中物种的神话

A. 由水生动物(包括青蛙)进化而来的；B. 猴子或独眼人；D. E. 先转变为直眼人；

F. 再变成横眼的人类。［彝7］［彝8］［傣1］

△3.13 起源于地下物种的神话

A. 原来在地下的；B. 生物或岩石；D. 因天神划破地皮或因浸入海中踩炸；E. 先变成猴子；F. 再变为人。［布1］［哈1］

△3.14 起源于肉蛋的神话

A. 创世的两兄妹；B. 生下的肉块；E. 碎后变成猴子；F. 再变成人。［瑶2］

3.2 学习进化神话

△3.21 有创世兄妹的神话

A. 创世的两兄妹；B. 生下的孩子；D. 向猴子学习用火与熟食；E. 讲不同语言；F. 进化为各个民族。［拉2］

△3.22 无创世兄妹的神话

A. 不知来历的；B. 猴子或红毛短尾猴；D. E. 通过各种学习，包括用尾巴取火、熟食；F. 进化为人。［珞2］［彝6］

（四）灵猴神话（共十二例）

4.1 猴图腾：猴是氏族的符号或人类的兄弟

［羌1］［彝5］［珞1］［怒1］［纳6］［傈3］

4.2 猴怪神话：猴为水旱之怪或山石之怪

［汉2］

4.3 猴神神话：创世、生人的神力转变为其他神力

［珞3］［汉3］［彝4］

4.4 灵猴抢婚

［白1］［汉4］

这些神话，就其主体而言，可归入起源神话（myths of origin）。起源神话的本质在于确认空间和时间的起始，以便为人类降生提供有序的世界背景，因而依次包括天地形成神话、自然现象起源神话、氏族起源神话、人类起源神话等四项内容。①如果说氏族起源神话结合于图腾信仰，天地形成神话结合于自然崇拜，人类起源神话和自然现象神话分别是前两种神话的延伸，那么，这些内容也代表了某种历史过程：建立在氏族同某种自然物之间的神秘血缘联系之上的图腾信仰，属于血缘社会时代；信奉若干族群之共祖的人类起源神话，应属地缘社会的神话。再晚一些，才有文化起源神话。一般来说，文化起源神话是部落、宗族时代或曰文化英雄时代的产物。

神话内容的时代性，是由神话的功能和传播方式决定的。神话通过口头而传承，这一方面使其绝对年代无法考证，另一方面也使它总是体现了一定时代的集体精神。

---

① Myths and Doctrines of Creation，*The New Encyclopedia Britannica*，Vol. 5，1980，p. 239；Major Types of Myth，Vol. 7，p. 799.

作为人类社会生活的投影，它于是表现为阶段性的发展。根据民族学资料，每个族体在一定历史阶段总是会确立一种中心信仰形式。中国南方民族普遍经历过的中心信仰形式，依其时代先后，主要有母系氏族社会早期的图腾女始祖崇拜，母系社会晚期的祖先崇拜，父系社会的氏族祖先崇拜、村社部落祖先崇拜、宗族祖先崇拜。① 上述神话亦反映了这五个历史阶段的次第推进。

关于神话的年代判断有一个著名的假定："一个神话的分布范围越广，这个神话就越古老。"② 在特定范围内，这一假定是可以成立的。经验表明，上文关于神话时代层次的判别标准，同这一假定亦相吻合。有鉴于此，我们遂可换用一个具有历史意义的顺序，对上述神话加以解释。

1. 正如最早的神话是关于人类生活伙伴（动植物）的故事一样，汉藏语猴祖神话是从"猴图腾"型起步的。这一类型包藏了猴祖神话的原始动机——对有关自身来源的直接原因的解释。除羌、彝、怒、珞巴、纳西、傈僳等六个民族以外，猴图腾还见于白、藏、壮、瑶、景颇、普米、布依、哈尼等汉藏语民族以及属于南亚语系孟高棉语族的克木人，③ 事实上是分布最广的类型。它以氏族为传播单元，所以有两条不同的成长路线：在具有亲缘关系的族群中，成长为祖先神神话；在具有敌对关系的族群中，成长为鬼怪神话。作为高祖，"夔"在殷商时代加上表示神异的头角成为"夒"或"夔龙"，在周代以后变成木石之怪和水旱之怪——这些变化，正好证实了它作为图腾物的原始身份。

2. 同样以图腾信仰为核心的神话有 2.11 "猴为女性始祖"、3.11 "起源于地上物种"两个类型。它们共有八个例证。一般来说，图腾信仰是关于母系氏族的社会关系的信仰，不免包含排斥男性作用的生殖观念。④ 因此，2.11 的两个特征——按母系传承，讨论氏族起源问题——便可看作图腾神话的典型特征。3.11 的实质则是图腾分类。类似的分类又见于彝文典籍《人类历史》和苗族古歌《枫木歌》。前者说彝族第三十代祖先武老撮有十一子，其中虎居老林、猴居玄岩顶。后者说人类起源于枫木：枫木孕育了蝴蝶妈妈，蝴蝶妈妈孵出了姜央、雷公、老虎、水龙等兄弟。通过这两则神话的结构，我们可以看到另一种思想史的积累。例如枫木（植物）→蝴蝶（昆虫）→老虎（动物）等等的顺序，乃对应于采集→种植→渔猎这种时代顺序，其实质，是由时代变化造成的崇拜对象的转移。可以推知：既然维系氏族和区分群体是图腾制度的两项主要功能，那么，3.11 的进化观念便来自两种次序的结合：关于信仰对象的次序，关于图腾分类的次序。

3. 接下来，我们看到了猴祖神话向三个方向的辐射：猴作为女性始祖的身份消

---

① 马学良、于锦绣、范惠娟：《彝族原始宗教调查报告》，中国社会科学出版社 1993 年版，第 8 页。
② 安娜·露丝：《北美洲印第安人的神话》，见阿兰·邓迪斯编：《西方神话学论文选》，朝戈金等译，上海文艺出版社 1994 年版。
③ 何星亮：《中国图腾文化》，中国社会科学出版社 1992 年版，第 46—47、94—95、328—329 页。
④ 王小盾：《原始信仰和中国古神》，上海古籍出版社 1989 年版，第 61 页。

失，出现了 2.21、2.22 等公猴婚配而生人的神话；对氏族起源的关注转变为对人类起源的关注，出现了 1.1、1.2 等猴祖创造人类的神话；作为氏族主神的猴子融入多神崇拜，出现了夔为山神和乐神（汉族）、白猿为战神（纳西族）一类猴神神话。这些转变的基础，可以概括为血缘社会组织向地缘社会组织的转变。在上述神话中，我们即可以从新旧思想内容的转换中，看到氏族时代（或采集时代）向部落时代（或渔猎时代）的演进：2.21 神话中的"公猴"和"猴形人"，分别意味着图腾意识的减弱和祖先崇拜因素的增长；4.1 至 4.2，夔的地位的逐步下降，对应于华夏民族的形成过程——个别族团的主神转变为族团联合体的分支神；2.22 既保留了"青香树"这种植物崇拜的遗迹，又以"六子"、"七子"形式反映了人群共同体的融合与分化；这一神话所强调的藏南泽当贡保山的猴子洞，则可以理解为图腾时代圣域（仪式场所）观念的遗存。

毫无疑问，神话中的事物关系反映了现实的社会关系。值得一提的是：在这一阶段，社会关系的变化还表现为几类神话母题的融合——在猴祖神话中，加入了卵生神话（1.1）、天树神话（1.1，2.22）、洪水神话（1.1，2.11）、泥土造人（1.2）、难题求婚（2.21）等神话的因素。卵生神话见于汉、畲、苗、黎、白、藏、侗、哈尼、纳西等众多民族，流传于环太平洋海岸，以产生于图腾时代的生殖观念为基础；① 天树神话中的"马桑"对应于汉民族神话中的太阳树——"扶桑"、"空桑"、"穷桑"、"帝女之桑"，来源于太阳崇拜；洪水神话遍布汉藏语各民族，其中往往有兄妹婚、母子婚的情节，集中反映了血缘婚制向族外婚制过渡时期的种种特点；难题求婚又见于 1.3〔哈 2〕和 2.31〔纳 2〕，是流传在世界各地的故事类型，其背景是父系制初期的"赘婿"婚制；② 至于泥土造人之神，则汉族有女娲，壮族有米六甲，彝族有阿热和阿咪，独龙族有嘎美和嘎荷，这些女神传说体现了生育崇拜和制陶术崇拜的结合；总之，它们都是人类早期的神话母题。它们的融合，意味着拥有不同图腾和始祖神的人群建立了新的共同体。3.14 既然是由洪水神话（A）、卵生神话（B）、猴祖神话（C）结合而成的，那么，它便不再是血缘社会的氏族神话，而是地缘社会的族群神话。

4. 其余猴祖神话的时代特点也可以通过比较而揭露出来。同猴为始祖的神话相区别，2.31 是典型的文化英雄时代的神话。它以公猴同女主人公的不合法婚媾，暗示了图腾神向男性祖先神的让位。4.4 的思想实质也是与此相同的——从灵猴抢婚

---

① 例如：古有简狄吞卵生商的故事；《山海经》中的"羽民"，郭璞注为"卵生"；据《蛮书》记载，畲族始祖盘瓠"初为小特（肉蛋）"；贵州《生苗起源歌》说洪水之后始祖兄妹由"白蛋"生出；古歌《侗族从哪里来》说侗族的男女始祖是由龟婆孵出来的；哈尼人认为其祖先出自鹌鹑蛋；在纳西族的《创世纪》中，有白蛋变天神、地神、开天九兄弟、辟地七姐妹的诗句。关于其在环太平洋的流传，参见王孝廉《神话与小说》，台湾时报文化出版公司 1986 年版，第 145 页。

② 参见萧兵：《中国文化的精英——太阳英雄神话比较研究》，上海文艺出版社 1989 年版，第 474 页。

在猴祖神话整体中的位置看，它实际上是图腾信仰的告朔饩羊。而 1.3、2.32、3.12、3.13、3.2、4.4 等神话分支，则表现了对于文化事物的探寻，在很大程度上属于文化起源神话。例如 1.3 属谷种起源神话，蕴有人类英雄同天神相抗争的内涵。这一点正好和前文谈到的 2.31 型纳西族神话可以相互比证：纳西族《创世纪》中男英雄利恩从天上偷来蔓菁籽的故事，其情节和思想内容皆同 1.3 一致。① 又如 3.21、3.22 在相当程度上属于火起源神话，其主题所表现的正是对火和熟食的崇重。在考察其细节"红毛短尾猴"时，我们同样可以比证前文 2.32 中的"红臀姑娘"和"红臀猴子"。显而易见，烫伤而致的"红臀"，正如用于击石取火的"红毛"一样，可以理解为对火的暗示。至于 2.12 型猴与偶人婚配的神话，则明显是图腾信仰同文化英雄观念相结合的产物：十二偶人反映了原始的氏族分类，神匠代表了部族时代的文化英雄。

在猴祖神话的所有例证中，涵义比较复杂的是 3.12 和 3.13 这两支物种进化神话。3.12 既有人类起源于水生动物和青蛙的细节，也有独眼、直眼、横眼次第进化的细节；3.13 既有卵生神话的影子（"划破地皮"和"踩炸岩石"），也有阴阳化合的观念。尽管水生、卵生细节反映了一种朴素的思想意识，但神话的重心却明显是落在比较晚近的那些因素之上的。判断它们晚近的理由是：独眼、直眼、横眼的次序曾经用另外的方式表述。例如在彝族史诗《阿细的先基》的几个传本中，一说人分五代，即"蚂蚁层"、"蟋蟀层"、"独眼人"、"西尾家"和洪水遗民的子孙；一说人分三代，即"瞎子"、"斜眼人"和"横眼人"；一说人分四代，即"蚂蚁瞎子朝"、"蚂蚱直眼睛朝"、"蟋蟀横眼睛朝"和"筷子横眼睛朝"。② 由此可知，独眼、直眼、横眼的次序，乃是昆虫崇拜时期图腾分类的遗迹。在猴祖神话中，它们得到了系统整理，表现为关于文化进化和智慧发展的次序。③ 就此而言，3.12 中的［傣1］应属图腾分类神话，而［彝7］［彝8］则是文化英雄时代的神话。至于阴阳化合观念，则在 2.31［纳2］"黑白交界"一语中得到过表现。此语见于上文羌族巫师的猴帽传说，亦见于纳西族的三大神话史诗——在《创世纪》中，是为求配偶而升往天界的从忍利恩婚后回到大地的地点；在《黑白战争》中，是充满光明的东族与一片昏暗的术族的边境线；在《鲁般鲁饶》中，是开美久命金埋藏财物的处所。若比照《创世纪》关于"九重白云"和"七层黑土"的描写，那么可以知道，这是一个表述天地交泰、阴阳分际观念的哲学术语。同样的内涵在 3.13 中改用山和海、仰和伏这种二元化合的意象来表达了，但它们的思想方式及其水平显然是相近的。

据此，我们可以从历史形态角度，给出汉藏语猴祖神话的第二个分类体系：

---

① 故事说，利恩在公主衬红的帮助下，克服天神子劳阿普的阻拦，把蔓菁籽塞入指甲缝带到人间。独龙族《彭根朋上天娶媳妇》的情节也与此相同。

② 见《云南民族文学资料》第 18 集，1963 年铅印本，第 11—28、223—232、315—340 页。

③ 参见傅光宇、张福三：《创世神话中"眼睛的象征"与"史前各文化阶段"》，载：《民族文学研究》1985 年第 1 期。

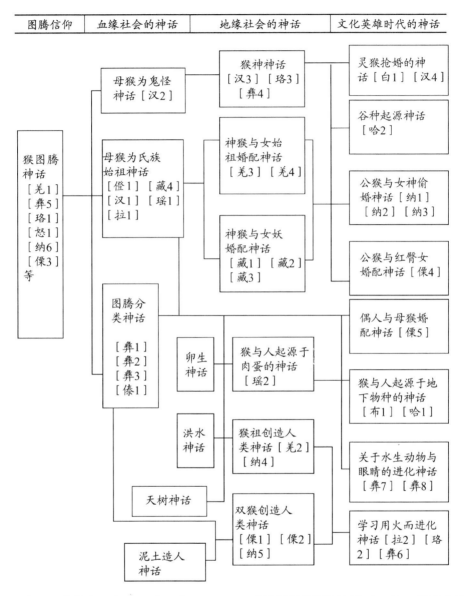

图腾信仰	血缘社会的神话	地缘社会的神话	文化英雄时代的神话

这一图表的主要意义，在于它显示了不同神话母题的嬗替关系及其思想因素的历史源流。

三、从语言学角度看汉藏语猴祖神话的谱系

中国有许多神话主题是为大多数民族所共有的，例如盘古开辟宇宙、女娲补天治水、英雄射落十日、龙神掌管云雨、兄妹度过洪水生育人类。同它们相比，猴祖神话只是一个很小的主题。但它是一个特殊的主题。它波及了十八个民族，在大部分民族中都保留了图腾信仰的底层痕迹。这意味着，它基本上是在血缘上相互关联

的特定人群中传播和发展的。

猴祖神话在各民族中的分布情况表明，它的系属同语言的系属有明确的对应性，缅彝民族是猴祖神话的发祥地之一。这种对应是由语言和神话的关系决定的：语言是神话的载体，猴神话的产生和传播有赖于相关词语的产生和传播；民族是一种被认为具有共同起源联系的人们共同体，语言和神话是反映这种联系的两个紧密结合的符号要素。这种情况是容易理解的：既然神话最重要的功能是代表一个民族的记忆，作为关于婚姻、世系、种族来源的记录而成为民族自我意识的依据，那么，它的传承方式及流播路线便必然会在许多方面同语言相似；既然猴祖神话谱系的本质是各相关民族的猴观念的关系，那么，它首先会在语言符号上得到反映。

为此，我们拟根据语言学资料，把汉藏语的"猴"划分为以下类型①：

（一）以 mlɔk（s）为共同母语的类型

藏缅语：mjɔk（来自＊mlɔk，缅文）、mjauʔ 44（仰光缅语）、mjuʔ 21（景颇族载佤语）、mjauk31（景颇族浪速语）、ʔ miu55（碧江怒语）、a55mju31（哈雅、绿春哈尼语）、mjo31（哈尼木达话）、a55mjo31（格朗和哈尼语）、a55mv31（碧卡、豪白、墨江哈尼语）、a55mɔ21（南涧彝语）、A55nu21（墨江彝语）、a33ȵu55（喜德彝语）、ȵu35（义诺彝语）、ȵuʔ 55（阿昌语）、xo31mɔ44（基诺语）、ha33ma33，mi42（傈僳语）、mɔ5（苦聪语）、mɔ21（拉祜语）、摩（西夏语）；

壮侗语：ma41au2（来自＊mulu，武鸣壮语）、mu61au2（来自＊mulu，仫佬语）、nok7（来自＊mlok，黎语）、nak42（海南省临高等地汉族所说的"村话"）。

这一类型的显著特点是语料丰富。此外值得注意的还有两个语音现象：一、彝语支内部各语言，除纳西语外，元音部分松紧，且大致保持松对松、紧对紧的关系——例如彝、哈尼、傈僳、拉祜、怒等民族的"猴子"一词都是紧元音。二、彝语支的紧元音和缅语的促声韵是相对应的；彝语鼻音分清化和不清化两类，其不清化音亦对应于缅语、阿昌语的不清化音；载瓦、勒期、浪速、波拉等语言的促声调彼此作整齐对应，在缅、阿昌语中则对应于高平调——这些规律性的现象在"猴子"一词上亦有反映。② 由此可以推断：以上各词的关系是同源词的关系；如果说"猴"在原始彝语支中可构拟为 myok，③ 那么，参考有关汉语言的资料，mlɔk（s）便应当是以上各词的共同母语。

在汉语中，上述同源关系见于"猱"、"夒"等同音字。"猱"字从"矛"得声，中古泥母豪韵（nau），上古音为＊mlu。这一构拟有坚实的旁证：猴在现代广州话中称"马骝"，宋赵彦卫《云麓漫钞》有云"北人谚语曰胡孙为马流"——"马

---

① 资料来源：《藏缅语语音和词汇》，中国社会科学出版社1991年版；《藏缅语族语言词汇》，中央民族学院出版社1992年版；《壮侗语族语言简志》，民族出版社1984年版；《苗瑶语方言词汇集》，中央民族学院出版社1987年版；"中国少数民族语言简志丛书"。

② 马学良：《汉藏语概论》，北京大学出版社1991年版，第503页；戴庆厦：《藏缅语族语言研究》，云南民族出版社1990年版，第13、119、146、354页。

③ D. 布莱德雷：《彝语支源流》，乐赛月、陈康、鲁丁译，四川民族出版社1992年版，第324页。

骝"和"马流"，实际上是古音 mlu 的遗留。①

对于猴祖神话来说，mlɔk 无疑是最重要的符号：汉文献中所见的猴图腾，正是以"夒"或 mlu 的名义出现的。此字在甲骨文中写为猴形，既代表殷人的某位"高祖"，也代表猕猴和神祇。② 《说文解字》将它解释为"母（猕）猴"和"贪兽"。两个义项，乃反映了两种相对立的图腾观念。它意味着："夒"、"猱"二词是作为原始信仰的专门词语而出现于华夏语言中的。

（二）以 mloŋ 为共同母语的类型

藏缅语：a31muŋ35（格曼僜语）、ta31min53（达让僜语）；

壮侗语侗水语支：mon6（水语）、mun6（侗语）、muːn6（毛难语）、muːn6（黔南平塘县的佯黄布依语）。

这是和 mlu 读音相近的一个符号类型。关于本组词的同源关系，《汉藏语概论》在 831 页和 884 页曾作过确认。罗美珍则列举傣 iʔ 7vɔk8、侗 mun6、黎 nok7、缅文 mjɔk、载佤 mjuk21、哈尼 mju31、彝 a55mo21、基诺 xo31mɔ44 等例证，判断猴是侗泰语和藏缅语相对应的关系词。③ 而根据倪大白所提供的资料，④ 这种对应甚至可以推至南岛语系——在印度尼西亚语中，猴为 moŋat。总之，无论从哪一角度看，mlɔk 和 mloŋ 都具有悠久的历史关联。

耐人寻味的是：古代汉语中也有上述词语的同源词。这就是"蒙"（＊moŋ，来自＊mloŋ）、"颂"（＊sglŏŋ）、"狨"（＊ŋoŋ）、"獽"（＊ŋan）、"獶"（＊ŋan）、"猿"（＊Grŏn）、"猩猩"（＊slĕŋslĕŋ）等词。"蒙"、"颂"、"猩猩"早见于《尔雅》，被解释为体形稍小的猴子；"猿"见于《山海经》，是体形较大的猴子；"獽"、"狨"、"獶"则较晚出，见于《广韵》和《集韵》，既指猴，也指西南少数民族。根据文献的年代，mloŋ 应是这组同源词的祖型。

上文所引罗美珍的意见，其实际涵义是：在以缅彝语为主的 mlɔk 系统和以侗水语为主的 mloŋ 系统之间，同样存在历史的对应关系。《广韵》以"猱"、"夒"、"獽"（＊mloŋ）为同音字，即暗示 mlɔk 和 mloŋ 有共同的来源。但在汉语文献中，这两种读音却分明代表了两个相连接的历史形态：作为高祖和神祇的 mlu 时代（殷代）和作为"耗鬼"和"木石之怪"的 mloŋ 时代（周秦时代）。在后一时代，这个具有外来血缘的猴神改以"罔两"（＊mǎŋrǎn）、"方良"（＊pǎŋrǎn）的名义出现在驱傩仪式之中了。⑤ 所以从文化史的角度看，mlɔk 和 mloŋ 属于有所区别的两个

---

① 潘悟云：《对华澳语系假说的若干支持材料》，见 *Ancestry of Chinese*，California University，Berkeley 1995. 本小节的汉字古音构拟皆据郑张尚芳—潘悟云系统。

② 李孝定：《甲骨文字集释》，第 1903—1917 页。

③ 罗美珍：《三论台语的系属问题》，载《民族语文》1994 年第 6 期。

④ 倪大白：《侗台语概论》，中央民族学院出版社 1990 年版，第 265 页。

⑤《史记》记孔子言论说夒和罔两均为木石之怪；张衡《东京赋》描写了"残夔魖与罔像"的驱傩场景，薛综注"罔像"为"木石之怪"；《周礼》说方相氏驱鬼时有驱方良的节目，郑玄注"方良"为"罔两"。据诸家考证，这些精怪都是以猴子为原型的。

类型。

（三）以 sliŋ 为共同母语的类型

壮侗语：liŋ2（壮语）、liŋ2（布依语）、liŋ2（傣语）、liŋ2（广西金秀茶山瑶拉伽语，属侗水语支）；

苗瑶语：læin32（宗地语，属苗语川黔滇方言）、len33（枫香语，在贵州黄平县）、len55（青岩语，属苗语贵阳方言）、lie55（石门语，属苗语滇东北方言）、lei33（养蒿语，属苗语黔东方言）、biŋ（勉语勉方言）、bi ŋ（勉语金门方言）。

本组词的同源关系十分明显，但它在汉语中的对应词不甚确定。综合各种因素考虑，汉语对应词应为"信"（＊sliŋ）和"申"（＊hljǐn，来自＊hljǐŋ）。《山海经》说形似禺的动物有猩猩、夒和夸父，夸父为信所生。这个和猴神具有某种血缘关系的"信"，应隐藏了猴符号的一个渊源。关于这一点有两个旁证："信"的同音字"狺"，代表犬类动物的鸣声；"信"的通假字"申"，代表十二兽中的猴。考虑到"其名自叫"是动物命名的常用方法，而汉文猴名多用犬旁，反映了古人以猴属犬类的观念，可以推断"信"曾用为猴的名称。另外，汉语十二支名同各少数民族的十二兽名基本上没有语音对应关系，唯独"申"字例外。这又意味着，在申与猴的组合过程中，"信"是重要的媒介。

（四）以 ɹuak 为共同母语的类型

藏缅语：prA53（错那门巴语）、zala（墨脱门巴语）、ʁuasa（羌语）；

苗瑶语：ta1tɕɔ1（湘西苗语）、ta53（泸溪苗语）①、la1（川黔滇苗语）；

壮侗语：ta55（平坝仡佬语）。

本组词在汉语中对应于"狙"（＊tsʰǎ，来自＊skʰlǎ）、"猨"（＊kra）、"玃"（＊kwǎk）、"猚"（＊ŋa）、"夸父"（＊kʰrabǎ）等词。狙曾见于"朝三暮四"的故事，以"似猨而狗头，喜与雌猿交"著称；玃的特点是"似猕猴而大，色苍黑，能攫持人"，像狙一样"善顾盼"；猨和玃同类，古有"南交猴，有子曰溪，北通玃猨，所育为伧"的传说；②夸父则是《山海经·西山经》中"如禺而文臂，豹虎而善投"的神兽。显而易见，这组词描写了某一类具有神话色彩的猿猴，它们联系于灵猴性淫的主题，以及一种同猴神话相关的民族关系的历史。

据《玉篇》和《集韵》的解释，"伧"是江东人对楚人和北方人的蔑称。同样，"溪"和"夸父"也是信奉猴祖的民族。溪人的事迹最早见于《山海经》，其祖先即禺号的后代奚仲。南北朝前后，溪人分布在湘赣两广一带的山区，人称"溪子蛮

---

① 张济民《泸溪县达勒寨苗语中的异源词》说：湘西泸溪县在苗语东部方言区内。当地仡佬人以苗语为交际工具，在掌握苗语后逐步放弃了自己的母语；但他们把一些仡佬语词及构词成分带进了苗语，"猴子"一词即是仡佬语词。见《民族语文论文集》，中央民族学院出版社1993年版。

②《庄子》"狙公赋芧"司马彪注，《尔雅》"玃父善顾"郭璞注，段成式《酉阳杂俎·境异》。

夷"。其中有一部分融入广西的黄姓瑶族和壮族，^① ［瑶 1］就是他们的图腾遗存。伦则是以猴为图腾的夔部落的后代。商代中叶武丁伐夔，使夔之一部留居豫东，另一部南迁而至川鄂交界地带。^② 这和"伦"的内涵——楚人和中原人正好吻合。把溪和伦分别归为猴的后裔和玃狼的后裔，意味着"猴"是拥有南方分支的中原猴部落，"玃""狼"则是迁来中国的北方猴部落。

（五）以 mlengos 为共同母语的类型

如果我们就其主体，把以上几种类型设定为藏缅语类型、壮侗语类型、苗瑶语类型和北方氐羌人类型，那么，我们便会留意到这样一个情况：先秦时候的中原人到底是怎样称呼猴子的呢？令人惊奇的是，几乎没有资料为我们提供明确的回答。在汉代以前，"猴"字是从不单独行用的。《诗经》中出现过"猱"，《左传》中出现过"玃"，《国语》中出现过"夔"，《庄子》中出现过"狙"，《楚辞》中出现过"猨"和"狖"，《山海经》中出现过"狌狌"和"白猿"，但它们只有个别用例。既然猴是一种重要的动物，是中原人的生活伴侣，那么，为什么在先秦汉语文献中它未有稳定的通行名称呢？这是一个耐人寻味的问题。

解答这个问题，大概要提到"禺"、"为"、"猴"三字的联系与区别。此三字的上古音分别是 *ŋos（禺，来自 *ŋǒs）、*Gǒl（为）、*go（猴），可以看作以下各词的同源词：

藏缅语：ŋɔ13（大方彝语）、ŋo35（贵琼语，四川甘孜部分藏人使用）、a31gɔi53（独龙语）、woi33（景颇语）、ŋo21so55 或 ŋo42sua55（碧江白语）、ŋi31sa31（怒语）；

苗瑶语：hjeu6kɔ3 或 nɔ3ku1thi5（畲语）。

"为"、"禺"二字起源很早，分别见于甲骨文和金文。它们作为"母猴"的解释则见于《说文解字》。甲骨文"为"字如手牵象之形，用为神祇之名，未必指称猴子。金文"禺"字强调了猴类动物的巨首，但在实际用例中多指人的影像或类似人的动物——所以在《山海经》中常用作神名，例如东海神禺号、北海神禺京；所以从中又引申出"偶"、"寓"二字，以表示以此象彼或寄彼于此的涵义。^③ 总之，它们所描写的与其说是作为动物的猴子，不如说是猴类动物的某种奇异功能。《说文解字》通过二字的分部表明了这样一种理解：作为同猴有关的词语，它们取义于因巨爪、巨首而表现的神性。至于段玉裁所说"公为"与"公叔禺人"名字相应一事，因此应当理解为：在春秋时代的鲁地，"为"和"禺"是涵义相近的名词。

---

① 参见何光岳：《南蛮源流史》，江西教育出版社 1988 年版，第 214—225 页；何光岳：《东夷源流史》，江西教育出版社 1992 年版，第 47 页；何光岳：《楚源流史》，湖南人民出版社 1988 年版，第 213—219 页。

② 参见何光岳：《南蛮源流史》，江西教育出版社 1988 年版，第 214—225 页；何光岳：《东夷源流史》，江西教育出版社 1992 年版，第 47 页；何光岳：《楚源流史》，湖南人民出版社 1988 年版，第 213—219 页。

③ 沈兼士：《"鬼"字原始意义之试探》，见《沈兼士学术论文集》，中华书局 1986 年版。

先秦时代的中原人，应是把猴称作"母猴"的。《说文解字》用"母猴"释"夒"、"玃"、"禺"等字，《韩非子》和《吕氏春秋》中关于"以棘刺之端为母猴"、"狗似玃，玃似母猴，母猴似人"的陈述，都反映"母猴"在当时是猴的通行名称。"母猴"即"沐猴"（见《史记》）、"猕猴"（见《战国策》和《楚辞》）和后来人所说的"马猴"，是一种带词头的合成词。历史比较语言学的资料表明，它本质上是一种语言史的阶段现象，存在于从双音节单纯词向单音节词的演变过程之中。其词头"母"、"沐"、"马"、"猕"等等或许有"大"的涵义，① 但从语音角度看，它们基本上属于无实义的弱化音节，是汉藏语、南亚语、南岛语所共有的原始形式的遗留。② 这种规律性的现象无疑指向了一个古远的事实：古代华夏人同藏缅人、壮侗人一样，原是把猴子称作 mlego（猕＊mlel）或 mloko（母＊mo?，来自＊mlok）的。后来，ml 或词头脱落了，才出现了单音节的"禺"、"为"、"猴"等名称。词头脱落的原因大概有二：一是语音的（多音节词的前一音节因元音失落变为复辅音，复辅音简化再变为声调系统），"母猴"变为"猴"、"胡梨"变为"梨"，即属此例；二是语义的（代表动植物的词头因语义的变化而失落了③），这就是 mlɔk 简化为"禺"、"为"的缘由。后一种情况意味着，"禺"、"为"这种同猴类动物有关的单辅音词，是为表示某种非动物性能（例如神性）的需要而产生的；它们的存在，乃相对于作为普通动物的 mlu、mloŋ 或"母猴"的存在。这和上文［珞 3］把猴子看作"神鬼的孩子"，不用其通名而用其尊名的习俗如出一辙。

我们在"以 mlɔk（s）为共同母语的类型"中，提到过猴的黎语名称 nok7 和村话名称 nak42，认为它们来自＊mlok。在以上论述中，又进一步认定：它们是通过词头简化而形成的。这种看法，得到了大量新的语言学成果的支持。例如有一个现象是：在原始缅彝共同语中，猴子一词是由复辅音＊mɹ 和 － k，－s等辅音韵尾构成的，其后置辅音在木达话、缅语、基诺语、载瓦语中变为腭化音，在另一些语言中通过腭化音脱落而发展为双唇音 m 或舌面前音 ɳ；其辅音韵尾则变为紧喉成分。④ 这就为说明汉藏语猴名称五种类型的彼此联系提供了理论依据。也就是说，如果把"禺"、"为"、"猴"看作上述藏缅语类型、壮侗语类型的词头简化形式或华夏化形式，如果把"蜼"［＊lu（l）s］、"狖"（＊lus）、"犹"（＊lu）等猴的别名看作 mlu 的简化或分化（这种分化的痕迹十分明显），那么，依据汉藏语民族猴观念、猴神话相互联系、相互渗透的事实，我们可以为汉藏语猴祖神话归纳出第三个分类体系：

---

① 郝懿行《尔雅义疏》释"马帠"："马之言大也。"又蛆蝛之大者称"马蚿"、大叶之荏称"马蓼"，见《广雅疏证》。

② 潘悟云：《对华澳语系假说的若干支持材料》，见 *Ancestry of Chinese*，California University，Berkeley，1995.

③ 汉语中带词头的合成词均为动植物名称，如马蜩、马蚿、马蚰、马蚁、马荔、马陆、马蓝、马蓼、马薤、胡蝶、胡蟱、胡梨、胡绳、寒蜩、寒螀、寒鸦、姑获、姑榆、居暨、蝍蛆。

④ 徐世璇：《缅彝语几种音类的演变》，载《民族语文》1991 年第 3 期；李永燧：《缅彝语言声调比较研究》，载《民族语文》1992 年第 6 期。

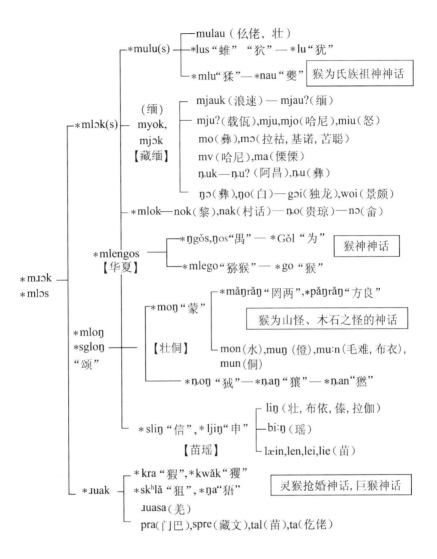

这个分类体系，大体上反映了中国猴祖神话的不同历史形态与不同民族文化的对应。

四、结　论

（略——编者注）

附录：猴祖神话的资料来源

（略——编者注）

本文原载《中国社会科学》1997年第6期，收入东方出版中心1998年版《中国早期艺术与宗教》。收入本书时由作者作了删节。

东巴神话的神山象征

白庚胜

白庚胜（1957—　），纳西族，云南丽江人，文学博士。从1982年起先后发表《黑白战争象征意义辨》、《东巴神话巴格图"龟蛙"辨》、《藏族本教对纳西族东巴神话的影响》《试论纳西族的虎神话及其信仰》等神话学论文10余篇，并系统整理研究东巴神话遗产，出版专著《东巴神话象征论》、《东巴神话研究》、《白庚胜纳西学论集》、《和谐文化知行录》等。

东巴神话中的神山叫"居那什罗"。它为众山之尊，位居天地之中，足与希腊神话中的奥林帕斯山，印度神话中的须弥山，汉族神话中的昆仑山、不周山相比。

一、神山缘起

居那什罗神山之起源神话有多种多样，有的称其卵生，有的称其自然产生，有的称其建造而成，不一而足。

卵生说：《什罗祖师传略》中有这样的记述：远古时代，造物主米利董神吐唾液于米利达吉神海，出现了五个白蛋。五个白蛋分别育出英世本主神、马排由登神，以及董族的白牛、白马、白山羊、白绵羊，其蛋壳变成了白天、白地、白色的日月星辰及金、木、水、火、土五行。接着，五行起变化，出现了绿蛋、花蛋、黄蛋，绿蛋化育出含依巴达神树，花蛋化育出居那什罗神山，黄蛋化育出铮增含鲁美神石。[①] 这是一则典型的卵生神话，将神山、神树、神石都统一于卵生五行、五行生五色神物的结构之中。之所以称花蛋生居那什罗神山，乃是为了表明居那什罗居于天地之中央，因为在东巴神话所表现的五方空间中，中央表象为花（杂）色。

自然形成说：根据《挽歌》之记述看，居那什罗神山是自然形成的，并无人工与神力的任何作用——"很久的时候，人类还没有出现，上面出现了天，下面出现了地，天与地中间，出现了居那若（什）罗山，在居那若罗山上，出现了好气象"[②]。比之卵生，这种说法显得更亲切自然。

建造说：在众多的神山起源神话中，以建造说最为普遍。《崇搬图》称：由于

---

① 和正才讲述，周耀华翻译：《什罗祖师传略》。
② 和芳讲述，周耀华翻译：《挽歌》。

开天辟地之后天地震荡不已，董神、塞神夫妇与众神相商，决定建造居那什罗神山以稳固宇宙。于是，众神协力，在很短的时间内建起了居那什罗神山。① 对建造神山讲述最为详备，而且带有两次性建造内容者当推《日仲格孟土迪空》：宇宙初开，男子带石头，女子带泥土，用半天时间建造了居那什罗神山。但是，在建成之夜，居那什罗神山即遭鬼怪毁坏。于是，巨人普沙杂日决计重建居那什罗神山。在重建过程中，居于十八层天界的没卜精如神与莫盘恩浩神下凡相助，具体为一神造山、一神托山。另外，董神与塞神也从天界降落磐石，以供建造神山基础之用。最后，居那什罗成了一座四方、巍然高耸，东面砌以白银、西面砌以墨玉石、南面砌以绿松石、北面砌以黄金的神山。众神还遣白云绕于山顶、柏树长于山腰、山羊遍布山体、刺猬钻于山洞，用鸡为其招魂，用狗为其除秽，使得"山峰抵着天，天高不摇晃，山脚镇住地，地大不动荡"。神山上还修有道路：北路供古宗人通行，南路让民家人通行，左路任白鹰飞行，右路凭黑鹰飞行。另有专门让红牛行走的路及让黄马行走的路。② 在《迎净水》中，授意建造神山的神灵并不是董神、塞神，而是俄神与恒神，负责施工者为曲劳英护若，建造神山之目的在于拴住日月，不再让它们逃走。在建造完成之后，众神"用铜索把太阳拴在顶天柱左边，用铁索把月亮拴在顶天柱右边"，使得"居那什罗山上，太阳从左边出，月亮从右边出"。③ 可见，在不同的异传之中，有关建造居那什罗神山的授意者、施工者、目的、方式等都有明显的不同。不过，神山之名却惊人地一致，都叫"居那什罗"或"居那若罗"。尽管居那什罗神山具有天柱之功能，但在《换寿岁经》中还重叠有神山四周竖金银柱之情节，而且还讲述有盘神、禅神设暗堡与门对神山进行守护的内容。④ 对守护者介绍最详细的是《崇搬图》，称有九堆黑土、虎豹五兄弟、白狮子、金黄大象、玖高那补大力士，撑神山者则有冰柱、甘露、黑土、香蒿、桔榛、白松、黄栗、翠柏、高崖、黑山……⑤这与建造神山者中详细分工有出谋者、施工者、厨子，施工者中又分总监、工头、重役一样，表明居那什罗神山神话是在纳西族社会的分工已经十分发达的背景下获得了丰富与发展的。没有大规模的建筑活动及其技术、工艺作为背景，人们也就不可能想象出如此浩大的建筑场面，如此众多的建造者，如此具体精致的山体造型。

如果对以上内容作一归纳，即成：建造神山的目的是为了擎天镇地、颁定宇宙秩序，或确立日月运行规律；建造神山的主意出自董神、塞神或俄神、恒神；建造神山者有巨人、凡人、神灵，其中又分总监、工头、重役、厨子等；神山之形状似柱子或塔，前者呈圆柱体，后者呈金字塔状，并分四面，每面各设一路；建造神山

---

① 和芳讲述，周汝诚翻译：《崇搬图》。
② 和即贵诵经，习煜华翻译：《日仲格孟土迪空》。
③ 和芳讲述，周汝诚翻译：《迎净水》。
④ 杨士兴讲述，和强翻译：《换寿岁经》。
⑤ 和芳讲述，周汝诚翻译：《崇搬图》。

之材料有多种，基础用磐石，东面用白银、西面用墨玉石、南面用绿松石、北面用黄金；支撑神山者有冰柱、甘露、黑土、香蒿、梧榛、白松、黄栗、翠柏、高崖、黑山；神山之四面以四种色彩表示，东方为白色、西方为黑色、南方为绿色、北方为黄色；神山之守护者有黑土、暗堡、盘神、禅神，或黑土、虎豹五兄弟、白狮子、金黄大象、玖高那补大力士；神山周围之附属建筑有四柱，它们用金银制成，或称东方为白银柱、西方为墨玉石柱、南方为绿松石柱、北方为黄金柱；神山在初次建成之后曾遭到鬼怪的破坏，最后建成的神山是二次建造的产物。在另外一些神话中，还称居那什罗神山顶有神灵居住，如丁巴什罗教祖神以及老尤毕松神等便属此列。

二、神山诸作用

居那什罗神山有诸种作用：一为天柱，二为天梯，三为宇宙轴，四为界山，五为灵山，现对它们一一介绍之。

（1）天柱。一些作品谈到，在开天辟地之后，众神灵竖五柱以顶天，它们分别是东方的白银柱，西方的墨玉石柱，南方的绿松石柱，北方的黄金柱，中央的白铁柱。因尚未出现建造居那什罗神山之内容，白铁柱即发挥着居那什罗的功能。但在《崇搬图》中，称众神建造居那什罗山之后在其四周依东、西、南、北各竖白银柱、墨玉石柱、绿松石柱、黄金柱，已经略去了白铁柱。这显然是以居那什罗神山代替了白铁柱。而建造居那什罗山的目的在于镇地擎天、稳固宇宙。在东巴象形文字中，"天"字所描摹的是帐篷圆顶状，令人想起南北朝时鲜卑族民歌《敕勒川》对天体形状之描写："敕勒川，阴山下，天似穹隆，笼盖四野。"这当是北方游牧时代就已创制的文字符号，并起源于"天似穹隆"的宇宙形态观。立五柱建房的习俗至今仍残存于纳西族边远山区，在传统的木楞房建筑中，均取五柱式，即东、西、南、北各竖一柱，然后于中央竖一柱，称母柱，又称擎天柱。可以说，在纳西人的观念中，宇宙是被放大的屋宇，而屋宇则是浓缩了的宇宙。神山擎天在东巴象形文字中表记作 🔺，并不兼记四周之天柱。

（2）天梯。东巴神话中的纵向空间分为三界，上界为神界，中界为人间，下界为鬼界。人间与鬼界之间的媒介物为桥梁，而人间与神界之间的交通则主要靠天梯——居那什罗神山。无论是神灵下凡镇妖除魔、佑助人类，还是人类派使者赴天界迎请神灵、通报安危，都无一不是缘神山而上下，往来于天界与人间。《崇搬图》等作品中的崇仁利恩夫妇迁居人间、《白蝙蝠取经记》（《碧庖卦松》）中的白蝙蝠上天界求经、《迎请精如神》中的劳吾拉刹赴十八层天迎精如下凡镇魔等等，都无一不是这样。

（3）宇宙轴。东巴神话中的宇宙像大体是这样的，纵向空间分三界：第一界为神界，共分十八层，居于上；第二界为人间，居于中；第三界为鬼界，共分十八层，居于下。横向原空间一般分四界，即东、西、南、北四界，东方为董神所居，西方为术鬼所居，南方为人类所居，北方为署（龙）所居。在色彩上，位于天上之神界白色，位于地下之鬼界黑色，居于中间的人间黄色。又，东方之董界白色，西方之术界黑色，南方之人界绿色，北方之署界黄色。就在这样一个宇宙结构中，居那什罗神山位于天上神界与居中人间之间，成为这两个互相对称的空间之间的对称轴。同时，居那什罗神山也是东方董界与西方术界、南方人界与北方署界这两组对称部分之间的连接部分。在色彩上，它被表象为花，即具有各方各界色彩因素。因此，居那什罗神山乃是宇宙轴。没有它，天将崩，地将震，无神鬼之分野，无自然与人间之区别，自然法则将不复存在，太阳月亮将无以运行。宇宙的平衡与稳定、和谐，正是通过居那什罗神山这一对称轴来实现的。关于对称，一直被认为是宇宙存在的基本形式，无论是古希腊哲人亚里士多德、柏拉图，还是现代物理学大师爱因斯坦、杨振宁，都执着于对宇宙之对称性的解释与研究。对于纳西族先民而言，是什么使他们发现了对称并将宇宙视为完美的对称体呢？或许是人类与生俱来的形体上的对称令他们惊奇，或许是雨后之湖面上倒映的彩虹让他们感动。久而久之，日常观察中的知识积累，使得纳西族先民产生了对称的概念，并赋予其平衡稳定、和谐、美的意义。

（4）界山。我们称居那什罗神山为界山，不但指其空间性，而且也指其时间性。就空间性而言，我们已经谈到董界与术界、署界与人界之间都无一不以居那什罗神山作为交界线，并常常以"黑白交界处"相呼之。天界与人间之间亦以居那什罗神山作为交界。应该强调的是，居那什罗神山为交界的董界与术界、人界与署界是性质各异、根本对立的，天界与人界之间也有根本的不同。因此，界山所体现的是一种秩序性。没有居那什罗神山，人文及社会的规则都无以建立与维系。比如，董界属于神界，它象征着光明、正义、善良，而术界属于鬼界，它象征着黑暗、邪恶、凶残。正是由于居那什罗神山在其两者之间的存在，才使得它们在对立中有统一，在统一中有对立。署与人的情况也大致相同，署位于居那什罗神山北，人居于居那什罗南。据说，二者原是同父异母兄弟。后来，兄弟分家，人署揖别，自然界归署所有，社会界由人所主。由于人口膨胀，人类不断扩大耕作领域，并过量砍伐树木、污染河流、射杀禽兽，侵犯了署的利益，署便发洪水、施虫害、作飞沙走石以惩罚人类。这样，双方的矛盾日益尖锐，只好请丁巴什罗教祖神下凡调解人与署的冲突。也有的作品称，双方的矛盾来自署对人类的侵害，它不断扩大自己的领地，致使人类患病、田地荒芜、村落破败，人类只好求助于丁巴什罗的神力，对署进行制伏。就其时间性而言，居那什罗神山也是一座界山。太阳绕其左，月亮行其右，它们在每月晦日相遇于其顶上，然后又相别于朔日。这表明居那什罗神山不仅是昼夜之交界，而且也是月与月之间的交界、年与年之间的交界。[①] 交界是重要的，它被破坏，意味着礼崩乐坏、社会动乱的开始，它的安定则表明秩序的存在、社会的

---

① 和士诚解读，和力民翻译：《董术战争》。

安宁。因此，才需要由暗堡、神灵、大力士、神兽等对神山严加守护，而牛、鬼怪等则对其加以破坏。如董与术之间的殊死决战，正是董之白鼠与术之黑鼠同时打通了居那什罗神山，使边界受到破坏所引发的。

（5）灵山。考古研究成果表明，我国古代西北部地区的游牧民族中盛行一种葬尸于山岩缝隙的葬俗。久而久之，神山崇拜便染上了祖先崇拜的色彩，具有了灵山崇拜的意义。这可能还与有关民族的生殖崇拜有关，即，由于他们已经进入父系阶段，建立了以男权为中心的社会结构，他们的生殖崇拜也就主要表现为男性生殖器崇拜。他们认为生殖的原理不仅存在于人类，而且也存在于动物界、植物界，甚至整个自然界。另外，当时先民们将人类与动物界、植物界、自然界视为同一，天地之间的连接物——高山，也就自然被类比为男女性交之媒介物——男性性器，它的主要功能是生育、繁殖自然万象。汉族古代也似乎有过相同的信仰，如《释名·释山》就称"山，产也，产生物也"。人死后葬于山中，显然是在返归其本。《山海经·大荒南经》称"帝尧帝喾帝舜葬于岳山"，《三国志·魏书·乌桓传》称"中国人以生死之神归泰山也"。这些均是取人生自山、又归于山之义。山与男性生殖器的象征关系，还可以以"牡"字与"牝"字作为例子加以说明。《大戴礼记·易本命》称："丘陵为牡，溪谷为牝。"这里的"牡"，正是鸟兽之雄性，盖以山在地表高隆、状似雄性生殖器而称之；"牝"指鸟兽之雌性，亦以谷形似雌性生殖器而称之。直到今天，纳西族在人死之后，必埋死尸于山中之墓地。在鲁甸等地，直到50年代初都要将亡偶收藏于村后高山上的石穴之中。人们认为，纳西族人的共同祖界位于遥远的地方，名叫"余祖毕吕空"。"余"指祖先，"祖"指居住，"毕吕"指山岳，"空"指洞口或门，即祖灵是居于山岳之中的。这种以山岳为祖或山岳为祖灵所居之地似是古羌人信仰，《左传》中即有"姜为岳之后"（《庄公二十二年》）之语。直到现在，居住在四川茂汶一带的羌族还视山岳为圣地，视山岳神为自己的始祖。不仅求雨于山岳，求禾于山岳，而且还求年于山岳。作为古羌人之苗裔，纳西族忠实地继承了以山岳为祖或祖灵世界的古俗，才有了这种死归灵山的信仰。《崇搬图》及《挽歌》等进一步将这个祖灵所居的山岳明确化为居那什罗神山。另外，居那什罗山上还有一个怨灵世界，叫"十二久克坡"，一般认为此地所居者为非正常死亡者及未成年死亡者之灵魂。到后来，由于受到佛教极乐世界思想的改造，十二久克坡遂逐渐变形成了情死者的乐园。那里没有蚊子，没有苍蝇，老虎为坐骑，马鹿当耕牛，雄鸡司晨，四季鲜花开放，常年歌声不断，在物理性与精神性两个方面都完全与现实社会相对立，完全解除了尘世的痛苦与烦恼。[①]

三、神山信仰之比较

神山信仰广泛存在于世界各地，如与纳西族同属一个语支的彝、哈尼等民族的

---

① 白庚胜：《纳西族民俗志》，中央民族大学出版社2001年版。

神话中就有有关内容出现。流传于云南、四川彝族地区的《勒俄特依》中有四座神山撑天的说法，称东方为木武哈达山，西方为木克哈尼山，南方为火木抵泽山，北方为尼母火萨山。这四座山所起的是天柱作用。关于天柱与神山之关系，马学良先生有非常深刻的阐释："撑天柱，传谓古代天塌地陷，其后神人以撑天柱将天撑起，此撑天柱即地之高山峻岭也。"① 彝族神话中的天柱还见于《阿细的先基》中，只是它们已采取了与山体完全分离的形式，称东方为铜柱、西方为铁柱、南方为金柱、北方为银柱。哈尼族也认为天由四根天柱所支撑，但这四根天柱被视为化生宇宙之神牛之四足，② 与汉族神话"女娲断鳌足以立四极"的观念相通，带有更原始的色彩，无疑是图腾化生信仰之产物。

相比较之下，东巴神话中的神山仅在天柱这一功能方面与彝、哈尼、拉祜、基诺等民族的神山（神柱）神话相重合。并且，东巴神话中的居那什罗即是一座位于天地之中央、四柱之中央的神山。而彝语支其他民族中，并未出现这样的位居正中之神山或神柱。这表明纳西族的社会结构及社会发育程度、所受外来文化影响程度都明显地有别于同语支内的其他民族。由此，可以推出这样一个结论：神山信仰起源于纳西族先民古老的神山信仰，但最早的神山信仰功能单一，造型简单，与彝语支其他民族神话中的神山相去无几，并处同一层次。语言学知识告诉我们，越是语言系属相近的民族，其文化的共同性也就越是鲜明。

汉族所信仰者，常见的有不周山、天姥山、归墟、蓬莱山、方丈山、方壶山、员峤山、县圃山、昆仑山等等。相比之下，不周山与彝族、哈尼族、纳西族、拉祜族、基诺族等的天柱十分相似。《山海经·大荒西经》记述其所处方位及其名云"西北海之外，大荒之隅，有山而不合，名曰不周"。这座神山实际上就是天柱，故《淮南子》中称"昔者共工与颛顼争帝，怒而触不周之山，天维绝，地柱折"。其中，"天维绝，地柱折"一句在今本《淮南子·天文篇》中又写作"天柱折，地维绝"。虽然以上记载中并没有明确提及不周山之外是否有其他天柱，但闻一多先生以为它不过是八极，即八柱之一，而且八柱均是山体。它们分别是东北方之方土山，东方之东极山，东南之波母山，南方之南极山，西南之编驹山，西方之西极山，西北之不周山，北方之北极山。③ 在这八极之中，最基本的只有东、西、南、北四极。早在《列子·汤问》中，就已经有对它们的记述："昔者，女娲氏炼五色石以补其阙，断鳌足以立四极。"为何会有四极之说呢？这是由汉族古代天圆地方的宇宙形态观念所衍生的。《吕氏春秋·有始览》对"地方"的具体描写是："凡四海之内，东西二万八千里，南北二万六千里，水道八千里，受水者亦八千里。"其形状为一个长方形，一般被称为"小四极"。④ 但"大四极"之形状却是正方形："凡四极之内，

---

① 马学良：《云南彝族礼俗研究文集》，四川民族出版社 1983 年版。

②《哈尼族的天文历法知识》，见《中国天文学史论文集》，科学出版社 1981 年版。

③ 闻一多：《天问释天》，见《闻一多全集》第 2 卷，生活·读书·新知三联书店 1982 年版。

④ 白寿彝：《中国交通史》，上海书店 1984 年版。

东西五亿有九万七千里，南北亦五亿有九万七千里。"① 而在这四极之外，则是茫茫苍苍的大海："大瀛海环其外，天地之际焉。"② 毋庸置疑，这种四天柱擎天的神话与彝语支民族的四天柱擎天神话同属一种类型，同出于天圆地方的观念。八极即八天柱擎天之说，不过是四天柱（四极）擎天之说的细密化而已，其实质并无二致。

在众多的汉族神山中，与东巴神话中的居那什罗神山最相似的是昆仑山。在名称上、形状上、功能上，居那什罗神山与昆仑山之间确有许多相通之处，不妨作一比较：

1. 在名称上，"是昆仑者，高山皆得名之"③。故而，见于古文献中的昆仑山不下五座，如西方之昆仑、东方之昆仑（方丈）、南方之昆仑、西北方之昆仑。我们一般所称的昆仑指的是西北方之昆仑。昆仑在汉族古文献中有多种写法，如东方朔《十洲记》作"昆陵"，郑康成《周礼注》作"混沦"，王嘉《拾遗记》作"祈沦"。岑仲勉先生曾指出"昆仑乃胡人语，为胡语'喀喇'之转音"④。窃以为，此说之前半部分是正确的。"胡人"为古人对我国西北地区阿尔泰语系民族之先民的称呼。后半句话则不尽然，虽然昆仑与"喀喇"近音，但并不同音，而且"喀喇"基本上是一个形容词，其本义为"黑"，引申作"高"、"大"、"猛烈"、"神圣"等讲，很少将它当作名词用，故昆仑直接译自"喀喇"的可能性不大。查属于阿尔泰语系突厥语族的维吾尔语，有"喀喇昆仑"（QARAQURUM）一语，意为"高大圣石"。基本可以断定昆仑所音译的并不是"喀喇"（QARA），而是指"圣石"的"昆仑"（QURUM）。居那什罗神山之"居那"在纳西语中为"大山"之意，凡一切高山均可称之。"什罗"一词在纳西语中并不可解，似是一个外来语借词，它和与之有关的信仰一道传入纳西族之中，对其含义，我们将在后文论述。

2. 在形状上，昆仑山高不可视，"其高万一千里百一十四步二尺六寸"⑤。居那什罗神山之高度虽不似昆仑山有精确数字，但也是拔地擎天、巍巍然也。又，昆仑山或称圆柱体，"周圆如削"⑥。或称四方体，谓有四面："昆仑墟在其东，虚四方。"⑦ 居那什罗神山亦是这样，或称其为圆柱体天柱，或称其为四方体，或称普通山体，不一而足。又，昆仑山被称为"帝之下都"，而且其顶上还设有帝宫，"吉日辛酉，天子升于昆仑之邱，以观黄帝之宫"⑧。这里的"天子"，指的是穆天子。在东巴神话中，居那什罗神山顶亦有东巴教祖神丁巴什罗神及其他神灵拉尤毕松等设

---

① 《吕氏春秋·有始览》。
② 《史记·孟子荀卿列传》。
③ 毕沅：《尔雅·释丘》。
④ 岑仲勉：《西周文史论丛》，引王蒙友《传行记》卷五。转引自何新：《诸神的起源》，生活·读书·新知三联书店 1986 年版。
⑤ 《淮南子·地形训》。
⑥ 《神异经·中荒经》。
⑦ 《山海经·海外南经》。
⑧ 《穆天子传》。

宫（帐）而居。就其光彩而言，昆仑山"其光熊熊，其气魂魂"①。昆仑山类似塔，《水经注·河水》称"三成为昆仑丘"，"三成"即三层之谓。"三成"之内容在不同的文献中不尽相同，《尔雅·释丘》称"丘一成为敦丘，再成陶丘，再成锐上为融丘。三成为昆仑丘"。而《水经注·河水》则称"《昆仑说》曰：昆仑之山三级，下曰樊桐，一名板松；二曰玄圃，一名阆风；上曰层城，一名天庭，是谓太帝之居。去嵩五万里，地之中也"。东巴神话中并没有对居那什罗神山的层级作任何描述，但在表示居那什罗神山之象形符号中，却显著表示该神山立于三级神坛⊞之上，这三级神坛实为神山本体的层级性表现也不可知。东巴神话中的居那什罗神山亦因其四方分用金、银、绿宝石、墨玉石所筑成，故而溢彩流光，一派璀璨。昆仑山上有醴泉、瑶池，或称疏圃之池："其上有醴泉、瑶池。"② 东巴神话则称居那什罗神山顶有米利达吉神海，神海之水色或被称为黄色，或被称为白色；又，有称昆仑山上长有"建木"，还长有其他种种神树："上有木禾，其修五寻。珠树、玉树、璇树、不死树在其西，沙棠、琅玕在其东，绛树在其南，碧树、瑶树在其北。"③ 《山海经·海内西经》中的神树的种类更多，称在居于昆仑山之开明兽之北，"有视肉、珠树、文玉树、玕琪树、不死树。凤皇鸾鸟皆戴蒇。又有离朱、木禾、柏树、甘水、圣木曼兑，一曰挺木牙交。开明东有巫彭、巫抵、巫阳、巫履、巫凡、巫相，夹窫窳之尸，皆操不死药以距之。窫窳者，蛇身人面，贰负巨所杀也。服常树，其上有三头人，伺琅玕树。开明南有树鸟，六首；蛟、蝮蛇、蜼、豹、鸟秩树，于表池树木，诵鸟鶬、视肉"。在这段文字中，仅有名的神树便多达九种，神树上大都守有神鸟，神树旁大都守有许多的神兽。这些与东巴神话也相类似，居那什罗山上长有含依巴达神树，神树上栖有大鹏鸟守护，神树旁有大量的神兽。另外，居那什罗建成之后，其山体亦种满了柏木、桤榛、香蒿、白松、黄栗等树木。含依巴达神树还有九名，表现出它本身也是众多神树的复合体。又，昆仑山有守护神："昆仑之丘，是实惟帝之下都，神陆吾司之。其神状虎身而九尾，人面而虎爪。是神也，司天之九部及帝之囿时。"④ 居那什罗神山的守护者或传为盘神与禅神，或传为玖高那补大力士。又，昆仑山旁有四百四十门，"门间四里，里间九纯，纯丈五尺。旁有九井，玉横维其西北之隅。北门内以不周之风。倾宫、旋室、县圃、凉风、樊桐在昆仑、阊阖之中，是其疏圃"⑤。居那什罗山亦由盘神、禅神设众多的门与暗堡加以守护，另有白狮子守于东，虎豹守于南，玖高那补守于西，金黄大象守于北。

3. 在功能上，昆仑山也与居那什罗神山多有一致，如昆仑山为宇宙山，"昆仑

---

① 《山海经·西次三经》。
② 《史记·大宛传》引《禹本纪》。
③ 《淮南子·地形训》。
④ 《山海经·西次三经》。
⑤ 《淮南子·地形训》。

者，土之中也"①。不但如此，它还"日月相避隐，为光明也"②，与居那什罗神山处天地之中央，左有太阳照耀，右有月亮运行的情况相对应。与居那什罗山为天柱相同，昆仑山亦被明确称为天柱："昆仑，天中柱也。"③ 不仅是天柱，而且是铜制之天柱："昆仑之山，有铜柱焉，其高入天，所谓天柱也，围三千里，周圆如削。"④ 从文脉看，貌似昆仑山上有铜柱，但实际上是柱山合一，昆仑本身也具有铜柱之性质。也有的神话作品称昆仑为天梯，并且在具体叙述中体现其天梯的功能："昆仑之邱，或上倍之，是谓凉风之山，登之而不死；或上倍之，是谓悬圃，登之乃灵，能使风雨；或上倍之，乃维上天，登之乃神，是谓太帝之居。"⑤ 可见，循昆仑山不断登高，才可能最后进入天界，到达"太帝之居"。而这又不是常人所能为的，仅就赤水之际的"八隅之岩"而言，也是"非仁羿莫能上岗之岩"⑥。从《白蝙蝠取经记》及《迎请精如神》、《崇搬图》等东巴神话中也可以看出，居那什罗神山是一座与昆仑山相类似的天梯，白蝙蝠与劳吾拉剎都历尽艰难，才缘居那什罗神山不断登高，最后到达了十八层天界。崇仁利恩夫妇下凡大地亦是在降临居那什罗神山顶后再逐层下移，它们分别是神山顶、神山腰、神山麓、美利垜肯盘、美利灵青树、美利根吉坡、墩底惹阴坡、人间。重要的是白蝙蝠与劳吾拉剎为神人之间的使者，崇仁利恩夫妇是人祖，他们都不是凡夫俗子。问题是居那什罗神山这座天梯的台阶并非是垂直式的，而是呈螺旋式，表现出它与昆仑山的相异性。

居那什罗神山与昆仑山的相异性还表现在以下几个方面：

1. 居那什罗神山是一座人工建筑的神山，故在《崇搬图》等作品中大量描写了建造它的意义、目的、场面、分工、建筑材料。与其说是一神山，还不如说是神塔更为恰当。因此，有的东巴，如和士诚大师就直呼其为居那什罗塔。因为是人工建筑物，所以在初次建成之后，居那什罗神山曾一度被鬼怪破坏，至于为何要破坏则没有明确的记述。昆仑山也隐隐约约带有塔形人工建筑的痕迹，但几乎所有的昆仑山神话都只强调了山顶的建筑物及山麓之建筑物，而对山体本身的建造等均避而不谈，使之更接近于自然形成的山灵。

2. 居那什罗神山的一个显著功能是灵山，它不仅存在祖灵世界——"余祖毕吕空，余逊吾托氏"，而且还存在怨灵世界——"十二久克坡"。而在汉族神话中，昆仑山之灵山性并不太突出，仅在天柱、天梯、宇宙山等几个方面与居那什罗神山完全一致。

3. 因是创世神话的一个部分，居那什罗神山在东巴神话中占有极重要的地位。

---

① 《太平御览》引《河图》。
② 《史记·大宛传》引《禹本纪》。
③ 《太平御览》引《河图》。
④ 《神异经·中荒经》。
⑤ 《淮南子·地形训》。
⑥ 《山海经·海内西经》。

故，不仅有对它作完整说明的作品，而且其形象还频频出现在东巴教的各种道场之中。它往往以犁铧为代替物，供奉在东巴道场神台之上，供从十八层天界下凡的神灵使用。而昆仑山则不然，它被零零星星地记载于众多的古籍之中，缺乏完整的神话。另外，它也没有被仪式化、口传化，局限于书面记载。仅就这些书面记载的零星神话而言，亦带有仙话性，所谓西王母与穆天子常幽会于昆仑山顶等传承便是这样。

尽管有这样一些相异性，但昆仑山与居那什罗山之间的相似性仍然十分惊人。从名称、形状、功能等的对应情况看，它们之间似乎存在着某种天然的联系，而不仅仅是出于偶然的相合。问题是：它们之间谁影响了谁？抑或它们都接受了谁的共同影响？谁是源？谁是流？

当我们将比较的目光投向印度古代神话时，一座与昆仑山、居那什罗神山十分相似的神山便豁然跃入眼前。这，就是须弥山。须弥山是梵文 SUMERU 的音译，又被音译为"修迷庐"、"须弥楼"、"苏迷卢"，或意译为"妙高"、"妙光"、"安明"、"善高"、"善积"等，"相传山高八万四千由旬，山顶上为帝释天，四面山腰为四天王天，周围有七香海、七金山。第七金山外有铁围山所围绕的咸海，咸海四周有四大部洲。许多佛教造像和绘画以此为题材，用以表示天上的景观"①。《金刚经注》中对须弥山之记述与之大同小异，称：须弥山在四天王之下之正中，山为极大者，故名山王。日月绕山而行，以为昼夜。由此分四面，为四天下。其山顶有四峰，每峰八天，共三十二天。帝释天居中，以为三十三天。高广三百三十六万里。东方玻璃，南方琉璃，西方真金，北方白玉。也就是说，东方红色，南方青色，西方橙色，北方白色。但是，对须弥山四面之色彩，《起世纪》、《阿含经》、《加叶经》、《具含经》、《智度论》等中还有种种表象，或云东为黄金、南为琉璃、西为白银、北为玻璃等等。但是，最通行的说法是：东为白银，南为吠琉璃，西为颇服迦，北为黄金，即东方白色，南方绿色，西方黑色，北方黄色。②

对须弥山之景象，《绀珠集》作了生动的描写：东与南为天地之奥藏，其地宽柔而卑，其土薄，其水浅，滋生其物，其财富，其人剽而不重，靡食偷生，其土憔脆而少刚，笴之则服；西北雄尊为天地之劲力而严，其土高，其水寒，寡生其物，其财确，其人毅且近愚，食淡轻生，其土沉厚且慧，挠之不屈。③ 显然，这里已经找不到任何神话的影子，而是变成了地理性的叙说。在张怡荪主编的《藏汉大辞典》中，须弥山被译作"妙高山"："妙高山，或作妙光山，或善积山。梵音译作须弥山，苏迷庐山。佛教宇宙学说器世间基础金轮上形成的高山。形势优美故妙，群山之王故高。山东面银质，南面琉璃，西面赤晶，北面黄金。四面天空以及海水，

---

① 任继愈主编：《宗教词典》，上海辞书出版社 1981 年版。
② 参见《和汉三才图》卷第四十，转引自《日本庶民生活史料集成》第 28 卷。
③ 参见《和汉三才图》卷第四十，转引自《日本庶民生活史料集成》第 28 卷。

各呈各方宝物光彩。山没海下八万由旬，高出海面亦八万由旬。"

如果对以上所介绍的内容作一归纳，可知须弥山之"须弥"有"高大"之意；其山体巍峨擎天，高达八万四千由旬①，即三百三十六万公里；其山顶居住有帝释天；其山体分四面，分别用金、银、玻璃（璱）、琉璃作为构成山体之物质；其山之四面用四色加以表示，或为东红、南青、西橙、北白，或为东黄、南绿、西白、北黑，最通行的说法是东白、南绿、西黑、北黄；其山居大地之中，被七香海、七金山、铁围山、咸海、四大部洲等层层合围；其山为宇宙山，日月绕山而运行，并以此区别昼夜。正因为这样，古人早已注意到了昆仑山与须弥山之间的同一性，《锦绣万花谷》中就将见于《山海经》的、位于西海之外的昆仑山、倚天苏门山、壑明俊疾山、方山、丰沮玉门山、麕鏊钜山、常阳山、大荒山等皆视作佛教中的须弥山。②

东巴神话中的居那什罗神山与须弥山之相似性亦是早已被人们所意识到了的，周汝诚先生就曾在和芳讲述、他自己翻译的《崇搬图》之注释中指出，居那什罗神山当指古印度神话中的须弥山，或是汉族古代神话中的昆仑山，藏族神话中的冈底斯山。它们之间最明显的相似性表现为以下几点：①山名：须弥山之"须弥"在梵文中读 SUMERU，与居那什罗之"什罗"（$ṣa^{55}la^{33}$）近音，疑"什罗"就是"须弥"或"苏卢"、"修迷卢"、"须弥楼"的纳西语音译。②山体：首先，须弥山是一座呈四面的神山，东、西、南、北分别用金、银、琉璃、玻璃（璱）等物质构成，被建造的痕迹比昆仑山还要醒目。恰恰，居那什罗也是一座四面体的神山，东、西、南、北四方各用金、银、绿松石、墨玉石等物质建成。③色彩：与昆仑山四面无色彩表象不同，须弥山与居那什罗神山均以着色物定色彩，基本上都取东方为白色、南方为绿（青）色、西方为黑色、北方为黄色。④功能：须弥山与居那什罗神山均为宇宙山，日月绕行，以分昼夜。这一点，它们与昆仑山亦完全一致。⑤据柬埔寨吴哥窟浮雕《乳海搅拌图》的描绘看，须弥山还缠有一条被称为"那迦"的巨蛇。巨蛇之两端，分别被众神灵与阿修罗所紧攥。这幅浮雕所表现的是印度古代神话，属于须弥山信仰之一部分。居那什罗神山腰也缠有一条被称为"署美纳布"的巨蛇。《龙鹏争斗》对此是这样解释的：署与人类发生矛盾之后，丁巴什罗神派大鹏鸟下凡擒拿署美纳布。但是，署美纳布自恃力大无比，不肯就范。大鹏便将它从海中拖出，在居那什罗神山上缠了三匝，令其完全降伏。署美纳布为署王，而署实际上也就是印度神话中的那迦。由此可以推断，《乳海搅拌图》中之巨蛇缠须弥山的直接动机当是制伏那迦作恶。也可以作这样的推断，《龙鹏争斗》神话中大鹏擒拿署美纳布并将它缠于居那什罗神山之情节，是该神话的作者面对类似《乳海搅拌图》的画面而创作成的。

---

① 有的称一由旬十六里，有的称一由旬三十里，有的称一由旬四十里。
② 参见《和汉三才图》卷第四十，转引自《日本庶民生活史料集成》第28卷。

东巴神话中的居那什罗神山还与巴比伦神塔相近似："巨那茹罗（居那什罗）神山，人工修成，由地接天，有点和《圣经》上的 Babel 塔相似。"① 巴比伦塔又译作巴贝耳塔，《圣经》中记载有建筑该塔的神话："当时全世界只有一种语言和一样的话。当人们由东方迁移的时候，在史纳尔地方找到了一块平原，就在那里住下了。他们彼此说：'来，我们做砖，用火烧透。'他们遂拿砖当石，拿沥青当泥。然后彼此说：'来，让我们建造一城一塔，塔顶摩天，好给我们作纪念，免得我们全地面上分散了！'上主遂下来，要看世人所造的城和塔。上主说：'看他们都是一个民族，都说一样的语言。他们如今就开始做这事；以后他们所想做的，就没有不成功的了。来，我们下去混乱他们的语言，使他们彼此语言不通。'于是上主将他们分散到全地面，他们遂停止建造那城。为此，人称那地为'巴贝耳'，因为上主在那里混乱了全地面的语言，且从那里将他们分散到全地面。"② 虽说是神话，但实际上，它已被编纂者作过重大修改。如，"巴比"（即"巴贝"）一词之本义为"上帝之大门"，而在以上所引的文句中，已经是"混乱"之意。

其实，作为"上帝之大门"的巴比伦塔是对巴比伦宇宙神话中的神山的一种模拟。据威勒斯研究，早在公元前 4000 年以前，两河流域就已经有筑台为塔的信仰存在，所筑成之台塔最初叫 Zikkurat，意为"神山"。此类信仰之代表者为稍后建成的亚速尔坛与巴比伦坛。亚速尔坛呈四方体状，建于古亚述帝国之首都亚速。该坛之本名为 E-KUR-RU-KL-SHA-RA，意为"宇宙山"。巴比伦坛建于古巴比伦京城巴比伦，时当公元前 7 世纪末。坛身呈四方体，均有砖为材料，坛顶建有迎接至尊神之殿堂，名曰"崇首之园"，以突出其作为"上帝之大门"的功能。巴比伦坛分大坛、小坛，大坛之本名为 E-TE-ME-EN-AN-KL，意为"天地之基"。这里所说的坛，也就是塔之原型。无论从其名称还是从其功能看，坛与塔都是同质的。坛与塔是神话被仪式化的产物。

那么，亚速尔坛、巴比伦坛所模拟的又是怎样一座神山呢？苏雪林先生指出："考巴比伦古传说，即谓有一仙山曰 Khurag kurkura，其义犹云'大地唯一之山'（Mountain of all lands），或曰'世界之山'（Mountain of the world），为诸神所聚居之处，亦即诸神诞生地（the birth place of gods），巴比伦若干高宇与七星坛之建筑皆此山之缩型。而中国之昆仑、希腊之奥林匹司（奥林帕斯）、印度之苏迷（须弥）、天方之国，亦为此山之翻版。"③

姑且不论苏先生之观点是否正确，中国神话中的昆仑山之"昆仑"与意为"宇宙山"的古亚述语"E-KUR-RU-KL-SHA-RA"之"KUR-RU"确有同音通义性质，

<hr />

① 李霖灿翻译：《么些象形文字延寿经译注》注一。见李霖灿、张琨、和才：《么些经典译注九种》，台湾"中华"丛书编审委员会 1978 年印行。

②《圣经·创世记》第一章"巴贝耳塔"，香港思高圣经学会 1968 年印行。

③ 皆引自或参考凌纯声：《昆仑丘与西王母》、《中国的封禅与两河流域的昆仑文化》，见凌纯声：《中国边疆民族与环太平洋文化》，台湾联经出版事业公司 1979 年版，第 1570—1571 页。

并与古巴比伦神话中之神山 Khurag Kurkura 之 "Khurag" 或 "Kura" 近音近义。凌纯声先生甚至认为 "昆仑" 也就是意为 "神山" 的 Zikkurats 之转音。[①] 从词源学的角度看，凌先生之说是可以成立的，只是汉语的 "昆仑" 并不是直接译自古亚述语，而是译自 "胡语"，即阿尔泰语系突厥语族民族之先民的语言 QURUM（圣石）。而突厥语 QURUM 又当是亚述语 Zikkurats 之转音，盖因状神山之亚述塔用巨石修成，故 QURUM 兼有神山与圣石义。在巴比伦神话中，大地如高山耸立于大海之中，大海之外环绕有高墙，其顶为布满星星的圆形天井。即，神山本身即是大地。因山顶接近天空，故被视为天界神灵出入天庭与人间之间的大门。又因大地是唯一的，神山也是唯一的，因此大门也就成了唯一的出入口。

的确，从作为世界山、宇宙中心、众神所居之地、天神出入口、山体四面、山下设门、门有守卫等方面看，居那什罗神山、昆仑山与巴比伦神话中的神山及其模拟物巴比伦坛、亚速坛具有许多类似性。它们之间的影响关系是不容置疑的。居那什罗神山也有与巴比伦神山及其模拟物巴比伦坛、亚述坛信仰的相似性，具体表现在以下几个方面：

第一，在名称上，东巴神话之神山称 "居那什罗"，"居那" 为 "高山"、"大岳" 之意，"什罗" 却所指不详，无法用纳西语本身进行解释，当是外来语借词。查与纳西族一样信仰喇嘛教的藏族及蒙古族的语言，与 "什罗" 同音的 SHARA 或近音的 SHENRO，或为 "又高又尖" 之意，或为 "高深" 之意。窃以为纳西语之 "什罗" 之含义亦与之相去不远，同是 "高大" 之意，而纳西语、蒙古语、藏语中的 "什罗"（ṣala），又都是对梵文 SUMERU，即汉语所译的 "苏迷庐" 的缩译。SUMERU 在梵文中的意思就是 "高大"。这个词是随着印度文化，尤其是印度佛教文化在汉、藏、蒙古、纳西等民族中的传播而同神山信仰一道传入这些民族中的。不过，若要推究梵文 SUMERU 一词之起源，似乎与古亚速语有关，SUMERU 实际上也就是亚速坛之名 E-KUR-RU-KL-SHA-RA 之 SHA-RA 的变音。这两个词不仅近音，而且在意义同为高大的宇宙山、神山方面都是一致的。

第二，东巴神话中的居那什罗神山不仅画作塔状，而且有时也称作神塔。这是印度须弥山信仰、藏族神山信仰、汉族昆仑山信仰中所罕见的。神山与神塔合一的情况，只能在巴比伦的神话信仰中找到例子，即神塔及其前身神坛是对神山的模拟，它们本身便象征神山。

第三，居那什罗神山为人工建筑物，故《崇搬图》等神话作品中具体描写有其建筑过程。这也与《圣经》所载巴比伦创世神话中有关建造巴比伦塔的情况相似。昆仑山与须弥山也呈四面体，类同高塔，但对它是否为建筑物及其建筑过程是避而不谈的。须弥山之四面分别用金、银、琉璃、玻璃构成，但为何是这四种物质却无

---

① 皆引自或参考凌纯声：《昆仑丘与西王母》、《中国的封禅与两河流域的昆仑文化》，见凌纯声：《中国边疆民族与环太平洋文化》，台湾联经出版事业公司 1979 年版。

任何说明，仅仅成为四方的标志物。而在居那什罗神山那里则不然，它之所以由金、银、墨玉石、绿松石四种物质构成四面，是因为诸神为了用黑、白、黄、绿四种颜色表示西、东、北、南四方。它们的出现，完全是人工建造的结果。

第四，虽然汉族古代亦有"共工怒触不周之山"，致使"天柱折、地维绝"的神话，但无论在昆仑山神话，还是在须弥山神话中，都没有出现神山受到破坏的内容，仅有居那什罗神山在初次建成后曾遭到鬼怪的破坏（破坏之原因并没有明言，只能揣测是鬼怪恐惧天界神灵自此可以通过居那什罗神山下凡来镇妖除魔），与巴比伦塔被上帝所毁坏的情节相对应。

第五，在作为世界中心、神山、宇宙山、天梯、天柱等方面，巴比伦神山及其巴比伦神坛、亚述神坛与纳西族东巴神话中的居那什罗神山相一致。

凡此种种，都说明居那什罗神山信仰不是一种孤立的文化现象，它不但将根深扎在本民族古老的山灵崇拜之土壤中，而且与彝语支民族及汉族古代的天柱信仰相交叉。最为重要的是，它与昆仑山、须弥山、巴比伦神山及其神坛、亚述神坛采取了同样的存在及表现形式。我们对居那什罗神山的考察也就不能不是多元的、多层次的。

四、神山符号考释

将东巴象形文字中表示居那什罗神山的符号"⛉"，或"⛉"、"⛀"分解成两个部分，即成"◇"，或"◇"、"△"，以及"▱"，前者表示山体，后者表示神坛，特别强调了居那什罗神山的神性、人工建筑性。

让我们还是从神坛谈起。这里的神坛最显著的特征是分三级。有时，神坛也只表记为两级。两级或三级正是纳西族宗教及民俗生活中的神坛形式，比如祭天坛便是这样。神坛为何要取两级或三级呢？东巴经中并无专门性说明，东巴神话中也鲜有此方面的资料。这样，我们不能不考察一番周边民族的类似文化现象，借他山之石，以为攻玉。

汉族古代拥有丰富的坛台文化，《说文解字》释"台"云："台，观四方而高者。"对各方之色彩，《逸周书·作雒》云："其墙东青土，南赤土，西白土，北骊土，中央以黄土。"相比之下，杜佑在《通典》卷四十五《社稷篇》中的记述要含糊一些，但对台（坛）之边长的说明却在其他文献中少见："天子之社，则以五色土各依方色为坛，广五丈。"对筑台（坛）之目的，《山海经·中山经》是这样解说的："东三百里曰鼓钟之山，帝台所以觞百神也。"又，《山海经·海内北经》谈到了祭祀不同神灵的专门性台坛："帝尧台、帝喾台、帝丹朱台、帝舜台各二台，台四方，在昆仑东北。"

我们虽从《山海经》、《说文解字》等的记载中了解到台（坛）呈四方形，既有觞百神者，又有专祭某一神灵者，台（坛）之东、西、南、北、中还分别表以青、白、红、黑、黄五色，但尚不知道（坛）是否分级，并分几级。1956 年，考古工作者曾于四川成都北羊子山顶上发掘出周代的台（坛）遗址，其形状为四方形，分三级，上小下大，与纳西族东巴象形文字中的神坛符号相类似。另外，留存至今的北京天坛圜丘、日坛等虽是明清建筑，但皆取三级形式，当是对古代三级台坛的一种继承。因此，《山海经》中所载的"帝尧台"、"帝喾台"、"帝丹朱台"、"帝舜台"以及筑于鼓钟山上的"帝台"等或许也都是三级。

于高处筑台（坛）并进而建造神塔的信仰早在六千多年前就发生于两河流域，这种信仰西传，曾带来了埃及金字塔的诞生。金字塔文明经过了由丘而有级台（坛），进而有级神塔，最后定型为四面等腰三角状的发展、演变过程。两河流域的筑台（坛）祭神信仰东传，对东亚、南亚、东南亚，乃至对中美洲、南美洲的玛雅文明与印伽文明都有影响。越南广治省 TANAN 村神坛遗址、缅甸 NAGA 人的神坛遗址、爪哇 YANG 高原上的巨石圣所等，都可视为是这种信仰所影响的结果。① 纳西族是否也受到了这种信仰的影响呢？这需作深入研究。

除了三级神坛之外，我们还有必要对山体作一系统的考察并作比较研究，以加深对神山的认识。山在东巴象形文字中写作"〔符号〕"，"象山之形。其上环状平行两划，有云为路，有云为雪者，尚不知孰是……在若喀（阮可）地域内，此字常写作'〔符号〕'，此最原始之山也。今又有写〔符号〕，由此遂成今日〔符号〕形"②。一般认为，纳西象形文中之山字在形状上与古印度文以〔符号〕为山；汉族甲骨文以〔符号〕、〔符号〕为山，苏美尔文以〔符号〕为山一样，都是状山岳之高峻的。不过，东巴文所状者为"雪山之形"，因"么些（纳西）人居群山万壑之中，故绘近山"，而甲骨文所状者为"远山之形，大平原上望山如此"。③ 想来古印度文及苏美尔文中的山字也是各因所居住环境之不同而呈不同形态的。

居那什罗神山之山体部分在东巴象形文中则写作〔符号〕、〔符号〕、〔符号〕，以别于表示普通山岳的〔符号〕。那么，当指为何呢？查张琨编著《阅读么些图经手册·用品法器》，见〔符号〕、〔符号〕、〔符号〕等符号出现于塔字及其异体字中。如塔字写作〔符号〕，其异体字有二，一写作〔符号〕，一写作〔符号〕。其中，分别出现了〔符号〕及〔符号〕、〔符号〕几个符号，在读作"宝顶"的字符〔符号〕中，亦出现有〔符号〕。因此，可以推想表示神山山体的三个字符直接引自

---

① 凌纯声：《中国的封禅与两河流域的昆仑文化》，见凌纯声：《中国边疆民族与环太平洋文化》，台湾联经出版事业公司 1979 年版。
② 李霖灿：《么些象形文字字典》，台湾文史哲出版社 1972 年版。
③ 董作宾：《〈么些象形文字字典〉序》，见李霖灿：《么些象形文字字典》，台湾文史哲出版社 1972 年版。

"塔"、"宝顶"的字符，后两个符号之正中加竖杠，只是为了强调居那什罗神山居宇宙之中而特作附加。以塔字字符之一部分代替居那什罗神山之山体，正与东巴大师和士诚先生称其为神塔相吻合。

当然，我们也可以作另一种解释，即表示居那什罗神山山体部分的三个符号，仍然与表示普通之山的字符有一定的渊源，它们不过是进一步简化，并加上了强调居那什罗神山处宇宙之中心、起天柱作用的附加符号"丨"而已。

至于山之所以用"⛰"形加以表示，似乎还可以找到另外的原因，疑其为山形及男性生殖器形之合体，发轫于纳西族先民的生殖崇拜，即，将山灵视为天父地母发生交媾之媒介物——男性生殖器。如东巴象形文字中表示"公"、"雄"、"阳"的字符写作"〵"，描绘的就是男性生殖器，如果将其倒置，就成"〔"，与表示山的"⛰"相近。

将山视为生殖器的信仰，也见于汉族古代，如社神信仰中，除了以树为社、以石为社外，还以山为社。据郭沫若先生考证，社神崇拜主要体现的是生殖器崇拜。[①]显然，社神之本体为山，而山即是生殖器。《说文解字》在解释"台观"时指出："台观皆人工封土以为之，亦古以名山为社（厶）。其后封土为坛以象之。"[②] 这说明自古就有以名山为社之信仰，后来，人们封土筑坛，以模拟古代之名山并继续祭社神。正因为山被视为生殖器，所以《释名·释山》对山解释云："山，产也，产生物也。"《说文解字》的解释亦与之相通："山，宣也。宣气散生万物，有石而高。象形，凡山之属，皆从山。"

社祭与祖祭最初是合一的，"社是一社群最原始祭神鬼的坛墠所在，凡上帝、天神、地祇及人鬼，无所不祭。后来，社祖分开，在祖庙以祭人鬼祖先，再后，郊社又分立成为四郊，以祀上帝、天神和地祇。最后，社以祀土神与谷神为主，故又可称为社稷"[③]。以郭沫若先生的《释祖妣》为代表，我国文字学界曾有不少学者对"祖"字之起源及演进情况作过论述，但不能令人完全信服。"夫祖者，且也。"[④] 由于"且"较原始的写法为 ⎡、⎡，所以称其为"皆拟写男子生殖器"[⑤] 是可以成立的。《殷墟文字类编》所收之⎡、《新获卜辞写本》中所收之⎡、《钟鼎字源》"祖"中所收之"且"、⎡、⎡，《说文古籀补》"祖"中所收⎡、⎡、⎡，《金

① 郭沫若：《释祖妣》，见《甲骨文研究》上册。
② 许慎：《说文解字》。
③ 凌纯声：《中国古代社之源流》，见凌纯声：《中国边疆民族与环太平洋文化》，台湾联经出版事业公司 1979 年版。
④ 转引自凌纯声：《中国古代神祖与阴阳性器崇拜》，见凌纯声：《中国边疆民族与环太平洋文化》，台湾联经出版事业公司 1979 年版。
⑤ 阮元：《揅经室集》。

文编》"祖"中所收 〔字形〕、〔字形〕、〔字形〕等等都是 〔字形〕、〔字形〕的变体。问题是另有一些字形与之相去较远，如《殷墟文字类编》"祖"中所收的 〔字形〕、《钟鼎字源》"祖"所收的 〔字形〕、〔字形〕，《说文古籀补》"祖"中所收的 〔字形〕、〔字形〕、〔字形〕、〔字形〕、〔字形〕，另外，阮元先生在《揅经室集》注且时称，且在"'瞿且丁卣'，作 〔字形〕……"这些字形比之男性生殖器更类似于金文中的"山"符：〔字形〕、〔字形〕。在我看来，最早之"且"字当是 〔字形〕，所状者为女阴，当是母系氏族阶段以女性为祖的产物。到了父系社会，男权建立并不断得到强化，故而改以男性为祖，出现了状男性生殖器的 〔字形〕、〔字形〕。由于父系社会延续至今，"且"字便一直以男子生殖器为基本型并不断地进行着演变。就在这个过程中，山灵崇拜曾经一度与祖先崇拜结合在一起，人们将"产生物"之山同时视为产人类之祖。重要的是，此时的社会已是父系制，因此，所谓生人之祖——山，也就获得了男性、男祖的身份。加之汉族先民以天为阳、为父及以地为阴、为母，连接于两者之间的山又酷似勃发之男性生殖器，故而使原来与性无关的山字字形与男性生殖器符号实现了合并，出现了形似山体的"且"，即"祖"字。最后，各种"且"字字体不断简化，不断统一，定型为我们今天所见的"且"。所谓"古以名山为社"，是和将名山与祖先崇拜结合起来、将山字符号与男祖生殖器符号合而为一出于同一原理的。正是出于这种比较参照，笔者才大胆地推论纳西族东巴象形文字中的居那什罗神山符号最早当是山体 〔字形〕，后来才为突出其神性而改换成了 〔字形〕、〔字形〕、〔字形〕等塔尖或神牌尖形。而且，原来用作居那什罗神山基本符号的"〔字形〕"，有可能是山字符号与男性生殖器符号的合体。表明当时的纳西族社会已经进入父系阶段，男权处于中心地位。居那什罗神山基本符号的变化，意味着纳西族社会进一步从以生殖崇拜为中心的氏族社会转变成了以神灵崇拜为中心的地缘政治社会，甚至已经染上了权力崇拜等等色彩。之所以视山为男祖并加以崇拜，是因为纳西族长期处在父系社会，并且根据二元分类原理对自然空间作了性别区分。纳西族为古羌人后裔，许慎《说文解字》释"羌"云，"从羊从人"。这个"人"并非一般的人，而是男人——"儿"，可见其社会早已进入以男权为中心的父系社会。人们对男性性器顶礼膜拜，并不断加以神化圣化，最后使之变形为神山崇拜是不足为怪的。纳西族东巴神话中往往以山比喻男性、以谷比喻女性，山体天然具有与男性特点的可比拟性。如《碧庖卦松》就有"山是长男，谷是长女"之内容，①这与汉族《大戴礼记·易本命》中的"丘陵为牡，溪谷为牝"相一致。这显然是因为山体似男子性器，山谷似女子性器。又，东巴神话往往以天喻男性，以地喻女性，

_____

① 和正才讲述，李即善、周汝诚翻译：《碧庖卦松》。

以上方之"声"与下方之"气"相"结合"，喻男女交媾之过程，以三滴白露落入神海比拟精液射入母胎从而诞生各种生物。就视觉形象而言，山似乎具有作为天（男）地（女）之间之性媒介物（男子性器）的特征。

五、神山信仰之形成与演变

东巴神话中之神山信仰当最早起源于纳西族先民的山岳信仰。在新石器时代，由于生产力的低下，人与自然难分难解，万物有灵观念在原始人类的心灵世界中起到决定性的支配作用。于是，山岳也被视为与人一样有灵有性的存在，所有山岳都受到人们的崇拜。随着社会的发展、生产力水平的提高，人类在自然力中得到了一定程度的解放，被人类所认识和业已征服的那部分自然已经失去了被崇拜的基础，从而导致了泛灵论向神灵崇拜的过渡。最初被泛泛崇拜的山岳也相对集中于有限的一些山岳之上，使之成为神山。此时的神山表现为山与神同体，而且山与神的性别特征得到特别的重视。这是因为当时正处在氏族社会阶段，社会或按母系、或按父系加以组织。以生殖为中心的性崇拜也在此阶段极为盛行，对神山信仰产生了一定的影响。居那什罗神山对男根的象征及居那什罗神山被奉为祖灵所居之山岳受到崇拜等，无疑是与当时的社会按血缘关系加以组织密切相关的。进入青铜时代之后，社会从部落社会向部落联盟乃至奴隶制国家过渡，原来零乱星散的血缘社会逐渐被超血缘的地缘政治所代替，集权性统治开始形成。这样，在复数的神山中，又抽象出了至高至尊的宇宙山、世界山。也就是说，居于世界之中心的神山的出现与极权统治和国家政治的出现相对应。

鉴于两河流域于公元前 5000 年便建立起都市国家，可以说，宇宙山、世界山之信仰最早产生于这一地区，并且，神话中的世界山与宇宙山还被人工化为坛台建筑。随着两河流域文明的不断四向辐射，有关世界山与宇宙山的信仰也传向四方，并与各地早已有之的神山信仰相融合，产生了世界性的世界山、宇宙山信仰及其坛台文化。

纳西族先民长期活动在我国西北部地区，曾经是东亚文化与中亚、西亚文化之间的传递手之一，她还与迁自西亚、作为斯基泰文化之承担者之一的塞人发生过频繁的交往。因此，传自西亚的世界山信仰可能早已为纳西族先民——古羌人所接受，并将此转传至华夏民族，致使中原文化中出现了昆仑山信仰。在纳西族先民迁居横断山脉之后，印藏文化源源不断传入纳西族社会，以须弥山信仰为代表的世界山信仰又一次对纳西文化产生影响，致使东巴神话中出现了本民族古老的山岳崇拜与传自西亚的世界山信仰、传自印度的须弥山信仰相复合的居那什罗山信仰。为了与一般的山岳相区别，过去曾经是男子性器符号的◇或◇变形为表示居那什罗山本体的符号与表示神坛的符号▱相结合，成为完整的居那什罗神山文字形象。对于◇或◇之原始的象征意义——男子性器，我们已经只能通过对文字本身的研究，以及该文字与有关信仰相结合进行考察来探知。在有关居那什罗神山的五种作用中，亦仅有作为灵山的作用还残留有性崇拜的痕迹。这是因为生命自男子性器——神山出，所以亡魂要回归男子性器——神山去。不过，在居那什罗神山所具有的一切象征意义中，作为秩序、集权统治的象征意义已经占有主导的地位。这表明，早期的纳西族社会是一个以父系血缘为纽带结构的社会，但在后来实现了超越，终于建立超血缘的地缘政治。

最后，让我们回过头来谈一谈两河流域神山及其神坛信仰对纳西族东巴神话的具体影响过程。我以为，两河流域是最早产生作为"宇宙山"之神山信仰的地区，这与世界上最早的国家——巴比伦帝国的建立紧紧联系在一起。后来，这一与国家政治相关的神山信仰或西传至埃及产生了金字塔崇拜，或向北经土耳其传至希腊产生了奥林帕斯山崇拜，或向东南传至印度产生了须弥山崇拜，或经沙漠走廊传至中国产生了昆仑山崇拜。由于印度于近两千年前创建了佛教，佛教文化又呈不断向四周辐射的趋势，须弥山崇拜也随之传至我国汉族地区以及西藏。然后，伴随着佛教的传播，政治的统一，多民族国家的形成与发展，汉族禅宗中的须弥山崇拜对国内众多民族以及周边国家产生了影响。另外，伴随着喇嘛教在蒙古草原及喜玛拉雅山东麓地区的传播，须弥山崇拜对蒙古、纳西、普米等民族的文化产生了重要的影响。需要强调指出的是，无论是哪一个国家与民族对两河流域神山崇拜的接收，都以本国与本民族早已存在的山岳信仰作为基础，并不是简单地"拿来"，而是在"拿来"之后进行了一定的"加工"。一般地讲，传的次数越多，时间越长，它所发生的变异也就越大。不过，万变不离其宗，作为其原型的一些基本因素依然或多或少地得到保留。仅从神山的名称看，印度→中国汉族禅宗、印度→藏族→蒙古族、印度→藏族→纳西族等可视为一个系统，基本保留了作"宇宙山"之模拟物的亚述塔塔名 E-KUR-RU-KL-SHAR-RA 中的后半部分 SHAR-RA，或作印度的 SUMERU，或作汉族禅宗中的"修迷庐"、"须弥楼"、"苏卢"，或作藏族中的"喜铙"、"贤若"、"辛铙"、"先饶"（SHENRAB），或作蒙古族中的"沙劳"或作纳西族中之"什罗"（ʂa⁵⁵la³³）。另一个系统则是突厥语族维吾尔语中的 QURUM 以及汉族古代译自"胡语"的"昆仑"、"昆陵"、"混沦"、"祈沦"，保存了 E-KUR-RU-KL-SHAR-RA 中的前半部分 E-KUR-RU-KL，只是消失了词头 E 与词尾 KL。这样，汉族成为一个受到两种东传两河流域神山信仰影响的民族，第一个层次接受经沙漠走廊传入的两河流域神山信仰，其传递者为"胡人"，即突厥民族先民；第二个层次接受经印度传入的两河流域神山信仰，其传递者为印度民族。

纳西族接受两河流域神山信仰亦分两个层次。第一个层次：游牧于西北高原之际，因处在沙漠走廊与中原之间，且与突厥民族先民及起源于北斯基泰人的塞人有过频繁的接触，作为纳西族等藏缅语族共同祖先的羌人先于汉族接触到了由西传来的作为宇宙山的神山信仰。第二个层次：战国末期以后，羌人纷迁西南。纳西族先民于秦汉时代已经活动于大渡河两岸，并于隋唐时期陆续迁居喜玛拉雅山东麓的现今丽江、中甸等地，不仅与刚刚崛起的佛教国家吐蕃与南诏毗邻而居，而且还轮番处于这两个政权的统治之下。藏传佛教曾经以被改造过的本教作为先锋，对纳西族的宗教文化产生了压倒性影响。居那什罗神山信仰基本上是在这一阶段接受自藏族，并根据固有的山岳信仰、神山信仰在东巴教及东巴神话中得到确立的。可以说，居那什罗神山信仰源自两河流域，但又不是两河流域神山信仰本身，除了本民族固有的信仰因素之外，还融进了印度及我国藏族的神山信仰因素，并与汉族古代的昆仑山信仰多有共同之处。

本文选自白庚胜《东巴神话象征论》（云南人民出版社 1998 年版）第三章，原题"神山象征及其比较"。

彝族天女婚洪水神话

鹿忆鹿

鹿忆鹿（1960—　），女，父亲安徽阜阳人，母亲台湾澎湖人。1983年毕业于台湾东吴大学中文系。1992年获文学博士学位。现任东吴大学中文系教授。研究领域以民间文学、神话学为主。主要著作有《走看九〇年代的台湾散文》、《傣族叙事诗研究》、《中国民间文学》、《洪水神话》等。近年来发表有《女子国神话——从台湾原住民谈起》、《小黑人神话》、《台湾原住民的粟种起源神话》等论文。

一

彝族的洪水神话类型除了其他南方民族常见的洪水后兄妹婚外，大都是洪水后的天女婚，少数有兄妹婚与天女婚综合型。

流传于贵州毕节地区的《洪水泛滥史》和《西南彝志·天地津梁断》讲笃米（或笃慕）三兄弟耕好的地第二天都会复原，原来是天神要降洪水淹人类。两位兄长因为得罪天神而遭难，笃米因为好心肠而获天神指点乘木桶避水幸存。后来天神让笃米娶了三个天女，天女各生下两个儿子成为彝族六大支系的祖先。六大支系与天上开亲约十代之后，因天上的催租人被地上的勇士杀死，从此天地姻缘断，彝族六大支系才互相开亲。[①]

另一个搜集到的毕节彝族史诗《洪水纪》情节与上文雷同，主角是笃慕，三兄弟因为盗天马而引发天神降洪水。不同的是，洪水前有独脚人，还有独眼的神怪。笃慕要娶的三个天女已经许配给其他的神，所以引发一场天上人间的战争。[②]

四川凉山流传的彝族神话大致如下所述：三兄弟触怒了天神，天神让仙人、仙女将他们耕过的地再三还原，因此人神结怨，天神降洪水，三兄弟各以铁柜、铜柜、木柜避水，人类灭绝，只有以木柜避水的善良弟弟幸存，后来弟弟与天女结合而传人类。[③]

楚雄彝族洪水故事则讲原先的独眼人人心不善，天神请九日八月将人类晒死，

---

① 陈世鹏：《彝族婚媾类洪水神话琐议》，载《贵州民族研究》1993年第1期。
② 康健、王冶新、何积全整理，王晓译：《洪水纪》，贵州民族出版社1988年版。
③ 李德君、陶学良编：《彝族民间故事选》，上海文艺出版社1981年版，第16—32页。

而后又出现无礼的竖眼人时代，才传到横眼人时代。天降洪水，善良的笃慕因为藏身葫芦幸存，后来与四个天女结婚而传下人类。[1]

峨山的《洪水滔天史》中也有直眼独眼时代。神话中笃慕以木箱避水，四月四日将洪水晒干后，年老的笃慕又变年轻了，仙女下嫁笃慕后生下葫芦，葫芦有十二个，住有汉族、摆衣（傣族）、窝尼（哈尼族），中间一层是彝族。[2] 其中的笃慕因为被药草拍打而变年轻。

新平彝族洪水神话中也有天神将竖眼人灭绝的情节。年老的笃慕以葫芦避水，三个天女下嫁，生六子六女，有汉族、哈尼、拉祜、傣族，也有山苏、聂苏等现住玉溪、滇南的彝族支系。[3] 这个神话中笃慕以叶子擦身子而变年轻。

新平彝族的《天蛋》神话也有天女婚情节。古时候天地未分开，人神住一起。后来人神成仇家，神发洪水将人类淹灭，只有以木桶避水的查决幸存。神将天女生的天蛋带到人间来孵出一个小天女，小天女长大以后，查决已经老了。老查决后来钻进天蛋，出来时成了小男孩，天女只喂六天，小男孩就成了小伙子，于是人间的男子得以和天上的天女成婚，人类就繁衍了。[4] 彝族的洪水神话中常有老人变年轻与天女成亲的情节。

洪水后幸存男子和天女婚合，在彝族文献中的记载相当普遍，天女婚似乎以彝族最普遍。

与彝族天女婚有关的洪水神话，还有一种较特别的综合型，即洪水神话中有兄妹婚也有天女婚。

流传在云南红河州的彝族史诗《尼苏夺节》叙述龙王的儿子造了天地万物，也用泥土造了独眼人。在独眼人时代后期，人类变得无人性又无仁心，天神大怒，降下洪水灭绝独眼人，只有娥玛姊弟心地善良而幸存，通过滚石磨、簸箕等仪式结为夫妇，开创了直眼人时代。若干代以后，直眼人又变坏了，天神又降下洪水消灭直眼人，好心的独阿姆（或作杜姆）老头由于天神的帮助乘木棺得以避水，获救之后，天神将独阿姆变成小伙子，并作媒与三个天女婚配，生下九男十二女，开创了横眼人时代。横眼人与天上通婚二十四代以后，天上撤掉天梯，彝族才在地上彼此开亲。[5]

另一部流传于楚雄的史诗《查姆》则叙述开天辟地以后，神造了独眼人，因为独眼人心不好，被神晒死了，只留下一个做活的人和天女婚配。后来他们生下一个皮口袋，从袋里出来六十男六十女，一百二十个娃娃都是直眼人。又因为直眼人心太坏，天神降洪水淹死他们，只留下好心的阿卜独姆兄妹。兄妹经过神的撮合，采

① 《洪水泛滥》，云南民族出版社1987年版，第1—26页。
② 《洪水泛滥》，云南民族出版社1987年版，第38—45页。
③ 《洪水泛滥》，云南民族出版社1987年版，第56—69页。
④ 马昌仪编：《中国神话故事》，中国广播电视出版社1996年版，第98—102页。
⑤ 云南省少数民族古籍整理出版规划办公室编：《尼苏夺节》，1985年12月。

取滚筛、滚磨、滚簸箕、穿针引线等方法来占卜成亲，然后生下三十六个横眼的小娃娃，是彝族、哈尼和汉族的祖先。①

几乎所有的南方民族的洪水神话都与兄妹婚相结合，而少见天女婚的情节，何以彝族多见天女婚的情节？天女婚与兄妹婚的洪水神话到底有何异同？流传区域有何不同？这些都是值得探讨的问题。

二

陈建宪先生曾统计了中国洪水神话中影响较大的四个亚型：神谕奇兆亚型、雷公报仇亚型、寻天女亚型和兄妹开荒亚型。其中寻天女亚型的异文有 37 篇，彝族占了 20 篇，纳西族有 6 篇，其他的 11 篇来自藏、普米、德昂、独龙、拉祜、蒙古等族，他们和彝族同为氐羌后裔。而兄妹开荒亚型的异文有 30 篇，彝族占了 15 篇，苗族有 10 篇。其实兄妹开荒亚型是一种复合型，它的前半部是寻天女亚型中常见的三兄弟犁地被平复的母题，后半部是兄妹婚再传人类母题。② 据陈先生的统计，寻天女亚型的异文似乎是彝族洪水神话的主要类型。

除了彝族，在川滇交界的纳西族也有天女婚神话。

1959 年云南省民族民间文学丽江调查队就有十几个在纳西族口头流传的《创世纪》神话说到洪水神话的天女婚。神话中叙述人类的第九代祖先崇忍利恩有五兄弟六姊妹，因为兄妹婚配遭致天谴。利恩兄妹犁地，犁好的地又被天神化成的野猪平复，因为其他人都对天神不敬，只有利恩仁慈，天神指示利恩在洪水中以牛皮鼓避水。洪水后只剩利恩一人，其他人都淹死了。利恩不听神的劝告，与直眼睛的天女结婚，生下蛇、蛙、猪等动物和松、栗等植物，没有繁衍出人类。后来又有天女襟红褒白命下凡与利恩相恋，将利恩带到天上；利恩向天女之父提亲。天神向利恩出了难题考验，如一天砍完九十九片森林、一天烧完九十九片荒地或寻回五颗被蚂蚁和斑鸠吃掉的种子等等。利恩夫妇生下三个儿子，各自成为藏族、纳西和白族的祖先。③

纳西族另一个洪水后天女婚神话描写男子宋则利力在洪水中躲在皮鼓里得以幸存，后来与天女崔合白泊密婚配。④ 情节与《创世纪》大同小异，天女的音译也接近，应是同一个故事。

丽江的摩梭人被认为是纳西族的支系，其洪水神话也是天女婚的类型。三兄弟开荒，只有弟弟铧治路一苴对捣乱的青蛙仁慈，洪水时弟弟躲在牛皮口袋中得以幸

① 左玉堂等编：《楚雄彝族文学简史》，中国民间文艺出版社 1986 年版，第 69—71 页。
② 陈建宪：《中国洪水神话的类型与分布——对 443 篇异文的初步宏观分析》，载《民间文学论坛》1996 年第 3 期。
③ 和芳读经，周汝诚译：《崇搬图》，丽江县文化馆印，1963 年 9 月。
④ 谷德明编：《中国少数民族神话选》，西北民族学院研究所，1983 年，第 494—498 页。

存。弟弟后来与天女婚配。①

《祭天古歌·人类繁衍篇》中也提到查热利恩（即崇忍利恩）与天女翠红葆白婚配，天神对主角的刁难也与《崇搬图》、《创世纪》雷同，只是故事中并无洪水情节。②

纳西族主要聚居在丽江、宁蒗两县，与楚雄的彝族毗邻，与氐羌族群关系密切。学界大都认为纳西族、彝族同属于氐羌族群。有学者指出，天婚型洪水神话是一个联系彝族各支系血缘纽带的男性祖先神话，实质上是一个历史神话化的神话。《大定县志·白皆土目安国泰所译夷书九则》记："主木居罗业之山，诸夷奉以为君，娶三妇。"而主木就是神话中的笃慕、杜姆、居木吾吾的不同汉译。这一类型的神话比兄妹婚神话要晚一些。③

流传在云南宁蒗、四川木里的普米族创世神话《帕米查列》中也有洪水后天女婚。故事中叙述三兄弟开荒，洪水后只有弟弟以牛皮口袋避水而幸存，接着与天女婚配。④

流传于云南镇源的苦聪聚居地的《蜂桶、葫芦传人种》神话，叙述三兄弟开荒，砍的树木第二天又恢复原状，只有老三看出捣乱的大青猴是死去的父亲化成的，因此洪水中老大、老二乘坐铜蜂桶、铁蜂桶而被淹灭，乘坐木蜂桶的弟弟幸存。弟弟后来与天女婚配，天女生下葫芦，葫芦中出来了彝族、汉族、傣族和锅搓（锅搓是苦聪人自称，意为山地人，被认为是拉祜族支系）。⑤

在贵州西部仡佬族的古歌《泡桐歌》写三兄妹犁地，太白金星天天将他们犁好的地平复。弟妹二人因仁慈而被告知在洪水中以葫芦避水，哥哥则躲石柜，和所有人一样被淹死。幸存的兄妹在洪水后通过滚磨、滚簸箕、穿针引线而婚配，婚后生一子，与天女成婚，再传人类。⑥

四川羌族的神话《斗安珠和木姐珠》、《山和树的来历》、《美布和志拉朵》中虽然没有洪水情节，却也有凡间男人与天女婚配的母题。⑦羌族与彝族不但分布区域接近，更重要的是又属同一族源，有相同的天女婚母题应是合理的。

云南独龙山的独龙族的创世神话《彭根朋上天娶媳妇》也提到，洪水后在姆克姆达木地方有一个叫彭根朋的男人，他砍的树都会被天神恢复原状，原来是天神要将天女许配给他。神话中的彭根朋后来娶了只有一只眼睛的仙女。⑧而贡山独潘江

① 谷德明：《中国少数民族神话选》，西北民族学院研究所，1983 年，第 485—493 页。
② 云南省民间文学集成办公室编：《祭天古歌》，中国民间文艺出版社 1988 年版，第 15—53 页。
③ 陈世鹏：《彝族婚媾类洪水神话琐议》，载《贵州民族研究》1993 年第 1 期。
④ 王震亚编：《普米族民间故事选》，上海文艺出版社 1994 年版，第 6—19 页。
⑤ 思茅地区文化局编：《拉祜族民间故事》，云南人民出版社 1990 年版，第 16—19 页。
⑥ 贵州省安顺地区民族事务委员会编：《仡佬族古歌》，贵州民族出版社 1991 年版，第 34—38 页。
⑦ 孟燕等编：《羌族民间故事选》，上海文艺出版社 1994 年版，第 27—28 页。
⑧ 马昌仪编：《中国神话故事》，中国广播电视出版社 1996 年版，第 591 页。

两岸的独龙族的神话《西坦嘎朋》中的凡间男子娶的也是天女，情节与彭根朋故事雷同。① 独龙族的民族起源神话则叙述：有个男人经年砍伐森林，前一天砍好的树第二天又长回原样，才知是天神捣乱。男人后来娶了两位天女，一个眼睛的天女生了十八只燕子，燕子变成十八个人。② 独龙族的神话中有天女婚，也出现一目的仙女。

云南富宁、麻栗坡、马关的苗族《造人烟的传说》中未有洪水情节，却也有人间的小伙子蒙老和天女博苕结婚的母题。③ 天女婚在苗族中极罕见，只见于云南的苗族，可能是受其他相邻氐羌族群的影响。

彝族的天女婚神话应是缘自彝族的"天地津梁断"神话。《书·吕刑》有颛顼命重黎"断地天通"的神话，据考证成书于清康熙年间的《西南彝志选》则记录有"天地津梁断"的神话。彝族先民传说，古时天人交感，人可以自由上天，天神也可以自由下地，人类可以和天上的神族自由结婚，后来却因为人神起了争端，天神断绝了天地的通路，从此以后，人神阻隔，人类的后裔彼此通婚。④ 这样的思想应是大部分氐羌族群后裔所以有天女婚神话的重要原因。

三

彝族洪水神话中最特殊的是：不同形式的人类。

洪水之前的人类大都是独眼、斜眼、直眼或竖眼，而独眼或直眼的人全是代表人心不善的，是被天神唾弃的，不管是洪水前或洪水后，横眼人必定要取代所谓的独眼、斜眼、直眼或竖眼人。

彝族洪水神话中不同眼睛的人逐步发展而成民族始祖，这样的情节在其他民族中并不多见。创世史诗《梅葛》中讲天神撒下三把雪，落地变成三代人：第一代是独脚人，长一尺二寸，第二代人长一丈三尺，第三代人是直眼人，洪水以后才是现代人。白马藏族的《创世传说》与《梅葛》类似，叙述开天辟地后天神四次派人到地上来，前三次依序为一寸人、立目人、八尺人，都因不适应环境而被淘汰，第四次才派下现代人。⑤ 另一个白马藏人的神话《人种来源》也讲到一寸人、立目人和八尺人。⑥ 藏族的第二代为立目人，相当于直眼人。

纳西族的洪水神话中也出现了所谓的直眼、横眼的仙女。洪水后主人公所娶的仙女有直眼、横眼的区别，李霖灿先生所搜集的两则神话都提及美丽的是直眼仙女，善良的是横眼仙女，天神要幸存的男子娶横眼仙女。直眼和横眼在纳西族文字中的

① 段伶编：《独龙族民间故事》，云南人民出版社1988年版，第8—17页。

② 《独龙族社会历史调查》（一），云南民族出版社1981年版。

③ 马昌仪编：《中国神话故事》，中国广播电视出版社1996年版，第591页。

④ 贵州省民族研究所编：《西南彝志选》，贵州人民出版社1982年版，第33—34页。

⑤ 张福三、傅光宇：《原始人心目中的世界》，云南民族出版社1986年版，第122页。

⑥ 马昌仪编：《中国神话故事》，中国广播电视出版社1996年版，第641页。

形状分别表现美人的媚态和善良。①

日本学者伊藤清司曾引用岩田庆治关于"眼睛具有智力"的见解，并进一步指出"眼睛的智力有优劣"，他以彝族和纳西族创世神话作例证说：神话中主人公选择配偶的标准完全在于女方眼睛的形状，即以女子眼睛是直眼或横眼的区别作为选择标准，眼睛不只是道德的象征，也深深地包含着文化的意义。直眼象征着妖魔鬼怪、蒙昧和邪恶，横眼则象征着神、文化和纯正。②

傅光宇、张福三两先生有不同的看法。纳西族神话中的直眼女与横眼女出现于同一环境即"天上"，本属"空间的并列"关系；不少资料说明洪水后幸存的男子先后与直眼女、横眼女婚配，而《人类迁徙记》、《创世纪》、《崇搬图》、《锉治路一苴》、《查热利恩》的有些异文都提及天神给男子造木偶伴侣未成功的情节，永胜纳西族新记录的资料则同时出现直眼女、横眼女、斜眼女的情节，可见纳西族的这个神话并不必然是体现"历史的必然"。何况许多民族创世神话中象征文化意义的事物并不一定就是眼睛。对于学者认为眼睛也有道德的象征，傅、张两先生也推定是后起的观念，许多神话和古籍中对"异形人"、"独眼人"、"纵目人"都未加以贬斥。③

也有学者认为这似乎与《山海经》中的神话有很大的关系，《山海经》中的《大荒北经》、《海外北经》、《海外西经》都有"一目人（神）"、"一目国"的记载。

为何一目神话、直目神话一般都记载于"北经"之中？学者认为它们是最早流传于生活在大西北的古氐羌人中的神话，而后来被《山海经》的作者辑入作品中的。作为古氐羌系统中的一支的彝族先民南下到云南，将一目神话、直目神话保存在自己的文学中。一目神话、直目神话或纵目神话流传于彝族中，为彝族起源于北来氐羌的学说提出佐证，同时也说明逃到云南的蜀国也为彝族先民的一部分。④ 不管《山海经》中的一目神话、直目神话到底是不是来自彝族先民的古氐羌，我们或许可以说彝族洪水神话中的独眼、直眼或竖眼人神话应是有来源的，直眼神话的确集中流传于彝族。其实更确切地说，有关独眼、直眼的神话是属于氐羌族群的神话。

陈建宪先生统计的 37 篇寻天女亚型的洪水神话，彝族占了一半以上，纳西族有6 篇，其他的 11 篇来自藏、普米、德昂、独龙、拉祜、蒙古等族，陈先生认为他们或是和彝族同为氐羌后裔，三篇藏族异文和两篇蒙古异文则是来自与彝族杂居的四川木里县。其实所谓的三篇藏族异文是前面所提的白马藏人，并非我们常谈的藏族，白马藏人是氐人的后裔。两篇蒙古异文并非是蒙古族的神话，而是纳日化后的蒙古

① 李霖灿：《么些研究论文集·么些族的故事》，台北"故宫博物院"1984 年版，第 293 页。

② ［日］伊藤清司：《眼睛的象征——中国西南少数民族创世神话的研究》，载《民族译丛》1982 年第 6 期。

③ 傅光宇、张福三：《创世神话中"眼睛的象征"与"史前各文化阶段"》，载《民族文学研究》1985 年第 1 期。

④ 陈世鹏：《彝族婚媾类洪水神话琐议》，载《贵州民族研究》1993 年第 1 期。

人——纳日人是古羌人后裔——的神话创造。寻天女亚型是氐羌族群的洪水神话。

有学者认为，史籍上记载的有关氐人的情况与白马藏人的语言习俗有许多相似之处，而白马藏人分布区域历来是氐人居住活动的广大地区的核心，魏晋以后某些史志中出现的氐或氐之遗种可看出与今日白马藏人的渊源关系。① 也有学者从氐族的地望、族称以及丧葬制度、木楞子建筑、尊狗、羽饰等特点来讨论，白马藏人实与藏族无关，而是当地的古代氐族的后代。②

何以学者将纳日人误称为蒙古人？误以为纳日人的天女婚型洪水神话是蒙古神话？纳日人，自称 Na Zi，大约有 4.5 万人，主要分于四川西南部盐源县、木里藏族自治县及与其相毗邻的云南宁蒗彝族自治县。在四川和云南境内的纳日人以前被称为么些或么沙，也有称为靼鞑族或蒙古族的。而纳日人与蒙古族的确是有一些关系的，第一次是元初忽必烈南征大理时，曾经过木里、宁蒗等纳日人地区，并留下少量的兵官；第二次是元末明初的大动乱，蒙古人大量来到纳日人地区。换句话说，元初以后，渗入纳日人中的蒙古族早已纳日化了。方国瑜、和志武先生认为"么"字来源于"旄牛羌"的"旄"，而"些"即人或族之意。③ 学者们认为纳西和纳日都来源于古旄牛羌，因此都被泛称为"么些"。纳日人虽然渗入了蒙古族的血统，却不是蒙古人，仍是古羌人的后裔。

天女婚神话流传于氐羌族群后裔的民族，一目神话、直目神话也同样流传于氐羌族群后裔的民族。

四

在中国南方民族的洪水神话中，葫芦扮演了重要角色，既是造人素材，也是避水工具，而当避水工具的尤其普遍。在陈建宪先生所搜集的 400 多篇洪水神话异文中，含有葫芦母题的就占 167 篇，而作为避水工具的就有 127 篇，作为造人素材的占了 29 篇，既用于避水又用于造人的有 11 篇。其中以苗族的葫芦避水工具最多，有 34 篇，而彝族洪水神话的葫芦大都当造人素材，有 14 篇。④

一个值得注意的问题是，洪水后兄妹婚神话最多的苗族，⑤ 葫芦主要用于避水，而普遍存在天女婚神话的彝族，葫芦母题主要用于造人素材。

---

① 尚理、周锡银、冉光荣：《论"白马藏人"的族属问题》，见《白马藏人族属问题讨论集》，四川省民族研究所，1980 年 9 月。

② 陈宗祥：《"白马藏族"为氐族遗裔试证》，见《白马藏人族属问题讨论集》，四川省民族研究所，1980 年 9 月。

③ 方国瑜、和志武：《纳西族的渊源、迁徙和分布》，载《民族研究》1979 年第 1 期。

④ 陈建宪：《中国洪水神话中的葫芦母题试探》，载《民俗文化国际研讨会——葫芦文化专题论文》，北京，1996 年。

⑤ 鹿忆鹿：《南方民族的洪水神话——从苗瑶彝谈起》，见《中国神话与传说学术研讨会论文集》，台北汉学研究中心，1996 年，第 455—469 页。

彝族的洪水神话也有以葫芦当避水工具的母题，然而普遍的是以木柜、木桶、木箱，甚至以木棺、桐木舟或帆船当避水工具，对天神不敬的哥哥们则被告知以铜柜、铁柜或金柜、银柜避水，而与其他人一起被淹死。洪水神话中的避水工具不是习见的葫芦而是木桶、木箱或木舟，似乎也有深意。有学者指出，彝族人对木桶类有一种特殊感情。洪水时，弟弟藏身木桶得免于难，故彝人以木桶为救祖的灵物，直到近年，彝族仍有刳木桶置岩洞中，定期祭祀，认为木桶即祖灵，可以庇护子孙。彝族人死后，经家祭数年，即将死者名单放入木桶中，以祈永受祖先的庇护。① 或者也可以如此解释，彝族一向认为木桶类是祖灵，可以庇护子孙，所以在洪水神话中的避水工具普遍是木桶、木柜、木箱、木棺或桐木舟。

一般洪水神话中都说明大洪水的原因，是天神震怒，要报复人类而降下洪水。在彝族的洪水神话中，更强调人若对神不敬必定会遭到惩罚；除了对神仁慈的弟弟或一弟一妹幸存外，其他的兄长都被神告知乘坐铜柜或铁柜避水而与所有人一起淹溺。

云南路南彝族的洪水兄妹婚也有生下肉坨的情况，肉坨中出来七对人，史诗《查姆》中兄妹婚则生下三十六子。大部分的天女婚都是生下多子多女，六子六女，三十六子，九男十二女或六十男六十女。彝族洪水神话中兄妹婚生肉球肉块的情况并不多见。除了生下大量子女的情况，彝族的洪水神话中常见葫芦生人母题，如史诗《梅葛》中妹妹生下葫芦，峨山洪水神话中的仙女下嫁笃慕后生葫芦，葫芦成了各民族的起源。

学者调查云南新平、双伯、南华的彝族神话与习俗信仰并做了结论：彝族的观念中，宇宙是一个充满万物的圆形空间。而葫芦的特征是形圆而虚中，葫芦即象征微缩的宇宙，进而成为灵魂的归所。②

彝族葫芦生人的神话可能缘于彝族的祖灵葫芦信仰。彝族有魂归葫芦的习俗，祖灵葫芦是亡灵的依附物，又是亡魂返祖的祖灵世界的象征物。彝族的亡魂回归观念是一种原始返祖观，其特色在于，人死后亡魂返归祖先居住的地方。③ 彝族的祖灵葫芦信仰，人生自葫芦，死后亡魂返归葫芦，因此有洪水神话中常见的葫芦生人母题。

本文原载《民间文学论坛》1998 年第 3 期。

---

① 李力主编：《彝族文学史》，四川民族出版社 1994 年版，第 12 页。

② 普珍：《中华创世葫芦——彝族破壶成亲，魂归壶天》，云南人民出版社 1993 年版，第 2 页。

③ 马昌仪：《壶形的世界——葫芦、魂瓶、台湾陶壶之比较研究》，载《民间文学论坛》1996 年第 4 期。

鹿神神话与信仰

孟慧英

孟慧英（1953—　），女，辽宁沈阳人。哲学博士。中国社会科学院民族学与人类学研究所宗教文化研究室研究员。主要从事萨满文化、神话学与民俗学研究。与神话学有关的主要著作有：《活态神话——中国少数民族神话研究》（1991）、《满族萨满教研究》（1992）、《萨满英雄之歌——伊玛堪研究》（1998）、《中国北方民族萨满教》（2000）、《尘封的偶像——萨满教观念研究》（2000）、《西方民俗学史》（2006）等。

在史籍中，就目前所见最早的关于鹿神的记载出现在唐代段成式的《酉阳杂俎》卷四《境异》上。故事说：

> 突厥之先曰射摩，舍利海神。神在阿史德窟西，射摩有神异。又海神女每日暮以白鹿迎射摩入海，至明送出。经数十年后，部落将大猎，至夜中，海神谓射摩曰："明日猎时，尔上代所生之窟，当有金角白鹿出，尔若射中此鹿毕形与吾来往；或射不中即缘绝矣。"至明入围，果所生窟中有金角白鹿起，射摩遣其左右固其围，将跳出围，遂杀之。射摩怒，遂手斩阿弥首领，仍誓之曰："自杀此之后，须人祭天。"即取阿弥部落子孙斩之以祭也。至今突厥以人祭纛，常取阿弥部落用之。射摩既斩阿弥，至暮还，海神女报射摩曰："尔手斩人，血气腥秽，因缘绝矣。"①

这个故事提示了萨满文化的三个线索，一是水和鹿神相融一体的关系。萨满神话中重要的一类宇宙神是产生于宇宙海中的，就像满族神话中由宇宙海中的泡泡凝化而成第一宇宙生命——天神阿布卡赫赫一样，许多民族的天神源都出于水或生养在水中（如水鸟、洗浴的仙女等），水作为宇宙生力总源，成了与神灵相伴的必要背景。当然这一信仰也同样应用到祖先神灵和一般神灵身上。上述是一个较完整的水中鹿神话，保持了萨满教"信水"的自然宗教色彩。二是英雄与神女的圣婚。鹿妻的故事普遍流传于萨满文化区域之内，它是萨满领神观念的遗留。它还与射杀鹿体来领鹿神灵魂的巫术有关。三是祭祀鹿与祭天有关，事实上直到当代在某些部落群体中仍然把鹿看作天神，祭天是以祭鹿为象征的。

---

① 段成式：《酉阳杂俎》，中华书局 1981 年版。

在萨满文化中鹿神信仰是极为普遍的现象，每个民族的信仰观念和仪式表现都不相同，但是在这些丰富的表现当中，我们会发现鹿神拥有各种象征和文化意义。

一、鄂温克（埃文基）人的母鹿天神

在进入萨满教主神信仰阶段的民族中，天神成为信仰的主要对象之一，人们常用动物、飞禽或人等形象来象征性地代表天神。鹿，在鄂温克等民族中，已经成为这类"天神"。在鄂温克（埃文基）人的信仰中，宇宙之神埃涅坎是圣坛上最重要的女天神，她的原始形象是一只巨大的母鹿，被画在中纽克扎岩画上。这幅岩画正是萨满上界与人类世界的分界线。女神特别喜欢巡幸绘有岩画的石崖，因此，鄂温克人经常膜拜这些石崖，并向石崖祭献供品，以取悦于女天神与她的助手们。她的主要助手是火神埃涅坎托戈，她也是一位年迈的女神。还有一位助手是一切生物和人类的保护神——慈善之神瑟维基（舍卧克）。关于瑟维基，一部分鄂温克人认为她是一位年岁很大的老妪，或是一头母驼鹿，或是一位天生丽质的鄂温克少女，总之是一位吉祥的女天神。也有一部分鄂温克人认为该神是一位年迈的老翁，或是一头公驼鹿，总之是一位男性神，这是远古女神到了近代演化的形式。[①] 可见，不但天神以鹿为象征，就连天神群体也以鹿为符号。当然，在后世圣坛中，天神埃涅坎成了一位年岁最大的长着一副慈祥面容的驼背老太婆。

以鹿为形象的埃涅坎女神，在鄂温克等饲养驯鹿部落的萨满信仰中，也是巫祖神。萨满跳神所会面的最高神灵就是她。鄂温克人认为：月亮是埃涅坎神的一面镜子。月圆时，人们可以从月亮上看到女天神的形象，即月亮上的阴影。萨满的魂魄飞往上界请命时，就凭着这种形象去辨认埃涅坎神。

对以鹿为形象的埃涅坎女神的信仰长期处在实用主义阶段，她主要的功能是主宰生命灵魂。在埃文克-鄂伦春人那里于鹿产仔的月份（四月末至五月初）进行的温搜坎仪式，萨满跳神旨在于万物复苏的季节"前往"埃涅坎布嘎，获取神圣的法力（穆松）和鹿与各种野生动物的灵魂。萨满唱着歌朝太阳升起的方向走去。萨满在歌中讲述的是他怎样到埃涅坎布嘎去，在他的旅途中遇到了一些什么困难。最后，他终于抵达宇宙女主人的住地，向她索要神圣的法力和驯鹿与野生动物的灵魂。埃涅坎布嘎从自己的"切姆普里"袋中掏出绒毛状的驯鹿与野生动物的灵魂，撒到萨满的神鼓上，同时使神圣的法力附到神鼓中。萨满细心地将绒毛收起，回到亲属那里。来到地球后，他遣散野生动物的灵魂，只留下驯鹿的灵魂。接着，萨满走到亲属跟前，用自己的动作表明，似乎他正抓着鹿。为了不使鹿跑散，萨满发出各种音响信号，时而模仿用套索捕捉最不听话的鹿。与此同时，参加仪式的人要对萨满给以帮助。男人们走出窝棚，也用自己的动作表明，他们正在把套索朝鹿扔去，以此

---

① 参见姚凤：《黑龙江沿岸通古斯满语民族鄂温克人与鄂伦春人的某些自然崇拜》，载《黑龙江民族丛刊》1990 年第 1 期。

帮助萨满勒住鹿。

妇女这时要把仪式用的库列坎（鹿圈）打开，并使诱鹿用的口袋叮当作响。最后，鹿终于都"进圈"了。萨满唱着歌走进窝棚，助手们扶着他站在地毯上，萨满开始模仿鹿抖动身体，于是从他的服装上落下一些绒毛——鹿的灵魂。亲属们将这些绒毛收起，用专门准备的口袋装好缝上。接下去萨满还用歌声请求埃涅坎布嘎，让她对他的亲属友善，让她所给予的一部分神圣的"穆松"法力转到周围的自然界中并使自然界复苏，以便繁殖野生动物；并祈求得到壮实而数目繁多的驯鹿群，使氏族成员身体康健。

在歌声和有节奏的神鼓击打声中，萨满不断地用鼓槌轻轻触动参加仪式的人和垂吊着的"搜温吉羌"神偶和鹿图形。然后，萨满走出窝棚到库列坎中的鹿跟前，用烟熏它们，并请求它们好好繁殖。[①]

此种仪式的不同变体一直延续到当代民族中。鄂温克族猎人如在较长的时间内打不到野兽，就要请氏族萨满举行仪式为自己祈祷。他们事先用柳条编织成一只马鹿形物，挂于树上，然后聚集氏族内全体猎人，用无弹头的猎枪，向柳编鹿形射击，所有成员则高喊"打中了！"[②]

二、作为祖先的鹿神

柯尔克孜族的"布古"（鹿）部落则把鹿视作祖先神。传说古代柯尔克孜人曾遭到一次突发战争的洗劫。那次洗劫，使整个柯尔克孜人濒于绝灭。当时，幸亏有一男一女两个孩子进山采野菜，免遭劫难。当他们从山里出来时，只见家乡尸横遍野，血流成河，一个活着的人也没有了。两个小孩不知该怎么办，绝望地恸哭起来。这时，一只母鹿过来将他们带回山里，用自己的奶养育他们。历经千辛万苦，两个孩子终于在母鹿的精心抚养下长大成人，并结为夫妻繁衍了后代。现在的柯尔克孜人中有个叫"布古"（鹿）的大部落，据说就是他们的后代。这个部落的人也自称是那位慈善的鹿妈妈的后裔。至今他们对鹿特别敬重，并且将鹿视为圣物。[③]

布务（鹿，另一种译法）部落还有一个鹿妻的传说，其中鹿也是被当作部落祖先被信仰的：很久很久以前，在阿拉·木须克山脚下住着兄弟二人。他们都是出色的猎手，靠打猎养活自己的父母和全阿依勒（有血缘关系的人的聚落）的人。有一次，他们上山打猎，路上遇到了一个鹿群，在鹿群里还有一个小男孩和一个小女孩。猎人用弓箭把男孩射死了，小女孩抚摸着弟弟的尸体悲痛地嚎啕大哭，并憎恨地诅咒道：

---

① ［俄］A. N. 马津：《埃文克－鄂伦春人的萨满教》，见《萨满文化研究》第 2 辑，天津古籍出版社 1990 年版。

② 苏日台：《狩猎民族原始艺术》，内蒙古文化出版社 1992 年版，第 64 页。

③ 刘小萌、定宜庄：《萨满教与东北民族》，吉林教育出版社 1990 年版，第 166 页。

猎人家族的人口，／永远不会超过一百，／就是到了一百，／也活不过深秋！

　　后来，果然应验了，阿依勒的人口逐渐稀少。那女孩子长大了，嫁给阿依勒的一个小伙子。成亲前，她提出了两个条件：要吃一头母鹿的奶子和它的前胸的肉；成亲以后，凡要进毡房的人，不管是什么时候，都要立在门前，咳一声或打个招呼。阿依勒里的老猎手阿尔克进山打了一头母鹿，把母鹿的奶子和前胸的肉割下来交给了那姑娘。姑娘一个人躲在毡房里的布幔后面，吸母鹿的奶汁，向着阿尔克和众人唱道：

　　阿依勒的线绳越伸越长（注：言其后代兴旺），／你们的心中无比欢畅；／让仇恨你们的人家，／揭不开毡房的围毡（注：意思是让全家死绝）。

　　姑娘与族人的前仇化解开了。婚后，有一天，新郎出于好奇，不声不响地突然闯进毡房。可是他定睛一看，屋里没有自己的妻子，有的只是一头白色的母鹿。此后，妻子愤然离去。过了一年，她给夫家抱来一个男孩就走掉了，从此再也没回来。后来，那男孩长大，娶妻生子，子孙繁衍，发展成了今天的布务部落。

　　据柯尔克孜语言专家张彦平介绍，布务在柯尔克孜语中是鹿的意思。布务部落是柯尔克孜民族中较大的部落之一。自古以来它游牧于特克斯河和今吉尔吉斯共和国热湖附近。这个部落的成员奉长角鹿为图腾，认为母鹿是自己部落的始祖母。千百年来，他们崇祀鹿母并形成了一系列的膜拜仪式。如凡是布务部落的人无论迁到什么地方，他们帐房门楣上部的围毡上都绣有一对显明的鹿角图案。这个部落的人，无论是长者还是稚童，见了鹿要下马立于道旁，恭恭敬敬地让路；每当打仗冲锋陷阵或叼羊角逐激烈的时候，这个部落的成员都会虔诚地大声高呼"布务！""布务！"以求鹿母神灵的护佑。在楚河附近，有座山叫作阿拉·木须克山，山的阴坡上有一坟，人称"鹿母坟"，坟的四周长有零星的松树和低矮的灌木丛。上行不远，有一泉，人称"鹿母泉"，泉水潺潺，终年不竭。经常有成群的妇女到这里祈祷。她们手持小木棍，一头扎上棉花，沾上油脂，以蜡点燃。将木棍的另一头插入泉底，在袅袅的青烟中，朝拜诵经。人们都说葬在这里的鹿母在冥冥中能够护佑人畜平安，草原兴旺。

　　著名的鹿祖先传说当属蒙古族始祖故事。《元朝秘史》之著者开首即曰："当初元朝人的祖，是天生一个苍色的狼，与一个惨白色的鹿相配了。……产了一个人，名字唤作巴塔赤罕。"① 苍色即指苍天之色，惨白色亦为天色，可能是指月色。这大概犹同鄂温克人把月亮看成是天鹿埃涅坎神的象征符号一样。这个传说中的白鹿既是天神又是祖先神。

---

① 满都呼主编：《中国阿尔泰语系诸民族神话故事》，民族出版社1997年版，第89页。

三、作为巫祖的鹿神

满族把鹿当作萨满神。鹿神，满族称作"抓罗妈妈"，在黑龙江省宁安一带吴姓（乌扎拉氏）中还保留着对她的祭祀，祭鹿神是在打鹿角时举行。满族传说中"抓罗妈妈"是一个善骑好射、两手能拉十石弓的姑娘。她能听懂鹿的语言，能管理鹿群，鹿在她面前都俯首帖耳，她成天与鹿生活在一起。一次她在打猎中掉入山洞摔伤，是山沟里跑来的两只大鹿把她叼出山洞，安置在铺有松软草窝的山洞里，将伤口舔愈。后来鹿群还帮助她战胜入侵部落之敌，传授她神力，最后她长出双角，成为鹿神。从祭祀上看，这个神很古老，萨满不但要扎腰铃，打手鼓，还要戴神帽，挂托力（神镜），在神帽上插两只鹿角，并系上七八条彩色飘带，据说这种鹿角神帽可以镇妖除邪。这个祭祀称为"跳鹿神"。

我们从埃文克人的"银姑娘的故事"中可以得到鹿作为萨满巫祖神方面的信息。故事说，在地球上住着一个男子，一个很好的人。他去找银姑娘求婚，她没在家。树也是个姑娘，她在银姑娘家里当仆人。女仆欺骗了这个男人，她穿上女主人的衣服，冒充女主人并嫁给了这个男人。银姑娘回来后，发现了这个骗局。于是，她让这个男人去捉两只白色和一只黑色的鹿，杀掉它们并整筒地剥下鹿皮。然后，她强迫这个男人脱去衣服，并用鹿血给他冲洗。于是，这个男人变成了金色的。银姑娘也惩罚了女仆的欺骗行为，她在女仆的头上拴了一个活结，绳子的另一端拴在了鹿身上，之后，她就放开了鹿。鹿跑走了，同时在整个地球上撒下了树种，从那时起，在地球上就开始长树了。后来，银姑娘就嫁给了这个金色的男人。[①]

如果按照萨满教的萨满培养方式来说明这个故事的话，那么故事里的男人就是人间萨满候选人或英雄、勇士；那位主宰树姑娘和男人的银姑娘是萨满或萨满神；树或女仆是萨满祭祀所立之神树"托若"，它是男人和银姑娘（新萨满和师傅萨满）联系的媒介，也是萨满神降临的借助之物，因而是仆；遍地的树种和树木标志托若林立，即萨满教的广泛传播，同时也是播撒生命力；银姑娘用鹿血强迫男人涂身，是在进行萨满领神或入教仪式，即以互渗的巫术达到换体接神或与神共体，合而为一的目的。至今在鄂伦春族故事中经常有褪去鹿皮后变成漂亮的男女青年的情节。到处撒树种的鹿是托若上神灵的借体或萨满神灵附体后的萨满本人（男人）；男人最后变成金色说明他已经成了萨满，或说他通过与神灵的圣婚而成神。

在埃文克人中，被神灵选中者会梦见一棵落叶松树"穆戈迪肯"和一只驼鹿，他必须用这棵松树的木头和这只驼鹿的皮制作神鼓和鼓槌。驼鹿通常是白色的或带白斑点的。在射死要找的驼鹿后，按照埃文克人的传统法规要将它肢解，为其骨头、血和头举行专门的仪式。举行仪式时萨满要披着被打死驼鹿的毛皮，模仿驼鹿打滚，

---

① ［苏］瓦西列维奇：《埃文克人关于世界的早期宗教概念》，见富育光、王宏刚：《萨满教女神》，辽宁人民出版社1995年版，第97、98页。

又跑又叫。他进行这道程序为的是使他本人、神和被打死驼鹿的灵魂结成亲戚，使它们能忠实地为被监护的氏族成员效劳。①

萨满教巫主神的主要功能是做萨满的庇护神，当然鹿只是神灵的借体，因又被解释为萨满的辅助神。不但鹿本身，就连鹿身体的某个部分和血液也被看作藏有鹿神的伟大魂力。萨满为了使法器有鹿的灵魂力量，常以鹿血融法器之魂。神鼓和鼓槌做好后，分别举行两次使它们"复活"的仪式。这一仪式旨在将神引到神鼓和鼓槌中。为此要杀死一头浅色的或带花斑的驯鹿。将驯鹿的皮连同头和两条小腿一起挂在萨满窝棚附近玛鲁神位的一侧，并使头朝着太阳升起的方向，而鹿血则用于在举行仪式前进行的涂抹和喷溅萨满标志物。在有些情况下，鼓槌的木制铲面上还嵌着用鹿角或驼鹿角制成的骨柄。② 鹿的巨大魂力聚在鹿身体的任何一部分和鹿血中，它们全部都有佑人去邪功能。

在萨满仪式中常用两只鹿作为献牲，而且是一黑一白。被作为献牲的白色与黑色的鹿，它们的灵魂是萨满的坐骑，双鹿带着萨满的灵魂去见天神。同样神灵下界也骑着双鹿魂体。鄂温克人最尊敬的祖先神，是骑在双鹿身上的。满族雪祭的尼莫妈妈也是"骑着一对豹斑点的白色母鹿，披着银光闪烁的雪山皮斗篷，光抚大地四野"。

通古斯人萨满的神帽上普遍饰有两支高耸多叉的鹿角。鹿角被认为是萨满庇护神的储藏所。鹿角在萨满装束中是最为突出的萨满标志，一叉叉向上伸展的鹿角被看作通天的象征，像萨满神梯一样是萨满灵魂上行的凭借物。由于萨满能力不同，他们所能到达的天界层面就有区别，所以鹿角上的叉数又能代表萨满能力的级别。赫哲族萨满是有等级的，以鹿角枝的叉数多寡而分品级高低，鹿角的叉数有三、五、七、十二、十五等六个等级。叉数越多，萨满的本领越大。叉数的多少决定于祖先萨满和自己的本领。鄂温克、达斡尔族、陈巴尔虎蒙古族的奥米那楞仪式，也关系到萨满资格的升级。有的地方举行一次"奥米那楞"者，神帽上的角六个叉，二次者八叉，三次者十叉，四次者十二叉。萨满神帽上鹿角的叉数是萨满资历高低的主要标记。

鹿角通天的观念在民间传说中成为勇士登天的典型母题之一。在鄂伦春族《鹿的传说》中，神鹿卧在遥远的天边，它那双多叉的鹿角，一直能伸到天上。人们循着鹿的巨角，攀登到天上去过美好生活。在英雄故事《喜勒特根》中鄂伦春人传说，高山上终年卧着一头巨大的鹿，两只茸角一直顶到天上，不但英雄喜勒特根能沿着它的茸角上天，而且天神们也以它为天梯下凡。

---

① ［俄］A．N．马津：《埃文克－鄂伦春人的萨满教》，见《萨满文化研究》第 2 辑，天津古籍出版社 1990 年版。

② ［俄］A．N．马津：《埃文克－鄂伦春人的萨满教》，见《萨满文化研究》第 2 辑，天津古籍出版社 1990 年版。

四、结　语

　　萨满文化形象的研究同一般文学神话形象研究有所不同。首先，这里的形象基本上是作为宗教信仰的对象被探讨的。当然，在对这些形象的讨论中，我们不可避免地运用了属于一般的文化材料，这里面有神话，也有传说、故事、民歌、史诗，还有不具有文学叙事价值的一般民间口碑及历史和民族志材料。其次，由于萨满文化形象主要是宗教信仰对象，那么，有关信仰的各种活动形式都成为考察形象意义的主要参照系。我们不只分析叙述性的神话材料，也重视仪式活动中的扮演神话－宗教剧、行为程式、非口头媒介－神圣物、象征符号等，对具有信仰意义的歌曲、音乐、交谈、梦幻、禁忌和其他行为模式给予同样的重视，希望通过上述现象来推断萨满信仰体系赋予在形象身上的内涵。

　　萨满教的神性因具体的人神关联的情境和心理需要不同而呈现多样化的特点。通过对具体信仰对象的深入分析，我们看到某些同一信仰对象在不同民族中，在不同环境中，有不同的意义，这些意义是具体的，是和当时的活动情景一起提供出来的。所以早期萨满教的鹿神展现了多种意义。每个民族萨满教的鹿神信仰并不是也不可能是一些各不相关的信仰观念和宗教行为的支离破碎的集合物，它是在信仰观念、宗教行为和社会组织各个方面的必然联系中将人们的感情和行为的诸多具体方面束为一体，构成文化系统，因而有内在的同一性。

　　萨满教动物信仰的基本出发点是在人类最本能的生存需求上面，即对饱腹的食物、暖身的衣物之谋取。他们观察动物，解释动物，都是从这个基本问题开始的。我们看到某些狩猎民族认为只有经常打到的动物中才有神，因为是那类动物中的首领把它的子民送给人类的。貂中有貂神，貂，是貂神送给人的。人类基本的生存需求不仅是萨满文化区域内各民族行为的直接动力，也是其精神和情感中最关心的问题，萨满教动物观的形成和发展与人类的生物性本能和生存的基本需要有着深刻的内在联系。由于对动物的生存依赖，也由于对野兽生活的各种观察，人们认为动物高于自己，甚至具有较高的智慧和灵性，比人类更接近大自然的奥妙，对人类有支配力。这样一来，动物便能唤起人们的神圣敬畏，而这种神圣感是同它们提供人类生存的必需品的现实价值联系在一起的。驯鹿的鄂温克人对与自己生活紧密联系的驯鹿带有浓厚的崇拜感情，认为驯鹿里有神。在现实的经济生活中，鹿身上所有的东西都是宝，在信仰生活中，鹿身上的一切都有灵力。鹿崇拜是饲养驯鹿的民族从自身的生活需要中，将萨满信仰观念的一般内容纳入鹿形象之中的，从而用鹿神信仰代表一个民族的精神世界。

　　在漫长的历史中反复出现于萨满文化中的鹿神一类的信仰观念和行为规则，可以构出一幅它的典型文化形象。这些典型文化形象的传承当然不是一个简单重复的过程，必然要在传承中有所变化，有所创新。应该说在萨满教里存在着比较普遍的传统类型和进化序列。鹿神信仰作为萨满文化中的一套特定的思想方式和行为习俗，曾经不断地与其他文化条件的变革相适应，一直与各民族不同的经验领域相互渗透，因此出现了丰富多彩的表现方式和神性的变化。随着萨满教观念融合与进化、规范化的历史发展，鹿神也逐步走向巫主神和天神之位。鹿形象在各个民族传统的不断选择和模塑中，逐步成为其信仰的典型象征。鹿甚至被认为是众神之首，是超越一般神性的初始力量和最大力量。它所代表的超自然生命力量，成了宇宙一切生命力的来源。

总之，鹿神信仰像萨满教所有传统一样，是人类历史活动的产物，是人们在文化生产和文化创造中逐渐累积和积淀起来的。它作为历史文化中相对稳定的成分甚至基核流传下来，参与到后来人的文化生活和文化创造活动之中，在很长的历史时期内发生着自己的影响和作用。

本文原载《内蒙古社会科学》1998 年第 4 期，原题《鹿神与鹿神信仰》。

刑天神话与上古农业祭礼

尹荣方

尹荣方（1953— ），1982 年华东师范大学中文系毕业。1992—1994 年在日本国立历史民俗博物馆民俗研究部任外来研究员。现为上海海关高等专科学校教授。神话学方面的主要成果：专著《神话求原》，论文《王亥故事与星辰传说》等。

刑天神话，载于《山海经·海外西经》："刑天与帝至此争神，帝断其首，葬之常羊之山，乃以乳为目，以脐为口，操干戚以舞。"这个神话故事，古今学者每每赋予它以某种人文意义，如大诗人陶渊明曾称颂故事中的刑天"猛志固常在"。从此以后，刑天就常被看作虽然失败但仍然奋斗不息的"典型"而获得尊崇。从人文角度研究与欣赏上古神话，固然也是可以的，但我以为，研究古代神话，最重要的恐怕还在于揭示神话所蕴含的原始意义，弄清某个神话人物或神话活动的真正起源，起源明则本质明，如此，这个神话所包含的"隐喻"才可能真正昭白于天下。

人类学的研究早已表明，在各个农业民族中，构成神话的因素常常是有关自然季节变迁的认识以及与季节密切相关的农业祭礼，举行农业祭礼，从根本上说，乃是人类主体与生存的需要，农业祭礼的信仰层面的背后，凝聚的乃是先民的实践经验与直观认识。一些学者曾论证马克思在《〈政治经济学批判〉导言》中谈到的"实践－精神的"思维方式与神话思维密切相关：

> 正因为神话思维是"实践－精神的"思维，所以它的显著特点之一，就是这种思维在本质上是实践性的。马克思和恩格斯把这种思维的成果，称作"现有实践的意识"，意思是说这种思维是直接在物质生产实践中产生并和实践活动交织在一起的，它是一种现存实践的思维。①

基于这样的前提性认识，我重新考察了刑天神话，发现这个故事决不是我们的先民发挥离奇想象力的随意创造，而与上古农业生产的实践活动，与农业祭祀有非常密切的关系。王孝廉先生说："刑天断首的神话，我们认为与古代杀谷灵（农神）以祈丰穰的农耕仪礼有关。"② 王先生将刑天故事与农耕仪礼相联系，无疑是有得之见，但他又认为与这故事相关联的农耕仪礼是杀谷灵，则很值得商榷，因为这与神

---

① 武世珍：《神话思维辨析》，见《神话新论》，上海文艺出版社 1987 年版，第 6 页。
② 王孝廉：《中国的神话世界》，作家出版社 1991 年版，第 119 页。

话中"与帝争神,帝断其首"的内容无法统一。我以为,刑天的形象,是指示晚耕误种意义的一种象征性具象。它的产生具有深刻的农业社会的背景,同时,刑天之"象"与上古祭山川百物的农业祭仪有密切关系。

刑天与帝"争神"及"断头"的隐喻

刑天神话中有关刑天与天帝争神,及天帝"断其头"的情节,现代的学者大体将其放在现代汉语的意义层面上去理解,而忽略了神话语言的隐喻性。不少人类学家、语言学家早就指出过神话语言的象征与隐喻性特征。不能破译神话语言的"密码",那么这个神话的原始含义就难以真正弄清。刑天故事无疑是个神话,因此,我们必须从象征、隐喻这个切合神话特征的角度锲入,才能排除这个故事的现代语言层面的障碍,从而窥见它的初始意蕴。

首先谈谈"帝"。刑天被"砍断头"的前提性原因是它与帝争"神"。帝的较古的一义是天帝而非人王,这一点学术界早已达成共识。因此,刑天神话中的帝指天帝、天神那是绝无疑义的。在上古时代,凝结在先民观念中的天帝的主要特质是什么呢?一些古书载,帝"能成命百物"①,是"生物之主,兴益之宗"②。《礼记·郊特牲》:"祭帝勿用也。"《疏》曰:"因其生育之功谓之帝。"从这些记载看,"帝"当是主四时节令、主时气生育的天神。在我国先民的观念中,万物都由四时五行之气所化生,如《淮南子·天文训》上说的:"万物成于四时之散精,此其类之所以杂也。"清代学者孙希旦注《礼记》,对"帝"阐述道:

> 愚谓天以四时五行化生万物,其气之所主谓之帝。《易》所谓"帝出乎震"也。春之帝曰太皞,夏曰炎帝,秋曰少皞,冬曰颛顼,中央曰黄帝,《周礼》所谓"五帝"也。③

帝是主时令节气的,时令节气关乎天,于是帝与天就有了同一体的性质,有时帝称天帝,就是这个原因。

再来谈谈"神",刑天神话中与帝争神的"神",我以为不是指神灵之神,而是《易·系辞》所谓"阴阳不测之谓神"之"神"。这里的神,有神奇、玄妙之意。能"成命百物",具有"生育之功",那是天帝的神奇、玄妙力量的体现。因此"争神"二字,已含有对刑天的贬抑责备的意味。帝在上古主要是主时气节令的,那么与帝争神,实际上就是意指不用"帝命",想与帝抗争,也就是违背时令、不顾时而动的意思。

《山海经·大荒西经》:

> 有人无首,操戈盾立,名曰夏耕之尸。故成汤伐夏桀于章山,克之,

---

① 《国语·鲁语上》,上海古籍出版社 1978 年版,第 166 页。
② 王弼注:《易·益》,见《十三经注疏》,中华书局影印本 1979 年版,第 53 页。
③ 孙希旦:《礼记集解》,中华书局 1989 年版,第 404 页。

斩耕厥前。耕既立，无首，走厥咎，乃降于巫山。

郭璞注"夏耕之尸"曰："亦刑天尸之类。"① 这"夏耕之尸"亦是无首，操戈盾，与刑天的形象完全一致。"夏耕之尸"形貌的与刑天一致，说明两者可能具有相同的特质，因此"夏耕之尸"的特质也可施之于刑天，也可用来说明刑天的某些特质。我以为，上述文字中"夏耕之尸"的名字，是可以用来说明刑天以及该"尸"之所以"无头"的原因的。刑天神话的秘密正存在于"夏耕"这两个字上。农业生产的春播、夏耘、秋收、冬藏，这种顺时而动的生产性运作，在古时被称为"顺帝命"、"成帝功"，刑天之与帝争神，重违帝命，当是他没有把握住适当的种播时机，没有顺应时令，到了夏季方始播种耕作，这种不时之耕，因为违反农业生产的规律，有违"帝命"，只能导致作物无法结实，颗粒无收。我们知道，稻、麦、高粱等作物，成熟时的实粒都位于作物的顶部，作物不能结实用"断头"形容是非常形象的，而作物的"断头"是不顺帝命的结果，它体现了天帝的威力，所以自然地被理解成是天帝砍去了这些作物之头，这是形象化的神话语言，因此刑天与帝争神终被帝砍去头颅的神话，讲述的当是违反天时规律、误期耕种而受到惩罚、颗粒无收的故事。当然，我们作这样的结论，也并不排除上古先民由于相信天有意志，因此对敢于违逆天命者加以重惩的天帝信仰观念对刑天故事形成所起的作用，传统的天帝信仰观念是构成上述故事的一个重要方面这原是显而易见的。但这种信仰观念后面"隐蔽"着上古农业生活的实践的一面，更是十分清楚的。在农业生产中，顺时播耕至关重要，尤其播种一环，早播或晚播十来天，其后果都将不堪设想，即使在历法已经非常先进、农业科学技术也已经非常发达的现代社会，因播种不适时而造成作物歉收的事仍时有所闻，就可以知道在确定播耕时间上上古先民肯定作过无数次的摸索，付出过相当惨重的代价，由于这种教训与经验对后来的农业实践活动来说仍具有指导与告诫性的意义，所以古人就把它的内涵凝固在一个无头的神像上，把它命名为"夏耕之尸"，命名为"形天"（形或作刑，刑天也就是受天惩罚之意）。这正是古人"立像见意"的意思，让这些"像"起到不忘过去之经验教训，以利当前的农业生产的作用。

刑天故事与上古农业生产，与"夏"有密切的联系，这是可以肯定的，这一点，甚至在刑天死后所葬的"常羊之山"上也可看出端倪。

《玉函山房辑佚书》辑《春秋纬·元命苞》云：

　　少典妃安登，游于华阳，有神龙首，感之于常羊生神农。

《宋书·符瑞志》：

　　有神龙首，感女登于常阳山，生炎帝神农。

常阳山即常羊山。常羊山为炎帝神农的生地当是自古以来的传承，刑天死葬常羊神农出身之处，炎帝又与夏相应，这里透露的正是刑天与农业以及与"夏"有密切联

---

① 转引自袁珂：《山海经校注》，上海古籍出版社1980年版，第411页。

系的远古信息。

执干戚与上古"兵舞"

如果我们上面所揭示的刑天与帝争神而被天帝断头的蕴义不错的话，那么，被不少学者视为是表现刑天断头后继续战斗的"操干戚而舞"等字眼也就与"战斗"、"斗争"等毫不相干，而应当是与农业或农业礼仪有关的事项。干（盾）、戚（斧）都是古代兵器，上古时代，干戚既可用以作为战场上的武器，也常用来作为礼仪中的道具。刑天执干戚而舞，可能与古代"兵舞"有关，因为上古"兵舞"的主要特征是手执干戚而舞。《周礼·地官·鼓人》：

> 凡祭祀百物之神，鼓兵舞，帗舞者。注曰："兵谓干戚也；帗，列五采
> 缯为之，有秉。皆舞者所执。"

这里指出古代祭祀"百物之神"时，鼓人击鼓，以协调舞蹈节奏，人们要跳起兵舞、帗舞。关于兵舞、帗舞在宗教礼仪中所施的对象，这条材料统言为"百物之神"。所谓"百物之神"，孙诒让在《周礼正义》中称："凡祭祀百物之神者，谓祭物魅及蜡祭也。"[①] 物魅是指精怪，祭物魅即是祭"百物之神"，这点前人无异词。蜡祭，是古代年终时答谢众神而行的祭祀仪式，其答谢对象有天地、川泽、虎、猫、昆虫等。大约因为蜡祭的对象有虎、猫、昆虫等物，所以古人将它与"祭物魅"相提并论。针对古代有的学者将"祭物魅"等同于"蜡祭"，孙诒让又指出："盖蜡祭虽兼及百物，而物魅之祭，固不止大蜡也。"[②] 这种论断无疑是有道理的。祭百物之神与祭山川是统一的，因为在古人的观念中，百物之神的存身之处正在"山林川泽"。《左传·宣公三年》：

> 楚子问鼎之大小轻重，王孙满对曰："夏之方有德也，远方图物，贡金
> 九牧，铸鼎象物，百物而为之备，使民知神、奸。故民入川泽、山林，不
> 逢不若，魑魅魍魉，莫能逢之。"

"魑魅魍魉"等物怪是处于山林川泽之中的，它们是山神，或山中之木石之怪等精灵神怪。所谓的"百物之祭"与"山川之祭"所指当是同一对象，所以《周礼·地官·舞师》中又说：

> 舞师掌教兵舞，帅而舞山川之祭祀；教帗舞，帅而舞社稷之祭祀；教
> 羽舞，帅而舞四方之祭祀；教皇舞，帅而舞旱暵之事。

可见，所谓祭百物之神，应当主要就是指祭山川百物等，这里，虽把兵舞所施之对象与帗舞所施之对象区别开来。但无论兵舞、帗舞，抑或羽舞、皇舞，都是农业祭仪上所舞之具有宗教意义的仪式性舞蹈，却是没有疑义的。《礼记·月令》："孟春

---

① 孙诒让：《周礼正义》，中华书局1987年版，第905页。
② 孙诒让：《周礼正义》，中华书局1987年版，第1330页。

之月……命祀山林川泽。"祭山林川泽与祭社稷一样，都是古代春季农业祭礼的题中应有之义。《月令》中所述孟春之月"命祀山林川泽"与仲春之月"命民社"，其具体祀仪由于记载的缺略而难知详情；但从"命"字语气看，祭山林川泽，以及社祭是皇家所提倡的民间的农业祭礼。当然，皇家也祭山林川泽，也祭社稷，其典礼与民间祭仪肯定是有所区别的。

应当指出的是，上面所述之兵舞、岐舞等，不是用于宗庙宫廷的宫廷礼仪而是具有浓厚民间祭仪气息的仪式舞蹈。贾公彦疏解《周礼·地官·舞师》时指出：

> 掌教兵舞，谓教野人使知之。国有祭山川，则舞师还帅领往舞山川之祀，已下皆然。按《春官·乐师》有六舞，并有旄舞施于辟雍，人舞施于宗庙。此无此二者，但卑者之子不得舞宗庙之酌，祭祀之舞亦不得用卑者之子。彼乐师教国子，故有二者，此教野人，故无旄舞、人舞。

野人指民间人士，贾疏在这里明白指出兵舞等舞蹈与旄舞、人舞在人员组成、舞蹈地点等方面的不同：后者是宫廷宗教礼仪舞蹈，在宗庙、辟雍等具有神圣意义的官方宗教场所举行；而兵舞等仪式舞蹈，参加者主要是民间人士，舞蹈地点则在山川林泽等野外宗教场所，虽然疏文说"国有祭山川"，好像兵舞也是官方祭礼中之仪礼舞蹈，但一般的山林川泽，古时官方与民间都可祭祀，因此这种兵舞，我相信在民间春日祈农的祭礼形式中会是存在的。

根据以上所述，我们可以明白，所谓"兵舞"，乃是上古春季于农事即将开始之时，由官方发动组织或民间自发进行的春季（其他季节有时也进行）农事祭礼——主要是祭山川神灵（包括山川中的各类精怪）时的仪式舞蹈，兵舞的主要形式特点是执干戚而舞，这也是兵舞命名之所由来。

执干戚而舞的刑天与上古农业祭礼中的兵舞

了解了古代兵舞的主要特点以及所施及的主要对象后，我们就可以明白，"操干戈以舞"的刑天与"操戈盾立"的"夏耕之尸"，可能与古代兵舞中的舞者形象有密切关系。上文曾指出，刑天与夏耕之尸的形象当是具有特定内涵的神像，现在我想作些补充说明，这神像大约分别被置于常羊山、巫山等山上（这符合《山海经》一书的体例），被作为神灵祭祀。这里我们须指出，将具有某种巨大破坏作用力的属观念领域的对象抽象化后又具体化为某种恶灵凶煞形象，这种做法在上古时代是屡见不鲜的。比如有名的"饕餮"，传说称它是一种贪食的恶兽。早有学者指出它乃是"贪"的象征，古人将它的形象刻在钟鼎彝器上是用来戒贪的。刑天以乳为目，以脐为口，形象也丑怪至极，特别刑天是无头的怪物，它是"误耕无获"的象征，古人将其神灵化，则主要是为了戒误耕，"夏耕之尸"无疑也可作如是之观。

仪式舞蹈作为祭仪的一部分，它与祭祀对象和祭祀内涵是紧密相关的。从后世祭龙神常常舞龙的祭仪看，作为祭仪一部分的仪式舞蹈中的舞者形象，与祭祀对象应当具有性质上的相同之点。祭仪上的仪式舞蹈在某种意义上可说是一种语言，以演示神的起源及说明相关之神的本质特点，这样的例证可以说举不胜举。刑天的最大特征是没有头，这是神像的形象特点也是舞者的形象特点。当然，从《山海经》等古籍的记载看，立刑天断头神像的地区似并不太多，但有迹象表明，刑天形象在古代农业祭仪的兵舞中很可能占据重要席位。《山海经》中明白无误地说"刑天"在"断头"并被埋葬在常羊山之后，才"以乳为目，以脐为口，执干戚而舞"的。这些文字若理解成人们鉴于刑天不用帝命（违时耕种），被天帝砍去头颅（不能结实）的惨痛教训；在刑天"死后"，将刑天的故事通过农业仪礼中的舞蹈仪式来复现是最顺理成章的。

东汉人写的《孝经援神契》上说："神农炎帝，乃命邢天（刑天）作扶犁之乐，制丰年之咏，以荐厘耒，是曰下谋。""下谋"，根据此《纬书》的解释是："神农乐名曰下谋。"可见，在东汉以前，就有刑天是"扶犁之乐"、"丰年之咏"这样的农歌制作者的传承，而这种农歌又是在祭"厘耒"（农业工具）之时所用。古代的农耕祭礼有音乐又有舞蹈。这种音乐可能是配合兵舞时所奏，古人知兵舞与刑天的关系，于是就将这种音乐的发明权归之于刑天了。据《大戴礼记·夏小正》记载，祭耒等农业工具是在"初岁"即初春时进行。而上文我们已经指出与"兵舞"相应的"祭山林川泽"也在初春进行。兵舞既可施之于山林川泽之祭也可施之于祭耒，因为从本质上说，这些祭祀都属初春祈农的农业祭礼范畴。刑天的断头形象在初春农事开始之前的祭礼中出现，是具有指导与告诫性的意义的，它的"劝农"的特征表现得非常突出，这完全合于农业祭祀的目的。大约也正是因为刑天舞蹈形象与舞蹈内容所具有的积极而又重要的告诫性、指导性的意义，因此古人乐意把它的内涵既凝固并外化在神像形象上又凝固并外化在初春所进行的农业祭礼的仪式舞蹈之中，以便通过这些经常进行的仪式让后人永远记住误时耕种而颗粒无收的可怕历史，前事不忘，后事之师，刑天的舞蹈形象，反映出的是上古先民的求实与明智精神，它是中国人智慧的一种表现。这种智慧的主要性格表现为基于生存需要的对"违时"的深刻反省，同时也是对"顺时""顺天"的尊重甚至神化。有意思的是，中国古代各派思想家的思想尽管有种种不同之处，但在讲"则天"、讲"天道"时强调"顺"，强调不能"违天"则又几乎如出一词，如《易·系辞》称："天之所助者顺也。"又说"变通者，趣时者也"。《易》是儒家经典之一，这可看成是儒家的天道观。司马谈评价阴阳家时说："夫春生夏长，秋收冬藏，此天道之大经也，弗顺则无以为天下纲纪。故曰，四时之大顺，不可失也。"[1] 农家的顺天不用多说，道家讲"法自然"、讲"无为"等着眼点也在一个"顺"字。

---

[1] 司马迁：《史记》，中华书局1985年版，第3290页。

各派古代思想家"顺天"观念的一致，应引起我们特别注意，这说明"顺天"的不容置疑性很早就定于一尊。事实上，我们中国人在顺时这一点上，早就越出了农业生产的范围，而几乎扩展到了社会生活的各个方面。刑天神话的内面蕴义或曰它的实质，其实也是"顺天"哲学的一种形象化表述，它的出现，具有极为深刻的农业社会以及农业生产实践的背景。

本文原载《中文自学指导》1998 年第 1 期。

《山海经》神话政治地理观

叶舒宪

叶舒宪（1954— ），文学博士，1982年于陕西师范大学毕业，留校任教。现任中国社会科学院文学研究所比较文学研究室主任。出版专著20余部，神话研究著作主要有《中国神话哲学》、《老子与神话》、《高唐神女与维纳斯》、《千面女神》等。

一、引 论

《山海经》既是一部具有挑战意义的古书，又是我们民族某些根深蒂固的观念的渊薮。

在古代，它以异端邪说之渊薮的性质对"不语怪力乱神"的正统思想方式提出挑战，对通行的经史子集图书分类法构成某种潜在的威胁；在现代，它又给既定的学科划分和专业界限造成很大的麻烦：习惯用科学思维的方式考虑问题的学者们面对一个陌生的认识对象，首先的反应便是确认它的分类属性。就好像对动物园里的各种罕见动物，一旦标明了它是什么科什么属，就不难根据经验来给未知事物对号入座了。陌生的事物被纳入已有的知识分类体系，便可以起到化生为熟的效果。人们对未知事物的莫名的恐惧和惶惑可由此变为心安理得。

然而，《山海经》自古及今都未能让人心安理得。原因很简单，无论是中国古时候的知识分类还是现代国际通行的学科体制，都无法使它对号入座。地理学家，历史学家，宗教学家，方志学家，科学史家，民族学家，民俗学家，文学批评家，乃至思想史家和哲学家均不能忽视它的存在。但谁也无法将它据为己有。它似乎超然物外，不属于任何一个学科，却又同时属于所有学科。惟其如此，当今有不少人认为它是远古时代的"百科全书"。显然，这一美誉未免言过其实。

一般说来，20世纪以前，国人较多地把《山海经》视为地理著作（《辞海》"地理学"条目下云："地理学一词始见于我国《易经·系辞》和古希腊埃拉托色尼《地理学》，我国最古的地理书籍有《禹贡》、《山海经》。"）；而自1903年西方的"神话"概念假道日本传入中国，人们较为普遍地把它看成是上古的神话著述。作为古今见解的调和，也有人用"神话地理书"这样的合成概念来为它重新定性。这种相对化的看法的确使问题变得明朗化。还可以再进一步追问的是：如果神话是幻想的产物，具有非理性的特征，又是怎样和作为科学理性产物的地理学统合在一起的呢？在神话和地理两者之外，《山海经》还有没有其他的重要性质呢？

笔者以为，《山海经》一书的构成，带有明确的政治动机，它之所以出现，和上古文化走向大一统的政治权力集中的现实需要密切相关。因此可以说，它是一部神话政治地理书。更确切地讲，它以山川地理志的外观表现着现实世界与神话时空交织的内容，而这种虚实相间、半真半假的空间图式之实质，则是服务于功利目的的宗教政治想象图景。只要从祭政合一（或政教合一）的远古社会的政治特色着眼，《山海经》的巫书性质和功能便容易理解了。那就是为走向一统的文化权力话语提供神权政治的空间证明，通过对各地山神祭祀权的局部认识和把握，达到对普天之下的远近山河实施一种法术性的全盘控制。

二、地理与政治不解之缘

地理学作为人类对现实生存空间的理性认识结果，在西方学术体系中一直占有着重要位置。一般又有自然地理学和人文地理学、部门地理学与区域地理学之划分。不过，随着 20 世纪以来愈演愈烈的科际整合潮流的冲击，晚近的研究已经呈现出打破旧的学科划分，寻求新的学科交叉组合的明确趋势。其中地理学与政治学的结合尤其引人注目。这种学科嫁接或知识重组的当下结果就是一门新兴边缘学科——地理政治学或政治地理学的呼之欲出。

学者们在研究中发现，地理学的问题有时不能从地理学本身得到完满的解释，原因在于地理学的产生、发展和实际应用都不可避免地受到非地理的因素制约，特别是政治和军事的因素（广义的政治又可将军事包括在内）。有法国学者认为，西文中的一些有关空间的比喻既是地理的，又是战略的，因为地理学就是在军事的背景下发展起来的。可以看到在地理话语和战略话语之间存在着概念的流通。地理学者的"地区"也就是军事区域（从 regere，即"指挥"演变而来），"省份"为一片被占领的领土（从 Vincere，即"战胜"演变而来）。"区域"则使人想到"战区"。对此，著名思想史家曾表示如下看法："人们常指责我迷恋于这些空间的概念，我确实对它们很迷恋。但是，我认为通过这些概念我确实找到了我所追寻的东西：权力与知识之间的关系。一旦知识能够用地区、领域、移植、移位、换位这样的术语来描述，我们就能够把握知识作为权力的一种形式和播撒权力的效应的过程。存在着对知识的管理，知识的政治，权力的关系，它们是穿越知识的途径，当人们对它们进行再现的时候，能够指引人们通过区域、地区和领土这样的概念来思考支配的形式。政治——战略的术语表明了军事和管理事实上把它们自己刻在话语的形态和材料上。"[1] 福柯认为，他与地理学专家的对话和交流足以导向一门能使双方都受惠的交叉学科。他在一次访谈中对法国的地理学杂志《希罗多德》的编辑说道："我越

---

① 福柯：《权力的眼睛——福柯访谈录》，严锋译，上海人民出版社 1997 年版，第 205 页。

是进行持久的研究，就越是认识到，对话语的形成和知识的谱系所进行的分析，不应该根据意识的种类、感知的方式和思想的形态来进行，而应该从权力的战略和战术的角度出发：战略和战术通过对领土的移植、分配、分界、控制，以及对区域的组织来实行，这样就构成了某种地理政治学，在这种地理政治学中，我所从事的工作将和你们的方法联系起来。看来地理学确实必须成为我所关心的课题的核心。"①

《山海经》虽然乍看起来确实很像一部地理书的架势，甚至还会给人以科学实录的假象：不厌其烦地罗列山川河流、地形地貌、物产资源、方向里程等等，但这些仅仅是些虚实难辨的陈述，总体上看则是服务于特定功利目的的政治想象图景。正因为如此，古往今来试图用纯实证的方法对《山海经》内容加以考实的种种尝试均不能令人如愿，总不免陷入公说公之理，婆说婆之理的无尽纷争之中。现代学者开始承认它为神话地理书，为走出纷争的死胡同提供了一线希望。不过，从各种角度对这部奇书进行实证研究者仍然大有人在。我们若能从政治地理的观点去考察，也许能有助于说明《山海经》的构成之奥妙。

与其说它记录着可以考实的地理知识，不如说反映的是作为权力的一种形式的知识生产模式。鉴于这一认识，我们把《山海经》当作知识社会学的分析对象来研究，要比把它当作地理知识来研究更具有学术价值。

借用福柯的词语，不妨把它视为"权力地理学"的一个古代中国个案。权力与地理学的关系是怎样的呢？下面是英国政治地理学研究家帕克的一种界说："权力的消亡是不可避免的，其原因就像它最初诞生一样地难于理解。政治地理学家相信，权力自身是牢固地根植于世界的自然性质之中的。……现代国家的力量也是来源于它所安身立命的领土。……但是地球自身有着巨大的差异（捕捉、界定差异的需要），在气候、植被、土壤和海拔上表现不同，陆块分布不均。这些因素使得地球的表面远非只是人类历史戏剧表演的舞台。"② 地理方面的差异特征不只是科学研究所关注的，而且也是权力最感兴趣的内容之一。福柯讲到 18 世纪末的地理大调查时说："那时候人们在世界上到处旅行，收集资料。他们收集的并不是原始资料，他们真的是在探索，遵循着一种他们或多或少有着自觉意识的规划。我们在地理学可以找到很好的例子，证明惩罚系统地使用度量、探索和审查。"《希罗多德》杂志的编辑对此也表示了看法："地理学家的功能是把资料收集到清单中去，这些资料是未经整理的，除了权力以外，没有什么人会对它感兴趣。权力需要的不是科学，而是大量的信息，权力的战略使它对这些资料能够加以利用。"了解到这一层关系，地理学知识对于权力机器的实际效用和它在认识论上的非科学一面就不难理解了。在《山海经》研究史上，科学维度的引入已成为现代研究的主流，而权力－政治维度的引

---

① 福柯：《权力的眼睛——福柯访谈录》，严锋译，上海人民出版社 1997 年版，第 212—213 页。

② 杰弗里·帕克：《二十世纪的西方地理政治思想》，李亦鸣等译，解放军出版社 1992 年版，第 1 页。

入却还有待于展开。

福柯接着说到一件有启发性的逸事：一个研究路易十四时代档案的专家，在翻阅17世纪外交通信的时候发现很多不断重复的有关旅行家所见所闻的叙述，这些叙述谈到各种难以令人置信的事情、奇异的植物、怪兽等，其实却是以密码形式出现的报告。它们叙述的实际上是所游历国家的军事情况、经济资源、市场、财富和可能的外交关系。所以很多人心仪的18世纪的自然主义者和地理学家的天真动人的叙述实际上是非同寻常的精密报告，其密码到了今天才得以破译。① 这种以怪异奇闻方式对异族异国信息加以编码的现象，表明了政治需要和权力作用不仅会影响到叙述的内容，而且还会改变叙述的形式。这对我们重估《山海经》的撰写之谜是不是也会有所启迪呢？

地理政治的世界是一个巧妙结合而成的机制。地理政治研究所使用的方法是综合考虑产生这个总体的各种因素，以便更好地认识全局的性质。在古代中国"天人合一"式的思考方式作用下，地理现象和政治现象本来就不是截然分开的。古文献中有关生态政治的思想颇为引人注目，可视为政治地理观念的先河。古人叙述山川之形势，陈列物产之所出，实与国家之兴亡、天下之治乱息息相关。《国语·周语上》引伯阳父云："夫国必依山川；山崩川竭，（国）亡之征也。""夫水土演而民用也。水土无所演，民乏财用，不亡何待？昔伊洛竭而夏亡，河竭而商亡。"可见在古人心目中，山川河流的秩序与人类社会的秩序就是如此唇齿相依，因果相系的。

山川地理同人及其社会之间的关系是如何建立起来的呢？

宗教思维惯常的解释是通过神灵作为中介者来建立这种关系。而抱有人本主义世界观的古代思想家则以圣人或圣王来充任此一中介。

《大戴礼记解诂》目录注引曾子曰："圣人为天地主，为山川主，为鬼神主，为宗庙主。"② 天地山川既然都是为圣人宗主天下而设定的，那么叙述地理和物产方面的知识也当然是为圣人治天下所用。这就是具有古代中国特色的政治地理观。受此影响，有关国土的观念当然是以某种山川地理的集体表象为根基的，不过，这种集体表象却又同史前信仰密切相关。《山海经》一书对此种古老的联系提供了很好的例证。书中每述及一地一山，必要交代当地的祭祀情况，各种奇异的山神形象也是屡见不鲜。如法国政治社会学家迪韦尔热所说，我们目前掌握的有关史前期人与土地及环境关系的知识告诉我们，这种关系带有神秘和迷信特征："土地、树木、植物、动物、河流、湖泊都被看作是可以与之保持人际关系的超自然力量。通过祭祀可以得到这种关系，违背禁忌就失去它们。从某种程度上讲，领土也被人格化、主体化了，而不是被看作一种外在的东西、一种客体。"③ 这些论述有助于理解《山海

① 福柯：《权力的眼睛——福柯访谈录》，严锋译，上海人民出版社1997年版，第211页。
② 王聘珍：《大戴礼记解诂》，中华书局1983年版，第1页。
③ 莫里斯·迪韦尔热：《政治社会学》，杨祖功、王大东译，华夏出版社1987年版，第55页。

经》为何在记述山川形势和动植物分布之后总要归结到祭祀的仪节方面。只有通过世代相沿的祭祀礼仪的象征作用，圣王对国土的控制才会得到传统信仰上的支持。地理知识对于维系政治权力的绝对必要性也是通过祭祀活动而得到突出表现的。由此可知，政治地理学的前身必然是某种宗教政治的地理观念。《山海经》可以作为此种宗教政治地理观的活标本来看待，也只有从这种多层面综合的维度去考察，这部远古奇书的奥秘才有可能得到充分的揭示。

三、同心方的想象空间与大一统世界秩序

现代的《山海经》研究者发现，这本书中反映的国土观念不同于儒者之"中国"观，乃是一种极为少见的"大世界观"。如蒙传铭所说：古代儒家相传之地理观念，谓普天之下，皆为中国；中国之外，则为四海。而《山海经》之作者，以为四海之内为"海内"，"海内"之中有五山，而中国在焉。四海之外为"海外"，"海外"之外为"大荒"，"大荒"为日月所出入处，且在"海外"与"大荒"之间，尚有许多国家及山岳在焉。故就地理观念言之，儒家所谓天下，犹今言"中国"；《山海经》之作者所谓天下，犹今言"全世界"也。[1] 这位学者没有注意到的一点是：不论《山海经》的"大世界观"还是儒家的"中国"观，都受制于同样一种自我中心式的想象作用，因而体现了政治地理观的特征。

阅读《山海经》一书给人的深刻印象首先就是那五方空间秩序井然的世界结构。稍加留心就不难看出，这种按照南西北东中的顺序展开的空间秩序并不是从现实的地理勘察活动中总结归纳出来的，而是某种理想化的秩序理念的呈现。以位于中央的《中山经》为轴心向外逐层拓展的同心方区域划分，更不是客观的现实世界的反映，而是一种既成的想象世界的结构模式向现实世界的投射。为了有效地解说这种想象图景的投射机制，有必要先了解若干专业术语及理论背景，诸如"客观空间"、"认识空间"、"文化滤色镜"、"认识地图"等。

日本学者菊地利夫《历史地理学导论》[2] 一书指出，各学科中的空间概念有很大不同。地理学中的空间概念发展为区域、景观等各种概念。19—20 世纪间，其他学科也明确地采用了区域概念。研究者已经意识到，基于文化背景的空间认识与此类概念的使用密切相关。"来自生物学的报告指出，人类以其陆上生活的特有体形所能认识的空间，与鱼类和鸟类所认识的空间是根本不同的。精神病理学的报告指出，正常人所认识的空间与精神病患者所认识的空间也是根本不同的。文化人类学则告诉我们，不同文化的空间认识也各具特色。爱斯基摩人的地图标示着道路与河山弯

---

[1] 蒙传铭：《〈山海经〉作者及其成书年代之重新考察》，载《中国学术年刊》1994 年第 15 卷，第264 页。

[2] 菊地利夫：《历史地理学基本概念的革新——〈历史地理学导论〉选载之二》，辛德勇译，载《中国历史地理论丛》1987 年第 2 期，第 145 页。

曲的形状及其数值，图示出一天能够旅行多远；密克罗尼西亚人具有以星座和一系列岛屿为基准而标示出正确海路的非对象性海图；巴厘岛人通过方位来表述人类行为，如把桌子拉向南面，朝东方敲击钢琴等；美国有很多人不知道其居住在哪一条河流域，可是日本和英国人通常却都有这种空间认识；萨摩亚人看待景观是陈述其整体印象，摩洛哥人却描述构成景观的逐个要素。人类是戴着'文化'这一滤色镜来认识空间的。"菊地利夫还认为，发达的文化能够正确表现其所认识的空间，但空间认识本身及其可能表现方式却因文化水准不同而有所差异。空间表现方式的建立有赖于社会公认的符号、手段和技术，在此基础之上，进而会获得未曾具体经验过的空间概念，如真空空间、无限空间等概念。即使是在相同文化集团的内部，每个人心理中的地图映象即空间认识也有不同之处。这是由于每个人有着不同的亲身经历和文化素养。但同一文化集团所持的空间认识具有广泛的共同性，可以将其和其他文化集团相区别。

古今《山海经》研究的一个误区是：把认识空间当成客观空间去考证，以求对号入座。结果不免方枘圆凿，大家只能各执己见，无法达成一致。

人类集团以其固有文化对客观环境加以认识，从而获得了人为的"认识环境"，这就是相对于"客观空间"（Objective space）的"认识空间"（Mental space）。这种认识环境，是由人类集团的环境映象所构成的空间形态。环境映象具有与人类集团特定目的相对应而层次排列着的结构。人们所得到的环境映象是人类集团意志决定的基础，人类集团的行为由此而产生；因此，人们又将其所认识的环境称作行为环境。行为环境以区域、景观而具体化，如果人类集团的文化发生变化，与此相应，就要形成新的认识环境，区域、景观也将再生。同一客观空间中也包含有与不同文化集团相应的认识空间。同时同一文化集团中的每一个人，也都在其间持有几个于客观空间中为实现各自不同目的而形成的认识空间。这种认识空间是相对空间。因而，每一个人或集团都在各式各样相对空间的交叉中生活着。这种认识空间的地图，可以应求各种目的而根据环境映象进行描绘，称为"认识地图"（Mental Map）。认识地图是对绝对空间地图所进行的地图改观。在客观环境中，与某种目的、文化相应的行为环境曾不断随历史而变化。与此相伴，人类空间行为也发生了变化。[①] 我们在《禹贡》和《山海经》中看到的同心方地理格局便可视为"认识地图"的直接产物。

所谓的"同心方"空间模式，是以"中原"为中心的文化展开的层次结构，反映着由"中央王国"（中国）的自我中心意识所投射出来的辐射性的空间区域分布。李约瑟在《中国科学技术史》第五卷《地学》中两次讲到中国上古流行的同心方地图传统。第一次是针对《禹贡》五服说而加的评语：

---

① 菊地利夫：《历史地理学基本概念的革新——〈历史地理学导论〉选载之二》，辛德勇译，载《中国历史地理论丛》1987 年第 2 期，第 155—156 页。

有不少人认为，在《禹贡》中似乎包含有一种朴素的同心方地图的思想。这种看法是从这部著作结尾的几句话产生的。这几句话说，从王都起，五百里之内的地带是"甸服"，再向外五百里调谐同心带之内是"侯服"，再次是"绥服"，再向外是"要服"，最后一个带是"荒服"。但是在文中并没有任何迹象足以证明这些带是同心方这一传统观点；这种观点很可能只是根据地是方形的这种宇宙观设想出来的。①

李约瑟还在插图的注文中补充说，这种以帝都为中心向外扩展的空间观念，在古埃及和古罗马曾有过类似的表现。我们可以肯定地说，就像儿童思维有自发的自我中心倾向一样，每个民族最初产生的世界观都难免以我族或我国为中心和基点。②

顾颉刚先生在《秦汉统一的由来和战国人对世界的想象》中说："在那个时候，大家但有种族观念而没有世界观念。"③ 这一断语恐有绝对化之嫌，或许可以换一种说法：当时人的世界观念是以种族观念表现出来的。四夷环绕我族的空间分布格局因袭着远古以来的"图腾编码世界观"④。"非中国"作为认知对象的提出，在当时应具有重要的文化史意义。正如"非西方"随着西方殖民进程而成为科学研究的对象一样。

把中国与"非中国"统合在同一种空间构架之中的，应该是历史上最早出现的一统性政治信念，诸如"普天之下"、"率土之滨"等。以政治强制性话语来创设和维系地缘上的一体认同，这是对地方主义各自为政局面的挑战。因为多元分立则为统治者带来离心的麻烦。大一统政治不肯容忍政治肌体龃龉裂的现象，所以总要消解多元，要竭力把各种各样的差异放置于众星拱月式的闭锁性空间结构之中，使"多"成为"一"的向心环绕展开方式。作为《山海经》地域观念基础的同心方式想象空间结构就是由此而生成的。随着多民族统一国家的形成，一统天下的政治观有必要取代小国寡民式地方主义，其在《淮南子》中的表达最为典型：

夫天之所覆，地之所载，六合所包，阴阳所呴，雨露所濡，道德所扶，此皆生一父母而阅一和也。是故槐榆与橘柚合而为兄弟，有苗与三危通为一家……是故自其异者视之，肝胆胡、越；自其同者视之，万物一圈也。

（《淮南子·俶真训》）

这里的同异比较法，语出《庄子·德充符》"自其异者视之，肝胆楚越也；自其同者视之，万物皆一也。"这种"同"的眼光也就是庄生在认识论上所标榜的"齐物观"。借助于此，"一切逻辑的区别都是不真实的和虚幻的"⑤。从原始人睁大

---

① 李约瑟：《中国科学技术史》第 5 卷，《地学》翻译小组译，科学出版社 1976 年版，第 12—14 页。
② 参看艾利亚德：《神话与现实》；萧兵：《中庸的文化省察——一个字的思想史》，湖北人民出版社1997 年版。
③ 顾颉刚：《古史辨》（二），上海古籍出版社 1982 年版，第 3 页。
④ 参看叶舒宪：《中国神话哲学》，中国社会科学出版社 1992 年版。
⑤ 胡适：《先秦名学史》，学林出版社 1983 年版，第 124 页。

好奇的眼睛扫视周围一切的异己部落与异己民族，到早期哲人对"一"和"同"的体认，是地域性文化封闭格局被打破，文化间的交往和理解增强的直接表现。

正是在春秋战国的多元纷争格局中孕育了统一的理念。同时期的老庄哲学也完成了对"一"的认识。用"一"的眼光来审视寰宇，才会有《山海经》这样的空前气魄的全景地图出现。它表面上好像在叙述地理和民俗知识，实际上在确认权力的统一，让四方之人对"一统河山"表示服从、认同。这也就是对所谓中央大帝国的朝贡体制的认同与屈从。对此，我们可以通过古汉语中"国"这一概念的发生学解析而获得更具体的认识。

"国"概念的产生也和同心方式的空间想象有关。《说文》："国，邦也，从口从或。"《说文》释或字云："或，邦也，从口从戈，以守其一。一，地也。域，或又从土。"高鸿晋等认为："或即国之初字。从口一，为地区之通象。合之为有疆界之地区之意。"① 若把国、或两字所从之口理解为方形的疆界，那么就符合古人以四方划界的地域观念，象城邑之围栏或者城郭往往筑成方形。所以"国"字又兼指城或都城。《礼记·礼运》："国有学。"注："国，谓天子所都。"《孟子·万章下》："在国曰市井之臣。"注："国，谓都邑也。"国又可指城墙之内的区域。《周礼·天官·序官》："体国经野。"疏："国谓城中也。"《周礼·地官·乡大夫》注："国中，城郭中也。"《礼记·曲礼上》："入国而问俗。"注："国，城中也。"陈梦家说：金文中的或字从戈从回。甲骨卜辞中亦有这回字形，"象邑外四界之形"②。引而申之，大凡人为划界的区域均可称"国"，即所谓"方国"。于是我们在《山海经》中看到众多的"国"。杨树达认为，国、或两字所从之"口"，像东南西北四方之形，也许就是四方之方的本字。口又可省形作区，区在《说文》中读作方，可旁证口亦当读如方。③ 用武器（戈）来保卫一块人为设定的方形区域，这恐怕就是国（或）的造字初衷吧。

在《周礼·考工记·匠人》中有关于建国、营国的具体要求。贺业钜先生解释说："所谓'国'，意即指'城'。营国就是营建城邑。西周有封国建侯制度，封国意味着作邑作邦，建立城邦国家。营国包括建置城池、宫室、宗庙、社稷；并规划所属的田地和农业奴隶的居邑，即所谓治野。有国有野是西周城邑建设的特殊体制。所以那时建一个城，实际上是建立一个以城为中心连同周围田地所构成的城邦国家。"④

对古汉语中"国"概念的语源透析还可以对照近年来考古学界关于中华文明国家起源的类型学理论。如苏秉琦依据新石器时期的文化遗址情况提出的"国家形态发展三部曲"说。他认为，"国"的发生经历了三阶段进化：古文化（原始文

<hr />

① 周法高主编：《金文诂林》卷六，香港中文大学 1975 年版，第 3983 页。
② 周法高主编：《金文诂林》卷六，香港中文大学 1975 年版，第 3982 页。
③ 杨树达：《积微居甲文说》，上海古籍出版社 1986 年版，第 42 页。
④ 贺业钜：《考工记营国制度研究》，中国建筑工业出版社 1985 年版，第 24 页。

化）→古城（城乡最初分化意义上的城或镇）→古国（高于部落的独立政治实体）。① 从标示最初意义上城乡分化的城镇，到形成地域文化中心的邦国，来自考古发现的实证材料和语源分析的结论就这样达成了吻合对应。

最初的"国"既然是从城镇发展出的地方邦国，其数量就会相当可观。据《左传·哀公七年》说："禹会诸侯于涂山，执玉帛者万国。"可略知夏王朝建立之前，各地方邦国林立的情形。假如我们把"万国"这个夸大的数字缩小100倍，那也还有100国之多，这一数字同我们在《山海经》中看到的记述倒是相距不远。据统计，《山海经》中讲到远方古国共有135个，去掉19个互相重复的，尚有116个古国。② 关于史前之"国"出现的时间、地点、规模和形态，近年的考古学提供了前所未有的新材料。80年代在山东寿光县发现的一处龙山文化城堡遗址，由大城（外城）环绕小城（内城）。大城每边长约240米，城内面积为5.7万平方米。城墙夯筑而成，小城先于大城而建，边长100米，面积1万平方米。山东邹平县苑城乡丁公村东也发现了龙山文化城址，城南北边长350米，东西边长310米，面积约10万平方米。城墙外有宽约20米的壕沟。其年代距今约4600—4000年之间。这样的高墙深沟形态，使武装保卫城内居民安全的功能得到明确呈现。"国"之本来面目在此清晰可观。有学者指出："这样规模的城其营建工程是相当浩大的，在当时的条件下，只有酋邦王国才有能力、有必要营建。一般的部落绝无营建能力。"③ 从事聚落考古的严文明教授指出，在我国新石器时代末期，中心聚落从一般聚落中脱颖而出，随后各地又出现了土城和石头城。"现在在湖北、湖南、四川、河南、山东和内蒙古等地发现的龙山时代的城址已将近40座。其中最大的超过100万平方米，小的不到1万平方米，而大多数在10—20万平方米之间。单从大小来看似乎有等级之分，但这同后来中央都城和地方城镇的划分还是有本质区别的。不管怎样，我国史前聚落从凝聚式统一体到向心式联合体再到主从式结构，从平等的聚落到初级中心聚落再到城市性聚落的轨迹是清楚的。"④

从以上论述可以了解到，国家的"国"原本不过是小小的城邑。这种人为划定的四方空间观念随着历史的进程而发展，经过投射和放大，才拓展为指代以都市为中心向四周展开的民族国家。如果不光把自己居住的都市看作是天下的中心，而且把自己所属的民族国家也看作是世界各民族所环绕的中央之国，那么就离"中国"这一充满了想象力和优越感的国家名称相去不远了。

---

① 苏秉琦：《中国文明起源新探》，生活·读书·新知三联书店1999年版。参看俞伟超：《考古学的中国梦》，载《读书》1998年第8期。

② 梁志忠：《〈山海经〉——早期民族学资料的宝库》，见《民族学研究》第2辑，民族出版社1981年版，第263页。

③ 参看许顺湛：《再论夏王朝前夕的社会形态》，见《夏文化研究论集》，中华书局1996年版，第128—135页。

④ 严文明：《聚落考古与史前社会研究》，载《文物》1997年第6期。

《诗经·大雅·民劳》："惠此中国，以绥四方。"这是汉语文献中较早出现的"中国"一词，与后世用法不尽相同。毛传："中国，京师也。四方，诸夏也。"郑笺："惠，爱也，绥，安也。爱京师之人，以安天下。京师者，诸夏之根本。"高亨《诗经今注》的解释略有不同："中国，指西周王朝直接统治区域，即所谓'王畿'。因为四方都有诸侯，所以称作中国。"不论这里的"中国"是指京师还是王畿，都反映着周人统领天下的中央意识。"畿"字同"国"（或）的一个共同点就是都从"戈"。根据字形表象的提示，一个护卫的是城，一个护卫的是田。看来要想确立中国的神圣位置，还非得凭借强大的武力不可。"绥"虽训"安"，却是要靠对四方势力的征伐和镇压才可以换来的安宁吧。以上与"中国"原义相关的这些措辞，充分体现出周王朝所拥有的自我中心的政治幻觉，其影响之广泛和深远，至今仍无形中制约着国人的空间感知方式和语言习惯。而《山海经》的同心方想象世界也正可由此找到发生契机。

与中国哲学对"一"范畴的认识相应，早在秦帝国的统一霸业之前，政治家们就在理论上说明了"一"的必要性。如《荀子》论国家之起源就有"群居和一"之高论。

> 人力不若牛，走不若马，而牛马为用，何也？曰：人能群，彼不能群也。人何以能群？曰：分。分何以能行？曰：以义故。义以分则和，和则一，一则多力，多力则强，强则胜物。（《荀子·王制》）

同书又云：

> 人之生不能无群，群而无分则争，……人君者，所以管分之枢要也。

（《荀子·富国》）

> 故曰：斩而齐，枉而顺，不同而一，夫是之谓人伦。（《荀子·荣辱》）

这种"不同而一"的新人伦观，对于先儒们见上坚守的"非我族类，其心必异"的夷夏大防来说，显然是一大进步。它为政治、经济和军事上的大一统准备了观念条件。《礼记·王制》云："名山大泽不以封。"注："与民同财，不得障管。"这乃是普天之下莫非王土的公有观念，其产生必须超越儒者华夷之防的意识方有可能。天下为一家，上帝亦由一地一族之神变为天下人之神。原有的小国寡民式世界观重在异，即对"文化他者"的确认和防范，这是因为彼此间不往来之故也。而交流则发现同一性。乃有"自其同者而视之，一也"的新发现，这就为大一统的政治地理总体观念提供了种族认同之基础。

总结以上讨论，《山海经》用同心方的世界结构把处于中央帝国周围的各个"非中国"文化统合起来，用空间距离上的远近分布来取代彼此之间性质的差别。这就更充分地体现出《禹贡》所说的"四海会同"，其实质在于从山河地理的"认识空间"组合来呼应大一统的帝国秩序。

四、《山海经》：中华文明一源中心观的原型

《山海经》一书的同心方环绕结构是以《五藏山经》（简称《山经》）为内环的。它给人们最直观的影响就是认为世界是规则的方形平面，这个方形有一个永恒不变的中心。东西南北中五方之山就是方形世界的天然坐标。居于中心的国族既是文明程度最高的代表，又是文明向四周蛮荒的边缘区域播散的唯一源头。这种观念可谓源远流长，概括起来可以叫作"中华文明一源中心观"。其古代的表现形态主要是"中原中心观"，其较为现代的表达方式则是"黄河摇篮说"，即认定黄河中下游的黄土高原地带为中国文明的发祥地。我们在通行的历史教科书中对这一看法早已司空见惯了。只是到了20世纪的末期，中国境内考古发现的日益累积的证据才终于对一源论文明史观做出具有颠覆性的质疑。

我们可以通过《山海经》图式与周文化之间关系的考察，透视一源中心观的原型及其历史功用。《山经》依次分为南西北东中五经。而在五山经中处于轴心位置的则是《中山经》。了解《中山经》所指区域的"客观空间"之原型，可以有助于确认作者的中心定位。顾颉刚先生认为："《中山经》里的山在今山西、河南、陕西、湖北、湖南、四川等省，可见作者指定的中央原是很大的。南西北东四方面都推得很远，有许多山简直不知道在什么地方。"[1] 常征先生认为《山海经》的《山经》部分为周王朝官府文书，他说："从《中山经》一百九十三山分为十三组列叙来看，八组在黄河汉水之间，一组在中条山区，二组在江汉间及洞庭湖北岸，这大体便是周王的王畿，故周人视之为'天下之中'，而列之于《中山经》卷。"[2]

孔子曾浩叹"周鉴于二代，郁郁乎文哉，吾从周"，对承继了夏商传统又有所损益的西周文化表示出极大的赞赏和充分的认同。值得注意的是，与《山海经》相互呼应的五服说与同心方式"认识地图"均可溯源于周代的文献。可以确认，《山海经》较早成书的部分与西周以来的文化扩展进程是有关系的。已有学者提出疑问，《山海经》共有18篇3万多字，其中有些篇仅有三四百字，唯《西山经》、《北山经》字数多至五六千，这种详此略彼的现象除了说明该书"原系出于众手"[3] 之外，还可以说明什么呢？我们知道，与夏商相比，周人兴起于西北，或以为原来就是"氏羌中的一种"[4]。《山海经》中记述西北方面的地理较为详细，是不是与作者所掌握的周代文献较为丰富有关呢？这种推测虽然还是用实证眼光来看"认识地图"，但对于分析原书作者的文化身份还是有一定参考意义的。因为尽管认识空间有别于

---

[1] 顾颉刚：《古史辨》（二），上海古籍出版社1982年版，第8页。

[2] 常征：《〈山海经〉管窥》，河北大学出版社1991年版，第32页。

[3] 蒙传铭：《〈山海经〉作者及其成书年代之重新考察》，载《中国学术年刊》1994年第15卷，第266页。

[4] 顾颉刚：《古史辨》（二），上海古籍出版社1982年版，第2页。

客观空间，其想象的发生却还是以现实为依据的。春秋战国之际的多元纷争，如果从长焦距来看，其实也还是以西周封建以来的一元"分封"为条件的。换句话说，在华夏历史上建立第一个大一统帝国的虽是自西向东运动的秦人，但同样是自西向东运动的周文化在战胜殷商之后，实际上已经在某种程度上预演了一次文化大一统的伟业。许倬云先生认为华夏国家的形成正是周文化扩展的结果。费正清从中华历史传统中看到的那种"帝国式的知识和感觉结构"，直接的源头在于秦帝国，其远源则可溯源于西周以来日渐成熟的"中央情结"，溯源于《山海经》和《禹贡》所奠定的政治地理想象图景。

夏商、商周之间的武力争夺已不再是原始部落社会中常见的那种单纯的地盘与财富之争了。禹会万国的传说已表明某种凌驾于各个地域文化壁垒之上的盟主权利已经出现。因此，商之灭夏，周之伐商，在当时政教尚未完全分离的状态下，也可以理解为来源不同的地方文化对中原最高祭司地位和教化特权的争夺。周人好言天命，实际上是把周王装扮成上天意志的人间代表。"他代万民祭天，替诸部祈福禳灾，这叫做'为四方望'。控制了民众观念上的超自然象征物——天，就可以用来威吓民众或向他们预言各种各样超自然的惩罚，用外国学者的说法，实际是获得了意识形态权力的基础。"① "新创之周实际上是一个诸部族的大联盟。周人在这个超越部族范围的政治力量上，还须建立一个超越部族性质的至高天神的权威，甚至周王室自己的王权也须在道德性的天命之前俯首。于是周人的世界，是一个'天下'，不是一个'大邑'；周人的政治权力，抟铸了一个文化的共同体。周人克商，又承认商人曾克夏。这一串历史性的递嬗，代表了天命的交替，代表了一个文化秩序的延续。这是周人'华夏世界'的本质。中国从此不再是若干文化体系竞争的场合。中国的历史，从此成为华夏世界求延续，华夏世界求扩张的长篇史诗。"②

在这场前所未有的文化大一统进程中，新兴的天命观并没有取消或者抛弃旧有的我族中心主义的空间价值观。只要在宇宙空间位置上居中就可以确认统领天下的权力，这就有了由"大邑商"和"中商"等前代观念发展延续而来的周人继续寻求"地中"以建新都的努力。从知识背景上看，《山海经》式的"认识空间"的出现，恰好为此种居中的情结提供出自然宇宙论方面的证明。

本文原载《民族艺术》1999 年第 6 期。

---

① 赵世超：《论早期国家》，见《西周史论文集》，陕西人民教育出版社 1993 年版，第 436 页。
② 许倬云：《西周史》，生活·读书·新知三联书店 1994 年版，第 315—316 页。

捞 泥 造 陆

——鲧禹神话新探

胡万川

胡万川（1947— ），台湾省彰化县人。历任台湾静宜大学中文系教授，1981—1982 年在巴黎第七大学讲学，后任台湾"清华大学"中文系教授、系主任、"清华大学"台湾文学所所长，现任东海大学教授。研究领域为民间文学、中国古典小说、神话与传说。与神话学相关的主要著作有：《钟馗神话与小说之研究》、《真实与想像——神话传说探微》（2004）、《民间文学的理论与实际》（2004）、《台湾民间故事类型》（2008）等。

一

在中国古代文献中，鲧、禹通常被认为是一对父子，而且是一对关系非常特别的父子。因为除了有禹是从鲧的尸腹剖出的孩子这种很奇怪的记载之外，① 父子相继受命治理洪水，一败一成的说法，更映衬出一个"父顽子贤"的典型。一个愚顽固执的父亲，居然养出一个有着超凡见识气度，且任劳任怨的贤能儿子，这就是传说中鲧、禹父子的形象。然而这只是传说化了的，或者说是历史化了的鲧和禹。鲧、禹的原来面貌，应当是神话的角色。

上古的神话传说被转化为历史，历史又被简化或定位为朝代交替、世系转换的时候，时空背景轮替，交错穿插的是贤君能臣或昏君奸相的身影。鲧自战国以后，大部分就是被定位为盛世贤君之前的一个顽臣，刚愎自用。而禹则是中国第一个朝代的开创者，和尧、舜同列古代三大圣王。直到 1920 年代《古史辨》的疑古学派兴起之前，中国人对"鲧禹父子"的看法大概就是如此。② 在《古史辨》疑古学者们启发之下，对于鲧、禹父子身份的认识，才渐渐有了不再完全拘泥于"历史"的观点，改从神话或传说的角度来看问题。不再为"历史"所羁绊，是一个很大的突

---

① 禹为鲧尸腹中出生之记载，见《初学记》等书引《归藏》，参见袁珂、周明编：《中国神话资料萃编》，四川省社科院 1985 年，第 240 页。

② 顾颉刚编《古史辨》第一册收顾颉刚《讨论古史答刘胡二先生》一文，论"禹是否有天神性"、"禹与夏有没有关系"等问题，开始了对鲧、禹的历史性的怀疑。《古史辨》第七册下编又收顾颉刚、童书业合写的《鲧禹的传说》，将禹和夏朝本不相涉的关系，作了深入的考证。《古史辨》分册刊行于 1920 年代至 1930 年代。本文所据为 1970 年台北明伦出版社影印本。

破，学者们从此有了更为开阔的视野。

　　然而这并不代表对于鲧、禹的研究从此就步入了新方向，或者因此而有了重大的发现。古来文献传统的力量毕竟很大，有些学者虽然已不再把鲧、禹当作朝代信史人物，却仍将他们当作某种部族传说的世系中人，企图在部族世系中为他们找到定位。但是"层层累造的上古史"常是不同来源观念和传说的互渗杂陈，因此，原本以为简单的"鲧、禹"世系，其实就再理也理不清。① 因为鲧、禹的本来面目，毕竟是神话人物。神话在被传说化、历史化的过程中，或因流传变异、或因特殊原因而多所附会，是很正常的一件事。传说化了的鲧、禹当然有从传说观点来研究的价值。但是若要推其原始，见证鲧、禹本来面貌，却还是得从神话的角度来切入，才能见出真章。

　　由于传世的鲧、禹重要事迹，都和"洪水"、"治水"之事有关，因此研究者以这方面当作问题的切入点，就是很正常的事。但是上古洪水神话或传说，由于流传变异，加上各种附会比附，见于后来典籍记载者已多失本来面目。若不溯其本初，厘清各自本相，便可能在不同人物、不同事迹当中纠缠不清。②

二

　　虽然在传统文献中鲧、禹常以父子行的方式并见流传，但由于两人的性格、命运及功业事迹大相径庭，所以各自分见的记载也还不少。因此，以神话观点来研究鲧及禹的人，也就常将他们分开讨论，似乎有他们二者原本不相关联，因此不必合而论之的想法。

　　以神话的角度来研究鲧、禹事迹，是切近问题本源的正确做法，但是论及其一而不兼其二，却就不一定恰当。因为这二者既被扯做"父子"一对，又都和洪水或水有关，原本也应当有着特别的关系。所以研究的过程中，原来以为应当是独立的神话人物，完全不顾及二者的可能关系，也就不大妥当。因为即使追本溯源，能够证明二者原本是不相干的、各自独立的神话人物，也应当对这原本不相干的二者，后来何以会凑成如此紧密的一对"父子"有所解说。否则，就不能算是研究的完成。

---

　　① 以鲧、禹为部族领袖，历史世系中人的说法，所在多有，如森安太郎著、王孝廉译的《中国古代神话研究》有《鲧禹原始》一篇。森安太郎：《中国古代神话研究》，王孝廉译，地平线出版社 1979 年版，第 67—87 页。田兆元《神话与中国社会》（上海人民出版社 1998 年版）第 121—127 页有一节"鲧、禹联盟与重黎联盟"。

　　② 鲧、禹原为神话人物，在被历史化的过程当中，由于事迹传说的附会转化，不同人物因此有时会有相似之感，有人在尚未厘清各神话人物或传说人物本相时，即将各人物等同、串联，例如陈炳良《神话、礼仪、文学》书中《中国古代神话新释两则》一文，"鲧禹的传说"一节即以为鲧即共工，又鲧、禹、祝融是三位一体，而鲧又是窫窳等等之说法。陈炳良：《神话、礼仪、文学》，联经出版事业公司 1986 年版，第 11—14 页。

但是，无论如何，能够从神话的观点来看问题，都已经是一个突破。笔者以为，在神话的原来本相当中，鲧、禹就是有密切关系的两个角色，而且也都和水有关系，因此二者应当一并而论。但是由于前贤论述，每每先论其一，或只论其一，因而在此也先从其中之一切入，最终再二者并而论之。

明确的以神话角度来论鲧、禹的，总是先鲧，或只论鲧。而之所以会有这种情形，大概是由于禹被历史化得太成功，要将他从定型的历史认知当中抽离，真的很不容易。而鲧则还留着不少神话的身影，虽然这身影也已有些模糊。因此下文也先从鲧说起。

从神话的角度来论鲧的形象常先就《山海经》立论，因为在上古典籍中，《山海经》保留了较多的神话，然后才是《楚辞》、《诗经》，以次及于其他。《山海经·海内经》云："洪水滔天，鲧窃帝之息壤以埋洪水，不待帝命，帝令祝融杀鲧于羽郊。鲧复生禹。帝乃命禹卒布土以定九州。"这一段就是保留鲧之神话的最主要记载之一。神话学者袁珂认为这一则神话中的鲧，形象上有点类似希腊神话中的普罗米修斯，虽然一者因为水，一者因为火，似不相权的事，终于受到最严重的处罚。那种形象，真像为人民的利益，敢于反抗权威，牺牲自己的文化英雄。①

这是一个摆脱历史羁绊，重新解读古代神话的尝试，从学术发展的观点，但同样不忍下民之苦，而做出了有违上帝威权来说，是一个好的开始。但由于这只是一个新的开始，因此对于神话本身所含的一些根本问题，还是未能有较好的解答。譬如说大洪水何由而至？能生长不息的息壤何由而来？除了可用以"埋水"之外，是否还有其他作用？而鲧如果真是如此的为民牺牲，在古代的传说中理应会有正面的形象，何以竟然一转而成为刚愎顽固的负面人物？难道古代人民既已传下他为民牺牲之勇烈，却又随即更而之他，将英雄说成狗熊？抑或本相原来并不如此，而是另有隐情？

以上这些疑难如果不能得到恰当的解答，则鲧的神话，便仍然是包裹在层层迷雾当中的谜团。

袁珂对于鲧之神话所以能够提出这样的解释，也不是凭空臆想，而是来自比较神话的启示，只不过他用以比较解读的方向不很恰当，因此对于神话中的种种情节要素，也就是母题（Motif），未免有些对应不上。

由于传说化、历史化的历程已久，许多保存在古代典籍中的神话资料，多已成片段，或已被附会转换，因此要拨开云雾见真章，还是得从比较神话学的角度来着手。只有从历史－地理学派的角度、类型、母题的比较，才能重构出被遮住的神话真形。如果只根据古书记载的某一文本（text），然后套用某一理论来作分析，最多也只能解说出文本记载当时的意义，而不能揭示文本背后的神话原貌。

对于鲧的神话终于提出较有说服力的讨论的，是日本的神话学者大林太良，他

---

① 袁珂：《古神话选释》，长安出版社 1982 年版，第 295 页。

从比较神话学的观点，提出鲧的原型应当是创世神话中一个角色的说法。他的说法之所以较有说服力，是因为基本上他把握了鲧之神话的几个重要母题。在《神话学入门》这一本书里，他指出在阿尔泰地区广为流传的潜水造陆神话中，潜水捞泥的那个角色，就是鲧的本来面目。这种神话通称大地潜水者（Earth-diver）神话，实际上就是入水取土，创造大地的神话，当然也可意译为潜水造陆或捞泥造陆神话。以下本文皆以捞泥造陆神话称之，因为笔者以为这一用语更能精确表达此一神话意涵。其流传地区从东欧而至亚洲大陆，以至北美大部分印第安人分布区。其中因流传而生变异，而有着各地不同的多少差别，但主要内容则仍大同。依照大林太良的转述，这一类型神话内容大要如下：

> 最初，世界只有水。神和最早的人（或者是恶魔）以二只黑雁的形体，盘旋在最初的大洋上空，命令人从海底拿些土来。人拿来土以后，神把它撒在水上并命令说："世界啊，你要有形状。"说罢又让人再一次送些土来。可是人为了把土藏掉一些来创造他自身的世界，只把一只手中的土交给了神，而把另一只手中的土吞进了自己口中。神把拿到手中的那部分土撒在水面上之后，土开始渐渐变硬变大。随着宇宙的成长，人嘴里的土块也越来越大，简直大到足以使其窒息的程度。这时人才不得不向神求救。被神盘问的结果，人才坦白了自己所做恶事，吐出了口中的土块，于是地上便出现了沼泽地。

大林太良指出：中国古代的洪水神话，鲧从上帝那里盗走了叫做息壤的永远成长不止的土，并用它平息了洪水。此事惹怒了上帝，命令火神祝融，在羽山将鲧杀死，把余下的息壤要了回来。[①] 他认为鲧的神话原来应当就是捞泥造陆神话。

由这个观点来看鲧的神话，让人有耳目一新的感觉。因为如此一来，"息壤"这种能"生长不息"的土壤，就有了基本可信的背景，而鲧何以会偷息壤的原因，也找到了恰当的理由依据。

既然捞泥造陆神话流传遍及欧亚北美大陆，处于这广大领域之中的中国，如果说原本也有这样的神话流传，实在是一件很正常的事。虽然说现在流传下来的有关鲧之神话的各种资料，表面上看来似乎未有与上述捞泥造陆神话完全相应的文本，但从"窃息壤以埋洪水"一则所含的"息壤"、"洪水"、"偷窃"、"处罚"等几个主要情节单元和捞泥造陆神话的相对呼应来看，大林太良之所以会以为鲧之神话原本亦是捞泥造陆神话，应当可以说是言之有据。

但是由于《神话学入门》一如其名，是一本入门的概论之作，对于鲧之神话就仅在相关章节中大略提及，对其他细节，未能有较为深入的讨论。而且论述中只提到了鲧，而不及于禹，也是一个缺点。他大概不知道，不只鲧是捞泥造陆神话中的角色，禹也是这一神话中的人物。

---

① 大林太良：《神话学入门》，林相泰、贾福水译，中国民间文艺出版社 1989 年版，第 51 页。

三

不久之前，大陆李道和在大林太良著作的启发之下，发表了《昆仑：鲧禹所造之大地》一文，以捞泥造陆神话的观点，对鲧之神话，作了更进一步的讨论。这一次他一并讨论了禹，把禹也同时当作捞泥造陆神话的角色来处理。李道和从捞泥造陆神话观点并论鲧、禹的方向是正确的，可惜的是他不知道鲧、禹在神话中各自不同的角色定位，因而有将二者混同为一的情况，是很遗憾的一件事。而且他的文章重点又不只在于鲧、禹创世，更在于昆仑、黄帝、玄冥、共工、后土、禹疆等其他神话或传说概念及人物的探讨，涉及的面颇为繁杂。用心虽然可感，但衍生的问题亦多，因此对于鲧、禹神话原始的探讨，就未免仍多可待填补的空白。稍后，叶舒宪在《中国神话哲学》中也有专章从同样的捞泥造陆观点，分析息壤神话的意义，他主要从文化哲学的大角度来讨论这一问题，时有启发之见，但对于其中鲧、禹关系，特别是禹在神话中的角色定位仍未清楚，尚待进一步的澄清探讨。[①] 也就因此，笔者才敢不揣浅陋，尝试就这一论题更作讨论，希望借此能对鲧、禹神话本貌，提供一些看法。

如果要从捞泥造陆神话来看鲧、禹之原貌，首先得对这一类型神话有更为具体而详细的了解。不论大林太良或李道和的文章，对这一神话的介绍都稍嫌简略。

如前所述，捞泥造陆神话分布极广，从芬兰以东，而西亚、中亚、印度、东南亚、西伯利亚，以至北美大陆，可以说是横跨大部分北半球地区的神话。而对于这一神话内容及流传情形的了解，大部分来自近代的田野调查。古代文献明白记录这一神话的（或说这一神话的一个异文），依前贤所见，似乎只见于印度。[②]

由于分布范围广大，这一创世神话在欧美早已成为神话研究的一个重要课题，汤普逊（Stith Thompson）的《民间文学母题索引》（索引含神话及传说类，共六巨册），其中的"A"类神话部分，就有几条和本文所论有关的母题。为说明方便，且将这几条列举于下：

A.810　原水（Primal Water），当初世界只是一片水或全部为水所淹盖。

A.811　大地从原水中带上来。

A.812　大地潜水者（Earth-diver）（即本文行文指称的捞泥造陆）。在原水之上，造物者派动物到水中捞泥上来，以之生成大地。

在 A.812 之下的一个亚型，即 A.812.1，大地潜水者是魔鬼（Devil as Earth-diver），

---

① 李道和：《昆仑：鲧禹所造之大地》，载《民间文学论坛》1990 年第 4 期。叶舒宪：《中国神话哲学》，中国社会科学出版社 1992 年版，第 317—363 页。

② Uno Holmberg, *The Mythology of All Races*, Vol. IV. *Finno-Ugric*, *Siberian*, New York：Cooper Square Publishers, Inc., 1964, p. 328. 而古代印度的这一神话，似乎是指毗湿努（Vishnu）率众神从深水中引出大地的事，参见 Theodor H. Gaster, *Myth*, *Legend and Custom in the Old Testament*, New York：Harper & Row Publishers, 1969, p. 3.

他私藏了一部分泥土。和本文最有直接关系的就是 A.812 和 A.812.1 两型。

不论在神话或民间故事中,母题(Motif)不等于类型(Type),这是研究者都知道的事。但是有时候一个单一的母题就构成一个独立的故事,可以成为一个类型,也是不容否认的事实。在此我们就借引这种观念,称 A.812 是这个类型的原型,A.812.1 则是这个类型的亚型。

虽然说捞泥造陆神话由于分布范围广大,其中会有许多变异的异文自是正常,但是大体说来,却又可概括地分为 A.812 和 A.812.1 两大类型。而两大类型中的 A.812,不含上帝或神佛与恶魔等二元对立观念;A.812.1 则强调神、魔二元对立的观念。A.812 分布于大部分或可以说几乎全部的北美印第安人地区,以及亚洲的部分西伯利亚、东亚地区。强调二元对立的 A.812.1 则只见于欧亚旧大陆。

汤普逊之所以会以不含神魔二元对立的神话为原型,应当是认定这就是这一神话的原始样貌。而强调神魔对立的 A.812.1 之所以被列为亚型,也就等于说明了他以之为后起的想法。

虽然说这一神话起源于何时何地,各家有不同的猜测,至今莫衷一是。[1] 但其较早形态,应当就是未含二元对立因素的 A.812 类型,则是许多研究者的共同看法,不只汤普逊有此观点而已。[2] 而由这一神话传布的广泛,远从东欧以至北美印第安人区,可以推知这是一个非常古老的神话。当初它的流传情形如何已不可知,但必然起源很早,久经流传,才会既在欧亚大陆流传,又在白令海峡彼岸的北美大陆流传。[3]

后来,在欧亚旧大陆不确知什么时候渐渐产生了二元对立的认知体系,这种认知模式表现在和宗教信仰有关的方面特别的鲜明。上帝或神、佛等代表善与正义,对立面就是恶与邪的魔鬼等。一方面是光明,一方面就是黑暗。在许多捞泥造陆神话还没消失的地方,它的流传发展很自然地就和二元对立的观念相互结合。神话的流传会吸收新的文化要素是很正常的事情。这种结合就产生了 A.812.1 类型,强调二元对立要素的类型。前文引录大林太良转述的神话内容,就是典型的只见于欧亚大陆的强调神、魔二元对立的类型。地理上相对隔绝的北美大陆,就未见这一类型神话的流传。欧洲人移民新大陆带来上帝和魔鬼二元对立的观念,已经是较为晚近的事,所以北美

---

① 如前引大林太良《神话学入门》第 52 页以为这种神话是"狩猎民族创造的世界潜水神话",Anna B. Rooth, *The Creation Myths of the North American Indians* 一文以为这类神话起源于东亚沿海,该文收于 Alan Dundes ed., *Sacred Narrative*, p.170。而前引 *The Mythology of All Races*, Vol. IV, *Finno-Ugric*, *Siberian*, p. 322,则以为这种神话起源于近东地区。另外,从性心理分析的观点提出解释的,对于这种神话的起源及特性,更有不同的看法,参看如下资料:Marta Weigle, *Creation and Procreation*, Philadelphia:Univ. of Pennsylvania Press, 1989, p. 69. Alan Dundes, "Earth-Diver: Creation of the Mythopoetic Male," in *Sacred Narrative*, ed. by Alan Dundes, Berkeley:Univ. of California Press, 1984, pp. 270-290.

② Uno Holmberg, *The Mythology of All Races*, Vol. IV, *Finno-Ugric*, *Siberian*, New York:Cooper Square Publishers, Inc., 1964, p. 324-325. Joseph Campbell, *The Masks of God*: *Primitive Mythology*, London:Penguin Books, 1978, p. 275. 以上二书亦皆以为二元对立之这类神话乃后起者。

③ Marta Weigle, *Creation and Procreation*, Philadelphia:Univ. of Pennsylvania Press, 1989, p. 67.

印第安流传的捞泥造陆神话,并未和这种二元对立的观念有什么结合。

北美印第安人流传的捞泥造陆神话,依照美国神话学者的介绍,主要内容如下:

> 创世之初,文化英雄叫动物们相继潜入原水或洪水之中,寻取一点泥或沙,以便造出大地。各种野兽、鸟类、水生动物,被遣入淹没大地的水中。一只接着一只的动物失败了,最后一只才获得成功。可是它浮上水面时已累得半死,仅在指爪中捞到一点点泥或沙。这只成功的动物有麝鼠、海狸,或者地狱潜鸟、小龙虾、水貂等不同的说法。在许多动物相继失败之后,它成功的捞上来一小撮的泥土。这小撮泥土放在水面上,就神奇地扩展成当今这样的大地。[1]

在这里我们看到了它和大林太良介绍的欧亚地区代表类型的差异。其中主要的不同在于北美地区的神话没有造物主(神或上帝)与潜水捞泥者的对立,也没有潜水捞泥者私藏泥土,因而被处罚的母题。这也就是说在这一地区流传的神话,也就是 A. 812 型,是没有善恶二元对立,没有罪与罚的观念的。[2] 这些观念是欧亚大陆地区在神话流传过程中,因应新的文化观念所产生的新的要素。

然而在欧亚大陆也并不是所有地区的这一神话都已完全变成 A. 812. 1 这一强调二元对立的类型。在比较不受基督教或佛教及其他体系化宗教影响的地区,特别是在西伯利亚地方的一些原住民,学者们仍然采集到不少保留或接近 A. 812 这一原型的神话。为了能使问题得到更清楚的讨论,现在将北亚地区未含二元对立的这一类神话,择要作一介绍:

> 当初世界只有一片原水,没有陆地,造物者(大萨满或其他神)和一些水禽盘旋水上,无歇脚处,他叫潜鸟到水下取土,潜鸟下水几次,好不容易才口中含少量泥土,浮出水面,造物者将取上来的泥土铺在水上,泥土长大,造出了浮在水上的大地。[3]

这就是保留着较早期原型的神话,既没有二元对立,也没有罪与罚。不只没有罪与罚,有的神话还特别提到造物者为感谢潜水捞泥的潜鸟,就赐福给他,对它说:"你将有许多后代,而且将永远可以在水中潜游。"神话借此顺便说明了这种水鸟之

---

① Alan Dundes, " Earth-Diver: Creation of the Mythopoetic Male," *in* Sacred Narrative, *ed. by Alan Dundes*, *Berkeley: Univ. of California Press*, 1984, p. 277.

② 在北美印第安人地区的这类神话,也有天上掉下来的女人在让动物们捞泥造陆之后,不久这个女人生了两个儿子、一善一恶、相互对立的故事,但这和造陆之时的二元对立是不同的。参考以下资料:雷蒙德·范·奥弗编:《太阳之歌——世界各地创世神话》,毛天祜译,中国人民大学出版社 1989 年版,第 48、66 页。Hartley B. Alexander, *The Mythology of All Races*, Vol. X, *North American*, New York: Cooper Square Publishers, Inc., 1964, p.36.

③ Uno Holmberg, *The Mythology of All Races*, Vol. IV. *Finno-Ugric*, *Siberian*, New York: Cooper Square Publishers, Inc., 1964, pp. 323-325.

所以具有深潜水中能力的缘由。① 由这一点来看，这一类神话的早期形态应当是不含二元对立这一要素，是可以更加确定的。

但是这一类神话中扮演入水捞泥角色的，并不是只有以上提到的水鸟或海狸、水貂等几种动物而已。其他能潜入水中而又出于水上陆上的动物，也都可能。不论在欧亚大陆或北美地区，乌龟以及蛙之属便都在其中扮演了重要的角色。北美地区有的神话就说，许多水鸟、水兽入水之后都捞不到泥，只有乌龟发现最后下水的蛙（或说蟾蜍）口中含有泥，于是造物者从蛙口中取出泥，放在龟的背上，土地就在龟的背上逐渐生长，成了如今的大地。当今的大地就是由龟驮负着浮在水上的。②

西伯利亚布里亚特人（Buriats）以及邻近地区的一些民族中流传的神话，或者说造物者将龟背朝下，在它的腹部放上泥土，造出大地；或者说神发现龟自水中取来泥土，神将这泥土放在蛙的腹上，造出大地；或者说神取来泥土放在龟背上，造出大地；等等。③ 相近的神话在中国境内的一些少数民族之中，其实也都还有所流传，主要的角色同样是龟或蛙一类。④

后来在二元对立观念的影响下，某些欧亚地区的这一捞泥造世神话，就有了改变。原始的造物者（早期有的也还是动物形）被转化成上帝、神、佛，入水捞泥者被转化成和神佛对抗的角色。当然对抗的强弱，也因流传地区的不同而有个别的差异。有的地区，就像前文引述的大林太良所介绍的内容一样，那个入水捞泥的角色就直接被说成是"最早的人（或者是恶魔）"，而不说是水鸟水兽，一开始二元对立的形态就很明显。

有研究者认为，二元对立的母题之所以会攀附上捞泥造陆神话，可能是早期某些地区的这一神话就已隐含二元对立的要素。研究者指出，在采集到的布里亚特人的一个异文中，潜鸟下水捞泥时，曾受到螃蟹的威胁。螃蟹要潜鸟回去，因为螃蟹认为水中根本没有泥土。螃蟹说如果潜鸟不回去，而继续搜寻的话，就要用利剪杀死它。潜鸟受到威胁，感到害怕，但是后来还是在神的祝福下，再度下水，终于取出一点泥土，造出大地。

研究者以为像这个异文中的螃蟹，就可能发展成后来二元对立的魔鬼一方。⑤但是由于后来神话中二元对立的双方是造物者和潜水捞泥者本身，而不是另外有一

① Uno Holmberg, *The Mythology of All Races*, Vol. IV. *Finno-Ugric*, *Siberian*, New York：Cooper Square Publishers, Inc. , 1964, p. 324.

② Uno Holmberg, *The Mythology of All Races*, Vol. IV. *Finno-Ugric*, *Siberian*, New York：Cooper Square Publishers, Inc. , 1964, p. 327.

③ Uno Holmberg, *The Mythology of All Races*, Vol. IV. *Finno-Ugric*, *Siberian*, New York：Cooper Square Publishers, Inc. , 1964, p. 327.

④ 满都呼主编：《中国阿尔泰语系诸民族神话故事》，民族出版社 1997 年版，第 148、207、208、300 页。

⑤ Uno Holmberg, *The Mythology of All Races*, Vol. IV. *Finno-Ugric*, *Siberian*, New York：Cooper Square Publishers, Inc. , 1964, p. 325.

个破坏的第三者，因此这个说法的正确性，就有颇可置疑之处。但由于这个问题不是本论文的重点所在，所以可以不再深论。重要的是后来在许多地区流传的神话，就变成了强调二元对立的这一形态。

在这些强调二元对立的神话中，通常还另外有一个相应的母题，即造物者（上帝或神、佛）用潜水者取出的泥土造成的是平坦的大地，而那心怀不轨、私藏泥土的潜水者，最后被迫不得不交出或吐出泥土，放在大地上就成了沼泽地或山谷等不平的土地。有的甚至说佛以土造陆，魔以土造洞，洞中多毒蛇；或者说魔想颠覆上帝所造的大地，不能成功，于是在地上造出各种毒蛇猛兽。总之，是在捞泥造地之外，又解释了何以大地会坎坷不平，或何以会有不好的各种毒物的缘由。①

相应于以上这个特点的，强调二元对立的神话通常还有一个常见的母题，就是造物者对私藏泥土的潜水捞者的处罚。神话中一般是说潜水者之所以会私藏泥土，即已显现其有自大之心及邪恶之念，而未经造物者同意（也就是不待帝命）而私藏泥土，即等于偷窃，造物者因此将他打入地底深渊，让他永世在下。有的神话说，从此他就成了地底死亡世界的统治者，也就是撒旦。②

这种因私心作祟使大地坎坷不平，以及相应的罪与罚的母题，在早期的 A. 812 原型神话中，都是没有的。

四

以上用稍多的笔墨来介绍捞泥造陆的创世神话，目的当然在于为鲧、禹神话的重新解读，提供一个较为翔实可靠的背景。而虽然鲧、禹最终还须合论，但初步分开讨论，有其资料处理上的方便，因此在此重点仍是先从鲧讨论起。

由以上介绍，综合而观，这一捞泥造陆的创世神话，大概可归纳出几个重要母题：

1. 当初世界只有一片原水，没有陆地。

2. 造物者让动物进入水中取泥或土，以便造地。

3. 动物相继入水，一个个先后失败，最后一个才在口中或爪子里衔着或抓着一小块泥上来。

4. 造物者把捞上来的这一小块泥土放在水面上，由于这是会生长不息的泥土，因此就长成如今这样的大地。

以上就是构成捞泥造陆神话的基本母题，一个完整的神话记录，大概都会有这四项。而另外有的神话则会在第四项上稍有变异。神话中不是说造物者把泥土直接

---

① Uno Holmberg, *The Mythology of All Races*, Vol. IV. *Finno-Ugric*, *Siberian*, New York：Cooper Square Publishers, Inc., 1964, pp. 34-320.

② Uno Holmberg, *The Mythology of All Races*, Vol. IV. *Finno-Ugric*, *Siberian*, New York：Cooper Square Publishers, Inc., 1964, p. 16.

放在水面上，而是把泥土放在龟的背上，长成大地，从此龟就驮负着大地。有的则是说把土放在蛙或蟾蜍的腹上，长成大地。汤普逊的母题索引 A.815，大地立在龟背上就是这一类。在此我们可以把这样的一个母题列为 4.1 如下：

4.1　造物者把捞上来的泥土放在龟背上，长成大地，从此龟就驮负着大地。

不含二元对立的捞泥造陆神话，常见的重要母题就是以上四项。强调二元对立的神话，在此之外，更有如下几个母题：

5. 潜水捞泥者只把部分泥土给造物者，自己私藏一块，由于泥土会长大，藏不住，被造物者发现，命他交出。

6. 私藏的泥土撒在造物者已经造成的平坦大地上，就成了山谷或沼泽等不平之地。

7. 造物者见潜水捞泥者既偷窃又自大，就将之罚入地底深渊之中。

笔者之所以抱持着和大林太良相同的看法，以为鲧原来就是捞泥造陆的神话角色之一，原因就在于鲧窃息壤神话，虽然记录保存已非神话本来面目，但原来神话中的重要母题，却都依然可寻。只不过由于中国古代到了文献进入稍为系统整理的时代，也就是春秋时期前后，主流文化早已是以现实关怀为重心，以历史论证为依傍的时代。"不语怪力乱神"不只是后来才成为儒者着述的圭臬，早期的诸子百家，也同样的从来就不曾在意"怪力乱神"，除非可以拿来当作自家理论的论证之所需。也就因此而即使像《山海经》、《楚辞》等较不受当时中原主流文化拘束的作品，虽然保存了较多的古神话的资料，但那些资料，如非仅存吉光片羽，就是在长期历史化的侵蚀之下，而面目难辨。也就是说《山海经》、《楚辞》等虽然保有较多古神话的资料，但因为都属战国中后期结集的著作，因此其中记存的神话，已难免是长久向传说化、历史化倾斜之后的资料。因此若要从中识取神话本来面目，就只好重新爬梳清理。而笔者认为从各地神话中常见的相似母题来作对比分析，是很有启发性的方法。

但是在从母题的对比分析来确认鲧的本相之前，还是需要将一些相关的观念加以澄清。首先是"鲧窃息壤，以埋洪水"，表面上似乎以"洪水"的观念来解读，也可以通的，因为世间本来就有洪水神话。袁珂就是从这个观点来看这个神话的，他的部分意见，如以鲧比拟普罗米修斯的部分前文已经引述，在此不必再谈。但是现在还是可以借着他对"洪水"本质的认识来谈这个问题。

洪水神话是在世界各地流传很普遍的神话，其中最主要的类型就是基督教圣经《旧约》所记的诺亚方舟型的洪水神话，代表的是人类的毁灭与再造。这一类型在中国各地也保存很多，就是"伏羲、女娲兄妹洪水厥遗，再生人类"的神话，这是属于创世纪阶段的洪水神话。

此外，和创世纪有关，也和"大水"有关的神话，就是本文论题重点所在的捞泥造陆神话。只不过这一类神话中的水，不是淹没人类的"洪水"，而是世界创生之初就已存在的"原水"。

另外，和洪水有关而同样普遍流传的还有一种讲述个别地方地陷水淹，城陷为湖的传说，这种传说和创世之初的神话已大不相同，而且和本文所论也不甚相关，因此下文不再提及。①

　　和大水有关的神话或传说，普见于世的就是以上这些。袁珂以神话的观点解读"鲧窃息壤"故事，他以为鲧所对抗的即是上帝，因此神话中的洪水应当就如同《旧约》所记"耶和华见人在地上罪恶很大，就后悔造人在地上，便使洪水泛滥在地上，毁灭天下"的大洪水。② 这一个说法看似言之成理，其实大有问题。因为在中国普遍流传，至今还在境内少数民族地区广为流传的伏羲、女娲兄妹型洪水神话，就是诺亚方舟型的神话。伏羲兄妹型洪水神话即使古代记录多有不全，但近代采录资料已累积相当多，任何对神话稍有兴趣的人都能知道其中内容大概。这一类的神话中从来不见有什么特别的"英雄"盗"息壤"以止洪水的母题。不只中国各族的这一类神话中没有这个母题，全世界各地的这一类神话中也都没有。因此笔者不认为"鲧窃息壤"神话是属于诺亚方舟型的洪水神话。

　　或许有人会说难道洪水神话一定就只有几个类型，没有其他的例外？对于这个问题的回答是这样的：神话和其他民间文学一样，由于基本原则上原来是口口相传的，因此反映的通常就是群众或民族的集体共性与观念的投射，而不是个人的特性。这也就是为什么神话常见跨时空的共同母题，而少见"唯一仅见"的特例。这也是神话以及其他民间文学和作家文学很不一样的地方。我们虽然也可以从时代背景和风气来谈作家，但一个作家之所以受到肯定，却往往更在于他个人的风格和创见。

　　当然这并不就等于说全世界的神话都只有共性，而无殊性，因为例如希腊神话、印度神话、中国神话就各有各的民族风格是很清楚的。只不过这个表现各民族不同风格的神话，往往是就民族神话的整体性而言的，若就其中单一神话而言，如宇宙创造、人类由来等创世的基本项目而言，常见的仍是基本的一些母题，不同的是细节的变异。越是原生的神话，特别是口传的神话，共同性越大，相似的母题越常见；越是衍生的神话，特别是经过文字整理的神话，就更见出各民族不同的特性。

　　我们现在尝试的就是鲧、禹神话的推原工作，要从历史化构思的文字迷雾中找寻神话的本来面貌，就得想办法看到文字表象的背后。在这种情形下，从神话母题的对比中来寻找见证，就是一个很有用的法门。因为神话的传说化或历史化，初期的阶段一定还是从原有的母题特性去生发、联想而后转化。也就因此，而笔者认为"鲧窃息壤"神话，原来不可能是诺亚方舟型的洪水神话（在中国的相应神话就是伏羲兄妹洪水厥遗神话），因为其中除了"洪水"是共同的母题之外，其他神话构

---

　　① 有关世界各地洪水神话资料齐全，很可参考者为弗雷泽之以下著作：James G. Frazer, *Folk-lore in the Old Testament*, London：MacMillan & Co., 1919, pp. 104-360。弗雷泽该书以各地诺亚方舟型洪水神话为主，但也包含捞泥造陆神话，特别是北美印第安人的资料部分。关于个别的、小地方的洪水传说，笔者本人有《邛都老姥与历阳姬故事研究》一文，即论中国古来陷湖沉城传说。
　　② 袁珂：《中国神话通论》，巴蜀书社 1993 年版，第 252 页。

成的重要母题，都毫无相通之处。

相对而言，捞泥造陆神话，特别是欧亚地区广为流传的，强调二元对立的类型，就和"鲧窃息壤"神话，有着不少相同的母题。只不过原来大地未形成之先的太初"原水"，在鲧的神话中变成了"洪水"，稍有不同，因而创世神话有转而成为洪水神话的趋向而已。其余母题，即使或也稍有转化，但原本特点，却总还清晰可辨。其中第一个重要的代表母题当然就是"偷窃息壤"。为了使对比讨论更加清楚，我们可将这一母题再为细分，先说"息壤"，再说"偷窃"。

息壤就是会生长不息的土壤，[①] 在中国的神话中，以古代文献来考察，这一母题似乎唯一仅见，因此显得非常的特别。但是如果把它放在"捞泥造陆"神话的背景下来看，却不会觉得有什么特别，因为在横跨北半球的欧、亚、北美大陆，到处流传着用"生长不息的土造出大地"的创世神话。息壤既是属于这一广大神话文化圈的常见观念，地处这一文化圈中的中国，其中的"息壤"应当不会是另外生发，别有他意的神话母题。其底层本来也应当就是这一共同文化圈中的"捞泥造陆"神话。

我们之所以可以作此认定，当然不只"息壤"这一非常特别的母题而已，接下来的其他连续母题，也都指向它原来就是欧亚大陆流传的，强调二元对立的捞泥造陆神话。在这一类型神话中，潜水捞泥者除了交出一部分"息壤"给造物者之外，还别怀私心地私藏了一小块。这一私藏的动作，当然没经过造物者的同意。这种动作的强化说法，便是"不待帝命"而"偷窃"。"鲧窃息壤，以堙洪水，不待帝命"，就是这么转化出来的。

"不待帝命"在统治者至尊、上帝至尊的威权观念底下，实际上就代表了抗命，是犯罪的行为，因为这触犯了权威。加上"偷窃"了只有上帝能够拥有的"息壤"，当然就罪加一等，因此接下来的当然就是处罚。捞泥造陆神话中，上帝对私藏泥土者的处罚是把他打入地底深渊。在鲧的神话中，鲧被杀于北极之阴，不见天日的羽渊。[②] 实际也就是被罚于幽冥地府的深渊。两者的母题，正复相似。

由以上的对比解说，我们大概可以确认，鲧的神话，原来就是流传于欧亚大陆，强调二元对立的捞泥造陆神话，因为从母题的连续构成对比中，其相似重叠之处，

①《山海经·海内经》记"鲧窃息壤"条，郭璞注：息壤者，言土自长息无限。至于为何会有这种生长不息的土壤这样的观念，有各种不同的说法，譬如：Alan Dundes 以为这种观念是由人类粪便排泄联想而来，因为这排泄物总是由小变大，而其性质又与泥土相近，因此而有息壤创世等观念。见 Alan Dundes, "Earth-Diver: Creation of the Mythopoetic Male," in *Sacred Narrative*, ed. by Alan Dundes, p. 280. 叶舒宪则以为是上帝用吹气的方式把生命灵魂赋予泥土，使其成为有神秘力量的泥土，这就是息壤观念的由来。见叶舒宪《中国神话哲学》第 358 页。这些不同解说不论确有所见或仍待商榷，以其非本文重点，故但为引述不作申论。

② 羽山、羽渊、羽郊，为古书中所谓鲧被殛之处，学者已经考证，即北极之阴的地下黄泉，见以下资料：袁珂《中国神话通论》，巴蜀书社 1993 年版，第 253 页；李道和《昆仑：鲧禹所造之大地》，载《民间文学论坛》1990 年第 4 期，第 18 页。

如此之多，要说二者没有关系，实际上是很难的。

五

前引李道和《昆仑：鲧禹所造之大地》一文，在重点论述鲧之神话与捞泥造陆神话的关系之后，接着指称鲧被殛羽山，或"永遏在羽山"，就是被罚"在地下永远托举大地之意"。因为"鲧字从鱼，为鱼身"，"鲧又作鲧，即玄鱼合字"，"还有说鲧是鳖的"，"又有说他是龙的"。"要之鱼、鳖、龙都是水中动物，可以推知就是先潜水带土，后托负大地的神。"①

中国各族至今普见流传大地是浮在水上，由龟、鳖、鱼、牛之属托负的神话，②但是鲧的神话，是否和这一种神话观念有关，却还需要更多的论据才能证明。首先，从神话资料所见的各地捞泥造陆神话中，那些明白指出造物者把泥土放龟、蛙之类身上，生长成大地，大地因此是由龟、蛙之类驮负的神话，绝大部分都不是二元对立的类型。也就是说，那些神话中造物者把泥土（息壤）放在龟等身上，长出大地，并不是对龟等的处罚。而那些包含罪与罚的类型，也只强调把私藏泥土者（后来常被转化强调为恶魔）打入地底深渊，有的说他后来成了幽冥之主，并没有说把他罚作大地的驮负者。这两类神话，前文引证论述时，都已各引有例证，在此不必再行重复引述。

因此，即使鲧可能真的后来就是被罚入地底水中，永为托负大地的驮兽，但是在做这样的认定之前，一定要有更为充分的论证。否则但以中国"古代又有鳖托大地神话"，而鲧死后"永遏在羽山"，这样的观点，就直接指出鲧"其实是在地下永远托举大地"③ 是比较不具说服力的。

六

除了鲧之外，李道和的文章也一并讨论了禹的问题。论鲧而并及于禹是正确的做法，只不过他对禹的论述，大有问题。

他以为"禹身也为鱼、龙"，"身为水物的禹也该和其父一样是托地神"。不论禹是否本为鱼或龙，要证明他也是托地之神，却绝对不能只是因为"身为水物"，就确认他和鲧一样也是托地之神，④ 这样的推论未免太过牵强。而且如果说鲧是因为"窃息壤"而被罚为大地的驮负者，而禹又为什么也成了同样的大地驮负者？并且，同样一块大地，为什么既已有鲧来驮，又会需要禹来驮？世界各地虽然屡见大地驮负者神话，却少有一个神话说大地是由两只驮兽同时驮负着的。因此，以为鲧、

① 李道和：《昆仑：鲧禹所造之大地》，载《民间文学论坛》1990 年第 4 期，第 15 页。
② 陶阳、钟秀编：《中国创世神话》，上海人民出版社 1989 年版，第 172—175 页。
③ 李道和：《昆仑：鲧禹所造之大地》，载《民间文学论坛》1990 年第 4 期，第 15 页。
④ 李道和：《昆仑：鲧禹所造之大地》，载《民间文学论坛》1990 年第 4 期，第 15 页。

禹同时是大地驮负者的说法，是难以成立的。

从比较神话学的观点来看，我们从捞泥造陆神话中看到了鲧的原形，再经仔细翻寻，就会发现原来禹的身影也在其中，不过他扮演的是和鲧很不相同的角色。

在历史化了的有关禹的文献中，禹是治水成功的典范。而他治水之所以成功，除了任劳任怨的努力之外，更由于所用方法得当。他用的是所谓疏导的方法，和鲧正好形成对比，鲧用的方法是所谓的防堵。这是历史化体系已经确定了之后，禹的定位。

其实，从更早一点的资料，也就是历史化定位之前的记载来看，禹的治水，用的也是和鲧一样的填堵之法。而且，如果更仔细地检验一下那些还保留古神话特质的资料，我们就会发现，资料所说的其实不是"治理洪水"，而是另有其事。经由神话母题的对比研究，禹的神话本相也就隐然而现。原来禹就是捞泥造陆神话中，那位把入水捞泥者取上来的泥土（息壤）铺在水上，造出大地的造物者。

《诗经·商颂·长发》："洪水芒芒，禹敷下土方。"在芒芒大水之上，敷下土方，即铺上泥土的说法，大概就是在一片原水之上，铺上可生长的泥土，造出大地的古神话遗存。这里所说的，比较不可能是治理洪水的事，因为接着的下文"外大国是疆，幅陨既长"，据郑玄注解"外"指的是"诸夏"所在之地之意。[1] 因此这里的意思应当是说"禹敷下土方之后，有了大地，幅员广大，我们在这里建立了国家"。也就是说因为禹铺下土方，造出广大的土地，人们才可以生息繁衍其上。

《山海经·海内经》："禹、鲧是始布土，均定九州。"这一句话的前后文，都和洪水无关，也和鲧、禹其他事迹无关，因此这一句话显得有点特别，我们也只能把它当作一段独立的叙述话语。

所谓的"始布土"，对照《诗经·长发》的内容，以及从捞泥造陆的神话观点来看，我们可以知道，这就是神话中把捞上来的息土铺放水面上的意思。而"九州"在古代原来指的就是"天下"的意思，因此"均定九州"的原意便是"从此便有天下大地，有了九州"。[2]

又《海内经》中"鲧窃息壤"一节，在鲧被杀之后，有"鲧复生禹，帝乃命禹卒布土以定九州"一段。这一段鲧禹关系，当然已是牵扯到后来衍生的观念，其中复杂的关系，不是此处论述重点，可暂不论。重要的是虽然禹已经被当作了鲧之所生，但他的主要事迹，却仍然是"布土以定九州"，也就是敷下土方造出大地的意

---

① （汉）郑玄笺注，（唐）孔颖达疏：《毛诗正义》，艺文印书馆 1965 年影印《十三经注疏》本，第800 页。

② 袁珂：《山海经校注》，上海古籍出版社 1980 年版，第 469 页。按《天问》有"禹之力献功，降省下土四方"之句，当亦同样指禹之伟大功绩，在于铺下泥土，造出广大陆地之意。而九州之意，据姜亮夫《九州说》所考，"九"非数名，乃"冀"之音转，冀州即九州，即中州。参见姜亮夫：《古史学论文集》，上海古籍出版社 1996 年版，第 222 页。又，据叶舒宪《中国神话哲学》中所考，"州"字造字本意是"大水中有块陆地"之意，反映的是息壤造陆的观念，其说颇有启发，可为互证。见该书第 352 页。

思。只不过这里的禹变成受命于超越存在的"帝",而不是自己实行"布土"动作的人。这已是后来把禹转化为历史人物趋向的一个阶段性现象。

笔者之所以敢于提出禹是捞泥造陆神话中之造物者的说法,当然不只是因为有"敷下土方"、"以定九州"这样的记载,其他上古文献中,可以引以为证的资料,可能才是更为有力的证明。

原来在"禹定九州"之外,《山海经·海外东经》又有如下的记载:"帝命竖亥步,自东极至于西极,五亿十万九千八百步。竖亥右手把算,左手指青丘北。一曰禹命竖亥。一曰五亿十万九千八百步。"① 相似的记载在《淮南子·地形篇》,其中说:"禹乃使太章步自东极至于西极,二亿三万三千五百里七十五步;使竖亥步自北极至于南极,二亿三万三千五百里七十五步。"② 相对照之下,《海外东经》中"帝命竖亥"中的"帝",应当就是"禹"。

这样的资料乍看之下,没有人会觉得和捞泥造陆神话有什么关系,但是只要细读相关资料,就会发现原来派人丈量大地,以确定天下幅员大小,早在捞泥造陆神话中即已有之,而且是神话中一个重要的母题,至今有些地区的神话还保留了这一个母题。依前文已列母题次第,我们也可以把这个母题定为第 8 个母题。在这些神话中,相关的大意是说:造物者将入水捞泥者捞上来的泥铺在水面上,生长成大地之后,因为大地很大,造物者的眼睛已经看不到大地的边缘,为了知道大地的大小,就派一个人或动物沿着新创造的土地走一圈,查看陆地的规模大小,有时候是造物者亲自绕陆地巡视一圈。③

禹"敷下土方"、"均定九州"之后,派竖亥或太章出去步量天下幅员大小的作为,和捞泥造陆神话中造物者造出大地之后,派人(神话中或是动物)丈量所造土地大小的母题,实在是同出一辙。二者之间为同一类型神话的关系,已很清楚。而且在古代的观念里,大概也只有具造物者身份的人物,才有资格叫人步量天下,也唯有知道天下广狭的人,才配称天下之主。

由以上的说明,我们可以知道禹和鲧一样,原来也是捞泥造陆神话的一个角色。只不过神话中的配对,和后来历史化之后的配对,关系大不相同。从古文献遗存的神话,我们看到了禹原是捞泥造陆神话中的那位造物者,而鲧则是那位入水捞泥者。这样的关系,何以后来会被转化成一顽一贤的父子关系,是另一个复杂的问题,我们将于下文再稍作讨论。

---

① 袁珂:《山海经校注》,上海古籍出版社 1980 年版,第 258 页。

② (汉)刘安撰,刘文典集解:《淮南鸿烈集解》卷四,台湾商务印书馆 1974 年版,第 26 页。

③ Uno Holmberg, *The Mythology of All Races*, Vol. IV. *Finno-Ugric*, *Siberian*, New York: Cooper Square Publishers, Inc., 1964, p. 326. Anna B. Rooth, "The Creation Myths of the North American Indians", in *Sacred Narrative*, ed. by Alan Dundes, Berkeley: Univ. of California Press, 1984, p. 169. James G. Frazer, *Folk-lore in the Old Testament*, London: Macmillan & co., 1919, p. 306.

七

在古代文献中讲述鲧、禹事迹，而保留较多神话色彩的还有《楚辞·天问》一篇。而因为《天问》所记，上从天文，下至地理、历史，牵涉问题颇为广泛，而且其中多的是古来失传已久的神话、传说，很难对证求解。因此历来解《楚辞》者，多半以为《天问》最难解读。特别是在讲天文星象之后有关鲧、禹的那一个段落。

《天问》中有关鲧、禹的部分，虽然小部分已受历史化趋势的影响，但从"不任汩鸿"以下至"其衍几何"一段，却大部分保留了神话的内涵。但是，由于以前的研究者往往受到鲧、禹为历史人物成说的局限，不知原来的神话特质，因此对这一充满神话色彩的段落，就感到索解为难。而由于但知有历史，不知有神话，因此以为这一段必为错简，须移置有夏历史段落中方能解读者，更所在多有。① 但是这种移文解经的工作，却常常迷糊了真相，最终还是不得真解。以下，我们就试着从捞泥造陆神话来了解《天问》所载这一段鲧、禹事迹，看看是否能有更切近本意的认识。这一段落，是紧接在首段讲述天文星象问题之后，从"不任汩鸿，师何以尚之?"以至"南北顺䲺，其衍几何?"这一大段，其实正是循着正常的叙述次序，紧接着天体万象之后，讲述大地由来的段落，可是以前的学者往往昧于"历史"的成见，却反而认为屈原何以但知谈天，不知言地，如孙作云《天问研究》讨论到这一段文字时就说："屈原在问到大地时，不问大地如何形成，不言神造大地，而首先问鲧、禹如何治水。"② 这就是很不正确的说法。其实这一段讨论的正是大地如何形成的问题，是宇宙天地生成的创世神话中很重要的一部分。《天问》先论天，接着论地，叙述结构次第完全正常，本文既无错简，应当也无脱漏。虽然神话的流传本身会有所变异，战国时传下至今的文本，多少会受历史化等因素影响，更或难免，但这一段文字，从捞泥造陆神话观点来看，仍能大致看到作为神话人物的鲧、禹的本相。底下就试着从这一神话观点，依文字先后，逐段对照，来探看其中可能的意涵。

> 不任汩鸿，师何以尚之，金曰何忧，何不课而行之?

这几句话的意思，大约就是神话中所说：当初只有一片原水，没有陆地，造物者（早期的神话中，他也是动物形态的，后来才发展成人形的神或上帝）和一群水鸟或水兽都只能浮在空中或水上，很不方便，很觉苦恼，于是造物者问大家怎么办，谁有办法到水下寻找看有没有泥土。大家互相说，一定有办法，不必忧烦，何不就让大家依次下去?

> 鸱龟曳衔，鲧何听焉? 顺欲成功，帝何刑焉? 永遏在羽山，夫何三年

---

① 以下诸著作，皆以为该段落乃夏史部分之错简者：台静农《楚辞天问新笺》，艺文印书馆 1972 年版；苏雪林《天问正简》，文津出版社 1992 年版；金开诚、董洪利、高路明《屈原集校注》，中华书局 1996 年版。

② 孙作云：《天问研究》，中华书局 1989 年版，第 140 页。

不施？

这几句的意思，在神话中大约就等于：鸱（按，此字今指猫头鹰一类，而非水鸟，但据《说文解字》古代"鸱鸠"为联用词，鸠又写作鹈，即鹈鹕，一种大嘴的水鸟，鸱字若非误字，亦当原指如鹈鹕一类水鸟而言）和龟先后下到水中去，或用爪捞，或用口衔，看是否能捞或衔到一点泥土（大概都没捞到）。鲧跟在他们之后也依照指示下到水里去了。他按照造物者的希望，成功地取上了泥土，可是为什么造物者（上帝）却又处罚他，将他永远地罚在地底深渊的羽山之下，一年又一年，却总不放了他？

　　伯禹愎鲧，夫何以变化？纂就前绪，遂成考功。何续初继业，而厥谋
不同？

这几句中历来最以难解的就是首句的"伯禹愎鲧"，研究者多半以为"愎"字当是"腹"字，并认为这是指鲧生下禹之意。[①] 按这一段是说禹改变了方式，终于造地成功之意，不论是"腹"字或"愎"字，在神话中原来也都可以找到相关可以互为呼应的母题。在中国部分少数民族地区及西伯利亚一带流传的造物者将泥放在龟或蛙的腹上，终于造出大地的神话，可能就是"伯禹腹鲧"的意思。而在这一类神话中，那只蛙（或其他动物）常常是首先反抗，不愿抱住泥土，造物者生气，就用箭射它，它才不得不遵命。从这一个观点来看，这种行为实是逼迫他人，可能就是这里"愎"的意思。

这几句话的意思因此可以解读为：后来又有不同的说法，说大禹这位造物者逼迫鲧，将土放在鲧的腹上，造出大地。这种说法是有所不同，是改变了方式，但仍是继续造陆的工作，最后还是成功了。为什么同样是创造大地，而会有种种不同的说法？

　　洪泉极深，何以窴之？地方九则，何以坟之？河海应龙，何尽何历？

这几句的意思，依照神话的观点来看，应当就是说：当初一片那么深的洪水，是用什么放在上面，造出如今的大地？大地深厚广大，是怎么填高起来的？其中"河海应龙，何尽何历"，历来从文字校勘到辞意解说，亦甚纷纭。但如果以神话中有造物者叫人（或动物）丈量所造陆地大小的母题来作参考，这或许说的就是："应龙丈量大地，尽头在何处？所经历的地方有多长？"的意思。

　　鲧何所营，禹何所成？康回凭怒，地何故以东南倾？九州安错？川谷
何洿？东流不溢，孰知其故？东南西北，其修孰多？南北顺楯，其衍几何？

这几句，不只讲到鲧、禹所造大地，并提到九州大地何以西北高、东南低，水多往东南流的地形特性。这一部分和造陆神话原不相干，但由于问到大地长短，与捞泥造陆神话亦有关系，因此也就要同时论及。这几句话的意思原来应当指的是：这个大地是经过鲧怎么辛苦，禹怎么用心才造成的，谁知又怎么康回（共工）一

_____

① 金开诚、董洪利、高路明：《屈原集校注》，中华书局 1996 年版，第 308 页。

怒,撞了撑天柱,就把大地弄倾斜了,河川因此一直往东流,而东海水为什么都不会满出来?谁知道其中原因?这个大地东南西北的长短有多少?南北幅员绵延有多大?

完整的捞泥造陆神话最后是造物主派人丈量所造土地大小之后才算结束,因此,《天问》中大地长短、幅员广狭的一段,原来应当是这一神话的结尾。

《天问》所记神话,当然不像后来人类学家或民间文学工作者一样的田野调查记录,因此有些母题或细节未免模糊不清。但是,像鲧、禹一段,紧接在问天之后,问的正是创世神话中的大地起源神话,由以上解读分析,已可无疑。而这也就说明了欧亚大陆各地流传的捞泥造陆神话,在《天问》写作的当时,同样在中国大地流传着。所以《天问》在问天体天象的问题之后,接着问到大地的起源会提到鲧、禹之事,就是一件很自然的事,因为鲧、禹正是当时尚在流传的解说大地生成的捞泥造陆神话的两位主角。

八

神话是文化的反映,因此是随着文明发展的轨迹而变异的。图腾(Totem)信仰当道的时代,神话中造物者的形象就常是动物或动物形的神。后来生产方式逐渐进步,社会组织趋向复杂,人们能够借着群体组织而发挥更大的力量,人对自我的信心逐渐加强,造物者的形象也就渐渐地变成人的形象或人样的神。当然,在人间有了帝王一类观念的时候,造物者便可能就变成了上帝或至尊之神。

关于鲧、禹的最初本相,由以上的研究分析,已大致可以确认,原来他们都是捞泥造陆创世神话中的角色。而由各地同类神话的对比中得知,保存较早期特色的神话,不论是潜水捞泥者或将土铺放在水面的造物者,原来都是动物或动物形态的神,后来逐渐转化,首先是造物者转化为人形的神,后来才渐渐连入水捞泥者也被说成人。而神话中的鲧、禹当初最早原形应当是哪一类或哪一种动物,不论是从字形或字源上以及神话中,其实都已难推测确定。但对于鲧这位原初的入水捞泥者,因为其字从鱼,我们因此大体可以推定是水族或龟鳖之类,而不是水鸟。但推测也只能仅止于此而已。至于禹这位铺土水面的造物者,则更因文献所记,及神话比对,都少有线索可资推论最初可能具何种动物之形,[①] 因此笔者也就不敢强行比附。重要的是我们已经从神话中找到了他们原来的角色定位。

在此还可以一谈的倒是这样的神话人物,后来何以被转化成父子关系,并且成了"历史朝代"中的重要人物。

---

① 关于鲧、禹的本相为动物之说,自从前引顾颉刚、童书业著的《鲧禹的传说》一文以来,许多学者即多有推测,前引李道和文亦有讨论。马昌仪编《中国神话学文论选萃》,中国广播电视出版社1994年版)中,收有程蔷《鲧禹治水神话的产生和演变》、涂元济《鲧化黄龙考释》二篇文章,亦皆论及鲧、禹动物本相之事。

鲧、禹之所以被转化成历史人物，当然是历史概念形成之后，以历史替代神话，将神话人物历史化的结果。神话的超现实属性和历史的现实特质是不相容的。神话的超现实特质如何消融转化为历史的事态，并没有一定轨迹，因此我们就只能尽量地从可能的线索作推敲。

首先谈鲧、禹何以被转化成父子关系。笔者以为捞泥造陆神话中许多地方流传的造物者将泥土放在蛙或龟等动物腹上的异文，可能为后来这种转化留下了基因。在这些神话里，造物者是用强势的手段，逼迫蛙、龟等动物用腹部抱住泥土，造出大地的这个母题，在流传过程中，经文字写定，再精练成诗化文字，就可能是《天问》的"伯禹腹鲧"或"伯禹𩽾鲧"。而"伯禹腹鲧"这样的文字，对于一般未知神话背景，只能就文本求解的人来说，实在很难了解原来的本意。而古来的各种文献又已多记载鲧后来被罚羽山三年不死或不施的事，因此"腹鲧"就可能被流传成"鲧殛死，三岁不腐，副之以吴刀，是用出禹"①，成了鲧腹中生出禹这样的说法。这种说法当然是充满神异味道的。这种说法又被写成"鲧复生禹"，怪异性就减少了许多，因为"复生禹"与"腹生禹"不同，是比较中性的说法。后来，在历史化的世系定位中，鲧终于被安排成"娶有莘氏女"而生禹的"禹父"。②

另外，依按神话探原，禹既是在茫茫洪水中"敷下土方"的造物者，何以又变成治水的英雄兼朝代起始的圣王？这就要从"治水"的性质谈起。在世界各地的洪水神话中，从来没有一个神话是和人类"治水"有关的。因为"治理洪水"代表的是对现实世间的关怀，而不是天地由来或属性的认知。它是属于社会发展到一定阶段，可以用政治的手段，发动集体的力量来"疏浚"或"治理"洪水的历史时代。因此和"治水"有关的英雄事迹，就只能是偏向历史范畴的"传说"而不会是神话。

在神话中，禹是大地的创造者，因为有他，才有"九州"，因此在历史化的过程中，他就可能是"朝代"的创始者，因为有地才能有国。而神话中造物者的形象总是正面的，因此被转向历史化的时候，也就会是正面的形象。由于他和鲧在神话中既已相连出现，又都和水有关，在多水患的中原，因此将他转化为治水的英雄，相信最能将他突显成为理想中忧国忧民的圣王形象。而既已渐被转化为历史人物，因此原来"敷下土方"的造物者身份，自然也要改变。这时候上帝是天地主宰的观念已经确立，于是就有了"帝乃命禹卒布土以定九州"的说法，变成他是受上帝的命令来敷土的人。

另外，在历史被定位为朝代交替、世系轮换的时候，君王至高的权威成了不可触犯的禁忌，神话中"不待帝命"的鲧，终于被转化成敢于违抗帝命的愚顽之大

---

① 袁珂、周明编：《中国神话资料萃编》，四川省社科院 1985 年，第 240 页。所录《初学记》及《全上古三代秦汉三国六朝文》等书引《归藏》文。

② 袁珂、周明编：《中国神话资料萃编》，四川省社科院 1985 年，第 243、244 页录《世本·帝系篇》及《吴越春秋》文。

臣，也就不足为奇。因为"不待帝命"而做自己想做的事，在威权的时代，正是犯了藐视帝王权威的大忌。在帝王专制的时代，这样的形象终被形塑为愚顽之大臣，也就不足为奇。因为这种行为既触犯了上帝的权威，又违背了作为属下的忠诚原则。

后来，神话转向历史倾斜，"息壤造陆"神话本相渐失，创世之初的洪泉，成了为患人间的洪水，息壤生长成大地，成了息壤治水。而为了强调"不待帝命"者的愚顽形象，息壤治水就变成了"堙堵洪水"。这种"挡土"之法，其实在历史化的初期，也还不被当作是坏事，因为正如前述资料已经指出，早期的禹其实也是被认为是同样的用防堵之法治水的。[①] 但是后来为了强化父顽子贤的对比，就将鲧说成了只会防堵之法的愚顽之夫，所以治水无功；而禹则是聪明地用了疏导之法，才终于治平洪水，成为一代伟人。

在传统的中国，文化主流的特点是以现实的人世关怀为导向，以政治或社会伦理为依归，以"立德、立言、立功"为人生最终价值所在的。在这种情况底下，神话不可能受到重视，历史就成了生命安顿的寄托。因此许多的"历史"，特别是未有记录时代的上古历史，在重新建构的过程中，[②] 民族集体的价值观自然就反映在上头。黄河水患自古为患中原，人们渴望洪水得治，祈盼治水英雄出现，自是常理，因此，古神话中在茫茫大水中给人们铺造出大地，让万物可以生息长养的禹，转化为历史人物，就当然可以转化为既"立功"又"立德"的治水英雄。而由于他既有德有功，又是始定九州的人，因此，把他当作第一个朝代的创始者，也就理所当然。只不过，这么伟大的人，却又有一个那么愚顽的父亲，这种"历史"就未免有点不好写。而今，在尝试揭开"历史"迷雾，直探神话本原的这一个新的探索之后，希望能对神话归神话，历史归历史的认知，有一点点的帮助。

本文首次在 1999 年台湾"清华大学"纪念闻一多先生百年诞辰中国古典文学研讨会上发表，收入朱晓海主编《新古典新义》（台湾学生书局 2001 年版）及胡万川著《真实与想像——神话传说探微》（台湾"清华大学"出版社 2004 年版）。

---

① 顾颉刚、童书业：《鲧禹的传说》，见《古史辨》第 7 册下编，第 146—162 页。
② 顾颉刚"古史是层累地造成的"的说法正是此意。见《古史辨》第 1 册《自序》。

由鲧禹故事演变引出的启示

常金仓

常金仓（1948—2011），山西人，历史学博士。曾任陕西师范大学历史文化学院教授，后为辽宁师范大学历史文化旅游学院教授。神话学方面的研究论文有：《由鲧禹故事演变引出的启示》（1999）、《古史研究中的泛图腾论》（1999）、《〈山海经〉与战国时期的造神运动》（2000）、《中国神话学的基本问题：神话的历史化还是历史的神话化？》（2000）、《伏羲女娲神话的历史考察》（2002）等。

1937 年，顾颉刚、童书业二先生合写的长文《鲧禹的传说》与其他几篇关于夏史的文章一样，以追求真实的夏史为号召，实际却是将儒家引为楷模的史前人王事迹来了个釜底抽薪，作为"五四"反封建、反孔教的余绪是可以理解的。如果浏览一下此文发表后六十余年来文史界关于鲧禹故事的态度，它的宗旨没有百分之百实现，就是说它并未将鲧、禹彻底逐出历史，而是把他们变成了两栖式的人物，在不少历史学家的笔下，他们仍然是史前的政治领袖或文化英雄，而在原始宗教信仰领域则一直杂厕于神鬼妖怪之中，或者他们自身就是非人的怪物了。

鲧殛死于羽山剖腹而产禹的故事大约形成于魏晋以后。《吕氏春秋·行论》说尧让天下于舜，鲧不得三公之位而与舜作难，"舜于是殛之于羽山，副之以吴刀。禹不敢怨，而反事之"。这里说的是杀父任子而未及剖腹生子。《山海经·海内经》郭注引《启筮》云"鲧死三岁不腐，剖之以吴刀，化为黄龙"，是前承《吕氏春秋》而又加三岁不腐，化为黄龙云云；到《路史后纪》注引《启筮》就变成"鲧殛死，三岁不腐，副之以吴刀，是用出禹"。郭璞，晋人，罗泌，宋人，二注同引一书而文义不同，恐怕《路史》注之"是用出禹"是故事的发源，但故事的创造者没有考虑，鲧死三年才剖腹产禹，将待何时而水患可息。我以为《路史》注的作者踵事增华可能是受了《诗经》的影响。其一，《生民》、《玄鸟》分别记载了商人始祖契和周人始祖弃诞生的故事，独无夏人始祖禹的传说，未免是历史的缺憾。这种试图补苴历史的意向在皇甫谧的《帝王世纪》就创了先例，不足为奇；其二，《大雅·生民》描写姜嫄始生后稷"诞弥厥月，先生如达，不坼不副，无灾无害"，注疏家都说后稷降生之时，胞衣未破，如羊生子，极其顺利。"坼"、"副"皆训"破裂"，所谓"副之以吴刀"可能从"不坼不副"联想产生的，然而鲧之身首异处的悲剧却被附会为腹破生子了。《说郛》五引《遁甲开山图》荣氏解曰："女狄暮汲石纽山下泉水中得月精如鸡子，爱而含之，不觉而吞，遂有娠，十四月生夏禹。"《史记·夏本纪》正义引《蜀王本纪》："禹母吞珠孕禹，圻副而生。"前者显然以简狄吞卵为蓝本，后者则杂以姜嫄圻副生子的史影，但都未说禹是父亲所生。

问题还不能到此为止，因为据当代学者说，战国文献中已经出现了这个传说，他们所据一是《山海经》，二是《天问》。《山海经·海内经》："洪水滔天，鲧窃帝之息壤以埋洪水，不待帝命，帝令祝融杀鲧于羽郊。鲧复生禹，帝乃命禹卒布土以定九州。"《天问》："顺欲成功，帝何刑焉？永遏在羽山，夫何三年不施（弛）？伯禹腹鲧。夫何以变化？纂就前绪，遂成考功，何续初继业而厥谋不同？""伯禹腹鲧"和"鲧复生禹"如何理解是问题的关键。秦汉时"复"、"腹"确为通假字，如《睡虎地秦墓竹简·治狱程式》："甲到室即病复（腹）痛。"《汉书·叙传上》："复心弘道，惟圣贤兮。"萧该音义："复，一作腹。"王逸《天问》注甚至读"复"为"愎"，闻一多《楚辞校补》说："疑古本《天问》正作'伯鲧腹禹'，王误读'腹'为'愎'，后人遂援注以改正文耳。"① 闻氏改"伯禹腹鲧"为"伯鲧腹禹"多为后世学者引据，但没有拿出任何的根据。我推想这在他写《楚辞校补》时好像已是学界的共识了，前揭顾、童之文中已作是说，他们引《海内经》"鲧复生禹"，在"复"字之下加注了"腹"字，而且说："鲧死后，在他的肚子里忽然生出一个禹来（郭注《开筮》曰：鲧死三岁不腐，剖之以吴刀，化为黄龙也。《初学记》二十二引《归藏》：大副之吴刀，是用出禹。可证复即腹字）。"② 闻、顾二氏皆以晚出《归藏》传注之文擅改早出的《山海经》、《天问》，其不足取法已昭昭若是，更何况改"伯禹复鲧"为"鲧腹生禹"貌似可通而违背古人语言习惯。战国《世本》叙帝王世系皆言"某生某"，如"颛顼生鲧（鲧），鲧生高密"；《大戴礼记·帝系》均作"某产某"，绝无"某腹生某"之语。事实上《海内经》"鲧复生禹"犹言"鲧又生禹"，如《楚语》之"三苗复九黎之德，尧复育重黎之后"，而《天问》"伯禹腹（复）鲧"就是伯禹继鲧未竟之业，即下文"纂就前绪，遂成考功"的同义语，它们皆本《书·洪范》"鲧则殛死，禹乃嗣兴"一语而来，因而古代解楚辞者无及于剖腹生禹之事者，郭璞注《山海经》只说鲧殛死之后"化为黄龙"，郝懿行《笺疏》说"'伯禹腹鲧'即谓'鲧复生禹'，言其神变化无方也"。《墨子·尚贤》有"昔者伯鲧，帝之元子，废帝之德用，既乃刑之于羽郊，乃热照无有及也"，是战国以前无有是说。

由于名人效应，后来的学者非但未匡正顾、闻之谬，反而引为典据，越走越远。前面说过自《鲧禹的传说》发表后，鲧禹父子变成了人神两栖的人物，先看看神话

① 《闻一多全集》第 2 册，生活·读书·新知三联书店 1964 年版。
② 《古史辨》第 7 册（下），上海古籍出版社 1982 年版。

学。袁珂先生在他的《山海经校注》中关于鲧禹关系全盘采用了闻氏之说，并在另一本著作中写道："（鲧）和希腊神话里普洛米修斯因把天上火种盗去给人间遂被宙斯锁禁在奥林帕斯山上叫岩鹰终年啄食他的心肝的情节非常类似。"他深为鲧之遭遇大鸣不平，说"普洛米修斯在欧洲各国文学艺术的表现里，早已成为光辉灿烂的形象了，而鲧则在我国神话历史化的特殊情况下，给封建统治者涂改污损得面目全非，背了几千年的恶名。直到'五四'以后，神话研究的工作兴起，才又逐渐恢复其本来面貌"①。我国古代神话的发展究竟是神话的历史化还是历史的神话化还是一个须深刻认识的问题，②而"五四"以来中国神话学关于鲧禹故事研究的得失也要重新考虑。《山海经》是刘向根据战国方士驳杂不一的传说编辑而成的，其中故事本属后起，但是神话学界普遍假定它们是从数千年前的野蛮时代口传下来的，《诗》、《书》传记这些较早成书的古代文献反而被说成是原始神话进入阶级社会之后的历史化，这个假定产生的原因容后解说，这里首先需要提醒人们：我们是否过分地夸大了口传的能力。

不特神话学家给自己的思想插上想象的翅膀天空海阔地任情飞翔，生殖崇拜论者亦复如此。赵国华说鲧是鱼，禹是蜥蜴，王嘉《拾遗记》卷二有鲧治水无功，自沉羽渊"化为玄鱼"之说，它完全是《国语·晋语》"化为黄熊，以入于羽渊"（《左传·昭公七年》说同）的别传，至于"化为玄鱼"，乃拆读"鲧"字的文字游戏。至如禹为蜥蜴则本于顾颉刚之说，此说始出尝引来鲁迅的批评，而近年又有为顾说曲护者。根据生殖崇拜论赵又说"远古先民以鱼为女阴的象征"，而"蜥蜴本是原始先民的一种男根象征物，尔后又发展为男性的象征"，于是他又依据被误改的"鲧腹生禹"悟出"鲧和禹并非父子，如果鲧和禹同处一个时代，当是在母系氏族社会向父系氏族社会的转变期。鲧是女性势力的代表，禹则是男性势力的代表"③。鲧和禹经过学者的研究至此既非神亦非人，而被淡化成两种社会阶段的符号了。

鲧、禹在图腾论者的笔下又怎样呢？闻一多先生曾说："就最早的意义说，龙与凤代表着我们古代民族中最基本的两个单元——夏民族与殷民族。因为'鲧死……化为黄龙，是用出禹'和'天命玄鸟（即凤）降而生商'两个神话中，我们依稀看出，龙是原始夏人的图腾，凤是原始殷人的图腾。"④后人有不从其说者，或据《国语》"化为黄熊"认定其图腾为"三足鳖"者，或据《帝王世纪》禹母修己"吞神珠薏苡，胸坼而生禹"，断夏人为苤苡图腾者。总而言之，鲧、禹似乎又成了图腾物。

---

① 袁珂：《古神话选释》，人民文学出版社 1996 年版，第 295 页。
② 拙作《中国神话学的基本问题》（待刊）。
③ 赵国华：《生殖崇拜文化论》，中国社会科学出版社 1990 年版，第 127—129 页。
④《闻一多全集》第 1 册，生活·读书·新知三联书店 1964 年版，第 345—347 页。

以上是鲧、禹在原始宗教研究中的不同形态，现在再来看他们在人世间的意义。近年出版的一部著作说："《天问》等文献中所说的'伯禹愎鲧'，即禹是其父鲧剖腹而生。对于这一怪诞的说法，学者多以母亲生孩子，父亲坐月子的'产翁习俗'来解释，是有一定道理的。"① 另一部著作说："《楚辞·天问》：'伯禹愎（腹）鲧，夫何以变化？'大意是禹怀在父亲鲧的腹中，是怎样生育出来的呢？传说禹的母亲叫脩己，屈原听到鲧生禹传说，故怪而发问。其实，这就是'产翁制'的遗俗。"② 看来"伯禹愎鲧"就是"产翁制"在许多学者的心目中已是"定论"了。③

"产翁制"之说和图腾、生殖崇拜一样也来自人类学，我国学者大多认为这种习俗是母权制向父权制过渡的标志，请借一位作者的话作为例子：

> 这种有趣的产翁习俗是怎样产生的呢？人类社会发展史告诉我们，在原始社会早期，由于实行群婚，是知母不知父的，孩子跟随母亲生活，属于母方族团，血统按母系计算。后来逐渐向个体婚制（一男一女结成夫妻）过渡，产生了父的观念……由于生产力发展到一定水平，男子作为物质资料生产的主要担当者，在社会上的作用和地位有了提高，各原始公社集团感到男子外居对本身不利，就要求男子留在本族，而让女子出嫁，到夫方生活，所生孩子也就属于夫方，血统按父系计算……父亲为了代替母亲取得对孩子的主要权利，就得采取一些手段，这在有的民族中，就是代替产妇来坐月子，以此来证明孩子主要由他所生。由此逐渐流行，演变为一种习俗。④

这是本世纪曾被重复过千万次的思想模式，然而是经不起推敲的。例如，我们知道在母权制下，物质资料生产的主要承担者也是男子，不需要等到"生产力发展到一定水平"后男子才由一个不能自养的卑微角色一下子变成有济世之才的英雄。又如，母权制向父权制转变也不全是经济杠杆的作用，母权制因有一半亲属（父系亲属）尚未认可，只有承认了父系亲属才是一个完善健全的社会细胞，社会组织趋向完善的内驱力也在促成这个过渡。关于"产翁制"，人类学内部的认识尚有分歧，如马林诺夫斯基就说："常和'产翁'联结的一种已死的、已消失的情境就是从母权转变为父权的设想阶段，在这阶段中，'产翁'是被认为靠了它象征的托辞来肯定父亲的地位。但是，自从母权制不复能认为进化程序上必经的阶段，这解释也因之不能成立了。此外，还有一种'遗俗'的解释，把'产翁'归入一充满着交感巫术的

---

① 李衡眉：《中国古代婚姻史论集》，吉林文史出版社 1992 年版，第 101 页。

② 阴法鲁、许树安：《中国古代文化史》，北京大学出版社 1991 年版，第 88 页。

③ 在古籍注释中也采用了此说，如朱季海《楚辞解诂》："禹实出于鲧腹，故云'伯禹腹鲧'。"金开诚《楚辞选注》："禹从鲧的腹中变出来，何以会有这样的变化？"胡念贻《楚辞选注及考证》："腹鲧，传说鲧死后，尸体三年不腐，剖腹得禹。"

④ 穆德祺：《"伯禹愎鲧"与产翁习俗》，载《文史知识》1986 年第 5 期。

阶段，在这阶段中，为丈夫的相信靠了他这种奇怪的行为，可以减少他妻子的痛苦。但是我们从没见过这样率直的人，而且交感巫术是一种尚存的力量，在现代文明社会中和在初民社会中一般的通行，若是'产翁'仅是单纯的巫术作用，它仍然会这样的传至现代，但事实上并不如此。"① 弗雷泽讲到婆罗洲达雅克人的习俗时曾说："当一个妇女难产时，就叫来一个男巫，以理性的态度和巧妙的手法处理产妇的身体来进行助产，而同时另一个男巫在门外，却用我们认为完全是荒唐的方式以期达到同样的目的。实际上，他是在假装那个孕妇，把一块大石头放在他肚子上，并用布连身子一起裹起来以表示婴儿正在子宫中，然后，照着在真正手术地点的那个男巫对他高声喊出的指示来行动，他移动他身上的假婴儿，模拟着母腹内真婴儿的躁动，直到孩子生出来。"② 对于产翁制来说，这也许不是典型的例子，因为在这里假作临盆的不是孩子的父亲而是一个男巫，马林诺夫斯基所说的正是类似的巫术解释。要之，采用一种意义不明的产翁制就企图划分母权制与父权制两个社会发展阶段已属孟浪，何况"伯禹腹鲧"根本就不是原始的产翁习俗！

顾颉刚先生写《鲧禹的传说》原本是要将两个传说人物赶出历史界，当他们在神话、图腾、生殖、婚姻领域巡回一圈获得各种头衔后又回到了历史中来，于是又给历史带来了"新认识"，这恐怕是顾先生始料所不及的。几年前一本装帧良好的政治制度史采用了赵国华的生殖崇拜说，以鲧、禹定为夏代由母系氏族制到父系氏族制的分界线，叫作"鲧时期"和"禹时期"，并仿照生殖论者的手法，以《说文解字》"鲧，鱼也；禹，虫也"为根据，说"我们发现，这位堂堂的'崇伯'竟然是一种鱼类生物……夏民族的祖先大禹的禹字本义是一条富有生命力的运动中的蛇"③。

看完鲧禹故事的一变再变，不能不引人沉思，如果我们把神话学家、图腾论者、生殖论者、婚姻史家和政治史家请来会聚一堂，以鲧禹故事为论题，不知他们彼此将如何沟通？这样的学问究竟是在前人基础上深化了呢？还是走上了歧路？观此景象我常感到我们正在做着比儿童们稍微严肃的游戏。如果 21 世纪的人文社会科学研究者坚持要站在本世纪"巨人"的肩上去攀登新的高峰，中国真正的历史在他们手中恐怕就寥寥无几，绝大部分是我们创造出来的新的古史了。鲧禹故事不过是小小的一例，即使是一例也足以说明今日社会科学思想的混乱和规范的软弱了。为了改变人文社会科学的现状，我们需要寻求新的道路，我将自己的一些想法条陈于下，与同好交换意见。

第一，20 世纪的学术环境与上世纪相比最大的不同是西学的传入，如果翻开清

---

① 《文化论》，商务印书馆 1948 年版，第 27 页。
② 詹·乔·弗雷泽：《金枝》，徐育新等译，中国民间文艺出版社 1987 年版，第 24 页。
③ 百钢主编：《中国政治制度通史》第 2 卷，人民出版社 1996 年版，第 1 章第 6 节。

人的著作，他们除了在古籍中反复求证，别无特长。西学的传入应该说是学术条件的改善，这些新知扩大了人们的视野，给治学带来新的方法。大概是由于前此二百余年的朴学使中国人的思维能力大幅度下降，因而无论什么新知传入，在我们手中往往被简化。在传入的新知识里，进化论哲学对中国学术影响最深，差不多考虑一切问题皆以它为出发点，前引所谓"人类社会发展史告诉我们"云云就是最好的说明。我们知道进化论作为一种社会哲学，它描述的只是人类社会的一般趋势，而我们研究的个别的、具体的历史文化却是多种多样的，进化论认为社会是从简单到复杂，由低级向高级发展，但不能排除个别文化在特定阶段上的曲折和反复，我们昧于哲学与科学之别，常常无视历史文化的多样性，认定每个民族都要井然有序地经过一些主要的进化阶段，借用一位早期接受了进化论思想的学者的话，这种信念认为："人类种族虽有不同，进化的途径似乎并不殊异，现代原始社会不过人类在进化大路上步行稍落后者，他们现在所达到进化大路的地段，就是我们步行稍前的民族的祖先，在若干千万年前亦曾经过的地段，我们研究他们的现在史，颇可说明我们的古代史。"① 可以说在整整一个世纪中，我们的历史文化研究工作没有突破这个思路，因而凡是域外之所有就一定要在中国历史上把它们"发现"出来，因而鲧在担任了普罗米修斯的神职的同时，还得兼任夏族的图腾、女阴象征物、产翁制的执行者。不特鲧、禹如此，我们每个传说的祖先现今都是身兼数职，陷入不堪重负的苦境。此外，为了对号入座将中国史事填满进化论的货架，必须打破中国历史文化原有的程序而按照野蛮与文明程度重新组织史料，因而三国时才出现在文献上的盘古被放在进化行列的最前排，女娲、姜嫄、简狄，乃至后世根据这些传说复制出来的脩己、附宝，因为她们是女性，便统统列在母系的社会旗帜下，而黄帝、炎帝、伏羲，乃至一些寓言式人物如愚公、夸父，只因为他们是男性，就并入父系社会的阵营里。如果某些男性人物的事迹不符合他们想象的父权社会特征，就通过考据改变一下他的性别，他们把复杂的历史简化成小学生都可以掌握的东西了。如果同一人物、同一事件文献上有相互抵触的记载，它们或出于讹传，或出于故意改造，我们则总是用社会形态转变的革命斗争学说来加以解释，"伯禹腹鲧"就是被解释为父权制与母权制斗争的一例。可谓天下本无事，庸人自扰之。社会进化论还有一个概念也不得不加以说明，这个概念就是"遗存"。遗存说认为早期文化因素像化石一样可以保存在以后的文化体系中。是的，如果否认文化遗存就是否认文化的继承和积累，任何时代也不可能把前代文化遗产打扫得干干净净，然后从头做起。但是对这个简单明白、正确无误的概念怎样理解和运用却需要高度发达的头脑和丰富的经验，我们不能靠着这条常识毫无止境地来谈遗存。遗存本指某文化因素脱离原文化体系后原样的保存或残缺的保存，因此有的学者译 Survival 为"残存"，如果人们

---

① 李宗桐：《中国古代社会新研》，开明书店 1948 年版，第 2 页。

应用该残存赖以产生的思维方式在后来的重新创造即不可谓之残存。例如我们从古代地层中挖掘来的器物可以叫做文化残存，而今日的仿制品其形制无论怎样与原物相像都不可称为残存。历史上文化的仿制工作在经常地、大量地进行着，如果滥用遗存概念，势必弄得草木皆兵，似乎遗存无处不在。将近一个世纪的研究实践表明，进化论的社会发展模式作为一种先入之见严重干扰了人文社会科学的客观性，科学研究中不能继续保留它的地位。

第二，鲧禹故事的演变既是进化论的一项"杰作"，也与疑古思潮有紧密的关系，正是疑古思潮把中国的史前史弄成一片空白以后，挟带着单线进化论的神话学才闯入这块领地的。在多数人看来，疑古信古仅仅是关系到态度谨严与否的纯学术问题，实际上它却有着深刻的政治背景。本世纪古史研究领域中的疑古运动出现于清王朝既倒之后和五四运动爆发之际。孔子思想，更确切地说是经过历代改造之后的儒学是支配了中国 2000 年之久的政治意识形态，清王朝的灭亡很快便引发了封建意识形态的危机，要想彻底摧毁这种在中国文化中根深蒂固的意识，没有任何办法比宣布它是非真实的伪造更为有效，这种手法其实并非当事人的天才创造，前此不久康有为在维新运动中已经使用过，只不过由于政治环境的不同不及后者步伐迈得更大罢了，所以我们说疑古思潮乃是以学术研究为形式的"五四"反封建的一翼，它在当时政治上的功绩是不可磨灭的，然而也正由于它在政治上的功利主义，给学术研究带来了长久的消极影响。对于今人来说因时过境迁所能看到的更多是它学术的外表，它的政治内涵则感察不到了。王国维先生对当时这种倾向曾提出批评，他在《古史新证》总论里说："疑古之过乃并尧舜禹之人物亦疑之，其于怀疑之态度及批评之精神不无可取，然惜于古史材料未尝为充分之处理也。"鉴于此，他在清华学校任教期间提出研治古史的"二重证据法"，拿地下出土材料与文献记载相印证，以考信来抵制疑古，并指出："虽古书之未得证明者，不能加以否定，而其已得证明者，不能不加以肯定，可断言也。"① 大概因为时势的需要远比科学态度更能为人们所选择，疑古思潮并未因为他的反对而受到丝毫遏止。有趣的是在以后几十年中，人们也接受了他的二重证据法，并奉为法宝，甚至于到了废书不观、考古是信，以出土材料否定文献的地步，同时也有人想发展他的二重证据，提出三重证据、四重证据。事情已发展至此，于是又出现拿地下材料进一步证明疑古成果正确性的现象，正如顾先生难料被他逐出历史的鲧、禹重返史坛一样，为抵制疑古而创立的二重证据法反过来又为疑古思潮服务，王氏复生一定会说他们是操戈入室了。这些情况说明在这个即将过去的世纪中，我们基本上在各自埋首于自己所喜欢的课题之中，以创造一些彼此永远无法沟通的"一家之言"为奋斗目标，不管什么方法，只要对建立那"一家之言"是有用的，就率而操来，很少反省我们的工作出了什么问题，为

---

① 王国维：《古史新证》，清华大学出版社 1994 年版，第 2—3 页。

什么同一个问题结论却相距如此遥远。在某种意义上说，我们几乎不知道自己在干什么，名为科学研究，帮助人们了解国情，了解本土文化，实际上不过为一种哲学增添了一些中国的佐证；名为科学研究，要探索社会的规律，实际上至今没有一条经得起检验的有用规律，不过为过时了的一些政治需要进一步服务。我以为今日中国历史文化各科的当务之急，在于跨越热衷于"一家之言"的阶段，认真总结一下以往的成败得失，寻求一条足以摆脱各种非科学因素干扰的道路，使它变为真正有用的科学。

本文原载《齐鲁学刊》1999 年第 6 期。

古代天文与古史传说

——河南濮阳西水坡蚌塑遗迹的综合研究

冯 时

冯时（1958— ），生于北京，北京大学历史系考古专业毕业。中国社会科学院考古研究所研究员，《考古学报》副主编。从事古文字学和天文考古学研究，发表论著、论文70余种。他在《星汉流年——中国天文考古录》（1996年）、《中国天文考古学》（2001年）和《中国古代的天文与人文》（2006年）等著作中，从古文字学和天文考古学的角度对我国古代典籍与考古出土的许多神话现象进行全方位的探讨，为我国的神话研究打开了一扇新的窗户。

一、序 文

考古学的仰韶文化大约跨越了公元前5000年至前3000年的漫长时期，在中国天文学史上，这一时期正处于一个承上启下的重要阶段，旧体系的雏形在这时已经完成，新体系的萌芽也已开始产生。尽管当时的生产力水平还十分低下，但种种迹象显示，至少在公元前4000年以前，中国早期天文学已经得到了充分的发展，古人对于星象的观测也已达到了相当的水平。这一点在今天看来似乎十分自然，因为在没有任何计时设备的古代，人们为适时从事农业生产和狩猎，适时举行祭祀和庆典，决定时间便是首要的工作，而日、月、恒星等天体的运行变化则是人类赖以授时的唯一准确的标志。

中国传统天文学的政教合一的基本特点使它在诞生之时便带有浓重的政治色彩。这表现在几乎所有重大的祭天活动都必须由氏族首领亲自主持，这些首领不仅是臣民的统治者，而且更是天命的唯一传达者和执行者。一方面，他们以其最大的巫师的身份，以其所具有的，或者更准确地说是人们赋予他的通天法力，在氏族中享有特殊的权威；另一方面，在整个氏族面临危难之际，却要毫不犹豫地为氏族献身。这种传统一直保持到了商代，我们不仅在甲骨文中可以看到国王亲行占卜，审判吉凶的内容，甚至像商汤那样的名王，在久旱之后也要自焚为臣民祈求甘霖。长期以来，中国的天文学就是在这样的环境中孕育和发展着，统治者凭借他们的权威使天文学只作为官方经营的特权，他们亲自预告天象，颁行历法。直至周代，国王依然行使着这些权力，同时也依然享有着"天子的称号"。

中国天文学的这一特点与这一学科的发展相伴而行，可以说，我们今天能够见

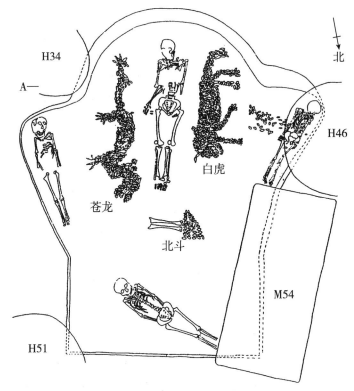

图 1　河南濮阳西水坡 45 号墓平面图

到的最早说明中国天文学起源的物证，同时也是奠定中国天文学这种政教合一特点的基石。这正是我们在看待中国天文学时需要同时加以关注的两个方面。

1987 年 6 月，中国考古学界发生了一件大事，位于河南省濮阳市的西水坡乡发现了一群属于仰韶文化时期的遗迹，其中包括编号为 M45 的奇特墓葬（图 1）。墓穴的形状呈南圆北方，东西两侧设有两个凸出的弧形小龛，墓主人为一壮年男性，头南足北，骨架高度 1.84 米，可以想见其生前那伟岸的身躯。同时，墓内的东西小龛及北部方龛葬有三具殉人，也显示了墓主人崇高的地位。尤其令人兴奋的是，在墓主骨架的左右两侧及脚端，分别发现了用蚌壳精心摆塑的龙虎图像和三角形图案，而且蚌塑三角形还特意配置了两根人的胫骨。墓中蚌龙居右，位于东方，头北向；蚌虎居左，位于西方，头亦北向，龙虎均背朝墓主作行走状。蚌塑三角形图案位居北方，配置的人骨指向东方。① 与这座墓葬同时发现的蚌塑遗迹还有另外两处，② 它

① 濮阳市文物管理委员会、濮阳市博物馆、濮阳市文物工作队：《河南濮阳西水坡遗址发掘简报》，载《文物》1988 年第 3 期。关于墓主人身高，目前尚有争议，有学者根据骨架股骨、胫骨和腓骨的最大长度测量和计算，估算身高为 170.77 厘米和 172.55 厘米。年龄也非壮年，而为老年。见费孝通：《从蚌龙想起·续记》，载《读书》1994 年第 9 期。

② 濮阳西水坡遗址考古队：《1988 年河南濮阳西水坡遗址发掘简报》，载《考古》1989 年第 12 期。

们既表现了各种动物形象，也表现了升天的人物。虽然这些图像我们过去从没有见过，但揭去那层神秘的薄纱之后，人们会惊异地发现，这些遗迹向人们展示的答案是何等地令人称奇！①

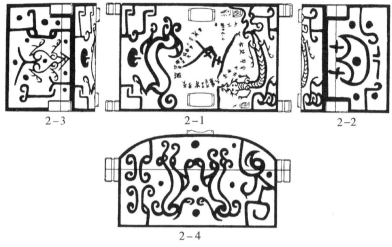

2-1 盖面　　2-2 东立面　　2-3 西立面　　2-4 北立面

图2　战国曾侯乙墓出土二十八宿漆箱

二、星图考定

中国古代恒星观测的特点我们已经反复强调过了，这就是北斗与二十八宿的系统观测，这个传统最终导致了古老的天宫体系的确定。在作进一步的讨论之前，我们必须重新利用战国初年曾侯乙墓漆箱的二十八宿星图（图2），这些图像向我们展示的并不仅仅是北斗与二十八宿相互拴系的独特关系，更重要的是提供了四象发展的可寻痕迹。但是盖面星图表现的主旨似乎并不在此，我们看到，星图中央绘有北斗，周围环书二十八宿，而东宫与西宫外侧则分列龙、虎图像（图2-1）。这种安排的意图颇耐人寻味。最简单的理解是，星图上朱雀与玄武两象的阙如只是因为画面局促而无法顾全的省写。②这意味着四象的概念在当时已经形成。但细想起来，这种说法却很难令人接受。因为我们不能想象古人会在未做预先设计的情况下仓促地完成任何作品，相反，假如他们需要表现什么，那么完全有理由认为他们可以合理地安排那些所要表现的内容。然而这是否意味着四象的概念尚未最终确定？问题似乎也并非这样简单。我们曾在属于公元前8世纪前后的一件铜镜上发现了四象的

---

① 拙作《河南濮阳西水坡45号墓的天文学研究》，载《文物》1990年第3期；《中国早期星象图研究》，载《自然科学史研究》1990年第9卷第2期。

② 王健民、梁柱、王胜利：《曾侯乙墓出土的二十八宿青龙白虎图象》，载《文物》1979年第7期。

雏形，这比曾侯乙墓的时代大约要早三个世纪。看来，要回答这些问题就不能不摆脱掉四象的纠缠。我们注意到，在苍龙一侧的立面星图上和白虎的腹下，绘有两个相似的火形符号，这似乎表明星图上布列龙虎仅仅暗示了某种观象授时的含义。如果是这样，那么龙虎与北斗作为最早的授时星象绘于星图之上，这种做法显然有着古老的渊源。

事实上，濮阳西水坡45号墓的蚌塑遗迹可与曾侯乙墓箱盖星图及《史记·天官书》的记载建立系统的比较，其中曾侯乙墓星图更显重要。我们将两幅图像对比观察，可以发现二者所表现的内容竟完全相同。西水坡45号墓中成形的图案共有三处，东为蚌龙，西为蚌虎，北为一蚌塑三角形并配有两根人的胫骨，而曾侯乙箱盖星图的中心直书北斗，东西两侧布列青龙白虎，表现形式与前者一脉相承。不仅如此，西水坡墓葬蚌虎的腹下尚存一堆蚌壳，只是由于散乱，已失去了原有的形状，这使人想起曾侯乙箱盖星图在西方白虎的腹下也恰有一类似火焰的图像。① 这个线索更加深了二者的联系。可以认定，西水坡45号墓中的蚌塑图案正组成了一幅二象北斗星象图。

确认北斗是一项关键工作。我们看到，在墓穴中墓主人的北侧脚端摆放着由蚌塑三角形和人的两根胫骨组成的图案，可以判断这是一个明确可识的北斗图像。蚌塑三角形表示斗魁，东侧横置的两根胫骨表示斗杓，构图十分完整。

根据墓葬发掘者的报道，除45号墓和一部分瓮棺葬外，同时发现的还有编号为M31和M50的两座墓葬。50号墓中共葬8人，尸骨零乱，似乎看不出对解释北斗图像的构图有什么帮助。有趣的倒是31号墓，此墓仅葬一人，骨架却恰恰缺少胫骨，而且墓穴的长度完全证明墓主人的两根胫骨在入葬之前已经取走。这使我们有理由推测，45号墓中作为斗杓的那两根胫骨，实际是从31号墓特意移入的。假如这种安排正如我们所设想的一样，那么便可以彻底排除这些图像系古人随意为之的可能。

斗杓不用蚌壳而用人骨表示的做法很耐人寻味，可以考虑它的意图在于反映度量日影与斗建授时的综合含义。我们知道，古人用来测度日影的表名叫"髀"，中国的许多古代文献都记载了圭表的高度以及它与人骨的关系。古人认为，髀的长度为八尺，它的意思既是人的股骨，同时也是测度日影的表。《周髀算经》："周髀，长八尺。……髀者，股也。……髀者，表也。"《晋书·天文志》："周髀，髀，股也。股者，表也。"根据这些诠释我们知道，髀是早期测度日影的表，它的本义就是人骨。李淳风的解释更直接阐明了二者的因果关系，它表明圭表本应从人骨转变而来。这种观点可以得到多数史料的支持。在中国古文献中，早期圭表的高度都规定为八尺，这恰好等于人的身长，联系《史记·夏本纪》所载大禹治水时以身为度的故事，可以使人想到，人类最初认识的影就是人影，他们也正是通过对自己影子的认识而最终学会了测度日影。换句话说，最早的测影工具实际就是人身本身。显然，

---

① 庞朴：《火历钩沉——一个遗失已久的古历之发现》，载《中国文化》1989年12月创刊号。

这自然会使早期的圭表必须为模仿人的高度来设计。事实上，不仅是在史前时代，即使晚到殷商王朝，我们仍可以看到古人通过观测人影确定时间的传统做法，甲骨文的"是"字表示午后太阳西斜的时刻，这个字正像日斜夕阳而俯映的人影。很明显，用人骨测影实际是髀的原始含义，而45号墓的斗杓形象用人骨来安排，也正显示了古人观测北斗与测度晷影的综合关系。实际在这方面，古人的做法有着相当悠久的传统。

如果我们对北斗的推证成立，那么，墓中的蚌塑龙虎就只能作为星象来解释，这样，本来孤立的龙虎图像由于北斗的存在而被自然地联系成了整体。换句话说，除北斗之外，墓主于墓主东侧布列蚌龙，西侧布列蚌虎，这个方位与中国天文学体系中二十八宿主配四象的东、西两象完全一致。两象与北斗拴系在一起，直接决定了墓中蚌塑龙虎图像的星象意义。将这些蚌塑星象与真实星图比较，可以发现二者所反映的星象真实的位置关系与实际天象若合符契。

墓葬中的全部遗迹显然是一个整体，而并不像某些人认为的那样属于不同时代遗迹的巧妙组合，这一点通过对墓葬遗迹方位的比较反映得相当清楚。因为，如果墓中的蚌塑遗迹构成了一幅二象北斗星象图的话，那么参考墓主人的葬卧方向可知，这幅星象图是按上南下北、左东右西的方位摆放的，这个方位恰好与早期天文图及地图的方位吻合（天文图又有投影图与仰视图之别，从而造成东西方位互易，如曾侯乙星图呈上南下北，左西右东）。我们看到，早期古式的方位是上南下北，左东右西，楚帛书与《管子》的《幼宫图》也是这样布列，战国古地图（放马滩）及汉代地图（马王堆）同样采用了这种形式。这种方位最早来源于古人对太阳的周日视运动和南中星的观测，并且一度成为天文图与地图普遍采用的方位形式。

二十八宿与四灵相配，是中国传统天文学的又一特点。东宫七宿为苍龙，包括角、亢、氐、房、心、尾、箕，北宫七宿为玄武，包括斗、牛、女、虚、危、室、壁，西宫七宿为白虎，包括奎、娄、胃、昴、毕、觜、参，南宫七宿为朱雀，包括井、鬼、柳、星、张、翼、轸。这种完整的形式最早见于汉代的著作，《史记·天官书》中除去西宫一项外，其他的内容都已具备。许多学者认为，《天官书》中某些内容的来源很古老，其中关于西宫的记述似乎可以印证这种认识。在司马迁所依据的资料中，西宫白虎最初并不包括七宿，而只有觜、参两宿，从实际天象考虑，这两宿的分布是重叠的，因此完全可以相信这种说法的真实性。关于对白虎的描述，《天官书》云：

参为白虎。三星直者，是为衡石。下有三星，兑，曰罚，为斩艾事。

其外四星，左右肩股也。小三星隅置，曰觜觿，为虎首。

张守节《史记正义》云：

觜三星，参三星，外四星为实沈，……为白虎形也。

根据这些解释，早期的白虎之象显然仅含觜、参两宿，准确地说，古人最初很可能只把它们作为一个星座来看待。将这个形象放大观看，它实际很像一张悬挂于夜空的虎皮。这个传统的认识在汉代的星图中依然被保持着。

东宫苍龙七宿在其形成的过程中恐怕至少有六宿应该是一次选定的，从名称上考虑，箕宿宿名与龙体无关，而其他诸宿的名称却都取自龙体。《国语·周语》："夫辰角见而雨毕。"韦昭《注》："辰角，大辰苍龙之角。角，星名。"《左传·昭公三十一年》："日月在辰尾。"杜预《集解》："辰尾，龙尾也"。孔颖达《正义》："东方七宿，角、亢、氐、房、心、尾、箕，其为苍龙之体，南首北尾，角即龙角，[尾]即龙尾。"这种观念看来很古老，实际上对苍龙六宿的完整观测在更早的文献中就已可见到，《周易·乾卦》记载了以下六条爻辞：

初九　潜龙。勿用。

九二　见龙在田。利见大人。

……

九四　或跃在渊。无咎。

九五　飞龙在天。利见大人。

上九　亢龙。有悔。

用九　见群龙无首。吉。

《象传》：

时乘六龙以御天。

对于这些文字，闻一多曾有过颇为独到的解释，他认为，《乾卦》所言的六龙均指东方苍龙之星，这似乎源于《象传》的理解。因为《史记·封禅书正义》曾经引用《汉旧仪》的话说"龙星右角为天田"，所以"见龙在田"的"田"即为天田星。由于在这关键的一点上建立了龙与天象的联系，因而使得下面的一系列解释都显得容易得多。《说文》："龙，……春分而登天，秋分而潜渊。"《乾卦》中的"飞龙在天"和"潜龙"显然可以与此对比。而《诗经·九罭》毛传所言的"卷龙"，也可视为"群龙"的又一写法，因为"卷""群"二字的古义古音都是相通的。① 然而在接受这些真知灼见的同时，对另一些解释也还需要做些修正。"亢"字的训诂学意义当为"极"或"过"，显然，"亢龙"应该特指高升于天并且将要西流的龙。而"或跃在渊"一句，按照一般的理解则表示尽现于地平线上的龙，形容龙体从深渊中一跃而出。② 如果对《乾卦》的六龙赋予上述新的意义，那么爻辞的本义便清楚了，它实际反映了古人对龙星的观测过程，这个过程表现为六种显著的天象。具体地说，苍龙星宿在完成了回天运动的过程之后，又会重新走到太阳附近，此时它的主体是星宿与太阳同出同入，这在古代叫作"日躔"。由于太阳的亮度太强，此时人们看不到龙星，于是古人将这种天象称为"潜龙"，意思是潜伏在深渊中的龙。经过一段时间的沉伏之后，龙星重新升上天空，这时人们最先看到的是龙角与天田

---

① 闻一多：《璞堂杂识·龙》，见《闻一多全集》第 2 册，生活·读书·新知三联书店 1982 年版。

② 陈久金：《〈周易·乾卦〉六龙与季节的关系》，载《自然科学史研究》1987 年第 6 卷第 3 期。

星同时出现在东方的地平线上，古人就把这种天象叫作"见龙在田"。此后龙星继续升高，终于有一天，苍龙星宿全部现出了地平线，这时古人则形象地称之为"或跃在渊"。重新升起的龙星在天空中运行，逐渐处在横跨南天的位置，古人称这种天象为"飞龙在天"。苍龙运行过中天，龙体开始西斜，这时的天象又叫作"亢龙"。其后龙体逐渐西斜，向西方地平线慢慢西移，最终有一天，组成龙头的角、亢、氐诸星宿又重新走到了太阳附近，它们与太阳同出同入，人们在天空中找不到它们的身影，于是古人把这种天象称为"群（卷）龙无首"。这个过程构成了苍龙回天运转的完整周期。不过我们要注意，这里讲到的龙星行移，实际是地球公转的结果。综合实际天象的考察，《象传》所言的"六龙"显然应指角、亢、氐、房、心、尾六宿。

根据这些解释，除北斗之外，西水坡蚌塑龙虎所表现的星象至少应该包括角、亢、氐、房、心、尾、觜、参八个宿，前面已经谈到，在中国天文学体系中，北斗作为拱极星有与二十八宿拴系在一起的特点，这甚至被视为二十八宿起源于中国的证据之一。角宿为斗杓所指，成为二十八宿的起始宿。北斗与二十八宿的这种关系，使古人可以方便地计算出伏没于地平线之下的诸宿位置。中国天文学体系的这些特点，在 45 号墓蚌塑星象图中反映得相当充分。

由于北斗所处的特殊位置，使它成为终年可见的时间指示星，这对于古人观象授时是十分重要的。因地球的自转，斗杓呈围绕北天极做周日旋转，在没有任何计时设备的古代，可以指示夜间时间的早晚。又由于地球的公转，斗杓呈绕北天极做周年旋转，人们视此可知寒暑交替的季节变化。古人正是利用了北斗七星的这种可以终年观测的特点，建立起了最早的时间系统。

在二十八宿形成的过程中，为适应古人观象授时的需要，最先为人们所认识的应该是后世东西二宫中的若干星象。在上古文献中，凡涉及星象起源的内容，几乎都不能回避这一点。《左传·昭公元年》曾经讲述了一个高辛氏二子的故事：

> 昔高辛氏有二子，伯曰阏伯，季曰实沈，居于旷林，不相能也，日寻干戈，以相征讨。后帝不臧，迁阏伯于商丘，主辰，商人是因，故辰为商星。迁实沈于大夏，主参，唐人是因，以服事夏商。

这个参商二星不得相见的远古传说早已成为怨艾离别的熟典。长子阏伯和次子实沈本来只被看作两个星名，阏伯即商星，指二十八宿东宫苍龙七宿的心宿二，古人又叫它大火星，西方人则称为天蝎座的 α 星；实沈即参星，也就是《天官书》中所讲的白虎，在西方则是猎户座的主星。两个星座正好处于黄道的东西两端，每当商星从东方升起，参星便已没入西方地平线，而当参星从东方升起，商星也已没入西方的地平线，二星在天空中绝不同时出现，这就是参商别离故事的由来。

二子的故事在短短百年中反复出现了三次。在《左传·襄公九年》里，我们看到了这样的描写：

> 陶唐氏之火正阏伯居商丘，祀大火，而火纪时焉。相土因之，故商主

大火。商人阅其祸败之衅，必始于火，是以日知其有天道也。

《国语·晋语四》亦云：

> 大火，阏伯之星也，是为大辰。……且以辰出而以参入，……而天之
> 大纪也。

这些故事虽同出一辙，但已明显加入了大火与参星在古人观象授时方面的重要意义。文献表明，早在夏商之前，人们就已认识了参商二星，它实际是古人较早掌握的授时星象。因此，西水坡龙虎墓二象北斗星象图的出现，正应是古人为确定时间和生产季节的必然反映。

西水坡星图所反映的问题恐怕还远不止这些，假如它是一幅象征性星图，事情或许要简单得多，但是如果它的星象的位置关系说明它可能是一幅真实星图的话，那么这对于我们探讨古人观象授时的方法就很有意义了。

关于墓葬的年代，考古学的分析和碳同位素方法的运用，都把它限定在公元前四千纪的中叶，目前可以参考的绝对年代有三组数据：

(1) ZK—2229

5420±90	5270±90	树轮校正
BC3470	BC3320	BC4236—3993

(2) ZK—2230

5405±90	5250±90	树轮校正
BC3455	BC3300	BC4231—3987

(3) ZK—2304

5800±110	5640±110	树轮校正
BC3850	BC3690	BC4665—4360

根据经树轮校正的年代值，可以对当时实际星空的情况做些计算。我们知道，由于岁差的缘故，分至点在黄道上并非固定不变，而是呈每71.6年行移1度的速度缓慢地向西移动。我们取 AD1950.0 年为历元计算，则今天的二分点在黄道上已较西水坡仰韶文化墓葬的时代西移约85度。今天的春分点在室宿7°13′，则公元前4400年左右，参宿恰值春分点，此时参星伏没不见，而春分日前，大火星于黄昏时日落之后从东方的地平线上升起，斗柄东指。今天的秋分点在翼宿7°00′，则公元前4200年左右，秋分之时日躔尾宿，此时大火伏没不见，斗柄西指，参星于黄昏时日落之后从东方的地平线上升起。按照《史记·天官书》所记载的"用昏建者杓"的斗建方法，再参考《鹖冠子》所记"斗柄东指，天下皆春，斗柄西指，天下皆秋"的记载，授时标志十分明确。事实上，从最大的时间范围考虑，碳同位素所显示的年代值呈现了前后七百年的时间跨度，而自公元前4600至前3900年，实际正是大火星与参宿处于二分点的时间，这种关系通过西水坡墓葬龙虎二象的出现以及北斗杓柄的特意安排表现得非常和谐而统一。

为适应古人观象授时的需要，西水坡墓葬的蚌塑星图显然再现了当时的实际星

空，根据计算得出的公元前四千纪时星象的真实位置，可以对蚌塑星图的安排作这样的理解：当春分和秋分来临的时候，太阳出没正东和正西方向，朝夕之影重合，正午日影为冬至影长的一半，春分黄昏时斗杓东指，引导人们观测大火星的东升，秋分黄昏时斗杓西指，指示人们观测参星的东升，这一切就是分日临至的标志。西水坡蚌塑星图的设计，体现了先民以恒星授时并与测度晷影结合的深刻寓意。事实上，在古人的授时活动中，这种将二者结合的做法似乎很普遍，阿拉伯二十八宿体系中的斗宿称为 A1－baldāh，意即"日短至"①，也就是冬至，这与西水坡蚌塑星图以北斗与分日结合的寓意相同，看来在统一恒星观测与测度日影的做法上，古人有着共同的理解。

上面设计的这套授时原则，在西水坡星象图中有着鲜明的反映，讨论这个问题，我们便不得不把注意力集中到蚌虎腹下那堆已显散乱的蚌壳，这个图案的原形在曾侯乙墓的漆箱星图中看得更清楚，它实际上被描绘成火焰的形状。解释这个图形的含义必须借助另一张图，这就是曾侯乙漆箱东立面，也即盖面青龙一侧立面的星图（图 2－2）。这张图绘有由三颗圆星组成的星座，三颗星以中间的一颗最大，形象与心宿的组合不一致，而在盖面的图案中，北斗被延长的一笔也恰好指向这一点。显然，由于心宿重要的授时意义，而被特意布列到那里。值得特别注意的是，被古人称为大火星的心宿的中间一颗星由一个火形符号框住，这个符号与盖面图案白虎腹下的符号遥相呼应，使人感到它们是为说明同一种现象所作的不同安排。从方位上讲，这两个符号分别位于东西两端，虽然同象火形，但区别却很明显。白虎腹下的火符被涂实，而心宿中的火符则仅勾勒了轮廓，这种处理并非只为区别火符与心宿的不同形状，如果出于这样简单的原因，那么它完全可以像位居西方的火符那样，涂实而绘于心宿中间一星的上下，实际上古人并没有这样做，显然这意味着两个火符的不同处理具有不同的含义。在这位居东方的火符上形象地绘有两个草卉符号，这使人联想到中国古人为描写太阳或月亮位于地平线附近的瞬间所创造的一类古文字，如萌、莫（暮）等，它们的本义都是为表示日月已升或将落的时段。与这种现象类似，东方火符上的草卉符号，也正是要提醒人们注意它的本义是为表示大火星的东升，与此相反，西方的火符由于被涂实，当然只能表示大火星的伏没。这两种天象的最合理的解释只能是它记录了一个特定的周期，这个周期构成了古人认识的恒星年的长度。这些事实使我们清楚地认识到，西水坡蚌塑星象图虽然可以作为曾侯乙墓星图的雏形，然而这种古老的授时方法在四千年中却几乎没有任何改变。

中国古人以参、商和北斗并称"三辰"，"辰"字的来源有多种说法，最通行的解释认为它是农具的象形字，"古者剡耜而耕，摩蜃而耨"，"辰"也就发展成为后来的"蜃"字。由于农事与天象相关，辰也就被自然地移用于天文。尽管这种解释似嫌迂曲，而且也还没有更多的证据能够支持它，但"辰"字在天文学上确实有着

① W. Brennand, Hindu Astronomy. Straker, London, 1896.

广泛的含义，比起探索它的字源学，其天学意义更为清晰可辨。在天文学史上，除参、商和北斗之外，北极可以称辰，水星近日利于指示季节，亦可称辰，日月星常称三辰，房宿作为"农祥"，亦名辰，二十八宿、一天的食时，后来都称辰。至于数分十二而又称辰的现象也有不少，赤道周天被分为十二等分，岁星和太岁年行一分，叫作一辰，地平经度被按正方形割成十二等分，北斗月指一分，也叫一辰，此外更有十二月、十二时、十二生肖，有时也可叫作十二辰。所有这些辰名追根究底，实际都来源于一个最基本的天象，即在中国上古文献中被称为"五纪"或"六物"之一的辰，所谓"日月之会是谓辰"①。对于辰字的这种完整的解释见于《左传·昭公七年》：

> 晋侯谓伯瑕曰："何谓六物？"对曰："岁、时、日、月、星、辰是谓也。"公曰："多语寡人辰而莫同，何谓辰？"对曰："日月之会是谓辰，故以配日。"

这种解释表明，辰的天学本义并非实指某物，亦非固定某区，而是指日月构成的一种特殊关系，这种关系的表现形式就是相会或合朔，因而用它来作为一种计时的方法。不过从天文学发展的历史去考察，合朔显然是一个相对晚起的概念，更早的辰的相会的定义应该特指恒星与太阳的会合，这就是日躔。当古人注意观测的授时星象，如大火、参星与太阳同出同入的时候，它们是伏没不见的，古人把这种现象叫作辰伏，辰字的本义也就是表示这种特定的天象，这种天象最可能被规定为标准时间的标志，并且逐渐成为制定历法的依据。或许我们对于日月相会（合朔）的现象在作为划分历月的标志这一点上并不难理解，其实太阳与某些恒星相会在作为确定历年的标志上具有同样重要的意义。现在再重新阅读《左传》的那段文字，便可真正明白"故以配日"一语的确切含义。事实上，不论日与月相会还是日与恒星相会，在古代都叫作辰，而后者应该视为古人认识最早的辰。李约瑟曾经形象地将辰的意义解释为"天上的标记点"②，不过从观象授时的意义上考虑，恐怕星空中再没有什么比授时主星的伏没更显著的标记了。

西水坡蚌塑星象同时出现了心、参两宿，它们恰恰处于与太阳同时相会于二分点的时代，而心宿与参宿又正是中国传统的授时主星。《公羊传·昭公十七年》："大辰者何？大火也。大火为大辰，北辰亦为大辰。"何休《注》："大火谓心，伐谓参伐也。大火与伐，天所以示民时早晚，天下所取正，故谓之大辰。辰，时也。"这里的"北辰"在过去一直被认为是北极，遵循辰以纪时的原则，它的本义应指北斗。何休所讲的"天下所取正"，指的就是标准时间，也即据以制定历法的时间标志点。依据这些传统的概念看待西水坡蚌朔龙虎和北斗图像，这岂不就是目前所知

---

① 庞朴：《火历钩沉——一个遗失已久的古历之发现》，载《中国文化》1989 年 12 月创刊号。

② Joseph Needham, *Science and civilisation in China*, vol. Ⅲ, *The Sciences of the Heavens*, Cambridge University Press, 1959.

中国历史上最为古老的三辰图!

《史记·天官书》按五宫分配天官,其中东南西北四宫分配二十八宿,中宫天极星括辖北斗。尽管西水坡蚌塑星图中北斗与二十八宿的相对关系呈现了比《天官书》更为简略的模式:斗杓东指,会于龙角,斗魁在西,枕于参首,没有涉及南北两宫,然而联系到《天官书》所勾勒的天官体系的蓝本,似乎可以设想,东西两宫的配置,先于南北早就完成了,西水坡蚌塑星象也正可以作为其中东宫、西宫和中宫的雏形,它代表着中国传统的天官体系的初期发展阶段,而这个体系的出现,显然直接适用于北斗及东西二宫中的某些星象对于古人观象授时的重要作用。

揭示蚌塑遗迹的天学意义便不能不涉及这些星象所赖以存在的墓穴,它的形状曾使不少人困惑不解。研究表明,墓穴形状实际呈现了最原始的盖图,复原黄图画的结果,正可全部容纳蚌塑星象。这或许可以视为中国古代以盖图方式绘制星图传统的源头。现在看来,古人对于宇宙的认识恐怕并不比他们对于某些星象的认识更晚近,事实上,如果将二者割裂开来探讨中国早期天文学的发展是根本不可能的。有关这方面的问题,我们在下面逐步阐释。

三、盖图复原

(略——编者注)

四、灵魂升天

西水坡 45 号墓所具有的天文学意义至此得到了全面阐释,然而人们自然会发问:远古天文学成就如此集中地得以在一处有限的墓穴中展现,其意义究竟何在?这实际涉及了与墓葬有关的另一个问题——墓主人的身份。

考古学家习惯于首先利用墓穴的形制与规模判断墓主的身份与地位,在这方面,45 号墓所呈现的规模在目前所见的仰韶文化墓葬中是空前的,这无疑反映了墓主生前具有崇高的地位和权威。事实上,墓穴所表现出的不同寻常的天文学内涵足以证明墓葬主人具有一种特殊的身份——司天占验,他可能近于《周礼》的冯相氏与保章氏,但更可能就是早期的巫觋或部族的首领。从中国文化史的角度讲,这种因果关系是清晰可察的。

中国早期天文学在描述一般天体形成的同时,还具有强烈的政治倾向,这种倾向事实上体现了一种最原始的天命观。我们知道,天文学对于人类生活的作用首先表现在它能为农业生产提供准确的时间服务,这就是观象授时。观象授时虽然从表面上看只是一种天文活动,其实却并不尽然,它从一开始便具有强烈的政治意义。在生产力水平相当低下的远古社会,如果有人能够通过自己的智慧与实践逐渐了解了在多数人看来神秘莫测的天象规律,这本身就是一项了不起的成就。因此,天文知识在当时就是最先进的知识,这当然只能为极少数人所掌握。而一旦有人掌握了这种知识，他便可以通过观象授时实现对氏族的统治，这就是王权的雏形。原因很简单，观象授时的正确与否会直接影响一年的收获，对远古先民而言，一年的歉收将会决定整个氏族的命运，因此，天文学事实上是古代政教合一的帝王所掌握的神秘知识，① 对于农业经济来说，作为历法准则的天文学知识具有首要的意义，谁能把历法授予人民，他便有可能成为人民的领袖。② 因此，在远古社会，掌握天时的人便被认为是了解天意的人，或者是可以与天沟通的人，谁掌握了天文学，谁就获得了统治的资格。《周髀算经》："方属地，圆属天，天圆地方。方数为典，以方出圆。笠以写天，天青黑，地黄赤。天数之为笠也，青黑为表，丹黄为里，以象天地之位。是故知地者智，知天者圣。"《论语·尧曰》："尧曰：'咨！尔舜！天之历数在尔躬，允执其中。四海困穷，天禄永终。'"《史记·历书》载颛顼命重、黎分掌天地，绝地天通，令民神不相杂扰，使复旧常。"其后三苗服九黎之德，故二官咸废所职，而闰余乖次，孟陬殄灭，摄提无纪，历数失序。尧复遂重、黎之后，不忘旧者，使复典之，而立羲和之官。明时正度，则阴阳调，风雨节，茂气至，民无夭疫。年耆禅舜……云：'天之历数在尔躬。'舜亦以命禹。由是观之，王者所重也。"很明显，这种天文与权力的联系，古人理解得相当深刻。毋庸置疑，西水坡 45 号墓的主人与其说葬身于一方墓穴，倒不如说云游于宇宙星空，这种特别安排显然是墓主人生前权力特征的再现。有鉴于此，我们不将 45 号墓的主人视为一位司掌天文占验的部落首领又能作怎样的解释呢？

在西水坡仰韶文化遗址中，以 45 号墓为中心的蚌塑遗迹共有三组。第二组遗迹位于 45 号墓正南 20 米处，由蚌龙、蚌虎、蚌鹿和蚌塑蜘蛛组成，其中蚌塑的龙、虎蝉联为一体，虎向北而龙居南，蚌鹿卧于虎背，蚌塑蜘蛛位于龙头上方，蜘蛛和鹿之间还放置了一件磨制精细的石斧。（图 3）距第二组遗迹正南 20 米处则分布着第三组蚌塑遗迹，包括蚌塑的人骑龙、蚌虎、蚌鸟以及由蚌壳摆塑的各种圆形图案和一些显然并不是随意丢弃的散乱蚌壳。蚌虎居北，头西尾东作奔走状；蚌人骑龙居南，蚌龙头东尾西，回首顾盼，御者形态逼真。与 45 号墓及第二组蚌塑遗迹将蚌壳直接摆塑于黄土之上的做法不同，第三组蚌塑遗迹全部摆塑于人们特意铺就的灰土之上。（图 4）三组蚌塑遗迹所呈现的祭祀场景宏大而壮丽。显然，45 号墓的主人不仅是这座墓穴的主人，同时也是包括第二和第三组蚌塑遗迹在内的完整祭祀遗迹的主人。如果我们将第三组蚌塑遗迹中骑龙遨游的蚌人视为 45 号墓主人灵魂的再现的话，那么这个祭祀场景不正体现了古老的灵魂升天的观念吗？事实很清楚，三组蚌塑遗迹等间距分布于一条南北子午线上，45 号墓居北，人骑龙的图像居南，形成了次序井然的升天路线。45 号墓主人头南足北，墓穴形状则呈南圆北方，正以南方

① Hellmut Wilhelm, *Chinas Geschichte*; zehn einführende vorträge. Vetch, Peiping, 1942.

② Joseph Needham, *Science and civilisation in China*, vol. III, *The Sciences of the Heavens*, Cambridge University Press, 1959.

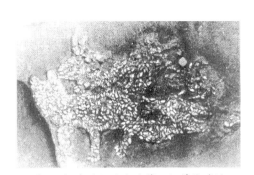

北

图 3　河南濮阳西水坡第二组蚌塑遗迹　　　图 4　河南濮阳西水坡第三组蚌塑遗迹

象天，北方象地，墓主人头枕南方，也正指示了升天灵魂的归途。古代先民常以龙、虎和鹿作为驾御灵魂升天的灵跻，显然，位居中央的第二组遗迹中的蚌龙、蚌虎和蚌鹿正可以视作灵魂升天的灵具，因而表现了墓主人灵魂升天的过程；而位居这条通天道路北、南两端的 45 号墓和人骑龙的蚌塑遗迹，则毫无疑问分别描绘了墓主人生前及死后所在的两界——人间与天宫。不仅如此，第三组蚌图的底部特意垫衬的灰土似乎象征着玄色的夜空，蚌龙与蚌虎周围撒落的蚌壳又宛如夜空中的点点繁星，墓主升入天国后御龙遨游，古人的这种巧妙安排使整个图景俨然一幅天宫世界，寓意分明，形象逼真。其实，这种展示灵魂升天的场面我们在马王堆西汉墓出土的帛画中也可以看到。帛画原本覆盖于棺上，画面下层绘有墓主人生前的生活场景，中层描绘了墓主御龙升天的过程，而上层则为天门内的天宫世界，含义与西水坡蚌塑遗迹所展示的宗教内容一脉相承。

五、殉人与分至四神

西水坡 45 号墓的意义到此并没有说完，在墓主人的周围，除去布列的蚌塑星象之外，还有三具殉人，这种情况在同一时期的墓葬中还是第一次见到。

三具殉人摆放的位置很特别，它们并不是集中摆放于墓穴北部比较空旷的地带，而是分置于东、西、北三处，其中东西两具殉人位于墓穴东西墓壁两处凸起的类似壁龛的地方，北面一具殉人在北壁方龛内也不是正常摆放，而是特意表现出一个角度。这些做法都很值得注意。

古代遗迹所呈现的某些角度往往与天文学上太阳的地平方位有着千丝万缕的联系。这种认识事实上很快便会被东西殉人摆放的位置所证实。我们知道，墓穴的形状代表了太阳在二分日和冬至的日行轨道，利用我们复原的墓穴图形，可以看到东西殉人恰好位于二分日时日出与日入的位置，假如这两具殉人与二分日的联系可以确立的话，那么北面的一具殉人就应显示出与冬至具有某种关系。

也许在注意这些特殊的安排的同时，我们还应该考虑这些殉人的年龄，经过鉴定，他们都属于 12 至 16 岁的男女少年。这些事实促使我们不得不将墓穴表现的这种奇异现象与《尚书·尧典》的记载加以联系，因为在这部书里，二分二至不仅是由四位神人所掌管，而且这四位神人也正是被当作羲、的儿子。

关于《尧典》的成书年代目前还有争论，不过对于它的主要部分完成于周代的看法似乎可以得到普遍的接受。有关"四子"内容，《尧典》是这样描写的：

乃命羲、和，钦若昊天，历象日月星辰，敬授民时。

分命羲仲，宅嵎夷，曰旸谷，寅宾出日，平秩东作。日中，星鸟，以殷仲春。厥民析，鸟兽孳尾。

申命羲叔，宅南交，平秩南讹。敬致。日永，星火，以正仲夏。厥民因，鸟兽希革。

分命和仲，宅西，曰昧谷。寅饯纳日，平秩西成。宵中，星虚，以殷仲秋。厥民夷，鸟兽毛毨。

申命和叔，宅朔方，曰幽都。平在朔易。日短，星昴，以正仲冬。厥民隩，鸟兽氄毛。

这段文字极其古奥，我在《殷卜辞四方风研究》中对此有过考证。在这段文字中，羲仲、羲叔、和仲、和叔显然是被作为羲与和的四位后嗣看待的，如果说这一点在《尧典》中反映得还不够明确的话，那么，战国时期楚国的帛书对这件事则记述得格外详细。《楚帛书·创世》云：

曰故大能雹戏（伏羲），出自□霆，居于雕□，厥田鱼鱼，□□□女。梦梦墨墨，亡章弼弼，□每水□，风雨是於（阏）。乃取（娶）叔退子之子曰女皇，是生子四□。是襄天埑，是各参化。……未有日月，四神相弋（代），乃步以为岁，是惟四时。

文章的大意是，自古在伏羲氏时代，天地混沌无形，幽明难辨，其后伏羲娶女皇氏，生下四子，他们继承伏羲之职掌管天道，在日月尚未产生之时，四子分守四方，互相换位，以步行度量四时，于是四子便成为四时之神。

帛书中的女皇就是古史传说中的女娲，这里，伏羲和女娲被当作开天辟地的始祖，四子则是他们共同的后代。将两篇文章加以对读，不难发现，《尧典》的"羲"就是伏羲，"和"实际也就是女娲，"和"与"娲"的古音相同，古人只是用了不同的文字来称呼她。事实上，伏羲迎娶女娲为妃配的古风由来既久，在汉代及其以后的美术品中，这种题材屡见不鲜。而四子在《尧典》和帛书中始终都作为司掌四时的神祇。

四子于殷卜辞中已经明确成为分至四神，而且从本质上看，分至四神也是作为四方神出现的。春分神析主东方，秋分神彝主西方，夏至神因（迟）主南方，冬至神几（宛）主北方（图5）。每位神祇的名称都来源于分至四时的太阳周日视运动特点。①

《尧典》中四子的职司和他们所居住的地点都很有意思。羲仲司春分，居旸谷。旸谷又作汤谷，《山海经·海外东经》："汤谷上有扶桑，十日所浴。……九日居下枝，一日居上枝。"《大荒东经》："汤谷上有扶木，一日方至，一日方出，皆载于乌。"《楚辞·天问》："出自汤谷，次于蒙汜。"扶桑又名若木，《说文》："叒，日初出东方汤谷所登榑桑，叒木也。"知汤谷即东方日出之地。和仲司秋分，居昧谷。昧谷又作柳谷，见《史记·五帝本纪》，或作蒙谷，《淮南子·天文训》："至于蒙谷，是谓定昏。"《尔雅·释地》："西至日所入为大蒙。"郭璞《注》："即蒙汜也。"此与《天问》汤谷对举，可证昧谷为西方日入之地。蔡沈《集传》："西谓西极之地也。曰昧谷者，以日所入而名也。"羲叔司夏至，居南交，但未详其地。和叔司冬至，居幽都。《墨子·节用》："昔者尧治天下，南抚交趾，北降幽都，东西至日所出入，莫不宾服。"《大戴礼记·少闲》："昔虞舜以天德嗣尧，布功散德制礼，朔方幽都来服，南抚交趾，出入日月，莫不率俾。"南交与幽都对举，分指南北极远之地。李光地《尚书解义》："南交，九州之极南处。……朔方，九州之极北处。"由此可知，春秋分二神分居东西方日出日入之地，敬司日出与日落，二至之神则分居南北极远之地，以定冬至、夏至日行极南、极北。

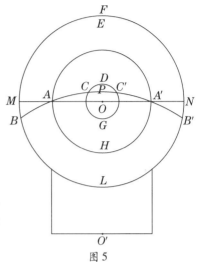

图 5

在古史传说中，四子所居之地虽然更富有神话色彩，但在盖图上却是可以明确表示的。我们看图5，中衡为春秋分日道，O'点为观测者位置，那么$O'A$即为春秋分日的日出方向，$O'A'$为该时日入方向，因此，BPB'弧与中衡的交点A当是春秋分的日出位置，交点A'为日入位置，这两点可以分别比附春分神所居之旸谷和秋分神所居之昧谷。图中外衡为冬至日道，根据墓穴的实际方位，外衡之BLB'弧的顶点L为极北点，可以比附冬至神所居之幽都。图中内衡为夏至日道，内衡之CDC'弧的顶点D为极南点，又可比附夏至神所居之南交。从盖天说的角度看，将四子所居之位在盖图上做这样的设定是没有问题的。

有了这个基础，问题便渐渐地清楚了起来。我们看到，墓穴中除四极中的极南之位被墓主人占据之外，其余可以考虑为四极的位置都恰好安排了殉人（据可鉴定的骨架分析，为非正常死亡），这些殉人显然与司掌分至的四子有关。

---

① 拙作《殷卜辞四方风研究》，载《考古学报》1994 年第 2 期。

首先，盖图中衡外侧的两具殉人分别置于 A 点和 A' 点，A 点为旸谷所在，太阳由此而出进入 AHA' 弧以现白昼，A' 点为昧谷所在，太阳由此而入进入 A'EA 弧以成黑夜，显然，位于 A 点及 A' 点的二人性质与司分二神分居旸谷、昧谷以掌日出、日入的意义暗合，应当象征春分神与秋分神。

其次，盖图外衡外侧的一具殉人置于 L 点，L 点为幽都所在，从而加强了此人与冬至之神的联系。特别值得注意的是，此具殉人摆放的位置与东西殉人顺墓穴之势摆放不同，而是头向东南，足向西北，呈现出一个明显的角度。这可能暗示着一种特别的意义。殉人葬卧方向的实测数值在已发表的几处报道中不尽相同，据我们在图上实测，头向约为北偏东 130 度，① 即东偏南约 40 度，这是一个很有意义的角度。

《淮南子·天文训》云："日冬至，日出东南维，入西南维。至春秋分，日出东中，日入西中。夏至，出东北维，入西北维。至则正南。"众所周知，冬至时日光直射南回归线，因此在中原的位置观测，太阳于东南方升起，于西南方落下。濮阳位于北纬 35°7′，据当地纬度计算，冬至太阳初升的地平方位角约当东偏南 31 度左右。仰韶先民当然尚不知地磁方向，因此，当时的方位体系只能是根据太阳周年视运动的方位建立起来的，这是地理方位。由于地理北极与地磁北极形成一个角度，所以两个方位体系不尽相同。如果我们假定墓穴方位是依地理北极而设，事实上也只能如此，那么有关墓穴地磁方向的今测值与其地理方向便存在 13 度的差值（今测值 193 度减 180 度），这个差值包括了磁偏角的数值和古今人方位测量的共同误差。假如我们将这些误差限定在百分之二十左右，那么这具殉人葬卧的头向应该指向东偏南约 30 度的地方，而那正是冬至时太阳初升之地。事实上，如果我们认为墓穴北部方边为一条基本准确的东西标准线，并且以此为基础度量殉人方向的话，那么同样可以得到完全一致的结论。因此可以肯定，墓穴外衡周外侧的殉人具有象征冬至之神的意义，他的头向正指冬至时的日出方向，而且相当准确。

四子中的三子已在盖图中出现，唯缺夏至之神，即南方之神。前节已经指出，西水坡 45 号墓中作为北斗斗杓的两根人的胫骨很可能是自 31 号墓特意移入的，这当然加强了 31 号墓与包括 45 号墓、第二组及第三组蚌塑遗迹在内的整个遗迹的联系。有趣的是，45 号墓与第二、第三组蚌塑遗迹的布局是严格地沿着一条南北子午线由北及南地作 20 米的等间距分布，而 31 号墓竟恰好以同样的距离处于这条子午线的南端。这种分布特点事实上使我们不能不将 31 号墓的墓主与在 45 号墓中缺失的夏至之神加以联系，即使从他处于正南方的位置考虑，将其视为司掌夏至的神祇也有着充分的证据。

此外，对于论证 31 号墓的主人实际就是以 45 号墓为核心的整座遗迹所表现的

---

① 简报或云殉人头向 230 度，疑为 130 度之误；或云墓葬方向 178 度，疑为 193 度之误。见《中原文物》1988 年第 1 期、《华夏考古》1988 年第 1 期。

司掌夏至的神祇，事实上还存在着其他一些可寻的线索。首先，45 号墓中作为北斗的斗柄何以独取象征南方夏至之神的胫骨，似乎也并非不体现着古人的某种考虑。如果我们联系古人恪守的以南为天的传统观念，则先民以处于南方的夏至神的胫骨以表现星辰北斗的杓柄的做法更显得合情合理。其次，31 号墓主头向正南，而不同于象征冬至的神祇头指其时的日出方向，这种安排无疑也体现了古人对于夏至神的独特的文化理解。前引《淮南子·天文训》独云夏至"至则正南"，则是对古人于夏至测影以正南方的具体说明。《周髀算经》："以日始出立表而识其晷，日入复识其晷，晷两端相直者，正东西也。中折之指表者，正南北也。"夏至日出东北寅位而入西北戌位，故表影之端指向东南辰位与西南申位，辰、申之连线为正东西的方向，自表南指东西连线的中折处，则为正南方向。显然，正南方位的最终测定与校验，唯有夏至之时。这便是文献所谓夏至"至则正南"的深意。31 号墓主象征夏至之神而头向正南，应该就是这一古老思想的形象反映。

夏至之神分布于整个遗迹的南端体现了古人对于这一具有丰富的原始宗教内涵的祭祀场景的巧妙布置。很明显，由于 45 号墓主人已经占据了夏至之神原来的位置，而墓主头向正南，南方乃是灵魂升天的通道，所以 45 号墓以南边为圆形表示天空，又以墓南 20 米处分布的第二组蚌塑表示升天的过程，并以正南的第三组蚌塑象征墓主灵魂升入天宫的景象，因此，自最北的再现墓主生前世界的 45 号墓至第三组表现其灵魂升入天宫的遗迹之间实为升天的通途，已不可能有容纳夏至之神的位置，从而使夏至之神只能远离他本应在的位置而处于极南，这一方面保持了整座遗迹宗教意义的完整，另一方面也不违背夏至之神居处极南之地的本义。值得注意的是，夏至之神居所的这种变动与不确定似乎体现了一种非常古老而且根深蒂固的观念，联系《尧典》经文，其中独云夏至之神居南交而未细名其地，应该就是这种观念的反映。这个传统在战国时代似乎依然保持着，我们研究曾侯乙二十八宿漆箱立面星图，发现也恰好缺少南宫的图像，时人并将南立面涂黑，以象苍天。这些做法当然因为南方一向被视为死者灵魂升天的通道，因而四子中独将夏至之神脱离盖图而置于南端，正是要为墓主灵魂升天铺平坦途，这种观念便成为《尧典》独于南方夏至之神只泛言所居方位而不细名其具体居地的原因。

西水坡蚌塑遗迹既然表现了位居北端的 45 号墓主人灵魂升天的景象，那么遗迹中特意安排的分至四神似乎就不能不与这一主题没有关系。四神作为天帝的四位臣佐，理应具有佐助天帝接纳升入天界的灵魂的职能，因为分至四神既然作为四方之神，其实就是司掌四方与四时的四位神巫，四巫可以陟降天地，所以人祖的灵魂升天也必由四神相辅而护送。当然，有资格享受这种礼遇的人祖必然具有崇高的地位。

遗址中四位殉人的性质分别象征分至四神即春分神、秋分神、冬至神和夏至神的推论应是可以成立的，因为一旦将相关的遗迹现象与保存在《尧典》中的古史传说及古老的盖天理论结合起来考虑，作出这样的回答便是必然的了。分至四神在商代卜辞中已经构成了一套完整的时间体系，西水坡 45 号墓虽然在时间上远早于殷卜辞，但完全有理由将其看作这一体系的直接来源。这些结论或许可以改变我们的某些传统认识，事实上，不仅盖天说是古老的，分至四神相代而步以为岁的思想也是古老的。

六、结　论

综上所述，可厘定本文要点如下：

1. 西水坡 45 号墓的蚌塑遗迹清楚地反映了北斗与后世二十八宿之东西二宫的若干星象，从而建立了中国古老的天官体系的雏形。而且根据岁差的计算表明，星象本身的位置显示出它表现了当时的实际星空。

2. 45 号墓的墓穴形状呈现了最原始的盖图，它是古老的盖天理论的直观体现。复原的结果表明，这幅盖图与《周髀算经》中记载的早期盖图无论在形式上还是内容上都相符合，它不仅表现了古人对天地四方和太阳周年视运动的真实观测结果，而且成为中国古代以盖图方式设计星图之滥觞。同时，它的复原可以纠正前人对早期盖图复原的某些失误。

3. 整座遗迹完整而形象地反映了墓主灵魂升天的朴素宗教观，其中 45 号墓作为遗址的核心，再现了墓主生前的权力特点，第三组蚌塑遗迹象征灵魂升入天宫后的天上世界，而第二组蚌塑遗迹则表现了灵魂升天的过程。

4. 遗址中的四位殉人分别象征分至四神，其中 45 号墓东侧殉人象征春分神，西侧殉人象征秋分神，北侧殉人象征冬至神，位于遗址南端的 31 号墓主象征夏至神。四位神祇分布的位置及象征意义与殷卜辞和早期文献提供的有关证据极为吻合，可以认为，自殷代以后普遍流行的分至四神或羲和四子的古老神话与此一脉相承。

5. 中国天文学官营的传统特点显示，墓穴所具有的天学意义与特殊葬仪足以暗示墓主人生前享有特殊的地位和权力。在早期社会中，一方面神秘的天文知识为极少数巫觋所垄断，另一方面，这些拥有通天本领的巫觋又理所当然地被奉为氏族的领袖，天文学所具有的在确定这两种人物身份方面的决定意义于西水坡蚌塑遗迹中得到了充分体现。

本文的研究揭示了中国先民在天文与人文方面的辉煌成就，它不仅将中国天文学有确证可考的历史提前了三千年，从而使得中国天文学史中的一些重大问题不得不重新考虑，使中国天文学在人类科学史上的地位不得不重新评估，而且对于中国文明起源的深入研究，对于天文与人文相互关系以及原始宗教、古代祭祀和古代思想史的研究也有重要意义。

本文原载《中华第一龙——'95 濮阳"龙文化与中华民族"学术讨论会论文集》，中州古籍出版社 2000 年版，收入本集时作者有所修订。全文共六节：一、序文；二、星图考定；三、盖图复原；四、灵魂升天；五、殉人与分至四神；六、结论。本文节选其中一、二、四、五、六各节。

舜与音乐的传说研究

陈泳超

陈泳超（1966—　），江苏常州人，文学博士，现为北京大学中文系民间文学教研室副教授。出版有神话学专著《尧舜传说研究》（2000）、《中国民间文学研究的现代轨辙》（2005）等。另发表有《论孔、墨鬼神天命观之异同》、《关于"神话复原"的学理分析——以伏羲女娲与"洪水后兄妹配偶再殖人类"神话为例》等论文。

一、有虞世职的传说

（一）瞽在原始传说中为官名

舜父瞽，或名瞽瞍，或名瞽叟。这名字是何含义？有三种说法：（1）盲人。司马迁《五帝本纪》说舜为"盲者子"，又云："舜父瞽叟盲。"（2）不分好恶之人。《尚书》伪孔传云："无目曰瞽，舜父有目不能分别好恶，故时人谓之'瞽'，配字曰'瞍'，瞍，无目之称。"则其目不盲，只以目盲喻其心识暗昧。（3）乐官名。清人汪中《述学》补遗《瞽瞍说》倡之，因此说乃本章论述重点，故先全录汪文如下：

> 舜之父见于《尧典》者曰"瞽"而已。《左氏传》、《孟子》、《吕氏春秋》、《韩非子》则皆曰"瞽瞍"，此非其名，乃官也。《春官》"瞽矇"有"上瞽"、"中瞽"、"下瞽"。《周颂》谓之"矇瞍"，《周语》曰："瞽告协风至。"《左氏传》师旷曰："吾骤歌北风，又歌南风。"《郑语》曰："虞幕能听协风，以成乐物生者也。"《左氏传》曰："自幕至于瞽瞍无违命。"然则瞽之掌乐，固世官而宿其业，若虞夏之后夔矣，不必其父子祖孙皆有废疾也。《吕氏春秋·古乐篇》曰："帝尧立，乃命质为乐，质乃效山林溪谷之音以歌（注：质当为夔），乃以麋𩣡置缶而鼓之，乃拊石击石，以象上帝玉磬之音以致舞百兽。瞽瞍乃拌五弦之瑟，作为十五弦之瑟，命之曰《大章》，以祭上帝。舜立，仰延乃拌瞽瞍之所为瑟，益之八弦，以为二十三弦之瑟。"是其据也。唐虞之际，官而不名者三：四岳也，共工也，瞽也。司马子长易其文曰"盲者子"，失之矣。①

---

① 汪中：《述学》，见《四部丛刊》本。

汪氏举例宏富，细加分析，他是分四层加以解说的：

1. "瞽瞍"乃官名。以《周礼·春官》、《周颂》①、《国语·周语上》、《左传》（师旷精于乐，亦瞽矇之流）为证，殆无疑义。

2. 此官相传乃有虞氏世代相守之职。以《国语·郑语》为例，虞幕乃有虞氏之初祖，其功德在于"能听协风，以成乐物生者也"，与上列《周语上》中"瞽告有协风至"为同一职守，且《左传·昭公八年》言"自幕至于瞽瞍无违命"，世代均忠于职守，未有过失。因此汪氏得出结论："瞽之掌乐，固世官而宿其业，若虞夏之后夔矣，不必其父子祖孙皆有废疾也。"

3. 舜父"瞽瞍"为乐官有直接记载，此即所列《吕氏春秋》文。瞽瞍乃尧时乐官，改五弦之瑟为十五弦之瑟。舜立后，又使延改为二十三弦之瑟，质、延乃具体人名，瞽瞍亦当为具体人名，其时正当尧末舜初，则瞽瞍为舜父无疑，所谓"是其据也"。

4. 以官名称呼人乃唐虞之际惯例，有"四岳"、"共工"为证，"瞽"亦如之。

汪氏层层相扣的分析，可谓精辟，令人信服，尤以2、3最为有力，笔者亦深以为是，并为之补证两点：

1. 瞽瞍之名见诸典籍者，先秦多作"瞽瞍"，如《左传》、《孟子》、《韩非子》等（间有例外，如《墨子·非儒下》作"瞽叟"），而秦汉间多书为"瞽叟"，如《吕氏春秋》、《大戴礼记》、《史记》等。汪氏未分别"瞍"、"叟"之异，所录《吕氏春秋》文，今本作"叟"而非"瞍"。其实，一字之别另有深意。《国语·周语上》云："故天子听政，使公卿至于列士献诗，瞽献曲，史献书，师箴，瞍赋，矇诵。"瞽、瞍、矇俱有目盲意，又兼乐官名，故早期以"瞽瞍"称舜父，更留有乐官传说的痕迹。至秦汉间，舜起于微庶的故事渐入人心，以乐官名称呼舜父自不妥当，故渐多书为"瞽叟"。"叟"乃老翁泛称，合之为盲翁，如司马迁之解释，亦传说流传之变异。汪氏所祖乃其始，史迁所释乃其变，汪氏非毁史迁，实亦未知个中原委。这样，再看上引《吕氏春秋》之文，"瞽瞍"作"瞽叟"，确指舜父无疑，更可加强汪氏的说服力。（顺便说一句，宋代蔡沈《书集传》②中注《大禹谟》"祗载见瞽瞍，夔夔齐栗"句谓："瞍，长者之称。"先秦两汉无此书证，当是因"瞽瞍"与"瞽叟"长期混用，蔡氏误以"叟"释"瞍"，其失甚明。）

2. 《五帝本纪》袭《大戴礼记·帝系》云："重华父曰瞽叟，瞽叟父曰桥牛，桥牛父曰句望，句望父曰敬康，敬康父曰穷蝉，穷蝉父曰帝颛顼。"在这一组世系名单中，为何唯独舜父无名，单称之为"瞎老头"呢？若说因微庶而失名，可有虞氏微庶不自舜父始，《五帝本纪》明言："自从穷蝉以至帝舜，皆微为庶人。"所以，

---

① 《周颂》中有《有瞽》篇，无"矇瞍"，而《大雅·灵台》中有云："鼍鼓逢逢，矇瞍奏公。"汪中此处引述有误。

② 蔡沈：《书集传》，《四库全书》本。

"瞽叟"必是从官名"瞽瞍"演化而至。以官名代人名，除汪氏所举之"四岳"、"共工"外，便在这世系中亦有旁例，即"句望"，《帝系》作"句芒"，《左传·昭公二十九年》云："故有五行之官，是谓五官……木正曰句芒，火正曰祝融，金正曰蓐收，水正曰玄冥，土正曰后土……少皞氏有四叔：曰重，曰该，曰修，曰熙，实能金、木及水，使重为句芒，该为蓐收，修及熙为玄冥，世不失职，遂济穷桑，此其三祀也。""句芒"为官名，殆无可疑，"瞽叟（瞍）"亦如之。

（二）有虞世职传说的具体内容

传说中瞽瞍为乐官名，有虞氏亦世代多任此官，那么这种乐官的具体工作是什么呢？汪氏未加解释，我们来看《国语·郑语》的记载：

> 夫成天地之大功者，其子孙未尝不章，虞夏商周是也。虞幕能听协风，以成乐物生者也；夏禹能单平水土，以品处庶类者也；商契能和合五教，以保于百姓者也；周弃能播殖百谷蔬，以衣食民人者也。其后皆为王公侯伯。

韦昭注曰："协，和也，言能听知和风，因时顺气，以成育万物，使之乐生。"可见，当时的所谓乐官，其职守不单单是精通音乐，还要能听出和风的到来，以助生万物。因此，虞幕与"品处庶类"的夏禹、"保于百姓"的商契及"衣食民人"的周弃并为"成天地之大功者"。这一特殊的职守，《周语上》中所记虢文公向宣王陈籍田制度的一段话，有更详明的解释：

> 夫民之大事在农……古者，太史顺时覛土，阳瘅愤盈，土气震发，农祥晨正，日月底于天庙，土乃脉发……先时五日，瞽告有协风至，王即斋宫，百官御事，各即其斋三日。王乃淳濯飨醴，及期郁人荐鬯，牺人荐醴，王祼鬯，飨礼乃行，百吏、庶民毕从。及籍，后稷监之，膳夫、农正陈籍礼，太史赞王，王敬从之。王耕一墢，班三之，庶民终于千亩。其后稷省功，太史监之；司徒省民，太师监之；毕，宰夫陈飨，膳宰监之。膳夫赞王，王歆大牢，班尝之，庶人终食。是日也，瞽帅音官以风土，廪于籍东南，钟而藏之，而时布之于农。稷则遍诫百姓，纪农协功……民用莫不震动，恪恭于农，修其疆畔，日服其镈，不解于时，财用不乏，民用和同……

概而言之，帝王以兴农为治国大业，籍田之制，乃是借民力耕田的意思，其礼仪甚繁，也甚隆重。有实际意义的行为是：在耕田日之前五日，王斋戒。至耕田日，王象征性地耕一块土，百官按等级依次按三倍增加，至庶民则尽耕千亩王田。经验收后，王享太牢，依次遍尝，至庶民而止。并在籍田东南筑仓廪，稷则向百姓劝耕。总之，这是一种在立春前后举行的上下同行的农耕大仪。而"瞽"，韦昭注曰："乐太师知风声者也。"这一职官在此礼仪中有两项工作：一是在耕田日前五天，"告有协风至"。为什么别人不能告非要瞽告呢？一定是瞽有特殊的听辨"协风"的能力，如上述虞幕之所作为；二是在耕田日"帅音官以风土"。韦昭注："音官，乐官。风土，以音律省土风，风气和则土气养也。"这就表明，"瞽"能以音律推知风气和顺及土气滋养，其于农业生产，有着举足轻重的作用。《国语·周语下》中单襄公云："吾非瞽史，焉知天道。"可见在古人心目中，瞽具有测知"天道"的非凡本领。这就使我们更能理解虞幕与夏禹、商契、周弃并称"成天地之大功者"的原因了。

由此可见，有虞氏世代多任的官职，其本质功用乃是"以音律省土风"。

（三）"以音律省土风"析

所谓"以音律省土风"，乃是华夏先民长期运用的一种测量风气、物候的独特方法，与那时的天文、历法、农业生产及生活都有密切关系，这在早期典籍中不乏记载。《左传·隐公五年》："夫舞，所以节八音而行八风。"《襄公二十九年》："五声和，八风平。"《昭公二十年》："声亦如味，一气、二体、三类、四物、五声、六律、七音、八风、九歌，以相成也。"《国语·晋语八》师旷说："夫乐以开山川之风也。"《礼记·乐记》曰："八风从律而不奸。"《吕氏春秋·察传》曰："夔于是正六律，和五声，以通八风，而天下大服。"可见，音律、乐声与"风"有着十分密切的联系，《诗经》中称各国之诗为"风"，当亦与这种联系有关。而以音律来辨别四方或八方之风，在上古是被广泛尊信的一种专门技术，即所谓候气法。冯时在《殷卜辞四方风研究》[①]（下简称"冯文"）一文中总结说："候气法是一种以律吕测气定候的方法，它的起源相当古老，惜其术绝来既久。"《后汉书·律历志》中有关于候气法具体操作的记载，但恐亦与上古法则不符，后世其他史书或亦及之，均不得其详。从本文的立场来看，候气之术虽不传，但这种"以音律省土风"的原则已无可疑，它为我们了解虞氏的传说职能，提供了一个事实背景。

有此背景，我们再来具体考察虞幕与瞽所听"协风"之事，这至迟可以追溯到甲骨时代。

胡厚宣《释殷代求年于四方和四方风的祭祀》[②]（下简称"胡文"）主要根据武丁时代的一大块牛胛骨（《甲骨文全集》14294 版）和一块龟腹甲（《甲骨文全集》14295 版）中的两篇卜辞，辅以其他材料，对甲骨中的四方风名作了详细的考释，"冯文"将之厘定如下：

东方	析	东方风	协		
南方	因	迟	南方风	微	
西方	彝	西方风	丮	東	辣
北方	夗	北方风	役		

《山海经》之《大荒东经》、《大荒南经》、《大荒西经》中有对四方风的论述，据"胡文"考订，其原文当如下：

有人名曰折，东方曰折，来风曰俊，处东极以出入风。（《大荒东经》）

---

①《考古学报》1994 年第 2 期。

②《复旦学报》1956 年第 1 期。

有神名曰因，南方曰因，来风曰民，处南极以出入风。（《大荒南经》）

有神名曰夷，西方曰夷，来风曰韦，处西北隅以司日月长短。（《大荒西经》）

有人名曰鹓，北方曰鹓，来风曰狻，是处东北隅以止日月，使无相间出没，司其短长。（《大荒东经》）

据"胡文"分析，"折析不但形通，而且义亦相同"，从这组排列来看，《山海经》中的方名与风名均与甲骨对应通用。又《尧典》有羲和四子掌四方之记载，其文曰：

分命羲仲，宅嵎夷，曰旸谷，寅宾出日，平秩东作，日中星鸟，以殷仲春，厥民析，鸟兽孳尾。申命羲叔，宅南交，平秩南讹，敬致，日永星火，以正仲夏，厥民因，鸟兽希革。分命和仲，宅西，曰昧谷，寅饯纳日，平秩西成，宵中星虚，以殷仲秋，厥民夷，鸟兽毛毨。申命和叔，宅朔方，曰幽都，平在朔易，日短星昴，以正仲冬，厥民隩，鸟兽氄毛。

《史记·五帝本纪》袭之，字词略异。现列表以明之：

东	厥民析	鸟兽孳尾	仲春
南	厥民因	鸟兽希革	仲夏
西	厥民夷	鸟兽毛毨	仲秋
北	厥民隩	鸟兽氄毛	仲冬

据"胡文"分析，"厥民某，是因袭甲骨文和山海经的四方名；鸟兽某某，则由甲骨文的凤曰某讹变，并因袭其四方之风名"。"冯文"从《尧典》反推，认为甲骨文四方风名即从鸟兽随四时之变而得名，协训交合（孳尾），微训稀少（希革），彝训含盛（毛毨），役训丰盛（氄毛），可知《尧典》是有很古老的素材根据的。

从上述甲骨文、《山海经》及《尧典》诸记载中可知，东方风名"协"是没有疑义的，其字本为"劦"或"劦"，像众力聚合之意，故训"合"，引申为"交合"。前引韦昭注曰"和"，甚确。如此，前引虢文公谏陈籍田制中的瞽听协风，其源头很久远。由此我们进一步推想，行此职守的有虞氏传说，或许也有着更远古的话头。这样的推想是有旁证的。"冯文"说："近年河南舞阳县出土的新石器时代骨制律管，似乎透露了早期候气之术的某些线索。"我们知道，现行的上古史分期法，以为夏以前之尧舜朝代大约属于新石器时代，而候气法在当时已露端倪，加上有虞氏的朝代与世系多有凭据，是否可以说明盛传的有虞全盛期（即尧舜时代）的确含有一定程度的历史真实性呢？至少，"以音律省土风"的观念与技术，当远远早于文字所载的甲骨时代。

二、舜弹五弦歌《南风》的传说

（一）舜与音乐的几项传说

上节论述的是有虞世职传说，而舜为有虞之后，他是否继承了有虞世职呢？据目前所知材料看，这方面的消息很微弱，但先秦传说中的舜，却同样与音乐有密切的关系，这可以从以下三方面略加说明。

1. 舜时有名乐为《韶》（亦名《大韶》、《九韶》、《韶箫》、《韶虞》等），《庄子·天下》云："黄帝有《咸池》，尧有《大章》，舜有《大韶》，禹有《大夏》，汤有《大濩》，文王有《辟雍之乐》，武王周公作《武》。"关于古代著名帝王的著名乐章名称，先秦两汉间典籍多有记载，歧说甚众，但《韶》为舜乐几无异词。且此乐至季札、孔子时代犹可听闻，《左传·襄公二十九年》载季札观乐："见舞《韶箫》者，曰：'德至矣哉，大矣！如天之无不帱也，如地之无不载也。虽甚盛德，其蔑以加于此矣，观止矣。若有他乐，吾不敢请已。'"孔子言《韶》"尽美矣，又尽善也"[1]，以至在齐闻《韶》后三月不知肉味。他们对《韶》乐如此不吝伟辞地极度赞叹，一方面既可证明传说中归于舜的音乐已达到了很高成就，而另一方面则深含着对礼乐教化黄金时代的一种慨叹，此详后文。

2. 《世本·作篇》[2] 专记各种器物的发明者，中云："箫，舜所造。"如此亦可理解，舜乐《韶》何以又名《箫韶》或《韶箫》。那么，为什么要将箫的发明权归于舜呢？笔者认为，这或许正透露了舜承续有虞世职的一点消息，因为"以音律省土风"的主要器物即是"律管"。《说文解字》释"管"曰："如篪，六孔，十二月之音，物开地牙，故谓之管。"前引河南舞阳曾发掘出骨制律管，而箫为管乐器中之著名者，那么舜与韵律显然关系至深。事实上，早期文献中确有以竹管定律的具体记载，《吕氏春秋·古乐篇》云：

> 昔黄帝令伶伦作为律，伶伦自大夏之西，乃之阮隃之阴，取竹于嶰溪
> 之谷，以生空窍厚钧者，断两节间，其长三寸九分，而吹之以为黄钟之宫，
> 吹曰舍少，次制十二筒，以之阮隃之下，听凤皇之鸣，以别十二律。

由上述骨制、竹制律管，我们进一步联想到西王母献白玉琯的传说。《大戴礼记·少间》云："昔虞舜以天德嗣尧，布功散德制礼，朔方幽都来服。南抚交趾，出入日月，莫不率俾。西王母来献其白琯。"《尚书大传》亦记此事。我们认为，此处的白玉琯乃指玉质的律管，有书为证，《风俗通义·声音》篇论"管"曰："《尚书大传》：舜之时，西王母来献其白琯。昔章帝时，零陵文学奚景于冷道舜祠下得生白玉管，知古以玉为管，后乃易以竹耳。夫以玉作音，故神人和，凤皇仪也。"其事虽涉荒诞，但以"管"释"琯"，当无疑义。《说文解字》将"琯"字附于"管"之下，并录奚景故事，便是同样道理。而传说中西王母向舜献白玉琯，虽是神话性质的夸诞，但亦有其原委，它是从有虞世职中衍生的一种颂扬方式，意为舜之隆治，天下咸从，仿佛律管在握，则风气土气无不洞悉而和畅。或许还不止于此，我们知道，律管可以知晓土风，这是上古以来的观念，但在稍后的传说中，律管的功用被

---

① 《论语·八佾》。
② 本书所引《世本》据《龙溪精舍丛书》本。

夸大到可以改变土风的地步。王充《论衡·寒温》记载："燕有寒谷，不生五谷。邹衍吹律，寒谷可种。燕人种黍其中，号曰黍谷。"准此，则西王母献白玉琯，其象征意义就更加深刻了。

3. 舜与琴瑟之类弦乐器也有关系。按《世本·作篇》的说法，舜发明的只是箫，琴与瑟乃是神农发明的，但对于琴瑟之制的改进，传说中有舜的功劳。前引《吕氏春秋·古乐篇》中瑟由五弦到二十三弦的变革，即与舜有关。另外，舜还亲自操乐，尤善鼓琴。《孟子·万章上》中叙舜之父母、弟象谋害舜后，"象曰：'谟盖都君咸我绩，牛羊父母，仓廪父母，干戈朕，琴朕，弤朕，二嫂使治朕栖。'象往入舜宫，舜在床琴"。又《孟子·尽心下》云："舜之饭糗茹草也，若将终身焉；及其为天子也，被袗衣，鼓琴，二女果，若固有之。"

关于舜弹琴，还有下面这一段常为人道的传说，须提出来单独考察。

（二）舜弹五弦歌《南风》的传说

大约从战国后期开始，舜弹五弦歌《南风》的传说开始广泛流传，如《史记·乐书》云：

> 昔者舜作五弦之琴，以歌《南风》；夔始作乐，以赏诸侯。故天子之为乐也，以赏诸侯之有德者也。德盛而教尊，五谷时孰，然后赏之以乐。故其治民劳者，其舞行缀远；其治民佚者，其舞行缀短。故观其舞而知其德，闻其谥而知其行。

此文袭自《礼记·乐记》。张守节《史记正义》云："《世本》'神农作琴'，今云舜作者，非谓舜始造也，改用五弦琴，特歌《南风》诗，始自舜也。"这种舜弹五弦歌《南风》的传说，又见于《韩非子·外储说左上》、《尸子》、《韩诗外传》、《淮南子》之《诠言训》和《泰族训》、《新语·无为》、《说苑·建本》、《越绝书》、《孔子家语》等文献，可见此传说历秦汉而不衰。不过诸家所记，亦不过如上段引文，均只有弹琴歌诗两句话，并无更多的内容，亦不载歌辞。《礼记·乐记》郑玄注云："南风，长养之风也，以言父母之长养己，其辞未闻也。"

但今本《文选》中《琴赋》之李善注云："《尸子》曰：舜作五弦之琴，以歌《南风》：南风之薰兮，可以解吾人之愠。是舜歌也。"《尸子》传为战国时人尸佼著作，《汉书·艺文志》杂家类中有《尸子》二十篇，隋唐志所载并同，至宋时亡佚。若此段引文确为《尸子》原文，那么此歌辞当起于战国后期。但果真如此，为什么舜歌《南风》之事被广泛记载，而其歌辞未之一见？又为什么汉末古文经学集大成者郑玄断然说"其辞未闻也"呢？

其实，最早引《尸子》南风歌辞的还不是李善，《礼记·乐记》孔颖达疏云：

> 案《圣证论》引《尸子》及《家语》难郑云："昔者舜弹五弦之琴，其辞曰：'南风之薰兮，可以解吾民之愠兮；南风之时兮，可以阜吾民之财兮。'郑云其辞未闻，失其义也。"今案马昭云："《家语》，王肃所增加，非郑所见。"又，《尸子》杂说，不可取证正经，故言未闻也。

这就牵涉到魏晋经学中的郑、王之争。郑玄为古文经学集大成者，郑学在汉末魏晋时势力很盛，而王肃则有意反对郑学。由于王肃乃西晋开国君主司马炎的外祖父，凭其特殊的政治地位，王学在魏晋时与郑学并立为官学而尊崇过之。但王肃的反郑手段并不光彩。《三国志·王肃传》说他"集《圣证论》以讥短玄"，而他撰集《圣证论》时，又多采撷《孔子家语》中的材料。《孔子家语》汉时有其书，《汉书·艺文志》载之，但颜师古注谓："非今（指唐——笔者注）所有《家语》也。"而今本《家语》，又非唐时《家语》，《旧唐书·经籍志》有王肃撰《孔子家语》十卷，上引孔颖达疏中马昭亦说："《家语》，王肃所增加，非郑所见。"马昭，魏晋时曾任中郎之官，信郑学。可知《孔子家语》中的这首《南风》歌辞，不能完全排除是王肃本人的发明。准此，《尸子》中的半篇歌辞，恐怕也有被人做过手脚的嫌疑。孔疏以为《尸子》本有此文，只因其书为杂书，不当取之证经，故郑玄视而不见，直称其辞未闻。这恐怕未必属实，因为即使郑玄果真视而不见，《尸子》后郑玄前引述舜歌《南风》传说者甚众，其学理亦诸家纷呈，何以竟无一引用其辞呢？所以，本书以为《南风》歌辞，即便不定是王肃自撰，其来历总是十分可疑的。在没有更坚实的文献证据之时，笔者对《尸子》、《孔子家语》的有关记载将坚持质疑的立场，甚至比较倾向于相信它是王肃的个人手笔。

不过，尽管王肃颇有伪造《南风》歌辞的嫌疑，但他对《南风》的解释则不能一概抹杀。郑学以为《南风》乃因"父母之长养己"而歌，则为孝子之歌，有人甚至将《诗经》中的《凯风》比附舜之《南风》，因"凯风自南"，本身即含南风的意思，又颇颂孝子心迹，但郑玄、孔颖达俱不取。不过，孝子说后世还是很流行，如《史记正义》就明言："《南风》是孝子之诗也。"而王学以为《南风》乃"养民之诗"，《史记集解》引王肃言："《南风》，育养民之诗也。"其所伪作之辞，亦符合其学理。此说亦非无据，《史记·乐书》又载：

> 故舜弹五弦之琴，歌《南风》之诗而天下治；纣为朝歌北鄙之音，身
> 死国亡。舜之道何弘也？纣之道何隘也？夫《南风》之诗者生长之音也，
> 舜乐好之，乐与天地同意，得万国之欢心，故天下治也。夫朝歌者不时也；
> 北者败也，鄙者陋也，纣乐好之，与万国殊心，诸侯不附，百姓不亲，天
> 下畔之，故身死国亡。

所谓"乐与天地同意，得万国之欢心"，似以"养民之诗"当之，其意更长。

又，《乐府诗集·琴曲歌辞》录《南风歌》二首，其一即上引之辞，此不再论。其二曰：

> 反彼三山兮商岳嵯峨，天降五老兮迎我来歌。有黄龙兮自出于河，负
> 书图兮委蛇。罗沙案图观谶兮闵天嗟嗟，击石拊韶兮沧幽洞微，鸟兽跄跄
> 兮凤皇来仪，凯风自南兮喟其增叹。

《乐府诗集》录此歌辞时提及《古今乐录》之文，或从中摘引。但清人马骕《绎史》以为出自《琴操》，不详何据，后人多辗转引之。查今存诸本《琴操》，俱不录之，

故仍当以出自《古今乐录》为当。此歌辞一望可知不会出于谶纬大行之前，参第四章。该歌辞于本文内容无补，仅录以备考。

（三）舜弹五弦歌《南风》的传说当为孔门后学所创

前文已述，舜弹五弦歌《南风》的传说兴起于战国后期，本书认为，它是孔门后学所创设。从所记载的诸书来看，汉代的著作多受儒家影响自不待言，便是那些非儒家的著作，也承认是在引用儒家传言，如《韩非子·外储说左上》云：

> 宓子贱治单父，有若见之曰："子何臞也？"宓子曰："君不知不齐不肖，使治单父，官事急，心忧之，故臞也。"有若曰："昔者舜鼓五弦，歌南风之诗而天下治。今以单父之细也，治之而忧，治天下将奈何乎？"

宓子贱、有若，均为孔门著名弟子。

让我们再来分析一下这一传说的意旨。

其一乃无为而治。无为而治，道家称之，《老子》曰："我无为而民自化，我好静而民自正，我无事而民自富，我无欲而民自朴。"以无为为帝王治国之唯一途径。但道家反对包括音乐在内的一切人为文明，他们是要"擢乱六律，铄绝竽瑟，塞瞽旷之耳，而天下始人含其聪矣"①的，故弹五弦歌《南风》，非其所倡。法家也提倡无为而治，但他们的无为是有条件的，上引《韩非子·外储说左上》接着说："故有术而御之，身坐于庙堂之上，有处女子之色，无害于治；无术而御之，身虽瘁臞，犹未有益。"即君王之无为，须以有术而御群臣为基础。而其称舜之传说，已明言借诸儒家。而儒家，也是主张无为而治的，《论语·卫灵公》就说："无为而治者其舜也与？夫何为哉？恭己正南面而已矣。"儒家所讲"无为而治"，大多是称道一种天下已治之后君主的悠闲自在之态。汉初崇黄老之道，行无为之政，正是借重上述诸说。所以舜歌《南风》的传说，当然要为汉人所乐道了。

舜弹五弦歌《南风》的意旨还有一层即是教化天下，这更是儒家的治国纲领。孔子说要"兴于诗，立于礼，成于乐"②，《礼记·乐记》说得更明白："乐也者，圣人之所乐也，而可以善民心，其感人深，其移风易俗，故先王著其教也。"而儒家推崇舜弹五弦歌《南风》的传说，亦有此意。前引《史记·乐书》说："天子之为乐也，以赏诸侯之有德也。德盛而教尊，五谷时孰，然后赏之以乐。"若按郑说，《南风》为孝子之歌，则舜是在以孝化天下；若按王说，《南风》为养民之歌，则舜竟是在为天下祈福了。在先秦诸家中，盛赞尧舜者首推儒墨两家。《韩非子·显学》曰："孔子墨子，俱道尧舜，而取舍不同，皆自谓真尧舜。尧舜不复生，将谁使定儒墨之诚乎？"故许多尧舜的传说，均起于儒墨两家。但墨家是主张"非乐"的，墨子亲口说："圣王不为乐。"③故此传说必不起于墨家。如此，它只能创自儒门。

---

① 《庄子·胠箧》。
② 《论语·泰伯》。
③ 《墨子·三辩》。

合上二旨，我们再将舜弹五弦歌《南风》与儒家所传其他舜的传说相对照，亦应合无间。

传说中舜在辅佐尧治天下时，当然是干了不少业绩，这在《尧典》中有诸如宾四门、齐七政之类详细记载。但等到他即帝位君天下，那些具体的事务就由诸大臣去办理，故《论语·泰伯》云："舜有臣五人而天下治。"五人者，禹、契、弃、皋陶与益也。《尧典》中更有九臣分职的记载，九臣为禹、弃、契、皋陶、垂、益、伯夷、夔与龙，如乐官就由夔担任，不必舜自躬亲了。在这些不世出之英才的辅佐下，天下归于盛治，这才有孔子称道的所谓"无为而治者其舜也与？夫何为哉？恭己正南面而已矣"。舜不仅是无为而治的典范，而且他的无为而治与天下大治是互为因果的。《史记·五帝本纪》说："四海之内咸戴帝舜之功。于是禹乃兴《九招》之乐，致异物，凤凰来翔。天下明德皆自虞帝始。"这是儒家竭力制造的礼乐教化的黄金时代，前引季札、孔子对韶乐的极度赞美，也是基于同样的用心。《尚书·皋陶谟》中对这种至高理想有过具体描写，《史记·夏本纪》袭之而简化为：

> 舜德大明。于是夔行乐，祖考至，群后相让，鸟兽翔舞，《箫韶》九成，凤凰来仪，百兽率舞，百官信谐。帝用此作歌曰："陟天之命，维时维几。"乃歌曰："股肱喜哉，元首起哉，百工熙哉！"皋陶拜手稽首扬言曰："念哉，率为兴事，慎乃宪，敬哉！"乃更为歌曰："元首明哉，股肱良哉，庶事康哉！"又歌曰："元首丛脞哉，股肱惰哉，万事堕哉！"帝拜曰："然，往钦哉！"

这种君臣相谐的太平盛世，既是诗乐教化的成果，亦唯有诗乐足以表现之、歌颂之。为此，我们可以理解《论语·先进篇》中"子路、曾皙、冉有、公西华侍坐"这一名段了。曾点"鼓瑟希，铿尔，舍瑟而作"，言其志为"莫春者，春服既成，冠者五六人，童子六七人，浴乎沂，风乎舞雩，咏而归"。这与舜弹五弦歌《南风》，不正神韵相通吗？难怪孔子闻言要喟然叹曰："吾与点也！"因为这是儒家的最高理想。至此，我们似可不必怀疑这一传说之为孔门后学所创设了。

三、舜与音乐的传说及其与四方风理论演变的关系

由前二节可知，传说中有虞世职乃是"以音律省土风"，所持乐器为管，所听之风为东风；舜为有虞之后，其与音乐的传说中最著名的故事是弹五弦歌《南风》，所操乐器为琴，所歌之风为南风。这种差异从何而来？说明什么问题？又，按甲骨四方风名之意，南方风"微"，当训"稀少"之意，而舜弹五弦歌《南风》传说中的南风，无论郑说、王说，均以"长养"为其本意，又是为什么呢？

对此，我们必须从四方风理论的演变中寻找答案。

依第一节第三部分所述，甲骨时代已有四方与四方风的观念，而且据"胡文"考释，甲骨四方风名也只与四方相配，未必与四时相属。可至迟自春秋以下，便盛行起八方风的观念了。《左传·隐公五年》："夫舞，所以节八音而行八风。"杜预注

云："八风，八方之风也，以八音之器播八方之风。"《左传·昭公二十年》有"八风、九歌"之称，《襄公二十九年》亦云："五声和，八风平。"而八风与方位相配，则在东南西北四正之外再添四隅，《说文》云："风，八风也。东方曰明庶风，东南曰清明风，南方曰景风，西南曰凉风，西方曰阊阖风，西北曰不周风，北方曰广莫风，东北曰融风。"

不光四方风扩至为八方风，而且风与季节也发生了联系。《淮南子·天文训》曰：

> 何谓八风？距日冬至四十五日，条风至。条风至四十五日，明庶风至。明庶风至四十五日，清明风至。清明风至四十五日，景风至。景风至四十五日，凉风至。凉风至四十五日，阊阖风至。阊阖风至四十五日，不周风至。不周风至四十五日，广莫风至。

这就将一年三百六十日以四十五日为准进行了八等分，以八方应之。上引《说文解字》的八方风名与此大致相同。这种理论产生之后，风与季节的搭配也反过来影响到了原有的甲骨四方风。《尧典》是承续甲骨四方风的，但它仍将四方风与"仲春"、"仲夏"、"仲秋"、"仲冬"相配，便是明证。

不止于此，春秋战国开始以八方风为突出特征的方风理论，还与五行学说相关。《管子·四时》中说：

> 东方曰星，其时曰春，其气曰风，风生木与骨……
> 南方曰日，其时曰夏，其气曰阳，阳生火与气……
> 中央曰土，土德实辅四时入出……
> 西方曰辰，其时曰秋，其气曰阴，阴生金与甲……
> 北方曰月，其时曰冬，其气曰寒，寒生水与血……

《广雅·释言》曰："风，气也。"① 《庄子·齐物论》："大块噫气，其名为风。"故《管子》所云"其气"曰某，实指其风曰某。

方风与八卦、八音又可匹配。《左传·隐公五年》："夫舞，所以节八音而行八风。"孔颖达疏云：

> 八风，八方之风者，服虔以为八卦之风。乾音石，其风不周。坎音革，其风广莫。艮音匏，其风融。震音竹，其风明庶。巽音木，其风清明。离音丝，其风景。坤音土，其风凉。兑音金，其风阊阖。

另外，八方风还可与八政等相应，此不具论。

从以上诸项中，我们可以理出八方风理论下的四正风的各种对应关系：

---

① 《广雅》，题汉张揖辑。此据《四库全书》本。

方位	风名	季节	五行	八卦	音声
东	明庶	春	木（星、风）	震	竹
南	景	夏	火（日、阳）	离	丝
西	阊阖	秋	金（辰、阴）	兑	金
北	广莫	冬	水（月、寒）	坎	革

再看一下这四正风名称的含义。上海古籍出版社 1994 年版《纬书集成》所录《古微书·春秋考异邮》云（括号内为宋均注）：

> 明庶者，迎惠也。（春分之后，言庶，众也。阳以施惠之恩德迎众物而生之。）

> 景者，强也，强以成之。（夏至之候也，强，言万物强盛也。）

> 阊阖者，当寒天收也。（秋分之候也，阊阖，盛也，时盛收物盖藏之。）

> 广莫者，精太满也。（冬至之候也，言冬物无见者，风精太满美无偏。）

我们再将此四方风名与甲骨四方风名的含义作一比较：

	甲骨系统	八方风系统
东	交尾	滋生
南	稀少	长成
西	含盛	收藏
北	丰盛	伏闭

可见，甲骨四方风取名依据的物候是鸟兽，尤其是鸟兽毛羽的演变；而八方风取名依据的物候是植物，尤其是农业的生产过程。也有将两者合而为一的，即《尧典》与《五帝本纪》。列表如下（正文为《尧典》，括号内为《五帝本纪》文）：

东	鸟兽孳尾	平秩东作
	（鸟兽字微）	（便程东作）
南	鸟兽希革	平秩南讹
	（鸟兽希革）	（便程南为）
西	鸟兽毛毨	平秩西成
	（鸟兽毛毨）	（便程西成）
北	鸟兽氄毛	平在朔易
	（鸟兽氄毛）	（便在伏物）

《史记索隐》云："春言东作，夏言南为，皆是耕作营为劝农之事。"而"西成"，伪孔传曰："秋，西方，万物成。""北伏"者，《史记索隐》曰："谓人畜积聚等冬皆藏伏。"可知《尧典》及《五帝本纪》中的后一栏四方作为，也含有春生夏长秋收

冬伏之意，与八方风理论可通。而前一栏鸟兽之变化，则明显承续甲骨四方风理论，加上它又叙及四方与四季的相配，毫无疑问，《尧典》与《五帝本纪》中所记四方风是前后两种方风理论的混生物。

再回到舜弹五弦歌《南风》的传说上来。早期有虞氏传说世职为听协风，协风乃甲骨四方风体系中的东风，意为交合、生长，所持乐器为管。在后期八方风体系中，东方明庶风亦为生长之意，且在八风与八音相配表中，东方之风所配乐器正是竹，即管箫之类。但是，舜虽为有虞之后，地位却大不相同，他身为帝王，当然不再拘泥于世职所掌的听协风，他要以安天下为己任了，事实上他也做出了辉煌的业绩，"治定功成，礼乐乃兴"①，治世之盛，如日中天，以阴阳五行应之，当为阳，为日，为火，为南方。以八卦应之，当为离，《说卦》云："离也者，明也，万物皆相见，南方之卦也。圣人南面而听天下，向明而治，盖取诸此也。"以方风应之，若按甲骨四方风体系以鸟兽为候训风名，南风训"稀少"，显然不合帝王身份；唯有按八方风体系以农植物为候训风名，南方景风，训长成、强盛之意，才真正配得上舜的圣王地位。而以音声应之，南方之音为"丝"，则舜当然必须舍箫管而弹五弦了。知道了方风理论前后两种体系的演变，我们对有虞世职与舜弹五弦歌《南风》的传说变化，便豁然贯通了。

最后，顺带说明一下方风理论进化后在舜与音乐传说上出现的一些极端现象。

顺着八方风理论系统，按照春生夏长秋收冬伏的思路推演，很自然可以得出南方长育、繁荣而北方蛰伏、肃杀的结果，因而就出现了褒南而贬北的倾向。前引《史记·乐书》中的舜歌南风与纣王歌"朝歌北鄙之音"相对比，说"北者败也"之类，即是此意。《孔子家语·辩乐解》②又载：

> 子路鼓琴。孔子闻之，谓冉有曰："甚矣，由之不才也！夫先王之制音也，奏中声以为节，流入于南，不归于北。夫南者生育之乡，北者杀伐之城……"

此段后文仍以舜歌南风、纣歌朝歌北鄙之声为例，与《史记》同。应该说，这种结论是走过头了，它们是战国晚期以后生造出来套到古代传说上去的，春秋之前绝无此说。《左传·襄公十八年》载：

> 晋人闻有楚师，师旷曰："不害。吾骤歌北风，又歌南风，南风不竞，多死声。楚必无功。"

只此一例就可证明，那种褒南贬北的说法是后出的，由此，也可证明舜弹五弦歌《南风》的传说确系起于战国晚期。

最后交代一下，舜以天下为己任，故不袭其世职，而这一世职在后期传说中则由夔来担任了。《吕氏春秋·察传》云：

---

① 《史记·乐书》。

② 王肃注：《孔子家语》，上海古籍出版社 1990 年版。

昔者舜欲以乐传教于天下，乃令重黎举夔于草莽之中而进之。舜以为
乐正。夔于是正六律，和五声，以通八风，而天下大服。

应劭《风俗通义·正失》袭之。此夔不仅承接了有虞世职传说，而且还承接了舜起
于草莽的传说，其仿制之迹，不言而喻。

附记：顷承施谢捷君惠示吉林大学 1996 年版《于省吾教授百年诞辰纪念集》，
中载林澐《说飘风》一文。该文以为甲骨中南方风名按甲骨、金文诸字形排比，应
释为"髟"，即"飘""飙"字之始，意为疾风、回风、龙卷风，泛指一切骤起之大
风。若此说成立，说明南方风名含义在前后方风理论中并无大的变化，对它的误解
自《尧典》《五帝本纪》始。不过这在本文中只是局部问题，对本文的主要论点并
无妨碍。

本文选自陈泳超《尧舜传说研究》（南京师范大学出版社 2000 年版）第五
章，原题"尧舜传说主体之外的传说例释——舜与音乐的传说"。

鲁迅的神话学观

高有鹏

高有鹏（1964—　），河南项城人。河南大学黄河文明与可持续发展研究中心教授。神话研究方面的论文有《淮阳太昊陵庙会考察报告》、《女娲城庙会采风思索》、《中国古典神话悲剧论略》、《论中国神话时代的基本划分——以盘古、女娲、伏羲三个神话时代为例所做的历史文化考察》、《鲁迅论神话》等；专著有《神话之源——〈山海经〉与中国文化》（2001）、《中国民间文学史》（2006）。

鲁迅是我国现代神话学的重要开创者。他的神话学观主要集中在《破恶声论》（1908）、《神与传说》（《中国小说史略》第二篇，1923）、《从神话到神仙传》（《中国小说的历史的变迁》第一讲，1924）、《关于神话的通信——致傅筑夫、梁绳袆》（1925）等处。这些篇章中，鲁迅表述出自己对神话这一民族文化遗产的独特理解和认识，不仅丰富了我国神话学的理论宝库，而且成为鲁迅文化思想的一个重要方面，是我们认识鲁迅思想发展变化的窗口。

神话的存在是一个民族古老文明的标志，而研究神话的方法，在不同的时代和地域中有不同的视角和态度，这样就形成了缤纷多彩的神话学。我国古代有没有神话学？许多学者的回答是否定的。他们都推 G. M. 格奥尔吉耶夫斯基的《中国人的神话观与神话》①（1892）为"世界上第一部研究中国神话的专著"，这有一定道理，但并不全面。例如，我国汉代就出现了以王充为代表的"唯理派"，即按照现实的逻辑证明神话的虚妄。② 这不是我国古代神话学的理论体现吗？我国神话学的特色在于长期以来依附于经史之学，没有形成自己独立的品格；其具有现代科学意义的神话学确实是以 1903 年留日学生蒋观云的一篇论文为开端的，③ 但我们不能否认这之前有古代神话学。蒋观云在《新民丛报》上发表《神话历史养成之人物》，启发了更多的人运用神话这一概念。如王国维和梁启超等学者，④ 鲁迅就是这些学者中

---

① 此书最早提出"中国神话"的概念，圣彼得堡 1892 年版。

② 参见张振犁：《晚清时期顽固派的民间文学观》，见钟敬文主编《民间文艺学文丛》，北京师范大学出版社 1982 年版。

③ 蒋观云：《神话历史养成之人物》，载《新民丛报·谈丛》1903 年第 36 号。

④ 参见王国维：《屈子文学之精神》，载《教育世界》（武昌出刊，上海印行）1906 年第 23 期；梁启超：《太古及三代载记》，见《饮冰室专集》第 12 册第 43 卷，中华书局 1922 年版。另见夏曾佑：《中国历史教科书》，商务印书馆 1905 年版。

的一员，他和他们一样，把神话作为新概念运用于学术事业，探讨民族的起源与发展以及神话与历史、宗教信仰等问题，作为启迪民智的新声。系统介绍西方神话学的是1907年周作人对英国学者安德鲁·兰的译介，鲁迅的《破恶声论》发表于1908年的《河南》月刊（第8号），尤其是在这篇文章中显示出的学术热情和学术品格，在当时是难能可贵的。

《破恶声论》不是一篇专论神话的文章，但它集中体现了早年鲁迅的神话观。他在论述神话源起的同时，论述了神话在当时存在的文化氛围，即他把神话的存在与民间信仰这一重要的文化背景相联系在一起，从而在论述中更接近于神话存在的实质。在这一点上比当时的许多学者仅就神话而论神话的徘徊于概念之间的做法要深刻得多。如他所述："若在南方，乃更有一意于禁止赛会之志士。农人耕稼，岁几无休时，递得余闲，则有报赛，举酒自劳，洁牲酬神，精神体质，两愉悦也。"他接着论述道："举其大略，首有嘲神话者，总希腊埃及印度，咸于诽笑，谓足作解颐之具。"对那些鄙夷民间文化的轻薄学者，提出了及时的批评。那么，到底神话在文化史上是一个什么样的角色呢？我们又该如何理解神话的价值和意义呢？他说："夫神话之作，本于古民，睹天物之奇觚，则逞神思而施以人化，想出古异，诚诡可观，虽信之失当，而嘲之则大惑也。"他尤其强调指出："太古之民，神思如是，为后人者，当若何惊异瑰大之；矧欧西艺文，多蒙其泽，思想文术，赖是而庄严美妙者，不知几何。倘欲究西国人文，治此则其首事，盖不知神话，即莫由解其艺文，暗艺文者，于内部文明何获焉。"他强烈批评了那些借怀疑神龙而诋毁中华民族尊严的人，举中外文明的史实来论述作为图腾物的龙神在中华民族文化发展中的卓越意义。他说："若谓埃及以迷信亡，举彼上古文明，胥加呵斥，则竖子之见，古今之别，且不能知者，虽一哂可靳之矣。复次乃有借口科学，怀疑于中国古然之神龙者，按其由来，实在拾外人之余唾。""夫龙之为物，本吾古民神思所创造，例以动物学，则既自白其愚矣，而华土同人，贩此又何为者？抑国民有是，非特无足愧恧已也，神思美富，盖可自扬。古则有印度希腊，近之则东欧与北欧诸邦，神话古传以至神物重言之丰，他国莫与并，而民性亦瑰奇渊雅，甲天下焉，吾未见其为世诟病也。惟不能自造神话神物，而贩诸殊方，则念古民神思之穷，有足愧尔。"

在这篇文章中，鲁迅对现代神话学的贡献，一是对神话的起源和概念的实质内容提出了自己的见解，一是他把神话看作了解一个民族的历史和文化的前提，强调神话在民族文化发展史上的重要意义，都超越了同时代学者的见解。我们可以把这看作世纪之初神话学的理论建设上一道亮丽的风景。当然，我们不能孤立地看鲁迅早年的神话学思想的形成和发展，以《破恶声论》为典型，我们可以看到他的偏颇和不足，但确实在这里就已经体现出他把神话等文学作品与民族思想解放相联系的可贵的学术品格。他后来的立人、解剖国民性格等文化思想，在这里已经初见端倪。

不可回避的话题是，鲁迅的神话观受到其弟周作人的影响。但我们应该看到，他们是相互影响的。如，周作人的《童话略论》是一篇重要的神话学论文，而这篇文章就是发表在鲁迅所编的教育部编纂处月刊上（1913）。更不用说周作人对域外神话学的兴趣，就是直接受鲁迅的影响。值得我们回味的是，同是1923年，鲁迅在《中国小说史略》（第二篇）中，周作人在《自己的园地》①中，都论述了神话与传说这个神话学上相当重要而棘手的课题，显示出不同的神话学观。与15年前相比，鲁迅的神话学思想更加成熟。

在"神话与传说"一章中，鲁迅主要是从小说发展史角度来认识神话的。他把神话和传说看作小说的源头。同《破恶声论》相比，这里的神话定义更为清晰，也更为准确。他说："昔者初民，见天地万物，变异不常，其诸现象，又出于人力所能以上，则自造众说以解释之：凡所解释，今谓之神话。"不像《破恶声论》中的情感大于理性，鲁迅更为清楚地提出了两个问题，一个是"神格"，一个是中国神话保存的状况及其原因。这两个问题的提出，都深刻影响着现代神话学的发展。

神话发生学原理有一个不可回避的难题，那就是神话从初级到高级，从简单到复杂，犹如雪球一样在嬗变中复生的现象。到底神话是什么呢？不仅中国学者绕不开这个问题，几乎是所有的神话学家都要直面它并作出自己的回答。同时期的周作人在《神话与传说》中介绍了退化说和进化说两大门派，退化说包括历史学派、譬喻派、神学派和言语学派，进化说包括人类学派。他概括道："中国凡事多是两极端的，一部分的人现在还抱着神话里的信仰，一部分的人便以神话为不合科学的诞话，非排斥不可。"他批评那些"以为神话都是荒唐无稽的话。不但没有研究的价值，而且还有排斥的必要"的意见的错误性，但他也更多的是从神话的外部特征进行论析置疑。鲁迅开宗明义，在论及神话与传说为小说的源头的同时，认真考察了神话和其他文化现象的联系。深入论述了"神格"的意义。他说："神话大抵以一'神格'为中枢，又推演为叙说，而于所叙说之神，之事，又从而信仰敬畏之，于是歌颂其威灵，致美于坛庙，久而愈进，文物遂繁。故神话不特为宗教之萌芽，美术所由起，且实为文章之渊源。"在神话与宗教的关系探索上，至今仍有争论，鲁迅较早关注到这一事实，对我们具有深刻的启发。"神格"的解释在这里是有明显不足的，我们从考察神话流传分布的田野作业中可以看到，在现代神话学初兴时期鲁迅能认识到这个问题，其本身就很有意义——若我们在今天强求其准确，则未免欠于公允。他接着说："迨神话演进，则为中枢者渐近于人性，凡所叙述，今谓之传说。传说之所道，或为神性之人，或为古英雄，其奇才异能神勇为凡人所不及，而由于天授，或有天相者，简狄吞燕卵而生商，刘媪得交龙而孕季，皆其例也。"事实上，鲁迅在对神话与传说的比较论述中，对神话的实质性论述已接近，这是他的同时代人所少见的。

中国神话的保存状况及其原因的分析，在当时（1923年前后）有许多学者进行过尝试，古史辨学派的学者们在这前后也已经提出了层累的历史观和殷商之前为疑疑时代，但不能不承认，以顾颉刚、杨宽为代表的新史学家们一直没有摆脱传统的

---

① 周作人：《自己的园地》，北新书局1923年版。

学术思维，即经学史学合一。① 鲁迅结合《山海经》、《楚辞》、《穆天子传》、《周书》等文献，阐述了自己的见解。他特别指出"中国之神话与传说，今尚无集录为专书者，仅散见于古籍，而《山海经》中特多"，说《山海经》是"古之巫书"，"秦汉人亦有增益"，这种意见为后世所重视。至今，在研究《山海经》神话上，还没有人超越鲁迅。② 值得提出的是，鲁迅是较早注意到将神话研究与考古相结合的学者。如，他说到《天问》中的神话与传说时讲："是知此种故事，当时不特流传人口，且用为庙堂文饰矣。其流风至汉不绝，今在墟墓间犹见有石刻神祇怪物圣哲士女之图。晋既得汲冢书，郭璞为《穆天子传》作注，又注《山海经》，作图赞，其后江灌亦有图赞，盖神异之说，晋以后尚为人士所深爱。"王国维曾提到利用考古甲骨文资料研究历史包括神话，其《殷卜辞中所见先公先王考》等被称为"新史学的开山"③，像鲁迅这样直接将墓刻作为神话研究资料是非常有胆识的，后进的闻一多和常任侠等学者的神话研究，④ 我们都可看作步王国维、鲁迅的后尘。当然，每一个人都会有局限，鲁迅也不例外。在谈到"中国神话之所以仅存零星者"时，他这样解释："一者华土之民，先居黄河流域，颇乏天惠，其生也勤，故重实际而黜玄想，不更能集古传以成大文。二者孔子出，以修身齐家治国平天下等实用为教，不欲言鬼神，太古荒唐之说，俱为儒者所不道，故其后不特无所光大，而又有散亡。"这两种解释后一种更有道理，前一种则不然，这是因为鲁迅和胡适他们一样，受简单的地理决定论的影响而形成的偏见。⑤ 当然，对于这一点，我们不能苛求他们像法国新史学中的布罗代尔那样去深入民间考察，⑥ 而事实上，若不是20世纪80年代以来不断有新的神话资料在田野作业中被发掘，鲁迅他们的这种意见仍是为社会广泛接受的。

鲁迅是敢于坚持真理的人，他在神话研究中从来不盲从。在谈到神话的嬗变时，他说："天神地祇人鬼，古者虽若有辨，而人鬼亦得为神祇。人神淆杂，则原始信仰无由蜕尽；原始信仰存则类于传说之言日出而不已，而旧有者于是僵死，新出者亦更无光焰也。"他以《搜神记》中的"蒋子文嗜酒好色却为百姓窃祠"、《异苑》中的"世有紫姑神"、《山海经》中的"沧海之中有度朔之山"等材料为例证，进一步论述"随时可生新神"和"旧神有转换而无演进"的嬗变规律。这使我们想起两年后即1925年他同人通信中所讲的一段话："中国人至今未脱原始思想，的确尚有新神话发生，譬如'日'之神话，《山海经》中有之，但吾乡（绍兴）皆谓太阳之生

　① 参见《古史辨》第1册，朴社1926年版。
　② 参见拙作《神话之源——〈山海经〉与中国文化》，河南大学出版社2001年版。
　③ 郭沫若：《鲁迅与王国维》，见《沫若文集》，人民文学出版社1959年版。
　④ 闻一多：《伏羲考》；常任侠：《重庆沙坪坝出土之石棺画像研究》，载《时事新报·学灯》1939年第41、42期。
　⑤ 见胡适：《白话文学史》第6章"故事诗的起来"，新月书店1928年版。
　⑥ 参见《地中海时代》，商务印书馆1996年版。

日为三月十九日，此非小说，非童话，实亦神话，因众皆信之也。而起源则必甚迟。"（《鲁迅书信集》上卷第 67 页）这是他针对茅盾评威纳《中国的神话与传说》一书时的"不当杂入现今杂说"而谈的。民间神话问题是近年来神话学界所提出的，那时鲁迅就已提出类似的问题，可见其学术勇气。在《中国小说的历史的变迁》第一讲《从神话到神仙传》中，他说："从神话演进，故事渐近于人性，出现的大抵是'半神'，如说古来建大功的英雄，其才能在凡人以上，由于天授的就是。""这些口传，今人谓之传说。由此再演进，则正事归为史；逸史即变为小说了。"他的视野是异常宽阔的。其他还有《摩罗诗力说》中的"古民神思，接天然之阔宫，冥契万有，与之灵会，道其能道，爰为诗歌"，这些见解都表现出鲁迅不同凡响的文化观、文学观、神话观。

神话是一个民族古老的文化遗产，在一定的场合，它和民族尊严联系在一起。英国学者威纳等殖民学者就曾诬蔑中国人没有创造神话的能力，但是否我们的神话受到外国人的称赞就值得我们高兴呢？在文化人类学的发展史上，利用改造和运用其他少数民族的神话而进行文化侵略的史实并不少见，殖民统治的文化侵略同样给其他民族带来耻辱。鲁迅热爱自己的祖国，希望自己的祖国强大，早在"五四"时期他就以此忠告过自己的同胞。他在《随感录（四十二）》中这样讲道："自大与好古，也是土人的一个特性。英国乔治葛莱任纽西兰总督的时候，做了一部《多岛海神话》，序里说他著书的目的，并非全为学术，大半是政治上的手段。他说，纽西兰人是不能同他说理的。只要从他们的神话的历史里，抽出一条相类的事来做一个例，讲给酋长祭师们听，一说便成了。"在《老调子已经唱完》、《无声的中国》等处，他继续讲这样的道理，表现出清醒而强烈的民族自尊。另一方面，他热情赞扬和宣传介绍世界各民族的优秀神话，借以激励国民自新。如，他在《二心集·"硬译"与"文学的阶级性"》中盛赞希腊神话中的普罗米修斯："窃火给人，虽遭天帝之虐待不悔，其博大坚忍正相同。但我从别国里窃得火来，本意却在煮自己的肉的。"其他像《摩罗诗力说》中对撒旦英雄神的赞扬，《且介亭杂文二集·再论"文人相轻"》中对英雄赫尔库来斯的赞美，还有在《且介亭杂文二集·题未定草》、《准风月谈·别一个窃火者》和《热风》、《二心集·风马牛》等处对希腊神话、阿拉伯神话和非洲瓦仰安提族神话、印度神话的介绍，随处可见他心中澎湃的正义的热情。更值得我们注意的是他采用神话作为素材，在《故事新编》中热情讴歌民族的英雄祖先。如《补天》中的女娲、《奔月》中的羿、《理水》中的大禹，使古老的神话闪放出夺目的异彩。更不用说他那"我以我血荐轩辕"的诗句，成为神话诗美的典范。他毫不自卑，毫不自大，盛赞民间文化的刚健清新，对古老的民族文化遗产倾注着热烈的情怀，不论是他严谨的科学态度还是他宽阔的学术视野，特别是他独立的学术品格，都值得我们今天发扬光大。

本文原载《鲁迅研究月刊》2000 年第 9 期。

山海经图：寻找《山海经》的另一半

马昌仪

马昌仪（1936— ），女，广州人，1957 年毕业于北京大学，中国社会科学院文学研究所研究员。神话学的主要著述有：《人类学派与中国近代神话学》（1981）、《中国神话学发展的一个轮廓》（《中国神话学文论选萃》编者序，1994）、《山海经图：寻找〈山海经〉的另一半》（2000）、《古本山海经图说》（2001，2007 年再版）、《全像山海经图比较》（2003）等。

《山海经》是一部有图有文的书

《山海经》是中国上古文化的珍品，自战国至汉初成书至今，公认是一部奇书。说它是一部奇书，一是在不到 3.1 万字的篇幅里，记载了约 40 个邦国，550 座山，300 条水道，100 多个历史人物，400 多神怪畏兽。《山海经》集地理志、博物志（矿产、动植物）、民族志、民俗志于一身，既是一部巫书，又保存了中华民族大量的原始神话。二是因为它开中国有图有文的叙事传统的先河，它的奇谲多姿，形象地反映在山海经图中。

古之为书，有图有文，图文并举是中国叙事的古老传统。1500 多年前，晋代著名诗人陶渊明有"流观山海图"的诗句，晋郭璞曾作《山海经图赞》，在给《山海经》作注时又有"图亦作牛形"、"在畏兽画中"、"今图作赤鸟"等文字，可知晋代《山海经》尚有图。而且，在《山海经》的经文中，一些表示方位、人物动作的记叙，明显可以看出是对图像的说明（如《大荒东经》记王亥："两手操鸟，方食其头。"《海外西经》："开明兽……东向立昆仑上。"等等）。正如宋代学者朱熹所指出的："予尝读《山海》诸篇，记诸异物飞走之类，多云'东向'，或云'东首'，皆为一定而不易之形，疑本依图画而为之，非实记载此处有此物也。古人有图画之学，如《九歌》、《天问》皆其类。"① 可惜郭璞、陶渊明所见到的《山海经》古图并没有流传下来。

唐代，山海经图被视为"述古之秘画珍图"。张彦远在《历代名画记》中列举

---

① 《朱子语类》卷一三八。

的 97 种所谓"述古之秘画珍图"中，就有"山海经图"和"大荒经图"。① 宋代学者姚宽与当代学者饶宗颐都认为《山海经》是一部有图有文的书。姚宽在《西溪丛语》中说，"《山海经·大荒北经》：'有神衔蛇，其状虎首人身，四蹄长肘，名曰强良。''亦在畏兽书中'，此书今亡矣"。② 饶宗颐在《〈畏兽画〉说》一文中引姚文说："大荒北经有神兽衔蛇，其状虎首人身，四蹄长肘，名曰强良，亦在《畏兽画》中，此书今亡矣。"饶先生把"畏兽画"一词打上书名号，并说："如姚言，古实有《畏兽画》之书，《山海经》所谓怪兽者，多在其中。"又说："《山海经》之为书，多胪列神物。古代畏兽画，赖以保存者几希！"③ 姚宽所说的"畏兽"二字，显然来源于郭璞据图而作的注，"畏兽书"指的便是有图有文的《山海经》，而此书已经失传了。由此推测，《山海经》的母本可能有图有文，它（或其中一些主要部分）是一部据图为文（先有图后有文）的书，古图佚失了，文字却流传了下来，这便是我们所见到的《山海经》。

山海经图探踪

历代注家对山海经图的介绍，以清代注家毕沅和郝懿行的论述最详。毕沅在《山海经古今本篇目考》中对之有专门的介绍：

> 沅曰：《山海经》有古图，有汉所传图，有梁张僧繇等图。十三篇中《海外·海内经》所说之图，当是禹鼎也；《大荒经》已（以）下五篇所说之图，当是汉时所传之图也，以其图有成汤、有王亥仆牛等知之，又微与古异也。据《艺文志》，《山海经》在形法家，本刘向《七略》以有图，故在形法家。又郭璞注中有云："图亦作牛形"，又云"亦在畏兽画中"。又郭璞、张骏有图赞。陶潜诗亦云："流观《山海图》"。……④

郝懿行在《山海经笺疏叙》中说：

---

① 唐张彦远《历代名画记》中说："古之秘画珍图固多，散逸人间，不得见之，今粗举领袖，则有……山海经图……大荒经图。"见张彦远：《历代名画记》，京华出版社 2000 年版，第 40 页。此说未见于其他记载。

② （宋）姚宽：《西溪丛语》卷下，中华书局 1993 年版，第 91 页。此书在"亦在畏兽书中"句前后加单引号，并对之作注云："据《山海经》，此句乃郭璞注文。'亦'前疑脱一'注'字。"查郭璞为强良作的注原文为"亦在畏兽画中"。宋尤袤《山海经传》载郭璞为强良作的注文为"亦在兽画中"。（中华书局 1984 年影印本第三册）由于繁体字"书"、"画"二字字形相近，郭注"畏兽书"可能是"畏兽画"的笔误。对姚文"亦在畏兽书中"一句，是否也可理解为不一定是郭璞的注。其理由：一是郭璞为强良所作的注原文为"亦在畏兽画（一作兽画）中"，而非"畏兽书"；二是《西溪丛语》卷下收有姚宽的名篇《陶潜读山海经十三首》，多次引用郭注，在引用时，都写明"郭璞注云"，如果"亦在畏兽书中"确是郭氏所注，不会不加说明。因此，"亦在畏兽书中"一句很可能是姚宽的见解。"畏兽"一词来源于郭璞。而畏兽书指的是有图有文的《山海经》。

③ 饶宗颐：《澄心论萃》，上海文艺出版社 1996 年版，第 264—266 页。

④ （清）毕沅：《山海经新校正·古今本篇目考》，光绪十六年（1890）学库山房仿毕氏图注原本校刊。

古之为书，有图有说，《周官》地图，各有掌故，是其证巳。《后汉书·王景传》云："赐景《山海经》、《河渠书》、《禹贡图》。"是汉世《禹贡》尚有图也。郭注此经而云："图亦作牛形"，又云："在畏兽画中"；陶征士读是经，诗亦云："流观《山海图》"，是晋代此经尚有图也。《中兴书目》云："《山海经图》十卷，本梁张僧繇画，咸平二年校理舒雅重绘为十卷，……"是其图画已异郭、陶所见。今所见图复与繇、雅有异，良不足据。然郭所见图，即已非古，古图当有山川道里。今考郭所标出，但有畏兽仙人，而于山川脉络，即不能案图会意，是知郭亦未见古图也。今《禹贡》及《山海图》遂绝迹，不复可得。①

毕沅、郝懿行为我们勾勒出有图有文的《山海经》母本的大致概貌，从中可以看出，山海经图至少有下列三种：

（1）古图。毕沅认为，古图有二：其一，《海外经》和《海内经》所说之图是禹鼎图；其二，《大荒经》以下五篇为汉所传图。这两种古图略有不同。

郝懿行也认为古图有二，但与毕说不同：其一，汉世之图，上有山川道里、畏兽仙人，郭璞注此经时并没有看到此图；其二，晋代郭璞注《山海经》、撰《山海经图赞》、陶潜写"流观山海图"诗时见到的图，上面只有畏兽仙人，似乎与最古老的汉世之图也有所不同。

（2）张僧繇（南朝画家）、舒雅（宋代画家）绘画的《山海经图》。据《中兴书目》，梁张僧繇曾画《山海经图》十卷，宋代校理舒雅于咸平二年重绘为十卷。张、舒所绘《山海经图》与郭、陶所见的《山海图》也不相同。

（3）"今所见图"。郝懿行所说的"今所见图"，指的是他所见到的明清时期出现与流传的山海经图；明清古本中的山海经图同样"与繇、雅有异"。

上列三类山海经图中，第一类古图与第二、第三类图的性质是不同的。正如上世纪30年代研究者王以中所指出的：上列各图，"除毕沅所谓汉所传大荒经图及郭璞等所见图，或略存古图经之遗意外，此后大抵皆因文字以绘图，与原始《山海经》之因图像以注文字者，适如反客为主。"②

毕沅说古图亡、张图亦亡；郝懿行说"《山海图》遂绝迹，不复可得"，指的是传说中的禹鼎图、汉所传图、汉世之图和晋代郭璞、陶潜所见之《山海图》均已亡佚；而张僧繇、舒雅画的十卷本《山海经图》也不复可得，没有流传下来。

三种山海经图中，有两种均已失传，给我们探讨山海经图造成许多困难。因此，要寻找山海经图的踪迹，首先要对目前所能见到的明清时期出现与流传的各种版本的山海经图加以搜集、整理、分类，对历代学者有关《山海经》古图的种种见解和

---

① （清）郝懿行：《山海经笺疏叙》（嘉庆九年，1804），见丁锡根编著：《中国历代小说序跋集》，人民文学出版社1996年版，第21页。

② 王以中：《山海经图与职贡图》，载《禹贡》1934年第1卷第3期，第8页。

猜测，对失传了的张僧繇、舒雅画的山海经图有一个大致的了解，然后在图像的基础上，进行比较和研究，为尽可能地再现《山海经》古图的风貌，进一步探讨这部有图有文的《山海经》奇书打下扎实的基础。

对《山海经》古图的几种推测

历代注家和研究者对《山海经》古图的推测，大致可归纳为禹鼎说、地图说、壁画说和巫图说四种。

（一）禹鼎说

禹鼎又称九鼎、夏鼎。传说夏代的第一个君王禹曾收九牧之贡金铸造九鼎，以象百物，使民知神奸。关于禹铸九鼎，《左传·宣公三年》有详细的记载："昔夏之方有德也。远方图物，贡金九牧，铸鼎象物，百物而为之备，使民知神奸；故民入川泽山林，不逢不若，魑魅魍魉，莫能逢之。用能协于上下，以承天休。杜预注云：禹之世，图画山川奇异之物而献之。使九州之牧贡金。象所图之物著之于鼎。图鬼神百物之形，使民逆备之。"[1] 王充《论衡》说："儒书言：夏之方盛也，远方图物，贡金九牧，铸鼎象物而为之备，故入山川不逢恶物，用辟神奸。"[2] 上面所说的所谓铸鼎象物，所象之物、百物、鬼神或恶物，亦即川泽山林中的魑魅魍魉，也就是司马迁在《史记·大宛列传》中所说的"余不敢言之也"的《山经》中的所有怪物。鼎上刻画着各地之毒虫害兽、鬼神精怪的图像，使百姓得以预先防备；日后出门远行，进入山林川泽，遇上恶物之时，亦可辟邪防奸。

那么，九鼎图与山海经图、《山海经》究竟有什么关系呢？

宋代学者欧阳修在《读山海经图》一诗中，有"夏鼎象九州，山经有遗载"[3] 的诗句，首先点明了《山海经》与夏鼎的关系。明代学者杨慎在《山海经后序》中，在引用《左传·宣公三年》上述引文后，进一步指出，九鼎图是《山海经》的古图，《山海经》是禹鼎之遗象：

> 此《山海经》之所由始也。神禹既锡玄圭以成水功，遂受舜禅以家天
> 下，于是乎收九牧之金以铸鼎。鼎之象则取远方之图，山之奇，水之奇，
> 草之奇，木之奇，禽之奇，兽之奇。说其形，著其生，别其性，分其类。
> 其神奇殊汇，骇世惊听者，或见，或闻，或恒有，或时有，或不必有，皆
> 一一书焉。盖其经而可守者，具在《禹贡》；奇而不法者，则备在九鼎。
> 九鼎既成，以观万国，……则九鼎之图，……谓之曰《山海图》，其文则

---

① 《左传·宣公三年》，岳麓书社 1988 年版，第 21 页。
② 王充：《论衡·儒增篇》，上海人民出版社 1974 年版，第 127 页。
③ 《欧阳修全集》卷三，中国书店 1986 年版，第 363 页。

谓之《山海经》。至秦而九鼎亡，独图与经存。……已今则经存而图亡。[①]

毕沅的看法与杨慎略有不同，他认为《海外经》、《海内经》、《大荒经》之图为禹鼎图。他在《山海经新校正序》中说：

> 《海外经》四篇，《海内经》四篇，周秦所述也。禹铸鼎象物，使民知神奸，案其文有国名，有山川，有神灵奇怪之所标，是鼎所图也。鼎亡于秦，故其先时人尤能说其图而著于册。……《大荒经》四篇释《海外经》，《海内经》一篇释《海内经》（指《海内四经》——引者）。当是汉时所传，亦有《山海经图》，颇与古异。[②]

明代学者胡应麟在《少室山房笔丛》中说："（《山海经》）盖周末文人，因禹铸九鼎，图象百物，使民入山林川泽，备知神奸之说，故所记多螭魅魍魉之类。"[③] 清代学者阮元在《山海经笺疏序》中指出："《左传》称：'禹铸鼎象物，使民知神奸。'禹鼎不可见，今《山海经》或其遗象欤?"[④] 现代学者江绍原认为，禹鼎虽属传说，但图象百物的观念却古已有之，这种观念成为山海经图中精怪神兽的一个重要来源，[⑤] 当代学者袁珂进一步指出，《山经》部分依据九鼎图像而来。[⑥]

禹鼎说认为《山海经》古图本于九鼎图，《山海经》则为禹鼎之遗象。此说必须有两个重要的前提方能成立，一是禹是否铸过九鼎，二是有没有铸刻上百物图像之鼎或九鼎图，而考古学目前还没有为我们提供这两个方面的实物的证据。因此，禹铸九鼎和铸鼎象物只是传说，古人把铸造象征定国传国安邦的九鼎的伟业加诸大禹身上，所谓九州贡金、远方献画、禹铸九鼎，也和息壤填渊、神龙画地、禹杀防风、逐共工、诛相柳、娶涂山氏女、化熊通山、石破生子等等故事一样，成为禹平治洪水系列神话传说的一个组成部分。至于说到铸鼎象物，把所谓"百物"、恶物、精物以图画的方式画出，以备人们进入山林川泽时辨识之需，又可作辟邪、驱妖、送鬼之用。这一带有浓厚巫事色彩的观念，在巫风极盛的先秦时代备受重视，以至于把"象百物"之举与神圣的九鼎相连，竟然以官方的方式把螭魅魍魉一类精怪的图像刻在鼎上，还通过周大夫王孙满之口，记录在《左传》、《史记》等史书之中。因此，尽管禹鼎和九鼎图目前还没有得到考古学的支持，但青铜器（包括各种形态的鼎）作为礼器，在上面铸刻动物怪兽纹样之风，在《山海经》成书以前、《山海

---

① （明）杨慎：《山海经后序》，见丁锡根编著：《中国历代小说序跋集》，人民文学出版社1996年版，第7—8页。

② （清）毕沅：《山海经新校正序》，见丁锡根编著：《中国历代小说序跋集》，人民文学出版社1996年版，第15页。

③ （明）胡应麟：《少室山房笔丛》卷三十二《四部正伪下》，中华书局1958年版，第413页。

④ （清）阮元：《山海经笺疏序》，见丁锡根编著：《中国历代小说序跋集》，人民文学出版社1996年版，第22页。

⑤ 江绍原：《中国古代旅行之研究》，商务印书馆1937年版，此见上海文艺出版社1989年影印本，第7、13页。

⑥ 袁珂：《袁珂神话论集》，四川大学出版社1996年版，第17—18页。

经》古图尚存甚至更早的夏商周时代，便已蔚然成风。据考古学家的研究，夏商周青铜礼器上的纹饰以动物纹为主，又以兽面纹为多。其含义有多种解释，以王孙满的解释最接近实际，因为王孙满是春秋时代的人，此时礼器发达，他的解释当是根据他所见及当时流行的见解为之，他认为纹饰是善神与恶神，起佑护与辟邪作用。①所以说，禹铸九鼎，铸鼎象物很可能是传说，却正好说明巫风炽盛与图象百物的巫事活动是这一传说产生的背景，也为我们下面将要谈到的《山海经》古图有可能是巫图这一推测提供了重要的依据。

（二）地图说

自古以来，相当一些中外学者把《山海经》看作地理书，并推测《山海图》是地图。东汉明帝时，王景负责治水，明帝赐景以《山海经》、《河渠书》、《禹贡图》，可知《山海经》在当时被看作地理书。

古代的地理书常有地图为依据，是据图为文之作，如成书于 6 世纪初北魏郦道元撰的《水经注》。郦学研究专家陈桥驿指出："郦氏在注文撰述时是有地图作为依据的。这就是杨守敬在《水经注图·自序》中所说的：'郦氏据图以为书。'"②

毕沅明确指出《山经》为古代的土地之图：

> 《山海经·五藏山经》三十四篇，古者土地之图，《周礼·大司徒》用以周知九州之地域广轮之数，辨其山林川泽丘陵坟衍原隰之名物。《管子》："凡兵主者，必先审知地图辕辕之险。"滥车之水，名山通谷经川陵陆丘阜之所在，苴草林木蒲苇之所茂，道里之远近，皆此经之类。③

20 世纪 30 年代，王以中在《禹贡》撰文《山海经图与职贡图》④，根据毕沅之说，提出两点看法："一、中国古来地志，多由地图演变而来；其先以图为主，说明为附，其后说明日增而图不加多，或图亡而仅存说明，遂多变为有说无图与以图为'附庸'之地志。设此说与毕氏之说皆确，则《山海经》一书不仅为中国原始之地志，亦可谓中国最古地图之残迹矣。二、《山海经》为古代中国各部族间由会盟征伐及民间'十口相传'之地理知识之图像与记载，与后世职贡图之性质相类似，故山海经图亦谓为职贡图之初祖。"王氏又说："至于毕氏之以五藏山经为土地之图，说亦甚似。且窃疑中国古代之地图或即由此类山海经说演变而出。"袁珂也指出古代学者曾根据古地图来推测《山海经》古图之形貌："郝说'古图当有山川道里'，也只是本于《周礼·地官》'大司徒之职，掌建邦之土地之图'、《夏官》'职方氏掌

---

① 李先登：《禹铸九鼎辨析》，载《中国历史博物馆馆刊》1992 年第 18—19 期，第 98 页。

② 陈桥驿：《民国以来研究〈水经注〉之总成绩》，见《中华文史论丛》第 53 辑，上海古籍出版社 1994 年版，第 67 页。

③（清）毕沅：《山海经新校正序》，见丁锡根编著：《中国历代小说序跋集》，人民文学出版社 1996 年版，第 15 页。

④ 王以中：《山海经图与职贡图》，载《禹贡》1934 年第 1 卷第 3 期，第 6 页。

天下之图'推论得之。"①

上世纪 30 年代，日本学者小川琢治同样推测山海图"当是据周职方氏所掌天下之图而编纂"，与中世纪欧洲的古地图相类，他在《〈山海经考〉》中说："西汉之间，有山海图与经文并行，后世图失而经独存……。余以为此图，与欧洲中世末叶所成之地图相类：均于辑车不到之远方，而画其异人奇物者也。乃举经文所载之山川、草木、禽兽、人物、鬼神，而描插于地图中。有可以窥山海图旧面目之一助。"②

当代学者扶永发在《神州的发现——〈山海经〉地理考》一书中，对《山海经图》为地图一说有详细的说明。作者的观点可概括为：①《山海经》有图有经，先有图，后有经；图为地图，经是图的说明。②《山海经图》为地理图，该图显示了远古时代的中国所在之地——古昆仑一带的概貌。根据《山海经》记载的三种地理现象（即：北面有"冬夏有雪"之山，西南有"炎火之山"，又有"正立无景"的寿麻国），可证此古昆仑在云南西部。《山海经》记载的是云南西部远古时期的地理。③《山海经图》上的怪物是象形图画，是地图符号。以"地图符号"而不是以"怪物"的形貌去解读《山海经》是打开此书宝库的钥匙。④《山海经图》的制作时代当在大禹之世。该图为一人所作，而《山海经》则为多人写成：但该书的第一个作者是《山海经图》的制作者，而其余的作者只对书中的世系、传说等内容加以补充。原始的《山海经图》于周末已失传。③

马来西亚华裔学者丁振宗在《古中国的 X 档案——以现代科技知识解〈山海经〉之谜》中，认为"《山海经》是由好几个作者，在不同的时期参考一幅山海图而写的，这幅图其实就是黄帝时代的青藏高原地图"④。

有关《山海经》古图为地图一说，还有待于考古发现和科学的验证。

（三）壁画说

曾昭燏等在所著的《沂南古画像石墓发掘报告》一书中说："沂南画像石中有神话人物、奇禽异兽的计有三十一幅，……纪录神话人物禽兽的书，以《山海经》为最完备。此经原亦有图。……我们揣测《山海经》原图，有一部分亦为大幅图画或雕刻，有类于今日所见画像石，故经文常云：某某国在某某国东，某某国在某某

---

① 袁珂：《袁珂神话论集》，四川大学出版社 1996 年版，第 17 页。

② 小川琢治：《〈山海经〉考》，见《先秦经籍考》（下），商务印书馆 1931 年版，第 28、2 页。小川文中还介绍了西方学者拉克倍理的观点，拉氏在《古代中国文明西源论》（1894）中认为：海外海内两经，是周时之地理图；山经五篇，原有奇怪之人兽图，与经相附而行。至 6 世纪时，此旧图佚去，别附以新图。（见小川上引文，第 9—10 页）此处所说之旧图可能指的是《山海经》古图，6 世纪的新图可能指的是张僧繇绘画的《山海经图》。

③ 扶永发：《神州的发现——〈山海经〉地理考》（修订本），云南人民出版社 1995 年版。

④ 丁振宗：《古中国的 X 档案——以现代科技知识解〈山海经〉之谜》，昭明出版社 1999 年版，序第 3 页。

国北，某人方作某事，似专为纪述图画而成文者。"①

历史学家吕子方在《读〈山海经〉杂记》中明确指出，楚国先王庙壁画上的故事主要是《大荒经》，屈原是看了这些壁画才写出《天问》来的："屈原宗庙里壁画故事的脚本就是《山海经》，而且主要是《大荒经》。这不仅因为《天问》的内容许多取材于《山海经》，更重要的是，他看了描绘《山海经》的壁画故事才写出了这篇著名作品来的。"② 历史学家蒙文通认为《山海经》部分是巴蜀的作品，《山海经图》也和巴蜀所传壁画有关："《山海经》古当有图，……《山海经》的这个图，其起源应当是很古的。……《天问》之书既是据壁画而作，则《山海经》之图与经其情况当亦如是。且《天问》所述古事十分之九都见于《大荒经》中，可能楚人祠庙壁画就是这部分《山海经》的图。至于《天问》与《大荒经》的出入之处，这应当是楚人所传壁画与巴蜀所传壁画的差异。《后汉书·笮都夷传》说：'郡尉府舍，皆有雕饰，画山灵海神，奇禽异兽'，《山海经》部分为巴、蜀之书，此笮都图画可能即《山海经图》之传于汉代的巴蜀者。《华阳国志》说：'诸葛亮乃为夷作图谱，先画天地、日月……'也可能部分是沿袭《山海经图》而来。《天问》是始于天地、日月，笮都图画也是始于天地、日月，应当不是偶然的。……但是，《山海经》的这部古图，却早已散失，现在流传的图，是后人所画。"③

在山野石壁、祖庙神祠上作壁画是中国的古老传统，早在先秦时代便已蔚然成风，正如刘师培在《古今画学变迁论》中所说："古人象物以作图，后者按图以列说。图画二字为互训之词。盖古代神祠，首崇画壁。……神祠所绘，必有名物可言，与师心写意者不同。"④ 近百年来无数楚辞专家就《天问》与楚宗庙壁画的关系问题进行过认真的探讨，由于《天问》和《山海经》几乎是同时代的作品，楚宗庙壁画的形貌对我们了解《山海经》古图与壁画的关系显然有重要的意义。

（四）巫图说

巫图说认为《山海经》是古代的巫书、祈禳书，其中相当一部分是根据古代巫师祭祖招魂送魂禳灾时所用的巫图和巫辞写成的。最初没有文字，只有图画，其巫辞也只是口传；后来有了文字，才由识字的巫师写下来，成为有图有文的用于巫事活动的巫本。

关于《山海经》与巫的关系，鲁迅的见解最具权威性。他在《中国小说史略》中指出，《山海经》"盖古之巫书"，巫书"是巫师用的祈禳书"（《门外文谈》），其

---

① 曾昭燏、蒋宝庚、黎忠义：《沂南古画像石墓发掘报告》，南京博物院、山东省文物管理处编，文化部文物管理局出版，1956 年 3 月，第 42 页。

② 吕子方：《读〈山海经〉杂记》，见吕子方：《中国科学技术史论文集》，四川人民出版社 1984 年版，第 113、160 页。

③ 蒙文通：《略论〈山海经〉的写作时代及其产生地域》，见《巴蜀古史论述》，四川人民出版社 1981 年版，第 176 页。

④ 刘师培：《古今画学变迁论》，见《刘申叔遗书》卷十三。

作者是巫，"以记神事"（《汉文学史纲要》）。鲁迅指出，这类巫书有两个重要的特点，一是"根柢在巫"，二是"多含古神话"[1]，而这两点正是有图有文的《山海经》母本的特征和性质所在。袁珂在鲁迅的基础上，进一步阐明《山海经》的图是巫图：

> 《山海经》尤其是以图画为主的《海经》部分所记的各种神怪异人，大约就是古代巫师招魂之时所述的内容大概。其初或者只是一些图画，图画的解说全靠巫师在作法时根据祖师传授、自己也临时编凑一些歌词。歌词自然难免半杂土语方言，而且繁琐，记录为难。但是这些都是古代文化宝贵遗产，有识之士不难知道（屈原、宋玉等人即其例证）。于是有那好事的文人根据巫师歌词的大意将这些图画作了简单的解说，故《海经》的文字中，每有"两手各操一鱼"（《海外南经》）……这类的描述，见得确实是说图之词。[2]

前面我们介绍了历代学者对《山海经》古图的一些推测，可以看出，四种见解都包含有巫信仰的内核，是远古时代初民企图认识世界和把握世界的幼稚经验的产物。从考古学、文献学、民族学、民俗学发现的大量实物和资料中，从我国相当一部分少数民族在敬祖、祭祀、招魂、禳灾和送葬时常用的神路图、指路图、送魂图、打鬼图，以及现今遗存下来的与之配套的经书、巫歌、招魂词、画本和一部分符书等等文字材料，可以看出，这类以巫为根柢，又多含古神话的有图有文的巫本，是巫风炽盛、文字不发达的时代和民族的遗存，并由此推测，以根柢在巫与多含古神话为特征的《山海经》母本（相当一部分），其成书过程很可能与这些民族的这类巫事活动和所用巫图巫辞相类，其文字部分最初作为古代巫图的解说词，几经流传和修改，才有了我们所见到的《山海经》。因此，认为《山海经图》主要来源于巫图的说法比较有根据，因而比较可信。

明清古本《山海经图》及其特点

《山海经》的古图早已亡佚，此后，公元6世纪南朝梁著名画家张僧繇和宋代校理舒雅都曾绘制过十卷本《山海经图》。郝懿行在《山海经笺疏叙》中引用《中兴书目》的话："《山海经图》十卷，本梁张僧繇画，咸平二年校理舒雅重绘为十卷，每卷中先类所画名，凡二百四十七种。"[3]

张僧繇（502—549）是南朝梁武帝（萧衍）时吴地的著名画家，擅画云龙仙佛

---

① 1925年3月15日鲁迅给傅筑夫信："中国之鬼神谈，似至秦汉方士而一变，……且又析为三期，第一期自上古至周末之书，其根柢在巫，多含古神话，……"见《鲁迅书信集》，人民文学出版社1976年版，第66页。

② 袁珂：《袁珂神话论集》，四川大学出版社1996年版，第15页。

③（清）郝懿行：《山海经笺疏叙》，见丁锡根编著：《中国历代小说序跋集》，人民文学出版社1996年版。

人物，精工传神，有关张氏画龙点睛、画龙柱、禹庙梅梁的传说，把画家高超的画艺渲染到出神入化的境界，十卷本《山海经图》便出自他的手笔。舒雅是宋代旌德人，曾于咸平二年（999）任校理编纂经史时，见僧繇旧图，便重绘《山海经图》十卷。可惜这两种十卷本的《山海经图》都没有流传下来。尽管如此，明清时期创作与流传的若干《山海经》古本，却保留了根据张、舒绘本或更古老的图加以增删修绘而成的《山海经图》，仍然可以看出中国亦图亦文的古老传统，可以看出《山海经》据图为文、以图立说的鲜明的叙事风格。历代注家如郭璞、杨慎、吴任臣、汪绂、毕沅、郝懿行、袁珂等，正是根据某些《山海经》图像对经文加以校注的。

目前所能见到的《山海经图》是明清时代绘画与流传的图本。就笔者所见，有以下 10 种版本：

1. 明《山海经图》，胡文焕编，格致丛书本，明万历二十一年（1593）刊行；全本共 133 幅图，其中有 23 图的神怪异兽未见于《山海经》。

2. 明《山海经（图绘全像）》18 卷，蒋应镐武临父绘图，李文孝镌，明刻本；全本共 74 幅图。

3. 明《山海经释义》18 卷，一函四册，王崇庆释义，董汉儒校，蒋一葵校刻，明万历二十五年（1597）始刻，万历四十七年（1619）刊行。第一册《图像山海经》，共 75 幅图。

4. 明《山海经》18 卷，日本刊本，四册，未见出处；全本共 74 幅图，是蒋应镐绘图本的摹刻本。全书附有供日文读者阅读的汉文训读。

5. 清《增补绘像山海经广注》，吴任臣（志伊）注，佛山舍人后街近文堂藏版；图 5 卷，共 144 幅。

6. 清《山海经》，毕沅图注，光绪十六年（1890）学库山房仿毕（沅）氏图注原本校刊，四册，图一册，全本 144 幅图。

7. 清《山海经存》，汪绂释，光绪二十一年（1895）立雪斋印本，图九卷。

8. 清《山海经笺疏》，郝懿行撰，光绪壬辰十八年（1892）五彩公司三次石印本，图五卷，共 144 幅。

9. 清《古今图书集成·禽虫典》中的异禽、异兽部。

10. 清《古今图书集成·神异典》中的山川神灵。

上述 10 种明清古本《山海经图》共收图 2000 多幅，经整理、编排和比较，大致可以看出有以下特点。

1. 明清古本中的《山海经图》已非古图，二者有着本质的区别

古图有相当一部分可能是古代巫师"象物以作图"（刘师培语），以备巫事活动所需的巫图；而明清古本中的图是明清画家和民间画工根据《山海经》经文创作的作品，反映了明清民众对《山海经》的理解，带有鲜明的明清时代的特色，从许多神灵穿着的明清服装便可见一斑。然而，明清古本《山海经图》与古图之间，又有着古老的渊源关系。古图虽然失传了，如果我们把明清《山海经图》与目前已发现

的与古图同时代的远古岩画、战国帛画、汉画像石，以及新石器时代的陶器、商周青铜器上的图像、图饰和纹样作些比较，便可以从另一个侧面发现二者之间的渊源关系是十分古老的。再者，历代注家据图作注时对图像的解释和说明，以及一些古老的少数民族现存的有图有文的巫图，都可以从更多的侧面帮助我们探寻二者间的古老渊源。此外，从明清各种版本《山海经图》的图像造型有一个比较固定的模式，某些图几近相同（如混沌神帝江、失去头颅还奋斗不止的刑天等）来看，很可能有古老的图为母本；或者说，有一部分图是根据张、舒的图本增删而来的。因此，从整体来看，明清古本中的《山海经图》仍不失古意，在画像造型、特征勾勒、线条运用、结构、神韵、意境、写实与象征的处理等许多方面，仍保持了古图和《山海经》母本原始古朴粗犷的风貌，道佛的影响并不明显。因此，可以认为，明清古本《山海经图》在一定程度上再现了已经失传了的《山海经》古图，对进一步探讨《山海经》这部有图有文的奇书有着重要的意义。

2. 编排与结构形式多样

从上述多种《山海经》图本中图与文的编排来看，有图像独立成卷的（如明胡文焕图本、明王崇庆释义图本、清毕沅图本）；有全部图按五大类（神祇、异域、兽族、羽禽、鳞介）分别插入《山海经》十八卷经文中的（如清吴任臣近文堂图本、郝懿行图本）；有按《山海经》十八卷经文顺序依次插图的（如明蒋应镐绘图本、日本刊本、清汪绂图本）；有作为丛书插图选用的（如《古今图书集成·禽虫典》本、《古今图书集成·神异典》本）；等等。

从图画叙事的方式来看，有图与说兼备、右图左说、无背景、一神一图一说（如明胡文焕图本）；有以山川为背景的多神图（如明蒋应镐绘图本、明王崇庆释义图本、日本刊本）；有以山川为背景或无背景的一神图（如《古今图书集成》的两种本子）；有无背景的一神一图（一神一图中，又有图上附神名、释名、郭璞图赞的，如毕沅图本、郝懿行图本；有不附图赞的，如吴任臣近文堂图本）；有无背景的多神一图与一神一图穿插编排（如汪绂图本）等等多种方式。

3. 明清古本《山海经图》是明清画家（有署名的与未署名的）与民间画工的作品，其风格各不相同

明蒋应镐绘图本（王崇庆图本与日本刊本的图像与之基本相同，可能都出自蒋氏绘图本）、明胡文焕图本和清汪绂图本的图像比较精细、生动传神、线条流畅、有创意，显然出自有经验的画家的手笔。相比之下，吴任臣图本、毕沅图本、郝懿行图本彼此雷同，其刻画造型也比较简单、粗线条，图像编排与图上的文字错讹不少，很可能是民间画工、刻工所为。同是吴任臣图本，又有官刻本与民间粗本之别，不同地区刻本的图也有粗细、简繁的差异，这正是民间刻本常见的特征。可以看出，明清古本《山海经图》是上中层文化与下层文化共同创造的成果。

4. 一神多图与一神二形（或多形）对神话研究的启示

在笔者目前所搜集到的2000多幅图的470例神怪畏兽中，一神多图与一神二形

甚至多形的现象处处可见。同一神怪畏兽，在不同版本不同时代不同画家笔下，有了许多变异。这不仅说明，这种变异性是神话所固有的，也使《山海经图》的画廊显得更加丰富多彩。如《西山经》与《海外南经》都有毕方鸟，是一种兆火独足奇鸟，在所见的八幅图中，有七幅是非人面的独足鸟，而《禽虫典》本《海外南经》的毕方图却是人面独足鸟。历代注家如吴承志、郝懿行、袁珂均认为《海外南经》所记"其为鸟人面一脚"中的"人面"二字为衍字，应删去；他们没有看到神话中的毕方鸟有人面的与非人面的两种形态。明清古本《山海经图》以《山海经》的文本为依据，以形象的方式反映了原始初民对世界以及人类自身的幼稚认识，自然也反映了明清时代的民众以及作画者、刻工对《山海经》的理解，一神多图或一神多形正是不同时代、不同地域、不同作画者的不同理解的结果，为我们了解《山海经》神话的多义性、歧义性、变异性提供了生动的形象资料。

5.《山海经图》的流传与变异

明清之际，《山海经图》在全国各地广为流传。大家都知道，鲁迅就曾搜集过两种带图的《山海经》，一种是他幼年时，长妈妈给他买的四本小书，刻印都十分粗拙，纸张很黄，图像很坏，几乎全用直线凑合，连动物的眼睛也都是长方形的，那上面画着人面的兽，九头的蛇，一脚的牛，袋子似的帝江，没有头而"以乳为目，以脐为口"，还要"执干戚而舞"的刑天。鲁迅说，"这四本书，乃是我最初得到，最为心爱的宝书"。另一种是他后来买的石印带图《山海经》郝懿行本，每卷都有图赞，绿色的画，字是红的，比那木刻的精致多了。[①] 这两套书伴随了鲁迅的一生，给他以重要的影响。

晚清民国期间，全国各地刻印的带图《山海经》地方本子，有了不少变异。目前所见有两种情况：

其一，以老本子为本，图像有修饰，如上海锦章图书局于民国八年印行的《山海经图说》（校正本），此书共四册，是根据上述毕沅的图本刻印的，收图 144 幅，其编排结构一如毕沅图本，图上有神名、释名、郭璞图赞，图像也和毕沅本同，只是有一部分图经过修饰，那线条清晰匀称、眉目清秀的神和兽，似乎有点失去了老本子神兽的古朴和神韵，但总的来说，还是一个有味道的本子。

其二，部分图像带有相当明显的精怪化与连环画化的倾向，值得注意的例子是四川顺庆海清楼于清咸丰五年（1855）刻印的《山海经绘图广注》，清吴志伊注、成或因绘图。此书标明用的是清吴任臣（志伊）的注，但图却和吴任臣的图本完全不同。上面我们介绍过，清代吴任臣近文堂图本采用的是无背景的一神一图格局，但四川的这一成或因绘图本却采用了明代蒋应镐绘图本式的有山川背景的多神图格局。其中部分神与兽的造型带有明显的宗教化与连环画化的倾向，如《中次十二经》帝二女娥皇女英画成两个浓妆富态的贵夫人，身后有佛光；又如《海外西经》

---

① 鲁迅：《阿长与山海经》，见《鲁迅全集》（二），人民文学出版社 1958 年版，第 229—231 页。

的女子国图，画了 24 个裸女在水中沐浴，岸上站着 3 个着装举扇的女子，沐浴女子向岸上女子招手，似乎在说些什么。可惜笔者只见到这一版本的几幅图，难窥全豹。另外一部上海上洋久和斋印行的《新出〈山海经〉希奇精怪后本》（现藏匈牙利东方艺术博物馆），图上尽是些鱼精、鸡精、狐狸精、羊精，完全失去了《山海经》的本来面目。

《山海经图》的流传与变异是一个很有意义的话题，值得进一步搜集资料和深入研究。

《山海经》的图像世界

神奇瑰丽的《山海经图》为我们展示出中国原始先民心目中神话的图像世界，数百个形态各异的神话形象出现在我们面前。这些神话形象共分五类：①神灵，包括天帝（帝俊、颛顼、帝舜、西王母、帝丹朱……）、自然神（司昼夜之神烛阴、日月之神、四方之神、时间之神、水神、山神……）、人王（夏后开、刑天、王亥……）等；②异兽；③奇鸟；④异鱼和怪蛇；⑤远方异民；等等。中国著名的远古神话都有图：如羲和浴日、常羲生月、夸父逐日、精卫填海、刑天争神、女娲之肠化人、黄帝与蚩尤战、丹朱化鸟、王亥仆牛、西王母与三青鸟、混沌神帝江、创世神烛龙、颛顼死而复生化生鱼妇、人面龙身的雷神、九头蛇身的怪物相柳、巴蛇吞象……

这些形象在造型、想象、表现形式上都是典型中国式的。与希腊神话（就其主体来说）之人神一体，人神和谐，讲究形体美、均衡，神的形象举止优雅、风度翩翩不同，山海经图中的形象原始粗犷、率真稚拙、充满野性，中国人的始祖神黄帝轩辕氏、创世神女娲，竟然是人面蛇身的怪物！人形神与非人形神（或人兽神合体）约 1 与 4 之比。山海经图的形象造型夸张怪诞，通过人与动物器官、肢体的加减、交错、异位、夸张、变形，重新组合，出现了新的神话形象。《山海经》的神不讲究人的形体美，常把人的器官肢体加诸鸟、兽、蛇身上，于是出现了大量的人面鸟、人面兽、人首蛇身的形象。中国人以这些形象表达自己对人与自然，对天、地、人关系的理解，以这种方式与天地沟通，与自然调协，与山水、动植物对话，进行交流，保留下来了大量原始思维的模式与遗韵。

《山海经图》再现了中国人童年的梦。神话是人类童年的梦，是人类走出混沌的第一声呐喊，是人类从自然走向文明所采摘的第一批果实。神话是民族生命力的源泉，是民族文化的根，是民族精神之所在。每个民族都有自己的神话，每个民族都为自己的神话而自豪。中国是一个多民族国家，神话蕴藏十分丰富，神话品种和类型齐全。《山海经图》以形象的方式向子孙后代讲述着远古发生的一个个至今并未消失的动人故事，把中国的神话世界，把中国人童年的梦展现在读者面前。

要了解一个民族，最好从她的神话入手。《山海经图》是中国人的创造，体现了中国的民族精神，那人面的兽、九头的蛇、一脚的牛、袋子似的混沌神帝江，将给人以无穷的艺术享受；而那与日竞走、道渴而死、其杖化为邓林的夸父，那口含木石以堙东海的精卫，那没有了脑袋而以乳作目，以脐作口，还要手执干戈，斗争不息的刑天，正是中华民族精神的写照！《山海经图》蕴含着深厚的中国文化，是中华民族心灵的历史，民族生命力的赞歌，同时又是各门学科取之不竭的源泉，艺术发生学、神话学、考古艺术学、民俗文化学、古典文学等等，都可以从中找到联系的纽带。而《山海经图》对我们理解《山海经》这部博大精深的奇书，其意义更是不言而喻的。

对《山海经图》的搜集、整理和研究是一个大型的基础性建设工程，包括三个研究系列：①古本《山海经图》的搜集、整理和制作，为研究者和读者提供一部有观赏、收藏和研究价值的，可靠的古本《山海经图》；②《山海经图》与《山海经》的比较研究，这项工作的第一步是给读者提供一部带研究性质的图说；③《山海经图》与古文献、考古文物、民俗文物、民族巫图及其他学科的比较研究。笔者目前已完成的若干成果只是上述基础工程的第一步，图本还有待补充、完善，研究还有待深入开拓，真诚希望得到海内外学者的指教和支持。

本文原载《文学遗产》2000 年第 6 期，收入本书时略有修订。

中国神话学百年文论要目

刘锡诚　编

1889

俞樾《读山海经》,见《春在堂全书·俞楼杂纂》,清光绪十五年(1889),中华书局据李
念劬堂本排印本

1902

梁启超《地理与文明之关系》,见《饮冰室文集》卷十四,广智书局校印 1902 年版

1903

观云(蒋智由)《神话历史养成之人物》,载《新民丛报》1903 年第 36 期

观云《四岳荐舜之失辞》,载《新民丛报》1903 年第 36 期

观云《中国上古旧民族之史影》,载《新民丛报》1903 年第 36 期

1904

观云《中国人种考·中国人种之诸说》,载《新民丛报》1904 年第 3 卷第5—9 期

观云《中国人种考·昆仑山》,载《新民丛报》1904 年第 3 卷第 10 期、1905 年第 3 卷第
12 期;见观云《中国人种考》,华通书局 1929 年版

1905

刘光汉(刘师培)《〈山海经〉不可疑》,载《国粹学报》1905 年第 10 期;见《刘申叔先生
遗书》,江苏古籍出版社 1997 年影印本

夏曾佑《上古神话》,见《中国历史教科书》(第一编),商务印书馆 1905—1906 年版

1906

王国维《屈子文学之精神》,载《教育世界》1906 年第 23 期

1907

令飞(鲁迅)《人间之历史》,载《河南月刊》1907 年第 1 期;见《鲁迅全集》(一),人民文

学出版社 1956 年版

刘师培《舞法起于祀神考》,载《国粹学报》1907 年第 3 卷第 4 期

周逴(周作人)《红星佚史序》,见《说部丛书初集》第 78 编,1907 年

1908

令飞(鲁迅)《摩罗诗力说》,载《河南月刊》1908 年第 2、3 期;见《鲁迅全集》(一),人民
文学出版社 1956 年版

迅行(鲁迅)《破恶声论》,载《河南月刊》1908 年第 8 期;见《鲁迅全集》(七),人民文学
出版社 1958 年版

1910

单士厘《归潜记》,归安钱氏家刻毛本,1910 年;又,湖南人民出版社 1981 年排印本

1912

周作人《童话研究》,载《教育部编审处月刊》1913 年第 1 卷第 7 期

1913

周作人《童话略论》,载《教育会月刊》1913 年 11 月 5 日第 2 号

1919

鲁迅《热风四十二·关于多岛海神话》,载《新青年》1919 年 1 月 15 日第 6 卷第 1 号;
见《鲁迅全集》(一),人民文学出版社 1956 年版

屠孝实《宗教及神话之起源》,载《北京大学日刊》1919 年第 2 期

1920

廖平《山海经为诗经旧传考》,载《地理杂志》1920 年第 11 卷第 4 期

1921

王国维《殷卜辞中所见先公先王考》,见《观堂集林》卷九,乌程蒋氏 1921 年刊行

王国维《说商颂》,见《观堂集林》卷二,乌程蒋氏 1921 年刊行

王国维《尔雅草木虫鱼鸟兽释例》(上、下),见《观堂集林》卷五,乌程蒋氏 1921 年刊行

1922

梁启超《太古及三代载记(附:三苗九黎蚩尤考、洪水考)》,见《饮冰室专集》第 12 册第

43 卷,1922 年

仲密(周作人)《神话与传说》,载《妇女杂志》1922 年第 8 期

1923

郭沫若《神话的世界》,载《创造周刊》1923 年第 27 期

顾颉刚《与钱玄同先生论古史书》,载《读书杂志》1923 年第 9 期

顾颉刚《讨论古史答刘胡二先生》,载《读书杂志》1923 年第 12—16 期

鲁迅《神话与传说》,见《中国小说史略》(第 2 篇,讲义本),1923 年

钱穆《鲧的异闻》,载《学灯》1923 年第 5 卷第 2 期

周作人《神话与传说》,见《自己的园地》,晨报社出版部[发行者]1923 年第 2 版

萧鸣籁《山海经广雅:人种释名》,载《地理杂志》1923 年第 14 卷第 3、4 期

1924

胡适《古史讨论的读后感》,载《读书杂志》1924 年第 18 期;见《古史辨》(一),上海古
　　籍出版社 1982 年版

鲁迅《从神话到神仙传》,见《中国小说的历史的变迁》(第 1 讲),1924 年

忆秋生《中国的神话》,载《小说月报》1924 年第 2 卷第 13 期

周作人《神话的辩护》,载《晨报副刊》1924 年 1 月 29 日、1924 年 4 月 10 日

1925

胡适《狸猫换太子故事的演变》,载《现代评论》1925 年第 1 卷第 14—15 期

鲁迅《关于神话的通信——致傅筑夫、梁绳袆》(1925 年),见《鲁迅书信集》(上),人民
　　文学出版社 1959 年版

梁启超《神话史、宗教史及其他》(1925 年于清华大学国学研究院讲授,1926 年整理出
　　版),见《中国历史研究法补编》;又,林志钧编《饮冰室专集》之九十九,中华书局
　　1932 年版

沈雁冰《中国神话的研究》,载《小说月报》1925 年第 16 卷第 1 号;见《茅盾全集》第 28
　　卷,人民文学出版社 1993 年版

王国维《古史新证》(王国维最后的讲义,作于 1925 年),清华大学出版社 1994 年版

周作人《神话的典故》,见《雨天的书》,新潮社 1925 年初版

1926

顾颉刚《古史辨》(一),(北京)朴社 1926 年初版

刘复《帝与天》,载《北京大学国学门月刊》1926 年第 1 卷第 3 期

李金发《神话与艺术》,载《申报副刊·国庆特刊》1926 年 10 月 10 日

沈雁冰《各民族的开辟神话》,载《民铎》1926 年第 7 卷第 1 期

1927

黄石《神话研究》,开明书店 1927 年版

胡适《关于封神传的通信》,载《民间文艺》1927 年第 1 期

胡怀深《神话》,载《小说世界》1927 年第 16 卷第 14 期

静闻《中国古代几个鸟的传说》,载《民间文艺》1927 年第 2 期

静闻《马头娘传说辨》,载《民间文艺》1927 年第 6 期

杨成志《关于相同神话解释的学说》,载《民间文艺》1927 年第 3 期

1928

胡适《白话文学史》(第 6 章"故事诗的起来"),上海新月书店 1928 年版

陆侃如《论山海经的著作年代》,载《新月》1928 年第 1 卷第 5 期

茅盾《关于中国的神话》,载《大江月刊》1928 年第 12 期

沈玄英《希腊神话与北欧神话》,载《小说月报》1928 年第 19 卷第 8 期

苏雪林《楚辞九歌与河神祭典的关系》,载《现代评论》1928 年第 8 期

谢六逸《神话学 ABC》,世界书局 1928 年版;见《神话三家论》,上海文艺出版社 1989
　　年影印本

玄珠《神话何以多相似》,载《文学周报》1928 年第 5 卷第 13 期

玄珠《自然界的神话》,载《一般》1928 年第 4 卷第 1 期

玄珠《楚辞与中国神话》,载《文学周报》1928 年第 6 卷第 8 期

玄珠《中国神话的保存》,载《文学周报》1928 年第 6 卷第 15、16 期

玄珠《人类学派神话起源的解释》,载《文学周报》1928 年第 6 卷第 19 期

玄珠《神话的意义与类别》,载《文学周报》1928 年第 6 卷第 22 期

玄珠《北欧神话的保存》,载《文学周报》1928 年第 7 卷第 1 期

赵景深《太阳神话研究》,载《文学周报》1928 年第 5 卷

钟敬文《略谈中国的神话》,见《民间文艺丛话》,国立中山大学语言历史学研究所 1928
　　年初版

茅盾《关于中国的神话》,载《大江月刊》1928 年第 12 期

钟敬文《楚辞中的神话和传说》,载《大江月刊》1928 年第 12 期

1929

冯承钧《中国古代之神话研究》,载《国闻周报》1929 年第 6 卷第 9—17 期

胡钦甫《从山海经的神话中所得到的古史观》,载《中国文学季刊》1929 年第 1 卷第 1 期

顾颉刚《山海经》(1929 年),见《中国上古史研究讲义》,中华书局 1988 年版

陆侃如《山海经考证》,载《中国文学季刊》1929 年第 1 卷第 1 期

玄珠《希腊罗马神话的保存》,载《文学周报》1929 年第 7 卷第 10 期

玄珠《埃及印度神话之保存》,载《文学周报》1929 年第 7 卷第 11 期

姚步康《山海经之微意》,载《光华期刊》1929 年第 5 期

[日]小川琢治《山海经篇目考》,载《中央研究院语言历史研究所周刊》1929 年第 9 期

钟敬文《答茅盾先生关于楚辞神话的讨论》,载《民俗》1929 年第 88—89 期

玄珠《神话杂论》,世界书局 1929 年版

玄珠《中国神话研究 ABC》,世界书局 1929 年版

1930

方璧(沈雁冰)《北欧神话 ABC》,世界书局 1930 年版

方璧(沈雁冰)《神话和传说》,见《西洋文学通论》第 2 章,世界书局 1930 年版

[法]费瑯《昆仑及南海古代航行考》,冯承钧译,商务印书馆 1930 年版

顾颉刚《洪水之传说及治水等之传说》,载《史学年报》1930 年第 1 卷第 2 期

顾颉刚《天问》,载《中大语史所周刊》1930 年第 11 卷第 122 期

何观洲《〈山海经〉在科学上之批判及作者之时代考》,载《燕京学报》1930 年第 7 期

黄石《月的神话与传说》,载《北新》1930 年第 4 卷第 16 期

黄石《七夕考》,载《妇女杂志》1930 年第 16 卷第 7 期

瞿兑之《释巫》,载《燕京学报》1930 年第 7 期

西谛(郑振铎)《希腊罗马神话与传说中的英雄传说》,载《小说月报》1930—1932 年第
　　21 卷第 1 期—22 卷第 6 期

钟敬文《楚辞中的神话和传说》,中山大学语言历史学研究所民俗学会,1930 年

钟敬文《山海经神话研究的讨论及其他》,载《民俗周刊》1930 年第 92 期

钟敬文《关于〈山海经研究〉》,载《民国日报·民俗周刊》1930 年第 5 期

钟敬文《〈山海经〉是一部什么书》,载《浙江大学文理学院学生自治会会刊》1930 年;
　　见《钟敬文民间文学论集》(下),上海文艺出版社 1985 年版

郑德坤《〈山海经〉在科学上之批判及作者之时代考书后》,载《燕京学报》1930 年第
　　7 期

1931

辰伯《西王母与西戎——西王母与昆仑山之一》,载《清华周刊》1931 年第 36 卷第
　　6 期

郭沫若《关于文艺的不朽性》(谈马克思《政治经济学批判导言》的神话观),见《文艺论集续集》,1931 年

黄石《迎紫姑之史之考察》,载《开展月刊》(民俗学专刊)1931 年第 10、11 期

吴晗《山海经中的古代故事及其系统》,载《史学年报》1931 年第 3 期

[日]小川琢治《〈山海经〉考》,见《先秦经籍考》(下册),江侠庵编译,商务印书馆1931 年版

钟敬文《种族起源神话》,载《民众教育季刊》1931 年第 1 卷第 3 期

钟敬文《中国的水灾传说及其他》,载《民众教育季刊》1931 年第 1 卷第 2 期

钟敬文《中国的地方传说》,载《民俗学集镌》第 1 辑(即《开展月刊》1931 年第 10、11期合刊)

1932

辰伯《西王母与牛郎织女的故事》,载《文学月刊》1932 年第 3 卷第 1 期

黄石《中国关于植物的神话传说》,载《青年界》1932 年第 2 卷第 2 期

吴晗《西王母传说》,载《清华周刊》1932 年第 37 卷第 1 期

钟敬文《我国古代民众关于医药学的知识》,载《民众教育季刊》1932 年第 2 期

郑德坤《山海经及其神话》,载《史学年报》1932 年第 1 卷第 4 期

1933

曹松叶《读汤祷篇》,载《东方杂志》1933 年第 30 期

韩一鹰《山海经中的动植物表》,载《民俗周刊》1933 年第 116—118 期

吕思勉《昆仑考》,载《光华大学半月刊》1933 年第 2 卷第 4 期

吕其昌《卜辞中所见殷先公先王三续考》,载《燕京学报》1933 年第 14 期

姜亮夫《中国古代小说之"史"和"神话"的邂逅》,载《青年界》1933 年第 4 卷第 4 期

容肇祖《山海经研究的进展》,载《民俗周刊》1933 年第 116—118 期

容肇祖《山海经中所说的神》,载《民俗周刊》1933 年第 116—118 期

王光宪《西王母故事的试探》,载《民俗周刊》1933 年第 1 期

文哉《山海经中的太阳神话》,载《复旦大学中国文学系文学旬刊》1933 年第 4 期

杨宽《盘古传说试探》,载《光华大学半月刊》1933 年第 2 卷第 2 期

杨宽《禹治水传说之推测》,载《民俗周刊》1933 年第 116—118 期

叶德均《山海经中蛇的传说》,载《民俗周刊》1933 年第 116—118 期

郑振铎《汤祷篇》,载《东方杂志》1933 年第 30 期;见《郑振铎文集》第 4 卷,人民文学出版社 1985 年版

钟敬文《中国神话之文化史价值》,载《青年界》1933 年第 4 卷第 2 期

钟敬文《与爱伯哈特博士谈中国神话》，载《民间月刊》1933 年第 2 卷第 7 期

钟敬文《中国的天鹅处女故事》，载《民众教育季刊》1933 年第 3 卷第 1 期

钟敬文《关于中国的植物起源神话》，载《民众教育季刊》1933 年第 3 卷第 1 期

朱希祖《山海经内大荒海内二经古代帝王世系传说》，载《民俗周刊》1933 年第 116—118 期

凌纯声《山海经新论》，台北文化书局 1933 年版

[法]格拉勒(葛兰言)《古中国的跳舞与神秘故事》，李璜译述，中华书局 1933 年版

1934

陈伯吹《神话的研究》，载《儿童教育》1934 年第 6 卷第 1 期

冯家升《洪水传说之推测》，载《禹贡》1934 年第 1 卷第 2 期

高去寻《山海经的新评价》，载《禹贡》1934 年第 1 卷第 1 期

古铁《中国民族的神话研究》，载《中原文化》1934 年第 14—17、19 期

顾颉刚《五藏山经试探》，载《史学论丛》1934 年第 1 期

贺次君《〈山海经〉之版本及关于〈山海经〉之著述》，载《禹贡》1934 年第 1 卷第 10 期

贺次君《山海经图与职贡图的讨论》，载《禹贡》1934 年第 1 卷第 8 期

林惠祥《论神话》，载《文化人类学》1934 年版，1991 年商务印书馆再版

岂明《习俗和神话》，载《青年界》1934 年第 5 卷第 1 期

王以中《山海经图与职贡图》，载《禹贡》1934 年第 1 卷第 3 期

味茗(茅盾)《读中国的水神》，载《文学》1934 年第 3 卷第 1 期

卫聚贤《山海经的研究——山海经中的十日》，见《古史研究》(二下)，商务印书馆 1934 年版

卫聚贤《中国神话考》，见《古史研究》(二下)，商务印书馆 1934 年版

卫聚贤《天地开辟与盘古传说的探源》，载《学艺》1934 年第 13 卷第 1 期

闻一多《天问释天》，载《清华学报》1934 年第 9 卷第 4 期

吴维亚《山海经读后感》，载《禹贡》1934 年第 1 卷第 1 期

[日]小川琢治《昆仑与西王母》，见《古史研究》(二下)，商务印书馆 1934 年版

杨向奎《评郑振铎汤涛篇》，载《史学论丛》1934 年第 1 期

杨宽《学术研究山海经》，载《时事新报》1934 年 5 月 6 日

张公量《略论山海经与穆天子传》，载《华北日报·史学周刊》1934 年 11 月 22 日

张公量《跋山海经释义》，载《禹贡》1934 年第 1 卷第 10 期

郑慕庸《山海经·古史考》，载《厉学》1934 年第 1 卷第 1 期

钟敬文《老獭稚型传说底发生地》，载《艺风》1934 年第 2 卷第 12 期

周作人《金枝上的叶子》，见《夜读抄》，1934 年 9 月

黄芝岗《中国的水神》,生活书店 1934 年版

林惠祥《神话论》,商务印书馆 1934 年版

1935

陈伯达《中国古史上神话传说源流考》,载《太白》1935 年第 2 卷第 1 期

古铁《中国古代的神祇》,载《中原文化》1935 年第 22 期

古铁《中国古代的神祇——读山海经笔记》,载《中原文化》1935 年第 22 期

顾颉刚《战国秦汉间人的造伪与辨伪》,载《史学年报》1935 年第 2 卷第 2 期

江绍原《中国古代旅行之研究》,北平中法文化出版委员会 1935 年编辑,商务印书馆
    1937 年版;上海文艺出版社 1989 年影印本

李则刚《始祖的诞生与图腾》,商务印书馆 1935 年版

容庚《汉武梁祠画像考》,载《大公报·艺术周刊》1935 年 10 月 26 日

闻一多《高唐神女传说之分析》,载《清华学报》1935 年第 10 卷第 4 期

夏定域《跋万历本〈山海经释义〉》,载《禹贡》1935 年第 4 卷第 1 期

杨宽《略论鲧禹之神话传说》,载《大美晚报·历史周刊》1935 年 12 月 31 日

杨宽《略论汤祷传说》,载《大公报·艺术周刊》1935 年 12 月 2 日

钟敬文《文物起源神话》,载《艺风》1935 年第 3 卷第 9 期

1936

陈梦家《商代的神话与巫术》,载《燕京学报》1936 年第 20 期

陈志良《禹生石纽考》,载《禹贡》1936 年第 6 卷第 6 期

程憬(程仰之)《中国的羿与希腊的赫克利斯》,载《安大季刊》1936 年第 1 卷第 3 期

顾颉刚《三皇考》,燕京大学哈佛燕京学社 1936 年版

顾颉刚《自然民族神话之美和伟人:序〈太平洋西北岸土人神话传说集〉》,载《民声
    报·民俗周刊》1936 年 12 月 1 日

黄华沛《论中国的神话》,载《天地人》(中国民间文艺专号)1936 年第 1 卷第 10 期

江绍原《殷王亥惨死及后君王恒上甲微复仇的传说》,载《华北日报》1936 年 11 月 28 日

[英]马林诺斯基《巫术科学宗教与神话》,李安宅译,商务印书馆 1936 年版;中国民间
    文艺出版社 1986 年重印

孙作云《九歌山鬼考》,载《清华学报》1936 年第 11 卷第 4 期

苏秉琦、徐炳旭《试论传说材料的整理与传说时代的研究》,载《史学集刊》1936 年第 5 期

游国恩《论九歌山川之神》,载《国闻周报》1936 年 4 月 27 日

杨宽《略论盘古传说》,载《大美晚报·历史周刊》1936 年第 11—12 期

杨宽《略论共工与鲧之传说》,载《大美晚报·历史周刊》1936 年第 16、19 期

杨宽《略论黄帝传说》,载《大美晚报·历史周刊》1936年第26期

钟敬文《槃瓠神话之考察》,载《同仁》(日文刊)1936年第10卷第2—4期,见《钟敬文民间文学论集》(下),上海文艺出版社1985年版

钟敬文《关于植物起源神话》,载《妇女与儿童》1936年第19卷第10期

钟敬文《关于说明神话》,载《妇女与儿童》1936年第20卷第9期

钟敬文《神话杂考》,载《民声报·民俗周刊》1936年第2期

王心湛《山海经集解》,广益书局1936年版

1937

岑家梧《转形期的图腾文化》,载《食货半月刊》1937年第5卷第6期

侯仁之《海外四经海内四经与大荒四经海内经之比较》,载《禹贡》1937年第7卷第6、7期

黄芝岗《论山魈的传说和祀典》,载《中流》1937年第1卷第11期

顾颉刚《书经中的神话序》,载《经世》1937年第1卷第9期;见马伯乐《书经中的神话》,国立北平研究院史学研究会出版,商务印书馆发行,1937年

静闻《地域决定的传说》,载《民众教育月刊》1937年第5卷第4、5期

刘紫萍《中华民族起源之神话及学说》,载《河南博物馆馆刊》1937年第11—15期

吕思勉《读山海经偶记》,载《光华大学半月刊》1937年第5卷第9期;见《吕思勉读史札记》,上海古籍出版社1982年版

孙作云《九歌司命神考》,载《清华月刊》1937年第1卷第1期

孙作云《九歌非民歌说》,载《语言与文学》1937年第6期

孙作云《中国古代的灵石崇拜》,载《民族杂志》1937年第5卷第1期

孙作云《中国古代神话研究》(讲义),北京大学文学院1937年印

王以中《山海经图与外国图》,载《史地杂志》1937年第1期

卫聚贤《盘古的神话》,见《古史研究》(三),商务印书馆1937年版

卫聚贤《尧舜禅让与禹治洪水的探讨》,见《古史研究》(三),商务印书馆1937年版

叶德均《无支祈传说考》,载《逸经》1937年第33、34期

叶镜铭《说明神话》,载《孟姜女》1937年第1卷第1期

郑振铎《玄鸟篇》(一名《感生篇》),载《中华公论》1937年第1期

周作人《关于雷公》,见《瓜豆集》,上海宇宙风社1937年版

[法]马伯乐《书经中的神话》,冯沅君译,国立北平研究院史学研究会出版,商务印书馆发行,1937年

1938

常任侠《巴县沙坪坝出土之石棺画像研究》,载《金陵学报》1938年第8卷第1、2期

楚图南《中国西南民族神话之研究》,载《西南边疆》1938—1939 年第 1、2、7、9 期

芮逸夫《苗族的洪水故事与伏羲女娲的传说》,载《人类学集刊》1938 年第 1 卷第 1 期

吴泽霖《苗族中祖先来历的传说》,载《革命日报·社会旬刊》1938 年第 4、5 期

徐中舒《跋苗族的洪水故事与伏羲女娲的传说》,载《人类学集刊》1938 年第 1 卷第 1 期

杨宽《中国上古史导论》(1938 年 1 月改定),见《古史辨》第七册(上),开明书店 1941 年版;上海古籍出版社 1982 年影印本

朱锦江《中国民族艺术中所见羽翼图腾考》,载《金陵学报》1938 年第 8 卷第 1、2 期

1939

常任侠《重庆沙坪坝出土之石棺画像研究》,载《时事新报·学灯》1939 年第 41、42 期;又载《说文月刊》1940 年第 1 卷第 10/11 期;见《民俗艺术考古论集》,正中书局 1943 年版;又见《常任侠艺术考古论文选集》,文物出版社 1984 年版

顾颉刚《中国一般古人想象中的天和神》,载《益世报·宗教与文化》1939 年 4 月 23 日新第 18 期;见《顾颉刚古史论文集》,中华书局 1988 年版

柯昌济《读〈山海经〉札记》,载《古学丛刊》1939 年第 1、2、3、4、5 期(1—5 期)

凌纯声《浙南畬民图腾文化的研究》,载《人类学集刊》1939 年第 1 卷第 2 期

吕思勉《西王母考》及《附录》,载《说文月刊》1939 年第 1 卷第 9 期

卫聚贤《昆仑与陆浑》,载《说文月刊》1939 年第 1 卷第 9 期

杨宽《丹朱、驩兜与朱明、祝融》,载《说文月刊》1939 年创刊号;《古史辨》(七),开明书店 1941 年版;又见《杨宽古史论文选集》,上海人民出版社 2003 年版

1940

陈志良《盘古的研究》,载《建设研究月刊》1940 年第 3 卷第 6 期

陈志良《始祖诞生与图腾主义》,载《说文月刊》1940—1941 年第 2 卷合订本

陈志良《图腾主义概论》,载《说文月刊》1940—1941 年第 2 卷合订本

马长寿《苗瑶之起源神话》,载《民族学研究集刊》1940 年第 2 期

孔令谷《我们检讨古史主张神话还原说》,载《说文月刊》1940 年第 1 卷

吴泽霖《苗族中的神话传说》,载《社会研究》1940 年第 1 期

闻一多《姜嫄履大人迹考》,载《中央日报·史学》1940 年第 72 期

杨宽《序古史辨第七册因论古史中之鸟兽神话》,载《学术》1940 年第 4 期;见《古史辨》(七),开明书店 1941 年版;又见《杨宽古史论文选集》,上海人民出版社 2003 年版

1941

陈国钧《生苗的人祖神话》,载《社会研究》1941 年第 20 期

岑家梧《槃瓠传说与瑶畲的图腾崇拜》,载《责善》半月刊 1941 年第 6 期;见《西南民族
　　文化论丛》,岭南大学西南社会经济研究所 1949 年版

顾颉刚、童书业《鲧禹的传说》,见《古史辨》(七),开明书店 1941 年版

顾颉刚、童书业《夏史三论》,见《古史辨》(七),开明书店 1941 年版

胡厚宣《甲骨文四方风名考》,载《责善》半月刊 1941 年第 2 卷第 19 期;改订稿见《甲
　　骨学商史论丛初集》第 2 册,重庆齐鲁大学国学研究所 1944 年初版

孔令谷《冯夷——伏羲》,载《说文月刊》1941 年第 3 卷第 1 期

刘咸《亚洲狗祖传说考》,载《中国文化研究所集刊》1941 年第 13 期

马学良《云南土民的神话》,载《西南边疆》1941 年第 12 期

孙作云《九歌东君考》,载《中和月刊》1941 年第 2 卷第 6 期

孙作云《蚩尤考——中国古代蛇族之研究》,载《中和月刊》1941 年第 2 卷第 4—5 期;
　　见《孙作云文集·中国古代神话传说研究》(上),河南大学出版社 2003 年版

童书业《自序二》,见《古史辨》(七),开明书店 1941 年版;上海古籍出版社 1982 年版

徐益棠《广西象平间瑶民之宗教及其宗教的文献》,载《边疆研究论丛》1941 第 12 卷

杨宽《伯益考》,载《齐鲁学报》1941 年第 1 期;见《古史辨》(七),开明书店 1941 年版;
　　又见《杨宽古史论文选集》,上海人民出版社 2003 年版(改题为《伯益、句芒与九
　　凤、玄鸟》)

1942

程仰之《古神话中的水神》,载《说文月刊》1942 年第 3 卷第 9 期

程仰之《古蜀的洪水神话与中原的洪水神话》,载《说文月刊》1942 年第 3 卷第 9 期

陈志良《广西蛮瑶的传说》,载《社会研究》1942 年第 46 期

韩亦琦《中国上古史之重建》,载《斯文》1942 年第 2 卷第 22/23 期

黄芝岗《大禹与李冰治水的关系》,载《说文月刊》1942 年第 3 卷第 9 期

姜蕴刚《治水及其人物》,载《说文月刊》1942 年第 3 卷第 9 期

刘铭恕《汉武梁祠画像中黄帝蚩尤古战图考》,载《中国文化研究汇刊》1942 年第 2 期

林铭均《四川治水者与水神》,载《说文月刊》1942 年第 3 卷第 9 期

马学良《云南倮族(白夷)之神话》,载《西南边疆》1942 年第 15 期

孙作云《中国古代神话研究》(讲稿),国立北京大学文学院 1942 年

孙作云《夸父槃瓠犬戎考》,载《中原新潮》1942 年第 1 卷第 1 期;见《孙作云文集·中
　　国古代神话传说研究》(上),河南大学出版社 2003 年版,改题为《盘瓠考——中
　　国古代狗氏族之研究》

陶云逵《一个摆夷神话》,载《中国青年》1942 年第 7 卷第 1 期

卫聚贤《人对自然界认识的四个阶段》,载《说文月刊》1942 年第 3 卷第 9 期(是为本期"卷头语")

闻一多《从人首蛇身像谈到龙与图腾》,载《人文科学学报》1942 年第 1 卷第 2 期

吴泽霖、陈国钧等《贵州苗夷社会研究》,文通书局 1942 年版

郑德坤《水经注的故事略说》,载《华文月刊》1942 年第 1 卷第 3 期

1943

程憬《山海经考》,载《图书季刊》1943 年新第 4 卷第 3/4 期

程憬《古代中国的创世纪》,载《国立中央大学文史哲季刊》1943 年第 1 卷第 1 期

程憬《后羿与赫克利斯的比较》,载《国立中央大学文史哲季刊》1943 年第 1 卷第 2 期

陈志良《沉城的故事》,载《风土什志》1943 年第 1 卷第 2、3 期

孙作云《鸟官考——中国古代鸟氏族诸酋长考补》,载《中国学报》1943 年第 3 卷第 3 期;见《孙作云文集·中国古代神话传说研究》(下),河南大学出版社 2003 年版

孙作云《飞廉考——中国古代鸟氏族之研究》,载《华北编译馆馆刊》1943 年第 2 卷第 3、4 期;见《孙作云文集·中国古代神话传说研究》(下),河南大学出版社 2003 年版

谭正璧《二郎神故事的演变》,载《大众》1943 年第 2 期

徐旭生(炳昶)《我们怎样来治传说时代的历史》,见《中国古史的传说时代》,中国文化服务社 1943 年印行;文物出版社 1985 年版;广西师范大学出版社 2003 年版

徐旭生《洪水解》,见《中国古史的传说时代》,中国文化服务社 1943 年印行;文物出版社 1985 年版;广西师范大学出版社 2003 年版

1944

丁山《论炎帝大岳与昆仑山》,载《说文月刊》1944 年第 4 卷合订本

程憬《古代神话中的天、地及昆仑》,载《说文月刊》1944 年第 4 卷合订本

程憬《泰一考(神统纪之一)》,载《文史哲季刊》1944 年第 2 卷第 1 期

苏梅(苏雪林)《屈原天问里的旧约创世纪》,载《说文月刊》1944 年第 4 卷合订本

苏雪林《天问里的后羿射日神话》,载《东方杂志》1944 年第 40 卷第 3 期

孙作云《后羿传说丛考——夏初蛇、鸟、猪、鳖四部族之斗争》,载《中国学报》1944 年第 1 卷第 3—5 期;见《孙作云文集·中国古代神话传说研究》(上),河南大学出版社 2003 年版

孙作云《东北亚细亚民族诞生传说之研究》,载《中国留日同学会季刊》1944 年第 3 卷第 4 期;见《孙作云文集·中国古代神话传说研究》(下),河南大学出版社 2003

年版

孙作云《黄帝与尧之传说及其地望》，载《中国留日同学会季刊》1944 年第 6 期;见《孙
　　作云文集·中国古代神话传说研究》(上)，河南大学出版社 2003 年版

闻一多《龙凤》，载《中央日报》1944 年 7 月 2 日

杨堃《灶神考》，载《汉学》1944 年第 1 期

郑师许《中国古史上神话与传说的发展》，载《风物志集刊》1944 年第 1 期

朱铭三《我国历史上所传说的感生神话》，载《学术界》1944 年第 2 卷第 1 期

1945

陈志良《广西东陇瑶的礼俗与传说》，载《说文月刊》1945 年第 5 卷第 3、4 期

马学良《垦边人员应多识当地之民俗与神话》，载《边政公论》1945 年第 4 卷第 1 期

1946

方诗铭《西王母传说考》，载《东方杂志》1946 年第 42 卷第 14 期

蒋祖怡《中国古代的神话与传说》，载《新学生》1946 年第 1 卷第 6 期

马学良《从倮倮神话中所见的倮汉同源说》，载《经世日报·禹贡周刊》1946 年 11 月
　　29 日

谈翠英《维吾尔族的神话》，载《大公报》1946 年 11 月 1 日

杨宽《论长沙出土的木雕怪神像》，载《中央日报》(副刊)1946 年 12 月;《文物周刊》
　　1946 年第 13 期;见《杨宽古史论文选集》，上海人民出版社 2003 年版

郑德坤《巴蜀的神话传说》，见《四川古代文化史》，华西大学博物馆 1946 年版

1947

端木蕻良《最古的宝典》，载《文艺春秋》1947 年第 5 卷第 6 期

凌纯声、芮逸夫《湘西苗族调查报告》，商务印书馆 1947 年版

凌纯声《畲民图腾文化的研究》，载《中央研究院历史语言研究所集刊》1947 年第 16 期

江行《西王母考》，载《中央日报》1947 年 1 月 7、8 日

江绍原《读〈山海经〉札记》，载《知识与生活》1947 年第 14 期

马学良《倮族的巫师"呗耄"和"天书"》，载《边政公论》1947 年第 6 卷第 1 期

苏雪林《天问九重天考》，载《中央周刊》1947 年第 9 卷第 34—37 期

苏雪林《山鬼与酒神》，载《知言》1947 年第 1 期;又载《台湾成功大学学报》1968 年第
　　3 期

孙作云《说羽人——羽人图、羽人神话及飞仙思想之图腾主义的考察》，载《沈阳博物
　　院筹备委员会汇刊》1947 年第 1 期;见《孙作云文集·中国古代神话传说研究》

（下），河南大学出版社 2003 年版

闻一多《什么是九歌》，载《文艺春秋》1947 年第 5 卷第 2 期

张征东《傈僳宗族之人类来源传说》，载《边疆服务》1947 年第 24 期

1948

楚人《苗人传说里的人类祖先》，载《广西日报》1948 年 11 月 11 日

端木蕻良《羿射十日的研究》，载《文艺春秋》1948 年第 7 卷第 6 期

李锡贡《苗瑶迁徙的传说》，载《广西日报》1948 年 11 月 19 日

马学良《倮族的招魂和放蛊》，载《边政公论》1948 年第 7 卷第 2 期

陶云逵《栗粟族的洪水传说》，载《中央研究院历史语言研究所集刊》1948 年第 17 期

闻一多《伏羲与葫芦》，载《文艺春秋》1948 年第 9 期

闻一多《伏羲考》，见《闻一多全集》（一），开明书店 1948 年版；生活·读书·新知三联
    书店 1982 年版

闻一多《高唐神女传说之分析》，见《闻一多全集》（一），开明书店 1948 年版；生活·读
    书·新知三联书店 1982 年版

袁圣时（袁珂）《〈山海经〉里的诸神》，载《台湾文化》1948 年第 3 卷第 7 期、1949 年第
    4 卷第 1 期

袁圣时《神话和中国神话》，载《台湾文化》1948 年第 3 卷第 6 期；见北京巴黎大学北平
    汉学研究所编《山海经通检》，1948 年

资料室《闷域（门巴）的传说》，载《康藏研究月刊》1948 年第 7 期；又载《风土什志》
    1948 年第 2 卷第 4 期

1949

黄景良《关于台湾民族的神话传说》，载《公论报》1949 年 9 月 19 日

林衡道《台湾山地同胞的人类起源说》，载《公论报》1949 年 10 月 31 日

洪钟《四川古史神话蠡测》，载《风土什志》1949 年第 3 卷第 5 期

小穗《蛇神的讨论》，载《风土什志》1949 年第 3 卷第 2 期

资料室《神话中的西藏（采风录）》，载《风土什志》1949 年第 3 卷第 1 期

1950

林衡道《台湾山胞的太阳月亮传说》，载《公论报》1950 年 7 月 24 日

凌纯声《东南亚古文化研究发凡》，载《新生报·民族学研究专刊》1950 年第 3 期

芮逸夫《伏羲女娲》，载《大陆杂志》1950 年第 1 卷第 12 期

袁珂《中国古代神话》，商务印书馆 1950 年初版

1951

顾颉刚《穆天子传及其著作时代》,载《文史哲》1951 年第 1 卷第 2 期

1952

陈正希《台湾矮人的故事》,载《台湾风物》1952 年第 2 卷第 1—2 期

1953

凌纯声《云南卡瓦族与台湾高山族的猪头祭》,载《考古人类学刊》1953 年第 2 期

1954

凌纯声《铜鼓图文与楚辞九歌》,载台北《中央研究院院刊》1954 年第 1 期

饶宗颐《长沙楚墓时占神物图卷考释》,载《东方文化》1954 年第 1 卷第 1 期

苏雪林《昆仑一词何时始见中国记载:昆仑之谜之一》,载《大陆杂志》1954 年第 9 卷第
     11 期

1955

董作宾《论长沙出土之缯书》,载《大陆杂志》1955 年第 10 卷第 6 期

李卉《台湾及东南亚的同胞配偶型洪水传说》,载《中国民族学报》1955 年第 1 期

敬之《山海经的估价》,载《联合报》1955 年 8 月 12 日

苏雪林《死神特征与伏羲女娲人首蛇身之考证》,载《中华日报》1955 年 4 月 12 日

苏雪林《汉武帝考定昆仑公案:昆仑之谜之二》,载《大陆杂志》1955 年第 10 卷第 4 期

苏雪林《中国境内外之昆仑:昆仑之谜之三》,载《大陆杂志》1955 年第 10 卷第 6 期

姚齐《〈山海经〉的神话价值》,载《新民晚报》1955 年 12 月 5 日

徐旭生《〈山海经〉的地理意义》,载《地理知识》1955 年第 8 期

1956

苏雪林《昆仑之谜》,之一载《大陆杂志》1954 年第 11 期;之二载《大陆杂志》1955 年第
     4 期;之三载《大陆杂志》1955 年第 6 期;见杜而未《昆仑文化与不死观念》第 17—
     51 页,华明书局 1962 年版;又见沈晖编《苏雪林全集》(第四卷),安徽文艺出版社
     1996 年版

闻一多《诗与神话》(朱自清编),古籍出版社 1956 年版

许世珍《台湾高山族的始祖创生传说》,载《民族学研究所集刊》1956 年第 2 集

曾昭燏等《沂南古画像石墓发掘报告》,文化部文物管理处,1956 年

1957

李霖灿《么些族的洪水故事》,载《民族学研究所集刊》1957 年第 3 集

刘敦励《古代中国与中美马耶人的祀雨与雨神崇拜》,载《民族学研究所集刊》1957 年
　　第 4 集

何满子《神话试论》,上海出版公司 1957 年版

孙文青《山海经时代的社会性质初探》,载《光明日报》1957 年 8 月 15 日

王范之《从〈山海经〉的药物使用来看先秦时代的疾病情况》,载《医学史与保健组织》
　　1957 年第 1 卷第 3 期

于豪亮《几块画像砖的说明(西王母)》,载《考古通讯》1957 年第 4 期

朱芳圃《西王母考》,载《开封师范学院学报》1957 年第 2 号

徐旭生《禹治洪水考》,载《新建设》1957 年第 7 期

顾颉刚《息壤考》,载《文史哲》1957 年第 10 期

1958

曹婉如《五藏山经和禹贡中的地理知识》,载《科学史集刊》1958 年第 1 期

杜而未《阿美族神话研究》,载《大陆杂志》1958 年第 16 卷第 12 期

娄子匡《神话丛话》,台北东方文化供应社 1958 年版

张宗祥校录《足本山海经图赞》,古典文学出版社 1958 年版

1959

杜而未《古人对于雷神的观念》,载《大陆杂志》1959 年第 18 卷第 8 期

凌纯声《中国古代神主与阴阳性器崇拜》,载《民族学研究所集刊》1959 年第 8 集

张光直《中国创世神话之分析与古史研究》,载《民族学研究所集刊》1959 年第 8 集

1960

曹雨群《读〈山海经〉》,载《上海师院学报》1960 年第 2 期

杜而未《山海经神话系统》,台北华明书局 1960 年版;学生书局 1976 年版

李献章《妈祖传说的原始形态》,载《台湾风物》1960 年第 10 卷第 10 期

孙家骥《洪水传说与共工》,载《台湾风物》1960 年第 10 卷第 1 期

文崇一《九歌中河伯的研究》,载《民族学研究所集刊》1960 年第 9 集;见《中国文化》
　　(易名为《楚的河伯传说》),东大图书公司 1990 年版

张光直《中国新石器时代的几种宗教仪式》,载《民族学研究所集刊》1960 年第 9 集

1961

丁山《中国古代宗教与神话考》,龙门联合书局 1961 年版

黄华《鲁迅与〈山海经〉》,载《文汇报》1961 年 3 月 16 日

文崇一《九歌中的水神与华南的龙舟赛神》,载《民族学研究所集刊》1961 年第 11 集;见
　　《中国古文化》(易名为《楚的水神与华南的龙舟赛神》),东大图书公司 1990 年版

文崇一《亚洲东北与北美西北及太平洋的鸟生传说》,载《民族学研究所集刊》1961 年
　　第 12 集;见《中国古文化》(易名为《亚洲、北美及太平洋的鸟生传说》),东大图书
　　公司 1990 年版

1962

杜而未《昆仑文化与不死观念》,华明书局 1962 年版

管东贵《中国古代十日神话之研究》,载《历史学研究所集刊》1962 年第 33 期

林衡立《台湾土著民族射日神话之分析》,载《民族学研究所集刊》1962 年第 13 集

李亦园《祖灵的庇荫:南澳泰雅族人超自然信仰研究》,载《民族学研究所集刊》1962 年
　　第 14 集

林衡立《创世神话之行为学的研究——神话病原学创议》,载《民族学研究所集刊》
　　1962 年第 14 集

娄子匡《么些族洪水传说》,载《联合报》1962 年 3 月 31 日

蒙文通《略论山海经的写作时代及其产生地域》,见《中华文史论丛》(一),中华书局
　　1962 年版;又见《巴蜀古史论述》,四川人民出版社 1981 年版

蒙文通《研究〈山海经〉的一些问题》,载《光明日报》1962 年 3 月 17 日

张光直《商周神话之分类——中国古代神话研究之二》,载《民族学研究所集刊》1962
　　年第 14 集;见《中国青铜时代》,生活·读书·新知三联书店 1983 年版

欧缜芳《山海经校证》,《文史哲学报》1962 年第 11 期

李光信《论〈山海经〉和禹、益无关及五藏山经神话资料的来源》,载《扬州师院学报》
　　1962 年总第 16 期

1963

杨国宜《共工传说史实探源》,见新建设编辑部编《文史》第 3 辑,中华书局 1963 年版

杜而未《山海经的轮回观念》,载《现代学人》1963 年第 8 期

何联奎《龟的文化地位》,载《民族学研究所集刊》1963 年第 16 集

李亦园《南澳泰雅人的传说神话》,载《民族学研究所集刊》1963 年第 15 集

娄子匡、朱介凡《神话》,见《五十年来的中国俗文学》,正中书局 1963 年版

张光直《商周神话与美术中所见人与动物关系之演变》,载《民族学研究所集刊》1963

年第 16 集

高亨、董治安《上古神话》,中华书局 1963 年版

1964

袁珂《关于舜象斗争神话的演变》,载《江海学刊》1964 年第 2 期

袁珂《神话的起源及其与宗教的关系》,载《学术研究》1964 年第 5 期

文崇一《九歌中的上帝与自然神》,载《民族学研究所集刊》1964 年第 17 集;见《中国古
文化》(易名为《楚的上帝与自然神》),东大图书公司 1990 年版

1965

凌纯声《中国的封禅与两河流域的昆仑文化》,载《民族学研究所集刊》1965 年第 19 集

1966

凌纯声《昆仑丘与西王母》,载《民族学研究所集刊》1966 年第 22 集;见凌纯声《中国边
疆民族与环太平洋文化》(下),台湾经联书局 1979 年版

费罗礼《邹族神话之研究》,载《民族学研究所集刊》1966 年第 22 集

1967

文崇一《楚的神话与宗教》(1967),见所著《楚文化研究》,东大图书公司 1990 年版

1968

李霖灿《么些族的故事》,载《民族学研究所集刊》1968 年第 26 集

饶宗颐《楚缯书之摹本及图像》,载台北《故宫季刊》1968 年第 3 卷第 2 期

饶宗颐《楚缯书疏证》,载《历史语言研究所集刊》1968 年第 40 期

饶宗颐《祝融与三首之神》(1968),见《澄心论萃》,上海文艺出版社 1996 年版

饶宗颐《三面神及离朱》(1968),见《澄心论萃》,上海文艺出版社 1996 年版

饶宗颐《印度三首神与三面不死之神》(1968),见《澄心论萃》,上海文艺出版社 1996 年版

饶宗颐《印度多首神与共工》(1968),见《澄心论萃》,上海文艺出版社 1996 年版

1969

陈炳良《中国古代神话新释两则》,载《清华学报》1969 年新第 7 卷第 2 期

傅锡壬《〈楚辞·天问篇〉与〈山海经〉比较》,载《淡江学报》1969 年第 8 期

刘渊临《甲骨文中 0(虫 + 虫) 字与后世神话中的伏羲女娲》,载《历史语言研究所集
刊》1969 年第 41 卷第 4 期

[日]伊藤清司《〈山海经〉与铁》,见日本森嘉兵卫教授退官纪念论文集编集委员会编《社会经济史的诸问题》,法政大学出版局 1969 年版;又见伊藤清司《中国古代文化与日本》,张正军译,云南大学出版社 1997 年版

1971

凌纯声《中国古代龟祭文化》,载《民族学研究所集刊》1971 年第 31 集
虞怡《西王母考》,载《中国地震》1971 年第 36 期

1972

饶宗颐《〈九歌〉与图画》(1972),见《澄心论萃》,上海文艺出版社 1996 年版
饶宗颐《楚辞与古西南夷之故事画》,载台北《故宫季刊》1972 年第 6 卷第 4 期
苏雪林《国殇与无头战神再考》,载《畅流》1972 年第 45 卷第 4、5 期
王孝廉《日本学者的中国古代神话研究》,载《大陆杂志》1972 年第 45 卷第 1 期

1973

杜而未《排湾族的故事与神话》,载《考古人类学刊》1973 年第 33、34 期
王孝廉《夸父考——中国古代幽冥神话研究之一》,载《大陆杂志》1973 年第 46 卷第 2 期

1974

管东贵《川南鸦雀苗的神话与传说》,载《历史语言研究所集刊》1974 年第 45 卷第 3 期
李发林《汉画像中的九头人面兽》,载《文物》1974 年第 12 期
[日]森安太郎《中国古代神话研究》,王孝廉译,台北地平线出版社 1974 年版
王孝廉《牵牛织女的传说》,载《幼狮月刊》1974 年第 46 卷第 1 期
郑康民《山海经探源》(上、中、下),载《建设》1974 年第 22 卷第 8、9、10 期
高去寻、王以中等《山海经研究论集》,中山图书公司 1974 年版

1975

印顺《中国古代民族神话与文化之研究》,台北正闻出版社 1975 年版

1976

傅锡壬《山海经研究》,载《淡江学报》1976 年第 14 期
林明德《陶渊明〈读山海经十三首〉的神话世界初探》,载《中外文学》1976 年第 5 卷第 2 期

乐蘅军《中国原始变形神话试探》,见《古典小说散论》,纯文学出版社 1976 年版

王孝廉《关于石头的古代信仰与神话》,载《中外文学》1976 年第 5 卷第 3 期

朱介凡《古代九头鸟的传说》,载《东方杂志》1976 年第 10 卷第 1 期

1977

杨希枚《再论尧舜禅让传说》(修订稿),载《食货月刊》复刊 1977 年第 7 卷第 7、9 期;
　　见杨希枚《先秦文化史论集》,中国社会科学出版社 1995 年

段芝《中国神话》,地球出版社有限公司 1977 年版

古添洪、陈慧桦《从比较神话到文学》,东大图书股份公司 1977 年版

1978

茅盾《茅盾评论文集·前言》(上册)(其中有关于《中国神话研究初探》的说明),人民
　　文学出版社 1978 年版

袁珂《〈山海经〉写作的时地及篇目考》,见《中华文史论丛》(七),上海古籍出版社
　　1978 年版

李亦园《信仰与文化》,台北巨流出版公司 1978 年版

1979

孙昌熙《鲁迅与〈山海经〉》,载《吉林师大学报》(哲学社会科学版)1979 第 1 期

顾颉刚《〈庄子〉和〈楚辞〉中昆仑和蓬莱两个神话系统的融合》,见《中华文史论丛》第
　　2 辑,上海古籍出版社 1979 年版

袁珂《略论〈山海经〉的神话》,见《中华文史论丛》第 2 辑,上海古籍出版社 1979 年版

钟敬文《马王堆汉墓帛画的神话史意义》,见《中华文史论丛》第 2 辑,上海古籍出版社
　　1979 年版

周士琦《马王堆汉墓帛画日月神话起源考》,见《中华文史论丛》第 2 辑,上海古籍出版
　　社 1979 年版

许进雄《鹿皮与伏羲女娲的传说》,载《大陆杂志》1979 年第 59 卷第 2 期

袁行霈《〈山海经〉初探》,见《中华文史论丛》第 3 辑,上海古籍出版社 1979 年版

张明华《〈山海经〉——研究古代史地、民俗医药的重要文献》,载《福建日报》1979 年 5
　　月 13 日

凌纯声《中国边疆民族与环太平洋文化》,台北联经书局 1979 年版

1980

竹翁《古代神话与〈山海经〉》,载《台湾省政》1980 年第 1 期

林祥征《西王母的变迁及其启示》,载《山东师院学报》1980 年第 1 期

茅盾《神话研究·序》(1980 年),见《神话研究》,百花文艺出版社 1981 年版

饶宗颐《〈畏兽画〉说》(1980 年),见《澄心论萃》,上海文艺出版社 1996 年版

张明华《略谈〈山海经〉》,载《读书》1980 年第 7 期

周士琦《论元代曹善手抄本〈山海经〉》,见《中国历史文献研究集刊》第 1 辑,湖南人民
    出版社 1980 年版

周明《落叶归根:试谈我国神话中西王母形象之变迁》,载《南充师院学报》1980 年第
    2 期

李丰楙《龙的传书——山海经》,载《中国时报》1980 年 10 月 14 日

谭达先《中国神话研究》,香港商务印书馆 1980 年版

闻一多《天问疏证》,生活·读书·新知三联书店 1980 年版

袁珂《山海经校注》,上海古籍出版社 1980 年版;巴蜀书社 1996 年版

1981

袁珂《漫谈中国神话研究和〈山海经〉》,载《四川图书馆》1981 年第 1 期

翁经方《〈山海经〉中的丝绸之路初探》,载《上海师院学报》(哲学社会科学版)1981 年
    第 2 期

史肇美《一部最古最奇的书——〈山海经〉浅说》,载《山海经》1981 年第 3 期

每君《释"飞鸟之所解其羽"》,载《文史哲》1981 年第 3 期

盖山林《阴山岩画与〈山海经〉》,载《内蒙古社会科学》1981 年第 3 期

郭元兴《西王母与西域》,载《活叶文史丛刊》1981 年第 125 期

黄文弼《古西王母国考》,见《西北史地论丛》,上海人民出版社 1981 年版

潜明兹《神话与原始宗教源于一个统一体》,载《北京师范大学学报》1981 年第 2 期

吉联抗《〈山海经〉远古音乐材料初探》,载《中国音乐》1981 年第 2 期

李亦园《一则中国古代神话与仪式的结构学研究》,见台湾"中央研究院"编《国际汉学
    会议论文集》,1981 年;又见李亦园《宗教与神话论集》,立绪文化事业有限公司
    1998 年

李丰楙《山经灵异动物之研究》,载《中华学苑》1981 年第 4/5 期

梁志忠《〈山海经〉——早期民族学资料的宝库》,见《民族学研究》(二),民族出版社
    1981 年版

马昌仪《人类学派与中国近代神话学》,见《民间文艺集刊》(一),上海文艺出版社
    1981 年版

马昌仪《鲁迅论神话》,见中国民间文艺研究会研究部编《民间文学论丛》(一),中国民
    间文艺出版社 1981 年版

马昌仪《试论茅盾的神话观》，载《民间文学》1981 年第 5 期

宋大仁《中国本草学发展史略——〈诗经〉和〈山海经〉中的药物知识》，见《中华文史论丛》第 1 辑，上海古籍出版社 1981 年版

谢因《〈山海经〉与现代科学》，载《读书》1981 年第 8 期

徐杰《〈山海经之神怪〉简介》，载《文献》1981 年第 3 期

许钦文《鲁迅与〈山海经〉》，载《山海经》1981 年 2 月创刊号

茅盾《神话研究》，百花文艺出版社 1981 年版

李丰楙《神话故事的故乡——山海经》，台北时报文化出版事业有限公司 1981 年版

1982

顾颉刚《山海经中的昆仑区》，载《中国社会科学》1982 年第 1 期

胡小石《屈原与古神话》，见《胡小石论文集》，上海古籍出版社 1982 年版

王珍《〈山海经〉一书中有关母系氏族社会的神话试析》，载《中州学刊》1982 年第 2 期

董其祥《〈山海经〉记载的历史》，载《西南师院学报》(哲学社会科学版) 1982 年第 3 期

龚鹏程《幻想与神话的世界——人文创设与自然秩序》，见《中国文化新论·文学篇》，联经出版事业公司 1982 年版

库尔班·外力《西王母新考》，载《新疆社会科学》1982 年第 3 期

李德芳《试论西王母神话的演变》，见钟敬文主编《民间文艺学文丛》，北京师范大学出版社 1982 年版

刘魁立《神话及神话学》，载《民间文学论坛》1982 年第 3 期

刘魁立《欧洲民间文学研究中的第一个流派——神话学派》，见《民间文艺集刊》第 3 集，上海文艺出版社 1982 年版

潘世宪《群巫初探——〈山海经〉与古代社会》，载《社会科学战线》1982 年第 4 期

杨宽《顾颉刚先生和〈古史辨〉》，载《光明日报》1982 年 7 月 19 日；见杨宽《先秦史十讲》，复旦大学出版社 2006 年版

张明华《对我国古代神话瑰宝的探索——介绍袁珂〈山海经校注〉》，载《读书》1982 年第 2 期

朱芳圃《共工·句龙篇》，王珍整理，见朱芳圃《中国古代神话与史实》，中州书画出版社 1982 年版

钟敬文《论民族志在古典神话研究上的作用》，见中国民间文艺研究会研究部编《民间文学论文选》，湖南人民出版社 1982 年版

乌丙安《洪水故事中的非血缘婚姻观》，见中国民间文艺研究会研究部编《民间文学论文选》，湖南人民出版社 1982 年版

程蔷《鲧禹治水神话的产生和演变》，见中国民间文艺研究会研究部编《民间文学论文

选》,湖南人民出版社 1982 年版

刘魁立《欧洲神话学派的奠基人——格林兄弟》,载中国民间文艺研究会研究部编《民间文学论文选》,湖南人民出版社 1982 年版

邓启耀《从云南少数民族的原始艺术看原始思维的特征》,载《思想战线》1982 年第 5 期

袁珂《从狭义的神话到广义的神话》,载《社会科学战线》1982 年第 4 期

袁珂《神话论文集》,上海古籍出版社 1982 年版

朱传誉《昆仑与西王母》,台北天一出版社 1982 年版

山东省博物馆、山东省文物考古研究所编《山东汉画像石选集》,齐鲁书社 1982 年版

1983 年

陈炳良《广西瑶族洪水故事研究》,载《幼狮学刊》1983 年第 17 卷第 4 期

龚鹏程《中国古代宗教与神话》,载《道教文化》1983 年第 3 卷第 8、9 期

黄崇岳《黄帝、尧、舜和大禹的传说》,书目文献出版社 1983 年

侯哲安《伏羲女娲与我国南方诸民族》,载《求索》1983 年第 4 期

兰克《原始的宗教和神话》,见《民间文艺集刊》第 4 集,上海文艺出版社 1983 年版

刘魁立《欧洲民间文学研究中的流传学派》,载《民间文学论坛》1983 年第 3 期

孟慧英《〈山海经〉中的帝神话》,见中国民间文艺研究会辽宁分会编《民间文学论集》第 1 辑,1983 年

萧兵《引魂之舟:战国楚〈帛画〉与〈楚辞〉神话》,见《湖南考古辑刊》第 2 辑,岳麓书社 1983 年版;又见萧兵《楚辞与神话》,江苏古籍出版社 1987 年版

王重民《中国善本书提要》,上海古籍出版社 1983 年版

王秋桂《二郎神传说补考》,载《民俗曲艺》1983 年第 22 期

王孝廉《中国神话研究的兴起——从古史到神话》,载《民俗曲艺》1983 年第 25 期

王珍《〈山海经〉与原始社会研究》,载《中原文物》1983 年特刊

徐华龙《拉法格的神话观》,载《思想战线》1983 年第 6 期

杨知勇《原始宗教的神与神话的神》,载《云南民族学院学报》1983 年第 1 期

袁珂《关于〈山海经〉校译的若干问题》,载《思想战线》1983 年第 5 期

袁珂《中国神话研究和〈山海经〉》,载《文史知识》1983 年第 5 期

张光直《中国青铜时代》,生活·读书·新知三联书店 1983 年版

冯天瑜《上古神话纵横谈》,上海文艺出版社 1983 年版

[日]白川静《中国神话》,王孝廉译,长安出版社 1983 年版

1984

陈天俊《〈山海经〉与先秦时期的南方民族》,载《贵州社会科学》1984 年第 2 期

黄惠焜《论神话》,载《民族文学研究》1984 年第 4 期

金荣华《从六朝志怪小说看当时传统的神鬼世界》,载《华学季刊》1984 年第 5 卷第 3 期

李少雍《略论〈山海经〉神话的价值》,见人民文学出版社古典文学编辑室编《中国古典文学论丛》(一),人民文学出版社 1984 年版

吕子方《读〈山海经〉杂记》,见《中国科学技术史论文集》(下),四川人民出版社 1984 年版

马昌仪《我国第一个评述拉奥孔的女性:论单士厘的美学见解》,载《文艺研究》1984 年第 4 期

翁银陶《〈山海经〉产于楚地七证》,载《江汉论坛》1984 年第 2 期

王红旗《读〈山海经校注〉札记》,载《社会科学研究》1984 年第 5 期

王孝廉《从古史到神话——顾颉刚的思想形成、神话研究以及和富永仲基加上说的比较》,载《民俗曲艺》1984 年第 30 期

阎云翔《泰勒、兰、弗雷泽神话学理论述评》,载《云南社会科学》1984 年第 6 期

阎云翔《图腾理论及其在神话学中的应用》,载《山茶》1984 年第 6 期

徐显之《〈山海经〉是一部最古的氏族社会志》,载《湖北方志通讯》1984 年第 8 期

袁珂《再论广义神话》,载《民间文学论坛》1984 年第 3 期

张紫晨《〈山海经〉的民俗学价值》,载《思想战线》1984 年第 4 期;见《张紫晨民间文艺学民俗学论文集》,北京师范大学出版社 1993 年版

周明《〈山海经〉研究小史》,载《历史知识》1984 年第 5 期

常任侠《常任侠艺术考古论文选集》,文物出版社 1984 年版

田兵、陈立浩主编《中国少数民族神话论文集》,广西民族出版社 1984 年版

1985

阿南(兰克)《关于阿昌族神话史诗的报告》,载《民间文学论坛》1985 年第 5 期

陈炳良《神话、礼仪、文学》,联经事业出版公司 1985 年版

傅光宇、张福三《创世神话中眼睛的象征与史前各文化阶段》,载《民族文学研究》1985 年第 1 期

[日]谷野典之《女娲、伏羲神话系统考》,沉默译,载《南宁师院学报》1985 年第 1、2 期

何幼琦《〈海经〉新探》,载《历史研究》1985 年第 2 期;见《〈山海经〉新探》,四川省社会科学院出版社 1986 年版

任乃强《巫师、方士与〈山海经〉》,载《文史杂志》1985 年第 1 期

孙培良《〈山海经〉拾证》，载《文史集林》1985 年第 4 期

孙致中《〈山海经〉的性质》，载《贵州文史丛刊》1985 年第 3 期

郑凡《神话结构与功能的独特性——以独龙、怒、佤、景颇族神话为例》，见云南省民族民间文学研究所研究室编《民族文坛》，中国民间文艺出版社 1985 年版

郑凡《神话学研究方法的几个问题》，载《云南社会科学》1985 年第 4 期

谢选骏《中国体系神话简论》，载《民间文学论坛》1985 年第 5 期

王孝廉《死与再生——原型回归的神话主题与古代时间信仰》，见《古典文学》第 7 集，台北学生书局 1985 年版

翁银陶《〈山海经〉性质考》，载《福建师大学报》1985 年第 4 期

翁银陶《西王母为东夷族刑神考》，载《民间文学论坛》1985 年第 1 期

徐南洲《〈山海经〉中的巴人世系考》，载《社会科学研究》1985 年第 6 期

[日]伊藤清司《〈山海经〉的民俗社会背景》，载《国学院杂志》第 86 卷第 11 号，1985 年；见伊藤清司《中国古代文化与日本》，张正军译，云南大学出版社 1997 年版

袁珂《〈山海经〉"盖古之巫书"试探》，载《社会科学研究》1985 年第 6 期；见《〈山海经〉新探》，四川省社会科学院出版社 1986 年版

袁珂、周明编《中国神话资料萃编》，四川省社会科学院出版社 1985 年版

袁珂编《中国神话传说词典》，上海辞书出版社 1985 年版

徐旭生《读山海经札记》，见《中国古史的传说时代》，文物出版社 1985 年版

1986

张铭远《顾颉刚古史辨神话观试探》，载《民间文学论坛》1986 年第 1 期

蔡大成《兄妹婚神话的象征》，载《民间文学论坛》1986 年第 5 期

段渝《〈山海经〉中所见祝融考》，见《〈山海经〉新探》，四川省社会科学院出版社 1986 年版

龚维英《释"尸"》，载《文史知识》1986 年第 1 期

龚维英《神灵世界战神的更递》，载《民间文学论坛》1986 年第 1 期

何新《论远古神话的文化意义》，载《学习与探索》1986 年第 3 期

兰克《从创世神话的社会作用看神话的本质特征》，载《云南民族学院学报》1986 年第 4 期

李远国《试论〈山海经〉中的鬼族——兼及蜀族的起源》，见《〈山海经〉新探》，四川省社会科学院出版社 1986 年版

李丰楙《不死的探求——从变化神话到神仙变化传说》，载《中外文学》1986 年第 15 卷第 5 期

龙晦《陶渊明与〈山海经〉》，见《〈山海经〉新探》，四川省社会科学院出版社 1986 年版

吕继祥《关于西王母传说起源地的探索——也说西王母传说起源于东方》,载《民间文学论坛》1986 年第 6 期

任乃强《试论〈山海经〉的成书年代与其资料来源》,见《〈山海经〉新探》,四川省社会科学院出版社 1986 年版

孙致中《〈山海经〉的作者及著作时代》,载《贵州文史丛刊》1986 年第 1 期

沙嘉孙《〈山海经〉中所见我国古民俗》,载《民俗研究》1986 年第 1 期

肖兵《〈山海经〉:四方民俗文化的交汇——兼论〈山海经〉由东方早期方士整理而成》,见《〈山海经〉新探》,四川省社会科学院出版社 1986 年版

杨超《〈山海经〉及其相关的几个问题》,见《〈山海经〉新探》,四川省社会科学院出版社 1986 年版

张明华《十个太阳和十二个月亮传说的由来》,见《〈山海经〉新探》,四川省社会科学院出版社 1986 年版

张明华《烛龙和北极光》,见《〈山海经〉新探》,四川省社会科学院出版社 1986 年版

赵庄愚《〈山海经〉与上古典籍之互证》,见《〈山海经〉新探》,四川省社会科学院出版社 1986 年版

中国《山海经》学术讨论会编辑《山海经新探》,四川省社会科学院出版社 1986 年版

何新《诸神的起源》,生活·读书·新知三联书店 1986 年版

谢选骏《神话与民族精神》,山东文艺出版社 1986 年版

张福三、傅光宇《原始人心目中的世界》,云南民族出版社 1986 年版

张光直《考古学专题六讲》,文物出版社 1986 年版

[法]列维·布留尔《原始思维》,丁由译,商务印书馆 1986 年版

1987

陈履生《神画主神研究》,紫禁城出版社 1987 年版

程蔷《神话发生的时代条件》,见《神话新论》,上海文艺出版社 1987 年版

王松《中国神话的体系》,见云南省社会科学院民族文学研究所编《民族文学研究集刊》第 1 集,1987 年

富育光《论萨满教的天穹观及其神话》,载《世界宗教研究》1987 年第 4 期

[英]弗雷泽《金枝》,徐育新等译,中国民间文艺出版社 1987 年版

胡仲实《图腾、神、神话——读〈山海经〉》,载《广西师院学报》1987 年第 1 期

刘魁立《金枝·中译本序》,见《金枝》,中国民间文艺出版社 1987 年版

刘魁立《神话研究的方法论问题》,见《神话新论》,上海文艺出版社 1987 年版

刘魁立、马昌仪、程蔷编《神话新论》,上海文艺出版社 1987 年版

李子贤《论佤族神话——兼论活形态神话的特征》,载《思想战线》1987 年第 6 期;见

《探寻一个尚未崩溃的神话王国》,云南人民出版社1991年版

李丰楙《西王母五女传说的形成及其演变——西王母研究之一》,载《东方宗教研究》1987年第1期

马学良《研究原始宗教和神话,发展民族文化,增强民族团结》,见《中国神话》(一),中国民间文艺出版社1987年版

潜明兹《评顾颉刚的古史神话观》,载《民间文学论坛》1987年第4期

吕微《"昆仑"语义释源》,载《民间文学论坛》1987年第4期

孙致中《〈山海经〉与〈山海图〉》,载《河北学刊》1987年第1期

孙致中《〈山海经〉怪物试解》,载《辽宁大学学报》(哲学社会科学版)1987年第2期

王迹《西王母与中国文学》,载《青海师专学报》1987年第3期

王孝廉《中国的神话世界》(上、下册),台北时报出版公司1987年版

武世珍《神话思维辨析》,见《神话新论》,上海文艺出版社1987年版

萧兵《楚辞与神话》,江苏古籍出版社1987年版

萧兵《明堂的秘密:太阳崇拜和轮居制——一个民俗神话学的考察》,见《日本御手洗胜教授退官论文集》,日本广岛大学1987年版

谢选骏《中国上古神话历史化的契机》,见《神话新论》,上海文艺出版社1987年版

谢选骏《中国汉籍上古神话传说的叙事特征》,见《中国神话》(一),中国民间文艺出版社1987年版

姚远《西王母神话源流新证》,载《民间文艺季刊》1987年第1辑

姚宝瑄《域外西王母神话新证》,见《中国神话》(一),中国民间文艺出版社1987年版

叶舒宪选编《神话—原型批评》,陕西师范大学出版社1987年版

袁珂主编《中国神话》(一),中国民间文艺出版社1987年版

郑凡《震撼心灵的古旋律》,四川人民出版社1987年版

1988

蔡大成《楚巫的致幻方术——高唐神女传说解读》,载《社会科学评论》1988年第5期

蔡大成《论西王母形象中的萨满教因素》,载《云南社会科学》1988年第2期

[日]大林太郎《神话学入门》,林相泰等译,中国民间文艺出版社1988年版

高明强《创世的神话和传说》,上海三联书店1988年版

郭于华《论闻一多的神话传说研究》,载《民间文学论坛》1988年第1期

过竹《苗族神话研究》,广西人民出版社1988年版

顾颉刚《中国上古史研究讲义·山海经》,中华书局1988年版

刘城淮《中国上古神话》,上海文艺出版社1988年版

[俄]李福清《中国神话故事论集》,马昌仪编译,中国民间文艺出版社1988年版;台北

学生书局 1991 年

李稚田《评古史辨派神话研究》,见《北师大学报·学术之声》(二),1988 年

潘定智等编《贵州神话史诗论文集》,贵州民族出版社 1988 年版

屈育德《神话、传说、民俗》,中国文联出版公司 1988 年版

[日]森安太郎《黄帝的传说——中国古代神话研究》,王孝廉译,台北时报出版公司
　　1988 年版

宋兆麟《洪水神话与葫芦崇拜》,载《民族文学研究》1988 年第 3 期

王子今《共工神话与远古虹崇拜》,载《民间文学论坛》1988 年第 5、6 期合刊

巫瑞书等主编《巫风与神话》,湖南文艺出版社 1988 年版

萧兵《楚辞新探》,天津古籍出版社 1988 年版

谢继胜《藏族本教神话探索》,载《民族文学研究》1988 年第 4 期

谢继胜《藏族的山神神话及其特征》,载《西藏研究》1988 年第 4 期

阎云翔《试论龙的研究》,载《九州学刊》1988 年第 2 期

杨希枚《中国古代太阳崇拜研究(语文篇)》,载《民间文学论坛》1988 年第 2 期

杨知勇《神系、族系的一致性与祖先神话的形成》,载《民间文艺季刊》1988 年第 4 期

[日]伊藤清司《〈山海经〉与华南的古代民族文化》,载《贵州民族学院学报》1988 年
　　第 4 期

袁珂《中国神话史》,上海文艺出版社 1988 年版

袁珂《〈山海经〉神话与楚文化》,见《巫风与神话》,湖南文艺出版社 1988 年版

袁珂《〈山海经〉中有关少数民族的神话》,见《神与神话》,联经出版事业公司 1988 年版

赵逵夫《形天神话钩沉与研究》,载《民间文学论坛》1988 年第 5、6 期合刊

张振犁《中原神话考察述评》,见中国芬兰民间文学联合考察及学术交流秘书处编《中
　　芬民间文学搜集保管学术研讨会文集》,中国民间文艺出版社 1988 年版

吴继文《卵生神话篇》,见王孝廉、吴继文编《神与神话》,联经出版事业公司 1988 年版

王孝廉、吴继文编《神与神话》,联经出版事业公司 1988 年版

1989

孙作云《蚩尤、应龙考辨——中国原始社会蛇、泥鳅氏族之研究》,载《民间文学论坛》
　　1989 年第 1 期

刘敦愿《神圣性的肠道——从台江苗绣到大波那铜棺图像》,载《民间文学论坛》1989
　　年第 2 期

吕微《论昆仑神话的二分世界》,载《民间文学论坛》1989 年第 2 期

徐华龙《鬼话:中国神话形成的中介》,载《民间文艺季刊》1989 年第 2 期

邓启耀《中国神话的逻辑结构》,载《民间文学论坛》1989 年第 3 期

何新《扶桑神话与日本民族起源——〈山海经〉中远古神话的新发现》,载《学习与探索》1989 年第 4—5 期

刘魁立《缪勒与他的比较神话学·序》,见《缪勒与他的比较神话学》,上海文艺出版社 1989 年版

叶舒宪《人日之谜:中国上古创世神话发掘》,载《中国文化》创刊号,文化艺术出版社 1989 年版

孙元璋《昆仑神话与蓬莱仙话》,载《民间文学论坛》1989 年第 5 期

王孝廉《黄河之水——河神的原像及信仰传承》,载《民间文学论坛》1989 年第 5 期;又载《汉学研究》1990 年 8 卷 1 期;见王孝廉《水与水神》,学苑出版社 1994 年版

萧兵《中国文化的精英——太阳英雄神话比较研究》,上海文艺出版社 1989 年版

袁珂《论〈山海经〉的神话性质——兼与罗永麟教授商榷》,载《思想战线》1989 年第 5 期

周保国《开本草著作先河的〈山海经〉》,载《中国医药报》1989 年 7 月 2 日

[日]伊藤清司《长相怪异的民族》,载《中国古代史研究》第 6 号,研文出版社 1989 年版;见伊藤清司《中国古代文化与日本》,张正军译,云南大学出版社 1997 年版

吴荣曾《战国、汉代的"操蛇神怪"及有关神话迷信的变异》,载《文物》1989 年第 10 期;见《神话三家论》,上海文艺出版社 1989 年影印本

陶阳、钟秀《中国创世神话》,上海人民出版社 1989 年版;台北东华书局 1990 年版;上海人民出版社 2006 年再版

谢选骏《中国神话》,浙江教育出版社 1989 年版

姚宝煊《华夏神话史论》,北岳文艺出版社 1989 年版

潜明兹《神话学的历程》,北方文艺出版社 1989 年版

孙作云《天问研究》,中华书局 1989 年版

何新《龙:神话与真相》,上海人民出版社 1989 年版

王小盾《原始信仰和中国古神》,上海古籍出版社 1989 年版

罗开玉《中国科学神话宗教的协合——以李冰为中心》,巴蜀书社 1989 年版

袁珂编《中国民族神话词典》,四川省社会科学院出版社 1989 年版

鲁刚主编《世界神话辞典》,辽宁人民出版社 1989 年版

外国神话传说大词典编写组编《外国神话传说大词典》,中国国际广播出版社 1989 年版

[法]格拉耐《中国古代的祭礼与歌谣》,张铭远译,上海文艺出版社 1989 年版

[日]伊藤清司《山海经中的鬼神世界》,刘晔原译,中国民间出版社 1989 年版

[德]麦克斯·缪勒《比较神话学》,金泽译,上海文艺出版社 1989 年版

[美]克雷默《世界古代神话》,魏庆征译,华夏出版社 1989 年版

1990

孙机《三足乌》,载《文物天地》1990 年第 1 期

王景琳《西王母的演变》,载《文史知识》1990 年第 1 期

饶宗颐《中外史诗上天地开辟与造人神话之初步比较研究》,载《汉学研究》(民间文学
　　国际研讨会论文专号)1990 年第 8 卷第 1 期

胡万川《中国的江流儿故事》,载《汉学研究》(民间文学国际研讨会论文专号)1990 年
　　第 8 卷第 1 期

林河《"槃瓠神话"访古记》,载《民间文艺季刊》1990 年第 2 期

罗永麟《论〈山海经〉的巫觋思想——兼答袁珂先生》,载《民间文艺集刊》1990 年第 3 辑

李道和《昆仑:鲧禹所造之大地》,载《民间文学论坛》1990 年第 4 期

郭振华《太阳之路与生命的永恒》,载《民间文学论坛》1990 年第 6 期

何光岳《西王母的来源与迁徙》,载《青海社会科学》1990 年第 6 期

刘锡诚《九尾狐的文化内涵》,载《民间文学论坛》1990 年第 6 期

饶宗颐《大汶口"明神"记号与后代礼制——论远古之日月崇拜》,载《中国文化》1990
　　年第 2 期

王孝廉《乱神蚩尤与枫木信仰》(首次发表在 1990 年台湾成功大学苏雪林 95 岁诞辰纪
　　念会上),载《中国民间文化》1991 年第 3 期;见《岭云关雪——民族神话学论集》,
　　学苑出版社 2002 年版;又见《中国神话世界》,洪叶文化事业有限公司 2005 年版

王大有《〈山海经〉是上古史书》,载《人民日报》1990 年 2 月 2 日

张志尧《人首蛇身的伏羲女娲与蛇图腾崇拜——兼论山海经中人首蛇身之神的由
　　来》,载《西北民族研究》1990 年第 2 期

张福三《走出混沌——民族文学的文化思考》,云南民族出版社 1990 年版

顾颉刚《顾颉刚读书笔记》(第 1—10 集),联经事业公司 1990 年版

[美]阿兰·邓迪斯《世界民俗学》,陈建宪等译,上海文艺出版社 1990 年版

[美]戴维·利明等《神话学》,李培茱等译,上海人民出版社 1990 年版

[苏]梅列金斯基《神话的诗学》,魏庆征译,商务印书馆 1990 年版

孟慧英《活态神话——中国少数民族神话研究》,南开大学出版社 1990 年版

富育光《萨满教与神话》,辽宁大学出版社 1990 年版

文崇一《中国古文化》,东大图书公司 1990 年版

张光直《中国青铜时代》(二),生活·读书·新知三联书店 1990 年版;台北联经出版
　　事业公司 1990 年版

《中国各民族宗教与神话大词典》,学苑出版社 1990 年版

朱可先、程健君《神话与民俗》,中原农民出版社 1990 年版

1991

顾自力《鲧禹神话新解——从原始巫术破译鲧禹神话》,载《中国民间文化》1991 年第
　　3 期

钟敬文《洪水后兄妹再殖人类神话——对这类神话中二三问题的考察,并以之就商于
　　伊藤清司、大林太良两教授》,见《中国与日本文化研究》第 1 集,中国大百科出版
　　社 1991 年版

郭于华《死亡起源神话略考》,载《民间文学论坛》1991 年第 3 期

陈建宪《宇宙卵与太极图——论盘古神话的中国"根"》,载《民间文学论坛》1991 年第 4 期

陶思炎《中国宇宙神话略论》,载《东方文化》1991 年第 1 集

袁珂《巨人——齐鲁神话与仙话的艺术概括》,载《东方文化》1991 年第 1 集

王立仕《淮阴高庄战国墓铜器刻纹和〈山海图〉》,载《东南文化》1991 年第 6 期

[日]小南一郎《壶形的宇宙》,朱丹阳等译,载《北京师范大学学报》1991 年第 2 期

谢继胜《藏族战神小考》,载《中国藏学》1991 年第 4 期

邓启耀《"灵"与"象"的神话——云南崖画与宗教心理》,见《中国民间文化》第 1 集,
　　学林出版社 1991 年版

刘守华《中国神话与道教》,载《民间文学论坛》1991 年第 5 期

鹿忆鹿《难题求婚模式的神话原型》,见《第一届中国民间文学学术研讨会论文集》,
　　1991 年 12 月

徐华龙《盘瓠神话的历史和文化价值》,载《民族文学研究》1991 年第 1 期;见徐华龙
　　《中国神话文化》,辽宁教育出版社 1993 年版

叶舒宪《英雄与太阳——中国上古史诗的原型重构》,上海社会科学院出版社 1991
　　年版

杨希枚《中国古代太阳崇拜研究(生活篇)》,1991 年 8 月在河南洛阳"夏商文化国际学
　　术研讨会"上提交的论文,见杨希枚《先秦文化史论集》,中国社会科学出版社
　　1995 年版

徐显之《山海经探原》,武汉出版社 1991 年版

袁珂《山海经全译》,贵州人民出版社 1991 年版

张振犁《中原古典神话流变论考》,上海文艺出版社 1991 年版

李子贤《探寻一个尚未崩溃的神话王国》,云南人民出版社 1991 年版

萧兵《黑马——中国民俗神话学文集》,台北时报文化公司 1991 年版

常征《山海经管窥》,河北大学出版社 1991 年版

1992

傅锡壬《楚辞九歌中诸神之图腾形貌初探》,载《淡江学报》1992 年第 1 期

刘魁立《原始文化·中译本序言》,见爱德华·泰勒《原始文化》,连树声译,上海文艺
　　出版社 1992 年版

扶永发《神州的发现——〈山海经〉地理考》,云南人民出版社 1992 年版

何星亮《中国图腾文化》,中国社会科学出版社 1992 年版

叶舒宪《中国神话哲学》,中国社会科学出版社 1992 年版

喻权中《中国上古文化的新大陆——〈山海经·海外经〉考》,黑龙江人民出版社 1992
　　年版

邓启耀《中国神话的思维结构》,重庆出版社 1992 年版

金荣权《中国古代神话通检》,中州古籍出版社 1992 年版

刘城淮《中国上古神话通论》,云南人民出版社 1992 年版

王孝廉《中国的神话世界》,时报文化出版公司 1992 年版

[德]恩斯特·卡西尔《神话思维》,黄龙保等译,中国社会科学出版社 1992 年版

[英]爱德华·泰勒《原始文化》,连树声译,上海文艺出版社 1992 年版

[美]艾瑟·哈婷《月亮神话——女性的神话》,蒙子等译,上海文艺出版社 1992 年版

1993

巴苏亚·博伊哲努(浦忠成)《台湾邹族的风土神话》,台原出版社 1993 年版

陈钧《中国神话新论》,漓江出版社 1993 年版

傅光宇《三元——中国神话结构》,云南人民出版社 1993 年版

傅光宇《彝族神话:创世之光》,广西民族出版社 1993 年版

龚维英《女神的失落》,河南大学出版社 1993 年版

顾颉刚《〈中国古代神话研究〉序》,载《博览群书》1993 年第 11 期

[美]亨莉埃特·默茨《几近褪色的记录:关于中国人到达美洲探险的两份古代文
　　献》,崔岩峙等译,海洋出版社 1993 年版

胡宗英《西王母形象的演变》,载《上海道教》1993 年第 1 期

李少雍《经学家对"怪"的态度——〈诗经〉神话胜议》,载《文学评论》1993 年第 3 期

李零《中国方术考》,人民中国出版社 1993 年

李世康《〈山海经〉与毕摩比较研究》,载《楚雄社会科学论坛》1993 年第 6 期

刘亚湖《原始叙事艺术形态的发展和演变》,见《中国民间文化》第 3 期,学林出版社
　　1993 年版

马卉欣《盘古之神》,上海文艺出版社 1993 年版

茅盾《茅盾全集》(第 28 卷,神话研究专卷),人民文学出版社 1993 年版

涂元济、涂石《神话、民俗与文学》,海峡文艺出版社 1993 年版

[日]森雅子《西王母原型》,金佩华译,载《世界宗教资料》1993 年第 1 期

武世珍《神话学论纲》,敦煌文艺出版社 1993 年版

王增勇《神话与民俗》,陕西人民教育出版社 1993 年版

[英]爱德华·泰勒《人类学》,连树声译,上海文艺出版社 1993 年版

王树明《蚩尤辩证》,载《中原文物》1993 年第 1 期

[日]小南一郎《中国的神话传说与古小说》,孙昌武译,中华书局 1993 年版

徐华龙《中国神话文化》,辽宁教育出版社 1993 年版

[苏]谢·亚·托卡列夫、叶·莫·梅列金斯基等《世界各民族神话大观》,魏庆征译,
    国际文化出版公司 1993 年版

杨义《〈山海经〉的神话思维》,载《海南师院学报》(哲学社会科学版)1993 年第 1 期

杨宽《历史激流中的动荡和曲折——杨宽自传》,时报文化出版公司 1993 年版

袁珂《中国神话通论》,巴蜀书社 1993 年版

郑杰文《西王母神话的源渊及其在中原地区的流播和演变》,载《滨州师专学报》1993
    年第 1 期

张光直《美术、神话与祭祀》,稻乡出版社 1993 年版

1994

张岩《〈山海经〉与中华民族的起源》,载《文艺研究》1994 年第 2 期

胡远鹏、陈宣红《试论〈山海经〉中黄帝之真实性》,载《云南民族学院学报》1994 年第
    4 期

刘信芳《中国最早的物候历月名——楚帛书月名及神祇研究》,见《中华文史论丛》第
    53 辑,上海古籍出版社 1994 年版

李锦山《西王母题材画像石及其相关问题》,载《中原文物》1994 年第 4 期

马昌仪《程憬及其中国神话研究》,载《中国文化研究》1994 年秋季号

蒙传铭《山海经作者及其成书年代之重新考察》,载《中国学术年刊》第 15 卷,1994 年

启良《西王母神话考辨》,载《湘潭大学学报》(社会科学版)1994 年第 3 期

饶宗颐《谈古代神明的性别——东西王母说》,载《中国书目季刊》1994 年第 27 卷第
    4 期

王兆明《〈山海经〉和中华文化圈》,载《东北师大学报》(哲学社会科学版)1994 年第 5 期

武文《德力兼容的社会型模——简论西王母的政治理想及对后世的影响》,载《青海社
    会科学》1994 年第 5 期

钟年《"混沌"与洪水神话的干连》,载《淮阴师专学报》1994 年第 1 期

[美]阿兰·邓迪斯《西方神话学论文选》,朝戈金等译,上海文艺出版社 1994 年版

马昌仪编《中国神话学文论选萃》,中国广播电视出版社 1994 年版

陈建宪《神祇与英雄——中国古代神话的母题》,生活·读书·新知三联书店 1994
  年版

潜明兹《中国神话学》,宁夏人民出版社 1994 年版

王国维《古史新证》,清华大学出版社 1994 年影印本

王孝廉《花与花神》,学苑出版社 1994 年版

王孝廉《水与水神》,学苑出版社 1994 年版

钟宗宪《炎帝神农信仰》,学苑出版社 1994 年版

刘敦愿《美术考古与古代文明》,允晨文化出版公司 1994 年版

张开焱《神话叙事学》,中国三峡出版社 1994 年版

《纬书集成》,上海古籍出版社 1994 年版

尹建中编《台湾山胞各族传统神话故事与传说文献编纂研究》,台湾大学文学院人类
  学系 1994 年

1995

李零《考古发现与神话传说》,载《学人》1995 年第 5 辑;见《李零自选集》,广西师范大
  学出版社 1998 年版

宫玉海《〈山海经〉与世界文化之谜》,吉林大学出版社 1995 年版

公木《善美唯真　志情归理——为〈山海经〉与世界文化之谜〉序》,见《〈山海经〉与
  世界文化之谜》,吉林大学出版社 1995 年版

何兆雄《〈山海经〉是巫医经》,载《炎黄世界》1995 年第 2 期

胡建国《古傩面具与〈山海经〉》,载《民族艺术》1995 年第 4 期

胡远鹏《论〈山海经〉是一部信史》,载《中国文化研究》1995 年第 4 期

胡远鹏《〈山海经〉:揭开中国及世界文化之谜》,载《淮阴师专学报》1995 年第 17 卷第
  3 期

胡远鹏等《〈山海经〉研究的新突破》,载《长沙水电师范学院学报》1995 年第 2 期

刘子敏《〈山海经〉"天毒"考》,载《博物馆研究》1995 年第 4 期

陆思贤《神话考古》,文物出版社 1995 年版

牛天伟《试析汉画中的西王母画像》,载《中原文物》1995 年第 3 期

荣宁《试析西王母神话与羌族社会》,载《青海民族研究》1995 年第 1 期

田兆元《论主流神话与神话史的要素》,载《文艺理论研究》1995 年第 5 期

王廷洽《〈山海经〉所见之树神崇拜》,载《当代宗教研究》1995 年第 2 期

王崇顺、王厚宇《淮阴高庄战国墓铜器图像考释》,载《东南文化》1995 年第 4 期

杨宽《秦〈诅楚文〉所表演的"诅"的巫术》,载《文学遗产》1995 年第 5 期;《杨宽古史论

文选集》,上海人民出版社 2003 年版

张得祖《昆仑神话与羌戎文化琐谈》,载《青海民族学院学报》1995 年第 2 期

赵宗福《岗仁波钦信仰与昆仑神话》,载《西北民族研究》1995 年第 1 期

赵献春《浅谈西王母神话演变的三个阶段》,载《张家口师专学报》(社会科学版)1995 年第 2 期

钟年《女娲抟土造人神话的复原》,载《寻根》1995 年第 3 期

杨希枚《先秦文化史论集》,中国社会科学出版社 1995 年版

谢选骏《中国神话》,浙江教育出版社 1995 年版

富育光、王宏刚《萨满教女神》,辽宁人民出版社 1995 年版

徐显之《〈山海经〉浅注》,黄山书社 1995 年版

[美]乔瑟夫·坎伯《神话》,朱侃如译,立绪文化事业有限公司 1995 年版

[美]约翰·维克雷《神话与文学》,潘国庆等译,上海文艺出版社 1995 年版

芮传明、余太山《中西纹饰比较》,上海古籍出版社 1995 年版

杨福泉《原始生命神与生命观》,云南人民出版社 1995 年版

1996

安京《〈山海经〉史料比较研究》,载《中国边疆史地研究》1996 年第 1 期

陈建宪《中国洪水神话的类型与分布——对 443 篇异文的初步宏观分析》,载《民间文学论坛》1996 年第 3 期

陈建宪《垂死化身与人祭巫术——盘古神话再探》,载《华中师范大学学报》(哲学社会科学版)1996 年第 1 期

方正己、王维芳《谈神塑艺术源于〈山海经〉》,载《吉林师院学报》(哲学社会科学版)1996 年第 9/10 期

胡远鹏《〈山海经〉:中国科技史的源头》,载《暨南学报》(哲学社会科学版)1996 年第 1 期

冷德熙《超越神话——纬书政治神话研究》,东方出版社 1996 年版

刘宗迪《鼓之舞之以尽神——论神和神话的起源》,载《民间文学论坛》1996 年第 4 期

吕微《楚地帛书、敦煌残卷与佛教伪经中的伏羲女娲故事》,载《文学遗产》1996 年第 4 期

李亦园《端午与屈原——传说与仪式的结构关系再探》,见台北汉学研究中心《中国神话与传说学术研讨会论文集》,1996 年;又见《李亦园自选集》,上海教育出版社 2002 年版;又见李亦园《宗教与神话论集》,立绪文化事业有限公司 2004 年版

廖群《神话寻踪》,上海古籍出版社 1996 年版

《〈山海经〉与中华文化研究》,载《中州今古》1996 年第 1 期

王家祐《西王母昆仑山与西域古族的文化》，载《中华文化论坛》1996 年第 2 期

尹荣方《西王母神话新论》，载《民俗研究》1996 年第 2 期

袁珂《袁珂神话论集》，四川大学出版社 1996 年版

张箭《〈山海经〉与原始社会研究——神话乎？历史乎？》，载《社会科学研究》1996 年
　　第 2 期

钟敬文、杨利慧《中国古代神话研究史上的合理主义》，见台北汉学研究中心《中国神
　　话与传说学术研讨会论文集》，1996 年

[韩]郑在书《再论中国神话观念——以文本的角度来看〈山海经〉》，见台北汉学研究
　　中心《中国神话与传说学术研讨会论文集》(上)，1996 年

胡远鹏、[日]竹野忠生《论〈山海经〉的非神话性》，载《淮阴师专学报》1996 年第 4 期

饶宗颐《澄心论萃》，上海文艺出版社 1996 年版

潜明兹《中国古代神话与传说》，商务印书馆 1996 年版

钟伟今主编《防风神话研究》，安徽文艺出版社 1996 年版

王红旗、孙晓琴《新绘神异全图山海经》，昆仑出版社 1996 年版

巴苏亚·博伊哲努(浦忠成)《台湾原住民的口传文学》，常民文化事业有限公司 1996
　　年版

台北汉学研究中心编《中国神话与传说学术研讨会论文集》(上、下)，1996 年印

[美]乔瑟夫·坎伯《神话的智慧》，李子宁译，立绪文化事业有限公司 1996 年版

丁锡根编著《中国历代小说序跋集》，人民文学出版社 1996 年版

1997

董楚平《良渚文化创世神话补证》，载《故宫文物月刊》1997 年 174 期

宫玉海《关于〈山海经〉与上古社会研究——历史需要什么样的澄清》，载《社会科学研
　　究》1997 年第 2 期

刘魁立《金叶·序》，见[英]丽莉·弗雷泽编《金叶》，汪培基、汪筱兰译，上海文艺出版
　　社 1997 年版

刘宗迪《黄帝蚩尤神话探源》，载《民族艺术》1997 年第 1 期

薛青林、郝丽华《〈山海经〉中的奇禽怪兽》，载《寻根》1997 年第 6 期

胡远鹏《论现阶段〈山海经〉研究》，载《淮阴师专学报》1997 年第 2 期

简·詹姆斯、贺西林《汉代西王母的图像志研究》(上、下)，载《美术研究》1997 年第 2、
　　3 期

欧阳健《从〈山海经〉看神怪观念的起源》，载《上海师范大学学报》(哲学社会科学版)
　　1997 年第 1 期

潜明兹《百年神话研究略论》，载《铁道师院学报》1997 年第 6 期

王守春《〈山海经〉与古代新疆历史地理相关问题的研究》,载《西域研究》1997 年第 3 期

王小盾《汉藏语猴祖神话的谱系》,载《中国社会科学》1997 年第 6 期

闻一多《神话与诗》,华东师范大学出版社 1997 年版

吴郁芳《元曹善〈山海经〉手抄本简介》,载《古籍整理研究学刊》1997 年第 1 期

邢莉《西王母的源变》,载《中国道教》1997 年第 4 期

薛青林、郝丽华《〈山海经〉与上古人类饮食》,载《寻根》1997 年第 6 期

杨宽《楚帛书的四季神像及其创世神话》,载《文学遗产》1997 年第 4 期;见《杨宽古史论文选集》,上海人民出版社 2003 年版

赵沛霖《中国神话的分类与〈山海经〉的文献价值》,载《文艺研究》1997 年第 1 期

赵建军《〈山海经〉的神话思维结构》,载《淮阴师专学报》1997 年第 2 期

周建邦《〈山海经〉研究概述》,载《寻根》1997 年第 6 期

杨治经、黄任远《通古斯—满语族神话比较研究》,洪叶文化事业有限公司、中华文化发展基金管理委员会 1997 年版

杨利慧《女娲的神话与信仰》,中国社会科学出版社 1997 年版

陈建宪《神话解读》,湖北教育出版社 1997 年版

[日]伊藤清司《中国古代文化与日本——伊藤清司学术论文自选集》,张正军译,云南大学出版社 1997 年版

朱炳祥《伏羲与中国文化》,湖北教育出版社 1997 年版

孙晓琴、王红旗《天地人鬼神图鉴》,中国对外翻译出版公司 1997 年

[英]丽莉·弗雷泽编《金叶》,汪培基、汪筱兰译,上海文艺出版社 1997 年版

[美]乔瑟夫·坎伯《千面英雄》,朱侃如译,立绪文化事业有限公司 1997 年版

杨泓《美术考古半世纪——中国美术考古发现史》,文物出版社 1997 年版

1998

黄任远《通古斯—满语族宇宙起源神话比较》,载《满语研究》1998 年第 2 期

白庚胜《东巴神话象征论》,云南人民出版社 1998 年版

陈建宪《精神还乡的引魂之幡——20 世纪中国神话学回眸》,载《河北师范大学学报》(哲学社会科学版)1998 年第 3 期

董楚平《中国最早的创世神话》,载《杭州师范学院学报》1998 年第 2 期

扶永发《神州的发现——〈山海经〉地理考》(修订本),云南人民出版社 1998 年版

高有鹏《中国神话研究的世纪回眸》,载《中国文化研究》1998 年第 4 期

顾柄枢《泾川回山与西王母》,载《西北史地》1998 年第 1 期

李亦园《宗教与神话论集》,立绪文化公司 1998 年版

黄建中《〈山海经〉是我国上古传说的一部史书》,见《〈山海经〉研究》,湖北人民出版社 1998 年版

金荣权《中国神话的流变与文化精神》,天津人民出版社 1998 年版

刘宗迪《狐魅渊源考》,载《攀枝花大学学报》1998 年第 1 期

林辰《神怪小说史》,浙江古籍出版社 1998 年版

鹿忆鹿《彝族天女婚洪水神话》,载《民间文学论坛》1998 年第 3 期

孟慧英《鹿神与鹿神信仰》,载《内蒙古社会科学》1998 年第 4 期

田兆元《神话与中国社会》,上海人民出版社 1998 年版

王红旗《〈山海经〉之谜寻解》,载《东方文化》1998 年第 5 期

王昆吾(王小盾)《中国早期艺术与宗教》,东方出版中心 1998 年版

袁珂《中国神话大词典》,四川辞书出版社 1998 年版

徐宏图、[日]张爱萍《从"禹祭"到"泥祭"——中日洪水神话比较》,载《民族艺术》1998 年第 2 期

杨宽《战国史》(增订本),上海人民出版社 1998 年版

尹荣方《刑天神话与上古农业祭礼》,载《中文自学指导》1998 年第 1 期

张庆民《西王母神话沿革阐释》,载《齐鲁学刊》1998 年第 2 期;又载《民间文学论坛》1998 年第 3 期

张家钊等编《填海追日——袁珂神话研究纪念文集》,四川大学出版社 1998 年版

朱玲玲《从郭璞〈山海经图赞〉说〈山海经〉"图"的性质》,载《中国史研究》1998 年第 3 期

周静《两汉时期的西王母信仰》,载《四川文物》1998 年第 6 期

1999

叶舒宪《〈山海经〉的方位模式与书名由来》,载《中国文学研究》1999 年第 1 期

骆水玉《圣域与沃土——〈山海经〉中的乐土神话》,载《汉学研究》1999 年第 17 卷第 1 期

常金仓《古史研究中的泛图腾论》,载《陕西师范大学学报》(哲学社会科学版)1999 年第 3 期

常金仓《由鲧禹故事演变引出的启示》,载《齐鲁学刊》1999 年第 6 期

冯广宏《徐南洲先生与〈山海经〉研究》,载《中华传统文化网·中华文化研究通讯》1999 年第 8 期

高有鹏《面向 21 世纪的中国神话研究》,载《社会科学辑刊》1999 年第 3 期

胡万川《捞泥造陆——鲧禹神话新探》(首次发表在 1999 年台湾"清华大学"纪念闻一多百周年诞辰中国古典文学研讨会上),见《新古典新义》,台湾学生书局 2001 年

版；又见胡万川《真实与想像——神话传说探微》，台湾"清华大学"出版社2004年版

贺学君、樱井龙彦编《中日学者中国神话研究论著目录总汇》，名古屋大学大学院国际开发研究科1999年印

贾雯鹤《重黎神话及其相关问题——〈山海经〉与神话研究之一》，载《社会科学研究》1999年第5期

柳莉、贾征《20世纪中国洪水神话研究综述》，载《武汉水利电力大学学报》1999年第2期

刘映祺《论西王母》，载《寻根》1999年第5期

刘宗迪《"浑沌"的命运》，载《民族艺术》1999年第4期

柯杨《甘肃泾川与西王母民俗文化》，载《寻根》1999年第5期

马文俊《干母女神神话与西王母神话相似性研究》，载《寻根》1999年第5期

王子今、周苏平《汉代民间的西王母崇拜》，载《世界宗教研究》1999年第2期

万建中《祖婚型神话传说中禁忌母题的文化人类学阐述》，载《民族文学研究》1999年第3期

杨宽《西周史》，上海人民出版社1999年版

杨宽《〈穆天子传〉真实来历的探讨》，见《西周史》（第4编第6章），上海人民出版社1999年版；又见杨宽《先秦史十讲》，复旦大学出版社2006年版

杨宽《祭祀上帝于天室和开天辟地的神话》，见《西周史》，上海人民出版社1999年版

叶舒宪《〈山海经〉神话政治地理观》，载《民族艺术》1999年第3期

张岩《〈山海经〉与古代社会》，文化艺术出版社1999年版

张怀宁《黄帝与西王母的交往》，载《寻根》1999年第5期

章行《山海经现代版》，上海古籍出版社1999年版

赵宗福《西王母的神格功能》，载《寻根》1999年第5期

茅盾《茅盾说神话》，上海古籍出版社1999年版

潜明兹《中国神源》，重庆出版社1999年版

[俄]李福清《从神话到鬼话——台湾原住民神话故事比较研究》，台北晨星出版社1999年版

陈连山《结构神话学：列维–斯特劳斯与神话学问题》，外文出版社1999年版

杨帆、邱效瑾注译《山海经》，安徽人民出版社1999年版

杨正文《最后的原始崇拜》，云南人民出版社1999年版

张振犁、陈江风《东方文明的曙光——中原神话论》，东方出版中心1999年版

[马来西亚]丁振宗《古中国的X档案——以现代科技知识解山海经之谜》，昭明出版社1999年版；中州古籍出版社2001年版

范三畏《旷古逸史——陇右神话与古史传说》，甘肃教育出版社1999年版

傅亚庶《中国上古祭祀文化》,东北师范大学出版社 1999 年版

2000

陈建宪《论比较神话学的"母题"概念》,载《华中师范大学学报》(人文社会科学版)
　　2000 年第 1 期

陈泳超《顾颉刚古史神话研究之检讨——以 1923 年古史大争论为中心》,载《南京师
　　大学报》(社会科学版)2000 年第 1 期

陈岗龙《蒙古族潜水神话研究》,载《民族艺术》2000 年第 2 期

叶舒宪《〈山海经〉:从单纯考据到文化诠释》,载《淮阴师范学院学报》(哲学社会科学
　　版)2000 年第 2 期

常金仓《中国神话学的基本问题:神话的历史化还是历史的神话化?》,载《陕西师范大
　　学学报》(哲学社会科学版)2000 年第 3 期

常金仓《〈山海经〉与战国时期的造神运动》,载《中国社会科学》2000 年第 6 期

冯时《古代天文与古史传说——河南濮阳西水坡 45 号墓的综合研究》,见《中华第一
　　龙——'95 年濮阳"龙文化与中华民族"学术讨论会论文集》,中州古籍出版社
　　2000 年版

高有鹏《鲁迅的神话学观》,载《鲁迅研究学刊》2000 年第 9 期

贺学君《中国神话研究百年》,载《社会科学研究》2000 年第 5 期

贾雯鹤《先商史的神话学研究》,载《中华文化论坛》2000 年第 3 期

侯一民《〈逐日图〉记》,载《寻根》2000 年第 1 期

黄任远《赫哲族的自然神话与自然崇拜》,载《民族文学研究》2000 年第 3 期

刘宗迪《百兽率舞——论原始舞蹈的文化效应》,载《文艺研究》2000 年第 3 期

李子贤《被固定了的神话与存活着的神话——日本"记纪神话"与中国云南少数民族
　　神话之比较》,载《云南民族学院学报》(哲学社会科学版)2000 年第 1 期

李淞《论汉代艺术中的西王母图像》,湖南教育出版社 2000 年版

李淞《从"永元模式"到"永和模式"——陕北汉代画像石中的西王母图像分期研究》,
　　载《考古与文物》2000 年第 5 期

金荣权《〈山海经〉研究两千年述评》,载《信阳师范学院学报》(哲学社会科学版)2000
　　年第 4 期

马昌仪《山海经图与吴地画家》,见徐采石主编《吴文化论坛》(2000 年卷),作家出版
　　社 2000 年版

马昌仪《山海经图:寻找〈山海经〉的另一半》,载《文学遗产》2000 年第 6 期

潜明兹《中国神话学五十年》,载《民俗研究》2000 年第 1 期

王小盾《龙的实质和龙文化的起源》,载《寻根》2000 年第 1 期

王孝廉《绝地天通——以苏雪林教授对昆仑神话主题解说为起点的一些相关考察》，
　　见日本西南学院大学《国际文化论集》2000 年第 14 卷第 2 号（中文版）；又见王孝
　　廉《岭云关雪——民族神话学论集》，学苑出版社 2002 年版

王红旗《〈山海经〉：神话还是信史？》，载《地图》2000 年第 2 期

张福三《太阳·乌鸦·巫师——对我国太阳神话的一点思考》，载《民族艺术研究》
　　2000 年第 5 期

陈泳超《尧舜传说研究》，南京师范大学出版社 2000 年版

张光直《青铜挥麈》，上海文艺出版社 2000 年版

金荣权《中国古代神话稽考》，中国文联出版社 2000 年版

中国画像石全集编委会编《中国画像石全集》（共 8 卷），山东美术出版社、河南美术出
　　版社 2000 年版